Der Apostolische Stuhl 1989

12.10.93

Der Apostolische Stuhl 1989

Ansprachen, Predigten und
Botschaften des Papstes
Erklärungen der Kongregationen

Vollständige Dokumentation

Libreria Editrice Vaticana · Verlag J.P. Bachem

CIP-Kurztitelaufnahme der Deutschen Bibliothek

Ecclesia Catholica / Curia Romana:
Der Apostolische Stuhl ...: Ansprachen, Predigten u. Botschaften d. Papstes, Erkl. d. Kongregationen; vollst. Dokumentation / Hrsg.: Sekretariat d. Dt. Bischofskonferenz in Zusammenarbeit mit d. Red. d. dt.-sprachigen L'Osservatore Romano. –
[Città del Vaticano]: Libreria Editrice Vaticana;
Köln: Bachem
Erscheint jährl.
Forts. von: Wort und Weisung

1982 (1989) –

NE: Ecclesia Catholica / Papa; HST

ISBN 3-7616-1108-0
Printed in Germany

Herausgeber:
Sekretariat der Deutschen Bischofskonferenz in Zusammenarbeit mit der Redaktion des deutschsprachigen L'Osservatore Romano
Verlag:
J. P. Bachem, Köln, und Libreria Editrice Vaticana
Druck: Druckerei J. P. Bachem GmbH & Co KG Köln

Vorwort

„Der Apostolische Stuhl 1989“ setzt die bisherige Reihe fort. Die Übersetzungen der Dokumente sind weitgehend der deutschen Ausgabe des „L'Osservatore Romano“ entnommen. Sofern Texte dort nicht erschienen sind, wurden sie eigens für diesen Band übersetzt.

Auch diesmal wurde innerhalb der einzelnen Kapitel eine chronologische Reihenfolge der Texte gewählt. Das ausführliche Register soll wieder das Auffinden jeder gewünschten Textstelle ermöglichen.

Zur Vervollständigung der Reihe „Der Apostolische Stuhl“ können die Bände der Jahre 1982 bis 1988 noch bezogen werden.

Inhaltsverzeichnis

I. Ansprachen bei den Generalaudienzen und beim Angelus

Januar

Februar

II. Predigten und Ansprachen bei den Reisen

1. Fünfte Pastoralreise nach Afrika (28. April bis 6. Mai)

III. Ansprachen, Predigten, Botschaften und Rundschreiben

April

Mai

Juni

Oktober

November

Dezember

IV. Ad-limina-Besuche

V. Erklärungen der Kongregationen

VI. Anhang

I.

Generalaudienzen und Angelus

Im Zeichen neuer Hoffnung

Angelus am 1. Januar

Liebe Brüder und Schwestern!

1. Heute ist das *Hochfest der Gottesmutter Maria.* In der *Meßliturgie* wendet sich die Kirche an sie mit den Worten: „Gruß dir, heilige Mutter, du hast den König geboren, der in Ewigkeit herrscht über Himmel und Erde."
Die Gottesmutterschaft ist der Höhepunkt aller Gnadengaben, die sie vom himmlischen Vater empfangen hat, die Gabe, auf die alle anderen ausgerichtet sind. Die Größe Marias gründet vor allem in dieser Sendung der Mutterschaft gegenüber dem göttlichen Wort, das in ihrem reinsten Schoß Mensch wurde. Das ganze Leben und die ganze Heiligkeit Marias zielen in der unvergleichlichen Sendung darauf hin, die Verwirklichung des Geheimnisses der Menschwerdung zu ermöglichen, das heißt, Mutter des „Menschensohnes" zu sein, der zugleich Gottessohn ist; Mutter des Sohnes zu sein, der, während er ihre mütterliche und fürsorgliche Stimme hört und ihr zustimmt, noch mehr den Auftrag des himmlischen Vaters hört und befolgt.

2. Als Mutter Christi ist Maria auch Mutter der Kirche, Mutter der Menschheit, Mutter aller Generationen der Kinder Gottes. Sie ist Mutter und Königin des Friedens. Dementsprechend wollte mein ehrwürdiger Vorgänger Paul VI. das Fest der Gottesmutter Maria mit dem Friedenstag verbinden, den wir heute in der ganzen Welt feiern. Maria hat den „Friedensfürsten" geboren, den, der uns den Heiligen Geist schenkt, dessen Hauptfrucht eben der Frieden ist. Wir rufen uns deshalb in diesem Augenblick alle Weltregionen in Erinnerung, wo kein Frieden ist. Maria lehre uns – nach dem Beispiel ihres Sohnes –, besonders den unvergleichlichen Wert des inneren Friedens zu schätzen, von dem jeder andere Frieden ausgeht und ohne den jeder andere Frieden zerbrechlich, täuschend und unbefriedigend ist.

3. Auch das heute beginnende neue Jahr steht unter dem Zeichen der Gottesmutterschaft Marias, der Königin des Friedens, gleichsam als Zeichen einer neuen Hoffnung, eines erneuten Vorsatzes. Wenn die Kräfte des Bösen und des Hasses in ihrer zerstörerischen Wirksamkeit fortfahren, bestehen wir zusammen mit allen Menschen guten Willens in noch stärkerem Maße darauf, Frieden und Gerechtigkeit zu bauen.
Mit diesem Augenblick richte ich an euch Anwesende und an alle, die uns über Radio und Fernsehen hören, meine herzlichen Wünsche für ein glückliches und fruchtbringendes neues Jahr, indem ich auf alle den mütterlichen Schutz Marias herabrufe.

Christus in die Welt tragen

Ansprache bei der Generalaudienz am 4. Januar

Liebe Brüder und Schwestern!

1. Der Heilsplan Gottes tut sich in der Weihnachtszeit, die wir jetzt intensiv erleben, mit einer Reihe liturgischer Feste kund, die mehr als geeignet sind, uns im Laufe weniger Tage einen weiten Gesamtausblick vorzustellen. Von der Betrachtung des Gottessohnes, der für uns Kind wurde in der Grotte von Betlehem, gehen wir über zu dem unnachahmlichen Vorbild der Heiligen Familie und weiter bis zum Ereignis der Taufe des Herrn, dem Beginn seines öffentlichen Wirkens.
Die heutige Mittwochsaudienz fällt in die Mitte zwischen zwei kennzeichnende Feste: der Gottesmutterschaft Marias und der Epiphanie. Zwei hochbedeutsame Geheimnisse, die tief miteinander verbunden sind, worüber es sich nachzudenken lohnt.

2. Das Wort „Epiphanie" bedeutet „Erscheinung". In der Tat feiert man an diesem Tag die erste Erscheinung des neugeborenen Erlösers in der heidnischen Welt.
In der Geschichte der Kirche ist Epiphanie eines der ältesten Feste mit Spuren bereits im 2. Jahrhundert, und sie wird als der Tag der Theophanie, der „dies sanctus" schlechthin, empfunden. In der ersten Zeit war die Feier hauptsächlich mit der Erinnerung an die Taufe des Herrn verbunden, bei der der himmlische Vater öffentlich Zeugnis für den Sohn auf Erden gegeben und alle eingeladen hatte, auf dessen Wort zu hören. Bald jedoch überwog der Besuch der Sterndeuter, in denen die Vertreter der Völker gesehen werden, die berufen sind, Christus außerhalb der Gemeinschaft Israels zu erkennen.
Der hl. Augustinus, ein aufmerksamer Zeuge der kirchlichen Tradition, erläutert dazu die Gründe von universaler Tragweite und bekräftigt, daß die Sterndeuter, die als erste Heiden den Erlöser erkannten, es verdienten, das Heil aller Völker auszudrücken (vgl. *Om* 203).
In der ursprünglichen christlichen Kunst erlangte das anziehende Bild gelehrter, reicher und mächtiger Männer, die von weither gekommen sind, um vor dem Kind niederzuknien, den Ehrenplatz unter den Darstellungen der Kindheit Jesu.
Später begann man an demselben Festtag auch die Theophanie der Hochzeit von Kana zu feiern, bei der Jesus sein erstes Wunder gewirkt und sich öffentlich als Gott offenbart hatte. Es gibt also viele Epiphanien, denn vielfältig sind die Wege, auf denen sich Gott den Menschen offenbart. Heute möchte ich unterstreichen, daß eine von ihnen, ja die allen anderen zugrundeliegende, die Mutterschaft Marias ist.

3. Im ältesten Glaubensbekenntnis, dem sogenannten *Apostolischen Symbolum*, verkündet der Christ, daß Jesus „von" der Jungfrau Maria geboren wurde. In diesem Artikel des Credo sind zwei wesentliche Wahrheiten des Evangeliums enthalten.
Die erste ist die, daß Gott von einer Frau geboren wurde (vgl. *Gal* 4,4). Er wollte empfangen werden, neun Monate im Schoß der Mutter bleiben und von ihr in jungfräulicher Weise geboren werden. All das weist klar darauf hin, daß die Mutterschaft Marias wesentlicher Bestandteil des Geheimnisses Christi im göttlichen Heilsplan ist.

Die zweite ist die, daß die Empfängnis Jesu im Schoß Marias durch den Heiligen Geist geschehen ist, das heißt ohne die Mitwirkung eines menschlichen Vaters. „Ich erkenne keinen Mann“ (vgl. *Lk* 1,34), sagt Maria klar zum Boten des Herrn, und der Erzengel versichert ihr, daß „für Gott nichts unmöglich ist“ (*Lk* 1,37). Maria ist der einzige menschliche Ursprung des menschgewordenen Wortes.

4. In diesem dogmatischen Kontext ist unschwer zu sehen, daß die Mutterschaft Marias eine neue und ganz charakteristische Epiphanie Gottes in der Welt ist.

Dabei hat die von Maria vor der Verkündigung getroffene Wahl immerwährender Jungfräulichkeit bereits offenbarende Bedeutung, weil sie auf die eschatologischen Wirklichkeiten hinweist, die jenseits der Horizonte des irdischen Lebens liegen. Ja, diese Wahl zeigt einen entschiedenen Willen zur Ganzhingabe an Gott und seine Liebe an, die den Erfordernissen eines Menschenherzens allein voll genügen. Die Tatsache der Empfängnis des Sohnes, die jenseits aller natürlichen Lebensgesetze geschah, ist dann eine weitere Erscheinung der wirksamen Gegenwart Gottes. Das frohe Ereignis der Geburt Jesu ist schließlich die Krönung der Offenbarung Gottes an die Welt in und durch Maria.

Das Evangelium stellt bedeutsamerweise Maria auch in den Mittelpunkt beim Besuch der Sterndeuter, wo es heißt: „Sie gingen in das Haus und sahen das Kind und Maria, seine Mutter; da fielen sie nieder und huldigten ihm“ (*Mt* 2,11).

Im Licht des Glaubens erscheint die Mutterschaft der Jungfrau wie ein bedeutsames Zeichen der Gottheit Jesu, der im Schoß einer Frau Mensch wird, ohne die Natur des Gottessohnes abzulegen. Die alten Väter, wie der hl. Johannes von Damaskus, hatten festgestellt, daß die Mutterschaft der heiligen Jungfrau von Nazaret das ganze Heilsgeheimnis beinhaltet, das reines, von Gott kommendes Geschenk ist.

Maria ist die „Gottesgebärerin“, wie das Konzil von Ephesus verkündet hat, denn in ihrem jungfräulichen Schoß ist das Wort Fleisch geworden, um sich der Welt zu offenbaren. Sie ist die bevorzugte Stätte, die Gott erwählt hat, um sich unter den Menschen sichtbar zu machen.

Wenn wir in diesen Tagen die seligste Jungfrau betrachten, muß jeder einzelne noch lebhafter die Verpflichtung spüren, wie sie Christus im eigenen Leben annehmen, um ihn dann in die Welt zu tragen. Jeder muß sich bemühen, in seiner Familie und am Arbeitsplatz eine kleine, aber leuchtende „Epiphanie Christi“ zu sein.

Das, meine Lieben, wünsche ich euch allen bei der ersten Generalaudienz des neuen Jahres.

In deutscher Sprache sagte der Papst:

Liebe Brüder und Schwestern!

Die Weihnachtszeit ist gekennzeichnet durch eine Reihe von liturgischen Festen. In ihnen betrachten wir die Menschwerdung des Sohnes Gottes in Betlehem, das Geheimnis der Heiligen Familie und auch die Taufe Jesu, mit der er sein öffentliches Wirken beginnt. Heute stehen wir zwischen dem Fest der Gottesmutterschaft Marias und dem Fest Epiphanie. „Epiphanie“ bedeutet Erscheinung, Offenbarwerden. Wir gedenken an diesem Fest der Offenbarung Christi als Erlöser der ganzen Menschheit, auch der Heidenvölker.

Es ist verbunden mit der Erinnerung an die Magier, die zur Krippe von Betlehem kommen, um den neugeborenen König anzubeten.
Es gibt eine Vielzahl von Epiphanien, von Geschehnissen, in denen sich Christus als menschgewordener Sohn Gottes offenbart. Unter diesen möchte ich hier noch besonders auf das Geheimnis der Gottesmutterschaft Marias hinweisen. Wie Paulus eigens bemerkt, sandte Gott seinen Sohn, „geboren von einer Frau“ (*Gal* 4,4). Die Geburt Jesu beinhaltet zwei Wahrheiten: Jesus wurde von einer Frau geboren – und dies durch die Kraft des Heiligen Geistes, also ohne das Mitwirken eines menschlichen Vaters. Dadurch ist auch die Mutterschaft Marias eine Epiphanie, ein besonderes Offenbarwerden Gottes. In der jungfräulichen Empfängnis wird die Gegenwart und das Wirken Gottes offenkundig. In der Geburt Jesu findet diese Offenbarung Gottes schließlich ihren vollen Ausdruck.
Mit dieser kurzen Weihnachtsbetrachtung grüße ich bei der heutigen ersten Audienz im neuen Jahr sehr herzlich alle deutschsprachigen Pilger: die Gruppen und auch die einzelnen Besucher. Ich wünsche auch euch Gottes besondere Gegenwart in eurem persönlichen Leben. Wie Maria sind wir alle aufgerufen, Christus in unser Leben Einlaß zu gewähren und ihn den anderen Menschen bekanntzumachen. Ein jeder von uns soll eine kleine, leuchtende „Epiphanie Christi“ werden.
Einen besonders herzlichen Willkommensgruß richte ich an die Gruppe der Schönstatt-Mädchenjugend. Ich danke euch für diese Begegnung und eure bekundete Treue zur Kirche und zum Nachfolger des hl. Petrus. Als Schönstatt-Mädchenjugend habt ihr euch in einem besonderen Liebesbündnis Maria, der Mutter der Kirche, anvertraut und wollt von ihrer Person, von ihrem Leben und ihrem freien Mitwirken im Heilsplan Gottes die Sendung der Frau in der „Ordnung der Liebe“ ablesen und nach ihrem Vorbild leben.
In unserer liebearmen Welt, in der Menschen oft keine Heimat mehr finden und nach Heil und Geborgenheit suchen, seid ihr als Mädchen und als Frauen von morgen von Gott dazu aufgerufen und befähigt, durch die aufrichtige Hingabe eurer selbst die Ordnung der Liebe präsent und wirksam werden zu lassen. Die Liebe, die Gott jedem Menschen zugedacht hat, müßt ihr ihm schenken. Die Kraft und den Mut zu diesem Weg findet ihr in der unerschöpflichen Gnadenquelle der Sakramente, in der ständigen Begegnung mit Christus, zu dem seine und eure Mutter euch immer tiefer hinführen will. Schenkt der Welt neue Hoffnung durch euer Leben mit Maria und wie Maria!
Von Herzen erteile ich euch und allen anwesenden Pilgern deutscher Sprache für Gottes bleibenden Schutz und Segen im neuen Jahr in der Liebe Jesu Christi meinen besonderen Apostolischen Segen.

Kirche in Afrika auf dem Weg ins 3. Jahrtausend

Angelus am 6. Januar

Liebe Brüder und Schwestern!

1. Nachdem wir im Petersdom die Liturgie vom Hochfest der Erscheinung des Herrn mit der Weihe von dreizehn neuen Bischöfen aus verschiedenen Nationen gefeiert haben, sind wir nun zusammengekommen, um den Angelus zu beten. Wir danken dem Herrn, weil er in seiner Kirche erneut das Geschenk der Universalität ihrer Sendung sichtbar gemacht hat und sie in der Hoffnung bestärkt, daß alle Völker zur Kenntnis und zur Schau der Herrlichkeit des Gottessohnes geführt werden.
Heute möchte ich ein besonderes Gedenken unseren Brüdern des christlichen Ostens widmen, den Katholiken und den Orthodoxen, die nach dem alten julianischen Kalender sich anschicken, morgen das Hochfest der Geburt Christi zu feiern. Das Weihnachtsgeheimnis der Epiphanie verbindet uns so auf eine glückliche Weise mit dem Frohlocken aller byzantinischen Kirchen zur Feier der Geburt Jesu. Ein einziges Lob steigt also heute zu Gott empor, um das Geheimnis der Menschwerdung des Wortes zu feiern, ein einziger Ausdruck des Glaubens der Kirchen des Ostens und des Westens, die gemeinsam die Herrlichkeit des Gottessohnes besingen, der für uns von der Jungfrau geboren wurde.

2. Im Zusammenhang mit dem Epiphaniefest, an dem die Kirche sich erneut ihrer Pflicht bewußt wird, unermüdlich allen Völkern Christus bekannt zu machen, habe ich nun die Freude, eine Initiative anzukündigen, die für die Ausbreitung des Evangeliums von großer Bedeutung ist.
Auf die wiederholt und seit längerer Zeit von den afrikanischen Bischöfen sowie von Priestern, Theologen und Laienvertretern vorgebrachte Bitte, für das gesamtafrikanische Gebiet und die dazu gehörigen Inseln in der Pastoral ein organisches, solidarisches Zusammenwirken anzuregen, habe ich beschlossen, für Afrika eine Sonderversammlung der Bischofssynode einzuberufen unter dem Thema: „Die Kirche in Afrika auf dem Weg ins dritte Jahrtausend“.
Um für diese Afrika-Sonderversammlung der Bischofssynode sofort einen konkreten Anfang zu setzen, habe ich eine Vorbereitungskommission eingerichtet, die die Aufgabe haben wird, die Materie, die Struktur und die Normen für diese Synode auszuarbeiten.
Die Vorbereitungskommission wird dem Generalsekretariat der Bischofssynode Hilfe leisten und vor allem auf die Mitarbeit der Kongregation für die Evangelisierung der Völker zählen können. Sie setzt sich zusammen aus den kontinentalen und regionalen Organen des afrikanischen Episkopats.
Mit Dank an den Herrn, weil im Gottesvolk das Bewußtsein der Teilhabe an der missionarischen Verantwortung der Kirche wächst und sich vertieft, lade ich euch ein, im Gebet des afrikanischen Kontinents zu gedenken, der gesegneten Erde, die Jesus mit seiner Familie als Flüchtlinge aufnahm und die schon von den ersten Jahrhunderten an die Botschaft Christi empfing.

Beten wir, daß die neue synodale Initiative mit Gottes Hilfe für die Gesamtkirche und für alle Ortskirchen auf afrikanischem Boden zu einem günstigen Augenblick auf dem Glaubensweg dieser geliebten Völker werde, denen ich mich so sehr verbunden fühle.
Diesen Wunsch wollen wir der Fürbitte der Jungfrau Maria anvertrauen.

Taufverpflichtung neu erkennen

Angelus am 8. Januar

Liebe Brüder und Schwestern!

1. An diesem Sonntag, der unmittelbar dem Dreikönigsfest folgt, wird die Betrachtung über die Erscheinung des Herrn weitergeführt. Die Taufe Jesu am Ufer des Jordan, die wir heute in der Liturgie in Erinnerung rufen, ist tatsächlich ein entscheidender Abschnitt auf dem Weg seiner Offenbarung an die Welt als Sohn Gottes. Jesus lebt etwa dreißig Jahre in der Stille und Verborgenheit des Hauses von Nazaret, in deren Verlauf er sich als Mensch unter Menschen zeigt so weit, daß er sich der Bußtaufe unterzieht inmitten derer, die zum Täufer gingen, um ihre Sünden voll Reue zu bekennen. Und doch war er, der Christus, ohne Sünde!

2. Mit der Taufe beginnt für Jesus ein neuer Lebensabschnitt: Er wird der Welt vom Vater öffentlich als der Messias, der Sohn Gottes, vorgestellt. Er beginnt das Leben in der Öffentlichkeit und den Heilsdienst, der im Leiden, Sterben und in der Auferstehung gipfelt.
An diese Ereignisse knüpft die Taufe an, die er seiner Kirche für die Wiedergeburt der Menschheit (vgl. *Mt* 28,19) anvertraut. Die christliche Taufe ist in der Tat ein Geheimnis des Todes und der Auferstehung. Das Eintauchen in das Taufwasser versinnbildlicht das Begrabenwerden Jesu in der Erde und den Tod des alten Menschen und setzt sie gegenwärtig, während das Wiederauftauchen die Auferstehung Christi und die Geburt des neuen Menschen bedeutet.
Der Apostel Paulus spricht ja von einer zweiten Geburt und einer unvergleichlichen Adoptivkindschaft „durch das Bad der Wiedergeburt und der Erneuerung im Heiligen Geist" (*Tit* 3,5), und indem er sich an jeden Getauften wendet, zögert er nicht, die bedeutsamen Worte zu sprechen: „Daher bist du nicht mehr Sklave, sondern Sohn; bist du aber Sohn, dann auch Erbe" (*Gal* 4,7).
Die Folge dieser Offenbarung liegt in den Worten des Vaters: „Auf ihn sollt ihr hören."
Wir sollen auf Jesus hören, der auch heute zu uns spricht, denn er spricht im Namen Gottes, er spricht als Gott.
An diesem Fest, an dem ich die Freude hatte, mehreren Kindern die Taufe zu spenden und sie auf diese Weise in die Gemeinschaft der Kirche aufzunehmen, sind wir alle eingeladen, die Verpflichtungen, die unsere Eltern, Taufpaten und -patinnen an unserer Stelle

übernommen haben, von neuem klar zu erkennen und unsere eifrige Anhänglichkeit an Christus und den Willen zum Kampf gegen das Böse zu bekräftigen, weil wir durch den Empfang dieses Sakramentes des Glaubens „reingewaschen, geheiligt, gerecht geworden sind im Namen Jesu Christi, des Herrn, und im Geist unseres Gottes" (vgl. *1 Kor* 6,11). Maria, helfe uns auf unserem Weg christlicher Treue.

Nach dem Angelusgebet sagte der Papst:

Heute wird der „Tag des römischen Priesterseminars" begangen, der vom Diözesanwerk der Priesterberufe alljährlich veranstaltet wird mit dem Ziel, die Aufmerksamkeit der Gläubigen auf die grundlegende Bedeutung zu lenken, die die Förderung der Priesterberufe und die Formung der zukünftigen Priester haben.
Ich lade die lieben Römer ein, die große und schöne Wirklichkeit ihres Priesterseminars immer besser zu erkennen. Sie ist in drei Institutionen gegliedert: das Große Seminar am Lateran und die Hochschule Capranica für das Philosophie- und Theologiestudium sowie das Kleine Seminar am Viale Vaticano für das Studium an der Mittelschule und am Gymnasium. Liebe Brüder und Schwestern, ich lade euch vor allem ein, den Herrn und die heilige Jungfrau, die Königin der Apostel, für diesen edlen Zweck der Priesterberufe unserer Diözesen zu bitten und an diesem Tag einen, wenn auch kleinen, den Möglichkeiten des einzelnen entsprechenden Beitrag zu leisten, der euer wirksames Interesse an dieser großen kirchlichen Sache bezeugt.
Die Jugend insbesondere will ich an die Worte Jesu erinnern: „Die Ernte ist groß, aber es gibt nur wenig Arbeiter" (*Mt* 9,37). Wenn der Herr spricht und ruft, muß man auf seine Stimme hören und ihr folgen. Ich bete darum, daß viele junge Menschen dem Herrn die Türen des Herzens öffnen und sich zum Werkzeug seiner Liebe machen wollen.

Das Heil der Menschen durch den Tod Christi

Ansprache bei der Generalaudienz am 11. Januar

1. In den jüngsten Katechesen haben wir anhand biblischer Texte den Artikel des *Apostolischen Glaubensbekenntnisses* erläutert, der von Jesus sagt: „gelitten unter Pontius Pilatus, gekreuzigt, gestorben und begraben". Es handelte sich nicht nur darum, die Leidensgeschichte zu erzählen, sondern in die Glaubenswahrheit einzudringen, die darin enthalten ist und die das Credo uns bekennen läßt: die von Christus durch seinen Opfertod gewirkte Erlösung der Menschen. Wir haben uns besonders in der Betrachtung seines Todes und der Worte aufgehalten, die er während seines Leidens am Kreuz gesprochen hat, gemäß dem uns von den Evangelisten überlieferten Bericht. Diese Worte helfen uns, den Geist, mit dem Christus sich für uns geopfert hat, besser und tiefer zu entdecken und zu verstehen.

Jener Glaubensartikel schließt, wie wir eben wiederholt haben, mit den Worten: „... begraben." Es könnte als eine reine Berichterstattung erscheinen, ist hingegen eine Angabe, deren Bedeutung in den weiterreichenden Horizont der ganzen Christologie gehört. Jesus Christus ist das Wort, das Fleisch geworden ist, um die menschliche Natur anzunehmen und in allem uns gleich zu werden, ausgenommen in der Sünde (vgl. *Hebr* 4,15). Er ist wirklich „einer aus uns" geworden (vgl. *Gaudium et spes*, Nr. 22), um unsere Erlösung zu wirken, kraft der mit jedem Glied der Menschheitsfamilie errichteten tiefen Solidarität. In dieser Natur des wahren Menschen hat er das Schicksal des Menschen ganz angenommen, bis zum Tod, auf den gewöhnlich die Beerdigung folgt, wenigstens in der kulturellen und religiösen Welt, in die er sich eingegliedert und in der er gelebt hat. Daß Christus begraben wurde, ist deshalb Gegenstand unseres Glaubens, weil es uns sein Geheimnis als Sohn Gottes vor Augen stellt, der Mensch geworden und bis zum Äußersten des menschlichen Lebens gegangen ist.

2. An diese letzten Worte des Glaubensartikels über das Leiden und Sterben Christi knüpft in gewisser Weise der nachfolgende Artikel an, der lautet: „hinabgestiegen in das Reich des Todes." In diesem Artikel spiegeln sich einige Texte des Neuen Testaments wider, wie wir gleich sehen werden. Jedoch ist es gut vorauszuschicken, daß die obengenannte Formel, obwohl sie in der Zeit der Kontroversen mit den Arianern in den Texten dieser Häretiker zu finden war, auch in das sogenannte Credo von Aquileia eingefügt wurde, eines der damals gültigen Bekenntnisse des katholischen Glaubens, gegen Ende des 4. Jahrhunderts verfaßt (vgl. *DS* 16). Sie wurde endgültig in die Lehre der Konzilien aufgenommen mit Lateran IV (1215) und dem II. Konzil von Lyon in dem *Glaubensbekenntnis von Michele Paleologo* (1274).
Außerdem wird von vornherein klargestellt, daß der Ausdruck „Reich des Todes" nicht „Hölle", den Zustand der Verdammnis, bedeutet, sondern den Ort der Toten, was man in Hebräisch „sheol" und in Griechisch „Hades" nannte (vgl. *Apg* 2,31).

3. Die Texte des Neuen Testaments, aus denen jene Formel stammt, sind zahlreich. Der erste findet sich in der Pfingstrede des Apostels Petrus, der unter Hinweis auf *Psalm* 16 und zur Bekräftigung der dort enthaltenen Ankündigung der Auferstehung Christi betont, daß der Prophet David „vorausschauend über die Auferstehung des Christus sagte: Er gibt ihn nicht der Unterwelt preis, und sein Leib schaut die Verwesung nicht" (*Apg* 2,31). Eine ähnliche Bedeutung hat die Frage, die der Apostel Paulus im Brief an die Römer stellt: „Wer wird in den Abgrund hinabsteigen? Das hieße: Christus von den Toten heraufführen" (*Röm* 10,7).
Auch in dem *Brief an die Epheser* ist eine Stelle, die, ebenfalls in bezug auf einen Vers von *Psalm* 68: „Du zogst hinauf zur Höhe, führtest Gefangene mit; du nahmst Gaben entgegen von den Menschen" (*Ps* 68,19), eine bedeutsame Frage stellt: „Wenn er aber hinaufstieg, was bedeutet dies anderes, als daß er zur Erde herabstieg? Derselbe, der herabstieg, ist auch hinaufgestiegen bis zum höchsten Himmel, um das All zu beherrschen" (*Eph* 4,8–10). Auf diese Weise scheint der Schreiber das „Hinabsteigen" Christi in den Abgrund (zu den Toten), von dem der *Brief an die Römer* spricht, mit seinem Aufsteigen

zum Vater zu verbinden, das den Anfang setzt zur eschatologischen Vollendung von allem in Gott.
Dieser Auffassung entsprechen auch die Worte, die Christus in den Mund gelegt wurden: „Ich bin der Erste und der Letzte und der Lebendige. Ich war tot, doch nun lebe ich in alle Ewigkeit, und ich habe die Schlüssel zum Tod und zur Unterwelt" (*Apg* 1,17–18).

4. Wie man aus den genannten Texten ersieht, gründet der Apostolische Glaubensartikel „hinabgestiegen in das Reich des Todes" in den Bekräftigungen des Neuen Testaments über das Hinabsteigen Christi nach dem Kreuzestod in das „Reich des Todes", zu dem „Ort des Todes", der in der Sprache des Alten Testaments „Abgrund" genannt wurde. Wenn im *Brief an die Epheser* gesagt wird: „zur Erde", dann deshalb, weil die Erde den menschlichen Leib nach dem Tod aufnimmt und so auch den Leichnam des auf Kalvaria gestorbenen Christus aufgenommen hat, wie die Evangelisten beschreiben (vgl. *Mt* 25,59 f. u. par.; *Joh* 19,40–42). Christus ist durch eine echte Todeserfahrung hindurchgegangen, einschließlich des letzten Augenblickes, der im allgemeinen zu ihrem gesamten Ablauf gehört: Er wurde in ein Grab gelegt.
Dies beweist, daß sein Tod eine Wirklichkeit und kein Schein war. Seine vom Leib getrennte Seele war in der Herrlichkeit Gottes, aber der Körper ruhte als Leichnam im Grab.
Während der drei (nicht vollen) Tage, die vom Augenblick, als „er den Geist aushauchte" (vgl. *Mk* 15,37), bis zur Auferstehung vergingen, hat Jesus den Todeszustand erfahren, das heißt die Trennung der Seele vom Leib, im Zustand und in der Natur aller Menschen. Das ist die erste Bedeutung der Worte „hinabgestiegen in das Reich des Todes", die mit dem im Zusammenhang stehen, was Jesus selbst ankündigte, als er unter Bezugnahme auf die Geschichte des Jona sagte: „Denn wie Jona drei Tage und drei Nächte im Bauch des Fisches war, so wird auch der Menschensohn drei Tage und drei Nächte im Innern der Erde sein" (*Mt* 12,40).

5. Gerade darum handelte es sich: um das Innere, den Schoß der Erde. Als er am Kreuz starb, legte Jesus seinen Geist in die Hände des Vaters: „Vater, in deine Hände lege ich meinen Geist" (*Lk* 23,46). Wenn der Tod die Trennung der Seele vom Leib bewirkt, so folgt daraus, daß es auch bei Jesus auf der einen Seite den körperlichen Zustand als Leichnam und anderseits die himmlische Verherrlichung seiner Seele vom Augenblick des Todes an gab. Der *erste Petrusbrief* spricht von dieser Dualität, wenn er in bezug auf den Tod, den Christus für unsere Sünden erlitten hat, von Ihm sagt: „dem Fleisch nach wurde er getötet, dem Geist nach lebendig gemacht" (*1 Petr* 3,18). Seele und Leib befinden sich deshalb im Endzustand, ihrem Wesen entsprechend, auch wenn auf der ontologischen Ebene die Seele danach strebt, die Einheit mit dem eigenen Leib wiederherzustellen. Der Apostel fügt jedoch hinzu: „So ist er (Christus) auch zu den Geistern gegangen, die im Gefängnis waren, und hat ihnen gepredigt" (*1 Petr* 3,19). Das scheint eine bildliche Darstellung der Ausweitung der Vollmacht des gekreuzigten Christus auch auf die zu sein, die vor ihm gestorben waren.

6. Wenn auch nur im verborgenen, bestätigt der Text des Petrus doch auch die anderen in der Auffassung, daß „hinabgestiegen in das Reich des Todes" die Vollendung bis zur Fülle der Heilsbotschaft des Evangeliums bedeutet. Christus ist der, der – in seinem Leib ins Grab gelegt, aber in seiner Seele zur Fülle der seligen Anschauung Gottes gelangt – seinen Zustand der Seligkeit allen Gerechten mitteilt, mit denen er im Leib den Todeszustand teilt.
In dem *Brief an die Hebräer* wird das von ihm an den Gerechten vollbrachte Erlösungswerk beschrieben: „Da nun die Kinder Menschen von Fleisch und Blut sind, hat auch er in gleicher Weise Fleisch und Blut angenommen, um durch seinen Tod den zu entmachten, der die Gewalt über den Tod hat, nämlich den Teufel, und um die zu befreien, die durch die Furcht vor dem Tod ihr Leben lang der Knechtschaft verfallen waren" (*Hebr* 2,14–15). Als Toter – und gleichzeitig als der Lebendige „in alle Ewigkeit" – hat Christus „die Schlüssel zum Tod und zur Unterwelt" (vgl. *Offb* 1,17–18). Darin offenbart und verwirklicht sich die Heilsvollmacht des Opfertodes Christi, der die Erlösung in bezug auf alle Menschen gewirkt hat: auch auf jene, die vor seinem Kommen und seinem „Hinabsteigen in das Reich des Todes" gestorben sind, aber von seiner gerechtmachenden Gnade erreicht wurden.

7. Im *ersten Petrusbrief* lesen wir weiter: „Denn auch Toten ist das Evangelium dazu verkündet worden, daß sie wie Menschen gerichtet werden im Fleisch, aber wie Gott das Leben haben im Geist" (*1 Petr* 4,6). Dieser wenn auch nicht leicht verständliche Vers betont ebenfalls den Begriff des „hinabgestiegen in das Reich des Todes" als den letzten Abschnitt der Sendung des Messias: eines Abschnitts, den die Texte auf wenige Tage „zusammendrängen" und von dem sie eine zugängliche Darstellung geben für den, der gewohnt ist, in zeitlichen und räumlichen Metaphern zu denken und zu sprechen; ein Begriff, der unendlich weitreicht in seiner wirklichen Bedeutung, der Ausweitung des Erlösungswerkes auf alle Menschen aller Zeiten und aller Orte, auch auf jene, die, zur Zeit des Todes Christi und während er begraben war, bereits „im Reich der Toten" ruhten. Das Wort des Evangeliums und des Kreuzes erreicht alle, auch jene, die zu den ältesten, entferntesten Generationen gehören, denn alle, die gerettet wurden, erhielten Anteil an der Erlösung, auch bevor das geschichtliche Ereignis des Opfertodes Christi auf Kalvaria geschah. Die Konzentration ihrer Evangelisierung und Erlösung während der Tage, als Christus im Grab ruhte, will unterstreichen, daß in die historische Tatsache des Todes Christi sich das übergeschichtliche Geheimnis der Erlösungsursache der Menschheit Christi einfügt als „Werkzeug" der allmächtigen Gottheit. Mit dem Eintritt der Seele Christi in die selige Anschauung im Schoß der Dreifaltigkeit findet die „Befreiung der Gerechten aus dem Gefängnis", die vor Christus in das Reich des Todes hinabgestiegen waren, ihren Bezugspunkt und ihre Erklärung. Durch Christus und in Christus eröffnet sich ihnen die endgültige Freiheit des Lebens des Geistes als Teilhabe am Leben Gottes (vgl. *Tomas von Aquin*, III, q. 52, a. 6). Das ist die „Wahrheit", die man aus den genannten biblischen Texten schöpfen kann und die im Artikel des *Credo* ausgedrückt wird, der lautet: „hinabgestiegen in das Reich des Todes".

8. Wir können also sagen, daß die vom *Apostolischen Glaubensbekenntnis* in den Worten „hinabgestiegen in das Reich des Todes“ ausgesprochene Wahrheit, während sie die Wirklichkeit des Todes Christi bekräftigt, gleichzeitig den Beginn seiner Verherrlichung verkündet. Und nicht nur von ihm, sondern von allen, die durch sein Erlösungsopfer zur Teilhabe an seiner Herrlichkeit in der Glückseligkeit des Reiches Gottes gelangt sind.

In deutscher Sprache sagte der Papst:

Liebe Brüder und Schwestern!

Mit unseren katechetischen Überlegungen kehren wir heute nach der kurzen Weihnachtsunterbrechung wieder zu unserem Hauptthema zurück: zur Erörterung der Grundwahrheiten unseres Glaubens. Wir stehen zur Zeit bei der Betrachtung des Leidens und Sterbens Christi. Im *Credo* bekennen wir von ihm: „Gelitten unter Pontius Pilatus, gekreuzigt, gestorben und begraben“. Christus ist so sehr einer von uns geworden, daß er auch die Wirklichkeit des Todes bis ins Grab auf sich genommen und durchlitten hat. Weiter heißt es dann von ihm im *Apostolischen Glaubensbekenntnis*: „Hinabgestiegen in das Reich des Todes“. Diese Aussage nimmt Bezug auf verschiedene Texte des Neuen Testaments, die davon sprechen, daß Christus im Tod in die „Unterwelt“ hinabgestiegen sei (vgl. *Eph* 4,8–10). Er selber sagt, daß, wie Jona drei Tage und drei Nächte im Bauch des Fisches gewesen ist, auch er „drei Tage und drei Nächte im Innern der Erde“ sein werde (*Mt* 12,40). Alle diese Aussagen unterstreichen, daß Christus den Tod bis zu seinen letzten Konsequenzen an sich erfahren hat. Der Tod bedeutet auch für ihn die Trennung der Seele vom Körper. Während sein Leib zu Grabe getragen wurde, trat seine Seele in die selige Anschauung Gottes. Der hl. Petrus schreibt darüber: „Dem Fleisch nach wurde er [Christus] getötet, dem Geist nach lebendig gemacht“ – und er fährt dann fort: „So ist er auch zu den Geistern gegangen, die im Gefängnis waren, und hat ihnen gepredigt“ (*1 Petr* 3,18–19). Als Toter, der im Angesichte Gottes lebt, verkündet Christus allen in den Banden des Todes Gefangenen das Heil. Darin bekundet sich die Universalität des Heilswirkens Jesu; es gilt der ganzen Menschheit, das heißt allen Menschen, gleich ob sie vor ihm gelebt haben und gestorben sind oder ob sie nach ihm leben werden. Wer gerettet wird, wird durch die Teilnahme an seiner Erlösung gerettet.
Herzlich grüße ich mit dieser kurzen Betrachtung alle heutigen Audienzbesucher deutscher Sprache; darunter besonders die Schwestern verschiedener Kongregationen, die in La Storta an einem Monatskurs geistlicher Besinnung und Erneuerung teilnehmen. Besinnung besagt Rückkehr zu den Quellen unseres Glaubens. Möget ihr daraus unter der Führung des Heiligen Geistes neue Anregungen und Kraft für euer religiöses Leben und Wirken schöpfen. Für ein fruchtbares und auch persönlich erfülltes neues Jahr erteile ich euch und allen Pilgern deutscher Sprache von Herzen meinen besonderen Apostolischen Segen.

Zeugnis kirchlicher Einheit

Angelus am 15. Januar

Liebe Brüder und Schwestern!

1. Das heutige Mariengebet des Angelus bietet mir die Gelegenheit, eine geistliche Wallfahrt zu den Bergen und Tälern der Steiermark in Österreich zu machen, zum Heiligtum von Mariazell, dessen Ursprünge mehr als achthundert Jahre zurückreichen. Es war in der Tat im 12. Jahrhundert, als ein Benediktinermönch in jene Gegend kam, um dort das Evangelium zu verkünden; er trug eine schlichte Holzstatue der Gottesmutter mit dem auf ihrem Schoß sitzenden Jesuskind mit sich. Für sich selbst und für die Marienstatue erbaute der Mönch eine „Zelle“: die „Zelle Marias“, Mariazell. Sie wurde im Laufe der Jahre ein vielbesuchter Wallfahrtsort und schließlich zum größten und bekanntesten Marienheiligtum des heutigen Österreich und auch der Regionen, die weit über sein Territorium hinausreichen. In der Tat trägt die Gnadenmutter von Mariazell die Ehrentitel „Magna Mater Austriae“ („Große Mutter Österreichs“), „Mater gentium Slavorum“ („Mutter der slawischen Völker“) und „Magna Hungarorum Domina“ („Große Herrin der Ungarn“).

2. Diesem Pilgerstrom von acht Jahrhunderten schloß ich mich an und begab mich am 13. September 1983 ebenfalls zum Heiligtum von Mariazell, nachdem ich an der festlichen Versammlung der Katholiken in Wien teilgenommen hatte. Zusammen mit mir versammelten sich an jenem Tag an dem Heiligtum, vor seiner herrlichen Naturkulisse, Bischöfe, Priester und Diakone, Ordensmänner und -frauen, Seminaristen und Novizen, vereint mit vielen Laien. Vor meinen Augen und im Herzen habe ich noch die Bilder und die tiefen Empfindungen jener eindrucksvollen Feier, die in einer Atmosphäre inniger Frömmigkeit unter der Teilnahme so vieler Gläubiger stattfand. Alle hatten damals das Gefühl, daß sich in der liturgischen Feier die ganze Gemeinschaft der österreichischen Katholiken um den Bischof von Rom, den Nachfolger des Petrus, versammelten, um Maria zu ehren. Es war ein wunderbares Zeugnis kirchlicher Einheit, das auch heute als Stütze des katholischen Glaubens, des althergebrachten Erbes der österreichischen Nation, gelten kann und muß.

3. In Erinnerung an jene gesegneten Stunden, die ich zu Füßen der Gnadenmutter von Mariazell verbrachte, möchte ich heute gern das Weihegebet Österreichs an Unsere Liebe Frau wiederholen: „Wir weihen Dir, Gottesmutter von Mariazell, die Kirche Jesu Christi hier in Österreich: alle, die in ihr Verantwortung tragen und ihr dienen, alle Hirten und Gläubigen ... Die Kirche erfülle heute wie in Zukunft ihren Heilsauftrag: im Namen des Evangeliums Jesu Christi, in fester Einheit mit den anderen Ortskirchen der Weltkirche und mit dem Petrusamt in Rom, zum Wohl und Segen aller Menschen dieses Landes, der Einheimischen und der Zugezogenen, der Gläubigen und der Suchenden.“
„Magna Mater Austriae, ora pro nobis!“

Nach dem Angelusgebet sagte der Papst:

Einen besonderen Gruß richte ich an die Gruppe der verheirateten Fokolare und die große Mädchengruppe der GEN-Bewegung, die in Rom zu ihrem Treffen über „Maria, Vorbild der Vollkommenheit" zusammengekommen sind.
Ich spreche euch meine Freude darüber aus, daß ihr euch um euer weiteres geistliches und kulturelles Wachstum bemüht.
Ihr stellt eine lebendige und tiefe Wirklichkeit dar, das heißt die von Christen, die sich in allen Ländern, in jeder Lage und jedem sozialen Feld Christus und den Menschen widmen und die eigenen Fähigkeiten so in Fülle Frucht tragen lassen.
Der Erfahrungsaustausch des Apostolats, den ihr in diesen Tagen vornehmt, stärke und unterstütze eure Gewißheit, daß Er, der in euch das Werk der Vollkommenheit begonnen hat, es auch vollenden wird (vgl. *Phil* 1,6). Maria, die wirklich für alle ein „Vorbild der Vollkommenheit" ist, gehe euch auf diesem Weg voran und begleite euch.

Nichts geht durch Einheit verloren

Ansprache bei der Generalaudienz am 18. Januar

1. „Wir, die vielen, sind ein Leib in Christus, als einzelne aber sind wir Glieder, die zueinander gehören" (*Röm* 12,5).
Diese Worte des hl. Paulus beschreiben am eindringlichsten die geheimnisvolle und lebendige organische Gemeinschaft, die unter den in Christus Getauften herrscht.
Der Text wurde deshalb als Thema für Gebet und Betrachtung in dieser Gebetswoche für die Einheit der Christen gewählt, die heute beginnt und bekanntlicherweise bis 25. Januar, dem Fest der Bekehrung des heiligen Apostels Paulus, dauert.
Diese Woche sieht die Katholiken im Gebet vereint mit den Orthodoxen, den Anglikanern und den Protestanten. Dies entspricht dem Geist des Zweiten Vatikanischen Konzils, das das Gebet zusammen mit der Bekehrung des Herzens und der Heiligkeit des Lebens „als die Seele der ganzen ökumenischen Bewegung" bezeichnet hat (vgl. *Unitatis redintegratio*, Nr. 8).
Im allgemeinen Kontext des Gebets für die Einheit wird in jedem Jahr ein besonderes Thema vorgelegt. Seit nunmehr zwanzig Jahren ist das der Beschluß des Sekretariats für die Einheit der Christen und des Ökumenischen Weltkirchenrats als Beweis des gemeinsamen Willens, zusammen den Weg zu gehen, der zur vollen Einheit führt, für die der Herr gebetet hat.
Das Hören auf Gottes Wort und die einmütige Bitte an den himmlischen Vater versetzen die Christen in die beste Lage, das Geschenk der Einheit zu empfangen und zu verstehen.

2. Indem er sich an die Christen von Rom wendet, beschreibt der heilige Apostel Paulus das, was er als die normale Situation im Leben der Gemeinschaft ansieht: „Wir, die vielen, sind ein Leib in Christus" (*Röm* 12,5). Die Gemeinschaft wird als ein organisches

Gefüge von Personen betrachtet, die von demselben Glauben, von einer einzigen Hoffnung und vor allem von der Liebe zueinander beseelt sind. Sie haben an demselben Leben teil, das der heilige Paulus in dem *Brief an die Römer* und anderswo im Bild des „Leibes“ zusammenfaßt, in dem er das organische Wesen der christlichen Gemeinschaft zum Ausdruck bringt.

Trotz der Vielfalt der Glieder und der Verschiedenheit der sich ergänzenden Funktionen ist der gesunde Leib ein einziger, sowohl in seinem Dasein als auch in seinem Handeln. Dies gilt auch und vor allem für die Kirche, die eben deshalb „Leib Christi“ genannt wird.

Gottes Sohn, der den Menschen erlöst und zu „einem neuen Geschöpf“ umgestaltet hat (vgl. *Gal* 6,15; *2 Kor* 5,17), indem er seinen Geist mitteilte, „hat seine Brüder, die er aus allen Völkern zusammenrief, in geheimnisvoller Weise gleichsam zu seinem Leib gemacht“ (*Lumen Gentium*, Nr. 7). Der Glaube und die Sakramente geben dieser geheimnisvollen Gemeinschaft Gestalt: „Durch den einen Geist wurden wir in der Taufe alle in einen einzigen Leib aufgenommen“ (*1 Kor* 12,13). Die Taufe bewirkt eine wahre Eingliederung in Christus, die ihre Vollendung in der Teilhabe an der Eucharistie erreicht.

Leider hat die Spaltung das Leben der Christen tiefgehend beeinträchtigt, die – weil untereinander uneins – nicht gemeinsam Eucharistie feiern können, das Zeichen voller Gemeinschaft. Die Spaltung steht in offenem Gegensatz zum Willen des Herrn in bezug auf seine Jünger und ruft in den dafür empfindsamen Christen ein tiefes Unbehagen hervor. Sie konnte jedoch die durch den Glauben an Christus und die eine Taufe geschaffene Gemeinschaft nicht vollständig zerstören.

Das Zweite Vatikanische Konzil hat diese Tatsache, als es die Verpflichtung der katholischen Kirche zur ökumenischen Bewegung festlegte, klar unterstrichen und zur Grundlage der geduldigen und leidvollen Suche nach der Wiederherstellung der vollen Einheit gemacht. Das *Ökumenismusdekret* erklärt: „Wer an Christus glaubt und in der rechten Weise die Taufe empfangen hat, steht dadurch in einer gewissen, wenn auch nicht vollkommenen Gemeinschaft mit der katholischen Kirche“ (*Unitatis redintegratio*, Nr. 3). Tatsächlich sind die anderen Christen, unsere Brüder im Herrn, „durch den Glauben in der Taufe gerechtfertigt und Christus eingegliedert“ (*ebd.*).

Deshalb „begründet die Taufe das sakramentale Band der Einheit“ des Leibes Christi und ist ihrem Wesen nach hingeordnet auf die volle Gemeinschaft im Bekenntnis des Glaubens, in der Teilhabe am Heilswerk, in der Feier der Eucharistie (vgl. *ebd.*, Nr. 22).

Die gemeinsame Taufe erfordert die Fülle der Gemeinschaft.

3. Der heilige Paulus entfaltet das Bild vom Leib und stellt fest, daß „wir an dem einen Leib viele Glieder haben, aber nicht alle Glieder denselben Dienst leisten“ (*Röm* 12,4). Er wendet dieses Bild auf den Leib Christi an, der die Kirche ist. Dem Gedanken der Vielfalt und der Verschiedenheit der Glieder fügt er jenen von der wechselseitigen Solidarität und ergänzenden Zuordnung an, wenn er bekräftigt: „Als einzelne sind wir Glieder, die zueinander gehören“ (*Röm* 12,5) und weiter: „Wir haben unterschiedliche Gaben, je nach der uns verliehenen Gnade“ (*Röm* 12,6).

Die geeinte christliche Gemeinschaft drückt sich in einem echten Zusammenspiel und -wirken aus, das heißt in einer harmonischen Zusammenarbeit verschiedener Stimmen und vielfältiger Handlungen, verbunden in dem Willen, das eine Evangelium Jesu Christi zu leben und zu verkünden. Die Vielfalt in der Einheit ist ein Kennzeichen der christlichen Gemeinschaft, die sich in ihren Diensten und den Charismen ihrer Glieder unterscheidet und zugleich immer offen ist gegenüber der Welt mit ihren unterschiedlichen Kulturen.

Das Zweite Vatikanische Konzil hat an die überlieferte geschichtliche Erfahrung der Kirche erinnert und bekräftigt: „Das von den Aposteln überkommene Erbe aber ist in verschiedenen Formen und auf verschiedene Weise übernommen und daher schon von Anfang an in der Kirche hier und dort verschieden ausgelegt worden, wobei auch die Verschiedenheit der Mentalität und der Lebensverhältnisse eine Rolle spielten" (*Unitatis redintegratio*, Nr. 14). Gleichzeitig ruft das Konzil in Erinnerung, daß auch unter den anderen Christen trotz der Spaltung „der Christusglaube seine Früchte in Lobpreis und Danksagung für die von Gott empfangenen Wohltaten zeitigt" und in der Liebe zum Nächsten und für die Gerechtigkeit in der Welt am Werk ist. Denn „das christliche Leben dieser Brüder wird genährt durch den Glauben an Christus, gefördert durch die Gnade der Taufe und das Hören des Wortes Gottes" (*ebd.*, Nr. 23).

Die Vielfalt authentischer Lebenserfahrungen nach dem Evangelium kann – auch unter den anderen Christen – nur vom Heiligen Geist kommen, „der auch in ihnen mit seiner heiligenden Kraft wirksam ist und manche von ihnen bis zur Vergießung des Blutes gestärkt hat" (*Lumen Gentium*, Nr. 15).

4. Nichts von all dem kann durch die Einheit verloren gehen. Die Einheit beeinträchtigt die authentische Vielfalt nicht, sondern bewirkt sogar, daß das Leben in Christus an Intensität zunimmt, erblüht und sich in immer vollendeteren Formen ausdrückt.

Ziel der gesamten ökumenischen Bewegung, die sich durch die Gnade Gottes immer mehr vertieft, ist gerade die „unitatis redintegratio", das heißt die Wiederherstellung der vollen sichtbaren und organischen Einheit aller Christen „im Bekenntnis des einen Glaubens, in der gemeinsamen Feier des Gottesdienstes und in der brüderlichen Eintracht der Familie Gottes" (*Unitatis redintegratio*, Nr. 2). Und das muß geschehen unter strenger Achtung der rechtmäßigen unterschiedlichen Ausdrucksformen der Spiritualität, Disziplin, Liturgie und Theologie.

Dieses Zukunftsbild wurde vom Zweiten Vatikanischen Konzil bekräftigt (*ebd.*, Nr. 14–18), und mit Freude haben wir es betont in der gemeinsamen Erklärung zum Abschluß des Rombesuches des Ökumenischen Patriarchen Dimitrios I. Gemeinsam sagten wir: „Wenn die Einheit im Glauben sichergestellt ist, ist eine gewisse Unterschiedlichkeit von oft einander sich ergänzenden und zum eigenen Gebrauch bestimmten Ausdrucksformen kein Hindernis, sondern bereichert das Leben der Kirche und die immer noch unvollkommene Erkenntnis des offenbarten Geheimnisses" (vgl. *1 Kor* 13,12).

In deutscher Sprache sagte der Papst:

Liebe Brüder und Schwestern!

Die jährliche Gebetswoche für die Einheit der Christen verbindet im gemeinsamen Gebet Katholiken, Orthodoxe, Anglikaner und Protestanten. Das Gebet ist, wie das Konzil betont, „die Seele der ganzen ökumenischen Bewegung" (*Unitatis redintegratio*, Nr. 8). Das für die heute beginnende Gebetswoche gemeinsam gewählte Thema lautet: „Wir, die vielen, sind ein Leib in Christus, als einzelne aber sind wir Glieder, die zueinander gehören" (*Röm* 12,5). In diesem Wort aus dem *Römerbrief* unterstreicht der hl. Paulus, daß die Christen trotz ihrer Vielzahl eine innerste Einheit, einen Leib bilden, in dem ein gemeinsames Leben pulsiert. Darum wird auch die Kirche „Leib Christi" genannt. Diese Einheit bewirkt der Heilige Geist, der allen Christen in der Taufe geschenkt wird. Die bestehenden Kirchenspaltungen beeinträchtigen schwerwiegend das Leben der christlichen Gemeinschaft. Sie steht in offenem Gegensatz zu dem Willen des Herrn. Dennoch vermag sie die durch die Taufe grundgelegte Einheit unter den Christen nicht völlig zu zerstören. Sie besteht weiter und ist von ihrer Natur her auf die volle Einheit in Glaube und Sakramenten hingeordnet.

Wie die Einheit des Leibes so unterstreicht der hl. Paulus zugleich auch die Vielzahl seiner Glieder. Ebenso ist die Einheit der christlichen Gemeinschaft eine Einheit in der Vielheit und Verschiedenheit. Auch andere christliche Kirchen haben schon viele durch den Heiligen Geist gewirkte Gnaden und Gaben, bis hin zum Zeugnis des Martyriums. Keiner dieser authentischen Werte darf bei der Wiederherstellung der vollen Einheit unter den Christen verlorengehen. Die sichtbare Einheit unter ihnen soll nach dem Konzil in folgendem bestehen: „Im Bekenntnis des einen Glaubens, in der gemeinsamen Feier des Gottesdienstes und in der brüderlichen Eintracht der Familie Gottes" (*Unitatis redintegratio*, Nr. 2). Und dies kann durchaus geschehen in der Achtung und Wahrung der legitimen Unterschiede in den geistlichen, disziplinären, liturgischen und theologischen Ausdrucksweisen der verschiedenen christlichen Kirchen und Traditionen.

Euch alle, liebe Brüder und Schwestern, lade ich heute mit der Kirche zum Gebet für die Einheit der Christen ein. Zugleich begrüße ich euch herzlich zu dieser Audienz. Einen besonderen Willkommensgruß richte ich an die Schwestern aus verschiedenen Provinzen der Kongregation der Franziskanerinnen, Töchter der Heiligsten Herzen Jesu und Mariae. Möge die Besinnung auf die Geschichte eurer Kongregation das Charisma eurer Gründerin neu aufleuchten lassen und zum Quell der Anregung und der Kraft für euer Apostolat in der Welt von heute werden. Für Gottes Gnadenbeistand erteile ich euch und allen heutigen Audienzteilnehmern von Herzen meinen besonderen Apostolischen Segen.

Glaubwürdiges Zeugnis durch Einheit

Angelus am 22. Januar

Liebe Brüder und Schwestern!

1. Bei unserem Treffen zum Angelusgebet möchte ich heute an die Weltgebetswoche für die Einheit der Christen erinnern, die alljährlich vom 18. bis 25. Januar stattfindet. Obwohl die ökumenische Oktav auf der südlichen Halbkugel in der Woche vor Pfingsten abgehalten wird, hat sie die gleiche geistliche Inspiration und denselben Zweck: von unserem Herrn Jesus die Gnade der Einheit für alle Christen zu erflehen, im Gehorsam zu dem von ihm ausgesprochenen Wunsch, seine Jünger „sollen eins sein, ..., damit die Welt glaubt" (*Joh* 17,21).

2. In diesen Tagen bitten Katholiken, Orthodoxe, Anglikaner und Protestanten den einen und gemeinsamen Herrn. Wo es möglich ist, tun sie es zusammen, eins im Herzen und in der Hoffnung.
Dieser Zusammenklang von Stimmen, die auf das gleiche Thema abgestimmt sind, ist ein Unterpfand der vollen Einheit, auf die die Bemühungen der gesamten ökumenischen Bewegung ausgerichtet sind.
Ich lade euch hier Anwesende und die Katholiken der ganzen Welt ein, sich voll Eifer an diesem einmütigen Gebet zu beteiligen, damit es in der heutigen Welt eine einige und zusammenhängende christliche Gemeinschaft bildet. Nur so können wir ein glaubwürdiges Zeugnis für Christus geben und einen nützlichen Beitrag für die Welt leisten, die auf der Suche nach einem friedlichen und brüderlichen Zusammenleben ist.

3. Nehmen wir die herzliche Einladung an, die der heilige Paulus an die Römer gerichtet hat und die in die Fürbitten der jetzigen Gebetswoche eingereiht wurde: „Seid beharrlich im Gebet!" (*Röm* 12,14).
In dieser Verpflichtung steht uns die seligste Jungfrau bei, auf die wir „als unsere gemeinsame Mutter schauen, die für die Einheit der Gottesfamilie betet und die allen vorangeht an der Spitze des langen Zuges von Zeugen für den Glauben an den einen Herrn, der Sohn Gottes ist und durch den Heiligen Geist in ihrem jungfräulichen Schoß empfangen wurde" (*Redemptoris Mater*, Nr. 30).
Die himmlische Fürsprache Marias beschleunige das Kommen des Tages der vollen Gemeinschaft unter all jenen, die in Jesus den Erlöser der Welt erkennen.

Die Auferstehung von Jesus Christus bezeugen

Ansprache bei der Generalaudienz am 25. Januar

1. In dieser Katechese halten wir uns die höchste Wahrheit unseres Glaubens an Christus vor Augen, die vom Neuen Testament dokumentiert, von den ersten Christengemeinden als zentrale Wahrheit geglaubt und gelebt, von der Tradition als grundlegend überliefert, von den wahren Christen nie vernachlässigt wurde und heute als wesentlicher Teil des Ostergeheimnisses zusammen mit dem Kreuzestod vertieft, studiert und verkündet wird: es ist die Auferstehung Christi. Tatsächlich sagt das *Apostolische Glaubensbekenntnis* von Ihm: „am dritten Tage auferstanden von den Toten"; und das *Nizäno-Konstantinopolitanische Glaubensbekenntnis* erklärt: „Er ist auferstanden am dritten Tage gemäß der Schrift."
Es ist ein Dogma des christlichen Glaubens, das mit einem geschichtlichen Ereignis und einer belegten Tatsache verbunden ist. Wir versuchen „im Geist kniend", das Geheimnis zu ergründen, das vom Dogma formuliert wurde und in der Tatsache enthalten ist, indem wir zu Beginn die biblischen Texte überprüfen, die es bestätigen.

2. Das erste und älteste schriftliche Zeugnis von der Auferstehung Christi findet sich im *ersten Brief des heiligen Paulus an die Korinther*. Darin ruft der Apostel den Empfängern des Briefes (gegen Ostern des Jahres 57 n. Chr.) in Erinnerung: „Denn vor allem habe ich euch überliefert, was auch ich empfangen habe: Christus ist für unsere Sünden gestorben, gemäß der Schrift, und ist begraben worden. Er ist am dritten Tag auferweckt worden, gemäß der Schrift, und erschien dem Kephas, dann den Zwölf. Danach erschien er mehr als fünfhundert Brüdern zugleich; die meisten von ihnen sind noch am Leben, einige sind entschlafen. Danach erschien er dem Jakobus, dann allen Aposteln. Als letztem von allen erschien er auch mir, dem Unerwarteten, der ‚Mißgeburt'" (*1 Kor* 15,3–8).
Wie man sieht, spricht der Apostel hier von der lebendigen Tradition der Auferstehung, von der er nach seiner Bekehrung bei Damaskus erfahren hatte (vgl. *Apg* 9,3–18). Auf seiner Reise nach Jerusalem hatte er den Apostel Petrus und auch Jakobus getroffen – wie es im *Brief an die Galater* (1,18 f.) angegeben wird –, die er jetzt als die zwei Zeugen des auferstandenen Christus bezeichnet.

3. Zu beachten ist auch, daß der heilige Paulus in dem genannten Text nicht nur von der am dritten Tag „gemäß der Schrift" geschehenen Auferstehung spricht (eine biblische Bezugnahme, die bereits die theologische Dimension der Tatsache berührt), sondern sich gleichzeitig auf die Zeugen beruft, auf jene, denen Christus persönlich erschienen ist. Das ist unter anderem ein Zeichen dafür, daß der Glaube der Urgemeinde der Gläubigen, von Paulus im *Brief an die Korinther* ausgesprochen, auf dem Zeugnis konkreter Menschen gründet, die den Christen bekannt waren und zum Großteil noch unter ihnen lebten. Diese „Zeugen der Auferstehung Christi" (vgl. *Apg* 1,22) sind zuallererst die zwölf Apostel, aber nicht nur sie allein. Paulus spricht sogar von weiteren fünfhundert Personen, denen Jesus zugleich erschien, außer dem Petrus, dem Jakobus und allen Aposteln.

4. Angesichts dieses paulinischen Textes verlieren solche Hypothesen jede Glaubhaftigkeit, mit denen man in verschiedener Weise die Auferstehung Christi zu erklären suchte, indem man die physische Ordnung ausschloß, so daß sie nicht als ein geschichtliches Faktum anerkannt wurde: zum Beispiel die Hypothese, nach der die Auferstehung nichts anderes sei als eine Art, den Zustand zu erklären, in dem Christus sich nach dem Tod befand (in lebendigem und nicht totem Zustand); oder die andere Hypothese, die die Auferstehung auf den Einfluß verkürzt, den Christus nach seinem Tod auf seine Jünger weiter ausgeübt, ja sogar mit neuer, unwiderstehlicher Kraft fortgesetzt habe. Diese Erklärungsversuche scheinen ein Vorurteil und eine Ablehnung der Wirklichkeit der Auferstehung zu enthalten, die sie nur als ein „Produkt" seiner Umgebung, das heißt der Gemeinde von Jerusalem, betrachten. Weder die Erklärung noch das Vorurteil finden in den Fakten eine Bestätigung.
Der heilige Paulus hingegen beruft sich in dem genannten Text auf die Augenzeugen des Geschehens. Seine Überzeugung von der Auferstehung Christi hat deshalb eine Erfahrungsgrundlage. Sie ist mit dem Beweisgrund „ex factis" verbunden, den, wie wir sehen, die Apostel gerade in der Urgemeinde von Jerusalem gewählt und verfolgt haben. Denn als es sich darum handelt, Matthias, einen der eifrigsten Jünger Jesu, zu erwählen, um die durch den Verrat und Tod des Judas Iskariot unvollständige Zahl der Zwölf aufzufüllen, stellen die Apostel die Bedingung, daß der zu Erwählende nicht nur ihr Gefährte in der Zeit, als Jesus lehrte und wirkte, war, sondern daß er vor allem „Zeuge seiner Auferstehung" sein kann, dank der Erfahrung, die er bis zu dem Tag gemacht hatte, an dem Christus – wie sie sagen – „von uns ging und in den Himmel aufgenommen wurde" (*Apg* 1,22).

5. Man kann deshalb nicht, wie es eine gewisse gegenüber geschichtlichen Angaben wenig achtungsvolle neutestamentarische Kritik tut, die Auferstehung als ein „Produkt" der christlichen Urgemeinde von Jerusalem darstellen. Die Wahrheit von der Auferstehung ist kein Produkt des Glaubens der Apostel oder der anderen vor- oder nachösterlichen Jünger. Aus den Texten geht vielmehr hervor, daß der „vorösterliche" Glaube der Anhänger Christi der radikalen Probe des Leidens und des Kreuzestodes ihres Meisters unterworfen wurde. Er selbst hatte diese Prüfung angekündigt, besonders in den an Simon Petrus gerichteten Worten, als man bereits an der Schwelle des tragischen Geschehens von Jerusalem stand: „Simon, Simon, der Satan hat verlangt, daß er euch wie Weizen sieben darf. Ich aber habe für dich gebetet, daß dein Glaube nicht erlischt" (*Lk* 22,31–32). Die vom Leiden und Sterben Christi hervorgerufene Erschütterung war so gewaltig, daß die Jünger (wenigstens einige unter ihnen) anfangs nicht an die Nachricht von der Auferstehung glaubten. Davon finden wir in jedem Evangelium Beweise. Insbesondere Lukas läßt uns wissen, daß die Apostel, als die Frauen „vom Grab in die Stadt zurückkehrten und alles den Elf und den anderen Jüngern berichteten, das für Geschwätz hielten und ihnen nicht glaubten" (vgl. *Lk* 24,9.11).

6. Im übrigen wird die Hypothese, die in der Auferstehung ein „Produkt" des Glaubens der Apostel sehen will, auch widerlegt von dem Bericht über den Auferstandenen, der

„selbst in ihre Mitte trat und zu ihnen sagte: Friede sei mit euch!" Aber „sie meinten, einen Geist zu sehen". Bei dieser Gelegenheit mußte Jesus selbst ihre Zweifel und ihre Angst überwinden und sie davon überzeugen, daß „er es war": „Faßt mich doch an, und begreift: Kein Geist hat Fleisch und Knochen, wie ihr es bei mir seht." Weil sie erstaunt waren und es immer noch nicht glauben konnten, bat er sie, ihm etwas zu essen zu geben, und „er nahm es und aß es vor ihren Augen" (vgl. *Lk* 24,36–43).

7. Außerdem ist die Episode von Thomas wohlbekannt, der nicht bei den anderen Aposteln war, als Jesus zum ersten Mal zu ihnen kam und in den Abendmahlssaal trat, obwohl die Tür verschlossen war (vgl. *Joh* 20,19). Als die anderen Jünger bei seiner Rückkehr zu ihm sagten: „Wir haben den Herrn gesehen", äußerte Thomas Verwunderung und Ungläubigkeit und antwortete: „Wenn ich nicht die Male der Nägel an seinen Händen sehe und wenn ich meinen Finger nicht in die Male der Nägel und meine Hand nicht in seine Seite lege, glaube ich nicht." Acht Tage später kam Jesus wieder in den Abendmahlssaal, um die Bitte des „ungläubigen" Thomas zu erfüllen und sagte zu ihm: „Streck deinen Finger aus – hier sind meine Hände! Streck deine Hand aus und leg sie in meine Seite, und sei nicht ungläubig, sondern gläubig!" Als Thomas dann seinen Glauben bekannte mit den Worten: „Mein Herr und mein Gott!", sagte Jesus zu ihm: „Weil du mich gesehen hast, glaubst du. Selig sind, die nicht sehen und doch glauben" (*Joh* 20,24–29).
Die Aufforderung zu glauben, ohne das sehen zu wollen, was im Geheimnis Gottes und Christi verborgen ist, bleibt immer gültig. Aber die Schwierigkeit des Apostels Thomas, die Auferstehung anzuerkennen, ohne persönlich die Anwesenheit des lebenden Jesus erfahren zu haben, und dann sein Glaube angesichts der ihm von Jesus selbst gelieferten Beweise, bestätigen das, was aus den Evangelien hervorgeht im Hinblick auf den Widerstand der Apostel und der Jünger, die Auferstehung zuzugeben. Die Hypothese, daß die Auferstehung ein „Produkt" des Glaubens (oder der Gläubigkeit) der Apostel gewesen sei, entbehrt deshalb jeder Grundlage. Ihr Glaube an die Auferstehung ist hingegen – unter der Wirkung der göttlichen Gnade – aus der unmittelbaren Erfahrung der Wirklichkeit des auferstandenen Christus geboren.

8. Jesus selbst nimmt nach der Auferstehung Kontakt auf mit den Jüngern zu dem Zweck, ihnen den Sinn für die Wirklichkeit zu geben und ihre Meinung (oder Angst) zu zerstreuen, daß es sich um einen „Geist" handle und daß sie Opfer einer Illusion seien. Tatsächlich knüpft er mit ihnen direkte Beziehungen an, gerade durch das Antasten.
So ist es bei Thomas, von dem wir zuvor berichtet haben, aber auch bei der im *Lukasevangelium* beschriebenen Begegnung, als Jesus zu den bestürzten Jüngern sagt: „Faßt mich doch an und begreift: Kein Geist hat Fleisch und Knochen, wie ihr es bei mir seht" (24,39). Er lädt sie ein, selbst festzustellen, daß der auferstandene Leib, mit dem er vor ihnen erscheint, derselbe ist, der gemartert und gekreuzigt wurde. Aber dieser Leib besitzt gleichzeitig neue Eigenschaften: Er ist „vergeistigt" und „verherrlicht" worden und unterliegt deshalb nicht mehr den Begrenzungen, die für Lebewesen und damit für den menschlichen Leib gelten. (Tatsächlich tritt Jesus in den Abendmahlssaal ein trotz der verschlossenen Türen, er erscheint und verschwindet wieder, usw.). Dieser Leib ist aber

zugleich echt und wirklich. In seiner stofflichen Identität liegt der Beweis für die Auferstehung Christi.

9. Die im *Lukasevangelium* dargestellte Begegnung auf dem Weg nach Emmaus ist ein Ereignis, das in besonders klarer Weise sichtbar macht, wie im Bewußtsein der Jünger die Überzeugung von der Auferstehung gerade durch den Kontakt mit dem auferstandenen Christus heranreifte (vgl. *Lk* 24,15–21). Diese beiden Jünger Jesu waren am Anfang des Weges „traurig und niedergeschlagen" bei der Erinnerung an das, was dem Meister am Tag der Kreuzigung geschehen war, und sie verbargen nicht ihre Enttäuschung, die sie empfunden hatten, als sie die in ihn als den Messias und Befreier gesetzte Hoffnung zerstört sahen: „Wir hatten gehofft, daß er der sei, der Israel erlösen werde." Dann, als ihnen klar wird, daß der Unbekannte, mit dem sie geredet hatten, genau derselbe Christus wie zuvor ist, erfahren sie eine totale Wandlung und begreifen, daß er wirklich auferstanden ist. Aus der ganzen Erzählung geht hervor, daß die Gewißheit der Auferstehung Jesu sie beinahe zu neuen Menschen gemacht hat. Sie haben nicht nur den Glauben an Christus wiedererlangt, sondern waren auch bereit, für die Wahrheit seiner Auferstehung Zeugnis zu geben.
Alle diese miteinander übereinstimmenden Angaben in dem Text des Evangeliums beweisen die Tatsache der Auferstehung, die das Fundament des Glaubens der Apostel und des Zeugnisses ist, das – wie wir in den nächsten Katechesen sehen werden – im Mittelpunkt ihrer Verkündigung steht.

In deutscher Sprache sagte der Papst:

Liebe Brüder und Schwestern!

Nach unserer Betrachtung des Leidens und Sterbens Jesu wenden wir uns heute der zentralen Wahrheit unseres Glaubens zu: der Auferstehung Christi. Wir bekennen vor ihm im *Apostolischen Glaubensbekenntnis*: „am dritten Tage auferstanden von den Toten".
Der Glaube an die Auferstehung Christi gründet in einem geschichtlichen Geschehen. Von diesem berichten uns die verschiedenen Schriften des Neuen Testamentes. Das älteste schriftliche Zeugnis darüber finden wir beim hl. Paulus im *ersten Korintherbrief*, wo er um das Jahr 57 schreibt: „Er [Christus] ist am dritten Tag auferweckt worden, gemäß der Schrift, und erschien dem Kephas, dann den Zwölf" (15,4–5). Sodann spricht Paulus von über 500 Brüdern, denen der auferstandene Herr erschienen ist und von denen die meisten zu seiner Zeit sogar noch leben. Der Apostel gründet also seinen Glauben an die Auferstehung Christi auf die lebendige Tradition, auf die konkreten Augenzeugen unter den ersten Christen. Damit werden alle anderen Erklärungsversuche haltlos, die in der Auferstehung Jesu ein „Produkt" der Umgebung ohne jegliche geschichtliche Grundlage, eine subjektive Glaubensvorstellung der Apostel und der Urkirche sehen wollen. Der Apostel Paulus gründet seinen Glauben an die Auferstehung Christi ganz eindeutig auf ein konkretes geschichtliches Faktum, von dem Augenzeugen berichten.
Die Apostel selbst hatten die größten Schwierigkeiten, nach dem tragischen Geschehen von Golgota die Tatsache der Auferstehung Christi gläubig anzunehmen. An mehreren Stellen bemerken die Evangelien, daß die Jünger bei den Erscheinungen des auferstande-

nen Herrn ein Gespenst zu sehen meinten und daß sie „nicht glaubten" (vgl. *Lk* 24,11). Christus selber mußte sie von der Wahrheit seiner Auferstehung mühsam überzeugen. Erst dann konnte der Apostel Thomas bekennen: „mein Herr und mein Gott!" (*Joh* 20,28). Den gleichen Erfolg hatte Jesus auch bei den beiden Jüngern auf dem Weg nach Emmaus. Auch sie wurden, nachdem sie ihn glaubend erkannt hatten, Zeugen seiner Auferstehung.

Ebenso sollen auch wir, liebe Brüder und Schwestern, heute glaubwürdige Zeugen der Auferstehung Jesu Christi sein. Indem ich euch erneut daran erinnere, grüße ich euch alle herzlich zu dieser Audienz; besonders die Priester aus der Diözese Aachen, die ihr 25jähriges Priesterjubiläum feiern. Mit meinen besten Glückwünschen ermutige ich euch in eurem priesterlichen Dienst, heute besonders in eurem Zeugnis für den auferstandenen Herrn, dessen Nähe ihr täglich beim Brechen des eucharistischen Brotes neu erfahren dürft. Euch und allen anwesenden Pilgern erteile ich von Herzen den Apostolischen Segen.

In der Treue erstarken

Angelus am 29. Januar

Liebe Brüder und Schwestern!

1. Heute lade ich euch ein, mit mir gemeinsam den Blick auf ein Bild der Gottesmutter zu richten, das sozusagen das Herz eines der ältesten transalpinischen Heiligtümer darstellt: das Bild der Schwarzen Muttergottes von Einsiedeln in der Schweiz.

Ich erinnere mich mit Freude und Dankbarkeit an den Besuch, den ich dort im Juni 1984 abstattete anläßlich der Pastoralreise, die mich zu den Schweizer Katholiken führte. Damals fühlte ich mich als Pilger inmitten der riesigen Schar derer, die Tag für Tag den Klosterplatz überqueren und die Treppe hinaufsteigen, die zur Abtei führt, um in die Gnadenkapelle im Innern dieses herrlichen barocken Gotteshauses zu gelangen.

2. Historische Urkunden bezeugen, daß seit dem Jahr 1314 Gläubige aus der ganzen Schweiz und den Nachbarländern wie Deutschland und Österreich zu diesem geheiligten Ort kommen, um Maria zu ehren, bei ihr, der Mutter Jesu und unserer Mutter, Hilfe und Trost in ihren Nöten zu finden und ihrer mütterlichen Fürsprache die innersten Wünsche anzuvertrauen.

Wahrscheinlich wurde die Gottesmutter bereits vor dem Jahr 1314 an diesem Ort verehrt. Denn die Gnadenkapelle steht an der historisch nachgewiesenen Stelle, wo der Benediktinereinsiedler Meinrad (gest. 861) durch sein beispielhaftes Leben, das seine Krönung in einem heiligmäßigen Tod fand, das Licht des Glaubens in den Bewohnern der Umgebung angezündet und genährt hatte. Von seiner „Einsiedelei" kommt der heutige Ortsname Einsiedeln. Hier entstand im Jahr 934 eine Benediktinerabtei, wo auch heute noch die Söhne des heiligen Benedikt durch ihr beharrliches Gebet und ihr beispielhaftes Leben den Glauben über Jahrhunderte hinweg bewahrt haben und ihn den kommenden Generationen unverfälscht weitergeben. An diesem bereits dem göttlichen Erlöser geweihten Ort hat Maria, seine Mutter, auf diese Weise ihren ständigen Sitz in der Mitte des schweizerischen Volkes und wird besonders unter dem Namen „Schwarze Muttergottes“ verehrt.

3. Indem ich der Klostergemeinschaft von Einsiedeln und den Ortsbewohnern einen besonderen Gruß übersende, möchte ich sie zusammen mit dem ganzen Schweizer Volk der Gnadenmutter von Einsiedeln anvertrauen.
Vor der heiligen Jungfrau wiederhole ich das Gebet, das ich bei meinem Besuch des Heiligtums an sie richtete: „Mutter Gottes und Mutter der Menschen, ‚empfiehl uns deinem Sohne, stelle uns vor deinem Sohne‘! Er ist unser Mittler und Beistand beim Vater. Wir bitten dich, Mutter unseres Erlösers, lege in der Herrlichkeit des Himmels Fürbitte ein für uns bei deinem Sohn: daß die Kirche in der Schweiz erstarke in der Treue zu Christus; ... daß alle Völker und Menschen in Freiheit und Frieden leben können; ... daß das Reich Gottes und seine Gerechtigkeit zu uns komme!“

Nach dem Angelusgebet sagte der Papst:

Heute findet der Welt-Lepratag statt, und meine Gedanken richten sich an alle, die schmerzlicherweise von der Hansenschen Krankheit betroffen sind und ärztliche Behandlung und notwendige Hilfe erwarten, um gesundheitlich voll wiederhergestellt zu werden und ein normales Leben wieder aufnehmen zu können.
Allen humanitären Vereinigungen, die sich darum bemühen, den vielen von dieser Geißel befallenen Brüdern und Schwestern zu helfen, spreche ich meine aufrichtige Dankbarkeit und Ermutigung aus. Dabei erinnere ich an die italienische Vereinigung der Freunde von Roul Follereau und an das Werk so vieler Missionare, die in ihren Zentren in Afrika, Asien und Lateinamerika in ihrem Bemühen nicht nachlassen, gemäß dem Geist des Evangeliums die sozialen und sanitären Bedingungen der Kranken zu verbessern.
Ich appelliere an alle an Christus Glaubenden und an die Menschen guten Willens, sie mögen ihren Möglichkeiten und Kompetenzen entsprechend die Initiativen jener unterstützen, die sich darum bemühen, diese Krankheit zu überwinden, die heute mit Erfolg behandelt werden kann.

Das Zeichen des Sieges über den Tod

Ansprache bei der Generalaudienz am 1. Februar

1. Das Glaubensbekenntnis, das wir im *Credo* sprechen, wenn wir verkünden, daß Jesus Christus „am dritten Tage auferstanden" ist, gründet auf den Texten des Evangeliums, die uns ihrerseits die erste Predigt der Apostel überliefern. Aus diesen Quellen geht hervor, daß der Glaube an die Auferstehung von Anfang an eine Überzeugung ist, die auf einer Tatsache, einem wirklichen Geschehen, und nicht auf einem Mythos oder einer „Vorstellung", einer Idee, beruhte, die von den Aposteln erfunden oder von der in Jerusalem um die Apostel gescharten nachösterlichen Gemeinschaft erzeugt wurde, um zusammen mit ihnen die Enttäuschung zu überwinden, die nach dem Kreuzestod Christi folgte. Aus den Texten geht ganz das Gegenteil hervor, und deshalb ist, wie ich sagte, die erwogene Hypothese auch kritisch und geschichtlich unhaltbar.
Die Apostel und die Jünger haben die Auferstehung nicht erfunden. Und es ist leicht zu verstehen, daß sie absolut unfähig waren zu einer solchen Handlung. Es gibt keine Spur von Überschwenglichkeit ihrerseits – als einzelne oder Gruppe –, die sie dazu geführt hätte, ein ersehntes oder erwartetes Ereignis zu vermuten und es in der allgemeinen Meinung und im Glauben als wirklich hinzustellen, beinahe als Gegensatz und Ausgleich für die erlittene Enttäuschung. Es gibt keine Spur eines kreativen Prozesses psychologischer, soziologischer und literarischer Ordnung – auch nicht in der Urkirche oder unter den Autoren der ersten Jahrhunderte. Die Apostel haben, nicht ohne heftigen Widerstand, als erste geglaubt, daß Christus auferstanden ist, einfach weil die Auferstehung von ihnen als ein wirkliches Ereignis erlebt worden war, von dem sie sich persönlich überzeugen konnten, indem sie mit dem wieder lebendigen Christus während vierzig Tagen mehrmals zusammentrafen. Die nachfolgenden Christengenerationen nahmen dieses Zeugnis an, indem sie den Aposteln und anderen Jüngern als glaubwürdigen Zeugen vertrauten. Der christliche Glaube an die Auferstehung Christi ist deshalb an eine Tatsache gebunden, die eine genaue geschichtliche Dimension hat.

2. Und doch ist die Auferstehung eine Wahrheit, die in ihrer tieferen Dimension zur göttlichen Offenbarung gehört: sie ist in der Tat schrittweise von Christus angekündigt worden im Laufe seiner messianischen Tätigkeit in der vorösterlichen Zeit. Mehrmals sagte Jesus ausdrücklich voraus, daß er, nach vielem Leiden und einem gewaltsamen Tod, auferstehen würde. So heißt es im Markusevangelium, daß Jesus nach dem Bekenntnis des Petrus bei Cäsarea Philippi begann, „sie darüber zu belehren, der Menschensohn müsse vieles erleiden und von den Ältesten, den Hohenpriestern und den Schriftgelehrten verworfen werden; er werde getötet, aber nach drei Tagen werde er auferstehen. Und er redete ganz offen darüber" (*Mk* 8,31–32). Und weiter bei Markus, nach der Verklärung: „Während sie den Berg hinabstiegen, verbot er ihnen, irgend jemand zu erzählen, was sie gesehen hatten, bis der Menschensohn von den Toten auferstanden sei" (*Mk* 9,9). Die Jünger waren bestürzt über die Bedeutung dieser „Aufer-

stehung" und bezogen die in der jüdischen Welt bereits aufgeworfene Frage auf die Rückkehr des Elija (vgl. *Mk* 9,11). Aber Jesus betont den Gedanken, der Menschensohn „werde viel leiden müssen und verachtet werden" (*Mk* 9,12).
Nach der Heilung des besessenen Jungen auf dem beinahe heimlich zurückgelegten Weg von Galiläa lehrt Jesus weiter: „Der Menschensohn wird den Menschen ausgeliefert, und sie werden ihn töten; doch drei Tage nach seinem Tod wird er auferstehen. Aber sie verstanden den Sinn seiner Worte nicht, scheuten sich jedoch, ihn zu fragen" (*Mk* 9,31–32). Es ist die zweite Ankündigung des Leidens und der Auferstehung, auf die die dritte folgt, als sie bereits auf dem Weg nach Jerusalem sind: „Wir gehen jetzt nach Jerusalem hinauf; dort wird der Menschensohn den Hohenpriestern und den Schriftgelehrten ausgeliefert; sie werden ihn zum Tod verurteilen und den Heiden übergeben; sie werden ihn verspotten, anspucken, geißeln und töten. Aber nach drei Tagen wird er auferstehen" (*Mk* 10,33–34).

3. Wir stehen hier vor einer Vorausschau und Prophezeiung der Ereignisse, in der Jesus sein Werk der Offenbarung ausübt, indem er den Tod und die Auferstehung vereint mit der Zielsetzung der Erlösung in Zusammenhang bringt und sich auf den göttlichen Plan bezieht, nach dem alles, was er voraussieht und vorhersagt, geschehen „muß". Jesus lehrt also die erstaunten und sogar bestürzten Jünger etwas von dem theologischen Geheimnis, das den kommenden Ereignissen, wie im übrigen auch seinem ganzen Leben, zugrunde liegt. Weitere Erhellungen dieses Mysteriums finden sich in der Anspielung auf das „Zeichen des Jona" (vgl. *Mt* 12,40), das Jesus übernimmt und auf die Tage seines Todes und seiner Auferstehung anwendet, und in der Herausforderung an die Juden, als er sagt: „Reißt diesen Tempel nieder, in drei Tagen werde ich ihn wieder aufrichten" (*Joh* 2,19). Johannes fügt hinzu, Jesus „meinte den Tempel seines Leibes. Als er von den Toten auferstanden war, erinnerten sich seine Jünger, daß er dies gesagt hatte, und sie glaubten der Schrift und dem Wort, das Jesus gesprochen hatte" (*Joh* 2,21–22). Wieder stehen wir vor der Beziehung zwischen der Auferstehung Christi und seinem Wort, seinen „an die Schriften" gebundenen Ankündigungen.

4. Über die Worte Jesu hinaus zeigt auch seine messianische Tätigkeit in der vorösterlichen Zeit die Vollmacht über Leben und Tod, über die er verfügt, und das Bewußtsein dieser Vollmacht, wie bei der Auferweckung der Tochter des Jaïrus (vgl. *Mk* 5,39–42), der Auferweckung des jungen Mannes in Naïn (vgl. *Lk* 7,12–15) und vor allem bei der Auferweckung des Lazarus (vgl. *Joh* 11,42–44), die im vierten Evangelium als Ankündigung und Vorwegnahme der Auferstehung Jesu dargestellt wird. In den Worten an Marta bei diesem letzten Ereignis zeigt sich die klare Offenbarung des Selbstbewußtseins Jesu hinsichtlich seiner Identität als Herr des Lebens und des Todes und Träger der Schlüssel zum Geheimnis der Auferstehung: „Ich bin die Auferstehung und das Leben. Wer an mich glaubt, wird leben, auch wenn er stirbt, und jeder, der lebt und an mich glaubt, wird auf ewig nicht sterben" (*Joh* 11,25–26).
Alle diese Worte und Ereignisse enthalten die in der vorösterlichen Zeit auf verschiedene Weise geoffenbarte Wahrheit über die Auferstehung.

5. Das erste Element, dem wir im Bereich der Ostergeschehnisse begegnen, ist das leere Grab. Zweifellos ist es für sich allein kein direkter Beweis. Das Fehlen des Leichnams Christi im Grab, in das er gelegt worden war, könnte auf andere Weise Erklärung finden, wie tatsächlich Maria aus Magdala einen Augenblick lang dachte, als sie beim Anblick des leeren Grabes vermutete, daß jemand den Leichnam Jesu weggenommen habe (vgl. *Joh* 20,13). Der Hohe Rat versuchte sogar, das Gerücht verbreiten zu lassen, daß der Leichnam, während die Soldaten schliefen, von den Jüngern gestohlen worden sei. Matthäus bemerkt dazu: „So kommt es, daß dieses Gerücht bei den Juden bis heute verbreitet ist" (*Mt* 28,12–15).
Trotzdem war das leere Grab für alle, Freunde und Feinde, ein eindrucksvolles Zeichen. Seine Entdeckung war für die Menschen guten Willens der erste Schritt zur Anerkennung der Tatsache der Auferstehung als einer Wahrheit, die nicht zurückgewiesen werden konnte.

6. So war es zuerst für die Frauen, die frühmorgens zum Grab gegangen waren, um den Leichnam Christi zu salben. Sie vernahmen als erste die Nachricht: „Er ist auferstanden; er ist nicht hier ... Geht und sagt seinen Jüngern, vor allem Petrus ..." (*Mk* 16,6–8). „Erinnert euch an das, was er euch gesagt hat, als er noch in Galiläa war: Der Menschensohn muß den Sündern ausgeliefert und gekreuzigt werden und am dritten Tag auferstehen. Da erinnerten sie sich an seine Worte" (*Lk* 24,6–8).
Gewiß waren die Frauen erschrocken und verwirrt (vgl. *Mk* 16,8; *Lk* 24,5). Nicht einmal sie waren bereit, zu leicht einer Tatsache nachzugeben, die zwar von Jesus vorhergesagt, aber tatsächlich jenseits allen Vorstellungs- und Einbildungsvermögens war. Jedoch mit ihrer Sensibilität und Intuition erfaßten sie, und besonders Maria aus Magdala, die Wirklichkeit und liefen zu den Aposteln, um ihnen die frohe Nachricht zu bringen.
Das *Matthäusevangelium* (28,8–10) unterrichtet uns darüber, daß Jesus ihnen auf dem Weg entgegenkam, sie begrüßte und ihnen wieder befahl, den Brüdern diese Nachricht zu bringen (vgl. *Mt* 28,10). So waren die Frauen die ersten Boten der Auferstehung Christi, und sie waren es selbst für die Apostel (vgl. *Lk* 24,10). Ein Beweis, der für die Bedeutung der Frau schon in der Zeit des Ostergeschehnisses spricht!

7. Unter denen, die die Nachricht von Maria aus Magdala vernahmen, waren Petrus und Johannes (vgl. *Joh* 20,3–8). Sie eilten, ohne zu zögern, zum Grab, denn Maria hatte ihnen gesagt, der Leichnam Jesu sei aus dem Grab weggenommen worden (vgl. *Joh* 20,2). Als sie zu dem Grab kamen, fanden sie es ebenfalls leer. Sie glaubten schließlich, nach langem Zögern, denn, sagt Johannes, „sie wußten noch nicht aus der Schrift, daß er von den Toten auferstehen mußte" (*Joh* 20,9).
Seien wir ehrlich: Die Tatsache war überwältigend für diese Menschen, die sich Dingen gegenüber sahen, die für sie viel zu hoch waren. Die gleiche Schwierigkeit, die die Überlieferungen des Ereignisses zeigen, wenn sie einen vollständig zusammenhängenden Bericht davon geben, bestätigt seine Außerordentlichkeit und den erschütternden Eindruck, den es auf Geist und Seele der glücklichen Augenzeugen ausübte. Der Bezug „auf die Schrift" ist der Beweis dafür, daß sie die unklare Vorstellung hatten, vor einem Geheimnis zu stehen, das nur die Offenbarung erhellen konnte.

8. Hier noch eine andere Sache, die gut zu erwägen ist: Obwohl das leere Grab auf den ersten Blick Staunen erregen und sogar einen gewissen Verdacht wecken konnte, führte die schrittweise Erkenntnis dieser einmaligen Tatsache, wie von den Evangelien berichtet wird, doch zur Entdeckung der Wahrheit der Auferstehung.
Tatsächlich wird uns gesagt, daß die Frauen und danach die Apostel vor einem besonderen „Zeichen" stehen: dem Zeichen des Sieges über den Tod. Wenn das von einem schweren Stein verschlossene Grab selbst den Tod bezeugte, kündigten das leere Grab und der weggewälzte Stein erstmals an, daß hier der Tod besiegt worden war.
Sehr eindrucksvoll ist die Betrachtung der Gemütsverfassung der drei Frauen, die frühmorgens auf dem Weg zum Grab zueinander sagten: „Wer könnte uns den Stein vom Eingang des Grabes wegwälzen?" (*Mk* 16,3), und dann, beim Grab angekommen, feststellten, daß „der Stein schon weggewälzt war" (*Mk* 16,4). Dem Markusevangelium gemäß fanden sie im Grab jemand, der ihnen die Auferstehung verkündete (vgl. *Mk* 16,5): Sie aber erschraken und trotz der Beteuerungen des jungen Mannes, der mit einem weißen Gewand bekleidet war, „verließen sie das Grab und flohen; denn Schrecken und Entsetzen hatte sie gepackt" (*Mk* 16,8). Wie könnte man sie nicht verstehen? Und doch erlaubt es der Vergleich mit den Parallel-Texten der anderen Evangelisten, zu bekräftigen, daß die Frauen, obwohl verängstigt, die Nachricht von der Auferstehung brachten, deren erstes Zeichen das leere Grab mit dem weggewälzten Stein war.

9. Für die Frauen und die Apostel endet der durch dieses Zeichen eröffnete Weg in der Begegnung mit dem Auferstandenen: Dann wird die noch schüchterne und unsichere Wahrnehmung zur Überzeugung und sogar zum Glauben an den, der „wirklich auferstanden ist". Dies gilt für die Frauen, die, als sie Jesus auf ihrem Weg sehen und seinen Gruß hören, sich vor ihm niederwerfen und seine Füße umfassen (vgl. *Mt* 28,9). Dies gilt vor allem für Maria aus Magdala, die, als sie sich von Jesus beim Namen gerufen hört, sich zunächst mit der gewohnten Anrede „Rabbuni, Meister!" an ihn wendet (*Joh* 20,16); dann, als sie von ihm hinsichtlich des Ostergeheimnisses erleuchtet worden war, lief sie voll Freude zu den Jüngern, um ihnen die Nachricht zu bringen: „Ich habe den Herrn gesehen" (*Joh* 20,18). Das gleiche bei den im Abendmahlssaal versammelten Jüngern, die „am Abend dieses ersten Tages der Woche", als sie endlich Jesus in ihrer Mitte sahen, glücklich fühlten aufgrund der neuen Gewißheit, die in ihr Herz gedrungen war: „Sie freuten sich, daß sie den Herrn sahen" (*Joh* 20,19–20).
Der direkte Kontakt mit Christus entzündet den Funken, der den Glauben entfacht!

In deutscher Sprache sagte der Papst:

Liebe Schwestern und Brüder!

Wenn wir im *Credo* bekennen, daß Jesus am dritten Tag von den Toten auferstanden ist, tun wir dies im Wissen um die entsprechenden Aussagen in der Heiligen Schrift. Aus diesen Quellen geht deutlich hervor, daß der Glaube an die Auferstehung von Anfang an einer Überzeugung entsprang, die auf einer Tatsache beruhte, auf einem wirklichen Ereignis, und nicht auf einem Mythos oder einer Idee. Die Apostel und Jünger haben die Auferstehung nicht erfunden.

Im übrigen ist die Auferstehung eine Wahrheit, die in ihrer tieferen Dimension zur göttlichen Offenbarung gehört; sie ist in der Tat schrittweise von Christus angekündigt worden im Laufe seiner messianischen Tätigkeit in der vorösterlichen Zeit, wie dies vor allem aus dem Markusevangelium hervorgeht.
Die messianische Tätigkeit Jesu zeigt seine Macht über Leben und Tod, über die er verfügt: zum Beispiel bei den Auferweckungen der Tochter des Jaïrus (vgl. *Mk* 5,39–42), des Jünglings von Naïn (vgl. *Lk* 7,12–15) und vor allem des Lazarus (vgl. *Joh* 11,42–44), die im vierten Evangelium als Ankündigung der Auferstehung Jesu dargestellt wird.
Das erste Element, dem wir bei der Auferstehung Jesu begegnen, ist das leere Grab; es ist nicht ein unmittelbarer Beweis, aber ein beredtes Zeichen. Für die Menschen guten Willens, nämlich zunächst für die frommen Frauen und die Apostel, war die Entdeckung des leeren Grabes der erste Schritt für die Anerkennung der „Tatsache" der Auferstehung als einer Wahrheit, die nicht zurückgewiesen werden konnte: Es war der Sieg über den Tod. Die Auferstehung manifestiert sich weiter in der Begegnung mit Jesus; so entsteht die Gewißheit: „Er ist wahrhaft auferstanden".
Freuen wir uns daher von Herzen, liebe Schwestern und Brüder, daß wir im Glauben die Nähe des Auferstandenen erfahren dürfen und er sich uns auf vielfältige Weise offenbart. Alles Bedrohende und Bedrückende aber wollen wir im Licht von Ostern sehen und in Freude wandeln; denn um Ostern willen brauchen und dürfen wir als Christen nicht resignieren.
In dieser österlichen Hoffnung erteile ich Ihnen allen sowie den Hörerinnen und Hörern, die über Radio Vatikan mit uns verbunden sind, von ganzem Herzen meinen Apostolischen Segen.

Das Leben ist unantastbar

Angelus am 5. Februar

Liebe Brüder und Schwestern!

1. Beim Marienlob ist es geboten, daran zu erinnern, daß heute auf Veranlassung der Italienischen Bischofskonferenz in allen Diözesen der „Tag für das Leben" begangen wird, der in diesem Jahr das Thema hat: „Solidarisch mit dem Leben für die Zukunft des Menschen."
Diese Zukunft ist in einigen Nationen bedroht durch den Geburtenrückgang, die Bevölkerungsüberalterung, die weitverbreitete Abtreibungspraxis und die tausendfachen Formen von Egoismus (vgl. *Gaudium et spes*, Nr. 27). Es bedarf einer neuen Kultur der Solidarität. Das Leben eines jeden, auch das, das geboren werden will, das kranke oder schwache, das zur Neige gehende, ist ein absolutes und unantastbares Gut. Es ist ein Gut aller und für alle.
In brüderlicher Verbundenheit schließe ich mich der Botschaft der italienischen Bischöfe an, die die Katholiken und alle Menschen guten Willens dazu einladen, „die Kräfte zu

vereinen, um die Annahme des Lebens zu fördern und zu unterstützen, den Personen in Schwierigkeiten zu helfen und der Angst und Verweigerung vorzubeugen".

2. Auch die Diözese Rom hat heute besondere Initiativen ergriffen, um den grundlegenden Wert des Lebens zu unterstreichen. Soeben ist auf diesem Platz ein Zug von Gläubigen unter Führung von Kardinalvikar Ugo Poletti angekommen, um sich dem Mariengebet anzuschließen. Mit ihm begrüße ich die Weihbischöfe und alle Teilnehmer dieser bedeutsamen Kundgebung, durch die die römischen Gläubigen die Annahme des Lebens unterstützen wollten.
In diesem Weg der Bewohner durch die Straßen der Stadt, in seinen Beweggründen und Formen sehe ich den Ausdruck der Bedeutung und Zielsetzung der Pastoralsynode, die unsere Diözese vorbereitet. Verschiedene Wege begegnen einander: Pfarrgemeinden, Vereinigungen und Bewegungen gehen zusammen, vereint mit ihren Hirten, um der Stadt – den einzelnen Bürgern und den öffentlichen Institutionen – eine Neuverkündigung des Evangeliums anzubieten, heute ganz besonders die Verkündigung der Frohbotschaft des Lebens.

3. Liebe Brüder und Schwestern, ihr verwirklicht auf diese Weise das, was ich in dem jüngsten Apostolischen Schreiben *Christifideles laici* betont habe: „Den Laien, die aufgrund ihrer Berufung oder ihres Berufes unmittelbarer mit der Bejahung des Lebens konfrontiert werden, kommt es zu, das Ja der Kirche zum menschlichen Leben konkret und wirksam zu machen" (Nr. 38).
Auch eure Teilnahme heute möge dazu beitragen, das allgemeine Bewußtsein und die Mitverantwortung für eines der schwersten Probleme unserer Zeit wachsen zu lassen. Die allerseligste Jungfrau, die mit dem „Fiat" der Verkündigung sich selbst ganz der hohen Mission hingab, Mutter des menschgewordenen Wortes zu sein, unterstütze diesen Einsatz heute und mache ihn für die Zukunft fruchtbar.

Nach dem Angelusgebet sagte der Papst:

Einen besonderen Gruß richte ich an die Jugendlichen der GEN-Bewegung, die aus verschiedenen Teilen der Welt zu ihrem Kongreß im Zentrum Mariapoli von Castel Gandolfo zusammengekommen sind unter dem Leitwort: „Maria, Vorbild der Vollkommenheit".
Meine Lieben, ich danke euch für eure Anwesenheit und lade euch ein, im Geist die verschiedenen Etappen des Weges der Vollkommenheit zu durchlaufen, den Maria gegangen ist, um Antwort zu geben auf Gottes Ruf zur Heiligkeit.

Gottes Bild in uns heilen

Ansprache bei der Generalaudienz am 8. Februar

Liebe Schwestern und Brüder!

1. Heute, am Aschermittwoch, beginnt die Fastenzeit, die uns stufenweise bis zum Osterfest führt. Dieser Tag leitet seinen Namen von dem strengen und bedeutsamen Ritus der „Aschenauflegung" ab.
Schon in der Geschichte des alten Volkes Israel bedeutete „sich Asche aufs Haupt streuen" das Bewußtsein der eigenen Hinfälligkeit und das daraus folgende Vertrauen auf die mächtige Hilfe, die von Gott kommt (vgl. *Jdt* 4,11; *1 Makk* 3,47). Die Kirche, das neue Volk Gottes, Erbin des Volkes des Alten Bundes, hat sich an diesem Ritus inspiriert als dem äußeren Zeichen unseres Willens, uns als schwache und sündige Menschen zu bekennen, die der Verzeihung und des Erbarmens des himmlischen Vaters bedürfen.
Die heutige Liturgie erinnert uns mit den strengen Worten aus dem Buch *Genesis* (vgl. 3,19) daran, daß wir Menschen „Staub sind und zum Staub zurück müssen", und Abraham, während er mit Gott redet, bekennt, daß er „Staub und Asche" ist (*Gen* 18,27). Was heißt das? Wissen wir denn nicht aus derselben Heiligen Schrift, daß der Mensch „als Abbild Gottes" geschaffen wurde (*Gen* 1,27), der ihn „nur wenig geringer gemacht hat als Gott" (*Ps* 8,6)?

2. Gerade hierin liegt das scheinbar Paradoxe unserer menschlichen Beschaffenheit, des Menschen, den Pascal in christlicher Weise als „Größe und Elend" zugleich bezeichnet hat! Gewiß, in uns ist das Abbild Gottes, aber leider ist es durch die Sünde entstellt! Deshalb muß es wiederhergestellt, neu instandgesetzt, geheilt werden. Das ist der ganze Sinn der Erlösung durch Christus, die ganze Verpflichtung unseres Lebens als Christen. Das ist der Sinn dieser „intensiven Zeit" des liturgischen Jahres, die vor allem in einer inneren Reinigung, einer Reinigung des „Herzens", bestehen soll, wie Jesus sagt. Einer Reinigung der Gedanken, der Absichten, des Willens, der Gefühle, der Beziehungen, der Wünsche und Leidenschaften, unserer ganzen Innenwelt, damit unsere äußere Haltung wirklich echt ist und nicht Frucht jener Heuchelei und jenes Verlangens nach „menschlichem Ruhm", gegenüber denen Jesus sich so streng gezeigt hat.
Die geheime Versuchung für uns Christen ist, als Christen zu erscheinen, ohne es wirklich zu sein, indem wir uns den Denkströmungen und Verhaltensmustern dieser Welt überlassen, denn ab und zu wollen wir mehr den Menschen als Gott gefallen. Gewiß müssen wir unsere guten Werke „vor den Menschen" (*Mt* 5,16) vollbringen und alles versuchen, um unser Zeugnis glaubwürdig und anziehend zu machen, aber immer mit der Absicht, daß die Menschen ihre Aufmerksamkeit nicht auf uns konzentrieren, sondern daß sie durch uns Gott entdecken und zu ihm gelangen. Dazu ist es notwendig, sich anzustrengen, fügsame Werkzeuge in den Händen des Herrn zu sein; was unmög-

lich ist ohne ein ständiges wenn auch anstrengendes Bemühen um eine wahre innere Läuterung, die allein unseren äußeren Werken den Sinn verleihen kann, den Gott ihnen geben will, das heißt, Zeichen seiner Güte und seines Erbarmens zu sein.

3. Die Fastenzeit ist dann auch ein besonderer Anruf, in unserem Leben Gott, dem Übernatürlichen, dem Gnadenleben, den Vorrang zu geben. Das Geschöpf, so edel und wertvoll es auch sein mag, darf nie dem Schöpfer gleichgestellt werden, dessen Platz einnehmen oder ihm sogar vorgezogen werden. Tatsächlich ist er, wie die Schrift sagt, ein „eifersüchtiger" Gott. Er allein muß im Mittelpunkt unserer Interessen stehen, und er hat alles Recht, dies zu fordern, denn er ist unser Schöpfer und Erlöser.
Die Gefahr für uns Christen ist nicht so sehr die einer ausdrücklichen Weigerung gegenüber Gott – was mit unserem Glauben in zu klarem Widerspruch stünde –, sondern die, ihm nicht immer den absoluten Vorrang zu geben, der ihm gebührt, an der Spitze aller Werte, als transzendentes Ziel und Fundament alles übrigen. Die Gefahr für uns Christen ist, „zwei Herren zu dienen" (*Mt* 6,24): ja, den Herrn anzubeten, aber gleichzeitig auch das Geschöpf zu verabsolutieren. Dieser Dualismus ist offensichtlich beleidigend für den Herrn und ruft in unserem Leben Inkohärenzen und Lügen hervor. Er schafft einen tiefen inneren Zwiespalt. Wir glauben vielleicht, durch diese Handlungsweise mehr Erfolg zu haben, aber in Wirklichkeit verwickeln wir uns in unlösbare Widersprüche.

4. Die Fastenzeit ist schließlich auch ein Anruf zur Geradlinigkeit, zur Folgerichtigkeit, zur inneren Ordnung. Gott muß an seinem Platz, das heißt an erster Stelle stehen. Und das Geschöpf – wenn auch edel wie der Mensch – muß an zweiter Stelle stehen. Und nur so erreicht man im übrigen die wahre Erhebung des Menschen. Der Mensch ist nur groß, wenn er Gott dient. Wenn er sich auf die gleiche Stufe mit ihm stellt oder ihn sogar aus seiner Gedankenwelt verdrängen will, verneint der Mensch im gleichen Moment sich selbst, denn er löst sich vom transzendentalen Urgrund seiner Vollkommenheit und seines Daseins selbst. Kann denn ein Rebzweig getrennt vom Weinstock leben? Der Mensch, der sich Gott nicht unterwirft oder Gott aus dem eigenen Leben ausschließt, glaubt so, seine Selbstbestätigung zu finden, ist aber in Wirklichkeit zum Tod des Geistes verurteilt. Das sieht man aus den praktischen Ergebnissen jener Ideologien, die den Menschen hervorheben, indem sie Gott beleidigen und ihm den absoluten Vorrang vor allen Dingen und vor dem Menschen selbst verweigern.

5. Die liturgische Bußzeit, die heute beginnt, bietet uns Gelegenheit zu einer Gewissenserforschung: Sorge ich mich zu sehr darum, bei den Menschen Ehre zu finden, kümmere ich mich dagegen zu wenig um die, die von Gott kommt? Hänge ich zu sehr an den Geschöpfen und vergesse dabei den Vorrang Gottes in meinem Leben und meinem Dasein? Höre ich mehr auf die oft faszinierenden Ideologien dieser Welt, mehr als auf die strengen, aber heilsamen Lehren des Evangeliums und der Kirche? Bin ich ein kohärenter Christ, oder gibt es in meinem Leben neben Gott noch „andere Götter"? Steht Gott wirklich an der Spitze all meiner Werte oder gibt es in meinem Leben

Dinge oder Handlungen, die sich seiner Herrschaft entziehen und nicht auf ihn ausgerichtet sind?
Hier, liebe Schwestern und Brüder, einige Fragen, die uns zur Gewissenserforschung zu Beginn der Fastenzeit dienen können, damit der Weg, der anfängt, fruchtbar sein kann und sich nicht in eine rein äußerliche Feier auflöst. Erneuern wir unsere Verpflichtung zu einem tief christlichen Leben, das wir mit aller Inbrunst verwirklichen und aufrichtigen Herzens dem Herrn schenken. Wir werden nicht enttäuscht sein.

In deutscher Sprache sagte der Papst:

Liebe Schwestern und Brüder!

Heute, am Aschermittwoch, beginnt die Fastenzeit, die uns schrittweise zum Osterfest hinführt.
Die heutige Liturgie erinnert uns mit einem Spruch aus dem Buch *Genesis* (vgl. 3,19), daß wir menschliche Geschöpfe „Staub sind und zum Staub zurückkehren werden". Gerade hierin liegt das Paradoxe unserer menschlichen Beschaffenheit, des Menschen, den Pascal als „Größe und Elend" zugleich bezeichnet hat! Wir sind Ebenbild Gottes, aber es ist entstellt durch die Sünde! Deswegen gilt es, dieses Ebenbild wiederherzustellen durch den Aufbruch unseres Herzens zu Gott.
Bemühen wir uns, daß unser Herz wieder einsichtig und empfindsam wird für die zerstörerischen Folgen der Sünde, die den Adel unserer Gotteskindschaft ruinieren.
Wir vermögen aus eigener Kraft unser Heil nicht zu schaffen, wohl aber es unversehens zu verwirken. Als Christen unterliegen wir nur allzugern der Versuchung, daß wir mehr als solche erscheinen wollen als daß wir es wirklich sind. Oft genug lassen wir uns von Ideologien und modischen Zeiterscheinungen leiten, um den Menschen mehr als Gott zu gefallen.
Die Fastenzeit erinnert uns in besonderer Weise daran, Gott in unserem Leben den Vorrang zu geben. Wir können nicht „zwei Herren dienen" (*Mt* 6,24): wir können nicht den Schöpfer anbeten und im gleichen Moment das Geschöpf verabsolutieren.
Wir sind also aufgerufen zu innerer Umkehr und Erneuerung; denn nur so werden wir uns in der Lebensverbindung mit Gott stark, willig und treu gegenüber seiner Heilstat an uns zu erweisen vermögen; dann können wir uns anders als bisher dem Sinn und der Aufgabe unseres Lebens im Dienst Gottes weihen.
Die Zeit der Heilserneuerung ist unser Leben und dieses Leben ist kostbar! Leben wir es wahrhaft als Kinder Gottes, indem wir dem Anruf des Evangeliums entsprechen.
Mit besten Wünschen für eine geistlich fruchtbringende Fastenzeit erteile ich Ihnen, Ihren Angehörigen zu Hause sowie allen Hörerinnen und Hörern, die über Radio Vatikan mit uns verbunden sind, von Herzen meinen besonderen Apostolischen Segen.

Pius XI. ein großer Papst

Angelus am 12. Februar

Liebe Schwestern und Brüder!

1. Bei unserem sonntäglichen Treffen zum Mariengebet wollen wir in der Fastenzeit bis Ostern bei den schmerzhaften Geheimnissen des Rosenkranzes verweilen und über sie nachdenken. In diesen Überlegungen begleite uns die Jungfrau Maria, die Augenzeugin des Höhepunktes der Passion war.
Wir sprechen von Geheimnissen, denn sie sind Ereignisse der Geschichte Jesu und Heilsgeschehen für uns. Sie sind ein Weg, den Jesus gegangen ist und mit uns geht, um uns dahin zu führen, durch die innere Umkehr in Gemeinschaft mit Gott und in einer neuen Brüderlichkeit mit den Menschen zu leben.

2. Heute betrachten wir das erste schmerzhafte Geheimnis: die Todesangst Jesu am Ölberg. Dorthin führt uns der Evangelist *Lukas*, der Lehrer dieses liturgischen Jahreskreises (vgl. 22,29–46). Er berichtet, daß Jesus, nachdem er den Abendmahlssaal verlassen hatte, zum Ölberg ging, „wie er es gewohnt war". Er war nicht allein. Seine Jünger folgten ihm, ohne ihn zu verstehen. An sie richtete er zweimal die Aufforderung, die wir täglich im Vaterunser zum Ausdruck bringen: „Betet, damit ihr nicht in Versuchung geratet" (*Lk* 22,44.46).
In der äußersten Prüfung seines Lebens betet Jesus allein: „Dann entfernte er sich von ihnen ungefähr einen Steinwurf weit, kniete nieder und betete" (*Lk* 22,41).
Der Inhalt des Gebetes entspricht dem eines Sohnes, darauf ausgerichtet, unter innerem Schmerz den Willen des Vaters anzunehmen und treu, trotz der Angst vor dem, was geschehen wird: „Vater, wenn du willst, nimm diesen Kelch von mir! Aber nicht mein, sondern dein Wille soll geschehen" (*Lk* 22,42).
Und Jesus tritt in ein Leiden ein, das in schmerzhafter Weise seine ganze Person erfaßt: „Und sein Schweiß war wie Blut, das auf die Erde tropfte." Aber „er betete in seiner Angst noch inständiger" (*Lk* 22,44).

3. Schwestern und Brüder! Wir betrachten Jesus in seinem körperlichen Schmerz, in dem qualvollen psychischen und moralischen Leiden, in der Verlassenheit und Einsamkeit, aber im Gebet, in dem Bemühen, dem Vater in voller Treue verbunden zu sein.
In diesem Abschnitt der Fastenzeit haben wir eine klare Aufgabe: Unser Leiden im Licht des Leidens Jesu zu deuten, des Vorbildes im Erdulden und Mitleiden (vgl. *Hebr* 5,1–10), und zu beten, mehr zu beten.
Das Gebet in der Abgeschiedenheit unserer „Kammer" (*Mt* 6,6); das Gebet als Aufopferung unserer Arbeit; das Gebet des Hörens und Betrachtens des Wortes Gottes; das Rosenkranzgebet in der Familie; das liturgische Gebet, Quelle und Höhepunkt unseres Seelenlebens.

Die seligste Jungfrau Maria lehrt uns, das Leiden in einer Haltung gehorsamer Liebe anzunehmen und unsere Seele zu Gott hinzuwenden im täglichen Gebet. Wir wollen besonders in dieser Fastenzeit als aufmerksame Schüler von ihr lernen.
Am 10. Februar sind fünfzig Jahre vergangen seit dem Tod meines Vorgängers Pius XI. Sein langes Pontifikat dauerte von 1922 bis 1939; es war ein historisch bedeutsames Pontifikat, nicht nur für die Kirche. Er gelangte dahin nach der Vorbereitung durch ein strenges Studium und nach der Seelsorgeerfahrung, die er in Polen und im Baltikum als päpstlicher Repräsentant, dann in Mailand als Nachfolger auf dem Bischofsstuhl der heiligen Ambrosius und Karl sowie des seligen Kardinal Ferrari gesammelt hatte.
Bereits in der ersten Enzyklika beschrieb er das Programm seines Pontifikats mit den Worten: „Der Friede Christi im Reich Christi" (Enzyklika *Ubi arcano* vom 23. Dezember 1922).
Die Leitlinien seines Pontifikats sind vielfältig und in großen Dokumenten aufgezeichnet: die Aktion zugunsten des Friedens, zu der er angesichts des erwachenden Nationalismus aufrief, indem er die Anstrengungen unterstützte, den internationalen Schiedsspruch zu ordnen und dem Rüstungswettlauf Einhalt zu gebieten; die Missionstätigkeit mit der Inkulturation des Christentums in den verschiedenen Völkern und den Aufbau der Kirche mit dem einheimischen Klerus: denkwürdig war in diesem Licht die Weihe der ersten sechs chinesischen Bischöfe im Jahr 1916; die verantwortliche Eingliederung der Laien in das Apostolat durch die Ermutigung des Zusammenschlusses in katholischen Vereinigungen: Pius XI. war der Papst der Katholischen Aktion, die er in dunklen Zeiten zäh verteidigte; die Jugenderziehung; die christliche Sicht von der Ehe, der Arbeit und des sozialen Lebens; die mutige Verkündigung der Menschenrechte gegen die ersten Rassengesetze des Nationalsozialismus und die Verurteilung dieser abwegigen Ideologie zugleich mit der Verurteilung des atheistischen Kommunismus. Bereits dem Ende nahe, opferte er sein Leben für den Frieden in Europa. Er liebte Italien, denn er wollte dessen religiöses und ziviles Wohl. Deshalb führte er die schwierigen Verhandlungen zum Abschluß der Lateranverträge, die die „römische Frage" lösten und sein großes Werk waren; gestern wurde ihr 60. Jahrestag begangen. Ebenfalls nicht zu vergessen ist, daß er auch die Hoffnung ausgesprochen hatte, das 1870 unterbrochene Vatikanische Konzil wiederaufnehmen zu können.
Ein wirklich großer, vielseitiger Papst, der eine tiefe Spur in einer stürmischen und verheißungsvollen Zeit hinterließ: der Papst des Königtums Christi.
In unserem Gebet gedenken wir dieses Papstes, der zahlreiche Heilige zur Ehre der Altäre erhob, darunter Don Bosco, Giuseppe Benedetto Cottolengo und die heilige Theresia vom Kinde Jesu. Bitten wir ihn, damit er vom Himmel aus zusammen mit den großen Gestalten, die Christus und den Menschen liebten, weiter für die heilige Kirche von Rom eintrete, die in aller Welt verbreitet ist.

In deutscher Sprache sagte der Papst:

Einen herzlichen Gruß richte ich an eine Gruppe von Mitgliedern vom „Kreis Junger Missionare" aus Vorarlberg und Tirol, die ihr in diesen Tagen die ehrwürdigen Stätten der Ewigen Stadt besucht. Ich ermutige euch dazu, in eurer Gemeinschaft, im gegenseiti-

gen Austausch dem Geist des Evangeliums Raum zu geben und so füreinander und für die Welt – gemäß eurem Wahlspruch „Licht und Leben" – Zeugen der Menschenliebe Gottes zu sein.
Hierfür und mit besten Wünschen für euren Romaufenthalt erteile ich euch und euren Angehörigen von Herzen meinen Apostolischen Segen.

Jünger des Leidenden werden

Angelus am 19. Februar

Liebe Schwestern und Brüder!

1. Im Mariengebet an diesem zweiten Fastensonntag verweilen wir beim zweiten schmerzhaften Rosenkranzgeheimnis: Jesus wird gegeißelt.
Dreimal unterstreicht der Evangelist Lukas die Folter, der Jesus vor der Hinrichtung unterzogen wurde.
Zunächst bevor er dem Hohen Rat vorgeführt wurde: „Die Wächter trieben ihren Spott mit Jesus. Sie schlugen ihn, verhüllten ihm das Gesicht und fragten ihn: Du bist doch ein Prophet! Sag uns: Wer hat dich geschlagen? Und noch mit vielen anderen Lästerungen verhöhnten sie ihn" (*Lk* 22,63–65). Der, dem mehr als jedem andern der Titel des „Propheten" gebührte, das heißt des Menschen, der im Namen und mit der Vollmacht Gottes spricht, wird gerade wegen seiner tiefsten persönlichen Wirklichkeit, das Wort Gottes selbst zu sein, verhöhnt.
Auch bei der Begegnung mit Herodes Antipas wiederholt sich eine ähnliche Szene: „Herodes und seine Soldaten zeigten ihm offen ihre Verachtung. Er trieb seinen Spott mit Jesus, ließ ihm ein Prunkgewand umhängen und schickte ihn so zu Pilatus zurück" (*Lk* 23,11).
Und vor Pilatus, dazu bemerkt Lukas zum dritten Mal: „Pilatus ... sagte: ... Daher will ich ihn nur auspeitschen lassen, und dann werde ich ihn freilassen" (*Lk* 23,16).

2. Markus beschreibt diese Strafe: „Darauf ließ Pilatus, um die Menge zufriedenzustellen, Barabbas frei und gab den Befehl, Jesus zu geißeln und zu kreuzigen" (*Mk* 15,15).
Die von einigen Soldaten durchgeführte römische Geißelung mit dem „flagellum" oder „flagrum", das heißt mit Peitschen aus geflochtenen Lederriemen, an deren Enden Schlagköpfe befestigt waren, war die Sklaven und zum Tod Verurteilten vorbehaltene Strafe. Ihre Auswirkungen waren furchtbar. Wer sie erlitt, brach nicht selten unter den Schlägen leblos zusammen.
Jesus wollte sich nicht einmal dieses schreckliche Leiden ersparen. Er hat es für uns auf sich genommen.

3. Wenn wir dieses zweite schmerzhafte Rosenkranzgeheimnis betrachten, fühlen wir uns aufgefordert, Jünger des leidenden Jesus zu werden. Er hat für uns auch mit dem

eigenen Leib gebetet, indem er ihn unsagbaren Leiden unterwarf unter Einwilligung in den Plan des Vaters. Er hat sich dem Vater und den Menschen geschenkt und uns allen das unerforschliche menschliche Elend und die außerordentliche Möglichkeit der Erneuerung und des Heils kundgetan, das uns durch ihn gegeben wurde.
Nach dem Beispiel Jesu müssen auch wir mit unserem Leib beten. Unsere Entscheidungen, die stark beanspruchende und schwierige Verhaltensweisen betreffen, wie die Enthaltsamkeit gemäß dem eigenen Lebensstand, der Dienst an den Brüdern und Schwestern und jede andere körperlich mühsame Arbeit werden zum Gebet und Opfer, das Gott darzubringen ist in erlösender Verbundenheit mit den „Leiden Christi" (*Kol* 1,24).
Nehmen wir deshalb die „Geißelung" an, die die persönliche Mäßigung und die Übung der christlichen Nächstenliebe uns jeden Tag spüren lassen. Sie ist Frucht und Geschenk des schmerzhaften Geheimnisses Jesu, das uns anspornt, mit einbezieht und innerlich umwandelt.
Die Schmerzhafte Muttergottes helfe uns durch ihre Fürsprache in unserem Bemühen.

Der Glaube an den Auferstandenen

Ansprache bei der Generalaudienz am 22. Februar

1. Wir kennen den Abschnitt des *ersten Briefes an die Korinther*, wo Paulus, zeitlich der erste, die Wahrheit über die Auferstehung Christi niederschreibt: „Denn vor allem habe ich euch überliefert, was auch ich empfangen habe: Christus ist für unsere Sünden gestorben, gemäß der Schrift, und ist begraben worden. Er ist am dritten Tag auferweckt worden, gemäß der Schrift, und erschien dem Kephas, dann den Zwölf" (*1 Kor* 15,3–5). Es handelt sich, wie man sieht, um eine überlieferte Wahrheit, die empfangen und wieder weitergegeben wurde. Eine Wahrheit, die zum „Schatz der Offenbarung" gehört, den Jesus selbst durch seine Apostel und Evangelisten seiner Kirche hinterlassen hat.

2. Jesus offenbarte diese Wahrheit allmählich in seiner vorösterlichen Lehre. Sie fand dann konkrete Verwirklichung in dem Ostergeschehen Christi in Jerusalem, das geschichtlich belegt, aber geheimnisvoll bleibt.
Die Ankündigungen und die Tatsachen wurden vor allem durch die Begegnungen des auferstandenen Christus bekräftigt, von denen die Evangelien und Paulus berichten. Man muß sagen, daß der paulinische Text diese Begegnungen, in denen sich der auferstandene Christus offenbart, vollständig und zusammenfassend darstellt und zum Schluß die persönliche Begegnung mit dem Auferstandenen vor Damaskus (vgl. *Apg* 9,3–6) anfügt. Die entsprechenden Niederschriften in den Evangelien sind ziemlich bruchstückhaft.
Es ist nicht schwer, einige charakteristische Züge dieser Erscheinungen im einzelnen und insgesamt aufzugreifen und miteinander zu vergleichen, um dem Sinn dieser offenbarten Wahrheit näherzukommen und tiefer in ihn einzudringen.

3. Wir können vor allem feststellen, daß Jesus nach der Auferstehung den Frauen und den Jüngern mit seinem verwandelten, vergeistigten Leib, der an der Herrlichkeit der Seele teilhat, erscheint, aber ohne jeden triumphalistischen Zug. Jesus zeigt sich in aller Einfachheit. Er spricht als Freund zu Freunden, mit denen er sich unter den gewöhnlichen irdischen Lebensumständen trifft. Er wollte seinen Feinden nicht in der Haltung des Siegers gegenübertreten, noch war er darauf bedacht, ihnen seine „Überlegenheit“ zu beweisen, und noch weniger wollte er sie töten. Nirgends geht hervor, daß er ihnen begegnet ist. Alles, was das Evangelium sagt, läßt ausschließen, daß er beispielsweise dem Pilatus erschienen sei, der ihn den Hohenpriestern zur Kreuzigung übergeben hatte (vgl. *Joh* 19,16), oder dem Kajaphas, der sein Gewand zerrissen hatte wegen der Bekräftigung seiner Gottheit (vgl. *Mt* 26,63–66).
Gegenüber den Bevorzugten seiner Erscheinungen gibt Jesus sich in seiner körperlichen Identität zu erkennen: das Antlitz, die Hände, die Züge, die sie gut kannten, die Seite, die sie durchbohrt gesehen hatten; die Stimme, die sie so viele Male gehört hatten. Nur bei der Begegnung mit Saulus bei Damaskus umgibt den Auferstandenen das Licht, das den glühenden Christenverfolger beinahe blind macht und zu Boden wirft (vgl. *Apg* 9,3–8). Aber es ist die Offenbarung der Vollmacht dessen, der, bereits in den Himmel aufgefahren, einen Mann trifft, den er zu einem „auserwählten Werkzeug“ (*Apg* 9,15) machen will, zu einem Boten des Evangeliums.

4. Zu beachten ist auch eine bedeutsame Tatsache: Jesus Christus erscheint zuerst den Frauen, die ihm treu gefolgt waren, und nicht den Jüngern und selbst den Aposteln, die er doch als Boten seines Evangeliums in der Welt auserwählt hatte. Den Frauen als ersten vertraut er das Geheimnis seiner Auferstehung an und macht sie zu den ersten Zeuginnen dieser Wahrheit. Vielleicht will er ihr Feingefühl, ihre Empfindsamkeit gegenüber seiner Botschaft und ihre Seelenstärke belohnen, die sie bis nach Golgota getrieben hatte. Vielleicht will er einen feinen Zug seiner Menschlichkeit kundtun, der sich in der Liebenswürdigkeit und Freundlichkeit ausdrückt, mit der er sich den Personen, die in der großen Welt weniger zählen, nähert und sie auszeichnet. Das scheint aus einer Stelle bei *Matthäus* hervorzugehen: „Plötzlich kam ihnen Jesus entgegen und sagte: Seid gegrüßt! Sie gingen auf ihn zu, warfen sich vor ihm nieder und umfaßten seine Füße. Da sagte Jesus zu ihnen: Fürchtet euch nicht! Geht und sagt meinen Brüdern, sie sollen nach Galiläa gehen, und dort werden sie mich sehen“ (28,9–10).
Auch die Erscheinung vor Maria von Magdala (vgl. *Joh* 20,11–18) ist von außerordentlichem Einfühlungsvermögen, sowohl von seiten der Frau, die ihre ganze leidenschaftliche und entschlossene Hingabe an die Nachfolge Jesu bekundet, als auch von seiten des Meisters, der sie mit außerordentlicher Zartheit und Güte behandelt.
An diesem Vorrang der Frauen im Ostergeschehen muß sich die Kirche inspirieren, die jahrhundertelang so sehr auf sie zählen konnte wegen ihres gelebten Glaubens, Gebetes und Apostolats.

5. Einige Merkmale dieser nachösterlichen Begegnungen machen sie in gewisser Weise beispielhaft aufgrund der geistlichen Situationen, die so oft in der Beziehung des Men-

schen zu Christus entstehen, wenn er sich von Ihm gerufen oder „heimgesucht" fühlt. Hier besteht vor allem eine anfängliche Schwierigkeit seitens derer, denen Christus begegnet, ihn zu erkennen, wie man im Fall der Maria von Magdala selbst (vgl. *Joh* 20,14–16) und der Jünger von Emmaus (vgl. *Lk* 24,16) sieht. Es fehlt nicht an einem gewissen Gefühl der Furcht vor ihm. Man liebt ihn, man sucht ihn, aber in dem Moment, in dem man ihn findet, zögert man.
Aber Jesus führt sowohl Maria von Magdala (vgl. *Joh* 20,16) als auch die Jünger von Emmaus (vgl. *Lk* 24,26 f.) und in gleicher Weise andere Jünger (vgl. *Lk* 24,25–48) allmählich zum Erkennen und zum Glauben. Ein Zeichen der geduldigen Erziehung Christi, wenn er sich dem Menschen offenbart, sich ihm nähert, ihn bekehren und zur Erkenntnis der Reichtümer seines Herzens und zum Heil führen will.

6. Es ist interessant, die psychologische Entwicklung zu betrachten, die die verschiedenen Begegnungen erahnen lassen. Den Jüngern fällt es schwer, nicht nur die Wahrheit der Auferstehung, sondern auch die Identität dessen zu erkennen, der vor ihnen steht und derselbe, aber auch ein anderer zu sein scheint: ein „verwandelter" Christus. Es ist für sie nicht leicht, die unmittelbare Identifizierung zu vollziehen. Ja, sie ahnen, daß es Jesus ist, aber gleichzeitig spüren sie, daß er nicht mehr in der früheren Lage ist, und sie werden von ehrerbietiger Zurückhaltung und Furcht erfüllt.
Als sie sich dann mit seiner Hilfe dessen bewußt werden, daß es sich nicht um einen andern, sondern um ihn selbst, umgewandelt, handelt, flammt in ihnen eine neue Fähigkeit des Entdeckens, des Begreifens, der Liebe und des Glaubens auf. Es ist wie ein Erwachen des Glaubens: „Brannte uns nicht das Herz in der Brust, als er unterwegs mit uns redete und uns den Sinn der Schrift erschloß?" (*Lk* 24,32). „Mein Herr und mein Gott!" (*Joh* 20,28). „Ich habe den Herrn gesehen!" (*Joh* 20,18). Ein ganz neues Licht erhellt vor ihren Augen dann auch das Kreuzesgeschehen und verleiht diesem Geheimnis des Schmerzes und des Todes, das in der Herrlichkeit des neuen Lebens mündet, seinen wahren und vollen Sinn. Dies wird eines der Hauptelemente der Heilsbotschaft, die von den Aposteln am Anfang dem jüdischen Volk und nach und nach allen Völkern gebracht wurde.

7. Ein letztes Merkmal der Erscheinungen des auferstandenen Christus ist hervorzuheben: In ihnen, besonders in den letzten, vertraut Jesus den Aposteln (und der Kirche) endgültig den Evangelisierungsauftrag an, um der Welt die Verkündigung seines Wortes und das Geschenk seiner Gnade zu bringen.
Erinnern wir uns an die Erscheinung vor den Jüngern im Abendmahlssaal am Abend von Ostern: „Wie mich der Vater gesandt hat, so sende ich euch" (*Joh* 20,21), und er gibt ihnen die Vollmacht, die Sünden zu vergeben!
Und in der Erscheinung am See von Tiberias, gefolgt vom wunderbaren Fischfang, der die Fruchtbarkeit der Sendung versinnbildlicht und ankündigt, ist es klar, daß Jesus ihren Geist auf das Werk hinlenken will, das sie erwartet (vgl. *Joh* 21,1–23). Dies bekräftigt die endgültige Übertragung der besonderen Sendung an Petrus (*Joh* 21,15–18): „Simon, ... liebst du mich? ... du weißt, daß ich dich liebe ... Weide meine Lämmer! ... Weide meine Schafe!"

Johannes merkt an: „Dies war schon das dritte Mal, daß Jesus sich den Jüngern offenbarte, seit er von den Toten auferstanden war" (*Joh* 21,14). Dieses Mal hatten sie nicht nur seine Identität zur Kenntnis genommen: „Es ist der Herr" (*Joh* 21,7), sondern sie hatten auch verstanden, daß das, was in jenen Ostertagen geschehen war und geschah, jeden einzelnen von ihnen – und Petrus in besonderer Weise – miteinbezog in den Aufbau der neuen Ära der Geschichte, die am Ostermorgen begonnen hatte.

In deutscher Sprache sagte der Papst:

Liebe Brüder und Schwestern!

Das erste schriftliche Zeugnis von der Auferstehung Jesu finden wir bei Paulus im *ersten Brief an die Korinther*. Dort sagt er von Christus, der für unsere Sünden gestorben ist: „Er ist am dritten Tag auferweckt worden, gemäß der Schrift, und erschien dem Kephas, dann den Zwölf" (*1 Kor* 15,4–5). Jesus selbst hat seine Jünger während seiner öffentlichen Lehrtätigkeit allmählich auf die abschließenden Ereignisse seines Todes und seiner Auferstehung vorbereitet. Diese Einführung in die Wirklichkeit des Ostergeschehens findet ihren Höhepunkt in den Erscheinungen des auferstandenen Herrn. Alle Evangelien berichten uns von ihnen und zeigen uns einige charakteristische Merkmale. Jesus erscheint seinen Jüngern nach der Auferstehung mit einem verwandelten, vergeistigten Leib. Dies geschieht ohne jeglichen Triumphalismus in aller Einfachheit. Darum erscheint er auch nicht seinen Gegnern, sondern nur seinen vertrauten Freunden. Diese erkennen ihn in seiner körperlichen Identität an Aussehen, Stimme und Sprache als denjenigen, mit dem sie vorher zusammengelebt haben. Hierbei ist besonders bemerkenswert, daß der auferstandene Herr zuerst den Frauen erscheint und sie zu den bevorzugten Boten seiner Auferstehung macht. Seine Begegnung mit ihnen, vor allem mit Maria von Magdala, ist geprägt von großem Einfühlungsvermögen. In dieser Wertschätzung der Frauen hat die Kirche dem Beispiel Christi zu folgen. Ein weiteres Merkmal bei den Erscheinungen des Auferstandenen ist, daß die Apostel und Jünger ihn anfangs nicht gleich erkennen; bisweilen erfüllt sie zunächst sogar ein Gefühl der Furcht, da sie einen Geist oder ein Gespenst zu sehen glaubten. Erst wenn sich der Herr genauer zu erkennen gibt, erfüllt sie Freude und Zuversicht. Bei einer dieser Erscheinungen überträgt Christus seinen Aposteln ihre endgültige Sendung. Er sagt zu ihnen: „Wie mich der Vater gesandt hat, so sende ich euch" (*Joh* 20,21) und betraut sie zugleich mit der Vollmacht zur Sündenvergebung.

Diese kurze Betrachtung mag uns, liebe Brüder und Schwestern, in der jetzigen österlichen Bußzeit helfen, uns würdig auf das Fest der Auferstehung unseres Herrn vorzubereiten. Herzlich grüße ich euch alle zu der heutigen Audienz. Einen besonderen Willkommensgruß richte ich an die anwesenden Schwestern verschiedener Kongregationen, die in La Storta an einem geistlichen Erneuerungskurs teilnehmen. Ich wünsche euch in Besinnung und Gebet ein stetes Wachsen in der Erkenntnis und Liebe Jesu Christi. Zugleich erteile ich euch und allen Pilgern deutscher Sprache für reiche göttliche Gnaden von Herzen meinen besonderen Apostolischen Segen.

Jesus teilt unser Los

Angelus am 26. Februar

Liebe Schwestern und Brüder!

1. Wir widmen die heutige Begegnung zum Mariengebet der Betrachtung des dritten schmerzhaften Rosenkranzgeheimnisses: Jesus wird mit Dornen gekrönt.
Die Tatsache wird in den Evangelien bestätigt, die, obwohl sie nicht auf so viele Einzelheiten eingehen, allerdings die handgreiflichen und unsinnigen verhöhnenden Gesten der Soldaten des Pilatus unterstrichen haben.
„Die Soldaten – schreibt Markus, gefolgt von Matthäus und Johannes – führten ihn in den Palast hinein, das heißt in das Prätorium, und riefen die ganze Kohorte zusammen. Dann legten sie ihm einen Purpurmantel um und flochten einen Dornenkranz; den setzten sie ihm auf und grüßten ihn: Heil dir, König der Juden! Sie schlugen ihm mit einem Stock auf den Kopf und spuckten ihn an, knieten vor ihm nieder und huldigten ihm" (*Mk* 15,16–19; vgl. *Mt* 27,27–30; *Joh* 19,2–3).
Matthäus deutet die Verspottung des Königtums nur an: Zuerst geben sie Jesus den Stock in die rechte Hand als Königszepter (vgl. *Mt* 27,29), dann nehmen sie ihm den Stock wieder weg und schlagen ihm damit auf den Kopf (vgl. *Mt* 27,30).

2. Wir stehen vor einem Bild des Schmerzes, das allen mörderischen Wahnsinn, alle Grausamkeiten der Geschichte in Erinnerung ruft. Jesus wollte auch in der Gewalt der zuweilen dramatisch grausamen Bosheit der Menschen sein.
Johannes bringt uns dazu, unsere Betrachtung in verehrungs- und teilnahmsvolles Gebet zu verwandeln angesichts des leidenden Jesus mit der Dornenkrone: „Pilatus" – schreibt er – „ging wieder hinaus und sagte zu ihnen: Seht, ich bringe ihn zu euch heraus; ihr sollt wissen, daß ich keinen Grund finde, ihn zu verurteilen. Jesus kam heraus; er trug die Dornenkrone und den purpurroten Mantel. Pilatus sagte zu ihnen: Seht, da ist der Mensch!" (*Joh* 19,4–5).
In Wirklichkeit ist dieser Mensch der Sohn Gottes, der durch unsagbares Leiden den Heilsplan des Vaters vollendet. Er hat unser Schicksal so ernst genommen, daß er es mit uns teilt, es auf sich nimmt, ihm Sinn gibt und es in eine unverhoffte Möglichkeit des Lebens, der Gnade, der Gemeinschaft mit Gott und seiner Herrlichkeit umwandelt.

3. Seit jenem Tag ist jede menschliche Generation aufgerufen, sich vor diesem dornengekrönten „Menschen" zu äußern. Niemand kann neutral bleiben. Man muß sich äußern. Und nicht nur mit Worten, sondern mit dem Leben.
Der Christ nimmt die Dornenkrone aufs Haupt, wenn er seine Vermessenheit, seinen Stolz, die verschiedenen Formen des Nutzdenkens und der Genußsucht abtötet, die ihn am Ende als Person zerstören und oft dazu veranlassen, hartherzig gegenüber den anderen zu sein.
Die Fastenzeit lädt jeden ein zu einem Weg der Befreiung von den Sklavereien, die ihn quälen. Unser König, der Gott-Mensch, steht vor uns. Er schenkt uns ein neues Herz,

damit wir unsere Mühsal und unser Leiden in heilbringender Form leben können, aus Liebe zu ihm und zu unseren Brüdern.
Die seligste Jungfrau geht uns auf diesem mühevollen Weg voran und ermutigt uns, unsere Schritte zu beschleunigen, indem sie uns auf das strahlende Ziel von Ostern hinweist.

Nach dem Angelusgebet sagte der Papst:

Es freut mich, jetzt die Teilnehmer des UNICEF-Kongresses zu begrüßen und Ihnen meine lebhafte Hochschätzung für Ihre aufrichtige Hingabe zu bekunden, mit der Sie sich zugunsten der Kinder einsetzen. Mit meinem Segen verbinde ich den Wunsch, daß euer Wirken immer mehr gute Früchte bringe und allen Kindern in der Welt ermögliche, ein menschenwürdiges Dasein zu leben, das in seinen menschlichen und christlichen Grundwerten geschützt ist.

Ostern – höchstes Fest der Kirche

Ansprache bei der Generalaudienz am 1. März

1. Die Auferstehung Christi hat den Charakter eines Ereignisses, dessen Wesen der Übergang vom Tod zum Leben ist. Ein einmaliges Geschehen, das als „Übergang" (Pascha) in den Kontext der österlichen Feiern eingegliedert war, bei denen die Söhne und Töchter Israels alljährlich den Auszug aus Ägypten in Erinnerung riefen, indem sie Dank sagten für die Befreiung aus der Knechtschaft und deshalb die Macht Gottes, des Herrn, rühmten, die sich in diesem früheren „Übergang" offenbart hatte.
Die Auferstehung Christi ist der neue Übergang, das neue Ostern, und auf dem Hintergrund des alten Paschafestes zu verstehen, das es vorwegnahm und ankündigte. So wurde es tatsächlich in den Christengemeinden entsprechend der Schriftauslegung betrachtet, die die Apostel und Evangelisten den Gläubigen aufgrund der Worte Jesu selbst anboten.

2. Auf der Linie dessen, was uns von diesen antiken Quellen überliefert wurde, können wir in der Auferstehung vor allem ein historisches Ereignis sehen. Tatsächlich hat es sich in einem zeitlich und örtlich genau abgegrenzten Rahmen vollzogen: „am dritten Tag" nach der Kreuzigung in Jerusalem, in dem Grab, das Josef von Arimathäa zur Verfügung gestellt hatte (vgl. *Mk* 15,46) und in das der vom Kreuz abgenommene Leichnam Christi gelegt worden war. Eben dieses Grab wurde bei Morgengrauen am dritten Tag (nach dem österlichen Sabbat) leer vorgefunden.
Jesus hatte vorher seine Auferstehung am dritten Tag angekündigt (vgl. *Mt* 16,21; 17,23; 20,19). Die Frauen, die an jenem Tag zum Grab gingen, fanden einen „Engel" vor, der zu ihnen sagte: „Ihr sucht Jesus, den Gekreuzigten. Er ist nicht hier; denn er ist auferstanden, wie er gesagt hat" (*Mt* 28,5–6).

Im Bericht des Evangeliums wird der Umstand des „dritten Tages“ in Beziehung gesetzt zur jüdischen Feier des Sabbats, die Arbeiten und Ortswechsel über einen gewissen Umkreis hinaus vom Vorabend an ausschloß. Deshalb war die Einbalsamierung des Leichnams, ein jüdischer Brauch, auf den ersten Tag nach dem Sabbat verlegt worden.

3. Wenn auch das Ereignis zeitlich und räumlich zu bestimmen ist, geht die Auferstehung über die Geschichte hinaus und übertrifft sie.
Niemand hat die Tatsache als solche gesehen. Niemand konnte Augenzeuge des Geschehens sein. Viele sahen das Leiden und den Tod Christi auf Golgota.
Einige nahmen an der Beisetzung seines Leichnams in dem Grab teil, das gut versiegelt und bewacht wurde von Wächtern, die „die Hohenpriester und die Pharisäer“ vorsorglich von Pilatus erbeten hatten, indem sie daran erinnerten, daß Jesus gesagt hatte: Nach drei Tagen werde ich auferstehen. „Gib also den Befehl, daß das Grab bis zum dritten Tag sicher bewacht wird. Sonst könnten seine Jünger kommen, ihn stehlen und dem Volk sagen: Er ist von den Toten auferstanden“ (*Mt* 27,63–64).
Aber die Jünger hatten nicht an dieses Werk gedacht. Es waren die Frauen, die am Morgen des dritten Tages mit den Salbölen kamen und entdeckten, daß das Grab leer und der schwere Stein weggewälzt war; und sie sahen einen weißgekleideten jungen Mann, der zu ihnen von der Auferstehung Jesu sprach (vgl. *Mk* 16,6). Gewiß war der Leichnam Christi nicht mehr dort. Danach waren es viele, die den auferstandenen Jesus sahen. Aber keiner war Augenzeuge der Auferstehung gewesen. Niemand konnte sagen, wie sie sich physisch vollzog. Noch weniger war das innerste Wesen des Übergangs in ein anderes Leben für die Sinne erfaßbar.
Diese meta-historische Bedeutung der Auferstehung ist besonders zu erwägen, wenn man sich in gewisser Weise das Geheimnis dieses geschichtlichen, aber auch übergeschichtlichen Ereignisses bewußt machen will, wie wir gleich sehen werden.

4. Denn die Auferstehung Christi war keine Rückkehr in das irdische Leben, wie es im Fall der von ihm vollbrachten Auferweckungen in der vorösterlichen Zeit geschehen war: bei der Tochter des Jaïrus, dem Jüngling von Naïn und bei Lazarus.
Diese Tatsachen waren Wunder und damit außerordentliche Ereignisse, aber die geheilten Personen erhielten kraft der Vollmacht Jesu das „gewöhnliche“ irdische Leben zurück. Zu gegebener Zeit starben sie von neuem, wie der heilige Augustinus nicht selten zu bedenken gibt.
Im Fall der Auferstehung Christi ist der Sachverhalt wesenhaft verschieden. Er geht in seinem auferstandenen Leib aus dem Zustand des Todes in ein „anderes“, überzeitliches und überirdisches Leben über. Jesu Leib wird in der Auferstehung von der Kraft des Heiligen Geistes erfüllt und des göttlichen Lebens im Zustand der Herrlichkeit teilhaftig, so daß man mit dem heiligen Paulus von Christus sagen kann, er ist „der Mensch, der vom Himmel stammt“ (vgl. *1 Kor* 15,47 f.).
In diesem Sinn befindet sich die Auferstehung Christi jenseits der rein geschichtlichen Dimension. Sie ist ein Ereignis, das der übergeschichtlichen Sphäre angehört und unterliegt deshalb nicht den Kriterien der einfachen, menschlich erfahrbaren Beobachtung.

Wahr ist, daß Jesus nach der Auferstehung seinen Jüngern erscheint, spricht, mit ihnen verhandelt und sogar ißt, Thomas dazu auffordert, ihn zu berühren, damit dieser sich seiner Identität vergewissert.
Aber diese reale Dimension seiner gesamten Menschheit verbirgt das andere Leben, dem er nunmehr angehört und das ihn der „Normalität" des gewöhnlichen irdischen Lebens entzieht und in ein „Geheimnis" eintaucht.

5. Ein weiteres geheimnisvolles Element der Auferstehung Christi ist die Tatsache, daß der Übergang vom Tod zum neuen Leben durch den Eingriff der Macht des Vaters geschehen ist, der Christus, seinen Sohn, „auferweckt" (vgl. *Apg* 2,32) und so seine Menschheit – auch seinen Leib – in vollkommener Weise in die dreifaltige Gemeinschaft eingegliedert hat, so daß Jesus sich endgültig offenbarte: „dem Geist ... nach eingesetzt ist als Sohn Gottes in Macht seit der Auferstehung von den Toten" (*Röm* 1,3–4). Der heilige Paulus besteht darauf, die Auferstehung Christi als Offenbarung der Macht Gottes darzustellen (vgl. *Röm* 6,4; *2 Kor* 13,4; *Phil* 3,10; *Kol* 2,12; *Eph* 1,19f; vgl. auch *Hebr* 7,16) durch den Geist, der Jesus das Leben wiedergab und ihn in den Zustand der Herrlichkeit als Herrn (Kyrios) versetzte, in dem er endgültig auch als Mensch die Bezeichnung des Sohnes Gottes verdient, die ihm ewig gebührt (vgl. *Röm* 8,11; 9,5; 14,9; *Phil* 2,9–11; vgl. auch *Hebr* 1,1–5; 5,5 usw.).

6. Bedeutsam ist, daß viele Texte des Neuen Testamentes die Auferstehung Christi als „Auferstehung von den Toten" darstellen, die durch die Kraft des Heiligen Geistes gewirkt wurde. Aber gleichzeitig sprechen sie von einem „Auferstehen kraft der eigenen Vollmacht" (griechisch: anéste), wie im übrigen das Wort „Auferstehung" in vielen Sprachen andeutet. Dieser aktive Sinn des Wortes (Substantiv und Verb) findet sich auch in den vorösterlichen Reden Jesu, zum Beispiel in den Ankündigungen des Leidens, als er sagt, daß der Menschensohn zuerst viel leiden und sterben muß, aber dann auferstehen wird (vgl. *Mk* 8,31; 9,9.31; 10,34).
Im *Johannesevangelium* bekräftigt Jesus ausdrücklich: „Ich gebe mein Leben hin, um es wieder zu nehmen ... ich habe die Macht, es wieder zu nehmen" (10,17–18). Auch Paulus, im *Brief an die Thessalonicher*, schreibt: „Jesus – und das ist unser Glaube – ist gestorben und auferstanden" (*1 Thess* 4,14).
In der *Apostelgeschichte* wird oft verkündet, daß „Gott Jesus auferweckt hat" (vgl. 2,24.32; 3,15.26 usw.), aber man spricht dort auch im aktiven Sinn von der Auferstehung Jesu (vgl. 10,41), und in dieser Perspektive faßt man die Predigt von Paulus in der Synagoge von Thessaloniki zusammen, „wobei er von den Schriften ausging ... und erklärte, daß der Messias leiden und von den Toten auferstehen mußte" (*Apg* 17,3).
Aus diesen gesamten Texten geht der trinitarische Charakter der Auferstehung Christi hervor, die „gemeinsames Werk" des Vaters und des Sohnes und des Heiligen Geistes ist und damit das Geheimnis Gottes selbst einschließt.

7. Der Ausdruck „gemäß der Schrift", der sich im *ersten Brief an die Korinther* (15,3–4) und im *nizäno-konstantinopolitanischen Glaubensbekenntnis* findet, betont

den eschatologischen Charakter des Ereignisses der Auferstehung Christi, in der sich die Ankündigungen des Alten Testamentes erfüllen. Nach Lukas tadelt Jesus, als er von seinem Leiden und seiner Herrlichkeit mit den beiden Jüngern von Emmaus spricht, diese selbst, weil es ihnen schwer fällt, „alles zu glauben, was die Propheten gesagt haben. Und er legte ihnen dar, ausgehend von Mose und allen Propheten, was in der gesamten Schrift über ihn geschrieben steht“ (*Lk* 24,26–27). Gleiches geschieht bei der letzten Begegnung mit den Aposteln, zu denen er sagt: „Das sind die Worte, die ich zu euch gesagt habe, als ich noch bei euch war: Alles muß in Erfüllung gehen, was im Gesetz des Mose, bei den Propheten und in den Psalmen über mich gesagt ist. Darauf öffnete er ihnen die Augen für das Verständnis der Schrift. Er sagte zu ihnen: So steht es in der Schrift: Der Messias wird leiden und am dritten Tag von den Toten auferstehen, und in seinem Namen wird man allen Völkern, angefangen in Jerusalem, verkünden, sie sollen umkehren, damit ihre Sünden vergeben werden“ (*Lk* 24,44–48).
Es war die messianische Auslegung, die Jesus selbst vom gesamten Alten Testament und besonders von den Texten gab, die das Ostergeheimnis unmittelbarer betrafen, wie die von Jesaja über die Erniedrigungen und die „Erhöhung“ des Gottesknechtes (*Jes* 52,13–53,12) und *Psalm* 110. Auf der Grundlage dieser eschatologischen Auslegung Jesu, die das Ostergeheimnis mit dem Alten Testament verknüpfte und in diesem Licht auch die Zukunft beleuchtete (die Verkündigung an alle Völker), sprachen auch die Apostel und Evangelisten von der Auferstehung „gemäß der Schrift“, und später wurde die Formel des Glaubensbekenntnisses festgelegt. Es war eine weitere Dimension des Ereignisses als Geheimnis.

8. Aus dem Gesagten geht klar hervor, daß die Auferstehung Christi das größte Ereignis in der Heilsgeschichte ist, ja, wir können sogar sagen, in der Menschheitsgeschichte, denn sie gibt der Welt endgültigen Sinn. Die gesamte Welt dreht sich um das Kreuz, aber nur in der Auferstehung erlangt das Kreuz seine volle Bedeutung als Heilsgeschehen. Kreuz und Auferstehung bilden das eine Ostergeheimnis, in dem die Weltgeschichte ihren Mittelpunkt hat. Deshalb ist Ostern das höchste Fest der Kirche. Sie feiert und erneuert alljährlich dieses Ereignis, das alle Verheißungen des Alten Testamentes – angefangen vom „Protoevangelium“ der Erlösung – und alle eschatologischen Hoffnungen und Erwartungen in sich trägt, die auf die „Fülle der Zeit“ ausgerichtet sind, die angebrochen ist, als das Reich Gottes endgültig in die Geschichte des Menschen und die universale Heilsordnung eingetreten ist.

In deutscher Sprache sagte der Papst:

Liebe Schwestern und Brüder!

Die Auferstehung Jesu Christi hat den Charakter eines Ereignisses, dessen Wesen der Übergang vom Tod zum Leben ist. Es handelt sich hierbei außerdem um ein historisches Ereignis; sie hat sich vollzogen in einem bestimmten Rahmen von Ort und Zeit.
Sie stellte aber nicht eine Rückkehr zum irdischen Leben dar, wie dies der Fall war bei den Auferweckungen, die Jesus in der vorösterlichen Zeit gewirkt hatte: bei der Tochter des Jaïrus, dem Jüngling von Naïn und bei Lazarus: sie fallen unter die Kategorie der

Wunder, also von außerordentlichen Ereignissen. Im Falle der Auferstehung Jesu ist der Sachverhalt wesenhaft verschieden. Er geht vom Zustand des Todes hinüber zu einem „anderen" Leben. Jesu Leib wird in der Auferstehung erfüllt von der Kraft des Heiligen Geistes.

In diesem Sinn ist die Auferstehung jenseits einer rein historischen Dimension zu sehen, sie ist ein Ereignis, das zu einer Sphäre jenseits von Geschichte gehört und deswegen auch nicht den Kriterien der einfachen menschlich-empirischen Beobachtung unterliegt.

Ein weiteres geheimnisvolles Element der Auferstehung Christi besteht in der Tatsache, daß der Übergang vom Tod zum neuen Leben sich vollzogen hat durch die Macht des Vaters, der Christus, seinen Sohn, „auferweckt hat" (vgl. *Apg* 2,32).

Aus der Zusammenschau der biblischen Texte ergibt sich der dreieinige Charakter der Auferstehung Christi, die „gemeinsames Werk" des Vaters, des Sohnes und des Heiligen Geistes ist.

Der Ausdruck „gemäß der Schrift" aus dem *1. Korintherbrief* (15,3–4) und aus dem *nizänisch-konstantinopolitanischen Glaubensbekenntnis* betont den eschatologischen Charakter des Auferstehungsgeschehens Christi, in dem sich die Ankündigungen aus dem Alten Testament erfüllen.

Die Auferstehung Christi ist das größte Ereignis in der Heilsgeschichte vor allem auch, weil sie der Welt und der Menschheitsgeschichte einen endgültigen Sinn verleiht. Die ganze Welt steht unter dem Kreuz, aber nur in der Auferstehung erreicht das Kreuz seine volle Bedeutung im Rahmen der Heilsgeschichte. Kreuz und Auferstehung zusammen bilden das Ostergeheimnis. Deswegen ist Ostern das größte Fest der Kirche, weil damit das Reich Gottes endgültig in die Menschheitsgeschichte und in die universale Heilsordnung eingetreten ist.

Diese kurze Betrachtung möge ein Beitrag dazu sein, liebe Schwestern und Brüder, uns angemessenerweise auf das Osterfest vorzubereiten. Herzlich grüße ich euch alle zur heutigen Audienz.

Einen besonderen Willkommensgruß richte ich an den Seelsorger, die Ärzte, Schwestern und das Pflegepersonal des Sankt Josephs-Krankenhauses in Freiburg im Breisgau. Euer Dienst an den kranken Mitmenschen geschieht auch im Bewußtsein, daß für uns Christen das Leben und die Würde des Individuums einen besonderen Stellenwert haben. Euch und allen Pilgern deutscher Sprache, euren Angehörigen zu Hause sowie allen Hörerinnen und Hörern, die über Radio Vatikan mit uns verbunden sind, erteile ich von Herzen meinen besonderen Apostolischen Segen.

Mit Jesus das Kreuz tragen

Angelus am 5. März

Liebe Schwestern und Brüder!

1. Bei unserer Begegnung zum marianischen Angelusgebet in der Fastenzeit richten sich unsere Gedanken auf das vierte schmerzhafte Rosenkranzgeheimnis: Jesus trägt das Kreuz auf dem Weg nach Kalvaria.
Unsere Betrachtung verweilt vor allem bei dem, was diesen Weg der Schmerzen bestimmte: das Todesurteil über Jesus. Der heilige Lukas schreibt: „Die Hohenpriester und die anderen führenden Männer und das Volk ... forderten immer lauter, er solle Jesus kreuzigen lassen ... Pilatus lieferte ihnen Jesus aus, wie sie es verlangten“ (*Lk* 23,13.23.25b). „Herbringen“, „ausliefern“, „übergeben werden“ sind die Worte, die in der Erzählung wiederkehren. Sie drücken das lateinische „tradere“ und „traditum“ aus, Verben, in denen sich sowohl die Geste der Feigheit und Ungerechtigkeit des Pilatus als auch der Plan des Vaters und der liebevolle Wille des Sohnes widerspiegeln, der es annimmt, „ausgeliefert zu werden“ für das Heil der Welt.

2. Der Evangelist Lukas bietet uns dann entlang des Kreuzweges Vorbilder, die uns lehren, Jesu Leiden in unserem Alltag als Weg zur Auferstehung zu leben.
Das erste Beispiel gibt Simon von Cyrene, „der gerade vom Feld kam. Ihm luden sie das Kreuz auf, damit er es hinter Jesus hertrage“ (*Lk* 23,26). Wichtig ist nicht allein die Tatsache, das Kreuz zu tragen. Unzählige Menschen leiden schwer in dieser Welt: Jedes Volk, jede Familie trägt Schmerzen und Lasten auf den Schultern. Was dem Kreuz den vollen Sinn verleiht, ist, es hinter Jesus herzutragen, nicht auf einem Weg der angstvollen Einsamkeit oder Auflehnung, sondern auf einem Weg, der durch die göttliche Anwesenheit des Herrn unterstützt und belebt wird.

3. Das zweite Beispiel gibt die „große Menschenmenge, darunter auch Frauen, die um ihn [Jesus] klagten und weinten“ (*Lk* 23,27). Eine Beteiligung in mitfühlenden Worten oder auch teilnahmsvollen Tränen genügt nicht. Es ist notwendig, sich der eigenen Verantwortung in dem Schmerzensdrama besonders dem der Unschuldigen, bewußt zu werden. Das veranlaßt dazu, die eigene Rolle anzunehmen und einen wirksamen Beitrag zur Erleichterung des Leides zu leisten.
Die Worte Jesu verleiten nicht zu sterilen Gefühlsanwandlungen, sondern laden zu einem realistischen Lesen der Geschichte der Einzelmenschen und der Gemeinschaften ein. „Wenn das mit dem grünen Holz geschieht, was wird dann erst mit dem dürren werden?“ (*Lk* 23,31). Wenn der im wahrsten Sinne des Wortes Unschuldige auf diese Weise getroffen wird, was wird mit dem geschehen, der für das Böse verantwortlich ist, das in der Geschichte der Einzelnen und der Nationen gewirkt wurde?

4. Der Schmerzensweg Jesu, der Kreuzweg, sei für uns eine hilfreiche Aufforderung, den Wert unseres täglichen Leidens zu erkennen; eine Unterweisung, ihm nicht mit zweckmäßigen Vorwänden oder nutzlosen Täuschungen zu entfliehen; ein Antrieb, es

hingegen dem zu schenken, der uns geliebt hat (vgl. *Röm* 8,37), in der Gewißheit, daß so eine neue Kultur im Zeichen der Liebe erbaut wird und man am göttlichen Heilswirken mitarbeitet.
Maria, die zusammen mit den Frauen Jesus auf dem Kreuzweg nachfolgte und die wir auch auf Kalvaria finden, sei uns Vorbild in dieser unserer Selbsthingabe. Sie helfe uns, den Wert unseres Leidens zu verstehen und es dem Vater in Verbindung mit Christi Leiden darzubringen.

In deutscher Sprache sagte der Papst:

Unter den Teilnehmern des heutigen Angelusgebetes grüße ich herzlich auch den Schongauer Bergsteiger-Chor mit Angehörigen. Eure Liebe gilt sowohl der Schönheit des Gesanges als auch der Natur. Möget ihr in beiden den Spuren des Schöpfers begegnen und ihn zusammen mit allen Geschöpfen preisen. Diese eure Romwallfahrt begleite ich mit meinem besonderen Gebet und Segen.

Auferstehung Mitte des Glaubens

Ansprache bei der Generalaudienz am 8. März

1. Im *Brief des heiligen Paulus an die Korinther*, der im Verlauf dieser Katechesen über die Auferstehung Christi mehrmals zitiert wurde, lesen wir die folgenden Worte des Apostels: „Ist aber Christus nicht auferweckt worden, dann ist unsere Verkündigung leer und euer Glaube sinnlos" (*1 Kor* 15,14). Offensichtlich sieht der heilige Paulus in der Auferstehung das Fundament des christlichen Glaubens und gleichsam den Eckstein des gesamten, auf der Offenbarung errichteten Gebäudes von Lehre und Leben als endgültige Bestätigung der ganzen von Christus gebrachten Wahrheit. Die ganze Verkündigung der Kirche seit den Zeiten der Apostel durch alle Jahrhunderte und Generationen hindurch bis heute beruft sich deshalb auf die Auferstehung und schöpft aus ihr die Antriebs- und Überzeugungskraft und ihre Wirksamkeit. Es ist leicht zu verstehen, warum.

2. Die Auferstehung war zuallererst die Bestätigung all dessen, was Christus selbst „getan und gelehrt" hatte. Sie war das göttliche Siegel, das seinen Worten und seinem Leben aufgedrückt wurde. Er selbst hatte die Jünger und die Gegner auf dieses endgültige Zeichen seiner Wahrheit hingewiesen. Der Engel am Grab erinnerte die Frauen am Morgen des „ersten Tages der Woche" daran: „Er ist auferstanden, wie er gesagt hat" (*Mt* 28,6). Wenn sein Wort und seine Verheißung sich als Wahrheit erwiesen haben, dann besitzen auch alle seine anderen Worte und Verheißungen die Kraft der Wahrheit, die nicht vergeht, wie er selbst verkündet hatte: „Himmel und Erde werden vergehen, aber meine Worte werden nicht vergehen" (*Mt* 24,35; *Mk* 13,31; *Lk* 21,33). Einen wichtigeren, schwererwiegenden und entscheidenderen Beweis als die Auferstehung vom Tod hätte

niemand sich vorstellen oder verlangen können. Alle, auch die für den menschlichen Geist schwer zu erfassenden Wahrheiten finden hingegen ihre Rechtfertigung vor dem Urteil der Vernunft, wenn der auferstandene Christus den von ihm versprochenen, endgültigen Beweis seiner göttlichen Vollmacht geliefert hat.

3. So wird die Wahrheit seiner Gottheit selbst von der Auferstehung bekräftigt. Jesus hatte gesagt: „Wenn ihr den Menschensohn [am Kreuz] erhöht habt, dann werdet ihr erkennen, daß Ich es bin" (*Joh* 8,28). Die Menschen, die diese Worte hörten, wollten Jesus steinigen, denn „Ich bin" war für die Juden gleichlautend mit dem unaussprechlichen Namen Gottes. Deshalb gaben sie, als sie von Pilatus das Todesurteil über ihn forderten, als Hauptanklage an, daß „er sich als Sohn Gottes ausgegeben hat" (*Joh* 19,7). Aus demselben Grund hatten sie ihn vor dem Hohen Rat der Gotteslästerung schuldig gesprochen, nachdem er nach der Aufforderung des Hohen Priesters erklärt hatte, er sei Christus, der Sohn Gottes (vgl. *Mt* 26,63–65; *Mk* 14,62; *Lk* 22,70); das heißt nicht nur der irdische Messias, wie er von der jüdischen Tradition her begriffen und erwartet wurde, sondern der in *Psalm* 110 angekündigte Messias, der Herr (vgl. *Mt* 22,41 f.), die von *Daniel* geschaute, geheimnisvolle Gestalt (7,13–14). Das war die schwere Gotteslästerung, die Anklage für das Todesurteil: sich als Sohn Gottes ausgegeben zu haben! Und nun bestätigte seine Auferstehung die Wahrhaftigkeit seiner göttlichen Identität und rechtfertigte die auf sich selbst vor dem Osterfest angewandte Bezeichnung des „Namens" Gottes: „Amen, amen ich sage euch: Noch ehe Abrahanm wurde, bin ich" (*Joh* 8,58). Für die Juden war das ein Strafverfolgungsrecht zur Steinigung (vgl. *Lev* 24,16). Und tatsächlich, „da hoben sie Steine auf, um sie auf ihn zu werfen. Jesus aber verbarg sich und verließ den Tempel" (*Joh* 8,59). Aber wenn sie ihn damals nicht steinigen konnten, gelang es ihnen dann, ihn am Kreuz „zu erhöhen". Die Auferstehung des Gekreuzigten zeigte jedoch, daß er wirklich der Sohn Gottes, der „Ich bin", war.

4. In Wirklichkeit hatte Jesus, obwohl er sich selbst Menschensohn nannte, nicht nur bekräftigt, der wahre Sohn Gottes zu sein, sondern er hatte im Abendmahlssaal vor seinem Leiden den Vater gebeten, zu offenbaren, daß Christus, der Menschensohn, sein Sohn von Ewigkeit her war: „Vater, die Stunde ist da. Verherrliche deinen Sohn, damit der Sohn dich verherrlicht" (*Joh* 17,1). „Verherrliche du mich jetzt bei dir mit der Herrlichkeit, die ich bei dir hatte, bevor die Welt war" (*Joh* 17,5). Und das Ostergeheimnis war die Erhörung dieser Bitte, die Bestätigung der Gottessohnschaft Christi und sogar seine Verherrlichung mit der Herrlichkeit, die „er beim Vater hatte, bevor die Welt war": die Herrlichkeit des Sohnes Gottes.

5. In der vorösterlichen Zeit hatte Jesus gemäß dem *Johannesevangelium* mehrmals diese zukünftige Herrlichkeit angedeutet, die in seinem Tod und seiner Auferstehung offenbar werden sollte. Die Jünger verstanden die Bedeutung dieser seiner Worte erst nach dem vollendeten Geschehen.
So lesen wir, daß Jesus während des ersten in Jerusalem verbrachten Osterfestes, nachdem er die Händler und Geldwechsler aus dem Tempel vertrieben hatte, den Juden, die von ihm ein „Zeichen" der Vollmacht für dieses Tun forderten, antwortete: „Reißt die-

sen Tempel nieder, in drei Tagen werde ich ihn wieder aufrichten ... Er aber meinte den Tempel seines Leibes. Als er von den Toten auferstanden war, erinnerten sich seine Jünger, daß er dies gesagt hatte, und sie glaubten der Schrift und dem Wort, das Jesus gesprochen hatte“ (*Joh* 2,19–22).
Auch die Antwort, die Jesus den Boten der Schwestern des Lazarus gab, die ihn baten, zu kommen und den kranken Bruder zu besuchen, bezog sich auf das Ostergeschehen: „Diese Krankheit wird nicht zum Tod führen, sondern dient der Verherrlichung Gottes“ (*Joh* 11,4).
Es war nicht nur die Herrlichkeit, die ihm von dem Wunder kommen sollte, um so mehr, als es zu seinem Tod führen sollte (vgl. *Joh* 11,46–54), sondern seine wahre Verherrlichung sollte gerade durch seine Erhöhung am Kreuz kommen (vgl. *Joh* 12,32). Die Jünger verstanden das alles erst nach der Auferstehung.

6. Besonders interessant ist die Lehre des heiligen Paulus über die Bedeutung der Auferstehung als bestimmendes Element seiner christologischen Vorstellung, die auch an seine persönliche Erfahrung mit dem Auferstandenen gebunden ist. So stellt er sich am Anfang des *Römerbriefes* vor: „Paulus, Knecht Christi Jesu, berufen zum Apostel, auserwählt, das Evangelium Gottes zu verkündigen, das er durch seine Propheten im voraus verheißen hat in den heiligen Schriften: das Evangelium von seinem Sohn, der dem Fleisch nach geboren ist als Nachkomme Davids, der dem Geist der Heiligkeit nach eingesetzt ist als Sohn Gottes in Macht seit der Auferstehung von Toten, das Evangelium von Jesus Christus, unserem Herrn“ (*Röm* 1,1–4).
Das heißt, daß vom Augenblick seiner menschlichen Empfängnis und Geburt an (als Nachkomme Davids) Jesus der ewige Sohn Gottes war, der Menschensohn geworden war. Aber diese Gottessohnschaft hat sich in der Auferstehung in aller Fülle manifestiert durch die Macht Gottes, die durch das Wirken des Heiligen Geistes Jesus wieder lebendig gemacht hat (vgl. *Röm* 8,11). Jesus wurde von Gott zum „Kyrios“ in Herrlichkeit bestellt (vgl. *Phil* 2,9–11; *Röm* 14,9; *Apg* 2,36), so daß er in einer neuen, messianischen Eigenschaft die Anerkennung, die Verehrung und die Herrlichkeit des ewigen Namens des Sohnes Gottes verdient (vgl. *Apg* 13,33; *Hebr* 1,1–5; 5,5).

7. Paulus hatte dieselbe Lehre in der Synagoge von Antiochia in Pisidien an einem Sabbat dargelegt, als er auf Einladung der Synagogenvorsteher das Wort ergriff, um zu verkünden, daß Gott am Höhepunkt des Heilsplanes, der sich unter Licht und Schatten in der Geschichte Israels verwirklichte, Jesus von den Toten auferweckt hatte. Er war viele Tage lang denen erschienen, die mit ihm von Galiläa nach Jerusalem heraufgekommen waren, und diese waren jetzt seine Zeugen vor dem Volk. Der Apostel schließt mit den Worten: „So verkünden wir euch das Evangelium: Gott hat die Verheißung, die an die Väter ergangen ist, an uns, ihren Kindern, erfüllt, indem er Jesus auferweckt hat, wie es schon im zweiten Psalm heißt: ‚Mein Sohn bist du, heute habe dich gezeugt‘ “ (*Apg* 13,32–34, vgl. *Ps* 2,7).
Für Paulus besteht eine Art Begriffs-Osmose zwischen der Herrlichkeit der Auferstehung Christi und der ewigen Gottessohnschaft Christi, die sich in Fülle im siegreichen Abschluß seiner messianischen Sendung offenbart.

8. In dieser Herrlichkeit des „Kyrios" zeigt sich jene Macht des Auferstandenen (des Gottmenschen), die Paulus aus Erfahrung im Augenblick seiner Bekehrung auf dem Weg nach Damaskus kennengelernt hat, als auch er sich zum Apostel berufen fühlte (obwohl er keiner von den Zwölfen war), weil er Augenzeuge des lebendigen Christus war und von ihm die Kraft erhielt, alle Mühen auf sich zu nehmen und alle Leiden der eigenen Sendung zu ertragen. Der Geist des Paulus wurde von dieser Erfahrung so tief geprägt, daß er in seiner Lehre und in seinem Zeugnis den Gedanken der Macht des Auferstandenen vor die Teilhabe am Leiden Christi stellt, die ihm doch so teuer ist. Was sich in seiner persönlichen Erfahrung ereignet hatte, stellte er auch den Gläubigen als eine Richtschnur des Denkens und eine Lebensregel vor: „Ich sehe alles als Verlust an, weil die Erkenntnis Christi Jesu, meines Herrn, alles übertrifft. Seinetwegen habe ich alles aufgegeben und halte es für Unrat, um Christus zu gewinnen und in ihm zu sein ... Christus will ich erkennen und die Macht seiner Auferstehung und die Gemeinschaft mit seinen Leiden; sein Tod soll mich prägen. So hoffe ich, auch zur Auferstehung von den Toten zu gelangen" (*Phil* 3,8–11). Und an dieser Stelle denkt er an die Erfahrung auf dem Weg von Damaskus: „... weil auch ich von Christus Jesus ergriffen worden bin" (*Phil* 3,12).

9. Wie aus den genannten Texten hervorgeht, ist die Auferstehung Christi eng mit dem Geheimnis der Menschwerdung des Sohnes Gottes verbunden. Sie ist ihre Vollendung, entsprechend dem ewigen Plan des Vaters. Ja, sie ist sogar die höchste Krönung all dessen, was Jesus in seinem ganzen Leben offenbart und gewirkt hat, von der Geburt an bis zu seinem Leiden und Sterben, durch die Werke, die Wunder und Zeichen, die Lehre, das Beispiel einer vollkommenen Heiligkeit und vor allem durch die Verklärung. Er hat nie direkt die Herrlichkeit offenbart, die er beim Vater hatte „bevor die Welt war" (*Joh* 17,5), sondern er verbarg diese Herrlichkeit in seiner Menschheit bis zur endgültigen Entäußerung (vgl. *Phil* 2,7–8) durch den Tod am Kreuz.
In der Auferstehung wurde die Tatsache enthüllt, daß „in Christus allein wirklich die ganze Fülle Gottes wohnt" (vgl. *Kol* 2,9; 1,19). Die Auferstehung „vollendet" so die Offenbarung des Inhalts der Menschwerdung. Deshalb kann man sagen, daß sie auch die Fülle der Offenbarung ist. Sie steht deshalb, wie wir sagten, im Mittelpunkt des christlichen Glaubens und der Verkündigung der Kirche.

In deutscher Sprache sagte der Papst:

Liebe Brüder und Schwestern!

Der Apostel Paulus schreibt im *ersten Brief an die Korinther*: „Ist ... Christus nicht auferweckt worden, dann ist unsere Verkündigung leer und euer Glaube sinnlos" (*1 Kor* 15,14). Die Auferstehung Christi ist somit das Fundament des christlichen Glaubens. Denn sie ist die endgültige Bestätigung der göttlichen Sohnschaft Jesu Christi und der Wahrheit seiner Frohen Botschaft.
Der Engel sagt den Frauen am leeren Grab: „Er [Christus] ist auferstanden, wie er gesagt hat" (*Mt* 28,6). Es hat sich also die Wahrheit seiner Vorhersage bestätigt. Dasselbe gilt auch von seinem folgenden Wort: „Wenn ihr den Menschensohn erhöht habt, dann werdet ihr erkennen, daß Ich es bin" (*Joh* 8,28). Das „Ich bin" war für die Juden gleichbe-

deutend mit dem unaussprechlichen Namen Gottes, mit Gott selbst. In diesem Sinn sagt Jesus an anderer Stelle: „Noch ehe Abraham wurde, bin ich“ (*Joh* 8,58). Darum lautet auch die Hauptanklage vor Pilatus, daß Jesus sich zum „Sohne Gottes“ gemacht habe (vgl. *Joh* 19,7). Durch die Auferweckung Jesu von den Toten bestätigt Gott diese grundlegende Wahrheit von seiner göttlichen Sohnschaft. Christus selbst hatte Gott darum ausdrücklich gebeten mit den Worten: „Vater, verherrliche du mich jetzt bei dir mit der Herrlichkeit, die ich bei dir hatte, bevor die Welt war“ (*Joh* 17,5). Das österliche Geschehen ist die Erhörung dieser seiner Bitte, die Verherrlichung Christi mit der Herrlichkeit des Sohnes Gottes.

Die Bedeutung der Auferstehung als entscheidendes Element der Christologie finden wir vor allem bei Paulus. So bekräftigt er am Beginn des *Römerbriefes* von Jesus, dem Nachkommen Davids, daß er „dem Geist der Heiligkeit nach eingesetzt ist als Sohn Gottes in Macht seit der Auferstehung von den Toten“ (*Röm* 1,4). Jesus war schon vom Augenblick seiner Empfängnis an der ewige Sohn Gottes, offenbar in ganzer Fülle wurde diese Wahrheit jedoch erst in seiner Auferstehung von den Toten, indem er von Gott zum „Kyrios“ bestellt worden ist. Die Auferstehung ist die Vollendung und Krönung des Geheimnisses der Menschwerdung, denn sie macht offenkundig, daß in Christus „wirklich die ganze Fülle Gottes wohnt“ (vgl. *Kol* 1,19).

Mit dieser kurzen Betrachtung grüße ich euch, liebe Brüder und Schwestern, zur heutigen Audienz. Unter den Anwesenden grüße ich namentlich die Gruppe von Priestern und Diakonen aus Bendorf sowie die Studenten des Seminars für katholische Theologie der Freien Universität Berlin. Einen besonderen Willkommensgruß richte ich ferner an die Ordensschwestern verschiedener Kongregationen, die zur Zeit an einem theologischen Kurs am Päpstlichen Institut „Regina Mundi“ teilnehmen. Euch, den Theologiestudenten, Priestern und Ordensfrauen empfehle ich in einer besonderen Weise unsere heutigen österlichen Überlegungen. Seid ihr doch besonders dazu berufen, Zeugen von der Auferstehung und der göttlichen Heilssendung Christi zu sein. Ich wünsche und erbitte euch durch eure theologischen Studien, in Gebet und Betrachtung eine persönliche Begegnung mit dem auferstandenen Herrn, der noch heute in seiner Kirche fortlebt. Laßt euch von ihm im Glauben neu erfassen, euer Herz in Liebe entzünden und neu aussenden als seine Boten, als Zeugen seiner Auferstehung, in der er als unser Erlöser Sünde und Tod endgültig besiegt und auch uns zur Teilnahme an seinem nie endenden göttlichen Leben berufen hat.

Euch und allen anwesenden Pilgern deutscher Sprache erbitte ich eine gnadenreiche vorösterliche Bußzeit als Vorbereitung auf das Fest der Auferstehung unseres Herrn und erteile euch allen von Herzen meinen besonderen Apostolischen Segen.

Jesus erwidert Böses mit Gutem

Angelus am 12. März

Liebe Brüder und Schwestern!

1. An diesem fünften Sonntag unseres Weges durch die österliche Bußzeit verweilen wir in unserem Mariengebet beim fünften Geheimnis des Rosenkranzes: Jesus stirbt am Kreuz.
In die Kreuzigung und den Tod Jesu sind Himmel und Erde mit hineingezogen, wie in die anderen grundlegenden Ereignisse der Heilsgeschichte: die Schöpfung, die Geburt Jesu, die Auferstehung und die endgültige Wiederkunft oder Parusie des Herrn. Der Evangelist Lukas bemerkt: „Es war etwa um die sechste Stunde, als eine Finsternis über das ganze Land hereinbrach" (*Lk* 23,44).
In diesem Geschehen wird aufs deutlichste offensichtlich, daß Jesus ein Zeichen ist, „dem widersprochen wird" (vgl. *Lk* 2,34). Die Menschen scharen sich in der Tat in zwei Fronten zusammen: solche, die ihn anerkennen und anbeten, und solche, die ihn verhöhnen.

2. Der hl. Lukas läßt uns Jesus betrachten, wie er betet: „Vater, vergib ihnen, denn sie wissen nicht, was sie tun" (*Lk* 23,34). Dies ist das erhabenste Vorbild für jedes Martyrium. Es ist die alles übertreffende Schule der Liebe: In seinem Leiden sucht Jesus die zu entschuldigen, die ihn leiden machen und erwidert Böses mit Gutem. Der hl. Stephanus, der erste christliche Martyrer, wird eben dieses Gebet Jesu wiederholen.
Die Evangelisten haben die bei der Kreuzigung anwesenden Personen in ihren gegensätzlichen Haltungen dargestellt. „Die führenden Männer" und „die Soldaten", in ihren Erwartungen enttäuscht, verlachen ihn (*Lk* 23,35.36). Das Volk hingegen „stand dabei und schaute zu" (*Lk* 23,35). Auch die zwei Verbrecher (*Lk* 23,32.39) zeigen gegensätzliche Haltungen. Während der eine ihn verhöhnt, bezeugt der andere, wie ihm in außergewöhnlicher Weise Versöhnung zuteil wird: Er gesteht seine eigene Sündhaftigkeit ein, die ihn radikal von Dem unterscheidet, der neben ihm leidet („Dieser aber hat nichts Unrechtes getan"; *Lk* 23,41 b), und vertraut sich ganz und gar der Liebe Jesu an (vgl. *Lk* 23,42).

3. Der hl. Johannes stellt uns sodann Maria zu Füßen des Kreuzes vor: die Frau der Schmerzen, die sie aus Liebe zum Opfer bringt; die Frau der Hingabe und der Annahme; die Mutter Jesu und Mutter der Kirche; die Mutter aller Menschen.
Auch andere Frauen standen beim Kreuz. b.27). In Johannes erkennt jeder Mensch sich als Sohn jener, die der Welt den Sohn Gottes geschenkt hat.

4. Auch im Augenblick des Todes betet Jesus. Mit lauter Stimme gibt er seine endgültige Hingabe an den Vater zum Heil aller kund: „Vater, in deine Hände lege ich meinen Geist" (*Lk* 23,46).
Im Blick auf das Geheimnis Christi, der stirbt, um uns zu retten, sagen auch wir: „Wahrhaftig, dieser Mensch ist Gottes Sohn" (vgl. *Mk* 15,39).

Maria möge uns helfen, den Glaubensweg, der uns den heiligen Tagen entgegenführt, ernsthaft zu gehen, in anbetendem Schweigen, in voller Bereitschaft, aus unserem Leben mit seinen konkreten Gegebenheiten eine Gabe zu machen, die wir in Liebe und Hoffnung mit den Brüdern teilen.

Auferstehung Christi Quelle der Hoffnung

Ansprache bei der Generalaudienz am 15. März

1. Wenn der christliche Glaube und die Verkündigung der Kirche ihre Mitte in der Auferstehung Christi haben, weil sie – wie wir in den vorhergegangenen Katechesen sahen – die definitive Bestätigung und endgültige Vollendung der Offenbarung ist, muß man notwendigerweise hinzufügen, daß sie in Vervollständigung des Ostergeheimnisses Quelle der heilwirkenden Macht des Evangeliums und der Kirche ist. Nach Paulus ist Jesus Christus „dem Geist der Heiligkeit nach eingesetzt als Sohn Gottes in Macht seit der Auferstehung von den Toten" (*Röm* 1,4). Er vermittelt den Menschen diese Heiligkeit, denn „wegen unserer Verfehlungen wurde er hingegeben, wegen unserer Gerechtmachung wurde er auferweckt" (*Röm* 4,25). Es gibt sozusagen einen zweifachen Aspekt im Ostergeheimnis: den Tod zur Erlösung von der Sünde und die Auferstehung, um den Zugang zum neuen Leben zu öffnen.
Gewiß hat das Ostergeheimnis wie das ganze Leben und Handeln Christi eine tiefe innere Einheit in seiner Heilsbedeutung und seiner Wirksamkeit, aber das schließt nicht aus, daß man dabei verschiedene Aspekte unterscheiden kann in bezug auf die Auswirkungen, die es auf den Menschen hat. Von daher wird der Auferstehung die besondere Wirkung des „neuen Lebens" zugeschrieben, wie der hl. Paulus bekräftigt.

2. In dieser Lehre ist es notwendig, einige Erläuterungen zu machen, die – immer in bezug auf die Texte des Neuen Testamentes – uns erlauben, ihre ganze Wahrheit und Schönheit zu enthüllen.
Vor allem können wir sagen, daß der auferstandene Christus Anfang und Quelle eines neuen Lebens für alle Menschen ist. Das geht auch aus dem wunderbaren Gebet Jesu am Vorabend seines Leidens hervor, das Johannes mit folgenden Worten wiedergibt: „Vater, ... verherrliche deinen Sohn, damit der Sohn dich verherrlicht. Denn du hast ihm Macht über alle Menschen gegeben, damit er allen, die du ihm gegeben hast, ewiges Leben schenkt" (*Joh* 17,1–2). In seinem Gebet sieht und umfaßt Jesus vor allem seine Jünger, die er auf die kommende schmerzliche Trennung im Hinblick auf das Geschehen seines Leidens und Todes vorbereitet hat, aber mit der gleichzeitigen Verheißung: „Ich lebe, und auch ihr werdet leben" (vgl. *Joh* 14,19). Das heißt: Ihr werdet an meinem Leben teilhaben, das sich nach der Auferstehung offenbaren wird. Aber der Blick Jesu reicht weiter und umfaßt die ganze Welt: „Ich bitte nicht nur für diese hier (meine Jünger) – sagt er –, sondern auch für alle, die durch ihr Wort an mich

glauben“ (*Joh* 17,20): Alle sollen eins sein in der Teilhabe an der Herrlichkeit Gottes in Christus.

Das neue Leben, das den Glaubenden durch die Auferstehung Christi geschenkt wurde, besteht im Sieg über den durch die Sünde verursachten Tod und in der neuen Teilhabe an der Gnade. Das bekräftigt der hl. Paulus kurz und bündig mit den Worten: „Gott aber, der voll Erbarmen ist, hat uns, die wir infolge unserer Sünden tot waren, ... zusammen mit Christus wieder lebendig gemacht“ (*Eph* 2,4–5). Ähnlich der hl. Petrus: „Der Gott und Vater unseres Herrn Jesus Christus ... hat uns in seinem großen Erbarmen neu geboren, damit wir durch die Auferstehung Jesu Christi von den Toten eine lebendige Hoffnung haben“ (*1 Petr* 1,3).

Diese Wahrheit findet ihren Widerschein in der paulinischen Lehre über die Taufe: „Wir wurden mit ihm (Christus) begraben durch die Taufe auf den Tod; und wie Christus durch die Herrlichkeit des Vaters von den Toten auferweckt wurde, so sollen auch wir als neue Menschen leben“ (*Röm* 6,4).

3. Dieses neue Leben, das Leben nach dem Geist, offenbart die Gotteskindschaft, ein weiterer paulinischer Begriff von grundlegender Bedeutung. „Klassisch“ zu diesem Punkt ist der Abschnitt des *Galaterbriefes* zu nennen: „Gott sandte seinen Sohn, ... damit er die freikaufe, die unter dem Gesetz stehen, und damit wir die Sohnschaft erlangen“ (*Gal* 4,4–5). Diese Gotteskindschaft durch den Heiligen Geist macht den Menschen dem eingeborenen Sohn gleich: „Alle, die sich vom Geist Gottes leiten lassen, sind Söhne Gottes“ (*Röm* 8,14). In dem *Brief an die Galater* beruft sich der hl. Paulus auf die Erfahrung, die die Glaubenden in der Lage machen, in der sie sich befinden: „Weil ihr aber Söhne seid, sandte Gott den Geist seines Sohnes in unser Herz, den Geist, der ruft: Abba, Vater. Daher bist du nicht mehr Sklave, sondern Sohn; bist du aber Sohn, dann auch Erbe, Erbe durch Gott“ (*Gal* 4,6–7). In dem neuen Menschen gibt es also eine erste Wirkung der Erlösung: die Befreiung von der Knechtschaft; aber die Freiheit wird dadurch erlangt, daß man als Sohn angenommen wird, nicht so sehr auf der Ebene der gesetzlichen Zugangs zum Erbe, sondern durch das wirkliche Geschenk des göttlichen Lebens, das die drei Personen des dreifaltigen Gottes im Menschen einpflanzen (vgl. *Gal* 4,6; *2 Kor* 13,13). Quelle dieses neuen Lebens des Menschen in Gott ist die Auferstehung Christi.

Die Teilhabe am neuen Leben bewirkt, daß die Menschen „Brüder“ Christi werden, wie Jesus selbst die Jünger nach der Auferstehung nennt: „Geht und sagt meinen Brüdern ...“ (*Mt* 28,10; *Joh* 20,17). Brüder nicht durch die menschliche Natur, sondern durch die Gnade, denn diese Gotteskindschaft verleiht eine wahre und wirkliche Teilhabe am Leben des eingeborenen Sohnes, das in seiner Auferstehung voll offenbar wurde.

4. Die Auferstehung Christi, ja der auferstandene Christus ist eigentlich Anfang und Quelle unserer zukünftigen Auferstehung. Als er die Einsetzung der Eucharistie ankündigte, sprach Jesus selbst davon als dem Sakrament des ewigen Lebens, der zukünftigen Auferstehung: „Wer mein Fleisch ißt und mein Blut trinkt, hat das ewige Leben, und ich werde ihn auferwecken am Letzten Tag“ (*Joh* 6,54). Und weil die Zuhörer „murrten“,

fragte sie Jesus: „Daran nehmt ihr Anstoß? Was werdet ihr sagen, wenn ihr den Menschensohn hinaufsteigen seht, dorthin, wo er vorher war?" (*Joh* 6,61–62). Auf diese Weise deutete er indirekt an, daß unter den sakramentalen Gestalten der Eucharstie denen, die sie empfangen, die Teilhabe am Leib und Blut des verherrlichten Christus geschenkt wird.

Auch der hl. Paulus betont die Verbindung zwischen Christi und unserer Auferstehung vor allem in seinem *ersten Brief an die Korinther*. Er schreibt: „Nun aber ist Christus von den Toten auferweckt worden als der Erste der Entschlafenen ... wie in Adam alle sterben, so werden in Christus alle lebendig gemacht werden" (*1 Kor* 15,20.22). „Denn dieses Vergängliche muß sich mit Unvergänglichkeit bekleiden und dieses Sterbliche mit Unsterblichkeit. Wenn sich aber dieses Vergängliche mit Unvergänglichkeit bekleidet und dieses Sterbliche mit Unsterblichkeit, dann erfüllt sich das Wort der Schrift: ‚Verschlungen ist der Tod vom Sieg'" (*1 Kor* 15,53–54). „Gott aber sei Dank, der uns den Sieg geschenkt hat durch Jesus Christus, unseren Herrn" (*1 Kor* 15,57).

Der endgültige, von Christus bereits errungene Sieg über den Tod wird von ihm der Menschheit mitgeteilt in dem Maß, in dem diese die Früchte der Erlösung empfängt. Es ist ein Prozeß der Aufnahme in das „neue Leben", in das „ewige Leben", der bis zum Ende der Zeiten fortdauert. Dank dieses Prozesses formt sich durch die Jahrhunderte hindurch eine neue Menschheit, das Volk der Erlösten, in der Kirche gesammelt zu einer wahren Gemeinschaft der Auferstehung. Am Ende der Geschichte werden alle auferstehen, und diejenigen, die Christus angehörten, werden die Fülle des Lebens in Herrlichkeit haben in der endgültigen Verwirklichung der Gemeinschaft der von Christus Erlösten, „damit Gott herrscht über alles und in allem" (*1 Kor* 15,28).

5. Der Apostel lehrt auch, daß der Erlösungsprozeß, der mit der Auferstehung von den Toten endet, sich in einer Sphäre unvergleichlicher Geistlichkeit vollzieht, die alle Möglichkeiten menschlichen Begreifens und Wirkens übersteigt. Wenn er einerseits schreibt: „Fleisch und Blut können das Reich Gottes nicht erben; das Vergängliche erbt nicht das Unvergängliche" (*1 Kor* 15,50) – und das ist die Feststellung unserer natürlichen Unfähigkeit zum neuen Leben –, versichert er anderseits den Gläubigen im *Brief an die Römer*: „Wenn der Geist dessen in euch wohnt, der Jesus von den Toten auferweckt hat, dann wird er, der Christus Jesus von den Toten auferweckt hat, auch euren sterblichen Leib lebendig machen, durch seinen Geist, der in euch wohnt" (*Röm* 8,11). Es ist ein geheimnisvoller Vergeistigungsprozeß, der im Augenblick der Auferstehung auch die Leiber durch die Macht desselben Heiligen Geistes erfassen wird, der die Auferstehung Christi gewirkt hat.

Zweifellos handelt es sich um Wirklichkeiten, die unserem Fassungsvermögen und unserer vernünftigen Beweisführung entgleiten; deshalb sind sie Gegenstand unseres Glaubens, der in dem Wort Gottes gründet, das nach Paulus uns in das Geheimnis eindringen läßt, das alle Grenzen des Raumes und der Zeit übersteigt: „Adam, der Erste Mensch, wurde ein irdisches Lebewesen. Der Letzte Adam wurde lebendigmachender Geist" (*1 Kor* 15,45). „Wie wir nach dem Bild des Irdischen gestaltet wurden, so werden wir auch nach dem Bild des Himmlischen gestaltet werden" (*1 Kor* 15,49).

6. In Erwartung dieser transzendenten endgültigen Vollendung lebt der auferstandene Christus in den Herzen seiner Jünger und Anhänger als Quelle der Heiligung im Heiligen Geist, als Quelle göttlichen Lebens und der Gotteskindschaft, als Quelle der künftigen Auferstehung.
Diese Gewißheit läßt den hl. Paulus im *Brief an die Galater* sagen: „Ich bin mit Christus gekreuzigt worden; nicht mehr ich lebe, sondern Christus lebt in mir. Soweit ich aber jetzt noch in dieser Welt lebe, lebe ich im Glauben an den Sohn Gottes, der mich geliebt und sich für mich hingegeben hat" (*Gal* 2,20). Auch jeder Christ, obwohl er noch dem Fleisch verfallen ist (vgl. *Röm* 7,5), lebt wie der Apostel schon ein geistliches Leben im Glauben (vgl. *2 Kor* 10,3), denn der lebendige Christus, der auferstandene Christus, ist das Subjekt aller seiner Handlungen geworden: Christus lebt in mir (vgl. *Röm* 8,2.10–11; *Phil* 1,21; *Kol* 3,3). Und das ist das Leben im Heiligen Geist.
Diese Gewißheit, die den Apostel stützte, kann und muß jeden Christen inmitten der Mühen und Leiden des gegenwärtigen Lebens stützen, wie Paulus seinem Schüler Timotheus empfahl in dem Abschnitt eines Briefes, mit dem wir als Belehrung und Trost unsere Katechese über die Auferstehung Christi besiegeln wollen: „Denk daran" – schreibt er – „daß Jesus Christus, der Nachkomme Davids, von den Toten auferstanden ist; so lautet mein Evangelium ... alles erdulde ich um der Auserwählten willen, damit auch sie das Heil in Christus Jesus und die ewige Herrlichkeit erlangen. Das Wort ist glaubwürdig: Wenn wir mit Christus gestorben sind, werden wir auch mit ihm leben; wenn wir standhaft bleiben, werden wir auch mit ihm herrschen; wenn wir ihn verleugnen, wird auch er uns verleugnen. Wenn wir untreu sind, bleibt er doch treu, denn er kann sich selbst nicht verleugnen" (*2 Tim* 2,8–13).
Denk daran, daß Jesus Christus von den Toten auferstanden ist! Dieses Wort des Apostels gibt uns den Schlüssel zur Hoffnung auf das wahre Leben in der Zeit und in der Ewigkeit.

In deutscher Sprache sagte der Papst:

Liebe Schwestern und Brüder!

Die Herzmitte des christlichen Glaubens und der Predigt der Kirche ist die Auferstehung Jesu Christi von den Toten: ja, unser Glaube gründet in der Auferstehung, die die definitive Bestätigung und Erfüllung der Offenbarung ist. Die Auferstehung ist die heilschaffende Macht des Evangeliums und der Kirche. Nach Paulus ist Jesus Christus „dem Geist der Heiligkeit nach eingesetzt als Sohn Gottes in Macht seit der Auferstehung von den Toten" (*Röm* 1,4). Er überbringt uns Menschen diese Heiligkeit, denn „wegen unserer Verfehlungen wurde er hingegeben, wegen unserer Gerechtmachung wurde er auferweckt" (*Röm* 4,25).
Wir können deshalb vor allem sagen, daß der Auferstandene das Prinzip und die Quelle eines neuen Lebens für alle Menschen ist. Das neue Leben, das dem gläubigen Menschen kraft der Auferstehung Christi geschenkt ist, besteht im Sieg über den Tod der Sünde und in der Teilhabe an der Gnade. Paulus sagt hierzu ganz einfach: „Gott aber, der voll Erbarmen ist, hat uns, die wir infolge unserer Sünden tot waren, in seiner großen Liebe ... zusammen mit Christus wieder lebendig gemacht" (*Eph* 2,4.5).

Dieses neue Leben – das Leben aus dem Geist – macht uns zu Kindern Gottes; wir sind befreit von der Knechtschaft und haben durch Christus teil an der Sohnschaft.
Durch das neue Leben werden wir alle auch in Christus zu Schwestern und Brüdern; nicht durch die menschliche Natur, sondern durch die Gnade, die uns teilhaben läßt am Leben des Gottessohnes, das sich uns in seiner Auferstehung vollständig offenbart.
Der Auferstandene ist schließlich auch Prinzip und Quelle unserer eigenen künftigen Auferstehung; in den heiligen Zeichen der Eucharistie empfangen wir den Leib und das Blut des verherrlichten Christus: „Wer mein Fleisch ißt und mein Blut trinkt, hat das ewige Leben, und ich werde ihn auferwecken am Letzten Tag“ (*Joh* 6,54).
Der endgültige Sieg über den Tod, den Jesus Christus gebracht hat, ist aber auch ein Prozeß hin zum „neuen und ewigen Leben“, der bis zum Ende der Zeiten dauert, in welchem sich durch die Jahrhunderte eine neue Menschheit sammelt, das Volk der Erlösten. In ihren Herzen lebt Der Auferstandene Christus als Quelle der Heiligung im Heiligen Geist, als Quelle göttlichen Lebens und der Gotteskindschaft, als Quelle der künftigen Auferstehung.
Jeder Gläubige darf deshalb mit Paulus sagen: „Nicht mehr ich lebe, sondern Christus lebt in mir. Soweit ich aber jetzt noch in dieser Welt lebe, lebe ich im Glauben an den Sohn Gottes, der mich geliebt und sich für mich hingegeben hat“ (*Gal* 2,20).
Mit diesen kurzen Ausführungen über das Glaubensgeheimnis der Auferstehung, das wir in wenigen Tagen, am Osterfest feiern, grüße ich alle Pilger und Besucher aus den Ländern der deutschen Sprache, die ihr euch hier im Petersdom versammelt habt. Ein besonderer Gruß gilt hierbei den Alumnen aus dem Priesterseminar in Mainz.
Mögen die bevorstehenden heiligen Tage der Karwoche und des Osterfestes uns Christus wieder näher bringen, auf daß wir Ihm Raum in unserem Leben zu geben vermögen: IHM, der gekommen ist, „damit wir das Leben haben und es in Fülle haben“ (vgl. *Joh* 10,10). Hierfür und für Gottes steten Schutz und Beistand auf eurem weiteren Lebensweg erteile ich euch allen, euren Lieben in der Heimat sowie den mit uns über Radio Vatikan verbundenen Hörern von Herzen meinen Apostolischen Segen.

Mit Christus dem Leben entgegen

Angelus am 19. März

Liebe Schwestern und Brüder!

1. Am Schluß dieser Eucharistiefeier ist der Augenblick des Angelusgebetes gekommen. Bei den vorhergegangenen Treffen zum Mariengebet in der Fastenzeit verweilten wir bei den schmerzhaften Rosenkranzgeheimnissen. An diesem Sonntag beginnt die Heilige Woche, in der wir die verschiedenen Momente des Leidens Jesu bis zu seinem schmerzlichen und geheimnisvollen Ruf: „Mein Gott, mein Gott, warum hast du mich verlassen?" (*Mk* 15,34) wiedererleben, der seinem letzten Atemzug vorausging. Auf seinen Tod – das wissen wir – folgte bald die Auferstehung. So werden auch wir mit Christus diesen „Durchgang" (Ostern) in dieser Woche machen.

2. Der heutige Angelus stellt deshalb in unserem liturgischen Programm gleichsam die Verbindung her zwischen der Vorbereitungszeit auf die Geheimnisse von Christi Leiden, Tod und Auferstehung und deren Feier. Deshalb können wir heute insgesamt den geistlichen Weg überblicken, den wir gegangen sind und den wir noch zu gehen haben. Einen Weg, der den ganzen christlichen Sinn des Lebens zusammenfaßt: Das Leben geht aus dem Tod hervor. Der Tod gehört gewissermaßen der Vergangenheit an, während uns in der Zukunft das Leben aufscheint. Vollziehen wir mit Christus dieses Ostern, das „der Durchgang des Herrn ist". Mit ihm über den Tod hinaus dem Leben entgegen.

3. An zweiter Stelle erinnere ich noch einmal an den Internationalen Jugendtag, der die Worte Jesu zum Thema hat: „Ich bin der Weg und die Wahrheit und das Leben" (*Joh* 14,6), und der heute in allen Diözesen und in Rom ganz besonders gefeiert wird. Zu diesem Anlaß sende ich einen herzlichen Gruß an alle Jugendlichen, die heute diesen Welttag begehen, und erinnere außerdem daran, daß er im August im Heiligtum von Santiago de Compostela weitergeführt wird. Deshalb lade ich die Jugendlichen von neuem dazu ein, recht zahlreich zu kommen und die Fürsprache des großen Apostels zu erflehen für die Erneuerung und das Anwachsen des christlichen Geistes, dessen lebendiges Zentrum sein berühmtes Heiligtum für ganz Europa war und ist. Tatsächlich ist es einer der Orte, die den Europäern die Botschaft des Evangeliums in Erinnerung rufen mit der daraus folgenden missionarischen Verpflichtung, die ihnen zum Wohl und für den Frieden der gesamten Welt anvertraut worden ist.

4. Jugend und Ostern. Besteht nicht eine sehr enge Beziehung zwischen diesen beiden Wirklichkeiten? Ist die junge Generation nicht ein besonderer „Ort" für das Ostergeschehen? Muß man nicht in der Jugend und ihren Werten – dem Leben, der Gesundheit, der Schönheit, der physischen Kraft, der Begeisterungsfähigkeit, der Freude – beinahe eine Vorwegnahme des Triumphes des auferstandenen Christus und seines Wiederkommens in Herrlichkeit sehen? Welch hohe Verpflichtung ist es also für euch Jugendliche, vor allem innerlich den an Ostern errungenen Sieg über das Böse mitzuerleben, von dem euer geistliches Leben und eure physische Erscheinung ein so schönes Gleichnis sind! Möge

deshalb eure christlich gelebte Jugend für euch eine Erfahrung des Wachstums und der Freude im Licht von Christi Ostern sein!

In deutscher Sprache sagte der Papst:

Mit besonderer Freude grüße ich auch alle Jugendlichen aus den Ländern deutscher Sprache, die schon am Festgottesdienst der Jugend heute morgen teilgenommen haben. Öffnet eure Herzen in froher Begeisterung für Christus, der als der Gesandte des Herrn auch in euer Leben seinen Einzug halten will. Euch allen beste Osterwünsche mit meinem besonderen Segen!

Österlichen Lebenssinn haben

Ansprache bei der Generalaudienz am 22. März

Meine Lieben!

1. „Wegen unserer Verfehlungen wurde Jesus Christus hingegeben, wegen unserer Gerechtmachung wurde er auferweckt" (*Röm* 4,25).
„Christus ist für alle gestorben, damit die Lebenden nicht mehr für sich leben, sondern für den, der für sie starb und auferweckt wurde" (*2 Kor* 5,15).
Diese Bekräftigungen des Apostels Paulus schenken uns Trost und Ermutigung auf dem Pilgerweg unseres Lebens. Sie lassen uns vor allem in der Heiligen Woche, während der Vorbereitung auf das Osterfest, nachdenken über den „österlichen Sinn" des christlichen Lebens.
„Ostern" bedeutet – wie bekannt – „Übergang", ein Wort, das auf verschiedene Weise interpretiert wird: Es erinnert zunächst an den geschichtlichen und abenteuerlichen „Auszug" der Juden, unter der Führung von Moses, aus der Knechtschaft der Ägypter in die Freiheit des von Gott auserwählten Volkes mit dem Ziel der Ankunft des Messias. Das Wort bezeichnet dann das Opfer des Lammes, das von den Juden vor ihrem Aufbruch und später jedes Jahr zum Gedenken an diesen „Auszug" dargebracht wurde. Dann ist auch Jesus selbst damit gemeint, der Messias, das wahre Lamm, dessen Opfer die Menschheit vom Joch der Sünde befreit und den „Übergang" vom Alten zum Neuen Testament vollzogen hat. Und schließlich bedeutet „Ostern" den Übergang Jesu vom Tod zu neuem Leben. Tatsächlich bedeutet „Ostern" im allgemeinen Wortsinn gerade die glorreiche Auferstehung Christi am dritten Tag nach seinem Tod am Kreuz, wie er vorhergesagt hatte.

2. „Österlichen Lebenssinn" haben bedeutet deshalb für den Christen, vor allem die tiefe und unerschütterliche Überzeugung zu besitzen, daß Christus wahrhaft der Sohn Gottes ist, das fleischgewordene Wort, die absolute Wahrheit und das Licht der Welt.
Die eindrucksvollen Zeremonien der Osternacht am Karsamstag mit den Symbolen des Feuers, des Lichtes, des Taufwassers und des feierlich gesungenen „Exsultet" wollen genau darauf hinweisen, daß Christus das Licht der Welt ist. Am geweihten Feuer im Vor-

raum des Gotteshauses wird die Osterkerze entzündet, das Symbol des auferstandenen Christus. In die Kerze werden die Buchstaben Alpha und Omega und die laufende Jahreszahl eingeritzt, um anzuzeigen, daß Anfang und Ende der Zeit in die Ewigkeit Gottes eingeschrieben ist. Beim Ruf „Lumen Christi“ des Diakons werden die Kerzen der Gläubigen am Licht der Osterkerze und nach und nach alle Lichter im Gotteshaus entzündet, während die Prozession zum Altar zieht. Eine eindrucksvolle Zeremonie, durch die man unterstreicht, daß Christus, der Erlöser, allein das Licht der göttlichen Offenbarung bringt, die Finsternis vertreibt und das Rätsel der Geschichte löst.
Dem auferstandenen Christus gegenüber fühlt der Christ deshalb den Mut, Ansporn und Enthusiasmus, der ganzen Welt die Wahrheit zu verkünden: „Kehrt um, und glaubt an das Evangelium!“ (*Mk* 1,15).

3. „Österlichen Lebenssinn“ haben heißt auch, die Wirklichkeit und Bedeutung der Erlösung tief zu erfassen, die durch das Leiden und den Kreuzestod Jesu gewirkt wurde, die gerade die Heilige Woche mit ihren aussagestarken Riten in Erinnerung rufen will, indem sie die aufeinanderfolgenden tragischen Ereignisse von der Todesangst in Getsemani bis zum Schrei des sterbenden Jesus am Kreuz nachvollzieht. Der Kreuzestod Jesu ist der höchste Akt der Anbetung des Vaters; er ist das einzige und wahre Opfer, das Gott im Namen der Menschheit dargebracht wurde als äußerster Ausdruck des Gebetes, das jede andere Art der Anbetung und des Gebetes in sich einschließt.
Der schmerzliche und qualvolle Kreuzestod war auch das „Sühnopfer“, das uns sowohl die Schwere der Sünde, die Auflehnung gegen Gott und die Verweigerung seiner Liebe als auch das wunderbare Heilswerk Christi verstehen läßt, der, indem er für die Menschheit büßte, uns die Gnade und damit die Teilhabe am dreifaltigen Leben Gottes und das Erbe seiner ewigen Glückseligkeit wiedergab. Jesu Leiden und Sterben am Kreuz geben den Wechselfällen des menschlichen Lebens, in dem schon jetzt die Erlösung im Ausblick auf die Ewigkeit verwirklicht wird, den wahren und entscheidenden Sinn. Wie Christus auferstanden ist, werden auch wir glorreich auferstehen, wenn wir seine Botschaft und seine Sendung angenommen haben. Am Karfreitag beugen wir die Knie vor dem Gekreuzigten und wiederholen mit dem hl. Paulus: „Nicht mehr ich lebe, sondern Christus lebt in mir. Soweit ich aber jetzt noch in dieser Welt lebe, lebe ich im Glauben an den Sohn Gottes, der mich geliebt und sich für mich hingegeben hat“ (*Gal* 2,20).

4. Schließlich geht der „österliche Lebenssinn“ auch wunderbar am Gründonnerstag aus der Abendmahlsmesse hervor, die die Einsetzung des eucharistischen Opfers und Sakraments in Erinnerung ruft. In seiner unendlichen und liebevollen Weisheit wollte Jesus selbst, daß das eine und unwiederholbare Opfer auf Kalvaria, der höchste Akt der Anbetung und der Sühne, in der Geschichte immer gegenwärtig bleibe durch die Priester und Bischöfe, die von ihm ausdrücklich dazu bestimmt wurden.
Der Gründonnerstag erinnert uns deshalb daran, daß das Leben des Christen „eucharistisch“ sein muß. Der erleuchtete und kohärente Christ kann die heilige Messe und die heilige Kommunion nicht entbehren, denn er hat begriffen, daß er ohne das „Ostern“ des Herrn nicht auskommt! Und aus diesem „österlichen Lebenssinn“ fließt auch notwendigerweise das Gefühl und die Verpflichtung der Liebe gegenüber den Brüdern, des Ver-

ständnisses, der Geduld, des Verzeihens, der Empfindsamkeit gegenüber den Leidenden in Erinnerung an das Beispiel des göttlichen Meisters, der vor der Einsetzung der Eucharistie den Aposteln demütig die Füße wusch.

5. Meine Lieben! Die Heilige Woche, die wir begehen, möge euch helfen, über die grundlegende Botschaft von Ostern nachzudenken. Nehmt auch ihr, soweit wie möglich, an dem heiligen Triduum in euren Pfarreien teil, damit die Gnade, die die Liturgie bringt, nicht umsonst vorbeigeht. Empfangt die Sakramente der Buße und der Eucharistie, damit euer Ostern wahrhaft ein großes geistliches Ereignis wird, das dann alle Tage des Jahres anhält und sich zum ewigen Leben hin öffnet.
Das ist meine herzliche Aufforderung, die ich an euch richte zusammen mit meinen besten Wünschen und meinem Segen.

In deutscher Sprache sagte der Papst:

Liebe Schwestern und Brüder!

„Wegen unserer Verfehlungen wurde Jesus Christus hingegeben und wegen unserer Gerechtmachung wurde er auferweckt“ (*Röm* 4,25); „Christus ist für alle gestorben, damit die Lebenden nicht mehr für sich leben, sondern für den, der für sie starb und auferweckt wurde“ (*2 Kor* 5,15).
Diese Behauptungen des Apostels Paulus geben uns Stärkung und Trost auf der Pilgerschaft unseres Lebens: vor allem aber während der Karwoche, in der Vorbereitung auf das Osterfest, lassen sie uns nachdenken über den „österlichen Sinn“ unseres christlichen Lebens.
„Ostern“ bedeutet – wie bekannt – „Vorübergang des Herrn“, ein Wort, das in verschiedener Weise interpretiert wird: es erinnert vor allem an den geschichtlichen „Auszug“ des Volkes Israel aus der Knechtschaft der Ägypter in die Freiheit des von Gott auserwählten Volkes; es weist außerdem auf das Opfer des Lammes hin, das von den Juden vor ihrem Auszug und später jedes Jahr in Erinnerung an diesen Auszug dargebracht wurde; ferner ist Jesus selbst gemeint, der Messias, das wahre Lamm, dessen Opfer die Menschheit von der Unterdrückung der Sünde befreit hat und den Übergang vom Alten zum Neuen Testament vollzogen hat; und schließlich bedeutet Ostern den Übergang Jesu vom Tod zum neuen Leben; „Ostern“ bedeutet in der Tat die glorreiche Auferstehung Christi am dritten Tag nach seinem Tod am Kreuz, wie er es vorhergesagt hatte.
Das „österliche Verständnis“ von Leben haben bedeutet vor allem, die tiefe und unverrückbare Überzeugung zu besitzen, daß Christus wahrhaft Gottes Sohn ist, das fleischgewordene Wort, die absolute Wahrheit und das Licht der Welt.
Österliches Verständnis des Lebens bedeutet aber auch, die Wirklichkeit und den Wert der Auferstehung zutiefst zu erfassen. Schließlich entsteht es auch bei der heiligen Messe am Gründonnerstag, die an die Einsetzung des Opfersakramentes der Eucharistie erinnert.
Die Karwoche, die wir feiern, helfe euch, über die Osterbotschaft nachzudenken. Nehmt teil am heiligen Triduum, auf daß die Gnade, die die Liturgie verleiht, nicht vergebens sei. Das ist meine herzliche Bitte an euch.

Mit diesen Gedanken zu den bevorstehenden Feiertagen grüße ich alle Pilger und Besucher aus den deutschsprachigen Ländern, unter ihnen besonders eine Gruppe von Diakonen und Diakonatsbewerbern aus der Diözese Trier sowie eine Gruppe von Studenten des Kleinen Seminars aus Graz. Mit einem herzlichen Willkommensgruß erbitte ich den Armen Schulschwestern Unsrer Lieben Frau zur Feier ihrer Ordensprofeß eine innere Erneuerung in Glaube, Hoffnung und Liebe. Euch und allen anwesenden Pilgern erbitte ich reiche österliche Gnade und erteile euch hierfür von Herzen den Apostolischen Segen.

Das österliche Zeugnis des Christen

Ansprache bei der Generalaudienz am 29. März

Meine Lieben!

1. „Christus, unser Osterlamm, hat sich am Kreuz für unsere Sünden geopfert und ist glorreich auferstanden: Laßt uns im Herrn Festtag halten!"
Das ist die Stimmung der Liturgie in diesen Tagen nach der Osterfeier. Und in der hl. Messe wiederholen wir in diesen Tagen die Worte der *Sequenz*: „Tod und Leben stritten im Kampf, wie nie: der Fürst des Lebens erlag dem Tod; zum Leben erstanden, triumphiert er als König."
Christus, der Sieger über den Tod, ist anwesend und handelt auch in der Geschichte von heute.
Das Christentum geht seinen Weg weiter, denn es kann sich darauf verlassen, daß das menschgewordene göttliche Wort am Werk ist, er, der am Kreuz gestorben ist, begraben wurde und auferstanden, wie er es vorausgesagt hatte. „Mit Jesu Auferstehung vom Tode steht und fällt der christliche Glaube", schrieb der bedeutende Theologe Romano Guardini. „Sie ist keine Randerscheinung dieses Glaubens, auch keine mythologische Entwicklung, die er aus geschichtlichen Gründen genommen hätte, und die später ohne Schaden für sein Wesen abgelöst werden könnte, sondern sein Herzstück" (*Der Herr*, Sechster Teil: „Auferstehung und Verklärung", Die Auferstehung).
Und so mahnt die Kirche die Menschen vor dem leeren Grab immer wieder: „Was sucht ihr den Lebenden bei den Toten? Er ist nicht hier, sondern er ist auferstanden". Mit den Worten des Engels an die frommen Frauen, die verstört vor dem weggewälzten Stein standen, sagt die Kirche: „Erinnert euch an das, was er euch gesagt hat, als er noch in Galiläa war: Der Menschensohn muß den Sündern ausgeliefert und gekreuzigt werden und am dritten Tag auferstehen" (*Lk* 24,5–7).
Als Petrus mit Johannes in das leere Grab gegangen war, „sah er die Leinenbinden liegen und das Schweißtuch, das auf dem Kopf Jesu gelegen hatte; es lag aber nicht bei den Leinenbinden, sondern zusammengebunden daneben an einer besonderen Stelle" (*Joh* 20,6–7). Dann hatten er und die Apostel und Jünger ihn als Auferstandenen gesehen, und mit ihm gesprochen, wie Petrus in seiner Rede im Haus des Hauptmanns Kornelius bestätigte: „Die Juden haben ihn an den Pfahl gehängt und getötet. Gott aber hat ihn

am dritten Tag auferweckt und hat ihn erscheinen lassen, zwar nicht dem ganzen Volk, wohl aber den von Gott vorherbestimmten Zeugen: uns, die wir mit ihm nach seiner Auferstehung von den Toten gegessen und getrunken haben. Und er hat uns geboten, dem Volk zu verkündigen und zu bezeugen: Das ist der von Gott eingesetzte Richter der Lebenden und der Toten" (*Apg* 10,39–42).
Petrus, die Apostel und die Jünger verstanden vollkommen, daß sie die Aufgabe hatten, wesentlich und vor allem die Zeugen der Auferstehung Christi zu sein, denn von diesem einzigartigen, überwältigenden Ereignis würde der Glaube an ihn und die Annahme seiner Botschaft abhängen.

2. Auch der Christ ist zu der Zeit und an dem Ort, an dem er lebt, ein Zeuge für den auferstandenen Christus: er sieht mit den Augen des Petrus und der Apostel, er überzeugt sich von der glorreichen Auferstehung des gekreuzigten Christus, glaubt fest an ihn, den Weg, die Wahrheit, das Leben und das Licht der Welt und verkündigt ihn freudig und mutig. Das österliche Zeugnis wird zum eigentlichen Kennzeichen des Christen.
So schreibt der *hl. Paulus an die Kolosser*: „Ihr seid mit Christus auferweckt; darum strebt nach dem, was im Himmel ist, wo Christus zur Rechten Gottes sitzt. Richtet euren Sinn auf das Himmlische und nicht auf das Irdische! Denn ihr seid gestorben, und euer Leben ist mit Christus verborgen in Gott" (*Kol* 3,1–3).
In einer Ansprache über die Sakramente bemerkte der hl. Ambrosius mit Recht: „Gott hat dich also gesalbt, Christus hat dich mit seinem Siegel gekennzeichnet. Auf welche Weise? Du wurdest bestimmt, das Siegel seines Kreuzes zu empfangen, um seinem Leiden gleichgestellt zu werden. Du hast das Siegel empfangen, das dich ihm ähnlich gemacht hat, damit du als sein Ebenbild auferstanden und dein Leben nach seinem Vorbild gestalten könnest, der der Sünde gekreuzigt ist und für Gott lebt. Dein alter Mensch ist im Wasser untergetaucht, in der Sünde wurde er gekreuzigt, aber für Gott ist er auferstanden" (*De sacramentis*, VI, 2,7).
In der *Konstitution über die Kirche* spricht das Zweite Vatikanische Konzil auch über die allgemeine Berufung zur Heiligkeit. Es heißt dort: „Alle Christgläubigen sind also zum Streben nach Heiligkeit und ihrem Stand entsprechender Vollkommenheit eingeladen und verpflichtet. Alle sollen deshalb ihre Willensantriebe richtig leiten, um nicht im Umgang mit Dingen der Welt und durch die Anhänglichkeit an die Reichtümer … im Streben nach vollkommener Liebe gehindert zu werden" (*Lumen Gentium*, Nr. 42).

3. In der Verpflichtung zum österlichen Zeugnis besitzt der Christ zweifellos eine große Würde, aber er hat auch eine bedeutende Verantwortung. Er muß ja stets darauf bedacht sein, daß der Eindeutigkeit der Lehre die Konsequenz des Lebens entspricht.
Das österliche Zeugnis findet darum zuerst seinen Ausdruck im Weg der geistlichen Askese, das heißt im beständigen und entschiedenen Streben nach Vollkommenheit, im mutigen Stehen zu dem, was Taufe und Firmung fordern. Ferner kommt es zum Ausdruck im apostolischen Einsatz und darin, daß mit gesundem Realismus Leid und Verfolgung angenommen werden, eingedenk dessen, was Jesus gesagt hat: „Wenn die Welt euch haßt, dann wißt, daß sie mich schon vor euch gehaßt hat … In der Welt seid ihr in Bedrängnis;

aber habt Mut: Ich habe die Welt besiegt!" (*Joh* 15,18; 16,33). Schließlich drückt sich das österliche Zeugnis aus in dem Ideal der Nächstenliebe: Der Christ, der unter den vielen schmerzlichen Situationen leidet, in denen sich die Menschheit befindet, setzt sich wie der gute Samariter stets auf irgendeine Weise in zeitlichen und geistlichen Werken der Barmherzigkeit ein. So durchbricht er beständig die Mauer des Egoismus und zeigt konkret die Liebe des Vaters.

4. Meine Lieben! Das ganze Leben des Christen muß ein Ostern sein! Tragt in eure Familien, in eure Arbeit, in eure Interessen, tragt in die Welt der Schule, des Berufs und der Freizeit und auch in das Leiden die Klarheit und den Frieden, die Freude und das Vertrauen, die aus der Gewißheit der Auferstehung Christi kommen! Maria, die heilige Jungfrau, begleite euch und stärke euch in eurem österlichen Zeugnis!

In deutscher Sprache sagte der Papst:

Liebe Brüder und Schwestern!

„Dem Opferlamm, das geopfert ward, weihet, ihr Christen, das Opfer des Lobes!" Mit dieser Einladung aus der *Ostersequenz* grüße ich euch alle sehr herzlich in so großer Zahl bei der heutigen Audienz. Ich danke euch für euer Kommen und begleite euren österlichen Rombesuch mit meinen besten Wünschen.

Hören wir weiter aus der *Ostersequenz*: „Tod und Leben stritten im Kampf, wie nie einer war; der Fürst des Lebens erlag dem Tod; zum Leben erstanden, triumphiert er als König." Der im Tod siegreiche Christus bleibt in der Geschichte der Kirche gegenwärtig; er ist auch heute hier in unserer Mitte. Wie uns Romano Guardini erinnert, steht und fällt der christliche Glaube mit dem Glauben an die Auferstehung des Herrn. Diese ist nicht eine Randerscheinung, sondern die Herzmitte unseres Glaubens. Die Apostel sind uns dafür die glaubwürdigen Zeugen, wie Petrus in der *Apostelgeschichte* sagt: „Wir sind Zeugen für alles, was Er [Christus] im Land der Juden und in Jerusalem getan hat. Ihn haben sie an den Pfahl gehängt und getötet. Gott aber hat ihn am dritten Tag auferweckt und hat ihn erscheinen lassen, zwar nicht dem ganzen Volk, wohl aber den von Gott vorherbestimmten Zeugen: uns, die wir mit ihm nach seiner Auferstehung von den Toten gegessen und getrunken haben" (*Apg* 10,39–41).

Wie die Apostel so haben auch wir Christen vor allem Zeugen der Auferstehung Jesu Christi zu sein. Uns allen gelten die Worte des hl. Paulus im *Brief an die Kolosser*: „Ihr seid mit Christus auferweckt; darum strebt nach dem, was im Himmel ist, wo Christus zur Rechten Gottes sitzt" (*Kol* 3,1). Durch die Verpflichtung, Zeuge für den auferstandenen Herrn zu sein, hat der Christ eine hohe Würde, aber zugleich auch eine große Verantwortung. Er muß den christlichen Glauben glaub-würdig machen durch sein mutiges Bekenntnis und durch seinen christlichen Lebenswandel. Der Christ ist verpflichtet, seine in Taufe und Firmung vollzogene Weihe an Christus immer überzeugender zu leben und nach der Vollkommenheit zu streben. Dazu gehört ein mitverantwortlicher und opferbereiter Einsatz im Apostolat der Kirche für die Ausbreitung des Reiches Gottes unter den Menschen und ebenso im karitativen Dienst für den Nächsten, besonders für die Notleidenden. Wie der barmherzige Samariter müssen wir Christen uns stets darum bemühen,

die Mauern des Egoismus zu beseitigen und den Nächsten an den reichen Gaben teilnehmen zu lassen, mit denen uns Gottes Güte immer wieder überhäuft.
Der Christ ist zutiefst ein österlicher Mensch. Er lebt mit dem auferstandenen Herrn aus dem ihm in der Taufe geschenkten göttlichen Leben. – „Wir wissen: Christus ist auferstanden! Wahrhaft auferstanden vom Tod! Du Sieger, du unser König, erbarme dich unserer Not!“
Noch einmal grüße ich aufrichtig alle anwesenden Gruppen, die Familien, besonders die Priester und Ordensleute wie auch alle Einzelpilger. Ein eigener sehr herzlicher Willkommensgruß gilt sodann den so zahlreichen Jugendlichen unter euch, namentlich den Teilnehmern der großen Diözesanwallfahrt Osnabrück und der Osterromfahrt der Jugend der Diözese Regensburg.
Liebe jungen Freunde! Wir sind uns als Christen in diesen Tagen in österlicher Freude mit der Kirche in einer besonderen Weise unserer Erlösung in Christus bewußt. Ostern ist das Fest des Lebens, der Freude und der Zuversicht, die durch die Auferstehung Christi endgültig über Tod, Trauer und Hoffnungslosigkeit gesiegt haben. Darum ist Ostern auch ganz besonders das Fest der Jugend, das Fest der stets jung bleibenden Lebenskraft der Kirche und der Christen. Werdet darum selbst zu den bevorzugten Zeugen des auferstandenen Herrn. Tragt den Frieden, die Freude und die Zuversicht, die wir aus dem Geheimnis der Auferstehung für unser Leben empfangen, hinein in eure Familien und Pfarrgemeinden, in die Schulen und Universitäten und an euren Arbeitsplatz; dorthin, wo Menschen leiden und nach Trost und Hilfe Ausschau halten. Maria, die Mutter Christi und unsere Mutter, bestärke und begleite euch in diesem eurem österlichen Zeugnis für die Auferstehung des Herrn und für seine eigene Auferstehung, die uns in ihm verheißen ist.
Für reiche österliche Gnaden erteile ich euch und allen hier anwesenden Pilgern deutscher Sprache und euren Lieben in der Heimat von Herzen meinen besonderen Apostolischen Segen.

Möge ihr Opfer nicht vergebens sein

Appell bei der Generalaudienz

Unser Gedenken gilt nun auch den beiden italienischen Kapuzinermissionaren P. Camillo Campanella und P. Francesco Borlotti, die am 27. März im Laufe von Kriegshandlungen, bei denen ihre Mission in der Diözese Quelimane in Mosambik in Mitleidenschaft gezogen wurde, auf tragische Weise ums Leben kamen. Ich möchte alle einladen, sich mit mir im Gebet für diese beiden hochherzigen Franziskaner zu vereinen und den Herrn zu bitten, daß er auch ihren Familien sowie dem Kapuzinerorden bei diesem schmerzlichen Verlust, der die Kirche in diesem jungen afrikanischen Land betroffen hat, Trost und Kraft schenke.
Ich möchte ebenso dem Wunsch Ausdruck geben, daß das Opfer dieser beiden eifrigen Missionare nicht vergebens sei. Möge ihr Andenken alle, die es immer vermögen, dazu bringen mit zäher Ausdauer den Weg des Friedens für die ganze geliebte, hart geprüfte Nation Mosambik zu verfolgen.

Zugleich lade ich alle Anwesenden ein, im Gebet eines anderen, uns nahegelegenen Landes zu gedenken; des geliebten Jugoslawien, aus dem in diesen Tagen schmerzliche Nachrichten über Konflikte kamen, die in viele Familien Trauer und Leid gebracht haben.
In dieser österlichen Zeit bitten wir den Herrn, er möge mit seiner Gnade die Familien trösten, die den Verlust ihrer Lieben beweinen, und wir bitten Christus, den Auferstandenen, um sein Licht für alle, die für das Gemeinwohl verantwortlich sind, damit sie für ein ruhiges, friedliches Zusammenleben aller Bürger des geliebten Jugoslawien sorgen.

Der Geist macht lebendig

Regina Caeli am 2. April

Liebe Schwestern und Brüder!

1. An diesem zweiten Ostersonntag erklingen in der ganzen Kirche die Worte, die der auferstandene Christus an die Apostel am Abend nach seiner Auferstehung gerichtet hat und die ein Geschenk und eine Verheißung sind: „Empfangt den Heiligen Geist" (*Joh* 20,22).
Wir befinden uns nunmehr in der frohen Atmosphäre der Osterzeit, des neuen Zeitabschnitts der Gnade, der im liturgischen Jahreskreis das Geheimnis der Auferstehung mit dem von Pfingsten verbindet.

2. Die Auferstehung hat den Heilsplan des Erlösers, die grenzenlose Ausgießung der göttlichen Liebe auf die Menschen, in Fülle verwirklicht. Jetzt ist es Sache des Geistes, die einzelnen in diesen Plan der Liebe zu verwickeln. Deshalb besteht eine enge Verbindung zwischen der Sendung Christi und dem Geschenk des Heiligen Geistes, das den Aposteln kurz vor Jesu Leiden als Frucht des Kreuzesopfer versprochen wurde: „Ich werde den Vater bitten, und er wird euch einen anderen Beistand geben, der für immer bei euch bleiben soll. Es ist der Geist der Wahrheit ... er wird euch alles lehren und euch an alles erinnern, was ich euch gesagt habe" (*Joh* 14,16.17.26). Bedeutsam ist, daß der sterbende Christus als erste Frucht der Erlösung bereits am Kreuz „seinen Geist aufgab" (vgl. *Joh* 19,30).
Darum kann Ostern in gewissem Sinn das erste Pfingsten genannt werden – „Empfangt den Heiligen Geist" – in Erwartung seiner öffentlichen und feierlichen Ausgießung nach fünfzig Tagen auf die im Abendmahlssaal versammelte Urgemeinde.

3. „... der Geist dessen ..., der Jesus von den Toten auferweckt hat" (*Röm* 8,11), muß in uns wohnen und uns zu einem Leben führen, das dem des auferstandenen Christus immer ähnlicher wird. Das ganze Heilsmysterium ist das Geschehen der dreifaltigen Liebe, der Liebe, die zwischen dem Vater und dem Sohn im Heiligen Geist besteht. Ostern führt uns in diese Liebe ein durch die Mitteilung des Heiligen Geistes, „der Herr ist und lebendig macht" (*Apostolisches Glaubensbekenntnis*).

Deshalb werden wir bei unseren sonntäglichen Begegnungen zum österlichen Marienlob, dem „Regina caeli", die Gaben des Heiligen Geistes betrachten. Und wir werden die Fürsprache der Jungfrau Maria anrufen, damit wir diese Gaben tiefer verstehen können. Dabei erinnern wir uns im Glauben daran, daß über sie als erste der Heilige Geist kam und die Kraft des Allerhöchsten sie überschattete (vgl. *Lk* 1,35). Wir werden daran denken, daß gerade Maria an dem einmütigen Gebet der entstehenden Kirche in Erwartung von Pfingsten teilgehabt hat.

Himmelfahrt Abschluß der Menschwerdung

Ansprache bei der Generalaudienz am 5. April

1. In den ältesten Glaubensbekenntnissen folgt auf den Artikel über die Auferstehung Christi der über seine Himmelfahrt. Diesbezüglich berichten die Texte der Evangelien, daß der auferstandene Jesus, nachdem er sich während vierzig Tagen wiederholt in Erscheinungen und an verschiedenen Orten bei seinen Jüngern aufgehalten hatte, sich den Gesetzen der Zeit und des Raumes voll und endgültig entzog, um in den Himmel aufzusteigen und so die mit der Auferstehung von den Toten bereits begonnene „Rückkehr zum Vater" zu vollenden.
In der heutigen Katechese wollen wir betrachten, wie Jesus seine Himmelfahrt und Rückkehr zum Vater ankündigte, als er mit Maria von Magdala in den Ostertagen und den vorösterlichen Tagen sprach.

2. Als Jesus nach der Auferstehung Maria von Magdala begegnete, sagte er zu ihr: „Halte mich nicht fest; denn ich bin noch nicht zum Vater hinaufgegangen. Geh aber zu meinen Brüdern, und sag ihnen: Ich gehe hinauf zu meinem Vater und zu eurem Vater, zu meinem Gott und zu eurem Gott!" (*Joh* 20,17).
Die gleiche Ankündigung richtete Jesus wiederholt an seine Jünger in der Osterzeit. Er tat es besonders während des letzten Abendmahles, denn „Jesus wußte, daß seine Stunde gekommen war, um aus dieser Welt zum Vater hinüberzugehen ... er wußte, daß ihm der Vater alles in die Hand gegeben hatte und daß er von Gott gekommen war und zu Gott zurückkehrte" (*Joh* 13,1–3). Jesus hatte gewiß seinen bereits nahen Tod im Sinn, und doch blickte er über ihn hinaus und sagte diese Worte in bezug auf seinen nahenden Abschied, auf seine Rückkehr zum Vater durch die Himmelfahrt: „Jetzt aber gehe ich zu dem, der mich gesandt hat" (*Joh* 16,5); „Ich gehe zum Vater, und ihr seht mich nicht mehr" (*Joh* 16,10). Die Jünger verstanden damals nicht, was Jesus meinte, um so mehr, als er in geheimnisvollen Worten sprach: „Ich gehe fort und komme wieder zu euch zurück", und er fügte sogar hinzu: „Wenn ihr mich lieb hättet, würdet ihr euch freuen, daß ich zum Vater gehe; denn der Vater ist größer als ich" (*Joh* 14,28). Nach der Auferstehung wurden diese Worte für die Jünger verständlicher und durchsichtiger als Vorankündigung seiner Himmelfahrt.

3. Wenn wir kurz den Inhalt der berichteten Ankündigungen prüfen, können wir vor allem feststellen, daß die Himmelfahrt die letzte Etappe des irdischen Weges Christi ist, des Sohnes Gottes, eines Wesens mit dem Vater, der zu unserem Heil Mensch geworden ist. Aber diese letzte Etappe bleibt mit der ersten eng verbunden, das heißt mit der „Herabkunft vom Himmel", die sich in der Menschwerdung vollzogen hat. Christus, der „vom Vater ausgegangen" (*Joh* 16,28) und durch die Menschwerdung in die Welt gekommen ist, „verläßt" jetzt, nach Beendigung seiner Sendung, „die Welt wieder und geht zum Vater" (vgl. *Joh* 16,28). Es ist eine einzigartige Weise der „Herabkunft" und des „Aufstiegs". Nur wer wie Christus vom Vater ausgegangen ist, kann wie Christus zum Vater zurückkehren. Das macht Jesus selbst im Gespräch mit Nikodemus deutlich: „Niemand ist in den Himmel hinaufgestiegen außer dem, der vom Himmel herabgestiegen ist: der Menschensohn" (*Joh* 3,13). Nur er, niemand anders, besitzt die göttliche Kraft und das Recht, „in den Himmel hinaufzusteigen". Die sich selbst und ihren natürlichen Kräften überlassene Menschheit hat keinen Zugang zum „Haus des Vaters" (vgl. *Joh* 14,2), zur Teilhabe am Leben und an der Glückseligkeit Gottes. Nur Christus kann dem Menschen diesen Zugang erschließen: er, der Sohn, der gerade deshalb „vom Himmel herabgestiegen" und „vom Vater ausgegangen" ist.
Und hier ein erstes Ergebnis unserer Untersuchung: Die Himmelfahrt ist in das Geheimnis der Menschwerdung eingegliedert und bildet ihren Abschluß.

4. Die Himmelfahrt ist also eng verbunden mit der „Heilsökonomie", die im Geheimnis der Menschwerdung und vor allem im Erlösungstod Christi am Kreuz ihren Ausdruck findet. Gerade in dem schon genannten Gespräch mit Nikodemus versichert Jesus selbst, als er sich auf eine im Buch *Numeri* (21,4–9) berichtete symbolische Darstellung bezieht: „Wie Mose die Schlange in der Wüste erhöht hat, so muß der Menschensohn erhöht [das heißt gekreuzigt] werden, damit jeder, der (an ihn) glaubt, [nicht zugrunde geht, sondern] ... das ewige Leben hat" (*Joh* 3,14–15).
Und gegen Ende seines Auftrags, vor dem Paschafest, wiederholt Jesus klar, daß er es ist, der der Menschheit den Zugang zum „Haus des Vaters" durch seinen Kreuzestod eröffnet: „Und ich, wenn ich über die Erde erhöht bin, werde alle zu mir ziehen" (*Joh* 12,32). Die „Erhöhung" am Kreuz ist das besondere Zeichen und die endgültige Ankündigung der anderen „Erhöhung", die durch die Himmelfahrt erfolgen wird. Das *Johannesevangelium* sieht diese „Erhöhung" des Erlösers bereits auf Golgota. Der Kreuzestod ist der Beginn der Himmelfahrt.

5. Wir finden dieselbe Wahrheit im Brief an die Hebräer, wo man liest, daß Jesus Christus, der einzige Priester des neuen und ewigen Bundes, „nicht in ein von Menschenhand errichtetes Heiligtum hineingegangen ist, ... sondern in den Himmel selbst, um jetzt für uns vor Gottes Angesicht zu erscheinen" (*Hebr* 9,24). Und er ging hinein „mit seinem eigenen Blut, und so hat er eine ewige Erlösung bewirkt": „er ist ein für alle mal in das Heiligtum hineingegangen" (*Hebr* 9,12). Er ging als Sohn hinein, der „der Abglanz der Herrlichkeit (des Vaters) und das Abbild seines Wesens ist; er trägt das All durch sein machtvolles Wort, hat die Reinigung von den Sünden bewirkt und sich dann zur Rechten der Majestät in der Höhe gesetzt" (*Hebr* 1,3).

Dieser Text des Hebräerbriefes und der des Gespräches mit Nikodemus (vgl. *Joh* 3,13) stimmen in ihrem wesentlichen Inhalt überein, das heißt in der Bekräftigung des erlösenden Wertes der Himmelfahrt am Höhepunkt der Heilsökonomie, in Verbindung mit dem schon von Jesus festgelegten Grundprinzip: „Niemand ist in den Himmel hinaufgestiegen außer dem, der vom Himmel herabgestiegen ist" (*Joh* 3,13).

6. Andere von Jesus im Abendmahlssaal gesprochene Worte beziehen sich auf seinen Tod im Hinblick auf die Himmelfahrt: „Meine Kinder, ich bin nur noch kurze Zeit bei euch. Ihr werdet mich suchen, ... Wohin ich gehe, dorthin könnt ihr (jetzt) nicht gelangen" (*Joh* 13,33). Später sagt er: „Im Haus meines Vaters gibt es viele Wohnungen. Wenn es nicht so wäre, hätte ich euch dann gesagt: Ich gehe, um einen Platz für euch vorzubereiten?" (*Joh* 14,2).
Es sind an die Apostel gerichtete Worte, die sich aber weit über deren Kreis hinaus erstrecken. Jesus Christus geht zum Vater – in das Haus des Vaters –, um dort die Menschen „einzuführen", die ohne ihn nicht „eintreten" könnten. Nur er kann allen den Zugang dorthin eröffnen: er, „der vom Himmel herabgestiegen ist" (*Joh* 3,13), der „vom Vater ausgegangen ist" (*Joh* 16,28) und jetzt zum Vater zurückkehrt „mit seinem eigenen Blut, und so hat er eine ewige Erlösung bewirkt" (*Hebr* 9,12). Er selbst bekräftigt: „Ich bin der Weg ... niemand kommt zum Vater außer durch mich" (*Joh* 14,6).

7. Aus diesem Grund fügt Jesus auch am selben Vorabend seines Leidens hinzu: „Es ist gut für euch, daß ich fortgehe." Ja, es ist gut, es ist notwendig, es ist unerläßlich unter dem Gesichtspunkt der ewigen Heilsökonomie. Jesus erklärt das den Aposteln eingehend: „Es ist gut für euch, daß ich fortgehe. Denn wenn ich nicht fortgehe, wird der Beistand nicht zu euch kommen; gehe ich aber, so werde ich ihn zu euch senden" (*Joh* 16,7). Ja, Christus muß seine Anwesenheit auf Erden, die sichtbare Anwesenheit des Gottessohnes, der in der Welt Mensch wurde, beenden, damit er in unsichtbarer Weise, durch den Geist der Wahrheit, den Tröstergeist, bleiben kann. Und deshalb verspricht er mehrmals: „Ich gehe fort und komme wieder zu euch zurück" (*Joh* 14,28; vgl. *Joh* 14,1–3).
Wir stehen hier vor einem zweifachen Geheimnis: dem der ewigen Bestimmung oder göttlichen Vorherbestimmung, die die Art und Weise, die Zeit und den Rhythmus der Heilsgeschichte mittels eines wunderbaren, aber für uns unerforschlichen Plans festlegt, und dem der Gegenwart Christi in der Welt des Menschen durch den Heiligen Geist, der heiligt und lebendig macht: Wie die Menschheit des Sohnes mit Hilfe des Heiligen Geistes in den Seelen und in der Kirche wirkt – eine von Jesus klar gelehrte Wahrheit –, bleibt in den transparenten Nebel des trinitarischen und christologischen Geheimnisses gehüllt und erfordert von uns den schlichten und wissenden Akt des Glaubens.

8. Die unsichtbare Gegenwart Christi verwirklicht sich in der Kirche auch in sakramentaler Weise. Im Mittelpunkt der Kirche steht die Eucharistie. Als Jesus erstmals ihre Einsetzung ankündigte, „nahmen viele daran Anstoß" (vgl. *Joh* 6,61), denn er sprach davon, daß man „sein Fleisch essen und sein Blut trinken" müsse. Aber Jesus erwiderte damals: „Daran nehmt ihr Anstoß? Was werdet ihr sagen, wenn ihr den Menschensohn hinauf-

steigen seht, dorthin, wo er vorher war? Der Geist ist es, der lebendig macht; das Fleisch nützt nichts" (*Joh* 6,61–63).
Jesus spricht hier von seiner Himmelfahrt: Wenn sein irdischer Leib am Kreuz stirbt, wird sich der Geist offenbaren, „der lebendig macht". Christus wird zum Vater hinaufsteigen, damit der Geist kommt. Und am Ostertag wird der Geist den Leib Christi in der Auferstehung verherrlichen. Am Pfingsttag wird der Geist auf die Apostel und auf die Kirche herabkommen, damit wir, indem wir in der Eucharistie das Gedächtnis des Todes Christi erneuern, an dem neuen Leben seines vom Geist verherrlichten Leibes teilhaben können – und uns auf diese Weise darauf vorbereiten, in die „ewigen Wohnungen" einzugehen, wohin unser Erlöser uns vorausgegangen ist, um uns einen Platz im „Haus des Vaters" (*Joh* 14,2) zu bereiten.

In deutscher Sprache sagte der Papst:

Liebe Schwestern und Brüder!

In den ältesten Glaubensberichten folgt der Auferstehung Christi die Himmelfahrt des Herrn. Die „Rückkehr zum Vater" hatte schon mit der Auferstehung von den Toten begonnen.
In der heutigen Katechese wollen wir betrachten, wie Jesus seine Himmelfahrt und Rückkehr zum Vater ankündigte, als er mit Maria von Magdala und den Jüngern in den Ostertagen und Vorostertagen sprach.
Als Jesus Maria von Magdala nach der Auferstehung traf, sagte er zu ihr: „Halte mich nicht fest; denn ich bin noch nicht zum Vater hinaufgegangen. Geh aber zu meinen Brüdern, und sag ihnen: Ich gehe hinauf zu meinem Vater und zu eurem Vater, zu meinem Gott und zu eurem Gott!" (*Joh* 20,17).
Die gleiche Ankündigung machte Jesus wiederholt seinen Jüngern; er tat dies in besonderer Weise während des letzten Abendmahles. Die Jünger verstanden damals nicht, was Jesus meinte, um so mehr als er in geheimnisvollen Worten sprach: „Ich gehe fort und komme wieder zu euch zurück" – und er fügte hinzu: „Wenn ihr mich lieb hättet, würdet ihr euch freuen, daß ich zum Vater gehe; denn der Vater ist größer als ich" (*Joh* 14,28). Nach der Auferstehung wurden diese Worte für die Jünger verständlicher und durchsichtiger als Vorankündigung seiner Himmelfahrt.
Wenn wir kurz den Inhalt der berichteten Ankündigungen prüfen, können wir vor allem feststellen, daß die Himmelfahrt die letzte Etappe Jesu auf seinem Erdenwandel darstellt. Diese letzte Etappe aber bleibt auf das engste verbunden mit der ersten, das heißt mit der „Herabkunft vom Himmel", die sich in der Menschwerdung vollzogen hat.
Die Himmelfahrt ist also eng verbunden mit der „Heilsökonomie", die im Geheimnis der Menschwerdung ihren Niederschlag findet, vor allem im Erlösungstod Christi am Kreuz.
Vor dem nahenden Paschafest wiederholt Jesus eindeutig, daß er es ist, der der Menschheit den Zugang zum Vaterhaus eröffnet durch sein Kreuz: „Und ich, wenn ich über die Erde erhöht bin, werde alle zu mir ziehen" (*Joh* 12,32). Die „Erhöhung" am Kreuz ist das besondere Zeichen und die endgültige Ankündigung der anderen Erhöhung, die durch die Himmelfahrt geschehen wird.

Der gleichen Wahrheit begegnen wir im *Hebräerbrief*, in dem wir lesen, daß Jesus Christus „nicht in ein von Menschenhand errichtetes Heiligtum hineingegangen ist, ... sondern in den Himmel selbst, um jetzt für uns vor Gottes Angesicht zu erscheinen" (*Hebr* 9,24). Er ist hineingegangen „mit seinem eigenen Blut, und so hat er eine ewige Erlösung bewirkt"; „er ist ein für allemal hineingegangen" (*Hebr* 9,12).

Am Abend vor dem Paschafest fügt Jesus hinzu: „Es ist gut für euch, daß ich fortgehe. Denn wenn ich nicht fortgehe, wird der Beistand nicht zu euch kommen; gehe ich aber, so werde ich ihn zu euch senden" (*Joh* 16,7).

Und er verspricht wiederholt: „Ich gehe fort und komme wieder zu euch zurück" (*Joh* 14,28; vgl. *Joh* 14,1–3).

Wir stehen hier vor einem zweifachen Geheimnis: dem der göttlichen Vorherbestimmung, die Art und Weise, Zeit und Rhythmus der Heilsökonomie mittels eines wunderbaren, aber für uns unfaßbaren Entwurfs festlegt; es ist die Heilsgeschichte der Gegenwart Christi unter den Menschen mit Hilfe des Heiligen Geistes.

Die unsichtbare Gegenwart Christi drückt sich in der Kirche auf sakramentale Weise aus. In ihrem Zentrum steht die Eucharistie. Christus geht zum Vater, damit der Geist komme. Am Pfingsttag wird der Geist auf die Apostel und auf die Kirche herabkommen, damit wir teilhaben können am neuen Leben seines vom Geist verherrlichten Leibes und uns auf diese Weise vorbereiten, um in die „ewigen Wohnungen" eingehen zu können, wohin uns unser Erlöser vorausgegangen ist, um uns einen Platz im „Haus des Vaters" zu bereiten (*Joh* 14,2).

Mit diesen kurzen Ausführungen über das Glaubensgeheimnis der Himmelfahrt des Herrn grüße ich euch, die ihr euch hier im Petersdom versammelt habt. Euch allen, euren Angehörigen zu Hause sowie allen Hörerinnen und Hörern, die über Radio Vatikan mit uns verbunden sind, erteile ich von Herzen meinen Apostolischen Segen.

Frieden und Versöhnung fördern

Appell für den Libanon

Unter uns ist hier eine vielzählige Gruppe von Libanesen, die ich besonders herzlich begrüße.

Ihre Anwesenheit erinnert uns an das gesamte Volk des Libanon, das seit drei Wochen eine weitere tragische Erfahrung zerstörerischer Gewalt erlebt. Die furchtbaren Bombenangriffe, die in diesen Tagen wieder vor allem die Hauptstadt und lebenswichtige Zentren des Landes getroffen haben, forderten zahlreiche Todesopfer und erschwerten die Hilfeleistungen. Die wehrlose Bevölkerung läuft Gefahr, der zum Überleben notwendigen Grundartikel beraubt zu werden. Das sind Nachrichten, die großes Leid und tiefe Sorge hervorrufen.

Ich möchte mir den Appell der hier anwesenden und aller übrigen Söhne und Töchter des Libanon zu eigen machen, die nach Frieden rufen und nach konkreter Hilfe, damit dieser schweren Prüfung ein Ende gesetzt und ihr Land vor den Gefahren gerettet werde, die seiner Unabhängigkeit und seiner Existenz selbst drohen.

Ich lade die Länder, die Freunde des Libanon und Verteidiger der Grundrechte der Völker, insbesondere die Nachbarländer des Libanon, wärmstens ein, diesem Appell Gehör zu schenken und vor allem einen festen und dauerhaften Waffenstillstand zu begünstigen.
Mein Wunsch ist auch, daß die im Landesterritorium anwesenden nichtlibanesischen Kräfte davon absehen, den Kampf zu schüren und hingegen Entscheidungen treffen, die die nationale Versöhnung und Verständigung fördern können.
Beten wir, daß der Herr den Einzelpersonen und den Familien, die den Verlust ihrer Lieben beweinen, Trost schenke.
Beten wir, daß der Herr all jene, die an der Sache des Libanon interessiert sind, erleuchte und den guten Willen und das Verantwortungsbewußtsein überwiegen lasse.
Die heilige Jungfrau helfe den Libanesen und unterstütze alle direkten Anstrengungen, ihnen den Frieden wiederzuschenken und ihr Vaterland in Freiheit und Würde zu bewahren.

Weisheit höchste der Gaben

Regina Caeli am 9. April

Liebe Schwestern und Brüder!

1. In der Vorschau auf das Pfingstfest, zu dem die Osterzeit uns hinführt, wollen wir gemeinsam die sieben Gaben des Heiligen Geistes betrachten, die die Tradition der Kirche aufgrund des bekannten Textes des Jesaja über den „Geist des Herrn" (vgl. *Jes* 11,1–2) ständig dargelegt hat.
Die erste und höchste aller Gaben ist die Weisheit, die ein Licht ist, das man von oben empfängt: eine besondere Teilhabe an der geheimnisvollen und höchsten Erkenntnis, die eben Gott ist. Wir lesen ja in der Heiligen Schrift: „Daher betete ich, und es wurde mir Klugheit gegeben; ich flehte, und der Geist der Weisheit kam zu mir. Ich zog sie Zeptern und Thronen vor, Reichtum achtete ich für nichts im Vergleich mit ihr" (*Weish* 7,7–8).
Diese höhere Weisheit ist die Wurzel einer neuen Erkenntnis, einer von der Liebe zum Nächsten durchdrungenen Erkenntnis, dank derer die Seele sozusagen mit den göttlichen Dingen vertraut gemacht wird und daran Gefallen findet. Der heilige Thomas spricht ja von „einem gewissen Geschmack an Gott" (*Summa Theol.* II-II, q.45, a.2, ad 1). Deshalb ist der wahrhaft weise Mensch nicht einfach der, der die Dinge Gottes weiß, sondern der, der sie selbst erprobt und erlebt.

2. Die weise Erkenntnis macht uns auch besonders fähig, die menschlichen Dinge nach dem Maßstab Gottes, im Licht Gottes, zu beurteilen. Der Christ, von dieser Gabe erleuchtet, kann in die Tiefe der Wirklichkeiten der Welt blicken. Niemand als er ist besser imstande, die wahren Werte der Schöpfung hochzuschätzen, indem er sie mit den Augen Gottes selbst sieht.

Ein anziehendes Beispiel für diese höhere Wahrnehmung der „Sprache der Schöpfung" finden wir im „Sonnengesang" des heiligen Franz von Assisi.

3. Durch diese Gabe wird das ganze Leben des Christen mit seinen Wechselfällen, Bestrebungen, Plänen und Verwirklichungen vom Hauch des Geistes erreicht, der es mit dem Licht durchdringt, „das von oben kommt". So wird es von vielen auserwählten Seelen auch in unseren Tagen und – ich möchte sagen – auch heute von der heiligen Clelia Barbieri und ihrem leuchtenden Beispiel als Frau bestätigt, die trotz ihrer jungen Jahre reich an dieser Weisheit war.
An all diesen Seelen wiederholt sich „Großes", wie es der Heilige Geist an Maria getan hat. Sie, die von alters her als „Sitz der Weisheit" verehrt wird, führe jeden von uns dahin, innerlich die himmlischen Dinge zu kosten.

In deutscher Sprache sagte der Papst:

Herzlich grüße ich auch die Gruppe von Bürgermeistern und Gemeinderäten, die hier in Rom an einer Tagung über „Energie und Umwelt in Europa" teilnehmen. Aus unserem Glauben an Gott, den Schöpfer, haben wir Christen einen zusätzlichen und noch tieferen Grund, uns für die Wahrung der Schöpfung einzusetzen. Für Ihre verantwortungsvolle Arbeit in Ihren Gemeinden begleite ich Sie mit meinem besonderen Segen.

Zeugen des endgültigen Reiches

Ansprache bei der Generalaudienz am 12. April

1. Schon die Ankündigungen der Himmelfahrt, die wir in der voraufgegangenen Katechese untersucht haben, werfen viel Licht auf die Wahrheit, die in den ältesten Glaubensbekenntnissen mit den knappen Worten „aufgefahren in den Himmel" ausgedrückt wird. Wir haben bereits hervorgehoben, daß es sich um ein „Geheimnis" handelt, das Gegenstand des Glaubens ist. Es vervollständigt das Geheimnis der Menschwerdung selbst und ist die endgültige Vollendung der messianischen Sendung des Sohnes Gottes, der auf die Erde kam, um unsere Erlösung zu wirken.
Es ist aber auch eine Tatsache, die wir durch die biographischen und geschichtlichen Elemente Jesu kennenlernen können, die von den Evangelien berichtet werden.

2. Greifen wir auf die Texte des Lukas zurück. Vor allem auf den Abschluß seines Evangeliums: „Er führte sie hinaus in die Nähe von Betanien. Dort erhob er seine Hände und segnete sie. Und während er sie segnete, verließ er sie und wurde zum Himmel emporgehoben" (*Lk* 24,50–51). Das heißt, daß die Apostel den Eindruck hatten, die ganze Gestalt Jesu würde sich „bewegen" und von der Erde „loslösen". Die Tatsache, daß Jesus in jenem Augenblick die Apostel segnet, zeigt die Heilsbedeutung seiner Himmelfahrt, in die, wie in seine ganze Erlösungsmission, alles geistliche Gut eingeschlossen und der Welt geschenkt ist.

Aus diesem Text des Lukas, getrennt von den anderen betrachtet, würde man schließen, daß Jesus am selben Tag der Auferstehung, am Ende seiner Erscheinung vor den Aposteln (vgl. *Lk* 24,36–49), in den Himmel aufgefahren sei. Aber wenn man die ganze Seite eingehend liest, bemerkt man, daß der Evangelist die abschließenden Ereignisse des Lebens Christi zusammenfassen und vordringlich dessen Heilssendung beschreiben will, die mit seiner Verherrlichung endete. Weitere Einzelheiten über diese abschließenden Tatsachen werden von ihm in einem anderen Buch berichtet, das gleichsam die Ergänzung seines Evangeliums ist: die *Apostelgeschichte*, die die im Evangelium beinhaltete Erzählung aufgreift, um die Geschichte der Anfänge der Kirche weiterzuführen.

3. So lesen wir zu Beginn der *Apostelgeschichte* einen Text des Lukas, der die Erscheinungen und die Himmelfahrt in ausführlicherer Weise darstellt: „Ihnen [den Aposteln] hat er nach seinem Leiden durch viele Beweise gezeigt, daß er lebt; vierzig Tage hindurch ist er ihnen erschienen und hat vom Reich Gottes gesprochen" (*Apg* 1,3). Der Text gibt uns also einen Hinweis auf den Zeitpunkt der Himmelfahrt: vierzig Tage nach der Auferstehung. Wir werden bald sehen, daß er uns auch über den Ort unterrichtet.
In bezug auf das Problem des Zeitpunktes ist nicht zu sehen, aus welchem Grund man leugnen könnte, daß Jesus – wie die *Apostelgeschichte* bekräftigt – vierzig Tage lang den Seinen wiederholt erschienen ist. Die biblische Symbolik der Zahl vierzig, verstanden als Hinweis auf eine Zeitdauer, die für die Erreichung des gewünschten Zweckes vollauf genügt, wird von Jesus akzeptiert. Er hatte sich auch vierzig Tage in die Wüste zurückgezogen, bevor er seinen Auftrag begann, und jetzt erscheint er vierzig Tage lang auf Erden, bevor er endgültig in den Himmel aufsteigt. Zweifellos gehört die Zeit des auferstandenen Jesus einer anderen Ordnung an als der unsrigen. Der Auferstandene ist bereits im ewigen Jetzt, das keine Aufeinanderfolge und Veränderung kennt. Aber weil er noch in der Welt am Werk ist, unterweist er die Apostel und setzt die Anfänge zur Kirche. Das transzendente Jetzt fließt in die irdische Zeit des Menschen ein und gleicht sich ihr noch einmal aus Liebe an. So verdichtet sich das Geheimnis der Beziehung Zeit-Ewigkeit in dem Verweilen des auferstandenen Christus auf Erden. Das Geheimnis löscht jedoch seine Gegenwart in Zeit und Raum nicht aus, ja adelt und erhebt auf die Ebene der ewigen Werte das, was er tut, sagt, berührt, einsetzt und ordnet: mit einem Wort, die Kirche. Deshalb sagen wir wieder: Credo, aber ohne der Wirklichkeit auszuweichen, von der Lukas zu uns gesprochen hat.
Gewiß, als Christus in den Himmel aufstieg, löste sich diese Koexistenz und Überschneidung zwischen dem ewigen Jetzt und der irdischen Zeit auf. Es bleibt die Zeit der pilgernden Kirche in der Geschichte. Die Gegenwart Christi ist nun unsichtbar und „überzeitlich" wie das Wirken des Heiligen Geistes in den Herzen.

4. Nach der *Apostelgeschichte* wurde Jesus „in den Himmel aufgenommen" (*Apg* 1,2) auf dem Ölberg (vgl. *Apg* 1,12). Denn von dort kehrten die Apostel nach Jerusalem zurück nach der Himmelfahrt. Aber bevor dies geschah, erteilte Jesus ihnen die letzten Weisungen: Zum Beispiel „gebot er ihnen: Geht nicht weg von Jerusalem, sondern wartet auf die Verheißung des Vaters, die ihr von mir vernommen habt" (*Apg* 1,4). Diese Verhei-

ßung des Vaters war die Ankunft des Heiligen Geistes: „ihr werdet … mit dem Heiligen Geist getauft“ (*Apg* 1,5). „Ihr werdet die Kraft des Heiligen Geistes empfangen, der auf euch herabkommen wird; und ihr werdet meine Zeugen sein“ (*Apg* 1,8). Und „als er das gesagt hatte, wurde er vor ihren Augen emporgehoben, und eine Wolke nahm ihn auf und entzog ihn ihren Blicken“ (*Apg* 1,9).
Der Ölberg, der schon der Ort der Todesangst Jesu im Garten Getsemani war, ist nun der letzte Berührungspunkt zwischen dem Auferstandenen und der kleinen Schar seiner Jünger im Augenblick der Himmelfahrt. Sie vollzieht sich, nachdem Jesus wieder angekündigt hatte, den Geist zu senden, durch dessen Wirken diese kleine Schar zur Kirche wird und ihren Weg in der Geschichte beginnt. Die Himmelfahrt ist also das abschließende Ereignis des Lebens und der Sendung Christi auf Erden. Pfingsten wird der erste Tag des Lebens und der Geschichte „des Leibes Christi, der Kirche“ (vgl. *Kol* 1,24). Das ist die Grundbedeutung der Tatsache der Himmelfahrt, außer den besonderen Umständen, unter denen sie geschah, und dem Rahmen der biblischen Symbolik, in dem sie betrachtet werden kann.

5. Nach Lukas wurde Jesus „vor ihren Augen emporgehoben, und eine Wolke nahm ihn auf und entzog ihn ihren Blicken“ (*Apg* 1,9). In diesem Text sind zwei wesentliche Momente festzuhalten: „er wurde emporgehoben“ (Erhebung - Verherrlichung), und „eine Wolke entzog ihn“ (Eintritt in das nebelhafte Geheimnis).
„Er wurde emporgehoben.“ Mit diesen Worten, die der sinnhaften und geistlichen Erfahrung der Apostel entsprechen, wird eine aufsteigende Bewegung angedeutet, ein Hinübergehen von der Erde zum Himmel, vor allem als Zeichen eines anderen „Hinübergehens“: Christus geht in die Herrlichkeit Gottes ein. Die Hauptbedeutung der Himmelfahrt ist gerade dies: zu offenbaren, daß der Auferstandene in die himmlische Vertrautheit Gottes eingetreten ist. Dies beweist „die Wolke“, das biblische Zeichen der göttlichen Gegenwart. Christus entschwindet den Augen seiner Jünger, indem er in die transzendente Sphäre des unsichtbaren Gottes eintritt.

6. Auch diese letzte Überlegung bestätigt die Bedeutung des Geheimnisses von der Himmelfahrt Jesu Christi. Der Sohn, der „vom Vater ausgegangen und in die Welt gekommen ist, verläßt die Welt wieder und geht zum Vater“ (vgl. *Joh* 16,28). In dieser „Rückkehr“ zum Vater findet die Erhöhung „zur Rechten des Vaters“ ihre Verwirklichung, eine bereits im Alten Testament angekündigte messianische Wahrheit. Wenn also der Evangelist Markus uns sagt: „Jesus, der Herr, … wurde in den Himmel aufgenommen und setzte sich zur Rechten Gottes“ (*Mk* 16,19), erklingt in seinen Worten „der Spruch des Herrn“ nach dem *Psalm*: „So spricht der Herr zu meinem Herrn: Setze dich mir zur Rechten, und ich lege dir deine Feinde als Schemel unter die Füße“ (*Ps* 110,1). „Zur Rechten Gottes sitzen“ bedeutet, an seiner Königsherrschaft und Gotteswürde teilzuhaben.
Jesus hatte vorhergesagt: „Ihr werdet den Menschensohn zur Rechten der Macht sitzen und mit den Wolken des Himmels kommen sehen“, so lesen wir im *Markusevangelium* (*Mk* 14,62). Lukas seinerseits schreibt: „Von nun an wird der Menschensohn zur Rechten des allmächtigen Gottes sitzen“ (*Lk* 22,69). In der gleichen Weise sieht der erste Märtyrer

von Jerusalem, der Diakon Stephanus, Christus im Augenblick seines Todes: „Ich sehe den Himmel offen und den Menschensohn zur Rechten Gottes stehen“ (*Apg* 7,56). Diese Auffassung war also in den christlichen Urgemeinden verwurzelt und verbreitet als Ausdruck der Königsherrschaft, die Jesus durch die Himmelfahrt erlangt hatte.

7. Auch der Apostel *Paulus*, als er *an die Römer* schreibt, drückt dieselbe Wahrheit über Jesus Christus aus: „der gestorben ist, mehr noch: der auferweckt worden ist, sitzt zur Rechten Gottes und tritt für uns ein“ (*Röm* 8,34). Im *Brief an die Kolosser* schreibt er: „Ihr seid mit Christus auferweckt; darum strebt nach dem, was im Himmel ist, wo Christus zur Rechten Gottes sitzt“ (*Kol* 3,1; vgl. *Eph* 1,20). Im *Brief an die Hebräer* lesen wir: „Wir haben einen Hohenpriester, der sich zur Rechten des Thrones der Majestät im Himmel gesetzt hat“ (*Hebr* 8,1). Und weiter: „Er hat ... das Kreuz auf sich genommen, ohne auf die Schande zu achten, und sich zur Rechten von Gottes Thron gesetzt“ (*Hebr* 12,2; vgl. 10,12).
Petrus seinerseits verkündet, daß Christus, „der in den Himmel gegangen ist, dort zur Rechten Gottes ist, und Engel, Gewalten und Mächte sind ihm unterworfen“ (*1 Petr* 3,22).

8. Als er das Wort zur ersten Rede nach Pfingsten ergreift, spricht derselbe Apostel Petrus von Christus, der, „nachdem er durch die rechte Hand Gottes erhöht worden war und vom Vater den verheißenen Heiligen Geist empfangen hatte, ihn ausgegossen hat“ (*Apg* 2,33; vgl. auch *Apg* 5,31). Hier kommt zur Wahrheit von der Himmelfahrt und der Königsherrschaft Christi ein neues Element in bezug auf den Heiligen Geist hinzu.
Denken wir einen Augenblick darüber nach. Im *Apostolischen Glaubensbekenntnis* ist die Himmelfahrt an die Erhöhung des Messias in das Reich des Vaters verknüpft: „... aufgefahren in den Himmel. Er sitzt zur Rechten des Vaters“. Das bedeutet den Beginn des Reiches des Messias, in dem die prophetische Vision des Buches Daniel über den Menschensohn Erfüllung findet: „Ihm wurden Herrschaft, Würde und Königtum gegeben. Alle Völker, Nationen und Sprachen müssen ihm dienen. Seine Herrschaft ist eine ewige, unvergängliche Herrschaft. Sein Reich geht niemals unter“ (*Dan* 7,14).
Die von Petrus gehaltene Pfingstrede zeigt uns, daß in den Augen der Apostel, im Kontext des Neuen Testamentes, diese Erhöhung Christi zur Rechten des Vaters vor allem an das Kommen des Heiligen Geistes gebunden ist. Die Worte des Petrus beweisen die Überzeugung der Apostel, daß Jesus nur durch die Himmelfahrt „den Heiligen Geist vom Vater empfangen hat“, um ihn auszugießen, wie er verheißen hatte.

9. Die Rede des Petrus beweist auch, daß im Bewußtsein der Apostel erst durch die Herabkunft des Heiligen Geistes endgültig die Vision des Reiches heranreifte, das Christus von Anfang verkündet und von dem er auch nach der Auferstehung gesprochen hatte (vgl. *Apg* 1,3). Noch damals fragten die Zuhörer ihn nach der Wiederherstellung des Reiches für Israel (vgl. *Apg* 1,6), so stark war in ihnen das zeitgebundene Verständnis von der messianischen Sendung verwurzelt. Erst nachdem sie „die Kraft“ des Geistes der Wahrheit empfangen hatten, wurden sie „Zeugen“ für Christus und das messianische Reich, das

endgültige Verwirklichung fand, als Christus verherrlicht wurde und „sich zur Rechten des Vaters gesetzt hat". In der Heilsökonomie Gottes besteht also eine enge Verbindung zwischen der Erhöhung Christi und der Herabkunft des Heiligen Geistes auf die Apostel. Von dem Augenblick an werden die Apostel Zeugen des Reiches, das kein Ende hat. In dieser Perspektive gewinnen auch die Worte, die sie nach der Himmelfahrt Christi hören, volle Bedeutung: „Dieser Jesus, der von euch ging und in den Himmel aufgenommen wurde, wird ebenso wiederkommen, wie ihr ihn habt zum Himmel hingehen sehen" (*Apg* 1,11). Es ist die Ankündigung einer abschließenden und endgültigen Fülle, die erreicht wird, wenn in der Kraft des Geistes Christi der gesamte göttliche Plan in der Geschichte seine Vollendung findet.

In deutscher Sprache sagte der Papst:

Liebe Schwestern und Brüder!

Unsere heutige österliche Betrachtung gilt der Himmelfahrt des Herrn. Am Schluß des *Lukasevangeliums* lesen wir: „Er führte sie hinaus in die Nähe von Betanien. Dort erhob er seine Hände und segnete sie. Und während er sie segnete, verließ er sie und wurde zum Himmel emporgehoben" (24,50–51).
Die Tatsache, daß Jesus in diesem Augenblick die Apostel segnet, zeigt die Heilsbedeutung seiner Himmelfahrt, in die, wie in seine ganze Erlösungsmission, alles geistliche Gut für die Welt eingeschlossen und ihr geschenkt ist.
In der *Apostelgeschichte* berichtet uns Lukas weitere Einzelheiten: nach seiner Auferstehung ist Jesus vierzig Tage lang seinen Jüngern erschienen und hat vom Reich Gottes gesprochen (vgl. 1,3). Zweifellos gehört die Zeit des auferstandenen Jesus einer anderen Ordnung an als unsere. Der Auferstandene ist bereits im ewigen Jetzt. Aber insoweit er noch in der Welt handelt, lehrt er seine Jünger, gibt er der Kirche Anleitung, gießt sich das transzendente Jetzt in die Zeit der menschlichen Welt, um sich hier noch einmal aus Liebe zu geben. Gewiß, mit Christi Himmelfahrt löst sich diese Koexistenz und Durchschneidung zwischen dem ewigen Jetzt und der irdischen Zeit auf; es bleibt die Zeit der pilgernden Kirche in der Geschichte. Die Gegenwart Christi ist nun unsichtbar und „überzeitlich", sie ist das Wirken des Heiligen Geistes in den Herzen der Seinen.
Vor seiner Himmelfahrt gebot Jesus den Jüngern: „Geht nicht weg von Jerusalem, sondern wartet auf die Verheißung des Vaters" (*Apg* 1,4). Diese Verheißung des Vaters war das Kommen des Heiligen Geistes: „Ihr werdet die Kraft des Heiligen Geistes empfangen … und ihr werdet meine Zeugen sein" (*Apg* 1,8). „Als er das gesagt hatte, wurde er vor ihren Augen emporgehoben, und eine Wolke nahm ihn auf und entzog ihn ihren Blicken" (*Apg* 1,9).
Zwei wesentliche Momente sind hier festzuhalten: „Er wurde aufgenommen" und „eine Wolke entzog ihn ihren Blicken". Das erste gibt das Erlebnis und die geistliche Erfahrung der Apostel wieder, betont eine aufsteigende Bewegung vom Hinübergang von der Erde zum Himmel, besonders als Zeichen eines anderen „Hinübergangs": Christus, der Auferstandene, geht in die Herrlichkeit Gottes ein. Das deutet auch „die Wolke" an, das biblische Zeichen der göttlichen Gegenwart. „Nachdem Jesus, der Herr, dies zu ihnen gesagt hatte, wurde er in den Himmel aufgenommen und setzte sich zur Rechten Gottes

(*Mk* 16,19). Dort haben wir in ihm einen Fürsprecher, wie Paulus sagt (vgl. *Röm* 8,34), und von dort wird er am Ende der Tage in der endgültigen Fülle seiner Herrlichkeit wiederkommen (vgl. *Apg* 1,11).
Mit dieser kurzen Betrachtung grüße ich herzlich alle deutschsprachigen Pilger und Besucher, unter ihnen besonders die Klosterfrauen der Kongregation der Cellitinnen aus Köln. Ich wünsche euch allen einen bereichernden Romaufenthalt und erteile euch und euren Lieben in der Heimat, wie auch den mit uns verbundenen Hörern von Radio Vatikan von Herzen den Apostolischen Segen.

Einsicht in die Wahrheit

Regina Caeli am 16. April

Liebe Schwestern und Brüder!

1. In dieser sonntäglichen Betrachtung möchte ich heute bei der zweiten Gabe des Heiligen Geistes verweilen: dem Intellekt, der Einsicht. Wir wissen, daß der Glaube Festhalten an Gott im Helldunkel des Geheimnisses ist. Er ist aber auch die Suche in dem Verlangen, die offenbarte Wahrheit mehr und besser kennenzulernen. Dieser innere Antrieb kommt nun von dem Geist, der eben mit dem Glauben diese besondere Gabe der Einsicht, ja fast der Intuition für die göttliche Wahrheit gewährt.
Das Wort „Intellekt“ kommt aus dem lateinischen „intus legere“, das heißt „im Innern lesen“, eindringen, bis auf den Grund verstehen. Durch diese Gabe teilt der Heilige Geist, der „alles ergründet, auch die Tiefen Gottes“ (vgl. *1 Kor* 2,10), dem Glaubenden den Funken eines solchen Eindringungsvermögens mit, indem er ihm das Herz öffnet für die freudenvolle Wahrnehmung des Liebesplanes Gottes. Es wiederholt sich dann die Erfahrung der Jünger von Emmaus, die, nachdem sie den Auferstandenen am Brotbrechen erkannt hatten, zueinander sagten: „Brannte uns nicht das Herz in der Brust, als er unterwegs mit uns redete und uns den Sinn der Schrift erschloß?“ (*Lk* 24,32).

2. Diese übernatürliche Einsicht wird nicht nur dem einzelnen, sondern auch der Gemeinschaft geschenkt: den Hirten, die als Nachfolger der Apostel Erben der besonderen Verheißung Christi sind (vgl. *Joh* 14,26; 16,13), und den Gläubigen, die dank der „Salbung“ des Geistes (vgl. *1 Joh* 2,20 und 27) einen besonderen „Glaubenssinn“ (sensus fidei) besitzen, der sie in den konkreten Entscheidungen leitet.
Tatsächlich macht das Licht des Geistes, während es den Verstand für die göttlichen Dinge schärft, die Sicht der menschlichen Dinge klarer und tiefer. Dadurch sieht man besser die zahllosen Zeichen Gottes, die in die Schöpfung eingeschrieben sind. So entdeckt man die nicht nur irdische Dimension der Geschehnisse, aus denen die menschliche Geschichte gewoben ist. Und man kann sogar die gegenwärtige und die kommende Zeit prophetisch entziffern: die Zeichen der Zeit, die Zeichen Gottes!

3. Liebe Gläubige! Wenden wir uns an den Heiligen Geist mit den Worten der Liturgie: „Komm herab, o Heilger Geist, der die finstre Nacht zerreißt, strahle Licht in diese Welt“ (*Pfingstsequenz*).
Rufen wir ihn an durch die Fürsprache der heiligsten Jungfrau Maria, die hörte und im Licht des Geistes den tiefen Sinn der Geheimnisse unermüdlich zu ergründen wußte, die der Allmächtige in ihr gewirkt hatte (vgl. *Lk* 2,19 und 51). Die Betrachtung der Wundertaten Gottes gibt auch uns Grund zu unerschöpflicher Freude: „Meine Seele preist die Größe des Herrn, und mein Geist jubelt über Gott, meinen Retter“ (*Lk* 1,46 f.).

Nach dem österlichen Marienlob sagte der Papst:

Heute wird der Weltgebetstag für geistliche Berufe begangen, eine sehr wichtige Initiative, denn sie rührt an eines der grundlegenden Merkmale der Kirche, an ihren apostolischen Auftrag.
Es ist wahr, daß die Kirche nie untergehen und gemäß der göttlichen Verheißung immer genügend Priester- und Ordensberufe haben wird. Aber ebenso wahr ist, daß Jesus uns auffordert, „den Herrn der Ernte“ zu bitten, „Arbeiter für seine Ernte auszusenden“ (*Mt* 9,38).
Beten wir in besonderer Weise darum, daß die Familien, die Pfarreien und die Schulen in ihrem Bereich zahlreiche Berufe zu wecken und fördern wissen. Tatsächlich haben sie die moralische Pflicht, den jungen Menschen zu helfen, die Wahrheit über ihr Dasein, über ihr Selbst, über den persönlichen Sinn des eigenen Lebens zu entdecken, im Licht des Willens Gottes und in der Gewißheit, daß sie durch die Verwirklichung des göttlichen Planes wirklich glücklich sein und leben können.
Die heiligste Jungfrau, die Königin der Apostel, bitte für alle, die Gott liebt, und erlange für sie Glaubenstreue, Standhaftigkeit und übernatürliche Kraft, um hochherzig und getreu der eigenen Berufung zu entsprechen.

Christus Herr der Schöpfung

Ansprache bei der Generalaudienz am 19. April

1. Die Verkündigung des Petrus in der ersten Rede am Pfingstfest in Jersualem ist aussagestark und feierlich: „Diesen Jesus hat Gott auferweckt, dafür sind wir alle Zeugen. Nachdem er durch die rechte Hand Gottes erhöht worden war und vom Vater den verheißenen Heiligen Geist empfangen hatte, hat er ihn ausgegossen“ (*Apg* 2,32–33). „Mit Gewißheit erkenne also das ganze Haus Israel: Gott hat ihn zum Herrn und Messias gemacht, diesen Jesus, den ihr gekreuzigt habt“ (*Apg* 2,36). Diese Worte, die an die Bewohner der Stadt und an die aus verschiedenen Landesteilen zum Fest herbeigeeilten Pilgerscharen gerichtet waren, verkünden die Erhöhung des gekreuzigten und auferstandenen Christus „zur Rechten Gottes“. Die „Erhöhung“, das heißt die Himmelfahrt, bedeutet die Mitbeteiligung Christi als Mensch an der Macht und Herrschaftsgewalt Gottes selbst.

Diese Mitbeteiligung an der Macht und Herrschaftsgewalt des einen und dreifaltigen Gottes offenbart sich in der „Sendung" des Beistandes, des Geistes der Wahrheit, der, indem er von der von Christus vollbrachten Erlösung „nimmt" (vgl. *Joh* 16,14), die Bekehrung der Menschenherzen bewirkt. Denn bereits am jenem Tag in Jerusalem, „als sie das hörten, traf es sie mitten ins Herz" (*Apg* 2,37). Und es ist bekannt, daß innerhalb weniger Tage sich Tausende von Bekehrungen ereigneten.

2. Durch das gesamte Ostergeschehen, auf das sich der Apostel Petrus in der Pfingstrede bezieht, hat sich Jesus endgültig als der vom Vater gesandte Messias und als der Herr geoffenbart.

Das Bewußtsein, daß er „der Herr" war, hatte bereits während des vorösterlichen Wirkens Christi in gewisser Weise in den Herzen der Apostel Eingang gefunden. Er selbst weist beim letzten Abendmahl auf diese Tatsache hin: „Ihr sagt zu mir Meister und Herr, und ihr nennt mich mit Recht so; denn ich bin es" (*Joh* 13,13). Das erklärt, warum die Evangelisten von Christus als dem „Herrn" sprechen, als sei es eine in den Christengemeinden allgemein anerkannte Gegebenheit. Insbesondere Lukas legt dieses Wort bereits dem Engel, der den Hirten die Geburt Jesu verkündet, in den Mund: „Heute ist euch ... der Retter geboren; er ist der Messias, der Herr" (*Lk* 2,11). An vielen anderen Stellen verwendet er denselben Beinamen (vgl. *Lk* 7,13; 10,1.41; 11,39; 12,42; 13,15; 17,6; 22,61). Aber gewiß hat das gesamte Ostergeschehen dieses Bewußtsein endgültig gefestigt. In der Sicht dieses Geschehens ist die Bezeichnung „der Herr" auch in bezug auf das Leben und vorhergegangene Wirken des Messias zu verstehen. Man muß aber vor allem den Gehalt und die Bedeutung vertiefen, die dieses Wort im Kontext der Erhöhung und Verherrlichung des auferstandenen Christus, in seiner Himmelfahrt, besitzt.

3. Eine der in den paulinischen Briefen am meisten wiederholten Bekräftigungen lautet, daß Christus der Herr ist. Bekannt ist der Abschnitt des *ersten Korintherbriefes*, wo Paulus verkündet: „So haben doch wir nur einen Gott, den Vater. Von ihm stammt alles, und wir leben auf ihn hin. Und einer ist der Herr: Jesus Christus. Durch ihn ist alles, und wir sind durch ihn" (*1 Kor* 8,6; vgl. 16,22; *Röm* 10,9; *Kol* 2,6) und der Abschnitt des *Briefes an die Philipper*, wo Paulus Christus als den Herrn vorstellt, der, erniedrigt bis zum Tod, auch erhöht wurde, „damit alle im Himmel, auf der Erde und unter der Erde ihre Knie beugen vor dem Namen Jesu und jeder Mund bekennt: ‚Jesus Christus ist der Herr' – zur Ehre Gottes, des Vaters" (*Phil* 2,10–11). Aber Paulus unterstreicht: „Keiner kann sagen: Jesus ist der Herr!, wenn er nicht aus dem Heiligen Geist redet" (*1 Kor* 12,3). „Aus dem Heiligen Geist" sagt deshalb auch der Apostel Thomas zu Christus, der ihm nach der Auferstehung erscheint: „Mein Herr und mein Gott!" (*Joh* 20,28). Und dasselbe muß sich bei dem Diakon Stephanus wiederholen, der während der Steinigung betet: „Herr Jesus, nimm meinen Geist auf! ... rechne ihnen diese Sünde nicht an!" (*Apg* 7,59–60).

Schließlich beendet die *Apokalypse* den Zyklus der Heiligen Geschichte und der Offenbarung mit der Anrufung der Braut und des Geistes: „Komm, Herr Jesus!" (*Offb* 22,20).

Es ist das geheimnisvolle Wirken des Heiligen Geistes, „der lebendig macht", die Herzen ständig erleuchtet, damit sie Christus erkennen, und uns die Gnade schenkt, uns innerlich sein Leben und seine Kraft anzueignen und zu verkünden, daß er, nur er „der Herr" ist.

4. Jesus Christus ist der Herr, weil er die Fülle der Macht „im Himmel und auf der Erde" besitzt. Es ist die königliche Macht, „hoch über alle Fürsten und Gewalten, Mächte und Herrschaften ... Alles hat er ihm zu Füßen gelegt" (*Eph* 1,20–22). Zugleich ist es die höchste priesterliche Autorität, von der der *Brief an die Hebräer* ausführlich spricht, indem er Bezug nimmt auf *Psalm* 110,4: „Du bist Priester auf ewig nach der Ordnung Melchisedeks" (*Hebr* 5,6). Dieses ewige Priestertum Christi ist mit der Heiligungskraft verbunden, so daß Christus „für alle, die ihm gehorchen, der Urheber des ewigen Heils geworden" ist (*Hebr* 5,9). „Darum kann er auch die, die durch ihn vor Gott hintreten, für immer retten; denn er lebt allezeit, um für sie einzutreten" (*Hebr* 7,25). Auch im *Brief an die Römer* lesen wir, „Christus sitzt zur Rechten Gottes und tritt für uns ein" (*Röm* 8,34). Und zum Schluß versichert uns Johannes: „Wenn aber einer sündigt, haben wir einen Beistand beim Vater: Jesus Christus, den Gerechten" (*1 Joh* 2,1).

5. Als der Herr ist Christus das Haupt der Kirche, die sein Leib ist. Das ist der Kerngedanke des heiligen Paulus in dem großartigen soteriologischen, geschichtlichen und kosmischen Bild, mit dem er den Inhalt des ewigen Planes Gottes in den ersten Kapiteln der *Briefe an die Epheser und die Kolosser* beschreibt: „Alles hat er ihm zu Füßen gelegt und ihn, der als Haupt alles überragt, über die Kirche gesetzt. Sie ist sein Leib und wird von ihm erfüllt, der das All ganz und gar beherrscht" (*Eph* 1,22–23). „Denn Gott wollte mit seiner ganzen Fülle in ihm wohnen" (*Eph* 1,19): „in ihm allein wohnt wirklich die ganze Fülle Gottes" (*Kol* 2,9).
Die *Apostelgeschichte* berichtet uns, daß Christus sich die Kirche „durch sein Blut erworben hat" (vgl. *Apg* 20,28; *1 Kor* 6,20). Auch als Jesus, während er zum Vater geht, zu den Jünger sagt: „Ich bin bei euch alle Tage bis zum Ende der Welt" (*Mt* 28,20), verkündet er in Wirklichkeit das Geheimnis dieses Leibes, der aus ihm ständig die lebenspendenden Kräfte der Erlösung schöpft. Und die Erlösung wirkt weiter als Ergebnis der Verherrlichung Christi.
In Wahrheit ist Christus immer „der Herr" gewesen, vom ersten Augenblick der Menschwerdung an, als Sohn Gottes, eines Wesens mit dem Vater, der für uns Mensch geworden ist. Aber zweifellos wurde er „der Herr" in seiner ganzen Fülle durch die Tatsache, daß er sich selbst „erniedrigte" („entäußerte") und „gehorsam war bis zum Tod, bis zum Tod am Kreuz" (vgl. *Phil* 2,8). Erhöht, in den Himmel aufgenommen und verherrlicht nach Vollendung seines Auftrags, bleibt er in dem Leib seiner Kirche auf Erden mittels der an den einzelnen und an der gesamten Gesellschaft mit Hilfe des Heiligen Geistes gewirkten Erlösung. Die Erlösung ist die Quelle der Autorität, die Christus kraft des Heiligen Geistes über die Kirche ausübt, so lesen wir im *Brief an die Epheser*: „Er gab den einen das Apostelamt, andere setzte er als Propheten ein, andere als Evangelisten, andere als Hirten und Lehrer, um die Heiligen für die Erfüllung ihres Dienstes zu rüsten, für den Auf-

bau des Leibes Christi. So sollen wir ... Christus in seiner vollendeten Gestalt darstellen" (*Eph* 4,11–13).

6. Über die ihm in der Heilsökonomie geschenkte Königsherrschaft hinaus ist Christus auch der Herr der ganzen Schöpfung. Das sagt uns das andere großartige Bild im *Epheserbrief*: „Derselbe, der herabstieg, ist auch hinaufgestiegen bis zum höchsten Himmel, um das All zu beherrschen" (*Eph* 4,10). Im *ersten Brief an die Korinther* fügt der heilige Paulus (mit Bezug auf *Psalm* 8,5) hinzu, daß Gott ihm „alles zu Füßen gelegt" hat. „Wenn es aber heißt, alles sei unterworfen, ist offenbar der ausgenommen, der ihm alles unterwirft" (*1 Kor* 15,27). Und der Apostel entwickelt diesen Gedanken weiter, indem er schreibt: „Wenn ihm dann alles unterworfen ist, wird auch er, der Sohn, sich dem unterwerfen, der ihm alles unterworfen hat, damit Gott herrscht über alles und in allem" (*1 Kor* 15,28). „Danach kommt das Ende, wenn er jede Macht, Gewalt und Kraft vernichtet hat und seine Herrschaft Gott, dem Vater, übergibt" (*1 Kor* 15,24).

7. Die Konstitution *Gaudium et spes* des Zweiten Vatikanischen Konzils hat dieses großartige Thema aufgegriffen und schreibt: „Der Herr ist das Ziel der menschlichen Geschichte, der Punkt, auf den hin alle Bestrebungen der Geschichte und der Kultur konvergieren, der Mittelpunkt der Menschheit, die Freude aller Herzen und die Erfüllung ihrer Sehnsüchte" (Nr. 45). Zusammenfassend können wir sagen, daß Christus der Herr der Geschichte ist. In ihm findet die Geschichte des Menschen, und man kann sagen, der ganzen Schöpfung, ihre transzendentale Vollendung. Von der Tradition wurde es „Rekapitulierung" genannt („re-capitulatio", in griechisch: „anakephalaiosis"). Es ist ein Begriff, der in dem *Epheserbrief* gründet, in der Beschreibung des ewigen Planes Gottes, „in Christus alles zu vereinen, alles, was im Himmel und auf Erden ist", und „die Fülle der Zeiten heraufzuführen" (*Eph* 1,10).

8. Wir müssen noch hinzufügen, daß Christus der Herr des ewigen Lebens ist. Ihm steht das Endgericht zu, von dem das *Matthäusevangelium* spricht: „Wenn der Menschensohn in seiner Herrlichkeit kommt und alle Engel mit ihm, dann wird er sich auf den Thron seiner Herrlichkeit setzen ... Dann wird der König denen auf der rechten Seite sagen: Kommt her, die ihr von meinem Vater gesegnet seid, nehmt das Reich in Besitz, das seit der Erschaffung der Welt für euch bestimmt ist" (*Mt* 25,31.34).
Das volle Recht, endgültig über die Werke der Menschen und die menschlichen Gewissen zu urteilen, gebührt Christus, weil er der Erlöser der Welt ist. Tatsächlich „erwarb" er dieses Recht durch seinen Kreuzestod. Deshalb hat der Vater „das Gericht ganz dem Sohn übertragen" (*Joh* 5,22). Der Sohn ist jedoch nicht gekommen, um zu richten, sondern vor allem um zu retten, um das göttliche Leben zu spenden, das in ihm ist. „Denn wie der Vater das Leben in sich hat, so hat er auch dem Sohn gegeben, das Leben in sich zu haben. Und er hat ihm Vollmacht gegeben, Gericht zu halten, weil er der Menschensohn ist" (*Joh* 5,26–27).
Eine Vollmacht also, die dem Erbarmen entspricht, das aus seinem Herzen im Schoß des Vaters strömt, von dem der Sohn ausgeht, der „für uns Menschen und zu unserem Heil

vom Himmel herabgekommen ist". Der gekreuzigte und auferstandene Christus, der Christus, der „zum Himmel aufgestiegen ist und zur Rechten des Vaters sitzt", der Christus also, der Herr des ewigen Lebens, steht über der Welt und der Geschichte als strahlendes Zeichen unendlicher Liebe und Herrlichkeit, aber voll Sehnsucht, von jedem Menschen eine Antwort der Liebe zu erhalten, um ihm das ewige Leben schenken zu können.

In deutscher Sprache sagte der Papst:

Liebe Brüder und Schwestern!

Gott hat Christus nicht nur von den Toten auferweckt, er hat ihn auch zu seiner Rechten erhöht. In seiner ersten Rede am Pfingstfest in Jerusalem bekennt Petrus: „Gott hat ihn zum Herrn und Messias gemacht, diesen Jesus, den ihr gekreuzigt habt" (*Apg* 2,36). Christus wurde als Mensch zum „Herrn" bestellt, indem er durch seine Erhöhung Anteil an der Macht und Autorität Gottes erhielt.

Schon in der vorösterlichen Zeit nannten die Jünger Christus ihren „Herrn und Meister", und Jesus selbst bestätigte ihnen ausdrücklich, daß er es auch wirklich ist (vgl. *Joh* 13,13). Doch erst das Ostergeschehen offenbart ihnen die volle Bedeutung dieser seiner „Herrschaft", so zum Beispiel im *ersten Korintherbrief*: „Und einer ist der Herr: Jesus Christus. Durch ihn ist alles, und wir sind durch ihn" (*1 Kor* 8,6). Im selben Brief stellt er sogar fest, daß niemand sagen kann, „Jesus ist der Herr", außer dem Heiligen Geist.

Jesus Christus ist der Herr, weil er die Fülle der Macht besitzt „im Himmel und auf Erden". Es ist eine königliche Macht „hoch über allen Fürsten und Gewalten, Mächten und Herrschaften" (vgl. *Eph* 1,21). Zugleich ist es höchste priesterliche Autorität, da er als der Erlöser die Quelle aller Heiligung für uns Menschen ist. Als der ewige Hohepriester ist Christus das Haupt der Kirche, die sein Leib ist und durch die er sein Heilswirken in der Geschichte fortsetzt. Über die ihm in der Heilsökonomie geschenkte Königsherrschaft hinaus ist Christus auch der Herr der ganzen Schöpfung, weil ihm, wie Paulus sagt, „alles unterworfen ist" (*1 Kor* 15,28). In ihm will Gott alles zusammenfassen (vgl. *Eph* 1,10), ihn hat er auch zum Herrn und Richter über das ewige Leben bestellt. Er ist jedoch der göttliche Richter, bei dem sich Macht mit Barmherzigkeit verbindet; der gekommen ist, nicht zu richten, sondern zu retten, was verloren war.

Indem ich diese Gedanken eurer weiteren Betrachtung empfehle, grüße ich euch alle herzlich zur heutigen Audienz: die genannten Gruppen und auch alle Familien und Einzelpilger. Gebt Christus auch immer mehr Raum in eurem Leben. Möge euch euer Rombesuch wertvolle Anregungen und reiche Gnaden hierfür vermitteln.

Einen aufrichtigen Willkommensgruß richte ich an die anwesenden ehemaligen Botschafter der Bundesrepublik Deutschland. Auf Grund Ihrer früheren hohen Aufgaben und Ihrer reichen Erfahrungen sind Sie, sehr geehrte Damen und Herren, in einer besonderen Weise dazu befähigt und berufen, Anwälte und Förderer von Frieden und Verständigung unter den Menschen zu sein. Der Friede ist der Segensgruß und das kostbare Gnadengeschenk des auferstandenen Herrn an seine Jünger. Ihn in das konkrete menschliche Zusammenleben zu übertragen und ihm in der internationalen Staatengemeinschaft ein bleibendes Heimatrecht zu verschaffen, verdient alle nur erdenklichen menschlichen An-

strengungen. Es bedarf aber auch der Kraft aus jenen tieferen Quellen, die uns Christus mit seinem Erlösungswerk erschlossen hat. Mögen Sie weiterhin Ihre Kräfte für die Verwirklichung dieses hohen Zieles zur Verfügung stellen können.
Ihnen und allen anwesenden Pilgern deutscher Sprache erteile ich für das Gnadengeschenk des Friedens unseres auferstandenen Herrn von Herzen meinen besonderen Apostolischen Segen.

Eine neue Chance für Polen

Gebet bei der Generalaudienz

Unsere Liebe Frau von Jasna Góra!

Heute wende ich mich wieder an dich, während ich mit dem Herzen zu deinem von den Polen so innig geliebten Gnadenbild pilgere.
Ich habe dies an jedem Mittwoch nach dem 13. Dezember 1981 getan und dir jene so schwere Periode unserer Zeitgeschichte anempfohlen. Heute will ich dir, Mutter, danken für all das Gute, das aus den Erfahrungen jenes Zeitabschnittes erwachsen ist.
Deiner mütterlichen Sorge empfehle ich „Solidarność", die heute nach der neuen Legalisierung vom 17. April wieder tätig sein kann. Ich empfehle dir die mit diesem Ereignis verbundene Entwicklung, die das Leben der Nation nach den Gesetzen der souveränen Gesellschaft formen will.
Dich, Unsere Liebe Frau von Jasna Góra, bitte ich, daß alle auf diesem Weg der Entwicklung weiterhin Mut, Klugheit und Ausgewogenheit zeigen, die unerläßlich sind, um dem Gemeinwohl zu dienen.
Zusammen mit den polnischen Bischöfen bitte ich dich, daß das Land dank der Bemühungen derer, die die Vorurteile, den Groll, die Ungerechtigkeiten und Spaltungen überwunden haben, eine neue Chance habe und die Umwandlungen im sozialen, politischen, wirtschaftlichen und moralischen Leben der ganzen Gesellschaft stattfinden mögen (vgl. *Kommuniqué der 233. Vollversammlung der Polnischen Bischofskonferenz*, Nr. 3).
Segne, Mutter, alle, die diesem Ziel in Wahrheit dienen, ohne ihre Kräfte zu schonen oder Opfer zu scheuen. Segne alle und „nimm die ganze Nation unter deinen Schutz"!

Wahre Beziehung zu Gott erkennen

Regina Caeli am 23. April

Liebe Schwestern und Brüder!

1. Die an den vorhergegangenen Sonntagen bereits begonnene Betrachtung über die Gaben des Heiligen Geistes führt uns heute dazu, über eine weitere Gabe zu sprechen: die der Erkenntnis, durch die es uns gegeben ist, die wahre Bedeutung der Geschöpfe in ihrer Beziehung zum Schöpfer zu erkennen.
Wir wissen, daß der Mensch von heute gerade durch die Entwicklung der Wissenschaften besonders der Versuchung ausgesetzt ist, eine naturalistische Darstellung der Welt zu geben. Angesichts der vielfältigen Reichhaltigkeit der Dinge, ihrer Komplexität, Verschiedenheit und Schönheit läuft er Gefahr, sie absolut, ja beinahe an die Stelle Gottes zu setzen bis zu dem Grad, sie zum obersten Zweck seines Lebens selbst zu machen. Dies geschieht vor allem, wenn es sich um Reichtum, Vergnügen und Macht handelt, die man ja aus den materiellen Dingen gewinnen kann. Sie sind die hauptsächlichen Idole, vor denen die Welt sich zu oft auf die Knie wirft.

2. Um dieser unterschwelligen Versuchung zu widerstehen und die unheilvollen Konsequenzen abzuwenden, zu denen sie führen kann, kommt hier der Heilige Geist dem Menschen mit der Gabe der Erkenntnis zu Hilfe. Sie hilft ihm, die Dinge in ihrer wesentlichen Abhängigkeit vom Schöpfer richtig zu bewerten. Durch sie – schreibt der heilige Thomas – schätzt der Mensch die Geschöpfe nicht höher ein, als sie tatsächlich sind, und er setzt nicht sie, sondern Gott zum Ziel des eigenen Lebens (vgl. *Summa Theol.*, II-II, q.9, a.4).
So gelingt es ihm, den theologischen Sinn der Schöpfung zu erfassen und die Dinge als wahre und wirkliche, wenn auch begrenzte Ausdrucksformen der Wahrheit, Schönheit und unendlichen Liebe zu sehen, die Gott ist. Folglich fühlt er sich angespornt, diese Entdeckung in Lob, Gesang, Gebet und Danksagung umzusetzen. Dies wird uns so viele Male und in so vielfältiger Weise vom *Buch der Psalmen* empfohlen. Wer erinnert sich nicht an einige dieser erhebenden Worte? „Die Himmel rühmen die Herrlichkeit Gottes, vom Werk seiner Hände kündet das Firmament" (*Ps* 19,2; vgl. *Ps* 8,2); „Lobet den Herrn vom Himmel her, lobt ihn in den Höhen ... lobt ihn, Sonne und Mond, lobt ihn, all ihr leuchtenden Sterne" (*Ps* 148,1.3).

3. Erleuchtet durch die Gabe der Erkenntnis, entdeckt der Mensch zugleich die unendliche Entfernung, die zwischen den Dingen und dem Schöpfer liegt, ihre wirkliche Begrenztheit und die gefährliche Verlockung, die sie darstellen, wenn man sie schlecht nutzt und sündigt. Es ist eine Entdeckung, die den Menschen veranlaßt, mit Bedauern seine Not zu empfinden, und die ihn antreibt, sich mit neuem Schwung und Vertrauen an den zu wenden, der allein die ihn quälende Sehnsucht nach dem Unendlichen voll erfüllen kann.
Das war die Erfahrung der Heiligen. Das galt auch, so können wir sagen, für die fünf Seligen, die ich heute zu meiner Freude zur Ehre der Altäre erheben konnte. Aber in ganz besonderer Weise wurde diese Erfahrung von der Gottesmutter gelebt, die uns durch das Bei-

spiel ihres persönlichen Glaubensweges lehrt, „in der Unbeständigkeit dieses Lebens unsere Herzen dort zu verankern, wo die wahren Freuden sind" (*Tagesgebet vom 21. Sonntag im Jahreskreis*).

Appell zur Lage im Libanon

Bevor wir das „Regina Caeli" sprechen oder vielmehr singen, möchte ich alle Anwesenden einladen, ihr Gebet mit meinem Gebet zu vereinen, damit das libanesische Volk, das in höchster Angst lebt – einige sprechen von Todeskampf – aufgrund der andauernden bewaffneten Konflikte, endlich zu einem Leben in Frieden und geordneter Ruhe zurückkehre. Dieses Wort will ein Appell, eine Bitte, ja ein dringender Bittruf an Gott und an die Menschen sein, besonders an jene, die direkt oder indirekt für die Leiden des Libanon und für seine Zerstörung verantwortlich sind. Es ist eine Frage, die an die Gewissen der Menschen, die Gewissen der Völker, der Regierungen, der militärischen Verantwortlichen gestellt ist. Wir können nicht zulassen, daß ein Volk, ein Land, zerstört wird. Sie sind unsere christlichen Brüder, unsere muslimischen Brüder. Ich wiederhole noch einmal diesen Alarmruf.

Der Geist wird alles lehren

Ansprache bei der Generalaudienz am 26. April

1. „Ich glaube an den Heiligen Geist."
Im Verlauf einer systematischen Katechese über den Inhalt des *Apostolischen Glaubensbekenntnisses* sind wir beim Bekenntnis unseres Glaubens an den Heiligen Geist angelangt; zuvor hatten wir die Artikel über Jesus Christus erläutert, den Sohn Gottes, der zu unserem Heil Mensch geworden ist. Nach Beendigung des christologischen Zyklus beginnt der pneumatologische, den das *Apostolische Glaubensbekenntnis* mit der knappen Formel ausdrückt: „Ich glaube an den Heiligen Geist."
Das sogenannte *nizäno-konstantinopolitanische Glaubensbekenntnis* legt die Formulierung des Glaubensartikels eingehender dar: „Ich glaube an den Heiligen Geist, der Herr ist und lebendig macht, der aus dem Vater und dem Sohn hervorgeht, der mit dem Vater und dem Sohn angebetet und verherrlicht wird und der gesprochen hat durch die Propheten."

2. Das Glaubensbekenntnis der Kirche führt uns zurück zu den biblischen Quellen, in denen die Wahrheit über den Heiligen Geist im Zusammenhang mit der Offenbarung des einen und dreifaltigen Gottes dargestellt wird. Die Pneumatologie der Kirche gründet deshalb in der Heiligen Schrift, besonders im Neuen Testament, auch wenn in einem gewissem Maß Anzeichen von ihr im Alten Testament vorhanden sind.
Die erste Quelle, an die wir uns wenden können, ist ein Johannestext aus der „Abschiedsrede" Christi am Tag vor seinem Leiden und Sterben am Kreuz. Jesus spricht von der Ankunft des Heiligen Geistes in Verbindung mit dem eigenen „Weggang", indem er sein

Kommen (oder seine Herabkunft) auf die Apostel ankündigt: „Doch ich sage euch die Wahrheit: Es ist gut für euch, daß ich fortgehe. Denn wenn ich nicht fortgehe, wird der Beistand nicht zu euch kommen; gehe ich aber, so werde ich ihn zu euch senden" (*Joh* 16,7).

Der Inhalt dieses Textes mag paradox erscheinen. Jesus, dem daran liegt, zu betonen: „Doch ich sage euch die Wahrheit", stellt den eigenen „Weggang" (und damit das Leiden und Sterben am Kreuz) als etwas Gutes dar: „Es ist gut für euch ... " Aber sogleich erklärt er, worin die Bedeutung seines Todes liegt: Weil es ein Erlösungstod ist, stellt er auch die Voraussetzung zur Erfüllung des Heilsplanes Gottes dar, der seine Krönung im Kommen des Heiligen Geistes findet. Der Erlösungstod ist deshalb die Voraussetzung zu all dem, was sich durch dieses Kommen für die Apostel und die zukünftige Kirche ereignen wird, wenn die Menschen den Geist annehmen und das neue Leben empfangen werden. Das Kommen des Geistes und alles, was in der Welt daraus folgt, ist Frucht der Erlösung durch Christus.

3. Wenn der Weggang Jesu durch den Tod am Kreuz geschieht, versteht man, wie der Evangelist Johannes bereits in diesem Tod die Macht und auch die Herrlichkeit des Gekreuzigten sehen kann. Aber die Worte Jesu beziehen auch den Aufstieg zum Vater mit ein als endgültigen Weggang (vgl. *Joh* 16,10), wie wir in der Apostelgeschichte lesen: „Nachdem er durch die rechte Hand Gottes erhöht worden war und vom Vater den verheißenen Heiligen Geist empfangen hatte" (*Apg* 2,33).

Die Herabkunft des Heiligen Geistes geschieht nach der Himmelfahrt. Das Leiden und der Erlösungstod Christi bringen jetzt ihre volle Frucht. Jesus Christus, der Menschensohn, „empfängt" auf dem Höhepunkt seiner messianischen Sendung vom Vater den Heiligen Geist in der Fülle, in der dieser Geist an die Apostel und die Kirche für alle Zeiten „weitergegeben" werden muß. Jesus hat vorhergesagt: „Und ich, wenn ich über die Erde erhöht bin, werde alle zu mir ziehen" (*Joh* 12,32). Es ist ein klarer Hinweis auf die Universalität der Erlösung, sowohl im Sinn der Ausdehnung des für alle Menschen gewirkten Heils als auch im Sinn der Stärke und Gesamtheit an Gnadengaben, die ihnen angeboten werden.

Aber diese universale Erlösung muß sich durch den Heiligen Geist verwirklichen.

4. Der Heilige Geist ist der, der „kommt" infolge und kraft des „Weggangs" Christi. Die Worte von *Joh* 16,7 bringen den kausalen Zusammenhang zum Ausdruck. Der Geist wird gesandt kraft der von Christus gewirkten Erlösung „Wenn ich fortgehe, werde ich ihn zu euch senden" (vgl. Enzyklika *Dominum et vivificantem*, Nr. 8). Ja, „das ‚Fortgehen' Christi ist eine im göttlichen Heilsplan unerläßliche Bedingung für die Sendung und das Kommen des Heiligen Geistes; ... dann beginnt Gott, sich im Heiligen Geist zu unserem Heil erneut mitzuteilen" (*ebd.*, Nr. 11).

Wenn es wahr ist, daß Jesus Christus durch seine „Erhöhung" am Kreuz „alle zu sich ziehen" soll (vgl. *Joh* 12,32), dann verstehen wir im Licht der im Abendmahlssaal gesprochenen Worte, daß dieses „zu sich ziehen" vom verherrlichten Christus durch die Sendung des Heiligen Geistes verwirklicht wird. Eben deshalb muß Christus fortgehen. Die

Menschwerdung erreicht durch den Heiligen Geist ihre Heilswirkkraft. Wenn Christus aus der Welt geht, hinterläßt er nicht nur seine Heilsbotschaft, sondern „gibt" den Heiligen Geist, an den die Wirksamkeit der Botschaft und der Erlösung selbst in ihrer ganzen Fülle gebunden ist.

5. Der Heilige Geist, den Jesus besonders in der Abschiedsrede im Abendmahlssaal vorstellt, ist offenbar eine von ihm verschiedene Person: „Ich werde den Vater bitten, und er wird euch einen anderen Beistand geben" (*Joh* 14,16). „Der Beistand aber, der Heilige Geist, den der Vater in meinem Namen senden wird, der wird euch alles lehren und euch an alles erinnern, was ich euch gesagt habe" (*Joh* 14,26). Jesus spricht vom Heiligen Geist und verwendet oft das Personalpronomen „er": „Er wird Zeugnis für mich ablegen" (*Joh* 15,26). „Er wird die Welt überführen (und aufdecken), was Sünde ... ist (*Joh* 16,8). „Wenn aber jener kommt, der Geist der Wahrheit, wird er euch in die ganze Wahrheit führen" (*Joh* 16,13). „Er wird mich verherrlichen" (*Joh* 16,14). Aus diesen Texten geht die Wahrheit über den Heiligen Geist als Person hervor – und nicht nur als einer unpersönlichen, von Christus ausgehenden Kraft (vgl. zum Beispiel *Lk* 6,19: „Es ging eine Kraft von ihm aus"). Weil er eine Person ist, hat er seine eigene, persönliche Wirkweise. Tatsächlich sagt Jesus zu den Aposteln, als er vom Heiligen Geist spricht: „Ihr aber kennt ihn, weil er bei euch bleibt und in euch sein wird" (*Joh* 14,17). Er „wird euch alles lehren und euch an alles erinnern, was ich euch gesagt habe" (*Joh* 14,26). „Er wird für mich Zeugnis ablegen" (*Joh* 15,26); „er wird euch in die ganze Wahrheit führen ... er wird sagen" (*Joh* 16,13); er wird Christus „verherrlichen" (*Joh* 16,14), und „er wird die Welt überführen (und aufdecken), was Sünde ... ist" (*Joh* 16,8). Der Apostel Paulus seinerseits bekräftigt, daß der Geist „in unseren Herzen ruft" (vgl. *Gal* 4,6), „einem jeden seine besondere Gabe zuteilt, wie er will" (*1 Kor* 12,11), und „für die Heiligen eintritt" (vgl. *Röm* 8,27).

6. Der von Jesus geoffenbarte Heilige Geist ist also eine Person (die dritte Person der Dreifaltigkeit) mit einem personalen Handeln. Aber in der gleichen Abschiedsrede zeigt Jesus die Verbindung auf, die die Person des Heiligen Geistes mit dem Vater und dem Sohn eint: deshalb ist in der Abschiedsrede die Ankündigung vom Kommen des Heiligen Geistes zugleich die endgültige Offenbarung Gottes als Dreifaltigkeit.
Tatsächlich sagt Jesus zu den Aposteln: „Und ich werde den Vater bitten, und er wird euch einen anderen Beistand geben" (*Joh* 14,16): den „Geist der Wahrheit, der vom Vater ausgeht" (*Joh* 15,26), „den der Vater in meinem Namen senden wird" (*Joh* 14,26). Der Heilige Geist ist also eine zum Vater und zum Sohn unterschiedliche Person und zugleich mit ihnen eng vereint: er „geht vom Vater aus", der Vater „sendet" ihn im Namen des Sohnes, und zwar im Hinblick auf die Erlösung, die vom Sohn durch seine Selbsthingabe am Kreuz vollbracht wurde. Jesus Christus sagt deshalb: „... gehe ich aber, so werde ich ihn zu euch senden" (*Joh* 16,7). „Der Geist der Wahrheit, der vom Vater ausgeht", wird von Christus als der Beistand angekündigt, „den ich euch vom Vater aus senden werde" (*Joh* 15,26).

7. Im Johannestext, der Jesu Rede im Abendmahlssaal wiedergibt, ist also die Offenbarung über das Heilswirken Gottes als Dreifaltigkeit enthalten. In der Enzyklika *Dominum et vivificantem* habe ich geschrieben: „Weil eines Wesens mit dem Vater und dem Sohn in

seiner Göttlichkeit, ist der Heilige Geist zugleich Liebe und (ungeschaffenes) Geschenk, aus dem wie aus einer Quelle (fons vivus – lebendiger Quell) jegliche Gabe an die Geschöpfe entspringt (geschaffenes Geschenk): das Geschenk der Existenz für alle Dinge durch die Schöpfung; das Geschenk der Gnade für die Menschen durch die gesamte Heilsökonomie“ (Nr. 10).

Im Heiligen Geist offenbart sich also die Tiefe der Gottheit: das Geheimnis der Dreifaltigkeit, in der die göttlichen Personen sind, das Geheimnis, das aber für den Menschen offen ist, um ihm das Leben und Heil zu schenken. Darauf spielt der heilige Paulus im ersten Korintherbrief an, wenn er schreibt, „Der Geist ergründet nämlich alles, auch die Tiefen Gottes“ (*1 Kor* 2,10).

In deutscher Sprache sagte der Papst:

Liebe Schwestern und Brüder!

Im Verlauf unserer Katechese sind wir beim Bekenntnis unseres Glaubens an den Heiligen Geist angelangt. Während im *Apostolischen Glaubensbekenntnis* die kurze Formel steht: „Ich glaube an den Heiligen Geist“, verwendet das *Nizäno-Konstantinopolitanische Glaubensbekenntnis* die Formulierung: „Ich glaube an den Heiligen Geist, der Herr ist und lebendig macht, der aus dem Vater und dem Sohn hervorgeht, der mit dem Vater und dem Sohn angebetet und verherrlicht wird und der gesprochen hat durch die Propheten“.

Das Glaubensbekenntnis der Kirche führt uns zurück zu den biblischen Quellen, in denen die Wahrheit über den Heiligen Geist im Zusammenhang mit der Offenbarung des einen und dreifaltigen Gottes dargestellt wird.

Die erste Quelle, an die wir uns wenden können, ist ein Johannestext aus der „Abschiedsrede“ Jesu am Tag vor seinem Leiden und Sterben am Kreuz. Jesus spricht vom Kommen des Heiligen Geistes in Verbindung mit seinem eigenen „Weggang“, indem er die Herabkunft auf die Apostel ankündigt: „Doch ich sage euch die Wahrheit: Es ist gut für euch, daß ich fortgehe. Denn wenn ich nicht fortgehe, wird der Beistand nicht zu euch kommen; gehe ich aber, so werde ich ihn zu euch senden“ (*Joh* 16,7).

Die Herabkunft des Heiligen Geistes geschieht nach der Himmelfahrt. Das Leiden und der Erlösungstod Christi bringen jetzt ihre volle Frucht. Jesus Christus, der Menschensohn, „empfängt“ am Höhepunkt seiner messianischen Sendung vom Vater den Heiligen Geist in der Fülle, in der dieser Geist an die Apostel und an die Kirche für alle Zeiten weitergegeben werden muß.

Der Heilige Geist ist Person mit einem personalen Handeln. In der Abschiedsrede zeigt Jesus die Verbindung auf, die die Person des Heiligen Geistes mit dem Vater und dem Sohn eint.

Mit diesen Ausführungen grüße ich alle Pilger und Besucher deutscher Sprache. Euch allen, euren Angehörigen zu Hause, besonders den Kranken und Kindern, sowie allen Hörerinnen und Hörern, die über Radio Vatikan mit uns verbunden sind, erteile ich von Herzen meinen Apostolischen Segen.

Frischer Wind für die Seele

Regina Caeli am 7. Mai

1. Bei der Rückkehr von meiner Pastoralreise, die mich nach Madagaskar, auf die Insel La Réunion, nach Sambia und Malawi geführt hat, möchte ich vor allem Gott danken für den apostolischen Dienst, den ich unter diesen geliebten Völkern erfüllen konnte. In meinem Herzen trage ich die tiefe Erinnerung an die hochherzige Begeisterung, mit der die Gläubigen dieser jungen Kirchen ihre Verbundenheit zum Evangelium verwirklichen.

Voll Dankbarkeit denke ich auch an meine Mitbrüder im Bischofsamt und ihre Mitarbeiter, Priester und Laien, die so viel für das gute Gelingen des Besuches getan haben. Ich danke ebenfalls den zivilen Obrigkeiten für die herzliche Bereitschaft, mit der sie mich empfangen haben. Zugleich danke ich den Angehörigen der verschiedenen Dienstleistungen, die dafür sorgten, daß alles einen guten Verlauf nehmen konnte. Ich will heute nicht weiter auf den Inhalt dieses Pastoralbesuches eingehen, weil ich bei einer der nächsten Generalaudienzen darauf zurückkommen werde.

2. Wir führen die Betrachtung über die Gaben des Heiligen Geistes fort und denken heute über die Gabe des Rates nach. Sie ist dem Christen gegeben, um das Gewissen in den moralischen Entscheidungen zu erleuchten, die das Alltagsleben ihm auferlegt. Ein tief empfundenes Bedürfnis unserer Zeit, die von nicht wenigen Krisen und einer verbreiteten Unsicherheit in bezug auf die wahren Werte beeinflußt wird, ist die sogenannte „Neuformung der Gewissen“. Das heißt, man spürt die Notwendigkeit, bestimmte zerstörerische Faktoren, die sich leicht in den von Leidenschaften aufgewühlten menschlichen Geist einschleichen, zu neutralisieren und gesunde und positive Elemente einzugeben.

Bei dieser Aufgabe der moralischen Erneuerung muß die Kirche an vorderster Front stehen, und sie tut es. Daher die Bitte, die aus den Herzen ihrer Glieder, von uns allen, aufsteigt, um besonders die Hilfe eines Lichtes aus der Höhe zu empfangen. Der Geist Gottes kommt diesem Flehen zu Hilfe durch die Gabe des Rates, mit der er die Tugend der Klugheit stärkt und vervollkommnet und die Seele von innen her führt, indem er sie erleuchtet, zu handeln, besonders wenn es wichtige Entscheidungen betrifft, zum Beispiel der eigenen Berufung zu folgen oder unter Schwierigkeiten und Hindernissen seinen Weg zu gehen. Und in der Wirklichkeit bestätigt die Erfahrung, wie „unsicher die Berechnungen der Sterblichen und hinfällig unsere Gedanken sind“ (*Weish* 9,14).

3. Die Gabe des Rates wirkt auf das Gewissen wie ein frischer Wind und gibt ihm das ein, was recht, das heißt angemessen ist und der Seele am besten entspricht (vgl. hl. Bonaventura, *Collationes de septem donis Spiritus Sancti*, VII,5). Das Gewissen wird gleichsam zum „gesunden Auge“, von dem das Evangelium spricht (*Mt* 6,22), und erhält eine Art neue Sehkraft, dank derer es besser sehen kann, was in einer bestimmten Situation zu tun ist, mag sie auch noch so verworren und schwierig sein.

Mit Hilfe dieser Gabe dringt der Christ in den wahren Sinn der Werte des Evangeliums ein, insbesondere in die bei der Bergpredigt ausgesprochenen (vgl. *Mt* 5–7).
Bitten wir also um die Gabe des Rates! Erbitten wir sie für uns und besonders für die Hirten der Kirche, die so oft aufgrund ihrer Pflicht gerufen sind, harte und schmerzliche Entscheidungen zu treffen.
Erbitten wir sie auf die Fürsprache Marias, die in der *Litanei* als Mater Boni Consilii, als Mutter des Guten Rates, angerufen wird.

Nach dem österlichen Marienlob sagte der Papst:

Einen aufrichtigen Willkommensgruß richte ich an die Eltern, die zahlreichen Angehörigen und Freunde der Schweizer Garde, die zu den gestrigen Vereidigungsfeierlichkeiten in die Ewige Stadt gekommen sind.
Mein besonderer Gruß gilt den Pfeifern und Tamburen des Kantons Wallis. Euch und allen anwesenden Pilgern deutscher Sprache gilt mein besonderer Segen.

Lebenskraft der Kirche sichtbar

Ansprache bei der Generalaudienz am 10. Mai

1. Madagaskar, La Réunion, Sambia, Malawi:
vier Stationen des Papstdienstes auf dem Pilgerweg zum Heiligtum des Volkes Gottes. Dieses Heiligtum ist überall, es findet sich an den verschiedenen Orten der Erdkugel und umfaßt die einzelnen Völker und Nationen der weltumspannenden „Oikumene" (οικουμενη). Tatsächlich haben alle ihren Ursprung im göttlichen Schöpfungsgeheimnis. Und alle sind von Christus, dem Sohn Gottes, um den Preis des Kreuzestodes und der Auferstehung erlöst worden. Und allen wird der Geist, der Tröster und Beistand, gesandt, damit „die Großtaten Gottes" (magnalia Dei) dem Menschen mitgeteilt werden: den Personen und den Gemeinschaften, den Völkern und den Nationen.

2. Das Programm der jüngsten Pastoralreise fiel in die Osterzeit, auf den Tag der Himmelfahrt des Herrn und den Beginn der ersten Novene im Abendmahlssaal, als die Kirche, die Apostel zusammen mit der Gottesmutter, sich auf die Herabkunft des Heiligen Geistes vorbereiteten.
Ich spreche meinen Mitbrüdern im Bischofsamt für ihre Einladung meinen herzlichen Dank aus. Ich danke auch den Staatsoberhäuptern sowohl für die an mich gerichtete Einladung als auch für alle Zeichen der mir erwiesenen Gastfreundschaft. Diesen Dank richte ich auch an alle zivilen und kirchlichen Instanzen, die während der Vorbereitung und im Laufe des Besuches die Organisation des Ganzen leiteten. Gott belohne alle und jeden einzelnen, in Madagaskar, in La Réunion sowie in Sambia und Malawi. Ich rufe von neuem den Segen Gottes auf alle Völker und Nationen herab, die ich besucht habe.

3. Der geschichtliche Augenblick, den jede dieser Nationen durchlebt, ist bedeutsam. Die Insel La Réunion ist weiterhin ein Überseedepartment der Französischen Republik.

Madagaskar, Sambia und Malawi haben dank des Entkolonialisierungsprozesses die politische Unabhängigkeit erlangt. Jedes dieser Länder verwirklicht die eigene Oberhoheit, indem es die mit ihr verbundenen Probleme sozialer, kultureller und wirtschaftlicher Natur löst und auch vielfache Schwierigkeiten überwindet (vgl. *Sollicitudo rei socialis*).
Die Kirche ihrerseits versucht wirksam mitzuarbeiten bei diesem wichtigen Entwicklungsprozeß und inspiriert sich an den Prinzipien des Evangeliums, die in besonderer Weise in der Lehre des Zweiten Vatikanischen Konzils und auch im allgemeinen Lehramt des Episkopats in Einheit mit dem Nachfolger des Petrus zum Ausdruck kommen.
Der Dienst des Papstes während des Besuches stand in enger Beziehung mit der Verwirklichung dieser Aufgaben gegenüber den jeweiligen Völkern und Nationen.

4. Diese Verwirklichung geht Hand in Hand mit der Selbstverwirklichung der Kirche, wie es vom Konzil in seiner ganzen Lehre ausgedrückt wurde. Die Kirche „ist ihrem Wesen nach missionarisch“ und erfüllt diese Aufgabe durch die Evangelisierung. Die jüngst besuchten Länder stehen noch in der Phase der sogenannten Erstevangelisierung. Sie sind Missionsländer, wo die Missionsarbeit der Kirche ständig weitergeführt wird. Die Anfänge dieser Erstevangelisierung reichen manchmal in die vergangenen Jahrhunderte zurück (zum Beispiel in Madagaskar), aber ihre konkrete Verwirklichung fand vor allem im Laufe dieses Jahrhunderts statt.
Zugleich haben die letzten Jahrzehnte (parallel zum Entkolonialisierungsprozeß) eine wichtige Veränderung gebracht. Der Missionsauftrag der Kirche wurde zum Großteil von den einheimischen Hirten übernommen. Dies sieht man besonders unter den Bischöfen (die nichtafrikanischen Missionsbischöfe sind eindeutig in der Minderheit). Dasselbe zeigt sich bis zu einem gewissen Grad auch in bezug auf die Priester und vielleicht noch mehr bei den Ordensfamilien, besonders den Ordensfrauen. Man muß Gott danken für das Wachsen der einheimischen Berufe. Zugleich muß man anerkennen, daß ausländische Missionare noch erforderlich sind. An vielen Orten ist das Korn reif für die Ernte, aber es fehlen die Arbeiter. Deshalb ist die inständige Bitte an den Herrn der Ernte, „Arbeiter für seine Ernte auszusenden“ (*Mt* 9,38), immer aktuell.

5. Dieser bedeutsame Übergang von der Erstevangelisierung zur einheimischen Kirche von heute hat bei allen Begegnungen mit den einzelnen Gruppen Ausdruck gefunden: mit den Diözesanpriestern und Ordensleuten, mit den Vertretern des Laienapostolats, mit der Jugend, mit den Kranken usw.
Hinzuzufügen ist, daß überall auch ökumenische Treffen, verbunden mit dem Gebet für die Einheit der Christen, stattfanden. In dem weiten Feld der Missionen ist das Gebet Christi: „Vater ... alle sollen eins sein ... damit die Welt glaubt, daß du mich gesandt hast“ (*Joh* 17,21), von besonderer Aktualität.
Unter allen Versammlungen des Volkes Gottes war die wichtigste immer das eucharistische Opfer, gefeiert mit dem Reichtum der neuen Liturgie, der Einführung der verschiedenen Ortssprachen und auch der schönen Gesänge, Rhythmen und Bewegungen, in denen sich die intensive Teilnahme an der Feier und der Wille, das eucharistische Mysterium zu leben, ausdrückten. Die heiligen Messen in Madagaskar (Diego Suarez, Antsiranana, Antananarivo, Tananarive, Fianarantsoa), auf der Insel La Réunion (St. De-

nis), in Sambia (Kitwe und Lusaka), in Malawi (Blantyre und Lilongwe) werden „Ecksteine“ dieses Pilgerweges bleiben, auf dem die Kirche ihre Errungenschaften und ihre Bestrebungen zum Ausdruck bringt. Eine Kirche, die in Demut ihre Sünden und Unterlassungen bekennt, aber gleichzeitig nicht aufhört, voll Hoffnung in die Zukunft zu schauen, die vom Ostergeheimnis des Sieges Christi über Sünde und Tod geprägt ist.

6. Im Verlauf des jüngsten Besuches wurden zwei Seligsprechungen vollzogen, die in besonderer Weise die Wahrheit über die Kirche „in statu missionis“ auszudrücken scheinen: die Seligsprechung der Victoire Rasoamanarivo (1848–1894) in Madagaskar und die des Jean-Bernard Rousseau, Bruder Scubilion aus der Kongregation der Christlichen Schulbrüder (1797–1867), auf der Insel La Réunion.
In Bruder Scubilion zeigt sich die heroische missionarische Anstrengung (hauptsächlich in bezug auf die Lehr- und Erziehungsmethoden), die wesentlich zur Eingliederung des Evangeliums in eine nach Herkunft und Nationalität vielfältige Gesellschaft und vor allem zur Überwindung der schändlichen Tradition der Sklaverei beigetragen hat.
Victoire Rasoamanarivo in Madagaskar hat inmitten der einheimischen Gesellschaft von der Lebenskraft des Evangeliums Zeugnis gegeben, indem sie sich diese während der Verfolgungszeit zu eigen machte. Diese erste Selige unter den Madagassen ist eine wahre „Mutter der Gläubigen“ auf der Großen Insel geworden. Sie war Laienchristin und hatte ein schweres Eheleben mit ihrem Mann, der erst an seinem Lebensende zum Glauben an Christus gelangte. In ihr offenbart sich das, was authentisches Laienapostolat bedeutet. Man kann sagen, daß die in Madagaskar vollzogene Seligsprechung all das sichtbar macht, was die Lehrschreiben *Christifideles laici* und *Mulieris dignitatem* über das Thema Laien enthalten.

7. „Ihr werdet die Kraft des Heiligen Geistes empfangen ... und ihr werdet meine Zeugen sein ... bis an die Grenzen der Erde“ (*Apg* 1,8).
In der Osterzeit, wo diese Worte Christi in der Liturgie besonders deutlich erklingen, muß man dem guten Hirten dafür danken, daß der missionarische Einsatz der Kirche in den Gesellschaften des schwarzen Kontinents und auf den Inseln im Indischen Ozean fortdauert und sich weiter entfaltet.
Gelobt sei Gott in der Heiligsten Dreifaltigkeit!

In deutscher Sprache sagte der Papst:

Liebe Schwestern und Brüder!

Madagaskar, La Réunion, Sambia und Malawi waren die Stationen meines vor wenigen Tagen zu Ende gegangenen Pastoralbesuches in Afrika. Es war eine Pilgerreise zum Volk Gottes, das über den ganzen Erdkreis hinweg lebt, das die einzelnen Völker und Nationen umfaßt und sie zur „Oikumene“ zusammenführt. Dieses Gottesvolk ist von Jesus Christus durch seinen Tod am Kreuz und durch seine Auferstehung erlöst, und es ist ihm auch der Heilige Geist geschenkt, der Tröster und Beistand ist.
Mein herzlicher Dank gilt den Mitbrüdern im Episkopat für ihre Einladung. Mein Dank gilt auch den Staatsoberhäuptern für die erwiesene Gastfreundschaft. In meinen Dank seien auch alle kirchlichen und staatlichen Institutionen eingeschlossen, die diesen Pasto-

ralbesuch vorbereitet und an seiner Durchführung mitgewirkt haben. Möge Gott es ihnen vergelten: auf Madagaskar und La Réunion, in Sambia und Malawi. Von Herzen erneuere ich meine Segenswünsche für alle dort lebenden Menschen und ihre Staaten.
Jedes der besuchten Länder sieht sich eigenen Problemen sozialer, kultureller und wirtschaftlicher Natur gegenüber. Die Kirche bemüht sich ihrerseits, den Prozeß der Entwicklung durch ihre Mitarbeit wirksam zu begleiten, inspiriert von den Prinzipien des Evangeliums, der Lehre des Zweiten Vatikanischen Konzils und des Lehramtes.
Die besuchten Länder befinden sich noch in der Phase der Erstevangelisierung, deren Anfänge in frühere Jahrhunderte zurückreichen, z. B. auf Madagaskar, doch beginnt sie meist im Laufe des letzten Jahrhunderts. Doch hat die Kirche bereits auch feste Verwurzelung erfahren: Ein beträchtlicher Teil des Klerus und der Ordensgemeinschaften setzt sich heute aus der einheimischen Bevölkerung zusammen. Am sichtbarsten ist dies beim Episkopat, wo die weißen Missionsbischöfe inzwischen eine Minderheit sind.
Dankbar bin ich für die Begegnungen mit den verschiedenen Gruppen: mit den Priestern und Ordensleuten, den Vertretern des Laienapostolats, mit den jungen Menschen und den Kranken. Wichtig waren mir auch die ökumenischen Begegnungen und das gemeinsame Gebet.
Die wichtigste unter allen Begegnungen war das gemeinsame eucharistische Opfer. Es wurde mit dem ganzen Reichtum der erneuerten Liturgie gefeiert, begleitet von herrlichen Gesängen und Rhythmen, in denen sich lebendige Teilnahme am eucharistischen Geheimnis ausdrückte. Geistliche Höhepunkte waren auch zwei Seligsprechungen: von Victoire Rasoamanarivo, einer Vorkämpferin der Kirche im letzten Jahrhundert auf Madagaskar sowie von dem Schulbruder Jean-Bernard Rousseau auf La Réunion, der Wesentliches für die christliche Bildung und für die Überwindung der Sklaverei geleistet hat.
Indem ich euch allen für euer begleitendes Gebet danke, erbitte ich euch und euren Familien mit meinem Apostolischen Segen von Herzen reiche pfingstliche Gnaden des Heiligen Geistes.

Starkmut des Geistes notwendig

Regina Caeli am 14. Mai

1. „Komm, Heiliger Geist!" Das, liebe Schwestern und Brüder, ist der Ruf, der heute am Pfingstfest inständig und vertrauensvoll aus der ganzen Kirche aufsteigt: Komm, Heiliger Geist, komm und „gib dem Volk, das dir vertraut, ... deine Gaben zum Geleit" (*Pfingstsequenz*).
Unter den Gaben des Geistes gibt es eine, die ich heute morgen erläutern will: die Gabe der Stärke. In unserer Zeit rühmen viele die physische Stärke und gehen so weit, daß sie auch die äußersten Ausdrucksformen der Gewalt billigen. In Wirklichkeit macht der Mensch jeden Tag die Erfahrung der eigenen Schwäche, besonders im geistlichen und

moralischen Bereich, wenn er dem Antrieb der inneren Leidenschaften und dem Druck nachgibt, den die nähere Umgebung auf ihn ausübt.

2. Gerade um diesem vielfältigen Drängen zu widerstehen, ist die Tugend des Starkmuts erforderlich, eine der vier Kardinaltugenden, auf denen das ganze Gebäude des moralischen Lebens ruht: Der Starkmut ist die Tugend dessen, der keine Kompromisse macht in der Erfüllung der eigenen Pflicht.
Diese Tugend findet wenig Raum in einer Gesellschaft, in der sowohl die Praxis des Nachgebens und des Ausgleichs als auch des Übergriffs und der Härte in den wirtschaftlichen, gesellschaftlichen und politischen Beziehungen verbreitet ist. Feigheit und Aggressivität sind zwei Formen des Mangels an Starkmut, dem wir im Verhalten des Menschen oft begegnen mit dem daraus folgenden, sich wiederholenden traurigen Schauspiel, daß er sich schwach und feig gegenüber den Mächtigen, überheblich und anmaßend gegenüber den Schutzlosen zeigt.

3. Vielleicht heute mehr denn je muß die moralische Tugend des Starkmuts von der beinahe gleichlautenden Gabe des Heiligen Geistes gestützt werden. Die Gabe der Stärke ist ein übernatürlicher Impuls, der der Seele Kraft gibt nicht nur in den dramatischen Augenblicken wie dem des Martyriums, sondern auch in den gewohnten schwierigen Umständen: in der Anstrengung, den eigenen Prinzipien treu zu bleiben; im Ertragen von Beleidigungen und ungerechten Angriffen; im tapferen Ausharren auf dem Weg der Wahrheit und der Redlichkeit, auch gegen Unverständnis und Feindseligkeit.
Wenn wir wie Jesus in Getsemani „die Schwachheit des Fleisches" (vgl. *Mt* 26,41; *Mk* 14,38) spüren, das heißt die Schwäche der leiblichen und seelischen Krankheiten unterworfenen menschlichen Natur, müssen wir vom Geist die Gabe des Starkmuts erbitten, um fest und entschlossen auf dem Weg des Guten zu bleiben. Dann können wir mit dem hl. Paulus sprechen: „Deswegen bejahe ich meine Ohnmacht, alle Mißhandlungen und Nöte, Verfolgungen und Ängste, die ich für Christus ertrage; denn wenn ich schwach bin, dann bin ich stark" (*2 Kor* 12,10).

4. Groß ist die Zahl der Jünger Christi, der Hirten und Gläubigen, Priester, Ordensleute und Laien, die sich in allen Bereichen des Apostolats und gesellschaftlichen Lebens einsetzen und zu allen Zeiten, auch in unserer Zeit, das leibliche und seelische Martyrium kennengelernt haben oder jetzt erfahren, in enger Verbundenheit mit der Schmerzhaften Gottesmutter unter dem Kreuz. Alles haben sie überwunden, dank dieser Gabe des Geistes!
Bitten wir Maria, die wir jetzt mit dem *Regina Caeli* grüßen, uns die Gabe des Starkmuts in jeder Lebenslage und in der Todesstunde zu erlangen.

Wahrer Tröster des Menschen

Ansprache bei der Generalaudienz am 17. Mai

1. Wir haben mehrmals die Worte Jesu zitiert, der in der an die Apostel gerichteten Abschiedsrede im Abendmahlssaal das Kommen des Heiligen Geistes als neuen und endgültigen Beistand und Tröster verheißt: „Ich werde den Vater bitten, und er wird euch einen anderen Beistand geben, der für immer bei euch bleiben soll. Es ist der Geist der Wahrheit, den die Welt nicht empfangen kann, weil sie ihn nicht sieht und nicht kennt" (*Joh* 14,16–17). Diese Abschiedsrede, eingebettet in den feierlichen Bericht vom letzten Abendmahl (vgl. *Joh* 13,2), ist eine Quelle von vorrangiger Bedeutung für die Pneumatologie, das heißt für die theologische Disziplin, die den Heiligen Geist betrifft. Jesus spricht von ihm als dem Beistand, der vom Vater „ausgeht" und den der Vater den Aposteln und der Kirche „im Namen des Sohnes senden wird", wenn der Sohn selbst „um den Preis" des Opfertodes am Kreuz „fortgehen wird".
Wir müssen die Tatsache in Betracht ziehen, daß Jesus den Beistand „Geist der Wahrheit" nennt. Auch in anderen Augenblicken hat er ihn so genannt (vgl. *Joh* 15,26; *Joh* 16,13).

2. Halten wir uns vor Augen, daß Jesus in der gleichen Abschiedsrede, als er die Frage des Apostels Thomas nach seiner Identität beantwortet, von sich sagt: „Ich bin der Weg und die Wahrheit und das Leben" (*Joh* 14,6). Aus dieser zweifachen Bezugnahme auf die Wahrheit, die Jesus macht, um sowohl sich selbst als auch den Heiligen Geist zu definieren, schließt man, daß, wenn der Beistand von ihm „Geist der Wahrheit" genannt wird, dies bedeutet, daß der Heilige Geist derjenige ist, der nach dem Fortgang Christi unter den Jüngern dieselbe Wahrheit bewahren wird, die er verkündet und geoffenbart hat, ja die er selbst ist. In der Tat ist der Beistand die Wahrheit, wie Christus sie ist. Dies sagt Johannes in seinem ersten Brief: „Der Geist ist es, der Zeugnis ablegt; denn der Geist ist die Wahrheit" (*1 Joh* 5,6). In demselben Brief schreibt der Apostel auch: „Wir aber sind aus Gott. Wer Gott erkennt, hört auf uns; wer nicht aus Gott ist, hört nicht auf uns. Daran erkennen wir den Geist der Wahrheit und den Geist des Irrtums" (*1 Joh* 4,6). Die Sendung des Sohnes und die des Heiligen Geistes begegnen sich, sind miteinander verbunden und ergänzen einander in der Bekräftigung der Wahrheit und in der Überwindung des Irrtums. Das Tätigkeitsfeld, in dem sie wirken, sind der menschliche Geist und die Geschichte der Welt. Die Unterscheidung zwischen der Wahrheit und dem Irrtum ist der erste Moment dieser Wirksamkeit.

3. In der Wahrheit bleiben und in der Wahrheit wirken ist die wesentliche Aufgabe für die Apostel und für die Jünger Christi zu Beginn der Kirche wie auch für die Generationen der nachfolgenden Jahrhunderte. Von diesem Gesichtspunkt aus hat die Ankündigung des Geistes der Wahrheit eine Schlüsselbedeutung. Jesus sagt im Abendmahlssaal: „Noch vieles habe ich euch zu sagen, aber ihr könnt es jetzt nicht tragen" (*Joh* 16,12). In Wahrheit dauerte die messianische Sendung Jesu nur kurze Zeit, zu kurz, um den Jüngern alle Inhalte der Offenbarung zu enthüllen. Und nicht nur die verfügbare Zeit war kurz,

sondern auch die Bildung und Intelligenz der Zuhörer waren begrenzt. Mehrmals wird gesagt, daß die Apostel selbst „bestürzt und außer sich waren" (vgl. *Mk* 6,51) und „nicht verstanden" (vgl. zum Beispiel *Mk* 8,21), oder sie mißverstanden die Worte und die Werke Christi (vgl. zum Beispiel *Mt* 16,6–11).
So erklären sich die Worte des Meisters in ihrer ganzen Fülle und Bedeutung: „Wenn aber jener kommt, der Geist der Wahrheit, wird er euch in die ganze Wahrheit führen" (*Joh* 16,13).

4. Die erste Bestätigung dieser Verheißung Jesu erhält man an Pfingsten und in den darauffolgenden Tagen, wie die Apostelgeschichte bestätigt. Aber die Verheißung betrifft nicht nur die Apostel und ihre unmittelbaren Gefährten in der Evangelisierung, sondern auch die kommenden Generationen der Jünger und Bekenner Christi. Denn das Evangelium ist für alle Nationen und die immer wieder neuen Generationen bestimmt, die sich im Kontext der verschiedenen Kulturen und des vielfachen Fortschritts der menschlichen Gesellschaft entwickeln.
Mit dem Blick auf den ganzen Umkreis der Geschichte sagt Jesus: „Der Geist der Wahrheit, der vom Vater ausgeht, wird Zeugnis für mich ablegen" (vgl. *Joh* 15,26). „Er wird Zeugnis ablegen", das heißt, er wird den wahren Sinn des Evangeliums im Innern der Kirche aufzeigen, damit sie ihn in authentischer Weise der ganzen Welt verkündet. Immer und an allen Orten, auch in dem langen Schicksalsablauf der Dinge, die sich im Leben der Menschheit wandeln und entwickeln, wird der „Geist der Wahrheit" die Kirche „in die ganze Wahrheit führen" (*Joh* 16,13).

5. Die Beziehung zwischen der vom Heiligen Geist mitgeteilten Offenbarung und der von Jesus ist sehr eng. Es handelt sich nicht um eine verschiedene, andersartige Offenbarung. Das kann man aus einer Besonderheit der Ausdrucksweise schließen, die Jesus in seiner Verheißung verwendet: „Der Beistand aber, der Heilige Geist, den der Vater in meinem Namen senden wird, der wird euch alles lehren und euch an alles erinnern, was ich euch gesagt habe" (*Joh* 14,26). Erinnern ist eine Tätigkeit des Gedächtnisses. Indem man sich erinnert, kehrt man zu dem zurück, was gewesen, zu dem, was gesagt und vollbracht worden ist, und so erneuert man die vergangenen Dinge im Bewußtsein und läßt sie wieder aufleben. Da es sich im besondern um den Heiligen Geist handelt, den Geist einer mit göttlicher Kraft erfüllten Wahrheit, erschöpft sich seine Sendung nicht im Erinnern an das Vergangene als solches: Indem er die Worte, die Werke und das ganze Heilsmysterium Christi in Erinnerung ruft, setzt der Geist der Wahrheit es in der Kirche ständig gegenwärtig und bewirkt, daß es in der Heilsgemeinschaft in eine jeweils neue „Aktualität" gekleidet ist. Dank des Wirkens des Heiligen Geistes erinnert die Kirche nicht nur an die Wahrheit, sondern bleibt und lebt in der vom Herrn empfangenen Wahrheit. Auch auf diese Weise erfüllen sich die Worte Christi: „Der Geist der Wahrheit ... wird Zeugnis für mich ablegen" (*Joh* 15,26). Dieses Zeugnis des Geistes der Wahrheit ist identisch mit der Gegenwart des immer lebendigen Christus, mit der Wirkkraft des Evangeliums, mit der wachsenden Verwirklichung der Erlösung und einem fortdauernden Erscheinungsbild der Wahrheit und Tugend. Auf diese Weise „führt" der Heilige Geist die Kirche „in die ganze Wahrheit".

6. Diese Wahrheit ist im Evangelium gegenwärtig, wenigstens miteinbegriffen. Was der Heilige Geist offenbaren wird, ist bereits von Christus gesagt worden. Er sagt es selbst, als er vom Heiligen Geist spricht und unterstreicht: „Er wird nicht aus sich selbst heraus reden, sondern wird sagen, was er hört ... Er wird mich verherrlichen; denn er wird von dem, was mein ist, nehmen und es euch verkünden" (*Joh* 16,13–14). Der vom Geist der Wahrheit verherrlichte Christus ist vor allem derselbe gekreuzigte Christus, der sich für das Heil der Welt ganz „entäußerte" und in seiner Menschheit zutiefst „erniedrigte". Gerade durch das Werk des Heiligen Geistes mußte das „Wort des Kreuzes" von den Jüngern angenommen werden, zu denen der Meister gesagt hatte: „Ihr könnt es jetzt nicht tragen" (*Joh* 16,12). Vor diesen einfachen Männern richtete sich das Hindernis des Kreuzes auf. Es bedurfte einer tiefgreifenden Wirkung, um ihren Geist und ihr Herz zu befähigen, die „Herrlichkeit der Erlösung" zu entdecken, die sich gerade im Kreuz erfüllt hatte. Es war ein göttlicher Eingriff notwendig, um jeden von ihnen zu überzeugen und innerlich umzuwandeln vor allem in Vorbereitung auf den Pfingsttag und dann auf die apostolische Sendung in der Welt. Und Jesus weist sie darauf hin, daß der Heilige Geist „mich verherrlichen wird; denn er wird von dem, was mein ist, nehmen und es euch verkünden". Nur der Geist, der nach Paulus (*1 Kor* 2,10) „die Tiefen Gottes ergründet", kennt das Geheimnis des Sohnes, des Wortes, in seiner Beziehung als Sohn zum Vater und in seiner Heilsbeziehung zu den Menschen aller Zeiten. Er allein, der Geist der Wahrheit, kann die menschlichen Geister und Herzen öffnen und befähigen, das unergründliche Geheimnis Gottes und seines fleischgewordenen, gekreuzigten und auferstandenen Sohnes, unseres Herrn Jesus Christus, anzunehmen.

7. Jesus sagt weiter: „Der Geist der Wahrheit ... wird euch verkünden, was kommen wird" (*Joh* 16,13). Was bedeutet dieser prophetische und eschatologische Ausblick, mit dem Jesus die ganze Zukunft der Kirche, den ganzen geschichtlichen Weg, zu dessen Erfüllung sie in den Jahrhunderten berufen ist, unter den Lichtstrahl des Heiligen Geistes stellt? Es bedeutet ein Zugehen auf den verherrlichten Christus, auf den sie mit dem vom Heiligen Geist inspirierten Ruf hinstrebt: „Komm, Herr Jesus!" (*Offb* 22,17.20). Der Heilige Geist führt die Kirche zu einem ständigen Fortschritt im Verständnis der offenbarten Wahrheit. Er wacht über die Lehre dieser Wahrheit, über ihre Bewahrung und ihre Anwendung auf die veränderlichen geschichtlichen Situationen. Er bewirkt und führt zur Entfaltung all dessen, was zur Erkenntnis und Verbreitung dieser Wahrheit dient: insbesondere der Exegese der Heiligen Schrift und der theologischen Forschung, die man nie von der Führung des Geistes der Wahrheit noch vom Lehramt der Kirche, in dem der Geist immer am Werk ist, trennen kann.
Alles geschieht im Glauben und für den Glauben, unter der Wirkung des Geistes, wie es in der Enzyklika *Dominum et vivificantem* heißt: „Das gesamte Mysterium Christi erfordert den Glauben, weil dieser es ist, der den Menschen auf angemessene Weise in die Wirklichkeit des geoffenbarten Geheimnisses einführt. Die ‚Einführung in die ganze Wahrheit' verwirklicht sich also im Glauben und mit Hilfe des Glaubens: Sie ist das Werk des Geistes der Wahrheit und die Frucht seines Wirkens im Menschen. Der Heilige Geist muß hierbei der oberste Führer des Menschen, das Licht des menschlichen Geistes sein.

Das gilt für die Apostel, die Augenzeugen, die nunmehr allen Menschen die Botschaft bringen sollen von dem, was Christus ‚getan und gelehrt hat‘, vor allem aber von seinem Kreuz und seiner Auferstehung. In einer umfassenderen Sicht gilt das auch für alle Generationen von Jüngern und Bekennern des Meisters; denn sie sollen das Geheimnis Gottes, das in der Geschichte des Menschen am Werk ist, im Glauben annehmen und mit Freimut bekennen, das geoffenbarte Geheimnis, das den endgültigen Sinn dieser Geschichte erklärt“ (Nr. 6).

8. Auf diese Weise verkündet der „Geist der Wahrheit“ ständig das, was kommen wird. Er weist die Menschheit ununterbrochen auf diese Zukunft hin, die über und jenseits aller „zeitlichen“ Zukunft liegt, und erfüllt so die Zukunft der Welt mit ewigem Wert. Der Geist überzeugt so den Menschen und gibt ihm zu verstehen, daß er, bei allem, was er ist, was er hat und was er tut, von Gott in Christus zum Heil berufen ist. So ist der Beistand, der Geist der Wahrheit, der wahre Tröster des Menschen. So ist er der wahre Beschützer und Verteidiger. So ist er der wahre Garant des Evangeliums in der Geschichte: Unter seinem Einfluß ist die Frohe Botschaft immer dieselbe und doch immer neu; und auf immer neue Weise erhellt sie den Weg des Menschen im Ausblick auf den Himmel mit „Worten des ewigen Lebens“ (*Joh* 6,68).

In deutscher Sprache sagte der Papst:

Liebe Brüder und Schwestern!

Die Vorsehung hat es glücklich gefügt, daß wir uns bei unserer Mittwochskatechese gerade in der Pfingstzeit mit unserem Glauben an den Heiligen Geist befassen. Bei seiner Abschiedsrede im Abendmahlssaal hat Jesus seinen Jüngern verheißen: „Ich werde den Vater bitten, und er wird euch einen anderen Beistand geben, der für immer bei euch bleiben soll. Es ist der Geist der Wahrheit“ (*Joh* 14,16–17). An anderer Stelle hatte sich Jesus selbst schon als „den Weg und die Wahrheit und das Leben“ bezeichnet (vgl. *Joh* 14,6). Wenn er nun auch den Beistand als den „Geist der Wahrheit“ verheißt, so will er damit sagen, daß der Heilige Geist unter den Jüngern dieselbe Wahrheit vertreten und lehren wird, die schon er ihnen offenbart und verkündet hat. Darin begegnen und ergänzen sich die Sendung des Sohnes und des Heiligen Geistes.

In der Wahrheit bleiben und die Wahrheit tun, das ist der wesentliche Auftrag Jesu an seine Jünger und an alle nachfolgenden Generationen. Darum ist der Beistand des Heiligen Geistes von so großer Bedeutung. Jesus hat seinen Jüngern gesagt, daß er ihnen noch vieles mitzuteilen habe, sie es aber noch nicht fassen könnten. „Wenn aber jener kommt, der Geist der Wahrheit, wird er euch in die ganze Wahrheit führen“ (vgl. *Joh* 16,12–13). Diese Verheißung gilt auch für die Kirche auf ihrem Weg durch die Jahrhunderte. Der Heilige Geist führt in die ganze Wahrheit ein, indem er von Christus selbst Zeugnis gibt und ihn und seine Frohe Botschaft immer tiefer zu verstehen lehrt. Denn, so sagt Jesus, er, der Heilige Geist, „wird euch alles lehren und euch an alles erinnern, was ich euch gesagt habe“ (*Joh* 14,26). Indem der Heilige Geist an die Botschaft und das Heilswerk Jesu Christi „erinnert“, macht er diese selbst ständig gegenwärtig in der Kirche. Durch sein Wirken bleibt Christus persönlich bei den Seinen bis zum Ende der Welt. Indem der Geist

der Wahrheit auch „verkündet, was kommen wird“ (vgl. *Joh* 16,13), bereitet er zugleich die Wiederkunft Christi in Herrlichkeit vor.
Erflehen wir, liebe Brüder und Schwestern, der Kirche, ihren Hirten und uns selbst immer wieder diesen göttlichen Beistand des Geistes der Wahrheit. Indem ich euch diese Bitte besonders empfehle, grüße ich euch alle sehr herzlich in so großer Zahl zu der heutigen Audienz: die Gruppen und Einzelpilger, vor allem die zahlreichen Jugendlichen unter euch. Einen besonderen Glückwunsch richte ich an die Gruppe von Priesterjubilaren aus der Erzdiözese Bamberg. Für reiche Gnaden des pfingstlichen Geistes erteile ich euch allen und euren Angehörigen in der Heimat von Herzen meinen Apostolischen Segen.

Gott teilt sich mit

Angelus in Grosseto am 21. Mai

Liebe Schwestern und Brüder!

1. Der Augenblick zum Angelusgebet ist gekommen, dem Gebet, das uns jeden Tag an das Geheimnis der Menschwerdung des Wortes Gottes im Schoß der seligsten Jungfrau Maria erinnert.
Heute, am Dreifaltigkeitsfest, werden wir in der Liturgiefeier eingeladen, mit besonderem Glaubensgeist an die Tatsache zu denken, daß Maria bei der Verkündigung in einzigartiger Weise in das Geheimnis der Offenbarung und des dreifaltigen Lebens eingeführt wurde. Der Engel verkündet Maria, daß der Herr mit ihr ist, weil Gott sie mit Gnade erfüllt, ihr die Fülle des göttlichen Lebens geschenkt hat. Mit diesem Gruß wird ihr das Werk des Heiligen Geistes geoffenbart, der über sie kommen und sie mit der Kraft des Höchsten überschatten wird (vgl. *Lk* 1,35). Maria versteht bei der Verkündigung das Geheimnis der Menschwerdung des Sohnes Gottes: der aus ihr geboren wird, ist das Wort Gottes, das in ihr Fleisch geworden ist (vgl. *Joh* 1,14). Im Heilszeichen der Heiligsten Dreifaltigkeit ist das Geschenk der Menschwerdung also der Höhe- und Mittelpunkt der ganzen Offenbarung, die Gott dem Menschen von sich selbst machen wollte, und der Gipfelpunkt des Heilsgeschenkes, das Gott von sich selbst und seinem Leben zu unserem Heil mitteilt. In Christus hat Gott uns tatsächlich das endgültige Wort seiner Wahrheit gesagt: „Ich habe euch alles mitgeteilt, was ich von meinem Vater gehört habe“ (*Joh* 15,15); und in Christus hat sich die Verheißung der Erlösung erfüllt.

2. Indem sie an diesem Geheimnis des einen und dreifaltigen Gottes teilhat, wird Maria „uns in der Ordnung der Gnade Mutter“ (*Lumen Gentium*, Nr. 61).
Mit diesen Gedanken habe ich das liebliche Antlitz der „Mutter der Gnaden“ betrachtet, die der bekannte Maler Matteo di Giovanni, angeregt von den Gefühlen des Glaubens und der Liebe, auf diesem Bild so herrlich dargestellt hat. Es wird seit Jahrhunderten in dieser Kathedrale aufbewahrt und vom Volk als wundertätiges Gnadenbild, als Bezugspunkt der Frömmigkeit und des Glaubens verehrt.

Zu ihr bete ich als Pilger in dieser Region der Maremmen, und ihrer mütterlichen Sorge empfehle ich die Stadt und Diözese Grosseto und die ganze Kirche.

Anwalt und Verteidiger der Wahrheit

Ansprache bei der Generalaudienz am 24. Mai

1. In der vergangenen Katechese über den Heiligen Geist sind wir vom johanneischen Text der Abschiedsrede Jesu ausgegangen, die in gewisser Weise im Evangelium die Hauptquelle der Pneumatologie darstellt. Jesus kündigt das Kommen des Heiligen Geistes an, des Geistes der Wahrheit, „der vom Vater ausgeht" (*Joh* 15,26) und der den Aposteln und der Kirche vom Vater „im Namen" Christi, kraft der im Kreuzesopfer gewirkten Erlösung, gesandt wird, dem ewigen Heilsplan entsprechend. In der Kraft dieses Opfers „sendet" auch der Sohn den Geist und verkündet, daß sein Kommen sich dann verwirklichen wird, beinahe um den Preis des eigenen Weggehens (vgl. *Joh* 16,7). Es gibt deshalb eine von Jesus selbst genannte Verbindung zwischen Tod – Auferstehung – Himmelfahrt und der Herabkunft des Heiligen Geistes, zwischen Ostern und Pfingsten. Ja, nach dem 4. Evangelium ereignet sich die Spendung des Heiligen Geistes noch am Abend des Auferstehungstages (vgl. *Joh* 20,22–25). Man kann sagen, daß die Wunde in der Seite Christi am Kreuz den Weg öffnet für die Sendung des Geistes, der ein Zeichen und eine Frucht der durch Leiden und Tod erlangten Herrlichkeit sein wird.
Der Text der Rede Jesu im Abendmahlssaal teilt uns auch mit, daß er den Heiligen Geist „Beistand" nennt: „Ich werde den Vater bitten, und er wird euch einen anderen Beistand geben, der für immer bei euch bleiben soll" (*Joh* 14,16). Analog dazu lesen wir auch in anderen Texten: „Der Beistand, der Heilige Geist ... " (vgl. *Joh* 14,26; *Joh* 15,26; *Joh* 16,7). Anstelle von „Beistand" verwenden viele Übersetzungen das Wort „Tröstergeist"; man kann es akzeptieren, obwohl man auf das griechische „Paráklätos" zurückgreifen muß, um den vollen Sinngehalt dessen zu verstehen, was Jesus vom Heiligen Geist sagt.

2. „Paráklätos" heißt wörtlich: „derjenige, der angerufen wird" (von para-kaléin: „zu Hilfe rufen"), und damit „der Verteidiger", „der Anwalt", aber auch „der Mittler", der die Aufgabe des Fürsprechers (intercessor) übernimmt. Diese Bedeutung als „Anwalt und Verteidiger" interessiert uns jetzt, auch wenn man nicht verkennt, daß einige Kirchenväter „Paráklätos" im Sinn von „Tröstergeist" verwenden, besonders in bezug auf das Wirken des Heiligen Geistes im Hinblick auf die Kirche. Jetzt denken und sprechen wir vom Heiligen Geist als dem Beistand, Anwalt und Verteidiger. Dieser Ausdruck erlaubt uns auch die enge Verbindung zwischen dem Wirken Christi und dem des Heiligen Geistes, wie es aus einer weiteren Analyse des Johannes-Textes hervorgeht.

3. Wenn Jesus im Abendmahlssaal am Vorabend seines Leidens das Kommen des Heiligen Geistes ankündigt, drückt er sich so aus: „Der Vater wird euch einen anderen Beistand geben." Aus diesen Worten geht hervor, daß Christus selbst der erste Beistand ist

und daß das Wirken des Heiligen Geistes dem von Ihm vollbrachten ähnlich, ja beinahe dessen Verlängerung sein wird.
In der Tat ist Jesus Christus der „Verteidiger" und bleibt es. Selbst *Johannes* sagt ihm *in seinem ersten Brief*: „Wenn aber einer sündigt, haben wir einen Beistand [Paráklätos] beim Vater: Jesus Christus, den Gerechten" (*1 Joh* 2,1).
Anwalt (Verteidiger) ist derjenige, der sich auf die Seite jener stellt, die aufgrund der begangenen Sünden Schuld auf sich geladen haben; er schützt sie vor der Strafe, die sie für ihre Sünden verdienen; er rettet sie vor der Gefahr, das Leben und das ewige Heil zu verlieren. Jesus Christus hat gerade das vollbracht. Und der Heilige Geist wird „der Beistand" genannt, weil er die Erlösung weiter wirksam macht, durch die Christus uns von der Sünde und vom ewigen Tod befreit hat.

4. Der Beistand wird auch aus einem zweiten Grund „ein anderer Anwalt und Verteidiger" sein. Indem er bei den Jüngern Christi bleibt, wird er sie mit allmächtiger Kraft und seiner wachsamen Sorge umgeben. Jesus sagt: „Ich werde den Vater bitten, und er wird euch einen anderen Beistand geben, der für immer bei euch bleiben soll" (*Joh* 14,16): „Er bleibt bei euch und wird in euch sein" (*Joh* 14,17). Diese Verheißung wird von Jesus mit den anderen Tatsachen des Weggehens zum Vater in Verbindung gebracht: „Ich bin bei euch alle Tage bis zum Ende der Welt" (*Mt* 28,20). Wir wissen, daß Christus das Wort ist, „das Fleisch geworden ist und unter uns gewohnt hat" (*Joh* 1,14). Als er zum Vater geht, sagt er: „Ich bin bei euch alle Tage bis zum Ende der Welt" (*Mt* 28,20). Daraus geht hervor, daß die Apostel und die Kirche durch den Heiligen Geist ständig jene Gegenwart des Wortes, des Sohnes, wiederfinden müssen, die während seiner irdischen Sendung in der angenommenen Menschheit physisch und sichtbar war, aber nach seiner Himmelfahrt zum Vater ganz in Geheimnis gehüllt ist. Die Gegenwart des Heiligen Geistes, der, wie Jesus sagte, mit den Seelen und der Kirche vertraut ist („Er wird bei euch bleiben und in euch sein": vgl. *Joh* 14,17), setzt den unsichtbaren Christus für die Dauer gegenwärtig, „bis zum Ende der Welt". Die transzendente Einheit des Sohnes und des Heiligen Geistes bewirkt, daß die von Christus als Wort angenommene Menschheit überall dort wohnt und am Werk ist, wo sich der trinitarische Heilsplan durch die Kraft des Vaters verwirklicht.

5. Der Heilige Geist, der Beistand, wird der Anwalt und Verteidiger der Apostel und all derer sein, die in den Jahrhunderten in der Kirche die Erben ihres Zeugnisses und ihres Apostolates sein werden, insbesondere in den schwierigen Augenblicken, die ihre Verpflichtung bis zum Heroismus führen werden. Das hat Jesus vorausgesagt und verheißen: „Sie werden euch vor die Gerichte bringen ... Ihr werdet um meinetwillen vor Statthalter und Könige geführt ... Wenn man euch vor Gericht stellt, macht euch keine Sorgen, wie und was ihr reden sollt; denn es wird euch in jener Stunde eingegeben, was ihr sagen sollt" (*Mt* 10,17–20; analog dazu *Mk* 13,11; *Lk* 12,12: „Denn der Heilige Geist wird euch in der gleichen Stunde eingeben, was ihr sagen müßt").
Auch in diesem sehr konkreten Sinn ist der Heilige Geist der Beistand und Anwalt. Er ist den Aposteln nahe, ja bei ihnen anwesend, wenn sie die Wahrheit bekennen, begründen und verteidigen müssen. Er selbst wird ihnen alles eingeben; er selbst wird mit ihren

Worten sprechen, und zusammen mit ihnen und durch sie legt er für Christus und sein Evangelium Zeugnis ab. Vor den Anklägern wird er zum unsichtbaren Verteidiger der Angeklagten aufgrund der Tatsache, daß er als ihr Beschützer, Verteidiger und Tröster handelt.

6. Besonders während der Verfolgungen gegen die Apostel und die ersten Christen, aber auch während der ganzen Jahrhunderte bewahrheiten sich die von Jesus im Abendmahlssaal gesprochenen Worte: „Wenn aber der Beistand kommt, den ich euch vom Vater aus senden werde, ... wird er Zeugnis für mich ablegen. Und auch ihr sollt Zeugnis ablegen, weil ihr von Anfang an bei mir seid“ (*Joh* 15,26–27).
Der Heilige Geist wirkt dadurch, daß er „Zeugnis ablegt“. Es ist ein inneres, immanentes Wirken, das sich im Herzen der Jünger vollzieht, die Christus nach außen hin bezeugen. Durch diese immanente Gegenwart und Wirkweise tritt die transzendentale Kraft der Wahrheit Christi, der das Wort, die Wahrheit und die Weisheit ist, in der Welt zutage und schreitet fort. Von ihm kommt auf die Apostel durch den Geist die Kraft des Zeugnisses entsprechend der Verheißung: „Ich werde euch die Worte und die Weisheit eingeben, so daß alle eure Gegner nicht dagegen ankommen und nichts dagegen sagen können“ (*Lk* 21,15). Das ist bereits im Fall des Erzmärtyrers Stephanus geschehen, von dem der Autor der *Apostelgeschichte* schreibt, daß er „erfüllt vom Heiligen Geist“ war (*Apg* 6,5), so daß die Gegner „der Weisheit und dem Geist, mit dem er sprach, nicht widerstehen“ konnten (*Apg* 6,10). Auch in den nachfolgenden Jahrhunderten wüteten die Gegner des christlichen Glaubens weiter gegen die Boten des Evangeliums, indem sie manchmal deren Stimme im Blut erstickten, ohne jedoch die von ihnen gebrachte Wahrheit zum Schweigen bringen zu können. Sie fuhr fort, mit der Kraft des Geistes weiter in der Welt zu blühen.

7. Der Heilige Geist, der Geist der Wahrheit, der Beistand, ist derjenige, der nach den Worten Christi „die Welt überführen wird, was Sünde, Gerechtigkeit und Gericht ist“ (*Joh* 16,8). Bedeutsam ist die Erklärung, die Jesus selbst von diesen Worten gibt: Sünde, Gerechtigkeit und Gericht. „Sünde“ bedeutet vor allem der Mangel an Glauben, dem Jesus bei den Seinen begegnete, das heißt bei denjenigen in seinem Volk, die bis zu seiner Verurteilung zum Tod am Kreuz mitgingen. Wenn er dann von der „Gerechtigkeit“ spricht, scheint Jesus jene endgültige Gerechtigkeit im Sinn zu haben, die ihm vom Vater in der Auferstehung und Himmelfahrt zuteil werden wird („denn ich gehe zum Vater“). „Gericht“ bedeutet in diesem Kontext, daß der Geist der Wahrheit die Schuld der „Welt“ aufzeigen wird, die sie auf sich lud, indem sie Christus zurückwies, oder, allgemeiner gesagt, indem sie Gott den Rücken kehrte. Weil aber Christus nicht in die Welt gekommen ist, um zu richten und zu verdammen, sondern um zu retten, muß auch dieses „sie der Sünde überführen“ von seiten des Geistes der Wahrheit als ein Eingriff verstanden werden, der auf das Heil der Welt, auf die endgültige Bestimmung der Menschen, ausgerichtet ist.
Das „Gericht“ bezieht sich vor allem auf den „Fürsten dieser Welt“, das heißt auf den Bösen. In der Tat versucht er von Anfang an, das Schöpfungswerk gegen den Bund und die

Einheit des Menschen mit Gott umzukehren. Bewußt widersetzt er sich dem Heil. Deshalb ist er von Anfang an, wie ich in der Enzyklika *Dominum et vivificantem* erklärt habe, „gerichtet worden" (Nr. 27).

8. Wenn der Heilige Geist, der Beistand, die Welt gerade von diesem „Gericht" überzeugen muß, so muß er es zweifellos deshalb tun, damit das Werk Christi fortgeführt wird, das auf das universale Heil abzielt (vgl. *ebd.*).
Zum Abschluß können wir also sagen, daß der Beistand, indem er für Christus Zeugnis ablegt, ein ständiger (wenn auch unsichtbarer) Anwalt und Verteidiger des Heilswerkes und all derer ist, die sich in diesem Werk einsetzen. Er ist auch der Garant des endgültigen Sieges über die Sünde und die der Sünde unterliegenden Welt, um sie von der Sünde zu befreien und auf den Weg des Heils zu führen.

In deutscher Sprache sagte der Papst:

Liebe Brüder und Schwestern!

Der Heilige Geist, über den ich schon während meiner letzten Katechesen gesprochen habe, wird von Jesus bei seinen Worten im Abendmahlssaal auch als der „Beistand" bezeichnet: „Ich werde den Vater bitten, und er wird euch einen anderen Beistand geben, der für immer bei euch bleiben soll" (*Joh* 14,16).
Anstelle des Wortes „Beistand" benützen viele Übersetzungen das Wort „Tröster"; dies ist möglich, auch wenn es sinnvoller wäre, zum ursprünglichen griechischen Ausdruck „Paraklet" zurückzukehren, um den vollen Sinngehalt dessen zu verstehen, was Jesus meint, wenn er vom Heiligen Geist spricht.
Das Wort stammt von para-kaléin, „zu Hilfe rufen". Paraklet bedeutet also „Verteidiger", „Anwalt", auch „Mittler", der die Aufgabe des Fürsprechers übernimmt. Diese Wortbedeutung ermöglicht uns, die enge Verbindung zwischen dem Handeln Christi und dem des Heiligen Geistes festzustellen. Aus den Worten Jesu im Abendmahlssaal „Der Vater wird euch einen anderen Beistand geben" können wir ersehen, daß Christus selbst der erste Beistand ist und daß das Handeln des Heiligen Geistes dem Handeln Christi ähnlich sein wird. Jesus Christus war in der Tat der Anwalt und er bleibt es. Er hat uns von den Sünden befreit und er bewahrt uns vor der Gefahr, das Leben und das ewige Heil zu verlieren. Der Heilige Geist wird „der Beistand" genannt, weil er das Erlösungswerk fortsetzt, mit dem Christus uns befreit hat von der Sünde und dem ewigen Tod.
Der Heilige Geist – der Geist der Wahrheit, der Beistand – ist es, der nach den Worten Christi „die Welt überführen wird, was Sünde, Gerechtigkeit und Gericht ist" (*Joh* 16,8).
Mit diesen kurzen Betrachtungen grüße ich sehr herzlich alle deutschsprachigen Pilger und Besucher. Ich wünsche euch allen einen bereichernden Romaufenthalt und erteile euch und euren Lieben in der Heimat, wie auch den mit uns verbundenen Hörerinnen und Hörern von Radio Vatikan von Herzen den Apostolischen Segen.

Hinwendung zu Gott

Angelus am 28. Mai

1. Die Betrachtung über die Gaben des Heiligen Geistes führt uns heute dazu, von einer weiteren außerordentlichen Gabe zu sprechen: der Frömmigkeit. Durch sie heilt der Geist unser Herz von jeder Form von Härte und öffnet es für die Hinwendung zu Gott und zu den Mitmenschen.
Die Hinwendung als wahrhaft kindliche Haltung gegenüber Gott drückt sich im Gebet aus. Die Erfahrung der eigenen existentiellen Armut, der Leere, die die irdischen Dinge in der Seele hinterlassen, ruft im Menschen das Bedürfnis hervor, sich Gott zuzuwenden, um Gnade, Hilfe und Verzeihung zu erlangen. Die Gabe der Frömmigkeit lenkt und nährt dieses Bedürfnis und bereichert sie mit Gefühlen tiefen Vertrauens zu Gott, der als weiser und gütiger Vater empfunden wird. In diesem Sinn schrieb der heilige Paulus: „Gott sandte seinen Sohn ... damit wir die Sohnschaft erlangen. Weil ihr aber Söhne seid, sandte Gott den Geist seines Sohnes in unser Herz, den Geist, der ruft: Abba, Vater. Daher bist du nicht mehr Sklave, sondern Sohn ...“ (*Gal* 4,4–7; vgl. *Röm* 8,15).

2. Die Hinwendung als wahrhaft brüderliche Öffnung zum Nächsten zeigt sich in der Sanftmut. Mit der Gabe der Frömmigkeit gibt der Geist dem Glaubenden eine neue Fähigkeit, die Brüder und Schwestern zu lieben, indem er dessen Herz in gewisser Weise teilhaben läßt an der Sanfmut des Herzens Christi selbst. Der fromme Christ sieht in den anderen immer gleichwertige Kinder desselben Vaters, die berufen sind, an der Familie Gottes, der Kirche, teilzuhaben. Er fühlt sich deshalb gedrängt, sie fürsorglich und liebevoll zu behandeln, wie es einem offenen, geschwisterlichen Verhältnis entspricht.
Die Gabe der Frömmigkeit löscht außerdem im Herzen jene Spannungs- und Trennungsherde, wie die Bitterkeit, den Zorn, die Ungeduld, und nährt Gefühle des Verständnisses, der Toleranz und Verzeihung. Diese Gabe liegt deshalb an der Wurzel der neuen menschlichen Gemeinschaft, auf der die Gesellschaft im Zeichen der Liebe gründet.

3. Erflehen wir vom Heiligen Geist eine neue Ausgießung dieser Gabe, indem wir unsere Bitte der Fürsprache Marias anvertrauen, dem erhabensten Vorbild innigen Gebetes und mütterlicher Liebe. Sie, die die Kirche in der *Lauretanischen Litanei* als „Kelch der Hingabe“ anruft, lehre uns, Gott „im Geist und in der Wahrheit“ anzubeten (*Joh* 4,23) und unser Herz mild und aufnahmebereit zu machen für alle Seine Söhne und Töchter und damit unsere Brüder und Schwestern. Wir bitten sie darum mit den Worten des *Salve Regina*: „O gütige, o milde, o süße Jungfrau Maria!“

Geschenk des Heiligen Geistes

Ansprache bei der Generalaudienz am 31. Mai

1. „Und ich werde die Gabe, die mein Vater verheißen hat, zu euch herabsenden" (*Lk* 24,49). Nach den Ankündigungen, die Jesus den Aposteln am Tag vor seinem Leiden und Tod machte, berichtet jetzt das *Lukasevangelium* von der Verheißung der kurz bevorstehenden Erfüllung. In den vorhergehenden Katechesen haben wir uns vor allem auf den Text der Abschiedsrede im *Johannesevangelium* gestützt und das analysiert, was Jesus beim letzten Abendmahl über den Beistand und dessen Kommen sagt: ein grundlegender Text, weil er die Ankündigung und Verheißung Jesu wiedergibt, die am Vorabend seines Todes die Herabkunft des Heiligen Geistes mit seinem „Weggehen" verbindet und sogar unterstreicht, daß es „um den Preis" seines Fortgangs geschieht. Denn Jesus sagt: „Es ist gut für euch, daß ich fortgehe" (*Joh* 16,7).
Auch das *Lukasevangelium* gibt in seinem Schlußteil zu dieser Frage bedeutsame Bekräftigungen Jesu nach der Auferstehung wieder. Er sagt: „Und ich werde die Gabe, die mein Vater verheißen hat, zu euch herabsenden. Bleibt in der Stadt, bis ihr mit der Kraft aus der Höhe erfüllt werdet" (*Lk* 24,49). Der Evangelist wiederholt dieselbe Aufforderung am Anfang der *Apostelgeschichte*, deren Verfasser er auch ist: „Beim gemeinsamen Mahl gebot er ihnen: Geht nicht weg von Jerusalem, sondern wartet auf die Verheißung des Vaters, die ihr von mir vernommen habt" (*Apg* 1,4).

2. Indem er von der „Verheißung des Vaters" spricht, weist Jesus auf das Kommen des Heiligen Geistes hin, das bereits im Alten Testament angekündigt wird. In der Tat lesen wir im Buch des Propheten *Joël*: „Danach aber wird es geschehen, daß ich meinen Geist ausgieße über alles Fleisch. Eure Söhne und Töchter werden Propheten sein, eure Alten werden Träume haben, und eure jungen Männer haben Visionen. Auch über Knechte und Mägde werde ich meinen Geist ausgießen in jenen Tagen" (*Joël* 3,1–2). Auf eben diesen Text des Propheten *Joël* bezieht sich Petrus in der ersten Pfingstrede, wie wir später noch sehen werden.
Auch Jesus, als er von der „Verheißung des Vaters" spricht, beruft sich auf die Ankündigung der Propheten, die allgemein bedeutsam ist. Die Ankündigungen Jesu beim letzten Abendmahl waren deutlich und direkt. Wenn er sich jetzt nach der Auferstehung auf das Alte Testament bezieht, ist das ein Zeichen, daß er die Kontinuität der pneumatologischen Wahrheit in der ganzen Offenbarung herausstellen will. Das heißt, daß Christus die von Gott bereits im Alten Bund gemachten Verheißungen erfüllt.

3. Diese Verheißungen fanden besonders beim Propheten *Ezechiel* (vgl. 36,22–28) Ausdruck. Gott kündigt durch den Propheten die Offenbarung der eigenen Heiligkeit an, die von den Sündern des auserwählten Volkes und vor allem durch die Anbetung falscher Götter beleidigt wurde. Er kündigt auch an, daß er Israel wieder sammeln und von jeder Schuld reinigen wird. Und dann verspricht er: „Ich schenke euch ein neues Herz und lege einen neuen Geist in euch. Ich nehme das Herz von Stein aus eurer Brust und gebe

euch ein Herz von Fleisch. Ich lege meinen Geist in euch und bewirke, daß ihr meinen Gesetzen folgt und auf meine Gebote achtet und sie erfüllt ... Ihr werdet mein Volk sein, und ich werde euer Gott sein" (*Ez* 36,26–28).
Die Weissagung des Ezechiel verdeutlichte durch die Verheißung des Geschenkes des Geistes die bekannte Prophezeiung des Jeremias über den neuen Bund: „Seht, es werden Tage kommen – Spruch des Herrn –, in denen ich mit dem Haus Israel und dem Haus Juda einen neuen Bund schließen werde ... Ich lege mein Gesetz in sie hinein und schreibe es auf ihr Herz. Ich werde ihr Gott sein, und sie werden mein Volk sein" (*Jer* 31,31.33).
In diesem Text unterstreicht der Prophet, daß dieser „neue Bund" verschieden sein wird von dem früheren, das heißt von dem, der mit der Befreiung Israels von der Knechtschaft in Ägypten verknüpft war.

4. Bevor er zum Vater ging, kurz vor dem, was am Pfingsttag geschehen sollte, beruft sich Jesus auf die prophetischen Verheißungen. Er denkt insbesondere an die so aussagekräftigen Texte von *Ezechiel* und *Jeremia*, in denen deutlich auf den „neuen Bund" Bezug genommen wird. Diese prophetische Ankündigung und Verheißung: „Ich lege einen neuen Geist in euch" richtet sich an das „Herz", das innere, geistliche Wesen des Menschen. Frucht dieses Einpflanzens eines neuen Geistes wird das Hineinlegen des Gesetzes Gottes in das Innere des Menschen (in „ihr Herz") und damit ein tiefes Band geistlicher und moralischer Natur sein. Darin besteht das Wesen des neuen Gesetzes, das in die Herzen eingegeben (indita) wird, wie der *heilige Thomas* sagt (vgl. I-II, q.106, a.1), indem er sich, dem heiligen Augustinus folgend, auf den Propheten Jeremias und den heiligen Paulus bezieht (vgl. *De Spiritu et littera*, cc.17,21,24: *PL* 44,218,224,225).
Gemäß der Verheißung des Ezechiel wird es sich nicht nur um das in die Seele des Menschen eingeschriebene Gesetz Gottes handeln, sondern um das Geschenk des Geistes Gottes. Jesus kündigt die kommende Erfüllung dieser herrlichen Verheißung an: Der Heilige Geist, der Urheber des neuen Gesetzes und selbst neues Gesetz, wird in den Herzen gegenwärtig und wirksam sein: „Ihr aber kennt ihn, weil er bei euch bleibt und in euch sein wird" (*Joh* 14,17). Bereits am Abend des Auferstehungstages, als er sich den im Abendmahlssaal versammelten Aposteln vorstellt, sagt Christus zu ihnen: „Empfangt den Heiligen Geist" (*Joh* 20,22).

5. Die „Ausgießung des Geistes" bringt also nicht nur das Hineinlegen, das Einschreiben des göttlichen Gesetzes in das Innere des geistlichen Wesens des Menschen mit sich. Sie verwirklicht auch, kraft der österlichen Erlösung durch Christus, das Geschenk einer göttlichen Person: der Heilige Geist selbst wird den Aposteln „gegeben" (vgl. *Joh* 14,16), damit er in ihnen „bleibt" (vgl. *Joh* 14,17). Es ist ein Geschenk, in dem Gott sich selbst dem Menschen mitteilt im innersten Geheimnis der eigenen Gottheit, damit dieser durch die Teilhabe an der göttlichen Natur und dem dreifaltigen Leben geistliche Frucht bringt. Es ist also das Geschenk, das allen übernatürlichen Gaben zugrundeliegt, so erklärt der *heilige Thomas* (vgl. I, q. 38, a.2). Es ist die Wurzel der heiligmachenden Gnade, die eben durch die Teilhabe an der göttlichen Natur (vgl. *2 Petr* 1,4) „heiligt". Es ist klar, daß diese Heiligung eine Umwandlung des menschlichen Herzens im moralischen Sinn mit sich bringt. Und so wird das, was in der Ankündigung der Propheten als ein

„Hineinlegen“ des Gesetzes Gottes in das „Herz“ genannt wurde, bekräftigt, und inhaltlich verdeutlicht und bereichert in der neuen Dimension der „Ausgießung des Geistes“. Auf den Lippen Jesu und in den Texten der Evangelisten erlangt die Verheißung ihre volle Bedeutung: das Geschenk der Person des Geistes, des Beistandes, selbst.

6. Diese „Ausgießung“, dieses Geschenk des Geistes zielt auch auf die Festigung der Sendung der Apostel hin, als die Kirche erstmals in der Geschichte hervortritt, und später im ganzen Ablauf ihrer apostolischen Sendung. In der Tat, als er von den Aposteln Abschied nimmt, sagt Jesus zu ihnen: Ihr werdet „mit der Kraft aus der Höhe erfüllt“ (*Lk* 24,49); „ihr werdet die Kraft des Heiligen Geistes empfangen, der auf euch herabkommen wird; und ihr werdet meine Zeugen sein in Jerusalem und in ganz Judäa und Samarien und bis an die Grenzen der Erde“ (*Apg* 1,8).
„Ihr werdet meine Zeugen sein.“ Die Apostel hatten das schon während der Abschiedsrede gehört (vgl. *Joh* 15,27). In derselben Rede hatte Jesus ihr menschliches und geschichtliches Augenzeugnis von ihm mit dem Zeugnis des Heiligen Geistes verbunden: „Er wird Zeugnis für mich ablegen“ (*Joh* 15,26). Deshalb soll „im Zeugnis des Geistes der Wahrheit das menschliche Zeugnis der Apostel seine stärkste Stütze finden. Und später soll es darin auch das verborgene Fundament seiner Kontinuität zwischen den Generationen von Jüngern und Bekennern Christi finden, die im Laufe der Jahrhunderte aufeinander folgen werden“ (*Dominum et vivificantem*, Nr. 5).
Es handelte sich damals und später um die Verwirklichung des Reiches Gottes, wie sie von Jesus verstanden wird. Ja, er besteht in dem gleichen Gespräch mit den Aposteln vor seiner Himmelfahrt noch einmal darauf, daß es dieses Reich in seinem universalen und eschatologischen Sinn ist (vgl. *Apg* 1,3) und nicht ein nur zeitliches „Reich für Israel“ (*Apg* 1,6), das noch ihr Ziel war.

7. Zugleich gebietet Jesus den Aposteln, nach seiner Himmelfahrt in Jerusalem zu bleiben. Ebendort „werden sie die Kraft aus der Höhe empfangen“. Dort wird der Heilige Geist auf sie herabkommen. Ein weiteres Mal wird die Verbindung zwischen dem Alten und dem Neuen Bund und ihre Kontinuität herausgestellt. Jerusalem als Zielpunkt der Geschichte des Volkes Gottes im Alten Bund muß jetzt der Ausgangspunkt für die Geschichte des Volkes des Neuen Bundes, das heißt der Kirche, werden.
Jerusalem ist von Christus selbst auserwählt worden (vgl. *Lk* 9,51; *Lk* 13,33) als Erfüllungsort seiner messianischen Sendung, als Ort seines Todes und seiner Auferstehung („Reißt diesen Tempel nieder, in drei Tagen werde ich ihn wieder aufrichten“: *Joh* 2,19) und als Ort der Erlösung. Mit dem Ostern von Jerusalem dauert die „Zeit Christi“ in der „Zeit der Kirche“ fort: Der entscheidende Augenblick wird der Pfingsttag sein. „So steht es in der Schrift: Der Messias wird leiden und am dritten Tag von den Toten auferstehen, und in seinem Namen wird man allen Völkern, angefangen in Jerusalem, verkünden, sie sollen umkehren, damit ihre Sünden vergeben werden“ (*Lk* 24,46–47). Dieser „Anfang“ wird unter dem Wirken des Heiligen Geistes geschehen, der zu Beginn der Kirche als Schöpfergeist („Veni, Creator Spiritus“) das im Augenblick der ersten Schöpfung vollbrachte Werk, als der „Geist Gottes über dem Wasser schwebte“ (vgl. *Gen* 1,2), fortsetzt.

In deutscher Sprache sagte der Papst:

Liebe Schwestern und Brüder!

In Fortsetzung unserer Katechesen über den Heiligen Geist wollen wir heute unseren Blick auch auf Aussagen des Alten Testamentes richten, besonders auf die Propheten.
Bei seinen letzten Anweisungen und Belehrungen sagt der auferstandene Jesus zu seinen Jüngern: „Geht nicht weg von Jerusalem, sondern wartet auf die Verheißung des Vaters, die ihr von mir vernommen habt" (*Apg* 1,4).
Die von Jesus hier angesprochene „Verheißung des Vaters" meint das Kommen des Heiligen Geistes, von dem bereits das Alte Testament kündet. Beim Propheten *Joël* lesen wir: „Danach aber wird es geschehen, daß ich meinen Geist ausgieße über alles Fleisch. Eure Söhne und Töchter werden Propheten sein, eure Alten werden Träume haben, und eure jungen Männer haben Visionen. Auch über Knechte und Mägde werde ich meinen Geist ausgießen in jenen Tagen" (3,1–2).
Diese Verheißungen haben ihren besonderen Ausdruck bei *Ezechiel* gefunden: „Ich schenke euch ein neues Herz und lege einen neuen Geist in euch … Ich lege meinen Geist in euch und bewirke, daß ihr meinen Gesetzen folgt … Ihr werdet mein Volk sein, und ich werde euer Gott sein" (36,22–28).
Solche beredten Texte der Propheten hat Jesus bei seinem Reden von der Sendung des Heiligen Geistes gegenwärtig, ehe er zum Vater geht.
Das Geschenk eines neuen Herzens meint die innerste Umwandlung des Menschen, dessen Frucht ein Leben nach dem Gesetz Gottes ist. Das in das menschliche Herz eingeschriebene „Gesetz Gottes" aber ist der Heilige Geist selbst, die dritte göttliche Person. Der Heilige Geist, der im Menschen wirkt, schafft Anteil an der göttlichen Natur, am Leben des Dreifaltigen Gottes und befähigt zu guten Werken.
Die Ausgießung des Heiligen Geistes macht schließlich die Jünger zu Zeugen des Geistes. Unter seinem Beistand verkünden sie zunächst in Jerusalem das Evangelium, dann im ganzen Land und in der Welt. Unter seinem Beistand wächst die Kirche und „strebt im Gang der Jahrhunderte ständig der Fülle der göttlichen Wahrheit entgegen, bis an ihr sich Gottes Worte erfüllen" (*Dei Verbum*, Nr. 8).
Mit dieser kurzen Betrachtung grüße ich alle Pilger und Besucher aus den deutschsprachigen Ländern. Ich wünsche euch einen frohen Aufenthalt in der „Ewigen Stadt" und erbitte euch und euren Familien sowie den mit uns über Radio Vatikan verbundenen Hörerinnen und Hörern mit meinem Apostolischen Segen von Herzen Gottes steten Schutz und weise Führung.

Gabe der Gottesfurcht erkennen

Angelus am 11. Juni

1. Nach der Rückkehr von der apostolischen Pilgerreise in die Länder Nordeuropas, auf die ich demnächst zurückkommen werde, um einige Überlegungen vorzubringen, bitte ich euch schon jetzt, mit mir dem Herrn zu danken für das, was mir zu erfüllen gegeben war in Übereinstimmung mit der mir anvertrauten pastoralen Sendung.
Heute möchte ich mit euch die Betrachtung über die Gaben des Heiligen Geistes vervollständigen. Unter diesen Gaben ist in der Aufzählung der Reihe die Gabe der Gottesfurcht die letzte.
Die Heilige Schrift bekräftigt: „Die Furcht des Herrn ist der Anfang der Weisheit" (*Ps* 111,10; vgl. *Spr* 1,7). Aber um welche Furcht handelt es sich? Gewiß nicht um die „Angst vor Gott", die dazu drängt, vor dem Gedanken und der Erinnerung an ihn zu fliehen wie vor etwas oder vor jemand, der stört oder beunruhigt. Dies war der Seelenzustand, der unsere Stammeltern nach dem Sündenfall gemäß der Bibel dazu trieb, „sich vor Gott, dem Herrn, unter den Bäumen des Gartens zu verstecken" (vgl. *Gen* 3,8); dies war auch das Gefühl des schlechten und faulen Dieners im Gleichnis des Evangeliums, der das empfangene Talent in der Erde versteckte (vgl. *Mt* 25,18.26).
Aber diese Furcht und Angst ist nicht der wahre Begriff der Furcht als der Gabe des Geistes. Hier handelt es sich um etwas viel Edleres und Höheres: Es ist das echte und erschreckende Gefühl, das der Mensch vor der furchterregenden Majestät Gottes empfindet, besonders wenn er über die eigene Untreue nachdenkt und über die Gefahr, beim Endgericht, dem niemand entgehen kann, „zu leicht befunden" zu werden (*Dan* 5,27). Der Glaubende kommt zu Gott und stellt sich vor ihn hin mit „zerknirschtem Geist" und „zerbrochenem Herzen" (vgl. *Ps* 51,19), wohl wissend, daß er sich „mit Furcht und Zittern" um sein Heil mühen muß (*Phil* 2,12). Das bedeutet aber nicht unvernünftige Angst, sondern Verantwortungsbewußtsein und Treue gegenüber seinem Gesetz.

2. All das nimmt der Heilige Geist mit der Gabe der Gottesfurcht auf und erhebt es. Sie schließt gewiß die Angst nicht aus, die aus dem Bewußtsein der begangenen Sünden und der Aussicht auf göttliche Strafen kommt, aber sie mildert sie durch den Glauben an das göttliche Erbarmen und die Gewißheit der väterlichen Sorge Gottes, der das ewige Heil eines jeden will. Aber mit dieser Gabe gießt der Heilige Geist in die Seele vor allem kindliche Furcht ein, die das Gefühl ist, das in der Liebe zu Gott wurzelt: Die Seele ist dann darauf bedacht, Gott, den geliebten Vater, nicht zu mißfallen, ihn durch nichts zu beleidigen und in der Liebe zu „bleiben" und zu wachsen (vgl. *Joh* 15,4–7).

3. Von der heiligen und rechten Furcht, die mit der Liebe zu Gott in der Seele verbunden ist, hängt die ganze Übung der christlichen Tugenden ab, besonders der Demut, der Mäßigkeit, der Keuschheit und der Abtötung. Erinnern wir uns an die Aufforderung des Apostels Paulus an seine Christen: „Reinigen wir uns also von aller Unreinheit des Leibes und des Geistes, und streben wir in Gottesfurcht nach vollkommener Heiligung" (*2 Kor* 7,1).

Es ist eine Mahnung für uns alle, die wir manchmal mit so großer Leichtigkeit das Gesetz Gottes übertreten und seine Strafen verkennen oder sie herausfordern. Rufen wir den Heiligen Geist an, damit er die Gabe der heiligen Gottesfurcht in die Menschen unserer Zeit eingieße. Rufen wir ihn an durch die Fürsprache derjenigen, die bei der Verkündigung des Himmelsboten „erschrak" (*Lk* 1,29) und, obwohl zitternd vor der unerhörten Verantwortung, die ihr anvertraut wurde, das „Fiat" des Glaubens, des Gehorsams und der Liebe sprach.

Laß sie alle eins sein

Ansprache bei der Generalaudienz am 14. Juni

1. „Vater, laß sie alle eins sein!" (vgl. *Joh* 17,21). Diese Worte des Hohepriesterlichen Gebets Christi bildeten den Leitfaden meines Pastoraldienstes in fünf nordeuropäischen Ländern: Norwegen, Island, Finnland, Dänemark und Schweden.
Durch diesen Dienst wollte ich der Einladung entsprechen, die ich nicht nur von der Nordischen Bischofskonferenz, sondern auch von einigen Bischöfen als Vertretern der lutherischen Kirchen und von den staatlichen Autoritäten dieser Länder erhalten hatte.
In dieser Einladung offenbarte sich ein außerordentliches „Zeichen der Zeit" und auch ein Anruf der göttlichen Vorsehung.
Heute möchte ich meinen Dank all denen aussprechen, die im Geist der Absichten des Zweiten Vatikanischen Konzils zur Verwirklichung dieser ungewöhnlichen Pilgerfahrt beigetragen haben; einer Reise zu all denen, die Wege suchen, die zur Einheit führen im Geist des Gebetes Christi im Abendmahlssaal: „Alle sollen eins sein."
Ich danke insbesondere den Staatsoberhäuptern und den staatlichen Autoritäten für die Unterstützung dieser Initiative, die gewiß mehr zur Annäherung der Nationen dieses Kontinentes auf dem Fundament jener Grundwerte der europäischen Kultur und Zivilisation beigetragen hat, die im christlichen Glauben wurzeln.
Ich danke auch allen, die in irgendeiner Weise zur Vorbereitung und zum Ablauf dieses Papstbesuches beigetragen haben.

2. Es war eine Pilgerreise zu den Anfängen des Christentums und der Kirche in Nordeuropa. Dieser Beginn verbindet sich schon vom 9. Jahrhundert an mit der Mission des heiligen Ansgar, der aus Gallien kam und sich mit der Botschaft des Evangeliums nach Norden begab. Sein Werk bereitete die späteren Phasen der Evangelisierung vor, zuerst in Dänemark und dann in den anderen Teilen Skandinaviens.
Dieser Prozeß ist mit den Gestalten heiliger Könige und Bischöfe verbunden, die im Herzen der nordeuropäischen Nationen zu Säulen der Kirche geworden sind. Ihr verehrungsvolles Andenken eint die Gesellschaft dieser Länder.
Wir denken außer an den heiligen Ansgar insbesondere an den heiligen Olaf, den Schutzpatron von Norwegen; an den heiligen Thorlak Thorhalsson, Bischof von Skalholt in Island, der unermüdlich darum bemüht war, das christliche Leben seines Volkes zu stär-

ken; an den heiligen Heinrich, den Schutzpatron Finnlands, einen mutigen Mann mit großem Glauben an die wirksame Gegenwart Gottes im Leben der Menschen; an den heiligen Knud, König von Dänemark, und an den jüngst seliggesprochenen Niels Stensen; an den heiligen König Erich IX., Schutzpatron von Schweden und Symbol der nationalen Einheit des Landes, und schließlich an die heilige Birgitta, die nach Rom kam, wo sie energisch für die Einheit der Kirche wirkte; ihr Andenken ist mit dem Wallfahrtsort Vadstena in Schweden verbunden.

3. Besondere Bezugspunkte während der Pilgerfahrt durch die skandinavischen Länder waren die alten Kathedralen in Trondheim, Norwegen; in Turku, der ehemaligen Hauptstadt Finnlands; in Roskilde, Dänemark, und schließlich in Uppsala, Schweden. Hier ruhen sowohl der katholische Heilige Erik wie auch der lutherische Erzbischof dieser Stadt, Nathan Soederblom, ein großer Pionier des Ökumenismus. In dieser Reihe ist auch Thingvellir in Island zu nennen, der Ort, wo die Einführung des Christentums auf der nordischen Insel beschlossen wurde.

In diesen Heiligtümern, die in der Zeit errichtet worden waren, als die skandinavischen Kirchen noch in voller Einheit mit der Kirche von Rom standen, haben wir zusammen mit den lutherischen Brüdern gebetet für die Wiederherstellung dieser vollen Einheit im Glauben, im sakramentalen Leben und im pastoralen Dienst.

Die allerortens erwiesene Aufnahme nahm oft die Form eines frohen Treffens von Brüdern und Schwestern an, die sich wieder zusammenfinden. Die neue und intensivere Liebe, die im gemeinsamen Gebet Ausdruck fand, hat die Hoffnung gestärkt, die die ökumenische Bewegung inspiriert.

Daraus erwuchs die noch festere Entschlossenheit, das Möglichste zu tun, um die bestehenden Meinungsverschiedenheiten zu überwinden.

Der lebhafte Wunsch, zu diesem Ziel zu gelangen, muß den Dialog, der im Gang ist, antreiben, damit man jene volle Übereinstimmung des Glaubens findet, die sich in der gemeinsamen Feier der Eucharistie ausdrücken wird. Das Andenken der Heiligen, Männer und Frauen, die in diesen Ländern gelebt und dort ihren Glauben an Christus während der Anfänge der Evangelisierung in den verschiedenen Gegenden bezeugt haben, muß die Christen von heute zur persönlichen und gemeinschaftlichen geistlichen Erneuerung anspornen, die eine wesentliche Bedingung für jeden wahren ökumenischen Fortschritt ist.

4. Nach der Zeit, in der das Prinzip „cuius regio, eius et religio“ streng beobachtet wurde, hat das 19. Jahrhundert die Anerkennung der Religionsfreiheit gebracht. Die katholische Kirche hat ihre Anwesenheit und ihre Tätigkeit in den skandinavischen Ländern neu begonnen und vor Augen geführt.

Die Zahl der Katholiken in Skandinavien beträgt zur Zeit etwa 200.000. Ein bemerkenswerter Teil von ihnen sind Einwanderer aus verschiedenen Ländern.

Im Lauf meines zehntägigen Aufenthaltes konnte ich alle ihre Diözesen besuchen. Hauptbezugspunkt jedes Treffens war die Eucharistiefeier, in einigen Fällen mit der Erstkommunion oder mit der Firmung von Kindern und Jugendlichen verbunden. Ich beziehe mich auf die heiligen Messen in Oslo auf dem „Akershus Festningsplass“, in Trondheim und in Tromsø, einer nördlich des Polarkeises gelegenen Stadt, und dann in Reykjavik in Island und in Helsinki. In Dänemark wurden heilige Messen in Kopenhagen und im Marienheiligtum von Øm auf der Halbinsel Jütland gefeiert, in Schweden in Stockholm und in der alten Stadt Uppsala (Gamla Uppsala) sowie in Vadstena. Allen Mitbrüdern im Bischofsamt, den Priestern, den Ordensfrauen und den im Apostolat tätigen Laien spreche ich meinen herzlichen Dank aus und wünsche ihnen eine Weiterentwicklung der einzelnen Gemeinden in ganz Skandinavien.

5. Die feierliche Begegnung in Anwesenheit der Königsfamilie in der Universität von Uppsala, eines Studienzentrums, das auf das 14. Jahrhundert zurückgeht, hat das Band herausgestellt, das Skandinavien seit Jahrhunderten mit den Hauptströmungen der christlichen und humanistischen Kultur Europas verknüpft. Unsere Zeit bringt neue Probleme und legt neue Pflichten auf. All das hat bei der Begegnung in dieser Universität einen besonderen Ausdruck gefunden.
Außerdem erlaubte der Aufenthalt in Helsinki, die Bedeutung der Konferenz über Sicherheit und Zusammenarbeit in Europa herauszustellen, die 1975 in der „Finnland-Halle“ abgeschlossen wurde, wo auch das bei diesem Besuch vorgesehene Treffen mit der „Paasikivi Society“ stattgefunden hat. Hauptthema meiner Ansprache war die Religionsfreiheit als eines der Schlüsselgesetze der Person und der menschlichen Gemeinschaften.

6. Höhepunkt der Pilgerreise in die nordeuropäischen Länder war das Treffen in Vadstena, zu dem die Jugendlichen aus Norwegen, Island, Finnland, Dänemark und Schweden kamen. Der Ort Vadstena ist mit dem Leben der heiligen Birgitta (14. Jahrhundert) verbunden. Sie war Ehefrau und Mutter und gründete nach dem Tod ihres Gemahls die nach ihr benannte Kongregation der Birgittinnen.
Die heilige Birgitta hinterließ das Zeugnis einer Heiligkeit, die auf das Geheimnis Christi, besonders sein Ostergeheimnis, ausgerichtet war. Sie ist ein Symbol des Bandes zwischen Skandinavien und Rom. Tatsächlich verbrachte sie einen Großteil ihres Lebens in Rom, wo sie starb. Gleichzeitig treten in ihr einige besondere Züge ihrer Nation hervor.
Deshalb war das Treffen mit der Jugend am Grab der heiligen Birgitta in Vadstena ein besonderer Aufruf zu jener geistlichen Reife, die ihre unerschöpfliche Quelle in Christus hat, der „derselbe ist gestern, heute und in Ewigkeit“ (vgl. *Hebr* 13,8).
Wie notwendig ist die Erneuerung in einem solchen Geist für den Menschen unserer Zeit, der so oft den Sinn des Lebens und der vollen Dimension der menschlichen Berufung verliert!
Daraus erwächst auch die Notwendigkeit der Neuevangelisierung heute.
Auf dem Weg dieser Evangelisierung – dessen sind sich die Katholiken wie auch die Protestanten bewußt – wird die Bitte Christi erfüllt werden können: „Alle sollen eins sein: Wie du, Vater, in mir bist und ich in dir bin, sollen auch sie in uns sein, damit die Welt glaubt, daß du mich gesandt hast“ (*Joh* 17,21).

In deutscher Sprache sagte der Papst:

Liebe Brüder und Schwestern!

Mit Dankbarkeit gedenke ich heute meiner soeben beendeten Pastoralreise in die fünf nordischen Länder. Sie stand in einer besonderen Weise unter der Bitte Jesu an den Vater: Laß sie alle eins sein! (vgl. *Joh* 17,21). Die von den Bischöfen und staatlichen Autoritäten an mich gerichtete Einladung zu diesem Besuch offenbarte sich als ein wirkliches „Zeichen der Zeit", als ein Anruf der göttlichen Vorsehung. Ich danke allen, die zur Vorbereitung und Durchführung dieser wichtigen pastoralen ökumenischen Initiative beigetragen haben.

Es war eine Pilgerreise zu den Anfängen des Christentums und der Kirche in Nordeuropa. Diese sind im 9. Jahrhundert verbunden mit der Missionierung des hl. Ansgar und einer Anzahl heiliger Könige und Bischöfe, die zu Säulen der Kirche in ihren jeweiligen Ländern geworden sind. Besonders denkwürdige Orte auf meinem Pilgerweg waren die alten Kathedralen in Trondheim, Turku, Roskilde und Uppsala; ferner auch Thingvellir auf Island, wo einmal über die Einführung des Christentums in diese nordische Insel entschieden worden ist. An diesen altehrwürdigen Stätten aus Zeiten, in denen die Kirche noch nicht gespalten war, haben wir zusammen mit den lutherischen Brüdern um die Wiederherstellung der Einheit aller Christen gebetet.

Erst seit der Anerkennung der Religionsfreiheit im 19. Jahrhundert hat die katholische Kirche in den nordischen Ländern allmählich wieder Fuß fassen können. Die Katholiken zählen heute dort insgesamt um 200 000. Ich habe sie in allen ihren Diözesen besuchen können und mit vielen von ihnen, besonders mit den Priestern und Ordensleuten, die Eucharistie gefeiert. Bei der feierlichen Begegnung in der Universität Uppsala habe ich an das enge Band erinnert, das die skandinavischen Länder seit Jahrhunderten mit den wichtigen Strömungen der christlichen und humanistischen Kultur verbindet. In Helsinki lenkte die Konferenz über Sicherheit und Zusammenarbeit in Europa von 1975 unsere Aufmerksamkeit auf die grundlegende Bedeutung der Menschenrechte, vor allem der Religionsfreiheit, für das friedliche und menschenwürdige Zusammenleben der Völker.

Krönender Höhepunkt dieser meiner Pilgerreise war schließlich die Begegnung mit Jugendlichen aus allen fünf nordischen Ländern in Vadstena, dem Ort des Lebens und Wirkens der hl. Birgitta. Diese Heilige verbindet in einer besonderen Weise die Kirche von Skandinavien mit der Kirche von Rom, wo sie selbst viele Jahre verbracht hat. Möge sich in ihrem Geist die Kirche unserer Zeit erneuern und durch eine Neu-Evangelisierung auch wieder zu einer neuen Einheit unter allen Christen finden. Indem ich dieses große Anliegen auch besonders eurem Gebet empfehle, erteile ich euch allen von Herzen meinen Apostolischen Segen.

Licht und Einsicht für China

Angelus am 18. Juni

In den vergangenen Tagen war unser Herz tief betroffen durch die Nachrichten und Bilder über das, was in China geschehen ist, und insbesondere durch den Tod so vieler junger Menschen.

Vom ersten Augenblick an brachte ich Schmerz und Sorge über diese dramatischen Ereignisse und meinen Wunsch – im Licht der Botschaft des Evangeliums – zum Ausdruck, daß so viel Leid dazu dienen möge, diesem großen und geliebten Land neues Leben zu schenken.

Mit den gleichen Empfindungen des Glaubens und der Hoffnung lade ich euch heute ein, euch meiner Bitte an Maria anzuschließen, der Mutter Chinas und Königin des Friedens, die im Heiligtum von Sheshan bei Shanghai verehrt wird.

Jungfrau von Sheshan, Helferin der Christen, begleite mit deinem gütigen Blick das geliebte chinesische Volk.

Wir, deine Kinder, solidarisch in allem, was im Herzen jedes Menschen echt und wahr ist, stehen von neuem vor dir, um zu dir von unserer Liebe, unserem Schmerz und Mitleiden zu sprechen und in diesen so traurigen und dramatischen Augenblicken in dein Mutterherz das Wehklagen derer zu legen, die als Opfer der Gewalt leiden, ebenso die Bitten derer, die Hunger und Durst nach der Gerechtigkeit haben, und die Hoffnungen all derer, die das Wohl ihres Landes ersehnen.

Jungfrau von Sheshan, Mutter der Barmherzigkeit, bitte bei deinem Sohn, dem Erlöser des Menschen, damit alle, die leiden, Linderung und Trost finden und so viele Schmerzen nicht ohne Frucht bleiben.

Erlange Licht denen, die die Geschicke dieser großen Nation lenken, damit ihnen nicht die notwendige Einsicht fehle bei der Suche nach dem Gemeinwohl, dessen Fundament die Achtung der Wahrheit, der Gerechtigkeit und der Freiheit ist.

O gütige, o milde, o süße Jungfrau Maria. Amen.

Nach dem Angelusgebet sagte der Papst:

Jetzt möchte ich einen besonderen Gruß an alle Pilger aus Apulien und der Romagna richten, die an der Seligsprechung der beiden herausragenden Apostel ihrer Heimat teilgenommen haben: des seligen Antonio Lucci, Bischof von Bovino, und der seligen Elisabetta Renzi, Gründerin der Schulschwestern von der Schmerzhaften Muttergottes.

Liebe Priester, Gläubige und Ordensfrauen aus Apulien und der Romagna, seid willkommen! Das Beispiel der Persönlichkeit, die die Kirche heute rühmt, weist einen Weg zur Heiligkeit, der auch für unsere Zeit besonders erhellend ist. Denn beide Selige waren in den jeweiligen Epochen mutig und hochherzig, ihrer Wahl entsprechend, im Namen des Glaubens tätig, um auf das Gebot des Evangeliums zu antworten, die eigenen Brüder und Schwestern zu lieben, wie Christus uns geliebt hat.

Dieses Programm ist auch heute noch für die ganze Kirche gültig, insbesondere für eure Gemeinschaften. Euer Zeugnis entspreche den heutigen Anforderungen. Überwindet mit hochherziger Klarheit jedes Mißtrauen und jede Abneigung und wirkt so, daß die Botschaft des Evangeliums bekannt, geschätzt und geliebt wird.
Euch allen meine besten Wünsche und meinen Apostolischen Segen, der auch für alle eure Lieben gilt.
Heute ist der 50. Jahrestag der Proklamation des heiligen Franz von Assisi und der heiligen Katharina von Siena zu Schutzpatronen von Italien am 18. Juni 1939 durch Papst Pius XII. Wie ihr euch erinnern werdet, eine meiner ersten Handlungen nach Aufnahme meines Hirtenamtes war, zu den Gräbern dieser beiden großen Heiligen zu pilgern und dort zu beten. Ihre Spiritualität scheint in besonderer Weise die aktuellen moralischen Eigenschaften des italienischen Volkes widerzuspiegeln und ist gleichzeitig ein fortdauerndes Beispiel und Antrieb zu anderen Tugenden. Auch bei dieser Gelegenheit lenke ich deshalb mit euch meine Gedanken auf die heiligen Schutzpatrone Italiens, damit ihre Fürsprache die Geschenke des Wohlergehens, des Friedens und des ständigen geistlichen Fortschritts für diese geliebte Nation erlange.

Aufbruch zu neuer Einheit und Solidarität

Ansprache bei der Generalaudienz am 21. Juni

1. Wir kennen die große Verheißung und letzte Anweisung Jesu vor der Himmelfahrt an die Apostel: „Und ich werde die Gabe, die mein Vater verheißen hat, zu euch herabsenden. Bleibt in der Stadt, bis ihr mit der Kraft aus der Höhe erfüllt werdet" (*Lk* 24,49; vgl. auch *Apg* 1,4). Wir haben in der vorhergehenden Katechese darüber gesprochen, als wir die Kontinuität und die Entwicklung der pneumatologischen Wahrheit zwischen dem Alten und dem Neuen Bund herausstellten. Aus der heutigen Lesung der *Apostelgeschichte* können wir entnehmen, daß diese Anweisung von den Aposteln befolgt wurde: „Als sie in die Stadt kamen, gingen sie in das Obergemach hinauf, wo sie nun ständig blieben ... Sie alle verharrten dort einmütig im Gebet" (*Apg* 1,13–14). Sie blieben nicht nur in der Stadt, sondern versammelten sich im Abendmahlssaal, um eine Gemeinschaft zu bilden und zusammen mit Maria, der Mutter Jesu, im Gebet zu verharren als unmittelbare Vorbereitung auf die Herabkunft des Heiligen Geistes und auf das erste vom Heiligen Geist bewirkte Zeugnis der Kirche „nach außen", die aus dem Tod und der Auferstehung Christi geboren worden war. Die ganze Gemeinschaft bereitet sich vor und in ihr jeder einzelne für sich persönlich.

2. Es ist eine Vorbereitung im Gebet: „Sie alle verharrten dort einmütig im Gebet" (*Apg* 1,14). Es ist wie eine Wiederholung oder eine Weiterführung des Gebetes, mit dem Jesus von Nazaret sich auf die Herabkunft des Heiligen Geistes im Augenblick der Taufe im Jordan vorbereitete, als er seine messianische Sendung begann: „Während er betete, öffnete sich der Himmel, und der Heilige Geist kam ... auf ihn herab" (*Lk* 3,21–22).

Jemand könnte fragen: Warum im Gebet noch um etwas bitten, was schon verheißen worden ist? Das Gebet Jesu im Jordan zeigt, daß es unerläßlich ist zu bitten, um in angemessener Weise „das Geschenk von oben" zu empfangen (vgl. *Jak* 1,17). Und die Gemeinschaft der Apostel und der ersten Jünger sollte sich darauf vorbereiten, eben dieses Geschenk, das von oben kommt, zu empfangen: den Heiligen Geist, der den Anfang zur Sendung der Kirche Christi auf Erden setzt.
In besonders wichtigen Augenblicken verhält sich die Kirche in ähnlicher Weise. Sie knüpft wieder an jene Versammlung der Apostel im Gebet mit der Mutter Christi an. In gewissem Sinn kehrt sie in den Abendmahlssaal zurück. So war es zum Beispiel zu Beginn des Zweiten Vatikanischen Konzils. Im übrigen geht dem Hochfest von Pfingsten alljährlich die Novene zum Heiligen Geist voraus, die die Gebetserfahrung der ersten Christengemeinde in Erwartung der Herabkunft des Heiligen Geistes wiederholt.

3. Die *Apostelgeschichte* unterstreicht, daß es sich um ein „einmütiges" Gebet handelte. Diese Besonderheit zeigt an, daß eine bedeutsame Wandlung in den Herzen der Apostel vor sich gegangen war, unter denen zuvor Unterschiede und sogar Rivalitäten bestanden hatten (vgl. *Mk* 9,34; *Lk* 9,46; 22,24). Es war das Zeichen, daß das hohepriesterliche Gebet Jesu Frucht getragen hatte. In jenem Gebet hatte Jesus um die Einheit gebetet: „Alle sollen eins sein: Wie du, Vater, in mir bist und ich in dir bin, sollen auch sie in uns sein" (*Joh* 17,21). „Ich in ihnen und du in mir. So sollen sie vollendet sein in der Einheit, damit die Welt erkennt, daß du mich gesandt hast und die Meinen ebenso geliebt hast wie mich" (*Joh* 17,23).
Zu allen Zeiten und in jeder christlichen Generation behält dieses Gebet Christi für die Einheit der Kirche seine Aktualität. Und wie aktuell sind diese Worte in unserer Zeit geworden, die beseelt ist von den ökumenischen Anstrengungen zugunsten der Einheit der Christen! Nie zuvor hatten sie wahrscheinlich jene ganz besondere Bedeutung wie heute, die der ähnelt, mit der sie von Christus in dem Augenblick gesprochen wurden, als die Kirche in die Welt hinaustrat! Auch heute hat man allerseits das Gefühl eines Aufbruchs zu einer neuen Welt, in der Einheit und Solidarität wachsen.

4. Das Gebet der Gemeinschaft der Apostel und Jünger vor dem Pfingsttag war auch beharrlich: „sie verharrten ... im Gebet" (προσκαρτεροντεσ). Es war also kein Gebet des momentanen Überschwangs. Das vom Autor der *Apostelgeschichte* verwandte griechische Wort weist auf eine geduldige, in gewissem Sinn sogar „hartnäckige" Beharrlichkeit hin, die Opfer und Überwindung von Schwierigkeiten einschließt. Es war deshalb das vollkommenste Gebet unter Einsatz aller Kräfte nicht nur des Herzens, sondern auch des Willens. Die Apostel waren sich der Aufgabe bewußt, die sie erwartete.

5. Dieses Gebet war bereits eine Frucht des inneren Wirkens des Heiligen Geistes. Denn er ist es, der zum Gebet antreibt und hilft, im Gebet zu verharren. Wieder denkt man an die Ähnlichkeit mit Jesus selbst, der vor Beginn seiner messianischen Tätigkeit in die Wüste ging. Die Evangelien unterstreichen: „der Geist trieb Jesus ..." (vgl. *Mk* 1,12; *Mt* 4,1). „Darauf führte ihn der Geist ... in der Wüste umher" (*Lk* 4,1).

Wenn die Gaben des Heiligen Geistes vielfältig sind, muß man sagen, daß der Geist bereits während des Aufenthaltes im Abendmahlssaal in Jerusalem in den Aposteln verborgen im Gebet wirkte, damit sie am Pfingsttag bereit seien, dieses große und „entscheidende" Geschenk zu empfangen, durch das das Leben der Kirche Christi auf der Erde endgültig seinen Anfang nehmen sollte.

6. In der im Gebet vereinten Gemeinschaft waren neben den Aposteln auch andere Menschen, Männer, aber auch Frauen, anwesend.
Die Empfehlung Christi im Augenblick seines Abschieds, um zum Vater zurückzukehren, betraf unmittelbar die Apostel. Wir wissen, daß er ihnen gebot: „Geht nicht weg von Jerusalem, sondern wartet auf die Verheißung des Vaters" (*Apg* 1,4).
Wenn jetzt bei der Vorbereitung auf Pfingsten auch andere Personen und besonders Frauen teilnehmen, ist diese Tatsache einfach eine Weiterführung des Verhaltens Jesu selbst, wie es aus verschiedenen Abschnitten der Evangelien hervorgeht. Lukas nennt sogar die Namen einiger Frauen, die Mitarbeiterinnen und Wohltäterinnen Jesu waren: Maria Magdalena, Johanna, die Frau des Chuzas, eines Beamten des Herodes, Susanna und viele andere (vgl. *Lk* 8,1–3). Die Verkündigung des Evangeliums vom Reich Gottes geschah nicht nur in Anwesenheit der Zwölf und der Jünger im allgemeinen, sondern auch durch diese Frauen im besonderen, von denen der Evangelist sagt: „Sie alle unterstützten Jesus und die Jünger mit dem, was sie besaßen" (*Lk* 8,3).
Daraus ist zu entnehmen, daß die Frauen gleich den Männern berufen sind, am Reich Gottes teilzuhaben, das Jesus verkündete: teilzuhaben und auch zu seinem Wachstum unter den Menschen beizutragen, wie ich ausführlich in dem Apostolischen Schreiben *Mulieris dignitatem* dargelegt habe.

7. In dieser Sicht ist die Anwesenheit der Frauen im Abendmahlssaal von Jerusalem während der Vorbereitung auf Pfingsten und die Geburt der Kirche von besonderer Bedeutung. Männer und Frauen, einfache Gläubige, hatten an dem gesamten Geschehen teil, neben den Aposteln und zusammen mit ihnen. Von Anfang an ist die Kirche eine Gemeinschaft der Apostel und der Jünger, von Männern wie auch Frauen.
Zweifellos hatte die Anwesenheit der Mutter Christi eine außerordentliche Bedeutung bei der Vorbereitung der Urgemeinde auf Pfingsten. Diesem Thema muß jedoch eine getrennte Katechese gewidmet werden.

In deutscher Sprache sagte der Papst:

Liebe Schwestern und Brüder!

Wir alle kennen die große Verheißung und den letzten Auftrag Jesu an die Apostel vor der Himmelfahrt: „Und ich werde die Gabe, die mein Vater verheißen hat, zu euch herabsenden. Bleibt in der Stadt, bis ihr mit der Kraft aus der Höhe erfüllt werdet" (*Lk* 24,49; vgl. auch *Apg* 1,4). Aus der heutigen Lesung erfahren wir, daß die Apostel diesen Auftrag ausgeführt haben. Sie blieben nicht nur in der Stadt, sondern sie versammelten sich im Abendmahlssaal, um eine Gemeinschaft zu bilden und im Gebet zu verharren mit Maria, der Mutter Jesu, als unmittelbare Vorbereitung auf die Herabkunft des Heiligen Geistes. Die ganze Gemeinschaft bereitet sich vor und in ihr jeder einzelne für sich persönlich.

In besonders bedeutenden Augenblicken verhält sich die Kirche in ähnlicher Weise. Sie vereint sich mit jener Versammlung der Apostel im Gebet zusammen mit der Mutter Christi. So war es zum Beispiel am Anfang des Zweiten Vatikanischen Konzils. Im übrigen geht jedes Jahr dem Hochfest von Pfingsten die Novene zum Heiligen Geist voraus. Die *Apostelgeschichte* unterstreicht, daß es sich um ein „einträchtiges“ Gebet handelte, so wie Jesus im hohenpriesterlichen Gebet um die Einheit flehte: „Alle sollen eins sein: Wie du, Vater, in mir bist und ich in dir bin, sollen auch sie in uns sein“ (*Joh* 17,21). Dieses Gebet Christi um die Einheit der Kirche bewahrt über alle Zeiten und Generationen hinweg seine Aktualität. Und wie aktuell sind diese Worte in unserer Zeit, die beseelt ist von den ökumenischen Bestrebungen für die Einheit der Christen!

In der im Gebet vereinten Gemeinschaft waren außer den Aposteln auch andere Personen anwesend, Männer und Frauen. Die Aufforderung Christi vor seiner Himmelfahrt richtete sich zwar unmittelbar an die Apostel, aber die Frauen sind in gleicher Weise wie die Männer gerufen zur Teilhabe am Reich Gottes, das Jesus verkündigte: um teilzuhaben und auch um beizutragen zu seinem Wachsen unter den Menschen, wie ich im Apostolischen Schreiben *Mulieris dignitatem* ausgeführt habe.

Mit dieser kurzen Betrachtung grüße ich euch alle sehr herzlich, die ihr an der heutigen Audienz teilnehmt: die Gruppen und Einzelpilger. Einen besonderen Gruß richte ich an die Gruppe von Ordensfrauen, die an einem religiösen Erneuerungskurs in La Storta teilnehmen. Mögt ihr in eurer Berufung den Wert und die Stellung der Frau am Aufbau des Reiches Gottes neu und noch klarer erfassen. Euch und allen anwesenden Besuchern sowie euren Angehörigen in der Heimat erteile ich von Herzen meinen besonderen Apostolischen Segen.

Vorbereitung auf das Kommen des Geistes

Ansprache bei der Generalaudienz am 28. Juni

1. „Sie alle verharrten dort einmütig im Gebet, zusammen mit den Frauen und mit Maria, der Mutter Jesu, und mit seinen Brüdern“ (*Apg* 1,14). Mit diesen knappen Worten vermerkt der Verfasser der *Apostelgeschichte* die Anwesenheit der Mutter Christi im Abendmahlssaal in den Tagen der Vorbereitung auf Pfingsten.

Wir sind bereits bei der vorhergehenden Katechese in den Abendmahlssaal eingetreten und haben gesehen, daß die Apostel, indem sie sich nach der Weisung richteten, die sie von Jesus vor seinem Fortgehen zum Vater erhalten hatten, sich dort versammelten und „einmütig im Gebet verharrten“. Nicht allein, sondern unter der Teilnahme anderer Jünger, Männer und Frauen. Der heilige Lukas, Verfasser der Apostelgeschichte, nennt unter diesen zur Urgemeinde von Jerusalem gehörenden Personen auch Maria, die Mutter Christi. Er nennt sie neben den anderen Anwesenden, ohne etwas Besonderes hinzuzufügen. Aber man weiß, daß Lukas auch der Evangelist ist, der die jungfräuliche Gottesmutterschaft Marias vollständig aufgezeigt hat aufgrund der Informationen, die er mit genauer methodologischer Absicht in den Christengemeinden eingeholt hatte (vgl. *Lk* 1,1 f.;

Apg 1,1 f.); Informationen, die doch indirekt auf die Urquelle aller mariologischen Angaben zurückgehen: auf die Mutter Jesu selbst. Deshalb wird, wie in den beiden Berichten des Lukas das Kommen des Sohnes Gottes in die Welt in engen Bezug zur Person Marias gesetzt ist, mit ihr auch die Geburt der Kirche verknüpft. Die einfache Erwähnung ihrer Anwesenheit im Abendmahlssaal an Pfingsten genügt, uns die ganze Bedeutung erkennen zu lassen, die Lukas dieser Einzelheit beimißt.

2. In der *Apostelgeschichte* erscheint Maria wie eine der Teilnehmerinnen als Mitglied der Urgemeinde der entstehenden Kirche bei der Vorbereitung auf Pfingsten. Aufgrund des *Lukasevangeliums* und anderer Texte des Neuen Testamentes bildete sich eine Tradition über die Gegenwart Mariens in der Kirche heraus, die das Zweite Vatikanische Konzil zusammenfaßte mit der Bekräftigung, daß sie als Mutter Christi, des Gottmenschen, und damit als Mutter Gottes ein „überragendes und völlig einzigartiges Glied der Kirche“ ist (vgl. *Lumen Gentium*, Nr. 53). Die Konzilsväter haben in ihrer Eingangsbotschaft an die Worte der *Apostelgeschichte* erinnert, die wir gelesen haben; sie schienen den Wunsch unterstreichen zu wollen, Maria möge, wie sie in der Geburtsstunde der Kirche anwesend war, auch bei der Versammlung der Nachfolger der Apostel sein, die sich in der zweiten Hälfte des 20. Jahrhunderts in Kontinuität zur Gemeinschaft des Abendmahlssaals zusammengefunden hatten. Indem sie sich zu den Konzilsarbeiten versammelten, wollten auch die Väter „einmütig im Gebet zusammen mit Maria, der Mutter Jesu, verharren“ (vgl. *Apg* 1,14).

3. Schon im Augenblick der Verkündigung hatte Maria das Kommen des Heiligen Geistes erfahren. Der Erzengel Gabriel hatte zu ihr gesagt: „Der Heilige Geist wird über dich kommen, und die Kraft des Höchsten wird dich überschatten. Deshalb wird auch das Kind heilig und Sohn Gottes genannt werden“ (*Lk* 1,35). Durch dieses Kommen des Heiligen Geistes über sie wurde Maria in einzigartiger und unwiderruflicher Weise mit dem Geheimnis Christi verbunden. In der Enzyklika *Redemptoris Mater* schrieb ich: „Sie [Maria] ist im Geheimnis Christi bereits ‚vor der Erschaffung der Welt‘ gegenwärtig als diejenige, die der Vater als Mutter seines Sohnes in der Menschwerdung ‚erwählt‘ hat und die zusammen mit dem Vater auch der Sohn erwählt hat, indem er sie von Ewigkeit her dem Geist der Heiligkeit anvertraute“ (*Redemptoris Mater*, Nr. 8).

4. Jetzt, im Abendmahlssaal von Jerusalem, als das Geheimnis Christi durch das Ostergeschehen auf Erden seine Vollendung erreicht hat, befindet sich Maria in der Gemeinschaft der Apostel, um ein neues Kommen des Heiligen Geistes vorzubereiten – und eine neue Geburt: die Geburt der Kirche. Es stimmt, daß sie selbst bereits durch ihre Gnadenfülle und ihre Gottesmutterschaft „Tempel des Heiligen Geistes“ ist (vgl. *Lumen Gentium*, Nr. 53); aber sie hat an dem Gebet um das Kommen des Beistands teil, damit er durch seine Kraft in der Apostelgemeinschaft den Antrieb zu der Sendung ausbrechen läßt, die Jesus Christus durch sein Kommen in die Welt vom Vater erhalten hat (vgl. *Joh* 5,36) und die er durch seine Rückkehr zum Vater der Kirche übertragen hat (vgl. *Joh* 17,18). Maria ist von Beginn an mit der Kirche verbunden als eine der „Jünge-

rinnen“ des Sohnes; aber gleichzeitig ragt sie zu allen Zeiten hervor „als Typus und klarstes Urbild [der Kirche] im Glauben und in der Liebe“ (*Lumen Gentium*, Nr. 53).

5. Dies hat das Zweite Vatikanische Konzil in der *Konstitution über die Kirche* gut herausgestellt, wo wir lesen: „Die selige Jungfrau ist aber durch das Geschenk und die Aufgabe der göttlichen Mutterschaft, durch die sie mit ihrem Sohn und Erlöser vereint ist, und durch ihre einzigartigen Gnaden und Gaben auch mit der Kirche auf das innigste verbunden. Die Gottesmutter ist, wie schon der heilige Ambrosius lehrte, der Typus der Kirche unter der Rücksicht des Glaubens, der Liebe und der vollkommenen Einheit mit Christus“ (*Lumen Gentium*, Nr. 63).
Das Konzil sagt weiter: „Im Geheimnis der Kirche ... ist die selige Jungfrau Maria vorangegangen ... in hervorragender und einzigartiger Weise ... Im Glauben und Gehorsam gebar sie den Sohn des Vaters auf Erden, und zwar ohne einen Mann zu erkennen, vom Heiligen Geist überschattet“ (*Lumen Gentium*, Nr. 63).
Das Gebet Mariens im Abendmahlssaal zur Vorbereitung auf Pfingsten hat eine besondere Bedeutung gerade aufgrund der Verbindung mit dem Heiligen Geist, die im Augenblick des Geheimnisses der Menschwerdung geknüpft wurde. Jetzt tritt dieses Band wieder hervor und wird durch einen neuen Bezugspunkt bereichert.

6. Indem sie bekräftigt, daß Maria in der Ordnung des Glaubens „vorangegangen ist“, scheint die Konstitution an die „Seligpreisung“ anzuknüpfen, die die Jungfrau von Nazaret nach der Verkündigung beim Besuch ihrer Verwandten Elisabet gehört hat: „Selig ist die, die geglaubt hat“ (*Lk* 1,45). Der Evangelist schreibt, daß „Elisabet vom Heiligen Geist erfüllt“ wurde (vgl. *Lk* 1,41), während sie auf den Gruß Marias antwortete und diese Worte ausrief. Auch im Jerusalemer Abendmahlssaal des Pfingsttages wurden – wiederum nach Lukas – „alle mit dem Heiligen Geist erfüllt“ (*Apg* 2,4). Also erhielt diejenige, die „durch das Wirken des Heiligen Geistes“ empfangen hatte (vgl. *Mt* 1,18), ihn in neuer Fülle. Ihr ganzer Weg des Glaubens, der Liebe und der vollkommenen Einheit mit Christus ist von jener Stunde des Pfingsttages an mit dem Weg der Kirche verbunden.
Die Gemeinschaft der Apostel brauchte ihre Gegenwart und jenes Verharren im Gebet zusammen mit ihr, der Mutter des Herrn. Man kann sagen, daß in jenem Gebet „mit Maria“ eine besondere, aus der Gabenfülle des Heiligen Geistes erwachsene Mittlerschaft ihrerseits zu sehen ist. Als seine mystische Braut erflehte Maria sein Kommen über die Kirche, die aus der Seitenwunde Christi am Kreuz geboren worden war und sich nun anschickte, vor der Welt Zeugnis zu geben.

7. Wie man sieht, ist die kurze Erwähnung, die der Verfasser der *Apostelgeschichte* macht von der Anwesenheit Marias unter den Aposteln und all denen, die „im Gebet verharrten“, als Vorbereitung auf Pfingsten und auf die Ausgießung des Heiligen Geistes, außerordentlich inhaltsreich.
Das Zweite Vatikanische Konzil hat diesem Inhaltsreichtum Ausdruck verliehen. Nach diesem bedeutsamen Konzilstext ist diejenige, die im Abendmahlssaal inmitten der Jün-

ger im Gebet verharrte, die Mutter des Sohnes, der von Gott im voraus dazu bestimmt worden war, „der Erstgeborene von vielen Brüdern" zu sein (vgl. *Röm* 8,29). Aber das Konzil fügt hinzu, daß sie selbst „bei der Geburt und Erziehung" dieser „Brüder" Christi „in mütterlicher Liebe mitwirkte". Die Kirche ihrerseits gebiert – seit dem Pfingsttag – „durch Predigt und Taufe ... die vom Heiligen Geist empfangenen und aus Gott geborenen Kinder zum neuen und unsterblichen Leben" (*Lumen Gentium*, Nr. 63 und Nr. 64). Indem auch sie auf diese Weise Mutter wird, blickt die Kirche deshalb auf die Mutter Christi als ihr Urbild. Dieses Schauen der Kirche auf Maria hat im Abendmahlssaal begonnen.

In deutscher Sprache sagte der Papst:

Liebe Brüder und Schwestern!

„Sie alle verharrten dort einmütig im Gebet, zusammen mit den Frauen und mit Maria, der Mutter Jesu, und mit seinen Brüdern" (*Apg* 1,14). Mit diesen wenigen Worten erwähnt der Verfasser der *Apostelgeschichte*, der heilige Lukas, die Anwesenheit von Maria, der Mutter Jesu, im Abendmahlssaal, wo sich die Apostel und die Jünger auf das Kommen des Heiligen Geistes vorbereiteten. Der heilige Lukas, der in seinem Evangelium die Gestalt Mariens und ihren Bezug zum Kommen des Gottessohnes in die Welt herausstellt, verbindet hier in gleicher Weise die Gestalt Mariens mit der Geburt der Kirche.

Nach der *Apostelgeschichte* gehört Maria also zur Urgemeinschaft der entstehenden Kirche. Im *Lukasevangelium* – wie auch in anderen Texten des Neuen Testamentes – bildete sich eine Tradition über die Gegenwart Mariens in der Kirche heraus, welche die Väter des Zweiten Vatikanischen Konzils „als überragendes und völlig einzigartiges Glied der Kirche wie auch als ihr Typus und klarstes Urbild im Glauben und in der Liebe" beschrieben (*Lumen Gentium*, Nr. 53).

Durch ihre Gnadenfülle und ihre göttliche Mutterschaft wird Maria „Tempel des Heiligen Geistes" genannt (vgl. *Lumen Gentium*, Nr. 53). Zugleich vereint Maria sich aber auch mit den Aposteln und den Jüngern im Gebet, um das Kommen des Heiligen Geistes zu erflehen, der die Apostel befähigt, die ihnen von Christus übertragene Sendung, die er vom Vater erhalten hat, fortzuführen. Diese Einheit Mariens mit Christus und der Kirche hebt auch das Zweite Vatikanische Konzil hervor: „Die selige Jungfrau ist aber durch das Geschenk und die Aufgabe der göttlichen Mutterschaft, durch die sie mit ihrem Sohn und Erlöser vereint ist, und durch ihre einzigartigen Gnaden und Gaben auch mit der Kirche auf das innigste verbunden. Die Gottesmutter ist, wie schon der heilige Ambrosius lehrte, der Typus der Kirche unter der Rücksicht des Glaubens, der Liebe und der vollkommenen Einheit mit Christus" (*Lumen Gentium*, Nr. 63).

Die Anwesenheit Mariens im Abendmahlssaal besagt daher, daß Maria, die ihren Weg des Glaubens und der Liebe in vollkommener Einheit mit Christus ging, von Pfingsten an ihren Weg mit der Kirche teilt. Die Kirche ihrerseits, indem sie „Marias geheimnisvolle Heiligkeit betrachtet, ihre Liebe nachahmt und den Willen des Vaters getreu erfüllt", gebiert „durch Predigt und Taufe ... die vom Heiligen Geist empfangenen und aus Gott geborenen Kinder zum neuen und unsterblichen Leben" (*Lumen Gentium*, Nr. 64). Die

Kirche selbst also wird auf diese Weise zur Mutter; ihr Urbild ist die Gestalt und das Leben Mariens, die Mutter Jesu Christi.
Mit dieser kurzen Betrachung grüße ich alle anwesenden Pilger und Besucher aus den deutschsprachigen Ländern herzlich. Ich wünsche euch einen guten Aufenthalt in der „Ewigen Stadt“ und erteile euch und euren Familien für Gottes Schutz und treuen Beistand meinen Apostolischen Segen.

Weggefährten auf der Suche nach Gott

Angelus am Fest Peter und Paul, 29. Juni

Liebe Schwestern und Brüder!

1. Die gesamte Kirche feiert heute die Heiligen Petrus und Paulus. In der heutigen Messe heißt es: „Die Apostel Petrus und Paulus haben die Kirche begründet; sie haben den Kelch des Herrn getrunken, nun sind sie Gottes Freunde."

Rom hegt besondere Liebe und Anerkennung für diese Männer Gottes, die beide aus einem fernen Land kamen und um den Preis ihres Lebens das Evangelium Christi verkündeten, dem sie sich ganz verschrieben hatten. Das römische Volk hat ihr erhabenes Opfer verstanden, denn die Verehrung dieser großen Heiligen, dieser „Säulen" der Kirche, ist eine der ältesten.

Petrus und Paulus. So verschieden nach Charakter, Kultur und Dienstamt, und doch so tief verbunden in der Verkündigung der einen Wahrheit des Glaubens und im heroischen Zeugnis bis zum äußersten Opfer. Sie zählen zu den bekanntesten Interpreten der Botschaft des göttlichen Meisters und sind diejenigen unter seinen Jüngern, die mit dem größten Einfluß und Organisationsvermögen die Fundamente der entstehenden Kirche der Absicht des göttlichen Hirten entsprechend gelegt haben. Sie haben sich so als treue Hüter des offenbarten Erbes erwiesen und als mutige Ausführende der Weisungen des Herrn in der Formung und Leitung der kirchlichen Gemeinschaft.

2. Aber zur Stunde des Angelus können wir nicht umhin, auch an Maria zu denken, die Mutter des Herrn und Königin der Apostel, auserwähltes Glied und lebendiges Bild jener Kirche, der Braut Christi, die die heiligen Apostel Petrus und Paulus „mit ihrem Blut eingepflanzt haben".

Petrus kannte die Mutter Jesu persönlich und konnte im Gespräch mit ihr, besonders in den Tagen des Ausharrens und Wartens auf Pfingsten (vgl. *Apg* 1,14), seine Kenntnis vom Geheimnis Christi vertiefen. Paulus unterließ es nicht, indem er die Vollendung des Heilsplanes „in der Fülle der Zeit" verkündete, an die „Frau" zu erinnern, von der der Sohn in der Zeit geboren wurde (vgl. *Gal* 4,4). Da wir wissen, wie weit in Rom die Marienverehrung zurückreicht, muß man nicht in der Evangelisierung, die die beiden Apostel in dieser Stadt vollbrachten, die erste Wurzel dieser einzigartigen Verehrung der seligen Jungfrau als „Salus Populi Romani" sehen, die hier jahrhundertealt ist?

3. Maria, Petrus und Paulus. Drei unserer Weggefährten auf der Suche nach Gott, aber mehr noch unsere Führer. Hören wir auf sie, rufen wir sie an! Jeder von ihnen kann uns vom Herrn erzählen. Mögen sie uns erleuchten über den Reichtum der christlichen Botschaft, indem sie unsere Herzen öffnen für die Eingebungen des Geistes, der uns lenkt und stützt auf dem Weg zum Vater.

Papstglückwunsch für Kardinal Tomášek

Am Vorabend des 90. Geburtstags von Kardinal František Tomášek würdigte Johannes Paul II. den Prager Erzbischof nach dem Angelusgebet am 29. Juni mit den folgenden, an die Gläubigen gerichteten Worten:

Ich lade euch ein, euch geistig im Gebet und in der Liebe zu vereinen mit den Feierlichkeiten, die in diesen Tagen in Prag anläßlich des 90. Geburtstags von Kardinal František Tomášek, dem Erzbischof dieses altehrwürdigen Bischofssitzes, stattfinden.
Zusammen mit den Priestern und Gläubigen von Prag und den Vertretern der verschiedenen Bischofskonferenzen, die teilnehmen, wünsche ich diesem edlen Würdenträger reichen Trost und geistliche Kraft in seinem unermüdlichen Hirtendienst. Mit euch bitte ich den Herrn, er möge ihm Gnaden im Überfluß schenken für die Verbreitung des Evangeliums, den Aufbau der Kirche und zur Ermutigung des Volkes Gottes.

Fügsam gegenüber dem Wirken des Geistes

Angelus am 2. Juli

1. Genau vor einem Monat, am 2. Juni, haben wir das Herz-Jesu-Fest gefeiert. Ich möchte mit euch die Betrachtung über die Reichtümer dieses göttlichen Herzens wiederaufnehmen und, wie bereits begonnen, das Nachdenken über die ihm gewidmete Litanei fortsetzen.
Eine der tiefsten Anrufungen dieser *Litanei* lautet: „Herz Jesu, im Schoß der Jungfrau Maria vom Heiligen Geist gebildet, erbarme dich unser." Hier finden wir den Widerhall eines Hauptartikels des *Credo*, in dem wir unseren Glauben bekennen an „Jesus Christus, Gottes eingeborenen Sohn", der „vom Himmel gekommen ist, Fleisch angenommen hat durch den Heiligen Geist von der Jungfrau Maria und Mensch geworden ist". Die heilige Menschheit Christi ist also Werk des göttlichen Geistes und der Jungfrau von Nazaret.

2. Sie ist Werk des Geistes. Das bekräftigt der Evangelist Matthäus ausdrücklich, indem er die Worte aufzeichnet, die der Engel zu Josef gesprochen hat: „... das Kind, das sie [Maria] erwartet, ist vom Heiligen Geist" (*Mt* 1,20). Und auch der Evangelist Lukas bestätigt dies, indem er die Worte Gabriels an Maria wiedergibt: „Der Heilige Geist wird über dich kommen, und die Kraft des Höchsten wird dich überschatten" (*Lk* 1,35).
Der Geist hat die heilige Menschheit Christi geformt: seinen Leib und seine Seele zusammen mit dem Verstand, dem Willen und der Fähigkeit zu lieben. Mit einem Wort, er hat sein Herz geformt. Das ganze Leben Christi wurde unter das Zeichen des Geistes gestellt. Vom Geist bekommt er die Weisheit, die die Gesetzeslehrer und seine Mitbürger in Staunen versetzt; die Liebe, die die Sünder aufnimmt und ihnen verzeiht; das Erbarmen, das sich über das Elend des Menschen neigt; die Zärtlichkeit, die die Kinder segnet und umarmt; das Mitgefühl, das den Schmerz der Betrübten mildert. Der Geist ist es, der die

Schritte Jesu lenkt, ihn in den Prüfungen stützt und ihn vor allem auf seinem Weg nach Jerusalem führt, wo er das Opfer des neuen Bundes darbringt, dank dessen das von ihm auf die Erde geworfene Feuer brennt (vgl. *Lk* 12,49).

3. Anderseits ist die Menschheit Christi auch Werk der Jungfrau. Der Geist hat das Herz Christi im Schoß Marias geformt, die als Mutter und Erzieherin mit ihm aktiv mitgewirkt hat:

- als Mutter hat sie bewußt und freiwillig dem Heilsplan Gottes, des Vaters, zugestimmt, indem sie das Geheimnis des Lebens, das in ihr aufkeimte und sich entwickelte, mit bangem, ehrfurchtsvollem Schweigen verfolgte;
- als Erzieherin hat sie das Herz des eigenen Sohnes geformt, indem sie zusammen mit Josef ihn in die Tradition des auserwählten Volkes einführte, ihn zur Liebe zum Gesetz des Herrn anleitete und ihm die Geisteshaltung der „Armen vor Gott" mitteilte. Sie half ihm, seinen Verstand zu entfalten und übte einen sicheren Einfluß auf die Formung seines Temperamentes aus. Obwohl sie wußte, daß ihr Kind sie überragte, weil es „Sohn des Höchsten" war (vgl. *Lk* 1,32), war sie nicht weniger besorgt um seine menschliche Erziehung (vgl. *Lk* 2,51).

Wir können deshalb wahrhaftig sagen: Im Herzen Christi leuchtet das wunderbare Werk des Heiligen Geistes auf; in ihm spiegelt sich auch das Herz der Mutter wider. Möge das Herz jedes Christen wie das Herz Christi sein: fügsam gegenüber dem Wirken des Geistes; fügsam gegenüber der Stimme der Mutter.

Pfingsten – Fest der neuen Ernte

Ansprache bei der Generalaudienz am 5. Juli

1. Aus den Katechesen, die bisher dem Glaubensartikel über den Heiligen Geist gewidmet waren, ist die reichhaltige biblische Grundlage der pneumatologischen Wahrheit zu entnehmen. Zugleich jedoch müssen wir auch die unterschiedliche Gestalt festhalten, die diese Wahrheit in bezug zur christologischen Wahrheit in der göttlichen Offenbarung hat. Aus den heiligen Schriften geht tatsächlich hervor, daß der ewige Sohn, eines Wesens mit dem Vater, die Fülle der Selbstoffenbarung Gottes in der Menschheitsgeschichte ist. Indem er „Menschensohn" wurde, „geboren von einer Frau" (*Gal* 4,4), hat er als wahrer Mensch sich gezeigt und gehandelt. Als solcher hat er auch den Heiligen Geist endgültig offenbart, indem er dessen Kommen ankündigte und dessen Beziehung mit dem Vater und mit dem Sohn in der Heilssendung und folglich im Geheimnis der Dreifaltigkeit bekanntmachte. Gemäß der Verkündigung und der Verheißung Jesu nimmt mit dem Kommen des Beistandes die Kirche ihren Anfang, der Leib Christi (vgl. *1 Kor* 12,27) und das Sakrament seiner Gegenwart „bei uns bis zum Ende der Welt" (vgl. *Mt* 28,20).
Dennoch bleibt der dem Vater und dem Sohn wesensgleiche Heilige Geist der „verborgene Gott". Obwohl er in der Kirche und in der Welt wirkt, tritt er nicht sichtbar in Erscheinung im Gegensatz zum Sohn, der Menschennatur annahm und uns gleich wurde, so daß

die Jünger ihn während seines Erdenlebens sehen und „mit den Händen anfassen" konnten, ihn, das Wort des Lebens (vgl. *1 Joh* 1,1).
Hingegen besitzt die Erkenntnis des Heiligen Geistes, auf dem Glauben an die Offenbarung Christi gegründet, nicht den Trost einer sichtbar unter uns in menschlicher Gestalt lebenden göttlichen Person, sondern nur die Feststellung der Auswirkungen seiner Gegenwart und seines Handelns in uns und in der Welt. Der Schlüssel zu dieser Erkenntnis ist das Geschehen von Pfingsten.

2. Nach der religiösen Tradition Israels war Pfingsten ursprünglich das „Fest der Ernte". „Dreimal im Jahr sollen alle deine Männer vor dem Herrn, dem Gott Israels, erscheinen" (*Ex* 34,23): das erste Mal zum Osterfest, das zweite Mal zum Fest der Ernte, das dritte Mal zum sogenannten Laubhüttenfest.
Das „Fest der Ernte, des ersten Ertrags deiner Aussaat auf dem Feld" (*Ex* 23,16), wurde im Griechischen ‚Pfingsten' genannt, denn es wurde fünfzig Tage nach dem Osterfest gefeiert. Es wurde auch „Wochenfest" genannt, weil es sieben Wochen nach dem Osterfest begangen wurde. Getrennt davon wurde dann das Fest der Lese gegen Ende des Jahres gefeiert (vgl. *Ex* 23,16; 34,22). Die Gesetzesbücher enthielten die vorgeschriebenen Einzelheiten für die Feier von Pfingsten (vgl. *Lev* 23,15 f.; *Num* 28,26–31), das dann auch das Fest der Erneuerung des Bundes wurde (vgl. *2 Chr* 15,10–13), wie wir später sehen werden.

3. Die Herabkunft des Heiligen Geistes auf die Apostel und auf die Urgemeinde der Jünger Christi, die im Abendmahlssaal von Jerusalem „einmütig im Gebet" mit Maria, der Mutter Jesu, verharrten (vgl. *Apg* 1,14), knüpft an die alttestamentarische Bedeutung von Pfingsten an. So wird das Fest der Ernte zum Fest der „neuen Ernte", deren Urheber der Heilige Geist ist: die Ernte im Geist.
Diese Ernte ist Frucht der Aussaat Christi, des Sämanns. Man erinnere sich an die Worte Jesu, die im *Johannesevangelium* aufgezeichnet sind: „Blickt umher und seht, daß die Felder weiß sind, reif zur Ernte" (*Joh* 4,35). Jesus gab zu verstehen, daß die Apostel schon nach seinem Tod die Ernte dieser Aussaat einholen würden: „Einer sät, und ein anderer erntet. Ich habe euch gesandt, zu ernten, wofür ihr nicht gearbeitet habt; andere haben gearbeitet, und ihr erntet die Frucht ihrer Arbeit" (*Joh* 4,37–38).
Vom Pfingsttag an werden die Apostel durch das Wirken des Heiligen Geistes die Schnitter der Aussaat Christi. „Schon empfängt der Schnitter seinen Lohn und sammelt Frucht für das ewige Leben, so daß sich der Sämann und der Schnitter gemeinsam freuen" (*Joh* 4,36). Wahrhaftig, schon am Pfingsttag, nach der ersten Rede des Petrus, zeigte sich eine reiche Ernte, denn es bekehrten sich „etwa dreitausend Menschen" (*Apg* 2,41), so daß Grund zu gemeinsamer Freude war: Freude der Apostel und ihres Meisters, des göttlichen Sämanns.

4. Die Ernte ist wirklich Frucht seines Opfertodes. Wenn Jesus von der „Mühe" des Sämanns spricht, so besteht diese vor allem in seinem Leiden und Tod am Kreuz. Christus ist jener „Andere", der für diese Ernte gearbeitet hat. „Ein Anderer", der dem Geist der

Wahrheit den Weg eröffnet hat, der vom Pfingsttag an durch das apostolische „kerygma“ kräftig am Werk ist.
Der Weg wurde durch das Selbstopfer Christi am Kreuz eröffnet: durch den erlösenden Tod, bekräftigt von der durchbohrten Seite des Gekreuzigten. Denn aus seinem Herzen „floß sogleich Blut und Wasser heraus“ (*Joh* 19,34) als Zeichen des physischen Todes. Aber in dieser Tatsache kann man auch die Erfüllung der geheimnisvollen Worte sehen, die Jesus einmal am letzten Tag des Laubhüttenfestes in bezug auf das Kommen des Heiligen Geistes gesprochen hatte: „Wer Durst hat, komme zu mir, und es trinke, wer an mich glaubt. Wie die Schrift sagt: Aus seinem Inneren werden Ströme von lebendigem Wasser fließen.“ Der Evangelist erläutert: „Damit meinte er den Geist, den alle empfangen sollten, die an ihn glauben“ (*Joh* 7,37–39). Um zu sagen, daß die Glaubenden weit mehr als den am Laubhüttenfest erflehten Regen empfangen sollten, indem sie aus einer Quelle schöpften, aus der wirklich das lebendige Wasser von Sion kommen sollte, das die Propheten angekündigt hatten (vgl. *Sach* 14,8; *Ez* 47,1 f.).

5. In bezug auf den Heiligen Geist hatte Jesus verheißen: „Gehe ich aber, so werde ich ihn zu euch senden“ (*Joh* 16,7). Das Wasser, das aus der durchbohrten Seite Christi kommt (vgl. *Joh* 19,34), ist wirklich das Zeichen dieses „Sendens“. Es wird eine „reiche“ Ausgießung sein: ja „Ströme lebendigen Wassers“ als Gleichnis, das die besondere Hochherzigkeit und Güte Gottes ausdrückt, der sich dem Menschen schenkt.
Das Jerusalemer Pfingsten ist die Bekräftigung dieses göttlichen Überflusses, der von Christus verheißen und durch den Geist gewährt wurde.
Die Umstände des Festes selbst scheinen in der Erzählung des Lukas eine symbolische Bedeutung zu haben. Die Herabkunft des Geistes geschieht tatsächlich zur Vollendung des Festes. Der vom Evangelisten verwandte Ausdruck weist auf eine Fülle hin. Denn er sagt: „Als der Pfingsttag gekommen war ...“ (*Apg* 2,1). Anderseits berichtet der heilige Lukas noch, daß „sich alle [zusammen] am gleichen Ort befanden“ (*Apg* 2,1), was die Vollständigkeit der versammelten Gemeinschaft andeutet. „Alle [zusammen]“, nicht nur die Apostel, sondern die ganze Urgemeinde der entstehenden Kirche, Männer und Frauen, zusammen mit der Mutter Jesu. Dies ist eine erste Einzelheit, die berücksichtigt werden muß. Aber in der Beschreibung dieses Geschehens gibt es auch andere Einzelheiten, die immer unter dem Gesichtspunkt der „Fülle“ nicht weniger bedeutsam sind.
Wie Lukas schreibt, „kam plötzlich vom Himmel her ein Brausen, wie wenn ein heftiger Sturm daherfährt, und erfüllte das ganze Haus, in dem sie waren ... Alle wurden mit dem Heiligen Geist erfüllt“ (*Apg* 2,2.4). Man merke diese Betonung der Fülle („erfüllte“, „alle wurden erfüllt“). Eine Beschreibung, die mit dem in Beziehung gesetzt werden kann, was Jesus sagte, als er zum Vater zurückkehrte: „Ihr aber werdet schon in wenigen Tagen mit dem Heiligen Geist getauft“ (*Apg* 1,5). „Getauft“ heißt „eingetaucht“ in den Heiligen Geist: Dies bringt der Ritus des Eintauchens in das Wasser während der Taufe zum Ausdruck. Das „Eintauchen“ und das „Erfülltsein“ bedeuten dieselbe geistliche Wirklichkeit, die sich durch die Herabkunft des Heiligen Geistes in den Aposteln und in allen Anwesenden im Abendmahlssaal vollzog.

6. Dieses „Erfülltsein", das die kleine Gemeinschaft zu Beginn des Pfingstages erlebte, kann beinahe als geistliche Verlängerung der Fülle des Heiligen Geistes betrachtet werden, der in Christus „wohnt", in dem die „ganze Fülle" ist (vgl. *Kol* 1,19). Wir lesen in der Enzyklika *Dominum et vivificantem*: „Was er jedoch vom Vater und von sich selbst, dem Sohn, sagt, entspringt nichtsdestoweniger aus jener Fülle des Geistes, die in ihm ist, die sich in sein Herz ergießt, sein ‚Ich' selbst durchdringt und sein Wirken von innen her anregt und belebt" (Nr. 21). Deshalb kann das Evangelium sagen, daß „Jesus, vom Heiligen Geist erfüllt, voll Freude ausrief" (*Lk* 10,21). So hat sich die „Fülle" des Heiligen Geistes, die in Christus ist, am Pfingsttag offenbart, indem sie alle im Abendmahl Versammelten „mit dem Heiligen Geist erfüllte". So entstand diese Christo-ekklesiologische Wirklichkeit, die der Apostel Paulus andeutet: „Durch ihn seid auch ihr davon erfüllt; denn er ist das Haupt" (*Kol* 2,10).

7. Man kann hinzufügen, daß der Heilige Geist an Pfingsten „Herr" der Apostel wird und seine Macht über ihre Menschheit zeigt. Die Offenbarung dieser Macht erscheint in einer Fülle des geistlichen Geschenkes, das als Kraft des Geistes, Kraft des Verstandes, des Willens und des Herzens zu Tage tritt. So schreibt der Apostel Johannes, „der, den Gott gesandt hat, ... gibt den Geist unbegrenzt" (*Joh* 3,34): das bezieht sich an erster Stelle auf Christus; aber man kann es auch auf die Apostel anwenden, denen Christus den Geist gegeben hat, damit sie ihn ihrerseits den andern mitteilen.

8. Am Schluß entnehmen wir, daß sich zu Pfingsten auch die Worte Ezechiels erfüllten: „Ich lege einen neuen Geist in euch" (*Ez* 36,26). Und dieses „Anhauchen" hat wirklich die Freude der Schnitter hervorgerufen, so daß man mit Jesaja sagen kann: „Man freut sich in deiner Nähe, wie man sich freut bei der Ernte" (*Jes* 9,2). Pfingsten, das antike Fest der Ernte, hat sich jetzt im Herzen von Jerusalem in einem neuen Sinn, als eine besondere „Ernte" des göttlichen Beistandes, offenbart. So hat sich die Verheißung Joëls bewahrheitet: „Danach aber wird es geschehen, daß ich meinen Geist ausgieße über alles Fleisch" (*Joël* 3,1).

In deutscher Sprache sagte der Papst:

Liebe Brüder und Schwestern!

Das Glaubensbekenntnis der Kirche über den Heiligen Geist besitzt eine reichhaltige biblische Grundlage. Christus selbst als die Fülle der Selbstmitteilung Gottes an die Menschen hat uns auch den Heiligen Geist endgültig geoffenbart. Mit dem Kommen des göttlichen Beistandes beginnt der Weg der Kirche in der Geschichte.

Dennoch bleibt der dem Vater und dem Sohn wesensgleiche Heilige Geist der „verborgene Gott". Im Unterschied zum göttlichen Sohn tritt er nicht sichtbar in Erscheinung. Den Heiligen Geist erkennen wir nur an den Wirkungen seines Handelns. Entscheidend für diese Erkenntnis ist das Geschehen am Pfingstfest. Pfingsten war in der jüdischen Tradition das „Fest der Ernte". In der Herabkunft des Heiligen Geistes wird Pfingsten in diesem alttestamentlichen Sinn zum Fest der neuen Ernte: die Ernte im Heiligen Geist. Diese Ernte ist die Frucht des von Christus ausgesäten Samens. Darum sagt

er zu seinen Aposteln: „Ich habe euch gesandt, zu ernten, wofür ihr nicht gearbeitet habt; andere haben gearbeitet, und ihr erntet die Frucht ihrer Arbeit" (*Joh* 4,38). Die neue Ernte im Heiligen Geist beginnt schon am Pfingstfest selbst mit der Bekehrung von „etwa dreitausend Menschen" (*Apg* 2,41). Das Geschenk des Heiligen Geistes ist vor allem die Frucht des Opfertodes Jesu Christi, aus dessen geöffneter Seite Blut und Wasser geflossen sind. „Ströme von lebendigem Wasser" sind für Johannes Symbol für den Heiligen Geist, den alle empfangen sollen, die an Christus glauben (vgl. *Joh* 7,38–39). Am Pfingstfest werden alle im Abendmahlssaal Versammelten vom Heiligen Geist erfüllt – und mit ihnen die ganze Kirche. In diesem Pfingstgeschehen erfüllt sich die Verheißung an Joël: „Danach aber wird es geschehen, daß ich meinen Geist ausgieße über alles Fleisch" (*Joël* 3,1).
Nach dieser kurzen Betrachtung grüße ich euch alle sehr herzlich, die ihr als Pilger aus deutschsprachigen Ländern an dieser Audienz teilnehmt. Für eure Begegnung mit den Heiligen Stätten in Rom erbitte ich euch den besonderen Beistand des Heiligen Geistes. Möget ihr dadurch geistlich reich beschenkt werden und mit neuem Mut zu einem lebendigen Glaubenszeugnis in eure Heimat zurückkehren. Von Herzen erteile ich euch und euren Lieben daheim meinen besonderen Apostolischen Segen.

Eine Liebe ohne Grenzen

Angelus am 9. Juli

„Herz Jesu, mit dem Worte Gottes wesenhaft vereinigt, erbarme dich unser!"

1. Der Ausdruck „Herz Jesu" erinnert uns sogleich an die Menschheit Christi. Er hebt an ihr den Gefühlsreichtum hervor, das Mitleid mit den Kranken, die bevorzugte Liebe zu den Armen, das Erbarmen mit den Sündern, die Zärtlichkeit gegen die Kinder, die kraftvolle Entschiedenheit im Zurückweisen der Heuchelei des Stolzes und der Gewalt, Milde gegenüber Gegnern, Eifer für die Ehre des Vaters und Jubel über Gottes geheimnisvolle Pläne der Vorsehung und der Gnade.
Im Hinblick auf die Ereignisse seines Leidens läßt der Ausdruck „Herz Jesu" an die Traurigkeit Christi über den Verrat des Judas denken, an die Trostlosigkeit seiner Einsamkeit und seine Todesangst und an die vertrauensvolle Hingabe und den Gehorsam, mit dem der Sohn sich den Händen des Vaters überließ. Vor allem spricht diese Bezeichnung uns von der Liebe, die unaufhaltsam aus seinem Innersten strömt: eine Liebe ohne Grenzen zum Vater und zum Menschen.

2. Nun ist dieses menschlich so reiche Herz „vereinigt – wie uns die Anrufung sagt – mit dem Worte Gottes". Jesus ist das menschgewordene Wort Gottes: In ihm gibt es nur eine Person, nämlich die des ewigen Wortes, und sie hat in zwei Naturen Bestand, in der göttlichen und der menschlichen.
Jesus ist Einer in der unteilbaren Wirklichkeit seines Wesens, er ist zu gleicher Zeit vollkommen in seiner Gottheit und vollkommen in unserer Menschheit. Er ist, was

die göttliche Natur angeht, dem Vater gleich, und was die menschliche Natur betrifft, uns gleich; wahrer Gottessohn und wahrer Menschensohn.
Das Herz Jesu war also vom Augenblick seiner Menschwerdung an mit der Person des göttlichen Wortes vereinigt und wird es immer bleiben.
Im Hinblick auf die Vereinigung des Herzens Jesu mit der Person des Wortes Gottes können wir sagen: In Jesus liebt Gott menschlich, leidet er menschlich, freut er sich menschlich. Und umgekehrt: In Jesus gewinnen menschliche Liebe, menschliches Leiden und menschliche Glückseligkeit göttliche Intensität und Kraft.

3. Zum Angelusgebet vereint wollen wir, liebe Brüder und Schwestern, mit Maria das Herz Christi betrachten. Die hl. Jungfrau lebte Tag für Tag im Glauben neben ihrem Sohn Jesus. Sie wußte, daß die Menschheit ihres Sohnes aus ihrer jungfräulichen menschlichen Natur stammte; aber sie erfaßte intuitiv, daß er, der „Sohn des Höchsten" (*Lk* 1,32), sie unendlich weit übertraf: Das Herz ihres Sohnes war „mit der Person des Wortes Gottes wesenhaft vereinigt". Darum liebte sie ihn als ihren Sohn, und zugleich betete sie ihn an als ihren Herrn und ihren Gott.
Möge sie auch uns dahin führen, daß wir Christus, Gott und Mensch, über alles lieben und anbeten „aus ganzem Herzen, mit ganzer Seele und mit all unseren Gedanken" (vgl. *Mt* 22,37). So werden wir gleich ihr Gegenstand der göttlichen und menschlichen Liebe des Herzens ihres Sohnes sein.

Der Geist bewirkt die geistliche Einheit

Ansprache bei der Generalaudienz am 12. Juli

1. Was wir über den Heiligen Geist wissen, ist grundgelegt in dem, was Jesus über ihn verkündigt, vor allem zu der Stunde, als er von seinem Weggehen, von seiner Rückkehr zum Vater spricht. „Wenn ich fortgegangen bin ... wird der Beistand zu euch kommen" (vgl. *Joh* 16,7). Dieses „Fortgehen" Jesu, das sich durch das Kreuz, die Auferstehung und die Himmelfahrt ereignete, findet seine Krönung am Pfingstfest, d.h. in der Herabkunft des Heiligen Geistes auf die Apostel, die im Obergemach „im Gebet verharrten zusammen mit der Mutter Jesu" (vgl. *Apg* 1,14) und mit der Gruppe, die den Kern der Urkirche bildete.
In diesem Ereignis bleibt der Heilige Geist der „geheimnisvolle" Gott (vgl. *Jes* 45,15), und er wird es die ganze Geschichte der Kirche und der Welt hindurch bleiben. Man könnte sagen, er ist „verborgen" im Schatten Christi, des Sohnes, der, dem Vater wesensgleich, in sichtbarer Weise „Fleisch geworden" ist und „unter uns gewohnt" hat (*Joh* 1,14).

2. Im Geschehen der Menschwerdung offenbart sich der Heilige Geist nicht sichtbar – er bleibt der „verhüllte" Gott – und hüllt auch Maria in das Geheimnis ein. Zu der Jungfrau, der Frau, die auserwählt ist für das endgültige Nahekommen Gottes zum

Menschen, wird vom Engel gesagt: „Der Heilige Geist wird über dich kommen, und die Kraft des Höchsten wird dich überschatten“ (*Lk* 1,35).
Ähnlich breitet am Pfingstfest der Heilige Geist seinen „Schatten“ über die entstehende Kirche, damit sie unter seinem Hauch die Kraft empfange, „Gottes große Taten“ zu verkünden (vgl. *Apg* 2,11). Was bei der Menschwerdung im Schoß der Jungfrau geschehen war, ereignet sich nun aufs neue. Der Geist wirkt als der „verborgene Gott“, unsichtbar in seiner Person.

3. Und doch ist Pfingsten eine Theophanie, eine machtvolle Kundgebung Gottes, eine Vervollständigung jener Offenbarung Gottes, die sich am Sinai ereignete, nachdem Israel unter Führung des Mose aus der ägyptischen Knechtschaft weggezogen war. Nach rabbinischer Tradition fand die Kundgebung Gottes am Sinai fünfzig Tage nach dem Pascha des Auszugs aus Ägypten statt.
„Der ganze Sinai war in Rauch gehüllt, denn der Herr war im Feuer auf ihn herabgestiegen. Der Rauch stieg vom Berg auf wie Rauch aus einem Schmelzofen. Der ganze Berg bebte gewaltig“ (*Ex* 19,18). Dies war eine Offenbarung der Majestät Gottes, der absoluten Transzendenz dessen, „der da ist“ (vgl. *Ex* 3,14). Schon am Fuß des Berges Horeb hatte Mose aus dem Innern des Dornbuschs, der brannte und doch nicht verbrannte, die Worte gehört: „Komm nicht näher heran! Leg deine Schuhe ab; denn der Ort, wo du stehst, ist heiliger Boden“ (*Ex* 3,5). Nun, am Fuß des Sinai, gibt der Herr ihm eindringlich zu verstehen: „Schärf dem Volk ein, sie sollen nicht neugierig sein und nicht versuchen, zum Herrn vorzudringen; sonst müßten viele von ihnen umkommen“ (*Ex* 19,21).

4. Die Offenbarung am Pfingstfest ist der Zielpunkt einer Reihe von Manifestationen, mit denen Gott sich dem Menschen in fortschreitender Weise kundgetan hat. In ihr erreicht jene Selbstoffenbarung Gottes ihren Höhepunkt, durch die er sein Volk zum Glauben an seine Majestät und Transzendenz bringen wollte, zugleich aber auch an seine bleibende Gegenwart unter ihnen als „Emmanuel“, „Gott mit uns“.
Pfingsten findet eine Theophanie statt, die mit Maria unmittelbar die ganze Kirche in ihrer Keimzelle betrifft und den langen Prozeß zum Abschluß bringt, der im Alten Bund begonnen hat. Wenn wir das Geschehen im Abendmahlssaal, wie die *Apostelgeschichte* es berichtet (vgl. 2,1–13), mehr im einzelnen betrachten, finden wir dabei verschiedene Elemente, die an die vorausgegangenen Gotteserscheinungen erinnern, vor allem an jene vom Sinai, an die Lukas bei der Beschreibung der Herabkunft des Heiligen Geistes zu denken scheint. Die Theophanie im Abendmahlssaal fand nach der Beschreibung des Lukas tatsächlich unter ähnlichen Erscheinungen wie die am Sinai statt: „Als der Pfingsttag gekommen war, befanden sich alle am gleichen Ort. Da kam plötzlich vom Himmel her ein Brausen, wie wenn ein heftiger Sturm daherfährt, und erfüllte das ganze Haus, in dem sie waren. Und es erschienen ihnen Zungen wie von Feuer, die sich verteilten; auf jeden von ihnen ließ sich eine nieder. Alle wurden mit dem Heiligen Geist erfüllt und begannen, in fremden Sprachen zu reden, wie es der Geist ihnen eingab“ (*Apg* 2,1–4).
Wir gewahren drei Elemente – Sturmesbrausen, Feuerzungen und das Charisma des Redens in fremden Sprachen – reich an symbolischer Bedeutung, die wir uns gegenwärtig halten müssen. In ihrem Licht versteht man besser, was der Verfasser der *Apostelge-*

schichte sagen wollte, als er betonte, daß alle, die im Abendmahlssaal anwesend waren, „mit dem Heiligen Geist erfüllt" wurden.

5. „Plötzlich kam vom Himmel her ein Brausen, wie wenn ein heftiger Sturm daherfährt." Vom sprachlichen Standpunkt aus besteht eine Beziehung zwischen „Wind" und „Geist". Im Hebräischen ist, wie im Griechischen, „Wind" gleichlautend mit „Geist": „ruah – pneuma". Im Buch *Genesis* lesen wir (1,2): „Gottes Geist [ruah] schwebte über dem Wasser", und im *Johannesevangelium*: „Der Wind [pneuma] weht, wo er will" (*Joh* 3,8).
Heftiger Wind, Sturmwind bedeutet in der Bibel Verkündigung der Gegenwart Gottes, Zeichen einer Theophanie. „Er schwebte auf den Flügeln des Windes", lesen wir im *zweiten Buch Samuel* (22,11). „Ein Sturmwind kam von Norden, eine große Wolke mit flackerndem Feuer": so wird die Theophanie im Buch des Propheten *Ezechiel* dargestellt (1,4). Insbesondere ist das Wehen des Windes der Ausdruck für die Macht Gottes, der aus dem Chaos die geordnete Schöpfung hervorgehen läßt (vgl. *Gen* 1,2). Ebenso bringt er die Freiheit des Geistes zum Ausdruck: „Der Wind weht, wo er will; du hörst sein Brausen, weißt aber nicht, woher er kommt und wohin er geht" (*Joh* 3,8).
Ein plötzliches „Brausen, wie wenn ein heftiger Sturm daherfährt", ist das erste Element der Kundgabe Gottes an Pfingsten, die Manifestation der göttlichen Macht, die im Heiligen Geist am Werk ist.

6. Das zweite Element ist das Feuer: „Es erschienen ihnen Zungen wie von Feuer" (*Apg* 2,3). Die Theophanien im Alten Bund sind immer mit Feuer verbunden. So der Bundesschluß Gottes mit Abraham (vgl. *Gen* 15,17). So auch die Erscheinung des Dornbuschs, der brannte und doch nicht verbrannte, als Gott sich dem Mose offenbarte (vgl. *Ex* 3,2). Und so schließlich die Feuersäule, die den Israeliten auf ihrer Wanderung durch die Wüste nachts vorauszog (vgl. *Ex* 13,21–22). Vor allem die Theophanie am Berg Sinai ist durch Feuer gekennzeichnet (vgl. *Ex* 19,18). Ähnlich gehen eschatologische Manifestationen Gottes, wie sie die Propheten beschreiben, mit Feuer einher (vgl. *Jes* 4,5; 64,1; *Dan* 7,9 usw.). Das Feuer ist also ein Symbol für die Gegenwart Gottes. Die Heilige Schrift stellt des öfteren fest, daß „unser Gott ein verzehrendes Feuer" ist (*Hebr* 12,29; *Dtn* 4,24; 9,3). Was beim Ritus des Ganzopfers vor allem zählte, war der „Wohlduft", ein Symbol für das Aufsteigen der Opfergabe gleichsam als duftendes Gewölk zu Gott, während das Feuer, auch „Diener Gottes" genannt (vgl. *Ps* 103/104,4), die Reinigung des Menschen von der Sünde versinnbildlichte, so, wie das Silber im Feuer „geläutert" und das Gold im Feuer „geprüft" wird (vgl. *Sach* 13,8–9).
Die Offenbarung Gottes an Pfingsten ist sodann vom Symbol der Feuerzungen begleitet, die sich auf einen jeden der im Abendmahlssaal Anwesenden niederließen. Wenn das Feuer ein Symbol für die Gegenwart Gottes ist, dann scheinen die Feuerzungen, die sich auf die Häupter verteilen, anzudeuten, daß Gott, der Heilige Geist herabkommt und sich jedem von ihnen für seine Sendung schenkt.

7. Dieses Sich-Schenken des Geistes, des göttlichen Feuers, nimmt eine besondere Form an, nämlich die von Zungen. Das wird sogleich genauer erklärt, wenn der Verfasser

der *Apostelgeschichte* sagt: „Sie begannen, in fremden Sprachen zu reden, wie es der Geist ihnen eingab“ (2,4). Die Worte, die vom Heiligen Geist kommen, sind „wie Feuersglut“ (vgl. *Jer* 5,14; 23,29), sie haben eine Wirkung, wie sie bloß menschlichen Worten nicht zukommt. In diesem dritten Element der Theophanie am Pfingstfest bewirkt Gott, der Heilige Geist, der sich den Menschen schenkt, in ihnen etwas, das sowohl wirklich wie symbolisch ist. Es ist wirklich, insofern es das Sprechen als natürliche Fähigkeit des Menschen betrifft. Es ist aber auch symbolisch, denn die Männer aus Galiläa, die sich also der Sprache oder des Dialekts ihrer Gegend bedienen, sprechen „in anderen Sprachen“, so daß in der Menge, die sogleich rings um den Abendmahlssaal zusammengeströmt ist, jeder sie in seiner Sprache reden hörte, obgleich sich Vertreter verschiedener Völker unter ihnen befanden (vgl. *Apg* 2,6).
Dieses Symbol der „Vervielfältigung der Sprachen“ ist bedeutungsvoll. Nach der Bibel war die Verschiedenheit der Sprachen das Zeichen für die Vielfalt der Völker und Nationen und ihre Zerstreuung nach dem Turmbau von Babel (vgl. *Gen* 11,5–9), als die eine gemeinsame Sprache, die von allen verstanden wurde, sich in viele Sprachen aufsplitterte, die sich gegenseitig nicht mehr verstanden. Nun folgt auf das Symbol des Turms zu Babel das der Sprachen am Pfingstfest, das gerade das Gegenteil jener Sprachenverwirrung ist. Man könnte sagen, daß die vielen unverständlichen Sprachen ihre Besonderheit verloren haben oder zumindest doch aufgehört haben, Symbol der Spaltung zu sein und nun dem neuen Wirken des Heiligen Geistes Raum geben, der durch die Apostel und die Kirche Menschen verschiedener Herkunft, verschiedener Sprachen und Kulturen zu geistiger Einheit führt im Hinblick auf die vollkommene Gemeinschaft in Gott, die Jesus verkündigt und um die er gebetet hat (vgl. *Joh* 17,21–22).

8. Wir wollen schließen mit den Worten des II. Vatikanischen Konzils in der *Konstitution über die göttliche Offenbarung*: „Christus hat ... in Tat und Wort seinen Vater und sich selbst geoffenbart und sein Werk durch Tod, Auferstehung, herrliche Himmelfahrt und Sendung des Heiligen Geistes vollendet. Von der Erde erhöht zieht er alle an sich (vgl. *Joh* 12,32); denn er allein hat Worte des ewigen Lebens (vgl. *Joh* 6,68). Anderen Geschlechtern ward dieses Geheimnis nicht kundgetan, wie es nun geoffenbart worden ist seinen heiligen Aposteln und Propheten im Heiligen Geist (vgl. *Eph* 3,4–6), damit sie das Evangelium verkünden, den Glauben an Jesus als Christus und Herrn wecken und die Kirche sammeln“ (*Dei Verbum*, Nr. 17). Das ist das große Werk des Heiligen Geistes und der Kirche in den Herzen und in der Geschichte.

In deutscher Sprache sagte der Papst:

Liebe Schwestern und Brüder!

Unser Wissen vom Heiligen Geist gründet auf den Ankündigungen Jesu, vor allem wenn er von seinem Weggang und der Sendung des neuen göttlichen Beistandes spricht. Der Weggang Christi gipfelt im Pfingstereignis, das heißt in der Herabkunft des Heiligen Geistes auf die Apostel und auf die Gruppe von Personen, die die Keimzelle der Kirche bildeten. Bei jenem Geschehen bleibt der Heilige Geist der „geheimnisvolle“ Gott (vgl. *Jes* 45,15), und er wird es bleiben über die ganze Kirchen- und Weltgeschichte hinweg. Und trotzdem

ist Pfingsten eine gewaltige Kundgebung Gottes, die Vervollständigung der Offenbarung Gottes, die sich auf dem Sinai ereignet hat, nachdem er Israel unter der Führung des Moses aus der Knechtschaft Ägyptens befreit hatte.
Die Offenbarung am Pfingstfest ist der Zielpunkt einer Reihe von Manifestationen, mit denen Gott sich dem Menschen in fortschreitender Weise kundgetan hat.
Drei wesentliche Elemente sind bei der Herabkunft des Heiligen Geistes im Abendmahlssaal zu nennen: das Brausen eines heftigen Sturmes, die Zungen wie von Feuer und das Charisma, in fremden Sprachen zu reden.
Das Brausen des heftigen Sturmes kündigt in der Bibel die Anwesenheit Gottes an; es ist insbesondere der Ausdruck der göttlichen Macht, die aus dem Chaos die Ordnung der Schöpfung hervorbringt. Es ist aber auch Ausdruck der Freiheit des Geistes. Die Feuerzungen zeigen die Herabkunft des Heiligen Geistes auf alle Anwesenden an; er schenkt sich einem jeden von ihnen für ihre Sendung. Im dritten Merkmal zeitigt der Heilige Geist eine Wirkung, die gleichzeitig real und symbolisch ist. Wie Babel die Ursache für die Sprachenverwirrung, ein Symbol der Teilung war, so wirkt nun der Heilige Geist durch die Apostel und die Kirche die geistliche Einheit unter Völkern verschiedener Sprachen und Kulturen.
Mit dieser kurzen Betrachtung grüße ich alle Pilger und Besucher aus den deutschsprachigen Ländern sehr herzlich. Mein besonderer Gruß gilt einer Gruppe von Salesianern aus Österreich und Deutschland, die an einem Fortbildungskurs in ihrem Generalat teilnehmen. Möge euch das Grundanliegen des heiligen Don Bosco für unsere Zeit wieder neu bewußt werden. Versucht, ihn stets nachzuahmen in der Erziehung junger Menschen, die auf seiner optimistischen Einfühlungskraft in die Welt der Jugend wie auch auf Religion, Vernunft und Liebe basiert. Euch und allen Anwesenden, euren Angehörigen in der Heimat sowie den mit uns über Radio Vatikan verbundenen Hörerinnen und Hörern erteile ich von Herzen meinen Apostolischen Segen.

Auf Gottes Ruf antworten

Angelus in Oropa (Piemont) am 16. Juli

Liebe Brüder und Schwestern!

1. Heute treffen wir uns zum Angelusgebet hier bei diesem beeindruckenden Marienheiligtum von Oropa, vor der neuen Kirche, die vor gerade vierzig Jahren für den Gottesdienst eröffnet wurde. Ein nicht nur in Piemont, sondern auch in den Nachbarregionen, im Aostatal und bis in die Schweiz beliebter Wallfahrtsort. Seit Jahrhunderten kommen die Wallfahrer über das Gebirge hierher, um Maria zu verehren und in Gebet und Betrachtung im Frieden ihres Heiligtums zu verweilen. Sie haben diese Stätte, die Kirche und das Hospiz, immer als Haus der Muttergottes betrachtet: „Ecclesia et domus Sanctae Mariae".

2. Denen, die sich mit Vertrauen an sie wenden, besonders den jungen Menschen – wie Pier Giorgio Frassati, der gern hier heraufstieg, um sich im Gebet zu sammeln –, bietet die hl. Jungfrau bergende Zuflucht als himmlische Mutter, bei der die Tür offen steht zur stärkenden Erfahrung einer tieferen Begegnung mit Gott.
Meine lieben Jugendlichen, die ihr mir zuhört, entdeckt auch ihr, wie Pier Giorgio, den Weg zum Heiligtum, um, von Maria geführt, eine geistliche Wanderung zu unternehmen, die euch immer näher zu Christus führt! Dann werdet ihr so überzeugt und entschieden für ihn eintreten können wie Pier Giorgio in seiner apostolischen Tätigkeit. Ihr werdet vor allem in der Welt der Universität für Christus Zeugnis geben können, in der es junge Männer und Frauen gibt, die vielleicht die Frage noch nicht gelöst haben, welches der Sinn ihres Lebens ist.
Euer Wort und euer Beispiel wird ein Hinweis auf Christus sein können, der für die entscheidenden Fragen unserer Existenz die wahrhaft befriedigende Lösung besitzt.
Meine Lieben, habt keine Bedenken, hier heraufzukommen, um Licht und Kraft für euren Glaubensweg zu suchen, damit ihr euch als Christen mit festerem Vertrauen mutig und konsequent in der heutigen Welt einsetzt. Pier Giorgio Frassati steht als herausragende Gestalt eines Laien der Katholischen Aktion vor euch. Er war sich vollkommen bewußt, daß die Taufe ihn verpflichtete, in voller Übereinstimmung mit den Hirten der Kirche zur christlichen Animation des sozialen Umfeldes beizutragen.

3. Nach der Tradition ist die Christianisierung dieser Gegend, wie auch der Beginn der besonderen Marienverehrung, auf den hl. Bischof Eusebius, den Patron der vereinigten Region Piemont, zurückzuführen. Die Pilger kamen zur Verehrung der „Schwarzen Muttergottes" hierher: Heilige aus Piemont wie Johannes Bosco und Josef Cafasso, und als Kardinäle suchten auch meine Vorgänger Johannes XXIII. und Paul VI. dieses Heiligtum auf. Außerdem möchte ich gerne an Don Oreste Fontanella erinnern, der in besonderer Weise mit diesem Heiligtum verbunden war.
Einer so ausgezeichneten Tradition folgend bin auch ich hergekommen, um den Schutz Marias auf die Kirche herabzurufen; auf alle, die die Wahrheit des Glaubens suchen; auf

jene, denen die Einheit des Gottesvolkes ein Anliegen ist, für das sie arbeiten; auf solche, die Augenblicke der Zurückgezogenheit und Meditation wünschen, um herauszufinden, was Gott mit ihnen vorhat, und auf seinen Ruf zu antworten.
Und nun wollen wir die hl. Jungfrau, die „Magd des Herrn“ und das Vorbild der Kontemplation anrufen, in deren Schoß das Wort Fleisch geworden ist.

Nach dem Angelus sagte der Papst:

Einen besonderen Gruß möchte ich noch an die zahlreichen Pilger aus Fontanamora, Diözese Aosta, richten, die auf einem alten Wallfahrtsweg über Alpenpässe die ganze Nacht unterwegs waren. Dem überkommenen Bußgeist getreu, wollten sie auch in unserer Zeit der hl. Jungfrau von Oropa diesen Akt besonderer Verehrung bezeigen. Mein Wunsch für ihr geistliches und materielles Wohlergehen gilt ihnen allen persönlich, wie auch ihren Gemeinden, und ebenso mein Segen, der sich auch auf ihre Familien und ihre Lieben erstreckt.

Der Geist aber macht lebendig

Ansprache bei der Generalaudienz am 22. Juli

1. Das Pfingstereignis im Abendmahlssaal von Jerusalem ist eine außergewöhnliche Kundgebung Gottes. Wir haben bereits die Elemente, die äußerlich erkennbar waren, betrachtet: „ein Brausen, wie wenn ein heftiger Sturm dahinfährt“, „Zungen wie von Feuer“ über denen, die im Obergemach versammelt sind, und schließlich das „Reden in fremden Sprachen“. Alle diese Einzelheiten zeigen nicht nur die Anwesenheit des Heiligen Geistes an, sondern auch sein „Herabsteigen“ auf die einzelnen, sein „Sich-Schenken“, das in ihnen eine sichtbare Umwandlung hervorruft, wie aus dem Text der *Apostelgeschichte* hervorgeht (vgl. 2,1–12). Pfingsten schließt die lange Kette der Theophanien des Alten Testaments ab, unter denen als größte jene an Mose auf dem Berg Sinai hervorragt.

2. Bei diesem Zyklus von Katechesen über den Heiligen Geist haben wir von Anfang an auch auf die Verbindung des Pfingstereignisses mit dem Pascha Christi hingewiesen, und zwar gerade unter dem Aspekt des „Weggehens“ zum Vater durch den Tod am Kreuz, die Auferstehung und die Himmelfahrt. Pfingsten ist die Erfüllung der Verheißung, die Jesus seinen Aposteln am Tag vor seinem Leiden im Abendmahlssaal in Jerusalem gab. Damals hatte er von dem „anderen Beistand“ gesprochen: „Ich werde den Vater bitten, und er wird euch einen anderen Beistand geben, der für immer bei euch bleiben soll. Es ist der Geist der Wahrheit“ (*Joh* 14,16–17).
Als er von seinem Weggehen durch den Erlösungstod im Kreuzesopfer sprach, hatte Jesus gesagt: „Nur noch kurze Zeit, und die Welt sieht mich nicht mehr; ihr aber seht mich, weil ich lebe und weil auch ihr leben werdet“ (*Joh* 14,19).

Ein neuer Aspekt also der Verbindung zwischen Ostern und Pfingsten: das „Ich lebe". Jesus sprach von seiner Auferstehung. „Ihr werdet leben": Das Leben, das sich in meiner Auferstehung zeigen und bestätigen wird, es wird zu eurem Leben werden. Die Weitergabe dieses Lebens, das sich im Ostergeheimnis Christi kundtut, findet Pfingsten ihre endgültige Erfüllung. Im Wort Jesu klingt das Echo aus dem abschließenden Teil der Verheißung *Ezechiels* wider, in der Gott versprochen hatte: „Ich hauche euch meinen Geist ein, dann werdet ihr lebendig" (37,14). Pfingsten ist also organisch mit Ostern verbunden, es gehört zum Ostergeheimnis Christi: „Ich lebe, und ihr werdet leben."

3. Durch den Heiligen Geist, durch sein Kommen hat sich auch das Gebet Jesu im Abendmahlssaal erfüllt: „Vater, die Stunde ist da. Verherrliche deinen Sohn, damit der Sohn dich verherrlicht. Denn du hast ihm Macht über alle Menschen gegeben, damit er allen, die du ihm gegeben hast, ewiges Leben schenkt" (*Joh* 17,1–2).
Jesus Christus ist im Ostergeheimnis der Urheber dieses Lebens. Der Heilige Geist schenkt dieses Leben, er schöpft es aus der Erlösung, die Christus gewirkt hat („Er wird von dem, was mein ist, nehmen" – *Joh* 16,14). Jesus selbst hatte gesagt: „Der Geist ist es, der lebendig macht" (*Joh* 6,63). Ähnlich ruft Paulus aus: „Der Buchstabe tötet, der Geist aber macht lebendig" (*2 Kor* 3,6). Pfingsten leuchtet die Wahrheit auf, die die Kirche im *Glaubensbekenntnis* ausspricht: „Ich glaube an den Heiligen Geist, der Herr ist und lebendig macht."
Mit Ostern zusammen bildet Pfingsten die Krönung der Heilsökonomie von der göttlichen Dreifaltigkeit in der menschlichen Geschichte.

4. Und weiter: die ersten, die am Tag des Pfingstfestes die Frucht der Auferstehung Christi verspüren sollten, waren die Apostel, die, zusammen mit Maria, der Mutter Jesu, und anderen Jüngern des Herrn, Männern und Frauen, im Abendmahlssaal von Jerusalem versammelt waren. Für sie ist Pfingsten der Tag der Auferstehung, das heißt, des neuen Lebens, im Heiligen Geist. Eine Auferstehung, die uns zuteil wird durch den Prozeß, der sich in den Aposteln im Verlauf jener Tage vollzog: vom Freitag des Leidens Christi über den Ostertag bis Pfingsten. Die Gefangennahme des Meisters und sein Tod am Kreuz waren für sie ein furchtbarer Schlag, von dem sie sich kaum erholen konnten. So ist es begreiflich, daß die Nachricht von der Auferstehung, ja selbst ihre Begegnung mit dem Auferstandenen bei ihnen auf Schwierigkeiten und Widerstand stieß. Die Evangelien deuten es mehrmals an: „Sie glaubten es nicht" (*Mk* 16,11), sie „hatten Zweifel" (*Mt* 28,17). Jesus selbst machte ihnen einen gelinden Vorwurf: „Was seid ihr so bestürzt? Warum laßt ihr in eurem Herzen solche Zweifel aufkommen?" (*Lk* 24,38). Er suchte sie davon zu überzeugen, daß er es wirklich sei, daß sie nicht ein Phantasiegebilde vor sich hätten, sondern „Fleisch und Knochen". Um das zu zeigen, verzehrte er sogar vor ihren Augen eine Mahlzeit (vgl. *Lk* 24,37–43).
Das Pfingstfest bringt die Jünger dazu, diese Haltung des Mißtrauens endgültig zu überwinden: die Wirklichkeit der Auferstehung Christi erfüllt nun ihr Bewußtsein zur Gänze und trägt in ihrem Willen den Sieg davon. Aus ihrem Innern fließen nun wirklich „Ströme von lebendigem Wasser" (vgl. *Joh* 7,38), wie Jesus selbst bildlich gesagt hatte, als er vom Heiligen Geist sprach.

5. Durch den Heiligen Geist, den „Beistand", wurden die Apostel und die anderen Jünger „österliche Menschen": Glaubende und Zeugen für die Auferstehung Christi. Rückhaltlos machten sie sich die Wahrheit dieses Ereignisses zu eigen, und vom Tag des Pfingstfestes an verkündeten sie „Gottes große Taten" (magnalia Dei) (*Apg* 2,11). Von innen her wurden sie dazu befähigt: Der Heilige Geist bewirkte ihre innere Umwandlung kraft des „neuen Lebens", jenes Lebens Christi in seiner Auferstehung, das jetzt denen, die ihm folgten, von dem „anderen Beistand" eingegossen wurde. Auf diese Umwandlung läßt sich anwenden, was Jesaja in bildlicher Sprache prophezeit hatte: „Wenn aber der Geist aus der Höhe über uns ausgegossen wird, dann wird die Wüste zum Garten, und der Garten wird zu einem Wald" (*Jes* 32,15). Pfingsten leuchtet die Wahrheit des Evangeliums auf, daß Gott „nicht der Gott der Toten, sondern der Gott der Lebenden" ist (*Mt* 22,32), „denn für ihn sind alle lebendig" (*Lk* 20,38).

6. Die Pfingst-Theophanie eröffnet allen Menschen die Perspektive des „neuen Lebens". Dieses Ereignis ist der Anfang des neuen „Sich-Schenkens" Gottes an die Menschheit, und die Apostel sind Zeichen und Unterpfand nicht nur für das „neue Israel", sondern auch für die Neuschöpfung, die sich durch das Ostergeheimnis vollzogen hat. Es ist so, wie Paulus schreibt: „Durch die gerechte Tat eines einzigen [wird es] für alle Menschen zur Gerechtsprechung kommen, die Leben gibt ... Wo die Sünde mächtig wurde, da ist die Gnade übergroß geworden" (*Röm* 5,18.20). Und dieser Sieg des Lebens über den Tod, der Gnade über die Sünde, den Christus davongetragen hat, kommt in der Menschheit durch den Heiligen Geist zur Auswirkung. Durch ihn wird das Geheimnis der Erlösung in den Herzen fruchtbar (vgl. *Röm* 5,5; *Gal* 5,22). Pfingsten ist der Beginn des geistigen Erneuerungsprozesses, der in der Heilsökonomie in ihrer geschichtlichen und eschatologischen Dimension am Werk ist und sich auf alles Geschaffene erstreckt.

7. In der Enzyklika über den Heiligen Geist *Dominum et vivificantem* habe ich geschrieben: Pfingsten ist „ein neuer Anfang im Vergleich zu jenem ersten, ursprünglichen Anfang der heilbringenden Selbstmitteilung Gottes, der mit ... der Schöpfung selbst identisch ist. So lesen wir schon in den ersten Zeilen des Buches der *Genesis*: ‚Im Anfang hat Gott Himmel und Erde geschaffen ..., und Gottes Geist (ruah Elohim) schwebte über dem Wasser.'(*Gen* 1,1 f.). Dieser biblische Begriff der Schöpfung enthält nicht nur den Ruf ins Dasein des Kosmos als solchem, das heißt das Geschenk der Existenz, sondern auch die Gegenwart des Geistes Gottes in der Schöpfung, das heißt den Anfang der heilbringenden Selbstmitteilung Gottes an die Dinge, die er erschafft. Das gilt vor allem für den Menschen, der nach Gottes Bild und Gleichnis geschaffen worden ist" (Nr. 12). Pfingsten verbindet sich der „neue Anfang" der heilschenkenden Selbstmitteilung Gottes mit dem Ostergeheimnis, der Quelle des neuen Lebens.

In deutscher Sprache sagte der Papst:

Liebe Brüder und Schwestern!

Unsere heutigen katechetischen Überlegungen gelten weiterhin dem Pfingstgeheimnis. Pfingsten ist die Vollendung des Ostergeschehens. Es ist die Erfüllung der Verheißung Christi in seiner Abschiedsrede: „Ich werde den Vater bitten, und er wird euch einen an-

deren Beistand geben, der für immer bei euch bleiben soll" (*Joh* 14,16). Ferner sagt er dort: „Nur noch kurze Zeit, und die Welt sieht mich nicht mehr; ihr aber seht mich, weil ich lebe und weil auch ihr leben werdet" (*Joh* 14,19). Jesus betont damit, daß die Apostel an jenem Leben teilhaben werden, das er durch seine Auferstehung besitzt: „Ich lebe und auch ihr werdet leben." Die Vermittlung dieses seines Lebens erfolgt durch die Mitteilung des Heiligen Geistes. Denn, so bekräftigt der Herr an einer anderen Stelle: „Der Geist ist es, der lebendig macht" (*Joh* 6,63). Pfingsten als das Fest der Selbstmitteilung Gottes an den Menschen im Heiligen Geist ist die Krönung der ganzen Heilsökonomie.
Die Apostel sind die ersten, die diese geistigen Früchte der Auferstehung Christi in Fülle empfangen. Aus verängstigten, verzagten und furchtsamen Jüngern Jesu, die sich nur mit größter Mühe von der Wirklichkeit des Ostergeschehens überzeugen ließen, werden sie am Pfingstfest zu mutigen und opferbereiten Zeugen seiner Frohen Botschaft. Der Heilige Geist verwandelt sie in „österliche Menschen" und befähigt sie, fortan vor aller Welt die „Großtaten Gottes" (*Apg* 2,11) zu verkünden. Die Selbstmitteilung Gottes im Heiligen Geist am Pfingsttag eröffnet für alle Menschen den Zugang zum neuen Leben, zur Teilnahme an der durch Christus für die ganze Menschheit gewirkten Erlösung.
Nach diesen kurzen Überlegungen grüße ich sehr herzlich alle anwesenden deutschsprachigen Pilger und Besucher: die Gruppen und Familien und besonders die zahlreichen Jugendlichen unter euch. Namentlich grüße ich die große Jugendgruppe aus Vechta sowie die Eltern und Angehörigen von Alumnen des Bischöflichen Seminars in Graz. Euch und allen Anwesenden erbitte ich reiche Gaben des Heiligen Geistes. Ich wünsche euch geistig und körperlich erholsame Ferientage und begleite euch von Herzen mit meinem besonderen Segen.

Leben Jesu Zeichen des Gehorsams

Angelus am 23. Juli

„Herz Jesu, bis zum Tode gehorsam, erbarme dich unser!"

1. Liebe Brüder und Schwestern, diese Anrufung aus der *Herz-Jesu-Litanei* lädt uns heute ein, das Herz des gehorsamen Christus zu betrachten. Das ganze Leben Jesu steht unter dem Zeichen des vollkommenen Gehorsams gegenüber dem Vater, dem höchsten und ewigen Ursprung seines Daseins (vgl. *Joh* 1,1–2), mit dem er eins ist an Macht, Herrlichkeit und Weisheit und in gegenseitiger, grenzenloser Liebe. Aufgrund dieser Lebens- und Liebesgemeinschaft bindet sich der Sohn aufs engste an den Plan des Vaters, der das Heil des Menschen durch Vermittlung des Menschen wirken will: In der „Fülle der Zeit" wird Jesus von der Jungfrau Maria geboren (vgl. *Gal* 4,4). Mit einem Herzen, das gehorsam ist, will er den Schaden gutmachen, den das Menschengeschlecht durch den Ungehorsam der Stammeltern erlitten hat.
Darum sagt Christus beim Eintritt in die Welt: „Ja, ich komme, um deinen Willen, Gott, zu tun" (*Hebr* 10,7). Gehorsam ist der neue Name der Liebe!

2. Die Evangelien zeigen uns, wie Jesus während seines ganzen Lebens stets darauf bedacht ist, den Willen des Vaters zu erfüllen. Als Zwölfjähriger antwortet er Maria und Josef, die ihn drei Tage lang mit Schmerzen gesucht hatten: „Warum habt ihr mich gesucht? Wußtet ihr nicht, daß ich in dem sein muß, was meinem Vater gehört?" (*Lk* 2,49). Seine ganze Existenz ist beherrscht von diesem „ich muß", das sein Wählen und Entscheiden bestimmt und sein Tun leitet. Eines Tages wird er zu seinen Jüngern sagen: „Meine Speise ist es, den Willen dessen zu tun, der mich gesandt hat, und sein Werk zu Ende zu führen" (*Joh* 4,34), und er lehrt sie beten: „Unser Vater, ... dein Wille geschehe wie im Himmel, so auf der Erde" (*Mt* 6,9–10).

3. Jesus gehorcht bis zum Tod (vgl. *Phil* 2,8), obgleich ihm nichts so radikal zuwider ist wie der Tod, da er, Christus, doch die Quelle des Lebens ist (vgl. *Joh* 11,25–26).
In jenen tragischen Stunden kommen Unruhe, Angst und Traurigkeit (vgl. *Mt* 26,37), Furcht und Grauen (vgl. *Mk* 14,33) über ihn, Blutschweiß und Tränen (vgl. *Lk* 22,44). Am Kreuz wird sein gequälter Leib vom Schmerz gepeinigt. Bitter empfindet sein Herz Zurückweisung, Verrat und Undankbarkeit. Doch über all dem herrscht der Friede des Gehorsams. „Nicht mein, sondern dein Wille soll geschehen" (*Lk* 22,42). Jesus nimmt seine letzten Kräfte zusammen, und wie eine Zusammenfassung seines Lebens spricht er das letzte Wort: „Es ist vollbracht" (*Joh* 19,30).

4. In der Morgenfrühe, am Mittag und am Abend seines Lebens ist der Pulsschlag des Herzens Jesu nur der eine Wunsch: den Willen des Vaters erfüllen. Wenn wir dieses Leben betrachten, das sich durch den Sohnesgehorsam gegenüber dem Vater gleichsam aus einem Guß zeigt, dann begreifen wir das Wort des Apostels: „Durch den Gehorsam des einen werden die vielen zu Gerechten gemacht werden" (*Röm* 5,19), und das andere, geheimnisvolle und tiefe aus dem *Brief an die Hebräer*: „Obwohl er der Sohn war, hat er durch Leiden den Gehorsam gelernt; zur Vollendung gelangt, ist er für alle, die ihm gehorchen, der Urheber des ewigen Heils geworden" (5,8–9).
Maria, die hl. Jungfrau, die erschreckend und zugleich hochherzig ihr „mir geschehe" sprach, möge auch uns helfen, diese grundlegende Lektion zu lernen.

Nach dem Angelus sagte der Papst:

Herzlich grüße ich auch die deutschsprachigen Teilnehmer am heutigen Angelus-Gebet. Möge das persönliche Gebet auch in den Ferien ein fester Bestandteil eures täglichen Lebens sein und euch inneren Halt und Orientierung geben. Maria beschütze euch auf allen euren Wegen!

In Christus: Kinder Gottes

Ansprache bei der Generalaudienz am 26. Juli

1. Wir haben die äußeren Zeichen der Gotteserscheinung am Pfingstfest in Jerusalem, wie sie die *Apostelgeschichte* berichtet, einer Analyse unterzogen: „Da kam plötzlich vom Himmel her ein Brausen", heißt es im Text, „wie wenn ein heftiger Sturm daherfährt" (*Apg* 2,2), „Zungen wie von Feuer" (*Apg* 2,3) ließen sich auf die im Abendmahlssaal Versammelten nieder. Schließlich jenes psychologische, vernehmbare Geschehen, daß die Apostel auch von jenen verstanden werden, die „andere Sprachen" sprechen (vgl. *Apg* 2,4–13). Ferner haben wir gesehen, daß bei all diesen äußeren Erscheinungen die innere Umwandlung der Apostel das Wichtigere und Wesentlichere ist. Gerade in dieser Umwandlung kommt die Anwesenheit und das Wirken des Heiligen Geistes, des Beistands und Helfers, zum Ausdruck, dessen Kommen Christus den Aposteln in der Stunde seiner Rückkehr zum Vater versprochen hatte.
Die Herabkunft des Heiligen Geistes ist eng mit dem Ostergeheimnis verbunden, das sich im Erlösungsopfer des Kreuzes und der Auferstehung Christi vollzieht, die neues Leben schenkt. Am Pfingsttag erhalten die Apostel durch das Wirken des Heiligen Geistes vollen Anteil an diesem Leben. So reift in ihnen die Kraft zum Zeugnis, das sie für den auferstandenen Herrn ablegen werden.

2. Ja, am Pfingstfest offenbart sich der Heilige Geist als jener, der das Leben schenkt, wie wir es im *Credo* bekennen, wenn wir ihn „Dominum et vivificantem" nennen. So vollendet sich in der Heilsgeschichte die Selbstmitteilung Gottes, die begonnen hat, als er sich dem nach seinem Bild und Gleichnis erschaffenen Menschen schenkte. Dieses Sich-Schenken Gottes – im Ursprung das Geheimnis der Erschaffung des Menschen und seine Erhebung zu übernatürlicher Würde – setzt sich nach dem Sündenfall in der Geschichte fort als Verheißung des Heiles, und diese Heilsverheißung erfüllt sich im Geheimnis der von Christus, dem Gottmenschen, durch sein Opfer vollbrachten Erlösung. Pfingsten findet das Ostergeheimnis Christi, das „Sich-Schenken Gottes" seine Vollendung. Die Gottesoffenbarung in Jerusalem kennzeichnet den neuen Anfang der Selbstmitteilung Gottes. Die Apostel und alle, die zusammen mit Maria, der Mutter Christi, im Abendmahlssaal waren, erlebten an jenem Tag als erste die neue Ausgießung des göttlichen Lebens, das sich in ihnen und durch sie – und daher in der Kirche und durch die Kirche – für jeden Menschen aufgetan hat. Es ist universal, wie die Erlösung universal ist.

3. Den Beginn des neuen Lebens empfängt man im Geschenk der Gotteskindschaft. Christus hat sie durch die Erlösung für alle erwirkt, und er hat sie auf alle übertragen durch den Heiligen Geist, der in der Gnade den Menschen erneuert, ihn gewissermaßen neu erschafft nach dem Bild des eingeborenen Sohnes des Vaters. So erneuert und festigt das menschgewordene Wort die Selbstmitteilung Gottes. Durch das Erlösungswerk bietet es dem Menschen jenen „Anteil an der göttlichen Natur" an, von dem der *zweite Petrusbrief* spricht (vgl. *2 Petr* 1,4) und ebenso Paulus im *Brief an die Römer*, wenn er von Jesus

Christus sagt, daß er „dem Geist der Heiligkeit nach eingesetzt ist als Sohn Gottes in Macht seit der Auferstehung von den Toten" (1,4).

Die Frucht der Auferstehung, in der die Machtfülle Christi, des Gottessohnes, sich verwirklicht, wird also denen mitgeteilt, die sich dem Wirken seines Geistes im neuen Geschenk der Gotteskindschaft öffnen. So sagt der *hl. Johannes*, nachdem er im *Prolog seines Evangeliums* vom Wort gesprochen hat, das Fleisch wurde: „Allen aber, die ihn aufnahmen, gab er Macht, Kinder Gottes zu werden, allen, die an seinen Namen glauben" (1,12).

Die beiden Apostel Johannes und Paulus bestimmen den Begriff der Gotteskindschaft als Geschenk des neuen, von Christus durch den Heiligen Geist gewirkten Lebens an den Menschen.

Es ist ein Geschenk des Vaters, wie wir im *ersten Johannesbrief* lesen: „Seht, wie groß die Liebe ist, die der Vater uns geschenkt hat: Wir heißen Kinder Gottes, und wir sind es" (*1 Joh* 3,1). Im *Brief an die Römer* stellt Paulus die gleiche Wahrheit im Licht des ewigen Planes Gottes dar: „Denn alle, die er im voraus erkannt hat, hat er auch im voraus dazu bestimmt, an Wesen und Gestalt seines Sohnes teilzuhaben, damit dieser der Erstgeborene von vielen Brüdern sei" (8,29). Der gleiche Apostel spricht im *Brief an die Epheser* von der Annahme an Kindes Statt, zu der Gott uns im voraus bestimmt hat, „seine Söhne zu werden durch Jesus Christus" (1,5).

4. Auch im *Brief an die Galater* bezieht Paulus sich auf den ewigen Plan, den Gott in der Tiefe seines dreifaltigen Lebens gefaßt und in der „Fülle der Zeit" durch das Kommen des Sohnes in der Menschwerdung verwirklicht hat, um uns als seine Kinder anzunehmen: „Gott sandte seinen Sohn, geboren von einer Frau, ... damit wir die Sohnschaft erlangen" (*Gal* 4,4–5). Diese Sendung (missio) des Sohnes ist nach dem Apostel im Plan des dreifaltigen Gottes eng mit der Sendung des Heiligen Geistes verbunden, und so fährt er fort: „Weil ihr aber Söhne seid, sandte Gott den Geist seines Sohnes in unser Herz, den Geist, der ruft: Abba, Vater" (*Gal* 4,6).

Hier berühren wir das Endziel des Pfingstgeheimnisses: Der Heilige Geist steigt als Geist des Sohnes in die Herzen herab. Weil er der Geist des Sohnes ist, dürfen wir Menschen zusammen mit Christus zu Gott rufen: „Abba, Vater!"

5. Dieser Ruf ist Ausdruck für die Tatsache, daß wir nicht nur Kinder Gottes heißen, sondern es auch wirklich sind, wie der *Apostel Johannes in seinem ersten Brief* unterstreicht (vgl. *1 Joh* 3,1). Wir haben – aufgrund des Geschenkes – wirklichen Anteil an der Sohnschaft des Sohnes Gottes Jesus Christus selbst. Das ist die übernatürliche Wahrheit unserer Beziehung zu Christus. Sie ist begreifbar nur für den, der „den Vater erkannt hat" (vgl. *1 Joh* 2,14).

Diese Kenntnis wiederum ist nur möglich kraft des Zeugnisses, das der Heilige Geist dem Menschen in seinem Innern gibt, wo er als der Ursprung der Wahrheit und des Lebens anwesend ist. Der Apostel Paulus lehrt uns: „So bezeugt der Geist selber unserem Geist, daß wir Kinder Gottes sind. Sind wir aber Kinder, dann auch Erben; wir sind Erben Gottes und sind Miterben Christi" (*Röm* 8,16–17). „Denn ihr habt nicht einen Geist empfangen, der euch zu Sklaven macht, so daß ihr euch immer noch fürchten müßtet, sondern ihr habt den Geist empfangen, der euch zu Söhnen macht, den Geist, in dem wir rufen: Abba, Vater!" (*Röm* 8,15).

6. Bei der Gestaltung dieses Werkes „reproduziert" der Heilige Geist gewissermaßen im Menschen das Bild des Sohnes und stellt so das innerste Band der Bruderschaft zu Christus her, das uns dazu bringt, „zusammen mit ihm" zu rufen: Abba, Vater! Darum schreibt der Apostel: "Alle, die sich vom Geist Gottes leiten lassen, sind Söhne Gottes" (*Röm* 8,14). Der Heilige Geist „atmet" im Herzen der Gläubigen als Geist des Sohnes, er stellt im Menschen die Gotteskindschaft her nach dem Bild Christi und in der Verbundenheit mit Christus. Der Heilige Geist formt von innen her den menschlichen Geist nach dem göttlichen Vorbild Christus. So wird Christus, wie wir ihn aus den Seiten des Evangeliums kennen, durch den Geist zum „Leben der Seele", und der Mensch wird im Denken, im Lieben, im Urteilen, im Handeln, ja selbst im Fühlen Christus gleichgestaltet, er wird „christusförmig".

7. Dieses Werk des Heiligen Geistes hat seinen „neuen Anfang" am Pfingstfest von Jerusalem, am Gipfel des Ostergeheimnisses. Seitdem ist Christus bei uns und wirkt in uns durch den Heiligen Geist. Er führt aus, was der Vater von Ewigkeit her geplant hat: daß wir dazu bestimmt sind, „seine Söhne zu werden durch Jesus Christus" (*Eph* 1,5). Wir wollen nicht müde werden, immer wieder auf diese wunderbare Wahrheit unseres Glaubens zurückzukommen und darüber nachzudenken.

In deutscher Sprache sagte der Papst:

Liebe Schwestern und Brüder!

Am Pfingsttag erweist sich der Heilige Geist als Spender und Vermittler des Lebens. Im *Credo* bekennen wir ihn als den, „der Herr ist und lebendig macht". Pfingsten ist mit dem Ostergeheimnis Christi verbunden; an ihm erfährt die Selbstmitteilung Gottes an die Menschen ihre Vollendung.

Der Beginn des „neuen Lebens" erfolgt durch das Geschenk der Gotteskindschaft, das allen von Christus eröffnet ist und durch das Wirken des Heiligen Geistes allen mitgeteilt werden kann.

Die beiden Apostel Johannes und Paulus entwickeln diesen Gedanken der Gotteskindschaft als Geschenk, das von Christus durch das Wirken des Heiligen Geistes den Menschen vermittelt wird. Sie ist ein Geschenk, das vom Vater kommt, wie wir im *ersten Johannesbrief* lesen: „Seht, wie groß die Liebe ist, die der Vater uns geschenkt hat: Wir heißen Kinder Gottes, und wir sind es" (*1 Joh* 3,1). Im *Brief an die Galater* verbindet Paulus die Sendung des Sohnes mit der Sendung des Heiligen Geistes, wenn er sagt: „Weil ihr aber Söhne seid, sandte Gott den Geist seines Sohnes in unser Herz, den Geist, der ruft: Abba, Vater" (*Gal* 4,6). Hier stoßen wir an den Kern des Pfingstgeheimnisses: der Heilige Geist kommt „in die Herzen" als Geist des Sohnes.

Wir nehmen wahrhaft teil an der wirklichen Kindschaft des Gottessohnes Jesus Christus. Das ist die übernatürliche Wahrheit unserer Beziehung zu Christus, die nur von dem erkannt werden kann, der „den Vater erkannt hat" (vgl. *1 Joh* 2,14).

Dieses Erkennen ist nur möglich kraft des Heiligen Geistes, und dieses sein Wirken hat seinen „Neuanfang" am Pfingstfest in Jerusalem. Von jenem Augenblick an ist Christus bei uns und wirkt in uns durch den Heiligen Geist. Werden wir nicht müde, diese wunderbare Glaubenswahrheit immer neu zu wiederholen und zu durchdenken.
Mit dieser kurzen Betrachtung grüße ich alle deutschsprachigen Pilger und Besucher und erteile euch allen sowie euren lieben Angehörigen in der Heimat von Herzen meinen Apostolischen Segen.

Unerschöpfliche Quelle für alle

Angelus am 30. Juli

„Herz Jesu, durchbohrt von der Lanze, erbarme dich unser!"

1. Im Lauf der Jahrhunderte haben wenige Seiten des Evangeliums so sehr die Aufmerksamkeit der Mystiker, der geistlichen Schriftsteller und der Theologen auf sich gezogen wie der von Johannes berichtete Abschnitt über den glorreichen Tod Christi und die Durchbohrung seiner Seite (vgl. *Joh* 19,23–37). Auf diese Seite des Evangeliums geht die *Anrufung der Litanei* zurück, die ich soeben in Erinnerung gerufen habe.

2. In seinem durchbohrten Herzen betrachten wir den Sohnesgehorsam Jesu, wie er mutig den Auftrag des Vaters vollbrachte (vgl. *Joh* 19,30), und seine brüderliche Liebe zu den Menschen, denen er „seine Liebe bis zur Vollendung" (*Joh* 13,1), das heißt, bis zur vollkommenen Hingabe seiner selbst, erwies. Der Lanzenstoß bezeugt die Wirklichkeit des Todes Christi. Er ist wirklich gestorben, wie er auch wirklich geboren war, und wie er auch wirklich in diesem, seinem Leib auferstand (vgl. *Joh* 20,24–29). Gegen jede alte oder moderne doketistische Versuchung, seinen Tod als ein nur „scheinbares" Sterben aufzufassen, erinnert Johannes nüchtern und schlicht an die Wirklichkeit. Zugleich aber ist er darauf bedacht, die tiefe Heilsbedeutung des Geschehens aufzuweisen und sie symbolisch auszudrücken. Er erkennt nämlich in dem Lanzenstich einen tiefen Sinn: Wie aus dem Felsen, an den Mose in der Wüste geschlagen hatte, eine Wasserquelle entsprang (vgl. *Num* 20,8–11), so strömte aus der von der Lanze durchstoßenen Seite Christi eine Wasserflut, die den Durst des neuen Gottesvolkes stillen sollte. Dieses hervorströmende Wasser ist das Geschenk des Geistes (vgl. *Joh* 7,37–39), Nahrung für das göttliche Leben in uns.

3. Auch die Kirche geht aus dem durchbohrten Herzen Christi hervor. Wie der Seite des schlafenden Adam Eva, seine Braut, entnommen wurde, so wurde – nach einer Überlieferung der Kirchenväter, die bis in die ersten Jahrhunderte zurückreicht – aus der geöffneten Seite des Erlösers, der am Kreuz im Tod entschlafen war, die Kirche, seine Braut, genommen. Sie wird gebildet aus dem Wasser und dem Blut – der Taufe und der Eucharistie –, die aus dem durchbohrten Herzen strömen. Die *Konzilskonstitution über die*

heilige Liturgie erklärt also zu Recht: „Aus der Seite des am Kreuz entschlafenen Christus ist das wunderbare Geheimnis der ganzen Kirche hervorgegangen“ (*Sacrosanctum Concilium*, Nr. 5).

4. Beim Kreuz stand, wie der Evangelist bemerkt, die Mutter Jesu (vgl. *Joh* 19,25). Sie sah das geöffnete Herz, aus dem Blut und Wasser flossen – das Wasser, das aus seinem Blut kam –, und sie begriff, daß das Blut des Sohnes zu unserem Heil vergossen wurde. Da verstand sie bis zum Grund die Bedeutung der Worte, die der Sohn wenige Augenblicke zuvor an sie gerichtet hatte: „Frau, siehe, dein Sohn!“ (*Joh* 19,26): Die Kirche, die aus dem durchbohrten Herzen hervorgegangen war, wurde ihrer Muttersorge anvertraut. Wir wollen Maria bitten, uns zu helfen, daß wir immer reichlicher aus den Gnadenquellen schöpfen, die dem durchbohrten Herzen Christi entströmen.

Nach dem Angelus sagte der Papst:

Zu unserem gemeinsamen Gebet des „Engel des Herrn“ begrüße ich sehr herzlich auch alle Pilger und Besucher aus den deutschsprachigen Ländern, unter ihnen eine Pilgergruppe aus Haßfurt in Bayern. Möge Maria, unsere himmlische Mutter, euch stets Vorbild sein für euer Lebenszeugnis aus einem lebendigen Glauben. Hierfür und für frohe und erholsame Ferien erteile ich euch von Herzen meinen Apostolischen Segen, in den ich auch gern eure Angehörigen in der Heimat einschließe.

Pfingsten Erfüllung der Verheißung Jesu

Ansprache bei der Generalaudienz am 2. August

1. Im Pfingstfest von Jerusalem findet das Ostergeschehen des Kreuzes und der Auferstehung Christi seine Krönung. Die Herabkunft des Heiligen Geistes auf die im Abendmahlssaal von Jerusalem mit Maria und der Urgemeinde der Jünger Christi versammelten Apostel bildet die Erfüllung der Verheißungen Jesu an seine Jünger. Pfingsten ist die feierliche öffentliche Besiegelung des Neuen Bundes, der zwischen Gott und dem Menschen „im Blut“ Christi geschlossen wurde: „Dieser Kelch ist der Neue Bund in meinem Blut“, hatte Jesus beim Letzten Abendmahl gesagt (*1 Kor* 11,25). Es handelt sich um einen neuen, endgültigen und ewigen Bund. Vorausgehende Bundesschlüsse, von denen die Heilige Schrift spricht, hatten ihn vorbereitet. Sie enthielten bereits die Ankündigung des endgültigen Bundes, den Gott in Christus und im Heiligen Geist mit den Menschen schließen würde. Das Wort Gottes, das der Prophet Ezechiel überliefert, war schon eine Einladung, das Pfingstgeschehen in diesem Licht zu sehen: „Ich lege meinen Geist in euch“ (*Ez* 36,27).

2. In unseren früheren Betrachtungen sahen wir, daß das Pfingstfest zunächst ein Erntefest war (vgl. *Ex* 23,14), dann aber nach und nach auch als Erinnerung an den Bundesschluß und gewissermaßen als Erneuerung dieses Bundes gefeiert wurde, den Gott mit Is-

rael nach der Befreiung aus der ägyptischen Knechtschaft geschlossen hatte (vgl. *2 Chr* 15,10–13). Im übrigen lesen wir schon im Buch *Exodus*: Mose nahm „die Urkunde des Bundes und verlas sie vor dem Volk. Sie antworteten: Alles, was der Herr gesagt hat, wollen wir tun; wir wollen gehorchen. Da nahm Mose das Blut, besprengte damit das Volk und sagte: Das ist das Blut des Bundes, den der Herr aufgrund all dieser Worte mit euch geschlossen hat" (*Ex* 24,7–8).

3. Der Bund vom Sinai war zwischen Gott, dem Herrn, und dem Volk Israel geschlossen worden. Vor diesem hatte schon, nach den biblischen Texten, der Bund Gottes mit dem Patriarchen Noe und mit Abraham bestanden.
Der Bundesschluß mit Noe nach der Sintflut enthielt schon die Ankündigung eines Bundes, den Gott mit der ganzen Menschheit schließen wollte: „Hiermit schließe ich meinen Bund mit euch und mit euren Nachkommen und mit allen Lebewesen bei euch … mit allen Tieren der Erde, die mit euch aus der Arche gekommen sind" (*Gen* 9,9–10). Also nicht nur mit der Menschheit, sondern mit der ganzen Schöpfung, die den Menschen in der sichtbaren Welt umgibt.
Der Bund mit Abraham hatte noch eine weitere Bedeutung. Gott erwählte einen Menschen und schloß mit ihm einen Bund im Hinblick auf seine Nachkommenschaft: „Ich schließe meinen Bund zwischen mir und dir samt deinen Nachkommen, Generation um Generation, einen ewigen Bund: Dir und deinen Nachkommen werde ich Gott sein" (*Gen* 17,7). Der Bund mit Abraham sollte hinführen zu dem Bund mit einem ganzen Volk, mit Israel, im Hinblick auf den Messias, der aus diesem, von Gott eben dazu erwählten Volk hervorgehen sollte.

4. Der Bund mit Abraham enthielt kein wirkliches und eigentliches Gesetz. Das göttliche Gesetz wird später, im Bundesschluß am Sinai gegeben. Gott verhieß es Mose, als dieser auf Gottes Ruf hin auf den Berg gestiegen war: „Jetzt aber, wenn ihr auf meine Stimme hört und meinen Bund haltet, werdet ihr unter allen Völkern mein besonderes Eigentum sein. Mir gehört die ganze Erde … Das sind die Worte, die du den Israeliten mitteilen sollst" (*Ex* 19,5.6). Nach der Übermittlung dieser göttlichen Verheißung an die Ältesten Israels antwortete „das ganze Volk einstimmig und erklärte: Alles, was der Herr gesagt hat, wollen wir tun. Mose überbrachte dem Herrn die Antwort des Volkes" (*Ex* 19,8). Diese biblische Beschreibung der Vorbereitung auf den Bundesschluß und der vermittelnden Rolle, die Mose dabei spielte, hebt die Gestalt dieses großen Führers und Gesetzgebers Israels hervor, sie zeigt die göttliche Herkunft des Gesetzes, das er dem Volk gab, aber sie will auch begreiflich machen, daß der Bundesschluß vom Sinai beiderseitige Verpflichtungen enthielt: Gott, der Herr, erwählte Israel zu seinem besonderen Eigentum „als ein Reich von Priestern und als ein heiliges Volk" (*Ex* 19,6), doch unter der Bedingung, daß das Volk das Gesetz beachten würde, das er ihm in den zehn Geboten (vgl. *Ex* 20,1 ff.) und den anderen Vorschriften und Normen gäbe. Israel seinerseits verpflichtete sich zur Beobachtung.

5. Die Geschichte des Alten Bundes zeigt uns, daß diese Verpflichtung oftmals nicht eingehalten wurde. Besonders die Propheten warfen Israel seine Untreuen vor und machten

ihm die traurigen Ereignisse seiner Geschichte als göttliche Strafen deutlich. Sie drohten weitere Strafgerichte an, verkündeten aber zugleich auch einen weiteren Bundesschluß. So lesen wir z. B. bei *Jeremia*: „Seht, es werden Tage kommen – Spruch des Herrn –, in denen ich mit dem Haus Israel und dem Haus Juda einen neuen Bund schließen werde, nicht wie der Bund war, den ich mit ihren Vätern geschlossen habe, als ich sie bei der Hand nahm, um sie aus Ägypten herauszuführen. Diesen meinen Bund haben sie gebrochen" (31,31–32).

Der neue – zukünftige – Bund wird den Menschen in einer Weise in Pflicht nehmen, die mehr auf sein Inneres abzielt. Wir lesen nämlich weiterhin: „Denn das wird der Bund sein, den ich nach diesen Tagen mit dem Haus Israel schließe – Spruch des Herrn: Ich lege mein Gesetz in sie hinein und schreibe es auf ihr Herz. Ich werde ihr Gott sein, und sie werden mein Volk sein" (*Jer* 31,33).

Diese neue Initiative Gottes betrifft vor allem den inneren Menschen. Das Gesetz Gottes wird dem Menschen in die Tiefe seines menschlichen Wesens, seines menschlichen „Ich" hineingelegt. Dieser Charakter der Innerlichkeit wird durch das andere Wort bekräftigt: „Ich schreibe es auf ihr Herz." Es handelt sich also um ein Gesetz, durch das der Mensch sich innerlich unterscheidet. Nur dann ist Gott wirklich „sein" Gott.

6. Nach dem Propheten Jesaja wird das grundlegende Gesetz des Neuen Bundes im Geist des Menschen durch den Geist Gottes geschlossen. „Aus dem Baumstumpf Isais wächst ein Reis hervor, ein ... Trieb aus seinen Wurzeln ... Der Geist des Herrn läßt sich nieder auf ihm" (*Jes* 11,1–2), nämlich auf dem Messias. In ihm werden die Worte des Propheten Wirklichkeit: „Der Geist Gottes, des Herrn, ruht auf mir; denn der Herr hat mich gesalbt" (*Jes* 61,1). Der Messias, der vom Geist Gottes geführt ist, wird den Bund verwirklichen, und er wird ihn zum neuen und ewigen Bund machen. Das kündigt der gleiche Jesaja an mit prophetischen Worten, die das Dunkel der Geschichte aufhellen: „Das ist der Bund, den ich mit ihnen schließe, spricht der Herr: Mein Geist, der auf dir ruht, soll nicht von dir weichen, und meine Worte, die ich dir in den Mund gelegt habe, sollen immer in deinem Mund bleiben und im Mund deiner Kinder und im Mund deiner Enkel, jetzt und in Ewigkeit" (*Jes* 59,21).

7. In welchen geschichtlichen Zusammenhängen und prophetischen Begriffen diese Schau des Jesaja auch immer ihren Platz hat, wir können wohl sagen, daß seine Worte ihre volle Verwirklichung in Christus finden, in seinem Wort, das sein eigenes, aber auch das Wort des Vaters ist, der ihn gesandt hat (vgl. *Joh* 5,37). In seinem Evangelium, in dem das Gesetz sich erneuert, vollkommen wird und zum Leben kommt. Und im Heiligen Geist, der kraft der von Christus durch sein Kreuz und seine Auferstehung vollbrachten Erlösung gesandt wird zur vollen Bestätigung dessen, was Gott schon im Alten Bund durch die Propheten verheißen hatte. In Christus und im Heiligen Geist ist der Neue Bund Wirklichkeit geworden, von dem der Prophet Ezechiel als Überbringer der göttlichen Botschaft vorausgesagt hatte: „Ich schenke euch ein neues Herz und lege einen neuen Geist in euch. Ich nehme das Herz von Stein aus eurer Brust und gebe euch ein Herz von Fleisch. Ich lege meinen Geist in euch und bewirke, daß ihr meinen Gesetzen folgt und

auf meine Gebote achtet und sie erfüllt ... Ihr werdet mein Volk sein, und ich werde euer Gott sein" (*Ez* 36,26–28).

8. Im Pfingstgeschehen von Jerusalem bringt die Herabkunft des Heiligen Geistes als „Geschenk aus der Höhe" (vgl. *Jak* 1,17) endgültig den „neuen und ewigen" Bund zur Krönung und Erfüllung, den Gott mit der Menschheit „im Blut" seines eingeborenen Sohnes geschlossen hat. In diesem Bund schenkt der dreieinige Gott sich nunmehr nicht nur dem auserwählten Volk, sondern der ganzen Menschheit. Die Prophezeiung Ezechiels: „Ihr werdet mein Volk sein, und ich werde euer Gott sein" (*Ez* 36,28) nimmt jetzt eine neue und endgültige Dimension an: sie wird universal. Sie bringt die innere Dimension zu ihrer Vollendung, denn die Fülle der göttlichen Gabe, der Heilige Geist, soll alle Herzen durchdringen und allen die notwendige Kraft geben zur Überwindung aller Schwäche und Sünde. Sie nimmt die Dimension der Ewigkeit an: Es ist ein „neuer und ewiger" Bund (vgl. *Hebr* 13,20). In dieser Fülle der Gabe hat die Kirche als Volk Gottes des neuen und ewigen Bundes ihren Anfang. So wird die Verheißung Christi Wirklichkeit, daß der Heilige Geist als „anderer Beistand" (Paráklätos) gesandt werde, „der für immer bei euch bleiben soll" (*Joh* 14,16).

In deutscher Sprache sagte der Papst:

Liebe Brüder und Schwestern!

Das Kommen des Heiligen Geistes am Pfingstfest ist die Krönung des Ostergeschehens und Erfüllung der von Christus gemachten Verheißungen. Pfingsten ist gleichzeitig die feierliche öffentliche Besiegelung des Neuen Bundes, der „im Blut" Jesu Christi zwischen Gott und den Menschen geschlossen worden ist.

In diesem Neuen Bund erfüllen sich alle vorhergehenden Bundesschlüsse. Jene haben diesen vorbereitet. Der Bundesschluß mit Noe nach der Sintflut enthielt schon die Ankündigung eines Bundes mit der ganzen Menschheit, ja mit der gesamten Schöpfung. Im Bundesschluß mit Abraham verheißt Gott, daß dieser Bund mit ihm und seinen Nachkommen ein „ewiger" Bund sein werde (vgl. *Gen* 17,7). Als Gott dann unter Moses am Sinai seinen Bund mit dem ganzen Volk Israel schließt, tritt das Gesetz als wesentlicher Bestandteil hinzu. Die Beobachtung des Gesetzes wird zur unerläßlichen Voraussetzung der Bundestreue. Gott sagt zu den Israeliten: „Wenn ihr auf meine Stimme hört ..., werdet ihr unter allen Völkern mein besonderes Eigentum sein" (*Ex* 19,5). Diese Gesetzes- und Bundestreue wurde von Israel jedoch häufig gebrochen. Darum verkünden die Propheten, daß Gott mit seinem Volk noch einen anderen Bund schließen werde, bei dem er sein Gesetz in das Herz der Menschen selbst einschreiben werde (vgl. *Jer* 31,33). Bei Ezechiel sagt Gott: „Ich schenke euch ein neues Herz und lege einen neuen Geist in euch ... Ich lege meinen Geist in euch und bewirke, daß ihr meinen Gesetzen folgt und auf meine Gebote achtet und sie erfüllt" (*Ez* 36,26–27). Der Geist Gottes ist es also, der im Neuen Bund das göttliche Gesetz in die Herzen der Menschen einprägt. Diese Verheißung wird Wirklichkeit im Kommen des Heiligen Geistes am Pfingstfest. An Pfingsten schließt Gott durch das Geschenk seines Geistes einen endgültigen und ewigen Bund mit der ganzen Menschheit.

Herzlich grüße ich schließlich alle heutigen Audienzteilnehmer deutscher Sprache. Ich wünsche euch eine schöne und erholsame Ferienzeit wie auch eine innere, geistige Bereicherung. Dazu erbitte ich euch die reichen Gaben des Heiligen Geistes und segne euch alle von Herzen.

Paul VI.: Unerschrockener Zeuge

Angelus in Castel Gandolfo am 6. August

Liebe Brüder und Schwestern!

1. An diesem Sonntag, an dem die Liturgie das Fest der Verklärung des Herrn auf dem Berg Tabor feiert, ruft uns Maria, die hl. Jungfrau, hierher und lädt uns ein, miteinander über dieses unsagbare Geheimnis nachzudenken, wie die Evangelien es uns darstellen, in denen die Worte des Vaters erklingen: „Das ist mein geliebter Sohn; auf ihn sollt ihr hören" (*Mk* 9,7 Par.). Diesem Auftrag gehorchend, lebt die Kirche in beständigem Hinhören auf das Wort des Gottessohnes, in dem sie ihren Herrn erkennt, und macht sich zur Verkünderin seiner Frohen Botschaft unter den Menschen aller Zeiten und Orte.

2. Ein unerschrockener Zeuge und unermüdlicher Verkündiger dieser Botschaft des Evangeliums war Papst Paul VI., mein verehrter Vorgänger, der vor nunmehr elf Jahren – auch damals war es Sonntag, Fest der Verklärung des Herrn – aus dem Licht dieser Welt in das Licht des Himmels gerufen wurde. Man kann sagen, das Fest der Verklärung hat in einzigartiger, fast prophetischer Weise den kirchlichen Dienst dieses großen Papstes besiegelt, so sehr, daß man ihn geradezu, wie ich bei anderer Gelegenheit sagte, als „den Papst der Verklärung" bezeichnen könnte. Auch die erste Enzyklika seines Pontifikats, das programmatische Schreiben „Ecclesiam suam", trägt ja das Datum des 6. August. Und an eben diesem Tag hatte sein irdisches Leben seinen Abschluß.
Ja wir können sagen: Sein ganzes Leben war eine fortwährende Verklärung in der Schule des Herrn Jesus Christus, des „Lichtes der Welt" (*Joh* 8,12). Paul VI. wurde in der Tat nie müde, die Gläubigen zu warnen, nicht der Versuchung nachzugeben und den Geist dadurch zu verdunkeln, daß sie ihn der Herrschaft der Sinne unterwürfen. Im Licht des Auferstandenen und der in den Himmel aufgenommenen Gottesmutter prägte er den Seelen die Liebe zur Kirche als der Transparenz Gottes auf Erden und die Kraft der Wahrheit ein, die uns frei macht. Er half ihnen Geschmack finden an der Schönheit des Menschen, der mit der Gnadenhilfe der Sakramente seinen Leib von der Entstellung durch die Sünde freizumachen und seiner Person ihre Würde zurückzugeben weiß, um Anrecht zu gewinnen an der übernatürlichen Unsterblichkeit der Auferstehung und des ewigen Lebens.

3. Wir empfinden es als unsere Pflicht, dem Herrn dafür zu danken, daß er der Kirche einen solchen Lehrer und Hirten geschenkt hat, der sie zu lieben, zu verteidigen und durch das Wort seiner Weisheit sowie ein Leben der Buße und der Arbeit zur Ehre Gottes und für das Heil der Seelen zu erleuchten verstand. Durch seine überzeugenden Schriften und

sein ganzes Dasein, das dem Zeugnis für den katholischen Glauben gewidmet war, wußte er den Christen zu helfen und der von ihm so sehr geliebten menschlichen Gesellschaft Anregung zu vermitteln.
Wir wollen zu Maria beten, die Paul VI. in der genannten Enzyklika als „das seligste, das liebevollste, das makelloseste Geschöpf" anrief, „dem das Privileg zufiel, dem Worte Gottes einen menschlichen Leib in seiner ursprünglichen und unschuldigen Schönheit zu geben" (*Ecclesiam suam*, Nr. 53), daß sie ihm den ewigen Frieden erlange, uns aber die Kraft, den Lehren und dem Beispiel dessen zu folgen, den wir in der Umarmung des verklärten Christus schauen.

Nach dem Angelus sagte der Papst in deutscher Sprache:

Herzlich grüße ich auch alle deutschsprachigen Pilger und Besucher, besonders die Gruppe von achthundert Jugendlichen aus Vechta, die sich gegenwärtig an der Adria-Küste aufhalten. Ich freue mich über diese kurze Begegnung mit euch und wünsche euch für euren Aufenthalt in Italien viel Freude und innere Bereicherung. Mit meinem Apostolischen Segen erbitte ich euch eine gute und glückliche Heimkehr.

Das Gesetz, das frei macht

Ansprache bei der Generalaudienz am 9. August

1. Die Herabkunft des Heiligen Geistes am Pfingstfest ist die endgültige Vollendung des Ostergeheimnisses Jesu Christi und die volle Verwirklichung der Verheißungen des Alten Testamentes, besonders jener der Propheten Jeremia und Ezechiel, die einen neuen, zukünftigen Bund ankündigten, den Gott in Christus mit dem Menschen schließen würde, eine „Ausgießung" des Geistes Gottes „über alles Fleisch" (*Joël* 3,1). Aber sie bedeutet auch ein neues Einschreiben des Gesetzes Gottes in die Tiefe des menschlichen Seins oder, wie der Prophet sagt, in das „Herz" (vgl. *Jer* 31,33). So wird es ein „neues Gesetz", ein „Gesetz des Geistes" geben, das wir jetzt betrachten müssen, um das Geheimnis des Heiligen Geistes, des „Beistandes" (Paraclitus), vollkommener kennenzulernen.

2. Wir haben bereits die Tatsache hervorgehoben, daß der Alte Bund zwischen Gott, dem Herrn, und dem Volk Israel, der bei der Gotteserscheinung am Sinai geschlossen wurde, im Gesetz seine Grundlage hatte. Die Zehn Gebote waren sein Mittelpunkt. Der Herr fordert sein Volk auf, die Gebote zu beachten: „Wenn ihr auf meine Stimme hört und meinen Bund haltet, werdet ihr unter allen Völkern mein besonderes Eigentum sein. Mir gehört die ganze Erde, ihr aber sollt mir als ein Reich von Priestern und als ein heiliges Volk gehören" (*Ex* 19,5–6).
Da dieser Bund nicht treu gehalten wurde, kündet Gott durch die Propheten an, er werde einen neuen Bund schließen: „Das wird der Bund sein, den ich nach diesen Tagen mit dem Haus Israel schließe ...: Ich lege mein Gesetz in sie hinein und schreibe es auf ihr Herz" (*Jer* 31,33). Diese Worte des Jeremia, über die wir bei der vorigen Katechese spra-

chen, sind mit der Verheißung verbunden: „Ich werde ihr Gott sein, und sie werden mein Volk sein“ (*Jer* 31,33).

3. Der neue, zukünftige Bundesschluß, den die Propheten ankündigten, sollte also durch einen radikalen Wandel des Verhältnisses zwischen dem Menschen und dem Gesetz Gottes gekennzeichnet sein. An Stelle einer äußeren, auf Steintafeln geschriebenen Regel sollte das Gesetz durch das Wirken des Heiligen Geistes im Herzen der Menschen zu einer inneren Wegweisung werden und in der Tiefe des menschlichen Wesens begründet sein.
Das Evangelium faßt dieses Gesetz zusammen im Gebot der Liebe zu Gott und zum Nächsten. Als Jesus bekräftigt: „An diesen beiden Geboten hängt das ganze Gesetz samt den Propheten“ (*Mt* 22,40), gibt er zu verstehen, daß sie bereits im Alten Testament enthalten waren (vgl. *Dtn* 6,5; *Lev* 19,18). Die Liebe zu Gott ist „das wichtigste und erste Gebot“, die Liebe zum Nächsten das „zweite“ und „ebenso wichtige“ (vgl. *Mt* 22,37–39) und zugleich die Bedingung für die Beachtung des ersten, denn „wer den andern liebt, hat das Gesetz erfüllt“, wie der hl. Paulus schreibt (*Röm* 13,8).

4. Das Gebot der Liebe zu Gott und zum Nächsten, der Wesenskern des neuen Gesetzes, das Jesus durch seine Lehre und sein Beispiel – bis zur „Hingabe des Lebens für seine Freunde“ (vgl. *Joh* 15,13) – aufgestellt hat, wird durch den Heiligen Geist in die Herzen „eingeschrieben“. So wird es das „Gesetz des Geistes“.
Der *Apostel* schreibt *an die Korinther*: „Unverkennbar seid ihr ein Brief Christi, ausgefertigt durch unseren Dienst, geschrieben nicht mit Tinte, sondern mit dem Geist des lebendigen Gottes, nicht auf Tafeln aus Stein, sondern – wie auf Tafeln – in Herzen von Fleisch“ (*2 Kor* 3,3). Das Gesetz des Geistes ist also der innere Imperativ für den Menschen, in dem der Heilige Geist wirkt; ja es ist der Heilige Geist selbst, der so vom Innern des Menschenherzens her zu dessen Lehrer und Führer wird.

5. Ein so verstandenes Gesetz ist weit entfernt von jeder Form äußerer Einengung, der der Mensch in seinem Handeln unterworfen wäre. Das Gesetz des Evangeliums, das im Wort Christi enthalten ist und durch sein Leben und Sterben bestätigt wird, enthält die Fülle der göttlichen Offenbarung über das wahrhaft Gute im menschlichen Handeln. Zugleich heilt und vervollkommnet es die innere Freiheit des Menschen, wie der hl. Paulus schreibt: „Das Gesetz des Geistes und des Lebens in Christus Jesus hat dich frei gemacht vom Gesetz der Sünde und des Todes“ (*Röm* 8,2). Nach dem Apostel wird der Heilige Geist, der „Leben gibt“, weil durch ihn der Geist des Menschen Anteil erhält am Leben Gottes, zugleich zu einem neuen Pinzip und einer neuen Quelle für das Handeln des Menschen: „damit die Forderung des Gesetzes durch uns erfüllt werde, die wir nicht nach dem Fleisch, sondern nach dem Geist leben“ (*Röm* 8,4).
Wenn er so schreibt, kann Paulus sich auf Jesus selbst berufen, der in der Bergpredigt sagte: „Denkt nicht, ich sei gekommen, um das Gesetz und die Propheten aufzuheben. Ich bin nicht gekommen, um aufzuheben, sondern um zu erfüllen“ (*Mt* 5,17). Die Erfüllung, die Jesus Christus durch sein Wort und sein Beispiel dem Gesetz Gottes gebracht hat,

eben sie gibt uns das Beispiel dafür, was unter dem „Leben nach dem Geist“ zu verstehen ist. In diesem Sinn ist das „Gesetz des Geistes“ anwesend und wirksam in den an Christus Glaubenden, die seines Geistes teilhaft sind, des Geistes, der ihnen dieses Gesetz „ins Herz“ geschrieben hat.

6. Das ganze Leben der Urkirche, wie es uns in der *Apostelgeschichte* entgegentritt, ist ein Offenbarwerden der Wahrheit, die der hl. Paulus verkündet hat, als er schrieb: „Die Liebe Gottes ist ausgegossen in unsere Herzen durch den Heiligen Geist, der uns gegeben ist“ (*Röm* 5,5). In all ihrer Begrenztheit und mit all den Fehlern der Menschen, aus denen sie sich zusammensetzt, hat die Gemeinde von Jerusalem Anteil an dem neuen, vom Geist geschenkten Leben, sie lebt aus der Liebe Gottes. Auch wir empfangen dieses Leben als Geschenk des Heiligen Geistes, der uns die Liebe eingießt, die Liebe zu Gott und zum Nächsten, den wesentlichen Inhalt des wichtigsten Gebotes. So ist das neue Gesetz, eingeschrieben in die Herzen der Menschen durch die Liebe als Geschenk des Heiligen Geistes, in ihnen das Gesetz des Geistes. Es ist das Gesetz, das frei macht, wie der hl. Paulus schreibt: „Das Gesetz des Geistes und des Lebens in Christus Jesus hat dich frei gemacht vom Gesetz der Sünde und des Todes“ (*Röm* 8,2).

7. Darum bedeutet Pfingsten, insofern es ein Ausgießen der Liebe Gottes in unsere Herzen ist (vgl. *Röm* 5,5), den Anfang einer neuen menschlichen Moral. Sie hat ihre Wurzeln im „Gesetz des Geistes“. Diese Moral ist mehr als die bloße Beachtung des Gesetzes, das die Vernunft eingibt oder auch die Offenbarung vorschreibt. Sie kommt aus einer größeren Tiefe und führt zu einer größeren Tiefe. Sie hat ihren Ursprung im Heiligen Geist und läßt aus einer Liebe leben, die von Gott kommt. Durch den in unsere Herzen eingegossenen Heiligen Geist wird sie in der menschlichen Existenz Wirklichkeit.
Der hl. Paulus war ein herausragender Verkünder dieser höheren Moral, die in der „Wahrheit des Geistes“ begründet ist. Er, der ein eifernder Pharisäer gewesen war, einer, der das Gesetz des Alten Bundes bestens kannte und dessen „Buchstaben“ übergenau beachtete und fanatisch verteidigte, der später aber Apostel Christi wurde, er konnte von sich schreiben: „Gott ... hat uns fähig gemacht, Diener des Neuen Bundes zu sein, nicht des Buchstabens, sondern des Geistes. Denn der Buchstabe tötet, der Geist aber macht lebendig“ (*2 Kor* 3,6).

In deutscher Sprache sagte der Papst:

Liebe Schwestern und Brüder!

Für ein volles Verständnis des Geheimnisses des Heiligen Geistes wollen wir in der heutigen Katechese das „neue Gesetz“ oder „das Gesetz des Geistes“ behandeln.
Der von den Propheten angekündigte Neue Bund mußte hergestellt werden mittels einer radikalen Änderung der Beziehung des Menschen mit dem Gesetz Gottes. Anstelle einer äußeren Regel, geschrieben auf Steintafeln, mußte das Gesetz, dank des Wirkens des Heiligen Geistes im Herzen des Menschen, eine Art innerer Orientierung werden, begründet „in der Tiefe des menschlichen Seins“.
Dieses Gesetz läßt sich nach dem Evangelium zusammenfassen im Gebot der Liebe Gottes und des Nächsten. Die Liebe Gottes ist „das wichtigste und erste Gebot“; die Näch-

stenliebe ist „das zweite und dem ersten ähnlich“ (vgl. *Mt* 22,37–39), und sie ist auch Bedingung für die Beobachtung des ersten.
Das Gebot der Gottes- und Nächstenliebe, Wesen des neuen von Christus durch Lehre und Beispiel gestifteten Gesetzes, wird vom Heiligen Geist in die Herzen geschrieben. Deswegen setzt das Pfingstfest mit der Ausgießung der Liebe Gottes in unsere Herzen (vgl. *Röm* 5,5) den Anfang einer neuen Moral des Menschen, begründet im „Gesetz des Geistes“. Diese Moral ist mehr als die Beachtung des Gesetzes bestimmt von der Vernunft und der Offenbarung. Sie kommt von einer größeren Tiefe und erreicht gleichzeitig eine größere Tiefe.
Mit diesen kurzen Ausführungen grüße ich alle Pilger und Besucher aus den Ländern deutscher Sprache. Ein besonderer Gruß gilt der Gruppe junger Ehepaare und einem Silberpaar aus Eggenfelden-Altenburg. Wir wollen vertrauen, daß uns der Heilige Geist Kraft und Mut gibt, und lernen, seinen Wegen immer gelehrig zu folgen. Laßt uns immer aufgeschlossener werden für seine Anregungen zu unserem Handeln und bereit sein, um seinen göttlichen Beistand zu beten.
Hierfür und für Gottes steten Schutz und Beistand auf eurem Lebensweg erteile ich euch allen, euren Angehörigen in der Heimat sowie den mit uns über Radio Vatikan verbundenen Hörerinnen und Hörern von Herzen meinen Apostolischen Segen.

Dienst des Trostes

Angelus am 13. August

„Herz Jesu, du Quelle allen Trostes, erbarme dich unser!“

1. Gott, der Schöpfer des Himmels und der Erde, ist auch „der Gott allen Trostes“ (*2 Kor* 1,3; vgl. *Röm* 15,5). Zahlreiche Seiten des Alten Testaments zeigen uns Gott, der in seiner großen Zärtlichkeit und seinem Mitleid sein Volk in der Stunde der Betrübnis tröstet. Um das zerstörte, verwüstete Jerusalem zu trösten, sendet der Herr seine Propheten mit einer Trostbotschaft: „Tröstet, tröstet mein Volk ... Redet Jerusalem zu Herzen und verkündet der Stadt, daß ihr Frondienst zu Ende geht“ (*Jes* 40,1–2). Dem von Feindesschrecken niedergedrückten Israel erklärt er: „Ich bin es, ja, ich, der euch tröstet“ (*Jes* 51,12). Und mehr noch: Um Jerusalem seinen Willen klarzumachen, daß er Friede, Freude und Trost schenken will, vergleicht er sich mit einer Mutter, die zu ihren Kindern voll Zärtlichkeit ist: „Freut euch mit Jerusalem! Jubelt in der Stadt, alle, die ihr sie liebt. (...) Saugt euch satt an ihrer tröstenden Brust. (...) Wie eine Mutter ihren Sohn tröstet, so tröste ich euch; in Jerusalem findet ihr Trost“ (*Jes* 66,10.11.13).

2. In Jesus, dem wahren Gott und wahren Menschen, unserem Bruder, ist der Tröster-Gott mitten unter uns anwesend geworden. So hat zuerst der gerechte Simeon auf ihn hingewiesen, der die Freude hatte, das Jesuskind in seine Arme zu nehmen und in ihm „den Trost Israels“ erfüllt zu sehen (*Lk* 2,25). Im ganzen Leben Christi war die Predigt vom

Gottesreich ein Dienst des Trostes: die Verkündigung einer frohen Botschaft an die Armen, Erklärung der Freiheit für die Unterdrückten, der Heilung für die Kranken, der Gnade und des Heils für alle (vgl. *Lk* 4,16–21; *Jes* 61,1–2).
Aus dem Herzen Christi kam die aufrichtende Seligpreisung: „Selig die Trauernden, denn sie werden getröstet werden" (*Mt* 5,4) und auch die einladende Verheißung: „Kommt alle zu mir, die ihr euch plagt und schwere Lasten zu tragen habt. Ich werde euch Ruhe verschaffen" (*Mt* 11,28).
Der Trost aus dem Herzen Christi war Anteilnahme am menschlichen Leiden, war der Wille, Angst und Traurigkeit zu lindern, ein konkretes Zeichen der Freundschaft. In seinen Worten und Gesten des Trostes verband sich in wunderbarer Weise sein Gefühlsreichtum mit der Wirksamkeit seines Handelns. Als er am Stadttor von Naïn eine Witwe sah, die ihren einzigen Sohn zu Grabe geleitete, nahm Jesus Anteil an ihrem Schmerz: er „hatte Mitleid mit ihr" (*Lk* 7,13), faßte die Bahre an, gebot dem jungen Mann, aufzustehen, und gab ihn seiner Mutter zurück (vgl. *Lk* 7,14–15).

3. Das Herz des Erlösers ist auch und vor allem darum Quelle des Trostes, weil Christus, zusammen mit dem Vater, den Heiligen Geist, den Tröster, schenkt: „Ich werde den Vater bitten, und er wird euch einen anderen Tröster geben, der für immer bei euch bleiben soll" (*Joh* 14,16; vgl. 14,25; 16,12), den Geist der Wahrheit und des Friedens, der Eintracht und Milde, des Beistands und Trostes, den Geist, der aus dem Pascha Christi (vgl. *Joh* 19,28–34) und dem Pfingstereignis hervorgeht (vgl. *Apg* 2,1–13).

4. Das ganze Leben Christi war also ein fortwährender Dienst des Erbarmens und des Trostes. Das Herz Christi und die Quellen der Gnade und des Trostes betrachtend, die daraus entspringen, hat die Kirche diese wunderbare Wirklichkeit in der Anrufung ausgedrückt: „Herz Jesu, du Quelle allen Trostes, erbarme dich unser!"

- Diese Anrufung erinnert uns an die Quelle, aus der die Kirche jahrhundertelang in Stunden der Prüfung und der Verfolgung Trost und Hoffnung geschöpft hat;
- sie lädt uns ein, im Herzen Christi wahren, wirksamen und bleibenden Trost zu suchen
- sie fordert uns auf, daß wir auch unsererseits, da wir den Trost des Herrn erfahren durften, zu überzeugten und mitempfindenden Trostspendern werden aufgrund der gleichen geistlichen Erfahrung, die den Apostel Paulus ausrufen ließ: Der Herr „tröstet uns in all unserer Not, damit auch wir die Kraft haben, alle zu trösten, die in Not sind, durch den Trost, mit dem auch wir von Gott getröstet werden" (*2 Kor* 1,4).

Maria, die Trösterin der Betrübten, wollen wir bitten, uns in dunklen, angstvollen und traurigen Stunden zu Jesus, ihrem lieben Sohn, der „Quelle allen Trostes", zu führen.

In deutscher Sprache sagte der Papst:

Einen besonderen Gruß des Willkommens richte ich auch an die anwesenden Pilger und Besucher aus den deutschsprachigen Ländern. Ich wünsche euch einen frohen und geistlich reichen Aufenthalt in Rom und in Italien und erteile euch und euren Lieben in der Heimat von Herzen den Apostolischen Segen.

Appell für den Libanon

Ich lade euch ein, euch mit mir im Gebet für das geliebte Volk des Libanon zu verbinden, da von dorther sehr schlimme Nachrichten eintreffen.
Täglich ist ein ganzes Volk das Opfer von immer schwereren und massiveren Bombenangriffen, vor denen auch die Luftschutzräume keine Sicherheit mehr bieten.
Solche Greueltaten verpflichten uns zu entschiedener und einmütiger Verurteilung. Ich wende mich erneut an die ganze internationale Gemeinschaft, damit alles getan wird, um unverzüglich den Leiden eines schon allzu lange geprüften Volkes ein Ende zu setzen.

Unsere Liebe Frau von Harissa, hilf!

Angelus am 15. August

Liebe Brüder und Schwestern!

1. Am heutigen Festtag der Aufnahme Marias in den Himmel möchte ich mich im Geist auf eine Pilgerfahrt zu den verschiedenen katholischen und orthodoxen Marienheiligtümern des Libanon begeben, in das Land, das schon seit allzuvielen Jahren Zwietracht und Prüfungen zu ertragen hat und in den letzten Tagen das Opfer inhumaner Bombenangriffe war.
Ich werfe mich im Geist nieder in Balamand, Bikfaya, Bzommar, Kannubin, Ksara, Magdouché, Zahlé und vor allem in Harissa über der Stadt Jounieh, wo die verehrte Statue der Muttergottes von ihrer Höhe herab allen ihren mütterlichen Schutz anzubieten scheint. Sie ist ein Symbol der Zärtlichkeit, ein Zeichen der Hoffnung für alle, die jetzt zum Gegenstand grausamer und unmenschlicher täglicher Angriffe geworden sind.

2. Vor den Augen der ganzen Welt vollzieht sich ein Prozeß, der die gesamte internationale Gesellschaft mit in die Verantwortung einbezieht. Ein Prozeß, der zur Zerstörung des Libanon führt. Wir befinden uns in Wahrheit vor einer Bedrohung für die gesamte Ordnung des internationalen Lebens. Es ist eine Bedrohung moralischer Natur, die um so schmerzlicher ist, da ein schwächerer Staat Gewalt oder Gleichgültigkeit von seiten der stärkeren erleidet. Tatsächlich gilt ja auch für das internationale Leben der Grundsatz, daß es nicht erlaubt ist, dem Schwächeren Schaden zuzufügen, daß es unzulässig ist, den Schwächeren zu töten. Wer dem entgegen handelt, ist schuldig sowohl vor Gott, dem höchsten Richter, als auch vor dem Urteil der menschlichen Geschichte.
Schwere moralische Schuld lastet auch auf all denen, die in solchen Situationen den Schwachen nicht zu Hilfe kommen, obschon sie es tun könnten.

3. Die schwer heimgesuchten Bewohner Beiruts schreiben: „Aus unseren Luftschutzkellern schreien wir beim Zischen der Raketen und unter Bombenexplosionen, die das, was von unseren Häusern noch steht, ins Wanken bringen, zu euch unser ‚De profundis‘ hinauf.“ Im Namen Gottes wende ich mich an die syrischen Autoritäten und bitte sie, die

Bombardierungen zu beenden, die darauf abzielen, die Hauptstadt des Libanon und das ganze Land zu zerstören. Man möge nicht die Haltung Kains annehmen, der am Tod seines Bruders schuldig wurde.

4. Heute ist das Hochfest deiner Aufnahme in den Himmel, Maria, Mutter des Erlösers, Mutter der Nationen und der Völker, Mutter des Libanon. An diesem Tag wiederholen wir dir das „De profundis" unserer Brüder und Schwestern von Beirut. Zu dir, unsere Liebe Frau von Harissa, rufen wir hinauf und flehen dich an um die Rettung des Libanon!

5. Mehr als einmal hatte ich den Wunsch, mich in den Libanon zu begeben. Jeden Tag befinde ich mich in meinem Gebet auf dem Pilgerweg dorthin. Was meine physische Anwesenheit in dieser Region und meinen Hirtendienst unter den Brüdern dort betrifft, wurde mir geraten, sie der Situation halber für den Augenblick aufzuschieben. In diesen Tagen hat sich die Lage noch verschlechtert. Dennoch, und jetzt noch mehr, empfinde ich im Innern den Imperativ, mich in den Libanon zu begeben.
Ich bete und bitte, daß mir zur Erfüllung dieses Pastoraldienstes keine Schwierigkeiten in den Weg gelegt werden.

In deutscher Sprache sagte der Papst:

Herzlich grüße ich auch alle Pilger und Besucher aus den deutschsprachigen Ländern, die ihr zum Angelus-Gebet am heutigen Marienfest hierher gekommen seid.
Möge die Gottesmutter euch auf eurem Lebensweg stets Vorbild im Glauben und in der Hingabe an Gott sein, der uns in Jesus Christus Erlösung und Heil geschenkt hat. Hierfür erteile ich euch und euren Familien meinen besonderen Apostolischen Segen.

Das tiefste Wesen des Gottesvolkes

Ansprache bei der Generalaudienz am 16. August

1. Am Pfingstfest in Jerusalem empfangen die Apostel und mit ihnen die Urgemeinde der Jünger Christi, die im Abendmahlssaal mit Maria, der Mutter des Herrn, versammelt ist, den Heiligen Geist. So erfüllt sich die Verheißung, die Christus ihnen hinterlassen hat, ehe er aus dieser Welt zum Vater zurückgekehrt ist. An jenem Tag wird vor der Welt die Kirche sichtbar, hervorgegangen aus dem Tod des Erlösers. Darüber werde ich in der nächsten Katechese sprechen.
Jetzt möchte ich zeigen, daß das Kommen des Heiligen Geistes als Erfüllung des Neuen Bundes „im Blute Christi" dem neuen Gottesvolk seinen Anfang gibt. Es ist die Gemeinschaft derer, die „geheiligt sind in Christus Jesus" (*1 Kor* 1,2), derer, die Christus „zu Priestern vor Gott, seinem Vater", gemacht hat (*Offb* 1,6; vgl. 5,10; *1 Petr* 2,9). Das alles geschah kraft des Heiligen Geistes.

2. Um die Bedeutung dieser von den Aposteln Petrus und Paulus und von der Offenbarung des Johannes verkündeten Wahrheit voll zu erfassen, müssen wir einen Augenblick ins Alte Testament zurückkehren, zum Bundesschluß zwischen Gott, dem Herrn, und Israel, vertreten durch seinen Führer Mose, nach der Befreiung aus dem ägyptischen Frondienst. Die Texte, die davon sprechen, zeigen klar, daß es sich bei dem damals geschlossenen Bund nicht lediglich um bilaterale Vereinbarungen handelte: es ist vielmehr Gott, der Herr, der Israel zu seinem Volk erwählt, so daß das Volk sein Eigentum wird, während er selbst von da an „ihr Gott" sein wird.
Wir lesen nämlich: „Jetzt aber, wenn ihr auf meine Stimme hört und meinen Bund haltet, werdet ihr unter allen Völkern mein besonderes Eigentum sein. Mir gehört die ganze Erde, ihr aber sollt mir als ein Reich von Priestern und als ein heiliges Volk gehören" (*Ex* 19,5–6). Im Buch *Deuteronomium* finden wir die Wiederholung und Bestätigung dessen, was Gott im Buch *Exodus* verkündet. „Du [Israel] bist ein Volk, das dem Herrn, deinem Gott, heilig ist. Dich hat der Herr, dein Gott, ausgewählt, damit du unter allen Völkern, die auf der Erde leben, das Volk wirst, das ihm persönlich gehört" (*Dtn* 7,6; entsprechend vgl. 26,18). Nebenbei sei bemerkt, daß der Ausdruck „segullah" bedeutet „persönlicher Schatz des Königs".

3. Eine solche Auserwählung von seiten Gottes entspringt ganz und ausschließlich seiner Liebe, einer völlig ungeschuldeten Liebe. Wir lesen: „Nicht weil ihr zahlreicher als die anderen Völker wäret, hat euch der Herr ins Herz geschlossen und ausgewählt; ihr seid das kleinste unter allen Völkern. Weil der Herr euch liebt und weil er auf den Schwur achtet, den er euren Vätern geleistet hat, deshalb hat der Herr euch mit starker Hand herausgeführt und euch aus dem Sklavenhaus freigekauft" (*Dtn* 7,7–8). Dasselbe drückt in bildhafter Sprache das Buch *Exodus* aus: „Ihr habt gesehen, was ich den Ägyptern angetan habe, wie ich euch auf Adlerflügeln getragen und hierher zu mir gebracht habe" (*Ex* 19,4).
Gott handelt aus ungeschuldeter Liebe. Diese Liebe verbindet Israel mit Gott, dem Herrn, auf besondere und außergewöhnliche Weise. Durch sie ist Israel zum Eigentum Gottes geworden. Aber diese Liebe verlangt Gegenseitigkeit und daher eine Antwort der Liebe von seiten Israels: „Du sollst den Herrn, deinen Gott, lieben" (*Dtn* 6,5).

4. So entsteht aus dem Bund ein neues Volk, das Volk Gottes. Eigentum Gottes, des Herrn, sein, bedeutet, ihm geweiht sein, ein heiliges Volk sein. Gott, der Herr, läßt durch Mose, seinen Diener, die ganze Gemeinde der Israeliten wissen: „Seid heilig, denn ich, der Herr, euer Gott, bin heilig" (*Lev* 19,2). Durch die Erwählung schenkt Gott sich seinem Volk in dem, was ihm am meisten eigen ist, nämlich in seiner Heiligkeit, und er fordert diese von Israel als Eigenschaft seines Lebens.
Als Volk, das Gott geweiht ist, ist Israel berufen, ein „Volk von Priestern" zu sein: „Ihr alle aber werdet ‚Priester des Herrn' genannt, man sagt zu euch ‚Diener unseres Gottes'" (*Jes* 61,6).

5. Der Neue Bund – er ist neu und ewig – wird geschlossen „im Blut Christi" (vgl. *1 Kor* 11,25). Kraft dieses Erlösungsopfers wird der „andere Beistand" (Paráklätos) (vgl.

Joh 14,16), der Heilige Geist, den „Geheiligten in Christus Jesus" (*1 Kor* 1,2) gegeben, denen, die zur Heiligkeit berufen sind, denen, „die von Gott geliebt sind, die berufenen Heiligen" (*Röm* 1,7), wie Paulus in der Anschrift des *Briefes an die Christen in Rom* schreibt. Ähnlich drückt er sich in der Anschrift des *2. Briefes an die Korinther* aus: „... an die Kirche Gottes, die in Korinth ist, und an alle Heiligen in ganz Achaia" (*2 Kor* 1,1) und an die *Philipper* (1,1): „... an alle Heiligen in Christus Jesus, die in Philippi sind", die *Kolosser* (1,2): „... an die heiligen Brüder in Kolossä, die an Christus glauben", und an die *Epheser* (1,1): „... an die Heiligen in Ephesus".

Die gleiche Ausdrucksweise finden wir in der *Apostelgeschichte*: „Auf einer Reise zu den einzelnen Gemeinden kam Petrus auch zu den Heiligen [haghious] in Lydda" (*Apg* 9,32; vgl. 9,41 und auch 9,13: „deinen Heiligen in Jerusalem").

In all diesen Fällen handelt es sich um Christen oder „Gläubige", um „Brüder", die den Heiligen Geist empfangen haben. Der Heilige Geist eben ist es, der diese Heiligkeit schafft, auf der sich – durch die Teilnahme an der Heiligkeit Gottes selbst – das ganze Leben des Christen aufbaut: „... ihr seid geheiligt ... im Geist unseres Gottes" (*1 Kor* 6,11; vgl. *2 Thess* 2,13; *1 Petr* 1,2).

6. Das Gleiche muß man sagen von der „Weihe", die kraft des Heiligen Geistes aus den Getauften „Priester vor Gott", dem Vater Jesu Christi, macht (vgl. *Offb* 1,6; 5,10; 20,6). Der *erste Petrusbrief* entfaltet diese Wahrheit noch weiter: „Laßt euch als lebendige Steine zu einem geistigen Haus aufbauen [d. h. zu einem vom Heiligen Geist erbauten Tempel], zu einer heiligen Priesterschaft, um durch Jesus Christus geistige Opfer darzubringen, die Gott gefallen" (*1 Petr* 2,5). „Ihr seid ein auserwähltes Geschlecht, eine königliche Priesterschaft, ... ein Volk, das sein besonderes Eigentum wurde, damit ihr die großen Taten dessen verkündet, der euch aus der Finsternis in sein wunderbares Licht gerufen hat" (*1 Petr* 2,9). Und wir wissen, daß er sie durch das Evangelium berufen hat „in der Kraft des vom Himmel gesandten Heiligen Geistes" (*1 Petr* 1,12).

7. Die Konstitution *Lumen Gentium* des II. Vatikanischen Konzils hat diese Wahrheit mit folgenden Worten ausgedrückt: „Christus der Herr, als Hoherpriester aus den Menschen genommen (vgl. *Hebr* 5,1–5), hat das neue Volk ‚zum Königreich und zu Priestern für Gott und seinen Vater gemacht'(vgl. *Offb* 1,6; 5,9–10). Durch die Wiedergeburt und die Salbung mit dem Heiligen Geist werden die Getauften zu einem geistigen Bau und einem heiligen Priestertum geweiht, damit sie in allen Werken eines christlichen Menschen geistige Opfer darbringen und die Machttaten dessen verkünden, der sie aus der Finsternis in sein wunderbares Licht berufen hat (vgl. *1 Petr* 2,4–10)" (Nr. 10).

Damit sind wir beim tiefsten Wesen der Kirche als „Volk Gottes" und Gemeinde der Heiligen angelangt, worauf wir bei der nächsten Katechese zurückkommen werden. Die zitierten Texte lassen aber schon jetzt erkennen, daß in der Heiligkeit und der Weihe des „neuen Volkes" die „Salbung", das heißt die Macht und das Wirken des Heiligen Geistes zum Ausdruck kommt.

In deutscher Sprache sagte der Papst:

Liebe Schwestern und Brüder!

In unserer heutigen Katechese will ich daran erinnern, daß das Kommen des Heiligen Geistes als Erfüllung des Neuen Bundes „im Blut Christi“ den Beginn des neuen Gottesvolkes bedeutet. Es ist die Gemeinschaft derer, die Christus „zu einer königlichen Priesterschaft“ für Gott den Vater gemacht hat (vgl. *1 Petr* 2,9). Dies geschah in der Kraft des Heiligen Geistes.
Im Alten Testament erwählt Gott, der Herr, Israel als sein Volk, er macht es zu seinem besonderen Eigentum, er selbst ist ihr Gott. Der Alte Bund versteht sich aber nicht lediglich als bilateraler Vertrag. Die Erwählung Israels durch Gott entspringt ausschließlich der Liebe Jahwes; so lesen wir in *Deuteronomium*: „Nicht weil ihr zahlreicher als die anderen Völker wäret, hat euch der Herr ins Herz geschlossen und ausgewählt; ihr seid das kleinste unter allen Völkern. Weil der Herr euch liebt und weil er auf den Schwur achtet, den er euren Vätern geleistet hat, deshalb hat der Herr euch mit starker Hand herausgeführt und euch aus dem Sklavenhaus freigekauft“ (*Dtn* 7,7–8).
Gott handelt ganz aus ungeschuldeter Liebe, die seitens Israel eine Antwort der Liebe und des Vertrauens erwartet: „Du sollst den Herrn, deinen Gott, lieben mit ganzem Herzen“ (*Dtn* 6,5).
Dieses Volk als Eigentum Gottes des allein Heiligen wird daher ein „heiliges“, Gott „geweihtes“ Volk genannt, ein „Volk von Priestern“ (vgl. *Jes* 61,6).
Im Neuen und Ewigen Bund, geschlossen „im Blut Christi“, wird der Heilige Geist denen geschenkt, „die in Christus Jesus geheiligt und zur Heiligkeit berufen sind“ (vgl. *1 Kor* 1,2). Ja, der Heilige Geist ist der direkte Urheber jener Heiligkeit, auf welcher – durch die Teilhabe an der Heiligkeit Gottes selbst – sich das ganze christliche Leben aufbaut: „... ihr seid geheiligt ... im Geist unseres Gottes“ (*1 Kor* 6,11; vgl. *1 Petr* 1,2).
Die in der Kraft des Heiligen Geistes Getauften und Gesalbten werden „zu einer heiligen Priesterschaft, um durch Jesus Christus geistige Opfer darzubringen, die Gott gefallen“ (vgl. *1 Petr* 2,5).
Diese Wahrheit über das innerste Wesen der Kirche als Volk Gottes drückt auch das Zweite Vatikanische Konzil in der Konstitution *Lumen Gentium* aus: „Durch die Wiedergeburt und die Salbung mit dem Heiligen Geist werden die Getauften zu einem geistigen Bau und einem heiligen Priestertum geweiht, damit sie in allen Werken eines christlichen Menschen geistige Opfer darbringen und die Machttaten dessen verkünden, der sie aus der Finsternis in sein wunderbares Licht berufen hat“ (Nr. 10).
Mit diesen Gedanken wünsche ich euch, den deutschsprachigen Pilgern und Besuchern frohe Tage der Erholung und geistigen Bereicherung und erteile euch und euren Familien von Herzen meinen Apostolischen Segen.
Gelobt sei Jesus Christus!

Christus einziger Weg für die Jugend

Ansprache bei der Generalaudienz am 23. August

1. „Ich bin der Weg und die Wahrheit und das Leben" (*Joh* 14,6).
Diese Worte Jesu Christi bildeten die Leitidee der Pilgerfahrt nach Santiago de Compostela in Verbindung mit dem Weltjugendtag, der am vergangenen Samstag und Sonntag im Beisein von Hunderttausenden Jugendlichen aus Europa und der ganzen Welt stattgefunden hat.
Man muß daran erinnern, daß die Tradition dieses Welttages anläßlich des Jubiläumsjahres der Erlösung begann, das in Rom und in der Gesamtkirche vom 25. März 1983 bis 22. April 1984 gefeiert wurde.
Am Palmsonntag des Jahres 1984 versammelte sich in Rom eine große Schar von Jugendlichen aller Länder. Damals wurde unter Mitwirkung des Päpstlichen Rates für die Laien eine feste Struktur thematischer und pastoraler Art für diese Begegnung ausgearbeitet, die den vielfältigen Reichtum des Jugendapostolats in der Kirche widerspiegelt.

2. Von da an wurde der Palmsonntag zum Tag der Jugend für die ganze Kirche erklärt. Dieser Tag beinhaltet in der Tat vom liturgischen Gesichtspunkt aus eine besondere Ausdruckskraft: Christus zieht in Jerusalem ein, umgeben von Jugendlichen, die in ihm den Messias sehen.
Die folgenden Tage der Heiligen Woche haben die Aufgabe, durch das Ostergeschehen in Jerusalem die Wahrheit von der messianischen Sendung des Erlösers bis auf den Grund zu enthüllen. Das Kreuz auf Golgota und dann die Auferstehung sind für alle der endgültige Ruf, Christus zu folgen. Sie sind vor allem der Ruf an die Jugend.

3. Man kann sagen, daß die Initiative des Tages der Jugend von den jungen Menschen selbst ausgegangen ist, die seit langem mit besonders spontaner und lebendiger Empfänglichkeit den Ruf der Osterliturgie vor allem am Palsmsonntag zu spüren schienen.
In vielen Diözesen und Pfarreien ist dieser Sonntag der Tag der Jugend. In anderen wird er den Umständen entsprechend zu einem anderen Zeitpunkt gefeiert. Über diese Ortsbegegnungen hinaus hat sich seit dem Heiligen Jahr der Erlösung die Tradition des Tages der Jugend auf internationaler Ebene entwickelt. Im Jahr 1985 fand dieser Tag in Rom statt in Verbindung mit dem von den Vereinten Nationen proklamierten Weltjugendtag. Zwei Jahre später, am Palmsonntag 1987, verlagerte sich der Ort des internationalen Treffens nach Buenos Aires in Argentinien.
Für dieses Jahr erreichte uns eine dringende Einladung aus Spanien, und Begegnungsort wurde der altehrwürdige Wallfahrtsort Santiago de Compostela.

4. Die Wahl dieser Stadt für das IV. Welttreffen der Jugend war kein Zufall. Sie muß in der Tat im jahrhundertelangen Zusammenhang der christlichen Wallfahrten gesehen werden. Vom 4. Jahrhundert an setzte sich zunehmend mit außerordentlichen Höhepunkten im Mittelalter in den christlichen Gemeinschaften eine besondere Verehrung durch für die – wie man später sagte – „Heiligen Stätten". Diese Form der Volksfrömmigkeit hat

die innere Erneuerung zum Grundziel, die Reinigung von den Sünden durch die Einzelbeichte und Buße.
Von allen Orten, allen Nationen des jungen Europa aus, das auch dank seiner neuen religiösen Identität, des Christentums, im Entstehen war, brachen Pilger auf, um zu den bevorzugten Zentren geistlicher Ausstrahlung zu ziehen: nach Jerusalem, Rom, Loreto und zu anderen verehrungswürdigen Orten, unter denen nach und nach das „Andenken an den heiligen Jakobus", die dem Erzmärtyrer-Apostel geweihte und im Jahr 813 in Galicien erbaute Wallfahrtskirche, Berühmtheit erlangte. Der Name der Stadt „Compostela", nach Meinung einiger vom lateinischen „campus stellae" stammend – der Stern, der in wunderbarer Weise zur Entdeckung des Leichnams des heiligen Jakobus führte –, hat symbolische Bedeutung: Jahrhunderte sind vergangen, und heute wie gestern ist dieses Heiligtum weiterhin ein bevorzugter Leuchtturm christlicher Ausstrahlung für Europa, das alte Europa, das vor einer nunmehr kommenden wichtigen Phase der Vereinigung und an der Schwelle des dritten christlichen Jahrtausends steht; ein Europa, das sich das Evangelium Christi wieder zu eigen machen muß!

5. Der Weltjugendtag in Santiago de Compostela hat auf diese europäischen Traditionen Bezug genommen. Und obwohl unter der großen Schar der dort versammelten Jugendlichen die Töchter und Söhne der europäischen Länder überwogen, waren auch die anderen Kontinente vertreten, deren Gruppen zwar zahlenmäßig kleiner, aber sich nicht weniger der Bedeutung dieses Treffens bewußt waren, an dem sie teilnahmen.
Diese Begegnung wächst auf der festen Grundlage der Pilgerschaft der Kirche und vor allem der jungen Menschen, die an diesem Pilgerweg in besonderer Weise teilhaben wollen. Im Begegnungsprogramm dieser Tage trägt die Jugendseelsorge Frucht in ihren vielfältigen Formen. Früchte tragen ebenfalls sowohl das Bewußtsein als auch die Apostolatshaltung der Jugendlichen selbst.
Gleichzeitig ist der Tag der Jugend in gewissem Sinn ein neuer Anfang auf dem Weg dieses Apostolats und der ihm dienenden Seelsorge. Deshalb nimmt das, was man – auf der Grundlage des Zweiten Vatikanischen Konzils – gewohnter Weise „eine Neuevangelisierung" nennt, konkrete Form an. Klar ist, daß gerade die jungen Menschen, die neuen Generationen, Hauptgestalter dieser Neuevangelisierung werden müssen.

6. Dieser Welttag ist von seiten der verschiedenen Bischofskonferenzen, aber vor allem der in vielen Ländern bestehenden nationalen Kommissionen für die Jugend intensiv vorbereitet worden, insgesamt unter der Koordinierung des Päpstlichen Rates für die Laien.
In den dem Welttag unmittelbar voraufgegangenen Tagen fand in Santiago de Compostela ein Internationales Jugendforum statt, an dem Vertreter von über fünfzig Ländern teilnahmen. Diese eingehende Vorbereitungsarbeit, verbunden mit der geistlichen Kraft der Wallfahrt, hat ein alles Erwarten übersteigendes Ergebnis gezeitigt. Die Anzahl der Jugendlichen, die nach Santiago gepilgert sind, wird auf über eine halbe Million geschätzt. Jedoch über diese Zahlen und äußeren Aspekte der Kundgebung hinaus will ich mit lebhafter Hochschätzung die unersetzliche Mitwirkung hervorheben, die bei dieser Gele-

genheit von so vielen Priestern und Ordensleuten, vor allem hinsichtlich der geistlichen Vorbereitung und insbesondere der Beichte geleistet wurde; ebenso die ständige, verborgene Arbeit all jener, die als Animatoren Tag für Tag den Weg des geistlichen Wachstums der jungen Menschen begleiten und sie unterstützen in dem Engagement, mutig Christus, „dem Weg, der Wahrheit und dem Leben", zu folgen.

7. Eine Ergänzung zur Wallfahrt nach Santiago de Compostela war der Besuch des Heiligtums der Muttergottes von Covadonga in der Erzdiözese Oviedo. Gerade in diesem Teil Spaniens, in Asturien, begann das Werk der Befreiung des Landes von der arabischen Besetzung. Und es war gleichzeitig der Verteidigungskampf für die christlichen Werte. Dies fand im 8. Jahrhundert unter Don Pelayo statt. Indem sie sich gegen die Eindringlinge verteidigten und das eigene Land auf der iberischen Halbinsel wiedereroberten, setzten die Vorfahren des heutigen Spanien in gewissem Sinn einen Eckstein ihrer nationalen und christlichen (katholischen) Identität. Das Heiligtum der Muttergottes von Covadonga ist eng mit diesem ganzen wichtigen Prozeß verbunden und bleibt die Wiege des christlichen Spanien und Symbol seiner nationalen Identität.

8. Die jungen Menschen, die aus verschiedenen Ländern Europas nach Santiago de Compostela zum Welttag kamen, sind sich der Tatsache bewußt, daß eine Neuevangelisierung in Gang setzen heißt, auf jenen Anfang Bezug zu nehmen, der an verschiedenen Orten dieses Kontinents vor Jahrhunderten begonnen hatte. Christus ist der Eckstein. Er ist es, der von sich gesagt hat: „Ich bin der Weg und die Wahrheit und das Leben." Auf ihn bauend, finden wir nicht nur den Weg in die Vergangenheit der europäischen Völker, sondern auch den Weg in die Zukunft. Und das ist „der Weg und die Wahrheit und das Leben", der sich von neuem als einziger gültiger Wert für die Generationen erweist, die im nächsten Jahrtausend auf der Bühne der Geschichte heraufziehen werden.

In deutscher Sprache sagte der Papst:

Liebe Brüder und Schwestern!

In froher Dankbarkeit gedenke ich heute noch einmal meiner Pilgerreise nach Santiago de Compostela. Sie war verbunden mit der Feier des Welttages der Jugend. Der Leitgedanke waren die Worte Jesu: „Ich bin der Weg, die Wahrheit und das Leben".
Im Jubiläumsjahr der Erlösung 1983 wurde der Welttag der Jugend eingesetzt. Er wird gewöhnlich am Palmsonntag begangen. Die Liturgie dieses Tages lädt dazu besonders ein: Jesus, der bei seinem Einzug in Jerusalem von seinen Jüngern, darunter auch viele Jugendliche, begleitet und jubelnd als der Gesandte Gottes anerkannt wird. Nach dem ersten Welttag der Jugend im Jubiläumsjahr der Erlösung folgte ein weiterer in Rom im Jahre 1985 und dann 1987 in Buenos Aires.
Die Einladung zum diesjährigen Welttag der Jugend kam aus Spanien. Er wurde verbunden mit der jahrhundertealten Tradition der Pilgerfahrten nach Santiago de Compostela. Dieser war für lange Zeit der bevorzugte Wallfahrtsort der Christen in Europa. Darum hatte auch diese Begegnung einen besonderen europäischen Charakter.
Die Kirche als ganze versteht sich auf der Pilgerschaft. Darin haben die Jugendlichen einen maßgeblichen Anteil und Auftrag. Ihrem apostolischen Einsatz ist die notwendige

„Neu-Evangelisierung“ des europäischen Kontinents von morgen anvertraut. Die Jugendlichen, die an dieser Pilgerfahrt teilgenommen haben, waren sich dieses ihres Auftrags bewußt, der allein von Christus ausgehen und mit ihm zum gewünschten Ziel führen kann, der „der Weg, die Wahrheit und das Leben“ ist. In diese Thematik ordnete sich auch mein kurzer Pilgerbesuch im Heiligtum der Madonna von Covadonga ein, von wo einmal der Befreiungskampf gegen die arabische Besetzung und die von ihr aufgezwungene islamische Religion begonnen hat.
Mit diesen kurzen Erinnerungen an meine Pilgerreise grüße ich herzlich alle heutigen deutschsprachigen Audienzteilnehmer. Einen besonderen Willkommensgruß richte ich an die große Diözesanwallfahrt aus Eisenstadt unter der Leitung ihres Oberhirten, Bischof Stefan Lászlò. Ich erbitte euch frohe und gnadenreiche Tage in der Ewigen Stadt und erteile euch allen und allen euren Lieben in der Heimat von Herzen meinen Apostolischen Segen.

Jesus ist das Leben selbst

Angelus am 27. August

„Herz Jesu, unsere Auferstehung und unser Leben, erbarme dich unser.“

1. Diese Anrufung der *Herz-Jesu-Litanei*, stark und überzeugt wie ein Glaubensbekenntnis, umfaßt in knappen Worten das ganze Geheimnis Christi, des Erlösers. Sie erinnern an die Worte, die Jesus an die über den Tod ihres Bruders Lazarus tief betrübte Marta richtete: „Ich bin die Auferstehung und das Leben. Wer an mich glaubt, wird leben, auch wenn er stirbt“ (*Joh* 11,25).
Jesus ist das Leben, das ewig aus der göttlichen Quelle des Vaters fließt: „Im Anfang war das Wort, und das Wort war bei Gott, und das Wort war Gott ... In ihm war das Leben, und das Leben war das Licht der Menschen“ (*Joh* 1,1.4).
Jesus ist das Leben selbst: „Wie der Vater das Leben in sich hat, so hat er auch dem Sohn gegeben, das Leben in sich zu haben“ (*Joh* 5,26). Im tiefsten Innern Christi, in seinem Herzen, verbinden sich harmonisch das göttliche und das menschliche Leben in voller und untrennbarer Einheit.
Aber Jesus ist auch für uns das Leben. „Das Leben geben“ war der Zweck der Sendung, die er, der Gute Hirt, vom Vater erhalten hat: „Ich bin gekommen, damit sie das Leben haben und es in Fülle haben“ (*Joh* 10,10).

2. Jesus ist auch die Auferstehung. Nichts widerspricht der Heiligkeit Christi – der Heilige Gottes (vgl. *Lk* 1,35; *Mk* 1,24) – so entschieden wie die Sünde; nichts ist ihm, der Quelle des Lebens, so entgegengesetzt wie der Tod.
Ein geheimnisvolles Band verknüpft Sünde und Tod – (vgl. *Weish* 2,24; *Röm* 5,12; 6,23; usw.). Beide sind Wirklichkeiten, die in wesentlichem Widerspruch stehen zum Plan

Gottes über den Menschen, der nicht für den Tod, sondern für das Leben geschaffen wurde. Angesichts jeder Form des Todes war das Herz Christi tief bewegt, und aus Liebe zum Vater und zu seinen Menschenbrüdern machte er sein Leben zu einem „wunderbaren Zweikampf" gegen den Tod (*Römisches Meßbuch, Ostersequenz*). Er hat durch sein Wort dem Lazarus, dem Sohn der Witwe von Naîn und der Tochter des Jaîrus das leibliche Leben wiedergeschenkt; durch die Kraft seiner erbarmenden Liebe hat er dem Zachäus, der Maria von Magdala, der Ehebrecherin und allen, die seine heilbringende Gegenwart zu erkennen wußten, das geistliche Leben wiedergegeben.

3. Schwestern und Brüder! Niemand hat wie Maria erfahren, daß das Herz Jesu „Auferstehung und Leben" ist:
- von ihm, der das Leben ist, empfing Maria das Leben der ursprünglichen Gnade, und im Hören auf sein Wort und in der aufmerksamen Beobachtung seiner heilwirkenden Zeichen konnte sie es bewahren und nähren;
- von ihm, der die Auferstehung ist, wurde sie in einzigartiger Weise mitbeteiligt am Sieg über den Tod: das Geheimnis ihrer Aufnahme mit Leib und Seele in den Himmel ist der tröstliche Beweis, daß der Sieg Christi über die Sünde und den Tod fortdauert in den Gliedern seines mystischen Leibes, vor allen anderen in Maria, dem „überragenden Glied" der Kirche (*Lumen Gentium*, Nr. 53).

Im Himmel verherrlicht, steht die Jungfrau mit ihrem Mutterherz im Dienst der von Christus gewirkten Erlösung. Sie ist als „Mutter des Lebens" jeder Frau nahe, die ein Kind zur Welt bringt. Sie steht neben jedem Taufbecken, wo die Glieder Christi aus dem Wasser und dem Geist (vgl. *Joh* 3,5) geboren werden. Sie ist als „Heil der Kranken" dort, wo das Leben, von Schmerz und Krankheit getroffen, dahinsiecht. Als „Mutter der Barmherzigkeit" wird sie von dem angerufen, der unter der Last der Schuld gestürzt ist und zu den Quellen des Lebens zurückkehren will. Als „Zuflucht der Sünder" weist sie denen, die sich entfernt haben, den Weg, der zu Christus zurückführt. Als „Schmerzensmutter" neben dem sterbenden Sohn (vgl. *Joh* 19,25) ist sie dort, wo das Leben verlöscht. Mit der Kirche rufen wir zu ihr: „Heilige Maria, Mutter Gottes, bitte für uns Sünder, jetzt und in der Stunde unseres Todes."

In deutscher Sprache sagte der Papst:

Herzlich grüße ich auch die heutigen Gebetsteilnehmer aus den Ländern deutscher Sprache, darunter besonders die große Gruppe Jugendlicher aus der Diözese Münster, die zur Zeit in einem Ferienlager bei Priverno weilen. Freizeit und Erholung, das Erlebnis brüderlicher Gemeinschaft und der Schönheit der Natur mögen euch auch öffnen für eine neue, ganz persönliche Begegnung mit Gott, dem Schöpfer und dem Geber alles Guten. Maria, die Mutter Jesu und unsere Mutter, sei euch dabei Wegweiser und Fürsprecherin. Von Herzen begleite ich eure Ferien wie auch eure Rückkehr in eure Heimat mit meinem besonderen Segen.

Neue Schöpfung durch den Geist

Ansprache bei der Generalaudienz am 30. August

1. Am Pfingsttag zeigt sich der Welt durch das Wirken des Heiligen Geistes die Kirche, die aus dem Erlösungstod Christi hervorgegangen ist. Das Thema der heutigen Katechese wurde bereits in der vorhergegangenen über die Herabkunft des Heiligen Geistes vorgestellt, die den Anfang setzte für das neue Volk Gottes. Wir haben gesehen, daß – unter Bezugnahme auf den Alten Bund zwischen Gott, dem Herrn, und Israel als seinem „auserwählten" Volk – das Volk des Neuen Bundes, der „im Blut Christi" (vgl. *1 Kor* 11,25) geschlossen wurde, zur Heiligkeit berufen ist im Heiligen Geist. Es ist das Volk, das schon im Taufsakrament durch die „Salbung des Heiligen Geistes" geheiligt wird. Es ist die eine „königliche Priesterschaft" berufen, „geistige Opfer" darzubringen" (vgl. *1 Petr* 2,9).

Indem er auf diese Weise das Volk des Neuen Bundes formt, macht der Heilige Geist die Kirche offenbar, die dem am Kreuz durchbohrten Herzen des Erlösers entsprungen ist.

2. Bereits in den Katechesen des christologischen Zyklus haben wir gezeigt, daß Jesus Christus, „indem er den Aposteln das vom Vater ihm vermachte Reich übergibt" (vgl. *Lk* 22,29 und auch *Mk* 4,11), die Fundamente zum Bau seiner Kirche legt. Er hat sich tatsächlich nicht darauf beschränkt, durch das Wort des Evangeliums und die von ihm gewirkten „Zeichen" Hörer und Jünger anzuziehen, sondern er hat klar verkündet, daß er „die Kirche bauen" will auf den Aposteln und insbesondere auf Petrus (vgl. *Mt* 16,18). Als die Stunde seines Leidens, der Vorabend naht, betet er für ihre „Heiligung in der Wahrheit" (vgl. *Joh* 17,17), bittet er für ihre Einheit: „Alle sollen eins sein: Wie du, Vater, in mir bist und ich in dir bin, ... damit die Welt erkennt, daß du mich gesandt hast" (*Joh* 17,21–23). Am Ende gibt er sein Leben hin „als Lösegeld für viele" (*Mk* 10,45), „um die versprengten Kinder Gottes wieder zu sammeln" (*Joh* 11,52).

3. Die Konzilskonstitution *Lumen Gentium* unterstreicht die Verbindung zwischen dem Ostergeheimnis und dem Pfingsttag: „Als aber Jesus nach seinem für die Menschen erlittenen Kreuzestod auferstanden war, ist er als der Herr, der Gesalbte und als der zum Priester auf immerdar Bestellte erschienen (vgl. *Apg* 2,36; *Hebr* 5,6; 7,17–21) und hat den vom Vater verheißenen Geist auf die Jünger ausgegossen (vgl. *Apg* 2,33)" (*Lumen Gentium*, Nr. 5). Dies erfüllte sich entsprechend den Ankündigungen, die Jesus im Abendmahlssaal vor seinem Leiden machte und vor seinem endgültigen Fortgehen von dieser Erde zum Vater wiederholte: „Aber ihr werdet die Kraft des Heiligen Geistes empfangen, der auf euch herabkommen wird; und ihr werdet meine Zeugen sein ... bis an die Grenzen der Erde" (*Apg* 1,8).

Diese Tatsache ist der entscheidende Höhepunkt für das Dasein der Kirche. Christus hat sie angekündigt, errichtet und dann endgültig „geboren" am Kreuz durch seinen Heilstod. Jedoch das Bestehen der Kirche wurde am Pfingsttag offenbar, als der Heilige Geist herabkam und die Apostel begannen, vom Ostergeheimnis Christi „Zeugnis zu geben".

Wir können von dieser Tatsache wie von einer Geburt der Kirche sprechen, wie wir von der Geburt eines Menschen in dem Augenblick sprechen, in dem er aus dem Schoß der Mutter kommt und sich der Welt „kund macht".

4. In der Enzyklika *Dominum et vivificantem* habe ich geschrieben: „Die Zeit der Kirche hat begonnen mit dem ‚Kommen', das heißt mit der Herabkunft des Heiligen Geistes auf die Apostel, die im Abendmahlssaal von Jerusalem mit Maria, der Mutter des Herrn, versammelt waren (vgl. *Apg* 1,14). Die Zeit der Kirche hat in jenem Augenblick begonnen, als die Verheißungen und Ankündigungen, die sich so ausdrücklich auf den Beistand, auf den Geist der Wahrheit, bezogen, anfingen, sich in aller Macht und Deutlichkeit an den Aposteln zu erfüllen und so die Geburt der Kirche zu bewirken. ... Der Heilige Geist ... [hat] die unsichtbare – in gewisser Weise aber auch ‚wahrnehmbare' – Führung derer übernommen, die sich nach dem Fortgang des Herrn Jesus zutiefst als Waisen zurückgelassen fühlten. Mit dem Kommen des Geistes sahen sie sich nun in die Lage versetzt, die ihnen anvertraute Sendung zu erfüllen. Sie fühlten sich voller Kraft. Ebendies hat der Heilige Geist bewirkt, und das bewirkt er in der Kirche ständig in ihren Nachfolgern" (Nr. 25).

5. Die Geburt der Kirche ist wie eine „neue Schöpfung" (vgl. *Eph* 2,15). Man kann eine Ähnlichkeit feststellen mit der ersten Schöpfung: „Da formte Gott, der Herr, den Menschen aus Erde vom Ackerboden und blies in seine Nase den Lebensatem" (*Gen* 2,7). Diesem „Lebensatem" verdankt der Mensch den „Geist", der in der menschlichen Zusammensetzung bewirkt, daß er Person ist. Auf diesen schöpferischen „Lebensatem" muß man zurückgreifen, wenn man liest, daß der auferstandene Christus, als er den im Abendmahlssaal versammelten Aposteln erschien, sie anhauchte und zu ihnen sprach: „Empfangt den Heiligen Geist! Wem ihr die Sünden vergebt, dem sind sie vergeben; wem ihr die Vergebung verweigert, dem ist sie verweigert" (*Joh* 20,22–23). Dieses Ereignis, das noch am Abend des Ostertages stattfand, kann als ein vorweggenommenes, noch nicht öffentliches Pfingsten betrachtet werden. Es folgte dann der Pfingsttag, die öffentliche Kundgebung des Geistgeschenkes, als Jesus Christus, „nachdem er durch die rechte Hand Gottes erhöht worden war und vom Vater den verheißenen Heiligen Geist empfangen hatte, ihn ausgegossen hat" (*Apg* 2,33). Durch das Wirken des Heiligen Geistes entstand „die neue Schöpfung" (vgl. *Ps* 104,30).

6. Über die Analogie mit dem Buch *Genesis* hinaus ist eine andere in einem Abschnitt des Buches *Ezechiel* zu finden, wo wir lesen: „So spricht Gott, der Herr: Geist, komm herbei von den vier Winden! Hauch diese Erschlagenen an, damit sie lebendig werden" (*Ez* 37,9). „Ich öffne eure Gräber und hole euch, mein Volk, aus euren Gräbern herauf. Ich bringe euch zurück in das Land Israel" (*Ez* 37,12). „Ich hauche euch meinen Geist ein, dann werdet ihr lebendig ... Dann werdet ihr erkennen, daß ich der Herr bin" (*Ez* 37,14). „... und es kam Geist in sie. Sie wurden lebendig und standen auf" (*Ez* 37,10). Diese großartige und eindringliche prophetische Vision betrifft die messianische Wiederherstellung Israels nach dem Exil, die nach dem langen Leidensweg von Gott ange-

kündigt worden war (vgl. *Ez* 37,11–14). Es ist dieselbe Ankündigung des Aufschwungs und neuen Lebens, die *Hosea* (vgl. 6,2; 13,14) und *Jesaja* (vgl. 26,19) gemacht hatten. Die vom Propheten verwandte Symbolik legte in die Seele Israels die Sehnsucht nach der Aussicht auf eine individuelle Auferstehung, die vielleicht *Ijob* geahnt hatte (vgl. 19,25). Eine solche Idee reifte später heran, wie andere Abschnitte des Alten (vgl. *Dan* 12,2; *2 Makkabäer* 7,9–14.23–36; 12,43–46) und des Neuen Testamentes (vgl. *Mt* 22,29–32; *1 Kor* 15) bestätigen. Aber dieser Gedanke enthielt die Vorbereitung auf den Begriff des „neuen Lebens", der in der Auferstehung Christi offenbar werden und durch das Werk des Heiligen Geistes auf diejenigen herabkommen sollte, die glaubten. Auch im Text Ezechiels können wir an Christus Glaubenden deshalb eine gewisse österliche Analogie erkennen.

7. Und nun ein letzter Aspekt des Geheimnisses der Kirche, die unter dem Wirken des Geistes am Pfingsttag entstand. In ihr verwirklicht sich das hohepriesterliche Gebet Christi im Abendmahlssaal: „Alle sollen eins sein: Wie du, Vater, in mir bist und ich in dir bin, sollen auch sie in uns sein, damit die Welt glaubt, daß du mich gesandt hast" (*Joh* 17,21). Während er auf die um Maria, die Mutter Christi, versammelten Jünger herabkommt, wandelt und eint der Heilige Geist sie, indem er sie mit der Fülle des göttlichen Lebens überschüttet. Sie werden „eins": eine Apostelgemeinschaft, bereit, Zeugnis vom gekreuzigten und auferstandenen Christus zu geben. Das ist die aus dem Kreuz erwachsene und vom Heiligen Geist belebte „neue Schöpfung", der sie am Pfingsttag in der Geschichte begonnen hat.

In deutscher Sprache sagte der Papst:

Liebe Brüder und Schwestern!

Jesus hat in den Jahren seines öffentlichen Wirkens Jünger um sich gesammelt und sie durch Wort und „Zeichen" gelehrt. Zugleich versicherte er ihnen, daß er auf den Aposteln, im besonderen auf Petrus, seine Kirche bauen werde (vgl. *Mt* 16,18). Vor seinem Leiden betete er für sie, daß „sie alle eins seien", damit die Welt glaube (vgl. *Joh* 17,21–23). Schließlich gab Christus sein Leben hin am Kreuz, „um die versprengten Kinder Gottes wieder zu sammeln" (*Joh* 11,52).

Christus legt in seinem öffentlichen Wirken die Grundlagen für seine Kirche. Diese wird dann in seinem Erlöserleiden, in seinem Tod und in seiner Auferstehung, gezeugt und am Pfingstfest durch die Mitteilung des Heiligen Geistes geboren. Zu Pfingsten tritt die Kirche offen in Erscheinung im mutigen Glaubenszeugnis der Apostel, zu dem sie der Geist Gottes befähigt. Wie Gott am Schöpfungsmorgen Adam den Lebensodem eingehaucht hat, so wird die Kirche lebendig und apostolisch wirksam durch die Vermittlung des göttlichen Pfingstgeistes. Mit der Geburt der Kirche erfolgt gleichsam eine „neue Schöpfung" (vgl. *Eph* 2,15).

Werden wir uns, liebe Brüder und Schwestern, der großen Gnade wieder neu bewußt, zur Kirche Christi gehören zu dürfen. Ich grüße euch alle sehr herzlich zur heutigen Audienz, alle Gruppen und Einzelpilger; besonders die anwesende Studiengruppe von Priestern und Schwestern, die dem Deutschorden angehören. Möge dieser Rombesuch in euch allen eure Liebe zur Kirche neu entfachen und euch zu einem entschlossenen Glaubenszeugnis im Alltag ermutigen. Von Herzen erteile ich euch und allen, die euch verbunden sind, meinen besonderen Apostolischen Segen.

Gebet für den Libanon

Während der Generalaudienz begrüßte Johannes Paul II. eine libanesische Jugendgruppe mit folgenden Worten:

Es freut mich, eine unter uns weilende Gruppe libanesischer Jugendlicher herzlich zu begrüßen. Wir alle lieben ihr Land; wir alle hoffen inständig, daß es den Frieden wiederfindet. Am Ende dieser Audienz werden wir wie gewohnt das Vaterunser singen; wir werden es heute zusammen tun und besonders für den Libanon beten. Euch allen, Jugendlichen und Erwachsenen, erteile ich von Herzen meinen Apostolischen Segen.

Jesus ist unsere Versöhnung

Angelus am 3. September

„Herz Jesu, unser Frieden und unsere Versöhnung, erbarme dich unser."

1. Liebe Brüder und Schwestern, wenn wir im Glauben diese schöne Anrufung der *Herz-Jesu-Litanei* beten, breitet sich in unserer Seele ein Gefühl des Vertrauens und der Sicherheit aus: Jesus ist wirklich unser Frieden, unsere höchste Versöhnung.
Jesus ist unser Frieden. Bekannt ist der biblische Sinn des Wortes „Frieden". Es bedeutet zusammengefaßt die Summe des Guten, das Jesus, der Messias, den Menschen gebracht hat. Das Geschenk des Friedens kennzeichnet den Beginn seiner Sendung auf Erden, es begleitet ihren Verlauf und ist ihre Krönung. „Frieden" singen die Engel an der Krippe des neugeborenen „Friedensfürsten" (vgl. *Lk* 2,14; *Jes* 9,5). „Frieden" ist der Wunsch, der aus dem Herzen Christi kommt, das bewegt ist angesichts des Elends des Menschen, der an Leib (vgl. *Lk* 8,48) oder Seele (vgl. *Lk* 7,50) krank ist. „Frieden" ist der strahlende Gruß des Auferstandenen an seine Jünger (vgl. *Lk* 24,36; *Joh* 20,19.26), die er im Augenblick, als er die Erde verläßt, dem Wirken des Geistes anvertraut, der Quelle „der Liebe, der Freude und des Friedens" (vgl. *Gal* 5,22).

2. Jesus ist zugleich unsere Versöhnung. Infolge der Sünde war ein tiefer und geheimnisvoller Bruch zwischen Gott, dem Schöpfer, und dem Menschen, seinem Geschöpf, entstanden. Die ganze Heilsgeschichte ist nichts anderes als der wunderbare Bericht über das Eingreifen Gottes zugunsten des Menschen, damit dieser in Freiheit und Liebe zu ihm zurückkehre; damit auf die Situation des Bruches eine Situation der Versöhnung und Freundschaft, der Gemeinschaft und des Friedens folge.

Im Herzen Christi, das voll der Liebe zum Vater und zu den Menschen, seinen Brüdern, ist, fand die vollkommene Versöhnung zwischen Himmel und Erde statt: „Da wir mit Gott versöhnt wurden durch den Tod seines Sohnes“, sagt der Apostel (*Röm* 5,10).
Wer die Versöhnung und den Frieden erfahren will, muß die Einladung des Herrn annehmen und zu ihm gehen (vgl. *Mt* 11,28). In Seinem Herzen wird er Frieden und Ruhe finden; sein Zweifel wird sich dort in Gewißheit verwandeln, die Angst in Beruhigung, die Traurigkeit in Freude, die innere Verwirrung in Ausgewogenheit. Er wird dort Trost im Schmerz finden, Mut, um die Angst zu überwinden, Hochherzigkeit, um nicht in Niedergeschlagenheit zu verfallen, sondern den Weg der Hoffnung wieder aufzunehmen.

3. Das Herz der Mutter ist in allem dem Herzen des Sohnes ähnlich. Auch die seligste Jungfrau vergegenwärtigt für die Kirche den Frieden und die Versöhnung: Ist nicht sie es, die durch den Engel Gabriel die höchste Botschaft der Versöhnung und des Friedens empfangen hat, die Gott jemals an die Menschheit sandte (vgl. *Lk* 1,26–38)?
Maria hat den zur Welt gebracht, der unsere Versöhnung ist; sie stand neben dem Kreuz, als Gott im Blut des Sohnes „alles versöhnt hat“ (vgl. *Kol* 1,20). Im Himmel verherrlicht, hat sie – wie ein liturgisches Gebet erinnert – „ein Herz voll Erbarmen für die Sünder, die auf ihre mütterliche Liebe schauen, bei ihr Zuflucht suchen und um die Verzeihung Gottes bitten“ (vgl. *Meßbuch, Präfation von der seligsten Jungfrau Maria*). Maria, Königin des Friedens, erlange uns von Christus das messianische Geschenk des Friedens und der Gnade der vollen und dauerhaften Versöhnung mit Gott und mit den Brüdern. Darum wollen wir beten.

In deutscher Sprache sagte der Papst:

Ein herzliches Willkommen auch allen deutschsprachigen Teilnehmern unseres heutigen Mariengebetes. Maria ist die Mutter unseres Erlösers und somit auch unsere Mutter. Möge sie euch die Gnade erbitten, daß Christus in euch und euren Familien immer mehr wachse und euch auf den Weg des Heiles führe. Von Herzen begleite ich euch mit meinem Gebet und Segen.

Wiedergeburt im Heiligen Geist

Ansprache bei der Generalaudienz am 6. September

1. Als die aus dem Kreuzesopfer geborene Kirche ihren Weg in der Welt aufnahm durch das Werk des Heiligen Geistes, der am Pfingsttag im Abendmahlssaal herabgekommen war, begann „ihre Zeit“, die „Zeit der Kirche“ als Mitwirkende des Geistes bei dem Sendungsauftrag, die Erlösung durch Christus in der Menschheit, von Generation zu Generation, fruchtbar werden zu lassen. Gerade in dieser Sendung und Mitwirkung mit dem Geist verwirklicht sich die „Sakramentalität“, die das Zweite Vatikanische Konzil ihr zuschreibt, wenn es lehrt: „Die Kirche ist ja in Christus gleichsam das Sakrament, das heißt Zeichen und Werkzeug für die innigste Vereinigung mit Gott wie für die Einheit der

ganzen Menschheit" (*Lumen Gentium*, Nr. 1). Diese „Sakramentalität" hat eine tiefe Bedeutung in bezug auf das Pfingstgeheimnis, das der Kirche die Kraft und die Charismen gibt, sichtbar in der ganzen Menschheitsfamilie zu wirken.

2. In dieser Katechese wollen wir hauptsächlich die Beziehung zwischen Pfingsten und dem Taufsakrament betrachten. Wir wissen, daß das Kommen des Heiligen Geistes zusammen mit dem Kommen Christi beim Jordan angekündigt wurde. Es war Johannes der Täufer, der das Kommen beider miteinander in Verbindung brachte und sogar auf den engen Zusammenhang hinwies, indem er von einer „Taufe" sprach: „Er wird euch mit dem Heiligen Geist und mit Feuer taufen" (*Mt* 3,11). Diese Verbindung zwischen dem Heiligen Geist und dem Feuer ist in den Kontext der Bibelsprache zu stellen, die schon im Alten Testament das Feuer als ein Mittel darstellte, das Gott anwandte, um die Gewissen zu reinigen (vgl. *Jes* 1,25; 6,5–7; *Sach* 13,9; *Mal* 3,2–3; *Sir* 2,5 usw.). Ihrerseits war die Taufe, die man im Judentum und bei den anderen alten Religionen vollzog, ein Ritus des Eintauchens, mit dem eine Reinigung und Erneuerung angedeutet wurde. Johannes der Täufer hatte diese Taufpraxis im Wasser angewandt und dabei aber betont, daß sie nicht nur zeichenhaften, sondern moralischen Wert hatte, denn sie diente der „Umkehr" (vgl. *Mt* 3,2.6.8.11; *Lk* 3,10–14). Sie stellte eine Art Initiation dar, durch welche diejenigen, die sie empfingen, Jünger des Täufers wurden und um ihn herum sowie mit ihm eine Art Gemeinschaft bildeten, gekennzeichnet von der eschatologischen Erwartung des Messias (vgl. *Mt* 3,2.11; *Joh* 1,19–34). Sie war jedoch eine Taufe mit Wasser, das heißt, sie hatte keine sakramentale reinigende Kraft. Diese Kraft sollte gerade die vom Messias gebrachte Taufe mit Feuer haben – ein von sich aus viel mächtigeres Element als das Wasser. Johannes verkündete die vorbereitende und symbolische Funktion seiner Taufe in bezug auf den Messias, der „mit dem Heiligen Geist und mit Feuer" taufen sollte (*Mt* 3,11; vgl. 3.7.10.12; *Joh* 1,33). Und er fügte hinzu, daß der Messias zwar mit dem Feuer des Geistes die „als Weizen in seiner Scheune" gesammelten und bereiten Menschen von Grund auf reinigen, aber „die Spreu in nie erlöschendem Feuer verbrennen" würde (vgl. *Mt* 3,12) wie im „Feuer der Hölle" (vgl. *Mt* 18,8–9), dem Symbol des Sich-Verzehrens, für das alles bestimmt ist, was sich nicht reinigen hat lassen (vgl. *Jes* 66,24; *Jdt* 16,17; *Sir* 7,17; *Zef* 1,18; *Ps* 21,10 usw.).

3. Während er seine prophetische und vorausdeutende Tätigkeit auf der Linie der Symbolik des Alten Testamentes durchführt, begegnet der Täufer eines Tages Jesus im Wasser des Jordan. Er erkennt in ihm den Messias und sagt von ihm: „Seht, das Lamm Gottes, das die Sünde der Welt hinwegnimmt" (*Joh* 1,29), und auf seine Bitte hin tauft er ihn (vgl. *Mt* 3,14–15); aber zugleich gibt er Zeugnis von seiner Messianität und bekennt sich als der einfache Ankündiger und Vorläufer (vgl. *Joh* 1,30–31). Dieses Zeugnis des Johannes ist eingefügt in die Mitteilung, die er selbst seinen Jüngern und Zuhörern macht über das bei dieser Gelegenheit Erlebte, das ihn vielleicht an die Erzählung der *Genesis* über das Ende der großen Flut erinnerte (vgl. *Gen* 8,10): „Ich sah, daß der Geist vom Himmel herabkam wie eine Taube und auf ihm blieb. Auch ich kannte ihn nicht; aber er, der mich gesandt hat, mit Wasser zu taufen, er hat mir gesagt: Auf wen du den Geist herabkommen

siehst und auf wem er bleibt, der ist es, der mit dem Heiligen Geist tauft" (*Joh* 1,32–33; vgl. *Mt* 3,16; *Mk* 1,8; *Lk* 3,22).
„Mit dem Heiligen Geist taufen" bedeutet, die Menschheit durch die Kraft des Geistes Gottes zu erneuern. Das tut der Messias, auf dem, wie *Jesaja* (vgl. 11,2; 42,1) vorhergesagt hatte, der Geist ruht und der die Menschheit mit göttlicher Kraft erfüllt, angefangen von der Menschwerdung bis zur Fülle der Auferstehung nach dem Tod am Kreuz (vgl. *Joh* 7,39; 14,26; 16,7.8; 20,22; *Lk* 24,49). Nachdem er diese Fülle empfangen hat, kann Jesus, der Messias, die neue Taufe mit dem Geist, von dem er erfüllt ist, schenken (vgl. *Joh* 1,33; *Apg* 1,5). Aus seiner verherrlichten Menschheit als der Quelle des lebendigen Wassers wird sich der Geist über die ganze Welt ausbreiten (vgl. *Joh* 7,37–39; 19,34; vgl. *Röm* 5,5): Das ist die Ankündigung, die der Täufer macht, indem er für Christus Zeugnis ablegt bei der Taufe, in der sich die Symbole des Wassers und des Feuers vereinen als Ausdruck des Geheimnisses der neuen, lebenspendenden Kraft, die der Messias und der Geist über die Welt ausgegossen haben.

4. Auch Jesus spricht während seines Dienstes von seinem Leiden und Tod wie von einer Taufe, die er selbst empfangen muß: eine Taufe, weil er ganz eingetaucht werden muß in das Leiden, bildlich dargestellt auch von dem Kelch, den er wird trinken müssen (vgl. *Mk* 10,38; 14,36); aber eine Taufe, die von Jesus mit dem anderen Symbol des Feuers verbunden wird, das er auf die Erde zu bringen gekommen ist (vgl. *Lk* 12,49–50): des Feuers, in dem man sehr leicht den Heiligen Geist erblicken kann, der seine Menschheit „erfüllt" und der eines Tages, nach dem Entzünden des Kreuzes, sich in der Welt ausdehnen soll als Verbreitung der Taufe mit dem Feuer; Jesus sehnt sich so sehr, diese zu empfangen, daß er bedrückt ist, solange sie noch nicht vollzogen ist (vgl. *Lk* 12,50).

5. In der Enzyklika *Dominum et vivificantem* schrieb ich: „Im Alten Testament spricht man mehrmals vom ‚Feuer des Himmels', das die von den Menschen dargebrachten Opfer verzehrte (vgl. *Lev* 9,24; *1 Kön* 18,38; *2 Chr* 7,1). In analoger Weise kann man sagen, daß der Heilige Geist ‚Feuer vom Himmel' ist, das in der Tiefe des Kreuzesgeheimnisses wirkt ... Der Heilige Geist als Liebe und Gnadengeschenk versenkt sich gewissermaßen in die Herzmitte jenes Opfers, das am Kreuz dargeboten wird. Mit Bezug auf die biblische Tradition können wir sagen: Er verzehrt dieses Opfer mit dem Feuer der Liebe, die den Sohn mit dem Vater in der trinitarischen Gemeinschaft vereint. Und weil das Kreuzesopfer ein eigener Akt Christi ist, ‚empfängt' auch er den Heiligen Geist. Er empfängt ihn auf solche Weise, daß er ihn dann – und nur er allein mit dem Vater – den Aposteln, der Kirche, der Menschheit ‚geben' kann. Er allein ‚sendet' ihn vom Vater (vgl. *Joh* 15,26). Er allein zeigt sich den im Abendmahlssaal versammelten Aposteln, ‚haucht sie an' und sagt: ‚Empfangt den Heiligen Geist! Wem ihr die Sünden vergebt, dem sind sie vergeben' (*Joh* 20,22–23)" (Nr. 41).

6. So erfüllt sich die messianische Ankündigung des Johannes am Jordan: „Er wird euch mit dem Heiligen Geist und mit Feuer taufen" (*Mt* 3,11; vgl. *Lk* 3,16). Hier verwirklicht sich auch die biblische Symbolik, in der Gott selbst erschien als Feuersäule, die sein Volk durch die Wüste führte (vgl. *Ex* 13,21–22); als Wort des Feuers, weshalb „der Berg [Si-

nai] brannte: Feuer, hoch bis in den Himmel hinauf" (*Dtn* 4,11); als Licht, das zum Feuer wird (vgl. *Jes* 10,17); als in der Liebe zu Israel sich verzehrendes Feuer (vgl. *Dtn* 4,24). Es erfüllt sich das, was Christus selbst verheißen hat, als er sagte, daß er gekommen sei, „um Feuer auf die Erde zu werfen" (*Lk* 12,49), während die *Apokalypse* von ihm sagt, seine Augen seien wie Feuerflammen (vgl. *Offb* 1,14; 2,18; 19,12). So erklärt sich, daß der Heilige Geist in „Zungen wie von Feuer" (vgl. *Apg* 2,3) gesandt wird. All dies geschieht im Ostergeheimnis, als Christus im Kreuzesopfer „die Taufe empfängt, mit der ich getauft werden mußte" (vgl. *Mk* 10,38), und im Pfingstgeheimnis, als der auferstandene und verherrlichte Christus seinen Geist auf die Apostel und auf die Kirche ausbreitet.
Durch jene in seinem Opfertod empfangene „Taufe mit Feuer" wurde Christus – wie der Apostel Paulus sagt – in seiner Auferstehung zum „Letzten Adam", zum „lebendigmachenden Geist" (*1 Kor* 15,45). Deshalb verkündet der auferstandene Christus den Aposteln: „Johannes hat mit Wasser getauft, ihr aber werdet schon in wenigen Tagen mit dem Heiligen Geist getauft" (*Apg* 1,5). Durch das Werk Christi, des „Letzten Adam", wird den Aposteln und der Kirche der Geist geschenkt, „der lebendig macht" (vgl. *Joh* 6,63).

7. Am Pfingsttag wird diese Taufe offenbar, die neue und endgültige Taufe, die die Reinigung und Heiligung zu einem neuen Leben bewirkt; die Taufe, kraft derer die Kirche in der eschatologischen Perspektive geboren wird, die sich „bis zum Ende der Welt" erstreckt (vgl. *Mt* 28,20); nicht nur die „Kirche von Jerusalem", die der Apostel und die der unmittelbaren Jünger des Herrn, sondern die ganze, gesamte, universale Kirche, die durch die Zeiten und Orte ihrer Einwurzelung auf Erden Wirklichkeit wird.
Die Feuerzungen, die das Pfingstgeschehen im Abendmahlssaal von Jerusalem begleiten, sind Zeichen jenes Feuers, das Jesus Christus auf die Erde brachte und entzündete (vgl. *Lk* 12,49): das Feuer des Heiligen Geistes.

8. Im Licht von Pfingsten können wir auch die Bedeutung der Taufe als erstes Sakrament verstehen, insofern es Werk des Heiligen Geistes ist. Jesus selbst hatte im Gespräch mit Nikodemus darauf angespielt: „Amen, amen, ich sage dir: Wenn jemand nicht aus Wasser und Geist geboren wird, kann er nicht in das Reich Gottes kommen" (*Joh* 3,5). In demselben Gespräch deutet Jesus auch seinen zukünftigen Tod am Kreuz an (vgl. *Joh* 3,14–15) und sein Aufsteigen in den Himmel (vgl. *Joh* 3,13): Es ist die Taufe des Opfertodes, von der die Taufe mit Wasser, das erste Sakrament der Kirche, die Kraft empfängt, die Wiedergeburt durch den Heiligen Geist zu bewirken und den Menschen „den Eingang in das Reich Gottes" zu öffnen. So schreibt der *Apostel Paulus an die Römer*, „daß wir alle, die wir auf Christus Jesus getauft wurden, auf seinen Tod getauft worden sind. Wir wurden mit ihm begraben durch die Taufe auf den Tod; und wie Christus durch die Herrlichkeit des Vaters von den Toten auferweckt wurde, so sollen auch wir als neue Menschen leben" (*Röm* 6,3–4). Dieser Weg der Taufe zum neuen Leben beginnt am Pfingsttag in Jerusalem.

9. Der Apostel erläutert mehrmals die Taufe in seinen Briefen (vgl. *1 Kor* 6,11; *Tit* 3,5; *2 Kor* 1,22; *Eph* 1,13). Er versteht sie als ein „Bad der Wiedergeburt und der Erneuerung im Heiligen Geist" (*Tit* 3,5), dem Verkünder der Rechtfertigung „im Namen Jesu Chri-

sti, des Herrn“ (*1 Kor* 6,11; vgl. *2 Kor* 1,22); als ein „Siegel des verheißenen Heiligen Geistes“ (*Eph* 1,13); als „ersten Anteil des Geistes in unseren Herzen“ (vgl. *2 Kor* 1,22). Im Hinblick auf diese Gegenwart des Heiligen Geistes in den Getauften empfahl der Apostel den Christen von damals und wiederholt auch uns heute: „Beleidigt nicht den Heiligen Geist Gottes, dessen Siegel ihr tragt für den Tag der Erlösung“ (*Eph* 4,30).

In deutscher Sprache sagte der Papst:

Liebe Brüder und Schwestern!

In unserer heutigen Betrachtung wollen wir unseren Blick auf die Beziehung lenken, die zwischen dem Pfingstereignis und dem Sakrament der Taufe besteht.
Johannes der Täufer schildert seinen Zuhörern den kommenden Messias in prophetischer Weise: „Er wird euch mit dem Heiligen Geist und mit Feuer taufen“ (*Mt* 3,11). Unter „Feuer“ als von Gott angewandtes Mittel wird in der Bildsprache des Alten Testamentes reinigende Kraft als Folge eine Erneuerung des einzelnen wie des ganzen Gottesvolkes verstanden.
Bei seiner Begegnung erkennt Johannes Jesus als den Messias. Er verkündet ihn als „das Lamm Gottes, das die Sünde der Welt hinwegnimmt“ (*Joh* 1,29). Johannes tauft nur mit Wasser. Der Messias aber, der von Jahwe mit der Fülle des Geistes ausgestattet ist (vgl. *Jes* 11,2; 42,1), wird die neue Taufe „im Geist“ schenken. Er ist wie eine Quelle lebendigen Wassers, von der sich der Geist über die Welt hin ausgießt. Das ist die Botschaft des Johannes bei der Taufe Jesu, bei welcher die Symbole Wasser und Feuer das Geheimnis der neuen lebenschaffenden Kraft ausdrücken.
Diese leben- und heilschaffende Kraft kommt aus dem österlichen Geheimnis, wo Christus in seiner Hingabe am Kreuz „die Taufe empfängt, mit welcher er getauft werden mußte“ (vgl. *Mk* 10,38); und sie kommt aus dem Geheimnis von Pfingsten, wo der auferstandene und verherrlichte Christus seinen Geist über die Apostel und seine Kirche ausgießt: An Pfingsten offenbart sich also die neue und endgültige Taufe, die den Menschen reinigt und zu einem neuen Leben heiligt. Sie ist jene Taufe, aus deren Kraft die universale Kirche hervorgeht, die alle Völker umfassen und „bis zum Ende der Welt“ (vgl. *Mt* 28,20) sich ausbreiten soll.
Die Feuerzungen, die das Pfingstereignis begleiten, sind Zeichen jenes Feuers, das Christus auf die Erde gebracht hat, nämlich das Feuer des Heiligen Geistes. Im Licht von Pfingsten können wir auch die Bedeutung der Taufe als erstes Sakrament verstehen, insofern sie ja ein Werk des Heiligen Geistes ist: Die Taufe „in Wasser und Geist“ ist der Beginn des neuen Lebens, in welchem wir an Jesu Tod und Auferstehung teilhaben (vgl. *Röm* 6,3–4) und in der uns der Zugang zum Reich Gottes geöffnet ist (vgl. *Joh* 3,5).
Mit diesen kurzen Ausführungen über unseren Glauben grüße ich euch Pilger und Besucher aus den verschiedenen deutschsprachigen Ländern. Ich bitte euch, seid stets bestrebt, dem Heiligen Geist in eurem Leben Raum zu geben. Er ist es, der alles Gute in uns bewirkt und dessen Siegel wir für den Tag der Erlösung tragen (vgl. *Eph* 4,30). Hierfür erteile ich euch und euren Familien, sowie den über Radio Vatikan mit uns verbundenen Hörerinnen und Hörern von Herzen meinen Apostolischen Segen.
Gelobt sei Jesus Christus!

Opferlamm für die Sünden

Angelus am 10. September

„Herz Jesu, du Opferlamm für die Sünder, erbarme dich unser."

1. Liebe Brüder und Schwestern, diese Anrufung der *Herz-Jesu-Litanei* erinnert uns daran, daß Jesus, nach den Worten des Apostels Paulus, „wegen unserer Verfehlungen hingegeben wurde" (*Röm* 4,25); obwohl er doch keine Sünde begangen hatte, hat Gott ihn „für uns zur Sünde gemacht" (*2 Kor* 5,21). Auf dem Herzen Jesu lastete ungeheuerlich das Gewicht der Sünde der Welt. In ihm vollendete sich auf vollkommene Weise die Gestalt des „Paschalammes", des Opfers, das Gott dargebracht wurde, damit im Zeichen seines Blutes die Erstgeborenen der Israeliten geschont würden (vgl. *Ex* 12,21–27). Johannes der Täufer erkannte deshalb in ihm das wahre „Lamm Gottes" (*Joh* 1,29): das schuldlose Lamm, das die Sünde der Welt auf sich genommen hatte, um sie in das heilsame Wasser des Jordan einzutauchen (vgl. *Mt* 3,13–16 und par.); das sanftmütige Lamm, „das man zum Schlachten führt, und wie ein Schaf angesichts seiner Scherer" (*Jes* 53,7), damit durch sein göttliches Stillschweigen das überhebliche Reden der bösen Menschen widerlegt werde.
Jesus ist das freiwillige Opferlamm, denn er „unterwarf sich aus freiem Willen dem Leiden" (vgl. *Römisches Meßbuch, Eucharistisches Hochgebet II*) als Sühnopfer für die Sünden der Menschen (vgl. *Lev* 1,4; *Hebr* 10,5–10), das er im Feuer seiner Liebe vollzogen hat.

2. Jesus ist das ewige Opferlamm. Auferstanden von den Toten und zur Rechten des Vaters verherrlicht, bewahrt er in seinem unsterblichen Leib die Wundmale der durchbohrten Hände und Füße und der durchstochenen Seite (vgl. *Joh* 20,27; *Lk* 24,39–40) und er stellt sie dem Vater vor in seinem immerwährenden Gebet, mit dem er für uns eintritt (vgl. *Hebr* 7,25; *Röm* 8,34).
Die wunderbare Sequenz der Ostermesse erinnert an diese Gegebenheit unseres Glaubens und mahnt uns:
„Das Lamm erlöste die Schafe: Christus, der ohne Schuld, versöhnte die schuldige Welt mit dem Vater" (*Sequenz Victimae Paschali*, 1. Str.).
Und die *Präfation dieses Hochfestes* verkündet: Christus „ist das wahre Lamm, das die Sünde der Welt hinwegnimmt. Durch seinen Tod hat er unseren Tod vernichtet und durch seine Auferstehung das Leben neu geschaffen".

3. Brüder und Schwestern, zu dieser Stunde des Marienlobs haben wir das Herz Jesu, Opferlamm für die Sünder, betrachtet. Aber vor allen anderen und tiefer als alle anderen hat es seine schmerzerfüllte Mutter betrachtet, von der die Liturgie sagt: „Ach, für seiner Brüder Schulden sah sie ihn die Marter dulden" (*Sequenz Stabat Mater*).
Vor dem liturgischen Gedächtnis der Schmerzen Mariens erinnern wir uns an diese unerschrockene und fürbittende Anwesenheit der Gottesmutter unter dem Kreuz auf Golgota

und denken voll tiefer Dankbarkeit daran, daß der sterbende Christus, das Opferlamm für die Sünden der Welt, sie uns zur Mutter gegeben hat: „Siehe, deine Mutter!" (*Joh* 19,27).
Maria vertrauen wir unser Gebet an, während wir zu ihrem Sohn Jesus sagen: Herz Jesu, Opferlamm für die Sünder, nimm unseren Lobpreis, den immerwährenden Dank und die aufrichtige Reue an. Erbarme dich unser, heute und immer. Amen.

In deutscher Sprache sagte der Papst:

Herzlich begrüße ich alle deutschsprachigen Pilger und Besucher. Ich wünsche euch einen frohen Aufenthalt in Rom. Möge zu diesem Aufenthalt auch die Begegnung mit Gott an einer der ehrwürdigen Glaubensstätten Italiens oder im Gebet einer stillen Stunde gehören, damit auch eure Seele Atem holen kann. Hierfür segne ich euch und alle eure Lieben in der Heimat.

Die Eucharistie der Neue Bund

Ansprache bei der Generalaudienz am 13. September

1. Die Verheißung Jesu: „... ihr werdet schon in wenigen Tagen mit dem Heiligen Geist getauft" (*Apg* 1,5), bedeutet, daß eine besondere Verbindung zwischen dem Heiligen Geist und der Taufe besteht. Wir haben es in der vorhergegangenen Katechese gesehen, in der wir – ausgehend von der Bußtaufe, die Johannes am Jordan erteilte und bei der er das Kommen Christi ankündigte – dem nähergekommen sind, der „mit Heiligem Geist und Feuer" tauft. Wir haben uns auch jener einzigartigen Taufe genähert, mit der er selbst getauft werden sollte (vgl. *Mk* 10,38): dem Kreuzesopfer, das Christus „kraft ewigen Geistes" (*Hebr* 9,14) dargebracht hat, so daß er der „Letzte Adam" und als solcher „lebendigmachender Geist" wurde, wie der heilige Paulus sagt (vgl. *1 Kor* 15,45). Wir wissen, daß Christus den Aposteln den Geist „gab", der das Leben schenkt (vgl. *Joh* 20,22), am Tag seiner Auferstehung und später am Pfingstfest, als alle „mit dem Heiligen Geist getauft" wurden (vgl. *Apg* 2,4).

2. Zwischen dem österlichen Opfertod Christi und dem Geschenk des Geistes besteht also eine tatsächliche Beziehung. Weil die Eucharistie in mystischer Weise das Erlösungsopfer Christi erneuert, kann man deshalb leicht die wesentliche Verbindung verstehen, die zwischen diesem Sakrament und dem Geschenk des Geistes besteht: Indem er die Kirche durch sein Kommen am Pfingsttag formt, bildet der Heilige Geist sie in tatsächlicher Bezugnahme auf die Eucharistie und richtet sie auf die Eucharistie aus.
Jesus hatte in einem seiner Gleichnisse gesagt: „Mit dem Himmelreich ist es wie mit einem König, der die Hochzeit seines Sohnes vorbereitete" (*Mt* 22,2). Die Eucharistie ist die sakramentale Vorwegnahme und in gewissem Sinn ein „Vorgeschmack" jenes königlichen Festmahles, das die *Offenbarung* das „Hochzeitsmahl des Lammes" nennt (vgl. *Offb* 19,9). Der Bräutigam, der im Mittelpunkt dieses hochzeitlichen Festes – und

seiner eucharistischen Gestalt und Vorwegnahme – steht, ist das Lamm, „das die Sünde der Welt hinwegnimmt", der Erlöser.

3. In der Kirche, die aus der Taufe von Pfingsten geboren wird, als die Apostel und zusammen mit ihnen die anderen Jünger und Bekenner Christi „mit dem Geist getauft werden", ist und bleibt die Eucharistie bis zum Ende der Zeiten das Sakrament des Leibes und Blutes Christi.
In ihr ist „das Blut Christi, der sich selbst kraft ewigen Geistes Gott als makelloses Opfer dargebracht hat" (*Hebr* 9,14), gegenwärtig; das Blut, „das für viele vergossen wird" (*Mk* 14,24); „zur Vergebung der Sünden" (*Mt* 26,28); das Blut, das „unser Gewissen von toten Werken reinigt" (vgl. *Hebr* 9,14); „das Blut des Bundes" (*Mt* 26,28). Beim Einsetzen der Eucharistie sagt Jesus: „Dieser Kelch ist der Neue Bund in meinem Blut" (*Lk* 22,20; vgl. *1 Kor* 11,25), und er legt den Aposteln ans Herz: „Tut dies zu meinem Gedächtnis" (*Lk* 22,19).
In der Eucharistie wird jedes Mal das Opfer des Leibes und Blutes erneuert, das heißt von neuem verwirklicht, das von Christus am Kreuz nur einmal dem Vater für die Rettung der Welt dargebracht wurde. In der Enzyklika *Dominum et vivificantem* wird gesagt, daß „der Heilige Geist im Opfer des Menschensohnes gegenwärtig [ist] und handelt ... Jesus Christus hat sich ... in seiner Menschheit ebenso vollkommen diesem Handeln des Geistes und Beistandes geöffnet, der aus dem Leiden die ewige heilbringende Liebe aufleuchten läßt" (Nr. 40).

4. Die Eucharistie ist das Sakrament dieser rettenden Liebe, eng verbunden mit der Gegenwart des Heiligen Geistes und seinem Wirken. Muß man hier nicht an die Worte denken, die Jesus in der Synagoge von Kafarnaum nach der Brotvermehrung sprach (vgl. *Joh* 6,27) und mit denen er die Notwendigkeit, sich von seinem Fleisch und seinem Blut zu nähren, verkündete? Vielen seiner Zuhörer erschien diese Rede, daß man „seinen Leib ißt und sein Blut trinkt" (vgl. *Joh* 6,53), „unerträglich" (*Joh* 6,60). Während er diese Schwierigkeit erkannte, sagte Jesus zu ihnen: „Daran nehmt ihr Anstoß? Was werdet ihr sagen, wenn ihr den Menschensohn hinaufsteigen seht, dorthin, wo er vorher war?" (*Joh* 6,61–62). Es war eine deutliche Anspielung auf die kommende Himmelfahrt. Und gerade in diesem Augenblick fügte er einen Hinweis auf den Heiligen Geist hinzu, der erst nach der Himmelfahrt vollen Sinn erhalten hat. Er sagte: „Der Geist ist es, der lebendig macht; das Fleisch nützt nichts. Die Worte, die ich zu euch gesprochen habe, sind Geist und sind Leben" (*Joh* 6,63).
Die Zuhörer Jesu verstanden diese erste eucharistische Ankündigung auf „materielle" Weise. Der Meister wollte sofort klarstellen, daß ihr Inhalt nur durch das Wirken des „Geistes, der lebendig macht", erklärt und verstanden werden konnte. In der Eucharistie gibt Christus uns seinen Leib und sein Blut zur Speise und zum Trank unter den Gestalten des Brotes und des Weines wie beim Pascha des letzten Abendmahles. Nur kraft des Geistes, der lebendig macht, kann die eucharistische Speise und der Trank in uns die „Kommunion" bewirken, das heißt die heilbringende Einheit mit dem gekreuzigten und verherrlichten Christus.

5. Eine bedeutsame Tatsache ist mit dem Pfingstgeschehen verbunden: Seit den ersten Zeiten nach der Herabkunft des Heiligen Geistes hielten die Apostel und ihre Anhänger, die Bekehrten und Getauften, „am Brechen des Brotes und an den Gebeten" fest (*Apg* 2,42), als ob der Heilige Geist sie auf die Eucharistie hin ausgerichtet hätte. In der Enzyklika *Dominum et vivificantem* betonte ich: „Geführt vom Heiligen Geist hat die Kirche von Anfang an sich selbst durch die Eucharistie ausgedrückt und bekräftigt" (Nr. 62). Die Urkirche war eine auf der Lehre der Apostel (vgl. *Apg* 2,42) gegründete Gemeinschaft, ganz beseelt vom Heiligen Geist, der die Gläubigen erleuchtete, damit sie das Wort verstanden, und der sie in der Liebe um die Eucharistie versammelte. So wuchs die Kirche und breitete sich in einer Vielfalt von Gläubigen aus, die „ein Herz und eine Seele war" (*Apg* 4,32).

6. In der *genannten Enzyklika* lesen wir weiter: „Durch die Eucharistie lernen die Personen und Gemeinschaften unter dem Wirken des Beistandes, des Trösters, den göttlichen Sinn des menschlichen Lebens zu entdecken" (Nr. 62). Das heißt, sie entdecken die Bedeutung des inneren Lebens, indem sie in sich das Bild des dreifaltigen Gottes verwirklichen, der uns in den Büchern des Neuen Testamentes und besonders in den Briefen des heiligen Paulus als das Alpha und das Omega unseres Lebens dargestellt wird, das heißt als der Anfang, nach dem der Mensch geschaffen und geformt wird, und als das Endziel, auf das er hingeordnet und zu dem er geführt wird nach dem Plan und Willen des Vaters, die im Sohn, dem Wort, und im Geist, der Liebe, sich widerspiegeln. Es ist eine schöne und tiefe Auslegung, die die Tradition der Väter – vom heiligen Thomas in der theologischen Fachsprache zusammengefaßt und formuliert (vgl. *Summa Theol.*, I, q.93, a.8) – von einem Schlüsselgrundsatz der christlichen Spiritualität und Anthropologie gegeben hat, der im *Brief an die Epheser* so ausgedrückt wird: „Daher beuge ich meine Knie vor dem Vater, nach dessen Namen jedes Geschlecht im Himmel und auf der Erde benannt wird, und bitte, er möge euch aufgrund des Reichtums seiner Herrlichkeit schenken, daß ihr in eurem Innern durch seinen Geist an Kraft und Stärke zunehmt. Durch den Glauben wohne Christus in eurem Herzen. In der Liebe verwurzelt und auf sie gegründet, sollt ihr zusammen mit allen Heiligen dazu fähig sein, die Länge und Breite, die Höhe und Tiefe zu ermessen und die Liebe Christi zu verstehen, die alle Erkenntnis übersteigt. So werdet ihr mehr und mehr von der ganzen Fülle Gottes erfüllt" (*Eph* 3,14–19).

7. Christus ist es, der uns durch das Wirken des Heiligen Geistes diese göttliche Fülle schenkt (vgl. *Kol* 2,9 f.). So vom göttlichen Leben erfüllt, treten die Christen in die ganze Fülle Christi ein und leben in ihr, der Kirche, und durch die Kirche in dem neuen Universum, das sich nach und nach bildet (vgl. *Eph* 1,23; 4,12–13; *Kol* 2,10). Im Mittelpunkt der Kirche und des neuen Universums steht die Eucharistie, wo Christus gegenwärtig ist und in den Menschen und in der gesamten Welt durch den Heiligen Geist am Werk ist.

In deutscher Sprache sagte der Papst:

Liebe Schwestern und Brüder!

In einem seiner Gleichnisse sagt Jesus: „Mit dem Himmelreich ist es wie mit einem König, der die Hochzeit seines Sohnes vorbereitete" (*Mt* 22,2).

Wann immer wir Eucharistie feiern, dann bedeutet dies die Vorwegnahme jenes königlichen Festmahles, in einem gewissen Sinn sogar einen „Vorgeschmack“ darauf. Denn im Mittelpunkt der Eucharistie steht das Lamm, „das die Sünde der Welt hinwegnimmt“, der Erlöser selbst.

Seit die Kirche aus der Taufe von Pfingsten geboren ist, die Apostel, die Jünger und alle Christgläubigen „aus dem Geist getauft“ wurden, ist und bleibt die Eucharistie das Sakrament des Leibes und Blutes Christi.

Jesus selbst erklärte seinen Jüngern: "Dieser Kelch ist der Neue Bund in meinem Blut"; „Tut dies zu meinem Gedächtnis“ (vgl. *Lk* 22,20.19).

Die Eucharistie ist das Sakrament der erlösenden Liebe Gottes und engstens verbunden mit der Gegenwart des Heiligen Geistes und seines göttlichen Wirkens. Denn nur in der Kraft des Geistes, der das Leben gibt, können die eucharistischen Zeichen von Brot und Wein in uns die „Kommunion“ bewirken, die die heilschaffende Einheit mit dem gekreuzigten und auferstandenen Herrn bedeutet.

Es ist eine bedeutende Tatsache, daß vom Pfingstereignis an die Apostel und die Jünger mit allen, die sich bekehrt hatten und sich taufen ließen, „an der Gemeinschaft, am Brechen des Brotes und an den Gebeten“ festhielten (vgl. *Apg* 2,42) und zwar so als drängte sie der Heilige Geist dazu und versammelte sie in der Liebe um die Eucharistie.

Wann immer wir deshalb zur Feier der Eucharistie zusammenkommen, treten wir in die göttliche Fülle ein und leben aus ihr. Christus, der in der Eucharistie gegenwärtig ist, hat uns diese göttliche Fülle geschenkt und wirkt in uns durch den Heiligen Geist.

Mit dieser kurzen Betrachtung über das Geheimnis der Eucharistie und seiner Verbindung mit dem Heiligen Geist grüße ich euch, die Pilger und Besucher aus den deutschsprachigen Ländern. Ich bitte euch, die Eucharistie, in der wir Menschen der Erlöserliebe Gottes begegnen dürfen, stets mit gläubigem und dankbarem Herzen zu feiern. Dann werden uns auch die Früchte des Geistes zuteil, an denen die Welt den echten Christen erkennen kann. Hierfür erteile ich euch und euren Lieben in der Heimat, sowie den mit uns über Radio Vatikan verbundenen Hörerinnen und Hörern von Herzen meinen Apostolischen Segen.

Gelobt sei Jesus Christus!

Retten, was verloren ist

Angelus am 17. September

Liebe Schwestern und Brüder!

1. Zur Stunde des Angelus verweilen wir einen Augenblick, um über die Anrufung der *Herz-Jesu-Litanei* nachzudenken, die lautet: „Herz Jesu, du Rettung aller, die auf dich hoffen, erbarme dich unser.“

In der Heiligen Schrift wird ständig wiederholt und bekräftigt, daß der Herr „ein Gott ist, der rettet“ (vgl. *Ex* 15,2; *Ps* 51,16; 79,9; *Jes* 46,13), und daß die Rettung ein freies Geschenk seiner Liebe und seines Erbarmens ist. Der Apostel Paulus betont in einem Text

von hohem Lehrwert nachdrücklich: Gott „will, daß alle Menschen gerettet werden und zur Erkenntnis der Wahrheit gelangen" (*1 Tim* 2,4; vgl. 4,10).
Dieser Heilswille, der sich so oft in dem wunderbaren Eingreifen Gottes in die Geschichte zeigte, fand seinen Höhepunkt in Jesus von Nazaret, dem menschgewordenen Wort, dem Sohn Gottes und Sohn Marias. Tatsächlich erfüllte sich in ihm voll das Wort des Herrn an seinen „Diener": „Ich mache dich zum Licht für die Völker; damit mein Heil bis an das Ende der Erde reicht" (*Jes* 49,6; vgl. *Lk* 2,32).

2. Jesus ist die Erscheinung der heilbringenden Liebe des Vaters (vgl. *Tit* 2,11; 3,4). Als Simeon das Jesuskind auf die Arme nahm, rief er aus: „Meine Augen haben das Heil gesehen, das du vor allen Völkern bereitet hast" (*Lk* 2,30).
Denn in Jesus ist alles auf seine Sendung als Erlöser ausgerichtet: der Name, den er trägt („Jesus" heißt „Gott rettet"); die Worte, die er spricht; die Taten, die er vollbringt; die Sakramente, die er einsetzt.
Jesus ist sich der ihm vom Vater anvertrauten Sendung voll bewußt: „Der Menschensohn ist gekommen, um zu suchen und zu retten, was verloren ist" (*Lk* 19,10). Aus seinem Herzen, das heißt aus dem tiefsten Innern seines Seins erwächst die Hingabe zum Heil des Menschen, die ihn drängt, wie ein geduldiges Lamm nach Golgota zu gehen, die Arme am Kreuz auszubreiten und „sein Leben hinzugeben als Lösegeld für viele" (*Mk* 10,45).

3. In das Herz Christi können wir deshalb unsere Hoffnung legen. Dieses Herz ist – so lautet die Anrufung – die Rettung „aller, die auf ihn hoffen". Der Herr selbst, der am Vorabend seines Leidens die Apostel bat, an ihn zu glauben – „Euer Herz lasse sich nicht verwirren. Glaubt an Gott, und glaubt an mich!" (*Joh* 14,1) –, bittet uns heute, voll auf ihn zu vertrauen: er bittet uns darum, weil er uns liebt; weil zu unserem Heil sein Herz durchstochen, seine Hände und Füße durchbohrt wurden. Wer auf Christus vertraut und an die Macht seiner Liebe glaubt, erneuert in sich die Erfahrung der Maria von Magdala, wie sie uns die Osterliturgie vorstellt: „Auferstanden ist Christus, er, meine Hoffnung!" (*Sequenz vom Ostersonntag*). Nehmen wir darum zum Herzen Christi unsere Zuflucht! Er hat Worte, die nicht vergehen (vgl. *Mt* 24,35); eine Liebe, die nicht erlöscht; eine Freundschaft, die nicht in Brüche geht; eine Gegenwart, die nicht aufhört (vgl. *Mt* 28,20). Die selige Jungfrau Maria, „die in ihrem Unbefleckten Herzen das Wort Gottes annahm und es in ihrem jungfräulichen Schoß zu empfangen verdiente" (vgl. *Präf. der Messe zum Gedächtnis der sel. Jungfrau Maria, Mutter der Kirche*), lehre uns, in das Herz ihres Sohnes unsere ganze Hoffnung zu legen in der Gewißheit, daß diese nicht enttäuscht wird.

In deutscher Sprache sagte der Papst:

Herzlich grüße ich auch die anwesenden Pilger und Besucher aus den deutschsprachigen Ländern. Im Angelusgebet gedenken wir der Menschwerdung des Herrn aus der Jungfrau Maria. Mögen auch wir durch die Gnade Gottes immer tiefer unsere eigene Berufung erkennen und als Söhne und Töchter des himmlischen Vaters unser Leben danach gestalten. Dies erbitte ich euch und euren Familien von Herzen mit meinem Gebet und meinem Apostolischen Segen.

Einigungsprozeß unter dem Wirken des Geistes

Ansprache bei der Generalaudienz am 20. September

1. Im Konzilsdekret *Ad gentes* über die Missionstätigkeit der Kirche finden wir das Pfingstgeschehen und den Anfang der Kirche in der Geschichte eng miteinander verbunden: „Am Pfingsttage ist er [der Heilige Geist] auf die Jünger herabgekommen ... Mit Pfingsten begann ‚die Geschichte der Apostel'" (*Ad gentes*, Nr. 4). Wenn sich also die Kirche vom Augenblick ihrer Geburt an, als sie am Pfingsttag in die Welt hinaustrat, sich als „missionarisch" erwiesen hat, so ist das durch den Heiligen Geist geschehen. Und wir können gleich hinzufügen, daß die Kirche immer so bleibt; sie bleibt „im Sendungszustand" (in statu missionis). „Als Gesandte unterwegs zu sein" gehört zu ihrem Wesen selbst, ist eine Beschaffenheit der Kirche Christi, denn der Heilige Geist hat sie vom Augenblick ihrer Geburt an „missionarisch" gemacht.

2. Die Analyse des Textes der *Apostelgeschichte*, der über das Pfingstereignis berichtet (vgl. *Apg* 2,1–13), erlaubt uns, die Wahrheit dieser zum allgemeinen Erbe der Kirche zählenden Aussage des Konzils zu erfassen.
Wir wissen, daß den Aposteln und den anderen mit Maria im Abendmahlssaal versammelten Jüngern, als sie „plötzlich vom Himmel her ein Brausen, wie wenn ein heftiger Sturm daherfährt", hörten, „Zungen wie von Feuer erschienen, die sich verteilten; auf jeden von ihnen ließ sich eine nieder" (*Apg* 2,2–3). In der jüdischen Tradition war das Feuer Zeichen einer besonderen Offenbarung Gottes, der zur Unterweisung, Führung und zum Heil seines Volkes sprach. Die Erinnerung an die wunderbare Erfahrung vom Sinai war im Herzen Israels lebendig und machte es bereit, den Sinn der neuen, in dieser Symbolik enthaltenen Mitteilungen zu verstehen, wie auch aus dem *Jerusalemer Talmud* hervorgeht (vgl. *Hag* 2,77b, 32; vgl. auch *Midrash Rabbah* 5,9 über *Ex* 4,27). Dieselbe jüdische Tradition hatte die Apostel darauf vorbereitet, zu verstehen, daß die „Zungen" die Sendung der Verkündigung, des Zeugnisses, der Predigt bedeuteten, mit der Jesus selbst sie beauftragt hatte, während das „Feuer" nicht nur mit dem Gesetz Gottes, das Jesus bekräftigt und vervollkommt hatte, zusammenhing, sondern sogar mit ihm selbst, mit seiner Person und seinem Leben, mit seinem Tod und seiner Auferstehung, denn er war die neue Thora, die der Welt vorgestellt werden sollte. Und unter dem Wirken des Heiligen Geistes wurden die „Feuerzungen" zum Wort auf den Lippen der Apostel: „Alle wurden mit dem Heiligen Geist erfüllt und begannen, in fremden Sprachen zu reden, wie es der Geist ihnen eingab" (*Apg* 2,4).

3. Bereits in der Geschichte des Alten Testamentes hat es ähnliche Erscheinungen gegeben, in denen der Geist des Herrn geschenkt wurde in bezug auf ein prophetisches Sprechen (vgl. *Mi* 3,8; *Jes* 61,1; *Sach* 7,12; *Neh* 9,30). Jesaja hatte sogar einen Serafim gesehen, der sich ihm näherte, „in seiner Hand eine glühende Kohle, die er mit einer Zange vom Altar genommen hatte"; mit dieser berührte er seine Lippen, um sie von jeder Sünde zu reinigen, bevor der Herr ihm die Sendung auftrug, zu seinem Volk zu sprechen

(vgl. *Jes* 6,6–9 f.). Die Apostel kannten diese traditionelle Symbolik und waren deshalb imstande, den Sinn dessen zu begreifen, was in ihnen an jenem Pfingsttag vorging, wie Petrus in seiner ersten Rede bestätigt; er verband die Gabe der Sprachen mit der Weissagung des Joëls über die zukünftige Ausgießung des göttlichen Geistes, der die Jünger zu Propheten machen sollte (vgl. *Apg* 2,17 f.; *Gal* 3,1–5).

4. Mit der „Zunge wie von Feuer" (*Apg* 2,3) erhielt jeder Apostel das vielfältige Geschenk des Geistes, wie die Diener des Wortes des Evangeliums alle eine gewisse Anzahl von Talenten erhalten hatten, die Frucht bringen sollten (vgl. *Mt* 25,14 f.); und diese „Zunge" war ein Zeichen des Bewußtseins, das die Apostel hatten und wach hielten in bezug auf die missionarische Verpflichtung, zu der sie bestimmt und berufen waren. In der Tat, kaum waren sie „mit dem Heiligen Geist erfüllt, begannen sie, in fremden Sprachen zu reden, wie es der Geist ihnen eingab". Ihre Kraft kam aus dem Geist, und sie erfüllten den Auftrag unter dem inneren Antrieb, der vom Allerhöchsten gegeben worden war.

5. Das geschah im Abendmahlssaal, aber bald gingen die missionarische Verkündigung und das Zungenreden oder die Sprachengabe über die Mauern des Wohnraumes hinaus. Und hier ereignet sich ein zweifaches außerordentliches Geschehen, das in der *Apostelgeschichte* beschrieben wird. Zuerst das Zungenreden, das Worte zum Ausdruck brachte, die zu einer Vielfalt von Sprachen gehörten und in denen Gottes große Taten verkündet wurden (vgl. *Apg* 2,11). Die von dem Lärm herbeigerufene und ratlose Menge bestand ja aus „frommen Juden", die zum Fest in Jerusalem weilten: aber sie kamen „aus allen Völkern unter dem Himmel" (*Apg* 2,5) und redeten in den Sprachen der Völker, in die sie als Bürger verwaltungsmäßig integriert waren, obwohl sie ethnisch Juden geblieben waren. Jetzt war diese um die Apostel versammelte Menge „ganz bestürzt; denn jeder hörte sie in seiner Sprache reden. Sie gerieten außer sich vor Staunen und sagten: Sind das nicht alles Galiläer, die hier reden? Wieso kann sie jeder von uns in seiner Muttersprache hören?" (*Apg* 2,6–8). Lukas versäumt an dieser Stelle nicht, eine Art Karte der Mittelmeerwelt aufzuzeichnen, aus der jene „frommen Juden" stammten; als wolle er gleichsam jene „Ökumene" der zu Christus Bekehrten dem vom Buch *Genesis* beschriebenen (vgl. 11,1–9) Wirrwarr von Sprachen entgegenstellen, ohne dabei neben den anderen die „Ausländer von Rom" zu vergessen: die „Parther, Meder und Elamiter, Bewohner von Mesopotamien, Judäa und Kappadozien, von Pontus und der Provinz Asien, von Phrygien und Pamphylien, von Ägypten und dem Gebiet Libyens nach Zyrene hin, auch die Römer, die sich hier aufhalten, Juden und Proselyten, Kreter und Araber" (*Apg* 2,9–11). All denen legt Lukas, indem er das von der christlichen Urtradition überlieferte Ereignis von Jerusalem sozusagen wiedererlebt, die Worte in den Mund: „Wir hören sie in unseren Sprachen Gottes große Taten verkünden" (*Apg* 2,11).

6. Das Ereignis jenes Tages war gewiß geheimnisvoll, aber auch sehr bedeutsam. In ihm können wir ein Zeichen der Universalität des Christentums und der „missionarischen Beschaffenheit" der Kirche erkennen. Der Verfasser des Textes stellt sie uns dar und ist sich dessen wohl bewußt, daß die Botschaft für die Menschen „aller Völker" bestimmt

ist und daß es außerdem der Heilige Geist ist, der eingreift und bewirkt, daß jeder wenigstens etwas in der eigenen Sprache hört: „Jeder von uns kann sie in seiner Muttersprache hören“ (vgl. *Apg* 2,8). Heute würden wir von einer Anpassung an die sprachlichen und kulturellen Bedingungen des einzelnen sprechen. Man kann deshalb in all dem eine erste Form der Inkulturation erblicken, die durch den Heiligen Geist entstanden ist.

7. Die andere außerordentliche Tatsache ist der Mut, mit dem Petrus und die übrigen Elf „auftreten“ und das Wort ergreifen, um die messianische und pneumatologische Bedeutung dessen zu erklären, was unter den Augen jener staunenden Menge vor sich geht (vgl. *Apg* 2,14 f.). Aber darauf kommen wir zu gegebener Zeit zurück. Hier ist es gut, eine letzte Überlegung anzufügen bei der Gegenüberstellung (einer Art Analogie „ex contrariis“) zwischen dem, was an Pfingsten geschieht, und dem, was wir im Buch *Genesis* über das Thema des Turmbaus zu Babel lesen (vgl. *Gen* 11,1–9). Dort sind wir Zeugen der „Zerstreuung“ der Sprachen und deshalb auch der Menschen, die, weil sie in verschiedenen Sprachen sprechen, sich untereinander nicht mehr verstehen können. In dem Pfingstgeschehen hingegen – unter dem Wirken des Geistes, der der Geist der Wahrheit ist (vgl. *Joh* 15,26) – verhindert die Unterschiedlichkeit der Sprachen nicht mehr, das zu verstehen, was man im Namen und zum Lob Gottes verkündet. Man gelangt so zu einer zwischenmenschlichen Beziehung der Einheit, die über die Sprach- und Kulturgrenzen hinausgeht und vom Heiligen Geist in der Welt bewirkt wird.

8. Es ist eine erste Erfüllung der Worte Christi an die Apostel, während er zum Vater aufsteigt: „Ihr werdet die Kraft des Heiligen Geistes empfangen, der auf euch herabkommen wird; und ihr werdet meine Zeugen sein in Jerusalem und in ganz Judäa und Samarien und bis an die Grenzen der Erde“ (*Apg* 1,8).
„Der Heilige Geist“ – so lehrt das Zweite Vatikanische Konzil – „eint die ganze Kirche alle Zeiten hindurch ‚in Gemeinschaft und Dienstleistung, stattet sie mit den verschiedenen hierarchischen und charismatischen Gaben aus‘, wobei er die kirchlichen Einrichtungen gleichsam als Seele belebt, und senkt den gleichen Geist der Sendung, von dem Christus getrieben war, in die Herzen der Gläubigen ein“ (*Ad gentes*, Nr. 4). Von Christus zu den Aposteln, zur Kirche, zur gesamten Welt: unter dem Wirken des Heiligen Geistes kann und muß sich der weltweite Einigungsprozeß in der Wahrheit und Liebe entfalten.

In deutscher Sprache sagte der Papst:

Liebe Schwestern und Brüder!

Unsere heutige Kurzbetrachtung gilt dem Pfingstereignis und seiner Bedeutung für die missionarische Dimension der Kirche.
Die *Apostelgeschichte* berichtet uns, wie die Kirche am Pfingsttag ihren Anfang nimmt, und zwar gänzlich missionarisch ausgerichtet: Die Apostel sind sich durch das Wirken des Heiligen Geistes ihrer Sendung bewußt geworden. Sie vollziehen nun den Auftrag des auferstandenen Herrn, den er ihnen bei seiner Himmelfahrt aufgegeben hatte: „Geht zu allen Völkern, und macht alle Menschen zu meinen Jüngern; tauft sie auf den Namen des Vaters und des Sohnes und des Heiligen Geistes“ (*Mt* 28,19).

Entsprechend lehrt das Zweite Vatikanische Konzil: „Die pilgernde Kirche ist ihrem Wesen nach ‚missionarisch' (das heißt als Gesandte unterwegs), da sie selbst ihren Ursprung aus der Sendung des Sohnes und der Sendung des Heiligen Geistes herleitet gemäß dem Plan Gottes des Vaters" (*Ad gentes*, Nr. 2).
Die Herabkunft des Heiligen Geistes auf die Apostel in Form „von Zungen wie Feuer" bedeutet in der Bildsprache des Alten Testamentes die Offenbarung Gottes, der sein Volk unterrichtet und es zu seinem Heil führt. Jesus ist das menschgewordene Wort Gottes selbst, das die Apostel nun unter der Führung des Geistes der Welt predigen und bezeugen.
Am Pfingsttag geschah dies in einer Weise, daß alle in Jerusalem anwesenden Fremden verschiedenster Völker die Apostel „Gottes große Taten in ihrer eigenen Sprache verkünden" hörten (vgl. *Apg* 2,7–11).
So geheimnisvoll dieses Ereignis auch sein mag, so bedeutungsvoll weist es doch auf die Universalität des Christentums und seine Sendung, seine Mission hin. Durch das Wirken des Heiligen Geistes soll das Evangelium in allen Kulturen Eingang finden und sie auf dem Weg zu einer universalen Einheit in Liebe und Wahrheit verbinden.
Die Kirche setzt in ihrer Mission die Sendung Christi selbst fort, der den Armen die Frohe Botschaft zu bringen gesandt war, und entfaltet sie die Geschichte hindurch (vgl. *Ad gentes*, Nr. 5).
Mit dieser Betrachtung grüße ich herzlich euch Pilger und Besucher aus den deutschsprachigen Ländern. Ich bitte euch: Öffnet euch dem Anruf des Heiligen Geistes und seid Zeugen des Evangeliums inmitten der Welt. Hierfür erteile ich euch und allen euren Lieben in der Heimat von Herzen meinen Apostolischen Segen.
Gelobt sei Jesus Christus!

Die Kirche – universal und missionarisch

Ansprache bei der Generalaudienz am 27. September

1. Wir lesen in der Konstitution *Lumen Gentium* des Zweiten Vatikanischen Konzils: „Als das Werk vollendet war, das der Vater dem Sohn auf Erden zu tun aufgetragen hatte (vgl. *Joh* 17,4), wurde am Pfingsttag der Heilige Geist gesandt, auf daß er die Kirche immerfort heilige und die Gläubigen so durch Christus in einem Geiste Zugang hätten zum Vater (vgl. *Eph* 2,18). Er ist der Geist des Lebens, die Quelle des Wassers, das zu ewigem Leben aufsprudelt (vgl. *Joh* 4,14; 7,38–39) ... Der Geist wohnt in der Kirche und in den Herzen der Gläubigen wie in einem Tempel (vgl. *1 Kor* 3,16; 6,19), in ihnen betet er und bezeugt ihre Annahme an Sohnes Statt (vgl. *Gal* 4,6; *Röm* 8,15–16 u. 26)" (*Lumen Gentium*, Nr. 4).
Die Geburt der Kirche am Pfingsttag deckt sich also mit dem Offenbarwerden des Heiligen Geistes. Unsere Katechesen über das Geheimnis der Kirche in bezug auf den Heiligen Geist kreisen auch deshalb um Pfingsten.

2. Die Analyse dieses Geschehens erlaubte uns in den vorhergehenden Katechesen festzustellen und zu erläutern, daß die Kirche durch das Werk des Heiligen Geistes vom Augenblick ihres Entstehens an „missionarisch" ist und seit damals „in statu missionis" zu allen Zeiten und an allen Orten der Welt bleibt.

Der missionarische Charakter der Kirche ist mit ihrer Universalität eng verbunden. Die Universalität der Kirche bringt einerseits die feste Einheit und anderseits auch eine Pluralität und Vielfalt – das heißt eine Unterschiedlichkeit – mit sich, die die Einheit nicht behindern, sondern ihr den Charakter der „communio", der Gemeinschaft, verleihen. Die Konstitution *Lumen Gentium* unterstreicht das in besonderer Weise, wenn sie von dem „Geschenk der Einheit im Heiligen Geist" spricht (vgl. *Lumen Gentium*, Nr. 13), der Gabe, die der Kirche von ihrer Geburtsstunde in Jerusalem an mitgeteilt wird.

3. Die Analyse des Abschnittes aus der *Apostelgeschichte* in bezug auf den Pfingsttag erlaubt die Bekräftigung, daß die Kirche von Anfang an als universale Kirche geboren wurde und nicht nur als Teilkirche von Jerusalem, zu der sich nach und nach weitere Teilkirchen an anderen Orten zugesellten. Gewiß ist die Kirche in Jerusalem als kleine ursprüngliche Gemeinschaft der Apostel und ersten Jünger entstanden; aber die Umstände ihres Entstehens wiesen vom ersten Augenblick an auf die Perspektive der Universalität hin. Ein erster Umstand ist jenes „in fremden Sprachen Reden [der Apostel], wie es der Geist ihnen eingab" (vgl. *Apg* 2,4), so daß die in Jerusalem weilenden Menschen aus verschiedenen Nationen „Gottes große Taten verkünden" hörten (vgl. *Apg* 2,11) in den eigenen Sprachen, obwohl diejenigen, die redeten, „Galiläer waren" (vgl. *Apg* 2,7). Wir haben das schon in der vorhergegangenen Katechese beobachtet.

4. Auch der Umstand der galiläischen Herkunft der Apostel hat im besonderen Fall eine eigene Bedeutung. Tatsächlich war Galiläa ein Landstrich mit verschiedenartiger Bevölkerung (vgl. *1 Makk* 5,14–23), wo die Juden viel Kontakt mit den Menschen anderer Nationen hatten. Ja, Galiläa wurde als „Galiläa der Nationen" beschrieben (vgl. *Jes* 9,1 zit. in *Mt* 4,15; *1 Makk* 5,15), und aus diesem Grund wurde es in religiöser Hinsicht geringer als Judäa, das Land der echten Juden, eingeschätzt.

Die Kirche ist also in Jerusalem geboren, aber die Glaubensbotschaft dort wurde nicht von Jerusalemern verkündet, sondern von einer Gruppe von Galiläern; anderseits richtete sich deren Rede nicht ausschließlich an die Bewohner von Jerusalem, sondern an die Juden und Proselyten jeder Herkunft.

In der Folge des Zeugnisses der Apostel kurz nach Pfingsten entstanden die Gemeinden (das heißt die Ortskirchen) an verschiedenen Stätten und natürlich auch und vor allem in Jerusalem. Aber die Kirche, die ihren Anfang nahm mit der Herabkunft des Heiligen Geistes, war nicht nur jerusalemisch. Schon von ihrer Geburtsstunde an war die Kirche universal und auf Universalität ausgerichtet, wie es sich nachfolgend mittels aller Teilkirchen zeigte.

5. Die universale Öffnung der Kirche wurde beim sogenannten Konzil von Jerusalem bekräftigt (vgl. *Apg* 15,13–14), von dem wir lesen: „Als sie geendet hatten, nahm Jakobus das Wort und sagte: Brüder, hört mich an! Simon hat berichtet, daß Gott selbst zuerst ein-

gegriffen hat, um aus den Heiden ein Volk für seinen Namen zu gewinnen" (*Apg* 15,13–14). Man merke also: in jenem „Konzil" sind Paulus und Barnabas die Zeugen der Verbreitung des Evangeliums unter den Heiden; Jakobus, der das Wort ergreift, stellt maßgeblich die christlich-jüdische Haltung dar, typisch für die Kirche von Jerusalem (vgl. *Gal* 2,12), deren erster Verantwortlicher er dann wird, als Petrus fortgeht (vgl. *Apg* 15,13; 21,18); Simon, das heißt Petrus, ist der Bote der Universalität der Kirche, die offen ist, um in ihrem Schoß sowohl die Glieder des auserwählten Volkes als auch die Heiden aufzunehmen.

6. Der Heilige Geist will von Anfang an die Universalität, das heißt die Katholizität der Kirche im Kontext aller Gemeinschaften, das heißt der Orts- und Teilkirchen. So verwirklichen sich die bedeutsamen Worte Jesu beim Gespräch am Jakobsbrunnen, als er zu der samaritischen Frau sagt: „Glaube mir, Frau, die Stunde kommt, zu der ihr weder auf diesem Berg [das heißt dem Berg Garizim in Samaria] noch in Jerusalem den Vater anbeten werdet ... Aber die Stunde kommt, und sie ist schon da, zu der die wahren Beter den Vater anbeten werden im Geist und in der Wahrheit; denn so will der Vater angebetet werden" (*Joh* 4,21.23).
Das Kommen des Heiligen Geistes am Pfingsttag setzt den Anfang zu jener „Anbetung des Vaters im Geist und in der Wahrheit", die nicht auf einen einzigen Ort beschränkt werden kann, sondern auf die Universalität hin offen ist, denn in die Berufung des Menschen ist eingeschrieben, den einen Gott zu erkennen und zu verehren, der reiner Geist ist.

7. Unter dem Wirken des Geistes beginnt also der christliche Universalismus, der sich von Anfang an in der Vielzahl und Unterschiedlichkeit der Menschen zeigt, die an der ersten Ausstrahlung von Pfingsten teilhaben, und in der Vielfalt der Sprachen und Kulturen, der Völker und Nationen, die diese Menschen in Jerusalem bei dieser Gelegenheit vertreten, sowie aller Menschengruppen und Gesellschaftsschichten, aus denen die Anhänger Christi im Laufe der Jahrhunderte gekommen sind. Universalität heißt nicht Uniformität – weder für die Christen der ersten Zeiten noch für jene der nachfolgenden Jahrhunderte.
Diese Erfordernisse der Universalität und der Vielfalt drücken sich auch in der wesentlichen inneren Einheit der Kirche aus, durch die Vielzahl und Vielfalt der „Gaben" oder Charismen und auch der Dienste und der Initiativen. Hier beobachten wir sogleich, daß am Pfingsttag auch Maria, die Mutter Christi, die Bestätigung ihrer mütterlichen Sendung erhielt, nicht nur in bezug auf den Apostel Johannes, sondern auf alle Jünger ihres Sohnes, auf alle Christen (vgl. *Redemptoris Mater*, Nr. 24; *Lumen Gentium*, Nr. 59). Und von allen – Männern und Frauen –, die an jenem Tag im Abendmahlssaal in Jerusalem versammelt waren und „mit dem Heiligen Geist erfüllt wurden" (vgl. *Apg* 2,4), kann man sagen, daß ihnen nach diesem wesentlichen Geschehen auch die verschiedenen Gaben zuteil wurden, von denen dann der heilige Paulus sprach: „Es gibt verschiedene Gnadengaben, aber nur den einen Geist. Es gibt verschiedene Dienste, aber nur den einen Herrn. Es gibt verschiedene Kräfte, die wirken, aber nur den einen Gott: Er bewirkt alles in allen. Jedem aber wird die Offenbarung des Geistes geschenkt, damit sie anderen

nützt" (*1 Kor* 12,4–7). „So hat Gott in der Kirche die einen als Apostel eingesetzt, die andern als Propheten, die dritten als Lehrer; ferner verlieh er die Kraft, Wunder zu tun, sodann die Gaben, Krankheiten zu heilen, zu helfen, zu leiten, endlich die verschiedenen Arten von Zungenrede" (*1 Kor* 12,28). Durch dieses Spektrum von Charismen und Diensten hat der Heilige Geist von den ersten Anfängen an die Kirche Christi geeint, geleitet und mit Leben erfüllt.

8. Der heilige Paulus erkannte und unterstrich die Tatsache, daß durch eine solche Ausspendung von Gaben seitens des Heiligen Geistes auf die Gläubigen sich in der Kirche die Vielfalt der Charismen und Dienste für die Einheit des gesamten Leibes unterscheidet. Wie wir im *Brief an die Epheser* lesen: „Und er gab den einen das Apostelamt, andere setzte er als Propheten ein, andere als Evangelisten, andere als Hirten und Lehrer, um die Heiligen für die Erfüllung ihres Dienstes zu rüsten, für den Aufbau des Leibes Christi. So sollen wir alle zur Einheit im Glauben und in der Erkenntnis des Sohnes Gottes gelangen, damit wir zum vollkommenen Menschen werden und Christus in seiner vollendeten Gestalt darstellen" (*Eph* 4,11–13).
Die Konstitution *Lumen Gentium* greift die Stimmen der Apostel und der christlichen Tradition auf und faßt deren Lehre über das Wirken des Heiligen Geistes in der Kirche so zusammen: Der Heilige Geist „führt die Kirche in alle Wahrheit ein (vgl. *Joh* 16,13), eint sie in Gemeinschaft und Dienstleistung, bereitet und lenkt sie durch die verschiedenen hierarchischen und charismatischen Gaben und schmückt sie mit seinen Früchten (vgl. *Eph* 4,11–12; *1 Kor* 12,4; *Gal* 5,22). Durch die Kraft des Evangeliums läßt er die Kirche allezeit sich verjüngen, erneuert sie immerfort und geleitet sie zur vollkommenen Vereinigung mit ihrem Bräutigam. Denn der Geist und die Braut sagen zum Herrn Jesus: ‚Komm' (vgl. *Offb* 22,17)" (Nr. 4).

In deutscher Sprache sagte der Papst:

Liebe Brüder und Schwestern!

Unsere katechetischen Überlegungen bei den wöchentlichen Generalaudienzen gelten seit geraumer Zeit den Wahrheiten des Glaubensbekenntnisses. Sie verweilen im Augenblick beim Geheimnis der Kirche. Die Kirche wurde durch die Sendung des Heiligen Geistes am Pfingsttag gegründet. Der Heilige Geist beseelt, heiligt und leitet fortan die Kirche und die Herzen der Gläubigen. Zugleich befähigt er sie dazu, das Heilswerk Christi in der Welt gegenwärtig zu setzen und weiter auszubreiten.
Die Kirche ist von ihrem Wesen her missionarisch. Ihre Sendung ist universal, also auf die ganze Menschheit und jeden einzelnen Menschen gerichtet. Durch das Wirken des Heiligen Geistes ist die Kirche zutiefst eins, eine einheitliche Gemeinschaft, und zugleich vielfältig. Ihr universaler Charakter kommt schon im Pfingstgeschehen selbst zum Ausdruck. In der Kraft des göttlichen Geistes verkünden die Apostel die Großtaten Gottes gleich in verschiedenen Sprachen. Auf dem Apostelkonzil in Jerusalem betont Simon Petrus ausdrücklich, daß Gott selbst eingegriffen hat, „um aus den Heiden ein Volk für seinen Namen zu gewinnen" (*Apg* 15,14). Das Wirken des Heiligen Geistes zielt von Anfang an auf die Universalität, auf die Katholizität der Kirche hin; auf jenen Augenblick, in

dem, wie Jesus zur samaritischen Frau am Jakobsbrunnen sagt, „die wahren Beter den Vater anbeten werden im Geist und in der Wahrheit“ (*Joh* 4,23). Pfingsten ist der Beginn dieses universalen Gebetes.
Universalität besagt niemals Uniformität – weder im Äußeren noch im Innern der Kirche. Auch die innere Einheit der Kirche besteht aus einer Vielfalt und Vielförmigkeit von Geistesgaben, von denen der hl. Paulus ausführlich in seinen Briefen spricht. Alle verschiedenen Charismen sollen aber zusammenwirken im Dienst an der Einheit, „um die Heiligen für die Erfüllung ihres Dienstes zu rüsten, für den Aufbau des Leibes Christi“ (*Eph* 4,12).
Indem ich diese Überlegungen eurer persönlichen Betrachtung anempfehle, grüße ich euch alle, liebe Brüder und Schwestern, sehr herzlich zu dieser Audienz. Auch jeder von uns ist berufen, heute seine besonderen Geistesgaben in das Leben der Kirche einzubringen zum Dienst an der gemeinsamen Sendung. Christus stärke euch dazu in eurem Glauben und in eurer Liebe zu ihm und zu den Mitmenschen. Das erbitte ich euch mit meinem besonderen Apostolischen Segen.

Christus, unser Friede

Angelus am 1. Oktober

Bevor wir mit dem Angelusgebet diese Liturgiefeier beenden, möchte ich daran erinnern, daß in wenigen Tagen der 44. Internationale Eucharistische Kongreß in Seoul, Korea, beginnt, wohin auch ich am 6. des Monats reisen werde. Das Thema dieser Weltversammlung lautet: „Christus pax nostra“ – „Christus, unser Friede.“
Ich lade alle dazu ein, sich geistig diesem bedeutenden kirchlichen Ereignis anzuschließen und Jesus in der Eucharistie um das Geschenk des Friedens zu bitten, jenes Friedens, den nur er und nicht die Welt geben kann: vor allem den Frieden mit Gott, dem Vater, mit dem Jesus uns durch sein Blutopfer versöhnt hat; dann den Frieden mit den Menschen, denn Christus, unser Friede, hat jede trennende Wand niedergerissen, die die Nationen untereinander spaltet und entzweit (vgl. *Eph* 2,14). Im Hinblick auf das große Gut des Friedens werde ich am Mittwoch vormittag auf diesem Platz einen Wortgottesdienst feiern, um inständig zu Gott zu beten für den Libanon, den die langen Jahre des Krieges an den Rand der totalen Zerstörung gebracht haben. Ich vertraue darauf, daß viele an diesem Treffen teilnehmen, dem – so hoffe ich – ähnliche Initiativen in den verschiedenen Ortskirchen folgen werden.
Bitten wir um das Geschenk des Friedens im Libanon und in der ganzen Welt durch die Fürsprache der neuen Seligen, die im Glauben und in der Teilhabe am eucharistischen Mahl die Kraft fanden, die Liebe zu allen auch inmitten der Verfolgungen zu bezeugen und so wahre Bauleute des Friedens zu werden.
Wir vertrauen unser Gebet der seligsten Jungfrau, der „Königin des Friedens“, an. Der Monat Oktober, der heute beginnt, ist ihr gewidmet. Versäumen wir nicht, sie jeden Tag

in dem schönen Rosenkranzgebet anzurufen. Ihre Hilfe vom Himmel wird den Einsatz jedes einzelnen im Dienst des Friedens bekräftigen.

Dank an Gott und seine gütige Vorsehung

Ansprache bei der Generalaudienz am 18. Oktober

1. Christus Pax nostra – Christus unser Friede. Unter diesem Leitwort hat sich in Seoul, der Hauptstadt von Südkorea, der Eucharistische Weltkongreß versammelt, der in der Reihe der anderen Weltkongresse der 44. war. Die letzten fanden jeweils in Philadelphia, Lourdes und Nairobi statt. Die Wahl von Seoul war mit den bedeutenden Fortschritten der Evangelisierung in jener Nation verbunden, die sich insbesondere in der Anzahl der Bekehrungen und der kirchlichen Berufungen von Männern und Frauen zeigen. Zugleich geht der rasche Wiederaufbau des Landes voran nach den Zerstörungen des noch nicht lange zurückliegenden Krieges, der die koreanische Nation in zwei Staaten geteilt hat, die durch eine strengbewachte Grenze und zwei unterschiedliche wirtschaftliche und politische Systeme voneinander getrennt sind.
Vor diesem Hintergrund war das Leitwort des Kongresses, „Christus unser Friede“, von besonderer Aussagekraft. In der Tat ist die Eucharistie das Sakrament jenes Friedens, der „von Christus gegeben wird“. Und weil die Welt von sich aus nicht imstande ist, einen solchen Frieden zu „geben“, kann und muß sie doch in ihrem vielfältigen Streben nach dem Frieden auf Erden zu Christus zurückkommen, der uns mit dem Vater versöhnt hat, und die Menschheit muß diese Versöhnung erlangen. Die so verstandene, mit der Eucharistie verbundene Theologie des Friedens war die Thematik des Kongresses, der in dieser Stadt vom 5. bis 8. Oktober stattfand.
Am Sonntag, 8. Oktober, versammelten sich die zahlreichen Kongreßteilnehmer auf demselben Platz, wo im Jahr 1984 die Heiligsprechung der Märtyrer der Kirche in Korea stattgefunden hatte. An demselben Ort konnte ich die Eucharistiefeier der „statio orbis“ zelebrieren, zusammen mit Kardinälen und Bischöfen aus allen Teilen der Welt. Zum Kongreß waren vor allem Pilger aus Korea und den Ländern des Fernen Ostens gekommen.
Am Vorabend war die heilige Eucharistie in besonderer Weise mit der Jugend gefeiert worden.

2. „Freuen sollen sich die vielen Inseln“ (*Ps* 97,1). Man müßte auf diese Worte Bezug nehmen, wenn man von der nachfolgenden Etappe der Pilgerreise im Oktober in den Fernen Osten spricht. Indonesien ist ein riesiger Archipel, bestehend aus über 13000 Inseln, von denen nur ein Teil bewohnt ist. Einige dieser Inseln haben die Frohbotschaft seit langem aufgenommen. Der Islam erschien in einigen Gebieten des heutigen Indonesiens sehr früh. In dem großen Archipel ragen Inseln heraus wie Java, Sumatra, Borneo, Cele-

bes. Auf diesen Inseln gab es verschiedene Reiche. Diese politische Spaltung erleichterte die Kolonialisierung, die hier anfangs von Holland durchgeführt wurde, das etwa 400 Jahre lang die Inseln des Archipels beherrschte.
Nach Ende des letzten Weltkriegs haben die Bestrebungen und der Freiheitskampf des Volkes die Unabhängigkeit Indonesiens und die Gründung des Staates ermöglicht, der den ganzen Archipel umfaßt. Heute ist es ein großes Land mit etwa 180 Millionen Einwohnern, das ein eigenes Modell des Zusammenlebens unter Achtung des ethnischen, kulturellen und auch religiösen Pluralismus seiner Bürger zu schaffen wußte. Geprägt ist dieses Modell vom philosophischen System des „Pancasila", das heißt der fünf Prinzipien, die die Stützpfeiler der indonesischen Kultur und Gesellschaft bilden. Unter diesen Prinzipien wird an erster Stelle die monotheistische Religion hervorgehoben, dann der Humanismus als Merkmal der Initiativen, die das friedliche Zusammenleben aller Bürger fördern wollen.

3. Die Christen in Indonesien haben dieselben Rechte wie die Muslime, obwohl letztere viel zahlreicher sind. Unter diesen Bedingungen entfalten sich harmonisch die Mission und Aktivitäten der Kirche. Der indonesische Episkopat besteht aus etwa vierzig Bischöfen, von denen einige Missionare, der Großteil aber indonesischer Herkunft ist.
Im Laufe von fünf Tagen konnte ich einige der Hauptstädte besuchen. Hingegen war es nicht möglich, in das Programm den Besuch der christlichen Gemeinden einzufügen, die auf den großen Inseln Borneo (Kalimantan) oder Celebes (Sulawesi) leben. Die Besuchsstationen waren: Jakarta, Yogyakarta auf der Insel Java, Maumere auf der Insel Flores und Medan auf der Insel Sumatra. Mittelpunkt der Begegnung war an allen diesen Orten die heilige Messe. In der Eucharistiefeier offenbarte sich der große Reichtum der sakralen Gesänge und Gesten, die die Frömmigkeit des Volkes zum Ausdruck bringen.
Die Begegnung mit der Bevölkerung der Diözese Dili auf der Insel Timor war von besonderer Bedeutung, weil die Bewohner zum Großteil der katholischen Kirche angehören. Deshalb war es angemessen, daß ein Aufenthalt unter den Mitgliedern der katholischen Gemeinde dieser Insel in die Papstreise einbezogen wurde.

4. Während dieser Reise fand auch die Begegnung mit den indonesischen Religionsvertretern statt: den Muslimen, Hinduisten und Buddhisten. Obwohl die Christen (Katholiken und Protestanten) eine Minderheit der Bevölkerung sind, ist es eine Genugtuung festzustellen, daß die katholische Kirche in verschiedenen Bereichen eine große Dynamik zeigt. Bewiesen wird es von der wachsenden Zahl der Getauften und auch der Anzahl der geistlichen Berufe der Männer und Frauen. In Maumere begegnete ich etwa 600 Priesteramtskandidaten, die alle von der Kleinen Sundainsel herstammten. Die acht Priesterseminare des Landes beherbergen über 2000 Alumnen.
Ein besonderer Zug, der besondere Betonung verdient, ist die apostolische Dynamik der Laien. Ich konnte die Katholische Atma-Jaya-Universität in Jakarta besuchen, die für die hohe Qualität des Einsatzes der Laien kennzeichnend ist. In ganz Indonesien gibt es zur Zeit zehn katholische Universitäten. Außerdem besteht eine Reihe anderer Bereiche, wo das Laienapostolat und die Zusammenarbeit mit den Hirten der Kirche sich wirksam entfalten.

5. „Freuen sollen sich die vielen Inseln.“ Im ersten Jahr meines Dienstes auf dem Stuhl Petri konnte ich Pater Jacques-Désiré Laval, den Missionar des 19. Jahrhunderts, seligsprechen, der ein wahrer Apostel der Mauritiusinseln war. Als solcher ist er der nur zum Teil katholischen Bevölkerung in Erinnerung geblieben. Das geistliche Erbe des seligen Laval formt noch heute das Leben der Kirche und Gesellschaft auf den Mauritiusinseln. Und der Besuch hat es in besonderer Weise zum Ausdruck gebracht. Das war die dritte Etappe der Reise nach Seoul – Indonesien – Mauritius. Das Besuchsprogramm spiegelte die Früchte des Lebens und Wirkens der Kirche wider, dessen Bischof seit zwanzig Jahren Kardinal Jean Margéot ist. Die schöne Eucharistiefeier in der Hauptstadt Port-Louis und auch auf der Insel Rodrigues, die Begegnungen mit der Jugend, dem Klerus, den Laien und beim Abschied mit den Kindern: all das zeigte eine besondere Lebenskraft der Kirche. Sehr solide und kohärent ist die Bildungsarbeit hinsichtlich der verantworteten Elternschaft. Sie umfaßt auch bemerkenswerte Kreise von Nichtchristen (Hinduisten und Muslime). Man kann wirklich sagen, daß die heroische Mission von Pater Laval in den heutigen Generationen weiterlebt und sich entfaltet.

6. Zum Abschluß dieser Katechese möchte ich noch all jenen danken, die zur Verwirklichung dieser wichtigen Reise beigetragen haben. Meine Dankbarkeit gilt vor allem den Vertretern der Kirche: den Kardinälen, Bischöfen, Priestern, männlichen und weiblichen Ordensgemeinschaften und der ganzen Laienschaft. Er gilt auch mit besonderer Hochachtung den Staatsregierungen und den ihnen unterstellten Personen und Institutionen, die in hervorragender Weise in jedem der Besuchsländer zum guten Verlauf des Besuches beigetragen haben.
Ich sage deshalb zu allen: „Vergelt's Gott!“ Und über den Menschen hinaus danke ich vor allem Gott selbst und seiner gütigen Vorsehung.

In deutscher Sprache sagte der Papst:

Liebe Brüder und Schwestern!

Mit besonderer Freude begrüße ich die deutschsprachigen Pilger heute wiederum in einer eigenen Audienz hier in der Petersbasilika. Ich heiße euch alle herzlich willkommen: die genannten Gruppen, die Familien und auch alle Einzelpilger, besonders die zahlreichen Jugendlichen.
Ich möchte euch in dieser Audienz teilnehmen lassen an einigen wichtigen Ereignissen und Begegnungen während meiner kürzlichen Pastoralreise in einige Länder des Fernen Ostens. Ihr Hauptziel war meine Teilnahme am Eucharistischen Weltkongreß, der vom 5. bis 8. Oktober in Seoul, der Hauptstadt von Süd-Korea, stattgefunden hat. Das Motto dieses Kongresses lautete: Christus ist unser Friede. Dieses Leitwort erhielt eine besondere Aktualität angesichts der gewaltsamen Teilung dieses Landes und noch immer vorhandener Folgen des Zweiten Weltkrieges. Christus verheißt uns einen Frieden, den die Welt nicht geben kann, der aus der Versöhnung mit dem Vater hervorgeht. Die Menschheit ist eingeladen, sich durch Christus mit dieser Versöhnung, mit diesem inneren Frieden beschenken zu lassen. Die Eucharistie ist hierfür ein bevorzugter Ort. Die Kirche in Korea ist eine sehr junge und sehr lebendige Kirche mit vielen Bekehrungen und kirchli-

chen Berufungen. Höhepunkt meiner Teilnahme am Eucharistischen Kongreß war die Feier der „Statio orbis“, des festlichen Schlußgottesdienstes.
Eine weitere Etappe dieser Pastoralreise war mein Besuch in Indonesien. Die am meisten verbreitete Religion ist hier der Islam seit fast einem Jahrtausend, während die Evangelisierung erst vor einigen Jahrhunderten durch portugiesische Missionare begonnen hat. Der moderne Staat Indonesien ist geprägt von einem ethnischen, kulturellen und religiösen Pluralismus. Die Konstitution des Landes gründet auf den fünf Prinzipien des sogenannten Systems der „Pancasila“. Von diesen sind die wichtigsten die monotheistische Religion und der Humanismus. Obwohl die Christen nur eine kleine Minderheit sind, genießen sie die gleichen Rechte wie die Moslems. Somit kann sich das Leben und Wirken der Kirche auf geordnete Weise entfalten. Leider konnte ich jedoch von den vielen Inseln nur einige besuchen. Bei allen Begegnungen bildete die Feier der Eucharistie den Mittelpunkt. Hier entfaltete sich in Gesang und Zeremonien der ganze religiöse Reichtum dieser Völker. Von besonderer Bedeutung war mein Besuch in der Diözese Dili auf Ost-Timor wegen der bekannten schwierigen Lage in den letzten Jahren. Das kirchliche Leben in Indonesien zeigt eine große Lebendigkeit, ein dynamisches Apostolat der Laien und eine wachsende Zahl von Taufen und kirchlichen Berufungen. In Indonesien gibt es gegenwärtig zehn katholische Universitäten, die vor allem auf Initiativen von Laien zurückgehen. Ferner hatte ich auch die Begegnung mit Vertretern der anderen Religionen.
Den Abschluß meiner Pastoralreise bildete schließlich ein kurzer Besuch auf den Inseln Mauritius. Der Apostel der dortigen Kirche ist der Pater Jacques-Désiré Laval, den ich 1979 seligsprechen durfte. Sein geistiges Erbe prägt noch heute das kirchliche und gesellschaftliche Leben.
Mit meinem Dank an Gott und an alle, die zum glücklichen Gelingen dieser Pastoralreise beigetragen haben, verbinde ich die Bitte an euch, liebe Brüder und Schwestern, dafür zu beten, daß daraus für jene Ortskirchen und Völker reiche geistliche Früchte erwachsen und ihnen zum Heil gereichen.
Einen besonderen Willkommensgruß richte ich zum Schluß noch an die Pilgergruppe der Leser der Kirchenzeitung für das Bistum Speyer, an die Mitarbeiter im Bischöflichen Generalvikariat Osnabrück sowie an die Pilger aus der Pfarrei St. Marien in Wädenswil/Schweiz. Euch und allen Anwesenden erteile ich von Herzen meinen besonderen Apostolischen Segen.

Gebet für die Missionen

Angelus am 22. Oktober

Liebe Schwestern und Brüder!

1. Heute, am Weltmissionssonntag, fand in der Petersbasilika die Seligsprechung einiger Märtyrer von Thailand, von Pater Timoteo Giaccardo und Schwester Maria von Jesus statt. Ein bedeutsames Zusammentreffen, denn die christliche Heiligkeit – weil treue

und heroische Antwort auf die von Gott erhaltene Gnade – ist immer ein wirksamer Beitrag zur Ausbreitung des Reiches Gottes auf Erden.
„Die Ernte ist groß“ – sagt Jesus zu uns –, „aber es gibt nur wenig Arbeiter. Bittet also den Herrn der Ernte, Arbeiter für seine Ernte auszusenden“ (*Mt* 9,37–38). Diese Worte sind heute von einzigartiger Aktualität. Die Arbeit, die den Boten des Evangeliums erwartet, ist immer groß und fruchtbringend, auch wenn sie jetzt erfolglos zu sein scheint oder sogar Feindschaft erzeugt – die neuen Seligen sind ein Beweis dafür; in Wirklichkeit wird Gott sie zu gegebener Zeit reiche und dauerhafte Frucht bringen lassen.

2. Wenn man die Tätigkeit, die die Kirche heute in den Missionen ausübt, insgesamt betrachtet, müssen wir dem Herrn danken für den Fortschritt des Evangeliums in der Welt, der durch das Entstehen und die Entwicklung immer neuer und gläubiger christlicher Gemeinden zum Ausdruck kommt.
In der Botschaft, die ich am Pfingstfest für den Missionssonntag übersandte, hob ich die ermutigende Entwicklung des Klerus in den jungen Kirchen hervor und erinnerte daran, daß in diesem Jahr die Hundertjahrfeier der Gründung des Apostel-Petrus-Werkes begangen wird. Dieses entstand durch den Eifer von Jeanne und Stefanie Bigard und hat zum Ziel, das Gebet und die konkrete Hilfe zugunsten der Priesterberufe in den Missionsländern zu fördern. Diese tröstlichen und ermutigenden Ergebnisse dürfen jedoch keineswegs den missionarischen Eifer erlahmen lassen, denn groß ist die Zahl der Brüder und Schwestern, die den Namen Christi und seine Heilslehre noch nicht kennen.

3. Der Weltmissionssonntag appelliert an die Liebe und Hochherzigkeit der ganzen Welt. Deshalb mache ich mich zum Sprecher der Armen jener Kirchen in der Ferne und vereinige mich mit den Missionaren, die die Glaubensbrüder und alle Menschen guten Willens um Hilfe bitten für ihr Bemühen, die ungeheure Not zu lindern, die sie vorfinden.
Die Hilfe und Spende, die jeder Gläubige aufgefordert ist für die Missionen hochherzig zu geben, soll jedoch nicht vergessen lassen, daß für die Evangelisierung der Welt vor allem Boten des Evangeliums notwendig sind, spezifisch missionarische Berufe, Priester-, Ordens- und Laienberufe, die aus den christlichen Familien in allen Ländern und Kontinenten erwachsen, wo die Kirche anwesend ist.
Wir müssen, wie Jesus uns empfohlen hat, den Herrn der Ernte vor allem um Missionsberufe bitten.
Und diese vertrauensvolle Bitte übergeben wir jetzt Maria, die die erste Missionarin war, indem sie der Welt Jesus, unseren Erlöser, geschenkt hat. Ihr empfehlen wir alle Missionare und Missionarinnen, denen wir an diesem Sonntag mit besonderer Liebe und Dankbarkeit nahe sind.

Appell für den Libanon

Aus dem Heiligen Land kommen die Hilferufe der Bewohner von Cisjordanien und Gaza mit der Bitte um Solidarität.

Es sind die Rufe eines ganzen Volkes, das heute besonders geprüft und geschwächt ist nach jahrzehntelangem Konflikt mit einem anderen Volk, das durch seine Geschichte und seinen Glauben mit demselben Land verbunden ist.
Man darf nicht gleichgültig bleiben gegenüber diesen Rufen und angesichts des täglichen Schmerzes so vieler Menschen. Ich möchte ihnen meine tiefverbundene Solidarität aussprechen und versichern, daß der Papst sich ihre berechtigte Forderung zu eigen macht, in einem Vaterland in Frieden zu leben unter Achtung des Rechtes jedes anderen Volkes auf die notwendige Sicherheit und Ruhe.
Bitten wir Gott den Allmächtigen, er möge alle Verantwortlichen dazu inspirieren, diesem Leid rasch ein Ende zu setzen und sich intensiv um Frieden und Eintracht in jenem Land zu bemühen, das Millionen von christlichen, jüdischen und moslemischen Gläubigen heilig ist.

Petrus spricht an Christi Statt

Ansprache bei der Generalaudienz am 25. Oktober

1. Wir lesen in der *Apostelgeschichte*, daß nach der Herabkunft des Heiligen Geistes, als die Apostel in verschiedenen Sprachen zu reden begannen, „alle außer sich gerieten und ratlos waren. Die einen sagten zueinander: Was hat das zu bedeuten?“ (*Apg* 2,12). Die *Apostelgeschichte* erlaubt den Lesern, die Bedeutung dieser außerordentlichen Tatsache zu erfassen, denn sie hatte bereits das beschrieben, was im Abendmahlssaal geschehen war, als die Apostel und die Jünger Christi – Männer und Frauen – zusammen mit Maria, seiner Mutter, „mit dem Heiligen Geist erfüllt wurden“ (*Apg* 2,4).
Bei diesem Ereignis bleibt der Beistand selbst unsichtbar. Er wird hingegen sichtbar im Verhalten der Menschen, in denen und durch die der Geist wirkt. In der Tat, von dem Augenblick an, als die Apostel aus dem Abendmahlssaal heraustreten, wird ihr ungewöhnliches Verhalten von der Menge bemerkt, die herbeiläuft und sie umringt. Alle fragen sich: „Was hat das zu bedeuten?“ Der Schreiber der *Apostelgeschichte* versäumt nicht hinzuzufügen, daß unter den Zeugen des Ereignisses auch einige waren, die sich über das Verhalten der Apostel lustig machten und vermuteten, sie seien „vom süßen Wein betrunken“ (*Apg* 2,13).
In dieser Situation war ein klärendes Wort unerläßlich. Ein Wort war notwendig, das den rechten Sinn des Geschehens erhellte: ein Wort, das auch den außerhalb des Abendmahlssaales Versammelten das Wirken des Heiligen Geistes bekannt machte, das diejenigen erfahren hatten, die zur Stunde der Herabkunft des Heiligen Geistes versammelt waren.

2. Es war die günstige Gelegenheit für die erste Rede des Petrus, der, vom Heiligen Geist inspiriert, auch im Namen und in Gemeinschaft mit den anderen sprach und zum ersten Mal seine Funktion als Bote des Evangeliums, als Verkünder der göttlichen Wahrheit, als

Zeuge des Wortes ausübte. Er setzte sozusagen den Anfang für die Sendung der Päpste und der Bischöfe, die ihm und den anderen Aposteln im Laufe der Jahrhunderte nachgefolgt sind. „Da trat Petrus auf, zusammen mit den Elf; er erhob seine Stimme und begann zu reden" (*Apg* 2,14).
In diesem Auftreten des Petrus wird die apostolische Struktur der Kirche von Anfang an deutlich. Die Elf teilen mit Petrus die Sendung, die Berufung, mit Vollmacht dasselbe Zeugnis zu geben. Petrus spricht als erster unter ihnen kraft des von Christus selbst erhaltenen Auftrags. Niemand bezweifelt den Auftrag und das Recht, das gerade er hat, als erster und im Namen der anderen zu reden. Schon in dieser Tatsache zeigt sich das Wirken des Heiligen Geistes, der nach den Worten des Zweiten Vatikanischen Konzils „die Kirche führt, eint und lenkt durch die verschiedenen hierarchischen und charismatischen Gaben" (vgl. *Lumen Gentium*, Nr. 4).

3. Dieses Auftreten von Petrus in Jerusalem zusammen mit den anderen Elf weist auch darauf hin, daß die erste der pastoralen Pflichten die Verkündigung des Wortes ist: die Evangelisierung. Sie ist das, was das Zweite Vatikanische Konzil lehrt: „Die Bischöfe sind Glaubensboten, die Christus neue Jünger zuführen; sie sind authentische, das heißt mit der Autorität Christi ausgerüstete Lehrer. Sie verkündigen dem ihnen anvertrauten Volk die Botschaft zum Glauben und zur Anwendung auf das sittliche Leben und erklären sie im Licht des Heiligen Geistes, indem sie aus dem Schatz der Offenbarung Neues und Altes vorbringen (vgl. *Mt* 13,52). So lassen sie den Glauben fruchtbar werden und halten die ihrer Herde drohenden Irrtümer wachsam fern (vgl. *2 Tim* 4,1–4)" (*Lumen Gentium*, Nr. 25). Auch „die erste Aufgabe der Priester als Mitarbeiter der Bischöfe ist, allen die frohe Botschaft Gottes zu verkünden, um so in der Erfüllung des Herrenauftrags: ‚Gehet hin in alle Welt, und verkündet das Evangelium allen Geschöpfen' (*Mk* 16,15), das Gottesvolk zu begründen und zu mehren" (*Presbyterorum ordinis*, Nr. 4).

4. Außerdem ist noch zu sagen, daß für die Evangelisierung gemäß jenes Abschnitts in der *Apostelgeschichte* nicht nur das aus einer charismatischen Begeisterung hervorbrechende Auftreten genügt. Es kommt vom Heiligen Geist und gibt in gewisser Hinsicht das erste Zeugnis von seinem Wirken, wie man in dem „Zungenreden" am Pfingsttag gesehen hat.
Unerläßlich ist aber auch eine bevollmächtigte Evangelisierung, die begründet und gegebenenfalls „systematisch" ist, wie es schon zur Zeit der Apostel und der ersten Gemeinde in Jerusalem durch das Kerygma und die Katechese geschieht, die es unter dem Wirken des Geistes dem Menschenverstand erlauben, den göttlichen Heilsplan in seiner Gesamtheit zu entdecken und seinen Sinn zu „verstehen". Gerade das geschah am Pfingsttag. Es war notwendig, daß den außerhalb des Abendmahlssaales versammelten Menschen verschiedener Nationalität das vorhergegangene Ereignis kundgetan und erklärt wurde. Es war notwendig, sie über den Heilsplan Gottes zu informieren, der in dem Vorgefallenen zum Ausdruck gekommen war.

5. Die Rede des Petrus ist auch unter diesem Gesichtspunkt wichtig. Bevor wir ihren Inhalt prüfen, verweilen wir deshalb einen Augenblick bei der Gestalt dessen, der

redet. Bereits in der vorösterlichen Zeit hatte Petrus zweimal das Bekenntnis des Glaubens an Christus abgelegt.
Nach der Ankündigung der Eucharistie in der Nähe von Kafarnaum fragte Jesus, der viele seiner Jünger sich zurückziehen sah, die Apostel: „Wollt auch ihr weggehen?" (*Joh* 6,67); Petrus antwortete ihm mit den von oben inspirierten Worten des Glaubens: „Herr, zu wem sollen wir gehen? Du hast Worte des ewigen Lebens. Wir sind zum Glauben gekommen und haben erkannt: Du bist der Heilige Gottes" (*Joh* 6,68–69).
Ein andermal bekannte Petrus seinen Glauben in der Nähe von Cäsarea Philippi, als Jesus die Apostel fragte: „Ihr aber, für wen haltet ihr mich?" Matthäus schreibt: „Simon Petrus antwortete: Du bist der Messias, der Sohn des lebendigen Gottes!" (*Mt* 16,15–16).
Petrus, von der Angst befreit, die ihn in den Tagen des Leidens bewogen hatte, zu leugnen, bekennt jetzt am Pfingsttag den gleichen durch das Ostergeschehen noch gefestigten Glauben an Christus und verkündet offen vor all diesen Leuten, daß Christus auferstanden ist (vgl. *Apg* 2,24 f.).

6. Indem er so das Wort ergreift, beweist Petrus auch, daß er und die anderen Elf sich dessen bewußt sind, daß er der Hauptverantwortliche für das Zeugnis und die Lehre des Glaubens an Christus ist, auch wenn die Elf mit ihm die Aufgabe und Verantwortung teilen. Petrus ist sich dessen bewußt, was er tut, als er mit seiner ersten Rede die Sendung des Lehrers ausübt, die ihm durch sein apostolisches „Amt" zukommt.
Anderseits ist die Rede des Petrus in gewisser Weise eine Verlängerung der Lehre Jesu selbst. Wie Christus die, die ihm zuhörten, zum Glauben anspornte, so auch Petrus, obwohl Jesus seinen Dienst in der vorösterlichen Zeit sozusagen im Ausblick auf seine Auferstehung erfüllte, während Petrus im Licht des bereits erfolgten Ostergeschehens spricht und handelt, das die Wahrheit der Sendung und der Botschaft Christi bekräftigt hat.
Er spricht und handelt unter dem Einwirken des Heiligen Geistes – des Geistes der Wahrheit – und erinnert an die Worte und Taten Christi, die Licht auf das Pfingstereignis werfen.

7. Am Ende lesen wir im Text der *Apostelgeschichte*, Petrus „erhob seine Stimme und begann zu reden" (2,14). Der Autor scheint hier nicht nur auf die Lautstärke der Stimme des Petrus hinweisen zu wollen, sondern auch und vor allem auf die Überzeugungskraft und die Vollmacht, mit der er das Wort ergriff. Es geschah etwas Ähnliches wie das, was die Evangelien berichten über Jesus, als er die Zuhörer unterwies, die „sehr betroffen waren von seiner Lehre; denn er lehrte sie wie einer, der (göttliche) Vollmacht hat" (*Mk* 1,22; vgl. auch *Mt* 7,29), „denn er redete mit (göttlicher) Vollmacht" (*Lk* 4,32).
Am Pfingsttag konnten Petrus und die anderen Apostel, weil sie den Geist der Wahrheit empfangen hatten, mit seiner Kraft nach dem Beispiel Christi sprechen. Von der ersten Rede an brachte Petrus in seinen Worten die Autorität derselben offenbarten Wahrheit zum Ausdruck.

In deutscher Sprache sagte der Papst:

Liebe Schwestern und Brüder!

Als die Apostel nach der Herabkunft des Heiligen Geistes begannen, in verschiedenen Sprachen zu reden, „gerieten alle außer sich und waren ratlos. Die einen sagten zueinander: Was hat das zu bedeuten?“ (*Apg* 2,12).
Dies war die geeignete Gelegenheit für die erste Rede des Petrus, der, vom Heiligen Geist inspiriert, auch im Namen der anderen Apostel sprach und zum ersten Mal seine Funktion als Bote des Evangeliums, als Verkünder der göttlichen Wahrheit und Zeuge des Wortes ausübte. Man könnte sagen, daß er mit dieser Verkündigung die Sendung der Päpste und der Bischöfe beginnt, die ihm und den Aposteln durch die Jahrhunderte nachfolgen werden.
In diesem Auftreten des Petrus wird die apostolische Struktur der Kirche von Anfang an deutlich. Petrus spricht als erster von ihnen kraft des Auftrages, den er unmittelbar von Christus erhalten hat. Niemand bestreitet die Aufgabe und das Recht, das gerade er besitzt, um zuerst und im Namen der anderen zu sprechen.
Das Auftreten des Petrus in Jerusalem in Gemeinschaft mit den anderen Elf weist auch darauf hin, daß die erste der pastoralen Aufgaben die Verkündigung des Wortes ist: die Evangelisierung. Außerdem ist sich Petrus, wenn er in dieser Weise das Wort ergreift, mit den anderen Aposteln der Tatsache bewußt, daß er die Hauptverantwortung für das Zeugnis und die Lehre des Glaubens an Christus trägt, auch wenn die Elf diese Verantwortung und Aufgabe mittragen. Die Rede des Petrus ist in gewissem Sinne eine Fortsetzung der Lehrtätigkeit Jesu. Er spricht und handelt im Lichte des Ostereignisses und unter dem Einfluß des Heiligen Geistes, des Geistes der Wahrheit.
Da Petrus und die anderen Apostel am Pfingsttag den Geist der Wahrheit empfangen hatten, konnten sie mit seiner Macht vom Beispiel und der Botschaft Christi sprechen. Petrus verkündete mit seinen Worten die Autorität der offenbarten Wahrheit selbst.
Mit dieser kurzen Betrachtung grüße ich alle Pilger und Besucher aus den deutschsprachigen Ländern und erteile euch und euren lieben Angehörigen in der Heimat sowie den mit uns über Radio Vatikan verbundenen Hörerinnen und Hörern von Herzen meinen Apostolischen Segen.

Zeugen der Vollkommenheit

Angelus am 1. November

1. Der Augenblick des Angelusgebetes ist gekommen. Heute wenden wir uns an Maria, die „Königin aller Heiligen“, mit dem Herzen voll Freude über das Geschenk, das Gott an diesem Festtag seiner Kirche gemacht hat durch den Trost, zwei große Zeugen der Seligpreisungen heiligsprechen und bei der Vesper gestern abend einen Pfarrer und Seelsorger ins Verzeichnis der Seligen einschreiben zu können.

Wir freuen uns mit der seligsten Jungfrau, wenn wir feststellen, daß auch diese herausragenden Vorbilder christlicher Tugenden eine innige Verehrung für sie hegten.

2. Der heilige Gaspare Bertoni übte sein Apostolat unter der Jugend aus und bediente sich der Hilfe von Animatoren, die in der „Marianischen Kongregation" zusammengefaßt waren. Er stellte allen Gläubigen die „heiligen Eheleute" Maria und Josef als Schutzpatrone und Vorbilder vor Augen und wies auf die Nachahmung ihrer Tugenden als den sicheren Weg zur Heiligkeit hin.
Der heilige Riccardo Pampuri hegte von klein auf eine besondere Verehrung für Maria, „unsere himmlische Mutter", wie er sie zu nennen pflegte. Wer ihn kannte, erinnert sich, daß sein Gesicht an Marienfesten so vor Freude strahlte, daß er diese auch den Kranken mitteilte.
Der selige Giuseppe Baldo, Pfarrer und Gründer der Kongregation der Kleinen Töchter vom heiligen Josef, war ein wunderbarer Seelsorger aufgrund seines Mitfühlens, des rechtzeitigen Unterweisens und sozialen Wirkens sowie ein aufmerksamer Katechet der ihm anvertrauten Menschen jeden Alters und aller Stände. Er verwirklichte Tag für Tag sein Programm der Heiligung mit dem festen Vorsatz, „Gott im Sinn und im Herzen, Jesus Christus als Vorbild und Maria als Helferin" zu haben.

3. Liebe Schwestern und Brüder, angesichts dieser außerordentlichen Zeugen evangelischer Vollkommenheit müssen wir uns alle persönlich aufgerufen fühlen, der allgemeinen Berufung zur Heiligkeit hochherzig zu entsprechen, jeder seinem Stand und seiner Aufgabe gemäß (vgl. *Lumen Gentium*, Nr. 5).
Herzlich grüße ich die Gläubigen der Diözese Verona, die heute zwei ihrer Söhne erhoben und den Christen zur Nachahmung vorgestellt sieht. Mögen diese neuen Vorbilder christlicher Glaubwürdigkeit in der heutigen Gemeinde von Verona gültige Nachfolger ihrer Liebe zu Christus und ihres Dienstes für die Kirchen finden.
Voll Freude grüße ich auch die Barmherzigen Brüder des Krankenpflegeordens vom hl. Johannes von Gott und schließe mich ihnen an in der berechtigten Freude über die Heiligsprechung eines ihrer Mitbrüder in diesem Jahr des hundertjährigen Jubiläums ihres Gründers. Ein zeitgenössischer Heiliger, den einige der Anwesenden persönlich gekannt haben und der sich heute eurer Gemeinschaft vorstellt als Modell jener Fürsorge gegenüber den Kranken und Leidenden, die bereits der heilige Johannes von Gott lehrte und übte. Liebe Barmherzige Brüder, nehmt dieses Beispiel der Treue zu eurem eigenen Charisma an in dem Bewußtsein, daß es heute wichtig ist, die Liebe Christi zu den Gedemütigten und den Kranken jeder Art zu bezeugen.
Einen besonderen Gruß richte ich an die hier anwesenden Soldaten und insbesondere an die Sanitätseinheiten, die in dem heiligen Riccardo einen Freund sehen, der ihnen vorausgegangen ist als Vorbild eines Dienstes für das Vaterland, der durch die Liebe und den Glauben geheiligt ist.

In deutscher Sprache sagte der Papst:

Sehr herzlich grüße ich auch die zahlreichen Pilger deutscher Sprache, besonders diejenigen, die eigens zur Heiligsprechung von Frater Riccardo Pampuri nach Rom gekommen sind. Der neue Heilige, ein Zeitgenosse von uns, wird uns von der Kirche heute als Vorbild vor Augen gestellt. Als Arzt und Ordensmann ist er ein wahrhaft „barmherziger Bruder“ für alle geworden, die körperliche Krankheiten oder seelisches Leid zu tragen hatten. In ihnen begegnete und diente er letztlich Christus selbst. Folgen wir seinem Beispiel: Lieben auch wir unseren Nächsten mit der gleichen Liebe, mit der wir Christus, mit der wir Gott lieben. Dazu ermutige und helfe uns der heilige Riccardo Pampuri mit seinem Beispiel und seiner Fürsprache beim Herrn!

Herz Jesu Hoffnung der Sterbenden

Angelus am 5. November

Liebe Schwestern und Brüder!

1. Der kürzlich begangene Gedenktag aller verstorbenen Gläubigen lädt uns heute ein, im Licht des Glaubens und der Hoffnung auf den christlichen Tod zu schauen, für den die *Herz-Jesu-Litanei*, die Gegenstand unserer Betrachtungen bei den voraufgegangenen sonntäglichen Begegungen war, uns die Anrufung in den Mund legt: „Herz Jesu, du Hoffnung aller, die in dir sterben, erbarme dich unser.“
Der Tod gehört zur menschlichen Beschaffenheit. Er ist das Ende der geschichtlichen Lebensphase. Im christlichen Denken ist der Tod ein Übergang: vom geschaffenen Licht zum ungeschaffenen Licht, vom zeitlichen Leben zum ewigen Leben.
Wenn nun das Herz Christi die Quelle ist, aus dem der Christ Licht und Kraft schöpft, um als Kind Gottes zu leben, zu welcher Quelle wird er gehen, um die Kraft zu schöpfen, seinem Glauben gemäß zu sterben? Wie er „in Christus lebt“, kann er nicht umhin, „in Christus zu sterben“.
Die Anrufung in der Litanei faßt die christliche Erfahrung angesichts des Todesgeschehens zusammen: das Herz Christi, seine Liebe und sein Erbarmen sind Hoffnung und Gewißheit für den, der in ihm stirbt.

2. Aber verweilen wir einen Augenblick und fragen wir uns: Was heißt „in Christus sterben“? Es bedeutet vor allem, liebe Schwestern und Brüder, das schreckliche und geheimnisvolle Geschehen des Todes im Licht der Lehre des Sohnes Gottes zu sehen, als den Augenblick des Heimgangs zum Haus des Vaters, dorthin, wo Jesus, der auch den Tod erlitten hat, gegangen ist, um einen Platz für uns vorzubereiten (vgl. *Joh* 14,2); das heißt, zu glauben, daß trotz des Zerfalls unseres Leibes der Tod die Voraussetzung zum Leben und zu reicher Frucht ist (vgl. *Joh* 12,24).
„In Christus sterben“ bedeutet außerdem, auf Christus zu vertrauen und sich ihm ganz zu überlassen, indem man das eigene Geschick ihm, unserem Bruder, Freund und guten Hirten, in die Hände legt, so wie er sterbend seinen Geist in die Hände des Vaters legte (vgl. *Lk* 23,46). Es bedeutet, in Frieden, in Freundschaft und in Gemeinschaft mit Je-

sus die Augen vor dem Licht dieser Welt zu schließen, denn nichts, „weder Tod noch Leben ... können uns scheiden von der Liebe Gottes, die in Christus Jesus ist, unserem Herrn" (*Röm* 8,38–39). In jener äußersten Stunde weiß der Christ: Wenn auch das Herz ihn wegen seiner Sünden anklagt, so ist das Herz Christi größer als seines und kann all seine Schuld, wenn er sie bereut, tilgen (vgl. *1 Joh* 3,20).

3. „In Christus sterben", liebe Schwestern und Brüder, bedeutet am Ende auch, „wie Christus sterben": betend und verzeihend, neben sich die selige Jungfrau Maria.
Als Mutter stand sie bei dem Kreuz des Sohnes (vgl. *Joh* 19,25); als Mutter steht sie ihren sterbenden Kindern zur Seite, sie, die durch das Opfer ihres Herzens mitgewirkt hat, daß sie zum Leben in der Gnade geboren würden (vgl. *Lumen Gentium*, Nr. 53). Sie steht ihnen bei durch ihre erbarmungsvolle und mütterliche Gegenwart, damit sie vom Todeskampf zum Leben in Herrlichkeit geboren würden.

Die Droge eine Herausforderung

Aufruf zur Rauschgiftbekämpfung

Zahlreiche Therapeuten der Drogenabhängigen, Jugendliche, Familien und Persönlichkeiten des öffentlichen Lebens sind heute auf diesem Platz anwesend. Ich spreche Ihnen meine Hochachtung für Ihren Einsatz aus, der nicht nur auf die Rückgewinnung so vieler Menschenleben abzielt, sondern auch eine Kultur der Hoffnung gegen den Tod verbreiten will.
Die immer ausgedehntere und wirksamere Teilnahme des Freiwilligendienstes, die in diesem Kampf den Institutionen zur Seite steht, bestätigt, daß das Drogenphänomen als ein äußerst schweres Problem empfunden wird, zu dessen Lösung die Zusammenarbeit aller notwendig ist. Es ist eine der großen Herausforderungen, die zu beantworten die Menschheit heute aufgerufen ist. Dem Leben des Menschen, insbesondere des jungen Menschen, einen Sinn geben; die Werte der Familie, der Gemeinschaft, des Zusammenlebens wiederfinden; in jeder Nation die soziale Entwicklung, die Gerechtigkeit und den Frieden zu fördern: das sind die Wege, die beim beschleunigten Einsatz zu beschreiten sind.
Es ist notwendig, der Herausforderung der Droge entschlossen entgegenzutreten. Die Machenschaften der „Händler des Todes", die sich das Leiden von Millionen von Menschen zunutze machen, müssen aufgedeckt und abgebaut werden. Außerdem ist es notwendig, eine großzügig angelegte Vorbeugung zu schaffen, die die Förderung des Verantwortungsbewußtseins, der Solidarität, der Achtung zum Mittelpunkt hat, indem man zur Wahrheit, zum Guten und zur Gerechtigkeit erzieht.
Die seligste Jungfrau Maria, die wir angerufen haben, helfe allen, die in einem für die Zukunft der Menschheit so bedeutenden Sektor mit hochherziger Hingabe tätig sind.

Petrus Zeuge des Auferstandenen

Ansprache bei der Generalaudienz am 8. November

1. Bevor er zum Vater zurückkehrte, hatte Jesus den Aposteln verheißen: „Ihr werdet die Kraft des Heiligen Geistes empfangen, der auf euch herabkommen wird; und ihr werdet meine Zeugen sein in Jerusalem und in ganz Judäa und Samarien und bis an die Grenzen der Erde“ (*Apg* 1,8). Wie ich in der Enzyklika *Dominum et vivificantem* schrieb, „erfüllt sich am Pfingsttag diese Verheißung ganz genau. Unter dem Antrieb des Heiligen Geistes, den die Apostel während des Gebetes im Abendmahlssaal empfangen haben, zeigt sich Petrus vor einer großen Schar von Menschen verschiedener Sprachen, die zum Fest versammelt sind, und spricht zu ihnen. Er verkündet, was er vorher nicht den Mut gehabt hätte zu sagen“ (Nr. 30). Es ist das erste öffentliche und – man könnte fast sagen – feierliche Zeugnis für den auferstandenen Christus, den siegreichen Christus. Es ist auch der Beginn des apostolischen Kerygmas.

2. Schon in der vergangenen Katechese haben wir davon gesprochen und es im Hinblick auf den Lehrenden geprüft: „Petrus zusammen mit den Elf“ (vgl. *Apg* 2,14). Heute wollen wir das erste Kerygma seinem Inhalt nach als Modell oder Muster der vielen anderen „Verkündigungen“ untersuchen, die in der *Apostelgeschichte* und dann in der Kirchengeschichte folgten.
Petrus wandte sich an die in der Nähe des Abendmahlssaals Versammelten mit den Worten: „Ihr Juden und alle Bewohner von Jerusalem!“ (*Apg* 2,14). Es sind dieselben, die das Phänomen des Zungenredens miterlebt haben, als jeder in seiner Sprache den Lobpreis der Apostel und sie „Gottes große Taten verkünden“ hörte (vgl. *Apg* 2,11). Petrus beginnt seine Rede, indem er diejenigen verteidigt oder zumindest deren Zustand erklärt, die „mit dem Heiligen Geist erfüllt wurden“ (*Apg* 2,4) und die man aufgrund ihres ungewöhnlichen Verhaltens der Trunkenheit verdächtigt. Und von den ersten Worten an gibt er Antwort darauf: „Diese Männer sind nicht betrunken, wie ihr meint; es ist ja erst die dritte Stunde am Morgen; sondern jetzt geschieht, was durch den Propheten Joël gesagt worden ist“ (*Apg* 2,15–16).

3. In der *Apostelgeschichte* wird der Abschnitt des Propheten ausführlich zitiert: „In den letzten Tagen wird es geschehen, so spricht Gott: Ich werde von meinem Geist ausgießen über alles Fleisch. Eure Söhne und eure Töchter werden Propheten sein“ (*Apg* 2,17). Dieses „Ausgießen des Geistes“ betrifft Junge und Alte, Sklaven und Sklavinnen – es wird somit weltumspannend sein. Und es wird von Zeichen bekräftigt werden: „Ich werde Wunder erscheinen lassen droben am Himmel und Zeichen unten auf der Erde“ (*Apg* 2,19). Dies werden die Zeichen des „Tages des Herrn“ sein, der kommt (vgl. *Apg* 2,20): „Und es wird geschehen: Jeder, der den Namen des Herrn anruft, wird gerettet“ (*Apg* 2,21).

4. Absicht des Redners ist es, daß der Text Joëls dazu dient, die Bedeutung des Geschehens, dessen Zeichen die Anwesenden gesehen haben, entsprechend zu erklären: „die

Ausgießung des Heiligen Geistes." Es handelt sich um ein übernatürliches Wirken Gottes, verbunden mit den typischen Zeichen des Kommens Gottes, wie es von den Propheten verheißen und vom Neuen Testament mit dem Kommen Christi erkannt worden ist. Das ist der Kontext, in den der Apostel den wesentlichen Inhalt seiner Rede einfließen läßt, der den Kern des apostolischen Kerygmas bildet: „Israeliten, hört diese Worte: Jesus, den Nazoräer, den Gott vor euch beglaubigt hat durch machtvolle Taten, Wunder und Zeichen, die er durch ihn in eurer Mitte getan hat, wie ihr selbst wißt – ihn, der nach Gottes beschlossenem Willen und Vorauswissen hingegeben wurde, habt ihr durch die Hand von Gesetzlosen ans Kreuz geschlagen und umgebracht. Gott aber hat ihn von den Wehen des Todes befreit und auferweckt; denn es war unmöglich, daß er vom Tod festgehalten wurde" (*Apg* 2,22–24).
Vielleicht nicht alle, die aus verschiedenen Gegenden zu Ostern und Pfingsten gekommen waren und die Rede des Petrus hörten, hatten an den Ereignissen in Jerusalem, die mit der Kreuzigung Christi endeten, teilgenommen. Aber der Apostel wendet sich auch an sie als „Israeliten", das heißt als Angehörige einer alten Welt, in der nunmehr die Zeichen der neuen Ankunft des Herrn aufgestrahlt sind.

5. Die Zeichen und Wunder, auf die Petrus sich bezog, waren den Jerusalemern gewiß noch in Erinnerung, aber auch vielen anderen Zuhörern, die über Jesus von Nazaret wenigstens sprechen gehört hatten. Nun, nachdem er an all das Wirken Christi erinnert hatte, geht der Apostel über zur Tatsache seines Kreuzestodes und spricht unmittelbar von der Verantwortung jener, die Jesus dem Tod ausgeliefert hatten. Er fügt jedoch hinzu, daß Christus „nach Gottes beschlossenem Willen und Vorauswissen hingegeben wurde" (vgl. *Apg* 2,23). Petrus führt also seine Zuhörer dazu, den Heilsplan Gottes zu erkennen, der sich eben durch den Tod Christi erfüllt hat. Und er beeilt sich, den entscheidenden Beweis zu liefern für das Wirken Gottes mit Hilfe dessen und über das hinaus, was die Menschen getan haben. Dieser Beweis ist die Auferstehung Christi: „Gott aber hat ihn von den Wehen des Todes befreit und auferweckt; denn es war unmöglich, daß er vom Tod festgehalten wurde" (*Apg* 2,24).
Es ist der Höhepunkt des apostolischen Kerygmas über Christus, den Erlöser und Sieger.

6. Aber hier beruft sich der Apostel wieder auf das Alte Testament. In der Tat zitiert er den messianischen *Psalm* 16 (8–11): „Ich habe den Herrn beständig vor Augen. Er steht mir zur Rechten, ich wanke nicht. Darum freut sich mein Herz und frohlockt meine Zunge, und auch mein Leib wird in sicherer Hoffnung ruhen; denn du gibst mich nicht der Unterwelt preis, noch läßt du deinen Frommen die Verwesung schauen. Du zeigst mir die Wege zum Leben, du erfüllst mich mit Freude vor deinem Angesicht" (*Apg* 2,25–28). Es ist eine gültige Fassung des *Psalms* von David, die der Schreiber der *Apostelgeschichte* zitiert nach der griechischen Version der Septuaginta, die die Sehnsucht der jüdischen Seele, dem Tod zu entfliehen, hervorhebt im Sinn der Hoffnung auf Erlösung auch nach dem schon erlittenen Tod.

7. Zweifellos will Petrus unterstreichen, daß die Psalmworte nicht David betreffen, dessen Grabmal, wie er sagt, „bei uns bis auf den heutigen Tag erhalten ist". Sie betreffen

hingegen seinen Nachkommen Jesus Christus: David sprach „vorausschauend über die Auferstehung des Christus“ (*Apg* 2,31). Die prophetischen Worte fanden somit Erfüllung: „Diesen Jesus hat Gott auferweckt, dafür sind wir alle Zeugen. Nachdem er durch die rechte Hand Gottes erhöht worden war und vom Vater den verheißenen Heiligen Geist empfangen hatte, hat er ihn ausgegossen, wie ihr seht und hört ... Mit Gewißheit erkenne also das ganze Haus Israel: Gott hat ihn zum Herrn und Messias gemacht, diesen Jesus, den ihr gekreuzigt habt“ (*Apg* 2,32–33.36).

8. Am Tag seines Leidens hatte Jesus zu den Aposteln im Abendmahlssaal gesagt, als er vom Heiligen Geist sprach: „Er wird Zeugnis für mich ablegen. Und auch ihr sollt Zeugnis ablegen“ (*Joh* 15,26–27). Wie ich in der Enzyklika *Dominum et vivificantem* schrieb, „nimmt mit der ersten Rede des Petrus in Jerusalem jenes ‚Zeugnis‘ seinen deutlichen Anfang: Es ist das Zeugnis über Christus, den Gekreuzigten und Auferstandenen, das Zeugnis des Geistes und Beistandes sowie das der Apostel“ (Nr. 30). Mit diesem Zeugnis will Petrus seine Zuhörer auf das Geheimnis des auferstandenen Christus hinweisen, er will aber auch die Tatsachen, die sie an Pfingsten miterlebten, erklären, indem er sie als Zeichen der Herabkunft des Heiligen Geistes deutet. Der Beistand ist wirklich kraft des Osterns Christi gekommen. Er ist gekommen und hat jene Männer von Galiläa umgewandelt, denen das Zeugnis über Christus anvertraut wurde. Er ist gekommen, weil er von Christus gesandt wurde, „der durch die rechte Hand Gottes erhöht worden war“ (vgl. *Apg* 2,33), das heißt erhöht durch seinen Sieg über den Tod. Seine Herabkunft ist deshalb eine Bekräftigung der göttlichen Vollmacht des Auferstandenen. „Mit Gewißheit erkenne also das ganze Haus Israel: Gott hat ihn zum Herrn und Messias gemacht, diesen Jesus, den ihr gekreuzigt habt“, schließt Petrus (*Apg* 2,36). Auch Paulus verkündet in seinem *Brief an die Römer*: „Jesus ist der Herr“ (*Röm* 10,9).

In deutscher Sprache sagte der Papst:

Liebe Brüder und Schwestern!

Wir setzen unsere Glaubenskatechese fort über die erste Predigt des hl. Petrus am Pfingstfest in Jerusalem. Vor seiner Heimkehr zum Vater hatte Christus den Aposteln den Heiligen Geist verheißen und ihnen gesagt: „Ihr werdet meine Zeugen sein ... bis an die Grenzen der Erde“ (*Apg* 1,9). Dieses Zeugnis beginnt mit Petrus. Er setzt den Anfang der Glaubensverkündigung der Kirche.

Petrus wendet sich an die „Juden und alle Bewohner von Jerusalem“ (*Apg* 2,14). Er nimmt zunächst die Männer in Schutz, die sie nun in fremden Sprachen reden hören. Diese sind nicht betrunken, wie sie meinen, sondern wurden mit dem Heiligen Geist erfüllt. An ihnen bewahrheitet sich, was der Prophet Joël vorausgesagt hat: „Ich werde meinen Geist ausgießen über alles Fleisch. Eure Söhne und eure Töchter werden Propheten sein“ (*Apg* 2,17). Petrus bedient sich dieser Worte des Propheten, um den Zuhörern das Pfingstgeschehen zu erklären. Dann kommt der Apostel zur zentralen Aussage seiner ersten Verkündigung: „Jesus, den Nazoräer, den Gott vor euch beglaubigt hat durch machtvolle Taten ... – ihn, der nach Gottes beschlossenem Willen und Vorauswissen hingegeben wurde, habt ihr durch die Hand von Gesetzlosen ans Kreuz geschlagen und umge-

gebracht. Gott aber hat ihn von den Wehen des Todes befreit und auferweckt" (*Apg* 1,22–24). Der Apostel spricht unmittelbar von der Verantwortung derer, die Christus getötet haben. Er sagt ihnen aber zugleich, daß dieser Tod nach Gottes Heilsplan erfolgt ist. Gott selbst ist letztlich der Handelnde. Darum lautet die zentrale Botschaft des hl. Petrus: „Diesen Jesus hat Gott auferweckt, dafür sind wir alle Zeugen" – und nachdem er selbst „vom Vater den verheißenen Heiligen Geist empfangen hatte, hat er ihn ausgegossen" (*Apg* 2,32–33). Die Sendung des Heiligen Geistes ist die Bestätigung der göttlichen Macht des Auferstandenen. Jesus Christus ist der Herr (vgl. *Röm* 10,9)!
Mit dieser kurzen Betrachtung grüße ich alle heutigen Audienzteilnehmer aus den Ländern deutscher Sprache. Mein besonderer Gruß gilt den anwesenden Behinderten aus der Diözese Trier und aus Stein/Nürnberg. Möge euch die Begegnung mit den Heiligen Stätten in eurem Glauben bestärken und euch neue Kraft und Zuversicht schenken. Ferner grüße ich noch herzlich die Gruppe des Bischöflichen Ordinariates Münster zusammen mit sieben Priestern, die ihr Goldenes Priesterjubiläum feiern. Mit besten Segenswünschen für die hochwürdigen Herrn Jubilare wünsche ich euch allen fruchtbare Studientage in der Ewigen Stadt. Euch und allen anwesenden deutschsprachigen Pilgern erteile ich von Herzen meinen besonderen Apostolischen Segen.

Freude aller Heiligen

Angelus am 12. November

Liebe Schwestern und Brüder!

1. Die Kirche freut sich heute über die Verherrlichung einer ihrer Töchter und eines ihrer Söhne: Agnes von Böhmen und Albert Chmielowski. Sie reihen sich ein in die „große Schar", die uns die Liturgie vor kurzem am Allerheiligenfest zur Betrachtung vorgestellt hat. Vor solch einem erhebenden Bild kommt spontan die Anrufung auf die Lippen: „Herz Jesu, du Freude aller Heiligen, erbarme dich unser!"
Von der Hoffnung zur Erfüllung, von der Sehnsucht zur Verwirklichung, von der Erde zum Himmel. Dies scheint, liebe Schwestern und Brüder, der Rhythmus, nach dem die letzten drei Anrufungen der *Herz-Jesu-Litanei* aufeinanderfolgen. Nach den Anrufungen „Rettung aller, die auf dich hoffen" und „Hoffnung aller, die in dir sterben" endet die *Litanei zum Herzen Jesu* mit dem Ruf „Freude aller Heiligen". Das ist bereits Ausblick in das Himmelreich; es ist unmittelbares Erkennen des Lebens im Himmel; es ist ein kurzes Wort, das unendliche Räume ewiger Seligkeit erschließt.

2. Auf dieser Erde lebt der Jünger Jesu in der Erwartung, sich mit seinem Meister zu vereinen, in dem Wunsch, sein Antlitz zu schauen, und in dem sehnsüchtigen Bestreben, immer mit ihm zu leben. Im Himmel hingegen, wenn die Erwartung erfüllt ist, nimmt er bereits an der Freude seines Herrn teil (vgl. *Mt* 25,21.23); er schaut das Antlitz des Meisters, der nicht nur für einen kurzen Augenblick verwandelt ist (vgl. *Mt* 17,2; *Mk* 9,2;

Lk 9,28), sondern im Glanz seiner ewigen Herrlichkeit erstrahlt (vgl. *Hebr* 1,3); er lebt mit Jesus und hat am Leben Jesu selbst teil.
Das Leben im Himmel ist nichts anderes als der volle, unvergängliche, intensive Genuß der Liebe Gottes des Vaters, des Sohnes und des Heiligen Geistes; es ist nichts anderes als die ganze Offenbarung des innersten Wesens Christi und die volle Teilhabe am Leben und an der Liebe, die aus seinem Herzen strömen. Die Seligen im Himmel sehen jeden Wunsch erfüllt, jede Verheißung bewahrheitet, jede Sehnsucht nach Glück gestillt und jedes Bestreben vollendet.

3. Deshalb ist das Herz Christi die Quelle des Lebens der Heiligen in der Liebe. In Christus und durch Christus werden die Seligen im Himmel vom Vater geliebt, der sie durch das Band des Geistes, der göttlichen Liebe, mit sich vereint; in Christus und durch Christus lieben sie den Vater und die Menschen, ihre Brüder, in der Liebe des Geistes.
Das Herz Christi ist der Lebensraum der Seligen: der Ort, wo sie in der Liebe bleiben (vgl. *Joh* 15,9) und aus ihr ewige, grenzenlose Freude schöpfen.
Der unendliche Durst nach Liebe, der geheimnisvolle Durst, den Gott ins menschliche Herz gesenkt hat, wird im göttlichen Herzen Christi gestillt.
Dort offenbart sich die Fülle der Liebe des Erlösers zu den Menschen, die des Heils bedürfen; des Meisters zu den Jüngern, die nach Wahrheit dürsten; des Freundes, der die Entfernungen zunichte macht und die Diener in den Stand von Freunden erhebt – für immer, in allem. Der innige Wunsch, der sich auf Erden in dem Seufzer ausdrückt: „Komm, Herr Jesus“ (*Offb* 22,20), wird jetzt im Himmel zum Schauen von Angesicht zu Angesicht, zum ruhevollen Besitzen, zur Verschmelzung des Lebens Christi in den Seligen, der Seligen in Christus.
Indem wir den Blick im Geist zu ihnen erheben und sie um Christus mit ihrer Königin, der seligen Jungfrau, geschart, betrachten, wiederholen wir heute mit fester Hoffnung die frohe Anrufung: „Herz Jesu, du Freude aller Heiligen, erbarme dich unser!“

Der Geist bewirkt die innere Umkehr

Ansprache bei der Generalaudienz am 15. November

1. Nach der Wiedergabe der ersten Rede des Petrus vom Pfingsttag berichtet uns der Verfasser der *Apostelgeschichte*, daß die Anwesenden, „als die das hörten, mitten ins Herz getroffen wurden“ (vgl. *Apg* 2,37). Es sind bedeutsame Worte, die das Wirken des Heiligen Geistes in den Herzen derer anzeigen, die von Petrus die erste apostolische Verkündigung hörten, sein Zeugnis vom gekreuzigten und auferstandenen Christus, seine Erklärung der an jenem Tag vorgefallenen außerordentlichen Ereignisse. Besonders die erste öffentliche Darstellung des Ostergeheimnisses berührte den Mittelpunkt der Erwartungen der Menschen des Alten Bundes, als Petrus sagte: „Gott hat ihn zum Herrn und Messias gemacht, diesen Jesus, den ihr gekreuzigt habt“ (*Apg* 2,36).

Die Herabkunft des Heiligen Geistes, die an jenem Tag vor allem in den Apostel gewirkt hatte, wurde jetzt in den Hörern ihrer Botschaft wirksam. Die Worte des Petrus hatten die Herzen erreicht, indem sie sie „der Sünde überführten“ und den Anfang zur inneren Umkehr setzten.

2. Mit reuevollem Herzen „sagten sie zu Petrus und den übrigen Aposteln: Was sollen wir tun, Brüder?“ (*Apg* 2,37). Die Frage: Was sollen wir tun? zeigt die Willensbereitschaft – die gute innere Empfänglichkeit der Zuhörer des Petrus, die, als sie sein Wort hörten, sich dessen bewußt wurden, daß in ihrem Leben ein Wendepunkt eingetreten war. Sie wandten sich an Petrus und die anderen Apostel, weil sie wußten, daß Petrus auch in ihrem Namen gesprochen hatte und sprach und deshalb die Elf, das heißt alle Apostel, Zeugen derselben Wahrheit und Beauftragte derselben Sendung waren. Bedeutsam ist auch die Tatsache, daß sie sie „Brüder“ nannten, indem sie Petrus zustimmten, der seine Rede in brüderlichem Geist gehalten und im letzten Teil die Anwesenden als „Brüder“ angeredet hatte.

3. Derselbe Petrus antwortet jetzt auf die Frage der Anwesenden. Es ist eine sehr einfache Antwort, die man wohl als kurz und bündig bezeichnen kann: „Kehrt um!“ (*Apg* 2,38). Mit dieser Aufforderung hatte Jesus von Nazaret seine messianische Sendung begonnen (vgl. *Mk* 1,15). Jetzt wiederholt Petrus sie am Pfingsttag in der Kraft des Geistes Christi, der auf ihn und die anderen Apostel herabgekommen ist.
Es ist der grundlegende Schritt der vom Heiligen Geist bewirkten Umkehr, wie ich in der Enzyklika *Dominum et vivificantem* unterstrichen habe: „Als ‚Licht der Herzen‘, das heißt der Gewissen, ‚macht er die Sünde offenbar‘, läßt er den Menschen das Böse in ihr erkennen und lenkt ihn zugleich zum Guten hin... Unter dem Einfluß des Trösters vollzieht sich also jene Bekehrung des menschlichen Herzens, die unverzichtbare Bedingung der Sündenvergebung ist“ (Nr. 42).

4. „Kehrt um!“ aus dem Mund des Petrus bedeutet: Geht von der Verweigerung gegenüber Christus zum Glauben an den Auferstandenen über. Die Kreuzigung war der endgültige Ausdruck der Verweigerung gegenüber Christus, besiegelt durch den schändlichen Tod auf Kalvaria. Jetzt ruft der Apostel die, die Jesus gekreuzigt hatten, zum Glauben an den Auferstandenen: „Gott aber hat ihn von den Wehen des Todes befreit und auferweckt“ (*Apg* 2,24). Pfingsten ist die Bekräftigung der Auferstehung Christi. Der Ruf zur Umkehr schließt vor allem den Glauben an Christus, den Erlöser, ein. Die Auferstehung ist tatsächlich die Offenbarung jener göttlichen Macht, die durch den Kreuzestod Christi die Erlösung des Menschen, seine Befreiung von der Sünde, bewirkt.
Wenn der Heilige Geist durch die Worte des Petrus die Zuhörer „der Sünde überführt“, vollbringt er das „kraft der Erlösung, die durch das Blut des Menschensohnes gewirkt worden ist. Darum spricht der Hebräerbrief vom ‚Blut, welches das Gewissen reinigt‘. Es ist also dieses Blut, das dem Heiligen Geist gleichsam den Weg öffnet zum Innersten des Menschen, das heißt zum Heiligtum des menschlichen Gewissens“ (*Dominum et vivificantem*, Nr. 42).

In dieser tiefen und inneren Dimension – so verkündet und bestätigt uns Petrus in seiner Pfingstrede – ist der Heilige Geist kraft der von Christus gewirkten Erlösung am Werk.

5. Petrus beendet seine Botschaft so: „Kehrt um, und jeder von euch lasse sich auf den Namen Jesu Christi taufen zur Vergebung seiner Sünden; dann werdet ihr die Gabe des Heiligen Geistes empfangen" (*Apg* 2,38). Hier hören wir das Echo dessen, was Petrus und die anderen Apostel von Jesus nach der Auferstehung hörten, als er „ihnen die Augen für das Verständnis der Schrift öffnete. Er sagte zu ihnen: So steht es in der Schrift... und in seinem Namen wird man allen Völkern, angefangen in Jerusalem, verkünden, sie sollen umkehren, damit ihre Sünden vergeben werden" (*Lk* 24,45–47).
Treu dem entsprechend, was Christus festgelegt hatte (vgl. *Mk* 16,16; *Mt* 28,19), fordert Petrus nicht nur die „Buße", sondern auch die Taufe im Namen Christi „zur Vergebung der Sünden" (*Apg* 2,38). Tatsächlich wurden die Apostel am Pfingsttag „mit dem Heiligen Geist erfüllt" (vgl. *Apg* 2,4). Indem sie den Glauben an Christus, den Erlöser, weitergeben, rufen sie auf zur Taufe, die das erste Sakrament dieses Glaubens ist. Weil sie die Vergebung der Sünden bewirkt, muß der Glaube in der Taufe seinen besonderen sakramentalen Ausdruck finden, damit der Mensch an dem Geschenk des Heiligen Geistes teilhaben kann.
Das ist sozusagen der übliche Weg der Umkehr und der Gnade. Es ist nicht ausgeschlossen, daß es auch andere Wege gibt, denn „der Wind weht, wo er will" (*Joh* 3,8), und er vollbringt das Heilswerk mit Hilfe der Heiligung des Menschen auch außerhalb des Sakramentes, wenn dieses nicht möglich ist. Es ist das Geheimnis der Begegnung zwischen der göttlichen Gnade und dem Herzen des Menschen. Für jetzt genügt ein kurzer Hinweis, denn wir werden – so Gott will – in den Katechesen über die Taufe darauf zurückkommen.

6. In der Enzyklika *Dominum et vivificantem* habe ich den Sieg über die Sünde erläutert, den der Heilige Geist in bezug auf das Handeln Christi, des Erlösers, bewirkt hat. Ich schrieb dazu: „Das Überführen der Sünde durch den Dienst der apostolischen Verkündigung in der Urkirche wird – unter dem Antrieb des Pfingstgeistes – auf die erlösende Kraft des gekreuzigten und auferstandenen Christus bezogen. So erfüllt sich die auf den Heiligen Geist gerichtete vorösterliche Verheißung: ‚Er nimmt von dem, was mein ist, und wird es euch verkünden.' Wenn darum Petrus während des Pfingstereignisses von der Sünde jener spricht, die ‚nicht geglaubt haben' und die Jesus von Nazaret einem schmachvollen Tod übergeben haben, legt er Zeugnis ab für den Sieg über die Sünde: ein Sieg, der in gewissem Sinne ‚durch' die größte Sünde vollbracht worden ist, die der Mensch begehen konnte: die Tötung Jesu, des Gottessohnes, der dem Vater wesensgleich ist! Ähnlich besiegt der Tod des Sohnes Gottes den Tod des Menschen: ‚Ich werde dein Tod sein, o Tod', wie die Sünde, den Sohn Gottes gekreuzigt zu haben, die menschliche Sünde ‚besiegt'! Jene Sünde, die sich am Karfreitag in Jerusalem ereignete – und auch jede Sünde des Menschen. Der größten Sünde von seiten des Menschen entspricht nämlich im Herzen des Erlösers die Darbietung der höchsten Liebe, die das Böse aller Sünden der Menschen überwindet" (Nr. 31). Der Sieg ist also der der Liebe! Das ist die Wahrheit, die in dem Ruf des Petrus zur Umkehr durch die Taufe enthalten ist.

7. Kraft der siegreichen Liebe Christi wird auch die Kirche im Taufsakrament durch das Wirken des Heiligen Geistes am Pfingsttag geboren, als die ersten Bekehrungen zu Christus erfolgen.
Denn wir lesen, daß die, „die sein Wort annahmen, sich taufen ließen. An diesem Tag wurden (ihrer Gemeinschaft) etwa dreitausend Menschen hinzugefügt" (*Apg* 2,41): sie wurden denen „hinzugefügt", die bereits zuvor „mit dem Heiligen Geist erfüllt" worden waren, den Aposteln. Getauft „mit Wasser und dem Heiligen Geist", werden sie die Gemeinschaft der „Kinder Gottes" (vgl. *Röm* 8,15). Als „Söhne und Töchter durch den Sohn" (vgl. *Eph* 1,5) werden sie „eins" durch das Band einer neuen Brüderlichkeit. Durch das Wirken des Heiligen Geistes werden sie zur Kirche Christi.

8. Dabei ist es notwendig, ein Ereignis am See Gennesaret in bezug auf Simon Petrus in Erinnerung zu rufen. Der Evangelist Lukas erzählt, daß Jesus „zu Simon sagte: Fahr hinaus auf den See! Dort werft eure Netze zum Fang aus! Simon antwortete ihm: Meister, wir haben die ganze Nacht gearbeitet und nichts gefangen. Doch wenn du es sagst, werde ich die Netze auswerfen. Das taten sie, und sie fingen eine so große Menge Fische, daß ihre Netze zu reißen drohten... gemeinsam füllten sie beide Boote bis zum Rand, so daß sie fast untergingen. Als Simon Petrus das sah, fiel er Jesus zu Füßen und sagte: Herr, geh weg von mir; ich bin ein Sünder... Da sagte Jesus zu Simon: Fürchte dich nicht! Von jetzt an wirst du Menschen fangen. Und sie zogen die Boote an Land, ließen alles zurück und folgten ihm nach" (*Lk* 5,4–8.10–11).
Dieses zeichenhafte Geschehen enthielt die Ankündigung des künftigen Sieges über die Sünde durch den Glauben, die Buße und die Taufe, die von Petrus im Namen Christi gepredigt wurde. Diese Ankündigung wird am Pfingsttag Wirklichkeit, als sie durch das Wirken des Heiligen Geistes bekräftigt wird. Petrus der Fischer und seine Gefährten vom See von Gennesaret fanden in dieser Wirklichkeit den österlichen Ausdruck der Vollmacht Christi wieder – und gleichzeitig die Bedeutung ihrer apostolischen Sendung. Sie entdeckten die Wirklichkeit der Ankündigung: „Von jetzt an wirst du Menschen fangen."

In deutscher Sprache sagte der Papst:

Liebe Schwestern und Brüder!

Die kurze Lesung aus der *Apostelgeschichte*, die wir gehört haben, berichtet uns von den Vorgängen und Reaktionen der Menschen am Pfingsttag im Anschluß an die Rede des Petrus in Jerusalem. Petrus stellt darin das österliche Geheimnis als die Erfüllung der alttestamentlichen Verheißungen dar und schließt mit den Worten: „Gott hat ... [Jesus] zum Herrn und Messias gemacht, ... den ihr gekreuzigt habt" (*Apg* 2,36).
Die Herabkunft des Heiligen Geistes auf die Apostel an jenem Tag wirkte auch bereits in den Herzen der Zuhörer, die fragten: „Was sollen wir tun?" (*Apg* 2,37). Aus dieser Frage spricht die gewonnene Erkenntnis, ihr Leben ändern zu müssen. Petrus antwortet ihnen: „Kehrt um, und jeder von euch lasse sich auf den Namen Jesu Christi taufen zur Vergebung seiner Sünden; dann werdet ihr die Gabe des Heiligen Geistes empfangen" (*Apg* 2,38).

Mit dem Ruf „Kehrt um“, begann Jesus einst seine Predigttätigkeit. Denselben Aufruf wiederholt Petrus am Pfingsttag aus der Kraft des Heiligen Geistes, der über ihn und die anderen Apostel gekommen war. Petrus ruft dabei die Menschen auf, Christus nicht zurückzuweisen, sondern ihm, dem Erlöser, im Glauben anzuhangen.
Die Kreuzigung Jesu war der tiefste Ausdruck der Zurückweisung des Messias. „Gott aber hat ihn von den Wehen des Todes befreit und auferweckt“ (*Apg* 2,24), ruft Petrus seinen Zuhörern zu. Die Auferstehung Jesu von den Toten ist so tatsächlich die Offenbarung jener göttlichen Macht, die durch den Kreuzestod Christi die Erlösung des Menschen und seine Befreiung von der Sünde bewirkte.
Der Sieg über Sünde und Tod aber ist schließlich der Sieg der Erlöserliebe Gottes, die uns in der Gestalt, im Leben und Wirken Jesu erschienen ist. Dies ist die Wahrheit, die Petrus in seiner Rede an Pfingsten verkündet und mit welcher er die Menschen zum Glauben einlädt. Wer sich dem Heiligen Geist nicht verschließt, den Anruf Gottes aufnimmt, sich bekehrt und sein Leben im Glauben an Jesus ausrichtet, der wird auch teilhaben am Sieg Christi über Sünde und Tod.
Unser Beten, liebe Schwestern und Brüder, soll daher stets die Bitte um Offenheit für den Heiligen Geist einschließen. Er ist es, der das irrende Herz zur Wahrheit lenkt und uns zu allem Guten antreibt. Mit dieser Einladung zum Gebet um den Heiligen Geist grüße ich herzlich alle anwesenden Pilger und Besucher aus den deutschsprachigen Ländern, besonders die Studiengruppe der Katholischen Akademie Hamburg, und erteile euch für Gottes steten Schutz und Beistand gern meinen besonderen Apostolischen Segen.

Dialog und Versöhnung miteinander

Angelus am 19. November

Seit mehreren Tagen verfolgt die gesamte Welt mit tiefer Besorgnis die tragischen Ereignisse, die das mittelamerikanische Land El Salvador erschüttern durch Hunderte von Toten und Tausende Verletzte – viele von ihnen sind unschuldige Frauen und Kinder. Auch sechs Patres der Gesellschaft Jesu wurden am Sitz ihrer Universität, dem Ort, wo sie ihre Tätigkeit ausübten, barbarisch ermordet.
Die Nachrichten, die von dort kommen, bestätigen, daß der Bruderkrieg mit unerbittlicher Gewalt weitergeht und die Zahl der Opfer von Tag zu Tag zunimmt.
Es ist unmöglich, angesichts so vielen ungerechten Blutvergießens, so vieler Menschenopfer, der Trauer ihrer Familien und des Leidens eines ganzen erschöpften und wehrlosen Volkes gefühllos zu bleiben.
Durch eine persönliche Botschaft an den Erzbischof von San Salvador vom vergangenen Donnerstag appellierte ich an das Verantwortungsbewußtsein aller, damit die blutigen Auseinandersetzungen beendet und der Weg des Dialogs im Hinblick auf eine volle nationale Versöhnung wiederaufgenommen werden.
Heute wiederhole ich diesen dringenden Aufruf an alle beteiligten Parteien, damit in diesem geliebten Land wieder eine Atmosphäre der Eintracht hergestellt werde und sich

neue Entwicklungsmöglichkeiten nicht nur für El Salvador, sondern auch für ganz Mittelamerika eröffnen mögen.
Die Kirche in Italien feiert heute den Tag des ausländischen Mitbürgers.
Dies ist ein Anlaß zum Gebet und Nachdenken für alle, die noch die mühevolle Lebenserfahrung des Gastarbeiters machen.
Es ist notwendig, mit offenem Herzen auf die ausländischen Mitbürger zu blicken und sich immer mehr der Pflicht zur Aufnahme, Solidarität und Zusammenarbeit bewußt zu werden.
Die ausländischen Mitbürger sind Träger sozialer und kultureller Entwicklungsprozesse, die einschneidende Auswirkungen auf die Zukunft haben. Sie verdienen deshalb, mit wachem Verständnis und der vom Evangelium gelehrten Nächstenliebe betrachtet zu werden.
Übermorgen, am Fest der Darstellung Marias im Tempel, feiern wir den Tag „pro Claustrali". Ich lade euch jetzt schon ein, euch im Gebet mit allen Christen für unsere Schwestern, die in Klausur leben, zu vereinen.
Die Bedeutung des kontemplativen Lebens für das geistliche Wohl der gesamten Kirche und der ganzen Menschheit darf nicht verloren gehen. Unterstützen wir mit brüderlichem, solidarischem Einsatz diese Seelen, die sich dem ständigen Lob Gottes und der Fürbitte für alle Menschen geweiht haben.
In all diesen Anliegen wenden wir uns jetzt an Maria, die Mutter der Kirche, und beten den „Engel des Herrn".

Das Reich Christi und des Geistes

Ansprache bei der Generalaudienz am 22. November

1. Wie wir im weiteren Verlauf der pneumatologischen Katechesen gesehen haben, offenbart sich der Heilige Geist am Pfingsttag in seinem Heilswirken. Er zeigt sich als „ein anderer Beistand" (vgl. *Joh* 14,16), der „vom Vater ausgeht" (*Joh* 15,26) und den „der Vater im Namen des Sohnes sendet" (vgl. *Joh* 14,26). Er offenbart sich als „Einer", der sich vom Vater und vom Sohn unterscheidet, aber zugleich eines Wesens mit ihnen ist. Er offenbart sich durch den Sohn, auch wenn er unsichtbar bleibt. Er zeigt sich durch seine Macht mit einer eigenen Wirksamkeit, die von der des Sohnes verschieden, aber mit diesem gleichzeitig eng verbunden ist. Der Heilige Geist ist gemäß der Ankündigung Christi am Tag vor seinem Leiden so beschaffen: „Er wird mich verherrlichen; denn er wird von dem, was mein ist, nehmen und es euch verkünden" (*Joh* 16,14); „er wird nicht aus sich selbst heraus reden, sondern er wird sagen, was er hört, und euch verkünden, was kommen wird" (*Joh* 16,13).
Der Paraklet, der Beistand, tritt nicht an Christi Stelle, sondern kommt nach ihm kraft seines Erlösungsopfers. Er kommt, damit Christus in seiner Kirche bleiben und in ihr als Erlöser und Herr wirken kann.

2. In der Enzyklika *Dominum et vivificantem* habe ich geschrieben: „Zwischen dem Heiligen Geist und Christus besteht also in der Heilsordnung eine innere Verbindung, durch die der Geist in der Geschichte des Menschen als ‚ein anderer Beistand' wirkt, indem er Weitergabe und Ausbreitung der von Jesus von Nazaret offenbarten Frohen Botschaft auf Dauer sicherstellt. Im Heiligen Geist als ... [Beistand], der im Geheimnis und im Wirken der Kirche die geschichtliche Gegenwart des Erlösers auf Erden und sein Heilswerk unaufhörlich fortsetzt, strahlt deshalb die Herrlichkeit Christi auf, wie die anschließenden Worte bei Johannes bezeugen: ‚Er (der Geist der Wahrheit) wird mich verherrlichen; denn er wird von dem, was mein ist, nehmen und es euch verkünden' (*Joh* 16,14)" (Nr. 7).

3. Die in dieser Verheißung Jesu enthaltene Wahrheit wird am Pfingsttag offenbar: der Heilige Geist „enthüllt" das Geheimnis Christi, seine messianische und heilbringende Sendung in voller Weise. Die Urkirche ist sich dessen bewußt, wie aus dem ersten Kerygma des Petrus und vielen nachfolgenden, in der *Apostelgeschichte* aufgezeichneten Begebenheiten zu entnehmen ist.
Bezeichnend ist am Pfingsttag die Tatsache, daß Petrus in seiner Antwort auf die Frage seiner Zuhörer: „Was sollen wir tun?", diese auffordert: „Kehrt um, und jeder von euch lasse sich auf den Namen Jesu Christi taufen" (*Apg* 2,38). Man weiß, daß Jesus, als er die Apostel in alle Welt sandte, ihnen befohlen hatte, zu taufen „auf den Namen des Vaters und des Sohnes und des Heiligen Geistes" (*Mt* 28,19). Petrus folgt treu diesen Worten des Meisters mit dem Ergebnis, daß bei dieser Gelegenheit „etwa dreitausend Menschen" (*Apg* 2,41) „auf den Namen Jesu Christi" (*Apg* 2,38) getauft werden. Diese Formel „auf den Namen Jesu Christi" ist der Schlüssel, um im Glauben in die Fülle des dreifaltigen Geheimnisses einzutreten und Besitztum Christi zu werden als ihm geweihte Personen. In diesem Sinn spricht die *Apostelgeschichte* davon, den Namen Jesu anzurufen, um gerettet zu werden (vgl. 2,12; 3,16; 4,10–12; 8,16; 10,48; 19,5; 22,16), und der heilige Paulus besteht in seinen Briefen auf demselben Anspruch der Heilsordnung (vgl. *Röm* 6,3; *1 Kor* 6,11; *Gal* 3,27; vgl. auch *Jak* 2,7). Die Taufe „im Heiligen Geist", gespendet „auf den Namen Christi", verwirklicht das dreifaltige Geschenk, das Jesus selbst beim letzten Abendmahl verhieß, als er zu den Aposteln sagte: „Der Geist der Wahrheit ... wird mich verherrlichen; denn er wird von dem, was mein ist, nehmen und es euch verkünden" (*Joh* 16,13–14).

4. Auch in allen nach Pfingsten unter der Einwirkung des Heiligen Geistes vollbrachten Tagen beziehen sich die Apostel auf Christus als den Grund, das Prinzip und die Wirkmacht. So sagt Petrus bei der Heilung des Gelähmten am „Tor des Tempels, das man die Schöne Pforte nennt" (*Apg* 3,2) zu ihm: „Silber und Gold besitze ich nicht. Doch was ich habe, das gebe ich dir: Im Namen Jesu Christi, des Nazoräers, geh umher!" (*Apg* 3,6). Dieses Zeichen zieht unter dem Tor viele Menschen an, und Petrus spricht zu ihnen wie am Pfingsttag über Christus, den Gekreuzigten, den „Gott von den Toten auferweckt hat. Dafür sind wir Zeugen" (*Apg* 3,15). Der Glaube an Christus hat den Gelähmten geheilt: „Weil er an seinen Namen geglaubt hat, hat dieser Name den Mann hier, den ihr seht und

kennt, zu Kräften gebracht; der Glaube, der durch ihn kommt, hat ihm vor euer aller Augen die volle Gesundheit geschenkt" (*Apg* 3,16).

5. Als die Apostel zum ersten Mal vor den Hohen Rat geführt wurden, gab „Petrus, erfüllt vom Heiligen Geist", in Anwesenheit „der Führer des Volkes und der Ältesten" (vgl. *Apg* 4,8) wieder Zeugnis von Christus, dem Gekreuzigten und Auferstandenen, und er beendete seine Antwort an die Hohenpriester wie folgt: „Und in keinem anderen ist das Heil zu finden. Denn es ist uns Menschen kein anderer Name unter dem Himmel gegeben, durch den wir gerettet werden sollen" (*Apg* 4,12). Nach ihrer Freilassung – so erzählt der Verfasser der Apostelgeschichte – „gingen sie zu den Ihren" und „erhoben einmütig ihre Stimme zu Gott" (vgl. *Apg* 4,23–30). Danach ereignete sich eine Art zweites Pfingsten: „Als sie gebetet hatten, bebte der Ort, an dem sie versammelt waren, und alle wurden mit dem Heiligen Geist erfüllt, und sie verkündeten freimütig das Wort Gottes" (*Apg* 4,31). Und auch später, in der ersten Christengemeinde und vor dem Volk „legten die Apostel mit großer Kraft Zeugnis ab von der Auferstehung Jesu, des Herrn, und reiche Gnade ruhte auf ihnen allen" (*Apg* 4,33).
Eine besondere Erscheinung dieses unerschrockenen Zeugnisses für Christus ist der Diakon Stephanus, der erste Märtyrer, von dem wir im Bericht über seinen Tod lesen: „Er aber, erfüllt vom Heiligen Geist, blickte zum Himmel empor, sah die Herrlichkeit Gottes und Jesus zur Rechten Gottes stehen und rief: Ich sehe den Himmel offen und den Menschensohn zur Rechten Gottes stehen. Da erhoben sie ein lautes Geschrei, hielten sich die Ohren zu, stürmten gemeinsam auf ihn los" (*Apg* 7,55–57).

6. Aus diesen und anderen Berichten der *Apostelgeschichte* geht klar hervor, daß die von den Aposteln unter der Einwirkung des Heiligen Geistes erteilte Lehre ihren Bezugspunkt, ihren Eckstein in Christus hat. Der Heilige Geist befähigt die Apostel und ihre Jünger, in die von Christus verkündete Wahrheit des Evangeliums und insbesondere in sein Ostergeheimnis einzudringen. Er entfacht in ihnen die Liebe zu Christus bis zur Hingabe ihres Lebens. Er bewirkt, daß die Kirche von Anfang an das von Christus begonnene Reich verwirklicht. Und dieses Reich wird sich unter der Einwirkung des Heiligen Geistes und der Mitarbeit der Apostel, ihrer Nachfolger und der gesamten Kirche in der Geschichte bis zum Ende der Zeiten entfalten. Weder in den Evangelien noch in der Apostelgeschichte und den Apostelbriefen gibt es die Spur irgendeines pneumatologischen Utopismus, aufgrund dessen dem Reich des Vaters (Altes Testament) und dem von Christus (Neues Testament) ein Reich des Heiligen Geistes folgen müßte, das aus „spiritualistischen" Tendenzen bestünde, die frei wären von jedem Gesetz, auch von dem des Evangeliums, das Jesus gepredigt hat. Der *heilige Thomas von Aquin* schreibt: „Das alte Gesetz war nicht nur das des Vaters, sondern auch das des Sohnes, denn das alte Gesetz wies auf Christus hin ... So ist auch das neue Gesetz nicht nur das Gesetz Christi, sondern auch das des Heiligen Geistes, gemäß den Worten des *Römerbriefes* (8,2): ‚das Gesetz des Geistes und des Lebens in Christus Jesus'. Deshalb ist kein anderes Gesetz zu erwarten, das des Heiligen Geistes wäre" (I-II, q.106, a.4, ad 3). Im Mittelalter gab es einige, die aufgrund von apokalyptischen Spekulationen des frommen Mönches Joachim von Fiore (gest. 1202) aus Kalabrien die Ankunft eines

„dritten Reiches" erträumten und verhießen, in dem sich die universale Erneuerung ereignen sollte als Vorbereitung auf das von Jesus vorhergesagte Ende der Welt (vgl. *Mt* 24,14). Aber der *heilige Thomas* bemerkt noch, daß, „weil Christus vom Beginn der Verkündigung des Evangeliums an gesagt hat: ‚Das Himmelreich ist nahe' (*Mt* 4,17), es äußerst töricht ist zu behaupten, das Evangelium Christi sei nicht das Evangelium des Reiches" (I-II, q.106, a.4, ad 4). Es ist einer der seltenen Fälle, in denen der heilige Lehrer strenge Worte gebraucht und eine falsche Meinung verurteilt hat, denn im 13. Jahrhundert gab es eine rege Polemik, die durch die Spekulationen der „Spiritualisten" hervorgerufen worden war, die die Lehre des Mönches Joachim mißbrauchten; er nahm andererseits die schwere Gefahr der Unabhängigkeits- und Erneuerungsansprüche wahr, die auf der Anmaßung der „Charismen" beruhte zum Schaden der Sache des Evangeliums und des wahren „Gottesreiches". Aus diesem Grund erinnerte er an die Notwendigkeit, „das Evangelium in der ganzen Welt mit vollem Erfolg zu verkünden, das heißt so, daß in jedem Volk die Kirche gegründet wird. In diesem Sinn ist das Evangelium noch nicht in der ganzen Welt verkündet worden; doch wenn dies geschehen ist, wird das Ende der Welt kommen" (I-II, q.106, a.4, ad 4).
So dachte die Kirche von Anfang an aufgrund des Kerygmas des Petrus und der anderen Apostel, in dem nicht einmal der Schatten einer Dichotomie zwischen Christus und dem Heiligen Geist ist, sondern die Bekräftigung dessen, was Jesus beim letzten Abendmahl vom göttlichen Beistand gesagt hatte: „Er wird nicht aus sich selbst heraus reden, sondern er wird sagen, was er hört, und euch verkünden, was kommen wird. Er wird mich verherrlichen; denn er wird von dem, was mein ist, nehmen und es euch verkünden" (*Joh* 16,13–14).

7. An diesem Punkt können wir nicht umhin, uns über den ausgedehnten Raum zu freuen, den die Theologie unserer Brüder des Ostens der Betrachtung über das Verhältnis zwischen Christus und dem Heiligen Geist gibt, ein Verhältnis, das seinen tiefsten Ausdruck im Pneuma Christi nach der Auferstehung und Pfingsten findet, auf der Linie des heiligen Paulus, der vom „Letzten Adam" sprach, der „lebendigmachender Geist" wurde (*1 Kor* 15,45). Es ist ein Feld, das dem Studium und der Betrachtung des christologischen und zugleich trinitarischen Geheimnisses offensteht. In der Enzyklika *Dominum et vivificantem* heißt es: „Die höchste und vollständige Selbstoffenbarung Gottes, wie sie sich in Christus ereignet hat und durch die Predigt der Apostel bezeugt wurde, tut sich weiterhin in der Kirche kund durch die Sendung des unsichtbaren Beistandes, des Geistes der Wahrheit. Wie innig diese Sendung mit der Sendung Christi verbunden ist, wie vollkommen sie aus dieser seiner Sendung schöpft, wenn sie seine Heilsfrüchte im Ablauf der Geschichte kräftigt und fördert, ist durch das Wort ‚nehmen' ausgedrückt: ‚Er wird von dem, was mein ist, nehmen und es euch verkünden.' Um das Wort ‚nehmen' gleichsam zu erklären, indem er die göttliche und dreifaltige Einheit der Quelle deutlich hervorhebt, fügt Jesus hinzu: ‚Alles, was der Vater hat, ist mein; darum habe ich gesagt: Er nimmt von dem, was mein ist, und wird es euch verkünden.' (*Joh* 16,15) Indem er von dem ‚Meinen' nimmt, schöpft er zugleich aus dem, ‚was der Vater hat' " (Nr. 7).

Geben wir ehrlich zu: dieses Geheimnis der dreifaltigen Gegenwart in der Menschheit durch das Reich Christi und des Geistes ist die schönste und erfreulichste Wahrheit, die die Kirche der Welt schenken kann.

In deutscher Sprache sagte der Papst:

Liebe Schwestern und Brüder!

Im Verlauf der vorausgegangenen Katechesen haben wir gesehen, daß der Heilige Geist sich am Pfingsttag in seinem Heilswirken offenbart. Als göttlicher Beistand tritt er nicht einfach an die Stelle von Christus, er kommt nach ihm kraft des Erlösungsopfers. Er kommt, damit Christus in seiner Kirche bleiben und in ihr als Erlöser und Herr wirken kann.

Am Pfingstfest ist die Tatsache bezeichnend, daß Petrus auf die Frage seiner Zuhörer antwortet: „Kehrt um, und jeder von euch lasse sich auf den Namen Jesu Christi taufen" (*Apg* 2,38). Bei der Aussendung der Apostel vor der Himmelfahrt hatte Christus ihnen den Auftrag gegeben, „auf den Namen des Vaters und des Sohnes und des Heiligen Geistes" (*Mt* 28,19) zu taufen.

Aus diesen und anderen Stellen in der *Apostelgeschichte* wird deutlich, daß die Lehre, die den Aposteln durch die Eingebung des Heiligen Geistes aufgetragen ist, ihren Bezugspunkt in Christus hat. Der Heilige Geist befähigt die Apostel und ihre Jünger, in die Wahrheit des von Christus verkündeten Evangeliums einzudringen, in besonderer Weise in sein Ostergeheimnis. Er entfacht in ihnen die Liebe zu Christus bis hin zur Hingabe ihres Lebens.

Das Geheimnis der Dreifaltigkeit, die in der Menschheit gegenwärtig ist durch das Reich Christi und des Heiligen Geistes, ist die schönste Wahrheit, die die Kirche der Welt verkünden kann.

Mit dieser kurzen Betrachtung grüße ich herzlich alle anwesenden Pilger und Besucher aus den deutschsprachigen Ländern und erteile euch und euren lieben Angehörigen in der Heimat sowie den mit uns über Radio Vatikan verbundenen Hörerinnen und Hörern meinen Apostolischen Segen.

Gern benutze ich diese Gelegenheit, um den Teilnehmern und allen interessierten Zuschauern dieser Sendung über den Vatikan beste Grüße zu übermitteln. Mit besonderer Freude erinnere ich mich meiner beiden Pastoralbesuche in Ihrem Land und an das kürzliche sehr fruchtbare Gespräch mit meinen Mitbrüdern in der Deutschen Bischofskonferenz hier in Rom. Eine bessere gegenseitige Kenntnis ermöglicht ein tieferes gegenseitiges Verstehen und – wo erwünscht oder notwendig – eine noch wirksamere Zusammenarbeit. Möge in diesem Sinn auch die heutige Sendung dazu beitragen und die freundschaftlichen Beziehungen zwischen Ihrem Land und dem Heiligen Stuhl weiter festigen. Von Herzen wünsche ich Ihnen und Ihren Familien eine gesegnete Advents- und Weihnachtszeit.

Christus ist alles unterworfen

Angelus am 26. November

Liebe Schwestern und Brüder!

1. An diesem letzten Sonntag des liturgischen Jahres stellt die Kirche uns die Person und das Geheimnis Jesu Christi, des Königs der Welt, zur Betrachtung vor. Dieses von Papst Pius XI. eingeführte Fest hilft uns, die zentrale Stellung Christi tiefer zu erfassen; ihm ist alles unterworfen, damit er seinerseits es dem Vater unterwirft, so daß Gott herrscht über alles und in allem (vgl. *1 Kor* 15,27–28). Es ist wahr, Christus entzog sich während seines Lebens auf Erden der Absicht des Volkes, das ihn nach der wunderbaren Brotvermehrung zum „König“ machen wollte (vgl. *Joh* 6,1–15). Er aber handelte so, daß er die falsche Meinung derer richtigstellte, die in ihm nur einen politischen und weltlichen Befreier sahen.
Das Königtum Christi übersteigt die rein irdische Dimension und gründet nicht auf der Logik der Macht, sondern auf der des Opfers. Denn durch die Erhöhung am Kreuz, gefolgt von der Erhöhung durch die Auferstehung und Verherrlichung zur Rechten des Vaters, erweist Jesus sich als König des Universums und Erlöser der Welt. Er zeigt seine Königsmacht gerade am Kreuzesstamm: „Und ich, wenn ich über die Erde erhöht bin, werde alle zu mir ziehen“ (*Joh* 12,32).

2. Auf die Frage des Statthalters Pilatus: „Also bist du doch ein König?“, antwortet Jesus in diesem Sinn: „Ich bin ein König. Ich bin dazu geboren und dazu in die Welt gekommen“, aber „mein Königtum ist nicht von dieser Welt“, „mein Königtum ist nicht von hier“ (vgl. *Joh* 18,36–37).
Jesus stellt also klar, daß seine Königsherrschaft nicht der menschlichen politischen Ordnung angehört und nicht „von unten“, sondern „von oben“ kommt (*Joh* 8,23). Aber wenn auch sein Reich nicht weltlicher Natur ist, so ist es doch nicht außerhalb der Welt und von den Geschicken der Welt entfernt. Deshalb offenbart Jesus auch den Zweck seines Königtums: „Ich bin ... in die Welt gekommen, daß ich für die Wahrheit Zeugnis ablege“ (*Joh* 18,37). Als König kommt er, um Verkünder der Liebe Gottes, Mittler des Neuen Bundes und Erlöser des Menschen zu sein. Das von Jesus errichtete Reich wirkt in seiner inneren Dynamik als Sauerteig und Heilszeichen, um eine gerechtere, brüderlichere und solidarischere Welt zu bauen, inspiriert von den evangelischen Werten der Hoffnung und der künftigen Seligkeit, zu der wir alle berufen sind. Deshalb spricht man in der *Präfation der heutigen Eucharistiefeier* von Jesus, der dem Vater ein „Reich der Wahrheit und des Lebens, der Heiligkeit und der Gnade, der Gerechtigkeit, der Liebe und des Friedens“ dargebracht hat.

3. Die Meditation über Jesus Christus, König der Welt, lehrt uns, daß wir mit solidarischem und verantwortlichem Geist am Aufbau der irdischen Stadt mitwirken sollen, geführt von dem, den die Offenbarung „König der Könige und Herr der Herren“ nennt (*Offb* 19,16), der aber weniger herrscht, sondern seiner Herde dient und sie rettet. Die

heilige Jungfrau, die vor 25 Jahren, am 21. November 1964, von Paul VI. zur „Mutter der Kirche“, das heißt des ganzen Volkes Gottes, proklamiert wurde, stehe uns in unserem Bemühen bei, die Herrschaft ihres Sohnes Jesus in unserem Herzen anzunehmen.

Erstarken in brüderlicher Liebe

Ansprache bei der Generalaudienz am 29. November

1. Das Kommen des Heiligen Geistes am Pfingsttag ist ein einmaliges Ereignis, das sich jedoch nicht in sich selbst erschöpft. Es ist hingegen der Beginn eines fortlaufenden Prozesses, von dem nur die ersten Phasen in der *Apostelgeschichte* aufgezeichnet sind. Sie betreffen vor allem das Leben der Kirche in Jerusalem, wo die Apostel, nachdem sie für Christus und den Geist Zeugnis abgelegt und die ersten Bekehrungen erreicht hatten, vor dem Hohen Rat das Daseinsrecht der ersten Gemeinschaft der Apostel und Jünger Christi verteidigen mußten. Die *Apostelgeschichte* sagt uns, daß die Apostel auch vor den Ältesten von derselben am Pfingsttag erhaltenen Kraft unterstützt wurden: sie waren „erfüllt vom Heiligen Geist“ (vgl. z. B. *Apg* 4,8).
Diese Kraft des Geistes erweist sich als wirksam in einigen Augenblicken und Aspekten des Lebens der Jerusalemer Gemeinschaft, die die *Apostelgeschichte* besonders hervorhebt.

2. Wir fassen sie kurz zusammen und beginnen beim einmütigen Gebet, zu dem die Gemeinschaft sich versammelt, als die Apostel nach ihrer Rückkehr vom Hohen Rat den „Ihren“ berichten, was sie den Hohenpriestern und den Ältesten gesagt hatten. „Sie erhoben einmütig ihre Stimme zu Gott ...“ (*Apg* 4,24). In dem schönen von Lukas zitierten Gebet erkennen die Betenden in der Verfolgung den göttlichen Plan; sie erinnern sich daran, wie Gott „durch den Heiligen Geist“ gesprochen hat (4,25), und sie wiederholen die Worte des *Psalms* 2 (V.1–2) über die Feindseligkeiten, die von den Königen und Völkern der Erde „gegen den Herrn und seinen Gesalbten“ entfesselt worden waren, und wenden sie auf den Tod Jesu an: „Wahrhaftig, verbündet haben sich in dieser Stadt gegen deinen heiligen Knecht Jesus, den du gesalbt hast, Herodes und Pontius Pilatus mit den Heiden und den Stämmen Israels, um alles auszuführen, was deine Hand und dein Wille im voraus bestimmt haben. Doch jetzt, Herr, sieh auf ihre Drohungen und gib deinen Knechten die Kraft, mit allem Freimut dein Wort zu verkünden“ (*Apg* 4,27–29). Es ist ein Gebet voll des Glaubens und Vertrauens auf Gott, an dessen Ende der Heilige Geist sich wieder manifestiert, beinahe in einem neuen Pfingstereignis.

3. „Als sie gebetet hatten, bebte der Ort, an dem sie versammelt waren“ (*Apg* 4,31). Es ereignet sich also eine neue, spürbare Offenbarung der Macht des Heiligen Geistes, wie es erstmals am Pfingsttag geschehen war. Auch der Hinweis auf den Ort, an dem die Gemeinschaft versammelt war, bekräftigt die Analogie zum Abendmahlssaal und bedeutet, daß der Heilige Geist die ganze Gemeinschaft in sein umwandelndes Wirken miteinbezie-

hen will. Damals wurden alle „erfüllt vom Heiligen Geist", nicht nur die Apostel, die vor die Führer des Volkes gestellt worden waren, sondern auch die „Ihren" (4,23), die mit denen versammelt sind, die den zentralen und repräsentativen Kern der Urgemeinde bilden. Mit frischer Begeisterung, hervorgerufen durch die neue „Fülle" des Heiligen Geistes, so berichtet die *Apostelgeschichte*, „verkündeten sie freimütig das Wort Gottes" (*Apg* 4,31). Es war die Erhörung der Bitte, die sie an den Herrn gerichtet hatten: „Gib deinen Knechten die Kraft, mit allem Freimut dein Wort zu verkünden" (*Apg* 4,29).
Das „kleine" Pfingsten setzt deshalb einen neuen Anfang für die Evangelisierungssendung nach der Verurteilung und Inhaftierung der Apostel durch den Hohen Rat. Die Kraft des Heiligen Geistes zeigt sich besonders in dem Freimut, den die Mitglieder des Hohen Rates bereits bei Petrus und Johannes nicht ohne Verwunderung bemerkt hatten, weil es „ungelehrte und einfache Leute waren" und sie „sie als Jünger Jesu erkannten" (vgl. *Apg* 4,13). Jetzt unterstreicht die *Apostelgeschichte* von neuem, daß sie, „mit dem Heiligen Geist erfüllt, freimütig das Wort Gottes verkündeten" (vgl. *Apg* 4,13).

4. Auch das ganze Leben der Urgemeinde von Jerusalem ist vom Heiligen Geist gekennzeichnet, der ihr unsichtbarer Führer und ihre Treibkraft ist. Die Gesamtschau, die Lukas davon gibt, erlaubt uns, in dieser Gemeinde beinahe den Typus der christlichen Gemeinschaften zu sehen, die sich im Laufe der Jahrhunderte gebildet haben, angefangen von der Pfarrei bis zu den religiösen Orden, in denen die Frucht der „Fülle des Heiligen Geistes" konkrete Gestalt annimmt in einigen grundlegenden Formen der Organisation, die teilweise im Kirchenrecht selbst verankert sind.
In der Hauptsache sind es folgende: die Gemeinschaft (koinonia) in Brüderlichkeit und Liebe (vgl. *Apg* 2,42), so daß man von jenen Christen sagen konnte, daß sie „ein Herz und eine Seele" waren (*Apg* 4,32); der Gemeinschaftsgeist, als sie ihre Güter den Aposteln überließen zur Verteilung an jeden einzelnen entsprechend seinen Bedürfnissen (vgl. *Apg* 4,34–37), oder zu ihrem Gebrauch, wenn der Besitz erhalten blieb, so daß „keiner etwas von dem, was er hatte, sein Eigentum nannte" (*Apg* 4,32; vgl. 2,44–45; 4,34–37); die Gemeinschaft im Festhalten an der Lehre der Apostel (vgl. *Apg* 2,42) und ihr „Zeugnis von der Auferstehung Jesu, des Herrn" (*Apg* 4,33); die Gemeinschaft im „Brechen des Brotes" (*Apg* 2,42), das heißt im gemeinsamen Mahl nach jüdischem Brauch, in den sich aber für die Christen der Ritus der Eucharistie einfügte (vgl. *1 Kor* 10,16; 11,24; *Lk* 22,19; 24,35); die Gemeinschaft im Gebet (vgl. *Apg* 2,42.46–47). Das Wort Gottes, die Eucharistie, das Gebet, die brüderliche Liebe waren also der viereckige Rahmen, in dem die Gemeinde lebte, wuchs und erstarkte.

5. Die Apostel ihrerseits „legten mit großer Kraft Zeugnis ab von der Auferstehung Jesu, des Herrn" (4,33), und vollbrachten „viele Zeichen und Wunder" (*ebd.* 5,12), worum sie im Abendmahlssaal gebetet hatten: „Streck deine Hand aus, damit Heilungen und Zeichen und Wunder geschehen durch den Namen deines heiligen Knechtes Jesus" (*Apg* 4,30). Es waren Zeichen der Gegenwart und des Wirkens des Heiligen Geistes, auf den sich das ganze Leben der Gemeinschaft bezog. Auch die Schuld von Hananias und Saphira, die vorgaben, den Aposteln und der Gemeinde den gesamten Erlös eines ver-

kauften Grundstückes zu bringen, während sie aber einen Teil zurückbehalten hatten, wird von Petrus als ein Vergehen gegenüber dem Heiligen Geist betrachtet: „Du belügst den Heiligen Geist“ (5,3); „warum seid ihr übereingekommen, den Geist des Herrn auf die Probe zu stellen?“ (*Apg* 5,9). Es handelte sich nicht um eine „Sünde wider den Heiligen Geist“ in dem Sinn, in dem das Evangelium (vgl. *Lk* 12,10) davon spricht und der auch in die Texte der Morallehre und Katechese der Kirche eingegangen wäre. Es handelte sich vielmehr um ein nachlassendes Bemühen, „die Einheit des Geistes zu wahren durch den Frieden, der euch zusammenhält“, wie der heilige Paulus schreibt (*Eph* 4,3): es ist also eine Vortäuschung des Bekenntnisses jener christlichen Gemeinschaft in der Liebe, deren Seele der Heilige Geist ist!

6. Das Bewußtsein von der Gegenwart und Wirksamkeit des Heiligen Geistes ist auch bei der Wahl der sieben Diakone zu finden, der Männer „voll Geist und Weisheit“ (*Apg* 6,3) und besonders des Stephanus, eines Mannes, „erfüllt vom Glauben und vom Heiligen Geist“ (*Apg* 6,5), der frühzeitig Jesus Christus mit Leidenschaft, Begeisterung und Kraft verkündete und „Wunder und große Zeichen unter dem Volk“ vollbrachte (*Apg* 6,8). Er weckte den Zorn und die Eifersucht unter einem Teil der Juden, die sich gegen ihn erhoben; Stephanus hörte nicht auf zu predigen und zögerte nicht, jene Gegner anzuklagen, sie seien die Erben ihrer Väter, weil sie sich „dem Heiligen Geist widersetzten“ (*Apg* 7,51); er ging gelassen dem Märtyrertod entgegen, wie die *Apostelgeschichte* berichtet: Stephanus, „erfüllt vom Heiligen Geist, blickte zum Himmel empor, sah die Herrlichkeit Gottes und Jesus zur Rechten Gottes stehen“ (*Apg* 7,55), und in dieser Haltung wurde er gesteinigt.
So machte die Urkirche unter dem Wirken des Heiligen Geistes neben der Erfahrung der Gemeinschaft auch die des Martyriums.

7. Die Gemeinde von Jerusalem bestand aus Männern und Frauen, die aus dem Judentum stammten, wie die Apostel und Maria selbst. Wir können diese Tatsache nicht außer acht lassen, auch wenn diese Judenchristen, die um Jakobus versammelt waren, als Petrus nach Rom ging, sich zerstreuten und nach und nach verschwanden. Trotzdem, das, was wir aus der *Apostelgeschichte* erfahren, muß uns Achtung und auch Dankbarkeit einflößen gegenüber diesen unseren fernen „älteren Brüdern“, weil sie zu dem Jerusalemer Volk gehörten, bei dem die Apostel „beliebt“ waren (vgl. *Apg* 2,47), die „Zeugnis ablegten von der Auferstehung Jesu, des Herrn“ (*Apg* 4,33). Wir können auch nicht vergessen, daß die Kirche, die sich aus jener ersten Gemeinde entwickelt hatte, nach der Steinigung des Stephanus und der Bekehrung des Paulus „in ganz Judäa, Galiläa und Samarien nun Frieden hatte; sie wurde gefestigt und lebte in der Furcht vor dem Herrn. Und sie wuchs durch die Hilfe des Heiligen Geistes“ (*Apg* 9,31).
So bezeugen uns die ersten Kapitel der *Apostelgeschichte*, daß die Verheißung, die Jesus den Aposteln im Abendmahlssaal vor seinem Leiden machte, sich erfüllt hatte: „Und ich werde den Vater bitten, und er wird euch einen anderen Beistand geben, der für immer bei euch bleiben soll. Es ist der Geist der Wahrheit“ (*Joh* 14,16–17). Wie wir seinerzeit gesehen haben, bedeutet „Beistand“ – auf griechisch „Paráklätos“ – auch Beschützer

oder „Verteidiger". Sei es als Beschützer oder Verteidiger, sei es als Beistand, der Heilige Geist ist in der Kirche gegenwärtig und wirksam seit den Anfängen ihres Entstehens aus dem Judentum. Wir werden sehen, daß derselbe Geist die Apostel und ihre Mitarbeiter bald dazu führt, Pfingsten auf alle Völker auszudehnen.

In deutscher Sprache sagte der Papst:

Liebe Brüder und Schwestern!

Das Kommen des Heiligen Geistes beschränkt sich nicht nur auf das Pfingstfest in Jerusalem. Sein Kommen ist fortan in der Kirche ein sich ständig wiederholendes Ereignis. In der Kraft des Heiligen Geistes verkünden die Apostel und die Glaubensboten aller Zeiten die Frohe Botschaft Christi, aus ihr lebt und wirkt die Kirche bis zum Ende.
Diese Kraft des göttlichen Geistes zeigt sich schon in der ersten christlichen Gemeinde in Jerusalem. „Als sie gebetet hatten", so berichtet uns die *Apostelgeschichte* von den ersten Christen, „bebte der Ort, an dem sie versammelt waren, und alle wurden mit dem Heiligen Geist erfüllt, und sie verkündeten freimütig das Wort Gottes" (*Apg* 4,31). Es ereignet sich in ihrer Mitte gleichsam ein neues Pfingsten, bei dem nun alle den Heiligen Geist empfingen. Das ganze Leben der Urgemeinde ist geprägt von seiner Gegenwart und seinem Wirken. Alle Christen bilden eine brüderliche Gemeinschaft, sie sind „ein Herz und eine Seele" (*Apg* 4,32), sie halten fest an der Lehre der Apostel, am Brechen des Brotes und an den Gebeten (vgl. *Apg* 2,42). Die Apostel selbst legen mit großer Kraft Zeugnis ab von der Auferstehung Jesu und wirken viele Zeichen und Wunder im Volk. Darum heißt es dann in der *Apostelgeschichte* von der Kirche ausdrücklich: „Sie wuchs durch die Hilfe des Heiligen Geistes" (*Apg* 9,31). Somit erfüllt sich schon in der Urgemeinde die Verheißung Jesu an die Apostel: „Und ich werde den Vater bitten, und er wird euch einen anderen Beistand geben, der für immer bei euch bleiben soll" (*Joh* 14,16). Darin ist die erste christliche Gemeinde von Jerusalem gleichsam der Typus und das Vorbild für alle christlichen Gemeinden und Gemeinschaften, in denen sich durch die Jahrhunderte hindurch die Gaben der „Fülle des Heiligen Geistes" konkretisieren und entfalten.
Von Herzen erteile ich euch und allen, die euch verbunden sind, meinen besonderen Apostolischen Segen.

Den Ruf Jesu verwirklichen

Angelus am 3. Dezember

Liebe Brüder und Schwestern!

1. Heute, am ersten Adventssonntag, versetzt sich die Kirche wieder intensiv in eine Haltung der Erwartung: sie wartet von neuem auf das erste Kommen des Erlösers in der Einfachheit der Krippe, und sie harrt voll Sehnsucht auf seine endgültige Wiederkunft in Herrlichkeit.
Es ist kein passives und tatenloses Warten. Zwischen das bereits geschehene Weihnachten und die noch nicht vollendete Parusie gestellt, weiß die Kirche, daß sie sich mit allen

Kräften der Evangelisierung der Welt widmen muß. Zur Erfüllung dieser Aufgabe braucht sie das Zusammenwirken all ihrer Glieder. Sie zählt jedoch besonders auf den Einsatz der Priester. Dementsprechend wird die nächste Bischofssynode bei ihrer VIII. ordentlichen Vollversammlung im Oktober 1990 das Thema „Priesterausbildung in der heutigen Situation" behandeln.
Die sonntägliche Begegnung beim Angelusgebet bietet und wird Gelegenheit bieten, unseren Blick auf dieses Ereignis zu richten, bei dem ein Thema in Angriff genommen wird, das für das Leben der Kirche von entscheidender Bedeutung ist.

2. Die Synode 1971 behandelte die Fragen des Priesteramtes. Mit Bezug auf das Evangelium und der Lehre des Zweiten Vatikanischen Konzils folgend, erinnerten die Synodenväter an einige wesentliche Prinzipien der Lehre und verwiesen auf die entsprechenden wirksamen Ausrichtungen hinsichtlich des Dienstes und des Lebensstils der Priester. Die genannten Richtlinien bewahren auch heute noch ihre erhellende Gültigkeit.
Aber die vielfältigen Schwierigkeiten, denen das Priesterleben in unserer heutigen Zeit begegnet, lassen die Dringlichkeit einer angemessenen Ausbildung besser hervortreten, die den Bedürfnissen der Welt von heute voll entsprechen soll. Deshalb war es angebracht, daß das Thema des Priesteramtes durch eingehende Überlegungen zur Priesterausbildung vervollständigt wird.
Wir wissen, daß die Berufung zum Priester ein Geschenk der Gnade, ein unentgeltlicher Ruf ist, der aus der göttlichen Liebe hervorgeht. Tatsächlich ist das Priesterleben nie als eine rein menschliche Entwicklung oder die Sendung des Priesteramtes als ein rein persönlicher Plan zu betrachten. In jedem Augenblick seines Lebens muß der Priester sich selbst als Empfänger eines besonderen Rufes Jesu betrachten und ganz darum bemüht sein, ihn zu verwirklichen.
Und um voll angenommen zu werden und alle seine Früchte zu tragen, erfordert dieser Ruf eine Ausbildung, die die Entfaltung all dessen erlaubt, was von der Gnade eingesenkt worden ist.
Die Entfaltung ist nicht möglich ohne eine ernsthafte Ausbildung in der Lehre und Spiritualität, die jedem Berufenen hilft, in angemessener Weise die Priesterweihe zu leben.

3. Diese Ausbildung ist die Sorge der Bischöfe und all derer, die beim Heranreifen der Berufe und ihres guten Gelingens mitarbeiten. Aber auch alle Gläubigen sind an dieser Ausbildung interessiert.
Alle sind eingeladen, die Sorge der Oberhirten zu teilen und für die Ausbildung der Priester zu beten. Wir alle sind verantwortlich für die Gnaden, die auf die nächste Versammlung der Bischofssynode herabkommen werden.
Bitten wir Maria, daß jeder von uns die Ankündigung dieser Synode mit der inneren Bereitschaft aufnehme, mit der sie die erste Verkündigung der Frohbotschaft vernommen hat.

Jedes Volk ist Gott willkommen

Ansprache bei der Generalaudienz am 6. Dezember

1. Die Herabkunft des Heiligen Geistes am Pfingsttag, nachdem sich das Ostergeheimnis mit dem „Fortgehen" Christi durch den Opfertod am Kreuz erfüllt hatte, ist die Krönung der Selbstoffenbarung Gottes in seinem menschgewordenen Sohn.
So „verwirklicht sich auch vollständig die Sendung des Messias, dessen also, der die Fülle des Heiligen Geistes für das erwählte Volk Gottes und für die ganze Menschheit empfangen hat. Wörtlich bedeutet ‚Messias' ‚Christus', das heißt ‚Gesalbter', und in der Heilsgeschichte bezeichnet es ‚den mit dem Heiligen Geist Gesalbten'. Das war die prophetische Tradition des Alten Testamentes. Als ihr Schüler wird Simon Petrus im Hause des Kornelius sagen: ‚Ihr wißt, was im ganzen Land der Juden geschehen ist ... nach der Taufe, die Johannes verkündet hat: wie Gott Jesus von Nazaret gesalbt hat mit dem Heiligen Geist und mit Kraft.' " (*Apg* 10,37–38) (*Dominum et vivificantem*, Nr. 15).
Petrus fährt fort mit einer kurzen Zusammenfassung des Evangeliums, die auch ein erster Ansatz des Glaubensbekenntnisses ist, und gibt Zeugnis für den gekreuzigten und auferstandenen Christus, den Retter und Erlöser der Menschen, in der Folge „aller Propheten" (*Apg* 10,43).

2. Während Petrus einerseits die Herabkunft des Heiligen Geistes mit der Tradition des Alten Testamentes verknüpft, weiß und verkündet er anderseits, daß am Pfingsttag ein neuer Entwicklungsprozeß begonnen hat, der über die Jahrhunderte fortdauern und die Heilsgeschichte zur vollen Verwirklichung bringen wird. Die ersten Phasen dieser Entwicklung sind in der *Apostelgeschichte* beschrieben. Und gerade Petrus steht an erster Stelle bei einem entscheidenden Ereignis dieses Prozesses: beim Eintritt des ersten Heiden in die Gemeinschaft der Urkirche, unter dem offensichtlichen Einfluß des Heiligen Geistes, der das Handeln der Apostel leitet. Es betrifft den römischen Hauptmann Kornelius, der in Cäsarea stationiert ist. Petrus, der ihn in die Gemeinschaft der Getauften eingeführt hatte, war sich der entscheidenden Bedeutung dieses Tuns bewußt, das zweifellos mit den geltenden religiösen Bräuchen nicht übereinstimmte; zugleich wußte er aber mit Sicherheit, daß Gott es so gewollt hatte. Deshalb ging er in das Haus des Hauptmanns hinein „und fand dort viele Menschen versammelt. Da sagte er zu ihnen: Ihr wißt, daß es einem Juden nicht erlaubt ist, mit einem Nichtjuden zu verkehren oder sein Haus zu betreten; mir aber hat Gott gezeigt, daß man keinen Menschen unheilig oder unrein nennen darf" (*Apg* 10,27–28).
Es war ein großer Augenblick in der Heilsgeschichte. Durch diese Entscheidung führte Petrus die Urkirche über die ethnisch-religiösen Grenzen Jerusalems und des Judentums hinaus und machte sich zum Werkzeug des Heiligen Geistes, indem er sie gemäß dem Auftrag Christi auf „alle Völker" hin ausrichtete (vgl. *Mt* 28,19). Damit erfüllte sich voll und ganz die prophetische Tradition von der Universalität des Reiches Gottes in der Welt, die weit über den Gesichtskreis der Israeliten hinausging, die dem alten Gesetz anhingen. Petrus hatte den Weg des neuen Gesetzes eröffnet, in dem die Heilsbotschaft zu den Men-

schen – über alle Unterschiede von Nation, Kultur und Religion hinweg – gelangen sollte, um alle an den Früchten der Erlösung teilhaben zu lassen.

3. In der *Apostelgeschichte* finden wir eine Beschreibung dieses Ereignisses in allen Einzelheiten. Im ersten Teil lernen wir die innere Umwandlung kennen, die Petrus erfuhr, um zu dem persönlichen Bewußtsein über den zu unternehmenden Schritt zu gelangen. Denn wir lesen, daß Petrus, der in Joppe für einige Tage „Gast im Haus des Gerbers Simon“ war (*Apg* 10,32), „auf das Dach stieg, um zu beten; es war um die sechste Stunde. Da wurde er hungrig und wollte essen. Während man etwas zubereitete, kam eine Verzückung über ihn. Er sah den Himmel offen und eine Schale auf die Erde herabkommen, die aussah wie ein großes Leinentuch, das an den vier Ecken gehalten wurde. Darin lagen alle möglichen Vierfüßler, Kriechtiere der Erde und Vögel des Himmels. Und eine Stimme rief ihm zu: Steh auf, Petrus, schlachte, und iß! Petrus aber antwortete: Niemals, Herr! Noch nie habe ich etwas Unheiliges und Unreines gegessen. Da richtete sich die Stimme ein zweites Mal an ihn: Was Gott für rein erklärt, nenne du nicht unrein! Das geschah dreimal, dann wurde die Schale plötzlich in den Himmel hinaufgezogen“ (*Apg* 10,9–16).
Es war eine „Vision“, in der sich Fragen und die Ratlosigkeit widerspiegelten, die bereits im Herzen des Petrus unter der Wirkung des Heiligen Geistes im Licht der Erfahrungen gärten, die er in den ersten Verkündigungsformen und im Zusammenhang mit den Erinnerungen an die Lehre und den Auftrag Christi über die universale Evangelisierung gemacht hatte. Es war eine Pause des Nachdenkens, die Petrus auf der Dachterrasse, die zum Mittelmeer hin offen war, auf den entscheidenden Schritt vorbereitete, den er tun sollte.

4. In der Tat, „Petrus war noch ratlos und überlegte, was die Vision, die er gehabt hatte, wohl bedeutete“ (*Apg* 10,17). Dann, „während Petrus noch über die Vision nachdachte, sagte der Geist zu ihm: Da sind zwei Männer und suchen dich. Steh auf, geh hinunter, und zieh ohne Bedenken mit ihnen; denn ich habe sie geschickt“ (*Apg* 10,19–20). Es ist also der Heilige Geist, der Petrus auf die neue Aufgabe vorbereitet. Und er wirkt vor allem durch die Vision, mit der er den Apostel zum Überlegen anregt und die Begegnung mit den drei Männern herbeiführt – zwei Haussklaven und einem frommen Soldaten (vgl. *Apg* 10,7), die aus Cäsarea gesandt worden waren, um ihn zu suchen und einzuladen. Als der innere Vorgang beendet ist, gibt der Geist Petrus einen konkreten Befehl. Indem er sich nach ihm richtet, faßt der Apostel den Entschluß, nach Cäsarea in das Haus des Kornelius zu gehen. Als er vom Hauptmann und den Mitbewohnern des Hauses mit der einem göttlichen Boten gebührenden Achtung aufgenommen wird, erinnert sich Petrus an seine Vision und fragt die Anwesenden: „Warum habt ihr mich holen lassen?“ (*Apg* 10,29).
Kornelius, „ein gerechter und gottesfürchtiger Mann“ (*Apg* 10,22), erklärt dem Apostel, wie die Idee zu dieser Einladung entstanden ist, die ebenfalls von einer göttlichen Eingebung hervorgerufen wurde. Und er sagt: „Jetzt sind wir alle hier vor Gott zugegen, um all das anzuhören, was dir vom Herrn aufgetragen worden ist“ (*Apg* 10,33).

5. Die uns von der *Apostelgeschichte* überlieferte Antwort des Petrus ist reich an theologischer und missionarischer Bedeutung. Wir lesen: „Da begann Petrus zu reden und sagte: Wahrhaftig, jetzt begreife ich, daß Gott nicht auf die Person sieht, sondern daß ihm in jedem Volk willkommen ist, wer ihn fürchtet und tut, was recht ist. Er hat das Wort den Israeliten gesandt, indem er den Frieden verkündete durch Jesus Christus; dieser ist der Herr aller. Ihr wißt, was im ganzen Land der Juden geschehen ist, angefangen in Galiläa, nach der Taufe, die Johannes verkündet hat: wie Gott Jesus von Nazaret gesalbt hat mit dem Heiligen Geist und mit Kraft, wie dieser umherzog, Gutes tat und alle heilte, die in der Gewalt des Teufels waren; denn Gott war mit ihm. Und wir sind Zeugen für alles, was er im Land der Juden und in Jerusalem getan hat. Ihn haben sie an den Pfahl gehängt und getötet. Gott aber hat ihn am dritten Tag auferweckt und hat ihn erscheinen lassen, zwar nicht dem ganzen Volk, wohl aber den von Gott vorherbestimmten Zeugen: uns, die wir mit ihm nach seiner Auferstehung von den Toten gegessen und getrunken haben. Und er hat uns geboten, dem Volk zu verkündigen und zu bezeugen: Das ist der von Gott eingesetzte Richter der Lebenden und der Toten. Von ihm bezeugen alle Propheten, daß jeder, der an ihn glaubt, durch seinen Namen die Vergebung der Sünden empfängt" (*Apg* 10,34–43).

6. Es war gut, den Text vollständig zu zitieren, denn er ist eine weitere Zusammenfassung des apostolischen Kerygmas und eine erste Synthese der Katechese, die dann im Glaubensbekenntnis feste Gestalt angenommen hat. Das Kerygma und die Katechese von Jerusalem am Pfingsttag wiederholten sich in Cäsarea im Haus des Heiden Kornelius, wo sich das Geschehen des Abendmahlssaals in jenem – man könnte sagen – Pfingsten der Heiden ähnlich dem von Jerusalem wiederholt, wie Petrus selbst feststellt (vgl. *Apg* 10,47; 11,15; 15,8). Denn wir lesen, „während Petrus dies sagte, kam der Heilige Geist auf alle herab, die das Wort hörten. Die gläubig gewordenen Juden, die mit Petrus gekommen waren, konnten es nicht fassen, daß auch auf die Heiden die Gabe des Heiligen Geistes ausgegossen wurde" (*Apg* 10,44–45).

7. „Petrus aber sagte: Kann jemand denen das Wasser zur Taufe verweigern, die ebenso wie wir den Heiligen Geist empfangen haben?" (*Apg* 10,46–47).
Er sagte es vor den „gläubig gewordenen Juden", die sich wunderten, weil sie die Verwandten und Freunde des Kornelius „in Zungen reden und Gott preisen" hörten (vgl. *Apg* 10,46), genauso, wie es in Jerusalem am Tag des ersten Pfingsten geschehen war. Eine bedeutungsvolle Analogie der Ereignisse – und es ist sogar beinahe dasselbe Ereignis, ein einziges Pfingsten, das sich unter verschiedenen Umständen erfüllt hat.
Die Schlußfolgerung ist dieselbe: Petrus „ordnete an, sie im Namen Jesu Christi zu taufen" (*Apg* 10,48). Damit fand die Taufe der ersten Heiden statt. So setzt Petrus, kraft seiner apostolischen Vollmacht und geführt vom Licht des Heiligen Geistes, den Anfang zur Verbreitung des Evangeliums und der Kirche über die Grenzen Israels hinaus.

8. Der Heilige Geist, der kraft des Erlösungsopfers Christi auf die Apostel herabgekommen war, bekräftigte jetzt, daß die Heilswirkung dieses Opfertodes alle Menschen um-

faßt. Petrus hatte in seinem Innern vernommen: „Was Gott für rein erklärt, nenne du nicht unrein!" (*Apg* 10,15). Er wußte sehr wohl, daß die Reinigung durch das Blut Christi, des Sohnes Gottes, geschehen war, der, wie wir im *Brief an die Hebräer* lesen (9,14), „sich selbst kraft ewigen Geistes Gott als makelloses Opfer dargebracht hat"; also sind wir gewiß, daß jenes Blut „unser Gewissen von toten Werken reinigen wird, damit wir dem lebendigen Gott dienen". Petrus erkannte, daß die neue Zeit gekommen war, in der, wie die Propheten verheißen hatten, auch die Opfergaben der Heiden Jahwe wohlgefällig sind (vgl. *Jes* 56,7; *Mal* 1,11; auch *Röm* 15,16; *Phil* 4,18; *1 Petr* 2,5). Deshalb sagte er voll bewußt zum Hauptmann Kornelius: „Wahrhaftig, jetzt begreife ich, daß Gott nicht auf die Person sieht", wie Israel bereits durch das *Deuteronomium* erfahren hatte, das in den Worten des Apostels nachhallt: „Denn der Herr, euer Gott, ist der Gott über den Göttern und der Herr über den Herren. Er ist der große Gott, der Held und der Furchterregende. Er läßt kein Ansehen gelten ..." (*Dtn* 10,17). Die *Apostelgeschichte* bestätigt uns, daß Petrus als erster den neuen Sinn dieses antiken Gedankens erfaßte, der in die Lehre der Apostel übertragen wurde (vgl. *1 Petr* 1,17; *Gal* 2,6; *Röm* 2,11).
Das ist der innere Ursprung der schönen Worte an Kornelius über die menschliche Beziehung zu Gott: „daß ihm in jedem Volk willkommen ist, wer ihn fürchtet und tut, was recht ist" (*Apg* 10,35).

In deutscher Sprache sagte der Papst:

Liebe Schwestern und Brüder!

In seiner Predigt am Pfingsttag verbindet der Apostel Petrus die Herabkunft des Heiligen Geistes einerseits mit der Tradition des Alten Testaments, zugleich verkündet er aber das Pfingstereignis als Beginn eines neuen Prozesses durch die Jahrhunderte, in welchem sich die Heilsgeschichte erfüllen wird.
Die ersten Abschnitte dieses Prozesses sind in der *Apostelgeschichte* beschrieben. Petrus selbst befindet sich an erster Stelle in einem entscheidenden Ereignis jenes Prozesses, nämlich dem Eintritt des ersten Heiden in die Gemeinschaft der Urkirche. Dies geschah zweifellos unter dem Einfluß des Heiligen Geistes, der durch die Apostel wirkte.
Mit der Taufe des römischen Hauptmanns Kornelius war sich Petrus bewußt, sich über geltende religiöse Traditionen hinweggesetzt zu haben. Er konnte dies aber tun, weil er darin zugleich den Willen Gottes erkannte (vgl. *Apg* 10,28).
Dies war ein großer Augenblick in der Heilsgeschichte. Denn die Entscheidung des Petrus führte die Urkirche aus der ethnisch-religiösen Begrenzung Jerusalems und des Judentums heraus und machte sie zum Werkzeug des Heiligen Geistes, indem sie so gemäß dem Auftrag Christi auf „alle Völker" zuging (vgl. *Mt* 28,19).
Damit erfüllte sich voll die prophetische Verheißung von der Universalität des Reiches Gottes in der Welt, die weit über die sichtbare Zugehörigkeit zum alttestamentlichen Heilsbund hinausreicht.
Zusammenfassend können wir sagen: Als Petrus anordnete, auch die Heiden im Namen Jesu Christi zu taufen, handelte er unter der Führung des Heiligen Geistes und kraft seiner apostolischen Autorität. Mit dieser Entscheidung hat er dem Neuen Bund den Weg geöffnet, in welchem die Frohbotschaft vom Heil alle Menschen jenseits der Grenzen der

Nation, der Kultur und der Religion erreichen soll, um sie alle an den Früchten der Erlösung teilhaben zu lassen.
Mit dieser kurzen Betrachtung eines wichtigen Aspektes des Pfingstereignisses grüße ich alle deutschsprachigen Pilger und Besucher. Ich wünsche euch einen guten Aufenthalt in Rom und erteile euch und euren Familien sowie den Hörerinnen und Hörern von Radio Vatikan für eine gnadenreiche Adventszeit von Herzen den Apostolischen Segen.

Maria, Frau der Wahrheit

Angelus am 8. Dezember

Liebe Brüder und Schwestern!

1. „Gepriesen sei der Gott und Vater unseres Herrn Jesus Christus ... Denn in ihm hat er uns erwählt vor der Erschaffung der Welt, damit wir heilig und untadelig leben vor Gott" (*Eph* 1,3–4). So grüßt uns der heilige Paulus in der heutigen Messe am Fest der Immakulata, und so möchte auch ich euch heute grüßen. -„Untadelig leben!" Das ist das christliche Ideal. Und heute ehren und bitten wir jenes Geschöpf, das unter allen – nach Christus, der nicht nur Mensch, sondern auch Gott ist – sich uns als Vorbild und Lehrerin der Untadeligkeit in allen Dimensionen des eigenen Seins und als Widerschein und Teilhabe der unendlichen Reinheit Gottes vorstellt.
Und dieses Geschöpf ist eine Frau. Jeder von uns könnte wie Adam in bezug auf Maria, aber in einem anderen Sinn wiederholen: „Die Frau, die du mir beigesellt hast" (*Gen* 3,12). Ja, Maria ist die „Frau", die Gott jedem Menschen beigesellt hat, damit er das Heil erlange. Maria ist die Frau, die nicht von der Schlange verführt wurde noch mit Hilfe der Schlange den Menschen verführt im Hinblick auf seine endgültige Bestimmung, die die Anschauung Gottes, der Wahrheit, ist. Darin besteht die ursprüngliche Voraussetzung der inneren Reinheit Marias: in der klaren, treuen und transparenten Beziehung, die die Seele Marias zur Wahrheit hat. Maria ist vor allem und wesentlich die Frau der Wahrheit. Eben weil sie ganz Gott gehört. Und Gott ist die Wahrheit. Deshalb ist Maria der Weg zur göttlichen Wahrheit. Und sie ist der unerläßliche Weg – „Ianua Coeli" –, die „Pforte des Himmels".

2. Die Seele Marias wurde nie von der geringsten Sünde befleckt. Wie sie aus den Händen des Schöpfers hervorgegangen war, so blieb sie, ja, sie wuchs noch in moralischer Vollkommenheit bis zum höchsten Gipfel der leiblichen Aufnahme in den Himmel.
Diese höchste Reinheit darf uns Maria nicht fern erscheinen lassen, trotz unserer Beschaffenheit als Sünder. Denn diese Untadeligkeit steht ganz im Dienst der Menschen. Wir müssen sie als sichere Stütze im Kampf gegen die Mächte des Bösen betrachten, als strahlendes Licht der Wahrheit, als unüberwindlichen Grund zur Hoffnung und Freude. Maria spricht zu uns von einem vollen Sieg über das Böse: deshalb können wir, indem wir ihr – und damit Christus – nachfolgen, darauf hoffen, rein von Sünden und auch „heilig" und „untadelig" zu werden.

3. O Maria, welches einfache menschliche Geschöpf ist mehr als du Freund und Zeuge der Wahrheit? Welcher Mensch ist mehr Feind des Bösen und des Irrtums? Lehre uns, vor allem an die Möglichkeit einer vollen Untadeligkeit zu glauben, auch wenn unsere persönlichen und sozialen Schwächen sie uns beinahe unerreichbar erscheinen lassen. Lehre uns, fest an diese Möglichkeit zu glauben und ihr mutig unser ganzes Leben lang bis zur Vollendung im Himmel nachzustreben. Amen.

Priester nach dem Bild Christi

Angelus am 10. Dezember

Liebe Brüder und Schwestern!

1. Wir denken heute beim Angelusgebet wieder an die Bischofssynode, die im nächsten Jahr die Priesterausbildung behandeln wird. Die Überlegungen der Synodenversammlung werden sich nur im Licht Christi entwickeln können.
Tatsächlich ist er der einzige und ewige Priester; denn die Priester in der Kirche sind dies, insofern sie an seinem Priestertum durch das „Merkmal", ein geistliches Zeichen, teilhaben, das sie ihm, Christus, gleichförmig macht. Sie üben ihr Dienstamt immer und ausschließlich im Namen und durch die Vollmacht Christi aus. Deshalb kann man sagen, daß der Priester zuallererst ein anderer Christus ist: „sacerdos alter Christus".

2. In dieser Adventszeit, in der wir auf das Kommen Christi warten, denkt man unwillkürlich, daß wir uns darauf vorbereiten, das Kommen des einzigartigen, vollkommenen Priesters zu feiern, des Sohnes Gottes, der gesandt wurde, um uns zu heiligen und zu erlösen.
Gemäß den Worten des Engels im Augenblick der Verkündigung bewirkte der Heilige Geist, daß das Kind von seiner Geburt an heilig, das heißt geweiht war. Der Heilige Geist verwirklichte in Jesus Christus – dem Messias, dem Gesalbten, dem Geweihten schlechthin – die erste Priesterweihe, die Quelle aller anderen. Er ist es, der bei jeder Priesterweihe diese Weihe bewirkt, die die menschliche Person in ihrer ganzen Tiefe umfaßt, um sie Christus nachzubilden und sie in den Dienst seines Reiches zu stellen.

3. Die grundlegende Bedeutung des Wirkens des Heiligen Geistes kann uns den Wert der Mitwirkung Marias nicht vergessen lassen. Diese vollzog sich besonders in den Jahren der Verborgenheit in Nazaret durch die Jesus gegebene Erziehung. Maria trug dazu bei, den Sohn auf seine priesterliche Sendung vorzubereiten, indem sie die Entwicklung all seiner menschlichen Fähigkeiten förderte. Als Jesus sein sanftes und demütiges Herz offenbart, das für alle offen ist, aufnahmebereit und gütig, voll des Mitleids mit den Unglücklichen, bietet er allen die Früchte einer Entwicklung an, an der Maria einen bemerkenswerten, wenn auch verborgenen Anteil hatte.

4. Im Licht dieser Tatsachen versteht man, daß die Priesterausbildung vor allem Werk des Heiligen Geistes ist, der seine heiligende Macht ausübt, indem er den zukünftigen Priester darauf vorbereitet, ein Mann Gottes nach dem Bild Christi zu werden. Von Maria erfährt diese Formung auch eine Mithilfe bei der Entwicklung aller menschlichen Fähigkeiten, die die Nächstenliebe in den sozialen Beziehungen konkret zum Ausdruck bringen können, indem der Priester fähig wird, in die Lebensumwelt, in die er hineingestellt ist, einzudringen.
Wenden wir uns in diesem Advent an Christus, der kommt, damit er uns helfe, in ihm immer klarer den Priester zu sehen, dem jedes Priestertum entspricht. Schauen wir auf ihn als das Licht, das die Synode erleuchten soll, und bitten wir ihn, daß sein Vorbild sich in allen widerspiegeln und erneuern möge, die sich heute auf das Priestertum vorbereiten.

Pfingsten für die Heiden

Ansprache bei der Generalaudienz am 13. Dezember

1. Nach der Taufe der ersten Heiden, die auf Anordnung des Petrus in Cäsarea im Haus des Hauptmanns Kornelius geschah, blieb der Apostel auf ihre Einladung hin einige Tage bei den neugetauften Christen (vgl. *Apg* 10,48). Das gefiel den „Aposteln" und den „Brüdern" in Jerusalem nicht, und sie hielten es ihm vor bei seiner Rückkehr (vgl. *Apg* 11,3). Anstatt sich gegen diese Anschuldigung zu verteidigen, zog Petrus es vor, „ihnen der Reihe nach zu berichten" (*Apg* 11,4), so daß die Brüder aus dem Judentum das ganze Gewicht der Tatsache ermessen konnten, „daß auch die Heiden das Wort Gottes angenommen hatten" (*Apg* 11,1).
Er berichtete ihnen also von der Vision in Joppe, der Einladung des Kornelius, dem inneren Antrieb, den ihm der Geist eingeprägt hatte, um alle Bedenken zu zerstreuen (vgl. *Apg* 11,12), dann von der Herabkunft des Heiligen Geistes auf die Anwesenden im Haus des Hauptmanns (vgl. *Apg* 11,15–16) und beendete seinen Bericht mit den Worten: „Da erinnerte ich mich an das Wort des Herrn: Johannes hat mit Wasser getauft, ihr aber werdet mit dem Heiligen Geist getauft werden. Wenn ... Gott ihnen, nachdem sie zum Glauben an Jesus Christus, den Herrn, gekommen sind, die gleiche Gabe verliehen hat wie uns: wer bin ich, daß ich Gott hindern könnte?" (*Apg* 11,16–17).
Das war gemäß Petrus die eigentliche Frage, nicht die Tatsache, daß er die Gastfreundschaft eines heidnischen Hauptmanns angenommen hatte – was von den Christen jüdischer Herkunft in Jerusalem als ungewöhnlich und unerlaubt erachtet wurde. Es ist schön zu sehen, welch starke Wirkung das Wort des Petrus hatte, wenn wir in der *Apostelgeschichte* lesen: „Als sie das hörten, beruhigten sie sich, priesen Gott und sagten: Gott hat also auch den Heiden die Umkehr zum Leben geschenkt" (*Apg* 11,18).
Es war der erste Sieg über die Versuchung der sozioreligiösen Parteilichkeit, die die Urkirche gefährdete, weil sie aus der jüdischen Gemeinschaft von Jerusalem hervorgegan-

gen war. Einen weiteren, noch sensationelleren Sieg konnte der Apostel Paulus mit Hilfe des Petrus erringen. Davon werden wir noch sprechen.

2. Jetzt verweilen und betrachten wir, wie Petrus den mit der Taufe des Kornelius begonnenen Weg weitergeht: man sieht von neuem, daß es der Heilige Geist ist, der die Apostel in diese Richtung führt.

Die *Apostelgeschichte* sagt uns, daß die Bekehrten von Jerusalem, die bei der wegen Stephanus entstandenen Verfolgung versprengt worden waren, in den Orten, wo sie sich niedergelassen hatten, Proselytenmacherei betrieben und „das Wort nur den Juden verkündeten" (*Apg* 11,19). „Einige aber von ihnen, die aus Zypern und Zyrene stammten, verkündeten ... auch den Griechen [das heißt den Nichtjuden] das Evangelium von Jesus, dem Herrn. Die Hand des Herrn war mit ihnen, und viele wurden gläubig und bekehrten sich zum Herrn. Die Nachricht davon kam der Gemeinde von Jerusalem zu Ohren, und sie schickten Barnabas nach Antiochia" (*Apg* 11,20–22).

Es war eine Art Inspektion, von der Gemeinde beschlossen, die als die ursprüngliche sich die Aufgabe beimaß, die anderen Kirchen zu überwachen (vgl. *Apg* 8,14; 11,1; *Gal* 2,2). Barnabas ging nach Antiochia. „Als er ankam und die Gnade Gottes sah, freute er sich und ermahnte alle, dem Herrn treu zu bleiben, wie sie es sich vorgenommen hatten. Denn er war ein trefflicher Mann, erfüllt vom Heiligen Geist und von Glauben. So wurde für den Herrn eine beträchtliche Zahl hinzugewonnen. Barnabas aber zog nach Tarsus, um Saulus aufzusuchen. Er fand ihn und nahm ihn nach Antiochia mit. Dort wirkten sie miteinander ein volles Jahr in der Gemeinde und unterrichteten eine große Zahl von Menschen. In Antiochia nannte man die Jünger zum erstenmal Christen" (*Apg* 11,23–26).

Es ist ein weiterer entscheidender Augenblick für den neuen Glauben, der auf dem Bund in Christus, dem Gekreuzigten und Auferstandenen, gründet. Auch die neue Bezeichnung „Christen" bezeugt das feste Band, das die Glieder der Gemeinschaft untereinander verbindet. Das „Pfingsten der Heiden", erhellt durch die Verkündigung und das Verhalten des Petrus, führt allmählich die Ankündigung Christi über den Heiligen Geist zur Vollendung: „Er wird mich verherrlichen; denn er wird von dem, was mein ist, nehmen und es euch verkünden" (*Joh* 16,14). Das Sichbehaupten des Christentums unter dem Wirken des Heiligen Geistes verwirklicht mit wachsender Augenscheinlichkeit die Verherrlichung „Jesu, des Herrn".

3. Im Rahmen der Beziehungen zwischen der Kirche von Antiochia und der von Jerusalem sahen wir, daß Saulus von Tarsus auf der Bildfläche erschien, als er von Barnabas nach Antiochia geführt wurde. Die *Apostelgeschichte* berichtet uns: „Dort wirkten sie miteinander ein volles Jahr in der Gemeinde und unterrichteten eine große Zahl von Menschen" (*Apg* 11,26). Dann heißt es weiter, daß eines Tages, „als sie zu Ehren des Herrn Gottesdienst feierten und fasteten, der Heilige Geist sprach: Wählt mir Barnabas und Saulus zu dem Werk aus, zu dem ich sie mir berufen habe. Da fasteten und beteten sie, legten ihnen die Hände auf und ließen sie ziehen. Vom Heiligen Geist ausgesandt, zogen sie nach Seleuzia hinab und segelten von da nach Zypern" (*Apg* 13,2–4); man erinnere sich, daß Zypern die Heimat des Barnabas war (vgl. *Apg* 4,36). Die Berufung und Sen-

dung des Saulus neben Barnabas erweist sich als vom Heiligen Geist gewollt, der so eine neue Entwicklungsphase im Leben der Urkirche einleitet.

4. Die Geschichte der Bekehrung des Saulus von Tarsus und ihre Bedeutung für die Evangelisierung der Welt der Antike ist bekannt; er unternahm sie mit der vollen Begeisterung und Kraft seiner gigantischen Seele, als Saulus zu Paulus, dem Völkerapostel, wurde (vgl. *Apg* 13,9).
Hier erinnern wir uns nur an die Worte, die der Jünger Hananias von Damaskus an ihn richtete, als er auf Befehl des Herrn den durch die Begegnung mit Christus geistig umgewandelten Verfolger der Christen in der „sogenannten Geraden Straße ... im Haus des Judas" (*Apg* 9,11) besuchen ging.
Nach der *Apostelgeschichte* „ging Hananias hin und trat in das Haus ein; er legte Saulus die Hände auf und sagte: Bruder Saul, der Herr hat mich gesandt, Jesus, der dir auf dem Weg hierher erschienen ist; du sollst wieder sehen und mit dem Heiligen Geist erfüllt werden" (*Apg* 9,17). Tatsächlich erlangte Saulus das Augenlicht wieder und begann sogleich, in den Synagogen Zeugnis zu geben; zuerst in Damaskus, wo „er ihnen bewies, daß Jesus der Messias ist" (*Apg* 9,22), und dann in Jerusalem, wo er, von Barnabas vorgestellt, ein und aus ging, „unerschrocken im Namen des Herrn auftrat und auch Streitgespräche mit den Hellenisten führte" (*Apg* 9,28–29). Diese „hellenistischen" Juden waren heftige Gegner aller christlicher Glaubensboten (vgl. *Apg* 6,9 f.; 7,58; 9,1; 21,27; 24,19) und wüteten besonders gegen Saulus, so daß sie „planten, ihn zu töten" (*Apg* 9,29). „Als die Brüder das merkten, brachten sie ihn nach Cäsarea hinab und schickten ihn von dort nach Tarsus" (*Apg* 9,30). Und dort suchte Barnabas ihn auf, um ihn mit sich nach Antiochia zu nehmen (vgl. *Apg* 11,25–26).

5. Wir wissen bereits, daß das Wachstum der Kirche in Antiochia – größtenteils bedingt durch den Zufluß der „Griechen", die sich zum Evangelium bekehrten (vgl. *Apg* 11,20) – das Interesse der Kirche von Jerusalem geweckt hatte, in der aber auch nach dem Inspektionsbesuch von Barnabas Bedenken anhielten über die zu befolgende Anordnung, die Heiden zum Christentum zuzulassen, ohne sie auch den Weg des Mose gehen zu lassen. Tatsächlich, zu einer gewissen Zeit „kamen einige Leute von Judäa herab und lehrten die Brüder: Wenn ihr euch nicht nach dem Brauch des Mose beschneiden laßt, könnt ihr nicht gerettet werden. Nach großer Aufregung und heftigen Auseinandersetzungen zwischen ihnen und Paulus und Barnabas beschloß man, Paulus und Barnabas und einige andere von ihnen sollten wegen dieser Streitfrage zu den Aposteln und den Ältesten nach Jerusalem hinaufgehen" (*Apg* 15,1–2).
Es war ein fundamentales Problem, das das Wesen des Christentums selbst als Lehre und als Leben, das auf dem Glauben an Christus gründet, sowie seine Eigentümlichkeit und Unabhängigkeit gegenüber dem Judentum betraf. Das Problem wurde auf dem Konzil von Jerusalem (wie es gewöhnlich genannt wird) von den Aposteln und Ältesten, aber unter dem Einwirken des Heiligen Geistes gelöst. In der *Apostelgeschichte* heißt es: „Als ein heftiger Streit entstand, erhob sich Petrus und sagte zu ihnen: Brüder, wie ihr wißt, hat Gott schon längst hier bei euch die Entscheidunggetroffen, daß die Heiden durch mei-

nen Mund das Wort des Evangeliums hören und zum Glauben gelangen sollen. ... Gott, der die Herzen kennt, bestätigte dies, indem er ihnen ebenso wie uns den Heiligen Geist gab. Er machte keinerlei Unterschied zwischen uns und ihnen; denn er hat ihre Herzen durch den Glauben gereinigt" (*Apg* 15,7–9).
Es war der Höhepunkt, an dem die Urgemeinde von Jerusalem, wo sich die höchsten Vertreter der Kirche versammelt hatten, sich des „Pfingsten für die Heiden" voll bewußt wurde. Die gesamte Kirche lebte und festigte sich und „wuchs durch die Hilfe des Heiligen Geistes" (*Apg* 9,31). Sie wußte, daß nicht nur die Apostel, sondern auch andere „Brüder" Entscheidungen getroffen und Handlungen ausgeführt hatten unter dem Antrieb des Geistes, wie zum Beispiel Stephanus (vgl. *Apg* 6,5; 7,55), Barnabas und Saulus (vgl. *Apg* 13,2.4.9).
Sie erfuhr bald von einem Ereignis in Ephesus, wo Paulus, der frühere Saulus, angekommen war; darüber berichtet die *Apostelgeschichte*: „Während Apollos [ein anderer Prediger des Evangeliums] sich in Korinth aufhielt, durchwanderte Paulus das Hochland und kam nach Ephesus hinab. Er traf einige Jünger und fragte sie: Habt ihr den Heiligen Geist empfangen, als ihr gläubig wurdet? Sie antworteten ihm: Wir haben noch nicht einmal gehört, daß es einen Heiligen Geist gibt ... Als sie das hörten, ließen sie sich auf den Namen Jesu, des Herrn, taufen. Paulus legte ihnen die Hände auf, und der Heilige Geist kam auf sie herab; sie redeten in Zungen und weissagten" (19,1–2.5–6). Die Gemeinde von Jerusalem wußte also, daß diese Art von großen Taten des Heiligen Geistes sich durch viele Träger von Charismen und apostolischen Diensten ereignete. Aber bei jenem ersten Konzil wurde eine kirchlich-institutionelle Tatsache, die als entscheidend für die Evangelisierung der gesamten Welt anerkannt wurde, in enger Verbindung zwischen der unter dem Vorsitz des Petrus versammelten Gemeinschaft und dem Heiligen Geist geschaffen.

6. Tatsächlich teilten die Apostel die Schlußfolgerungen, zu denen sie gelangt waren, und die Beschlüsse, die sie gefaßt hatten, mit einer überaus bedeutsamen Formel mit: „Der Heilige Geist und wir haben beschlossen" (*Apg* 15,28). Es war der Ausdruck ihres vollen Bewußtseins, unter der Leitung jenes Geistes der Wahrheit zu handeln, den Christus ihnen verheißen hatte (vgl. *Joh* 14,16–17). Sie verstanden es, aus ihm jene Autorität zu schöpfen, die diese Entscheidungsfindung möglich machte, und zugleich die Gewißheit der getroffenen Entscheidungen. Es war der Beistand, der Geist der Wahrheit, der in diesem Augenblick bewirkte, daß das „Pfingsten" von Jerusalem immer mehr auch zu einem „Pfingsten für die Heiden" wurde. So öffnete sich der neue Bund Gottes mit der Menschheit „im Blut Christi" (vgl. *Lk* 22,20) hin zu allen Völkern und Nationen bis an die Grenzen der Erde.

In deutscher Sprache sagte der Papst:

Liebe Schwestern und Brüder!

Die Verbreitung des Christentums zur Zeit der Urkirche wurde vor allem auch durch den Zustrom von „Griechen" gefördert, die sich zum Evangelium bekehrten. Diese Tatsache hat die Aufmerksamkeit der Kirche von Jerusalem hervorgerufen mit dem Ergebnis, daß

man sich zunächst nicht schlüssig darüber war, wie man bezüglich der Aufnahme der Heiden in die Kirche vorzugehen habe; ob nämlich diese über die Vorschriften des Moses oder auf direktem Weg zugelassen werden sollten.
Es war eine fundamentale Frage, die das Christentum in seinem Wesen berührte, auch hinsichtlich seiner Unabhängigkeit vom Judentum. Das Problem wurde auf dem Konzil von Jerusalem unter Einwirken des Heiligen Geistes von den Aposteln und Ältesten gelöst.
Bei jenem ersten Konzil wurde eine Entscheidung gefällt, die für die Evangelisierung der ganzen Welt von großer Bedeutung war und die in enger Verbindung zwischen der Versammlung, der Petrus vorstand, und dem Heiligen Geist erfolgte. Die Apostel haben die Beschlüsse, zu denen sie gelangt waren, mit einer bezeichnenden Formel mitgeteilt: „Der Heilige Geist und wir haben beschlossen“ (*Apg* 15,28). Es war der Ausdruck ihres vollen Bewußtseins, daß sie von diesem Geist der Wahrheit geleitet handeln, den Christus ihnen versprochen hatte (vgl. *Joh* 14,16–17). Der Geist der Wahrheit war es, der in diesem Augenblick bewirkte, daß das Pfingstfest in Jerusalem immer mehr auch zu einem „Pfingsten für die Heiden“ wurde. So öffnete sich der neue Bund Gottes mit der Menschheit „im Blut Christi“ (vgl. *Lk* 22,20) hin zu allen Völkern und Nationen bis an die Grenzen der Erde.
Mit dieser Betrachtung grüße ich herzlich alle anwesenden Pilger und Besucher aus den deutschsprachigen Ländern und erteile euch und euren lieben Angehörigen in der Heimat sowie den mit uns über Radio Vatikan verbundenen Hörerinnen und Hörern meinen Apostolischen Segen.

Priester im Glauben formen

Angelus am 17. Dezember

Liebe Brüder und Schwestern!

1. Die liturgische Zeit des Advents hilft uns, die Erfordernisse der Priesterausbildung zu verstehen, die von der Synode des nächsten Jahres untersucht werden. Unter diesen Erfordernissen ist eines, das unserer Vorbereitung auf Weihnachten besonders entspricht: der Glaube. In der Tat kann man das Kommen Christi nicht anders als mit dem Glauben annehmen. In diesen Tagen vor Weihnachten bemühen wir uns, unseren Glauben zu erneuern, ihn wiederzuerwecken in der wachsenden Überzeugung, daß unser ganzes Leben vom Erlöser abhängt.
Wenn unser Glaube uns zu schwach oder schwankend erscheint, können wir uns immer an Maria wenden, die noch vor der Geburt Jesu selig gepriesen wurde, weil sie geglaubt hatte. In ihrem Glauben hat die Erwartung des Volkes Israel tatsächlich ihren Höhepunkt erreicht und ihre Vollendung gefunden.

2. Die grundlegende Bedeutung des Glaubens ist besonders augenscheinlich in der Ausbildung der Priesteramtskandidaten. Denn wenn diese Tugend für alle notwendig ist,

dann ist sie es in besonderer Weise für den Priester, der die Sendung hat, den anderen den Glauben durch die Verkündigung des Wortes mitzuteilen. Er kann das Evangelium nicht wirksam verkünden, wenn er die Botschaft nicht in seinem Innern aufgenommen hat. Der Priester ist berufen, Glaubenszeugnis zu geben durch seine Tätigkeit und sein ganzes Leben. Wenn er Eucharistie feiert und die Sakramente spendet, bezeugt er seinen Glauben. In seinen Seelsorgekontakten muß er die Brüder im Glauben stärken, auf ihre Zweifel und Einwände Antwort geben und diejenigen festigen, die verwirrt sind oder zaudern.
Wenn die Menschen zum Priester gehen, um bei ihm Rat zu suchen oder ihm ihre Schwierigkeiten anzuvertrauen, erwarten sie keine rein menschliche, verstandesmäßige Antwort, sondern ein Wort des Glaubens. Sie sind enttäuscht, wenn sie in ihm nicht eine Haltung des Glaubens finden. Hingegen fühlen sie sich bestärkt in ihren Überzeugungen, wenn sie in ihm einen Glaubenszeugen erkennen.

3. Jeder Priester muß für die christliche Gemeinschaft ein Ansporn zum Glauben sein. Es ist eine sehr hohe Sendung und eine große Verantwortung, auf die er sich sorgfältig vorbereiten muß. Deshalb ist es notwendig, daß die geoffenbarte Lehre in den Seminarien so gelehrt wird, daß die jungen Menschen das gut verstehen, was den Gegenstand ihres Glaubens darstellt.
Notwendig ist auch, daß man bei der Vorbereitung auf das Priesteramt für die Erziehung zum Glauben sorgt. Die jungen Menschen, die dazu bestimmt sind, das Evangelium zu verkünden, müssen sich darum bemühen, ihre Berufung in einer Atmosphäre des Glaubens zu entfalten. Daher ist es erforderlich, daß das Studium nicht nur vom Glauben inspiriert wird, sondern zu einem immer stärker gefestigten und besser auf der Offenbarung gegründeten Glauben führt.
Wenden wir uns an die Jungfrau der Verkündigung, die mit Glauben auf den göttlichen Ruf geantwortet hat, damit sie in dieser Tugend all jene stärke, die mit der Priesterausbildung beauftragt sind, und die Synode anleite, Vorschläge zu formulieren, die geeignet sind, die Formung der zukünftigen Priester im Glauben zu fördern.

In deutscher Sprache sagte der Papst:

Heute möchte ich, daß ihr in dieses Gebet an die Jungfrau Maria auch ein Anliegen einschließt, das mir besonders am Herzen liegt.
Es handelt sich um das Schicksal der Tausenden von vietnamesischen Flüchtlingen, die zur Zeit in den Auffanglagern von Hongkong beherbergt werden und Gefahr laufen, zwangsweise in ihr Herkunftsland zurückgeschickt zu werden, wie es in den vergangenen Tagen mit einer kleinen Gruppe von Personen geschehen ist.
Unser Herz kann nicht unempfindlich und gleichgültig bleiben angesichts solch schwerwiegender Entscheidungen, die sich so dramatisch auf das Leben so vieler Menschen, Frauen und Kinder eingeschlossen, auswirken.
Jesus, der Herr, der das schwere Flüchtlingsleben erfahren hat, erleuchte die Herzen und Sinne derer, die die Geschicke der Völker lenken, damit für dieses schwere und komplexe menschliche Problem endlich eine menschenwürdigere Lösung gefunden werde. Er

möge auch zu diesem Zweck die Anteilnahme der internationalen Gemeinschaft wecken, die im wachsenden Bewußtsein ihrer Mitverantwortung nicht umhin kann, ihren hochherzigen Beitrag zu leisten.
Die internationale Solidarität hat bereits in wertvollen Initiativen verschiedener Länder und Organisationen Ausdruck gefunden. Wir wünschen uns, daß umgehend konkrete Initiativen erwachsen unter der raschen Zusammenarbeit aller, um dieses schwerwiegende humanitäre Problem immer besser anzugehen und zu lösen.
Dir, Königin von Vietnam, vertrauen wir unsere inständigen Gebete an.

Pfingsten trägt reiche Frucht

Ansprache bei der Generalaudienz am 20. Dezember

1. Die bisherigen Ausführungen der Katechese über den Heiligen Geist waren vor allem mit dem Pfingstgeschehen verbunden. Wir konnten sehen, daß von dem Tag an, an dem die im Abendmahlssaal von Jerusalem versammelten Apostel „mit dem Heiligen Geist erfüllt“ wurden (vgl. *Apg* 2,4), ein Prozeß seinen Anfang nahm, der durch die verschiedenen, von der *Apostelgeschichte* beschriebenen Etappen das Wirken des Heiligen Geistes zeigt als das des von Jesus verheißenen „anderen Beistandes“ (vgl. *Joh* 14,16), der gekommen ist, sein Heilswerk zu vollenden. Er bleibt immer der unsichtbare, „verborgene Gott“, und doch sind die Apostel sich dessen voll bewußt, daß gerade er es ist, der in ihnen und in der Kirche handelt. Er ist es, der sie leitet; er ist es, der ihnen die Kraft gibt, vom gekreuzigten und auferstandenen Christus Zeugnis abzulegen bis zum Märtyrertod wie im Fall des Diakons Stephanus; er ist es, der durch sie alle bekehrt, die seinem Wirken das Herz öffnen. Viele von ihnen befinden sich auch außerhalb Israels. Der erste ist der römische Hauptmann Kornelius in Cäsarea. In Antiochia und an anderen Orten wächst ihre Anzahl, und das Pfingsten von Jerusalem breitet sich immer weiter aus und erreicht nach und nach die Menschen, die einzelnen und die Gemeinschaften, in allen Teilen der Welt.

2. Man kann sagen, daß man in diesem von der *Apostelgeschichte* beschriebenen Prozeß die Verwirklichung der Ankündigung sieht, die Christus beim wunderbaren Fischfang gemacht hat: „Fürchte dich nicht! Von jetzt an wirst du Menschen fangen“ (*Lk* 5,10; vgl. auch *Joh* 21,11.15–17).
Auch in der Verzückung von Joppe (vgl. *Apg* 11,5) sollte Petrus an diesen Gedanken der Fülle erinnert werden, als er sah, wie sich das Leinentuch bis zu ihm herabsenkte, voll mit „Vierfüßlern der Erde, den wilden Tieren, den Kriechtieren und den Vögeln des Himmels“, und wieder in den Himmel hinaufgezogen wurde, während er eine Stimme hörte, die zu ihm sagte: „Steh auf, schlachte und iß!“ (vgl. *Apg* 11,6–7). Diese Fülle konnte gut die reichen Früchte des apostolischen Dienstes bedeuten, die der Heilige Geist

durch das Wirken des Petrus und der anderen Apostel hervorrufen würde, wie Jesus noch am Tag vor seinem Leiden angekündigt hatte: „Amen, amen, ich sage euch: Wer an mich glaubt, wird die Werke, die ich vollbringe, auch vollbringen, und er wird noch größere vollbringen, denn ich gehe zum Vater" (*Joh* 14,12). Gewiß, die Quelle jener Fruchtbarkeit bestand nicht nur in den menschlichen Worten der Apostel, sondern war das unmittelbare Wirken des Heiligen Geistes in den Herzen und den Gewissen der Menschen. Dem Heiligen Geist entsprang die ganze geistige „Fruchtbarkeit" der apostolischen Sendung.

3. Die *Apostelgeschichte* schildert das allmähliche Anwachsen des Kreises derer, die glaubten und sich der Kirche anschlossen; manchmal gibt sie die Zahl an, manchmal spricht sie allgemein davon.
In bezug auf das, was am Pfingsttag in Jerusalem geschah, lesen wir, daß „ihrer Gemeinschaft etwa dreitausend Menschen hinzugefügt wurden" (*Apg* 2,41). Nach der zweiten Rede des Petrus wird uns berichtet, daß „viele ..., die das Wort gehört hatten, gläubig wurden; und die Zahl der Männer stieg auf etwa fünftausend" (*Apg* 4,4).
Lukas legt Wert darauf, dieses zahlenmäßige Anwachsen der Gläubigen zu betonen, an dem er auch später festhält, obwohl er keine neuen Zahlen angibt: „Und das Wort Gottes breitete sich aus, und die Zahl der Jünger in Jerusalem wurde immer größer; auch eine große Anzahl von den Priestern nahm gehorsam den Glauben an" (*Apg* 6,7).
Das Wichtigste ist natürlich nicht die Anzahl, die an eine Massenbekehrung denken ließe. In Wirklichkeit unterstreicht Lukas die Tatsache der Beziehung der Bekehrten zu Gott: „Der Herr fügte täglich ihrer Gemeinschaft die hinzu, die gerettet werden sollten" (*Apg* 2,47). „Immer mehr wurden im Glauben zum Herrn geführt, Scharen von Männern und Frauen" (*Apg* 5,14). Und doch war die Zahl wichtig als Beweis und Zeichen der von Gott kommenden Fruchtbarkeit. Deshalb erfahren wir von Lukas, daß die „Zahl der Jünger zunahm" (vgl. *Apg* 6,1) und darum sieben Diakone eingesetzt wurden. Er sagt uns noch, daß „die Kirche ... wuchs" (*Apg* 9,31). An einer anderen Stelle berichtet er uns, daß „für den Herrn eine beträchtliche Zahl hinzugewonnen" wurde (*Apg* 11,24). Und weiter: „So wurden die Gemeinden im Glauben gestärkt und wuchsen von Tag zu Tag" (*Apg* 16,5).

4. In diesem zahlenmäßigen und geistigen Anwachsen ließ sich der von Christus angekündigte „Beistand" erkennen. Tatsächlich sagt Lukas uns, daß die Kirche „durch die Hilfe des Heiligen Geistes" wuchs (*Apg* 9,31). Dieser Trost verließ die Zeugen und Bekenner Christi inmitten der Verfolgungen und Schwierigkeiten der Evangelisierung nicht. Denken wir an die von Paulus und Barnabas in Antiochia in Pisidien erlittene Verfolgung, von wo sie vertrieben wurden. Das ändert nichts an ihrer Begeisterung und ihrem apostolischen Eifer: Sie „schüttelten ... den Staub von ihren Füßen und zogen nach Ikonion. Und die Jünger waren voll Freude und erfüllt vom Heiligen Geist" (*Apg* 13,51–52). Diese vom Heiligen Geist kommende Freude stärkt die Apostel und Jünger in den Prüfungen, so daß sie, ohne sich entmutigen zu lassen, die Heilsbotschaft Christi von Ort zu Ort weitertragen.

5. So offenbart sich der Heilige Geist vom Pfingsttag an als derjenige, der die innere Kraft (die Gabe des Starkmuts) gibt und gleichzeitig hilft, die richtige Wahl zu treffen (Gabe des Rates), vor allem wenn sie von entscheidender Bedeutung ist wie bei der Frage der Taufe des Hauptmanns Kornelius, des ersten Heiden, den Petrus in die Kirche aufnahm; oder beim „Konzil" von Jerusalem, als es darum ging, die erforderlichen Bedingungen festzusetzen, um diejenigen unter die Christen einzureihen, die sich vom Heidentum bekehrt hatten.

6. Aus der Fruchtbarkeit von Pfingsten kommen auch die „Zeichen" oder Wunder her, von denen wir in den vorhergegangenen Katechesen gesprochen haben. Sie begleiten die Tätigkeit der Apostel, wie die *Apostelgeschichte* wiederholt hervorhebt: „Durch die Hände der Apostel geschahen viele Zeichen und Wunder im Volk" (*Apg* 5,12). Wie es durch das Lehren Christi geschehen war, so waren auch diese Zeichen dazu bestimmt, die Wahrheit der Heilsbotschaft zu bekräftigen. Das wird offen in bezug auf die Aktivität des Diakons Philippus gesagt: „Die Menge achtete einmütig auf die Worte des Philippus; sie hörten zu und sahen die Wunder, die er tat" (*Apg* 8,6). Der Schreiber gibt genau an, daß es sich um die Befreiung von Besessenen und die Heilung von Lahmen und Krüppeln handelte. Dann schließt er: „So herrschte große Freude in jener Stadt" (vgl. *Apg* 8,6–8).
Er weist darauf hin, daß es sich um eine Stadt in Samarien handelte (vgl. *Apg* 8,9): einer Region mit einer Bevölkerung, die zwar von der gleichen Rasse und Religion wie Israel war, sich aber aus geschichtlichen und lehrmäßigen Gründen von ihm getrennt hatte (vgl. *Mt* 10,5–6; *Joh* 4,9). Und doch warteten auch die Samariter auf den Messias (vgl. *Joh* 4,25). Jetzt war der Diakon Philippus, vom Heiligen Geist geführt, dorthin gegangen, um zu verkünden, daß der Messias gekommen war, und diese frohe Botschaft bekräftigte er durch die Wunder. So erklärt sich die Freude dieser Menschen.

7. Die *Apostelgeschichte* fügt eine Begebenheit hinzu, auf die wir wenigstens hinweisen müssen, weil sie zeigt, welch hohe Auffassung die Glaubensboten vom Heiligen Geist hatten.
In jener Stadt in Samarien, bevor Philippus kam, wohnte „ein Mann namens Simon ... er trieb Zauberei und verwirrte das Volk von Samarien, da er sich als etwas Großes ausgab. Alle hörten auf ihn, jung und alt" (*Apg* 8,9–10). Dinge, die zu allen Zeiten geschehen! „Als sie jedoch dem Philippus Glauben schenkten, der das Evangelium vom Reich Gottes und vom Namen Jesu Christi verkündete, ließen sie sich taufen, Männer und Frauen. Auch Simon wurde gläubig, ließ sich taufen und schloß sich dem Philippus an; und als er die großen Zeichen und Wunder sah, geriet er außer sich vor Staunen!" (*Apg* 8,12–13).
Als sie in Jerusalem erfuhren, daß Samarien das von Philippus verkündete Wort Gottes angenommen hatte, „schickten sie Petrus und Johannes dorthin. Diese zogen hinab und beteten für sie, sie möchten den Heiligen Geist empfangen. Denn er war noch auf keinen von ihnen herabgekommen; sie waren nur auf den Namen Jesu, des Herrn, getauft. Dann legten sie ihnen die Hände auf, und sie empfingen den Heiligen Geist" (*Apg* 8,14–17).
Simon, begierig, auch selbst die Macht zu empfangen, den Heiligen Geist mitzuteilen, wie die Apostel es durch die Handauflegung taten, bot ihnen Geld an, um dafür jene über-

natürliche Kraft zu erlangen (vgl. *Apg* 8,18–19). (Daher stammt das Wort „Simonie", das Handel mit geistlichen Sachen bedeutet). Aber Petrus antwortete empört auf diesen Versuch, mit Geld „die Gabe Gottes" zu kaufen, die eben der Heilige Geist ist (vgl. *Apg* 8,20; 2,38; 10,45; 11,17; *Lk* 11,9.13), und drohte Simon mit der Verfluchung durch Gott.

Die beiden Apostel kehrten dann nach Jerusalem zurück und predigten in den Dörfern von Samarien, durch die sie zogen; Philippus hingegen zog nach Gaza hinab; vom Heiligen Geist getrieben, näherte er sich einem Hofbeamten der Königin der Äthiopier, der auf der Straße mit seinem Reisewagen fuhr, und „verkündete ihm das Evangelium von Jesus" (*Apg* 8,25–27.35); darauf folgte die Taufe. „Als sie aber aus dem Wasser stiegen, entführte der Geist des Herrn den Philippus" (*Apg* 8,39).

Wie man sieht, Pfingsten breitete sich aus und brachte reiche Frucht; es rief Anhänger an das Evangelium und Bekehrungen im Namen Jesu Christi hervor. Die *Apostelgeschichte* ist die Geschichte der Verwirklichung der Verheißung Christi: das heißt, daß der von ihm gesandte Heilige Geist auf die Jünger herabkommen und sein Werk vollbringen sollte, wenn er – nach Vollendung „seines Werkes" (vgl. *Joh* 5,17) und nachdem die Nacht des Todes vorüber war (vgl. *Lk* 13,33; *Joh* 9,4) – zum Vater zurückkehren würde (vgl. *Joh* 13,1; 16,28). Diese zweite Phase der Heilsbotschaft Christi beginnt mit Pfingsten.

In deutscher Sprache sagte der Papst:

Liebe Brüder und Schwestern!

Mit dem Kommen des Heiligen Geistes am Pfingstfest beginnt das Wirken und die Ausbreitung der Kirche in der Welt. Der Heilige Geist bleibt der „verborgene Gott"; er ist unsichtbar und doch überall in der Kirche gegenwärtig und am Werk. Er leitet die Kirche in ihren Entscheidungen und befähigt sie zur Fortsetzung und Vollendung des Heilswerkes Christi unter den Menschen. Der Heilige Geist ist die Quelle für alle geistige Fruchtbarkeit der Kirche.

Die *Apostelgeschichte* schildert das allmähliche, aber stete Anwachsen der Zahl derer, die sich gläubig der Kirche anschließen. Am Pfingstfest ist die Rede von „etwa dreitausend Menschen", die sich taufen ließen (*Apg* 2,41). Kurz später heißt es: „Viele ..., die das Wort gehört hatten, wurden gläubig; und die Zahl der Männer stieg auf etwa fünftausend" (*Apg* 4,4). Nach der Wahl der sieben Diakone bemerkt Lukas wiederum: „Und die Zahl der Jünger in Jerusalem wurde immer größer; auch eine große Anzahl von den Priestern nahm gehorsam den Glauben an" (*Apg* 6,7). Die ständig wachsende Zahl der Gläubigen ist ein Zeichen für die Fruchtbarkeit der Glaubensverkündigung der Apostel in Kraft des Heiligen Geistes. Von der Urkirche sagt die *Apostelgeschichte* ausdrücklich: „Sie wuchs durch die Hilfe des Heiligen Geistes" (*Apg* 9,31). Der Heilige Geist erfüllt die Apostel mit Mut und Zuversicht, begleitet ihre Verkündigung mit Zeichen und Wundern, stärkt die Märtyrer in ihrem Bekenntnis und formt die Gläubigen zu einer brüderlichen Gemeinschaft. Wie damals ist der Heilige Geist für die Kirche und die Gläubigen auch heute Trost und Beistand, Quell der Kraft und der Freude, des Bekennermutes und hoffnungsvoller Zuversicht.

In dieser letzten Audienz vor dem Weihnachtsfest wünsche ich den anwesenden Pilgern deutscher Sprache und allen, zu denen meine Worte durch die Medien gelangen, ein frohes und gnadenreiches Geburtsfest unseres Herrn, Friede und Zuversicht im Licht der uns in Christus erschienenen Menschenfreundlichkeit Gottes. Als deren Unterpfand erteile ich euch allen von Herzen meinen besonderen Apostolischen Segen.

Die Welt dürstet nach Hoffnung

Angelus am 24. Dezember

Liebe Brüder und Schwestern!

1. An Vigil von Weihnachten erfüllt ein Gefühl der Erwartung das Herz der Christen und der ganzen Kirche. Es ist eine Erwartung voller Hoffnung. Wir bereiten uns vor, Christus aufzunehmen, der zu uns als Erlöser der Welt kommt. Wir wissen, daß er mit einer geistlichen Macht kommt, die dazu dient, das Universum umzuwandeln und zu erneuern. Deshalb haben wir die Gewißheit, daß unsere Hoffnung nicht enttäuscht wird: Christus selbst macht sich zum Garanten ihrer endgültigen Erfüllung.
Aber er will uns aktiv teilhaben lassen an dem Werk, das er durch sein Kommen in die Welt begonnen hat. Er will, daß auch wir an der Erlösung mitwirken.

2. Der Glaubende erwartet alles von Christus und setzt sich doch so ein, als hänge alles von ihm ab. Das ist die Hoffnung, die den Christen bei der täglichen Anstrengung beseelen muß, wenn er den Werten des Evangeliums nachstrebt.
Das insbesondere ist die Hoffnung, die den Dienst des Priesters unterstützen muß, der im Namen Christi spricht und handelt. Der Priester ist der Mensch der Hoffnung. Diese Wahrheit wird gewiß von der Synode in Betracht gezogen werden, die die Priesterausbildung behandeln wird. Einen Priester formen bedeutet einen Menschen formen, der die Aufgabe hat, von der christlichen Hoffnung Zeugnis zu geben und die anderen zu stärken.

3. Die Welt dürstet nach Hoffnung. Sie fühlt sich bedrückt von vielen Übeln, bedrängt von zahllosen Prüfungen. Überall sind die Dramen des Elends und die von den menschlichen Leidenschaften hervorgerufenen Tragödien festzustellen. Die Sehnsucht nach Frieden wird behindert von Rivalitäten, Kriegen und Konflikten aller Art. Die Forderungen nach einer gerechten Verteilung der Güter prallen auf die Widerstände der Überheblichkeit und des Egoismus. Der Priester, Mensch der Hoffnung, soll alle Anstrengungen guten Willens ermutigen, aber vor allem um sich herum die Hoffnung verbreiten, die „nicht zugrunde gehen läßt" (*Röm* 5,5), die Hoffnung, die sich auf Christus richtet und alles von ihm erwartet.
Er ist dazu fähig, wenn er im Glauben an Jesus, den einzigen Erlöser der Menschheit, geformt wurde; wenn er sich daran gewöhnt hat, auf die Welt zu blicken mit dem Optimismus, der vom Sieg Christi über die Gewalt der Sünde herkommt. Der Optimismus der Hoffnung ist nicht einfältig; er verkennt nicht die Mißgeschicke, die die Menschen treffen, und die Schwierigkeiten, denen sie beim Aufbau einer besseren Gesellschaft begeg-

nen. Aber er gründet auf der überragenden Macht Christi, die alle Übel und Schwierigkeiten übersteigt.
Wünschen wir uns, daß die Synode die Formung der Priester in der Hoffnung fördern möge, der Tugend, in der wir selbst uns bemühen, nach dem Vorbild der Jungfrau Maria fortzuschreiten, deren Hoffnung in wunderbarer Weise erfüllt wurde.

Weihnachten schenkt uns Hoffnung

Ansprache bei der Generalaudienz am 27. Dezember

Liebe Brüder und Schwestern!

1. Wir haben soeben Weihnachten gefeiert, und in unseren Herzen ist noch das tiefe geistliche Echo lebendig, das dieses Hochfest der christlichen Liturgie immer in uns hinterläßt.
Das Weihnachtsfest, von der Adventszeit entsprechend vorbereitet, setzt den Anfang zu einer weiteren Reihe liturgischer Feste, die fast von ihm ausstrahlen und es umkränzen, als wollten sie gleichsam seine höchste Würde unterstreichen: das Fest des hl. Stephanus, des hl. Apostel und Evangelisten Johannes, der Unschuldigen Kinder, der Heiligen Familie, der Gottesmutter Maria und zum Abschluß dieser außerordentlichen Reihenfolge so bedeutsamer Feiertage das Hochfest der Erscheinung des Herrn.
Als sei es nicht genug, diese Konzentration liturgischer Feste fällt zusammen mit dem Beginn des neuen Jahres; auch dieser Begleitumstand ist sehr bedeutsam – gleichsam um uns den Gedanken und die Absicht einzugeben, daß die unbekannte Zukunft, die uns erwartet, im Zeichen jener überreichen göttlichen Gnade in Angriff genommen und gelebt werden muß, die wir im Lauf dieser Aufeinanderfolge von Festen empfangen können, wenn wir dazu die gebührende Bereitschaft haben.

2. Besonderen Widerhall im Herzen der Menschen finden vor allem das Weihnachtsfest und der Beginn des neuen Jahres. Weihnachten übt einen besonderen Reiz und eine geheimnisvolle Anziehungskraft auch auf viele aus, die üblicherweise nicht in die Kirche gehen oder nicht mehr glauben: Unter den Bedrängnissen und Mühen ihres unruhigen Lebens, könnte man sagen, stellt Weihnachten eine beinahe unwiderstehliche Ruhepause des Friedens, der Hoffnung und gleichsam des Wiedererlangens einer verlorenen Unschuld dar. Dann kann das neue Jahr nicht umhin, die Vorstellungskraft und Sensibilität aller – der Glaubenden und Nichtglaubenden – zu berühren, indem es uns an den unausweichlichen Fluß der Zeit erinnert und trotz der Enttäuschungen zu der Hoffnung veranlaßt, daß das kommende Jahr besser als das vergangene sein könne.
Wir Christen hegen hinsichtlich dieser Entwicklung und dieses Ausblicks im eschatologischen Licht keine Zweifel. Denn wir wissen, daß die Geschichte – wenn auch mit ihren Höhen und Tiefen – auf den endgültigen Sieg Christi zugeht. In unserer Macht liegt

es, Tag für Tag auf dieses ständige Anwachsen der Gnade zu antworten, die Gott uns in seiner unendlichen Güte schenken will, um uns ohne Unterbrechung und Hindernisse zum Reich Gottes fortschreiten zu lassen.
Wir wissen, daß wir berufen sind, ständig auf dieses Reich des Friedens, der Gerechtigkeit und weltweiten Brüderlichkeit hinzustreben, das uns durch die Geburt Christi angekündigt worden ist. Und wir sind nicht aufgerufen zu gehen, sondern – ich möchte sagen – zu laufen. Ja, Christus entgegenzulaufen, wie es der Apostel Johannes im Evangelium der heutigen Messe an seinem Fest berichtet. Wir sind dazu berufen, fortzuschreiten und als „Licht der Welt" und „Salz der Erde" die Welt fortschreiten zu lassen. Die Christen können in der Geschichte keine Rolle des Rückschritts und noch weniger der Rückentwicklung spielen. Das Evangelium in ihren Händen, die Worte und die Beispiele Christi, die sie aufgezeichnet haben, müssen sie trotz all ihrer menschlichen Schwächen zu Vorkämpfern und Menschen der Hoffnung machen. Ihnen ist es aufgegeben, den Weg vorzuzeichnen, den die Menschheit zu ihrem Heil und zu jenem übernatürlichen und himmlischen „ewigen Leben" gehen muß, von dem die erste Lesung der Messe von heute, eben vom Apostel Johannes, spricht: „Denn das Leben wurde offenbart; wir haben gesehen und bezeugen und verkünden euch das ewige Leben, das beim Vater war und uns offenbart wurde" (*1 Joh* 1,2).

3. Die Christen schöpfen diese Kraft der Erneuerung und diese unbesiegbare Hoffnung auf Erlösung und Befreiung nicht aus rein menschlichen Ideologien, sondern, wie der heilige Paulus sagt, aus dem „Erweis von Geist und Kraft" (*1 Kor* 2,4). Und nur indem er sich in die Schule Christi, des göttlichen Kindes, begibt, das uns an Weihnachten geschenkt wurde, kann der Mensch die anderen Menschen auf den Weg einer letzten und endgültigen – persönlichen und gesellschaftlichen – Vollkommenheit führen, die die schwachen Kräfte der durch die Sünde verwundeten menschlichen Natur übersteigt und ein für allemal die Kette der Bitterkeiten und Enttäuschungen zerreißt, die die Geschichte hier auf Erden gefangen hält.

Liebe Brüder und Schwestern!

Der Apostel Johannes, so heißt es im *Eröffnungsvers der heutigen Messe*, „ruhte beim Abendmahl an der Brust des Herrn, Ihm wurden die Geheimnisse des Himmels enthüllt". Er, der uns „einen Zugang eröffnet zum Geheimnis des ewigen Wortes" (*Tagesgebet*), der Lieblingsjünger Jesu, möge uns den Sinn der soeben gefeierten Weihnacht tief erfassen lassen; er schenke uns eine neue, tiefer empfundene und überzeugtere Erkenntnis Christi; er gewähre auch uns, wahre Freunde und Vertraute des Herrn zu werden und irgendwie die Gegenwart im tiefsten Innern unseres Herzens zu spüren, so daß wir wirklich mit ihm und mit dem Vater und so auch mit den Brüdern Gemeinschaft haben und überzeugte sowie überzeugende Verkünder sind von dem, was wir vom Wort des Lebens „gesehen" und „berührt" haben.
Dann können wir sagen, daß wir Weihnachten gut gefeiert haben.
Dann können wir uns wirklich auf das neue Jahr vorbereiten, das für uns nicht anders als reich an Verheißungen und neuen Früchten auf dem Weg des Guten sein kann. Dazu erteile ich allen meinen Segen.

In deutscher Sprache sagte der Papst:

Liebe Schwestern und Brüder!

Wir stehen noch ganz unter dem Eindruck der Feier der Weihnacht. Kein anderes christliches Fest ist so tief in die Erlebniswelt des Menschen eingedrungen wie die Feier des Geheimnisses der Menschwerdung Gottes. Viele jener, die selten einen Gottesdienst besuchen, finden sich an Weihnachten in der Kirche. Die Botschaft des Engels in der Nacht von Betlehem läßt auch die nichtchristliche Welt aufhorchen: die Botschaft vom Frieden für eine mit Gott und untereinander entzweite Menschheit.
Der Mensch in seiner Unruhe, mit seinem von Bedrängnissen und Sorgen geprägten Leben spürt in dieser Botschaft die Hoffnung auf das Wiedererlangen der ursprünglichen Unschuld.
Wir Christen glauben, daß Gott uns in Jesus seine unverbrüchliche Liebe und Treue zugesagt und mit seinem Kommen das Reich Gottes seinen Anfang genommen hat: das Reich der Gerechtigkeit, des Friedens und universaler Brüderlichkeit.
Als Christen sind wir dazu aufgerufen, am Aufbau des Gottesreiches mitzuarbeiten, diese Welt auf Christus hin umzugestalten und so dem Licht des Evangeliums zum Durchbruch zu verhelfen. Seien wir uns dieser verantwortungsvollen Aufgabe stets bewußt, deren wir in jener Nacht von Betlehem gewürdigt wurden.
Mit diesem Glauben wollen wir in wenigen Tagen auch dankbar Abschied nehmen vom zu Ende gehenden, an Veränderungen reichen und bewegenden Jahr 1989. Gehen wir mit Vertrauen in das Neue Jahr, im Wissen, daß Jesus Christus, der in seiner Geburt unser Bruder geworden ist, uns begleiten wird.
Mit besten Wünschen zum Neuen Jahr erteile ich allen anwesenden Pilgern und Besuchern sowie den Hörerinnen und Hörern über Radio Vatikan und ihren Familien von Herzen meinen besonderen Apostolischen Segen.

Die Familie von Gott gewollt

Angelus am 31. Dezember

Liebe Brüder und Schwestern!

1. Das heutige Fest lädt uns ein, die Heilige Familie, Josef, Maria und Jesus, zu betrachten und ihr harmonisches Einvernehmen und ihre vollkommene Liebe zu bewundern. Im Licht dieses Vorbilds können wir den Wert der Familie als Institution und die Bedeutung ihres ausgewogenen Zusammenlebens besser verstehen.
Aus dem biblischen Schöpfungsbericht wissen wir, daß die Familie von Gott gewollt war, als er Mann und Frau schuf, sie segnete und sprach: „Seid fruchtbar, und vermehrt euch" (*Gen* 1,28).
Die durch das Ehesakrament vermittelte Gnade Christi befähigt die Familien, die Einheit zu verwirklichen, zu der sie berufen sind. Besonders die christlichen Familien sind dazu verpflichtet, das von Jesus im hohepriesterlichen Gebet verkündete Ideal nachzubilden:

„Alle sollen eins sein: Wie du, Vater, in mir bist und ich in dir bin, sollen auch sie in uns sein“ (*Joh* 17,21). Er, der dieses Gebet sprach, erlangte durch seinen Opfertod ein besonderes Geschenk der Einheit für alle Familien.

2. Der Sohn Gottes wurde Priester durch die Menschwerdung, aber eben aufgrund dieses Dienstes brauchte er die Erziehung in einer Familie. Jesus gehorchte Maria und Josef: „Er ... war ihnen gehorsam“, heißt es im Evangelium (*Lk* 2,51). Dieser Gehorsam trug zur Verbundenheit des Kindes mit seinen Eltern und zu der Atmosphäre vollkommener Übereinstimmung bei, die im Haus von Nazaret herrschte.
Die in der Familie genossene Erziehung bereitete Jesus tatsächlich auf die Sendung vor, die er auf Erden erfüllen sollte, gemäß der Offenbarung des Engels im Augenblick der Verkündigung.
Es war also eine Heranbildung zur Erfüllung seines priesterlichen Dienstes, genauer gesagt zum Opfer der Selbsthingabe an den Vater.
So wird die Rolle der christlichen Familie bei der Entfaltung der Priesterberufe beleuchtet. Die kommende Synode wird nicht umhin können, diese Rolle zu berücksichtigen, ihre Bedeutung anzuerkennen und über die Mittel nachzudenken, die geeignet sind, sie zu fördern.

3. Die Berufung ist ein Ruf, der von der höchsten freien Macht Gottes kommt. Aber dieser Ruf muß sich einen Weg ins Herz bahnen; er muß in die Tiefen des Denkens, des Fühlens, des Wollens des Menschen eindringen, und zwar so weit, daß er das moralische Verhalten beeinflußt. Der Jugendliche braucht ein solches familiäres Umfeld, das ihm hilft, sich des Rufes bewußt zu werden und alle seine Möglichkeiten zu entfalten.
Indem wir heute für alle Familien der Welt beten, bitten wir besonders Maria, die Mutter Gottes und unsere Mutter, die Entwicklung der Priesterberufe zu fördern und jene Familien zu segnen, die sich dadurch bereit erwiesen haben, daß sie eines ihrer Kinder der Kirche geschenkt haben.

II.

Predigten und Ansprachen bei den Reisen

1. Fünfte Pastoralreise nach Afrika (28. April bis 6. Mai)

Die Einheit der Kirche enger knüpfen

Predigt bei der Messe in Antsiranana (Madagaskar) am 29. April

1. Gelobt sei Jesus Christus!
„Die Völker sollen dir danken, o Gott, danken sollen dir die Völker alle!“ (*Ps* 67,4). So betet die Kirche in der heutigen Tagesliturgie. Und so, mit denselben Worten, möchte ich Madagaskar begrüßen: die „Große Insel“ im Indischen Ozean, die Bevölkerung, die sie bewohnt, und alle, die hier sind, sowie alle, denen ich im Laufe meiner Pilgerreise in ihren Städten und Dörfern werde begegnen können.
Der Mensch kann nichts Größeres tun, als Gott die Ehre zu geben. Es gibt keine erhebendere Handlung für die Völker, die Nationen und die Gesellschaft. Der Schöpfer hat den Menschen von Anfang an in den Mittelpunkt der sichtbaren Welt gestellt, damit dieser Mensch, geschaffen als Mann und Frau, Gott durch das Zeugnis der ganzen Schöpfung erkennen kann.
Und Gott erkennen heißt, ihm die Ehre geben. Unerforschlich ist die Herrlichkeit Gottes in ihm selbst, im Geheimnis seiner Gottheit, im Geheimnis des Vaters, des Sohnes und des Heiligen Geistes.
Der Mensch erkennt Gott durch die geschaffene Welt. Und im Namen der Schöpfung verkündet er seine Herrlichkeit.
Zu Beginn meines Besuches bei euch, Söhne und Töchter von Madagaskar, wiederhole ich das liturgische Gebet von heute: „Die Völker sollen dir danken, o Gott, danken sollen dir alle Völker!“

2. Ja, ich möchte euch alle einladen, Dank zu sagen in der Osterfreude, in der Freude der Auferstehung Christi, der sein Leben hingegeben hat, damit alle Menschen gerettet werden.
In der Freude und Danksagung begrüße ich alle, die sich hier als Kirche versammelt haben. Ich begrüße den Oberhirten dieser großen Diözese, Msgr. Albert Tsiahoana. Ich danke ihm für seine Grußworte, und es freut mich, ihn zum 25. Jahrestag seiner Bischofsweihe beglückwünschen zu können. Ich begrüße neben ihm die anderen Bischöfe der Kirchenprovinz und des nördlichen Teils der Insel, insbesondere die neuen Bischöfe, die heute mitzelebrieren.
Voll Hochachtung begrüße ich die Obrigkeiten dieser Region, die mein Kommen ermöglicht haben und an dieser Festversammlung teilnehmen wollten. Wir danken auch allen anwesenden Persönlichkeiten für ihre Dienste zugunsten des Gemeinwohls.
Ich begrüße herzlich die Priester, die Ordensmänner und -frauen, die ihr Leben der Verkündigung der Frohbotschaft weihen. Der Herr schenke ihnen Kraft und Vertrau-

en in ihrem Beruf und lasse sie die Freude spüren, die den Jüngern verheißen ist, die ihn lieben (vgl. *Joh* 14,28).
Ich möchte allen Gläubigen meine Liebe aussprechen. In vielen Fällen sind sie von weither gekommen und einen langen Weg gegangen. Die Alten, die Erwachsenen und die Jugend, alle, die im Leben der Gemeinschaft und in den Vereinigungen Verantwortung tragen, sowie die am Osterfest Neugetauften ermutige ich: Laßt euch von der heilbringenden Liebe Christi berühren, laßt euch immer mehr mit dem Geist der Versöhnung, der Solidarität und der brüderlichen Gemeinschaft erfüllen, der zu eurer Taufe gehört!
Ich begrüße alle Arbeiter dieses Landes. Die Kirche schätzt eure Tätigkeit sehr hoch. Ich denke besonders an die Seeleute in diesem Hafen und im ganzen Land und ermutige lebhaft das Apostolat des Meeres, das die hier anhaltenden Seeleute verschiedener Herkunft aufnimmt und vereint. Ich denke auch an die Arbeiter, die Industriearbeiter, die Landarbeiter und die Arbeitnehmer in den Städten, und wünsche ihnen, daß alle in der Ausübung ihres Berufes nicht nur die Mittel für einen ausreichenden Lebensunterhalt finden, sondern auch die Freude, sich selbst zu verwirklichen durch eine für die madagassische Gesellschaft nützliche Tätigkeit.
Voll Hochachtung begrüße ich auch unsere Brüder und Schwestern, die nicht mit uns den Glauben der katholischen Kirche teilen, insbesondere die Mitglieder der muslimischen Gemeinde, die sich der Festversammlung anschließen und dem Bischof von Rom begegnen wollen. Ich schätze ihre brüderliche Geste hoch und versichere sie des guten Willens der Katholiken gegenüber ihren Landsleuten.
Es liegt mir daran, meine Liebe insbesondere allen unter euch auszusprechen, die an Leib und Seele leiden, ebenso denen, die von einer Krankheit oder Behinderung betroffen sind oder die Last der Einsamkeit und der Armut tragen. Ich möchte ihnen gegenüber wiederholen, daß der Sohn Gottes mit ihnen ist. Er ist der Bruder aller Menschen und vor allem der Bruder jener unter euch, die am bedürftigsten sind. Und vor euch wollen wir seinen Ruf zur Solidarität ausweiten, die uns anspornt, einer des andern Last zu tragen.

3. Schwestern und Brüder, in Jesus Christus erreicht die Herrlichkeit Gottes den Höhepunkt ihrer Offenbarung in der geschaffenen Welt und in der Menschheitsgeschichte.
Der Sohn, eines Wesens mit dem Vater, ist Mensch geworden; empfangen durch den Heiligen Geist, wurde er von der Jungfrau Maria geboren; er hat dem Menschen das unaussprechliche Geheimnis Gottes offenbart.
Durch alles, was er tat und lehrte, hat Jesus Christus die Botschaft vom ewigen Heil in die Geschichte der Menschheit eingeschrieben. Das letzte Wort seiner messianischen Sendung ist der Opfertod am Kreuz: Der gekreuzigte und auferstandene Christus, der Erlöser der Welt, hat den Söhnen und Töchtern des Menschengeschlechtes die Würde der Gotteskindschaft, die sie durch die Sünde verloren hatten, wiedergeschenkt. Und er hat uns gelehrt, zu Gott zu sagen: „Vater, Vater unser“ (vgl. *Mt* 6,9–13).
Als er im Begriff war, die Erde zu verlassen, am Vorabend seines Leidens, hat er die Apostel noch einmal daran erinnert, daß der Kern seiner Lehre die Liebe zu Gott und zum Nächsten ist. Er sagt: „Wenn jemand mich liebt, wird er an meinem Wort festhal-

ten; mein Vater wird ihn lieben, und wir werden zu ihm kommen und bei ihm wohnen" (*Joh* 14,23). Der Mensch, der die Liebe Gottes annimmt und seine Brüder liebt, wird zur Wohnung Gottes, zum Tempel Gottes.

4. Am Vorabend seines Leidens, im Abendmahlssaal von Jerusalem, kündigt Jesus den Aposteln auch an, daß der Tag seines Heimgangs zum Vater schon nahe ist: „Ich gehe fort und komme wieder zu euch zurück ... ich gehe zum Vater; denn der Vater ist größer als ich" (*Joh* 14,28).
Wir nähern uns dem Zeitpunkt der Himmelfahrt Christi, deshalb wiederholt die Kirche diese Worte. Der Abschied Jesu hat die Herzen der Apostel mit Trauer erfüllt, mit Traurigkeit und Angst. Aber er sagt zu ihnen: „Euer Herz beunruhige sich nicht ... Ich gehe fort und komme wieder zu euch zurück" (*Joh* 14,27–28).
Dieses Wiederkommen Christi beginnt mit der Herabkunft des Heiligen Geistes: „Der Beistand aber, der Heilige Geist, den der Vater in meinem Namen senden wird, der wird euch alles lehren und euch an alles erinnern, was ich euch gesagt habe" (*Joh* 14,26).
Vom Himmelfahrtstag an folgt die Kirche dem Beispiel der Apostel und bereitet sich auf das Kommen des Heiligen Geistes, das Pfingstfest, vor. Während dieser Zeit verharrten sie im Abendmahlssaal zusammen mit Maria, der Mutter Christi, im Gebet.

5. Gestärkt durch den Heiligen Geist, traten sie am Pfingsttag aus dem Abendmahlssaal heraus: Zunächst gingen sie in die Straßen von Jerusalem, dann in die nahen Ortschaften, wie nach Samaria, und dann immer weiter in die Ferne ... bis an die Grenzen der Erde. Die *Apostelgeschichte* erzählt uns davon. Die erste Lesung heute zeigt uns die um das Jahr 50 nach Christus erstmals zum Konzil versammelte Urkirche. Damals hatte man bereits begonnen, den „Heidenvölkern" das Evangelium zu verkünden, dank vor allem der Tätigkeit des Apostels Paulus und seiner Gefährten.
Vom Bericht der *Apostelgeschichte* an, den wir gehört haben, können wir die Wege der Mission verfolgen. So kommen wir zu dem Augenblick, wo die Botschaft Christi hier in Madagaskar verkündet wurde.

6. Jahrhunderte waren vergangen, und die Missionare kamen hierher als Träger derselben Botschaft der Hoffnung und Liebe. Sie kamen betend, wie im *Psalm*, den wir gesungen haben: Gott „lasse über uns sein Angesicht leuchten, damit auf Erden sein Weg erkannt wird und unter allen Völkern sein Heil" (*Ps* 67,2–3).
Wenn wir uns an die Geschichte der Evangelisierung auf eurer Großen Insel erinnern, ehren wir heute die Söhne des hl. Vinzenz von Paul, die Söhne des hl. Ignatius, dann die Spiritanerväter, die Prämonstratenser, die Kapuziner, die Monfortaner, die Christlichen Schulbrüder, die Schwestern vom hl. Josef von Cluny und viele andere Kongregationen.
Für diese Männer und Frauen Gottes war der Weg oft weit und schwierig. Viele sind nicht mehr in ihre Heimatländer zurückgekehrt. Ihr ehrt hier ihre Gräber. Man müßte viele Gestalten nennen. Ich erinnere nur an den Seligen Jacques Berthieu, der sein Leben für das Evangelium hingab, und an den großen Gründer Pater Dalmond.
Bei der Versammlung in Jerusalem, von der die *Apostelgeschichte* erzählt, bemerkt man eine wahre Achtung vor der Kultur und den Bräuchen derer, die erstmals die christliche

Botschaft empfangen. Hier bei euch haben die Missionare sehr bald Kontakt mit der madagassischen Bevölkerung gefunden. Sie haben in hervorragender Weise eure Sprache gelernt und gepflegt; es genügt, an das Werk von Pater Calvet zu erinnern; sie haben eure Kultur und euer Land entdeckt und erforscht. Für sie war dies eine Voraussetzung, um genau die Sprache des Evangeliums zu sprechen und die madagassischen Männer und Frauen einzuladen, das wahre Antlitz Gottes zu entdecken, der sich in seinem Sohn Jesus geoffenbart hat.
Ihr erinnert euch auch an das Bemühen der Missionare, auf die Armen und die Reichen zuzugehen, auf die Mächtigen und die Einfachen, auf die Kranken und die Gesunden. Die Missionare haben viel Kraft und viel Liebe in den Werken des Gesundheits- und Erziehungswesens eingesetzt.
Aber im Mittelpunkt ihrer Tätigkeit war das, was zählte, der keimende Glaube unter euch, die wachsende Zahl der Getauften, der Firmlinge, die die Gaben des Heiligen Geistes empfingen, ebenso der Gläubigen, die den eucharistischen Leib Christi, des Erlösers, in der Kommunion empfingen, und derjenigen, die im Bußsakrament die Gnade Gottes fanden, der den Menschen mit sich und mit seinen Brüdern versöhnen will.
Gestärkt durch die Taufgnade, werden nun die Laien ihrerseits zu Verkündern des Evangeliums, zu Katecheten, zu Animatoren der Gemeinde, zu Verantwortlichen von Vereinigungen und zu Erziehern. Sehr bald hat sich der Ruf des Herrn zum Priestertum und Ordensleben unter euch ausgebreitet. Dieser Ruf ertönt immer stärker. Immer noch froh über die Anwesenheit und Tätigkeit hochherziger Missionare aus anderen Erdteilen, beweist die Kirche in Madagaskar derzeit ihre Persönlichkeit dank der Söhne und Töchter dieses Landes, die immer mehr die Missionare von heute sind.

7. Liebe Brüder und Schwestern, wir können zusammen Dank sagen für die Geschichte der Evangelisierung in eurem Land, für eure eigene Erfahrung vom Geschenk Gottes auf dem tausendjährigen Weg des Evangeliums durch die Welt, das die Völker und Nationen in ihrer besonderen Eigentümlichkeit erreicht. Das Evangelium eröffnet der Menschheit den Ausblick auf Frieden durch das Gebot der Liebe selbst, das Christus uns gegeben hat. „Frieden hinterlasse ich euch, meinen Frieden gebe ich euch; nicht einen Frieden, wie die Welt ihn gibt, gebe ich euch" (*Joh* 14,27).
Die Quelle dieses Friedens ist in Gott.
Es ist vor allem der Frieden mit Gott: die Versöhnung mit dem Vater. Denn der Vater steht am Beginn allen Friedens bei den Menschen, im Herzen des Menschen, und der Vater ist der Ursprung des Friedens unter den Menschen. Es ist wahr, daß die Menschen, die Christen selbst, nicht immer jene Baumeister des Friedens waren, denen der Herr den Zugang zu seinem Reich verheißen hat. Die Geschichte eures Landes, eurer Kirche selbst ist gekennzeichnet von Leiden, vom Unverständnis und von der Unfähigkeit, so zu lieben, wie der Herr uns liebt; mit einem Wort: sie ist gekennzeichnet von der Sünde.
Aber in dieser Osterzeit dürfen wir uns nicht verwirren und nicht beunruhigen lassen: Der auferstandene Herr Jesus, aufgestiegen zum Vater, sendet uns den Geist der Wahrheit und der Liebe, der Versöhnung und der Gemeinschaft. „Meinen Frieden gebe ich euch" (*Joh* 14,27).

Und wir können dieses Geschenk empfangen! Lassen wir uns vom Geist des Friedens Christi durchdringen, damit wir Baumeister des Friedens und der Solidarität seien! Die Aufgabe der gesamten Welt ist es, den Frieden und die Zusammenarbeit unter den Völkern weiterzubauen. Es ist die Aufgabe jeder Einzelperson, jeder Familie, jeder Gemeinschaft am Ort, am Arbeitsplatz und in der Kirche. Der Weg des Evangeliums geht parallel zum Einsatz jedes einzelnen, der Sache des Friedens zu dienen. Der Weg des Evangeliums geht Hand in Hand mit dem Einfallsreichtum neuer von der Liebe beseelter Formen des Dienstes und der Zuständigkeit in der Kirche und zum Wohl der ganzen Gesellschaft.
Liebe Freunde von Antsiranana und der ganzen Region! Hört vertrauensvoll den Ruf Christi, der in allen wohnt, die an ihn glauben! Habt Mut und verdoppelt eure Anstrengungen, um die Einheit der Kirche unter euch enger zu knüpfen und die Solidarität des ganzen Volkes zu stärken!

8. Wir müssen uns auch fragen: Wohin führt am Ende unserer irdischen Pilgerschaft im Glauben der Weg des Evangeliums, das die Apostel, die Missionare aller Zeiten und die gesamte Kirche verkündet haben?
Die zweite Lesung der Liturgie von heute zeigt es uns. Im *Buch der Offenbarung* betrachtet der hl. Johannes unter der Eingebung des Geistes die heilige Stadt, Jerusalem. Aber nicht das irdische Jerusalem, wo Christus gekreuzigt wurde und auferstanden ist, nicht jene Stadt, von der die Apostel in alle Welt ausgezogen sind, um das Evangelium zu verkünden, sondern es ist das himmlische Jerusalem, das der hl. Johannes schaut.
In dieser Stadt sieht er keinen Tempel. Er schreibt: „Einen Tempel sah ich nicht in der Stadt. Denn der Herr, ihr Gott, der Herrscher über die ganze Schöpfung, ist ihr Tempel, er und das Lamm“ (*Offb* 21,22).
Im Abendmahlssaal hat der Herr zu den Aposteln gesagt, er wird zu jedem Menschen kommen, der seine Lehre beobachtet, und in ihm, in seiner Seele, Wohnung nehmen, und er wird mit dem Vater dort wohnen.
Wenn der Mensch selbst Tempel Gottes wird, beginnt das Himmelreich. Im himmlischen Jerusalem ist Gott der Vater, der Sohn und der Heilige Geist, Gott selbst, der ewige Tempel all derer, die durch Christus, den Retter, das Lamm Gottes, erlöst wurden.

9. Bei der Betrachtung dieser einzigartigen Wahrheiten und des Geheimnisses unseres Glaubens, die in der Liturgie der Osterzeit so stark zum Ausdruck kommen, sprechen wir gemeinsam die Worte des Psalmisten, um Christus zu sagen: „Die Nationen sollen sich freuen und jubeln ... Du richtest die Völker nach Recht und regierst die Nationen auf Erden“ (*Ps* 67,5).
Und für das ganze Volk dieses Landes, für alle Bewohner von Madagaskar, dieser Erde, wo der Weg Gottes und das Heil in Christus erkannt wurden, bitten wir den Herrn mit den Worten des *Psalms*: „Gott sei uns gnädig und segne uns“ (*Ps* 67,2).
Der Herr segne uns!

Einheit kann nicht durch uns allein erreicht werden

Ansprache beim ökumenischen Gebetsgottesdienst in Antananarivo (Madagaskar) am 29. April

Liebe Brüder und Schwestern!

1. Ich möchte Ihnen zunächst meine Freude darüber ausdrücken, daß ich in diesem Augenblick mit Ihnen zusammensein kann. Ich danke Ihnen dafür, daß Sie mir diese Gelegenheit geschenkt haben, mit Ihnen zu beten. Auf meinen Pastoralreisen erfülle ich, indem ich die katholischen Diözesen besuche, den Auftrag, „meine Brüder zu stärken" (vgl. *Lk* 22,32), den mir der Herr anvertraut hat. Ich habe immer auch den lebhaften Wunsch, den Gläubigen der anderen Kirchen und kirchlichen Gemeinschaften zu begegnen, um mit ihnen zu beten und mit ihnen zusammen auf den Heiligen Geist zu hören, der uns „in die ganze Wahrheit führen wird" (*Joh* 16,13). Hierher bin ich gekommen, gedrängt von aufrichtiger Liebe zu Ihnen allen. Gerade aufgrund des Dienstamtes, mit dem ich beauftragt bin – dem Dienst für die Einheit in Wahrheit und Liebe –, bin ich aufgerufen, der heiligen Sache der Einheit der Christen in einzigartiger Weise zu dienen. Ich bin überzeugt, daß die ökumenische Bewegung vom Heiligen Geist geweckt worden ist; deswegen fühle ich mich ihr gegenüber zutiefst verantwortlich.

Doch wir müssen uns daran erinnern, daß die Einheit aller Christen in demselben Glaubensbekenntnis und in der Liebe nicht durch unsere Anstrengungen allein – so notwendig sie sind – und nicht einmal durch das großmütigste Engagement verwirklicht werden kann. Gott allein führt uns zusammen, indem er seine Liebe in unsere Herzen ausgießt, uns zum Glauben ruft und uns das Geschenk der Hoffnung macht, und er läßt uns dadurch wachsen in der Gemeinschaft mit ihm und untereinander. Ja, es ist, wie wir gesungen haben: Der Herr wird uns seine Wege zeigen, der Herr ruft zahllose Völker, zum neuen Jerusalem hinaufzuziehen. „Er erleuchte die Augen unseres Herzens, damit wir verstehen, zu welcher Hoffnung wir durch ihn berufen sind" (vgl. *Eph* 1,18).

Das Evangelium, das wir gehört haben, führt uns mitten ins Herz des Geheimnisses der Einheit. In dem Gebet, das er an seinen Vater richtet, zeigt uns Jesus die Quelle und das höchste Vorbild der Einheit: „Alle sollen eins sein: Wie du, Vater, in mir bist und ich in dir bin, sollen auch sie in uns sein" (*Joh* 17,21). In diesem Zusammenhang spricht der heilige Cyprian von der Kirche als einem „Volk, das seine Einheit aus der Einheit des Vaters, des Sohnes und des Heiligen Geistes ableitet" (*De Orat. Dom.*, 23). Wir wissen, daß Jesus allein durch sein Kreuz und seine Auferstehung unsere Einheit mit Gott und untereinander möglich gemacht hat. Er hat sie verwirklicht in der einen Kirche, damit sie ein Zeichen der Sammlung sei, zu der die ganze Menschheit eingeladen ist. Unglücklicherweise haben sich im Laufe der Generationen die Glieder der Kirche gegeneinander gestellt und sich gespalten. Während Jesus darum gebetet hatte, daß seine Jünger „eins sind, damit die Welt glaubt", sind diese, indem sie ihre Spaltungen und Gegensätze in Gegenwart derer deutlich werden ließen, die zum ersten Mal die Botschaft Christi hörten, zum „Schaden für die heilige Sache der Verkündigung des Evangeliums" geworden (*Unitatis redintegratio*, Nr. 1).

2. Gott sei Dank haben sich beachtliche Veränderungen in den Beziehungen unter den Christen ereignet; und die Bande, die jetzt unter den Kirchen und kirchlichen Gemeinschaften in Madagaskar bestehen, sind dafür ein deutliches Beispiel. In Abgeklärtheit werden Sie sich gemeinsam des Erbes bewußt, das Ihnen die ersten Verkünder des Evangeliums und die ersten Christen in diesem Lande hinterlassen haben. Sie ehren das Andenken derer, die wegen ihrer Treue zu Christus das Martyrium erlitten haben. Sie haben vor kurzem den 150. Jahrestag der ersten Übersetzung der Bibel in die Umgangssprache der Insel gefeiert, eines Ereignisses, das den modernen Aufschwung der madagassischen Kultur geprägt hat.

Seit fast zehn Jahren bezeugen der Rat der christlichen Kirchen Madagaskars, die Aktivitäten seiner Kommissionen, die Organisation des Kongresses oder auch die gemeinsamen Erklärungen der Kirchenführer, daß sich die Bande der Gemeinschaft zwischen Ihnen mehr und mehr verstärken. Die häufige Teilnahme der Gläubigen an den ökumenischen Gebetsversammlungen beweist, daß die Sorge um die Einheit nicht nur bei den Verantwortlichen oder bei bestimmten Organen vorhanden ist. Überall auf der Welt kann man die Früchte der ökumenischen Bewegung feststellen. Ernste Gegensätze in der Lehre bestehen noch, und neue Probleme entstehen zuweilen unter den Christen. Doch auf dem gemeinsam bereits zurückgelegten Weg und in der Realität des gemeinsamen Gebetes und der Zusammenarbeit heute finden wir Motive der Hoffnung für den Weg, der noch zu gehen bleibt.

3. Ich ermutige die madagassischen Katholiken, sich mit allen Kräften an der ökumenischen Bewegung zu beteiligen, in Einheit mit ihren Bischöfen, und dabei Kühnheit und Einfallsreichtum zu beweisen. Ich erinnere sie daran, daß sich die katholische Kirche auf dem Zweiten Vatikanischen Konzil auf eine nicht mehr umkehrbare Weise in dieser Bewegung engagiert hat, in Treue zu ihren eigenen Überzeugungen, die der Ausdruck des im Glauben empfangenen Willens des Herrn sind. Im *Konzilsdekret über den Ökumenismus* hat die katholische Kirche deutlich verkündet, daß sie im Namen des Herrn Jesus, der durch den Heiligen Geist „das Volk des Neuen Bundes ... zur Einheit des Glaubens, der Hoffnung und der Liebe beruft und versammelt" (Nr. 2), an der Bewegung für die Einheit der Christen teilnehmen will. Später wurden durch die Veröffentlichung eines ökumenischen Direktoriums – das gegenwärtig auf den neuesten Stand gebracht wird – genaue Hinweise gegeben, um die Orientierungen des Konzils Wirklichkeit werden zu lassen. Denn „die Sorge um die Wiederherstellung der Einheit ist Sache der ganzen Kirche, sowohl der Gläubigen wie auch der Hirten, und geht einen jeden an, je nach seiner Fähigkeit" (Dekret über den Ökumenismus *Unitatis redintegratio*, Nr. 5).

4. Für die Katholiken ist es ein oft schwieriges, aber für die Einheit stets fundamental bedeutsames Erfordernis, nach den Wegweisungen und Richtlinien der Kirche auf dem Gebiet des Ökumenismus zu handeln. Ich möchte hier wenigstens das Leben der gemischt konfessionellen Ehen zur Sprache bringen, die das Drama der Zwietracht unter den Christen im Innersten ihrer ehelichen Liebe erfahren. Diese Ehen können trotz ihres Leides und manchmal gerade dank ihres Leides zu Bauleuten der Einheit der Christen werden. Deswegen ist es notwendig, ihnen einen seelsorglichen Beistand zu gewährleisten, der

Rücksicht nimmt auf „die besonderen Schwierigkeiten in den Beziehungen zwischen Mann und Frau hinsichtlich der Achtung der religiösen Freiheit; diese kann durch ungebührlichen Druck in Richtung auf eine Änderung der religiösen Einstellungen des Partners verletzt werden oder durch Hindernisse, die man ihrem freien Vollzug in der religiösen Praxis in den Weg legt" (Apostolisches Schreiben *Familiaris consortio*, Nr. 78).

5. Kehren wir zurück zum Gebet Jesu für die Einheit seiner Jünger, wie wir es aus dem *Johannesevangelium* gehört haben. Treten wir ein in dieses Gebet und lassen wir es in uns eindringen. Ich berufe mich gerne auf das, was der heilige Augustinus sagte: „Die Worte Jesu widerhallen in unserer Seele, und unsere Worte widerhallen in seiner Seele." Jesus selbst nimmt uns hinein in sein Gebet, er zieht uns hinein in seine Opfergabe an den Vater. Lassen wir uns von ihm ergreifen, der in uns und für uns betet:
„Heiliger Vater, heilige sie in der Wahrheit; dein Wort ist Wahrheit. Wie du mich in die Welt gesandt hast, so habe auch ich sie in die Welt gesandt. Und ich heilige mich für sie, damit auch sie in der Wahrheit geheiligt sind. Aber ich bitte nicht nur für diese hier, sondern auch für alle, die durch ihr Wort an mich glauben. Alle sollen eins sein: Wie du, Vater, in mir bist und ich in dir bin, sollen auch sie in uns sein, damit die Welt glaubt, daß du mich gesandt hast" (*Joh* 17,17–21).

Gemeinschaft im Dienst der Solidarität

Ansprache bei der Begegnung mit den Bischöfen in Antananarivo (Madagaskar) am 29. April

Liebe Brüder im Bischofsamt!

1. So erfüllt sich der Wunsch, den ihr seit einigen Jahren bei euch gehegt habt: der Besuch des Papstes bei eurer Kirche. Auch ich habe diesen sehnlich gewünscht. Ich danke eurem Vorsitzenden für seine Willkommensworte. Über eure pastoralen Sorgen und eure Hoffnungen haben wir uns während des letzten Ad-limina-Besuches unterhalten, doch bei euch zu sein auf dem Boden und im Herzen eurer Kirche, das ist eine Gnade für mich. Ich mache mir die drei Gründe zu eigen, die der heilige Paulus anführt, wenn er den Römern seinen Wunsch zum Ausdruck bringt, zu ihnen zu kommen (vgl. *Röm* 1,11–15).
Zunächst bin ich gerne Zeuge der religiösen Vitalität eurer noch jungen Christengemeinden. Ich bin glücklich, ihr Zeugnis aufzunehmen, um es nach Rom und zu den anderen Kirchen zu tragen.
Ich wünsche, daß mein Kommen der Evangelisierung neuen Schwung verleiht, ihr sie auf allen Gebieten voranzutreiben euch bemüht, und daß es alle ermutigt, die dabei mit euch zusammenarbeiten.
Schließlich möchte ich, wie es der Pflicht des Nachfolgers des Petrus entspricht, dazu beitragen, die Gemeinschaft zu stärken, die euch mit der ganzen Kirche vereint. Eure Insellage, fern von Rom, darf euch in keiner Weise des Austauschs berauben, der ein Wesensmerkmal des ganzen Leibes Christi ist. Jenseits der kulturellen Besonderheiten der

Völker haben wir alle Anteil an demselben Glauben, sind wir aufgerufen, die Kirche in ihrer Vielfalt nach denselben wesentlichen Strukturen zu organisieren.
Die Kirche muß „Gemeinschaft im Dienst an der Solidarität eines Volkes“ sein, so das Thema, das ihr für diesen Pastoralbesuch gewählt habt. Und das möchte ich ebenfalls mit euch zusammen fördern.

2. In erster Linie möchte ich mit euch zusammen für alle Früchte der Evangelisierung auf madagassischer Erde Dank sagen.
Morgen vormittag werden wir das feierlich zusammen mit dem ganzen Volk Gottes von Antananarivo und Madagaskar bei der Seligsprechung der Viktoire Rasoamanarivo tun. Sie hat in ihrem Leben als verheiratete Frau, später als Witwe, in vollkommener Weise das verwirklicht, was Christus von seinen Jüngern erwartet, was die Kirche von den Getauften erwartet. Ihre Treue im Glauben und ihre apostolische Ausstrahlung machen dem madagassischen Volk große Ehre. Aber sie ist nicht die einzige. Wir denken an Bruder Raphael Louis Rafiringa und an ein ganzes Blütenmeer anderer Laien, von Ordensmännern, Priestern und noch mehr von Ordensfrauen, das diese Erde hervorgebracht hat: sie sind das Zeichen, daß die Kirche mit ihren Hirten, die aus ihrem Schoß erwählt sind, bei euch gut eingewurzelt ist.
Mit euch zusammen möchte ich – wie ich schon heute morgen in Antsiranana gesagt habe – Gott danken für die von weither gekommenen Pioniere der Mission. Jesuiten und Lazaristen wollten diesem Land schon im 17. Jahrhundert das Evangelium verkünden, noch ohne einen Grund legen zu können. Ihr habt vor kurzem dem Pater Pierre Dalmond eine berechtigte Huldigung erwiesen, der als der Begründer der katholischen Kirche auf Madagaskar vor 150 Jahren – mit armen Mitteln, doch bewundernswerter Ausdauer – gilt. Seit hundert Jahren sind zahlreiche Männer- und Schwesternkongregationen zur Verstärkung gekommen. Mehr als 500 ausländische Priester leisten hier noch ihren Dienst. Man kann den Glauben all dieser Männer und Frauen, ihre aufrichtige Liebe zu euren Landsleuten und die Summe ihrer im Verborgenen geleisteten Opfer nur bewundern. Das Zusammentreffen ihres Kommens mit einer (politischen) Eroberung in der Vergangenheit darf ihre Verdienste nicht beschmutzen, denn ihr einziger Wunsch war es, den Glauben mit euch zu teilen, den sie selbst unverdient empfangen hatten. Heute ist es die Freude dieser Apostel, zu sehen, daß die Übergabe gelungen ist.
Schließlich danken wir Gott für den Aufschwung in der madagassischen Kirche von heute. Die Strukturen der Bischofskonferenz, das Funktionieren ihrer Kommissionen und der ihr angegliederten Organismen stellen die notwendige Stütze für eine Vielzahl dynamischer kirchlicher Aktivitäten dar, für die die Nationalsynode von 1975, das Priestersymposium von 1978 und das Jugendsymposium von 1985 Zeugnis geben. Und was über diese Aktivitäten hinaus wichtig ist, das ist die Qualität des Glaubens und der Liebe, die sie aufrechterhalten müssen.

3. In welche Richtungen muß sich diese Dynamik entfalten? Sie muß vor allem der Evangelisierung dienen mit all ihrem Reichtum in dem Sinne, wie ihn das Apostolische Mahnschreiben *Evangelii nuntiandi* dargelegt hat (vgl. Nrn. 17–39): die Verkündi-

gung und die praktische Anwendung der Heilsbotschaft Jesu Christi für die Männer und Frauen Madagaskars, wie sie von ihrer Kultur geprägt sind.

Beim Ad-limina-Besuch (Ansprache vom 21. Mai 1987, Nr. 3) haben wir die verschiedenen Stadien und Gebiete der Evangelisierung erörtert. Ein Teil eurer Diözesen ist in jeder Hinsicht schwach ausgerüstet, und zahlreich sind dort die Madagassen, die noch nicht wirklich in den Glauben eingeführt sind. Dort vor allem, aber auch anderswo, muß noch die Erstevangelisierung verwirklicht werden. Ich ermutige alle, Madagassen und Ausländer, die sich damit beschäftigen; und zweifellos werdet ihr daran denken, die madagassischen Christen, die als erste das Geschenk des Glaubens empfangen haben, zu dieser missionarischen Verantwortung gegenüber ihren Brüdern aufzurütteln. Abgesehen davon erscheint eine gegenseitige Hilfe unter Diözesen notwendig und gerecht.

Ihr legt großen Wert darauf, daß die Frohe Botschaft die Menschen im Grunde ihres Seins berührt, indem sie ihre Sprache, ihre Volksweisheit, wie sie in manchen Sprichwörtern zum Ausdruck kommt, ihren Sinn für Gott und ihre Bande der Dankbarkeit zu den Vorfahren, ihre Bräuche in Familie und Gesellschaft, mit einem Wort: ihre Kultur berücksichtigt. Die Lazaristen hatten bereits eine bemerkenswerte Initiative ergriffen, als sie schon 1657 einen Katechismus in Madagassisch zusammenstellten. Die gesamte Bibel auf Madagassisch wurde 1835 herausgegeben. Doch die Inkulturation ist ein viel komplexeres Werk als sprachliche Übersetzung; ihr seid hier mit Recht sehr aufmerksam. Das Zweite Vatikanische Konzil hat die Bemühungen in diesem Sinne ermutigt. Bei euch haben die ersten christlichen Generationen, für die Viktoire das schöne Symbol ist, das Evangelium in seiner Radikalität aufgenommen, so wie es ihnen gebracht wurde. Die Werte des Evangeliums konnten dann nach und nach das religiöse Bewußtsein und die menschlichen Werte, wie Güte, Geduld oder Solidarität, von denen die madagassische Seele wie von Natur aus durchdrungen ist, umgestalten und stärken. Beim Werk der Inkulturation ist der Dialog mit der Weltkirche und den anderen afrikanischen Kirchen wichtig, damit das Eigentliche der christlichen Botschaft mit seiner theologischen und ethischen Struktur gewahrt bleibt. Das Nachdenken, das ihr im Rahmen der Sondersitzung der Bischofssynode über Afrika begonnen habt, wird sehr wichtig sein für die Neuevangelisierung dieser ganzen Weltregion.

Die Sorge um die Inkulturation ersetzt nicht die Bemühungen um eine tiefgreifende und systematische Erziehung zum Glauben, sondern fordert und orientiert diese: die Katechese für die Kinder, die Katechese für die Jugend der höheren Schulen, die ständige Weiterbildung der Erwachsenen. Und ich wünsche, daß die katholischen Schulen ihren Auftrag einer umfassenden Erziehung erfüllen und sich dabei der öffentlichen Unterstützungen bedienen, die durch die der Gesellschaft geleisteten Dienste gerechtfertigt sind. Ihr habt das zwanzigjährige Bestehen des Nationalen Katechetischen Zentrums gefeiert, an dem zahlreiche Diplom-Katechisten ausgebildet werden konnten. Ich möchte auch die katholischen Radiosendungen erwähnen. Das sind alles Beispiele einer vorrangigen Pastoral für die Einwurzelung des Glaubens. Die Anziehungskraft der Sekten macht die Hinfälligkeit eines religiösen Gefühls deutlich, dem das Nachdenken und die geistige Nahrung gefehlt haben.

4. Der Glaube ist nicht zu trennen von der christlichen Ethik. Das ist das weite Gebiet der Gewissensbildung: es obliegt der Kirche und besonders euch allen, die ihr als Lehrer und Führer des Volkes Gottes eingesetzt worden seid. Euer prophetisches Wort kann den Geschmack an den echten Werten vermitteln. Und dieser Dienst ist in gleicher Weise wichtig für die gesamte Gesellschaft, in der die Veränderungen sehr wohl auch Gefahren mit sich bringen. Halten wir uns hier die Familienethik und Sozialethik vor Augen. Ihr habt euch darüber mit Mut und Deutlichkeit in euren Dokumenten geäußert. Ich wünsche, daß eure Landsleute daraus die Lehren annehmen und sich in ihrem Leben davon leiten lassen.

Was die Familie angeht, kenne ich euer *Dokument* vom 22. November 1988 *über die Achtung vor dem Leben*. Ihr erinnert darin mit Festigkeit an den Plan Gottes über die eheliche Liebe und die Fortpflanzung; ihr schlagt eine natürliche Familienplanung vor, ihr lehnt den „Empfängnisverhütungs-Imperialismus" und noch mehr die Abtreibung ab, die im übrigen im Gegensatz zur madagassischen Volksweisheit und zum bürgerlichen Gesetz steht. Ich ermutige euch lebhaft, die Gewissen in diesem wichtigen Punkt zu formen. Initiativen wie die Bewegung für Familienförderung (F. T. K.) können diesem Seelsorgebereich eine echte Hilfe sein.

Auf bürgerlichem und gesellschaftlichem Gebiet haben wir 1987 über eine ernste Verschlechterung des moralischen Klimas der Gesellschaft gesprochen. Alle diese Übel sind hinreichend bekannt und längst oft gebrandmarkt. Eine Wiederholung dieser Anprangerung ist mehr als dringlich. Möge es den politischen Verantwortlichen gelingen, auf all das zu reagieren, was den Arbeitswillen und die Ehrlichkeit, die Sicherheit und den Frieden, den Sinn für das Gemeinwohl und die Ethik des Dienstes, den sozialen Fortschritt und die nationale Einheit untergräbt! Und möge euer *Hirtenbrief* vom November 1987 *Über den moralischen Wiederaufbau der Nation* bei euren Mitbürgern eine beharrliche konkrete Aktion auslösen! Ja, die Gerechtigkeit muß gefördert und dabei noch heute die Not gelindert werden, wie eure Caritas sich zu tun bemüht. Man muß auch die Gesundheit fördern. Man muß das Analphabetentum bekämpfen. Man muß die „Animatoren der Entwicklung" ermutigen.

5. Um die Evangelisierung durchzuführen und die menschliche Förderung, von der wir gerade gesprochen haben, anzuregen, werdet ihr natürlich an alle lebendigen Kräfte der Kirche appellieren. Die Laien Madagaskars haben von Anfang an die Rolle übernommen, die ihnen ebenso im Rahmen der kirchlichen Aufgaben wie bei der Erneuerung der Strukturen der Gesellschaft zukommt. Sie haben „Kirchenkomitees" gebildet. Diese lassen sich ohne Schwierigkeit in den Rahmen des jüngsten Apostolischen Schreibens einfügen. Ich werde morgen darüber sprechen. Ermutigt sie. Weckt Mitstreiter in den verschiedenen Lebensbereichen, den Arbeiter- und Bauernbereich eingeschlossen, und gebt ihnen Möglichkeiten für geistliche Schulung und zur Unterscheidungskraft.

Ich weiß, daß euch die Verwirrung in der Jugend besondere Sorge bereitet; ihre große Zahl macht die Probleme der Qualität des Schulwesens und der Arbeitslosigkeit noch besorgniserregender. Aber die jungen Christen haben auch Mut und spirituelle Gesundheit, sie können Apostel sein wie zu Zeiten Viktoires.

Ich freue mich mit euch über das Ansteigen der Zahl der madagassischen Ordensleute und besonders der Ordensschwestern. Das ist ein sehr gutes Zeichen für das apostolische wie auch für das kontemplative Leben.

All das darf in keiner Weise eure Bemühungen um die Heranbildung eines zahlreicheren, nach Sachwissen und Heiligkeit strebenden Klerus vermindern. Diese Heranbildung ist für euch eine erstrangige Sorge, denn davon hängt die Zukunft der Kirche und die Qualität des Apostolats der Laien selber ab. Ihr freut euch über die spürbare Zunahme der geistlichen Berufungen; das hohe christliche Niveau der Familien hat daran ohne Zweifel großen Anteil, aber auch die Pastoral für die Weckung von Berufungen, die Mobilisierung der Christen im Gebet und der spezifische Beitrag der Kleinen Seminare und der Noviziate, vorausgesetzt daß dort die Gabe der Unterscheidung bei der Auswahl und den Motivationen der Kandidaten gut angewandt wird.

Bei den Großen Seminaren neigt ihr eher zu dezentralisierten Häusern in jeder Provinz mit einem Sonderstatus für das Höhere Institut für Theologie in Ambatoroka (ISTA). Die Gründe für diese Entscheidung sind leicht verständlich. Das Problem besteht indessen unvermindert fort, diese Seminare mit sachkundigen Oberen, Professoren und Spiritualen zu versehen. Auch bei der ins Auge gefaßten Lösung eines herumreisenden Teams spezialisierter Professoren bleibt es unerläßlich, daß geistliche Begleiter auf Dauer den Studenten nahe bleiben. Mögt ihr eure Priester aus dem Welt- wie aus dem Ordensklerus von der Schönheit eines Dienstes überzeugen können, der in der Heranbildung künftiger Priester besteht!

Was die Priester in euren Diözesen betrifft, so ermuntere ich euch, aus ihnen ein geeintes und brüderliches Presbyterium zu formen, in dem Welt- und Ordenspriester harmonisch zusammenleben. Ihr werdet aufmerksam auf Situationen der Vereinsamung oder der Entmutigung achten, die eine Folge der Bedingungen ihres Dienstes sein können. Als Gegenleistung verlange ich von den Priestern, besonders von den ausländischen, daß sie loyal mit euch zusammenarbeiten.

An der Seite der lebendigen katholischen Kräfte sind andere christliche Gemeinschaften aktiv. Der Ökumenismus muß gefördert werden, wie ich vor wenigen Augenblicken in der Kathedrale gesagt habe. Denn wir müssen ein gemeinsames Zeugnis gegenüber denen, die Christus nicht kennen, und gegenüber den ernsten Problemen der bürgerlichen Gemeinschaft ablegen. Im Norden hat auch der interreligiöse Dialog mit den Muslimen – stets in aller Klarheit – seinen Platz.

Zuerst und vor allem müssen wir zum Heiligen Geist beten, der uns durch die Handauflegung im Augenblick unserer Bischofsweihe in Fülle übertragen worden ist: er wohnt in uns. Er allein kann bewirken, daß unser Dienst unserem Volk einen Zuwachs an Heiligkeit bringt; er allein erhält in uns die Hoffnung, denn wir müssen fortfahren zu säen und wissen doch, daß die Ernte nicht uns gehört. Aber wenn wir treu sind, wird die Ernte nicht ausbleiben. Mit dem Apostel Petrus sage ich euch: „Seid ... Vorbilder für die Herde“ (*1 Petr* 5,3). Und ich segne euch aus ganzem Herzen.

Den eigenen Weg mit Christus finden

Ansprache beim Treffen mit der Jugend von Madagaskar in Antananarivo am 29. April

Erster Teil

1. Manào ahoana ianareo rehètra?
Liebe Jugendliche aus allen Gegenden Madagaskars, ich danke euch für euren Empfang. Ich bin glücklich über diese Begegnung am ersten Tag meines Besuchs in eurem schönen Land. Ihr vertretet alle Regionen der Großen Insel; wenn ich euch sehe und euch höre, habe ich das Gefühl, die Lebenskraft eines Volkes wahrzunehmen, und ich finde in eurer Begeisterung viel Anlaß zu Vertrauen und zur Hoffnung.
Ich danke eurem Präsidenten für seine Grußworte und seine Darstellung der madagassischen Jugend. Das Bild, das er entworfen hat, umfaßt ziemlich düstere Aspekte: ihr ringt mit allen Arten von Schwierigkeiten, in der Gesellschaft genauso wie bei der Art und Weise, in der jeder sein Leben führt. Es ist gut, hellwach zu sein; es ist notwendig, sich das gut anzuschauen, was nicht funktioniert, und warum es nicht funktioniert. Man muß wissen, welchen Gebrauch man von seiner Freiheit macht. Man muß die Stützpunkte in seiner Persönlichkeit finden. Und man muß, wie ihr gesagt habt, dem treu sein, der den ganzen Weg erleuchtet und die Menschheitsfamilie zur Einheit ruft: „Jesus Christus, der Herr, unser Bruder, er, der der Weg und die Wahrheit ist, schenkt dir das Leben."
Wenn ich euren Sprechchor gut verstanden habe, macht ihr euch keine Illusionen über die Versuchungen und Schwächen, die euch auflauern; aber ihr wißt auch, daß eure Taufe euch mit Christus verbunden hat, um in die Gemeinschaft der Kirche einzutreten und dort eure Brüder und Schwestern einzuüben.
Daher frage ich mich selbst, ob ihr bei euren Darstellungen nicht ein wenig vergessen habt, eure Qualitäten, eure Erfolge und alle eure Mittel zu nennen: denn ich sehe euch als treibendes Boot an. Ich denke dabei an das traditionelle Boot der madagassischen Fischer. Es fährt, getragen von den tiefen Wassern und Strömungen, die aus den altüberlieferten Reichtümern stammen. Der Wind des Geistes bläht ihr Segel in der Sonne der Gerechtigkeit, die Christus ist. Euer Boot hält das Gleichgewicht auch durch all das, was ihr in eurer Ausbildung gelernt habt; gemeinsam bildet ihr eine Mannschaft und ihr steuert die Schiffahrt. Ihr könnt die Klippen meiden. Ihr könnt die Netze auswerfen. Ihr werdet die Früchte des Meeres fischen. Und Christus, der seit dem Ostermorgen unter uns lebt, ruft euch, Menschenfischer zu werden!

2. Ihr habt mir gesagt, daß mein Kommen euch ein etwas mehr Hoffnung, Liebe und Glauben bringen sollte. Mit der Gnade Gottes möchte ich dieser Bote sein. Ich will sagen, daß es meine Aufgabe ist, euch aufzurufen: Junger Madagasse, junge Madagassin, entdecke in dir selbst die Reichtümer der Gabe Gottes! Höre durch meine Stimme Christus, deinen Bruder: er ist der gute Hirte, der seine Schafe kennt und der sein Leben hingegeben hat, um sie vom Bösen und von der Lüge zu erlösen, um sie vom falschen Weg abzubringen und sie daran zu hindern, in die Tiefe zu stürzen.

Das Leben hast du von deinem Schöpfer durch deine Eltern empfangen, zusammen mit deiner Geisteskraft und der Geschicklichkeit deiner Hände. Nun ist es an dir, deine Persönlichkeit zu formen. An Führern fehlt es nicht. Sei beständig, sei stets offen, sei rechtschaffen und erweise dich des Vertrauens deiner älteren Brüder würdig, deiner Kameraden sowie der Jüngeren, die nach dir kommen. Du weißt gut: Wenn du alles haben willst, ohne dein Bestes zu geben, wirst du nicht glücklich sein. Lernen und Studieren werden dir nur durch deinen unermüdlichen Fleiß Erfolg bringen.
Achte auf deinen Leib, gefährde ihn nicht durch Unüberlegtheit, Krankheiten oder Unfälle. Laß dich nicht gehen in Ausschweifungen durch Alkohol- und Drogenkonsum, ohne eine Hoffnung auf morgen; sie werden dich nur versklaven.
In deinem Inneren höre auf dein Gewissen, das dich dazu ruft, rein zu sein. Es ist eine ernste Sache, eine Ehe einzugehen; sie ist das Fundament für ein festes Gebäude. Ein heimischer Herd kann nicht durch das Feuer der Lust genährt werden, das schnell verglüht wie eine Handvoll Streu. Vorübergehende Beziehungen sind nur eine Karikatur der Liebe, sie verwunden die Herzen und beleidigen den Plan Gottes.
Wenn du dein Vertrauen in Christus setzt, wirst du ein Leben in der Hochherzigkeit und der Reinheit des Evangeliums führen können. Das gilt für die Sittlichkeit in der Familie, das gilt für die Redlichkeit gegenüber den Gütern, das gilt in allen Bereichen der Solidarität, wo jeder für seinen Teil verantwortlich ist für das, was die Brüder und Schwestern leben läßt.
Deine Persönlichkeit wird nur reifen, wenn du den Individualismus durchbrichst, der dich von den anderen trennt. Das Gespräch ist eine Quelle der Weisheit. Das Mitteilen ist eine Quelle des Reichtums. In der Gemeinschaft, beim Studieren, bei der Arbeit, in der Freizeit, im Dorf oder Stadtteil erlangt jeder seine eigentliche menschliche Dimension. Wenn du deinen Kameraden die Hand reichst, werdet ihr „wie Brüder sein, die zusammen in den Wald gehen“.

3. Liebe Freunde, durch diese Betrachtungen wollte ich euch ermutigen, den rechten Weg lebensvoller, überlegter Christen und Bauleute zu finden. Mit euren älteren Brüdern und euren Hirten müßt ihr noch besser entdecken, wie das Wort Gottes euch leiten und die Gemeinschaft der Kirche euch stützen kann.
Aber ihr wäret enttäuscht, hielte ich bei diesen Ratschlägen inne. Denn, wie ich schon sagte, der Nachfolger des Petrus erwartet von euch, daß auch ihr auf eure Weise Menschenfischer werdet. Ihr habt nicht nur einen Platz in der Kirche; ihr habt euren Teil an Verantwortung, damit die Kirche in Treue zu Christus lebe und ihre Sendung erfülle.
In euren Pfarreien in der Stadt oder auf dem Land sind eure Dynamik und eure Anforderungen nützlich für die ganze Gemeinde, für die Animation der Liturgie, den Religionsunterricht, und die Freizeitgestaltung der Kinder sowie die gegenseitige Hilfe. Setzt den Dialog mit der älteren Generation fort, wie euer Sprechchor es zeigte; ihr habt gesagt, man könne Weisheit von ihr lernen. Aber das Gespräch ist für beide Seiten nützlich: ihr könnt reagieren, wenn ihr von euren Brüdern und selbst von den Alten enttäuscht seid. Tut dies aber nicht in einer kritischen Haltung, die zu nichts führt. Tut es, indem ihr neue Initiativen vorschlagt, wobei ihr eine wahre Übereinstimmung mit den Priestern und den

anderen Verantwortlichen akzeptiert. Jeder muß die kleine Flamme tragen, die in ihm ist, damit das gemeinsame Feuer die Hauskirche erwärme und erhelle. Wenn Junge und Alte das Feuer gemeinsam nähren, wird es ein so lebendiges Licht werden, daß es die Brüder und Schwestern erleuchtet, die ihren Weg in der Dunkelheit suchen. Ihr wißt auch, daß das Feuer die Erde zerstören und unfruchtbar machen kann; wacht also darüber, daß es die Flamme des Heiligen Geistes und das Licht Christi ist.
Wenn ich euch in dieser Weise aufrufe, im Leben der Gemeinden am Ort verantwortlich zu sein, denke ich natürlich auch an eure Vereinigungen, die hier gut vertreten sind. Ihr Studenten, Arbeiter, Bauern, schließt euch in Gruppen zusammen, und ihr werdet weiterkommen. Zieht Nutzen aus der Erfahrung und den Methoden, die die Vereinigungen euch vorschlagen. Schlagt zusammen das Evangelienbuch auf und sucht, was Christus und die Kirche euch sagen, um mit euren Kameraden zu handeln, um positiv auf die allgemeine Gleichgültigkeit oder den Individualismus zu reagieren, die die Gesellschaft behindern. Ich habe die Zusammenfassung des Nationalkongresses der Jungbauern-Bewegung aus dem Jahr 1985 und vor wenigen Tagen auch den Bericht über die Nationalversammlung der Bewegung erhalten. Ich habe dort das Zeugnis vieler positiver Initiativen gesehen, die durch die Jugendbewegungen unternommen wurden; viele Wege, sich zu engagieren, wurden vorgeschlagen. Ich möchte eure Losungen ermutigen und ich greife einige eurer Sätze auf: „Vorwärts! Gehen wir zusammen, teilen wir uns in der Liebe aus unserem ganzen Herzen mit! Geben wir allem, was wir tun und überall, wohin wir gehen, ein neues, ein junges Gesicht! Die Kirche vertraut auf uns; zeigen wir also unsere Reife, zeigen wir, daß man auf uns zählen kann!“
Über eure Teilhabe am Leben der Kirche kann ich euch nicht alles sagen. Es ist an euch, mit euren Hirten voranzuschreiten. Aber ich möchte noch einen Appell unterstreichen. Um als Christen „eure Reife zu zeigen“, laßt den Glauben eurer Taufe reifen, hört das Wort Gottes, nicht nur als eine Unterweisung, sondern als persönliches Wort des Herrn, der euch liebt und sich an jeden von euch wendet. Eignet euch im Nachdenken und im Gebet seine Botschaft der Wahrheit an. Schaut, welchen Weg ihr beim Gedankenaustausch zwischen euch und euren Ältesten nehmt. Das Wort Christi ist der Lebenssaft, der aus dem Stamm in die Äste fließt, die wir alle sind. Es ist das Geschenk einer Gegenwart, an der es euch nicht mangeln wird, wenn ihr sie aufzunehmen wißt. Ihr habt es gesagt: es ist das Wort des Bundes, der zwischen jedem Getauften und Gott geschlossen wurde. Empfangt regelmäßig Christus, der euch im Sakrament der Eucharistie Leben gibt und die Sünder durch das Sakrament der Buße versöhnt.
Also, lieber junge Madagasse, liebe junge Madagassin, du wirst ein treuer, glaubwürdiger Zeuge sein können. Du wirst mit Sicherheit in deinem persönlichen Glauben den Einwänden begegnen können, die du zu hören bekommst.
Daher werdet ihr durch eure Gruppe, eure Bewegung, eure Gemeinde zur Sammlung beitragen. Ihr werdet die Einheit zwischen den Christen durch eine tiefe und klare Ökumene fördern. Ihr werdet in der madagassischen Gesellschaft Bauleute des Friedens sein.

4. Nachdem ich das hörte, was ihr über eure Lebensbedingungen gesagt habt, verstehe ich, daß euch eure Zukunft beunruhigt. Ihr gehört zu den geburtenstärksten Jahrgängen,

und die Wirtschaftsentwicklung in eurem Lande ist schwierig. Arbeit ist nicht für alle gesichert. Nur zu häufig trefft ihr auf den Egoismus des „Jeder denkt an sich"; und das geht bis zur Korruption, die ihr ablehnt.
Man ist noch weit von Gemeinschaft und Solidarität entfernt, die die Ziele der Christen sind. Das ist wahr. Aber muß man deswegen die Arme hängen lassen, weil die Aufgabe schwer ist? Ihr wißt gut, daß dies nicht möglich und eines Menschen nicht würdig ist; ich sagte euch, daß ihr eure Verpflichtungen in der christlichen Gemeinde übernehmen müßt; ich sagte euch auch, daß ihr eure Verantwortlichkeiten in der Gesellschaft eures Landes als Christen wahrnehmt, die nicht umhin können, den Menschen zu vertrauen. Schon seht ihr Zeichen der Besserung, und dazu tragt ihr bei. Setzt all eure Energie und Intelligenz ein, um für die Gesellschaft des Landes zu arbeiten.
– Ihr Studenten, ihr habt das Gefühl, zu zahlreich angesichts der Berufsmöglichkeiten zu sein. Ich kann euch keine praktischen Lösungen bringen. Die Kirche hat diese Kompetenz nicht. Aber ich kann euch sagen, daß es eure Aufgabe als Christen ist, all eure Bildungsanstrengungen auf den Dienst zu richten, den die Gesellschaft von euch erwartet, eure persönlichen Pläne vorzubereiten und Sachkenntnisse zu erwerben, um zum Gemeinwohl beizutragen. Ihr seid bereits für die Gesundheit eines Volkes verantwortlich, indem ihr eure eigene körperliche und moralische Gesundheit festigt.
– Ihr jungen Arbeiter, Handwerker und Angestellten in den öffentlichen Diensten sowie den städtischen Büros, ihr spracht in dem Sprechchor von eurer Sorge um den Lohn und eurer Angst, eine Familie zu gründen. Ich verstehe das. Aber auch wenn ihr eure Rechte verteidigt, seid um die Arbeitsqualität besorgt; verliert nicht ihre Nützlichkeit für die ganze Volkswirtschaft aus dem Blick, damit die ganze Wirtschaft im Dienst am Menschen sei. Ihr seid euch der schwerwiegenden Sorgen wohl bewußt, die das Engagement in der Ehe und in der Kindererziehung mit sich bringt. Aber ahnt ihr den unerschöpflichen Reichtum der Liebesgemeinschaft, des gegenseitigen Sich-Schenkens in einer Familie, die nach dem Heilsplan Gottes gegründet ist?
– Ihr Bauern, ich weiß, daß eure Arbeit schwer ist, ich weiß, daß ihr oft ein Klima der Unsicherheit und der Gewaltakte über euch ergehen laßt. Aber ich habe in eurem Zeugnis gesehen, daß ihr euch zusammenzuschließen wißt, um eure Arbeitsergebnisse zu verbessern. Ihr seid ja die, die sagen, daß „der Reis gepflegt werden muß, um zur Reife zu gelangen". Eure Erde ist großzügig. Durch die beharrliche Geduld der Arbeit eurer Hände bringt sie Frucht hervor. Euer ganzes Volk zählt auf euch zur Nahrung des Leibes, der ersten Bedingung, um allen ein wirklich menschliches Leben zu ermöglichen.
Ein letztes Wort. Wer immer ihr seid, was immer eure Schwierigkeiten sein mögen, ihr müßt unbeugsam für die Verteidigung der Rechte und der Gerechtigkeit eintreten. Beginnend bei eurem persönlichen Verhalten, werdet ihr in der madagassischen Gesellschaft nur in gerechter Solidarität für das Wohl aller Christen sein. Weist die Gewalt zurück, weist die Verachtung zurück, weist die Lüge oder Unehrlichkeit zurück. Geht Risiken ein, wenn es sein muß, aber bleibt der Liebe treu, die vorzugsweise für die Armen und Kleinen da ist. Respektiert die Würde jedes Menschen, selbst dann, wenn er euch enttäuscht hat. Wißt zu verzeihen und euch zu versöhnen, weil ihr Jünger Chri-

sti seid, der sein Leben für die Vielen in der unendlichen Liebe hingegeben hat, die im Herzen des Lebens Gottes ist, das er uns schenkt, damit wir in ihm daran teilhaben. Sie ist da, die Quelle der Erlösung, die Christus mit sich bringt. Ja, nehmt euch im Glauben zu Herzen, die Menschen zu sammeln, werdet euch bewußt, daß man die Liebe säen muß; baut im Glauben das auf, was den Menschen Hoffnung macht!

Zweiter Teil

5. Wenn ihr mich nach der Berufung fragt, denkt zunächst an Jesus und an Maria. Die „Berufung" Jesu, das war sein Auftrag als Erlöser, seine völlige Treue zum Willen des Vaters, weil er der Sohn Gottes ist und in vollkommener Einheit mit dem Vater bleibt. Dennoch mußte er, weil er Mensch wurde, der in allem uns gleich war außer der Sünde, der Versuchung und der Angst vor dem Tode die Stirn bieten. Angesichts des feststehenden Ausgangs lebte er den Gehorsam bis zum Ende. Er ist für unsere Berufung mehr als ein Modell, er ist dadurch der Seinsgrund, die Quelle, in der die Menschheit ihren richtigen Weg findet.

Maria, die Mutter des Herrn, ist heilig seit dem ersten Augenblick. Sie nimmt die besondere Rolle an, der Welt den Erlöser zu schenken. Der Auftrag konnte sie erschrecken: doch sie willigt ein und nimmt ohne Vorbehalte den Ruf an, der von Gott kommt. Sie bewahrt das Wort in ihrem Herzen; sie ist bei Jesus in der Stunde des Kreuzestodes; sie steht in der Mitte der Kirche, die im Abendmahlssaal ihren Anfang nimmt. Der Heilige Geist hat sie mit Gnade erfüllt; sie ist am Pfingsttag dabei. Wir hören ihre heilige Antwort in dem Lobgesang der Danksagung auf die treue Liebe Gottes, die für alle Zeiten besonders über den Armen waltet. Maria geht allen Jüngern ihres Sohnes in der Pilgerschaft des Glaubens wie ein reiner Stern und wie eine zärtliche und barmherzige Mutter voraus.

Die Berufung der Apostel verwirklicht sich mit dem Ruf Jesu: Petrus und Johannes verlassen ihre Fischernetze, Matthäus verläßt seinen Beruf als Zöllner. Das Wort „Folge mir" ändert ihr Leben. Ihr erinnert euch an Zachäus: Jesus geht in sein Haus hinein, und auch dieser unehrliche Zöllner macht das Unrecht wieder gut, das er verursacht hat. Man sieht im Evangelium selbst, daß die Antwort auf den Ruf Jesu freigestellt ist: ein junger Mann, den Jesus liebte, geht fort, damit er nicht auf seine „großen Güter" verzichten muß.

„Folge mir!" Das sagt Jesus jetzt zu jedem von uns. Folge mir in allem, was dein Leben ausmacht, sei es glücklich oder schwierig. Folge mir im Glauben, in der Hoffnung, in der Liebe. Folge mir, indem du eine Familie gründest: dies ist die Berufung der meisten. Folge mir im Dienst an deinen Brüdern, in der Solidarität mit deinem Volk, auch dies ist die Berufung aller. Folge mir, indem du dein Leben als Priester, als Ordensmann oder Ordensfrau weihst. Dies ist die Berufung einiger weniger, damit die Gegenwart Christi in seiner Kirche offenbar werde.

Dieser vielfältige Ruf wird euch nicht wie ein plötzlicher, von weitherkommender Befehl auferlegt. Die Stimme des Herrn, das ist seine Gegenwart in euch durch die Taufe, das ist seine Gegenwart unter euren Brüdern und Schwestern und in der ganzen kirchlichen Gemeinschaft, die auf Priester und Ordensleute wartet, die sie so nötig hat. Jeder muß mit

Hilfe der Ältesten und seiner Brüder und Schwestern seinen Ruf erkennen. Vor allem für die Priester ist es schließlich die Kirche, die die Bürde hat, glaubwürdig den Ruf zu bekräftigen und einen Auftrag anzuvertrauen.
Danke dafür, daß ihr die Frage gestellt habt; dies ist ein Zeichen der Hoffnung für die Kirche auf Madagaskar und ein Zeichen der Hochherzigkeit eurerseits. Möge der Herr euch helfen, euren Weg in seiner Nachfolge zu finden!

6. Eure zweite Frage verrät eure Sorgen um die Entwicklung eures Landes und die Schwierigkeiten, die es kennt. Laßt uns klar sagen, daß es mir weder zusteht, alle Aspekte zu analysieren, noch Lösungen vorzuschlagen. Dies vor allem, weil ihr Madagassen diejenigen seid, die handeln müssen.
Meine Absicht ist, euch im Licht der Soziallehre der Kirche zum Nachdenken einzuladen über den Sinn der Entwicklung und die anzuwendenden Mittel, um sie zu verwirklichen. Die Entwicklung eines Landes beansprucht die Verantwortung aller, die der führenden Kreise wie der Bürger. Niemand kann sich von der Aufgabe befreien, die er im Zusammenhang mit seiner eigenen Lage erfüllen muß. Vor kurzem habe ich bereits von euren Verantwortlichkeiten im Leben des Landes gesprochen.
Ich werde noch zwei Punkte unterstreichen. Auf der Linie Papst Pauls VI. habe ich in einer kürzlich erschienenen Enzyklika erneut gesagt, daß die Entwicklung jeden Menschen und den ganzen Menschen betrifft. Für die Entwicklung in diesem Sinn zu arbeiten, ist eine moralische Pflicht. Es handelt sich darum, dem Menschen in seiner Würde zu dienen: ihm die Mittel zu geben, seine Gesundheit zu sichern, Zugang zu Kultur und zur beruflichen Bildung zu finden; dahin zu wirken, daß jeder einen Lebensunterhalt und eine Unterkunft für seine Familie hat, daß jeder die Freiheit hat zu denken, zu glauben und seinen Glauben zu feiern. Dies ist die ganzheitliche Entwicklung, die man anstreben muß.
Der zweite Punkt ist – vor dem Hintergrund der Entwicklungsschwierigkeiten und der ungleichmäßigen Verteilung der Mittel – die Pflicht zur Solidarität innerhalb eines Volkes und über seine Grenzen hinaus. Schließlich stellt sich das Problem auch auf weltweiter Ebene. Es verpflichtet die reichen Nationen gegenüber den bedürftigen. Es wurden Fortschritte in der Zusammenarbeit gemacht, das muß man anerkennen. Aber der Weg ist noch weit. Möge jeder seinen Teil an der Aufgabe übernehmen, um gemeinsam im Frieden fortzuschreiten!

7. Wenn ich eure dritte Frage richtig gehört habe, drückt ihr eure Bestürzung und Ratlosigkeit darüber aus, daß ihr hin- und hergerissen seid zwischen den althergebrachten Traditionen, den Anstrengungen der Sekten und den Lebens- und Denkweisen, die aus dem Abendland kommen. Zudem schwankt, wie euer Präsident gesagt hat, das Gleichgewicht zwischen den verschiedenen Elementen, je nachdem, ob ihr auf dem Land oder in der Stadt lebt.
Ich glaube, daß es die Aufgabe eurer Generation ist, zu einem zufriedenstellenderen Gleichgewicht zu gelangen. Der kulturelle und technische Austausch hat eine Art von Destabilisierung in den verschiedenen Gesellschaften zur Folge. Man braucht Hellsich-

tigkeit, Toleranz, ein achtsames Unterscheidungsvermögen, um eine lebendige Kultur zu bilden, die durch neue Beiträge bereichert wird, ohne ihre wahren Wurzeln zu verlieren.
Das Christentum ist nicht in eure Heimat gekommen, um eine Kultur durch eine andere zu ersetzen. Das Evangelium ist für alle Völker da, und es versucht nicht, die Traditionen zu schmälern, die sich vor der Verkündigung der Missionare entwickelt hatten. Aber es erhellt sie aufgrund der Offenbarung des Heilsplanes Gottes, der für die ganze Menschheit einzigartig ist. Das Vordringen auf den Grund seiner Botschaft wird euch helfen, die notwendigen Unterscheidungen unter euren Bräuchen zu treffen, um die wertvollsten und echtesten zu bewahren, und um, das ist richtig, bestimmte Aspekte zu beseitigen.
Die Kirche wünscht, daß diese Arbeit in einer sehr achtsamen Art und Weise und in der Sorge, das Aufnehmen der Wahrheit über den Menschen zu fördern, vorgenommen wird. Und es ist gut, daß sich hier das Gespräch zwischen den Generationen und auch mit der Weltkirche fortsetzt. Eine zufriedenstellende Inkulturation kann sich nicht im geschlossenen Kreis entfalten; man muß sich mit der Tradition und der Lehre der ganzen Kirche befassen. Eure Hirten tun dies gemeinsam mit ihren Brüdern und Schwestern des afrikanischen Kontinents und mit den anderen Hirten auf der Welt. Mein Dienst als Nachfolger Petri enthält die Sorge um die Einheit der Kirche, den Auftrag, über die Gemeinschaft der verschiedenen Glieder des einen Leibes Christi im Glauben zu wachen. Ich wünsche mir, daß ihr jungen Madagassen, euren eigenen Beitrag zum Leben der Kirche leistet.
Zum Schluß möchte ich euch für euren Empfang danken, für euer Zeugnis und für eure Fragen. Ich freue mich darüber, mit euch diese Stunden verbracht zu haben. Ich bewahre eure Sorgen und eure Hoffnungen in meinem Herzen und in meinem Gebet auf. Ich bewahre alle besonderen Einzelheiten dieses Treffens in meiner Erinnerung und in meinem Herzen: die verstandes- und die gefühlsmäßigen Einzelheiten, die äußeren Eindrücke. Jetzt, wo die Helligkeit abnimmt, wird es eine Kunst zu sehen. Insbesondere als allgemeiner Ansprechpartner bewahre ich das Wesentliche dieser Begegnung, dieses Austausches: die Jugend. Es tut einem älteren Papst sehr gut, mit jungen Menschen ins Gespräch zu kommen, denn das hilft ihm, wieder jung zu werden, wenigstens psychologisch, in den Absichten.
Ich vertraue euch Maria an, der heiligen Mutter des Herrn und unserer Mutter. Und ich rufe auf euch und auf alle eure Brüder und Schwestern der Großen Insel, auf die ganze Jugend von Madagaskar, Gottes reichen Segen herab.

Auch Christus war ein Gefangener

Schreiben an die Gefangenen auf Madagaskar vom 30. April

An meine Brüder und Schwestern in der Gefangenschaft

Im Namen Christi grüße ich euch von ganzem Herzen.
Während meines Pastoralbesuches auf Madagaskar werde ich keine Gelegenheit haben, euch zu begegnen. Ihr seid dennoch unter denen, die ich gerne sehen würde. Dies wäre

nur geschehen, um deutlich zu machen, was der Herr im Evangelium gefordert hat, als er erklärt hat: „Ich war Gefangener, und ihr habt mich besucht."

Die Bibel zeigt uns die Würde des Menschen: er ist die Krönung des Werkes Gottes, er wurde nach seinem Bilde geschaffen. Gott hat erlaubt, daß sein eigener Sohn, Jesus Christus, sein Blut am Kreuz dahingibt, damit Mann und Frau wieder seine Freunde werden. Währenddessen widerfährt es uns durch unsere Fehler, daß wir das Bild Gottes in uns entstellen und es bei den anderen nicht respektieren: dies ist die Unordnung mit allen Arten von zerstörerischen Folgen für uns selbst und unsere Brüder und Schwestern.

Gleichwohl ist es für uns immer möglich, um Vergebung für das begangene Böse zu bitten und die Freundschaft mit Gott und unseren Brüdern und Schwestern wiederzufinden. Christus hat uns dazu die Mittel gegeben. Er selbst wurde am Ölberg verhaftet, zum Gericht geführt, gerichtet und ungerecht verurteilt, ausgepeitscht und lächerlich gemacht und schließlich an einem Kreuz umgebracht. Durch sein Leiden und seine Auferstehung gibt er uns Licht und Kraft, damit wir uns erneut zu Gott unserem Vater wenden und den guten Weg wieder einschlagen.

Man braucht diese Vergebung Gottes nie anzuzweifeln, und ich wünsche euch, daß ihr von nun an den Frieden jener wiederfinden könnt, die sich stets von Gott geliebt wußten. Ich lade euch ein, euer Herz ganz weit dem Herrn zu öffnen, um wiederzuentdecken, daß ihr in seinen Augen Wert habt. Das Wichtigste für jeden von uns ist, die Begegnung, die Verabredung, mit Gott nicht zu verpassen. Wenn diese Begegnung im Gefängnis zustandekommt, werden euch eure Strafen tragbarer erscheinen und ihr werdet einen Grund zum Leben wiederfinden.

Für bestimmte unter euch ist die Gefangenschaft ohne Zweifel sehr schmerzhaft. Ich denke im besonderen an die Frauen, die Kinder haben, und an die Heranwachsenden. Euch alle halte ich in meiner Zuneigung, indem ich den Herrn bitte, eure Hoffnung in besseren Tagen zu stützen.

Ich weiß auch, daß Bestimmte unter euch trotz der Schwierigkeiten des Gefängnisses Brüderlichkeit und Solidarität leben. Darunter sind auch einige, die die Erfahrung eines geistlichen Weges von Wert gemacht haben und dabei von ihren Nächsten und Freunden unterstützt wurden.

Schließlich äußere ich den Wunsch, daß ihr so bald wie möglich den normalen Platz in der Gesellschaft wieder einnehmt, das Leben in der Familie wieder vorfindet und so früh wie möglich ein Leben führt, das eines Sohnes oder einer Tochter Gottes würdig ist.

Im Namen des Erlösers der Menschen segne ich euch sowie eure Seelsorger von ganzem Herzen, und ich erteile meinen Apostolischen Segen im besonderen euren Familien, euren Gatten und euren Kindern.

Antananarivo, den 30. April 1989

Joannes Paulus PP II

Vertrauen auf die Mutter

Regina Caeli in Antananarivo (Madagaskar) am 30. April

Liebe Brüder und Schwestern!

Wir haben die Gewohnheit, uns in der Tagesmitte an die hl. Jungfrau Maria zu wenden, an sie, der durch den Gruß des Engels ihre Sendung angekündigt wird, Mutter des Sohnes Gottes zu werden. In der Osterzeit beten wir zu ihr mit den Worten des altehrwürdigen Rufs an die Himmelskönigin.
Die selige Victoire liebte dieses betende Verweilen bei der hl. Jungfrau und war treu darin. Es ist schön, an diesem Tag, an dem die Kirche eure erste Selige ehrt, miteinander dieses Gebet zu singen, ehe wir uns trennen.
Wir erinnern uns daran, daß Victoire unaufhörlich zur Mutter Jesu betete. Immer hatte sie den Rosenkranz bei sich. Im Rhythmus des „Gegrüßet seist du, Maria" betrachtete sie die Geheimnisse des Rosenkranzes: in der Freude der Menschwerdung, die Maria in lauterem Gehorsam annahm, in der Vereinigung mit dem Leiden und Sterben des Heilands, in der Bewunderung der Herrlichkeit des auferstandenen Christus und seiner in den Himmel aufgenommenen Mutter.
Victoire hatte immer die Worte des Gebetes auf den Lippen, das unser Vertrauen auf die Mutter Jesu, die Mutter der Kirche und die Mutter der Menschen ausdrückt. Folgen wir ihrem Beispiel! In seiner Einfachheit hilft der Rosenkranz uns, das christliche Geheimnis mit Maria zu leben und im Anschluß an sie unsern Glauben zu festigen.
O Unbefleckte Jungfrau, die du in den ersten Heiligtümern verehrt wirst, die sich auf madagassischer Erde erhoben, wir vertrauen die Kirche in diesem Land deinem liebevollen mütterlichen Schutz an!
O Himmelskönigin, du hast die Freude über die Auferstehung Jesu, des Gottessohnes und deines Sohnes, gekannt, schenke deinen madagassischen Söhnen und Töchtern das Glück, im Glauben immerfort die lebendige Gegenwart des Erlösers zu erkennen!
O Himmelskönigin, du bist Jesus auf dem Kreuzweg gefolgt, bevor dir seine Auferstehung kund wurde, gib deinen madagassischen Söhnen und Töchtern, die vom Leiden geprüft sind, die Kraft der Hoffnung und den Frieden des Herzens!
O Himmelskönigin, du warst im Abendmahlssaal zugegen, als der Heilige Geist auf die Jünger herabkam, hilf deinen madagassischen Söhnen und Töchtern, immer mutige Zeugen für das Evangelium zu sein und die Einheit in Liebe aufzubauen!

Für die Heiligung der Welt arbeiten

Ansprache bei der Begegnung mit den katholischen Laien in Antananarivo (Madagaskar) am 30. April

1. „Ihr seid das Salz der Erde ... Ihr seid das Licht der Welt“ (*Mt* 5,13.14).
Diese Worte Jesu richten sich an alle Jünger. Sie passen in ganz besonderer Weise zu den Laienchristen (vgl. Apostolisches Schreiben *Christifideles laici*, Nr. 15). Im Namen Jesu bin ich zu euch, den Christen auf Madagaskar, gekommen, um sie euch erneut zu sagen. Ich bin sehr glücklich darüber, euch zu treffen, euer Glaubenszeugnis zu hören, eure christliche Lebenskraft zu sehen und euch in eurer Sendung als Zeugen Christi zu stärken. Ich danke euch für eure Verbundenheit mit dem Bischof von Rom, die ihr in eurem Grußwort ausgedrückt habt. Ihr vertretet die lebendigen Kräfte der Kirche dieses Landes.
Das Engagement der christlichen Laien auf Madagaskar bildet ohne Zweifel nicht einen einzigartigen Fall in der Kirche, aber er ist besonders bedeutsam. Tatsächlich versuchen wir in vielen Ländern, vor allem in jenen der alten Christenheit, die Laien zu überzeugen, alle ihre Verantwortlichkeiten als Getaufte zu übernehmen und davon nichts auf die Priester abzuwälzen, da alle Glieder des Leibes Christi aktiv sein müssen. Das ist es, was ich noch vor kurzem betont habe, als ich das Lehrschreiben *Christifideles laici* über die Berufung und Sendung der Laien in Kirche und Welt an die Katholiken gerichtet habe. Ich übernahm dabei größtenteils die Glaubenszeugnisse, die bei der Bischofssynode in Rom im Jahre 1987 gegeben wurden. Ich machte mich zum Echo der weitreichenden Aufforderung Jesu, für die Evangelisierung der Welt zu arbeiten: „Geht auch ihr in meinen Weinberg“ (*Mt* 20,4).
Nun, man hat den Eindruck, daß man bei euch nicht so sehr darauf dringen muß: die Laien haben sogleich ihren Teil der Arbeit übernommen. Von Anfang an – wie ihr ja daran erinnert habt –, auch als es noch keine madagassischen Priester gab und die ausländischen Missionare fehlten oder hatten abreisen müssen, nach einer ersten, raschen Verkündung haben sich die Christen organisiert, namentlich die Jugendlichen der „Katholischen Union“. Sie haben Katechumenen unterstützt und ausgebildet, sie haben sie im Gebet unterwiesen, sie sind als Missionare sogar in den Buschdörfern und auf den Hochebenen tätig gewesen. Eine Laienchristin, Victoire Rasoamanarivo, die wir soeben seliggesprochen haben, und Raphael Louis Rafiringa von den Christlichen Schulbrüdern übernahmen die Animation des kirchlichen Lebens. Und seitdem scheinen die Laien den Weinberg des Herrn nicht mehr verlassen zu haben.

2. Das soll nicht heißen, daß die besondere Rolle des Priesters und des Bischofs mitten unter euch dabei verdunkelt oder geschmälert werden soll. Im Gegenteil: je mehr ihr an den Diensten der Kirche teilhabt, desto mehr übt ihr euer Apostolat aus und desto mehr fühlt ihr das Bedürfnis nach geweihten Dienern, die im Namen Christi, des Hauptes, handeln, um die Kirche in ihm zu sammeln, indem sie das Evangelium und die Sakramente überliefern (vgl. Apostolisches Schreiben *Christifideles laici*, Nr. 22). Sie sollen euch

dazu dienen, eure Sendung als Getaufte zu erfüllen, die eine Teilhabe am priesterlichen, prophetischen und königlichen Amt Jesu Christi ist (vgl. *ebd.*, Nr. 14). Ihr könnt euch nicht an ihre Stelle als Hirten setzen, selbst wenn ihr mit dieser oder jener Aufgabe beauftragt seid. Aber auch die Priester selbst können nicht wie ihr von innen her für die Heiligung der Welt arbeiten. Die Freude, mit der ihr von den ersten Priesterberufungen, von den gegenwärtigen Berufungen von Ordensmännern und Ordensfrauen sprecht, zeigt, daß ihr wohl versteht, daß alle sich im Dienst am selben Ziel ergänzen: dem Wachsen des Reiches Gottes. Ich beglückwünsche daher alle Laien, die es auf sich nehmen und ihre Zeit, ihre Kräfte, ihr Herz der Arbeit im Weinberg des Herrn widmen, und rufe alle anderen dazu auf, jeden nach den Gaben, die er empfangen hat.

3. Die Sendung des Laien umfaßt Dienste der Kirche, ein Glaubenszeugnis, ein Apostolat, kurz und gut ein Handeln im Rahmen des Evangelisierungsauftrags. Aber um als Christ zu handeln und Zeugnis zu geben, muß man zunächst Christ sein. Das Apostolat wäre gekünstelt, unfruchtbar und fände schlechte Aufnahme, wenn es nicht Ausdruck eines vertieften Glaubens wäre, einer echten Nächstenliebe, eines authentischen Gebetes. Christus sagt euch nicht nur: Ihr werdet euer Salz in die Welt einbringen; oder ihr werdet Licht in die Welt tragen; sondern: „Ihr seid das Salz der Erde", „ihr seid das Licht der Welt". Ihr könnt nur das ausstrahlen, was ihr selbst in eurem Innern schon seid.
Liebe Brüder und Schwestern, seid euch dessen bewußt, was ihr durch die Taufe geworden seid. Ihr seid Glieder des Leibes Christi geworden, Tempel des Heiligen Geistes. Ihr habt Christus wieder angezogen. Das alte Wesen, der „alte Mensch", der ihr ward, ist gleichsam mit Christus begraben worden; ein neues Sein ist in euch erwacht mit einer Fähigkeit zu glauben, zu hoffen und Gott gemäß zu lieben. Es ist nicht euer Verdienst, sondern Geschenk der Liebe Gottes. Doch ihr habt geglaubt, ihr habt eure Zustimmung zu diesem Ruf Gottes gegeben. Mit seiner Gnade sollt ihr mehr und mehr dem gleichförmig werden, dessen Bild ihr in euch tragt. Liebt, wie er geliebt hat: ich wiederhole euch das Wort Petri: „Wie er, der euch berufen hat, heilig ist, so soll auch euer ganzes Leben heilig werden" (*1 Petr* 1,15).
Diese Heiligkeit setzt eine vertraute Beziehung mit Gott voraus, die durch das persönliche und gemeinschaftliche Gebet aufrechterhalten wird; sie verlangt auch die tägliche Umsetzung der Seligpreisungen. Möge es keine Trennung zwischen eurem Glauben und eurem Leben geben (vgl. Apostolisches Schreiben *Christifideles laici*, Nr. 59). Ihr werdet die Neuheit des Evangeliums verkörpern, ihr werdet sie in euch tragen wie Salz, das Geschmack gibt und das bewahrt, und ihr werdet sie in euch tragen wie ein Licht, das glänzt, erwärmt und erleuchtet. Ihr werdet euch ohne Zweifel dieser Ausstrahlung nicht bewußt sein, aber es wird ein Ruf für die anderen sein.
Sicherlich müssen wir demütig und bescheiden bleiben. Wir sind nie auf der Höhe unserer Berufung. Wir tragen diesen Schatz in Tonvasen. Es lohnt sich, das anzuerkennen. Ihr habt soeben von der Angst gesprochen, die ihr oft vor den Anforderungen des Evangeliums empfindet. Aber der Geist der Heiligkeit bleibt in euch; er erlaubt euch, euch wieder aufzuraffen; er hindert euch, daß ihr euch den verschiedenen Formen der Sünde, der Ungerechtigkeit, der Gewalt, des Hasses ergebt; er drängt euch, die Harmonie zwischen

den Brüdern unaufhörlich wieder aufzubauen, die gegenseitige Hilfe, die ihr in eurer Tradition „fihavanana“ nennt.

4. Der Herr ruft euch nicht nur persönlich zur Heiligkeit auf, sondern er sendet euch aus, Zeugnis zu geben. Taufe und Firmung haben euch zum Werk der Evangelisierung befähigt und dafür in Anspruch genommen. Und ebenso die Ehe.
In der Kirche selbst nehmt ihr an all dem teil, was ihre Lebendigkeit, ihre heiligmachende Wirkung, ihre materielle Unterstützung, ihr gemeinschaftliches Leben und vor allem das Zeugnis vom Evangelium sichert (vgl. Apostolisches Schreiben *Christifideles laici*, Nr. 33). Man kann von einer Mitverantwortung der Laienchristen in der kirchlichen Gemeinschaft (communio) sprechen, die auch eine missionarische communio ist (vgl. *ebd.*, Nr. 32). Dies zeigt sich sehr wohl in mehrerlei Gestalt: auf Pfarr-, Diözesan- und Landesebene. Ihr nehmt an den Pfarrgemeinderäten teil, und ihr bringt selbst eine hochzuschätzende Zusammenarbeit in die Arbeiten der bischöflichen Kommissionen, namentlich in die Bischofskommission für das Laienapostolat, mit ein. Ihr tragt zur Vorbereitung von Dokumenten bei, durch die die Bischöfe an das Gewissen eurer Landsleute bei schwerwiegenden Problemen appellieren. Seit langem haben der Katechet und ein Laienkomitee in den Gemeinden der Dörfer, die von dem Zentrum abhängen, an dem sich der Seelsorger des gesamten Gebietes befindet, die Aufgabe, das sonntägliche Gebet bei Abwesenheit des Priesters zu leiten, die Gemeinde anzuregen und mit dem Priester Entscheidungen zu treffen. Über die liturgische Rolle hinaus sichern die Laien einen großen Teil der Katechese, was im Busch fast völlig der Fall ist, sowie die Vorbereitung auf den Sakramentenempfang.
In den Städten müssen die sehr zahlreichen Gymnasiasten dringend mit dem Glauben vertraut gemacht werden: Ich ermutige alle, die sich dieser Aufgabe widmen. Die Christen, die an katholischen Schulen unterrichten, können dabei eine Erziehung zuteil werden lassen, in der der katholische Glaube all das durchdringt, was Geist und Herz formt. Mögen sie diese Chance ergreifen!
Die Familienpastoral ist gleichermaßen ein Hauptstück des Apostolates, bei dem es darum geht, die Jugendlichen auf die Ehe vorzubereiten oder den Familien zu helfen, nach dem Heilsplan Gottes und der Lehre der Kirche zu leben.
Der Dienst an den ärmsten Brüdern und Schwestern ist gleichermaßen ein wesentliches Merkmal der Kirche, und ich weiß, welch großzügige Initiativen bei euch die Caritas unternimmt, an der die Laien großen Anteil haben. Vergeßt nie die Unterstützung der Kranken und Armen.
Man zählt ebenso auf euch bei der Verkündigung des Evangeliums an jene, die es noch nicht durch den Glauben erhalten und aufgenommen haben (vgl. *Christifideles laici*, Nr. 34).
Für diese Dienste, die die Kirche aufbauen, wünsche ich mir, daß die Laien den Unternehmungsgeist und die Hochherzigkeit behalten, die sie seit dem Beginn der Evangelisierung auf Madagaskar gezeigt haben. Ich freue mich zu erfahren, daß die Priester und zahlreiche madagassische Ordensleute diese kirchlichen Aktivitäten unterstützen. Aber der gute Wille der Laien reicht nicht aus. Sie müssen die für diese Dienste notwendige

Sachkenntnis erwerben, vor allem die Ausbildung in der Katechese, der kirchlichen Lehre, der Pädagogik und der Liturgie im Geist des Dienstes Christi.

5. Euer Zeugnis und euer Handeln können sich nicht auf die Unterstützung der kirchlichen Gemeinden beschränken. Vielmehr ist die Welt das Betätigungsfeld für euer Apostolat. „So wird ‚die Welt‘ zum Bereich und zum Mittel der Erfüllung der christlichen Berufung der Laien“, bestätigt das nachsynodale Lehrschreiben *Christifideles laici* (Nr. 15).
Das Apostolat strebt natürlich die Bekehrung und den geistlichen Fortschritt der Menschen an; es geht darum, das Herz seines Nachbarn, seines Freundes, seines Arbeitskollegen zu berühren. Dies zeigt die Bedeutung eines persönlichen Apostolates, das der Einfachheit eines wirklich christlichen Lebens entspringt.
Die Menschen jedoch sind sehr durch ihr Milieu geprägt, durch die Mentalität ihrer Umgebung, die Lebensbedingungen, die sozialen Einrichtungen. In Madagaskar seid ihr euch dieser Solidarität ganz besonders bewußt, die die Menschen im Guten wie im Bösen eint. Das Apostolat muß daher versuchen, die Neuheit des Evangeliums in die Mentalität und die gesellschaftlichen Strukturen einzupflanzen, um das Glück und den moralischen wie geistlichen Fortschritt der Menschen zu bewirken. Dies ist eine dringende Pflicht, da die Gesellschaft Gefahr läuft, zu zerfallen. Und wenn ein solches Apostolat gemeinsam durchgeführt wird, ist es wirksamer und es bezeugt das Geheimnis der Kirche, die „communio“, Gemeinschaft, ist (vgl. *ebd.*, Nr. 29).
Auf eben diesem Gebiet versucht ihr zu handeln. Als Antwort auf den Brief eurer Bischöfe vom November 1987 haben einige von euch ein bedeutsames Dokument erarbeitet: *Die Laien angesichts des nationalen Wiederaufbaus*. Ihr seid euch der Übel bewußt, die den menschlichen Geist, den „fanahy maha-olona“, verderben und die Solidarität, die wirkliche „fihavanana“, vereiteln. Ihr geißelt die ungerechten Ungleichheiten, die Korruption, all das, was den sozialen Frieden und die Gerechtigkeit zerstört. Wenn die Entscheidungsträger eine vorrangige Verantwortung haben, dann sind auch alle Bürger miteinbezogen. Und ihr denkt richtig, daß es der Auftrag der Kirche ist, ihre Ethik des Dienstes, der Gerechtigkeit, der Wahrheit, der Liebe, der Vergebung, der Hoffnung vorzubringen. Wie soll man dieses Engagement nicht hochschätzen mit dem Wunsch, es möge sich konkret verwirklichen! So viele Madagassen haben eine christliche Erziehung genossen, die ihnen erlauben müßte, als Christen ihre soziale Verantwortung zu übernehmen, falls sie nicht in Gleichgültigkeit oder Angst verfallen. Man muß auch darüber wachen, daß dieses Engagement allen Christen aus allen Schichten zugänglich ist, nicht nur den Akademikern, sondern auch den Arbeitern und Bauern. Anderseits können sich unsere protestantischen Brüder und selbst die Andersgläubigen den Katholiken anschließen, wenn es sich um diesen moralischen Wiederaufbau handelt, um den Sinn für das Gemeinwohl, die Redlichkeit, die Gerechtigkeit, die Menschenwürde zu fördern.
Das Apostolische Schreiben *Christifideles laici* (vgl. Nr. 36–44) erinnert an all diese Verpflichtungen, die das gesellschaftliche und wirtschaftliche Leben sowie das Behörden-, Gewerkschafts- und Erziehungswesen betreffen, wo es die großen Ernährungs- und Gesundheitsprobleme und das der Arbeitsbeschaffung für Jugendliche gibt, ohne die po-

litische Verantwortung zu übergehen, immer vorausgesetzt, daß die berechtigten persönlichen Wünsche nicht mit denen der Kirche gleichgestellt werden können. Ich möchte schließlich die Aufmerksamkeit auf den ersten Bereich des gesellschaftlichen Einsatzes lenken: die Familie (vgl. *ebd.*, Nr. 40). Die Kultur und Stärke der Völker hängen vor allem von der menschlichen Qualität ihrer Familien ab: Annahme und Achtung des Lebens, eheliche Treue, Kindererziehung.

Ich ermutige daher alle Bewegungen oder Vereinigungen, die dieser Pflicht zum Apostolat nachkommen: die, die das geistliche Leben der Christen oder ihr Verständnis vom Apostolat stärken, wie die Gemeinschaften christlichen Lebens oder die Legion Mariens, die Erziehungsverbände für die Jugendlichen (M. E. J., die Pfadfinderschaft und „Ibalita“), die Familienverbände (F. T. K.), die Verbände der Katholischen Aktion für Kinder und Jugendliche, vor allem für die vom Land und für die Erwachsenen! Mögen ihre Mitglieder sich vom Geist Christi erfüllen lassen, da es sein Werk ist, das sich in ihnen und durch sie erfüllen muß. Mögen sie insbesondere Zeugen der vorrangigen Liebe Christi für die Armen sein!

Das sind nun, liebe Laienfreunde, die Leitlinien, nach denen der Papst euch einlädt zu handeln, zusammen mit seinen Mitbrüdern, den Bischöfen von Madagaskar. Arbeitet vertrauensvoll zusammen mit ihnen. Das Volk von Madagaskar vertraut euch, es hat die Augen auf euch gerichtet, die ihr der Religion des menschgewordenen Sohnes Gottes angehört und mit seiner Botschaft der Liebe verbunden seid. Die Kirche zählt auf euch; ihr seid die Kirche, der Leib Christi. Vergeßt die Worte des Herrn nicht: „Ihr seid das Salz der Erde ... Ihr seid das Licht der Welt.“ Mögen das Beispiel und die Fürsprache der seligen Victoire euch anspornen! Und ich bitte Gott, den Vater, den Sohn und den Heiligen Geist von Herzen, euch und eure Familien, eure Verbände und euer ganzes Land zu segnen.

Den Geist der Gemeinschaft bewahren

Ansprache bei der Begegnung mit den Priestern, Ordensleuten, Seminaristen und Novizen in Antananarivo (Madagaskar) am 30. April

Liebe Brüder und Schwestern!

1. Ich danke euch sehr für euren Empfang in Herzlichkeit und Vertrauen. Gern vernehme ich euer Zeugnis über den Weg der Priester und Ordensleute auf Madagaskar. Ich schätze den Realismus, mit dem ihr die Schatten erkennt und die wünschenswerten Fortschritte nennt; ich spüre die Freude, den Schwung und die Hoffnung, die in euch leben. Mit meinem Kommen zu euch möchte ich diesen Fortschritt im Ordensleben ermuntern.

Ich bin soeben den katholischen Laien von Madagaskar begegnet. Auch sie stellen eine große Hoffnung für den Aufschwung der Kirche in Madagaskar dar. Sie sind sich der ihnen zukommenden Rolle – der Tatsache ihrer Taufe und Firmung – in den verschiedenen Diensten für die Kirche und im Zeugnis mitten in der Welt bewußt. Sie haben sich dafür seit dem Beginn der Evangelisierung im Zeichen der seligen Victoire Rasoamanarivo eingesetzt. Doch sie erwarten viel von euch, die ihr eure Kräfte, Talente und eure Herzen direkt dem Wachstum des Reiches Gottes weiht; sie nehmen mit Freude das Erwachen und Reifen, die Vermehrung und Ausstrahlung der Berufungen zum Priester- und Ordensstand wahr. Ohne euch wäre ihr christliches Leben unterernährt, ihr Wirken würde sich verlieren, ihrem Apostolat würde es an Rückhalt und ihrem Eifer für die Evangelisierung an Aufschwung zum Absoluten fehlen. Ihrerseits bieten sie euch Anregung, anspruchsvolle Fachkenntnis und konkreten Einsatz in den verschiedenen Bereichen des Lebens, recht oft auch das Beispiel der Heiligkeit.

2. Mit euch danke ich Gott für die Lebenskraft der Kirche auf Madagaskar seit anderthalb Jahrhunderten, für eine Lebenskraft, die zum großen Teil auf die gottgeweihten Menschen zurückgeht. Es möge genügen, hier den Namen des Bruders Raphael Louis Rafiringa, des ersten madagassischen Ordensmannes, zu nennen. Ich möchte vor allem, daß ihr Gott für eure Berufung dankt. Er hat euch angesprochen, und zwar ganz ohne euer Verdienst. Er hat euch auf vielfache Weisen durch andere und durch euer inneres Leben Zeichen gegeben, und ihr seid aufgebrochen.
In eurem Priester- und Ordensleben kennt ihr zweifellos das Schwere und zuweilen die Prüfung; ihr könnt nicht immer selber die Frucht eures Apostolates feststellen. Doch der Herr, dem ihr eure Person und euer Leben geweiht habt, ist immer bei euch; ihr habt die Freude, euch von ihm geliebt zu wissen und auf seine Liebe antworten zu dürfen; ihr habt die Ehre, direkt für sein Reich zu arbeiten und euren Brüdern und Schwestern den erhabensten Dienst zu leisten. Er hat euch Hundertfältiges in dieser Welt und das ewige Leben verheißen (vgl. *Mk* 10,30). Ja, wahrlich, dankt dem Herrn mit Maria, seiner Mutter, für soviel Wunderbares! Meinerseits bitte ich ihn, euch in seiner Freude und seinem Frieden zu bewahren.

3. Liebe Brüder und Schwestern, unter den drei allgemeinen Weisungen, die ich euch geben möchte, nenne ich vor allem den Geist der Gemeinschaft unter euch allen, mit euren Bischöfen, mit dem ganzen Volk Gottes und mit der ganzen Kirche. Gemeinschaft kennzeichnet die Beziehungen zwischen allen Gliedern des Leibes Christi. Wie die *Bischofssynode in Rom 1985* (vgl. II, C,1), aber auch das Apostolische Schreiben *Christifideles laici* (vgl. Nr. 19) sehr betont haben, gehört sie zum Geheimnis der Kirche. Sie ist eine Teilhabe an der Fülle des göttlichen Lebens, Annahme des Wortes Gottes, Festhalten an der gleichen Glaubenslehre und der gleichen grundlegenden christlichen Ethik; sie ist Teilnahme an den gleichen Sakramenten und Organisation nach den gleichen wesentlichen Strukturen. Sie muß im Leben Wirklichkeit werden durch die Liebe, die von Christus kommt; dazu gehört das Besorgtsein um das Wohl des anderen, die Solidarität, das Verzeihen, der Geist der Zusammenarbeit, das vereinte Bemühen innerhalb einer Gesamtpastoral, die gegenseitige Hilfe der Regionen und in jedem Fall die bevorzugte Option für die Armen. Es geht hier nicht nur um Effizienz, sondern um das Zeugnis für das, was die Kirche ist: eine Familie. Die madagassische Nation, die manchmal unter Spaltungen leidet, braucht dieses Zeugnis. Das für meinen Besuch gewählte Thema nimmt

dieses Anliegen „Gemeinschaft“ auf; es steht der „fihavanana“ nahe, die für eure Kultur charakteristisch ist.
Doch Gemeinschaft meint nicht Einförmigkeit, sie setzt vielmehr voraus, daß jeder sich am Wohl des Ganzen mit seinen Talenten, seinem persönlichen Charisma, der Spiritualität seines Institutes und seiner besonderen Sendung innerhalb der Kirche beteiligt. In einem Leib haben nicht alle Glieder die gleiche Aufgabe, wie der hl. Paulus uns ausführlich dargelegt hat (vgl. *1 Kor* 12). Möge dieser Geist der Gemeinschaft eure Beziehungen und eure Zusammenarbeit zwischen Missionaren und Kindern dieses Landes, zwischen Welt- und Ordenspriestern sowie zwischen unterschiedlichen völkischen Gruppen prägen!

4. Ich fordere euch ebenfalls auf, eure Beziehungen zum Herrn zu vertiefen, euer geistliches Leben fest in ihm zu verwurzeln. Das Volk in Madagaskar besitzt einen spontanen Sinn für die Gegenwart Gottes; es drückt seinen Glauben gern in einer poetischen und symbolischen Sprache aus, und es besitzt Gemeinschaftsgeist.
Von euch, liebe Brüder und Schwestern, wird mehr verlangt, weil euch mehr gegeben wurde. Ihr habt die Nachfolge Christi gelobt in Keuschheit, Armut und Gehorsam, in einem Leben nach den Seligpreisungen. Ihr lebt in Gemeinschaft oder habt die Priesterweihe empfangen, um im Namen Christi Hirten zu sein, oder ihr bereitet euch auf das alles vor. Ergreift die Mittel, um euer geistliches Leben unablässig zu vertiefen und euch auszurüsten: tägliches Hören und Betrachten des Wortes Gottes, persönliches und gemeinschaftliches Gebet, Teilnahme an der Eucharistiefeier, gemeinsames Nachdenken und Lebensüberprüfung, ständiges Bemühen um den Geist Christi und die Tugenden, die dem Priester- oder Ordensstand entsprechen. Das Schöne und das Elend im menschlichen Leben, dem ihr täglich in eurem Dienst oder Apostolat begegnet, muß in euer Gebet integriert werden; es kann euch anregen, wenn ihr alles auf den Herrn und seine Verherrlichung bezieht. Ihr widmet ihm nicht nur einen Teil eurer Zeit oder eure hochherzigen apostolischen Tätigkeiten, sondern schenkt ihm eure Person. Unsere Brüder und Schwestern möchten in uns „Diener Christi und Verwalter von Geheimnissen Gottes“ (*1 Kor* 4,1) finden. Ja, hängt euer Herz an Christus, den ihr über alles liebt! Eure grundsätzliche Verfügbarkeit bezeuge euer Verlangen nach dem Absoluten und nach dem Kommen des Reiches Gottes.

5. Natürlich müssen die Liebe und das Streben nach Heiligkeit gleichen Schritt halten mit dem Erwerb von Fachkenntnis, wie sie von eurem Amt oder den Diensten gefordert wird, die ihr in Kirche und Gesellschaft leistet. Ihr sprecht selbst vom Anstreben „einer gediegenen menschlichen, religiösen und theologischen Bildung“ und bemerkt, daß die theologische Vorarbeit für eine gute Durchführung der notwendigen Inkulturation noch ungenügend ist. Es ist wichtig, in der Erkenntnis des Planes Gottes mit der Welt und den Menschen, wie er in der Bibel geoffenbart ist, fortzuschreiten. Dieser Heilsplan Gottes wurde von der Kirche unter sehr verschiedenen Verhältnissen im Verlauf ihrer Geschichte gelebt. Indem sie sich unablässig in das wesentliche Credo vertiefte, hat die Kirche unter dem Beistand des Heiligen Geistes eine Erfahrung gewonnen und eine Lehre formu-

liert, die den Weg aller Christen erhellt. Der Nachfolger des Petrus und alle Bischöfe in Gemeinschaft mit ihm haben die Sendung erhalten, dieses Glaubensgut zu hüten und vorzulegen. Die Theologen aber tragen in Verbindung mit dem Lehramt dazu bei, es im Hinblick auf die verschiedenen Kulturen und auf all das, was die Menschen konkret kennzeichnet und was neue Fragen aufwirft, zur Geltung zu bringen und zu vertiefen. Diese Aufgabe muß auch hier für eine richtige Inkulturation auf madagassischem Boden geleistet werden: das gilt unter anderem für die katechetische Darbietung der Botschaft des Evangeliums, für die Entfaltung der Liturgie, die Anpassung des gottgeweihten Lebens und den sozialen Einsatz der Christen. Wenn Anthropologie, Soziologie, Pädagogik und Semantik eine wertwolle Hilfe bieten, so behält die Theologie ihre Rolle als grundlegendes Fundament und Licht. Die ganze Kirche von Madagaskar ist an dieser Arbeit beteiligt; die Hirten und Ordensleute aber sind es in besonderer Weise. Hier ergeben sich dann die Forderungen für die Ausbildung in den Seminaren und Scholastikaten, die aber das ganze Priester- und Ordensleben hindurch weitergeht dank des Angebots von Tagungen, Publikationen und all dem, was die Bildung auffrischen kann. Die bei euch glücklicherweise sehr aktiven Laien, die ein christliches Ferment in der Gesellschaft bilden wollen, sind natürlich denen gegenüber sehr anspruchsvoll, die der Priester- oder Ordensberuf in den Dienst des Volkes Gottes stellt, mit der Sendung, ihm Klärung zu bieten, es zu führen und zu begeistern (vgl. *Brief an die Priester zum Gründonnerstag 1989*).

6. Diesen Gedanken, die für euch alle gelten, möchte ich einige besondere Worte für die verschiedenen Gruppen, die ihr vertretet, anfügen.

Ich möchte vor allem die Priester grüßen, jene aus Madagaskar und die Missionare aus dem Ausland, die Welt- und Ordenspriester. Welch ein Weg wurde zurückgelegt seit der Weihe des ersten madagassischen Priesters im Jahre 1872 und der Weihe des ersten madagassischen Bischofs im Jahre 1939! In einigen Diözesen, zumal auf den Hochebenen, seid ihr relativ zahlreich geworden; doch anderswo sind eure Reihen noch sehr dünn gesät. Vor euch stehen vielfältige Aufgaben der Evangelisierung in weit zerstreuten Dörfern; ihr müßt darüber wachen, daß eure Gläubigen Zugang zum Wort Gottes und zu den Sakramenten bekommen; ihr sollt jene Laien ausbilden, die euch bei der Animation der Basisgemeinschaften helfen. Einige unter euch, zumal die Weltpriester in den ländlichen Gebieten, leiden unter der Isolierung, die sie zuweilen entmutigt.

Liebe Brüder im Priestertum, ich bitte den Herrn, euch seine Kraft und seinen Frieden zu schenken. Betrachtet immer die unerhörte Gnade eures Priestertums! Die Treue zu eurem Beruf erfordert Mut, doch will der Herr auch, daß ihr eure Kräfte zu vereinen versteht. Schenkt einer dem anderen Aufmerksamkeit und helft euch brüderlich! Bildet um euren Bischof eine Priesterschaft, in der tiefe Gemeinschaft zum Ausdruck kommt, jenseits aller Unterschiede in Temperament, apostolischer Methode und völkischer Zugehörigkeit bzw. der Herkunft. Vertraut euch eurem Bischof wie einem Vater an; es wird ihm ein Anliegen sein, mit euch über die geistlichen und materiellen Verhältnisse in eurem Leben nachzudenken. Ich wünsche, daß auch der Einsatz der Laien euch anregt und stärkt.

Bemüht euch vor allem zusammen mit den Familien, Priesterberufe zu wecken und heranzubilden. Durch die Qualität eures priesterlichen Lebens, durch eure Freude im Dienst des

Herrn und seiner Kirche schenkt der Heilige Geist den jungen Menschen, die euch begegnen, das gleiche Verlangen.

7. Ebenso grüße ich die Ordensleute; meine Hochachtung gilt denen, die sich Gott im kontemplativen Leben weihen, denn ich weiß, wie kostbar ihr Gebet und ihre wohltuende Ausstrahlungskraft für die geistliche und liturgische Anregung der ganzen Kirche sind. Es ist bewundernswert, so viele apostolische Ordensfamilien in der gegenseitigen Ergänzung ihrer geistlichen Charismen arbeiten zu sehen. Euer erster Dienst ist die Evangelisierung des Volkes Gottes und seine Vorbereitung auf die Verantwortlichkeiten in der Kirche. Ihr kümmert euch ebenfalls um den Nachwuchs, und zwar sowohl um die Heranbildung junger Ordensleute als auch um die Vorbereitung künftiger Weltpriester. Ich habe bemerkt, daß ihr oft eure Kräfte vereint, um gemeinsame Noviziate und Juniorate einzurichten. Möge der Herr euch segnen und zahlreicher machen!
Ihr aber, liebe Schwestern, macht mir Freude mit dem Schwung eures Ordenslebens. Nach den ersten Schwestern des hl. Joseph von Cluny hat die Zahl der madagassischen Ordensschwestern erstaunlich zugenommen: ihr zählt im Augenblick fast 1600. Muß man darin nicht ein Zeichen sehen, daß die Weihe an Gott im Ordensstand in diesem Land in immer weiteren Kreisen angenommen und ersehnt wird, daß sie als ein Weg voller Erfüllung der Fraulichkeit gilt? Ihr habt euch in hohem Maß in den Dienst der Gesellschaft gestellt: in Unterricht und Erziehung, in den gesundheitlichen und sozialen Diensten, in der Förderung der Frau. Sehr schätzenswert ist auch das Ausmaß eurer direkten Beteiligung in der Pastoral, sei es in der Katechese, in der Unterstützung von Bewegungen oder in der liturgischen Anregung. Euer Zeugnis und euer Wirken sind für Laien und Priester von grundlegender Bedeutung. Ob ihr zu den Aktiven oder zu den Kontemplativen gehört, ihr gebt Zeugnis davon, daß unser Herr Jesus Christus es verdient, um seiner selbst willen geliebt zu werden, und daß man ihm nachfolgt. Ihr bezeugt, daß seine Liebe euch erfüllt und daß ihr euch um seinetwillen im Dienst an euren Brüdern und Schwestern verausgabt. Ihr seid Zeuginnen der Liebe Christi.
An der Seite der Ordensmänner und Ordensfrauen möchte ich auch die gottgeweihten Laien begrüßen. Die Säkularinstitute bilden heute eine sehr schätzenswerte Form der Präsenz inmitten der Welt und des Engagements der Kirche. Sie helfen den Laien, bei Erfüllung ihrer irdischen Aufgaben nach Heiligkeit zu streben, und sie verbinden sehr tief Beten und Tun.

8. Schließlich erblicke ich in euren Reihen auch eine Anzahl von Jugendlichen: Novizen und Scholastiker und Großseminaristen.
Liebe Freunde, ihr habt bereits gehört, wie sehr ich eine sehr ernsthafte philosophische und theologische Ausbildung betone als Grundlage für weitere Vertiefung und für alles Bemühen um Inkulturation und ihre praktische Anwendung in der Pastoral. Ich wünsche euch sehr, daß ihr die Einheit eurer Ausbildung mit ihren drei Elementen: Theologie, Spiritualität und Pastoral erreicht. Ihr bereitet euch ja darauf vor, Hirten zu werden, wie sie das Volk von Madagaskar braucht. Eine Zeit geistlicher Vorbereitung vor den Studienjahren scheint eine gute Initiative zu sein. Euer priesterliches Leben wird größten-

teils so viel wert sein, wie jetzt eure Hinführung zum Glauben, zum Gebet, zum missionarischen Eifer und zur Teamarbeit wert ist, aber auch die Hinführung zu persönlicher Verantwortung, zu den priesterlichen und religiösen Tugenden. Die Kirche von Madagaskar vertraut auf euch und rechnet mit eurer vorbehaltlosen Verfügbarkeit.

9. Pfingsten ist nahe. Bittet den Heiligen Geist, euer Apostelherz ohne Unterlaß zu erneuern. Bittet die Jungfrau Maria, eure Seele dem Heiligen Geist zu öffnen, voll Vertrauen und Freude.

Dann werdet ihr mit dem Herrn sprechen können: „Der Geist des Herrn ruht auf mir; denn der Herr hat mich gesalbt. Er hat mich gesandt, damit ich den Armen eine gute Nachricht bringe; damit ich den Gefangenen die Entlassung verkünde und den Blinden das Augenlicht; damit ich die Zerschlagenen in Freiheit setze und ein Gnadenjahr des Herrn ausrufe" (*Lk* 4,18–19).

Christus hat zu seinen Aposteln gesagt: „Ich nenne euch nicht mehr Knechte, ... [sondern] Freunde" (*Joh* 15,15). Ja, ihr habt alle mit dem Herrn Freundschaft geschlossen. Er sagt euch auch: „Wie mich der Vater gesandt hat, so sende ich euch" (*Joh* 20,21).

Als Bischof von Rom und Nachfolger des Petrus besonders für die Treue und die Einheit der ganzen Kirche verantwortlich, bin ich glücklich, euch diese Worte weitersagen zu dürfen, um eure Hoffnung und euren Eifer zu stärken. Aus ganzem Herzen segne ich euch. Ich segne alle Priester, Ordensleute, gottgeweihten Laien, Novizen und Seminaristen von Madagaskar im Namen des Vaters und des Sohnes und des Heiligen Geistes.

Entwicklung der Dritten Welt fördern

Ansprache bei der Begegnung mit dem Diplomatischen Korps in Antananarivo (Madagaskar) am 30. April

Exzellenzen, meine Damen und Herren!

1. Ich freue mich über die Gelegenheit, im Lauf des Pastoralbesuchs, den ich in diesem Land mache, das bei der Demokratischen Republik Madagaskar akkreditierte Diplomatische Corps zu begrüßen, bevor ich mich nach La Réunion, Sambia und Malawi begebe. Sie wissen ja, wie sehr der Heilige Stuhl die Tätigkeit der diplomatischen Vertretungen schätzt. Sie ist ein echter Dienst an den Völkern dank der Gegenwart ihrer qualifizierten Mitarbeiter, die einen immer intensiveren Meinungsaustausch begünstigen. Die internationalen Organisationen leisten diesbezüglich einen besonderen und schätzenswerten Beitrag. Mit Freude grüße ich deren Vertreter unter Ihnen.

Der geistliche Auftrag, der mir obliegt, erlaubt mir meinerseits, ein Zeuge dessen zu sein, was die Menschen eint und auch der Sorgen und Leiden, die in der Welt auf ihnen lasten. Zum Wohl des Menschen wünscht die Kirche stets in Wahrnehmung ihrer Erfahrung und im Respekt vor den zivilen Autoritäten zu handeln. Sie hält sich für berechtigt, die universale Solidarität geltend zu machen, nach der die Menschheit auf ihrer Suche nach Frieden und Glück aller Menschen streben soll.

2. Eine Hauptsorge der gegenwärtigen Generationen ist natürlich jene der Entwicklung. Die ungleiche Verteilung der Mittel aller Art auf dem Planeten unterstreicht offensichtlich die Notwendigkeit einer aktiven Zusammenarbeit zwischen den Nationen, damit deren Staatsangehörige ihre Lebensbedingungen mit einem menschenwürdigen Leben in Einklang gebracht sehen können. Heute weiß man vielleicht besser, daß wirtschaftlicher Austausch und Zusammenarbeit ihr Ziel nur in einem Geist der Solidarität und in Respektierung der Identität jeden Volkes, seiner Kultur, seiner Umwelt und seiner Unabhängigkeit erreichen können.
Wenn man von Solidarität spricht, sieht man sogleich, daß institutionelle Zusammenarbeit zuerst das Wohl der Völker zum Ziel hat, die Aufwertung ihrer eigenen menschlichen Mittel, die Entfaltung ihrer Fähigkeiten, die Nutzbarmachung von Grund und Boden, die Annahme ihres besonderen Beitrags zum Reichtum der menschlichen Gemeinschaft, selbst wenn sich dieser Reichtum nicht mit wirtschaftlichen Begriffen ermessen läßt. Die Kultur in ihrer Würde, Ursprungsmerkmale der Regionen in dem Land, illustrieren gut die Schönheit eines menschlichen Schatzes, den die Entwicklung nicht nur bewahren, sondern auch fruchtbar machen muß.
Die Bedürfnisse der am wenigsten begünstigten Nationen, die Schwierigkeiten, die zu viele Menschen erfahren müssen, um nur leben zu können, sind in sich ein Aufruf zur internationalen Zusammenarbeit, die es in immer umsichtigerer Art und Weise zustandezubringen gilt. Die Ziele müssen in einem guten Einvernehmen entschieden werden und die unmittelbaren Notwendigkeiten in Rechnung stellen, die kurzfristige Aktionen rechtfertigen, ohne dabei die Unterstützung von Initiativen aus dem Blick zu verlieren, die langfristig die Lage vorteilhaft verändern sollen. Ich will mich nicht mit Analysen beschäftigen, die Ihnen bekannt sind, sondern einige Gesichtspunkte unterstreichen. Ich beginne mit dem Wunsch, die Solidarität der Nationen möge dazu führen, auf dem Weg der Lösung des Schuldenproblems der ärmsten Länder, über das sich der Heilige Stuhl vor kurzem geäußert hat, noch weitere Fortschritte zu machen.

3. In der Dritten Welt und den reichen Ländern widmen sich viele Männer und Frauen großzügig der Entwicklungshilfe. Ich möchte hier dem ausgezeichneten Werk die Ehre geben, das von den Freiwilligen der Nicht-Regierungs-Organisationen vollbracht wird. Ohne sich an die Stelle dessen zu setzen, was die Staaten und die sie vereinenden Organisationen tun, können diese Freiwilligen auf bedeutsame Weise helfen, die wirklichen Bedürfnisse der armen Länder zu verstehen, die Zusammenarbeit persönlicher und freundlicher zu gestalten, die konkrete Solidarität zu entwickeln und so dazu beizutragen, die verschiedenen Komponenten der Gesellschaft mit dem Handeln der politischen Behörden zu verbinden.
Diesbezüglich möchte ich der aufopfernden Arbeit der Missionare meine besondere Hochachtung aussprechen. Vom Evangelium angeregt, widmen sie sich seit langer Zeit der Sorge für die Kranken, der Unterstützung der Bedürftigsten und der Erziehung der Jugendlichen. Und ich habe eine hohe Meinung von denen unter ihnen, die in bestimmten Regionen noch in diesen letzten Jahren Opfer ungerechtfertigter Gewalt gewesen sind. Wir alle wünschen, daß die Männer und Frauen, seien sie Ordensleute oder nicht, die als

Friedenschaffende ihren Brüdern und Schwestern zu Hilfe kommen, ihren Auftrag in Sicherheit und Freundschaft erfüllen können.

4. Die Aussicht auf Entspannung, die sich in den vergangenen Jahren gezeigt hat, müßte nun die Zusammenarbeit der Menschen in Wissenschaft und Kultur auf der gesamten Welt für die Entwicklung der Dritten Welt begünstigen. In der Enzyklika, die ich der sozialen Frage gewidmet habe, um die Appelle meines Vorgängers Pauls VI. vor 20 Jahren weiterzuführen, habe ich die Nationen des Nordens und des Südens schon dazu aufgefordert, ihre Mittel besser zu koordinieren. So erscheint der Technologietransfer zunehmend notwendig. Ist nicht das Zusammenlegen des Wissens zum Wohl aller ein Erfordernis der Gerechtigkeit?
Wenn die Bewohner des Planeten tatsächlich dazu kommen, den Frieden zu festigen, könnten sie dann zulassen, daß zwei Drittel der Menschheit weiterhin Hunger leiden, keinen Zugang zu einem Erziehungsniveau finden, das ihnen erlauben würde, ihre Entwicklung wirksam in die Hand zu nehmen, und daß sie weiterhin der Informations- und Kommunikationsmittel beraubt bleiben, die anderswo laufend verfügbar sind und für unentbehrlich gehalten werden?

5. Mehr und mehr wird sich die öffentliche Meinung der Welt des kostbaren Gutes bewußt, das die Erde mit all dem darstellt, was sie in sich birgt und hervorbringt. Man spricht von der „Umwelt“: es handelt sich um den Rahmen, in dem der Mensch leben muß; es handelt sich um die Natur, die ihm anvertraut ist. Und man kennt die Bedrohungen, die auf ganzen Regionen aufgrund einer unüberlegten Ausbeutung oder einer unkontrollierten Verschmutzung lasten. Vor der Verarmung der Böden schützen, die Verbreitung giftiger Substanzen vermeiden, die für Mensch, Tier- und Pflanzenwelt schädlich sind, die Atmosphäre retten – all diese Imperative können nur in Betracht gezogen werden durch eine aktive und kluge Zusammenarbeit, für die die Grenzen offen und ohne Hindernisse und das Ringen um Einfluß überholt sein müssen.
Ich mußte daran ernsthaft erinnern, da ich auf einer „Großen Insel“ aufgenommen wurde, auf der solche Schwierigkeiten fühlbar werden. Es ist dringend notwendig, daß die internationale Staatengemeinschaft sich die erforderlichen rechtlichen und technischen Mittel verleiht, um den Umweltschutz zu garantieren und den Mißbrauch zu verhindern, der durch das angeregt wird, was man Egoismus der einen auf Kosten der anderen nennen muß.
Der christliche Glaube geht davon aus, daß der Mensch von Gott, dem Herrn der Erde, geschaffen wurde. Dies bedeutet, daß der Mensch für sie verantwortlich ist, daß er mehr Verwalter als ein dem freien Ermessen überlassener Eigentümer ist. Er muß sie lebendig und fruchtbar an die kommenden Generationen weitergeben.

6. Unter den Menschenrechten gibt es eines, das ich im Zusammenhang mit diesen Betrachtungen über die Dringlichkeit der Zusammenarbeit im Hinblick auf die Entwicklung unterstreichen möchte. Ich denke an das Recht auf Gesundheit, das man als Teil des Grundrechtes auf Leben ansehen muß. Die Bevölkerungen auf der Erde befinden sich in

einem dramatischen Ungleichgewicht, und in ausgedehnten Gebieten lassen das Klima, mangelnde Hygiene, Unterernährung und auch Unwissenheit zu viele Menschen ohne Schutz.

Ich möchte an dieser Stelle die Bewunderung ausdrücken, die einheimische und aus dem Ausland gekommene Ärzte und Pflegekräfte aufgrund ihres brüderlichen und uneigennützigen Wirkens und ihres fachlichen Könnens erwecken, auch wenn oft die Heilmittel fehlen. Ich möchte die internationalen Organisationen in ihrem geduldigen Bemühen ermuntern, die Vorbeugung vor Krankheiten sowie Impfkampagnen und andere Methoden der Vorsorge zu sichern. Ich möchte wünschen, daß ihre Vertreter immer mehr Unterstützung und Verständnis von seiten der Familien, der Behörden und all jener erfahren, die dazu beitragen können, Mittel für den Dienst an der Gesundheit von Kindern, Männern und Frauen zu beschaffen, die durch Krankheit geschwächt sind.

Dieses notwendige Werk ist eine Bedingung, damit die so zahlreiche Jugend in der Dritten Welt mit Stärke und der notwendigen Ausgeglichenheit in das Erwachsenenalter vorrückt, um Verantwortung in der Gesellschaft zu übernehmen.

Und da ich nun von den Jugendlichen spreche, möchte ich hier die ernste Sorge wiederholen, die mir ihr Wortführer gestern im Stadion von Alarobia ausdrückte. Es handelt sich um die Droge, eine Plage am Kreuzpunkt von vielen menschlichen Faktoren. Sie ist ein Übel, das sich über die Welt verbreitet. Eine richtige Mobilisierung ist gewiß von seiten der Erzieher notwendig, aber auch von seiten der führenden Kreise. Man darf den Handel mit dem Tod nicht akzeptieren. Ihn zu bekämpfen und zu unterdrücken, ist ohne Zweifel unerläßlich. Aber man muß weiterschauen, man muß die so schädliche Herstellung verhindern, man muß den Landarbeitern, die daraus ihre Einnahmen beziehen, bei der Umstellung der Bewirtschaftung helfen, damit ihnen das Elend erspart bleibt. Die verantwortlichen Behörden dürfen nicht versäumen, in diesem Sinne zu handeln, einfach aus Respekt vor der Menschenwürde.

Ich habe damit einen empfindlichen Punkt in der Hoffnung berührt, daß gemeinsame Anstrengungen die Jugendlichen von einer solchen Geißel werden befreien können. Dann möchte ich noch ein Wort zu einer fundamentalen Wirklichkeit sagen, die mir Sorge bereitet, nämlich der Familie. Wir wissen um die Destabilisierung, die sie befallen hat. In der Dritten Welt sind die gewohnheitsmäßigen Strukturen oft durch veränderte Lebensbedingungen erschüttert. Es wird ein Druck ausgeübt, der der grundlegenden Freiheit, einen Hausstand zu gründen und Leben zu schenken, Gewalt antun kann. Die Vorbereitung der Jugendlichen, ihre Verantwortung als Eheleute und als Eltern auszuüben, ist ein rechtmäßiges Ziel, aber man darf keine Verhaltensänderung erstreben durch einen Druck, der einer gesunden Ethik entgegensteht. Wir hoffen, daß die Institution der Familie bei den ärmsten Völkern die Unterstützung finden wird, die das Glück ihrer Mitglieder fördert.

7. Meine Damen und Herren, die Erwägungen, die ich soeben vorgebracht habe, betreffen in letzter Instanz die Suche nach dem Wohlbefinden der Menschen und der Harmonie ihres Zusammenlebens, das heißt nach dem Frieden. Über die zahlreichen Bestandteile für die Entwicklung hinaus, ist es der Frieden, der stärker wird, ist es der Mensch, dessen Leben gelingen kann, indem er echte Freiheit findet.

Wenn ich nun zum Ende meiner Rede komme, möchte ich erneut meine Hochachtung ausdrücken, die ich für Ihre vielfältigen Beiträge zur Verwirklichung dieser wesentlichen Ziele hege. Durch Sie grüße ich die Nationen, die Sie vertreten und ich richte an sie meine herzlichen Wünsche um Gedeihen und Glück. Ich bitte den Allmächtigen, er möge Ihnen seine Gaben und seinen Segen gewähren.

Vorbild als Christin und Missionarin

Predigt bei der Seligsprechung von Victoire Rasoamanarivo in Antananarivo (Madagaskar) am 30. April

1. Derao i Jesoa Kristy Tompo! (Gelobt sei Jesus Christus!)
„Wenn jemand mich liebt, wird er an meinem Wort festhalten“ (*Joh* 14,23).
Dieser Sonntag der Osterzeit ist für die Kirche von Madagaskar ein großes Ereignis. Zum ersten Mal in eurer Geschichte wird eine Tochter dieses Landes, Victoire Rasoamanarivo, zur Ehre der Altäre erhoben.
Ich freue mich, daß durch mein Kommen zu euch die apostolische Kirche, die Kirche der hll. Petrus und Paulus, heute anwesend ist. Sie bringt das ganze Erbe des Glaubens und des Lebens mit, das durch das Zeugnis der Apostel dem Ostergeheimnis Jesu Christi, des Erlösers der Welt, entspringt.
In österlicher Freude bin ich glücklich, euren Oberhirten, meinen Mitbruder Kardinal Victor Razafimahatratra, begrüßen zu dürfen, der als Mitglied des Kardinalskollegiums dem Bischof von Rom so nahesteht. Ich grüße ferner seinen Weihbischof, Msgr. Nicolas Ravitarivao, und die anderen anwesenden Bischöfe. Meine herzlichen, guten Wünsche gelten den Priestern, den Ordensmännern und -frauen sowie allen gläubigen Laien.
Ich spreche den staatlichen und regionalen Obrigkeiten meinen Dank aus, weil sie an dieser für die katholische Kirche in Madagaskar so bedeutenden Feier haben teilnehmen wollen.
Vor seiner Rückkehr zum Vater verhieß Jesus den Aposteln im Abendmahlssaal den Tröstergeist: „Der Beistand ..., der Heilige Geist, den der Vater in meinem Namen senden wird, der wird euch alles lehren“ (*Joh* 14,26).
Heute nimmt die Kirche von Madagaskar in einer ganz besonderen Weise am Kommen dieses Beistands, an der Herabkunft des Heiligen Geistes, teil. Denn die schönste Frucht seines Wirkens ist die Heiligkeit der Menschenkinder. In der Heiligkeit offenbart sich die größte aller Gaben des Geistes, die Liebe (vgl. *1 Kor* 13,13), die zugleich den Menschen in den Augen Gottes mehr als alles andere erhebt.

2. Christus sagt: „Wenn jemand mich liebt, wird er an meinem Wort festhalten; mein Vater wird ihn lieben, und wir werden zu ihm kommen und bei ihm wohnen“ (*Joh* 14,23).
Wir ehren heute eine Frau, die Christus aufrichtig geliebt hat; eine Frau, die dem Wort des Herrn treu geblieben ist: Victoire Rasoamanarivo. Die Kirche anerkennt ihre Heiligkeit gemeinsam mit ihren Brüdern und Schwestern in diesem Land, die sie bewundern, sich an ihrem Vorbild inspirieren und auf ihre Fürsprache vertrauen. Die Kirche in Madagaskar

und die Kirche in der Welt grüßen sie als eine Frau, in der Gott wohnt, als eine Schwester, der wir in der geheimnisvollen Wirklichkeit der Gemeinschaft der Heiligen nahe sind.
Victoire hat seit ihrer Einführung in das Christentum als Katechumene intensiv das Geschenk des Glaubens gelebt. Sie hat den Geist Christi aufgenommen. Sie hat es verstanden, ihr ganzes Leben lang das Wort Jesu in lebendiger Erinnerung zu bewahren (vgl. *Joh* 14,26). In der Kraft des „Tröstergeistes“ fand sie den Mut zu unverbrüchlicher Treue.
In ihrem Innern blieb Victoire immer mit Gott verbunden. Alle waren über die Intensität ihres Gebetes erstaunt. Mit der Gegenwart Gottes vertraut, wußte sie die anderen zur innigen Gemeinschaft mit dem Herrn hinzuführen. Nach dem Beispiel der Jungfrau Maria ging sie ihnen Tag für Tag auf dem Pilgerweg des Glaubens voran. Hat sie nicht der „Union catholique“ das Vermächtnis hinterlassen: „Heiligen wir zuerst uns selbst, dann sorgen wir uns auch um die Heiligung der anderen“? Das Zeugnis ihres Wirkens beweist, daß es sich nicht um eine abgekapselte Frömmigkeit handelte. Im Gegenteil, Victoire konnte sich nicht vorstellen, daß ein Christ imstande wäre, seinen Brüdern und Schwestern die Frohbotschaft mitzuteilen, ohne daß er sein ganzes Sein der Kraft der Gnade öffnet. Daher fand sie inmitten all ihrer Arbeit und Sorge immer viel Zeit zum Gebet.

3. Den Christen von heute zeigt Victoire, wie man seine Taufe leben muß. Als junges Mädchen, von den Schwestern vom hl. Joseph von Cluny erzogen, bereitet sie gewissenhaft ihren Eintritt in die Kirche vor. Als sie die Gebote Gottes kennenlernt, ist sie gleich entschlossen, sie zu halten, die Sünde aber zu bekämpfen. Sie praktiziert den Gehorsam zum Gesetz Gottes in einer frohen inneren Freiheit, wie jemand, der liebt. So nimmt sie das ihr geschenkte neue Leben an. Das Sakrament der Taufe bedeutet für sie wirklich, sich von der Gegenwart des auferstandenen Christus erfüllen zu lassen. Ihre Bekehrung ist derart offen und frei, daß sie von Anfang an den Eindruck erweckt, mit ihrem ganzen Wesen Christin zu sein. Am Ende besiegelt die Firmung sie als Glaubende, als „Tempel des Heiligen Geistes“, wie der Apostel sagt.
Wir bitten Victoire, den Söhnen und Töchtern Madagaskars zu helfen, das Geschenk des Glaubens so hochherzig anzunehmen, wie sie es getan hat; wir bitten sie, ihre Brüder und Schwestern von Madagaskar anzuspornen, ihr ganzes Leben in das Licht Christi zu stellen, der die Getauften erleuchtet, ihre Entscheidungen lenkt, ihnen in der Not beisteht und ihre Freude mit ihnen teilt.
Nehmt euch ein Beispiel an ihr, wenn ihr ihre tiefe Liebe zur heiligen Messe entdeckt, die sie nie missen wollte. Der Empfang des Leibes Christi in der heiligen Kommunion ist die eigentliche Nahrung des Getauften, denn sie ist die innigste Begegnung mit dem Herrn: Er hat sich zum Brot des Lebens gemacht, damit wir an seinem Leben teilhaben können. Er schenkt sich in der Kommunion, damit unsere Bande der Brüderlichkeit durch seine liebevolle Gegenwart gefestigt und erweitert werden. Er wollte, daß sein Opfer zu allen Zeiten gefeiert würde, damit alle Generationen sich durch ihn seinem Vater für das Heil und die Versöhnung der Vielen darbringen können.
Wir wissen ferner, welch tapfere Treue Victoire dem Sakrament der Ehe gegenüber trotz der damit verbundenen Prüfungen bewiesen hat. Ihr Versprechen war vor Gott besiegelt worden, und deshalb ließ sie es nicht mehr in Frage stellen. Unterstützt durch die Gnade,

achtete sie ihren Gatten trotz allem und bewahrte ihm ihre Liebe in dem brennenden Verlangen, er möge sich dem Herrn zuwenden und sich bekehren. Zum Trost durfte sie am Ende erleben, daß ihr Mann die Taufe empfing.
Brüder und Schwestern, laßt es nach dem Beispiel von Victoire nie daran fehlen, an der Quelle des lebendigen Wassers der Sakramente zu trinken. Sie sind die unerschöpflichen Geschenke Christi an seine Kirche!

4. Ihren Brüdern und Schwestern in dieser tiefen Gemeinschaft verbunden, übte Victoire die Solidarität mit beständiger Hochherzigkeit und war wenig darauf bedacht, irdische Güter zu erwerben. Es handelte sich nicht nur darum, zu schenken, sondern auf die Armen, Kranken oder Gefangenen zuzugehen und ihnen gegenüber alle Liebe zu zeigen, deren sie fähig war: sie linderte die Leiden und bot in Demut das an, was sie hatte, ohne an ihre besondere gesellschaftliche Stellung zu denken.
Auch darin ist sie ein anziehendes Beispiel. Eure Umstände sind verschieden, aber die Armen sind immer unter euch. Ich freue mich über das Thema, das ihr für diesen Pastoralbesuch gewählt habt. Es stellt euch wirklich auf die Linie Victoires: Die Kirche, Gemeinschaft im solidarischen Dienst am Volk. Das bedeutet, daß es die Sorge aller ist, das zum Leben Notwendige, die geistigen und die materiellen Güter, zu teilen. Es bedeutet, daß alle sich für das Gemeinwohl verantwortlich fühlen. Es bedeutet, daß alle die Gerechtigkeit gemäß dem Evangelium suchen, die jedem eine Chance zu seiner Entfaltung gibt. Es bedeutet, daß im öffentlichen und beruflichen wie im Familienleben alle sich darum bemühen, auf dem Weg der ganzheitlichen Entwicklung des Menschen, des von Gott geliebten Menschen, des brüderlichen Menschen, fortzuschreiten.

5. In einer für die junge Kirche von Madagaskar schweren Zeit stand Victoire als eine große Gestalt der Laienchristin da, die im Leben der Gemeinschaft und in ihrem Apostolat aktiv tätig war. Diese Jahre im Dienst der kirchlichen Gemeinschaft sind noch immer in lebendiger Erinnerung. Und wenn auch heute die Verhältnisse völlig anders sind, ist die Ausstrahlungskraft von Victoire noch sehr groß, obwohl mehr als hundert Jahre vergangen sind. Die Seligsprechung bekräftigt, daß sie für die Laienchristen von heute ein Vorbild ist.
Christin in ihrem Haus, Christin im Milieu des Hofes, zu dem sie gehörte, aktiv in der Bewegung der Kinder Mariens, war Victoire bereit, außergewöhnliche Verpflichtungen zu übernehmen. Sie besaß das Vertrauen aller; man beauftragte sie, die „Union catholique" zu leiten und zu schützen, die die Gemeinde ohne Priester lebendig erhalten mußte.
Die Kraft, welche Victoire im Glauben und im Gebetsleben fand, stellte sie in den Dienst aller, in aktiver Zusammenarbeit mit Bruder Rafiringa und allen Mitgliedern der Union. Dank ihres Einflusses konnte sie dazu beitragen, daß die Gotteshäuser geöffnet waren und die Gemeinde zusammenhielt. Sie förderte eifrig das gemeinsame Gebet und wachte darüber, daß die geistliche Formung gleichzeitig mit der Unterweisung über den Sinn des Glaubens Fortschritte machte. Die Brüder und die gebildeteren Christen leiteten Exerzitien, wo viele ihren Glauben festigen konnten. Sie verstand es, Spannungen zu beseitigen. Sie half durch ihre Ermutigung ihren Brüdern und Schwestern in der Stadt und anderswo, die Einheit zu bewahren.

Im Verlauf dieser schwierigen Zeit, als die Priester entfernt worden waren, verlor die Gemeinde nicht ihre apostolische Dynamik. Katechumenen wurden unterrichtet und auf die Taufe vorbereitet. Das entsprach ganz der Leidenschaft, die Victoire ihr ganzes Leben hindurch entfaltete, Christus bekannt zu machen und die Frohbotschaft, die sie mit Hoffnung und Freude erfüllte, mitzuteilen. Sie war eine echte Missionarin. Für sie gab es kein größeres Glück als zu sehen, wie ihre Mitmenschen den Glauben fanden und die Taufe empfingen.

Wenn wir die Gestalt Victoires inmitten der jungen Kirche dieses Landes betrachten, verstehen wir noch besser die unersetzliche Rolle der gläubigen Laien, die das Zweite Vatikanische Konzil und erst kürzlich die Bischofssynode so stark herausgestellt haben. In einem Apostolischen Schreiben habe ich die Größe der Berufung und Sendung der Laien in Kirche und Welt bekräftigt. Nun bin ich glücklich, daß ich zu euch kommen konnte, um die Seligsprechung einer Tochter eures edlen Volkes von Madagaskar vorzunehmen, die für ihre Brüder und Schwestern „Säule und Fundament“ war. Von nun an wird sie es noch mehr sein.

6. Victoire zeigt besonders den Platz, der in der Kirche den Frauen zukommt. Als Frau aus dem Laienstand erinnert sie unter euch an die Frauen aus dem Evangelium oder auch an jene, deren Andenken Paulus bewahrt hat: Lydia, die in der jungen Gemeinde der Stadt Philippi eine bedeutende Rolle spielte (vgl. *Apg* 16,14–15), Damaris, die in Athen das Evangelium annahm, als nur wenige andere es hören mochten, Loïs und Eunike, die dem Timotheus ihren Glauben mitteilten (vgl. *2 Tim* 1,5). Mit all ihren schönen Eigenschaften als Frau hat Victoire ihrerseits die Aufgaben der Evangelisierung, der Heiligung und Animation übernommen. Sie verstand es, in Harmonie mit allen Gliedern der Kirche, Männern und Frauen, Priestern wie Laien, eine intensive Tätigkeit zu entfalten.

In unserer Zeit ist es besonders wichtig, auf allzu viele negative Einstellungen, unter denen die Frauen zu leiden hatten und noch weiter leiden, die aber dem Geist des Evangeliums fremd sind, zu reagieren. „Die ausdrückliche Anerkennung der personalen Würde der Frau ist der erste Schritt, um ihre volle Teilhabe am Leben der Kirche und am öffentlichen und gesellschaftlichen Leben anzustreben“ (*Christifideles laici*, Nr. 49).

Die Seligsprechung von Victoire ist eine Ermutigung für alle Schwestern in Madagaskar. Mögen sie sich alle in ihrer Würde und Verantwortung als Christinnen voll anerkannt fühlen! Mögen sie auch nicht zögern, ihren besonderen Beitrag für die Evangelisierung zu leisten! Ihre Fähigkeit, das Wort Gottes aufzunehmen und den Glauben weiterzugeben, die Reife ihres sittlichen Empfindens, ihre besondere Aufgeschlossenheit für die Würde des Menschen, das sind für die Kirche unersetzliche Güter (vgl. *ebd.*, Nr. 49–52).

7. In eurer ersten Seligen erkennt ihr die traditionellen Eigenschaften eures Volkes wieder. Viele Zeugen haben ihre Geduld beschrieben, die keine Resignation oder eine Flucht vor den Schwierigkeiten war, sondern eine tief ausgewogene Haltung vor dem, was traurig macht und verwundet, ja sogar gegenüber dem Bösen, das man mißbilligt. Ihre unerschütterliche Geduld bestärkte noch ihre christliche Überzeugung, dem unauflöslichen Ehebund trotz der Demütigungen und Leiden, die sie zu erdulden hatte, treu zu bleiben. Sie

beeindruckte alle, die ihr begegneten, durch die innerliche Freude, die sie beseelte. Sie bewahrte ein optimistisches Vertrauen, selbst in den unruhigsten Stunden. Nie gab sie die von den Vätern überlieferten Bande der Solidarität auf, die in ihrem Volk jede Person mit der ganzen Gesellschaft einen; sie entfaltete darin die natürliche Spiritualität der Madagassen.
Mit dem ganzen Reichtum ihrer Persönlichkeit war Victoire vorbehaltlos dem Glauben verbunden. Ihr inniges Verhältnis zu Christus und die Gaben seiner Gnade haben sie zu einer sehr hohen Reife ihrer menschlichen Tugenden geführt. Wir bewundern in ihr eine Frau, der es gegeben war, das, was sie aus der madagassischen Überlieferung und Kultur empfangen hatte, mit dem zu verknüpfen, was ihr das Licht des Evangeliums geschenkt hatte. In ihrer spontanen Einfachheit ist sie ein herrliches Beispiel für eure christliche Gemeinschaft, die sich bemüht, das Beste aus ihrem Erbe in einer fruchtbaren Begegnung mit der Gnade der Taufe einzubringen. Ich glaube, daß die Heiligkeit Victoires eure Suche nach einer rechten Inkulturation des christlichen Glaubens in eurem Land inspirieren kann.

8. „Die Völker sollen dir danken, o Gott, danken sollen dir die Völker alle! Die Nationen sollen sich freuen und jubeln" (*Ps* 67,4–5).
Heute ist wirklich ein Tag großer Freude, ein Tag österlicher Freude für das Volk von Madagaskar.
Es ist zugleich ein Tag großer Freude für die Kirche, die die Völker der ganzen Erde einlädt, sich in ihr im Glauben und im Heil zu vereinen.
Die ganze Kirche teilt die Freude eines jeden Volkes, sie teilt heute eure Freude, Söhne und Töchter von Madagaskar.
Die Seligen und Heiligen sind von Generation zu Generation Zeichen unserer Berufung zum himmlischen Jerusalem, woran uns die zweite Lesung dieses Sonntags aus dem *Buch der Offenbarung des hl. Johannes* erinnert. Sie zeigen allen Männern und Frauen einen Weg, den Weg der endgültigen Berufung des Menschen. Es ist der Weg der Teilhabe an der ewigen Herrlichkeit Gottes selbst, des Vaters, des Sohnes und des Heiligen Geistes.
Brüder und Schwestern, Söhne und Töchter von Madagaskar, geht in der Nachfolge eurer Landsmännin auf diesem Weg voran!
„Im Haus des Vaters gibt es wahrhaftig viele Wohnungen" (vgl. *Joh* 14,2).
Ho tahin andriamanitra isika rehetra! (Der Herr segne uns!)

Gerechtigkeit für alle Menschen

Predigt bei der Messe in Fianarantsoa (Madagaskar) am 1. Mai

Derào i Jesòa Kristỳ Tòmpo! (Gelobt sei Jesus Christus!)

1. „Ist das nicht der Sohn des Zimmermanns?" (*Mt* 13,55).
Als Jesus in Nazaret zu lehren begann, fragten sich seine Mitbürger: „Woher hat er diese Weisheit und die Kraft, Wunder zu tun? Ist das nicht der Sohn des Zimmermanns?" (*Mt* 13,54–55).
An diesem 1. Mai gedenkt die Kirche in der Liturgie des heiligen Josef des Arbeiters; jenes „Zimmermanns" von Nazaret, bei dem auch Jesus Christus mit seinen Händen gearbeitet hat.
Der heilige Josef war das Oberhaupt einer menschlichen Familie, jener Familie, in der Jesus Christus zur Welt gekommen ist, der Sohn Gottes, eines Wesens mit dem ewigen Vater, Gott von Gott, Licht vom Licht. Er ist Mensch geworden durch den Heiligen Geist und wurde geboren von der Jungfrau Maria.
„Heißt nicht seine Mutter Maria?" (*Mt* 13,55), fragten die Mitbürger des Jesus von Nazaret.
Als Oberhaupt der Familie von Nazaret war Josef der Beschützer des Sohnes Gottes auf Erden; vor den Menschen hat er ihm als Vater gedient und wurde als sein Vater angesehen.
Durch seine Arbeit als Zimmermann hat Josef, später unterstützt von Jesus, seinen Lebensunterhalt verdient, den Lebensunterhalt der Heiligen Familie.

2. Deswegen ist der heilige Josef Schutzpatron der Familien und der menschlichen Arbeit und aller, die diese Arbeit auf verschiedene Weise in den unterschiedlichsten Berufen leisten: landwirtschaftliche Arbeit, handwerkliche Arbeit, Industriearbeit – und auch andere Arten von Arbeit –, wenn sich auch das Patronat des heiligen Josef im wesentlichen auf alle die Menschen erstreckt, die mit ihren Händen arbeiten.
Ich bin glücklich, dieses Fest des heiligen Josef in eurer Mitte feiern zu können, Gläubige aus Fianarantsoa und den Nachbardiözesen. Ich grüße alle, die an dieser Versammlung teilnehmen, und danke ihnen für den Empfang, insbesondere Bischof Gilbert Ramanantoanina, eurem Oberhirten, mit den Bischöfen, die ihn umgeben, mit den Priestern, den Ordensleuten und den Delegierten zahlreicher Ortsgemeinden und Bewegungen. Einen herzlichen Gruß richte ich an die Angehörigen anderer christlicher Gemeinden und anderer spiritueller Traditionen. Und ich möchte mit Hochachtung auch die Vertreter der öffentlichen Gewalten dieser Region grüßen, die sich uns heute morgen gerne angeschlossen haben und an diesem Familienfest teilnehmen.

3. Der heilige Josef, der Zimmermann, und Jesus, der diese Arbeit viele Jahre hindurch mitgemacht hat, fordern uns heute auf, über die Würde der menschlichen Arbeit, eurer Alltagsarbeit, liebe Brüder und Schwestern von Madagaskar, nachzudenken.
Viele von euch bebauen den Boden: Ihr wißt vielleicht besser als andere, welche Gaben der Mensch empfängt und auch welche Verantwortung er trägt. Ihr liebt die Erde eurer

Vorfahren, sie nimmt in eurem Leben einen hohen Rang ein: mit euren Händen, die von der Erfahrung vieler Generationen und von stets wachsender Intelligenz geführt werden, gestattet ihr diesem Boden, Lebensmittel zu produzieren, überwacht ihr die fruchtbaren Herden. Ganz natürlich erfüllt ihr den Auftrag, den der Schöpfer dem nach seinem Abbild geschaffenen Menschen gegeben hat, „die Erde mit allem, was zu ihr gehört, zu unterwerfen, [und] die Welt in Gerechtigkeit und Heiligkeit zu regieren (vgl. *Gen* 1,26– 27; 9,3; *Weish* 9,3)", wie das Zweite Vatikanische Konzil es, der Bibel folgend, ausgedrückt hat (*Gaudium et spes*, Nr. 34).

Um diese Arbeit gut zu erledigen, sind – wie ihr jeden Tag erfahrt – Anstrengung und Mühe notwendig. Oft werdet ihr sogar von Unsicherheit und Angst heimgesucht, weil so viele Dinge nicht in eurer Macht stehen: Ihr müßt gegen feindliche Naturelemente kämpfen, ihr müßt eure Kulturen schützen und eure manchmal bedrohten Herden bewachen. Aber die Schönheit des arbeitenden Menschen sind seine Geduld, seine Ausdauer und sein Durchsetzungsvermögen bei der Überwindung von Hindernissen.

Um diesen Preis gewinnt ihr aus eurer Arbeit das, was ihr zum Leben braucht, was eure Familie und eure Brüder zum Leben brauchen. Durch beste Nutzung der Gaben Gottes können eure geschickten Hände der ganzen Menschheitsfamilie neue Gaben anbieten. Und ich denke dabei nicht nur an die Landwirtschaft, sondern an alle Berufe: der wahre Sinn der Arbeit des Menschen ist es immer, „eine Weiterführung des Schöpfungswerkes im Dienst für die Brüder" zu sein (vgl. *ebd.*).

In diesem Zusammenhang möchte ich noch einmal betonen, wie groß die Verantwortung des Menschen für die Natur selbst ist, die ihm der Schöpfer anvertraut hat. Vom Norden bis zum Süden eurer großen Insel habe ich die Schönheit und den vielfältigen Reichtum des Landes und seiner Früchte bewundern können. Und doch wissen wir, daß der Boden durch die Ausnutzung, die man mit ihm treibt, in Gefahr ist, zu verderben und unfruchtbar zu werden. Fast überall auf der Welt wird man sich der Schäden durch eine Ausbeutung bewußt, die viel zerstört, ohne das Leben der kommenden Generationen zu bedenken. Heute haben alle Menschen zusammen die schwere Pflicht, sich des vom Schöpfer gegebenen Auftrags würdig zu erweisen, indem sie die Bewahrung der Schöpfung sicherstellen.

4. Damit die Würde der arbeitenden Menschen voll respektiert werde, muß der erste menschliche Wert, an dem sich alle Partner orientieren, einfach die Gerechtigkeit sein, einer Entlohnung für die Arbeit, die es dem Arbeiter und seiner Familie erlaubt, zu leben. Und in der heutigen Gesellschaft, in der es unmöglich ist, aus dem Rückhalt einer kleinen Gruppe heraus zu leben, ist es gerecht, daß die notwendigen Dienste für alle in solcher Weise sichergestellt werden, ohne daß dafür ein übertrieben hoher Teil des Arbeitsertrags erhoben wird. Ich denke an die Möglichkeit, die Produktionsmittel zu erwerben, ohne daß die Verschuldung erdrückend wird; ich denke an die Transportmittel und an die Bedingungen für die Vermarktung der Produkte. Das sind nur einige einfache Beispiele; ich bringe sie zur Sprache, um daran zu erinnern, daß alle Menschen solidarisch sind, gleichgültig welcher Art ihre Tätigkeit ist. Auf allen diesen Gebieten begegnet man der Gerechtigkeit und der Brüderlichkeit; die Aufrufe des Evangeliums zur Nächstenliebe fassen die Erwartungen aller zusammen.

Bei euch gibt es, wie in einer ganzen Reihe anderer Länder, eine ernste Sorge, die wir nicht mit Schweigen übergehen können: es wird, besonders für die jungen Menschen, sehr schwierig, eine Arbeit zu finden. Die Arbeitslosigkeit verursacht viel Leid. Ich weiß, daß dieses Problem nicht mit Worten gelöst werden kann. Aber muß man nicht nachdenken und handeln, sobald man erkannt hat, daß es innerhalb der ganzen Gesellschaft gerecht ist, jedem Mitglied der Gemeinschaft die Möglichkeit zu geben, von seiner Arbeit zu leben? Alle Verantwortungsträger können zu dieser elementaren Achtung vor ihren Mitbrüdern beitragen, mag es sich dabei um die Bereitstellung geeigneter Mittel für die Berufsausbildung oder um die bessere Nutzung der natürlichen Ressourcen zum Wohle aller Einwohner handeln. Auf der ganzen Welt muß in dieser Hinsicht noch viel getan werden.
Euer Volk besitzt viel Sinn für Freundschaft und für das Miteinander-Teilen; in eurer traditionellen Kultur fühlt sich jeder mit der Gesamtheit der Gesellschaft verbunden und gibt dabei dem Geist den Vorrang vor den materiellen Gütern. Da gibt es Werte, die das moderne Leben nicht gefährden darf. Im Gegenteil: Diese Werte sind unentbehrlich für einen wahrhaft menschlichen Fortschritt. Wir haben vom Glauben her die Überzeugung, daß das Bemühen des Menschen mit der Hilfe Gottes, des Schöpfers und Erlösers, dazu führen kann, daß „er sich selbst vervollkommnet“ und auf der Erde „eine menschlichere Ordnung herrschen“ lassen kann (vgl. *Gaudium et spes*, Nr. 35).

5. Als Gott Mann und Frau erschuf, gab er ihnen den Auftrag, „die Erde zu unterwerfen und über sie zu herrschen“ (vgl. *Gen* 1,26–28). Das bedeutet, daß der Mensch echte Verantwortung trägt, daß er aber auch an Gott denken muß, wenn er seine Aufgabe erfüllt. Denn um zu produzieren, gebraucht er das, was von Gott geschaffen worden ist.
Der *Psalm* dieser Messe sagt uns: „Wenn nicht der Herr das Haus baut, müht sich jeder umsonst, der daran baut“ (*Ps* 127,1). Der Mensch darf nicht vergessen, daß all sein Tun und Arbeiten eine Mitarbeit am göttlichen Schöpfungswerk ist. Ohne das „ist es umsonst, daß ihr früh aufsteht und euch spät niedersetzt“, wie der Psalmist mahnt (vgl. *Ps* 127,2).
Man muß also Gott vor Augen haben, wenn man seine Arbeit beginnt und vollendet. Man muß sich daran erinnern, daß unsere Verantwortlichkeit und unsere Solidarität bei der Arbeit wie auch anderswo ihren Ursprung im Willen Gottes haben.
Das lehrt uns vor allem Jesus, der Arbeiter, der an der Seite des heiligen Josef gearbeitet hat. Und das lehrt uns Josef selbst, der Zimmermann von Nazaret.

6. Der *Psalm* der heutigen Liturgie erwähnt nach der Arbeit die Familie: „Kinder sind eine Gabe des Herrn, die Frucht des Leibes ist sein Geschenk“ (*Ps* 127,3).
Der Mensch, als Mann und Frau erschaffen, ist vom Schöpfer zum Familienleben berufen. Die Eltern, die das Leben an ihre Kinder, an neue Menschen, weitergeben, sind Mitarbeiter des Schöpfers. Das menschliche Leben selbst ist Geschenk Gottes.
Noch tiefer als bei ihrer Arbeit sind Männer und Frauen in ihrer Familiengemeinschaft Gott nahe. Die Schönheit der Familie besteht darin, daß sie die Liebe Gottes in einer vertrauensvollen, treuen und fruchtbaren Einheit widerspiegelt und an ihr Anteil hat.

7. Die Ehe ist die Berufung der meisten. Sich für das ganze Leben verpflichten, das heißt, dem Ruf Gottes gut zu entsprechen. Das bedeutet, ein jedes Sein, dank des Glücks, das es dem anderen schenkt, zu wunderbarer Blüte zu führen. Das heißt, auf die richtige Weise die Liebesfähigkeit auszuleben, die tief in die Natur des Mannes und der Frau gelegt ist. Wegen der Größe der Ehe möchte ich noch einmal betonen, welchen Respekt und welche Hochachtung die Kirche vor den Familien hat und wie sehr sie wünscht, daß ihnen der Aufbau ihres Heimes gelingen möge.
Und jedermann versteht, daß die Kirche angesichts der Schwierigkeiten, denen allzu viele Ehepaare begegnen, diesen helfen möchte, den Sinn für ihr gegenseitiges Versprechen zu vertiefen. Familien und Seelsorger müssen zusammenarbeiten, um den jungen Menschen die günstigste Zukunftsaussicht zu eröffnen: die der gegenseitigen Hingabe der Eheleute aufgrund frei gereifter Liebe als nicht zurückzunehmendes Geschenk. Die gegenwärtigen Veränderungen der Lebensumstände bringen allzu häufig eine Instabilität der Ehepaare mit sich, besonders weil das Verlangen nach sofortigem Genuß bei einigen den Sieg davonträgt über den wahrhaft menschlicheren Wert der vorbehaltlosen und lebenslangen Selbsthingabe an den Ehegatten. Ich möchte die christlichen Eheleute in ihrer Treue ermutigen, denn diese ist ein bewundernswertes lebendiges Abbild der Liebe, die von Gott kommt. Und ich bitte sie auch, mit geschwisterlichem Wohlwollen diejenigen zu stützen, die durch den Bruch ihrer Einheit verwundet sind.

8. In ihrer gegenseitigen Liebe haben der Mann und die Frau die wunderbare Fähigkeit erhalten, ihrerseits Leben zu schenken. Sie haben so auf besondere Weise Anteil an der fortdauernden Vitalität des schöpferischen Wirkens Gottes. Dieses Vermögen, das Leben weiterzugeben, muß respektiert werden, man darf sich nicht von der gegenwärtig sich ausbreitenden Tendenz erfassen lassen, es als zweitrangig zu betrachten oder sogar die menschliche Fruchtbarkeit zu behindern. Das ist wahrhaftig eine sehr hohe Verantwortung der Familien: die Kirche besteht in ihrer Lehre darauf, daß die Elternschaft in voller geistiger Klarheit von den Ehegatten selbst beschlossen wird. Aber sie verlangt, daß ihr eheliches Leben offen bleibt für die Ankunft von Kindern. Wenn eine Geburtenplanung im Gewissen als notwendig erscheint, sind die Ehepaare aufgefordert, mit Selbstbeherrschung gemäß den Methoden zu handeln, die die Natur respektieren. Die Lehre der Kirche scheint schwierig; aber viele Ehepaare bezeugen, daß es möglich ist, ihr zu folgen, ja daß sie sogar eine Befreiung von dem ist, was man „Empfängnisverhütungs-Imperialismus" nennt, der so oft zum Schaden der Frau ausgeübt wird.
Noch mehr legen die Christen vor allem Wert auf die Förderung der Achtung vor dem Leben des Kindes von seiner Empfängnis an. Laßt es euch nicht bieten, daß die Abtreibung verharmlost wird! Das schwache, aber menschliche Leben des ungeborenen Kindes anzutasten, das kann kein Recht sein, denn wir dürfen nicht über ein Leben verfügen, das schon persönliches Leben ist. Die Würde des Menschen steht auf dem Spiel.
Die Stabilität der Familien, ihre Offenheit für das Leben – fällt das nicht zusammen mit dem Besten in den Traditionen eurer Vorfahren? Es wird euch am Herzen liegen, sie euren Kindern weiterzugeben. Eltern, ihr seid die ersten Erzieher, ihr könnt die Einflußreichsten bei den jungen Menschen sein, wenn ihr Zeugnis ablegt für das Aufblühen, das

euer Eheleben euch gestattet hat, wenn ihr im Gespräch offen bleibt für die Fragen der Kinder, wenn ihr ihnen liebevolle Unterstützung bietet im Moment der Unsicherheit und noch mehr in den Augenblicken des Mißerfolgs und des Verwundetseins. Bei dieser Erziehung können euch die Kirche und die Institutionen helfen, aber ihr dürft euch davor nicht drücken.
Ja, ihr Familien seid aufgerufen, euren Anteil am Sendungsauftrag der Kirche zu übernehmen; indem ihr euren Kindern euer Bestes weitergebt, öffnet ihr sie dem Glauben und bereitet sie darauf vor, den ihnen zustehenden Platz in einer wahrhaft menschlichen Gesellschaft einzunehmen. Über die Punkte, die ich soeben erwähnt habe, hört eure Oberhirten. Sie haben euch in einem Hirtenbrief die christliche Auffassung von der Familie dargelegt. Seht in dieser anspruchsvollen Lehre ein Zeichen der Achtung und des Vertrauens, die Sorge, die Familien im Licht des Evangeliums auf ihrem Weg zu begleiten.

9. Euer Bischof hat vorhin daran erinnert, daß wir uns hier nahe bei Marana befinden, wo mein Landsmann, Pater Jan Beyzym, ruht. Es ist mir ein Herzensanliegen, sein Andenken hier zu würdigen; denn er wird in Madagaskar und in meinem Heimatland als ein wahrer Diener Gottes verehrt. Doch vor allem sind wir ihm dafür dankbar, daß er seine ganze Energie und seine ganze Liebe in den Dienst an den Leprakranken gestellt hat und das Hospital erbaute, das heute noch existiert: dort, im Zentrum des Leidens, hat man Pflege geleistet, hat man gebetet, hat man der Hoffnung eine Tür geöffnet. Indem ich an die Gestalt des Paters Beyzym erinnere, möchte ich alle diejenigen grüßen, die sich heute dem Dienst an den Kranken widmen. Und ich möchte den Leprakranken und den anderen Kranken hier und in eurem ganzen Land sagen, wie sehr die Kirche ihnen Trost und Erleichterung ihrer Leiden bringen möchte, wie sehr sie wünscht, daß alles getan werde, um ihre Krankheiten zu beseitigen, wie sehr sie mit ihrem Gebet rechnet, wie sehr sie sie liebt!

10. So hat also die Liturgie des Festes des heiligen Josef des Arbeiters unsere Meditation auf die Familie und auf die menschliche Arbeit gelenkt.
Möge die Lesung aus dem *Brief an die Kolosser* für uns eine Belehrung sein über das Thema: Wie lebt man voll als Christen in der Familie? Wie leisten wir wahrhaft als Christen unsere Arbeit?
Der Apostel schreibt: „Vor allem aber liebt einander, denn die Liebe ist das Band, das alles zusammenhält und vollkommen macht" (*Kol* 3,14).
Ohne Liebe gibt es kein wahres Familienleben. Selbst wenn die Familie schwere Zeiten, Entbehrungen und Leiden durchmacht – wenn die Liebe bleibt, bewahrt sie ihre Festigkeit und ihren Zusammenhalt. Und die Arbeit? Wir wissen alle, daß sie Mühe und Strapazen mit sich bringt; doch auch bei der Arbeit muß man nach dem Beispiel Jesu und Josef von Nazaret die Mitmenschen lieben, diejenigen, denen unsere Arbeit nützt. Führt euer Familien- und euer Arbeitsleben im Geist der Hoffnung. Ihr könnt sicher sein: „Die Hoffnung ... läßt nicht zugrunde gehen; denn die Liebe Gottes ist ausgegossen in unsere Herzen durch den Heiligen Geist, der uns gegeben ist" (*Röm* 5,5).

11. „Seid dankbar!", schreibt der Apostel, „alles, was ihr in Worten und Werken tut, geschehe im Namen Jesu, des Herrn. Durch ihn dankt Gott, dem Vater" (*Kol* 3,15.17).

„Ihr wißt, daß ihr vom Herrn euer Erbe als Lohn empfangen werdet. Dient Christus, dem Herrn!“ (*Kol* 3,24).
Und schließlich: „In eurem Herzen herrsche der Friede Christi“ (*Kol* 3,15)! Jener Friede, den Christus allein „schenkt“, den er uns, als er zum Vater zurückkehrte, als Erbteil hinterließ. Jenen Frieden, das heißt den göttlichen Frieden.
Brüder und Schwestern, die ihr hier versammelt seid, Brüder und Schwestern von ganz Madagaskar! Papst Johannes Paul II. dankt euch für eure Gastfreundschaft, für eure Anwesenheit, für eure Teilnahme am Gebet.
Der Papst wünscht, daß der Friede Christi in euren Herzen herrsche! Ho Tahìn' Andriamànitra isì ka rehètra! (Der Herr segne uns!)

Die Sendung der Kirche in der Welt

Ansprache an die Priester, Ordensleute und Vertreter der Pastoralräte in Saint Denis (La Réunion) am 1. Mai

Liebe Brüder und Schwestern!

1. Laßt mich zunächst meiner Freude darüber Ausdruck geben, euch an diesem Abend begegnen zu dürfen und so durch euch den ersten Kontakt mit dem Volk Gottes in La Réunion zu haben. Die Worte, die der heilige Paulus an die Gläubigen Roms gerichtet hat, noch bevor er sie kennenlernen konnte, kommen mir ganz natürlich in den Sinn: „Ich sehne mich danach, euch zu sehen; ich möchte euch geistliche Gaben vermitteln, damit ihr dadurch gestärkt werdet, oder besser: damit wir, wenn ich bei euch bin, miteinander Zuspruch empfangen durch euren und meinen Glauben“ (*Röm* 1,11 – 12).
Ich grüße euch aus ganzem Herzen, die Priester, die Ordensleute sowie die Vertreter der Pastoralräte, Bewegungen, Organe, Jugendgruppen. Einen besonderen Gruß richte ich an die Delegation der Diözese Sens und Auxerre, der Ursprungsdiözese von Bruder Scubilion, der morgen seliggesprochen wird.
Ich danke Bischof Aubry für die liebenswürdige Vorstellung der Diözese Saint Denis von La Réunion. Ich danke ebenso den Sprechern eurer Versammlung, die ausgeführt haben, wie sie sich an der Pastoral der Diözese beteiligen und so zur Verbreitung des Glaubens und zum Kommen des Reiches Gottes beitragen.

2. Ich weiß, daß die Diözesen der Bischofskonferenz des Indischen Ozeans (CEDOI), und zumal die eure, ihren Willen zur Antwort auf die großen Anregungen des II. Vatikanischen Konzils für die Erneuerung der Kirche ausgesprochen haben. Der Heilige Geist fordert uns auf, das Aussehen der Kirche heute so zu gestalten, daß es wirklich so ist wie es Christus liebt, denn die Kirche ist ja sein eigener Leib. Es geht nicht nur darum, diesen oder jenen einzelnen Punkt zu reformieren, sondern vielmehr darum, tief in das Geheimnis der Communio einzudringen, das die Kirche im Dienst an der Welt leben möchte.
Mit Genugtuung habe ich zur Kenntnis genommen, daß ihr die Tätigkeit der Räte für die pastorale Anregung in euren Pfarreien entfaltet. Ihr bemüht euch ferner unter anderem

darum, einen diözesanen Pastoralrat aufzustellen. Dies regt auch das Kirchenrecht (vgl. *CIC*, can. 511) an, und seine Arbeit gewinnt durch die Erfahrung eines jeden in seiner örtlichen Gemeinschaft, die zugleich der eigentliche Ort ist, wo die pastoralen Weisungen, die ihr mit eurem Bischof erarbeitet, reifen müssen. Um euch bei eurem Bemühen zu helfen, möchte ich euch einige Gedanken zur Pastoral in der diözesanen Kirche vorlegen.

3. Ein zentraler Gedanke, den die Kirche auf dem II. Vatikanischen Konzil herausgestellt hat, um sich selbst zu umschreiben, ist der der Communio. Es geht vor allem um die Gemeinschaft mit Gott durch unseren Herrn Jesus Christus im Heiligen Geist. Diese Gemeinschaft wird durch das Wort Gottes und die Sakramente besiegelt. Durch die Taufe ist jeder von uns Christus einverleibt und hat an seinem Leben Anteil: dies ist der personale Aspekt der christlichen Communio. Das gleiche Leben existiert aber in allen Gläubigen und verbindet uns miteinander: dies ist der gemeinschaftliche Aspekt der christlichen Communio.
Die Kirche bildet einen lebendigen Leib: die Funktionen ihrer Mitglieder sind zugleich verschieden und ergänzen einander. Jeder Gläubige leistet seinen persönlichen Beitrag für den ganzen Leib. Er lebt in brüderlicher Anteilnahme mit den anderen an der Freude über die gleiche Würde. Unter der weisen Anleitung durch die Hirten kommen die sich ergänzenden Reichtümer allen zugute.

4. In der Kirche gibt es an erster Stelle Dienste, die sich vom Weihesakrament herleiten. Der Herr Jesus hat nämlich Apostel auserwählt und ihnen die Aufgabe der Leitung des ganzen Volkes anvertraut: es geht hier um einen wirklichen Dienst. Die Bischöfe als Nachfolger der Apostel und die Priester als unmittelbare Mitarbeiter der Bischöfe haben im wesentlichen die Aufgabe, der Kirche zu dienen: ihre Sendung besteht darin, die Menschen im Heiligen Geist durch das Evangelium und die Sakramente zu versammeln. Im Namen Christi vertraut die Kirche ihnen Vollmachten und eine Autorität an, die sie zum Wohl des ganzen Volkes Gottes ausüben.
Die Getauften brauchen das Amtspriestertum, durch das ihnen das Geschenk des göttlichen Lebens mitgeteilt wird. Je mehr ein Volk sein Christsein lebt, desto mehr spürt es das Bedürfnis nach Priestern. Brüder und Schwestern von La Réunion, die Priesterberufe für eure Diözese gehen Gott und euch an: an euch liegt es, Priester zu wollen und sie von Gott zu erbitten, Berufungen zu ermuntern, jenen, die sich auf den Weg zum Priestertum machen, die materiellen und geistigen Mittel zur Verfügung zu stellen und sie mit eurem Verständnis und liebevollen Beistand zu umgeben. Ich weiß, daß auf verschiedenen Gebieten eine Arbeit geleistet wird, die ihre Früchte zu tragen beginnt. Ich lade euch daher ein, euch weiterhin um den Aufbau eines dynamischen Systems zur Gewinnung von Berufungen zu bemühen und besonders die Seminaristen zu unterstützen, und so der Kirche von La Réunion die Priester für das dritte Jahrtausend zur Verfügung zu stellen. So entsprecht ihr nicht nur den Bedürfnissen der Insel, sondern setzt auch die missionarische Arbeit eurer Vorfahren fort, die vom Boden dieser Insel aus zur Arbeit am Kommen des Reiches Gottes nach Madagaskar, nach Ostafrika und noch viel weiter aufgebrochen sind.

5. Die Sendung der Kirche in der Welt wird freilich nicht nur durch Diener erfüllt, die das Weihesakrament empfangen haben, sondern auch durch alle gläubigen Laien. Aufgrund ihres Charakters als Getaufte nehmen diese gläubigen Laien an der priesterlichen, prophetischen und königlichen Sendung Christi teil.
Wenn sie auf die Menschen von La Réunion hören, wird es den Hirten ein Anliegen sein, die Funktionen dieser Getauften anzuerkennen und zu fördern, die außerdem durch ihre Charismen und durch ihre Tätigkeiten für eine Evangelisierung der irdischen Wirklichkeiten zur Teilnahme an der apostolischen Arbeit berufen sind. Auch die Sendung der Laien hat ein sakramentales Fundament, insofern sie sich vom Sakrament der Taufe, dem der Firmung und für viele auch vom Sakrament der Ehe herleitet.
„Das eigentliche Feld ... [der] evangelisierenden Tätigkeit [der Laien] ist" – nach einem Wort Pauls VI. – „die weite und schwierige Welt der Politik, des Sozialen und der Wirtschaft, aber auch der Kultur, der Wissenschaften und Künste, des internationalen Lebens und der Massenmedien, ebenso gewisse Wirklichkeiten, die der Evangelisierung offenstehen, wie Liebe, Familie, Kinder- und Jugenderziehung, Berufsarbeit, Leiden usw." (*Evangelii nuntiandi*, Nr. 70). Es liegt an euch, in eurer Mitte, apostolische Gruppen aufzubauen, die der Situation der Insel am besten entsprechen und in Verbindung mit den nationalen oder internationalen Bewegungen arbeiten oder besondere Initiativen ergreifen wie die diözesane Landmission, die ausgehend vom wirklichen Leben in der Diözese auf La Réunion bildend wirken.

6. Aus diesem weit ausgedehnten Feld für das Apostolat der gläubigen Laien möchte ich einen besonderen Bereich hervorheben, den der Familie. Die christliche Ehe ist eine echte Berufung zur Evangelisierung der Liebe zwischen Mann und Frau, um sie noch menschlicher zu machen. Das Sakrament der Ehe sichert den Gatten die Beständigkeit des Austausches, den jeder Partner zu seiner vollen Entfaltung braucht. Es sichert den Kindern eine solide von Liebe geprägte Umgebung, auf die sie zu ihrer harmonischen Entwicklung und zur Ausrüstung fürs Leben ein Recht haben.
Die Gesundheit der Person und die der Gesellschaft ist eng an das Blühen der ehelichen und familiären Gemeinschaft gebunden. Laßt mich an der Seite eurer Hirten jedes christliche Ehepaar ermuntern, „seine Ehe angesichts der schockierenden Einflüsse der Moderne auf Felsen zu gründen", um Worte von Kardinal Margéot aufzugreifen.

7. Nachdem ich euch aufgefordert habe, der Familienpastoral neuen Auftrieb zu geben, möchte ich euch ebenso zur Neuentdeckung des wahren Antlitzes der Pfarrei, d.h. des Geheimnisses der Kirche selbst aufrufen, die in ihr präsent ist und wirkt. Bevor die Pfarrei noch eine Struktur ist, ist sie „das Haus der Pfarrfamilie ..., brüderlich und gastfreundlich, wo die Getauften und Gefirmten sich bewußt werden, Volk Gottes zu sein. Hier wird ihnen das Brot der Frohen Botschaft und das Brot der heiligen Eucharistie in reicher Fülle gebrochen ... Von hier aus erhalten sie täglich neu den Auftrag für ihre apostolische Sendung an allen möglichen Wirkungsstätten im Leben der Welt" (*Catechesi tradendae*, Nr. 67).
Auf der letzten Bischofssynode haben die Teilnehmer den Wunsch ausgesprochen, die Pfarreien sollten sich resoluter erneuern, indem sie die Beteiligung der Laien an den pa-

storalen Aufgaben fördern. Tatsächlich ist in den Pfarreien das Wirken von Männern und Frauen derart notwendig, daß ohne es das Apostolat der Hirten nicht zur vollen Wirkung kommen kann. Brüder und Schwestern, wir kommen immer wieder auf das zurück, was das Leitmotiv dieser Begegnung sein könnte: die Ekklesiologie der Gemeinschaft. Gerade weil sie verschieden sind und sich gegenseitig ergänzen, spielen die Dienste und Charismen für das Wachstum der Kirche ihre besondere Rolle.
Die Pfarrei, die sich als Kirche darstellt, die mitten unter den Häusern der Menschen eingepflanzt ist, bietet die Möglichkeit, von Tag zu Tag unter den einheimischen Gläubigen und denen aus anderen Verhältnissen immer brüderlichere Beziehungen einzuüben und zu pflegen. Sie ist der bevorzugte Ort für die gemeinschaftliche Feier der Gegenwart des Herrn, die im Glauben erkannt wird. Sie ist der Mittelpunkt des Apostolates und weckt zugleich den missionarischen Eifer gegenüber den Nichtgläubigen und den Schwachen im Glauben. Sie ist offen für alle, dient allen, oder um ein Wort von Papst Johannes XXIII. aufzugreifen, sie ist „der Brunnen des Dorfes", an dem alle Menschen ihren Durst löschen können.
Das II. Vatikanische Konzil hat zur Prüfung und Erarbeitung der Lösung von pastoralen Problemen unter Beteiligung aller Pfarrangehörigen ermuntert: dies ist der Grund für das Bestehen der Pfarrgemeinderäte, deren Aufwertung die Väter bei der letzten Synode mit Recht gefordert haben. Ich ermutige euch, solche pastoralen Pfarrgemeinderäte aufzustellen, um unter allen Mitarbeitern bei der Seelsorge größeren Zusammenhalt zu schaffen und die Pfarrei missionarisch zu machen.

8. Ihr habt das Glück, im Dienst eines Volkes zu stehen, das gute geistliche Wurzeln hat und die großen Augenblicke des religiösen, persönlichen und sozialen Lebens hochhält. Bemüht euch, um den Menschen bei ihren gewöhnlichen Anliegen entgegenzukommen, immer lebendigere und sinnvolle pfarrliche Feiern zu gestalten. Öffnet die Herzen für die tiefe Bedeutung heiliger Riten und fördert das Bemühen um verantwortliches Mitmachen, damit die Sakramente als Akte verstanden werden, die die Person des Menschen ansprechen.

9. Am Ende dieser Gedanken zur diözesanen Pastoral und der Rolle, die jeder Getaufte zu spielen aufgerufen ist, bitte ich den Herrn, euch zu helfen, daß ihr euren rechten Platz in diesem Haus Gottes und der Menschen, das heißt in der Kirche, findet: „Tritt ein in das Haus Gottes und nimm deinen Platz ein. Laßt uns gemeinsam im Hause Gottes Dank sagen".
Morgen werden wir einen Mann ehren, der seiner Berufung zu entsprechen und in der Kirche zu dienen wußte: Bruder Scubilion, der sich in eurem Land als Erzieher und Friedensstifter, als Förderer der Würde des Menschen und als Missionar ausgezeichnet hat. Möchtet auch ihr nach seinem Beispiel Licht der Welt und Salz der Erde sein!
Ich ermuntere euch, eure christliche Bildung weiterzuführen, um mit eurem Bischof vereint in eurer Kirche wirkliche Verantwortung auszuüben und stets euren Beitrag auch den benachbarten Inseln zu leisten, mit denen ihr verbunden seid, ebenso wie ihr den Gemeinschaften Frankreichs und Europas durch andere Bande verbunden seid, die mit eurer Geschichte und euren Entscheidungen zusammenhängen. Erweist endlich in der reli-

giös pluralistischen Umgebung, in der ihr lebt, die Lebenskraft eurer Kirche und eure christliche Identität: es wird euch dann auch besser der Dialog mit denen gelingen, die euren Glauben nicht teilen.
Möge die heilige Jungfrau euch helfen, ringsum euch her in diesem Raum des Indischen Ozeans die Kultur der Wahrheit und der Liebe zur Verherrlichung Gottes aufzubauen!

Beispiel der Heiligkeit für die Kirche

Predigt in Saint Denis (La Réunion) am 2. Mai

1. „Ihr seid das Salz der Erde! Ihr seid das Licht der Welt" (*Mt* 5,13.14).
Im *Evangelium des heiligen Matthäus* sind diese erstaunlichen Worte an die Hörer der Bergpredigt gerichtet, das heißt an alle jene, die die Botschaft der Seligpreisungen, das Gesetz des Reiches Gottes, verstanden haben.
Jesus sagt also der Masse der Armen und Betrübten, jenen, die nach Gerechtigkeit hungern, den Beleidigten, Verleumdeten und Verfolgten: „Ihr ... seid das Salz der Erde! Ihr seid das Licht der Welt."
Hier haben wir tatsächlich das Ideal, das Jesus seinen Jüngern vorstellt, vor Augen, den Aufruf, den er an das Volk Gottes in seiner Gesamtheit richtet. Hier liegt die Berufung der Kirche, und hier sind auch die Forderungen des Evangeliums für die Mitglieder dieser Kirche ausgesprochen.
„Ihr seid das Salz der Erde! Ihr seid das Licht der Welt!" Kann das eine Art Freibrief für unsere Selbstzufriedenheit sein? Nein, es ist die Wahrheit, wenn wir an das denken, was wir sind: „Seht, wie groß die Liebe ist, die der Vater uns geschenkt hat: Wir heißen Kinder Gottes, und wir sind es" (*1 Joh* 3,1). Und der hl. Petrus sagt: „Ihr ... seid ein auserwähltes Geschlecht, eine königliche Priesterschaft, ein heiliger Stamm, ein Volk, das sein besonderes Eigentum wurde, damit ihr die großen Taten dessen verkündet, der euch aus der Finsternis in sein wunderbares Licht gerufen hat!" (*1 Petr* 2,9). Der große *hl. Papst Leo* aber wendet sich in der Weihnachtsnacht an die Gläubigen mit den Worten: „Erkenne, o Christ, deine Würde."
„Ihr seid das Salz der Erde ... ", was will das besagen? Das Salz gibt den Speisen Geschmack und erhält sie. Salz ist kostbar. Wenn Jesus erklärt: „Ihr seid das Salz der Erde. Wenn das Salz seinen Geschmack verliert, womit kann man es wieder salzig machen?" (*Mt* 5,13), so will er sagen: was ihr empfangen habt, das macht euch für die Welt kostbar; nichts kann euren Beitrag ersetzen. Ihr sollt hier jene sein, die es verhindern, daß das Leben seinen Geschmack verliert.
Brüder und Schwestern von La Réunion, die ihr durch euren Glauben der Welt Geschmack verleiht, ich grüße euch aus ganzem Herzen und möchte euch sagen, wie sehr ich mich freue, unter euch weilen zu dürfen, um euren ersten Seligen, Bruder Scubilion, zu ehren.

Ich grüße Msgr. Gilbert Aubry, euren Bischof, und spreche ihm am heutigen Jahrestag seiner Bischofsweihe meine herzlichen Glückwünsche aus.
Ich grüße ferner Herrn Kardinal Albert Decourtray, Präsident der Französischen Bischofskonferenz, und Herrn Kardinal Jean Margéot, Präsident der Bischofskonferenz des Indischen Ozeans, sowie meine Brüder im Bischofsamt.
Meine herzlichen Grüße gelten ferner den Priestern und Ordensleuten. Ich grüße besonders Bruder John Johnston, den Generalsuperior der Christlichen Schulbrüder, wie auch die hier anwesenden Mitglieder des Instituts: ich teile ihre Freude, und ich verbinde mich mit ihrem Dank am heutigen Tag, an dem die große Familie des hl. Johannes Baptist de la Salle erneut geehrt wird.
Den zivilen Autoritäten, die zu dieser liturgischen Feier gekommen sind, entbiete ich meine ehrerbietigen Grüße und danke ihnen für ihre Anwesenheit.
Und noch einmal grüße ich euch alle, Brüder und Schwestern von La Réunion!

2. Heute, da ich als Bischof von Rom zu euch komme, möchte ich vor allem dem Herrn mit euch für die Gnade des Glaubens danken, die diesem Land geschenkt wurde. Ihr habt euch der euch verkündeten Frohen Botschaft mit freiem Herzen angeschlossen, und die Evangelisierung hat hier bereits zahlreiche Früchte gebracht. Bruder Scubilion aber ist ein hervorragender Zeuge für das Streben nach Heiligkeit, das von den ersten Missionaren auf dieser Insel grundgelegt wurde.

3. Diesen von den Vorfahren überkommenen Glauben muß jeder in sich wachsen lassen, indem er sich aus freien Stücken in einer Pfarrei, einer Gemeinschaft, einem Nachbarschaftsteam, einer Meditationsgruppe oder einer Bewegung verwurzelt. Vor allem muß der christliche Glaube die Basisgemeinschaft der Familie erfassen. Liebe Brüder, möchte doch die Familie euer erstes Betätigungsfeld als Getaufte sein in der festen Überzeugung vom einzigartigen und unersetzlichen Wert, den sie für die Entwicklung der Gesellschaft und der Kirche hat. Beteiligt euch dort, wo ihr lebt, an den Tätigkeiten der Kirche und betrachtet die Vertiefung eurer christlichen Bildung als Priorität, die es verdient, daß man ihr Zeit schenkt. Leistet schließlich über euer Engagement in den eigentlich kirchlichen Diensten hinaus auch euren Beitrag für den Aufbau einer Gesellschaft, die immer mehr die Würde des Menschen achtet, und sagt mutig nein zur Sklaverei der materialistischen Bestrebungen, die euch verführen möchten. Seid echte Elemente des bürgerlichen und moralischen Fortschritts für diese eure Insel.
Lebt in Achtung vor den anderen, ohne ihnen euren Glauben aufzuzwingen, doch lebt die christliche „Unterscheidung". Das Katholische möge sich nicht nur im Verhalten der einzelnen zeigen, sondern auch im Gepräge des gemeinschaftlichen und kollektiven Lebens: in Familie, Geschäftsleben, Freizeitgestaltung und Politik. Es soll eine Weise des Seins und des Handelns sein, die auf die Strukturen der Gesellschaft Einfluß nimmt. Weicht nicht in einer falschen Bescheidenheit aus, die darin bestünde, über den Inhalt des Glaubens zu schweigen oder ihn in der Öffentlichkeit zum Verschwinden zu bringen. Lebt den Erfordernissen des Christentums gemäß, dann werdet ihr zu Zeugen der Liebe werden. Sucht gemeinsam mit allen anderen nach Wegen zu einer menschlichen Entwicklung für alle, damit jede Person in ihrer Würde anerkannt wird.

4. Für dieses Bemühen um die Würde des Menschen ist Bruder Scubilion zum Zeugen geworden. Er wurde gegen Ende des 18. Jahrhunderts in der heutigen Diözese Sens-Auxerre in Frankreich geboren, die es für angebracht hielt, eine Delegation nach hier zu senden. Nach seinem Eintritt bei den Christlichen Schulbrüdern bot er sich freiwillig für ein Apostolat in fernen Ländern an, getragen von dem Wunsch nach größerer Selbsthingabe. 1833 kam er in La Réunion an, um hier bis zu seinem Tod im Dienst zu stehen.
Die Gottes- und Nächstenliebe bildeten bei ihm ein einziges Ganzes. Die Kraft seiner Liebe trat allen so leuchtend vor Augen, daß sie den Gott der Liebe offenbarte. Er war Licht, wie es Christus gewollt hat: „Ihr seid das Licht der Welt." Er ließ sich von Jesus Christus erleuchten und konnte die anderen mit dem Licht Jesu Christi erleuchten durch sein Beispiel und besonders durch seine Katechese unter den Sklaven.
Als guter Erzieher liebte Bruder Scubilion die Katechese. Mit Eifer entwarf er gehaltvolle Katechismuslektionen. Seine Liebe zu den Jugendlichen und seine Freundlichkeit drängten ihn, seine Schüler von Sainte-Marie zu den Höhen des „Ravine-des-Chèvres" oder den Grotten von „Trois-Trous" zu führen und diese zu erforschen; und er wagte mit ihnen sogar die Besteigung des „Piton du Charpentier". Diese Ausflüge waren zugleich Wallfahrten: man besuchte dabei die Kirche in „Rivière-des-Pluies" oder „Notre-Dame de Bel-Air" oder „Notre-Dame de Bon-Secours". Im Licht der Welt ließ der Bruder zugleich das Licht der Seele, das Licht Christi entdecken.

5. Bruder Scubilion hat die Nächstenliebe, wie sie das Evangelium lehrt, verstanden und gelebt. In jedem Menschen wußte er das Bild und Gleichnis Gottes zu sehen. Er liebte nach der Weise Gottes. Dem Gründer der Christlichen Schulbrüder, dem hl. Johannes Baptist de la Salle, folgend, zeigte er für jene, die ihm anvertraut waren, eine große Zärtlichkeit. Er half ihnen, Vertrauen zu fassen, sich gegenseitig zu verzeihen, ihrem Leben Sinn zu geben und sich der Hoffnung zu öffnen. Er zeichnete sich besonders im Dienst an den Kranken aus und zeigte großes Mitleid mit all seinen heimgesuchten Brüdern. Er praktizierte jene Liebe, deren wunderbaren Hochgesang der hl. Paulus in seinem *Brief an die Korinther* angestimmt hat. Wir haben ihn gemeinsam gehört: „Die Liebe ist langmütig, die Liebe ist gütig. Sie ereifert sich nicht, sie prahlt nicht, sie bläht sich nicht auf. Sie handelt nicht ungehörig, sucht nicht ihren Vorteil, läßt sich nicht zum Zorn reizen, trägt das Böse nicht nach. Sie freut sich nicht über das Unrecht, sondern freut sich an der Wahrheit. Sie erträgt alles, glaubt alles, hofft alles, hält allem stand" (*1 Kor* 13,4–7).

6. Das größte Gebot des Gesetzes besteht darin, Gott aus ganzem Herzen zu lieben und seinen Nächsten wie sich selbst. Aus diesem Gesetz der Liebe hat Christus sein persönliches Gebot gemacht. Hier liegt die Neuheit des Evangeliums, die das alte Gesetz erfüllt und vollendet: „Denkt nicht, ich sei gekommen, um ... aufzuheben, sondern um zu erfüllen" (*Mt* 5,17). Und Jesus fährt fort und preist im voraus alle Erzieher vom Format Bruder Scubilions: „Wer auch nur eines von den kleinsten Geboten aufhebt und die Menschen entsprechend lehrt, der wird im Himmelreich der Kleinste sein. Wer sie aber hält und halten lehrt, der wird groß sein im Himmelreich" (*Mt* 5,19).

7. Liebe Brüder und Schwestern, die Seligsprechung von Bruder Scubilion ist wie ein Gründungsereignis in der Geschichte eurer Diözesankirche. Sie unterstreicht gleichzeitig, daß dieser Teil der Welt, dieses Gebiet im Indischen Ozean, eure Insel berufen ist, Beispiele der Heiligkeit für die ganze Kirche zu erwecken. Pater Laval auf der Insel Mauritius, Victoire auf Madagaskar und Bruder Scubilion auf La Réunion reichen sich gleichsam die Hand, um eure Völker in der Brüderlichkeit der Kinder Gottes zu verbinden. Das gilt auch von anderen großen Gestalten eures Landes: von P. Monet, dem „Apostel der Schwarzen", P. Levasseur, dem Gefährten von Libermann, und Aimée Pignolet de Fresne, der Gründerin der „Töchter Mariens". Ihr besitzt bereits ein geistliches Erbe, das ihr nicht nur hüten, sondern auch gut kennen müßt, um davon zu leben, und damit immer wieder Apostel mit brennenden Herzen daraus hervorgehen. Macht euch eure Geschichte zu eigen und setzt sie in vorderster Front fort. Wenn ihr das Evangelium so lebt, wie es die großen Diener Gottes getan haben, lebt ihr immer besser eure Kultur. Ihr werdet danach streben, menschlicher zu sein nach dem Maß der Liebe Jesu Christi zu den Männern und Frauen von La Réunion.

8. Ihr lebt auf eurer Insel in relativen Überfluß. Doch kann das Konsumdenken vom wahren Weg der Evangelisierung für das Gelingen des Menschenlebens wegführen. In eurer Hauptstadt gibt es zweifellos Lebensformen, die zu überprüfen sind, wenn ihr das Wohl der einfachen Menschen wahren und gute menschliche Beziehungen erhalten wollt. Mit vielen anderen Ländern macht ihr ferner leider die Erfahrung der Arbeitslosigkeit, die ihr hier am Ort zu beseitigen suchen müßt. Wie ihr es nach der harten Prüfung durch den Wirbelsturm Firinga am 28./29. Januar 1989 verstanden habt, wieder aufzubauen, so möchte ich, daß eure brüderliche Solidarität all jenen aufhilft, die ohne Arbeit sind, und daß sie euch die notwendigen Initiativen am Ort eingibt, damit alle an einer würdigen und verantwortlichen Entwicklung Anteil erhalten.

9. Von euch, liebe Jugendliche, die ihr mich hört, weiß ich, wie sehr ihr am Gelingen des Lebens und am Frieden interessiert seid. Euer Herz kennt keine Grenzen und ihr wollt lieben. Ihr wollt euch ganz hinschenken, um zu lieben und geliebt zu werden. Und mit Recht, denn ohne Liebe kommt das Leben nicht an sein Ziel. Doch Vorsicht vor den Karikaturen der Liebe! Der hl. Paulus hat uns heute die entscheidenden Zeichen der wahren Liebe genannt. Baut euren Weg auf dieser echten Liebe auf. Laßt euch von Jesus an der Hand nehmen. Er wird euch nicht loslassen, denn er will mit euch den Weg der Liebe zu Ende gehen. Erforscht eure Berufung: die zur christlichen Ehe, oder die zum Priester- oder Ordensleben. Lernt euch selbst achten und euch zum Aufbau einer Welt stark machen, in der ihr die Werte des Gotteslobes und des Dienstes an den Menschen zur Geltung kommen laßt, die Werte der Zärtlichkeit und des Teilens, der Gerechtigkeit und des Friedens, der Solidarität und der Verantwortung. Scheut euch nicht vor Opfern, um euch Tag für Tag zu vervollkommnen und eure Talente fruchtbar zu machen. Der Weg der Vollkommenheit und der Anstrengung ist zugleich der Weg der Freude. Alles Gute für heute und morgen! Die Kirche und die Welt bauen auf euch: werdet selbst die Meister eurer solidarischen Zukunft.

10. Euch allen, die ihr hier seid und mich über Radio und Fernsehen hört, sagt Jesus: „Ihr seid das Licht der Welt!" Laßt es mich euch in Kreolisch sagen:

Resse pas dan' fénoir viens dans la Lumière. Mette par côté caq l'a pas bon et marche droite avec zot concience droite. Soleil y lève soleil y dort, la lune y lève, la lune y dort; zot même la lumière y éteinde pas. (Bleibt nicht in der Finsternis; kommt ans Licht. Laßt das, was nicht gut ist, beiseite und schlagt mit geradem Gewissen einen geraden Weg ein. Die Sonne geht auf und geht unter; der Mond geht auf und geht unter; ihr aber seid ein Licht, das nicht erlischt.)
Baut mit eurem Bischof und all euren Hirten weiter eure Kirche auf und entwickelt euer Land weiter. Drängt alles zurück, was euer Leben versklavt und unmenschlich macht!
Lernt im Zeichen von Bruder Scubilion, Heilige zu werden. Baut euren Weg wie er auf dem Geheimnis des Kreuzes auf, auf der lebendigmachenden Kraft der Eucharistie, auf der Verehrung Mariens, der Königin der Apostel.
Möge diese so liebevolle Mutter euch schützen und euch in Frieden zu ihrem Sohn Jesus Christus führen!
Ihm sei Ruhm und Ehre in alle Ewigkeit!

Sich selbst ändern, um die Zeit zu ändern

Botschaft an die Jugendlichen von La Réunion, einer Delegation der Jugend von Saint Denis übergeben, vom 2. Mai

Liebe Jugendliche von La Réunion!

1. Ihr wißt, wie sehr ich es wünsche, mit den Jugendlichen der Länder, die ich besuche, Kontakt aufzunehmen, um mich mit ihnen über das zu unterhalten, was ihnen am Herzen liegt. Mit euch mache ich es schriftlich, da eine längere Begegnung zu einem Gespräch nicht möglich gewesen ist. Ich möchte, daß diese Botschaft euch den Trost und die Ermutigungen bringt, die ich euch gerne mündlich gegeben hätte.
Zunächst danke ich euch für eure so zahlreichen Briefe. Besonders gut hat mir gefallen, daß ihr eure Verbundenheit im Gebet ausgedrückt habt, und ich war erfreut über die Willkommensgrüße, die ich in all euren Schreiben fand.
So wie ich die Gewohnheit habe, den Boden zu küssen, wenn ich in einem Land ankomme, das ich besuche, so habe ich es auch auf eurer Insel getan als Zeichen der Ehrfurcht vor diesem Stück Erde, auf dem ein Volk lebt. Ich komme als Pilger mitten in das Volk Gottes, das seine tiefen Wurzeln in diesem Boden hat. Meine einfache Geste möchte sich eurer Liebe für eure Heimat anschließen, die mir eure Briefe mit Begeisterung vorstellen.
Ihr habt viele Fragen an mich gerichtet: es wird mir nicht möglich sein, euch schriftlich eine vollständige Antwort zu geben. Zusammen mit euren Freunden, euren Älteren und Priestern, die die Aufgabe haben, euch in eurem geistlichen Wachstum zu begleiten, werdet ihr fortschreitend wesentliche Elemente der Antwort entdecken. Durch diese persönliche Botschaft möchte ich euch auf den Geschmack bringen, nach dem zu suchen, was das Leben gut gelingen läßt.
Um im Leben glücklich zu sein, hat man den Hang zu glauben, daß sich zunächst die Umwelt ändern müsse. Dann erkennt man nach und nach, daß es gut ist, bei sich anzufangen, in-

dem man sich selbst ändert, um die Welt zu ändern. Dann ist man bewußt darauf eingestellt, die Botschaft von jemandem aufzunehmen, der die Welt ändern will, indem er den Menschen von innen her verändert: Christus.
Auf La Réunion atmet ihr die Religion ein bißchen so ein, wie die Insel die „Meeresbrise" am Tage und die „Erdbrise" in der Nacht einatmet. Vielleicht finden einige, daß es zuviel Religion bei euch gibt; sie hätten den Hang, sie aufzugeben, und wäre es manchmal auch nur, weil sie von den Eltern auferlegt wurde.
Aber kennt ihr wirklich diesen Gott, den die christliche Religion offenbart und der einen derart großen Platz im Leben einnimmt? Christus Jesus, der einzige Sohn Gottes, ist gekommen, um darüber mit uns zu sprechen. Eines seiner bedeutendsten Worte ist dieses: „Ich bin der Weg und die Wahrheit und das Leben" (*Joh* 14,6).
Ja, Christus ist ein Mensch zum Kennenlernen, und er bietet eine Botschaft, die ein Lebensweg gemäß der Wahrheit ist: das Evangelium.

2. Ihr sagt, daß es schwierig ist, Christ zu sein. Es ist wirklich ein langer Marsch. Nichtsdestoweniger appelliert Christus an eure Freiheit: er lädt euch ein zu wachsen, reif zu werden und Frucht zu bringen. Er erwartet von euch eine Antwort, die eure ganze Person verpflichtet.
Ihr bildet eine echte Kraft für die Kirche von heute und morgen: daher bringen euch eure Seelsorger besondere Aufmerksamkeit entgegen, und sie möchten euch helfen, daß ihr euch in eurer Persönlichkeit als Getaufte entfaltet. Mit ihnen möchte ich euch ermutigen, Christus auf dem harten Weg des Kreuzes in der Gewißheit der Auferstehung zu folgen.

3. Immer schon hat Gott an uns gedacht, und er hat uns als einmalige Personen geliebt. Er kennt jeden von uns mit Namen wie der gute Hirt im Evangelium. Aber der Plan Gottes für jeden von uns offenbart sich stufenweise Tag für Tag im Lauf des Lebens. Um den konkreten Willen des Herrn für unser Leben zu entdecken, müssen wir auf das Wort Gottes hören, beten, unsere Fragen und unsere Entdeckungen mit anderen teilen, um die empfangenen Gaben zu unterscheiden und sie zu verwerten, wie es in dem Gleichnis von den Talenten gesagt wird (vgl. *Mt* 25,14–30).
Ich lade euch ein, über die Botschaft Christi allein und in Gruppen nachzudenken: in eurer Pfarrei, in den Gruppen in eurem Stadtteil, in euren Meditationsgruppen, in der Bewegung der Katholischen Aktion, der ihr angehört. Das Wort Gottes ist Hefe. Wenn sie unter eine große Menge Teig gemengt wird, läßt sie ihn schließlich ganz und gar aufgehen. Das Evangelium ist eine große geistliche Kraft: ihr müßt es kennen und es aufnehmen, um davon zu leben und es auszustrahlen. Übrigens empfindet ihr ja, wie ihr sagt, eine große Freude, ein christliches Leben zu führen. Ihr erkennt selbst, daß ein Wind der Hoffnung sich unter euch erhebt: auch auf La Réunion hat eine neue Evangelisierung begonnen.
Ich habe in euren Briefen bemerkt, daß ihr die Sprache der Kirche oft als unangepaßt und schwer zu verstehen empfindet. Ohne Zweifel müssen die Seelsorger stets Anstrengungen unternehmen, die Botschaft Christi zugänglich zu machen: dies ist unter anderem das Ziel der Predigt in der Messe. Im Rahmen der Eucharistiefeier, wenn die kirchliche Gemeinschaft im Heiligen Geist versammelt ist, kommt das Wort Gottes mit seiner ganzen Kraft auf uns zu. Es wird durch die Riten, Gesten und Gesänge noch zugänglicher und verständli-

cher. Ich ermuntere euch, eure Mitwirkung als Jugendliche in die Gemeindefeiern mit einzubringen. Sagt zu euch selbst, daß es, um aus der Messe Gewinn zu ziehen, eine gute Methode ist, hinzugehen und sich dabei zu fragen: was könnte ich in meine Gemeinde einbringen?
Schließlich muß man sich im Gespräch mit Gott, der unser ganzes Leben ist, daran erinnern, daß man sich Gottes nicht bemächtigen kann. Es ist eine Versuchung, sich zum Herrn und Gebieter über Gott machen zu wollen: die Versuchung der Magie, die eine Bahn ohne Hoffnung ist. Christus ist gekommen, uns die der Magie entgegengesetzte Haltung zu lehren: er lehrt uns, von Gott nicht Besitz zu ergreifen, sondern uns von ihm lieben zu lassen und auf seine Liebestaten zu antworten. Und dies wird um so besser gehen, je intensiver ihr das Gemeinschaftsleben der Kirche lebt und gemeinsam den Weg der Nachfolge des Herrn geht.

4. Ihr erkennt, daß ihr Anstöße braucht, motiviert werden müßt, um euch in Bewegung zu setzen. Ihr möchtet die Unbeständigkeit überwinden, die euch versucht, und wünscht, als verantwortliche Menschen behandelt zu werden. Ja, aber hütet euch vor Widersprüchen, vor dem Verhalten verwöhnter Kinder, die alles auf einen Schlag bekommen wollen. Die Beziehungen zu Christus brauchen wie die Beziehungen von Mensch zu Mensch Zeit zum Aufbauen, aber dies ist wahrlich der Mühe wert.
Was Christus denen vorlegt, die ihm nachfolgen wollen, findet ihr zusammengefaßt in einer Urkunde im Herzen des Evangeliums: in den Seligpreisungen (vgl. *Mt* 5,1–12).
Die Seligpreisungen sind eine Einladung, das Herz eines Armen zu haben: „Selig, die arm sind vor Gott“ (*Mt* 5,3). Manchmal könnt ihr in dem Materialismus, der euch umgibt, nur an die Lebensweisen denken, die euch überwältigen und benebeln, da sie euch anbieten, immer noch mehr zu haben und euch drängen, genausoviel wie der Nachbar zu erreichen. Mehr als den Lebensstandard müßt ihr die Möglichkeit einer harmonischen Entwicklung suchen: damit jeder Mensch ausgeglichen und vergnügt mit dem sein kann, was zu seinem Besten und zum Besten der anderen ist. Der wahre Reichtum ist der Mensch und nicht das, was er besitzt.
Die Seligpreisungen sind auch eine Einladung, den Frieden zu schaffen: „Selig, die Frieden stiften“, sagt uns Jesus (*Mt* 5,9). Frieden, der im Stadtteil, unter den Jugendlichen, auf der Insel und in der Region des Indischen Ozeans herrschen soll.
Weiter: eine Einladung, die Gewalt zurückzuweisen: „Selig, die keine Gewalt anwenden“ (*Mt* 5,5). Mitten in Streitigkeiten, Eifersüchteleien und Rivalitäten antworten die Sanftmütigen mit einer auferbauenden, gewaltlosen und toleranten Liebe.
Eine Einladung zur Gerechtigkeit: „Selig, die hungern und dürsten nach der Gerechtigkeit“ (*Mt* 5,6). Man muß danach streben, jeden Mann und jede Frau ihrer Würde gemäß in Gerechtigkeit zu behandeln. Ist es achtbar, in die Stadt zum Arbeiten zu gehen, koste es, was es wolle, und die Landwirtschaft zu verachten? Ist es ehrenhaft, von Beihilfen leben zu wollen, indem man ohne Unterlaß Geld von außerhalb bekommt? Ist es nicht richtiger und angemessener, verantwortlich zu werden und sein Leben fest in die Hand zu nehmen?

5. „Selig, die ein reines Herz haben“ (*Mt* 5,8). In der Gesellschaft von heute wird der Sexualität durch eine Überflutung mit Filmen, Zeitschriften und pornographischer Werbung

ein unangemessener Platz zugestanden. Wenn es sich um den Körper handelt, will man alle Genüsse sofort kennenlernen. Die Freude in der Beziehung zum anderen, in der geschlechtlichen Beziehung, wurde von Gott gewollt, aber nicht auf beliebige Weise. Gott will diese betrügerischen Nachahmungen der Liebe nicht, die man allzu oft als normal im Leben darstellt. Nein, Gott will, daß Mann und Frau ein treues Paar bilden, das verbunden ist durch eine Liebe nach dem Vorbild der Liebe in Gott, wo die drei Personen, die die dreieine Familie bilden, ohne Unterlaß einander zugewandt sind in einem gegenseitigen Geben und in einer vollkommenen Einheit. Das Ehesakrament gibt den Ehegatten die notwendige Gnade, um ein ähnliches, gegenseitiges Geben in einem Bund leben zu können, den kein menschliches Gericht lösen kann.
Viele Jugendliche entscheiden sich heute, zusammenzuleben und stellen dabei die Notwendigkeit der Ehe in Frage. Doch sie ist kein Relikt der Vergangenheit. Sie ist ein Gefüge, das sich in allen Kulturen wiederfindet und das stets einen Ehrenplatz in den großen Zivilisationen gehabt hat. Die Ehe ist dazu da, der menschlichen Liebe ihr ganzes Ausmaß zu geben, da sie gestattet, in der Begegnung der Geschlechter zu leben, zwischenmenschliche Beziehungen zwischen Ehemann und Ehefrau zu entfalten und die Erziehung der Kinder in Beständigkeit und Sicherheit zu gewährleisten.
Man muß seine Verantwortlichkeiten in der Liebe übernehmen. Wenn man die Verantwortung im Bereich der Ehe ablehnt, kommt man nach und nach zu einem allgemeinen Sich-Gehenlassen. Ich wünsche, daß die Jugendlichen von La Réunion sich darauf vorbereiten, vor Gott Familien zu bilden, deren Einheit durch das Sakrament der Ehe besiegelt und offen ist für das Leben. Dort findet sich das wahre Glück. Dort befindet sich auch für viele unter euch der erste Platz für ein Engagement als Christen. Ihr fragt in euren Briefen: Was sollen wir in der Kirche tun? Eine erste Antwort: die Kirche erwartet von euch, daß ihr Familien nach dem Plan Gottes gründet, damit durch sie das ganze Sozialgefüge vom Evangelium durchtränkt wird. Ich bete darum, daß ihr einen gemeinsamen Hausstand aufbaut. Ich weiß übrigens, daß viele unter euch unter uneinigen Familien leiden, und sie haben mir diese Gebetsintention anempfohlen.

6. Über die Berufung zur Ehe hinaus, gibt es auch solche unter euch, die fähig sein werden, Christus zu folgen, indem sie ihr Leben entweder dem priesterlichen Dienst oder dem Gott geweihten Leben widmen. Der Herr der Ernte ruft stets Arbeiter in seine Ernte. Nach der großartigen Arbeit der Priester, Ordensmänner und Ordensfrauen, die wie Bruder Scubilion von anderswoher kamen, um den Glauben hier einzusäen, ist es nun an euch, die Ablösung zu übernehmen und die Kirche des dritten Jahrtausends aufzubauen. Es ist an euch, „Licht" der Welt und „Salz" der Erde zu sein, damit euer Land und die gesamte Region des Indischen Ozeans die verwandelnde Botschaft des Herrn Jesus aufnehmen!

7. Da ich diese Botschaft in der Osterzeit an euch richte, die für die Kirche die bedeutendste Zeit im Jahr ist, möchte ich zum Schluß den „österlichen Sinn" des christlichen Lebens unterstreichen.
Das Wort „Passah" bedeutet, wie ihr wißt, „Vorübergang" und erinnert an das geschichtliche Ereignis des Auszuges des jüdischen Volkes aus Ägypten, das aus einem Leben in

Sklaverei in ein Leben in Freiheit hinübergegangen ist. Es bezeichnet auch den Übergang Jesu aus dem Tod in ein neues Leben.
Ein Christ besitzt den „österlichen Sinn“ des Lebens, wenn er vor allem die unerschütterliche Überzeugung hat, daß Christus wirklich der auferstandene Sohn Gottes, Wahrheit und Licht der Welt ist und wenn er entschlossen ist, in ein „neues Leben“ hinüberzugehen und mit Christus zum Vater zu gehen.
Ein Christ besitzt gleichermaßen den „österlichen Sinn“ des Lebens, wenn er die Wirklichkeit der Erlösungstat Christi gut versteht: durch seinen Tod am Kreuz sühnt Christus die Sünde der Menschen, und er ist denen nahegekommen, die leiden. Christus eröffnet die Dimension der Hoffnung sogar denen, die sich mit Heimsuchung, Scheitern, Behinderung konfrontiert sehen; sie können so in Wahrheit die Liebe Gottes und die Wege des Dienstes an den Nächsten entdecken.
Schließlich besitzt ein Christ den „österlichen Sinn“, wenn er verstanden hat, daß sein Leben „eucharistisch“ ist: Jesus hat gewollt, daß sein Opfer, der Akt höchster Liebe, zu allen Zeiten und überall gegenwärtig bleibt dank der Messe, die uns gestattet, dort wo wir leben, an der Hingabe seiner selbst, die Christus auf Kalvaria vollzog, Anteil zu haben. Und indem wir den eucharistischen Leib Christi teilen, verstehen wir besser, daß wir, da wir dieselbe Speise essen, tatsächlich Brüder und Schwestern dieser großen Familie, der Kirche, des mystischen Leibes Christi sind, der sich durch die Eucharistie aufbaut.
Möge Unsere Liebe Frau euch helfen, wirklich lebendige Steine dieses geistlichen Gebäudes zu sein!
Aus ganzem Herzen segne ich euch, liebe Jugendliche, sowie eure Familien, eure Wegbegleiter und eure Freunde.

Saint Denis auf La Réunion, den 2. Mai 1989

Joannes Paulus PP II

Das Evangelium andern predigen

Ansprache an Priester, Ordensleute und Seminaristen in Lusaka (Sambia) am 2. Mai

Liebe Brüder und Schwestern in Christus!

1. Ich möchte Erzbischof Mung'andu danken für die freundlichen Worte des Willkommens, die er zu Beginn dieses Gottesdienstes an euch gerichtet hat. Wenn ich heute abend zu dieser Begegnung mit euch, den Priestern, Ordensleuten und Seminaristen in Sambia, hierhergekommen bin, dann möchte ich meiner Zuneigung zu euch und meiner Wertschätzung für all das Ausdruck geben, was ihr zum Aufbau der Kirche in eurem Land tut. Als Nachfolger des hl. Petrus und universaler Hirte kann ich euch versichern, daß eure Freuden und Sorgen auch die meinen sind.
Es ist durchaus angemessen, daß unsere Begegnung sich im Rahmen von Gebet und Feier des Wortes Gottes vollziehen soll. Unsere Lesung aus dem *Brief des hl. Paulus an die Rö-*

mer erinnert uns an eine grundlegende Wahrheit unserer Existenz als Christen: wir sind dazu aufgerufen, ein neues Leben in Christus zu leben. Diese Berufung ist die Grundlage unseres weiteren Engagements im Priestertum oder im Ordensleben.
Der hl. Paulus schreibt mit Bezug auf die Taufe: „Wir wurden mit ihm [Christus] begraben ...; und wie Christus durch die Herrlichkeit des Vaters von den Toten auferweckt wurde, so sollen auch wir als neue Menschen leben ... So sollt auch ihr euch als Menschen begreifen, die für die Sünde tot sind, aber für Gott leben in Christus Jesus" (*Röm* 6,4.11). Die Taufe ist die Quelle des neuen Lebens. Sie ist in Christus die Quelle der Berufung eines jeden Gläubigen. Durch die Kraft des Heiligen Geistes sterben wir der Sünde und werden auferweckt zur Gemeinschaft mit Gott, zu einem Leben der Gnade, zur Heiligkeit, die eine Gabe Gottes ist. In der Taufe werden wir in die Kirche, den Leib Christi, eingegliedert; wir werden Teil des Geheimnisses Christi selbst.

2. Wir nähern uns schnell der 100-Jahr-Feier des Christentums in diesem Land. Das ist ein geeigneter Augenblick, in die Vergangenheit und in die Zukunft zu schauen. Wie könnten wir die Missionare vergessen, die bahnbrechende Arbeit leisteten, Männer wie P. Van Oost, P. Depaillat und Bischof Dupont von den Weißen Vätern; die ersten Jesuiten – P. Kraupa, P. Moreau und P. Torrend –, die von Osten und von Süden hierher gelangten? Ebenso können wir die Dominikanerinnen und die Weißen Schwestern nicht vergessen, insbesondere Mutter Jean de Valois und Mutter Claver.
Die Bemühungen der ersten Missionare und ihre Hoffnungen für die Evangelisierung sind jetzt auf euch übergegangen. Ihr eurerseits werdet das Werk an jene weiterreichen, die sich nun in der Ausbildung befinden. Ich bitte euch, den missionarischen Geist lebendig zu erhalten und die Saat zu pflegen, die hier gesät wurde. Immerfort, seit jenen frühen Tagen der ersten Regungen des Christentums in diesem Land, hat es eine außerordentlich enge Verbindung zwischen Priestern, Ordensleuten und Laien gegeben. Wir können Gott danken, daß diese enge Beziehung trotz politischer und sozialer Veränderungen stark geblieben ist. Durch die Jahre hindurch haben die Menschen auf die Kirche geschaut, um Orientierung und zuverlässige Führung zu erhalten, gegründet auf Liebe und Treue zur authentischen Lehre. Sie tun das heute weiter und erwarten von euch, daß ihr helft, sie mit ähnlichem Eifer ins Dritte Jahrtausend zu führen.
So wie die ersten Missionare sind viele von euch aus anderen Ländern gekommen, um das Werk des Säens, des Hegens und Pflegens sowie des Erntens fortzusetzen. Im Namen der ganzen Kirche danke ich euch für die großmütige Hingabe eurer selbst aus Liebe zu Christus und seinem Volk. Ich ermutige euch, in der Erfüllung der Aufgabe fortzufahren, die ihr so freudig übernommen habt.

3. Das große Werk der Evangelisierung in Sambia hat – in Vergangenheit und Gegenwart – ein Ziel: die Menschen sollen glauben, daß Jesus der Christus ist, der Sohn Gottes, und daß sie in seinem Namen das Leben haben, wenn sie glauben (vgl. *Joh* 20,31). Hier begegnet uns wiederum das große Geheimnis von Tod und Auferstehung mit Christus in der Taufe. Das neue Leben der Gnade treibt uns dazu an, das Evangelium der Erlösung anderen zu predigen, sie zu lieben und ihnen zu dienen, wie es Christus tat, als er Zeugnis ablegte vom kommenden Reich.

Durch die Taufe hat jeder Mensch Anteil an der sakramentalen Sendung der Kirche, aber für diejenigen, die zum Priestertum oder zum Ordensleben berufen sind, gibt es eine erneute Weihe im Hinblick auf den Dienst für Gott. Um so größer ist dann eure christliche Verpflichtung, der Sünde zu sterben und ein neues Leben zu leben, das Leben der Gnade, Leben nach dem Geist. Um so zwingender ist eure Christenpflicht, Vollkommenheit anzustreben und das Gebot des Herrn zu erfüllen: „Ihr sollt also vollkommen sein, wie es auch euer himmlischer Vater ist" (*Mt* 5,48). Das Leben eines jeden Priesters oder Ordensangehörigen gehört nicht mehr länger ihm oder ihr selbst; es ist zum totalen Dienst für Christus hingegeben zum Aufbau seines Leibes, der Kirche.

4. Liebe Mitbrüder im Priesteramt: durch das Sakrament der Priesterweihe sind wir lebende Instrumente Christi, des Ewigen Hohenpriesters, geworden. Wir wurden mit einer besonderen Gnade ausgestattet, die uns befähigt, trotz unserer menschlichen Schwäche in Christus zu leben, mit ihm eins zu werden, der unseretwegen Hoherpriester wurde, „der heilig ist, unschuldig, makellos, abgesondert von den Sündern" (*Hebr* 7,26). Die Heiligkeit der Priester ist von größter Bedeutung im Bemühen um die Evangelisierung.

Als Diener der heiligen Geheimnisse, insbesondere des eucharistischen Opfers, das „Quelle und Höhepunkt des … christlichen Lebens" (*Lumen Gentium*, Nr. 11) ist, handelt ihr in der Person Christi selbst. Ihr erfüllt eure Hauptaufgabe und verwirklicht euer Priestertum im Vollsinn, wenn ihr die Eucharistie feiert – um so mehr, wenn dieses Geheimnis Herz und Verstand der Menschen durchdringt, weil ihr, ihre Priester, das Geheimnis lebt, das sie feiern (vgl. *Dominicae Cenae*, Nr. 2). Möge die Feier der hl. Messe für die und mit den euch anvertrauten Menschen stets eure größte Freude und Stärke sein.

Euch ist ebenso die Vollmacht, zu binden und zu lösen, im Sakrament der Buße anvertraut worden. Hier möchte ich wiederholen, was ich im vergangenen Jahr den Priestern in Zimbabwe gesagt habe: „Liebt dieses Sakrament und empfangt es oft" (*Ansprache in Bulawayo*, 12. September 1988). Es ist unsere Pflicht, anderen zu helfen, umzukehren und zu leben; um so mehr ist es unsere Verantwortung, dasselbe zu tun: „Bekehrung bedeutet Rückkehr zur Gnade unserer Berufung … (und) Nachsinnen über die unendliche Güte und Liebe Christi … Sie bedeutet, vor dem Herrn beständig Rechenschaft abzulegen über unseren Dienst, unseren Eifer und unsere Treue … bedeutet auch, beständig Rechenschaft zu geben für unsere Nachlässigkeiten und Sünden, für unsere Ängstlichkeit, unseren Mangel an Glauben und Hoffnung, für unsere Denkart, nur zu denken, wie die Menschen denken und nicht wie Gott denkt" (*Brief des Papstes an die Priester am Gründonnerstag*, 6. April 1979, Nr. 10).

Im Kontext des Bußsakramentes ermutige ich euch, euch der Worte des Herrn zu erinnern: „Wenn einer von euch hundert Schafe hat und eines davon verliert, läßt er dann nicht die neunundneunzig … zurück und geht dem verlorenen nach, bis er es findet?" (*Lk* 15,4). Unser Priestertum verlangt von uns, unseren Weg zu verlassen und Glauben und Versöhnung denen zu bringen, die Christus noch nicht kennen oder ihren Glauben nicht mehr praktiziert haben.

5. Meine lieben Brüder und Schwestern im Ordensleben! Heute danke ich Gott auch für euch und für alles, was ihr tut, um eine reiche Ernte im Weinberg des Herrn in Sambia her-

vorzubringen. Jeder von euch hat eine besondere Gabe einzubringen, sei es durch euer Apostolat in der Welt oder – wie die „Poor Clares“ – durch ein Leben „verborgen mit Christus in Gott“ (vgl. *Kol* 3,3). Der Status der Kontemplativen dient dazu, alle Ordensangehörigen an ihre Berufung zu erinnern, „Spezialisten des Gebetes“ zu sein (vgl. *Ansprache Papst Pauls VI. an Ordensangehörige*, 28. Oktober 1966).

Durch die Gelübde der evangelischen Räte der Keuschheit, der Armut und des Gehorsams legt ihr Zeugnis vom Gottesreich ab und baut den Leib Christi auf, indem ihr andere zu einem Leben der Bekehrung und Heiligkeit führt. Ich bitte euch mit Nachdruck, dem Charisma eurer Institute treu zu bleiben und in Ausübung eures Apostolates eng mit den Bischöfen zusammenzuarbeiten (vgl. *Mutuae Relationes*, Nr. 8). Lasset das Geheimnis des „neuen Lebens in Christus“ jeden Aspekt in eurem Leben durchdringen, so daß, was immer ihr auch tut, in Wort und Tat getan wird im Namen des Herrn Jesus unter Danksagung an Gott den Vater durch ihn (vgl. *Kol* 3,17).

Ein Leben in Keuschheit, Armut und Gehorsam – bereitwillig gewählt und treu gelebt – widerspricht der geltenden Weisheit der Welt über die Bedeutung des Lebens. Aber Ihr religiöses Zeugnis kann die Welt sowie ihre Art, zu denken und zu handeln, eben durch eure Liebe zu allen verwandeln, durch eure Distanz zu materiellen Dingen und eure Selbsthingabe.

In eurem Engagement für Christus, der sich entäußerte um unsertwillen (vgl. *Phil* 2,7), müssen Sie stets an eure Landsleute denken, die mit wirtschaftlichen und sozialen Krisen zu kämpfen haben. So viele von ihnen leben in Armut, konfrontiert mit Unsicherheit und Zukunftsangst. Euer Lebensstil und euer Apostolat sollten im Dienst dieser Menschen stehen und immer eure enge Verbindung mit ihnen widerspiegeln. Daher bitte ich euch dringend, eine wirkliche und fühlbare Solidarität mit dem Leben, den Kämpfen und Unsicherheiten eurer Brüder und Schwestern an den Tag zu legen. Nur wenn ihr diesen wesentlichen Aspekt eurer religiösen Berufung akzeptiert, werdet ihr die Freude finden, die Christi Geschenk für jene ist, die alles verlassen haben, um ihm zu folgen. Wie außerordentlich wertvoll ist das Zeugnis eures Lebens – wenn es echt und innerlich froh ist – für die Menschen in Sambia, da sie weiter Freude und Erfüllung in ihren jahrhundertealten Traditionen finden, die jetzt durch die Werte des Evangeliums bereichert werden.

6. Schließlich möchte ich mich an die Seminaristen wenden, die heute hier anwesend sind. Viel von dem, was ich bisher gesagt habe, gilt auch für euch. Ihr seid heute aus allen Diözesen Sambias hierhergekommen, und ich danke Gott für die Jugendlichkeit, den Enthusiasmus und die Vitalität, die ich in euren Gesichtern sehe. Ebenso bin ich Gott dankbar für die zunehmende Zahl von Berufungen zum Priestertum und zum Ordensleben in diesem Land. Ihr seid die spes gregis, die Hoffnung der Herde Christi, die, von denen die Menschen abhängig sind. Euer Glaube und eure Großmut im Hinhören auf den Ruf, den Gott nach eurer Überzeugung an euch ergehen ließ, sprechen für die anderen jungen Menschen Bände. Es ist mein inständiges Gebet, daß der großmütige Geist des Dienens, der euer Herz heute erfüllt, euch erhalten bleibe und wachse, so daß die Menschen euren Vater im Himmel verherrlichen, wenn sie eure guten Werke sehen (vgl. *Mt* 5,16).

Nachdrücklich bitte ich euch, eure Jahre der Vorbereitung auf das Priestertum gut zu nutzen. Vertieft eure persönliche Kenntnis von Christus durch Gebet und Studium, durch

Nachdenken und Selbstdisziplin. Ich freue mich, daß kürzlich ein Zentrum für Spiritualität eröffnet wurde, in dem Kandidaten für das Priesterseminar ihr spirituelles Leben vertiefen können, um als Priester dem Volk Gottes besser zu dienen.
Vom Priestertum zu sprechen heißt, von einer lebenslänglichen Verpflichtung zum Zölibat zu sprechen. Auch dieses Charisma wurde möglich durch das „neue Leben in Christus", das wir in der Taufe empfingen. Denkt daran, daß, wenn immer Gott uns eine besondere Berufung zuteil werden läßt, er uns auch die nötige Gnade gibt, sie zu erfüllen. Aber wir müssen ohne Vorbehalt unser ganzes Vertrauen in ihn setzen. Wir sind nur die irdischen Gefäße, er ist der Töpfer. Er ist frei, uns so zu formen, wie er es will (vgl. *2 Kor* 4,7).

7. Abschließend, liebe Brüder und Schwestern – Priester, Ordensleute und Seminaristen in Sambia – möchte ich euch sagen: Freut euch; freut euch im Herrn und in dem neuen Leben, an dem ihr durch die Taufe teilhabt. Christus spricht zu euch und sagt: „Bittet, und ihr werdet empfangen, damit eure Freude vollkommen ist" (*Joh* 16,24). Wir können darauf vertrauen, daß Gott denen keine gute Gabe verweigern wird, die darum bemüht sind, sich selbst vollständig in seinen Dienst zu stellen zur Erlösung der Welt. Euch alle empfehle ich seiner liebenden Vorsehung und erteile euch von Herzen meinen Apostolischen Segen.

Beharrlich am Lehrauftrag festhalten

Ansprache bei der Begegnung mit den Bischöfen Sambias in Lusaka am 2. Mai

Liebe Brüder im Bischofsamt!

1. Anläßlich meines Pastoralbesuches in eurem Land grüße ich euch alle im Geist brüderlicher Liebe. An alle in Sambia, „die von Gott geliebt sind, die berufenen Heiligen: Gnade sei mit euch und Friede von Gott, unserem Vater, und dem Herrn Jesus Christus" (*Röm* 1,7). Es ist für mich eine große Freude, hier zu sein dank eurer freundlichen Einladung. Ich bin glücklich über diese Gelegenheit, die Bande der kirchlichen Gemeinschaft zu stärken, die wir während eures Ad-limina-Besuches in Rom letztes Jahr gefeiert haben.
Mein Besuch fällt zusammen mit den Vorbereitungen auf die Hundertjahrfeier der Kirche in Sambia im Jahr 1991. Aus bescheidenen Anfängen ist die Kirche in eurem Land gewachsen und zur Blüte gelangt. Heute gibt es neun Diözesen, viele Pfarreien und Außenstationen, eine wachsende Zahl von Berufungen zum Priestertum und zum Ordensleben, zunehmendes Engagement der Laien und viele Erziehungs-, Gesundheits- und Sozialhilfe-Einrichtungen.
Ich freue mich mit euch über das Geschenk der Erlösung in Christus, das der Vater durch die Kraft des Heiligen Geistes Sambia gewähren wollte. Durch die hingebungsvollen Bemühungen der Missionare, Männer wie Frauen, wurde das Evangelium hierher gebracht im Gehorsam gegenüber dem Gebot Christi, alle Völker zu lehren (vgl. *Mt* 28,19–20). Doch die Aufforderung, das Werk der Evangelisierung voranzutreiben, hört niemals auf. Mit dem hl. Paulus können wir sagen: „Weh mir, wenn ich das Evangelium nicht verkün-

de!“ (*1 Kor* 9,16). Die ganze Kirche in Afrika ist fortwährend dazu aufgerufen, das Evangelium Jesu Christi zu verkünden.
Aus diesem Grund habe ich mich gefreut, Anfang dieses Jahres eine Sondersitzung der Bischofssynode für Afrika ankündigen zu können. Dies kam zustande als Ergebnis häufiger Bitten von Gruppen und Einzelpersonen im Lauf der Jahre wie auch meiner eigenen Erfahrungen von der Vitalität der Kirche in Afrika, die ich im Verlauf früherer Pastoralbesuche gemacht habe. Ich vertraue darauf, daß diese Sondersitzung ein besonderer Augenblick der Gnade für die Kirche Afrikas sein wird. Ich weiß, daß ihr euch meinem Gebet um die Ausgießung des Heiligen Geistes über dieses Ereignis und die dafür laufenden Vorbereitungen anschließt.

2. Am Vorabend der Hundertjahrfeier der Kirche in Sambia kann es nicht anders sein, als daß sich eure Gedanken den geistlichen Bedürfnissen und Erwartungen aller Menschen in eurem Land zuwenden. Bei eurem Ad-limina-Besuch im letzten Jahr habe ich einige dieser Sorgen zur Sprache gebracht. Ich sprach über Ehe und Familie, die Jugend, die Seminaristen und Priester, die Ordensmänner und Ordensfrauen, die Mitarbeit der Laien in den kleinen christlichen Gemeinschaften, den Ökumenismus, die soziale Kommunikation und die Nöte der Flüchtlinge. Heute möchte ich meine Überlegungen fortsetzen. Im besonderen möchte ich das Lehramt der Kirche diskutieren und die Rolle des Diözesanbischofs als des authentischen Glaubenslehrers für sein Volk.
Christus selbst hat seine Apostel beauftragt, Jünger aus allen Völkern zu gewinnen und sie zu lehren, alles zu befolgen, was er geboten hatte (vgl. *Mt* 28,19–20). Bevor er zum Vater zurückkehrte, versprach Jesus, den Heiligen Geist auf seine Kirche herabzusenden, der sie in die ganze Wahrheit einführen werde (vgl. *Joh* 16,13). Durch die Salbung mit dem Geist der Wahrheit ist das ganze Volk Gottes befähigt worden, an dem Glauben festzuhalten, den es empfangen hat, tiefere Einsicht in seine Geheimnisse zu gewinnen und ihn in vollkommenerer Weise im täglichen Leben anzuwenden (vgl. *Lumen Gentium*, Nr. 12).
Als Nachfolger der Apostel sind der Papst und die Bischöfe mit dem Auftrag betraut worden, das Wort Gottes zu predigen. Das Zweite Vatikanische Konzil lehrt, daß die Bischöfe sowohl Glaubensboten sind, die Christus neue Jünger zuführen, als auch „authentische, das heißt mit der Autorität Christi ausgerüstete Lehrer“, die dem ihrer Hirtensorge anvertrauten Volk predigen. Es ist Aufgabe der Bischöfe, den Glauben zu lehren, ihn fruchtbar werden zu lassen und die ihrer Herde drohenden Irrtümer wachsam fernzuhalten (vgl. *ebd.*, Nr. 25).
Bei der Erfüllung dieser Aufgabe, liebe Brüder, können wir sicher sein, daß Gott, der sie uns anvertraut hat, uns auch die Gnade geben wird, sie auszuführen. Was uns betrifft, müssen wir beharrlich an unserem Lehrauftrag festhalten; wir müssen nach den bestgeeigneten und wirksamsten Mitteln suchen, um ihn zu erfüllen; und wir dürfen nie das Vertrauen auf die Kraft des Heiligen Geistes verlieren, dessen Gnade wir bei unserer Weihe empfangen haben.

3. Innerhalb der Ortskirche ist der Diözesanbischof der „Leiter des gesamten Dienstes am Wort Gottes“ (*CIC*, can. 756 § 2). Als solcher ist er aufgerufen, aktiv mit vielen Men-

schen im Dienst am Evangelium zusammenzuarbeiten. Es ist unsere Pflicht, auf jeder Ebene des Lebens der Kirche sicherzustellen, daß das Wort im Leben derer, die glauben, Frucht trägt und wächst (vgl. *Kol* 1,6).

Von allen Gliedern der Kirche wird dies eine lebenslange Weiterbildung in christlicher Lehre und Disziplin und in den Reichtümern des geistlichen Lebens fordern. Priester, Ordensleute und Laien müssen ständig in ihrer christlichen Lebensführung geformt werden, damit sie entsprechend ihrer besonderen Berufung am Glauben festhalten. Ihr Glaubenswissen muß vertieft werden; ihre Glaubenspraxis muß ihre Entscheidungen und ihr Handeln bestimmen, und ihre Liebe zum Glauben muß den Wunsch wecken, ihn mit anderen zu teilen.

Die Priester sind eure unentbehrlichen Gefährten, wenn ihr das Volk Gottes lehrt, heiligt und leitet, und deshalb sollten sie eine ihrer Verantwortung gleichwertige spirituelle und intellektuelle Ausbildung erhalten. Aus diesem Grund rate ich euch dringend, auf die Ausbildung derer, die sich auf das Priestertum vorbereiten, wie auch auf die ständige Weiterbildung der bereits geweihten Priester besonderes Augenmerk zu richten, damit sie im Dienst der Verkündigung des Wortes eines Sinnes und eines Herzens mit euch seien (vgl. *Presbyterorum ordinis*, Nr. 7). Liebe zu Christus bedeutet Eifer für seine ganze Herde, besonders für die, die ihn noch nicht kennen oder die in die Irre gegangen sind. Mit euch zusammen erbitte ich Gottes Segen für die Arbeit des Zentrums für Spiritualität „Emmaus", das ihr errichtet habt, um Priestern die gesunde Ausbildung zu vermitteln, die sie für den Dienst an der Herde Christi brauchen.

4. Eure Pflicht als Bischöfe, den Glauben „aufstrahlen und Frucht bringen" zu lassen (vgl. *Lumen Gentium*, Nr. 25), verlangt von euch auch, für das geistliche Wachstum der Laien zu sorgen. Ihr könnt mit Recht stolz sein auf die vielen Laienorganisationen in Sambia und auf die vielen Katechisten und Laienführer, die so viel im Dienst des Evangeliums tun. Die Katholiken sind aufgerufen, Verantwortungsträger im bürgerlichen und kulturellen Leben dieses Landes zu sein. Doch Wachsamkeit von eurer Seite ist nötig, damit die gute Saat des Evangeliums nicht ausgerissen wird oder erstickt oder verdorrt unter den Versuchungen und Sorgen des modernen Lebens (vgl. *Lk* 8,11 – 14). Ihr müßt aufmerksam auf die vielen tiefschürfenden Fragen über die menschliche Person und die Gesellschaft hören, die heute gestellt werden – Fragen, die auch Sambia bei seinem Blick in die Zukunft beantworten muß. Als Hirten und Lehrer werdet ihr alles, was euch möglich ist, tun wollen, um eurem Volk zu helfen, seinen katholischen Glauben im Licht seiner eigenen Fragen über das Leben und der Herausforderungen, die von anderen kommen können, zu verstehen.

Der Lehrauftrag verlangt auch, einen systematischen Versuch mit der Erwachsenenkatechese für verschiedene Personengruppen zu unternehmen. Besondere Aufmerksamkeit sollte denen geschenkt werden, deren gesellschaftliche, wirtschaftliche oder kulturelle Lage das Gefühl für ihre katholische Identität oder ihre Bindungen mit der kirchlichen Gemeinschaft schwächen könnte. Und ich muß auch die von den Hirten geforderte Sorge für diejenigen erwähnen, die es als schwer empfinden, die christlichen Ehe- und Familienpflichten gemäß der kirchlichen Lehre zu erfüllen. Lehrer des Glaubens müssen beständig das Volk zur Umkehr, zur Ausdauer, zu einer tieferen, im Kreuz verwurzelten

Liebe aufrufen. Wir müssen uns von den Worten des hl. Paulus anspornen lassen: „Lebt als Gemeinde so, wie es dem Evangelium Christi entspricht“ (*Phil* 1,27).
Im Rahmen der Laienausbildung verlangt eure Rolle als Lehrer auch besondere Aufmerksamkeit für die religiöse Erziehung der Jugend. Ich kenne und teile eure Sorge für die jungen Menschen Sambias, die einen so großen Teil der Bevölkerung ausmachen. Viele von ihnen sind nicht in der Lage, ihre Ausbildung fortzusetzen oder Arbeit zu finden. Wenn die Kirche ihnen hilft, zeigt sie, daß Christus sie liebt. Wenn sie sie das Evangelium lehrt, hilft sie ihnen, ihre tiefsten Fragen über das Leben und das Heil zu beantworten. Vor allem in den katholischen Schulen sollten sie eine gesunde Katechese in christlicher Lehre und christlicher Lebensführung finden können, insbesondere durch den Unterricht und das gute Beispiel von Lehrern, die spirituell und intellektuell gut für diese wichtige Aufgabe ausgebildet sind.

5. Schließlich bitte ich euch dringend, liebe Brüder, bei der Förderung des Lehrauftrags der Kirche die Kommunikationsmittel voll auszunützen. Wenn ihr Presse, Hörfunk und Fernsehen benutzt, wird das nicht nur den Katholiken dienen; es wird auch die öffentliche Meinung beeinflussen und über die Kirche und ihre Lehren informieren. Ich weiß, daß die Kirche in Sambia die Freiheit genießt, die Medien zu gebrauchen. Zögert also nicht, diesem wichtigen Dienst, der ein Teil eurer Arbeit als Lehrer des Glaubens ist, die notwendigen Mittel und Talente zu widmen.
Am kommenden Sonntag, dem 7. Mai, ist der *23. Welttag der Kommunikationsmittel*. In meiner *Botschaft* dazu zeige ich, daß „die Frage, die sich heute der Kirche stellt, nicht mehr ist, ob der Mann auf der Straße noch eine religiöse Botschaft erfassen kann, sondern daß es sich darum handelt, die besten Ausdrucksformen der Kommunikation zu finden, so daß die Botschaft des Evangeliums ihre volle Durchschlagskraft erhält. Der Herr ermuntert uns sehr unmittelbar und einfach zum Zeugnis und zur Kommunikation in weitestem Umfang: ‚Fürchtet euch nicht ... was man euch ins Ohr flüstert, das verkündet von den Dächern‘ (*Mt* 10,26–27)“ (Nr. 6).

6. Liebe Brüder, ich ermutige euch und möchte euch nahe sein in eurem treuen Dienst für Christus und in euren hingebungsvollen Bemühungen um das Wohl des Evangeliums in Sambia. Angesichts neuer Herausforderungen ringt ihr darum, daß das Volk Christus kennenlernt, damit es seinerseits auch anderen Christus bringe. Ihr baut die Kirche auf durch euer Beispiel und indem ihr die Gläubigen zu einem immer tieferen Verständnis ihres Lebens und ihrer Sendung führt. Mit dem hl. Petrus weiß ich, daß „er, der bei euch das gute Werk begonnen hat, es auch vollenden wird bis zum Tag Christi Jesu“ (*Phil* 1,6).
Mit brüderlicher Zuneigung im Herrn und im vollen Vertrauen auf die Kraft der göttlichen Gnade, die in euren Ortskirchen wirkt, erteile ich von Herzen meinen Apostolischen Segen.

Der Herr ist nahe

Predigt bei dem Gottesdienst in Kitwe (Sambia) am 3. Mai

Liebe Brüder und Schwestern in Christus!

1. Diese Worte schenken uns Trost und Mut und erklären unsere Begegnung heute hier in Kitwe, in der Kupferzone. Der Herr selbst hat uns zusammengeführt. In seinem Namen, also im Namen des obersten Hirten der Kirche, begrüße ich jeden einzelnen unter euch. Ich begrüße die Bischöfe von neun Diözesen und insbesondere Bischof de Jong von der Diözese Ndola. Ich begrüße die Priester, die Ordensleute, die Seminaristen und die Katechisten.
Ich begrüße die anwesenden bürgerlichen Autoritäten und die Mitglieder der anderen christlichen Kirchen und Gemeinschaften.
Der Herr erlaubt es mir, heute hier in Kitwe die Liebe Christi zu seinem Volk zu verkünden, seine Liebe zu jung und alt, zu den Reichen und Armen, den Gesunden und den Kranken, den Glaubenden und den Nichtglaubenden und seine Liebe zu den Flüchtlingen. Wir wollen uns gemeinsam an der Botschaft von der Liebe Christi zu allen und zu jedem einzelnen von uns erfreuen.

2. Die Liebe Gottes kommt in den Worten des Propheten Ezechiel zum Ausdruck, die wir in der heutigen Meßfeier vernommen haben: „Jetzt will ich meine Schafe selber suchen und mich selber um sie kümmern“ (*Ez* 34,11). Der Gott Israels offenbart sich dem Volk des Alten Testaments als Hirte. Der aufmerksame Hirte kümmert sich um die Schafe und behütet sie vor der Zerstreuung. Er sucht ihnen die besten Weideplätze. Im richtigen Augenblick läßt er sie ruhen. Er sorgt sich ganz besonders um die verlorengegangenen, die verirrten, die kranken und die verletzten Schafe.
Dieses Bild ist uns vertraut, sagt doch Jesus von sich selbst: „Ich bin der gute Hirt. Der gute Hirt gibt sein Leben hin für die Schafe“ (*Joh* 10,11).
Jesus kann das von sich selbst sagen, weil er und der Vater die gleiche Liebe zur Menschheit teilen. Wie wir im heutigen Evangelium zum Fest der hl. Philippus und Jakobus vernommen haben, sagte Philippus beim Letzten Abendmahl, als sich die „Stunde“ näherte, in der Jesus sein Leben für die Sünden der Welt hingeben wollte: „Herr, zeig uns den Vater; das genügt uns. Jesus antwortete ihm: Schon so lange bin ich bei euch, und du hast mich nicht erkannt, Philippus? Wer mich gesehen hat, hat den Vater gesehen“ (*Joh* 14,8–9).

3. Jesus nannte Gott seinen Vater und lehrte seine Jünger, Gott mit „unser Vater“ anzusprechen. Dort aber, im Abendmahlssaal, vernehmen Philippus, Jakobus und die anderen Apostel noch mehr. Jesus sagte: „Wer mich gesehen hat, hat den Vater gesehen.“ Und er fährt in seiner Erklärung fort: „Glaubst du nicht, daß ich im Vater bin und daß der Vater in mir ist?“ (*Joh* 14,10). Hier enthält das Gespräch Jesu am Abend vor seinem Leiden eine besondere Offenbarung der Einheit Gottes in der Dreifaltigkeit der Personen.
Der Sohn ist vom Vater gekommen. Als Mensch, aus der Jungfrau Maria durch die Kraft des Heiligen Geistes geboren, bleibt der Sohn immer im Vater, und der Vater bleibt in ihm

(vgl. *Joh* 14,11). Nach Erfüllung seiner Erlösermission kehrt Jesus zum Vater zurück. So sagt er im Abendmahlssaal zu den Aposteln: „Ich gehe zum Vater“ (*Joh* 14,12). Er ist vom Vater in die Welt gekommen. Jetzt verläßt er die Welt und kehrt zum Vater zurück (vgl. *Joh* 16,28).
Vierzig Tage nach Ostern feiert die Kirche das Hochfest der Himmelfahrt Christi. Das Gespräch im Abendmahlssaal bereitet uns auf diesen Augenblick der Rückkehr zum Vater vor.

4. Es ist jedoch seine Absicht, auch uns zu unserem himmlischen Vater zu führen. Jesus sagt von sich selbst: „Ich bin der Weg und die Wahrheit und das Leben; niemand kommt zum Vater außer durch mich“ (*Joh* 14,6). Der Sohn, der mit dem Vater eins ist (vgl. *Joh* 10,30), wurde für uns zum Weg des Heils. Er ist der Hirte. Der Hirte kennt den Weg und führt die Herde zu den besten Weideplätzen, zu den fetten Wiesen, wo die Schafe Nahrung finden. Für uns rationale Menschen ist diese Nahrung die Wahrheit, die zum Leben führt. Jesus Christus, der Weg, die Wahrheit und das Leben. Dies ist die Botschaft der heutigen Liturgie über Jesus Christus. Philippus und Jakobus – ja, alle zwölf Apostel – empfingen diese Botschaft von Christus selbst. Dies ist der Glaube der Kirche, und in Sambia und überall wurde die Kirche auf der Wahrheit dieser Botschaft gebaut.

5. Es ist mir eine Freude, daß mein Besuch in Sambia mit dem Beginn der Feierlichkeiten anläßlich des hundertsten Jahrestages der Anwesenheit der katholischen Kirche in dieser Region zusammenfällt. Obwohl portugiesische Missionare schon im sechzehnten und siebzehnten Jahrhundert hierhergekommen waren, nahm die organisierte katholische Missionstätigkeit erst im späten neunzehnten Jahrhundert ihren Anfang. Wir können weder die ersten Jesuiten und Weißen Väter vergessen, die damals kamen, noch die italienischen Franziskaner und die irischen Kapuziner, die später eintrafen. Dank eines anderen glücklichen Zusammentreffens fällt in dieses Jahr auch der hundertste Geburtstag von Francesco Mazzieri, dem eifrigen Missionar, der erster Bischof von Ndola wurde und hier begraben ist.
Wie Bischof Mazzieri waren die ersten Missionspriester und -schwestern von einer tiefen Gottesliebe und von heldenhaftem Eifer für das Evangelium erfüllt. Sie arbeiteten unter schwierigen Bedingungen, in einer neuen Umgebung und fern von der Unterstützung ihrer Familien und Freunde, doch die Liebe zu Christus erhielt sie aufrecht. Es kam ihnen darauf an, Christus zu verkünden und sein Leben nachzuahmen. Sie säten die Saat des Glaubens aus, den zu besitzen euer Vorrecht ist und den ihr wiederum an die nächste Generation weitergebt. Die erste Generation von Missionaren empfing ihre Kraft aus der Überzeugung, daß Christus, der gute Hirte, allzeit über seine Herde wacht.
Zum Zeichen dafür werde ich am Ende dieser Messe mit Freude die Grundsteine für sechs neue Pfarrkirchen der Diözese Ndola segnen, zum Gedenken an Bischof Mazzieri und alle Missionare Sambias und gleichzeitig als Ausdruck der Hoffnung auf die Zukunft, auf eine vielversprechende Zukunft.

6. Es ist demnach durchaus angebracht, wenn wir uns fragen, was es heißt, heute in der Kupferzone und in Sambia Katholik zu sein. Es heißt sicher, aktiv am Leben der Kirche

teilzunehmen. Die Familie im Glauben ist seit jenen fernen Tagen gewachsen und die Botschaft des Evangeliums hat Fuß gefaßt. Die kommende Jahrhundertfeier ist ein Augenblick der Gnade für die Kirche in Sambia, eine junge Kirche mit großen Möglichkeiten. Die Hundertjahrfeier ist eine günstige Gelegenheit für die Erneuerung und Vertiefung eurer Beziehung zu Christus, dem Eckstein und guten Hirten. Jede Pfarrei, jede Ortsgruppe sollte das Gebet intensivieren, um Kraft und Mut für die Evangelisierung und für den gegenseitigen Dienst in brüderlicher Liebe zu empfangen.
Jesus sagte: „Wenn ihr mich um etwas in meinem Namen bittet, werde ich es tun" (*Joh* 14,14). Durch die Solidarität einer von Glauben erfüllten kirchlichen Gemeinschaft streckt Christus seine Hand den Arbeitslosen, den Kranken und allen Leidenden entgegen und sagt zu jedem von euch: „Ich liebe dich." In der zweiten Lesung der heutigen Messe hörten wir die ermutigenden Worte des *hl. Paulus an die Philipper*: „Sorgt euch um nichts, sondern bringt in jeder Lage betend und flehend eure Bitten mit Dank vor Gott!" (4,6). Unsere Bitten werden nicht immer sofort erhört, doch können wir gewiß sein, daß „der Friede Gottes, der alles Verstehen übersteigt, ... eure Herzen und eure Gedanken in der Gemeinschaft mit Christus Jesus bewahren [wird]" (*Phil* 4,7).

7. Der Herr ist ja wirklich sehr nahe. Der Herr verläßt sein Volk nie, sondern möchte ihm immer näher sein. Die Geschichte Sambias beweist das auch: der Herr war euch auf eurem Weg zur Unabhängigkeit und zur nationalen Einheit immer nahe. Er ist mit euch, wenn ihr zum Bergwerk geht und ist bei euch im Schacht; er ist mit euch, wenn ihr euch mit euren Familienmitgliedern oder als gesellschaftliche Gruppe versammelt. Er folgt euch bei eurer Arbeit in den Fabriken, in der Schule, zu Hause oder auf den Feldern.
Ganz besonders ist euch Christus in den Sakramenten nahe. Er hat euch in der Taufe zu Kindern Gottes gemacht und stärkt euch in der Firmung, damit ihr seine Zeugen sein könnt. In der Eucharistie kommt Christus als Nahrung für eure Seelen zu euch. Er ist das Lamm Gottes, das im Sakrament der Wiederversöhnung eure Sünden hinwegnimmt. Im Sakrament der Ehe schenkt er euch die Gnaden, deren ihr bedürft, um die Liebe treu zu bewahren, die ihr vor dem Altar gelobt habt und um eure Kinder als Kinder des himmlischen Vaters zu erziehen. In den heiligen Weihen bekräftigt er die besondere Berufung der Diakone und Priester und schenkt ihnen die nötigen Gnaden, damit sie seine Gesandten und Diener inmitten des Volkes Gottes sein können. In der Krankensalbung vergibt er die Sünden und schenkt den Kranken und Sterbenden Erleichterung und Kraft und flößt ihnen Vertrauen auf die göttliche Barmherzigkeit ein.

8. „Christus ist nahe." Ich richte diese Worte vor allem an die Jugendlichen unter euch, die zu dieser Messe hier zusammengekommen sind. Der Herr ist euch sehr nahe. Wenn ihr seiner bedürft, kommt er; er richtet euch auf und trägt euch als guter Hirte auf seinen Schultern. Ihr habt ein Sprichwort, wonach die jungen Bäume, wenn sie einmal erwachsen sind, den Wald bilden werden. Mit Christus als Eckstein werdet ihr die Architekten, die Baumeister des zukünftigen Sambia und der zukünftigen Kirche sein. Baut ohne Furcht euer Leben auf dem Felsen auf, der Christus selbst ist! Er wird eure Freude und euer Friede sein.

9. Ja, meine lieben Freunde: „der Herr ist nahe.“ Wie können jedoch Menschen, die ihn suchen, dies erfahren? Werden sie ihn durch euer Leben erkennen können? Das wird die Probe sein! Die Menschen werden begreifen, daß Christus, der gute Hirte, in eurer Mitte ist, wenn ihr in Eintracht, in Gerechtigkeit und im Frieden Gottes lebt. Sie werden Christus in euch erblicken, wenn ihr vor allem den Bedürftigen, den Fremden und den Flüchtlingen Liebe und Güte erweist. Christus braucht das Zeugnis eurer Liebe, wenn die Botschaft des Evangeliums in Sambia tiefere Wurzeln fassen und sich weiter verbreiten soll. Zu allen Bewohnern Sambias, allen Familien und allen, die in diesem reich begüterten Land leben, sagt Christus heute und alle Tage ihres Lebens: Ich bin nahe ... „Eure Güte werde allen Menschen bekannt ... Und der Friede Gottes ... wird eure Herzen und eure Gedanken in der Gemeinschaft mit Christus Jesus bewahren“ (*Phil* 4,5–7). Amen.

Diskriminierung – ein Widerspruch zum Glauben

Ansprache an das Diplomatische Korps in Lusaka (Sambia) am 3. Mai

Exzellenzen,
meine Damen und Herren!

1. Ich freue mich über diese Gelegenheit zur Begegnung mit den Missionschefs und dem bei der Regierung Sambias akkreditierten Diplomatischen Personal. In Ihnen grüße ich alle Nationen und Völker, die Sie vertreten. Ich entbiete meinen Gruß den Vertretern der Internationalen Organisationen. Sie arbeiten alle für das Wohlergehen und den friedlichen Fortschritt der Völker im Bewußtsein der Tatsache, daß wahrer Friede und wirkliche Entwicklung auf gutem Willen gründen müssen, auf Gerechtigkeit und Zusammenarbeit in den internationalen Beziehungen. Ihre Tätigkeit ist eine fordernde Aufgabe und setzt viel Hingabe und Feingefühl voraus. Ich möchte Ihnen meine Wertschätzung und Ermutigung für Ihren Dienst in diesem Teil Afrikas aussprechen.

2. Es ist Ihnen bekannt, daß mein derzeitiger Besuch vor allem ein Besuch des Bischofs von Rom ist, des Nachfolgers des Apostels Petrus, bei den katholischen Gemeinden Sambias, Malawis, Madagaskars und der Insel La Réunion. Zugleich gestatten mir meine Besuche in verschiedenen Ländern, die tiefe Solidarität des Hl. Stuhls mit den Völkern der Welt zum Ausdruck zu bringen, die sich bemühen, ihr Schicksal zu gestalten. Mit unerschöpflichem Respekt vor dem Wunsch aller Völker, ihre Identität in Freiheit und Sicherheit zu leben, mit tiefer Sorge um die Art und Weise, in der Menschenwürde und Menschenrechte beachtet und gefördert werden, ist der Hl. Stuhl in der internationalen Gemeinschaft präsent – nicht als eine politische, ökonomische oder militärische Macht –, sondern in dem Bemühen, insbesondere eine moralische und ethische Reflexion und einen Dialog über die großen Fragen und Probleme zu fördern, die das Leben der Menschen heute betreffen.
Die Person – in der Fülle menschlicher Würde – ist das Objekt der Sendung und Verantwortung der Kirche. Der Hl. Stuhl ist überzeugt, daß nur eine höhere Perspektive morali-

scher Ideale und Prinzipien von Güte, Wahrheit und Gerechtigkeit in den Beziehungen der Menschen untereinander die komplizierten Fragen lösen kann, die die Weltgemeinschaft betreffen. Die ganzheitliche Entwicklung und das Wohlergehen der Menschen und aller Völker muß mehr und mehr das Ziel werden, das Behörden, Regierungen und internationale Organisationen verfolgen, wenn die Welt die Spannungen und Konflikte überwinden soll, die weiterhin den Frieden bedrohen. Um es mit den Worten meines Vorgängers Papst Pauls VI. zu sagen: „Entwicklung ist der neue Name für Frieden" (*Populorum Progressio*, Nr. 87).

3. Der Hl. Stuhl hat logischerweise zu moralischem und ethischem Nachdenken über die schweren Probleme aufgerufen, die die Gesellschaft betreffen – Probleme, die eine engere Zusammenarbeit zwischen entwickelten und sich entwickelnden Nationen erfordern, zwischen Nord und Süd, West und Ost. Ich möchte mich kurz auf die Themen zweier Dokumente aus jüngster Zeit beziehen: das eine über Rassismus und das andere über die Frage der internationalen Verschuldung.
Rassismus und seine Ausdrucksformen in Systemen sozialer, wirtschaftlicher und politischer Diskriminierung werden von der Kirche als klarer Widerspruch zu christlichem Glauben und christlicher Liebe betrachtet. Leider existieren die theoretischen und praktischen Ausdrucksformen des Rassismus weiterhin in der Welt in einem großen Ausmaß, in vielen Formen und Abstufungen, wenn auch das System der Apartheid ein äußerst offenkundiges und dramatisches Beispiel darstellt. Im Kampf gegen dieses moralische Problem befürwortet die Kirche die notwendige Veränderung, jedoch eine konstruktive Veränderung durch Einsatz friedlicher Mittel. Diskriminierung muß überwunden werden, nicht durch neue Gewalt, sondern durch Versöhnung. Es ist mein ständiges und ernstes Gebet, der allmächtige Gott möge allen Betroffenen das Verständnis dafür geben, daß die Grundlage einer echten Lösung im Hinblick auf den Rassismus im allgemeinen und die Apartheid im besonderen in der Überzeugung von der gleichen Würde jedes Menschen als Mitglied der Menschheitsfamilie und Kind Gottes besteht.

4. Das Problem der internationalen Verschuldung ist ein deutliches Beispiel für die Interdependenz, die die Beziehungen zwischen Ländern und Kontinenten charakterisiert. Es handelt sich um ein Problem, das nicht gelöst werden kann ohne gegenseitiges Verständnis und Einvernehmen zwischen Schuldner- und Gläubiger-Nationen, ohne Feingefühl für die wirkliche Lage verschuldeter Länder von seiten der Kreditgeber und ohne eine kluge und auf Wachstum festgelegte Politik auf seiten der in Entwicklung befindlichen Nationen selbst. Ist es bloße Rhetorik zu fragen, wie viele Säuglinge und Kinder jeden Tag in Afrika sterben, weil die Ressourcen durch die Rückzahlung der Schulden verschlungen werden? Es ist nun keine Zeit, Politiken der Vergangenheit oder jene Elemente im internationalen Finanz- und Wirtschaftsbild zu beklagen, die zur gegenwärtigen Situation geführt haben. Es ist jetzt Zeit für eine neue und mutige internationale Solidarität, eine Solidarität, die nicht auf Eigeninteresse beruht, sondern inspiriert und geleitet ist von einer wahren Sorge für die Menschen.
Vor kurzem eingeleitete Maßnahmen auf seiten der entwickelten und kreditgebenden Länder zur Verringerung der Rückzahlungsverpflichtung, die auf der Wirtschaft der

Schuldner-Länder lastet, sind offenkundig ein Schritt in die richtige Richtung. Derartige Maßnahmen verdienen Ermutigung. Aber noch viel mehr bleibt zu tun. Auf die ethischen und moralischen Werte, die hier berührt werden, richtet die Kirche ihre Aufmerksamkeit in erster Linie. Sie appelliert an das Gewissen und das Herz derjenigen, die mit Respekt vor der gleichen Würde aller Völker eine gerechte Lösung für dieses Problem zustande bringen können. Es ist ihre Aufgabe, dem Evangelium gehorsam, immer und überall Gerechtigkeit, Versöhnung und Liebe hervorzuheben. Es ist mehr und mehr offenkundig geworden, daß Schritte der Solidarität unumgänglich sind, so daß vielen schlimm geprüften Völkern die Hoffnung wiedergegeben werden kann. Ich bete, daß diejenigen, die auf die Ereignisse Einfluß zu nehmen in der Lage sind, diese Solidarität wirklich an den Tag legen durch einen neuen und großzügigen Lösungsansatz für die Probleme der internationalen Verschuldung.

5. In diesem ausgesuchten Kreis kann ich nicht umhin, auf die tragische Situation hinzuweisen, die in Afrika und anderswo Millionen von Menschen erfahren, die gezwungen sind, auf Grund von Hunger, Krieg und Terrorismus aus ihrer Heimat zu flüchten. Wir müssen den Leiden dieser Brüder und Schwestern Beachtung schenken. Es gibt so viele Männer und Frauen, die in ihrer unveräußerlichen Menschenwürde verletzt werden, physisch und geistig, verurteilt zu einer elenden Existenz ohne eigenes Verschulden. Wie ich so oft ausgesprochen habe: die Not von Millionen von Flüchtlingen in verschiedenen Kontinenten ist eine schwärende Wunde, ein typisches Beispiel, das die Ungleichgewichte und Konflikte der modernen Welt erkennen läßt (vgl. *Sollicitudo rei socialis*, Nr. 24). Diese Gelegenheit möchte ich benutzen, den Regierungen der beiden Länder des afrikanischen Kontinentes, die ich auf dieser Reise besuche, meine Anerkennung auszusprechen für alles, was sie an Gastfreundschaft den Flüchtlingen bieten und tun zur Behebung der Not vieler Flüchtlinge, die auf dem Territorium dieser Länder leben. Sambia gibt ein Beispiel von Offenheit und Solidarität, was seine führenden Politiker und seine Menschen ehrt. Malawi ist stark betroffen durch einen großen Zustrom von Flüchtlingen aus dem benachbarten Mozambique und verdient Lob für seine heroischen Bemühungen um ihre Betreuung, die sogar so weit geht, daß die lebenswichtigen Ressourcen des Landes geschwächt werden. Ich möchte an Sie als Diplomaten appellieren, diese Tragödie nicht nur politisch zu sehen, sondern als tief menschliches Drama, auf das Sie die Aufmerksamkeit lenken und wofür Sie die Hilfe Ihrer Völker und der Organisationen suchen, die Sie vertreten. Die Sorge für Flüchtlinge beinhaltet nicht nur, ihre unmittelbare Not zu lindern, sondern auch Hilfe zur Bewahrung ihrer sozialen, kulturellen und religiösen Identität. Denn es ist genau diese Identität, die ihnen in ihrer Notlage Kraft und Hoffnung auf eine neue und bessere Zukunft gibt.

6. In den vergangenen Monaten hat es Anzeichen für Fortschritte hin zu Frieden und Versöhnung im südlichen Afrika gegeben. Lusaka selbst war Zentrum offizieller und inoffizieller Begegnungen der an den Konflikten beteiligten Parteien. Insbesondere sieht die Welt mit Erwartung und Hoffnung auf die Schritte, die zur Durchführung der Vereinbarungen von New York unternommen werden, die zur Unabhängigkeit Namibias und zum Abzug ausländischer Streitkräfte aus Angola führen. Es ist wichtig, daß

diese Prozesse durch die Unterstützung der internationalen Gemeinschaft gefördert und weiter gestärkt werden.
Hier sehen wir wiederum einen Beweis für die Interdependenz der Nationen der Welt. An alle, die meine Stimme hören, richte ich den Appell, daß Namibia, das letzte Land Afrikas, das unabhängig wird, in der Familie der Nationen voll akzeptiert werde, daß es in seiner Unabhängigkeit unterstützt und ihm jede Hilfe zuteil werde auf dem Weg zu wirtschaftlicher, sozialer und politischer Autonomie.
Internationale Solidarität verlangt, eine Art von Politik aufzugeben, die egoistisch ist oder von Interessen geleitet, die zu parteiisch sind. Wahre Staatskunst beinhaltet eine realistische und weltweite Perspektive des Weges, den die Menschheitsfamilie auf ihrer Suche nach einer besseren und würdigeren Existenz einschlägt. Lebenswichtig für den Fortschritt der Menschheit ist die Überzeugung, daß Differenzen und Spannungen nichtdurch Gewalt oder die Androhung von Gewalt gelöst werden sollten, sondern durch aufrichtige und friedliche Methoden. Hier haben die Diplomaten eine sehr unmittelbare Rolle zu spielen.

7. Liebe Freunde! Für diejenigen, die an die göttliche Vorsehung und Gottes liebevollen Heilsplan für die Menschheitsfamilie glauben, wird die Hoffnung auf Frieden und Fortschritt ein inständiges, aus der Tiefe unseres Herzens emporsteigendes Gebet, in welchem wir uns selbst mit jedem anderen Menschen in Brüderlichkeit und Solidarität verbunden fühlen.
„Der Herr segne dich und behüte dich.
Der Herr lasse sein Angesicht über dich leuchten und sei dir gnädig.
Der Herr wende sein Angesicht dir zu und schenke dir Heil“ (*Num* 6,24–26).
Gott segne jeden von Ihnen und Ihre Familien. Er gieße seine Gaben über die Länder und Völker aus, die Sie vertreten. Möge er das Volk von Sambia, unsere gütigen Gastgeber und Freunde, lieben und behüten.

Aus dem Inneren der Welt heraus dienen

Ansprache beim Treffen mit Laienvertretern in Lusaka (Sambia) am 3. Mai

Liebe Brüder und Schwestern!

1. Ich grüße euch heute alle mit Liebe in unserem Herrn Jesus Christus: *Moni Nonse*! Ich bin sehr glücklich über diese Gelegenheit, euch, die katholischen Laienführer Sambias, zu treffen: Männer und Frauen, die den Aufruf Christi „als an sich gerichtet betrachten und ihn mit Freude und Hochherzigkeit aufnehmen … [der alle einlädt], sich in seiner heilbringenden Sendung zusammenzuschließen“ (*Apostolicam actuositatem*, Nr. 33).
Die Geschichte der Kirche in Sambia ist nicht lang, verglichen mit der in allen christlichen Ländern, aber es ist eine Geschichte reich an Gottes Gnade. Wir sehen die Früchte dieser Gnade zuerst in der Arbeit der Missionare, die die Liebe zu allen Menschen um Christi willen hierher geführt hat, um euren Großeltern und Eltern das Evangelium zu

predigen. Wir sehen sie auch in der reichen Ernte des Glaubens unter euch, den Laien Sambias, in den Jahren, seit die Missionare ankamen.
Mit dem Besuch und der Begegnung in eurem Land möchte ich meine Liebe und Hochschätzung gegenüber jedem von euch und gegenüber allen Menschen dieses Landes zeigen. Ich möchte euch auch in eurem katholischen Glauben stärken und euch ermutigen mit den Worten, die wir soeben im Evangelium gehört haben: „Ihr seid das Salz der Erde … Ihr seid das Licht der Welt … so soll euer Licht vor den Menschen leuchten, damit sie eure guten Werke sehen und euren Vater im Himmel preisen“ (*Mt* 5,13–16).

2. Die Bilder vom „Salz“ und vom „Licht“ haben besondere Bedeutung für die Laien, die aktiv in der Welt engagiert sind. Diese Bilder sollten euch daran erinnern, daß eure tiefe Teilnahme an den täglichen Aktivitäten des Lebens die Berufung widerspiegeln muß, die ihr von Gott erhalten habt. Wie wir im *ersten Brief des hl. Petrus* lesen: „Ihr seid ein auserwähltes Geschlecht, eine königliche Priesterschaft, ein heiliger Stamm, ein Volk, das sein besonderes Eigentum wurde, damit ihr die großen Taten dessen verkündet, der euch aus der Finsternis in sein wunderbares Licht gerufen hat“ (*1 Petr* 2,9).
Die Quelle der christlichen Berufung, auf die sich der hl. Petrus bezieht, finden wir im Sakrament der Taufe. Durch das Wasser und den Heiligen Geist seid ihr von der Sünde reingewaschen und zu einem neuen Leben befähigt worden, dem Leben der Gnade. Im Apostolischen Schreiben *Christifideles laici* stellte ich fest: „Die Behauptung ist nicht übertrieben, daß der Sinn des gesamten Lebens des Laien darin besteht, zur Erkenntnis der in der Taufe als Sakrament des Glaubens liegenden radikalen Neuheit des Christlichen zu gelangen, um der Berufung, die er von Gott empfangen hat, zu entsprechen und die damit verbundenen Pflichten zu erfüllen“ (Nr. 10). In der Taufe habt ihr eine Berufung empfangen und seid, wie Christus, geweiht worden zum Dienst am Heilsplan Gottes. Diese Weihe wurde im Sakrament der Firmung verstärkt und wird durch eure Teilnahme an der heiligen Eucharistie unterstützt.
Das Zweite Vatikanische Konzil spricht von der Berufung des Laien, die ihr in der Taufe empfangen habt, als von einer Teilnahme an Christi eigenem dreifachen Sendungsauftrag als Priester, Prophet und König. Als gläubige Menschen, deren Tun heilig sein soll, seid ihr ein priesterliches Volk, das die Welt für Gott heiligt. Als mutige Zeugen für den Glauben und die Botschaft des Evangeliums inmitten der Widersprüche der Welt seid ihr ein prophetisches Volk. Als Glieder Christi und Teilhaber am Gottesreich seid ihr ein königliches Volk, das danach strebt, die Welt von innen heraus umzugestalten (vgl. *Lumen Gentium*, Nr. 34–36). Das, liebe Brüder und Schwestern, ist die große Würde und Verantwortung, die ihr durch Taufe, Firmung und Eucharistie erhaltet.

3. Ich weiß, daß ihr als Laienführer in Sambia danach strebt, euer Verständnis der empfangenen Berufung zu vertiefen. Ich weiß, daß ihr das Leben der Gnade in die Praxis umsetzen wollt, um „Salz“ und „Licht“ für die Welt zu werden. Deswegen freue ich mich über die vielen heute hier vertretenen Vereinigungen, Bewegungen und Gruppen sowie über die einzelnen Katecheten und Laienführer, deren Arbeit so wichtig für die Vitalität der gläubigen Laien in Sambia ist.

Vertreten sehe ich auch die vielen Pfarreien und ländlichen Außenstationen, die wesentlich sind, um dem katholischen Volk sakramentalen Dienst und christliche Erziehung zu bieten. Da sind die kleinen christlichen Gemeinschaften, deren Mitglieder zusammenkommen, um das Wort Gottes zu hören und es dann in einem Klima christlicher Gastfreundschaft und persönlichen Teilens in das tägliche Leben umzusetzen. Die Erfahrung bestätigt, daß kleine Gemeinschaften dieser Art ein Nutzen für das ganze Volk Gottes sind, wenn sie fest mit dem Evangelium, mit ihren Oberhirten, mit der Gesamtkirche und mit allen ihren Brüdern und Schwestern in der örtlichen Diözese verbunden sind und echten missionarischen Geist besitzen (vgl. *Evangelii nuntiandi*, Nr. 58). Welche Organisation oder welches Apostolat ihr als Laienführer auch gewählt haben mögt, ich ermutige euch, eure hingebungsvollen Bemühungen fortzusetzen, alle Getauften in ihrer priesterlichen, prophetischen und königlichen Sendung in Sambia zu stärken. Eure Bemühungen werden desto wirkungsvoller sein, je mehr ihr loyal mit euren Bischöfen und untereinander zusammenarbeitet.

Ohne das persönliche Engagement und die Hingabe von Menschen wie ihr wäre eine volle Beteiligung der Laien an der Sendung der Kirche nicht möglich. Deswegen möchte ich euch im Namen der ganzen Kirche danken für all das Gute, das ihr mit euren Seelsorgern hier leistet, um in Treue zu eurer Taufberufung den Leib Christi aufzubauen und das Reich Gottes zu verkünden.

Ich möchte auch den Bischöfen, den Priestern, den Ordensmännern und Ordensfrauen meine Anerkennung aussprechen, die sich so rückhaltlos eurer Ausbildung gewidmet haben. Mit euch danke ich ihnen für die Unterweisung und Ermutigung, die sie euch gegeben haben, damit ihr in vollem Maß am Leben und an der Sendung der Kirche teilnehmen könnt. Ich setze mein Vertrauen in ihr Engagement, allen gläubigen Laien Sambias dabei zu helfen, daß sie in ihrem geistlichen Leben, in der Liebe zur Heiligen Schrift und zur christlichen Lehre wie auch in den menschlichen Tugenden wachsen, die von denen verlangt werden, die das Wort Gottes anderen bringen wollen. Erziehung dieser Art ist von äußerster Wichtigkeit für die Zukunft der Evangelisierung in eurem Land.

4. Die Berufung der Laien ist ein Ruf Gottes, der Kirche aus dem Inneren der Welt heraus zu dienen. Eure Sendung ist daher eine ganz spezifische. Die Welt bietet euch die Mittel, eure christliche Berufung zu erfüllen, weil alles Geschaffene dazu bestimmt ist, Gott, den Vater, in Christus zu verherrlichen. Als Teilhaber an Christi priesterlicher, prophetischer und königlicher Sendung bereitet ihr das Kommen des Reiches Gottes vor in der „Verwaltung und gottgemäßen Regelung der zeitlichen Dinge (*Lumen Gentium*, Nr. 31)“ (vgl. *Christifideles laici*, Nr. 15, 40).

Deswegen, liebe Brüder und Schwestern, legt ihr Zeugnis für eure in Taufe und Firmung empfangene Berufung ab, wenn ihr – erfüllt vom Evangelium – für eine gerechtere Gesellschaft, für Frieden, die Würde und Rechte der menschlichen Person, die Lösung sozialer Probleme und die Verteidigung des Lebens arbeitet. Ihr tut das nicht als einzelne, sondern innerhalb der Gemeinschaft der Kirche und in ökumenischer Zusammenarbeit mit anderen Christen und, soweit es möglich ist, zusammen mit Nichtchristen und allen Menschen guten Willens.

Im Sambia von heute gibt es im besonderen zwei Gruppen, die die Frohe Botschaft von Christus brauchen: die Familien und die Jugendlichen. Der gesellschaftliche Wandel hat tiefe Auswirkungen auf das Leben der Familie in eurem Land, und ich höre, daß in Sambia heute die Zahl der zerbrochenen Familien, der unverheirateten Mütter und der Alleinerziehenden wächst. Ihr könnt wahrhaft „Salz" und „Licht" in diesen Situationen sein, zuerst durch euer gutes Beispiel als christliche Eheleute und Eltern und zweitens durch eure Teilnahme an der Familienkatechese der Kirche. Die ganze Gemeinschaft muß die Bemühungen, junge Paare auf die Ehe vorzubereiten und ihnen in ihrem Zusammenleben zu helfen, unterstützen.
Durch euch muß die Frohe Botschaft Christi auch die jungen Menschen eures Landes erreichen. Jugendliche Ideale werden zuweilen durch persönliche Rückschläge und Probleme, besonders als Folge der Arbeitslosigkeit, schmerzlich geprüft. Erziehung nach Schema bereitet die jungen Menschen nicht immer auf das Leben in den Dörfern vor, wo die meisten von ihnen sich niederlassen werden. Einige von ihnen sind ernüchtert von der Gesellschaft und rebellieren gegen ihre Eltern und sogar gegen ihren christlichen Glauben. Ich bitte euch, die Laienführer in Sambia, dringend, diese jungen Männer und Frauen ausfindig zu machen und ihnen zu helfen, ihren Platz in Gesellschaft und Kirche zu finden. Manchmal könnt ihr allein sie erreichen oder ihnen nahe sein. Mit eurer Hilfe werden die jungen Menschen die Frohe Botschaft hören können, die sich auf jeden Aspekt ihres Lebens anwenden läßt.

5. Wir haben die Bedeutung und die Besonderheit eurer christlichen Berufung als Männer und Frauen im Laienstand hervorgehoben, aber wir müssen auch anerkennen, daß die Berufung des Laien niemals isoliert von der Berufung zum Priesteramt existieren kann. Trotz der zunehmenden Zahl von Berufungen zum Priestertum und zum Ordensleben in Sambia gibt es noch zu wenige Priester, um allen Bedürfnissen des Volkes Gottes zu entsprechen.
Zusammen mit dem Bischof ist der geweihte Priester der Hirte, der die Herde Christi in Einheit zusammenhält und durch den Dienst des Wortes und des Sakramentes für sie sorgt. Auf diese Weise wird das Volk Gottes geheilt, gestärkt und genährt. Wie uns das Zweite Vatikanische Konzil erinnert, stehen das Amtspriestertum und das Priestertum aller Gläubigen – obwohl dem Wesen und nicht nur dem Grade nach voneinander verschieden – in einem inneren Zusammenhang zueinander; jedes hat auf seine Weise Anteil am Priesteramt Christi (vgl. *Lumen Gentium*, Nr. 10).
Ich bitte euch dringend, weiterhin dafür zu arbeiten und zu beten, daß viel mehr eurer Kinder den Ruf Gottes zum Priestertum oder Ordensleben hören und befolgen. Damit sie aufblühen können, brauchen diese besonderen Berufungen auch die Unterstützung durch ein starkes Familienleben. Das gute Beispiel und die Ermutigung, die ihr euren Kindern gebt, werden zu einer Vermehrung der Arbeiter in der Ernte des Herrn führen.

6. Einen letzten Gedanken möchte ich bei euch zurücklassen und er ist entscheidend für den Erfolg eurer Sendung als Laien in der Kirche. Ich weiß, daß ihr „das Salz der Erde" und „das Licht der Welt" sein wollt. Ich weiß, daß ihr wünscht, euer Apostolat als Laien möge fruchtbar sein. Doch das kann nur durch die lebendige Einheit mit Jesus Christus geschehen. Als Glieder seines Leibes müßt ihr die Quelle eures Lebens und das Ziel all eures

Tuns in ihm finden. Christus ist es, dem ihr dient; Christus, den ihr verkündet; Christus, dem ihr alle Menschen zuzuführen berufen seid. Liebe Brüder und Schwestern, mögt ihr wachsen in Heiligkeit durch die Kraft des Geistes Christi, der in euch wirkt. Getrennt von Christus könnt ihr nichts vollbringen (vgl. *Joh* 15,5). Mit ihm wird Gottes Macht „unendlich viel mehr tun können, als wir erbitten oder uns ausdenken" (*Eph* 3,20).
Euch und euren Familien und allen Laien, die für die Ausbreitung des Evangeliums in Sambia arbeiten, erteile ich von Herzen meinen Apostolischen Segen.

Problemen mit christlichem Mut begegnen

Ansprache beim Jugendtreffen in Lusaka (Sambia) am 3. Mai

Liebe Brüder und Schwestern in Christus!
Liebe junge Menschen aus Sambia!

1. Ich bin sehr glücklich, einige Zeit mit euch in eurem schönen Land Sambia zu verbringen. Ich grüße euch mit den Worten des hl. Paulus: „Gnade sei mit euch und Friede von Gott, unserem Vater, und dem Herrn Jesus Christus" (*Phil* 1,2). Ich komme heute hierher in Hoffnung und Freude: in der Hoffnung, die wir mit Jesus, unserem Bruder, teilen, und in der Freude, die sein Evangelium – die Frohe Botschaft – allen Menschen, die guten Willens sind, verheißt. Meine Freude ist ein Echo auf die Freude des hl. Paulus, als er sich an die Christen von Philippi wandte: „Ich danke meinem Gott jedesmal, wenn ich an euch denke; immer, wenn ich für euch alle bete, tue ich es mit Freude und danke Gott dafür, daß ihr euch gemeinsam für das Evangelium eingesetzt habt vom ersten Tag an bis jetzt" (*Phil* 1,3–5).
Der „erste Tag", an dem katholische Missionare die Botschaft des Evangeliums nach Sambia brachten, liegt fast ein Jahrhundert zurück. Vorbereitungen für die Hundertjahrfeier haben schon begonnen. Wenn wir auf die vergangenen hundert Jahre zurückblicken, schauen wir gleichzeitig in die Zukunft, denn die Kirche ist ein Volk von Pilgern auf dem Weg zur endgültigen Begegnung mit Christus.
Heute danke ich Gott für die Möglichkeit, an euren Hoffnungen und Sorgen Anteil zu nehmen. Ich danke Erzbischof Mutale und dem Jugendvertreter für ihre anregenden Worte. Vor allem aber danke ich Gott für eure Vitalität und eure Jugend. „Jungsein ist schon in sich ein ganz besonderer Reichtum für jeden jungen Mann und jede junge Frau" (vgl. *Brief an die Jugend der Welt*, Nr. 3). Ich danke Gott für eure Lebensfreude in einer Welt, die so viel Kummer und Leid kennt. Ich danke euch für euer Willkommen, das ihr in Tanz und Gesang ausgedrückt habt: Gesang und Bewegung, die von der Harmonie der Schöpfung sprechen und von dem Lob, das ihr ihm darbringen wollt, der das Leben eurer Seele ist. Euer Wunsch, heute mit Gesang und Tanz zu feiern, spiegelt den Wunsch der Kirche wider, die Botschaft Christi mit der ganzen Welt zu feiern und zu teilen.

2. Wie in so vielen anderen Ländern der Welt stellt ihr jungen Menschen aus Sambia den Hauptteil der Bevölkerung in eurem Land dar. Ihr seid wirklich eine junge Nation: eine junge Nation mit ungeheuren Möglichkeiten, nicht nur aufgrund eurer Bodenschätze und landwirtschaftlichen Reichtümer – sondern besonders und vor allem aufgrund eures menschlichen Potentials. Wenn ich von hier, wo ich stehe, auf euch schaue, so sehe ich vor mir einen Schatz von ungeheurem Wert. Ich sehe lächelnde, fröhliche Gesichter. Ich sehe Augen, die in anderen das Gute suchen wollen; Lippen, die die Wahrheit sprechen wollen; Glieder, die bereit sind, dieses Land aufzubauen und es stärker und schöner für eure eigenen Kinder zu gestalten. Ihr habt ungeheure Möglichkeiten, Gutes zu tun, Frieden, Harmonie und Toleranz zu fördern, die ökonomischen und sozialen Bedingungen dieses Landes zu verbessern. Mit Recht wollt ihr die Ausbildungsmöglichkeiten und die beruflichen Chancen verbessern. Ihr fordert Anleitung und anregende Führerschaft. Ihr dürft aber nicht vergessen, daß positive und anhaltende Veränderungen nur dann stattfinden können, wenn sie auf Unparteilichkeit und Gerechtigkeit beruhen. Wahrer Fortschritt kann nicht an einer höheren Zahl von Autos und Radios gemessen werden, sondern an der Art, wie die Armen und Vernachlässigten behandelt werden, an der Art, wie ihnen das Evangelium angeboten wird.

3. Ihr habt die Energie und Vitalität, dies zu tun, und ich bin mir eurer Anstrengungen bewußt. Ich bin gekommen, euch zu unterstützen und zu ermutigen. Die Kirche in eurem Land und in der ganzen Welt setzt sich dafür ein, Völker verschiedener Traditionen im Namen Christi zu vereinen, Frieden und Menschenrechte zu fördern. Die Bischöfe Sambias sind euch zur Seite auf der Suche nach einer helleren Zukunft.
Ihr besitzt den Geist der Großmut, der Begeisterung und des Idealismus, der zur Jugend gehört und der heute abend hier deutlich wird. Meine lieben jungen Freunde, erlaubt Jesus und seiner Botschaft, euch herauszufordern. Jesus bietet euch kein „schnelles Geschäft“ oder auffallende Kleider an. Daher ist die Anziehung der „sampos“ und „dilus“ eine Illusion. „Daga“ zu rauchen ist eine Flucht. Jesus winkt euch zu, mit ihm auf eine echte Reise zu gehen – eine Reise im Glauben, die all eure Großzügigkeit, Begeisterung und euren Mut verlangt. Es kann ein wunderbares Abenteuer sein. Doch Jesus braucht euch: er braucht eure Hilfe, um die Welt von der Sünde und der Selbstsucht zu befreien. Er ist ein sicheres Licht in einer Welt, die verdunkelt wird von der Flucht vor der Wirklichkeit und der Verwirrung der Werte. Aber es hängt von euch ab, ob ihr dieses Licht in euer Leben hineinleuchten laßt. Laßt nicht zu, daß eure Potentiale verkommen. Christus braucht alles, was ihr geben könnt.
Christus braucht euch, damit ihr das Geschenk eurer Jugendlichkeit mit denen teilt, die alt geworden sind und auf denen das Gewicht der Jahre lastet. Er will, daß ihr euch den Armen gebt und daß ihr euer Wissen mit den Ungebildeten und mit denen, die die Schule nicht besuchen können, teilt. Für Christus ist es nicht wichtig, was ihr habt, sondern wer ihr seid. Freut euch, daß ihr fähig seid, großzügig zu geben.

4. Der *hl. Paulus erklärte einst den Kolossern*: „Ihr seid Gottes auserwähltes Geschlecht, seine Heiligen.“ Heute, meine jungen Freunde, wende ich mich mit diesen Worten an euch. Ihr seid Gottes auserwähltes Volk. Er hat euch auserwählt und „ihr

seid von Gott geliebt". Er will, daß ihr eure Begeisterung sowie alle anderen Gaben der Jugend nutzt. Warum? Da er will, daß ihr seine Heiligen seid. Das ist eure Berufung. Es ist ein Ruf an alle Getauften. Es ist ein Ruf an jeden von euch.
Jeder von uns kann sich leicht dem Aufruf nach wirtschaftlichen und sozialen Verbesserungen anschließen; wir alle verstehen das Bedürfnis nach größerer Gerechtigkeit, und wir können leicht bei der Verfolgung dieser Ideale von unseren Gefühlen mitgerissen werden. Aber Jesus ruft uns auf, Heilige zu sein. Er möchte, daß ihr heute in Sambia seine Heiligen seid. Er ruft nicht nur die Bischöfe, die Priester, die Schwestern und die Katechisten auf, heilig zu sein – er ruft jeden, uns alle gemeinsam.

5. Das Thema unseres Treffens heute ist „Gemeinsam in Christus". Christus will, daß wir gemeinsam gesehen werden und daß wir zusammen sind – als Brüder und Schwestern in einem Glauben, einer Hoffnung und Taufe. Daher sagt der hl. Paulus: „Ertragt euch gegenseitig, und vergebt einander, wenn einer dem anderen etwas vorzuwerfen hat" (*Kol* 3,13).
Wie können wir Heilige werden, wenn es Auseinandersetzungen in unseren Familien gibt, Streit bei der Arbeit und Uneinigkeit in unseren Beziehungen? Wie können wir heilig werden, wenn wir die Herausforderung, zu arbeiten und die Verhältnisse durch unsere eigenen ernsthaften Anstrengungen zu ändern, nicht annehmen? Wie können wir Heilige werden, wenn wir nicht beten und die Liebe Gottes, sichtbar gemacht durch Jesus Christus, nicht erfahren? Die Kirche lädt uns ein, uns die Worte des hl. Paulus zu eigen zu machen: „In eurem Herzen herrsche der Friede Christi; dazu seid ihr berufen als Glieder des einen Leibes" (*Kol* 3,15).
Wir sind Teil des einen Leibes Christi. Er ist in keiner Weise geteilt oder getrennt. Auch wir dürfen dies nicht sein. Laßt uns zusammen gehen – gemeinsam in Christus – vereint in Glaube, Hoffnung und Liebe. Habt keine Angst, Christus zu euren Freunden zu bringen. Evangelisiert, wie die ersten Missionare es getan haben! Denjenigen, die uns verlassen und einen anderen Weg eingeschlagen haben, sage ich: Habt keine Angst, umzukehren zur Einheit der Herde Christi. Das Leben Christi kann nur innerhalb der Gemeinschaft der Kirche vollständig gelebt werden, denn die Kirche ist die Gemeinschaft des Heils. Christus selbst hat die Kirche gegründet, und in der Kirche entdecken wir, was es bedeutet, gemeinsam in Christus unsere Hoffnung zu leben. Hier erfahren wir unsere Berufung zur Heiligkeit und unsere Aufgabe gegenüber anderen.

6. Meine lieben jungen Freunde: Ihr wißt um den Aufruf Christi an jeden von euch, ein heiliges und aufrechtes Leben zu führen. Sambia braucht heute Menschen, die diesem Ruf folgen und modernen Problemen mit christlichem Mut begegnen. Wir müssen uns immer vor dem Eigennutz hüten, der leicht die Großzügigkeit der Jugend zersetzen kann. Was wir heute für das Sambia von morgen brauchen, sind wahre Werte: Ehrlichkeit, Integrität und Wahrhaftigkeit. Wahre Werte kommen von Christus, unserem Lehrer, und sind immer positiv. Diese Werte müssen wir um eine entscheidende Zutat bereichern. Der hl. Paulus sagt: „Vor allem aber liebt einander, denn die Liebe ist das Band, das alles zusammenhält und vollkommen macht" (*Kol* 3,14). Liebe ist der Schlüssel zu Frieden und Gerechtigkeit. Sie legt das Fundament für ein besseres Leben. Sie ist auch der Weg zur

Heiligkeit. Liebe ist das äußere Kleid sowie die innere Kraft des Jüngers. Sie ist das Gegenmittel gegen die Selbstsucht.
Ich dränge euch alle dazu, Christus zu suchen und ihm mit all der Liebe eurer jungen Herzen zu folgen. Ich bitte euch, seine Liebe in euren Beziehungen widerzuspiegeln, in eurer Arbeit und in eurer Freizeit. Das christliche Leben ist fordernd; es beinhaltet Verzicht, einen großmütigen Geist, das tägliche Aufnehmen des Kreuzes und das Nachfolgen dem, der für uns gestorben ist. Aber erinnert euch immer, daß ihr nie alleine geht! Christus ist stets euer treuer Begleiter.
Junge Menschen aus Sambia: gebt euer Leben Christus. Formt die Kultur und die Gesellschaft um euch mit seiner Liebe. Freut euch, denn Christus liebt euch. Freut euch an eurer Jugend und verliert nie die Hoffnung. Erinnert euch: wir sind verbunden in Christus!

Ökumene muß reiche Früchte tragen

Ansprache bei der Ökumenischen Begegnung in Lusaka (Sambia) am 4. Mai

„Gnade sei mit euch und Friede von Gott, unserem Vater, und dem Herrn Jesus Christus" (*Gal* 1,3).

Liebe Brüder und Schwestern!

1. Ich bin für den herzlichen Willkommensgruß dankbar, den ich von euch empfangen habe, und auch für die freundlichen Worte eures Sprechers, Bischof Mumba: Es ist für mich eine tiefe Freude und ein Privileg, mit den Vertretern der christlichen Kirchen und der kirchlichen Gemeinschaften Sambias zusammenzutreffen.
Unser Herr Jesus Christus selbst hat uns in der Liebe Gottes und in der Hoffnung zusammengeführt, die wir gemeinsam haben durch den Heiligen Geist; hat er sie doch im Augenblick der Taufe unseren Herzen eingegossen (vgl. *Röm* 5,5). Wir dürfen die große Bedeutung der kirchlichen Elemente nicht aus den Augen verlieren, die uns trotz aller tatsächlich noch bestehenden Trennungen einen.

2. In seinem Abschiedsgebet, das wir soeben aus dem *Johannesevangelium* vernommen haben, flehte Jesus seinen Vater eindringlich an: „Alle sollen eins sein: Wie du, Vater, in mir bist und ich in dir bin, sollen auch sie in uns sein, damit die Welt glaubt, daß du mich gesandt hast" (17,21). Unser gemeinsames Gebet an diesem Morgen ist nicht nur ein Flehen, das auf das Gebet Christi antwortet, sondern auch eine praktische Verwirklichung der unglaublich erscheinenden Wahrheit, die Jesus mit den folgenden Worten zum Ausdruck brachte: „Wo zwei oder drei in meinem Namen versammelt sind, da bin ich mitten unter ihnen" (*Mt* 18,20). Seiner Gegenwart in unserer Mitte eingedenk, verkünden wir daher frohen Herzens, daß Jesus Christus der Herr ist! „Ihm ... gebühren Lob und Ehre und Herrlichkeit und Kraft in alle Ewigkeit" (*Offb* 5,13).

Das Gebet, das Christus beim Letzten Abendmahl an den Vater richtete, ist eine Einladung, gemeinsam für die Einheit zu beten. Gerade in diesem Gebet für die Einheit – „alle sollen eins sein“ – gewinnt Jesu Gebet für die Einheit tiefere Bedeutung, denn der Geist führt uns alle in die Wahrheit ein. Im Gebet kommen wir einander auf eine Weise näher, die unsere christliche Identität, unsere Übereinstimmung mit Christus stärker machen kann als alle Trennungen, die uns die Geschichte hinterlassen hat und die noch immer bestehen.

3. Wenn wir das Abschiedsgebet Christi betrachten, wird es uns klar, daß wir tatsächlich vor einer gemeinsamen Aufgabe stehen: wir müssen der Welt Christus verkünden, damit sie glaube; es wird uns jedoch gleichzeitig auch klar, daß die Glaubwürdigkeit der Botschaft des Evangeliums und die Glaubwürdigkeit Christi selbst an die Frage der christlichen Einheit gebunden sind (vgl. *Unitatis redintegratio*, Nr. 1). Wenn wir heute auch noch nicht in allen Fragen übereinstimmen können, so können und müssen wir doch alle Formen von Konkurrenzgeist und Rivalität vermeiden. Das gilt besonders hier in Afrika, wo Gemeinschaft und Einheit zu den bedeutsamsten traditionellen Werten zählen. Afrika sehnt sich zutiefst nach der Verkündigung der Liebe Gottes und der Hoffnung, die wir in Jesus Christus besitzen. Sambia verlangt danach, die Frohbotschaft der Erlösung zu vernehmen. Eure Anwesenheit an diesem Morgen ist ein deutliches Zeichen für euer ernstes Verlangen, dem Volk eures Landes ein gemeinsames Zeugnis der Liebe Gottes zu geben, denn dieses Volk hat wahrhaft Hunger und Durst nach Gott. Eine ehrliche und großzügige ökumenische Zusammenarbeit ist notwendig, wenn wir seinem geistlichen Verlangen gerecht werden wollen.

4. Es ist ermutigend, feststellen zu können, daß die christlichen Kirchen und kirchlichen Gemeinschaften in Sambia auf vielfältige und bedeutsame Art und Weise in den Bereichen der Gesundheitsfürsorge, der Erziehung und der Entwicklung zusammenarbeiten. Ein ständiges gemeinsames Bemühen gilt der Übersetzung der Bibel in einheimische Sprachen. Diese Initiativen als solche stellen schon eine Erziehung zur christlichen Einheit dar. Sie erleichtern die Festlegung der Punkte, in denen Einheit besteht und stärken den Wunsch nach Überwindung jener, in denen noch Uneinigkeit herrscht. So stellte das II. Vatikanische Konzil fest: „Durch die Zusammenarbeit der Christen kommt die Verbundenheit, in der sie schon untereinander vereinigt sind, lebendig zum Ausdruck, und das Antlitz Christi, des Gottesknechtes, tritt in hellerem Licht zutage“ (*Unitatis redintegratio*, Nr. 12). Ja, die ökumenische Zusammenarbeit entspringt einer inneren Gnade, die der Vater als Antwort auf das Gebet Jesu geschenkt hat (vgl. *Joh* 17,21) und die das Seufzen des Heiligen Geistes in uns ist (vgl. *Röm* 8,26–27). Wahre Ökumene blüht dort, wo, dem Beispiel unseres Herrn und Erlösers gemäß, echter Geist brüderlichen Dienstes herrscht, ist er doch nicht gekommen, um bedient zu werden, sondern um zu dienen (vgl. *Mt* 20,28).
Gemeinsame ökumenische Initiativen müssen im Leben aller Gemeinden Platz finden. Sie haben historische und theologische Studien und Diskussionen zur Folge, aber auch gegenseitige Unterstützung im täglichen Leben (vgl. *Unitatis redintegratio*, Nr. 5). Ich habe bei vielen Gelegenheiten wiederholt, daß die katholische Kirche sich rückhaltlos

für die ökumenische Zusammenarbeit einsetzt. Die katholische Kirche in Sambia kann mit der Unterstützung durch mein Gebet und mit meiner Ermutigung rechnen, wenn sie sich um immer bessere Beziehungen zu allen bemüht, die sich ernsthaft um die Einheit sorgen. Gleichzeitig ist es uns allen schmerzlich klar, daß das Fehlen einer vollen Einheit unter den Kirchen und kirchlichen Gemeinschaften und die Verschiedenheit in der Glaubens- und Morallehre den Möglichkeiten des gemeinsamen Wirkens der Christen Grenzen setzen.
Selbst wenn ihr versucht, gemeinsam für den christlichen Glauben Zeugnis zu geben, wird bei den bestehenden Spaltungen die Lage manchmal noch verworrener, weil immer zahlreichere unabhängige Gemeinschaften entstehen. Diese können, zusammen mit neuen religiösen Bewegungen, für viele – insbesondere für die Jugendlichen – zu einer Quelle der Verwirrung werden. Auch auf diesem Gebiet kann die ökumenische Zusammenarbeit gute Ergebnisse zeitigen.

5. In wenigen Minuten werden wir gemeinsam das gleiche Gebet sprechen, das Jesus seine Jünger gelehrt hat. Wir werden darum beten, daß der Wille unseres gemeinsamen himmlischen Vaters auf der Erde geschehe wie im Himmel. Wir werden für das Kommen des Reiches Gottes beten, das ein Reich des Friedens, der Gerechtigkeit und der Liebe ist, ein Reich, für das „Jesus Christus ... der treue Zeuge“ ist, „der Erstgeborene der Toten, der Herrscher ... Er liebt uns und hat uns von unseren Sünden erlöst durch sein Blut; er hat uns zu Königen gemacht“ (*Offb* 1,5–6). Wir werden um unser tägliches Brot bitten, werden für die Nöte all unserer Brüder und Schwestern beten, für die Nöte des Volkes von Sambia. Wir werden um die Vergebung unserer Sünden bitten und um die Kraft, allen zu vergeben, die uns auf irgendeine Weise verletzt haben. Wir werden darum beten, daß wir die Sünde der Spaltung unter den Christen vergeben und dafür Vergebung erlangen. Schließlich werden wir darum beten, nicht über unsere Kraft versucht und von dem Übel befreit zu werden, das in unserem Herzen der Gnade Gottes entgegenwirkt.

6. Liebe Freunde, mit vollem Vertrauen auf den Augenblick des göttlichen Wohlwollens müssen wir darauf bauen, daß die ökumenische Zusammenarbeit, die unsere gegenseitigen Beziehungen bisher gekennzeichnet hat, reiche Früchte tragen wird. Mit dem hl. Paulus können wir sagen: „Ich vertraue darauf, daß er, der bei euch das gute Werk begonnen hat, es auch vollenden wird bis zum Tag Christi Jesu“ (*Phil* 1,6).
Dieser „Tag“ erinnert uns daran, hier, in diesem Augenblick die Absicht und den Einsatz unserer Kirchen und kirchlichen Gemeinschaften für eine Zusammenarbeit in der Sache der Einheit der Christen zu erneuern. Möge das Zeichen des Friedens, das wir einander in dieser anglikanischen Kathedrale „Vom hl. Kreuz“ in Lusaka schenken, ein Symbol unseres Entschlusses sein, einander friedfertig und geduldig zu begegnen, einander in Liebe zu ertragen und uns zu bemühen, „die Einheit des Geistes zu wahren durch den Frieden, der ... zusammenhält“ (*Eph* 4,2–3).
Möge der Gott des Friedens mit euch allen sein! Amen.

Haß ist niemals zu rechtfertigen

Predigt und Weiheakt an die Gottesmutter bei der Eucharistiefeier in Lusaka (Sambia) am 4. Mai

„Ihr werdet die Kraft des Heiligen Geistes empfangen, der auf euch herabkommen wird; und ihr werdet meine Zeugen sein“ (*Apg* 1,8).

Liebe Brüder und Schwestern!

1. Heute ist der vierzigste Tag nach der Auferstehung Christi. In dem Augenblick, in dem er diese Welt verläßt, um zum Vater zurückzukehren, verspricht Jesus den Aposteln nochmals, daß der Heilige Geist auf sie herabkommen wird; er wird ihr Tröster sein, ihr neuer Fürsprecher und Helfer. Er wird für sie Quelle einer Kraft sein, welche die menschliche Schwäche überwindet. Ihr werdet seine Kraft empfangen, „und ihr werdet meine Zeugen sein in Jerusalem und in ganz Judäa und Samarien und bis an die Grenzen der Erde“ (*ebd*).

Dieses Versprechen hinterlassend, kehrt Jesus zum Vater zurück. Die Apostel werden erleben, wie die Worte ihres Meisters – die letzten Worte, die er an sie richtete – Wirklichkeit werden. Sie werden die Kraft des Heiligen Geistes empfangen und an diesem Tag wird Jerusalem das Zeugnis vernehmen, das sie für den gekreuzigten und auferstandenen Christus ablegen. Aus dieser rettenden Wahrheit wird die Kirche geboren; sie wird aus dem Glauben und der Taufe derer geboren, die als erste das von den Aposteln verkündete Wort Gottes aufnehmen. Von jenem Augenblick an wird die Kirche ständig nicht nur in Jerusalem, in Judäa und Samarien geboren, sondern immer wieder an neuen Orten, „bis an die Grenzen der Erde“.

2. Es sollte auch die Zeit kommen, in der die gleiche Kirche Christi dank der apostolischen Botschaft und der apostolischen Mühen hier in Sambia geboren wurde. Wir blicken heute mit dankbarem Lob auf die Anfänge der Kirche in eurem Land zurück.

Die Evangelisierung Sambias erfolgte hauptsächlich zwischen 1879 und 1930 dank des heroischen Einsatzes der Weißen Väter, der Jesuiten, der Minoriten und der Kapuziner aus verschiedenen Teilen der Welt. Eine wichtige Etappe stellte die Gründung der ersten katholischen Pfarrei der Weißen Väter im Jahr 1891 dar, eine zweite Etappe die Weihe des ersten Bischofs dieser Gegend, des französischen Weißen Vaters Joseph Dupont. Er wurde auf dem Boden Sambias inmitten der Bewohner des Landes, in der Missionsstation Kayambi geweiht. Vor genau dreißig Jahren wurde Lusaka Erzdiözese und Metropolitansitz für das ganze Land, ein Vorrecht, das diese Diözese nunmehr mit der von Kasama teilt.

Heute kommen Mitglieder vieler Missionsgesellschaften hierher, um das Werk der Evangelisierung fortzusetzen; nicht nur Priester, sondern auch Ordensbrüder und -schwestern. Die missionarischen Bemühungen des vergangenen Jahrhunderts wurden durch eine Zunahme der Priester- und Ordensberufe unter den Söhnen und Töchtern Sambias

gekrönt, die mit dem tieferen Eindringen der Wurzeln des Evangeliums in den reichen Boden eurer Heimat Schritt hält.
„Euch steht es nicht zu, Zeiten und Fristen zu erfahren, die der Vater in seiner Macht festgesetzt hat" (*Apg* 1,7). Die gesamte Zukunft bis zum letzten Tag ist im ewigen Wissen des Vaters und in seiner Macht beschlossen. Und ebenso der Tag, der für den Beginn der Geschichte der Kirche in eurem Land festgesetzt war.
Wir können demnach sagen, daß auch die Kirche in diesem Land am Pfingstfest ihren Anfang nahm, als die Apostel die Kraft des Heiligen Geistes empfingen und sich anschickten, für Christus Zeugnis zu geben, ein Zeugnis, das sich über Generationen und Jahrhunderte hin erstrecken sollte.

3. Heute danken wir dem lebendigen Gott, dem Vater, dem Sohn und dem Heiligen Geist. Wir sind für alle Menschen dankbar, die euch vorangegangen sind, insbesondere für die Missionare, die wirklich eure „Väter in Christus" sind und deren Gedächtnis im Zeugnis weiterlebt, das die Kirche in Sambia für das Evangelium ablegt; ihr, liebe Brüder und Schwestern, seid die lebendigen Bausteine des Hauses, das durch die Kraft des Heiligen Geistes errichtet wurde. Es ist angebracht, diesen Dank hier in der Hauptstadt eurer Nation auszusprechen, wo eine neue katholische Kathedrale im Bau ist. Die Segnung der Ecksteine versinnbildet den Beginn eines Baues, der aus vielen Steinen bestehen wird. Der Bau eines Hauses, das der Verehrung des lebendigen Gottes dienen soll, nimmt seinen Anfang immer in Christus, denn er ist der Eckstein, der „Schlußstein".
Die Kraft des Heiligen Geistes, die am Pfingsttag in Jerusalem offenbar wurde, entspringt dem Kreuz und der Auferstehung Christi. Es ist eine Kraft, welche die Kirche in Sambia ständig empfängt, um so zu einem immer reiferen Zeugnis des gekreuzigten und auferstandenen Christus zu werden. „Es ist uns Menschen kein anderer Name unter dem Himmel gegeben, durch den wir gerettet werden sollen" (*Apg* 4,12).

4. Die gleiche Kraft des Heiligen Geistes, der wir den Aufbau der Kirche in Sambia verdanken, ist auch Quelle der Umgestaltung aller Getauften nach dem Vorbild Christi. Er ist das lebendige Vorbild des neuen Menschen, des Menschen, der die im heutigen Evangelium vernommene Wahrheit der Seligpreisungen lebt und für sie Zeugnis ablegt.
Wir haben gehört, daß wir in Wahrheit gesegnet sein werden, wenn wir Christus nachahmen, indem wir alle Situationen menschlicher Schwäche, menschlicher Not und menschlichen Leides von Christus umwandeln lassen. Nur der Glaube an einen gekreuzigten und auferstandenen Erlöser versetzt uns in die Lage, uns, wenn wir arm, betrübt und verfolgt sind, als selig zu betrachten. Nur der Sieg Christi kann die Seligkeit der Gewaltlosen, der Barmherzigen und derer, die ein reines Herz haben und sich um Gerechtigkeit und Frieden bemühen, gewährleisten. Liebe Brüder und Schwestern, Christus lädt euch und die ganze Kirche zu einem Leben nach den Seligpreisungen ein. Er fordert die Reichen auf, daran zu denken, daß in Gottes Augen die Armen selig sind. Er lädt sie ein, ihre Herzen zu läutern, sich im Geist von den materiellen Dingen loszulösen, sich um die Armen zu kümmern und sich für den Aufbau einer gerechteren Gesellschaft einzusetzen. Die Armen dürfen weder das Vertrauen in ihre Würde und in die Berufung der Kinder Gottes verlieren, noch dürfen sie meinen, sie seien infolge des Mangels an irdischen Gütern von

der Seligkeit vor dem Antlitz Gottes ausgeschlossen. Haß ist niemals zu rechtfertigen, auch nicht Not oder Ungerechtigkeit.
Die Kirche richtet eine Botschaft der Hoffnung an alle Menschen in Sambia, die heute körperlichen oder geistigen Leiden ausgesetzt sind; sie richtet diese Botschaft an die Kranken und Sterbenden, insbesondere an die Opfer von AIDS und an jene, denen es an ärztlicher Hilfe fehlt; an die vielen Jugendlichen, die wegen Mangel an Bildung oder an Arbeitsplätzen keine Beschäftigung finden können; schließlich an die Flüchtlinge, die Opfer sozialer Unruhen sind. Sie verpflichtet sich zur weiteren Zusammenarbeit mit anderen Christen und mit allen Menschen guten Willens, um so ihren Beitrag zur Verbesserung der Lage zu leisten. Vor allem jedoch bietet euch die Kirche Christus an. Er hat Übel und Leid von ihrer Wurzel her überwunden durch die Vergebung der Sünden. Jeder Getaufte kann und muß durch die Kraft des Heiligen Geistes innerlich umgewandelt werden nach dem Vorbild und Ideal, das wir in Christus finden. Der Heilige Geist ist im menschlichen Herzen am Werk, im Innersten jedes Menschen.

5. Gleichzeitig vereint der Heilige Geist die Menschen untereinander. Er „sammelt" das Volk Gottes, wie wir beim Propheten Jeremia lesen können: „Ich ... sammle euch aus allen Völkern und von allen Orten" (*Jer* 29,14).
Liebe Brüder und Schwestern, seid ihr, die ihr die Kirche in Sambia bildet, nicht auf diese Weise von verschiedenen Orten eures ausgedehnten Landes her „gesammelt"? Und seid ihr nicht auf ähnliche Weise in der Weltkirche „gesammelt", die sich bis an die Grenzen der Erde erstreckt, also „aus allen Völkern gesammelt" ist?
Dieses „Sich-Versammeln" entspricht dem tiefen Wunsch aller, in Gemeinschaft und Gemeinsamkeit mit anderen zu leben. Wie es dem Thema meines Pastoralbesuches entnommen werden kann, sind wir alle bestrebt, „gemeinsam in Christus, unserer Hoffnung" zu wachsen, gemeinsam mit den anderen Bewohnern Sambias, gemeinsam mit unseren Brüdern und Schwestern im Glauben in aller Welt.
Angesichts zahlreicher gesellschaftlicher Umwandlungen lade ich euch dringend ein, nicht den Sinn für Zusammengehörigkeit und Teilen zu verlieren, der in Sambia immer einen wichtigen Platz eingenommen hat. Ohne diese Hilfe bricht die menschliche Gemeinschaft zusammen, und ihre gemeinsame Kraft geht verloren. Auch fordere ich euch nachdrücklich zur Erneuerung jener großen traditionellen Werte auf, aufgrund deren eine Familie mit der anderen, ein Dorf mit dem anderen und die einem Häuptling unterstehenden Siedlungen mit denen eines anderen teilten.
Möge die „Gemeinschaft im Heiligen Geist", um welche die Kirche betet, weiterhin in euch, den Söhnen und Töchtern Sambias, wirksam werden! Möge sie euch zur Überwindung der Trennungen innerhalb der großen christlichen Familie befähigen! Möge sie euch „sammeln" und alle den Plänen Gottes entsprechend einen, die, wie der Prophet Jeremia sagt, „Pläne des Heils und nicht des Unheils ... [sind, um euch] eine Zukunft und eine Hoffnung [zu] geben" (*Jer* 29,11)!
„Wenn ihr mich ruft", sagt der Herr durch den Mund des Propheten, „wenn ihr kommt und zu mir betet, so erhöre ich euch. Sucht ihr mich, so findet ihr mich. Wenn ihr von ganzem Herzen nach mir fragt, lasse ich mich von euch finden" (*Jer* 29,12–14).

Das ist eine an alle gerichtete Aufforderung zum Gebet, die jedoch im eifrigen Gebet der im Abendmahlssaal in Jerusalem Versammelten eine außerordentliche Erfüllung fand. Die Apostel und die Jünger des Herrn „verharrten dort einmütig im Gebet, zusammen mit ... Maria, der Mutter Jesu" (*Apg* 1,14). Mit diesem Gebet bereiteten sie sich auf den Empfang des Heiligen Geistes am Pfingsttag vor und ihr Gebet wurde erhört.
Dieses Gebets eingedenk, das die Gabe des Heiligen Geistes erflehte, damit die aus dem Kreuz geborene Kirche sich der Welt offenbaren könne, sind wir hier um die Mutter Gottes versammelt, die mit uns und für uns betet. Wie die Apostel sie in den Abendmahlssaal eingeladen hatten, so haben auch wir sie hierher eingeladen. Wir wollen uns nun im Gebet an sie wenden und ihrem mütterlichen Schutz euer Land und eure Ortskirchen anvertrauen:

6. Maria, du bist die Gesegnete, bist die Königin der Apostel und unser Vorbild mit deinem Gebet im Abendmahlssaal, am Vorabend des Pfingstfestes. Blicke gnädig auf dieses Land, blicke auf Sambia herab, auf sein ganzes Volk und seine Führer. Als Kinder des einen himmlischen Vaters möchten alle Bewohner dieses Landes ihm näherkommen und seinen Willen erfüllen. Sie sind bestrebt, gemeinsam für das Wohl aller zu arbeiten. Hilf ihnen, du mächtige Mutter, in ihrer Gottes- und Nächstenliebe zu wachsen.
Königin des Friedens, gib, daß alle Bürger dieses Landes wahrhaft für die Segnung des Friedens dankbar seien, dessen sie sich erfreuen. Mögen sie stets in Eintracht untereinander und mit anderen Nationen leben. Wir flehen dich um deine Fürsprache für die vielen Völker Afrikas an, die unter Krieg und Gewalttätigkeit, Ungerechtigkeit und Unterdrückung und unter sozialen und wirtschaftlichen Nöten zu leiden haben.
Von Gott als die bevorzugte Tochter „voll der Gnade" auserwählt, hast du uns den Erlöser gegeben. Öffne die Herzen aller Einwohner Sambias für die Würde und die Berufung jedes Menschen, ist doch jeder von Gott erschaffen und erlöst. Erhalt die Familien in ihrer Kraft und hilf den jungen Menschen, ihren Platz in der Gesellschaft zu finden. Möge dank der menschlichen und christlichen Liebe die Gerechtigkeit in diesem Land zunehmen und blühen.
Mutter der Kirche, dir vertraue ich heute alle Bischöfe, Priester, Ordensleute und Laien an, welche die Ortskirchen in Sambia bilden. Bei dieser liturgischen Feier empfehle ich dir insbesondere Erzbischof Mung'andu und die Erzdiözese Lusaka. Mögen alle christlichen Gläubigen dieser Stadt die Seligpreisungen leben, dem Vorbild deines Sohnes gemäß. Mögen sie gemeinsam für den Aufbau des einen Leibes Christi arbeiten.
Die Laien Sambias blicken auf dich als die Hilfe der Christen, die sie zu größerer Liebe und zu einem besseren Verständnis ihres katholischen Glaubens führen soll. Sie rufen dich um deine Fürsprache an, da sie bestrebt sind, die Gesellschaft in der Liebe Christi umzuwandeln. Bitte für sie und erwirke ihnen eine Zunahme der Priester- und Ordensberufe unter ihren Söhnen und Töchtern, für den Dienst an der Kirche. Mutter der Schmerzen, unter dem Kreuz hast du in keinem Augenblick die Hoffnung auf die rettende Macht Gottes verloren. Sei allen Menschen nahe, die heute in Sambia leiden: denen, die familiäre Probleme haben, den Flüchtlingen, den Armen und Arbeitslosen. Tröste die Kranken und Sterbenden. Mögen sie bei anderen Menschen Mitleid finden und all ihre Hoffnung

auf Gott setzen. Dir, unserer Mutter, wenden wir uns auf dieser irdischen Pilgerfahrt zu: du bist unsere Zuflucht und unsere Hoffnung. Du bist die Königin der Hoffnung, und wir vertrauen uns heute dir an. Wie du einst inmitten der Apostel um die versprochenen Gaben des Heiligen Geistes gebetet hast, so bitte nun für uns: mögen wir durch die Kraft dieses Geistes wahre Zeugen Christi, deines Sohnes, sein. Ihm sei die Ehre in alle Ewigkeit. Amen.

Lehrer nach dem Herzen Christi

Ansprache an die Priester, Ordensleute und Seminaristen in der Kathedrale in Blantyre (Malawi) am 4. Mai

Liebe Brüder und Schwestern,
liebe Freunde in Christus!

1. Voll Liebe und Dankbarkeit begrüße ich jeden von euch und alle Priester, Ordensleute und Seminaristen von Malawi. Ich habe soeben euer Land betreten und spüre schon, daß eure Herzen die Liebe Christi ausstrahlen. Ich bin tief gerührt, wenn ich daran denke, was hier in all den Jahren durch die Anstrengungen der ersten Missionare geleistet wurde: von eifrigen Männern und Frauen wie ihr, die die Frohbotschaft der Erlösung aus Liebe zu Christus und den Mitmenschen brachten und dem Gebot des Herrn folgten, „sich aufzumachen und Frucht zu bringen, bleibende Frucht" (vgl. *Joh* 15,16).
Viele von euch stammen aus dem Ausland und leben seit langer Zeit in Malawi. Ihr habt euch das Schriftwort zu Herzen genommen und Eltern, Verwandte und die Heimat verlassen, um die Hand an den Pflug zu legen und nicht mehr zurückzublicken (vgl. *Lk* 9,62). Ich bete, daß die vielen Opfer zur Ehre Gottes gereichen. Der Herr möge euch Anteil an dem Erbe geben und den Becher reichen, den ihr gewählt habt (vgl. *Ps* 16,5–6).
Andere von euch gehören zur wachsenden Zahl der malawischen Berufe zum Priestertum und Ordensleben. Mit der ganzen Kirche preise ich Gott für diese Ernte, die die wachsende Reife und Tiefe vor Augen führt, mit denen das Evangelium unter den Familien und Gemeinschaften dieses Landes angenommen und gelebt wird. Diese besonderen Berufe stellen die schönste Blüte einer Saat dar, die von denen, die euch vorausgegangen sind, eingepflanzt und genährt wurde.

2. Meine Begegnung mit den Priestern, Ordensleuten und Seminaristen ist ein wichtiger Teil aller von mir durchgeführten Pastoralbesuche, und die heutige ist keine Ausnahme. Die Begegnung mit euch heute abend bietet mir besondere Gelegenheit, euch in eurem Glauben zu stärken, zu Standhaftigkeit und Hoffnung zu ermutigen und euch an die Liebe zu erinnern, die Christus zu jedem einzelnen von euch hegt. Ich bin als Hirte der Gesamtkirche gekommen, aber ich stehe vor euch auch als euer Bruder und Mitarbeiter im Weinberg des Herrn; wie ihr wurde auch ich berufen, das Evangelium von Gottes Erbarmen und Liebe zu verkünden und den Mitmenschen diese Liebe zu bekunden.

Unser Zusammensein in dieser Kathedrale erinnert uns ebenso an das Geheimnis der hierarchischen Gemeinschaft, die der Kern des Lebens und der Sendung der Kirche ist. Niemand von uns arbeitet allein im Weinberg des Herrn. Die Bischöfe üben ihren Dienst aus als Glieder des Bischofskollegiums, miteinander und mit dem Nachfolger des Petrus, der die Quelle und Grundlage der Einheit ist (vgl. *Lumen Gentium*, Nr. 18, 22). Die Diözesan- und die Ordenspriester sind Mitarbeiter und Kooperatoren ihres Bischofs, mit dem sie ein einziges Presbyterium bilden zum Dienst an der Ortskirche; kraft des Weihesakramentes und ihrer gemeinsamen Sendung sind sie untereinander als Brüder verbunden (vgl. *Lumen Gentium*, Nr. 28). Und alle Ordensmänner und -frauen sind berufen, sich untereinander sowie ihre Hirten zu respektieren (vgl. *Perfectae caritatis*, Nr. 6); sie sollen auf die Bischöfe Bezug nehmen in allem, was die Einheit der Ortskirche und das Apostolat betrifft, das in ihrem Bereich ausgeübt wird (vgl. *Christus Dominus*, Nr. 35).

3. Liebe Brüder und Schwestern! Die Seele der kirchlichen Gemeinschaft und diese Beziehungen innerhalb der Kirche sind in dem Gebot zu finden, das wir vor wenigen Augenblicken in der Schriftlesung gehört haben. Jesus sagt zu seinen Jüngern: „Liebt einander, so wie ich euch geliebt habe" (*Joh* 15,12). Heute sagt Jesus dieselben Worte zu seinen Jüngern von Malawi und der ganzen Welt; er richtet sie insbesondere an uns, Priester und Ordensleute seiner Kirche. Denn wir müssen für die Herde Vorbild der Heilsbotschaft sein, die wir in und durch unsere jeweilige Berufung verkünden. Wir müssen Vorbild in der Liebe sein. Sonst sind wir, wie der heilige Paulus so treffend sagt, nichts anderes als „dröhnendes Erz oder eine lärmende Pauke" (*1 Kor* 13,1).
Christus spricht von der Liebe im Zusammenhang mit seinem Werk der Erlösung: sein Leben „hinzugeben" für seine Freunde. Dazu schreibt der Apostel Johannes: „Daran haben wir die Liebe erkannt, daß Er sein Leben für uns hingegeben hat. So müssen auch wir für die Brüder das Leben hingeben" (*1 Joh* 3,16). Wir sollen lieben, wie Christus uns geliebt hat. Wir müssen unser Priesteramt und die Ordensweihe als ein „Hingeben" unseres Lebens zur Rettung unserer Freunde, das heißt jedes Menschen, ansehen.
Die Nachfolge Christi schließt für uns den freigewählten Zölibat mit ein, der von der Kirche immer „als Zeichen und Antrieb für die Liebe" geachtet wurde: „als Zeichen einer Liebe ohne jeden Vorbehalt und Antrieb zu einer Liebe, die für alle offensteht" (*Sacerdotalis caelibatus*, Nr. 24). Christi Vorbild der Liebe ist auch die Quelle der besonderen Weihe der Ordensmänner und -frauen. Mit den Worten des Zweiten Vatikanischen Konzils ausgedrückt: „Sie folgen Christus nach, der selbst jungfräulich und arm gelebt (vgl. *Mt* 8,20; *Lk* 9,58) und durch seinen Gehorsam bis zum Tod am Kreuz (vgl. *Phil* 2,8) die Menschen erlöst und geheiligt hat. Von der Liebe gedrängt, die der Heilige Geist in ihre Herzen ausgegossen hat (vgl. *Röm* 5,5), leben sie mehr und mehr für Christus und seinen Leib, die Kirche (vgl. *Kol* 1,24)" (*Perfectae caritatis*, Nr. 1).
Liebe Brüder und Schwestern! Ich rufe euch auf, oft über die Liebe Christi nachzudenken, die die Quelle und das Ziel eurer jeweiligen Berufung ist. Sucht immer nach Wegen, eure Treue zu dieser Liebe zu vertiefen und richtet euren Blick immer auf ihn, den Priester von Ewigkeit her, den Hirten und Bräutigam eurer Seelen. Denn die Liebe ist es, die das Volk zur Gemeinschaft mit dem Herrn in der Kirche führt. Es ist das Leben des Selb-

stopfers und der Selbsthingabe, das die Wahrheit der Botschaft bekräftigt, die wir verkünden.

4. Die Lesung aus dem Evangelium heute abend stellt auch einen anderen Aspekt der Liebe Christi dar, der wichtige Folgen für die Priester und Ordensleute hat. Die Jünger sind Christi Freunde, denn „er hat ihnen alles mitgeteilt, was er von seinem Vater gehört hatte" (vgl. *Joh* 15,15). Seine Liebe zu ihnen bewog ihn dazu, die lebenspendenden Geheimnisse des Reiches Gottes zu offenbaren. Die Liebe machte ihn zu ihrem Lehrer.
Aus diesem Abschnitt und anderen im Evangelium wissen wir, daß Christus denen, die er liebte, den Auftrag gab, nach ihm Lehrer zu sein und „sich aufzumachen und Frucht zu bringen, bleibende Frucht". Er vertraute der Kirche die heilige Sendung an, in seinem Namen bis an die Grenzen der Erde zu lehren. Indem sie diese Sendung erfüllen, haben die Priester und Ordensleute immer eine besondere Rolle gespielt.
Wenn wir lehren, müssen wir auch lieben können, „wie Christus uns geliebt hat". Er wurde oft „Meister" genannt (vgl. *Joh* 1,38), und er lehrte mit Vollmacht – nicht mit einer Vollmacht, die er sich selbst gab, sondern mit einer, die das Volk als echte, von Gott gegebene erkannte. In seiner Lehrweise erinnert er uns vielleicht an die Ältesten in den afrikanischen Dörfern, bei denen die Leute Führung und Unterweisung suchen. Diese Ältesten teilen ihr Wissen und ihre Erfahrung frei mit und sind deshalb angesehen.
Christus teilte alles mit, was er vom Vater gehört hatte (vgl. *Joh* 15,15). Vom ersten Pfingsttag an wurde dieses Wissen von den mit einem offiziellen Lehramt Betrauten weitergegeben, aber auch von anderen, besonders innerhalb der Familie und Schule. Aus eigener Erfahrung wissen wir, was es heißt, von den Eltern unterwiesen zu werden, für die Lehren und Lieben untrennbar miteinander verbunden sind. Vor allem durch ihr Beispiel lernen wir, was der Sinn des menschlichen Lebens und der Tugend ist. So wie ihr Lehren sehr oft ohne Worte geschieht oder sich auf kleine Gesten beschränkt, kann auch unser positiver Einfluß auf die anderen um so stärker sein in den Werken, die oft nicht beachtet werden, oder in Handlungen, die nichts Außergewöhnliches an sich haben. Priester und Ordensleute, die in Christus „geschult" worden sind, können Wunder vollbringen – mirabilia Dei – durch die Liebe, die alles, auch das einfache und gewohnheitsmäßige Tun in ein lebendiges Beispiel des Evangeliums verwandelt. Diese Art der Liebe, die von den Freunden Christi ausstrahlt, zieht andere zu ihm hin.
Heute abend möchte ich euch alle ermutigen, Lehrer nach dem Herzen Christi zu sein, sowohl in der formellen Lehrweise als auch in dem Einfluß, den ihr anderswo durch euer Beispiel ausübt. Er hat sich aus Liebe erkennen lassen, damit ihr eurerseits ihn den anderen bringt. Habt die Gewißheit, daß ihr anderen die Liebe Christi um so wirksamer lehrt, je treuer ihr eurer eigenen besonderen Berufung in der Kirche folgt.

5. Jetzt möchte ich gern einige Worte zu den Priesteramtskandidaten sagen, die, so Gott will, eines Tages das Leben des Dienstes teilen werden, von dem wir heute abend gesprochen haben. Ihr seid die zukünftigen Hirten und Lehrer des Volkes Gottes. Ihr seid auch Christi Freunde.
Eure Ausbildungsjahre im Priesterseminar sind eine wertvolle Zeit der Reife und Entwicklung in eurer persönlichen Beziehung zum Herrn. Bevor ihr euer Leben dem edlen

und anspruchsvollen Dienst am Evangelium weiht, müßt ihr euer Verständnis vom Geheimnis Christi und seiner Kirche durch Gebet und Studium vertiefen. Das Priestertum ist eine ewige Verpflichtung, durch die ihr berufen seid, so zu lieben, wie Christus uns geliebt hat, das heißt, daß ihr euer Leben hingebt und daß ihr lehrt, wie Christus es getan hat. Wenn ihr standhaft bleibt in dieser Verpflichtung zur Liebe nicht nur bis zum Weihetag, sondern euer ganzes Leben lang, könnt ihr gewiß sein, daß Gottes Gnade euch nie fehlen wird. Ihr werdet reiche Freude und Frieden im Dienst des Herrn finden.
In besonderer Weise hinterlasse ich euch, jungen Männern, die Schlußworte des Evangeliums von heute abend: „Nicht ihr habt mich erwählt, sondern ich habe euch erwählt" (*Joh* 15,16). Ja, das Geschenk der Berufung zum Priesteramt ist nicht etwas, was ihr für euch selbst sucht. Es hat nichts mit einem Status oder Privileg zu tun, wie die Welt diese Dinge versteht. Euer Privileg wird sein, euer Leben mit Christus, dem ewigen Hohenpriester, hinzugeben, wenn ihr wirklich dazu berufen seid. Gott helfe jedem von euch, seinen Willen zu erkennen, damit auch ihr „euch aufmacht und Frucht bringt, bleibende Frucht".

6. Auf euch alle – die Priester, Ordensleute und Seminaristen von Malawi – rufe ich überreiche Gnadengaben des Heiligen Geistes herab zum Aufbau des Leibes Christi, der Kirche. Und in dieser Kathedrale, die Maria, der Königin der Herzen, der Mutter der göttlichen Liebe, geweiht ist, empfehle ich eure tägliche Arbeit ihrem mächtigen Schutz. Voll Vertrauen auf ihre Fürbitte für euch und all jene, die ihren Sohn in der Welt erkennen und lieben lehren, erteile ich von Herzen meinen Apostolischen Segen.

Dem Evangelium treu bleiben

Predigt bei der Messe in Malawi am 5. Mai

„Christus mußte all das erleiden, um so in seine Herrlichkeit zu gelangen" (vgl. *Lk* 24,26).

Liebe Brüder und Schwestern!

1. Im Namen des gekreuzigten und auferstandenen Christus grüßt der Bischof von Rom die Kirche in Malawi. Die heutige Feier ist ein Zeichen für die Universalität der Kirche Christi, die auf dem Fundament der Apostel mit Petrus als dem Haupt und der bleibenden, sichtbaren Quelle und Grundlage der Einheit aufgebaut ist (vgl. *Lumen Gentium*, Nr. 18).
Zugleich möchte ich alle Angehörigen dieser afrikanischen Nation begrüßen. Die Kirche verkündet und bekennt die Wahrheit über Christus, den Erlöser der Welt, vor allen Söhnen und Töchtern dieses Landes, denen sie sich besonders nahe fühlt. Ich weiß, daß die Bürger von Malawi religiöse Menschen sind, die immer Gottes Hilfe und Schutz für ihr Land angefleht haben, und ich bete, daß er euch allen viel geistlichen und materiellen Se-

gen schenken möge, so daß ihr in der Liebe zu ihm und zueinander, zu allen Menschen jeder Rasse und Nation wachsen möget.

2. Heute feiern wir das liturgische Fest der Himmelfahrt des Herrn. Die Heiligen Schriften erzählen uns, daß Christus vierzig Tage nach seiner Auferstehung von den Toten in den Himmel „aufgenommen" wurde. Wir lesen in der *Apostelgeschichte*, daß die Apostel die Rückkehr des Herrn zum Vater bezeugt haben: „Er wurde vor ihren Augen emporgehoben, und eine Wolke ... entzog ihn ihren Blicken" (*Apg* 1,9).
Doch zuvor, während der vierzig Tage nach seiner Auferstehung, hat er den Aposteln „gezeigt, daß er lebt", und zu ihnen vom Reich Gottes gesprochen (vgl. *Apg* 1,3). Es wird uns berichtet, daß er „ihnen gebot: Geht nicht weg von Jerusalem, sondern wartet auf die Verheißung des Vaters" (*Apg* 1,4).
Schon vor seinem Leiden hatte Christus den Aposteln versprochen, der Vater werde den Parakleten – den Tröster –, den Heiligen Geist senden. Nach der Auferstehung aber sagte er: „Ihr werdet ... mit dem Heiligen Geist getauft" (*Apg* 1,5). Der Geist ist ja jener, der die Taufe der Bekehrung vollzieht und den Menschen in die Gnade des göttlichen Lebens eintaucht. Durch diese Verheißung bereitete Jesus seine Jünger für den Tag vor, da er diese Welt verlassen würde, um zum Vater zu gehen.

3. In Jesus Christus hat sich die Macht Gottes geoffenbart: „seine überragend große Macht und Stärke", wie wir im *Brief an die Epheser* lesen (vgl. 1,19). Dieser Brief des hl. Paulus fährt fort: „Gott hat seine Macht an Christus erwiesen, den er von den Toten auferweckt und im Himmel auf den Platz zu seiner Rechten erhoben hat, ... hoch ... über jeden Namen" (*Eph* 1,20–21). Ja, über jeden Namen, der unter dem Himmel genannt wird, „nicht nur in dieser Welt, sondern auch in der zukünftigen" (*Eph* 1,21). Gott hat den gekreuzigten und auferstandenen Christus als Herrn aller erhöht.
Christus ist der Sohn, der eines Wesens mit dem Vater ist. Und in Ihm, dem Sohn, hat sich der Vater selbst als Vater geoffenbart. Christus ist die Fülle von Gottes Selbstoffenbarung in der Menschengeschichte. Er ist „die Fülle und beherrscht so das All ganz und gar" (vgl. *Eph* 1,23). Der Vater „hat ihm alles zu Füßen gelegt" (*Eph* 1,22). Als Erlöser und Herr ist Christus „das Haupt der Kirche, die sein Leib ist" (vgl. *Eph* 1,22–23). Diese Wahrheit wird uns in der heutigen Liturgie durch den *Epheserbrief* verkündet. Dies ist die Wahrheit über Christi Himmelfahrt.

4. Bei der Himmelfahrt spricht der auferstandene Christus ein letztes Mal zu den Aposteln über das Kommen des Heiligen Geistes. Er sagt: „Ihr werdet die Kraft des Heiligen Geistes empfangen, der auf euch herabkommen wird; und ihr werdet meine Zeugen sein in Jerusalem und in ganz Judäa und Samarien und bis an die Grenzen der Erde" (*Apg* 1,8). Wir lesen diese Worte in der *Apostelgeschichte*. Wir lesen sie aber zugleich im heutigen Evangelium. Beide Texte wurden vom Evangelisten Lukas verfaßt.
Das Kommen des Heiligen Geistes am Pfingstfest kennzeichnet den Beginn der Sendung der Kirche. Die Apostel empfingen diese Sendung von Christus, und der Heilige Geist gab ihnen die Kraft, sie in Wort und Tat, selbst bis zum Vergießen ihres Blutes zu erfüllen.

Das Martyrium ist das letzte Zeugnis für die Wahrheit über Christus, den Gekreuzigten und Auferstandenen. In den Fußstapfen der Apostel aber hat die Kirche die gleiche Sendung empfangen, und sie erfüllt diese mitten unter allen Nationen.
Liebe Brüder und Schwestern, es sind nun hundert Jahre her, seit die Kirche in diesem Land eingepflanzt worden ist. Die ersten katholischen Missionare trafen 1889 in Mponda ein. Wie die Apostel, so haben auch sie das Gebot des Herrn vernommen, „in seinem Namen allen Völkern ... zu verkünden, sie sollen umkehren, damit ihre Sünden vergeben werden“ (*Lk* 24,47). Sie gaben sich selbstlos hin, damit die Frohbotschaft vom Heil in den Herzen aller eine Heimstatt finde. Sie streuten die Saat aus, der Herr aber gab das Wachstum.
Seit jenen bescheidenen Anfängen hat die Kirche in Malawi Wurzeln gefaßt und eine reiche Ernte für das Evangelium eingebracht. Dies zeigt sich an der großen Zahl der Katholiken, an ihrem lebendigen Glauben und den zahlreichen Berufungen zum Priester- und Ordensstand sowie an dem Eifer engagierter Laien, Männer und Frauen, die der Gemeinschaft der Kirche dienen und den Glauben auch zu anderen bringen möchten.
Nach einem Jahrhundert des Wachstums habt ihr nun sieben Diözesen: Blantyre, Chikwawa, Dedza, Lilongwe, Mangochi, Mzuzu und Zomba. In allen Teilen dieses Landes verbreiten Söhne und Töchter der Kirche die Freude und Begeisterung des Heiligen Geistes. Sie geben Zeugnis für Christus in Gehorsam zu seinem Gebot, und sie preisen Gott für alle seine mächtigen Taten.

5. Zugleich müssen wir wie die ersten Apostel, die ersten Missionare in Malawi und wie die Christen aller Zeiten anerkennen, daß der Herr die Kirche ständig zur Erneuerung ruft. Wenn wir anderen „Bekehrung und Vergebung der Sünden“ predigen sollen, dann müssen an erster Stelle wir selbst „uns bekehren und leben“.
Dies ist das Thema meines pastoralen Besuches bei euch, und ich schließe mich gern euren Bischöfen an mit der Einladung, tiefer über die Bedeutung eures Lebens in Christus nachzudenken. Es ist gut, wenn ihr euch gegenseitig zum Wachstum in Glaube, Hoffnung und Liebe ermuntert; daß ihr euch fragt, wie weit Gerechtigkeit, Frieden und Versöhnung euer praktisches Leben umgestaltet haben; daß ihr euer Leben noch vollkommener den Geheimnissen des Glaubens anzupassen bemüht seid, die ihr jeden Sonntag feiert (vgl. den *Brief der Bischöfe Malawis an die Katholiken* vom 6.Januar 1989). „Bekehrt euch und lebt“: diese Worte enthalten eine lebenslange Aufforderung für uns alle, als Söhne und Töchter Gottes in der Heiligkeit zu wachsen.
Ich hoffe, daß mein Besuch euch als einzelnen und als Gemeinschaft des Glaubens hilft, jeden Tag Christus ähnlicher zu werden und dem Leben nach dem Evangelium treu zu bleiben. Unsere Aufgabe als Glieder der Kirche besteht darin, dem Heiligen Geist mit seiner Kraft unsere Umgestaltung und die der ganzen Menschheit zu erlauben, nun, da der Sohn „zur Rechten Gottes sitzt“.
Auch wenn wir Christus nicht mehr sehen können, so versichert er uns, daß wir ihn mit den Augen des Glaubens in den Notleidenden erblicken. Es wird uns gesagt, daß beim Jüngsten Gericht die Guten ebenso wie die Bösen fragen werden: „Herr, wann haben wir dich hungrig oder durstig oder obdachlos oder nackt oder krank oder im Gefängnis gese-

hen?“ Und der Herr wird antworten, was wir den Geringsten unserer Brüder getan oder nicht getan haben, das haben wir ihm getan (vgl. *Mt* 25,31–46). So heißt ihr Christus immer dann in Malawi willkommen, wenn ihr den Flüchtlingen, die in eurem Land Sicherheit, Nahrung und Wohnung suchen, Liebe und Freundlichkeit zeigt. Einige von euch haben Christus in dieser Weise sogar in euren Dörfern und Heimen aufgenommen. Ihr könnt ihn auch in den Behinderten sehen. Wenn immer ihr solchen Menschen helft, den rechten Platz in der Gesellschaft zu erreichen, dann helft ihr Christus. Dies gilt weiter für die Liebe und Sorge, die ihr den Kranken und Sterbenden zukommen laßt. Heute leidet eine wachsende Zahl von Menschen unter AIDS. Wir müssen mit ihnen umgehen, wie wir mit Christus selbst umgehen würden. Wir müssen uns „bekehren und leben“ durch aktive Liebe in ihrer ganzen Kraft.

6. Als Christus zum Vater zurückkehrte, schauten die Apostel „ihm unverwandt zum Himmel empor nach“ (*Apg* 1,10), bis „eine Wolke ihn ihren Blicken entzog“ (*Apg* 1,9). Wie wir oft im Alten Testament feststellen, ist die Wolke ein Zeichen von Gottes Gegenwart. Die Apostel vernahmen auch die Worte: „Ihr Männer von Galiläa, was steht ihr da und schaut zum Himmel empor? Dieser Jesus, der von euch ging und in den Himmel aufgenommen wurde, wird ebenso wiederkommen, wie ihr ihn habt zum Himmel hingehen sehen“ (*Apg* 1,11). Dies bedeutet, daß die Kirche ihre Sendung auf Erden in der Hoffnung auf die Wiederkunft Christi erfüllen muß.
Wann wird das geschehen? Wir können mit des Herrn eigenen Worten antworten: „Euch steht es nicht zu, Zeichen und Fristen zu erfahren, die der Vater in seiner Macht festgesetzt hat“ (*Apg* 1,7). Der Zeitpunkt der zweiten Ankunft Christi am Ende der Welt muß daher dem Vater überlassen bleiben. Wir müssen aber als Glieder der Kirche in der Zwischenzeit wachen und bereit bleiben. Wir müssen ferner alles, was möglich ist, tun, um die Welt auf das endgültige Kommen Christi – auf sein Gericht – vorzubereiten.

7. Liebe Brüder und Schwestern, die ihr die Kirche Jesu Christi in diesem Land bildet, bei unserer Zusammenkunft heute bitte ich, „der Gott Jesu Christi, unseres Herrn, der Vater der Herrlichkeit, gebe euch den Geist der Weisheit und Offenbarung, damit ihr ihn erkennt“. Möge er in Wahrheit „die Augen eures Herzens erleuchten, damit ihr versteht, zu welcher Hoffnung ihr durch ihn berufen seid, welchen Reichtum die Herrlichkeit seines Erbes den Heiligen schenkt und wie überragend groß seine Macht sich an uns, den Gläubigen, erweist durch das Wirken seiner Kraft und Stärke“ (*Eph* 1,17–19).
Beten wir darum, zumal da wir jetzt auf das Pfingstfest vorausblicken. Beten wir gemeinsam mit den Aposteln und vor allem mit dem hl. Paulus, dem Völkerapostel, der den Namen Christi in die ganze Welt seiner Zeit hineintrug.
Vater der Herrlichkeit, erhöre unser Gebet und gewähre uns, daß „die Augen der Herzen aller Menschen erleuchtet werden“, die heute hier sind als deine geliebten Söhne und Töchter in Christus. Amen.

Mutter des Trostes und der Stärke

Weihegebet an die Gottesmutter in Blantyre (Malawi) am 5. Mai

Die ersten katholischen Missionare forderten Malawi für die Gottesmutter ein. Diejenigen, die dieses Werk fortsetzten, brachten ihr zu Ehren eine Gedenktafel am Fuße eines Affenbrotbaums an, um dieses Land ihr zu weihen. Diesem Beispiel folgend, will auch ich, Johannes Paul II., die Kirche und das ganze Land Malawi Unserer Lieben Frau von Afrika, Maria, weihen.

Seligste Jungfrau, du bist wirklich die Königin unserer Herzen, denn du kennst unsere innersten Gedanken. Blicke freundlich auf dieses Land Malawi, auf sein Volk und seine Führer. Schau auf ihre gutwilligen Herzen und ihre Sehnsucht nach Gott und führe sie auf dem Weg des Friedens, der Harmonie und des Wohlstands. Erfülle sie mit der Liebe zueinander und zur ganzen Menschheit.

Du, Jungfrau und Mutter, bitte für alle Familien, besonders für jene in Bedrängnis. Hilf den Ehemännern und -frauen, in gegenseitiger und dauerhafter Treue zu leben und ihre Kinder in der Liebe zu Gott und dem Nächsten aufzuziehen. Mögen die Frauen von Malawi in dir das vollkommene Modell ihrer Weiblichkeit finden.

Tröste die vielen Flüchtlingsfamilien, die ihre Heimat auf der Suche nach Sicherheit und Frieden verlassen haben. Sei Mutter des Trostes all denen, die unter Krankheit, Armut, Unglück oder Verzweiflung leiden.

Ich vertraue dir die Ortskirchen von Malawi an: alle Bischöfe, Priester, Ordensleute und Laien. Mutter der Kirche, bitte für sie. Stärke und ermutige den Klerus im Dienst am Wort und bei der Feier der Sakramente. Inspiriere ihre Verkündigung und Lehre mit der Kraft des Heiligen Geistes. Erfülle alle Ordensmänner und -frauen mit Freude und Eifer in ihrem besonderen gottgeweihten Dienst in der Kirche. Hilf immer mehr jungen Menschen, dem Ruf Gottes zum Priestertum und Ordensleben zu folgen.

Die Laienchristen von Malawi schauen auf dich als ihre Führerin und Schützerin. Mögen sie durch deine Fürsprache im Glauben wachsen. Durch Wort und Beispiel mögen sie Zeugnis geben von Gottes Liebe in ihren Ortsgemeinden und im öffentlichen Leben ihres Landes. Jungfrau des Magnifikat! Inspiriere sie, für größere Gerechtigkeit in der Welt zu arbeiten durch die Abkehr der Herzen von der Sünde und die Hinwendung zu deinem Sohn.

Sitz der Weisheit! Erlange für alle Studenten und Lehrer ein immer tieferes Verständnis der Geheimnisse des Glaubens und ihrer Anwendung im täglichen Leben. Mögen die jungen Menschen von Malawi Gottes Willen in ihrem Leben zu verwirklichen suchen und eine hoffnungsvolle Zukunft bauen für alle Menschen dieses Landes und für die ganze Menschheit.

Heute, liebe Mutter, sind wir geistlich mit den Missionaren des vergangenen Jahrhunderts vereint, deren Herzen vor Freude erbebten, als sie zum ersten Mal das „Jambo Maria" (Ave Maria) auf den Lippen der Söhne und Töchter dieses Landes hörten. Wie sie haben auch wir keine Angst vor der Zukunft, denn wir wissen, daß Malawi wirklich dein ist, in den Herzen und Seelen aller, die Christus gehören.

„Jambo Maria!" Tochter und Mutter deines Sohnes. Ihm sei Ehre in Ewigkeit. Amen.

Glaube an Christus übersteigt die Unterschiede

Ansprache bei der Begegnung mit den Bischöfen in Blantyre (Malawi) am 5. Mai

Liebe Brüder im Bischofsamt!

1. Ich sage Gott Dank für die Gnade, die diesen Besuch in Malawi möglich gemacht hat, und ich bete für euch, die Bischöfe, mit den Worten des hl. Paulus, „daß unser Gott euch eurer Berufung würdig mache und in seiner Macht allen Willen zum Guten und jedes Werk des Glaubens vollende. So soll der Name Jesu, unseres Herrn, in euch verherrlicht werden und ihr in ihm, durch die Gnade unseres Gottes und Herrn Jesus Christus“ (*2 Thess* 1,11 – 12).
Es ist für mich eine große Freude, daß ich in diesem Jahr hier weilen darf, da ihr des hundertsten Jahrestages der Ankunft der ersten katholischen Missionare in Mponda gedenkt. Wir können auf ein Jahrhundert bemerkenswerten Wachstums seit der Einpflanzung der Kirche in Malawi, dank des Eifers und der Selbsthingabe vieler Missionare, zurückblicken. Wahrlich, „der Name unseres Herrn Jesus Christus ist verherrlicht worden“ unter dem Volk von Malawi und dieses in ihm.
Noch heute bleibt die Präsenz auswärtiger Missionare ein wichtiger Teil des Lebens der Kirche hier und in ganz Afrika. Was sie geleistet haben und weiter leisten, ist ein Zeichen dafür, daß der Glaube an Christus die Unterschiede der Rassen, Nationen und Kulturen übersteigt. Zugleich geht in Malawi die Zeit der intensiven Missionstätigkeit vom Ausland her schrittweise in eine andere Phase über. Die Katholiken Malawis übernehmen immer mehr Verantwortung für ihre eigenen Ortskirchen und suchen immer mehr zu ergründen, was es heißt, zugleich Katholik und Afrikaner zu sein. Es ist meine Hoffnung, daß die besondere Bischofssynode für Afrika, die zur Zeit vorbereitet wird, Gelegenheit zu einer tieferen Würdigung der verschiedenen Aufgaben bieten wird, die die Kirche auf diesem ausgedehnten Kontinent zu erfüllen hat, ferner unter der Anregung des Heiligen Geistes jene Antwort zu finden, die von ihr erwartet wird.

2. Während wir Gott für die Freiheit danken, mit der die Kirche in Malawi ihre Sendung erfüllen kann, erkennen wir zugleich, daß sie, wie in jedem Land, zuweilen auch auf Schwierigkeiten und Probleme von innen und außen stößt, die sie behindern, wenn sie sich selbst und andere evangelisiert. Dies gilt zumal, weil sie ein Evangelium der Bekehrung predigt. Der hl. Paulus schreibt: „Wir sind Christi Wohlgeruch für Gott unter denen, die gerettet werden, wie unter denen, die verlorengehen. Den einen sind wir Todesgeruch, der Tod bringt; den anderen Lebensduft, der Leben verheißt. Wer aber ist dazu fähig?“ (*2 Kor* 2,15 – 16). Und Paulus’ Antwort auf diese Frage gilt auch für uns: „Unsere Befähigung stammt ... von Gott“ (*2 Kor* 3,5).
Erzbischof Chiona hat in seinem liebenswürdigen Willkommensgruß auf einige Schwierigkeiten und Probleme, mit denen ihr es zu tun habt, angespielt. Die Sorgen, die uns erfüllen, wurden auch bei eurem Ad-limina-Besuch letztes Jahr in Rom erwähnt. Bei dieser Gelegenheit habe ich zu euch über einige Aspekte der Kirche gesprochen, um euch in eurer Sendung als Hirten zu bestärken und damit der Evangelisierung in Malawi neuen Auftrieb zu geben (vgl. *Ansprache* vom 23. August 1988).

3. Liebe Brüder, unter diesen Aspekten sollte die religiöse Lage, in der hier die Evangelisierung erfolgt, sorgfältig bedacht werden. Wir stellen an erster Stelle fest, daß ihr das Evangelium in einer Gesellschaft predigt, in der sich auch Christen anderer Kirchen und kirchlicher Gemeinschaften befinden. Wie ich bei eurem Ad-limina-Besuch erwähnt habe, müssen die gemeinsamen Bande, die die Christen verbinden, in vollerem Umfang gewürdigt werden. Wir können diese Bande stärken durch gemeinsames Gebet, durch vereintes soziales Wirken und fachkundige theologische Diskussion.
Es gibt auch eine erhebliche Zahl von Menschen in Malawi, die Anhänger des Islam sind. Gefordert ist hier gegenseitige Achtung und Anerkennung jener Dinge, die wir gemeinsam haben. Zu jungen Muslimen, denen ich 1985 in Marokko begegnet bin, habe ich gesagt: „Christen und Muslime haben sich im allgemeinen, ... gegenseitig schlecht verstanden und in der Vergangenheit gelegentlich einander angegriffen und sich sogar gegenseitig in Polemik und Kriegen erschöpft. Ich glaube, daß Gott uns heute einlädt, unsere alten Praktiken zu ändern. Wir müssen einander achten und uns auch zu guten Werken auf dem Weg Gottes gegenseitig anregen“ (*Ansprache an junge Muslime*, Casablanca, 19. August 1985).
Doch unter Christen, die im Gehorsam gegenüber Christus für die Einheit arbeiten, und unter Gläubigen verschiedener Religionen ist kein Platz für agressiven Proselytismus, der stört und verletzt, und erst recht kein Platz für unwürdige Methoden. Wir halten unsererseits an unseren Grundsätzen und Glaubensüberzeugungen fest: an der Achtung für die menschliche Person, an der Achtung vor der Religions- und Glaubensfreiheit, entsprechend dem Wirken des Heiligen Geistes, der auf unerforschlichen Wegen Gottes Liebesplan für die Menschheit erfüllt. *Evangelii nuntiandi* macht uns aufmerksam: „Die Kirche bemüht sich darum, allein durch die göttliche Kraft der Botschaft, die sie verkündet, zu evangelisieren“ (vgl. Nr. 18). Von ihrem Herrn mit der Fülle der Offenbarung beschenkt, gibt sie in Malawi dafür getreu vor anderen Christen, vor den Mitgliedern anderer Weltreligionen und jenen Zeugnis, die den von ihren Vorfahren überkommenen religiösen Praktiken folgen.

4. Wegen der Verschiedenheit der Religionen in Malawi wird es um so wichtiger, daß Katholiken über die Lehren ihres Glaubens gut unterrichtet und befähigt sind, diesen Glauben auch zu praktizieren. Durch Mitgliedschaft in kleineren christlichen Gemeinschaften sowie in Laienbewegungen und -verbänden, ferner durch das Apostolat von Katechisten, Lehrkräften und Laienführern kann den Leuten ein größerer Sinn für die Zugehörigkeit zur Kirche und zur Beteiligung an ihrem Leben und ihrer Sendung zuwachsen. Auf all diesen verschiedenen Wegen werden die Laien in ihrem katholischen Glauben bestärkt. Sie werden herausgefordert, in der Heiligkeit zu wachsen, und zugleich wirksam für das Werk der Evangelisierung motiviert und vorbereitet. Ich ermuntere euch, eure Bemühungen um die Sicherstellung einer entsprechenden religiösen und sittlichen Schulung für alle Gläubigen, zumal die Jugendlichen, weiterzuführen. Wenn sie im neuen Leben der Gnade wachsen, werden sie durch ihr gutes Beispiel und ihre Führungskraft einen wichtigen Beitrag für eure Gesellschaft leisten können.
Das Wohlergehen der Herde Christi hängt in hohem Maße von der Sorge ab, die sie von ihren Hirten erfährt, und daher ist die Ausbildung des Klerus immer von höchster Wichtig-

keit. Bei eurem Ad-limina-Besuch habe ich euch ermuntert, geeignete Priester als Lehrer und Vorbilder für die wachsende Zahl der Seminaristen zur Verfügung zu stellen. Nach der Weihe muß jeder Priester seine geistliche und intellektuelle Ausbildung weiterführen, wenn er im Dienst am Volk Gottes in Einheit mit seinem Bischof wachsen will. Mein Vorgänger Papst Paul VI. erwähnte dies im Hinblick auf den priesterlichen Zölibat und schrieb: „Vor allem anderen muß der Priester mit aller Liebe, die die Gnade in ihm weckt, die Vertiefung eines innigen Verhältnisses zu Christus anstreben und Christi unerschöpfliches und überreich beschenkendes Geheimnis kennenzulernen suchen: er sollte auch einen immer tieferen Sinn für das Geheimnis der Kirche entfalten, ohne den sein Lebensstand Gefahr läuft, als sinnlos und inkonsequent dazustehen" (*Sacerdotalis caelibatus*, 75). Die Bischöfe tragen eine besondere Verantwortung dafür, Möglichkeiten für eine solche Erneuerung und ein solches Wachsen bei ihren Priestern anzubieten (vgl. *Optatam totius*, Nr. 22).

Die Notwendigkeit einer lebenslangen Weiterbildung gilt auch für Ordensschwestern und Ordensbrüder. Ihre besondere Weihe an Gott muß vertieft werden, so daß sie tief in Christus verwurzelt bleiben und die hohen Ideale ihrer Berufung in ihren eigenen Herzen und vor den Menschen, für die sie ein besonderes Zeichen für das Reich Gottes sind, ungetrübt dastehen. Als Bischöfe habt ihr die Aufgabe, alle jene, die im Weinberg des Herrn arbeiten, zu führen, anzuregen und zu einen in einem echten Geist der Liebe zur Kirche und des Dienstes für sie. Verlaßt euch immer auf Gottes Kraft, die euch bei all diesen Aufgaben trägt (vgl. *2 Thess* 1,11).

Bei ihrer Evangelisierung und Bildung ist die Kirche immer tief an der Förderung der Würde der menschlichen Person und des Wohls der Gesellschaft durch echt menschliche Entwicklung interessiert. Bei der Verschiedenheit der religiösen Bekenntnisse in Malawi bedeutet das den Einsatz für Gerechtigkeit und Frieden in Zusammenarbeit mit all jenen, denen die echt menschlichen Werte ein Herzensanliegen sind. In meiner Enzyklika *Sollicitudo rei socialis* habe ich festgestellt: „Die Durchführung des Verkündigungsauftrages im sozialen Bereich, der ein Aspekt der prophetischen Dimension der Kirche ist, umfaßt auch die Offenlegung der Übel und Ungerechtigkeiten. Doch ist die Klarstellung angebracht, daß Verkündigung wichtiger ist als Anklage, und daß diese nicht von jener absehen darf, da sie nur von dort ihre wahre Berechtigung und die Kraft einer höchsten Motivation erhält" (Nr. 41). Wie ihr mit Recht in eurem *Hirtenbrief* an die Katholiken zur Vorbereitung meines Besuches betont habt, bedeutet das Reich Gottes das Eintreten für Gerechtigkeit, Frieden und Versöhnung in dieser Welt ebenso wie die Verkündigung ihrer vollen Verwirklichung in der kommenden Welt.

Meine Brüder, im Dienst an der euch anvertrauten Herde suchtet ihr Christus, den Guten Hirten, nachzuahmen, der „sein Leben für seine Schafe hingibt" (*Joh* 10,11). Ich bezeuge, daß ihr Lehrer seid, die für die Wahrheiten des katholischen Glaubens kraftvoll Zeugnis gegeben haben. Gern erwidere ich auch die Liebe und Zuneigung, die ihr zum Nachfolger des Petrus innerhalb der umfassenden Gemeinschaft der Kirche zeigt.

Möge mein Besuch in Malawi euren Glauben stärken und euer Vertrauen auf den Herrn vermehren. Die Worte Christi an die ersten Jünger sind auch an euch gerichtet: „Fürchte dich nicht, du kleine Herde! Denn euer Vater hat beschlossen, euch das Reich zu geben"

(*Lk* 12,32). Und weiter: „In der Welt seid ihr in Bedrängnis; aber habt Mut: Ich habe die Welt besiegt" (*Joh* 16,33).
Hundert Jahre lang hat die allerseligste Jungfrau Maria für die Kirche in diesem Land als Antwort auf die Gebete der ersten Missionare in Mponda und ihrer Nachfolger Fürbitte eingelegt. Sie wacht über einem jeden von euch, ihren geliebten Söhnen, und über eurem ganzen Volk. Heute möchte ich euch erneut ihr empfehlen, so daß sie mitten in aller Freude und Trauer für euch ein „Zeichen der sicheren Hoffnung und des Trostes [sei] ..., bis alle Völkerfamilien, mögen sie den christlichen Ehrennamen tragen oder ihren Erlöser noch nicht kennen, in Friede und Eintracht glückselig zum einen Gottesvolk versammelt werden, zur Ehre der heiligsten und ungeteilten Dreifaltigkeit" (*Lumen Gentium*, Nr. 68–69). Euch allen erteile ich von Herzen meinen Apostolischen Segen.

Zeugnis für das Evangelium ablegen

Ansprache bei der Begegnung mit den Laien in Blantyre (Malawi) am 5. Mai

Liebe Brüder und Schwestern in Christus!

1. In eurer Sprache gibt es das Sprichwort „Dziko ndi anthu" („Die Menschen machen die Welt aus"). Dasselbe kann auch von der Kirche gesagt werden: „Die Menschen machen die Kirche aus." Gemeinsam mit euren Hirten seid ihr die Kirche hier und jetzt in diesem afrikanischen Land. Daher ist es eine große Freude für mich, euch Laienführer auf dieser Pastoralreise zu treffen, um euch in eurem katholischen Glauben zu bekräftigen, euch zu ermuntern, das Leben und die Mission der Kirche zu teilen, und für all das Gute meine Hochachtung zum Ausdruck zu bringen, das in Malawi durch die hochherzige Antwort der Laien auf die Gaben des Heiligen Geistes getan wurde.
Die Laien, die ich heute vor mir sehe und die vor allem aus Vereinigungen und Bewegungen stammen, stehen für alle Laien von Malawi. Mitglieder von Pfarrgemeinde- und anderen kirchlichen Räten sind vertreten sowie Mitglieder kleiner christlicher Gemeinschaften. Auf euch alle treffen die Worte des Evangeliums zu, die wir soeben gehört haben: „Ihr seid das Salz der Erde ... Ihr seid das Licht der Welt" (*Mt* 5,13–14). Diese Bilder sind ganz besonders gut mit euch vergleichbar, ihr Christgläubigen, denn durch euch wird das Evangelium täglich in den normalen Verhältnissen des Familien- und Gesellschaftslebens gepredigt, aus denen eure Existenz gleichsam zusammengewoben ist (vgl. *Lumen Gentium*, Nr. 31).
Hier in Malawi sehen wir die positive und hoffnungsvolle Aussicht auf die von den Vätern der Bischofssynode des Jahres 1987 beschriebene Erneuerung in bezug auf die Berufung und Mission der Laien erfüllt; wir sehen eine neue Weise aktiver Zusammenarbeit zwischen Priestern, Ordensleuten und Laien; eine aktive und weitgestreute Teilnahme an der Liturgie, an der Verkündigung des Wortes Gottes und der Katechese; eine große Vielfalt an Diensten und Aufgaben, die den Laien anvertraut werden und die sie erfüllen; ein Aufblühen von Gruppen, Vereinigungen und geistlichen Bewegungen sowie einen Einsatz

der Laien im Leben der Kirche und eine vollere Teilhabe der Frauen an der Entwicklung der Gesellschaft (vgl. *Christifideles laici*, Nr. 2).
Wir sind hier in Malawi ebenso Zeugen für einen wachsenden Wunsch auf seiten der Kirche, ihrem Bedarf selbst Genüge leisten zu können, ohne übermäßig von der Unterstützung anderer Teilkirchen abzuhängen. Die Saat, die eingepflanzt und von anderen liebevoll ausgestreut wurde, hat nun Wurzeln gefaßt und ist bereit, innerhalb der universalen Gemeinschaft der Kirche selbst Früchte zu tragen. Auch dies ist nach einem Jahrhundert hingebender missionarischer Tätigkeit zahlreicher Priester, Ordensleute und Laien ein Zeichen der Lebendigkeit und Reife.

2. Liebe Brüder und Schwestern, ich weiß, daß die Tätigkeit der Laien von Anfang an ein wichtiger Teil der Kirchengeschichte in Malawi gewesen ist. Doch ist dem Laienapostolat hier und in der ganzen Welt durch das Zweite Vatikanische Konzil frische Kraft und neue Bedeutung verliehen worden. Im Geist des Zweiten Vatikanischen Konzils bitte ich euch alle dringend, in der Kenntnis des neuen Lebens der Gnade, das euch durch die Taufe zuteil wurde, weiterhin zu wachsen und eure Gedanken, Worte und Werke zur Ehre Gottes und zum Heil der Welt von jenem neuen Leben verwandeln zu lassen, so daß ihr am Leben und der Mission der Kirche vollen Anteil nehmen könnt.
Das Herz und die Seele dieser Teilhabe ist die allgemeine Berufung zur Heiligkeit, zur vollkommenen Liebe, die den Mittelpunkt der Konzilslehre bildet (vgl. *Lumen Gentium*, Nr. 5). Die Heiligkeit ist unsere Berufung. Die Heiligkeit ist die Erfüllung unserer Würde als Menschen, die wir nach Gottes Ebenbild geschaffen und durch das Blut des Lammes erlöst wurden. Die Heiligen sind die Blüte der Kirche und ihr größter Schatz. In jedem Zeitalter erneuert Gott die Kirche dadurch, daß er „Heilige erhebt, die an Heiligkeit herausragen und lebendige Zeugen seiner unveränderten Liebe sind" (vgl. *Präfation II von den Heiligen*).
Die Heiligkeit ist die Frucht des „Lebens im Geist" (vgl. *Gal* 5): ein Leben, das die Getauften antreibt, Christus zu folgen und ihn nachzuahmen, indem sie die Seligpreisungen leben, auf Gottes Wort achten, am sakramentalen und liturgischen Leben der Kirche teilnehmen, das persönliche Gebet pflegen und dem Gebot der Liebe und des Dienstes Folge leisten, besonders an den Armen und Leidenden (vgl. *Christifideles laici*, Nr. 16). Das „Leben im Geiste" erstreckt sich auf jeden Aspekt des menschlichen Daseins, vom inneren Heiligtum des menschlichen Gewissens bis zu den sichtbarsten öffentlichen Handlungen.

3. Für die große Mehrheit der Laien, die verheiratet sind, geht der Weg der Heiligkeit vor allem über die Familie, die die Wiege der Liebe und des Lebens für die Gesellschaft ist. Ich teile mit euch die Sorge um das Ehe- und Familienleben in Malawi: das ernste Problem ungeregelter Ehen, Scheidungen, unverheirateter Mütter, von Polygamie, Schwangerschaftsverhütung und Abtreibung. Hier heißt es, eure Häuser zu Schulen der Liebe und des Lebens zu machen und in der Kirche und der Gesellschaft zusammenzuarbeiten, um die Werte der Ehe und der Familie aufrechtzuerhalten. Das von euren Seelsorgern begonnene Familienapostolat ist für das geistige und soziale Wohl nicht nur der Katholiken, sondern aller Bürger eures Landes außerordentlich wichtig.

Euer Vertreter hat auch eure Sorge über die Jugend in Malawi vorgetragen. Wir werden uns immer mehr bewußt, daß wir den Jugendlichen nicht nur helfen, sondern sie auch zur Teilnahme einladen müssen. Sie müssen sich zugehörig fühlen und ihren Idealismus und ihre jugendliche Energie dafür einsetzen, daß die Welt durch die Liebe Christi eine Wandlung erfährt. Ja, liebe Brüder und Schwestern, die Kirche hat vieles mit der Jugend zu besprechen. Wenn sich das Gespräch durch Herzlichkeit, Klarheit und Mut auszeichnet, so kann es trotz aller Probleme zum Nutzen aller und zum Aufbau der Kirche und der Gesellschaft einen wahren Austausch zwischen den Generationen geben (vgl. *Christifideles laici*, Nr. 46).

Das christliche Zeugnis in der Familie und unter den Jugendlichen ist Teil einer großen Aufgabe, der die Kirche auf der ganzen Welt in den verschiedenen Formen begegnet, nämlich der Aufgabe, die Kultur zu evangelisieren. Sie muß „durch die göttliche Kraft der Botschaft, die sie verkündet (vgl. *Röm* 1,16; *1 Kor* 1,18; 2,4), zugleich das persönliche und kollektive Bewußtsein der Menschen, die Tätigkeit, in der sie sich engagieren, ihr konkretes Leben und jeweiliges Milieu umwandeln“ (*Evangelii nuntiandi*, Nr. 18). Ich bitte euch somit inständig, laßt das Wort Christi euren Lebensweg als echte Christen und echte Malawier gestalten. Laßt die Wurzeln des Evangeliums immer tiefer in eure Kultur einwachsen. Denn in der Kultur und nur durch sie wird der christliche Glaube ein Teil der Geschichte und kann die Geschichte lenken.

4. Weit entfernt davon, euch von der Welt abzubringen, taucht euch der weltliche Charakter eurer Berufung in ihre Tiefen ein. Als christliche Laien habt ihr das Recht und die Pflicht, am öffentlichen Leben teilzunehmen, d. h. an den gesellschaftlichen, wirtschaftlichen, rechtlichen, verwaltungsmäßigen und kulturellen Bereichen, die dem Allgemeinwohl dienen. Hier müßt ihr Zeugnis ablegen für die menschlichen Werte und die Werte des Evangeliums wie Freiheit, Gerechtigkeit, Solidarität, Dienst, Einfachheit des Lebens und eine Liebe, die den Armen den Vorzug einräumt. In der Vorsehung Gottes wird jede Situation, Tätigkeit und Verantwortung zur Gelegenheit für euch, Glauben, Hoffnung und Liebe auszuüben (vgl. *Christifideles laici*, Nr. 42, 59).

Diese Aufgabe betrifft auch eure tägliche Arbeit, wie bescheiden oder wichtig sie auch sein mag. Die gewöhnliche Arbeit hat große persönliche und gesellschaftliche Werte. Sie ist ein Teil des Weges zur Heiligkeit. Die Arbeit macht es euch nicht nur möglich, für euch selbst und euer Leben zu sorgen; sie vereint euch auch mit anderen Menschen in Kameradschaft und gegenseitigem Dienst und befähigt euch zur Teilnahme an Gottes Werk, die Welt zu erschaffen und sie zu vollenden. Was vom Arbeiter verlangt wird, ist Sachkundigkeit, Zuverlässigkeit und wahrer christlicher Geist. Angesichts der Arbeitslosigkeit und ähnlicher sozialer Probleme ist es notwendig sicherzustellen, daß auch andere am gesellschaftlichen und wirtschaftlichen Leben ihres Landes Anteil haben und sich so an der Verteilung der Güter dieser Welt als Ergebnis ihrer Arbeit erfreuen können (vgl. *Christifideles laici*, Nr. 43).

5. Liebe Brüder und Schwestern, eure Würde und eure Sendung als Gotteskinder in Malawi besteht aus folgendem: die Menschen durch die Anziehungskraft eurer Lebensweise

zu Gott führen; heilig sein, damit sich andere zur Heiligkeit angeregt fühlen; Christus folgen, damit andere ihn suchen. Anleitung zu christlicher Lebensgestaltung ist für diese Aufgabe wichtig. Da die Heiligkeit unsere Lebensregel ist, besteht unsere Ausbildung darin, eine immer größere Ähnlichkeit mit Christus zu suchen. Dies ist das wahre Ziel geistlicher und lehrmäßiger Ausbildung, und es bildet den Grund dafür, daß wir Tugenden und Fähigkeiten pflegen, die uns zu wirksamen Zeugen für das Evangelium machen. Die Ausbildung ist ein lebenslanger Prozeß, den Willen Gottes in unserem Leben zu erkennen und unser Herz zu öffnen, um die uns anvertraute Berufung zu erfüllen. Um Gottes Willen zu entdecken, müssen wir auf sein Wort und auf die Kirche hören; wir müssen auf das Gebet und eine gesunde geistliche Führung bauen; wir müssen unsere gottgegebenen Begabungen erkennen und sie in unseren konkreten Lebenslagen anwenden (vgl. *Lumen Gentium*, Nr. 58).

Mit diesen Gedanken möchte ich den heute hier anwesenden Geistlichen und all jenen danken, die sich für die Ausbildung der Laien einsetzen, für den lebenswichtigen Dienst, den sie der Kirche leisten. Vor allem möchte ich die Katechisten erwähnen, deren Arbeit so wichtig ist für das Wachstum der Kirche, und alle Bischöfe, Priester und Ordensleute, für die die Laien von Malawi die Freude und Krönung ihrer Arbeit bilden.

Zum Abschluß, liebe Brüder und Schwestern, empfehle ich euch alle der Fürsprache Marias, der Mutter der Kirche. In dieser Schule, die Unserer Lieben Frau von der Weisheit geweiht ist, bete ich für alle Laien der Welt: „Allerseligste Jungfrau Maria, mit dir danken wir Gott für die wunderbare Berufung und die vielfältige Sendung der Laien. Erfülle ihre Herzen mit Dankbarkeit und Begeisterung für diese Berufung und Sendung. Lehre uns, die Realitäten der Welt mit tiefem christlichem Verantwortungsbewußtsein zu behandeln, in der frohen Hoffnung auf die Ankunft des Reiches Gottes. Jungfrau und Mutter, führe uns und stütze uns, damit wir immer als wahre Söhne und Töchter der Kirche deines Sohnes leben und so dazu beitragen, auf Erden die Zivilisation der Wahrheit und der Liebe nach dem Wunsch Gottes und zu seiner Ehre aufzubauen. Amen“ (*Christifideles laici*, Nr. 64).

Richtig und falsch unterscheiden lernen

Ansprache bei dem Jugendtreffen in Blantyre (Malawi) am 5. Mai

Liebe junge Freunde!

1. Danke für euer warmes Willkommen! Ich bin Bischof Mkhori und dem Jugendvertreter dankbar für ihre herzlichen und aufrichtigen Worte. Sie offenbaren die Gnade Gottes, die in diesem Lande wirkt, und die Güte, die weiterhin aus jungen Herzen fließt.

Ich bin sehr froh, am zweiten Tag meines Pastoralbesuches in Malawi bei euch in Blantyre zu sein. Ich spüre bereits die Vitalität eurer Jugend. Sie wirkt ansteckend! Euer Gesang und Tanz sind Tribut des Lobes an Gott den Vater, und ich danke euch für die Schönheit dieses lebendigen Gebetes.

Ja, wir sind glücklich zusammen zu sein, in Christus versammelt – dies ist ein Thema unseres Treffens. Es ist ein sehr geeignetes Leitmotiv, denn wir wissen, daß wir nur in Christus Einigkeit finden. Nur in ihm können wir die Freude unserer Jugend erfahren. Christus ist es, der die Kirche jung erhält, indem er seine Liebe an jeden einzelnen von uns verströmt. Heute, junge Freunde, möchte ich zu euch über die Liebe Christi sprechen, die uns jung erhält und die uns in ihm verbindet.

2. „Liebet einander" forderte einst der hl. Paulus die Christen aus Kolossä auf. Und heute wiederhole ich diese Worte für euch, junge Menschen: Liebet einander! Ich sage dies zu allen jungen Menschen aus Malawi. Es ist die grundlegende Botschaft meines gesamten Hirtenbesuches. Ich sage dies, da Liebe eine so mächtige Kraft ist; Liebe kann die Welt verändern. Ich sage dies auch, da Liebe ein so wichtiger Bestandteil im Leben eines jungen Menschen ist. Sie beherrscht so viele eurer Gedanken und Taten. Liebe könnte verglichen werden mit einem Fluß, der durch das Leben fließt, ein Fluß, der alles, was er berührt, bereichert, und uns in schwierigen Zeiten hilft, weiterzumachen. Wie schade, wenn dieser Fluß austrocknet oder verschmutzt! Selbst wenn wir viel Haß, Böses und Gewalt um uns sehen, können wir dennoch den Fluß der Liebe unbeschadet durch unser Leben fließen lassen. Es ist heute möglich, ein Leben liebenden Dienstes an Christus und unseren Brüdern und Schwestern zu leben. „Der Bach Gottes ist reichlich gefüllt" (*Ps* 65,10) – er fließt in unser Leben und spendet Leben.

3. Was kann den Fluß der Liebe in unserem Leben fließend halten? Was kann den Geist der Jugend und die Liebe Gottes in uns lebendig halten? Um diese Fragen zu beantworten, müssen wir zu unserer Lesung aus dem Brief des hl. Paulus zurückkehren.
Zunächst: der hl. Paulus erklärt uns: „Ihr seid von Gott geliebt, seid seine auserwählten Heiligen" (*Kol* 3,12). Ja, meine lieben jungen Freunde aus Malawi, ihr seid zur Heiligkeit berufen. Dies ist eine wirkliche Berufung und nicht nur ein frommer Wunsch. Gott hat euch aus Liebe auserwählt, seine Heiligen zu sein. Er ruft euch jetzt als Studenten, junge Arbeiter, Seminaristen. Selbst wenn ihr arbeitslos seid und wenig Hoffnung habt, Arbeit zu finden, ihr seid dennoch in Liebe auserwählt, ein Heiliger zu sein. Selbst wenn ihr die Dunkelheit großer Sünde erfahren habt und durch die Wüste der Hoffnungslosigkeit geirrt seid, Gott ruft euch dennoch. Er weiß besser als jeder andere, daß in jedem von euch eine große Reserve an Gutem ist, denn er hat euch nach seinem eigenen Bild geschaffen. Aber an dir allein liegt es, „Ja" zu Gott zu sagen, „Ja" zu seiner Liebe, „Ja" zur Heiligkeit.

4. Ich höre bereits die Fragen, die ihr mir stellen wollt: Wie können wir Heilige werden angesichts all der Hindernisse auf unserem Weg? Wie können wir anständig sein, wenn um uns herum Bestechung und Korruption herrschen? Wie können wir heilig werden, wenn die sicherste Art, sein Leben zu verdienen, die ist, schlecht zu sein und andere auszubeuten? Wie können wir heilig werden, wenn wir in einer Welt leben, die wahre Liebe abwertet oder die Schönheit keuscher Liebe nicht erkennt?
Natürlich ist der Weg zur Heiligkeit nicht einfach, aber das sollte uns nicht davon abhalten, mutig die Schwierigkeiten zu bekämpfen. Der Weg zur Heiligkeit ist eine Reise,

manchmal eine schwere Reise, auf der wir einen inneren Kampf gegen Egoismus und Sünde führen. Wir müssen gut gerüstet sein für diese Reise. Der hl. Paulus nennt uns eine Liste von „Kleidern", Einstellungen, die wir für diese Reise brauchen; er sagt: „Darum bekleidet euch mit aufrichtigem Erbarmen, mit Güte, Demut, Milde, Geduld!" (*Kol* 3,12).

5. Meine lieben jungen Freunde aus Malawi, ich bitte euch, euch diese Worte des hl. Paulus zu Herzen zu nehmen und oft an sie zu denken. Ich weiß, ihr wollt inspiriert werden durch Gutes, durch Freundlichkeit und Erbarmen. Ihr wollt Gerechtigkeit und Toleranz für alle. Und so sage ich euch heute abend: pflegt diese Tugenden bei euch selbst! Laßt den Samen des Guten und der Barmherzigkeit zunächst in eurem eigenen Leben wachsen: Laßt eure Sanftheit und Geduld zu voller Entfaltung kommen! Nehmt Christus als euer Vorbild. Zu allen jungen Menschen sagt er: „Lernt von mir; denn ich bin gütig und von Herzen demütig" (*Mt* 11,29).
Ich weiß, daß ihr jungen Menschen aus Malawi die Herausforderung liebt, und heute stelle ich euch vor die Herausforderung, die das Leben in Malawi zu dieser Zeit für euch bedeutet. Seht die gegenwärtigen Probleme nicht als das Ende der Hoffnung und den Tod der Begeisterung. Seht vielmehr die Gesamtheit des Lebens als eine Möglichkeit zur Umkehr, eine Möglichkeit, durch die Gott zu euch spricht und euch auffordert, zum bleibenden Wohl eures Landes und seiner Bevölkerung beizutragen. Ihr habt ein Wort, „Chitukuko", das „Selbsthilfe" bedeutet. Der Herr hat euch gesegnet mit der Stärke, Vitalität und Kreativität der Jugend. Er hat euch gesegnet mit der Möglichkeit, einen höheren Lebensstandard und ein höheres Erziehungsniveau zu erreichen als eure Eltern und Großeltern. Benutzt diese Talente, um euren eigenen Charakter und das Beste im Leben zu entwickeln. Malawi braucht nun Menschen, die charakterfest sind, die den Wert der Selbsthilfe kennen und die dennoch die Demut besitzen, Christus um die Gnade zu bitten, derer sie bedürfen. Malawi ist ein sich entwickelndes Land, und vor allem ihr jungen Menschen werdet eine entscheidende Rolle in diesem Prozeß spielen. In diesem Stadium eures Lebens entwickelt sich auch euer Charakter und ist verschiedenen Einflüssen ausgesetzt – sozialen, politischen und religiösen. Während ihr euch mit den für die Heiligkeit notwendigen Tugenden „bekleidet", müßt ihr lernen, zwischen richtig und falsch zu unterscheiden; und indem ihr einen starken Charakter entwickelt, müßt ihr bereit werden, Gottes Angelegenheiten vor die Reize der Welt zu stellen. Ihr könnt eure Liebe zu Malawi zeigen, indem ihr die vielen positiven kulturellen und traditionellen Werte respektiert, die euch überliefert worden sind – die Werte der Gastfreundschaft, des Respektes vor dem Alter und der Sorge für die Kranken. Christus ist das Licht der Nationen; er ist auch das Licht von Malawi. Ihr seid auserwählt, dieses Licht zu tragen.

6. Ich bin besonders glücklich, von eurer Beteiligung am Leben der Kirche durch Jugendgruppen und Gruppen, die sich den Armen widmen, zu hören. Ich ermutige euch, weiterhin am Leben der Kirche aktiv teilzunehmen. Die Kirche hat einen besonderen Platz für jeden von euch!
Die Vitalität der Kirche in Malawi hängt stark davon ab, welche Antwort ihr Christus jetzt gebt, wie sehr ihr euch der Botschaft des Evangeliums verpflichtet. Ich weiß, daß eure Bi-

schöfe, die Kapläne, die Schwestern und die Katecheten euch ermutigen, damit ihr euch frei und ganz Christus hingebt. Heute mache ich mir diesen Aufruf zu eigen. Das Reich Gottes wird durch eure Anstrengungen zur Erfüllung gebracht werden, ob in Universitäten, Schulen, Gemeinden, Dörfern oder Außenstationen. Es muß zuerst in eurem Leben zur Erfüllung gebracht werden, und dann in der Welt um euch. Die Welt sucht nach den Zeichen des Gottesreiches in eurem Leben; sie möchte sehen, ob ihr mit seiner Liebe bekleidet seid. Gott allein ist der letzte Grund aller Werte, all dessen, was gut, edel und wahr ist. Er ist am Anfang und am Ende all eurer Fragen. Er ist die Antwort auf das Leben, auf dessen Rätsel und Wirren. Ohne den Bezug zu Gott bleibt die Welt erschaffener Werte in einem Vakuum. Ohne Bezug zu ihm bleibt die Welt selbst eine unbeantwortete Frage (vgl. *Apostolisches Schreiben Papst Johannes Pauls II. zum Internationalen Jahr der Jugend*, Nr. 4).

Daher lade ich euch alle dazu ein, daß es „euch ... zuerst um sein Reich und um seine Gerechtigkeit gehe" (*Mt* 6,33). Gott ist Liebe, wahre Liebe; und seine Liebe ist in euch lebendig. Spiegelt diese Liebe und diese Werte wider, auf daß die Menschen sagen: „Ich habe sein Reich gesehen", weil sie euch kennengelernt haben.

Meine lieben jungen Menschen! Christus ist euer Freund und der liebt euch sehr. Er ist euer bester Freund. Um dies zu entdecken, müßt ihr euch Zeit dafür nehmen, mit ihm bezu sprechen. Eure Beziehung zu ihm wird nur durch euer Gespräch mit ihm wachsen. Und in dieser betenden Unterhaltung werdet ihr ihn sagen hören: „Ihr seid meine Freunde, wenn ihr tut, was ich euch auftrage" (*Joh* 15,14). Folgt dem Weg, den euer Freund, Jesus, gekennzeichnet hat. Er möchte euch helfen, die schwierigen Fragen des Lebens zu beantworten, und er möchte auch, daß ihr wißt, daß trotz aller unbeantworteten Fragen und ungelöster Probleme, er euch immer liebt. Junge Menschen von Malawi, lebt in dem Wissen um diese Wahrheit! Laßt Christus euch zu dieser Wahrheit führen! Lebt in dem Frieden und der Liebe Christi, und laßt andere diese Liebe kennenlernen! „In eurem Herzen herrsche der Friede Christi ... Seid dankbar" (*Kol* 3,15).

Gott segne die Jugend Malawis!

Ein aufrichtiges Zeugnis ablegen

Ansprache bei der Ökumenischen Begegnung in Blantyre (Malawi) am 5. Mai

Liebe Freunde!

1. Es ist eine große Freude für mich, mit Ihnen, den Vertretern und Oberhäuptern christlicher Kirchen und kirchlicher Gemeinschaften ebenso wie den Führern anderer Religionen, zusammenzutreffen. Diese Begegnung gibt mir Gelegenheit, meine Hochachtung für die Bemühungen auszudrücken, die Sie zusammen mit den Führungspersönlichkeiten der katholischen Kirche zur Förderung eines Geistes der Verständigung und der Brüderlichkeit unternommen haben.

Einer der Gründe für meinen Pastoralbesuch in diesem Land ist die Hundertjahrfeier der Ankunft der ersten christlichen Missionare in Malawi. Ich bin mir voll bewußt, daß andere Boten Christi bereits in diese Region gekommen waren und mit der Ausbreitung des Evangeliums von der Erlösung in Jesus Christus begonnen hatten. Sie predigten und dienten dem Volk mit Liebe und Zuneigung. Laßt uns miteinander danken für alles, was seit damals getan worden ist.

2. In den letzten Jahren hat es auf dem Gebiet der ökumenischen Zusammenarbeit große Fortschritte gegeben. Besonders glücklich bin ich über die Zusammenarbeit zwischen dem Christenrat von Malawi und der Bischofskonferenz auf vielen Gebieten des religiösen und gesellschaftlichen Lebens.
Die gemeinsamen Initiativen, die Sie zum Beispiel durch das Komitee für christlichen Dienst oder die Vereinigung der Privatkrankenhäuser unternehmen, legen Zeugnis ab für Ihren gemeinsamen Wunsch, Gottes Liebe zu Ihrem Volk offenbar zu machen. In allen Formen ökumenischer Zusammenarbeit ist es für Christen wichtig, das letzte Ziel ihrer gemeinsamen Aktivität nicht zu vergessen, nämlich die Suche nach der vollen christlichen Einheit: „Alle sollen eins sein" (*Joh* 17,21).
Das Fundament unserer Einheit ist bereits gelegt in unserer gemeinsamen Taufe. „Denn ihr alle, die ihr auf Christus getauft seid, habt Christus … angelegt … denn ihr alle seid einer in Christus Jesus" (*Gal* 3,27–28). Unsere Taufe drängt uns deswegen, alles zu tun, was wir können, um die Spaltungen zu beseitigen, die es zwischen uns noch gibt, und so voll dem Willen Christi nach der Einheit im Glauben derer zu entsprechen, die er zu seinen Nachfolgern berufen hat.

3. Wie Sie gut wissen, gibt es eine wesentliche Beziehung zwischen der Förderung der Einheit der Christen und der Verkündigung des Evangeliums. Spaltungen zwischen Christen sind ein Hindernis für die wirksame Predigt des Evangeliums und ein Ärgernis für die Welt, besonders wenn wir den Anschein erwecken, als verkündeten wir „ein Reich, das in sich gespalten ist" (*Lk* 11,17).
Doch trotz dieser Spaltungen ist es noch möglich und notwendig, um des Evangeliums willen und im Gehorsam gegenüber dem Willen Christi miteinander ein aufrichtiges, wenn auch begrenztes Zeugnis abzulegen. In diesem Sinn bete ich dafür, daß unser Treffen die ökumenischen Beziehungen unter den Christen von Malawi weiterhin ermutigen möge.

4. Wir sind alle überzeugt, daß das gemeinsame Gebet nicht nur von fundamentaler Bedeutung für die Suche nach der Einheit der Christen, sondern auch wichtig ist als Nahrung für die ökumenische Tätigkeit selbst, in der wir uns engagieren. Im Gebet lernen wir, uns Gott und den Mitmenschen zu öffnen. Im gemeinsamen Gebet für die Einheit der Christen erfahren wir die christliche Identität, die unserer gemeinsamen Taufe entspringt, doch zugleich erfahren wir den Schmerz der Spaltung. In demselben Gebet jedoch werden wir ermutigt durch den Geist Christi, der in uns betet (vgl. *Röm* 8,26), weiterzugehen und miteinander für die Einheit aller seiner Anhänger zu arbeiten. Die Gebetswoche für die Einheit der Christen und andere Anlässe das Jahr hindurch bieten wunderbare Gelegenheiten für das Gebet, das zu größerem gegenseitigen Verständnis, gegenseitiger Wertschätzung und Liebe führt.

5. Den Oberhäuptern anderer Religionen möchte ich sagen, wie dankbar ich bin für Ihre Anwesenheit und für diese Gelegenheit, Sie zu treffen. Ich möchte Ihnen versichern, daß die katholische Kirche der Förderung von Einheit und Liebe unter allen Völkern verpflichtet ist, indem sie dem Vorrang gibt, „was den Menschen gemeinsam ist und sie zur Gemeinschaft untereinander führt“ (*Nostra aetate*, Nr. 1). Die Kirche ist zutiefst interessiert an der Fortsetzung eines Dialogs des Geistes und des Herzens mit den Anhängern anderer religiöser Traditionen zugunsten einer besseren Zusammenarbeit im Dienst an der Menschheitsfamilie. Das Treffen vieler Führungspersönlichkeiten der Weltreligionen im Oktober 1986 in Assisi hat nicht nur die Aufgeschlossenheit von Männern und Frauen der Religion für die Notwendigkeit einer Zusammenarbeit für Frieden, Gerechtigkeit und Fortschritt in der Welt gezeigt; es zeigte auch die Rolle der Religion bei der Schaffung einer Atmosphäre des Friedens und des Dialogs. Wahrhaftig, wir sind überzeugt, daß Friede und menschliche Erfüllung letztlich ein Geschenk von Gott sind, dem Vater aller – ein Geschenk, das wir demütig von seinem liebenden Erbarmen erflehen müssen. Ich habe die Hoffnung, daß zwischen Ihnen und den Christen immer ein starkes Band der Freundschaft und des Vertrauens bestehen wird. Es gibt so vieles, was in Harmonie getan werden kann zum Wachstum und zum Wohlstand Malawis!

6. Allen hier Anwesenden, den christlichen Oberhäuptern wie den Vertretern anderer Religionen, möchte ich Ermutigung zum Ausdruck bringen für Ihre Solidarität bei der Förderung der Würde und der Rechte jeder Person in diesem Land, bei der Sorge für die Kranken und Leidenden, bei der Unterstützung des Familienlebens und beim Zustandebringen von Versöhnung und Frieden. Es ist eine Hoffnung und mein Gebet, daß Ihre Bemühungen um Zusammenarbeit weiterhin wachsen und gedeihen. Ich grüße Sie mit den Worten des Apostels Paulus: „Brüder, lebt wohl ... seid eines Sinnes, und lebt in Frieden! Dann wird der Gott der Liebe und des Friedens mit euch sein“ (*2 Kor* 13,11).

Haltet an Christus fest

Predigt bei der Messe zum Fest Christi Himmelfahrt in Lilongwe (Malawi) am 6. Mai

„Gott stieg empor unter Jubel ... Denn Gott ist König der ganzen Erde. Gott wurde König über alle Völker“ (*Ps* 47,6–9).

Liebe Brüder und Schwestern in Christus,
liebe Bevölkerung von Lilongwe und Umgebung!

1. Die Messe, die wir hier in Lilongwe, der neuen Hauptstadt von Malawi, feiern, bildet den letzten Akt meines Afrikabesuchs. Ich habe in vier verschiedenen Ländern acht unvergeßliche Tage verbracht. Bei dieser Eucharistie bringe ich alle Völker Afrikas vor den Herrn des Himmels und der Erde, und ich erneuere meinen Aufruf an euch alle, ihn zu lieben. Auf meinen Pastoralreisen durch die Welt richte ich diesen Aufruf an Völker aller

Rassen und Sprachen: Haltet an Christus fest! Dies ist heute meine Botschaft an alle, die hier versammelt sind. Ja, haltet an Christus fest! Ich bitte euch, noch lange nach meiner Abreise daran zu denken.

2. Ich begrüße Bischof Chimole, die Priester der Diözese, die Weißen Väter, die diese Mission begonnen haben; die Patres von Montfort, die so viel zur Evangelisierung des Südens beigetragen haben; die Karmeliten, Franziskaner und die Patres von Kiltegan; die Brüder und Schwestern all der Gemeinschaften, die zu zahlreich sind, um alle aufgezählt zu werden, die aber alle wegen ihres Zeugnisses für das Evangelium und für ihren liebenden Dienst an der hiesigen Kirche geliebt und geschätzt werden. Ich richte einen besonderen Gruß an die kontemplativen „Armen Klarissen", deren Leben des Gebets und der Buße von verborgener geistlicher Fruchtbarkeit ist. Und ich möchte allen Katechisten, den Mitgliedern der kirchlichen Bewegungen und Organisationen sowie dem ganzen in dieser Messe anwesenden Gottesvolk meine Ermutigung sagen.
Ich danke den öffentlichen Autoritäten für ihre Teilnahme an diesem Moment der Freude für die gesamte katholische Gemeinschaft. Und allen Kindern und Jugendlichen, die hier versammelt sind, sage ich: der Papst liebt euch und setzt seine Hoffnung in euch!
In der Lesung der *Apostelgeschichte* haben wir gehört, daß Christus vierzig Tage nach seiner Auferstehung und vor den Augen der Apostel, „emporgehoben wurde, eine Wolke ihn aufnahm und ihren Blicken entzog" (*Apg* 1,9).
Die Wolke offenbart die Anwesenheit Gottes und verhüllt zugleich die Sicht auf ihn (vgl. *Ex* 24,15–18). Im Alten Testament lesen wir, daß der Herr in einer Wolke zu Mose herabstieg: „Der Herr kam in der Wolke herab und redete mit Mose" (*Num* 11,25). Als Jesus verklärt wurde, zeigte die Wolke erneut die Gegenwart Gottes an (vgl. *Mt* 17,1–8). Christus wird „mit den Wolken wiederkommen" (*Offb* 1,7), während die Auserwählten auf den Wolken in die Luft entrückt werden, dem Herrn entgegen (vgl. *1 Thess* 4,17).
Christus wurde emporgehoben und den Blicken der Apostel entzogen. Christus, der am dritten Tag von den Toten auferstand, hat den Tod überwunden. Nun, da er zum Vater hinaufgestiegen ist, bereitet er den Auserwählten, die an diesem neuen Leben im Himmel vollen Anteil haben werden, einen Platz vor. Christus hat die Welt verlassen, doch wird er am Ende der Zeiten wiederkommen (vgl. *Apg* 1,11).

3. Der *Brief an die Epheser* spricht ebenso von der Rückkehr Jesu zum Vater. Der hl. Paulus schreibt: „Wenn er aber hinaufstieg, was bedeutet dies anderes, als daß er auch zur Erde herabstieg?" (*Eph* 4,9).
Ja, „er stieg herab": der Sohn Gottes, eines Wesens mit dem Vater, Gott von Gott, Licht vom Licht, ist Mensch geworden. „Er stieg herab", gesandt vom Vater im Heiligen Geist. „Er stieg herab", zu unserem Heil und um uns von der Sünde zu erlösen. Dieser Sieg wurde am Kreuz errungen – durch das Leiden und den Tod Jesu. Der gekreuzigte und begrabene Christus ist „am dritten Tag auferstanden" und hat so seine Macht über den Tod bestätigt. Hierin liegt die Wahrheit über Jesus Christus, den wahren Gott und wahren Menschen. Und so fügt der hl. Paulus hinzu: „Derselbe, der herabstieg, ist auch hinaufgestiegen bis zum höchsten Himmel, um das All zu beherrschen" (*Eph* 4,10).

Christus „ist hinaufgestiegen“ und sitzt als Ewiger Sohn zur „Rechten des Vaters“. Der einzige Mittler zwischen Gott und uns wurde gesandt, um Fürsprache für uns einzulegen. Er wurde zum Menschensohn, und als wahrer Mensch „kehrte er zum Vater zurück“. Er herrscht über alles, doch ist sein Königtum nicht von dieser Welt (vgl. *Joh* 18,36). So sagte Christus vor Pilatus.
Er, der Messias, verkündigte zugleich die Ankunft des Gottesreiches und übergab es den Aposteln und der Kirche als eine Aufgabe, die zu erfüllen war. Und wenn der Mensch, gemeinsam mit allen anderen Lebewesen, in seinem zeitlichen Dasein dem Tod ausgeliefert ist, so hat er, der den Tod überwand, das Reich offenbart und begründet, das ganz und gar über alle Mächte und Reiche der Erde und alle Mächte der Dunkelheit und des Todes hinausgeht.

4. Unglücklicherweise ist jeder mit den Zeichen der Dunkelheit vertraut. Es gibt persönliche Leiden und persönliches Scheitern. Es gibt kollektive und soziale Übel, die zu lösen Mut und nie endende Anstrengungen fordert.
Ich weiß, daß viele Jugendliche keine Arbeit finden und leicht die Hoffnung verlieren. Arbeitslosigkeit trägt nicht zur größeren Würde des Menschen bei, während die Arbeit nicht nur die Natur umwandelt und sie den Bedürfnissen des Menschen anpaßt, sondern in ihr auch der Mensch selbst sich als Mensch verwirklicht, ja gewissermaßen „mehr Mensch wird“ (vgl. *Laborem exercens*, Nr. 9). Bei vielen Gelegenheiten habe ich zu einer neuen Wirtschaftsordnung aufgerufen, die den Völkern der Entwicklungsländer erlauben wird, in diesem Bereich ihr Schicksal selbst zu bestimmen und der aktiven Bevölkerung Beschäftigungsquellen zu garantieren (vgl. *Sollicitudo rei socialis*, Nr. 26). Ich ermuntere euch, die ihr ein junges Volk seid, das Vertrauen in euch selbst nicht zu verlieren. Ihr versteht, daß Erfüllung und Glück nicht so sehr im Haben als vielmehr im Sein liegen nämlich darin, reife und verantwortungsbewußte Männer und Frauen zu sein, die sich dafür einsetzen, eine Gemeinschaft zu errichten, die gerecht, friedvoll und um die Schwachen und Bedürftigen besorgt ist.
In den letzten Jahren sah Afrika eine alarmierend anwachsende Zahl von Menschen, die wegen Krieg oder Hunger aus ihrem Heimatland flüchten mußten. Malawi hat Tausenden von Flüchtlingen, von denen viele Katholiken sind, seine Tore geöffnet. Jede Bemühung der öffentlichen Autoritäten und der internationalen Organisationen, diesen Brüdern und Schwestern zu helfen, muß ermutigt und unterstützt werden. Euch, die ihr die Grenzen überqueren mußtet, sage ich: Verliert die Hoffnung nicht! Christus selbst war einst ein Flüchtling in Ägypten – hier in Afrika! Er steht euch zur Seite, um euch Mut und Hoffnung zu geben. Wir alle müssen um Frieden, größere Stabilität und Harmonie auf diesem Kontinent beten. Die Zukunft Afrikas steht auf dem Spiel.

5. Brüder und Schwestern, bevor ich Afrika verlasse, möchte ich euch und alle Menschen, die guten Willens sind, dazu aufrufen, sich die Bedeutung und Heiligkeit des Familienlebens vor Augen zu führen. Eine Nation kann ohne ein gesundes Familienleben nicht lange in Gerechtigkeit und sozialer Harmonie leben. Die Familie ist das ursprüngliche Umfeld der persönlichen Entwicklung. Sie ist die erste Schule menschlicher Bezie-

hungen und sozialer Reife. Sie ist der Ort der ersten religiösen Begriffsbildungen und Praktiken. Die Entfremdung zwischen vielen Ehepartnern und die Tragödie der zerbrochenen Ehen ist ein ernstes Problem. Die Einheit muß sich in einem tiefen Band der Liebe zwischen den Eltern und zwischen ihnen und ihren Kindern widerspiegeln. Afrikanische Kulturen haben stets großen Wert auf Kinderliebe gelegt. Soll Afrika auf diese Liebe verzichten? Wofür? Mein Aufruf richtet sich an alle Eltern: Liebt eure Kinder als größte Gabe Gottes an euch. Macht sie mit Christus bekannt, führt sie auf seinen Wegen!
So wie die Eltern die ersten Lehrer der Jugend auf dem Weg des Glaubens sind, so spielen auch die katholischen Schulen als Ausbildungszentren im Glauben und im menschlichen Wachstum eine wichtige Rolle. Ich danke den Brüdern, Schwestern und Laien, die sich in diesem Sinne dem Dienst an den Jugendlichen gewidmet haben. Meine innige Hoffnung ist, daß die Zusammenarbeit von Staat und Kirche den katholischen Schulen weiterhin die Freiheit und Unterstützung geben wird, die sie zur Förderung der Erziehung brauchen. Die Kinder und Jugendlichen sind die Zukunft von Malawi.

6. Das Thema meiner Reise lautet: „Bekehrt euch und lebt." Eure Bischöfe haben hierzu einen Hirtenbrief verfaßt, damit ihr daran erinnert werdet, daß die Nachfolger Christi stets zur Umkehr und Heiligkeit aufgerufen sind. Was heißt es nun, ein Leben der Umkehr zu führen? Es heißt, in Treue leben, so wie Christus treu war – treu seinem Vater und treu seinen Verheißungen. Für das Volk von Malawi bedeutet es heute, in Treue zu Christus leben, in einem Geist der Liebe, des hochherzigen Dienstes an anderen, der Achtung, der Einheit und Harmonie. Es bedeutet, aufrichtig, wahr und zuverlässig sein in den menschlichen Beziehungen. Es bedeutet, andere mit ihren eigenen Traditionen und besonderen Gaben akzeptieren. Als bekehrtes und mit Gnade erfülltes Volk müßt ihr die liebende und mächtige Anwesenheit Christi in euren Städten, Dörfern und ländlichen Gebieten verkünden. Christus ruft jeden von euch von der Sünde weg und zurück zum Licht – dem Licht des Glaubens, der Hoffnung und der Liebe.
Laßt uns heute zum Abschluß meines Besuchs in Malawi und Afrika hier in Lilongwe Gott für die Gnade danksagen, die euch in Jesus Christus zuteil wurde, und für die Kirche, die mitten unter euch ist. Sie möchte die Liebe Gottes zu euch allen offenbar machen. Der Christ ist „durch die Gnade" (*Gal* 1,6) berufen, hat „den Zugang zur Gnade erhalten" (*Röm* 5,2) und lebt unter ihrer Herrschaft (vgl. *Röm* 5,2; 6,14). Ein solches Dasein ist Leben im wahrsten Sinne des Wortes, das Leben jener, die „von den Toten auferweckt wurden" und die mit dem auferstandenen Christus ein neues Leben leben (*Röm* 6,4–8). Durch die Gnade gelingt es uns, wir selbst zu werden. Durch die Gnade wachsen wir in der Heiligkeit vor Gott. Ich stelle heute eine Aufforderung an euch: die Aufforderung, alle Lebensweisen abzulehnen, die den Qualitäten eurer eigenen Traditionen und dem christlichen Glauben nicht entsprechen. Viele Völker Afrikas schauen nach der sogenannten „Freiheit der modernen Lebensweise" jenseits von Afrika aus. Ich bitte euch heute inständig: Schaut in euch selbst! Blickt auf die Reichtümer eurer eigenen Traditionen, blickt auf den Glauben, den wir in dieser Zusammenkunft feiern. Hier werdet ihr wahre Freiheit finden – hier werdet ihr Christus finden, der euch zur Wahrheit führt.

7. Wir lesen im *Markusevangelium*: „… Nachdem Jesus, der Herr, dies zu ihnen gesagt hatte, wurde er in den Himmel aufgenommen und setzte sich zur Rechten Gottes. Sie aber zogen aus und predigten überall. Der Herr stand ihnen bei und bekräftigte die Verkündigung durch die Zeichen, die er geschehen ließ" (16,19–20).
Ja. Der Herr stieg hinauf. Doch er bleibt unter uns. Er ist unter euch hier in Malawi.
Heute, liebe Freunde, verabschiede ich mich von diesem wunderbaren Land und von euch, dem Volk, das mich mit so großer Freundlichkeit und Liebe empfangen hat. Ich danke euch von ganzem Herzen. Ich bitte um Gottes Segen für die Bevölkerung im nördlichen Teil des Landes, von der heute einige hier anwesend sind. Leider habe ich euch dort diesmal nicht besuchen können. Ich versichere euch meines Gedenkens, meiner Liebe und meines Gebets.
Ich nehme die Erinnerung an eure lachenden Gesichter mit und an die Hoffnung, die dieses Land der Zukunft Afrikas und der Zukunft der Kirche gibt. Ich bete, daß das Werk der Evangelisierung, das hier vor nahezu einem Jahrhundert begonnen hat und das bereits viele Früchte getragen hat, weiterhin eine reiche Ernte erbringen wird. Alle müssen die Botschaft Christi kennenlernen. Ich bete, daß die katholische Kirche in Malawi geistlich wachsen und für alle Völker ein sicheres Licht sein möge, dem sie folgen können. Bekehrt euch und lebt! Gott segne Malawi! Amen.

2. Pastoralreise nach Nordeuropa (1. bis 10. Juni)

Pilgerfahrt des Glaubens und der Einheit

Botschaft an die Völker Nordeuropas am 31. Mai

Meine lieben Freunde!

Während der Zeitpunkt meines Pastoralbesuches in den nordischen Ländern näherrückt und ich meine Vorbereitungen für diesen bedeutenden Augenblick verstärke, möchte ich euch allen diese herzliche Grußbotschaft senden. Ich freue mich sehr auf diese Besuchsreise, die dank der freundlichen Einladung der Staats- und Regierungsoberhäupter, der lutherischen Kirche der einzelnen Länder und insbesondere der kleinen, aber geliebten katholischen Gemeinden in eurer Mitte duchgeführt wird.

Meine Reise soll vor allem eine Pilgerfahrt des Glaubens zu den christlichen Völkern eurer Länder sein. Ich möchte euer christliches Erbe ehren, die großen Heiligen der Vergangenheit, die Frauen und Männer, die eure Geschichte nicht zuletzt durch die Kraft ihrer Treue zum Evangelium Jesu Christi geformt haben. Verbunden mit allen, die sich meinem Gebet anschließen, will ich auf eurem Boden Gott danken für das Leben und die Errungenschaften der nordischen Völker in der Vergangenheit und Gegenwart. Meine starke Hoffnung ist es auch, daß die Anwesenheit des Bischofs von Rom dazu diene, die ökumenische Bewegung weiter zu fördern, die die Anhänger Christi aus der langwährenden Rivalität zu einem rücksichtsvollen und aufrichtigen Dialog und zur Zusammenarbeit in Fragen von beidseitigem Interesse führen will.

Jedes eurer Länder hat einen hohen Standard wirtschaftlicher und gesellschaftlicher Entwicklung erreicht. Ihr seid sehr darum besorgt, daß sich derselbe Fortschritt über die anderen Teile der Welt, besonders die Entwicklungsländer, ausbreitet. Für diese Hochherzigkeit und diesen Ausdruck der Brüderlichkeit ist die internationale Gemeinschaft euch zu Dank verpflichtet. Die katholische Kirche ihrerseits hat die ganzheitliche Entwicklung der Völker zu einem hauptsächlichen Ziel ihres Dienstes in aller Welt gemacht. In Erfüllung meines Dienstamtes habe ich mich bemüht, die Soziallehre der Kirche auf die drängenden Fragen anzuwenden, vor die die Menschheit gestellt ist. Ich bin davon überzeugt, daß der Weg nach vorn für die Menschheitsfamilie eng mit dem wachsenden, weltweiten Bewußtsein von der zentralen Bedeutung der Einzelperson und der menschlichen Grundrechte der Frauen und Männer verbunden ist. Nicht nur materieller Wohlstand muß gefördert und unterstützt werden, sondern die innere Freiheit des Geistes, die dem Kern der personalen Existenz zugrundeliegt. Deshalb hoffe ich, in jedem eurer Länder all dem Ehre zu erweisen, was bereits in dieser Richtung erzielt wurde, und einige Überlegungen zu unserer gemeinsamen Verantwortung für die weitere Förderung des Friedens, der Gerechtigkeit, der Freiheit und Solidarität in menschlichen Fragen anzubieten.

Ich danke allen, die meinen Besuch vorbereiten, besonders denen, die mit der geistlichen Vorbereitung befaßt sind, damit unsere Begegnungen sich wahrhaft als ein Dialog des Herzens erweisen mögen. Ich empfehle meinen Besuch der Eingebung und dem liebevollen Schutz des allmächtigen Gottes.
Zu Norwegen sage ich: Gud velsigne dere alle.
Zu Island: Gud blessi ykkur oll.
Zu Finnland: Jumala siunatkoon teita kaikkia.
Zu Dänemark: Gud velsigne jere alle.
Zu Schweden: Gud vasigna er alla.
Gott segne euch alle.

Telegramm

an Bundespräsident von Weizsäcker vom 1. Juni

Seiner Exzellenz Herrn Dr. Richard von Weizsäcker, Präsident der Bundesrepublik Deutschland

Am Beginn meiner Pastoralreise in die nordischen Länder sende ich, da ich das Hoheitsgebiet der Bundesrepublik Deutschland überfliege, Ihnen, sehr verehrter Herr Bundespräsident, und den Bürgern Ihres geschätzten Landes ehrerbietige Grüße. In dankbarer Erinnerung daran, daß aus Ihrem Volk die ersten christlichen Glaubensboten zu den nordischen Völkern ausgezogen sind, um ihnen die Frohe Botschaft Jesu Christi zu verkünden, erbitte ich Ihren Bürgern aus der Kraft dieses Evangeliums eine geistig-sittliche Erneuerung für einen umfassenden, ganzheitlichen Fortschritt und eine um so wirksamere Wahrnehmung ihrer Verantwortung für ein christliches Europa.

Joannes Paulus PP II

Das Reich Gottes, die wahre Heimat

Predigt bei der Messe in Oslo (Norwegen) am 1. Juni

„Ich will den Herrn allezeit preisen, immer sei sein Lob in meinem Mund“ (*Ps* 34,1).

Liebe Brüder und Schwestern!

1. Zum ersten Mal in der Geschichte feiert der Nachfolger des hl. Petrus die Eucharistie in den nordischen Ländern. Das bewegt mich zutiefst. Und nicht mich allein. Gewiß seid auch ihr, da wir ja im Glauben miteinander verbunden sind (vgl. *Gal* 6,10), dem Herrn aus ganzem Herzen dankbar dafür, daß wir diese Liturgie des Dankes feiern können.

Wir wollen ihn, unseren Schöpfer, den Herrn der Geschichte, preisen, den Vater, den Sohn und den Heiligen Geist, der uns zur Eucharistiefeier versammelt hat, die das Gebet und Opfer Christi selbst ist, in Gemeinschaft mit seinem mystischen Leib, der Kirche.
Es ist für mich eine außerordentliche Gnade und Ehre, Gott hier, in Oslo, der Hauptstadt Norwegens, in Nordeuropa, in Skandinavien zu preisen
– gemeinsam mit Ihnen, Herr Bischof Schwenzer, Herr Bischof Gran und den anderen Mitgliedern der Nordischen Bischofskonferenz;
– gemeinsam mit Ihnen, den Priestern, Ordensleuten und Laien der Diözese Oslo;
– gemeinsam mit Ihnen, liebe Brüder und Schwestern der lutherischen Gemeinde!
Das Lob des Herrn entströmt unseren Lippen und unseren Herzen!

2. „Ihr seid das Salz der Erde … Ihr seid das Licht der Welt … So soll euer Licht vor den Menschen leuchten, damit sie eure guten Werke sehen und euren Vater im Himmel preisen" (*Mt* 5,13–14.16).
Dies ist die Botschaft des Evangeliums, das wir soeben vernommen haben. Jesus fordert seine Nachfolger mit der Aufgabe der Umgestaltung der Welt heraus: Sie sollen unsere menschlichen Lebensbedingungen mit neuem Licht erhellen, damit das Gute vorherrsche und Gott verehrt werde. Mehr als tausend Jahre sind vergangen, seit diese Heilsbotschaft erstmals in eurem Land verkündet wurde. Das Leben und das Martyrium des großen hl. Olaf waren ein Kennzeichen für die „Taufe" der Völker Norwegens. Durch die Taufe wurden eure Vorfahren in den Erlösertod Christi hineingenommen und erstanden mit ihm zu einem neuen Leben. Christus wurde ihr Licht. Bewahrt diesem Erbe, das auch das Erbe eures Landes ist und das vor aller Welt von eurer großen Dichterin Sigrid Undset in so lebhaften Farben dargestellt wurde, ein liebendes Gedenken!

3. Das Thema von Licht und Dunkelheit, das die ganze Offenbarung durchzieht, muß den nordischen Völkern ganz besonders teuer sein, die Jahr für Jahr mehr als andere den Übergang vom Dunkel des Winters zur Helle des Sommers erfahren. Alle nehmt ihr mit Freude das Länger- und Wärmerwerden der Tage wahr. Auch die Heilige Schrift bedient sich dieser Symbolik, um die Pilgerfahrt jedes einzelnen und der ganzen Menschheit durch die Geschichte – eine Pilgerfahrt der Hoffnung auf das Heil – zum Ausdruck zu bringen.
„Gott ist Licht, und keine Finsternis ist in ihm. Wenn wir sagen, daß wir Gemeinschaft mit ihm haben, und doch in der Finsternis leben, lügen wir und tun nicht die Wahrheit. Wenn wir aber im Licht leben, wie er im Licht ist, haben wir Gemeinschaft miteinander" (*1 Joh* 1,5–7).
In diesem irdischen Leben gibt es eine unvermeidliche Finsternis, gibt es Schmerz und Leid und Tod; gibt es Glaube, Hoffnung und nicht eingehaltene Versprechen, gibt es Grausamkeit und Ungerechtigkeit. Das moderne philosophische Denken hat den existentiellen und metaphysischen Aspekten der Angst, die den Menschen auf seinem Pilgerweg eben begleitet, große Aufmerksamkeit geschenkt: Es ist die Angst einer begrenzten Existenz und beschränkter menschlicher Möglichkeiten.

Und dann gibt es oft eine andere, in unserem Gewissen verborgene Angst, die mit unserem Verantwortungsbewußtsein für das Gute und das Böse in uns selbst und in der uns umgebenden Welt im Zusammenhang steht. Eines der wichtigsten Dokumente des II. Vatikanischen Konzils beschreibt die Lebensbedingungen des Menschen folgendermaßen: „Während er sich allmählich einerseits als Geschöpf vielfach begrenzt erfährt, ... (tut er) als schwacher und sündiger Mensch ... oft das, was er nicht will, und was er will, das tut er nicht. So leidet er an einem inneren Zwiespalt, und daraus entstehen so viele und schwere Zerwürfnisse auch in der Gesellschaft" (vgl. *Gaudium et spes*, Nr. 10). Viele Menschen jedoch betrachten die Angst, die der Schwäche und der Sünde entspringt, als einen positiven Schritt, der zu Bekehrung und Umgestaltung führt.

4. Die Kirche hat die Aufgabe, den Männern und Frauen von heute bei der Auseinandersetzung mit den Herausforderungen zu helfen, die ihren menschlichen Lebensbedingungen innewohnen. Der erste Schritt besteht darin, daß wir den Widerwillen überwinden, mit dem wir einer ernsten Prüfung unserer selbst und der Wahrheiten und Werte ausweichen, auf die wir unser Leben gegründet haben. Was ist der Mensch? Welchen Sinn haben Leid, Übel und Tod, die der Fortschritt nicht ausmerzen konnte? Welchen Zweck verfolgt dieser Fortschritt, der so teuer bezahlt wurde? Welchen Beitrag können wir zur Gesellschaft leisten? Was können wir von ihr erwarten? Was geschieht nach dem Ende dieses irdischen Lebens? (vgl. *Gaudium et spes*, Nr. 10).
Als Antwort auf diese Fragen „(glaubt) die Kirche, ... daß Christus, der für alle starb, dem Menschen Licht und Kraft durch seinen Geist schenkt, damit er seiner höchsten Berufung nachkommen könne" (vgl. *ebd.*). Heute darf ich, der Bischof von Rom und Nachfolger des hl. Petrus, diesen Glauben hier in Oslo neuerlich bekräftigen und zu einer ernsten Reflexion über die Flucht vor Gott und vor höheren moralischen Werten anregen, die für eine säkularisierte Gesellschaft kennzeichnend ist.
Tausend Jahre christlichen Lebens haben die Gesellschaft Norwegens zutiefst gezeichnet. Eure Sorge um Bedürftige, Behinderte, Alte und Schwache, euer Eintreten für die Rechte der Frauen und der Minderheiten, eure Bereitschaft, euren Wohlstand mit den Armen der Welt zu teilen, die Großzügigkeit, mit der ihr eure Grenzen für Flüchtlinge geöffnet habt, und der Beitrag Norwegens zum Frieden in der Welt – all das sind Werte, die eurem christlichen Erbe, die der „Taufgnade" Norwegens entspringen. Die Herausforderung, der alle Christen Norwegens gegenüberstehen, ist es, echte und entschlossene Zeugen für die Botschaft des Evangeliums zu sein, das Wurzel und Rückhalt dieser Werte ist. „Ihr seid das Salz ... Wenn das Salz seinen Geschmack verliert, womit kann man es wieder salzig machen?" (*Mt* 5,13). Laßt euch nicht von der Größe dieser Aufgabe entmutigen! Der Herr, der euch gerufen hat, wird eure Kraft sein.

5. Der Herr hat euch zusammengerufen.
Meine lieben katholischen Brüder und Schwestern, Söhne und Töchter Norwegens und alle, die aus anderen Ländern stammen und sich hier niedergelassen haben: die Worte des Propheten Ezechiel können euch gelten:

„Ich hole euch heraus aus [allen] Völkern, ich sammle euch aus allen Ländern und bringe euch in euer Land ... Ihr werdet mein Volk sein, und ich werde euer Gott sein" (*Ez* 36,24.28).

An dieser Stelle richtete der Papst auf Norwegisch, Spanisch, Deutsch, Polnisch, Französisch, Vietnamesisch, Kroatisch, Italienisch, Ungarisch und Niederländisch den folgenden Satz an die anwesenden Vertreter der verschiedenen Völker:

Gott hat euch aus vielen Ländern, Spanien und Lateinamerika, Deutschland, Polen, Frankreich, Vietnam, Kroatien, Italien, Ungarn, den Niederlanden, hierher gerufen.

6. „Ich bringe euch in euer Land ..."
Diese Worte richtete der Prophet an die Söhne und Töchter Israels, die aus ihrer Heimat ins Exil geführt worden waren: Dies ist der historische Sinn der Worte des Propheten. Doch seine Aussage enthält noch einen anderen Sinn, und dieser bezieht sich auf das grundlegende „Exil" aller Söhne und Töchter Adams auf dieser Erde. Ist nicht die wahre Heimat katholischer und evangelischer Christen, die unterwegs sind zur ewigen Heimat, das Reich Gottes, das in der einen Kirche Christi auf Erden bereits gegenwärtig ist?
Alle, die die Kirche als mystischen Leib Christi lieben, stehen zwei ernsten und schwerwiegenden Tatsachen gegenüber. Die erste ist, daß die Frohbotschaft der Erlösung noch nicht allen Menschen verkündet wurde. Die zweite ist die Bürde der historisch bedingten Spaltung innerhalb der Christenheit. Uns allen gilt das herausfordernde Gebot des Herrn: „Geht hinaus in die ganze Welt, und verkündet das Evangelium allen Geschöpfen" (*Mk* 16,15). Die missionarische Berufung ist im Christsein verwurzelt. Das gleiche gilt für den Ruf zur Einheit der Kirche. In Norwegen haben die ökumenischen Beziehungen einen hohen Grad des gegenseitigen Verstehens und der Zusammenarbeit erreicht. Freilich bestehen noch viele Schwierigkeiten auf der Ebene des Glaubens und der Lehre, doch setzt ihr euer ganzes Vertrauen darauf, daß „der Geist der Wahrheit ... euch in die ganze Wahrheit führen [wird]" (*Joh* 16,13).
Da mir von Christus das Petrusamt als Erbe gegeben wurde, muß ich in erster Linie demütig und eifrig das Gebet Christi beim Letzten Abendmahl wiederholen: „Vater ... auch sie [sollen] in uns sein, damit die Welt glaubt, daß du mich gesandt hast" (*Joh* 17,21). Vater, Herr unserer Herzen und Gewissen, laß dies Wirklichkeit werden! Du, der du durch den Mund Ezechiels deinem Volk versprochen hast, „ich schenke euch ein neues Herz und lege einen neuen Geist in euch", berühre unsere Herzen! Erwecke unseren Geist! Belebe uns mit der Kraft eines neuen Pfingstfestes!
Der Prophet sagt im Namen Gottes: „Ich schenke euch ein neues Herz und lege einen neuen Geist in euch ... Ich lege meinen Geist in euch und bewirke, daß ihr meinen Gesetzen folgt" (*Ez* 36,26–27).
Auf diese Weise wird Gott, der Herr, selbst unsere Kraft.
Der Geist Gottes – der Geist der Wahrheit, der Beistand, der Tröster – wird zum Pilger in unseren Herzen, wird zum Pilger im Innersten unseres menschlichen Seins. Daher „Herzen von Stein" – gefühllos, gleichgültig, im Hier und Jetzt eingeschlossen und

für Gott verschlossen – zu „Herzen von Fleisch“, zu empfindsamen, menschlichen Herzen, welche die Gegenwart und die Nöte aller Brüder und Schwestern fühlen, zu Herzen, die für Gott, sein Wort und sein Ethos offen sind.
Für diese wunderbare Umwandlung „verherrlicht mit mir den Herrn, laßt uns gemeinsam seinen Namen rühmen“ (*Ps* 34,4).
Ist das nicht Gottes Wille? War es nicht ein in seiner Vorsehung gelegener Plan, uns hier, in dieser besonderen eucharistischen Gemeinschaft zu vereinen?
Laßt mich zuletzt noch versuchen, ein paar Worte in eurer Sprache zu sprechen.

In norwegischer Sprache sagte der Papst:

Ich weiß, daß der katholischen Kirche in Norwegen Gläubige von mehr als 19 verschiedenen Nationen angehören. Das ist ein großer Reichtum und gleichzeitig eine Herausforderung und vor der Welt ein Zeugnis für die Liebe Christi, die uns alle zu einem Leib zusammenschließt.
Ich grüße auch alle Nichtkatholiken, die heute hier anwesend sind. Betet gemeinsam mit uns um die Gabe der Einheit, damit wir uns eines Tages zusammen rund um den Abendmahlstisch versammeln können.
Gott segne euch alle!

Gemeinsamer Einsatz für die Ökumene

Ansprache bei der Ökumenischen Begegnung in Oslo (Norwegen) am 1. Juni

Lieber Herr Bischof Aarflot,
liebe Freunde!

1. Bei dieser erfreulichen Begegnung ist mein Herz von Dank und Lob für den allmächtigen Gott erfüllt, der uns im Namen seines geliebten Sohnes Jesus Christus hier versammelt hat.
Mein Besuch in Norwegen gilt in erster Linie meinen katholischen Brüdern und Schwestern, die ich dem Gebet Jesu für Petrus entsprechend im Glauben stärken möchte (vgl. *Lk* 22,32). Ich bin jedoch auch im Geist brüderlicher Achtung und Liebe hierher gekommen, um alle Christen zu begrüßen, die im Glauben und in der Taufe zu neuem Leben wiedergeboren wurden. Ich komme als Bruder in Christus in der Hoffnung, mein Besuch möge für alle Menschen ein konkretes Zeichen der grenzenlosen Liebe Gottes sein.
Deshalb möchte ich Ihnen allen – den Vertretern der lutherischen Kirche und der anderen Kirchen und kirchlichen Gemeinschaften Norwegens – für Ihr Kommen danken. Ganz besonders dankbar bin ich Ihnen, Herr Bischof Aarflot, für Ihren herzlichen Willkommensgruß an diesem Abend und für Ihren freundlichen Brief im Vorjahr, in dem Sie mir mitteilten, daß der Besuch des Papstes in Norwegen mit Freude erwartet werde. Als einer der ökumenischen Beobachter bei der Außerordentlichen Bischofssy-

node in Rom im Jahr 1985, bei der des 20. Jahrestages des Abschlusses des Zweiten Vatikanischen Konzils gedacht wurde, waren Sie, Herr Bischof, bei der Abfassung des Berichtes behilflich, den die Beobachter der Synode vorlegten. Darin heißt es u.a.: „Wir möchten Ihnen für das Vertrauen danken, das sie in unsere Kirchen gesetzt haben. Sie haben uns nicht als Außenstehende oder Rivalen betrachtet, und wir selbst fühlten uns nicht als solche. Sie haben uns als Brüder in Christus empfangen, die durch den Glauben und die Taufe zu solchen geworden sind, obgleich wir noch nicht die volle Gemeinschaft teilen" (*Informationsdienst*, SPUC, S. 20). Heute hier in Norwegen kann auch ich sagen, daß ich nicht als Außenstehender oder als Rivale empfangen wurde, sondern als Bruder in Christus, und das erfreut mich zutiefst.

2. Unser Wunsch, einander näherzukommen, wird durch die Tatsache verstärkt, daß Protestanten und Katholiken in Norwegen auf ein gemeinsames Erbe zurückblicken können. Das Evangelium wurde vor vielen Jahrhunderten hierher gebracht, lange vor den Ereignissen des 16. Jahrhunderts. Die eine Kirche blühte in diesem Land, bereichert durch das Zeugnis engagierter Christen wie das des großen hl. Märtyrers Olaf, den heute sowohl die Katholiken als auch die Protestanten als Quelle geistlichen Reichtums betrachten. Diese Frühgeschichte steht in auffallendem Gegensatz zu der auf die Reformation folgenden Epoche, als über 400 Jahre lang die getrennten Christen, von Verbitterung und Verdacht erfüllt, sich die Türen gegenseitig verschlossen. All diese Jahrhunderte hindurch haben wir getrennt nebeneinander bestanden. Und doch blieb eine bestimmte, wenn auch unvollkommene Gemeinschaft erhalten (vgl. *Unitatis redintegratio*, Nr. 3).
Das gemeinsame Erbe von Protestanten und Katholiken in Norwegen – ihre gemeinsamen Wurzeln – ist heute bedeutsamer denn je, da die ökumenische Bewegung nunmehr neue Möglichkeiten geschaffen und die neue Hoffnung erweckt hat, daß die Anhänger Christi eines Tages zur Einheit zusammenfinden. So sagte das Zweite Vatikanische Konzil: „Der Herr der Geschichte ... hat in jüngster Zeit begonnen, über die gespaltene Christenheit ernste Reue und Sehnsucht nach Einheit reichlicher auszugießen" (*Unitatis redintegratio*, Nr. 1). Mit der Gnade Gottes streben wir heute nach nichts Geringerem als nach der vollen Einheit der Christen untereinander, wie sie Christus für seine eine und einzige Kirche wollte.

3. Die Wiederherstellung der Gemeinschaft in dieser vollen Einheit, nach der wir streben, erfordert einen gemeinsamen Einsatz für die ökumenischen Aufgaben. Ich kann nicht genug betonen, wie sehr dieser Einsatz zu einem unerläßlichen Element im Leben der katholischen Kirche geworden ist. Das Zweite Vatikanische Konzil war hier mit seinem historischen *Dekret über den Ökumenismus* vom Jahr 1964 richtungweisend. Unser revidierter *Kodex des kanonischen Rechts* war darauf bedacht, den Lehren des Konzils Nachdruck zu verleihen, indem er nochmals betonte, daß die Kirche „durch den Willen Christi" dazu verpflichtet ist, die Wiederherstellung der Einheit unter allen Christen zu fördern (vgl. *CIC*, can. 755/1). Er erklärt auch die Pflicht des Bischofs, die Ökumene zu fördern und alle, die nicht in voller Gemeinschaft mit uns stehen, mit

Freundlichkeit und Liebe zu behandeln (vgl. *CIC*, can. 338/3). Die Außerordentliche Bischofssynode im Jahr 1985 stellte fest, daß „der Ökumenismus im Bewußtsein der Kirche tief und unauslöschlich eingeschrieben ist“ (*Schlußdokument*, C, 7).
Es ist mir bewußt, daß es unter den Christen verschiedene Auslegungen hinsichtlich von Bedeutung und Zweck des Amtes des Bischofs von Rom gibt, auch wenn dieses Amt ein Dienst an der Einheit ist. Ich persönlich würde meine Pflicht als Nachfolger des Apostels Petrus auf grobe Weise vernachlässigen, wenn ich nicht ständig und nachdrücklich um die Förderung der christlichen Einheit bemüht wäre. Ich tue es im Gehorsam gegenüber dem Willen Christi, der die Einheit unter seinen Jüngern wünschte, und der Gnade des Heiligen Geistes entsprechend, der zur Förderung dieser Einheit in unseren Tagen am Werk ist (vgl. *Unitatis redintegratio*, Nr. 1).
Auch die lutherische Kirche Norwegens hat ihrerseits einen bemerkenswerten Beitrag zur ökumenischen Bewegung geleistet. Ganz besonders muß in diesem Zusammenhang zweier großer Vertreter der Ökumene – Bischof Berggrav und Professor Einar Moland – ehrend gedacht werden. In neuerer Zeit – im Jahr 1985 – nahm die lutherische Kirche Norwegens die Vollversammlung der Kommission „Glaube und Kirchenverfassung“ in Stavanger gastlich auf. Das war nicht nur ein Ausdruck hochherziger Gastfreundschaft, sondern auch ein Zeichen des wachsenden Bewußtseins dafür, daß der christliche Glaube zwar in den einzelnen Kulturen verwurzelt ist, jedoch über alle rassischen und nationalen Unterschiede hinausreicht.

4. Die ökumenische Verpflichtung ist auch eine Verpflichtung zu Gebet und Dialog. In Liebe, Vertrauen und geschwisterlicher Offenheit versuchen wir, ohne Hinwegsehen über die bedeutsamen Unterschiede durch den vom Gebet unterstützten Dialog zur vollen Gemeinschaft zu gelangen. Dabei lernen wir die Besonderheiten der anderen und ihre Erfahrungen im christlichen Leben in ihrer Einzigartigkeit schätzen. Wir sind bestrebt, zur Fülle der Liebe und Wahrheit zu gelangen, uns „von der Liebe geleitet, an die Wahrheit [zu] halten“ (*Eph* 4,15), wie der hl. Paulus sagt. Nur so kann der theologische Dialog bleibende Früchte tragen.
Beim Abschluß des Zweiten Vatikanischen Konzils sagte Papst Paul VI. in seiner Abschiedsansprache an die Beobachter, daß wir – als Ergebnis des Konzils – erneut begonnen haben, einander zu lieben, den Worten Christi gemäß: „Daran werden alle erkennen, daß ihr meine Jünger seid, wenn ihr einander liebt“ (*Joh* 13,35; vgl. *Ansprache in St. Paul vor den Mauern*, 4.12.1965). Die Fülle der Liebe, die wir mit dem Dialog anstreben, beinhaltet jedoch auch die Fülle der Wahrheit: „Ich heilige mich für sie, damit auch sie in der Wahrheit geheiligt sind“ (*Joh* 17,19). Die Einheit in der Liebe sollte uns zur Einheit im Glauben, in der Wahrheit Christi führen.
Der Dialog über die volle Wahrheit des Glaubens ist für die Frage der Gemeinsamkeit in der Eucharistie grundlegend. Die Katholiken glauben fest daran, daß die Feier der Eucharistie der höchste Ausdruck des Glaubens der Kirche ist. Doch wenn bei der Liturgiefeier der Zelebrant sich an die Gemeinde wendet und sagt: „Geheimnis des Glaubens“, dann müssen Katholiken und Protestanten zugeben, daß wir noch nicht den gemeinsamen Glauben an das Geheimnis der Eucharistie und der Kirche verkünden

können. Die Haltung der katholischen Kirche zur Frage der eucharistischen Mahlgemeinschaft will keine Beleidigung unserer Dialogpartner darstellen. Sie ist vielmehr Ausdruck unserer tiefen Überzeugung, die in unserer Lehre verwurzelt ist und mit der von altersher geübten Praxis übereinstimmt, daß die Eucharistie nur dann gemeinsam gefeiert werden kann, wenn man in voller Gemeinschaft miteinander steht.
Das Problem der gemeinsamen Eucharistie kann nicht unabhängig von unserer Auffassung vom Geheimnis der Kirche und von dem der Einheit dienenden Amt gelöst werden. Alle diese Fragen stehen miteinander in Beziehung. Wir erwarten den Tag – und wir müssen für sein Kommen beten und ernstlich arbeiten –, an dem wir, gemeinsam den einen, von den Aposteln überlieferten Glauben an Christus bekennend, als im Glauben wieder Vereinte seinen Leib und sein Blut gemeinsam empfangen können. Diese Absicht bestand von Anfang an; sie muß das gemeinsame Ziel des Dialogs und Gegenstand unseres ausdauernden Gebetes sein.
Der Dialog hilft uns auch, Grundlagen für unser gemeinsames christliches Zeugnis in der Welt, für gemeinsames Handeln zur Befreiung der Menschheit vom Leid und zur Förderung von Gerechtigkeit und Frieden zu finden. Ich bete darum, daß das christliche Volk Norwegens trotz seiner Trennungen weiterhin gemeinsam Leiden lindere und eine echte Entwicklung der Menschheit im Sinn eines gemeinsamen Zeugnisses für das Evangelium fördere.
Mit großer Befriedigung habe ich von den verschiedenen bilateralen und multilateralen Dialogen gehört, die derzeit in Norwegen stattfinden. Insbesondere möchte ich den Dialog zwischen der lutherischen Kirche Norwegens und der katholischen Kirche erwähnen, der dank der persönlichen Initiative von Bischof Aarflot zustandegekommen ist. Dieses Diskussionsforum beschäftigt sich mit dem Studium von Dokumenten, die von der internationalen lutherisch-katholischen Dialogkommission herausgegeben wurden, einer Kommission, die sich mehrere Jahre lang Themen von großer ökumenischer Bedeutung sowohl für die Lutheraner als auch für die Katholiken widmete. Derzeit, in seiner dritten Phase, behandelt der Dialog die wichtigsten Fragen von Rechtfertigung, Ekklesiologie und Sakramentalität. Die Ergebnisse dieses Dialogs müssen offiziell von den Autoritäten beurteilt werden, die ihn veranlaßt haben. Es ist dies ein Schritt von lebenswichtiger Bedeutung, den die Teilnehmer am internationalen Dialog mehr als einmal erbeten haben.

5. Liebe Brüder und Schwestern, liebe Freunde in Christus! In seinem *Brief an die Epheser* lud der hl. Paulus diese dringend ein: „Bewahrt die Einheit des Geistes ... durch den Frieden, der euch zusammenhält. Ein Leib und ein Geist, wie euch durch eure Berufung auch eine gemeinsame Hoffnung gegeben ist; ein Herr, ein Glaube, eine Taufe, ein Gott und Vater aller, der über allem und durch alles und in allem ist" (*Eph* 4,3–6).
Dieser Aufruf ist jetzt an uns gerichtet: in unseren Kirchen, unserer Lehrtätigkeit, im persönlichen Gebet, überall gilt er für jene, die Christus nachfolgen. Wir müssen ihn als ökumenische Herausforderung und ebenso als Bekräftigung unserer christlichen Berufung betrachten. Möge die tiefe Wahrheit der Worte des hl. Paulus uns zu einer im-

mer tieferen Gemeinschaft im Glauben und zu einer immer größeren Fülle der Liebe und Wahrheit führen, damit wir nach Überwindung aller Trennungen ganz und gar in Christus eins sein können.
Ich danke Ihnen nochmals für die freundliche Aufnahme und bete dafür, daß Ihre eifrigen Bemühungen, dem Herrn durch die Förderung der Einheit der Christen zu dienen, reiche Früchte tragen mögen, um des Evangeliums unseres Herrn und Erlösers Jesu Christi willen. Gnade und Frieden sei mit Ihnen allen. Amen.

Säkularisierung fordert Gemeinsamkeit

Ansprache an die Nordische Bischofskonferenz in Oslo (Norwegen) am 1. Juni

Verehrte, liebe Mitbrüder!

1. „Der Friede sei mit euch!" (*Joh* 20,19). Mit diesem Segensgruß unseres auferstandenen Herrn an die Apostel grüße ich heute Euch und die Eurer Hirtensorge in diesen nordischen Ländern anvertrauten Ortskirchen. Herzlich danke ich Euch für die freundliche Einladung zu diesem Pastoralbesuch, die Ihr mir während Eures Ad-limina-Besuches in Rom im Februar 1987 ausgesprochen habt. Mit Euch zusammen freue ich mich darüber, daß diese Begegnung nun schon zweieinhalb Jahre danach im freundlichen Einvernehmen mit den anderen christlichen Kirchen und kirchlichen Gemeinschaften sowie mit den zuständigen staatlichen Stellen der jeweiligen Länder stattfinden kann.
Mein Dank gilt sodann dem Vorsitzenden Eurer Bischofskonferenz, Bischof Verschuren, für seinen brüderlichen Willkommensgruß, den er soeben in Eurem Namen an mich gerichtet hat. Ich möchte diesen meinerseits erwidern, besonders gegenüber dem neuen Oberhirten von Reykjavik, Bischof Jolson, den wir heute zum ersten Mal in unserer Mitte begrüßen dürfen.

2. Zu Recht können wir unsere heutige Begegnung, wie schon Euer Vorsitzender betont hat, als Fortsetzung unseres brüderlichen Gedankenaustausches bei Eurem letzten Ad-limina-Besuch in Rom verstehen. Im Rückblick darauf dürfen wir der göttlichen Vorsehung von Herzen danken, daß einige pastorale Anliegen, die damals noch als Wunsch oder Plan vorgetragen wurden, inzwischen mit Gottes Hilfe Wirklichkeit geworden sind. Ich denke vor allem an die am 23. Oktober 1988 im Vatikan erfolgte Seligsprechung Eures großen nordischen Glaubenszeugen Niels Stensen. Möge dieser neue selige Fürsprecher im Himmel nun, wie ich schon damals gewünscht habe, „den weiteren Weg der Kirche in Euren Gemeinden mit seinem besonderen Schutz und Beistand begleiten" (*Ansprache zum Ad-limina-Besuch*, 26.2.1987). Ferner konntet Ihr in der Zwischenzeit das geplante Seminar für Priesteramtskandidaten in Stockholm eröffnen, das auch anderen Diözesen offenstehen und die katechetische sowie pastorale Arbeit in Euren Ortskirchen fördern und vertiefen soll. Ich begrüße die Gründung dieser wertvol-

len Einrichtung und erbitte ihr Gottes Segen für eine fruchtbare Erfüllung der ihr gestellten Aufgaben.
Sodann erblicke ich im Zustandekommen dieser meiner Pastoralreise selbst eine handgreifliche Bestätigung für das weitere Voranschreiten der ökumenischen Beziehungen zwischen den christlichen Kirchen und kirchlichen Gemeinschaften in Euren nordischen Ländern, das ganz den Hoffnungen des Zweiten Vatikanischen Konzils entspricht und in dem auch Ihr – wie im Grußwort gerade erneut betont – ein Hauptanliegen Eurer pastoralen Arbeit seht. Auch die ökumenische Entwicklung in Euren Ländern gibt uns Grund, Gott dafür zu danken, daß wir in den letzten Jahrzehnten viele Vorurteile und Mißverständnisse miteinander überwinden und viel Gemeinsames entdecken konnten. Wenn auch bis zur vollen Glaubens- und Kirchengemeinschaft noch ein weiter Weg zurückzulegen ist, so ist es um so wichtiger, daß die Christen angesichts der zunehmenden Entchristlichung in der heutigen Welt schon jetzt alles miteinander tun, was nur irgendwie möglich und wünschenswert ist. Pflegt darum weiter den ökumenischen Dialog und die vertrauensvolle Zusammenarbeit mit den nicht-katholischen christlichen Gemeinschaften. Gebe Gott, daß auch dieser mein Pastoralbesuch zu einem tieferen gegenseitigen Verständnis und zu einem noch entschlosseneren gemeinsamen Bemühen um die volle Einheit in der Liebe und Wahrheit Jesu Christi beitragen möge.

3. Wie ich in meiner Ansprache anläßlich Eures Ad-limina-Besuches unterstrichen habe, sehen sich alle christlichen Kirchen durch die zunehmende Säkularisierung in der heutigen Gesellschaft einer gemeinsamen Herausforderung gegenüber. Der Sinn für die transzendente Wirklichkeit und für den lebendigen Gott ist bei vielen Menschen verkümmert oder fast erstorben. In einer nur sich selbst genügenden und nur mit sich selbst beschäftigten säkularisierten Welt scheint man Religion und Kirche nicht mehr zu brauchen. Auch unter Christen hat der Glaube im konkreten Alltag an Kraft verloren. Das schlägt sich nicht zuletzt im Rückgang des Kirchenbesuches und des Gebetes im Leben des einzelnen und der Familie nieder. Die Distanzierung vieler Getaufter vom gemeinschaftlichen Leben der Kirche nimmt weiter zu. Ein allgemeiner Relativismus breitet sich aus, der den Absolutheitsanspruch des Christentums leugnet und in Gefahr steht, die verschiedenen Weltanschauungen unterschiedslos auf eine gemeinsame Ebene zu stellen.
Diese bedrängenden Tatsachen können und dürfen aber für die Kirche, für uns Bischöfe, für unsere Priester und Gläubige niemals zum Anlaß für Kleinmut und Resignation werden. Darum möchte ich Euch bei unserer heutigen Begegnung neu dazu ermutigen und aufrufen, Euch mit dem Prozeß der Säkularisierung und der Aushöhlung des Glaubenslebens nicht abzufinden. Es gilt, die weithin verlorengegangenen Grundlagen des Glaubens durch neue und verstärkte gemeinsame Anstrengungen zurückzugewinnen. Dies ist eine immer dringlicher werdende umfassende Aufgabe. Ich habe sie schon viele Male und bei verschiedenen Anlässen mit dem Wort „Neu-Evangelisierung" bezeichnet, deren die heutige Gesellschaft und auch weite Bereiche der Kirche wieder notwendig bedürfen. Deshalb stellt sich als primäre und wichtigste Aufgabe für die Bischöfe und Priester, die vielfältigen Aktivitäten und Dienste der Kirche wieder grund-

sätzlich auf das eine wesentliche Ziel hin auszurichten: auf die unverkürzte Weitergabe des Glaubens und auf seine stete Vertiefung. Diesem vordringlichen Anliegen entspricht auf glückliche Weise das biblische Motto, unter das Ihr meinen jetzigen Pastoralbesuch gestellt habt: „Geht hinaus in alle Welt und verkündet die Frohe Botschaft allen Geschöpfen!“. Es ist der Auftrag Christi selbst, der uns darauf verpflichtet, daß unsere Pastoral in der modernen Industriegesellschaft wieder von Grund auf missionarisch wird.

4. Worin wir uns als Christen wieder neu einüben müssen, ist: als Jünger und Kirche Jesu Christi in lebendigen Zellen das Evangelium wirklich zu leben und so das verborgene Antlitz Gottes in unserer Welt erneut zum Strahlen zu bringen. Nur aus einer Besinnung auf den Grund und die Wurzeln unseres Glaubens kann neues Leben erwachsen. Voraussetzung dafür ist ein neues Ernstnehmen des Wortes Gottes in der Heiligen Schrift. Denn, so sagt der hl. Hieronymus, „wer die Schrift nicht kennt, kennt Christus nicht“.

Gottes Wort aufmerksam zu hören und mit Mut und Zuversicht zu verkünden, ist vor allem uns Bischöfen und unseren Priestern aufgetragen. Die Vermittlung des Glaubens durch Wort, Sakrament und Dienst der Liebe verlangt zuallererst von uns, daß wir als seine Zeugen selbst von Jesus Christus ergriffen sind. Zeuge sein heißt: sich selbst mit seiner ganzen Existenz in die Weitergabe des Glaubens einzubringen. Nur wer das Wort Gottes zuerst selbst tief in sich aufgenommen hat, kann es auch glaubwürdig an andere weitervermitteln. Daraus ergibt sich die große Notwendigkeit, daß die Priester und ihre pastoralen Mitarbeiter, denen die Weitergabe des Glaubens von Berufs wegen obliegt, eine entsprechend gründliche Vorbereitung und stete Weiterbildung erhalten, damit sie die Frohe Botschaft Jesu Christi den Menschen auch heute überzeugend zu verkündigen vermögen.

Die Kirche lebt und verwirklicht ihren Glauben auf vielfältige Weise: in den Gemeinden und Gemeinschaften, in Vereinen und Gruppen – den jeweiligen konkreten Gegebenheiten entsprechend. Die wichtigste Zelle bleibt aber – gerade auch bei den beschränkten Möglichkeiten Eurer Diasporasituation – die christlich gelebte und gestaltete Familie, die das Zweite Vatikanische Konzil bekanntlich „eine Art Hauskirche“ nennt, in der die Eltern „durch Wort und Beispiel für ihre Kinder die ersten Glaubensboten“ sein sollen (*Lumen Gentium*, Nr. 11). Die Weitergabe des Glaubens verlangt besonders das vertrauensvolle Gespräch zwischen den Generationen, in dem diese ihre religiösen Erfahrungen austauschen und voneinander lernen können. Der naturgegebene Raum für die Einübung in dieses Glaubensgespräch ist wiederum die Familie. Darum möchte ich die Familien- und Jugendpastoral erneut Eurer besonderen Sorge und Aufmerksamkeit empfehlen.

Mit dem Verlust an sittlichen Grundwerten geht vor allem die Entwurzelung der Ehe- und Familienmoral einher. Gegen die wachsende Scheidungspraxis und den damit verbundenen allgemeinen Sittenverfall stellt sich uns als dringliche Aufgabe, den Menschen die authentische Lehre der Kirche über Ehe und Familie in einer vertieften Glaubenskatechese zu vermitteln, wie sie im Apostolischen Schreiben *Familiaris consortio* ausführlich dargelegt ist.

5. Wie der Apostel sagt, kommt der Glaube vom Hören (vgl. *Röm* 10,14). Deshalb müssen wir in unserem pastoralen Planen und Wirken der lebendigen Verkündigung und Bezeugung des Wortes Gottes in Predigt und Katechese, in der Familie, in Religionsunterricht und Jugendarbeit den Vorrang einräumen. Dem Dienst des Wortes gebührt der Vorzug vor jeder anderen noch so wichtigen und notwendigen Tätigkeit. Was die Menschen brauchen und worauf sie – vielleicht auch unbewußt – warten, ist die befreiende Botschaft vom Reich Gottes, das bereits im Kommen ist und die Welt heilt und verwandelt. Daraus erwächst sodann die richtige geistige und sittliche Orientierung für das Leben.
Bei dieser geforderten Neu-Evangelisierung geht es gewiß darum, den unverkürzten katholischen Glauben und die verpflichtende Sittenlehre der Kirche weiterzugeben. Darüber hinaus kommt es aber vor allem darauf an, die christliche Grundhaltung des Glaubens als solche zu vermitteln, zu pflegen und zu entfalten; jene gläubige Sicht und Wertung der Gesamtheit des Lebens und der Welt, die allein von Christus her ihr wahres Maß und ihren wirklichen Sinn erhalten. Ich meine damit jenen lebendigen Glaubensgeist, durch den die Familien und Gemeinden, unsere Länder und Europa allein ihr wahrhaft christliches Gepräge zurückerhalten können.

6. Geht darum, liebe Mitbrüder, von dieser unserer Begegnung im Auftrage und Geiste Jesu Christi mit neuem Mut und mit neuer Zuversicht wieder hinaus zu Euren Diözesen und verkündet die Frohe Botschaft allen Menschen (vgl. *Motto*). Wir wissen um die Größe unseres Auftrages und auch um die Schwierigkeiten, denen er in der Welt von heute und besonders auch in der Diasporasituation Eurer Ortskirchen begegnet. Sucht zusammen mit Euren Priestern und pastoralen Mitarbeitern nach den bestmöglichen Mitteln und Wegen, um dem Verkündigungsauftrag Christi in unserer Zeit immer vollkommener und wirksamer zu entsprechen.
Ich möchte Euch, Euren Priestern und allen Laienhelfern an dieser Stelle zugleich von Herzen dafür danken, daß ihr Euch schon bisher mit besten Kräften für ein reges und fruchtbares christliches Leben in Euren Diözesen und Gemeinden eingesetzt habt. Seid Euch stets dessen bewußt, daß Ihr auch in der Diasporasituation Eurer Ortskirchen nicht auf vergessenem oder verlorenem Posten steht. Auch in der „Zerstreuung“ seid Ihr auf vielfältige Weise mit den Christen in anderen Ländern und mit der Weltkirche verbunden, die Euch ja durch zahlreiche lobenswerte Initiativen in Eurer pastoralen Arbeit brüderlichen Halt und Beistand gewähren. Auch diesen gilt hier unser gemeinsamer aufrichtiger Dank.
Seid Euch vor allem aber in lebendigem Glauben dessen froh bewußt, daß der Herr selber an Eurer Seite steht und Eurem Säen und Pflanzen in seinem Weinberg durch seine Gnade Wachsen und Gedeihen schenkt. Darum geschieht auch unser Glaubenszeugnis und die Glaubensweitergabe in ihrer höchsten Form in der gottesdienstlichen Feier, im gemeinsamen Hören des Wortes Gottes, in Lobpreis und Gebet, im Spenden und Empfangen der Sakramente; in der Liturgie der Kirche also, in der nicht mehr wir, sondern Christus selber der Haupthandelnde ist – vor allem in der Feier der Eucharistie, die die Quelle und Mitte des ganzen christlichen und kirchlichen Lebens ist.

Schon wo zwei oder drei im Namen Christi versammelt sind, da ist er (Christus), wie er uns selber versichert hat, mitten unter ihnen (vgl. *Mt* 18,20). Und wo Christus zugegen ist, da ist Kirche, da ist anbrechendes Reich Gottes in dieser Welt.
Der allmächtige und gütige Gott, der in Christus unser Immanuel: „Gott-mit-uns“ geworden ist, stärke und führe Euch weiterhin in Eurem bischöflichen Wirken. Er segne Euch und Eure Ortskirchen und lasse sein Reich der Wahrheit und der Liebe unter Euch wachsen. – Gelobt sei Jesus Christus!

Jeder hat seinen Platz in der Kirche

Ansprache bei der Begegnung mit den Priestern, dem Pastoralrat, den Laienvertretern und dem Rat der Ordensleute in Oslo (Norwegen) am 2. Juni

Liebe Brüder und Schwestern in Christus!

1. Es ist für mich eine große Freude, hier in der Pro-Kathedrale des hl. Olaf die Priester der Diözese, die Ordensschwestern und Vertreter der Laienschaft versammelt zu sehen. In euch heiße ich die ganze Diözese Oslo willkommen, die um ihren Hirten, Bischof Gerhard Schwenzer geschart ist, und ich grüße euch alle mit den Worten des hl. Paulus: „Gnade sei mit euch und Friede von Gott, unserem Vater, und dem Herrn Jesus Christus“ (*Phil* 1,2).
Die Kathedrale ist immer das Herz der Diözese. Sie ist das Zentrum, von dem die Glut christlichen Lebens ausstrahlt, wie sie im glaubensvollen Gottesdienst vor dem Herrn sowie in einem Leben der Heiligkeit und Dienstbereitschaft offenbar wird. So ziemt es sich, daß der Nachfolger des Petrus gerade hier seiner Aufgabe nachkommt, seine Brüder und Schwestern zu stärken (vgl. *Lk* 22,32), und sie ermutigt, im sakramentalen Leben, in Evangelisierung und Katechese und in allen Formen christlichen Dienstes treu zu bleiben. Petri Glaubensbekenntnis bei Cäsarea Philippi bildet das Herz auch des Petrusdienstes. Heute und für immer ist der Bischof von Rom an die schlichten und klaren Worte der Antwort des Petrus auf die Frage Christi hin gebunden: „Ihr aber, für wen haltet ihr mich?“ Er sagte: „Du bist der Messias, der Sohn des lebendigen Gottes“ (*Mt* 16,15–16). Diesen Glauben teile ich mit euch, und ich bekräftige ihn heute hier vor den Priestern, Ordensleuten und Laien von Oslo.

2. An erster Stelle grüße ich die Priester, die im Weinberg des Herrn in dieser Diözese arbeiten. Ich möchte euch in eurem Dienst ermuntern. Ihr seid „auserwählt, das Evangelium Gottes zu verkünden“ (*Röm* 1,1). Nichts in eurem Leben kann euer besonderes Verhältnis zu Christus, eure sakramentale Gleichgestaltung mit ihm und eure Teilhabe an seinem Paschamysterium ersetzen. Denn ihr seid tatsächlich Zeugen und Diener eines anderen Lebens als das dieser Erde. Ihr seid die Sprecher und die besonderen Bauleute des Reiches, das Christus durch seinen Sieg über Sünde und Tod gewonnen

hat. Als „Boten des Evangeliums und als Hirten der Kirche“ habt ihr die besondere Aufgabe, für das geistliche Wachstum des Leibes Christi zu sorgen (vgl. *Presbyterorum ordinis*, Nr. 6).
Ich bete für euch, daß ihr immer mehr echte Zeugen Christi seid, ein tiefes Gebetsleben pflegt, treu die Sakramente feiert, durch die die Kirche aufgebaut wird, und unermüdlich eure Lehraufgabe erfüllt. Ihr habt in schwierigen Diasporaverhältnissen zu arbeiten, wo Entfernungen und Klima es den Pfarrangehörigen oft schwer machen, zusammenzukommen, und es für euch schwer ist, sie zu erreichen. Laßt euch nie entmutigen oder enttäuschen durch die kleine Zahl eurer Gläubigen. Denkt daran, daß ihr immer und durch unauflösliche Bande mit der ganzen Kirche auf Erden und im Himmel verbunden seid. Jesus Christus hat euch auserwählt, und er liebt euch. Er wird euch treu bis ans Ende bewahren. Seine Gnade aber wird euch in eurem hochherzigen Dienst für seine Kirche beistehen.

3. Liebe Schwestern!
In euch erweise ich einer langen Geschichte hingebungsvoller Weihe an Gott und des Zeugnisses für Christus in dieser Diözese Ehre. Die Präsenz der Kirche in Norwegen im letzten Jahrhundert und in unseren Tagen wäre ohne euch nicht möglich gewesen. Viele Norweger haben den ersten Kontakt mit der katholischen Kirche durch eure Hospitäler, Schulen und Kindergärten gehabt. Sie haben in eurem hochherzigen Dienst Christus als Diener, Heiland und Lehrer kennengelernt.
Die evangelischen Räte der Keuschheit, der Armut und des Gehorsams um des Himmelreiches willen sind Ausdruck der höchsten Gottesliebe: der Liebe Gottes zu euch, die am Ursprung eurer Berufung steht, und eurer Liebe zu ihm, die für die übrige Gemeinschaft ein klares Zeichen für „das neue und ewige, in der Erlösung Christi erworbene Leben“ ist (*Lumen Gentium*, Nr. 44). Dies bedeutet, daß euer Ort als gottgeweihte Frauen im eigentlichen Herzen der Kirche liegt. In euch sollen eure Mit-Katholiken und alle anderen das Wesen dessen erblicken, was Leben aus der Taufe meint. Was ihr als gottgeweihte Personen tut, hat große Bedeutung, aber was ihr durch eure religiöse Weihe an Gott seid, hat noch zentralere Bedeutung für das Geheimnis von Gottes heilspendender Gegenwart in den menschlichen Dingen. Welche Gestalt daher auch immer eure konkrete Ordensfamilie haben mag – kontemplativ oder apostolisch – euer gottgeweihtes Leben ist ein überaus mächtiges Zeugnis für die Liebe Christi.
Liebe Schwestern: ihr wißt, wie sehr die katholische Gemeinschaft in Norwegen euch braucht. Der Papst ermuntert euch, und die Gemeinschaft der Kirche ist euch dankbar. Möge Gottes Gnade euch tragen und euch mit Freude erfüllen!

4. Ich begrüße die Vertreter der Laienschaft, die hier anwesend sind, und die zahlreichen Laien, die sie vertreten.
Liebe Freunde! Inmitten der Gesellschaft liegt eure Aufgabe darin, Christus zu bezeugen und euren christlichen Glauben in die Welt der Familie, des Sozialen und des Arbeitslebens hineinzutragen, so daß alles in Christus erneuert wird (vgl. *2 Kor* 5,17). Christ sein heißt, ein „Neues“ in Leben und Welt um uns herum hineinzubringen. Diese

Verantwortung gründet in unserer Taufe, in der jeder von uns des Todes Christi teilhaftig geworden ist. Die Worte des hl. Paulus beschreiben, was jedem von uns widerfahren ist: „Wir wurden mit ihm begraben durch die Taufe auf den Tod; und wie Christus durch die Herrlichkeit des Vaters von den Toten auferweckt wurde, so sollen auch wir als neue Menschen leben" (*Röm* 6,4).

Heute ist der Druck auf die Menschen, jung und alt, sich den Werten der weltlichen Gesellschaft, in der sie leben, anzupassen, sehr groß. Doch der hl. Paulus sagt den Christen: „Gleicht euch nicht dieser Welt an, sondern wandelt euch und erneuert euer Denken" (*Röm* 12,2). Diese Erneuerung hat ein für allemal in den Wassern der Taufe stattgefunden, doch sie muß eine Wirklichkeit werden, die immer tiefer in unserem Leben verankert ist und uns umwandelt, so daß unsere Gedanken und Werke die Gedanken und Werke Jesu Christi selbst werden.

Wie soll das geschehen? Die Sakramente der Kirche, zumal die Eucharistie und das Bußsakrament, machen unser Leben mehr und mehr dem Leben Christi gleichförmig, so daß wir wirklich in einer Weise leben, die „dem Evangelium Christi entspricht" (*Phil* 1,27). Wenn ihr mit anderen zusammenkommt, um zu beten und der Kirche sowie der bürgerlichen Gemeinschaft zu dienen – durch Arbeit unter den Flüchtingen und Einwanderern, in euren Pfarrgemeinderäten, wenn ihr euch für die Notleidenden einsetzt oder zu der Bewegung der jungen Katholiken gehört, dem Verband katholischer Frauen sowie zu den anderen Räten und Organisationen, die in dieser Diözese solch wertvolle Dienste leisten – dann erfahrt ihr in all dem die Kirche als Gemeinschaft, ja als communio, wie eine große Symphonie des Gottesdienstes, des Gebetes und des Dienens.

5. Liebe Brüder und Schwestern: innerhalb dieser großen Symphonie hat jede Person ihren besonderen Platz und ihre Aufgabe. Jeder von uns, ob Priester, Ordensperson oder Laie, ist aufgerufen, ein besonderes „Instrument" zu spielen, und alle zusammen sind wir zu aktiver und harmonischer Beteiligung aufgerufen. So sollte z. B. der sonntägliche Pfarrgottesdienst, wo immer eure Diasporasituation dies möglich macht, eine freudvolle Versammlung der ganzen Gemeinschaft sein. Gebet in der Familie und in kleinen Gruppen kann ebenfalls – zumal wenn die Entfernung zum Zentrum für die hl. Messe sehr groß ist – zur Aufrechterhaltung der Gemeinschaftsdimension des Glaubens helfen, denn der Glaube kann und darf nicht auf die Sphäre des Persönlichen und Individuellen beschränkt werden.

Im Gottesdienst und bei allen Diensten ist ein jeder zur Zusammenarbeit aufgerufen: „Dient einander als gute Verwalter der vielfältigen Gnade Gottes, jeder mit der Gabe, die er empfangen hat" (*1 Petr* 4,10). Der pastorale Dienst und andere Dienste in der Kirche müssen das Zeichen der Einheit und Harmonie an sich tragen. Nach den wohlbekannten Worten des Konzils ist die Kirche „das Sakrament, das heißt Zeichen und Werkzeug für die innigste Vereinigung mit Gott wie für die Einheit der ganzen Menschheit" (*Lumen Gentium*, Nr. 1). Das Leben in dieser Einheit und Harmonie kann zuweilen hart sein; manchmal müssen wir unsere eigenen Vorstellungen zugunsten weiterer und höherer Zusammenhänge aufgeben, und das kann Leid verursachen. Doch auch dies ist eine Form der Gleichförmigkeit mit Christus, der nicht gekommen ist, seinen eigenen Willen zu tun, sondern den des Vaters, der ihn gesandt hat (vgl. *Joh* 6,38).

6. Unsere Berufung liegt nicht darin, für irgendeine bloß menschliche Lehre Zeugnis zu geben (vgl. *1 Kor* 2,1), sondern für Jesus Christus und die Macht seiner Auferstehung (vgl. *Phil* 3,10). Dies war die ständige Aufgabe der Kirche in Norwegen, von den Frühtagen ihrer Präsenz hier an. Gelegentlich wurde es ein Blutzeugnis, wie beim hl. Olaf und dem hl. Hallvard, dem Patron Oslos, der für die Verteidigung der Schwachen sein Leben hingab. Für uns alle heute hier in dieser Kathedrale ist die Aufgabe die gleiche: über uns selbst hinauszugehen und auf Jesus Christus hinzustreben, der unsere Hoffnung und unser Leben ist, der allein die Fragen beantworten und das Sehnen des menschlichen Herzens befriedigen kann. Jesus Christus ist ja allein „der Weg und die Wahrheit und das Leben" (*Joh* 14,6).
Liebe priesterlichen Mitbrüder, Ordensschwestern und Laien, Männer und Frauen: „Ich danke Gott ... wenn ich in meinen Gebeten unablässig an euch denke" (*2 Tim* 1,3). Ich danke euch und jenen, die ihr vertretet, für das Zeugnis eures katholischen Glaubens. Ich ermuntere euch, mit Freude und Vertrauen in der Liebe und im Frieden unseres Herrn Jesus Christus voranzugehen. Norwegen braucht neues Vertrauen in seine christliche Berufung. Es muß auf Jesus Christus, den Erlöser, schauen, um Licht und Kraft für das Meistern der Bedürfnisse einer Gesellschaft zu gewinnen, die großen materiellen Fortschritt gemacht hat, aber zuweilen nicht recht weiß, wie sie die Ansprüche des Geistes erfüllen soll. Eine solche Erneuerung des Glaubens hängt großenteils von jedem von euch ab.
Möge Maria, die Mutter Jesu und Mutter seiner Kirche, euch mit ihren Gebeten helfen, und mögen alle Heiligen Norwegens euch stärken!

Den Menschen für die göttliche Weisheit öffnen

Ansprache beim Ökumenischen Gebetsgottesdienst in Trondheim (Norwegen) am 2. Juni

Liebe Freunde!

1. „Gnade sei mit euch und Friede von Gott, unserem Vater, und dem Herrn Jesus Christus" (*Eph* 1,2). Diese Worte des hl. Paulus beschreiben passend meine eigenen, von Gebet getragenen guten Wünsche für euch und für das ganze Volk Norwegens. Ich danke Gott für diese Gelegenheit, gemeinsam mit euch Gottes Wort zu hören und mit euch über seine Bedeutung für das Leben von Kirche und Welt nachdenken zu können.
Meine besonderen Grüße gelten den Bischöfen der lutherischen Kirche Norwegens, den Vertretern anderer Kirchen und kirchlichen Gemeinschaften, den Vertretern von Staat und Stadt, meinen Mitkatholiken und allen, die heute hier anwesend sind. Besonders dankbar bin ich Herrn Bischof Bremer für die Einladung in diesen ehrwürdigen gottes-

dienstlichen Raum, die er im Namen der lutherischen Kirche Norwegens ausgesprochen hat.

2. Diese Kathedrale in Nidaros wurde von euren Vorfahren über dem Grab des großen hl. Olaf erbaut, der bei der Verbreitung des Christentums in diesem Lande eine so entscheidende Rolle gespielt hat. Auf diese und viele andere Weisen bezeugt die Kathedrale die geistige, politische und kulturelle Geschichte eurer Nation. Sie spricht zu uns auch von einer Zeit, da die Christen noch nicht unter dem Leid der Trennungen litten. Protestanten und Katholiken in Norwegen schauen auf den hl. Olaf als ihren Wurzelgrund in der Vergangenheit und als notwendige Anregung, um heute ein wahrhaft christliches Leben führen zu können.
Gewiß ist diese Kathedrale mehr als ein Gebäude aus Steinen. Sie ist ein Ort, wo jahrhundertelang die Menschen als Kinder Gottes in der Taufe wiedergeboren wurden, wo sie das Wort Gottes hörten, wie es in der Heiligen Schrift verkündet wird und wie es uns heute verkündet wurde, und wo sie Gott im Gottesdienst der Kirche die Ehre gaben; sie ist ein Ort, wo die Menschen in persönlichem Gebet ihm die Nöte vortrugen und ihm für seine Segnungen dankten. Für die mittelalterlichen Pilger, die nach einer langen und harten Reise nach Nidaros kamen, war die Kathedrale auch ein Widerschein des himmlischen Jerusalems, zu dem wir auf unserem irdischen Pilgerweg unterwegs sind. Wahrlich, eine Kathedrale wie diese ist mehr als ein Gebäude aus Steinen. Sie richtet unseren geistigen Blick himmelwärts. Sie erhebt unsere Herzen zu Gott.

3. Liebe Brüder und Schwestern! Wir müssen gewiß anerkennen, daß Geist und Herz des modernen Menschen die Erhebung zu Gott brauchen. Wir müssen anerkennen, daß bei allen Errungenschaften der modernen Wissenschaft und Technik, die das Leben umgestalten, die Menschheit nach den Worten des hl. Paulus weiter „in ihrem Inneren seufzt" (vgl. *Röm* 8,23) und auf etwas darüber hinaus wartet. In der Tat seufzt die ganze Schöpfung und liegt in Geburtswehen (vgl. *Röm* 8,20.22) nach etwas, das unsere menschliche Macht nicht bieten kann.
Wissenschaft und Technik, durch die die materiellen Sorgen und Lasten des Lebens in steigendem Maße erleichtert werden, sind echte Errungenschaften der schöpferischen Energie und Intelligenz des Menschen. Doch schafft das Wissen dieser Art ebenso Probleme, wie es andere löst. Wir brauchen bloß an die Auswirkungen der modernen Lebensweise auf die Umwelt und das Soziale zu denken, oder an die durch die Verwendung des Atoms oder biomedizinischer Techniken geschaffenen Gefahren. Wissenschaft und Technik können ebenso wie das wirtschaftliche Leben, das sie schaffen, nicht aus sich selbst der Existenz oder dem Streben des Menschen Sinn geben. Sie können nicht aus sich selbst das Böse, Leiden und Tod erklären und noch weniger abschaffen.
Wir dürfen auch nicht vergessen, daß der moderne Mensch, von dem wir sprechen, keine Abstraktion ist, vielmehr die konkrete Person, die jeder von uns ist, ein Menschenwesen mit Herz und Geist. Auch hier bedrängen uns viele Ausweglosigkeiten. Wir streben nach Liebe und können ohne sie nicht leben; und doch sind heute die grundlegenden Liebesbeziehungen in Ehe und Familie durch Ehescheidung, zerbroche-

ne Familien und eine radikale Infragestellung der Grundbedeutung des Mann- und Frauseins bedroht. Wir streben nach Sicherheit, Wohlergehen und Sinn für unseren Selbstwert; aber die Überlieferungen von Gemeinschaft, Familie, Heim und Arbeit werden durch Umwandlungen untergraben, die nicht immer die ethischen Dimensionen alles menschlichen Tuns und Unternehmens anerkennen. Wir möchten frei sein, doch wenn nicht allgemein verstanden wird, was wir tun müßten, nicht nur, was wir tun können, dann endet Freiheit in der Tyrannei der Selbstsucht und höherer Gewalt.
Was angesichts dieser personalen und sozialen Übel notwendig wäre, ist eine höhere Weisheit, die Geist und Herz und Willen umgestaltet: eine Weisheit, die den menschlichen Verstand vervollkommnet, indem sie ihn behutsam dazu bringt, das Wahre und Gute zu suchen und es zu lieben und so den Menschen durch die sichtbaren Wirklichkeiten zu denen hinführt, die man nicht sehen kann. Die katholischen Bischöfe haben auf dem II. Vatikanischen Konzil warnend darauf hingewiesen: „Unsere Zeit braucht mehr als die vergangenen Jahrhunderte diese Weisheit, damit humaner wird, was Neues vom Menschen entdeckt wird. Es gerät nämlich das künftige Geschick der Welt in Gefahr, wenn nicht weisere Menschen entstehen“ (*Gaudium et spes*, Nr. 15).

4. Liebe Freunde! Wir befinden uns heute in dieser Kathedrale von Nidaros vereint, die zur Ehre Gottes als ein zum Himmel weisendes Zeichen erbaut wurde, um die Frohbotschaft der Erlösung in Jesus Christus zu verkündigen. Durch ihn gelangen wir zur Erkenntnis der Bedeutung der Schöpfung und des menschlichen Tuns im Plan Gottes. Jesus Christus ist unsere Weisheit. Er ist der Weg, die Wahrheit und das Leben (vgl. *Joh* 14,6). Wenn die Schöpfung weiter „der Vergänglichkeit unterworfen“ ist, dann in der Hoffnung auf die Umgestaltung in Christus. Wenn die Menschheit „in Geburtswehen seufzt“, dann so weit, wie Geist und Herz der Menschen nicht mit Christus zu Gott erhoben sind und die Gewissen nicht durch Christus der Weisheit, die von Gott kommt, gleichgestaltet werden.
Als Christen verkünden wir eine Weisheit, die den Vorrang der Ethik gegenüber der Technik, den Primat der Person gegenüber den Dingen und die Erhabenheit des Geistes gegenüber der Materie anerkennt und festhält (vgl. *Redemptor Hominis*, Nr. 16). Wir können diese Aussagen machen, weil Christus uns gezeigt hat, daß unser menschliches Geschick persönlich, moralisch und geistig bestimmt ist; es beruht auf einem Kindesverhältnis zu Gott.
Durch Glaube und Taufe haben wir die Erkenntnis gewonnen, daß uns Weisheit als Geschenk Gottes angeboten ist, sie beschämt aber zugleich den menschlichen Intellekt, wenn dieser sich dem Transzendenten verschließt. Es ist eine geoffenbarte Weisheit, die uns lehrt, daß der Gott des Weltalls keine unpersönliche oder unerkennbare Kraft, sondern Vater ist. In Augenblicken innerer Erleuchtung klingt Jesu Wort in unseren Herzen wider: „Ich preise dich, Vater, Herr des Himmels und der Erde, weil du all das den Weisen und Klugen verborgen, den Unmündigen aber offenbart hast“ (*Mt* 11,25).

5. Unsere Aufgabe besteht darin, den Geist des modernen Menschen für die göttliche Weisheit und sein Herz für Gott zu öffnen. Wir tun dies nach der Weise Christi, der

„gütig und von Herzen demütig" ist, dessen „Joch nicht drückt, und dessen Last leicht ist" (vgl. *Mt* 11,29–30). Wenn wir das Evangelium in Wort und Tat verkünden, bezeugen wir vor allem den Weg, der zum Leben führt. Und wir tun dies nicht als isolierte Individuen, sondern als durch unsere Taufe in Christus geeinte Personen.
Natürlich bildet ein solches Zeugnis für alle jene eine ökumenische Aufgabe, die nach den Worten des hl. Paulus „das Wort der Wahrheit gehört" und „das Siegel des verheißenen Heiligen Geistes empfangen" haben (*Eph* 1,13). Heute, an der Schwelle des dritten christlichen Jahrtausends, braucht die Welt die Frohbotschaft vom Heil nicht weniger als im ersten und zweiten Jahrtausend. Und es wird nur noch dringlicher, daß die Christen für die allmähliche Beseitigung ihrer Unterschiede arbeiten und das Evangelium gemeinsam bezeugen.
In dieser Kathedrale danke ich heute Gott für die Gnade der ökumenischen Bewegung, die wir in unserer Zeit erleben durften. Durch das Wirken des Heiligen Geistes haben sich neue Beziehungen zwischen Christen entwickelt, die jahrhundertelang voneinander getrennt waren. Ich möchte auch all jenen meinen Dank aussprechen, die in Norwegen dieser Gnade entsprochen und mit Hingabe für die Förderung der Einheit der Christen nach dem Willen Christi gearbeitet haben. Macht geduldig und liebevoll auf diesem Weg weiter, so daß der Dialog zwischen uns in gegenseitiger Achtung und vertrauensvoll im Suchen nach der Einheit in der vollen Wahrheit Christi fortgeführt wird.
Die Vorbereitungen der für 1997 geplanten Tausendjahrfeier der Gründung von Trondheim werden für Lutheraner, Katholiken und alle Christen in Norwegen Gelegenheit bieten, weiter über die gemeinsamen Wurzeln des Glaubens und die Werte des Evangeliums nachzudenken, die eure gemeinsame Geschichte geformt haben. Sie werden zugleich ein Anlaß zum Beten sein – zu innigem und rastlosem Gebet für die Einheit aller, die Christus nachfolgen, denn am Ende wissen wir ja, daß uns Einheit nur als Gabe von Gott geschenkt wird.

6. Liebe Brüder und Schwestern! Uns obliegt die Pflicht, ein neues christliches Kapitel in der Geschichte aufzuschlagen als Antwort auf die zahlreichen Herausforderungen einer sich wandelnden Welt. In früheren Jahrhunderten hat die Kirche die Völker Europas zum Brunnen der Taufe geführt, und die kulturelle Identität Europas ist aus dem christlichen Glauben erwachsen. Die zentrale Stellung der Person, die Rolle der Familie in der Gesellschaft, die Rechte des einzelnen und der Gruppen, die moralischen und ethischen Werte, die dem menschlichen Verhalten Richtung und Anregung gegeben haben, alles entfaltete sich im Kontakt mit dem Evangelium und der Lehre der Kirche. Im heutigen Europa dagegen findet ein kultureller Zusammenprall mit gewaltigen Folgen statt: es ist der Zusammenprall zweier Weltanschauungen. Die eine ist in Christus geoffenbart worden, und in ihr gilt Gott als letzte und anerkannte Quelle der Wahrheit, des Guten und der Freiheit; die andere geht von einer für die Transzendenz verschlossenen Welt aus, in der alles auf menschlichem Bemühen aufzubauen ist, und der soziale Konsens gibt dem Ganzen Sinn und Richtung. Christen wissen, was auf dem Spiel steht. Die Geschichte eures eigenen Landes zeigt klar: wo keine transzendente Norm

anerkannt wird, sind die Menschen in Gefahr, sich Kräften auszuliefern, die die Herrschaft über die Gesellschaft ohne Rücksicht auf die einzelnen und ihre Freiheiten übernehmen. Die katholische Kirche erstrebt keine Privilegien, sie erwartet nur, daß bürgerliche und religiöse Freiheit wirksam garantiert werden, so daß sie ihre Botschaft verkünden und die Grundfragen stellen kann, die die menschliche Existenz und die heutige Welt aufgeben. Als ich im Oktober letzten Jahres zum Europäischen Parlament sprach, habe ich betont, daß, „wenn die zugrundeliegende religiöse und christliche Prägung dieses Kontinents als Anregung für die Moral oder als positiver Faktor in der Gesellschaft abgelehnt wird, würde man damit nicht nur das ganze Erbe unserer europäischen Vergangenheit leugnen, sondern auch die künftige Würde der Menschen Europas ... schwerwiegend gefährden" (*Ansprache an das Europaparlament*, Straßburg, 11. Oktober 1988).

Jetzt ist die Zeit der Weisheit für jeden da. Jetzt ist die Zeit eines neuen Zeugnisses für den Glauben von seiten der Christen angebrochen. Wir sind aufgefordert, der Menschheit das Evangelium Christi, die Frohbotschaft der Erlösung zu bringen, die Botschaft, daß Gott uns an Kindes Statt angenommen hat. Wir sind zum Zeugnis für die Weisheit des menschgewordenen Wortes aufgerufen, für Christus, das „Licht der Völker" (vgl. *Lk* 2,32), ein Licht, das jene zur Fülle des Lebens führt, die es annehmen. Angesichts derart großer Aufgaben drängt uns der Geist der Wahrheit, in der ökumenischen Aufgabe auszuharren.

Im Vertrauen auf Gott, der „durch die Macht, die in uns wirkt, unendlich mehr tun kann, als wir erbitten" (*Eph* 3,20), laßt uns die Chance einer neuen Evangelisierung ergreifen. Laßt uns erneut die Weisheit der Seligpreisungen einer Welt verkünden, die Frieden, Liebe und Brüderlichkeit braucht. Laßt uns erneut die Wahrheit Christi, unseres gekreuzigten und auferstandenen Erlösers verkünden. Er ist „das Ziel der menschlichen Geschichte, der Punkt, auf den hin alle Bestrebungen der Geschichte und der Kultur konvergieren, der Mittelpunkt der Menschheit, die Freude aller Herzen und die Erfüllung ihrer Sehnsüchte" (*Gaudium et spes*, Nr. 45). Möge Gott mit euch allen sein! „Gnade sei euch und Friede von Gott, unserem Vater, und dem Herrn Jesus Christus". Amen.

Christus in allen Menschen sehen

Predigt bei der Eucharistiefeier in Trondheim (Norwegen) am 2. Juni

Liebe Brüder und Schwestern in Christus!
Liebe Brüder und Schwestern aus Mittelnorwegen!

1. Es ist mir eine große Freude, daß ich das Fest des heiligsten Herzens Jesu gemeinsam mit euch hier in Trondheim feiern kann. Ihr seid, aus den Gemeinden Alesund, Moldek Kristianasund, Levanger und Trondheim kommend, hier versammelt. Viele von euch haben durch ihre eifrige Arbeit zum erfolgreichen Verlauf dieses Tages beigetragen, das freut mich sehr und ich danke euch herzlich dafür.

Ihr seid, wie einst die Pilger, in dieser ehrwürdigen Stadt Nidaros (heute Trondheim), im Heiligtum des hl. Olaf zusammengeströmt, der der Vorläufer einer neuen Ära des Christentums und der Einheit dieses Landes war, obwohl er nicht lange genug lebte, um die Früchte seiner Mühen ernten zu können. Sein Sohn, Magnus der Gute, erbaute an dieser Stelle die erste Holzkirche, die bald zum Ziel von Pilgerfahrten wurde. Schon um das Jahr 1060 war eine dem hl. Olaf geweihte Liturgie bis Northumberland in Britannien verbreitet. Auch in der orthodoxen Kirche wird der hl. Olaf sehr verehrt: so wurde seiner Fürsprache das Überleben der kaiserlichen Wache in Konstantinopel in einer Stunde der Gefahr zugeschrieben, als es unter Kaiser Alexius zur Schlacht gegen die Bulgaren kam.

Die Eucharistie war im Lauf der Jahrhunderte der Anziehungspunkt für zahllose Menschen, die hierhergekommen sind. In der Eucharistie empfangen wir Christus, der dieses Sakrament eingesetzt hat, damit er bei uns bleiben und in uns leben könne. Wäre ein größeres Geschenk möglich? Christus hat die Welt mit dem Opfer seines Leibes und Blutes erlöst. Er gibt uns auf diese Weise Speise und Trank für das ewige Leben. Diese sakramentale Speise in den Gestalten von Brot und Wein ist eine wahre Erquickung für unsere Seelen; sie führt uns auf den Wegen des Glaubens, der Hoffnung und der Liebe alle Tage unseres Lebens und läßt uns „im Haus des Herrn" wohnen.

„Der Herr ist mein Hirte, nichts wird mir fehlen" (*Ps* 23,1). Die heutige Liturgie legt die Worte des Psalmisten den Kindern auf die Lippen, die im Lauf dieser Meßfeier ihre Erstkommunion empfangen. Es ist sehr richtig, daß sie diese schönen Worte heute beten, da unser Herr und Erlöser ihnen zum ersten Mal den eucharistischen Tisch bereitet. Die Worte „der Herr ist mein Hirte" bringen eine grenzenlose Hoffnung zum Ausdruck, die sie immer wieder beleben können, wenn sie Jesus, das Brot des Lebens, empfangen.

2. Die Schriftlesungen für diese Messe führen uns die Gestalt des Guten Hirten vor Augen. Die Propheten und das Alte Testament bedienen sich dieses Bildes, um von Gott zu sprechen, der Israel, sein auserwähltes Volk, aus der Sklaverei Ägyptens befreit und ihm besondere Liebe bezeugt hat. Gott ist der Hirte, der sich um die Schafe sorgt und sie bewacht, damit sie sich nicht zersteuen. Er nährt seine Herde, sucht für sie „grüne Auen", damit sie gut grasen könne, und findet Ruheplätze zu ungestörter Rast. Mit liebender Sorge kümmert er sich um die ganze Herde – nicht nur um alle Schafe zugleich, sondern um jedes einzelne. Er bemüht sich um das Wohl jedes einzelnen Lammes und Schafes, das

seiner Sorge anvertraut ist. Das ist das Bild des Guten Hirten, das uns der Prophet Ezechiel in der ersten Lesung vorlegt.
In der Fülle der Zeiten bekräftigte und vervollkommnete Jesus die prophetische Vision vom Guten Hirten, indem er sein Leben für die Schafe hingab (vgl. *Joh* 10,11). Dies ist eine Bezugnahme auf das Kreuzesopfer, in welchem er sich selbst für das Leben der Welt darbrachte (vgl. *Joh* 6,51) – für alle und für jeden einzelnen Menschen.
Dazu sagt der hl. Paulus: „Christus [ist] für uns gestorben ..., als wir noch Sünder waren" (*Röm* 5,8). Mit seinem Tod brachte sich Christus selbst dem Vater als Opfergabe dar und offenbarte durch dieses Erlösungsopfer die Liebe des Vaters zu uns. Der hl. Paulus lehrt, daß wir durch den Tod Christi mit Gott versöhnt und durch sein Blut gerechtfertigt sind. Nun, da wir versöhnt sind, sollen wir durch sein Leben gerettet werden (vgl. *Röm* 5,9–10). Das ist das Geheimnis der Liebe Gottes zu seinen Schafen, seine grenzenlose und unwandelbare Liebe, die ihn veranlaßt, auf die Suche nach dem einen, verlorenen Schaf zu gehen (vgl. *Lk* 15,4).
Dieses Geheimnis wurde uns noch weiter geoffenbart, als Christus am Abend vor seinem Kreuzestod das Sakrament seines Leibes und Blutes einsetzte. Die Eucharistie ist das auf unseren Altären in sakramentaler Weise verwirklichte Opfer von Kalvaria, durch das der gekreuzigte und auferstandene Sohn Gottes noch immer in unserer Mitte lebt. Gerade sein Leben als Auferstandener ist es, das er uns mitteilen möchte. Als wahrer Gott und wahrer Mensch läßt er uns an diesem neuen Leben Anteil haben, wenn wir ihn in der Eucharistie unter den Gestalten von Brot und Wein empfangen.

3. Es wurde mir gesagt, daß man in Norwegen fast überall vom Beginn des Frühlings bis zum Spätsommer Schafe auf der Weide sehen kann. Zweifellos kommen sie oft an gefährliche Stellen, und wenn sie zu weit gehen, laufen sie Gefahr, sich zu verirren oder anderen Gefahren anheimzufallen. Auch wir laufen auf unserem Lebensweg Gefahr, uns zu verirren. Wir vernehmen so viele widersprüchliche Stimmen, die uns auf diesen oder jenen Weg locken wollen. Es ist daher angebracht, wenn jeder von uns sich heute die Frage stellt: wo stehe ich wirklich? Bin ich eines der verlorenen Schafe, das auf den Schultern des Guten Hirten heimgetragen werden muß? Er sucht uns immer und fordert uns auf, die falschen, die Irrwege zu verlassen, auf denen wir vielleicht gehen. Er fordert uns immer, wenn wir gesündigt haben, zur Reue auf, zur Wiederherstellung der Gemeinschaft mit Gott und mit unseren Mitmenschen und zu immer größerer Heiligkeit als Glieder seiner Kirche.
Durch die Bekehrung müssen auch unsere Liebe und unsere Achtung für die ganze Herde Christi wachsen. Im Vergleich zu vielen anderen Orten ist Norwegen ein reiches Land. Selbst der Name „Trondheim" – er bedeutet „Reichtümer der Erde" – erinnert uns daran. Viele Menschen betrachten eure demokratische Gesellschaft mit Bewunderung. Die soziale Entwicklung in eurem Land zieht weltweite Aufmerksamkeit auf sich. In diesem Zusammenhang jedoch seid ihr aufgefordert, die Kinder, die Kranken, die Behinderten und die Betagten nicht zu vergessen. Alle Menschen verdienen und brauchen das Umsorgtwerden, denn Gott liebt sie. Sie stellen einen Schatz dar, aus dem wir alle Nutzen ziehen. Das beste Geschenk, das ihr euren Kindern geben könnt, ist ein wirklich mensch-

liches Herz, das empfindsam ist für das Gute und für das Böse. Das beste Geschenk, das ihr den Kranken, den Behinderten und den Betagten machen könnt, ist die Achtung, die sie als Kinder des gleichen himmlischen Vaters verdienen. Sie sind euren Zeitaufwand, eure persönliche Aufmerksamkeit und eure Liebe wert. Ihr Beispiel und ihre Geduld werden euer Leben und das Leben aller bereichern, die ihnen mit Liebe und Sorge entgegenkommen.

4. Meine Brüder und Schwestern, ich weiß, daß die meisten von euch, die heute hierhergekommen sind, um ihre Einheit im Glauben mit dem Nachfolger des hl. Petrus zu feiern, kleinen Gemeinden angehören. Viele von euch wohnen wahrscheinlich weit von der Kirche entfernt. Ihr wißt, was es heißt, einer religiösen Minderheit anzugehören, insbesondere deshalb, weil viele Katholiken Mittelnorwegens ausländischer Herkunft sind. Ihr vermißt vielleicht die Sprache, die Kultur und die Lebensweise eures Heimatlandes und auch die euch vertraute katholische Kirche mit ihren Gebeten, Liedern und Zeremonien. Ich möchte jedoch euch allen sagen, daß der Papst, der Hirte der Weltkirche, euch liebt. Er kommt im Namen Christi, des Guten Hirten, und ihr nehmt in seinem Herzen einen besonderen Platz ein. Er bewundert eure Treue und Ausdauer und ist heute hier, um euch aufzufordern, all euer Vertrauen auf die Liebe Gottes zu setzen! Setzt euer Vertrauen auf die Liebe Gottes!

(Der Papst wiederholt diese Aufforderung in norwegischer, vietnamesischer, spanischer und polnischer Sprache).

Wer unter euch seiner Geburt und Abstammung nach Norweger ist, wird sehen, daß auch die Einwanderer zum Reichtum der Nation ihren Beitrag leisten. Den besten Traditionen eures Landes entsprechend, habt ihr euren neuen Mitbürgern die Möglichkeit geboten, ihr Leben in der Freiheit neu zu beginnen, mit allen Möglichkeiten, welche eure Gesellschaft bietet. Ihr habt auf diese Weise ein erhabenes, nachahmenswertes Beispiel gegeben. Die menschliche Verschiedenheit bereichert die Gesellschaft auf allen Ebenen und ich fordere daher mit euch die ganze Gemeinschaft auf, weiterhin denen, die sich in eurer Mitte niedergelassen haben, wirklich in der Gesellschaft Platz zu machen, indem ihr ihnen die gleiche Achtung und die gleichen Rechte zuteil werden laßt, deren ihr euch erfreut.

5. Das Fest des heiligsten Herzens Jesu, das wir heute feiern, ist eine Einladung, Christus in allen Menschen zu sehen und zu lieben und seine Liebe zu ihnen in unserem Leben zum Ausdruck zu bringen. Generationen hindurch betete die Kirche: „Jesus, sanftmütig und demütig von Herzen, mache unsere Herzen dem deinen gleich“. Ich möchte heute an dieses vertraute Gebet erinnern und es in eurem Namen wiederholen: Jesus, mache unsere Herzen dem deinen gleich. Dabei danke ich Gott ganz besonders für das Beispiel der Missionare vom Heiligsten Herzen („Picpus“), die seit mehr als 50 Jahren diese Gegend mit Priestern versorgen, oft unter sehr schwierigen Bedingungen. Liebe Brüder, heute, an eurem großen Fest, ermutige ich euch zu eurem priesterlichen Dienst und versichere euch der Dankbarkeit der ganzen Kirche für eure Großmut und euren Eifer.

Auch möchte ich den Ordensschwestern danken, die die Liebe Christi allen, aber insbesondere den Kindern, Kranken und Betagten auf bewundernswerte Weise kundgetan haben. Euer Dienst ist eine lebendige Predigt, die alle verstehen können. Möge der Gute Hirte weiterhin über euch wachen und euer Engagement segnen!
Meine letzten Worte gelten den Kindern.

In norwegischer Sprache sagte der Papst:

Liebe Erstkommunionkinder! Heute ist für euch ein sehr wichtiger Tag. Ihr werdet zum ersten Mal die heilige Kommunion empfangen. Ich bin überrascht, daß ihr von so vielen verschiedenen Orten kommt. Viele von euch sprechen nicht nur Norwegisch, sondern auch Vietnamesisch, Polnisch, Spanisch, Englisch und andere Sprachen. Die Eltern und Priester, die euch unterrichtet haben, sagten mir, daß ihr einander gut seid. Das ist ein hervorragendes Beispiel für die Erwachsenen in aller Welt. Ihr zeigt ihnen, daß alle Völker zur Gemeinschaft der Kirche gehören.
Wir sind hier, weil Jesus uns gerufen hat. Ihr habt am Beispiel des Zöllners Zachäus gesehen, daß Jesus mit uns ein Fest feiern und uns das Beste geben will – seinen Leib und sein Blut.
Die Vorbereitung auf die Erstkommunion hat euch sehr glücklich gemacht. Bleibt auch weiterhin vereint. Eure Priester, eure Eltern und auch die Größeren werden euch gerne helfen.
Zum Schluß noch ein Wort an die Eltern. Viele von euch haben bei der Vorbereitung der Kinder mitgeholfen und dafür danke ich euch von Herzen. Gleichzeitig bitte ich euch, alles in euren Kräften Stehende zu tun, damit eure Kinder in der Gemeinschaft der Kirche eine Heimat finden.

Christus fordert die Liebe

Ansprache beim abendlichen Wortgottesdienst in Tromsø (Norwegen) am 2. Juni

Liebe Brüder und Schwestern!

1. Es ist mir eine Freude, euch hier in Tromsø besuchen zu können. Dies ist mein erster Besuch nördlich des Polarkreises. Ich weiß, daß es hier zwei Monate im Jahr finster ist und daß ihr mit Freuden die Wiederkehr des Lichtes erwartet. Jetzt habt ihr klare Nächte, in denen die Sonne nicht untergeht. Ich kann gut verstehen, wie sehr ihr das Licht liebt. Jesus Christus hat gesagt: „Ich bin das Licht der Welt“. Er ist das Licht, das immer leuchtet; er ist das Licht, das uns Liebe, Freude, Hoffnung und Frieden bringt.
Ich begrüße euch alle und rufe auf euch und auf das Land hier im Norden den Segen des Herrn herab.

2. Wenn wir hier zum Abendgebet zusammengekommen sind, müssen wir uns fragen, was beten eigentlich heißt. Die herrlichen Psalmen, die wir soeben gesungen haben, erin-

nern uns daran, daß wir Geschöpfe, daß wir mit Gott, der uns erschaffen hat, verbunden sind: „In seiner Hand sind die Tiefen der Erde, sein sind die Gipfel der Berge. Sein ist das Meer, das er gemacht hat, das trockene Land, das seine Hände gebildet … Laßt uns niederknien vor dem Herrn, unserem Schöpfer" (*Ps* 95,4–6).
Die Psalmen sprechen auch von unserer Erlösungsbedürftigkeit, oder, genauer gesagt, sie besingen dankbar die Großtaten der Erlösung, die Gott für sein Volk vollbracht hat: „Der an uns dachte in unsrer Erniedrigung, denn seine Huld währt ewig, und uns den Feinden entriß … Der allen Geschöpfen Nahrung gibt, denn seine Huld währt ewig" (*Ps* 136,23–25).
Liebe Brüder und Schwestern, in den Psalmen sehen wir, wie sehr Gottes auserwähltem Volk Lob und Dank für die Gaben der Schöpfung und für die Befreiung von irdischen Feinden gegenwärtig waren. Um so mehr müssen wir uns demnach gedrängt fühlen, zum allmächtigen Gott zu beten, der uns durch das Kreuz und die Auferstehung seines Sohnes von Sünde und Tod befreit und durch die Kraft des Heiligen Geistes zu neuen Geschöpfen macht. So werden wir zum Evangelium hingeführt. Wie die ersten Jünger kommen wir zu Christus, um beten zu lernen (vgl. *Lk* 11,1). Als er uns das „Vater unser" lehrte, legte Christus das Muster für jedes Gebet fest. Er erklärt unsere Beziehung zu Gott und zueinander. Gott ist unser Schöpfer. Er ist unser Erlöser. Da Gott unser gemeinsamer Vater ist, sind wir untereinander Brüder und Schwestern.

3. So sagen wir denn: „Vater unser im Himmel" (vgl. *Mt* 6,9).
Jesus bediente sich in seinem Gebet des aramäischen Wortes „Abba" (vgl. *Mk* 14,36), mit dem kleine Kinder ihre Väter riefen. Nur Christus, der ewige Sohn, der eines Wesens mit dem Vater ist, hat das Recht, sich so familiär vertraulich an den zu wenden, dessen Thron im Himmel ist. Mit der Annahme als Kinder Gottes in der Taufe (vgl. *Röm* 8,15) wurde jedoch auch uns dieses Vorrecht geschenkt. Wir sind „im Sohn" Jesus Christus Kinder Gottes geworden.
Dieses unerwartete und unverdiente Geschenk der Gemeinschaft mit Gott verwandelt alle menschlichen Beziehungen. Wir beten nicht zu „meinem" oder zu „deinem", sondern zu „unserem Vater". Selbst wenn wir die Türe schließen und im Verborgenen beten (vgl. *Mt* 6,6), sind wir im Geist mit all unseren Brüdern und Schwestern in Christus, mit allen nach dem Abbild Gottes geschaffenen und vom Blut des Lammes erlösten Menschen vereint. Das Gebet befreit uns von der Selbstsucht, von Isolierung und Einsamkeit; es schließt uns für das Geheimnis der Gemeinschaft mit Gott und mit den anderen auf.

4. „Geheiligt werde dein Name. Dein Reich komme, Dein Wille geschehe, wie im Himmel so auf Erden" (vgl. *Mt* 6,9–10).
In der modernen Welt hat der wissenschaftliche und technologische Fortschritt viele unserer Ängste zerstreut, uns von vielen Bürden des Daseins befreit und neue Möglichkeiten für die menschliche Selbstverwirklichung eröffnet. Diese Fortschritte können jedoch auch eine große Versuchung nach sich ziehen, wie die „im Anfang", von der das *Buch Genesis* berichtet: die Versuchung, selbst darüber zu entscheiden, was gut und böse ist, ohne Bezugnahme auf Gott, die eitle Versuchung, uns selbst und unseren Willen und

nicht Gott und sein Gesetz in den Mittelpunkt des Alls zu stellen. Wenn wir jedoch Gott, „der Liebe ist", ablehnen oder ignorieren, lehnen wir die Liebe selbst ab.
Das erste Anliegen des „Gebetes des Herrn" ist die Verherrlichung des Namens Gottes, das Kommen seines Reiches und die Erfüllung seines Willens. Wenn wir in erster Linie darauf bedacht sind, wird uns alles übrige hinzugegeben werden. Der Fortschritt der Wissenschaft, der Wirtschaft, der gesellschaftlichen Organisation und der Kultur wird uns dann nicht unserer Menschlichkeit berauben, sondern wird vielmehr die Liebe widerspiegeln, die allein unserem menschlichen Bemühen Leben, Sinn und Freude verleiht. Gott ist es, der uns „heute das Brot, das wir brauchen" (*Mt* 6,11), gibt, auch wenn uns bewußt ist, daß wir nicht „nur vom Brot, sondern von jedem Wort, das aus Gottes Mund kommt" (*Mt* 4,4), leben.

5. „Und vergib uns unsere Schuld, wie auch wir vergeben unseren Schuldigern" (vgl. *Mt* 6,12).
Die Lehre Christi ist ernüchternd einfach. Er sagt: „Denn wenn ihr den Menschen ihre Verfehlungen vergebt, dann wird euer himmlischer Vater auch euch vergeben. Wenn ihr aber den Menschen nicht vergebt, dann wird euch euer Vater eure Verfehlungen auch nicht vergeben" (*Mt* 6,14–15).
Liebe Brüder und Schwestern, ist dies nicht vielleicht die schwierigste Bitte im „Gebet des Herrn", gerade weil das von uns Geforderte so klar und unmißverständlich ist? Wenn wir im Gebet diese Worte aussprechen, vertrauen wir auf das Erbarmen Gottes, verpflichten uns jedoch auch zu einem Leben des Verzeihens. Wir setzen für unser Verzeihen so oft Bedingungen fest oder weigern uns, Versöhnung anzustreben, wenn uns Unrecht getan wurde. Wenn Gott uns jedoch auf die gleiche Weise behandeln würde, wer könnte dann gerettet werden? Mit gutem Recht bedauern wir den Haß, die Rachsucht und Herzenshärte, die in so vielen Teilen der Welt auf der Gesellschaft lasten; das „Gebet des Herrn" fordert uns jedoch auf, die Welt zu ändern, indem wir zuerst uns selbst von Herzen bekehren. Die von Christus gelehrte Art der Verzeihung erfordert die Feindesliebe und das Gebet für unsere Verfolger (vgl. *Mt* 5,44). Nur dann können wir wirklich so beten, wie Jesus es uns gelehrt hat.

6. „Und führe uns nicht in Versuchung, sondern erlöse uns von dem Bösen" (vgl. *Mt* 6,13).
Diese abschließende Bitte des „Vater unser" hilft uns, die göttliche Vorsehung im Licht des Todes und der Auferstehung Christi zu verstehen. Sie warnt uns vor der Existenz des Bösen und ruft uns die Worte Christi ins Gedächtnis: „Fürchtet euch nicht vor denen, die den Leib töten, die Seele aber nicht töten können, sondern fürchtet euch vor dem, der Seele und Leib ins Verderben der Hölle stürzen kann" (*Mt* 10,28).
Das heißt nicht, daß Gott unseren Gebeten um Befreiung von physischen Gefahren und Übeln gegenüber taub, oder daß er dem von Naturkatastrophen, Krankheiten, Hungersnot und Krieg hervorgerufenen Leid und Tod gegenüber gleichgültig ist. Es ist nur natürlich, daß wir uns an unseren himmlischen Vater mit der Bitte um Schutz vor diesen Übeln wenden, die infolge der Erbsünde in die Welt gekommen sind. Wenn wir trotz unserer

Gebete und menschlichen Bemühungen in dieser vergänglichen Welt noch unter verschiedenen Übeln zu leiden haben, müssen wir darauf vertrauen, daß sie durch die erlösende Kraft der Liebe überwunden werden können. Das größte Übel, das uns zuletzt befallen kann, ist die Trennung von Gott aufgrund der Sünde. Das meinen wir vor allem, wenn wir darum beten, nicht in Versuchung geführt, sondern vom Bösen erlöst zu werden.

7. Liebe Brüder und Schwestern, was heißt beten? Es heißt, daß wir unseren Geist und unser Herz lobend und dankend zu Gott erheben und der Wahrheit über Gott, über uns selbst und über die Welt entsprechend leben. Es heißt auch, Gott nicht nur in Worten, sondern auch in Taten verehren, wie es uns das „Vater unser" lehrt.
An diesem Abend, in dem lange anhaltenden, klaren Zwielicht des Nordens, im Licht der nicht untergehenden Sonne versammelt, die ein so deutliches Symbol Christi, des Lichtes der Welt, des gestern, heute und in Ewigkeit Unwandelbaren ist, wollen wir uns die Worte zu Herzen nehmen, mit denen er im Evangelium seine Predigt abschloß. Was er damals zur Menge sagte, ist auch an jeden von uns gerichtet: „Wer diese meine Worte hört und danach handelt, ist wie ein kluger Mann, der sein Haus auf Fels baute. Als nun ein Wolkenbruch kam und die Wassermassen heranfluteten, als die Stürme tobten und an dem Haus rüttelten, da stürzte es nicht ein; denn es war auf Fels gebaut" (*Mt* 7,24–25).
Möge unser „Vater im Himmel" uns allzeit diese Weisheit und diese Kraft schenken.

Der Mensch – Bild und Gleichnis Gottes

Predigt bei der Messe in Tromsø (Norwegen) am 3. Juni

„Herr, unser Herrscher, wie gewaltig ist dein Name auf der ganzen Erde!" (*Ps* 8,1).

Liebe Brüder und Schwestern!

1. Diese Worte des Psalmisten kommen uns in den Sinn, wenn wir an die Schönheit von Gottes Schöpfung in diesem Land der Mitternachtssonne denken, die, von allen bewundert, über die Fjorde und Gebirgsketten scheint. Überblicken wir die Landschaft hier im hohen Norden Norwegens innerhalb des Polarkreises, dann gehen unsere Gedanken noch weiter nach Norden zu jenem Pol, der so viele waghalsig kühne Reisende und Forscher angezogen hat. Wir wenden uns auch nach Süden, Osten und Westen: zu den übrigen Nationen Europas und zu anderen weit ausgedehnten Kontinenten, auch zu denen jenseits des Meeres. Und wir wiederholen mit dem Psalmisten: „Herr, unser Herrscher, wie gewaltig ist dein Name auf der ganzen Erde!" Die Schöpfung gibt Zeugnis. Sie spricht von ihrem Schöpfer.

2. Es bedeutet für mich eine große Freude, heute mit euch für die Gaben der Schöpfung und der Erlösung zu danken, die wir von Gott empfangen haben. Als oberster Hirte der

katholischen Kirche liegt mir besonders daran, die Eucharistie mit dem katholischen Volk zu feiern: mit meinem Bruder, Bischof Goebel, mit den Priestern und Ordensleuten, die sich so hochherzig in den Dienst der Kirche in diesem nördlichen Teil Europas stellen und all den gläubigen Laien, denen sie dienen.
Die Wurzeln des katholischen Glaubens in der Stadt Tromsø reichen weit zurück. Schon im frühen Mittelalter, lange vor den Spaltungen einer späteren Zeit, gab es hier eine der Jungfrau Maria geweihte Kirche. Heute gibt es hier eine Marienkirche, die der katholischen Bevölkerung des nördlichen Norwegens dient. Zu dieser Bevölkerung gehören nicht nur einheimische Norweger, sondern auch katholische Einwanderer, die in den letzten Jahren herkamen, um ein neues Heim für sich und ihre Kinder zu gründen. Auf alle meine katholischen Brüder und Schwestern rufe ich die Fülle der Kraft und Freude im Herrn herab.
Zugleich grüße ich herzlich die Mitglieder der anderen Kirchen und kirchlichen Gemeinschaften, zumal die der lutherischen Kirche und alle Menschen guten Willens, die zum Gebet mit dem Papst hergekommen sind. Ich hoffe, daß meine Präsenz zur Vertiefung der gegenseitigen Achtung und zur Förderung der Einheit aller Christen gemäß dem Gebet Christi: „Alle sollen eins sein“ (*Joh* 17,21), beiträgt. Ich hoffe ferner, daß mein Besuch in allen Herzen ein neues Ja zur Person Jesu Christi weckt, ein Ja, das alle Kirchen als ihr großes Ziel anstreben, wenn sie das Evangelium predigen.

3. „Seh' ich den Himmel, das Werk deiner Finger, Mond und Sterne, die du befestigt: Was ist der Mensch ...?“ (*Ps* 8,4–5).
Der Psalmist befragt Gott über den Menschen. Und auch der Mensch, in die sichtbare Natur hineingestellt, von der er ein Teil ist, fragt sich: „Wer bin ich?“ Er muß sich notwendig diese Frage stellen. Von allen sichtbaren Geschöpfen im Weltall ist der Mensch allein fähig, Fragen nach sich selbst und über die Welt zu stellen. Die Frage „Was ist der Mensch?“ hat viele verschiedene Antworten gefunden, und in jeder steckt menschliche Erfahrung und menschliches Denken. Sie sind das Ergebnis ebenso des Nachdenkens wie der wissenschaftlichen Forschung. Doch der Psalmist beantwortet diese Frage im Licht von Gottes Wort. Er sagt also vom Menschen: „Du hast ihn nur wenig geringer gemacht als Gott, hast ihn mit Herrlichkeit und Ehre gekrönt. Du hast ihn als Herrscher eingesetzt über das Werk deiner Hände, hast ihm alles zu Füßen gelegt“ (*Ps* 8,6–7).
Diese Psalmworte spiegeln das erste Kapitel des *Buches Genesis* wider. Dort lesen wir: „Gott sprach: Laßt uns Menschen machen als unser Abbild, uns ähnlich. Sie sollen herrschen über die Fische des Meeres, über die Vögel des Himmels, das Vieh, über die ganze Erde und über alle Kriechtiere auf dem Land. Gott schuf also den Menschen als sein Abbild; als Abbild Gottes schuf er ihn. Als Mann und Frau schuf er sie“ (*Gen* 1,26–27). Dies ist die Antwort des *Buches Genesis* auf die Frage: „Was ist der Mensch?“ Und wie der Psalmist sagt: „Du gabst ihm Macht über das Werk deiner Hände“, so lesen auch wir in der *Genesis*: „Gott segnete sie, und Gott sprach zu ihnen:“ – also zu beiden, Mann und Frau – „Seid fruchtbar, und vermehrt euch, bevölkert die Erde, unterwerft sie euch, und herrscht über [sie]“ (*Gen* 1,28).

4. Wir sehen also, daß die Wurzel der Berufung des Menschen in der geschaffenen Welt in bestimmten grundlegenden Gaben zu finden ist: In der Gabe der Person und der auf gegenseitiger Liebe aufgebauten Gemeinschaft – in Ehe und Familie –, in der Gabe des Lebens. Der Mensch, ob Mann oder Frau, ist das einzige Geschöpf, das Person genannt werden kann. Dies gilt, weil er das einzige „nach dem Bild und Gleichnis" Gottes geschaffene Geschöpf ist. So wie Vater, Sohn und Heiliger Geist eine vollkommene Gemeinschaft der Liebe bilden, so ist auch jeder von uns aufgerufen, durch Selbsthingabe in liebevolle Gemeinschaft mit anderen einzutreten. Ohne dieses Verhältnis können wir weder lieben noch unsere Gaben entfalten.

Im *Buch Genesis* sehen wir, daß diese Selbsthingabe hauptsächlich in der Ehe erfolgt: „Seid fruchtbar, und vermehrt euch, bevölkert die Erde, unterwerft sie euch" (*Gen* 1,28). Die Liebe eines verheirateten Paares vereint die beiden, befähigt sie aber auch, Mitarbeiter Gottes bei der Weitergabe des Lebens an eine neue menschliche Person zu werden. So gründen sie die Gemeinschaft, die die Basis für alle menschlichen Gemeinschaften bildet, die Familie. Gleichzeitig spricht das *Buch Genesis* von einer anderen grundlegenden Gabe: der Erde, die dem Menschen anvertraut ist, so daß er sich in schöpferischer Weise ihrer Reichtümer bedienen kann.

Doch wir können unser Nachdenken über Gottes Wort in der heutigen Liturgie nicht weiterführen, ohne uns zunächst zu fragen: „Wie benutzt der Mensch diese grundlegenden Gaben? Welches ist das gegenseitige Verhältnis von Mann und Frau heute? Wie steht es um Ehe und Familie? Sind sie wirklich eine Gemeinschaft des Lebens und der Liebe? Und weiter: Macht der Mensch von seiner Herrschaft über die Erde einen guten Gebrauch? Ist er ein gewissenhafter Beschützer der Geschöpfe oder ein brutaler Ausbeuter? Setzt er nicht durch Mißbrauch seiner natürlichen Umgebung seine eigene Zukunft auf diesem Planeten aufs Spiel?

5. „Was ist der Mensch, daß du an ihn denkst, des Menschen Kind, daß du dich seiner annimmst?" (*Ps* 8,5).

Was ist er? Die Frage des Psalmisten führt uns weiter. Sie bereitet uns vor auf das Gespräch Christi mit Nikodemus in der Nacht: „Amen, amen, ich sage dir: Wenn jemand nicht aus Wasser und Geist geboren wird, kann er nicht in das Reich Gottes kommen. Was aus dem Fleisch geboren ist, das ist Fleisch; was aber aus dem Geist geboren ist, das ist Geist" (*Joh* 3,5–6). Menschen werden dem Fleische nach von ihren Eltern geboren – von Mann und Frau. Sie müssen aber auch geistig geboren werden. In Wahrheit sind sie ja nicht nur Fleisch, sondern auch Geist. Ihre Bestimmung ist nicht nur die Erde und die geschaffene Welt, sondern auch das Reich Gottes. Sie müssen daher aus dem Heiligen Geist geboren werden, um aufgrund einer übernatürlichen Gabe Adoptivkinder Gottes, Kinder „im Sohn" zu werden. Dies ist der Sinn der Taufe, des Sakramentes von „Wasser und Geist", von dem Christus in seiner Unterhaltung mit Nikodemus spricht. Durch die Kraft des Heiligen Geistes werden wir von der Erbsünde befreit und mit dem Unterpfand des ewigen Lebens in Gott beschenkt.

Christus sagt zu Nikodemus: „Gott hat die Welt so sehr geliebt, daß er seinen einzigen Sohn hingab, damit jeder, der an ihn glaubt, nicht zugrunde geht, sondern das ewige Leben hat. Denn Gott hat seinen Sohn nicht in die Welt gesandt, damit er die Welt richtet, sondern damit die Welt durch ihn gerettet wird" (*Joh* 3,16–17). Was bedeutet „gerettet"? Es heißt, vom Bösen befreit werden. Es bedeutet, von der Sünde, die von Gott wegführt, befreit und in Christus für die Vereinigung mit Gott vorbereitet werden; für die ewige Vereinigung mit Gott: für das ewige Leben! Christus offenbarte dem Nikodemus in dieser Nacht auch den Sinn des Kreuzes, an dem er sein Leben für die Erlösung der Menschen hingeben sollte. Er sagt: „Der Menschensohn muß erhöht werden" (*Joh* 3,14). Und an einer anderen Stelle sagt uns Johannes: „Daran haben wir die Liebe erkannt, daß Er sein Leben für uns hingegeben hat. So müssen auch wir für die Brüder das Leben hingeben" (*1 Joh* 3,16).

6. Vor wenigen Augenblicken sprach ich von der Liebe im Ehe- und Familienleben. Doch was gilt von Menschen außerhalb des Kreises der Familie? Das Beispiel Christi und seine Selbsthingabe am Kreuz führen uns in die eigentlichen Tiefen der Liebe hinab, zu jener Liebe, die nicht nur die umfaßt, die uns lieben, sondern jedes Menschenwesen, auch unsere Feinde. Diese Liebe ist ein Geschenk von Gott; sie ist eine Taufgabe. Uns selbst überlassen, mögen wir eine gewisse Uneigennützigkeit im Namen unserer gemeinsamen Menschennatur erreichen. Doch das Zweite Vatikanische Konzil hat bereits prophetisch ausgesprochen, was wir jeden Tag bestätigt sehen: „Das Geschöpf sinkt ohne den Schöpfer ins Nichts" (*Gaudium et spes*, Nr. 36). Wenn wir bewußt oder unbewußt nicht Gott lieben, werden wir auch einander nicht lieben.
Euch, liebe Brüder und Schwestern, wurde ein großes Geschenk anvertraut. Das Licht Christi, das keinen Untergang kennt, hat viele Generationen lang über diesem Land geleuchtet. Ihr habt das Glück, zu wissen: Diese Geburt, dieser Tod und diese Auferstehung offenbaren: „Gott ist Liebe" (*1 Joh* 4,16). Für den Christen ist Liebe keine Philosophie oder eine Sammlung von Grundsätzen und noch weniger eine Ideologie; sie ist nicht einmal eine Moral als solche. Für uns besitzt Liebe einen persönlichen Namen, und dieser Name lautet Jesus Christus! Nur wenn wir in eine Liebesbeziehung mit dieser lebendigen Person eintreten, können wir den Zweck erfüllen, für den wir geschaffen worden sind. Nur wenn wir im Glauben uns selbst übersteigen und der göttlichen Gabe der Taufe in Christus entsprechen, finden wir die Freude und den Frieden, nach denen das menschliche Herz verlangt.
Liebe Menschen des nördlichen Norwegen, ich bitte euch: Öffnet die Tür eures Herzens für Christus. Tretet ein in Gemeinschaft mit Gott durch Christus, so daß ihr auch mit jeder menschlichen Person in Gemeinschaft sein könnt. Wendet euch ihm zu, dessen Name Liebe ist, so daß ihr auch andere lieben könnt, nicht aufgrund irgendwelcher vorübergehender Eigenschaften, sondern weil sie nach dem Bild und Gleichnis Gottes geschaffen sind, weil sie mit euch im Blut des Lammes erlöst worden sind.

7. „Was ist der Mensch, daß du an ihn denkst?" Das Evangelium beantwortet diese Frage für uns. Seine Antwort übersteigt alles, was wir hoffen oder uns vorstellen können. Sie umfaßt weit mehr als wir je über uns selbst denken oder als Ergebnis all unseres Suchens in allen Ergebnissen der Wissenschaft sagen könnten.

Liebe Brüder und Schwestern, stellen wir uns hier, an diesem Ort, in dieser Stadt Tromsø und am nördlichen Ende Europas eine Frage, die zugleich an den ganzen Kontinent und an alle Kontinente und Nationen unseres Planeten gerichtet ist: „Was ist der Mensch?" Die Jahrhunderte hindurch erreicht die Antwort im Evangelium Christi jede Generation. Es ist die Antwort des Paschamysteriums, die Antwort von Kreuz und Auferstehung! Gewiß „kam das Licht in die Welt", aber haben wir nicht allzu oft die Finsternis vorgezogen? (vgl. *Joh* 3,19). Warum ist das so? Im Gespräch Christi mit Nikodemus finden wir folgende Antwort: „Jeder, der Böses tut, haßt das Licht und kommt nicht zum Licht, damit seine Taten nicht aufgedeckt werden. Wer aber die Wahrheit tut, kommt zum Licht, damit offenbar wird, daß seine Taten in Gott vollbracht sind" (*Joh* 3,20–21). Wir, die wir in Christus getauft sind, müssen uns diese Einladung jeden Tag unseres Lebens zu Herzen nehmen: „Solange ihr das Licht bei euch habt, glaubt an das Licht, damit ihr Söhne des Lichtes werdet" (*Joh* 12,36). Dies, liebe Brüder und Schwestern, macht eure Berufung und Würde aus: in diesem Land der Mitternachtssonne Kinder des Lichtes zu sein:

– des göttlichen Lichtes, das über der Schöpfung leuchtet,
– des Lichtes, das zur Erlösung führt,
– des immerwährenden Lichtes Christi.

In norwegischer Sprache sagte der Papst:

Liebe Christen!

Ich möchte euch für die Einladung nach Tromsø aufrichtig danken. Mein Dank und mein Segen gelten in besonderer Weise den Gläubigen der katholischen Prälatur Tromsø, sodann aber auch allen, die bei dieser heiligen Messe anwesend sind, allen, die unseren gemeinsamen Vater und seinen Sohn Jesus Christus im Heiligen Geist loben.
Ich danke den Autoritäten der Stadt, die alles so gut organisiert haben (ich habe das alles sehr geschätzt!).
Ich hatte von der sprichwörtlichen Gastfreundlichkeit der Bevölkerung Nordeuropas sprechen hören, und nun konnte ich sie an mir selbst erfahren. Möge Jesus Christus, unser Herr, der Herr der Kirche, eure Arbeit lenken, möge er das Werk der Vereinigung der Kirchen zum Hafen führen!
Er segne diese Stadt, diese Region und alle, die hier leben! Das ist mein Gebet für euch.

Christliche Werte sind Islands größter Reichtum

Ansprache bei der Ankunft in Reykjavik (Island) am 3. Juni

Herr Ministerpräsident,
werte Regierungsmitglieder,
lieber Herr Bischof Jolson,
liebe Kinder, geliebtes Volk Islands!

1. Mit großer Freude betrete ich den Boden Islands und grüße seine Bewohner. Während ich mich Ihrem Land näherte und seine wunderbare, von Bergspitzen durchzogene Landschaft bestaunte, dankte ich dem allmächtigen Gott für diesen Augenblick und für die kostbare Zeit, die wir zusammen verbringen werden. Möge Gott, der Herr der Schöpfung und Vater aller Nationen, Island mit Frieden und Wohlstand segnen. Möge er Ihnen und Ihren Kindern weiterhin den Wunsch eingeben, alles Schöne, Edle und Wahre hochzuhalten.
Viele Jahrhunderte lang ließ Island Besucher, die von weither zu dieser Insel kamen, Anteil haben an der Schönheit seiner Natur und seinen althergebrachten ruhmvollen, von Edelmut gekennzeichneten Traditionen.
Ich bin Ihrer Exzellenz Frau Präsidentin der Republik, Ihnen, Herr Ministerpräsident und den Regierungsmitgliedern für die freundliche Einladung und den herzlichen Empfang dankbar, die diesem soeben eingetroffenen Besucher Ihres Landes zuteil geworden sind. Mein Besuch in Island ist Ausdruck meines persönlichen Interesses und meiner hohen Achtung für Ihr Land und für seine Stellung innerhalb der Familie der Nationen. Ja, Island hat aufgrund des reichen geistigen Erbes, das in den Ihnen von den Ahnen überlieferten Schätzen der Dichtkunst und „Sagas“ seinen Ausdruck findet, einer Welt viel zu sagen, die sich danach sehnt, von der Wahrheit inspiriert zu werden und eine Gesellschaft aufzubauen, in der Gerechtigkeit, Friede und eine allumfassende Harmonie herrschen.

2. Wie Sie wissen, bin ich nach Island gekommen, um meinem Amt als Bischof von Rom zu entsprechen. Innerhalb der katholischen Kirche wurde mir die Aufgabe anvertraut, die Gemeinschaft der Ortskirchen in der Einheit von Glauben, Hoffnung und Liebe aufzubauen. Diese Aufgabe führte mich in viele Länder und zu vielen Völkern in aller Welt, bin ich doch bestrebt, meinen Brüdern und Schwestern im Glauben zu dienen und für Jesus Christus, „den Sohn des lebendigen Gottes“ (*Mt* 16,16), Zeugnis zu geben. Im Lauf dieses Pastoralbesuches bei der Kirche in Island werde ich gemeinsam mit Bischof Jolson, den Priestern und Ordensleuten der Diözese Reykjavik und mit der ganzen katholischen Gemeinde beten. Bei der Liturgiefeier unserer Kirche werden wir Gott für das Geschenk des Glaubens und für die vielen Segnungen, die er uns zuteil werden ließ, preisen und danken.
Außerdem gilt mein Pastoralbesuch der Förderung der guten Beziehungen, die sich zwischen den Katholiken Islands und den Mitgliedern der anderen kirchlichen Gemeinschaften entwickelt haben. Trotz aller tragischen Spaltungen, welche die Christen seit langer Zeit uneins machen, müssen wir alle, in Treue zum Willen des Herrn, bestrebt sein,

Werkzeuge seiner Versöhnung zu sein, indem wir die Einheit des Geistes wahren durch den Frieden, der uns zusammenhält (vgl. *Eph* 4,3). Hier in Island wird der Name Christi seit tausend Jahren verkündet. In Thingvellir, wo die Kirche Christi ihre ersten Wurzeln in Island schlug, werde ich mich im Gebet mit unseren Brüdern und Schwestern aus der lutherischen Kirche und den anderen kirchlichen Gemeinschaften zusammenfinden. Wir wollen Gott für alles Empfangene danken und für den Frieden Islands und für die geistliche Gesundheit seines ganzen Volkes beten.

3. Heute sind sich – in Island und in aller Welt – Männer und Frauen guten Willens mehr und mehr der Notwendigkeit eines dauernden Friedens unter den Völkern und Nationen bewußt. Es ist ihnen klar, daß dieser Friede nur die Frucht einer gerechten wirtschaftlichen und sozialen Ordnung sein kann. Angesichts neuer Formen von Gewalt und Unterdrückung sehnen sie sich nach dem Tag, an dem sich alle Nationen einer gesicherten Freiheit und alle Männer und Frauen einer gerechten Teilhabe an den Gütern dieser Welt erfreuen werden. In ihrer Sorge um die Welt, in der ihre Kinder leben werden, haben sie im Materialismus eine Gefahr erkannt, der selbst die Umwelt opfern würde, um einen unfruchtbaren materiellen Fortschritt zu erreichen.
Island und sein Volk haben einer Welt, die sich immer mehr nach Stabilität, Harmonie und Frieden sehnt, viel zu sagen. Aber es nimmt auch die eigene Unsicherheit wahr und weiß um die schicksalsschweren Entscheidungen, die zu treffen es schon jetzt beginnen muß. Die tausendjährige Geschichte Ihres Landes hat Ihnen eine Sicht vermittelt, die einer vom Verlust ihrer eigenen Seele bedrohten Welt noch immer etwas zu geben hat. Liebe Freunde, ich ermutige Sie, weiterhin zu den Traditionen zu stehen, die Sie empfangen haben (vgl. *2 Thess* 2,15). Bleiben Sie den hohen Werten treu, die Ihre christliche Geschichte und Ihr Leben als Volk geformt haben. Diese Werte sind Islands größter Reichtum und bieten die sicherste Gewähr für Ihre Zukunft und für die Zukunft der Welt. Sie haben die Macht, Sie bei Ihrem Bemühen um den Aufbau dessen, was mein Vorgänger Paul VI. „die Zivilisation der Liebe“ nannte, zu beseelen und zu unterstützen, beim Aufbau einer Gesellschaft, die auf echte Solidarität, auf die Hinwendung zu den Nöten aller und auf die Achtung für die Schwachen und die zu ihrer Verteidigung Unfähigen gegründet ist.

4. Liebes Volk Islands, die Botschaft, die ich allen Völkern anläßlich meiner Besuche verkünde, ist immer wieder die gleiche: es ist die Botschaft der Gnade und des Friedens, die von Gott dem Vater und dem Herrn Jesus Christus kommt (vgl. *Röm* 1,7). Diese Botschaft beseelte Ihre Ahnen und orientierte Ihr Wachstum als Volk im Lauf der Jahrhunderte. Möge sie weiterhin in Ihrem Leben, Ihren Familien und den Herzen Ihrer Kinder reiche Früchte tragen! Möge sie Sie zur Treue den edelsten Traditionen Islands gegenüber veranlassen und Sie in allem leiten, was Sie einer Welt zu geben haben, die sich nach der Kenntnis der Wahrheit sehnt, nach jener Wahrheit, die allein uns frei machen kann (vgl. *Joh* 8,32).
Gott segne Island! Gott segne Sie alle!

Das Evangelium zur Seele der Nation machen

Ansprache bei dem Treffen mit Priestern, Ordensleuten und Laien in Reykjavik (Island) am 3. Juni

Lieber Bischof Jolson!
Meine Brüder und Schwestern in Christus!

1. Am Beginn meines Pastoralbesuches in Island mache ich mir die Worte des hl. Paulus zu eigen: „Gnade sei mit euch und Friede von Gott, dem Vater, und dem Herrn Jesus Christus" (*2 Thess* 1,2). Ich grüße meinen Bruder im Bischofsamt, Bischof Jolson, und die hier versammelten Priester, Ordensleute und Laien. Ich danke euch für eure Anwesenheit und für euer warmherziges Willkommen.
Island erfreut sich einer langen christlichen Tradition. Die Wurzeln der katholischen Kirche reichen zurück in das Jahr 1000, als die Gesetzgebende Versammlung (das Althing) das Christentum annahm. Schon vor diesem denkwürdigen Tag war die Saat des „neuen Lebens" durch die mutigen Bemühungen der frühesten Siedler ausgesät worden. Bis herauf in unsere Tage ist der christliche Glaube in Island mit Beharrlichkeit und mit einem kirchlichen Geist gelebt worden, der sich nicht leicht unterdrücken läßt. Wenn ihr auch gering seid an Zahl, so gebt ihr doch ein kraftvolles Zeugnis beharrlichen Glaubens, eines unbezähmbaren Willens und einer Standfestigkeit, die aus der Bekanntschaft mit Christus kommt.

2. Ich möchte nun direkt zu meinen Brüdern im Priesteramt sprechen. Ich möchte rundheraus unterstreichen, daß euer Dienst des Wortes und des Sakramentes unentbehrlich für das christliche Leben des Volkes Gottes in Island ist. Als Männer, die Christus lieben und an seinem Wort festhalten, könnt ihr darauf vertrauen, daß er und der Vater zu euch gekommen sind und bei euch wohnen (vgl. *Joh* 14,23). Ihr müßt eurerseits in Christus bleiben durch eine persönliche Heiligkeit, die in einem immer mehr vertieften geistlichen Leben verwurzelt ist. Da ihr ja in persona Christi handelt, wenn ihr die Eucharistie und die anderen Sakramente feiert, werdet ihr ihn zum Zentrum eures Priesterlebens machen wollen, zum Zentrum alles dessen, was ihr seid und tut. Mit dem hl. Paulus müßt ihr sagen: „Nicht mehr ich lebe, sondern Christus lebt in mir" (*Gal* 2,20).
Das kulturelle und gesellschaftliche Umfeld von heute fordert von seiten der Priester eine umfassende Ausbildung in der Lehre. Das ist wesentlich, wenn ihr die christliche Lehre in Zusammenarbeit mit eurem Bischof wirksam verkündigen wollt. Ständige Weiterbildung stellt sicher, daß ihr den Glauben der Kirche in seiner ganzen Vollständigkeit, „zur rechten Zeit und zur Unzeit", in Erwiderung auf die vielen Fragen unserer Tage darlegt. Sie wird euch auch helfen, euer Verständnis des Priestertums und eure Liebe zu ihm zu vertiefen. Durch ernsthaftes Studium werdet ihr dazu aufgefordert, das Licht zu suchen, in eurer Kenntnis der Glaubensgeheimnisse zu wachsen und um die Weisheit zu beten, die nur vom Heiligen Geist kommen kann.
Schließlich bitte ich euch, Berufungen zum Priestertum in Island zu fördern und um sie zu beten. Junge Männer werden großmütig auf diesen edlen Ruf antworten, wenn sie

durch euren Glauben, euer Engagement und eure Ausdauer inspiriert werden. Sie werden auf die Herausforderung des Priestertums antworten, wenn sie Christus in heiligmäßigen und gläubigen Priestern sehen. Fürchtet euch nicht, hochherzige junge Männer einzuladen – sie persönlich anzusprechen –, ihr Leben in den Dienst des Herrn zu stellen. Laßt sie durch das Beispiel eures eigenen Priesterlebens erkennen, welche Freude es ist, heute in Island Priester Christi zu sein.

3. Ich möchte mich auch an die anwesenden Ordensfrauen wenden: Euer Leben ist ein Zeichen für alle Menschen, auch für die, die nicht an Gott glauben, daß ihr euch etwas Besonderem geweiht habt. Für gläubige Menschen ist euer Gelübde der Keuschheit, der Armut und des Gehorsams ein Geschenk, das Christus seiner Kirche gemacht hat. Innerhalb des gesamten Volkes Gottes seid ihr zu einer besonderen Weihe berufen worden, die „in der Taufweihe wurzelt und diese voller zum Ausdruck bringt" (vgl. *Perfectae caritatis*, Nr. 5). Indem ihr auf den Ruf Gottes mit tiefer und freier Selbsthingabe antwortet, fordert ihr andere zu einer Antwort auf das Reich Gottes auf, das schon in unserer Mitte zugegen ist. Durch die Gnade Gottes könnt ihr zeigen, was es bedeutet, sich selbst zu einer vollkommenen Gabe zu machen, wie Jesus es gegenüber dem Vater tat.
Vom Anfang des kirchlichen Lebens in Island an haben gottgeweihte Männer und Frauen einen bedeutenden Beitrag zur menschlichen und christlichen Entwicklung der Nation geleistet. An einem Zeitpunkt der Geschichte gab es in Island neun Klöster des Benediktiner- und des Augustinerordens und zwei Benediktinerinnenkonvente. Viele der Meisterwerke isländischer Literatur wurden in jener Zeit geschaffen, und so war das kulturelle und künstlerische Erbe dieses Landes mit der Präsenz der Klöster verknüpft. Diese Ausgießung des Geistes offenbarte sich auch in der Sorge um die Kinder, die Kranken und die Alten, eine Tradition, die heute von den St.-Josefsschwestern, den Franziskanerinnen Missionarinnen Mariens, den Karmelitinnen und den Barmherzigen Schwestern fortgesetzt wird, die sich der Krankenpflege und der Kindererziehung widmen.

In deutscher Sprache sagte der Papst:

Heute möchte ich meine aufrichtige Dankbarkeit den St.-Josefsschwestern bekunden, die ihr Apostolat auf dieser Insel mit der Gründung eines Pflegeheimes für Kranke begonnen haben; zuerst für die Fischer in Faskruösfjöröur. Dann errichteten sie das erste Hospital Islands.
Durch euch, liebe Schwestern, haben viele Menschen zum Glauben an Gott gefunden; durch eure liebende Sorge sind verhärtete Herzen umgewandelt worden. Auch nach eurem Ausscheiden aus dem aktiven Dienst setzt ihr euer apostolisches Wirken durch Gebet und Opfer fort. Ich grüße euch alle von Herzen: Euch, die ihr hier anwesend seid, aber auch euch, die ihr krank seid. Von Herzen versichere ich euch meines beständigen Gebets mit meinem besonderen Apostolischen Segen.

In französicher Sprache sagte der Papst:

Ich richte einen herzlichen Gruß an die Franziskanerinnen Missionarinnen Mariens, die sich so hochherzig der Krankenpflege und der Ausbildung der Kinder widmen. Im Namen der Kirche danke ich euch für eure Anwesenheit in Stykkisholmur, in Reykjavik und jetzt auch in Hafnarfjöröur. Ihr habt die Freude des hl. Franziskus geerbt! Er kannte kein größeres Glück, als sich den materiell oder geistig Armen zu widmen. Wenn ihr euer franziskanisches Charisma von der Tiefe her lebt, seid ihr in der Lage, die zu erreichen, die trotz des Überflusses an Gütern dieser Welt verängstigt und unbefriedigt bleiben. Durch euer gottgeweihtes Leben und durch die Dienste, die ihr leistet, führt ihr euren Nächsten zu Christus, dem Quell des Lebens und Quell der Freude, einer Freude, die niemand nehmen kann (vgl. *Joh* 16,22).

In polnischer Sprache fuhr der Papst fort:

Euch, liebe Schwestern Karmelitinnen, danke ich von Herzen für eure Gebete, euer Opfer und eure hingebungsvolle Arbeit. Durch das Schweigen, das aufmerksame Hören auf das Wort Gottes und eine besondere Verehrung der Eucharistie werdet ihr zu Werkzeugen des Heils wie Maria in Einheit mit ihrem göttlichen Sohn. Ihr legt das beredte Zeugnis eines der Einsamkeit, dem Gebet und der Buße geweihten Lebens ab. Kontemplative Schwestern, ihr habt einen bevorzugten Platz im Leben der Kirche. Ich bete innig darum, daß viele Jugendliche in eurem Leben jene Freude entdecken, die die Frucht der vollkommenen Hingabe an Christus ist.

In englischer Sprache sagte der Papst abschließend:

4. Schließlich möchte ich an alle anwesenden Laien ein besonderes Wort richten. Wie ich schon vorher gesagt habe, ist Beharrlichkeit das Charakteristikum isländischen Lebens und Glaubens! Der Bauer und der Fischer kämpfen gegen die Naturkräfte und müssen oft große Hindernisse überwinden. Wir stehen am Vorabend eines Ehrentages für die isländischen Seeleute und ihre Familien – und sie alle verstehen, was Mut und Beharrlichkeit bedeuten.

Beharrlichkeit und Treue von seiten aller ist stark gefordert, um den Sendungsauftrag der Kirche zu erfüllen. Da ist die immerwährende Aufforderung, die Gemeinschaft der Glaubenden aufzubauen und den Glauben besonders durch gutes Beispiel als echte Nachfolger Christi an die jungen Menschen weiterzugeben. Da ist die Aufforderung, sittliches Leben in Übereinstimmung mit dem Evangelium aufrechtzuerhalten. Isländische Katholiken sind aufgerufen, einen positiven christlichen Beitrag zur Gesellschaft zu leisten, wie ihre Vorfahren es vor ihnen getan haben. Wie euer Nationalheld, Bischof Jon Arason, seid ihr aufgerufen, auf eure katholische Identität zu bauen und in allem, was ihr sagt und tut, euren Gehorsam gegenüber Christus erkennen zu lassen.

In dieser großen Aufgabe habt ihr, die gläubigen Laien Islands – Eltern, Alleinlebende und Kinder – eine wesentliche Rolle zu spielen. Das jüngste nachsynodale Apostolische Schreiben sprach ausführlich über eure Würde als Laien und die Fruchtbarkeit eurer Berufung (vgl. *Christifideles laici*, Nr. 5). Unter anderem machte es deutlich, daß die Spezifizität des Lebensstandes der Laien im Weltcharakter besteht. Eure Berufung bezeugt in der Kirche den Stellenwert der irdischen Wirklichkeiten im Heilsplan Gottes (vgl. *ebd.*, Nr. 55).

Die Anliegen Ehe, Familie, Arbeit und Heim, die Verantwortlichkeiten im gesellschaftlichen, politischen, kulturellen und wirtschaftlichen Leben – keines dieser Gebiete ist dem Ruf zur Heiligkeit fremd, den ihr von Gott erhalten habt. Und diese Realitäten entfremden euch auch nicht eurer Teilnahme am Sendungsauftrag der Kirche. Die Herausforderung für uns alle ist die Erneuerung des gesellschaftlichen Lebens durch das Evangelium. Diese Aufgabe der Neu-Evangelisierung ruft jeden von uns zu tieferer Liebe zu unserem Glauben und zu dessen tieferer Kenntnis wie auch zu einem stärkeren Engagement, ihn anderen zu bringen: „Jeder ist berufen, ständig zu wachsen in der Intimität mit Jesus Christus, im Einvernehmen mit dem Willen des Vaters, in der Hingabe an die Brüder in der Liebe und der Gerechtigkeit" (*Christifideles laici*, Nr. 60).
Ein besonderes Grußwort möchte ich auch an die jungen Leute richten, die bald das Sakrament der Firmung empfangen: Liebe junge Menschen: Die Firmung wird euch enger an Christus und die Kirche binden. Ihr werdet gestärkt mit den Gaben des Heiligen Geistes, damit ihr anderen in der Gemeinschaft, besonders denen eurer eigenen Generation, das Zeugnis des Glaubens bringt. Erinnert euch daran: Christus ruft euch, seine Freunde zu sein, und die Kirche braucht jeden von euch, um die Frohe Botschaft von der Erlösung anderen zu bringen.

5. Meine lieben Freunde, Priester, Ordensschwestern und Laien: Ich bitte dringend alle Katholiken in Island und alle an Christus Glaubenden, zusammenzuarbeiten, um die Botschaft des Evangeliums Jesu Christi zur Seele eurer Nation zu machen, zu ihrer Inspiration und Stärke, ihrem Licht und ihrem Maßstab. Auf diese Weise wird Gott verherrlicht, und alle Bürger Islands werden ihrem tiefsten Streben nach dem, was wahr und gut, was den Einsatz des Menschenlebens und seiner ewigen Berufung wert ist, Genüge leisten.
Die Herausforderung des christlichen Lebens ist anspruchsvoll, aber wir wissen aus unserem Glauben, daß „für Gott nichts unmöglich ist" (*Lk* 1,37). Christi Gnade und Liebe werden nicht fehlen. Verliert nie den Mut, denn gerade in eurer Schwachheit wird sich Gottes Kraft erweisen (vgl. *2 Kor* 12,9). Durch seinen Geist werdet ihr sagen können: „Wenn ich schwach bin, dann bin ich stark" (*2 Kor* 12,10). Wenn ihr die Lasten des Tages oder der Jahre spürt, dann wißt, daß Christus da ist, euch mit der Gnade eurer christlichen Berufung zu unterstützen.
Euch allen, die ihr das Evangelium Christi durch eure Beharrlichkeit in Glaube, Hoffnung und Liebe verkündet, erteile ich von Herzen meinen Apostolischen Segen.

Öffentlich Zeugnis für Christus ablegen

Ansprache beim Ökumenischen Gebetsgottesdienst in Thingvellir (Island) am 3. Juni

Liebe Brüder und Schwestern!

1. Thingvellir. Das Nationalheiligtum ist für immer mit der christlichen und bürgerlichen Geschichte Islands verbunden, und ich bin mir wohl der besonderen Bedeutung bewußt, an diesem Ort unseren ökumenischen Gebetsgottesdienst halten zu dürfen.
„Höfum allir ein lög og einn sid“ (Wir alle besitzen ein einziges Gesetz und eine einzige Religion).
Hier, in „All Men's Chasm“, in Almanagja, traf Thorgèir Lhosvetningagodi diese Entscheidung nach der 24stündigen „Vigil of the cloak“. Damals, vor fast 1000 Jahren, wurde Island christlich.
Frau Präsident, ich danke Ihnen für Ihre Präsenz bei diesem besonderen Ereignis, das zugleich ein Beitrag zu den großen Stunden der Geschichte Ihres Landes ist.
Bischof Jolson sowie Brüder und Schwestern im katholischen Glauben, ich grüße euch alle erneut in der Liebe unseres Herrn Jesus Christus.
Ihnen, Bischof Plétur Sigurgeirsson, möchte ich ein besonderes Wort des Dankes sagen für alles, was Sie getan haben, um die Bedeutung dieses Ereignisses als Ausdruck der Freundschaft und christlichen Liebe zu unterstreichen. Ihre Anwesenheit gilt mir viel, und ich grüße Sie in unserer Gemeinsamkeit, die wir durch Christus haben. Herzlich begrüße ich auch Sie, Bischof Olafur Skulason, und ich wünsche Ihnen alles Gute in dem neuen Dienstamt, das Sie bald übernehmen werden.
In der Gnade Gottes und im Frieden Jesu Christi begrüße ich diese ökumenische Versammlung. Gemeinsam mit euch, meinen katholischen und lutherischen Brüdern und Schwestern, danke ich dem Vater für die Frohbotschaft unseres Heiles durch unsere Taufe und unseren Glauben an Jesus Christus.

2. Die christliche Religion kam nach Island durch Missionare, die den eben aus dem *Matthäusevangelium* gehörten Worten Christi entsprochen haben: „Geht zu allen Völkern und macht alle Menschen zu meinen Jüngern; tauft sie auf den Namen des Vaters und des Sohnes und des Heiligen Geistes, und lehrt sie, alles zu befolgen, was ich euch geboten habe“ (*Mt* 28,19–20). Eure Vorfahren haben auf diese Aufforderung geantwortet, indem sie Christus annahmen und sich um den Aufbau einer Gesellschaft bemühten, die auf seiner Lehre beruht. Es begann eine großartige Zeit der Religion, Kultur und Heiligkeit, so daß die Worte des Psalmisten es gut ausdrücken können, was dann durch den Glauben Jahrhunderte hindurch geschah: „Herr, du warst unsere Zuflucht von Geschlecht zu Geschlecht“ (*Ps* 90,1).
Mehr als 500 Jahre später kamen die Spaltungen, die das christliche Europa erschütterten, auch nach hier. Es begann eine schmerzliche Zeit der christlichen Geschichte, und ihre Auswirkungen halten bis heute an. Der standhafte Bischof Jon Arason widerstand dem Trend, der sich im isländischen Glauben und seiner Kultur bemerkbar machte, und gab für seine Glaubensauffassung sein Leben. Von Natur aus zart, zeigte er doch den ty-

pischen Mut des Isländers, des Kirchenmanns und Bischofs, als er in Sklaholt sein Blut vergoß.
Doch die Veränderungen wurden angenommen. Auch im neuen Kontext dienten viele Isländer dem Herrn in Heiligkeit und waren hochherzig in Werken der Liebe und Barmherzigkeit im Sinn des Evangeliums. Um nur ein Beispiel zu erwähnen: der große *Hallgrimur Petersson* rief die Nation durch seine Passionshymnen zum Herrn. Ein von ihm verfaßtes Gebet spricht gut die geistlichen Hoffnungen und Kämpfe vieler Menschen auch unserer Zeit aus: „Oft glaube ich nicht – du kennst mich, Herr, an meinen Irrtum geklammert denke ich nicht an Dein Wort. Jetzt aber möchte ich in Wahrheit deinem Rat folgen und gehorchen, zurückkehren von meinen unrechten Wegen. Gib mir, ich bitte dich, deine Gnade."

3. Der Christenheit des Westens wurden tiefe Wunden zugefügt, Wunden, die immer noch nicht geheilt sind. Wir müssen beharrlich auf dem Weg der Einheit weitergehen, nicht aus Nützlichkeitsgründen, sondern weil dies der erklärte Wille Christi ist, „des Hauptes der Kirche, die sein Leib ist" (vgl. *Eph* 5,23).
Wichtig ist der Gedanke, daß Lutheraner, Katholiken und andere Christen im Verlauf der Jahrhunderte weiterhin vieles gemeinsam haben. Durch die Taufe sind wir alle in den gekreuzigten und verherrlichten Christus einverleibt. In der Lesung, die wir eben gehört haben, wendet sich der *hl. Paulus an die Korinther*, erkennt die Tatsache an, daß sie mit ihm in einem und demselben Glauben vereint sind und erinnert sie daran, daß sie „in der Taufe in einen einzigen Leib aufgenommen wurden ... und alle wurden mit dem einen Geist getränkt" (*1 Kor* 12,13). Die Taufe begreift als der Anfang des Heiles in jedem einzelnen eine innere Dynamik in sich, die „auf die Erlangung der Fülle des Lebens in Christus hinzielt" (*Unitatis redintegratio*, Nr. 22). Sie ist daher „hingeordnet auf das vollständige Bekenntnis des Glaubens, auf die völlige Eingliederung in die Heilsveranstaltung, wie Christus sie gewollt hat, schließlich auf die vollständige Einfügung in die eucharistische Gemeinschaft" (*ebd.*). Die vor uns liegende Aufgabe besteht darin, Schritt für Schritt die Hindernisse für diese Gemeinschaft zu überwinden und gemeinsam auf die Einheit der einen Kirche hin zu wachsen, eine Einheit, mit der Er sie am Anfang beschenkt hat. Die Ernsthaftigkeit der Aufgabe verbietet rasches oder ungeduldiges Vorgehen, doch die Pflicht, dem Willen Christi zu entsprechen, verlangt, daß wir entschlossen auf dem Weg zum Frieden und zur Einheit unter allen Christen ausharren.
Wir wissen, daß nicht wir selbst die Wunden der Spaltung heilen und die Einheit wiederaufrichten können – wir sind Werkzeuge, die Gott verwenden kann. Die Einheit unter den Christen wird Gottes Geschenk sein in jener Stunde, die seine Gnade vorgesehen hat. In Demut streben wir diesem Tag entgegen, indem wir in der Liebe, in gegenseitigem Vergeben und Vertrauen wachsen.

4. Während wir die christlichen Grundlagen Islands hochschätzen, schauen wir in die Zukunft. Wir erblicken am Horizont das Heraufkommen eines neuen Jahrtausends, von dem uns nur noch ein Jahrzehnt trennt. Der übereilte Schritt des modernen Lebens zeigt, daß diese Nation und tatsächlich die ganze Welt vor neuen Herausforderungen steht, da

wir uns dem 21. Jahrhundert nähern. Entwicklungen im wirtschaftlichen und politischen Leben und neue Möglichkeiten in den Wissenschaften vom Leben rufen euch zu einer weisen Unterscheidung der Wahrheiten und Werte auf, die in euren besten Überlieferungen vorliegen. Es sind Wahrheiten und Werte, die entschlossen festgehalten werden müssen, wenn die geistige Freiheit und das echte Wohlergehen künftiger Generationen von Isländern gewahrt werden sollen.
Das Familienleben ist bereits tiefgreifend von den Wandlungen betroffen, und nicht immer im guten Sinn. Das traditionelle Heim war in Island immer eine Schule des Glaubens, der Liebe und der sittlichen Unterweisung. Sein Geist zeigt sich in einer Geschichte, die euer lieber verstorbener *Pater Jon Svensson* aus der Gesellschaft Jesu geschrieben hat, den ihr gern „Pater Nonni" nennt. Nonnis Mutter sagt ihm in schlichten Worten Lebewohl, die das Herz eurer Überlieferungen treffen: „Bleib brav", sagt sie, „und vergiß Gott nicht." Tatsächlich stehen die Familien aber unter neuem und schwerem Druck, dem man nur mit neuer und tieferer Achtung vor Leben und Liebe gewachsen ist. Wesentlich ist ein erneuertes Bewußtsein vom Primat der moralischen Werte sowie ein Bedenken des letzten Sinns des Lebens und seiner transzendenten Bestimmung.
In diesem wichtigen Punkt können alle Christen sehr viel gemeinsam tun. Ich ermuntere euch, weiter beim Herausarbeiten der tieferen Fragen eurer Gesellschaft gemeinsam vorzugehen und diese Fragen mit der Weisheit des Evangeliums zu beantworten.

5. Die durch gewisse Wandlungen im sozialen und Familienleben aufgekommenen Unsicherheiten und Verwirrungen rufen uns drei Prioritäten in Erinnerung. Sie sind ihrer Natur nach pastoral und stimmen vollkommen überein mit der Entscheidung für das Christentum, die hier vor tausend Jahren getroffen wurde. Diese Prioritäten haben für die Christen aller Zeiten und Zonen große Bedeutung.
Die erste Priorität lautet: Unser Leben als Christen muß fest in Christus verwurzelt sein. Er ist der „Fels unseres Heils" (*Ps* 94,22), „der Weg und die Wahrheit und das Leben" (*Joh* 14,6). Island erkannte dies im Jahre 1000 an, und Island ist aufgerufen, diesen Glauben in unserer Zeit zu erneuern. Es ist bezeichnend, daß dem Befehl Jesu an seine Jünger, zu allen Völkern zu gehen und sie zu lehren, unmittelbar seine Verheißung folgt: „Ich bin bei euch alle Tage bis zum Ende der Welt" (*Mt* 28,20). Ja, „Jesus Christus ist derselbe gestern, heute und in Ewigkeit" (*Hebr* 13,8). Mitten in allem Wandel bleibt Christus unsere feste Hoffnung. Niemand soll meinen, die Botschaft des Christentums wäre irgendwie gegen den menschlichen Fortschritt oder gegen die berechtigten Bestrebungen der Menschheit nach Wahrheit, Freiheit und Gerechtigkeit gerichtet. Verspricht das *Johannesevangelium* nicht die Erfüllung dieser Bestrebungen im tiefstmöglichen Sinn, wenn es verkündet: „Der Sohn bleibt für immer ... Wenn euch also der Sohn befreit, dann seid ihr wirklich frei" (*Joh* 8,35–36)?
Die zweite Priorität lautet: weil wir in Christus verwurzelt sind, müssen wir auch öffentlich für ihn Zeugnis ablegen. Es gehört zur inneren Natur des Christseins, zu evangelisieren, das Wort Gottes, sei es gelegen, oder sei es nicht gelegen (vgl. *2 Tim* 4,2), zu verbreiten und durch unsere Lebensweise das Evangelium sowohl in Zeiten der Ruhe als auch in Zeiten der Unruhe zu bezeugen. Vor allem in Zeiten, in denen sich die Zivilisation im

Übergang befindet und neue weltliche Werte aufzukommen scheinen, braucht die Menschheit die Verkündigung des Evangeliums von Gottes Liebe zu uns in Christus, die Frohbotschaft, daß, „als wir noch Sünder waren, Christus für uns gestorben ist. Daher sind wir nun ... mit Gott versöhnt" (*Röm* 5,8–10). Gerade jetzt ist es für alle Christen an der Zeit, mit Nachdruck vom großen Werk der Versöhnung Zeugnis zu geben, das Gott für uns durch Christus vollbracht hat.

Die dritte Priorität liegt in unserer Verantwortung für die Einheit. Liegt es nicht auf der Hand, daß jene, die Christus bezeugen, „durch den wir jetzt schon die Versöhnung empfangen haben" (*Röm* 5,11; vgl. *2 Kor* 5,18–20), auch untereinander versöhnt sein müssen? Daher dürfen wir die ökumenische Aufgabe nicht mißachten. In diesem vorwiegend lutherischen Land möchte ich meine Ermunterung für den internationalen Dialog aussprechen, der nun zwischen dem Lutherischen Weltbund und dem Päpstlichen Rat für die Förderung der Einheit der Christen in Gang ist und die historischen und lehrhaften Schwierigkeiten, die zwischen Lutheranern und Katholiken ein Hindernis bildeten, zu löschen sucht. Wir wollen diese Bemühungen unterstützen und um ihren Erfolg beten.

6. Es ist wahr, daß die Welt vor neuen Aufgaben steht. Doch das Evangelium Jesu Christi ist unsere Hoffnung. Für Christen ist eine Zeit des Wandels keine Zeit der Furcht, sondern eine Zeit des Aufbaus, eine Zeit, allen die Frohbotschaft vom Heil zu bringen. Das Jahrzehnt vor uns bis zum Beginn des dritten christlichen Jahrtausends bietet den Christen dieser berühmten Nation von Forschern, tüchtigen Seefahrern, abgehärteten Bauern und einsatzbereiten Männern und Frauen eine große Gelegenheit zum gemeinsamen Zeugnis für das Evangelium, in Antwort auf die tiefsten Bedürfnisse der Gesellschaft.

Können wir uns hier in „All Men's Chasm", Almanagja, nicht ein Jahrzehnt vorstellen, in dem isländische Katholiken und Lutheraner gemeinsam bei der Meisterung der Aufgaben unserer Zeit vorgehen? Ein von Gebet getragener Dialog kann klären helfen, was ihr gemeinsam habt, und wo Unterschiede und Spaltungen liegen. Ihr könnt einander besser verstehen lernen, um auf der echten, wenn auch unvollkommenen Gemeinschaft, die bereits aufgrund ihrer Taufe und des Glaubens an Christus bei den Christen vorliegt, weiterzubauen.

Möge dieses Podium – das eigens zur Kennzeichnung dieser historischen Begegnung errichtet wurde – als ein Symbol für eure Entschlossenheit dastehen, Hand in Hand zu gehen als Brüder und Schwestern im einen Herrn.

7. Eure Vorfahren haben dem Herrn die Ehre gegeben und ihr Leben auf ihn hin ausgerichtet. Unter den Formen, wie sie Gott im Verlauf der Jahrhunderte gepriesen haben, befand sich auch ihre besondere Verehrung für Maria, die Mutter des Erlösers. Generation um Generation bekamen Kinder ihren Namen „Maria". Unsterblichkeit hat diese Verehrung in der Maria Saga gewonnen. Das Marienlied Lilja, 1350 entstanden, verkündet Mariens Lob. *Stefan fra Hvitadal* reflektierte diese Verehrung, wenn er schrieb: „Lystu theim Hédan / Er lokast bra / Heilaga Gudsmodir / Himnum fra."

Wenn die Kirche heute das Fest des unbefleckten Herzens Mariens feiert, ziemt es sich für mich, sie um ihre Fürbitte für euch und für Island zu bitten. Mögen die Gebete der seligen Mutter unseres Herrn Jesus Christus euch immer begleiten!

Liebe Brüder und Schwestern! Ich danke euch für euren Willkommensgruß und für diese Stunde des Gebetes, die wir zusammen in Thingvellir verbracht haben. „Die Gnade unseres Herrn Jesus Christus sei mit euch allen!" (*2 Thess* 3,18). Amen.

Eucharistie schließt allen Reichtum ein

Predigt bei der Eucharistiefeier in Reykjavik (Island) am 4. Juni

„Herr ... ich bin nicht würdig, daß du eingehst unter mein Dach" (vgl. *Lk* 7,6).

Liebe Brüder und Schwestern!

1. Das sind vertraute Worte. Wir sprechen sie bei jeder Teilnahme an der Messe vor der hl. Kommunion. Heute werden sie hier in Reykjavik, in Island wiederholt, bei dieser feierlichen Versammlung, die sich in Glaube und Liebe zur Feier der Eucharistie mit dem Bischof von Rom, dem Nachfolger des Apostels Petrus, zusammengefunden hat.

In isländischer Sprache wandte sich der Papst an die Kinder und Jugendlichen:

Liebe Kinder, diese Worte werden heute von denen wiederholt, die zum ersten Mal die hl. Kommunion empfangen. Es ist dies ein feierlicher Augenblick in eurem Leben. Für mich ist es eine sehr große Freude, hier in Island sein und euch die erste hl. Kommunion spenden zu können. Ihr seid nun so weit, daß ihr an der Eucharistie teilnehmen könnt. Möget ihr immer die Liebe Christi für so wichtig halten, wie ihr das heute tut!
Euch, den Kindern und Jugendlichen Islands, vertraue ich das Kreuz an, das ich soeben gesegnet habe und das die Pfadfinder in ihrem Lager von Ulfjótsvatn zur Erinnerung an meinen Besuch aufstellen werden. Es wird euch tausend Jahre christlichen Lebens ins Gedächtnis rufen und euch daran erinnern, daß ihr Erben dieses Glaubens seid. Tut euer Bestes! Lebt den Glauben voll und ganz! Das ist der Aufruf des Papstes an die Jugend Islands.

Zur englischen Sprache zurückkehrend, fuhr der Papst fort:

Diese feierliche Eucharistie, Gedächtnis des Erlösertodes unseres Herrn Jesus Christus, gilt dem Gedenken von tausend Jahren christlicher Geschichte Islands. Mit Dankbarkeit erinnern wir uns derer, „die uns vorangegangen sind, bezeichnet mit dem Siegel des Glaubens": angefangen von den ersten, in den Sagas erwähnten Einsiedlern des neunten Jahrhunderts, die wahrscheinlich aus Irland gekommen waren, über den ersten isländischen Bischof Isleifur Gissurarson bis zum heiligmäßigen Bischof Thorlakur Thorhallsson. Wir gedenken eures Nationalhelden Bischof Jon Arason, des Jesuiten Pater Jon Svensson und Gunnar Einarssons, der wie Simeon den Herrn erwartete und einen Monat nach der Rückkehr seines Sohnes Johannes Gunnarsson, des ersten isländischen Bischofs unserer Zeit, starb, sowie vieler anderer, die zu zahlreich sind, als daß man sie namentlich anführen könnte. Sowohl die Katholiken als auch die Lutheraner können auf die Treue von Männern und Frauen aufrichtigen und entschlossenen Glaubens zurückblicken, die in diesem Land für Christus Zeugnis ablegten. Christus ist das Licht der Nationen, das Licht dieser nordischen Länder, die ich besuche, das Licht Islands! Ihm sei Lob in alle Ewigkeit!

2. Christus selbst hat uns die Eucharistie geschenkt. Er schenkte sie uns ein für allemal, als er sich selbst am Kreuz „für das Leben der Welt" hingab. Er setzte ja beim Letzten Abendmahl das Sakrament seines Leibes und Blutes unter den Gestalten von Brot und Wein ein und trug den Aposteln auf, dieses Gedenken zu erneuern – „zu seinem Gedächtnis" – bis zu seiner Wiederkunft. Christus selbst schenkte ihnen – und uns – seinen Leib als Speise und sein Blut als geistlichen Trank.
Die Eucharistie, die immer wieder in der Kirche gefeiert wird, ist gleichzeitig Opfer und Mahl. Sie schließt allen geistlichen Reichtum der Kirche in sich: Christus selbst in der Fülle seiner Menschheit und in seiner wunderbaren, dem Vater gleichen Gottheit. Sie ist der wahre Mittelpunkt der Versammlung der Gläubigen, bei der der Priester den Vorsitz führt (vgl. *Presbyterorum ordinis*, Nr. 5). Das II. Vatikanische Konzil stellt unmißverständlich fest, daß keine christliche Gemeinde entstehen kann, wenn sie nicht die Eucharistie als Grundlage und zum Mittelpunkt hat, muß doch jede Erziehung zur Gemeinschaft von ihr ausgehen (vgl. *Presbyterorum ordinis*, Nr. 6). So stellt das Konzil auch mit Entschiedenheit fest, daß die Kirche auf die vorzüglichste Weise sichtbar wird in der vollen und aktiven Teilnahme des heiligen Volkes Gottes an der Eucharistie, bei der der Bischof den Vorsitz führt, umgeben von seinen Priestern und Amtsträgern (vgl. *Sacrosanctum Concilium*, Nr. 41). Das ganze übrige kirchliche Leben ist auf diese Feier hingeordnet.
Es ist mir daher eine große Freude, an diesem Sonntag, im Lauf meines Besuches in Island, diese heiligste aller Gaben mit der katholischen Gemeinde feiern zu können: mit Bischof Jolson und den Priestern, die hier ihren Dienst verrichten, mit den Ordensleuten und Laien und im Beisein der geliebten lutherischen Brüder und Schwestern, die diesen Augenblick des Gebetes mit uns verbringen wollten.
Es wurde mir gesagt, daß heute „Seemannssonntag" ist, weshalb im ganzen Land besondere Gebete für die auf See Tätigen verrichtet werden.
Wir wollen derer gedenken, die in der Ausübung dieses traditionellen isländischen Berufes, der so viel Mühe, Mut und Ausdauer erfordert, verschollen sind oder verwundet wurden. Möge Gott mit den Seelen der Verstorbenen Erbarmen haben und die Opfer des freigebigen, aber manchmal so grausamen Meeres trösten.

3. Die Worte, „Herr ... ich bin nicht würdig" (*Lk* 7,6) wurden zum ersten Mal von einem römischen Hauptmann gesprochen, also von einem Mann, der als Soldat im Land Israel diente. Obwohl Fremder und Heide, liebte er das Volk Israel und hatte ihm – wie im Evangelium berichtet – sogar eine Synagoge, ein Bethaus gebaut (vgl. *Lk* 7,5). Die Juden unterstützten daher nachdrücklich die Bitte um die Heilung seines Dieners, die er an Jesus richtete. Als Antwort auf die Bitte des Hauptmanns machte sich Jesus auf den Weg

zu seinem Haus. Aber da sagte der Hauptmann, der ihm eine Mühe ersparen wollte, zu ihm: „Herr, bemüh dich nicht! Denn ich bin es nicht wert, daß du mein Haus betrittst. Deshalb habe ich mich auch nicht für würdig gehalten, selbst zu dir zu kommen. Sprich nur ein Wort, dann muß mein Diener gesund werden" (*Lk* 7,6–7). Christus erfüllte den Wunsch des Hauptmanns, war jedoch „erstaunt" über seine Worte und sagte zu der Menge, die ihm folgte: „Nicht einmal in Israel habe ich einen solchen Glauben gefunden" (*Lk* 7,9).

4. Wenn wir vor dem Empfang der hl. Kommunion die Worte des Hauptmanns wiederholen, so deshalb, weil sie Ausdruck eines kraftvollen und tiefen Glaubens sind. Die Worte sind einfach, enthalten jedoch in gewissem Sinn die Grundwahrheit, die besagt, wer Gott und wer der Mensch ist: Gott ist allheilig, ist der Schöpfer, der uns das Leben schenkt und alles im Weltall Bestehende erschaffen hat. Wir sind seine Geschöpfe und auch seine Kinder, die infolge ihrer Sünden der Heilung bedürfen.
In einer hochentwickelten Gesellschaft, wie sie die eure ist, wo jeder genug zu essen hat, wo Bildung und Gesundheitsfürsorge allen zur Verfügung stehen und ein hoher Grad sozialer Gerechtigkeit erreicht wurde, verliert man leicht den Schöpfer aus den Augen, aus dessen liebender Hand alle Dinge hervorgehen. Es ist leicht, so zu leben, als ob es keinen Gott gäbe. Eine solche Haltung übt tatsächlich starke Anziehungskraft aus, da die Anerkennung Gottes als Anfang und Ende aller Dinge den Eindruck einer Beeinträchtigung der menschlichen Unabhängigkeit und einer unannehmbaren Begrenzung des menschlichen Handelns erwecken könnte. Wenn wir jedoch Gott vergessen, verlieren wir bald den tieferen Sinn unseres Daseins aus den Augen und wissen so nicht mehr, wer wir sind (vgl. *Gaudium et spes*, Nr. 36). Besteht nicht darin ein bedeutender Teil des Unbefriedigtseins, das in der hochentwickelten Gesellschaft so sehr verbreitet ist?
Ist es nicht für unser psychologisches und gesellschaftliches Wohlbefinden grundlegend, Gottes Stimme in der wundervollen Harmonie des Weltalls zu vernehmen? Ist es nicht befriedigend, anzuerkennen, daß die Stabilität, die Wahrheit, die Güte und Ordnung, die der menschliche Geist mehr und mehr im Kosmos entdeckt, ein Widerschein der Einheit, Wahrheit, Güte und Schönheit des Schöpfers selbst ist?
Eine radikale Herausforderung, der die Menschheitsfamilie am Ende des zwanzigsten Jahrhunderts gegenübersteht, ist der weise und verantwortungsbewußte Gebrauch der Reichtümer der Erde, nämlich in Respektierung der Begrenzungen, denen diese Reichtümer zwangsläufig unterliegen. Ein solcher Gebrauch kommt der Achtung vor dem Willen des Schöpfers gleich. Hinsichtlich der menschlichen Angelegenheiten betrifft diese Herausforderung den Aufbau einer Welt der Gerechtigkeit, des Friedens und der Liebe, in der ohne jede Diskriminierung das Leben und die gleiche Würde jedes Menschen verteidigt und unterstützt werden. Wenn man das tut, anerkennt man das Antlitz Gottes in jedem menschlichen Antlitz und ganz besonders in den Tränen und Leiden derer, die geliebt oder gerecht behandelt werden wollen.
Kein einzelner Mensch kann alle Probleme der Welt lösen, doch ist jeder Akt der Güte ein wichtiger Beitrag zu den Veränderungen, die wir alle miterleben möchten. Von tiefem Gerechtigkeitssinn erfüllt, nahm Einar Asmundsson den notleidenden Priester Baudoin,

einen Fremden, in sein Haus auf. Dieser Akt zog Folgen nach sich, die weit über alles hinausreichten, was Einar Asmundsson selbst sich vorstellen konnte. So ist es mit all unseren guten Werken: sie sind ein Sieg der Gerechtigkeit, des Friedens und der Menschenwürde. Unsere Selbstsucht und unser Mangel an moralischem Mut verursachen das Fortdauern und sogar die Verschärfung der Ungerechtigkeit in der Welt.

5. Die Worte des Hauptmanns sind die Stimme des Geschöpfes, das die Großmut und Güte seines Schöpfers preist. Tatsächlich enthalten diese Worte das ganze Evangelium; die ganze Frohbotschaft. Sie legen Zeugnis für jene wundervolle Gabe ab, die Gott selbst ist und die im Wort des Lebens ihren Ausdruck findet. Gott gewährt dem Menschen ein absolut unverdientes Geschenk – die Teilhabe an seiner göttlichen Natur. Er gibt seinen Geschöpfen das ewige Leben in Christus. Der Mensch wird von Gott begnadigt.

Der Glaube des römischen Hauptmanns war groß. Er wußte, wie sehr er mit Christus selbst beschenkt, von ihm „begnadigt“ worden war. Er verdiente eine solche Gabe nicht; sie übersteigt alles, was er als gewöhnlicher Mensch hätte erreichen oder auch nur wünschen können. Diese Gabe ist wahrhaft übernatürlich, und das Wunder an ihr ist, daß sie uns die Verwirklichung unserer geheimsten Wünsche ermöglicht: das ewige Leben in inniger Gemeinschaft mit Gott, der Quelle alles Guten. In der Eucharistie haben wir an dieser Gabe auf sakramentale Weise Anteil. Die Eucharistie ist das Gedächtnis des Leidens und Todes Jesu; sie erfüllt uns mit Gnade und ist Unterpfand unserer künftigen Herrlichkeit. Im Glauben müssen wir unablässig unsere Dankbarkeit für die göttliche Gabe erneuern.

In Christus, der göttlichen Gabe, wird die Gabe des Evangeliums, die Gabe der Eucharistie jedem zuteil. Alle sind eingeladen, Glieder der Gemeinschaft jener zu werden, „die mit uns im Glauben verbunden sind“ (*Gal* 6,10). In der Kirche gibt es keine Fremden. Auch wer aus einem fernen Land, aus weiter Ferne kommt, ist in der Kirche zu Hause. Das berichtet uns heute die erste Lesung aus dem *Buch der Könige*; bei der Weihe des Tempels in Jerusalem betet Salomo: „Dann werden alle Völker der Erde deinen Namen erkennen“ (*1 Kön* 8,43). Trotz rassischer, nationaler, sprachlicher und kultureller Unterschiede sind alle dazu berufen, auf gleiche Weise an der Einheit und Gemeinschaft des Volkes Gottes teilzuhaben. Während wir nur zu gut wissen, daß die Geschichte uns Christen Trennungen und Unterschiede hinterlassen hat, die es uns unmöglich machen, gemeinsam an der Eucharistie teilzunehmen, beten wir flehend, es möge der Augenblick kommen, in dem sich das Gebet Christi restlos erfüllt: „Alle sollen eins sein ... damit die Welt glaubt“ (*Joh* 17,21).

6. „Lobet den Herrn, alle Völker, preist ihn, alle Nationen! Denn mächtig waltet über uns seine Huld, die Treue des Herrn währt in Ewigkeit“ (*Ps* 117,1–2).

Heute singt die Kirche überall diese Worte, wo immer Christen zur Feier der sonntäglichen Eucharistie versammelt sind, genau so wie wir hier auf dieser nordatlantischen Insel, in Island! Und das Wort des Hauptmanns wird in vielen verschiedenen Sprachen wiederholt: „Herr, ich bin nicht würdig ...“. Diese Worte sprechen ebenso wie die des *Psalms* von den Gaben, die Gott jedem von uns geschenkt hat: unser Leben, unsere Fami-

lie, die Leistungen unserer Gesellschaft, unseren Glauben und – die größte aller Gaben Gottes – seinen eingeborenen Sohn Jesus Christus.
„Herr ... ich bin es nicht wert, daß du mein Haus betrittst ... Sprich nur ein Wort, dann muß mein Diener gesund werden" (*Lk* 7,6).
Herr Jesus Christus! Ich danke dir, daß du es mir ermöglicht hast, das Geheimnis des Glaubens hier in Island zu verkünden, inmitten deines gläubigen Volkes, mit jenen, die dich in Kürze zum ersten Mal auf sakramentale Weise empfangen werden, mit der ganzen katholischen Gemeinde und in Anwesenheit meiner lutherischen Brüder und Schwestern.

Der Papst beschloß seine Ansprache mit einem kurzen Segenswunsch in isländischer Sprache:

Ich danke euch für euren herzlichen Empfang und wünsche euch und allen Isländern die Fülle des göttlichen Segens.

Heile Wunden der Trennung

Angelus in Reykjavik (Island) am 4. Juni

Liebe Schwestern und Brüder!

Während wir diese Liturgie beenden, ruft uns die gewohnte Stunde des Angelus zum Gebet vor Maria, der Mutter Jesu und unserer Mutter. Wir haben heute die Worte des Hauptmanns gehört und wiederholt: „Herr, ... ich bin es nicht wert, daß du mein Haus betrittst" (*Lk* 7,6). Bei der Verkündigung empfand Maria ein ähnliches Gefühl der Unwürdigkeit, aber sie nahm Gottes Willen an und sagte „Fiat" – „Mir geschehe, wie du es gesagt hast" (*Lk* 1,38). Ihr vertraue ich alle Völker hier in Island und in den nordischen Ländern an.
Unsere Liebe Frau, Helferin der Christen, du weißt, wie innig die Menschen des Nordens in den Augenblicken der Freude, Sorge und Angst zu dir rufen:

- Die Fischer rufen zu dir, Stern des Meeres!
- Die Menschen unterwegs flehen um deine Fürsprache, Unsere Liebe Frau am Wege!
- Die Eltern bitten dich, ihre Kinder zu schützen und zu führen, Mutter des guten Rates!
- Die Soldaten der nordischen Länder, die in den Friedenstruppen der Vereinten Nationen Dienst tun, rufen dich an, Königin des Friedens!

Heilige Maria, blick heute freundlich auf jedes Haus. Erlange den Familien die Freude und Harmonie, die das Haus von Nazaret erfüllten. Vereinige die Eltern in treuer Liebe und segne alle Kinder. Hilf den jungen Menschen, Christus hochherzig und getreu zu antworten. Lehre alle den Wert des Verzeihens und der brüderlichen Liebe.
O Mutter der Barmherzigkeit, tröste die Alten und Kranken. Hilf den Verwundeten und Behinderten. Stehe denen bei, die an Krebs, Aids oder anderen unheilbaren Krankheiten

leiden. Schenke Hoffnung und neuen Mut all jenen, die Angst haben, deprimiert, verlassen oder unerwünscht sind.
Rühre die Herzen all derer, die den Glauben verloren haben. Rufe sie nach Hause zurück. Sag ihnen, daß der Vater sie liebt und sie mit offenen Armen erwartet. Sag ihnen, daß die Kirche sie braucht!
Unsere Liebe Frau des Nordens, stärke die Bischöfe, Priester und Ordensleute dieser Länder. Mögen sie voll des Eifers und Mitleids sein und immer ein authentisches Zeugnis für das Reich Gottes ablegen. Schau voll Liebe auf all unsere christlichen Schwestern und Brüder. Heile die Wunden der Trennung. Hilf uns, daß wir uns eines Tages der Einheit erfreuen.
Mutter Gottes, du bist die Krone unserer Menschheit! Breite deinen Mantel der Liebe über uns aus, damit auch wir in allen Dingen sagen: „Fiat" – Gottes Wille geschehe!

Evangelium weist Wege zu echtem Frieden

Ansprache bei der Begegnung mit dem Präsidenten der Republik Finnland in Helsinki am 4. Juni

Herr Präsident,
werte Regierungsmitglieder,
meine Damen und Herren!

1. Zu Beginn meines Pastoralbesuchs in Finnland möchte ich meiner Dankbarkeit für diese Begegnung Ausdruck geben. Indem ich Sie, Herr Präsident Koivisto und die Regierungsmitglieder begrüße, möchte ich meinen sehr herzlichen Gruß allen Bewohnern Finnlands übermitteln. Ich hatte großes Verlangen nach diesem Besuch, da ich sehr wohl um die Verbundenheit weiß, die seit langer Zeit zwischen Ihrer Nation und dem Heiligen Stuhl besteht. Der erste Wunsch, den ich an Finnland und sein Volk richte, soll in diesen einfachen Worten des Psalmisten zum Ausdruck kommen: „Friede wohne in deinen Mauern, in deinen Häusern Geborgenheit" (*Ps* 122,7).
Mein Besuch in Finnland gilt einem für seine Liebe zur Unabhängigkeit und sein Eintreten für die Sache des Friedens bekannten Volk. Euer Einsatz für den Frieden und das Selbstbestimmungsrecht der Völker ist sehr nachhaltig, wurde er doch lange Zeit hindurch im Feuer des Leides erprobt. Der Kampf Finnlands um seine Unabhängigkeit hat seine Spuren nicht nur in der Erinnerung an die für die Freiheit durchgestandenen Schwierigkeiten hinterlassen, sondern auch in der Entschiedenheit und der Zähigkeit, mit der Sie unmittelbar nach den Zerstörungen des Krieges eine moderne, wohlhabende Gesellschaft aufgebaut haben. Die Stärke Finnlands entspringt nicht seinem materiellen Wohlstand, sondern seinem festen und unerschütterlichen Vertrauen in die Ideale, die Sie im Lauf der Ereignisse Ihrer Geschichte geleitet haben.
Gerade diesen geistlichen Reichtum möchte ich heute in Erinnerung rufen. In einer Welt, die sich nach der Befreiung vom Schreckgespenst des Krieges und der andauernden Feind-

schaft zwischen den einzelnen Nationen sehnt, hat Finnland ein Wort mitzureden. Ihre Kämpfe um Unabhängigkeit und Selbstbestimmung in diesem Jahrhundert haben zur Formung Ihres Volkscharakters beigetragen. Die Treue zu den Idealen, welche diese Kämpfe bestimmen, ist der Schlüssel zum Verständnis nicht nur des ständigen Wachstums der finnischen Nation, sondern auch ihrer zukünftigen Beiträge für die Gemeinschaft der Nationen.

2. Wie Sie wissen, Herr Präsident, gehörte der Heilige Stuhl zu den ersten Mitgliedern der internationalen Gemeinschaft, welche die Unabhängigkeit Finnlands anerkannten. Später, als der zweite Weltkrieg seinen Höhepunkt erreichte, nahmen der Heilige Stuhl und die Republik Finnland diplomatische Beziehungen auf. Die folgenden Jahre festigten unsere guten Beziehungen und unsere tatsächliche Zusammenarbeit im Dienst einer ausdrücklich auf Gerechtigkeit, Frieden und echter Entwicklung der Völker beruhenden internationalen Ordnung weiterhin. Ich hoffe sehr, Herr Präsident, daß all diese Bemühungen auch in Zukunft der Förderung des Wohls jedes einzelnen Menschen und aller Nationen und Völker dienen werden.
Die Gegenwart des Heiligen Stuhles innerhalb der internationalen Gemeinschaft unterstreicht die grundlegende Bedeutung der Werte des Geistes, die alle echten Bemühungen um den Fortschritt der Sache des Friedens und der Achtung vor der Würde des Menschen inspirieren und zusammenhalten. Finnland legt nicht nur mit seinen Bemühungen auf dem Gebiet der Diplomatie, sondern auch mit seinen Beiträgen auf dem der Künste und der Literatur ein bemerkenswertes Zeugnis für diese Werte ab und fördert die Entwicklung der Wissenschaften. Diese aktive und wertvolle Präsenz hat Ihre Wertschätzung des menschlichen Geistes erhöht und diente somit einem besseren Verständnis unter den Völkern. In diesem Zusammenhang erinnere ich gerne an die engen Beziehungen, die zwischen dem finnischen Institut in Rom und dem Vatikan bestehen. Ich bin überzeugt, daß diese Zusammenarbeit weiterhin einen fruchtbaren Austausch hervorrufen und zu unserer gegenseitigen Kenntnis der Vergangenheit ebenso wie zur Vorliebe für die Kunstschätze beitragen wird, die Menschen aller Zeiten hervorgebracht haben.
Grund für meinen Pastoralbesuch ist mein Wunsch, als Bischof von Rom die Bande kirchlicher Gemeinschaft zu stärken, die zwischen den Katholiken Finnlands und dem Apostolischen Stuhl bestehen. Mein Amt verpflichtet mich dazu, das Evangelium Jesu Christi zu verkünden und mit meiner Hirtensorge allen Kirchen nahe zu sein (vgl. *2 Kor* 11,28). Mein Wunsch ist es, der Glaubensvertiefung der Katholiken Finnlands zu dienen, damit sie immer besser verstehen, zu welcher Hoffnung Christus sie berufen hat, wie reich die Herrlichkeit seines Erbes und wie überragend groß seine Macht ist, die sich an denen erweist, die an ihn glauben (vgl. *Eph* 1,18–19).
Morgen werde ich in der Kathedrale von Turku am ökumenischen Gebet für die Einheit aller Christen teilnehmen. Auch das ist ein bedeutsamer Augenblick meiner Pilgerfahrt nach Finnland. Die ökumenische Bewegung, die sich um die Überwindung aller Trennungen unter jenen bemüht, die an Christus glauben, ist wahrhaft ein Zeichen des Wirkens der göttlichen Gnade in unserer Zeit.

Ich danke meinen Mitchristen, meinen Brüdern und Schwestern im Herrn für die freundliche Einladung, mit ihnen am Grab des hl. Heinrich zu beten. Dabei hoffe ich, daß die Bande der Gemeinsamkeit, die sich zwischen der katholischen Kirche einerseits und der lutherischen und der orthodoxen Kirche andrerseits entwickelt haben, durch diesen Pastoralbesuch eine weitere Stärkung erfahren.
Als Freund Finnlands bin ich zu allen Bewohnern dieses Landes, zu den Glaubenden und den Nichtglaubenden gekommen. Die Botschaft, die ich bringe, das Evangelium, das zu verkünden ich beauftragt bin, möchte die Herzen aller Männer und Frauen berühren. Es hat die Macht, alles Edle im Geist des Menschen zu erwecken und zu beleben und die Wege zu einer Welt echten Friedens und wahren Fortschritts zu weisen. Jahrhundertelang hat es die Anschauungen und das Gewissen des finnischen Volkes gestaltet. In unseren Tagen kann es denen, die nach der Wahrheit suchen und eine von Gerechtigkeit, Harmonie und weltumspannender Solidarität gekennzeichnete Gesellschaft aufbauen wollen, sichere Führung bieten.
Herr Präsident, werte Damen und Herren! Bei diesem ersten Besuch eines Bischofs von Rom in Finnland gilt mein Gebet der Erweiterung und Fortführung der guten Beziehungen zwischen Ihrem Land und dem Heiligen Stuhl. Mögen Ihre Bemühungen um den Aufbau einer menschlicheren Gesellschaft und um das Wohl Ihres Volkes stets in den hohen ethischen und gesellschaftlichen Grundsätzen verwurzelt sein, die zu Finnlands wertvollstem Erbe zählen.
Möge der allmächtige Gott, der Urheber des Friedens und Quelle alles Guten ist, Finnland und sein Volk mit immerwährendem Frieden segnen.

Papstamt – Fortdauer des Petrusamtes

Ansprache beim Ökumenischen Wortgottesdienst in Turku (Finnland) am 5. Juni

„Nicht ihr habt mich erwählt, sondern ich habe euch erwählt und dazu bestimmt, daß ihr euch aufmacht und Frucht bringt und daß eure Frucht bleibt“ (*Joh* 15,16).

Liebe Brüder und Schwestern!

1. Diese Worte unseres Herrn und Erlösers Jesus Christus erinnern uns daran, daß unsere Jüngerschaft ein Geschenk ist, sie ist ein Werk der Gnade. Die geistliche Fruchtbarkeit unseres Lebens ist das Ergebnis eines Auftrags, den wir vom Herrn erhalten haben; ihm gehören wir an wie die Reben dem Weinstock, und getrennt von ihm können wir nichts vollbringen (vgl. *Joh* 15,5).
Heute sind wir in dieser alten Kathedrale von Turku als Jünger Christi zusammengekommen, um den Vater im Heiligen Geist zu verherrlichen. Es ist ein freudiger Anlaß, denn unter uns spüren wir die Gegenwart des auferstandenen Herrn, der uns versprochen hat, er werde dort zugegen sein, wo immer sich zwei oder drei in seinem Namen versammeln (vgl. *Mt* 18,20). Es ist auch ein Anlaß für uns, über sein Gebet nachzudenken, daß wir,

seine Jünger, „alle eins sein sollen, ... damit die Welt glaubt" (*Joh* 17,21). Das stellt eine besondere Herausforderung dar, denn beim Hören auf das Wort Gottes werden wir daran erinnert, daß seine Jünger auf der ganzen Welt nicht eins sind. Trotz des Gebetes, das Jesus für uns gesprochen hat, bleiben wir auf mehrfache Weise gespalten und schleppen die Last jahrhundertelanger Trennung und Feindschaft mit uns. Gleichwohl hat Christus, der sich zur Rechten von Gottes Thron gesetzt hat (vgl. *Hebr* 12,2), uns nicht verlassen. Wir wissen, daß er auch jetzt lebt, um für uns einzutreten (vgl. *Hebr* 7,25), und sein Wille, daß wir alle eins seien, fordert die Kirche auf ihrem Pilgerweg durch die Geschichte fortwährend heraus. Wenn wir als seine Jünger den Willen des Herrn tun und so den Vater verherrlichen sollen, müssen wir gemeinsam daran arbeiten, die Hindernisse niederzureißen, die uns so lange getrennt haben. Wir müssen versuchen, die Streitfragen zu lösen, die uns gespalten haben, und müssen miteinander, als Reben des einen Weinstocks, in dem Leben wachsen, das wir von Christus empfangen haben.

2. Ich danke heute in Turku Christus für dieses ökumenische Treffen und für die wachsende Gemeinschaft unter seinen Jüngern, die es sinnbildlich darstellt. Als Ihr Gast freue ich mich ganz besonders über diesen Augenblick des gemeinsamen Gebetes mit Ihnen. Ich bin zutiefst dankbar, Herr Erzbischof Vikström, für Ihre freundliche Einladung und Ihnen allen, meine Brüder und Schwestern im Herrn, für das warmherzige Willkommen, das Sie mir bereitet haben.
In diesen letzten Jahrzehnten sind in den Diskussionen über die Glaubenslehre und in der seelsorglichen Zusammenarbeit unter den Christen bedeutende Fortschritte gemacht worden. Auf einer noch tieferen Ebene haben wir auch ein wachsendes Bewußtsein jener Elemente des apostolischen Erbes bezeugt, die wir trotz unserer Spaltungen immer noch gemeinsam bewahren. Diese von allen festgehaltenen Elemente unseres gemeinsamen Erbes sollten uns dazu anregen, „alle Last und die Fesseln der Sünde abzuwerfen ... [und] mit Ausdauer in dem Wettkampf zu laufen, der uns aufgetragen ist" (*Hebr* 12,1). Sie helfen uns zu erkennen, daß das, was wir miteinander teilen, als ein Geschenk Gottes zu denen kommt, die er berufen hat, eins zu sein. In diesem Zusammenhang möchte ich bei diesem ersten Besuch eines Bischofs von Rom in Finnland zu Ihnen über das Papstamt sprechen, das ich empfangen habe und das ich innerhalb der Gemeinschaft der katholischen Weltkirche ausübe (vgl. *Lumen Gentium*, Nr. 23).

3. Wer bin ich? Wie Sie alle bin ich ein Christ und habe in der Taufe die Gnade empfangen, die mich mit Jesus Christus, unserem Herrn, verbindet. Durch die Taufe bin ich Ihr Bruder in Christus.
Außerdem bin ich ohne jedes Verdienst meinerseits zum Priestertum berufen und für den Dienst des Wortes, die Feier der heiligen Eucharistie und die Vergebung der Sünden geweiht worden. Später bin ich in meiner Heimat Polen zum Bischof geweiht worden und habe die Berufung erhalten, die Fülle des Priestertums in der pastoralen Sorge für das Volk Gottes auszuüben. Schließlich war es Gottes Plan für mich, mit dem besonderen Dienstamt des Bischofs von Rom, Nachfolger des Petrus, beauftragt zu werden, in dem – nach katholischer Lehre – der Herr „ein immerwährendes und sichtbares Prinzip und

Fundament der Glaubenseinheit und der Gemeinschaft eingesetzt" hat (vgl. *Lumen Gentium*, Nr. 18).
Der Glaube der katholischen Kirche sieht das Dienstamt des Papstes als die Fortdauer des Petrusamtes. Meine Pflicht als Bischof von Rom verlangt, daß ich mich sowohl um die Ortskirche von Rom als auch um die Universalkirche kümmere. In einer besonderen Weise habe ich die „Sorge für alle Gemeinden", von der der hl. Paulus spricht (vgl. *2 Kor* 11,28), als Erbe erhalten und ich vertraue darauf, daß mir die Gnade Christi bei dieser Aufgabe hilft.
Als Nachfolger des Petrus predige ich keine andere Botschaft als das Evangelium, die Gute Nachricht von der Liebe Gottes, wie sie in den Worten Jesu Christi geoffenbart ist: „Wie mich der Vater geliebt hat, so habe auch ich euch geliebt. Bleibt in meiner Liebe!" (*Joh* 15,9). Ich verkünde den Namen Jesu Christi, „des Urhebers und Vollenders unseres Glaubens" (*Hebr* 12,2). Ich lege Zeugnis dafür ab, daß Christus um unseres Heiles willen das Kreuzesleiden erduldet und uns sein Beispiel hinterlassen hat, damit wir nicht ermatten und den Mut nicht verlieren (vgl. *ebd.*, 12,2–3).

4. Als Nachfolger des Petrus bin ich auch verpflichtet, für die Einheit aller Jünger Christi zu arbeiten. Während die Christen in vielen Punkten noch getrennt sind, können wir doch alle darin übereinstimmen, daß die Suche nach der christlichen Einheit vor allem in Christus verwurzelt sein muß. Jesus selbst sagte: „Ich bin der Weinstock, ihr seid die Reben. Wer in mir bleibt und in wem ich bleibe, der bringt reiche Frucht; denn getrennt von mir könnt ihr nichts vollbringen" (*Joh* 15,5). Der Bezugspunkt für alle Kirchen und kirchlichen Gemeinschaften ist unser Herr Jesus Christus und die apostolische Kirche, die er gegründet hat, diese Gemeinschaft von Jüngern, die er während und unmittelbar nach seinem irdischen Leben ins Dasein gerufen hat. Für die katholische Kirche stellt die bedingungslose Treue zum Willen Christi, wie er in der apostolischen Kirche und ihrer Tradition erscheint, den eigentlichen Grund unserer Existenz dar.
Weil der Ökumenismus die Einheit in Christus durch den Heiligen Geist zum Ruhm des Vaters sucht, muß er auch auf das Gebet gegründet sein. In diesem Zusammenhang, Herr Erzbischof Vikström, erinnere ich daran, wie Sie im Januar 1985 zusammen mit dem verstorbenen Erzbischof Paavali von der Orthodoxen Kirche in Finnland und Bischof Verschuren von der katholischen Kirche mich in Rom besucht haben. Sie kamen, um eine Kapelle in der Kirche Santa Maria sopra Minerva für die Benutzung durch die in Rom lebenden Finnen aus verschiedenen Kirchen einzuweihen. Das war eine sehr greifbare Darstellung des Wertes gemeinsamen ökumenischen Gebets.

5. Die Anwesenheit von Beobachtern anderer christlicher Kirchen und christlicher Gemeinschaften wie des Lutherischen Weltbundes beim Zweiten Vatikanischen Konzil gab den ökumenischen Beziehungen, die sich seitdem entwickelt haben, kraftvollen Antrieb. Außer der Wichtigkeit des Gebets lehrte das Konzil die Bedeutung der persönlichen Bekehrung des Geistes und des Herzens wie auch der Erneuerung der Kirche selbst für die Förderung der christlichen Einheit (vgl. *Unitatis redintegratio*, Nr. 6–8). Es wollte eine Erneuerung im Hinblick auf die Predigt des Wortes Gottes, die Katechese, die Liturgiere-

form, das Laienapostolat und viele andere Gebiete des kirchlichen Lebens. Es rückte das Mysterium der Kirche in den Vordergrund unserer Aufmerksamkeit und hat auf diese Weise unsere Entschlossenheit gestärkt, den Weg zur Einheit aller Christen zu gehen. Die Einheit, die wir suchen, kann nur auf die Einheit im Glauben gegründet werden. Der theologische Dialog, bei dem jeder mit dem anderen auf der Ebene der Gleichheit spricht (vgl. *Unitatis redintegratio*, Nr. 9), bleibt unentbehrlich für das Streben nach Gemeinschaft im Glauben in Treue zur apostolischen Tradition. Hier möchte ich ein Wort der Wertschätzung für die Arbeiten sowohl des internationalen lutherisch-katholischen Dialogs als auch des internationalen orthodox-katholischen Dialogs sagen. Beide Kommissionen haben bedeutungsvolle Stellungnahmen erarbeitet. Zu geeigneter Zeit müssen diese Stellungnahmen von den Kirchen selbst studiert werden, um zu erkennen, wie weit uns der Dialog der Glaubenseinheit entgegengebracht hat. Inzwischen ist es meine Hoffnung, daß die Forschung weitergeht und sich immer mehr auf die Realität der Kirche selbst konzentriert. Das Ziel, nach dem wir streben, ist unerreichbar für Menschen allein, aber für den, der im Gehorsam gegenüber den Worten des Herrn betet, ist nichts unmöglich.
Während ich vom Dialog spreche, möchte ich die Gelegenheit ergreifen, der Lutherischen Kirche Finnlands Dankbarkeit für die ökumenische Offenheit auszudrücken, die sie in dieser Hinsicht gezeigt hat. Man hat mir von der Bedeutung ihres Dialogs mit der Russisch-Orthodoxen Kirche und ihres Dialogs mit einigen finnischen protestantischen Gemeinschaften berichtet. Dank spreche ich ebenso der Orthodoxen Kirche von Finnland aus für die Großzügigkeit, mit der sie dem orthodox-katholischen internationalen Dialog Gastfreundschaft gewährt hat, der 1988 in diesem Land, im Kloster Neu-Valamo stattgefunden hat. Alle diese Bemühungen, so können wir hoffen, werden eines Tages dazu führen, daß die apostolische Tradition in ihrer Vollständigkeit von allen Christen geteilt wird.

6. „Wenn ihr in mir bleibt und wenn meine Worte in euch bleiben, dann bittet um alles, was ihr wollt: Ihr werdet es erhalten" (*Joh* 15,7). Liebe Brüder und Schwestern in Christus: Wenn wir dem Willen des Herrn treu bleiben und in Ihm bleiben, dann gibt es keine Spaltung, die seine Gnade nicht heilen, kein Hindernis, das seine Liebe nicht überwinden könnte. Möge uns allezeit sein Heiliger Geist führen, damit alle, die an ihn glauben, wirklich eins seien und damit der Vater verherrlicht werde durch die reiche Frucht, die wir bringen. Amen.

Vertauscht nie die Freiheit

Predigt bei der Eucharistiefeier in Helsinki (Finnland) am 5. Juni

„Jede gute Gabe und jedes vollkommene Geschenk kommt von oben, vom Vater der Gestirne" (*Jak* 1,17).

Liebe Brüder und Schwestern in Christus!

1. In diesem festlichen Gottesdienst feiern wir die Eucharistie Jesu Christi. Vereint mit ihm sagen wir dem „Vater der Gestirne" für „jedes vollkommene Geschenk" Dank. Ich verbinde mich heute mit euch zu dieser großen Danksagung und freue mich in dem Wissen um alle großen Güter der Schöpfung und der Erlösung, mit denen Gott Finnland, eure Heimat und euer Erbe, gesegnet hat. Ich komme als Bruder in Christus und als Nachfolger des Apostels Petrus nach Helsinki, der Hauptstadt eures schönen Landes. Es ist das erste Mal, daß ein Papst seinen Fuß auf finnischen Boden setzt. Auch für dieses Geschenk bin ich tief ergriffen dankbar.

Ich bin glücklich, diese Liturgiefeier mit meinen Brüdern, den Bischöfen, zumal mit Bischof Verschuren feiern zu können, dem ich herzlich zum 25. Jahrestag seines bischöflichen Dienstes gratuliere. Mein herzlicher Gruß gilt den Priestern der Diözese Helsinki sowie allen Ordensmännern und Ordensfrauen, die in Finnland Christi Diener und Dienerinnen sind. Nicht vergessen sei auch ein besonderer Gruß für die Jugendlichen, die heute nachmittag das Sakrament der Firmung empfangen werden, sowie für ihre Eltern, Priester und Lehrkräfte, die durch ihren Unterricht, ihr gutes Beispiel und Gebet sie auf diesen Tag vorbereitet haben. Schließlich heiße ich mit großer Freude die Katholiken willkommen, die von Estland gekommen sind, das seit dem Mittelalter als Marienland, Maarjamaa, bekannt ist.

In finnischer Sprache fuhr der Papst fort:

Der Herr segne das ganze finnische Volk und sein schönes Vaterland! Der Herr schenke euch Gnade und Weisheit, um euer Land mit Liebe und Weisheit aufzubauen, damit eure Jugend mit Vertrauen in die Zukunft blicken kann.

In schwedischer Sprache sagte der Papst:

Schweden, die ihr in Finnland lebt, ich bitte Gott, er möge alle Familien und alle, die Kinder zu erziehen haben, segnen, damit Finnland durch sie sein christliches Erbe und seine wertvollen Traditionen bewahre und imstande sei, sie an die kommenden Generationen weiterzugeben.

Alle Menschen Finnlands – die vom äußeren Süden bis hin zu den abgehärteten Menschen im fernen Norden, den Lappen – rühmen mit Recht ihre Freiheit und Unabhängigkeit nach den Kriegen und Besetzungen der vergangenen Jahrhunderte. Ihr versucht eure Freiheit durch eine demokratische Lebensordnung zu schützen. Zusammengeschweißt durch ein hartes und rauhes Klima, habt ihr eine festgefügte Gesellschaft aufgebaut, in der die Ideale des Friedens, der Gerechtigkeit und Harmonie viel gelten, eine Gesellschaft, die die Bindung nach den besten Überlieferungen finnischer Gelehrter, die man schon vor Jahrhunderten in ganz Europa antreffen konnte, hochschätzt. Ihr habt ferner internationale Anerkennung dafür gefunden, daß ihr anderen bei der Überwindung ihrer Zwistigkeiten und Konflikte geholfen habt. Für all diese Gaben der Natur und der Gnade, die ihr in diesem Land besitzt, danke ich vereint mit euch Gott, dem Vater und Schöpfer von uns allen. Und ich sage aus ganzem Herzen: Gott schütze Finnland!

In finnischer Sprache sagte der Papst:

Iumala varjelkoon Suomea!

In schwedischer Sprache fuhr der Papst fort:

Gud beskydde Finland!

2. Liebe Brüder und Schwestern! Denkt für einen Augenblick an all das, was Gott für uns getan hat. Er hat uns nicht nur nach seinem Bild und Gleichnis geschaffen, uns Leben und Atem und alle Gaben der geschaffenen Welt geschenkt; wie wir heute im *Jakobusbrief* lesen, hat er uns auch „durch das Wort der Wahrheit geboren" (*Jak* 1,18). Dieses „Geborenwerden" erinnert an die Tatsache, daß uns Gott, als wir wegen der Sünde geistlich tot waren, nicht verlassen, sondern uns dem Leben wiedergeschenkt hat. Er hat uns neu geschaffen, so daß wir in diesem Leben heilig und im kommenden für ewig mit ihm glücklich sein können. Wir haben das Geschenk der Adoption als Gottes eigene Kinder bekommen und dürfen sein göttliches Leben teilen.

Diese Gabe der Erlösung wurde vollbracht durch „das Wort der Wahrheit", den ewigen Sohn und unseren Erlöser Jesus Christus. Wie der hl. Petrus deutlich in der Lesung verkündigt, die wir aus der *Apostelgeschichte* gehört haben, ist der gekreuzigte und auferstandene Christus „der Herr aller, ... und jeder, der an ihn glaubt, empfängt durch seinen Namen Vergebung der Sünden" (*Apg* 10,36.43). Dies ist wahrlich die erhabenste Gabe des „Vaters der Gestirne" an die Menschheit und die ganze Schöpfung: er gab seinen Sohn, „das Wort, das Fleisch geworden ist" (*Joh* 1,14), empfangen durch den Heiligen Geist, geboren von der Jungfrau Maria.

Wir wissen ferner, daß Christus vor seiner Himmelfahrt den gleichen Geist seinen Jüngern versprach, „der sein Werk auf Erden weiterführt und alle Heiligung vollendet" (*IV. Eucharistisches Hochgebet*). Am ersten Pfingstsonntag ging diese Verheißung in Erfüllung, als die Apostel im Obergemach in Jerusalem den Heiligen Geist empfingen und sofort die Frohbotschaft vom Heil an Menschen aus allen Nationen zu verkündigen begannen. So ist das große Geschenk der Erlösung – unser Geborenwerden zum göttlichen Leben – ein mächtiges Werk Gottes, des Vaters, des Sohnes und des Heiligen Geistes. Wir müssen es im Glauben entgegennehmen. Wir müssen es leben, und wir müssen es verkünden.

3. Dank der Predigt des Evangeliums, die mit den Aposteln begann, erreichte die Botschaft von Gottes mächtigen Taten vor Generationen Finnland. Wir danken heute auch

dafür, daß zahllose Söhne und Töchter dieser Nation über die Jahrhunderte hin zu neuem Leben durch die Taufe im Namen des Vaters, des Sohnes und des Heiligen Geistes wiedergeboren worden sind. Die jungen Männer und Frauen, die heute gefirmt werden, können auf ihre christlichen Vorfahren zurückblicken, die sich mit Gottes Hilfe um ein Leben im Geist bemüht haben: ein Leben der Liebe, der Freude, des Friedens und der Geduld; ein von Freundlichkeit, Güte, Vertrauenswürdigkeit, Höflichkeit und Selbstbeherrschung gekennzeichnetes Leben. Manche Christen sind als Beispiele der Heiligkeit nur ihren Familien, Nachbarn, Mitarbeitern und Freunden bekannt. Es sind Menschen, die Gott in den gewöhnlichen Verhältnissen des täglichen Lebens verherrlicht haben. Andere sind Gestalten eurer nationalen Geschichte wie der hl. Henrik, der Patron Finnlands, der die Saat des Glaubens ausstreute und Zeugnis für seine Liebe zu Christus gab, indem er sein Blut vergoß; dann der selige Hemming, Bischof von Turku, der als Pilger zu meinem Vorgänger, Papst Clemens VI., kam, um die Botschaft der hl. Birgitta zu übergeben und sich für den Frieden einzusetzen. Sie sind Teil einer Geschichte des Glaubens, die mit denen, die heute gefirmt werden, weitergeht.

In finnischer Sprache fuhr der Papst fort:

Meine lieben Freunde, die ihr nun die Firmung empfangt! Ihr seid bereits wiedergeboren in der Taufe. Jetzt werdet ihr noch enger mit Christus verbunden, gesalbt mit der besonderen Kraft des Heiligen Geistes, des Geistes der Weisheit (vgl. *Lumen Gentium*, Nr. 11). Dies ist ein sehr bedeutsamer Tag für euch als Glieder der Kirche, die euren Beitrag zu ihrer Sendung erwartet. Da der Herr uns beruft, auch die anderen Christen zu ihm zu führen, vertraut er auf eure Hilfe, um die Welt in die Familie Gottes umzuwandeln. Die Worte des *hl. Paulus an Timotheus* lassen sich auch auf euch anwenden: „Niemand soll dich wegen deiner Jugend geringschätzen. Sei den Gläubigen ein Vorbild in deinen Worten, in deinem Lebenswandel, in der Liebe, im Glauben, in der Lauterkeit" (*1 Tim* 4,12). Ihr könnt sicher sein, daß Gott, der gut ist, euch hilft, diesen Auftrag zu einem christlichen Leben zu erfüllen. Die sakramentale Gnade wird euch helfen, zu Christus „ja" zu sagen und „nein" zu dem, was dem Herrn entgegengesetzt ist. Ihr seid imstande, mit Geduld Prüfungen und Versuchungen zu überwinden nach dem Wort des hl. Jakobus: „Keiner, der in Versuchung gerät, soll sagen: Ich werde von Gott in Versuchung geführt. Denn Gott kann nicht in die Versuchung kommen, Böses zu tun, und er führt auch selbst niemand in Versuchung" (*Jak* 1,13).

Die Macht der Finsternis darf nicht unterschätzt werden, aber wir können gewiß sein, sie mit der Hilfe des Herrn zu besiegen, wenn wir täglich bemüht sind, das Gute zu tun und das Böse zu meiden. Gott weist uns immer den Weg, wir brauchen nicht zu verzweifeln. Ich ermahne euch, treu und stark zu sein, damit ihr euch in einer Umwelt, die uns so viel Oberflächliches und Leeres anbietet, nie für die Macht, den Besitz und die Genüsse der Welt entscheidet, die Christus entgegengesetzt sind. Vertauscht nie die Freiheit, die ihr als Kinder Gottes habt, mit der Sklaverei, die vom Egoismus und der Sünde kommt.

4. Liebe Brüder und Schwestern, die ihr um diesen Altar versammelt seid und alle, die ihr meine Stimme hört: „Jede gute Gabe und jedes vollkommene Geschenk kommt von

oben, vom Vater der Gestirne" (*Jak* 1,17). Die Firmung dieser jungen Männer und Frauen heute erinnert jene von uns, die bereits gefirmt sind, an das Versprechen, das wir abgegeben und an die Gaben, die wir von oben empfangen haben. Die Gnaden und Gaben, deren wir uns erfreuen, legen eine ernste Verantwortung auf. Wir müssen gute Verwalter der Gaben der Schöpfung und der Erlösung sein, die Gott über uns ausgegossen hat.
Eine der großen Gaben des Geistes an die Kirche ist die Gabe der Einheit, um die Christus am Vorabend seines Leidens und Sterbens gebetet hat. Wir, die wir in Taufe und Firmung mit dem Heiligen Geist besiegelt wurden, müssen uns fragen, was wir mit dieser Gabe gemacht haben. Können nicht alle Christen gemeinsam die Herausforderung des christlichen Lebens annehmen? Können wir nicht gemeinsam unser Taufversprechen erneuern, „umzukehren und an das Evangelium zu glauben"? (vgl. *Mk* 1,15). Mögen wir als Glieder des einen Leibes Christi gute Verwalter der Gabe der Einheit sein. Wir wollen mit Vertrauen und Hoffnung nach der Wiederherstellung unserer vollen Gemeinschaft Ausschau halten. Auch sie kann uns nur als Gabe des Heiligen Geistes geschenkt werden, als Machttat Gottes, um die wir ringen und beten müssen.
Das Gleichnis des heutigen Evangeliums (vgl. *Lk* 19,11–17) bietet eine wichtige Lehre über das Verwalten. Ein Knecht, dem eine Summe Geld anvertraut ist, vermehrt durch weises Investieren ihren Wert und wird deswegen von seinem Herrn gelobt. Wenn wir wie dieser Knecht „im Kleinsten zuverlässig" sind (vgl. *Lk* 19,17), dann werden auch wir größere, ja die größte aller Gaben erhalten: „Was kein Auge gesehen und kein Ohr gehört hat, was keinem Menschen in den Sinn gekommen ist, das Gott aber denen bereitet hat, die ihn lieben" (*1 Kor* 2,9).

5. Liebe Brüder und Schwestern! Hier in dieser „Weißen Stadt des Nordens", dieser „Tochter des Baltikums", wollen wir unseren Geist und unser Herz zu Gott erheben und ihm danken für all seine Gaben, zumal für die Gabe des Heiligen Geistes, die im Sakrament der Firmung mitgeteilt werden soll.
Wir wollen um das Licht und die Kraft beten, die wir alle brauchen, um „gute Verwalter der vielfältigen Gnade Gottes [zu sein] ... [damit] in allem Gott verherrlicht wird durch Jesus Christus. Sein ist die Herrlichkeit und die Macht in alle Ewigkeit. Amen" (*1 Petr* 4,10–11).

Religionsfreiheit – ein Element des Friedens

Ansprache bei der Begegnung mit der „Paasikivi Gesellschaft" in Helsinki (Finnland) am 5. Juni

Herr Präsident!
Ihre Exzellenzen!
Meine Damen und Herren!

1. Ich möchte Ihnen, Herr Präsident, für Ihre freundlichen Willkommensworte danken. Ich bin glücklich, Sie alle zu begrüßen, sowohl die Mitglieder dieser angesehenen „Paa-

sikivi-Association" als auch die Diplomaten und die angesehenen Persönlichkeiten, die dieses Treffen mit ihrer Anwesenheit ehren. Mein Besuch in dieser Finnlandhalle, in Annahme Ihrer freundlichen Einladung, beabsichtigt, wieder die starke Unterstützung des Heiligen Stuhls für den Prozeß zu zeigen, der an diesem selben Ort am 1. August 1975 auf der Konferenz für Sicherheit und Zusammenarbeit in Gang gesetzt wurde.
Die *Helsinki-Schlußakte*, unterschrieben von den Nationen Europas gemeinsam mit Kanada und den Vereinigten Staaten, muß als eines der bedeutsamsten Instrumente des internationalen Dialogs betrachtet werden. Alle 35 Unterzeichnerstaaten stimmten bei dieser Gelegenheit in einer grundlegenden Tatsache überein, nämlich, daß Frieden nicht allein durch das Niederlegen der Waffen gesichert ist; vielmehr ist Frieden das Ergebnis der Zusammenarbeit sowohl zwischen Individuen als auch zwischen Gesellschaften und das Ergebnis der Respektierung bestimmter ethischer Imperative.
Die berühmten *„Zehn Prinzipien" in der Präambel der Helsinki-Schlußakte* stellen die Basis dar, auf der die Völker Europas, selbst Opfer so vieler Kriege und Trennungen, heute den Frieden festigen und bewahren wollen, so daß künftige Generationen in Harmonie und Sicherheit leben können.

2. Den Autoren der Schlußakte war deutlich bewußt, daß Frieden sehr vergänglich ist ohne die Zusammenarbeit zwischen Nationen und zwischen Individuen, ohne eine bessere Lebensqualität und ohne die Förderung der gemeinsamen europäischen Werte. Darum spricht das *siebte der zehn Prinzipien* von der „Achtung der Menschenrechte" und Grundfreiheiten, einschließlich der Gedanken-, Gewissens-, Religions- oder Überzeugungsfreiheit. Zusätzlich kann man im *dritten Abschnitt*, der auf Initiative des Heiligen Stuhls angenommen wurde, lesen, daß die teilnehmenden Staaten, ich zitiere: „die Freiheit des Individuums anerkennen und achten, sich allein oder in Gemeinschaft mit anderen zu einer Religion oder einer Überzeugung in Übereinstimmung mit dem, was sein Gewissen ihm gebietet, zu bekennen und sie auszuüben".
Indem so die Achtung der Religionsfreiheit als ein Element der Friedensgrundlage in Europa anerkannt wurde, blieb die Schlußakte nicht nur dem geistigen Erbe Europas – seit seinen Ursprüngen durchdrungen von der christlichen Botschaft – treu, sondern spiegelte auch eine Überzeugung der katholischen Kirche – und vieler anderer Gläubiger – wider, nämlich, daß das Recht von Individuen und Gemeinschaften auf gesellschaftliche und staatsbürgerliche Freiheit in Angelegenheiten der Religion einen der Pfeiler darstellt, die das Gebäude der Menschenrechte tragen.
Exzellenzen, meine Damen und Herren: bei der Helsinki-Konferenz vertraten die Verhandelnden das Prinzip, daß Gläubige, die sich aufgrund ihres Glaubens diskriminiert fühlen oder die feindliche Reaktionen fürchten, wenn sie ihren Glauben ausüben, nicht mit ganzem Herzen an dem Aufbau der Gesellschaft teilnehmen können, in der sie leben. Wenn grundlegende Menschenrechte und Freiheiten unterdrückt werden, ist die soziale Harmonie einer ganzen Nation gestört. Dies behindert die Arbeit am Frieden.
Aber die Autoren der Schlußakte begriffen noch einen anderen Aspekt der Religionsfreiheit, einen auf dem die Delegation des Heiligen Stuhls immer wieder insistierte, wenn es die Gelegenheit gebot: den sozialen Aspekt der Religionsausübung. Über die Freiheit der

Gottesverehrung hinaus setzt die Mitgliedschaft in einer Glaubensgemeinschaft Kontakte und Treffen zwischen Menschen, die sich zum selben Glauben bekennen, voraus. Im Licht dieses Gedankens muß man den folgenden *Abschnitt des dritten „Korbes"* lesen, der sich menschlichen Kontakten widmet: die Teilnehmerstaaten „bestätigen, daß religiöse Bekenntnisse, Institutionen und Organisationen, die im verfassungsmäßigen Rahmen der Teilnehmerstaaten wirken, sowie ihre Vertreter in den Bereichen ihrer Tätigkeit untereinander Kontakte und Treffen haben sowie Information austauschen können".

3. Ich möchte anmerken, daß der Heilige Stuhl in seinem Drängen auf mehr Freiheit in der Ausübung von Religion, wie wir sie eben beschrieben haben, immer die Meinung anderer christlicher und nichtchristlicher Konfessionen in Betracht gezogen hat. Es gab keinen Mangel an Rücksprache und viele geistliche Familien neben der katholischen Kirche drückten ihre Unterstützung aus für die Form, in der wir die Frage behandelt haben. Sie haben uns auch versichert, daß die Ideen, die während der Beratungen in Helsinki und Genf entwickelt wurden, eine günstige Reaktion unter den Führern ihres Landes finden würden.

Bei den vielen Folgetreffen nach dem Helsinkiabkommen hat der Heilige Stuhl immer darauf geachtet, allen Delegierten deutlich zu machen, wie stark die freie und aktive Religionsausübung dazu beiträgt, die Sicherheit und Zusammenarbeit zwischen den Völkern zu stärken. Gleichzeitig hat er auf bedauernswerte Fälle der völligen Verweigerung der Religionsfreiheit gegenüber Gemeinschaften östlich-katholischer Riten aufmerksam gemacht, die unter den neuen politischen und rechtlichen Strukturen der Nachkriegszeit sogar das Existenzrecht verloren haben.

Im Licht der Kluft zwischen deklarierten Prinzipien und den Hindernissen, vor denen manche Glaubensgemeinschaften in Europa stehen, hielt ich es einige Monate vor Beginn des *zweiten Folgetreffens in Madrid* für angemessen, den Staatsoberhäuptern aller Unterzeichnerstaaten der Schlußakte zu schreiben. Es ging darum, den Verhandelnden zu helfen, Religionsfreiheit präziser zu definieren, sie in all ihren Dimensionen zu prüfen, und vor allem den Beitrag der Religionsfreiheit für die Erhaltung des Friedens und der Zusammenarbeit zwischen den Völkern zu unterstreichen. Meine Damen und Herren, es ist mir eine Freude, sagen zu können, daß manche dieser geehrten Staatsoberhäupter nicht nur so freundlich waren, mir zu antworten, sondern auch ihre Zustimmung zu der Grundhaltung meiner Botschaft ausdrückten. Diese Botschaft stimmte mit der *Erklärung über die Religionsfreiheit des Zweiten Vatikanischen Konzils* überein, die deutlich darlegt, daß die richtige Anwendung des Prinzips der Religionsfreiheit auch dazu beiträgt, die Bürger zu erziehen, die Anforderungen der moralischen Ordnung anzuerkennen, und daher „ihr Handeln verantwortungsbewußt ausrichten und bemüht sind, was immer wahr und gerecht ist, zu erstreben, wobei sie zu gemeinsamem Handeln sich gern mit anderen zusammenschließen" (*Dignitatis humanae*, Nr. 8).

Wie Sie sich erinnern werden, war es in Madrid möglich, in das *Abschlußdokument* folgenden Absatz einzuschließen: „Die Teilnehmerstaaten bestätigen, daß sie die Freiheit des Individuums, sich entsprechend dem Gebot seines eigenen Gewissens zu einer Religion oder einer Überzeugung zu bekennen, und sie allein oder in Gemeinschaft mit ande-

ren auszuüben, anerkennen, achten und darin übereinstimmen, die notwendigen Schritte zu unternehmen, um diese Freiheit zu sichern. In diesem Zusammenhang werden sie, wenn immer es notwendig ist, die Religionen, Institutionen und Organisationen, die innerhalb des verfassungsrechtlichen Rahmens ihrer jeweiligen Länder handeln, konsultieren." Solche Konsultationen sind immer von Nutzen, und ich hielt es für richtig, wie manche sich erinnern werden, solche bei meinem Besuch der Vereinten Nationen am 2. Oktober 1979 vorzuschlagen.
Das *Dokument von Madrid* diskutiert auch die Möglichkeit, Religionen, Institutionen und Organisationen, die dies verlangen und bereit sind, innerhalb der jeweils geltenden Verfassung ihren Glauben auszuüben, einen angemessenen rechtlichen Status zu verleihen. Es erklärt, daß die Staaten entschlossen sind, Aktivitäten und Treffen zwischen den Gemeinschaften und ihren Vertretern im Rahmen ihrer geistigen Betätigung zu erleichtern. Dieses Thema wurde noch genauer während eines Expertentreffens über menschliche Kontakte in Bern 1983 behandelt.
Es ist beruhigend, daß gewisse Ideen Fortschritte gemacht haben – trotz der ernsthaften Schwierigkeiten in manchen Ländern. Ich denke besonders an jene katholischen Gemeinschaften, die gezwungen sind, im Untergrund zu leben; an die jungen Leute, die wegen ihrer religiösen Überzeugungen in ihren Studien und Karrieren diskriminiert werden; und an Diözesen, die ihrer Bischöfe beraubt sind. Glücklicherweise wurden, zumindest auf der Ebene der Prinzipien, Fortschritte auf dem Ottawa-Treffen 1985 gemacht, das dem Thema der Menschenrechte gewidmet war, sowie bei den Debatten des Kulturforums im selben Jahr in Budapest.

4. Als im November 1986 das dritte Folgetreffen der Konferenz in Wien eröffnet wurde, war deutlich, daß die meisten Delegierten nicht mit einer Neuauflage der Abschlußakte des Dokuments von Madrid zufriedenzustellen waren. Sie wollten einen qualitativen Schritt nach vorn: einen exakten Text mit konkreten Verpflichtungen. Die öffentliche Meinung war soweit, anzuerkennen, daß der Prozeß von Helsinki nicht nur Prinzipien festigen, sondern nicht zu rechtfertigende Situationen verändern sollte.
Bezüglich der Gewissens- und Religionsfreiheit gingen die Verhandlungen von zwei Prämissen aus. Die erste war, daß die Verfassungen aller vertretenen Länder ihren Bürgern Religionsfreiheit zusichern. Die zweite war, daß in der Praxis dies die grundlegende Freiheit darstellt, die am häufigsten verletzt wird. Wie Sie wissen, war dies der Ausgangspunkt für sicherlich eine der fruchtbarsten Debatten über die Religionsfreiheit auf der Konferenz. Über Monate konnten die Delegationen darstellen, wie ihre Regierungen die in Helsinki und Madrid eingegangenen Verpflichtungen verwirklichen. Für ihren Teil konnte die Delegation des Heiligen Stuhls Erklärungen geben und manchmal zu optimistische Interpretationen der Tatsachen korrigieren. Es ist fesselnd, zu sehen, welches Interesse dieses Thema erweckt. Vier „Vorschläge" wurden durch verschiedene Länder, einschließlich des Heiligen Stuhls, im Hinblick auf das Abschlußdokument entwickelt.
Sie sind schon vertraut mit dem im vergangenen Jahr in Wien angenommenen Text. Aus verschiedenen Blickwinkeln heraus, und besonders auf dem Gebiet, das uns hier beschäftigt, bedeutet es einen wichtigen Fortschritt. Die Hartnäckigkeit der Verhandelnden

und verschiedene positive Entwicklungen in den Ländern Mittel- und Osteuropas machten dieses zufriedenstellende Ergebnis möglich. Wir finden im *Dokument von Wien* eine Reihe von Maßnahmen, die auf eine freiere Ausübung der Religionsfreiheit zielen. Ich will nur einen kurzen Hinweis auf die wichtigsten Bestimmungen geben:

- freier Zugang zu religiösen Stätten;
- Recht der Gemeinschaften, sich ihren eigenen hierarchischen Strukturen entsprechend zu organisieren;
- Bereitschaft, Rücksprachen mit religiösen Glaubenssystemen und Organisationen zu halten, um ihre Forderungen besser verstehen zu lernen;
- das Recht, religiöse Erziehung zu geben und zu erhalten;
- das Recht, religiöses Material, das für die Religionsausübung notwendig ist, zu erhalten, zu besitzen und zu benutzen;
- Zugang der Gläubigen zu den Kommunikationsmedien;
- die Möglichkeit für Gläubige und Gemeinschaften, direkte Kontakte untereinander zu halten, im eigenen Land und im Ausland.

Dies sind die konkreten Maßnahmen, die die Führer von 35 Nationen angenommen haben und für die sie gegenüber ihren Bürgern sich verantworten müssen. Tatsächlich liegt hierin die Originalität der Schlußakte und der Dokumente von Madrid und Wien: diejenigen, die sie anerkennen, übernehmen eine Reihe von Verantwortungen nicht nur bezüglich anderer Staaten, sondern auch gegenüber ihren eigenen Bürgern, denen diese Dokumente klar definierte Rechte zuschreiben.

Man kann also sagen, daß die Art, in der diese Verpflichtungen angewandt und umgesetzt werden, einen „Test“ für Entwicklung oder Stagnation darstellt. Manche Länder werden ihre Gesetzgebung bezüglich der Religionsfreiheit ändern müssen, um sie mit diesen Texten in Übereinstimmung zu bringen. Tatsächlich macht das *Dokument von Wien* deutlich: Die Teilnehmerstaaten müssen Schritte unternehmen, um zu garantieren, daß ihre Gesetze und ihre Politik mit den im Rahmen der Konferenz für Sicherheit und Zusammenarbeit getroffenen Maßnahmen übereinstimmen (*s. Prinzip Nr. 3*). Verfahren der Überprüfung für das Gebiet der Menschenrechte wurden in Wien angenommen und ermöglichen künftig eine noch größere Wachsamkeit. Ein Beitrag zu dieser Frage wird von dem Treffen zur menschlichen Dimension der Konferenz für Sicherheit und Zusammenarbeit erwartet, die jetzt in Paris stattfindet.

5. Exzellenzen, meine Damen und Herren, ich habe die wichtigsten Entwicklungen des Themas der Religionsfreiheit im Rahmen der Konferenz während der letzten 14 Jahre umrissen. In einem gewissen Sinn kann man sagen, daß der immer offene „Kanal“, den der Helsinki-Prozeß darstellt, es den „Kräften des Geistes“ bis zu einem gewissen Grad ermöglichte, die politische Entspannung vorwegzunehmen, deren Zeugen wir in den letzten Monaten sind. Die hier geduldig ausgesäten Ideen sind gereift. Wir müssen allen danken, die diesem langsamen Prozeß geholfen haben, von dem wir noch viel reichlichere Früchte zu erwarten wagen!

Religionsfreiheit ist ein verbreitetes Thema im Rahmen internationaler Beziehungen geworden. Das Thema ist ein Teil unserer heutigen Kultur geworden, denn unsere Zeitge-

nossen haben von den Exzessen der jüngsten Vergangenheit gelernt und verstanden, daß an Gott zu glauben, eine Religion auszuüben und mit anderen im Ausdruck eines gemeinsamen Glaubens zusammenzukommen jene Gedanken- und Ausdrucksfreiheit bedeutet, die nicht dem Zugeständnis eines Staates, sondern der Würde der menschlichen Person entspringt.
Freilich könnten vollständigere Formeln gefunden, und auf weniger legale Einschränkungen könnte gehofft werden. Zumindest für den Augenblick jedoch verbieten die Regel des Konsenses innerhalb der Konferenz für Sicherheit und Zusammenarbeit in Europa sowie ideologische Differenzen vollständig befriedigende Resultate.
Auf jeden Fall zeigen die Entwicklungen der letzten Jahre und der Fortschritt in der Abfassung der verschiedenen Texte der Konferenz immer deutlicher, daß Religionsfreiheit in verschiedenen sozialen Systemen existieren kann. Was die Kirche fordert, ist, daß dem religiösen Leben nicht die ihm notwendige Freiheit verweigert wird. Was der Staat sich selbst schuldet, ist, wie die *Erklärung des Zweiten Vatikanischen Konzils zur Religionsfreiheit* deutlich darstellt, den Schutz dieser Freiheit für alle Bürger durch gerechte Gesetze und durch die Förderung günstiger Bedingungen für das religiöse Leben zu garantieren (vgl. *Dignitatis humanae*, Nr. 6). Die Auffassung von Religion als einer Form der Entfremdung ist nicht mehr modern, weil, glücklicherweise, die Führer der Nationen und Völker selbst verstanden haben, daß Gläubige einen mächtigen Faktor zugunsten eines gemeinsamen Gutes darstellen. Haß und Fanatismus können unter denen, die Gott „unseren Vater" nennen, keine Rechtfertigung finden. Wer könnte in der Tat verneinen, daß das Gebot der Nächstenliebe, die Vergebung von Beleidigungen, Pflichtgefühl, Sorge um die Vernachlässigten – was alles im Zentrum der Botschaft vieler geistiger Familien steht – einen unbezahlbaren Trumpf für eine Gesellschaft darstellen? Auf jeden Fall stehen diese unter den Werten, die Christen als besonderen Beitrag zum öffentlichen und internationalen Leben anzubieten haben. Außerdem bilden die Mitglieder religiöser Konfessionen durch die Tatsache, daß sie aus allen sozialen Klassen, Kulturen und Nationen kommen, eine wirkungsvolle Kraft für die Einheit und Zusammenarbeit zwischen den Völkern.

6. Laßt uns Europa helfen, seine Wurzeln zu entdecken und sich mehr mit seiner Vergangenheit zu identifizieren. Denn das religiöse Leben ist nicht nur durch ärgernisbringende Einschränkungen bedroht; es kann auch bedroht werden durch die Verbreitung von falschen Werten – wie Hedonismus, Machtstreben, Gier –, die in verschiedenen Ländern fortschreiten und in der Praxis die spirituellen Bestrebungen einer großen Zahl von Menschen ersticken. Darum ist es lebensnotwendig für Gläubige, frei an der öffentlichen Diskussion teilnehmen zu können und hier einen neuen Gesichtspunkt einzubringen – einen durch den Glauben inspirierten. So tragen sie zum moralischen Auftrieb der Gesellschaft, in der sie leben, bei. Europäischen Nationen wird immer deutlicher, daß die ehrliche Konfrontation von Ideen und Überzeugungen eine unerläßliche Bedingung für ihre gesamte Entwicklung darstellt. Daher können Europa und die Welt mit Recht von Religionen einen wirkungsvollen Beitrag für die Suche nach Frieden erwarten.
In Helsinki, einer Stadt, die geographisch an der Kreuzung so vieler menschlicher Strömungen liegt, beschlossen die Parteien der Schlußakte sicherzustellen, daß die Völker Eu-

ropas am Vorabend des Jahres 2000 die Lehre aus ihrer Vergangenheit ziehen und sich zu größerer Einigkeit verpflichten sollten. Die Welt schaut auf diesen Kontinent, der noch immer ein großes Potential hat und der, ich bin sicher, in der Zukunft so bereit sein wird, die Werte, die ihn geformt haben, mit der übrigen Welt zu teilen, wie er es in der Vergangenheit war.
Herr Präsident, Exzellenzen, meine Damen und Herren, in dieser brennenden Hoffnung, die ich auch im Gebet ausdrücke, verlasse ich Sie. Aber bevor ich abschließe, erlauben Sie mir zu sagen, daß in der ehrenvollen Aufgabe, den Helsinki-Prozeß zu unterstützen, die katholische Kirche es nicht versäumen wird, mit Ihnen Seite an Seite vorwärts zu gehen in der diskreten Art, die ihrer religiösen Aufgabe entspricht. Sie ist von dem Wert des Ideals überzeugt, das hier vor vierzehn Jahren in einem Dokument Ausdruck gefunden hat, das für Millionen von Europäern mehr ist als eine Schlußakte: es ist eine „Akte der Hoffnung“!

In der Einheit mit Christus und der Kirche bleiben

Ansprache beim Treffen mit Alten und Kranken in Helsinki (Finnland) am 6. Juni

Gelobt sei Jesus Christus!

Liebe Brüder und Schwestern!

1. Der Herr hat uns einen neuen Tag geschenkt. In dieser Morgenstunde ist er bei uns, die wir unter dem Dach dieser ehrwürdigen Kathedrale versammelt sind und ihm für die Gabe des Lebens und die Gnadenwunder danken. Zugleich vertrauen wir ihm unsere Zukunft an. Gestern, heute und morgen gehören wir ihm.
Erstmals in der Geschichte betritt der Bischof von Rom diese Kathedrale, die dem hl. Henrik, dem Schutzpatron von Finnland, geweiht ist. Mein Herz ist voller Freude über diese Begegnung mit euch, den Alten und Kranken, und auch den Priestern sowie den Ordensleuten Finnlands. Es ist eine Ehre für mich, zu euch zu sprechen, bei euch zu sein, denn ihr alle nehmt in den Augen Gottes eine besondere Rolle ein.

2. Wir haben soeben die außergewöhnlichen Worte der Seligpreisungen gehört: „Selig, die arm sind vor Gott.“ (*Mt* 5,3). Diese Worte sind an uns alle gerichtet, doch besonders an diejenigen, die das schwere Kreuz des Leidens oder der Krankheit zu tragen haben. Der Herr hat heute morgen zu euch gesagt: „Selig seid ihr.“ In eurer Schwäche und Abhängigkeit werdet ihr oft besser als andere gewahr, daß wir alle arm und schwach sind und letztendlich von Christus abhängen, der sagt: „Ich bin der Weinstock, ihr seid die Reben. Wer in mir bleibt und in wem ich bleibe, der bringt reiche Frucht; denn getrennt von mir könnt ihr nichts vollbringen“ (*Joh* 15,5).
Wie kann ich selig sein, fragt ihr euch? Denn meist vergöttert die moderne Gesellschaft die Gesundheit, die Jugend, die Stärke und die Schönheit. Den Kranken und Alten

scheint genau das zu fehlen, was die Welt so sehr bewundert. Doch es gibt eine größere Weisheit, eine Weisheit, die die wahre Bedeutung unserer menschlichen Schwäche und unseres Leidens zeigt. Diese Weisheit ist in Christus offenbar geworden. Er weiß, was es heißt, zu leiden. Er hat es auf seinem Weg nach Kalvaria erfahren. Er ist mit Dornen gekrönt und gegeißelt worden; er mußte das Kreuz tragen und wurde gekreuzigt.

3. Christus verbindet auf die engste Weise, die möglich ist, alle diejenigen mit sich, die leiden. Wenn eure Verwandten, Nachbarn und die, die euch pflegen, nicht immer richtig verstehen, wie sehr ihr leidet, so seid versichert, daß Christus, der Herr, euch versteht. Der Herr begreift nicht nur unsere Leiden, er lehrt uns auch, daß Leiden, Schmerz, Altern und der Tod selbst einen unermeßlichen Wert haben, wenn sie mit seinem eigenen Leiden und seinem Tod vereint sind. Jesus sagt in der Tat, daß niemand behaupten kann, ihm zu folgen, der nicht sein Kreuz auf sich nimmt.
Im *Johannesevangelium* lesen wir: „Denn Gott hat die Welt so sehr geliebt, daß er seinen einzigen Sohn hingab, damit jeder, der an ihn glaubt, nicht zugrunde geht, sondern das ewige Leben hat" (*Joh* 3,16). Jesus Christus ist Gottes endgültiges Wort über die Beschaffenheit des Menschen und daher auch für das Leiden. Im Plan Gottes hat alles Leben Wert, denn vom Augenblick der Zeugung an gibt es eine Begegnung, ein Gespräch zwischen dem Schöpfer und dem Geschöpf, zwischen dem Göttlichen und dem Menschlichen. Dieses Gespräch nimmt im Gebet seine höchste Form an und erreicht in unserem liebenden Gehorsam zu Gottes Willen besondere Intensität, wenn wir das Leben mit all seinen Schwierigkeiten und Leiden als eine Teilhabe am Werk der Erlösung annehmen.
Ihr alle habt daher ein ganz besonderes Apostolat: ihr sollt mit Christus vereint sein und für all diejenigen beten, die ihn nicht kennen. Ich bitte euch, sowohl für mich als auch für die katholische Kirche auf der ganzen Welt zu beten. Ich bitte euch, für jene zu beten, die nicht beten können und nicht wissen, wie sie beten sollen und für all diejenigen, die ihren Glauben an Gott und an seine Gnade verloren haben. Gestattet dem Licht und der heilenden Gegenwart Christi, durch euer Leben hindurchzuscheinen, so daß alle, die mit euch in Kontakt kommen, die liebende Güte Gottes entdecken.

4. Die Anwesenheit der Priester und Ordensleute hier bietet mir ebenfalls Anlaß zu großer Freude. Liebe Brüder und Schwestern, eure besonderen Berufungen in der Kirche sprechen für das Geheimnis der göttlichen Gnade, die in euren Herzen wirkt und durch euch das Reich Gottes in diesem Teil der Welt errichtet. Nach den Worten des Apostels Paulus seid ihr „durch Gottes Erbarmen" (*2 Kor* 4,1) zum Priesteramt oder zum Ordensleben berufen. Seine Gnade ist eure Garantie und die Quelle eures Glücks und eurer geistigen Wirksamkeit.
Gottes Gnade ist uns durch die Erlösung gegeben worden, die sein Sohn und die Herabkunft des Heiligen Geistes auf die Kirche vollbracht haben. Als Gesandte der göttlichen Gnade mögt ihr, meine Brüder im Priesteramt, das Evangelium verkünden und die Sakramente feiern mit tiefer Ehrfurcht vor den Mysterien, die das Leben all derjenigen umwandeln, die glauben. Denkt in eurem Gebet oft über euer Amt nach, mit dem ihr von Christus betraut worden seid. Ihm dient ihr, und auf ihn könnt ihr vertrauen, daß er auf viele verborgene Weisen eine reiche Ernte aus all dem hervorbringt, was ihr sät.

Meine lieben Ordensbrüder und Ordensschwestern, in einer Welt, die viel zu häufig ihre Erfüllung in materiellen Annehmlichkeiten und Machtmanipulationen sucht, in einer Welt, die ohne einen klaren Bezug zu Gott nach Glück strebt, seid ihr Wegweiser zu höheren Werten. Eure Umgestaltung in Christus und die Befolgung der evangelischen Räte erinnern an die Worte Christi: „Mein Reich ist nicht von dieser Welt" (*Joh* 18,36). Ihr seid Gesandte des Einen, der die eindrucksvolle Botschaft der Seligpreisungen verkündete, die eine „Neuheit" des Lebens einleiteten, nach der unsere Zeitgenossen zwar streben, die sie aber nicht immer zu finden wissen. Sie sehnen sich nach einer besseren Welt ohne Hunger und Krieg, ohne die Drohung einer nuklearen Zerstörung, ohne den Haß und die Ungerechtigkeiten, die das menschliche Leben erniedrigen; doch erkennen sie nicht immer die Tiefen der Umkehr und der Versöhnung, die eine solche Umwandlung des Lebens erfordert. Dies ist die Weisheit, die ihr durch Gebet und Kontemplation vertiefen müßt, damit ihr sie hochherzig mit jenen teilt, die „nach der Hoffnung fragen, die euch erfüllt" (*1 Petr* 3,15).

Ich grüße jeden von euch. Ich freue mich über eure Treue und bete dafür, daß hochherzige junge Männer und Frauen aus Finnland, die „eure guten Taten sehen", euren Spuren folgen zur Ehre unseres Vaters, der im Himmel ist (vgl. *Mt* 5,16).

5. Die letzte Stunde meiner Pastoralreise nach Finnland rückt näher. Ich kam mit einer Botschaft der Liebe und des Friedens an alle Männer und Frauen, die guten Willens sind, hierher. Ich habe die Lage der katholischen Kirche aus erster Hand gesehen und ich sage Gott Dank für eure Verbundenheit mit dem Stuhl Petri und eure Treue zur katholischen Kirche. Ich ermuntere euch alle, sowohl die Laien als auch die Priester und Ordensleute, standhaft in der Liebe zu Christus und in der Einheit mit der Kirche zu bleiben. Wie die frühe Kirche, so seid auch ihr eine kleine Gemeinschaft. Ich erinnere euch an die Worte Christi im *Buch der Offenbarung*: „Fürchte dich nicht! Ich bin der Erste und der Letzte und der Lebendige. Ich war tot, doch nun lebe ich in alle Ewigkeit" (1,17). Ja, Christus ist heute und für immer eure Stärke!

Der *mittelalterliche Hymnus zu Ehren des hl. Henrik* hat den folgenden Kehrreim, Ausdruck einer unfehlbaren Gewißheit für eine Welt, die oft vom Mangel an Hoffnung gekennzeichnet ist:

„Ergo plebs fennonica, Gaude de hoc dono, Quod facta es catholica, Verbi Dei sono."

(„Und so freue dich, finnisches Volk, über diese Gabe, daß du katholisch geworden bist, durch die Predigt des Wortes Gottes.")

Finnisches Volk, verliere die Hoffnung nicht! Sei fest in deinem Glauben und hochherzig in deiner Liebe!

Wir werden nun gleich gemeinsam in der finnischen Sprache zu Gott, unserem Herrn, beten. Mögen wir unsere Herzen voll Vertrauen und Freude erheben und wissen, daß er, dessen Name heilig ist, und der uns unser tägliches Brot gibt, die Quelle alles Guten und der Liebe ist.

Liebe ist eine erlösende Kraft

Predigt bei der Eucharistiefeier in Kopenhagen (Dänemark) am 6. Juni

„Gott hat die Welt geliebt“ (*Joh* 3,16).

Liebe Brüder und Schwestern!

1. Mit diesen Worten des Evangeliums fest im Geist und Herzen versammeln wir uns an diesem schönen Ort, um die heilige Eucharistie zu feiern. Ich sehe unter euch die vielen verschiedenen Volksgruppen vertreten, aus denen sich die katholische Kirche in Dänemark zusammensetzt. Für mich ist es eine Freude, diese Liturgie zusammen mit Bischof Martensen, den Priestern, den Ordensleuten und euch allen hier Anwesenden zu feiern.

Wir kommen hier in Aasebakken zusammen, einem katholischen Wallfahrtsort zu Ehren der Jungfrau Maria „voll der Gnade“ (*Lk* 1,28). Durch ihren Glauben und ihren Gehorsam hat sie den ewigen Sohn des Vaters geboren, „der die Welt geliebt hat“. Ich grüße die Benediktinerinnen, die hier beten und arbeiten, und ich danke ihnen für die Gastfreundschaft, die sie uns allen erweisen, die als Pilger hierher kommen.

Der ganzen katholischen Gemeinde in Dänemark, die sich aus so vielen verschiedenen Elementen zusammensetzt, bringe ich meine Zuneigung im Herrn und meine Freude über die Möglichkeit dieses Pastoralbesuches zum Ausdruck. Diejenigen unter euch, die Dänen von Geburt und Abstammung sind, können stolz auf ihr schönes Land und seine so tief im christlichen Evangelium verwurzelte Geschichte sein. Ich bin auch glücklich, unter euch Vertreter der katholischen Gemeinden Grönlands und der Faröer-Inseln zu sehen, die die lange Reise unternommen haben, um an dieser Messe teilzunehmen.

In dänischer Sprache sagte der Papst:

Wenn die katholischen Gemeinden Dänemarks auch klein sind, so sind sie doch nicht weniger wichtig in der hierarchischen Gemeinschaft der Universalkirche, mit der sie durch Bande der Einheit, der Liebe und des Friedens verbunden sind. Die ganze Kirche holt sich aus eurem Gebet, aus eurer Anbetung und aus eurem Glaubenszeugnis für Christus Kraft und Inspiration für ihre Sendung.

Vor kurzem hatte ich in Rom, gemeinsam mit vielen von euch, die Freude, einen der großen Söhne Dänemarks, Niels Stensen, zu ehren.

Möge durch sein Beispiel und seine Gebete das Licht Christi immer unter den Katholiken eures Vaterlandes erstrahlen.

In englischer Sprache fuhr der Papst fort:

Ich weiß, daß zur katholischen Kirche in Dänemark auch eine Anzahl Polen gehört, deren Ankunft in diesem Land sowohl zu Beginn dieses Jahrhunderts als auch in jüngeren Jahren zur Errichtung vieler neuer dänischer Pfarreien geführt hat.

In polnischer Sprache sagte der Papst:

Liebe Söhne und Töchter polnischer Abstammung! Möge der katholische Glaube, den ihr aus Polen hierher in euer neues Vaterland gebracht habt, nicht nur bewahrt, sondern vermehrt werden. Indem ihr den Glauben und seine Traditionen bewahrt, helft ihr mit, die Kirche in Dänemark aufzubauen. Auf diese Weise leistet ihr zusammen mit euren katholischen Brüdern und Schwestern dieses Landes euren spirituellen und materiellen Beitrag zum Wohlergehen der dänischen Gesellschaft. Mögen sich die alten Bande der Freundschaft, die Dänemark und Polen verbinden, in dieser für das Land unserer Väter so kritischen, aber auch so hoffnungsvollen Zeit festigen.

In englischer Sprache sagte der Papst:

Auch den anderen Gruppen von Katholiken gilt mein herzlicher Gruß im Herrn: den Kroaten und Ungarn, denen aus anderen Ländern Europas, denen aus Nord- und Südamerika und aus Afrika, denen von den Philippinen und anderen Ländern des Fernen Ostens, die der Kirche besonders in der Region Kopenhagen ihr Gepräge gegeben haben. Ich grüße auch die Vietnamesen, die in den vergangenen 20 Jahren hierher gekommen sind, um eine Zuflucht vor den Leiden in ihrem Heimatland zu finden. Aus Vietnam habt ihr einen lebendigen Glauben mitgebracht. Möge er hier blühen und wachsen und euer neues Heimatland bereichern.
Ich darf es nicht unterlassen, den katholischen Besuchern aus Deutschland einige Worte zu sagen.

In deutscher Sprache fuhr der Papst fort:

Liebe Brüder und Schwestern aus Deutschland! Seit vielen Jahren seid ihr mit der Kirche in Dänemark eng verbunden. Ihr habt ihr auf viele Weisen Hilfe und Unterstützung gegeben. Möge diese heutige Feier das geistliche Band des Glaubens stärken, das alle menschlichen Unterschiede zwischen Völkern und Nationen übersteigt. Mögen wir alle in gegenseitiger Anteilnahme und Liebe vereint sein!

In englischer Sprache sagte der Papst:

Schließlich möchte ich den Mitgliedern anderer Kirchen und kirchlicher Gemeinschaften, besonders der Lutherischen Kirche, versichern, daß ich ihnen für ihre Anwesenheit hier heute dankbar bin. Mögen wir mit Gottes Hilfe gemeinsam auf dem Pilgerweg des Glaubens gehen, der mit der Taufe beginnt, so daß wir in einer Welt, der oft der Glaube fehlt, ein wirksames Zeugnis der göttlichen Liebe ablegen, die im Evangelium von heute verkündet wird.

2. „Gott hat die Welt so sehr geliebt, daß er seinen einzigen Sohn hingab“ (*Joh* 3,16). Liebe Brüder und Schwestern: diese Worte sprach Christus zu Nikodemus. Sie wurden aufgezeichnet vom Evangelisten Johannes – dem „Lieblingsjünger“ –, der sein Evangelium als letzter schrieb, nach denen des Matthäus, des Markus und des Lukas. Man kann

sagen, daß er die Dinge von einem „distanzierteren“ Standpunkt aus sieht. Die zu Nikodemus gesprochenen und in sein Gedächtnis eingeprägten Worte werden von Johannes im Zusammenhang mit allem gehört, was Christus durch Wort und Tat, besonders durch sein Kreuz und seine Auferstehung offenbart hat.
In der Liturgie von heute lesen wir diese Worte in noch einem anderen Zusammenhang. Der Prophet Jesaja, der Jahrhunderte vor Christus schrieb, „sieht“ sozusagen, was in der Zukunft liegt. Was er beschreibt, ist dazu bestimmt, in der „Fülle der Zeit“ Wirklichkeit zu werden. Nichtsdestoweniger sind wir betroffen über die Schärfe seiner Vision: Seht, „uns ist ein Kind geboren, ein Sohn ist uns geschenkt. Die Herrschaft liegt auf seiner Schulter“ (*Jes* 9,5). Vielleicht schrieb er das zur Geburt eines irdischen Herrschers, doch die Worte beziehen sich auf einen Souverän, den der Prophet „Wunderbarer Ratgeber, Starker Gott, Vater in Ewigkeit, Fürst des Friedens“ nennt (*ebd.*). Es ist der Text, den wir am Fest der Geburt des Herrn, an Weihnachten, lesen.
Dem Evangelist Johannes wird von der Tradition das Symbol des Adlers beigegeben. Man könnte sagen, daß das „Adlerauge“ des Propheten und des Evangelisten sich auf dasselbe Mysterium richten, das der hl. Johannes mit den Worten ausdrückt: „Gott hat die Welt so sehr geliebt, daß er seinen einzigen Sohn hingab.“ Dieses „Hingeben“ geht über die Weihnacht zu Betlehem, über die Inkarnation Gottes hinaus. Es reicht bis zum Ostermysterium: zu der Nacht, die nach dem Tod Christi hereinbrach, und zu dem Morgengrauen, das die Auferstehung ankündigte. Durch die Ereignisse des Ostermysteriums, die im Gedächtnis des Evangelisten und der frühesten Kirchengemeinde so lebendig blieben, wurde die Sendung Christi erfüllt: sein messianischer Auftrag.
„Gott hat seinen Sohn nicht in die Welt gesandt, damit er die Welt richtet, sondern damit die Welt durch ihn gerettet wird“(*Joh* 3,17).
Dies enthüllt die volle Bedeutung der Worte: „Gott hat die Welt geliebt“.

3. Gott liebte die Welt auf diese Weise schon bei der Schöpfung. Der Schöpfer hatte Freude an allem, was der schöpferischen Kraft seines Wortes entsprang. Er freute sich und freut sich weiterhin über alles im Menschen, der nach seinem Bild und Gleichnis geschaffen ist. Die Freude, die die Schöpfung begleitete – wie uns das *Buch Genesis* erinnert –, ist ein Ausdruck der schöpferischen Liebe Gottes. Er erschuf, weil er liebte.
Durch das Herz des Menschen kam die Sünde in die Welt; das heißt durch die Weigerung des Menschen, die Liebe, die Gott ist, anzunehmen. Es ist eine Weigerung, die einen Schatten des Bösen und des Todes über die Menschheitsgeschichte wirft. In unseren Tagen nimmt sie die Gestalt einer weitverbreiteten Gleichgültigkeit gegenüber den Dingen Gottes an, eines Materialismus, der das „Haben“ über das „Sein“ stellt, und einer Bereitwilligkeit, das menschliche Leben zu mißachten oder es ohne Beachtung der unantastbaren Würde und Rechte, die jede menschliche Person von der Empfängnis bis zum natürlichen Tod besitzt, zu manipulieren.
Gott rief den Menschen durch Liebe ins Leben; gleichzeitig berief er ihn zur Liebe. Die Sünde jedoch verletzt sogar die fundamentalste aller Liebesbeziehungen, die der Ehe, indem sie uns glauben macht, es sei zu schwierig, wenn nicht sogar unmöglich, das ganze Leben lang treu an eine Person gebunden zu sein. In einer Welt, in der Verzweiflung und

Einsamkeit die bitteren Früchte der Sünde sind – eine Existenz ohne Bedeutung, ohne Liebe, ohne Gott –, sagt die Kirche ja zu den Geheimnissen der Liebe und des Lebens (vgl. *Familiaris Consortio*, Nr. 11, 20, 30).

4. Könnten wir nicht sagen, daß die Schöpfung durch die Sündhaftigkeit des Menschen die Liebe des Schöpfers „testet"? Vom menschlichen Standpunkt aus könnten wir geneigt sein, so zu sprechen. Aber Gott ist größer. Die Liebe ist größer als die Sünde. Auf die Verweigerung des Menschen antwortet Gott nicht mit der Ablehnung des Menschen. Gott antwortet mit noch mehr Liebe. Er antwortet mit einem Geschenk.
„Gott hat die Welt so sehr geliebt, daß er seinen einzigen Sohn hingab ... nicht, damit er die Welt richtet, sondern damit die Welt durch ihn gerettet wird".
Jesaja sprach von der „Herrschaft", die der Messias besitzen würde. Ja, auf seine Schultern wurde die Herrschaft der Liebe gelegt, die erlöst – eben auf die Schultern des eingeborenen Sohnes, der dazu bestimmt war, an dem Kreuz auf Golgota zu hängen. In diesem Augenblick liebte Gott die Welt in seinem gekreuzigten Sohn, und der Sohn – der Christus – „liebte uns bis zur Vollendung" (vgl. *Joh* 13,1).
Die Liebe ist eine erlösende Kraft. Sie allein kann erlösen. Gott erlöst, weil er die Liebe ist. Christus erlöst, weil „er bis zur Vollendung liebte", sogar bis zum Tod am Kreuz. Er hatte jeden Grund und jedes Recht, „die Welt zu richten" – den Menschen wegen der Sünde zu verurteilen. Er wählte die Liebe, die erlöst, die wiederaufrichtet, die reinigt, die heiligt. Über diese Liebe sagt der hl. Johannes: „Das Licht kam in die Welt" (*Joh* 3,19). Liebe ist das Licht der Welt. Christus ist dieses Licht.

5. Licht ist der Gegensatz zu Finsternis. Aus sich heraus ist die „Welt" nicht das Licht, auch wenn sie durch das unterscheidungsfähige Auge Gott, den Schöpfer, der die Liebe ist, erkennen kann. Das Licht, das in den Geschöpfen ist, ist völlig unzulänglich. Das ist besonders dann wahr, wenn sich der geistige Blick des Menschen durch die Sünde vom Licht Gottes weg wendet. Dann wird die Welt eher Dunkelheit als Licht: sie wird zu einem Ort des Todes für das unsterbliche menschliche Wesen.
An diesem Punkt war ein anderes Licht notwendig, nicht das Licht, das die Welt geben kann. Es war notwenig, daß Gott seinen Sohn hingab, der das Wort und eines Wesens mit dem Vater ist. Es war notwendig, daß der Sohn sich selbst am Kreuz hingab, daß er sogar den Tod annahm, der ihn in der Welt erwartete. Es war notwendig, daß er durch diesen Tod den Tod überwand, daß er durch die Auferstehung die Macht des Lebens offenbarte.
„Gott hat die Welt so sehr geliebt." Durch den Tod Christi, durch sein Kreuz und seine Auferstehung kann der Gegensatz zwischen Licht und Finsternis, zwischen Gut und Böse noch deutlicher erkannt werden. Der hl. Johannes war sich dessen bewußt, als er schrieb:
„Jeder, der Böses tut, haßt das Licht und kommt nicht zum Licht, damit seine Taten nicht aufgedeckt werden. Wer aber die Wahrheit tut, kommt zum Licht, damit offenbar wird, daß seine Taten in Gott vollbracht sind" (*Joh* 3,20–21).
Diese Worte drücken die fundamentale Herausforderung des Evangeliums aus. Es ist die unaufhörliche Aufforderung, in das Licht zu kommen. Ist der „Übeltäter" wirklich nicht

in der Lage, zum Licht zu kommen? Sicher ist er fähig, die Angst zu überwinden, daß seine Taten verurteilt werden. Ist denn nicht der gekreuzigte und auferstandene Christus als das Licht der Welt gekommen, um lieber zu retten, als um zu verurteilen? Darin liegt die Herausforderung des Evangeliums für jeden von uns. Die Herausforderung, im Glauben anzuerkennen, daß die im Ostergeheimnis geoffenbarte „eifersüchtige" Liebe des Vaters, des Sohnes und des Heiligen Geistes in der Welt bleibt; – daß sie in uns bleibt. Amen.

Trennende und feindliche Mauern abbauen

Begegnung mit den Bischöfen der Dänisch-Lutherischen Kirche in Roskilde (Dänemark) am 6. Juni

Verehrte Brüder in Christus!

1. Mit großem Dank habe ich die Einladung von Bischof Wiberg und den anderen dänischen evangelisch-lutherischen Bischöfen zu einer Abendandacht im Roskilder Dom und zu der Begegnung in diesem traditionsreichen Haus entgegengenommen.

Der Dom von Roskilde, der überreich ist an Andenken aus der Geschichte des dänischen Volkes, besonders der Kirche und des Königshauses, bringt uns ein Jahrtausend in Erinnerung, von dem mehr als 500 Jahre von einer ungebrochenen Einheit im westlichen Christentum geprägt waren und in dem auch die Kirche in Dänemark noch in voller Einheit mit dem Bischof von Rom lebte. Dieses Gotteshaus erinnert uns aber auch an ein anderes halbes Jahrtausend, das von Konflikten zwischen den Christen der Reformation und der römisch-katholischen Kirche gekennzeichnet war.

Wenn heute der Bischof von Rom zum ersten Mal diesen Ort besucht, dann ist es meine innige Hoffnung, daß diese Begegnung dazu beitragen möge, einige der trennenden und zuweilen feindlichen Mauern abzubauen, die im Laufe eines halben Jahrtausends zwischen uns aufgerichtet worden sind.

Wenn ich Ihnen, sehr verehrte Bischöfe, hier begegne, erbitte ich Ihnen und Ihrem Dienst für die Christen, für die Sie Verantwortung tragen, Gottes Segen. Trotz der Verbitterung, welche die Glaubensspaltung zwischen uns hervorgerufen hat, trotz aller Verurteilungen, die ausgesprochen worden sind, stelle ich mit Dankbarkeit und Freude fest, daß wir aufgrund des Gnadengeschenks der Taufe und der uns von Christus aufgetragenen Verkündigung des Evangeliums durch ein gemeinsames Erbe weiter miteinander verbunden geblieben sind. So kann ich mit Dank gegenüber dem Herrn die gleichen Worte an Sie richten, die das II. Vatikanische Konzil über viele Kirchen und kirchliche Gemeinschaften gesagt hat, die mit der Kirche von Rom nicht in voller Gemeinschaft stehen. Trotz der zwischen ihnen und der katholischen Kirche in Lehre und Disziplin bestehenden Unterschiede, die wir als Hindernisse für eine volle Gemeinschaft ansehen, erklärt das Konzil ausdrücklich, daß diese Kirchen und kirchlichen Gemeinschaften „nicht ohne Bedeutung und Gewicht im Geheimnis des Heiles [sind]. Denn der Geist Christi hat sich gewürdigt, sie als Mittel des Heiles zu gebrauchen, deren Wirksamkeit sich von der der katholischen Kirche anvertrauten Fülle der Gnade und Wahrheit herleitet" (*Unitatis redintegratio*, Nr. 3).

2. Nicht nur im Mittelalter, sondern auch nach der Reformation im 16. Jahrhundert hat das Christentum in der Geschichte und in der Kultur des dänischen Volkes tiefe Spuren hinterlassen. Es hat sich immer wieder gezeigt, daß der Geist Christi weiterhin neues Leben weckt und zur Nachfolge Christi ermuntert. Es ist bekannt, daß die dänische Literatur von zahlreichen christlichen Autoren und Dichtern geprägt ist und daß die katholische Tradition der Kirche – nicht zuletzt auch der alten Kirche im Westen wie im Osten – in den herrlichen Übersetzungen und Nachdichtungen Grundtvigs Ausdruck gefunden hat. Aber auch in anderen großen und bekannten christlichen Dichtern wie Kingo, Brorson und Ingemann erkennt sich die katholische Kirche in ihrer Tradition wieder, und das in einem solchen Maße, daß die dänischen Katholiken heute viele Lieder dieser Dichter in ihrem eigenen katholischen Gottesdienst singen.
Ebenso hat das Christentum durch die Verkündigung des Evangeliums im dänischen Volk, besonders in den letzten Jahrhunderten, zu einer Vertiefung des Bewußtseins von der Würde und der Unverletzbarkeit des Menschen und seiner Grundrechte, von der Gewissensfreiheit, der gemeinsamen Verantwortung für das Gemeinwohl, besonders für die Armen und Benachteiligten, beigetragen. So können wir auf diesen und vielen anderen Gebieten mit dem Konzil die „wahrhaft christlichen Güter aus dem gemeinsamen Erbe mit Freude anerkennen und hochschätzen, die sich bei den von uns getrennten Brüdern finden“ (*Unitatis redintegratio*, Nr. 4).

3. Seit dem II. Vatikanischen Konzil haben wichtige ökumenische Dialoge stattgefunden. Das erste der internationalen bilateralen Gespräche nahm seinen Anfang zwischen der katholischen Kirche und dem Lutherischen Weltbund. Der dänische Professor Kristen Skydsgaard, Beobachter beim II. Vatikanischen Konzil, war einer der Hauptinitiatoren dieses Dialogs.
Diese Gespräche haben die Zusammenarbeit zwischen unseren Kirchen in mannigfaltiger Weise gefördert. Dennoch dauern auch in der Zeit des ökumenischen Dialogs erhebliche Hindernisse fort. Viele sehen ein solches in der Person Martin Luthers und in der Verurteilung mancher seiner Lehren, die die katholische Kirche seinerzeit ausgesprochen hat. Die Ereignisse um seinen Bann haben Wunden geschlagen, die nach mehr als 450 Jahren noch nicht geheilt sind und die sich auch heute nicht durch einen juristischen Akt heilen lassen. Nach dem Verständnis der römisch-katholischen Kirche hört jede Exkommunikation mit dem Tode eines Menschen auf, da diese als eine Maßnahme gegenüber einer Person zu ihren Lebzeiten anzusehen ist. Was wir heute vor allem brauchen, ist eine gemeinsame neue Bewertung der vielen Fragen, die durch Luther und seine Verkündigung aufgeworfen worden sind. Eine solche Neubesinnung hat von katholischer Seite schon begonnen. So habe ich anläßlich der 500-Jahr-Feier der Geburt Martin Luthers feststellen können: „In der Tat haben die wissenschaftlichen Bemühungen evangelischer wie katholischer Forscher, die sich in ihren Ergebnissen inzwischen weitgehend begegnen, zu einem vollständigeren und differenzierteren Bild von der Persönlichkeit Luthers wie auch von dem komplizierten Geflecht der historischen Gegebenheiten in Gesellschaft, Politik und Kirche der ersten Hälfte des 16. Jahrhunderts geführt. Überzeugend sichtbar geworden ist dabei die tiefe Religiosität Luthers, der von der brennenden

Lebenskraft für die Frage nach dem ewigen Heil getrieben war" (*Brief an Kardinal Willebrands* vom 31. 10. 1983; *AAS* 77, 1985, S. 716–717).

4. Gewisse Anliegen Luthers bezüglich der Reform und der Erneuerung haben bei den Katholiken in verschiedener Hinsicht Widerhall gefunden; so, wenn das II. Vatikanische Konzil von der Notwendigkeit dauernder Erneuerung und Reform spricht: „Die Kirche wird auf dem Wege ihrer Pilgerschaft von Christus zu dieser dauernden Reform gerufen, deren sie allzeit bedarf, soweit sie menschliche und irdische Einrichtung ist; was also etwa je nach ... Umständen und Zeitverhältnissen im sittlichen Leben, in der Kirchenzucht oder auch in der Art der Lehrverkündigung – die von dem Glaubensschatz selbst genau unterschieden werden muß – nicht genau genug bewahrt worden ist, muß deshalb zu gegebener Zeit sachgerecht und pflichtgemäß erneuert werden" (*Unitatis redintegratio*, Nr. 6). Der Wunsch, das Evangelium neu zu hören und es glaubwürdig zu bezeugen, der auch in Luther lebte, muß uns dazu führen, das Gute im anderen zu suchen, Versöhnung zu schenken und überkommene Feindbilder aufzugeben.

Angesichts der Geschichte unserer Trennung möchte ich die Worte wiederholen, die ich 1980 bei meinem Pastoralbesuch in der Bundesrepublik Deutschland gesagt habe: „ ‚Wir wollen uns nicht mehr gegenseitig richten' (*Röm* 14,13). Wir wollen vielmehr einander unsere Schuld eingestehen. Auch hinsichtlich der Gnade der Einheit gilt: ‚Alle haben gesündigt' (*Röm* 3,23). Das müssen wir in allem Ernst sehen und sagen und unsere Konsequenzen daraus ziehen" (*AAS* 73, 1981, S. 72). „Weichen wir den Fakten nicht aus, dann wird uns bewußt, daß menschliches Verschulden zu der unheilvollen Trennung der Christen geführt hat und daß unser Versagen immer wieder Schritte zur Einheit behindert, die möglich und nötig sind" (*ebd.*, S. 76). Wie ich es schon bei früheren Gelegenheiten gesagt habe, mache ich mir die Worte zu eigen, die Papst Hadrian VI. 1523 auf dem Reichstag zu Nürnberg gesprochen hat: „Deshalb müssen wir alle Gott die Ehre geben und uns vor ihm demütigen. Ein jeder von uns soll betrachten, weshalb er gefallen ist, und sich lieber selbst richten, als daß er von Gott am Tag des Zorns gerichtet werde" (*ebd.*, S. 76).

Das Petrusamt ist nach katholischem Verständnis von Christus gestiftet worden, um der Einheit der Christen zu dienen. Wenn der Papst sich mit einer alten Bezeichnung „Diener der Diener Gottes" nennt, so kommt damit zum Ausdruck, daß dieses Amt in der Nachfolge Jesu Christi steht, „der nicht gekommen ist, sich bedienen zu lassen, sondern zu dienen und sein Leben als Lösegeld für viele zu geben" (*Mt* 20,28). Mögen alle Schwierigkeiten bezüglich dieses Amtes überwunden werden, indem es immer deutlicher wird, daß es sein einziges Ziel ist, auf das Evangelium Jesu Christi und auf die Fülle der Wahrheit hinzuweisen und der Einheit zu dienen, die er, der Herr der Kirche, begründet hat, als er jede trennende Scheidewand beseitigte und jede Feindschaft überwand, um alle in einem Leib zu vereinen und Versöhnung mit Gott durch sein Kreuz zu bewirken (vgl. *Eph* 2,14–16).

Lutheraner und Katholiken schmerzt es, daß es unter uns keine gemeinsame Eucharistie und keine gegenseitige Zulassung zum Tisch des Herrn gibt. Diesbezüglich hat das *Dekret über den Ökumenismus* folgendes ausgeführt: „Man darf jedoch die Gemeinschaft

beim Gottesdienst (communicatio in sacris) nicht als ein allgemein und ohne Unterscheidung gültiges Mittel zur Wiederherstellung der Einheit der Christen ansehen. Hier sind hauptsächlich zwei Prinzipien maßgebend: die Bezeugung der Einheit der Kirche und die Teilnahme an den Mitteln der Gnade. Die Bezeugung der Einheit verbietet in den meisten Fällen die Gottesdienstgemeinschaft, die Sorge um die Gnade empfiehlt sie indessen in manchen Fällen" (Nr. 8).
Der Weg zum ersehnten Ziel der gemeinsamen Eucharistie in der vollen Einheit übersteigt die menschlichen Kräfte und Fähigkeiten. Darum setzt die Kirche mit dem Konzil ihre „Hoffnung gänzlich auf das Gebet Christi für die Kirche, auf die Liebe des Vaters zu uns und auf die Kraft des Heiligen Geistes. ‚Die Hoffnung aber wird nicht zuschanden: Denn die Liebe Gottes ist ausgegossen in unseren Herzen durch den Heiligen Geist, der uns geschenkt ist' (*Röm* 5,5)" (*Unitatis redintegratio*, Nr. 24).
Der Geist Gottes geleite und führe uns weiter mit seinem Licht auf unserem gemeinsamen Weg zur vollen Einheit aller Christen in der Liebe und Wahrheit Jesu Christi.

Der Sendung neu bewußt werden

Begegnung mit Priestern, Ordensleuten und Laienvertretern in Kopenhagen (Dänemark) am 7. Juni

Liebe Brüder und Schwestern!

Diese Begegnung am Beginn des zweiten Tages meines Pastoralbesuches in Eurem Land bereitet mir eine besondere Freude. In Euch Priestern, Ordensleuten verschiedener Kongregationen und Vertretern der Laien grüße ich das ganze Volk Gottes in Eurer Diözese Kopenhagen, in dessen Mitte und mit dem zusammen Ihr mit Glaubenskraft und Opferbereitschaft fortfahrt, lebendige Zeugen für Jesus Christus und das anbrechende Gottesreich in der Welt zu sein.

1. Liebe Mitbrüder im Priesteramt!
Mit besonderer Zuneigung und Liebe wende ich mich zuerst an Euch, die Ihr die engsten Mitarbeiter Eures Bischofs in seinem Hirtendienst seid. Einige von Euch entstammen diesem Land, die meisten aber sind von anderen Ortskirchen hierher gekommen, um der katholischen Kirche in Dänemark als Priester zu dienen. Unter Euch sind Weltpriester und mehr noch Angehörige verschiedener Ordensgemeinschaften, von denen einige schon ein Jahrhundert, andere erst seit neuerer Zeit in Dänemark anwesend und tätig sind. Es freut mich zu hören, daß die priesterliche Gemeinschaft unter Euch trotz der angedeuteten Vielfalt und Unterschiede eng und herzlich ist. Euer brüderlicher Zusammenhalt, der sowohl in Eurem Priesterrat als auch in Euren gelegentlichen Priestertreffen zum Ausdruck kommt, ist von großem Wert für Eure oft isolierte pastorale Arbeit in der Diasporasituation, in der Ihr mit Euren Gemeinden weithin lebt. Darum ermutige ich Euch von Herzen, diese brüderliche und solidarische Gemeinschaft unter Euch auch in Zukunft sorgfältig zu pflegen.

Die verschiedene Herkunft, die Zugehörigkeit zu unterschiedlichen Ordensgemeinschaften wie auch das Studium in verschiedenen Ländern sind für Euer Presbyterium eine große Bereicherung. Darum kann ein reger Gedankenaustausch, das gemeinsame Besprechen der vielfältigen pastoralen Erfahrungen und Aufgaben in einer schnell sich verändernden Gesellschaft Eure brüderliche Zusammenarbeit und Euer persönliches priesterliches Wirken in Euren Gemeinden sehr befruchten und vertiefen. Besonders empfehlenswert sind dafür auch gemeinsame Studien- und Fortbildungskurse sowie gemeinschaftliche geistliche Exerzitien und Einkehrtage, in denen Ihr Euch vor Gott Eurer priesterlichen Berufung und Sendung in der Kirche und der Welt von heute neu bewußt werdet und daraus neue Kraft und Zuversicht für Eure täglichen Mühen im Weinberg des Herrn schöpft.

„Nicht ihr habt mich erwählt, sondern ich habe euch erwählt", so sagt uns der Herr (*Joh* 15,16). Er hat Euch dafür ausersehen, seine Heilssendung inmitten des Volkes Gottes fortzusetzen. Er hat Euch bestellt zu Boten seiner Frohen Botschaft und zu Ausspendern seiner göttlichen Geheimnisse. Darum müßt Ihr zuallererst seine Freunde und Vertrauten sein. Nicht Ihr, nicht Eure Gemeinden, sondern Christus selbst soll Inhalt und letztes Ziel Eures priesterlichen Wirkens sein. Der Priester darf niemals vergessen, daß er „im Namen und in der Person Jesu Christi handelt", wie eine lange Tradition lehrt. Er muß ganz zurücktreten hinter dem Herrn, den er verkündet und der durch ihn wirkt.

Wie sich das Handeln des Priesters letztlich aus seiner Sendung durch Christus herleitet, so muß dieses auch immer auf Christus hingeordnet bleiben. Darum wird die Liturgie, vor allem die Eucharistie, die das Zweite Vatikanische Konzil als Höhepunkt und Quelle des Lebens der Kirche bezeichnet (vgl. *Sacrosanctum Concilium*, Nr. 10), auch der vitale Mittelpunkt seiner ganzen pastoralen Tätigkeit sein. Widmet deshalb der würdigen Gestaltung der Gottesdienste und der Sakramente Eure besondere Sorge und Aufmerksamkeit. Jeder, der an liturgischen Handlungen der Kirche teilnimmt, soll sich dessen bewußt sein, daß er einen heiligen Dienst verrichtet, der wesentlich auf die Anbetung und den Lobpreis Gottes ausgerichtet ist.

Aus der inneren Lebensgemeinschaft mit Christus erwächst dann für den Priester und für jeden Christen der Auftrag zum Zeugnis vor der Welt, zur christlichen Gestaltung des eigenen Lebens, der Familie und der Gesellschaft. Dabei werdet Ihr gewiß auch auf viele Schwierigkeiten stoßen, wenn Ihr glaubwürdige Zeugen des Reiches Gottes sein wollt, da dieses nicht von dieser Welt ist. Laßt Euch dadurch aber nicht entmutigen! Ihr teilt darin das Geschick Jesu Christi selbst, wie Ihr es auch schon durch Eure äußere Lebensform unübersehbar zum Ausdruck bringt. Widersteht mit allen Kräften der Versuchung, Euch und die Botschaft Christi der Welt anzugleichen. Wir sind vielmehr dazu gesandt, uns und die Menschen im Geist des Evangeliums zu verändern und zu erneuern. Darum muß der Aufruf zu Umkehr und Buße die wesentliche Aufforderung Eurer Verkündigung bleiben.

Wenn die Probleme und Schwierigkeiten, denen Ihr in Eurer Seelsorgearbeit begegnet, unüberwindlich erscheinen, so seid Euch stets der beglückenden Tatsache bewußt, daß Ihr eine kostbare Gabe in Euren Händen tragt und den Menschen zu geben habt, nach der sich die Menschen – ohne es vielleicht zu wissen – sogar im tiefsten sehnen: die Frohe Botschaft vom Heil und die Hoffnung auf ein erfülltes ewiges Leben in Gott.

So wie Christus seine ersten Apostel als eine kleine Schar von Getreuen ausgeschickt hat, so werdet auch Ihr vom Herrn der Kirche ausgesandt. Fürchtet Euch nicht, denn in ihm habt Ihr Eure Stärke und Euren Reichtum. Er, der sein gutes Werk in Euch begonnen hat, wird es auch zur Vollendung bringen. Er, der Euch berufen hat, wird Euch auch die Kraft geben, seinen Auftrag auszuführen und Eurer Berufung bis zum Ende treu zu bleiben. Mit der gleichen Zuversicht sorgt Euch zugleich darum, daß der Herr der Ernte aus Euren Gemeinden immer wieder neue Arbeiter in seine Ernte sende, auf daß Gottes Lobpreis und Anbetung in Eurer Mitte niemals verstumme.

2. Liebe Ordensschwestern!
Mit der gleichen Zuneigung und Wertschätzung richte ich nun mein Wort an Euch, die Ihr viele Aufgaben und Mühen zur Auferbauung des Reiches Gottes mit Euren Priestern teilt und den Menschen in diesem Land in der Liebe Jesu Christi auf vielfältige Weise dient.
Seit der Einführung der Religionsfreiheit in Dänemark im Jahre 1849 haben katholische Ordensschwestern, die aus verschiedenen Ländern und Ordensgemeinschaften hierher gekommen sind, beim neuen Aufbau der katholischen Kirche in diesem Land auf vielfältige Weise mitgewirkt. Die Schwestern waren für das Wirken der Priester und die Gemeinschaft oft eine große Hilfe. Nicht selten wurden mit ihrer Unterstützung neue Häuser und Kirchen gebaut. In Zeiten, in denen die Menschen hier vielerorts, besonders in den großen Städten, noch unter erheblichem Mangel litten, haben die Schwestern durch ihre Arbeit in den Krankenhäusern und Kindergärten einen unschätzbaren Dienst geleistet. Durch Ihren Einsatz wurden auch viele katholische Schulen gegründet, die noch heute Mittelpunkt vieler segensreicher Aktivitäten sind. Zugleich entstanden kontemplative Klöster, die ein Zeichen dafür sind, daß die wichtigste Dimension der Kirche das Gebet und die höchste Berufung des Menschen der Lobpreis Gottes ist.
Ich grüße Euch sehr herzlich, liebe Schwestern, und danke Euch für den Dienst, den Ihr und Eure Ordensgemeinschaften in der Vergangenheit für die Kirche und die Menschen in diesem Land geleistet habt und noch heute leistet. Obwohl Eure Zahl zurückgegangen ist, bleibt Ihr weiterhin ein wichtiger und unentbehrlicher Bestandteil dieser Ortskirche. Wie früher gebt Ihr auch jetzt durch Euer Dasein und Wirken ein unübersehbares Zeugnis für ein Leben, das durch Verzicht auf Eigentum, auf Ehe und Familie und durch selbstlose Hingabe im Gehorsam dem Herrn besonders eng nachzufolgen und in seiner Liebe den Menschen zu dienen wünscht. Euer konsequentes christliches Lebenszeugnis ist um so notwendiger, je mehr eine materialistisch ausgerichtete Gesellschaft die höchsten Werte in Besitz und Reichtum, in sinnlichem Genuß und Ausleben, in Selbstbehauptung und Machtausübung über andere sieht.
Mit Euch zusammen danke ich Gott für die Gnade Eurer Berufung und für Eure hochherzige Bereitschaft, mit der ihr wie Maria Euer „Fiat", Euer Ja zum Ruf in die besondere Nachfolge Christi gesprochen habt. Aus der unwiderruflichen Bindung an ihn erwartet Ihr fortan den Sinn und die Fruchtbarkeit Eures Lebens. In unserer Zeit der Bindungsangst seid Ihr aufgerufen, Zeugnis dafür zu geben, daß eine endgültige Bindung, eine das ganze Leben tragende Entscheidung auf Gott hin möglich ist; mehr noch, daß es sich

sogar lohnt, sie zu wagen, da sie Euch frei und froh macht, wenn Ihr sie Tag für Tag aufrichtigen Herzens erneuert. Euer Ja, das Ihr vor Jahren und Jahrzehnten gesprochen habt, muß vor dem Herrn immer neu bekräftigt werden. Dazu bedarf es der täglichen Offenheit für den je neuen Anruf Gottes und das tägliche Sich-einlassen auf seine gekreuzigte Liebe. Nur er kann das Geschenk der Berufung in Euch lebendig erhalten. Nur er kann durch seinen Geist die immer wieder erfahrene Schwäche überwinden und Euch Beharrlichkeit bis zur endgültigen Erfüllung in Gott schenken (vgl. *Ansprache in Altötting*, 18. Nov. 1980).

Liebe Ordensschwestern! Die Umstände haben Euch genötigt, viele Eurer großen und traditionsreichen Institutionen: Krankenhäuser, Kliniken und Bildungseinrichtungen aufzugeben. Ihr selbst sucht nach neuen Wegen des christlichen Zeugnisses und des Dienstes am Nächsten innerhalb kleiner Kommunitäten. Mögen diese Lebensgemeinschaften dem Geist Eurer Ordensgründer und Ordensgründerinnen treu bleiben und Euch dazu befähigen, das Licht des Evangeliums und die Liebe Jesu Christi an Eure Mitmenschen in Eurer Umgebung weiterzugeben. Möge Euer einladendes Beispiel sowie Euer Gebet und Opfer auch in Zukunft junge Frauen dazu bewegen, den Ruf Gottes zum Ordensleben hochherzig und freudig anzunehmen. Gott ruft ja nicht nur zu einem Leben in Entsagung und Opfer, sondern auch zu einem Leben innerer Freude und Erfüllung. Frohe Ausstrahlung ist immer das Kennzeichen der Ordensschwestern gewesen. Dadurch ist Euer Leben ein überzeugendes Zeichen dafür, daß „das Joch Christi nicht drückt und seine Last leicht ist" (vgl. *Mt* 11,30).

Schließlich möchte ich noch besonders jene Ordensschwestern hier in Dänemark grüßen, die nach einem langen Leben treuen und selbstlosen Dienstes nun ein hohes Alter erreicht haben und sich in gläubiger Hoffnung und froher Zuversicht auf die endgültige Begegnung mit dem Herrn vorbereiten. Wenn Ihr die Schwachheit des Alters spürt, wenn Euch Krankheit und Leiden bedrücken und schließlich die Stunde Eures Heimgangs näherrückt, dann laßt auch noch Euer Leiden und Sterben zu einem Zeugnis für Christus werden, der Euch gerade in dieser Zeit der Prüfung besonders nahe ist. Seid davon überzeugt, daß Ihr durch Eure Geduld und Euren Glauben, durch Euer Gebet und die Aufopferung Eures Leidens im Verborgenen der Kirche, die der mystische Leib Jesu Christi ist, die größten Dienste erweisen könnt.

Euch und Eure Mitschwestern sowie auch alle Priester, durch die Euch die Gemeinschaft und die Liebe Jesu Christi selber nahe ist und Euch Trost und Kraft schenkt, begleite ich weiterhin mit meinem besonderen Gebet und Segen.

In englischer Sprache fuhr der Papst fort:

3. Liebe Mitglieder des Pastoralrates!

Ich möchte Eurem Vorsitzenden, Herrn Jan Lange, für die freundlichen Worte danken, die er in Eurem Namen an mich gerichtet hat und auch meine Hochschätzung für die lebendige Art und Weise zum Ausdruck bringen, auf die Ihr, die katholischen Laien Dänemarks, weiterhin mit Eurem Bischof, den Priestern und Ordensleuten den Leib Christi aufbaut. Unter den verschiedenen Berufungen, mit denen sich das neue Leben der Gnade kundtut, entspricht die der Laien, also die Eure, der vordersten Front, an der die Kirche ihre Sendung erfüllt. Als priesterliches, von den Hirten der Kirche gebildetes und geführtes Volk heiligt Ihr die Welt und gestaltet sie neu, dem Beispiel Christi entsprechend, und das unter den gewöhnlichen Bedingungen des täglichen Lebens (vgl. *Lumen Gentium*, Nr. 10, 31). Im Lauf der Jahre nach dem Zweiten Vatikanischen Konzil hat sich die Aktivität der Laien in Dänemark erweitert und intensiviert, wie aus den Initiativen des diözesanen Pastoralrates und der örtlichen Pfarrgemeinderäte seit ihrer Errichtung im Jahr 1970 hervorgeht.

Welchen Herausforderungen stehen die katholischen Laien heute in Dänemark gegenüber? Ich weiß, daß Ehe und Familie ein vordergründiges Anliegen darstellen; ich will daher mit Euch darüber sprechen. Wie die Christen in vielen anderen Teilen der Welt beschäftigen auch Euch die traurigen Tatsachen der Scheidung, der zerbrochenen Familien, der Unklarheit hinsichtlich der Rollen von Mann und Frau und eine gewisse Lebenshaltung, die nicht nur zur künstlichen Empfängnisverhütung und zur Abtreibung führt, sondern auch zur Infragestellung der Bejahung des Lebens an und für sich. Die Lehre der Kirche, welche die Moral der jüdisch-christlichen Tradition fortführt, wird von manchen als etwas den modernen Gegebenheiten Fernstehendes oder als ein Eindringling in Angelegenheiten betrachtet, die ihrer Meinung nach „privat" sind und deshalb von „äußeren Einflüssen" frei sein sollen.

Das Evangelium jedoch, die Quelle der Lehre der Kirche, ist weit davon entfernt, ein Eindringling in die Intimität der ehelichen Beziehungen zu sein; es ist vielmehr Träger der befreienden Botschaft der Wahrheit und des Lichtes. Es wird zum unersetzlichen Fundament für die Selbstfindung der menschlichen Persönlichkeit und für die Elemente jener unerschütterlichen Liebe, die für die zwischenmenschlichen Beziehungen unerläßlich sind. Die Gnade setzt die Natur voraus: das Evangelium stellt keine unmenschlichen Forderungen an uns; es erleuchtet, erhebt und vervollkommnet alles Menschliche durch die Macht der göttlichen Gnade. Ausschließliche und lebenslange Treue in der Ehe, verantwortete Elternschaft, welche die göttliche Gabe des menschlichen Lebens achtet, Respekt für jeden Menschen vom Augenblick der Empfängnis an bis zum natürlichen Tod, die gleiche, einander ergänzende Würde der Frauen und Männer: aus diesen Fäden, liebe Brüder und Schwestern, ist die christliche Wahrheit des Evangeliums gewoben.

Wir fragen uns oft, wie wir am besten die Fragen der Jugendlichen beantworten können, die Gott suchen, oder wie wir das Herz und den Geist der Gleichgültigen berühren und Christus den Nichtglaubenden nahebringen sollen. Es ist meine Überzeugung, daß wir, wenn wir unser Leben nach dem Evangelium in seiner Fülle ausrichten, seine Forderungen annehmen und seiner Weisheit vertrauen, trotz der Skepsis der einen und der Ironie der anderen tatsächlich viele Menschen und selbst ganze Gesellschaftsschichten zu Christus führen werden, denn die Heiligkeit läßt niemanden gleichgültig, und ein restlos menschliches, weil in Gott gelebtes Leben berührt alle.

Ich ermutige jeden einzelnen von Euch und alle Laien Dänemarks zu diesem prophetischen Zeugnis, sowohl im öffentlichen als auch im privaten Leben. Habt keine Scheu, das Evangelium so zu leben, wie es Euer katholischer Glaube fordert. Stimmt mutig, mit Überzeugung und Liebe dem Evangelium zu. Als Christen, die von Christus selbst einen

Auftrag empfangen haben, sollt Ihr daraus Kraft schöpfen, sagte doch Christus selbst: „Ich bin der Weinstock, ihr seid die Reben. Wer in mir bleibt und in wem ich bleibe, der bringt reiche Frucht, denn getrennt von mir könnt ihr nichts vollbringen" (*Joh* 15,5). Allen hier Versammelten möchte ich meine Hochschätzung aussprechen. Möge der Herr Euch und Eure Lieben segnen, insbesondere die Kinder und die Kranken. Als Unterpfand der Kraft und des Friedens im Herrn erteile ich Euch aus ganzem Herzen meinen Apostolischen Segen.

Lösungen zur Überwindung der Trennung suchen

Ansprache bei dem Ökumenischen Treffen in Kopenhagen (Dänemark) am 7. Juni

Meine lieben Freunde in Christus!

1. Ich möchte meine Dankbarkeit für die Gelegenheit zum Ausdruck bringen, heute dieser Abordnung der Dänischen Lutherischen Kirche und den Vertretern anderer kirchlicher Gemeinschaften in Dänemark begegnen zu können. Im besonderen möchte ich Bischof Christiansen und meinen anderen Brüdern in Christus für ihre freundlichen Worte und für ihre Gedanken zum Thema Heilige Schrift und menschliche Gemeinschaft danken.

Als Christen, die sich bemühen, der Führung des Heiligen Geistes, des Geistes der Wahrheit (vgl. *Joh* 16,13), zu folgen, werden wir ständig an das Gebet erinnert, das Jesus in der Nacht vor seinem Tod für seine Jünger sprach: „Ich bitte nicht nur für diese hier, sondern auch für alle, die durch ihr Wort an mich glauben. Alle sollen eins sein ..." (*Joh* 17,20–21). Die Einheit aller, die an Christus glauben, ist deutlich ein Anliegen des Willens Christi. Sie berührt das Herz des Lebens und der Sendung der Kirche in der Welt. Sie zwingt uns anzuerkennen, daß unser Zeugnis für das Evangelium und unsere Glaubwürdigkeit als Nachfolger Christi wegen des Fehlens der Einheit ernsthaft behindert sind. Sie verpflichtet uns auch, der Versöhnung zu dienen, weil wir ja selbst in Christus mit Gott versöhnt worden sind (vgl. *2 Kor* 5,18). Christus ist es, der ein für allemal die trennende Mauer der Feindschaft zwischen Israel und den Völkern niedergerissen hat und nun alle seine Jünger zur vollkommenen Einheit ruft (vgl. *Joh* 17,22).

Vor ungefähr vierhundert Jahren sind die Bande der vollen kirchlichen Gemeinschaft, die die Mehrheit der Christen in Dänemark mit der Kirche von Rom vereinten, zerrissen worden. Diese tragische Trennung, die häufig von Feindschaft und gegenseitigem Mißtrauen gekennzeichnet war, dauert bis in unsere Zeit an. Heute im Moltke-Palais komme ich zu euch als Bruder in Christus, um mein eigenes Engagement und das Engagement der ganzen katholischen Kirche, für die Wiederherstellung der Einheit der Christen gemäß dem Willen des Herrn zu arbeiten, zu unterstreichen. Gewiß sind wir vom Evangelium her verpflichtet, gemeinsam für eine Wiederherstellung der vollen Einheit „durch den Frieden, der ... zusammenhält" (*Eph* 4,3), zu arbeiten und zu beten. Die Treue zur vollen Wahrheit Christi nötigt uns, nicht nur die Meinungsverschiedenheiten zu erkennen, die uns trennen, sondern auch im Vertrauen auf die Kraft des Heiligen Geistes nach ihrer Lösung zu suchen. Das ist in der Tat das Ziel des wichtigen theologischen Dialogs, der gegenwärtig zwischen der römisch-katholischen Kirche und den Kirchen und kirchlichen Gemeinschaften stattfindet, deren Vertreter hier zugegen sind, den Lutherischen Weltbund eingeschlossen. In diesem Dialog müssen wir zunächst die Dinge herausarbeiten, die wir bereits gemeinsam haben, in der Hoffnung, das Mißtrauen zu überwinden und das Wachsen gegenseitigen Verständnisses zu fördern.

2. Meine Brüder und Schwestern, das Zweite Vatikanische Konzil hat wichtige Lehräußerungen über die Heilige Schrift, ihren Platz in der Kirche Christi und ihre Rolle in der Bewegung hin auf die Einheit der Christen gemacht. Die Bibel ist ein großes Geschenk Gottes, das alle Christen, welche Unterschiede auch zwischen ihnen bestehen mögen, gemeinsam bewahren. Inspiriert von unserer gemeinsamen Liebe zum geschriebenen Wort Gottes möchte ich in dieser ökumenischen Versammlung einige persönliche Gedanken über dieses große Geschenk und seine Rolle in unserem Streben nach mehr gegenseitigem Verständnis darlegen.

Das *Konzilsdekret über den Ökumenismus* stellt feierlich fest: „Die Heilige Schrift ist gerade beim Dialog ein ausgezeichnetes Werkzeug in der mächtigen Hand Gottes, um jene Einheit zu erreichen, die der Erlöser allen Menschen anbietet" (*Unitatis redintegratio*, Nr. 21). „Ein ausgezeichnetes Werkzeug in der mächtigen Hand Gottes." Die Heilige Schrift ist in der Tat Gottes eigenes Wort. Alle Christen bewahren sie als Fundament des Glaubens. Die Konzilsväter erkennen dies in dem Dekret, das ich soeben zitiert habe, ausdrücklich an: „Unter Anrufung des Heiligen Geistes suchen ... [unsere christlichen Brüder] in der Heiligen Schrift Gott, wie er zu ihnen spricht in Christus" (*ebd.*). Und fast im gleichen Atemzug sagen sie weiter: „Die Liebe und Hochschätzung, ja fast kultische Verehrung der Heiligen Schrift führen unsere Brüder zu einem unablässigen und beharrlichen Studium dieses heiligen Buches" (*ebd.*).

Alle Christen „suchen Gott" in seinem eigenen geschriebenen Wort. Wir sind überzeugt, daß sich uns unser Herr Jesus Christus heute und immerdar in der Heiligen Schrift offenbart. Das menschgewordene Wort Gottes spricht durch die heiligen Bücher weiterhin zur Kirche. Durch das Lesen und Studieren der Heiligen Schrift suchen darum die Christen, Gott zu erkennen und seinen Plan für die Menschheitsfamilie zu verstehen. Technisches und wissenschaftliches Studium ist nur ein Hilfsmittel zu diesem höheren Ziel. In erster Linie ist das Wort Gottes dazu da, Halt und Leben für die Kirche, Glaubensstärkung, Seelenspeise und reiner, unversieglicher Quell des geistlichen Lebens für ihre Kinder zu sein (vgl. *Dei Verbum*, Nr. 21). Darum machen Katholiken und Lutheraner wie auch die Angehörigen anderer kirchlicher Gemeinschaften das Wort Gottes zum fundamentalen Bestandteil der Liturgie, die – nach den Kirchenvätern – aus dem „Tisch des Wortes" ebenso wie aus dem „Tisch der Eucharistie" besteht.

3. Kann man darin nicht ein „Prinzip der Einheit" erkennen? Liefert uns die Überzeugung unserer Abhängigkeit vom geschriebenen Wort Gottes nicht ein solides Fundament für die christliche Einheit?

Die Antwort auf diese Fragen ist sicherlich positiv, wie der gegenwärtige Zustand unserer Beziehungen beweisen kann. Es trifft zu; nicht nur wegen einer Art psychologischer

Übereinstimmung, die zwischen uns gewachsen ist, sondern vielmehr, weil Gott, der Eine, der in der Schrift und durch die Schrift spricht, in denen am Werk ist, die mit reinem und aufrichtigem Herzen in ihr lesen. Genau aus diesem Grund sagt das Konzil, daß die Schrift ein machtvolles Werkzeug in der Hand Gottes ist, um jene Einheit zu erreichen, die der Erlöser allen anbietet (vgl. *Unitatis redintegratio*, Nr. 21).
Das Ausmaß unserer wachsenden Übereinstimmung wird durch die Tatsachen bestätigt, daß wir dieselben kritischen Methoden verwenden und oft zu denselben exegetischen Schlußfolgerungen gelangen, daß wir bei der Auslegung des Wortes Gottes mehr und mehr auf die Stimme der Überlieferung hören und daß auf der praktischen Ebene die Zusammenarbeit bei der Übersetzung, der Publikation und der Verbreitung der Heiligen Texte zwischen uns zugenommen hat.

4. Dennoch sind wir uns alle, meine Brüder und Schwestern, sehr wohl bewußt, daß noch viel zu tun bleibt, um die Schrift zu jenem Werkzeug der Einheit zu machen, wie es dem Willen des Herrn für sie – und für uns – entspricht. Und es ist traurig, feststellen zu müssen, daß die Auslegung der Schrift zuweilen ein Faktor der Spaltung und deswegen der Uneinigkeit unter den Christen bleibt.
Das kommt nicht so sehr davon, daß wir gerne gewisse Texte oder Passagen in unterschiedlicher oder sogar voneinander abweichender Weise lesen. Es liegt eher daran, daß wir an verschiedenen Auffassungen vom „Verhältnis zwischen der Schrift und der Kirche“ und der Rolle des authentischen Lehramts der Kirche bei ihrer Erklärung festhalten (vgl. *Unitatis redintegratio*, Nr. 21).
Diese verschiedenen Auffassungen sind jetzt ein wichtiger Gegenstand auf der Tagesordnung unseres Dialogs. Ich bin überzeugt, daß wir gerade durch die Weiterführung dieses Dialogs in Vertrauen und Beharrlichkeit und vor allem mit dem Gebet schließlich zu einer Überwindung unserer Meinungsverschiedenheiten kommen, ohne dem untreu zu werden, was zur Ganzheit des christlichen Glaubens gehört. Wir werden mit dem Beistand des Heiligen Geistes, der uns „in die ganze Wahrheit führen“ wird (*Joh* 16,13), dazu gelangen, unsere Treue zum geoffenbarten Wort Gottes zu stärken. Genau durch dieses Bemühen, so schwierig es ist, wird das „machtvolle Werkzeug“ des Wortes Gottes dazu verhelfen, jenen „Frieden“ zwischen uns zu schaffen, „der alles Verstehen übersteigt“ (*Phil* 4,7).
So ist der Weg, der vor uns liegt, klar vorgezeichnet. Wir sind aufgerufen, unser gemeinsames Studium der Heiligen Schrift, unseren Dialog über ihren Inhalt und ihre Auslegung und unsere Zusammenarbeit, um sie besser zugänglich und verständlich zu machen, fortzusetzen und zu vertiefen.
Vor allem sind wir als einzelne Christen und in unseren kirchlichen Gemeinschaften aufgerufen, die Botschaft der Versöhnung, des Sieges über die Sünde, der Liebe und des Friedens in Christus, die in der Schrift geoffenbart ist, in unserem Leben zu praktizieren. Wir müssen im Geist erneuert werden, so daß wir dem geoffenbarten Wort Gottes und der Lehre Christi treuer werden, indem wir „heilig“ werden, „denn er ist heilig“ (*1 Petr* 1,16). Auf diese Weise werden wir gemeinsam in wahrem Glauben und aktiver Liebe der tieferen Einheit näher gebracht. Das ist es, was das Zweite Vatikanische Konzil

andeutete, als es feststellte: „Jede Erneuerung der Kirche besteht wesentlich im Wachstum der Treue gegenüber ihrer eigenen Berufung, und so ist ohne Zweifel hierin der Sinn der Bewegung in Richtung auf die Einheit zu sehen“ (*Unitatis redintegratio*, Nr. 6).

5. Liebe Brüder und Schwestern in Christus, in der Heiligen Schrift ist allen Christen ein gemeinsamer Schatz, eine Richtschnur des Glaubens, eine Quelle spirituellen Wachstums und eine Ermutigung, den einen wahren Gott zu erkennen und ihm zu dienen, gegeben worden. In der Welt von heute, die vom Verlust des Gespürs für Gott so tief betroffen ist, einer Welt, die den Sinn des Lebens und die Realität von Sünde und Vergebung vergessen hat, einer Welt, der die transzendente Hoffnung fehlt, bietet die Heilige Schrift allen die Botschaft des Heiles in unserem Herrn und Erlöser Jesus Christus an. Für Sie, die Christen Dänemarks, ist die Bibel ein kostbarer Schlüssel, der die Tür zum Verständnis einer Kultur öffnet, die eintausend Jahre lang von ihren Lehren inspiriert wurde. Durch die Kraft des Wortes Gottes gelangen Sie zu einem stets neuen Bewußtsein von den tiefreichenden religiösen und moralischen Prinzipien, die den besten Traditionen Ihrer Gesellschaft zugrundeliegen.
Indem Sie die jungen Menschen seine Botschaft lehren, geben Sie die Weisheit weiter, die sie brauchen, um zwischen Gut und Böse, zwischen Leben und Tod bei den wichtigen Entscheidungen für ihre eigene Zukunft und die Zukunft Dänemarks zu unterscheiden. Indem Sie sie in ein vom Gebet begleitetes Lesen der Heiligen Schrift einführen, werden sie von einer Botschaft herausgefordert, die der Frage nach dem Sinn des Lebens, jener Frage, über die so viele unserer Zeitgenossen in Verwirrung sind, die volle Antwort gibt.
Zum Abschluß dieser Überlegungen danke ich noch einmal Ihnen allen für Ihre freundliche Einladung. Ich bete darum, daß jeder und jede von Ihnen in allem, was Sie tun, immer dem Herrn im Gehorsam zu seinem heiligen Wort dienen. Möge Christus die Bemühungen aller segnen, die seinen Namen predigen und seinen Willen zu tun suchen. Möge der Heilige Geist uns stets bei unseren Bemühungen führen, die Spaltungen zu überwinden, die die Christen voneinander trennen. Gott, „der durch die Macht, die in uns wirkt, unendlich viel mehr tun kann, als wir erbitten oder uns ausdenken können, er werde verherrlicht durch die Kirche und durch Christus Jesus in allen Generationen, für ewige Zeiten. Amen“ (*Eph* 3,20–21).

Die Welt erlebt einen Augenblick des Erwachens

Ansprache bei der Begegnung mit dem Diplomatischen Korps in Kopenhagen (Dänemark) am 7. Juni

Meine Damen und Herren!

1. Sowohl im Vatikan als auch bei meinen Reisen zu den Ortskirchen in den verschiedenen Teilen der Welt habe ich oft Gelegenheit, mit Mitgliedern der Gemeinschaft der Diplomaten zusammenzutreffen. Heute habe ich die Freude, den bei der dänischen Regie-

rung Ihrer Majestät akkreditierten Missionschefs und dem diplomatischen Personal zu begegnen. Ich begrüße Sie alle und danke Ihnen für Ihr Kommen. Durch Sie zolle ich den von Ihnen vertretenen Nationen und Völkern meine Hochachtung. In Ihrem Dienst für Ihre Länder und für die internationale Gemeinschaft sehe ich einen direkten Beitrag zur Verwirklichung der großen Hoffnung, welche de Menschen überall im Herzen tragen, nämlich die Hoffnung, daß die derzeitigen Umgestaltungen innerhalb der Völker und in den Beziehungen zwischen den die Geschichte formenden Kräften eine friedlichere und menschlichere Welt zustandebringen mögen.
Ich möchte heute als Freund der uns allen gemeinsamen Menschheit zu Ihnen sprechen, der sich um das wahre Wohl und den Fortschritt der Menschheitsfamilie sorgt, als Jünger Jesu Christi, dessen Kirche mit meinem Amt im Dienst der Einheit und des Glaubens zu dienen ich berufen bin.

2. Bei der Vorbereitung dieses Besuches in Dänemark kamen mir ausdrücklich zwei dänische Denker in den Sinn. Als früherem Professor für Ethik in meiner Heimat sind mir die Schriften eines der beiden vertaut: ich meine Søren Kierkegaard. Kierkegaard war zutiefst vom Sinn für die Begrenztheit und Endlichkeit der Existenz und demzufolge für das Schreckliche erfüllt – von einem Sinn für Vorahnung, die er nicht als etwas Psychologisches, sondern als etwas wesentlich Metaphysisches und daher in jeder menschlichen Erfahrung unumgänglich Anzutreffendes betrachtete. Für Kierkegaard war diese Angst die grundlegende Kategorie für die Erläuterung der Beziehungen zwischen dem Einzelwesen und der Welt. Für ihn ist die ganze Existenz von der Möglichkeit des Nicht-Seins durchdrungen, weshalb alles Seiende gleichzeitig auch irgendwie nichts ist. „Was ich bin", schrieb Kierkegaard, „ist nichts" (*Geheimes Tagebuch*).
Kierkegaards Ausweg aus dieser Negativität waren sein christlicher Glaube und sein Gehorsam Gott gegenüber. In gewissem Sinn widersetzte er sich dem intellektuellen Klima seiner Zeit, indem er die Aufmerksamkeit wieder auf das Individuum und seine persönliche Beziehung zu Gott lenkte. Einige spätere Philosophen waren stark von Kierkegaards Auffassung der existentiellen Angst beeinflußt. Manche von ihnen fanden keinen anderen Ausweg, als die Ausrichtung auf den Tod und das Nichts zu rühmen, die dem Gesetztsein in die Welt innewohnt. In dieser Schule wurde der menschliche Geist auf die radikale Verzweiflung und die Verneinung eines sinnvollen, in Freiheit gelebten Lebens vorbereitet.
Der andere dänische Gelehrte, der mir in den Sinn kam, war Niels Stensen, der Naturwissenschaftler des 17. Jahrhunderts, der berühmte Anatom und Begründer der wissenschaftlichen Paläontologie, Geologie und Kristallographie. Wie ich im Vorjahr, anläßlich der Seligsprechung dieses außergewöhnlichen Sohnes Dänemarks hervorheben konnte, hatte sein Leben die zweifache Ausrichtung: er war ein scharfsinniger Beobachter des menschlichen Körpers und der unbelebten Natur und gleichzeitig ein tiefgläubiger Christ, der sich demütig, doch aufgeschlossen und furchtlos in den Dienst des göttlichen Willens stellte. Seine wissenschaftlichen Studien führten ihn an die Universitäten von Amsterdam, Leiden, Paris und Florenz. Sein Glaubensweg führte ihn zu einer tiefen Erfahrung der Bekehrung, zur Priesterweihe, zum Amt des Bischofs und

des Missionars. Seine persönliche Heiligkeit war so bemerkenswert, daß ihn die Kirche den Gläubigen als Beispiel und als Fürsprecher bei Gott vor Augen führt.

3. Der Gedanke an diese beiden dänischen Intellektuellen und Glaubenden ruft Reflexionen hervor, die vielleicht von unseren täglichen und unmittelbaren Sorgen weit entfernt, aber dennoch im Untergrund aller Gedanken und Entscheidungen präsent sind und daher den eigentlichen Sinn unserer täglichen persönlichen und gemeinschaftlichen Mühen bestimmen. Diese Reflexionen stehen in Beziehung zum Sinn des Lebens mit seinen augenscheinlichen Einschränkungen, seinen Leiden und seinem geheimnisvollen Ende, dem Tod. Sie betreffen den Platz, den die Religion in Geschichte, Kultur und Gesellschaft einnimmt, sowie die nie verstummende Frage des Verhältnisses zwischen Glaube und Vernunft. Auf der praktischen Ebene betreffen sie die dringende Notwendigkeit einer Zusammenarbeit aller im religiösen, wissenschaftlichen, kulturellen, politischen und wirtschaftlichen Bereich tätigen Männer und Frauen, um den großen Problemen der Welt entgegentreten zu können: der Erhaltung des Planeten und seiner Reichtümer, des Friedens zwischen den einzelnen Nationen und Gruppen, der Gerechtigkeit in der Gesellschaft und der Notwendigkeit einer raschen und wirksamen Reaktion auf die tragischen Situationen von Armut, Krankheit und Hunger, die Millionen von Menschen bedrücken.
Unser Jahrhundert hat die Erfahrung so schrecklicher Kriege und politischer Spannungen gemacht, so arger Vergehen gegen Leben und Freiheit, so anscheinend unbeeinflußbarer Ursachen des Leidens – einschließlich der heutigen Tragödie des internationalen Rauschgifthandels und der immer weiteren Verbreitung von AIDS –, daß mancher zögern mag, von großer Hoffnung zu sprechen oder im Hinblick auf die Zukunft allzu optimistisch zu sein. Dennoch werden viele die Meinung teilen, daß die Welt derzeit einen Augenblick außerordentlichen Erwachens erlebt. Die alten Probleme bleiben bestehen und neue treten auf, doch läßt sich auch ein zunehmendes Wissen um die Möglichkeit feststellen, ein neues und besseres Zeitalter herbeizuführen, ein Zeitalter echter und ehrlicher Zusammenarbeit, die es erlaubt, den großen Herausforderungen zu begegnen, denen die Menschheit am Ende des zwanzigsten Jahrhunderts gegenübersteht. Diese Möglichkeit läßt sich nicht klar definieren. Man könnte sie eher als ein Ineinanderfließen zahlreicher vielschichtiger und die ganze Welt umspannender Entwicklungen auf den Gebieten der Wissenschaft, der Technologie und der Wirtschaft und einer zunehmenden politischen Reife der Völker und der öffentlichen Meinungsbildung bezeichnen. Es wäre vielleicht richtig, zu sagen, daß das, was wir erfahren, eine – wenn auch langsame und unsichere – Wandlung hinsichtlich der Besorgnisse der Welt und eine wachsende, wenn auch manchmal zögernde Bereitschaft zum Ausdruck bringt, eine weltweite gegenseitige Abhängigkeit mit allem, was sie mit sich bringt, anzunehmen, der ja auch niemand wirklich entrinnen kann.
Ich sprach über diese Fragen mit Ihnen, werte Mitglieder des Diplomatischen Korps, da Sie persönlich und beruflich über die Fähigkeiten verfügen, auf die Herausforderungen, die am Horizont des menschlichen Fortschritts aufscheinen, entsprechend einzugehen. Meine Worte sind eine Einladung an Sie und an alle Männer und Frauen, die für das öf-

fentliche Leben der verschiedenen Nationen verantwortlich sind, alles nur Mögliche zu tun, um dieses ethische Erwachen und die friedlichen Prozesse zu fördern, welche auf größere Freiheit und mehr Achtung für die Würde des Menschen und die Menschenrechte in aller Welt abzielen. Sie und Ihre Regierungen und Völker können hier mit der vollen Unterstützung der katholischen Kirche rechnen.

Die Kirche kann nur wenige oder gar keine technischen Ratschläge geben, noch kann sie ein wirtschaftliches oder politisches Programm vorlegen. Ihre Sendung ist eine durchaus spirituelle und humanitäre. Sie ist bestrebt, Jesus Christus, ihrem göttlichen Gründer, treu zu sein, der erklärte: „Mein Königtum ist nicht von dieser Welt" (*Joh* 18,36), jedoch gleichzeitig Mitleid mit der von Schmerzen heimgesuchten Menschenmenge empfand (vgl. *Mt* 9,36). Die Kirche besteht, damit sie die Herrschaft Gottes, des liebenden Vaters, über die Schöpfung und die Menschen verkünde; sie ist bestrebt, die Gewissen der Völker zu bilden, damit sie Verantwortungen für sich selbst und für die Welt, für die zwischenmenschlichen Beziehungen und für die gemeinsame Bestimmung der Menschheitsfamilie übernehmen. Die Kirche verkündet eine ganz spezifische Lehre von Schöpfung und Erlösung, die den Einzelmenschen in den Mittelpunkt ihres Weltbildes und ihrer Aktivitäten stellt. Ihr zeitliches Ziel ist die volle Entfaltung der einzelnen Menschen. Sie ruft zu persönlicher Verantwortung auf und weckt diese. Sie ruft die Gesellschaft auf, die unveräußerlichen Werte und Rechte der Person zu verteidigen und zu fördern und sie mittels einer entsprechenden Gesetzgebung und Sozialpolitik zu gewährleisten. Sie möchte diese Ziele weiterhin in Zusammenarbeit mit allen für das Gemeinwohl Tätigen verfolgen.

Seit dem Beginn meines Pontifikats bin ich bestrebt, einer Sorge Ausdruck zu geben, die schon die biblischen Berichte kannten, wenn sie die Anstrengungen des Menschen schildern, eine Welt ohne Bezugnahme auf Gott aufzubauen. Diese Sorge ist heute, angesichts der vom Menschen geschaffenen und ins Ungeheure angewachsenen Möglichkeiten, Gutes oder Böses zu tun, besonders aktuell geworden. Die Gefahr ist, „daß der Mensch bei dem enormen Fortschritt in der Beherrschung der gegenständlichen Welt die entscheidenden Fäden, durch die er sie beherrscht, aus der Hand verliert und ihnen auf verschiedene Weise sein Menschsein unterordnet und selbst Objekt wird von vielfältigen, wenn auch ... nicht direkt wahrnehmbaren Manipulationen" (*Redemptor Hominis*, Nr. 16).

Während der Mensch seine Welt mehr und mehr beherrscht, bleibt die fundamentale Frage immer die gleiche: „Wird der Mensch als Mensch im Zusammenhang mit diesem Fortschritt wirklich besser, das heißt geistig reifer, bewußter in seiner Menschenwürde, verantwortungsvoller, offener für den Mitmenschen, vor allem für die Hilfsbedürftigen und Schwachen, und hilfsbereiter zu allen?" (*ebd.*, Nr. 15).

Die grundlegenden Fragen sind daher jene, die Wahrheit und Sinn, ethisch Gutes und Schlechtes betreffen. Diese Fragen kehren immer wieder, ist doch jede Generation, ja, jeder einzelne Mensch aufgerufen, auf sie in den unaufhörlich wechselnden Lebensumständen Antworten zu geben. Die unausgeglichene Entwicklung, die derzeit vor sich geht und die ernsteste Bedrohung für die Stabilität der Welt mit sich bringt – der immer höhere materielle Lebensstandard der einen steht in argem Gegensatz zur wachsenden Armut und zum Elend der anderen –, ist nicht das Ergebnis blinder und unkontrollierbarer Kräfte, sondern das von einzelnen und Gruppen getroffenen Entscheidungen. Ich bin restlos davon überzeugt – und habe das auch in meiner *Enzyklika über die soziale Sorge der Kirche* vom Jahr 1987 zum Ausdruck gebracht –, daß gewisse Formen des modernen Imperialismus, die anscheinend wirtschaftlichen oder politischen Ursprungs sind, tatsächlich Formen von Idolatrie gleichkommen: ich meine den Kult des Geldes, der Ideologie, der Klasse und der Technologie. Die eigentliche Natur der Unausgeglichenheiten, die unsere Welt bedrücken, ist die des moralischen Übels. Die Anerkennung dieser Tatsache ist bedeutsam, denn „das Böse so zu erkennen bedeutet, auf der Ebene menschlichen Verhaltens den Weg genau anzugeben, den man gehen muß, um es zu überwinden“ (*Sollicitudo rei socialis*, Nr. 37).

Meine Damen und Herren! Dies sind die Gedanken, die ich Ihnen hinterlassen möchte; ich vertraue darauf, daß Sie meine Sorge um den Weg der Menschheit am Ende des zweiten christlichen Jahrtausends teilen. Der Weg des Fortschritts ist der einer tiefen Solidarität, die sich nicht auf ein unklares Gefühl des Mitleids oder ein seichtes Bedauern angesichts des Unglücks anderer beschränkt, sondern sich mit Nachdruck und Ausdauer für das Gemeinwohl einsetzt (vgl. *ebd.*, Nr. 38). Ein solcher Einsatz für die Solidarität entspricht Ihrem Status als Diplomaten im Dienst des Friedens und des Fortschritts. Ich bitte Sie daher um Ihre Mitarbeit beim Aufbau eines Zeitalters wirksamer und weltumspannender Solidarität, einer Solidarität, die für die allem menschlichen Bemühen innewohnenden ethischen Dimensionen offen ist.

Möge der allmächtige Gott Sie bei Ihrem Werk begleiten. Möge sein Segen auf Sie, auf Ihre Familien und auf die Länder herabkommen, denen Sie dienen. Ich danke Ihnen.

Jede Nation ist zum Hören der Worte Jesu berufen

Predigt bei der Eucharistiefeier in Øm (Dänemark) am 7. Juni

„Mir ist alle Macht gegeben im Himmel und auf der Erde“ (*Mt* 28,18).

Liebe Brüder und Schwestern!

1. Christus sprach diese Worte am Ende seiner messianischen Sendung. Er war dabei, seinen Aufenthalt auf der Erde abzuschließen. Er mußte zu seinem Vater zurückkehren. „Alle Macht im Himmel und auf der Erde“ ist das Ergebnis seines Erlösungswerkes. Der Sohn Gottes, eines Wesens mit dem Vater, hat Macht auf Grund seiner Gottheit; der als Mensch in die Welt gesandte Sohn Gottes hat die gleiche Macht um den Preis seines Blutes gewonnen.

Kraft seiner Macht sendet Christus bei seiner Rückkehr zum Vater die Apostel in die ganze Welt: „Geht … und macht alle Menschen zu meinen Jüngern; tauft sie auf den Namen des Vaters und des Sohnes und des Heiligen Geistes“ (*Mt* 28,19). Diese Worte gewinnen ihre volle Bedeutung am Pfingsttag in Jerusalem.

Er kennzeichnet den Beginn der Kirche in der Geschichte: in dieser heiligen Stadt, in Judäa, in Samaria und bis an die Enden der Erde. Das Herabkommen des Heiligen Geistes

auf die Apostel, die im Obergemach mit der Mutter Christi versammelt waren, ist der Beginn des Zeitalters der Kirche.
Jede Nation ist zum Hören der Worte Christi berufen. Daher müssen wir heute fragen: Wie und wann kamen die Apostel Christi in euer Heimatland? Wer waren die ersten unter euren Vorfahren, die getauft wurden? Wie lange ist es her, seit eure Nation in jenes Reich eintrat, das Jesus seinen Aposteln und all jenen anvertraute, die auf dem Fundament, das er gelegt hatte, weiterbauen sollten? Diese Fragen können durch die verschiedenen Gruppen hier anwesender Katholiken verschieden beantwortet werden.

In dänischer Sprache sagte der Papst:

Ich freue mich sehr, die Eucharistie mit euch in diesem schönen Land zu feiern an der Stelle, wo die Ruinen eines Zisterzienserklosters uns an die Evangelisierung Westdänemarks vor vielen Jahrhunderten erinnern. Ihr Katholiken dänischen Ursprungs könnt dankbar und stolz auf die blicken, die euch im Glauben vorangegangen sind, auf jene, denen in jeder Generation das Gebot des Herrn, „alle Völker zu lehren“, ein Anliegen gewesen ist. Mögt ihr stets im Glauben leben und wachsen können.
Ich möchte auch die dänischen Katholiken polnischer oder vietnamesischer Abstammung und die Besucher aus Deutschland begrüßen:

In polnischer Sprache sagte der Papst:

Liebe Brüder und Schwestern polnischer Herkunft! Einige eurer Familien leben schon seit der Zeit des Ersten Weltkrieges hier. Andere sind erst kürzlich eingewandert. Ihr seid die Brücke des Glaubens und der christlichen Kultur in Nordeuropa. Möge die Liebe zur Muttergottes, die ihr und eure Familien von Polen mitgebracht habt, weiterblühen in Heiligtümern ähnlich diesem hier in Øm. Diese Liebe helfe euch, euren katholischen Glauben praktizieren.

In vietnamesischer Sprache fuhr der Papst fort:

Herzlich grüße ich euch im Herrn, liebe Brüder und Schwestern aus Vietnam. Im vergangenen Jahr sind viele von euch nach Rom gekommen, um der Heiligsprechung der vietnamesischen Märtyrer beizuwohnen, und kurze Zeit darauf wurde hier eine Wallfahrtsstätte zu ihrer Ehre errichtet. Ich bete darum, daß ihr Beispiel heroischen Zeugnisses für das Evangelium euch stets ein Licht sei, damit ihr mutig und treu den katholischen Glauben lebt und eure starken Familienüberlieferungen bewahrt.

In deutscher Sprache sagte der Papst:

Liebe Brüder und Schwestern aus Norddeutschland, eure Anwesenheit erinnert uns daran, daß unser Glaube alle Grenzen überschreitet und uns alle als eine einzige Familie Gottes vereint. Es ist eine große Freude für mich, daß mein Besuch in Dänemark es euch ermöglicht, diese Eucharistie mit dem Papst zu feiern. Ich hoffe, daß meine Anwesenheit euch in eurem katholischen Glauben sowie in eurer Liebe zu Christus und zu seiner Kirche stärkt.

2. Ich weiß, daß sich die Katholiken in diesem Teil Dänemarks manchmal isoliert fühlen wegen der Entfernung, die sie voneinander trennt. Die Tatsache, daß nur wenige Katholiken in der Nähe sind, die euch Gemeinschaft und Hilfe schenken, stellt euch beim Versuch, den Glauben zu praktizieren und eure Kinder als Katholiken zu erziehen, vor eine besondere Aufgabe. Denkt immer daran, daß auch die am meisten isolierten Katholiken nie allein sind. Auch die kleinste von euren Gemeinden im Norden bleibt weiter ein Teil der universalen Kirche; jede ist mit der Kirche in Rom und mit den Katholiken in jedem Land und in jeder Nation verbunden.
Eine weitere Quelle der Ermutigung ist für euch das von vielen eurer Nachbarn gegebene Beispiel, die, obwohl Nichtkatholiken, doch ihr Leben in Treue zu ihrer christlichen Taufe zu gestalten suchen. Sie möchten aus ganzem Herzen Jesus Christus nachfolgen und ihm dienen. Echt ökumenischer Geist befähigt die Christen, einander als Mitpilger zu achten und einander bei der Verkündigung des Evangeliums zu helfen. Gemeinsam können wir von Gottes Liebe Zeugnis geben, wenn wir den geistigen und materiellen Nöten anderer abhelfen. Wir können auch für Christus vor denen Zeugnis geben, die wenig oder gar keinen Glauben haben. Allen Mitgliedern anderer Kirchen und kirchlicher Gemeinschaften, die heute hier anwesend sind, entbiete ich einen besonderen Friedensgruß.

3. Wenn wir an den Befehl des Herrn denken, alle Völker zu seinen Jüngern zu machen, müssen wir uns das unsichtbare Wirken des Heiligen Geistes vor Augen halten, der in der ganzen Schöpfung am Werk ist. Mit den Worten des *Credos* bekennen wir den Heiligen Geist als wahren „Lebensspender".
Den Menschen heute sind Theorien darüber vertraut, wie das Universum entstanden ist. Der hl. Paulus erblickt in der Schöpfung aber etwas, das nicht für Wissenschaftler sichtbar ist und auch von den größten Teleskopen bzw. den feinsten Mikroskopen nicht eingefangen werden kann. In seinem *Brief an die Römer* macht er uns auf eine Art von Entwicklung aufmerksam, die in der geschaffenen Welt ebenfalls stattfindet: den Prozeß der Umwandlung im Heiligen Geist, durch den die Menschheit und die ganze Schöpfung auf das Reich Gottes vorbereitet werden.
Paulus schreibt, „daß die gesamte Schöpfung bis zum heutigen Tag seufzt ... Aber auch wir, obwohl wir als Erstlingsgabe den Geist haben, seufzen in unserem Herzen und warten darauf, daß wir mit der Erlösung unseres Leibes als Söhne offenbar werden" (*Röm* 8,22–23). Der Heilige Geist ist am Werk in der Kraft der Erlösung; und sein unsichtbares Wirken stärkt die apostolische Sendung der Kirche unter den Nationen. Vor allem in diesem Sinn ist Christus als dem Erlöser der Welt „alle Macht im Himmel und auf der Erde gegeben".

4. Die Macht des in der Schöpfung wirkenden Heiligen Geistes macht aus uns ein Volk der Hoffnung. Mitten in all unseren Erfahrungen der materiellen Welt bewahrt die Hoffnung in uns die Gewißheit von einer anderen Welt, des Reiches, in dem Gott „alles in allem" (vgl. *1 Kor* 15,28) sein wird. Die Hoffnung ist gleich einem unerschöpflichen Energiespender für die Verwirklichung des Planes Gottes mit der Zukunft der Welt und zumal mit der Zukunft der Menschheitsfamilie. Die Zukunft des Menschen in Gott – das meint Paulus, wenn er sagt: „Hoffen wir ... auf das, was wir nicht sehen, dann harren wir aus in Geduld" (*Röm* 8,25).

Manchmal wird diese Hoffnung getestet. Wir können zu denken versucht sein, das Böse sei stärker als das Gute. Vorurteile, Konflikte und Haß haben fürchterlichen Einfluß auf den menschlichen Geist und lassen Zerstörung, Leid und Tod zurück. Selbstversklavung unter dem Vorwand von Freiheit führt zur Ausbeutung anderer und dem Abbau der eigenen menschlichen Würde, ja zum Verlust der eigenen Seele. Es gibt auch die feineren Versuchungen, die vom unterschiedlosen Anstreben materieller Dinge herrühren. Das kann uns für die transzendente geistige Bestimmung, von der der hl. Paulus spricht, blind machen. Und dann kommt noch die größte Versuchung von allen, die von der Illusion der Selbstgenügsamkeit in einer technischen Welt genährt wird: die Versuchung, Gott, der uns gemacht hat, zu vergessen, die Versuchung, zu leben und zu handeln, wie es uns gefällt, ohne Gehorsam gegen Gottes Gesetz. Damit vergessen wir aber die Wahrheit aller geschaffenen Dinge, die in den Worten des heutigen Antwortpsalms ausgedrückt ist: „Nimmst du ihnen den Atem, so schwinden sie hin und kehren zurück zum Staub der Erde. Sendest du deinen Geist aus, so werden sie alle erschaffen, und du erneuerst das Antlitz der Erde“ (*Ps* 104,29–30).

Liebe Brüder und Schwestern, bei dieser Liturgiefeier verkünden wir ein Ende aller Hoffnungslosigkeit, ein Ende aller Verzweiflung. Wir feiern die Zukunft des Menschen in Gott, die durch den Sieg Christi über die Sünde möglich geworden ist. Wir freuen uns darüber, „daß sich der Geist unserer Schwachheit annimmt“ (*Röm* 8,26). Er kommt ständig auf die Kirche herab, um ihr zu helfen. Er kommt auch zu jedem einzelnen von uns, so daß wir unsere irdischen Aufgaben auf das Reich Gottes und die Gabe des ewigen Lebens hin erfüllen können.

Christlicher Glaube strahlt Hoffnung aus, obwohl er uns mit dem Kreuz herausfordert und persönliche Bekehrung fordert. Christus hat die Sünde besiegt, indem er für die Sünder starb, und er regiert jetzt in unserer Welt mit der verborgenen Kraft der Liebe, mit der Kraft des Heiligen Geistes mitten in aller Sünde. Als Christen sind wir jeder einzeln aufgerufen, an diese verborgene Macht zu glauben. Wir sind ebenfalls wie die ersten Apostel aufgerufen, Gottes Reich in Wort und Tat zu verkünden: „Geht ... und macht alle Völker zu meinen Jüngern“ (*Mt* 28,19).

5. In diesem Kontext der Hoffnung möchte ich allen jungen Menschen, die heute hier sind, ein Wort sagen. Ich weiß, daß Øm viele Jahre lang ein Zentrum für Jugendarbeit war, die jungen Katholiken eine Erfahrung der Gemeinschaft, einen gemeinsamen Sinn für die Zugehörigkeit zur Kirche gegeben hat. Ich vereinige mich mit der ganzen Kirche Dänemarks in innigem Gebet, daß die Gabe des ewigen Lebens, die jeder von euch bei der Taufe empfangen hat, niemals durch Gleichgültigkeit oder Gottvergessenheit verlorengeht. Wie die ersten Apostel seid auch ihr aufgerufen, Jünger zu sein und andere aus euren Familien, eurem Freundeskreis und euren Gemeinschaften zu Jüngern zu machen. Ihr seid ein ganz lebenswichtiger Teil der Zukunft der Menschheit in Gott. Wollt ihr diese Hoffnung lebendig halten, könnt ihr euch auf das private Gebet und auf das im öffentlichen Gottesdienst in der Kirche stützen. Dabei geht euch der Weg auf, dem ihr in eurem Leben folgen sollt.

Den in der Jugendarbeit Engagierten, zumal den Vertretern der katholischen Schulen, biete ich jede Ermunterung und Unterstützung an. Ihr habt die wirklich edle Aufgabe, jungen

Papst Johannes Paul II. im Wiener Stephansdom
am 12. September 1983

Katholiken beim Wachstum in ihrem Glauben zu helfen und sie wie auch andere zu einem christlichen Leben und christlicher Tugend hinzuführen.

6. Am Pfingsttag, zu Beginn des Pilgerwegs der Kirche der Zukunft der Menschheit in Gott entgegen, war, wie wir wissen, auch Maria im Obergemach in Jerusalem. Obwohl sie nicht die apostolische Sendung der Apostel empfing, so geht doch das Beispiel ihres heroischen Glaubens und Zeugnisses für das Geheimnis Christi dem Zeugnis der Kirche in jedem Land und Volk voran.
Hier in Øm, wo Maria von den Katholiken von Jütland und Fünen verehrt wird, wollen wir zu ihr aufschauen,
- die durch ihren Glauben in der Kraft des Heiligen Geistes Christus in die Welt brachte;
- die „gegen alle Hoffnung voll Hoffnung" (vgl. *Röm* 4,18) zu Füßen des Kreuzes geglaubt hat;
- die in den Jahrhunderten seit Pfingsten mit allen Jüngern ihres Sohnes „im Gebet vereint" bleibt;
- die im Wirken der Kirche für die Einführung des Reiches Gottes in die Welt präsent ist.

Heilige Maria, Mutter der göttlichen Liebe, bitte für uns mit deinem Sohn, unserem Herrn und Heiland Jesus Christus. Amen.

Vor der Verkündigung nicht zurückschrecken

Ansprache beim Besuch in der Kathedrale in Stockholm (Schweden) am 8. Juni

Liebe Herren Bischöfe Brandenburg und Kenney,
liebe Brüder und Schwestern in Christus!

1. Es paßt sehr gut, daß wir bei diesem freudigen Anlaß unseren Glauben bekennen, indem wir uns der Worte des *Credo* bedienen. Damit erinnern wir uns an die großen Glaubenswahrheiten, die Gegenstand unseres christlichen Glaubens sind. Dieses alte Glaubensbekenntnis bekräftigt unsere lebendige Gemeinschaft mit denen, die uns vorangegangen sind, und mit all denen, die zu allen Zeiten und überall den von Christus anvertrauten Glauben an die „eine, heilige, katholische und apostolische Kirche" bekannt haben.
Die Predigt des Evangeliums und das Glaubensbekenntnis, die die lebendige Tradition der Kirche darstellen, sind ein Licht, das an einem finsteren Ort scheint, „bis der Tag anbricht und der Morgenstern aufgeht in euren Herzen" (*1 Petr* 1,19). Der Glaube, den wir als ein Geschenk empfangen haben, ist ein heiliges Pfand, das an andere weitergegeben werden muß. Es liegt ein Drängen in den Wahrheiten des Christentums, eine missionarische Dimension seiner erlösenden Botschaft. Der Glaube ist dazu bestimmt, Frohe Botschaft für andere ebenso wie für uns selbst zu sein.
Gerade wie einst die hll. Apostel Petrus und Paulus die bekannte Welt mit dem Namen Jesu erfüllten, so betrachte es auch ich, der Nachfolger des Petrus, als meine vorrangige Pflicht, Christus sowohl den Nahen wie den Fernen zu predigen und euch, meine „mit

uns im Glauben verbundene" Brüder und Schwestern (vgl. *Gal* 6,10), zu ermutigen, „mit Ausdauer in dem Wettkampf zu laufen, der uns aufgetragen ist" (*Hebr* 12,1). In dieser Kathedrale, dem Zentrum des kirchlichen Lebens in der Diözese Stockholm, schließe ich mich eurer Danksagung an Gott für das Geschenk des Glaubens, das ihr empfangen habt, an und bitte ihn, euch in eurer Liebe zu Christus und seiner Kirche und in eurem Engagement, die Frohe Botschaft anderen zu predigen, zu stärken.

2. Heute fordert Christus jeden von uns durch die Berufung, die wir als Bischöfe, Priester, Ordensmänner und -frauen oder Laien empfangen haben, auf, zum Herzen Schwedens zu sprechen. Über tausend Jahre hinweg sind Schwedens Geschichte und Kultur vom Evangelium geformt worden. In jeder Generation muß die Kirche das Evangelium aufs Neue verkünden. Sie muß, ob man es hören will oder nicht (vgl. *2 Tim* 4,2), die Imperative wiederholen, die im Mittelpunkt jeder christlichen Predigt stehen: „Laßt euch mit Gott versöhnen!" (*2 Kor* 5,20) und: „Zieht den neuen Menschen an, der nach dem Bild Gottes geschaffen ist in wahrer Gerechtigkeit und Heiligkeit" (*Eph* 4,24). Dieser beharrliche Ruf muß im Schweden von heute gehört werden, und ihr seid es, die Gott auserwählt und gesandt hat, seine Herolde zu sein.
Wollen wir die Botschaft von der Bekehrung und Versöhnung in Christus anderen bringen, müssen wir sie zuerst selbst leben. Es ist für uns nicht genug, auf Christus zu zeigen; in gewissem Sinn sind wir durch die Taufe selbst Christus geworden. Mit den Worten des hl. Augustinus: „Laßt uns frohlocken und danksagen: Wir sind nicht nur Christen geworden, sondern Christus selbst ... Steht in Ehrfurcht und freut euch; wir sind Christus geworden" (*In Ioann. Evang. Tract.* 21,8). Von unserer in der Taufe gestifteten Einheit mit Christus im Geheimnis seines Todes und seiner Auferstehung her haben wir eine Berufung zur Heiligkeit (vgl. *Röm* 6,9–12), eine Aufforderung, vollkommen zu sein, wie es auch unser himmlischer Vater ist (vgl. *Mt* 5,48). Liebe Brüder und Schwestern, Schweden braucht lebendige Zeichen Christi, die in ihrem Herzen am Wort Gottes festhalten, die durch die Sakramente in ihm bleiben, die die Seligpreisungen in die Praxis umsetzen und die alle Menschen lieben, besonders die geringsten ihrer Brüder und Schwestern. Das ist es, was es bedeutet, in der Wahrheit geheiligt zu sein (vgl. *Joh* 17,19) und den Glauben, den wir im Credo bekennen, zu leben.

3. Meine lieben Brüder im Priesteramt, ich möchte heute hier sagen, daß dies in ganz besonderer Weise eure Berufung ist: daß ihr selbst geheiligt seid (vgl. *1 Thess* 4,3) und daß ihr dann, in der Person Christi handelnd, andere heiligt. Vergeßt nie, daß ihr – mit den Worten des hl. Paulus – „Diener Christi und Verwalter von Geheimnissen Gottes" seid (*1 Kor* 4,1). Als Ausspender der Sakramente bringt ihr dem Volk Gottes das Geschenk des Heils und nährt das göttliche Leben, das sie von Christus empfangen haben. Als Hirten, denen man vertraut, seid ihr auch ihre geistlichen Ärzte und Führer. Ihr müßt die Schwachen stärken, die Zweifelnden ermutigen und diejenigen zurückholen, die sich verirren.
Um diese besondere Berufung zu erfüllen, müßt ihr euch immer enger dem Bild von Christus, dem Hohenpriester, dem gehorsamen Sohn des Vaters und dem Sieger am Kreuz angleichen. Nur indem ihr mit jeder Faser eures Daseins ein anderer Christus, „alter Christus", werdet, findet ihr Erfüllung in eurer Berufung und seid der Gnade treu, die

Gott bei eurer Weihe über euch ausgegossen hat. Die Aufforderung, Christus anzuziehen, verlangt eine beständige Bekehrung. Wie ich in meinem *ersten Gründonnerstagsbrief an die Priester* sagte, „müssen wir täglich aufs neue die von Christus im Weihesakrament empfangene Gnadengabe entdecken, indem wir uns die Wichtigkeit der Heilssendung der Kirche klar vor Augen halten und uns im Licht dieser Sendung auf die große Bedeutung unserer Berufung besinnen" (*Brief an die Priester*, 6. April 1979, Nr. 10).

Liebe Brüder, das ist es, was das Volk Gottes von uns erwartet. Das ist es, was das Volk Gottes in Schweden von euch erwartet. Sie möchten von euch seine Botschaft hören, auch wenn diese Botschaft vom Kreuz spricht und davon, daß wir unserem alten Leben und einer menschlichen Denkweise absterben müssen, um zum neuen Leben in Gott aufzuerstehen. Sie wollen durch euer Wort und euer Beispiel inspiriert werden, damit sie die Pflichten ihres Lebensstandes in Übereinstimmung mit dem Willen Gottes erfüllen können. Und obwohl sie es nicht zugeben werden, haben doch viele von denen, die sich Ungläubige nennen, den geheimen Wunsch, von Gott gefunden zu werden. Als Priester habt ihr eine besondere Verantwortung, die zu suchen, die verloren sind. Ich bete darum, daß Gottes nie versiegende Gnade euch in allem hilft, was ihr in seinem Namen unternehmt.

4. Liebe Brüder und Schwestern im Ordensleben, ich möchte auch euch in eurem Dienst für Christus und seine Kirche in Schweden ermutigen. Dieser Dienst ist sehr offenkundig in euren verschiedenen Apostolaten, insbesondere in der Jugenderziehung und in der Sorge für die Kranken, die Alten und die Armen. Aber noch wichtiger als das, was ihr tut, ist das, was ihr seid: Personen, die Gott in Jesus Christus als sein ausschließliches Besitztum geweiht sind (vgl. *Redemptionis donum*, Nr. 15).

Ihr seid besondere Zeichen des Reiches Gottes im Schweden von heute – eines Reiches, das „nicht von dieser Welt ist" (vgl. *Joh* 18,36) und das doch diese Welt von innen heraus verwandelt. Indem ihr ein Leben des Dienens in Keuschheit, Armut und Gehorsam lebt, erinnert ihr die Menschen daran, daß es mehr auf dieser Welt gibt, als das Auge erkennen kann. Es gibt eine transzendente, geistliche Berufung und Bestimmung, zu der jede Person von Gott gerufen ist. Dies ist eine Botschaft, die Schweden von euch zu hören nötig hat in Übereinstimmung mit der langen Tradition des Ordenslebens in diesem Land, die bis zum hl. Ansgar und zur hl. Birgitta zurückreicht.

Um die Welt mit einer Botschaft der Bekehrung und der Versöhnung herausfordern zu können, müßt auch ihr diese Botschaft zuerst in euch selbst und in euren religiösen Instituten hören und annehmen. Durch Gebet, Betrachtung und eine immer großzügigere Selbsthingabe werdet ihr die Liebe finden, die ihr braucht, um in der Gemeinschaft zu leben und die Pflichten eures Apostolats „nicht verdrossen und nicht unter Zwang", sondern fröhlich (*2 Kor* 9,7) zu erfüllen. Wenn auch der Weg manchmal „eng und schmal" (*Mt* 7,14) sein mag, werdet ihr doch immer deutlicher erkennen, daß der Herr „mitten unter euch" ist (vgl. *Mt* 18,20). Ich bitte euch dringend, jeden Tag in der christlichen Reife zu wachsen und euer Verständnis von dem, was es bedeutet, Christus im Ordensleben nachzufolgen, zu vertiefen, so daß ihr ihn dann zu anderen und die anderen zu ihm bringen könnt.

5. Liebe Mitglieder des Pastoralrats und liebe Männer und Frauen im Laienstand in der Diözese Stockholm, ihr seid aufgerufen, nach Heiligkeit zu streben und euch voll an der Sendung der Kirche zu beteiligen, nicht weniger als die Priester und die Ordensleute, die eure Brüder und Schwestern im Herrn sind. Wie ich vergangenes Jahr in meinem Apostolischen Schreiben *Christifideles laici* feststellte, „müssen die Laien ihr Tun im Alltag als Möglichkeit der Vereinigung mit Gott und der Erfüllung seines Willens sowie als Dienst an den anderen Menschen betrachten, um sie in Christus zur Gemeinschaft mit Gott zu führen" (Nr. 17).
Wenn ihr als Katholiken auch eine religiöse Minderheit in Schweden seid, so macht es euch die Religionsfreiheit doch möglich, voll am Leben eures Landes teilzunehmen. Um so größer ist darum die Herausforderung, in ökumenischer Zusammenarbeit mit den Christen anderer Kirchen und kirchlicher Gemeinschaften einen Beitrag zur schwedischen Gesellschaft zu leisten, der des katholischen Glaubens und seiner Morallehre würdig ist. Unter euren Nachbarn, Freunden und Verwandten – zu Hause, in der Schule und an eurem Arbeitsplatz – seid ihr Christus, der die Menschen einlädt, „den neuen Menschen anzuziehen", „um mit Gott versöhnt zu sein".
Ich möchte ganz besonders zwei große Aufgaben hervorheben, die ich zur Förderung der Heilssendung der Kirche heute in meinem Apostolischen Schreiben besonders den Frauen anvertraut habe. Die erste ist „die Aufgabe, dem Eheleben und der Mutterschaft die volle Würde zu verleihen ... durch das gezielte, liebevolle und entscheidende Tun der Frau" (*Christifideles laici*, Nr. 51). Die zweite ist „die Aufgabe, die moralische Dimension der Kultur zu sichern, die Dimension einer Kultur, die des Menschen ... würdig ist" (*ebd.*). Dies ist besonders wichtig an einem Zeitpunkt der Geschichte, an dem die Fortschritte der Wissenschaft und der Technik nicht immer von der wahren Weisheit inspiriert und an ihr gemessen sind, sondern eher die widerliche Aussicht bieten, das Leben zunehmend zu entmenschlichen. Kraft ihrer besonderen Sensibilität können die Frauen einen unermeßlichen Beitrag zur Förderung des wahren Wohles des Menschen leisten, angefangen vom fundamentalen Wert des Lebens selbst (vgl. *ebd.*).
Diese Aufgaben, liebe Brüder und Schwestern, sind nur zwei Beispiele aus den vielen Arten, zu denen die gläubigen Laien aufgefordert sind, Zeugnis für das Evangelium abzulegen, indem sie die Menschheit durch das Licht Christi umwandeln. Es ist auch ein ermutigendes Zeichen für die Kirche in Schweden, daß so viele von euch als Katechisten oder Mitglieder von beratenden Gremien dienen oder in karitativen Tätigkeiten, der Jugendarbeit oder anderen Unternehmungen engagiert sind.

6. Zuletzt sage ich euch allen, die ihr hier zugegen seid – den Priestern, den Ordensleuten und den Laien: Fürchtet euch nicht! Viele von euch sind aus anderen Ländern nach Schweden gekommen, um politischen oder wirtschaftlichen Drangsalen zu entgehen oder um als Priester oder Ordensleute den Katholiken dieses Landes zu dienen. Das schließt viel Mühsal, Opfer und Herausforderung ein, aber mit dem hl. Paulus können wir uns „unserer Bedrängnis rühmen; denn wir wissen: Bedrängnis bewirkt Geduld, Geduld aber Bewährung, Bewährung Hoffnung. Die Hoffnung aber läßt nicht zugrunde gehen; denn die Liebe Gottes ist ausgegossen in unsere Herzen" (*Röm* 5,3–5). Ja, liebe

Brüder und Schwestern, mit der Liebe Gottes in unserem Herzen brauchen wir keine Angst zu haben.
Schreckt nie zurück vor der Aufgabe, das Evangelium zu predigen und euren Glauben vor denen zu bezeugen, die gleichgültig oder ungläubig sind. Verliert nie das Vertrauen darauf, daß der nach dem Bilde Gottes geschaffene und in Christus erlöste Mensch im Grunde gut ist. Durch die Gnade Gottes kann auch das gleichgültigste und ungläubigste Herz der Wahrheit, der Schönheit und der Güte geöffnet werden, für die wir geschaffen worden sind. Vor allem verliert nie das Vertrauen in die Macht Gottes, die unsere Verkündigung des Wortes begleitet, eine Macht, die „unendlich viel mehr tun kann, als wir erbitten oder uns ausdenken können" (*Eph* 3,20).
Liebe Freunde in Christus, damit wir des Segens Gottes würdig seien, laßt uns nun gemeinsam beten mit den Worten, die Jesus selbst uns gelehrt hat.

Zukunft der Menschheit kommt durch die Familie

Predigt bei der Eucharistiefeier in Stockholm (Schweden) am 8. Juni

„Wir hören sie in unseren Sprachen Gottes große Taten verkünden" (*Apg* 2,11).

Liebe Brüder und Schwestern in Christus!

1. Am Pfingsttag wurden die Apostel, die sich im Obergemach in Jerusalem versammelt hatten, „mit dem Heiligen Geist erfüllt" (*Apg* 2,4). Man hörte ein Brausen, „wie wenn ein heftiger Sturm daherfährt" (*Apg* 2,2), und über den Häuptern der Anwesenden erschienen „Zungen wie von Feuer, die sich verteilten; auf jeden von ihnen ließ sich eine nieder" (*Apg* 2,3). Unter diesen Wunderzeichen jedoch ist eines besonders auffallend. Es wird uns erzählt, daß sich in der Nähe viele Leute aus verschiedenen Ländern des Mittelmeerraums und des Nahen Ostens aufhielten, von denen jeder die Apostel in seiner eigenen Sprache reden hörte. Was diese verschiedenen Sprachen vereinte, war die Wahrheit, die die Apostel unter dem Einfluß des Heiligen Geistes, des Trösters, sagten. Es war die Wahrheit von „den großen Taten Gottes".
Dieses Ereignis ist das bedeutendste Zeichen des „Pfingstwunders". Es zeigt die Kirche in ihrer Einheit: einer Einheit, die Verschiedenheit umfaßt und in der Verschiedenheit verwirklicht wird. Die Verschiedenheit der Sprachen repräsentiert „alle Völker unter dem Himmel" (*Apg* 2,5), zu denen die Apostel von Christus ausgesandt wurden, als er aus dieser Welt zum Vater aufstieg. Erstanden aus dem Beginn des apostolischen Zeugnisses für den gekreuzigten und auferstandenen Christus, wird die Kirche immer eine Einheit in der Verschiedenheit sein.

In schwedischer Sprache sagte der Papst:

2. Meine lieben Brüder und Schwestern!
Mit großer Freude bin ich heute hier im Globus-Stadion. Ihr seid aus allen Teilen Schwedens und auch aus vielen anderen Teilen der Welt gekommen, um heute hier zu sein. Wir

sind hier versammelt als Volk Gottes, als Brüder und Schwestern in Christus, um inspiriert vom Heiligen Geist miteinander die Messe zu feiern. Möge Gott bei dieser Feier mit uns sein, und mögen wir durch die Fürsprache seiner Mutter immer mehr dem einzigen wahren Gott näherkommen.
In besonderer Weise möchte ich das schwedische Volk und die schwedischen Katholiken grüßen, die alle diese Menschen aus den verschiedensten Teilen der Welt bei sich aufgenommen haben. Ich grüße auch die Vertreter der Königsfamilie, der Regierung und der Kirche von Schweden, die verschiedenen Freikirchen, den Ökumenischen Rat von Schweden und die Mitglieder des Diplomatischen Korps.

In englischer Sprache fuhr der Papst fort:

Den vielen Einwanderern unter euch entbiete ich einen besonderen Gruß im Herrn: Der Friede sei mit euch!

In polnischer Sprache sagte der Papst:

Mit diesem Gruß des auferstandenen Christus, der auch der Gruß der Liturgie der Kirche ist, wende ich mich an meine Landsleute: an euch hier Anwesende, an alle, die den Stationen dieses Besuches folgen, und an alle, die in Schweden oder in den anderen skandinavischen Ländern leben.
Liebe Brüder und Schwestern, ihr habt dieses Land für euch und für eure Kinder und Enkel zum zweiten Vaterland gewählt. Ihr gehört schon zu dieser Gesellschaft, in die ihr euch allmählich eingliedert, und ihr gehört zur Kirche in diesem Land. Mit anderen Brüdern und Schwestern seid ihr diese Kirche! Es ist eine kleine Kirche, wie jenes Senfkorn aus dem Gleichnis des Evangeliums (vgl. *Mk* 4,30–32). Und sie setzt sich vorwiegend aus Menschen verschiedener Länder zusammen. Aber es ist dieselbe Kirche, von der der Apostel schreibt: „Ein Herr, ein Glaube, eine Taufe“ (*Eph* 4,5). Sie ist das Gottesvolk, das – wie das II. Vatikanische Konzil sagt – alle Menschen aus allen Nationen zu bilden gerufen sind und in dem die einzelnen Teile ihre eigenen Gaben den übrigen Teilen und der ganzen Kirche hinbringen (vgl. *Lumen Gentium*, Nr. 13).
Die Geschicke dieser Kirche in dem schon nahen dritten Jahrtausend hängen auch von euch ab. In euch tragt ihr das tausendjährige Erbe eines getauften Volkes, die Frucht der Gnaden, der Opfer, der Gebete, der Leiden und der Siege eurer Vorväter.
Jeder von euch folgt der Straße seiner eigenen, persönlichen Wechselfälle, und sie hat euch hierher gebracht. Es sind unterschiedliche Wechselfälle. Dennoch steht am Beginn eines jeden dieser Lebenswege wie am Beginn des Lebensweges eines jeden Menschen der erste Missionar der Erlösung des Menschen: Jesus Christus.
Fühlt euch nicht einsam, Christus ist bei euch, und er ist in euch für eure Brüder und Schwestern.
Die Weltkirche und die Ortskirche sind bei euch, und ihr seid diese Kirche.
Baut euer Leben auf dem Fundament alles dessen auf, was euch angeboten wird. Arbeitet mit an der Schaffung und Mehrung des Gemeinwohls dieses Landes.

Baut mit an der Einheit der Kirche und ihrer Zukunft. Der Friede des auferstandenen Christus sei mit euch, in euren Herzen und Gedanken, in den Familien, in den Gemeinden und in der ganzen Gesellschaft.
All das stelle ich eurem Fühlen und Denken vor als menschliche und christliche Berufung. Das ist auch mein bester Wunsch für euch, und von Herzen gebe ich dazu meinen Segen.

Zur englischen Sprache zurückkehrend, fuhr der Papst fort:

Alle ihr Einwanderer könnt dankbar sein, daß euch eure schwedischgebürtigen Brüder und Schwestern im wahren Geist christlicher Gemeinschaft und Liebe willkommen geheißen haben. Nun ist es für alle Katholiken in Schweden notwendig, für das Gemeinwohl der Kirche zusammenzuarbeiten. Der eine Leib Christi muß aus der reichen Verschiedenheit von schwedischer Kultur und neuen Beiträgen der verschiedenen Volksgruppen aufgebaut werden. Die Verschiedenheit der Kirche ist die der Nationen, der Völker, der Kulturen und der gesellschaftlichen Gruppen in verschiedenen geschichtlichen Epochen; unsere Einheit ist eine „große Tat Gottes", das Werk der Wahrheit, die auch die Quelle neuen Lebens für den Menschen ist.

3. Die Lesungen der Liturgie von heute stellen zwei Ereignisse einander gegenüber: Das Pfingstfest in Jerusalem, das die Geburtsstunde der Kirche war, und den biblischen Turm von Babel, der im *Buch Genesis* beschrieben wird. Der Turm von Babel versinnbildlicht die Auflösung der Einheit, den Verlust einer gemeinsamen Sprache für die Menschheit. Die Einheit wich der Spaltung. Pfingsten symbolisiert auf der anderen Seite eine neue Suche nach Einheit in der Verschiedenheit und durch die Verschiedenheit. Wir sehen, daß die Unterschiedlichkeit der Sprachen nicht notwendigerweise zur Zerstreuung der Menschheit führen muß. Inmitten der Verschiedenheit der Sprachen können wir Einheit erreichen, wenn die Menschen in der Wahrheit einig sind und vor allem, wenn sie in einem Bewußtsein „der großen Taten Gottes" einig sind.
Diese „großen Taten" offenbaren uns das große Geheimnis der Gemeinschaft in Gott, einer Gemeinschaft, die die tiefste Quelle unserer Einheit untereinander ist. Durch Christus erfahren wir, daß Vater, Sohn und Heiliger Geist eine Dreieinigkeit göttlicher Personen sind, die von Ewigkeit her in einem Wesen vereint sind. Genau diese Gemeinschaft von Personen ist die ursprüngliche Quelle und das hauptsächliche Vorbild für die Kirche. Mit einem Zitat des heiligen Cyprian sagt das Zweite Vatikanische Konzil, daß die Universalkirche „das von der Einheit des Vaters und des Sohnes und des Heiligen Geistes her geeinte Volk" ist (vgl. *Lumen Gentium*, Nr. 4). Wir sehen das im Gebet Christi im Obergemach am Vorabend seines Leidens: „Alle sollen eins sein: Wie du, Vater, in mir bist und ich in dir bin, sollen auch sie in uns sein, damit die Welt glaubt, daß du mich gesandt hast" (*Joh* 17,21). Gemeinschaft mit Gott und untereinander ist darum die äußerste Berufung der Kirche. Sie ist eine an die Christen aller Zeitalter inmitten ihrer historischen Spaltungen gerichtete Einladung.
Dieser Ruf zur Einheit weitet sich auch auf die ganze Menschheitsfamilie aus. Auch die Spaltungen und Feindschaften, die der Turm von Babel symbolisiert, müssen innerhalb der zeitlichen Ordnung überwunden werden. Einheit muß aus der reichen Verschieden-

heit der menschlichen Rasse aufgebaut werden, so daß die Einladung des Pfingstfestes in der Geschichte triumphieren kann. Denn die „großen Taten Gottes“ geben nicht nur der Kirche Ursprung, sie sind auch tief in den Menschen und sein ganzes Tun eingeschrieben.

4. Die Liturgie von heute zeigt, wie jeder von uns und tatsächlich jeder Christ auf die Einladung des Pfingstfestes antworten und sich an ihr ausrichten muß. Im Evangelium spricht Christus davon durch die Bilder des „Salzes“ und des „Lichtes“. Seine Worte an seine Jünger sind auch an uns, die Jünger von heute, gerichtet: „Ihr seid das Salz der Erde ... Ihr seid das Licht der Welt“ (*Mt* 5,13–14). Das Licht wird gebraucht, damit „die großen Taten Gottes“ gesehen werden können. Wir brauchen die „erleuchteten Augen des Glaubens“ (*Eph* 1,18), um diese Taten in den Tiefen unseres persönlichen Ichs zu sehen. Das Licht apostolischen Zeugnisses ist auch notwendig, damit die „Dinge Gottes“ von anderen gesehen werden können, so daß diese Dinge zu den Menschen sprechen, in ihren Geist und ihre Herzen eindringen und „allen leuchten“ können (vgl. *Mt* 5,15). Ebenso wird das „Salz der Erde“ gebraucht. Es zeigt die spirituelle Reife derer an, die aus dem Bewußtsein von „den großen Taten Gottes“ geboren sind.
Die Bilder des „Salzes“ und des „Lichtes“ sind auf jeden von uns als einzelne anwendbar. Sie beziehen sich auf die grundsätzliche Verschiedenheit zwischen der Kirche und der Menschheitsfamilie, die eine Vielfalt von Personen umfaßt. Letztlich ist die Verschiedenheit durch die Tatsache bestimmt, daß das Leben jedes Menschen einzigartig und unwiederholbar ist. Zugleich ist jeder von uns aufgerufen, „Salz“ und „Licht“ „für andere“ zu sein, so daß Einheit aus der Verschiedenheit aufgebaut wird und die Menschen sich zusammenschließen und das Leben der Kirche und der menschlichen Gemeinschaft zu einem Abbild der Einheit wird, die Gott selbst ist: der Einheit des Vaters und des Sohnes und des Heiligen Geistes.

5. Die „großen Taten Gottes“ rufen uns nicht nur zum Glauben an Gott und zum Gehorsam gegenüber seinem Gesetz, sie offenbaren auch die Größe des Menschen, die Würde und die transzendente Berufung jeder menschlichen Person. Die Liebe zu Gott und zum Nächsten ist es, die uns zum „Salz“ und zum „Licht“ macht. Diese Liebe ist der wahre Maßstab für jede menschliche Entwicklung, der einzelnen wie der Gesellschaft.
Liebe Brüder und Schwestern, wir dürfen niemals den materiellen Dingen erlauben, den Vorrang vor Gott oder vor den anderen menschlichen Wesen zu gewinnen. Keine menschliche Theorie, kein Plan oder Zweck darf je auf Kosten des liebenden Gehorsams, den wir Gott schulden, oder des liebenden Respekts, den wir den Mitmenschen schulden, verfolgt werden. Keine wirtschaftliche oder technologische Überlegung darf je die entscheidende Norm für die Art und Weise sein, wie wir den Nächsten behandeln. Dies gilt für jede menschliche Person: das ungeborene Kind, die alten Menschen, die Kranken und die Sterbenden, die Armen und alle, die wegen ihrer Rasse oder Kultur anders sind als wir.
Diejenigen unter euch, die aus anderen Ländern nach Schweden gekommen sind, mögen materielle Armut erfahren haben, bevor sie sich hier niedergelassen haben. Der Überfluß an Gütern in eurem neuen Heimatland mag euch blenden. Erinnert euch immer daran,

daß diese Dinge nur in dem Ausmaß wertvoll sind, in dem sie dem wahren Wohl der menschlichen Person, dem geistigen wie dem materiellen, dienen. Werden sie erst einmal ein Ziel an sich oder gerät ihr wahrer Wert aus dem Gesichtskreis, könntet ihr leicht versucht sein, so zu handeln, als ob Menschen nur „Dinge" wären. Haltet euch immer Christi Worte vor Augen: „Was nützt es einem Menschen, wenn er die ganze Welt gewinnt, dabei aber sein Leben einbüßt?" (*Mt* 16,26).

6. Die „Einladung des Pfingstfestes" und die Berufung, „Salz" und „Licht" für die Welt zu sein, verpflichten uns auch zur Solidarität mit den anderen. Schweden hat einen wohlverdienten guten Ruf wegen seiner Unterstützung für Entwicklungsländer und wegen seines Eintretens für mehr Gerechtigkeit und Frieden in der Menschheitsfamilie. Der Turm von Babel muß einer gemeinsamen Suche nach weltweiten Lösungen für die Probleme der Armut, des Hungers und der Krankheiten, der Intoleranz, der Ungerechtigkeit und der Verfolgung, der Gewalt und des Krieges wie auch der Umweltprobleme weichen. Die Tatsache, daß so viele Nationalitäten heute hier vertreten sind – geborene Schweden wie Flüchtlinge und Gastarbeiter, die hier willkommen geheißen worden sind –, zeigt, daß es möglich ist, miteinander zu leben und zusammenzuarbeiten.
Die Solidarität ruft euch auch auf, das Gemeinwohl des Landes und der örtlichen Gemeinschaft zu fördern, in denen ihr lebt. Katholiken und Christen anderer Kirchen und kirchlicher Gemeinschaften sollten aktiv dabei sein, die Gesellschaft von innen heraus durch die Liebe zu Gott und zum Nächsten umzugestalten. Das erfordert ihre volle Teilnahme am gesellschaftlichen, politischen und kulturellen Leben Schwedens ebenso wie im Bereich der Wirtschaft, besonders in den Gewerkschaften und den Arbeitgeberorganisationen. Nicht nur die eingeborenen Schweden, sondern auch die Einwanderer müssen den ihnen zustehenden Platz in der Gesellschaft einnehmen, so daß auch sie einen positiven Beitrag zu dem Land leisten können, zu dem sie nun gehören.
Wir können nicht über Solidarität in der modernen Gemeinschaft sprechen, ohne auch das Familienleben zu erwähnen. Das ist so, weil die Bürger „in der Familie ... ihre erste Schule für jene sozialen Tugenden [finden], die das Leben und die Entwicklung der Gesellschaft von innen her tragen und gestalten" (*Familiaris Consortio*, Nr. 42). Es ist heute für verheiratete Paare nicht immer leicht, in einem lebenslangen, von gegenseitiger Treue, Achtung und Liebe geprägten Bund zu leben. Ebenso ist es für christliche Eltern nicht leicht, ihre Kinder im Glauben großzuziehen, indem sie sie – mit einem Wort – lehren, Gott über alles und den Nächsten wie sich selbst zu lieben.
Wir müssen immer tiefer davon überzeugt sein, daß die Zukunft der Menschheit durch die Familie kommt. Jeder sollte die Notwendigkeit spüren, die Werte und die Forderungen der Familie zu schützen und zu fördern. Das ist besonders wichtig für die Söhne und Töchter der Kirche. Der Glaube gibt uns die volle Kenntnis des wundervollen Planes Gottes. Wir haben deshalb einen zusätzlichen Grund, das Familienleben in dieser Zeit der Gnade und der Herausforderung zu fördern (vgl. *ebd.*, Nr. 86).

7. Liebe Brüder und Schwestern, um die „Einladung des Pfingstfestes" anzunehmen und um „Salz" und „Licht" zu sein im Zeugnis für die Einheit der menschlichen Rasse, müssen wir die „großen Taten Gottes" leben. Wir tun dies durch Gebet und Empfang der

Sakramente, besonders der Buße und der Eucharistie, durch das Beispiel eines heiligmäßigen Lebens, durch selbstlose Hingabe und tätige Nächstenliebe (vgl. *Lumen Gentium*, Nr. 10).
Auf diese Weise bleibt und wächst das „Pfingstwunder" hier unter euch, den geliebten Söhnen und Töchtern Schwedens:
Die „großen Taten Gottes" nahen. Sie berühren das Herz des Menschen. Sie bilden die Kirche. Sie dienen dem Wohl der menschlichen Gemeinschaft. Und so wird das Gebet Christi erfüllt: „Vater, alle sollen eins sein, damit die Welt glaubt" (*Joh* 17,21). Amen.

Einheit – wesentliches Kennzeichen der Kirche

Ansprache beim Ökumenischen Gebetsgottesdienst in Uppsala (Schweden) am 9. Juni

„Alle sollen eins sein, ... damit die Welt glaubt, daß du mich gesandt hast" (*Joh* 17,21).

Liebe Brüder und Schwestern!

1. Mit diesen Worten des Evangeliums vor uns, möchte ich dem allmächtigen Gott danken, der es mir in seiner liebenden Vorsehung möglich gemacht hat, heute mit euch zusammenzusein. Mein herzlicher Gruß gilt Ihren Majestäten, König Carl Gustav und Königin Silvia, über deren Anwesenheit ich mich freue und für die ich mich mit innigen Gebeten um den Frieden und für das Wohl der Nation erkenntlich zeige. Ich möchte auch Erzbischof Werkström meinen Dank zum Ausdruck bringen, der das Tor der Freundschaft für diesen ökumenischen Gottesdienst weit geöffnet hat. Euch allen, die ihr heute morgen hierher gekommen seid, um mit dem Papst zu beten, strecke ich die Hand der Brüderlichkeit und des Friedens in unserem Herrn Jesus Christus entgegen.
Die Schriftlesungen aus dem *Buch des Propheten Jesaja* und aus dem *Johannesevangelium*, die wir gerade gehört haben, antworten auf die tiefsten Sehnsüchte des Menschenherzens nach Einheit und Frieden. Im *Buch Genesis* lesen wir, wie diese Geschenke wegen der Sünde verlorengegangen sind. Die Ermordung Abels durch seinen Bruder Kain (vgl. *Gen* 4) und besonders der Turmbau zu Babel (vgl. *Gen* 11) zeigen, wie sich die Realität der Sünde ausgebreitet und vervielfacht hat. Gott vergessend, wollten die Menschen mit eigener Kraft einen Turm bauen und endeten doch nur in Nichtverstehen und Spaltung. Der Turm zu Babel ist die erste von vielen Episoden im Alten Testament, die die Folgen der fehlgeleiteten Versuche des Menschen zeigen, Erfolg aus eigener Kraft und ohne Beziehung zu Gott, seinem Schöpfer, zu erreichen.
Doch in der ersten Lesung von heute spricht der Prophet Jesaja die Verheißung von der Wiederherstellung der Einheit und des Friedens mit Gott und unter den Menschen aus, die der Herr selbst auf dem Berg Sion zustandebringen wird. Er verkündet diese Vision der Hoffnung: „Der Berg mit dem Haus des Herrn ... überragt alle Hügel. Zu ihm strömen alle Völker. Viele Nationen machen sich auf den Weg; sie sagen: Kommt, wir ziehen hinauf zum Berg des Herrn ... Er zeige uns seine Wege, auf seinen Pfaden wollen wir ge-

hen. ... Man zieht nicht mehr das Schwert, Volk gegen Volk, und übt nicht mehr für den Krieg“ (*Jes* 2,2–4). Anders als die Turmbauer von Babel erkennt Jesaja an, daß Einheit und Frieden nicht durch irgendein menschliches Programm garantiert werden, sondern durch die Erkenntnis Gottes, durch den Gehorsam gegenüber dem göttlichen Gesetz, durch das Kennenlernen der Wege Gottes und das „Gehen auf seinen Pfaden“ kommen. Jesaja erkennt die geistige Natur des „Tempels“, in dem Einheit und Frieden mit Gott und unter den Menschen wiederhergestellt werden.
Diese Vision Jesajas hat sich in unserem Herrn und Erlöser Jesus Christus erfüllt. Er ist der Ewige Priester, der am Vorabend seines Todes ein Gebet um Einheit und Frieden beginnt, das er bis zu seiner vollkommenen Erfüllung am Ende der Zeit fortsetzen wird: „Ich bitte nicht nur für diese hier, sondern auch für alle, die durch ihr Wort an mich glauben. Alle sollen eins sein: Wie du, Vater, in mir bist und ich in dir bin, sollen auch sie in uns sein“ (*Joh* 17,20–21). Durch seinen Tod und seine Auferstehung wurde Christus zu jenem geistlichen Tempel, zu dem „alle Völker strömen“. Durch seine Offenbarung der Wahrheit über Gott und den Menschen zeigt Christus, daß die menschliche Sehnsucht nach Einheit und Frieden ihren Anfang und ihr Ende in einem transzendenten Geheimnis hat: in der Einheit von Vater, Sohn und Heiligem Geist.

2. Liebe Brüder und Schwestern, dieses Evangelium berührt jeden von uns persönlich. Christi hohepriesterliches Gebet schließt uns ein, weil auch wir Glaubende durch das Wort der Apostel geworden sind. Das Geschenk der Erlösung, das dem Menschen die Gemeinschaft mit Gott und mit den anderen wiedergibt, ist an alle gerichtet. „Gott hat es ... gefallen, die Menschen nicht einzeln, unabhängig von aller wechselseitigen Verbindung, zu heiligen und zu retten, sondern sie zu einem Volke zu machen, das ihn in Wahrheit anerkennen und ihm in Heiligkeit dienen soll“ (*Lumen Gentium*, Nr. 9). Zur Einheit der einen Kirche Christi ruft Gott dann alle zusammen, die zu Jesus „als dem Urheber des Heils und dem Ursprung der Einheit und des Friedens glaubend aufschauen“ (*ebd.*). Er hat in der Tat diese Kirche gestiftet, „damit sie allen und jedem das sichtbare Sakrament dieser heilbringenden Einheit sei“ (vgl. *ebd.*).
Einheit ist ein wesentliches Kennzeichen der Kirche. Weit entfernt davon, eine rein menschliche Organisation mit einer Botschaft zu sein, ist die Kirche der Leib und die Braut des Herrn, geboren aus seiner Seitenwunde am Kreuz. Ihre Einheit strömt aus ihrem Wesen selbst und ist wesentlich für ihren Auftrag. Sie ist Teil des Heilsplanes Gottes. Sie ist der Wille und das Gebet Christi. Wir erkennen auch an, daß die Kirche, um ein glaubwürdiges Zeichen der Erlösung und der Gemeinschaft mit Gott zu sein, in Übereinstimmung mit dem leben muß, was sie ist und was sie verkündet. Tatsächlich wollen alle, die zu Jesus als „dem Urheber des Heils und dem Ursprung der Einheit und des Friedens“ aufschauen (*Lumen Gentium*, Nr. 9), alles ihnen Mögliche tun, um wirkungsvolle Zeichen und Werkzeuge dieser Einheit und dieses Friedens zu sein, „damit die Welt glaubt“ (*Joh* 17,21). Aus diesem Grund ist die Sorge um die christliche Einheit, mit der wir uns heute morgen im Gebet versammelt haben, keine kleine oder oberflächliche Angelegenheit.

3. Wir müssen mit Trauer erkennen, daß die Christen nicht einig sind. Gleichzeitig können wir darauf vertrauen, daß uns der Herr der Geschichte in unseren Spaltungen nicht

verlassen hat. In Weisheit und Langmut führt er uns durch seine Gnade zu immer ernsterer Reue über die Spaltungen und zu immer größerer Sehnsucht nach Einheit (vgl. *Unitatis redintegratio*, Nr. 1).
Trotz all dieser jahrhundertealten Zwietracht und Spaltung sichern der Glaube an unseren Herrn und Erlöser und die Eingliederung in ihn durch die Taufe eine Art von freilich unvollkommener Gemeinschaft. Die Taufe ist ja ein sakramentales Band zwischen allen, die durch sie wiedergeboren sind, und gleichzeitig ein dynamischer Ausgangspunkt. Einmal getauft, müssen wir nach der Fülle des Lebens in Christus streben, einer Fülle, die ihren Ausdruck im vollständigen Bekenntnis des Glaubens findet und in der sakramentalen Einheit und der Gemeinschaft der Kirche, wie Christus sie gewollt hat (vgl. *Unitatis redintegratio*, Nr. 22). So stellte ich vergangenes Jahr einer Delegation des Lutherischen Weltbundes gegenüber fest: „Weil wir bereits Bande der Einheit in Christus durch die Taufe gemeinsam haben, können wir niemals mit etwas zufrieden sein, das weniger ist als die volle Gemeinschaft“ (4. März 1988).
Protestanten und Katholiken haben in Schweden auch ein großartiges historisches Erbe gemeinsam, auf das diese große Kathedrale von Uppsala ein eindrucksvoller Hinweis ist. Sie wurde als Nationalheiligtum zu einer Zeit gebaut, als das ganze Volk von Schweden noch in ein und demselben Glauben vereint war. Noch heute wird hier das Grab des hl. Erik gehütet. Der Glaube, der den Bau dieser Kathedrale inspirierte, brachte einst Zisterzienser, Dominikaner und Franziskaner in euer Land. Er inspirierte die hl. Birgitta, deren Offenbarungen in ganz Europa gelesen wurden. Auch nach der Reformation ist hier viel vom katholischen Erbe bewahrt worden, mehr als in anderen Ländern.

4. Der Hinweis auf diese Geschichte und die Anerkennung dieses gemeinsamen Erbes machen unsere Spaltungen nur noch schmerzlicher. Sie flößen uns einen Geist der Reue ein. Das *Ökumenismusdekret des Zweiten Vatikanischen Konzils* erinnert an die harte Feststellung des *1. Johannesbriefes*: „Wenn wir sagen, daß wir nicht gesündigt haben, machen wir ihn zum Lügner, und sein Wort ist nicht in uns“ (1,10). Es dehnt diese Warnung auf die Sünden gegen die Einheit aus und drängt uns so, „Gott und die getrennten Brüder um Verzeihung zu bitten, wie auch wir unseren Schuldigern vergeben“ (*Unitatis redintegratio*, Nr. 7).
Liebe Brüder und Schwestern, es ist eine Herausforderung für uns, einander zu vergeben, aber der Herr hat uns geboten, das zu tun. Nach 400 Jahren der Spaltung ist Zeit nötig für den Prozeß der Versöhnung und der Heilung. Nicht alles kann sofort getan werden, aber wir müssen tun, was wir heute tun können, in der Hoffnung auf das, was morgen möglich sein wird. Auf der Suche nach mehr Verständigung kann viel durch geduldigen Dialog gewonnen werden. Laßt uns fragen: Was können wir voneinander lernen? Wie können wir einander bereichern? Der Dialog macht es uns möglich, von neuem und frei von Polemik und Mißtrauen die tiefschürfenden Fragen zu untersuchen, die z.Zt. der Reformation erhoben worden sind. Aber eines ist klar: Wir werden nie die Einheit finden, wenn wir nach irgendeinem kleinsten gemeinsamen Nenner suchen, der für alle annehmbar ist. Unsere Bemühungen werden nur in dem Ausmaß fruchtbar sein, in dem wir miteinander das volle, authentische, von Christus durch die Apostel hinterlassene Glaubenserbe ent-

decken und annehmen. Laßt uns alle mehr und mehr in diesem Glauben die Kraft zu finden versuchen, ein wahrhaft christliches Leben zu führen.
Das Leben in Christus verleiht unserer Suche nach der Einheit der Christen eine unerläßliche geistliche Grundlage. Es ist darum sehr wichtig, daß auf seiten eines jeden Christen ein geistliches Engagement für die Einheit vorhanden sein sollte. Der Ökumenismus fordert uns auf, unser privates und öffentliches Gebet zu intensivieren, von neuem bekehrt zu werden und in der Heiligkeit des Lebens zu wachsen (vgl. *Unitatis redintegratio*, Nr. 8). Nur auf diesem Weg werden wir in der Lage sein, den Willen Gottes zu erkennen und uns der ganzen Wahrheit über Christus und seine Kirche zu öffnen. Wenn wir die Größe der ökumenischen Aufgabe betrachten, müssen wir unsere Unzulänglichkeit anerkennen. Aber der Herr versichert uns: „Ich werde den Vater bitten, und er wird euch einen anderen Beistand geben, der für immer bei euch bleiben soll. Es ist der Geist der Wahrheit" (*Joh* 14,16–17). Dieser Geist der Wahrheit wird Zeugnis geben für Christus und den Glaubenden in die volle Wahrheit führen, „denn er wird nicht aus sich selbst heraus reden, sondern er wird sagen, was er hört" (*Joh* 16,13). Wie sehr wir auch nach der Einheit streben, sie bleibt immer ein Geschenk des Heiligen Geistes. Wir werden nur in dem Ausmaß gut gerüstet sein, dieses Geschenk zu empfangen, in dem wir ihm unseren Geist und unser Herz geöffnet haben durch christliches Leben und besonders durch das Gebet.

5. Mit euch zusammen sage ich Dank für die vielen Weisen, auf die der Heilige Geist über die Jahre hinweg die ökumenische Bewegung in Schweden begleitet und die Christen näher zueinander gebracht hat. Man braucht nur an das Leben und Werk von Einzelpersönlichkeiten, wie den großen Erzbischof von Uppsala, Nathan Söderblom, zu denken, der in dieser Kathedrale begraben ist und dessen Bemühungen um die Einheit der Christen und um den Weltfrieden wohlbekannt sind. Ich erinnere mit großer Freude daran, wie er mit meiner Landsmännin Ursula Ledochowska Gespräche führte und korrespondierte, jener bemerkenswerten Frau, die während des Ersten Weltkrieges mehrere Jahre in Schweden lebte und deren Name nun unter die „Seligen" eingeschrieben ist.
Es ist auch erfreulich, das Ausmaß der Zusammenarbeit der Christen in Schweden heute zu sehen. Besondere Erwähnung verdient der Aufruf zum ökumenischen Dialog, den Erzbischof Werkström 1987 im Namen der Bischöfe der Schwedischen Lutherischen Kirche an alle Kirchenführer in Schweden gerichtet hat. Zusätzlich zu den wichtigen Dialogen, die auf internationaler Ebene zwischen Lutheranern und Katholiken stattfinden, hat es auch theologische Diskussionen in wahrhaft brüderlichem Geist zwischen der katholischen Kirche und der Schwedischen Lutherischen Kirche gegeben. Diese Diskussionen haben zu bedeutsamen Berichten über die christliche Ehe, die Familie und das Bischofsamt geführt.
In Schweden müssen wir dankbar einen neuen Geist der Gutwilligkeit zwischen Katholiken, Lutheranern und Mitgliedern der Freikirchen anerkennen. An vielen Orten, an denen die Katholiken ohne Kirchengebäude sind, haben ihnen ihre protestantischen Nachbarn die für den Gottesdienst benötigten Einrichtungen zur Verfügung gestellt. Ebenso gibt es eine herzliche Beziehung zwischen den Katholiken und ihren orthodoxen Brüdern

und Schwestern in Schweden. Ich werde an die Worte des hl. Paulus erinnert: „Alles das kommt von Gott, der uns durch Christus mit sich versöhnt und uns den Dienst der Versöhnung aufgetragen hat“ (*2 Kor* 5,18).

6. Liebe Freunde, ich bin in euer Land gekommen im Geist der Liebe als euer Bruder in Christus, als Bischof von Rom und Nachfolger des Petrus, zu dem der Herr gesagt hat: „Ich ... habe für dich gebetet, daß dein Glaube nicht erlischt. Und wenn du dich wieder bekehrt hast, dann stärke deine Brüder“ (*Lk* 22,32). Ich bin gekommen als Diener und Zeuge Christi, als Hirte seiner Herde. Ich grüße euch im Namen der katholischen Kirche, und ich bringe die Grüße und Gebete all derer, die in voller Gemeinschaft mit der Kirche von Rom stehen, von der seit alters her gesagt wird, daß sie „den Vorsitz in der Liebe innehat“ (Ignatius von Antiochien, *Brief an die Römer*).
Hier in Uppsala, in dieser großen Kathedrale, bitte ich als Bruder Protestanten wie Katholiken eindringlich, „den guten Kampf des Glaubens zu kämpfen“ (*1 Tim* 6,12), und enger zu Jesus Christus hin zu wachsen, der gestorben ist, „um die versprengten Kinder Gottes wieder zu sammeln“ (*Joh* 11,52). Auf diese Weise werden wir auch enger zueinander wachsen.
Brüder und Schwestern, laßt uns nie aufhören, die Einheit zu suchen. Laßt uns gemeinsam „den Berg mit dem Haus des Herrn“ erklimmen. Laßt uns einander lieben, „damit die Welt glaubt“. Amen.

Realistisch die Entwicklung akzeptieren

Ansprache bei dem Besuch in der Universität Uppsala (Schweden) am 9. Juni

Eure Magnifizenz!
Sehr geehrte Fakultätsmitglieder und Studenten der Universitäten von Schweden!

1. Mit einem tiefen Gefühl für Geschichte nehme ich als Ihr Gast an dieser hohen Versammlung teil. Ich danke Ihnen, verehrter Herr Rektor, für Ihre freundlichen Begrüßungsworte. Erlauben Sie mir, Ihnen allen meinen tiefen Dank auszusprechen.
Als Bischof von Rom muß ich mich freuen über die Tatsache, daß diese Universität von Uppsala ihre Geburt einem offiziellen Akt meines Vorgängers Papst Sixtus IV. im Jahr 1477 verdankt. Auf die Bitte des damaligen Erzbischofs von Uppsala, Jakob Ulfsson, wurde die Universität mit dem Ziel gegründet, die intellektuellen und geistigen Beziehungen zwischen den nördlichen Ländern und dem ganzen Europa zu stärken. Die Tatsache, daß mehr als fünf Jahrhunderte später der Nachfolger Sixtus IV. das Privileg genießt, diese angesehene, einst vom Heiligen Stuhl gegründete Universität zu besuchen, berührt mich tief.
Die Zeiten seit der Gründung der Universität von Uppsala haben sich in der Tat sehr gewandelt. Die sehr bescheidene Institution, die im späten 15. Jahrhundert mit einer kleinen Gruppe von Lektoren und Studenten begann, war eine Erbin der höchsten intellektuellen Ideale des christlichen Mittelalters. Die Universität wurde schnell mit der

Geschichte Schwedens identifiziert und stark verbunden mit dem Schicksal seiner Könige, seines Adels und seiner Bevölkerung. Das Studium generale von Uppsala nahm äußerst ehrenwert seinen Platz in der Familie der großen europäischen Universitäten ein, die sich mit der Zeit über den Kontinent ausdehnten. Die Namen berühmter Wissenschaftler aus Uppsala standen als Bürgen in der intellektuellen Geschichte Europas und der Welt: um nur wenige zu nennen, wollen wir an Celcius, Swedenborg und Linnäus erinnern. Die Universität verfolgte eine Tradition herausragender Leistungen in den Disziplinen der Geisteswissenschaften, Jurisprudenz, Naturwissenschaften, Philosophie, Medizin und Theologie. Obwohl sie die unglücklichen Ereignisse miterlebte, die die europäischen Christen zu einer geteilten Haltung hinsichtlich der Reformation brachten, war die Universität in den letzten Jahren Zeugin der wachsenden Bestrebungen vieler Christen, die Einheit in Jesus Christus wiederherzustellen, ein Streben, das seinen Ausdruck in dem ökumenischen Einsatz vieler herausragender Persönlichkeiten von Uppsala fand, eingeschlossen Nathan Söderblom, der frühere lutherische Erzbischof dieser Stadt.

2. Meine Damen und Herren, im Namen unseres gemeinsamen Erbes möchte ich Ihnen vorschlagen, heute im Rahmen der historischen und kulturellen Bedingungen unserer Zeit mit Ihnen über die Aufgabe einer Universität im Dienst an der menschlichen Person nachzudenken. Wir müssen zusammen für unsere Zeit eine Form der höheren Erziehung ausarbeiten, die den jüngeren Generationen die bleibenden Werte einer intellektuellen Tradition vermittelt, die durch zwei Jahrtausende humanistischer und christlicher Erfahrung bereichert ist.
In der Vergangenheit bestand das Ideal der Universitas in dem Streben nach der Vereinigung des Wissens durch den Versuch, alle aus den Naturwissenschaften und der Theologie erreichbaren Elemente der Wahrheit in Übereinstimmung zu bringen. Was das menschliche Studium offenbarte, wurde verstanden im Licht der Offenbarung durch das Evangelium. Die Wahrheit der Gnade ist auch die Wahrheit der Natur, wie es einst wunderbar in dem Leitmotiv der Universität von Uppsala ausgedrückt wurde: „Gratiae veritas naturae". Natürlich machen die heutige wissenschaftliche Entwicklung und das ungeheure Maß moderner Forschungsergebnisse eine einfache Synthese gegenwärtigen Wissens undenkbar. Es gibt keine moderne Version des alten Summa, Compendium oder Tractatus. Aber viele der besten Köpfe in der heutigen Universitätswelt insistieren darauf, für unsere Zeit das ursprüngliche Konzept der Universitas und Humanitas neu zu definieren, das auf eine neue Art die notwendige Integration des Wissens verfolgen sollte, wenn wir es vermeiden wollen, einer zu pragmatischen Professionalisierung und verbindungslosen Überspezialisierung in Universitätsprogrammen zu verfallen. Die Zukunft einer wirklich humanen, für ethische und geistige Werte offenen Kultur steht auf dem Spiel.

3. Ein neuer christlicher Humanismus und eine neue Version der Lehre der Geisteswissenschaften wird gefordert, und die katholische Kirche verfolgt mit höchstem Interesse die Forschung und Experimente, die in bezug auf diese Frage stattfinden. Zum ersten müssen wir realistisch die Entwicklung und Veränderung der modernen Universitäten

akzeptieren, die unglaublich angewachsen sind, sowohl was ihre Anzahl als auch was ihre Komplexität betrifft. Moderne Länder sind stolz auf ihre Universitäten, die Schlüsseleinrichtungen für die Entwicklung fortgeschrittener Gesellschaften darstellen. Daher ist es noch dringender, die besondere Berufung der europäischen Universitäten zu reflektieren, die darin liegt, das Ideal einer liberalen Erziehung und der universellen Werte lebendig zu erhalten, die eine kulturelle, durch das Christentum geprägte Tradition zu höherer Bildung erhebt.
Die Tage sind heute vorbei, da die europäischen Universitäten sich einstimmig zu einer zentralen Autorität im Christentum bekannten. Unsere Gesellschaften müssen in einem pluralistischen Kontext leben, der in einem neuen Bedürfnis nach Harmonie und Zusammenarbeit, nach einem Dialog zwischen vielen geistigen Traditionen ruft. Aber es ist immer noch wesentlich für die Universität als Institution, sich beständig auf das intellektuelle und geistige Erbe zu beziehen, das unsere europäische Identität über Jahrhunderte geformt hat.

4. Was ist dieses Erbe? Lassen Sie uns einen Moment an folgende grundsätzliche Werte unserer Zivilisation denken: die Würde der Person, der heilige Charakter des Lebens, die zentrale Rolle der Familie, die Bedeutung der Erziehung, die Freiheit, unsere eigenen Überzeugungen oder unseren Glauben zu denken, auszusprechen und zu verkünden, der gesetzliche Schutz von Individuen und Gruppen, die Zusammenarbeit aller an einem gemeinsamen Gut, das Konzept der Arbeit als Teilhabe am Werk des Schöpfers, die Autorität des Staates, der wiederum selbst durch Recht und Vernunft regiert wird. Diese Werte gehören zum kulturellen Reichtum Europas, ein Schatz, der das Ergebnis von vielen überlegten Debatten und viel Leiden ist. Diese Werte stellen eine geistige Leistung der Vernunft und der Gerechtigkeit dar, die die Völker Europas ehrt, da sie danach streben, in der zeitlichen Ordnung den Geist der christlichen Bruderschaft, den das Evangelium lehrt, zu erfüllen.
Universitäten sollten der besondere Platz sein, diesen Überzeugungen, die in der griechisch-römischen Welt wurzeln und bereichert und emporgehoben wurden durch die christliche Tradition, Licht und Wärme zu geben. Es war diese Tradition, die das höhere Konzept der menschlichen Person entwickelte, entworfen als Bild Gottes, erlöst durch Christus und berufen zu einer ewigen Bestimmung, ausgestattet mit unveräußerlichen Rechten und verantwortlich für das Gemeinwohl der Gesellschaft. Die theologischen Diskussionen über die zwei Naturen in Jesus Christus erlaubten die Entwicklung des Konzeptes der Person, das einen Eckpfeiler unserer westlichen Zivilisation darstellt.
Das Individuum wurde daher in eine natürliche Ordnung der Schöpfung gestellt mit ihren objektiven Bedingungen und Erfordernissen. Die Position des Menschen hing nicht länger von den Launen der Staatsmänner oder Ideologien ab, sondern von einem objektiven, universalen Naturgesetz. Das grundlegende Prinzip wurde deutlich in der Gründungsbulle der Universität von Uppsala ausgedrückt: Das Menschengeschlecht wird durch die natürliche und moralische Ordnung gelenkt und geleitet „Humanum genus naturali iuri et morali regitur et gubernatur" (Bulle *Si iuxta sanctorum*, hrsg. von J. Liedgren, *Acta Universitatis Upsalensis*, c. 44, Uppsala, 1983).

5. Heute besteht ein wachsendes moralisches Bewußtsein der Wahrheit dieses Prinzips. Es wird von Menschen auf der ganzen Welt anerkannt. Der Wert und die Würde eines Individuums hängen nicht von politischen oder ideologischen Systemen ab, sondern gründen in der natürlichen Ordnung, einer objektiven Wertordnung. Eine solche Überzeugung führte zu der Menschenrechtserklärung der Vereinten Nationen 1948, ein Meilenstein in der Geschichte der Menschheit, die die katholische Kirche in verschiedenen öffentlichen Dokumenten verteidigt und ausgeweitet hat. Die tragischen Ereignisse dieses Jahrhunderts haben gezeigt, wie viele Menschen bedroht und vernichtet werden können, wenn Regierungen die grundsätzliche Würde der Person leugnen. Wir haben große Nationen ihre kulturellen Traditionen vergessen und Gesetze zur Ausrottung ganzer Bevölkerungsgruppen und zur tragischen Diskriminierung ethnischer oder religiöser Gruppen verabschieden sehen. Wir haben auch die moralische Integrität von Männern und Frauen bezeugen können, die heldenhaft solchen Verirrungen widerstanden haben durch mutige Akte des Widerstandes und des Mitleids. Ich muß hier Ihren Mitbürger Raoul Wallenberg nennen, der in lobenswerter Form so viele Mitglieder des jüdischen Volkes vor den Konzentrationslagern rettete. Sein Beispiel inspiriert zu einsatzbereitem Kampf für die Menschenrechte.

Die Würde der Person kann nur geschützt werden, wenn die Person als unverletzlich von ihrer Zeugung bis zu ihrem Tod angesehen wird. Eine Person darf nicht auf den Status eines Mittels oder Instrumentes anderer erniedrigt werden. Die Gesellschaft existiert, um die Sicherheit und Würde des Menschen zu fördern. Daher ist das erste Recht, das die Gesellschaft verteidigen muß, das Recht auf Leben. Ob im Mutterleib oder in der letzten Phase des Lebens, über eine Person darf niemals verfügt werden, um anderen das Leben leichter zu machen. Jede Person muß als ein Ziel in sich selbst behandelt werden. Dies ist ein grundlegendes Prinzip aller menschlichen Aktivität: in der Gesundheitspflege, im Aufziehen der Kinder, in der Erziehung, in den Medien. Die Einstellung von einzelnen und Gesellschaften in dieser Hinsicht läßt sich daran messen, wie man Menschen behandelt, die aus verschiedenen Gründen in der Gesellschaft nicht konkurrenzfähig sind – Behinderte, Kranke, Alte und Sterbende. Solange eine Gesellschaft die menschliche Person nicht als unverletzlich betrachtet, bleibt sowohl die Formulierung schlüssiger ethischer Prinzipien unmöglich wie auch die Schaffung eines moralischen Klimas, das den Schutz der schwächsten Mitglieder der menschlichen Familie fördert.

6. Wie ich bereits letztes Jahr anläßlich des 900. Jahrestages der Universität Bologna sagen konnte, ist eine der reichsten Hinterlassenschaften unserer westlichen Universitätstradition genau das Konzept, das eine zivilisierte Gesellschaft auf der Vorherrschaft von Vernunft und Recht gründet. Als Bischof von Rom, als Sohn Polens und einstiges Mitglied der polnischen akademischen Gemeinschaft, ermutige ich aus vollstem Herzen alle Vertreter des intellektuellen und kulturellen Lebens, die sich für eine Wiederbelebung des klassischen und christlichen Erbes der Universitätsinstitution engagieren. Nicht alle Lehrer, nicht alle Studenten sind gleich stark an dem Studium der Theologie und der Geisteswissenschaften beteiligt. Aber alle können aus der Weitergabe dieser durch eine große gemeinsame Tradition bereicherten Kultur Nutzen ziehen.

Ihr Universitätssystem hat die Lehre der Theologie lebendig erhalten, und diese bietet ein offenes Forum für das Studium des Wortes Gottes und seiner Bedeutung für die Männer und Frauen von heute. Unsere Zeiten bedürfen dringend der interdisziplinären Forschung, um den komplexen Herausforderungen, die der Fortschritt mit sich bringt, begegnen zu können. Diese Probleme beziehen sich auf die Bedeutung von Leben und Tod, die Bedrohung durch die genetische Manipulation, das Ziel der Erziehung und die Weitergabe von Wissen und Weisheit an die jüngere Generation. Wir müssen sicherlich die wunderbaren Entdeckungen der Wissenschaft bewundern, aber wir sind uns auch der zerstörerischen Macht der modernen Technologie bewußt, die dazu fähig ist, die Erde und ihr Leben zu zerstören. Eine Mobilisierung von Geist, Bewußtsein und Gewissen ist daher dringend notwendig.
Es ist lebenswichtig für die Zukunft unserer Zivilisation, daß solche Fragen wie diese gemeinsam von naturwissenschaftlichen und theologischen Experten untersucht werden, so daß alle Aspekte der technischen und moralischen Themen sorgfältig berücksichtigt werden können. In meiner *Ansprache an die UNESCO* in Paris am 2. Juni 1980 appellierte ich besonders an das moralische Potential aller Männer und Frauen aus der Welt der Kultur. Ich sagte damals und wiederhole es vor dieser erwählten Versammlung heute: „Sie alle zusammen sind eine gewaltige Macht: eine Macht der Vernunft und des Gewissens! Erweisen Sie sich mächtiger als die Mächtigsten unserer zeitgenössischen Welt! Entschließen Sie sich, den Beweis Ihrer edelsten Solidarität mit der Menschheit zu erbringen, einer Solidarität, die auf der Würde der menschlichen Person gründet" (*O.R. dt.*, 6.6.1980). In dieser großen Aufgabe werden Sie einen Verbündeten in der katholischen Kirche finden, einen Verbündeten, der bereit ist, ganz mit seinen christlichen Schwestern und Brüdern und allen Menschen guten Willens zusammenzuarbeiten.

7. Wir Christen erklären uns öffentlich zu dem Evangelium von Jesus Christus, aber wir drängen unseren Glauben oder unsere Überzeugungen niemandem auf. Wir anerkennen das Fehlen einer einheitlichen philosophischen Begründung der Menschenrechte. Dennoch sind wir dazu aufgerufen, jedes menschliche Wesen als Subjekt unveräußerlicher Menschenrechte zu verteidigen und zu einer Übereinstimmung bezüglich der Existenz und des Inhalts dieser Menschenrechte unter unseren Zeitgenossen beizutragen. Diese Einstellung eines realistischen Dialogs war entscheidend in der Entstehung internationaler Organisationen wie der Vereinten Nationen, die damit beauftragt sind, Frieden zu stiften und die Zusammenarbeit in der Welt zu ermutigen. Schweden ist dem Geist und den Leistungen der Vereinten Nationen tief verpflichtet, nicht zuletzt durch die Hingabe Dag Hammarskjölds, eines edlen Sohnes dieses Landes.
Unsere Zeiten rufen nach dem großzügigen Einsatz der besten Denker in Universitäten, intellektuellen Zirkeln und Forschungszentren, in den Medien und den kreativen Künsten, um sich an der Erforschung einer neuen weltweiten Solidarität zu beteiligen, verbunden mit der Suche nach Würde und Gerechtigkeit für jedes Individuum und jedes Volk. Nördliche Forscher und Studenten haben eine besondere Verpflichtung. Ihre kulturelle Tradition gibt Ihnen eine günstige Stellung, die alle lebenden Traditionen des Kontinents zusammenbringt: die skandinavische, deutsche, keltische, slawische und lateini-

sche. Sie sind an der Kreuzung, an einem Knotenpunkt zwischen Ost und West, und können einen Dialog ermutigen, der darauf abzielt, die Universitäten aus Ost- und Westeuropa zu stärkerer Zusammenarbeit zu bringen, ein Unternehmen, das intellektuell entscheidend für die Schaffung eines morgigen größeren Europas ist.

Europa trägt noch immer eine große Verantwortung in der Welt. Aufgrund seiner christlichen Geschichte ist Europa zur Offenheit und zum Dienst an der ganzen menschlichen Familie berufen. Aber heute hat Europa auch eine besondere Verpflichtung gegenüber den Entwicklungsländern. Eine große Herausforderung unserer Zeit ist die Entwicklung aller Völker in der vollen Achtung ihrer Kulturen und geistigen Identität. Unsere Generation hat noch viel zu tun, wenn sie den Vorwurf der Geschichte vermeiden will, nicht mit ganzem Herzen und Geist gegen die Armut von so vielen Millionen unserer Brüder und Schwestern gekämpft zu haben.

Dies ist die Botschaft, die ich in meiner Enzyklika *Sollicitudo rei socialis* über die Entwicklung der Völker dargestellt habe. Wir müssen gegen alle Formen der Armut kämpfen, sowohl physischer wie auch kultureller und geistiger. Entwicklung hat sicher eine wichtige wirtschaftliche Dimension. Aber es wäre nicht wahre menschliche Entwicklung, wenn sie begrenzt bliebe auf materielle Bedürfnisse. „Eine nicht nur wirtschaftliche Entwicklung mißt und orientiert sich an dieser Wirklichkeit und an dieser Berufung des Menschen in seiner gesamten Existenz, das heißt, an einer Art von Maßstab, der ihm selbst innewohnt" (*Sollicitudo rei socialis*, Nr. 29). Mit Recht sprechen wir heute von der kulturellen Dimension der Entwicklung, und ich bin sicher, daß in der Förderung eines solchen Entwicklungsmodelles Intellektuelle und Universitätsforscher einen unerläßlichen Beitrag geben können.

8. Abschließend möchte ich die Gefühle wiederholen, die in der *Abschlußbotschaft des Zweiten Vatikanischen Konzils* an die Männer und Frauen des Denkens und der Wissenschaft zum Ausdruck kommen: „Glücklich sind jene, die, bereits im Besitz der Wahrheit, noch ernsthafter nach ihr suchen, um sie zu erneuern, zu vertiefen und an andere weiterzugeben. Glücklich sind auch jene, die sie noch nicht gefunden haben, aber mit aufrichtigem Herzen daran arbeiten ... Niemals zuvor gab es eine so klare Möglichkeit zu tiefer Verständigung zwischen wahrer Wissenschaft und wahrem Glauben als gegenseitigen Dienern in der einen Wahrheit ... Habt Vertrauen in den Glauben, diesen großen Freund der Intelligenz!"

Meine Damen und Herren: Ich verlasse Sie mit diesen Gedanken, die ich in Achtung und Freundschaft ausgesprochen habe. Möge Gott Sie unterstützen, Männer und Frauen der Bildung, in Ihrem Dienst an der Wahrheit, Ihrer Hingabe an das Gute und Ihrer Liebe des Schönen! Möge unsere Gastuniversität, die große Universität von Uppsala, gedeihen in den kommenden Jahrhunderten! Gott segne Sie alle! Ich danke Ihnen.

Wahre Lehrerinnen im Schenken

Angelus in Uppsala (Schweden) am 9. Juni

Liebe Schwestern,
liebe Ordensoberinnen in Schweden,
liebe Freunde in Christus!

Der Friede sei mit euch!

1. Ich freue mich sehr über diese Gelegenheit, wenn auch kurz, hier zu sein und mit euch die Freude zu teilen, Christus nachzufolgen, ihm zu dienen und andere zu ihm zu führen. Die Anwesenheit der Ordensfrauen ist ein großer Segen für die Kirche in Schweden. Ihr lebt nach den evangelischen Räten im Geist der Nächstenliebe und Selbstverleugnung und übt Apostolate aus, die die Lehrtätigkeit in der Schule und im Kindergarten, die Krankenpflege und Schriftenveröffentlichung sowie andere Formen des Dienstes umfassen. Ihr arbeitet in einem wahren ökumenischen Geist und achtet den Glauben der anderen, indem ihr ein aussagestarkes katholisches Zeugnis für Christus unter Menschen ablegt, denen die Kirche und ihre Lehre fremd sind. Die Treue zu Christus fordert euch dazu auf, in eurem Zeugnis der Enthaltsamkeit, der Armut und des Gehorsams zu wachsen. In der Welt von heute schlägt das Zeugnis der Armut eine besondere Saite an in vielen Herzen. Das Gelöbnis der Armut spricht eine Sprache des Vertrauens in die göttliche Vorsehung, die im Gegensatz zum Trend der Gesellschaft zu einem übersteigerten Konsum und einem rein materiellen Fortschritt steht. Indem ihr den Spuren Christi folgt, der arm war, spornt ihr, liebe Schwestern, viele andere zu ihrer Suche nach einer einfacheren und authentischeren Lebensweise an. Ihr könnt wahre Lehrerinnen im Schenken werden, indem ihr dem Vorbild Christi folgt, „der reich war und euretwegen arm wurde, um euch durch seine Armut reich zu machen" (*2 Kor* 8,9). Ihr seid zweifellos über die Zukunft des Ordenslebens in Schweden besorgt, weil die Zahl derer, die das Ordensleben wählen, nicht so groß ist, wie ihr wünscht. Denkt aber immer daran, daß der Ruf des Herrn nicht nach rein menschlichen Maßstäben zu verstehen ist; er ist ein Geheimnis, das Werk des Heiligen Geistes. „Die priesterliche Berufung entsteht nämlich nicht immer in einer für sie günstigen Atmosphäre; mitunter führt die Gnade der Berufung über einen Gegensatz zur Umgebung, ja sogar über den Widerstand von Angehörigen" (*Schreiben an alle Priester der Kirche zum Gründonnerstag 1989*). Deshalb müssen wir weiter beten, daß die Stimme Gottes unter den jungen Menschen nicht erstickt werde oder unbeachtet bleibe.

2. Ich möchte euch, den Mitgliedern des Pfarrgemeinderates, für eure Arbeit im Dienst der Kirche danken, ebenso für das Geschenk eurer Zeit und eurer Talente zum Aufbau der Pfarrei, die „ein augenscheinliches Beispiel für das gemeinschaftliche Apostolat" bietet (*Apostolicam actuositatem*, Nr. 10). Ich danke euch gleichfalls für eure hochherzige Zusammenarbeit mit euren Priestern, durch die ihr den pastoralen Herausforderungen, vor die die Kirche gestellt ist, begegnet. Als Pfarrmitglieder von St. Lars könnt ihr die Fürsprache und das Beispiel eurer heiligen Schutzherren auf euch herabrufen. Inspi-

riert vom Beispiel des hl. Laurentius im Dienst und Martyrium als Diakon im alten Rom sollt ihr und eure Brüder und Schwestern in der Pfarrei Christus dem Schweden von heute – euren Familien, Nachbarn und Freunden – bringen.

3. Allen, die heute hier sind, möchte ich Ermutigung im Herrn anbieten. Schreitet fort voll Freude und Zuversicht auf dem Weg, auf den Gott euch berufen hat. Möge eure Liebe zu Gott und den Nächsten immer sichtbarer werden in Schweden, weil ihr das Evangelium allen in nah und fern verkündet (vgl. *Jes* 59,19). Als Unterpfand eures Vertrauens auf die ständige Hilfe und den Schutz der Gottesmutter Maria laßt uns ihr unser Leben und Wirken im Gebet empfehlen.

Kinder nicht zu Fremden werden lassen

Predigt bei der Eucharistiefeier in Uppsala (Schweden) am 9. Juni

Liebe Brüder und Schwestern in Christus,
liebe Eltern und Kinder!

1. Wir befinden uns heute an einem der Orte, von denen die Christianisierung dieses Landes ihren Ausgang genommen hat, an einem Ort, der selbst vor der Ankunft des Christentums in Schweden als heilig galt, und so will ich denn an dieser historischen Stätte die katholischen Kinder Schwedens und ihre Eltern begrüßen. Wir alle sind Kinder Gottes, und in diesem Geist feiern wir gemeinsam die heilige Messe.
Ganz besonders möchte ich die Vertreter der Schwedischen Kirche und der Freikirchen begrüßen, die gemeinsam mit den Behördenvertretern diese Messe im alten Uppsala möglich gemacht haben.
Mit ganz besonderer Freude heiße ich die zahlreichen Flüchtlingsfamilien willkommen, die aus verschiedenen Flüchtlingslagern des Landes hier zusammengekommen sind, um diese heilige Messe mitzufeiern. Viele heute in Schweden lebende Personen mußten ihre Heimat verlassen, um hier ein neues Heim zu finden, und das war für euch besonders schmerzlich, wurdet ihr doch erst im Lauf der letzten Monate gezwungen, hier für euch und eure Kinder ein neues Dasein aufzubauen. Beten wir zum Herrn, daß er euch in diesem Land, das euch seine Gastfreundschaft anbietet, den Frieden schenke.

2. Da wir nun hier zusammengekommen sind, um das Geheimnis Christi zu feiern, der in seinem Wort und seinem Sakrament gegenwärtig ist, wollen wir über die Verheißung nachdenken, auf die sich die erste Lesung der heutigen Messe bezieht, in der wir vernehmen: „Euch und euren Kindern gilt die Verheißung" (*Apg* 2,39). Was ist diese Verheißung?
Sie ist die Heilsbotschaft für das ganze Volk. Sie wurde von Christus verkündet und wird in der Kraft des Heiligen Geistes noch immer von der Kirche verkündet. Vor seiner Auffahrt in den Himmel versicherte Christus seinen Aposteln, er werde sie nicht verlassen. Er versprach ihnen die Gabe des Geistes, und hielt sein Versprechen. Am Pfingsttag, während die Apostel versammelt waren, „erschienen ihnen Zungen wie von Feuer, die

sich verteilten; auf jeden von ihnen ließ sich eine nieder. Alle wurden vom Heiligen Geist erfüllt" (*Apg* 2,3–4). Meine lieben Freunde: die Verheißung des Heils, von den Aposteln weitergegeben, ist tatsächlich für euch und eure Kinder bestimmt. Auch ihr habt die Gabe des Heiligen Geistes als Unterpfand des Heils in Christus empfangen. Diese Gabe bringt jedoch Verantwortungen mit sich. Ihr werdet aufgerufen, Versprechen abzulegen und sie zu halten: die Taufversprechen, die, vor Gott eingegangen, euer ganzes Leben in der Ehe, im Priestertum und im Ordensleben prägen. Heute möchte ich zu euch insbesondere über die Berufung zur Ehe sprechen, über die Sendung der Eltern und der Familie gemäß dem Heilsplan.

3. Wenn aus den Jungen und Mädchen junge Erwachsene werden, fühlen sie sich zueinander hingezogen. Sie beginnen, einander ihre Lebenserfahrungen, Interessen und Zukunftshoffnungen mitzuteilen. Nach und nach entwickelt und vertieft sich eine liebevolle Beziehung, die schließlich einen Punkt erreicht, an dem sie in der ehelichen Verbindung gelebt werden muß.
In der Ehe verpflichten sich ein Mann und eine Frau, einander in einem unauflöslichen Bund der rückhaltlosen Selbsthingabe anzugehören und einander trotz aller Schwierigkeiten, denen sie begegnen können, bis zum Ende treu zu bleiben. Dank dieses sakramentalen Bandes bilden ein Mann und eine Frau eine in der Liebe begründete Einheit, und diese Liebe ist nicht eine vorübergehende Emotion oder eine leere Begeisterung, sondern die verantwortete, freie Entscheidung, sich „für gute und böse Tage" aneinander zu binden. Diese Liebe muß vor der Welt verkündet, muß als Frohbotschaft anderen mitgeteilt werden. Der eheliche Bund ist ein bedingungsloser und dauerhafter Vertrag. Der vor dem Altar versprochenen und durch den Eheritus gesegneten Liebe ist eine unwandelbare Stabilität eigen. Die christliche Ehe ist ein als solches von Christus eingesetztes Sakrament. Sie trägt die Elemente des Geheimnisses der Liebe Christi zu seiner Braut, der Kirche, in sich (vgl. *Eph* 5,32). Das Wort „Liebe" hat einen sakralen Gehalt und sollte im Kontext einer christlichen Ehe mit besonderer Verehrung und besonderem Respekt gebraucht werden.
Eine solche Liebe und die Verpflichtung zu lebenslanger Treue erfordern eine sorgsame Vorbereitung von der frühen Kindheit bis zum Hochzeitstag. Nach diesem Tag, nach dem Austausch des Eheversprechens wächst diese Liebe weiter und vertieft sich; im Lauf der Jahre nimmt sie nicht ab. Echte Liebe ist dauerhaft und läßt sich nicht von den Stürmen der Zeit überwältigen. Die Gnade Gottes kräftigt das sakramentale Band und hilft den Eheleuten, den Herausforderungen des Lebens standzuhalten.

4. Nach den Plänen Gottes will die Liebe von Mann und Frau sich selbst überschreiten; neues Leben wird gezeugt, eine Familie ist entstanden. Sie ist Liebes- und Lebensgemeinschaft. Kinder sind ein konkreter Ausdruck der vor dem Altar versprochenen Liebe. „Familie" und „Heim": dies sind schöne Begriffe, die ein Gefühl der Sicherheit und der Geborgenheit wecken. Es sind Worte voll tiefer Bedeutung, die man lieben und schützen muß.
Vater oder Mutter sein, das bringt Mühen und Schwierigkeiten, aber ebenso Freude und Erfüllung mit sich. Ich möchte denen unter euch, die Eltern sind, in Erinnerung rufen,

daß eure Kinder euer großer Schatz sind. Die Kinder haben euch sehr lieb, selbst wenn es ihnen manchmal schwerfällt, diese Liebe zum Ausdruck zu bringen. Es ist eine traurige Tatsache, daß viele Eheleute es infolge der beruflichen Beanspruchung und des immer schnelleren Lebensrhythmus schwerer und schwerer finden, ihren Kindern genügend Zeit zu widmen. Ich fordere euch heute dringend auf: sucht nach Möglichkeiten für Gespräche und für einen tiefen Gedankenaustausch mit euren Kindern. Laßt sie nicht zu Fremden werden, die mit euch unter dem gleichen Dach wohnen. Die zu Hause verbrachten Jahre verstreichen so schnell; sie sind kostbare Jahre. Jeder mit euren Kindern verbrachte Augenblick wird diese bereichern, und auch ihr selbst werdet dann euer Leben über jedes Maß hinaus bereichert finden. Die Zukunft der Kirche, ja selbst die Zukunft der Menschheit hängt zu einem guten Teil von der Qualität des Familienlebens und von der Festigkeit der familiären Bindungen ab. Die Größe dieser und auch aller anderen Nationen kann an der Größe ihrer Familien gemessen werden.

5. Ein paar Worte möchte ich auch an eine ganz besondere, hier anwesende Gruppe richten: an die Kinder.
Liebe Kinder!
Es wäre dem Papst unmöglich, immer wieder aus Rom hierher zu kommen, um euch zu sagen, wie sehr er an euch und an alle Kinder Schwedens denkt. Wo immer ich Glieder der Kirche besuche, möchte ich auch den Kindern des betreffenden Landes begegnen. In euch wird die Liebe Gottes sichtbar. Ihr seid für eure Eltern ein Geschenk von Gott. Auch euer Leben ist ein Geschenk, das von Gott kommt. Ihr seid ein Geschenk für euer Land, seid seine Zukunft. Ihr seid ein Geschenk für die Kirche, für eure Pfarrei, eure Schule und all eure Aktivitäten.
Ich weiß, daß es euch bewußt ist, wieviel ihr empfangen habt. Nicht alle Kinder haben das gleiche empfangen. Nicht alle Kinder sind glücklich. Nicht alle sind gesund, gut ernährt und gepflegt. Ich hoffe, ihr wachst mit dem großen Wunsch auf, etwas für die weniger Glücklichen zu tun und aus dieser Welt einen Ort zu machen, an dem allen Bedürftigen viel Liebe zuteil wird; das ist es, was Jesus von euch erwartet.
Bemüht euch, immer, auch wenn ihr traurig seid, daran zu denken, daß Jesus euer Freund ist. Er nennt euch seine Kinder und sorgt sich um euch.

Worte des Papstes an die Kinder in Schwedisch:

Als euer Freund möchte er, daß ihr im Gebet mit ihm sprecht. Bittet ihr ihn für eure Eltern, eure Geschwister und eure Großeltern? Dankt ihr ihm für all seine Wohltaten? Bittet ihr ihn für mich? Ich danke euch, und ihr sollt wissen, daß ich euch immer in meinem Herzen trage.

In spanischer Sprache sagte der Papst:

Allen, die spanisch sprechen, allen Spaniern, allen Lateinamerikanern, besonders den Chilenen, meinen herzlichen Gruß, euch und euren Familien, den Kindern in allen Familien.

An die polnischen Emigranten richtete der Papst folgenden Gruß in ihrer Muttersprache:

Ebenso richte ich meinen Gruß an die polnischen Emigranten, an die, die schon vor langer Zeit hier Wurzeln geschlagen haben, wie an jene, die erst kürzlich gekommen sind. Liebe Brüder und Schwestern, sucht mit aller Kraft das heilige sakramentale Band zu erhalten und zu schützen, das die Ehe und die Familie eint. Tut es um eurer selbst willen, ihr Ehegatten, ihr Väter und Mütter, um eurer Kinder willen, um eurer Verwandten und um der Zukunft der Nation willen, auch um dieser schwedischen Nation und ihrer Kirche willen. Ich wünsche es euch von Herzen. Heute bete ich mit euch allen darum in dieser für die Familien gefeierten Messe. Gelobt sei Jesus Christus!

Dann kehrte der Papst zur englischen Sprache zurück:

6. Liebe Freunde in Christus, als christliche Familien, als Eltern und Kinder seid ihr dazu berufen, gemeinsam ein prophetisches Zeugnis abzulegen und gemeinsam mit anderen die Gegenwart des Heiligen Geistes in eurem Leben zu entdecken. Eure Freude über die empfangene Frohbotschaft ist groß, kann jedoch noch größer werden, wenn ihr sie mit anderen teilt. Schwedische Heilige wie die hl. Birgitta und der hl. Erik haben das getan: denn die Frohbotschaft ist dazu bestimmt, mit anderen geteilt zu werden. Sie nahmen sich dieses Gebot unseres Herrn zu Herzen und heute fordere ich alle Schweden auf, das gleiche zu tun.

Mit Christus sage ich in erster Linie: „Geht!“ Geht hinaus in die Welt im Vertrauen auf die Liebe Gottes. Manchen Menschen kann die Welt leer vorkommen, weil sie sich scheuen, an das Licht, die Liebe und die Güte zu glauben, die der Gnade Gottes entspringen. Geht zu denen, die verwirrt sind, weil sie in ihrem Leben die Richtung verloren haben; geht zu den Verzweifelten und zu denen, deren Herzen so sehr mit der Sorge um ihr Leben oder mit materiellen Dingen erfüllt sind, daß sie Gott nur wenig oder gar keinen Raum mehr geben.

Mit Christus sage ich auch zu euch: „Macht alle Menschen zu meinen Jüngern“. Es ist unser Vorrecht, Christus denen zu zeigen, die ihn suchen und sie einzuladen, ihm zu folgen. Wir sollten ohne Scheu jenen Menschen antworten, die grundlegende Fragen über unseren Glauben stellen, und sollten das Evangelium in Wort und Tat verkünden. Scheut euch nicht, jene zu Jüngern Christi zu machen, die ihm und seiner Botschaft völlig gleichgültig gegenüberstehen.

„Tauft.“ Jesus hat uns zu Gliedern der Kirche berufen und will, daß auch wir andere zur Kirche führen. Sein Wunsch ist es, daß alle Menschen sich seiner Liebe überlassen, daß sie von ihren Sünden frei werden, sich läutern und rein werden. Er möchte, daß alle sich bekehren und leben.

„Lehrt“, sagte Jesus. Lehrt einander die Liebe, die Gott jedem von euch entgegenbringt. Lehrt durch euren Glauben und euer Beispiel. Liebe Eltern, lehrt eure Kinder, wie wichtig die persönliche Beziehung zu Jesus ist, zu unserem liebenden Retter und Freund. Lehrt sie, wie wichtig das Gebet ist. Lehrt sie beten. Ihr seid die ersten Lehrer eurer Kinder auf ihrem Weg zum Glauben und zur Heiligkeit. Niemand kann euch hier ersetzen.

Geht, macht alle Menschen zu meinen Jüngern, tauft und lehrt! Das kann die Grundlage eines wirksamen Familienapostolats in Schweden sein.

7. Am Pfingsttag waren die Menschen von den Worten des Petrus so sehr beeindruckt, daß sie die Apostel fragten: „Was sollen wir tun, Brüder?“ (*Apg* 2,37). Ihr könnt euch die gleiche Frage stellen: Was sollt ihr tun? Ihr habt den Heiligen Geist in den Sakramenten der Taufe und der Firmung empfangen. Seine Gaben sollen nicht verborgen bleiben, sondern der Ausbreitung des Reiches Gottes auf Erden dienen. Was sollt ihr tun? Ihr könnt frei entscheiden. Die Welt erwartet eure Antwort. Dieser Augenblick kann der der Entscheidung sein!
„Die Verheißung gilt euch und euren Kindern“. Der Herr ist seinen Verheißungen treu geblieben. Ihr müßt ihm treu bleiben. Setzt euren Weg gemeinsam, in Glaube, Hoffnung und Liebe fort, vom Geist unseres Herrn Jesus Christus beseelt. Amen.

Hilfswerke haben Großes geleistet

Begegnung mit Vertretern des Bonifatiuswerkes in Stockholm (Schweden) am 9. Juni

Liebe Brüder und Schwestern!

Während meines Besuches in den fünf Ländern der Nordischen Bischofskonferenz habe ich vielerorts beobachten können, wie Kirchen, Kapellen und Pfarrhäuser gebaut oder renoviert wurden. Dies alles stellt eine wichtige Voraussetzung dafür dar, daß die Kirche ihren Auftrag in einer Art und Weise erfüllen kann, die heutigen Lebensformen und Erwartungen entspricht.
Ohne die außerordentliche Hilfe, die die nordische Kirche in der Diaspora immer wieder von ihren Freunden und Wohltätern – besonders aus der Bundesrepublik Deutschland – erfährt, wäre dieser beträchtliche äußere Aufbau nicht möglich. Das Bonifatiuswerk, das Sankt-Ansgarius-Werk und die anderen Hilfswerke haben Großes geleistet.
Außerdem bin ich auch davon unterrichtet, daß Eure Unterstützung sich nicht nur auf Bauprojekte beschränkt. Mit großem und immer neuem Eifer entdeckt Ihr ständig weitere Möglichkeiten für die Förderung und Ermutigung des Lebens und Wirkens der Kirche in der nordischen Diaspora sowie ihrer Priester und der pastoralen Mitarbeiter.
Eure Hilfen beziehen sich unter anderem auf die Finanzierung liturgischer Gewänder und Geräte für die heilige Messe, so daß die liturgischen Dienste in angemessener Weise wahrgenommen werden können; ferner stellen diese katechetisches Lehrmaterial und Fahrzeuge zur Verfügung. Genannt werden müssen auch die vielen Zuwendungen, die zur finanziellen Unterstützung der Priester und konkreter pastoraler Initiativen aufgebracht werden.
Für diese bedeutenden Hilfeleistungen möchte ich Euch, Euren Mitarbeitern und den vielen Spendern aufrichtig danken. Ihr könnt versichert sein, daß Ihr dadurch eine Aufgabe erfüllt, die von großer Bedeutung für das Wachstum der Kirche in diesen Ländern ist. Mein Dank gilt Euch auch für die Hilfe, die Ihr den Einwanderern gewährt, damit sie

hier wirklich eine neue Heimat finden, aber auch für den ökumenischen Dialog mit den nichtkatholischen Christen offen sind.
Ich hoffe, daß Ihr selbst – vielleicht durch die Erfahrungen bei den jährlichen Studienwochen für Priester, Laien und Ordensleute – der Überzeugung seid, daß diese Hilfe nicht einseitig als rein materielle Unterstützung betrachtet werden darf. Es handelt sich vielmehr um eine echte Partnerschaft zwischen Ortskirchen, die sich in christlicher Solidarität und gegenseitiger Hilfsbereitschaft zu einer wahren Freundschaft entwickelt hat. Die pastoralen Erfahrungen in der nordischen Diaspora können ihrerseits Euch dabei helfen, die Schwierigkeiten, mit denen Ihr in ähnlicher Weise in Euren Ortskirchen konfrontiert werdet, besser zu meistern. Die Herausforderung einer wachsenden Säkularisierung stellt uns alle vor neue Probleme, für deren Lösung wir gemeinsam neue Erfahrungen sammeln müssen. Wenn wir uns nur mit unseren eigenen Problemen beschäftigen wollten, würden wir aufhören, „katholische", das heißt weltweite Kirche zu sein. Wir bleiben nur „katholisch", wenn wir uns allen Teilkirchen auf der Erde verbunden und solidarisch wissen, und dies sowohl im materiellen wie im geistlichen Bereich. Allen Christen gilt gleichermaßen das Wort des Apostels Paulus: „... es soll ein Ausgleich sein: euer Überfluß soll bei diesem Anlaß den Mangel anderer ausgleichen ..." (vgl. *2 Kor* 8,14).
Liebe Brüder und Schwestern! Eure weitere Arbeit empfehle ich der Fürbitte Eurer großen Schutzpatrone, des hl. Bonifatius, des Apostels der Deutschen, sowie des hl. Ansgar, des ersten christlichen Missionars dieser nordischen Länder. Mögen diese Heiligen für Euch und Euer Werk auch in Zukunft Vorbilder und hilfreiche Begleiter sein!
Euch gilt noch einmal mein herzlicher Dank für Eure treue Arbeit. Damit verbinde ich zugleich die Bitte um Gottes reichsten Segen für Euch und alle Eure unermüdlichen Mitarbeiter.
Es segne Euch der allmächtige Gott, der Vater und der Sohn und der Heilige Geist. Amen.

Vom Rand hin zur Mitte

Predigt bei der Eucharistiefeier in Vadstena (Schweden) am 10. Juni

Liebe Brüder und Schwestern!

In schwedischer Sprache sagte der Papst:

1. Meine lieben Jugendlichen!
Heute sind wir zusammen in der Stadt der hl. Birgitta. Birgitta, die hl. Patronin Schwedens, ist eine Frau, der es in ihrem Leben gelungen ist, die Ehe und die Karriere miteinander in Einklang zu bringen. Sie ist auch noch Ordensfrau geworden und hat in der Kirche einen neuen Orden gegründet. Ihre Schwestern befinden sich heute noch hier. Hier also habt ihr, Vertreter aller Jugendlichen der nordischen Länder, euch versammelt. Nun, am Ende meines Besuches in diesen Ländern, wende ich mich an euch, ihr jungen Men-

schen. Ich grüße euch ganz besonders, die ihr die Zukunft der katholischen Kirche und der anderen christlichen Kirchen in Skandinavien seid.
Mein besonderer Gruß gilt den Vertretern der lutherischen Diözese Linköping, vor allem den Jugendgruppen von dort. Eure Anwesenheit ist ein Zeichen für das ökumenische Klima unter euch, und dafür danke ich Gott. Ich möchte auch den Vertretern der Stadt Vadstena mit dem Herrn Bürgermeister Contea danken. Ferner grüße ich noch besonders die Mitglieder der Bewegung „Glaube und Leben", die heute hier sind.

In englischer Sprache fuhr der Papst fort:

2. Das Thema eurer Vorbereitung für unsere Begegnung heute war: „Vom Rand hin zur Mitte". Wie junge Menschen anderswo haltet ihr Ausschau nach dem, was im Leben zentral und wichtig ist. Obwohl ihr von einem geographischen Zentrum fern sein mögt und manche von euch sogar fern sein mögen, was den Glauben und das Ja zu Gott angeht, seid ihr hergekommen, weil ihr aufrichtig nach etwas sucht, das es wert ist, darauf sein Leben zu gründen. Ihr möchtet feste Wurzeln fassen und seid euch klar, daß der religiöse Glaube ein wichtiger Teil jenes volleren Lebens ist, nach dem ihr ausschaut.
Laßt mich gleich vorweg sagen, daß ich eure Probleme und Hoffnungen verstehe, obwohl eure Situation sich in vielem von dem unterscheidet, was eure Eltern und ich selbst in jungen Jahren erfahren haben. Als ich 19 Jahre alt war, brach der Zweite Weltkrieg aus und damit eine Zeit der Gewalt und des sinnlosen Tötens, wovon mein Land tief betroffen wurde. Zuweilen war es um meine eigene Sicherheit sowie die meiner Familie und meiner Freunde schlecht bestellt. Einige von euch haben selbst Mißgeschick, Verfolgung oder Lebensgefahr mitgemacht, bevor sie ein neues Heim gefunden haben. Doch die Mehrheit von euch hat in Frieden, Freiheit und Sicherheit gelebt, wie euer Land sie bietet. Und doch wißt ihr, daß hoher Lebensstandard nicht automatisch Glück und inneren Frieden mit sich bringt.
Heute, meine lieben jungen Freunde, möchte ich zu euch von der Freude und dem Frieden sprechen, die man nicht im Haben, sondern im Sein findet, im Kennen einer Person und im Leben nach ihrer Lehre. Diese Person ist Jesus Christus, unser Herr und Freund. Er ist das Zentrum, der Brennpunkt, der, der uns in Liebe zusammenführt.

3. Im Evangelium der heutigen Messe spricht Jesus im Hause des Zachäus folgende Worte: „Heute ist diesem Haus das Heil geschenkt worden" (*Lk* 19,9). Ich möchte diese Worte Jesu in diesem Haus, im Hofgarten von Schloß Vadstena wiederholen. Für uns alle – in Schweden und in Rom – ist dieses Schloß mit dem Andenken an die hl. Birgitta verbunden. Zu ihren Lebzeiten war Schweden ein katholisches Land. In der Region war das Christentum etwas Neues. Birgitta lebte am äußersten Ende der christlichen Welt der damaligen Zeit, fühlte sich von Gott aber für die Erneuerung der Kirche berufen, weil sie sah, daß sich diese vom Zentrum, von Christus abwandte. Sie kam nach Rom und wirkte dort tüchtig für die Einheit der Kirche. Sie war eine charakterfeste Frau und heroisch in Glaube, Hoffnung und Liebe.

Zusammen mit der hl. Birgitta möchte ich einige der ersten Apostel und Missionare in Skandinavien und anderswo in Nordeuropa erwähnen, heilige Männer und Frauen, die lebendige Zeugen Christi waren:

In schwedischer Sprache sprach der Papst weiter:

Liebe Jugendliche Schwedens, erinnert ihr euch an die Persönlichkeit der hl. Birgitta und das Beispiel ihrer Schwester Katharina, die in ihrem Glauben den Sinn ihres Lebens gefunden haben? Auch der hl. Ansgar durchreiste diese Gegenden und säte den Glauben aus. Sein mutiges missionarisches Wirken trug ihm den Namen „Apostel des Nordens" ein. König Erik IX. ist euer hl. Patron und das Symbol eurer nationalen Einheit. Diese Männer und Frauen gehören zu eurem Erbe. Im Evangelium haben sie das große Abenteuer entdeckt, das ihrem Leben einen Sinn gab. Mögen sie euch helfen, daß es auch euch so geht!

In finnischer Sprache sagte der Papst:

Ich begrüße die jungen Finnen, die zur Feier mit dem Papst hierher gekommen sind. Euch erinnert der hl. Erik, euer Patron daran, daß Christus folgen Mut erfordert und ein großes Vertrauen auf die liebevolle Gegenwart Gottes in eurem Leben. Wenn ihr in euer Land zurückkehrt, sagt euren Familien und Freunden, daß der Papst sie grüßt und für sie betet.

In dänischer Sprache sagte der Papst:

Liebe Jugend aus Dänemark, nach der Überlieferung ist euer Patron „der geliebte König Knud". Aber es hat auch noch viele andere Heilige in Dänemark gegeben, Männer und Frauen. Vor weniger als einem Jahr hatte ich das große Glück, den bedeutenden dänischen Gelehrten und Bischof Niels Stensen seligzusprechen. Möge sein Beispiel euch lehren, im Frieden euren katholischen Glauben zu leben.

In norwegischer Sprache sprach der Papst weiter:

Jugend Norwegens! In eurem Land ist das Andenken an den hl. Olaf noch sehr lebendig. Ihr müßt das Beispiel seines Glaubens und seiner Hingabe in die heutigen Formen christlichen Dienstes übertragen. Seid stark in eurer Liebe zu Gott und erkennt ihn in jedem eurer Brüder und eurer Schwestern in der ganzen Welt, die eure Hilfe und eure Solidarität brauchen.

In isländischer Sprache sagte der Papst:

Liebe Freunde von Island, kennt ihr die Geschichte vom Leben des hl. Thorlak Thorhallsson? Er ist in eurem Land geboren und war berühmt wegen seiner Kultur, seiner Frömmigkeit und seines Eifers. Ich bin sicher, daß auch ihr die Kraft finden werdet, in eurem Leben Jesus Christus kennen und lieben zu lernen.

Dann kehrte der Papst zur englischen Sprache zurück:

Diese heiligen Männer und Frauen und viele andere erkannten Christus als den Mittelpunkt ihres Lebens an, auch wenn sie sich zuweilen isoliert oder von Belastungen und Problemen niedergedrückt fühlten. Liebe Jugendliche! Christus ist der Mittelpunkt auch eures Lebens. Er ist eure Hoffnung, euer Vorbild und eure Freude, die Freude eurer Jugend.

„Heute ist diesem Haus das Heil geschenkt worden." Jenes Heute, das Zeuge der ersten Schritte des Christentums in diesem Lande war, gehört der Geschichte an, und spätere Ereignisse haben uns von jener Zeit entfernt. Doch in Gottes Heilsplan ist das Jahrhunderte entfernte Heute nicht in Vergessenheit geraten. Es lebt bei Gott weiter. Es überlebt auch in der Kirche, in der Liturgie, im Wort und in der Eucharistie, die eine Memoria – ein Gedächtnis, und zugleich eine Gegenwärtigsetzung ist. Wenn der Leib und das Blut Christi gegenwärtig gesetzt werden, erfahren wir die Gemeinschaft mit allen Heiligen.

4. Wahrlich ist „diesem Haus das Heil geschenkt worden". Das Wort „Heil" meint Gottes Heil bringendes Geschenk seiner selbst; es ist eine göttliche Selbsthingabe, die in der geistlichen Tiefe einer jeden Person und der ganzen Menschheit angenommen werden muß. Die Heiligen sind ein besonderer Beweis für Gottes Wirken in der Welt: in der Welt des menschlichen Geistes. Gottes Heil schenkendes und heiligendes Wirken ist jedem Menschen angeboten. Heute sind wir wie eh und je eingeladen, dieses göttliche Liebeswerk anzunehmen. Wenn wir auf Gottes Einladung mit Liebe antworten, erfüllt das Heil schenkende und heiligende Wirken seines Geistes das menschliche Herz und dehnt sich von dort auf andere aus. Ist nicht das Leben der hl. Birgitta und so vieler anderer Heiliger ein beredter Beweis dafür?

5. Liebe junge Menschen des Nordens! Ihr seid aus verschiedenen Ländern und aus verschiedenen Verhältnissen hergekommen, doch hört ihr alle einen gemeinsamen Aufruf, in Christus eins zu sein, der einem jeden von euch besondere Gaben und Talente gegeben hat. Trotz aller Unterschiede seid ihr in seinem Namen eins; ihr seid Glieder eines lebendigen Leibes (vgl. *1 Kor* 12,27).

Heute feiern wir in Vadstena unsere Einheit. Es ist eine Einheit in der Verschiedenheit. Sie ist echt nordisch und zugleich echt katholisch! Mit euren unterschiedlichen Talenten und Hoffnungen seid ihr eins in Jesus, eins im Ideal christlicher Dienstbereitschaft, eins im Eintreten für Gerechtigkeit, eins in der Verkündung der gleichen menschlichen Würde aller Menschen.

Ein besonderes Kennzeichen der Jugendlichen unserer Zeit ist ihre Offenheit – Offenheit für die kulturelle Verschiedenheit unserer Welt. Doch ihr müßt auch für Christus offen sein. So wie er es beim reichen Jüngling im Evangelium tat (vgl. *Mk* 10,17 ff.), schaut Jesus auf euch, die ihr reich an Talenten und materiellen Dingen seid, und er blickt euch mit Liebe an. Er fordert euch auf, für ihn vollkommen offen zu sein. Er wird euch nie enttäuschen.

Bei dieser Meßfeier werde ich je einem Vertreter all eurer Länder ein Kreuz überreichen als Ausdruck meiner Hoffnung für euch – für euch alle –, die ihr aufrichtig Christus nachfolgen wollt. Dabei sage ich mit aller Zuneigung, die ich für junge Menschen empfinde: haltet euch eng an Christus; geht in den Fußspuren eurer Heiligen. Ihr wißt, daß ihr nie wahres Glück finden werdet, wenn ihr in euch selbst verschlossen bleibt. In eurem Leben darf es keinen Raum für Selbstsucht und Gleichgültigkeit geben. Das Kreuz spricht eine Sprache der Hingabe, und ihr jungen Menschen habt so viel anzubieten und so viel zu geben! Wenn ihr euch Christus öffnet, werdet ihr den Sinn des Kreuzes erkennen. Auf Kalvaria hat Christus sich selbst als gänzliche und vollkommene Gabe dargebracht, und er fordert euch auf, euch ebenso hinzugeben. Der Weg nach Kalvaria ist der Weg zur Mitte, und er wird euch zur Heiligkeit führen. Es ist ein Weg, den jeder zu gehen aufgerufen ist, weil die Berufung zur Heiligkeit alle umfaßt. Niemand ist ausgeschlossen (vgl. *1 Kor* 12,11).

6. Was bedeutet es, heilig zu sein? Wenn wir diese Frage beantworten wollen, müssen wir einen Augenblick in das Haus des Zachäus aus dem heutigen Evangelium zurückkehren. Zachäus war ein Zöllner, jemand, der in der Gesellschaft seiner Zeit keinen guten Ruf hatte. Er wußte, was es heißt, sozusagen am Rand zu leben. Doch als er Christus in sein Haus aufnahm, verstand er die Gabe, die ihm angeboten wurde, und er sprach fröhlich: „Herr, die Hälfte meines Vermögens will ich den Armen geben, und wenn ich von jemand zu viel gefordert habe, gebe ich ihm das Vierfache zurück" (*Lk* 19,8). Wenn Zachäus vorher ein Sünder war, dann beweisen diese Worte eine wirkliche Bekehrung seinerseits. Zugleich zeigen sie uns, was für ein christliches Leben wichtig ist: sie helfen uns verstehen, was es heißt, „in Christus zu sein", „in der Gnade zu leben".
Manchmal wird das christliche Leben vorwiegend als das Halten der Gebote Gottes und der Verfügungen der Kirche und als Erfüllung unserer Pflichten gegenüber dem Staat dargestellt. All das ist richtig, doch wenn wir die Sache tiefer betrachten, dann öffnet sich vor uns eine andere Dimension: das christliche Leben besteht in der Annahme der Gabe Gottes, des Heiligen Geistes, und in der Antwort auf die Gabe mit der Hingabe unserer selbst. Wir sprechen hier von einem „Gabentausch". Und doch sind diese Gaben nicht gleichwertig. Was wir von Gott in Christus empfangen, ist unermeßlich größer als alles, was wir ihm unsererseits geben können. Von Gott haben wir alles empfangen, und es gibt nur eine Sprache, in der wir ihm danken können, die Sprache der Hingabe.

7. Meine lieben jungen Freunde! Heute kehre ich nach Rom zurück, in das Zentrum der Kirche, der gleichen Kirche, deren geliebte Söhne und Töchter ihr hier im Norden seid! Wenn ich euch „Auf Wiedersehen" sage, möchte ich euch ein Geschenk zurücklassen – nicht nur eine liebe Erinnerung an diese Begegnung, sondern mehr. Ich möchte euch meine Liebe schenken, mein Herz bei euch lassen! Und wenn ich darf, möchte ich eure Gabe für die Kirche mit nach Rom nehmen, eure Gabe für die Welt – nämlich eure Liebe zu Christus und eure Treue zu seinem Evangelium.
Junge Menschen des Nordens! Denkt daran, daß der reichste Sinn des Lebens das Geben ist. Denkt daran, daß wir in dem Maß zu geben bereit sind, wie wir lieben, und wenn die Liebe vollkommen ist, ist auch die Gabe vollkommen. Ja, liebe junge Freunde, denkt an diese Gabe! Amen.

Christi Kirche in Glaube, Hoffnung und Liebe aufbauen

Ansprache bei der Abschiedszeremonie in Linköping (Schweden) am 10. Juni

Herr Premierminister,
liebes Volk von Schweden,
liebe Freunde!

1. Während ich mich anschicke, an Bord des Flugzeugs zu gehen, das mich nach Rom zurückbringen wird, möchte ich allen und jedem von Ihnen meine Dankbarkeit für das warmherzige Willkommen und die großzügige Gastfreundschaft ausdrücken, die Sie mir gezeigt haben. In diesen drei Tagen habe ich etwas von der großartigen natürlichen Schönheit gesehen, mit der Gott Schweden gesegnet hat. Aber noch wichtiger: ich bin beeindruckt worden von einem Volk, das stolz auf sein Land, unerschütterlich in seinem Engagement, eine bessere Welt für seine Kinder aufzubauen, und offenherzig in seinem Willkommen für diejenigen ist, die von weither kommen. Ich will diese Eindrücke bewahren und ermutige Sie, an den großen religiösen Traditionen und Werten festzuhalten, die der Ursprung Ihrer nationalen Identität sind.
Mein Besuch in Schweden schließt meine Pastoralreise in die nordischen Länder ab. Ich kam als Nachfolger des heiligen Petrus, um die rettende Wahrheit zu verkünden, daß Jesus Christus der Sohn des lebendigen Gottes ist (vgl. *Mt* 16,16). Ich kam als Bruder in Christus, um Zeugnis für die Wahrheit abzulegen, die uns Christen trotz unserer Spaltungen vereint.
Während ich mich verabschiede, möchte ich Seiner Majestät dem König, dem Premierminister und dem Botschafter Schwedens beim Heiligen Stuhl meinen tiefen Dank aussprechen. Ihre Bemühungen um mich und Ihre Sorge um den Erfolg meines Besuches veranschaulichen den guten Willen des schwedischen Volkes. Ich möchte auch dem Landshövding zusammen mit den Vertretern der kommunalen Behörden danken sowie allen, die zum Erfolg dieser Pilgerreise beigetragen haben. Gott segne Sie alle, und möge Ihre hingebungsvolle Arbeit reiche Frucht für die Zukunft Schwedens und seines Volkes bringen.

2. Bevor ich Schweden verlasse, will ich den Grundstein der neuen katholischen Kirche hier in Linköping segnen. Als Grundstein versinnbildlicht er die Solidität und das Wachstum der – aus lebendigen Steinen aufgebauten – katholischen Gemeinde, die berufen ist, sich zu einem auf Christus selbst gegründeten geistigen Haus aufbauen zu lassen (vgl. *1 Petr* 2,5). Er dient als Ermutigung für alle Katholiken Schwedens, an dem empfangenen Glauben festzuhalten und ihn der nächsten Generation weiterzugeben; er ist ein Zeichen der Hoffnung für alle, die sich danach sehnen, Christus, das sichere Fundament, das dem ganzen Leben Sinn gibt, kennenzulernen. Wie der heilige Paulus, der vergessen wollte, was hinter ihm lag, und sich nach dem ausstrecken wollte, was vor ihm war (vgl. *Phil* 3,13), soll diese Gemeinde in ihren Bemühungen ausharren, Christi Kirche in Glaube, Hoffnung und Liebe aufzubauen. Bischof Brandenburg und Bischof Kenney bringe ich meinen Dank für ihren Eifer für das Evangelium und das geistliche Leben der ihrer Hirtensorge anvertrauten Menschen zum Ausdruck.

In diesem Stein sehe ich auch die Kraft und die Verheißung der jungen Menschen der Kirche symbolisiert. In Vadstena wurde ich mit Vertrauen in die Zukunft erfüllt, als ich so viele mit der Liebe Christi erfüllte junge Herzen sah. An euch, die katholische Jugend Schwedens und aller nordischen Länder richte ich einen eindringlichen Appell: Macht Christus Jesus zum Fundament eures Lebens und zur Quelle eurer Freude. Die Zukunft der Kirche im Norden Europas liegt schon in euren Händen. Fürchtet euch nicht vor der Mühe, dem Opfer und der Disziplin, die notwendig sind, wenn ihr Christus von ganzem Herzen lieben wollt. Zögert nicht, eure Energien im Dienst für die Mitmenschen hinzugeben, besonders für die Bedürftigen und alle, die weniger glücklich sind als ihr.

3. Dieser Stein ist noch aus einem anderen Grund sehr kostbar, denn er stammt aus der mittelalterlichen Kathedrale von Linköping und wurde von Bischof Lönnebo und der ganzen lutherischen Diözese Linköping der katholischen Gemeinde geschenkt. Diese noble Geste erinnert an unser gemeinsames Erbe und treibt uns zu immer engerer Einheit in Christus an. Sie steht als Zeichen großer Hoffnung für das ganze Gottesvolk. Trotz unserer historischen Spaltungen streben wir aufrichtig danach, der Gnade Gottes zu antworten und zusammen aufzubauen, was einst auseinandergerissen wurde. Ich halte es für einen großen Segen, daß es mir gestern möglich war, die Führer anderer christlicher Kirchen und kirchlicher Gemeinschaften in Uppsala zu treffen und mit ihnen zu beten. Möge dieser Stein uns immer daran erinnern, daß Christus allein das Fundament unserer Einheit und der Vollender unseres Glaubens ist (vgl. *Hebr* 12,2). Er ist der „Schlußstein, ... durch den der ganze Bau zusammengehalten wird und zu einem heiligen Tempel im Herrn wächst" (*Eph* 2,20–21).
An Erzbischof Werkström und Bischof Lönnebo erneuere ich meinen Dank für den Beistand, den ich von der Schwedischen Kirche erhalten habe, und für ihr engagiertes Zeugnis ökumenischer Offenheit und Zusammenarbeit. Mein Dank erstreckt sich auch auf die Vertreter der verschiedenen Freikirchen für ihre Anwesenheit und Teilnahme an diesen Veranstaltungen. Ich möchte auch dem Chor der Kathedrale von Linköping ein Wort des Dankes für seine Musik sagen, die mitgeholfen hat, unsere Herzen im Gebet zum Herrn zu erheben.

4. Liebes Volk von Schweden, ich danke dir noch einmal von Herzen für deine Freundlichkeit mir gegenüber und für deine Offenheit gegenüber dem Evangelium Christi, das ich predige. Das Evangelium wurde über tausend Jahre lang in Schweden vernommen und hat die edelsten Erwartungen deiner Gesellschaft geformt. Auch jetzt spiegelt es sich im Leben und im Glauben so vieler Schweden wider. Möge es euch weiterhin als Einzelpersonen fordern und euch zu einem Volk gestalten, das Gott als den Vater der Menschheit anerkennt und verehrt und das am Aufbau einer Welt wahren Friedens und weltumspannender Solidarität auf der Grundlage der Brüderlichkeit aller Kinder Gottes arbeitet.
Gud välsigna Sverige. Gud välsigna er alla.

3. Pastoralbesuch in der Diözese Gaeta (25. Juni)

Jeder Kranke trägt die Züge Christi

Ansprache an die Kranken beim Heiligtum der „Madonna della Civita" am 25. Juni

Sehr geehrter Herr Minister!
Sehr geehter Herr Bürgermeister von Itri!
Liebe Brüder und Schwestern!
Liebe Kranke!

1. Ich bin auf diesen Heiligen Berg gestiegen, um die seligste Jungfrau Maria in ihrem Heiligtum, der „Civita", zu verehren. Es erfreut sich großen Ansehens und ist für euch so reich an Bedeutung, die ihr in ihrem mütterlichen Antlitz Trost in körperlichem und seelischem Leid sucht.
140 Jahre nach dem Besuch meines Vorgängers Pius IX. habe auch ich in seiner Nachfolge hierher kommen wollen, um diesen Tag, der der Erzdiözese Gaeta gewidmet werden soll, mit euch, den leidenden Gliedern des mystischen Leibes Christi, zu beginnen. Hier stehe ich nun zu Füßen Marias, die das Heil der Kranken und die Hilfe der Christen ist.

2. Einen besonderen Gruß möchte ich an die Verantwortlichen für das Gesundheitswesen richten, an die im Verwaltungsdienst Tätigen, die Ärzte, die Krankenschwestern und Krankenpfleger, die Ordensschwestern und Freiwilligen, sowie auch an die Familienangehörigen der Leidenden. Ich bringe euch meine Hochachtung für die Hingabe zum Ausdruck, mit der ihr euch bemüht, den Kranken, die Abbilder des leidenden Christus sind, eine vertraute, warme und entspannte Atmosphäre zu schaffen. Ihr spürt die Pflicht, menschliche Wärme in eure Arbeit zu bringen, die ihr als wahre Mission von Bruder zu Bruder erlebt. Ihr wißt nämlich, daß der, der leidet, nicht nur einen Spezialisten sucht, der seine Krankheit heilen kann, sondern auch einen Menschen, der seinen seelischen Zustand verstehen und ihm bei seinem täglichen Kampf um die Wiedererlangung der Gesundheit helfen kann.
In dieser eurer Tätigkeit ist euch auch der Glaube eine große Hilfe, der euch in jedem Kranken die Züge Christi sehen läßt. Ist es nicht er, der gesagt hat: „Ich war krank, und ihr habt mich besucht" (*Mt* 25,36)? Diese Worte finden einen steten Widerhall in euch. Er, der auch das Verborgene sieht, wird es euch zu lohnen wissen.
Ist nicht schon die Dankbarkeit eine wertvolle Belohnung, die eure Kranken für immer als Erinnerung an eure Hingabe, eure Heiterkeit, eure Feinfühligkeit und auch eure Sachkundigkeit und die gute Wirkung, die eure Behandlung hatte, in ihren Herzen tragen werden? Euer Dienst, der sehr oft lang und aufreibend ist, hat vor der Gesellschaft und vor allem vor dem Herrn einen unschätzbaren Wert.

3. Liebe Kranke, ich möchte euch besonders für eure Anwesenheit danken; ich möchte euch für die Worte eures Stellvertreters danken, der es verstanden hat, eine tiefgehende

Analyse dessen zu machen, was es heißt, krank zu sein, als Christ krank zu sein, krank zu sein in den Verhältnissen der zeitgenössischen Welt. Ich danke für die Worte, für diese Analyse, die auch die Gefühle, die Einstellungen und Hoffnungen von euch allen zum Ausdruck bringt.
Erhebt eure Augen zu Christus, der die Prüfung des Leidens angenommen hat. Seht auf Ihn, den Unschuldigen, der ohne Vorbehalt sein Leben dargeboten hat, um die gesamte Menschheit zu retten, auf Ihn, der sich in völliger Hingabe Gott, seinem Vater, anvertraut hat. Zunächst hat er, wie ihr wißt, darum gebetet, der bittere Kelch möge an Ihm vorübergehen, doch dann hat er sogleich hinzugefügt: „Aber nicht mein, sondern dein Wille soll geschehen" (*Lk* 22,42). Und sein Leiden ist für uns zum Grund des Heils, des Vergebens, des Lebens geworden.
Eure hochherzige Vereinigung mit den Leiden Christi stellt den Höhepunkt eures Glaubens dar. Diejenigen, die dazu berufen sind, mit Christus zu leiden, erleiden damit keine Strafe, sondern haben teil an einer schwierigen und fruchtbaren Aufgabe. Ihr Leiden wird in der Tat, wenn es mit Liebe angenommen und aufgeopfert wird, zur Quelle der Gnade, des Friedens und der Freude. Es wird zu einem mühsamen Weg, doch wissen wir, daß dies der Weg ist, der zum Himmel führt.

4. Liebe Kranke, ich wünsche euch, daß ihr bald eure Gesundheit wiedererlangt, damit ihr die Krankenhäuser verlassen und nach Hause zurückkehren könnt. Dort erwarten euch die gewohnten familiären und gesellschaftlichen Aufgaben, bei deren Erfüllung ihr dank der wiedergewonnenen Energien viel Gutes tun könnt.
Jetzt aber, da im Buch eures Lebens das Kapitel der Krankheit noch nicht abgeschlossen ist, empfehle ich euch, es in jeder Hinsicht auszuwerten. Das Leiden ist nämlich eine Läuterung für den Leidenden selbst und für seine Brüder, es ist die Quelle der Verherrlichung, es ist die Gabe, die dargeboten wird, um am eigenen Leib das zu ergänzen, was „für den Leib Christi, für die Kirche an den Leiden Christi noch fehlt" (*Kol* 1,24).
Möge euer Leiden daher eine Gabe an die Kirche sein, damit sie besser auf den Straßen der Welt vorankommt. Im eigenen Leben das Geheimnis des Schmerzes aufzunehmen, heißt anzuerkennen, daß das Heil aus dem Kreuz Christi hervorgeht, und das Kreuz Christi ist der wahre Baum des Lebens.
Das Kreuz ist jedoch kein Selbstzweck: auf den Freitag des Leidens folgt der Sonntag der Auferstehung. Das Leiden Christi erhellt sich im Hinblick auf das Ostern Christi. Inmitten der Finsternis, der Demütigung, der Zweifel, der Niedergeschlagenheit, die die Krankheit mit sich bringt, findet der Gläubige Trost in dem Licht, das im Antlitz des auferstandenen Herrn leuchtet. Deshalb schreibt der Apostel auch im *zweiten Brief an die Korinther*: „Wie uns nämlich die Leiden Christi überreich zuteil geworden sind, so wird uns durch Christus auch überreicher Trost zuteil" (*2 Kor* 1,5).

5. Liebe Brüder und Schwestern, wir befinden uns hier an diesem uns so lieben Heiligtum, der Seele eurer Marienfrömmigkeit. Blickt, wenn ihr euer tägliches Kreuz tragt, auf die hl. Jungfrau und laßt euch von ihrer Haltung zur vollen Zustimmung zum Gnadenwirken des Herrn anregen.

Möge die hochherzige Antwort Marias: „Hier bin ich" in jedem Augenblick zum Ausdruck auch eurer Zustimmung zum Willen Gottes werden; möge sich eure Antwort von der Liebe lenken lassen und an ihr nähren.
Wenn zahlreiche Heiligtümer Maria geweiht sind, so liegt das daran, daß die Gläubigen überall auf der Erde verstanden haben, wie wichtig die Gegenwart der hl. Jungfrau inmitten des Gottesvolkes ist. Sie haben verstanden, daß Maria die besondere Aufgabe hat, den Generationen aller Zeiten Christus vorzustellen, der „reich ist an Barmherzigkeit", damit jeder in ihm den Heiland finden kann, dem man sich für Zeit und Ewigkeit anvertrauen kann.
Bevor ich schließe, möchte ich auch euch, liebe Freiwillige der verschiedenen Vereinigungen, die ihr hier zahlreich versammelt seid, die Bereitschaft und Hochherzigkeit der heiligen Jungfrau wünschen, den Männern und Frauen von heute die Liebe Gottes sichtbar zu machen, der allen die Freude seines eigenen Lebens geben will.
Ich danke allen Freiwilligen und möchte auch noch denjenigen meinen Dank aussprechen, denen dieses Heiligtum anvertraut wurde: unseren lieben Passionistenpatres, ihrer Gemeinschaft, ihrem Seminar, ihnen, denen ich vorher in der Kirche, im Heiligtum, habe begegnen können. Und ich füge auch ein Wort des Dankes an den Jugendchor hinzu, der uns heute mit seinem Gesang bei der langen Begegnung mit den Kranken begleitet hat.
Gestattet mir nun, meine Zuneigung zu bekräftigen und euch Gesundheit an Körper und Geist zu wünschen. Als Ausdruck dieser Zuneigung möchte ich euch, vor allem euch Kranken und allen, die euch beistehen, allen, die euch lieb sind, euren Familien und allen Anwesenden meinen Segen geben; ich lade den Herrn Kardinal und die hier anwesenden Bischöfe zur Teilnahme an diesem Segen ein, der unsere Begegnung mit Maria abschließt.
Ich danke nochmals dem Herrn Bürgermeister und der gesamten Einwohnerschaft für alles, was uns dieses so wertvolle und wichtige Treffen ermöglicht hat.

Ohne Solidarität keine „Kultur der Arbeit"

Ansprache an die Seeleute am Handelshafen am 25. Juni

Liebe Brüder und Schwestern!

1. An euch alle richte ich meinen herzlichen Gruß und zugleich ein Wort des Dankes an den Stellvertreter der Seeleute, der auf vortreffliche Weise die Gefühle zum Ausdruck gebracht hat, von denen alle erfüllt sind.
Auf diesem Pastoralbesuch zur Erzdiözese Gaeta hat eine Begegnung mit euch nicht fehlen können, ihr Schiffer, Fischer, Hafen- und Werftarbeiter, die ihr ein tätiger und arbeitsamer Teil dieser Stadt und des neuen Formia seid. Ort eurer Tätigkeit ist der Küstenabschnitt dieser stimmungsvollen Bucht, Schauplatz geschichtlicher Ereignisse, die über Jahrhunderte hinweg tiefgehend die menschliche, kulturelle und religiöse Reife

eures Volkes, aber auch die Entwicklung des Handels und der Wirtschaft dieses Gebietes beeinflußt haben.
Jahrhunderte des Kampfes, des Unheils, des Leidens haben euer Volk geprägt, es an Opfer und Mühe gewöhnt und sozialen Beziehungen gegenüber geöffnet, die sich durch den Geist echter Solidarität auszeichnen.
Der Papst ist hier unter euch, um euch dazu zu ermuntern, euren persönlichen und gemeinschaftlichen Einsatz fortzusetzen, von dem die Zukunft eurer Familie und eurer Stadt abhängt.

2. Das Meer, an das die Geschichte eures Volkes eng geknüpft ist, ist – wie wir sehr wohl wissen – eine Schöpfung Gottes, eine Offenbarung der Größe desjenigen, der unser aller Leben im Ablauf der Zeit lenkt. Doch ist das Bild, das uns das Meer bietet, nicht immer friedlich und heiter, sondern oft sogar erschreckend, und es erinnert uns an die Prüfungen, denen Gott uns zuweilen unterwirft, um die Kraft unseres Glaubens und die Festigkeit unserer Hoffnung auf die Probe zu stellen. Doch wissen wir, daß es kein Unwetter im Leben gibt, aus dem Gott uns nicht retten kann, um uns zum Hafen der Sicherheit und des Friedens zurückzuführen.
Mit seinem wechselnden Aussehen erinnert das Meer also daran, daß unser Leben Führung und Hilfe braucht, die es durch die hohen Wellen des Daseins begleiten. Hierbei fällt uns die bilderreiche Seite des Evangeliums ein, die Jesus mit den Jüngern im Boot auf dem See beschreibt: „Plötzlich brach auf dem See ein gewaltiger Sturm los, so daß das Boot von den Wellen überflutet wurde. Jesus aber schlief. Da traten die Jünger zu ihm und weckten ihn; sie riefen: Herr, rette uns, wir gehen zugrunde! Er sagte zu ihnen: Warum habt ihr solche Angst, ihr Kleingläubigen? Dann stand er auf, drohte den Winden und dem See, und es trat völlige Stille ein“ (*Mt* 8,23–26).
Diese Szene braucht keinen Kommentar. Jesus ist der wahre Herr der Geschichte; er herrscht über die Ereignisse, die in jedem Moment von seinem allmächtigen Willen abhängen. Er kann das Boot unseres Lebens steuern und stützen.

3. In diesem Zusammenhang ist es schön und tröstlich, daran zu erinnern, daß sich nicht weit von diesem Ort der „Gespaltene Berg“ befindet. Vor vielen Jahrhunderten, so will es die Überlieferung, spaltete sich eine enorme Masse vom Felsen ab und blieb beim Fall im zentralen Felsschlitz stecken: hier entstand eine kleine Kirche, die auf den Abgrund blickt, wo das Meer die Wellen in beeindruckendem Strudel bewegt. Diese Kirche, die dem gekreuzigten Christus geweiht ist, möge euch ein Bezugspunkt im täglichen Dasein, in eurem Familienleben und in eurer Arbeit sein. In den Gefahren und Risiken, denen ihr bei eurer Arbeit auf der See ausgesetzt sein könnt, die euch viel Unbekanntes vorbehält, bei den Schwierigkeiten, die ihr in eurem persönlichen Leben, bei der Erziehung eurer Kinder und in eurer Arbeit haben könnt, möge der gekreuzigte Christus euren Mut stärken und euch zu Entscheidungen aufrichtiger und unerschrockener Menschen anregen.
Euch, ihr Seeleute, euren Sorgen und euren Mühen kommt auf treffende Weise das zu, was ich in der Enzyklika *Laborem exercens* geschrieben habe: „Schweiß und Mühsal, welche die Arbeit in der gegenwärtigen Heilssituation der Menschheit notwendigerweise

mit sich bringt, bieten dem Christen und jedem Menschen, der zur Nachfolge Christi berufen ist, die Möglichkeit zur liebenden Teilnahme an jenem Werk, für das Christus gekommen ist (vgl. *Joh* 17,4). Dieses Heilswerk wurde durch Leid und Kreuzestod vollzogen. Indem der Mensch die Mühsal der Arbeit in Einheit mit dem für uns gekreuzigten Herrn erträgt, wirkt er mit dem Gottessohn an der Erlösung der Menschheit auf seine Weise mit. Er erweist sich als wahrer Jünger Christi, wenn auch er Tag für Tag bei der ihm aufgegebenen Tätigkeit sein Kreuz auf sich nimmt (vgl. *Lk* 9,23)“ (Nr. 27).

4. Diese christliche Sicht der Arbeit, die weit entfernt davon ist, im Menschen das Bewußtsein der ihm eigenen Würde und der Rechtmäßigkeit seiner verdienten Forderungen abzuschwächen, trägt hingegen dazu bei, es in seinem tiefsten und wahrsten Kern zu stärken.
Die Kirche erinnert an die Pflichten der Arbeiter der Gesellschaft gegenüber, aber auch stets an die Pflichten der Gesellschaft dem Menschen gegenüber, der arbeitet. Trotz der verkündeten Anerkennung der Rechte eines jeden Arbeiters, sind auch heute Fälle offenkundiger Verletzungen grundlegender Erwartungen ganzer Kategorien der Arbeitswelt nicht selten.
Eben deshalb hört die Kirche nicht auf, die Notwendigkeit einer „Kultur der Arbeit“ und die Notwendigkeit dessen zu unterstreichen, was ihre Grundlage und ihre Seele ist: die soziale Solidarität. Es kann keine Kultur der Arbeit geben, wenn die Solidarität denjenigen gegenüber fehlt, die an den wirtschaftlichen Prozessen im Hinblick auf das Allgemeinwohl teilhaben, auf jenes Wohl, das nicht in einem abstrakten und unpersönlichen Ganzen zustande kommt, sondern das wirkliche Interesse aller Personen einschließt und solidarisch von der gesamten Gemeinschaft verfolgt wird. Die Kirche verkündet, daß das vorrangige Ziel der Wirtschaft die gesamte Entwicklung des Menschen ist und dies unter Bedingungen, die das Berufsleben mit dem persönlichen Wachstum eines jeden und mit seinem Familienleben vereinbaren.

5. Unter diesem Aspekt ist es euer Recht, zu fordern, daß eure Arbeitstätigkeit euch nicht daran hindert, euren religiösen Pflichten nachzugehen. Dies muß so geschehen, daß die berufsmäßigen Verpflichtungen mit der Heiligung der Arbeit durch den Besuch der heiligen Messe an den Feiertagen, mit einem normalen sakramentalen Leben und der aktiven Eingliederung in eure kirchlichen Gemeinschaften zu vereinbaren sind.
Das „Meeresapostolat“ findet gewiß auch hier in Gaeta fruchtbare Tätigkeitsfelder. Liebt eure Priester und folgt ihnen, nehmt an den Kursen für Katechese und für die Familie teil – dies empfehle ich vor allem den Jugendlichen –, bietet euch auch für konkrete Werke der Hilfe und der Liebe an.
Haltet mit der Hilfe und Fürsprache des hl. Erasmus, des Schutzpatrons der Seefahrer, am Schatz des Glaubens fest, der euch von euren Eltern, von euren Vorfahren seligen Andenkens voller Stolz übermittelt worden ist. Seid „ein Herz und eine Seele“ (*Apg* 4,32), auch wenn ihr weit weg von zu Hause in der Unermeßlichkeit des Meeres seid, um Ängste und Nöte, Freude und Hoffnungen untereinander und mit euren Lieben zu teilen.
Möge auch Maria, der Stern des Meeres, die Unbefleckte Jungfrau, die Mutter Jesu und Mutter der Menschen helfen, die in eurer Erzdiözese so sehr verehrt wird.

Meine Lieben, Christus ist bei euch! Bleibt auch ihr bei ihm! Hierin liegt das Geheimnis der Ausgeglichenheit und des Friedens, die Fülle der Selbstverwirklichung als Menschen und als Christen!
Euch allen gilt mein Apostolischer Segen!

Nach Abschluß der Ansprache fügte der Papst noch hinzu:

Ich danke euch für diese Versammlung, für diesen Empfang. Und ich möchte diesen offiziellen Moment dazu nutzen, für die Gelegenheit zu danken, die mir gegeben wurde, mit unseren lieben Matrosen und ihren Kommandanten das Meer im Golf von Gaeta zu überqueren. Danke für diese Gelegenheit! Wenn wir Bischöfe und vor allem der Bischof von Rom alle Nachfolger der Apostel, d. h. der Fischer, sind, so müssen wir selbstverständlich nicht nur vor den Schiffen, dem Meer und den Seeleuten Respekt haben, sondern manchmal müssen wir auch auf den Wellen gehen. Petrus hat es einmal direkt probiert, über die Wellen zu gehen. Doch ist die normale Art, die Wellen zu überqueren, die Fahrt, wie ihr sie mir ermöglicht habt. Ich danke euch für diese Fahrt!

Jugend – eine Zeit geistlichen Reifens

Ansprache an die Jugend im Sportstadion in Formia am 25. Juni

Liebe Jugendliche!

1. Ich grüße euch alle voll Liebe und danke euch, daß ihr so zahlreich gekommen seid. Danke für den herzlichen Empfang, den ihr mir bereitet habt, danke für eure Lieder.
Mein besonderer Dank gilt dem Bürgermeister der Stadt und dem Präsidenten von CONI für die an mich gerichteten edlen Grußworte wie auch den Mitgliedern der Nationalen Schule für Leichtathletik, die uns alle in dieser herrlichen Kulisse aufgenommen hat. Ich grüße die Leiter, die Verantwortlichen und die jungen Sportler dieser tüchtigen Schule, und ich wünsche ihnen allen, daß dieser Augenblick in ihrem Leben nicht nur eine Etappe ist, um die gewünschten technischen und sportlichen Ziele zu erreichen, sondern zu einer echten Lebenserfahrung wird, zu einer Zeit des Wachstums nicht nur an physischen, sondern auch an geistlichen Kräften.
Ich beglückwünsche die sechs Athleten, die es uns ermöglicht haben, einen Augenblick lang diese schöne internationale Disziplin zu verfolgen, und in ihnen grüße ich ihre Länder und alle anderen hier vertretenen Nationen. Außerdem grüße ich alle hier vertretenen Vereinigungen mit ihren Animatoren und Leitern, insbesondere jene Gruppen und Bewegungen, die im Apostolat mit allen Gruppen dieser Diözesankirche in der Verbreitung des Evangeliums zusammenarbeiten. Ich danke eurem Jugendvertreter, der mich im Namen aller willkommen hieß.
Die Jugendlichen sind Apostel der Jugend und müssen es immer mehr sein; sie sind Zeugen Christi unter ihren Freunden, in der Schule und am Arbeitsplatz, beim Sport und im Alltag in den Beziehungen der Freundschaft und brüderlichen Solidarität untereinander.

2. Im Blick auf diese Begegnung habt ihr einige Fragen an mich gerichtet, die den Problemen entsprechen, die ihr am stärksten empfindet, denn ihr spürt, daß sie sozusagen in der Luft liegen, auch infolge des starken psychologischen Drucks durch die sozialen Kommunikationsmittel.

Deshalb muß ich also auf eure Fragen antworten, und ich muß es tun, indem ich einer Regel folge, die ihr zu Recht hochschätzt. Der Apostel Paulus teilt uns in einem seiner Briefe mit, daß man Antwort geben muß, denn „wir handeln nicht hinterhältig und verfälschen das Wort Gottes nicht, sondern lehren offen die Wahrheit“ (*2 Kor* 4,2). Mit dieser Offenheit möchte ich zu euch sprechen, und der Grundsatz, dem ich folgen werde, ist die im Wort Gottes enthaltene Wahrheit. Ihr wißt gut, daß das Wort Gottes nicht trügt, sondern das sichere Licht ist, das uns führt auf unserem Weg.

Ihr Jugendlichen tragt in euch die tiefe Sehnsucht nach Wahrheit, aus der die Notwendigkeit erwächst, die authentischen Werte zu unterscheiden und einen würdigen Lebensplan zu entwerfen. Gerade deshalb spürt ihr, daß über alle von seiten der Kultur, des Berufes und der Freizeit angebotenen Befriedigungen hinaus eine Antwort erwartet wird auf die wesentliche Frage, die aus den Wurzeln eures Seins aufsteigt: die Frage nach dem Sinn des Lebens, nach dem Ziel, für das ihr berufen seid, zu kämpfen, zu leiden, zu leben und zu sterben.

Ja, liebe Jugendliche, ich bin hier, um euch zu sagen, daß es die Antwort auf diese Frage gibt. Diese Antwort ist Christus, der Sohn Gottes, der Mensch wurde, um uns das volle Menschsein zu lehren und uns zugleich die Möglichkeit zu bieten, mit ihm Kinder Gottes zu sein. Das ist unsere Zukunft: Kinder Gottes im Sohn, berufen, mit ihm an derselben Bestimmung in der Herrlichkeit teilzuhaben.

Eben deshalb mein Wunsch: Nehmt Christus in eurem Leben an. Ohne die Erfahrung dieser inneren Begegnung mit Christus kann das Leben zu leicht verlorengehen durch falsche Vorstellungen und Konsumerfahrungen einschließlich die des Selbstmordes durch Drogen oder die egoistische des Ausnützens des andern und der Ablehnung der Solidarität.

3. Ihr habt schon verstanden, daß eine der großen Gefahren für die Jugend gerade die einer säkularisierten Mentalität ist, die sich den transzendentalen Werten verschließt. Eine Mentalität, die den Sinn der Sünde im Namen eines Gewissens verneint, das glaubt, frei und selbstbestimmend zu sein.

Zu Recht haben einige von euch diesen Aspekt unterstrichen. Die Kirche, wie ihr wißt, anerkennt die Gegenwart der Sünde im Menschen, vor allem die Erbsünde. Die Heilige Schrift besteht auf dieser Wirklichkeit, die die grundlegenden Beziehungen zwischen Gott und den Menschen und den einzelnen Menschen untereinander zerstört hat. Dann gibt es auch die persönliche Sünde, die die Auflehnung des Menschen gegen Gott und sein Gesetz ist. Weiter gibt es jene sozialen Formen der Sünde, auf die ihr Jugendlichen besonders reagiert und für die ihr tiefgreifende Änderungen der Strukturen fordert. Nicht zufällig habe ich in einer meiner Enzykliken von den „Strukturen der Sünde“ gesprochen, die die Lebensführung der Menschen bedingen und in egoistischen Haltungen münden, in engherzigen Ansichten über die Werte, in politischen und wirtschaftlichen

Berechnungen, die mehr versklaven, als daß sie zu etwas dienen, mit der Absicht, den anderen den eigenen Willen um jeden Preis und mit jedem Mittel aufzudrängen.
Gegen diese bestehende Logik der Sünde ist es auch an euch Jugendlichen, zu reagieren, damit das Gute den Sieg über das Böse und über seine ungerechten Regeln erringt. Dazu gelangt man, indem man die von Gott gewollten und von Christus durch das Liebesgebot vervollkommneten moralischen Werte annimmt. Nur Gott ist das sichere Fundament aller Moral, die dazu bestimmt ist, die menschliche Befindlichkeit zu erheben; nur seine Weisheit kann Maß und Führung für ein Leben sein, das des Menschen würdiger ist.

4. Einer von euch hat mir geschrieben: „Worum könnte ich meinen Vater bitten? Ich könnte ihn um vieles bitten, aber um was? Ich besitze die Liebe meiner Mutter, das Verstehen des Vaters, kurz gesagt, die Liebe der Familie. Was könnte ich sonst noch verlangen?"
Ich möchte vor allem diesem Jugendlichen sagen, wie sehr er Gott danken soll für das Geschenk einer einigen Familie und für diese Erfahrung wahrer Liebe, die er machen kann. Eine Familie, die zusammenhält, ist nicht Frucht des Zufalls, der Improvisation. Sie erwächst aus dem hochherzigen Einsatz all ihrer Mitglieder: nicht nur aus dem Einsatz eurer Eltern, sondern auch aus eurem, liebe Jugendliche. Fühlt euch deshalb verantwortlich für eure jeweiligen Familien. Das ist außerdem die beste Weise eurer Vorbereitung, morgen eine eigene harmonische und ausgeglichene Familie zu gründen.
Ich möchte jedoch meinem unbekannten Fragesteller gegenüber noch hinzufügen, daß eine gut gelungene Familie noch nicht alles bedeutet. Gott in seiner Güte hat uns die Möglichkeit gegeben, an seiner Familie selbst teilzuhaben, indem wir seine Kinder werden und in Christus eine unzählige Schar von Brüdern und Schwestern erwerben. Das ist also dieses „mehr", um das dieser Jugendliche bitten kann und soll: ein würdiges und aktives Glied dieser großen Familie der Kinder Gottes zu sein.

5. Es ist wahr – unter so vielen Aspekten und trotz dieser herrlichen Botschaft Christi –, daß der Mensch „sich kaum verändert hat", wie einer von euch gesagt hat. Aber es ist auch wahr, daß Christus eurer Freiheit die Verwirklichung seines Heilsplanes anvertraut hat. Jede Epoche war ein Abschnitt auf dem Weg der Erlösung, und jede Epoche besteht aus konkreten Menschen, die Ideen zum Ausdruck bringen und das Verhalten bestimmen, indem sie die Mentalität und die Entscheidungen im allgemeinen beeinflussen. Euch, der Jugend von heute, steht die Aufgabe zu, eine bessere Welt zu bereiten, indem ihr kohärent handelt, um jene Werte zu verwirklichen, für die Christus gestorben und auferstanden ist.
Aber merkt euch: Es geht nicht darum, sich mit zaghaften Bestrebungen zufriedenzugeben! Man muß handeln und eine Art der Verpflichtung übernehmen, die vielfach Opfer von euch fordern wird. „Die Jugend ist ein Wachsen" (*Apostolisches Schreiben an die Jugend*, Nr. 14): das heißt, sie muß eine Erfahrung sein, die alles, was schön, gut und wahr ist, aufnimmt; aber sie darf nicht den Mut verlieren, wenn ihr Anstrengung, Opfer und Verzicht begegnen. Wenn man das verstanden hat, ist man bereit, eine neue, bessere Welt zu bauen.

6. Die anderen an mich gerichteten Fragen sind mit dem Thema der christlichen Berufung verbunden. Denn sie betreffen den Beruf, die Familie und ihre Probleme heute, die Rolle der Frau in der Kirche. Die Berufung eines jeden Christen und damit des jungen Menschen,

der sich anschickt, im Leben einen wirklichen Dienst zu leisten, ist vor allem die, an der Sendung der Kirche teilzuhaben und die Verpflichtung zu übernehmen, Zeuge des Evangeliums zu sein in Gemeinschaft mit allen anderen Gliedern des Volkes Gottes (vgl. *Christifideles laici*, Nr. 32).
Ihr müßt euch gewiß auf eine Arbeit vorbereiten, die dazu beiträgt, das wahre Wohl der Gesellschaft, jedes Mannes und jeder Frau, zu fördern. Aber ihr müßt zugleich berücksichtigen, daß der Christ jeden zeitlichen Einsatz mit dem Blick auf das Reich Gottes betrachtet. In dieser Perspektive kann es sein, daß Jesus einigen von euch, wie er es einmal seinen Jüngern gegenüber getan hat, die Einladung wiederholt, ihm aus der Nähe nachzufolgen und eine besondere Sendung in der Gemeinschaft anzunehmen, um mit ihm im Priesteramt oder im Ordensleben verbunden zu sein.
In jedem Fall sagt Jesus zu allen: „Geht auch ihr in meinen Weinberg" (*Mt* 20,4). Auch die Familie ist deshalb eine Berufung, und unser Jahrhundert hat es nötig, daß die sie betreffenden Werte stärker bekräftigt werden: die Treue, die Achtung vor dem Leben und der Liebe. Dies geschieht, wenn im Haus Platz ist für das Gebet, die Sakramente, den Dialog, die Liebe und vor allem eine enge und vertrauensvolle Verbundenheit mit Christus.
Auch die Frau hat eine Berufung, auch sie hat wie alle Getauften an der dreifachen Sendung Jesu Christi teil, des Priesters, Königs und Propheten. Tatsächlich hat Christus Maria am Geheimnis der Erlösung mitbeteiligt, und er berief die Frauen, sein Wort und seine Liebe zu verbreiten und die ersten Zeuginnen der Auferstehung zu sein. Jedoch behielt er den Zwölfen den eucharistischen Dienst vor, indem er ihnen den Auftrag gab, seine Gegenwart in der Gemeinschaft durch die Feier vom Gedächtnis seines Osterns zu gewährleisten.
Liebe Jugendliche! Die Kirche setzt auf euch und vertraut euch die Botschaft Christi über den Menschen, über jeden Menschen, an. Lernt, Christus zu lieben und die Menschheit zu lieben, damit ihr eurerseits fähiger im Schenken werdet. So werdet ihr Männer und Frauen im Dienst für die anderen und die Welt von morgen sein, die auch dank eures Beitrages eine menschlichere Welt sein wird.
In dieser Hoffnung und mit diesem Wunsch erteile ich euch allen den Apostolischen Segen.

Haltet an den Werten fest!

Ansprache an die Einwohner von Gaeta am 25. Juni

Herr Minister,
Herr Bürgermeister,
Brüder und Schwestern!

1. Ich freue mich, unter euch zu sein, ihr Einwohner dieser schönen, alten Stadt, und auch unter euch, die ihr aus dem südlichen Westen, aus dem Gebiet um Caserta und Frosinone und der weiteren Umgebung gekommen seid, um an dieser brüderlichen Begegnung teilzunehmen.

Ich danke dem Herrn Minister und dem Herrn Bürgermeister für die Ehrenbezeugung, die sie mir im Namen der Regierung und der Bürgerschaft entgegengebracht haben. Von Herzen grüße ich die Anwesenden und auch alle, die trotz ihres Wunsches nicht haben kommen können und über Radio und Fernsehen mit uns verbunden sind. In herzlicher Liebe fühle ich mich ihnen allen nahe.
Ich vertraue darauf, daß dieser mein Besuch die Bande der Gemeinschaft festigt, die schon immer zwischen eurer Stadt und Rom, dem Sitz des Petrus, bestehen. Einwohner von Gaeta, eure im Glauben verwurzelten alten Traditionen verpflichten euch zu einem Leben, das sich durch ein konsequentes christliches Zeugnis auszeichnet und fähig ist, sich nach den stets aktuellen Lehren des Evangeliums konkret in Liebe umzusetzen.

2. Gaeta, diese bezaubernde Stadt mit ihren Naturschönheiten, ihrem klaren Meer, ihren Bergen und ihren Verbindungsstraßen, die sie zu einem wichtigen Knotenpunkt machen, ist reich an Geschichte, Kultur und Kunst.
Meine Lieben, eure Stadt stellt durch ihre Lage auf einem Ausläufer des Vorgebirges eine natürliche Festung dar und hat im Laufe der Jahrhunderte während der Sarazeneneinfälle, den Kriegen zur politisch-nationalen Einigung und dem Zweiten Weltkrieg mehrere Belagerungen und Zerstörungen erfahren. Das Werk des Wiederaufbaus, mit dem die Bevölkerung jedes Mal auf diese traurigen Ereignisse reagiert hat, ist ein beredtes Beispiel für ihren Mut, ihre Widerstandsfähigkeit und ihren Willen, sich niemals, auch angesichts noch so harter Prüfungen, entmutigen zu lassen.
Ihr habt allen Grund, auf eure Vergangenheit stolz zu sein. In ihr müßt ihr auch die Inspiration und die Anregung zum Aufbau eurer Gegenwart und eurer Zukunft suchen und dürft dabei nie vergessen, daß vor allem der Glaube ans Evangelium – das hier seit den ersten Jahren der christlichen Ära verkündet wurde – die für euer Volk charakteristischen Tugenden geformt hat. Hierbei möchte ich heute eine besonders hervorheben, die eigentlich der Grund für meine Anwesenheit unter euch ist: die herzliche Bereitschaft zur Gastfreundschaft.
Daß aus Gaeta eine Stätte der Zuflucht, der Ruhe und des Friedens wurde, ist, wie dem milden Klima und der anziehenden Landschaft, auch den zahlreichen klösterlichen Niederlassungen zu verdanken. Viele berühmte Heilige haben hier verweilt: es kommen uns unter anderem die Namen des hl. Benedikt, des hl. Nilo, des hl. Franz von Assisi, des hl. Philipp Neri, des hl. Alfons und des hl. Gaspare del Bufalo in den Sinn. Ich möchte sodann unter den großen Namen der Kultur Kardinal Tommaso de Vio nicht vergessen, der hier zur Welt gekommen ist. Aufgrund seines Geburtsortes ist er in der Geschichte der Theologie als „Caetano“ bekannt.

3. Wegen seiner Eigenschaft als gastfreundliche Zufluchtsstätte hat Gaeta mehrmals die Ehre und das Verdienst gehabt, den Nachfolger Petri aufzunehmen in stürmischen Zeiten der Geschichte, in denen der Römische Stuhl nicht mehr sicher für ihn schien. So suchte im Jahre 1118 der zur Familie der Caetani gehörige Papst Gelasius II. in seiner Heimatstadt Zuflucht, um sich den Wirren zu entziehen, die ihn in Rom bedrohten.
Und hier fand vor 140 Jahren mein verehrter Vorgänger Pius IX. Zuflucht, der aufgrund der allseits bekannten Ereignisse des Risorgimento aus Rom verbannt war. In dieser Stadt

erließ er die Enzyklika „Ubi primum“, die den entscheidenden Schritt zur Erklärung des Dogmas der Unbefleckten Empfängnis Marias kennzeichnete, die einige Jahre später, am 8. Dezember 1854, abgegeben wurde. Daher nannte euer Erzbischof, als er die Einladung an mich richtete, zu euch zu kommen, Gaeta die „Stadt der Immaculata“.

4. Liebe Brüder und Schwestern von Gaeta, Formia und Umgebung! Ihr habt mich als Nachfolger Petri empfangen, als Nachfolger des Fischers, der von Christus zum Haupt der Kirche eingesetzt wurde, damit er die Brüder im Glauben stärke. Ihr habt mich als Nachfolger von Gelasius II. und Pius IX. empfangen.
Und ich sage euch: Geht mit freudigem Optimismus den täglichen Weg des Glaubens weiter. Bleibt der Kirche und dem Lehramt ihrer Bischöfe treu, um so Christus treu zu bleiben. Entfaltet die liebevolle Hingabe an Maria, die hl. Jungfrau, die bereits zu eurer Tradition gehört.
Eure Stadt hat im Evangelium stets die Energie zum Neubeginn und Wiederaufbau gefunden: nicht nur zum materiellen Wiederaufbau, sondern auch zur Neustrukturierung ihres moralischen, bürgerlichen und sozialen Gewebes. Ihr begegnet heute neuen Problemen. Die industriellen Einrichtungen sowie andere Arbeitsmöglichkeiten haben auf wirtschaftlicher und sozialer Ebene nicht das gewünschte Wachstum gebracht. Einige Werften habe ihre Tore geschlossen. Die Jugendlichen begegnen Schwierigkeiten, wenn sie sich in die Arbeitswelt eingliedern wollen, und müssen oft die Folgen der Arbeitslosigkeit erleiden, die zur persönlichen Entmutigung und zum moralischen Verfall führen kann.
Dennoch sage ich euch: habt Vertrauen! So, wie ihr die Schwierigkeiten von gestern überwunden habt, so werdet ihr auch die Energie finden, die Probleme von heute zu überwinden.
Haltet an den Werten und dem Sinn für die Familie fest. Bewahrt die Achtung vor dem Menschen in jedem Augenblick seines Daseins. Festigt die Gefühle der Solidarität und der Teilnahme. Sie legten den Grund zu all dem, was ihr in der Vergangenheit zustande gebracht habt, unterstützt von dem Glauben, der stets die Seele all eures wahren Fortschritts war und sein wird.
Ich vertraue euch der mütterlichen Fürsorge Marias an und erteile euch allen von Herzen den Apostolischen Segen.

Liebe kann nicht auf halbem Weg stehenbleiben

Ansprache an die Priester, Ordensleute, Seminaristen und Ständigen Diakone am 25. Juni

Liebe Brüder und Schwestern!

1. Laßt mich vor allem meiner Freude über diese Begegnung Ausdruck geben, die uns aufgrund der uns geschenkten Berufung gemeinsam die gleichen Ideale vor Augen stellt. „Seht doch, wie gut und schön ist es, wenn Brüder miteinander in Eintracht wohnen" (*Ps* 133,1). Diese Worte des Psalms werden Wirklichkeit bei der Begegnung, die heute alle unter der Führung von Erzbischof Vincenzo Farano um den Nachfolger des Petrus vereint, um in jener Gemeinschaft des Glaubens und der Liebe zu wachsen, in der sich die Gegenwart Christi in der Welt offenbart.
Zugleich mit dem Hirten der Diözese danke ich euch allen, den Priestern und Gottgeweihten, wie auch euch Seminaristen und Kandidaten für das ständige Diakonat. Einen besonderen Gruß muß ich wohl an alle Kranken unter ihnen richten, die aus diesem Grund nicht anwesend sein können: sie tragen im körperlichen Leiden die Wundmale des Herrn und leisten einen unschätzbaren Beitrag für den aktiven Dienst derer, die sich verausgaben, um den Weg ihrer Mitmenschen zu erhellen und zu festigen.

2. Mein Wort gilt vor allem euch, den Priestern dieser Kirche, deren ruhmvolle Traditionen bis in die Zeiten der Apostel zurückreichen. Ich lade euch ein, der göttlichen Güte für die Berufung zum priesterlichen Dienst zu danken, der euch zu qualifizierten Zeugen des Leidens, des Todes und der Auferstehung Christi macht. Ihr seid auf die Straßen der Welt gesandt, um das göttliche Leben der Gnade mitzuteilen, vor allem durch die Eucharistie und die Spendung der Sakramente. Fühlt euch dazu berufen, in der Welt Zeichen der heilschenkenden Liebe Christi zu sein, weil ihr amtlich zum öffentlichen Gebet der Kirche beauftragt seid und ständig jenes Opfer des Lobes darbringt (vgl. *Hebr* 13,15), das dem Seufzen der ganzen Schöpfung nach der Freiheit der Kinder Gottes Ausdruck gibt (vgl. *Röm* 8,19), ihr schenkt diesem Seufzen die Stimme, die sich zum Himmel erhebt.
Eure wesentliche Aufgabe, liebe Priester, ist die Bezeugung des Evangeliums, in der ihr am anspruchsvollsten an der Sendung Christi, die der Kirche anvertraut ist (vgl. *Mt* 28,18–20), teilnehmt.
Doch was bedeutet es, das Evangelium als Priester zu bezeugen? Es bedeutet vor allem, sich selbst heiligen, um den anderen in pastoraler Liebe zu dienen, und sich dem „Dienst am Wort" widmen, damit das Evangelium wirklich allen Geschöpfen verkündigt wird (vgl. *Mk* 16,15). Es bedeutet, als Mittler der Gnade arbeiten durch die Feier der Sakramente, zumal des Sakramentes der Versöhnung, in dem sich die Barmherzigkeit Gottes in der Geschichte der Menschen mitteilt. Dazu gehört von eurer Seite eine absolute Verfügbarkeit für das Hören auf Gott – in seinem Wort und in den von seiner Vorsehung gefügten Ereignissen –, so daß er euch „auf immer zu einer Gabe macht, die ihm wohlgefällt" (*III. Eucharistisches Hochgebet*).
Das Evangelium bezeugen bedeutet vor allem: Männer des Gebetes sein, geweiht, eure Stimme Christus selbst zu leihen, der den Vater lobt und ständig für die Brüder eintritt

(vgl. *Hebr* 7,25). Ihr müßt die Sorgen und Hoffnungen der Menschen eurer Zeit in den geschichtlichen Situationen mitleben, in denen ihr zu wirken gerufen seid; doch darf euch der Weg, den ihr mit den Menschen geht, nicht vergessen lassen, daß ihr immer „Zeugen und Ausspender eines anderen als des irdischen Lebens“ seid (vgl. *Presbyterorum ordinis*, Nr. 3).

3. Euch, liebe Brüder und Schwestern, die ihr mit der Profeß der evangelischen Räte einen besonderen Bund mit Christus geschlossen habt, gilt die Mahnung, brennende Fackeln jener Liebe zu werden, die ein immerwährendes Loblied auf die heiligste Dreifaltigkeit und zugleich ein lebendiges Zeugnis für die Menschen ist. Ihr seid die „Spezialisten des Gebetes“, wie mein verehrter Vorgänger Paul VI. zu sagen pflegte, wenn er sich an Ordensleute wandte. Ihr verwirklicht das „mit Christus in Gott verborgene Leben“, von dem der Apostel Paulus spricht (*Kol* 3,3), und ihr bietet der Welt die Werte der Keuschheit, der Armut und des Gehorsams an, die eine Quelle wahrer innerer Freiheit sind. Die Kirche dankt euch für dieses Zeugnis, weil die Welt solche radikalen Entscheidungen braucht. Sie muß von Gott erfüllte Männer und Frauen sehen können, die mit täglichem Heroismus die christlichen Tugenden üben, einzig bestrebt, die Mitmenschen zu lieben und ihnen zu dienen.
Möge euer Zeugnis das Geflecht des kirchlichen und sozialen Lebens in diesem Gebiet beleben, in dem ihr zu wirken berufen seid. Dies ist die Botschaft, die ich euch allen anvertraue im Andenken an große Gestalten wie Benedikt von Nursia und Franz von Assisi, an deren Präsenz und Spiritualität jeder Winkel hier erinnert, sowie im Bewußtsein der Vielfalt der Charismen, die von so zahlreichen Ordensinstituten neueren Datums ausgedrückt und gelebt werden.
Bleibt auf den Spuren dieser großen Heiligen in ständiger Rückkehr zu den echten Werten eurer Anfänge, bleibt der Kirche und jener missionarischen Verfügbarkeit treu, die eine der reichsten Früchte eurer Keuschheit bzw. jener inneren Freiheit ist, die euch die Wahrheit der Worte Christi erfahren läßt: „Mein Joch drückt nicht, und meine Last ist leicht“ (*Mt* 11,30).

4. Liebe Brüder und Schwestern! Ich bin gekommen, um jedem von euch zu sagen: öffnet euer der Liebe geweihtes Herz! Schenkt und opfert euch hochherzig den Menschen von heute! Öffnet die Tore eurer Kirchen und eurer Ordenshäuser allen, die anklopfen und direkter und lebendiger das Licht des Evangeliums erfahren und in eurem Zeugnis die Weisheit des neuen, vom Auferstandenen geschenkten Lebens kennenlernen möchten.
Seid euch immer mehr bewußt, daß ihr qualifizierte Mittler zwischen dem barmherzigen Gott und den Menschen auf der Suche nach Wahrheit, Gerechtigkeit und Frieden seid. Wißt, in der Kraft der Weihe eures Lebens an Gott mutig der Ruhelosigkeit der Welt entgegenzutreten, dem Egoismus, der die Liebe leugnet und die Gerechtigkeit verletzt, dem Irrtum, der die Herzen verstört und verwirrt.
Ihr seid berufen, das Antlitz Christi zu sein, denn die bewußte und freie Hingabe all dessen, was ihr habt, und vor allem all dessen, was ihr seid, wiederholt und verkündet in der

Zeit das tägliche Wunder der Liebe des Sohnes Gottes, der gekommen ist, jeden Menschen zu retten und ihn vom Bösen zu befreien.
Die Liebe kann nicht auf halbem Weg stehenbleiben, das wißt ihr gut. Sie muß bereit sein, sich mit der äußersten Hochherzigkeit hinzugeben. Jesus zögert nicht, bei diesem Verlangen Vollkommenheit zu fordern: „Ihr sollt also vollkommen sein, wie es auch euer himmlischer Vater ist" (*Mt* 5,48).
Vergeßt nie, daß ihr „ein Geschenk Gottes für die anderen" seid. Liebt die anderen, wie Christus euch geliebt hat. Liebt nach dem Grundsatz, den Christus selbst aufgestellt hat: „Alles, was ihr ... von anderen erwartet, das tut auch ihnen! Darin besteht das Gesetz und die Propheten" (*Mt* 7,12).
Der Maßstab der Liebe ist Christus selbst. Es ist also kein bloß menschlicher Maßstab, es ist vielmehr ein göttlicher Maßstab geworden. Lieben wie Christus geliebt hat, ist lieben nach der Art dessen, der Gott ist und Mensch wurde.
Kraft unseres Priesterstandes, bzw. unserer Weihe an Gott wollen wir uns einüben, wie Christus hochherzig zum höchsten Opfer bereit zu sein: „Daran haben wir die Liebe erkannt, daß Er sein Leben für uns hingegeben hat. So müssen auch wir für die Brüder das Leben hingeben" (*1 Joh* 3,16).
Meine Lieben, lebt unverdrossen die volle Treue zu eurer Weihe an Gott, dann seid ihr auch bereit zum Opfer der Liebe.
Der Herr Jesus und die seligste Jungfrau Maria, unsere Mutter, mögen ständig einen jeden von euch, liebe Priester, Ordensleute, Seminaristen und Kandidaten für das Diakonat, begleiten und für das Wirken im Dienst des Reiches Gottes begeistern.
Der Papst liebt euch und segnet euch von Herzen.

Nach dieser Ansprache fügte der Papst hinzu:

Bevor ich schließe, möchte ich eurer diözesanen Gemeinschaft und eurem Erzbischof eine größere Ernte an Berufungen wünschen, vermehrte Berufungen für alle Gruppen: die Priester und die Gottgeweihten. Das läßt uns an die Seminare denken, an die Noviziate, die Familien und die verschiedenen Apostolatsbereiche der Laien. Wünschen möchte ich euch all dies im Namen des Guten Hirten, der uns alle leitet, im Namen Jesu, des Guten Hirten, der uns durch sein Kreuz und seine Auferstehung, seine Liebe und seinen Heiligen Geist führt. Ich wünsche es euch allen und segne zugleich abschließend alle Anwesenden.

Was heißt Christsein?

Predigt bei der Eucharistiefeier im Stadion am 25. Juni

1. „Für wen halten mich die Leute?" (*Lk* 9,18).
Jesus bekam verschiedene Antworten: „Für Johannes den Täufer ... Elija ... oder einen der alten Propheten, der auferstanden ist" (*Lk* 9,19).
„Ihr aber, für wen haltet ihr mich?"
Petrus antwortete: „Für den Messias Gottes" (*Lk* 9,20). So lesen wir im *Lukasevangelium*.
Die Fassung, die Matthäus für diese Episode bietet, ist umfangreicher. Wir werden sie in einigen Tagen, am Hochfest der hll. Apostel Petrus und Paulus lesen. Die Apostel waren überzeugt, daß sich in Jesus von Nazaret die messianische Verheißung des Alten Bundes erfüllte. Er war die Erfüllung der Erwartung: der, der kommen sollte.
In der Antwort des Petrus ist das enthalten, was den eigentlichen Kern des Neuen Bundes ausmacht.
Doch bevor ich diesen Gedanken weiterentfalte, möchte ich die ganze Kirche in Gaeta mit ihrem Erzbischof, mit allen Ordensleuten und Laien herzlich begrüßen.
Ich grüße besonders Kardinal Ugo Poletti und alle Bischöfe, die bei dieser herrlichen Glaubenskundgebung nicht fehlen wollten.
Mein ergebener Gruß gilt den zivilen und militärischen Autoritäten, die mit ihrer Präsenz dieses kirchliche Ereignis noch bedeutungsvoller machen.

2. Wer ist der Messias? Das hebräische Wort, dem der Ausdruck „Christus" entspricht, der aus dem Griechischen stammt, bedeutet: Der Gesalbte Gottes. Es geht hier aber nicht um eine rituelle Salbung, wie sie schon das Alte Testament kennt, und die wir später auch in der Liturgie der Kirche finden.
Es geht vielmehr um die Ausgießung des Heiligen Geistes, der den Gesalbten mit seiner Gegenwart erfüllt. Christus, der Messias, ist jener, der „voll des Geistes" von Gott kommt.
Der Sohn, eines Wesens mit dem Vater, bleibt im Heiligen Geist mit dem Vater vereint. Dies ist das große Geheimnis Gottes, des Vaters und des Sohnes, die in einer einzigen Liebe (vgl. das Veni Creator) in der absoluten Einheit ihrer Gottheit vereint sind.
Als Menschensohn offenbart Christus jene Fülle des Heiligen Geistes, die für seine Sendung als Erlöser der Welt wesentlich ist.

3. Warum fügt Christus nach der Antwort des Petrus hinzu: „Der Menschensohn muß vieles erleiden ... verworfen werden; er wird getötet werden, aber am dritten Tag wird er auferstehen" (*Lk* 9,22)?
Als Christus das alles im voraus ankündigte, blieben seine Worte für die Apostel ein unergründliches Geheimnis. Sie konnten nicht begreifen, daß die Zukunft des Messias, die Zukunft des vom Vater Gesalbten so aussehen mußte.

Für ihren Meister dagegen, für Christus, ging es hier um das Wesentliche. Erst die Zukunft, die mit den Paschaereignissen in Jerusalem verbunden war, sollte die Erlösersendung des Messias ganz und gar zur Erfüllung bringen.
Nur durch dieses österliche Opfer sollten sich die Prophezeiungen erfüllen. Erst dann sollte die Fülle des Geistes, mit dem der Messias und Menschensohn gesalbt war, zur Gabe für die Apostel, die Kirche, und durch die Kirche für die Welt werden.

4. „Über das Haus David und über die Einwohner Jerusalems werde ich den Geist der Gnade ausgießen", lesen wir im *Buch Sacharja*, der ersten Lesung der heutigen Liturgiefeier. Und wann wird diese Ausgießung des Geistes erfolgen? Wenn auf Golgota das Herz des Messias und Erlösers durchbohrt sein wird: „Sie werden auf den blicken, den sie durchbohrt haben. Sie werden um ihn klagen, wie man um den einzigen Sohn klagt; sie werden bitter um ihn weinen, wie man um den Erstgeborenen weint" (*Sach* 12,10).
Ja, Christus ist der Erstgeborene aller Schöpfung, der Erstgeborene von den Toten (vgl. *Kol* 1,15; *Offb* 1,5), der Auferstandene.
All dies hat Jesus den Aposteln und dem Petrus gesagt, doch damals trug er ihnen zugleich auf, zu niemand davon zu sprechen. Später sollte die Zeit kommen, in der sie beginnen würden, Zeugnis zu geben.

5. Dies ist das Zeugnis über Christus, über den, in dem jeder Mensch eine neue Schöpfung wird.
Der Apostel schreibt an die Galater: „Ihr seid alle durch den Glauben Söhne Gottes in Christus Jesus. Denn ihr alle, die ihr auf Christus getauft seid, habt Christus (als Gewand) angelegt" (3,26–27).
Das ist das neue Leben, zu dem die Menschen berufen sind: die neue Schöpfung, zu der alle und jeder einzelne gehören, die in Christus sind, Juden ebenso wie Griechen, Sklaven und Freie, Mann und Frau. In Christus sind alle „einer" (vgl. *Gal* 3,28).
Nur in ihm, in Christus werden sie „zu Abrahams Nachkommen, Erben kraft der Verheißung" (*Gal* 3,29). Die an Abraham ergangene Verheißung wird in Christus Wirklichkeit. Nicht nur das verheißene Land, nicht nur der ganze Reichtum der Schöpfung, sondern die Teilnahme am Leben Gottes selbst ist uns durch den Sohn geschenkt, den der Vater in der Fülle des ewigen Geistes in die Welt gesandt hat.

6. „Für wen halten mich die Leute?" Wer bin ich für euch? Der Messias!
Ihr aber, was seid ihr? Was müßt ihr sein, da ihr zu Christus gehört? Wie müssen wir uns selbst verstehen, wenn wir zu Christus gehören?
Diese Frage und dieses Thema stellt die Liturgie des heutigen Sonntags einem jeden von uns. Diese Frage und dieses Thema stellen wir uns alle gemeinsam, liebe Brüder und Schwestern. Das Thema lautet: was heißt Christsein?

7. Die Antwort mag ebenfalls einfach erscheinen: Christsein heißt Christus nachfolgen. Das Evangelium braucht diesen Ausdruck oft, um jene zu bezeichnen, die auf seiten Christi stehen, angefangen bei den Aposteln, die „ihre Netze liegen ließen und ihm folgten" (*Mt* 4,20), bis hin zu der Menge, die von seinem Wort und seinen Wundern angezogen, „ihm folgte" (*Mt* 8,1).

Doch was heißt „Christus nachfolgen"? Die Antwort wird anspruchsvoller. Es bedeutet vor allem, Jesus als seinen Erlöser annehmen. Nur wer sich als Sünder und als des Heiles bedürftig erkennt, weil er sich selbst nicht retten kann, kann Jesus als seinem Erlöser die Hände entgegenstrecken. Wer die Last der eigenen Sünde nicht spürt, kann auf seinem Weg nicht den Erlöser finden und Christ sein.
Christus als Erlöser nachfolgen bedeutet freilich auch, die konkrete Weise übernehmen, in der er das Heil der Menschheit gewirkt hat. Diese Weise ist das Kreuz. Die gegenwärtige Heilsökonomie verläuft über Leiden, Tod und Auferstehung Jesu, über das Paschamysterium. Christsein bedeutet daher, im eigenen Leben die Logik des Kreuzes annehmen und Jesus, der das Kreuz trägt, nachfolgen.

8. Es gibt jemanden, der dem Christen beim täglichen Bemühen um die Nachfolge Christi hilft: der Heilige Geist, der „Geist der Gnade und des Trostes" (*Sach* 12,10), den der auferstandene Christus den Aposteln und der ganzen Kirche geschenkt hat. Vom Geist getragen, kann der Christ in Wort und Beispiel für die Wahrheit des Evangeliums Zeugnis geben. Niemand ist nämlich nur für sich selbst Christ, denn das neue Leben, das die Taufe in ihm geweckt hat, ist Teilnahme am Leben Christi, der für alle gestorben und auferstanden ist. Christsein bedeutet daher Zeuge Christi in der Welt sein, und zwar gemeinsam mit den anderen Christen in der Gemeinschaft der Kirche. Denn „es gibt nicht mehr Juden und Griechen, nicht Sklaven und Freie, nicht Mann und Frau; denn ihr alle seid ‚einer' in Christus Jesus" (*Gal* 3,28).
Gewiß setzt dies alles den Mut zu einer radikalen Loslösung von sich selbst voraus, um Christus Raum zu geben; es setzt die Selbstverleugnung voraus, die Jesus im Evangelium von jenen fordert, die ihm auf dem Kreuzweg, dem einzigen Weg zur Freude des Reiches, folgen wollen. Christsein bedeutet daher, den Mut haben, „sein Leben um Christi willen zu verlieren" (vgl. *Lk* 9,24) in der Überzeugung, daß dies die einzige Weise ist, es zu retten, vielleicht nicht auf Erden, gewiß aber für die Ewigkeit.

9. „Der Menschensohn muß vieles leiden ... er wird getötet werden, aber am dritten Tag wird er auferstehen ... Wer mein Jünger sein will, der verleugne sich selbst, nehme täglich sein Kreuz auf sich und folge mir nach ... Wer sein Leben um meinetwillen verliert, der wird es retten" (*Lk* 9,22–24).
Man kann diese Worte nicht gleichgültig anhören, sind sie doch bis ans Ende vom Zeugnis dessen bekräftigt worden, der sie gesprochen hatte.
Es sind Worte, auf die man nur mit ganz innerlich gesammeltem Herzen antworten kann. So bedeutsam sind die Worte Christi!

10. Wer ist er? Wer ist Christus? Er ist der Messias, der Erlöser des Menschen. Er ist jener, der bis zum innersten Verlangen des Menschenwesens, des ganzen Menschenwesens hinabsteigt.
„Gott, du mein Gott, dich suche ich, meine Seele dürstet nach dir. Nach dir schmachtet mein Leib wie dürres, lechzendes Land ohne Wasser" (*Ps* 63,2).

Das ganze Wesen des Menschen kommt in diesem Verlangen, in diesem unbedingten Ausschauhalten nach Gott zum Ausdruck. Denn das ganze Wesen des Menschen, Leib und Seele, sind nach seinem Bild und Gleichnis geschaffen.
Christus, der Messias, aber ist jener, der dem Menschen immer aufs neue bei der Entdeckung dieser Wahrheit über sich selbst, der tiefsten Wahrheit, hilft. Es ist ein Heimweh nach Letztgültigem. Aus dieser Erkenntnis entspringt die Sehnsucht des Psalms: „Meine Seele hängt an dir, deine rechte Hand hält mich fest" (*Ps* 63,9).
Christus, die „Sehnsucht der ewigen Hügel"! Das Herz, aus dessen Fülle wir ohne Unterlaß empfangen. Christus, die Sühne für unsere Sünden. Christus, die Quelle des Lebens und der Heiligkeit.
Er ist der Weg, die Wahrheit und das Leben (vgl. *Joh* 14,6). Amen.

Am Schluß der Eucharistiefeier im Stadion von Gaeta improvisierte der Papst folgende Worte:

Liebe Brüder und Schwestern! Ich möchte zum Schluß der göttlichen Vorsehung danken, ich möchte ihr vereint mit euch allen danken, daß sie uns diesen Tag, den Tag von Gaeta geschenkt hat. Ich möchte eurem Erzbischof und allen seinen Mitarbeitern, den Priestern, den Ordensleuten, den Laien und allen danken, die in verschiedener Weise zu diesem einzigartigen, gesegneten Tag beigetragen haben. In diesem Augenblick habe ich besonders dem Chor zu danken, der die ganze Diözese vertritt. Er ist ein gutes Zeichen der Einheit und der Gemeinschaft. Wir fühlen uns ferner alle verpflichtet, für das Wetter, oder vielmehr für die unterschiedlichen Witterungsverhältnisse zu danken, denn sie waren im Verlauf dieses Besuches immer gut.
Zum Abschluß möchte ich erneut jedem einzelnen von euch sowie allen Menschen in der Stadt und in der Erzdiözese Gaeta eine neue Wertschätzung ihres Christseins wünschen. Dies war auch das zentrale Thema der Predigt. Zum eigenen Christsein zurückfinden bedeutet eine neue Herausforderung, die die Vorsehung, der Herr uns allen stellt. Auch das II. Vatikanische Konzil hat sie ausgesprochen und uns dieses Problem und diese grundlegende Frage erneut vor Augen geführt. Die Vorsehung stellt uns diese Aufgabe aber auch durch die Zeiten, durch die geschichtliche Stunde und durch alles das, was positiv, aber auch negativ unsere moderne Kultur im Zusammenhang mit dem wissenschaftlichen und technischen Fortschritt ausmacht. Gleichzeitig stellt sie uns der menschliche und christliche Fortschritt. Mein Wunsch ist, daß ihr euch diese Frage mit großem Nachdruck stellt und eine Antwort vom Glauben her sucht, der sich in der Kultur und der ganzen Existenz ausprägt. Findet die Antwort in eurer christlichen Existenz, in der Gemeinschaft eurer Kirche von Gaeta. Dies ist mein Wunsch am Ende des Tages, den wir gemeinsam verbracht haben.
Noch einmal vielen Dank für eure Gastfreundschaft. Gelobt sei Jesus Christus!

Wiege des Mariendogmas

Angelus in Formia am 25. Juni

1. Bereiten wir uns jetzt auf den Angelus vor, um durch das Gebet in das Innere des christlichen Geheimnisses einzudringen: in die Menschwerdung des Wortes Gottes, der „für uns Menschen und zu unserem Heil vom Himmel gekommen ist".
Es freut mich, dieses marianische Gebet in der geliebten Erzdiözese Gaeta zu sprechen, die sich eines tiefen Glaubens und einer innigen Marienverehrung rühmen kann. Tatsächlich wird Gaeta die „Stadt der Immakulata" genannt. Sie war sozusagen die Wiege des Dogmas von der Unbefleckten Empfängnis Mariä, denn hier wurde mein verehrungswürdiger Vorgänger Pius IX. in der endgültigen Entscheidung bestärkt, dieses Dogma zu proklamieren.
Von Gaeta aus erließ er am 2. Februar 1849 die Enzyklika *Ubi primum*, mit der er alle Erzbischöfe und Bischöfe der Kirche bat, ihre eigene Meinung dazu auszusprechen. Ich weiß, mit wieviel Liebe das Andenken an dieses Ereignis bewahrt wird.

2. Die Verehrung Marias, der Mutter Jesu, wird von verschiedenen, ihr gewidmeten Heiligtümern bezeugt, die sich als Zitadellen zur Verteidigung des Glaubens dieser Bevölkerung erheben.
Heute morgen besuchte ich das Heiligtum der Madonna della Civita in Itri, wo das Gnadenbild der seligsten Jungfrau Ziel so vieler Wallfahrten ist. Dort hatte ich eine Begegung mit den Kranken. Seit Jahrhunderten finden Scharen von Gläubigen vor der Jungfrau, dargestellt wie sie Jesus Christus der Welt darbietet, Trost und immer neuen Antrieb zum christlichen Leben.
Die mütterliche Sorge Marias um euer Land wird auch von den Marienheiligtümern von Colle in Lenola, von der Madonna del Piano in Ausonia und der Madonna della Rocca in Fondi bezeugt. Wie viele Menschen haben im Laufe der Jahrhunderte in innerer Sammlung an diesen heiligen Stätten den Kontakt mit Gott gesucht und zugleich von Maria die vertrauensvolle Hingabe an die Vorsehung und die hochherzige Liebe zu den Brüdern gelernt!

3. Ein weiterer Grund zur Freude ist die Anwesenheit der vielen Jugendlichen, die gekommen sind, um mich zu treffen.
In ihnen begrüße ich die Jugend der Erzdiözese und rufe sie von neuem auf, Christus nachzufolgen, in Ihm den wahren Weg in einer Welt zu suchen, die sich manchmal auf Wegen befindet, die nicht immer des Menschen würdig sind; in Ihm die Quelle des Lebens zu erkennen, das heute in so vielen Weisen bedroht ist; in Ihm die Wahrheit anzunehmen, das befriedigende Ziel unseres ganzen Suchens.
Mit diesen Wünschen verabreden wir uns zu dem großen Treffen, das wir in Santiago di Compostela am kommenden 19. und 20. August zum IV. Welttag der Jugend abhalten werden.

Nach dem Angelusgebet sagte der Papst:

Ich möchte noch ein Wort an unsere lieben Athleten hinzufügen. Und dieses Wort kommt aus dem Erbe, den Briefen des heiligen Paulus. Auch er hat den Athleten im Stadion zugeschaut, wie wir ihnen heute zugeschaut haben. Und diese Athleten stellten dem Apostel Paulus eine christliche Wahrheit vor Augen. Er sagte zu sich und zu allen seinen christlichen Zeitgenossen, die sich wie er bekehrt hatten: Wir sind alle Wettkämpfer. Denn diese Anstrengung, die wir sehen, der erste zu sein, den Siegespreis zu gewinnen, ist auch eine Anstrengung, die jeder von uns vollbringt, vollbringen muß. Ja, der Mensch und besonders der Christ kann nicht umhin, Wettkämpfer zu sein, er muß es sein.
Und so möchte ich im Namen aller jungen Christen und auch im Namen von uns älteren Christen unseren lieben Athleten dafür danken, daß sie uns von neuem dieses Beispiel unseres christlichen Lebens gegeben haben, das darin besteht, „ein Wettkämpfer Gottes" zu sein. Gelobt sei Jesus Christus.

4. Pastoralbesuch in Spanien (19. bis 21. August)

Spanien hat umfassende, katholische Berufung

Ansprache bei der Ankunft auf dem Flughafen Labacolla in Santiago de Compostela am 19. August

Majestät!

Dank für Ihr herzliches Willkommen; es läßt in meiner Erinnerung die unvergeßlichen Beweise der Zuneigung wieder aufleben, die ich bei meinen vorhergegangenen Pastoralbesuchen in Spanien empfangen habe. Mit meinem aufrichtigen Dank an Eure Majestät, daß Sie nach Santiago gekommen sind, um mich zu empfangen, verbindet sich spontan mein liebevoller Gruß an alle lieben Söhne und Töchter Spaniens, besonders die Galiciens und Asturiens. Sie alle sind hier würdig vertreten durch meine Brüder im Bischofsamt wie auch durch die Mitglieder der Staatsregierung und die autonomen Behörden, die ich mit großer Achtung grüße.
Am Anfang meines dritten Pastoralbesuches in Spanien kann ich meine Freude nicht verschweigen, denn ich komme nach Santiago de Compostela, um mit jungen Katholiken aus der ganzen Welt zusammenzutreffen. Von den fernsten Orten, aus allen Kontinenten geben sie sich am verehrten Grab des Apostels ein geschwisterliches Stelldichein, um einige intensive Tage unter dem Zeichen des gemeinsamen christlichen Glaubens zu erleben. Zahlreich und unterschiedlich waren die „Jakobswege" in diesen Tagen, aber ein einziger war der geistliche Weg, der diese jugendlichen Pilger nach Santiago geleitet hat. Unter enormen Opfern und Mühen und im Geist der Buße sind sie hier zusammengeströmt mit dem Wunsch, die Freundschaft mit Gott und mit den Menschen zu festigen, indem sie sich von dem Licht und von dem Frieden erfüllen lassen, der seit Jahrhunderten von Santiago ausstrahlt.
An diesem bevorzugten Ort, dem Ziel von Pilgern und Büßern, fand das junge Europa einen der machtvollen Faktoren des Zusammenhalts: den unaufhörlich neubelebten christlichen Glauben, der zu einer seiner stärksten und fruchtbarsten Wurzeln wurde. Wenn wir, fast an der Schwelle des Jahres 2000, so viele Jugendliche auf der Suche nach diesem Horizont der Gnade und des Verzeihens hierherkommen sehen, können wir glücklich erkennen, daß die heutige Wallfahrt nicht nur eine pflichtschuldige Huldigung an die Vergangenheit darstellt, sondern auch einen Akt des Vertrauens in ihre erneuerte Lebenskraft für die Gegenwart und für die Zukunft.
In diesem Jahr hat man feierlich die 1400-Jahr-Feier des III. Konzils von Toledo begangen; diese Feier kann in den zu diesem Treffen von Santiago gekommenen Jugendlichen ein Echo der Bewunderung und eine Menge Anregungen wecken. Das III. Konzil von Toledo war nicht nur ein wichtiger Markstein für das Gelingen der Eintracht und der Einheit in der Geschichte Spaniens, es bietet uns überdies den Schlüssel zum Verständnis der Ge-

meinschaft Spaniens mit der großen Tradition der Kirchen des Ostens. Wie kann man nicht an die Gestalten der heiligen Brüder Leander und Isidor erinnern? Beide förderten als Heilige und Wissensvermittler die Einheit der Völker und die Überwindung der von der arianischen Häresie verursachten Spaltungen. Mit ihnen präsentierte sich die katholische Kirche den Völkern als der freiheitschaffende Raum, in dem die hispanisch-römische Kultur und die ihr entgegengesetzte gotische einander begegneten. So war es möglich, eine neue Epoche zu beginnen und über die Unterschiede und Spaltungen hinauszugehen, die nicht leicht miteinander versöhnbare Aspekte boten. Willkommene Frucht dieses kirchlichen Ereignisses war die tiefgreifende Harmonisierung der Zukunftsabsichten von Kirche und Gesellschaft, von christlichem Glauben und menschlicher Kultur, von Inspiration aus dem Evangelium und Dienst am Menschen.

Spanien hat immer eine umfassende, katholische Berufung gehabt. Berühmtes Symbol dieser Berufung ist Santiago de Compostela, das durch die Kraft der Erinnerung an den Apostel verschiedene Völker an sich zieht, damit sie die Einheit in einem und demselben Glauben finden. Der Name Santiago stärkt die Präsenz Spaniens in der Geschichte der Länder Amerikas. Deswegen habe ich bei meinem zweiten Besuch in Spanien die schon nahe bevorstehende 500-Jahr-Feier der Entdeckung und Evangelisierung Amerikas dem Schutz Unserer Lieben Frau vom Pilar in Saragossa empfohlen. Mehr als einmal habe ich Gelegenheit gehabt, die einzigartigen missionarischen Heldentaten Spaniens in der Neuen Welt anzuerkennen. Die Kirche von heute bereitet sich auf eine neue Christianisierung vor, die sich vor ihren Augen als eine Herausforderung darbietet, auf die sie wie in vergangenen Zeiten angemessen antworten muß.

Ich komme also nach Santiago, in die Stadt der unzähligen Bezugspunkte für unzählige Völker. Ich komme als Nachfolger des Petrus, um meine Brüder zu ermutigen; um die Kräfte der jungen Menschen zu beleben und mich mit ihnen zu stärken; und um Jesus Christus als den Weg, die Wahrheit und das Leben zu verkünden. Um alle zum Aufbau einer Welt zu verpflichten, in der die Würde des Menschen, des Abbildes Gottes, aufscheint und Gerechtigkeit und Frieden gefördert werden. Und dem Vorbild des Protomärtyrers unter den Aposteln, des hl. Jakobus folgend, möchte ich die jungen Menschen einladen, ihre Herzen dem Evangelium Christi zu öffnen und seine Zeugen zu sein; und wenn es nötig sein sollte, seine Märtyrer-Zeugen an der Pforte des dritten Jahrtausends.

Gott segne uns immer!

Der Apostel Jakobus begleite uns! Maria vertraue ich, bevor ich nach Covadonga gehe, diese Begegnung mit der Jugend an.

Jakobsweg – Weg des Gebetes und der Buße

Predigt beim Einzug der Pilger in Santiago de Compostela am 19. August

„Ich freute mich, als man mir sagte: ‚Zum Haus des Herrn wollen wir pilgern.' Schon stehen wir in deinen Toren, Jerusalem" (*Ps* 122,1–2).

Liebe Mitbrüder im Bischofsamt,
Brüder und Schwestern in Christus!

1. Wie jeder Pilger hier möchte ich dem Herrn, von dem alles Gute seinen Ausgang nimmt, dafür danken, daß ich in Santiago de Compostela bin. Vor diesem majestätischen „Portico de la Gloria", den ich zum zweiten Mal betrachte, fühle ich mich wirklich im Bann jener inneren Bewegung, die im Lauf der Jahrhunderte die Herzen von Tausenden und Abertausenden von Jakobspilgern erfüllte, wenn sie ihren Blick auf diese einzigartige und originelle Steinretabel richteten, ein Bild, das uns an das wahre himmlische Jerusalem erinnert.
Bevor ich über die Schwelle des Hauses und der Kirche des hl. Jakobus schreite, um sein Grab zu verehren und sein Bildnis zu umfangen, möchte ich die hier Anwesenden begrüßen – auch sie Pilger zum Grab des Apostels.
Vor allem soll mein brüderlicher Gruß dem Oberhirten dieser Erzdiözese gelten, Antonio Maria Rouco Varela, dem ich für die von Herzen kommenden Worte danke, die er so freundlich an mich gerichtet hat. Ebenso grüße ich seinen Weihbischof Ricardo Blázquez Prez, wie auch die Herren Kardinäle und die übrigen anwesenden Bischöfe, die – von vielen Pilgern begleitet – aus anderen Diözesen Spaniens und der ganzen Welt gekommen sind. Mit ihnen gilt mein Gruß auch den zahlreichen Priestern und Ordensleuten.
Herzlich grüße ich die Seminaristen und die jungen Menschen, die mich stellvertretend für alle anderen und mit dem Pilgermantel über den Schultern bis zur Kathedrale begleitet haben.
Mein besonders herzlicher Gruß gilt Ihren Majestäten, dem König und der Königin von Spanien, die an dieser liturgischen Feier teilnehmen möchten. Durch sie möchte ich erneut das geliebte spanische Volk von Herzen grüßen.
Gott hat es gewollt, daß ich als Bischof von Rom und Nachfolger des hl. Petrus, der aus dem Galicien des Ostens stammte, von neuem als Pilger hierherkommen und mit jungen Pilgern aus der ganzen Welt an diesem heiligen Ort hier im Galicien des Westens, am spanischen Kap Finisterre zusammentreffen sollte, um Jesus Christus – den Weg, die Wahrheit und das Leben zu preisen. „Jerusalem, du starke Stadt, dicht gebaut und fest gefügt. Dorthin ziehen die Stämme hinauf, die Stämme des Herrn, wie es Israel geboten ist, den Namen des Herrn zu preisen" (*ebd.* 122,3–4).

2. Dieser Pilgerfahrt kommt eine außergewöhnliche Bedeutung zu, weil sie das Ziel all derer ist, die am IV. Weltjugendtag teilnehmen.
Compostela, ein geräumiges Haus mit offenen Türen, wohin man kam und wo man Jahrhunderte hindurch ohne Unterschied das Brot der Vergebung und der Gnade austeilte,

Compostela will von heute an zu einem lichtvollen Brennpunkt christlichen Lebens werden, zu einer Reserve apostolischer Kraft für neue Wege der Evangelisierung und zu Impulsen für den Glauben der Jugend, für einen stets jungen Glauben.
Es sind viele, die sich meiner Pilgerfahrt angeschlossen haben, viele andere sind im Geist anwesend. Alle fühlen sich vom Wort Christi herbeigerufen: „Ich bin der Weg und die Wahrheit und das Leben" (*Joh* 14,6). Diese Pilger geben an die Welt von heute den verheißungsvollen Keim der Hoffnung einer neuen Generation von Jüngern Christi weiter: Jünger wie der Apostel Jakobus – voll innerer Freude und großzügiger Hingabe an das Abenteuer, die Frohe Botschaft unter den Menschen zu verbreiten und Wurzeln schlagen zu lassen. Diese Aufgabe der Evangelisierung stellt sich vorrangig den jungen Menschen, die hochherzig, schöpferisch und offen sind für die Gestaltung einer Welt ohne Grenzen, in der eine Zivilisation der Liebe herrscht, deren Träger alle Kinder Gottes in der ganzen Welt sein müssen.
„Erbittet für Jerusalem Frieden! Wer dich liebt, sei in dir geborgen. Friede wohne in deinen Mauern" (*Ps* 122,6–7).

3. Heute, hier, vor der „Pforte der Herrlichkeit", zeigt sich diese Pilgerfahrt des IV. Weltjugendtages als klares und beredtes Zeichen für die Welt. Unsere Stimmen verkünden einmütig unseren Glauben und unsere Hoffnung. Wir wollen ein Feuer der Liebe und der Wahrheit entzünden, das die Aufmerksamkeit der Welt auf sich zieht wie einst die geheimnisvollen Lichter, die man an diesem Ort gesehen hat. Wir wollen die Trägheit dieser Welt erschüttern mit dem überzeugten Ruf von Tausenden und Abertausenden junger Pilger, die Christus verkünden, den Erlöser aller Menschen, die Mitte der Geschichte, die Hoffnung der Menschen und den Heiland der Völker.
Vor ihnen und allen, die hier vor diesem Porticus anwesend sind, wird die Begegnung der Pilgerscharen an den Portalen des Gotteshauses von Santiago wieder lebendig, wie sie im *Codex Callistinus*, beschrieben ist: „Dorthin gehen Unzählige aus allen Nationen ... Es gibt keine Sprache und keinen Dialekt, deren Laute dort nicht zu hören sind ... Die Portale der Basilika werden nie geschlossen, weder am Tag noch in der Nacht ... Alle Welt geht dorthin und ruft aus: ‚E-ultr-eia (auf! los!)! E-sus-eia (los! auf!)'!" Ja, für einen Augenblick ist Santiago de Compostela heute das Zelt der Begegnung, das Ziel der Pilgerfahrt, das beredte Zeichen für die pilgernde und missionarische Kirche, die Kirche auf dem Weg, die Buße tut, für die betende und evangelisierende Kirche, die auf den Wegen der Geschichte „schreitet zwischen den Verfolgungen der Welt und den Tröstungen Gottes ... und das Kreuz und den Tod des Herrn [verkündet], bis er wiederkommt" (vgl. *Lumen Gentium*, Nr. 8).
„Wegen meiner Brüder und Freunde will ich sagen: In dir sei Friede. Wegen des Hauses des Herrn, unseres Gottes, will ich dir Glück erflehen" (*Ps* 122,8–9).

4. Vor allem bin ich gekommen, um zu verkünden und in euch allen als Überzeugung zu festigen, daß die Kirche das pilgernde Volk Gottes ist. Aus gutem Grund und nicht umsonst wurden die ersten Christen, die Christus nachfolgten, die Menschen vom Wege genannt. Die Kirche hört auf ihrem Weg auf den Pfaden der Geschichte nicht auf, unablässig die Gegenwart Jesu von Nazaret zu bestätigen, ist doch auf dem Weg jedes Christen

der geheimnisvolle Weggefährte von Emmaus gegenwärtig. Er begleitet weiterhin die Seinen, erleuchtet sie mit seinem klärenden Wort und nährt sie mit seinem Fleisch und Blut, dem Brot des ewigen Lebens.

Daher ist es nicht verwunderlich, daß der „Jakobsweg" bei verschiedenen Gelegenheiten als Beispiel für den Pilgerweg der Kirche auf ihrer Wanderung zur himmlischen Stadt betrachtet wurde; Weg des Gebetes und der Buße, der Liebe und der Solidarität; Weg des Lebens, auf dem der Glaube, in den Menschen zur Geschichte geworden, die Kultur in eine christliche Kultur verwandelt. Die Kirchen und Abteien, die Hospitäler und Herbergen am Jakobsweg sprechen immer noch von diesem christlichen Abenteuer der Pilgerfahrt, bei der der Glaube zu Leben, Geschichte, Kultur, Caritas und Werken der Barmherzigkeit wird.

Schon fast an der Schwelle zum Jahre 2000 angelangt möchte die Kirche für die Menschheit weiterhin Weggefährtin sein. Und auch für unser eigenes Menschsein. Zuweilen spürt es schmerzlich seine Verlorenheit wegen vielfacher Untreue, und in dem dichten Nebel, der es umgibt, wenn das Bewußtsein der gemeinsamen christlichen Berufung unter den Gläubigen verkümmert, ist es immer darauf angewiesen, zur Erlösung geführt zu werden. Wenn sich die Christen vom Geist beflügeln lassen, werden sie überall die Werte des Friedens und der Wahrheit verbreiten, die aus dem Evangelium hervorgehen und der Welt und Gesellschaft von heute eine neue Bedeutung, eine nährende Kraft zu geben vermögen.

Die Erinnerung an eine einzigartige christliche Vergangenheit muß alle Söhne und Töchter der Kirche drängen – und ich möchte hinzufügen, besonders die Söhne und Töchter der großen spanischen Nation –, sich einem begeisternden Werk zu widmen, dem Werk, einen neuen christlichen Humanismus zur Blüte zu bringen. Er soll dem Leben vollen Sinn geben in dem Augenblick, in dem es so viel Durst und Hunger nach Gott gibt.

„Erkennt: Der Herr allein ist Gott ... Tretet mit Dank durch seine Tore ein! Kommt mit Lobgesang in die Vorhöfe seines Tempels! Dankt ihm, preist seinen Namen" (*Ps* 99–100,3–4).

5. Hier liegt der Hauptgrund, der mich veranlaßt hat, zum Grab des Apostels zu kommen. Von hier aus wollte ich verkünden, daß Christus ist und weiterhin sein wird „der Weg, die Wahrheit und das Leben". In diesen Worten, die so viele Gedanken wachrufen, treffen wir auf die Wurzel der vollen Offenbarung Christi an den Menschen, an jeden Menschen. Jeder muß Christus als Weg akzeptieren, wenn er nicht fehlgehen will, jeder muß Christus als Wahrheit annehmen, wenn er nicht dem Irrtum verfallen will, und jeder muß sich dem Strom des Lebens – des ewigen Lebens – öffnen, das von Christus ausgeht, wenn er nicht in die Schlingen von Ideologien und Kulturen des Todes und der Zerstörung geraten will.

Heute wie gestern müssen wir, wie unser Apostel, persönlich entdecken, daß Christus der Herr ist, damit wir zu Jüngern und Aposteln werden, zu Zeugen und Verkündern des Evangeliums und dadurch gerechtere Zivilisation, eine angemessenere menschliche Gesellschaft aufbauen. Dies ist das Vermächtnis, das der hl. Jakobus nicht nur Spanien und Europa, sondern allen Völkern der Welt hinterlassen hat. Und dies ist auch die Botschaft, die der Papst, der Nachfolger des Petrus, euch anvertrauen möchte, damit die frohe Botschaft der Erlösung nicht zu sterilem Schweigen wird, sondern ein gutes Echo findet und reiche Frucht ewigen Lebens hervorbringt.

Im Porticus dieser Kathedrale, den ihr sehr treffend wegen seiner architektonischen Schönheit und seiner tiefen geistlichen Bedeutung „Pforte der Herrlichkeit" nennt, können wir das Bild Marias, der heiligen Jungfrau, betrachten, dargestellt in einer ausdrucksvollen Geste der Annahme des göttlichen Willens. Möge sie, die Pilgerin des Glaubens und Jungfrau vom Wege, uns allen beistehen, entschlossen und bereit das endgültige „Ja" zum göttlichen Heilsplan zu sagen, damit in der Kirche und der Welt die wahre Erneuerungskraft der Gnade zum Durchbruch komme und alle Menschen wieder als Brüder und Schwestern auf dem Pfad voranschreiten, der zur ewigen Heimat führt.

Ich bitte euch von ganzem Herzen, laßt nicht in Vergessenheit geraten, was ganz besonders euch gehört: das historische Vermächtnis des hl. Jakobus. Sagt Gott Dank für die Vergangenheit und versäumt es nicht, in die Zukunft zu sehen, damit ihr euch die Treue zu eurem katholischen Glauben bewahrt, ihn immer in Gemeinschaft mit dem Nachfolger des Petrus bekennt und so der Welt stets in jugendlicher Frische die bleibende Botschaft des Evangeliums des Apostels vor Augen stellt.

„Denn der Herr ist gütig, ewig währt seine Huld, von Geschlecht zu Geschlecht seine Treue" (*ebd.* 100,5).

Der hl. Jakobus und Unsere Liebe Frau mögen für euch eintreten vor dem Thron des Allerhöchsten!

So sei es, Amen.

Leiden ist Läuterung

Begegnung mit kranken und behinderten Jugendlichen in Santiago de Compostela am 19. August

Liebe Brüder und Schwestern!

1. An diesem bedeutungsvollen Tag, an dem sich so viele junge Menschen der ganzen Welt bei dem Treffen in Santiago de Compostela oder an den fernsten Orten des Erdkreises mit dem Papst vereint fühlen, um Christus, den Erlöser, zu feiern, steht ihr im Mittelpunkt der Aufmerksamkeit der Kirche; denn das Leiden rückt euch ganz besonders in die Nähe Christi. Mehr noch: Es macht aus euch viele lebendige Christen mitten in der Welt, denn „der leidende Mensch ist der Weg der Kirche, weil er vor allem der Weg Christi selbst, des guten Samariters, ist, der nicht ‚weitergeht', sondern aus Mitleid ‚zu ihm hinging ... seine Wunden ... verband' und für ihn sorgte (*Lk* 10,32–34)" (*Christifideles laici*, Nr. 53).

Deswegen ist es für mich eine besondere seelsorgerliche Befriedigung, zu euch zu kommen, um euch zu grüßen – und zwar jeden von euch persönlich –, um mich mit euch über eure Lage zu unterhalten, um euch aufzumuntern, um euch zu segnen und um vor allen anderen Männern und Frauen deutlich zu machen, was ihr seid und was ihr für die ganze Menschheit bedeutet.

Ich danke für die lebhaften Äußerungen, mit denen einer aus eurer Mitte eure Sehnsüchte wie auch eure Verfügbarkeit gegenüber dem Willen des Herrn deutlich gemacht hat. Solche Äußerungen und Lebenszeugnisse sind in dem Buch zusammengefaßt, das ihr mir überreicht habt.

Ich möchte auch meine Anerkennung ausdrücken für die Gefühle der Anteilnahme und der Solidarität mit euch, die ihr leidet oder behindert seid, die ein junger Mann eures Alters bezeugt hat.

Im Gallego-Dialekt sagte der Papst:

Wegen eures Leidens seid ihr nicht nur Bevorzugte in den Augen Gottes, sondern ihr seid auch diejenigen, die besser erbitten und bewirken können, daß die Jugend der Welt Jesus Christus, dem Weg, der Wahrheit und dem Leben, begegne. In einer Zeit, in der man das Kreuz verstecken möchte, seid ihr, indem ihr es annehmt, Zeugen dafür, daß Jesus Christus es um unserer Erlösung willen umfassen wollte.

In spanischer Sprache sagte der Papst:

2. Liebe kranke und behinderte Jugendliche! Gerade in der schönsten Zeit des Lebens, in der Kraft und Dynamik besondere Wesenszüge des Menschen sind, findet ihr euch gebrechlich vor und ohne die Kräfte, die für die vielen Aktivitäten notwendig sind, wie sie andere Jungen und Mädchen eures Alters ausüben können.

Tatsächlich sind viele eurer Altersgenossen heute zu Fuß zum Monte del Gozo (Berg der Freude) gekommen, wo wir heute abend zusammentreffen werden. Ihr seid nicht in der Lage, Fußwallfahrten zu unternehmen, aber – so können wir mit einem Paradoxon sagen – ihr seid vor allen anderen auf dem „Berg der Freude" angekommen. Ja, denn mit den Augen des Glaubens betrachtet ist der Kalvarienberg, auf dem Jesus starb und auferstand und auf dem ihr mit ihm steht, der Berg der Freude, der Hügel vollkommener Heiterkeit, der Gipfel der Hoffnung.

3. Auch ich kenne – weil ich es am eigenen Leibe erfahren habe – das Leiden, das die körperliche Unfähigkeit, die der Krankheit eigene Schwäche, den Mangel an Arbeitskraft und das Gefühl, für die Entfaltung eines normalen Lebens nicht in der Lage zu sein, hervorbringt. Doch ich weiß auch – und ich möchte es euch zeigen –, daß dieses euer Leiden eine weitere sublime Seite hat: es vermittelt eine große spirituelle Fähigkeit, denn das Leiden ist Läuterung für einen selbst und für die anderen, und wenn es in christlichem Geist gelebt wird, kann es sich in eine Opfergabe verwandeln, um im eigenen Fleisch zu vollenden, „was an den Leiden Christi für seinen Leib, die Kirche, noch fehlt" (vgl. *Kol* 1,24).

Deswegen macht das Leiden fähig zur Heiligkeit, denn es enthält große apostolische Möglichkeiten und hat außergewöhnlichen Heilswert, wenn es mit den Leiden Christi vereint wird.

Unermeßlich ist auch die evangelisierende Kraft, die der Schmerz besitzt. Darum bin ich mir, wenn ich alle Christgläubigen zu der großen missionarischen Aufgabe einer Neuevangelisierung aufrufe, bewußt, daß in vorderster Linie als Evangelisierungsverkünder von besonderem Rang die Kranken stehen werden, die kranken Jugendlichen. „Auch die Kranken sind als Arbeiter in seinen Weinberg gesandt." Denn „die Last, die den Körper schwächt und die innere Ruhe nimmt, hindert sie nicht daran, im Weinberg zu arbeiten. Sie fordert sie auf, ihre menschliche und christliche Berufung zu leben und auf neue, noch wertvollere Weise am Wachstum des Reiches teilzunehmen" (*Christifideles laici*, Nr. 53).

4. In dem Apostolischen Schreiben *Salvifici doloris* habe ich ausführlich über den christlichen Sinn des Leidens gesprochen und habe verschiedene der eben dargelegten Gedanken behandelt. Ich möchte, daß dieser Brief ein Führer für euer Leben wird, damit ihr eure Situation immer im Licht des Evangeliums betrachtet und euren Blick auf Jesus Christus, den Gekreuzigten, richtet, den Herrn des Lebens, den Herrn unserer Gesundheit und unserer Krankheiten, den Herrn unseres Schicksals.
Wenn ihr dem Herrn eure beschränkten Kräfte aufopfert, seid ihr der Reichtum der Kirche, die Kraftreserve für ihre Evangelisierungsaufgabe. Ihr seid der Ausdruck einer unaussprechlichen Weisheit, die man nur im Leiden versteht: „Daß ich gedemütigt wurde, war für mich gut; denn so lernte ich deine Gesetze" (*Ps* 119,71). Durch den Schmerz wird das Leben tiefer, einsichtiger, demütiger, aufrichtiger, solidarischer, großmütiger. In der Krankheit verstehen wir besser, daß unsere Existenz unverdient und daß die Gesundheit ein unermeßliches Geschenk Gottes ist.
Ihr, meine lieben Freunde im Schmerz, werdet durch das Leiden leichter Jesus Christus, „den Weg, die Wahrheit und das Leben", entdecken und andere lehren, ihn ebenfalls zu entdecken. Konzentriert eure Aufmerksamkeit auf Jesus, der jung wie ihr selbst durch seinen Tod am Kreuz den Menschen den unschätzbaren Wert des Lebens erkennen ließ; und das bringt notwendigerweise die Annahme des Willen Gottes, des Vaters, mit sich.

5. Vor dem Ende dieser Begegnung möchte ich mich an all die Personen wenden, die aufgrund verwandtschaftlicher Bindungen oder wegen ihres Berufes in der Krankenpflege oder in der humanitären oder sozialen Hilfe in ständigem Kontakt mit den lieben kranken Jugendlichen stehen.
Meine Hochachtung für die Hochherzigkeit und zuweilen Selbstlosigkeit, mit denen ihr euch bemüht, ihnen, den Abbildern des leidenden Christus, ein familiäres, gemütliches und heiteres Ambiente zu schaffen. Ihr empfindet es als eure Pflicht, eure Arbeit als echten Geschwisterdienst zu tun. Ihr wißt sehr wohl, daß der Leidende nicht nur eine Linderung seiner Schmerzen oder Beschränktheiten sucht, sondern auch einen Bruder oder eine Schwester, die fähig sind, seinen Seelenzustand zu verstehen und ihm zu helfen, daß er sich selbst annimmt und in seinem täglichen Leben über sich hinauswächst.
Fundamentale Voraussetzung dafür ist der Glaube, der euch gestattet, im Kranken das Freundesgesicht Christi zu erahnen. Sagt er nicht: „Ich war krank, und ihr habt mich besucht" (*Mt* 25,36)? In dieser christlichen Sicht hat euer zuweilen langwieriger und mühevoller Dienst einen unschätzbaren Wert vor der Gesellschaft und vor allem vor dem Herrn.

Euch, liebe Kranke und Behinderte, segne ich mit meiner stärksten Liebe. Und diesen selben Segen dehne ich gerne aus auf eure Lieben und auf alle, die euch im spirituellen, menschlichen und gesundheitspflegerischen Bereich betreuen und begleiten.

Pilgerweg – ein Weg der Reinigung und Buße

Begegnung mit der Jugend am Monte del Gozo in Santiago de Compostela am 19. August

I. DER WEG

1.1 Liebe Jugendliche, ich grüße euch im Namen unseres Herrn Jesus Christus, der „der Weg, die Wahrheit und das Leben" ist. Euch, die ihr aus allen Völkern Europas und den verschiedenen Nationen Lateinamerikas wie auch aus vielen Ländern der Erde gekommen seid, danke ich dafür, daß ihr meine Einladung, gemeinsam diese Wallfahrt, diesen Weg zum Grab des Apostels Jakobus zu unternehmen, angenommen habt.

Im Dialekt Galiciens sagte der Papst:

Ich grüße zunächst die Jugend Galiciens und besonders die der Erzdiözese Santiago. Ihr habt das Glück, den Pilgern Haus und Gastfreundschaft zu bieten, die in eure Gegend kommen, diese bevorzugte Gegend, weil sie das Ziel eines Pilgerweges beheimatet, der zur Freude, zu Jesus Christus, führt.
Jetzt möchte ich Grußworte in einigen Sprachen sagen, die durch die jungen Pilger hier vertreten sind:

In italienischer Sprache sagte der Papst:

Ich grüße euch, italienischsprachige Jugendliche. Ich wünsche euch, daß euch diese Pilgerfahrt auf eurem Weg des Glaubens stärkt und eure Freude, Christus auf allen Wegen eures Lebens nachzufolgen und zu lieben, festigt.

In französischer Sprache sagte der Papst:

Von ganzem Herzen grüße ich die jungen Menschen französischer Sprache und beglückwünsche sie dazu, daß sie meiner Einladung in so großer Zahl gefolgt sind. Liebe junge Menschen, seid willkommen bei diesem außerordentlichen Treffen, das ich so sehr gewünscht habe! Möge die Freude und der Friede Christi immer mit euch sein!

In englischer Sprache sagte der Papst:

Mein herzlicher Gruß gilt auch den vielen englischsprachigen Pilgern, die bei diesem glücklichen Anlaß bei uns sind. Liebe junge Leute, ihr seid, den Spuren christlicher Pilger vieler verschiedener Zeiten und Orte folgend, nach Santiago de Compostela gekommen. Mögt ihr hier, am Grab des Apostels Jakobus, im katholischen Glauben erneuert werden, der von den Aposteln auf uns gekommen ist. Mögt ihr euch in Einheit mit der ganzen Kirche großmütig verpflichten, Jesus nachzufolgen, der allein „der Weg, die Wahrheit und das Leben" ist.

In deutscher Sprache sagte der Papst:

Mein herzlicher Gruß gilt auch euch Jugendlichen aus den deutschsprachigen Ländern. Im Evangelium lädt Jesus uns ein, seinem Wort und Beispiel zu folgen. Nehmt die Worte Jesu nicht als Zumutung, sondern als Ermutigung zu menschlicher und christlicher Reife. Habt den Mut zur dienenden Selbsthingabe! Ihr werdet so zu eurem wahren Sein finden, das nicht vom „Haben" verbürgt ist, und euch als reich Beschenkte erfahren.

In portugiesischer Sprache sagte der Papst:

Seid in gleicher Weise willkommen, Jugendliche portugiesischer Sprache, zahlreich hier vertreten durch die jungen Männer und Frauen aus der Nachbarnation Portugal. Der Papst hatte schon Sehnsucht nach euch! Mit lebhafter Zuneigung wiederhole ich für alle eine Frage, die ich vor einiger Zeit in Lissabon gestellt habe: Seid ihr euch ausreichend bewußt, daß ihr „natürliche Verbündete Christi" bei der Verkündigung des Evangeliums seid? Mögt ihr von diesem Treffen lebendiger und wirkungsvoller die Gewißheit mitnehmen, daß ihr Zeugen Christi, unseres Lebens, unseres Friedens und unserer Freude seid.

In polnischer Sprache sagte der Papst:

Herzlich grüße ich euch, junge Polen, die ihr aus Polen und aus den polnischen Gemeinden im Ausland auf der uralten Pilgerstraße zum Weltjugendtag im Jahr des Herrn 1989 nach Santiago de Compostela gekommen seid. Ich freue mich ganz besonders darüber, daß ihr an diesem dem Andenken des heiligen Jakobus verbundenen Ort mit dem Papst beten und eure Berufung bestätigen wollt, deren Vorbild Christus, unser Weg, unsere Wahrheit und unser Leben, ist.

In niederländischer Sprache sagte der Papst:

Von Herzen grüße ich auch die flämischen und niederländischen Jugendlichen. Mögt ihr durch diese Wallfahrt besser verstehen, daß das irdische Leben eine ununterbrochene Pilgerfahrt zum himmlischen Vaterland und daß Jesus Christus der Weg ist, auf dem diese Reise geführt werden muß.

In kroatischer Sprache sagte der Papst:

Ich grüße auch herzlich alle kroatischen Jugendlichen. Möge Christus für euch, für eure Altersgenossen und für euer ganzes Volk immer „Weg, Wahrheit und Leben" sein. Von Herzen erteile ich allen meinen Apostolischen Segen.

In slowenischer Sprache sagte der Papst:

Ich grüße auch herzlich alle Jugendlichen aus Slowenien. Möge Christus für euch und für eure Altersgenossen immer „Weg, Wahrheit und Leben" sein. Mein Apostolischer Segen begleite euch überall.

In japanischer Sprache sagte der Papst:

Gelobt sei Jesus Christus! Ich möchte alle japanischen Jugendlichen grüßen, die aus dem Fernen Osten hierher gekommen sind, um am Weltjugendtag, diesem Treffen der Hoffnungen der Jugend, teilzunehmen. Ich wünsche euch, daß ihr vereint mit Christus mit der Hilfe der Gottesmutter und gemeinsam mit allen Jugendlichen der Erde eine neue Welt aufbauen könnt. Gelobt sei Jesus Christus!

In vietnamesischer Sprache sagte der Papst:

Ich grüße die Jungen und Mädchen aus Vietnam. Euch allen, die ihr von so fern gekommen seid, wünsche ich, daß ihr die Sendung des Laien in der Kirche versteht und hingeht, um sie im Namen Jesu in der Welt zu bezeugen. Denn er ist der Weg, die Wahrheit und das Leben.

In spanischer Sprache sagte der Papst:

Zusammen mit euch, die ihr euch in großer Zahl hier versammelt habt, habe ich auch die vielen jungen Männer und Frauen auf der ganzen Welt vor Augen, die sich im Geiste mit uns vereint und mitgeteilt haben, daß sie diesen Welttag mitfeiern und uns nahe sind.
Ich danke auch den Kardinälen und Bischöfen, den Priestern, Ordensmännern und Ordensfrauen und allen gläubigen Laien, die euch auf diesem Jakobsweg begleitet haben.
Der Weg. Das ist das Wort, das am besten das Wesensmerkmal dieses Weltjugendtreffens zum Ausdruck bringt.
Ihr habt euch aus allen Ländern Europas, aus allen Kontinenten auf den Weg gemacht. Einige sind zu Fuß gekommen, wie einst die Pilger; andere mit dem Fahrrad, zu Schiff, im Autobus, mit dem Flugzeug ... Ihr seid gekommen, um hier in Santiago die Wurzeln unseres Glaubens wiederzuentdecken, um euch am Vorabend des dritten Jahrtausends mit großmütigem Herzen für die „Neuverkündigung des Evangeliums“ zu engagieren.
Im Lauf der Jahrhunderte sind uns unzählige Pilger auf dem Weg nach Santiago vorangegangen. Am Anfang des ersten Bildes dieser szenischen Darstellung haben wir die Pilger mit den charakteristischen und traditionellen Symbolen des „Jakobsweges“ gesehen: dem Hut, dem Stab, der Muschel und der Kürbisflasche. Wenn ihr in eure Länder zurückkehrt – in euer Zuhause und an eure Studienplätze –, werden euch diese Symbole an das Treffen dieses Abends und vor allem an seine Bedeutung erinnern.
Für uns ebenso wie für die Pilger, die uns in vergangenen Zeiten vorausgegangen sind, bringt dieser Weg einen tiefen Geist der Umkehr zum Ausdruck. Einen Wunsch, zu Gott zurückzukehren. Einen Weg der Reinigung und der Buße, der Erneuerung und der Versöhnung.
Deswegen ist es für uns – wie auch für die Pilger, die uns vorausgegangen sind – sehr wichtig, diesen Weg in einer Begegnung mit dem Herrn durch die Sakramente der Buße und der Eucharistie zu beschließen. Ich weiß, daß viele von euch sie im Lauf dieser Tage empfangen haben. „Die Reinigung des Herzens und die Umkehr zum Vater im Himmel sind“, wie die *Bischöfe der Diözesen längs des Jakobsweges in ihrem Hirtenbrief* ge-

schrieben haben, „fundamentale Inspiration und Motivierung des Weges nach Santiago" (Nr. 57).

1. 2 Wollen wir über den Sinn des Wortes „Weg" nachdenken, damit diese Bekehrung des Herzens und die Begegnung mit dem Herrn, die wir erleben, unserem Leben Sinn geben.
Das Wort „Weg" steht in enger Beziehung zum Gedanken der „Suche". Dieser Aspekt ist in dem Spiel, das wir sehen, hervorgehoben worden.
Was sucht ihr, Pilger? hat der „Scheideweg" gefragt. Dieser Scheideweg verkörpert die Frage, die sich der Mensch über den Sinn des Lebens, über das Ziel, das er erreichen will, und über den Grund seines Verhaltens stellt.
Wir haben in sehr ausdrucksvoller Weise einige der Dinge dargestellt gesehen, die sich viele Menschen als Ziel ihres Lebens und Handelns setzen: das Geld, den Erfolg, den Egoismus, den Wohlstand. Aber die jungen Pilger des Bühnenstücks haben gesehen, daß dies auf die Dauer den Menschen nicht befriedigt. Diese Dinge können das Herz des Menschen nicht ausfüllen.

1. 3 Was sucht ihr, Pilger? Diese Frage müssen wir uns alle hier stellen. Vor allem ihr, liebe Jugendliche, die ihr jetzt das Leben vor euch habt. Ich lade euch ein, endgültig die Richtung eures Weges zu bestimmen.
Mit den Worten Christi frage ich euch: „Was wollt ihr?" (*Joh* 1,38). Sucht ihr Gott?
Die spirituelle Tradition des Christentums unterstreicht nicht nur die Bedeutung unserer Suche nach Gott. Sie hebt etwas viel Wichtigeres hervor: Daß Gott es ist, der uns sucht. Er kommt uns entgegen.
Unser Weg nach Compostela bedeutet, eine Antwort auf unsere Bedürfnisse, auf unsere Fragen, auf unsere „Suche" haben zu wollen, und bedeutet auch, Gott entgegenzugehen, der uns sucht mit einer Liebe, die so groß ist, daß wir sie nur schwer begreifen können.

1. 4 Diese Begegnung mit Gott wird Wirklichkeit in Jesus Christus. In ihm, der sein Leben für uns hingegeben hat, in seiner Menschlichkeit erfahren wir die Liebe Gottes zu uns. „Denn Gott hat die Welt so sehr geliebt, daß er seinen einzigen Sohn hingab, damit jeder, der an ihn glaubt, nicht zugrunde geht, sondern das ewige Leben hat" (*Joh* 3,16).
Und ebenso wie Jesus den heiligen Jakobus und die anderen Apostel rief, so ruft er auch jeden einzelnen von uns. Jeder von uns muß hier in Santiago verstehen und glauben: „Gott ruft mich, Gott sendet mich." Von Ewigkeit her hat Gott an uns gedacht und hat uns als einmalige und unwiederholbare Personen geliebt. Er ruft uns, und sein Ruf wird Wirklichkeit durch die Person Jesu Christi, der zu uns spricht, wie er zu den Aposteln sprach: „Komm und folge mir." Er ist der Weg, der uns zum Vater führt!
Man muß jedoch anerkennen, daß wir weder die Kraft noch die Ausdauer noch die Reinheit des Herzens in ausreichendem Maße besitzen, um Gott mit unserem ganzen Leben und unserem ganzen Herzen nachzufolgen. Bitten wir Maria, sie, die als erste auf dem Weg ihres Sohnes folgte, daß sie Fürsprache für uns einlegt.
Jesus will uns begleiten, wie er die Jünger auf dem Weg nach Emmaus begleitete. Er zeigt uns die Richtung des Weges, dem wir folgen sollen. Er gibt uns die Kraft. Bei der Rück-

kehr nach Hause werden wir wie die Jünger in der Erzählung des Evangeliums sagen können, daß unser Herz brannte, als er unterwegs mit uns redete, und daß wir ihn erkannt haben, als er das Brot brach (vgl. *Lk* 24,32.35). Es wird der Moment sein, uns unseren Brüdern und Schwestern, vor allem den anderen Jugendlichen, als Zeugen zu präsentieren. Ja! Zeugen der Liebe Gottes und seiner Erlösungshoffnung!

II. DIE WAHRHEIT

In französischer Sprache sagte der Papst:

2. 1 „Wir suchen die Wahrheit.“ Diese Worte des letzten Liedes müssen in unseren Herzen nachhallen, denn sie vermitteln den tiefsten Sinn des Jakobsweges: die Wahrheit zu suchen und sie zu verkünden.
Wo ist die Wahrheit? „Was ist Wahrheit?“ (*Joh* 18,38). Schon vor uns hat jemand Jesus dieselbe Frage gestellt.
Im Verlauf des szenischen Spiels haben wir drei Antworten gehört, die die Welt auf diese Fragen gibt. Die erste: den ganzen Eifer auf die unmittelbare Befriedigung unserer Sinne richten und ständig die Vergnügungen des Lebens suchen. Darauf haben die Pilger geantwortet: „Wir haben uns amüsiert, aber ... wir gehen weiterhin ins Leere.“
Die zweite Antwort, die der Gewalttätigen, deren Interesse der Macht und der Herrschaft über andere gilt, haben die Pilger des zweiten Bildes ebensowenig als gut beurteilt. Diese Antwort führt nicht nur zur Zerstörung der Würde des anderen – des Bruders oder der Schwester –, sondern auch zur Zerstörung der eigenen Person. Gewisse Erfahrungen dieses Jahrhunderts, die noch bis in unsere Tage nachwirken, zeigen augenfällig, wo man endet, wenn man die Macht und die Überlegenheit über die anderen als Ziel wählt.
Die dritte Antwort, die die Rauschgiftabhängigen gaben, bedeutet, die Befreiung und die Entfaltung der Persönlichkeit in der Flucht vor der Wirklichkeit zu suchen. Das ist die traurige Erfahrung vieler Menschen, darunter auch vieler Jugendlicher eures Alters, die sich auf diesen Weg oder ähnliche eingelassen haben. Anstatt sie zur Freiheit zu führen, haben diese Straßen sie in die Versklavung, ja sogar zur Selbstzerstörung gebracht.

2. 2 Ich bin überzeugt, daß ihr wie fast alle jungen Menschen von heute besorgt über die Verschmutzung der Luft und des Meeres seid und daß euch die Umweltproblematik am Herzen liegt. Ihr seid schockiert über den schlechten Gebrauch der Güter der Erde und die fortschreitende Zerstörung der Umwelt. Und ihr habt recht. Koordiniertes und verantwortliches Handeln ist notwendig, bevor unser Planet nicht mehr gutzumachende Schäden erleidet.
Aber, liebe Jugendliche, es gibt auch eine Verschmutzung der Ideen und der Sitten, die zur Zerstörung des Menschen führen kann. Diese Verschmutzung ist die Sünde, aus der die Lüge geboren wird.
Die Wahrheit und die Lüge. Man muß anerkennen, daß sich uns die Lüge sehr oft mit den Zügen der Wahrheit präsentiert. Es ist auch notwendig, das Unterscheidungsvermögen anzuwenden, um die Wahrheit, das Wort, das von Gott kommt, zu erkennen und die Versuchungen zurückzuweisen, die vom „Vater der Lüge“ kommen. Ich möchte über die

Sünde sprechen, die in der Leugnung Gottes, in der Ablehnung des Lichtes besteht. Wie das *Johannesevangelium* sagt, war „das wahre Licht" in der Welt: das Wort, „durch das die Welt geworden ist, aber die Welt hat es nicht erkannt" (vgl. *Joh* 1,9–10).

2.3 „An der Wurzel menschlicher Sünde steht also die Lüge als radikale Zurückweisung der Wahrheit, die im Wort des Vaters enthalten ist, durch das sich die liebevolle Allmacht des Schöpfers ausdrückt: die Allmacht und zugleich die Liebe ‚Gottes des Vaters, des Schöpfers des Himmels und der Erde'" (*Dominum et vivificantem*, Nr. 33).
„Die Wahrheit des Wortes des Vaters". Das ist es, was wir sagen wollen, wenn wir Jesus Christus als die Wahrheit anerkennen. „Was ist Wahrheit?" fragte ihn Pilatus. Die Tragödie des Pilatus war es, daß die Wahrheit in der Person Jesu Christi vor ihm stand und er nicht fähig war, sie zu erkennen.
Liebe junge Menschen, diese Tragödie darf sich in unserem Leben nicht wiederholen. Christus ist der Mittelpunkt des christlichen Glaubens; des Glaubens, den die Kirche heute wie zu allen Zeiten allen Männern und allen Frauen verkündet: Gott ist Mensch geworden. „Das Wort ist Fleisch geworden und hat unter uns gewohnt" (*Joh* 1,14). Die Augen des Glaubens sehen in Jesus Christus den Menschen, wie er sein könnte und wie Gott wollte, daß er sei. Gleichzeitig offenbart uns Jesus die Liebe des Vaters.

2.4 Ich habe es in der Botschaft zu diesem Weltjugendtag geschrieben: Die Wahrheit ist das tiefste Bedürfnis des menschlichen Geistes. Vor allem müßt ihr Durst nach der Wahrheit über Gott, über den Menschen, über das Leben und die Welt haben.
Doch die Wahrheit ist Jesus Christus. Liebt die Wahrheit! Lebt in der Wahrheit! Bringt der Welt die Wahrheit! Seid Zeugen der Wahrheit! Jesus ist die Wahrheit, die erlöst; er ist die ganze Wahrheit, in die uns der Geist der Wahrheit einführen wird (vgl. *Joh* 16,13).
Liebe junge Leute, suchen wir die Wahrheit über Christus, über seine Kirche! Aber seien wir konsequent: Lieben wir die Wahrheit, leben wir in der Wahrheit, verkünden wir die Wahrheit. Christus, lehre uns die Wahrheit! Sei für uns die einzige Wahrheit!

III. DAS LEBEN

In italienischer Sprache sagte der Papst:

3.1 Schließlich, meine lieben Jugendlichen: Christus ist das Leben! Ich bin sicher, daß jeder von euch das Leben liebt, nicht den Tod. Ihr möchtet das Leben in seiner Fülle leben, beseelt von der Hoffnung, die aus einem großzügigen Entwurf entsteht.
Es ist richtig, daß ihr Hunger nach Leben, nach vollem Leben habt. Gerade dazu seid ihr jung. Aber worin besteht das Leben? Was ist der Sinn des Lebens und auf welche Weise verwirklicht man es am besten? Soeben habt ihr mit Begeisterung gesungen: „Wir sind Pilger des Lebens, wir wandern vereint, um zu lieben." Liegt nicht darin der Ansatz für die Antwort, die ihr sucht?
Der christliche Glaube stellt ein enges Band zwischen der Liebe und dem Leben her. Im *Johannesevangelium* lesen wir: „Gott hat die Welt so sehr geliebt, daß er seinen einzigen Sohn hingab, damit jeder, der an ihn glaubt, nicht zugrunde geht, sondern das ewige Leben hat" (*Joh* 3,16). Die Liebe Gottes bringt uns zum Leben, und diese Liebe und dieses

Leben werden Wirklichkeit in Jesus Christus. Er ist die menschgewordene Liebe des Vaters; in ihm „erschien die Güte und Menschenliebe Gottes, unseres Retters" (*Tit* 3,4).
Christus, liebe Jugendliche, ist also der einzige kompetente Gesprächspartner, dem ihr die wesentlichen Fragen über den Wert und den Sinn des Lebens vorlegen könnt: nicht nur des gesunden und glücklichen Lebens, sondern auch des vom Leiden belasteten Lebens, wenn es von körperlicher Behinderung oder von familiären oder gesellschaftlichen Schwierigkeiten gezeichnet ist. Ja, Christus ist der einzige kompetente Gesprächspartner auch für die dramatischen Fragen, die man mehr mit Seufzern als mit Worten formulieren kann. Ihn fragt, ihm hört zu!
Der Sinn des Lebens, so wird er euch sagen, liegt in der Liebe. Nur wer zu lieben versteht bis zur Selbstvergessenheit, um sich dem Bruder hinzugeben, verwirklicht voll sein eigenes Leben und bringt im höchsten Grade den Wert der eigenen irdischen Existenz zum Ausdruck. Das ist das im Evangelium enthaltene Paradoxon vom Leben, das man rettet, indem man sich verliert (vgl. *Joh* 12,25), ein Paradoxon, das seine volle Klarheit im Geheimnis Christi findet, der für uns gestorben und auferstanden ist.

In spanischer Sprache sagte der Papst:

3. 2 Liebe Jugendliche, in der Dimension der Selbsthingabe stellt sich auch die reife Perspektive einer menschlichen und christlichen Berufung. Das ist vor allem wichtig für die Ordensberufung, in der sich ein Mann oder eine Frau durch das Gelübde der evangelischen Räte das Programm zu eigen macht, das Christus selbst auf Erden für das Reich Gottes verwirklicht hat. Sie verpflichten sich, ein besonderes Zeugnis der unbedingten Liebe zu Gott zu geben und erinnern jeden einzelnen an die allgemeine Berufung zur Vereinigung mit Gott in der Ewigkeit.
Die Welt von heute braucht wie nie zuvor dieses Zeugnis, denn sehr oft ist sie so beschäftigt mit den irdischen Dingen, daß sie die himmlischen vergißt.
Ich möchte hier in besonderer Weise an die 400 jungen Ordensfrauen des beschaulichen Lebens in Spanien erinnern, die mir ihren Wunsch, bei diesem Treffen dabei zu sein, vorgetragen haben. Ich weiß ganz bestimmt, daß sie durch das Gebet im Schweigen des Klosters stark mit uns allen verbunden sind. Vor sieben Jahren haben viele von ihnen an der Begegnung teilgenommen, die ich im Bernabeu-Stadion von Madrid mit der Jugend hatte. Danach haben sie großmütig auf den Ruf Christi geantwortet und sind ihm auf Lebenszeit nachgefolgt. Jetzt widmen sie sich dem Gebet für die Kirche, aber vor allem für euch, junge Männer und Frauen, damit auch ihr mit Seelengröße dem Ruf Jesu folgen mögt.
Mit tiefer Freude stelle ich euch auch gerne als Vorbild der Nachfolge Christi die leuchtende Gestalt des Dieners Gottes Rafael Arnáiz Barón vor Augen, der als Trappisten-Oblate im Alter von 27 Jahren in der Abtei San Isidro de Dueñas (Palencia) gestorben ist. Von ihm hat man mit Recht gesagt, daß er „mit fröhlichem Herzen und viel Gottesliebe" lebte und starb. Er war ein Jugendlicher wie viele von euch, der den Ruf Christi annahm und ihm entschlossen folgte.

In italienischer Sprache sagte der Papst:

3.3 Gleichwohl, meine jungen Zuhörer, richtet sich der Ruf Christi nicht nur an Ordensfrauen, Ordensmänner und Priester. Er ruft alle; er ruft auch diejenigen, die von Liebe getragen auf dem Weg zur Ehe sind. Gott war es doch, der das Menschenwesen als Mann und Frau erschaffen und damit jene einzigartige „Duplizität" in die Geschichte eingeführt hat, dank derer sich Mann und Frau – wenngleich in der wesentlichen Gleichheit der Rechte – durch jene aufeinander bezogenen Attribute auszeichnen, die ihre gegenseitige Anziehung befruchten. In der Liebe, die aus der Begegnung von Männlichkeit und Fraulichkeit entsteht, nimmt der Anruf Gottes selbst Gestalt an, der den Menschen „nach seinem Abbild" eben „als Mann und Frau" erschaffen hat. Diesen Anruf hat Christus zu seinem gemacht und ihn mit den neuen Werten des endgültigen, am Kreuz geschlossenen Bundes bereichert. Und in der Liebe eines jeden Getauften, meine Lieben, verlangt er nun, seine Liebe zur Kirche ausdrücken zu können, für die er sich geopfert hat, damit sie „herrlich vor ihm erscheinen kann, ohne Flecken, Falten oder andere Fehler, sondern heilig und makellos" (vgl. *Lk* 5,27).
Liebe Jugendliche, an jeden von euch richtet Christus wie an euren Altersgenossen, von dem das Evangelium berichtet (vgl. *Mt* 19,16–22), immer wieder die Einladung: „Folge mir nach!" Manchmal bedeuten diese Worte: „Ich rufe dich zur totalen Liebe zu mir"; aber sehr oft will Jesus damit sagen: „Folge mir, dem Bräutigam der Kirche; lerne, deine Braut, deinen Bräutigam so zu lieben, wie ich die Kirche geliebt habe. Nimm auch du teil an jenem Geheimnis, an jenem Sakrament, von dem es im *Epheserbrief* heißt, es sei ‚tief', eben weil es ‚auf Christus und die Kirche bezogen' (*Eph* 5,32) ist."
Meine jungen Zuhörer! Christus möchte euch den wunderbaren Reichtum der ehelichen Liebe zeigen. Laßt ihn zu eurem Herzen sprechen. Flieht nicht vor ihm. Er hat euch etwas Wichtiges für die Zukunft eurer Liebe zu sagen. Vor allem hat er euch in der Gnade des Sakramentes etwas Entscheidendes zu geben, damit eure Liebe in sich die Kraft hat, die zur Überwindung der Prüfungen des Daseins notwendig ist.
Rings um euch her sprechen heute viele Stimmen eine andere Sprache als Christus und stellen euch Verhaltensmodelle vor, die im Namen einer von „Komplexen" und „Tabus" befreiten „Modernität" – wie man zu sagen pflegt – die Liebe zur vorübergehenden Erfahrung einer persönlichen Befriedigung oder auch des bloßen sexuellen Genusses herabsetzen. Wer mit vorurteilsfreiem Auge diese Art von Beziehungen zu betrachten versteht, erkennt unschwer hinter dem Flitterglanz der Worte die enttäuschende Realität eines egoistischen Verhaltens, das hauptsächlich auf den eigenen Nutzen abzielt. Der andere wird nicht mehr in seiner Würde als Subjekt anerkannt, sondern zum Objekt deklassiert, über das man nach Kriterien verfügt, die nicht an Werten, sondern an Interessen ausgerichtet sind.
Sogar das Kind, das die lebendige Frucht der Liebe der Eltern sein sollte, die in ihm Fleisch wird und sich in gewisser Weise selbst übersteigt und dauerhaft macht, wird dabei letztlich als Sache betrachtet, auf die es – je nach dem eigenen subjektiven Gemütszustand – ein Anspruchs- oder Verweigerungsrecht gibt.

Wie kann man nur in all dem nicht die Schäden eines Konsumdenkens erkennen, das allmählich die Liebe jenes transzendenten Inhalts entleert hat, in dem sich ein Funken des Feuers aus dem Herzen der allerheiligsten Dreifaltigkeit manifestiert? Man muß die Liebe zu dieser ihrer ewigen Quelle zurückbringen, wenn sie weiterhin wahre Befriedigung, Freude, Leben hervorbringen soll.
Ihr jungen Menschen habt die Aufgabe, euch inmitten der Welt von heute zu Zeugen der Wahrheit über die Liebe zu machen. Es ist eine anspruchsvolle Wahrheit, die oft im Gegensatz zu den gängigen Meinungen und „Slogans" steht. Aber es ist die einzige Wahrheit, die eines zur Mitgliedschaft in der Familie Gottes berufenen menschlichen Wesens würdig ist.

IV. ANTWORT AUF DEN RUF CHRISTI

In spanischer Sprache sagte der Papst:

4.1 Ihr seid voller Erwartung und Vertrauen zu diesem „Monte del Gozo" (Berg der Freude) gekommen und habt die Annehmlichkeiten der Welt beiseite gelassen, um wirklich Jesus zu begegnen, „dem Weg, der Wahrheit und dem Leben"; und er lädt euch alle ein, ihm mit Liebe nachzufolgen. Es ist ein allgemeiner Aufruf, bei dem es nicht auf die Farbe der Haut, die gesellschaftliche Lage oder das Alter ankommt. In dieser Nacht, die wegen ihrer religiösen Bedeutung, ihrer Brüderlichkeit und ihrer jugendlichen Freude so erregend ist, ist Freund Christus mitten in der Versammlung, um euch persönlich zu fragen, ob ihr entschlossen den Weg gehen wollt, den er euch zeigt; ob ihr bereit seid, seine Wahrheit, seine Heilsbotschaft anzunehmen; ob ihr voll nach dem christlichen Ideal leben wollt.
Ihr sollt diese Entscheidung ohne Angst treffen. Gott wird euch helfen, er wird euch sein Licht und seine Kraft geben, damit ihr großmütig auf seinen Ruf antworten könnt, den Ruf zu einem totalen christlichen Leben.
Antwortet auf den Ruf Jesu Christi und folgt ihm!

4.2 Doch mehr als einer oder eine von euch wird sich fragen: Was will Jesus von mir? Wozu ruft er mich? Welchen Sinn hat sein Ruf für mich?
Für die große Mehrheit von euch stellt sich die menschliche Liebe dar als eine Form der Selbstverwirklichung durch die Gründung einer Familie. Deswegen möchte ich euch im Namen Christi fragen: Seid ihr bereit, dem Ruf Christi im Ehesakrament zu folgen und Erzeuger neuen Lebens, Erzieher neuer Pilger zur himmlischen Stadt zu sein?
In der Heilsgeschichte ist die christliche Ehe ein Geheimnis des Glaubens. Die Familie ist ein Mysterium der Liebe in der unmittelbaren Mitarbeit am Schöpfungswerk Gottes. Liebe Jugendliche, ein großer Teil der Gesellschaft akzeptiert die Lehren Christi nicht und wählt folglich andere Wege: den Hedonismus, die Scheidung, die Abtreibung, die Geburtenkontrolle und die empfängnisverhütenden Mittel. Diese Formen, das Leben zu verstehen, stehen in klarem Gegensatz zum Gesetz Gottes und zu den Lehren der Kirche. Christus treu zu folgen bedeutet, die Botschaft des Evangeliums in der Praxis umzusetzen, und dies schließt auch die Keuschheit, die Verteidigung des Lebens wie auch die Un-

auflöslichkeit des Ehebandes ein, denn dieses ist nicht nur ein Vertrag, den man willkürlich brechen kann.
Wenn man in der „Permissivität" der modernen Welt lebt, die die Gültigkeit der christlichen Prinzipien leugnet oder verkleinert, ist es leicht und verlockend, diese vergiftete Denkweise anzunehmen und der flüchtigen Begierde nachzugeben. Seid euch aber bewußt, daß diejenigen, die so handeln, weder Christus nachfolgen noch ihn lieben. Lieben heißt, gemeinsam in derselben Richtung auf Gott zuzugehen, der der Ursprung der Liebe ist. In dieser christlichen Sicht ist die Liebe stärker als der Tod, denn sie bereitet uns darauf vor, das Leben anzunehmen, es zu schützen und zu verteidigen vom Mutterleib an bis zum Tod. Deswegen frage ich euch noch einmal: Seid ihr bereit, das menschliche Leben mit größter Sorgfalt in allen seinen Augenblicken, auch den schwierigsten, zu schützen? Seid ihr als junge Christen bereit, die Liebe in der unauflöslichen Ehe zu leben und zu verteidigen und die Stabilität der Familie zu schützen, die eine ausgeglichene Erziehung der Kinder unter dem Schirm der einander ergänzenden väterlichen und mütterlichen Liebe begünstigt?
Das ist das christliche Zeugnis, das von der Mehrheit von euch, junge Männer und Frauen, erwartet wird. Christ sein bedeutet, Zeugnis für die christliche Wahrheit zu geben; und heute besonders heißt es, den echten Sinn, den Christus und die Kirche dem Leben und der vollen Verwirklichung des jungen Mannes und der jungen Frau in Ehe und Familie geben, in die Praxis umzusetzen.

In portugiesischer Sprache sagte der Papst:

4. 3 Ja, meine lieben Jugendlichen, Christus ruft euch nicht nur, mit ihm auf diesem Pilgerweg des Lebens zu gehen. Er sendet euch auch an seiner Statt, Zeugen der Wahrheit zu sein, seine Zeugen in der Welt, konkret: vor den anderen jungen Menschen wie ihr; denn viele von ihnen sind heute auf der ganzen Welt auf der Suche nach dem Weg, der Wahrheit und dem Leben, aber wissen nicht, wohin sie gehen sollen.
„Die Stunde fordert eine neue Evangelisierung" (*Christifideles laici*, Nr. 34); und ihr könnt euch diesem drängenden Ruf nicht entziehen. Verpflichten wir uns an diesem Ort, der dem heiligen Jakobus geweiht ist, dem ersten Apostel, der sein Glaubenszeugnis mit dem Martyrium besiegelt hat, den Auftrag Christi anzunehmen: „Ihr werdet meine Zeugen sein ... bis an die Grenzen der Erde" (*Apg* 1,8).
Was bedeutet es, Zeugnis für Christus abzulegen? Es bedeutet ganz einfach, in Übereinstimmung mit dem Evangelium zu leben: „Du sollst den Herrn, deinen Gott, lieben mit ganzem Herzen, mit ganzer Seele und mit all deinen Gedanken ... Du sollst deinen Nächsten lieben wie dich selbst" (*Mt* 22,37.39).
Der Christ ist aufgerufen, den Brüdern und Schwestern und der Gesellschaft zu dienen, die Würde einer jeden menschlichen Person zu fördern und zu stützen, die Rechte der Person zu achten, zu verteidigen und zu fördern, Baumeister eines dauerhaften und echten Friedens auf der Grundlage der Brüderlichkeit, der Freiheit, der Gerechtigkeit und der Wahrheit zu sein.
Trotz der wunderbaren Möglichkeiten, die die moderne Technik der Menschheit bietet, gibt es noch viel Armut und Elend auf der Welt. In zahlreichen Regionen sind die Men-

schen bedroht von der Gewalt, vom Terrorismus und sogar vom Krieg. Unsere Gedanken richten sich wieder einmal auf den Libanon und auf die anderen Länder des Nahen Ostens wie auch auf alle Völker und Regionen, in denen Krieg und Gewalt herrschen. Es ist eine Notwendigkeit, auf Abgesandte Christi, auf christliche Boten zählen zu können. Und ihr alle, junge Männer und Frauen, werdet in der Zukunft diese Abgesandten und Boten sein.

In spanischer Sprache sagte der Papst:

4.4 Der Ruf Christi führt auf einen Weg, der nicht leicht zu gehen ist, denn er kann sogar bis ans Kreuz führen. Aber es gibt keinen anderen Weg, der zur Wahrheit führt und das Leben gibt. Wir sind jedoch nicht allein auf diesem Weg. Maria hat mit ihrem „Es geschehe" der Menschheit einen neuen Weg eröffnet. Durch ihr Einverständnis und ihre totale Hingabe an die Sendung ihres Sohnes ist sie zum Urbild jeder christlichen Berufung geworden. Sie wird mit uns gehen, wird unsere Reisegefährtin sein, und mit ihrer Hilfe werden wir der Berufung folgen können, die Christus uns anbietet.
Liebe Jugendliche, machen wir uns mit Maria auf den Weg; engagieren wir uns, Christus, dem Weg, der Wahrheit und dem Leben, zu folgen. So werden wir glühende Boten der neuen Evangelisierung und großherzige Baumeister der Zivilisation der Liebe sein.

Talente nutzen – nicht vergeuden

Predigt bei der heiligen Messe in Oviedo für die Heiligung der menschlichen Arbeit am 19. August

1. „Gepriesen bist du, Herr, unser Gott, Schöpfer der Welt. Du schenkst uns das Brot, die Frucht der Erde und der menschlichen Arbeit ..."
Die Kirche wiederholt diese Worte jeden Tag in der Eucharistiefeier bei der Darbringung des Brotes.
Liebe Brüder und Schwestern, die ihr hier anwesend seid, ich möchte mit euch über diesen liturgischen Lobpreis nachdenken. Die Wahrheit über die Heiligung der menschlichen Arbeit findet in diesem Lobpreis ihren einfachsten und zugleich vollständigsten Ausdruck.
Ja, die Arbeit des Menschen bildet einen Teil des Opfers Christi. Sie hat ihren Ort dort, wo die Quelle des Lebens und der Heiligkeit ist.
In dieser heiligen Messe, die ich in eurer Mitte feiere, die ihr lebendige Kirche, Tempel Gottes seid, darf mein brüderlicher, herzlicher Gruß nicht fehlen. Er gilt jedem einzelnen Asturier von ganzem Herzen. Auch erwidere ich den Besuch, den eine zahlreiche Gruppe von Gläubigen in Begleitung eurer Bischöfe und Vertreter der Öffentlichkeit des Fürstentums in Rom gemacht hat aus Anlaß der Kanonisierung eures ersten Heiligen, des hl. Melchor de Quiros. Das war für diese kirchliche Gemeinschaft von Oviedo ein Moment berechtigter Freude.

Als Nachfolger des Petrus komme ich in der Hoffnung, bei euch die Sendung auszuüben, die Christus mir anvertraut hat – die Brüder und Schwestern im Glauben zu stärken. Ich komme mit dem Wunsch, euch für eure Evangelisierungsaufgaben zu ermuntern und euch in eurer großen und fruchtbringenden missionarischen Arbeit zu ermutigen, die vielen eurer Brüder und Schwestern die Anregung gegeben hat, die Frohe Botschaft der Erlösung in anderen Kontinenten zu verkünden, besonders in Afrika und in Amerika. Beispielsweise möchte ich erwähnen die großzügige Kooperation, die ihr mit anderen Schwesterkirchen, die ihrer bedürfen, unterhaltet: in Burundi, Guatemala und seit kurzem in Benin. All das spricht für die Katholizität der Kirche Gottes in Oviedo.
Ebenfalls freue ich mich, die Hirten und Gläubigen der Diözesen Astorga, Léon und Santander grüßen zu können, die Teil dieser Kirchenprovinz sind, sowie alle, die diese Liturgiefeier an Radio und Fernsehen mitverfolgen.

2. Herr, unser Gott, Schöpfer der Welt! Vor allem wollen wir über das Geheimnis der Schöpfung nachdenken, über das Geheimnis der Schöpfung oder die Wahrheit von deiner väterlichen Großmut. Denn die Schöpfung ist das erste und grundlegende Geschenk. Alles, was existiert, existiert durch dich, der du, weil du der Eine bist, das Dasein bist. Dank sei dir, dessen Name (wie wir durch das *Buch Exodus* und das Zeugnis des Moses wissen) heißt:
„Der, der ist."
Daher bist nur du, „Der, der ist", Anfang und Ende. In dir „leben wir, bewegen wir uns und sind wir" (*Apg* 17,28).
Die Erschaffung des Menschen ist ein einzigartiges Geschenk, weil der Mensch – Mann und Frau – nach dem Bild und Gleichnis Gottes, seines Schöpfers, geschaffen wurde.
„Gott segnete sie, und Gott sprach zu ihnen: Seid fruchtbar, und vermehrt euch, bevölkert die Erde, unterwerft sie euch ... Gott sah alles an, was er gemacht hatte: Es war sehr gut" (*Gen* 1,28–31).

3. So also liegt der Anfang der menschlichen Arbeit im Geheimnis der Schöpfung, jener wunderbaren „Arbeit" des Schöpfers selbst.
Der Bericht des *Buches Genesis* läßt uns den Schöpfergott sehen, der wie der Mensch sechs Tage hindurch arbeitet, um am siebten Tage auszuruhen.
Die menschliche Arbeit enthält zwei Elemente. Das erste ist das Talent; das zweite die Mühe. Das Talent ist das, was jeder Mensch vom Schöpfer durch seine Eltern erhält; und auch direkt, vermittels der anderen, der Umwelt, der Erzieher und Lehrer.
Das Gleichnis von den Talenten, das wir gerade gelesen haben, zeigt uns, daß das Talent gut genutzt werden muß; es darf nicht vergeudet werden („verborgen in der Erde"). Um die Talente zu nutzen, muß der Mensch sich der Mühe der Arbeit stellen.
Diese „Mühe" ist nichts anderes als das Bemühen des Verstandes und des Willens eines jeden Menschen, die Begabung zu meistern, die ihm durch den Schöpfer ungeschuldet gewährt wurde und durch das Erbe, das ihm durch die Kultur, der er angehört, vermittelt wurde. So entwickelt er die „Talente", die er erhalten hat, mit seinem Fleiß; er läßt sie wachsen; er sorgt dafür, daß sie immer mehr den gegenwärtigen und zukünftigen Bedürfnissen entsprechen. Die Geschichte der Arbeit ist unter diesem Gesichtspunkt die schöp-

ferische Entwicklung dieser menschlichen „Mühe“ vor dem ständig erneuerten Bewußtsein von den Bedürfnissen, die ihrer Natur nach unerfüllbar sind, ebenso wie die Entwicklung der Möglichkeiten, die aus dem Erbe der „Talente“ entstehen, oder die Entwicklung der Dinge und Kenntnisse, die in der Vergangenheit erworben worden sind.
Deshalb ist die Arbeit niemals die Ausübung anonymer Kraft, sondern ein dynamischer Ausdruck der Kultur. Hier fügt sich der ursprüngliche und subjektive Sinn dieser „Mühe“ ein, die Erde zu beherrschen: es ist ein Akt einer Person, die „Ebenbild Gottes“ ist, d. h. „ein subjekthaftes Wesen ... fähig, über sich zu entscheiden, und auf Selbstverwirklichung ausgerichtet“ (*Laborem exercens*, Nr. 6). Die Arbeit darf sich nicht auf die effiziente Produktion der Dinge im Bereich der gesellschaftlichen Maschine beschränken, sondern muß vor allem Humanisierung der Natur sein und Wachstum des Menschen in seinem Menschsein, entscheidendes Element des Beweises für die Wahrheit über den Menschen.
Diese ethische Grundlage der Arbeit – festzustellen, wenn man die Würde der Personen, die arbeiten, und ihre Beziehungen der Freiheit und Solidarität in Rechnung stellt – richtet jeden Anspruch, dem Menschen keine Verantwortung zu übertragen, der auf ein einfaches Zahnrad einer Maschine reduziert wird, die sich nach den angeblichen unerbittlichen Sachgesetzlichkeiten bewegt. Die ganze Weisheit, die in der bewundernswerten Maxime „ora et labora“ enthalten ist – bete und arbeite –, gründet sich auf die Wechselbeziehung zwischen „Talenten“ und „Mühe“, zwischen der souveränen Initiative Gottes und der freien Zusammenarbeit des Menschen. Das Nachdenken über das Geschenk und der verantwortungsvolle Fleiß führen zu einer gegenseitigen Bereicherung. Daß die Arbeit immer eine Erfahrung der Synthese zwischen der Schönheit, der Wahrheit und dem Guten für ein immer menschlicheres Leben sein möge!

4. Darauf weist auch der *Psalm* der Liturgie von heute hin. Während das Gleichnis des Matthäus-Evangeliums von der Notwendigkeit der Mühe spricht, damit die menschliche Arbeit entsprechende Frucht tragen kann, weist der *Psalm* auf die Hilfe und Mitarbeit von Gott selbst hin, ohne die die Arbeit nutzlos werden kann.
„Wenn nicht der Herr das Haus baut, müht sich jeder umsonst, der daran baut“ (*Ps* 127,1).
Wir alle wissen wohl, daß man ein Haus nicht ohne menschliche Arbeit baut. Der Psalmist weist jedoch zugleich auf einen grundlegenden Aspekt für die ganze „Spiritualität“ der menschlichen Arbeit hin.
In der Tat, durch die Arbeit baut der Mensch ständig auf dem auf, was schon geschaffen worden ist. Das Werk des Schöpfers steht immer am Anfang.

5. Mit Sicherheit sind die wissenschaftlichen und technologischen Fortschritte außerordentlich und bewundernswert, die die Mühe des Menschen vermindert, seine Arbeit vervollkommnet und die verfügbaren Güter vermehrt haben, die seine Bedürfnisse zufriedenstellen sollen. Wie kann man darin nicht von seiten des Menschen die Erfüllung des göttlichen Auftrags erblicken, sich die Erde untertan zu machen und sie zu beherrschen? Und doch ist der Bezug zu Gott, dem Schöpfer und Anfang, in den Menschen unserer städtisch-industriellen Zivilisation verdunkelt. Die großen „Errungenschaften“ blende-

ten die Menschen, die der Versuchung der Genesis unterworfen sind. Der Bruch mit ihrer Zugehörigkeit zur Schöpfung entspricht dem Sich-Befreien ihres Machtwillens.
Daher die radikale Ambivalenz des bisher erzielten Fortschritts, bei dem die stets größere Beherrschung der Dinge begleitet ist von der Desorientierung über den Sinn des menschlichen Lebens; bei dem die große technische Entwicklung der Arbeit es nicht fertigbringt, die wesentlichen Prinzipien von Würde und Solidarität zu verwirklichen und folgerichtig größere Vermassung, Teilnahmslosigkeit und Ausbeutung hervorruft; bei dem der Mensch dazu übergeht, die Natur zu zerstören, statt sie zu beherrschen. Der freie und verantwortliche Sachwalter beim Werk der Schöpfung will nun der Eigentümer sein. Er glaubt, er sei sich selbst genug; er glaubt nicht, der „Hypothese" Gott zu bedürfen. Er trennt das „bete" vom „arbeite". Er ergibt sich seinem Machtwillen und stößt so am Ende auf die Tatsache, daß jede Gesellschaft, die man ohne Gott errichtet, später sich gegen den Menschen selbst wendet, den Erbauer von „Türmen zu Babel". Ist nicht das Scheitern der Gesellschaftsordnungen des atheistischen Materialismus mit seiner kollektivistisch-bürokratischen Organisation der menschlichen Arbeit jedem offenkundig? Aber sicherlich hat die neokapitalistische Gesellschaftsordnung, die oft auf den Vorteil bedacht ist, der das gerechte Gleichgewicht in der Arbeitswelt stören kann, keine geringeren Probleme: eine Gesellschaft, die auch von einer zunehmenden materialistischen Kultur gekennzeichnet ist.

6. Die Aufgabe der Christen für das Wohl aller Menschen besteht also heute darin, mit dem Werk ihrer Arbeit Zeugnis abzulegen für eine echte Humanisierung der Natur, eine Spur von Gerechtigkeit und Schönheit zu hinterlassen, den wahren menschlichen Sinn der Arbeit zum Ausdruck zu bringen und so dem Schöpfer Gehorsam und Ehre zu erweisen. Vor allem handelt es sich darum, in der Welt der Arbeit und der Wirtschaft einen neuen Menschen wiederherzustellen, der Träger einer neuen Kultur der Arbeit ist. Es genügt nicht, daß jeder seine Rolle gut spielt, die ihm von der Sozialstruktur zugewiesen ist – die des Unternehmers, Gewerkschafters oder Politikers, des Konsumenten oder Ökonomen; es ist notwendig, Neues zu verwirklichen, neue Unternehmungen anzustreben, neue Initiativen, neue Formen von Solidarität und Organisation der Arbeit, die auf dieser Kultur beruhen.
Der Impuls, derartige Dinge in Angriff zu nehmen, kann nur entstehen aus dem Gefühl des „Ungeschuldet", das vor jedweder Nutzenrechnung entsteht aus dem Wissen um ein gemeinsames Geschick der Befreiung, das eingeschrieben ist in die Schöpfungs- und Erlösungsökonomie. Genau deswegen werden die Werke der Arbeit des Menschen vor allem durch die Worte des Evangeliums von heute gerichtet: „Sehr gut, du bist ein tüchtiger und treuer Diener. Du bist im Kleinen ein treuer Verwalter gewesen, ich will dir eine große Aufgabe übertragen. Komm, nimm teil an der Freude deines Herrn" (*Mt* 25,21.23).

7. Da die Arbeit diese Dimension der Endgültigkeit hat, ist es folglich notwendig, das, was der hl. Paulus im *Brief an die Kolosser* (zweite Lesung) schreibt, in die Tat umzusetzen: „Tut eure Arbeit gern, als wäre sie für den Herrn ... im Namen Jesu, des Herrn. Durch ihn dankt Gott, dem Vater" (*Kol* 3,23.17).

Und als letztes:
„Vor allem aber liebt einander, denn die Liebe ist das Band, das alles zusammenhält und vollkommen macht" (*Kol* 3,14). Denn das grundlegende und endgültige Maß des Wertes der menschlichen Arbeit ist die Liebe.
Arbeitet „mit Liebe", nicht nur mit den Händen und dem Geist, sondern verbunden mit Christus.

8. „Gepriesen bist du, Herr, unser Gott, Schöpfer der Welt. Du schenkst uns das Brot, die Frucht der Erde und der menschlichen Arbeit." „Ihr wißt, daß ihr vom Herrn euer Erbe als Lohn empfangen werdet" (*Kol* 3,24). Mit diesem Erbe wird endgültig der Wert, der nicht übertragbare und ewige Wert jeder menschlichen Arbeit gemessen.
Die Liebe ist der Schlüssel zu diesem Erbe.

Maria, Modell für das Leben

Angelus in Santiago de Compostela am 20. August

„Respice stellam, voca Mariam!"
Blicke auf den Stern, rufe Maria an!

Zum Abschluß dieses IV. Welttages der Jugend sprechen wir nun das schöne Mariengebet des Angelus. Wir vertrauen dabei der himmlischen Mutter die Anliegen und Vorsätze an, die unsere Wallfahrt zu dieser gastfreundlichen Stadt Santiago de Compostela begleitet haben.

1. Meine lieben Jugendlichen, ihr seid in großer Zahl aus vielen Ländern und Städten hierher gekommen, manche von euch unter sehr großen Opfern. Ich möchte euch von Herzen dafür danken. Diesen schuldigen Dank möchte ich aber auch euren Lieben sagen, die euch die Erlaubnis zu dem „Jakobsweg", zur Pilgerfahrt nach Santiago, gegeben haben, und ebenso den Organisatoren der verschiedenen Veranstaltungen und Unternehmungen. Dank, allen vielen Dank!

2. Nun lade ich euch ein, das Herz und den Blick zu Maria, der Heiligen Jungfrau, zu erheben, die uns auf dem Meer des Lebens Führerin und strahlendes Licht ist. Wir werden sie in wenigen Augenblicken mit frohem Vertrauen anrufen, daß sie unser Wünschen und Streben besiegle, da wir nun an den Abschluß dieses bedeutsamen Treffens zum Gedächtnis des Apostels Jakobus gekommen sind. Diese Pilgerfahrt soll mit der mütterlichen Hilfe Marias, des „Morgensterns", tief in euch das Licht des „neuen Morgens", nach dem sich die Menschheit unaufhörlich sehnt, kraftvoll aufleuchten lassen, nämlich die feste Überzeugung, daß Jesus Christus „der Weg, die Wahrheit und das Leben" ist. Nur er gibt der menschlichen Geschichte ihren vollen Sinn.
Maria, die Glaubende schlechthin, ist „der Typus der Kirche unter der Rücksicht des Glaubens, der Liebe und der vollkommenen Einheit mit Christus" (vgl. *Lumen Gentium*, Nr. 63).

Darum ist die einzigartige Gestalt der Heiligen Jungfrau ein Beispiel für alle Gläubigen, vor allem für euch, liebe Jugendliche. Die Kirche stellt Unsere Liebe Frau als Lebensmodell vor Augen, als Modell eines Lebens nach dem Willen Gottes. Ihre irdische Pilgerschaft war ein entschiedenes, totales und verantwortungsbewußtes „Ja" zu dem, was der Herr sie als seinen Willen erkennen ließ. Erinnern wir uns an Nazaret, an Betlehem, an die Flucht nach Ägypten, an Kana in Galiläa, an Golgota und an das Pfingstfest im Abendmahlssaal in Jerusalem. Das sind die Abschnitte eines Pilgerweges voll tiefen Glaubens. Selig bist du, Maria, weil du geglaubt hast ..., darum werden dich seligpreisen alle Geschlechter! (vgl. *Lk* 1,45–48).

Ihr habt euch entschlossen, Jesus, dem Sohn Gottes, zu folgen. Wie oft hat uns die Mutter liebevoll zu ihrem Sohn hingeführt! Durch Maria zu Jesus! Die Heilige Jungfrau schaut vom Himmel aus in Liebe auf euch und beschützt euch in den Wechselfällen des Lebens. Mutter der ganzen erlösten Menschheit, Beispiel der Liebe und des selbstlosen Dienstes, mache diese deine Kinder, die dich als Mutter anrufen, würdig, nach ihrem irdischen Pilgerweg bei dir im Reich des Lebens zu sein!

Es ist immer mehr notwendig, daß es auch an den verborgensten Orten der Welt Zeugen, junge Zeugen des Evangeliums gibt, die unerschrocken, ohne widrige Situationen und Umstände zu fürchten, konsequent so leben, wie es der Glaube fordert, ihren Blick fest auf die persönliche Heiligung und die tätige Bruderliebe gerichtet.

Dieser Tag möge euch dazu ansporen, in einer religiös säkularisierten und sozial zerrissenen Welt entschlossen am Heilsplan Gottes zusammenzuarbeiten, damit die Frohe Botschaft vom Heil alle Menschen erreiche. Verkündet mit Entschiedenheit die einzige Wahrheit Christi!

3. „Respice stellam, voca Mariam!"

Blicke auf den Stern, rufe Maria an!

Die Heilige Jungfrau sei euch jetzt und immer Stern und Schutz. Liebt sie als Mutter, als Mutter Christi und unsere Mutter! Und der hl. Jakobus mache euch zu treuen und entschlossenen Zeugen, Zeugen des Verzeihens, des Friedens und des Erbarmens; Zeugen, die auf dem festen Fundament der Liebe und Güte aufbauen wollen! Zeugen, die mit Geduld und mit manchmal schmerzerfülltem Vertrauen das Kommen des Herrn erwarten! Mutter aller Menschen, lehre uns „Amen" sagen!

Nach dem Angelusgebet sagte der Papst:

Ich danke euch für die Botschaft, die ihr mir soeben überreicht habt. Ich bin tief betroffen über die Tatsache, daß trotz der Anstrengungen, die in der vergangenen Woche auch von seiten des Weltsicherheitsrates der Vereinten Nationen unternommen wurden, die Bombenangriffe weiterhin Opfer und Leiden unter dem geliebten libanesischen Volk fordern. Es scheint die Absicht zu sein, die Stadt Beirut und insbesondere die von den Christen bewohnten Stadtteile zerstören zu wollen.

Im Namen Gottes erneuere ich an die verantwortlichen Obrigkeiten meinen dringenden Appell zur Versöhnung und zum sofortigen Waffenstillstand, damit man einen Dialog beginnen kann, der zu einer Vereinbarung führt, in der alle legitimen geschichtlichen und religiösen Rechte aller beteiligten Parteien entsprechend berücksichtigt werden und so der ganzen Bevölkerung ohne jede Diskriminierung die Hoffnung geschenkt wird, in einem Klima des Friedens und der gegenseitigen Achtung zu leben.

Habt keine Angst, Heilige zu sein!

Predigt bei der Eucharistiefeier in Santiago de Compostela am 20. August

1. „Es wird noch geschehen, daß Völker herbeikommen und die Einwohner vieler Städte. Die Einwohner der einen Stadt werden zur andern gehen und sagen: Wir wollen gehen, um den Zorn des Herrn zu besänftigen und den Herrn der Heere zu suchen" (*Sach* 8,20–21).
Herzlich begrüße ich alle Anwesenden!
Einwohner vieler Städte! Vertreter vieler Völker und Nationen, die hierher gekommen sind nicht nur aus Galicien, aus ganz Spanien, aus Ländern Europas vom Atlantik bis zum Ural, sondern auch aus Nord- und Lateinamerika, aus dem Mittleren Orient, aus Afrika, aus Asien und aus Ozeanien!
Ebenso ist es mir eine Freude, die jungen Menschen begrüßen zu können, die aus vielen Pfarreien und Diözesen gekommen sind, aus Verbänden, Bewegungen und Gruppen der Kirche Gottes.
Ich grüße die jungen Menschen, die bei dieser Eucharistiefeier hier anwesend sind, und alle eure Altersgenossen, wo auch immer sie leben.
Ich habe euch zu dieser Wallfahrt eingeladen aus Anlaß des Welttages der Jugend im Jahr des Herrn 1989. Für eure Anwesenheit danke ich euch von Herzen.

2. Dieser Ort ist verbunden mit dem Gedächtnis an den Apostel Jesu Christi. Einer der Brüder, der Söhne des Zebedäus: der hl. Jakobus, der Bruder des hl. Johannes. Durch das Evangelium kennen wir den Namen seines Vaters und auch den seiner Mutter. Wir wissen, daß sie bei Jesus für ihre Söhne bat: „Versprich, daß meine beiden Söhne in deinem Reich rechts und links neben dir sitzen dürfen" (*Mt* 20,21).
Die Mutter sorgte sich darum, die Zukunft ihrer Söhne zu sichern. Sie beobachtete alles, was Jesus tat; sie hatte die göttliche Macht gesehen, die seine Sendung begleitete. Sie glaubte gewiß, daß Jesus der von den Propheten vorhergesagte Messias war. Der Messias, der das Reich Israels wiederherstellen würde (vgl. *Apg* 1,6).
Man muß sich nicht über das Verhalten dieser Mutter wundern. Man muß sich nicht wundern über eine Tochter Israels, die ihr Volk liebte. Und die ihre Söhne liebte. Sie wünschte für sie das, was sie als etwas Gutes betrachtete.

3. Und nun der hl. Jakobus, der Sohn des Zebedäus, Fischer wie sein Vater und sein Bruder, Sohn einer energischen Mutter.
Der hl. Jakobus folgte Jesus von Nazaret. Als der Meister auf die Bitte der Mutter des Jakobus antwortete: „Könnt ihr den Kelch trinken, den ich trinken werde?" (*Mt* 20,22), antworteten Jakobus und sein Bruder Johannes ohne Zögern: „Wir können es" (*ebd.*).

Dies ist keine Antwort aus Berechnung, sondern eine Antwort voll Vertrauen.
Der hl. Jakobus wußte nicht, jedenfalls wußte er es nicht im vollen Sinne, was dieses Wort „Kelch" bedeutete. Christus sprach vom Kelch, den er selbst zu trinken hatte; den Kelch, den er vom Vater empfangen hatte.
Es kam der Augenblick, in dem Christus tat, was er zuvor angekündigt hatte: er trank bis zum letzten Tropfen den Kelch, den ihm der Vater gegeben hatte.
In Wirklichkeit war auf Golgota Jakobus nicht bei seinem Meister, ebensowenig wie Petrus und die übrigen Apostel es waren. Zusammen mit der Mutter Christi blieb einzig Johannes, nur er.
Später jedoch verstanden alle – auch der hl. Jakobus – die Wahrheit über den „Kelch". Jakobus verstand, daß Christus ihn bis zum letzten Tropfen trinken mußte. Er verstand, daß es nötig war, daß er all dies erlitt; daß er den Tod am Kreuz erlitt ...
Christus, der Sohn Gottes, „ist ja nicht gekommen, um sich dienen zu lassen, sondern ... um sein Leben hinzugeben als Lösegeld für viele" (*Mt* 20,28).
Christus ist der Diener der Erlösung des Menschen!
Deshalb gilt: „Wer bei euch groß sein will, der soll euer Diener sein" (*Mt* 20,26).

4. Durch die Jahrhunderte hindurch sind Menschen aus vielen Städten und vielen Nationen auf Wallfahrt hierhergekommen; zu dem Apostel, zu dem Christus gesagt hatte: Du wirst meinen Kelch trinken.
Die jungen Menschen sind hierher gepilgert, um am Grab des Apostels jene Wahrheit des Evangeliums zu lernen: „Wer bei euch groß sein will, der soll euer Diener sein."
In diesen Worten begegnet man dem wesentlichen Kriterium für die Größe des Menschen. Dieses Kriterium ist neu. So war es zur Zeit Christi und so ist es weiterhin nach zweitausend Jahren.
Dieses Kriterium ist neu. Es setzt eine Umwandlung voraus, eine Erneuerung der Urteilsmaßstäbe, nach denen die Welt regiert wird. „Ihr wißt, daß die Herrscher ihre Völker unterdrücken und die Mächtigen ihre Macht über die Menschen mißbrauchen. Bei euch soll es nicht so sein" (*Mt* 20,25–26).
Der Maßstab, anhand dessen die Welt regiert wird, ist der Erfolg. Macht haben ... wirtschaftliche Macht haben, um die Abhängigkeit der anderen Menschen erkennbar werden zu lassen. Kulturelle Macht haben, um die Gewissen zu manipulieren. Gebrauchen ... und mißbrauchen!
So ist der „Geist dieser Welt".
Soll das vielleicht heißen, daß Macht an sich schlecht ist? Soll das heißen, daß die Wirtschaft – die wirtschaftliche Initiative – an sich schlecht ist?
Nein! In gar keiner Weise. Beide können auch eine Art des Dienens sein. Dies ist der Geist Christi, die Wahrheit des Evangeliums. Diese Wahrheit und dieser Geist finden ihren Ausdruck in der Kathedrale von Santiago de Compostela durch den Apostel, der nach dem Wunsch seiner Mutter der erste sein sollte, sich aber in der Nachfolge Christi zum Diener bekehrte.

5. Weshalb seid ihr hier, junge Menschen der 90er Jahre des 20. Jahrhunderts? Spürt ihr etwa auch in euch den „Geist dieser Welt" in dem Ausmaß, in dem unsere Zeit – reich an

Mitteln zum Gebrauch und zum Mißbrauch – gegen den Geist des Evangeliums kämpft?
Seid ihr nicht etwa hierhergekommen, um euch endgültig zu überzeugen, daß „groß sein“ „dienen“ bedeutet? Jedoch ... seid ihr bereit, jenen Kelch zu trinken? Seid ihr bereit, euch von Fleisch und Blut Christi durchdringen zu lassen, um dem alten Menschen zu sterben, der in euch ist, und mit Christus aufzuerstehen? Spürt ihr die Kraft des Herrn, um eure Opfer, Leiden und „Kreuze“ auf euch zu nehmen, die auf den jungen Menschen lasten, die ohne Orientierung sind im Hinblick auf den Sinn des Lebens, manipuliert von mächtigen Kräften, arbeitslos, hungrig, versunken im Milieu von Drogen und Gewalt, Sklaven der Erotik, die man überall propagiert ...? Ihr sollt wissen, daß das Joch Christi mild ist ... Und daß wir nur in Christus hundertfachen Lohn erhalten, hier und jetzt, und danach das ewige Leben.

6. Warum seid ihr hier, junge Menschen der 90er Jahre des 20. Jahrhunderts? Spürt ihr nicht auch in euch den „Geist dieser Welt“? Kommt ihr nicht etwa – ich sage es noch einmal –, um euch endgültig davon zu überzeugen, daß „groß sein“ „dienen“ bedeutet? Dieses „Dienen“ ist mit Sicherheit kein bloß humanitäres Gefühl. Und die Gemeinschaft der Jünger Christi ist keine Agentur freiwilliger sozialer Hilfeleistung. Ein Dienen dieser Art bliebe beschränkt auf den Horizont des „Geistes dieser Welt“. Nein! Es handelt sich um viel mehr. Die Radikalität, die Eigenart und das Ziel des „Dienens“, zu dem wir alle aufgerufen sind, fügt sich in den Rahmen des Geheimnisses der Erlösung des Menschen. Weil wir erschaffen wurden, sind wir aufgerufen, sind wir dazu bestimmt, vor allem und über allem Gott zu dienen nach dem Bild und Gleichnis Christi, der als Herr der gesamten Schöpfung, als Mittelpunkt des Kosmos und der Geschichte seine königliche Würde durch den Gehorsam bis zum Tod offenbarte und in der Auferstehung verherrlicht wurde (vgl. *Lumen Gentium*, Nr. 36). Das Reich Gottes wird durch dieses „Dienen“ verwirklicht, das Fülle und Maß allen menschlichen Dienens ist. Es wirkt nicht mit Hilfe des Kriteriums der Menschen durch die Macht, die Stärke und das Geld. Es verlangt von einem jeden von uns die totale Verfügbarkeit in der Nachfolge Christi, der „nicht gekommen ist, um sich bedienen zu lassen, sondern um zu dienen“.
Ich möchte euch ermuntern, liebe Freunde, eure königliche Berufung zu entdecken, um bei der Ausbreitung dieses Reiches der Wahrheit und des Lebens, der Heiligkeit und der Gnade, der Gerechtigkeit, der Liebe und des Friedens mitzuwirken. Wenn ihr wirklich euren Brüdern und Schwestern dienen wollt, dann laßt Christus in euren Herzen herrschen, der euch helfen möge, es zu begreifen und zu wachsen in der Herrschaft über euch selbst, der euch stärke in den Tugenden, der euch vor allem mit seiner Liebe erfülle und euch auf den Weg leite, der zur Vollendung des Menschen führt. Habt keine Angst, Heilige zu sein! Das ist die Freiheit, zu der Christus uns befreit hat (vgl. *Gal* 5,1). Nicht, wie es mit Lug und Trug die Mächte dieser Welt versprechen: totale Autonomie, Bruch mit jeder Zugehörigkeit als Geschöpfe, als Söhne und Töchter, Behauptung der Selbstgenügsamkeit, die uns vor unseren Grenzen und Schwächen ohne Schutz läßt, allein im Gefängnis unseres Egoismus, als Sklaven des „Geistes dieser Welt“ verurteilt zur Knechtschaft der Korruption (vgl. *Röm* 8,21).

Deshalb bitte ich den Herrn, daß er euch helfen möge, in dieser „königlichen Freiheit" als dem grundlegenden Urteilskriterium und Auswahlmaßstab zu wachsen. Eben diese Freiheit wird euer sittliches Verhalten bestimmen in Wahrheit und Liebe. Sie wird euch die echte Liebe entdecken lassen, die nicht durch ein permissives Denken und Verhalten verdorben ist, das entfremdet und zerstört. Diese Freiheit wird euch zu Menschen machen, die innerlich offen sind für einen möglichen Ruf zur Ganzhingabe im Priestertum oder in einem geweihten Leben. Sie wird euch wachsen lassen an Menschlichkeit durch Studium und Arbeit. Sie wird für eure Werke der Solidarität Ansporn sein und Inspiration für euren Dienst für die an Leib und Seele Bedürftigen. Sie wird euch in „Herren" verwandeln, um besser dienen zu können und nicht mehr „Sklaven" zu sein, Opfer und Nachläufer der herrschenden Vorbilder für die Einstellungen und Verhaltensformen.

7. Dienen: Menschsein für die anderen.
Dies ist auch die Wahrheit, die der Apostel Paulus sehr beredt uns in der zweiten Lesung der Liturgie von heute lehrt.
„Strebt nicht über das hinaus, was euch zukommt, sondern strebt danach, besonnen zu sein, jeder nach dem Maß des Glaubens, das Gott ihm zugeteilt hat" (*Röm* 12,3).
Und der Apostel fügt hinzu: „Wir haben unterschiedliche Gaben" (*Röm* 12,6).
Ja! Es ist nötig, genau zu wissen, welche Gaben Gott dir in Christus gewährt hat. Es ist notwendig, die empfangene Gabe gut zu kennen, um sie den Mitmenschen mitteilen zu können. Um zum Gemeinwohl beizutragen.
Ja, du mußt wissen, welche Gaben dir Gott in Christus gewährt hat. Man muß die Gabe gut kennen, die man durch eigene Erfahrung im Leben der Familie und der Pfarrei empfangen hat, in der Mitgliedschaft bei Verbänden, im charismatischen Aufblühen der Bewegungen, um dann diese Gabe an die anderen weitergeben zu können. Um so die Gemeinschaft und den missionarischen Impuls der Kirche reicher zu machen. Um Zeugen Christi zu sein im Stadtviertel, in der Schule, an der Universität, in der Fabrik, am Arbeitsplatz und den Vergnügungsstätten ... Um zum Gemeinwohl den Dienst der eigenen Erfahrung des Wachstums an Menschlichkeit, der Würde und Solidarität beizutragen, bei denen die jungen Menschen echte Vorreiter von menschlicheren Lebensstilen sein sollten.

8. Das lehrt der Apostel. Und was er sagt, ist nicht bloß eine Lehre, sondern ein leidenschaftlicher Aufruf: „Eure Liebe sei ohne Heuchelei. Verabscheut das Böse, haltet fest am Guten! Seid einander in brüderlicher Liebe zugetan, übertrefft euch in gegenseitiger Achtung! Laßt nicht nach in eurem Eifer, laßt euch vom Geist entflammen und dient dem Herrn! Seid fröhlich in der Hoffnung, geduldig in der Bedrängnis, beharrlich im Gebet! Helft den Heiligen, wenn sie in Not sind; gewährt jederzeit Gastfreundschaft" (*Röm* 12,9–13)!
Sagt er das nicht etwa insbesondere zu euch? Zu den jungen Menschen? Ist euer Jungsein nicht gerade für dieses Programm des Lebens und des Verhaltens empfänglich? Für diese Wertwelt? Seid ihr nicht zugänglich für diese Welt? Und wenn ihr vielleicht Widerstand spürt – von innen oder auch von außen –, ist euer Jungsein nicht bereit, genau für einen ähnlichen Lebensstil zu kämpfen?

Dieser „Stil" wurde dem menschlichen Leben durch Christus gegeben. Er weiß, was im Menschen ist (vgl. *Joh* 2,25).

„Christus, der neue Adam, macht eben in der Offenbarung des Geheimnisses des Vaters und seiner Liebe dem Menschen den Menschen selbst voll kund und erschließt ihm seine höchste Berufung" (*Gaudium et spes*, Nr. 22).

Liebe junge Menschen, laßt euch von ihm ergreifen! Nur Christus ist der Weg, die Wahrheit und das Leben, wie es das Motto unseres Weltjugendtages in der bewundernswerten Synthese des Evangeliums verkündet.

Der Monte del Gozo, wo sich die Pilger zusammenfanden, möge uns an eine der schönsten Seiten Santiagos und seines Pilgerweges erinnern: die Universalität.

Ich möchte euch ermuntern, daß ihr weiterhin – wie ihr es immer getan habt – die Bande der Katholizität bewahrt.

9. Ihr seid auf Pilgerfahrt hierher gekommen, zum Grab des Apostels, der sozusagen aus erster Hand die Wahrheit über die Berufung des Menschen bestätigen kann, dessen Bezugspunkt Christus ist.

Ihr kommt, um eure eigene Berufung zu finden.

Ihr tretet zum Altar heran, um mit dem Brot und dem Wein eure Jugend darzubringen, die Suche nach der Wahrheit wie auch das Gute und Schöne in euch. All diese schöpferische Unruhe. Alle Leiden eurer jungen Herzen.

10. Hier in eurer Mitte möchte ich mit dem Psalmisten sagen: „Das Land gab seinen Ertrag" (*Ps* 67,7), die kostbarste Frucht: den Menschen, die menschliche Jugend.

Es leuchte auf vor euch das Antlitz Gottes, das erkennbar ist im menschlichen Antlitz Christi, des Erlösers des Menschen.

„Die Nationen sollen sich freuen und jubeln" (*Ps* 67,5).

Daß eure Altersgenossen, wenn sie eure Pilgerfahrt sehen, ausrufen können: „Wir wollen mit euch gehen; denn wir haben gehört: Gott ist mit euch" (*Sach* 8,23).

Dies wünscht euch der Papst, der Bischof von Rom, der mit euch an dieser Pilgerfahrt nach Santiago de Compostela teilgenommen hat.

Königin unserer Berge

Gebet vor der Heiligen Grotte in Covadonga am 21. August

1. Gott zum Gruß, Königin und Mutter der Barmherzigkeit!

Ich bin auf den Berg gestiegen, bin zu deiner Grotte gekommen, o Jungfrau Maria, um dein Bild zu verehren, o Gnadenmutter von Covadonga.

Mit deinen Söhnen und Töchtern von Asturien und ganz Spanien will ich heute deinen Ruhm verkünden und in dein Loblied einstimmen. Du bist die Magd des Herrn, unsere Mutter und Königin!

Als Pilger, der die eigene Hoffnung stärken will, komme ich zu diesem Heiligtum, das im Laufe der Geschichte Zeuge von so viel Glauben und so viel Liebe war, ein sicherer Zufluchtsort unter deinem Schutz, inmitten der Berge, wo du Wohnung genommen hast und unaufhörlich die Gaben deines Sohnes austeilst.

2. Zusammen mit den Hirten und Gläubigen dieser Kirche von Asturien bitte ich dich, du Hoffnung und Trost aller, die dich anrufen, um das Geschenk der Hoffnung für die Zukunft, um die immerwährende Freude des Glaubens und die ausstrahlende Glut der Liebe.
Unsere Liebe Frau, vom Herzen Asturiens, von deiner Grotte aus bitte ich dich für alle, die deinen Namen in so vielen anderen auf dem Boden des Königreichs verstreuten Gotteshäusern anrufen, die Leuchttürme des Glaubens und Heiligtümer sind, aus denen die starke Hoffnung entspringt, sowie deine Wohnung, wo deine Kinder sich um den Altar versammeln.

3. Jungfrau von Covadonga, ich möchte dir alle deine Söhne und Töchter von Asturien vorstellen und zu Füßen legen: das Landvolk, die Seeleute, die Bergarbeiter mit ihrer harten und gefahrvollen Arbeit, die Kinder und die Alten, die Kranken und alle, die an Leib und Seele leiden, die Familien und vor allem die Jugend, Hoffnung für die Zukunft, die den Grund und Sinn ihres Lebens sucht.
Durch deine mächtige mütterliche Fürsprache erlange allen von Gott, der „reich an Erbarmen“ ist, die Gnade der Vergebung und der Versöhnung, die Christus, dein Sohn, für uns verdient hat, damit wir in Frieden mit Gott und mit den Brüdern und Schwestern leben.

4. Heilige Jungfrau von Covadonga, schütze alle, die zu deinem Heiligtum kommen, um unter deinem mütterlichen Blick den Ehebund zu schließen. Bewirke, daß sie wie die Brautleute von Kana die Gnade deiner Fürsprache und die heilbringende Gegenwart deines Sohnes erfahren, damit der christliche Glaube das unerschütterliche Fundament ihrer Familie sei und die wahre Liebe ihren Bund festige und sich fruchtbar dem Leben öffne.
Mutter von Asturien, schau auf alle Emigranten dieses Landes, die von weither ihre Augen auf dieses Heiligtum richten in der Erwartung, in ihr Vaterland zurückkehren und dein Angesicht schauen zu können, das die Herzen anzieht und Licht und Frieden ausstrahlt.

5. Heilige Muttergottes von Covadonga, „Grund unserer Freude“, erleuchte alle, die in diese Berge kommen, damit sie inmitten von so viel Schönheit den erkennen, der sie „durch sein bloßes Anschauen und seine Gegenwart mit so großer Anmut bekleidet hat“. So mögen sie sich an der Güte und Herrlichkeit des Schöpfers begeistern, der dich zum Höhepunkt menschlicher und göttlicher Schönheit machte.
Mutter von Asturien, erwecke unter den Söhnen und Töchtern der christlichen Familien Apostel- und Missionsberufe: neue Priester, Ordensmänner und -frauen, gottgeweihte Personen und engagierte Laien im Dienst des Reiches und der Zivilisation der Liebe.

Mach, daß heute wie gestern die Söhne und Töchter Asturiens deinem Sohn auf dem Weg der Heiligkeit folgen und den Samen des Evangeliums von hier bis an die Grenzen der Erde ausstreuen.

6. Mutter und Lehrerin des katholischen Glaubens, bewirke, daß Covadonga weiterhin Hochaltar und Herzschlag Spaniens bleibe, wie es früher war.
Und zeige uns, die wir dich als „Königin unserer Berge“ besingen, und allen Brüdern und Schwestern auf dem Pilgerweg des Glaubens Jesus, die gebenedeite Frucht deines Leibes, den du uns immer als unseren Erlöser und Bruder darbietest. O gütige, o milde, o süße Jungfrau Maria! Amen.

Maria – Beginn einer neuen Welt

Predigt bei der Messe in Covadonga am 21. August

Liebe Mitbrüder im Bischofsamt,
liebe Töchter und Söhne!

1. „Herrliches sagt man von dir, du Stadt unseres Gottes“ (*Ps* 87,3).
Der Psalmist ergießt sich in Lobeshymnen auf Jerusalem, die Stadt Gottes, und verkündet die Herrlichkeit Zions, dessen Tore „der Herr über alles liebt“.
Zion, der Berg des Herrn, auf dessen Fundament die Stadt des lebendigen Gottes sich erhebt: die Stadt, die Zeugin von Ostern, das heißt des heilbringenden Durchgangs Gottes war.
Und für diesen Heilsdurchgang war ein Ort vorgesehen: der Abendmahlssaal von Jerusalem, in dem sich die Apostel nach der Himmelfahrt des Herrn versammelten. Sie verharrten dort einmütig im Gebet, „zusammen mit den Frauen und mit Maria, der Mutter Jesu, und mit seinen Brüdern“ (*Apg* 1,14).
Dort bereiteten sie sich auf das Pfingstgeschehen vor.

2. „Herrliches sagt man von dir“, Heiligtum von Covadonga, Grotte Unserer Lieben Frau!
Seit Jahrhunderten versammeln sich hier einmütig im Gebet Generationen von Jüngern Christi, die Söhne und Töchter dieser Erde Asturiens und Spaniens. Sie versammeln sich „mit Maria“. Und das Gebet „mit der Mutter Jesu“ bereitet ganz besonders die Wege der Herabkunft des Geistes.
Das ist das Geheimnis des Jerusalemer Zion. Das und nichts anderes ist das Geheimnis der Marienheiligtümer. Das ist auch das Geheimnis des Heiligtums Unserer Lieben Frau von Covadonga, wo seit Jahrhunderten die Jungfrau Maria verehrt und geliebt wird.
Nachdem ich nach Compostela gepilgert war, wollte ich auch hierher kommen, auf den heiligen Berg von Covadonga, der mit der Glaubensgeschichte Spaniens so eng verknüpft ist.
Mein herzlicher Gruß richtet sich zuerst an Seine Königliche Hoheit Don Felipe de Borbón, der mit diesem Marienort als Prinz von Asturien so glücklich verbunden ist. Außer-

dem ist es mir lieb, meinen brüderlichen Gruß an den hochwürdigsten Herrn Erzbischof von Oviedo, Msgr. Gabino Díaz Merchán, und seinen Weihbischof sowie die lieben Bewohner von Asturien zu erneuern. Dieser Gruß gilt auch den lieben Hirten der Schwesterdiözesen Astorga, Leòn und Santander, die in Begleitung von zahlreichen Gläubigen an dieser Eucharistiefeier teilnehmen.

3. An diesem Tag preisen wir alle zusammen die Braut des Heiligen Geistes. Ihr allein verkündete der Engelsbote Gottes in Nazaret: „Der Heilige Geist wird über dich kommen, und die Kraft des Höchsten wird dich überschatten. Deshalb wird auch das Kind heilig und Sohn Gottes genannt werden“ (*Lk* 1,35). Maria gab ihre Zustimmung und sprach: „Mir geschehe, wie du es gesagt hast“ (*Lk* 1,38). Und von da an wurde sie in das höchste Heiligtum der Menschheitsgeschichte umgewandelt.
Maria, bewundernswerte Tochter Zions!
Hier sehen wir sie auf dem Weg zum Haus ihrer Verwandten Elisabeth. Diese, vom Heiligen Geist erleuchtet, erkannte in Maria das höchste Heiligtum:
„Gesegnet bist du mehr als alle anderen Frauen, und gesegnet ist die Frucht deines Leibes. Wer bin ich, daß die Mutter meines Herrn zu mir kommt?“ (*Lk* 1,42–43).
Mit diesen inspirierten Worten erwies sie Maria die erste Seligpreisung des Neuen Testamentes: die Seligpreisung des Glaubens Marias:
„Selig ist die, die geglaubt hat, daß sich erfüllt, was der Herr ihr sagen ließ“ (*Lk* 1,45).

4. Der Papst, Nachfolger des Petrus, „der seinen Glauben bekennt“ an dieses lebendige Heiligtum, das die Jungfrau von Nazaret ist, kommt auch auf den Berg nach Covadonga, in das Haus der Frau, um Maria als gesegnet, selig und glücklich zu preisen! So erfüllt sich die Verheißung der Jungfrau des Magnifikat: „Von nun an preisen mich selig alle Geschlechter“ (vgl. *Lk* 1,48).
Maria ist „diejenige, die geglaubt hat“. Sie ist die Glaubende schlechthin, die ihre Zustimmung zu den Worten des Engels und zur Wahl des Herrn gegeben hat. In diesem Bericht des Evangeliums wird uns das Geheimnis des Glaubens Marias enthüllt.
Um diese Wahrheit über die Mutter des Erlösers zu verkünden, ist es notwendig, den wunderbaren „Glaubensweg“ zu verfolgen, der von Nazaret nach Betlehem führt und vom Tempel in Jerusalem – vom Tag der Darstellung Jesu – nach Ägypten, wohin sie in Begleitung ihres Gemahls und ihres Sohnes aus Furcht vor Herodes flüchtet, und später, als sie nach dessen Tod wieder nach Nazaret zurückkehrt. So vergehen die Jahre des Lebens Jesu im Verborgenen.
Als Jesus seine messianische Sendung beginnt, geht der marianische Glaubensweg über Kana in Galiläa, um schließlich im Höhepunkt der Offenbarung auf Golgota zu Füßen des Kreuzes zu gipfeln.
Und am Ende finden wir sie im Abendmahlssaal in Jerusalem, in der heiligen Stadt Zion, wo die erste Gemeinschaft der Jünger Jesu auf Pfingsten wartet und in Maria diejenige erkennt, „die geglaubt hat“; die durch ihren Glauben das möglich gemacht hat, was sie mit ihren eigenen Augen sehen konnten.
Maria, Zeugin Jesu, der in den Himmel auffuhr, ist die Garantie für den verheißenen Geist, den die Jünger im einmütigen und beharrlichen Gebet erwarten.

5. Beim Zweiten Vatikanischen Konzil hat die Kirche erklärt, daß die heilige Jungfrau und Gottesmutter, auf wunderbare Weise in der Sendung ihres Sohnes Jesus Christus gegenwärtig, der ganzen Kirche auf dem Pilgerweg des Glaubens, der Hoffnung und der vollkommenen Vereinigung mit Christus „voranging“ (vgl. *Lumen Gentium*, Nr. 58).
Seit dem Pfingsttag bewahrt das Volk Gottes auf der ganzen Erde dieses wunderbare „Vorangehen“ im Glauben. Die Marienheiligtümer sind das wirksame Zeugnis dafür. Und auch das Heiligtum von Covadonga ist es.
Die Grotte Unserer Lieben Frau und die Wallfahrtskirche, die das gläubige Volk diesem „kleinen und edlen“ Bild Marias mit dem Kind im Arm und in der rechten Hand eine goldene Blume geweiht hat, sind ein Denkmal des Glaubens des Volkes von Asturien und ganz Spanien. Die wachsame und fürsorgliche Gegenwart der Gottesmutter an diesem Ort verwirklicht geistlich eine spürbare Verbindung zwischen der ersten Apostelgemeinschaft von Pfingsten und der in diesem Land errichteten Kirche. Damals und heute ist die Gegenwart Marias weiterhin Garantie für einen authentischen katholischen Glauben und eine echte Hoffnung, die nie nachgelassen hat.
Im Abendmahlssaal verstärken die Apostel zweifellos ihre liebevolle Zuneigung und Verbindung zu Maria, die sie als eine einzigartige Zeugin des Geheimnisses Christi betrachten. Zuvor hatten sie gelernt, sie durch Jesus zu sehen. In diesem Augenblick lernten sie, Jesus durch diejenige zu sehen, die in ihrem Herzen die Anfänge des Evangeliums bewahrte, die unauslöschliche Erinnerung an die ersten Jahre des Lebens Christi.
Auch in Covadonga verehrt ihr Christen von Asturien in Maria die heilige Mutter Christi. Und sie selbst führt euch in die Erkenntnis ihres Sohnes, des Erlösers des Menschen, ein. Hier und dort, in Covadonga und im Abendmahlssaal von Jerusalem, ist die Gegenwart Marias Garantie für die Authentizität der Kirche, in der die Mutter Jesu nicht abwesend sein kann.

6. So war Covadonga die Jahrhunderte hindurch gleichsam das Herz der Kirche Asturiens. Jeder Bewohner von Asturien fühlt in seinem Innern die Liebe zur *Jungfrau von Covadonga*, zur „Mutter und Königin unseres Berges“, wie ihr in ihrem *Hymnus* singt.
Deshalb könnt ihr, wenn ihr ein noch stärker vereintes und solidarisches Asturien bauen wollt, von diesem neuen Leben, der Quelle geistlicher Kraft, nicht absehen, die vor zwölf Jahrhunderten in diesen Bergen entsprungen ist durch den Antrieb des Kreuzes Christi und der mütterlichen Gegenwart Marias.
Wie viele Generationen von Töchtern und Söhnen dieses Landes haben vor dem Gnadenbild der Gottesmutter gebetet und ihre Hilfe erfahren! Wie viele Kranke sind in dieses Heiligtum gekommen, um Gott zu danken für die auf die Fürsprache Unserer Lieben Frau erhaltenen Gnaden!
Die Jungfrau von Covadonga ist wie ein Magnet, der die Blicke und Herzen so vieler Emigranten geheimnisvoll anzieht, die dieses Land verlassen haben und heute an fernen Orten verstreut leben.

Wir können sagen, daß die Jungfrau Maria nicht nur diejenige ist, „die geglaubt hat", sondern auch die Mutter der Glaubenden, der Stern der Evangelisierung, der in diesem Land aufstrahlte und von hier aus durch seine Töchter und Söhne, Missionarinnen und Missionare, in alle Welt gelangte.
Covadonga ist außerdem einer der ersten Bausteine Europas, deren christliche Wurzeln in seiner Geschichte und seiner Kultur verhaftet sind. Das christliche Reich, das in diesem Bergland entstand, brachte einen Lebensstil und -ausdruck des Daseins in Gang, der sich am Evangelium inspirierte.
In Verbindung mit meiner Jakobswallfahrt zu den Wurzeln des christlichen Europa lege ich deshalb der Gottesmutter von Covadonga vertrauensvoll den Entwurf eines Europas ohne Grenzen zu Füßen, das die christlichen Wurzeln seines Ursprungs nicht verleugnet; das den authentischen Humanismus des Evangeliums Christi nicht verleugnet!

7. „Seine Gründung auf heiligen Bergen; ... Und sie werden beim Reigentanz singen: All meine Quellen entspringen in dir" (*Ps* 87,1–7).
Covadonga ist außerdem eine geheimnisvolle Wasserquelle, die aus den Bergen hervorsprudelt und dann stetig fließt als wirksames Bild der göttlichen Gnaden, die Gott auf die Fürsprache der Jungfrau Maria überreich ausgießt.
Der beschwerliche Aufstieg zu diesem Berg, den viele von euch auch weiterhin zu Fuß zurücklegen als edle und kraftvolle Pilgererfahrung, ist das Symbol des Glaubensweges, des solidarischen Verlaufs der Wege nach dem Evangelium, des Aufstiegs zum Berg des Herrn, der das christliche Leben ist. Wie viele Pilger haben hier den Frieden des Herzens, die Freude der Versöhnung, die Verzeihung der Sünden und die Gnade der inneren Erneuerung gefunden! Auf diese Weise wird die Marienverehrung zu echtem christlichem Leben, zur Erfahrung der Kirche als Heilssakrament, zu wirksamen Vorsätzen der Lebenserneuerung: Maria ist die Quelle, und Christus ist das lebendige Wasser!
Es freut mich zu hören, daß Covadonga heute ein Wallfahrtsort für so viele ist, die Gott suchen, der sich vor allem in der Einsamkeit und Stille kundtut und in den Heiligtümern der Mutter offenbart. Hier lehrt Maria im Gebet und als Lehrerin des Gebets, auf den Meister zu hören und zu schauen, mit ihm vertraut zu werden und zu lernen, Jünger und dann Zeugen des lebendigen Gottes zu sein in einer Gesellschaft, die vom authentischen Lebenszeugnis durchdrungen werden muß.
Hier in Covadonga formte ein herausragender Priester Unserer Lieben Frau seinen Geist: Don Pedro Poveda y Castroverde, Gründer der theresianischen Einrichtung zur christlichen Bildung und pädagogischen Erneuerung in Spanien zu Beginn dieses Jahrhunderts. Es war eine vorausschauende Eingebung, von Maria inspiriert, zur Förderung der Frau, durch Frauen mit echter marianischer Transparenz und typisch theresianischem Apostolatseifer. Hier, zu Füßen Unserer Lieben Frau, ist dieses Werk entstanden.

8. Liebe Brüder und Schwestern! Wir haben die Verkündigung des Psalmisten gehört: „Doch von Zion wird man sagen: Jeder ist dort geboren. Er, der Höchste, hat Zion gegründet" (*Ps* 87,5).

Hier, im Marienheiligtum von Covadonga, spüren die Bewohner der iberischen Halbinsel und insbesondere von Asturien ihre Wiedergeburt durch das Wirken des Heiligen Geistes in besonderer Weise.

Denn Covadonga ist der Mutterschoß, die Wiege des christlichen Glaubens und Lebens für die Kirche, die in Asturien lebt. Und Maria ist Bild und Mutter der Kirche und jeder christlichen Gemeinschaft, die das Wort hört, die Sakramente feiert und in der Liebe lebt, indem sie eine brüderlichere und solidarischere Gesellschaft aufbaut.

Hört, was das Zweite Vatikanische Konzil uns lehrt: „Die selige Jungfrau ... gebar ... einen Sohn, den Gott gesetzt hat zum Erstgeborenen unter vielen Brüdern (*Röm* 8,29), den Gläubigen nämlich, bei deren Geburt und Erziehung sie in mütterlicher Liebe mitwirkt" (*Lumen Gentium*, Nr. 63).

Sie, die geglaubt hat, ist auch diejenige, die gesagt hat: „Meine Seele preist die Größe des Herrn, und mein Geist jubelt über Gott, meinen Retter" (*Lk* 1,46–47).

Gerade sie, die das höchste Heiligtum des menschgewordenen Gottes ist.

Eben sie, die alle Generationen des Volkes Gottes auf seinem irdischen Pilgerweg inspiriert.

Maria. Gerade sie, Beginn einer neuen Welt, einer besseren Welt in Jesus Christus. Amen.

5. Pastoralbesuch in Pisa, Volterra und Lucca (22. bis 24. September)

Mittelpunkt der Kultur und des Glaubens

Ansprache an die Einwohner von Pisa am 22. September

Sehr geehrter Regierungsvertreter,
Herr Bürgermeister,
liebe Brüder und Schwestern!

1. Es ist mir eine Freude, mit euch auf dieser Brücke „Ponte di Mezzo" zusammenzutreffen, die im Herzen der Stadt die beiden Arnoufer miteinander verbindet und ein Ort ist, an dem sich die bedeutsamsten Ereignisse eurer Geschichte abspielten.
Ich danke dem Herrn Abgeordneten Pier Mario Angelini aufrichtig für die bedeutsamen Worte, die er im Namen der italienischen Regierung an mich gerichtet hat, sowie Ihnen, Herr Bürgermeister, für die eindrucksvolle Darlegung der Hoffnungen und Sorgen der ganzen Bevölkerung. Schließlich danke ich euch, liebe Pisaner, für diesen wirklich warmherzigen Empfang. Allen gilt mein herzlicher Gruß!

2. Mit innerer Bewegung setze ich meinen Fuß auf den Boden dieser berühmten Stadt. Pisa, ein Mittelpunkt der Kultur, der Kunst und des Glaubens, ist allen teuer, die die Schönheit als Frucht der genialen Kreativität des Menschen lieben. Während in dieser Stadt bedeutsame historische Ereignisse – von der Seerepublik über die großartige Zeit der Medici bis zum nationalen „Risorgimento" – aufeinander folgten, erreichte die Kunst in ihren so vielen verschiedenen Ausdrucksformen ihren Höhepunkt. Das ganze Stadtzentrum auf beiden Seiten des Arno und auch diese von den Dichtern besungenen Arnoufer werden mit Recht als erhabene Kunstschöpfungen und verehrungswürdige Monumente betrachtet.
Schon der von euch traditionsgemäß als „Campo dei miracoli" bezeichnete Platz ist eine der edelsten Schöpfungen des menschlichen Geistes. Wie könnte man beim Betrachten eines solchen Triumphes der künstlerischen Kreativität nicht bedenken, daß ihm ganz offensichtlich die Kraft religiöser Inspiration zugrunde liegt? Euer der Aufnahme Marias in den Himmel geweihter Dom vereint in sich eine Vielfalt von Motiven und Anregungen und verschmilzt sie alle zu einer harmonischen Einheit, die die Gedanken des Beschauers spontan zum Himmel lenken. Hier sprechen Glaube, Liebe und Frömmigkeit durch die Formen, Figuren und Steine, die vom Menschen mit Weisheit bearbeitet wurden.
In dieser Stadt hat jedoch nicht nur die Kunst vorzügliche Aufnahme gefunden: viele andere Ausdrucksformen der menschlichen Intelligenz und Genialität haben hier ein einzigartiges Zeugnis hinterlassen. Wie könnte man es unterlassen, zumindest die Namen eines in Pisa geborenen Genies zu nennen, dessen Ruhm zunächst ebenfalls von dieser Stadt ausging? Ich spreche von Galileo Galilei, dessen wissenschaftliches Wirken, anfänglich auf kurzsichtige Weise behindert, heute von allen als ein Markstein in

der wissenschaftlichen Forschung und ganz allgemein, auf dem Weg zur Kenntnis der Natur anerkannt ist.
Wenn ich auch die Namen vieler anderer großen Männer verschweigen muß, die einen wertvollen Beitrag zum Ruhm eurer Stadt und Italiens geleistet haben, so kann ich es doch nicht unterlassen, Giuseppe Toniolo zu nennen, Professor für Wirtschaftswissenschaften an eurer Universität und Förderer der gedanklichen Richtung, die, vom Evangelium ausgehend, die moderne Gesellschaft nach den unwandelbaren Prinzipien der sozialen Gerechtigkeit und der wahren Freiheit der Würde des Menschen entsprechend gestalten wollte.

3. Meine lieben Pisaner! Das Leben ist ein ständiges Fließen und kennt, wie das Wasser dieses Flußes, einen ständigen Wechsel von Überfluß und Mangel, von wirbelnder Beschleunigung und ruhigem Dahinfließen. Auch die Geschichte eurer Stadt war bewegt; auf Zeiten der Mühsal und der Schwierigkeiten folgten Perioden des Wohlstands und des Friedens. Aber unverkennbar blieb sowohl in den guten als auch in den schlechten Zeiten eurer Vergangenheit das christliche Antlitz der Stadt unverändert und ungetrübt.
Der Überlieferung gemäß wäre es der Apostel Petrus selbst, der das Evangelium in diese Gegend gebracht hat. Die schöne Basilika San Piero a Grado, die auf den Resten eines vorchristlichen Tempels erbaut wurde, erinnert an seine Landung an der Mündung des Arno.
Das Christentum verbreitete sich in eurem Land seit den ersten Jahrhunderten: ein lebensvolles Christentum, treu zu Christus und zur Kirche. Es fand im Leben vieler Heiliger seinen Ausdruck, so daß die Päpste gerade aufgrund dieser Treue der „gloriosa civitas" gegenüber großzügig waren, die Kirche in Pisa zur Würde eines Erzbistums erhoben und ihr den Primat über die nahen Inseln Sardinien und Korsika verliehen.
Im Lauf der Jahrhunderte hat eure Kirche das in sie gesetzte Vertrauen nicht enttäuscht. Sie war bedacht auf die Evangelisierung, die Förderung des religiösen Lebens der Bevölkerung, die Pflege der Studien, die Schönheit der Liturgie und die Entfaltung der Werke der Nächstenliebe. Der Einsatz für die Vernachlässigten, die Kranken, die Verlassenen und die Hilflosen hat eure Geschichte zu allen Zeiten geprägt; die unauslöschlichen Spuren dieses Einsatzes finden sich in den zahlreichen Krankenhäusern und Heimen eurer Stadt. Bezeichnend ist auch die Tatsache, daß Friedrich Ozanam gerade hier im Jahr 1852 die Vinzenzkonferenzen gründete, die sich später in aller Welt verbreiteten.

4. Liebe Brüder und Schwestern! Wenn ihr euch eine an so vielen Vorbildern reiche Geschichte vor Augen führt, könnt ihr nicht umhin, spontan einen Vergleich anzustellen. Die Vergangenheit wirft Fragen hinsichtlich der Gegenwart auf und bringt euch eure Verantwortung angesichts eines religiösen und menschlichen Erbes zum Bewußtsein, das auch für die Zukunft verpflichtet.
Freilich ist die Stadt heute zu einem bedeutenden Handels- und Industriezentrum geworden. Kann man jedoch sagen, daß sich, ihrem Wachstum entsprechend, in ihr auch die zwischenmenschlichen Beziehungen gebessert und eine Veredelung im Licht des

christlichen Glaubens erfahren haben? Welchen Platz nimmt Gott im ethischen und gesellschaftlichen Leben dieser Stadt ein, die ihm im Lauf der Jahrhunderte unübertreffliche Monumente der Frömmigkeit und der Kunst errichtet hat?
Ich vertraue darauf, daß ihr, die heutigen Pisaner, es versteht, euch eines so erhabenen Erbes an christlichen und menschlichen Werten würdig zu erweisen, indem ihr wie eure Vorfahren zum Fortschritt eurer Stadt und zur Entwicklung zwischenmenschlicher Beziehungen beitragt, die des Menschen würdig sind.
Was heute not tut, ist Friede, Zusammenarbeit und gemeinsamer Einsatz für die grundlegenden Werte des persönlichen und gesellschaftlichen Lebens. Ja, in Christus ist dem Menschen die Möglichkeit geschenkt, mehr Mensch zu werden und eine brüderliche Gesellschaft aufzubauen. Wer könnte besser als ihr, liebe Pisaner, die ihr eine anregende Tradition hinter euch habt, heute eine Synthese zwischen dem christlichen Glauben und der Wissenschaft zuwege bringen, damit ein neuer und echter Humanismus entstehe?
Ich wende mich sowohl an die einzelnen als auch an die Bewegungen und Vereinigungen der Stadt: mögen sie einträchtig auf das Wohl jedes Menschen und des ganzen Menschen bedacht sein.
Ich vertraue eure Bemühungen der Fürbitte des verehrten Patrons von Pisa, des hl. Rainer an, der in schwierigen Zeiten in eurer Mitte lebte, den Bedürftigen half und den Frieden verkündete. Möge er eure hochherzigen Vorsätze segnen und dieser Stadt zum Vorteil gereichen lassen, die er während seines irdischen Daseins so sehr liebte, und für die er auch jetzt im Himmel unablässig betet.

Den Menschen achten in allen Lebensphasen

Ansprache an Alte und Behinderte in der „Casa Cardinale Maffi“ in Cecina am 22. September

Liebe Schwestern und Brüder!

1. Mit frohem und bewegtem Herzen beginne ich meinen Pastoralbesuch in der Erzdiözese Pisa, indem ich mit euch zusammentreffe, die ihr in der „Casa Cardinale Maffi“ Aufnahme gefunden habt oder hier euren karitativen Dienst leistet.
An alle richte ich meinen liebevollen Gruß, den ich ausdehnen möchte auf all jene, die in den anderen Alten- und Pflegeheimen leben und arbeiten, die an verschiedenen Orten der Erzdiözese durch die Liebe zu Christus und die Sorge für den Nächsten entstanden sind.
Während ich meine Hochschätzung für diese Institutionen zum Ausdruck bringe, begrüße ich dankbar Erzbischof Alessandro Plotti und die hier aus diesem Anlaß versammelten staatlichen und kirchlichen Obrigkeiten.
Besondere Anerkennung möchte ich Msgr. Pietro Parducci zollen, der vor vielen Jahren dieses Heim gegründet hat. Er verwirklichte eine hochherzige Initiative des unvergeßlichen Kardinal Maffi, indem er den anfänglichen Kinderhort erweiterte und ihn auch als Heim für die vielen alten oder behinderten Menschen einrichtete, die der Krieg jeder Stütze beraubt hatte. Mit der Hilfe Gottes und so vieler großmütiger Herzen gedieh das

Werk und bot im Laufe des beinahe 50jährigen Bestehens etwa 8000 Personen gastfreundliche Aufnahme und Trost.
Zusammen mit der ganzen Diözesankirche danke ich dem Herrn für das Gute, das diese Einrichtung innerhalb eines halben Jahrhunderts vollbringen konnte, und ich rufe auf den Gründer und seine Mitarbeiter den immerwährenden Trost der Güte Gottes herab.

2. Gleichzeitig freue ich mich auch über die Botschaft, die von Initiativen wie dieser auf die gesamte Gemeinschaft ausgeht. Es ist eine Botschaft der Achtung vor dem Menschen in allen seinen Lebensphasen und allen Dimensionen seiner Persönlichkeit. Der Christ erkennt in jedem Menschen einen Bruder, den Gott zur Teilhabe an seinem eigenen Leben beruft. Er bemüht sich deshalb, eine Antwort nicht nur für seine materiellen oder allgemein menschlichen, sondern auch für die religiösen Bedürfnisse anzubieten.
In dieser Absicht ist dieses Heim entstanden. Es muß, um seinen Ursprung nicht zu verleugnen, diesem Geist immer treu sein. Deshalb rufe ich alle, die dort tätig sind, dazu auf, sich in jeder Lage von diesen erhellenden Grundsätzen leiten zu lassen.
Bemüht euch, liebe Schwestern und Brüder, dahin zu wirken, daß die Menschen, denen ihr eure Fürsorge zuwendet, in euch und eurem Tun immer die Güte Gottes erblicken können, der sich vor allem über die leidenden und einsamen Menschen neigt, um ihren Schmerz und ihre Verlassenheit zu lindern.

3. Und ihr, Schwestern und Brüder, Junge und Alte, die ihr in diesen gastfreundlichen Mauern Aufnahme gefunden habt, bewahrt im Herzen immer die Gewißheit von der Liebe, die Gott für jeden einzelnen von euch hegt. Eure Berufung, an seinem Kreuz teilzuhaben, ist ein Zeichen des Vertrauens, das er in euch setzt, und des Beitrags, den ihr zu seinem Erlösungswerk leisten könnt.
Öffnet euch immer dem Optimismus und der Hoffnung. Ihr seid ein auserwählter Teil der Kirche, die euch, euren Glauben und euren Mut braucht. Auch der Papst zählt auf euch und die Unterstützung durch euer Gebet.
Ich vertraue euch alle Maria an, der Mutter der Barmherzigkeit, damit sie das Opfer eures Leidens annehme und euch von ihrem Sohn das erlange, was euer Herz ersehnt.
Mein Segen bekräftige die Wünsche der Gnade und des Friedens, die ich jedem einzelnen von euch von Herzen ausspreche.

Verbreitet das Feuer des Geistes!

Begegnung mit Jugendlichen in Pisa am 22. September

Meine lieben Jugendlichen!

1. Ich grüße euch alle herzlich von diesem Ort aus, der der geistliche Mittelpunkt der Diözese ist – der Kathedrale und dem Sitz des Bischofs –, dem Ort, an dem die Kunst und das Schöne auf greifbare Weise die Botschaft des Herrn Jesus und die Sendung der Kirche ausdrücken: der berühmte, prächtige Turm, der die Glaubenden zur Sammlung ruft; die Taufkapelle, in der die Söhne Gottes und Schüler des Herrn geweiht werden; die Bischofs-

kirche, die im Zeichen des Kreuzes alle Glaubenden versammelt; die Hospitäler, konkretes Zeichen der Werke der Barmherzigkeit; und der Friedhof, der den Geist zum künftigen Leben und zur Auferstehung schweifen läßt.
Ich danke euch von Herzen für eure fröhliche Anwesenheit. Die Fackel, die Ihr in den Händen haltet, ist ein bedeutsames Symbol für das Licht eures Glaubens, für eure Liebe zu Christus, eure Treue zum Papst, für euren Willen, christliche Gemeinschaft zu sein, die die Welt erhellt, indem ihr dem Wort Christi folgt und dem Hirten eurer Diözese, der Christus in eurer Mitte vertritt.

2. Im kommenden November wird die Verwirklichung des Pastoralplanes für die Jugend beginnen, der von eurer Diözese vorbereitet worden ist: im Mittelpunkt des Interesses wird Jesus Christus, der Herr des Lebens, stehen. Jesus zuhören. Jesus folgen. Jesus nachahmen. Jesus dienen in den Armen, den Bedürftigen in der Ortskirche.
Ich wünsche mir, daß die Begegnung dieses Abends, deren spirituelle Bedeutung so groß ist, dem Heiligen Geist viel Raum läßt, der zu euren Herzen sprechen will, um sie zu entflammen und mit Leidenschaft zu erfüllen, damit ihr kein anderes Interesse der Suche nach jener Wahrheit vorzieht, die das Wort ist, der Sohn des menschgewordenen Gottes. Er ist gegenwärtig in der Welt durch die Vermittlung seiner Kirche, Zeichen der künftigen Gemeinschaft des Menschen, der befreit ist von Sünde und Tod.
An diesem bedeutsamen Abend lade ich euch alle ein, euer „Ja“ zum Evangelium zu bekräftigen, euer restloses Vertrauen auf den Vater, der im Himmel ist, – den Vater Jesu –, den Vater, der uns jeden Tag unser tägliches Brot gibt, der unsere Schuld vergibt, der uns Kraft gibt in Versuchungen und uns von jedem Übel erlöst.

3. Erneuert zusammen euren festen Willen, von Grund auf und getreu euer Christsein zu leben, es wirklich zum Sinn eures Daseins zu machen, zur Quelle eurer Freude, zu dem, wofür es sich lohnt zu leben, sich zu mühen und zu opfern. Christus enttäuscht kein Herz, das die Wahrheit liebt. Niemand findet Christus, der nicht die Wahrheit liebt.
Bekräftigt eure Verpflichtung, euren Glauben besser zu leben, als einzelne und in den Familien, in den Gruppen, den Bewegungen oder Gemeinschaften, zu denen ihr gehört. Ich denke in besonderer Weise an den Jugendverband der Katholischen Aktion. Er leistet gute Arbeit, die unterstützt zu werden verdient. Wer schon zu ihm gehört, setze sich in Treue, Beständigkeit und in voller Gemeinschaft mit dem Bischof für seine Aufgabe ein. Wer noch auf der Suche ist nach einer Gemeinschaft, der er sich anschließen will, kann diesen Verband mit der Sicherheit betrachten, daß er sich mit Jugendlichen vereinigt, die seine Ideale innerhalb einer glaubwürdigen kirchlichen Bewegung teilen.

4. An diesem Abend, meine lieben Jugendlichen, will ich euch im Namen des Herrn Jesus in eurer christlichen Sendung bestätigen. Die Fackel, die ihr in den Händen haltet, ist, wie ich schon gesagt habe, ein Symbol für euren Glauben und eure Liebe zu Christus. Löscht niemals jenes Feuer des Geistes aus, für das die materielle Fackel ein Sinnbild ist. Verbreitet vielmehr dieses Feuer! Verbreitet es so weit wie möglich! Das

ist der Auftrag, den ich euch an diesem Abend geben will, in dieser hellen Nacht der Hoffnung.
Dieser Augenblick sei der eines großen Versprechens an Gott. Und Maria, die treue Jungfrau, gebe euch die Kraft, dieses Versprechen zu erfüllen.
An euch alle und an eure Lieben meinen herzlichen Segen.

Zu solidarischer Zusammenarbeit bereit sein

Ansprache bei der Begegnung mit der Bevölkerung in Volterra am 23. September

Herr Bürgermeister,
sehr geehrte Vertreter des Staates und der Kirche,
liebe Brüder und Schwestern!

1. Mit großer Freude besuche ich im Verlauf meiner Pastoralreise in die Toskana eure alte und berühmte Stadt. Euch allen gilt mein herzlicher Gruß und der Wunsch, es möge ihr eine glückliche Zukunft in Wohlstand und Frieden beschieden sein.
Ihnen, Herr Bürgermeister, möchte ich in erster Linie für die so freundlichen Worte des Willkommens danken, mit denen Sie die Gefühle der ganzen Bevölkerung zum Ausdruck gebracht haben. Mein Dank gilt ebenso Ihren Kollegen und Mitarbeitern im Stadtrat, den hier anwesenden zivilen und militärischen Autoritäten aus der ganzen Diözese sowie allen, die sich um einen guten Verlauf meines Besuches bemüht haben.

2. Ich komme in der Absicht nach Volterra, mit den Katholiken dieser Ortskirche zusammenzutreffen, aber auch um allen Bewohnern dieser Stadt, den Glaubenden und Nichtglaubenden, meine herzlichen Wünsche für ihr Wohl auszusprechen, drängt mich doch die Heilsbotschaft Christi zur Begegnung mit allen.
Bewegten Herzens gedenke ich dessen, was die alte Tradition bezüglich des ersten Nachfolgers des Apostels Petrus auf dem Bischofsstuhl von Rom, des hl. Linus, berichtet, nämlich daß er aus Tuscien, genauer gesagt, aus eurer Gegend stammte. Ihr betrachtet ihn deshalb seit eh und je als euren Mitbürger und verehrt ihn als wichtigsten Patron der Diözese.
Diese Tatsache läßt selbstverständlich ein Gefühl der geistlichen Nähe zwischen meinem päpstlichen Amt und euch allen, den Landsleuten des ersten Papstes aufkommen, der auf den Fischer aus Galiläa folgte. Ich möchte daher den Wunsch an euch richten, mit dem der hl. Petrus die Urkirche ermahnte – es sind Worte, deren bevorzugter Zeuge wohl der hl. Linus war: „Handelt als Freie, aber nicht als solche, die die Freiheit als Deckmantel für das Böse nehmen, sondern wie Knechte Gottes“ (*1 Petr* 2,16).

3. Volterra hat sich immer durch einen hervorragenden Sinn für die Freiheit ausgezeichnet, hat um sie gekämpft und ihretwegen gelitten. Seit dem Aufkommen der Stadtprivilegien im Mittelalter – deren wundervoller Zeuge der Palast der Prioren ist – hat eure Stadt mit stolzer Entschiedenheit dieses fundamentale Element der menschlichen Würde verteidigt. Eure Vorfahren hatten verstanden, daß der Mensch nur in einem Kli-

ma der Freiheit seine besten Fähigkeiten zum Ausdruck bringen und zum Gemeinwohl, zur Blüte von Kunst und Wissenschaft und zur Förderung jener Gesamtheit von Werten beitragen kann, aus denen sich die wahre Kultur zusammensetzt.
Freilich, die Freiheit bringt auch Risiken und Verirrungen mit sich, vor denen man sich, der Mahnung des Apostels Petrus eingedenk, hüten muß. Ich vertraue darauf, liebe Bewohner von Volterra, daß die lange Erfahrung, auf die ihr zurückblicken könnt, euch helfen möge, die entsprechenden Mittel zu finden, um rechtzeitig eventuellen Verirrungen abzuhelfen und Mißbräuche einzustellen, welche den berechtigten Genuß eines so wesentlichen Gutes beeinträchtigen könnten.
Ich spreche daher die Hoffnung aus, daß all eure Initiativen, die einer menschenwürdigen Entwicklung gelten, in Freiheit ergriffen und in Einklang mit der historischen Berufung eurer Stadt durchgeführt werden, ist doch die Freiheit das vorrangige Element der Menschenwürde und ein unerläßliches Element echten Friedens in der Gesellschaft.

4. Mein besonderer Gruß gilt euch, liebe Jugendliche. Ich weiß, daß eure Eingliederung in die Welt der Arbeit heute besonderen Schwierigkeiten begegnet, ein Umstand, der bekanntlich viele zum Verlassen ihres Heimatortes zwingt, während er andere zu einem ermüdenden Zuwarten verurteilt, das gefährlichen Versuchungen, Ausflüchten und Gleichgültigkeit Tür und Tor öffnet.
Wenn ich auch die Frustration verstehe, die daher kommt, daß ihr die genossene Ausbildung nicht in entsprechende Tätigkeiten umsetzen könnt, so fordere ich doch alle, die sich derzeit in dieser Situation befinden, auf, nicht in Mutlosigkeit zu verfallen, sondern zu reagieren und inzwischen ihre Zeit für eine Vervollkommnung der Berufsausbildung zu verwenden.
Auch vertraue ich darauf, daß die für die öffentlichen Angelegenheiten Verantwortlichen es nicht unterlassen werden, sich noch intensiver für die Überwindung der derzeitigen Lage und die Schaffung von sozio-ökonomischen Bedingungen einzusetzen, die allen eine entsprechende Eingliederung in die Strukturen der Produktion gestatten. Die Arbeit ist eine Pflicht, aber noch mehr ein Recht jedes Menschen, da die Anwendung seiner Fähigkeiten den normalen Weg zur vollen Selbstverwirklichung darstellt.

5. Einwohner von Volterra, die Lösung der zahlreichen Probleme, denen ihr gegenübersteht, erfordert den Einsatz aller. Ich fordere daher jeden von euch auf, großmütig den ihm zustehenden Teil der Verantwortung auf sich zu nehmen, zu solidarischer Zusammenarbeit bereit zu sein und unablässig den Weg zu einer kraftvollen und gesunden sozialen Förderung weiterzugehen.
Eure Traditionen verantwortungsvoller Mitwirkung an der Abwicklung der öffentlichen Angelegenheiten und die dank des solidarischen Einsatzes verschiedener Bürger der Stadt auch in schwierigen Augenblicken erzielten, bemerkenswerten Ergebnisse ermutigen euch dazu.
Mögen die Beispiele der Vergangenheit richtungsweisende Führer auf dem Weg sein, den zu gehen eure Gemeinde heute berufen ist und mögen sie auch die Entscheidung beeinflussen, von denen eure Zukunft abhängt.

6. Ich vertraue diese meine Gedanken und Wünsche der Fürbitte des hl. Linus und dem Schutz der Jungfrau Maria an, der die alte Kathedrale geweiht ist und zu deren Verehrung unablässig zahllose Kirchen und Kapellen der Diözese einladen. Die Jungfrau der Verkündigung, deren mütterliches Bild das alte Fresko im Sitzungssaal des Palastes der Prioren beherrscht, möge ihre schützende Hand über diese Gemeinde und die für sie Verantwortlichen halten und euch alle bei jedem guten Werk huldvoll begleiten.
Der Wunsch, den eure Vorfahren über dem Eingangstor des Rathauses einmeißeln ließen – „Sit splendor Domini super nos" – soll auch der meine sein.
Ja, über dir, Stadt Volterra, soll die Herrlichkeit des Herrn erstrahlen, damit alle, die dich besuchen, in deinen Mauern nicht nur die Monumente der Vergangenheit, sondern auch einen stets lebendigen geistlichen Reichtum finden und deine Kinder und Kindeskinder vor der Welt ein Zeugnis für jenen christlichen Namen ablegen, der Volterra im Lauf der Jahrhunderte berühmt gemacht hat!

Setzt eure Hoffnung auf die Gnade

Ansprache an die Priester, Ordensleute und Laien in Volterra am 23. September

Verehrter Bruder im Bischofsamt,
liebe Brüder und Schwestern!

1. Allen meinen herzlichen Gruß und vielen Dank für den liebevollen Empfang. Ich danke dem Herrn Bischof für die bedeutsamen Worte, mit denen er diese Ortskirche und den hochherzigen Dienst, den ihr, liebe Priester, Ordensleute und engagierte Laien, in ihr leistet, gebührend vorgestellt hat, und ich möchte jedem von euch meine Liebe und Achtung zum Ausdruck bringen. Ihr seid es, die im Priestertum die Einladung Christi, Menschenfischer zu sein (vgl. *Lk* 5,10), angenommen haben, die sich im Ordensleben dafür entschieden haben, Zeugen für eine Liebe zu sein, die der innigsten und ausschließlichen Freundschaft mit Christus gewidmet ist (vgl. *Joh* 13,12–17), und schließlich jene, die als verantwortliche Laien die Pflicht empfinden, in den gewöhnlichen Situationen des Lebens und der Arbeit ein Ferment im Sinn des Evangeliums zu bilden (vgl. *Lk* 13,21).
Ich bin nach Volterra gekommen, um die Fußspuren meiner Vorgänger aufzunehmen, die durch besondere Beziehungen mit dieser Gemeinde verbunden waren: die Spuren des hl. Linus, des unmittelbaren Nachfolgers Petri, den ihr als Hauptpatron betrachtet, weil er euer Mitbürger war, sodann die der anderen römischen Päpste, die seit den ersten Jahrhunderten der Ausbreitung des Christentums häufige Kontakte mit euren Bischöfen hatten. Im wechselvollen Lauf der Zeit wirkten sie unter Umständen, die von den unseren sehr verschieden waren.
Schließlich folge ich den Spuren des Papstes, der einen Teil seiner Jugend als Schüler der „Scuole Pie" verbrachte: Giovanni Maria Mastai Ferretti, der dann unter dem Namen Pius IX. auf den Stuhl Petri berufen wurde.
Solche Beziehungen behalten auch für mich ihren vollen Wert, und heute bin ich hier unter euch, um die tiefe Einheit der römischen Kirche und ihres Bischofs mit eurer Gemein-

schaft in der Wirklichkeit des mystischen Leibes Christi zu stärken. „Zusammengefügt und gefestigt" (*Eph* 4,16), ist er mitten in der Welt, der ihr in mutiger Konsequenz die Worte des göttlichen Meisters verkünden müßt, ein Sakrament der Liebe und der Gnade.

2. In diesem Geist der Communio möchte ich euch die Worte wiederholen, die der Apostel Petrus für die christlichen Gemeinden seiner Zeit schrieb, und die der hl. Linus während seines Dienstes auf dem römischen Bischofssitz immer wieder getreu aufnahm – sie bilden eine Quelle tiefsten Trostes: „Setzt eure Hoffnung ganz auf die Gnade, die euch bei der Offenbarung Jesu Christi geschenkt wird" (*1 Petr* 1,13).

Ich möchte, daß diese Aufforderung eurem Herzen stets gegenwärtig sei, meine Lieben, um euch in den Mühen und Wechselfällen des Apostolats zu stärken. Das Leben der Priester ist ja wie das der Ordensleute und Laien den vielen Prüfungen unterworfen, die sich aus den für unsere Zeit typischen Herausforderungen ergeben.

Mit schwierigen Aufgaben betraut, die oft wenig sichtbaren Erfolg erkennen lassen, fragen sich viele Priester, Ordensleute und Laien, welches heute ihre Rolle, ihre Identität im gegenwärtigen sozialen Kontext sei, oder welches die neuen Wege seien, die man suchen und ausprobieren müsse, um eine Gesellschaft, die Gott verloren oder vergessen zu haben scheint, oder die ihn bewußt ausgeschaltet hat, wieder zur Umkehr zu ihm zu bringen.

Petrus sagt uns, wir müßten die Hoffnung auf die Gnade setzen. Ja, genau dies: die Hoffnung. Denn der Herr hat uns als Erbe die Verheißung seines Sieges über das Böse hinterlassen und gesagt, daß die Augen aller sich seinem Geheimnis zuwenden werden, dem Geheimnis des für das Heil aller Gekreuzigten und Auferstandenen.

Wir müssen unsere Hoffnung auf die Gnade setzen, das heißt auf das beständige, geheimnisvolle, unsichtbare aber wirkliche Wirken Gottes in den Seelen. Gnade ist der Weg, den Gott selbst mit jedem geht. Auf den Wegen der verschiedensten Erfahrungen gibt er bei jedem Schritt Zeichen der Einladung, des Anrufs, der inneren Anstöße. Gnade ist das Gefühl der Bitterkeit und Leere, die nach Ausflüchten in „ferne Länder", in denen man seine Güter verschwendet (vgl. *Lk* 15,13), zurückbleibt. Gnade ist vor allem das Heimweh nach dem Vaterhaus und der innere Drang, den Gott im Herzen des Verirrten weckt, sich auf den Weg zu machen und reuig zurückzukehren in die Arme des Vaters (vgl. *Lk* 15,17–20).

Ich fordere euch auf, auf die siegreiche Kraft der Gnade zu vertrauen, die Hoffnung auf sie zu pflegen, ohne Furcht, ohne Verwirrung und herabmindernde Interpretationen. Haltet euch nicht bei scheinbaren Erfolgen auf. In ihnen liegt nicht das letzte Wort Gottes über den Menschen. Seid Optimisten trotz allem, denn der Herr weiß, was er tut, auch dann, wenn ihr unter Tränen sät. Er will die armselige Arbeit der „unnützen Knechte", die wir sind (vgl. *Lk* 17,10), zum Zeichen und Zeugnis seines Erbarmens machen.

Um in diesem Geist leben zu können, muß man es vor allem verstehen, den inneren Anregungen des Glaubens und der Liebe zu folgen und sein Bemühen darauf richten, zu echter Heiligkeit zu gelangen.

Das Gespräch um die Heiligkeit der Diener Gottes, der gottgeweihten Menschen und der Laien muß immer wieder aufgenommen und aufrechterhalten werden, denn sie ist das eigentliche Ziel unseres Lebens und eine wichtige Voraussetzung für die übernatürliche Wirksamkeit unseres Apostolates.

Die Heiligkeit ist die Fülle und der Gipfel jedes christlichen Lebens, das Ziel, zu dem die Gläubigen aus allen Lebensverhältnissen berufen sind. Sie ist die grundlegende Botschaft des II. Vatikanischen Konzils an das ganze Volk Gottes (vgl. Konstitution *Lumen Gentium*, Nr. 40). Was wäre aber nun, wenn diese Aufforderung, wenn das Gebot des persönlichen Strebens nach Heiligkeit selbst von denen, die dem Herrn als Priester, Ordensleute und Laienapostel dienen, nicht gebührend geschätzt würde? Wie wäre es um uns bestellt, wenn wir nicht den Weg der Vollkommenheit und Heiligkeit zur grundlegenden Aufgabe unseres Lebens machten?

3. Ein besonderes Wort der Hochschätzung möchte ich an euch, liebe Priester, richten, wegen der Selbstlosigkeit, mit der ihr an die pastoralen Probleme herangeht, die für diese Gegend hier typisch sind, in der die oft beträchtlichen Entfernungen und der Mangel an zur Verfügung stehenden Kräften die „Last des Tages" (vgl. *Mt* 20,12) besonders empfindlich fühlbar machen.
Die Zunahme der Berufungen ist also – das habt ihr lebhaft betont – eine vorrangige Forderung der Diözesanpastoral. Jeder von euch möge sich in dieser Hinsicht großmütig einsetzen und nicht vergessen, daß die Freude, mit der er seinen Dienst erfüllt, und die Atmosphäre der Brüderlichkeit, die er den andern Priestern gegenüber und vor allem dem Bischof gegenüber pflegt, sich den jungen Herzen als überzeugendes Zeugnis einprägen.
Da es aber vor allem ein Geschenk Gottes ist, Berufungen aufkeimen zu lassen, wird eine neue Blüte des ganz an das Reich Gottes hingegebenen Lebens vor allem die Frucht der Solidarität im Gebet von all jenen sein, die die gleiche Sendung haben: der Priester, der Ordensmänner, der Schwestern, die sich karitativen oder Erziehungswerken widmen. Insbesondere die Ordensleute des kontemplativen Lebens sollen sich durch ihr Gebet in diese Pastoral einbezogen wissen. Und die Familien derer, die in Organisationen des Laienapostolats arbeiten, sollen vor allem dadurch bezeugen, wie sehr sie das Geschenk der Berufung schätzen, daß sie es von Gott als Zeichen besonderer Liebe und Gnade für eines ihrer Kinder erbitten.

4. Ein Wort auch an euch, liebe Ordensmänner und Ordensfrauen. Ich möchte euch ermutigen, eure Lebensentscheidung voll und ganz zu leben. Seid in Einheit verbunden, nicht nur innerhalb eurer Gemeinschaften, sondern auch mit den verschiedenen Instanzen der Ortskirche. Stellt euch bei den Pastoralprogrammen der Diözese zur Zusammenarbeit zur Verfügung. Diese Zusammenarbeit kann sich natürlich nicht nach dem persönlichen Charisma eines jeden von euch gestalten, vielmehr darf die Treue zum Charisma, so wichtig und bedeutungsvoll dieses auch ist, euch nach Möglichkeit nicht abhalten, auf dringende Fälle oder besondere Notwendigkeiten in der Diözese einzugehen. Die Autonomie und die Lebensweise innerhalb eurer Institute, in sich gültig und legitim, dürfen euch nie vergessen lassen, daß die Zielsetzung für das Wirken eurer Gemeinschaften immer in den Kontext des Dienstes an der Ortskirche gestellt bleibt.
Ein besonders nützlicher Dienst, den ihr leisten könnt, wird es sein, aus euren Kommunitäten starke und lebendige Zentren der Spiritualität zu machen. Wie könnte man das enge Band übersehen, das zwischen dem Ordensleben und jenem „Leben nach dem Geist" be-

steht, von dem der hl. Paulus spricht? Der Ordensmann und die Ordensfrau müssen in hervorragendem Maß jener „geisterfüllte Mensch" (*1 Kor* 2,15), „vom Geist Gottes geleitet" (*Röm* 8,14), sein, von dem der Apostel spricht. In eurem armen, einfachen, brüderlichen Leben, das nicht an dem hängt, worum die Welt besorgt ist, in welchem vielmehr eine Erfahrung der Transzendenz aufleuchtet, könnt und müßt ihr ein beständiger Anruf hin zu den vorrangigen Werten des Geistes und zum Suchen des „einen Notwendigen" (*Lk* 10,42) sein.

5. Und ihr Laien, seid euch stets eurer Würde und Verantwortung bewußt! Fühlt euch als lebendige Glieder am Leibe Christi und bezeugt freimütig das Evangelium. Seid „Salz der Erde" und „Licht der Welt"! Übernehmt in hohem Maß Verantwortung im politischen und sozialen Leben, erfüllt sie in aufrichtiger Demut, im Geist des Dienstes.
„Gleicht euch nicht dieser Welt an" (*Röm* 12,2), sondern seid darum besorgt, euch selbst eine solide christliche Bildung anzueignen, vor allem aber, sie den jungen Generationen zu vermitteln, entsprechend dem, was ich im Apostolischen Schreiben „Christifideles laici" dargelegt habe, stets bedacht auf eine fest geistliche Basis, eine gesunde Glaubenslehre und eine angemessene Beachtung der menschlichen Werte (vgl. Nr. 60). Pflegt die Formen des Zusammenschlusses im Leben der kirchlichen Gemeinschaft (vgl. *ebd.*, Nr. 29). Vor allem empfehle ich die Katholische Aktion (vgl. *ebd.*, Nr. 31). Sie hat in der Vergangenheit für die Kirche in Volterra kostbare Früchte hervorgebracht, und in Zukunft werden deren noch weitere, in reichem Maß, erwartet.

6. Möge doch diese eure Kirche in Volterra eine echte Familie sein, die Familie Gottes! Die verminderte Einwohnerzahl und die Verteilung auf kleine Pfarrgemeinschaften bieten die wertvolle Gelegenheit zu besserem gegenseitigen Kennenlernen und zu direkterer Zusammenarbeit. Die Vorteile, die sich in kirchlicher Hinsicht daraus ergeben, sind offensichtlich: die Möglichkeit zu einem ständigen unmittelbaren Dialog mit dem Bischof, wirksame und rasche Teilnahme aller an den täglichen Ereignissen in den verschiedenen Gemeinden, ein fein verzweigtes Netz karitativen Dienstes, der stets das kirchliche Leben kennzeichnen muß, und eine Feier der Eucharistie und der Sakramente, an der man aktiver teilnimmt. Macht euch diese Vorteile zunutze und bleibt immer „ein Herz und eine Seele" (*Apg* 4,22)!
Diese meine Wünsche vertraue ich der Fürsprache Marias, der hl. Jungfrau, des hl. Linus und aller hl. Bischöfe eurer Kirche an und rufe auf euch den Trost und die Freude herab, „die niemand euch nehmen kann" (vgl. *Joh* 16,22), denn sie entspringt der Liebe Christi.
Allen und jedem meinen Segen!

Christus befreit uns von den Fesseln der Sünde

Ansprache beim Besuch der Strafvollzugsanstalt in Volterra am 23. September

Meine Lieben!

1. Nun bin ich unter euch, ein Bruder unter Brüdern, zu einem Besuch, den nicht nur ihr erwartet habt, sondern auch ich aufgrund der Liebe, die ich zu euch hege als Personen, die sich mit der Gesellschaft versöhnen und in ihr von neuem den eigenen Platz einnehmen wollen, um aufbauend am Gemeinwohl mitzuarbeiten.
Während ich für die herzliche Aufnahme danke, richte ich an jeden von euch sowie an die Leiter des Hauses und das Hilfspersonal meinen liebevollen Gruß.

2. Der Freund, der in eurem Namen die Bestrebungen und Absichten aussprach, von denen ihr beseelt seid, sagte treffend, „das Böse der Welt entstellt das Gesicht", denn es zerstört die Person und ihre Würde, während die Gnade Christi den Menschen „verklärt", weil sie seinen Wert auf eine göttliche Ebene erhebt und sein Herz öffnet für die Hoffnung auf ein ausgewogenes, nutzbringendes und menschlich erfülltes Leben, dazu bestimmt, seine Krönung in der endgültigen Teilhabe an der Freude Gottes zu finden.
Ich bin hier unter euch, liebe Freunde, um euch die Botschaft des Evangeliums zu bringen, die die Frohbotschaft der Befreiung ist. Es gibt eine Befreiung von den physischen Fesseln, die für den Menschen gewiß sehr wichtig ist, wie ihr gut bezeugen könnt. Aber es gibt auch – und noch tiefergreifend – eine Befreiung von den moralischen Fesseln, die sich als noch bedeutsamer gegenüber allen anderen erweist, sobald der Mensch sich seiner transzendenten Bestimmung bewußt wird, die sich nicht auf den zeitlichen Horizont beschränkt, sondern offen ist auf die Ewigkeit hin.
Zu dieser inneren Befreiung muß sich jeder Mensch verpflichtet fühlen, denn kein menschliches Herz ist frei vom Hang zur Sünde und den „Fesseln", die jedes moralische Nachgeben mit sich bringt: „Wer die Sünde tut, ist Sklave der Sünde" (*Joh* 8,34).

3. Christus ist der Befreier des Menschen. An ihn müßt ihr euch mit vertrauensvollem und zuversichtlichem Herzen wenden, denn er hat durch die Erlösung die Würde des Menschen wiederhergestellt. Wachst in der Freundschaft mit ihm, indem ihr euch bemüht, sein Gesetz zu beobachten. So verwirklicht ihr den Plan, den Gott für euch hat, indem ihr euer Dasein in das Blickfeld seiner Barmherzigkeit hineinstellt.
Es freut mich aufrichtig, heute unter euch zu sein, um euch zu sagen, daß Christus euch liebt und euch ruft, seine „Freunde" zu sein (vgl. *Joh* 15,14). Ich begrüße eure Absicht, unter euch seine Liebe zu üben und der Berufung der Kinder Gottes treu zu sein.
Alle eure Hoffnungen sind die meinen, und ich vertraue sie Maria an, dem „Spiegel" der Gerechtigkeit und des Erbarmens, damit sie vom Geist des Herrn Licht für eure Wege erlange, Ausdauer und Kraft für euren Wunsch, beim Aufbau einer freien und gerechten Gesellschaft mitzuwirken.

Während ich allen danke, die zur Verwirklichung dieser brüderlichen Begegnung beigetragen haben, erteile ich jedem von euch meinen Apostolischen Segen, in den auch alle eure Lieben eingeschlossen sind.

Den Glauben unversehrt bewahren

Predigt bei der Eucharistiefeier in Volterra am 23. September

1. „Das sind die, die aus der großen Bedrängnis kommen“ (*Offb* 7,14).
Unter denen, die bereits die „große Bedrängnis“ hinter sich haben und sich vor Gottes Thron befinden (vgl. *Offb* 7,9), wollen wir heute in besonderer Weise den hl. Linus verehren.
Dieser Bischof von Rom – der erste nach dem Tod des Apostels Petrus – ist Patron eurer Diözese.
Heute ist es mir – dem späten Nachfolger des Petrus auf dem römischen Stuhl – vergönnt, die Eucharistie in eurer Mitte zu feiern, und so möchte ich den hl. Märtyrer Linus zusammen mit euch verehren.
Ich tue es mit besonderer Ergriffenheit. Ich grüße die Kirche in Volterra, die um ihren Hirten, Bischof Vasco Giuseppe Bertelli, geschart ist. Wenn sie als ihren Patron den ersten Nachfolger des Petrus verehrt, so besitzt sie damit einen einzigartigen Schatz. Es ist der Schatz des apostolischen Erbes, von dem die ganze Kirche Christi lebt. Dieses Erbe bildet das Fundament ihrer Beständigkeit mitten im Fluß der Jahrhunderte, den Grund für ihre Identität, die im Wandel der Zeiten und Kulturen unveränderlich bleibt.
Dieses Erbe gestattet uns, über die Apostel und über Petrus zu unserem Erlöser und Herrn Jesus Christus selbst zurückzureichen.
Bei meinem Gruß wiederhole ich euch daher die Worte des hl. Paulus im *Brief an Timotheus*:
„Der Herr sei mit deinem Geist! Die Gnade sei mit euch!“ (*2 Tim* 4,22).

2. Der Abschnitt aus dem *Evangelium des hl. Lukas* erinnert uns an die Aussendung der 72 Jünger: Jesus „sandte sie zu zweit ... in alle Städte und Ortschaften, in die er selber gehen wollte“ (*Lk* 10,1).
Dieses Ereignis hat eine prophetische Bedeutung. Es bedeutet und kündigt die künftige Missionstätigkeit der Kirche an, die die Apostel zu ihrer Zeit beginnen sollten. Auf dem von Christus gelegten Fundament sollten sie jenen Bau errichten, der sich über die verschiedenen Orte, zu den verschiedenen Nationen und in allen Jahrhunderten ausgebreitet hat: die heilige Mutter Kirche.
Ständig und überall bewahrheiten sich die Worte, die Jesus damals gesprochen hat: „Die Ernte ist groß, aber es gibt nur wenig Arbeiter. Bittet also den Herrn der Ernte, Arbeiter für seine Ernte auszusenden. Geht! Ich sende euch ...“ (*Lk* 10,2–3).
Und Christus gibt seinen Jüngern – denen von damals und denen aller Zeiten – die ausführlichen Hinweise über die Art, wie sie die ihnen anvertraute Sendung erfüllen sollen.

Wie sie verkünden und davon überzeugen sollen, daß „das Reich Gottes ... nahe ist“ (vgl. *Lk* 10,9).
Überall – und immer – sendet Jesus Christus seine Apostel dorthin, wohin er selbst „gehen wollte“.

3. Und er selbst, Jesus Christus, entschied, nach Rom, der Hauptstadt der damaligen Welt, zu gehen. Er tat es zunächst durch seinen Apostel Simon Petrus. Er tat es auch durch seinen Apostel Paulus von Tarsus.
Die Kirche in Rom ruft ständig die Erinnerung an diese beiden Apostel wach. In jedem Jahr feiert sie am gleichen Tag das Andenken an ihr Martyrium. Und während Paulus als Apostel der Heiden die Sendung Roms zu allen Völkern und Nationen, Ländern und Kontinenten betont – stellt Petrus die Fortdauer des römischen Sitzes in der Kirche dar. Er ist der Beginn der apostolischen Nachfolge, die in besonderer Weise mit Rom verbunden ist. Denn er, Simon, der Sohn des Jona, empfing von Christus besondere Aufgaben und besondere Verheißungen: „Weide meine Lämmer ... Weide meine Schafe!“ (*Joh* 21,15–16), „Ich werde dir die Schlüssel des Himmelreiches geben“ (*Mt* 16,19).

4. Auf dem römischen Stuhl war Linus, euer heiliger Patron, der erste Hirte nach Petrus.
Die heutige Lesung aus dem *Brief an Timotheus* ist besonders aktuell. Der Apostel spricht darin alles aus, was die Apostel mit ihren Jüngern und Nachfolgern verbindet.
Was wir im heutigen Wortgottesdienst lesen, läßt sich auf Linus, den Nachfolger des Apostels Petrus, anwenden.
„Du ... bist mir gefolgt in der Lehre, im Leben und Streben, im Glauben, in der Langmut, der Liebe und der Ausdauer, in den Verfolgungen und Leiden“ (*2 Tim* 3,10–11).
Du bist mir gefolgt! Diese Nachfolge schwächte sich angesichts der Verfolgung und des Martyriums nicht ab. „So werden alle, die in der Gemeinschaft mit Christus Jesus ein frommes Leben führen wollen, verfolgt werden“ (*2 Tim* 3,12).
Da der Heilige Geist nach Petrus den Linus zum Bischof der Kirche in Rom berufen hat, muß der Grund für diese Berufung gerade ein solches Zeugnis sein.

5. Nur ein Mann, der zu einem solchen Zeugnisgeben bereit war, konnte das Heil verkünden, das wir in Jesus Christus erlangen.
Er „ist von den Toten auferstanden, so lautet mein Evangelium ... Wenn wir mit Christus gestorben sind, werden wir auch mit ihm leben; wenn wir standhaft bleiben, werden wir auch mit ihm herrschen; wenn wir ihn verleugnen, wird auch er uns verleugnen. Wenn wir untreu sind, bleibt er doch treu, denn er kann sich selbst nicht verleugnen“ (*2 Tim* 2,8.11–13).
Und nur für einen Mann, der gleich Paulus und Petrus „wie ein Verbrecher gefesselt“ war, „ist das Wort Gottes nicht gefesselt“ (vgl. *2 Tim* 2,9).
Ein solcher Mann besaß die volle innere Freiheit, dieses Wort zu verkünden. Er war nämlich bereit, für die Wahrheit wie die Apostel, wie Christus selbst, den Preis des eigenen Lebens zu zahlen.

6. Liebe Brüder und Schwestern der Kirche in Volterra! Beim Blick auf euren großen Landsmann Linus könnt ihr den Fragen nach eurer Gegenwart nicht ausweichen. Tragt ihr in euch die innere Freiheit, die er bei der Verkündigung des Wortes des Evangeliums besaß? Seid ihr bereit, das, was er bezahlt hat, zu bezahlen, um die Wahrheit Christi nicht zu verraten?

Eure Vorfahren haben aus der von Papst Linus der Kirche erteilten Lehre Frucht zu ziehen verstanden. Eure Kirche ist ein außerordentliches Denkmal für das, was der christliche Glaube ausprägen kann, wenn er konsequent angenommen und gelebt wird. Er durchdringt die verschiedenen Kulturen und adelt sie mit dem Reichtum der göttlichen Offenbarung. So hat es der Glaube hier, in eurem Land verstanden, die Werte der etruskischen Frömmigkeit mit den dauerhaften Elementen der römischen Kultur zu einer harmonischen Synthese zu verschmelzen.

Der gleiche Glaube hat hier im Verlauf der Jahrhunderte starke Persönlichkeiten von Heiligen hervorgebracht, die sich als Bannerträger und Baumeister der Freiheit und des Friedens erwiesen haben: der hl. Justus zur Zeit der großen Völkerwanderung, aus der Europa hervorgegangen ist; der hl. Hugo in der Zeit, da in den einzelnen Gemeinschaften das Sehen nach Unabhängigkeit aufbrach.

In diesem Glauben hat das Genie vieler Künstler Anregung gefunden, die zu allen Zeiten dem bürgerlichen und kirchlichen Antlitz von Volterra und seiner Umgebung Glanz geschenkt haben.

7. Liebe Brüder und Schwestern! Ihr sollt euch als die Hüter und Fortsetzer dieses wunderbaren Erbes fühlen. Seit der Zeit des hl. Linus und der ersten Martyrer hat Volterra den Glauben bewahrt und ihn von Generation zu Generation weitergegeben. Seid würdige Erben eurer Väter! Bewahrt unversehrt jenen Glauben, für den sie, wenn nötig, ihr Blut vergossen haben! Lebt euren Glauben in voller Übereinstimmung mit der Kirche, deren sichtbares Oberhaupt zu werden Linus gleich nach dem Martyrium des Petrus berufen wurde.

Ohne Christus und seine Kirche wäre das kostbare Erbe eurer Kunst unverständlich, und der tiefste Sinn eurer Geschichte bliebe unerklärlich. Verratet nicht euch selbst, eure Identität und euren Reichtum. Der Glaube an Christus war das wesentliche unterscheidende Merkmal und der wirkliche Seinsgrund der Stadt Volterra, und er muß es bleiben.

Bleibt auch in Gemeinschaft mit dem römischen Stuhl. Eure Heiligen haben sich immer vertrauensvoll an den Nachfolger des Petrus gewandt, um im Glauben befestigt zu werden und die Bande der Einheit mit ihrem Volke zu stärken. Führt diese Gemeinschaft mit Eifer und ohne Vorbehalt, mit offenem und aufrichtigem Herzen weiter.

8. Der Abschnitt aus dem *Buch der Geheimen Offenbarung* stellt uns eine unermeßliche Menge vor, „aus allen Nationen und Stämmen, Völkern und Sprachen; niemand konnte sie zählen. Sie standen in weißen Gewändern vor dem Thron und vor dem Lamm". Sie alle bekennen gemeinsam: „Die Rettung kommt von unserem Gott, der auf dem Thron sitzt, und von dem Lamm ... Lob und Herrlichkeit, Weisheit und Dank, Ehre und Macht und Stärke unserem Gott in alle Ewigkeit" (*Offb* 7,9–10.12).

Mitten in dieser unermeßlichen Menge, von der der Seher in der Offenbarung spricht, ist einer, dessen Name euch hier in Volterra besonders nahe bleibt: Linus!
Wer sind jene und woher kommen die mit weißen Kleidern Bekleideten? (vgl. *Offb* 7,12).
Wer ist Linus unter ihnen?
„Herr ... das mußt du wissen“ (*Offb* 7,14).
„Es sind die, die aus der großen Bedrängnis kommen; sie haben ihre Gewänder gewaschen und im Blut des Lammes weiß gemacht. Deshalb stehen sie vor dem Thron Gottes und dienen ihm bei Tag und Nacht in seinem Tempel; und der, der auf dem Thron sitzt, wird sein Zelt über ihnen aufschlagen. Sie werden keinen Hunger und keinen Durst mehr leiden, und weder Sonnenglut noch irgendeine sengende Hitze wird auf ihnen lasten. Denn das Lamm in der Mitte vor dem Thron wird sie weiden und zu den Quellen führen, aus denen das Wasser des Lebens strömt, und Gott wird alle Tränen von ihren Augen abwischen“ (*Offb* 7,14–17).

9. Stadt Volterra! Kirche, die mit dem Namen des hl. Linus, des Martyrers und Nachfolgers des hl. Petrus von Rom verbunden ist!
Jesus Christus sei immer mit dir! Amen.

Tretet für das Recht ein!

Gruß an die Jugendlichen in Volterra am 23. September

Meine lieben Jugendlichen!

1. Ich danke euch für die freundliche Begrüßung, mit der ihr mich empfangen habt. Ich freue mich über diese Begegnung mit euch, Jugendliche von Volterra! Eure Stadt bewahrt neben den sehenswerten Spuren vergangener Kulturformen beredte Zeichen ihrer religiösen Geschichte. Gerade das ist beeindruckend: daß auch in mühseligen Zeiten das christliche Empfinden so stark und von Dauer war und den Kampf eurer Vorfahren auf dem Weg des bürgerlichen und gesellschaftlichen Fortschritts begleitet und unterstützt hat. Volterra zeichnet sich in seiner Geschichte aus durch die Suche nach einer immer vollkommeneren Gerechtigkeit und einem stabilen Frieden, gegründet auf der Arbeit und der Achtung der Rechte eines jeden. Dieser unermüdliche Einsatz für ein gerechteres und echteres Zusammenleben hat euer Land auch in den letzten Jahren weiterhin ausgezeichnet.

2. Jetzt wird die Fackel des gerechten Fortschritts zu euch, Ihr Jugendlichen gereicht und ihr gebt euch als erste, gerade weil ihr jung seid, Rechenschaft darüber, daß die Zukunft euren Einsatz und euer verantwortliches Engagement verlangt.
Auch ich will euch heute abend in dieser Erkenntnis ermutigen und euch zu der konsequenten Übernahme eurer Verantwortung ermuntern. Ich spüre jedoch auch die Pflicht, euch daran zu erinnern, daß der richtige Weg, ein gerechteres und friedlicheres gesellschaftliches Leben zu schaffen und zu sichern, über jene tiefere und vollständige Sicht

vom Menschen führt, zu deren Deuter und Ankünder Christus sich gemacht hat. Er hat den Wert der Person verkündet, aber zugleich vor der auflösenden Kraft der Sünde gewarnt, die in ihr wirkt und sich in ihrem persönlichen und gesellschaftlichen Handeln niederschlägt. Er hat deshalb einen jeden eingeladen, sich vor allem für die eigene innere Bekehrung einzusetzen, um so auf wirklich wirksame Weise zum Bau eines gerechten, freien und friedlichen gesellschaftlichen Gefüges beizutragen.
Meine lieben Jugendlichen, ich lade euch ein, diese Anregungen des Evangeliums mit offenem, bereiten Sinn aufzunehmen und euch zu bemühen, sie mit aufrichtiger und beständiger Hingabe in die Praxis umzusetzen.
Der Herr begleite euch, so wie euch auch jetzt mein Segen begleitet.

Wir müssen im Glauben wachsen

Ansprache an die Priester, Ordensleute und Laien in Lucca am 23. September

Ehrwürdiger Bruder im Bischofsamt,
liebe Brüder und Schwestern!

1. Zunächst möchte ich den herzlichen Gruß erwidern, den der Herr Diözesanbischof an mich gerichtet hat. Er hat sich zu eurem Sprecher gemacht und die Ergebenheit seitens der Kirche von Lucca zum Nachfolger des Petrus zum Ausdruck gebracht, der heute zu euch gekommen ist, um die Hauptpflicht seines Amtes zu erfüllen, nämlich die Brüder im Glauben zu stärken.
Im Glauben stärken! In Wahrheit betrifft diese in höchstem Maß priesterliche Aufgabe nicht nur den Papst. Sie geht auch die Bischöfe an und alle Priester. Deshalb muß der Priester besonders reich an Glauben sein, damit er ihn an andere weitergeben kann. Er muß fest im Glauben sein, damit er andern in Versuchungen und Schwächen helfen kann. Er muß im Glauben erleuchtet sein, damit er irrige, gegen den Glauben gerichtete Lehrmeinungen aufdecken kann, „falsche Messias und falsche Propheten“ (*Mt* 24,24), wie Jesus, der Herr, sagte.
Es ist also notwendig, im Glauben zu wachsen. Das ist ein Weg, den ihr, liebe Priester, unter anderem dadurch einschlagen könnt, daß ihr aufmerksam dem folgt, was eure Erzdiözese euch auf dem Gebiet der ständigen priesterlichen Weiterbildung anbietet. Das Glaubensleben darf nicht statisch sein und stagnieren. Die unveränderlichen Wahrheiten des Evangeliums müssen vielmehr immer besser gekannt und im alltäglichen Leben angewandt werden, und ihr, liebe Priester, müßt in diesem gesunden Forschergeist die ersten sein und den andern in dieser Hinsicht Anregung geben.

2. Die Ausdauer auf dem Weg der Wahrheit wird gewährleistet, vor allem in dem, was den Glauben betrifft, durch den fest eingewurzelten Willen zu kirchlicher Gemeinschaft, in Einheit mit dem, der durch den Auftrag Christi in der Diözese der Hauptförderer und Verantwortliche für diese Gemeinschaft und diese Einheit ist: der Bischof. Es genügt nicht, in irgendeiner Weise verbunden zu sein: Gefordert ist die Einheit rings um jenes

Wort der Wahrheit, das vom Bischof verkündet wird im Namen des Herrn und im Namen der ganzen Kirche. Die Einheit stammt aus der Wahrheit und festigt sich in der Liebe. Aber es stimmt auch, daß wir in der Einheit und in der brüderlichen Gemeinschaft um den Bischof immer mehr in der Wahrheit wachsen und sie immer besser leben können. Die Priesterschaft soll in der Ortskirche den Gläubigen ein besonderes Beispiel der inneren Einheit auf dem Fundament des rechten Glaubens geben. Dadurch findet das gläubige Volk Beistand und Hilfe auf dem Weg des Heils. Die Arbeit des Bischofs erhält durch die Einheit der Priesterschaft jene Wirkkraft, die man sich von ihr erwartet.

3. Die Diözesangemeinschaft ist nicht leicht zu verwirklichen. Wie jede Form brüderlicher Liebe verlangt sie von uns die Bereitschaft, jene Auswüchse des Stolzes und des Egoismus zu beseitigen, die sich immer auch subtil in die Arbeit von uns Priestern einschleichen wollen und dann zu Spaltungen führen und die kirchliche Einheit aufs Spiel setzen. Andererseits ist diese heilsame Askese nicht möglich ohne eine aufrichtige Liebe zum Kreuz. Sie verbindet sich mit dem Geist der Demut und des Gehorsams, von dem uns Christus, das immerwährende Vorbild des Priesters, das erhabenste Beispiel gegeben hat.
Diese totale und aufrichtige Verfügbarkeit für die Wahrheit, die man um den Preis geschärfter Disziplin erwirbt, erweitert unsere Glaubenseinsicht und macht unser Herz großmütig, so daß wir echte Missionare und Apostel des Wortes Gottes werden, in aufrichtigem Geist des Dienstes an den Brüdern und im Verzicht auf jedes Verlangen nach Selbstbestätigung. Nur in der aufrichtigen und totalen Liebe zum Evangelium können wir Priester die Mühe der Disziplin auf uns nehmen, die unsere Sendung erfordert und können wirklich Seelen gewinnen und sie mit Gewißheit zur Heiligkeit führen.
Die Verehrung des hl. Kreuzes und des hl. Antlitzes, die den Glauben und die Frömmigkeit dieser Teilkirche besonders tief kennzeichnen, mögen wirksam in eurer persönlichen Askese Ausdruck finden, vor allem auf einem so heiklen Gebiet des kirchlichen Lebens, wie es die Suche nach Einheit in der Priesterschaft ist.

4. Das ständige Wachen über uns selbst, die hochherzige Bereitschaft zum Opfer, die stete Überprüfung unseres Priesterlebens müssen begleitet sein von einer ebenso wachsamen, von geistlicher Unterscheidung geleiteten Aufmerksamkeit für die Probleme, die Werte und die Mängel der heutigen Gesellschaft. Nur so werden wir zum Wohl der Gesellschaft Ordnung in unseren Glaubensweg bringen können, und als Rückwirkung wird die Gesellschaft uns Antrieb geben, unseren Priesterdienst besser zu leben. Gewiß ist der Priester Glaubenslehrer für die Gesellschaft; aber zugleich kann er für sein eigenes Priesterleben aus einer aufmerksamen Beobachtung der zeitlichen Realitäten, in denen immer Spuren vom Wirken des Heiligen Geistes zu finden sind, viele nützliche Anregungen für sein eigenes Priesterleben gewinnen.

5. Und nun ein Wort an euch, liebe Ordensmänner und Ordensfrauen. In der Kirche stellt ihr einen besonderen Aufruf zu den im Evangelium niedergelegten Werten der Buße, der Vollkommenheit, der Heiligkeit und der Kontemplation dar. Ihr seid eine lebendige Verkündigung jener neuen Menschheit, die in der zukünftigen Auferstehung sich verwirkli-

chen soll. Das wird in vielfacher Form geschehen, nach dem sichtbaren Aufleuchten des jeweiligen Charismas, das jedem eurer Institute eigen ist. Wenn ihr euer Zeugnis getreu und ganz lebt, ist es äußerst schön und nützlich für das Leben der Kirche: Während ihr einerseits der Welt die Werte sichtbar machen sollt, die euch ganz allgemein als Menschen kennzeichnen, die ganz an die Sache des Evangeliums und des Gottesreiches hingegeben sind, sollt ihr der Welt andererseits auch die wunderbare, von der Vorsehung gewollte Verschiedenheit der Arten, Formen und Grade zeigen, in denen jene gemeinsamen Werte sich je nach den Weisungen eurer verschiedenen Konstitutionen und Regeln verwirklichen, übrigens auch den besonderen Erfordernissen der Zeiten und Orte entsprechend, unter denen ihr zu wirken berufen seid.
Die Sichtbarkeit, auch die äußere, des Zugehörens zu einer bestimmten Ordensgemeinschaft ist nicht ohne kirchlichen Nutzen. Beachtet darum in dieser Hinsicht stets die Normen eures Instituts, und vermeidet äußere Formen, die den Beitrag eures Charismas zum Glaubensweg des Gottesvolkes weniger deutlich machen.

6. Wenn die Sendung des Ordensmannes und der Ordensfrau darin besteht, uns an die Werte des Transzendenten zu erinnern, dann ist die Aufgabe der Laien bekanntlich die, an der Läuterung und Heiligung der zeitlichen und geschichtlichen Werte im Licht des Evangeliums zu arbeiten. Die Arbeit des Laien in der Kirche und als Glied der Kirche besteht, genauer gesagt, darin, dahin zu wirken, daß die Botschaft des Evangeliums zum Licht und Sauerteig, zur Seele und zum Wirkstoff in den vielfältigen gesellschaftlichen Wirklichkeiten des irdischen Lebens wird: des Familienlebens, des Schullebens, der Bereiche von Arbeit, Kultur und Politik und aller freien Äußerungen des menschlichen Geistes, von den einfachsten bis zu den sehr verwickelten.
Eine eurer besonderen Verantwortlichkeiten, liebe Brüder und Schwestern der Laienschaft, ist eure Präsenz im sozialen und politischen Bereich. Auf diesem Gebiet ist eure Arbeit wegen der Tugenden, die gerade dafür charakteristisch sind und der besonderen, unterscheidenden Kompetenz wirklich unersetzlich. Weder der Priester noch der Ordensmann können eure spezifische Zuständigkeit besitzen, vor allem wenn es sich um besonders komplexe und anfordernde Probleme handelt. Andererseits haben der Priester und der Ordensmann auch eine Sendung, die notwendigerweise nicht mit anderen Tätigkeiten verflochten und durch sie behindert werden darf, so bedeutsam diese an sich auch sein mögen.

7. Ein anderer Aspekt der Vitalität der Laien in der Kirche besteht in der unaufhörlichen Neubildung von Gruppen, Bewegungen und Vereinigungen, die alle ihre besondere Aufgabe und Zielsetzung haben. Auf diesem Gebiet bedarf es sicherlich einer aufmerksamen „Unterscheidung der Geister“, und dabei hat der Seelsorger gewiß eine besondere Verantwortung. In eurer Erzdiözese gibt es den Diözesanrat für das Laienapostolat. Sein Zweck besteht gerade darin, unter dem Vorsitz des Erzbischofs das Entstehen und die Verbreitung des Verbandslebens der Laien in dieser Ortskirche zu erkennen, zu bewerten, ihm Hilfe zu leisten und es zu koordinieren.
Ich bitte euch, mit Vertrauen auf dieses Organ zu blicken und es als das zu sehen, was es wirklich ist, nämlich, daß es euch zu Diensten stehen soll. Sicherlich setzt es sich, wie al-

le übrigen, aus fehlbaren Menschen zusammen. Daher ist eurerseits beständig Liebe, Geduld, Demut und Geist der Zusammenarbeit notwendig, damit die Unterscheidung durchgeführt und die Entwicklung auf diesem verwickelten Gebiet gefördert werden kann in Übereinstimmung mit dem, was der Geist eurer Kirche eingibt.
Schließlich möchte ich euch Laien an die Wichtigkeit des missionarischen Geistes erinnern, das heißt grundsätzlich: sich dem Herrn zur Verfügung stellen wie Maria, für das, was er in euch und durch euch tun möchte zum Wohl der Brüder. Maria, das erhabenste Vorbild missionarischer Verfügungsbereitschaft erlange euch vom himmlischen Vater das Licht und die Kraft des Geistes, des Geistes Jesu, zur Erfüllung eurer Sendung.
Maria möge diese ganze auserwählte Versammlung der Kirche von Lucca – Priester, Ordensleute und Laien – mit neuem Eifer und neuem missionarischen Schwung inspirieren, zur Förderung des Menschen und zur Präsenz Gottes unter den Menschen! Euch allen von Herzen meinen Apostolischen Segen!

Die Familie sozialpolitisch unterstützen

Ansprache bei der Begegnung mit der Bevölkerung in Lucca am 23. September

Liebe Bürger von Lucca!

1. Euch allen gilt mein herzlicher Gruß, verbunden mit einem herzlichen Dank für den warmen Empfang. Ich bin dem Herrn Minister Pier Mario Angelini sehr dankbar, der mir den Gruß der italienischen Regierung überbracht hat; dankbar auch dem Herrn Bürgermeister für die Begrüßungsworte, die er im Namen der Kollegen und der gesamten Bevölkerung an mich gerichtet hat. Er hat wirksam ihre Eigenheiten, Probleme und Hoffnungen dargelegt.
Mit Freuden bin ich hergekommen, liebe Bürger von Lucca, in diese eure Stadt, die ihre eigene Geschichte gern mit dem „Heiligen Antlitz“ verbindet. Ich bin gekommen, um euren alten Überlieferungen im Glauben Ehre zu erweisen: In weit zurückliegenden Zeiten hat Lucca das Geschenk des Evangeliums angenommen, es im Verlauf der Jahrhunderte bewahrt, und es verkündet das Evangelium auch heute noch.
Bereits in den Jahren 343–344 wird eure Stadt in den Akten des Konzils von Sardica erwähnt, denn dort war Bischof Maximus anwesend. Die ununterbrochene Reihe der Nachfolger der Apostel reicht bis zu eurem Bischof Giuliano Agresti hinauf, der sich um diesen meinen Besuch so sehr bemüht hat und den ich brüderlich grüße.

2. Ein beredtes Zeichen des Glaubens eurer Väter, liebe Bürger von Lucca, sind die schönen alten Kirchen, die Klöster und die frommen caritativen Stiftungen, die die Stadt umgeben und die Bewunderung der Besucher wecken. Es bleibt aber eure Aufgabe, Bewohner des heutigen Lucca, sichtbar zu machen, daß dieser Glaube weiter lebt und fähig bleibt, auch in allmählich gewandelten Zeiten sich in entsprechenden Werken auszuprägen. Eure Stadt und das Gebiet, das sie umgibt, haben jene Dimension des Menschenmaßes bewahrt, das die Freiheit der einzelnen betont, Vermassung ablehnt und die Fähigkeit

zu Initiativen sich entfalten läßt, so daß die Zusammenarbeit zwischen Personen und Gruppen zu einer wirklichen und bereichernden Möglichkeit wird.
All dies ist zweifellos euer Verdienst, und ich ermuntere euch, auf diesem Weg der Achtung für den Menschen sowie seine persönlichen und sozialen Bedürfnisse fortzufahren.
Die konkret für solche Maßnahmen anzuwendenden Mittel hängen von eurem Verantwortungsbewußtsein ab und sind an eure Entscheidungen gebunden. Sie müssen freilich jeweils neu mit der Lehre des Evangeliums über den Menschen, seine zugleich irdische und transzendente Berufung wie auch mit dem Wort konfrontiert werden, das die Kirche als „Expertin in Menschlichkeit" (*Populorum progressio*, Nr. 13) heute sagt und „auch in Zukunft … zur Natur, zu den Bedingungen, den Anforderungen, den Zielen einer echten Entwicklung" (*Sollicitudo rei socialis*, Nr. 41) der Personen und Völker zu sagen hat.
Fahrt daher, liebe Bürger von Lucca, mit neuem Schwung, mit Hochherzigkeit und intelligenter Verantwortung auf diesem Weg fort, der von euren Vorfahren so lobenswert begangen wurde.

3. Ein Beispiel sind dafür eure Heiligen, Frauen aus dem Volk wie Zita und Gemma, Erzieherinnen wie Elena Guerra, Dienerinnen der Kranken wie Maria Domenica Brun Barbantini, Missionare wie Angelo Orsucci, Priester und Ordensleute wie Giovanni Leonardi und Antonio Maria Pucci; alle sind ein Ausdruck eurer gemeinsamen Tugenden.
Wenn sie euch in euren besten Eigenschaften vertreten, so habt ihr die Pflicht, ihren Spuren auf den beiden Gebieten zu folgen, auf denen sie sich beispielhaft ausgezeichnet haben: in der Liebe zu Gott und in der Liebe zum Nächsten; in der Liebe zu Gott, die Quelle einer größeren Liebe zum Nächsten wird.
Nicht zufällig besitzt ihr eine große Tradition des freiwilligen Einsatzes, der zugleich mit der Freiheit zur Initiative eine Überwindung des persönlichen und Gruppenegoismus bedeutet. Euch gilt mein Lob und meine Ermunterung zum Weitermachen auf diesem Weg, der eminent im Sinn des Evangeliums liegt.
Zahlreiche Probleme bedrängen eure städtische Gemeinschaft, wie der Herr Bürgermeister ausgeführt hat. Unter diesen hat sicher der Einsatz Priorität, den Jugendlichen für die Zukunft die Aussicht auf ein zufriedenes Leben zu bieten, wenn sie nämlich Angebote für eine würdige Arbeit und wirtschaftliches Wohlergehen bekommen. Dies setzt vor allem die Fähigkeit voraus, die Bedürfnisse wahrzunehmen und den Mut, wenn notwendig auch neue Lösungen zu versuchen.
Dazu dient sicher die wirksame Zusammenarbeit zwischen den öffentlichen Einrichtungen, den Verbänden, die hier großenteils christlich geprägt sind, und der Kirche in allen ihren Instanzen.
Aber denkt daran, daß „die reine Anhäufung von Gütern und Dienstleistungen … nicht genügt, um das menschliche Glück zu verwirklichen … Im Gegenteil, die Erfahrung der letzten Jahre zeigt, daß die gesamte Menge der Hilfsquellen und Möglichkeiten, die dem Menschen zur Verfügung gestellt worden ist, wenn sie nicht von einer sittlichen Grundeinstellung gelenkt und auf das wahre Wohl des Menschengeschlechts hingeordnet wird, sich leicht gegen den Menschen richtet, um ihn zu unterdrücken" … „Das ‚Haben' von

Dingen und Gütern vervollkommnet von sich aus nicht die menschliche Person, wenn es nicht zur Reifung und zur Bereicherung ihres ‚Seins', das heißt, zur Verwirklichung der menschlichen Berufung als solcher, beiträgt" (*Sollicitudo rei socialis*, Nr. 28).

4. Es ist daher notwendig, sich kraftvoll dafür einzusetzen, daß die jetzige Generation und die künftigen nicht jene Welt christlicher Werte verlieren, auf denen eure Stadt ihre ruhmvolle Geschichte aufgebaut hat. Besonders notwendig ist, daß sich die gesamte Gemeinschaft der grundlegenden Rolle, die die Familie in ihr zu spielen berufen ist, neu bewußt wird und sich dafür einsetzt, sie vor den zahlreichen Gefahren, die sie bedrohen, zu schützen.

Wenn die Familie nicht in der Lage ist, die Aufgaben zu erfüllen, die die Natur und Gott als Schöpfer ihr anvertraut haben, dann laufen die Bemühungen der sozialen Organisationen und sogar die der Kirche für die Zukunft der Welt Gefahr, vergeblich zu sein.

Leider ist sie heute auflösenden Kräften ausgesetzt, die vor allem im Bewußtsein der Jugendlichen ihre wesentlichen Eigenschaften wie Einheit, Unauflöslichkeit und sogar ihre Aufgabe der Kindererziehung aufs Spiel zu setzen drohen. Notwendig ist ein großes gemeinschaftliches Bemühen, diese negativen Strömungen aufzufangen. Wenn man die Familie unterstützt, fördert und auch durch entsprechende Maßnahmen der Sozialpolitik verteidigt, so bedeutet das eine Garantie für die Zukunft der Nation.

Ich bitte euch alle um neuen Eifer in diesem Sinn. Eine Zivilisation wie die eurige, die die zentrale Stellung der Werte des Menschen und seine Freiheiten anerkannt hat, bildet den geeigneten Boden für die Durchführung jeder Initiative, von der Kultur bis zur Solidarität, die dem Schutz dieser ursprünglichen Zelle der Gesellschaft dient, und wenn dieser fehlen sollte, für die Förderung von Formen, die möglichst weitgehend ergänzend wirken.

Ich weiß, daß eure Erzdiözese Mütter, alleinstehende Kinder und auch ehemalige Sträflinge betreut. Ihr fördert weiter Heime mit familiärer Atmosphäre für die Alten und für die aus psychiatrischen Anstalten Entlassenen. Das sind wichtige Werke, und ich wünsche mir, daß die öffentlichen Stellen über die Erfüllung ihrer institutionellen Aufgaben hinaus auch auf diesen Gebieten den Beitrag dieser kirchlichen Initiativen zu schätzen wissen. Wenn ihr so eure Kräfte vereint, pflegt ihr weiter euren Jahrhunderte alten Humanismus und macht ihm Ehre.

Bürger von Lucca, seid stolz auf alles das, was eure Stadt für die Bedürfnisse jener durchzuführen weiß, die nicht für sich selbst sorgen können. Ich bete besonders zu Jesus, dem Herrn, unter dem Titel vom „Heiligen Antlitz", von euren Vätern zum „König der Bewohner von Lucca" ausgerufen. Er möge euch bei der Lösung der neuen Probleme helfen, die die heutige Gesellschaft stellt. Wißt euch mitten in die Geschichte hineingestellt, in tiefer Solidarität mit allen Menschen: nur so könnt ihr eure Gemeinschaft auf dem Weg echten Fortschritts voranbringen.

Wißt dieser Welt mit ihren Werten und ihren Problemen, mit ihrer Unruhe und mit ihren Hoffnungen ins Antlitz zu schauen. In dieser Welt, und nicht in einer anderen, müssen die Christen Salz und Licht sein, um ihren Beitrag für den Sieg des Guten über die Kräfte des Bösen zu leisten.

Mit diesen Gedanken rufe ich den Segen Gottes herab auf euer Mühen und auf das aller Menschen guten Willens: das „Heilige Antlitz" des Herrn möge immer in den Gedanken und Werken der Bewohner dieser Stadt präsent sein und den Bewohnern Luccas von heute, morgen und immer voranleuchten.

Nutzt eure Talente!

Begegnung mit Jugendlichen in Lucca am 23. September

Meine lieben Jugendlichen!

1. Ich grüße euch herzlich und danke euch für euren warmen Empfang. Zu diesem Besuch der Kirche von Lucca gehört ganz zu Recht auch eine Begegnung mit euch, die ihr die Hoffnung von morgen seid. Ihr habt einen besonderen Platz im Herzen des Papstes. Er betrachtet euch mit Vertrauen, weil er weiß, welchen Reichtum an Großmut und Begeisterung ihr im Herzen tragt.
Ja, der Papst – und mit ihm die ganze Kirche – betrachtet euch als ein Geschenk, das Gott der Welt gemacht hat, um ihre Gegenwart neu zu beleben und das Morgen vorzubereiten. Ein Geschenk Gottes jedoch, das abhängig bleibt davon, wieviel Nutzen jeder von euch aus seinen Fähigkeiten und Kräften wird ziehen können. Es ist nämlich möglich, daß ein junger Mensch die Reichtümer vergeudet, mit denen Gott ihn ausgestattet hat, und sich am Ende in dem verlassenen Zustand des verschwenderischen Sohnes aus dem Gleichnis des Evangeliums wiederfindet: „... ich sterbe hier vor Hunger!" (vgl. *Lk* 15,17).

2. Jeder muß sich also der Talente bewußt werden, mit denen Gott ihn bereichert hat, und sich bemühen, sie zu vermehren. Solche Talente sind zum Beispiel euer Wille zu lieben, die Wißbegier, die Kampfbereitschaft, die Frische der Energie, die Erfindungsgabe, die Begeisterung ... Diese Aufzählung könnte man fortführen. Es ist gut, daß jeder und jede von euch aufmerksam die eigenen Talente untersucht, um zu beginnen, sich ihrer schöpferisch zu bedienen, um zu beginnen, sie zu vervielfältigen.
Jedoch nicht ohne sich selbst von Anfang an klargemacht zu haben, daß all dies nicht möglich ist ohne Mühen und Opfer. Man muß sich eifrig und beständig hingeben können, man muß die notwendigen Verzichte annehmen können, muß Anstrengungen einplanen und beharrlich sein.
Wenn ihr das verstanden habt, meine lieben Jugendlichen, werdet Ihr euch nicht wundern, daß die, die älter sind als ihr und daher größere Erfahrung haben – Eltern, Lehrer und Priester –, euch sagen, daß ihr euch vor eventuellen Risiken hüten müßt, daß sie euch, wenn ihr ins Schleudern kommt, zurückrufen und in Augenblicken der Ermüdung und Entmutigung euch anspornen.
Ihr werdet vielmehr darum bitten, euch zu sagen, wo ihr jenen Zuwachs an Licht und Kraft finden könnt, nach dem ihr in den nicht immer glücklichen Wechselfällen eures

jungen Lebens manchmal ein so dringendes Bedürfnis verspürt. Wo kann man ihn finden?
Ich bin hier, um euch zu sagen, daß es die Antwort auf diese eure Frage gibt, eine entscheidende Antwort. Diese Antwort ist Christus. Das habe ich den Jugendlichen in Santiago de Compostela gesagt, und ich wiederhole es jetzt vor euch: in Christus, der „Weg, Wahrheit und Leben“ ist, werdet ihr die Möglichkeit einer vollen Verwirklichung eurer Talente finden.
Sucht also Christus; vertraut euch ihm an und nehmt ihn in die Mitte eures Lebens. Wachst an seiner Freundschaft. Ihr, die ihr gedrängt seid, ständig neue Erfahrungen zu machen, sucht diese entscheidende Erfahrung: die Erfahrung des Herrn.
Wenn euer Glaube nicht auf dieser Erfahrung beruhte, wie könntet ihr dann euch selbst und den anderen Rechenschaft ablegen über eure Hoffnung? Wie könntet ihr die Zweifel und Krisen eures Alters überwinden? Öffnet die Türen eures Herzens für die Erfahrung des Herrn. Wenn er gegenwärtig ist, verschwinden die Nebel des Zweifels und der Angst, und ins Herz kehrt die Freude ein.

3. Ihr werdet mich fragen, wie es möglich ist, diese direkte Erfahrung Christi zu machen, ihn in genau diesem bestimmten Moment der Geschichte zu erfahren. Ich antworte euch: Ihr könnt Christus begegnen im aufmerksamen Hören seines Wortes, in der bewußten Feier der Sakramente, in der aktiven Teilnahme am Leben der Kirche.
Einige von euch haben Vorbehalte gegenüber der Kirche: sie empfinden sie eher als Hindernis denn als Hilfe, um Christus zu begegnen. Sie fühlen sich so wenig von der Kirche verstanden, daß sie sich geradewegs fragen, ob die Kirche sie überhaupt kennt.
Was kann ich diesen Jugendlichen, die in Schwierigkeiten stecken, sagen? Ich könnte meinerseits damit beginnen, mich zu fragen, ob sie die Kirche wirklich kennen. Es geschieht tatsächlich häufig, daß der öffentlichen Meinung entstellte Bilder, verzerrte Interpretationen, vorgefaßte und willkürliche Werturteile von der Kirche angeboten werden.
Sicher, die Kirche besteht aus Menschen, Männern und Frauen, die die Last einer zerbrechlichen Natur in sich tragen. Es kann deshalb nicht überraschen, wenn man merkt, daß die Sünde auch in die Strukturen der Kirche eingedrungen ist. Das ist ein Risiko, das Jesus selbst auf sich genommen hat, als er seine Kirche nicht auf Engeln gründete, sondern auf Menschen wie uns allen.
Und wie auch euch, liebe Jugendliche, die ihr mir zuhört. Auch ihr nämlich seid Kirche. Und wer von Euch fühlte sich so durchsichtig und rein, daß er „den ersten Stein werfen“ könnte? Wer fühlte sich so, daß er, wenn Christus auf diesem Platz auftauchen würde, die Stimme erhöbe, um die anderen zu verurteilen, wenn er weiß, daß der Herr das Gewissen eines jeden durchforscht bis in die verborgensten Tiefen?
Trotz unserer Mängel aber nimmt die Kirche als verstehende und geduldige Mutter uns alle in ihre Arme. Sie nimmt uns auf, um uns durch die Sakramente zu läutern, mit denen Christus sie ausgestattet hat, um uns zu den Quellen der Heiligkeit zu führen.

4. Ja, denn die Kirche bewahrt aufgrund der liebevollen Anordnung Christi in sich die Schätze der Gnade, die alle Heiligkeit zur Entfaltung bringen. Die Heiligen, die in jeder

Epoche der Geschichte einen Schein des Lichtes Gottes in der Welt aufleuchten ließen, sind die sichtbaren Zeugen der geheimnisvollen Heiligkeit der Kirche.
Durch euer Land, meine lieben Jugendlichen, sind auch in jüngerer Zeit Heilige gegangen, die euch vertraut sind. Auf sie müßt ihr schauen, wenn ihr die Kirche in ihrer Tiefe verstehen wollt!
Und nicht nur auf die kanonisierten Heiligen, sondern alle verborgenen, anonymen Heiligen, die versucht haben, das Evangelium in die Gewöhnlichkeit ihrer täglichen Pflichten einzubringen. Sie bringen die Kirche in ihrer tiefsten Wahrheit zum Ausdruck; und gleichzeitig ziehen sie die Kirche aus der Mittelmäßigkeit heraus, sie erneuern sie von innen her, sie drängen sie, immer mehr das zu sein, was sie sein soll, die Braut Christi ohne Flecken und Falten (vgl. *Eph* 5,27).
Liebe Jugendliche, die Heiligen sind für jeden von euch ein Anruf Gottes: seid auch ihr heilig und tragt dazu bei, diejenigen zur Kirche zu führen, die ihr wahres Gesicht noch nicht kennen.

5. Denn es ist wirklich wahr: die Kirche braucht euch, um die Botschaft Christi dem Menschen von heute zu bringen, der vielen falschen Werten nachläuft. Ihr habt die schwierige Aufgabe, dem Menschen und der Umgebung des Menschen an der Schwelle des neuen Jahrtausends die Wahrheit zu verkünden.
Der ungeordnete Fortschritt, die Achtlosigkeit gegenüber der natürlichen Umgebung, die kulturelle und wirtschaftliche Ungleichheit zwischen Nord und Süd der Welt, das Ausufern des konsumorientierten Lebensmodells und viele weitere besorgniserregende Phänomene machen den Einsatz eines jeden dringend notwendig, damit die Umkehrung dieser Strömung vorangetrieben wird. Ihr wißt aber, daß die vollständige Lösung der Probleme der Welt nur in der Begegnung mit Christus geschieht, dem Heiland und Erlöser der Menschen, eines jeden Menschen und des ganzen Menschen.
Euch ist die Aufgabe gestellt, Christus in Wort und Leben zu verkünden. Gebt nicht auf angesichts der Schwierigkeiten. Euer Zeugnis wird in dem Maße kostbar sein, wie ihr in eigener Person den Preis dafür zahlt.
Der Herr ruft euch zu etwas Neuem, Großem. Überhört den Ruf nicht!
Der Papst ist mit euch, er trägt euch im Herzen und segnet euch!

Der Papst trug diese Rede nicht in voller Länge vor.
Stattdessen hielt er aus dem Stegreif folgende Rede:

Ich sehe eine drängende Frage vor mir: „Was bedeutet es heute, frei zu sein?“ Das ist eine zentrale Frage, auf die ich eine kurze, von der Erfahrung eingegebene Antwort gebe.
Ich glaube, daß die Jugendlichen, die ich in Santiago de Compostela getroffen habe – ich muß sagen, daß dies für mich und für viele anwesende Bischöfe eine große Überraschung gewesen ist –, schon die Antwort auf diese Frage gefunden haben oder zumindest auf dem Weg sind, sie zu suchen. Ich berufe mich auf eure Erfahrung, besonders auf die Erfahrung der europäischen Jugendlichen.
Ein Teil der Jugendlichen, die nach Santiago de Compostela gekommen sind, kamen aus Italien, möglicherweise sind einige davon auch hier unter euch. Die Erfahrung der Ju-

gendlichen von Compostela bringt die Antwort auf die Frage: „Wie kann man heute frei sein?“ Es ist eine wirklich zentrale Antwort, weil man immer frei sein kann im eigentlichen, konstruktiven und schöpferischen Sinn des Wortes. Aber man kann auch frei sein im entgegengesetzten, mißbräuchlichen Sinn des Wortes.
Meine Lieben, abschließend sage ich euch: die Kirche braucht euch, um die Botschaft Christi dem Menschen von heute zu bringen, der vielen falschen Werten nachläuft. Ihr habt die schwierige Aufgabe, die Wahrheit über den Menschen und seine Umwelt an der Schwelle des neuen Jahrtausends zu verkünden. Der ungeordnete Fortschritt, die Achtlosigkeit gegenüber der natürlichen Umwelt, die kulturelle und wirtschaftliche Ungleichheit zwischen Nord und Süd der Welt, das Ausufern des konsumorientierten Lebensmodells und viele weitere besorgniserregende Phänomene machen den Einsatz eines jeden dringend notwendig, damit die Umkehrung dieser Strömung vorangetrieben wird. Achtet auf das Wort „Umkehrung“! Es betrifft euch. Es ist eine epochale Herausforderung an euch Jugendliche, eine Umkehrung der Strömungen voranzutreiben, denen die Welt folgt, besonders unsere westliche, freie, reiche Welt. Ihr wißt, daß die vollständige Lösung der Probleme der Welt immer in der Begegnung mit Christus geschieht, dem Heiland und Erlöser des Menschen, eines jeden Menschen und des ganzen Menschen. Ihr habt die Aufgabe, Christus zu begegnen, und die Aufgabe, Christus zu verkünden durch euer Leben, aber auch mit eurem Wort. Gebt nicht auf angesichts der Schwierigkeiten. Euer Zeugnis wird in dem Maß kostbar sein, wie ihr in eigener Person den Preis dafür zahlt. Und was mich an den Jugendlichen von Compostela bewegt hat, war dieses: zu sehen, wie bereit sie waren, den Preis für ihre große Erfahrung zu zahlen. Wenn der Herr euch ruft, ruft er euch immer zu etwas Neuem, Großem. Überhört seinen Ruf nicht!
Ich möchte schließen mit einem Segen für alle Jugendlichen von Lucca und der Erzdiözese, für alle Anwesenden und für alle, die wenigstens der Absicht nach mit uns vereinigt sind, und für jene, die vielleicht willentlich nicht hier sind.

Gebet eine Quelle der Gnade

Begegnung mit den klausurierten Schwestern in Lucca am 23. September

Liebe Schwestern!

1. Ich danke vor allem der Schwester, die in ihrem Gruß an mich mir mit so feinen und liebenswürdigen, von Glauben erfüllten Worten von dem Heilsdienst gesprochen hat, der mir übertragen ist, und ich gestehe euch meine große Freude darüber, daß ich heute unter euch, den neun kontemplativen Frauengemeinschaften dieser Erzdiözese sein kann. Dazu kommt noch die Kommunität der Karthäusermönche: wahrhaft ein „Kapitel an Gnade“ für diese Ortskirche.
Ich weiß um die liebevolle Hochachtung, die der Erzbischof euch gegenüber hegt. Er sieht in eurem Gebets- und Opferleben eine Quelle der Gnade für die ganze Erzdiözese. Durch das Beispiel eurer Opferhingabe an den Herrn seid ihr sozusagen die Stimme dieser Diözesangemeinschaft vor Gott.

Ich danke euch darum, liebe Schwestern, für das, was ihr tut, für das, was ihr seid, für das, war ihr opfert. Mit diesen meinen Worten möchte ich euch in eurer hohen Berufung bestärken, in eurem Glaubensweg, der so kostbar ist zum Wohl der Kirche.

2. Ich möchte euch daran erinnern, wie notwendig es ist, daß ihr von der Zielsetzung und der Gründungsidee eurer einzelnen Klöster eine klare Vorstellung habt und sie mit großem Eifer verwirklicht. Bemüht euch immer sehr darum, in den Geist und die Lehren eurer Gründer einzudringen und euch davon erfüllen zu lassen. Sucht ihre Botschaft in den konkreten Verhältnissen unserer Zeit in die Tat umzusetzen im Licht der „Zeichen der Zeit" und der Richtlinien der Kirche. Auf diese Weise wird das Charisma jeder Gemeinschaft, wenn es auch im Wesen seine Identität wahrt, in der heutigen Situation zu neuem Leben kommen können, und demgemäß Formen annehmen, die sich als geeignet erweisen, die Menschen unserer Zeit anzusprechen.
Die Grundsätze des kontemplativen Lebens sind im wesentlichen die gleichen für alle Formen des gottgeweihten Lebens. Aber im Bereich dieser grundsätzlichen Einheit gibt es sodann eine wunderbare Verschiedenheit, wovon gerade heute eure hier in Freude versammelte Gemeinschaft Zeugnis gibt. Und damit alles in Ordnung, Frieden und Wahrheit geschehen könne, muß jede Gemeinschaft und auch jede von euch, liebe Schwestern, sowohl an den Grundsätzen, die allen gemeinsam sind, wie der Eigenart des jeweiligen ursprünglichen Charismas größte Aufmerksamkeit widmen.

3. Die Klausurgemeinschaft ist berufen, der Welt ein leuchtendes Beispiel brüderlicher Gemeinschaft zu geben. Ihr seid berufen, euch vorzugsweise der Kontemplation zu widmen, und schon das allein setzt, um echt zu sein, einen hohen Grad innerer Verbundenheit voraus, und trägt als Frucht eine hohe Form gegenseitiger Liebe. Im übrigen erfordert, wie ihr wißt, die Struktur eures Gemeinschaftslebens mit seinen täglichen unaufhörlichen Beziehungen zwischen den Mitgliedern der Kommunität notwendigerweise einen anspruchsvollen Einsatz aller sozialen Tugenden des christlichen Zusammenlebens, sonst würde das Gemeinschaftsleben sehr schwierig und vielleicht unerträglich. Daher fordere ich euch auf, stets größte Sorgfalt auf die Entwicklung der Gemeinschaftstugenden zu verwenden, sowohl um der vollen Erfüllung eurer Berufung willen, wie auch, um – wie wir mit dem hl. Bernhard sagen wollen – in euren Gemeinschaften jenen „paradiesischen" Duft aufkommen zu lassen, den man in ihnen wahrnehmen sollte (vgl. *De diversis*, Kap. 42,4).
Und natürlich dürfen die klausurierten Gemeinschaften noch weniger als jede andere christliche Gemeinschaft Grenzen im Gemeinschaftsbewußtsein und Gemeinschaft-sein kennen.
Ihre innere Verbundenheit wäre nicht echt, wenn sie nicht in dem aufrichtigen Willen zum Ausdruck käme, mit allen Einrichtungen der Ortskirche, vor allem mit den anderen Klöstern, in Gemeinschaft zu stehen. So werden eure Gemeinschaften, liebe Schwestern, vor den Augen aller ein lichtvolles Zeichen der Liebe sein, die die Kirche Christi erfüllt und sie in der Tiefe in Einheit verbunden hält, auch in der Verschiedenheit der Charismen, die der Heilige Geist in ihr erweckt hat.

4. Wir haben uns, liebe Schwestern, in dieser der hl. Gemma Galgani geweihten Kirche versammelt, und so werdet ihr mir gestatten, kurz auf ein Thema hinzuweisen, das der Spiritualität der Passionisten besonders teuer ist, aber aufgrund seiner Universalität und seiner Bedeutung für alle gilt: das Thema des Leidens Christi in seiner besonderen Beziehung zu seiner unverzichtbaren Funktion der Versöhnung und des Friedens. Jede kontemplative Nonne ist, wie wir wissen, dazu berufen, besonders intensiv das Kreuz Christi zu leben. Ihr Bräutigam ist, nach einem Wort der hl. Therese vom Kinde Jesu, ein „Blutbräutigam“ (*Brief Nr. 5 an Celina*). Das bedeutet also, daß ein wesentlicher Aspekt der Mission der klausurierten Nonnen darin besteht, Getrennte zu versöhnen durch das Opfer des eigenen täglichen Kreuzes für die Wiedervereinigung der durch Sünde und Feindschaft getrennten Herzen. Die Nonne, die im Blut Christi ihre Nahrung empfängt und in ihrem Leib und ihrem Herzen die Passion Christi mitlebt, bringt „die Fernen in die Nähe“, wie der *Brief an die Epheser* sagt (vgl. 2,13). Durch ihr Leben der Hinopferung in Christus reißt sie „die trennende Wand der Feindschaft nieder“ (2,14), die leider zwischen so vielen Menschen besteht, und trägt sehr viel bei zur Versöhnung der Menschen mit Gott „durch das Kreuz ... in einem einzigen Leib“ (2,16), durch ihr tägliches Kreuz in Verbundenheit mit dem Kreuz Christi.

Das, liebe Schwestern, ist ein wesentlicher und äußerst wertvoller Aspekt eurer Mission! Es ist gewiß ein verborgenes Wirken, nur Gott bekannt. Aber dieses verborgene Wirken gibt nach Gottes Willen oft dem Wirken derer, die in der Welt arbeiten und sich um den Frieden abmühen – Hirten der Kirche, Regierende der Staaten, Sozialarbeiter, Erzieher, mit Gewissensbildung Betraute –, eine geheimnisvolle, ihnen selbst oft unbewußte Erfolgskraft bei der Lösung von Konflikten, Problemen und umstrittenen Fragen. Aber eines Tages, im Himmel, wird alles ans Licht kommen. Und dann wird die ewige Glorie, die ihr durch euer demütiges und verborgenes Opfer erworben habt, in all ihrem Glanz erstrahlen. Ihr, die viele als die „Letzten“ betrachten, werdet die „Ersten“ sein.

5. Die hl. Gemma Galgani hat, gering und verborgen, dieses Werk der Versöhnung des Menschen mit Gott durch die Teilnahme an der Passion Christi besonders intensiv gelebt. Ihr Beitrag bestand nicht in besonderen äußeren Tätigkeiten, sondern in der totalen Hingabe ihrer selbst. Und euch allen, liebe Schwestern, die ihr hier seid, und nicht nur den Passionistinnen, möchte ich heute ihr Beispiel wieder vor Augen stellen. Sie möge euch vom Himmel her ein immer inständigeres Verlangen nach der Hingabe eurer selbst für die Rettung der Menschheit einflößen.

Ich danke dem Herrn, der uns diese Begegnung gewährt hat, und ich verspreche euch ein besonderes Gedenken in der hl. Messe. Ich empfehle meinen Dienst eurem Gebet und segne euch alle von Herzen, ebenso eure Mitschwestern und alle, die euch teuer sind, vor allem die Leidenden und jene, die am meisten von jenem Gott geprüft werden, der die Erfahrung des Kreuzes nur deshalb zuläßt, weil er uns heiliger machen will.

Sonntag – Tag des Herrn feiern

Predigt bei der Eucharistiefeier in Lucca am 23. September

1. Vergessen wir nicht die großen Werke Gottes! (vgl. *Ps* 78,7.11).
In unseren Ohren klingt noch dieser Aufruf des *Psalms* der heutigen Liturgie. Es ist die Liturgie der Erhöhung des heiligen Kreuzes, die uns ins Zentrum des größten Werkes Gottes führt.
Ich glaube an Gott, den Vater, den allmächtigen, den Schöpfer des Himmels und der Erde.
Der Mensch besitzt heute ein viel vollkommeneres Bild der geschaffenen Welt als je zuvor. Er kennt viel besser die grenzenlosen Horizonte des Makrokosmos und auch die Geheimnisse des Mikrokosmos. Der Mensch unserer Zeit ist von den Entdeckungen der Wissenschaft und ihren atemberaubenden Anwendungen in der Technik begeistert, doch er ist oft von den eigenen Werken so ausgefüllt, daß er den Schöpfer vergießt, den Gott, von dem die Schöpfung mit allem, was sie enthält, mit all ihrem Reichtum an Entwicklungsmöglichkeiten herkommt.

2. Wenn uns jedoch der *Psalm* der heutigen Liturgie einlädt, die Werke Gottes nicht zu vergessen, meint er nicht an erster Stelle die sichtbaren und erkennbaren Werke der göttlichen Weisheit und Allmacht.
Er bezieht sich vor allem auf das Kreuz Christi; auf das Werk Gottes, das noch größer ist als die Schöpfung. Die Erlöserliebe Gottes ist ja größer sogar als seine schöpferische Allmacht. Und gerade diese Liebe offenbart sich im Kreuze Christi.
Die heutige Liturgie lädt uns ein, alle Werke Gottes durch das Kreuz Christi anzuschauen, das das letzte und endgültige Wort der Liebe ist, mit der Gott die Welt geliebt hat.
„Wir beten dich an, o Christus, und preisen dich, denn durch dein heiliges Kreuz hast du die Welt erlöst“ (*Gesang zum Evangelium*).

3. Nikodemus war ein Mann des Alten Bundes und ein Pharisäer. Damit seine Kontakte mit Jesus von Nazaret nicht bekannt würden, kam er des Nachts zu ihm. Im Verlauf dieses nächtlichen Gespräches führte Jesus den Nikodemus in jene Wahrheit über Gott ein, die das Herz des Neuen Bundes bildet.
„Gott hat die Welt so sehr geliebt, daß er seinen einzigen Sohn hingab, damit jeder, der an ihn glaubt, nicht zugrunde geht, sondern das ewige Leben hat. Denn Gott hat seinen Sohn nicht in die Welt gesandt, damit er die Welt richtet, sondern damit die Welt durch ihn gerettet wird“ (*Joh* 3,16–17).
Jesus von Nazaret spricht von Gott, der der Schöpfer der Welt ist. Zugleich spricht er von sich selbst als dem eingeborenen Sohn. Der Sohn ist eines Wesens mit dem Vater, er ist Gott von Gott und Licht vom Licht. In ihm offenbart Gott sich als Liebe.
Die Liebe des Vaters geht über die Schöpfung der Welt hinaus. Die Liebe strebt das endgültige Gut an und schenkt es. Das von Gott dem Menschen geschenkte Gut ist das ewige Leben. Die sichtbare Welt ist nicht in der Lage, dem Menschen ein solches Gut zu schen-

ken. Das menschliche Leben unterliegt in dieser Welt der Hinfälligkeit und dem Tod. Das ewige Leben kann der Mensch nur in Gott und von Gott als sein Geschenk bekommen. Dieses Geschenk entscheidet über das Heil der Welt.
„Gott hat seinen Sohn ... in die Welt gesandt, ... damit die Welt durch ihn gerettet wird". Nikodemus hört diese Worte Christi, doch sie sind zugleich an jeden von uns gerichtet. Inmitten der Welt mit ihren makro- und mikrokosmischen Dimensionen taucht die Wahrheit auf, die sie überragt: die Wahrheit vom Heil.
Das Kreuz Christi hört nicht auf, für diese Wahrheit Zeugnis zu geben.
Der von der Welt in Beschlag genommene Mensch, fasziniert von den Möglichkeiten des Geschaffenen, gelangt dahin, sie zu vergessen.
Das Kreuz Christi aber ruft: Vergiß sie nicht!

4. Warum das Kreuz?
Im Gespräch mit Nikodemus bezieht sich Jesus auf das, was Mose während des Zugs der Israeliten durch die Wüste getan hatte. Als nämlich die Israeliten am Biß giftiger Schlangen, die auf ihrem Weg zum verheißenen Land auftauchten, starben, richtete Mose auf Weisung Gottes die Schlange auf. Es war eine aus Kupfer gegossene Schlange, und wer zu ihr aufschaute, konnte nach dem Schlangenbiß die Gesundheit wiedererlangen.
Das ist ein ungewöhnliches, aber zugleich sehr beredtes Vorbild. Damals in der Wüste konnte man kaum vorhersehen, daß jene Schlange aus Bronze eine solche Bedeutung bekommen würde.
Nun sagt aber Christus zu Nikodemus: „Der Menschensohn muß erhöht werden, damit jeder, der an ihn glaubt, in ihm das ewige Leben hat" (*Joh* 3,14–15).
Es sollte der Tag kommen, an dem diese Worte Wirklichkeit wurden. Auf Golgota sollte dann für einen zum Tode Verurteilten das Kreuz errichtet werden.
Dieser Mensch – der Menschensohn – ist der eingeborene, vom Vater hingegebene Sohn. Dieser dem Vater wesensgleiche Sohn „entäußerte sich und wurde wie ein Sklave und den Menschen gleich". Und am Kreuz als Verurteilter erhöht hat Er, der Menschensohn, „sich erniedrigt und war gehorsam bis zum Tod, bis zum Tod am Kreuz" (*Phil* 2,7–8).
Im Gehorsam des Kreuzes hat Christus die gesamte Sünde der Menschheit umfaßt – alle jene, die von der Schlange, dem Vater der Lüge, gebissen waren – allen Ungehorsam des Menschen Gott gegenüber.
Er hat sie mit einer Liebe umfaßt, die größer ist als die Sünde. Er hat sie umfaßt und damit erlöst.
In dieser Schwachheit des gekreuzigten Christus ist die neue und endgültige Offenbarung der Macht, ja der Allmacht Gottes enthalten. Es ist die Allmacht der Liebe, die Allmacht der Liebe, die rettet.

5. Vom Kreuz auf Golgota herab richtet Christus an uns alle den Ruf: vergeßt nicht die großen Werke Gottes!
Du Kirche, die du in dieser Stadt Lucca lebst und so oft im Verlauf deiner Geschichte die Macht dieser Werke in den Großtaten deiner Heiligen vor Augen gehabt hast, vergiß sie nicht!

Halte ihr Andenken lebendig in der ständigen Begegnung mit dem Tisch des Wortes und des Leibes des Herrn, der Dir in der Eucharistiefeier bereitet ist. Nur so kannst du eine Kirche sein, die die Botschaft des Evangeliums von Grund auf kennt und sie konsequent in der Einheit der Liebe lebt.

6. Liebe Gläubige dieser alten und ruhmvollen Kirche, wenn ihr auf der Höhe des Planes Gottes sein wollt, den er heute mit euch hat, dann müßt ihr euch einiger Aufgaben bewußt werden, die mit dringender Priorität vor euch liegen.
Ihr müßt vor allem wieder die grundlegende Bedeutung des Sonntags als Tag des Herrn entdecken. In seinem Mittelpunkt steht die Gedächtnisfeier des Todes und der Auferstehung Christi als unersetzliche Gelegenheit zur Gemeinschaft im tieferen Aneignen des Wortes Gottes, im gemeinsamen Teilen des eucharistischen Brotes, in Gebet und Gesang. Eine gute Eucharistiefeier an jedem Sonntag des Jahres: das ist die erste Vorbedingung für eine dauerhafte Erneuerung des diözesanen Lebens.
Eine weitere unaufschiebbare Aufgabe betrifft die Katechese, zumal die der Erwachsenen, durch Vorbereitung von Personen, die für die Erfüllung dieser Aufgabe geeignet sind; sie betrifft eine neue und ausgebreitete Evangelisierung, die an die gewandelte sozio-religiöse Situation der Erzdiözese angepaßt ist.
Die dritte dringende Aufgabe betrifft die Jugendpastoral, von der die Zukunft auch der Kirche in Lucca abhängt. Nur das solidarische Bemühen von Priestern, Ordensleuten und Laien, die gemeinsam entsprechend dem diözesanen Pastoralplan vorgehen, kann in der vielgestaltigen Welt der Jugend ein neues Interesse für die Botschaft des Evangeliums und eine hochherzigere Verfügbarkeit für die Bedürfnisse ihrer Brüder wecken: es sind genau diese beiden Dimensionen, die vertikale und die horizontale, die die beiden Teile des Kreuzes Christi der Welt weiterhin vor Augen stellen.

7. „Darum hat ihn Gott über alle erhöht“ (*Phil* 2,9). Hier liegt das göttliche Paradox des Kreuzes: in der Erniedrigung, in der größten Schmach, die für die Menschen der damaligen Zeit der Tod am Kreuz bedeutete, wirkt Gott die Erhöhung!
„Gott hat ihn – Christus – erhöht, und ihm den Namen verliehen, der größer ist als alle Namen, damit alle im Himmel, auf der Erde und unter der Erde ihre Knie beugen vor dem Namen Jesu und jeder Mund bekennt: Jesus Christus ist der Herr – zur Ehre Gottes, des Vaters“ (*Phil* 2,9–11).
Die Erhöhung des Kreuzes – die Erhöhung am Kreuz. Die Allmacht der Liebe vollbringt diese Erhöhung.
Am Kreuz Christi ist aber zugleich jeder von uns „erhöht“.
Jeder von uns ist durch diese Liebe erhöht, die Sünde und Tod überwindet! Durch diese Liebe, die in Lucca auch in geheimnisvoller Weise durch das „Heilige Antlitz des Herrn“ zum Ausdruck kommt.

8. Brüder und Schwestern! Dies ist die Botschaft der heutigen Liturgie. Die Welt kennt das Kreuz Christi – doch zugleich kennt sie es nicht. Sie kennt nicht sein ganzes Geheimnis, seine volle Wahrheit, seine volle Wirklichkeit.

Weiß jeder Mensch ... weiß die ganze Menschheit, daß sie an diesem Kreuz erhöht worden sind? Weiß jeder, daß nur die Liebe den Menschen mitten in allen möglichen Erniedrigungen und Enttäuschungen, ja auch in allen Erfolgen, in allen möglichen Freuden, die die Welt uns schenkt, wahrhaft erhöhen kann?
Weiß der Mensch von heute, daß das Kreuz Christi diese Liebe offenbart?
Wir beten dich an, o Christus, und preisen dich!

Neue zwischenmenschliche Beziehungen aufbauen

Ansprache an die Jugendlichen im Drogenentwöhnungszentrum in Lucca am 23. September

Meine lieben Jugendlichen!

1. Die Kirche betrachtet eure Anwesenheit in ihren Reihen als Geschenk und möchte gleichzeitig ein Geschenk für euch sein.
Sie ist es dank der Dienstbereitschaft der Sozialarbeiter und der freiwilligen Helfer des Zivildienstes, die sich euch zur Verfügung stellen und die mit diesem Einsatz nicht einen Beruf, sondern einen Lebensstil wählen, der sich durch Aufnahmebereitschaft, geduldiges Zuhören, einfaches Leben und Mitverantwortung auszeichnet.
Die Drogen sind ja das sichtbare Anzeichen einer Gesellschaft, die nicht mehr imstande ist, wahren Werten gemäß zu leben, sondern ihre Mitglieder in den Egoismus, die Mitteilungslosigkeit und die Einsamkeit stößt. In diesem Klima heißen die ersehnten Ziele Geld, Macht, Karriere und Konsumgüter, und man ist bereit, jeden Preis zu zahlen, um sie zu erreichen.
Dieses Übel, das sowohl die Einzelpersonen als auch die Gesellschaftsstrukturen in sich tragen, soll mit einem neuen verantwortungsbewußten Einsatz innerhalb der Strukturen des bürgerlichen Lebens und insbesondere durch das Aufzeigen eines anderen Lebensstils überwunden werden.
Die verschiedenen öffentlichen Stellen auf nationaler und internationaler Ebene sind aufgefordert, die Verbreitung des Rauschgifthandels einzudämmen. Zu diesem Zweck müssen vor allem die Interessen jener aufgedeckt werden, die auf diesen Markt spekulieren, darüber hinaus gilt es, die Mittel und Mechanismen herauszufinden, deren man sich dabei bedient und schließlich müssen diese auf koordinierte und wirksame Weise unschädlich gemacht werden. Auch ist es notwendig, sich um die ganzheitliche Entwicklung jener Bevölkerungsgruppen zu bemühen, die sich, um leben zu können, der Produktion dieser Substanzen widmen. Gleichzeitig wird man versuchen, miteinander verbundene Netze von Dienstleistungen zu schaffen, die diesem Übel wirksam vorbeugen und die Entwöhnung und Resozialisierung der davon betroffenen Jugendlichen fördern.

2. All das genügt jedoch nicht: es gilt, andere Werte und einen anderen Lebensstil aufzuzeigen.

Hier vor allem fühlt sich die Kirche herausgefordert, ist es doch bereits ein Kampf gegen die Drogen, wenn man dem Leben eines jungen Menschen einen Sinn gibt. Auf geradezu prophetische Weise lenkte mein Vorgänger Paul VI. die Aufmerksamkeit auf dieses entsetzliche Übel, noch ehe das Problem der Drogenabhängigkeit so dramatische Formen annahm. Auch ich habe im ersten Jahr meines Pontifikats auf die dringende Notwendigkeit hingewiesen, die Jugendlichen mit Werten bekanntzumachen, die ihrem Leben eine Richtung geben können, und gleichzeitig den Menschen in den Mittelpunkt der Reflexion über das gesellschaftliche Übel der Drogen zu stellen. Die Kirche hat das Problem der Drogenabhängigkeit bei einer feierlichen Gelegenheit – anläßlich der Bischofssynode von 1980 – aufgegriffen und neuerlich auf die Grundsätze hingewiesen, die ihr Wirken auf diesem so heiklen Gebiet des persönlichen und gesellschaftlichen Lebens beseelen. Auch euer Erzbischof hat sich mehrmals dazu geäußert, zusammen mit anderen sehr geachteten Bischöfen. Seither haben sich die von der Kirche angeregten und geleiteten Initiativen und Dienstleistungen vermehrt, die um die Mitarbeit aller bitten.
Die Kirche weiß, daß sie hier gerade mit eurer Erfahrung, mit der eurer Familien und aller jener rechnen kann, die euch in den Entwöhnungszentren und -gemeinschaften helfen wollen, diese traurige Erfahrung zu überwinden und – auf persönlicher und gesellschaftlicher Ebene – zu einer Existenz zurückzufinden, die von den Werten der Menschenwürde, der Verantwortung, des Teilens mit anderen und der Dienstbereitschaft gekennzeichnet ist.
In diesem Sinn sagte ich, die Kirche ist ein Geschenk für euch: sie hat euch eben etwas zu bieten; gleichzeitig seid ihr ein Geschenk für sie, dank des Zeugnisses, das ihr ablegen könnt und dank der Herausforderung des Neubeginns, für die ihr ein Beispiel seid.
Liebe Jugendliche, ihr, die ihr die Tragödie der Drogenabhängigkeit durchgemacht und ihr, die ihr mit eurer hochherzigen Entscheidung für den freiwilligen und den Zivildienst einen anderen Lebensstil und eine andere persönliche und familiäre Selbstverwirklichung vorlebt, zeigt ganz klar, daß man die Drogen nicht nur mit medizinischen und strafrechtlichen Vorkehrungen bekämpft, sondern auch – und vor allem – mit dem Anknüpfen von neuen, an spirituellen und affektiven Werten reichen zwischenmenschlichen Beziehungen. Nur auf diese Weise kann man ja dem Leben wieder seinen vollen Sinn geben und in Menschen, die sich in Schwierigkeiten befinden, neuen Mut für die Aufnahme des alltäglichen Lebenskampfes und das Vertrauen auf einen endgültigen Sieg wecken.
Der von euch vorgelebte Stil – nämlich die in euren Zentren übliche Bereitschaft zum Entgegenkommen und geduldigen Zuhören sowie die in euren Gemeinschaften praktizierte Mitverantwortung und Zusammenarbeit – ist ein wirksames Modell, bietet er doch die Möglichkeit, sich für ein Verhalten zu entscheiden, das den dem Evangelium entstammenden Werten der Armut, der Dienstbereitschaft und des Teilens mit anderen entspricht. Dieser Stil beweist auch, daß es möglich ist, in den betroffenen Menschen die Drogenabhängigkeit zu überwinden und gegen die weitere Ausbreitung dieses Phänomens in der Gesellschaft konkrete Barrieren zu errichten.

3. Liebe Jugendliche, ich fordere euch auf, euren mutigen Versuch fortzusetzen, und versichere euch, daß ich euch mit meinem Gebet und meinem Wohlwollen nahe bin, als deren Zeichen ich euch nun den Apostolischen Segen spende.

Schenke viele geistliche Berufe

Angelus in Pisa am 24. September

„Protege, Virgo, Pisas.“ Schütze, o Jungfrau, Pisa!

1. Mit dieser schönen Anrufung, die zu Füßen des ehrwürdigen Bildes der „Madonna sotto gli Organi“ in der Kathedrale hervorsticht, wende ich mich heute an die selige Jungfrau Maria, gemeinsam mit euch, die ihr zum Angelusgebet gekommen seid. In diesen knappen Worten fasse ich die Nöte und Hoffnungen der lieben Bewohner von Pisa und Umgebung zusammen.
Wie oft kam diese Anrufung aus dem Mund von Seefahrern und Reisenden, von Familienmüttern und -vätern, von einfachen Menschen und wichtigen Persönlichkeiten, um das Vertrauen der Pisaner auf den Schutz der heiligen Jungfrau über ihre Stadt und deren Bewohner zum Ausdruck zu bringen. Auch ich wende mich an sie, um sie zu bitten, diese Teilkirche zu behüten, ihr Lebenskraft und Hochherzigkeit zu schenken, sie auf ihrem Glaubensweg zu stützen, damit sie auch heute wie in der Vergangenheit ihr mutiges Zeugnis für Christus und seine Botschaft ablege.

2. Im Geist besuche ich die vielen Heiligtümer, die die Kirche von Pisa zu Ehren Marias im Laufe der Jahrhunderte errichtet hat. Unter ihnen denke ich besonders an die Muttergottes von der immerwährenden Hilfe in Seravezza, an die „Madonna del piastraio“ auf der Anhöhe von Stazzema und vor allem an die „Madonna del Sole“ in Pietrasanta, wo das neue Diözesanzentrum für geistliche Berufe in der Versilia errichtet wurde. Mit euch allen bitte ich die Mutter des Erlösers um das Geschenk neuer Priesterberufe, die so dringend notwendig für das Werk der Evangelisierung sind.
Mögen unter der Führung der seligen Jungfrau viele junge Menschen die Bedeutung, den Wert, die Größe und die Freude einer hochherzigen Antwort auf den Ruf Christi zu entdecken wissen. Möge sie ihnen in den Mund und zuvor ins Herz die Antwort legen, die sie gegeben hat: „Siehe, ich bin die Magd des Herrn; mir geschehe nach deinem Wort.“ Dieses Land, das in der Vergangenheit die Blüte so vieler Berufungen von Männern und Frauen erfahren hat, sei von neuem ein bevorzugter Ort, wo die Herzen vieler junger Menschen im Innern die Einladung des Geistes annehmen, um Christus mit Ganzhingabe zu folgen.
Zugleich bitte ich Maria, sie möge in allen Familien Eintracht herrschen lassen, die Menschen der Kultur und Wissenschaft in ihrer Wahrheitssuche erleuchten und die Herzen aller bereit machen, die Botschaft des Evangeliums anzunehmen, um in ihr Hoffnung, Freiheit, den Geist der Brüderlichkeit und die Kraft der Solidarität zu finden.

3. O Mutter des Erlösers, mit dem Vertrauen der Väter, die dein Bild in der Bischofskirche aufbewahren wollten, um dich als sichere Schutzherrin aller Pisaner zu verehren, dir vertraue ich die Erwartungen und Sorgen, die Leiden und Freuden all derer an, die in dieser Erzdiözese leben und arbeiten.

Deine Fürsprache stärke in den Priestern und gottgeweihten Seelen den Wunsch nach Heiligkeit und den Willen, Christus in den Brüdern zu dienen; sie entfache in den Jugendlichen die Begeisterung für die Ideale, die das Leben einzigartig und schön machen; sie verteidige die reifen Menschen vor der Versuchung der Entmutigung, die den Geist für den Kompromiß bereit macht; sie schenke den Alten ein langes Leben, damit sie den neuen Generationen die Früchte ihrer Weisheit mitteilen können.
Gib, o selige Jungfrau, daß nach deinem Vorbild jeder Gläubige dieser altehrwürdigen und bedeutenden Kirche in den verschiedenen Lebensumständen das Fiat der bereiten und hochherzigen Zustimmung zum Willen Gottes zu sprechen weiß.
Schütze, o Jungfrau, Pisa! Amen.

Erkennen der Prioritäten besonders wichtig

Ansprache bei der Begegnung mit den Ordensfrauen in Pisa am 24. September

Meine lieben Ordensfrauen!

1. Ich freue mich sehr über diese Begegnung. In euch begrüße ich einen erlesenen Teil der Diözesangemeinschaft, einen kostbaren und unersetzbaren Teil. Durch das, was ihr als gottgeweihte Frauen seid, tragt ihr entscheidend zum Leben und zur Entfaltung der Ortskirche bei, zu ihrem Wachsen in Glauben und Heiligkeit und zu ihren vielfältigen Tätigkeiten, die der Förderung des Menschen, den Werken der Gerechtigkeit und der Barmherzigkeit und schließlich dem Wohl der bürgerlichen Gesellschaft dienen.
In euch, liebe Schwestern, begrüße ich die tüchtigen und fleißigen Mitarbeiterinnen in erster Linie der Priester, die sich ganz der Sache des Gottesreiches widmen, und dann auch ganz allgemein all derer, die sich gedrängt fühlen, sich dem Herrn für seine geheimnisvollen Pläne zur Verfügung zu stellen, um in den Herzen der Menschen die Flamme jenes Feuers zu entzünden (vgl. *Lk* 12,49), das zu bringen Christus in die Welt kam.
Auch im Namen der Diözesangemeinschaft dankt der Papst euch für das, was ihr tut und für das, was ihr seid, für das Zeugnis, das ihr durch die hochherzige und allumfassende Antwort auf den Ruf des Herrn gebt.

2. Ich sehe in diesem schönen Dom nicht nur die Schwestern des tätigen Lebens, sondern auch die Klausurnonnen, Benediktinerinnen und Dominikanerinnen, versammelt, deren Leben in Gebet und Hingabe ihrer selbst ganz der Kontemplation in Schweigen und Einsamkeit geweiht ist. Ihr, liebe Schwestern, setzt euer Leben und Beten dafür ein, daß die Liebe Christi in den Seelen triumphiere und die Gärstoffe des Irrtums, des Hasses, der Spaltung und der Sünde daraus vertreibe, damit die Welt diese unendliche Liebe begreife und durch das Licht der Gnade erneuert und erlöst werde.
Groß ist also eure Mission, liebe Schwestern! Auch wenn ihr verborgen seid, bleibt euer Zeugnis stets ein wesentlicher Bezugspunkt für die ganze Diözesangemeinschaft. Der geistliche Eifer der Diözese zieht zum großen Teil seine Nahrung aus eurem beständigen Kontakt mit dem göttlichen Geheimnis. Aus euren Klöstern strömt eine Welle der Gnade

über die ganze Diözese und stärkt alle, die auf der Suche nach der Wahrheit und dem Frieden sind, die nur Gott geben kann. In der Kraft des Heiligen Geistes könnt und müßt ihr „alle trösten, die in Not sind, durch den Trost, mit dem auch ihr von Gott getröstet werdet“ (vgl. *2 Kor* 1,4).

Die Klausur trennt die kontemplativen Gemeinschaften nicht von der Diözese in ihrer Realität; sie bildet im Gegenteil auf ihre Weise gewissermaßen ein Zeichen und eine greifbare Voraussetzung für tiefere Gemeinschaft mit der Ortskirche. Die physische Trennung, die vom Kirchenrecht und den monastischen Bräuchen geregelt wird, steht ganz im Dienst einer größeren Einheit der erstrebten Ziele, der Liebe und des übernatürlichen Zusammenwirkens kraft der Gemeinschaft der Heiligen im mystischen Leib Christi.

3. Die unsichtbare Verbundenheit der verschiedenen Ordensgemeinschaften mit der Ortskirche wird deutlich durch die vermittelnde Rolle des Bischofs, dem die Verantwortung obliegt, die verschiedenen Komponenten der Diözese, die des aktiven Lebens und die des kontemplativen Lebens, miteinander zu verbinden. Wie wichtig, liebe Schwestern des aktiven und des kontemplativen Lebens, ist diese eure gegenseitige Verbundenheit! Wie fruchtbar für eure Heiligung und wie wirksam für das Zeugnis, das ihr der Welt zu geben habt!

Darum fordere ich euch alle auf, die gegenseitige Zusammenarbeit unter euch zum echten Dienst an der Ortskirche noch weiter wachsen zu lassen. Das Charisma, dessen sich eine Gemeinschaft erfreut, sei auch für die andern eine Hilfe, und, statt die eigene geistliche Erfahrung für absolut zu setzen, sei jedes Institut auch immer bereit, jene der andern zu schätzen, so daß dank dieser gegenseitigen Achtung die apostolische Wirksamkeit aller um so größer sei.

4. Bei der Verwirklichung dieses hohen Zieles wird es euch eine große Hilfe sein, in gemeinsamem Übereinkommen auf die väterliche Leitung eures Erzbischofs durch seinen Vertreter, den Bischofsvikar, für die Ordensleute Bezug zu nehmen, dem ich für seine an mich gerichteten Worte danke. Die Arbeit, das Unterstützen und Koordinieren, wird euch einen genaueren Gesamtüberblick über die Bedürfnisse der Diözese gestatten und euch erkennen lassen, wo der Einsatz der seelsorglichen Hilfe am dringendsten ist. Das Erkennen der Prioritäten ist heute besonders wichtig, der Mangel an verfügbaren Kräften veranlaßt uns, sie ohne Zersplitterung und Verschwendung einzusetzen.

Jede Ordensgemeinschaft wird also, ohne die Pflichten zu vernachlässigen, die die Treue zu ihrem eigenen Charisma ihr auferlegt, stets eine besondere Aufmerksamkeit der allgemeinen Situation in der Kirche von Pisa zuwenden müssen. Mit anderen Worten: Die Reichweite der juridischen Autonomie und der internen Zielsetzungen darf nicht überbetont werden, damit die Ordensgemeinschaft nicht zu sehr mit sich selbst beschäftigt sei und die pastoralen Bedürfnisse der Diözese, in der sie lebt und arbeitet, übersehe.

5. Eine dringende Aufgabe der Ordensgemeinschaften ist gewiß die der Pastoral der Berufungen und die Jugendpastoral. Ihr Ordensfrauen habt immer eine unersetzbare Funktion auf diesem schwierigen Gebiet der menschlichen und christlichen Bildung gehabt.

Was die Pastoral der Berufungen angeht, gelangt ihr nicht selten dorthin, wo selbst der Priester auf Schwierigkeiten stoßen würde.
Es ist wichtig, daß ihr auf dem Gebiet der Förderung von Berufungen ganz selbstlos zu sein versteht und nur dem Rechnung tragt, was bei der konkreten Wahl des einzuschlagenden Weges den persönlichen Voraussetzungen des Betreffenden am besten entspricht. Die Menschenseelen sind nicht für den Dienst des Instituts da, sondern das Institut für den Dienst an den Menschenseelen. Förderung von Berufungen heißt, den jungen Menschen entdecken helfen, welchen Plan Gott mit ihnen hat und ihn mit hochherziger Verfügbarkeit annehmen.
Ein besonders geeignetes, wenn auch nicht immer leichtes Feld zu angemessener Jugendbildung stellen in dieser Stadt die von euch geführten Studentinnenwohnheime dar. Es ist klar, daß für diese Bildungsaufgabe gut vorgebildete Kräfte erforderlich sind, bei denen sich moralische und erzieherische Qualitäten mit einer besonderen kulturellen Vorbildung verbinden. Die Ordensfrau muß ja imstande sein, Fragen zu beantworten und geistlichen und menschlichen Ansprüchen zu genügen, die mit diesem Lebensabschnitt und mit den Erfahrungen in der Welt der Universität verbunden sind. Wenn eine Ordensgemeinschaft diese Aufgabe übernimmt, muß sie ihre dafür bestimmten Mitglieder mit den kulturellen Voraussetzungen so ausrüsten, daß sie in angemessener Weise diesen Dienst erfüllen können. Gern bescheinige ich euch, was ihr in dieser Hinsicht schon tut, liebe Schwestern, und ich fordere euch auf, eure Präsenz noch weiterhin zu qualifizieren, um immer besser mit dem Herrn zusammenzuarbeiten, der es sicherlich nicht versäumt, in vielen jungen Herzen am Werk zu sein.
Euch allen, liebe Schwestern, bestätige ich den großen Einsatz, den ihr im ganzen Diözesanbereich in verschiedenen Formen der Jugendpastoral in Zusammenarbeit leistet, in Schulen und Oratorien, in Einrichtungen der Caritas und der Sozialhilfe. Ich danke euch für die Hochherzigkeit, womit ihr das tut, und ich fordere euch auf, all dieses Gute beharrlich weiterzuführen.

6. Zum Abschluß wünsche ich euch allen, liebe Schwestern, daß eure Berufung immer mehr an Tiefe gewinne. Das ist wichtig, abgesehen von dem besonderen Platz, an den Gott euch durch eure Obern gestellt hat.
Diese, manchmal Schweres fordernde, aber immer fruchtbare Treue ist es, die euch jenen Frieden schenkt, nach dem ihr euch sehnt und der euer Zeugnis sicherlich fruchtbar macht. Die Jungfrau Maria, die euch allen in besonderer Weise Vorbild ist und von der ihr gleichsam lebendige Abbilder seid, führe euch zu einer immer tieferen Kenntnis des Geheimnisses Christi, „in dem alle Schätze der Weisheit und Erkenntnis verborgen sind“ (*Kol* 2,3).
Und ich segne euch von Herzen, zusammen mit euren Lieben und mit allen, denen ihr selbstlos in Liebe dient.

Christentum – Schule der Menschlichkeit

Ansprache beim Treffen mit der 46. Luftbrigade in Pisa am 24. September

Herr General,
meine Herren Offiziere und Unteroffiziere,
liebe Flieger!

1. Ich freue mich über diese Begegnung mit Ihnen zum Abschluß meines Besuches in Pisa, dem Standort dieser ruhmreichen Luftbrigade, die seit fast fünfzig Jahren im Dienst des Vaterlandes steht in einem Crescendo an Einsätzen, die die Sicherheit des Landes und verschiedene Formen der Hilfe bei öffentlichen Unglücksfällen zum Ziel haben.
Ich danke dem Herrn Kommandanten für sein freundliches Grußwort, in dem er mir auch in Kürze die Zweckbestimmung und die Aufträge des Verbandes dargestellt hat. Ich möchte Ihnen allen, die Sie zu diesem Verband gehören, von Herzen danken für die verschiedenartigen providentiellen Einsätze, die Sie nicht nur in Italien, sondern auch im Ausland durchführen, überall dort, wo Sie das Drama des leidenden oder schutzlosen Menschen hinruft. Ich denke insbesondere an die Flieger, die 1961 in Kindu während einer Friedensmission abgestürzt sind. Mit innerer Bewegung war ich gerade kurz zum Gebet für sie in der Kapelle, die an ihr Opfer erinnert.
Ich sehe in Ihnen, in Ihrer Disziplin, in Ihrem Ausbildungsstand, in Ihrem Mut und in Ihrer Hochherzigkeit im Dienst am Nächsten eine besondere Ausdrucksform jener hohen moralischen Qualitäten, die die Größe des Menschen ausmachen.

2. Dieser Ihr Spezialauftrag – das Fliegen – lädt zum Nachdenken ein über Hohes und Himmlisches, über schwierige Dinge, weil sie die Anstrengung des Aufstiegs erfordern, der von der Schwere des Körpers behindert wird; und wie die Höhen moralischer Vollkommenheit zu ihrer Eroberung beharrlich aszetische Übung verlangen, so werden auch Ihre wagemutigen und schnellen Lufteinsätze, die Sie zu Beherrschern des Himmels und des Luftraums machen, nur möglich um den Preis einer analogen intensiven und gewissenhaften Disziplin, die gebunden ist an das Vorhandensein von Tugenden, wie Pflichtbewußtsein, Opfergeist, Gehorsam, menschliche Solidarität, Einfachheit des Lebens, die auch notwendig sind für den Aufstieg des Geistes. Ihr Beruf läßt Sie also jene Werte begreifen und schätzen, die dem christlichen Ideal eigen sind, das die hochherzigsten, vornehmsten und lautersten Anwandlungen des menschlichen Herzens im Hinblick auf die Suche nach dem Guten und der Gerechtigkeit nicht leugnet, sondern reinigt, bestätigt und erhöht.
Ihr Fliegerberuf ist Symbol und Ausdruck des Bedürfnisses, das dem menschlichen Geist zu eigen ist: über die irdischen und materialen Realitäten hinauszuschweifen und zu herrschen in der Eroberung des Unendlichen, jenes Gottes, den die religiöse Tradition der Menschheit und die Hl. Schrift selbst mit dem Symbol des „Himmels" verbinden.

3. So fordere ich Sie also auf, mit hochherziger und offener Gesinnung Ihre Pflicht weiterhin zu erfüllen. Diejenigen unter Ihnen, die sich ausdrücklich zum christlichen Glau-

ben bekennen, mögen sich dazu angehalten sehen, gegenüber den Kameraden in beispielhafter Weise Zeugnis zu geben, was die zuverlässige Erfüllung der Aufträge und Missionen angeht, die ihnen anvertraut sind. Wer Ihren Glauben nicht teilt, muß durch Ihr Verhalten veranlaßt werden, sich nach der Quelle Ihres Enthusiasmus und Ihres Opfergeistes zu fragen. Das Christentum ist und bleibt immer eine große Schule der Menschlichkeit, auch wenn es sich nicht darauf beschränkt, weil es den Menschen über sich hinaushebt zur Würde eines Kindes Gottes.
Mit diesen Gedanken erteile ich Ihnen meinen Segen, der auch allen Ihren Lieben gilt.

Gesetze der Natur und des Lebens achten

Ansprache an die Professoren und Studenten der Universität Pisa am 24. September

Sehr geehrte Damen und Herren,
Dozenten und Mitarbeiter,
liebe Studenten des Athenäums in Pisa!

1. Zu allererst muß ich lebhaften Dank zum Ausdruck bringen für den so herzlichen und aufrichtigen Gruß, den Sie, alle hier Anwesenden mir entboten haben, durch den Herrn Rector Magnificus, Ihren Vertreter und Sprecher. Auf den Gruß antworte ich mit dem Glückwunsch nicht nur persönlichen Wohlergehens für einen jeden von Ihnen, sondern auch für das Geschick dieser historischen Universität; und einen solchen Glückwunsch erstrecke ich auf die akademischen Gemeinschaften der „Scuola Normale Superiore" und der „Scuola Superiore di Perfezionamento S. Anna", die ich in Kürze besuchen werde.
Ich bin wahrhaft froh über diese dreifache Begegnung und sehe es als sehr bedeutungsvoll für mein pastorales Amt an, mit Ihnen und mit den Kollegen von den besagten Schulen einen guten Teil dieses Sonntagvormittags zu verbringen. Nach dem Halt in der Kathedrale ist es mir genehm, an diesen angesehenen akademischen Stätten der Stadt zu verweilen, welche Lehrstühle anderer Art und anderen Zwecks bilden, die meiner pastoralen Sendung doch nicht fremd sind. Vom Lehrstuhl des christlichen Glaubens bin ich zum Lehrstuhl der Wissenschaften gekommen, welche es bezwecken, den Menschen vorzubereiten, zu bilden und zu erheben: und wo der Mensch ist, dort muß von ihrem angeborenen Recht und ihrer angeborenen Pflicht her auch die Kirche sein! Ich denke daher, daß der Weg, den ich heute morgen beschreite, symbolisch den Weg anzeigen kann, der Wissenschaft und Glauben miteinander verbindet.

2. Wenn ich meine Glückwünsche für das Geschick Ihrer Universität formuliere, beziehe ich mich damit nicht nur auf ihre Entwicklung, auf die Verbesserung ihrer Strukturen, auf ihre organisatorische und administrative Effizienz, sondern vor allem auf ihr Wachstum „ab intus" in einer zeitgerechten und weisen Antwort auf die ihrer Natur gemäßen Erziehungs- und Bildungsziele, in der Interpretation der neuen Anforderungen unserer Zeit, in der unausweichbaren Zielsetzung des Dienstes am Menschen.

Wirklich, gerade im Hinblick auf den Dienst am Menschen erweist sich das Gespräch über die Beziehung zwischen Wissenschaft und Glauben, welches ein wiederkehrendes Thema der philosophischen Problematik durch die Jahrhunderte und Gegenstand beharrlichen und oft durchlittenen Nachdenkens ist, wieder einmal als aktuell und offen für eine weitere, gewinnbringende Vertiefung.
In der Tat bleiben mit unveränderter und erregender Gültigkeit die Fragen bestehen: sind Gott und der Mensch etwa Gegensätze? Und wenn dieser über den Weg des Glaubens zu Gott gelangt, ist ihm dann jeder Zugang über den Weg der Vernunft verschlossen? Und wenn es zur Vernunft gehört, Forschung zu betreiben und zur Wissenschaft zu gelangen, sind dann nicht die Forschung über Gott und eine Wissenschaft Gottes möglich?

3. Diese Fragen – die auf das Thema des „intellectus quaerens fidem" zurückkommen sowie der Suche, die den Übergang von der Phase des „quaerere" zu jener des „invenire" vermittelt – nehmen konkrete Beschaffenheit an, wenn sie in der ethischen Dimension gesehen und ergänzt werden. In ihrem unverzichtbaren Einsatz der Forschung und des Dienstes hat die Wissenschaft eine ihr innewohnende Moralität zu beachten: während die Horizonte, auf die hin sie sich bewegt, immer weiter erscheinen, entdeckt der Mensch, der sie pflegt und entwickelt, neue Grenzen, Zweifel und Schwierigkeiten. Im Licht der gemachten Erfahrungen, der bereits erreichten oder erblickten Ziele und leider auch der möglichen Gefahren drängt sich heute mehr als in der Vergangenheit die Frage nach der Beziehung zwischen Forschung und Ethik auf. An den Menschen der Wissenschaft, der sucht und vertieft, um immer mehr und besser zu verstehen, treten die Geheimnisse der Natur und vor allem das Geheimnis des Menschen selbst heran und werden ihm beinahe greifbar. Wenn er bis zu den Grenzen der Wirklichkeit und des Lebens vorstößt, nimmt er einen Schauder schon in seinem Wagen wahr und kann nicht umhin, sich außer über den allgemeinen Sinn seiner Erkenntnisarbeit über das Endergebnis und den moralischen Wert so vielen Einsatzes zu fragen. Wenn er den Blick auf die verborgensten Kräfte der Natur richtet und sich die kühnsten Methodologien aneignet, um sie zu beherrschen und zu nützen, nimmt der Mensch das Risiko von Übergriffen und Mißbräuchen wahr.
Ich spreche zu einem sachverständigen Hörerkreis: ich kann mich also darauf beschränken, auf unleugbare Tatsachen hinzuweisen wie die ökologische Gefahr, die Anhäufung von Waffen mit verheerender Wirkung, die Begründetheit gewisser Meldungen und Beschuldigungen. Auf dem Gebiet des menschlichen Lebens kennen alle die bewundernswerten Fortschritte der Biologie und der Gentechnik, ebenso jedoch sind die Gefahren allzu kühner Operationen bekannt, die unangenehme Formen von Manipulation und Veränderung mit sich bringen. Wie Sie wissen, habe ich selbst zu verschiedenen Gelegenheiten auf die Dringlichkeit und die Pflicht verwiesen, in einer so heiklen Materie mit der größten Behutsamkeit vorzugehen; ohne der Forschung erdrückende Grenzen zu gebieten, will das heißen: Respektierung der höchsten Gesetze der Natur und des Lebens, Anpassung in jeder Phase der Forschung an die von der Würde der Person abgeleiteten Erfordernisse. Das heißt in einem Wort: Verantwortungssinn.

4. Angesichts einiger Widersprüche zwischen den Zwecken wissenschaftlicher Erkenntnis und den Ergebnissen, zu denen diese auf Praxisebene führen kann, kann das

Sprechen von Verantwortung keine rein theoretische Rede bleiben – als ob die Wissenschaft an sich angeklagt sei –, sondern muß die Handelnden erfassen, die daran in eigener Person beteiligt sind. Es ist nicht nur angebracht, sondern notwendig und verpflichtend, von der Verantwortung der Wissenschaftler zu sprechen; diese wird sich zeigen müssen im Eingehen auf jenen „ordo rerum", den der Wissenschaftler nach und nach in seiner bewunderswerten Gliederung entdeckt, im Respektieren der ontologischen Transzendenz der Person über die anderen Wesen der Welt der Natur, dort, wo er die Werkzeuge der wissenschaftlichen Forschung an ihr zur Anwendung bringt, im Berücksichtigen der Konsequenzen, die die auf rein theoretischem Gebiet erreichten oder erreichbaren Kenntnisse auf Anwendungsebene haben können.
Wir erleben heute leider eine neue und schreckliche Erfahrung: jene einer möglichen Katastrophe, die nicht etwa äußeren Einwirkungen zuzuschreiben ist, sondern gewissen Widersprüchen in unserem Verhalten. Gerade eine solche Erfahrung entfernt uns ja nicht von der Mitte unserer Existenz, sie muß uns vielmehr dieser nahebringen und auf sie zurückführen, denn zwingend wirft sie neu das Thema von Sinn des Lebens und unseres Seins in der Welt auf. Der Wissenschaftler befindet sich schon wegen seiner Forschungen und Entdeckungen und der Anwendungen, die davon gemacht werden, wie vor einem Scheideweg, insofern er und die Frucht seiner Arbeit dem Menschen zugute oder zu Schaden kommen können: an ihn vor den anderen tritt die ethische Forderung in ganz besonderer, unausweichlicher und ich möchte sagen, auch vorbereitender Weise heran. Noch bevor er sich an seine spezifische Arbeit macht, kann auf ihn die Einladung des hl. Augustinus bezogen werden, der, wenn auch nicht ein Wissenschaftler im modernen Sinn des Wortes, so doch ein äußerst feiner Denker und leidenschaftlicher Sucher der Wahrheit war: Noli foras iure; in te ipsum redi; in interiore homine habitat veritas (*De veritas religione*, 39,72: *PL* 34,154). Zusammen mit, ja vor dem äußerlichen Herantreten an die Dinge hat der Wissenschaftler einen aufmerksamen und durchdringenden Blick in sich selbst nötig, um Weisen und Formen, Mittel und Ziele seiner Tätigkeit zu werten. Eine solche Prüfung wird seinen wirklich persönlichen Sinn seiner Verantwortung als Mensch, Gelehrter und Forscher sicherer und reifer werden lassen.

5. Heute wird von seiten selbst der Wissenschaftler geklagt über die „Parzellierung der Spezialisten" und zu Recht wird die Notwendigkeit neuer Synthesen festgestellt, die in der Lage sind, die Vielzahl der Errungenschaften, der Erkennntisse, der Techniken, die sich mit erstaunlicher Schnelle in den verschiedenen disziplinären und subdisziplinären Bereichen anhäufen, zu verknüpfen. Doch wenn es wahr ist, daß die Wissenschaft sich nicht darauf beschränkt, zu beobachten und zu katalogisieren, sondern in die Prozesse eingreift, um die Wirklichkeit umzuwandeln – und es handelt sich manchmal um radikale Eingriffe, die die natürlichen Rhythmen auch angreifen und schwere Störungen in die Ordnung der Welt bringen können –, so wird es keine neuen gültigen Synthesen geben, wenn in sie nicht der authentische Sinn des Lebens und eine vollständige ethische Sicht integriert werden. Angesichts der fortbestehenden Geheimnisse des Mikrokosmos und des Makrokosmos wächst trotz der Wunder der Wissenschaften und der Technologien das Bewußtsein der „Endlichkeit" der menschlichen Kräfte, und die Gewißheiten der

Vernunft, so real und solide sie auch seien, bleiben an einem gewissen Punkt stehen, so daß man veranlaßt ist, zur Zerstreuung der Zweifel und zur Lösung der dramatischen Probleme den Gewinn anderer Gewißheiten anzurufen, die auf einer anderen, von der Liebe geregelten und vom Glauben erleuchteten Wertordnung gründen.
Während gewisse übertriebene Versprechungen der sogenannten „Technologiehoffnung“ zurückdimensioniert werden und die Auffassungen eines auf falschen Werten gründenden Wohlstandes sinken, läßt sich die dringende Notwendigkeit einer Operation der Zurückgewinnung feststellen. Es kommt in erster Linie euch als Gelehrten und Forschern zu, euch in dieser Richtung auszuzeichnen. Dadurch wird die Qualität eurer Arbeit gewinnen und – ein in Betracht zu ziehendes, großes moralisches Element – die menschliche Würde der Wissenschaft.

6. Meine Reflexion will keine einschränkende Betrachtung jener rechten Freiheit oder „legitimen Autonomie“ (ein Wort des II. Vatikanischen Konzils) sein, die der genießen muß, der, wie Sie, eingesetzt, oder, um es besser zu sagen, verwickelt ist in die Forschung an den vorgerückten Grenzen der zeitgenössischen Wissenschaft. Alles andere! Die Kirche hat Vertrauen in Ihren Einsatz, sie fördert und ermutigt ihn. Ich möchte Ihnen diesbezüglich einige Worte des Konzils selbst in Erinnerung bringen: „Wenn ... der Mensch sich in den verschiedenen Fächern, der Philosophie und Geschichte, der Mathematik und Naturwissenschaft, widmet und sich künstlerisch betätigt, dann kann er im höchsten Grad dazu beitragen, daß die menschliche Familie zu den höheren Prinzipien des Wahren, Guten und Schönen ... kommt“ (*Gaudium et spes*, Nr. 57).
Ich sprach Ihnen eingangs vom Zusammenhang zwischen der Kathedrale und den Lehrstühlen der Wissenschaften, die diese Universität ausmachen: Auch der Mensch der Wissenschaft ist gerufen, „sein“ Priestertum auszuüben. Ja, in einem gewissen Sinn ist jeder wahre Wissenschaftler ein Priester: jenes Ziel, das der Herrgott dem ersten Menschen im Augenblick der Schöpfung zugeteilt hat und das sich jedem Menschen, der in diese Welt kommt, mit unzweifelhafter ethischer Relevanz neu darstellt – Beherrscher des Geschaffenen zu sein –, hat eine besondere und privilegierte Anwendung für den Menschen der Wissenschaft. Gerade weil er besser und mehr sieht, ist seine Pflicht dringender, einerseits Gott in den Werken seiner Schöpfung zu erkennen, zu loben, zu bewundern und ihm zu danken und anderseits einen rechten und verantwortlichen Gebrauch von seinem eigenen Geist und den kleinen und großen Errungenschaften, die dessen Frucht sind, zu machen.
Den Schlußgedanken meines Grußes möchte ich einer Lesung, die die Liturgie diesem Tage zuteilt, entnehmen. In einem *Brief an den Jünger Timotheus* bekräftigt Paulus, es ist der Wille Gottes, „daß alle Menschen gerettet werden und zur Erkenntnis der Wahrheit gelangen“ (*1 Tim* 2,4). Auf dem langen und mühsamen Weg, der zur Wahrheit führt, hat die Vorsehung eine Rolle auch Ihnen zugeteilt, sehr geehrte Dozenten und liebe Studenten des Athenäums in Pisa, in den Fußstapfen berühmter Meister, die hier gelehrt und gelebt haben: erster unter allen der große Galileo Galilei, dann die dichte Schar von Klinikern und Mathematikern und in uns näherem Zeitalter Soziologen wie Giuseppe Toniolo, Physiker wie Enrico Fermi und viele andere Förderer der menschlichen Wissenschaften.

Mit der gesuchten, geliebten, verteidigten, verkündigten Wahrheit wird parallel das menschlich-göttliche, zeitliche und eschatologische Werk des Heils voranschreiten. Nicht nur für Sie, sondern auch für jeden anderen Menschen, den Sie richtigerweise als Ihren Kollegen, Ihren Studenten, Ihren Schüler und immer als Ihren Bruder empfinden.

Besondere Augenblicke der Gnade nutzen

Ansprache bei der Begegnung mit Priestern, Ordensleuten und Laien in Pisa am 24. September

Verehrte Mitbrüder im Bischofsamt,
liebe Brüder und Schwestern!

1. Es ist immer eine Gnade Gottes, wenn wir die Erfahrung einer geschwisterlichen Begegnung machen können, die uns die Gegenwart des Herrn in unserer Mitte wahrnehmen läßt, unsere Herzen in gegenseitiger Unterstützung und Erbauung eint und unsere Bemühungen um das Wachstum des Reiches Gottes koordiniert; ganz besonders erfreulich ist diese unsere Begegnung, weil sie in eurer schönen Kathedrale, dem Mittelpunkt des geistlichen Lebens der Diözese stattfindet. Man muß diese besonderen Augenblicke der Gnade gut nützen, damit sie in unserer Arbeit und in den glücklichen sowie in den – leider unvermeidlichen – Augenblicken der Einsamkeit und der Mutlosigkeit fruchtbar werden.
Der Hirte dieser Diözese hat dieses Klima der Geschwisterlichkeit schon auf glückliche Weise in die Wege geleitet, indem er, auch in eurem Namen, der Freude über die Anwesenheit des Nachfolgers Petri in eurer Mitte Ausdruck verlieh, jenes Nachfolgers Petri, der gekommen ist, um euch kennenzulernen und euch auf eurem Weg des Glaubens und der Gemeinschaft Mut zuzusprechen.

2. Während ich Erzbischof Plotti für die Herzlichkeit danke, mit der er die euch allen gemeinsamen Gefühle ausgesprochen hat, möchte ich euch alle auf das herzlichste begrüßen und auch meine Freude über das Geschenk in Worte fassen, das uns heute die göttliche Vorsehung macht.
Das Glaubensleben – insbesondere das der Priester und der engagierten Laien – wird in erster Linie durch eine intensive Teilnahme am Leben der Diözese verwirklicht; dieses Leben spielt sich heute auf sehr entsprechende Weise im Rahmen der diözesanen Strukturen und der mehrjährigen Pastoralprogramme ab, die ja auch eure Diözese erstellt hat. Ihr Pastoralplan, dessen erste Phase die Zeit von 1986 bis zu diesem Jahr umfaßt, gilt der Evangelisierung der Familie, während die nächste Phase, die von diesem Jahr bis 1992 dauert, sich mit der Jugendpastoral beschäftigen wird. Die Methode, wonach sich die Aufmerksamkeit auf ein spezifisches Thema konzentriert, ohne die anderen Probleme und Interessen aus den Augen zu verlieren, ist bestens für eine Koordinierung der Bemühungen und die Förderung wechselseitiger Zusammenarbeit geeignet und gestattet es, auf die einzelnen und auf die ganze Gesellschaft einen besonders nachhaltigen Einfluß auszuüben.

Eine solche Zusammenarbeit setzt jedoch ein Klima wahrer Geschwisterlichkeit voraus, die in einer Diözese einen unschätzbaren Reichtum darstellt, ist sie doch in gewisser Hinsicht eine Wiederbelebung der Erfahrung der ersten christlichen Gemeinde, von der die *Apostelgeschichte* spricht (Kap. 2–5), eine Wiederbelebung, die es uns erlaubt, heute irgendwie den Eifer von damals und seine missionarische Strahlkraft neu zu erproben.

3. Was den Klerus betrifft so kommt die Brüderlichkeit vor allem in einer gemeinsamen Teilhabe am Leben der andern zum Ausdruck. Die Mitglieder der Ordensgemeinschaften und der Gesellschaften des apostolischen Lebens verwirklichen diese Gemeinsamkeit insbesondere aufgrund der Regeln, die ihr Gemeinschaftsleben bestimmen, und ich nehme gern diese Gelegenheit wahr, um sie zur Achtung für diese Regeln aufzufordern.
Für die Diözesanpriester hat diese gegenseitige Teilhabe vielfache Bedeutung. Ich möchte hervorheben, daß auch für euch ein gemeinsames Leben – mit den notwendigen Anpassungen – empfehlenswert ist. Eine gewisse Zahl von Diözesanpriestern hat die Annahme entsprechender Formen des Gemeinschaftslebens als Hilfe für die persönlichen Notwendigkeiten und für die Erfüllung der priesterlichen Aufgaben empfunden. Besonders möchte ich jene unter euch, denen die Sorge um kleine Pfarrgemeinden anvertraut ist, einladen, dem Rat des Bischofs entsprechend und mit seiner Zustimmung irgendeine Form des Zusammenlebens zu versuchen, die die Selbstversorgung und die Erfüllung der apostolischen Verpflichtungen erleichtert.
Ein in brüderlicher Gemeinschaft froh gelebtes Priestertum wird darüber hinaus auch in anderen, vor allem in Jugendlichen, Achtung für diesen Stand hervorrufen und den von Gott dazu Berufenen helfen, in dieser Berufung den wahren und unverzichtbaren Sinn des Lebens zu entdecken.
Liebe Priester, ich fordere euch auf, euch nachhaltig für die Pastoral der Berufungen einzusetzen; dieser Einsatz muß der großen Liebe zu eurem Priestertum entspringen. Ein Priester, der ohne Energie, gewohnheitsmäßig oder auf allzu menschliche und weltliche Weise seiner Arbeit nachkommt, wird niemals in denen, die mit ihm zu tun haben, Interesse für das Priestertum wecken, sondern ihnen vielmehr irrige Ideen über den priesterlichen Stand vermitteln. Wir werden hingegen dann in unserer Umgebung Liebe zu ihm wecken, wenn wir als erste ihn, der ganzen Wahrheit seines Wesens entsprechend, so hochschätzen, wie ihn das Evangelium und das kirchliche Lehramt uns darlegen; wenn wir mit unserem Leben ihm hochherzig entsprechen, wie es uns das Beispiel der heiligmäßigen Priester lehrt, die die ganze Geschichte der Kirche zieren.

4. Und nun noch ein brüderliches Wort an euch, liebe Laien, um euch jenen Mut für den Weg des Glaubens zuzusprechen, von dem eingangs die Rede war.
Eines der großen Anliegen, die das letzte Konzil den Laien anvertraute, war die Förderung der katholischen Kultur, einst fast ausschließlich Aufgabe des Klerus und der Ordensleute. Die Zunahme der kulturellen Initiativen für die Laien und insbesondere die Eröffnung eigens für sie bestimmter theologischer Bildungszentren in eurer Diözese muß sicher als Segen und als bedeutsames Ergebnis der konziliaren Reform betrachtet werden, wovon wir uns viel Gutes erwarten können.

Darüber hinaus gibt es eine Reihe von Wissenschaftszweigen – in erster Linie die Humanwissenschaften sowie das psychologische und soziologische Wissensgebiet –, die aufgrund ihrer engen Bindung an die zeitlichen Wirklichkeiten durch euch, die katholischen Laien, die ihr eurer Berufung gemäß die zeitlichen Werte christlich beseelen wollt, besondere Förderung erfahren sollen, so daß ihr als hochspezialisierte Autoritäten auch den Hirten der Kirche hilfreich und fachkundig zur Seite stehen könnt.
Deshalb fordere ich alle unter euch, die dazu die Möglichkeit haben und die Eignung besitzen, nachdrücklich auf, eifrig die Kurse für theologische und für sozio-politische Ausbildung zu besuchen, die in eurer Diözese im Toniolo-Haus angeboten werden.
Eine andere, vom Zweiten Vatikanischen Konzil gewollte providentielle Einrichtung sind die pfarrlichen und diözesanen Pastoralräte, die auf sehr entsprechende Weise dem Beitrag der Laien zum Aufbau der Kirche und dem christlichen Dienst an der Gesellschaft Raum geben. Wichtig ist jedoch das tatsächliche und ausgeglichene Funktionieren dieser Räte in jeder Pfarrgemeinde. Dabei sind sowohl übermäßige Passivität und eine gewisse Unbeweglichkeit als auch im Gegenteil eine übersteigerte Autonomie und Unternehmungslust zu vermeiden. Das Einvernehmen mit dem Priester – also dem Pfarrer oder dem Bischof –, auf dem letzten Endes die Hauptverantwortung für das Leben der Gemeinschaft der Gläubigen ruht, muß nach Überwindung eventueller Schwierigkeiten zur positiven und konstruktiven Zusammenarbeit unter Beachtung der Kompetenz eines jeden führen. Die Lösung von Schwierigkeiten wird sicherlich erleichtert durch gewissenhafte Treue zu dem, was die kirchliche Gesetzgebung im jeweiligen Fall vorsieht, ohne daß deshalb die spontane Nächstenliebe geringgeschätzt werde, die immer einen Weg zur Überwindung von Gegensätzen und Mißverständnissen findet.

5. In der Pfarrei werden alle Nöte des Menschen, der Kirche und der Gesellschaft sichtbar. Sie ist somit eine fundamentale Schule der Menschlichkeit, des gesellschaftlichen Zusammenlebens und der Kirchlichkeit. Wie könnte also, liebe Laien, in einer für so viele Nöte, Notwendigkeiten, Pläne und Projekte offenen Institution der Platz für euren Einfallsreichtum, eure Hochherzigkeit und eure Einsatzbereitschaft fehlen? Wie dringend bedarf doch eurer heute die Pfarrei! Und wieviel mehr Entscheidendes als in der Vergangenheit könnt ihr dort heute mit eurer besseren kulturellen und spirituellen Bildung und Ausbildung leisten!
Die Pfarrei ist eine Gemeinde, der ein Amt auferlegt ist. Alles, was sich in ihr abspielt, muß als kirchlicher Dienst betrachtet werden, einschließlich der bescheidensten Tätigkeiten, wie etwa der Verwaltung und der Erhaltung der Gebäude.
Die Pfarrei ist auch Gemeinschaft der geschwisterlichen Liebe, ist eine auf die Nöte der anderen – der Bewohner des Häuserblocks, des Stadtviertels, des Bezirks – ausgerichtete Gemeinschaft, die sich besonders der Ärmsten, der Leidenden, der vom Unrecht Bedrängten und der Ausgegrenzten annimmt. Die Pfarrei muß konkret und unmittelbar die Nächstenliebe ausstrahlen, „damit die Welt glaubt“. Daraus ergibt sich auch die Bedeutung der Pfarrcaritas, von deren Funktionieren nicht zuletzt das Bild abhängt, das sich die Fernstehenden von der Gemeinschaft der Glaubenden machen.

6. Schließlich möchte ich noch an die Bedeutung der Familienpastoral erinnern, der ihr den Pastoralplan der letzten drei Jahre gewidmet habt. Sie kann als ein tragendes – wenn auch nicht als einziges – Element der ganzen Evangelisierung betrachtet werden, vor allem wenn sie vom Blickpunkt der modernen nachkonziliaren Theologie aus gesehen wird. Wie wir heute sehr wohl wissen, müssen die Familien selbst als erste andere Familien evangelisieren. Der Priester trägt zweifellos für die Ehevorbereitung und für die Unterstützung der Familie als einer übernatürlichen Wirklichkeit eine besondere Verantwortung, doch haben auch die Ehepaare, die selbst die Wirklichkeit der Liebe und der Verantwortung für die Familie leben, hier eine spezifische und unersetzbare Kompetenz. Die neue Evangelisierung kann nicht vom Beitrag der christlichen Familien absehen.
Laßt uns also ans Werk gehen, jeder seiner Berufung, seinem Charisma und seinem Amt entsprechend, in tief gegründeter Einheit und in der wunderbaren Vielfalt, in der die Wirklichkeit des mystischen Leibes Christi ihren Ausdruck findet.
Mit diesen Wünschen segne ich euch alle aus ganzem Herzen, wobei mein liebevolles Gedenken auch jenen gilt, die euch teuer sind.

Allen die Wahrheit Christi verkünden

Predigt bei der Eucharistiefeier in Pisa am 24. September

1. „Wo zwei oder drei in meinem Namen versammelt sind, da bin ich mitten unter ihnen" (*Mt* 18,20).
Mit der frohen Gewißheit, die uns diese Worte von der Gegenwart des Herrn unter uns schenken, wenn wir hier zur Gedächtnisfeier seines Erlösungsopfers versammelt sind, grüße ich euch, liebe Brüder und Schwestern der heiligen Kirche in Pisa. Ich grüße besonders euren Erzbischof, Alessandro Plotti, und danke ihm für die Worte, die er im Namen aller gesprochen hat; mit ihm grüße ich den Alt-Erzbischof Benvenuto Matteucci, dem ich in brüderlicher Verbundenheit meine Gebetshilfe in seinem schwierigen Gesundheitszustand verspreche. Einen brüderlichen Gruß allen Bischöfen der Toskana mit Kardinal Silvano Piovanelli. Und ich grüße euch, die Priester und die Ordensleute, die ihr eure Kräfte hochherzig in den Dienst der Herde Christi stellt.
Ich grüße euch und lobe den Herrn, weil er uns in seiner Güte heute zur Eucharistiefeier an diesem „Ort der Wunder" zusammengerufen hat, wo eure Väter in einem eindrucksvollen Teil der alten Stadt einen monumentalen Bau von außerordentlicher Eindruckskraft errichtet haben. Sie haben nahe beieinander das Baptisterium, den Dom und seinen Glockenturm, das Hospital und den Friedhof errichtet und so ihren Nachkommen ein beispielhaftes Bild der Kirche hinterlassen, die den Menschen von seiner Geburt an zur Liebe Gottes neugeboren werden läßt, ihn am Tisch des Wortes und des eucharistischen Brotes in seiner täglichen Mühsal nährt, ihm in der Krankheit mit brüderlicher Liebe zu Hilfe kommt und ihn in der Stunde des Todes Gott anvertraut.
Über diese Botschaft, die sie euch sichtbar im leuchtenden Marmor der umstehenden Bauten hinterlassen haben, laden eure Vorfahren euch nachzudenken ein. Sie haben euch

ein Andenken und eine Mahnung hinterlassen: diese Kirche hier in Pisa soll im Verlauf der Generationen nie das Bewußtsein von ihrer besonderen Identität und von der Sendung, die Gott ihr in der Zeit anvertraut hat, und nicht das Wissen um den Lohn verlieren, den er ihr für die Ewigkeit vorbehält.

2. Bei diesem Nachdenken über die Wirklichkeit der Kirche leiten uns, liebe Brüder und Schwestern, die liturgischen Lesungen, die wir eben gehört haben. Um mit dem Abschnitt aus dem *Buch Deuteronomium* zu beginnen, spricht dort Mose zum Volk und erinnert es daran: „Du bist ein Volk, das dem Herrn, deinem Gott, heilig ist. Dich hat der Herr, dein Gott, ausgewählt, damit du ... ihm persönlich gehörst“ (*Dtn* 7,6).
So steht also am Anfang von allem die Initiative Gottes. Gott ist es, der sein Volk auserwählt, und diese seine Wahl hat keinen anderen Grund als die Liebe: Gott hat Israel nicht erwählt, weil es „zahlreicher als die anderen Völker wäre; ihr seid das kleinste unter allen Völkern“ (*Dtn* 7,7), sondern einzig, weil er es liebt (vgl. *Dtn* 7,8).
Es geht also um eine Entscheidung Gottes, eine Entscheidung, die gleichzeitig befreit und bindet: Gott befreit Israel „aus dem Sklavenhaus, aus der Hand des Pharao“ (*Dtn* 7,8), doch um es in einem Bundesschluß an sich zu binden. Von nun an ist Israel „ein Volk, das dem Herrn geweiht ist“, also ein Volk, das zwar mitten unter den anderen Völkern lebt, sich aber verpflichtet fühlen muß, dem Privileg der Wahl Gottes zu entsprechen und seinen Kult dem allein wahren Gott darzubringen sowie seine Gebote zu halten. Der Bund mit Gott ist ein Privileg, das ehrt, das aber auch in Ehren gehalten werden muß: er ist ein Vertrag, der feierlich verpflichtet.
Nun aber sage ich dir, Kirche in Pisa, überdenke deine Geschichte im Licht, das dir von diesem Wort Gottes zukommt! Seit Beginn der christlichen Zeit sind deine Väter von seiten Gottes bevorzugt geliebt worden: wenn nicht Petrus selbst, so sind gewiß seine ersten Jünger an das Gestade des Arno gekommen, um dir die Frohbotschaft des Evangeliums zu bringen. So wurdest du geboren: an deinen Anfängen steht eine Initiative der Liebe Gottes. Deine Väter wußten hochherzig auf den damaligen Bundesschluß Gottes mit ihnen zu antworten. Die Früchte dieser Antwort aber sind in den Annalen deiner Geschichte verzeichnet, und an sie erinnert jene Blütenlese von Werken der Kunst, um die euch alle Welt beneidet.
Wie lebst du heute deine Auserwählung durch Gott? Wie hochherzig entsprichst du der Initiative seiner Liebe und verteidigst die Freiheit, die er dir geschenkt hat, durch Treue zu seinem Bund?
„Du bist ein Volk, das dem Herrn, deinem Gott, geweiht ist“. Vergiß das nie!

3. „Wo zwei oder drei in meinem Namen versammelt sind, da bin ich mitten unter ihnen“ (*Mt* 18,20). Hier spricht Jesus selbst. Er wendet sich an die Glieder des neuen Volkes, das er auf dem Fundament seines eigenen Opfers zu gründen gekommen ist. Die Gemeinschaft des Alten Bundes war nur die Vorgestalt des neuen Israel, mit dem er in seinem Blut den endgültigen und universalen Bund gestiftet hat. Hier ist nichts mehr vorläufig, nichts mehr partikularistisch. Das neue Volk spiegelt den universalen Heilswillen Gottes wider: es umfaßt Menschen aus jeder Rasse und spricht die Sprachen sämtlicher Nationen, wie es das Pfingstereignis mit der unbestreitbaren Klarheit der Tatsachen zeigen sollte.

Von den Lippen ihres Gründers und Meisters vernimmt die Kirche Tag für Tag diese ihre universale Berufung, die sie in den Dingen des Geistes zur einzigen Sachwalterin zwischen Himmel und Erde macht: „Alles, was ihr auf Erden binden werdet, das wird auch im Himmel gebunden sein, und alles, was ihr auf Erden lösen werdet, das wird auch im Himmel gelöst sein" (*Mt* 18,18).

Doch darf dieser grenzenlose Horizont der der Kirche anvertrauten Sendung nichts Vages oder Abstraktes bleiben und auch nicht den Kontakt mit der konkreten Wirklichkeit sowie mit gewissen menschlichen Grenzen, die sie hat, verlieren. Die universale Einheit der Völker in Christus, die die Kirche herbeizuführen berufen ist, vollzieht sich tatsächlich durch die Begegnung in kleineren Gemeinschaften: „Wo zwei oder drei in meinem Namen versammelt sind, da bin ich mitten unter ihnen" (*Mt* 18,20); und die Menschen, die in diese Gemeinschaften eintreten, sind leider nicht immer vollkommen: „Wenn dein Bruder sündigt, dann ... weise ihn zurecht" (*Mt* 18,15).

4. Liebe Brüder! Welche Fülle von anregenden Gedanken bietet dieses Wort Christi für uns alle, die wie wir jetzt „in seinen Namen" versammelt sind! Es versichert uns vor allem, daß die Wirklichkeit der Kirche als Volk auf dem Weg zur Heimat bereits in jeder kleinen Gemeinschaft vorhanden ist, die trotz der Last ihrer Untreue und Schuld sich im Glauben versammelt, um den Namen Christi zu bekennen.

Ein Ausdruck dieser Gemeinschaft ist z. B. die vom Sakrament der Ehe geheiligte Familie, wenn sie als echte Hauskirche versucht, im Lesen des Wortes Gottes und in gemeinsamem Gebet die Kraft zu finden, um das Alltagsleben in der Liebe zu leben. Einen anderen Ausdruck findet sie in der Pfarrei, die sich um den Priester versammelt, um die göttlichen Geheimnisse zu feiern, sich vom eucharistischen Brot zu nähren und die Bande der brüderlichen Liebe zu stärken. Wieder einen anderen – und hier vollen – Ausdruck findet sie vor allem in der Gemeinschaft der Diözese, wenn „unter dem heiligen Dienstamt des Bischofs das Symbol jener Liebe und jener Einheit des mystischen Leibes (erscheint), ohne die es kein Heil geben kann" (*Lumen Gentium*, Nr. 26).

Wohlan, liebe Gläubigen von Pisa: Wenn ihr mit eurem Bischof geeint seid, der euch das Evangelium verkündet, für euch das Geheimnis vom Mahl des Herrn erneuert und mit euch die Aufgabe des brüderlichen Dienstes erfüllt, verwirklicht ihr in Fülle die Kirche Christi. Das II. Vatikanische Konzil hat ausführlich von den Einzel- und Ortskirchen wie der euren hier gesprochen und mit Nachdruck betont: „In ihnen und aus ihnen besteht die eine und einzige katholische Kirche" (*ebd.*, Nr. 23).

Zwischen Einzelkirche und universaler Kirche besteht eine direkte, innere und grundlegende Gegenseitigkeit, kraft derer die universale Kirche sichtbar wird und sich in der Konkretheit der Einzelkirche ausprägt, und diese atmet ihrerseits und lebt von der Katholizität der universalen Kirche.

Die Folgen eines solchen Verhältnisses ergeben sich unmittelbar und sind wichtig: du, Gläubiger von Pisa, darfst dir nicht einbilden, in Gemeinschaft mit der universalen Kirche zu stehen, wenn du nicht in Gemeinschaft mit deinem Bischof im Rahmen deiner Einzelkirche lebst. Umgekehrt würde die Übereinstimmung mit deinem Hirten nicht genügen, um deinem Glauben den Atem der Katholizität zu geben, wenn dein Bischof un-

glücklicherweise die Gemeinschaft mit den übrigen Bischöfen und mit jenem gebrochen hätte, der „als Nachfolger Petri das immerwährende, sichtbare Prinzip und Fundament für die Einheit der Vielheit von Bischöfen und Gläubigen“ ist (*ebd.*, Nr. 23).
Die heutige Feier, in der an der Seite eures Erzbischofs, liebe Bürger von Pisa, sich der Nachfolger des Petrus befindet, der mit ihm zusammen die gleiche Eucharistie feiert, bekräftigt offenkundig das Band der Liebe und des Friedens, das eure Kirche innerlich mit der Kirche von Rom in der Gemeinschaft der einen Kirche Christi verbindet.
Wie sollten wir dem Herrn nicht für diese freudenvolle Erfahrung der Brüderlichkeit danken, in der wir die Wahrheit der Worte Christi: „Wo zwei oder drei in meinem Namen versammelt sind, da bin ich mitten unter ihnen“, sozusagen mit Händen greifen können?
Wir danken Gott und fühlen uns zugleich beauftragt, immer tiefer jene kirchliche Gemeinschaft zu leben, durch die der göttliche Meister seine Heil schenkende Gegenwart unter uns fortsetzt.

5. Ein maßgebender Hinweis auf den konkreten Prozeß, dem man beim Aufbau der Gemeinschaft des Glaubens und des christlichen Lebens folgen muß, findet sich in der apostolischen Tätigkeit des hl. Paulus in Korinth. Die Seite aus dem Buch der *Apostelgeschichte*, die wir eben gehört haben, stellt uns den Apostel als Gast seiner Freunde Aquila und Priszilla vor, deren materielle Arbeit als Zeltmacher er zunächst mitmacht. So kann er in direkten Kontakt mit der sozio-ökonomischen Wirklichkeit seiner Umwelt kommen und damit leichter Annahme finden.
Es gibt auch heute noch gewisse Kreise, die die Kirche als etwas Fremdes, wenn nicht gar als ihnen feindlich betrachten, eine Kirche, die ihnen nichts Nützliches und Konstruktives zu sagen hat. Die erste Aufgabe der Gemeinschaft der Christen besteht in diesen Fällen darin, die Vorurteile durch Mitarbeiten bei den Problemen und Anliegen dieser Brüder in einer Haltung echter Partnerschaft aufzulösen. Nur das auf menschlicher Ebene zurückgewonnene Vertrauen macht den Beginn eines Dialogs möglich, der bis hin zu den Problemen um Glauben und Heil weiterführt.
Der hl. Paulus beginnt seine apostolische Arbeit innerhalb der Kreise des Judentums, weitet sie aber bald auf die weit ausgedehnte Welt der Heiden aus, und der Herr versichert ihm: „Viel Volk gehört mir in dieser Stadt“, um in die Kirche eingegliedert zu werden (vgl. *Apg* 18,10).
Auch heute muß der Christ sich vor der Versuchung hüten, sich in der kleinen Gruppe jener einzuschließen, die wir er selbst denken. Er muß sich öffnen für die Anerkennung der gültigen Elemente, die auch die anderen besitzen, und davon ausgehend ihnen die volle Wahrheit von Christus, dem Erlöser, verkünden.
Dies hat der Apostel Paulus in Korinth getan. Das Buch der *Apostelgeschichte* faßt seine Predigt dort zusammen und sagt: „Er bezeugte … daß Jesus der Messias sei“ (*Apg* 18,5).
Nicht anders lautet die Aufgabe der Kirche heute; nicht anders ist die Aufgabe der Kirche, die in dieser eurer Stadt mit einer so berühmten Vergangenheit lebt, Bürger von Pisa! Mit all ihren Pfarrgemeinschaften, christlichen Familien, Ordensgemeinschaften, Bruderschaften, Verbänden, Gruppen und Bewegungen, mit all dem Reichtum ihrer christli-

chen Erfahrung und der Wirksamkeit ihrer Organisation hat sie nur ein Ziel: an alle die Botschaft heranzutragen, daß Jesus der Messias ist, daß sein Wort die Wahrheit ist, die wir alle suchen, daß er der für die Erlösung des Menschen Auferstandene ist, daß in ihm und in keinem anderen die Hoffnung auf das Heil der Welt ruht.

6. „Fürchte dich nicht! Rede nur, schweige nicht! Denn ich bin mit dir" (*Apg* 18,9–10).
Dies sagt der Herr heute auch dir, Kirche, die für ihn in Pisa Zeugnis gibt. „Fürchte dich nicht", die erhabene Wahrheit zu verkünden, die Christus dir geoffenbart hat. Verschließe dich nicht in Mutlosigkeit oder Isolierung: der Herr ist mir dir! „Rede nur, schweige nicht", denn wenn du von Christus ein so großes Erbe an Gnade und Wahrheit zum Wohl des Menschen erhalten hast, darfst du dir nie erlauben oder gestatten, es den Brüdern zu entziehen oder es verborgen zu halten. Wenn du von deinen Vätern eine Kraft der Klarheit der Stimme und des Zeugnisses erhalten hast, wie sie in diesen herrlichen Gebäuden sichtbar sind, mußt du dich auch weiter mit der gleichen mutigen Offenheit äußern.
„Ich bin mit dir"! Mit dir ist dein Herr, Christus, der für dich gestorben ist; Christus, der dich auserwählt hat und dich weiter liebt. Er wird gewiß das Werk, das er in dir begonnen hat, vollenden. Er will in Fülle die Sendung vollziehen, für die er dich seit den ersten Anfängen der christlichen Zeit berufen hat.
Finde daher in dir selbst den Mut, dich deinem Meister und Herrn anzuvertrauen, um ihm mit absoluter Entschlossenheit, mit lebendigem Glauben und in hochherziger Liebe nachzufolgen.
„Rede weiter und schweige nicht!" Amen.

6. *Pastoralreise in den Fernen Osten und Mauritius (6. bis 16. Oktober)*

Wahrer Friede ist ein Geschenk Gottes

Begrüßungsansprache bei der Ankunft in Seoul (Korea) am 7. Oktober

Herr Präsident,
Euer Eminenz, liebes Volk von Korea!

Es ist eine wahre Freude, euch nach so langer Zeit wiederzusehen.

1. Fünf Jahre sind vergangen, seit ich zuletzt hier in Korea war. In all diesen Jahren habe ich viele frohe und anregende Erinnerungen an meinen vorigen Besuch bewahrt. Heute nun bin ich auf diese schöne Halbinsel zurückgekehrt! Ich grüße euch alle von Herzen mit dem Gebet, Gott möge Korea und sein ganzes Volk mit seinen Gaben geistlichen Wohlergehens und brüderlicher Harmonie segnen. Ich danke Ihnen, Herr Präsident, für Ihre freundlichen Willkommensworte. In ihnen höre ich die Stimme des koreanischen Volkes, das mich erneut zur Teilhabe am Leben, an den Hoffnungen und am tiefen spirituellen Sehnen dieses alten Landes willkommen heißt.
In besonderer Weise möchte ich meine katholischen Brüder und Schwestern grüßen. Die Freude unserer letzten Begegnung, die in der Messe für die Heiligsprechung der koreanischen Märtyrer ihren Höhepunkt erreichte, ist immer noch frisch in meinem Geist und meinem Herzen. Jetzt bin ich zusammen mit katholischen Pilgern aus vielen anderen Teilen der Welt nach Korea gekommen, um an dem großen Eucharistischen Kongreß hier in Seoul teilzunehmen. Mit ihnen bin ich gekommen, um Christus, unseren Frieden (vgl. *Eph* 2,14), zu verehren und darum zu beten, daß unser himmlischer Vater jedes Menschenherz, jede Familie und jede Nation mit seinem Frieden segnen möge, einem Frieden, der alles menschliche Verstehen übersteigt (vgl. *Phil* 4,7).
Ich möchte in meine Grüße und meine Gefühle der Freundschaft auch meine christlichen Brüder und Schwestern und die Anhänger anderer großer religiöser Traditionen einschließen.

2. „Sogar Flüsse und Berge ändern sich in zehn Jahren.“ Liebe Freunde, diese koreanische Volksweisheit enthält eine tiefe Wahrheit. Unsere Welt unterliegt schnellen, ja sogar verwirrenden Veränderungen. Hier in Korea ist sogar in den fünf Jahren, seit ich zuletzt bei euch war, viel geschehen. Wie die Welt im allgemeinen hat Korea einige Veränderungen erfahren, die beunruhigen, während andere das Menschenherz mit neuer Hoffnung und neuem Vertrauen erfüllen. Gemeinsam mit anderen Völkern auf der ganzen Erde hattet ihr das Ringen um den Aufbau einer Gesellschaft zu bestehen, die von sozialer Harmonie und wirtschaftlichen Möglichkeiten für alle geprägt ist. Und was von besonderer Bedeutung ist, als Koreaner hattet ihr an einer Gesellschaft weiterzubauen, die des gro-

ßen Erbes eurer Vorfahren und ebenso eurer Kinder und aller nachfolgenden Generationen würdig ist.
In den vergangenen fünf Jahren hat die Welt in zunehmendem Maß ihre Augen auf Korea gerichtet. Die unvergeßliche Feier der Olympischen Spiele in Seoul trug dazu bei, die Völker der ganzen Erde in Freundschaft und Harmonie zu einen. Der Ruf vom industriellen Fortschritt und von der wirtschaftlichen Entwicklung eures Landes hat sich weit über die Grenzen hinaus verbreitet. Trotz mancher erschreckender Herausforderungen ist dieser Fortschritt zu einem Beispiel für andere Entwicklungsländer geworden. Diese Leistungen deuten hin auf die wichtige Rolle, die Korea in der Weltgemeinschaft spielen kann. Sie wecken in uns die Hoffnung, daß diese Nation weiterhin ein Beispiel nicht bloß für materiellen Wohlstand und Fortschritt, sondern auch, und noch bedeutender, für die spirituelle Kraft sein werde, die jeder reifen und menschlichen Gesellschaft zugrunde liegen muß. Denn nur eine Kraft, die aus dem Geistigen kommt, wird der Aufgabe gerecht, alte Wunden zu heilen, tiefe Spannungen zu überwinden und allen Bürgern Koreas die Möglichkeit zu geben, aktiv am politischen Leben ihrer Nation, die um wahren Frieden ringt, teilzunehmen.

3. Liebes Volk von Korea: Ihr, die ihr so viele bleibende geistliche Werte von euren Vorfahren empfangen habt – seid ihr nicht in der besonders günstigen Lage zu zeigen, daß materieller Wohlstand Hand in Hand mit echtem spirituellen Empfinden und Wachsen gehen kann, ja sogar muß? Habt ihr nicht – angesichts der tragischen Teilung, die weiterhin euer Volk spaltet – den dringlichen Auftrag, einer von Mißtrauen, Streit und Haß zerrissenen Welt zu beweisen, daß die Menschheit tatsächlich die Kraftquellen besitzt, Spaltung und Krieg zu beenden und einen dauerhaften Frieden zu schmieden? Und das sind eure Kraftquellen: die spirituellen Tugenden des gegenseitigen Vertrauens und der Versöhnung, der selbstlosen Großzügigkeit und der brüderlichen Liebe. Sie sind Teil eures Erbes und eurer Berufung als Koreaner. Sie sind ein Schatz, den ihr euren Kindern und der ganzen Welt vermachen müßt.

4. Wahrer Friede, der Friede, nach dem wir alle uns sehnen, ist ein Geschenk Gottes. Als Bote des Friedens Gottes bin ich nach Korea zurückgekehrt. Ich bete darum, daß der Friede Gottes im Herzen eines jeden Koreaners wachsen und reiche Frucht für die Zukunft eurer Nation und der ganzen Welt hervorbringen möge.
Gott segne euch alle und mache euch zu wahren Werkzeugen seines Friedens.
Liebes Volk, schließen wir uns alle zusammen, um wahren Frieden zu erringen. Danke.

Eucharistie Quelle und Höhepunkt des Lebens

Ansprache bei der Eucharistiefeier in Seoul (Korea) am 7. Oktober

Liebe Brüder und Schwestern!

1. Gelobt sei Jesus Christus im allerheiligsten Sakrament des Altares!
Mit großer Freude bringe ich unserem Herrn gemeinsam mit euch Lob und Preis dar.

Euch allen – Bischöfen, Priestern, Ordensleuten und Laien – sage ich: Gelobt sei Jesus! Laßt uns den Herrn preisen!
Mein besonderer Gruß gilt der Pfarrei Nonhyondong: den Priestern und Schwestern, dem Pfarrgemeinderat und allen Pfarrangehörigen, die mich hier mit so viel Liebe und Begeisterung willkommen geheißen haben. Ich möchte auch alle Männer und Frauen grüßen, die sich mit großer Bereitschaft als außerordentliche Eucharistiehelfer einsetzen. Es ist sehr passend, daß ich bei meinem Besuch des koreanischen Volkes zuerst in einer Kirche wie dieser Halt mache, wo Geist und Herz der Gläubigen sich ständig in Anbetung zu Christus in der heiligsten Eucharistie erheben,
- zu Christus, der sich dem Vater als Opfer für unser Heil anbietet;
- zu Christus, der sich uns schenkt, um als Speise des Lebens verzehrt zu werden, so daß auch wir unser Leben im Dienst der anderen verzehren;
- zu Christus, der uns auf unserem irdischen Pilgerweg mit seiner ständigen Gegenwart und Freundschaft tröstet und stärkt.

Wenn wir das Fleisch gewordene Wort, das nun sakramental in der Eucharistie gegenwärtig ist, betrachten, dann sind die Augen unseres Leibes eins mit den Augen des Glaubens, die auf diese besondere Form der Gegenwart des Emmanuel, „Gott mit uns“, hinblicken bis zu dem Tag, da der Schleier des Sakramentes im Königreich des Himmels weggenommen wird.
Wollen wir die Eucharistie als „Quelle und Höhepunkt des ganzen christlichen Lebens“ (*Lumen Gentium*, Nr. 11) erfahren, so müssen wir sie gläubig feiern, mit Ehrfurcht empfangen und sie unseren Geist und unser Herz durch das Gebet der Anbetung umformen lassen. Nur wenn wir unsere eucharistische Gemeinschaft mit dem Herrn durch persönliches Gebet vertiefen, können wir entdecken, was er von uns im täglichen Leben fordert. Nur wenn wir in der Tiefe aus der Quelle des lebenspendenden Wassers trinken, „das in uns aufsprudelt“ (*Joh* 4,14), können wir in Glauben, Hoffnung und Liebe wachsen. Das Bild der Kirche in Anbetung vor dem allerheiligsten Sakrament erinnert uns an die Notwendigkeit, in einen Dialog mit unserem Erlöser einzutreten, auf seine Liebe zu antworten und einander zu lieben.

2. Liebe Brüder im Priestertum, die ihr heute hier in so großer Zahl um den Papst versammelt seid: dieses erhabene Sakrament der Liebe, das für das christliche Leben aller Gläubigen so reich an Bedeutung ist, besitzt eine besondere Bedeutung für uns alle, die wir das Privileg besitzen, es in der Person Christi feiern zu dürfen. Das Zweite Vatikanische Konzil spricht von der „Hirtenliebe“, die vor allem aus der Eucharistie erfließt, der „Mitte und Wurzel des ganzen priesterlichen Lebens“ (*Presbyterorum ordinis*, Nr. 14). Das Konzil sagt weiter, der Priester müsse danach streben, sich zu eigen zu machen, was im eucharistischen Opfer geschieht. „Dazu gelangt er jedoch nur, wenn er sich selbst immer inniger in das Geheimnis Christi betend vertieft“ (*ebd.*). Daher soll er „von Gott inständig den Geist echter Anbetung erbitten“ (*ebd.*, Nr. 19).
Liebe Brüder, was ist diese Hirtenliebe, die aus dem eucharistischen Opfer erfließt und durch Gebet und Anbetung wächst? Wollen wir auf diese Frage antworten, so müssen wir uns in das Geheimnis Christi vertiefen. Er „entäußerte sich und wurde wie ein Sklave ...

Sein Leben war das eines Menschen; er erniedrigte sich und war gehorsam bis zum Tod, bis zum Tod am Kreuz" (*Phil* 2,7–8). So ist der ewige Hohepriester, der in der Eucharistie gegenwärtig ist: der Sohn Gottes, der sich entäußerte, und den Gott um unseres Heiles willen erhöht hat, der Menschensohn, der nicht kam, „um sich dienen zu lassen, sondern um zu dienen" (*Mk* 10,45).
Hirtenliebe ist die Tugend, in der wir Christus in seiner Selbsthingabe und Dienstwilligkeit nachahmen. Nicht das, was wir tun, sondern unsere Selbsthingabe macht Christi Liebe zu seinem Volk sichtbar. Hirtenliebe bestimmt die Art unseres Denkens und Handelns und unser Verhältnis zu den Menschen. Das stellt an uns besondere Forderungen, weil wir als Hirten besonders für die Wahrheit in den Worten des hl. Paulus aufgeschlossen sein müssen: „Alles ist erlaubt, aber nicht alles nützt ... nicht alles baut auf" (*1 Kor* 10,23).

3. Wenn wir Christi Selbsthingabe nachahmen sollen, dann müssen wir Priester so leben und handeln, daß wir allen Mitgliedern des Volkes, vom größten bis zum kleinsten, nahe sein können. Wir werden in ihrer Mitte leben wollen, ob sie reich oder arm sind, gebildet oder noch ungebildet. Wir werden bereitwillig ihre Freuden und Leiden teilen, nicht nur in unseren Gedanken und Gebeten, sondern auch, indem wir sie begleiten, so daß sie durch unsere Gegenwart und unseren Dienst Gottes Liebe erfahren können. Wir werden uns einen einfachen Lebensstil zu eigen machen wollen, in Nachahmung Christi, der um unseretwillen arm wurde. Wenn einem Priester die Armut des Geistes fehlt, wird es ihm schwerfallen, die Probleme der Schwachen und Vergessenen zu verstehen. Wenn er nicht gern für alle verfügbar ist, werden es die Armen und Notleidenden geradezu unmöglich finden, zu ihm zu gehen und ihm ohne Scheu ihr Inneres offenzulegen.
Hirtenliebe macht uns ferner eifrig im Dienst für das Gemeinwohl der ganzen Kirche und für den Aufbau des Leibes Christi, unter Vermeidung jeder Art von Skandal oder Spaltung. Das Konzil sagt dazu: „Die Treue zu Christus kann von der Treue zu seiner Kirche nicht getrennt werden. Die Hirtenliebe erfordert also, daß die Priester, um nicht ins Leere zu laufen, immer in enger Verbindung mit den Bischöfen und mit den anderen Mitbrüdern im Priestertum arbeiten. Wenn sie nach diesem Grundsatz handeln, werden sie die Einheit für ihr eigenes Leben in der Einheit der Sendung der Kirche finden" (*Presbyterorum ordinis*, Nr. 14). Christus zögerte nicht, sein Leben im Gehorsam gegen den Vater hinzugeben. Die Priester müssen daher, seinem Beispiel folgend, die Klugheit, Reife und Demut besitzen, zum Wohl des Leibes Christi in Harmonie mit und unter der rechtmäßigen Autorität zu arbeiten und nicht willkürlich nach eigenem Geschmack.
Hirtenliebe reicht auch in die Missionstätigkeit innerhalb der universalen Kirche hinein. Bei meinem ersten Besuch in eurem Land im Jahre 1984 sagte ich zu den Priestern und Ordensleuten, die große Aufgabe eures Lebens liege darin, „der Welt Jesus zu zeigen und der Welt Anteil an Jesus zu geben" (vgl. *Treffen mit Klerus und Ordensleuten in Seoul*, 5. Mai 1984). Heute sind wir uns mehr als je der geistlichen und materiellen Nöte der Menschen auch an den von uns entferntesten Stellen der Erde bewußt. So fordere ich euch dringend auf, hochherzig mit euren Bischöfen zusammenzuarbeiten und mitzuhelfen, die weltweite Sendung der Kirche zur Predigt des Evangeliums durchzuführen. Fördert wei-

ter echtes Missionsbewußtsein unter allen Katholiken, und arbeitet und betet zugleich um mehr koreanische Priester- und Ordensberufe für die auswärtigen Missionen.

4. Liebe Brüder, ich weiß, daß euer hingebungsvoller und eifriger Dienst ein wichtiges Element im kräftigen Leben der Kirche in Korea ist. Ihr seid in euren Pfarreien sehr engagiert, in ihren zahlreichen organisierten Apostolatsformen und Gruppen und in vielen Unterrichtsstunden für Katechumenen. Angesichts der zahlreichen Anforderungen an euch ist es um so wichtiger, daß ihr Männer des Gebetes vor dem allerheiligsten Sakrament seid und „Gott um den Geist echter Anbetung bittet“ (*Presbyterorum ordinis*, Nr. 18), um mit der Liebe Christi erfüllt zu werden. Nur so könnt ihr hoffen, in der Hirtenliebe zu wachsen, die euer Leben und euren Dienst fruchtbar macht.
Zum Gebet müssen wir die ständige geistliche und intellektuelle Weiterbildung hinzufügen, die so wesentlich ist, wenn wir in der Nachahmung Christi uns ständig hingeben wollen. Unser inneres Leben muß durch geistliche Übungen, durch Lektüre und Studium erneuert und bereichert werden. Gleich dem Hausherrn, den Jesus im Evangelium erwähnt, ist der Priester jemand, „der aus seinem reichen Vorrat Neues und Altes hervorholt“ (*Mt* 13,52).
Zum Abschluß rufe ich die anwesenden Laien und alle Laien in Korea auf: Betet für eure Priester! Betet um Berufungen für das Priestertum! Gerade vor dem Allerheiligsten verstehen und schätzen wir am besten das Geschenk des Priestertums, denn beide sind unzertrennlich. Eure Teilnahme am Leben der Kirche und euer Bemühen, das Evangelium zu leben, sind für die Priester eine große Ermutigung. Ihr regt sie nicht nur zu immer noch größerer Hirtenliebe an, sondern schafft zugleich ein fruchtbares Erdreich, auf dem Berufungen zum Priestertum in Antwort auf Gottes Ruf wachsen können.
Liebe Brüder und Schwestern, liebe Brüder im Bischofsamt und im Priestertum: Gelobt sei Jesus im allerheiligsten Sakrament des Altares! Gepriesen sei unser Heiland, dessen Gegenwart in der heiligsten Eucharistie uns auf unserem irdischen Pilgerweg begleitet! Ihm sei Ehre von Ewigkeit zu Ewigkeit. Amen!

Gewalt zerstört – Liebe wandelt um

Ansprache bei der Eucharistiefeier für die Jugend in Seoul (Korea) am 7. Oktober

„Ich habe deinen Namen den Menschen offenbart, die du mir aus der Welt gegeben hast“ (*Joh* 17,6).

Meine lieben Jugendlichen, die ihr unsere Hoffnung seid!

1. Diese Worte aus dem Evangelium versetzen uns in das Obergemach, wo Jesus mit seinen Jüngern das Letzte Abendmahl gefeiert hat. Sie versetzen uns an den Ursprung der heiligen Eucharistie, die Jesus als ein Opfer der Versöhnung und als das Sakrament der Einheit für alle eingesetzt hat.

Heute erinnern uns diese Worte hier, in eurer Hauptstadt, an die Anfänge der Kirche auf koreanischem Boden. Ich habe euer Land im Jahre 1984 besucht, um mit euch dem allmächtigen Gott für diesen Anfang vor 200 Jahren Dank zu sagen. Bei dieser Gelegenheit habe ich eure koreanischen Märtyrer feierlich heiliggesprochen. Andreas Kim und seine Gefährten haben für Christus Zeugnis abgelegt und für ihre Treue den Tod erlitten. Es sind jene, denen Christus den Namen des Vaters bekanntgemacht hat. Es sind jene, die der Vater ihm aus der Welt gegeben hat. Sie wurden der „Anfang“ für so viele andere, die „auf ihr Wort hin“, das heißt wegen des Zeugnisses ihres Lebens an Christus geglaubt haben (vgl. *Joh* 17,20). Ihr, katholische Jugendliche Koreas, wißt, was es heißt, ihrem Beispiel zu folgen. Es heißt, Jesus Christus zur zentralen Kraft eures Lebens zu machen und das Werk zu erfüllen, das er euch beim Aufbau seines Reiches anvertraut!

2. Der Papst freut sich, die Jugendvertreter jeder Pfarrei des Landes, jeder katholischen Gruppe, Vereinigung und Bewegung zu treffen. Ich grüße jeden einzelnen von euch! Ich begrüße die Präsenz der Studenten, der Arbeiter und der Bauern; und ich spreche meine herzliche Verbundenheit mit jenen von euch und allen koreanischen Jugendlichen aus, die von Leid oder Krankheit betroffen sind. Mit Freude heiße ich die jungen Männer und Frauen anderer christlicher Gemeinschaften und anderer religiöser Traditionen willkommen.

Seoul wurde als Ort für den 44. Internationalen Eucharistischen Kongreß gewählt. In diesen Tagen setzt die Kirche in besonderer Weise in Korea das Gebet Christi für die Einheit all jener fort, die der Vater ihm aus der Welt gegeben hat. Hat er nicht beim Letzten Abendmahl selbst gesagt: „Ich bete ... für alle, die du mir gegeben hast; denn sie gehören dir“ (*Joh* 17,9). Dieses Gebet gilt allen Söhnen und Töchtern dieses Landes und dieser Nation. Es gilt für die Völker, die aus anderen Ländern Asiens, Ozeaniens, Afrikas, Europas und Amerikas hierher Vertreter geschickt haben. Jesu Gebet gilt für die ganze Welt ohne Unterschied der Nationalität, ohne jede Diskriminierung wegen des rassischen oder völkischen Ursprungs.

Worum geht es bei diesem Gebet? Christus sagt dem Vater: „Bewahre sie in deinem Namen, den du mir gegeben hast, damit sie eins sind wie wir“ (*Joh* 17,11). Die Einheit der Jünger Christi in Glaube und Liebe ist das große Zeichen, das die Welt braucht, um zu glauben.

3. Im Obergemach, wo die Eucharistie eingesetzt wurde, betete Jesus auch mit folgenden Worten: „Wie du mich in die Welt gesandt hast, so habe auch ich sie in die Welt gesandt. Und ich heilige mich für sie, damit auch sie in der Wahrheit geheiligt sind“ (*Joh* 17,18–19).

Junge Freunde! Nehmt diese Worte eures Meisters und Erlösers als für euch und zu euch gesprochen an! Nehmt das Opfer an, durch das Christus sich selbst als Opfergabe für euch geweiht hat! Nehmt die Sendung an, die sich aus eurer Berufung als Christen ergibt! Durch Taufe, Firmung und Eucharistie tragt ihr ja in eurem Innern das Erbe des Opfers Christi, das Erbe seines Todes und seiner Auferstehung. Kraft dieses Opfers könnt und sollt ihr an Christi Heilssendung teilnehmen: seinen Frieden und seine Versöhnung in eurem Leben und in der Welt um euch her wirksam machen!

Christi Sendung, wie sie im Evangelium offenbart und in der Eucharistiefeier dargestellt wird, ist immer und überall ein Werk der Einheit und des Friedens. Eure Gegenwart heute in diesem Stadion gemeinsam mit dem Papst, begleitet von euren Bischöfen und Priestern, muß ein Zeichen eurer Bereitschaft zur Übernahme dieser Aufgabe sein.
Kann die Kirche in Korea auf ihre Jugend zählen? Auf die Heiligkeit des Lebens sowie auf die intelligente und hochherzige Mitarbeit eines jeden von euch? Der Papst hofft und betet, daß es so ist.
Die Liturgie erinnert an die Gestalt des Josef aus dem Alten Testament, den Sohn des Patriarchen Jakob, der von seinen eigenen Brüdern betrogen und an eine Gruppe von reisenden Kaufleuten verkauft wurde. Sie wollten ihn auf diese Weise aus ihrem Elternhaus entfernen, weil er über ihnen zu stehen schien.

4. Die Wirklichkeit der Uneinigkeit, von Rachegefühlen und Haß, Neid und Gewalttätigkeit ist allzu häufig in der menschlichen Erfahrung anzutreffen, sogar bei Mitgliedern der gleichen Familie, der gleichen Nation und zwischen den Nationen der Welt. Ihr selbst seid Zeugen der schmerzlichen Spaltungen in eurem eigenen Volk. Ihr sucht nach einer Lösung. Aber welcher von den vielen vorgeschlagenen Wegen ist der richtige? Wo lassen sich wahre Einheit und echter Friede finden? Die Erfahrung des Josef kann uns Licht bieten. Als er sich endlich seinen Brüdern zu erkennen gab – als der, den sie in die Sklaverei verkauft hatten – fürchteten sie eine gerechte Strafe für das Leid, das sie ihm angetan hatten. Doch Joseph sagte zu ihnen: „Fürchtet euch nicht ... Ihr habt Böses gegen mich im Sinn gehabt. Gott aber hatte dabei Gutes im Sinn" (*Gen* 50,19–20).
Hier stoßen wir auf eine ungewöhnlich tiefe und überraschende Dimension menschlicher Beziehungen: auf die Möglichkeit von Versöhnung und Verzeihung, das Hervorragende einer Gerechtigkeit, die in der Liebe gründet und in einer Begegnung in echter Offenheit und Brüderlichkeit ihren Ausdruck findet. Hier beginnen wir zu erkennen, daß wahre Einheit und Frieden nicht nur Fragen der wirtschaftlichen und politischen Strukturen sind. Sie sind grundlegender das Ergebnis menschlicher Akte echter Liebe und wirksamer Solidarität unter Einzelnen und Völkern.

5. Die alttestamentliche Gestalt des Josef wurde immer als eine Vorgestalt Jesu Christi gesehen. Auch Jesus wurde verraten. Er wurde dem Kreuzestod ausgeliefert. Alle haben Anteil an diesem Tod, weil der Sohn Gottes das Kreuzesopfer als Opfergabe für die Sünden der Welt angenommen hat. Jesu schmachvoller Tod auf Golgota wurde zur Quelle der Erlösung für die ganze Menschheit. Durch sein Opfer öffnete Christus uns den Weg, daß wir die Sklaverei der Sünde hinter uns lassen, den Weg des Heiles finden und ein neues Leben in Gott beginnen. Dies ist der Sinn des Gebetes Jesu in der Nacht vor seinem Tod: „Ich heilige mich für sie, damit auch sie in der Wahrheit geheiligt sind" (*Joh* 17,19). Christus ist unser Weg, unsere Wahrheit und unser Leben, in dem wir die Mächte der Spaltung, Disharmonie und des Todes in dieser Welt überwinden.
Für euch junge Christen sollte es keinen Zweifel geben: Jesus stiftet wahren Frieden durch sein Blut am Kreuz (vgl. *Kol* 1,20). Gerade am Kreuz zeigt er deutlich, daß die

Liebe stärker ist als Haß und Gewalt, das Vergeben gerechter ist als Vergeltung. Darin liegt keine Schwäche oder Passivität. Eure Märtyrer, viele von ihnen in eurem Alter, waren in ihrem Leiden und Sterben weit stärker als ihre Verfolger mit ihrem Haß und ihrer Gewaltanwendung. Gewalt zerstört; Liebe wandelt um und baut auf. Dies ist die Aufgabe, die Christus euch, der Jugend von Korea, stellt, die ihr Werkzeuge echten Fortschritts in der Geschichte eures Landes sein möchtet. Christus ruft euch, nicht niederzureißen und zu zerstören, vielmehr umzuwandeln und aufzubauen.

6. Ein besonderes Wort der Ermunterung und des Willkommens möchte ich an jene zwölf jungen Männer und Frauen richten, die während dieser Messe das Sakrament der Taufe empfangen werden. Sie stellen all jene dar, denen Jesus den Namen des Vaters kundgemacht hat. Sie erinnern uns daran, daß wir alle Anteil erhalten haben an der Fülle, die in Christus war, und die uns durch ihn geschenkt wurde auf unserem irdischen Pilgerweg zur Vereinigung mit dem Vater.
Liebe Jugendliche von Korea: Neues Leben in Christus, das ist es, was ihr euren jungen Mitmenschen und Korea weitergeben könnt. Christus ist die Quelle eines neuen Lebensstils. Dieses neue Leben beginnt mit einem inneren Wandel des Herzens und führt zu Solidarität und Dienstbereitschaft. Es besteht in Mut, in Widerwärtigkeiten und Schwierigkeiten, in ausdauerndem Tun des Guten, in Selbstbeherrschung auch angesichts von Leid und Ungerechtigkeit, die uns angetan wird, in weiser und intelligenter Zusammenarbeit bei der sozialen und kulturellen Entwicklung der Gemeinschaft, in der ihr lebt.
Ihr seid Zeugen der Leiden eures Volkes. Einige von euch haben vielleicht persönlich um der Gerechtigkeit willen gelitten. Als katholische Jugendliche müßt ihr wissen, daß die Wiedergeburt, die ihr anstrebt, nicht aus dem Haß und der Gewaltanwendung kommen kann. Sie muß aus der umwandelnden Kraft der Liebe kommen, die Jesus durch den Heiligen Geist, der in der Taufe euch gegeben wurde, in eure Herzen ausgießt (*Röm* 5,5), und die durch die Eucharistie genährt wird. Die Eucharistie ist Gnade und Sendung zugleich, Gabe des Lebens und Ruf zur Jüngerschaft.

7. Indem Jesus „Frieden gestiftet hat am Kreuz durch sein Blut" (*Kol* 1,20), hat er uns mit dem Vater und untereinander versöhnt. Das neue Leben, das wahre Leben, nach dem ihr alle mit der ganzen Glut eurer Jugend verlangt, stammt aus der liebenden Selbsthingabe Jesu am Kreuz. Dieses Geheimnis des neuen Lebens feiern wir heute abend in der Eucharistie. Ihr seid berufen, von diesem wahren Leben Zeugnis zu geben wie Andreas Kim und seine Martyrergefährten, durch eure Bereitschaft zum Verzeihen, durch euer selbstloses Teilen und Dienen, durch eure Selbsthingabe.
Hier in Seoul bittet euch bei dieser Gelegenheit der Nachfolger des Petrus, im Namen Christi „unbeugsam und unerschütterlich am Glauben festzuhalten und euch nicht von der Hoffnung abbringen zu lassen, die euch das Evangelium schenkt" (*Kol* 1,23). Meine lieben Jugendlichen, seid vor aller Welt mutige Zeugen für die Versöhnung und Einheit, die Jesus schenkt, seid fröhliche und brauchbare Werkzeuge seines Friedens! Liebe Jugendliche, ihr seid unser aller Hoffnung. Amen.

Suche nach Frieden – eine Herausforderung

Ansprache bei der Begegnung mit dem Präsidenten von Korea im Blauen Haus in Seoul am 8. Oktober

Sehr geehrter Herr Präsident,
meine Damen und Herren!

1. Anläßlich meines zweiten Besuches in Korea möchte ich meine Hochschätzung für die Gastfreundschaft und die Wertschätzung zum Ausdruck bringen, mit der Sie mich empfangen haben. Der 44. Internationale Eucharistische Kongreß, der dieses Jahr in Seoul stattfindet, ist ein Augenblick des Gebetes, der Geschwisterlichkeit und der geistlichen Einheit unter allen Katholiken. Ich bin überzeugt, daß viele Tausende von Pilgern voll Dank gegen das koreanische Volk heimkehren werden, wurden sie doch von ihm großmütig empfangen, so daß sie sich in diesem wunderschönen Land wirklich zu Hause fühlen konnten.

2. Herr Präsident, innerhalb der Völkergemeinschaft setzt sich der Heilige Stuhl seit langer Zeit für eine gerechte und friedliche internationale Ordnung ein. Mein erster Besuch in Korea gab mir die Möglichkeit, unmittelbar die Schwierigkeiten und Herausforderungen festzustellen, denen das koreanische Volk bei seinen Bemühungen um die Schaffung einer gerechten, friedvollen und wohlhabenden Gesellschaft begegnet. Der gegenwärtige Besuch erlaubt es mir, den eindringlichen Wunsch des ganzen Volkes nach einem Fortschritt auf dem Weg zu voller Demokratie, zu einem bürgerlichen Leben des Wohlstands und der Ruhe und zu großmütiger und fruchtbarer Zusammenarbeit mit den anderen Nationen der Erde wahrzunehmen. Möge es Ihnen geschenkt sein, in Ihrer Planung für die Zukunft sowie in den Maßnahmen für die Gegenwart der Nation weiterhin sowohl die von den Vorfahren überlieferten kulturellen Werte als auch die natürlichen Reichtümer, die Gott den kommenden Generationen der Koreaner zum Gebrauch zugedacht hat, weise zu verwalten. In einer Nation, die schwierigen und sogar schmerzlichen Entscheidungen in vielen Sektoren des öffentlichen Lebens gegenübersteht und noch immer die Narben der Spaltung und des Konflikts an sich trägt, stehen Sie der Herausforderung einer Suche nach friedlichen und gerechten Wegen zu einem nationalen Leben und zu einer Wiedervereinigung gegenüber, die auf echter Gerechtigkeit, auf Freiheit und auf der Unveräußerlichkeit der Menschenrechte beruhen soll.

3. Mehr denn je wird die Zukunft Koreas von der Anwesenheit vieler weiser, tugendhafter und zutiefst geistlicher Männer und Frauen inmitten seines Volkes abhängen. Die Sorge um die Zukunft Koreas muß alle seine Bürger zusammenschließen: junge und alte, reiche und arme, Studenten und Arbeiter, Mitglieder der Regierung und des Zivildienstes. In diesem Sinn, Herr Präsident, ist es mir eine Freude, zu wissen, daß viele Katholiken mit Ihnen bei der Erfüllung der Regierungsaufgaben für diese Nation zusammenarbeiten. Die Gegenwart dieser fähigen Männer und Frauen in den Reihen der Minister, im Parlament und im Zivil- und Militärdienst ist ein Zeichen für einen aktiven Beitrag der

katholischen Gemeinde Koreas zum Leben ihres Landes. Gemeinsam mit ihren Mitbürgern anderen Glaubens kann man auf die koreanischen Katholiken zählen, wenn es darum geht, ihre verschiedenen Fähigkeiten in den Dienst des Gemeinwohls zu stellen.

4. Abschließend, Herr Präsident, möchte ich Sie im Bewußtsein der zahlreichen und schweren Sorgen, die täglich auf Ihnen und auf allen mit dem Wohl Koreas Beschäftigten lasten, meines Gebetes und meiner guten Wünsche versichern. Möge das Sehnen nach Frieden und Einheit, das tief im Herzen Koreas verwurzelt ist, wie ein in fruchtbares Erdreich gesenkter und mit Geduld und Sorgfalt gepflegter Keim in diesem bedeutenden Land zur Blüte gelangen. Mögen alle Koreaner Hand in Hand für den Aufbau einer Gesellschaft arbeiten, die ihrer alten Traditionen und der Erwartungen ihrer Kinder und Kindeskinder würdig ist!
Gott segne Sie alle und führe Sie auf den Wegen seines Friedens!

Eucharistie: Sakrament des Friedens

Ansprache bei der „Statio Orbis" in Seoul (Korea) am 8. Oktober

„So oft ihr von diesem Brot eßt und aus dem Kelch trinkt, verkündet ihr den Tod des Herrn, bis er kommt" (*1 Kor* 11,26).

Brüder und Schwestern der Kirche in Korea!
Brüder und Schwestern, die ihr euch aus der ganzen Welt hier versammelt habt, um Jesus Christus in der Eucharistie zu verehren!

Gepriesen sei Jesus! Ich bin wieder zu euch nach Seoul gekommen. Es ist schön, euch wiederzusehen. Laßt uns alle zusammen dem Herrn danken.

In englischer Sprache sagte der Papst:

1. Vor fünf Jahren haben wir hier auf dem Youido-Platz das 200jährige Bestehen der Kirche in diesem Land mit der feierlichen Heiligsprechung der 103 Märtyrer von Korea gefeiert. Sie sind die strahlenden Zeugen dafür, wie tief die Söhne und Töchter dieses Landes in Christus eingepflanzt worden sind. Heute schenkt mir unser himmlischer Vater die Gnade, diese feierliche Eucharistie zum Abschluß des 44. Eucharistischen Weltkongresses zu zelebrieren. Das Meßopfer vertieft auf wunderbare Weise unsere Gemeinschaft mit diesen mutigen Märtyrern und mit allen Heiligen – an erster Stelle mit Maria, der Mutter des Erlösers – denn alle, die zu allen Zeiten und an allen Orten am Leib und am Blut Christi Anteil haben, werden durch den Heiligen Geist zur Einheit zusammengefügt (vgl. *2. Eucharistisches Hochgebet*).
Die Gemeinschaft der Heiligen hat ihren tiefsten Ursprung in Christus und ihren vollsten sakramentalen Ausdruck in der Eucharistie: „Ein Brot ist es. Darum sind wir viele ein Leib" (*1 Kor* 10,17). Tatsächlich kehren wir jedes Mal, wenn wir die Eucharistie feiern,

in das Obergemach in Jerusalem am Vorabend des Paschafestes zurück. Die Eucharistiefeier der Kirche kann von diesem Augenblick nicht losgelöst werden. Dort sprach Jesus zu den Aposteln von seinem erlösenden Tod. Dort setzte er das Sakrament seines Leibes und Blutes unter den Gestalten von Brot und Wein ein, indem er die traditionellen hebräischen Riten des Paschamahls befolgte.

Als er ihnen das Brot reichte, sagte er, daß dies sein Leib ist, den er kurz darauf am Kreuz opfern würde. Als er ihnen den Kelch mit Wein reichte, sagte er, daß dies sein Blut ist, das er beim Opfer auf Kalvaria vergießen werde. Dann befahl ihnen Jesus: „Tut dies zu meinem Gedächtnis!“ (*1 Kor* 11,24). Die Apostel empfingen das Sakrament des Leibes und Blutes des Erlösers als das Paschamahl, das wirklich rettet.

2. Während all dies im Obergemach zu Jerusalem geschah, erinnerten sich die Apostel vielleicht an jene anderen Worte, die Jesus einmal in Kafarnaum ausgesprochen hatte. Dort hatte er auf wunderbare Weise das Brot für die Menge vermehrt, die seiner Lehre lauschte: „Amen, amen, das sage ich euch: Wenn ihr das Fleisch des Menschensohnes nicht eßt und sein Blut nicht trinkt, habt ihr das Leben nicht in euch. Wer mein Fleisch ißt und mein Blut trinkt, hat das ewige Leben, und ich werde ihn auferwecken am Letzten Tag“ (*Joh* 6,53–54).

Kafarnaum hatte die Apostel auf das Obergemach vorbereitet. Was in Kafarnaum verheißen worden war, wurde in Jerusalem Wirklichkeit. „Denn mein Fleisch ist wirklich eine Speise, und mein Blut ist wirklich ein Trank. Wer mein Fleisch ißt und mein Blut trinkt, der bleibt in mir, und ich bleibe in ihm“ (*ebd.*, 55–56).

Ja, Jesus Christus ist „unser Leben und unsere Auferstehung“. Die Söhne und Töchter Israels hatten das Manna gegessen, das Gott ihnen in der Wüste geschenkt hatte, aber sie waren trotzdem gestorben. Jesus aber gab das eucharistische Brot als die Quelle des Lebens, das stärker ist als der Tod. Durch die Eucharistie schenkt er weiterhin Leben und zwar das Leben, das in Gott und von Gott ist. Das ist der Sinn der Worte Jesu: „Wie mich der lebendige Vater gesandt hat und wie ich durch den Vater lebe, so wird jeder, der mich ißt, durch mich leben“ (*Joh* 6,57).

3. All das steht im Mittelpunkt dieses 44. Eucharistischen Weltkongresses. Diese Versammlung des heiligen Volkes Gottes offenbart klar das wahre Wesen der Kirche (vgl. *Sacrosanctum Concilium*, Nr. 41), der Gemeinschaft der zu einem neuen Leben Wiedergeborenen. Im Gebet und in der Danksagung um den Altar vereint, ist die ganze Kirche eins mit Christus, ihrem Haupt, ihrem Erlöser und ihrem Leben. Denn tatsächlich wird die Kirche durch die Eucharistie lebendig – durch das Gedächtnis des Leidens, des Todes und der Auferstehung unseres Herrn Jesus Christus.

Die ganze Kirche ist hier, um Christus in der Eucharistie zu verehren; um die Worte ewigen Lebens zu hören, die Jesus uns sagt; und um die Erfahrung der Kirche mit dem Teilen des Lebensbrotes zu vertiefen, das den tiefsten Hunger unseres unsterblichen Seins befriedigt: den Hunger der Welt nach dem Leben, den Gott allein stillen kann.

Bei der „Statio Orbis“ erneuert die ganze christliche Gemeinschaft ihre Entschlossenheit, das Brot des Lebens mit allen zu teilen, die nach Wahrheit, nach Gerechtigkeit, nach Frieden und dem Leben selbst dürsten. Das kann die christliche Gemeinschaft nur dann tun, wenn sie ein wirksames Werkzeug der Versöhnung zwischen der sündigen Menschheit und dem Gott der Heiligkeit sowie unter den Mitgliedern der Menschheitsfamilie selbst wird. Die Eucharistie ist das Sakrament der Einheit der Kirche. Die Kirche ist durch ihre Beziehung zu Christus gleichsam das Sakrament oder Zeichen für die Einheit der ganzen Menschheit wie auch das Werkzeug, um diese Einheit zu erreichen (vgl. *Lumen Gentium*, Nr. 1).

4. Die Worte „Christus, unser Friede" sind als Thema dieses Kongresses gewählt worden. Wir haben gehört, was der Apostel verkündet: „Ihr, die ihr einst in der Ferne wart, seid durch Christus Jesus, nämlich durch sein Blut, in die Nähe gekommen. Denn er ist unser Friede. Er vereinigte die beiden Teile und riß die trennende Wand der Feindseligkeit nieder" (*Eph* 2,13–14).
Der Apostel denkt dabei vielleicht an die Wand im Tempel von Jerusalem, die die Juden von den Heiden trennte. Doch wie viele Wände und Barrieren trennen die große Menschheitsfamilie heute? Wie viele Arten von Konflikten? Wie viele Zeichen des Mißtrauens und der Feindschaft sind in den Ländern überall auf der Erde sichtbar?
Der Osten ist getrennt vom Westen, der Norden vom Süden. Diese Spaltungen sind das Erbe der Geschichte und der ideologischen Konflikte, die so oft die Völker entzweien, während diese doch in Frieden und Brüderlichkeit miteinander leben möchten. Auch Korea ist durch eine tragische Spaltung gekennzeichnet, die immer tiefer in das Leben und den Charakter seines Volkes eindringt. Die koreanische Nation ist das Symbol einer Welt, die gespalten und noch nicht fähig ist, in Frieden und Gerechtigkeit eins zu werden.
Und doch gibt es einen Weg nach vorn. Wahrer Friede – der Schalom, den die Welt dringend braucht – entspringt von Ewigkeit her dem unendlich reichen Geheimnis der Liebe Gottes, dem „mysterium pietatis" (vgl. *1 Tim* 3,16), von dem der hl. Paulus schreibt: „Gott war es, der in Christus die Welt mit sich versöhnt hat" (*2 Kor* 5,19).
Als Christen sind wir überzeugt, daß Christi Ostergeheimnis die Kraft des Lebens und der Liebe gegenwärtig und verfügbar macht, die alle Übel und alle Spaltungen überwindet. Eure bewundernswerten Vorfahren im Glauben wußten, daß „in Christus" alle an Würde gleich sind und alle in gleicher Weise liebende Zuwendung und Sorge verdienen. Wie die in der *Apostelgeschichte* beschriebenen frühen Christen (vgl. *Apg* 2,42 ff.) schafften sie kühn die unantastbaren Klassenschranken ihrer Zeit ab, um als Brüder und Schwestern leben zu können. Adlige Lehrmeister und bescheidene Diener saßen gemeinsam an demselben Tisch. Sie teilten die Reichtümer ihres neu gewonnenen Wissens über Christus, indem sie Katechismen und schöne Gebete in Gedichtform in der Sprache der einfachen Leute verfaßten. Sie hatten all ihren Besitz gemeinsam, um so den Bedürftigsten zu helfen. Sie sorgten sich in Liebe um die Waisen und die Witwen derer, die im Gefängnis waren oder den Märtyrertod erlitten hatten. Sie verharrten Tag und Nacht einmütig im Gebet, in der Danksagung und in der Gemeinschaft. Und sie starben frohgemut füreinander und an jedes anderen Statt. Sie vergaben denen, die sie verfolgten, und beteten für sie. Sie lebten wahrhaftig ein eucharistisches Leben, ein wahres Brechen des lebenspendenden Brotes!

5. In dieser großen Versammlung der „Statio Orbis“ verkünden wir öffentlich vor der Welt, daß Christus, der eingeborene Sohn des Vaters weiterhin die Menschen „durch das Kreuz mit Gott in einem einzigen Leib versöhnt und dabei in seiner Person die Feindschaft tötet“ (*Eph* 2,16).

In koreanischer Sprache sagte der Papst:

Jesus Christus ist unser Friede (vgl. *Eph* 2,14).

In englischer Sprache sagte der Papst:

Aus der Eucharistie entspringen der Auftrag und die Fähigkeit der Kirche, der Menschheitsfamilie ihren besonderen Beitrag anzubieten. Die Eucharistie übermittelt wirksam das Abschiedsgeschenk Christi für die Welt: „Frieden hinterlasse ich euch, meinen Frieden gebe ich euch“ (*Joh* 14,27). Die Eucharistie ist das Sakrament des Friedens Christi, weil sie das Gedächtnis des rettenden, erlösenden Kreuzesopfers ist. Die Eucharistie ist das Sakrament des Sieges über die Spaltungen, die aus der persönlichen Sünde und der kollektiven Selbstsucht entspringen. Deswegen ist die eucharistische Gemeinschaft aufgerufen, Beispiel und Werkzeug einer versöhnten Menschheit zu sein. In der christlichen Gemeinschaft kann es keine Spaltungen, keine Diskriminierung und keine Trennung unter denen geben, die das Brot des Lebens auf dem einzigen Opferaltar brechen.

6. Während sich nun das dritte christliche Jahrtausend nähert, steht vor den Christen in den gegenwärtigen geschichtlichen Umständen die dringliche Herausforderung, diese Fülle des Lebens, diesen Frieden, in die Strukturen und den Aufbau des Alltagslebens, in die Familie, die Gesellschaft, die internationalen Beziehungen hineinzutragen.
Aber wir müssen sorgfältig auf die Worte Christi hören: „(Ich gebe) nicht einen Frieden, wie die Welt ihn gibt“ (*Joh* 14,27). Der Friede Christi ist nicht nur Nicht-Krieg, nicht nur das Schweigen der Waffen. Er ist nichts weniger als die Teilhabe an der „Liebe Gottes, ausgegossen in unsere Herzen durch den Heiligen Geist, der uns gegeben ist“ (*Röm* 5,5). Unsere Teilhabe am Leib und Blut des auferstandenen Herrn kann nicht getrennt werden von unseren eigenen fortgesetzten Bemühungen, an dieser lebenspendenden Liebe durch unseren Dienst Anteil zu geben. „Tut dies zu meinem Gedächtnis!“ (*Lk* 22,19): Tut füreinander das, was ich für euch und für alle getan habe. Ja, wir dürfen nicht nur die Eucharistie feiern, sondern müssen wirklich die Eucharistie leben. Die Eucharistie nötigt uns,

- Dank zu sagen für die geschaffene Welt, sie zu achten und sie in kluger und verantwortungsbewußter Weise zu teilen;
- das große Geschenk des Lebens zu achten und zu lieben, insbesondere das jeden Menschenwesens, das von Anfang an nach Gottes eigenem Abbild geschaffen und von Christus erlöst worden ist;
- die unveräußerliche, gleiche Würde jedes Menschen durch Gerechtigkeit, Freiheit und Eintracht zu hegen und zu fördern;
- uns selbst großmütig als das Brot des Lebens für die anderen hinzugeben – wie es uns beispielhaft die Bewegung „One Heart – One Body“ vormacht, damit wir alle in der Liebe Christi vereint seien.

7. Jeder Eucharistische Weltkongreß, jede „Statio Orbis" ist ein feierliches Bekenntnis des Glaubens der Kirche an die Frohe Botschaft, die in der Eucharistie verkündet und verwirklicht wird: „Herr, durch deinen Tod und deine Auferstehung hast du uns befreit. Du bist der Erlöser der Welt."
Bei der großen Versammlung des Eucharistischen Kongresses hier in Seoul, auf diesem Boden des asiatischen Kontinents, bekennen wir das Leben, an dem wir durch den Tod des Erlösers Anteil haben. Und wir beten für alle – für Korea, für Asien, für die Welt: damit sie alle dieses Leben in sich haben und es in Fülle haben (*Joh* 10,10).

In koreanischer Sprache sagte der Papst:

Laßt uns alle „Reis des Lebens" füreinander werden! Laßt uns Werkzeuge wahren Friedens werden!
Gelobt sei Jesus! Amen.

Untereinander versöhnt und wiedervereint

Friedensbotschaft vor dem Angelus in Seoul (Korea) am 8. Oktober

Liebe Brüder und Schwestern in Christus!

1. Wir haben soeben die Eucharistie gefeiert und den 44. Internationalen Eucharistischen Kongreß beendet. In Verbundenheit mit der gesamten Weltkirche waren wir mit Jesus Christus vereint in dem „wohlgefälligen Opfer, das der ganzen Welt Heil bringt". Zusammen mit seiner allzeit jungfräulichen Mutter Maria „jubelten wir über Gott, unseren Retter, denn er, der Mächtige, hat Großes an seinem Volk getan" (vgl. *Lk* 1,47–49). Zu dieser Mittagsstunde wenden wir uns an Maria, die Christus uns zur Mutter gegeben hat (vgl. *Joh* 19,27). Immer „ragt sie unter den Demütigen und Armen des Herrn hervor" (*Lumen Gentium*, Nr. 55) und tritt zugunsten der Hungernden, Schwachen und Schutzlosen ein. Sie ist die Hoffnung und der Trost der Kinder Evas. Sie ist „die gütige Fürsprecherin". Vertrauensvoll bitten wir sie, für uns zu beten, daß wir der Verheißungen ihres göttlichen Sohnes gewürdigt werden.

2. Heute in Seoul bitten wir flehentlich darum, daß der Friede Christi auf alle Völker und Nationen herabkomme. Es sei mir erlaubt, insbesondere zwei meinem Herzen besonders nahestehende Völker zu erwähnen. Im Vertrauen auf die zärtliche Liebe Marias zu all ihren Kindern können wir nicht umhin, ihr mit tiefer Liebe, Hoffnung und Schmerz das Volk von Nordkorea und vor allem seine katholische Gemeinschaft anzuvertrauen. Wir bitten für jene Eltern und Kinder, Geschwister, Freunde und Verwandte, die voneinander getrennt sind, aber unvermindert darauf hoffen, mit ihrer Familie wieder vereint zu werden. Jesus möge auf die Fürsprache seiner seligen Mutter Maria, der Königin des Friedens, den Tag herbeiführen, an dem alle Koreaner in gegenseitigem Vertrauen und in Achtung untereinander wieder versöhnt und in der Freude brüderlicher Liebe vereint sind.

3. In diesem kindlichen Gespräch mit Maria, unserer Mutter, erwähne ich auch unsere Brüder und Schwestern in Christus, die auf dem chinesischen Festland leben. Ihre geographische Nähe und ebenso Bande des Glaubens und der Kultur bringen sie vielen hier Versammelten sehr nahe. Tief in meinem Herzen ist immer der brennende Wunsch gegenwärtig, diesen Brüdern und Schwestern zu begegnen, um ihnen meine herzliche Liebe und Sorge zum Ausdruck zu bringen und ihnen zu versichern, wie sehr sie von den anderen Ortskirchen hochgeschätzt werden. Ich bin tief bewegt, wenn ich an die heroischen Zeichen der Treue zu Christus und seiner Kirche denke, die viele von ihnen in den vergangenen Jahren bewiesen haben. Möge Christus, auf die Fürsprache Marias, der Helferin der Christen, ihr Trost in allen Prüfungen und Herausforderungen des täglichen Lebens sein. Möge der Herr sie auch in der festen Verpflichtung für die heikle Aufgabe stärken, innerhalb der kirchlichen Gemeinschaft die Versöhnung zu fördern in Gemeinschaft des Glaubens mit dem Nachfolger Petri, der das sichtbare Prinzip und Fundament der Einheit ist.
Möge er dort die christlichen Gläubigen ermutigen und stützen, wenn sie versuchen, sich der Förderung des Gemeinwohls und dem hochherzigen Dienst an ihren Mitbürgern zu widmen und so für den Fortschritt ihrer edlen Nation arbeiten.

4. Wir bitten Maria, die ganze Menschheit zum Kreuz Christi, unserer einzigen Hoffnung auf Rettung, hinzuziehen. Durch ihr Gebet mögen sich alle Herzen dem Frieden Christi öffnen, jenem Frieden, der alles menschliche Verstehen übersteigt (vgl. *Phil* 4,7). Und mögen wir, die wir durch ihre Fürsprache so viele Gaben Gottes empfangen haben, ihr Beispiel nachahmen und uns selbst in Gemeinschaft mit ihrem Sohn für die Rettung und den Frieden der gesamten Welt darbieten.

Die Kirche: Sakrament der Einheit

Ansprache bei der Begegnung mit den nationalen Delegierten des Eucharistischen Kongresses in Seoul (Korea) am 8. Oktober

Eminenzen,
Exzellenzen,
Liebe Schwestern und Brüder!

1. Es trifft sich sehr gut, daß wir an diesem Nachmittag zusammenkommen, da die Erfahrung der Schlußfeier des Eucharistischen Kongresses uns noch frisch in Erinnerung ist. Die Messe heute morgen war wahrlich eine „Statio Orbis", eine unermeßliche Versammlung von Pilgern aus aller Welt. Vereint um den Tisch des Herrn, war unser gemeinsames Gebet ein kraftvoller Ausdruck jener Gemeinschaft der Teilkirchen in Vereinigung mit dem Nachfolger Petri, aus welcher und in welcher die eine katholische Kirche Christi besteht (vgl. *Lumen Gentium*, Nr. 23). Die Versammlung von Männern und Frauen so vieler Rassen und Nationen erinnerte greifbar daran, daß Gott seine Kirche eingesetzt

hat, um sichtbares Sakrament der Einheit des ganzen Menschengeschlechtes zu sein (*ebd.*, Nr. 9).
Ich grüße euch alle, die ihr sichtbar das ungeheure Maß an Arbeit, Planung und Gebet verkörpert, die diesen Eucharistischen Kongreß zu so einem anregenden und denkwürdigen Ereignis werden ließen, und ich möchte euch meine Wertschätzung bekunden für alles, was ihr getan habt, um diese Tage zu einem so bereichernden kirchlichen Ereignis für so viele Menschen zu machen. An erster Stelle geht mein Dank an die Delegierten, die aus verstreuten Ländern und Völkern des ganzen Erdballs nach Seoul gekommen sind. Eure Einheit in Gebet und Brüderlichkeit vor dem eucharistischen Herrn war ein kraftvolles Zeugnis für die Universalität des Anrufs Christi zur Heiligkeit und Zugehörigkeit zu seinem mystischen Leib. Dankbar bin ich ebenfalls Kardinal Opilio Rossi und den Mitgliedern des Päpstlichen Rates für die Internationalen Eucharistischen Kongresse, Kardinal Kim und den Mitgliedern des Gastgeberkomitees und all den Freiwilligen, deren hingebungsvoller Dienst zur Organisation dieser großen Versammlung bedeutend beigetragen hat. Ein ganz spezieller Ausdruck des Dankes gehört unseren christlichen Brüdern und Schwestern, die mit uns für die Einheit der Kirche gebetet haben, und ebenso unseren Brüdern und Schwestern anderer geistlicher Traditionen, die für wahren Frieden in unserer Welt gebetet haben.

2. Liebe Freunde: Jeder Eucharistische Kongreß gibt uns Gelegenheit, unsere Dankbarkeit Gott gegenüber für die vielen Gnaden, die er über seine Kirche ausgeschüttet hat, zu vertiefen. In Jesus Christus hat jeder von uns den sehr realen und persönlichen Anruf erhalten, zu einem neuen Leben, dem Leben der Gnade, geboren zu werden. Durch die bei unserer Taufe und Firmung über uns ausgegossene Kraft des Heiligen Geistes sind wir zu Gliedern des Leibes Christi, der Kirche, gemacht worden (vgl. *Eph* 1,22). Einmal der Kirche einverleibt, sind wir berufen, unsere Einheit mit Christus zu vertiefen: „Von ihm kommen wir, durch ihn leben wir, zu ihm streben wir hin“ (*Lumen Gentium*, Nr. 3).
Unsere Dankbarkeit für die Gaben Gottes kommt in der Eucharistie, die die Kirche begeht, vollkommen zum Ausdruck. Unserer Sünden und Unwürdigkeit bewußt, freuen wir uns nichtsdestoweniger der Gnade, die uns zu Kindern Gottes und Miterben mit Christus gemacht hat. Durch Christus, mit ihm und in ihm sind wir befähigt worden, dem Vater jenes vollkommene Opfer des Preises und Dankes darzubringen, welches die Selbsthingabe seines Sohnes am Kreuzesaltar ist. Als unser Hoherpriester (vgl. *Hebr* 2,17) versammelt der auferstandene Herr die Kirche in einer immerwährenden Liturgie, zum Ruhme Gottes des Vaters und zur Heiligung der ganzen Menschheit (vgl. *Sacrosanctum Concilium*, Nr. 7).

3. Da wir nun Seoul nach der Teilnahme an diesem Internationalen Eucharistischen Kongreß verlassen, möchte ich euch bitten, in euren Herzen eine tiefe Wertschätzung der Gaben zu nähren, welche Christus beständig über seine Kirche ausschüttet, und insbesondere für jene höchste Gabe, die Eucharistie. Unsere Dankbarkeit für das Sakrament der Eucharistie ist zuletzt in der Erkenntnis der Tatsache verwurzelt, daß es nichts gibt, das wir nicht zuvor von Gott, dem Vater des Erbarmens, empfangen hätten (vgl. *2 Kor* 1,3). Paulus beginnt seinen Bericht vom Letzten Abendmahl mit diesen Worten: „Denn

ich habe vom Herrn empfangen, was ich euch dann überliefert habe" (*1 Kor* 11,23). Die Eucharistie, dieses große „Geheimnis des Glaubens", bleibt zuerst und vor allem eine Gabe, etwas „Empfangenes". Die Kirche hat die Eucharistie von Christus empfangen, und im Feiern dieses Sakraments dankt sie Gott, unserem Vater, für alles, was er uns in Jesus, seinem Sohn, gegeben hat.
Unsererseits müssen wir diese Gabe bei jeder Feier der Eucharistie neu empfangen und uns anstrengen, um ihre göttliche Kraft unsere Herzen durchdringen zu lassen. Das, liebe Freunde, ist die Herausforderung, die sich euch nun stellt, da ihr Seoul verlaßt und heimkehrt zu euren Familien und euren Gemeinschaften. Nur durch ein Leben in Gemeinschaft mit „Christus, unserem Frieden", in einer Haltung der Demut und Ehrfurcht werdet ihr fähig sein, die tiefe geistige Kraft der Eucharistie zu erfahren. Nur durch ein Annehmen der Gabe Christi mit Dankbarkeit für alles, was er für uns getan hat, werdet ihr vom Heiligen Geist befähigt werden, die Berufung, die Gott euch als Mitgliedern der Kirche gegeben hat, zu erfüllen. Nur wenn ihr in Jesus und in der Gabe seines eucharistischen Opfers die Quelle jener Wahrheit erkennt, die euch allein freimachen kann, werden eure Herzen gereinigt werden, um Gott wahre Ehre zu erweisen und für das Kommen seines Reiches der Gerechtigkeit und des Friedens zu arbeiten.

4. Für die vielen Gaben, die der Herr in diesen Tagen über uns ausgegossen hat, und für jene, die er fortfährt, über seine Kirche auszugießen, wollen wir danksagen. Und beten wollen wir, daß dieser 44. Internationale Eucharistische Kongreß die gesamte Kirche in ihrem Zeugnis stärken möge für Jesus Christus, der zu unserem Heil von den Toten auferstanden ist. Möge Gott gewähren, daß diese Tage des Gebetes Frucht tragen in wahrer Umkehr, in wachsender Heiligkeit und in einer erneuerten Bereitschaft, für die Einheit und den Frieden der ganzen Menschheit zu arbeiten.
Noch einmal danke ich euch für alles, was ihr getan habt, um diese Tage zu einem Erfolg werden zu lassen. Laßt uns nun weitergehen, dieses neue Leben zu leben, das Christus uns in der Taufe gegeben hat und das er bei jeder Feier der Eucharistie in uns erneuert. Auf euch alle flehe ich die Gnade „Christi, unseres Friedens", herab und empfehle euch der Fürsprache seiner geliebten Mutter, der Königin des Friedens. Jedem von euch erteile ich von Herzen meinen Apostolischen Segen.

Die Zukunft mit fester Entschlossenheit angehen

Ansprache bei der Abschiedsfeier in Seoul (Korea) am 9. Oktober

Herr Premierminister!
Geliebtes Volk Koreas!

1. Da ich mich nun anschicke, Korea zu verlassen, sind meine Gedanken von der Freude dieser Tage erfüllt. Ich bin euch allen dankbar für die Wärme und Zuneigung, die ihr mir und den vielen Pilgern von überall aus der Welt, die zum Eucharistischen Kongreß nach Seoul gekommen sind, bezeigt habt. Ich möchte Ihnen, Herr Premierminister, danken für

den Beistand, den die koreanische Regierung gewährt hat, indem sie diese Pilgerreise ermöglichte. Meine tiefe Dankbarkeit geht auch an die städtischen Behörden von Seoul, die Techniker der Armee, die Sicherheitskräfte und an alle, die auf irgendeine Weise geholfen haben, einen geordneten und glatten Verlauf des Kongresses zu sichern.

2. In den nächsten paar Tagen werden wir alle nach Hause und zu unseren täglichen Beschäftigungen zurückkehren. Doch die großen Ereignisse, die Augenblicke tiefen Gebets, die kostbaren geistlichen Tröstungen des Eucharistischen Kongresses werden nicht vergessen werden, denn sie haben unsere Herzen mit einer wirkmächtigen geistigen Energie erfüllt, einer Energie, die von Gott selbst kommt. Der geistige Reichtum dieser Tage in Seoul wird sich ruhig, doch kraftvoll auswirken auf die Art, wie wir unser Leben leben.
Das Leben wird auch überall in Korea weitergehen. Und doch ist es meine brennende Hoffnung, liebe Brüder und Schwestern, daß unter der Oberfläche des Alltagslebens Koreas, seinen Kämpfen und Errungenschaften, ein tieferer, geheimnisvollerer, von einer großen geistigen Energie genährter Wachstumsprozeß stattfinden wird. Es ist mein Gebet, daß die Samen geistiger Erneuerung in den Herzen aller Koreaner am Werk sein mögen. Ihr, das Volk Koreas, seid nun aufgerufen, die Zukunft mit der festen Entschlossenheit anzugehen, miteinander zu arbeiten, um Wunden zu heilen, die lange offengeblieben sind, und um für eure Kinder ein besseres, humaneres und freieres Leben zu sichern. Wenn ihr auf diese historische Herausforderung antwortet, mögen Weisheit, Klugheit und Liebe euer Denken, euer politisches Handeln und die Sichtweise erfüllen, mit der ihr Koreas wahre Bestimmung als Nation betrachtet.

3. Weisheit, Klugheit und Liebe sind die Frucht eines reifen Gewissens und eines tugendhaften Lebens. Wo diese Geistesgaben und die Disziplin von Verstand und Herz, die ihnen zugrunde liegt, fehlen, können leicht große Hoffnungen frustriert und großherzige Geister ungeduldig werden bei dem langsamen Schritt der Veränderungen. Ich fordere euch alle dringend auf, speziell die Jugendlichen, die Studenten, Eltern und Erzieher und all jene, die für das politische und moralische Leben der Nation verantwortlich sind, den Eifer für Erneuerung und Fortschritt eures Landes mit der Weisheit, die aus einem reinen Herzen kommt, zu verbinden. Mit Feingefühl für die Komplexität humaner und politischer Angelegenheit und Respekt vor der Würde jedes Menschen mögt ihr Baumeister von Gerechtigkeit und Frieden in den Reihen eures Volkes sein. Das Korea von morgen wird als Ergebnis eine bessere und echter menschliche Gesellschaft sein.
Mit erneuertem Dank an Gott für die Segnungen, die wir geteilt haben, und mit brennender Hoffnung auf ein fortgesetztes Wachstum eures Landes auf dem Wege von Gerechtigkeit und Frieden sage ich Korea und seinem Volke Lebewohl. Ich versichere euch meiner Gebete und bitte den allmächtigen Gott, daß er euren Herzen wahre Gefühle der Einheit und des Friedens eingebe.
Möge Gott eure Familien und euer schönes Land segnen.

Jesus trennt das Gottesreich vom irdischen nicht

Predigt bei der Eucharistiefeier in Jakarta (Indonesien) am 9. Oktober

Liebe Brüder im Bischofsamt, Freunde, Priester, Ordensleute und liebe Brüder und Schwestern, die ihr im Glauben an unseren Herrn Jesus Christus versammelt seid!

1. Zunächst möchte ich euch alle einladen, Gott mit mir zu danken, weil er es uns möglich gemacht hat, uns von Angesicht zu Angesicht zu sehen.
Zu jeder Zeit ist die Kirche auf dem Pilgerweg. Sie begibt sich zu den Völkern sämtlicher Kontinente und predigt die Frohbotschaft von Gottes rettender Liebe für alle Menschen nah und fern. Heute gewinnt dieser Pilgerweg nach über vierhundert Jahren Präsenz der Kirche in diesem Inselreich eine sehr intensive geistliche Bedeutung hier in Jakarta, der Hauptstadt von Indonesien. Zum zweiten Mal ist der Papst, der Nachfolger des Petrus, nach Indonesien gekommen. Ich komme mit der gleichen Liebe und Hochachtung, mit der Papst Paul VI. im Jahre 1970 nach Jakarta kam. Alle Reisen des Bischofs von Rom sind eine Antwort auf das Gebot unseres Herrn und Heilands Jesus Christus, dessen Diener wir sind. Er trug seinen Jüngern auf: „Ihr werdet meine Zeugen sein in Jerusalem und in ganz Judäa und Samarien und bis an die Grenzen der Erde“ (*Apg* 1,8). So bin ich, eines Herzens mit euch allen, zutiefst glücklich, auf indonesischem Boden die Worte des Antwortpsalms wiederholen zu können: „Ich will vor dir singen, o Herr, ... Von Gnade und Recht will ich singen“ (vgl. *Ps* 101,1).

2. Mein Pastoralbesuch bei euch, liebe katholischen Brüder und Schwestern, ist ein Teil meines Dienstes, der vor allem ein Dienst für den Glauben und die Einheit der universalen Kirche ist. Ich bin auch als ein Freund jedes Indonesiers gekommen, mit dem ich unser gemeinsames Menschsein, sowie unsere gemeinsamen Anliegen der Entwicklung und des Friedens in der Welt, in der wir leben, teile. Ich grüße die öffentlichen Autoritäten, die bei dieser feierlichen Eucharistie präsent sind und spreche meine Wertschätzung für Präsident Soeharto sowie für die Regierung aus, weil sie mich liebenswürdig eingeladen und damit diesen Besuch möglich gemacht haben.
In besonderer Weise grüße ich Kardinal Darmojuwono, Erzbischof Soekoto und alle Bischöfe der katholischen Kirche in Indonesien, die mir wiederholt ihren Wunsch, ich möchte doch kommen, ausgesprochen haben. Meine Verbundenheit gilt auch allen Priestern, Ordensleuten und Laien. Es wird für mich unmöglich sein, euch alle in diesen Tagen zu treffen, doch ich versichere jedem einzelnen von euch, daß ich für euch da bin und euch mit meinem Gebet ermutigen möchte.
In der Gemeinschaft, die uns durch das sakramentale Band der Taufe verbindet, spreche ich meine herzliche Hochachtung ferner allen Mitgliedern der verschiedenen in Indonesien präsenten christlichen Gemeinschaften aus. Unseren muslimischen Brüdern und Schwestern aber, die in diesem Land so zahlreich sind, reiche ich die Hand zu aufrichtiger und herzlicher Freundschaft in unserem gemeinsamen Glauben an den einen Gott, unseren Schöpfer und barmherzigen Herrn.
Den Mitgliedern sämtlicher Religionen sage ich: Möge unter uns Friede und Liebe herrschen!

3. „Laetentur insulae multae“: Die vielen Inseln sollen sich freuen (vgl. *Ps* 96,1). Für Bischof Walter Staal, den Apostolischen Vikar von Batavia gegen Ende des letzten Jahrhunderts, sprach dieses Motto aus den Psalmen die Bedeutung der Präsenz der Kirche in dieser weitläufigen Inselflur aus. Heute ruft die ganze Kirche auf diesen Inseln mit Freude aus: „Laetentur insulae multae“.

Liebe Brüder im Bischofsamt, liebe Gläubige der Kirche in Indonesien: weil die Bande des Glaubens, des sakramentalen Lebens und der kirchlichen Gemeinschaft in der Feier der Eucharistie ihren vollen Ausdruck finden – zumal in dieser Eucharistiefeier, die das Volk Gottes um seine Bischöfe in Einheit mit dem Papst, dem Haupt des Bischofskollegiums, versammelt –, erleben wir diese Stunde mit einem Herzen voll Dankbarkeit gegen die allerheiligste Dreifaltigkeit.

Unsere Herzen stimmen ein Lied des Dankens gegen unseren himmlischen Vater an für das Leben der Kirche in Indonesien: für ihre Geschichte, für die Missionare, die Gottes Wort mit Weisheit und Liebe gepredigt haben, für die Heiligkeit des Lebens, zu der das Evangelium angeregt hat, für die guten Taten, die in seinem Namen geschahen, für die Solidarität, die es für den Aufbau des modernen Indonesiens als ein einiges und dynamisches Land auf dem Weg zu immer weiterer menschlicher Entwicklung und sozialer Harmonie und für den Frieden geweckt hat. Wir erheben unsere Herzen, dankbar für die Lebenskraft einer jeden Einzelkirche, die hier vertreten ist.

Als Söhne und Töchter des unabhängigen Indonesien haben die Katholiken einen tiefen Sinn für gesunden Stolz auf ihr Land entwickelt. *Pro Ecclesia et Patria:* „Wir müssen im Vollsinn Katholiken und im Vollsinn Indonesier sein“. Diese Worte sind in die moderne Geschichte der Nation tief eingeschrieben. Sie sprechen die Haltung vieler Katholiken während des Kampfes um die Unabhängigkeit aus und regen das Leben der Kirche im heutigen Indonesien weiter an.

4. Im heutigen Evangelium haben wir die bezeichnende Lehre Jesu über die religiöse und politische Dimension unseres Lebens in der Gesellschaft vernommen. Einige religiöse Führer hatten Jesus gefragt: „Ist es ... erlaubt, dem Kaiser Steuer zu zahlen, oder nicht?“ (*Lk* 20,22). Indem er auf eine Münze hinwies, die in ihrem Lande in Umlauf war, antwortete Jesus mit einer Frage: „Wessen Bild und Aufschrift sind darauf?“ Sie antworteten: „Die des Kaisers.“ (V. 24). Dann sagte Jesus als Antwort auf ihre anfängliche Frage: „Dann gebt dem Kaiser, was dem Kaiser gehört, und Gott, was Gott gehört!“ (V. 25).

Indem er in dieser Weise antwortete, erkennt Jesus eine Unterscheidung, aber keine Trennung zwischen dem Gottesreich, das er predigte, und dem irdischen Reich an, zu dem alle als Bürger ihres Landes und Mitglieder der einen großen menschlichen Familie gehören (vgl. *Instruktion über die christliche Freiheit und die Befreiung*, Nr. 60). Vor allem macht Jesus die Natur seiner eigenen Sendung klar, nämlich Zeugnis für die Wahrheit zu geben (vgl. *Joh* 18,37), die Wahrheit, die in den Worten: „Das Reich Gottes ist nahe“ (*Mk* 1,15), zum Ausdruck kommt. Der Herr lehrt uns, daß Gott jedem Aspekt unserer Existenz in Gesellschaft und Welt nahesteht. Seine Präsenz in unserem Leben wird ganz tief im Leben der Gnade und in der Wahrnehmung moralischer Verantwortung erfahren.

Jesu Aufforderung: „Gebt dem Kaiser, was dem Kaiser gehört, und Gott, was Gott gehört", ist eine besondere Anwendung des größten von allen Geboten: „Du sollst den Herrn, deinen Gott, lieben mit ganzem Herzen und ganzer Seele, mit all deiner Kraft und all deinen Gedanken und: Deinen Nächsten sollst du lieben wie dich selbst!" (*Lk* 10,27). Gerade wenn wir die moralische Verpflichtung zur Liebe unseres Nächsten – jedes Nächsten und all unserer Mitbürger – anerkennen, dann erkennen wir auch unsere Pflichten gegenüber dem Staat und den für das öffentliche Leben Verantwortlichen an und erfüllen sie. Ferner wissen die, die Gott lieben, daß es sein Wille ist, aktive und verantwortliche Bauleute im Dienst einer gerechten und menschlichen Gesellschaft zu sein.

5. Der *Petrusbrief* hilft uns, Jesu Antwort im Evangelium auf das Leben der politischen Gemeinschaft anzuwenden: „Unterwerft euch um des Herrn willen jeder menschlichen Ordnung ... Denn es ist der Wille Gottes ... Handelt als Freie, aber nicht als solche, die die Freiheit als Deckmantel für das Böse nehmen, sondern wie Knechte Gottes" (*1 Petr* 2,13–16). Für den Gläubigen hat jede Autorität ihren Ursprung in Gott, und jene, die sie für das Gemeinwohl ausüben, sollen „um des Gewissens willen" (vgl. *Röm* 13,1–7) geachtet werden. Diese Worte Christi und die Lehre des Neuen Testaments sind die Grundlage für das, was die katholische Kirche immer gelehrt hat, nämlich daß die politische Autorität und die Pflichten der Bürger mit der moralischen Ordnung zu tun haben. Als Nation habt ihr diese Wahrheit in euer eigenes nationales Ethos eingefügt.

In einem gewissen Sinn spiegelt die offizielle Haltung Indonesiens, nämlich die Achtung der Religionen, die Wahrheit der Worte Jesu im heutigen Evangelium wider. Ihr bemüht euch, das Wohlergehen eures Landes entsprechend den menschlichen Werten, auf denen es erbaut ist, zu fördern, indem ihr der bürgerlichen Gesellschaft eure Schuldigkeit erweist. Zugleich werden alle ermuntert, Gott zu geben, was Gott gehört und damit anzuerkennen, daß das Recht zur Ausübung der eigenen Religion seinen Ursprung direkt in der Würde der menschlichen Person als Geschöpf Gottes hat. Dieses Verständnis sichert Frieden und Zusammenarbeit unter den Anhängern verschiedener religiöser Traditionen und gestattet allen, sich aktiv in den Dienst des Gemeinwohls zu stellen.

Aus diesem Grund appelliere ich an alle Anhänger des christlichen Glaubens in Indonesien: Strebt danach, tüchtige Söhne und Töchter und echte Bürger der indonesischen Nation zu sein.

6. „Meister, wir wissen, daß du aufrichtig redest und lehrst ... [und] wirklich den Weg Gottes lehrst" (*Lk* 20,21).

Heute erneuert die Kirche in Jakarta und in ganz Indonesien vereint mit dem Bischof von Rom dieses Bekenntnis des Glaubens an unseren Herrn und Heiland Jesus Christus. Wir tun das in der Nachahmung Marias, die selig war, weil sie geglaubt hat (vgl. *Lk* 1,45), und des Petrus, der im Namen der übrigen Apostel bekannte: „Herr, du hast Worte des ewigen Lebens" (*Joh* 6,68). Wir bekennen diesen Glauben in der Nachfolge jener Männer und Frauen, die eifrige Zeugen des Evangeliums auf dieser Inselflur gewesen sind.

Dies ist die rechte Stunde für euch, die heutige Generation indonesischer Katholiken, mit neuer Hoffnung und Kraft die Herausforderung des Evangeliums anzunehmen, die ihr von euren Vorfahren ererbt habt. Dies ist die rechte Stunde für euch alle, zumal für die katholische Laienschaft Indonesiens, euch erneut der großen Aufgabe zu widmen, den Glauben unverkürzt und in seiner Ganzheit jeder neuen Generation weiterzugeben, das Familienleben gegen alles zu schützen, was es aufzuweichen droht, den Nöten eurer Mitbürger, zumal der Armen, der Kranken und Leidenden zu dienen, derer, denen es an Bildung fehlt, und derer, die aus irgendeinem Grund hinter dem Prozeß des Wachstums und der Entwicklung zurückgeblieben sind.

Ihr aber, liebe Brüder im Bischofsamt, die ihr die Lehrer und Hirten der Kirche Christi in Indonesien seid, eure Aufgabe ist es vor allem, gemeinsam mit euren Priestern die Kirche in Indonesien zu ihrer Fülle in Christus hinzuführen. Dafür wurde euch der bischöfliche Dienst übertragen, durch den Heiligen Geist, den Christus seiner Kirche gegeben hat, und der euch befähigt, in Wahrheit die Wege Gottes zu lehren. Dies ist eure Berufung und euer Dienst. Diesen Dienst erwartet Christus von euch, der in seiner Kirche in jedem Teil der Welt lebt.

Möge der Friede und die Liebe dessen mit euch sein, der den „Weg Gottes" lehrt – Jesus Christus, der der „Weg, die Wahrheit und das Leben" ist (*Joh* 14,6) –, möge er immer die Kirche begleiten, die auf den Inseln dieses herrlichen Archipels Indonesien präsent ist! Möge Gott das indonesische Volk überreich segnen!

Friede sei mit euch allen, die ihr in Christus seid (vgl. *1 Petr* 5,14)! Amen.

Toleranz und Achtung aller Bürger fördern

Ansprache beim Staatsempfang in Jakarta (Indonesien) am 9. Oktober

Herr Präsident,
sehr geehrte Damen und Herren!

1. Mit herzlicher Freude und Dankbarkeit gegen den allmächtigen Gott, die Quelle aller Segnungen, bin ich nach Indonesien gekommen. Ich habe mich auf diese Gelegenheit zu einem Besuch in Ihrem Land und einer Begegnung mit seiner Bevölkerung gefreut. Als Papst und Bischof von Rom hege ich selbstverständlich besondere Liebe für meine indonesischen Brüder und Schwestern katholischen Glaubens, sorge mich besonders um sie und fühle mich speziell verpflichtet, sie in ihrer Treue zum Evangelium Jesu Christi zu unterstützen und zu ermutigen.

Mein Besuch in Indonesien gilt jedoch nicht ausschließlich den Katholiken. Ich komme als Freund zu allen Indonesiern, mit großer Achtung für das ganze Volk dieser dynamischen Nation. Ich versichere Sie meines Gebetes und spreche den Wunsch aus, in Indonesien möge sowohl der materielle als auch der geistliche Wohlstand wachsen und all seine Bürger mögen die Erfahrung des Friedens machen, der ein gottgegebenes Geschenk ist.

Ihnen, Herr Präsident, möchte ich meine tiefe Dankbarkeit für die freundliche Einladung zum Besuch Indonesiens aussprechen. Ihre so herzliche Einladung, im „Wisma Negara" zu wohnen – die ich, weil mein Besuch in erster Linie pastoraler Natur ist, höflichst ablehnen mußte – hat es mir bereits erlaubt, die warme Gastfreundschaft des indonesischen Volkes zu erfahren. Mein an Sie gerichteter Dank gilt gleichzeitig Ihren Mitbürgern sowie allen, die auf irgendeine Weise am Zustandekommen dieses Besuches mitgewirkt haben.

2. Unter den verschiedenen Nationen der Welt erfreut sich Indonesien einer verdienten Achtung aufgrund der Rücksicht für die menschlichen Dimensionen, die sein Wachstum als Nation eingehalten hat. Die Herausforderungen, denen Ihr Volk gegenübersteht, haben wirklich Ungeheuerliches an sich. Indonesien ist das größte Land Südostasiens und seine Einwohner sind über Tausende von Inseln verstreut. In ihrer großen Verschiedenheit – die Hunderte von ethnischen Gruppen und eine große Anzahl von Kulturen und Sprachen umfaßt – sind seine Bewohner der größte Reichtum Indonesiens.
Die Schaffung einer einheitlichen und in sich geschlossenen Gesellschaft, der so viele verschiedene Gruppen angehören, ist eine der hervorragendsten Leistungen, die Indonesien in den 44 Jahren seiner Geschichte als Nation vollbracht hat. Die „Pancasila"-Philosophie, die auf sehr entsprechende Art und Weise sein nationales Wachstum gelenkt hat, anerkennt als einzigen festen Grund der nationalen Einheit die Achtung für alle: Achtung für die verschiedenen Meinungen, Überzeugungen, Sitten und Werte, welche die so zahlreichen Bewohner Indonesiens kennzeichnen. Es kommt vor, daß die eine oder andere Nation sich versucht fühlt, die grundlegenden Menschenrechte zu mißachten und sich bei ihren Bemühungen um eine politische Einheit nur der militärischen oder wirtschaftlichen Macht zu bedienen. Eine solche Einheit kann jedoch leicht wieder zerfallen. Ihre nationale Tradition lehrt hingegen, daß die sicherste Grundlage für eine bleibende Einheit und eine Entwicklung als Nation die Hochschätzung des menschlichen Lebens, der unveräußerlichen persönlichen Rechte des Menschen und der Freiheit verantwortungsbewußter Bürger ist, die ihr Geschick als Nation zu bestimmen verstehen.

3. Die zahlreichen Bürger Indonesiens, die sich zu einem religiösen Glauben bekennen, haben in der ununterbrochenen Entwicklung des Landes eine wichtige Rolle zu spielen, da der Glaube an Gott und an die Werte des Geistes, welche die Völker zusammenschließen, mächtige und positive Kräfte sind. In diesem Sinn habe ich mit Befriedigung von dem Beitrag erfahren, den Indonesiens katholische Bürger seit den allerersten Tagen der Republik für den Fortschritt ihrer Nation geleistet haben und immer noch leisten. Die Katholiken haben ihrem Land und seiner Entwicklung auf bemerkenswerte Weise gedient, insbesondere in den Bereichen des Schulwesens, der Gesundheits- und der Sozialfürsorge. Gemeinsam mit ihren Brüdern und Schwestern anderer religiöser Traditionen waren sie bestrebt, am Aufbau einer Gesellschaft mitzuwirken, die den Hoffnungen und Wünschen all ihrer Mitbürger entspricht. Den Grundsätzen des katholischen Glaubens entsprechend, bemühten sie sich, allen Männern und Frauen guten Willens beim Aufbau einer gerechten und friedlichen Gesellschaftsordnung zu dienen. Diese Zusammenarbeit für das Wohl der Gesellschaft fand in vielen bemerkenswerten Einrichtungen, die sich allgemeiner Achtung erfreuen, ihren Ausdruck. Wir sind dem Allmächtigen dankbar dafür, daß all das möglich war.

4. Herr Präsident, Indonesien hat tatsächlich bemerkenswerte Fortschritte auf dem Weg zu den Zielen gemacht, die im Vorwort zur Verfassung Ihrer Nation auf so edle Weise erwähnt werden. Als Freund Indonesiens bete ich dafür, daß eines Tages die Ihrer Nation vorschwebenden Ideale im Leben ihrer gesamten Bevölkerung volle Verwirklichung finden. Durch die Anerkennung der berechtigten Vielfalt, die Achtung der politischen und menschlichen Rechte aller Bürger und die Förderung einer auf Toleranz und Achtung für die anderen beruhenden nationalen Einheit legen Sie den Grundstein für jene gerechte und friedliche Gesellschaft, die sich alle Indonesier für sich selbst wünschen und ihren Kindern hinterlassen möchten.
Ich versichere Sie nochmals meiner hohen Achtung und meiner Liebe für die Bewohner Ihres Landes.

In indonesischer Sprache sagte der Papst:

Möge Gott Indonesien mit seinem Frieden segnen. Möge Gott euch alle segnen.

Entwicklung der Kultur ist Erfüllung des Urauftrags Gottes

Predigt bei der Eucharistiefeier in Jakarta (Indonesien) am 10. Oktober

Liebe Brüder und Schwestern in Christus!

In indonesischer Sprache sagte der Papst:

Ich begrüße herzlich vor allem jene unter euch, die aus der Erzdiözese Semarang und aus den Diözesen Purwokerto, Surabaya, Malang, Denpasar, Banjarmasin, Samarinda und Ketapang kommen.
Auch begrüße ich Herrn Kardinal Justinus Darmajuwana, Erzbischof Julius Darmaatmadja von Semarang, die Bischöfe und euch alle. Es ist mir wirklich eine Freude, unter euch, die ihr eine junge, lebendige und wachsende Kirche bildet, weilen zu können.

In englischer Sprache sagte der Papst:

„Das Wort ist Fleisch geworden und hat unter uns gewohnt“ (*Joh* 1,14).
Jedesmal wenn wir diese Worte aussprechen, verkünden wir das Geheimnis der Menschwerdung, durch die Gott als Mensch in unsere irdische Geschichte eingetreten ist. Das Wort, das Gott, die zweite Person der Heiligen Dreifaltigkeit, der mit dem Vater wesenseine Sohn ist, „ist für uns Menschen und für unser Heil ... vom Himmel herabgestiegen, hat durch die Kraft des Heiligen Geistes aus der Jungfrau Maria Fleisch angenommen und ist Mensch geworden.“
Die Menschwerdung vollzog sich in einem genau feststellbaren historischen Rahmen. „Jesus (wurde) zur Zeit des Königs Herodes in Betlehem in Judäa geboren“ (*Mt* 2,1). Er war gezwungen, nach Ägypten zu fliehen, um der Grausamkeit des Königs zu ent-

kommen. Nach Herodes Tod kehrte er mit Maria und Josef nach Nazaret zurück, wo er bis zum Alter von 33 Jahren lebte; dann begann er, die Frohbotschaft des Heils zu verkünden.
Die Menschwerdung des Sohnes Gottes ist für jeden Menschen bedeutungsvoll, unabhängig von Zeit und Ort. Zwischen dem von Gott nach seinem Abbild (vgl. *Gen* 1,17) geschaffenen Menschen und Christus, der unsere Menschennatur angenommen hat und „den Menschen gleich" (*Phil* 2,7) wurde, besteht eine unzerstörbare Bindung. Von Ewigkeit her war er Vorbild und Ursache aller Dinge, „und ohne das Wort wurde nichts, was geworden ist" (*Joh* 1,3). In der Menschwerdung wurde Jesus Christus, „das Ebenbild des unsichtbaren Gottes, der Erstgeborene der ganzen Schöpfung" (*Kol* 1,15) zum Ursprung einer neuen Schöpfung: „Allen aber, die ihn aufnahmen, gab er die Macht, Kinder Gottes zu werden" (*Joh* 1,12). So schrieb auch der hl. Paulus: „Wenn also jemand in Christus ist, dann ist er eine neue Schöpfung. Das Alte ist vergangen, Neues ist geworden" (*2 Kor* 5,17).
Wenn man das Vorbild kennt, macht man sich auch eine bessere Vorstellung von seinen Abbildern. Deshalb lehrt Johannes, daß Christus „das wahre Licht (ist), das jeden Menschen erleuchtet" (*Joh* 1,9). Christus offenbart uns, was wir alle in uns tragen. Darum konnte das Zweite Vatikanische Konzil sagen, daß Christus, gerade weil er das Geheimnis des Vaters offenbart hat, „den Menschen selbst vollständig (offenbart) und ihm seine hohe Berufung (erschließt)" (*Gaudium et spes*, Nr. 22).
Wenn Gott sich in der Menschwerdung dem Menschen genähert hat, so ist das das Ergebnis seiner freien, liebenden Entscheidung. Ohne seine liebende Nähe wäre die Menschheit unrettbar verloren. Das Wort wurde Fleisch, um uns zu lehren, daß Gott unser Vater und voll Liebe zu seinen Kindern ist. Dieses Wort kam jedoch auch in unsere Mitte, um uns den Weg zum Vater zu weisen. „Ich bin der Weg", sagte Jesus (*Joh* 14,6). Er lehrt uns, daß es keinen Weg gibt, dessen Gültigkeit nicht auf ihn zurückgeht. Er sagte zu seinen Jüngern: „Ich bin die Tür; wer durch mich hineingeht, wird gerettet werden" (*Joh* 10,9). Darüber hinaus gab und gibt er noch immer die Macht, den Weg zu gehen, der zum Heil führt. So lesen wir im Prolog zum *Johannesevangelium*: „Die Gnade und die Wahrheit kamen durch Jesus Christus" (1,17). Wie kamen sie? Er goß den Heiligen Geist aus, durch den wir Zugang zum Vater haben (vgl. *Eph* 2,18). Im Herzen jedes treuen Jüngers Christi weckt der Heilige Geist Gnade und lehrt die Wahrheit. Auf diese Weise wird das Abbild Gottes in uns wiederhergestellt und vervollkommnet.
Das ewige Werk der Heiligen Dreifaltigkeit, das uns durch die Menschwerdung des Wortes nahegebracht wurde, setzt sich über die Zeiten hinweg im Leben und in der Sendung der Kirche fort. In der Geschichte jedes Volkes gibt es einen besonderen Augenblick, in dem die Neuheit des Lebens in Christus verkündet und die Saat des Reiches Gottes ausgesät wird. Es ist dies die Zeit der mutigen Missionare und oft auch glorreicher Märtyrer. Es war die Geschichte der „plantatio Ecclesiae", der Einpflanzung der Kirche in euer Land und eure Kultur. Wie der Prophet Jona im alten Ninive so mußten auch die Herolde des Glaubens Schwierigkeiten aller Art entgegentreten. Gemeinsam mit euch möchte ich Gott für die mutigen und hochherzigen Missionare danken, die er der Kirche in Indonesien geschenkt hat. Das Gedächtnis des großen hl. Franz Xaver ist für immer mit euren

Inseln verbunden. Hier jedoch, im Herzen Javas, möchte ich ganz besonders der Gründer dieser Gemeinde gedenken, die sich mit dem Papst zusammengefunden hat, um Gott zu preisen. Wir denken vor allem an P. Franciskus van Lith aus der Gesellschaft Jesu, der mit euch um eure Freiheit gekämpft hat, an Bischof Kanjeng Albertus Sugijapranata, den ersten Indonesier, der die Bischofswürde empfing und ein Nationalheld wurde; schließlich an den bekannten Bapak Ignatius Yosef Kasimo Hendrowahyono.
Die ruhmreiche Geschichte der „plantatio Ecclesiae" in Zentraljava setzt sich heute fort. Ich freue mich mit euch über den Eifer der christlichen Familien, denen so viele Berufungen zum Priestertum und zum Ordensleben entspringen; ich freue mich über die Begeisterung und Einsatzbereitschaft eurer Jugendlichen und über ihre Praxis des Glaubens. Ich freue mich über den Eifer und die Großmut der in verschiedenen Formen des Apostolats engagierten Laien: in Unterricht und Erziehung, in der Gesundheitsfürsorge, in Werken der Nächstenliebe und in der Hilfe für die Bedürftigen. In diesem Zusammenhang möchte ich ein besonderes Grußwort an die Katecheten richten:

In indonesischer Sprache sagte der Papst:

Meine lieben Katecheten! Mit Hochherzigkeit und Opferbereitschaft habt ihr euer Bestes dem Aufblühen des Reiches Gottes hier in eurem Land geschenkt. Euer Wirken ist das kostbarste und wertvollste Juwel, das der ganzen Kirche gehört. Die Kirche schätzt euer Werk sehr hoch ein. Deshalb versichere ich euch und eure Familien meiner aufrichtigen und tiefen Dankbarkeit, meines Segens und meiner Gebete.

In englischer Sprache sagte der Papst:

Die Priester und Ordensleute versichere ich meiner tiefen Liebe im Herrn und auch meiner Gebete. Brüder und Schwestern, ihr müßt den einzigartigen Wert des Rufes erkennen, der von Christus an euch ergangen ist. Ihr seid seine besonderen Freunde (vgl. *Joh* 15,15). Bleibt freudig eurer Berufung treu! Die christliche Gemeinschaft, ja die ganze Gesellschaft benötigt euch dringend, nicht nur wegen eurer zahlreichen Tätigkeiten in den Bereichen der Religion, der Erziehung und der menschlichen Entwicklung, die ihr unterstützt und vermittelt, sondern vor allem aufgrund dessen, was ihr als Priester und Ordensleute seid: Zeugen für die rettende Gegenwart Gottes inmitten seines Volkes. Möge die Gnade Gottes euch allzeit Rückhalt sein!
Das Geheimnis der Menschwerdung – „das Wort ist Fleisch geworden" – ist für alle Zeiten die Grundlage des Bandes zwischen der Kirche und den verschiedenen menschlichen Kulturen, mit denen die Völker der Welt ihre angeborenen Fähigkeiten zum Ausdruck brachten. Die Entwicklung einer Kultur ist in gewissem Sinn eine Antwort auf den Urauftrag Gottes: „Bevölkert die Erde, unterwerft sie euch" (*Gen* 1,28). Die alten Schauspiele, die Musik und die Tänze Javas verkörpern die Begriffe der Weisheit und einer Zivilisation, welche die dem Menschen eigene absolute Notwendigkeit des „einen, höchsten und allmächtigen" Gottes anerkannte und den Wert des friedlichen Zusammenlebens betonte. Bezeichnend ist der Mythos von Garuda, dem Adler, der es dem Menschen erlaubt, in große Höhen zu fliegen, wo das Licht von oben ihm die Fähigkeit schenkt, den wahren Sinn der Dinge und die tiefe Bedeutung von Leben und Liebe zu erfassen.

In dieses vielversprechende Erdreich wurde der Same des Evangeliums gesät. In der Bibel wird die Evangelisierung oft mit Begriffen ausgedrückt, die der Landwirtschaft entstammen. Der hl. Paulus bezeichnete die christliche Gemeinde als „Gottes Ackerfeld" (*1 Kor* 3,9). Der Same des Wortes Gottes ist ein guter Same. Das Erdreich ist entsprechend vorbereitet. Euch, den Arbeitern, die der Herr der Ernte, der ewige Vater, auf seinen Acker gesandt hat, obliegt es, herauszufinden, auf welche Weise er reiche Frucht hervorbringen kann – wie eure Ahnen, die den Boden sorgfältig und geduldig pflegten, so daß sie dreimal im Jahr Reis ernten konnten. Im Unterschied zu den ersten Glaubensboten seid ihr in dieser Kultur keine Fremden. Ihr seid Söhne und Töchter Javas. Ihr könnt die Frohbotschaft in das Herz eurer eigenen Kultur hineintragen.

Gleichzeitig wißt ihr als Glieder der katholischen, weltumspannenden Kirche um die Tatsache, daß es auch Aufgabe der Kirche ist, jeder Kultur zu ihrer Bereicherung zu verhelfen. Durch die Macht Christi, des fleischgewordenen Wortes, durchzieht sozusagen alle Nationen und Kulturen ein göttlicher Strom. Wie der hl. Paulus an die Philipper schrieb und wie wir heute in der ersten Lesung vernommen haben, erteilt Christus der Menschheit ständig seine „Ermahnung" (vgl. *Phil* 2,1) dank seines Beispiels aufopfernder Liebe. Seinem Kreuz entströmt ein „Zuspruch der Liebe" (vgl. *ebd.*), die Selbstsucht und Stolz verbannt und die Offenheit allen gegenüber fördert. Auf diese Weise durchdringen, läutern und erheben das Beispiel Christi und die Macht seines Ostergeheimnisses die ganze Kultur und jede Kultur. Laßt nicht zu, daß der Same des göttlichen Wortes unfruchtbar bleibe! Fleht den Allmächtigen unablässig an, er möge der in demütigem Vertrauen ausgeworfenen Saat Wachstum verleihen!

Hier, in der Heimat von Bischof Sugijapranata und von Pak Kasimo ist es angebracht, daran zu erinnern, daß der christliche Glaube im Dienst für Gott und an der Gesellschaft zum Ausdruck kommen muß. Neben diesen wohlbekannten Gestalten bietet die Kirche der Nation das Zeugnis zahlloser ehrlicher und engagierter Bürger an. Auch sie sind Ernte auf dem Ackerfeld Gottes.

Liebe Brüder und Schwestern, ich beschwöre euch: macht die selbstlose Liebe zu eurer Lebensregel! Laßt sie zum Anliegen eures persönlichen und gemeinschaftlichen Gebetes werden; laßt euch vor ihr in eurem täglichen Kontakt mit der Familie, den Freunden, den Nachbarn und den Arbeitskollegen leiten, da ihr ja an der Sendung der Kirche und am öffentlichen Leben eures Landes teilhabt. Seid der Tatsache eingedenk, daß ihr die Weltkirche aufbaut, wenn ihr sie mit den einzigartigen Schätzen der indonesischen Kultur bereichert, und daß ihr Indonesien aufbaut, wenn ihr, in harmonischer Zusammenarbeit mit all euren Mitbürgern, im Interesse des Gemeinwohls eurem Land die einzigartigen Reichtümer eures katholischen Glaubens mitteilt.

Das christliche Engagement beschränkt sich jedoch nicht auf diesen Dienst an der Welt. Sein wichtigster Zweck ist die Ehre Gottes und das Heil der Seelen. Sein intensivster Augenblick ist gerade der gegenwärtige, die Eucharistie, die Feier der heiligen Geheimnisse unserer Erlösung. Wir beten zusammen: „Der Herr nehme dieses Opfer an, zum Lob und Ruhm seines Namens, zum Segen für uns und seine ganze heilige Kirche."

In Einheit mit Christus bringen wir dem Vater die Kirche dar, die in Yogyakarta und in Java ist, die ganze Kirche in Indonesien, diesen wunderbaren Inselstaat und all seine Völker mit ihren Hoffnungen und ihrem Sehnen, ihren Freuden und Leiden.
„Deine Treue preise ich in großer Gemeinde“ (*Ps* 22,26) sagt der Psalmist. In diesem Lobpreis, der in zahllosen Sprachen in aller Welt gesungen wird, verkünden alle Enden der Erde den Herrn, und alle Familien der Nation beten ihn an (vgl. *ebd.*, 28). In diesem Lobpreis, der von der ganzen Schöpfung, von allen Völkern und Nationen der Erde gesungen wird, klingt heute die Stimme Indonesiens mit.

In indonesischer Sprache sagte der Papst:

Meine lieben Söhne und Töchter: seid stets treue Jünger Christi. Meine Gebete begleiten euch immer. Möge unser Herr Jesus Christus allzeit den Reichtum seiner Gnade über euch ausgießen.

Gemeinsam nach Verständnis und Frieden streben

Ansprache beim Treffen mit Religionsführern in Jakarta (Indonesien) am 10. Oktober

Exzellenz!
Sehr verehrte Minister und Regierungsmitglieder!
Liebe Brüder und Schwestern!

Ich bin glücklich über diese Möglichkeit, Sie, respektierte leitende Persönlichkeiten der wichtigsten religiösen Gemeinschaften, die unter dem Volk Indonesiens vertreten sind, treffen zu können. Als Bischof von Rom, Nachfolger des Apostels Petrus, dem Christus Verantwortung für all seine Jünger übertrug, bin ich zu diesem Pastoralbesuch nach Indonesien gekommen, um den Glauben meiner katholischen Brüder und Schwestern zu stärken (vgl. *Lk* 22,32). Ich bin gekommen, um sie zu treffen, mit ihnen zu beten, und ihnen zu versichern, daß sie ein wichtiger Teil der über die Welt verbreiteten katholischen Kirche sind.
Mein Besuch beschränkt sich jedoch nicht auf Indonesiens Katholiken. Dieses Land umfaßt innerhalb seiner weiten Grenzen verschiedene Völker mit einem großen Reichtum an Sprachen und Sitten. An vielen Orten sind noch die traditionellen, einheimischen religiösen Kulturen zu finden. Alte religiöse Traditionen wie der Buddhismus und der Hinduismus nähren ihre Anhänger mit der uralten Weisheit des Ostens. Auch der Konfuzianismus hat seine charakteristische Note beigetragen, während der Islam der religiöse Weg für die Mehrheit der Indonesier geworden ist. Die katholische Kirche ist hier seit Jahrhunderten anwesend und kann Gott danken für den tiefen Glauben von Generationen indonesischer Katholiken. Auch andere christliche Gemeinschaften haben eine lange Geschichte in dieser Nation. Dieses beeindruckende Erbe religiöser Traditionen wird weithin als eine bedeutsame Dimension des indonesischen nationalen Lebens anerkannt, ein Erbe, das von all seinen Bürgern große Achtung fordert.

Aus diesem Grund ist es mir eine Freude, Sie, die Vertreter der Gemeinschaften, mit denen die Katholiken Indonesiens in engem Kontakt stehen, zu begrüßen. Ich komme zu Ihnen als ein Mann des Friedens, besorgt, wie auch Sie, um das Wachstum von Frieden und echter Harmonie zwischen allen Völkern der Erde. Ich komme zu Ihnen als ein Mann des Glaubens, der weiß, daß jeder Friede ein Geschenk Gottes ist. Es ist dieser Friede Gottes, „der alles Verstehen übersteigt" (*Phil* 4,7), den ich für alle Menschen Indonesiens erbitte.

Eine der großen Herausforderungen, vor die sich Indonesien heute gestellt sieht, besteht darin, eine harmonische Gesellschaft aus den vielen und mannigfaltigen Elementen aufzubauen, die für diese Nation Quelle ihrer gegenwärtigen Hoffnungen und künftigen Größe sind. Die Katholiken Indonesiens finden eine tiefe Motivation für ihren Beitrag zu diesem Unternehmen im Blick auf die universale Harmonie, die der christliche Glaube ihnen bietet. Unser Glaube an den einen Gott, den Schöpfer des Himmels und der Erde, aller sichtbaren und unsichtbaren Dinge veranlaßt uns, die wir Christus folgen, für den Fortschritt von Frieden und Harmonie zwischen allen Völkern zu arbeiten.

Diese christliche Sicht ist der Vorstellung von Einheit, die viele andere Religionen charakterisiert, keineswegs fremd. Viele religiöse Traditionen sehen das Universum als ein organisches Ganzes, dessen Teile in einem großen Netz von Beziehungen verknüpft sind. Aus dieser Vision leiten sich die Achtung vor der Natur, die Empfindsamkeit in menschlichen Beziehungen, die Hochachtung für Liebe und Zusammenarbeit innerhalb der Familie, ein starker Gerechtigkeitssinn und die Anerkennung der Rechte jeder einzelnen Person ab. Der Glaube an Gott als den Schöpfer aller Dinge ist ein starker Antrieb, den respektvollen Dialog zwischen den Anhängern verschiedener Religionen zu fördern. Zweifellos besteht dann, „wenn Christen und Anhänger anderer Religionen vereint sind in ihrem Glauben an den Schöpfer, ... eine feste Basis für gegenseitiges Verständnis und friedlichen Austausch." (*Ansprache an die indonesischen Bischöfe*, 20. Mai 1989).

Diese Art respektvollen Dialogs und Austauschs kann eine mächtige Rolle spielen bei dem Aufbau einer friedlichen und vereinten Gesellschaft. Ich möchte meiner Hoffnung Ausdruck geben, daß, allen voran, die Indonesier, die sich zu einem religiösen Glauben bekennen, den tiefen Respekt für andere zeigen, der anhaltende Harmonie zwischen den verschiedenen Völkern dieser Nation fördern kann.

In dieser Hinsicht sehe ich mich bestärkt durch die Ideale und praktischen Strukturen der indonesischen Verfassung von 1945 bezüglich der Freiheit jedes Bürgers, sich zur Religion seiner Wahl zu bekennen und Kultfreiheit zu genießen. Es ist die Lehre der katholischen Kirche, daß dieses Recht der Religionsfreiheit in der Würde der von Gott geschaffenen menschlichen Person begründet liegt (vgl. *Dignitatis humanae*, Nr. 2). Religionsfreiheit ist in der Tat ein grundlegendes Menschenrecht, ein Recht, das sowohl alle religiösen Gemeinschaften als auch alle einzelnen Menschen genießen sollten. Es ist daher sehr wichtig, daß dieses Recht geschützt wird, „daß der Staat aktiv die Befolgung der Religionsfreiheit sichert und fördert, vor allem dann, wenn neben einer großen Mehrheit, die einem Glauben anhängt, eine oder mehrere Minderheitengruppen eines anderen Glaubens existieren" (*Botschaft zur Feier des Weltfriedenstages 1989*, Nr. 8).

Verehrte Freunde: heute mehr als je zuvor richtet die Welt ihre Aufmerksamkeit auf die Sehnsucht aller Völker nach Freiheit, nach der Möglichkeit, in Übereinstimmung mit den Forderungen des eigenen Gewissens zu leben, ohne Einschränkungen nach der Wahrheit zu suchen, und die eigenen Überzeugungen in einer Gesellschaft zum Ausdruck zu bringen, die echten Fortschritt sowie einen konstruktiven Dialog zwischen Völkern unterschiedlichen Glaubens fördert. Es stimmt, daß diese Sehnsucht nach Freiheit, wenn sie nicht diszipliniert und geleitet wird von einer Empfindsamkeit gegenüber geistigen Werten sowie den objektiven Werten menschlicher Moralität, leicht herabsinken kann in eine Permissivität, die eher versklavt als befreit. Aber gerade dies ist der Grund, warum alle religiösen Gläubigen das Ziel echter Befreiung dadurch unterstützen sollten, daß sie diese geistige Vision entwickeln, die notwendigerweise jedes wahrhafte Wachstum in der Freiheit lenken muß. In einem sehr realen Sinn kann man sagen, daß die Verantwortung für den Aufbau einer Gesellschaft der Zusammenarbeit, der Toleranz und der Einheit innerhalb der Verschiedenartigkeit als eine heilige Pflicht der heutigen Generation zufällt, und daß Indonesiens religiöse Führer in dieser Hinsicht eine schwere Verantwortung tragen.

Ebenso auch die jungen Menschen Indonesiens. Aus diesem Grund möchte ich sie aufrufen mit den Worten, mit denen ich junge Muslime in Marokko im Jahr 1985 angesprochen habe. „Normalerweise", sagte ich, „schauen junge Menschen in die Zukunft, sie sehnen sich nach einer gerechteren und humaneren Welt ... (Aber) junge Menschen können eine bessere Zukunft aufbauen, wenn sie zunächst ihr Vertrauen auf Gott setzen und wenn sie sich verpflichten, diese neue Welt in Übereinstimmung mit Gottes Plan aufzubauen, mit Weisheit und Wahrheit" (*Ansprache an junge Muslime*, Casablanca, 19. 8. 1985, Nr. 6.4).

Dies ist keine kleine Herausforderung. Denn das Vorhaben, in gegenseitigem Respekt zusammenzuarbeiten, bedeutet oftmals, neue Standpunkte einnehmen zu müssen, vergangene Spannungen oder Feindseligkeiten zu vergessen und gemeinsam in die Zukunft zu schauen. Jeder von uns ist dazu aufgefordert, eine Haltung großzügiger Hilfsbereitschaft gegenüber den anderen und zu aller Gunsten einzunehmen. Wie das Zweite Vatikanische Konzil es den Katholiken aufgetragen hat: „Wir können Gott, den Vater aller, nicht anrufen, wenn wir irgendwelchen Menschen die brüderliche Haltung verweigern" (*Nostra aetate*, Nr. 5).

In einer kulturell mannigfaltigen Gesellschaft bedeutet, „andern in brüderlicher Haltung begegnen", im Dialog zu leben. Dies kann verschiedene Formen annehmen. „An erster Stelle bedeutet Dialog eine Art zu handeln, eine Haltung und eine Einstellung, die das eigene Verhalten leitet. Dazu gehören Aufmerksamkeit, Respekt und Gastfreundschaft gegenüber dem anderen" (Päpstlicher Rat für den interreligiösen Dialog, *Die Haltung der Kirche gegenüber Anhängern anderer Religionen*, 1984, Nr. 29). Mit anderen Worten, es bedeutet, was so oft der „Dialog des Lebens" genannt wird, das heißt, Menschen streben danach, in einem offenen und nachbarschaftlichen Geist zu leben, ihre Freuden und ihren Kummer, ihre menschlichen Probleme und Sorgen zu teilen.

Aber dann gibt es auch den „Dialog der Tat“: Zusammenarbeit für die integrierte Entwicklung aller Bürger. Dazu kann man noch den wichtigen Dialog theologischen Austausches hinzufügen, in dem die Partner darauf abzielen, zu wachsen im Verständnis ihrer gegenseitigen religiösen Traditionen und in der Anerkennung ihrer gegenseitigen Werte. Und schließlich kann es den Dialog religiöser Erfahrung geben, in dem Menschen, die in ihren religiösen Traditionen verwurzelt sind, ihre geistigen Reichtümer, wie Gebet und Kontemplation, teilen (vgl. *ebd.*, Nr. 29–35).

In diesem Zusammenhang verdient eine besondere Frage Aufmerksamkeit. Es ist die nach der Wahrheit selbst, nach ihren Forderungen an die Gläubigen und den Bedingungen für einen ehrlichen und respektvollen Dialog. Wenn man an diese Dinge nicht geradlinig und ehrlich herantritt, wird eine dauerhafte und fruchtbare Zusammenarbeit zwischen Gläubigen nicht möglich sein.

Die Stimme des Gewissens verpflichtet die menschliche Person in ihrem tiefsten Innern, in Übereinstimmung mit der Wahrheit zu denken und zu handeln. Entgegen dem eigenen Gewissen zu handeln, bedeutet, sowohl die Wahrheit als auch unser eigenes Selbst zu verraten. Von religiösen Gläubigen kann daher niemals erwartet werden, daß sie die Wahrheit verleugnen, die in ihrem Leben aufrecht zu erhalten sie sich verpflichtet haben. Treues Festhalten an der Wahrheit der eigenen Überzeugung bedeutet jedoch nicht, anderen gegenüber verschlossen zu sein. Eher ist es eine Einladung, sich dem eben beschriebenen Dialog zu öffnen. Und zwar aus zwei Gründen.

Zunächst verpflichtet uns das Wissen um die Wahrheit, das Geschenk, das wir erhalten haben, mit anderen zu teilen. In der Bibel lesen Christen: „Gott will, daß alle gerettet werden und zur Erkenntnis der Wahrheit gelangen“ (vgl. *1 Tim* 2,4). Die katholische Kirche ist fest davon überzeugt, daß die Wahrheit, wo immer sie gefunden wird, als Weg zu dem einen Gott, dem Vater aller, dienen kann. Aus diesem Grund lehnt sie nichts von dem, was in anderen Religionen wahr und heilig ist, ab (vgl. *Nostra aetate*, Nr. 2). Die Kirche wankt nicht in ihrem Glauben, daß Jesus Christus, der ewige Sohn Gottes, „der Weg und die Wahrheit und das Leben“ (*Joh* 14,6) und die endgültige Offenbarung Gottes an die Menschheit ist. Doch im Dienst an dem Glauben, den sie erhalten hat, und im Geist der Achtung und des Dialogs zögert die Kirche nicht, mit allen Männern und Frauen guten Willens zusammenzuarbeiten für die geistige und moralische Hebung der Menschheit und den Beginn einer gerechten und friedlichen menschlichen Gesellschaft.

Respektvoller Dialog mit anderen ermöglicht es uns auch, durch ihre Einsichten bereichert und von ihren Fragen herausgefordert und angetrieben zu werden, unsere Kenntnis der Wahrheit zu vertiefen. Weit davon entfernt, den Dialog zu ersticken oder überflüssig zu machen, macht die Treue zur Wahrheit der eigenen religiösen Tradition schon aufgrund ihrer Natur den Dialog mit anderen vielmehr notwendig und fruchtbar. Hier in Indonesien kann die Gründung eines nationalen Forums für Kommunikation und Dialog zwischen den Religionen durch das Ministerium für religiöse Angelegenheiten als ein positiver Schritt angesehen werden. Die große Aufgabe, der Wahrheit zu dienen, ist eine Einladung an Sie, sich zur Zusammenarbeit die Hände zu reichen. Ich bete um Erfolg und anhaltende Fruchtbarkeit der guten Arbeit, die Sie begonnen haben.

Liebe Brüder und Schwestern, mit jedem Tag, der vorbeigeht, wird die Einheit der menschlichen Familie sichtbarer, auch wenn diese Einheit auf dramatische Art von den Kräften des Krieges, der Gewalt und der Repression bedroht ist. Wo geistige Werte wie gegenseitiger Respekt, friedvolle Zusammenarbeit und Versöhnung gegenwärtig sind, wird nicht nur die Einheit einzelner Gruppen gestärkt, sondern das Leben ganzer Nationen, ja der Gang der Geschichte kann verändert werden.
Wir sind herausgefordert. Lassen Sie uns gemeinsam nach gegenseitigem Verständnis und Frieden streben. Erklären wir im Namen der ganzen Menschheit die Bewahrung und Förderung der Werte, die die geistige und moralische Gesundheit unserer Welt ausmachen, zum gemeinsamen Ziel! Dienen wir hochherzig im Geist des Dialogs, des Respekts und der Zusammenarbeit dem Willen Gottes, wie wir ihn erkannt haben!
Möge Gott Sie alle mit seinem Frieden segnen!

Erben der Ideale der großen Missionare

Ansprache bei der Begegnung mit dem Klerus und den Ordensleuten in Jakarta (Indonesien) am 10. Oktober

Liebe Brüder im Bischofsamt,
liebe Brüder und Schwestern!

In indonesischer Sprache sagte der Papst:

1. „Gnade sei mit euch und Frieden von Gott, unserem Vater, und dem Herrn Jesus Christus" (*Röm* 1,7)!
Es ist für mich eine besondere Freude, euch, den Priestern und den Ordensleuten von Indonesien, in dieser Kathedrale der Aufnahme Mariens in den Himmel, der ältesten katholischen Kathedrale in eurem Land, begegnen zu dürfen. Für uns ist dies ein Tag, da wir gemeinsam die Güte des Herrn preisen wollen. Zugleich bietet er mir Gelegenheit, euch zum Ausharren und zum Wachsen in der Berufung, die Gott euch zum Dienst am Evangelium geschenkt hat, aufzurufen. Obwohl die Kirche hier vergleichsweise jung ist, so ist sie doch reich an Gnade und Segen. Und da ihr sowohl die Freuden als auch die Herausforderungen ihres Wachstum erlebt, möchte ich euch versichern, daß ihr meinem Herzen nahesteht, und möchte euch in Liebe ermutigen.
Ihr, die heutige Priestergeneration, seid Erben der hohen Ideale der großen Missionare, die selbstlos die Fundamente der Kirche in Indonesien gelegt haben. Viele von ihnen habt ihr noch selbst gekannt. Ihr seid durch ihren Glauben gestärkt und durch ihr Beispiel zum Dienst des Herrn hingeführt worden. Eure Gedanken gehen zu jenen „treuen Verwaltern", die bereits zur ewigen Vergeltung gerufen sind, doch ihr Andenken lebt bei euch weiter. Das Beispiel ihres christlichen Lebens und Zeugnisses ist ihre Hinterlassenschaft, und sie beten nun weiter bei Gott für die Fruchtbarkeit jenes Teils im Weinberg des Herrn, den sie mit so viel Liebe betreut haben. Wir denken an P. van Lith auf Java, sowie an die unerschrockenen Seelsorger uns näher liegender Zeiten, z. B. an den be-

kannten Bischof Thijssen, der auf den Kleinen Sundainseln gearbeitet hat, und an Erzbischof van den Hurk, der erst kürzlich von uns gegangen ist.
Das hohe Ansehen, in dem ihr heute beim indonesischen Volk, auch bei den Nichtchristen steht, geht großenteils auf die Hingabe und moralische Unbescholtenheit jener zurück, die euch vorangegangen sind. Ihr machtvolles Beispiel bildet freilich auch eine Herausforderung, da eure Kirchen heute weiter heilige und weise Priester brauchen, die den rechten Weg zeigen können, wie hart und schwer er auch sein mag.

2. Ich möchte mich dann an alle Ordensschwestern und Ordensbrüder wenden. Ich danke euch für euer gottgeweihtes Zeugnis in Kirche und Welt, sowie für eure zahlreichen Beiträge zum Apostolat. Mein besonderer Gruß gilt den verschiedenen Gruppen der beschaulichen Nonnen und der Trappistenväter, deren schweigendes Zeugnis und von Gebet erfüllter Dienst für Leben und Sendung der Kirche so wertvoll sind.
Zahlreiche Tätigkeiten der Kirche in Indonesien stehen unter der intelligenten und erfahrungsreichen Leitung von Ordensleuten. Zu erwähnen ist besonders euer Wirken in der katholischen Erziehung und Katechese, auf den wichtigen Gebieten der gesundheitlichen Betreuung und der menschlichen Entwicklung, wo ihr eure Dienste anbietet. Zumal die katholischen Schulen gestatten euch, das menschliche Wissen und die Tugend anderer zu fördern, während ihr gleichzeitig zu ihnen von Christus sprechen könnt.
Weil ihr den missionarischen Eifer der Ordensleute von auswärts mit der frischen Begeisterung in Indonesien geborener Ordensleute verbindet, haben eure Charismen neues Leben und neuen Schwung erhalten. Weil ihr eure Identität als Ordensleute aufrechterhalten habt und in eurem Apostolat beharrlich wart, habt ihr auch die Liebe und Achtung der Laienschaft gewonnen und junge Menschen für euren Lebensweg begeistert. Dies Beispiel ist ein wertvolles Geschenk, nicht nur für Indonesien, sondern für die ganze Kirche.

3. „Laetentur insulae multae" – „Die vielen Inseln sollen sich freuen" (vgl. *Ps* 96,1). Diese Worte des *Psalms* waren das Motto eines der Missionsbischöfe von Batavia im letzten Jahrhundert. Euch, den Priestern und Ordensleuten dieser größten Inselflur der Welt, empfehle ich es als Schlüssel für die Findung des wahren Sinns eures Lebens. Ihr werdet diesen Sinn im Zeugnisgeben für die Freude der Auferstehung finden und im Darbieten eures Lebens, damit auch die fernsten Inseln sich freuen können, weil sie das Evangelium hören dürfen, dessen echte Prediger, Lehrer und Zeugen ihr seid.
Damit euer Zeugnis glaubwürdig wird, muß euer Leben, selbst angesichts von Widerwärtigkeiten, Freude und Mut ausstrahlen. Dies ist aber nur möglich, wenn euer inneres Leben durch enge Verbundenheit mit Christus gekennzeichnet ist, wenn es genährt wird durch persönliches Gebet und praktische Hirtenliebe. In dem Maß, wie ihr nach dem Beispiel Christi wachst, werdet ihr in sein Bild umgestaltet und ein Zeichen der Hoffnung sowie eine lebendige Verkündigung der Auferstehung werden.
Ich weiß, daß ihr eure Sendung oft mit Mitteln durchführen müßt, die der euch übertragenen Aufgabe völlig unangemessen sind. Ein Dienst solcher Art erfordert viel persönliche Opfer und gänzliche Hingabe an Gottes Volk. Dies gilt besonders von den am weitesten entfernten Kirchen, von denen in Kalimantan, auf den Molukken, in Irian und Sulawesi.

Obwohl ich diese Gemeinschaften nicht persönlich besuchen kann, weiß ich, daß sie heute hier vertreten sind. Ich möchte sie grüßen und ihnen versichern, daß auch sie meinem Herzen nahestehen.

4. Obwohl eure Arbeit im Weinberg des Herrn oft hart ist, dürft ihr euch durch die Zahl der Berufungen zum Priester- und Ordensleben, die die Kirche in Indonesien heute bereichert, sehr ermutigt fühlen. Ich danke mit euch für das Werk des Heiligen Geistes, der sich über die Kirchen so überreich ergossen hat. In den letzten sieben Jahren ist die Zahl der indonesischen Priester von weniger als achthundert auf über elfhundert angewachsen – ein in unserer Zeit beispielloser Segen. Ich danke mit euch ferner den katholischen Familien Indonesiens, zumal den Eltern, die ihre Söhne und Töchter so hochherzig für den Dienst Gottes zur Verfügung gestellt haben.

Berufungen sind ein Zeichen der Gesundheit des Ordenslebens und ebenso das Ergebnis des hingebungsvollen Dienstes von Bischöfen und Priestern. Die Predigt des guten Beispiels führt junge Menschen zur Entscheidung für ein Leben gänzlicher Weihe an Gott und ein Leben des Dienstes. Dabei arbeiten ausländische Missionare eng mit dem einheimischen indonesischen Klerus zusammen und haben ein leuchtendes Beispiel christlichen Lebens und Dienens gegeben. Obwohl es Hindernisse für die weitere Präsenz von Missionaren gegeben hat, ist dieses Problem für die Kirche zum Vorteil geworden: das vermag die Kraft des Glaubens!

Da der Aufbau der Kirche das Werk Gottes ist, dürfen wir nie aufhören, um Berufungen zu beten und andere dazu ebenfalls einzuladen. Obwohl viel erreicht wurde, bleibt doch noch mehr zu tun: „Die Ernte ist groß, aber es gibt nur wenig Arbeiter. Bittet also den Herrn der Ernte, Arbeiter für seine Ernte auszusenden" (*Lk* 10,2).

5. Liebe Brüder und Schwestern, auch wenn wir für den Segen in der Vergangenheit und alle Gnaden der Gegenwart danken, müssen wir in die Zukunft schauen. Ist die anfängliche Evangelisierung einmal abgeschlossen, beginnt eine neue Aufgabe: die Aufgabe der Gewissensbildung und der Verinnerlichung des Glaubens. Dies erfordert neuen Einsatz von eurer Seite, einen Einsatz, der absolut notwendig ist, wenn sich das Evangelium in Leben und Kultur Indonesiens tief verwurzeln soll. Dabei dient die Bildung als Nahrung für das noch schwache und verwundbare Pflänzchen in seinem frühen Wachstumsstadium.

Es wird euer Anliegen sein, dem katholischen Volk eine Bildung zu vermitteln, die sicherstellt, daß ihr Bekenntnis zu Jesus Christus, das in der Kirche Nahrung empfängt, wirklich ein Teil ihres praktischen Lebens wird, und dieses darf weder mittelmäßig werden noch Kompromisse kennen. Notwendig ist eine verantwortliche Laienschaft, die anerkennt, daß der Glaube jeden Aspekt des Lebens bei einem Menschen umfaßt, der bewußt an der Sendung der Kirche innerhalb seiner Familie, bei der Arbeit sowie im sozialen und öffentlichen Leben teilnimmt.

Ein Großteil des Bemühens der Kirche gilt bereits der Ausbildung an den zahlreichen Instituten, die in Indonesien errichtet wurden, zumal an denen, die von verschiedenen Ordensgemeinschaften geleitet werden. Viel wurde auch für die menschliche Entwicklung getan, und dies ist gewiß ein erstrebenswertes Ziel. Doch muß echt menschliche Ent-

wicklung in einer immer tiefer reichenden Evangelisierung verwurzelt sein. Vielleicht ist es an der Zeit, nach neuen Formen pastoralen Ausgreifens zu suchen, in enger Zusammenarbeit mit den Bischöfen und im Geist des Gleichnisses im Evangelium, das den Schriftgelehrten lobt, der aus seinem Schatz „Neues und Altes" hervorzuholen wußte (*Mt* 13,52).
Bildung gilt aber nicht nur für die Laien. Auch Priester und Ordensleute brauchen eine Vertiefung ihres Glaubens durch lebenslanges Studium und Nachdenken entsprechend ihrem Lebensweg und den Anliegen ihres Apostolates. Es geht um ein Wachsen in der Kenntnis und Liebe Christi und der Kirche – ihrer Lehre, ihres Gottesdienstes und ihrer Disziplin – so daß wir sicher sein können, „die Wahrheit in Liebe" zu sagen, und „in allem wachsen, bis wir ihn erreicht haben. Er, Christus, ist das Haupt. Durch ihn wird der ganze Leib zusammengefügt" (vgl. *Eph* 4,15–16).
Das Nachdenken über die Zukunft der Kirche in Indonesien sollte auch die sich ergänzende Rolle von Klerus und Laien berücksichtigen, ferner ihre Einheit in der Eucharistie, die „Quelle und Höhepunkt aller Evangelisation" (*Presbyterorum ordinis*, Nr. 5), und „des ganzen christlichen Lebens" (*Lumen Gentium*, Nr. 11) ist. Die Präsenz geweihter Diener im Volk Gottes ist Teil seiner Vorsehung, und ich empfehle den Priestern in Indonesien deswegen, den Dienst an Wort und Sakrament in Gemeinschaft mit ihren Bischöfen getreu auszuüben. Ich weiß, daß es Opfer und ständiges Unterwegssein kostet, um diese Präsenz unter den Gläubigen möglich zu machen.
Wenn es aber für den Priester schwierig wird, seinen einzigartigen Dienst dem Volk anzubieten, dann besteht die Versuchung, nach Alternativen zu suchen. Neue Formen kirchlicher Dienste und die Beteiligung der Laien sind zu begrüßen, doch können sie den Dienst der Priester nicht ersetzen. Klerus und Laien ergänzen sich in ihren Aufgaben, und das ist für Leben und Sendung der Kirche wesentlich. Wenn Laien regelmäßig mit Aufgaben und Verantwortlichkeiten betraut werden, die den geweihten Priestern zukommen, leidet das Leben der Kirche, und die örtlichen Gemeinden werden eines Dienstes beraubt, auf den sie ein Recht haben.
Hier möchte ich besonders auf die Eucharistiefeier aufmerksam machen. Ich lobe euch für alles Bemühen um die Erneuerung der Liturgie nach den Weisungen des II. Vatikanischen Konzils. Zugleich bitte ich euch, der Eucharistiefeier besondere Priorität zu geben. Für viele indonesische Katholiken bleibt die heilige Messe ein Luxus, der ihnen nur an wenigen Tagen des Jahres geboten wird. Ich habe eben am Eucharistischen Kongreß in Seoul teilgenommen und bin nun desto mehr entschlossen, alle Priester Indonesiens aufzufordern, sich Mühe zu geben, daß die Eucharistiefeier wirklich zum Mittelpunkt jeder Gemeinde wird.
Die Beteiligung an Leben und Sendung der Kirche ist natürlich nicht auf die Liturgie beschränkt. Es gibt vielfältige Formen christlicher Verbände, die man begrüßen und sogar verstärken sollte, wenn sie geeignet erscheinen und in einem gegebenen sozio-kulturellen Rahmen nützlich sind. Auch dabei haben Priester und Ordensleute eine besondere Rolle zu spielen.

6. Liebe Brüder und Schwestern, diese Gedanken zum Pilgerweg der Kirche in Indonesien sollten uns alle mit neuer Hoffnung erfüllen. Die Fülle der Charismen in den zahlrei-

chen Ordensfamilien, die Zunahme des Weltklerus und der immer tiefere Glaube eures Volkes, das sind alles Zeichen eines neuen Geistesfrühlings, der in diesem von Gott so reich gesegneten Land erblüht.
So bitte ich euch dringend, mit Gottes Gaben weise umzugehen. Viel wurde durch die Opfer und weisen Entscheidungen derer gewonnen, die euch vorangegangen sind. Ihre Entschlossenheit, Vorbilder der Dienstbereitschaft zu sein, ist der Verbreitung des Evangeliums in Indonesien reichlich zugute gekommen. Möge auch euch reiche Weisheit zur Weiterführung des Werkes der Kirche in Antwort auf die weiteren Aufgaben der Evangelisierung heute gegeben werden. Ihr könnt auf den Reichtum geistlicher Gaben vertrauen, die in der Kirche ausgegossen sind. Vor allem könnt ihr auf „die Macht (Gottes), die in uns wirkt und unendlich mehr tun kann, als wir erbitten oder uns ausdenken können“ (*Eph* 3,20) vertrauen.
Möge die Muttergottes, die bei euch in so hoher Verehrung steht, der hl. Franz Xaver als großer Evangelisierer dieses Landes und die hl. Theresia vom Jesuskind, die den Herzen der indonesischen Katholiken so teuer ist, für euch die Gnade der Beharrlichkeit im Glauben und des mutigen Zeugnisses für das Evangelium erbitten.

In indonesischer Sprache sagte der Papst:

Zum Abschluß erteile ich euch allen von Herzen meinen Apostolischen Segen.

Der Mensch gibt Zeugnis von Gott

Predigt bei der Eucharistiefeier in Maumere (Indondesien) am 11. Oktober

In indonesischer Sprache sagte der Papst:

Liebe Schwestern und Brüder in Jesus Christus!

1. Ich freue mich sehr, mit euch diese hl. Eucharistie – Zentrum und Höhepunkt unserer Einheit – hier auf diesem gesegneten Boden von Maumere zu feiern, in der Versammlung des Gottesvolkes, das um den Papst und die Bischöfe dieses Landes – einschließlich des Oberhirten dieser Erzdiözese Ende, Erzbischof Donatus Djagom – geschart ist. Heute ist unsere brüderliche Liebe offenkundig.

In englischer Sprache sagte der Papst:

„Wer gleicht dem Herrn, unserm Gott, im Himmel und auf Erden, ihm, der in der Höhe thront, der hinabschaut in die Tiefe“ (*Ps* 113,5–6)?
Der Psalmist singt von der Größe Gottes, des Gottes, dessen Lob von aller Schöpfung gesungen wird. Er ist der Schöpfer, in dem alle Dinge ihren Ursprung haben – „in dem wir leben, uns bewegen und unser Sein haben“ (vgl. *Apg* 17,28). Der Mensch gibt Zeugnis von Gott, als dessen Bild er geschaffen ist. Der Mensch verkündet Gottes Heiligkeit, sei-

ne Kraft, seine Weisheit. Er verkündet Gottes erbarmungsvolle Liebe: die Liebe, die „hinabschaut in die Tiefe" auf menschliches Leiden und Erniedrigung:
„... der den Schwachen aus dem Staub emporhebt und den Armen erhöht, der im Schmutz liegt. Er gibt ihm einen Sitz bei den Edlen, bei den Edlen seines Volkes" (*Ps* 113,7–8).
Bei dem großen Akt der Anbetung Gottes gibt es jemanden, der über alle anderen herausragt: Maria – sie, die erwählt war, die irdische Mutter des Gottessohnes, des Ewigen Wortes zu sein.
Als sie das Haus Elisabets, ihrer Verwandten, besucht, fällt die Jungfrau von Nazaret in den Lobpreis des Psalmisten ein und preist Gott, der „die Mächtigen vom Thron stürzt" und „die Niedrigen erhöht", der „die Hungernden mit seinen Gaben beschenkt" und „die Reichen leer ausgehen läßt" (vgl. *Lk* 1,52–53). Ihr Gesang ist das Magnifikat, welches die Kirche von Generation zu Generation wiederholt. Bei jedem Abendgebet machen wir uns diesen Hymnus zu eigen:
„Meine Seele preist die Größe des Herrn, und mein Geist jubelt über Gott, meinen Retter ... Denn der Mächtige hat Großes an mir getan, und sein Name ist heilig. Er erbarmt sich ... über alle, die ihn fürchten" (*Lk* 1,46–47.49–50).

2. Da Maria die Mutter Christi ist, ist ihr Zeugnis von ihrem Sohn einzigartig. Sie allein hat das Geheimnis der Fleischwerdung im Augenblick der Empfängnis selbst erfahren. Sie gebar ihren Sohn in Betlehem. Sie gab ihm den Namen Jesus, das bedeutet: „Retter". Sie opferte ihn dem Herrn im Tempel vierzig Tage nach der Geburt. Zusammen mit Josef bewahrte sie ihn vor der Grausamkeit des Königs Herodes durch die Flucht nach Ägypten. Im Haus in Nazaret beobachtete sie, wie „Jesus heranwuchs und an Weisheit zunahm und Gefallen fand bei Gott und den Menschen" (vgl. *Lk* 2,52). Und als Maria ihren göttlichen Sohn im Alter von zwölf Jahren im Tempel fand, sagte er ihr, daß er sich „um die Dinge seines Vaters" (vgl. *Lk* 2,49) kümmern müsse. Die Verwirklichung seiner „Dinge" erwartete ihr Herz und dabei hielt sie sich an ihre Worte bei der Verkündigung: „Ich bin die Magd des Herrn; mir geschehe, wie du es gesagt hast" (*Lk* 1,38).
Das Evangelium der heutigen Liturgie erinnert an eine Begebenheit, die sich bei einer Hochzeit in Kana zutrug, wo Maria zum ersten Mal Zeugnis von der göttlichen Kraft ihres Sohnes gab. Sie sagt zu ihm: „Sie haben keinen Wein mehr" (*Joh* 2,3). Obwohl er ablehnend zu antworten scheint, hat Maria Vertrauen auf die Güte ihres Sohnes und sagt zu den Dienern: „Was er euch sagt, das tut" (*Joh* 2,5). Als die Diener das Gebot Jesu ausführen, erweist sich das Wasser, das sie in die Krüge gefüllt haben, als ausgezeichneter Wein. So geschah es, daß Jesus in Kana in Galiläa „sein erstes Zeichen" (*Joh* 2,11) tat, das die wahre Natur seiner Person und Sendung enthüllte.
Zu Füßen des Kreuzes beginnt eine neue Phase in Marias Zeugnis für Jesus. Als Maria dem geliebten Jünger zur Mutter gegeben wurde, wurde sie auch der Kirche gegeben. Mit den Aposteln widmet sie sich im Obergemach dem Gebet, während sie auf das Kommen des Heiligen Geistes zu Pfingsten wartet. Und als die Apostel, nachdem sie „Kraft aus der Höhe" (*Lk* 24,49) empfangen hatten, das Obergemach in Jerusalem verließen, um Zeugnis zu geben von Christus, dem Gekreuzigten und Auferstandenen, begleitete sie

das Beispiel und die Fürsprache der Mutter des Herrn überall hin. Dieses einzigartige Zeugnis stärkt die Kirche weiterhin von Generation zu Generation.

3. Liebe Brüder und Schwestern, im Laufe der Zeit hat der Ruhm von Marias Glauben auch eure geliebte Insel Flores, die Insel der Blumen, erreicht. Die Portugiesen waren es, die hier im 16. Jahrhundert die ersten Christengemeinden gründeten. Jene Anfänge waren nicht leicht. Viele Priester, Ordensleute und Laien gaben im Martyrium ihr Leben für den Glauben. In schweren Zeiten fuhren die Laien fort, an jenem Glauben festzuhalten, auch wenn Priester und Ordensleute nicht leicht zur Stelle waren. Diesbezüglich ist es mir eine Freude, an die kürzliche Jahrhundertfeier in der Diözese Amboina zu erinnern, zum Gedenken an die Rückkehr der Kirche in jene Provinz der Molukken.
Heute setzt ihr jenes treue Zeugnis für Christus fort in euren täglichen Anstrengungen, das Evangelium zu leben, in der Heiligkeit des Familienlebens, beim Aufbau einer besseren Gesellschaft, in der Festigung der Liebe, die stets das Leben der kirchlichen Gemeinschaft prägen sollte. Als aktive Mitglieder eurer Ortskirchen engagiert ihr euch in euren Pfarreien, im Laienapostolat und bei den Bemühungen, die zur Stärkung des christlichen Familienlebens unternommen werden. Viele Gaben des Geistes sind unter euch zu finden für den Aufbau des Leibes Christi, der Kirche, und die Umwandlung der Welt von innen her mit der Kraft der Liebe Gottes. Mit Maria freuen wir uns über all die wunderbaren Dinge, die Gott in den vergangenen vierhundert Jahren in eurer Mitte getan hat. Ein besonderes Zeichen eurer Treue ist die wachsende Zahl eurer Söhne und Töchter, die sich hochherzig dem Dienste Gottes als Priester und Ordensleute widmen. Viele von ihnen sind die Missionare von heute, die Gottes Wort in ganz Indonesien und sogar in anderen Ländern predigen.
Marias Gebete begleiten euch auf eurer Pilgerfahrt des Glaubens. Eure liebevolle Antwort auf ihre mütterliche Sorge kommt zum Ausdruck in eurer Verehrung der „Tuan Ma" in Larantuka, der Mutter Maria von Fatima in Lela und Watulaji, der Mutter Maria von Lourdes in Detusoko und der heiligen Maria, Patronin der Missionen, in Cancar. Diese Verehrung ist seit Jahrhunderten im Geist und Herzen eures Volkes verwurzelt. Ich erinnere daran, daß unter anderem im achtzehnten Jahrhundert der König von Larantuka sein Königreich der Mutter Maria, Reinha Rosari, Königin des Rosenkranzes, und Reinha Larantuka, Königin Larantukas, anvertraute. Feierliche Weiheakte fanden auch in Lela und Sikka 1947 und wiederum in Sikka 1949 statt. Die lange Geschichte der Kirche in Nusa Tenggara Timur ist also voll von der Anwesenheit Marias, die bei ihrem Sohn fürbittend für euch eintritt und euch drängt, zu tun „was immer er euch sagt", wie es im Evangelium heißt.

4. Was verlangt Christus heute von euch? Was bedeutet es, von ihm Zeugnis zu geben? Es bedeutet, der Welt göttliches Leben mitzuteilen, um die Würde der menschlichen Person zu heilen und zu heben, um eine Gesellschaft in Gerechtigkeit, Frieden und Liebe aufzubauen. Es bedeutet, den zeitlichen Dingen und täglichen Beschäftigungen eine tiefere Bedeutung und ein höheres Ziel zu geben (vgl. *Gaudium et spes*, Nr. 40).
Liebe Brüder und Schwestern, als Katholiken und Indonesier nehmt ihr vollen Anteil am Leben eures Landes, indem ihr mutig für die Förderung des gemeinsamen Wohles und

die Beseitigung der sozialen Probleme arbeitet. Vor allem die Laien sind gerufen, die zeitlichen Angelegenheiten zu erhellen und zu organisieren, sie mit dem Geist des Evangeliums zu erfüllen, damit das ganze Leben der Gemeinschaft die Würde und Rechte ihrer Glieder wirksam unterstützt und fördert. Ihr versteht das ungeheure Ausmaß der Aufgabe, die sich eurem Land stellt, in der Sorge für bessere Erziehung und Ausbildung, mehr Arbeitsplätze und gerechtere Löhne sowie für eine gleichheitlichere Verteilung der Vorteile wirtschaftlicher und kultureller Entwicklung. Hier in Nusa Tenggara Timur habt ihr auch die Gelegenheit, bei der Operasi Nusa Maknur mitzuarbeiten, zum Schutz und zur Verbesserung der Umwelt. Die Gesellschaft bedarf dringend eures authentischen Zeugnisses jener Werte, die fähig sind, sie zum Wohle aller umzuwandeln. Euer christlicher Glaube drängt euch, an dieser großen Unternehmung teilzunehmen, im vollen Ausmaß eurer Talente und Möglichkeiten und in Eintracht mit der Soziallehre der Kirche. Gleichzeitig sagt uns der Glaube, daß wir nur dann wirksam in der Gesellschaft Einheit und Zusammenarbeit fördern können, wenn wir mit Gott und dem Nächsten versöhnt sind. Den Weg zu echter menschlicher Entwicklung finden wir, wenn wir die Wichtigkeit geistiger Realitäten in unserem Leben erkennen und die Notwendigkeiten unserer Abkehr von Selbstsucht und Sünde. Das ist ein Prozeß, der mit unserer eigenen geistigen Umkehr beginnt. Maria sprach die wahre Bedeutung aller menschlichen Existenz aus, als sie sich selbst „Magd des Herrn“ nannte. Auch wir müssen erkennen, daß wir Geschöpfe im Dienst des liebenden Planes Gottes sind, gerufen, ein unserer übernatürlichen Berufung würdiges Leben zu leben.

5. „Lobet, ihr Knechte des Herrn, lobt den Namen des Herrn“ (*Ps* 113,1).
Ja, unter allen Knechten Gottes ragt Maria, die Magd des Herrn, heraus bei der Anbetung, die Gott von Völkern und Nationen, von der gesamten Menschheitsfamilie zuteil wird.
„Vom Aufgang der Sonne bis zum Untergang sei der Name des Herrn gelobt“ (*Ps* 113,3).
Die Mutter Christi verkündet überall das „Große“, das der Herr an ihr getan hat. „Von Geschlecht zu Geschlecht“ gibt sie Zeugnis von Gottes Liebe zur Welt. In der Tat hat er die Welt so sehr geliebt, „daß er seinen einzigen Sohn hingab, damit jeder, der an ihn glaubt, nicht zugrunde geht, sondern das ewige Leben hat“ (*Joh* 3,16).
Maria, im Geheimnis der Menschwerdung Mutter dieses Sohnes, hört nie auf, bei ihm für unser Heil einzutreten. Hier auf der Insel Flores hört sie nie auf, zu den Herzen all ihrer Söhne und Töchter zu sprechen: „Was immer er euch sagt, das tut“.

In indonesischer Sprache sagte der Papst:

Flores, Insel der Blumen, was für ein schöner Name! Nichtsdestoweniger liegt hinter diesem Namen eine ernste Aufgabe für euch alle, nämlich: die Blumen des Glaubens auszustreuen, den Wohlgeruch Christi zu verbreiten, wo immer ihr seid und wo immer ihr hingeht, so daß alle Menschen die Rettung durch Gott erfahren können. Möge Gott immer mit euch sein.

Diener der Armen, Kranken und Hoffnungslosen

Ansprache bei der Begegnung mit Seminaristen in Ritapiret (Indonesien) am 11. Oktober

Erzbischof Djagom, Brüder im Bischofsamt,
Priester, Ordensleute und Laien,
liebe Seminaristen!

1. „Gnade sei mit euch und Friede von Gott, unserem Vater, und dem Herrn Jesus Christus" (*Röm* 1,7).
Die Zahl der heute abend hier anwesenden Priesteramtskandidaten ist eine vielsagende Anerkennung für die Katholiken Indonesiens, besonders für die von den Inseln Flores und Timor, die jahrhundertelang ihren Glauben mit Beharrlichkeit und großer Inbrunst bekannt haben. Ich schließe mich euch an beim Dank an Gott für diese Blüte der Priesterberufungen, deren Wurzel das christliche Leben eurer Gemeinden, Pfarreien und Missionsstationen ist. Meine Gedanken gelten auch den Eltern dieser Seminaristen: Ich schließe sie in meine besonderen Grüße ein und in die tiefe Dankbarkeit der ganzen Kirche dafür, daß sie ihre Söhne dem Dienst des Herrn geschenkt haben.
Diese Zusammenkunft ist ein besonderer Augenblick der Gnade für uns alle. Für mich ist es ein großer Trost, mit so vielen jungen Männern zusammen zu sein, die den Ruf hören, die Priester der Zukunft, die Priester des dritten christlichen Jahrtausends zu sein. Sie ist auch eine Gelegenheit für mich, offenherzig über dieses wunderbare Geschenk der Berufung zum Dienst an Christus und seiner Kirche als Priester zu sprechen.

2. Meine lieben Seminaristen Indonesiens, was kann euch der Papst anbieten? Sicher nicht „Silber und Gold" (*Apg* 3,6) oder irdische Dinge, die „Motte und Wurm zerstören" (*Mt* 6,19). Mit den Worten des hl. Paulus ausgedrückt, habe ich nichts anzubieten außer „Christus, den Gekreuzigten, ... Christus, Gottes Kraft und Gottes Weisheit" (*1 Kor* 1,23–24). Der priesterliche Dienst, den ihr anstrebt, kann nicht losgelöst werden vom Kreuz, durch das Christus die Welt erlöst hat. Doch wie Paulus auch sagt: „Gott aber sei Dank, der uns den Sieg geschenkt hat durch Jesus Christus, unseren Herrn" (*1 Kor* 15,57). „Christus ist von den Toten auferweckt worden als der Erste der Entschlafenen" (*1 Kor* 15,20).
Ja, als Priester werdet ihr auf sehr intensive Weise das Paradoxon des Ostergeheimnisses erfahren: Ihr werdet gleichgesetzt mit dem Herrn, der durch sein Sterben den Tod überwand; ihr werdet durch Wort und Beispiel zu predigen haben, daß der beste Weg, sein Leben zu finden, darin besteht, es zu verlieren. Ihr müßt auch verstehen lernen, daß euch der treue Dienst für Christus und seine Kirche nicht immer das Lob der Welt einbringt. Im Gegenteil: Ihr werdet manchmal dieselbe Behandlung erfahren wie der Herr: Ablehnung, Verachtung und sogar Verfolgung.
Es wird Zeiten geben, da werdet ihr euch dem Auftrag nicht gewachsen fühlen, den die Kirche euch übertragen hat. Doch dann müßt ihr euch vergegenwärtigen, daß euer Priestertum Gottes Werk ist; ihr antwortet nur auf seinen Ruf. Wenn ihr versucht, dem Herrn mit eurem ganzen Herzen und eurem ganzen Verstand und eurer ganzen Kraft zu dienen,

euch jedoch unzulänglich gegenüber dieser Aufgabe fühlt, dann erinnert euch daran, daß Gottes Kraft in menschlicher Schwachheit vollendet wird (vgl. *2 Kor* 12,9). Große Freude und Trost werden einer Priesterberufung nicht fehlen, die mit Treue und Großmut im Dienst des Herrn gelebt wird.

3. Als Priester werdet ihr vielen bedürftigen Menschen dienen: den Armen, den Kranken, den Hoffnungslosen. Ihr seid berufen, als Brücke zu dienen auf ihrem Weg zu Gott; ihr müßt sie auf ihrer irdischen Pilgerschaft führen und stützen. Sie möchten in euch ein lebendiges Abbild des einen und einzigen Hohenpriesters sehen, der „für uns vor Gottes Angesicht erscheint" (*Hebr* 9,24), ein lebendiges Abbild des Guten Hirten, der „sein Leben hingibt für die Schafe" (*Joh* 10,11).
Damit dies geschehen kann, müßt ihr durch das Gebet in tiefe persönliche Verbundenheit mit Christus kommen. Das ist der wichtigste geistliche Ratschlag, den der Papst euch heute hinterlassen möchte: Ihr müßt beten, denn das Gebet ist der unerläßliche Weg zur Einheit mit Christus; es ist die verborgene Kraftquelle des Priesters. Bringt, während ihr euch auf das Priestertum vorbereitet, Christus euren Geist und euer Herz dar in Vorwegnahme des Tages, an dem ihr eure Hände im eucharistischen Hochgebet zu Gott erheben werdet. Strebt danach, immer vollkommener Christus gleich zu werden, denn nur auf diese Weise könnt ihr hoffen, anderen seine Liebe und seine Wahrheit zu bringen. Wenn ihr ausdauernd im Gebet seid, werdet ihr zu großen Dingen fähig sein. Die Gnade Gottes wird nicht fehlen, wenn ihr mit Glauben und Vertrauen dem Herrn nachstrebt.
Um wirkungsvolle Diener des Gottesvolkes zu sein, müßt ihr auch das, was ihr predigt, kennen und leben. Die Gläubigen erwarten von euch, daß ihr in eurem Denken und Handeln Männer des Wortes Gottes und Männer der Kirche seid. Lebenslange Weiterbildung ist deshalb wesentlich. Denkt immer daran, daß „wir nicht uns selbst verkündigen, sondern Jesus Christus als den Herrn, uns aber als Knechte um Jesu willen" (*2 Kor* 4,5).

4. Als mich Erzbischof Djagom heute abend hier begrüßte, sprach er über die Entwicklung der Kirche in Nusa Tenggara. Er erwähnte auch die pastoralen Leitlinien, die als Antwort auf einige der Herausforderungen von heute entwickelt worden sind. Ich möchte zwei Gebiete hervorheben, die Auswirkungen auf euren künftigen Dienst als Priester haben werden.
Das erste ist die Versuchung im Denken der Gegenwart, den priesterlichen Dienst auf eine verschwommene humanitäre Haltung zu reduzieren und die wesentlichen Glaubensartikel nur als inspirierende Grundsätze ohne unmittelbare Bedeutung für das Alltagsleben zu betrachten. Das kann geschehen, wenn die Leute auf Gott und auf den transzendenten Ursprung und die transzendente Bestimmung des Menschen vergessen.
Ihr, die ihr Priester werden sollt, müßt von demselben Glauben angetrieben werden, der die großen Heiligen vor euch inspirierte. Ihr müßt verkünden, daß „der Mensch nicht nur von Brot lebt, sondern von jedem Wort, das auch Gottes Mund kommt" (*Mt* 4,4). Der Mensch ohne Gott ist wahrhaft allein und isoliert; ebenso kann es keine wahre und dauerhafte Nächstenliebe ohne den Glauben an Gott geben. Ihr seid berufen, genau dafür geweihte Diener zu sein, daß das Volk am Tisch des Gotteswortes und am Tisch der heiligen Eucharistie genährt werden kann. Laßt euren Dienst nicht säkularisieren. Seid stets be-

reit, den Vorrang Gottes zu verkünden, damit das Gebet erfüllt werde, das Christus selbst uns lehrte: „Vater ... Dein Reich komme“ (*Lk* 11,2).
Eine andere, aber damit verbundene Sorge ist die Notwendigkeit, die wechselseitige Zuordnung der Rollen der Priester, Ordensleute und Laien zu bewahren. Es ist wichtig, daß diese Zuordnung zueinander respektiert wird, damit jeder und jede einzelne seinen oder ihren Teil bei der Erfüllung des Heilsauftrages der Kirche und beim Aufbau des einen Leibes Christi leisten kann. Als Priester dürft ihr nicht der Versuchung nachgeben, die Rolle der Laien in der zeitlichen Ordnung an euch zu reißen.
Das Zweite Vatikanische Konzil lehrt: „Aufgabe (der Laien) ist es in besonderer Weise, alle zeitlichen Dinge, mit denen sie eng verbunden sind, so zu durchleuchten und zu ordnen, daß sie immer Christus entsprechend geschehen und sich entwickeln“ (*Lumen Gentium*, Nr. 31). Der Priester andererseits ist „auserwählt, das Evangelium Gottes zu verkünden“ (*Röm* 1,1). Er darf keinerlei Verwicklung in das Weltliche zulassen, die seine Stellung als Vater aller, der über den unterschiedlichen Standpunkten in zeitlichen Angelegenheiten steht, gefährden könnte. Seine Pflicht ist es, „die Botschaft Christi so (zu) verkündigen, daß alle irdischen Tätigkeiten der Gläubigen von dem Licht des Evangeliums erhellt werden“ (*Gaudium et spes*, Nr. 43).

5. Liebe Seminaristen Indonesiens! Der *zweite Brief an Timotheus* spricht vom Dienstamt in den Bildern der Ausdauer des Soldaten, der Disziplin des Athleten und der harten Arbeit des Bauern (vgl. 2,3–6). Ausdauer, Disziplin und harte Arbeit – das sind Tugenden, die ihr während eurer Vorbereitungsjahre auf das Priestertum pflegen müßt. Ihr habt schon viel von euren Familien und euren Heimatgemeinden gelernt. Nun seid ihr aufgerufen, unter dem guten Beispiel und der Führung eurer Seminarlehrer noch mehr zu wachsen. „Vor allem aber liebt einander, denn die Liebe ist das Band, das alles zusammenhält und vollkommen macht“ (*Kol* 3,14). Auf diese Weise werdet ihr würdige Hirten und Lehrer des Volkes Gottes, mutige Apostel und Propheten des Evangeliums werden.
Möge die Muttergottes, die auf euren Inseln unter dem Titel „Maris Stella“ (Meerstern) angerufen wird, euch zum Priestertum führen. Möge sie Fürbitte einlegen für alle hier Anwesenden und die ganze Kirche Indonesiens zu einer immer größeren Liebe zu ihrem Sohn geleiten. Ihm sei Ruhm für immerdar. Amen.

In indonesischer Sprache sagte der Papst:

Zum Schluß, meine lieben Söhne, gebe ich euch allen von Herzen meinen Apostolischen Segen.

Die Brücke zwischen Wissen und Glauben bauen

Ansprache bei der Begegnung mit der Universitätsgemeinschaft und der Welt der Kultur in der katholischen Universität Atma Jaya in Jarkarta (Indonesien) am 12. Oktober

Verehrte Professoren, liebe Studenten,
meine Brüder und Schwestern in Christus, liebe Freunde!

1. Ich bin ganz besonders erfreut, diese Gelegenheit zu einem Treffen mit Ihnen allen, den Männern und Frauen der Universitätsgemeinschaft und aus der Welt der Künste und der Wissenschaften in Indonesien zu haben. Ich grüße Sie sehr herzlich und versichere Sie meiner Hochachtung für Ihre wichtige Arbeit. Wohin ich bei der Erfüllung meines apostolischen Dienstes auch gehe, ein Treffen mit den Mitgliedern der akademischen Gemeinschaft ist immer ein Anlaß zu großer Freude für mich. Es erinnert mich an meine eigenen glücklichen und lange währenden Beziehungen mit der Welt der Universität als Student und Professor in meinem Heimatland Polen.
Mein herzlicher Gruß gilt den vielen jungen Menschen hier, die die Studenten von Indonesien repräsentieren. Ihr seid wahrhaftig ein bedeutender Teil der Zukunft Indonesiens! Das ist für euch ein Grund zur Freude, aber auch der Maßstab eurer Verantwortung. Ich bin dankbar für die Anwesenheit so vieler ausgezeichneter Lehrer und Wissenschaftler, die sich so großmütig der edlen Aufgabe widmen, diese jungen Männer und Frauen für die Führungsrollen zu erziehen, die einzunehmen sie bald berufen werden.
Unser heutiges Treffen findet auf dem Campus der Katholischen Universität von Atma Jaya statt. Obwohl sie erst vor weniger als 30 Jahren gegründet wurde, ist diese Universität – zusammen mit neun weiteren katholischen Universitäten in Indonesien – Erbin einer jahrhundertealten Universitätstradition innerhalb der katholischen Kirche.

2. Es war mein Wunsch, der Gesellschaft zu dienen, der die vielen Bemühungen der Kirche um den Aufbau von Schulen und Universitäten in Indonesien inspirierte. Seit den ersten Jahren ihrer Anwesenheit hier hat sich die Kirche entschieden, Erzieherin zu sein und den Menschen zu helfen, die Wahrheit zu erkennen und den anderen ihren Erfordernissen entsprechend zu dienen. Heute fährt die Kirche in ganz Indonesien fort, der Gesellschaft durch ein Netz von Erziehungseinrichtungen zu dienen, die für die Ausbildung von über einer Million junger Menschen sorgen. Diese Einrichtungen werden von der Gemeinschaft der Katholiken mit nicht geringen Opfern unterhalten im Geist der Offenheit gegenüber allen Indonesiern, den Katholiken und den Nichtkatholiken in gleicher Weise. Das Bestehen von zehn international anerkannten katholischen Universitäten und einer Anzahl anderer Institute für höhere Bildung heute ist ein Grund zu großem Stolz für die katholische Gemeinschaft und ein konkreter Beweis des Engagements der Kirche für den Fortschritt der Gesellschaft.
In diesem Zusammenhang gebührt den vielen Ordensmännern und -frauen, die über Generationen hinweg ihr Talent und ihre Energie zum Aufbau und zur Entwicklung von Erziehungszentren aller Ebenen in Ihrem Land beigetragen haben, ein besonderes Wort des Dankes und der Ermutigung. Ebenso darf auch die Unterstützung und die Initiative der

Laien Indonesiens nicht unerwähnt bleiben. Es ist bekannt, daß gerade diese Universität von Atma Jaya eine Frucht des lebendigen Glaubens einer Generation katholischer indonesischer Intellektueller im Laienstand ist. Die Kirche freut sich über die Großzügigkeit, mit der ihre Mitglieder für die Erziehung und Ausbildung der Jugend Indonesiens gearbeitet haben, und würdigt die Unterstützung, die sie bei diesem Unterfangen von der indonesischen Regierung und von ihren Mitkatholiken in Übersee erhalten haben.

3. Verehrte Damen und Herren, gestatten Sie mir, mit Ihnen kurz über die Rolle der Universität in der Gesellschaft und über den besonderen Beitrag nachzudenken, den eine katholische Universität sowohl für die Einzelpersonen, die auf die eine oder andere Weise mit ihr verbunden sind, als auch für die Gesellschaft, in der sie existiert, leisten kann.

Universitäten stellen in der Tat einen bedeutenden Teil jenes großen Netzwerkes von Personen, Institutionen und Traditionen dar, das Ideen hervorbringt, sie testet und sie der größeren Gemeinschaft vorschlägt. Akademische Forschung, Diskussion und Lehre haben einen tiefen Einfluß auf Männer und Frauen weit über den Universitätscampus hinaus. Dieser enorme, doch oft verborgene Einfluß der Universitäten macht sie zu einer großen Kraft in der Gesellschaft.

Auf sehr reale Weise, so könnte man sagen, steht die Universität an den Scheidewegen des Lebens und Denkens; sie ist ein Treffpunkt und ein Forum für den bereichernden Dialog zwischen denen, die sich der Forschung nach Wissen jeder Art widmen, und denen, deren Aufgabe es ist, dieses Wissen auf das Leben anzuwenden. Die Berufung von Lehrern und Studenten, nach Wissen zu forschen, findet edlen Ausdruck in ihrer täglichen Arbeit, in ihrem geduldigen und sorgfältigen Forschen und in der Darlegung von Ideen.

Der Schatz menschlichen Wissens wird beständig vermehrt, weil Wissenschaftler die Wirklichkeit mit den Methoden ihrer jeweiligen Wissenschaft durchforschen. Genau deswegen rufen Mitglieder der akademischen Welt immer stärker nach einer Universitätserziehung, die es dem Studenten gestattet, eine geordnete Sicht der Wirklichkeit zu gewinnen. Die wahre Herausforderung, die sich der Universitätserziehung heute stellt, hat etwas mit dem Sinn wissenschaftlicher und technischer Forschung, dem Sinn von Gesellschaft und Kultur zu tun. Ich habe es kürzlich in einer Ansprache an ein internationales Treffen über höhere Bildung so gesagt: „Was auf dem Spiele steht, ist der Sinn des Menschen" (*An das dritte internationale Treffen katholischer Universitäten und höherer Bildungsinstitute*, 25. April 1989, Nr. 3).

In jüngster Zeit stellen sich der Erziehung Probleme, die aus der Zersplitterung menschlichen Wissens in immer zahlreichere Spezialisierungen entstehen. Vor diesem Hintergrund ist es höchst angebracht, daß die Universitäten das Ideal einer ganzheitlichen Erziehung der menschlichen Person verfolgen. Diese Aufgabe zu verlassen, würde bedeuten, den tieferen Sinn der Erziehung selbst beiseite zu schieben; denn Erziehung sollte nicht bloß als Ausbildung in gewissen Fertigkeiten, sondern auch als ein Prozeß verstanden werden, der zur echten menschlichen Entfaltung des Individuums in diesem Leben, zur Schaffung einer gerechten und friedlichen Gesellschaftsordnung und letztlich zum ewigen Glück bei Gott führt. Nur durch das beharrliche Streben nach einer höheren Synthese des Wissens kann man hoffen, den Durst nach echter Weisheit zu stillen, der so tief in das Menschenherz eingebrannt ist.

4. Gerade in diesem Kontext hat die katholische Universität ihre ihr eigene Rolle. Natürlich ist auch die katholische Universität aufgerufen, sich um Forschung und Lehre von hoher Qualität zu bemühen. Doch gerade weil sie katholisch ist, ist die Aufmerksamkeit, die sie der religiösen Dimension des Menschen bei ihrer Suche nach der Wahrheit schenkt, unwiderruflich verbunden mit einem konkreten Glaubensbekenntnis. Die Aufgabe zu lernen und zu lehren wird erleuchtet durch das Licht des Glaubens der Kirche. Was bedeutet es, wenn man sagt, daß eine katholische Universität vom Glauben an Christus geleitet sein sollte? Es bedeutet, daß die Universität als Institution dem Glauben verpflichtet ist, daß Jesus Christus die Wahrheit über Gott geoffenbart und damit definitiv die fundamentale Würde jeder menschlichen Person offenbar gemacht hat (vgl. *Gaudium et spes*, Nr. 22), gleichgültig für wie gut oder intelligent oder nützlich andere diese Person einschätzen.
Die Verpflichtung der katholischen Universität zur höheren Erziehung ist folglich in Wirklichkeit eine Verpflichtung auf den Menschen selbst und auf die Entfaltung all dessen, was wahrhaft menschlich ist. Aus diesem Grund hat die Kirche immer das Wachstum und die Entwicklung höherer Lehrinstitute unterstützt. Sie wünscht, daß die Würde der Person bestätigt, Menschenrechte und Freiheiten verteidigt und gefördert, Gerechtigkeit und eine von Mitmenschlichkeit und gegenseitigem Respekt geprägte Gesellschaftsordnung überall gefestigt werden. Sie will, mit einem Wort, den Menschen der Gesellschaft dienen, indem sie die erhabene Würde der menschlichen Person verkündet, eine Wahrheit, die sie selbst in der Schule des Evangeliums gelernt hat.

5. Als Institution hat die katholische Universität eine besondere Berufung innerhalb der Kirche. Hier möchte ich mich in besonderer Weise an die Katholiken in der Universitätsgemeinschaft wenden. Liebe Brüder und Schwestern, ihr seid aufgerufen, Brücken zwischen der Welt des Wissens und der Welt des Glaubens zu bauen. Durch euer Glaubenszeugnis helft ihr der Kirche, ihre prophetische Funktion in der Gesellschaft zu erfüllen, die darin besteht, jede menschliche Aktivität durch das Licht und die Kraft des Evangeliums zu reinigen und zu erhöhen. Die Kirche lehnt in keiner Weise ab, was in vorgegebenen Kulturen wirklich menschlich und wahr ist, denn sie weiß, daß der Kontakt mit dem Evangelium all dies zu einer umfassenderen und fruchtbareren Verwirklichung führt (vgl. *Gaudium et spes*, Nr. 58).
Eure Studien, euer Dialog mit Kollegen und die vielen Arten, auf die ihr euren Mitbürgern dient, werden dazu beitragen, die Präsenz und die Lehre der Kirche zum Einwirken auf die Herausforderungen und Fragen zu bringen, die sich eurer Gesellschaft stellen. Die Geschichte Indonesiens, besonders während des Ringens um die nationale Unabhängigkeit, zeigt zahlreiche Beispiele, wie Christen durch ihr Zeugnis für das Evangelium einen nicht geringen Beitrag zum Aufbau dieser Republik geleistet haben. Heute seid ihr an

der Reihe, die Bürden der Gesellschaft zu tragen und eine aktive Rolle in der Entwicklung und im Wachstum der Nation zu spielen.

6. Bei dem großen Werk der Förderung der Menschenwürde und des Dienstes an der Gesellschaft sind alle Angehörigen der Universität, welcher religiösen Tradition auch immer sie angehören, zur Mitwirkung aufgerufen. Jeder von ihnen trägt doch in der Tat durch seine wissenschaftliche Arbeit dazu bei, die Gesellschaft der Zukunft aufzubauen, einer Zukunft, die nicht nur ein besseres Indonesien für Ihre Kinder und Enkel, sondern auch eine bessere Welt für alle Völker verheißt. Ihre Kultur ist durch die Weisheit der alten Hochkulturen des Ostens tief beeinflußt worden und respektiert die fundamentale Rolle, die die Religion in der menschlichen Existenz spielt. Aus diesem Grund kann man hoffen, daß Indonesien auch weiterhin den tragischen Fehler vermeidet, Glauben und Wissenschaft zu trennen; diese Trennung hat in anderen Teilen der Welt katastrophale Folgen gehabt. In der vergeblichen Hoffnung, eine rein weltliche Kultur aufzubauen, haben gewisse Gesellschaften höhere Werte und die religiöse Erfahrung von Völkern einem materiellen „Fortschritt" geopfert, der sich als steril und unfähig erwiesen hat, die tieferen Ansprüche des menschlichen Geistes zu befriedigen.
Als Erzieher und Studenten Indonesiens legen Sie die Fundamente nicht nur für Ihre eigene Zukunft, sondern für die Zukunft der ganzen Gesellschaft, in der Sie leben. Es ist wichtig, daß Sie niemals Ihre Begeisterung und Ihren Weitblick verlieren! Erziehung ist ein Geschenk nicht nur für Sie allein, sie muß vielmehr mit anderen geteilt werden. Sie ist ein Geschenk, das Sie auch dazu befähigt, denen zu helfen, die weniger vom Glück begünstigt sind als Sie selbst.

7. Liebe Freunde, gestatten Sie mir, bei diesem meinem Besuch der Atma Jaya, diesen Appell an Sie alle zu richten: Machen Sie die Erziehung nicht zu einem Mittel der Selbstsucht, sondern bringen Sie ihr Kraftpotential für das Gute, für die Verteidigung der Schwachen und das Wohl der Armen zum Tragen. Widmen Sie sich großmütig dem Dienst an den anderen, helfen Sie ihnen, ihre Bürden zu tragen, und teilen Sie mit ihnen den Weitblick und die Zuversicht, die Ihre Erziehung Ihnen gegeben hat!
Millionen von Menschen in Ländern auf der ganzen Erde sind nicht in der Lage, auch nur die mindesten Voraussetzungen für eine würdige Existenz zu finden. Und doch besitzt die Menschheit heute die wissenschaftlichen und technischen Mittel, um viel von dieser Armut zu beseitigen. Diese Situation fordert die Universitäten, und besonders die katholischen Universitäten, heraus, ihre wissenschaftlichen und akademischen Möglichkeiten zu mobilisieren, um Wege zu finden, diesen schweren menschlichen Nöten zu begegnen.
Ich bin glücklich zu erfahren, daß die Universitätsklinik von Atma Jaya ebenso wie andere Krankenhäuser medizinische Behandlung zu niedrigen Kosten für die in ihrer Nachbarschaft lebenden Menschen bereitstellt. Es gibt zahllose Gebiete menschlicher Not, die nach wirkungsvoller Solidarität schreien. Wieviel Gutes kann getan werden durch Rechtsbeistand, durch Kurse in Hauswirtschaft, durch technische Hilfe zur Verbesserung der Umwelt! Wie viele Formen sozialen Dienstes kann eine Universitätsgemeinschaft initiieren und anregen! Notwendig ist eine akademische Kultur, die einen hohen Standard

des Lernens mit tiefer und durchdringender Ethik echten Dienstes an den Armen verbindet, eines echten Dienstes für die Entwicklung des ganzen Menschen und aller Menschen (vgl. *Sollicitudo rei socialis*, Nr. 30). Das ist ein Ziel, nach dem mit aller Anstrengung und all Ihren Talenten zu streben, ich Sie bitte.
Möge Gott, der Allerhöchste, der Ursprung alles Guten, Sie bei der Forschung nach Wissen und beim Dienst an der Wahrheit führen und tragen! Gott segne Atma Jaya! Gott segne Indonesien!

Salz der Erde – Licht der Welt sein

Predigt bei der Eucharistiefeier in Dili (Ost-Timor) am 12. Oktober

In der Landessprache sagte der Papst:

Liebe Brüder und Schwestern!

1. „Ihr seid das Salz der Erde ... Ihr seid das Licht der Welt" (*Mt* 5,13–14).
Das sind die Worte Jesu zu seinen ersten Jüngern. Und heute richtet sie der Bischof von Rom an euch, die Jünger Christi in Ost-Timor, in der Diözese Dili. Durch diese Worte sind wir vereint in einer gemeinsamen Berufung; aus ihnen lernen wir, was es bedeutet, als Christen zu leben.
Als Bischof von Rom und Nachfolger des hl. Petrus mache ich diese Worte zu meinem Gruß an alle, die sich aus Dili, aus Atambua und aus Kupang hier versammelt haben. Ich grüße den Apostolischen Administrator von Dili, Bischof Belo, die Bischöfe Pain Ratu und Manteiro, den Klerus, die Ordensleute und Laien der Diözesen von Timor.
Viele von euch haben lange und beschwerliche Reisen aus den Dörfern sowohl in Ost- als auch in West-Timor unternommen, um mit dem Papst zusammenzusein. Ich danke euch allen, besonders denen, die mitgearbeitet haben, um dieses Treffen möglich zu machen.

In englischer Sprache sagte der Papst:

Liebe Brüder und Schwestern, der besondere Dienst des Petrus, „seine Brüder zu stärken", hat mich heute nach Ost-Timor gebracht. Zu Petrus sagte Christus vor seinem Leiden: „Wenn du dich wieder bekehrt hast, dann stärke deine Brüder" (*Lk* 22,32). Während der Passion des Meisters war Petrus schwach geworden, aber der Herr berief ihn trotzdem, die Herde zu weiden (vgl. *Joh* 21,15–19), und gab ihm dafür eine besondere Gnade, „Licht" und „Salz" im Dienst für alle zu werden, die an Christus glauben. Ich komme zu euch als ein Zeuge Christi und ein Ältester in der Glaubensfamilie (vgl. *1 Petr* 5,1). Vom Anfang meines Pontifikates an habe ich eure Situation mit tiefer Besorgnis verfolgt. Es war schon lange mein Wunsch, euch persönlich zu sagen, daß die ganze Kirche und in besonderer Weise der Papst euch achten und lieben. Nun bin ich voll Freude, mit euch diese Eucharistie hier in Tasi-Tolu feiern zu können.

2. Laßt uns den Sinn betrachten, den Jesus den Bildern „Salz der Erde“ und „Licht der Welt“ beimißt. Ihr in Timor seid sehr vertraut mit dem Salz. Ihr gewinnt es in den Küstenebenen von Cassaid, Tibar, Manatuto, Sical und aus dem Salzsee bei Laga. Salz konserviert Nahrung und erhöht ihren Geschmack. Im Evangelium bezieht sich „Salz“ auf die Bewahrung vor dem Verderben durch Sünde und Tod. Es weist auf die geistliche Gesunderhaltung eines jeden Jüngers hin, dessen Pflicht es ist, die Menschheit mit dem Beistand der göttlichen Gnade zu beleben und zu erheben.
Das Bild vom „Licht“ bezieht sich nicht nur auf die Weisheit, die aus der Offenbarung der göttlichen Wahrheit kommt, sondern auch auf die Alltagsweisheit beim Handeln. Gemeint ist ebenso die Weisheit, die aus der Lebenserfahrung kommt, wie auch die Weisheit, die Leben gibt: die Weisheit, die diejenigen erleuchtet, die aus dem Glauben leben. Wo immer man dieses „Licht“ findet, formt es menschliches Leben und Verhalten und führt Menschen zu Gott.
Das ist die Weisheit, die das Leben der Heiligen kennzeichnet. Darum ist jeder Heilige ein Licht, das nicht „unter einem Gefäß“ verborgen werden kann, sondern „auf den Leuchter“ gestellt werden muß, „dann leuchtet es allen im Haus“ (vgl. *Mt* 5,15). Die Heiligen leuchten uns allen in der Kirche, die das Haus Gottes auf dieser Erde ist. Und oft leuchtet ihr Licht über die Kirche hinaus anderen Menschen und anderen Orten.

3. Die Worte „Ihr seid das Salz der Erde ... Ihr seid das Licht der Welt“ hat der Herr an alle seine Jünger gerichtet, an alle, die „durch den einen Geist in der Taufe in einen einzigen Leib aufgenommen“ worden sind (*1 Kor* 12,13), der die Kirche ist. Für die Augen der Welt ist die Kirche eine sichtbare Gesellschaft von Menschen. Doch durch den Glauben wissen wir, daß diese Kirche durch die Kraft des Heiligen Geistes auch der Leib Christi ist.
Durch die Kraft dieses selben Geistes arbeiten wir alle zusammen beim Aufbau der Kirche in „verschiedenen Diensten“ und durch das christliche Zeugnis, wobei jeder seine besondere Berufung bewahrt (vgl. *1 Kor* 12,4–7). Das ist so, weil „jedem die Offenbarung des Geistes geschenkt wird, damit sie anderen nützt“ (*1 Kor* 12,7). Darum helfen wir, wenn wir den Aufruf Christi, „Salz der Erde“ und „Licht der Welt“ zu sein, befolgen, nicht nur beim Aufbau der Kirche in unseren Ortsgemeinden mit, sondern beim Aufbau der über die ganze Welt verbreiteten einen, heiligen, katholischen und apostolischen Kirche. Denn die Kirche ist eine auf der ganzen Erde und dieselbe an jedem Ort. Sie ist sowohl „universal“ wie „lokal“. So ist das Wirken des Geistes, in dem sich „der eine Gott, der alles in allen bewirkt“, offenbart (vgl. *1 Kor* 12,6).

4. Was bedeutet es heute in Ost-Timor, „Salz der Erde“ und „Licht der Welt“ zu sein? Ihr erlebt jetzt schon seit vielen Jahren Zerstörung und Tod als Ergebnis eines Konflikts; ihr habt gelernt, was es bedeutet, Opfer von Haß und Streit zu sein. Viele unschuldige Menschen sind deswegen umgekommen, während andere Opfer von Vergeltung und Rache geworden sind.
Zu lange schon leidet ihr unter dem Mangel an Stabilität, der eure Zukunft ungewiß macht. Diese quälende Situation verursacht wirtschaftliche Schwierigkeiten; diese be-

stehen trotz einiger Hilfe weiter und behindern die Entwicklung, die zur Linderung der schwer auf der Bevölkerung lastenden Bürde dringend notwendig ist.
Die Respektierung der Rechte, die das Leben menschlicher gestalten, muß dauerhaft gesichert werden: der Rechte der Einzelpersonen und der Rechte der Familien. Ich bete darum, daß die für das Leben in Ost-Timor Verantwortlichen mit Weisheit und gutem Willen gegenüber allen handeln, wenn sie nach einer gerechten und friedlichen Lösung der gegenwärtigen Schwierigkeiten suchen, um eine rasche Verbesserung der Lebensbedingungen herbeizuführen, die es euch gestattet, in gesellschaftlicher Harmonie, entsprechend euren Traditionen und Erfordernissen, und in ruhiger und fruchtbarer Produktivität zu leben.

5. Liebe Brüder und Schwestern in Christus, wer soll denn das Salz sein, das das Leben bewahrt, mitten im Tod, wenn nicht ihr? Wer soll denn ein Licht sein, das mitten in der Dunkelheit Weisheit ausstrahlt, wenn nicht ihr, die ihr standhaft im Glauben bliebt, seitdem das Evangelium hier vor vier Jahrhunderten zum ersten Mal gepredigt wurde? Euer Land hat ein großes Bedürfnis nach christlicher Heilung und Versöhnung. Aber die kirchliche Gemeinschaft muß selbst eine versöhnte Gemeinschaft sein, wenn sie die wichtige Rolle erfüllen soll, die aus den Worten Christi „ihr seid das Salz ... ihr seid das Licht“ entspringt. Es ist nicht immer leicht, den Mut, die Entschlossenheit und die Geduld zu finden, die man für die Versöhnung braucht. Und doch wissen wir aus dem Glauben, daß die Liebe alle Grenzen zwischen Nationen, Völkern und Kulturen überwindet. Gleichgültig welche Meinungsverschiedenheiten, gleichgültig welche Mißstände oder Ungerechtigkeiten – wir, die wir Christi Nachfolger sind, müssen uns seine Worte zu Herzen nehmen: „Erlaßt einander die Schuld, dann wird auch euch die Schuld erlassen werden“ (*Lk* 6,37). „Liebt eure Feinde und betet für die, die euch verfolgen“ (*Mt* 5,44).
Ihr Katholiken in Ost-Timor habt eine Tradition, in der Familienleben, Erziehung und gesellschaftliche Bräuche tief im Evangelium verwurzelt sind, und diese Tradition ist ein großer Teil eurer Identität. Eure Tradition ist erfüllt von den Lehren und dem Geist der Seligpreisungen, ist eine Tradition des demütigen Vertrauens auf Gott, des Erbarmens und des Vergebens und, wenn notwendig, des geduldigen Leidens in Zeiten der Prüfung (vgl. *Mt* 5,3–10). Es gibt Situationen, in denen die kirchliche Gemeinschaft besonders imstande sein muß, die Botschaft des Evangeliums von der Liebe und der Versöhnung zu leben. Die Kraft, dies zu tun, kommt aus der inneren Umkehr. Nur wenn wir aus dem Heiligen Geiste wiedergeboren sind, verstehen wir wirklich die Kraft der Worte des Evangeliums: „Selig, die keine Gewalt anwenden ... Selig, die hungern und dürsten nach der Gerechtigkeit ... Selig, die Frieden stiften ...“ (*ebd.*, Vers 6.7.9). Der Ruf, „Salz“ und „Licht“ zu sein, ist keine leichte Aufgabe. Es ist nichts weniger als der Aufruf, wirklich „vollkommen in Christus“ zu sein (*Kol* 1,28).
Außerdem haben eure Pfarreien, eure Katechese, eure katholischen Schulen, eure kleinen Gemeinschaften und anderen Formen des Zusammenschlusses alle eine Rolle bei der Erziehung zu einem starken Familienleben zu spielen, das den Plan Gottes für Leben und Liebe, für Ehrlichkeit und Sachverstand in der Welt der Arbeit und in den öffentlichen Angelegenheiten, für Tugend und Güte auf allen Gebieten menschlichen Bemühens re-

spektiert. Ihr müßt euch selbst eurer christlichen Berufung würdig erweisen, die eine Berufung zur Heiligkeit, zum Gebet, zur Sakramentenpraxis und zur Selbsthingabe ist, ohne die eine Jüngerschaft unmöglich ist. Ich bitte euch dringend, an eurer Berufung festzuhalten. Ich ermahne euch alle, „in dem Band des Friedens" zu leben, in Einheit mit dem Papst und mit dem Apostolischen Administrator und den Priestern eurer Diözese, die in diesen schwierigen Jahren so hochherzig in ihrer Arbeit gewesen sind. Der Herr, der alle Dinge sieht und kennt, wird den Ordensbrüdern und -schwestern und denjenigen Laien vergelten, die besonders im Dienst für die Nöte der anderen engagiert waren. Ein besonderes Wort der Hochachtung muß an die tapferen Missionare gerichtet werden, die in den kritischsten Augenblicken eurer jüngsten Geschichte dem Volke nahe geblieben sind und Zeugnis für die Liebe abgelegt haben, die sie zur Kirche, zum pilgernden Gottesvolk in Timor haben.
Ich weiß, daß das Thema eurer wöchentlichen Heiligen Stunden zur Vorbereitung auf meinen Besuch lautete: „Ein Herz und eine Seele" (*Apg* 4,32). Diese Worte zeigen den Weg, dem die Kirche von Dili folgen muß, um auf die besonderen Herausforderungen von heute zu antworten. Einheit im Glauben, ausgedrückt und genährt besonders durch die eucharistische Kommunion, wird euch zu einer Gemeinschaft der Liebe und der Solidarität mit anderen führen und wird euch helfen, das Liebesgebot des Evangeliums durch die praktischen Werke der Barmherzigkeit und der Gerechtigkeit zu leben, die auf dieser Insel nötig sind. Timor, so stark in der Liebe des Evangeliums, ist gewiß fähig, seinen Auftrag zu erfüllen, „Salz der Erde" und „Licht der Welt" zu sein.

6. „So soll euer Licht vor den Menschen leuchten, damit sie eure guten Werke sehen und euren Vater im Himmel preisen" (*Mt* 5,16).
Es ist nicht der Papst allein, der euch zu dieser Aufgabe ruft. Das sind Worte unseres Herrn Jesus Christus selbst. Er fordert euch heraus, aber er verspricht auch seine Gegenwart und seine Gnade. Er ist immer bei euch.
Und es gibt noch jemanden, der das Volk von Timor auf seiner Pilgerreise begleitet, wenn es Tag für Tag dem Reich Gottes entgegenstrebt: Maria, eure Mutter in der Kirche, Maria, die Unbefleckt Empfangene, die Schutzpatronin der Diözese Dili und eurer neuen Kathedrale, die heute segnen zu dürfen ich glücklich war. Sie legt ihre Fürbitte ein für die geistliche Heilung ihrer Söhne und Töchter von Timor. Die Katholiken von Ost-Timor, die die Jahrhunderte hindurch ihr Lob gesungen haben, können ihrer mütterlichen Sorge in dieser Zeit der Ungewißheit und des starken Bedürfnisses nach Versöhnung und Frieden sicher sein.
Geht mit Maria auf der Pilgerschaft des Lebens. Dann wird, ihrem Beispiel folgend und erfüllt von dem Geist, „der das Antlitz der Erde erneuert" (*Ps* 104,30), das ganze Gottesvolk in Timor die freudigen Worte des *Psalms* dieser Messe wiederholen:
„Lobe den Herrn, meine Seele! ... Ewig währe die Herrlichkeit des Herrn; der Herr freue sich seiner Werke!" (*Ps* 104,1.31).

In der Landessprache sagte der Papst:

Ja, möge die Eucharistie, die wir jetzt feiern, dem Volk dieser Insel helfen, immer wahrhaftiger „ein Herz und eine Seele" zu sein – als eine Stadt auf dem Berge, die nicht verborgen bleiben kann, als ein Licht, das allen im Hause leuchtet. Möge der Geist der Wahrheit dieses rettende Werk vollbringen. Amen.

Wer ist mein Nächster?

Predigt bei der Eucharistiefeier in Medan (Indonesien) am 13. Oktober

In indonesischer Sprache sagte der Papst:

Meine lieben Söhne und Töchter von Sumatra in Jesus Christus, unserem Herrn!

1. Ich bin sehr glücklich, mit euch diese heilige Eucharistie, den Mittel- und Höhepunkt unserer Einheit, hier, auf dem gesegneten Boden Sumatras, feiern zu können. Mit dem besonderen Wort, das ich an eure Bischöfe und insbesondere an Erzbischof Pius Datubara von Medan richte, möchte ich euch alle begrüßen. Ich begrüße auch unsere evangelischen Brüder, die heute mit ihrem Chor und in brüderlicher Liebe unter uns sind. Unsere geschwisterliche Liebe wird heute offensichtlich.

In englischer Sprache sagte der Papst:

Bei unserer Begegnung hier in Tuntungan, einem so schönen Ort, wollen wir uns der wunderbaren Fruchtbarkeit erfreuen, die für die Kirche in Sumatra ein Segen ist. In der Erzdiözese Medan und den Diözesen Sibolga, Padang, Pangkalpinang, Palembang und Tanjung Karang leben heute insgesamt etwa 700.000 Katholiken. Der Same des Glaubens, der in bescheidener Missionsarbeit seit über einhundertfünfzig Jahren unter den verschiedenen Völkern dieser Insel ausgestreut wurde, ist zu einem großen Baum geworden. Auf ihre einzigartige Weise ist auch die Kirche ein Beispiel für das, was das nationale Motto aussagt: Bhinneka Tunggal Ika: „Einheit in der Vielfalt“.
Voll Dankbarkeit gegen Gott rufen wir heute mit dem Psalmisten aus: „Das Wort des Herrn ist wahrhaftig, all sein Tun ist verläßlich. Er liebt Gerechtigkeit und Recht, die Erde ist erfüllt von der Huld des Herrn“ (*Ps* 33,4–5). Der Herr, der die Erde mit seiner Liebe erfüllt, ist ein Gott, der Gerechtigkeit und Recht liebt.

2. Im heutigen Evangelium richtet ein Gesetzeslehrer die folgende Frage an Jesus: „Meister, was muß ich tun, um das ewige Leben zu gewinnen?“ Diese Frage ist jedoch nicht nur die seine. Menschen aller Generationen, Nationen, Kulturen und Sprachen stellen sie. Es handelt sich dabei um eine Frage nach dem ewigen Leben, nach der Zukunft des Menschen nach dem Tod. Mit den Worten „was muß ich tun?“, „wie soll ich mich verhalten?“ anerkennen Männer und Frauen aller Zeiten und Orte, daß das Leben jenseits des Grabes davon abhängt, wie gut wir dieses irdische Leben leben. Wir wissen, daß Gott das Gute belohnt und das Schlechte bestraft.
Die Kirche in Sumatra ist glücklich darüber, daß alle Bewohner der Region diese Gewißheit teilen: unsere christlichen Brüder und Schwestern, die an den gleichen Herrn und Heiland Jesus Christus glauben, und auch die Anhänger des Islam, die an den gleichen

gütigen und gerechten Gott glauben. An sie, unsere muslimischen Brüder und Schwestern, richte ich herzliche Grüße und hoffe dabei, daß wir vereint den höchsten Gott preisen und gemeinsam arbeiten können, damit die zukünftigen Generationen Sumatras in einer von Gottesfurcht und von der Hochschätzung seiner Gebote gekennzeichneten Gesellschaft leben können. Ja, er ist wirklich der Herr, der „Gerechtigkeit und Recht“ liebt.

3. „Was muß ich tun, um das ewige Leben zu gewinnen?“ Im Evangelium gibt Jesus keine direkte Antwort auf diese Frage. Er hat es nicht nötig, denn der Mann, der die Frage stellt, ist ein Gesetzeslehrer; er kennt die Schriften sehr gut und gibt sich selbst die richtige Antwort, indem er das schon im Alten Testament bestehende Gebot der Liebe zitiert (vgl. *Dtn* 6,4–6 und *Lev* 19,18): „Du sollst den Herrn, deinen Gott, lieben mit ganzem Herzen und ganzer Seele, mit all deiner Kraft und all deinen Gedanken, und: Deinen Nächsten sollst du lieben wie dich selbst“ (*Lk* 10,27). Jesus bestätigt diese Antwort: „Du hast richtig geantwortet. Handle danach, und du wirst leben“ (*Lk* 10,28), d. h., du wirst das ewige Leben haben.
Dann aber stellt der Gesetzeslehrer eine weitere Frage an Jesus: „Wer ist mein Nächster?“ (*Lk* 10,29). Um auf diese Frage eine Antwort zu geben, bedient sich der Herr des Gleichnisses vom barmherzigen Samariter, das anschaulich darstellt, wie wir alle Menschen behandeln sollten, wenn wir nach dem göttlichen Gebot der Liebe leben wollen. Mit diesem eindrucksvollen Gleichnis sagt uns Christus, daß wir uns wie der Samariter verhalten müssen. Wir müssen den anderen gegenüber aufgeschlossen sein, müssen uns ihnen nähern, uns um sie sorgen und vor allem den Bedürftigsten unter ihnen helfen.
Unser Vorbild für ein solches Verhalten sind das Mitleid und das Erbarmen, das wir selbst von Gott empfangen haben, ist doch das Gleichnis vom barmherzigen Samariter in erster Linie eine Botschaft, welche die Person Jesu Christi selbst betrifft. Christus, der Sohn Gottes, ist der eigentliche barmherzige Samariter: er ist der Heiland, der die Menschheit halbtot am Straßenrand findet und stehenbleibt, um unsere Wunden zu heilen. Mit seinem Kreuzestod offenbarte er „die barmherzige Liebe unseres Gottes“ (*Lk* 1,78), die das Heil aller Menschen will (vgl. *1 Tim* 2,4). Mit seiner Auferstehung hat er uns das Leben und die geistliche Gesundheit wiedergegeben und lädt uns dazu ein, unsererseits die anderen so zu lieben, wie er uns geliebt hat. Unsere Liebe zum Nächsten ist somit nichts anderes als unsere Antwort auf jene Liebe, mit der uns Gott zuerst geliebt hat. Da wir selbst Mitleid empfangen haben, können wir es den anderen nicht verweigern. Auch dürfen wir nicht vergessen, daß alles, was wir für die Bedürftigen tun, für Jesus selbst getan ist (vgl. *Mt* 25,40). Am Vorabend seines Todes wusch Jesus seinen Aposteln die Füße und sagte ihnen, er habe ihnen ein Beispiel gegeben, damit auch sie so handeln, wie er an ihnen gehandelt hat (vgl. *Joh* 13,15). Durch unsere Nächstenliebe ahmen wir nicht nur die Liebe Christi zu uns nach, sondern erfüllen auch sein höchstes Gebot der Liebe.
In Christus ist die Nächstenliebe der erhabenste Ausdruck der Solidarität, die alle Völker der Erde zusammenschließt. Diese Solidarität ist nicht nur ein unbestimmtes Gefühl; sie ist vielmehr in der Menschwerdung Christi verwurzelt. „Er selbst hat nämlich, als er die

menschliche Natur annahm, das ganze menschliche Geschlecht in einer gewissen übernatürlichen Solidarität zu einer Familie zusammengefaßt und an sich gebunden, und er hat die Liebe zum Zeichen seiner Jünger bestimmt mit den Worten: ‚Daran werden alle erkennen, daß ihr meine Jünger seid, wenn ihr Liebe zueinander habt' (*Joh* 13,35)" (vgl. *Apostolicam actuositatem*, Nr. 8). Die Liebe, die Christus lehrt, ist weltumspannend, denn alle Menschen sind füreinander die Nächsten, ungeachtet ihrer Herkunft, Rasse, Kultur und Religion.

4. Die erste Lesung ist heute dem *Brief an die Hebräer* entnommen; sie führt einige konkrete Beispiele an, wenn sie uns einlädt: „Die Bruderliebe soll bleiben. Vergeßt die Gastfreundschaft nicht ... Denkt an die Gefangenen, als wäret ihr mitgefangen; denkt an die Mißhandelten, denn auch ihr lebt noch in eurem irdischen Leib" (*Hebr* 13,1–3). Jedes dieser Gebote ist auf seine Weise ein Widerhall der goldenen Regel, die der Herr im Verlauf der Bergpredigt aussprach: „Alles, was ihr von anderen erwartet, das tut auch ihnen" (*Mt* 7,12). Dem Fremden und dem Gefangenen können wir noch den Kranken, den Behinderten, die Alten, die Waisen und alle Armen, Unterdrückten und Ausgestoßenen überall in der Welt hinzufügen.
Ich weiß, daß ihr in Sumatra eifrig für den Aufbau einer gerechteren Gesellschaft arbeitet, die durch wirtschaftliche Entwicklung und größere soziale Gerechtigkeit zustande kommen soll. Eure christliche Berufung ist eine Herausforderung und eine nachdrückliche Einladung, alles nur Mögliche zur Erreichung dieser erhabenen Ziele zu tun. Eure Sehnsucht nach dem Reich Gottes sollte euren Wunsch, die Erde im Hinblick auf die zukünftige Welt menschlicher zu gestalten, nicht verringern, sondern vielmehr steigern. Ihr tragt eine christliche Verantwortung für den Beitrag zu einer wahrhaft menschlichen Entwicklung, zur Förderung von größerer Gerechtigkeit, mehr Liebe und mehr Frieden; christliche Verantwortung für eine Auffassung von Einheit, die, auf der Würde jedes nach dem Abbild Gottes geschaffenen Menschen beruhend (vgl. *Gaudium et spes*, Nr. 33–45), ihren Eingang in die Welt finden muß. Ich vertraue diese besondere Aufgabe und Verantwortung euch, den Söhnen und Töchtern der Kirche in Sumatra an, damit in diesem Land das vom II. Vatikanischen Konzil betonte Prinzip seine Verwirklichung finde: „Auch im Wirtschaftsleben sind die Würde der menschlichen Person und ihre ungeschmälerte Berufung wie auch das Wohl der gesamten Gesellschaft zu achten und zu fördern, ist doch der Mensch Urheber, Mittelpunkt und Ziel aller Wirtschaft" (*ebd.*, Nr. 63).
Als Katholiken tragt ihr dazu bei, der wirtschaftlichen und gesellschaftlichen Entwicklung eine menschliche Seele, ein menschliches Herz einzugeben, indem ihr sie mit dem Mitleid und dem persönlichen Einsatz des barmherzigen Samariters bereichert. Diese Aufgabe teilt ihr mit den Gliedern der anderen christlichen Kirchen durch das Streben nach größerem gegenseitigem Verständnis und weiterreichender Zusammenarbeit, wobei ihr der starken Bande eingedenk seid, die uns durch unsere Taufe und unser gemeinsames Bekenntnis zu Christus als unserem Herrn und Heiland in ihm verbinden. Wenn ihr nun mit allen Glaubenden gemeinsam ein Zeugnis für Gott, „den Vater des Erbarmens" (*2 Kor* 1,3) ablegt, erweist ihr euch als liebende Nächste aller, ist es doch ein nicht gerin-

ger Dienst, andere an den Primat Gottes in ihrem Leben zu erinnern. Ohne Glauben an Gott kann es auf die Dauer keine Nächstenliebe, keine wahrhaft menschliche Entwicklung und keinen anhaltenden Frieden geben.

5. Der Gesetzeslehrer fragte Jesus: „Was muß ich tun, um das ewige Leben zu gewinnen?“ Das ist die grundlegendste aller Fragen, denn der *Brief an die Hebräer* lehrt uns: „Wir haben hier keine Stadt, die bestehenbleibt, sondern wir suchen die künftige“ (*Hebr* 13,14). Unser irdisches Dasein verliert ohne Bezugnahme auf die Fülle des zukünftigen Lebens jede Bedeutung.
Christus hat uns den Weg zu diesem Leben gezeigt. Er lehrte uns eine neue Verhaltensweise. Das Gleichnis vom barmherzigen Samariter mit seiner Botschaft von der grenzenlosen Nächstenliebe ist die Grundlage einer neuen Auffassung von mitmenschlichen Beziehungen und vom gesellschaftlichen Leben. Durch die Macht der Liebe Christi wird das Leben der Menschen umgewandelt und sie werden zu würdigen Erben des ewigen Lebens.
In diesem Teil der Welt, wo die Hoffnung auf das ewige Leben unter den Anhängern aller Religionen stark verbreitet ist, hat die an die ganze Gesellschaft Sumatras gerichtete Aufforderung, den religiösen Charakter des Lebens und seine Offenheit für transzendente Werte zu verteidigen und zu fördern, seine volle Berechtigung. Die Christen sind ebenso wie die Anhänger des Islam dazu berufen, Herolde dieses höchsten Gutes zu sein und es allen mitzuteilen, die es verloren haben. Seid stolz darauf, vor anderen Völkern – jenseits des Meeres, auf fernen Inseln – dafür Zeugnis abzulegen, daß dieses dynamische Volk auf dem Grundstein des Primates Gottes und seiner Verheißungen auferbaut ist.
Der Herr, der die Erde mit seiner Liebe erfüllt, ist ein Gott, der Gerechtigkeit und Recht liebt. Liebe Brüder und Schwestern in Christus: möge die ganze Kirche in Sumatra den Mut finden, nach dem Geist des barmherzigen Samariters zu leben und in diesem Geist zu wachsen. Mögen alle hier in Medan zur Feier der Eucharistie Versammelten auf jede Weise bestrebt sein, treu den Worten des Herrn zu folgen und ihm „in Gerechtigkeit und Recht“ zu dienen, denn er ist der Herr, der die Erde mit seiner Liebe erfüllt (vgl. *Ps* 33,5).

In indonesischer Sprache sagte der Papst:

Mögen jeder einzelne und die ganze Gesellschaft – insbesondere die Schwachen und Kranken – sich im Herrn erfreuen und ihn dank der katholischen Kirche loben und preisen. Möge die Kirche in Sumatra der Gesellschaft helfen, die Gerechtigkeit zu entdecken und die Menschenwürde hochzuschätzen.
Gott segne euch alle!

Dank für die Gastfreundschaft

Ansprache an die Organisatoren des Besuchs in Jakarta (Indonesien) am 13. Oktober

Liebe Brüder im Bischofsamt!
Sehr geehrte Damen und Herren!
Liebe Freunde!

Da mein Besuch nun zu Ende geht, freue ich mich, noch diese Gelegenheit zu haben, um Ihnen allen, die Sie so hochherzig zum guten Gelingen bei der Vorbereitung dieses so schön verlaufenen Besuches zusammengearbeitet haben, meinen Dank auszusprechen. Ich verbinde mit diesen kurzen Worten die Hoffnung, daß durch Sie mein Dank auch zu den Tausenden von Menschen gelangt, die es mir ermöglicht haben, meine Sendung zu erfüllen, nämlich: meine katholischen Brüder und Schwestern in Indonesien im Glauben zu stärken.

Mein herzlicher Dank gilt in besonderer Weise meinen Brüdern im Bischofsamt, die immer wieder auf ihre anfängliche Einladung, Indonesien zu besuchen, zurückkamen. Natürlich müßte ich noch vielen andern danken, die jetzt nicht hier sind; wenn ich sie erwähne, ist das sicher auch im Sinn meiner Mitbrüder, der Bischöfe.

In erster Linie denke ich an Seine Exzellenz den Herrn Präsidenten Soeharto, dem ich für seine offiziell an mich gerichtete Einladung und die überaus großzügige Gastfreundschaft danke, die er mir und den mich Begleitenden gewährte. Die außerordentliche Aufmerksamkeit, die uns allen entgegengebracht wurde, erinnert aufs neue daran, daß Indonesien seinen Ruf als überaus gastfreundliches Volk durchaus verdient. Ein Wort aufrichtiger Hochschätzung sei auch den Herren Ministern und Staatsbeamten gesagt, die mich empfangen und begleitet haben, sowie den Sicherheitskräften und allen, die auf vielerlei Art zum ordnungsgemäßen und guten Ablauf des Besuches beitrugen. Ohne die Hilfe der Indonesischen Luftstreitkräfte wäre es nicht möglich gewesen, meinen Wunsch zu erfüllen und zu den entlegenen Teilen der Inselwelt zu reisen. Nicht zu vergessen auch die Medien: Fernsehen, Rundfunk und Presse. Sie haben die Ereignisse dieser Tage zu Millionen Indonesiern gebracht, die natürlich nicht alle persönlich anwesend sein konnten.

Ihnen allen bringe ich meine inständige Hoffnung zum Ausdruck, daß ihre vielen Bemühungen reiche Frucht für das Leben der Kirche in diesem Land bringen mögen. Ich schließe mich Ihnen in dieser Gebetsmeinung an, und ich versichere Sie meines ständigen Gebetes um Frieden und Wohlergehen für Ihr geliebtes Indonesien und seine ganze Bevölkerung. Ich danke Ihnen, und Gott segne Sie alle!

Das Evangelium bewahren und anwenden

Ansprache bei dem Treffen mit den indonesischen Bischöfen in Jarkarta (Indonesien) am 13. Oktober

Liebe Brüder im Bischofsamt!

1. Während sich mein Pastoralbesuch seinem Ende zuneigt, kann ich nicht umhin, euch, den Hirten der Kirche in Indonesien, für euren hingebungsvollen Dienst an der Gemeinschaft der Katholiken auf diesem ausgedehnten Archipel zu danken. Wahrhaftig, der Herr hat hier „Großes getan" (*Lk* 1,49) dank dem Dienst von Hirten wie euch, die das Evangelium „nicht als Menschenwort, sondern – was es in Wahrheit ist – als Gottes Wort" gepredigt haben (*1 Thess* 2,13).
Ich bin als Bruder zu euch gekommen und bringe die Grüße und die brüderliche Liebe der Kirche von Rom mit. Ich bin auch als Nachfolger des Petrus gekommen, von dem Gott eine besondere Sorge als Hirte der Weltkirche erwartet. Bevor ich scheide, möchte ich diesen Augenblick kollegialer Gemeinschaft mit euch erleben und über die Berufung des Bischofs, ein lebendiges Zeichen des menschgewordenen Wortes zu sein, und über seine persönliche Verantwortung für die Weitergabe des Evangeliums zur Heiligung des Gottesvolkes und zum Ruhm und Preis der Allerheiligsten Dreifaltigkeit nachdenken.

2. Während dieser letzten paar Tage bin ich Tausenden von indonesischen Katholiken begegnet. Gleichzeitig habe ich wahrgenommen, daß sie im Vergleich zur Gesamtbevölkerung eine Minderheit sind. Doch wie uns der hl. Paulus erklärt, wählt Gott zur Erfüllung seines Heilsplanes das Niedrige, das Schwache und das scheinbar Unwichtige in den Augen der Welt, „damit kein Mensch sich rühmen kann vor Gott" (*1 Kor* 1,29). Denn es war das freie und souveräne Geschenk Gottes, daß der gefallenen Menschheit das göttliche Leben durch den Tod und die Auferstehung seines Sohnes wiedergegeben wurde.
Im Dienst dieses Planes ist es Auftrag der Kirche hier und auf der ganzen Welt, „Zeichen und Werkzeug für die innigste Vereinigung mit Gott wir für die ganze Menschheit" (*Lumen Gentium*, Nr. 1), „ein unter den Völkern erhobenes Zeichen" (*Unitatis redintegratio*, Nr. 2), „gewissermaßen der Sauerteig und die Seele der in Christus zu erneuernden und in die Familie Gottes umzugestaltenden menschlichen Gesellschaft" (*Gaudium et spes*, Nr. 40) zu sein.
Diese und andere Bilder des Neuen Testaments sprechen zu uns von einer Kirche, deren zuweilen verborgene Fruchtbarkeit in keinem Verhältnis zu ihren Mitgliederzahlen oder menschlichen Kraftquellen steht. Es ist eine Kirche, deren Überleben und Wachstum nicht vom Willen des Menschen, sondern vom Willen Gottes abhängen und deren Auftrag es ist, kühn die Gute Nachricht von der Erlösung zu predigen, „ob man es hören will oder nicht" (*2 Tim* 4,2).

3. Liebe Brüder, als Bischöfe seid ihr „Glaubensboten" der Guten Nachricht vom ewigen Heil in Christus (vgl. *Lumen Gentium*, Nr. 25). Euer Dienst als Hirten und Lehrer richtet sich sowohl an die Mitglieder der Herde Christi, die sich um Führung, Inspiration

und Ermutigung an euch wenden, als auch an die ganze übrige Gesellschaft. Ihr werdet sicherstellen wollen, daß die Kirche ihren Auftrag nicht nur durch die Predigt des Evangeliums erfüllt, sondern auch durch das christliche Zeugnis aller Gläubigen, so daß, wie im Falle Natanaels, auch der Skeptiker „kommen und sehen“ kann (*Joh* 1,46).

Habt keine Angst, das katholische Volk zu einem öffentlich immer sichtbareren Zeugnis für die Wahrheiten und Werte seines Glaubens auf dem ihn zustehenden Platz in der Gesellschaft, deren würdige Bürger sie sind, zu ermutigen. Ungeachtet gelegentlicher Schwierigkeiten garantiert eure staatliche Verfassung den Katholiken und anderen das volle Recht der Religionsfreiheit und der freien Ausübung ihres Glaubens.

„Den Glauben zu praktizieren“ bedeutet mehr als private religiöse Verpflichtung und Frömmigkeit. Eines der großen Themen des Zweiten Vatikanischen Konzils war der Aufruf zu erkennen, daß das Evangelium jeden Aspekt des Lebens – Kultur, Wirtschaft, Gesellschaft und Politik – berührt. Mit den Worten von *Gaudium et spes*: „Der Glaube erhellt alles mit einem neuen Licht, enthüllt den göttlichen Ratschluß hinsichtliche der integralen Berufung des Menschen und orientiert daher den Geist auf wirklich humane Lösungen hin“ (Nr. 11). Das bedeutet nicht, daß die Kirche konkrete Lösungen für jedes Problem im Leben der Gesellschaft anzubieten hätte, sondern daß sie eine Soziallehre vorlegt, die Prinzipien für die Reflexion, Kriterien für die Beurteilung wie auch Richtlinien für das Handeln enthält (vgl. *Instruktion über die christliche Freiheit und die Befreiung*, Nr. 72 ff.).

4. Diese Suche nach dem, was „wirklich human“ unter Gott ist, stellt einen Punkt der Konvergenz für die Indonesier aller Religionen dar. Die Kirche tritt in Dialog und ist willens zur Zusammenarbeit mit allen in gegenseitiger Achtung und gutem Willen. Aber sie steht auch fest in ihrer Identität und ihrem Auftrag, die vor allem anderen katholisch sind. Religiöse Verschiedenheit innerhalb der Einheit Indonesiens sollte nicht gefürchtet werden, am allerwenigsten von den indonesischen Katholiken, die als loyale Bürger effizient am Leben der Nation teilnehmen, wie es durch die Pancasila garantiert ist.

In ähnlicher Weise nützt auch eine angemessene Verwirklichung der Religionsfreiheit dem Staat und der Gesellschaft als ganzer. Denn Religion erzieht die Bürger dazu, die sittliche Ordnung anzuerkennen und folglich „ihr Handeln verantwortungsbewuß auszurichten und darum bemüht zu sein, was immer wahr und gerecht it, zu erstreben, wobei sie zu gemeinsamem Handeln sich gern mit anderen zuusammenschließen“ (*Dignitatis humanae*, Nr. 8). Schon gibt es auf vielen Gebieten des Apostolats und des Sozialdienstes eine weitgehende Zusammenarbeit zwischen Kirche und öffentlichen Einrichtungen, am auffallendsten bei der Erziehung und in der Gesundheitsfürsorge. Es ist zu hoffen, daß eine solche Harmonie weiterbestehen und wachsen kann, ist sie doch eine wesentliche Form des Respekts vor der Menschenwürde und den fundamentalen Menschenrechten.

Eine damit verbundene Besorgnis stellt jedoch die in der Welt von heute vorhandene Versuchung dar, die Botschaft des Evangeliums auf eine Form humanitären Verhaltens zu reduzieren. Die Kirche muß sich aber immer darüber im klaren sein, daß ihre wesentliche Funktion, das Evangelium zu verkünden, „immer – was Grundlage, Zentrum und zugleich Höhepunkt ihrer Dynamik ist – eine klare Verkündigung dessen sein wird, daß in

Jesus Christus, dem menschgewordenen, gestorbenen und auferstandenen Sohn Gottes, das Heil einem jeden Menschen angeboten ist als ein Geschenk der Gnade und des Erbarmens Gottes selbst" (*Evangelii nuntiandi*, Nr. 27). Dies verringert in keiner Weise, sondern erhöht im Gegenteil die Verpflichtung, „wirklich humane Lösungen" zu suchen und echte Entwicklung zu fördern, wobei allerdings immer ein besonderer Blick auf die Beziehung zwischen der „Stadt Gottes" und der „irdischen Stadt" bewahrt werden muß. Der Auftrag der Kirche ist nicht eingeschränkt auf den Rahmen der zeitlichen Existenz und auch nicht vollkommen identisch mit zeitlichen Wünschen, Hoffnungen, Angelegenheiten und Kämpfen. Er steht vielmehr im Dienst eines transzendenten und eschatologischen Heils, das seinen Anfang in diesem Leben hat, aber in der Ewigkeit vollendet wird (vgl. *ebd.*).

5. Liebe Brüder, euch ist durch die Bischofsweihe die große Aufgabe übertragen, den apostolischen Auftrag weiterzuführen, „das Evangelium zu predigen und jede Rasse und jedes Volk in einer einzigen Herde zu sammeln, um sie auf dem Weg zur Heiligkeit zu führen und zu leiten" (*Römisches Pontifikale*, Ritus der Bischofsweihe, Homilie). Als Nachfolger der Apostel habt ihr die zweifache Aufgabe, das Evangelium in seiner ganzen Vollständigkeit und Unversehrtheit für kommende Generationen zu bewahren und gleichzeitig sicherzustellen, daß es dynamisch auf die gegenwärtige Wirklichkeit eurer Ortskirchen angewandt wird.
Die Herausforderung besteht also darin, die Präsenz und die Vitalität des katholischen Glaubens in jedem Aspekt des Lebens der Einzelpersonen und der Gemeinschaften und inmitten der religiösen Verschiedenheit der Gesellschaft selbst zu garantieren. Das bedeutet, ohne Angst oder Zögern unter den Gläubigen ein ausgeprägt christliches Verständnis des Lebens und der Arbeit zu festigen. Es geht darum, immer neue und wirkungsvollere Wege zu finden, das Evangelium auf echt indonesische Weise in der „einen, heiligen, katholischen und apostolischen Kirche" zu leben.

6. Wenn die Kirche durch ihre Lehre versucht, „wirklich humane Lösungen" für die Probleme und Herausforderungen zu fördern, die die Menschheitsfamilie in jedem einzelnen Augenblick der Geschichte bedrängen, dann ist es besonders Aufgabe der Laien, „ihre ganze irdische Arbeit so zu leisten, daß sie ihre menschlichen, häuslichen, beruflichen, wissenschaftlichen oder technischen Anstrengungen mit den religiösen Werten zu einer lebendigen Synthese verbinden ... (und) überall, und zwar inmitten der menschlichen Schicksalsgemeinschaft, Christi Zeugen zu sein" (*Gaudium et spes*, Nr. 43).
Es obliegt den Hirten der Kirche, die Laien in dem zu inspirieren und zu erziehen, was die Kirche der Gesellschaft und dem öffentlichen Leben anzubieten hat. Wahrheit und Gerechtigkeit als Maßstäbe der Freiheit, Nächstenliebe und die Würde der nach dem Bilde Gottes erschaffenen Person, die Prinzipien der Subsidiaritätm und der Solidarität – das sind grundlegende Dinge des katholischen Beitrags zum öffentlichen Leben und den Institutionen (vgl. *Instruktion über die christliche Freiheit und die Befreiung*, Nr. 26 und Nr. 73). Nach dem Beispiel Christi müssen die Christen vorbereitet sind, prophetische Zeugnisse abzulegen, wo immer die Würde und die Rechte der Personen bedroht sind oder wenn Gerechtigkeit oder Liebe es fordern.

Ihr bemerkt zuweilen schmerzlich, daß gewisse traditionelle Praktiken oder andere gesellschaftliche Einflüsse der Gegenwart eine Verdunkelung der Grundprinzipien des Familienlebens und der verantwortungsbewußten Weitergabe des Lebens mit sich bringen. Als Hirten wißt ihr, daß die Art eurer persönlichen Antwort auf diese Herausforderung weithin die Vitalität jeder Ortskirche bestimmt, indem sie den christlichen Ehepaaren hilft, den Plan Gottes für ihr Leben zu erfüllen. Eine umfassende katechetische Anstrengung ist in de ganzen Kirche notwendig, um das Bewußtsein vom Vorrang der sittlichen Werte wiederzugewinnen. In *Familiaris consortio* habe ich geschrieben, daß „die Erziehung des Gewissens, das jeden Menschen befähigt, die rechten Weisen zu erkennen, zu werten und zu unterscheiden, in denen er sich nach seiner ureigenen Wahrheit verwirklichen kann, wird so zu einer vordringlichen und unverzichtbaren Notwendigkeit" (Nr. 8).

Damit die Laien ihren Auftrag in der Welt erfüllen können, müssen ihre Hirten ihnen helfen, ein richtig geformtes christliches Gewissen zu pflegen, das imstande ist, sie bei allen Entscheidungen und Aktivitäten des Lebens zu führen. Denn wenn die Kirche den Weg zum Heil lehrt, bezieht sie sich notwendigerweise auf die sittliche Ordnung, die die Art und Weise des Handelns der Menschen und ihrer Beziehungen untereinander beherrscht und Auswirkungen auf jede Lebenssphäre hat. Die Formung eines christlichen Gewissens ist zusammen mit der Stärkung des sittlichen Charakters und der Vertiefung des geistlichen Lebens wesentlich für die Umgestaltung der Welt von innen heraus. Sie ist die einzige sichere Garantie für die Fruchtbarkeit der Inkulturation.

7. In meiner Ansprache an euch möchte ich auch Gott danken für das Leben und den Dienst eurer Priester, der Diözesan- und der Ordenspriester, der einheimischen und der ausländischen, die mit euch die tägliche schwere Arbeit der Sorge für die Kirche in Indonesien teilen. Als diejenigen, die in Liebe den Vorsitz im Presbyterium haben, wißt ihr, wie sichtig es ist, eure Priester zu ermutigen, zu stützen und wirklich zu lieben.

Dem Beispiel Christi, des Hohenpriesters, folgend, der imstande ist, „mitzufühlen mit unserer Schwäche ... (und) der in allem wie wir in Versuchung geführt worden ist, aber nicht gesündigt hat" (*Hebr* 4,15), werdet ihr sie zugleich milde und fest zur Heiligkeit, zur Selbsthingabe in die Hände Gottes und zu einem Leben rufen, das bescheiden und eng mit den Armen und Bedürftigsten verbunden ist. Auf viele Arten ist die Priesterberufung ein Ruf zu einem im Zeichen des Kreuzes geprägten Leben; es wird wahrhaftig oft zu einem „Zeichen, dem widersprochen wird" (*Lk* 2,34). Eure Nähe zu euren Priestern, eure Offenheit für sie in Gerechtigkeit und Liebe und euer Gebet für ihre Beharrlichkeit bewirken viel, um sie zu stützen.

Wie sollten wir uns nicht miteinander freuen über die Zunahme der Berufungen zu Priestertum und Ordensleben, die eure Teilkirchen erleben? Das ist ganz gewiß ein Zeichen der liebenden Vorsehung Gottes. Unter den vielen lebhaften Erinnerungen, die ich mit mir zurück nach Rom nehmen werde, wird bestimmt eine der tröstlichsten der Anblick der vielen glücklichen und hingebungsvollen Priester und Ordensmänner und -frauen sein, denen ich bei meinem Besuch hier begegnet bin.

Dieses Geschenk des Herrn fordert aber gleichzeitig euch Bischöfe heraus, denen, die auf den Ruf des Herrn antworten, eine Ausbildung in Spiritualität und Lehre zu verschaffen, die sie zu einem Leben der Hingabe an den Dienst der Kirche vorbereitet. Wie ihr sehr wohl wißt, brauchen Priester und Ordensleute Bildung nicht nur während ihrer Vorbereitungsjahre in den Seminaren und Ordenshäusern, sondern ihr ganzes Leben lang. Sie brauchen es, daß man ihnen Möglichkeiten bietet, ihr Verständnis des Evangeliums, wie es von der Kirche geglaubt und gelehrt wird, zu vertiefen. Ich weiß, daß ihr diese Sorge um ihre Ausbidung teilt, denn ihr seid euch bewußt, daß sie ihrerseits gerufen sind, andere zu bilden.

8. Liebe Brüder, in den Abschiedsreden an die Jünger im *Johannesevangelium* betet Jesus: „(Vater), heilige sie in der Wahrheit; dein Wort ist Wahrheit. Wie du mich in die Welt gesandt hast, so habe auch ich sie in die Welt gesandt. Und ich heilige mich für sie, damit auch sie in der Wahrheit geheiligt sind" (*Joh* 17,17–19).

Diese Worte lassen sich voll auf die Hirten der Kirche anwenden. Während mein Besuch seinem Ende entgegengeht, möchte ich meine lebhafte Hoffnung und mein Gebet zum Ausdruck bringen, daß sich die Kirche, deren Existenz in Indonesien eine der durch die Kraft Gottes bewirkten „Großtaten" ist, der Führung durch Bischöfe erfreuen möge, die wahre Jünger und Apostel unseres Herrn Jesus Christus sind. Verharrt in der Wahrheit und wachst in „wahrer Heiligkeit" (*Eph* 4,24). Denn die Wahrheit ist es, die uns freimacht (vgl. *Joh* 8,32), und die Wahrheit ist Jesus Christus (vgl. *Joh* 14,6). Ihm sei immerdar Ruhm! Amen.

Bei der Begegnung mit den indonesischen Bischöfen in Jakarta sagte Johannes Paul II. in freier Rede:

Ich grüße alle hier versammelten Bischöfe von Indonesien. Ich danke für das Erlebnis dieses Besuches. Die Vorsehung Gottes hat mir, hat uns dieses Erlebnis möglich gemacht. Vor dem Besuch hatte ich den Text zu einer Ansprache an die Bischöfe vorbereitet; dieser Text wird an euch ausgeteilt werden. Aber nach dem Erlebnis dieses Besuches möchte ich sagen, daß zwar all das, was in diesem Brief, in dieser vorbereiteten Ansprache steht, zutreffend ist, mir aber nicht ganz genügt. Darum sollte ich diesen Besuch in seinen mancherlei Aspekten noch einmal analysieren. Ich möchte manches von dem, was ich hier erlebt, gesehen, gehört und erfahren habe, noch einmal bedenken, um zu einer tieferen persönlicheren Sicht dessen zu gelangen, was Indonesien ist und was die Kirche in Indonesien ist. Was ist Indonesien? Das ist, genau genommen, natürlich ein historisches Problem. Wenn wir fragen: Was ist Indonesien?, dann fragen wir gleichzeitig: Was war Indonesien, dieser alte Teil der Welt, der Menschheit, mit so vielen Völkern? Und was ist nun vor allem das moderne Indonesien, heute, das Indonesien der letzten 45 Jahre?

Ferner: Was ist in diesem Zusammenhang die Kirche? Was war sie auf dem Hintergrund dieser Geschichte? Das Christentum in Indonesien ist hier und da, zum Beispiel in Flores, einige Jahrhunderte älter. Heute aber erleben wir eine neue Verwirklichung dieses gleichen Christentums, dieser gleichen Kirche. Diese neue Gestalt scheint mir in tiefer Übereinstimmung mit der Sicht des Zweiten Vatikanums zu stehen. Es ist notwendig, die Sicht der Kirche in sich und die der Kirche in der Welt nach den Dokumenten des Zweiten Vatikanums, nach dessen Konstitutionen, in Händen, vor Augen und im Geist zu haben und sich damit an diese praktische Erfahrung zu machen. Gestern wurde ich im Seminar von Maumere gefragt, warum ich diesen Besuch mache. Ich antwortete, weil unser Herr gesagt hat: „Geht hinaus in alle Welt." Aber aus einem besonderen Grund mache ich diesen Besuch auch im Hinblick auf das Zweite Vatikanum. Mir scheint, das Zweite Vatikanische Konzil hat eine solche Ausübung des Petrusamtes in der Kirche nicht nur erleichtert, sondern es hat dazu angeregt. Und die beste Verwirklichung dieser bedeutsamen Anregung des Konzils scheint mir ganz einfach darin zu bestehen: Geh! Mach Erfahrungen und Begegnungen! Sprich! Suche enge Berührung! Der Papst hat die Pflicht, eine vom Herrn auferlegte Pflicht, die dann auch von vielen Kirchenvätern z. B. dem hl. Irenäus und anderen zum Ausdruck gebracht wurde, die Einheit und die Universalität der Kirche aufrechtzuerhalten. Und in unserer Zeit kann die Aufgabe, die Einheit und die Universalität der Kirche aufrechtzuerhalten, auf diese Weise erfüllt werden: besuchen, dortsein, treffen, in Tuchfühlung kommen, hören, teilnehmen. Natürlich ist meine Erfahrung von dem, was Indonesien und was die Kirche in Indonesien ist, nicht vollständig. Es ist nur ein Teil, es sind nur einige Punkte aus diesem großen Bereich, dieser großen Wasserfläche voller Inseln, voller Menschen. Das genügt nicht. Vor allem bedaure ich sehr, daß ich den nördlichen und den nordöstlichen Teil von Indonesien nicht besuchen konnte. Aber ich versuche, wenigstens meine Sicht zu vervollständigen. Die Kirche Indonesiens ist eine wachsende, eine sichtbare, eine älter werdende Kirche. Sie war Missionskirche. Hier unter uns sind einige Missionsbischöfe, vor allem holländische Bischöfe, die das Christentum nach Indonesien gebracht haben. Doch jetzt ist sie eine indonesische Kirche, und die Mehrzahl der hier anwesenden Bischöfe sind Indonesier, und sie nehmen mehr und mehr die Verantwortung für die Kirche und für die Zukunft der Kirche und auch für die Zukunft der Gesellschaft in ihre eigenen Hände. Vielleicht sollte ich ein Wort über die Aufgabe der Missionare, der Ordensmänner und Ordensfrauen bei diesem großen apostolischen Werk sagen. Aber gestern war ich besonders tief berührt von der Anwesenheit, den Tätigkeiten und dem Apostolat der Laien. Einiges von dem, was ich in dem vorbereiteten Text geschrieben habe, ist mir bei diesem Besuch zur neuen und unmittelbaren Erfahrung geworden. Und ich werde weiterhin mit meinen Mitbrüdern, den Kardinälen, mit der ganzen römischen Kirche, mit dem Staatssekretariat und besonders mit der Kongregation für die Evangelisierung der Völker darüber nachdenken. Ich bin überzeugt, daß Kardinal Tomko die gleiche Erfahrung gemacht hat. Wenn wir wieder in Rom sind, werden wir darüber nachdenken, wie wir diese Erfahrungen noch vertiefen können, wie wir diese indonesischen Erfahrungen fruchtbarer machen können für uns, für die Kirche Roms, für den Hl. Stuhl in seiner Verantwortung für die Einheit und die Universalität der Kirche. Aber auch darüber, wie diese Erfahrung für euch, die Kirche in Indonesien, noch fruchtbarer gemacht werden kann.

Ihr wißt, daß die Struktur, die geistige, göttliche und menschliche Struktur der Kirche die der Communio ist. Und worin besteht diese Communio? *Lumen Gentium* sagt:

Communio ist Mitteilen, die einen bringen, teilen mit, die andern empfangen; doch indem sie empfangen, teilen sie auch mit; es ist ein Austausch. Ich hoffe, daß die Kirche in Indonesien ganz neue Kräfte, ganz neues Leben, ganz neue Elemente und Charismen des Geistes in die Universalkirche einzubringen hat, in die Kirche in den verschiedenen Gegenden der Welt, der Welt in den verschiedenen Kontinenten. Und damit schließe ich diese Ansprache. Ich habe sie nicht schriftlich, sondern im Herzen vorbereitet, und sie ist nicht vollständig, sondern muß vervollständigt werden.

Sich um die gemeinsamen Werte sammeln

Ansprache bei der Ankunft auf dem internationalen Flughafen in Plaisance (Mauritius) am 14. Oktober

Herr Premierminister,
Herr Kardinal,
meine Herren Regierungsmitglieder,
liebes Volk von Mauritius!

1. Ich freue mich, daß ich nun auf eurer Insel, dem „Stern und Schlüssel des Indischen Ozeans", angekommen bin. Schon seit langem wollte ich sie kennenlernen. Ich danke Gott, der mir heute die große Freude gibt, unter euch zu sein.
Wie gewöhnlich, wenn ich zum ersten Mal ein Land betrete, habe ich mich niedergekniet und den Boden eures Landes geküßt zum Zeichen des Respekts für diese Erde, auf der die Männer und Frauen des „mauritischen Regenbogens" leben. Meine Geste möchte sich mit der Liebe verbinden, die ihr selbst eurer Heimat entgegenbringt.
Ich danke Ihnen sehr, Herr Premierminister, für die so liebenswürdigen Worte, die Sie soeben an mich gerichtet haben; ich spüre die Herzlichkeit dieses Empfangs.
Mit Ehrerbietung grüße ich die Persönlichkeiten, die zu meiner Begrüßung gekommen sind, und allen Einwohnern des Landes, das sie vertreten, bekunde ich meine warme Sympathie.

2. Als Bote des Evangeliums unternehme ich diesen Besuch, und brennend wünsche ich, daß mein Kommen für alle Mauritier, die daran sind, ihre nationale Einheit zu vertiefen, eine Gelegenheit sei, sich noch mehr mit dem gleichen Eifer um die gemeinsamen Werte zu sammeln, die dem Herzen eines jeden und einer jeden lieb sind: Gerechtigkeit, Brüderlichkeit, Solidarität und gegenseitiger Respekt.

3. Im Blick auf diese Begegnung haben mich einige von euch im voraus mit dem bekannt gemacht, was die gesamte mauritische Familie empfindet, mit den Freuden und Leiden der Männer und Frauen dieses Landes: ich komme, sie zu teilen.
Unter anderem, was den Grund für ihre Zufriedenheit bildet, schätzen die Mauritier das Klima der Freiheit, welches das demokratische Regime dieses Landes begünstigt: religiöse Freiheit, Gewissensfreiheit und Meinungsfreiheit. Sie schätzen gleichermaßen die Tatsache, daß sie dank einer raschen wirtschaftlichen Entwicklung keine Arbeitslo-

sigkeit mehr zu fürchten haben und nahe bei der Vollbeschäftigung angelangt sind, die sozialen Frieden und Stabilität bringt.
Initiativen zugunsten des Aufbaus solider Familien in lobenswerter Achtung vor dem Leben haben Mauritius eine internationale Ausstrahlung auf dem Gebiet der für die Zukunft lebenswichtigen Aktion für die Familie verliehen.
Alle diese Freuden, die Früchte eurer Anstrengungen, teile ich von ganzem Herzen mit euch.
Wie zahlreiche Länder heute hat auch die Insel Mauritius ihren Anteil an Schwierigkeiten sozio-ökonomischer Natur. Einige von ihnen sind Nachwirkungen der industriellen Entwicklung, die sich dem Verlangen des mauritischen Volkes, in tiefer, echter Brüderlichkeit zu leben, entgegenstellen. Ich hege den Wunsch, alle Mauritier mögen sich dafür einsetzen, die Hindernisse zu einem wahrhaft menschlichen Fortschritt zu überwinden, den am meisten Benachteiligten zu helfen und gegen die Geißeln unserer Epoche anzukämpfen, die die moralischen Werte aufs Spiel setzen und die Würde der Person, die Billigkeit und das Zusammenleben beeinträchtigen.

4. Durch ihre Lage am Kreuzungspunkt von Ost und West hat die Insel Mauritius die Berufung, die Synthese der besten Werte des Ostens und des Westens zu schaffen, mit dem Einsatz der großen Religionen, deren Mitglieder in diesem Land herzliche Beziehungen unterhalten. Ich spreche den Wunsch aus, eure Gesellschaft möge nicht zögern, gewisse Idole, wie den Materialismus oder den Hedonismus zurückzuweisen, sondern im Gegenteil, die moralische Kraft, die befreit und befriedet, weiterhin hochschätzen und Toleranz, Geduld und Mäßigung pflegen.
Das in Vergangenheit Unternommene und Erreichte möge alle Mauritier dazu antreiben, sich weiterhin in ihren Kulturen, ihren Glaubensüberzeugungen, ihren Rassen und ihren Sprachen anzuerkennen und anzunehmen, um das Bild einer Gesellschaft friedlichen Zusammenlebens zu geben und so in gewisser Weise auf ihrer Ebene eine internationale Gemeinschaft, eine Heimat für alle Völker vorauszubilden. Für dieses Ziel hat Mauritius eine ihm eigene Rolle zu spielen, insbesondere auf regionaler Ebene, wie es die kürzlichen Entscheidungen der Kommission für den Indischen Ozean anzeigen. Es ist aufgerufen, zu einer Festigung der Bande unter den Inseln dieses Teils der Welt beizutragen und mit ihnen darüber hinauszublicken, so daß der Nord-Süd-Dialog nicht die alleinige Angelegenheit Europas sei.

5. Da ich nun meinen Pastoralbesuch bei den katholischen Gläubigen antrete, möchte ich sie zur Vitalität ihrer Kirche beglückwünschen, zu ihrem Geist des Dialogs und zu ihren sozialen Initiativen im Sinn der Achtung der menschlichen Person.
Ich freue mich darauf, liebe Brüder und Schwestern der katholischen Kirche, mit euch den Glauben unserer Taufe zu feiern und hier mein Amt als Nachfolger Petri auszuüben, indem ich in euren Herzen die kostbaren Gaben stärke, die Gott uns gemacht hat.
Möge mein Besuch eine Anregung für euer kirchliches Leben und zu erneuter persönlicher Verantwortung als Christen gegenüber eurem geliebten Land sein. Möge er euch ermutigen, noch intensiver die gegenseitige Anteilnahme und die Solidarität unter den Ortskirchen des Indischen Ozeans zu leben. Bezeugen übrigens nicht die von Mauritius

aufgebrochenen Missionare, die überall in der Welt wirken, das Erwachen der Diözese Port-Louis für den Bedarf der Universalkirche?
Herr Premierminister, ich danke Ihnen von neuem für Ihre herzliche Willkommensbotschaft. Ich drücke Ihnen all meine Achtung aus und entbiete Ihnen alle meine Wünsche für die liebe mauritische Nation sowie für all jene, die für das gemeinsame Wohl arbeiten.
Mögen die Mauritier aller Konfessionen und Religionen durch erneutes Bekräftigen ihrer nationalen Einheit in Achtung vor ihrer reichen Verschiedenheit in die gesamte internationale Gemeinschaft ihre Note der Toleranz, des Mitleids, der Freiheit, des Gemeinschaftssinnes und des inneren Friedens einbringen!

Gesunde Familien Basis des sozialen Lebens

Predigt bei der Eucharistiefeier in Port-Louis am 14. Oktober

1. „Sei gepriesen, Gott unserer Väter ... Die Himmel und alle deine Geschöpfe müssen dich preisen" (*Tob* 8,5).
Wenn ich dieses Gebet aus dem *Buch Tobit* spreche, liebe Brüder und Schwestern, die ihr auf der Insel Mauritius und insbesondere in dieser Stadt, Port-Louis, wohnt, dann möchte ich mit euch zusammen Gott anbeten.
Ja, im Namen Gottes, des Schöpfers und Vaters, im Namen seines Sohnes Jesus, unseres Retters, im Namen des Heiligen Geistes, des Geistes der Liebe und des Friedens, hat der Bischof von Rom die Freude, die Kirche auf Mauritius zu grüßen.
Ich danke meinem Mitbruder, Kardinal Jean Margéot, für seine Worte des Willkommens und für seine Vorstellung der Diözese Port-Louis. Es ist ein glücklicher Umstand, daß wir uns hier, zu Füßen Marias, der Königin des Friedens, einfinden. Dieser Wallfahrtsort ist Zeuge großer Stunden eures kirchlichen Lebens: der Jahrhundertfeier eurer Diözese, der Weihen der ersten aus eurem Volk hervorgegangenen Priester und auch, vor zwanzig Jahren, der Bischofsweihe eures Oberhirten, des ersten in diesem Land geborenen Bischofs.
Ich möchte einem jeden von euch meinen Gruß und meine guten Wünsche sagen: den Priestern, den Ordensmännern, den Ordensfrauen, den Verantwortlichen der pastoralen Dienste und der Bewegungen, einem jeden Gläubigen, von den Betagtesten bis zu den Jüngsten. Und ich grüße ebenfalls unsere andersgläubigen Brüder, die Wert darauf legen, an diesem Festtag der Katholiken teilzunehmen: ich danke ihnen für ihre sympathische Anwesenheit.
Ich richte meine ehrerbietigen Grüße an den Herrn Generalgouverneur, an den Herrn Premierminister, an die Mitglieder der Regierung, an den Herrn Bürgermeister von Port-Louis und an die Behördenvertreter, die an dieser Gebetsversammlung teilnehmen wollten.

2. Liebe Brüder und Schwestern, zu Beginn meines Amtes auf dem vom Apostel Petrus gegründeten Bischofsstuhl von Rom war es mir gegeben, in das Verzeichnis der Seligen den Apostel der Insel Mauritius, P. Jacques Laval, einzutragen.
Dieser Mann, der seine Berufung erst im reifen Alter um den Preis einer wahren Bekehrung fand, hat die Ozeane überquert, um hierherzukommen, demütig und arm, doch reich an Glauben, reich an den Geheimnissen Gottes, reich an der Gnade der Sakramente, reich an der Liebe, die er den Ärmsten, den Verlassensten brachte. Ihr verehrt ihn, denn nahezu allein hat er es verstanden, eine ungeheure Bewegung des Glaubens auszulösen. Er verstand es, unter den einstigen „Neulingen" eine wirkliche Gemeinschaft aufzubauen, zusammengeschweißt durch Gebet, geteiltes Zeugnis, gegenseitige Hilfe, Achtung der Personen und Mitgefühl im Leiden.
Sehr bald festigte er das Aufgebaute durch „Ratgeber und Ratgeberinnen", einsatzfreudige Katechisten, die die Getauften und Taufanwärter in den Stadtvierteln auf dem Land versammelten. P. Laval war, noch bevor ihm seine Mitbrüder, die Spiritaner, zu Hilfe kamen, ein außergewöhnlicher Arbeiter auf dem Feld des Herrn, wo er die Ernte zum Keimen und zum Reifen brachte. Ihr betrachtet ihn zu Recht als Gründer und als Vater. Heute bittet er für uns in der Wohnstatt Gottes, er freut sich, seine Kinder versammelt zu sehen.

3. Wenn wir der Missionstätigkeit des seligen Jacques Laval gedenken, können wir die Worte aus dem *Brief des Apostels Paulus an Timotheus* als an uns gerichtet betrachten: „Denk daran, daß Jesus Christus, der Nachkomme Davids, von den Toten auferstanden ist; so lautet mein Evangelium" (*2 Tim* 2,8).
„Wenn wir mit Christus gestorben sind, werden wir auch mit ihm leben; wenn wir standhaft bleiben, werden wir auch mit ihm herrschen; wenn wir ihn verleugnen, wird auch er uns verleugnen" (*2 Tim* 2,11–13).
Der Apostel schreibt an seinen Jünger Timotheus: „Das Wort ist glaubwürdig" (*2 Tim* 2,11); seinetwegen „habe ich zu leiden und bin sogar wie ein Verbrecher gefesselt; aber das Wort Gottes ist nicht gefesselt" (vgl. *2 Tim* 2,9).
Diese Worte des Apostels können auf zahlreiche Missionare angewandt werden und besonders auf den Missionar von Mauritius, den seligen Laval. Auch er hat sich von dem Glauben des Apostels leiten lassen: „Das alles erdulde ich um der Auserwählten willen, damit auch sie das Heil in Jesus Christus und die ewige Herrlichkeit erlangen" (*2 Tim* 2,10).
Ja, Pater Laval hat sich ganz gegeben; er hat bis zu den äußersten Grenzen seiner Kräfte gearbeitet, er hat die Einsamkeit gekannt, die Kritik manchmal, die Last von Verantwortung, die er nicht gesucht hatte, und sogar die Angst der Dunkelheit auf seinem geistigen Weg; doch er hat in jedem Augenblick „an Jesus Christus gedacht", er hat „alles erduldet", damit auch seine geliebten Brüder „das Heil erlangen".
Mit dem Opfer Christi vereint, hat der Apostel von Mauritius seine Kräfte und sein Leben aufgeopfert, um diese Kirche zum Leben zu bringen. Auch andere haben das getan, wie P. Dufay, dessen Andenken ihr hier bewahrt, er, der das Los seiner Brüder in dem Augenblick, als sie beim Schiffbruch zugrunde gingen, teilen wollte.

4. Heute bringen wir mit der ganzen Kirche, die unter euren Vorfahren eingepflanzt wurde, Dank, denn sie haben auf eurer Insel die Wohnstatt des lebendigen Gottes aufgerichtet als ein „auf Fels gebautes Haus" (vgl. *Mt* 7,24). Wir haben soeben, in eurer kreolischen Sprache gesungen, das Evangelium vernommen, das uns auffordert, ebenso zu bauen. Von diesem Haus spricht Jesus, der Herr, in der Bergpredigt zu uns: „Wer diese meine Worte hört und danach handelt, ist wie ein kluger Mann, der sein Haus auf Fels baute ... als die Stürme tobten und an dem Haus rüttelten, da stürzte es nicht ein; denn es war auf Fels gebaut" (*Mt* 7,24–25).
Das Werk ist noch nicht vollendet, das wißt ihr gut. Auf dem Fels des Evangeliums fahrt fort, gemeinsam zu bauen. Für die ganze Kirche dieses Landes ist das die Aufgabe, die euch der Pastoralplan der Diözese vorlegt: daß alle Getauften ihren Stein zum Gebäude hinzufügen, daß sie „lebendige Steine" der lebendigen Kirche seien!

5. Denn wer die Worte Christi hört und danach handelnd sein Leben aufbaut, der baut sein Haus auf Fels. Das bezieht sich besonders auf das heikle und lebenswichtige Bauwerk der Ehe: geheiligt durch die Liebe Christi, ist sie ein großes Sakrament in der Kirche.
Schon die jungen Brautleute des *Buches Tobit* geben uns ein Beispiel für das Bauen auf Felsen, auf dem soliden Fundament des Wortes Gottes. Wir haben in dieser Liturgiefeier das Gebet von Tobias und Sara gehört, eine bewundernswerte Einleitung zu ihrem Leben als Ehepaar:
„Sei gepriesen, Gott unserer Väter ... Die Himmel ... müssen dich preisen. Du hast Adam erschaffen und hast ihm Eva zur Frau gegeben, damit sie ihm hilft ... Darum ... nehme ich diese meine Schwester auch nicht aus reiner Lust zur Frau, sondern aus wahrer Liebe ... laß mich gemeinsam mit ihr ein hohes Alter erreichen" (*Tob* 8,5–7).
Tobit und Sara wissen, daß sie ihr Leben zugleich von Gott empfangen haben wie von ihren Vätern. Durch ihre Vereinigung setzen sie das Werk des Lebens fort. Der Entwurf zu ihrem häuslichen Leben steht in Einklang mit dem Wunsch des Schöpfers: er hat den Mann und die Frau geschaffen, damit sie nunmehr eins seien (vgl. *Gen* 2,24; *Mt* 19,6).

6. Die Familie: die Christen haben sehr für ihre Unterstützung in der ganzen mauritischen Gesellschaft gearbeitet. Eure Diözese hat als Thema zu meinem Pastoralbesuch eine sehr umfassende Betrachtung über die Familie gewählt. Ich bin glücklich darüber, denn „angesichts der Erschütterungen der modernen Zeit" ist es mehr denn je wichtig, „die eigene Familie auf Fels zu gründen". Das war schon eine wesentliche Sorge von P. Laval, der zahlreiche Paare zur sakramentalen Ehe führte; er liebte es, Familien die Animation der Katechese, des Gebets und der gegenseitigen Hilfe für zahlreiche Kapellen anzuvertrauen.
Für die Festigung der Familie ist die Gnade der Ehe die bewundernswerte Gabe der Liebe, die zutiefst aus dem Leben Gottes selbst kommt: die Fähigkeit zu lieben, sich einander zu geben, einem Bund freier Zustimmung treu zu bleiben. Es gibt menschliche Gebrechlichkeit, das ist wahr, doch auf sie antwortet die Treue Gottes. Denkt an die Worte des Paulus: „Wenn wir untreu sind, bleibt der Herr treu, denn er kann sich selbst nicht verleugnen" (vgl. *2 Tim* 2,13). Ihr Ehepaare, die ihr mir zuhört, viele von euch kennen die

stets schönere Freude, die die Treue in der Liebe bringt. Und ihr, die ihr verletzt wurdet durch das Verstummen der Liebe, durch die Trennung von eurem Gatten, wißt, daß ihr vom Herrn nicht verlassen seid; ihr könnt auf seine Treue zählen und auch auf die freundschaftliche Hilfe eurer Brüder und Schwestern.

Wenn auf dem Fels treuer Liebe gebaut wird, entfaltet sich die Persönlichkeit beider dank der täglichen Großherzigkeit der Gabe seiner selbst und der Achtung des anderen. Und das Zusammenlegen aller empfangenen Gaben führt das Paar dahin, seinerseits Leben zu geben. Es übernimmt in verantwortlicher Weise Vaterschaft und Mutterschaft, besorgt vor allem um das Leben des Kindes, das von der Empfängnis an um seiner selbst willen geliebt und geachtet wird, mit den Hoffnungen und den Versprechungen, die es bringt.

Euer Bischof hat euch durch einen Pastoralbrief die Morallehre der Kirche in Erinnerung gerufen: ich ermuntere euch, sie stets besser zu verstehen, denn ihre Forderungen haben kein anderes Ziel, als den Männern und Frauen zu helfen, ihr Familienleben in gegenseitigem Respekt zu führen. Wie der junge Tobit sollen sie nicht zuerst „ihre Lust zu befriedigen" (vgl. *Tob* 8,7) suchen, sondern danach, ihre Familie nach dem Willen Gottes zu gründen.

7. Man darf nie vergessen, daß gesunde und glückliche Familien an der Basis des sozialen Lebens stehen. Nicht nur bringen sie die Mitglieder der Gesellschaft zur Welt, vielmehr versichern sie jedem seine Heranbildung und gestatten ihm, sein Gleichgewicht zu finden. Das Gelingen der Familien ist wichtig für das Gelingen der Gesellschaft als Ganzes. Und die Gesellschaft ihrerseits muß dem Leben der Familien Rechnung tragen und ihnen gestatten, ihre wahre Rolle zu erfüllen.

Vor allem denke ich an die Erziehung der Jugendlichen: dafür ist die Familie als erste verantwortlich, aber sie hat auch die Schule nötig. Es ist also angemessen, daß die Eltern bezüglich der grundlegenden Werte, die sie ihren Kindern zu vermitteln wünschen, mit den Erziehern in voller Übereinstimmung sein können. In dieser Hinsicht möchte ich dem katholischen Erziehungswesen meine Wertschätzung ausdrücken, und ich hoffe, daß es sich weiterhin der Unterstützung erfreuen kann, die die öffentliche Gewalt ihm zubilligt, ebenso wie ihm die Freiheit im Entwurf seines Erziehungsplanes garantiert ist.

Die Jugendlichen verspüren die Notwendigkeit, in der Familie verstanden und getragen zu werden. Sie möchten die Hindernisse überwinden, die einem vertrauensvollen Gespräch mit ihren Eltern entgegenstehen. Sie haben mir das geschrieben, und ich werde mit ihnen noch darüber sprechen. Hier möchte ich lediglich unterstreichen, daß die Jugendlichen vor allem in der Familie einen Sinn für ihr Leben finden können. Der Kampf einiger gegen die Hoffnungslosigkeit, gegen die Flucht in die Droge, gegen die schweren Schädigungen der Unmoral, diese Sorgen betreffen die ganze Gesellschaft, doch an erster Stelle die Eltern. Man müßte alles tun, damit die Zwänge der Arbeit und das Überhandnehmen der Vergnügungen einen Vater und eine Mutter niemals davon abhalten können, für ihre Kinder verfügbar zu sein und mit ihnen zu teilen, was sie an Kostbarstem haben: ihren Glauben, ihre Redlichkeit, ihre Hoffnung.

8. Liebe Brüder und Schwestern, ich habe an einige Verpflichtungen der Familien und an ihren wesentlichen Platz in der Gesellschaft erinnert. Es freut mich, zu wissen, daß die

von der Kirche verteidigte hohe Auffassung der Familienmoral bei euch gleichermaßen von vielen Menschen, die anderen geistigen Traditionen zugehören, anerkannt und ausgeübt wird. Ich möchte die pastoralen Initiativen der „Action familiale" und anderer Bewegungen ermutigen, die seit nunmehr über fünfundzwanzig Jahren hier für das Wohl aller tätig sind.
Auch möchte ich die Dankbarkeit der Kirche gegenüber den Eheleuten und den Eltern aussprechen: ihre Ausstrahlung, ihre tägliche Treue, ihre Öffnung auf die anderen hin sind für das Leben der Kirche unentbehrlich. Eine christliche Familie ist die Kirche im Haus; die vereinten Familien bilden lebendige Gemeinschaften und nehmen aktiv Anteil an der Sendung, den Glauben weiterzugeben, zu brüderlichem Leben im Frieden zu rufen und die rettende Liebe Christi zu verkünden.
Liebe Brüder und Schwestern der Insel Mauritius, durch die Feier des eucharistischen Opfers in eurer Mitte teilt der Bischof von Rom euer Gebet, eure Freuden und eure Sorgen.
Ich bete für eure Familien. Ich bete für das ganze Volk dieser Insel. Ich bete für die Kirche auf Mauritius, damit ihre schöne Vitalität nicht aufhöre zu wachsen und Früchte zu bringen. Ich bete, damit jeder und jede von euch sich von Gott geliebt wisse, welches auch immer ihre Schwierigkeiten oder Leiden seien. Ich bete, damit ihr zusammen immer besser die Gaben Gottes in Jesus Christus entdeckt, der „von den Toten auferstanden ist", denn „mit ihm werden auch wir leben" (vgl. *2 Tim* 2,8.11).
Mit euch bringe ich Dank für all das Wunderbare, das der Herr unter euch vollbracht hat, in dieser Kirche, in Gemeinschaft mit der Universalkirche.
Ja, „singet dem Herrn ein neues Lied ... Der Herr hat sein Heil bekannt gemacht und sein gerechtes Wirken enthüllt vor den Augen der Völker. Er dachte an seine Huld und an seine Treue ... Jauchzt vor dem Herrn, alle Länder der Erde!" (*Ps* 98,1–4).

Friede ähnelt einer zarten Blume

Grußwort an die Vertreter der verschiedenen Konfessionen und Religionen in Le Réduit (Mauritius) am 14. Oktober

Liebe Freunde!

Es ist mir eine Freude, heute in Ihrer Mitte, bei den Söhnen und Töchtern dieser schönen Insel weilen zu können. Sie vertreten christliche, hinduistische und islamische Religionsgemeinschaften in einem Land, das der Welt das Beispiel für eine Gesellschaft gibt, in der Menschen verschiedener geistlicher Traditionen miteinander im Frieden leben, beseelt von Verständnis und gegenseitiger Achtung zum Vorteil aller.
Die Botschaft, die ich Ihnen bringe, ist die des Friedens; den Spuren Christi folgend, der seine Jünger mit den Worten begrüßte: „Friede sei mit euch!" (*Joh* 20,19), sage ich zu Ihnen: „Friede, shanti, salam"!
Christus hat zum Vater gebetet, daß alle seine Jünger eine geeinte Familie bilden mögen. Als Christen von heute müssen wir in aller Klarheit unsere Bemühungen um das Kommen

der ersehnten Einheit fortsetzen. So werden wir glaubhaftere Zeugen für das Evangelium und seine Heils- und Friedensbotschaft sein. Es ist mein Wunsch, daß die auf der Insel Mauritius begonnenen ökumenischen Initiativen in einem Klima ehrlicher Aufnahme des Wortes Gottes, aktiver Zusammenarbeit in den Werken der Nächstenliebe und inständigen Gebetes fortgesetzt werden. Mögen sich alle Getauften von der Weisheit Gottes erfüllen lassen, um schließlich gemeinsam zum Herrn der Herrlichkeit sagen zu können: „In deinem Licht schauen wir das Licht" (*Ps* 36,10)!

Der Friede kann nur dann aufgebaut werden, wenn er friedfertigen Herzen entspringt. Deshalb ist es mir eine Freude, der hinduistischen Gemeinde versichern zu können, daß ich ihre Sorge um den inneren Frieden und um den Frieden in der Welt – der nicht nur auf rein mechanischen oder politischen und materialistischen Erwägungen, sondern auf Läuterung, Selbstverleugnung, Liebe und Sympathie für alle beruhen soll – sehr hoch einschätze.

Auch der Koran anerkennt in seiner Beschreibung des Gerechten den Wert dieses inneren Friedens: „Befriedete Seele, wende dich zufriedengestellt und bereichert deinem Herrn zu" (*Sure* 89, 27–28). Für uns Christen ist dieser Friede Frucht der Liebe Gottes, die in unsere Herzen eingegossen ist.

In unserer Welt, die so viele Ungerechtigkeiten und Ungleichheiten kennt, ähnelt der Friede einer zarten Blume. Ich möchte nochmals auf die Überzeugung hinweisen, welche ich anläßlich meines Besuches bei dem Raj Ghat aussprach, das dem Gedächtnis des großen Mahatma Gandhi gewidmet ist: „Mit der Hilfe Gottes ist der Aufbau einer besseren Welt in Frieden und Gerechtigkeit ein für die Menschen erreichbares Ziel" (*New Delhi, 1. Februar 1986*). Auch möchte ich die folgenden Worte des Mahatma in Erinnerung rufen: „Das Gesetz der Liebe regiert die Welt ... die Wahrheit triumphiert über die Lüge und die Liebe über den Haß" (*Young India, 23. Oktober 1924*).

Möge der Herr es allen Bewohnern dieser Insel weiterhin gewähren, in Harmonie und Frieden miteinander zu leben! Das ist mein Wunsch und mein Gebet.

Die Kirche steht im Dienst des Menschen

Predigt bei der Eucharistiefeier auf der Rodrigues-Insel (Mauritius) am 15. Oktober

1. „Kommt, wir ziehen hinauf zum Berg des Herrn und zum Haus des Gottes Jakobs. Er zeige uns seine Wege, auf seinen Pfaden wollen wir gehen" (*Jes* 2,3).

Diese Einladung richtet der Prophet Jesaja bei dieser Liturgiefeier an uns. Freudig bereit antworten wir, indem wir gemeinsam den Herrn um jene Freude und Hoffnung bitten, die die beiden Glocken der Heilig-Geist-Kirche, welche die Namen „Freude" und „Hoffnung" tragen, allen Pilgern zum Hause Gottes verkünden.

Guten Tag, liebe Brüder und Schwestern von Rodrigues! Ich grüße euch aus ganzem Herzen und teile euch mit, wie glücklich ich bin, heute zur Eucharistiefeier bei euch zu sein.

Ich richte meinen brüderlichen Gruß an euren Bischof, Herrn Kardinal Jean Margéot, und danke ihm, daß er eure Gemeinschaft vorgestellt hat. Herzlich grüße ich ferner seine Mitarbeiter, zumal Herrn Abbé Adrien Wiehe, den Bischofsvikar von Rodrigues.
Den zivilen Autoritäten, die zu dieser liturgischen Feier gekommen sind, entbiete ich meine ergebenen Grüße und danke ihnen für ihre Anwesenheit.

2. Das Evangelium, das wir soeben gehört haben, steht sozusagen in der Verlängerung des von *Jesaja* in der ersten Lesung erhobenen Aufrufs. „Kommt, wir ziehen hinauf zum Berg", sagte der Prophet; gleichsam als Echo berichtet das Evangelium: als Jesus die vielen Menschen sah, „stieg er auf einen Berg. Er setzte sich, und seine Jünger traten zu ihm. Dann begann er zu reden und lehrte sie" (*Mt* 5,1–2).
Jesus beginnt die Bergpredigt mit den acht Seligpreisungen. Wir haben sie eben im *Evangelium des hl. Matthäus* gehört. Ja, durch die Seligpreisungen zeigt uns Christus die Wege des Heiles. Es sind die Wege der im Herzen Armen, der Trauernden, jener, die hungern und dürsten nach der Gerechtigkeit, der Sanftmütigen und Barmherzigen, jener, die ein reines Herz haben und die Wege jener, die um der Gerechtigkeit willen Verfolgung leiden (vgl. *Mt* 5,3–10).
Alle, die diese „Wege des Herrn" gehen, sind „selig", wie Christus sagt, denn sie werden zum Tempel des lebendigen Gottes gelangen.
Der Tempel ist ein Ort des Trostes. Dort finden Hunger und Durst nach Gerechtigkeit ihre Befriedigung. Dort weilt die Barmherzigkeit, und die Kinder Gottes können dort in die Ewigkeit schauen. Dieser Tempel ist das Reich Gottes.

3. Christus führt seine Jünger zur Erfüllung der acht Seligpreisungen. Vor allem verwirklicht er sie selbst. Denn er ist ja der im Herzen Arme, der Sanftmütige und Barmherzige. Er selbst hat ein reines Herz. Er hat persönlich die Nöte und Leiden des Lebens gekannt. Er hatte den größten Hunger und Durst nach Gerechtigkeit. Er wurde um der Gerechtigkeit willen verfolgt, ja er ging soweit, daß er das Leiden und den Tod am Kreuz auf sich nahm.
Jesus ruft uns auf, die Wege der Seligpreisungen zu gehen, nicht nur nach seinen Worten, sondern nach dem Beispiel seines Lebens.
„Selig seid ihr, wenn ihr um meinetwillen beschimpft und verfolgt und auf alle mögliche Weise verleumdet werdet. Freut euch und jubelt: Euer Lohn im Himmel wird groß sein. Denn so wurden schon vor euch die Propheten verfolgt" (*Mt* 5,11–12).

4. So ist vor allem der größte aller Propheten verfolgt worden, Er, in dem sich alle Prophezeiungen erfüllen: Jesus Christus.
Kommt, steigen wir gemeinsam zum Berg des Herrn hinauf! Vom Berg der Seligpreisungen aus gehen wir auch zum Berg Kalvaria. Dort befindet sich wirklich der Tempel des Gottes Jakobs: des lebendigen Gottes. Der Tempel des Vaters, des Sohnes und des Heiligen Geistes. Vom Gipfel dieses Berges aus lehrt uns Jesus, wie sehr Gott die Welt liebt: „Denn Gott hat die Welt so sehr geliebt, daß er seinen einzigen Sohn hingab, damit jeder, der an ihn glaubt, nicht zugrunde geht, sondern das ewige Leben hat" (*Joh* 3,16).

5. Deswegen schreibt der hl. Apostel Paulus, wie wir in der zweiten Lesung dieser Messe gehört haben: „Denk daran, daß Jesus Christus, der Nachkomme Davids, von den Toten auferstanden ist“ (*2 Tim* 2,8). Kreuz und Auferstehung Christi sind wie ein letzter Aufruf, die Wege der Seligpreisungen zu beschreiten. Denn „wenn wir mit Christus gestorben sind, werden wir auch mit ihm leben; wenn wir standhaft bleiben, werden wir auch mit ihm herrschen; wenn wir ihn verleugnen, wird auch er uns verleugnen. Wenn wir untreu sind, bleibt er doch treu, denn er kann sich selbst nicht verleugnen“ (*2 Tim* 2,11–13).

6. Berg der Seligpreisungen und Berg Kalvaria. Eure Gemeinschaft ist wie alle christlichen Gemeinschaften aufgerufen, beide Berge zu besteigen.
Lange Zeit hindurch scheint Rodrigues wie eine große einige Familie gelebt zu haben, wo jeder jeden kannte, und wo es niemand gab, der an den Rand gedrängt war. Und nun ist plötzlich die Sorge um die Zukunft da, die Prüfung.
Ja, das moderne Leben hat die Gestade der Insel erreicht. Asphaltierte Straßen und Elektrizität kommen gleichzeitig mit den Medien der sozialen Kommunikation. In sich betrachtet, sind es bemerkenswerte Fortschritte, doch spürt Rodrigues wie andere Gesellschaften das volle Gewicht des Einflusses z. B. der Videos, die die Festigkeit der Familien bedrohen. Auch die Eheleute stehen vor großen Herausforderungen. Sie brauchen starken Willen, um die traditionellen Werte zu wahren und um die Familie aufrecht zu erhalten, in der das Leben zum Wohl des Landes gehegt wird, und wo auch Berufungen entstehen sollen, die die Insel zum Dienst für das Volk Gottes braucht.
Andere Schwierigkeiten ergeben sich auf dem Gebiet der Arbeit. Einst galt Rodrigues als „Kornkammer der Insel Mauritius“, und seine Einwohner standen in dem Ruf, harte Arbeiter zu sein. Heute ist die Verbundenheit der Menschen von Rodrigues mit ihrer Erde ins Wanken geraten, und sie müssen der Versuchung widerstehen, sich bloß betreuen zu lassen. Auch Jugendliche verlassen wegen Arbeitslosigkeit das Land, und die Zurückbleibenden tun sich schwer, die Zukunft der Insel in die eigenen Hände zu nehmen.

7. Was soll man angesichts dieser Schwierigkeiten tun? Vor allem das Vertrauen auf Gott bewahren, der euer Glück will und im Evangelium die Wege zeigt, auf denen man glücklich wird. „Wir wissen, daß Gott bei denen, die ihn lieben, alles zum Guten führt, bei denen, die nach seinem ewigen Plan berufen sind.“ (*Röm* 8,28). Möge eure Liebe zu Gott, eurem Vater, immer mehr frei sein von unvernünftigen Einstellungen oder magischen Verführungen, die euch zu Sklaven machen!
Rodrigues wird bei seiner Entwicklung durch verschiedene Organe unterstützt, die auf seinem Gebiet präsent sind. Auch die Kirche steht im Dienst des Menschen auf Rodrigues. Sie möchte „faire dimoune vine dimoune“ (für das Wohl der Menschen arbeiten), möchte ihn aber vor allem in seiner Treue zum Evangelium festigen und anregen. Wenn sie den Menschen die Frohe Botschaft von der treuen Liebe Gottes und vom Heil in Jesus Chrsitus verkündet, erhellt sie zugleich ihr alltägliches Tun und hilft ihnen, dem Plan Gottes zu entsprechen und ihre tiefen Sehnsüchte zu befriedigen. Sucht unter Anleitung eurer Hirten noch besser die Soziallehre der Kirche kennenzulernen. Mögen die verantwortlichen Laien, die auf sozialem Gebiet oder wirtschaftlich oder politisch engagiert

sind, immer mehr im Geist des Evangeliums wirken und ihre Überzeugungen den jungen Generationen in gemeinsamem Dialog und Nachdenken weitergeben.
Liebe Freunde von Rodrigues, verbreitet bei euch die Liebe zu eurer Heimat, jener Heimat, die euch eure kulturelle Identität gibt; ermuntert den Geschmack an gut vollbrachter Arbeit und den Geist zur Initiative, zumal unter den jungen Menschen, die eine weitergeführte akademische Ausbildung noch kreativer machen wird; erhaltet euch euren gesunden Stolz darauf, daß ihr von eurer Hände Arbeit lebt: denn so wird der Mensch würdiger und angesehener. „Rodrigues, diboute lors to deux li pied!“ (Leute von Rodrigues, steht auf euren beiden Füßen).

8. Bei eurem Erbe, das ihr bereichern und weitergeben müßt, stellt der Glaube einen Reichtum dar, der über alles hochzuschätzen ist. Er bildet zugleich eine große geistige Kraft. Er hat für die Zukunft von Rodrigues eine Rolle zu spielen, so wie er in der Vergangenheit dazu beigetragen hat, den Menschen von Rodrigues auf dem Weg zum Fortschritt zu helfen. Führt in der Kirche das Bemühen um Ausbildung auf allen Ebenen weiter: die Anregung der Gemeinschaften, die Katechese in den Dörfern und die Gruppen, die über Priester- und Ordensberufungen nachdenken wollen.
Beim Thema der Berufungen möchte ich euch auffordern, den Herrn der Ernte zu bitten, er möge in die Ernte von Rodrigues Arbeiter von Rodrigues für die Ernte auf dieser Insel senden. Nach der glänzenden Arbeit der Priester und Ordensleute aus dem Ausland, die zur Aussaat des Glaubens herkamen, ist es nun an euch, Hand anzulegen und die Kirche des dritten Jahrtausends aufzubauen. Dies gilt vor allem von euch Jugendlichen: „To lavenir li dans to la main“ (Die Zukunft liegt in euren Händen).

9. Brüder und Schwestern von Rodrigues, „singt dem Herrn ein neues Lied“ (*Ps* 96,1). Diese Worte waren beim Wortgottesdienst auf unseren Lippen. Ja, singt dem Herrn ein neues Lied: das Lied, das sich aus dem Glauben an den gekreuzigten und auferstandenen Christus erhebt, den Sieger über das Böse und den Tod, das von der Wahrheit des Evangeliums über die acht Seligpreisungen inspirierte Lied.
Kommt, „wir wollen unsere Wege gehen im Licht des Herrn“ (*Jes* 2,5). Möge das Wort des Herrn für euch immer eine Botschaft der Versöhnung und des Friedens sein! Möge euer Wirken der Entwicklung des Landes gelten, wie der Prophet Jesaja weiter nahelegt: „Dann schmieden sie Pflugscharen aus ihren Schwertern und Winzermesser aus ihren Lanzen“ (*Jes* 2,4). Wenn ihr euch so im Eifer für eure geliebte Insel erneuert, werdet ihr füreinander mit dem Segen des Herrn Boten des Friedens sein: „Selig, die Frieden stiften, denn sie werden Söhne Gottes genannt werden“ (*Mt* 5,9).
Liebe Söhne und Töchter von Rodrigues, wandelt im Lichte des Herrn, damit ihr alle das Heil in Jesus Christus erlangt und der ewigen Seligkeit teilhaftig werdet! Amen.

Christus ist der Weg, die Wahrheit und das Leben

Ansprache beim Treffen mit den Jugendlichen in Rose-Hill (Mauritius) am 15. Oktober

I.
Sag uns, wie wir auf der Insel Mauritius mit ihren vielen Rassen die wahre Einheit errichten können?

Liebe Jugendliche,

1. Ein Dankeschön für euren Empfang. Ein Dankeschön an euren Bischof, Kardinal Margéot. Ein Dankeschön an all diejenigen, die unser Treffen sehr ernsthaft vorbereitet haben: das Dossier, das ihr mir zugesandt habt, war ein Beweis dafür.
Bevor ich auf eure erste Frage antworte, möchte ich euch, da ihr den Wunsch dazu geäußert habt, in einigen Worten sagen, was meine Mission ist.
Wenn Christus die Frohbotschaft verkündet, so sagt er, daß das Gottesreich da ist. In der Tat zeigt sich dieses Reich in einem Volk, das sich Kirche nennt.
Der Herr hat die Kirche einer festen Gruppe anvertraut: den Aposteln, und einen von ihnen hat er an ihre Spitze gestellt: Petrus. Und Jesus hat Petrus die Mission anvertraut, für die Kirche ein Fels zu sein. Er hat ihm sein Gebet versprochen, damit sein Glaube nicht schwach werde.
Die heutigen Nachfolger der Apostel sind die Bischöfe, und die Rolle des Papstes in der Kirche ist jene, die Petrus in der Gruppe der Apostel hatte. Wie Petrus, so ist auch der Papst berufen, ein Fels zu sein, um seine Brüder im Glauben zu stärken, trotz seiner persönlichen Schwachheit. Aus diesem Grund besucht der Papst seine Brüder auf der ganzen Welt.
Ihr möchtet auch wissen, was mein Herz erfüllt?
Im wesentlichen sind es zwei Dinge: die Liebe zu Christus und die Liebe zum Nächsten. Gleichzeitig bin ich mir aber auch sehr meiner Verantwortung bewußt und empfinde angesichts der Aufgabe eine tiefe Demut.
Bevor er Petrus seine Kirche anvertraute, hat Jesus ihm dreimal dieselbe Frage gestellt. Und es scheint, daß er die Befähigung Petri zum Hirten testen wollte: „Liebst du mich?" und Petrus hat geantwortet: „Ja, Herr, du weißt, daß ich dich liebe" (vgl. *Joh* 21,15–17). Dann sagte Jesus zu ihm: „Weide meine Schafe." So wie Petrus möchte ich zuallererst Christus lieben.
Und dann den Menschen. In welchem Sinn? Warum? Weil dem Menschen an Würde nichts gleich ist, denn „der Mensch, der sich selbst bis in die Tiefe verstehen will … muß sich mit seiner Unruhe, Unsicherheit und auch mit seiner Schwäche und Sündigkeit, mit seinem Leben und Tode Christus nahen" (*Redemptor hominis*, Nr. 10). Dies ist die zweite Liebe, auf die Christus wartet. Dies ist zugleich meine Mission und die der ganzen Kirche: alles zu tun, damit sich die Menschen Christus nähern können.

2. Und nun möchte ich auf eure erste Frage zu sprechen kommen: „Wie kann auf der Insel Mauritius mit ihren vielen unterschiedlichen Rassen eine wahre Einheit hergestellt werden?"
Ich sage euch, wie Jesus, daß es wichtig ist, „ein gesundes Auge" zu haben. „Das Auge gibt dem Körper Licht. Wenn dein Auge gesund ist, dann wird dein Körper hell sein" (*Mt* 6,22).
Wenn man im Bereich der Einheit der Menschheit „ein gesundes Auge" hat, so heißt dies, daß man von der gleichen Würde aller Rassen überzeugt ist.
„Für den, der an Gott glaubt", sagte mein Vorgänger Paul VI., „sind alle Menschen, auch die weniger begünstigten, Kinder des gemeinsamen Vaters, der sie nach seinem Bild geschaffen hat und ihre Geschicke in zuvorkommender Liebe leitet. Die Vaterschaft Gottes bedeutet die Brüderschaft unter den Menschen. Das ist ein wesentlicher Gesichtspunkt des christlichen Universalismus und auch die gemeinsame Basis, auf der sich die großen Religionen treffen. Ebenso ist es ein Grundsatz höchster menschlicher Weisheit aller Zeiten: nämlich die Achtung der Würde des Menschen" (*Ansprache* vom 14.1.1978).
Rassenvorurteile, die den Schöpfer lästern, müssen an der Wurzel bekämpft werden: im Herzen des Menschen. Wie Jesus es sagt: „Denn von innen, aus dem Herzen der Menschen, kommen die bösen Gedanken" (*Mk* 7,21). Rassenfeindliche Gedanken zu hegen, ist gegen die Botschaft Christi, denn der Nächste, den Jesus uns aufgefordert hat zu lieben, ist nicht nur der Mensch meines Stammes, meines Milieus, meiner Religion oder meiner Nation: der Nächste, das ist jeder Mensch, dem ich auf meinem Weg begegne.
Es geht daher darum, unseren Blick auf die anderen zu reinigen. Dies ist ein Vorhaben, das das ganze Leben lang dauert: dies ist ein Aspekt der Umkehr des Herzens, dies ist der Preis, der bezahlt werden muß, um das Denken in engen Grenzen nach und nach zu überwinden.

3. Ihr Jugendlichen von Mauritius, die ihr von den verschiedensten Rassen und Kulturen seid, ihr tretet in immer engeren Kontakt zur Arbeits- und Freizeitwelt: wenn ihr einer noch toleranteren Gesellschaft den Weg bereitet, so werdet ihr den Ratschluß Gottes über die Menschenfamilie verwirklichen. Ihr werdet dazu beitragen, daß in der Zukunft die Verständnislosigkeiten und Leiden, denen Mischehen nur zu oft ausgesetzt sind, beseitigt werden. Ihr werdet eine gesunde Öffnung anregen und es somit vermeiden, daß einige von euch die unerträgliche Erfahrung machen müssen, an den Rand der Gesellschaft abgeschoben zu werden.
Kurzum, liebe Freunde, mit der Hilfe eurer Seelsorger und eurer geistlichen Führer müßt ihr in euch eine tiefe Spiritualität entwickeln, um auf festem Grund zu bauen. Die Kirche hört nicht auf, zur Versöhnung und Einheit aufzurufen. Hört auf diesen Ruf, der von Christus kommt, seid bereit, eure Einstellungen zu ändern, seid wirklich brüderlich. Dies ist der Preis dafür, daß euer Traum Wirklichkeit wird, daß Strukturenwandel kein leerer Buchstabe bleibt. Lernt jeden Tag, zu verzeihen, lernt jeden Tag, zu lieben!

II.
Sag uns, wie wir das Gespräch in unseren Familien zustandebringen können, wenn sich die Kluft zwischen Eltern und Kindern immer weiter auftut?

4. Im Grund ist eure Frage positiv. Sie bezeugt die Bedeutung, die ihr der Kommunikation mit den Eltern beimeßt.
Ohne unsere Eltern, ohne unsere Vorfahren wären wir nichts. Ihrer Liebe, ihrer Hingabe und ihrer Arbeit verdanken wir das Leben, das die erste aller Gaben ist. Wir verdanken ihnen auch unser Vaterland. Für euch ist es die Insel Mauritius und ich weiß, daß ihr eure Insel liebt und daß ihr stolz darauf seid, Bewohner von Mauritius zu sein. Und mit Recht.
Wenn sich der Jugendliche dem Erwachsenenalter nähert, so erlangt er Unabhängigkeit von der Familie; es entstehen Kontraste und Konflikte: das ist ganz natürlich. Das Unabhängigwerden verläuft über Wachstumskrisen, die sich auf die Rollenverteilung der Partner, Eltern und Kinder auswirken. Sie sollen zu gegenseitiger Anerkennung anregen. Jeder hat seine Verantwortlichkeiten.

5. Den Eltern kommt es zu, eine Familienatmosphäre zu schaffen, die die harmonische Entwicklung des Gefühlslebens und der Persönlichkeit der Kinder begünstigt. Sie geben ihnen die Liebe, die sie brauchen; sie nehmen sich die Zeit, sie anzuhören; sie zeigen ihnen, daß sie ihre Suche nach dem Glück verstehen. Katholische Eltern wollen ihren Kindern nicht aufzwingen, das Idealbild von dem darzustellen, was sie selbst erlebt haben, sondern sie wollen die Begegnung der aufsteigenden Generation mit Christus begünstigen.
Unter den derzeitigen, einem raschen Wandel unterworfenen Verhältnissen, wird der Dialog zwischen Eltern und Kindern immer schwieriger. Ich weiß, daß es Bewegungen auf der Insel Mauritius gibt, die spezielle Treffen organisieren, um es den Jugendlichen zu ermöglichen, ihre eigenen Verantwortlichkeiten zu entdecken, miteinander zu teilen, zu echter Begegnung mit den Eltern zu kommen, am Familienleben aktiv teilzunehmen und nicht alle freie Zeit außer Haus zu verbringen. Ich ermuntere euch dazu, euch die Zeit zu nehmen, die notwendig ist, um euch zum Gespräch auszubilden; dies wird euch im Leben nützlich sein, auch über den Kreis der Familie hinaus.
Heute werden wir uns, ganz besonders in der Gesellschaft, die vom modernen Leben stärker betroffen ist, immer mehr bewußt, daß bestimmte Situationen, wie Wohnungs- und Arbeitsbedingungen, Arbeitslosigkeit, physische, geistige oder moralische Gesundheit die Beziehungen zwischen Eltern und Kindern verschlechtern. Daher muß an der Vermenschlichung der Lebensbedingungen gearbeitet werden. In Wirklichkeit geht der Dialog zwischen Eltern und Kindern alle Mitglieder der Gesellschaft an. Dieser Dialog ist kein Selbstzweck, sondern das natürlichste Mittel, das einem Heranwachsenden angeboten werden kann, um auf der Spur der Älteren die eigene Freiheit zu erlangen.

6. Ich wünsche allen Jugendlichen von Mauritius, daß sie lernen, frei und verantwortlich zu werden. Sie müssen die Gelegenheit haben, die wahren Wege des Glücks kennenzuler-

nen, damit sie in voller Kenntnis der Sache ihre Wahl treffen können. Um dieses Ziel zu erreichen, könnt ihr nicht auf den Dialog mit den Älteren verzichten, denn eure Eltern und eure Großeltern haben eine solche Erfahrung und Weisheit erworben, daß es ungeschickt wäre, nicht Nutzen daraus zu ziehen.

Zum Abschluß berufe ich mich auf die ausgewogene Ermunterung des hl. Paulus: „Ihr Kinder, gehorcht euren Eltern, wie es vor dem Herrn recht ist ... Ihr Väter, reizt eure Kinder nicht zum Zorn, sondern erzieht sie in der Zucht und Weisung des Herrn!“ (*Eph* 6,1.4).

III.
Sag uns, wie wir den Wert der Liebe in einer Welt entdecken können, in der die Sitten verfallen?

7. Zu Beginn unseres Treffens habe ich euch das gesagt, was Jesus zu uns gesagt hat, nämlich: wie wichtig es ist, „ein gesundes Auge„ zu haben. Vielleicht ist es besonders notwendig, ein „gesundes Auge“ zu haben, wenn es um die brennende Frage nach der Liebe geht.

Achtung, liebe Freunde, verwechselt Liebe nicht mit Sexualität. In einem Leben als Mann und als Frau kann es jenseits sexueller Beziehungen viel Liebe geben, genauso wie es auch sexuelle Beziehungen ohne Liebe geben kann.

Die Liebe ist eine innere Dynamik, die einen Menschen dazu bringt, sich selbst zu geben, und sie führt hin zur Gemeinschaft der Menschen. Der Sohn Gottes hat uns so sehr geliebt, daß er Mensch geworden ist; er hat an unserem Dasein teilgenommen, er hat sein Leben für uns hingegeben und seine Anwesenheit und die Gabe seiner selbst in der Eucharistie weiterleben lassen: „Es gibt keine größere Liebe, als wenn einer sein Leben für seine Freunde hingibt“ (*Joh* 15,13). Viele habe, indem sie ihr Leben für ihre Freunde hingegeben haben, so geliebt wie Jesus. Viele, wie die Priester, die Ordensleute, die gottgeweihten Menschen ..., haben es getan, indem sie sich entschieden haben, ehelos zu bleiben. Auf Mauritius ruft der Herr einige unter euch dazu auf, auf diese Weise zu lieben.

Mögt ihr alle, liebe Freunde, „ein gesundes Auge“ haben, ein aufgewecktes und verantwortliches Bewußtsein. Laßt euch nicht von Bildern der Liebe täuschen, die falsch sind: gewisse Videokassetten, die immer mehr verbreitet sind, stellen die Beziehungen zwischen Mann und Frau so dar, daß sie zu einer Karikatur der Liebe werden. Die Prostitution, die auch in eurem Land grassiert, ist typisch für den unseligen Bruch zwischen sexuellen Beziehungen und Liebe.

8. Meist blüht die Liebe erst wahrhaft in der Ehe auf. Um glücklich zu werden, gibt es nichts Schöneres als den treuen Bund des ganzen Lebens. Gott will jene Verfälschungen der Liebe nicht, die als das im Leben Normale hinzustellen man nicht wagen sollte. Er will, daß Mann und Frau ein festes Paar bilden, verbunden in einer Liebe, welche das Ebenbild der Liebe ist, die das Leben Gottes selbst ausmacht: die drei Personen in Gott,

die die dreieinige „Familie“ bilden, wenden sich ohne Unterlaß in gegenseitiger allesumfassender Hingabe und in vollkommener Einheit einander zu. Das Sakrament der Ehe gibt dem Ehepaar die Gnade, die nötig ist, damit sie ihre gegenseitige Hingabe in einer Verbindung leben können, die kein menschliches Gericht aufzulösen vermag.
Die Ehe überträgt ihre ganze Dimension auf die menschliche Liebe, denn sie öffnet die Gemeinschaft des Mannes und der Frau für die freudige Weitergabe des Lebens an die Kinder, und dies setzt sich fort in den Jahren der Erziehung in Festigkeit und Sicherheit.

9. Ich ermuntere euch, liebe Jugendliche, den Ernst eurer Verantwortlichkeiten in der Liebe zu verstehen. Wenn ihr sie in diesem Bereich nicht übernehmt, so riskiert ihr ein Sich-Gehenlassen auf der ganzen Linie. Ihr bereitet eurer Zukunft den Weg, bereitet euch so vor, daß euch eure Liebe gelingt!
In einer Gesellschaft, in der die Werbeslogans ohne Unterlaß Worte wie „sofort“ und „unmittelbar“ wiederholen, und in der man „alles schnellstens“ haben will, ist wohl zu bemerken, daß Zeit nötig ist, um die zwischenmenschliche Beziehung von Mann und Frau aufzubauen, und daß die Prüfung der Liebe ein andauernder Einsatz ist. Unser Vorbild ist Gott, der trotz unserer Untreue treu bleibt, der sogar soweit geht, durch den Propheten Jesaja zu sagen: „Kann denn eine Frau ihr Kindlein vergessen? ... Und selbst wenn sie es vergessen würde: ich vergesse dich nicht“ (*Jes* 49,15). Die Treue ist ein Bestandteil der Liebe und vor allem der Liebe in der Ehe: der hl. Paulus hat sie mit der unwandelbaren Liebe Christi zu seiner Kirche verglichen.
Laßt mich dieses Kapitel mit den Äußerungen von Kardinal Margéot in seinem letzten Hirtenbrief über die Familie abschließen: „Da unsere Persönlichkeit in der Familie geprägt wird und hier auch die Quelle zu ihrer menschlichen Entfaltung findet (...), müssen wir uns vor allem der Familie zuwenden, wenn wir wollen, daß die Insel Mauritius eine ausgeglichene Entwicklung erfahren soll“ (Fonder sa famille sur le roc, 16. Januar 1989).
Sag uns, wie wir unserem Leben in einer materialistischen Welt einen Sinn geben können? Sag uns, wie wir für die Würde des Menschen im Arbeitsbereich kämpfen können?

IV.
Sag uns, wie wir unserem Leben in einer materialistischen Welt einen Sinn geben können? Sag uns, wie wir für die Würde des Menschen im Arbeitsbereich kämpfen können?

10. Wie kann man dem Leben in einer materialistischen Welt einen Sinn geben? Wie kann man für die Würde des Menschen im Arbeitsbereich kämpfen? Ich verstehe eure Besorgnis sehr gut. So wie in vielen Ländern, prägt der Materialismus das Alltagsle-

ben, er verführt, ihr spürt, daß die Insel Mauritius, wenn sie nicht achtgibt, versagen kann in ihrer Mission als kultureller Knotenpunkt, dem die Begegnung unterschiedlicher Kulturen eine wahrhaft spirituelle Sicht des Lebens gibt.
Gewiß hat die wirtschaftliche, industrielle und touristische Entwicklung die Insel Mauritius vor der Krise bewahrt, und das Los vieler Menschen ist vor allem dank der Schaffung neuer Arbeitsplätze besser geworden. Über all diese Erneuerungen freue ich mich mit euch.
Ihr stellt indessen bereits durch eure eigene Erfahrung fest, daß die reine Anhäufung von Gütern nicht ausreicht, um das menschliche Glück zu verwirklichen. Wenn der Mensch die Menge der ihm zur Verfügung stehenden Mittel nicht verwalten kann, so kehrt sich ein auch nur relativ großer Überfluß leicht gegen ihn. Er wird zum Sklaven seiner Freude an materiellen Gütern: sein Horizont beschränkt sich auf die Anhäufung von Dingen, die ständig durch neue, noch perfektere ersetzt werden. In dieses Reich der Konsumgesellschaft seid auch ihr eingetreten.

11. Aber wie soll man reagieren? Die Kirche hat in den Bereichen, in denen Männer und Frauen ihre Tätigkeiten entfalten, ein Wort zu sagen. Sie hat das, was man eine „Soziallehre“ nennt, d.h. eine Lehre über den Menschen, über seine Vorherrschaft, über seine Rechte und seine Pflichten, über seinen Bezug zur Wirtschaft der Nation, über den Dienst, den die nationale Wirtschaft für den Menschen und seine Familie leisten muß.
Die Kirche bekräftigt bekannterweise nachdrücklich den Primat des Menschen über die Dinge: der Mensch ist der „Herr“ der Geschöpfe. Die Kirche fordert ihn auf, Probleme wie Arbeitsbeschaffung und Arbeitslosigkeit sowie auch die Berufstätigkeit der Frau im Hinblick auf seine Würde als Geschöpf nach dem Ebenbild Gottes und auf die Erlösung durch Jesus Christus zu behandeln.
Ich ermuntere euch inständig, diese Soziallehre in den verschiedenen Gruppen, denen ihr angehört, zu studieren. Sie wird euch bei eurem Einsatz für die Gerechtigkeit, die Solidarität unter den Arbeitern und beim Dialog zwischen Angestellten und Vorgesetzten leiten können.
Vergeßt nicht, daß vor allem eure religiösen Verantwortlichkeiten ausschlaggebend sind: sie geben euch, eurem Leben und eurer Arbeit ihren höchsten Wert und ihre höchste Bedeutung.
Ich möchte euch schließlich dazu einladen, im Licht des Evangeliums aus eurem Volksgut das Beste auszuwählen und weiterzuentwickeln und dabei alles von euch zu weisen, was das Moderne, das bei euch seinen Einzug hält, an verwirrenden Zweideutigkeiten mit sich bringt. Strebt nach der vollkommenen Entwicklung des Menschen, haltet vor allem an den Werten des Verstandes, der moralischen Stärke, der Brüderlichkeit, der Solidarität und des Mitgefühls fest. Hierfür ist Christus unser Vorbild. Denjenigen, die ihm nachfolgen wollen, zeigt er Lebenswege, die im Zentrum des Evangeliums sozusagen das Grundgesetz bilden: die Seligpreisungen. Die erste von ihnen steht in unmittelbarem Gegensatz zu dem Materialismus, der uns umgibt: „Selig, die arm sind vor Gott“ (*Mt* 5,3). Der wahre Reichtum ist der Mensch und nicht das, was er besitzt. Das, was zählt, ist nicht das Haben, sondern das Sein. Das Haben von Sachen und Gütern macht nicht glücklicher, wenn es dem Menschen nicht hilft, seiner Berufung als Ebenbild Gottes würdig zu sein.

V.
Sag uns, welchen Platz wir in unserer Kirche einnehmen sollen, die auf unsere Sorgen nicht immer eingeht?

12. Es gibt im Evangelium ein Gleichnis, das einen Gutsbesitzer beschreibt, der zu verschiedenen Stunden des Tages Arbeiter für seinen Weinberg anwerben geht: einige beginnen ihre Arbeit bei Tagesanbruch, andere gegen neun Uhr, andere gegen Mittag, wiederandere gegen drei Uhr und die letzten schließlich gegen fünf Uhr nachmittags (vgl. *Mt* 20,1–16). Man kann den Weinberg als ein Bild für die Kirche ansehen, und die Arbeiter, die zu verschiedenen Stunden eintreffen, als Bild für die Getauften, die in jedem Lebensalter berufen werden.
Dieses Beispiel zeigt euch sogleich, daß die Jugendlichen ihren Platz, oder besser noch „ihre Stellung" in der Kirche haben, so wie die Kinder, die Erwachsenen und die alten Leute. Die Kirche ist auch eine „Regenbogengesellschaft". Alle sind aufgerufen, in einer Gemeinschaft der brüderlichen Liebe, der Kraft und dem Empfinden ihres Alters entsprechend, auf dasselbe Ziel hinzuarbeiten: die Ankunft des Gottesreiches.

13. Ein guter Arbeiter wird man erst durch eine Ausbildung. Meine erste Empfehlung ist daher: nehmt euch die Zeit und die Mittel, euren Glauben kennenzulernen, damit ihr jenes „gesunde Auge" bekommt, das euch euren Lebensweg in vollem Licht gehen läßt. Befragt eure Eltern, eure Erzieher und eure Priester. Seid offen für die Botschaft, die sie euch vermitteln.
Das Evangelium ist eine große geistige Kraft: ihr müßt es empfangen, darin leben und es ausstrahlen. Es ist wie ein Sauerteig, der, wenn er unter einen großen Trog Mehl gemischt wird, am Ende das Ganze durchsäuert. Jesus vergleicht das Himmelreich mit einem Mann, der einen verborgenen Schatz entdeckt, und mit einem Kaufmann, der mit schönen Perlen handelt. Der Schatz und die Perlen werden gesucht und über alles andere gestellt. Man hängt an ihnen wie an einem Absoluten und ist bereit, alles andere zu opfern. Sie werden zum Ziel und Beweggrund des Lebens.
Der verborgene Schatz ist Christus, den man im Glauben entdeckt. Es ist seine geheimnisvolle Gestalt, die gegenwärtig und lebendig ist, und an der man wirklich hängt wie an einem Freund. Es ist sein Geist. Es ist seine Botschaft. Es ist sein Gesetz. Es sind die Werte seines Reiches.
Dieser Schatz hat viele Jugendliche in Bewegung gesetzt. Er tut es auch heute noch, wie es kürzlich das Treffen in Santiago de Compostela bezeugt hat. Wenn ihr Christus sucht, wenn ihr seine Frohbotschaft verkündet, seid ihr die Brüder einer großen Menge Jugendlicher in der Welt.

14. Die Kirche, sagt ihr, spricht eine Sprache, die ihr nicht versteht. Es besteht kein Zweifel darüber, daß die Priester sich stets bemühen müssen, die Botschaft Christi zugänglich zu machen. Doch muß man auch mit dem Herzen zuhören. Das Wort als den Schatz empfangen, den euch der beste aller Freunde anvertraut. Bei der Eucharistiefeier kommt das Wort Gottes dank der Riten, der Gesten und der umrahmenden Gesänge mit all seiner Kraft

zu uns, und die Worte des Priesters machen es noch deutlicher. Ich fordere euch auf, aktiv am Pfarrgottesdienst teilzunehmen. Auf diese Weise werdet ihr als Jugendliche euren Platz finden. Ihr werdet eure Sprache und eure Sorgen auf natürliche Weise einbringen.
Das Wort „Dialog" ist im Laufe dieses Treffens oft wiederholt worden, und im Hinblick auf den Dialog zwischen Eltern und Kindern habt ihr den Wunsch geäußert, daß euch eure Eltern, die manchmal aufgrund ihrer Arbeit unter Druck stehen, mehr Zeit widmen mögen. Hat Gott nicht auch das Recht, sich zu wünschen, daß ihr mit ihm mehr Zeit in dem Dialog verbringt, der Gebet heißt? Macht auch ihr Gott die Freude eurer Gegenwart und eures aufmerksamen Zuhörens: „Beleidigt nicht den Heiligen Geist Gottes, dessen Siegel ihr tragt für den Tag der Erlösung" (*Eph* 4,30). Blickt auf Christus, der der Weg, die Wahrheit und das Leben ist, er ist auch die Jugend der Menschheit! Er wird für euch die Quelle der Kreativität sein, in eurer Gemeinde und über sie hinaus.
Gut ausgerüstet im Glauben und im Gebet mögt ihr selbst zu Aposteln der Jugend werden, denn auch ihr müßt euren Brüdern die Frohbotschaft bringen!
Jesus hat seinen Blick auf euch gerichtet. Er liebt euch! Auch der Papst liebt euch und hat Vertrauen zu euch!

Jeder muß seine Aufgabe übernehmen

Ansprache bei der Begegnung mit Priestern, Ordensmännern und Ordensfrauen und mit Repräsentanten der Laien in Sainte Croix (Mauritius) am 15. Oktober

Liebe Brüder und Schwestern!

1. „Horch, deine Wächter erheben die Stimme, sie beginnen alle zu jubeln. Denn sie sehen mit eigenen Augen, wie der Herr nach Zion zurückkehrt" (*Jes* 52,8).
Auf dieser Wallfahrt zum Grab des seligen Jacques Laval begegne ich mit Freude im Gebet und im Gnadenwirken euch Priestern, Ordensmännern, Ordensfrauen, gottgeweihten Menschen und engagierten Laien der Kirche von Mauritius.
P. Laval war hier ein wunderbarer Bote der Guten Nachricht, einer jener Wächter, die den Herrn sein Volk trösten sehen (vgl. *Jes* 52,7–9). Und ihr alle setzt in den verschiedenen Aufgaben, die ihr im Dienst an der Gemeinschaft ausübt, das Apostolat des verehrten Missionars fort als Erben dessen, was er zum Keimen gebracht hat, und als neue Säleute für die gegenwärtigen Generationen. Das Wirken der Kirche geht weiter und erneuert sich ähnlich wie diese Kirche, in der wir versammelt sind, die ihr immer wieder aufgebaut habt, wenn die Zyklone sie verwüstet hatten.

2. Der Freudenbote, den der *Prophet Jesaja* ankommen sieht, „sagt zu Zion: Dein Gott ist König!" (52,7). Ja, der Herr hat uns seine Gegenwart versprochen, die das Volk Gottes auf Mauritius heiligt. Erlauben wir uns zu sagen: Gläubige Laien, Ordensleute oder Priester, der vorrangige Aspekt eurer in der Taufe empfangenen Berufung ist der Aufruf, euch von der Heiligkeit Gottes durchdringen zu lassen, jenem unverdienten Geschenk, das viel größer als alles ist, was wir selbst verwirklichen und verdienen können.

Die Anforderung ist groß, denn es geht darum, zu leben und zu handeln, indem wir uns dem Heiligen Geist gleichförmig machen, der uns geschenkt ist; doch der Aufruf ist auch zutiefst beglückend, denn in unserer Schwachheit wirkt die Gnade in überreichem Maß! Gott ist es, der seine Kirche heiligt. Sein Sohn macht aus seinen Brüdern Glieder seines Leibes. In der eucharistischen Versammlung sind wir durch seine äußerste Liebe vereint. Entsprechen wir also vertrauensvoll unserer Berufung zur Heiligkeit: „Der Herr tröstet sein Volk ... Alle Enden der Erde sehen das Heil unseres Gottes" (*Jes* 52,9–10). Mögen wir getreue Verwalter der Gnade sein, die wir empfangen haben, in Solidarität mit der Kirche auf der ganzen Erde, in der brüderlichen Einheit jeder unserer Gemeinschaften und in der Liebe zu jedem Menschen!

3. In der Berufung zur Heiligkeit zeigt uns P. Laval den Weg durch seine Demut wie auch durch die ausdauernde Energie seines Handelns. Möge er uns, die einen wie die anderen, in den einander ergänzenden Rollen inspirieren, die uns zur Erfüllung des Auftrags der Kirchen übertragen sind!
Ich fühle mich eurem Bischof sehr nahe, meinem Bruder Kardinal Margéot, der mir gesagt hat, wer ihr seid und was ihr lebt, und ich ermutige euch und bringe euch den Dank der ganzen Kirche für eure Ergebenheit.
Ich denke immer an euch, liebe Diözesan- und Ordenspriester, und an die Seminaristen, die sich darauf vorbereiten, an eure Seite zu treten. Freut euch, denn es ist euch geschenkt, Hirten in der Nachfolge des Guten Hirten in Einheit mit eurem Bischof zu sein. Führt mit Kühnheit das Werk der Pioniere wie Bischof Collier oder Abbé Masuy weiter. Schöpft als Förderer eurer Pfarreien und Gemeinschaften in Zusammenarbeit mit den Ordensleuten und den Laien aus dem Gebet die Kraft, immer besser das Wort zu verkünden, die Gläubigen zu führen, eifrig die Geheimnisse zu feiern, die vom Leben Verwundeten wiederaufzurichten und selbst die Hauptakteure der Verkündigung des Evangeliums zu sein. Seid eurerseits die Erwecker neuer Berufungen!
Den Ordensmännern, den Ordensfrauen und den Mitgliedern der Säkularinstitute möchte ich sagen, wie wichtig ihre hochherzige Antwort auf den Anruf des Herrn ist. Zusammen mit Kardinal Jean Margéot feiere ich das Andenken der Gründerin Mutter Marié Augustine, einer Tochter dieses Landes. Ihr seid durch das Zeugnis eurer Armut, eurer Keuschheit, eures Gehorsams und eures Gebetes sprechende Zeichen; eure einfache Verfügbarkeit, eure sachkundige und uneigennützige Arbeit auf zahlreichen Gebieten bestätigen in den Augen eurer Brüder und Schwestern, daß die Liebe zu Gott und die Liebe zum Nächsten ein und dasselbe sind; und daß das Hingeben von allem, um Christus nachzufolgen, Quelle tiefer Freude ist.
Ihr Laien, die ihr euren Teil der Verantwortung in den kirchlichen Basisgemeinschaften oder in den Bewegungen übernehmt, ihr bringt die in eurer Taufe und eurer Firmung empfangenen Gaben zum Erblühen. Ihr seid die Nachfolger jener Männer und Frauen, die P. Laval beauftragt hatte, die Verkündigung des Evangeliums auszuweiten und zu unterstützen. Heute seid ihr auf verschiedene Weise aufgerufen, die beruflichen und gesellschaftlichen Tätigkeiten, in denen ihr mit andersgläubigen Männern und Frauen zusammenarbeitet, mit dem Geist des Evangeliums zu durchdringen. Seid bei allen Gelegenheiten

Baumeister des Friedens und der Einheit; bezeugt allen Menschen, in welcher Lage auch immer, die schuldige Achtung; verteidigt durch eure Art, zu leben, die sittlichen und geistigen Werte, ohne die der Mensch verkümmert. Eure Entscheidung für die christliche Präsenz in der Welt schließt eure verantwortliche Präsenz auf den verschiedenen Ebenen der Kirche nicht aus. Diese beiden Tätigkeitsformen ergänzen einander und beide sind notwendig.

Der Diözesanpastoralrat, eine Einrichtung, die aus den Orientierungen des Zweiten Vatikanischen Konzils herrührt, hilft euch, dem Klerus wie den Laien, euch, je nach eurer Berufung und eurem Auftrag, richtig einzusetzen, wie er gleichzeitig auch dem Bischof bei der Ausübung seiner pastoralen Verantwortung hilft. Ich bin glücklich zu sehen, daß ihr einen solchen Rat habt und daß er ein Ort konstruktiver Zusammenarbeit der lebendigen Kräfte der Diözesankirche ist.

4. Bei dieser unserer Begegnung kann ich nicht alle Aspekte eurer pastoralen Aktivität und auch nicht die eures persönlichen geistlichen Lebens ansprechen, das es euch erlaubt, eure Aufgaben eurer Berufung entsprechend auszuführen. Doch es gibt ein Gebiet, bei dem ich gerne länger verweilen möchte, nämlich das der Erziehung der jungen Christen.

Seit langer Zeit habt ihr beachtliche Anstrengungen unternommen, um eurer Jugend eine Schulbildung von Qualität zu geben, auf gleicher Höhe mit der christlichen Formung. Ich wünsche euch, daß ihr in einem guten Verhältnis mit den verantwortlichen staatlichen Stellen den in die katholischen Schulen gesetzten Erwartungen der Familien entsprechen könnt.

Es bleibt darüber zu wachen, daß alle jungen Getauften durch eine lebendige Katechese während ihrer ganzen Jugendzeit für den Glauben geöffnet werden. Diese Aufgabe ist nicht leicht, weil die Aufmerksamkeit der jungen Leute in einer Gesellschaft mit so viel Zerstreuung auf andere Dinge gelenkt wird. Es ist notwendig, daß viele Erwachsene ihre Zeit opfern, um sich als Katechisten ausbilden zu lassen. Und noch mehr ist es notwendig, daß die ganze Gemeinschaft sich dafür verantwortlich fühlt, den neuen Generationen die Begegnung mit Christus, die Teilnahme am Leben der Kirche, das Nachdenken über Verhaltensregeln und Aufklärung über die großen Fragen unserer Zeit anzubieten, die den Sinn ihres Lebens selbst betreffen.

Ein solcher Auftrag kann nicht durch einige Spezialisten erfüllt werden; er ist Anliegen aller Christen mit der Unterstützung der Verantwortlichen in der Diözese. Viele von euch übernehmen ihren Anteil an dieser Aufgabe. Ich möchte, daß sie andere mit gutem Willen mitreißen; das ist eine echte Notwendigkeit.

5. Abschließend möchte ich euch meine guten Wünsche und meine Ermutigung für alle eure Aufgaben und alle eure Dienste ausdrücken. Man zählt auf euch, denn ihr sollt alle eure Brüder und Schwestern mitreißen, im Glauben und in der Liebe zu wachsen und mit Vorzug den Geringen und den Armen zu dienen, die unter den Plagen dieser Zeit leiden. Seid vertrauensvolle und unermüdliche Diener der Hoffnung und des Lebens, das stärker ist als der Tod.

Der Nachfolger des Petrus, der zu euch gekommen ist, freut sich über die Lebendigkeit und die Großherzigkeit eurer Kirche. Die zahlreichen Missionare, die von Mauritius ausgegangen sind, um das Evangelium anderswo zu verkünden, sind eine glückliche Frucht davon.

Mit dem Propheten Jesaja sagen wir Dank: „Wie willkommen sind auf den Bergen die Schritte des Freudenboten, der Frieden ankündigt, der eine frohe Botschaft bringt und Rettung verheißt!“ (*Jes* 52,7).

In Freundschaft miteinander leben

Ansprache an die Bevölkerung in Sainte Croix (Mauritius) am 15. Oktober

Liebe Freunde!

Euer Empfang bewegt mich. Vielen Dank, daß Ihr so zahlreich gekommen seid, in dem Moment, in dem ich selbst gekommen bin, um das Grab des seligen Laval zu ehren, den ihr auf der Insel Mauritius so sehr liebt; ihr fühlt euch etwas wie die Kinder dieses außerordentlichen Apostels. Ich bin glücklich, hier bei euch zu sein, denn ich vergesse nicht seine Seligsprechung, die erste, die ich vor zehn Jahren vollziehen durfte.
P. Laval war ein Mann, der alle Mauritier zutiefst respektierte, vor allem die bescheidensten unter ihnen. Er hat auch im Lauf der Jahre eine wunderbare Fähigkeit bewiesen, wenn es notwendig war, Einverständnis zu schaffen und Frieden herbeizuführen. Mein Wunsch für euch alle ist, daß ihr in dieser Atmosphäre brüderlicher Freundschaft leben möget; Jesus hat dies von seinen Jüngern gefordert, als er ihnen als höchstes Gebot aufgab, die Liebe zu Gott mit der Liebe zum Nächsten zu verbinden. Wir müssen also großherzig immer den Frieden zwischen den Gemeinschaften, innerhalb der Familien und zwischen den Generationen suchen.
Ihr habt P. Laval immer gern eure Sorgen, euren Kummer und eure Hoffnungen anvertraut. Aufgrund dieses Vertrauens hofft ihr mit Recht auf seine Fürsprache. Bittet ihn vor allem, daß er euch hilft, seinem Beispiel zu folgen, seiner unbedingten Treue zum Herrn, seiner Liebe zu Maria, der Mutter des Erlösers und der Menschen, sowie seiner Hingabe an alle seine Brüder.
Mit Euch empfehle ich P. Laval alle Einwohner von Mauritius. Und ich bitte Gott, euch seine Wohltaten zu schenken und euch zu segnen.
Ihr wißt, wie sehr ich P. Laval liebe. Ich liebe euch ebenso. Folgt weiter seinem Weg. Jetzt segne ich euch und eure Familien.

Fangt an, Frieden zu stiften

Grußwort an die Kinder in Curepipe (Mauritius) am 16. Oktober

Liebe Kinder der Insel Mauritius!

1. Ihr seid wirklich sehr freundlich, mich mit euren Liedern, mit euren Geschenken und eurer von Herzen kommenden Freude zu empfangen. Auch ich bin von Herzen froh, wenn ich euch jetzt danke, denn Kinder können wahre Sachen einfach sagen, und sie können Freude bereiten! Euer Willkommenslied hat mich sehr gefreut. Ihr habt euer „schönes

Land", eure „geliebte Insel" besungen; ja, seit meiner Ankunft hier finde ich eure „vielfarbige" Insel wirklich schön, und auch die Mauritiner sehr sympathisch.

2. Wenn ich die Tausende von Briefen zusammenfasse, die ihr mir geschrieben habt, so habt ihr auch sehr ernste Dinge gesagt. Sie berühren mich, denn sie verraten die Leiden, die manche von euch traurig machen. Ich werde für eure Familien und für euch beten, wie ihr es mich gebeten habt. Und dann sage ich euch auch, daß ihr selbst viel tun könnt, durch euer Lächeln, durch die Art, in der ihr eure Pflicht erfüllt, durch eure Liebe, durch euer Gebet; so helft ihr auch den Großen, etwas glücklicher zu sein.

3. Euer Sprecher hat außerdem deutlich bewiesen, daß ihr an die unglücklichen Menschen auf der ganzen Welt denkt. Euer Herz tut euch weh, wenn ihr vom Krieg sprechen hört, wenn ihr die Kranken seht, die Armen, diejenigen, die Hunger haben, und die Waisenkinder. Betet mit mir um den Frieden, damit die Mißgeschicke ein Ende finden und die Wunden geheilt werden mögen. Aber auch hier bitte ich euch, selbst anzufangen, Frieden zu stiften, dort, wo ihr seid. Wenn ihr älter werdet, entwickelt euch zu Bauleuten des Friedens; ihr wißt, daß Jesus gesagt hat, daß sie glücklich sein werden!

4. Ihr habt mich „Friedenspilger" genannt. Ja, ich würde es gerne sein, überall wo ich hingehe, denn Jesus hat uns, in dem Augenblick als er sein eigenes Leben für die Welt hingab, den tiefen Frieden geschenkt, der niemals sein Herz voller Liebe verlassen hat, sein Herz des Sohnes Gottes und Bruders der Menschen.
Danke für eure Wünsche zu diesem Jahrestag. Es sind heute elf Jahre her, daß ich die Aufgabe erhalten habe, dem hl. Petrus zu folgen, dem Apostel, dem Jesus aufgetragen hat, den Glauben seiner Brüder zu stärken. Als Antwort auf eure Wünsche bitte ich euch, daß ihr weiterhin getreu Jesus Christus besser kennenzulernen sucht, euch gut vorbereitet, ihn in der hl. Kommunion zu empfangen, jeden Tag betet, und eure Freude zeigt, Christen zu sein.

5. Bevor ich euch verlasse, möchte ich herzlich den Priestern der beiden Gemeinden von Curepipe danken, sowie dem Herrn Bürgermeister, da sie mich so freundlich empfangen und unser Treffen so gut organisiert haben. Und ich grüße herzlich eure Eltern, eure Katecheten, die Verantwortlichen in euren Organisationen und die Älteren, die euch hierher begleitet haben.
Im Gedenken an alles, worüber wir gesprochen haben, beten wir zusammen das Gebet des Herrn, das Vaterunser.

Anschließend hat der Papst noch folgende Worte frei gesprochen:

Dieses Treffen zum Abschied berührt mich tief. Ich habe es bei meinen Pastoralbesuchen auch als Diözesanbischof immer so gemacht. Der Besuch in den Pfarreien schloß immer mit den Kleinsten, weil die Kleinsten, die Jüngsten, die Kinder noch den weitesten Weg vor sich haben. Sie bringen uns in die Zukunft. Ich wünsche also euch allen, der Insel Mauritius, eurem Kardinal, euren Priestern, Ordensmännern und Ordensfrauen, euren Eltern, allen eine gute Zukunft.

Gott segne euch! Auf Wiedersehen also! Ich sehe schon, daß ihr auch so couragiert seid und einmal nach Rom kommt!

Dank an Mauritius

Ansprache vor dem Abflug von Plaisance (Mauritius) am 16. Oktober

Sehr geehrter Herr Premierminister,
Herr Kardinal,
liebes Volk von Mauritius!

1. Der Augenblick ist gekommen, mich von euch zu verabschieden und euer schönes Land zu verlassen. Ich danke Gott, daß ich eurer Einladung folgen und einige Tage hier mit euch verbringen durfte.
Mit auf den Weg nehme ich eine reiche Ernte an Erinnerungen: die eindrucksvollen eucharistischen Feiern im Park „Maria, Königin des Friedens" sowie jene von „La Ferme" mit der lieben Bevölkerung von Rodriguez; die unvergeßlichen Begegnungen mit den Priestern der Diözese, den Ordensmännern und Ordensfrauen, den verantwortlichen Laien, den jungen Menschen und den Kindern, ebenso wie den Vertretern der verschiedenen Konfessionen und Religionen.

2. Ich möchte Ihnen meine tiefe Dankbarkeit aussprechen, sehr geehrter Herr Generalgouverneur, Herr Premierminister und allen mauritischen Autoritäten für die so höflichen Maßnahmen, die meinen apostolischen Besuch hier erleichtert haben. Mich hat die Bereitschaft der Menschen, die an dem guten Ablauf der verschiedenen Etappen dieser Reise hier und in Rodriguez mitgewirkt haben, sehr berührt. Vor allem danke ich den Medien dafür, daß sie es allen, besonders den Kranken, ermöglicht haben, das Treffen des Nachfolgers Petri mit den Menschen zu denen er gesandt ist, um sie im Glauben zu bestärken, intensiv mitzuerleben.

3. Ihnen, Herr Kardinal, meinem aufmerksamen Gastgeber in dieser Diözese Port Louis, meinen herzlichen Dank, ebenso wie den Priestern, Ordensmännern und Ordensfrauen und allen, die sich für die Vorbereitung dieses besonderen Ereignisses im Leben der Kirche von Mauritius eingesetzt haben: ich denke unter anderem an die Mitglieder des Pastoralrates der Diözese.
Schließlich danke ich der ganzen Bevölkerung von Mauritius und Rodriguez für die Herzlichkeit des Empfanges, die ganz der Tradition der Inseln entsprach.
Dieser Besuch war für mich eine Gelegenheit, euch von Angesicht kennenzulernen, eure Freuden zu teilen und euch in euren Hoffnungen zu ermutigen. Ihr sollt wissen, daß ich die Erinnerung an euch im Herzen und im Gebet bewahre. Ich werde euch wiederfinden in der lebendigen Gegenwart des Herrn, und ihn bitten, in euch die vielfältigen Gaben, die ihr geschenkt bekommen habt, fruchtbar zu machen.
Beim Abschied vertraue ich euch der Jungfrau Maria, der Königin des Friedens, an und empfehle ihr eure Familien, ebenso wie die Kranken, die Behinderten und alle jene, die das

Leid kennen. Möge, zusammen mit dem seligen P. Laval, Unsere Liebe Frau euch führen auf eurem Weg zum Jahr 2000, in der Treue zu Christus, der „der Weg und die Wahrheit und das Leben" ist (*Joh* 14,6)!

4. Die Zukunft eures Landes, eurer Familien und eurer Kinder liegt in euer aller Hände, liebes Volk von Mauritius! Bereitet sie gemeinsam vor, indem ihr weiterhin nach den grundlegenden Werten handelt, die euch bereits vereinen und euren Frieden sichern.
Ich wünsche mir, daß sich das Gefühl der Solidarität noch stärker unter euch entwickelt, und daß der „andere" immer mehr als Mitmensch und Bruder empfunden wird, denn alle sind dazu aufgerufen, in gleichem Maße zum sozialen Fortschritt beizutragen, im guten Einvernehmen untereinander.
Mögt ihr eine Nation aufbauen, in der immer der Frieden herrsche, auf daß euer Land gastfreundlich gegenüber allen Völkern des Indischen Ozeans bleibe und gegenüber jenen, die von dem Charme und der Schönheit eurer Insel angezogen, euch von weit her besuchen!
Die jungen Nationen wie die eure haben den anderen so viel zu geben durch das Gleichgewicht und die Harmonie, die sie zu schaffen wußten, und die gefördert werden muß zum Wohl der Menschheitsfamilie!
Möge Gott Ihr Land segnen, sehr geehrter Herr Premierminister, und möge er seine Wohltaten all jenen gewähren, die es bewohnen. Ich bewahre die Mauritier in meinem Gebet, und wenn ich ihre Insel verlasse, versichere ich sie meiner herzlichen pastoralen Fürsorge.

7. Pastoralbesuch in Tarent (28./29. Oktober)

Die Arbeit nicht nur Quelle der wirtschaftlichen Güter

Ansprache bei der Begegnung mit den Arbeitern am 28. Oktober

Liebe Freunde, Brüder und Schwestern!

1. Meinen ehrerbietigen und herzlichen Gruß! Diesen Pastoralbesuch auf jonischer Erde mußte ich wirklich hier unter euch beginnen. Denn ihr, Arbeiter, die ihr in Tarent und der Provinz wohnt oder aus ganz Apulien und sogar aus verschiedenen italienischen Regionen und aus dem Ausland kommt, seit der erste Grund für die Anwesenheit des Papstes in eurer Stadt. In diesem Augenblick und von diesem Werk aus gehen meine Gedanken zu allen Arbeitern, die in dieser so geprüften und doch an Möglichkeiten so reichen Gegend Süditaliens die Hoffnungen und die Enttäuschungen der modernen Arbeit erleben.

Ich danke für die freundlichen Grußworte, die von den Vertretern der italienischen Regierung, der Betriebsleitung und aller Arbeiter an mich gerichtet wurden. Aufmerksam angehört habe ich die Andeutungen, mit denen sie auf die Schwierigkeiten der gegenwärtigen Lage und auf die für die Zukunft gehegten Befürchtungen hinwiesen. Ich bin hier, um euch zu sagen, daß ich zuinnerst an diesen euren Sorgen Anteil nehme.

Die Ereignisse der letzten Wochen habe ich Tag für Tag verfolgt, und, ohne auf die gewerkschaftlichen Fragen eingehen zu wollen, in denen der kürzliche Streit seinen Ursprung hatte, möchte ich Befriedigung ausdrücken über die positive Lösung, die dieser endlich gefunden zu haben scheint. Leider sind die den Eisensektor betreffenden Probleme heute besonders komplex und rechtfertigen die von euch geäußerte Beunruhigung beim Gedanken an die Rückwirkungen, die jede Verminderung der Arbeitsplätze auf eure Familien hat, und auf die Aussichten der Jugendlichen, die darauf warten, aktiv in den Produktionszyklus einzutreten.

2. Die Kirche kann nicht gleichgültig bleiben gegenüber dieser Situation, von der so viele ihrer Kinder betroffen sind und die mit einer schweren Hypothek auf deren Gegenwart und deren Zukunft lastet. Gewiß hat die soziale Frage mit Faktoren wirtschaftlicher, technischer, politischer Natur zu tun; vor allem aber hat sie eine direkt menschliche Tragweite, welche bei der Suche nach einer angemessenen Lösung jenen nicht hintangestellt werden darf. Der Papst ist hier, um daran alle zu erinnern, die einen Beitrag zu leisten haben bei der Wahl geeigneter Maßnahmen, um der Krise entgegenzutreten.

Dieselbe Absicht hat meinen Vorgänger, Papst Paul VI., vor zwanzig Jahren bewegt, zu euch zu kommen, als dieses Zentrum der Eisenindustrie in voller Ausdehnung begriffen war. Weihnachten 1968 wollte er vor diesen Hochöfen wieder einmal mit Nachdruck die Notwendigkeit unterstreichen, den technologischen Fortschritt und die Suche nach Gerechtigkeit miteinander zu verbinden, im Blick auf die Botschaft „Jesu, des Arbeiters und Propheten, des Meisters und Freundes der Menschheit, des Retters der Welt" (*Insegnamenti*, VI, 695). Einige von euch waren vielleicht damals anwesend und können uns helfen, dieses Ereignis in Erinnerung zu bringen, das Tarent zu einem Podium werden ließ, von dem „gleich einem in die Welt erschallenden Trompetenstoß" ein erneuter Verweis auf den ununterdrückbaren ethischen Aspekt der sozialen Frage ausging.

3. Liebe Freunde, der Spur meines großen Vorgängers folgend, komme ich heute, euch zu begegnen und euch dieselbe Botschaft seitens Christi und der Kirche zu bringen.
Diese Anlage, in der wir uns befinden, und die Werkstätten, in denen ihr arbeitet und einen guten Teil eurer Tage verbringt, sind ein beredtes Zeichen für die Fähigkeit des Menschen, den Rohstoff umzuwandeln, um ihn für seine Bedürfnisse geeignet zu machen. Das Werk, das zur Zeit rund 16.000 Personen beschäftigt, ist im Begriff, dreißig Jahre seit der Grundsteinlegung zu feiern. Eine Etappe, die wohl unleugbare Erfolge verzeichnen kann, zugleich aber Anlaß gibt zu angemessenen, unaufschiebbaren Überlegungen. Nicht nur hinsichtlich der Arbeitsweisen und Marktstrategien – was mit der Schaffung der Gesellschaft ILVA bereits in Gang ist –, sondern auch und vor allem hinsichtlich des in Vergangenheit befolgten Entwicklungskonzepts.
Die Produktionskapazität eines Industriekomplexes zu fördern, ist jedoch nicht alles, und auch nicht das, was am meisten zählt. Der Wert und die Größe einer Produktionsanlage, und sei sie auch so beeindruckend wie diese eure hier, dürfen nicht einzig an Kriterien des technischen Fortschritts oder der reinen Produktivität und des wirtschaftlichen und finanziellen Profits gemessen werden, sondern auch und vor allem an Kriterien des Dienstes am Menschen und der Übereinstimmung mit dem, was die wahre Würde des Arbeiters als Abbild Gottes erfordert.

4. Wie sieht nun unter diesem Gesichtspunkt die gegenwärtige Realität der ILVA in Tarent aus?
Da ist vor allem die schwierige Beschäftigungslage, verschärft durch die Herabsetzung der Produktionskapazität des Werkes im Rahmen einer allgemeineren Krise, von der die Eisenproduktion betroffen ist. Da sind die zusammenhängenden Phänomene der Frühpensionierung und des Rückgriffs auf die „Cassa Integrazione", letzteres als partielle und zeitlich beschränkte Hilfsmaßnahme bei Fehlen oder Stocken der Arbeit. Gewiß entgehen mir nicht die komplexen Komponenten der Eisenkrise, die ein Phänomen internationalen Ausmaßes ist. Dennoch kann ich nicht umhin, auf die schweren Folgen aufmerksam zu machen, die diese Situation für die Arbeiter selbst und für die jeweiligen Familien bringt, die von der Arbeit den notwendigen Unterhalt beziehen.
Alle, die in dieser Situation leben, Männer und Frauen, in besonderer Weise aber die Jugendlichen, denen es nicht gelingt, eine ihrer Ausbildung gemäße Beschäftigung zu finden, möchte ich wissen lassen, daß ich jedem der Arbeitslosen und der Empfänger der Arbeitslosenunterstützung nahe bin und daß ich ihnen das Verständnis und die Solidarität der ganzen Kirche bringe.
Da ist ferner die schwere ökologische Lage mit ihren besorgniserregenden Rückwirkungen auf die Natur, auf den Tier- und Fischbestand und auf das tägliche Leben der Menschen. Auch hier in Tarent ist die Alarmglocke bereits losgegangen. Jetzt muß darauf hin-

gewirkt werden, daß die Entscheidungen der Verantwortlichen das in Rechnung stellen, damit die Umwelt nicht einer unsinnigen industriellen Entwicklung geopfert wird: das wahre Opfer wäre in dem Fall der Mensch; wären wir alle.

5. Wenn es sich darum handelt, eine Situation wie diese neu zu überdenken, meine Lieben, sind zwei moralische Grundkriterien zu berücksichtigen.
Das erste ist die Würde der menschlichen Person, geschaffen nach dem Bild Gottes: „ist doch der Mensch Urheber, Mittelpunkt und Ziel aller Wirtschaft" (*Gaudium et spes*, Nr. 63).
Das zweite ist die Würde der Arbeit selbst. Sie ist ein Teil der Aufgabe des Menschen, der von Gott berufen ist, sich als Person zu verwirklichen und zu vervollkommnen (vgl. *Laborem exercens*, Nr. 4). Dem Menschen ist kein anderes Mittel gegeben, die empfangenen Talente und Eigenschaften zu entwickeln, abgesehen vom Verdienen des Lebensunterhalts.
Das alles bedeutet nun, daß die Arbeit nicht nur als mögliche Quelle wirtschaftlicher Güter anzusehen ist, sondern auch als Gelegenheit zu geistiger Bereicherung in einem Prozeß des Wachsens hin zur vollen Selbstverwirklichung.
Für die Arbeitenden zieht das die moralische Verpflichtung nach sich, die eigene Aufgabe auf bestmögliche Weise zu erfüllen, im Bewußtsein nicht nur der eigenen Rechte, sondern auch der eigenen Pflichten. Für diejenigen, in deren Händen die Macht zu entscheiden liegt – Betriebsleiter, wirtschaftliche und politische Funktionäre –, bedeutet das, daß der Wert des Arbeitenden und die Würde seiner Arbeit bei den Entscheidungen Vorrang haben müssen, auch und vor allem in Krisenmomenten. Die Menschen sind es und nicht die Ziffern, die zählen.

6. Wahr ist, daß die Entscheidungen über die Ziele und Dimensionen der Industriekonzerne und deren ökonomischen Verflechtungen heute im Zusammenhang einer Wirtschaftsplanung stehen müssen, die weit über die Grenzen der einzelnen Stadt und des ganzen Landes hinausgeht: eine Folge der immer engeren gegenseitigen Abhängigkeit, unter der sich die wirtschaftlichen, kommerziellen und finanziellen Beziehungen in der Welt und insbesondere in Europa gestalten.
Doch hat diese gegenseitige Abhängigkeit einen moralischen Aspekt von großem Wert: den der Solidarität, welche ich in der Enzyklika *Sollicitudo rei socialis* „als feste und beständige Entschlossenheit, sich für das ‚Gemeinwohl' einzusetzen, das heißt, für das Wohl aller und eines jeden" (Nr. 38), definiert habe. Und wirklich ist das der Weg, um den Folgen der Schrumpfung beizukommen. Was nicht aufrechterhalten werden kann, weil das Gleichgewicht des Ganzen es nicht gestattet, muß auf andere Weise angemessen kompensiert werden, und womöglich in anderen industriellen Bereichen, mit dem Ziel, dem Wohl aller zu dienen und insbesondere dem der Schwächsten, wie der Arbeitslosen, der von Arbeitsentzug Betroffenen und derer, die ihre erste Anstellung suchen.
Die neuen Umstände erfordern von allen eine Anstrengung neuerlicher Analyse und der Kreativität, um den Männern und Frauen von Tarent neue Arbeitsmöglichkeiten zu bieten, und womöglich der Umweltwirklichkeit, in der sie leben, besser entsprechende: Industrien des sogenannten Tertiärsektors, aber auch eine erneuerte Landwirtschaft und alles, was mit dem Reichtum des Meeres zu tun haben kann.

7. Liebe Freunde, ich schließe mit einem Wunsch für Frieden und Gerechtigkeit, verwurzelt in gutem Willen und konstruktivem Dialog, erhellt von der Soziallehre der Kirche und von der Tradition der Ausgeglichenheit und Arbeitsfreude der Leute des Südens.
Ich weiß, daß ihr jedes Jahr, vor allem zu Weihnachten und zu Ostern, gerne selbst einen Altar baut und einen Ort bereitmacht, um euch mit dem Erzbischof, mit euren Kaplänen und oft auch mit Jugendlichen des Seminars und der nahen Pfarreien zu versammeln. Bei dieser Gelegenheit versöhnt ihr euch beim Austausch der Glück- und Friedenswünsche, ihr nährt euch an der Quelle der Gerechtigkeit und der Solidarität, die Christus ist, ihr denkt an die am meisten Leidenden, und betet auch für jene, die, manchmal auf dramatische Weise oder zu früh, von uns gegangen sind.
Der Papst, der heute eure Betriebskantine mit euch teilen wird, möchte euch seine Freude sagen über dieses Ereignis, das es ihm ermöglicht, sich in Gedanken auch bei euren Familien zu Gast zu fühlen, inmitten eurer Kinder, eurer Enkel und eurer Alten und vor allem eurer Kranken.
Dieses Mahl wird außerdem für mich und für euch ein lebendiges Zeichen jenes anderen Mahles sein, des eucharistischen, in dem Christus sich uns in der Gestalt des Brotes gibt und uns so alle eins in ihm macht. Möge er immer in eurer Mitte sein, um euch bei der Arbeit beizustehen, eure Hoffnung auf ein besseres Leben zu stärken und eure Solidarität zu festigen.
Und mit ihm Maria: möge sie wie in Kana zu euch sagen, stets das zu tun, was er euch sagt (vgl. *Joh* 2,5). Auch der hl. Josef, der Schutzpatron der Arbeiter, sei allezeit mit euch; ihm habe ich erst vor einigen Tagen ein besonderes Dokument gewidmet, in dem ich unter anderem schreibe: „Dank seiner Werkbank, an welcher er sein Handwerk zusammen mit Jesus ausübte, brachte Josef die menschliche Arbeit in die Nähe des Geheimnisses der Erlösung" (*Redemptoris custos*, Nr. 22): er möge euch vom Herrn die Gaben erwirken, die ihr für euch und für eure Familien erwartet.
Auf alle und jeden rufe ich den Segen des Vaters, des Sohnes und des Heiligen Geistes herab.

Friede und Sicherheit ein Geschenk Gottes

Ansprache an die Bevölkerung am 28. Oktober

Liebe Bürger von Tarent!

1. Endlich erfüllt sich unser gegenseitiger Wunsch, uns hier in eurer schönen, alten und arbeitsamen Stadt der beiden Meere zu treffen, und ich danke Gott für das Geschenk, das er uns damit macht.
Alle grüße ich von Herzen: meine Brüder im Bischofsamt, die Vertreter der Stadt, der Provinz und der Region; euch Anwesende hier auf dieser Piazza della Vittoria und alle Zuhörer.

Ich danke in besonderem Maße dem Herrn Minister, der als Vertreter der Regierung gesprochen hat, und dem Herrn Bürgermeister von Tarent, der mich im Namen der ganzen Bürgerschaft willkommengeheißen und geehrt hat.
Vor einundzwanzig Jahren wollte Paul VI. zu Weihnachten die Mitternachtsmesse unter den Arbeitern des Eisenhüttenwerkes feiern, auf dieser Erde, die, wie er sagte, dazu berufen ist, in wirtschaftlicher, sozialer und geistiger Hinsicht neu zu erwachen und sich zu entwickeln (vgl. *Insegnamenti*, VI, 1114). Auf den Spuren meines Vorgängers, des Papstes der Enzyklika *Populorum progressio*, begann mein heutiger Besuch in der Industriezone, um die beständige Aufmerksamkeit zu unterstreichen, mit der die Kirche diesen heiklen Sektor verfolgt, der schon immer, im Guten wie im Bösen, das Wachstum, ja das Bild selbst eurer Gemeinschaft geformt hat. Laßt uns gemeinsam am heutigen Abend die prophetische Tragweite der Worte Pauls VI. anerkennen, der damals abschließend erklärte, daß dort, wo die größte Gefahr der Dehumanisierung besteht – und jedes Arbeitsmilieu ist dieser Gefahr ausgesetzt – „der Atem des Evangeliums als Sauerstoff eines menschenwürdigen Lebens" (*Insegnamenti*, VI, 700) um so dringender notwendig ist.
Aus eurer mehr als zweitausendjährigen Geschichte und vor allem aus der christlichen Tradition schöpfen wir gemeinsam in diesem glücklichen Moment Anlaß zu Hoffnung und Ermutigung für die Stadt und für jeden von euch sowie für alle die geliebten Landstriche Süditaliens.

2. Tarent: eine vorrömische Stadt, die bevölkerungsreiche Metropole der Magna Graecia, ist bekannt für die Fruchtbarkeit des Bodens, für seinen lebhaften Handel und seine Industrie, für den Fischreichtum des Meeres und sogar für die Qualität des Wassers im „Kleinen Meer". Ihre glanzvolle kulturelle Vergangenheit bekundet, wie die Denker der Philosophenschule und die unsterblichen Künstler in verschiedenen herrlichen Schöpfungen bezeugen, die Genialität so vieler Bewohner, die durch ihre Initiativen die Stadt berühmt gemacht haben. Eine edle Geschichte also, reich an menschlichen und geistigen Werten; eine Geschichte allerdings, der es auch nicht an traurigen Gegebenheiten mangelt, da sie gezeichnet ist von zeitweiser Gewaltherrschaft und Ausbeutung, von stürmischen Zerstörungen und bedeutsamen Wiedergeburten. Sie offenbart jedenfalls das mutige und beständige Wiedererstehen eines Volkes, das sich nach und nach durch eine fruchtbare Verflechtung verschiedener Traditionen und Kulturen ausgezeichnet hat, gefestigt in christlicher Lebensauffassung.
Im vergangenen Jahrhundert ist eure Stadt nach der politischen Einigung Italiens ständig gewachsen und hat mit dem Arsenal und den Schiffswerften einen ersten Anstoß zur Industrialisierung im modernen Sinn erlebt. Als Hauptstadt der Provinz lernte sie nach der bitteren Erfahrung des Zweiten Weltkriegs eine wirkliche Beschleunigung ihres Wachstums kennen. Die neue Industrialisierung mit großen, mittleren und kleinen Anlagen hat das Gesicht der gesamten jonischen Zone nicht wenig verändert, sowohl vom sozialwirtschaftlichen als auch vom kulturellen und demographischen Gesichtspunkt aus.
Als es endlich berechtigt erschien, mit Zuversicht in die Zukunft zu blicken, trat leider die weiterhin anhaltende weltweite Stahlkrise ein mit ihrer drastischen Verkürzung von

Arbeitsplätzen und beunruhigenden Aussichten für das Leben der Familien, der Stadt und der gesamten Region.

3. Liebe Brüder und Schwestern, mir sind die harten Schwierigkeiten, die diese Krise ausgelöst hat, sehr bewußt; aber laßt mich sagen: die Unsicherheiten und die Probleme von heute dürfen eure Hoffnung nicht sinken lassen. Sucht und findet Anlaß zum Vertrauen in eurer Willenskraft; sucht ihn vor allem in der reichen christlichen Tradition, in dem Glauben, der, wenn voll gelebt, zu einer Kraft wird, die Berge versetzen kann. In der anhaltenden wirtschaftlichen und moralischen Krise muß man der Versuchung zu Passivität und Individualismus sowie oberflächlicher Ungeduld und kurzlebigen spektakulären Maßnahmen widerstehen, ebenso wie jeder unerlaubten privaten oder Gruppenspekulation, vor allem wenn sie auf Kosten der Ärmsten, der neuen Armen gehen!
Es gilt, die Wege der direkten Gewalt abzulehnen, aber auch jene der indirekten, die Korruption oder Erpressung heißen, falscher Gebrauch von Geld und verzerrte Information, Manipulation der Gemeinschaftsgüter und vor allem die praktische Ablehnung der Würde eines jeden Menschen, sei er alt oder noch ungeboren, frei oder gefangen. Jeder Schritt auf einem solchen Weg macht das Zusammenleben schwieriger in einer Stadt, die immer ehrenhaft ihr Brot mit dem eigenen Schweiß und mit der eigenen Kreativität verdient hat.
Der Friede und die Sicherheit dieser Gemeinschaft sind Geschenk Gottes, das in beständigem Gebet erfleht werden muß. Sie sind zugleich die Frucht des täglichen, mutigen Einsatzes der Bürger, der Institutionen, der Vereine und Bewegungen. Alle müssen sich bemühen, den Geschmack am städtischen Leben neu aufleben zu lassen.
Jesus Christus, der seit ältester Zeit für euch Tarentiner „zur Weisheit, zur Gerechtigkeit, Heilung und Erlösung“ (*1 Kor* 1,30) geworden ist, erwartet euren Beitrag, auch und gerade den weniger auffälligen, aber entschlossenen. Schaut auf Christus, die Weisheit des Vaters, in dieser entscheidenden Stunde eurer Geschichte, im Bewußtsein, daß diese ihre lebendigsten und fruchtbarsten Wurzeln in seinem Evangelium hat, das auf dem Seeweg schon sehr früh hierher gekommen ist. Schon in den ersten Jahrhunderten der neuen Ära hatte Tarent eine gut organisierte christliche Gemeinschaft, an die der hl. Papst Gelasius I., angetrieben von der Sorge um die Reinheit des Glaubens, einen Brief schrieb. Eure Vorfahren haben die Namen der hl. Apostel Petrus und Paulus den zwei Inseln des „Großen Meeres“ gegeben.

4. Möge euch auch der Gedanke mit neuer Hoffnung für eure Gemeinschaft beflügeln, daß mit dem hl. Cataldo, eurem himmlischen Patron, die christliche, soziale und kulturelle Identität dieses Volkes in die Tiefe und die Breite wuchs, so sehr, daß sie schließlich ihren Ausdruck in einem majestätischen, ihm geweihten Dom fand, eine der ältesten und berühmtesten Kathedralen Apuliens. In der modernen Epoche nach dem Konzil von Trient kommt Tarent das Verdienst zu, eines der ersten Diözesanseminare errichtet sowie der Kirche zwei Heilige und eurer Gesellschaft zwei Fürsprecher geschenkt zu haben: den hl. Franziskus De Geronimo und den sel. Egidius. Den Bischofssitz des hl. Cataldo haben Bischöfe eingenommen, die mit Eifer und Klugheit darum bemüht waren, das zutiefst marianische religiöse Leben dieses Volkes zu fördern. In der Erzdiözese Tarent mit

ihren vielen Kirchen standen Klerus, Ordensberufungen, sozial-pastorale Vereinigungen und Initiativen stets in Blüte. Hier wurde zu Beginn dieses Jahrhunderts einer der ersten Nationalkongresse sozial engagierter Katholiken gehalten. In dieser Stadt habt ihr in den letzten Jahren die neue Kathedrale errichtet, der „Gran Madre di Dio“ geweiht. Dieses Denkmal der Kunst und des Glaubens möge euch an den Wunsch und die Pflicht erinnern, euch als Gläubige ins Herz nicht nur der städtischen Entwicklung des neuen Tarent einzufügen und ein „Segel“, ein Boot, einen Ort sicherer Brüderlichkeit und Hoffnung all jenen anzubieten, die sich auf dem Meer des Lebens abmühen.

5. Gerade hier sticht, inzwischen an der Schwelle zum Jahr 2000, ein neues Stadtprojekt in See, offen für alle Instanzen des Wachstums und der Befreiung dieses alten und immer wieder neuen Volkes. „Segel“ und „Schiff“ sind auch Zeichen einer Kirche, die der Stadt entgegenkommt. Die geschichtlich-geistige Verbindung zwischen San Cataldo und der neuen Kathedrale, zwischen der Altstadt und den neuen Vierteln hervorhebend, setzt sie sich dafür ein, eine ideale Brücke in die Zukunft zu bauen, einer Zukunft, die Aussicht auf ein ausgewogenes und konstruktives Zusammenleben aller bietet. Der christliche Glaube, erneuert und bewußt gelebt, möge euch heute wie gestern neue Impulse und kreative Antworten auf die wirtschaftliche Not und die Disharmonie der Entwicklung sowie auf die legitimen Fortschrittserwartungen sowohl des Südens als auch der ganzen Nation eingeben.

6. Dieser Einsatz, eine Zusammenfassung der Liebe zu Gott und zum Nächsten, wie Christus uns gelehrt hat, ist sicher gewaltig, aber auch zukunftsträchtig. Ich beauftrage alle damit, und im besonderen die Verantwortlichen des sozialen und politischen, kulturellen und wirtschaftlichen Lebens von Tarent, vor allem wenn sie Christen sind, sowie ihre lebendigen Gemeinden. Es ist ein Einsatz für den konkreten Menschen, ausgehend vom Schwächsten. Ein Einsatz für die Würde des Menschen, geschaffen als Ebenbild Gottes. Ein Einsatz für die Jugendlichen, die heute mit dem Eifer ihrer frischen Energien dem Leben entgegentreten.
Indem ich euch diesen Auftrag übertrage, sage ich euch: Stellt euch gegenseitig einer in den Dienst des anderen im Geist menschlicher und christlicher Solidarität, und Gott wird immer mit der Hilfe seiner Gnade bei euch sein.
Mit diesem Wunsch segne ich euch alle aus ganzem Herzen.

Die Krankheit ist eine weise Lehrmeisterin

Ansprache beim Besuch der „Cittadella della Caritá“ am 28. Oktober

Liebe Gläubige!

1. Bei der Begegnung mit euch in dieser „Hochburg der Liebe“ kann ich nicht anders als ausrufen: „Ecce quam bonum et quam iucundum habitare fratres in unum! – Wie ist es (doch) schön und erfreulich, wenn Brüder beisammen sind!“ Ja, wie schön und erfreulich ist es, hier versammelt zu sein, an einem Ort, dessen Name allein eine Botschaft und

ein Programm ist: „Cittadella della Caritá – Hochburg der Liebe" ! Eine Stadt, ein Haus gegründet auf der Liebe, gefestigt durch die Liebe, Bollwerk der Liebe.
Mit diesen Gefühlen grüße ich euch alle mit großer Zuneigung: vor allem den verehrten Mitbruder Guglielmo Motolese, emeritierter Erzbischof dieser Diözese, der 1983 sozusagen zur Besiegelung des Heiligen Jahres und seines langen und fruchtbaren Bischofsdienstes in Tarent einen großen Appell zur Solidarität mit den Bedürftigsten erließ und den Anstoß zu dieser mutigen Initiative gab. Mit ihm grüße ich den jetzigen Erzbischof, Salvatore De Giorgi, und alle Wohltäter und Mitarbeiter bei der Verwirklichung dieses Werkes.
Ich grüße sodann mit tiefem Wohlwollen die Gäste der „Cittadella", das Personal und die Volontäre, die hier ihren Dienst leisten, wie auch die Kranken der verschiedenen Pfarreien und die Begleiter der UNITALSI, die freiwilligen Helfer und die Mitglieder der Bewegung des Blindenapostolats.
Schließlich geht mein besonders liebevoller Gedanke zu allen hier zusammengekommenen Kindern der katechetischen Schulen der Pfarreien und zu den Gläubigen dieses Quartiers „Paul VI.", das mein verehrter Vorgänger in der Christnacht 1968 eingeweiht hat.

2. Die „Cittadella della Caritá" ist ein Werk, das Tarent Ehre macht; ein Akt des Mutes, ein Denkmal eurer menschlichen und christlichen Sensibilität!
Wenn sie einmal ausgebaut ist, wird sie, wie ich informiert wurde, verschiedene Hilfsstrukturen umfassen für alleinstehende und bedürftige alte Leute, für nicht selbständige Personen, für Langzeitkranke und auch für betagte Priester. Die „Cittadella" hat auch die Aufnahme am Rand stehender und mittelloser Personen im Programm sowie eine Gemeinschaft zur Wiedereingliederung von Drogenabhängigen. Ferner sind eine Schule für die Ausbildung zum Volontariat und ein Studienzentrum über die Randgruppen vorgesehen.
Diese ganze komplexe Struktur wird durch die verschiedenen allgemeinen und besonderen Dienste koordiniert, die sie technisch effizient und einladend machen.
Angesichts einer so gegliederten und weitblickenden Initiative kommen spontan Worte aufrichtiger Anerkennung für den, der sie erdacht hat, und für die vielen Wohltäter, die die Eröffnung des ersten Kernes bereits möglich gemacht haben. Der Wettstreit an Großherzigkeit, an dem sich einzelne Gläubige und öffentliche Behörden beteiligen, beweist die Gültigkeit des Werkes und die Güte eurer Herzen.
Gewiß ist es vorzuziehen, daß jede Familie ihre alten oder kranken Lieben am heimischen Herd pflegt und betreut; leider ist das aber manchmal nicht möglich. Die „Cittadella della Caritá" kommt dann diesem Mangel entgegen und hilft ihm ab, sicher, wieder einmal auf das „Herz" Tarents zählen zu können. Eine Sicherheit, gegründet auf das Wort Gottes, das den Menschen selig nennt, der sich der Schwachen annimmt (vgl. *Ps* 41,2).
Mein Wort der Ermutigung geht in besonderer Weise an die Volontäre, die auf verschiedene Weise ihren Dienst leisten, sei es an diesem Ort, sei es in den diversen Vereinigungen, die durch die Diözesankommission für die Krankenseelsorge koordiniert werden. Setzt euren Dienst hochherzig und mit großem Feingefühl fort in dem Wissen, daß „die

Liebe niemals aufhört" (vgl. *1 Kor* 13,8). Ihr dient dem Menschen mit dem Herzen Christi, ihr dient Christus im Menschen, der leidet. In der Schule der Armen lernt ihr nach dem Vorbild Marias, die ersten „Früchte des Geistes", Liebe und Freude, Friede und Geduld (vgl. *Gal* 5,22) zu erbitten und zu geben.

3. Jetzt wende ich mich an euch, liebe Alte und Kranke. Ich habe lebhaftes Verständnis für eure Leiden und versichere euch des beständigen Gedenkens im Gebet. Ich möchte euch auch ermuntern, immer heiter und zuversichtlich zu sein in dem Bewußtsein, daß die gesamte Geschichte der Menschheit zu einem ewigen und von der Vorsehung gewollten Liebesplan des Vaters gehört. Jedes Leiden, so schmerzhaft und schwer zu ertragen es auch sei, findet im Pascha Christi seine Heilsfunktion. Die Krankheit ist eine weise Lehrmeisterin für alle Menschen! Vertraut daher immer auf den Geist des Herrn und auf Maria, die hl. Jungfrau! Das Gebet des Rosenkranzes begleite und tröste euch! Betet auch für die Kirche, für die Priester, für euer Seminar und für die Priester- und Ordensberufe! Betet für die gesamte Menschheit!
Ich möchte bei dieser Gelegenheit auch diejenigen ermuntern, die in den öffentlichen Sanitätsstrukturen den Kranken dienen und sich auf die Kunst des Pflegens und Heilens verstehen: mögen sie auch die Kunst des Tröstens und Stärkens auszuüben wissen! In der heutigen Gesellschaft sind wir alle ein wenig zu Eilfertigkeit und Hetze und vom Individualismus versucht. Wir müssen richtig zu reagieren wissen, besonders, wenn wir einen vom Alter oder von der Krankheit geschwächten Bruder vor uns haben. Dank der ethischen und beruflichen Ausbildung muß der im Sanitätsdienst Tätige geistig in der Überzeugung reifen, daß „nicht die Wissenschaft sondern die Liebe die Welt umwandelt", wie es der heilige Arzt aus Süditalien, *Giuseppe Moscati*, lehrt. Vor zwei Jahren hatte ich die Freude, ihn in das Buch der Heiligen einzuschreiben.

4. Gestattet jetzt, daß ich mich bei diesem unserem Treffen auch den Katechismusschülern und ihren Lehrern, den Eltern und den Pfarrern zuwende. Vor allem euch, liebe Schüler, meinen liebevollen Gruß und meine Ermutigung, die Katechismusschule zu bereichern mit eurem Eifer im Studium, euren vielfältigen Interessen und eurer beständigen Anwesenheit. Liebt den Katechismusunterricht als den schönsten Augenblick eures Tages! Es ist Jesus, der dort zu euch spricht, wie schon zu den Kleinen Palästinas. Hört auf sein Wort, folgt seinen Lehren, bleibt ihm an der Seite als dem größten und wahrsten Freund. Ich habe auch Kenntnis von dem großherzigen Einsatz, mit dem das grundlegende Werk der Religionsunterweisung in den Pfarreien vor sich geht. In den Schwierigkeiten der heutigen Zeit erklingen die Worte des göttlichen Meisters an den Vater deutlicher: „Das ist das ewige Leben: dich, den einzigen wahren Gott, zu erkennen und Jesus Christus, den du gesandt hast" (*Joh* 17,3). Die Förderung einer solchen „Kenntnis" verpflichtet die ganze Diözesankirche. Beharrliche Sorge ist daher der lehrmäßigen und moralischen Ausbildung der Katecheten und Katechetinnen zu widmen, besonders an den „Scuole Vicariali", so daß jeder Unterrichtende wirklich ein qualifizierter Meister und authentischer Zeuge christlichen Lebens sei.

Ich ermutige jede Pfarrei zu ihrer Arbeit und fordere euch auf, stets die Einheit zu suchen durch sinnvolle diözesane Weisungen, hinsichtlich des Alters und der Vorbereitung auf die Sakramente der christlichen Initiation, damit diese Momente echter Vertiefung und Reifung seien, Etappen eines geistigen, kirchlichen und gesellschaftlichen Weges. All diese Arbeit wird dauerhaftere Früchte bringen, wenn die Religionsunterweisung in der Jugendperiode und im Erwachsenenalter mit einer vermehrten und verantwortlicheren Teilnahme der Eltern am Glaubensweg ihrer Kinder zunimmt.

5. Schließlich will ich einen besonderen Gedanken an die Bewohner des Viertels „Paul VI." richten. Der anfängliche Kern von Arbeiterfamilien aus dem Eisenindustriekomplex ist heute weit hinausgewachsen über das, was er Weihnachten 1968 war. Das Siedlungsgebiet hat sich seitdem in verschiedene Richtungen ausgedehnt, und in beharrlichem Bemühen sucht man es mit sozialen Strukturen zu versehen und ihm die für eine im Wachsen begriffene Gemeinschaft unentbehrlichen Umweltbedingungen zu geben. Der erneute Besuch des Papstes bei euch möge euch zum Ausdruck bringen, mit welch konkreter Aufmerksamkeit die Kirche euch von allen umgeben zu sehen wünscht, doch auch das anspruchsvolle Vertrauen, das der Papst in euch setzt.
Die Probleme, die euch bedrängen, sind zahlreich, doch verzagt nicht! Jeder setze sich dafür ein, die Umgebung, in der er lebt, immer menschlicher und christlicher werden zu lassen. Zahlreich sind zweifellos die Bedürfnisse auf dem Gebiet des Sozialwesens, der Kultur und der Freizeit: von ganzem Herzen wünsche ich mir, daß diesen zeitig und mit Gespür begegnet wird. Die Grundlage eines ruhigen und würdigen zivilen Lebens besteht jedenfalls in der gegenseitigen Liebe und im aufbauenden Dialog, angeleitet von jener Liebe, die „nicht ihren Vorteil ... sucht ..., sondern ... sich an der Wahrheit ... freut". (*1 Kor* 13,5–6). Wesentlich ist, daß jeder jeden Tag versucht, besser zu sein, und das heißt konsequenter christlich; daß er versucht, den anderen zu helfen, ihnen in ihren Nöten beizustehen. Der Rest ergibt sich von selbst, und der Herr wird eure Vorsätze und eure Mühen segnen.

6. Meine Lieben! Das Wappen der „Cittadella della Caritá" gibt die Figur des Pelikans wider, der entsprechend der antiken Ikonographie die sich opfernde Liebe Christi des Erlösers darstellt, der sein Blut und sein Fleisch zur Nahrung und zum Freikauf der Menschen hingibt.
Es ist ein sehr bedeutungsvolles Symbol: laßt es geistig euren Herzen eingeprägt sein! Diese Begegnung sei für euch alle ein mächtiger Anstoß, immer mehr an das Wort Christi zu glauben, in seinem Namen immer besser zu lieben und zu dienen!
Mit diesen Wünschen erteile ich euch von Herzen meinen Segen.

Korruption und Vetternwirtschaft moralisch unwürdig

Ansprache bei der Begegnung mit der Belegschaft des Arsenals am 28. Oktober

Liebe Brüder und Schwestern!

1. Bei meinem Pastoralbesuch in der Erzdiözese Tarent durfte die Begegnung mit dieser alten, vielgesichtigen Realität, dem Arsenal der Kriegsmarine, nicht fehlen.
Ich danke den militärischen, zivilen und religiösen Persönlichkeiten, die mich empfangen haben, und insbesondere dem Befehlshabenden Admiral des Bereiches Jonisches Meer und Kanal von Otranto, der an mich den Gruß gerichtet hat, auch Namens des zivilen und militärischen Personals zu Land und zu See. Dann ein herzliches Dankeschön dem Arbeiter, der den Gefühlen und Erwartungen aller, die in diesem Komplex arbeiten, Ausdruck verliehen hat.

2. Liebe Freunde, unsere Begegnung geschieht zu einem besonders bedeutsamen Zeitpunkt für das Leben und die Aussichten eurer Einrichtung und der mit ihr eng verbundenen Stadt. Das erste Jahrhundert seit dem Beginn einer solch einzigartigen und fruchtbaren Beziehung scheint mir eine kostbare Gelegenheit zu sein für eine abgeklärte und aufbauende Bilanz, die euch alle verpflichtet, das Vor- und Nachher in Betracht zu ziehen, die vorgängige Situation eines Städtchens des 19. Jahrhunderts und die globale Zukunft des Hauptortes am Jonischen Meer, der sich in diesen hundert Jahren dazu gerufen sieht, eine stets entscheidendere Rolle für die Entwicklung der wirtschaftlichen und kulturellen Beziehungen nicht nur der Region sondern auch des Landes und des gesamten Mittelmeerraums zu spielen.
Zum Tarent der Boote und der Reusen, das seine Wiege in der „Cittá Vecchia“ hatte und in einem gewissen Sinn seinen Hauptbezugspunkt dort noch hat, ist ein neues Tarent hinzugewachsen, ein industrielles und kommerzielles, das noch immer auf der Suche nach einem einheitlichen Gesicht ist. Seit etwa zwanzig Jahren sodann scheint auch das neue Tarent – der „Borgo“ – nicht mehr den gewachsenen Bedürfnissen der Stadt zu entsprechen, so daß neue Stadtviertel in Richtung Nord und gegen Osten hinzuwachsen. Damit gehört das Arsenal nunmehr de facto – und nicht nur aus chronologischem Grund – zur historischen Zone der Stadt.

3. Meine Lieben, in einem rückschauenden Blick auf den von eurer geliebten Stadt zurückgelegten Weg habe ich auf das nacheinander „Hinzukommen“ neuer Realitäten zum anfänglichen Kern hingewiesen. Dabei bin ich mir bewußt, daß ihr alle auf der Suche nach etwas Tieferem seid: ihr verspürt die Notwendigkeit einer wahren Verbindung des Neuhinzugekommenen dieser Jahre mit den besonderen Dimensionen des Tarenter Volkes, auf daß ein wirklich harmonisches und bereicherndes soziales Zusammenleben möglich wird. Dies ist ein Herzensanliegen aller Tarenter – ich möchte sagen – der „Cataldianer“, deren Wurzeln im antiken gesellschaftlich-religiösen Geflecht der Insel gründen, aber ebenso der Bürger jüngerer Generation, die nach und nach aus Arbeitsgründen hierher gezogen sind. Nicht weniger lebendig ist dieses Anliegen in den mehreren tau-

send Berufs- und Pflichtsoldaten, die für kürzere oder längere Zeit in dieser Stadt leben und gewiß Anpassungsschwierigkeiten begegnen, sich aber oft auch fest an sie binden.

4. Wie ist es möglich, dieses „Mehr" zu erreichen, das euer aller Ansinnen ist? Die Frage ist wichtig und wartet auf eine Antwort. Versuchen wir, gemeinsam darüber nachzudenken.
Um ein solches Ziel anzusteuern, scheint es vor allem notwendig, den Beitrag in eurer Geschichte kennenzulernen, den jede der lokalen Realitäten gegeben und empfangen hat, ohne sich dabei eventuelle Lücken zu verbergen. Wie sollte man hier nicht an den großen Einfluß des Arsenals auf das wirtschaftliche Wachstum und die berufliche, ja auch die bürgerliche und moralische Bildung ganzer Generationen von Tarentern erinnern? Und wie sollte man anderseits nicht an das kostbare menschliche und umgebungsmäßige Gut denken, das die Stadt und die Provinz dem Lande durch dieses Arsenal auch in den dramatischen Stunden der jüngsten Vergangenheit zur Verfügung gestellt haben? Wir haben hier eine Gegenseitigkeit, die nunmehr Kultur geworden ist, eine nicht auslöschbare Tatsache.
An zweiter Stelle ist es notwendig, daß alle jonischen Realitäten gemeinsam ihre Zukunft planen wollen, ohne selbstverstümmelnde Ausschließlichkeiten aber auch ohne unbegründete Verwischungen. In der Enzyklika *Sollicitudo rei socialis* habe ich, wo ich von der Entwicklung des Menschen und der Gesellschaft spreche, gezeigt, daß diese sich gegen den Menschen und das Gemeinwohl richtet, wenn sie nicht nur durch direkte Manipulationen in einer verkehrten Weise beeinflußt, sondern auch durch Auslassungen und fehlende Achtsamkeit auf persönliche Verantwortungen fehlgeleitet wird (*Sollicitudo rei sozialis*, Nr. 36). Während ich mir daher einerseits von den zuständigen nationalen und lokalen Behörden die dringliche Festlegung von Projekten wünsche, die in der Lage sind, die jonische Wirtschaft zu diversifizieren und neue Arbeitsplätze zu schaffen, rufe ich alle zu mutiger moralischer Unterscheidung auf, zu einer Einstellung, die imstande ist, die Würde der menschlichen Arbeit und den sozialen Sinn jedes Arbeitsplatzes vor allen Angriffen und Entartungen zu verteidigen. Wir wissen wohl, daß, besonders in Krisenmomenten, jede Form von Korruption und Vetternwirtschaft sehr bitter, und abgesehen davon, moralisch unwürdig ist, auf welcher Ebene und in welcher Institution auch immer sie geschieht.
Schließlich, meine Lieben, ist es über diese lokalen Probleme hinaus notwendig, euch über die Art der Beziehungen zu fragen, die ihr von der Geschichte her auf nationalem und internationalem Gebiet herzustellen berufen seid, ohne die unverfälschten Werte eurer Tradition zu vergessen, sondern ihrer vielmehr stärker bewußt zu werden. Die heutigen Aussichten auf Frieden und Solidarität, die auf den Mittleren Osten, auf Afrika oder wo auch sonst hin gerichtet sind, drängen Tarent zu einer vereinten, wenn auch unterschiedlichen Antwort der Streitkräfte, eines Gutes des ganzen Landes, und der sozialen Kräfte, eines spezifischen Ausdrucks des Wachstums der Stadt.
Der Olivenbaum, den ich heute Abend in eurer Kapelle segnen werde, soll euch an diesen dreifachen Friedensauftrag erinnern: Friede vor allem innerhalb der vielfältigen Wirklichkeit des Arsenals, zwischen Zivilisten und Militärs, Staatsbeamten und Privaten, An-

sässigen und Gästen, Offizieren, Unteroffizieren und Rekruten; Friede sodann zwischen dem Arsenal und der Stadt, um gemeinsam neue und gesunde Wege der Zusammenarbeit zu suchen, die Abweichungen eindämmen und das Gemeinwohl aufbauen können; Friede schließlich als eine Berufung, die alle Realitäten des Golfes von Tarent dem Mittelmeer und der ganzen Welt gegenüber haben. Ein Olivenbaum, den ich gedanklich zu den mir liebsten Dingen geselle, zur Erinnerung an das friedliche Apulien und an den schrecklichen 1. September vor 50 Jahren. Dieser Olivenbaum soll euch dazu verpflichten, „eine Lehre aus jenem Vergangenen zu ziehen" und mitzuhelfen, daß es nie wieder zu jener „Ballung von Ursachen" komme, welche die überaus traurigen Ereignisse von damals in Gang setzte (vgl. Johannes Paul II., *Botschaft zum 50. Jahrestag des Ausbruchs des Zweiten Weltkriegs*).

5. Noch eine Ermahnung vertraue ich euch an, meine Lieben, für die Suche nach diesem persönlichen und sozialen „Mehr", von dem ich euch zuerst gesprochen habe.
Eure Arbeit im Arsenal ist vielgestaltig: jeden Tag werden hier die verschiedenen Kompetenzen der Hand und des Geistes zur Begegnung und zum Einklang gebracht. Könnte ich doch mit Ruhe durch eure Abteilungen gehen! Könnte ich euch doch bei euren Reisen von einem Land zum anderen begleiten! Sicher hätte ich die Gelegenheit, die Vielfalt und Schönheit eurer Werke im Entstehen zu bewundern. Vom allgemeinen Einfall zum detaillierten Plan und zur endgültigen Verwirklichung: was für ein Beitrag der menschlichen Genialität, gesteigert durch Technologien der Avantgarde!
Liebe Freunde, diese eure zugleich technische und kreative, spezifische und kollektive Tätigkeit läßt mich an eine bedeutsame Stelle der Bibel über die Beziehung zwischen Tüchtigkeit in der Arbeit und Weisheit im Leben denken. Wir lesen im *Buch Jesus Sirach*, daß es unmöglich wäre, eine Stadt zu bauen, in ihr zu wohnen und sich zu bewegen, ohne das Werk derer, die Meister ihrer Kunst sind und auf ihre Hände vertrauen. Doch all das genügt nicht. Es bedarf – so schreibt der heilige Verfasser – des Werkes dessen, der „die Weisheit aller Vorfahren ergründet, zu fremden Völkern reist, Gutes und Böses unter den Menschen erfährt und über das Gesetz des Allerhöchsten nachdenkt" (vgl. *Sir* 38,24–39,11).
Hier, meine Lieben, haben wir die goldene Regel für alle Arbeitenden in jeder Art von Arbeit und jedem Arbeitsmilieu: das persönliche und soziale „Mehr" ist Frucht dieser Synthese zwischen der Arbeit der Hände und der Weisheit des Geistes und des Herzens. Sie ist zugleich Frucht eures Suchens und Gabe des Allerhöchsten. Ohne sie ist das Leben arm und der zum Aufbau der Stadt des Menschen geleistete Beitrag bleibt oberflächlich und hinfällig.
Und das wünscht euch der Papst: daß ihr alle die Weisheit dieses „Mehr", die aus dem Glauben an Christus kommt, erfahrt und in der Kirche jenem „festlichen Haus" begegnet, in dem sich alle eure Familien und eure ganze liebe Stadt vereint zusammenfinden mögen. Diese Wirklichkeit der Gemeinschaft wirft uns, wenn wir sie einmal erfahren haben, über die Zeit hinaus in die vollkommene Gemeinschaft des Vaters, des Sohnes und des Heiligen Geistes.
In diesem Sinn und mit diesen Wünschen erteile ich allen von Herzen meinen Segen.

Christliche Ehe ist gemeinsame Glaubenserfahrung

Ansprache bei der Begegnung mit Neuvermählten am 28. Oktober

Meine lieben Eheleute!

1. Ich danke eurem Erzbischof und dem Ehepaar für die im Namen aller an mich gerichteten Grußworte.
Immer wenn ich eine Kathedrale betrete, fühle ich mich von der gesamten Ortskirche aufgenommen. Ich freue mich darüber, daß es heute abend, am Ende meines ersten Tages in Tarent, Neuvermählte sind, die stellvertretend für die Ortskirche zusammen mit dem Bischof den Papst aufnehmen. Mit eurer Anwesenheit erfüllt ihr, liebe Eheleute, dieses alte Gotteshaus mit jugendlicher und hoffnungsfroher Stimmung.
Ich freue mich über diese Begegnung und grüße euch und alle Eheleute ganz herzlich. Inmitten des Volkes Gottes habt ihr eure besondere Gnadengabe: kraft des Ehesakraments seid ihr Teilhaber am Geheimnis der Einheit und fruchtbaren Liebe, die Christus mit seiner Kirche verbindet (vgl. *Lumen Gentium*, Nr. 11). In eurer Mitte beschließt der Papst seinen heutigen Tag in gewissem Sinne mit dem Gefühl, in eurem Haus aufgenommen zu sein, um mit euch die bedeutendsten Momente eures Weges zu überdenken.
Die Erinnerung an die kürzliche Trauungsfeier ist in euren Herzen noch sehr lebendig, namentlich ob der Glückwunsch- und Segensworte, die euch der Priester an jenem Tag vor dem Altar gesagt hat. Im Namen Gottes und der Kirche und in Anwesenheit eurer Lieben hat er euch ermahnt, immer mutig und treu eurer Berufung zu entsprechen. Diese abendliche Begegnung erlaubt erneut, die Bedeutung der christlichen Ehe zu erläutern.

2. In diesem Sinne möchte ich euch in erster Linie anempfehlen, euren Ehebund in einem Klima des Glaubens zu leben. Christliche Liebe ist nicht nur Frucht des eigenen Wollens oder Fühlens, sondern auch und vor allem Wirkung des Gnadenlebens der Eheleute. Als Christen lieben sie sich natürlich mit menschlichem Herzen, doch gleichzeitig sozusagen mit und im Herzen Christi. Er ist es, der in ihnen und durch sie liebt, wenn es wahr ist, daß der Christ mit dem hl. Paulus sagen kann: „Nicht mehr ich lebe, sondern Christus lebt in mir" (*Gal* 2,20).
Dieser Gedanke sollte euch Trost und Stärkung sein: in der auf euch zukommenden Verantwortung als Ersterzieher eurer Kinder; in den lauteren und tiefen Freuden des gegenseitigen Übereignetseins; doch auch in Zeiten der Prüfung, wenn das gegenseitige Vertrauen nachzulassen scheint, wenn das Einander-Annehmen so schwer zu sein scheint, wenn das Unverständnis jeglichen Einklang und jede Gemeinsamkeit zu verdunkeln oder gar unmöglich zu machen scheint. Es ist Gott selbst, der euch verbunden hat! Er hat eure Liebe gewollt und gesegnet! Er kann und will in euch und durch euch lieben! Wenn die Liebe der Schwäche rein menschlicher Kraft überlassen bleibt, dann wird sie nicht mit Schwierigkeiten fertig. Wenn sie jedoch in Gott verankert ist, dann weiß sie treu zu sein und sich in der Prüfung zu stärken.

Liebe Brautleute, die christliche Ehe ist eine gemeinsame Glaubenserfahrung, ein ernsthafter Weg der Formung und des Zeugnisses, der mit dem festlichen Tag des gegenseitigen „Ja“ beginnt, doch das ganze Leben dauert.

3. Die Liebe unter Ehegatten kann nur dann in eine Krise geraten, wenn sie egozentrisch und individualistisch ist. Die Christen wissen, daß jede Art Liebe, insbesondere jedoch die Gattenliebe, in der Selbsthingabe ihr Prinzip und ihr Gesetz finden muß, wenn sie zum erhofften Glück führen soll. Davon bietet uns der hl. Paulus im 13. Kapitel seines ersten Briefes an die Korinther eine glänzende Definition, wenn er u.a. sagt: „Die Liebe erträgt alles, glaubt alles, hofft alles, hält allem stand“ (*1 Kor* 13,7).
Wenn dieses Gesetz nicht angewandt wird, dann erkaltet auf lange Sicht jede Art Liebe und kann Prüfungen nicht standhalten. Das gilt insbesondere für die Gattenliebe, deren Zielsetzung sich nicht auf den Bereich der rein irdischen Erfahrung beschränkt, sondern sich der Perspektive des ewigen Lebens öffnet. Das Abbild Gottes, das der geliebten Person eingeprägt ist, muß man entdecken, wenn man in einer Liebe ohne Ende mit ihr verbunden sein will. Die christliche Liebe hebt dieses Abbild ins Licht und deswegen ist sie auch Garantie gegenseitiger Treue. Wiederum ist es der hl. Paulus (vgl. *Eph* 5,21–23) – und ich habe daran in meinem Apostolischen Schreiben *Mulieris dignitatem* (Nr. 24) erinnert –, der uns die Neuheit des „gegenseitigen Sich-Unterordnens in der gemeinsamen Ehrfurcht vor Christus“ verkündet; denn „während die Unterordnung in der Beziehung Christus – Kirche nur die Kirche betrifft, ist diese ‚Unterordnung‘ in der Beziehung Gatte – Gattin nicht einseitig, sondern gegenseitig“.

4. Mit der Eheschließung, meine lieben Brautleute, habt ihr mit der Verwirklichung eines großen Projektes begonnen: mit der Verschmelzung eurer Personen zu „einem Fleisch“, um aus dieser wunderbaren Einheit das Leben entstehen zu lassen, neues menschliches Leben. Ihr seid Mitarbeiter des Schöpfers in der Weitergabe und der erzieherischen Pflege des menschlichen Lebens. Die bräutliche Liebe mündet ihrer Natur nach in väterlicher und mütterlicher Liebe. Euer Vater- und Muttersein geht, wie ihr wohl wißt, über die rein physischen Faktoren hinaus und wird ein geistliches Erzeugen. Damit ist eure erzieherische Aufgabe angesprochen! Ihr seid gefordert, der Frucht eurer Einheit nicht nur die materiellen Güter zu vermitteln, sondern auch jene Gaben des Geistes, jene Tugenden, jene Ideale und jene sittlichen Werte, die das wertvolle Erbe darstellen. Gerade dafür werden euch eure Kinder dankbar sein. Das rein materielle Erbe ist gewiß bedeutsam, doch kann es „vom Dieb gefunden oder von der Motte zerfressen“ werden; das Beispiel eines rechtschaffenen und heiligen Lebens ist ein Erbschatz, „den kein Dieb findet und keine Motte frißt“ (vgl. *Lk* 12,33).

5. Streben jedes guten Vaters und jeder guten Mutter ist es, ihre Kinder zur Ehrenhaftigkeit, zur Loyalität, zur Gerechtigkeit zu erziehen, damit sie den Eltern – doch auch der Kirche zur Ehre gereichen.
Die Formung der Kinder auf ihrer Entdeckungsreise des Lebens als einer Gabe und Aufgabe, die Hinführung der Heranwachsenden zu persönlicher Reinheit und zum rechten Verständnis der Würde der Ehe, zu den sozialen, menschlichen und christlichen Tugen-

den – das ist und bleibt für die Eltern eine schwierige Kunst. Leider müssen sie oft beklagen, daß sie in ihrem Erziehungswerk vom jeweiligen Milieu und von den Massenmedien, die sich im allgemeinen von permissiven Kriterien leiten lassen, nicht unterstützt werden.

Angesichts dieser Schwierigkeiten solltet ihr, meine lieben Brautleute, auf die Standesgnade zählen, die ihr mit dem Ehesakrament empfangen habt. Sie befähigt euch zur rechten Erfüllung eurer Pflichten als Eltern und Erzieher, öffnet euch höhere Perspektiven für das Wohl eurer Kinder. Je mehr ihr euch von den großen christlichen Zielen anziehen laßt, desto mehr und erfolgreicher werdet ihr eurer Verantwortung gerecht. Wieviele Eltern haben doch im Lauf der Kirchengeschichte die Gnade und die Kraft gehabt, gute und rechtschaffene Kinder zu erziehen, obwohl die Zeitläufe diesem Bemühen entgegenstanden! Wieviele große Heilige haben den Keim ihres Strebens nach Vollkommenheit in der Familie empfangen!

Denken wir nur, als ein spirituelles Ruhmesblatt für Tarent, an den seligen Ägidius, der unweit dieser Kathedrale am Pendio La Riccia in einer arbeitsamen und gottesfürchtigen Familie geboren wurde!

6. Die Kirche von morgen braucht euch, meine lieben Brautleute. Seid euch dieser Sendung bewußt und nutzt alle geistlichen Hilfen und pastoralen Vorschläge, die euch die Kirche auf Pfarr- wie Diözesanebene anbietet, damit ihr eurer Aufgabe als Eheleute und Erzieher gerecht werdet. Sichert so nicht nur der kirchlichen Gemeinschaft, sondern auch der bürgerlichen Gesellschaft eure wirksame und weitschauende Mitarbeit. Denn „die Förderung einer echten und reifen Gemeinschaft von Personen in der Familie ist erste und unersetzliche Schule für Gemeinschaftsverhalten und wird so zum Beispiel und Ansporn für weiterreichende zwischenmenschliche Beziehungen im Zeichen von Achtung, Gerechtigkeit, Dialog und Liebe" (vgl. *Familiaris consortio*, Nr. 43).

Unsere Begegnung in dieser Kathedrale möge euch und alle Familien an die enge Verbindung mit der Ortskirche auf ihrem Weg durch die Geschichte und an die Verpflichtung erinnern, in der Einheit und in der Liebe zu wachsen. Sucht in eurer Berufung, die Gabe und das Geheimnis des Lebens aufzunehmen und ihm zu dienen, immer das Vorbild von Maria und Josef, der Mutter und des Nährvaters unseres Erlösers!

Von Herzen segne ich euch und alle eure Lieben.

Aus dem Stegreif fügte der Papst hinzu:

Wir können natürlich dieses so tiefe und vielfältige Thema eurer menschlichen und christlichen Berufung und Sendung bei dieser Gelegenheit nicht umfassend behandeln. Zu dem eben Gesagten möchte ich eine Ermutigung, eine Einladung zum Gebet, zum Verharren im Gebet hinzufügen. Ihr seid vor Gott in einem Sakrament verbunden worden und deswegen seid ihr für immer verbunden, in jeder Lebenslage. Diese Verbindung vor Gott ist in sich schon ein Gebet, euer gemeinsames Leben aus dem Sakrament ist ein existentielles Gebet. Diese Wahrheit soll in eurer Ehe zum Ausdruck kommen. Im liturgischen, im gesprochenen, im meditativen Gebet. Im Knien vor dem Allmächtigen Vater, der euch zu „einem Fleisch", doch in Christus auch zu einem Geist verbunden hat.

Und dann, meine Lieben, wenn man die für das Erziehungswerk geeignete Umwelt finden will, von der ich eben gesprochen habe, wenn man in der Familie in einem spirituellen Klima erziehen will, dann muß man beten. Man kann die Kinder nicht die Wahrheit Gottes lehren, wenn man nicht mit ihnen betet; denn diese Wahrheit findet im Gebet ihren Ausdruck und wird mit dem Gebet weitervermittelt.
Ich lade euch von Herzen zum Gebet ein, zu diesem gemeinschaftlichen, ehelichen, familiären Gebet. Dann könnt ihr Prüfungen überwinden, doch vor allem könnt ihr euer vor dem Altar, vor Gott gegebenes Versprechen verwirklichen, daß ihr euren wunderbaren Ehebund in Treue, Liebe, Gemeinschaft bis zum Tod aufrecht erhalten wollt. Tut es in der Kraft des Gebetes. Versucht euer großes Lebensprojekt tagtäglich aus und mit dem Gebet zu verwirklichen, zieht daraus Kraft.
Das Gebet ist nicht nur unser Werk, mit dem wir uns verpflichten, mit dem wir uns Gott, seiner unendlichen Majestät und seiner Güte zuwenden. Das Gebet ist auch Quelle göttlicher Energien. Es ist ein Dialog der Kräfte. Wir treten vor Ihn, unseren Gott und Vater, treten vor die Dreifaltigkeit, vor unseren Erlöser, vor den Heiligen Geist. Und Er tritt sogleich ins Gespräch mit uns und bietet uns jene Energien an, dank derer unser Leben göttlich wird.
Das wollte ich noch hinzufügen, ohne zu ausführlich zu werden in dieser wunderschönen Komposition: die jüngsten Brautpaare des Erzbistums Tarent in der ältesten Kathedrale Apuliens.

Ein Leuchtturm für die Gläubigen

Predigt bei der Eucharistiefeier am 29. Oktober

1. „Gott ist Geist, und alle, die ihn anbeten, müssen im Geist und in der Wahrheit anbeten" (*Joh* 4,24).
Das sind Worte aus dem soeben verkündeten Evangelium. Jesus spricht am Jakobsbrunnen mit einer samaritischen Frau. Schrittweise führt er sie in das Geheimnis seiner Person und seiner Sendung ein. Er ist der Christus, der Messias, und seine Sendung steht mit dem Tempel in Verbindung. Der Messias ist ja der, welcher der Menschheit die Aussicht auf das Heil eröffnet. Die Aussicht auf die Verbindung mit Gott. Jeder Mensch ist dazu berufen, den ewigen Vater anzubeten.
Hier erhebt sich die Frage: Welcher Tempel ist zu diesem Zweck bestimmt? Der samaritanische auf dem Berg Garizim? Oder der salomonische in Jerusalem?
Jesus antwortet der Samariterin: „Ihr betet an, was ihr nicht kennt, wir beten an, was wir kennen; denn das Heil kommt von den Juden. Aber die Stunde kommt, und sie ist schon da, zu der die wahren Beter den Vater anbeten werden im Geist und in der Wahrheit; denn so will der Vater angebetet werden" (*Joh* 4,22–23).

2. Brüder und Schwestern der Kirche von Tarent, lassen wir diese Worte Christi zu uns allen sprechen, vor allem an dem Tag, an dem wir in der Liturgie den Jahrestag der Weihe

eurer alten Kathedralkirche begehen, die der in den Himmel aufgenommenen Gottesmutter und dem hl. Cataldo geweiht ist. Gerade in diesem geliebten Gotteshaus habe ich gestern abend meinen ersten Tag in Tarent abgeschlossen. Ich hatte dort, wo so vieles von eurer Vergangenheit als christliches Volk spricht, eine Zusammenkunft mit den jungen Ehepaaren. Ich bin also der Vergangenheit und der Zukunft eurer Gemeinschaft begegnet, die sich in diesem Bauwerk zu wunderbarer Harmonie zusammenschließen.
Nun erinnert uns die Liturgie an die Weihe des alttestamentlichen Heiligtums, nämlich des salomonischen Tempels in Jerusalem. Bei dessen Weihe betete der König mit folgenden Worten: „Wohnt denn Gott wirklich auf der Erde? Siehe, selbst der Himmel und die Himmel der Himmel fassen dich nicht, wieviel weniger dieses Haus, das ich gebaut habe!“ (*1 Kön* 8,27).
Salomo weiß um die absolute Transzendenz Gottes. Derjenige, „der ist“, Jahwe, kann nicht in irgendeinen Raum eingeschlossen werden. Er ist es ja, der alles umfaßt. „Denn in ihm leben wir, bewegen wir uns und sind wir“, wird eines Tages Paulus von Tarsus vor dem Areopag von Athen sagen (*Apg* 17,28).
Ja! Gott umfaßt und durchdringt alles bis ins Innerste. Und daher wagt Salomo zu bitten, der unendliche Gott möge sich würdigen, dieses Bauwerk zu erfüllen, das Israel, sein auserwähltes Volk, für ihn errichtet hat. Es ist die Stätte, von der er gesagt hat, daß dort sein Name wohnen solle (vgl. *1 Kön* 8,29). Hier ist also der Ort des Gebetes, der innigsten Verbundenheit des Menschen mit Gott auf der Erde: „Achte auf das Flehen deines Knechtes und deines Volkes Israel. ... Höre sie im Himmel, wo du wohnst. Höre sie, und verzeih!“ (*1 Kön* 8,30).

3. Wir lesen dieses Gebet Salomos in Gedanken an eure Kathedrale. Der König Israels hat wirklich von der Wahrheit über Gott Zeugnis gegeben. Sein Gebet kommt den Worten nahe, die Jesus viele Jahrhunderte später sagen wird: „Gott ist Geist, und alle, die ihn anbeten, müssen ihn im Geist und in der Wahrheit anbeten.“
Doch die Worte Christi gehen noch weiter. Woher kommen die wahren Anbeter? Wie kann man Gott, der absoluter Geist ist, im Geist und in der Wahrheit anbeten? Das alles wird möglich, aber nicht durch das Tun des Menschen, nicht durch seine menschliche Begabung, sei sie auch überragend. Das alles wird einzig und allein möglich durch Christus, den Eckstein. Er, einzigartig in der Geschichte der Menschheit von deren Anfang bis zum Ende, ist eins mit dem unendlichen Gott. Er ist das göttliche Wort, der Sohn, eines Wesens mit dem Vater. Er ist Gott in der Wahrheit seiner Sohnschaft, vor allem in dem erlösenden Opfer seines Kreuzes und seiner Auferstehung. „Seht her, ich lege in Zion einen auserwählten Stein, einen Eckstein“ (*1 Petr* 2,6). Dank der Macht dieses Steines erstreckt sich die Anbetung des unendlichen Gottes im Geist und in der Wahrheit auf alle erlösten Menschen. Alle werden wir wie lebendige Steine des Tempels, in welchem, zusammen mit Christus, im Geist und in der Wahrheit Anbetung dargebracht wird. Wir sind ja alle im Heiligen Geist getauft. Wir stillen unsern Durst an der Quelle dieses Geistes.

4. Und wir, lebendige Steine, bekennen diese Wahrheit über unser neues Leben, über unser Sein in Christus, dem Eckstein, über die Tatsache, daß wir vom Geist des Osterfe-

stes und des Pfingstfestes druchdrungen sind. Wir bekennen eine Wahrheit, die wir sichtbar machen durch jedes Gotteshaus, jede sichtbare Kirche, die wir auf Erden errichten. In besonderer Weise machen wir sie sichtbar durch die Kathedrale, deren Jahrestag der Weihe wir heute feiern. Die Kathedrale spiegelt das Geheimnis Gottes wider, das in uns ist, werden wir doch „als lebendige Steine zu einem geistigen Haus auferbaut, zu einer heiligen Priesterschaft, um durch Jesus Christus geistige Opfer darzubringen, die Gott gefallen" (*1 Petr* 2,5).

5. Gesegnet bist du, Kathedrale des Gottesvolkes in der Stadt Tarent!
Dich preisen selig die Generationen, die dich die Jahrhunderte hindurch betreten haben, alle jene, die die Freude erlebt haben, von der der Psalmist spricht: „Ich freute mich, als man mir sagte: ‚Zum Haus des Herrn wollen wir pilgern.' Schon stehen wir in deinen Toren, Jerusalem: Jerusalem, du starke Stadt, dicht gebaut und fest gefügt. Dorthin ziehen die Stämme hinauf, die Stämme des Herrn, wie es Israel geboten ist, den Namen des Herrn zu preisen" (*Ps* 121/122,1–4).
Mitten zwischen die Häuser gestellt, von engen Gassen umgeben, die Armut und menschliche Nähe, Schutzbedürftigkeit und Suchen nach Gemeinschaft verraten, spricht eure Kathedrale auch heute noch zu den Gläubigen und den Touristen vom Zusammentreffen des christlichen Glaubens mit dem Heidentum, sie spricht von der Begegnung zwischen dem christlichen Osten und dem christlichen Westen, zwischen der griechischen Welt und der lateinischen Welt.
Wie die zahlreichen anderen Schwesterkirchen Apuliens ist eure Kathedrale – die einzige, die sich auf einer Insel befindet – ein Leuchtturm für die Gläubigen jeder Generation gewesen:

- mit ihrem Baptisterium war und ist sie Taufbecken des neuen Menschen, Bild des auferstandenen Christus;
- Die Kirchenschiffe in ihrer strengen und einfachen Architektur mahnten und mahnen getreu an jenes göttliche Wort, das für jedes Volk und jede Kultur „nützlich ist zur Belehrung, zur Widerlegung, zur Besserung, zur Erziehung in der Gerechtigkeit" (*2 Tim* 3,16);
- die Sakramentskapelle und die Kapelle des hl. Cataldo sind ein Mikrokosmos von Gesellschaft und Kirche, von Gemeinschaft der Heiligen und der Sünder, die zur Fülle der Liebe und der Gabe Gottes berufen sind.

6. Gesegnet bist du, Tempel des Gottesvolkes, Kathedrale des Bischofs, Mutter der Kirchen der Erzdiözese! Wie groß ist dein Wert in unserer Zeit!
Heiligtum des lebendigen Gottes, sprich zu den Menschen von heute, zu jedem, wer immer es auch sei! Du sprichst von Gott, der alles umfängt. Dieser Gott ist zugleich auch in uns. Er ist der Eckstein unseres Daseins in Raum und Zeit. In der Welt, die vom Vorübergehenden beherrscht wird, in der Welt, die der sinnenfälligen Erfahrung und der Hinfälligkeit unterworfen ist, richte unaufhörlich einen Ruf an jeden Menschen: den Ruf zur Anbetung „im Geist und in der Wahrheit", den Ruf zur Liebe und zum ewigen Leben. Den Ruf, der an die „wahren Anbeter" gerichtet ist.

Gesegnet bist du, Gotteshaus, Zeichen des neuen und ewigen Bundes in Jesus Christus! Ja, in Ihm sind wir durch die Kraft des Heiligen Geistes hier versammelt als „eine königliche Priesterschaft, ein heiliger Stamm, ein Volk, das Gottes besonderes Eigentum wurde, damit wir die großen Taten dessen verkünden, der uns aus der Finsternis in sein wunderbares Licht gerufen hat" (vgl. *1 Petr* 2,9).
Kirche in Tarent, entdecke heute aufs neue, in erneuter Freude deine Berufung, vor der Welt die „großen Taten Gottes" zu verkünden. Entdecke aufs neue deine Berufung, und setze dich dafür ein, sie zu erfüllen. Gott sei mit dir! Amen.

In Eintracht und Frieden leben

Angelus am 29. Oktober

„Fürchte dich nicht, Maria" (*Lk* 1,30).

1. „Fürchte dich nicht, Maria!" Liebe Brüder und Schwestern, diese Worte des Erzengels Gabriel an die Jungfrau Maria bilden den Rahmen der Verkündigungsszene, die in eurer Kathedrale dargestellt ist. Am Ende des geheimnisvollen Glaubensgesprächs mit dem göttlichen Boten sagt Maria: „Ich bin die Magd des Herrn" (*Lk* 1,38). Im Geist stehe ich vor dem Gnadenbild an dem Platz, der in eurem Gotteshaus für den Nachfolger Petri bestimmt ist, und ich möchte jetzt das althergebrachte Angelusgebet sprechen.

2. Ich tue es mit euch hier anwesenden und mit allen Gläubigen eurer tief marianischen Erzdiözese; ich tue es und denke dabei an die Ehrentitel, die eure Vorfahren der seligsten Jungfrau gaben, und an die Anrufungen, die so oft von ihren Lippen kamen und an Maria gerichtet waren. In diesen Worten lernt ihr nicht nur eure geschichtliche Vergangenheit zu lesen, sondern auch Hinweise für eure Zukunft.
Mit den Gläubigen der Stadt Tarent verehren wir sie unter den Namen der Immakulata vom Berge Karmel, der Schmerzhaften Muttergottes und Unserer Lieben Frau vom Rosenkranz; mit den Einwohnern von Marina und Pulsano rufen wir sie an als „Heil der Kranken", als Beschützerin in jeder Krankheit; Maria, dem „Stern des Meeres", empfehlen wir die Fischer und Seeleute. Von Grottaglie und San Marzano, von Lama und Crispiano, von Talsano, Carosino und Monteparano, aus jedem Ort der Kirche von Tarent nehmen wir die Zeichen dieser gemeinsamen Verehrung zur Mutter des Erlösers auf.

3. Ihrer mütterlichen Führung möchte ich den Weg eurer Gemeinschaft anvertrauen, damit sie im Glauben und in der Liebe wachse. Maria, die der Aufforderung, sich nicht zu fürchten, folgte und mit einem Ja ohne Vorbehalte anwortete, helfe den Priestern und Laien von Tarent, alle Angst zu überwinden. Durch ihre Fürbitte und ihr Beispiel macht Maria euch dem Geist gegenüber aufmerksam und fügsam; sie macht euch zu freien und freudvollen Zeugen der Frohen Botschaft, zu bescheidenen und mutigen Dienern eurer Armen und eurer Schwachen. Als erste Jüngerin und Missionarin ihres Sohnes Jesus macht sie euch bereit und hochherzig für euer christliches Zeugnis, das darauf abzielt,

nicht nur ein unvergleichliches Erbe von religiösen Werten zu bewahren, sondern es auch in andere Länder und auf andere Brüder und Schwestern auszustrahlen.
Deshalb – wie Maria – „fürchte dich nicht", heilige Kirche von Tarent! Der Herr ist mit dir! Der Herr sei mit dir, immer!

Nach dem Angelusgebet sagte der Papst:

Einen besonderen Gruß möchte ich jetzt an die Vertreter der albanischen Gemeinde in Italien richten, die hier von S. Marzano und S. Giuseppe sowie anderen Pfarreien dieser Erzdiözese versammelt sind.
Ich beglückwünsche euch, liebe Brüder und Schwestern, zu dem Einsatz, mit dem ihr die Sprache und die Traditionen eurer Väter liebevoll bewahrt.
Euch, den Angehörigen dieses edlen Volkes, das im Laufe der Geschichte seine kulturelle Identität und seinen religiösen Glauben auch unter vielen Schwierigkeiten und Opfern verteidigt habt, gilt mein liebevolles und segensreiches Gedenken mit dem Wunsch, daß ihr in Frieden und Eintracht mit all euren Brüdern und Schwestern leben mögt.

Solidarität und Umweltschutz

Ansprache bei der Begegnung mit Bauern und Handwerkern am 29. Oktober

1. Im Rahmen meines Pastoralbesuchs im Erzbistum Tarent durfte eine Begegnung mit eurer so schönen Gemeinschaft von Martina Franca nicht fehlen. An diesem Ort bin ich gedrängt, den Blick zum Horizont zu heben, auf der einen Seite das Ionische, auf der anderen das Adriatische Meer zu suchen. Doch sucht das Auge insbesondere das stimmungsvolle Itria-Tal, das von den Landarbeitern und der ganzen Bevölkerung mit liebenswertem Stolz gepflegt wird. Mit gleicher Neugier richtet es sich auf den historischen Stadtkern auf der Suche nach den auserlesenen Werken eurer handwerklichen Tradition.
Betrachtet man von diesem einzigartigen Aussichtspunkt aus das Ganze von Martina Franca, alle seine Häuser und Straßen, Gärten und Felder, dann empfindet man sogleich Bewunderung für den Schöpfer und für die menschliche Arbeit. Generationen von Bauern haben in zäher und mühsamer Arbeit dem Murgia-Felsen Erdgut abgerungen, es verfeinert und fruchtbar gemacht. Damit schufen sie auch sozusagen erst die Ausgangsposition für das Handwerk, das Holz und Stein, Kalk und Wolle verarbeitet – Werkstätten, die auch an anderen Orten dieser Provinz eine glorreiche Tradition haben: man denke nur an die Keramiken von Grottaglie.
Groß ist das Verdienst eurer Vorfahren, die Wälder hegten und pflegten, den Boden mit Weinstöcken und Olivenbäumen bereicherten, den harten Stein und die typischen weißen „Trulli" errichteten.
In gleicher Weise bewundernswert ist ihr tätiger Glaube, der diese Gegend mit Kapellen, Heiligtümern und Kirchen bestückte, unter denen das Stift von San Martino hervorragt. All das zeugt von einer althergebrachten fruchtbaren Verbindung von Religion und Ar-

beit, von Mühsal und Kreuz, Schweiß und Gebet, Schöpfergeist und Erlösung (vgl. *Laborem exercens*, Nr. 27).

2. Heute, wir wissen es, steht die Wirtschaft dieses Landstrichs vor einigen Schwierigkeiten. Die kleinen landwirtschaftlichen Familienbetriebe suchen nach einem Zugeld, sei es aus einem Handwerk oder aus anderen Tätigkeiten. Landwirtschaft und Handwerk erfahren eine komplexe Entwicklung. Nicht nur und nicht so sehr in der Struktur und in der Produktionsweise, eher aufgrund der Gesetzmäßigkeit von Angebot und Nachfrage, die der Quantität Grenzen setzt und immer anspruchsvollere Bedingungen an Qualität und Neuheit der Produkte stellt. Kein Produktionszweig kann sich als eigenständig bezeichnen.
Mit ihren Produkten ist die Landwirtschaft ein Glied im Wirtschaftssystem des Landes und spiegelt zusammen mit dem Handwerk die immer engere allgemeine Verflechtung im Entwicklungsprozeß wider. Deswegen ist auch eure Arbeit der Gefahr einer neuen Knechtschaft ausgesetzt, die ein „indirekter" Arbeitgeber ausübt. In meiner Enzyklika *Laborem exercens* (vgl. Nr. 17), habe ich vor einer solchen ethisch nicht korrekten Arbeitspolitik gewarnt, die gelegentlich auch vom Staat selbst ausgeübt wird. Ich bin hier, um zu wirtschaftspolitischen Anstrengungen anzuspornen und zu ermutigen, die den spezifischen Rechten der Arbeiter entsprechen, gerade jener des Südens.
Die dringend notwendige Veränderung der Wirtschaft dieser Gegend verlangt eine koordinierte und korrekte Förderung der Landwirtschaft durch wachsende Kooperation. Verlangt auch die Anwendung der einschlägigen Gesetze, damit das Handwerk nicht zu einem elitären Überleben gezwungen wird. Die weltweite Stahlkrise macht es notwendig, daß das Gemeinwohl durch eine neue, gerechte und solidarische Regelung der Beziehungen zwischen den verschiedenen Wirtschaftszweigen angestrebt wird.

3. Ich sprach von Solidarität. Sie ist zugleich Quelle und Frucht des Friedens mit Gott und seiner ganzen Schöpfung. Sie begründet und nährt jene ruhige und harmonische Beziehung der Menschen untereinander und mit der kosmischen Wirklichkeit, die fruchtbare Tradition der bäuerlichen wie der handwerklichen Kultur war, als echte und wahre Schule des Lebens.
Ich kann nicht umhin, euch meine Sorge um eine der drängendsten Herausforderungen unserer Generation anzuvertrauen: Wie kann die Wirtschaftsentwicklung mit der menschlichen Umwelt, mit der Lebensqualität vereinbart werden?
Wissenschaftliche Forschung, Vorschläge und Initiativen der Berufsvereinigungen und vor allem die Verantwortung der Wirtschaftsmanager müssen die „menschliche" Verträglichkeit der Techniken der Produktion, der Weiterverarbeitung, des Handels mit dem Umweltschutz wahren. „Im Verhältnis zur sichtbaren Natur sind wir nicht nur biologischen, sondern auch moralischen Gesetzen unterworfen, die man nicht ungestraft übertreten kann" (vgl. *Sollicitudo rei socialis*, Nr. 34). Und das ist ein Gebot für jeden einzelnen.
In diesem von der großstädtischen und industriellen Umweltverschmutzung noch relativ unberührten Landstrich ermahnt euch der Papst zur Weitsicht hinsichtlich der Güter einer reinen Luft und eines sauberen Wassers, grüner Bäume und gepflegten Bodens. Nur

so könnt ihr den kommenden Generationen das Erbe eurer natürlichen Reichtümer unversehrt weitergeben und den althergebrachten Geist tätiger, herzlicher und zugleich fordernder Gastfreundschaft eurer Vorfahren weitervermitteln. Nur so übertragt ihr das echte Gespür für die Schöpfung und die Brüderlichkeit auf eure Nachkommen und auf alle, die morgen dieses euch so teure Land bewohnen werden.

4. Die Lebensqualität entspringt nicht nur einer gesunden und sauberen Umwelt, sie ist auch die Frucht einer umfassenden Förderung der wirtschaftlichen, kulturellen und moralischen Werte eines Volkes.
Diese Werte müssen aus der Weisheit des Evangeliums immer wieder in Erinnerung und miteinander in Einklang gebracht werden.
Insbesondere erfordert die Qualität des sittlichen und religiösen Lebens, das immer Seele und Ansporn eurer Kultur war, von euch allen einen großmütigen Einsatz der Wiederbelebung. Die herkömmlichen Formen der Volksfrömmigkeit und des sozialen Einsatzes, die eure Geschichte kennzeichnen, bedürfen heute einer neuen Aussaat, wo immer es möglich ist: in den religiösen Vereinigungen und in den Bildungsstätten, im karitativen Apostolat, in den Bruderschaften und in allen anderen Organisationen. Aus dem Bewußtsein, daß „jedem die Offenbarung des Geistes geschenkt ist, damit sie anderen nützt“ (*1 Kor* 12,7), sollt ihr freudig und eifrig im Weinberg des Herrn arbeiten, damit Martina Franca, ein Ort, der Menschen schöpferischen Geistes und hoher Kultur hervorgebracht hat – Kardinäle, Bischöfe und Priester, Ordensleute sowie in Gesellschaft und Kirche hochverdiente Laien –, auch in unseren Tagen reiche Früchte der Zusammenarbeit und Solidarität bringe.
Liebe Bewohner von Martina Franca, begleitet eure neue Generation mit beständiger und mutiger Liebe zum Leben, im vertrauensvollen Hinhören auf das Wort Gottes! So werdet ihr den Versuchungen des Konsumismus und der Verführung des Säkularismus widerstehen.
Mögen alle, die landwirtschaftlichen Betriebe und die handwerklichen Geschäfte, die Textilindustrie und die Bauunternehmer, mögen alle, die im Handel tätig sind, für Kultur, Kunst und Sport wirken, zu neuen Zielen brüderlichen Zusammenlebens, zu sozialem und geistigem Fortschritt finden. Ansporn sei die Erdverbundenheit und die familiäre Einheit, Orientierung das Lehramt der Kirche und der Anruf zu persönlicher Heiligung.
Mit der Fürbitte eures himmlischen Patrons, des hl. Martin, erteile ich euch allen meinen väterlichen Segen.

Glaubwürdige Vorbilder sein

Ansprache bei der Begegnung mit Priestern, Ordensmännern, Ordensfrauen und engagierten Laien am 29. Oktober

Meine lieben Priester,
Ordensmänner, Ordensfrauen und Laien
der Kirche Gottes in Tarent!

1. Euch allen den Gruß des Friedens und der Gnade Christi: Frieden in der Liebe und im Glauben, in voller kirchlicher Gemeinschaft. Mit dem Apostel Paulus danke auch ich „meinem Gott jedesmal, wenn ich an euch denke; immer, wenn ich für euch alle bete, tue ich es mit Freude und danke Gott dafür, daß ihr euch gemeinsam für das Evangelium eingesetzt habt“ (*Phil* 1,3–5).
Ich grüße euch alle und in besonderer Weise meinen lieben Mitbruder, euren Erzbischof Salvatore De Giorgi, und seinen Vorgänger im Hirtendienst der Erzdiözese Tarent, Erzbischof Guglielmo Motolese. Beide sind Zeugen beständiger, unermüdlicher Hingabe an diese Gemeinschaft, zur Vertiefung des Glaubens und zur Anpassung des Gemeindelebens an die Erfordernisse der Zeit, die hier an der jonischen Küste in den letzten Jahren so rapid zugenommen haben.
In dieser Konkathedrale, einem Symbol für eure Berufung, die Gesellschaft zu einer Weggemeinschaft zu gestalten, die „ein Herz und eine Seele“ ist, treffe ich euch alle, die ihr in verschiedenen Verantwortlichkeiten, aber solidarisch im apostolischen Eifer, im Dienst der Diözesangemeinschaft arbeitet. In der Erkenntnis der Anforderungen unserer Zeit folgt ihr dabei zugleich der christlichen Tradition der hiesigen Bevölkerung. Es ist eine Begegnung, die hier besonders sinnvoll ist, da eure Konkathedrale als Ausdruck einer genialen und vielsagenden Idee auch eine Kathedra für den Papst aufweist.

2. Ich möchte meine Gedanken besonders gern auf die Gestalt des Schutzpatrons eurer Erzdiözese, den hl. Cataldo, richten, der von der ganzen Gemeinschaft so sehr geliebt und verehrt wird. Die Tradition will wissen, daß er aus Irland stammte und sich auf der Rückkehr von einer Pilgerfahrt ins Heilige Land befand. Zum Bischof von Tarent erhoben, legte er die Fundamente zu dieser Kirche und predigte hier den wahren Glauben. Sein Zeugnis gewann besondere Bedeutung durch die Tatsache, daß er sich im Lande Christi aufgehalten hatte in dem Wunsch, dort die Heilsgeheimnisse und seine Erlöserliebe nachzuerleben. Es unterstreicht auch heute noch, daß der Weg jeder kirchlichen Gemeinschaft sich beständig vom apostolischen Dienst her erneuern muß in fortdauernder Befolgung der Weisung des Herrn: „Ihr werdet die Kraft des Heiligen Geistes empfangen, der auf euch herabkommen wird; und ihr werdet meine Zeugen sein in Jerusalem und in ganz Judäa und Samarien und bis an die Grenzen der Erde“ (*Apg* 1,8). Euer Patron, der hl. Cataldo, führt euch also hin zum wahren Sinn der Teilkirche: Jede Diözese bildet „eine Teilkirche, in der die eine, heilige, katholische und apostolische Kirche wahrhaft wirkt und gegenwärtig ist“ (*Christus Dominus*, Nr. 11).

Auch ihr möchtet dem Herrn auf eurem Erdenweg begegnen und die Schritte seines Lebens nachgehen. Wie die Pilger von ehedem zu Missionaren wurden, wenn sie die historischen Zeugnisse kennengelernt hatten, die an die Menschwerdung des Gottessohnes erinnern, so müßt auch ihr den kommenden Generationen verkünden, daß Jesus auferstanden ist. Das Erbarmen Gottes, das sich im Erlöser kundgetan hat, ruft euch zu einem Weg der Bekehrung und des Apostolats. Als Glieder der Kirche von Tarent seid ihr ein Volk, das auf den Spuren des hl. Cataldo pilgert; als Glieder der Universalkirche seid ihr das Volk, das im österlichen Hinübergang Christi seinen Ursprung hat. In der Kraft des Heiligen Geistes seid ihr also alle zu der Heiligkeit berufen, die eurem Dienst an der Kirche und am Menschen entspricht.

3. Ihr seht also, meine Lieben, welches der Grund für die Freude des Papstes ist: eure Zusammenarbeit in der Ausbreitung des Evangeliums, vor allem in der Pastoral der Berufungen und der Jugendpastoral.
Die Sorge für die Evangelisierung der Jugend ist gewissermaßen grundlegend für alle kirchlichen Initiativen. Ihr müßt die Freude und die Hoffnung des Glaubens in das Herz und das Denken der jungen Generation tragen. Ihr arbeitet für die ganze Kirche, für ihre Zukunft. Eine Arbeit, die es vor allem auf die angemessene Vorbereitung von Katechisten und Animatoren absehen muß, damit es eine beständige und organische Jugendkatechese sei. Eine Arbeit, die euch lehren wird, euch jeder Form des Dialogs und des Zeugnisses zu bedienen, damit die jungen Menschen auf ihrem Weg spüren können, daß man sie liebt, und damit sie die lebendige Frische eines Lebens im Geist des Evangeliums bezeugen.
Ihr müßt die Botschaft des Evangeliums in einen Prozeß der menschlichen Formation mit ihren natürlichen Schwierigkeiten und den für das Alter typischen Verschiedenheiten einzubauen wissen, und dabei weder Ermüdung noch ausbleibenden Erfolg fürchten. Versäumt es nicht, den jungen Menschen glaubwürdige Vorbilder für das Leben nach dem Evangelium vor Augen zu stellen, und tragt auch Sorge für ihre Ausbildung durch die stufenweise Übernahme von Verantwortlichkeiten in der Pfarrei und im sozialen Leben. Der Erzieher, der Katechet, der Priester müssen vorbildliche und einmütige Zeugen sein. Das Beispiel ist es, das den Jugendlichen hilft, sich für menschliche und christliche Werte zu öffnen und zu erwägen, was ihnen über die verschiedenen Berufungen, insbesondere auch die zum Priestertum und zum Ordensleben, vorgestellt wird, die ihr ihnen im Namen Christi, der Kirche und der Menschheit von heute darzulegen versteht.
Bleibt also mit Ausdauer bei der jeweiligen und vielgestaltigen Arbeit in den Pfarreien und im Vikariat. Regt die Arbeit der Gruppen und der Verbände an, geht voran in gegenseitigem Vertrauen und in Zusammenarbeit und in dem Wissen, daß die Pastoralarbeit sich vor allem auf das Wirken des Heiligen Geistes stützt.

4. Meine Lieben, betrachtet auch einen anderen heiklen Aspekt eurer Pastoral gerade im Licht des Heiligen Geistes. Ich denke an die traditionelle Religiosität eures Volkes. Sie scheint in einer gewissen Koexistenz mit verschiedenen widersprüchlichen Zeichen der Säkularisation zu leben. Die Kirche Italiens hat kürzlich gerade in dieser Hinsicht

ein Studientreffen veranstaltet. Weil die Volksfrömmigkeit immer ein Mittel ist, das einhellig die Aufmerksamkeit auf die Glaubensverkündigung hinlenkt, werdet ihr es nicht unterlassen, sie mit biblischen, liturgischen und sozialen Themen gehaltvoll zu gestalten und euch dabei bezeichnender Elemente bedienen, die der Tradition und dem Empfinden eures Volkes entsprechen. Vielleicht wird es nötig sein, sie von manchen historischen Überbleibseln zu reinigen, die nicht ganz mit dem Glauben übereinstimmen. Aber gewiß wird man sie als eine vorzügliche Gelegenheit im Dienst der Laienbildung ansehen müssen, die jede Diözese mit Vorrang beibehalten muß (vgl. *Christifideles laici*, Nr. 57). Auf diese Weise könnt ihr viele Erwachsene erreichen, denen ihr – wie ich 1986 den Bischöfen von Apulien bei ihrem Ad-limina-Besuch gesagt habe – eine angemessene dauernde Katechese anbieten müßt zur fortschreitenden Vertiefung der Kenntnis der Heilsbotschaft und des Heilsgeheimnisses, um deren Anforderungen ohne Menschenfurcht und in großer Offenheit in der Umwelt des Berufes und der täglichen Arbeit zu leben und zu verwirklichen.
Die Aufmerksamkeit, die ihr den Erwachsenen und der Familie widmet, wird euch zu neuem Vertrauen anregen angesichts der Erscheinungen des Atheismus und der Verweltlichung. Wir wissen ja, daß in jedem Menschen eine tiefe und radikale Glaubensbereitschaft steckt, verbunden mit Sehnsucht nach Gerechtigkeit, Schönheit und Wahrheit. Jeder Mensch, der die Wahrheit sucht, sucht auch Gott. „Denn im Menschen selbst“ – sagt uns das Konzil – „sind viele widersprüchliche Elemente gegeben. Einerseits erfährt er sich nämlich als Geschöpf vielfältig begrenzt, andererseits empfindet er sich in seinem Verlangen unbegrenzt und berufen zu einem Leben höherer Ordnung“ (*Gaudium et spes*, Nr. 10).
Dieser inneren Situation eines jeden Menschen wollen wir entgegenkommen, um zu der Antwort anzuregen, die Christus auf die Fragen gibt, die sich immer schärfer seinem Gewissen stellen, die Fragen: Was ist der Mensch? Was haben Schmerz, Böses, Tod für einen Sinn? Was sind die Annehmlichkeiten des Lebens wert, die oft um einen so teuren Preis erkauft sind?
Wir müssen das Vertrauen hegen, daß jeder Mensch, der über solche Fragen nachdenkt, schon so beschaffen ist, daß er einen Vorgeschmack vom Wert der christlichen Botschaft verspürt. Sie bestätigt ihm mit erfreulicher Sicherheit, daß der Mensch deshalb existiert, weil Gott ihn aus Liebe erschaffen hat und aus Liebe ihn unaufhörlich im Dasein erhält und zu sich ruft.
Bei dieser Arbeit des Dialogs und der Suche, um jeden Menschen zu Gott zurückzuführen, werden wir immer daran denken, daß der Glaube gewiß ein inneres Sich-Öffnen für die göttliche Wahrheit, doch vor allem der Gnade Gottes ist, der sich dem Menschen mitteilt und ihn zur Teilhabe an seinem eigenen Leben ruft.

5. Meine Lieben, nun erbitte ich von Maria ein Wort der Ermutigung für euch alle. Von Kana aus sagt sie zu uns: „Tut alles, was er euch sagen wird!“ (*Joh* 2,5).
Euch, liebe Priester, Ordensleute und Laien, wiederhole ich die Worte Marias, die feinfühlig war gegenüber jeder Erwartung von seiten der Menschenfamilie und ihr volles Vertrauen darauf setzte, daß ihr Sohn Abhilfe schaffe. Maria helfe uns, Diener der

„wiedergefundenen Freude", des „neuen Weines" zu sein, den Christus uns in seinem Wort und in seinem Blut schenkt.
Die Verbundenheit mit Christus, die durch die Gegenwart Marias neu belebt und durch den hl. Josef beschützt wird, erneuere euch jeden Tag in der Sendung als Verkünder des Evangeliums, die sich für die „echte Entwicklung des Menschen und der Gesellschaft" einsetzen (vgl. *Sollicitudo rei socialis*, Nr. 1). Wachst in der Gemeinschaft untereinander und mit allen Kirchen Apuliens und des Südens. In diesen Tagen gedenken die italienischen Bischöfe eines gemeinsamen Schreibens der Bischöfe des Südens. Es wurde 1948 herausgegeben zusammen mit einem Dokument, das von allen neue kulturelle und pastorale Übereinstimmung in euren kirchlichen Bemühungen fordert zugunsten der Gesellschaft im Süden. Vertretet auch ihr mit Aufmerksamkeit und Einsatzfreude das Anliegen der Gerechtigkeit und des Friedens in diesem geliebten Süden Italiens und führt ihn auf den Wegen der Einheit und Solidarität, die eure Heiligen gegangen sind. Es ist die Mission Christi selbst. Er ist mit euch, damit ihr Frucht bringt und eure Frucht von Dauer sei.
Und als Unterpfand der göttlichen Gnade und der Gaben des Geistes Christi empfangt meinen Apostolischen Segen.

Geschichtsbewußt sein

Ansprache bei der Begegnung mit den Jungseminaristen am 29. Oktober

1. Liebe Alumnen dieses interdiözesanen Lyzealseminars Poggio Galeso und liebe Schüler des Gymnasialseminars von Tarent und Castellaneta!
Da sehen wir uns also wieder. Vor knapp einem Jahr seid ihr zu mir in den Vatikan gekommen und habt an der heiligen Messe in der Kapelle „Redemptoris Mater" teilgenommen. Jetzt erwidere ich euren Besuch hier in dieser schönen Bildungsstätte. Auch diesmal findet die Begegnung zu Tagbeginn statt und wir singen dem Herrn das Morgenlob.
Mein Gruß gilt euch allen, euren Familien und euren Vorgesetzten, den Lehrern und allen Mitarbeitern dieser Seminarien. Insbesondere grüße ich die Ordensschwestern, die euch Gebet und Mühe weihen: die Karmelitinnen des nahen Klosters „Gesù Sacerdote" und die hier anwesenden Missionsschwestern. Schließlich grüße ich von Herzen alle eure Bischöfe, eure Diözesen sowie die Ordensgemeinschaften und die Pfarreien, aus denen ihr kommt.

2. Ich freue mich, vor mir so viele Jugendliche zu sehen, die von der großherzigen Absicht, von dem Wunsch beseelt sind, sich zum Wohl der Kirche in Apulien Gott zu weihen. Der alte Baum des Christentums, der in diesem Landstrich Italiens so tiefe Wurzeln geschlagen hat, lebt immer weiter und bildet neue Knospen, die zu guter Hoffnung für die Zukunft eurer Ortskirchen berechtigen.
Es ist wichtig, daß ihr Jugendliche, die ihr im dritten Jahrtausend die Priester dieses großmütigen Volkes sein wollt, die eindringliche Stimme seiner religiösen Geschichte aufzu-

nehmen wißt. Auch dürft ihr nicht vergessen, daß die kirchliche und gesellschaftliche Erneuerung des italienischen Südens auch morgen eng mit dem spirituellen, moralischen und kulturellen Wirken des örtlichen Klerus verbunden sein wird.
Inspiriert euch in eurer Formung an den leuchtenden Beispielen jener Hirten dieser eurer Erde, die sich in der Verkündigung des Gotteswortes und im Aufbau wirklich engagierter christlicher Gemeinschaften ganz ihrer Herde hingaben.
Als Ansporn dienen euch auch Gestalten aus jüngster Zeit: jene heroischen Missionare aus Apulien, die sich nicht fürchteten, für Christus sogar ihr Leben hinzugeben.

3. Euer auf das Priestertum ausgerichteter menschlicher und christlicher Reifungsweg verlangt insbesondere ein Wachstum im Zuhören-Können. Zu euch sprechen die Heiligen der Jugend, die in der Kapelle eures Seminars dargestellt sind. Zu euch sprechen die hervorragenden Gestalten eurer Kirche und eurer Geschichte. Zu euch spricht euer Herz. Doch in erster Linie spricht zu euch Christus selbst. Seine Stimme wird auf eurem Weg immer deutlicher und fordernder: Folge mir nach! (*Lk* 5,27). Und dann: Geh auch du in meinen Weinberg! (vgl. *Mt* 20,4) – Du wirst mein Zeuge sein! (vgl. *Apg* 1,8) – Auch du mußt deine Brüder im Glauben stärken (vgl. *Lk* 22,32) – Ihr seid meine Freunde, denn ich habe euch alles mitgeteilt, was ich von meinem Vater gehört habe (vgl. *Joh* 15,14–15).
Meine Lieben, lebt die Seligkeit des Zuhörens! Und so Gott will, werdet ihr die Kraft haben, „alles zurückzulassen“ (*Lk* 5,11), um Jesus nachzufolgen und ihm in den Brüdern zu dienen.

4. Die erste Voraussetzung für das ständige Hinhören auf Christus ist die volle Selbsterkenntnis. Ein methodisches und intelligentes Arbeiten an eurem eigenen Ich wird euch der bewußten und freudigen Formung des neuen Menschen öffnen.
Es ist ein neues Leben, das ihr schon heute erfahrt, wenn ihr in brüderlicher Liebe und in Freiheit wachst und die Hinweise annehmt, die euch die geistlichen Leiter, die Gefährten und die Geschehnisse bieten, mit denen der Herr euren Weg bereichert. Und insbesondere wenn ihr das Gebet schätzt und einen ununterbrochenen Dialog mit Christus, dem Freund und Bruder, pflegt.
Lernt diese Neuheit eures Lebens tagtäglich auf dem Antlitz Marias kennen, der Jungfrau des Zuhörens, die das Modell vollkommener Verfügbarkeit für den Geist und des radikalen Dienstes für Gott zur Rettung der Menschheit ist.

5. Auf euch alle rufe ich die Gnaden herab, die ihr zur Krönung der Gabe der priesterlichen Berufung braucht: das Licht des Herrn, das euer Gewissen erleuchtet, und die Großherzigkeit angesichts unvermeidlicher Opfer. Ich erflehe euch und euren Erziehern die Weisheit Christi in der Verwirklichung des Programms menschlichen und christlichen Wachstums. Und schließlich erbitte ich für eure Bischöfe und alle eure Lieben den Trost, euch eines Tages am Altar stehen zu sehen.
Maria, die Königin der Apostel, nehme euch an der Hand und führe euch auf eurem Weg. Für euch und für eure guten Vorsätze meinen Apostolischen Segen.

Die Kirche ist den Jugendlichen verpflichtet

Ansprache bei der Begegnung mit den Jugendlichen im Stadion Jacovones am 29. Oktober

Liebe Jugendliche der Diözesen Tarent, Oria und Castellaneta!

1. Am Ende meiner apostolischen Reise nach Tarent habe ich nun die Freude, euch zu begegnen, gemeinsam mit euren Bischöfen und den Priestern, die euch täglich in eurem kirchlichen Leben begleiten. Mein Besuch, der mich so viel Schönes erleben ließ, wird daher mit den lichtvollen und ermutigenden Bildern eurer Präsenz und Begeisterung meinem Herzen eingeprägt bleiben. Vielen Dank euch, Jungen und Mädchen, ich danke euch allen! Ich sehe in euch und in eurer Jugend, in eurer Begeisterung und vor allem in eurem Glauben und in der Hochherzigkeit, die der Heilige Geist in euch wachsen läßt, die sicherste Hoffnung für die Zukunft eurer Kirchen und für die Weiterführung des Weges, den wir in diesen zwei unvergeßlichen Tagen gemeinsam beschritten haben. Meine Lieben, die Kirche kennt euch: sie kennt euch, weil sie euch nahesteht, weil sie euch mag. Sie weiß, daß euer Herz bei aller Gebrechlichkeit menschlichen Daseins gut ist; sie weiß, daß ihr für die großen Werte, die dem Leben Sinn und Würde geben, wie Hochherzigkeit, Gerechtigkeit, Wahrheit und Freiheit, aufgeschlossen seid. Die Kirche weiß auch, daß ihr euch oft einsam fühlt, daß euch allzu oft sichere und glaubwürdige Bezugspunkte fehlen und daß eure Hoffnung Gefahr läuft, sich betrogen vorzukommen. Sie kennt vor allem die Last, die euch und eure Zukunft bedrückt, weil die Arbeitslosigkeit dramatische Ausmaße angenommen hat, und sie trifft ja vor allem euch, die Jungen und Mädchen im Süden Italiens.
Die Kirche weiß sodann sehr wohl um zwei besonders gefährliche Versuchungen, die eure Jugend bedrohen, um die Droge, die eine Verleugnung des besseren Teils seiner selbst, ein Zerreißen aller echten Bande zu den Mitmenschen und endlich Zerstörung des Lebens bedeutet, das Gott euch geschenkt hat. Neben dieser und oft eng verbunden mit ihr steht eine andere Versuchung, die in den Formen des Ausscherens aus der Gemeinschaft besteht und die Jugendlichen mit der trügerischen Aussicht auf Verdienst ohne Mühe und auf scheinbare Selbstbestätigung anzieht, sie aber in Wirklichkeit zu Gefangenen dunkler und krimineller Kräfte und Bindungen macht. Oft endet es damit, daß sie straffällig und zu Feinden nicht nur des Lebens der Mitmenschen, sondern auch ihres eigenen Lebens werden.
Die Kirche, liebe Jugendliche, weiß das alles und fühlt sich verpflichtet, mit euch zusammen die Bedrohungen des Bösen zu überwinden und gemeinsam mit euch eine an echten Werten reichere Existenz sowie die gerechtere und für eure Zukunft offenere Gesellschaft aufzubauen, die ihr haben möchtet.

2. Doch die Kirche kennt vor allem jenes tiefe Bedürfnis, das in vielen von euch klar und bewußt vorhanden ist, bei anderen irgendwie verborgen und unbewußt bleibt und doch da ist und an die Tür unseres Herzens klopft. Es ist das Bedürfnis nach Gott und nach Christus: das Bedürfnis nach dem, der allein uns eine Hoffnung bieten kann, die nicht ent-

täuscht, und der dem Leben der einzelnen und der Gemeinschaft in der Gegenwart und in der Ewigkeit, für die er uns geschaffen hat, Sinn und Bedeutung geben kann.
Daher steht die Kirche bei euch in Schuld; sie ist für euch Jugendliche verpflichtet und möchte dieser Pflicht mit all ihren Kräften nachkommen. Oder besser: ihr Jugendlichen, die ihr selbst Kirche seid, junge Kirche in diesem jonischen Land, tragt mit der ganzen kirchlichen Gemeinschaft, mit euren Bischöfen, euren Priestern, den Ordensleuten sowie mit all euren Brüdern und Schwestern im Glauben eine große Verpflichtung für die ganze Jugend eurer Provinz und, wenn auch in unterschiedlichen Formen, für jeden Jugendlichen der ganzen Welt. Diese Verpflichtung heißt Jesus Christus.
Ihr habt die Aufgabe, Christus zu euren Mitmenschen zu bringen und ihn als das vorzustellen, was er ist: die einzige Quelle echten Lebens, die wahre Hoffnung der Welt. Damit ihr ihn so vorstellen könnt, müßt ihr natürlich in euch selbst mit ihm leben. Nur so könnt ihr in den anderen Achtung, Aufmerksamkeit und Interesse wecken. Dies ist das Gesetz für den Missionar des Evangeliums, für die Kirche als missionarische Gemeinschaft: ständig sich selbst evangelisieren, um die anderen evangelisieren zu können; sich von Christus und seinem Geist zum Evangelium bekehren lassen, um in seinen Händen Werkzeug zum Glauben und zur Bekehrung zu werden.

3. Unser Zusammensein in diesem Stadion, liebe Jungen und Mädchen von Tarent, Oria und Castellaneta, soll nicht nur dazu dienen, diese zentralen Aspekte unseres Christseins in Erinnerung zu rufen: der Herr gibt uns auch Gelegenheit, sie in klare Aufgaben in der Kirche und in Lebensentscheidungen umzusetzen.
Ich weiß gut, daß diese meine apostolische Reise und zumal die heutige Begegnung mit euch durch den Einsatz von über hundert „jugendlichen Missionaren" in jeder Pfarrei vorbereitet worden ist. Ich weiß, daß eine kräftige Erneuerung der Jugendpastoral am Werk ist, die vor allem den missionarischen Einsatz und die Berufungen im Auge hat: eine sehr bedeutsame Frucht wurde uns schon mit dem bemerkenswerten Ansteigen der Zahl der Seminaristen geschenkt.
Hier möchte ich die Priester, die Ordensleute, die Pfarreien und vor allem euch Jugendliche ermuntern, mit immer mehr Entschlossenheit die bevorzugte Option der Kirche von Tarent für die Jugend- und Berufspastoral mitzutragen. Die Pfarreien müssen den Jugendlichen weit ihre Pforten öffnen, damit diese ihrerseits die Pforten ihres Lebens weit für Christus öffnen.

4. Hinzufügen möchte ich ein eigenes Wort zu einem besonders wichtigen Problem, nämlich der weiblichen Berufungen. Wenn die Kirche ihre pastorale Sendung auf den zahlreichen Gebieten des Gebetes und der Evangelisierung, der Katechese sowie der Erziehung der Kinder und Jugendlichen, der Kranken- und Altenbetreuung erfüllen will, braucht sie zahlreiche Frauen, die gläubig und mit hochherziger Hingabe auf den Ruf Gottes antworten und sich gänzlich ihm sowie dem Dienst an ihren Mitmenschen weihen.
Ich wende mich daher an euch, liebe Mädchen: öffnet euer Herz und hört vertrauensvoll die Einladung des Herrn; ich wende mich an die Priester, an die Pfarreien und an die Familien, daß sie die Jugendlichen, die sich auf diesen Weg machen wollen, ermuntern und

unterstützen. Ich wünsche den Diözesen Tarent, Oria und Castellaneta ein nicht geringeres und gediegeneres Aufblühen der weiblichen Berufungen als das der männlichen.

5. Unter den spezifischen Gebieten des missionarischen Einsatzes der Jugendlichen und für die Jugendlichen, wird heute die Pastoral der Studenten und jungen Arbeiter besonders wichtig. Die Entscheidung für den Religionsunterricht, die an euren Schulen so hohe Zahlen erreicht, daß zuweilen fast alle mitmachen, darf kein Schlußpunkt sein, an dem ihr stehenbleibt; sie muß Ausgangspunkt für ein gemeinsames Bemühen werden, das nicht nur Studium und Schule, sondern das ganze Leben umfaßt und sich in der praktischen, konsequenten und mutigen Übernahme jener Werte und Verhaltensweisen äußert, die im Evangelium Christi ihren Bezugspunkt und ihre wesentliche Begründung finden.
Größer können die Schwierigkeiten einer Pastoral der jungen Arbeiter erscheinen. Seit langem ist nämlich auch bei euch die christliche Präsenz in der Welt der Arbeit schwach; es hat sich daher Mißtrauen gegenüber der Kirche ausgebreitet und der Eindruck, sie stände den Problemen der Arbeit fremd gegenüber. Heute machen sich die Anzeichen einer Umkehr der Tendenz und des neuen Bewußtseins bemerkbar, daß das „Evangelium der Arbeit" einen wesentlichen Teil der christlichen Botschaft ausmacht und die Kirche immer näher und solidarischer den Arbeitern verbunden ist und sein möchte.
Damit dieses neue Bewußtsein sich aber ausbreitet und gediegene Wurzeln faßt, müssen sich alle Kreise der Kirche von Tarent für eine organische Pastoral der Welt der Arbeit einsetzen. Euch jungen Arbeitern, die ihr mir zuhört, sage ich: die Kirche ist eure Kirche, die Kirche ist zu euch gesandt, und die Kirche braucht euch, um Christus zu euren Freunden und Kollegen zu bringen, um gemeinsam jenen Weg der Freiheit, Gerechtigkeit, Solidarität und des Heiles zu beschreiten, den Christus uns eröffnet hat.

6. Ein Wort herzlicher Zuneigung, Dankbarkeit und Ermunterung möchte ich dann an alle richten, die in den therapeutischen Gemeinschaften auf Wiedereingliederung der Drogenabhängigen engagiert sind: dies ist eine heikle Aufgabe, aber von unschätzbarem Wert, weil sie euren Brüdern gilt, um ihnen zu helfen, daß sie sich selbst wiederfinden und das Vertrauen ins Leben zurückgewinnen; es ist ein Werk des Glaubens, weil Jesus uns vor allem in jenen begegnet, die am meisten und dringendsten unserer Hilfe bedürfen.
In diesem Licht christlicher Solidarität sind, neben der Wiedereingliederung der Drogenabhängigen, auch alle weiteren Initiativen des Dienstes am Menschen zu sehen, die in euren Kirchen aufblühen. Werdet nicht müde, liebe Jungen und Mädchen, Gutes zu tun und euren weniger begünstigten Mitmenschen etwas von euch selbst zu schenken. Und werdet erst recht nicht müde, allen das Wort des Lebens, das Evangelium unseres Herrn Jesus Christus anzubieten, das die Wahrheit Gottes und die Wahrheit des Menschen ist, die Wahrheit, die uns frei und gut macht.

7. Zu Beginn dieser Begegnung habe ich an die Probleme erinnert, die euer Leben als Jugendliche belasten, angefangen bei der Arbeitslosigkeit. Nun möchte ich einen Aufruf an alle Menschen dieser Zone von Tarent richten, an die Vertreter der Unternehmer und Ge-

werkschaften und an alle sozialen Kräfte, sich solidarisch dafür einzusetzen, daß in diesem Gebiet neue Arbeitsmöglichkeiten und -räume, zumal für die Jugendlichen entstehen. Das wird zugleich ein Beitrag zur Vermeidung aller Formen des Fehlverhaltens und aller sozialen Plagen sein.

Die hl. Jungfrau Maria, der Stern der Evangelisierung, die, wie ich weiß, von euch sehr geliebt und verehrt wird, möge euch, liebe Jugendliche, mit ihrer mütterlichen und mächtigen Fürsprache helfen! Sie möge euch und euren Kirchen Vorbild eines Glaubens sein, der stärker als alle Zweifel und alle Furcht ist! Sie möge eure Schritte auf den Wegen der Evangelisierung lenken!

Euch allen gilt mein herzlicher Segen!

III.

Ansprachen, Predigten, Botschaften und Rundschreiben

Um Frieden zu schaffen, Minderheiten achten

Botschaft zum Weltfriedenstag am 1. Januar 1989 vom 8. Dezember 1988

Einleitung

1. Seit dem 19. Jahrhundert hat sich überall in der Welt im politischen Bereich eine Tendenz entwickelt und durchgesetzt, nach der die Menschen desselben Volksstammes unabhängig sein wollen und eine einzige Nation bilden möchten. Weil dies jedoch aus einer Reihe von Gründen nicht immer verwirklicht werden kann, ergibt sich, daß ethnische Minderheiten sich häufig innerhalb der nationalen Grenzen eines anderen Volksstammes befinden; daraus entstehen ziemlich schwierige Probleme (vgl. *Pacem in terris*, Nr. 35).
Mit diesen Worten hat mein verehrter Vorgänger Papst Johannes XXIII. vor 25 Jahren auf eine der heikelsten Fragen in der gegenwärtigen Gesellschaft hingewiesen; im Verlauf der Jahre ist sie sogar immer dringlicher geworden, weil sie sowohl die Gestaltung des gesellschaftlichen und staatlichen Lebens im Innern eines jeden Landes als auch das Leben der internationalen Gemeinschaft betrifft.
In der Absicht, für den nächsten Weltfriedenstag ein spezifisches Thema zu wählen, halte ich es darum für angebracht, die Frage der Minderheiten zur gemeinsamen Besinnung vorzulegen. Dabei sind wir uns alle wohl bewußt, daß – nach den Worten des Zweiten Vatikanischen Konzils – „der Friede nicht lediglich darin besteht, daß kein Krieg ist, und auch nicht allein auf das Zustandebringen eines Gleichgewichtes entgegengesetzter Kräfte eingeschränkt werden darf" (*Gaudium et spes*, Nr. 78), sondern ein dynamischer Prozeß ist, der alle Elemente und Ursachen beachten muß, die den Frieden fördern oder stören.
Es steht außer Zweifel, daß in diesem Augenblick internationaler Entspannung – eine Folge von Übereinkünften und Vermittlungen, welche auch mögliche Lösungen für jene Völker erkennen lassen, die noch Opfer blutiger Konflikte sind – die Frage der Minderheiten erheblich an Bedeutung gewinnt und daher für jeden führenden Politiker oder Verantwortlichen von religiösen Gruppen und für jeden Menschen guten Willens Gegenstand aufmerksamer Überlegungen wird.

2. In fast allen Gesellschaften gibt es heute Minderheiten als Gemeinschaften, die aus verschiedenen kulturellen Traditionen, aus rassischer und ethnischer Zugehörigkeit, aus religiösen Glaubensüberzeugungen oder auch aus besonderen geschichtlichen Umständen hervorgegangen sind; einige stammen bereits aus einer ferneren Vergangenheit, während sich andere erst in jüngerer Zeit gebildet haben. Die Umstände, in denen sie leben, sind so unterschiedlich, daß es fast unmöglich ist, ein vollständiges Bild davon zu geben. Einerseits gibt es Gruppen, auch ziemlich kleine, die imstande sind, ihre eigene Identität zu bewahren und zu behaupten, und die in die Gesellschaften, zu denen sie gehören, gut integriert sind. In einigen Fällen gelingt es diesen Minderheitsgruppen sogar, die zahlenmäßige Mehrheit im öffentlichen Leben zu beherrschen. Andererseits finden sich Minderheiten, die keinen Einfluß haben und ihre Rechte nicht voll wahrnehmen können, son-

dern vielmehr in leidvollen und schwierigen Verhältnissen leben. Dieses kann solche Gruppen zu stumpfer Resignation, in einen Zustand der Agitation oder sogar zur Rebellion führen. Weder Passivität noch Gewalt sind jedoch angemessene Wege zu einem wahren Frieden.

Einige Minderheiten haben noch eine weitere Erfahrung gemeinsam: nämlich abgesondert oder an den Rand geschoben zu werden. Es ist auch wahr, daß sich eine Gruppe manchmal bewußt dafür entscheiden kann, im Abseits zu leben, um die eigene Kultur zu schützen; noch häufiger aber kommt es vor, daß die Minderheiten vor Barrieren stehen, die sie von der übrigen Gesellschaft isolieren. Während sich die Minderheit in einem solchen Fall in sich selbst abzukapseln sucht, kann die mehrheitliche Bevölkerung eine ablehnende Haltung gegen die Minderheitsgruppe als ganze oder gegen ihre einzelnen Mitglieder einnehmen. Wenn das geschieht, sind sie nicht in der Lage, aktiv und schöpferisch zu einem Frieden beizutragen, der sich auf die Annahme der berechtigten Unterschiede gründet.

Grundprinzipien

3. In einer nationalen Gesellschaft, die aus verschiedenen Menschengruppen besteht, gibt es zwei allgemeine Prinzipien, auf die unmöglich verzichtet werden kann; sie müssen sogar zur Grundlage jeder gesellschaftlichen Struktur gemacht werden.

Das erste Prinzip ist die unveräußerliche Würde jeder menschlichen Person, ohne Unterschiede gleich welcher rassischen, ethnischen, kulturellen und nationalen Herkunft oder welchen religiösen Bekenntnisses; keine Person existiert für sich allein, sondern findet ihre vollere Identität erst in der Beziehung zu den anderen, zu Personen oder Gruppen. Dasselbe kann man auch von Gruppen von Menschen sagen. Denn auch sie haben ein Recht auf die Identität ihrer Gemeinschaft, die in Übereinstimmung mit der Würde eines jeden Mitgliedes geschützt werden muß. Dieses Recht bleibt auch dann unverändert bestehen, wenn die Gruppe oder eines ihrer Mitglieder gegen das Gemeinwohl handeln sollte. In solchen Fällen muß die mutmaßliche unerlaubte Handlung von den zuständigen Autoritäten geprüft werden, ohne daß die gesamte Gruppe deswegen verurteilt wird; denn das widerspräche der Gerechtigkeit. Die Mitglieder von Minderheiten sind ihrerseits verpflichtet, die anderen mit der gleichen Achtung und Wertschätzung ihrer Würde zu behandeln.

Das zweite Prinzip betrifft die grundlegende Einheit des Menschengeschlechts, das seinen Ursprung in einem einzigen Schöpfergott hat, der in der Sprache der Heiligen Schrift „aus einem einzigen Menschen das ganze Menschengeschlecht erschaffen hat, damit es die ganze Erde bewohne" (*Apg* 17,26). Die Einheit des Menschengeschlechts besagt, daß die gesamte Menschheit über ihre ethnischen, nationalen, kulturellen und religiösen Unterschiede hinaus eine Gemeinschaft bildet, die keine Diskriminierung unter den Völkern zuläßt und auf gegenseitige Solidarität ausgerichtet ist. Die Einheit verlangt auch, daß die Verschiedenheiten unter den Mitgliedern der Menschheitsfamilie für die Stärkung der Einheit selbst fruchtbar gemacht werden, anstatt neue Spaltungen zu verursachen.

Die Verpflichtung, die Verschiedenheit anzunehmen und zu schützen, betrifft nicht nur den Staat oder die Gruppen. Jede Person als Mitglied der einen Menschheitsfamilie muß

den Wert der Verschiedenheit unter den Menschen verstehen und achten und ihn auf das Gemeinwohl hinordnen. Ein offener Geist, der bestrebt ist, das kulturelle Erbe der Minderheiten, dem er begegnet, besser zu begreifen, wird dazu beitragen, Haltungen zu überwinden, welche gesunde gesellschaftliche Beziehungen behindern. Es handelt sich hierbei um einen Prozeß, der kontinuierlich fortgeführt werden muß; denn solche Haltungen wiederholen sich nur allzu oft unter neuen Formen.
Der Friede innerhalb der einen Menschheitsfamilie erfordert eine konstruktive Entfaltung all dessen, was uns als Individuen und als Völker unterscheidet und unsere Identität darstellt. Auf der anderen Seite erfordert er eine Bereitschaft aller gesellschaftlichen Gruppen, mögen sie einen Staat bilden oder nicht, zum Aufbau einer friedlichen Welt beizutragen. Die Kleingruppe wie die Großgruppe sind an gegenseitige Rechte und Pflichten gebunden, deren Beachtung den Frieden festigen hilft.

Rechte und Pflichten der Minderheiten

4. Eine der Zielsetzungen des Rechtsstaates ist es, daß alle Bürger sich gleicher Würde und gleicher Rechte vor dem Gesetz erfreuen können. Trotzdem stellt die Existenz von Minderheiten als erkennbare Gruppen innerhalb eines Staates die Frage nach ihren besonderen Rechten und Pflichten.
Viele dieser Rechte und Pflichten beziehen sich gerade auf das Verhältnis, das zwischen den Minderheitsgruppen und dem Staat besteht. In einigen Fällen sind diese Rechte in das Gesetzbuch aufgenommen worden, und die Minderheiten erfreuen sich dadurch eines besonderen Rechtsschutzes. Dennoch aber finden sich Minderheiten, auch wo der Staat einen ähnlichen Schutz zusichert, nicht selten Diskriminierungen ausgesetzt und sind tatsächlich ausgeschlossen: In solchen Fällen hat der Staat selbst die Pflicht, die Rechte der Minderheitsgruppen zu fördern und zu begünstigen, da der innere Friede und die innere Sicherheit nur durch die Achtung der Rechte all jener garantiert werden können, die seiner Verantwortung unterstehen.

5. Das erste Recht der Minderheiten ist das Recht auf Existenz. Dieses Recht kann auf verschiedene Weise mißachtet werden bis hin zu den extremen Fällen, in denen es durch offenkundige oder indirekte Formen von Völkermord verneint wird. Das Recht auf Leben ist als solches unveräußerlich, und ein Staat, der Handlungen vornimmt oder duldet, die darauf abzielen, das Leben seiner Bürger, die Minderheitsgruppen angehören, zu gefährden, würde das elementarste Recht, das die soziale Ordnung regelt, verletzen.

6. Das Existenzrecht kann auch auf subtilere Weise beeinträchtigt werden. Einige Völker, besonders die sogenannten Eingeborenen und Urbewohner, haben zu ihrer Erde immer eine besondere Beziehung gehabt, die sich mit ihrer Identität selbst, mit den eigenen stammesmäßigen, kulturellen und religiösen Traditionen verbindet. Wenn die Eingeborenenbevölkerungen ihres Bodens beraubt werden, verlieren sie ein lebenswichtiges Element ihrer eigenen Existenz und laufen Gefahr, als Volk zu verschwinden.

7. Ein anderes Recht, das es zu schützen gilt, ist das Recht der Minderheiten, die eigene Kultur zu bewahren und zu entfalten. Es ist nicht selten, daß Minderheitsgruppen von kultureller Auslöschung bedroht werden. An einigen Orten ist nämlich eine Gesetzgebung eingeführt, die ihnen das Recht, ihre eigene Sprache zu sprechen, nicht anerkennt. Manchmal werden auch Herkunfts- und Landschaftsnamen zwangsweise geändert. Dann wieder sehen die Minderheiten ihre künstlerischen und schriftstellerischen Ausdrucksformen ignoriert und finden im öffentlichen Leben keinen Raum für ihre Feste und Feiern, was zum Verlust eines beträchtlichen kulturellen Erbes führen kann. Eng mit diesem Recht verbunden ist jenes, mit Gruppen Beziehungen zu unterhalten, die ein gemeinsames kulturelles und geschichtliches Erbe haben und auf dem Territorium anderer Staaten leben.

8. An diesem Punkt will ich nur kurz das Recht auf Religionsfreiheit erwähnen, da dieses schon der Gegenstand der Botschaft zum Weltfriedenstag des vergangenen Jahres gewesen ist. Dieses Recht steht außer den einzelnen Personen allen religiösen Gemeinschaften zu und schließt die freie individuelle und gemeinschaftliche Bekundung der religiösen Überzeugung mit ein. Daraus folgt, daß es den religiösen Minderheiten möglich sein muß, ihren Kult gemeinschaftlich nach den eigenen Riten zu feiern. Sie müssen auch imstande sein, durch einen geeigneten Unterricht für die religiöse Erziehung Sorge zu tragen und über die notwendigen Mittel zu verfügen.
Ferner ist es sehr wichtig, daß der Staat den Schutz der Religionsfreiheit wirksam sichert und fördert, besonders wenn es neben einer starken Mehrheit von Gläubigen einer bestimmten Religion eine oder mehrere Minderheitsgruppen gibt, die einem anderen Bekenntnis angehören.
Schließlich muß den religiösen Minderheiten eine entsprechende Freiheit für Kontakte und Beziehungen mit anderen Gemeinschaften garantiert werden, sowohl innerhalb wie auch außerhalb der eigenen nationalen Grenzen.

9. Die Grundrechte des Menschen sind heute in verschiedenen internationalen und nationalen Dokumenten offiziell anerkannt. So wichtig auch solche rechtlichen Instrumente sein können, sie genügen noch nicht, um Haltungen zu überwinden, die in Vorurteilen und Mißtrauen tief verwurzelt sind, noch um jene Denkweisen auszumerzen, die zu direkten Handlungen gegen Mitglieder von Minderheitsgruppen verleiten. Die Übertragung des Gesetzes in das konkrete Verhalten bildet einen langen und langsamen Prozeß, besonders im Blick auf die Überwindung von ähnlichen Haltungen, aber darum ist dieser Prozeß nicht weniger dringend. Nicht nur der Staat, sondern auch jeder einzelne hat die Pflicht, das Mögliche zu tun, um dieses Ziel zu erreichen. Der Staat kann jedoch dabei eine wichtige Rolle ausüben durch die Förderung kultureller Initiativen und Begegnungen, die das gegenseitige Verständnis erleichtern, wie auch von Erziehungsprogrammen, die dazu beitragen, die jungen Menschen zur Achtung gegenüber den anderen anzuleiten und alle Vorurteile zurückzuweisen, von denen viele auf Unwissenheit beruhen. Hierbei haben auch die Eltern eine große Verantwortung, da die Kinder viel durch Beobachtung lernen und so geneigt sind, die Haltungen der Eltern gegenüber anderen Völkern und Gruppen zu übernehmen.

Es besteht kein Zweifel, daß die Entwicklung einer Kultur, die auf der Achtung gegenüber den anderen gründet, für den Aufbau einer friedlichen Gesellschaft wesentlich ist; leider aber ist es auch evident, daß die konkrete Verwirklichung einer solchen Achtung heute noch auf nicht geringe Schwierigkeiten stößt.
Konkret muß der Staat darüber wachen, daß keine neuen Formen der Diskriminierung entstehen, wie z. B. bei der Wohnungs- und Arbeitssuche. Die Maßnahmen der öffentlichen Einrichtungen in diesem Bereich werden lobenswerterweise oft durch großzügige Initiativen freiwilliger Vereinigungen, religiöser Organisationen und Personen guten Willens ergänzt, die darauf abzielen, die Spannungen abzubauen und eine größere soziale Gerechtigkeit zu fördern, indem sie den vielen Brüdern und Schwestern helfen, eine Beschäftigung und eine würdige Unterkunft zu finden.

10. Heikle Probleme entstehen, wenn eine Minderheitsgruppe Forderungen stellt, die besondere politische Verwicklungen mit sich bringen. Mitunter strebt eine solche Gruppe nach Unabhängigkeit oder zumindest nach einer größeren politischen Selbständigkeit.
Ich möchte erneut betonen, daß in dieser heiklen Lage Dialog und Verhandlungen der verpflichtende Weg sind, um den Frieden zu erreichen. Die Bereitschaft der Parteien, sich gegenseitig anzunehmen und miteinander zu sprechen, ist eine unerläßliche Voraussetzung, um zu einer gerechten Lösung verwickelter Probleme zu gelangen, die den Frieden ernsthaft bedrohen können. Hingegen kann die Verweigerung des Dialogs der Gewalt Tür und Tor öffnen.
In manchen Konfliktsituationen maßen sich terroristische Gruppen ungebührlicherweise das ausschließliche Recht an, im Namen der Minderheiten zu sprechen, wodurch sie diese der Möglichkeit berauben, sich frei und offen ihre eigenen Vertreter zu wählen und ohne Einschüchterungen nach angemessenen Lösungen zu suchen. Ferner leiden die Mitglieder dieser Minderheiten selbst nur allzu oft unter den Gewaltakten, die mißbräuchlicherweise in ihrem Namen verübt werden.
Anhören mögen mich diejenigen, die den unmenschlichen Weg des Terrorismus eingeschlagen haben: Blind zuschlagen, Unschuldige töten oder blutige Repressalien durchführen begünstigt keineswegs eine gerechte Würdigung der von den Minderheiten erhobenen Forderungen, für die jene sich angeblich einsetzen! (vgl. *Sollicitudo rei socialis*, Nr. 24).

11. Jedes Recht bringt entsprechende Pflichten mit sich. Auch die Mitglieder der Minderheitsgruppen haben Pflichten, die ihnen gegenüber der Gesellschaft und dem Staat, in dem sie leben, obliegen: an erster Stelle jene, wie alle anderen Bürger für das Gemeinwohl mitzuwirken. Denn auch die Minderheiten haben zur Schaffung einer friedlichen Welt, die die reiche Vielfalt aller ihrer Bewohner widerspiegelt, ihren spezifischen Beitrag zu leisten.
Zweitens hat eine Minderheitsgruppe die Pflicht, die Freiheit und die Würde eines jeden ihrer Mitglieder zu fördern und die Entscheidungen eines jeden einzelnen von ihnen zu achten, auch wenn einer sich entscheiden sollte, sich der Kultur der Mehrheit anzuschließen.

In Situationen wirklichen Unrechts kann den Minderheitsgruppen, die ins Ausland ausgewandert sind, die Aufgabe zufallen, für die Mitglieder ihrer Gruppe, die in der Heimat weiterhin unterdrückt werden und ihre Stimme nicht erheben können, die Achtung ihrer legitimen Rechte zu fordern. In diesen Fällen muß man aber große Klugheit walten lassen und klar unterscheiden, besonders dann, wenn man nicht in der Lage ist, objektive Informationen über die Lebensverhältnisse der betroffenen Bevölkerung zu erhalten.
Alle Mitglieder von Minderheitsgruppen, wo immer sie sich befinden, müssen die Berechtigung ihrer Forderungen im Licht der geschichtlichen Entwicklung und der konkreten Wirklichkeit bewußt abwägen. Dies nicht zu tun, würde das Risiko mit sich bringen, in der Vergangenheit gefangen und ohne Perspektive für die Zukunft zu bleiben.

Um Frieden zu schaffen

12. In den vorhergehenden Überlegungen zeichnen sich die Umrisse einer gerechteren und friedlicheren Gesellschaft ab. Wir alle sind verpflichtet, zu deren Herbeiführung mit allen unseren Kräften beizutragen. Ihre Verwirklichung erfordert einen hohen Einsatz, um nicht nur die offenkundige Diskriminierung, sondern auch alle jene Barrieren zu beseitigen, die die Gruppen trennen. Die Versöhnung in Gerechtigkeit, die die berechtigten Erwartungen aller Mitglieder der Gemeinschaft achtet, muß die Regel sein. Über allem und in allem findet das geduldige Bemühen, um das Zusammenleben friedlich zu gestalten, Kraft und Vollendung in der Liebe, die alle Völker umfängt. Diese Liebe kann sich in unzähligen konkreten Formen im Dienst an der reichen Vielfalt des Menschengeschlechtes ausdrücken, das eines ist durch Herkunft und Bestimmmung.
Das wachsende Bewußtsein, das man heute auf allen Ebenen für die Lage der Minderheiten wahrnimmt, ist in unserer Zeit ein Zeichen begründeter Hoffnung für die neuen Generationen und für die Erwartungen dieser Minderheitsgruppen. Denn die Achtung ihnen gegenüber muß in gewisser Weise als der Prüfstein für ein harmonisches gesellschaftliches Zusammenleben und als Beweis für die von einem Land und seinen Einrichtungen erreichte gesellschaftliche Reife angesehen werden. In einer wirklich demokratischen Gesellschaft den Minderheiten die Teilnahme am öffentlichen Leben zu gewährleisten, ist ein Zeichen für einen gehobenen gesellschaftlichen Fortschritt. Er gereicht all jenen Nationen zur Ehre, in denen allen Bürgern in einem Klima wirklicher Freiheit eine solche Teilnahme garantiert ist.

13. Schließlich möchte ich einen besonderen Aufruf an meine Schwestern und Brüder in Christus richten. Wir alle wissen im Glauben, welches auch unser ethnischer Ursprung sein mag und wo immer wir leben, daß die einen und die andere in Christus „in dem einen Geist Zugang zum Vater“ haben, weil wir „Hausgenossen Gottes“ geworden sind (vgl. *Eph* 2,18.19). Als Glieder der einen Familie Gottes können wir unter uns keine Spaltungen oder Diskriminierungen dulden.
Als der Vater seinen Sohn auf die Erde gesandt hat, hat er ihm eine universale Heilssendung aufgetragen. Jesus ist gekommen, damit alle „das Leben haben und es in Fülle haben“ (*Joh* 10,10). Kein Mensch, keine Gruppe ist von dieser Sendung der einenden Liebe,

die nun uns aufgetragen ist, ausgeschlossen. Auch wir müssen beten, wie es Jesus am Vorabend vor seinem Tod mit den einfachen und erhabenen Worten getan hat: „Wie du, Vater, in mir bist und ich in dir bin, sollen auch sie in uns sein“ (*Joh* 17,21).
Dieses Gebet muß unser Lebensprogramm und unser Zeugnis darstellen. Denn als Christen erkennen wir einen gemeinsamen Vater an, der unter den Menschen keinen bevorzugt, „die Fremden liebt und ihnen Nahrung und Kleidung gibt“ (*Dtn* 10,18).

14. Wenn die Kirche von Diskriminierung im allgemeinen oder – wie in dieser Botschaft – von jener besonderen spricht, welche die Minderheitsgruppen trifft, so wendet sie sich vor allem an die eigenen Mitglieder, wie immer auch ihre Stellung oder Verantwortung innerhalb der Gesellschaft sein mögen. Wie es in der Kirche keinen Platz für Diskriminierung geben kann, so kann auch kein Christ bewußt Strukturen oder Verhaltensweisen ermutigen oder fördern, die Menschen von Menschen, Gruppen von Gruppen trennen. Dasselbe muß auch denen gesagt werden, die zur Gewalt ihre Zuflucht nehmen und diese unterstützen.

15. Abschließend möchte ich meine geistige Verbundenheit mit jenen Mitgliedern von Minderheitsgruppen zum Ausdruck bringen, die zu leiden haben. Ich kenne ihre leidvolle Lage und die Gründe für einen berechtigten Stolz. Ich bete dafür, daß die Prüfungen, die sie erdulden, bald enden und alle sich in Sicherheit ihrer Rechte erfreuen können. Meinerseits bitte ich um den Beistand des Gebetes, auf daß der Friede, den wir suchen, immer mehr der wahre Friede sei, der auf den „Eckstein“ (*Eph* 2,20–22) erbaut ist, der Christus selber ist.
Gott segne alle mit dem Geschenk seines Friedens und seiner Liebe.

Aus dem Vatikan, am 8. Dezember 1988.

Joannes Paulus PP. II

Friede, Gerechtigkeit, Solidarität mögen zunehmen

Predigt am Hochfest der Gottesmutter Maria und 22. Weltfriedenstag, 1. Januar

1. „Als aber die Zeit erfüllt war, sandte Gott seinen Sohn“ (*Gal* 4,4).
Gott sandte seinen Sohn: Eine wunderbare Wahrheit! Gott, der eine wahre Gott; Gott, der Einer ist. Er ist einer in seiner Gottheit.
Wievielen Menschen, die sich dieser Wahrheit gegenübergestellt sahen, erschien sie unbegreiflich. „Gott sandte seinen Sohn.“ Unbegreiflich, diese Wahrheit über Gott.
Aber ist nicht Gott ein absolutes Geheimnis? Kann denn der Mensch die Wahrheit über Gott, über seine Einheit, über das innere Leben der Gottheit mit dem Maß menschlicher Erfahrungen und Begriffe messen?
Wahrheit und Geheimnis!

Die Wahrheit über Gott ist gerade dieses Geheimnis seiner Einheit, die Einheit des Vaters und des Sohnes und des Heiligen Geistes. Es ist die göttliche Einheit der Dreifaltigkeit.
Dies ist die Wahrheit, die er selbst uns verkündet hat: „Viele Male … hat Gott gesprochen … durch die Propheten … in der Endzeit aber hat er zu uns gesprochen durch den Sohn" (*Hebr* 1,1–2).
An der Schwelle des Jahres 1989, das heute beginnt, bringen wir Menschen Gott Ehre und Lob dar, Ihm, der ein Geheimnis ist, der die göttliche Einheit in der Dreifaltigkeit ist. Die göttliche Einheit der Gemeinschaft. Laßt uns Ehre und Lob darbringen. Und beginnen wir das neue Jahr im Namen des Vaters und des Sohnes und des Heiligen Geistes.

2. „Als aber die Zeit erfüllt war, sandte Gott seinen Sohn." Während der Weihnachtsoktav, wie auch gestern, haben wir mit den Augen des Glaubens die ewige Zeugung dieses Sohnes, des göttlichen Wortes, betrachtet: „Im Anfang war das Wort, und das Wort war bei Gott, und das Wort war Gott" (*Joh* 1,1). Der Sohn, der mit dem Vater wesensgleich ist. Gott von Gott, Licht vom Licht.
Heute erwägen wir die Botschaft des Paulus über den Sohn, der vom Vater gesandt ist, und ebenso die über den Heiligen Geist, der vom Vater und vom Sohn gesandt ist. Der Sohn wurde sichtbar in der menschlichen Natur des Jesus von Nazaret gesandt. Der Geist wurde in unsichtbarer Weise gesandt. Er ist in unsere Herzen gesandt. Er ist durch den Sohn gesandt, der ruft: Abba, Vater! (vgl. *Gal* 4,6). Und unser Herz und unser Mund rufen zusammen mit ihm: Vater, Vater unser!
Der Sohn wurde in die Zeit gesandt. Er ist in die Welt gekommen und hat sie wieder verlassen und ist zum Vater zurückgekehrt. Seine Sendung hat aber nicht aufgehört. Die Sendung des Sohnes bleibt. Sie bleibt durch den Heiligen Geist. Der Sohn ist in unseren Herzen und in unserer Geschichte gegenwärtig.
Und darum bleibt auch die „Fülle der Zeit". Jedes neue Jahr empfängt seine Bedeutung aus dieser Fülle und ist von ihr durchdrungen. Darum nennen wir es „Jahr des Herrn", das neue Jahr unseres Herrn Jesus Christus. Dieses Jahr ist das 1989. (neunzehnhundertneunundachtzigste) nach der irdischen Geburt Christi, wenn wir dabei auch die Begrenztheit menschlicher Zeitrechnung berücksichtigen.

3. Wir begrüßen also das neue Jahr in dieser „Zeit, die erfüllt war", und an deren Fülle es dank der Sendung des Sohnes und dank der Sendung des Geistes dieses Sohnes Anteil hat.
Wir begrüßen es … Wir haben den Wunsch, daß der Herr ihm sein Angesicht zuwende. Wir haben den Wunsch, daß es ein Jahr des Friedens, der Gerechtigkeit und der zunehmenden Solidarität sei, der sozialen Sorge für jeden und für alle. Daß Friede, Gerechtigkeit und Solidarität in den Menschen und in der Gesellschaft zunehmen mögen! Daß sie wachsen und reifen mögen im menschlichen Bewußtsein, wie auch im täglichen Bemühen des Gewissens und des Willens. Dieses menschliche Wachsen berührt sich ständig mit der Mission des Sohnes, der durch den Geist der Wahrheit unsere Herzen bewegt und sich in dem Ruf „Abba, Vater!" kundtut.

Dieser Ruf bezeugt unsere Annahme an Sohnes Statt: „Du bist nicht mehr Sklave, sondern Sohn“, schreibt der Apostel. Sohn im Sohn, im einziggezeugten und ewigen Wort, das Mensch geworden ist und von der Jungfrau Maria geboren wurde.
Er ist Mensch geworden – für uns! Er ist aus Maria geboren – für uns!
Er ist unser Erbe, das Erbe aller. Gott will, daß alle Menschen in ihm das Heil erlangen und zur Erkenntnis der Wahrheit kommen! „Daher bist du nicht mehr Sklave, sondern Sohn, bist du aber Sohn, dann auch Erbe, Erbe durch Gott“ (*Gal* 4,7).

4. Der ewige Sohn Gottes, dem Vater wesensgleich, wurde durch seine irdische Geburt aus der Jungfrau der Menschensohn. Gott hat ihm alle Völker und Nationen zum Erbe gegeben. Durch das Erbe, das er selbst ist, durch die Sohnschaft, die er uns im Heiligen Geist schenkt, sind wir alle sein Erbe geworden, sein Volk.
Das Konzil lehrt: „In allen Völkern der Erde wohnt also dieses eine Gottesvolk, da es aus allen seine Bürger nimmt, Bürger eines Reiches freilich nicht irdischer, sondern himmlischer Natur. Alle über den Erdkreis hin verstreuten Gläubigen stehen mit den übrigen im Heiligen Geist in Gemeinschaft, und so weiß ‚der, welcher in Rom wohnt, daß die Inder seine Glieder sind‘ (vgl. Johannes Chrysostomus, *In Jo. Hom.*, 65,1). Da aber das Reich Christi nicht von dieser Welt ist (vgl. *Joh* 18,36), so entzieht die Kirche oder das Gottesvolk mit der Verwirklichung dieses Reiches nichts dem zeitlichen Wohl irgendeines Volkes. Vielmehr fördert und übernimmt es Anlagen, Fähigkeiten und Sitten der Völker, soweit sie gut sind. Bei dieser Übernahme reinigt, kräftigt und hebt es sie aber auch. Sie ist dessen eingedenk, daß sie mit jenem König sammeln muß, dem die Völker zum Erbe gegeben sind (vgl. *Ps* 2,8) und in dessen Stadt sie Gaben und Geschenke herbeibringen ...“ (*Lumen Gentium*, Nr. 13).

5. Gerade darum denkt die Kirche heute an alle Menschen auf dem ganzen Erdkreis, an alle Nationen, in denen die einzelnen ihre Wurzeln und ihre Identität finden.
Ich wiederhole hier die Worte aus der *Botschaft zum Weltfriedenstag*, in der ich die Hoffnungen und Sorgen zum Ausdruck gebracht habe, die die Kirche an diesem ersten Tag des neuen Jahres denen gegenüber bewegen, die in einer sozialen Umwelt leben müssen, die verschieden ist von der ihrer eigenen kulturellen Überlieferungen und religiösen und völkischen Zugehörigkeiten. Es handelt sich um das Problem der Minderheiten: „Die Achtung ihnen gegenüber muß in gewisser Weise als der Prüfstein für ein harmonisches gesellschaftliches Zusammenleben und als Beweis für die von einem Land erreichte gesellschaftliche Reife angesehen werden ... Den Minderheiten die Teilnahme am öffentlichen Leben zu gewährleisten, ist ein Zeichen für einen gehobenen gesellschaftlichen Fortschritt. Er gereicht all jenen Nationen zur Ehre, in denen allen Bürgern in einem Klima wirklicher Freiheit eine solche Teilnahme garantiert ist“ (Nr. 12).

6. „Die Hirten eilten hin und fanden Maria und Josef und das Kind, das in der Krippe lag“ (*Lk* 2,16). Heute ist der Oktavtag des Festes, das uns das Geheimnis der Geburt Gottes vergegenwärtigt. Dieses Geheimnis ist vom unerforschlichen Geheimnis Gottes selbst nicht zu trennen, der der Eine ist in der Einheit der Gottheit, eins in der Einheit der Dreifaltigkeit, Vater, Sohn und Heiliger Geist.

Am Oktavtag des Festes der Menschwerdung des Wortes lenkt die Kirche unseren Blick auf Maria. Weihnachten ist zugleich auch ihr Fest, ihr größtes Fest. Das Geheimnis der irdischen Geburt des Gottessohnes schließt ihre göttliche Mutterschaft ein. Heute zollen wir dieser göttlichen Mutterschaft der Jungfrau Maria von Nazaret besondere Verehrung.

„Als aber die Zeit erfüllt war, sandte Gott seinen Sohn" (*Gal* 4,4).

Wie eng, wie organisch gehört Maria zum Geheimnis der Sendung des Sohnes im Heiligen Geist! Zu dieser Sendung, die in der Nacht von Betlehem erfolgte, und die in der Geschichte der Menschheit fortdauert, die fortdauert in den Menschenherzen, bewirkt durch den Geist des Sohnes.

Maria ist die erste Zeugin dieses Geheimnisses. Sie ist die lebendige „Erinnerung" an das Wort, das Fleisch wurde, ja die lebendigste Erinnerung: ist sie doch seine Mutter. „Maria aber bewahrte alles, was geschehn war, in ihrem Herzen und dachte darüber nach" (*Lk* 2,19).

Durch ihre göttliche Mutterschaft hat Gott der Vater seinen Sohn in die Geschichte der Menschheit eingeführt. Er hat ihm die Nationen und die Völker der ganzen Erde zum Erbe gegeben. Er selbst, der Sohn, ist das Erbe von uns allen in Gott. Wir sind „Söhne im Sohn", und in ihm können wir rufen: „Abba, Vater!"

7. Wir können es rufen an dem Tag, an dem die Kirche um den Frieden auf Erden betet. An dem sie, wenn sie das Gut des Friedens betrachtet, an die Rechte der Nationen erinnert. Wir wenden uns, Mutter Gottes, an dein unbeflecktes Herz, an deine mütterliche „Erinnerung". Wir erinnern dich an das Wort, das in dir Fleisch wurde, und vertrauen dir alle Menschen an, mit denen der Sohn in seiner Menschwerdung ihr Menschsein teilte. Wir vertrauen dir alle Nationen und Völker an, vor allem jene, die in besonderer Weise deiner mütterlichen Erinnerung, deines mütterlichen Herzens bedürfen!

Die Rechte der Arbeitnehmer sichern

Motu Proprio zur Errichtung des Arbeitsbüros des Apostolischen Stuhles vom 1. Januar

Ein Jahr nach der Veröffentlichung der Enzyklika *Laborem exercens* legte ich dem Kardinalstaatssekretär in einem Schreiben vom 20. November 1982 das besonders Kennzeichnende der Gemeinschaft von Männern und Frauen – Priestern, Ordensleuten und Laien – dar, die in den Dienststellen und Ämtern des Apostolischen Stuhles für die Sache der Weltkirche tätig sind. Die genannte Enzyklika erinnert an die grundlegenden Wahrheiten des „Evangeliums der Arbeit", die in dem reichen Erbe der Soziallehre der Kirche enthalten sind und bezeichnet die Arbeit als den wesentlichen Schlüssel in der gesamten sozialen Frage ... wenn wir sie wirklich vom Standpunkt des Wohls für den Menschen betrachten wollen" (*Laborem exercens*, Nr. 3). Unter diesem Gesichtspunkt muß das klare Wissen darum, was es bedeutet, an der „Sorge für alle Gemeinden" (*2 Kor* 11,28) teilzunehmen, – wie es den Dienst für den Stuhl Petri kennzeichnet –, harmonisch in Einklang gebracht werden mit den Erfordernissen unparteilicher Gerechtigkeit, die dem echten Respekt für die Person jedes einzelnen Mitarbeiters entspringen. Es handelt sich hier um Erfordernisse, die sowohl von meinen Vorgängern, angefangen von der Enzyklika *Rerum novarum* Leos XIII., als auch vom Zweiten Vatikanischen Konzil und von mir selbst in den Enzykliken *Laborem exercens* und *Sollicitudo rei socialis* betont wurden.

Nun bin ich der Meinung, daß, auch im Hinblick auf die praktische Anwendung der Apostolischen Konstitution *Pastor bonus* – welche in den Normen (Art. 33–36) und im Anhang II die im erwähnten Schreiben angeführten Grundsätze enthält – der Augenblick gekommen ist, in dem nach eingehenden Studien und Beratungen diese Grundsätze durch die Erstellung entsprechender Strukturen und Richtlinien in die Praxis umzusetzen sind.

Somit errichte ich das Arbeitsbüro des Apostolischen Stuhles gemäß den von mir „ad experimentum“ für fünf Jahre approbierten Statuten und dem vorliegenden Motu proprio.

Der Kompetenzbereich dieses Amtes erstreckt sich auf die Arbeit in allen Formen und Bereichen im Dienst der Römischen Kurie, des Vatikanstaates, von Radio Vatikan sowie der bereits bestehenden und zukünftigen Ämter und Behörden, die direkt vom Apostolischen Stuhl verwaltet werden, auch wenn sich ihr Sitz außerhalb des Vatikanstaates befindet.

Mit der Errichtung des Arbeitsbüros möchte ich in erster Linie eine Dienststelle schaffen, die der Verwirklichung und Stärkung einer echten Arbeitsgemeinschaft dient. Deren tragende Grundpfeiler aber sind jene, die die menschliche Arbeit kennzeichnen und die in den erwähnten Enzykliken hervorgehoben werden, nämlich: die Arbeit als Vorrecht der Person, als Pflicht, als Recht und schließlich als Dienst.

Durch die Erfüllung der ihm anvertrauten Aufgaben wird das Arbeitsbüro dazu beitragen, daß in dieser speziellen Arbeitsgemeinschaft, die im Dienst des Papstes steht,

- die Würde jedes einzelnen Mitarbeiters wirklich geachtet wird;
- die wirtschaftlichen und sozialen Rechte jedes Arbeitnehmers anerkannt, geschützt, angepaßt und gefördert werden;
- die betreffenden Pflichten immer treuer erfüllt werden;
- ein lebendiges Verantwortungsbewußtsein geweckt und
- die Dienstleistung stets verbessert wird.

Im Wahrnehmen seiner Aufgaben wird das Arbeitsbüro mehr und mehr die Umwandlung einer Arbeitsgemeinschaft in eine Personengemeinschaft begünstigen. In dieser soll zugleich mit der notwendigen Einheitlichkeit der Führung die aktive Teilnahme jedes einzelnen Mitarbeiters aller Dienststellen und eine entsprechende bildungsmäßige und berufliche Vorbereitung gefördert sowie das Wissen um die eigene Aufgabe und Verantwortung, den Fähigkeiten und Neigungen der einzelnen entsprechend, vertieft werden, damit alle sich als aktive Mitarbeiter sowohl in ihrem eigenen Sektor als auch im Rahmen der Sendung der Weltkirche betrachten (vgl. *Gaudium et spes*, Nr. 68). „Die Tätigkeit aller in der Römischen Kurie und in den anderen Dienststellen des Apostolischen Stuhles Beschäftigten ist, weil Teilnahme an der universalen Sendung des Papstes, echter kirchlicher Dienst pastoralen Charakters und muß daher mit höchstem Verantwortungsbewußtsein und mit Dienstbereitschaft geleistet werden“, heißt es in der Apostolischen Konstitution *Pastor bonus* (Art. 33).

Dem Arbeitsbüro obliegt schließlich die Beilegung eventueller Konflikte administrativen oder wirtschaftlich-sozialen Charakters, die an den verschiedenen Dienststellen des Apostolischen Stuhles auftreten können.
Im Hinblick auf diese ausgesprochen gemeinschaftsbezogene Auffassung des Arbeitsverhältnisses sowie auf die spezifische Natur der Dienstleistungen für den Heiligen Stuhl ist die Anwendung gewaltsamer Methoden zur Durchsetzung von Forderungen unangebracht. Es wird daher notwendig sein, zum gemeinsamen Suchen nach Lösungen einen ehrlichen Dialog zu fördern und in erster Linie die vorgesehenen Schlichtungsverfahren in Anspruch zu nehmen.
Es ist mein Wunsch, der Heilige Stuhl möge dank des Arbeitsbüros auch immer besser sichtbar werden als Beispiel des Einsatzes der Kirche für die Gerechtigkeit, deren Seele die christliche Tugend der Solidarität ist (vgl. *Sollicitudo rei socialis*, Nr. 39).
Auf diese Weise leisten wir alle gemeinsam auch einen wirksamen Beitrag zum Aufbau jenes Friedens, der Frucht der Gerechtigkeit und der ehrlichen Zusammenarbeit in den zwischenmenschlichen und sozialen sowie in den Beziehungen der Völker untereinander ist; jenes Friedens, für den der Apostolische Stuhl mittels seiner Dienststellen unermüdlich wirkt.
Ich bestimme, daß alles, was in diesem, als Motu proprio verfaßten Schreiben festgelegt ist, am 1. März 1989 voll in Kraft trete und dauernde Gültigkeit behalte, ungeachtet aller eventuellen gegenteiligen Verordnungen, selbst wenn diese besondere Erwähnung verdienen.

Gegeben zu Rom, im Apostolischen Palast, am 1. Januar 1989, im elften Jahr meines Pontifikats.

Joannes Paulus PP. II

Zeugnis in der Schule geben

Ansprache an die Vereinigung der Katharina-Missionarinnen der Schule am 5. Januar

1. Voll Freude begrüße ich euch an diesem Vorabend von Epiphanie, während euer Generalkapitel, bei dem ihr euch bemüht habt, eure Konstitutionen im Licht des neuen Kodex des Kirchenrechtes zu überarbeiten und anzupassen, zu Ende geht. Ihr habt eure Generaloberin gewählt und den Geist eurer Mutter Gründerin, der Dienerin Gottes Luigia Tincani neu geweckt, um ihn in den gewandelten Zeitverhältnissen und in neuen Bereichen der zeitgenössischen Gesellschaft zur Geltung zu bringen.
Mein Gruß gilt vor allem der Generaloberin, Anna Maria Balducci, die ihr zur Leitung eurer Vereinigung wiedergewählt habt. Ihr und der ganzen Leitung eures Institutes wie auch allen Gemeinschaften, die in Italien, Holland, Pakistan und Indien tätig sind, gilt meine Anerkennung und mein Glückwunsch.

2. Diese Begegnung bietet mir Gelegenheit, euch zu sagen, wie sehr ich eure Tätigkeit und euer besonderes Aufgabengebiet in der Kirche schätze: lehren, erziehen und das Evangelium in der Schule bezeugen, es in Denk- und Verhaltensweisen wirksam machen, vor allem unter der Jugend. Ihr wißt, daß dies keine leichte Aufgabe ist. Daher ist ein starker Geist des Gebetes und der Kontemplation nötig, um „mit Freude Wasser zu schöpfen aus den Quellen des Heils" (*Jes* 12,3). Unerläßlich ist aber ebenfalls ein ständiges und ernsthaftes geistiges Bemühen, um ein berufliches Fachwissen zu gewinnen, das auf der Höhe des Dienstes steht, der euch anvertraut ist.
Ich möchte jetzt hier vor allem auf den bezeichnenden Namen eingehen, den eure Mutter Gründerin eurer geistlichen Familie gegeben hat: „Vereinigung der hl. Katharina, Missionarinnen der Schule". Vereinigung besagt Gemeinschaft. Nun wißt ihr, welch bedeutende Rolle in der Lehre des Konzils und im Kodex des Kirchenrechtes das große biblische und patristische Thema Gemeinschaft spielt. Es ruft euch auf, euch in Christus durch den Heiligen Geist in der Liebe des Vaters einigen zu lassen, damit ihr des Lebens der Heiligen Dreifaltigkeit und ihrer Herrlichkeit teilhaftig werdet, die in der Kirche gegenwärtig ist und sich auf dem Antlitz eines jeden Menschen widerspiegelt, weil auf ihm das Licht von Gottes Antlitz leuchtet (vgl. *Ps* 4,7).
Diese geistliche Gemeinschaft liegt auch der Sendung zugrunde und macht euch zu Missionarinnen, weil ihr, von der Liebe Christi erfüllt, euch gedrängt fühlt, sein Licht um euch her zu verbreiten. Die Sendung erfließt aus der Fülle der Gemeinschaft. Eure Sendung aber erfüllt sich in der Schule, dem klassischen Ort, wo sich die Jugendlichen dem Wissen öffnen, menschliche Erfahrung mit ihrem Reichtum und ihrer Fragwürdigkeit gewinnen, ihre eigenen Wurzeln entdecken, sich eine Weltanschauung bilden und für die Zukunft geformt werden.
Welchen Stellenwert in den kommenden Jahren der Glaube in ihrem Leben haben wird, hängt in hohem Maß von der Schule und den Lehrkräften ab, denen sie dort begegnen. Es geht hier vor allem um die öffentliche und staatliche Schule, in der ihr arbeiten möchtet. Gemeinschaft, Sendung und Schule finden ein ausgezeichnetes Vorbild in der großen Jungfrau und Kirchenlehrerin von Siena, der heiligen Katharina, die ihr liebt und der ihr als Patronin und Beispiel folgt. Wie sollte man hier also nicht an die berühmte Lehre Katharinas von der Brücke denken?
Wir wissen, daß sich in der Geschichte zwei große, geheimnisvolle Wirklichkeiten begegnen: die Liebe Gottes, der reich an Barmherzigkeit ist und den Menschen entgegenkommt, und der Mensch, der zwar von der Sünde verwundet, aber von seiner inneren Veranlagung her dem Absoluten geöffnet ist und sich „gleichsam tastend" auf es zubewegt (vgl. *Apg* 17,27). Jesus ist die Brücke der Kommunikation zwischen diesen beiden geheimnisvollen Wirklichkeiten, und er hat als Brücke in der Geschichte die Kirche bestellt. Brücke im einzigartigen Sinn ist Maria, die Mutter des Erlösers; Brücke war auf ihre Art die heilige Katharina, und auch ihr sollt jede einzelne eine solche Brücke sein, vor allem in den Schule, wo die Erarbeitung und Übermittlung des Wissens erfolgt.

3. All das bedeutet für jede von euch eine echte Herausforderung: denn ihr müßt Gebet und Studium verbinden, Gemeinschaftsleben und individuelle Persönlichkeit, Schwei-

gen und Kommunikation, Loslösung im Sinn des Evangeliums und Solidarität mit den anderen; ihr müßt den religiösen Übungen treu sein, zugleich aber auch klug und flexibel in den Situationen, die euer Beruf mit sich bringt, müßt aufrichtig auf die anderen hören und euch zugleich der Wahrheit klar bewußt sein, jener Wahrheit, die Christus ist, „in dem alle Schätze der Weisheit und Erkenntnis verborgen sind" (*Kol* 2,3). Im Licht dieser Voraussetzungen besteht eure Berufung darin, in eurem Verhalten den „neuen Menschen" (*Kol* 3,10) zu bezeugen und ihn „aufzubauen" (*1 Kor* 14,26), ihm bei seinem Wachsen und bei seinem Aufbau zu helfen, damit er das Vollmaß Christi erreicht nach dem Bild Gottes, der ihn geschaffen hat (vgl. *Eph* 4,12–13; *Kol* 3,10). Während ihr also bemüht seid, „euch einander aufzurichten" (*1 Thess* 5,11), legt ihr zugleich Hand an die Erbauung der anderen an, um sie im Zeichen der Wahrheit und Liebe (vgl. *Eph* 4,15) zu einer „neuen Schöpfung" (*2 Kor* 5,17) zu machen.

Das Epiphaniefest, auf das wir uns vorbereiten, erinnert uns daran, wie das Licht des göttlichen Wortes in die Welt ausstrahlt. „Das wahre Licht, das jeden Menschen erleuchtet, kam in die Welt. Er war in der Welt, und die Welt ist durch ihn geworden, aber die Welt erkannte ihn nicht" (*Joh* 1,9–10). Dies macht das Leiden der Kirche die Jahrhunderte hindurch aus, den Stachel ihrer Präsenz unter den Menschen. Auch ihr werdet diese Erfahrung machen, und sie wird zuweilen euer Leid werden. Doch ihr braucht euch nicht zu fürchten, denn der Herr versichert uns: „Habt Mut, ich habe die Welt besiegt" (*Joh* 16,33).

In der Apostelgeschichte lesen wir, daß der hl. Paulus zwei Jahre hindurch in Ephesus wirkte „im Lehrsaal des Tyrannus, dialegómenos", das heißt, er unterhielt sich und sprach derart wirksam und mit so großem Einfluß, daß alle Einwohner der prokonsularischen Provinz Asien das Wort Gottes hören konnten (vgl. *Apg* 19,9–10).

4. Ich wünsche, daß Ihr von eurem Generalkapitel an eure Arbeitsplätze und in eure Schulen mit dem gleichen Eifer und Erfolg zurückkehrt; daß ihr mit Autorität Zeugnis gebt und den Dialog in der Welt der Schule und der Kultur führt, um dem Evangelium einen Weg zu öffnen und am Aufbau einer schönen, reinen und heiligen Menschheit mitarbeitet, die Gott gefällt und nach der sich die Menschen sehnen, weil sie sie brauchen (vgl. *Röm* 12,1.17), besonders heute.

Anregen möge euch die heilige Katharina von Siena, und es begleite euch die Mutter des Erlösers, der Sitz der Weisheit, die wir am Epiphaniefest an der Krippe betrachten, wie sie das menschgewordene Wort Gottes den Heiden darbietet.

Mit meinem Segen.

Den Jüngern Christi konkrete Hilfe geben

Ansprache an die Mitglieder des Generalkapitels der Brüder vom hl. Gabriel am 5. Januar

Liebe Brüder!

1. Bei dieser Gelegenheit eures Generalkapitels empfange ich euch voll Freude und entbiete euch meine warmherzigen Wünsche für euer Ordensleben und das Apostolat, das ihr als Brüder vom hl. Gabriel auf allen Kontinenten ausübt. Ich begrüße insbesondere euren neuen Generalsuperior, Bruder Jean Friant, wie auch seine Assistenten, die ihr gewählt habt. Ich wünsche ihnen, daß sie ihre Aufgabe fruchtbringend, freudig und in Treue zu den Gedanken eurer Gründer erfüllen. Nach dem II. Vatikanischen Konzil habt ihr euch im Rahmen der Rückkehr zur Inspiration der Gründer, wie *Perfectae caritatis* es gefordert hat, entschlossen, eure Spiritualität zu vertiefen und dem Sinn eures apostolischen Wirkens auf den Grund zu gehen im Licht der Schriften und des missionarischen Wirkens des heiligen Ludwig Maria, in Verbindung mit der „Gesellschaft Mariens" und den „Töchtern der Weisheit". Nach der Approbation eurer Regel und euer Konstitutionen muß diese Arbeit weitergehen, damit jeder von euch innerhalb der Kirche die Stimme von Montfort sein kann, die Gott der Welt durch euch vernehmbar machen möchte.

2. Euer gottgeweihtes Leben ist apostolisch, da es auf die Heiligung der Mitglieder des Institutes hingeordnet ist und so zum Wachstum der Heiligkeit im ganzen Leib der Kirche beiträgt. Euer Leben ist apostolisch durch das Zeugnis, das es für die Gegenwart und das Wirken des Heiligen Geistes gibt,für den Heilsplan Gottes und die freie Antwort des Menschen in Glaube, Hoffnung und Liebe. Ferner ist euer Leben apostolisch wegen der eurem Institut übertragenen besonderen Aufgaben.Die berufliche Tätigkeit als Lehrer oder Erzieher ist ein integraler Teil dieser apostolischen Aufgaben, doch sie darf sich nie auf die bloße Ausübung einer Berufstätigkeit beschränken. Alle Tätigkeit des Bruders muß eine „Beteiligung an der Sendung der Kirche zur Evangelisierung" sein (*Lebensregel*, 63). Euer Kapitel hat über euer „Sein als Ordensleute im Sinne Montforts" und eure „besondere Sendung in der Kirche und für die Welt" nachgedacht, um die spirituelle und apostolische Lebenskraft des Institutes anzuregen mit dem doppelten Ziel einer Überprüfung und Verlebendigung eurer Treue zu Jesus Christus im Hinblick auf das Evangelium und eure Lebensregel, und um euch, nach dem Beispiel des hl. Ludwig Maria, mutig den Herausforderungen und Bedürfnissen unserer Welt im Rahmen eurer Möglichkeiten zu stellen.

3. Die bedeutsame Entwicklung des Instituts, zumal in Asien und in neuerer Zeit in Afrika, ermuntert euch zu weiterem Bemühen, damit sich das Wort Gottes mit seiner ganzen Kraft in den verschiedenen Kulturen von Indien, Thailand, Senegal, Zaire und anderer Länder inkarniert. Dazu gehört, daß alle Brüder, vor allem die jungen, in der Ausbildung sich nicht nur klug und mutig in ihrer Lebens- und Verhaltensweise den Lebensverhältnissen und örtlichen Überlieferungen anpassen, sondern sich mehr noch durch Kontem-

plation und persönliche Bekehrung tief vom Evangelium durchdringen lassen. Denn nur, wenn das Evangelium in dieser Tiefe gelebt wird, kann man wirklich auf eine echte Inkulturation hoffen.

4. Im Westen habt ihr es oft mit einem verbreiteten Materialismus zu tun, mit religiöser Gleichgültigkeit, mit dem Individualismus und dem Fehlen moralischer Grundsätze, selbst wenn eine erhebliche Zahl von Jugendlichen für die Menschenrechte, für Gerechtigkeit und Solidarität unter den Völkern, für die Grundwerte des Lebens und des Friedens, empfänglich sind. Ihr möchtet zur „neuen Evangelisierung" beitragen, und ihr tut das durch eure Verfügbarkeit und Mitarbeit bei den Bemühungen, die die Einzelkirchen, in denen ihr arbeitet, schon unternommen haben. Wie der hl. Ludwig Maria von Montfort es im Verlauf seiner Missionen getan hat, so müßt ihr den Getauften erneut die Größe und die Forderungen ihrer Taufe vor Augen stellen. Ihr gebt euren Erziehungsprojekten, die ihr gemeinsam mit euren Mitarbeitern aus dem Laienstand entwickelt, ihr volles Gewicht, wenn ihr die religiöse Dimension der Erziehung und die Katechese im eigentlichen Sinne berücksichtigt. Und wie euer erster Gründer müßt ihr Maria ihren vollen Raum in der apostolischen Sendung lassen, damit sie durch euer Wirken Jünger und Evangelisierer erweckt, wie die Kirche sie am Vorabend des 21. Jahrhunderts braucht.

5. Überall in der Welt warten die Armen auf die Zuneigung und die konkrete Hilfe der Jünger Christi, ob es sich um materiell arme Jugendliche handelt, oder um Analphabeten und Randexistenzen, um jene, die unter physischen Gebrechen leiden oder auch um jene, die keine Kenntnis von der Zärtlichkeit Gottes haben, wie sie in Jesus Christus offenbar geworden ist. Gebt ihnen in euren Schulen einen bevorzugten Platz oder versucht auch, getreu eurer Lebensregel, sie dort aufzusuchen, wo sie sind.

6. In allen Provinzen des Instituts sind große Fortschritte bei der anfänglichen Ausbildung und ständigen Weiterbildung zu verzeichnen, und zwar auf theologischer, spiritueller und beruflicher Ebene. Ich ermuntere diese Bemühungen, mit denen ihr besser auf die Erfordernisse eurer Sendung angesichts der hochgespannten Erwartungen der Jugend auf der Suche nach Kenntnissen und menschlicher Erziehung und mehr noch auf der Suche nach den Werten des Evangeliums antworten wollt, die ihrem Leben einen Sinn geben in einer Welt, wo diese Werte allzu oft verborgen sind oder gar bekämpft werden.

7. Auch wenn die Berufungen im Westen selten werden, fahrt fort, den Herrn der Ernte inständig zu bitten, er möge Arbeiter senden. Seit einigen Jahren entstehen Berufungen in afrikanischen Ländern. Das ist ein Zeichen der Hoffnung. Nehmt diese Jugendlichen dankbar und mit kluger Unterscheidung zum Dienst in den Ortskirchen und für die universale Kirche auf. Eure Provinzen, in Indien haben bereits Brüder in mehrere andere Länder geschickt: Diese missionarische Dynamik bildet ein glückliches Zeichen für eine wirklich dem Evangelium entsprechende Lebenskraft.

8. Ihr habt zuweilen den Eindruck, daß euer Stand als Brüder nicht recht verstanden wird. Ich kann euch für diese Lebensform nur meine Hochachtung aussprechen: sie ist im Volk Gottes unersetzlich. Ihr könnt des Dankes der Kirche für die von euch erfüllten

Dienste sicher sein. Seid glücklich über eure Berufung! Ich erbitte den Herrn für alle Brüder vom heiligen Gabriel und zumal für die neuen Verantwortlichen. Ich rufe auf euch die Fürbitte der Jungfrau Maria und die des hl. Ludwig Maria von Montfort herab. Aus ganzem Herzen bitte ich den Herrn, euch in reichstem Maß seine Gaben und seinen Segen zu schenken.

Der Stern ein Zeichen des Lichtes

Predigt am Fest der Erscheinung des Herrn, 6. Januar

1. „Völker wandern zu deinem Licht" (*Jes* 60,3).
Mit diesen Worten des Propheten Jesaja grüße ich herzlich alle Teilnehmer am Hochfest der Erscheinung des Herrn. Zusammen mit allen hier anwesenden Kardinälen und den Bischöfen grüße ich auch euch, die ihr am heutigen Fest im Petersdom versammelt seid, um die Bischofsweihe zu empfangen.
Ihr kommt aus verschiedenen Ländern, seid Vertreter verschiedener Nationen: Italien, Spanien, Indien, Tansanien, Trinidad-Tobago, Guatemala und Santo Domingo. Ihr vertretet auch die verschiedenen Dienste am Volk Gottes, die die Sendung der kirchlichen Hierarchie ausmachen: von den Organen des Hl. Stuhls bis zu den Diözesen verschiedener Nationen, besonders der Missionskirche. Euer Kommen, liebe Brüder, ist der klarste Ausdruck dessen, was die Epiphanie bedeutet, die wir heute feiern.
„Auf, Jerusalem ... denn es kommt dein Licht, und die Herrlichkeit des Herrn geht leuchtend auf über dir" (*Jes* 60,1).

2. Die ganze heutige Liturgiefeier entfaltet gewissermaßen diese Worte des Jesaja. Der Prophet spricht von der Bewegung, vom Aufbruch von Menschen und Völkern, die von überallher auf dieses Licht zuwandern, das mitten in Jerusalem aufleuchtet.
Was der Evangelist über das Kommen der Weisen aus dem Orient geschrieben hat, ist die Bestätigung der Worte des Propheten: „Alle kommen von Saba, bringen Weihrauch und Gold und verkünden die ruhmreichen Taten des Herrn" (*Jes* 60,6).
So geschah es. „Der Stern blieb stehen über dem Ort, wo das Kind war" (*Mt* 2,9). Der Stern war das Zeichen für dieses Licht, das in Israel aufgestahlt war. Als die Weisen, die Könige, „den Stern sahen, wurden sie von sehr großer Freude erfüllt. Sie gingen in das Haus und sahen das Kind und Maria, seine Mutter; da fielen sie nieder und huldigten ihm" (*Mt* 2,10–11). Sie holten ihre Schätze hervor „und brachten ihm Gold, Weihrauch und Myrrhe als Gaben dar" (*Mt* 2,11). So sagt es der Evangelist Matthäus und ist damit ein Echo des Jesaja, der vorausverkündet hatte: „sie bringen Weihrauch und Gold ..." (vgl. *Jes* 60,6).

3. Die Liturgie vom Fest der Erscheinung des Herrn ist auch die Liturgie des Lichtes: des Lichtes, das Finsternis und Dunkel erhellt. Aber zu gleicher Zeit ist sie die Liturgie des Aufbruchs. Jerusalem ist der Zielpunkt einer geheimnisvollen universalen Bewegung. Die Völker aus verschiedenen Teilen der Welt, aus verschiedenen Ländern wenden

sich diesem Licht zu, das in Jerusalem aufgeleuchtet ist. Die Bewegung verläuft in einem bestimmten Umkreis; es ist vor allem eine innere Bewegung. Es ist der Aufbruch des Glaubens, der im Innersten der Seele die Menschen dem Geheimnis nahebringt. Dem Geheimnis, das der Geist den Aposteln und den Propheten enthüllt hat, wie wir im Brief des hl. Paulus lesen: „daß nämlich die Heiden Miterben sind ... und an derselben Verheißung in Christus Jesus teilhaben durch das Evangelium" (*Eph* 3,6).

4. Eines Tages, am Ende seiner irdischen Mission, wird Jesus in einer neuen Weise diesen Aufbruch der Menschen erklären, der mit der Enthüllung des Geheimnisses verbunden ist: den Aufbruch des Glaubens. Jesaja hatte über Jerusalem vorausgesagt: „Völker wandern zu deinem Licht." Christus wird zu den Aposteln sagen: „Geht ..., geht hinaus in die ganze Welt, zu allen Völkern, und macht alle Menschen zu meinen Jüngern" (vgl. *Mt* 28,19; *Mk* 16,15).
Nach Jesaja sollte der Aufbruch des Glaubens die Menschen und die Nationen zum einzigen Mittelpunkt, zur Heiligen Stadt führen, nach Jerusalem. Dorthin war die Epiphanie des Alten Bundes orientiert. Christus wird die Apostel in die ganze Welt senden. Die Kirche ist zu allen Nationen der Erde gesandt. So ist die Zielrichtung der Epiphanie des Neuen Bundes.

5. Diese beiden Ausrichtungen treffen sich: Die Apostel und die Kirche, das Gottesvolk, das unter den Völkern der ganzen Erde ausgebreitet ist, kehren im inneren Aufbruch des Glaubens immer wieder zu dem Geheimnis zurück, das von Jerusalem als Licht in die Finsternis ausgegangen ist. So erfüllen sich die Worte, die der Prophet mit frohlockendem Herzen über Jerusalem ausgesprochen hat: „Du wirst es sehen, und du wirst strahlen, dein Herz bebt vor Freude und öffnet sich weit. Denn der Reichtum des Meeres strömt dir zu, die Schätze der Völker kommen zu dir" (*Jes* 60,5).

6. Liebe Brüder, die ihr hier seid, um die Bischofsweihe zu empfangen, kommt!
Im Aufbruch des Glaubens, mit dem der Geist des Vaters und des Sohnes unsere Herzen beschenkt hat, werdet vor den Völkern und Nationen Boten der göttlichen Epiphanie!

Glaube kein gesicherter Besitz

Ansprache an Führungspersönlichkeiten der Katholischen Aktion Italiens am 7. Januar

1. Liebe Freunde der Katholischen Aktion Italiens, die Sie, auch als Führungskräfte in den Pfarreien, für den Erwachsenen-Bereich der Katholischen Aktion Verantwortung tragen – ich freue mich, Sie hier empfangen zu dürfen, die Sie aus allen Teilen Italiens zu Ihrem ersten Nationaltreffen zusammengekommen sind, das Sie bezeichnenderweise dem Thema widmen wollten: „Unser Auftrag in der Kirche und der Gesellschaft von heute". Mit Ihnen gelten mein Gruß und mein Dank Ihrem Generalassistenten, Msgr. Antonio Bianchin, dem Präsidenten, Rechtsanwalt Raffaele Cananzi, den Leitern des Er-

wachsenen-Bereichs und insbesondere dem neuen Nationalassistenten, Msgr. Tino Mariani, der vor kurzem in dieses wichtige und schwierige Amt berufen worden ist.

2. Das Motto Ihres Kongresses, das den Worten Jesu an die Apostel entnommen ist, ausgesprochen im Augenblick der Auffahrt in den Himmel zur Rechten des Vaters, „ihr werdet meine Zeugen sein“ (*Apg* 1,8), kann wahrhaft der programmatische Kern Ihres Engagements als christliche Laien sein. Stellen wir es schnell in den weitesten Zusammenhang jener Worte des Herrn: nachdem Jesus die Apostel vor dem Anspruch gewarnt hatte, im voraus zu wissen, was zum geheimnisvollen und barmherzigen Plan Gottes gehört, dem man sich stattdessen mit völliger Selbstaufgabe und totalem Vertrauen anheimgeben muß, verspricht Jesus das Geschenk des Hl. Geistes, der ihnen die Kraft gibt, seine Zeugen zu sein, von Jerusalem bis zu den äußersten Grenzen der Erde. Es ist dies die Sendung der Kirche, während ihrer gesamten geschichtlichen Existenz: von Pfingsten bis zur glorreichen Wiederkehr Christi des Herrn.

3. Diese Sendung gewinnt heute nach dem Zweiten Vatikanischen Konzil und auf dem Weg, der uns zum dritten christlichen Jahrtausend führt, eine einzigartige und in vieler Hinsicht neue Notwendigkeit und Dringlichkeit. Heute ist in der Tat der Glaube, auch in einem Land wie Italien, das von einer zweitausendjährigen christlichen Tradition tief geprägt ist, kein gesicherter Besitz und kein gemeinsames Erbe; er ist ein Samen, der bedroht und oft erstickt wird von der Fülle der weltlichen Sorgen und vom Trug des Reichtums, wie schon Jesus mahnte, als er das Gleichnis vom Sämann erklärte (*Mt* 13,22). Zugleich erweist er sich immer klarer als kostbare Perle (*Mt* 13,45–46), die durch nichts ersetzt werden kann: der schnelle Niedergang der Ideologien, die eine vollständige Antwort auf die Frage nach Sinn versprachen, auf das Verlangen nach Brüderlichkeit und nach Hoffnung, das im Herzen der Menschen nistet, hat für den, der Augen hat zu sehen, bloßgelegt, daß es für Jesus Christus keinen Ersatz gibt und daß der Versuch, ihn zu ersetzen, ein schwieriges und unmögliches Unterfangen darstellt.
Es ist jedoch vor allem die moralische Dimension des Glaubens, die Wahrheit der christlichen Ethik, die heute bedroht ist und Protest hervorruft. Zu häufig und bisweilen auch von seiten derer, die sich als Glieder der Kirche betrachten und der Meinung sind, sie lebten als Christen, wird diese als überholt oder der heutigen Situation nicht angemessen beurteilt. Man schafft so die Voraussetzungen – bewußt oder unbewußt – für die Zerstörung dessen, was am eigentlichsten menschlich ist im Menschen, und man verzichtet auf die Möglichkeit, eine Gesellschaft und eine Zivilisation zu schaffen, die dem Menschen angemessen ist.

4. Liebe Mitglieder der Katholischen Aktion, auf diesem Gebiet erwartet Sie eine Herausforderung, der Sie nicht ausweichen können, so wie die ganze kirchliche Gemeinschaft ihr nicht ausweichen kann. Das Zweite Vatikanische Konzil, das in dieser Hinsicht auch von den voraufgegangenen Erfahrungen der Katholischen Aktion vorbereitet war, hat wieder die Tatsache in helles Licht gerückt, daß die Verpflichtung zur Evangelisierung und zur Inkulturation des Glaubens für die ganze Kirche gilt und daß die Laien aufgerufen sind, daran im vollen Sinne teilzunehmen in enger Gemeinschaft und fruchtbrin-

gender Zusammenarbeit mit den Hirten, die Gott eingesetzt hat, seine Kirche zu leiten. Als Verantwortliche und in den Pfarreien aktiv Tätige der Katholischen Aktion sind Sie heute aufgerufen, diese missionarische Verpflichtung in die konkrete und tägliche Realität umzusetzen, diese missionarische Verpflichtung, die von der echten Förderung des Menschen und der Gesellschaft nicht zu trennen ist (vgl. *Sollicitudo rei socialis*, Nr. 41). Als Erwachsene sind Sie aufgerufen, mit besonderer Hingabe und besonderem Verantwortungsbewußtsein zu handeln. Den Erwachsenen sind in der Tat, was ganz natürlich ist, die gewichtigsten Rollen anvertraut und die Hauptentscheidungsbereiche im Familienleben, im Arbeitsleben, in Wirtschaft, Politik und Kultur. Ihnen obliegt es an erster Stelle, sich um das christliche Zeugnis in jedem dieser Bereiche zu bemühen sowie mutig und verantwortungsvoll an der Evangelisierung und der Inkulturation des Glaubens mitzuarbeiten.

5. Ich bitte die Katholische Aktion, Sie, die Erwachsenen der Katholischen Aktion, in Ihrem Leben sich treu zu sein sowie in Wort und Zeugnis einem jeden Menschen, der Ihnen auf Ihrem Weg begegnet, behilflich zu sein, die Fülle des Glaubens zu leben – auch und besonders in seinen moralischen Dimensionen ein echtes christliches Gewissen zu bilden, das vom Wort Gottes und vom Lehramt der Kirche erleuchtet ist; Familien zu formen, die für die Liebe und das Leben offen sind, bemüht um ein hochherziges Familien- und Sozialapostolat; dahin zu wirken, daß die Strukturen der Gesellschaft „immer stärker jene ethischen Werte achten oder wieder achten, in denen sich die volle Wahrheit über den Menschen widerspiegelt" (*Ansprache beim Treffen der italienischen Kirche in Loreto*, Nr. 8).
Ich bitte Sie „vereint nach Art einer organischen Körperschaft" zu handeln in allen Bereichen, in die sich die apostolische Zielsetzung der Kirche erstreckt, die Sie als Sinn und Zweck Ihrer Vereinigung übernommen haben (vgl. *Apostolicam actuositatem*, Nr. 20); tun Sie dies, indem Sie immer im Einklang mit Ihren Hirten und mit dem Nachfolger des Petrus vorgehen und durch Taten die kostbare Weisung des Konzils verwirklichen: Die Laien können „in verschiedener Weise zu unmittelbarerer Mitarbeit mit dem Apostolat der Hierarchie berufen werden, nach Art jener Männer und Frauen, die den Apostel Paulus in der Verkündigung des Evangeliums unterstützten und sich sehr im Herrn mühten" (*Lumen Gentium*, Nr. 33).

6. Damit Ihr apostolisches Zeugnis immer glaubwürdiger und wirksamer werde, erneuere ich heute die Einladung, die ich bereits bei der sechsten Nationaltagung an Sie richtete: Festigen Sie immer mehr Ihre Einheit untereinander, die Gemeinschaft, die die Katholische Aktion in allen ihren Gliederungen kennzeichnen und formen muß – in Wertschätzung aller ihrer Mitglieder und durch Harmonisierung der jeweiligen Sensibilität, der Verbandserfahrungen und der unterschiedlichen Charismen in einer höheren Eintracht.
Das wird am besten geschehen können durch das Wirken Ihrer geistlichen Assistenten: „Der Dienst an der Einheit gehört in der Tat zum eigentlichen Wesen des priesterlichen Amtes selbst" (*Ansprache an die sechste Nationaltagung der Katholischen Aktion Italiens*, Nr. 8).

Auf dieser selben Linie des Dienstes an der kirchlichen Einheit möchte ich Ihnen die vornehme Aufgabe anvertrauen, die Gemeinschaft und Zusammenarbeit in der vielgestaltigen Wirklichkeit der Laienorganisationen und -bewegungen zu fördern, die das Gesicht der Kirche in Italien reich und lebendig machen – in zunehmender gegenseitiger Achtung und Annahme in der gemeinschaftlichen Treue gegenüber den pastoralen Weisungen des Papstes und der Bischöfe.

7. Der Weg, der Sie in diesen Jahren erwartet, in denen sich die italienische Kirche immer stärker um die „neue Evangelisierung“ bemüht, ist ohne Zweifel schwierig, aber auch begeisternd: dieser Weg ist die immerwährende Sendung Christi und der Kirche, die in einer Zeit tiefgreifender Veränderungen gelebt werden muß, in der die Gefahren und Versuchungen groß sind, aber groß auch die Offenheit, durch die der Herr Jesus in das Leben der Menschen und Familien eintreten kann, in die Kultur und die Geschichte der Völker.
Gehen wir gemeinsam diesen Weg, liebe Mitglieder der Katholischen Aktion, getragen und gehalten von der zarten Liebe und mütterlichen Fürsprache sowie in Gemeinschaft mit jener, die selig ist, weil sie geglaubt hat (vgl. *Lk* 1,45).
Als Zeichen meiner Zuneigung und mit dem Wunsch für ein an Gnade und christlichem Zeugnis reiches Jahr erteile ich Ihnen von Herzen meinen Apostolischen Segen.

Taufe verleiht Menschen wahre Würde

Predigt bei der Messe und Spendung des Taufsakraments am 8. Januar

Liebe Eltern, liebe Paten und Patinnen!

1. Heute läßt uns die Liturgie der Taufe Jesu gedenken, eines wichtigen Ereignisses im Leben des Herrn, denn es setzt den Anfang zu seiner öffentlichen Sendung.
Die im Lukasevangelium aufgezeichnete Szene ist bedeutsam und lehrreich.
Wir sehen vor allem Jesus, der sich in die Schar der einfachen Bußfertigen einreiht, damit auch er die Taufe von Johannes dem Täufer empfängt. Der Ritus des Eintauchens in das Wasser des Jordanflusses war ein Sinnbild der inneren Reinigung und auch eine Geste der Zustimmung zur Botschaft des Vorläufers. Der angekündigte und erwartete Messias wurde von einem wohlbekannten und in der Geschichte eindeutig anwesenden Volk, dem auserwählten Volk, geboren, von dem er die religiöse Lehre annimmt und sie zur Fülle der Offenbarung führt. Dann, in der Taufe, offenbart sich in wunderbarer Weise die Gottheit Jesu, als er, wie das Evangelium berichtet, „sich taufen ließ“. „Und während er betete, öffnete sich der Himmel, und der Heilige Geist kam sichtbar in Gestalt einer Taube auf ihn herab, und eine Stimme aus dem Himmel sprach: ‚Du bist mein geliebter Sohn, an dir habe ich Gefallen gefunden‘ “ (*Lk* 3,21–22). Diese Wirklichkeit ist wesentlich für unseren Glauben: Wir glauben an Jesus Christus und verwirklichen seine Gebote, weil er das menschgewordene Wort ist. Seine Gottheit, die wir mit unserem ganzen Glauben bejahen, gibt unserem Leben als Christen vollen Sinn.

Am Ende wird auch deutlich die Heilssendung Christi offenbar. Denn Johannes der Täufer bekräftigt: „Ich taufe euch nur mit Wasser. Es kommt aber einer, der stärker ist als ich ... Er wird euch mit dem Heiligen Geist und mit Feuer taufen" (*Lk* 3,16). Gott ist in Christus Mensch geworden, um uns von der Sünde zu erlösen. In der Tat setzt Jesus seine eigene Taufe ein, deren Sinngehalt völlig gewandelt wird, denn sie ist nicht mehr eine rein symbolische Geste, sondern eine sakramentale Handlung, die die Sünde auslöscht, die der menschlichen Natur innewohnt, und das ewige Leben schenkt.

2. Ja, heute sind wir hier, um diesen Kindern die Taufe des christlichen Glaubens zu spenden.
Das ist vor allem ein grundlegendes und umwandelndes Ereignis, bei dem auf den Menschen die Verdienste der Erlösung angewandt werden, die Christus durch die Menschwerdung und das Kreuzesopfer gewirkt hat. Das Sakrament der Taufe verleiht in der Tat die heiligmachende Gnade, die die Erbsünde auslöscht und die Teilhabe am Leben des dreifaltigen Gottes zurückgibt. Das Taufsakrament drückt außerdem ein unauslöschliches Merkmal auf, das die erste Stufe der Teilhabe am Priestertum Christi ist und damit eine Weihe an Gott und eine persönliche Eingliederung in seinen mystischen Leib, die Kirche.
Es handelt sich also um ein entscheidendes und bestimmendes Ereignis im Leben einer Person, weil es ihr die wahre Würde, den echten Reichtum und die erhabene Schönheit der Teilhabe am göttlichen Leben schenkt.

3. Liebe Eltern, Paten und Patinnen! Ihr seid die Erstverantwortlichen für die christliche Erziehung dieser Kinder! Ihr müßt ihnen nach und nach die übernatürlichen Werte der Taufe verständlich machen, die sie jetzt empfangen! Freut euch über diese Sendung und diese eure Pflicht!
Bittet täglich die Gottesmutter Maria, den Schutzengel und den Namenspatron für eure Kinder, daß der Glaube und die Gnade, deren Sinnbild die brennende Kerze und das weiße Kleid ist, sie ihr ganzes Leben lang begleiten möge und sie frohe und mutige Zeugen der Liebe Gottes und der Erlösung in Christus seien.

Leiden der Völker beenden

Neujahrsansprache an das beim Heiligen Stuhl akkreditierte Diplomatische Korps am 9. Januar

Exzellenzen, meine Damen und Herren!

1. Ihr Doyen, der Herr Botschafter Joseph Amichia, hat eben in Ihrem Namen die mir zugedachten Glückwünsche zum Ausdruck gebracht und zugleich Ihre Empfindungen gegenüber den bedeutendsten Aspekten der Sendung des Heiligen Stuhles in der Welt ausgesprochen. Ich danke ihm herzlich dafür. Zugleich möchte ich meine Dankbarkeit Ihnen gegenüber betonen, weil Sie sich seinen Ausführungen angeschlossen haben.

Gern heiße ich dann die neu akkreditierten Botschafter und ihre Mitarbeiter willkommen, die im Verlauf des vergangenen Jahres ihre Arbeit aufgenommen haben. Ihre Erfahrung wird für uns alle wertvoll sein. Wir hoffen ferner, daß sie auch auf ihrer Seite reicher wird durch die Kenntnis, die der Apostolische Stuhl vom internationalen Leben hat.

Die Begegnung mit dem beim Heiligen Stuhl akkreditierten Diplomatischen Korps zu Beginn des neuen Jahres ist für den Papst eine vorzügliche Gelegenheit, über einige der großen Weltprobleme, deren Last Sie zusammen mit ihm tragen, nachzudenken.

Gewiß ist die Ansicht der Kirche zu den Herausforderungen unserer Zeit nicht immer mit der der Nationen identisch, doch die Erfahrung der Jahrhunderte und die ständige Bezugnahme auf die gleichen Werte und ethischen Kriterien lassen die Sichtweisen des Heiligen Stuhles – die über politische, wirtschaftliche oder strategische Interessen hinausreichen – zu einem Bezugspunkt für den unparteiischen Beobachter werden, der die Grundlagen seiner Urteilsfindung erweitern möchte. Die katholische Kirche ist ihrerseits überzeugt, den Menschen nach dem Plan ihres Stifters zu dienen, wenn sie sich bemüht, mit vollen Händen den Schatz der Weisheit und Lehre auszuteilen, der ihr anvertraut wurde, damit jede Generation daraus das Licht und die Kraft gewinnen kann, die sie braucht, um ihre Entscheidungen zu lenken.

2. Die internationale Gemeinschaft hat Gründe zur Freude über die Festigung der Entspannung zwischen Ost und West sowie über die Fortschritte, die auf dem Gebiet der Abrüstung zu verzeichnen sind, sowohl bilateral zwischen der Union der Sozialistischen Sowjetrepubliken und den Vereinigten Staaten von Amerika hinsichtlich der strategischen Waffen. Was die letzteren angeht, so wünscht der Heilige Stuhl, die in Paris tagende Konferenz über die Ächtung der chemischen Waffen möge dauerhafte Früchte tragen.

Der Wille, entschlossen die Frage der Verminderung der konventionellen Waffen in Europa aufzugreifen, den sowohl die NATO wie der Warschauer Pakt zum Ausdruck gebracht haben, läßt daran denken, daß die Unterhändler der betroffenen Länder bald ausreichend bevollmächtigt werden, um einen gemeinsamen Weg zu finden und konkrete Maßnahmen sowie wirksame Kontrollmechanismen vorzuschlagen, so daß die europäischen Völker wirklich von der Furcht befreit werden, die die Präsenz von Offensivwaffen und ein eventueller Überraschungsangriff wecken.

Der Heilige Stuhl hat in diesem Zusammenhang mit großem Interesse die Tagung der Konferenz für Sicherheit und Zusammenarbeit in Europa verfolgt, die in Wien stattfindet, und erwünscht, daß die Arbeiten rasch mit einem Schlußdokument abgeschlossen werden können, das substantiell und ausgewogen gleichzeitig die militärischen, wirtschaftlichen, sozialen und menschlichen Aspekte der Sicherheit berücksichtigt, ohne die der „alte“ Kontinent keinen dauerhaften Frieden erreicht. Die Menschenrechte und die Religionsfreiheit sind in Wien gründlicher diskutiert worden, und sie müßten im künftigen Abschlußdokument der Versammlung einen würdigen Platz finden. Dadurch wird es eine besondere Bedeutung gewinnen. Die Auflockerungen, die in letzter Zeit festzustellen waren, bezeugen, daß man sich immer lebhafter bewußt wird, wie dringend notwendig es ist, sie zu respektieren und wirksam durchzusetzen.

Hoffen wir also, meine Damen und Herren, daß die kürzlich in der Sowjetunion und in anderen Ländern Zentral- und Osteuropas erfolgten Entwicklungen dazu beitragen, günstige Voraussetzungen für einen Wandel des Klimas sowie zur Änderung der nationalen Gesetzgebung zu schaffen, die wirksam vom Stadium der Verkündigung von Grundsätzen zu dem der Garantie der grundlegenden Rechte und Freiheiten eines jeden Menschen übergehen. Ein solcher Prozeß müßte in diesen Ländern zu einer Auffassung der Religionsfreiheit führen, die diese als echtes bürgerliches und soziales Recht begreift.

Beim Blick über Europa hinaus möchte ich ein Gebiet nennen, das seit vielen Jahren das Opfer ständiger nationaler und regionaler Auseinandersetzungen ist, und dessen Völker brennend nach einem echten und dauerhaften Frieden verlangen: ich meine Zentralamerika. Vor mehr als einem Jahr haben die Staatschefs von fünf Ländern den Vertrag „Esquipulas II" unterzeichnet, um den Leiden ihrer Völker ein Ende zu setzen. Die Begriffe der Demokratisierung, Befriedung und regionalen Zusammenarbeit, die diesem Vertrag zugrundeliegen, müßten bei den verantwortlichen Politikern ein immer breiteres Echo finden. Zu wünschen wäre dann, daß alle interessierten Stellen mutig den Weg eines aufrichtigen und konstruktiven Dialogs wieder aufnehmen, damit die vom Vertrag vorgesehenen Initiativen – wie zum Beispiel die „nationalen Kommissionen für die Versöhnung" – wirksam in Kraft treten und damit die Wiedereingliederung aller politischen Kräfte in das öffentliche Leben dieser Länder gefördert wird.

Das vergangene Jahr sah ferner in sehr glücklicher Weise auf dem Verhandlungswege die Regelung von mehreren Konflikten in anderen Gebieten sich anbahnen. Ich denke vor allem an die dringend erwartete Feuereinstellung, die zwischen Iran und Irak unterzeichnet wurde. Ihre Entscheidung, unter Führung der Organisation der Vereinten Nationen Verhandlungspartner zu beauftragen, ist um so ermutigender, als diese Gespräche den Dialog beider Parteien anregen und ihren Friedenswillen bekräftigen.

In diesem Zusammenhang möchte ich jedoch einen Aspekt nicht verschweigen: die Rückkehr der Kriegsgefangenen in ihre Heimat. Der Jahresbeginn gilt allgemein als Gelegenheit zu Begegnungen innerhalb der Familie. Wie sollte man da nicht an alle jene denken, die diese Festtage fern von ihren Lieben verbringen mußten? Wie sollte man nicht wünschen, daß die Autoritäten dieser beiden Länder mit Hilfe von zuständigen internationalen Organisationen die Modalitäten für die Repatriierung vereinbaren und so die Leiden dieser Menschen abkürzen und zahlreichen Familien die Freude der mit Ungeduld erwarteten Wiedervereinigung schenken?

Weiter östlich müßte der tatsächliche Abzug fremder Truppen aus Afghanistan die Einleitung einer ehrenhaften Lösung sein, die allen interessierten Parteien einen neuen Abschnitt im Wiederaufbau und in der Entwicklung dieses Landes ermöglicht.

Beharrliche Initiativen und Bemühungen verschiedener Länder – zumal unter den Nationen Südostasiens – lassen auf eine umfassende Lösung des Problems Kambodscha hoffen, dessen Bevölkerung seit so vielen Jahren schmerzliche Prüfungen zu erdulden hat.

Im gleichen Gebiet lassen gewisse Gesten der Autoritäten Vietnams – auch auf religiösem Gebiet – den Wunsch nach der Bereitschaft dieser edlen Nation aufkommen, einen immer fruchtbareren Dialog im Konzert der Nationen neu aufzunehmen.

Wir müssen ferner den Wunsch aussprechen, daß der unerläßliche Dialog und das gegenseitige Verständnis die Lösung des so komplexen Problems Korea ermöglicht. In diesem Sinn verdienen die Bemühungen der betreffenden Autoritäten jede Ermunterung.
Tröstlich ist weiter der Gedanke, daß die Konflikte, die gewisse Länder des südlichen Afrikas erschüttern, bald ein Ende finden können, dank des Protokolls von Brazzaville und der Abmachung von New York im Hinblick auf die Unabhängigkeit Namibias und die Befriedung Angolas. Die Bewohner dieser Gebiete haben allzu grausam leiden müssen, als daß ihr Schicksal die internationale Gemeinschaft gleichgültig lassen könnte.
Endlich möchte ich als letztes Zeichen des guten Willens die gewaltige Bewegung der Solidarität erwähnen, die sich nach dem tragischen Erdbeben im sowjetischen Armenien im vergangenen Dezember gezeigt hat. Es ist zu wünschen, daß diese Solidarität, die die Menschen unter derart dramatischen Verhältnissen – jenseits der politischen und ideologischen Fronten und Spaltungen – an den Tag zu legen wissen, immer mehr zur gemeinsamen Regel für das Handeln wird.

3. Leider fehlt es dennoch nicht an Dingen, die Sorge bereiten und unser Vertrauen zum Teil untergraben. Gerade in den letzten Tagen hat die im Mittelmeer aufgetretene Spannung einmal mehr gezeigt, wie gebrechlich das internationale Gleichgewicht ist.
Ich hatte wiederholt Gelegenheit, meine Betroffenheit angesichts des Dramas, das der Libanon erleben muß, auszusprechen und zu wünschen, daß die nationale Einheit dieses Landes wiederhergestellt wird, zumal durch Anerkennung seiner Souveränität und wenigstens durch das normale Funktionieren der staatlichen Institutionen. Wir können uns nicht damit abfinden, dieses Land seiner Einheit, seiner territorialen Integrität, seiner Souveränität und Unabhängigkeit beraubt zu sehen. Es geht hier um unbestreitbare Grundrechte jeder Nation. So fordere ich erneut und mit dem gleichen Nachdruck vor diesem qualifizierten Gremium alle dem Libanon und seiner Bevölkerung freundlich gesinnten Länder zur Vereinigung ihrer Bemühungen auf, um den Libanesen beim Wiederaufbau eines befriedeten und wohlhabenden Landes in Würde und Freiheit zu helfen.
In diesem aufgewühlten Gebiet des Nahen Ostens sind kürzlich neue Elemente am Horizont des Schicksals des palästinensischen Volkes aufgetaucht. Sie scheinen die von der Organisation der Vereinten Nationen seit langem vertretene Lösung zu begünstigen, nämlich sowohl dem Volk Palästinas als auch Israel ihr Recht auf ein Vaterland zuzugestehen. Ich möchte hier ebenfalls den Wunsch aussprechen, daß die Heilige Stadt Jerusalem, die von beiden Völkern als Symbol ihrer Identität beansprucht wird, eines Tages zum Ort des Friedens und der Begegnung für beide werden kann. Diese unter allen anderen einzigartige Stadt, die für die Nachkommen Abrahams an das Heil erinnert, das der allmächtige und barmherzige Gott angeboten hat, sollte tatsächlich zu einer Quelle der Anregung für den brüderlichen und beharrlichen Dialog zwischen Juden, Christen und Muslimen werden, in Achtung vor den Eigenheiten und Rechten eines jeden.
Wir wollen auch jene unsere Brüder und Schwestern nicht vergessen, die sich in anderen Teilen der Welt in ihrer Existenz oder in ihrer Identität bedroht sehen. Die Schwierigkeiten, mit denen sie zu ringen haben, sind oft von komplexer Natur und reichen weit zurück. Der Heilige Stuhl ist zwar für die technische Lösung dieser schweren Fragen nicht

zuständig, er sieht es aber dennoch als seine Pflicht an, vor dieser Zuhörerschaft zu betonen, daß kein Grundsatz, keine Überlieferung und kein Anspruch – wie berechtigt dies auch sein mag – es erlauben kann, ganze Völker zu unterdrücken oder unmenschlich zu behandeln – erst recht nicht, wenn es sich um unschuldige und wehrlose Zivilisten handelt. Es geht hier um die Ehre der Menschheit! Ich möchte in diesem Zusammenhang auch an das schwere Problem der Minderheiten erinnern, das Thema der Botschaft zum Weltfriedenstag 1989: nicht nur Personen haben Rechte, sondern ebenso auch die Völker und Gruppen von Menschen; es gibt ein „Recht auf kollektive Identität" (*Botschaft*, Nr. 3).

4. Wie könnten wir uns vor vielen, noch bestehenden Notsituationen verschließen, waren es doch am vergangenen 10. Dezember 40 Jahre seit der universalen *Erklärung der Menschenrechte* durch die Vollversammlung der Vereinten Nationen?
Dieser Text, der sich als „das gemeinsame Ideal, das von allen Völkern und von allen Nationen zu erreichen ist" (Präambel), darstellt, hat der Menschheit gewiß geholfen, sich ihre gemeinsame Bestimmung und das Erbe an Werten bewußt zu machen, das der ganzen Menschheitsfamilie gehört. In dem Maß, wie sie universal gemeint ist, betrifft diese Erklärung alle Menschen an allen Orten. Trotz der eingestandenen oder uneingestandenen Vorbehalte bestimmter Staaten hat der Text von 1948 eine Gesamtheit von Auffassungen herausgestellt, die – von der christlichen Tradition geprägt (ich denke hier besonders an die Auffassung von der Würde der Person) – sich als universales Wertsystem nahelegen.
Angesichts der Ausschreitungen, deren Opfer von seiten totalitärer Regime die menschliche Person geworden war, wollte die Erklärung von Paris den Menschen „schützen", wer auch immer er sei und wo auch immer er sich befinde. Es erschien notwendig, um eine Wiederholung der Greuel zu vermeiden, deren wir uns noch alle erinnern, eine unverletzliche Sphäre der Freiheiten und Eigenrechte der menschlichen Person sicherzustellen gegen eventuellen physischen oder psychischen Druck, zu dem sich die politische Macht versucht sehen könnte. Aus der Natur des Menschen selbst ergeben sich die Achtung vor dem Leben, vor der physischen Integrität, dem Gewissen und Denken, dem religiösen Glauben und der persönlichen Freiheit eines jeden Bürgers. Diese für die Existenz jedes Menschen wesentlichen Elemente sind kein Zugeständnis des Staates; dieser erkennt vielmehr nur an, was an Wirklichkeiten im voraus zu seinem eigenen rechtlichen System gegeben ist, und er hat die Pflicht, ihre Ausübung zu garantieren.
Diese Rechte sind die Rechte der Person, die notwendig in eine Gemeinschaft eingefügt bleibt, weil der Mensch von Natur aus ein soziales Wesen ist. Zur unverletzlichen Sphäre der Freiheiten müssen daher auch jene gehören, die für das Leben der Grundgemeinschaften wie die Familie und die Gemeinschaften der Gläubigen unerläßlich sind, denn in ihrem Schoß kommt ja die soziale Dimension des Menschen zum Ausdruck. Aufgabe des Staates ist es, ihnen eine entsprechende rechtliche Anerkennung zu sichern.

5. Ausgehend von diesen grundlegenden Freiheiten und Rechten entfalten sich wie in konzentrischen Kreisen die Rechte des Menschen als Bürger und Mitglied der Gesellschaft sowie im weiteren Sinn als integraler Teil einer zu humanisierenden Umwelt. Die

bürgerlichen Rechte garantieren der Person an erster Stelle ihre individuellen Freiheiten und verpflichten den Staat, sich absolut nicht in den Bereich des individuellen Gewissens einzumischen. Die politischen Rechte erleichtern dem Bürger dagegen seine aktive Beteiligung an den öffentlichen Angelegenheiten seines eigenen Landes.
Zweifellos gibt es zwischen den grundlegenden sowie den bürgerlichen und politischen Rechten ein gegenseitiges Einflußnehmen und Sich-Begrenzen. Wenn die bürgerlichen Rechte mißachtet werden, dann geschieht das fast immer zum Schaden der grundlegenden Menschenrechte. Die Trennung der Machtbefugnisse im Staat und die demokratische Kontrolle sind eine wesentliche Voraussetzung für ihre wirksame Achtung. Die Fruchtbarkeit des Begriffs „Menschenrecht" erweist sich ebenfalls in der Entwicklung der immer genaueren Formulierung der sozialen und kulturellen Rechte. Diese sind ihrerseits desto besser garantiert, je unparteiischer ihre Anwendung überprüft wird. Ein Staat darf seine Bürger nicht ihrer bürgerlichen und politischen Rechte berauben, auch nicht unter dem Vorwand, ihren wirtschaftlichen oder sozialen Fortschritt sicherstellen zu wollen.
Man beginnt ferner vom Recht auf Entwicklung und auf die Umwelt zu reden. Oft handelt es sich bei dieser „dritten Generation" von Menschenrechten um schwierige Forderungen, die erst noch rechtlich festgelegt werden müssen, was sich um so länger hinzieht, als keine Instanz ihre Anwendung garantieren kann. Doch zeigt das alles schließlich ein wachsendes Bewußtsein dafür, daß die Menschheit in ihrer Abhängigkeit von der Natur, deren für alle geschaffene, aber begrenzte Schätze, vor allem durch eine enge internationale Zusammenarbeit schützen muß.
Tatsächlich hat trotz bedauerlicher Mängel eine Entwicklung stattgefunden, die die Ausschaltung der Willkür in den Beziehungen zwischen dem einzelnen und dem Staat begünstigt. Und hier darf man sich auf die Erklärung von 1948 berufen, denn sie fordert alle Nationen unzweideutig auf, das Verhältnis der Person und der Gesellschaft zum Staat auf der Basis der grundlegenden Menschenrechte zu regeln.
Der Begriff vom „Rechtsstaat" erscheint damit als eine mit der universalen Erklärung der Menschenrechte verbundene Forderung, und er entspricht zugleich der katholischen Lehre, für die die Aufgabe des Staates darin besteht, den Menschen die Verwirklichung der transzendenten Ziele, für die sie bestimmt sind, zu gestatten und zu erleichtern.

6. Unter den grundlegenden Freiheiten, die die Kirche an erster Stelle verteidigen muß, befindet sich ganz natürlich auch die Religionsfreiheit. Das Recht auf Religionsfreiheit ist derart eng mit den übrigen Grundrechten verbunden, daß man mit Recht den Standpunkt vertreten darf: Die Achtung vor der religiösen Freiheit ist wie ein Test für die Achtung der übrigen Grundrechte.
Zum religiösen Anliegen gehören nämlich zwei spezifische Dimensionen, die gegenüber den anderen Tätigkeiten des Geistes seine Originalität ausmachen: Gewissen und Denken oder Überzeugung. Der Glaube erkennt einerseits die Existenz der Transzendenz an, die jedem Dasein Sinn gibt und die Werte begründet, nach denen es sein Verhalten ausrichtet. Zum religiösen Verhalten gehört andererseits die Einfügung in eine

Gemeinschaft von Personen. So bedingen sich gegenseitig die religiöse Freiheit und die Freiheit der Gemeinschaft der Glaubenden, nach den Lehren ihres Stifters zu leben.
Der Staat hat sich in Dingen des religiösen Glaubens nicht zu äußern, und er darf sich bei der Regelung des religiösen Lebens nicht an die Stelle der verschiedenen Bekenntnisse setzen. Wenn der Staat das Recht auf Religionsfreiheit achtet, so ist das ein Zeichen für seine Achtung der übrigen Grundrechte des Menschen, insofern damit einschlußweise die Existenz einer Ordnung anerkannt wird, die die politische Dimension der Existenz überragt, feine Ordnung, die den Bereich der freien Anhänglichkeit an eine Heilsgemeinschaft sichtbar macht, die dem Staat voraufgeht. Auch wenn ein Staat aus historischen Gründen einer bestimmten Religion besonderen Schutz gewährt, ist er darüber hinaus verpflichtet, den religiösen Minderheiten jene persönlichen und gemeinschaftlichen Freiheiten zu garantieren, die vom allgemeinen Recht auf Religionsfreiheit in einer bürgerlichen Gesellschaft herrühren.
Leider ist das nicht immer der Fall. Aus mehr als einem Land kommen weiterhin Stimmen von Gläubigen – von Katholiken – die sich in ihren religiösen Anliegen und in der Praxis ihres Glaubens schikaniert fühlen. Tatsächlich bleiben nicht selten Gesetze oder Verwaltungsmaßnahmen in Geltung, die das Recht auf Religionsfreiheit verdunkeln oder derart ungewöhnliche Einschränkungen machen, daß sich dadurch die ermutigenden Grundsatzerklärungen in Nichts auflösen.
Ich appelliere bei dieser Gelegenheit erneut an das Gewissen der Verantwortlichen der Nationen: kein Frieden ohne Freiheit! Kein Frieden, ohne in Gott die Harmonie des Menschen mit sich selbst und mit seinesgleichen wiederzufinden! Habt keine Angst vor den Glaubenden! Im vergangenen Jahr habe ich bei Gelegenheit des Weltfriedenstages festgestellt: „Der religiöse Glaube bringt die Menschen einander näher und eint sie, er macht sie zu Brüdern und noch aufmerksamer, noch verantwortlicher und noch hochherziger in ihrem Dienst am Gemeinwohl“ (*Botschaft zum Weltfriedenstag 1989*, Nr. 3).

7. Man hat zu Recht bemerkt, daß die Erklärung von 1948 keine anthropologischen und ethischen Grundlagen der Menschenrechte bietet, die sie verkündet. Heute ist klar, daß ein solches Unternehmen damals verfrüht war. Nun haben also die verschiedenen Schulen des Denkens – zumal die Gemeinschaften der Gläubigen – die Aufgabe, die moralischen Grundlagen des rechtlichen Gebäudes der Menschenrechte nachzuliefern.
Auf diesem Gebiet hat die katholische Kirche – und haben vielleicht auch andere spirituelle Gruppen – einen unersetzlichen Beitrag zu liefern, denn sie verkündet, daß die Quelle der Würde der Person und ihrer unverletzlichen Rechte in der transzendenten Dimension der Person liegt. Nirgendwo sonst. Wenn die Kirche die Gewissen bildet, bildet sie Bürger heran, denen die Förderung der edelsten Werte am Herzen liegt. Obwohl der Begriff „Menschenrecht“ mit seinem doppelten Anspruch der Autonomie der Person und eines Rechtsstaates irgendwie zur westlichen, vom Christentum geprägten Zivilisation gehört, so bildet doch der Wert, auf dem er ruht, nämlich die Würde der Person, eine universal gültige Wahrheit, die mehr und mehr ausdrücklich in sämtlichen Bereichen der Kultur zum Ausdruck kommen muß.
Die Kirche ist ihrerseits überzeugt, der Sache der Menschenrechte zu dienen, wenn sie, ihrem Glauben und ihrer Sendung getreu, verkündet, daß die Würde der Person begrün-

det ist in ihrer Eigenschaft als ein nach dem Bild und Wort Gottes gestaltetes Geschöpf. Wenn unsere Zeitgenossen danach Ausschau halten, auf welche Basis sie die Menschenrechte gründen sollen, müßten sie im Glauben der Gläubigen und ihrem Sinn für das Sittliche die unerläßlichen transzendenten Fundamente dafür finden, diese Rechte gegen alle Versuche zum Manipulieren von seiten menschlicher Mächte zu schützen.
Man sieht, daß die Menschenrechte über rechtliche Normen hinaus vor allem Werte sind, und diese Werte müssen in der Gesellschaft erhalten und gepflegt werden, denn sonst laufen sie Gefahr, auch aus den Gesetzestexten zu verschwinden. Auch die Würde der Person muß zunächst in den Lebensgewohnheiten geschützt werden, bevor ihr der gleiche Schutz vom Recht her zukommt. Ich kann hier nicht die Unruhe darüber verschweigen, daß in gewissen Gesellschaften so schlechter Gebrauch von dieser Freiheit gemacht wird, die doch andere so heiß ersehnen.
Wenn die Freiheit des Ausdrucks und des Schaffens sich nicht mehr an der Suche nach dem Schönen, Wahren und Guten ausrichtet, sondern sich z. B. in der Produktion von Schauspielen der Gewaltanwendung, von Grausamkeiten oder des Schreckens gefällt, dann machen solche häufig wiederholten Mißbräuche alle Verbote unmenschlicher oder erniedrigender Behandlung, wie sie in der universalen Erklärung der Menschenrechte verbrieft sind, illusorisch und künden keine Zukunft an, die vor einer Rückkehr zu den Exzessen geschützt wäre, die jenes feierliche Dokument mit Recht verurteilt hat.
Dasselbe ist der Fall, wenn der Glaube und die religiösen Gefühle der Gläubigen im Namen der Freiheit des Ausdrucks oder um propagandistischer Zwecke willen lächerlich gemacht werden. Die Intoleranz droht unter anderen Formen zurückzukehren. Die Achtung der Religionsfreiheit ist nicht nur ein Kriterium für die Folgerichtigkeit eines juridischen Systems, sondern auch für die Reife einer freiheitlichen Gesellschaft.

8. Exzellenzen, meine Damen und Herren, ich kann Sie abschließend nur auffordern, täglich Ihre Bemühungen mit denen des Heiligen Stuhls zu vereinen, um die große Herausforderung aufzugreifen, die das Ende dieses Jahrhunderts uns stellt: dem Menschen wieder Sinn für sein Leben zu schenken.
Die Kirche hört ihrerseits nicht auf, optimistisch zu sein, denn sie ist gewiß, eine immer neue Botschaft zu besitzen, die sie von ihrem Stifter Jesus Christus erhalten hat. Er ist das Leben selbst, das in unsere Mitte gekommen ist, wie uns die kürzliche Feier des Weihnachtsfestes in Erinnerung gerufen hat, damit alle Menschen „das Leben haben und es in Fülle haben" (*Joh* 10,10). Sie hört nicht auf, alle jene, die sich darauf einlassen möchten, aufzufordern, diesem Gott zu begegnen, der zum Nächsten eines jeden von uns geworden ist, und der uns einlädt, an unserem Platz und mit unseren Talenten zum Aufbau einer besseren Welt zusammenzuarbeiten: für eine Erde, auf der die Menschen in Freundschaft mit Gott leben, der befreit und Glück schenkt.
Ihm vertraue ich im Gebet meine herzlichen Glückwünsche für Sie alle an, und ich rufe auf Sie, auf Ihre Familien, Ihre edle Aufgabe und Ihre Länder die Fülle des Segens von oben herab.

Der Bischof Lehrer des Glaubens

Schreiben an die Bischöfe der USA vom 10. Januar

An meine lieben Mitbrüder, die Bischöfe der Vereinigten Staaten von Amerika!

Im Rahmen meines Pastoralbesuches 1987 in den Vereinigten Staaten und eurer jüngsten Ad-limina-Besuche in Rom brachte ich bei verschiedenen Gelegenheiten meinen Wunsch zum Ausdruck, mit der US-Hierarchie zusammenzutreffen, nachdem diese für das Leben der Kirche in den USA sehr wichtigen Ereignisse stattgefunden hatten.

Ich weiß um euer lebhaftes Interesse an einer solchen Initiative und um eure Bereitschaft, zu diesem Zweck nach Rom zu kommen. Deshalb habe ich in der Zeit vom 8. bis 11. März ein Treffen zwischen euren Vertretern und mir sowie den Leitern der betreffenden Dikasterien des Heiligen Stuhls anberaumt.

Nach Beratungen mit der Leitung der Bischofskonferenz und den amtierenden Kardinälen der USA wurde folgendes Thema für unser Treffen gewählt: „Evangelisierung im kulturellen und gesellschaftlichen Kontext der Vereinigten Staaten mit besonderer Betonung des Bischofs als Lehrer des Glaubens."

Wie ich in meiner Ansprache an die 5. Region im vergangenen Jahr angedeutet habe, „ist es meine Absicht, mit euch über eine organische pastorale Sichtweise eures Bischofsamtes nachzudenken. Diese organische Sichtweise muß die ständigen Erfordernisse des Evangeliums in Betracht ziehen; sie muß auch die unbestreitbaren Prioritäten des Lebens der Kirche heute zum Ausdruck bringen, sowohl in ihren weltweiten Bedürfnissen als auch in den besonderen Erfordernissen der Kirche in den Vereinigten Staaten. Gleichzeitig muß sie den Appell des Zweiten Vatikanischen Konzils zu Reform und Erneuerung widerspiegeln, wie er von dem Bischof von Rom und dem Weltepiskopat in Gemeinschaft mit ihm wiederholt wurde" (31. Mai 1988).

Einzelheiten bezüglich Tagesordnung und Vorgang des Treffens werden von der Kongregation für die Bischöfe ausgearbeitet, die sich mit euch über die Apostolische Nuntiatur in Washington in Verbindung setzen wird.

In Erwartung dieser kommenden brüderlichen Begegnung bringe ich erneut meine tiefe Liebe in Jesus, unserem Herrn, zum Ausdruck und erteile von Herzen meinen Apostolischen Segen.

Aus dem Vatikan, 10. Januar 1989

Joannes Paulus PP. II

Kindersterblichkeit eindämmen

Ansprache an die Mitglieder des Leitungsorgans der UNICEF für Lateinamerika und die Karibik am 12. Januar

Ich freue mich über diese Begegnung mit Ihnen, der Spitze des Kinderhilfswerks der Vereinten Nationen in Lateinamerika und in der Karibik, und den für die Seelsorge des CELAM Verantwortlichen. Zugleich möchte ich für die liebenswürdigen Grußworte danken, die Frau Dr. Teresa Albánez Barnola als Regionaldirektorin im Namen der UNICEF an mich gerichtet hat. Zu begrüßen ist die große Koordinierungstätigkeit und Kontrolle der Probleme der Kinder, die Sie in Ihrem Beruf und als Gläubige in diesem mir so lieben Kontinent durchführen. So ist es tröstlich festzustellen, daß meine Botschaft zur Fastenzeit 1988, in der ich zum schmerzlichen Problem der Kindersterblichkeit an alle Menschen appelliert habe, einen so großen Widerhall gefunden hat, insbesondere von seiten der UNICEF, die wie das „fruchtbare Erdreich" war – von dem das Evangelium spricht –, das in der Gesellschaft Lateinamerikas ermutigende Früchte hervorbringt. In der Botschaft zur Fastenzeit heißt es im Hinblick auf die Kindersterblichkeit, man zähle jeden Tag Zehntausende von Opfern. „Ein Teil der Kinder stirbt vor der Geburt und andere in einer kurzen und schmerzvollen Lebensdauer, die tragisch zu Ende geht aufgrund von Krankheiten, denen man leicht begegnen könnte. „Ernsthafte Untersuchungen zeigen, daß in den Ländern, die am grausamsten von der Armut geschlagen sind, der Bevölkerungsanteil der Kinder die höchste Anzahl an Toten erleidet ... Ein hoher Prozentsatz von Kindern stirbt vorzeitig, andere bleiben in einem solchen Ausmaß geschädigt, daß man ihre physische und psychische Entwicklung gefährdet sieht, und müssen in Verhältnissen von Ungerechtigkeit und Benachteiligung um ihr Überleben kämpfen, um einen Platz in der Gesellschaft zu haben." „Die Opfer dieser Tragödie sind die Kinder, die in die Armut hineingeboren werden, die sehr häufig durch soziale Ungerechtigkeit verursacht wird; es sind auch die Familien, die der nötigen Mittel entbehren, die untröstlich den frühen Tod ihrer Kinder beklagen."

Vor dieser Tragödie der Kindersterblichkeit, die auch die Länder Lateinamerikas und der Karibik so grausam trifft, wie auch andere Länder auf dem Wege der Entwicklung, vor dieser Tragödie sind wir alle aufgerufen, vereint Anstrengungen zum Schutz des Lebens zu machen, einschließlich des Lebens vor der Geburt, und ebenso allen Kindern die nötigen Mittel zum physischen und geistigen Wachstum zu bieten, auf das jeder Mensch ein unveräußerliches Recht hat.

Es freut mich zu wissen, daß einige Pastoralprogramme der Kirche mit Erfolg abgestimmt sind mit den Initiativen und Aktionen der UNICEF, wie da sind z. B. die Programme für Impfung, Trinkwasser, angemessene Ernährung. Daher ist es nötig, intensiv und tiefgehend in die Familien hineinzuwirken. Im Innersten der Familie müssen vor der Geburt die adäquaten Vorbereitungen getroffen werden, in Liebe, Verantwortung und Zärtlichkeit jedes Kind anzunehmen, das in diese Welt kommt. Den Familienvätern und -müttern muß man eine umfassende Information verschaffen und die unabdingbaren Mittel, die es ihnen gestatten, die umfassende und normale Entwicklung ihrer Kinder sicher

zustellen. Daher möchte ich einmal mehr die Familie als Gemeinschaft wie auch die Gesellschaft allgemein auffordern, dauerhafte Bedingungen herzustellen, die immer besser das gesunde Wachstum der Kinder fördern.
Lateinamerika, Kontinent der Hoffnung, in den Kindern, die heute zur Welt kommen und wachsen, gründet die feste Hoffnung auf das Morgen. Als Fachleute und Apostel für das Kind ermuntere ich Sie, mit Begeisterung und ohne nachzulassen in Ihrer Aufgabe fortzufahren, alle gesellschaftlichen Gruppen und die verschiedenen Instanzen des öffentlichen Lebens dafür zu interessieren und zu gewinnen, für das umfassende Wohlergehen der Kinder zu wirken; jeden Tag mehr eine Kultur des Lebens aufrechtzuerhalten und zu verbessern, die alle ethischen Prinzipien respektiert; für die Kinder, besonders für die Ärmsten und Schutzlosesten die nötigen Bedingungen sicherzustellen, daß sie sich angemessen in die Gesellschaft einfügen können. An Weihnachten, das wir gerade gefeiert haben, erinnerten wir uns einmal mehr daran, daß der Sohn Gottes Mensch wurde und daß er als schutzloses und bedürftiges Kind geboren wurde gleich einem jeden von uns. Daß das göttliche Licht, das aus Bethlehem zu uns kommt, immerfort die Arbeit erleuchten möge, die Sie gemeinsam leisten zum Nutzen der Kinder, insbesondere der am meisten Bedürftigen! Als Unterpfand der ständigen Hilfe des Herrn erteile ich Ihnen und Ihren Familien sowie allen, die an Ihren Hilfsprogrammen für die Kinder mitwirken, meinen Apostolischen Segen.

Die volle Gemeinschaft suchen

Ansprache an eine Delegation der Evangelisch-Lutherischen Kirche in Amerika am 12. Januar

Liebe Freunde!

„Gnade sei mit euch und Friede“ (*1 Thess* 1,1).
Es freut mich, Sie, herausragende Vertreter der Evangelisch-Lutherischen Kirche in Amerika, während Ihres Besuches in der Stadt der heiligen Apostel Petrus und Paulus willkommen zu heißen. Das Zeugnis der Apostel in Rom, als sie das Wort Gottes verkündeten und ihr Blut hier vergossen, ist das gemeinsame Erbe aller Christen und spricht zu uns von unserem gemeinsamen Glauben an Christus, trotz der Spaltungen, die wir immer noch erfahren.
Ich möchte Sie bitten, Bischof Chilstrom, dem zu begegnen ich im Januar vergangenen Jahres die Freude hatte, meine herzlichsten Grüße zu übermitteln. Ich danke für seinen Brief, den Sie freundlicherweise in seinem Namen überreicht haben, zusammen mit dem Dokumententwurf über den Ökumenismus, der zur Zeit für die Evangelisch-Lutherische Kirche in Amerika vorbereitet wird. Ich begrüße die Verpflichtung zur Suche nach der Einheit der Christen, die ein weiteres Mal zum Ausdruck gebracht wurde.
Jesus beauftragt seine Anhänger mit der Evangelisierung und sagt ihnen, zu allen Völkern zu gehen und alle Menschen zu seinen Jüngern zu machen, sie in seinem Namen zu taufen und zu lehren (vgl. *Mt* 28,19–20). Im Licht dieser Verantwortung wird die Frage

der christlichen Einheit zu einer klaren und dringenden kirchlichen Priorität. Die Welt hungert nach geistlicher Nahrung. Männer und Frauen bedürfen des Hörens der Botschaft des Evangeliums. „Selig sind die, die das Wort Gottes hören und es befolgen", sagt der Herr (*Lk* 11,28). Spaltungen unter Christen stellen unglücklicherweise Hindernisse in den Weg der Evangelisierung und lenken ab von der Botschaft der Versöhnung, die der innerste Kern des Evangeliums ist.

Wir müssen achten auf die eindringliche Bitte des heiligen Paulus an die Gläubigen von Ephesus: „Ich ... ermahne euch, ein Leben zu führen, das des Rufes würdig ist, der an euch erging ... bemüht euch, die Einheit des Geistes zu wahren durch den Frieden, der euch zusammenhält" (*Eph* 4,1–3). Lutheraner und Katholiken, ja alle Christen haben vor Gott die Verantwortung, die volle Gemeinschaft weiter zu suchen und einander in diesem Bemühen zu ermutigen um des Evangeliums willen.

Deshalb freue ich mich zu hören, was gesagt wurde über die verbesserten Beziehungen zwischen Lutheranern und Katholiken in den Vereinigten Staaten während des vergangenen Jahres. Ihr Besuch hier ist ein weiteres Zeichen der Ermutigung für uns, und ich hoffe auch für Sie.

„Gnade sei mit euch und Friede in Fülle durch die Erkenntnis Gottes und Jesu, unseres Herrn" (*2 Petr* 1,2). Gott segne Ihre ökumenische Pilgerfahrt.

Botschaft Christi muß alle Kulturen erreichen

Ansprache an die Vollversammlung des Päpstlichen Rates für Kultur am 13. Januar

Meine Herren Kardinäle, liebe Freunde!

1. Es ist mir eine große Freude, Sie alle, die Sie aus verschiedenen Teilen der Welt gekommen sind, um an der Versammlung des Päpstlichen Rates für Kultur teilzunehmen, heute morgen begrüßen zu können. Es ist dies das siebte Mal, daß ich diesen Rat empfangen kann. In der Constitution *Pastor Bonus* wollte ich im Rahmen der Richtlinien für die Aufgaben und die Organisation der Römischen Kurie festlegen, daß „dieser Rat die Beziehungen des Heiligen Stuhles zur Welt der Kultur fördert und insbesondere den Dialog mit den verschiedenen Kulturen unserer Zeit, damit die menschliche Zivilisation sich immer mehr für das Evangelium öffne und damit die Menschen, die Wissenschaft, Literatur und Kunst pflegen, sich von der Kirche als Diener der Wahrheit, des Guten und des Schönen anerkannt fühlen" (Art. 166).

Die alljährliche Sitzung ist ein besonderer Augenblick der gemeinsamen Reflexion und des gemeinsamen Engagements für eine konkrete Förderung dieser Begegnung der Kirche mit allen menschlichen Kulturen, dem Geist des II. Vatikanischen Konzils und der Bischofssynoden entsprechend. Dem Auftrag gemäß, den ich Ihnen anvertraut habe, führen Sie jedes Jahr eine umfassende Überprüfung der wichtigsten kulturellen Strömungen durch, welche die verschiedenen Milieus, Regionen und wissenschaftlichen Disziplinen kennzeichnen, denen Sie entstammen. Sie machen auf diese Weise den Papst und den Heiligen Stuhl mit den Tendenzen und Bestrebungen, den Ängsten und Hoffnungen sowie den kulturellen Notwendigkeiten der Menschheitsfamilie vertraut und suchen zu erkennen, wie die Kirche am besten auf die vom Geist unserer Zeit gestellten, entscheidenden Fragen eingehen kann. Ihre Diagnose über den Stand der zeitgenössischen Kulturen stellt einen großen Dienst für die Kirche dar und ich ermutige Sie, sie unablässig zu vervollkommnen. Sie sind ja neben Ihrem Zeugnis und Ihrer persönlichen Erfahrung gemeinsam mit anderen kompetenten Personen und Gruppen zur geistlichen Unterscheidung der kulturellen Strömungen aufgefordert, welche auf die Männer und Frauen von heute Einfluß ausüben. Mit Hilfe von Treffen, Forschungen und Veröffentlichungen regen Sie die Kirche neu dazu an, auf die Herausforderungen einzugehen, welche die Evangelisierung der Kulturen und die Inkulturation des Evangeliums darstellen. Diese Unterscheidung ist dringend notwendig, um die zeitgenössischen Mentalitäten besser zu verstehen und darin den Durst nach Wahrheit und Liebe zu entdecken, den nur Jesus Christus voll und ganz stillen kann. Gleichzeitig hilft sie die Wege für eine neue Evangelisierung und für eine authentische Pastoral der Kultur finden.

2. Indem Sie die Welt von einem universalen Standpunkt aus betrachten, gelangen Sie zu einem besseren Verständnis der apostolischen Bedeutung Ihrer Arbeiten und erfahren gleichzeitig eine nachhaltige Anregung, Ihre Mission weiterzuführen. Mit ihrem Bemühen um Unterscheidung nach dem Evangelium verfolgt die Kirche nur ein einziges Ziel: die bessere Verkündigung der Frohbotschaft des Heils in Jesus Christus, die jedes einzelne Gewissen und alle Kulturen erreichen soll. Jede menschliche – individuelle und gemeinschaftliche – Wirklichkeit ist ja von Christus erlöst worden: Die Menschen sind erlöst mit all ihrem Tun, dessen erhabenster und den Menschen eigenster Ausdruck die Kultur ist.
Das Heilswirken der Kirche im Rahmen der Kulturen vollzieht sich in erster Linie durch die Vermittlung der Personen, der Familien und der Erzieher. Somit ist eine entsprechende Bildung und Ausbildung unerläßlich, wenn die Christen fähig werden sollen, klar zu zeigen, wie der Sauerteig des Evangeliums imstande ist, die Denk-, Urteils- und Handlungsweisen, die eine bestimmte Kultur ausmachen, zu läutern und zu erheben. Unser Erlöser Jesus Christus bietet sein Licht und seine Hoffnung allen Männern und Frauen an, welche die Wissenschaften und Künste, die Literatur und die zahllosen, von der modernen Kultur entwickelten Bereiche pflegen. Alle Kinder der Kirche müssen sich daher ihrer Sendung bewußt werden und entdecken, wie das Evangelium die vorherrschenden Mentalitäten und Werte durchdringen und erneuern kann, welche die verschiedenen Kulturen und die ihnen entspringenden Meinungen und Haltungen inspirieren. Alle Glieder der Kirche können durch Gebet und Reflexion das Licht des Evangeliums und die Strahlkraft seines ethischen und spirituellen Ideals verbreiten. So werden in geduldigem und unauffälligem Reifen die Früchte der Erlösung nach und nach die Kulturen durchdringen und sie dazu bringen, sich voll und ganz dem Reichtum der Gnade Christi zu öffnen.

3. Der Päpstliche Rat für Kultur nimmt bereits an dem Bemühen der Kirche in dem großen Unternehmen unserer Zeit – der Evangelisierung der Kulturen und der kulturellen Förderung aller Menschen – teil. Sie haben es verstanden, eine vielversprechende Zusammenarbeit mit den Bischofskonferenzen, mit den internationalen katholischen Orga-

nisationen, mit den Ordensgemeinschaften, den katholischen Verbänden und Bewegungen und mit den Kultur und Universitätszentren aufzubauen. In enger und fruchtbarer Zusammenarbeit mit ihnen haben Sie Begegnungen in verschiedenen Teilen der Welt veranstaltet und bereits bemerkenswerte Ergebnisse erzielt, für die mehrere Veröffentlichungen sowie Ihr Bulletin Zeugnis ablegen.
Ich kann auch feststellen, daß Ihre Arbeit sich in Verbindung mit mehreren Dienststellen des Heiligen Stuhles entwickelt und daß auf diese Weise die kulturelle Dimension – ein wichtiges Element der apostolischen Sendung der Römischen Kurie – besser in Erscheinung tritt.

4. Unter den laufenden Projekten verdienen zwei Initiativen besondere Aufmerksamkeit, sei es aufgrund der ihnen eigenen Bedeutung, sei es, weil sie mit verschiedenen Dienststellen des Heiligen Stuhles im Geist der Reform der Römischen Kurie verwirklicht werden. Mit Befriedigung erwähne ich zunächst die Studie über *Kirche und Universitätskultur*, die Sie mit den Bischofskonferenzen und in Zusammenarbeit mit der Kongregation für die Katholische Erziehung und dem Päpstlichen Rat für die Laien durchführen. Sie haben bereits einen zusammenfassenden Bericht veröffentlicht, der die charakteristischen Tendenzen und die geistlichen Notwendigkeiten des Universitätsmilieus sowie die neuen Aspekte der Universitätspastoral der Ortskirchen erläutert. Ich fordere Sie auf, diese gemeinsame Reflexion – die, dessen bin ich sicher, konkrete Empfehlungen und einen fruchtbaren Austausch apostolischer Erfahrungen hervorbringen wird – fortzusetzen. Die Kirche findet im Universitätsmilieu einen Ort, der für den Dialog mit den Geistesströmungen und dem Lebensstil, die die Kultur von morgen kennzeichnen werden, besonders geeignet ist. Die christliche Hoffnung muß den neuen geistigen Bestrebungen entgegenkommen und den Geist der Studenten, die in Kürze zahlreiche Verantwortungen auf sich nehmen, dazu bewegen, „daß die menschliche Zivilisation sich mehr und mehr dem Evangelium öffne“.
Aus ganzem Herzen ermutige ich zu dieser Universitätspastoral, die den Studenten die konkrete Möglichkeit bietet, ihren Glauben auf einer Ebene zu überdenken, welche ihrem Fortschritt in den naturwissenschaftlichen und humanistischen Disziplinen entspricht und ihnen hilft, in Glaubens- und Gebetsgemeinschaften zu leben.

5. Ich möchte schließlich die aktive Teilnahme des Päpstlichen Rates für Kultur an den Arbeiten der Internationalen Theologischen Kommission zum Thema *Glaube und Inkulturation* hervorheben. Sie sind enge Mitarbeiter bei der kürzlich erfolgten Vorbereitung des Dokuments mit diesem Titel gewesen, das ein besseres Verständnis der biblischen, historischen, anthropologischen, ekklesialen und missionarischen Bedeutung von Inkulturation und christlichem Glauben ermöglichen wird. Es stehen hier für das Wirken der Kirche entscheidende Dinge auf dem Spiel, sei es im Herzen der verschiedenen traditionellen Kulturen, sei es die im Hinblick auf die vielschichtigen Formen der modernen Kultur. Ihre Verantwortung ist es nunmehr, diese theologischen Richtlinien in konkrete Programme der Kulturpastoral zu übertragen, und es freut mich sehr, daß mehrere Bischofskonferenzen, vor allem in Lateinamerika und in Afrika, sich dieser Aufgabe

widmen wollen. Ich ermutige zur Fortführung dieser pastoralen Erfahrungen und wünsche, daß deren Ergebnisse der gesamten Kirche mitgeteilt werden.

6. Obwohl ich oft Gelegenheit habe, diesen Gedanken auszusprechen, möchte ich ihn hier nochmals wiederholen: Der Mensch führt nur dank der Kultur ein wahrhaft menschliches Leben, und das fundamentale Band zwischen der Botschaft Christi und der Kirche und dem Menschen in seiner Menschlichkeit schafft aus sich selbst heraus Kultur. Damit will ich sagen, daß die kulturellen Umwälzungen unserer Zeit uns dazu auffordern, auf das Wesentliche zurückzugreifen und die tiefe Sorge um den Menschen in jeder seiner Dimensionen – der politischen und sozialen, gewiß aber auch in der kulturellen, moralischen und spirituellen – wiederzufinden. Es geht hier tatsächlich um die Zukunft der Menschheit. Die Inkulturation des Evangeliums besteht nicht darin, es auf Augenblickliches und Oberflächliches zu beschränken, das die bewegte Gegenwart beschäftigt. Es handelt sich ganz im Gegenteil darum, mit der Kühnheit des Geistes die Kraft des Sauerteiges des Evangeliums und seine Neuheit – die jünger ist als alles Moderne – ins Innerste der Erschütterungen unserer Zeit hineinzutragen, die neue Denk-, Handlungs- und Lebensweisen hervorbringen werden. Die Treue zum Bund mit der ewigen Weisheit ist die immer wieder frisch aufbrechende Quelle neuer Kulturen. Wer die Neuheit des Evangeliums empfangen hat, macht es sich zu eigen und nimmt es in sein Inneres auf, um es dann im täglichen Leben, dem persönlichen Charisma entsprechend, zum Ausdruck zu bringen. So geht die Inkulturation des Evangeliums mit der Erneuerung der Kulturen Hand in Hand und führt zu ihrer authentischen Aufwertung in Kirche und Welt.

7. Nun kann ich nur noch Gott für das Werk der apostolischen Unterscheidung und der Inkulturation des Evangeliums danken, zu dem Ihr Rat im Dienst der Kirche seinen Beitrag leistet. Durch die Fürbitte der Jungfrau Maria, der Mutter Gottes und der Kirche, rufe ich auf Ihre Arbeiten das Licht und die Kraft des Heiligen Geistes herab.
Meine herzlichen Wünsche begleiten Sie alle, angefangen mit den Herren Kardinälen: mit Kardinal Poupard, den ich gebeten habe, die Nachfolge des geliebten Kardinals Garonne als Präsident des Rates zu übernehmen, dann Kardinal Eugenio de Araujo Sales, der Sie weiterhin mit seiner Erfahrung bereichern wird, und Kardinal Hyacinthe Thiandoum, der zu seinem Bedauern nicht an dieser Versammlung teilnehmen konnte. Allen Mitgliedern des Internationalen Rates sowie Ihren Mitarbeitern in San Calisto [Sitz des Päpstlichen Rates für die Kultur] verspreche ich mein Gebet.
Als Unterpfand meiner Liebe zu Ihnen persönlich, zu Ihren Familien und allen, denen Ihre Sorge gilt, erteile ich Ihnen aus ganzem Herzen meinen Apostolischen Segen.

Jungfräulichkeit beraubt die Frau nicht

Ansprache an Äbtissinnen italienischer Benediktinerinnenklöster am 16. Januar

Meine lieben Äbtissinnen!

1. Ich freue mich sehr über diese Begegnung mit euch während der Arbeiten eures Treffens, bei dem ihr die besondere Identität der Nonnen in unserer Zeit tiefer zu erfassen sucht. Dabei geht ihr aus von Gedanken über die Würde und die Berufung der Frau. Wenn sich Oberinnen, die, wie ihr, für die Führung einer Gemeinschaft von gottgeweihten Frauen verantwortlich sind, über die Identität der Frau Gedanken machen, dann ist das eine äußerst günstige Gelegenheit über die Werte der monastischen Profeß nachzudenken und darüber, wie sie heute, in der Wirklichkeit der jungen Berufungen, gelebt werden kann. Das erfordert aber vor allem eine Haltung großer Demut und des Glaubensgeistes. Die Reflexion über die Würde und die Berufung der Frau ist in diesen letzten Jahren besonders stark hervorgetreten. Man ist sich zutiefst jener grundlegenden Wirklichkeit bewußt geworden, die schon auf den ersten Seiten der Bibel bestätigt wird: „Gott schuf also den Menschen ... Als Mann und Frau schuf er sie" (*Gen* 1,27). Die erste Grundlage, auf der die Lehre über die Würde der Frau beruht und uns ihren Reichtum und ihre Bedeutung begreifen läßt, ist gerade dieser Text der Bibel.

2. Das Konzil ruft in seiner Botschaft an die Frauen dieses Prinzip in Erinnerung: „Die Kirche ist stolz darauf, die echte Freiheit der Frau unterstrichen und verwirklicht und Jahrhunderte hindurch ihre wesensmäßige, wenn auch in der Art unterschiedliche, Gleichheit mit dem Mann ins Licht gestellt zu haben." Die Frau drückt diese ihre Würde in hervorragender Weise dann aus, wenn sie ihre spezifische Berufung lebt, das heißt, wenn sie mit ihrem ganzen Sein und Leben vollständig dem entspricht, was Gottes Plan über sie ist. Es hieße also die „Frauenfrage" verkürzen, und es könnte vom Eigentlichen ablenken, wenn diese Frage lediglich in einer soziologischen oder anthropologischen Dimension gesehen würde. In der Lehre Christi verbindet sich die Mutterschaft mit der Jungfräulichkeit, ist jedoch auch von ihr unterschieden. Christus unterscheidet die Ehelosigkeit, die natürliche Gründe hat, von der „Ehelosigkeit um des Himmelreiches willen": Diese „ist nicht nur Frucht einer freien Entscheidung von Seiten des Menschen, sondern auch einer besonderen Gnade von seiten Gottes, der eine bestimmte Person zu einem Leben in Ehelosigkeit beruft" (*Mulieris dignitatem*, Nr. 20). Auf der Basis des Evangeliums hat sich die Bedeutung der Jungfräulichkeit entfaltet und vertieft als eine besondere Berufung für die Frau, deren Würde bestätigt wird im Bild der Jungfrau von Nazaret. Sie ist ganz in der Radikalität des Ideals begründet, das Christus dem vorgestellt hat, „der Ohren hat, zu hören". Wie ich ferner in der Enzyklika *Mulieris dignitatem* geschrieben habe „legt das Evangelium das Ideal von der Weihe der Person vor, worunter ihre ausschließliche Hingabe an Gott kraft der evangelischen Räte der Keuschheit, der Armut und des Gehorsams zu verstehen ist" (*ebd.*, Nr. 20). Die gottgeweihte Jungfräulichkeit gründet sich vor allem auf ein tiefes und beständiges „Ja" in der bräutlichen Ordnung; auf der Hingabe seiner selbst auf Liebe, ganz und ohne Vorbehalt. Es versteht sich,

daß die Jungfräulichkeit im Sinne des Evangeliums mit dem Verzicht auf die Ehe verbunden ist und daher auf die leibliche Mutterschaft. Aber dieser Verzicht ist nicht frustrierend, denn er öffnet das ganze Sein für eine Mutterschaft im Geist, eine geistige Mutterschaft, die sich vielgestaltig ausdrückt. Die Jungfräulichkeit beraubt die Frau also nicht ihrer eigenen Wesenszüge: Die bräutliche Liebe zu Christus führt sie dazu, für alle und jeden offen zu sein. *Lumen Gentium* hat diese Wahrheit ausgezeichnet ausgedrückt: „Es darf keiner meinen, die Ordensleute würden durch ihre Weihe den Menschen fremd oder für die irdische Gesellschaft nutzlos. Denn, wenn sie auch zuweilen ihren Zeitgenossen nicht in unmittelbarer Weise hilfreich sind, haben sie diese doch auf eine tiefere Weise in der Liebe Christi gegenwärtig und wirken geistlich mit ihnen zusammen" (Nr. 46).

3. Liebe Schwestern!
Diese hohe Berufung die zugleich mütterlich, bräutlich und jungfräulich ist, wollt ihr in der Schule des hl. Benedikt und der hl. Scholastika leben. Eure Eigenart als Gottgeweihte empfängt Licht und Reichtum aus den Lehren eures Ordensvaters, der wollte, daß seine Söhne und Töchter Gottsucher sein sollten, Gottliebende, glücklich darüber, von der Welt getrennt zu leben, aber ihren Brüdern in der Welt gegenwärtig und mit ihnen durch das Band der Liebe Christi verbunden; glücklich darüber, im „Hause Gottes" wie in einer Familie zu leben im Gehorsam und in der Liebe verwurzelt ist. Zur Führung dieses „Hauses Gottes" bestellt, müßt ihr die Haupterzieherinnen eurer Schwestern in einem Leben treuen und glaubwürdigen Zeugnisses für die Werte sein, auf die ihr alle Profeß abgelegt habt. Wie könnt ihr dem Anruf entsprechen, den ihr beim Nachdenken über die Würde und die Berufung der gottgeweihten Frau vernommen habt? Wie könnt ihr den Eifer der Liebe, die Hochherzigkeit der Hingabe, die volle Verfügbarkeit in der Freude des schwesterlichen Zusammenlebens bewahren? Wie den Weg des Glaubens gehen, dem Beispiel der Jungfrau Maria folgend? „Unwiderruflich sind Gnade und Berufung, die Gott gewährt" (*Röm* 11,29), und „wenn wir untreu sind, bleibt er doch treu" (*2 Tim* 2,13). Bezeugt zusammen mit euren Schwestern die Kraft der Gnade, und zeugt durch Taten den Großmut, bis zum Heroismus, die einem Herzen möglich ist, das von der Liebe Christi ergriffen ist und das dieser Liebe zu Christus nichts vorzieht, wie es euch euer Ordensvater, der hl. Benedikt, beständig nahelegt. Im „Haus für den Dienst des Herrn" entdeckt gemeinsam die echtesten Werte der monastischen Tradition, seid ihr treu, setzt euch ein für die Förderung von Berufungen, pflegt eure Berufung, widmet euch eifrig und gemeinsam der Weiterbildung, damit ihr in eurer schwesterlichen Gemeinschaft tatsächlich immer mehr zu menschlicher und geistlicher Reife kommt: Wenn jede Nonne ihr Sein als gottgeweihte Frau verwirklicht haben wird, dann bricht in euren Häusern ein neues Leben auf. Verschließt euch nicht in euch selbst, öffnet das Herz für die Kirche, macht euch für das Wirken Gottes durch die Hingabe eurer selbst verfügbar. Sie beginnt mit der Aufmerksamkeit gegenüber der Schwester an eurer Seite und weitet sich aus auf die Schmerzen und die dramatische Not der ganzen Welt. Ihr Oberinnen eurer Klöster müßt Führerinnen und Lehrerinnen, vor allem aber Mütter sein für die, die der Herr für sich erwählt, aber euch anvertraut hat. Macht die Liebe zum Hauptgesetz eurer Leitung. Mit Weisheit und Klugheit ermutigt die Kräfte, stellt Mißbräuche ab, stützt die Schwachen, setzt alle

Kräfte ein, um mehr geben und empfangen zu können, so daß jedes Kloster so, wie der hl. Benedikt es wünschte, eine Schule für den Dienst des Herrn sei, in der, „während man in den monastischen Tugenden voranschreitet das Herz weit wird im Glauben und man voraneilt in der unsagbaren Freude der Liebe".

4. In dieser Sendung sei die Jungfrau Maria euch Vorbild und Hilfe; sie, die Magd des Herrn, in der das Geheimnis der Frau zusammengefaßt ist vor allem das der gottgeweihten Frau, ganz verfügbar für den Willen des himmlischen Vaters, aufmerksam für die Not der andern in Nazaret und in Kana, anwesend auf Kalvaria, vor Pfingsten im Abendmahlssaal und bei der Geburt der Kirche. Wie sie habt ihr dem Ruf des Herrn geantwortet und sucht wie sie auf dem Glaubensweg voranzugehen. Verwirklicht immer besser eure Berufung als klausurierte Nonnen: und darum laßt euch von ihr erleuchten und führen, die auf euch schaut und euch mit jungfräulichem und mütterlichem Herzen hilft! Mit diesem Vertrauen und diesem Wunsch erteile ich euch und allen euren Mitschwestern der Benediktinerinnenklöster den Apostolischen Segen.

Ganzhingabe an die Sendung Christi

Ansprache an die Alumnen der Päpstlichen Diplomatenakademie am 21. Januar

Liebe Priester!

1. Wieder einmal habe ich die Freude, die Gemeinschaft der Päpstlichen Diplomatenakademie zu empfangen. Ich danke für euren Besuch. Diese alljährliche Anwesenheit gibt Zeugnis von einer bedeutenden kirchlichen Wirklichkeit, denn ihr seid Priester, bestimmt zum Dienst für den Papst und den Heiligen Stuhl und mit internationalem Kennzeichen, das darauf ausgerichtet ist, die Einheit und die Universalität der Kirche zum Ausdruck zu bringen.
Ich nehme gern die Gelegenheit wahr, mit euch kurz über euer jetziges und künftiges Dienstamt nachzudenken.
Ihr habt aus freiem Willen die Einladung des Apostolischen Stuhls angenommen, in diesen Jahren als Mitglied einer Priestergemeinschaft zu leben, die hohe Anforderungen stellt. Eure Gemeinschaft muß immer der apostolischen Kirche würdig sein; sie muß eine Gemeinschaft sein, die an der Lehre der Apostel, der brüderlichen Gemeinschaft, der Eucharistie und dem Gebet festhält (vgl. *Apg* 2,42).
Die Akademie ist eine Priestergemeinschaft, die sich als solche in Lehre und Seelsorge von den höchsten Idealen des Priestertums Christi erleuchten und nähren lassen muß. In der Tat bietet sie euch allen die Chance, euch auf eure zukünftige Mission, die wesentliche priesterliche Sendung, vorzubereiten. Ihr habt Jahre des Studiums, Jahre der Gnade, zur Verfügung.

2. Es handelt sich um einen Zeitabschnitt, in dem ihr eingeladen seid, euch durch das Gebet dem Heiligen Geist zu öffnen, der in euren Herzen eine innere Umkehr und Erhebung bewirken will. Die in der Akademie verbrachten Jahre müssen Jahre geistlichen

Wachstums im Seelsorgseifer und in der brüderlichen Liebe sein, die notwendig sind, um die Sensibilität gegenüber den anderen zu entfalten, die Bedürfnisse der Gesamtkirche kennen und die Kultur so vieler eurer Mitbrüder und Kollegen verstehen zu lernen.

Die Ausbildungszeit ist besonders dazu geeignet, um über die zukünftige Mission nachzudenken, die euch gegebenenfalls in den Päpstlichen Vertretungen oder in der Römischen Kurie anvertraut werden wird. Aber eure Betrachtungen müssen sich in Verbindung mit einer tiefen Selbsthingabe an Gott entfalten. Die Jahre, die ihr in dieser geschichtsreichen Einrichtung verbringt, sind deshalb wertvoll, weil sie in euch die priesterlichen Tugenden vervollkommnen und euch schon von jetzt an der Sache der Einheit der Kirche verpflichten; sie sollen euch dazu dienen, mit Jesus engen Kontakt zu pflegen, euch seine Gedanken, Gefühle und Wünsche anzueigenen, indem ihr seine Haltung des Dienstes annehmt. Denn jeder Priester lebt und wirkt, um den anderen zu dienen wie Jesus, der von sich gesagt hat: „Ich heilige mich für sie" (*Joh* 17,19).

3. Ja, liebe Brüder, der Geist, der euren besonderen Dienst für den Heiligen Stuhl durchdringen soll, ist die Diakonie, das heißt ein demütiger, beharrlicher, treuer, liebevoller und hochherziger Dienst an der Kirche und an den Seelen. Er ist euer Wesensmerkmal. Um euch auf dieses künftige Apostolat vorzubereiten und auf die Bewältigung der vielfältigen Probleme, denen ihr in euren verschiedenen Bestimmungsländern begegnet, wird von euch eine ständige Verfügbarkeit und eine unermüdliche Anpassung an immer neue und manchmal schwierige Situationen gefordert. Deshalb ist es unbedingt notwendig, daß ihr dem geistlichen Leben unbedingten Vorrang einräumt; daß ihr jeden Tag die Erfordernisse eurer Priesterweihe in Fülle lebt; daß ihr dem Wesentlichen Aufmerksamkeit zu schenken wißt und nicht der Versuchung zu scheinbaren Äußerlichkeiten erliegt, sondern echte Zeugen der inneren Freiheit seid in einer Welt, die gekennzeichnet ist von der hemmungslosen Suche nach eigenem Komfort und eigenen Interessen, wobei das Festhalten an moralischen Grundsätzen und der Solidarität mit den Mitmenschen verloren geht.

Mit anderen Worten, der Apostolische Stuhl fordert von euch die Ganzhingabe an die Sendung Christi und seiner Kirche. Nur in dieser übernatürlichen Haltung werdet ihr wirklich imstande sein, in der kirchlichen Mission des Heiligen Stuhls für die Sache des Evangeliums mitzuarbeiten.

Ihr seid nunmehr berufen, an der Förderung der kirchlichen Gemeinschaft, besonders zwischen den Teilkirchen und der Gesamtkirche, mitzuwirken.

Ihr seid Diener der Kollegialität in ihrem wesentlichen Verhältnis zum Dienstamt des Petrus. Ihr müßt auch als Mitarbeiter des Heiligen Stuhls zu allen großen Anliegen der Menschheit, wie der Frieden, die Menschenrechte, die internationale Zusammenarbeit und weltweite Solidarität, einen Beitrag leisten.

Diese Mitarbeit drückt sich auch in vielen einfachen Aufgaben aus, die das Geflecht des alltäglichen Lebens bilden. Wichtig ist, daß ihr euch dessen bewußt seid, daß euer Leben des Dienstes auf diese Weise von großem Wert ist für das Reich Gottes und daß eure Hochherzigkeit ein dem Herrn wohlgefälliges Opfer für das Heil der Welt ist.

4. Ich wünsche euch, daß Maria immer euer Vorbild der Hochherzigkeit in der Nachfolge Christi sein möge und ihre Worte: „Mir geschehe, wie du es gesagt hast" (*Lk* 1,38) euch zu einem verstärkten persönlichen Einsatz einladen. Ich meinerseits danke euch für eure Liebe zur Kirche und für eure Bereitschaft, ihr zu dienen, und ich segne euch im Namen Christi des Herrn.

Ein christlicher Lehrer ist kein isolierter Mensch

Ansprache an den XIV. Nationalkongreß der Italienischen Vereinigung katholischer Vorschul- und Grundschullehrer (AIMC) am 21. Januar

Liebe Brüder und Schwestern!

1. Ich freue mich, euch alle zu empfangen und zu begrüßen, die ihr in Rom zusammengekommen seid, um am Nationalkongreß eurer Italienischen Vereinigung für Katholische Vorschul- und Grundschullehrer teilzunehmen. Dieses Treffen gibt mir die Gelegenheit, mit euch gemeinsam ein Thema aufzugreifen, das in meiner pastoralen Sorge stets gegenwärtig ist, nämlich: die Kindheit, die kleinen und die größeren Kinder. Wir dürfen keine Gelegenheit versäumen, alle Menschen guten Willens auf dieses so heikle Thema aufmerksam zu machen und es ihnen zum Bewußtsein zu bringen. Die Kinder sind dem Herzen Gottes ja sehr nah, wie Jesus uns offenbart hat: „Ich sage euch: Ihre Engel im Himmel sehen stets das Angesicht meines himmlichen Vaters" (*Mt* 18,10). Im vergangenen September habe ich bei meinem Besuch in Turin zum Fest des hl. Johannes Bosco gerade auf das Geheimnis des Kindes hingewiesen. Und von den Kindern habe ich auch gesprochen, als ich mich an die Erzieher und die Verantwortlichen des Verbandes der katholischen italienischen Kindergärten (17.1.1988) und kürzlich an das Führungskomitee der UNICEF für Lateinamerika und die Karibik (13.1.1989) wandte.
Weil ich unzählige Kinder vor Augen habe und im Herzen trage, Kinder, die mir auf meinen apostolischen Reisen als lebendige Zeugen der Hoffnung der Welt begegnet sind, doch oft auch als schmerzvoller und unsäglicher Ausdruck von Krankheit, Unterernährung und Gewalttätigkeit jeglicher Art.

2. Ohne näher auf das Thema einzugehen, das ihr für diese Zusammenkunft gewählt habt, möchte ich deren Bedeutung jedoch herausstellen und sie in Verbindung bringen mit dem Weg, den eure Vereinigung seit den Jahren ihres Bestehens zurückgelegt hat. Mit Freude sehe ich, daß ihr euer Augenmerk vor allem auf die Person des Lehrers richtet und damit die Bedeutsamkeit der Würde des Menschen gerade in diesem Moment bestätigt, indem ihr euch den erzieherischen Herausforderungen der Zeit stellt und euch an neuen Wirklichkeiten und Perspektiven meßt.
Hierin besteht nämlich euer spezifischer Beitrag zur notwendigen Entwicklung der Berufstüchtigkeit des Lehrers und der Strukturen, innerhalb derer sie sich auf ange-

messenere Weise durchführen läßt. An erster Stelle steht also der Lehrer, danach erst kommen die Werkzeuge und Strukturen.
Zunächst muß der Lehrer Weisheit und eine persönliche Synthese erlangen, in der sich die Glaubenserfahrung und die Berufstüchtigkeit begegnen und sich in eine Gabe umwandeln, die den Kindern und der gesamten Gemeinschaft Tag für Tag angeboten wird.
Es bliebe noch hinzuzufügen, daß der christliche Lehrer niemals ein isolierter Mensch ist. Er ist stets die Frucht einer Gemeinschaft, in der er verwurzelt ist und deren Forderungen er teilt, und der konkreten christlichen Gemeinschaft, in der er ständig den Halt der Brüderlichkeit und den Trost der Gnade findet. Außerdem muß der katholische Lehrer, um das Beste seiner selbst geben zu können, Ausdruck einer beruflichen und gestaltenden Gemeinschaft sein, wie es die Vereinigung katholischer Lehrer ist.

3. Eurer wie allen anderen Institutionen, die im Bereich der Schule arbeiten, möchte ich daher nahelegen, das Bewußtsein von der eigenen Mission wachzuhalten. Zugleich möchte ich gern in Erinnerung rufen, wieviel die Italienische Vereinigung Katholischer Lehrer bisher für den Kindergarten und die Grundschule und die Qualifikation der Lehrer getan hat.
Liebe Lehrer dieser Vereinigung, bleibt euch eurer Tradition klar bewußt! Eine alte und solide Identität, wie jene, die ihr aus den Motivationen am Beginn eurer Vereinigung schöpft, ist die überzeugendste Garantie für die Tätigkeit, die ihr in neuen und schwierigen Umfeldern ausüben müßt, in denen zu wirken ihr aufgerufen seid. Ihr seid geboren in den Tagen eines hochherzigen Willens zu erneutem Aufschwung in Italien und wart der Ausdruck einer starken kirchlichen Erfahrung. Bleibt weiterhin der Ort der Begegnung zwischen den gesetzlichen Instanzen dieses Landes und einem reifen christlichen Bewußtsein, das sich an der Wahrheit und an der Liebe nährt.
Sorgt auch weiterhin dafür, daß sich diejenigen, die als Lehrer, Direktoren und Inspektoren sowohl innerhalb eurer Vereinigung als auch in der Schule wirken, einig sind. Seid Zeugen für den Willen zum Widerstand gegen jene Versuchungen, die die Tendenz haben, die verschiedenen Rollen und Aufgaben in Isolation und in Widerstreit zu bringen. Der Ausgang ist oft beschämend. Arbeitet dann auch mit besonderer Sorgfalt daran, mit den neuen Lehrergenerationen an Kindergärten und Grundschulen ins Gespräch zu treten.

4. Was den pädagogischen Aspekt eures Wirkens angeht, so möchte ich eure Aufmerksamkeit auf die Notwendigkeit lenken, der Schule eine gesunde Pädagogik zugrundezulegen. Sie muß, wenn sie auch die notwendige Suche nach neuen Programmen und Regelungen sowie die Forderungen neuer didaktischer Technologien berücksichtigt, dabei aber den Vorrang der Person über den Ablauf, d. h. der Ziele über die Mittel unverändert beibehalten. Dies bedeutet, daß Neuerungen und Reformen auf die Person des Erziehenden bezogen werden müssen. Die Gefahr muß vermieden werden, daß das Kind im Rahmen einer zu formalen Erziehung den Kontakt zur Realität verliert. Ebenso muß ein wirklicher Kontrollprozeß garantiert werden, im Laufe dessen sich das Kind für die eigenen Entscheidungen und das eigene Verhalten immer mehr verantwortlich fühlt.

Die soeben erwähnten recht heiklen Probleme geben der Ausübung eures Berufs starke ethische Werte und erfordern die Bestimmung sicherer Normen, die auf dem Gesetz Gottes beruhen und die moralische Einstellung des Lehrers definieren.
Im Bereich solch bedeutender Problemkreise nimmt die Unterrichtspraxis der katholischen Religion gemäß den neuen Abkommen nach dem Konkordat eine grundlegende Stellung ein. Wenn in diesem Sinne gehandelt wird, so wird es möglich sein, die volle Bedeutung der Schule zu bewahren, deren die ganze Gesellschaft bedarf, um lebendig zu bleiben und zu wachsen.

5. Es ist zweckdienlich, euch christliche Lehrer daran zu erinnern, daß das Erziehungswerk, das von Natur her ans Mysterium grenzt, dazu einlädt, die entscheidende Gegenwart eines anderen Lehrers, des einzigen Lehrers, Christus zu erfassen.
Ihm empfehle ich euch und bitte ihn zugleich, euch an seinem Geist der Unterscheidung und der Liebe zu den Kleinen teilhaben zu lassen, so daß euer Lehren die symbolische Kraft der von ihm mehrmals vollzogenen Geste erlange: das Kind in die Mitte zu stellen (vgl. *Mt* 18,2).
Die Welt von heute braucht eine solche Geste; und sie erwartet sie von euch, ihr christlichen Lehrer, als Zeichen der Hoffnung. Ihnen, Herr Nationalvorsitzender, und Ihrem Assistenten, den Mitgliedern des Rats, den Kongreßteilnehmern und allen Mitgliedern der Italienischen Vereinigung für Katholische Vorschul- und Grundschullehrer gilt von Herzen mein Segen, der auch all diejenigen erreichen soll, die euch lieb sind und auch all die kleinen Schüler eurer Klassen.

Die Religion in den Medien

Botschaft zum Welttag der sozialen Kommunikationsmittel vom 24. Januar

Liebe Brüder und Schwestern!
Liebe Freunde im Informations- und Kommunikationsdienst!

1. Das diesjährige Thema des Welttages der sozialen Kommunikationsmittel „Die Religion in den Medien" ist von besonderer Bedeutung für die Präsenz der Kirche und ihre Beteiligung am öffentlichen Dialog. In unseren Tagen haben religiöse wie kulturelle Meldungen dank der sozialen Kommunikationsmittel eine bedeutend verstärkte Wirkung. Die Überlegung, die ich euch bei dieser Gelegenheit vorlegen möchte, entspricht einem ständigen Anliegen meines Pontifikates, nämlich: Welche Rolle kann die Religion im sozialen Leben und näherhin in den Medien spielen?

2. In ihrem pastoralen Wirken fragt sich die Kirche natürlich nach der Haltung der Medien gegenüber dem Thema „Religion". Gleichzeitig nämlich mit der Entwicklung der Kommunikationsmittel und -techniken zeigte sich in der industrialisierten Welt, die ihnen so breiten Raum gegeben hat, ein Säkularismus, der den Sinn für das Religiöse beim modernen Menschen zum Verschwinden zu bringen schien.

3. Im Augenblick jedoch stellt man fest, daß infolge des größeren Interesses an der religiösen Dimension der individuellen und sozialen menschlichen Wirklichkeiten die religiöse Information in den Kommunikationsmedien mehr Raum gewinnt. Wollte man dieses Phänomen untersuchen, müßte man die Zeitungleser, die Fernsehzuschauer und Rundfunkhörer befragen, denn es handelt sich nicht um eine von den Medien geschaffene Präsenz, sondern um ein spezifisches Bedürfnis der Öffentlichkeit, auf das die für die Massenkommunikation Verantwortlichen eingehen, indem sie über religiöse Themen mehr Informationen und Kommentare anbieten. In der ganzen Welt wenden sich Millionen von Menschen an die Religion, um den Sinn ihres Lebens zu erkennen, Millionen Menschen, für die das religiöse Verhältnis zu Gott, dem Schöpfer und Vater, die beglückendste Wirklichkeit des menschlichen Daseins ist. Die Fachleute für Kommunikation, die diese Tatsache zur Kenntnis nehmen und ihre Folgen analysieren, wissen das gut. Und selbst wenn diese Dialektik zwischen Informanten und Öffentlichkeit bei der sozialen Kommunikation zuweilen unbefriedigend und parteiisch bleibt, so steht doch die positive Tatsache fest: Die Religion ist heute im Strom der Informationen der Medien präsent.

4. Durch ein glückliches Zusammentreffen fällt der Welttag der sozialen Kommunikationsmittel im Jahre 1989 mit dem 25. Jahrestag der Gründung der Päpstlichen Kommission für die sozialen Kommunikationsmittel zusammen, die nun zum „Päpstlichen Rat“ geworden ist. Welche Bilanz kann man nach 25 Jahren im Dienst des Apostolates der Kommunikationen ziehen? Gewiß hat es die Kirche selbst verstanden, klarer die „Zeichen der Zeit“ zu erkennen, wozu auch das Phänomen der Kommunikation gehört. Mein Vorgänger Pius XII. hat bereits dazu aufgefordert, in den Medien keine Bedrohung, sondern ein „Geschenk“ zu sehen (vgl. *Miranda prorsus*, 1957). Das zweite Vatikanische Konzil hat seinerseits feierlich diese positive Einstellung bekräftig (vgl. *Inter mirifica*, 1964). Die damals eingerichtete Päpstliche Kommission, die heute als Päpstlicher Rat ihre volle Bedeutung gewonnen hat, war beharrlich bemüht, in der Kirche eine Haltung der Beteiligung und Kreativität auf diesem Gebiet, oder besser bei diesem neuen Stil des Lebens und der Beteiligung in der Menschheit zu fördern.

5. Die Frage, die sich heute der Kirche stellt, ist nicht mehr, ob der Mann auf der Straße noch eine religiöse Botschaft erfassen kann, sondern es handelt sich darum, die besten Ausdrucksformen der Kommunikation zu finden, so daß die Botschaft des Evangeliums ihre volle Durchschlagskraft erhält.

Der Herr ermuntert uns sehr unmittelbar und einfach zum Zeugnis und zur Kommunikation in weitestem Umfang: „Fürchtet euch nicht ... was man euch ins Ohr flüstert, das verkündet von den Dächern“ (*Mt* 10,26–27). Worum geht es? Der Evangelist faßt es so zusammen: „Sich vor den Menschen zu Christus bekennen“ (*Mt* 10,32). Das also ist die zugleich demütige und unbeschwerte Kühnheit, die die christliche Präsenz im öffentlichen Dialog der Medien inspiriert. Der hl. Paulus sagt es uns: „Wenn ich das Evangelium verkünde, kann ich mich deswegen nicht rühmen; denn ein Zwang liegt auf mir“ (*1 Kor* 9,16). In gleicher Treue bringt es die Hl. Schrift immer wieder zum Ausdruck: „Die Gerechtigkeit des Herrn verkünde ich in großer Gemeinde“ (*Ps* 40,10), und „alle Menschen verkünden Gottes Taten“ (*Ps* 64,10).

Kommunikatoren und Empfänger der Medien, ihr könnt euch gegenseitig nach der Notwendigkeit und ständigen Neuheit dieser „reinen und makellosen Religion" fragen, die uns auffordert, „uns vor jeder Befleckung durch die Welt zu bewahren" (*Jak* 1,27). Verantwortliche der Medien, diese wenigen Gedanken biblischer Weisheit lassen euch sofort erkennen, welch eine große Herausforderung das religiöse Zeugnis innerhalb des öffentlichen Dialogs darstellt. Es geht um die Zuverlässigkeit der Meldungen und des Meinungsaustausches sowie um die Qualität der Programme und Produktionen.

6. Im Namen der ganzen Kirche möchte ich der Welt der Kommunikation für den Raum danken, den sie der Religion anbietet. Ich bin gewiß, im Namen aller Menschen guten Willens zu sprechen, wenn ich dieser Dankbarkeit Ausdruck gebe, auch wenn es uns oft scheint, daß man die christliche Präsenz in der öffentlichen Diskussion noch verbessern könnte. Ich möchte meinerseits für den Anteil danken, welcher der Religion in der Information, in der Dokumentation, im Dialog und in der Zusammenfassung gegeben ist.
Ich möchte ferner alle Kommunikatoren bitten, sich, bei den ihnen gebotenen Gelegenheiten, die Botschaft der Hoffnung und der Versöhnung mit Gott in den Medien aller Art und Stellung darzubieten, in ihrem beruflichen Können, ihrem Pflichtkodex entsprechend. Bestehen die „Gaben Gottes" (vgl. Pius XII., *Miranda prorsus*) hier nicht in der geheimnisvollen Begegnung zwischen den technischen Möglichkeiten der Ausdrucksformen der Kommunikation einerseits und andererseits der Öffnung des Geistes für die erleuchtete Initiative des Herrn und seiner Zeugen? Auf diesem Niveau liegt die Qualität unserer kirchlichen Präsenz in der öffentlichen Diskussion. Mehr denn je setzt die Heiligkeit des Apostels nach einem Wort der Kirchenväter die „Divinisierung" der ganzen menschlichen Genialität voraus. Auch aus diesem Grund darf die liturgische Feier des Geheimnisses des Glaubens im weiten Bereich der Präsenz der Medien in der Welt von heute nicht übergangen werden.

7. In Gedanken an all dies spreche ich schlicht und vertrauensvoll ein Anliegen an, das mir sehr am Herzen liegt. Es entstammt dem gleichen Freundschaftsgefühl, mit dem sich Paulus an Philemon wandte: „Ich schreibe dir im Vertrauen ... und weiß, daß du noch mehr tun wirst, als ich gesagt habe" (*Phlm* 1,21). Hier mein Anliegen: Gebt der Religion den vollen Raum, den ihr für sie in der Massenkommunikation für wünschenswert haltet. „Öffne die Tore ...: du schenkst Frieden" (vgl. *Jes* 26,2a.3a). Darum bitte ich zugunsten der Religionen. Ihr werdet sehen, liebe Freunde, daß die religiösen Themen euch um so mehr begeistern werden, je mehr ihr sie geistig tiefschürfend und fachlich gekonnt darbietet. Wenn sie sich der religiösen Botschaft öffnet, gewinnt die Kommunikation an Qualität und Interesse. Für die kirchlichen Mitarbeiter bei den Medien aber wiederhole ich: Habt keine Angst; „ihr habt den Geist empfangen, der euch zu Söhnen macht, den Geist, in dem wir rufen: Abba! Vater!" (vgl. *Röm* 8,15).
Möchten die Botschaft der Religion und die religiösen Darbietungen in allen Medien präsent sein: in der audio-visuellen Information, im Filmschaffen, im Gedächtnis und Austausch der Informatik der Datenbanken, im Schauspiel und in den kulturellen Darbietungen hohen Ranges, in der öffentlichen Auseinandersetzung und im gemeinsamen Nachdenken über aktuelle Fragen, in den Diensten für öffentliche Erziehung und Ausbil-

dung, in allen Produktionen der Gruppenmedien, mit Hilfe von Zeichentrickfilmen guter Qualität und dank der reichen Möglichkeiten, die die Verbreitung des geschriebenen Wortes, Tonbildaufzeichnungen usw., sowie musikalische Entspannung durch örtliche oder weitreichende Radiosender bieten. Mein dringender Wunsch geht dahin, daß die katholischen und christlichen Kräfte konstruktiv mit den Kräften der kulturellen Kommunikation aller Art zusammenarbeiten und im Hinblick auf das letzte Ziel der religiösen Botschaft Konkurrenzschwierigkeiten überwinden. Die Kirche selbst lädt bei dieser Gelegenheit dazu ein, die Erfordernisse einer ökumenischen und interreligiösen Zusammenarbeit in den Medien ernsthaft zu überlegen.

8. Zum Schluß dieser Botschaft darf ich nicht versäumen, alle jene zu ermuntern, denen das Apostolat der Kommunikation am Herzen liegt, daß sie sich, in Achtung vor einem jeden, weiterhin eifrig im großen Werk der Evangelisierung einsetzen, das allen angeboten ist: „Geh und verkünde das Reich Gottes" (*Lk* 9,60). Wir können die neue Botschaft nicht verschweigen, denn nur indem wir das Wort verkünden und leben, verstehen wir auch selbst die ungeahnten Tiefen der Gabe Gottes.
Im Ja zum Willen Gottes und voll Vertrauen spreche ich euch allen, den Fachleuten und der Öffentlichkeit, meine Freude über das eindrucksvolle Erlebnis der über alle Entfernungen hinweg geschaffenen Verbindungen aus, die „von den Dächern" vernehmbar werden, so daß alle am Suchen und Vertiefen einer „reinen Religion ohne Makel" teilnehmen können, und ich rufe auf euch alle den Segen des Herrn herab.

Aus dem Vatikan, 24. Januar 1989

Joannes Paulus PP. II

Don Bosco – Beispiel des Jugendapostolats

Brief an den Großrektor der Gesellschaft der Salesianer vom 24. Januar

An den geliebten Sohn
Egidio Vigano
Großrektor der Gesellschaft
der Salesianer des hl. Johannes Bosco

Die Hundertjahrfeier zum Gedächtnis des Todes des hl. Johannes Bosco, des Gründers dieser Gesellschaft, geht zu Ende. Viele tröstliche Erinnerungen stehen vor meinem Geist, wenn ich an die besonders hervorgetretenen Augenblicke der Gedächtnisfeier zurück denke. Zahlreich waren meine Begegnungen mit jungen Menschen. Schülern der salesianischen Institute aus aller Welt. Vor allem aber ist in meiner Erinnerung lebendig die Pilgerfahrt, die ich als Pastoralbesuch zu den ehrwürdigen Stätten Eures Gründers machte, von Dankbarkeit gegen Gott erfüllt, weil er der Kirche einen so hervorragenden Erzieher geschenkt hat. Zu Beginn dieses Jubiläumsjahres sandte ich Ihnen bereits ein Schreiben, um die Sendung und das besondere Charisma Don Boscos und seiner geistlichen Söhne in der Aufgabe der Jugenderziehung hervorzuheben, und ich habe auch allen, die unter der Jugend arbeiten, empfohlen, treu den von ihm gewiesenen Wegen zu folgen und sie den besonderen Erfordernissen unserer Zeit anzupassen. Die Probleme der heutigen Jugend bestätigen nämlich, daß die Grundlagen der Erziehungsmethode Don Boscos weiterhin aktuell sind. Legte er doch den höchsten Wert darauf, negativen Erfahrungen bei den Jugendlichen zuvorzukommen, und sie mit wirksamen Vorschlägen und Beispielen zum Positiven zu erziehen, sie zum Gebrauch der ihnen gegebenen inneren Freiheit anzuregen, echte Freundschaftsbeziehungen zu knüpfen und die ihnen angeborenen Fähigkeiten zu fördern. Das alles auf der Basis der Vernunft, der Religion, und des Wohlwollens (vgl. *Schreiben vom 31. Januar 1988*, Nr. 8, 10–12). Es ist mein Wunsch, daß die Früchte dieses Gedenkjahres lange fortdauern mögen, sowohl in der salesianischen Gesellschaft als auch in der Universalkirche, die Don Bosco als beispielhaftes Vorbild des Jugendapostolats anerkannt hat und anerkennt. Daher erkläre ich – und damit entspreche ich auch dem Wunsch von zahlreichen Brüdern im Bischofsamt, von salesianischen Priestern, Schwestern der Kongregation von Maria, Hilfe der Christen, ihren ehemaligen Schülern und vielen Gläubigen – kraft apostolischer Vollmacht den hl. Johannes Bosco zum Vater und Lehrer der Jugend und bestimme, daß er unter diesem Titel verehrt und angerufen werde, vor allem von seiner geistlichen Familie. Im Vertrauen darauf, daß diese meine Entscheidung dazu beitrage, die Verehrung des lieben Heiligen immer mehr zu fördern und viele dazu anrege, seinen Eifer als Erzieher nachzuahmen, erteile ich Ihnen, Ihren Mitbrüdern und der ganzen salesianischen Familie als Zeichen göttlicher Gnade den Apostolischen Segen.

Aus dem Vatikan, am 24. Januar, dem Gedächtnistag des hl. Franz von Sales, 1989, im elften Jahr meines Pontifikates.

Joannes Paulus PP. II

Entehrend ist die Spaltung

Predigt bei dem feierlichen Gottesdienst zum Abschluß der Weltgebetswoche für die Einheit der Christen in der Basilika St. Paul vor den Mauern am 25. Januar

„Saul, Saul, warum verfolgst du mich?" (*Apg* 9,4).
Wir haben die so lebendige und dramatische Erzählung von der Bekehrung des Apostel Paulus wieder gehört. Was an jenem Tag auf dem Weg nach Damaskus geschah, war für den jungen Juden, der „mit Drohung und Mord gegen die Jünger des Herrn wütete" (*Apg* 9,1), das Ereignis, das unwiderruflich über sein Leben entschied. Die Begegnung mit dem Auferstandenen machte aus dem Juden, „zu Füßen Gamaliëls" genau nachdem Gesetz der Väter ausgebildet, einen glühenden Anhänger der „neuen Lehre", die er bis dahin hartnäckig bekämpft hatte. Der Verfolger wurde in einen Apostel umgewandelt!
Wie oft wird die Antwort Jesu auf die Frage: „Wer bist du, Herr?" (*Apg* 9,5) dem Paulus in den Sinn gekommen sein. Es waren die überraschenden, aber unmißverständlichen Worte: „Ich bin Jesus, den du verfolgst!" (*ebd.*). Der Auferstandene also, obwohl in den Himmel aufgefahren, lebte auf der Erde weiter: Er war in seiner Kirche gegenwärtig, er war die Kirche!
Die Lehre des Apostels Paulus über die Kirche, den „Leib Christi", hat ihren Urspung in der Erfahrung, die er auf dem Weg nach Damaskus gemacht hatte. Es war eine von der lebendigen Stimme Jesu vernommene Lehre! Was er dann in seinen großartigen Briefen darlegt, ist bereits insgesamt in der blitzartigen Erleuchtung bei der unmittelbaren Begegnung mit dem Auferstandenen vorhanden: Die Kirche ist ein einziger Leib, dessen Haupt Christus ist und dessen Glieder wir sind. Jede Gewalt, die dem Leib angetan wird, ist eine Gewalt, die Christus trifft, der sich mit den Gliedern identifiziert; jede Wunde, die diesen Leib verletzt, trifft und verwundet in gewisser Weise Christus selbst.

2. Während wir in dieser Patriarchalbasilika versammelt sind, die die christliche Tradition zum Gedenken an den Völkerapostel errichtet hat, wollen wir gerade über diese uns von ihm überlieferte grundlegende Lehre nachdenken. Wir tun es am Schlußtag der Gebetswoche für die Einheit der Christen, die in diesem Jahr ein Wort von ihm zum Thema gehabt hat, das sich in einzigartiger Weise auf diese Frage bezieht: „Wir, die vielen, sind ein Leib in Christus, als einzelne aber sind wir Glieder, die zueinander gehören" (*Röm* 12,5).
„Wir sind ein Leib in Christus": nicht augenscheinlich ein physischer Leib, bei dem die einzelnen Glieder ihre Besonderheiten bewahren, und nicht nur ein moralischer Leib, bei dem die Glieder untereinander durch rein äußerliche Bande verknüpft sind, sondern ein mystischer Leib, bei dem die verschiedenen Teile, obwohl sie ihre Eigentümlichkeit bewahren, eng miteinander verbunden sind durch ein einziges Prinzip des übernatürlichen Lebens, das der Heilige Geist ist.
Jede Spaltung, die sich in der Kirche einschleicht, verletzt diesen einen Leib, so daß der entrüstete Ruf des Apostels gerechtfertigt ist: „Ist denn Christus zerteilt?" (*1 Kor* 1,13). Wie kann man nicht an den leidvollen Kommentar des heiligen Clemens Romanus ange-

sichts der ersten Anzeichen des Dissenses in der Kirche von damals erinnern: Warum zerreißen und verwunden wir die Glieder Christi und erheben uns gegen unseren Leib, indem wir so weit im Irrsinn gehen und vergessen, daß wir Glieder sind, die zueinander gehören? (vgl. *Brief an die Korinther*).

3. Leider hat der „Irrsinn" der Spaltung in der Geschichte der Kirche weitgehend gewütet. Und als eine besondere Gnade des Heiligen Geistes in unseren Tagen ist gewiß die neue, verstärkte Sorge um den Wert der Einheit zu betrachten, die die Herzen aller Christen „bewegt" hat, indem sie diese anspornte, die wahrhaft historische Aufgabe in Angriff zu nehmen und die alten und neuen Risse wieder zu beseitigen.
Für die heutige ökumenische Bewegung, die Frucht einer direkten und wirksamen Anregung des Geistes, hat sich auf höchster Ebene das Zweite Vatikanische Konzil zum Sprecher gemacht, das vor genau dreißig Jahren bei demselben Anlaß in dieser Basilika von meinem verehrungswürdigen Vorgänger Johannes XXIII. erstmals angekündigt wurde. Das Konzil stellte es sich zu einer seiner Hauptaufgaben, „die Einheit aller Christen wiederherstellen zu helfen" (*Unitatis redintegratio*, Nr. 2). Und im November dieses Jahres jährt sich zum 25. Mal der Tag der Veröffentlichung dieses grundlegenden Dekrets, das die „Magna Charta" des wahren Ökumenismus ist. In ihm sind die Grundsätze festgelegt und die Leitlinien für den Dialog sowohl mit den Kirchen des Ostens als auch mit den Kirchen und kirchlichen Gemeinschaften des Westens angegeben.
Die inzwischen verflossene Zeit ist vom Herrn gesegnet worden, und unter den Christen ist eine neue Situation besseren gegenseitigen Erkennens entstanden, ebenso eine Festigung des Geistes der Brüderlichkeit sowie eine engere Annäherung in Lehre und Spiritualität und wachsendem Bemühen auf der Suche nach der Einheit.
Die vergangenen 25 Jahre haben die Gültigkeit dieses Konzilsdokumentes bestätigt, das die Katholiken bei der Verwirklichung ihrer Aufgabe mit Sicherheit in der Lehre und im Weitblick der Perspektiven geleitet hat. Die Bischöfe haben an der außerordentlichen Synode 1985 teilgenommen; indem sie die Auswirkungen des Konzils auf das Leben der Kirche untersuchten, fühlten sie sich in der Lage, zu bekräftigen, daß „der Ökumenismus sich tief und unauslöschlich in das Bewußtsein der Kirche eingeprägt hat" (*Schlußbericht* I, C. 7).

4. Diese hat ihr ökumenisches Engagement bekundet und gleichzeitig und in koordinierter Weise in zwei Richtungen gewirkt. Auf der einen Seite hat sie die Beziehungen mit den anderen Kirchen und kirchlichen Gemeinschaften angeknüpft und verstärkt und auf der anderen Seite im eigenen Innern den ökumenischen Geist und die Wirkweise gefördert. Die beiden Aspekte sind eng miteinander verbunden.
Die Schaffung eines Kontextes gegenseitigen Vertrauens und aufrichtiger Hochschätzung für die anderen Christen ist die notwendige Voraussetzung, daß der Dialog Frucht trägt. In diesem Bereich schenkt uns die deutliche Empfehlung des Apostel Paulus in dem Abschnitt des Römerbriefes, der für diese Gebetswoche gewählt wurde, besonders Licht und Kraft: „Eure Liebe sei ohne Heuchelei ... Seid einander in brüderlicher Liebe zugetan, übertrefft euch in gegenseitiger Achtung" (*Röm* 12,9–10).

Diese Dimension, die zu Recht „Dialog der Liebe“ genannt wurde, hat die Voraussetzungen für die ausgewogene Diskussion der unter den Christen bestehenden traditionellen Unstimmigkeiten geschaffen. Alle haben in lebhafterer Weise die Notwendigkeit der Einheit verspürt, für die Christus selbst am Vorabend seines Leidens gebetet hat: „Heiliger Vater, bewahre sie in deinem Namen, den du mir gegeben hast, damit sie eins sind wie wir“ (*Joh* 17,11).

5. Aber die Einheit kann außerhalb der Wahrheit nicht verwirklicht werden. Jesus selbst unterstreicht in dem Gebet, das er an jenem Abend für seine Jünger an den Vater richtet: „Heilige sie in der Wahrheit“ (*Joh* 17,17).

Die verschiedenen mit den anderen Christen angeknüpften „theologischen Dialoge“ zielen darauf hin – und müssen immer darauf hinzielen –, zu einer vollen Übereinstimmung im Glauben zu gelangen. Wir danken Gott für die Früchte, die diese Begegnungen bereits gezeitigt haben: Wie bekannt, wurden einige Dokumente herausgegeben, die alte Streitfragen der Lehre geklärt haben und bedeutende Übereinstimmungen aufzeigen. Mit der Hilfe des Herrn hoffen wir, daß der glücklich begonnene Weg zum Ziel der vollen Einheit in der Wahrheit führt. Der Heilige Geist wird es nicht versäumen, die Christen guten Willens „ in die ganze Wahrheit“ zu führen (*Joh* 16,13).

6. Aber die ökumenische Verpflichtung geht über die Beziehung zu den anderen Christen hinaus. Sie bringt eine besondere Aufgabe innerhalb der katholischen Kirche mit sich.

Das Konzil hat darauf hingewiesen und nachdrücklich gemahnt: „Alle Christgläubigen sollen sich bewußt sein, daß sie die Einheit der Christen um so besser fördern, ja sogar einüben, je mehr sie nach einem reinen Leben gemäß dem Evangelium streben“ (*Unitatis redintegratio*, Nr. 7). In dieser Perspektive hat das Dekret einige wesentliche Dimensionen dieses geistlichen Ökumenismus in Erinnerung gerufen, so die „innere Bekehrung“ (*ebd.*, Nr. 7), die „Erneuerung der Kirche, die wesentlich im Wachstum der Treue gegenüber ihrer eigenen Berufung besteht“ (*ebd.*, Nr. 6), und das „beharrliche Gebet“ (*ebd.*, Nr. 8).

Die Erfahrung dieser 25 Jahre hat klar die enge Verbindung zwischen diesen Dimensionen und der Suche nach Einheit gezeigt. Das Konzil hatte das Rechte getroffen, als es betonte: „Dieser Erneuerung kommt also eine besondere ökumenische Bedeutung zu“ (*ebd.*, Nr. 6).

Eine solch tiefe, geistliche Aufgabe muß innerhalb der christlichen Gemeinschaft durch eine getreue Predigt, eine ständige Katechese und eine vertiefte theologische Formung gefördert werden, die von einem echten ökumenischen Geist durchdrungen sind.

Auf der von der Bischofssynode später verfolgten Linie habe ich seinerzeit auf ein besonders notwendiges Augenmerk hinsichtlich dieses heiklen Themas hingewiesen, das alle miteinbezieht. In der Tat, „die Katechese darf von dieser ökumenischen Dimension nicht absehen; denn alle Gläubigen sind aufgerufen, sich je nach ihrer Fähigkeit und Stellung in der Kirche in die Bewegung zur Einheit hin einzureihen“ (*Catechesi tradendae*, Nr. 32).

7. Wir sind uns jedoch dessen bewußt, „daß dieses heilige Anliegen der Wiederversöhnung aller Christen in der Einheit der einen und einzigen Kirche Christi die menschlichen Kräfte und Fähigkeiten übersteigt“ (*Unitatis redintegratio*, Nr. 24). Deshalb wenden wir uns beharrlich und vertrauensvoll an den Herrn, um gemeinsam die Gnade der Einheit zu erbitten.
Die Gebetswoche, die alljährlich in der ganzen Welt unter allen Christen stattfindet, hat den Zweck, diese Übereinstimmung des Gebets zu schaffen, die bereits eine Vorwegnahme der vollen Einheit ist, für die wir wirken und auf die wir mit der Gnade Gottes zugehen.
Der Herr möge die dringende Bitte erhören, die wir auch in diesem Jahr an ihn richten, indem wir sie der Fürsprache des Apostel Paulus anvertrauen, dessen Reliquien in dieser Basilika aufbewahrt werden. Wir vertrauen darauf, daß „Gott, der Herr, ... auf der ganzen Erde von seinem Volk die Schande hinwegnimmt“ (*Jes* 25,8). Entehrend ist der Bruch der Einheit; entehrend ist die Spaltung. Möge bald der Tag kommen, an dem wir alle, die an Christus glauben, miteinander versöhnt voll Freude ausrufen können: „Das ist der Herr, auf ihn setzen wir unsere Hoffnung. Wir wollen jubeln und uns freuen über seine rettende Tat“ (*Jes* 25,9).
Möge dieser Tag bald kommen! Amen.

Verteidigungsrecht bei kirchlichen Prozessen beachten

Ansprache an die Römische Rota am 26. Januar

1. Ich danke dem hochwürdigsten Herrn Dekan für seine Worte der Begrüßung und bringe meine Achtung und Dankbarkeit für alle zum Ausdruck, die beim Apostolischen Gerichtshof der Römischen Rota tätig sind: die Prälaten Auditoren, die Kirchenanwälte, die Ehebandverteidiger, die Beamten, die Anwälte und auch die Dozenten des „Studio Rotale“.
In Anbetracht der Tatsache, daß die Ansprachen des Papstes an die Römische Rota bekanntlich für alle bei den kirchlichen Gerichten Tätigen gelten, möchte ich bei der diesjährigen Begegnung auf die Bedeutung des Verteidigungsrechtes bei kirchlichen Prozessen, insbesondere bei Ehenichtigkeitsprozessen hinweisen. Obgleich es nicht möglich ist, hier auf diese Problematik in ihrer Gesamtheit einzugehen, möchte ich doch auf einigen nicht unwichtigen Punkten bestehen.

2. Der neue *Codex des Canonischen Rechtes* mißt dem Verteidigungsrecht große Bedeutung bei. So lautet, was die Pflichten und Rechte aller Gläubigen betrifft, Can. 221, § 1 folgendermaßen: „Den Gläubigen steht es zu, ihre Rechte, die sie in der Kirche besitzen, rechtmäßig geltend zu machen und sie nach Maßgabe des Rechts vor dem zuständigen kirchlichen Gericht zu verteidigen.“ Weiter heißt es dann in § 2: „Wenn Gläubige von der zuständigen Autorität vor Gericht gezogen werden, haben sie auch Anrecht auf ein Urteil, das nach Recht und Billigkeit gefällt wird.“ Can. 1620 des gleichen Codex legt aus-

drücklich die unheilbare Nichtigkeit des Urteils fest, wenn einer der beiden Parteien das Verteidigungsrecht verweigert worden ist, während man Can. 1598, § 1 den folgenden Grundsatz entnehmen kann, der die gesamte richterliche Tätigkeit der Kirche leiten muß: „... daß das Verteidigungsrecht stets unbeeinträchtigt bleibt".

3. Hierzu muß gleich bemerkt werden, daß das Fehlen einer solchen ausdrücklichen Norm im vorhergehenden Codex keinesweg den Schluß zuläßt, das Verteidigungsrecht sei von der Kirche während der Gültigkeit dieses Codex mißachtet worden. Dieser enthielt tatsächlich nicht die entsprechenden und erforderlichen Vorschriften zur Sicherung dieses Rechtes im kirchlichen Prozeß. Wenn auch 1892 des erwähnten Codex das verweigerte Verteidigungsrecht nicht unter die Fälle unheilbarer Nichtigkeit einreihte, muß man trotzdem feststellen, daß sowohl die Doktrin als auch die Rechtssprechung der Rota nachdrücklich auf der unheilbaren Nichtigkeit des Urteils bestanden, wenn der einen oder der anderen Partei das Recht auf Verteidigung verweigert worden war.
Ein billiges Urteil ohne streitige Verhandlung – d. h., ohne daß beiden Parteien die Möglichkeit geboten wird, gehört zu werden und die von der Gegenpartei oder von Amts wegen formulierten Forderungen, Beweise und Folgerungen kennenzulernen und zu widerlegen – ist undenkbar.

4. Das Verteidigungsrecht beider am Prozeß beteiligten Parteien – d. h., nicht nur der aufgerufenen, sondern auch der klagenden Partei – muß selbstverständlich den gerechten Bestimmungen des positiven Rechtes entsprechend angewandt werden, dessen Aufgabe es ist, die Ausübung des Verteidigungsrechtes nicht zu unterdrücken, sondern sie vielmehr so zu regeln, daß es weder zu Mißbräuchen noch zu willkürlichen Behinderungen kommen kann; gleichzeitig muß die konkrete Ausübung dieses Rechtes gesichert werden. Die treue Beobachtung der positiven Normen stellt daher hier eine ernste Verpflichtung für die Träger der kirchlichen Rechtssprechung dar.

5. Für die Gültigkeit des Prozesses ist selbstverständlich die Ausübung der Verteidigung nicht erforderlich, vorausgesetzt, daß ihre konkrete Möglichkeit immer bestehen bleibt. Die Parteien können daher im Streitverfahren auf die Ausübung des Verteidigungsrechtes verzichten; bei Strafprozessen hingegen darf die Verteidigung nicht fehlen, ja, es ist auch eine fachkundige Verteidigung hinzuzuziehen, weil bei solchen Prozessen der Angeklagte immer einen Rechtsbeistand haben muß (vgl. Can. 1481, § 2, und 1723).
Hier müssen gleich, was die Eheprozesse betrifft, einige nähere Erklärungen hinzugefügt werden. Auch wenn eine der beiden Parteien auf die Ausübung des Verteidigungsrechtes verzichtet, bleibt für die Richter die strenge Pflicht bestehen, sich ernsthaft um Aussagen dieser Partei vor Gericht sowie um Aussagen ihrer eventuellen Zeugen zu bemühen. Der Richter muß jeden einzelnen Fall entsprechend beurteilen. Die aufgerufene Partei will manchmal ohne Angabe stichhaltiger Gründe nicht bei Gericht erscheinen, weil sie nicht versteht, wieso die Kirche nach vielen Jahren gemeinsamen Lebens das heilige Band ihrer Ehe nichtig erklären könnte. In diesem Fall verpflichten echte pastorale Aufgeschlossenheit und Achtung vor dem Gewissen der betreffenden Partei den Richter, dieser alle erforderlichen Informationen über die Ehenichtigkeitsverfahren vorzulegen und sich ge-

duldig um ihre rückhaltlose Mitarbeit beim Prozeß zu bemühen, auch um in einer so ernsten Sache ein nicht objektives Urteil zu vermeiden.
Darüber hinaus erscheint es mir angebracht, alle bei Gericht Tätigen darauf hinzuweisen, daß, der herkömmlichen Rechtssprechung der Römischen Rota gemäß, in den Ehenichtigkeitsverfahren der Partei, die auf die Ausübung ihres Verteidigungsrechtes verzichtet hat, die festgelegten Streitpunkte, jede eventuelle neue Klage der Gegenpartei und das Urteil zugestellt werden müssen.

6. Das Verteidigungsrecht erfordert an und für sich die tatsächliche Möglichkeit, sowohl die von der Gegenpartei als auch die von Amts wegen vorgebrachten Beweise kennenzulernen. Can. 1598, § 1 schreibt daher vor, daß der Richter zur Vermeidung der Verfahrensnichtigkeit den Parteien und ihren Anwälten die Einsichtnahme in die ihnen noch unbekannten Akten in der Gerichtskanzlei gestatten muß. Es handelt sich hier um ein Recht sowohl der Parteien als auch ihrer eventuellen Anwälte. Der gleiche Canon sieht jedoch auch eine mögliche Ausnahme vor: bei den Fällen, die das öffentliche Wohl betreffen, kann der Richter zur Vermeidung sehr schwerer Gefahren verfügen, daß ein Aktenstück niemandem bekanntgegeben wird, wobei allerdings sicherzustellen ist, daß das Verteidigungsrecht stets unbeeinträchtigt bleibt.
Was diese mögliche Ausnahme betrifft so ist dazu unbedingt zu bemerken, daß eine Verletzung der Norm und ein schwerer Fehler in der Auslegung vorlägen, würde man aus der Ausnahme eine allgemein gültige Norm machen. Man muß sich daher gewissenhaft an die im Canon angeführten Grenzen halten.

7. Es kann niemanden wundern, wenn man im Zusammenhang mit dem Verteidigungsrecht auch von der Notwendigkeit der Verkündung des Urteils spricht. Wie könnte sich eine Partei vor einem Appellationsgericht gegen das Urteil eines niederen Gerichtes verteidigen, wenn ihr das Recht versagt würde, die Gründe in rechtlicher und tatsächlicher Hinsicht zu kennen? Der Codex fordert daher, daß dem Urteilstenor die Gründe vorangehen, auf die er sich stützt (vgl. Can. 1612, § 3), und das nicht nur, um seine Einhaltung zu erleichtern – sofern das Urteil vollstreckbar geworden ist –, sondern auch um das Verteidigungsrecht in einer eventuellen höheren Instanz zu gewährleisten. Canon 1614 bestimmt demnach, daß das Urteil vor seiner Verkündung keine Wirksamkeit besitzt, selbst wenn der Urteilstenor mit Erlaubnis des Richters den Parteien mitgeteilt worden ist. Man versteht daher nicht, wie es ohne die pflichtgemäße Verkündung vom Berufungsgericht bestätigt werden könnte (vgl. Can. 1615).
Um das Verteidigungsrecht noch weitgehender zu gewährleisten, ist das Gericht verpflichtet, den Parteien mitzuteilen, auf welche Weise das Urteil angefochten werden kann (vgl. Can. 1614). Es erscheint angebracht, darauf hinzuweisen, daß das Gericht erster Instanz in Erfüllung dieser Aufgabe auch auf die Möglichkeit aufmerksam machen muß, sich bereits in zweiter Instanz an die Römische Rota zu wenden. Darüber hinaus besteht die Pflicht, in diesem Zusammenhang auf die Tatsache Rücksicht zu nehmen, daß der Termin für die Einlegung der Berufung erst mit der Kenntniserlangung des verkündeten Urteils seinen Anfang nimmt (vgl. Can. 1630, § 1), während Can. 1634, § 2 folgendes festlegt: „Kann eine Partei vom Urteilsgericht innerhalb der Berufungsfrist keine Ab-

schrift des angefochtenen Urteils erhalten, so läuft die Frist einstweilen nicht; die Verhinderung ist dem Berufungsrichter mitzuteilen, der den Urteilsrichter anzuweisen hat, seiner Pflicht baldmöglichst zu genügen."

8. Manchmal wird behauptet, die Verpflichtung zur Einhaltung dieser Normen – vor allem die Veröffentlichung der Akten und des Urteils – könnte infolge der Weigerung der Zeugen, unter diesen Umständen am Prozeß teilzunehmen, das Herausfinden der Wahrheit erschweren.
Dazu muß vor allem klar festgestellt werden, daß die „Veröffentlichung" des kanonischen Prozesses den Parteien gegenüber seine Geheimhaltung anderen gegenüber nicht beeinträchtigt. Darüber hinaus ist zu sagen, daß das kanonische Gesetz alle jene von der Aussagepflicht vor Gericht befreit, die, soweit die betreffenden Angelegenheiten unter das Amtsgeheimnis fallen, zu dessen Einhaltung verpflichtet sind; es befreit von der Aussagepflicht auch alle, die befürchten, aus ihrer Aussage könnten für sie, ihren Ehegatten, ihre nächsten Blutsverwandten oder Verschwägerten Rufschädigung, gefährliche Belästigung oder sonstige schwere Schäden erwachsen (vgl. Can. 1548, § 2). Darüber hinaus kann nicht übersehen werden, daß in den Urteilen die Darlegung der Gründe – in rechtlicher und tatsächlicher Hinsicht – genügt, auf die sich das Urteil stützt, ohne daß jede einzelne Zeugenaussage wiedergegeben werden müßte.
Nach diesen Feststellungen kann ich nicht umhin, hervorzuheben, daß dem vollen Respekt für das Verteidigungsrecht in den Ehenichtigkeitsverfahren besondere Bedeutung zukommt, sei es, weil diese zutiefst die Person der beiden Parteien betreffen, sei es auch, weil sie sich mit dem Vorhandensein oder Nichtvorhandensein des heiligen Ehebandes befassen. Diese Fälle erfordern daher eine besonders sorgfältige Erforschung der Wahrheit.
Selbstverständlich muß man den Zeugen den eigentlichen Sinn der betreffenden Normen erklären; außerdem ist es erforderlich, zu betonen, daß ein vom zuständigen Richter rechtmäßig vorgeladener Gläubiger verpflichtet ist, ihm zu gehorchen und die Wahrheit auszusagen, sofern er nicht nach dem Gesetz von dieser Verpflichtung befreit ist (vgl. Can. 1548, § 1).
Andererseits muß der Zeuge auch den Mut haben, die Verantwortung für das Gesagte auf sich zu nehmen; er hat ja nichts zu befürchten, wenn er tatsächlich die Wahrheit gesagt hat.

9. Ich sagte, daß die „Veröffentlichung" des kanonischen Prozesses den Parteien gegenüber seine Geheimhaltung anderen gegenüber nicht beeinträchtigt. Richter und Gerichtspersonen sind zur Wahrung des Amtsgeheimnisses verpflichtet, in einer Strafsache stets, in einer Streitsache aber dann, wenn den Parteien aus dem Bekanntwerden einer Prozeßhandlung Schaden erwachsen könnte. Sooft die Natur einer Sache oder der Beweise so beschaffen ist, daß aus der Bekanntgabe der Prozeßakten oder Beweise der Ruf anderer gefährdet wird oder daß Anlaß zu Streit oder Ärgernis oder ein sonstiger Nachteil dieser Art entstehen würde, kann der Richter Zeugen, Sachverständige, Parteien und deren Anwälte oder Prozeßbevollmächtigte eidlich zur Geheimhaltung verpflichten (vgl. Can. 1455, § 1 und 3). Auch ist es den Notaren und Kanzlern verboten, ohne Auftrag des

Richters eine Abschrift von Gerichtsakten und Urkunden, die für den Prozeß beschafft worden waren, auszuhändigen (vgl. Can. 1475, § 2). Darüber hinaus kann der Richter bei Verletzung der Geheimhaltungspflicht von der zuständigen kirchlichen Autorität bestraft werden (vgl. Can. 1475, § 1).
Die Gläubigen wenden sich bekanntlich normalerweise an die kirchlichen Stellen, um ein Gewissensproblem zu lösen. In diesem Zusammenhang werden oft Dinge ausgesprochen, von denen in einem anderen Fall keine Rede wäre. Auch die Zeugen sagen oft unter der zumindest unausgesprochenen Bedingung aus, daß ihre Aussage nur für den kirchlichen Prozeß dient. Das Gericht – für das die objektive Wahrheitsfindung wesentlich ist – darf ihr Vertrauen nicht enttäuschen und daher Vertrauliches nicht an Außenstehende weitergeben.

10. Vor zehn Jahren in meiner ersten Ansprache an dieses Gericht, sagte ich: „Die Aufgabe und das historische Verdienst der Kirche, überall und allzeit die fundamentalen Rechte des Menschen zu verkünden und zu verteidigen, entbindet sie nicht der Pflicht, vor der Welt *speculum iustitiae* zu sein, sondern zwingt sie vielmehr dazu, diese Verpflichtung wahrzunehmen“ (*Ansprache* vom 17. Februar 1979, *AAS* 71 [1979] 423).
Ich lade nun alle in der Rechtssprechung Tätigen ein, von diesem Gesichtspunkt aus das Verteidigungsrecht zu schützen. Während ich euch aufrichtig für die große Bereitschaft eures Gerichtes zur Wahrnehmung dieses Rechtes danke, erteile ich euch aus ganzem Herzem meinen Apostolischen Segen.

Alle sind lebendige Steine

Ansprache an die Teilnehmer des Kongresses für priesterliche Spiritualität im Auftrag der Italienischen Bischofskonferenz am 27. Januar

1. Liebe Priester, Teilnehmer am Kongreß über „Das geistliche Leben des Diözesanpriesters heute: Probleme und Ausblicke“! Mit tiefer Freude begrüße ich euch und heiße euch willkommen, zusammen mit den bischöflichen Mitgliedern der Kommission für den Klerus bei der Italienischen Bischofskonferenz.
Ein Bemühen um das geistliche Leben des Diözesanpriesters, meine Lieben, kann nur meine Zustimmung und meinen Segen finden, nicht nur, weil damit eine Forderung des II. Vatikanischen Konzils erfüllt wird (vgl. *Lumen Gentium*, Nr. 5), sondern auch wegen des Bandes zwischen dem Papst und den Priestern aufgrund des Weihesakramentes in seinen verschiedenen Stufen und damit des pastoralen Dienstes, der uns in vielen Aspekten gemeinsam obliegt. Wenn ihr die Spiritualität des Priesters vertiefen wollt, dann arbeitet ihr in Wirklichkeit nicht nur für die Priester, sondern auch für die Bischöfe und schließlich für den Papst – der ja auch seinerseits Bischof ist – kraft der besonderen Gemeinschaft, die das Weihesakrament grundlegt.

2. Die Wurzel des geistlichen Lebens des Priesters stammt aus diesem Sakrament und damit von Jesus Christus selbst. Die Sakramente sind ja „Handlungen Christi“, noch be-

vor sie Handlungen der Kirche werden, wie es die italienische Bischofskonferenz schön in ihrem jüngsten Dokument „Comunione, comunità e disciplina ecclesiale" formuliert hat, als sie in Erinnerung rief: „Im Bereich der Sakramente ... ist sich die Kirche bewußt, nicht Herrin und Richterin über das Heilswirken Christi zu sein; als Braut ist sie hingegen gehalten, sie so zu vollziehen, wie sie der Herr gewollt hat" (73).
Es wäre also eine Verkürzung, wenn man den Willen Jesu Christi nur im Augenblick des Vollzugs eines Sakramentes anerkennen wollte. In Wirklichkeit erstreckt er sich auf die gesamte Zielsetzung und daher auch auf die Vollzugsweisen, für die das Sakrament eingesetzt ist. So entspringt das geistliche Leben des Priesters dem Weihesakrament, das nicht nur den priesterlichen Dienst begründet, sondern ihm auch in seinen wesentlichen und grundlegenden Zügen Gestalt gibt. Daraus ergibt sich als logische Folge, daß das geistliche Leben des Priesters gerade durch das Bemühen, die von Christus gewollte Form des Dienstes getreu anzuerkennen und durchzuführen, wachsen kann und muß.

3. Diese Gnade empfängt der Priester aus dem Weihesakrament. Es ist keine leichtzunehmende Gnade, die den Erfolg garantiert und an die Stelle der Ausübung des Dienstes tritt – eine solche Gnade wäre keine Gnade mehr, und daher kennt die katholische Lehre sie auch nicht; es ist eine große und anspruchsvolle Gnade, in der die Berufung und der Antrieb zur Ausübung des Dienstes gründet: das Bemühen, diesen Dienst zu verstehen und zu leben, noch bevor man ihn vollzieht. Daher erfordert der priesterliche Dienst ein ständiges Nachdenken, wie es euer Kongreß auf den Spuren seiner Vorgänger weiterführen und orientieren möchte.
Das Nachdenken muß auch nach dem Kongreß weitergehen, und jeder muß es persönlich weiterführen, denn diesen Aspekt des priesterlichen Dienstes kann man nur in der persönlichen Betrachtung erfassen. Die Betrachtung des Christen jeden Ranges und Standes ist letztlich immer von der Grundwahrheit des Glaubens bestimmt, daß wir Menschen nämlich durch Jesus Christus das Heil erlangt haben. Daher kann der Priester, der durch die besondere Gnade seines Dienstes berufen und aufgefordert ist, das Evangelium als besonders qualifizierter Zeuge zu verkünden, in seiner eigenen Erfahrung und seinem persönlichen Leben nicht ohne Freude über dieses Heil bleiben. Diese Gabe, die alle Christen erfahren, und die alle Menschen herbeisehnen, hat der Priester gerade kraft seines Dienstes ständig präsent. Sie bildet für ihn den beherrschenden Gedanken und damit die Quelle für eine tiefe und ständige Freude, jene nämlich, sich erlöst zu wissen. Diese Freude können wir nicht für uns behalten, wir sind vielmehr von unserem Amt her beauftragt, sie auch zu den anderen, zu allen hinzutragen. Wie sehr verlangen die Menschen von heute danach! Wie sehr brauchen sie diese Freude: vielleicht desto mehr, je weniger sie darum wissen.

4. So erkennen wir gerade in der Heilsfreude, die wir in der Meditation pflegen und zum Dankgebet werden lassen, die Erhabenheit unseres Dienstes. Sie muß freilich auch in den anderen Aspekten des Dienstes dank eines ständigen Bemühens um Vertiefung durch Studium, Betrachtung und Gebet erkannt werden.
Gewiß seid ihr in der großen Mehrheit keine Theologen, sondern Seelsorger, wie man zu sagen pflegt. Doch gerade euch ist das Studium eures Dienstes zu empfehlen, damit ihr

ihn besser leben könnt. Wenn der Vergleich gestattet ist, geschieht es in allen Berufen so: hält man sich nicht auf dem neuesten Stand – und das kann nicht nur von der Praxis herkommen, sondern erfordert auch Nachdenken und Studium – hält man sich also nicht auf dem laufenden, bleibt man zurück. Dann aber wird man für seine Aufgabe ungeeignet, und fatalerweise mag man sie dann auch nicht mehr. Ein Priester aber, der seinen Dienst nicht mehr liebt, der dafür keine Motive mehr findet, steht für sich selber traurig da, und er macht auch andere traurig.

5. Dieses Bemühen um das kulturelle und geistliche „Aggiornamento" im Rahmen der ständigen Weiterbildung, mit der sich die kommende Bischofssynode beschäftigen wird, ist heute um so dringender, als wir in einer auf die Zukunft hin offenen Zeit leben.
Die Gesellschaft erlebt rasche und tiefreichende Wandlungen, die die Kirche nicht unberührt lassen, sondern sie in gewissem Sinn einbeziehen, weil die Kirche zwar nicht von der Welt ist, aber doch in der Welt lebt. Sie selbst ist auf die Zukunft hin ausgerichtet. Da sie die Menschen begleiten muß, damit sie nicht irregehen, muß sie an ihrer Seite bleiben, ja ihnen vorangehen. Die Kirche kann sich nicht die Zeit wählen, in der sie lebt; sie muß in jeder Zeit leben und in jeder das Evangelium vom Heil verkünden.
Für euch Priester ist die Verkündigung des Evangeliums ein täglich zu erfüllender Dienst mit all seinen vielfältigen Funktionen und Einzeltätigkeiten, und diese dürfen nie zur langweiligen Routine werden, sondern müssen sich ständig erneuern, weil in ihnen immer neu das Neue des Heiles verkündet wird. Das Heilswirken, das Jesus Christus ein für allemal vollzogen hat, das also die Jahrhunderte hindurch identisch bleibt, nimmt seinen Weg über euren Dienst: So muß es euch klare Worte und bezeichnende Gesten eingeben, um die Menschen zu erreichen, und ihr selbst müßt euch gelehrig den Forderungen des Evangeliums beugen. Auf diese Weise heiligen sich der Priester und sein Volk gegenseitig und finden das Heil. Wieviel Verständnis, wieviel Liebe und Tugend erfordert daher die korrekte Ausübung des priesterlichen Dienstes! Doch zugleich gilt: für wieviel Gnade und wahrhaft pastorale Liebe bildet der priesterliche Dienst die Quelle!

6. Damit er fruchtbar ist, müßt ihr euren Dienst nach der Empfehlung des Konzilsdekretes (*Presbyterorum ordinis*, Nr. 14) in der Einheit der Priesterschaft und der Gemeinschaft mit eurem Bischof vollziehen. Ihr gestaltet das Antlitz der Kirche nicht allein. Mit euch, den Priestern, zusammen wirken alle Ordensleute und Laien, die auch ihrerseits lebendige Steine der Einzelkirche sind. Da aber die Bischöfe die Nachfolger der Apostel sind, die das Fundament der Kirche bilden, sind auch die Priester, die mit dem Bischof ja eine einzige Priesterschaft bilden und seine unmittelbarsten Mitarbeiter sind, Grundsteine der Kirche, Steine, die alle lebendigen Steine der Kirche stützen und halten. Damit wird offenkundig, daß die priesterliche Autorität in Wahrheit Dienst ist, ein „Liebesdienst", wie der hl. Augustinus sagt, daß der priesterliche Dienst ferner volle und bedingungslose Hingabe sein muß, offen für alle, so daß keiner sich ausgeschlossen fühlen kann.

7. Liebe Brüder im einen Priestertum Jesu Christi, des Guten Hirten, die ihr euch jeden Tag durch die Feier der Eucharistie erneuert, wobei ihr nicht nur aufgerufen seid, sie als

Ritus zu wiederholen, sondern sie mitten unter den Menschen zu begehen, seid gewiß: ihr seid nicht allein. Christus ist bei euch, er sorgt für euch, er trägt euch und erfüllt euer Leben. Das Leben des Priesters ist schön, gerade wegen der unauflöslichen Einheit mit Christus aufgrund des ständigen sakramentalen Zusammenwirkens und der Lebensverbundenheit zwischen ihm und euch. Auf diesem Weg möge euch die allerseligste Jungfrau Maria, die Mutter Jesu und Mutter der Kirche, Mutter auch der Priester, mit ihrer mütterlichen Liebe umhegen und euch begleiten, damit ihr wirklich alle Christus gehört.

Zum Zeichen meiner tiefen Verbundenheit und als Anregung zum Vertrauen bei der Aufgabe, die der Herr euch anvertraut, erteile ich euch als Unterpfand der Gnade meinen Apostolischen Segen.

Katholische Schule Ort der Evangelisierung

Ansprache an die Dozenten des Verbandes italienischer Erziehungsinstitute (Fidae) am 28. Januar

Liebe Brüder und Schwestern!

1. Mit Freude begegne ich euch am Fest des hl. Thomas von Aquin, des himmlischen Patrons der katholischen Schulen, an dem ihr eure übliche, von der FIDAE in Latium organisierte Tagung haltet.

Heute seid besonders ihr, die Lehrkräfte, anwesend: wenn ihr am Montag zur Schule zurückkehrt, sagt den Schülern und ihren Eltern, daß der Papst ihnen für diese Gelegenheit, euch allen begegnen zu können, dankt.

Das gute Thema eurer Tagung: „Ein Leben für eine Sendung: heute die Menschen des Jahres 2000 erziehen“, findet seine Begründung im Evangelium: „Es gibt keine größere Liebe, als wenn einer sein Leben für seine Freunde hingibt“ (*Joh* 15,13). Ihr gebt euch jeden Tag aufs neue euren Schlern hin mit eurer Verfügbarkeit, eurem fachlichen Können und eurem grenzenlosen Einsatz.

Ihr führt damit das von den Gründern und Gründerinnen der katholischen Schulen begonnene Werk weiter, die, aufgeschlossen für die Probleme und Bedürfnisse der Buben und Mädchen ihrer Zeit, jene Schulen ersonnen und eingerichtet haben, die ihren Anliegen entsprachen. Mit ihrem Leben und ihren Idealen haben sie Männer und Frauen begeistert, die sich dann organisierten und nach Überwindung aller Schwierigkeiten Institutionen schufen, in denen ihr heute eure Aufgabe als Erzieher erfüllt.

Die Kinder und Jugendlichen, die eure Schulen besuchen, sind zahlreich, wie ihr wißt. In Latium über hunderttausend, davon allein etwa achtzigtausend in der Stadt Rom. Es sind die Männer und Frauen des Jahres 2000, die dann die Präsenz und Wirksamkeit Christi in der Gesellschaft bezeugen werden.

2. Ein wesentliches Erfordernis eurer Sendung ist daher die Fachkenntnis, damit ihr eure Schüler bei der Mühe und dem Abenteuer des Studiums anleiten könnt, in wel-

chem sie ihre Fähigkeiten zum Verständnis und zur Beurteilung der Wirklichkeit entwickeln. Die Echtheit eures christlichen Lebens gebe euch Autorität und mache eure Studenten bereit zum Hören. Das Zeugnis eines engagierten Lebens wird eure kleinen und großen Schüler nämlich für die dienende Hingabe aufgeschlossen machen, je nach den eigenen Fähigkeiten und den Bedürfnissen der Mitmenschen, die sie herausfinden.

Studium, Hören und Dienst sind die drei Antriebskräfte, durch die in euren Schülern jener Erziehungsprozeß voll zur Entfaltung kommt, den nur eine Schule garantieren kann, die sich ihrer heiklen Aufgabe voll verantwortlich bewußt ist. Kino, Freizeit und Sport allein genügen ja nicht. Beim Erziehungsprozeß muß dem Schüler vor allem eine fortschreitende und ruhige intellektuelle Reife vermittelt werden.

Regt die Jugendlichen im Licht des christlichen Glaubens zum Kennenlernen des von Gott geschaffenen Universums an! Entzündet in ihnen die Liebe zur Wahrheit, die oberflächliches Erfassen und Beurteilen überwindet, und weckt in ihnen den christlichen Sinn, der die unbekümmerte und unkritische Übernahme vieler Behauptungen ablehnt. Leitet sie an zu Ordnung und Methode, zur Genauigkeit und zum Sinn für Verantwortung. Fördert bei ihnen den Opfergeist und die Ausdauer, wie intellektuelle Arbeit sie fordert.

Wird diese nämlich durch die religiöse Dimension bereichert, wirkt sie sich in mehrere Richtungen aus: sie fördert den schulischen Erfolg und verstärkt das Bemühen um die Heranbildung einer wahrhaft christlichen Persönlichkeit.

3. Die katholischen Schulen haben alle Elemente zur Verfügung, die ihnen eine Präsenz der Kirche in der Gesellschaft als eigentlich kirchliche Institute möglich machen.

Sie sind Orte der Evangelisierung, eines echten Apostolates und eines pastoralen Wirkens, nicht wegen ihrer ergänzenden oder parallelen oder außerschulischen Tätigkeiten, sondern wegen der Natur ihrer Arbeit selbst, die ja direkt auf die Heranbildung der christlichen Persönlichkeit zielt.

Seid gewiß, liebe Brüder und Schwestern, daß eure Sendung bei der erzieherischen Aufgabe nicht etwas Marginales oder etwas Sekundäres ist. Die katholischen Schulen finden ihre eigentliche Rechtfertigung nämlich in der Sendung der Kirche selbst; sie gründen sich auf einen Erziehungsauftrag, in dem sich Kultur und Leben in der Einheit des Glaubens verbinden. Durch die Schulen evangelisiert und erzieht die Ortskirche und trägt zum Aufbau einer moralisch gesunden und starken Verhaltensweise im Volk bei.

Daher gehört die Notwendigkeit der katholischen Schulen klar zur Entfaltung der Sendung des Volkes Gottes, zum Dialog der Kirche mit der Gemeinschaft der Menschen und zum Schutz der Gewissensfreiheit.

Es geht also bei eurem Einsatz nicht nur darum, die Werke, die eure Gründer und Gründerinnen euch als Erbe hinterlassen haben, zu bewahren, sondern vor allem um ihre Verstärkung und Entwicklung, um den neuen Bedürfnissen der Jugendlichen gerecht zu werden; hier denke ich an die Zehntausende von Jugendlichen, die sich der Schulpflicht entzogen haben und an die Kinder, die in schwierigen Familienverhältnis

sen leben, endlich an jene, die Opfer der Droge oder der Gewalttätigkeit geworden sind.
Entwickelt eure Kreativität in einer Weise, daß immer mehr Kinder und Jugendliche, die ein Randdasein führen, ihre Ausbildung in Schulverhältnissen abschließen können, bei denen sie ihre Menschenwürde behalten und Jesus Christus als ihrem Erlöser begegnen können. Als eure Gründer und Gründerinnen die Schulen eröffneten, folgten sie damit einem feinen Gespür, das aus ihrer Liebe zu Christus stammte, denn ihn erkannten sie im Antlitz der oft sich selbst überlassenen und ohne Schulbildung gebliebenen Kinder und Jugendlichen. Was sie damals empfunden haben, ist heute anerkannt als unveräußerliches Recht auf Schulbildung und als grundlegendes Recht der Eltern, die Erziehung ihrer Kinder zu fördern.

4. Diese meine Worte sind an euch alle gerichtet, an Ordensleute und Laien, denn ihr seid alle, je nach eurem Lebensstand in gleicher Weise berufen, in den Jugendlichen Christus zu dienen, um sie zu voller menschlicher und christlicher Reife zu führen.
Ich grüße daher die General- und Provinzoberinnen und -oberen, danke ihnen für die Anwesenheit und ermuntere sie, zu Vertretern und Förderern der Bedürfnisse aller katholischen Schulen zu werden und unter euch allen eine wirkliche Solidarität zu entfalten, wozu auch die eventuelle Förderung von geeigneten Institutionen gehören mag, so daß keine Schule sich alleingelassen zu fühlen braucht und jedem Lehrenden seine Würde gesichert ist, wo immer er seinen Dienst als Erzieher zu erfüllen hat.
Mein Wort gilt auch euch, den Eltern, den Studenten und dem übrigen Personal, die ihr zusammen mit den Lehrkräften hergekommen seid. Schenkt der großen Aufgabe der Erzieher die gebührende Anerkennung, arbeitet mit ihnen zusammen und lebt in voller Gemeinschaft mit ihnen. Diese Gemeinschaft verbindet euch immer mehr mit Christus, der Weg, Wahrheit und Leben ist. Er mache eure Erziehungsgemeinschaft zum lebendigen Zeugnis für euren Glauben. Ihr seid alle zusammen für die Sendung verantwortlich, die die Kirche den katholischen Schulen anvertraut, und ihr seid ein Zeichen der Hoffnung für eine Zukunft in Gerechtigkeit und Frieden.
Die selige Jungfrau, der Sitz der Weisheit, sei euch Licht und Wegweiserin.

Schart euch um den Hirten

Ansprache an Kardinal Groër und 50 Pilger am 29. Januar

Sehr verehrter Herr Kardinal,
liebe Schwestern und Brüder!

Die Erhebung der Wallfahrtskirche zur gnadenreichen Mutter in Maria Roggendorf zur Basilia im vergangenen Jahr hat Sie bewegt, Ihre Verbundenheit mit dem Nachfolger des hl. Petrus zu bekunden und mir anläßlich dieses Besuches Ihren tiefen Dank abzustatten und die Reverenz zu erweisen. Dies erfüllt mich mit großer Freude.

Ihr Dank gilt gewiß auch Ihrem Hochwürdigsten Herrn Kardinal Hans Hermann Groër, der sich in weisem pastoralen Einsatz über viele Jahre hinweg als Wallfahrtsdirektor um die Wiederbelebung und Förderung der Verehrung der Gnadenmutter von Maria Roggendorf in hohem Maße verdient gemacht hat. Ich darf Sie alle deshalb bei dieser Begegnung bitten: Führen Sie das Werk, um das sich Ihr Kardinal einst mit tiefer Liebe und Hingabe redlich bemüht hat, mit gleicher Glaubensfreude in Verehrung zu unserer himmlischen Mutter weiter. Scharen Sie sich auch künftig, wie Sie dies in früheren Jahren getan haben, um Ihren Hirten, der jetzt der stets geschätzten und geliebten Erzdiözese Wien vorsteht. Sie haben sich in Maria Roggendorf unter den besonderen Schutz und Schirm Mariens gestellt. Ihr wollen wir auch die Anliegen und Nöte Ihrer Familien sowie die des ganzen gläubigen Gottesvolkes der Kirche von Wien anvertrauen. Denn die Bitte Jesu am Kreuz an seine Mutter, sich seines Jüngers Johannes in besonderer Weise anzunehmen, lädt auch uns ein, uns in Freude und Leid mit kindlichem Vertrauen an sie als unsere Mutter wenden zu dürfen.
Damit Sie in diesem Glauben ständig wachsen mögen, erteile ich Ihnen und all Ihren Angehörigen in der Heimat, besonders den Kindern und Kranken sowie der ganzen Erzdiözese von Herzen meinen Apostolischen Segen.

Unser tägliches Brot gib uns heute

Botschaft für die Fastenzeit 1989 vom 1. Februar

„Unser tägliches Brot gib uns heute" (*Mt* 6,11)!
Der zweite Teil des Gebetes, das Jesus selbst seine Jünger gelehrt hat und das alle Christen immer wieder sprechen, beginnt mit dieser Bitte.
Diese gemeinsame Bitte zu unserem Vater im Himmel kommt von den Lippen aller Männer und Frauen der verschiedenen Rassen und Völker, die die große Gemeinschaft der Christenheit bilden, aber jeweils immer mit einer persönlich gefärbten Bedeutung. Für viele Menschen haben diese Worte den Klang einer ruhigen und vertrauensvollen Bitte. Für andere sind sie ein Schrei voller Kummer und Schmerz, weil es diesen Menschen nicht möglich ist, ihren leiblichen Hunger zu stillen, da die nötige Nahrung fehlt.
Liebe Brüder und Schwestern! Mit großer Betroffenheit, aber auch voller Hoffnung stelle ich dieses Problem des Hungers in der Welt vor Augen und bitte euch herzlich, es als ein Thema für euer Denken und apostolisches Wirken während der Fastenzeit 1989 in Liebe und Solidarität anzunehmen. Denen unter euch, die genügend Nahrung haben, gibt ein großzügiges und freiwilliges Fasten die Möglichkeit, am Mangel der vielen teilzuhaben, denen es an Nahrung fehlt. Euer Fasten, das ja aus einer reichen christlichen Tradition kommt, wird euch Geist und Herz immer mehr dafür öffnen, daß ihr eure Güter im Geist der Solidarität mit denen teilt, die zu wenig oder gar nichts haben.
Hunger in der Welt betrifft Millionen von Menschen in vielen Völkern, auch wenn er in einigen Kontinenten und Ländern stärker und härter konzentriert ist und die dortige Bevölkerung dezimiert und in ihrer Entwicklung gefährdet. Der Mangel an Nahrung wie-

derholt sich in einigen Regionen immer wieder aus unterschiedlichen Gründen, die mit Hilfe aller Völker beseitigt werden müßten.
In diesem Jahrhundert freuen wir uns zu Recht über den Fortschritt von Wissenschaft und Technik; ebenso aber müßten wir Fortschritte machen in der Förderung des Menschen. Wir dürfen nicht passiv und indifferent bleiben angesichts der Tragödie so vieler Völker, denen die nötige Nahrung fehlt oder gezwungen sind, sich mit dem Lebensminimum zu begnügen, und die darum fast unüberwindlichen Schwierigkeiten für ihre Entwicklung begegnen.
So vereine ich meine Stimme mit allen Gläubigen in der Bitte zu unserem gemeinsamen Vater im Himmel, daß er „uns jeden Tag das tägliche Brot gebe". Sicher, „niemand lebt vom Brot allein" (*Mt* 4,4); aber unser Herr Jesus Christus hat wirksam geholfen, um die hungernde Menschenmenge zu sättigen.
Glaube muß von konkreten Werken begleitet sein. Ich fordere darum jeden dazu auf, sich der schweren Geißel des Hungers in der Welt bewußt zu werden, um neue Initiativen zu ergreifen und die bereits bestehenden zu unterstützen, damit den Hungernden Hilfe gebracht wird. Dieses Bewußtsein kann uns dazu bewegen, unsere Güter mit denen zu teilen, die keine haben; zugleich fördert es Programme, um auch die Völker selbst zu stärken, daß sie fähig werden, sich selbst zu ernähren. Ich möchte die katholischen Organisationen, die gegen den Hunger kämpfen, ebenso wie alle Regierungs- und Nichtregierungs-Organisationen, die ihr Bestes tun, um geeignete Lösungen zu finden, ermutigen, daß sie ohne Unterlaß darin fortfahren, den Menschen in Not Hilfe zu leisten.
„Vater unser im Himmel … unser tägliches Brot gib uns heute", damit niemandem von deinen Kindern die Früchte der Erde fehlen und niemand mehr unter der bitteren Angst leiden muß, das tägliche Brot für sich und seine Angehörigen nicht zu haben. Gib, daß wir im Geist der Solidarität und erfüllt von deiner grenzenlosen Liebe das Brot teilen, das du uns so reich schenkst, und daß wir fähig werden, unseren Tisch großherzig zu erweitern, um auch den Kleinen und Schwachen Platz zu bieten. Nur so können wir eines Tages für würdig befunden werden, alle gemeinsam an deinem himmlischen Tisch zu sitzen.

In voller Harmonie gemeinsam interessierende Fragen behandeln

Ansprache an die Teilnehmer der gemischten Vollversammlung der Kongregation für die Glaubenslehre und des Sekretariates für die Einheit der Christen am 1. Februar

Liebe Brüder in Christus!

„Denn wie wir an dem einen Leib viele Glieder haben, aber nicht alle Glieder denselben Dienst leisten, so sind wir, die vielen, ein Leib in Christus, als einzelne aber sind wir Glieder, die zueinander gehören" (*Röm* 12,4–5).
Dieser schöne Abschnitt aus dem Brief des heiligen Paulus an die Römer hat die „Gebetswoche für die Einheit der Christen" bestimmt, die kürzlich (vom 18.–25. Januar) in der

ganzen Welt begangen worden ist. Ihr alle, Mitglieder der Kongregation für die Glaubenslehre und des Sekretariates für die Einheit der Christen, habt ihn gewiß im Geiste vor Augen gehabt, als ihr euch in den letzten Tagen zum erstenmal zu einer gemeinsamen Vollversammlung über das wichtige Thema: „Bilanz des ökumenischen Bemühens der katholischen Kirche. Ausblicke für die Zukunft", versammelt habt.

Der Text des heiligen Paulus mit dem Bild vom einen Leib, der aus verschiedenen Gliedern mit unterschiedlichen Aufgaben und Gaben besteht, spielt auf die geheimnisvolle, aber zugleich inkarnierte und sichtbare Wirklichkeit des Leibes Christi an, der die Kirche ist. Man kann ihn daher auf unser pastorales Wirken und infolgedessen auf unser Bemühen um die Einheit aller Christen anwenden, das eine vorrangige pastorale Aufgabe der katholischen Kirche darstellt, wie ich bei verschiedenen Gelegenheiten betont habe.

Vor über zwei Jahren habe ich euren beiden Dikasterien nahegelegt, gemeinsam das nach dem Konzil durchgeführte ökumenische Bemühen zu überprüfen, um einerseits das Problem der hier anzuwendenden Methode zu studieren und andererseits die Frage der Nah- und Fernziele aufzugreifen, an denen sich die Arbeit in Zukunft orientieren muß. Daher freue ich mich über eure Initiative, und ich kann euch versichern, daß ich ihren Ablauf mit großem Interesse, mit aufrichtigen guten Wünschen und meinem innigen Gebet begleitet habe.

Das Zweite Vatikanische Konzil hat (*Lumen Gentium*, Nr. 8) zwar klar betont, daß die einzige Kirche Christi in der katholischen Kirche existent ist, es hat aber auch die anderen Kirchen und kirchlichen Gemeinschaften jeweils anerkannt (*Unitatis redintegratio*, Nr. 3 und 15) und es als eines seiner Hauptziele bezeichnet, „die Einheit aller Christen wiederherstellen zu helfen" (*ebd.*, Nr. 1). In der Konstitution *Lumen Gentium* hatte das Konzil die katholischen ekklesiologischen Grundlagen des Ökumenismus umschrieben, um im Dekret *Unitatis redintegratio* sowohl die Grundsätze als auch die zu befolgende Methode darzulegen. Diese klaren Weisungen gelten auch heute noch für das Wirken der katholischen Kirche nach innen in vollem Umfang, ferner für die Beziehungen und den Dialog mit den anderen Kirchen und kirchlichen Gemeinschaften.

Dieser feierlichen Verpflichtung des Zweiten Vatikanischen Konzils kam man mit Überzeugung und in zahlreichen Initiativen nach. Die außerordentliche Bischofssynode, die 20 Jahre nach Abschluß des Konzils (1985) zu gemeinsamem Überlegen einberufen wurde, hat mit Recht hervorgehoben, daß sich der Ökumenismus im Bewußtsein der katholischen Kirche tief eingewurzelt hat.

Im Verlauf dieser Jahre wurde ein theologischer Dialog mit den verschiedenen Kirchen und kirchlichen Gemeinschaften aufgenommen. Mit einigen dieser Kirchen wurden auch wichtige Erklärungen von den jeweiligen Autoritäten der höchsten Ebene unterzeichnet. Mehrere gemischte Kommissionen haben Dokumente veröffentlicht, die derzeit innerhalb eurer Dikasterien studiert werden und ein Urteil über die Entwicklung des theologischen Dialogs gestatten. Die letzten 30 Jahre waren von intensiven Kontakten mit den anderen Christen gekennzeichnet: ja, es sind genau 30 Jahre – und ich hatte kürzlich Gelegenheit, in der Basilika St. Paul vor den Mauern (am 25. Januar 1989) daran zu erinnern –, seit Papst Johannes XXIII. mit prophetischem Weitblick das Zweite Vatikanische Konzil einberufen hat.

Die Erfahrung dieser Kontakte, ihre Wichtigkeit und Kompliziertheit, dazu die vielfältigen Auswirkungen und die Notwendigkeit, Zukunftsaussichten zu bieten, haben es nahegelegt, diese gemischte Vollversammlung abzuhalten.

Die beiden Dikasterien besitzen ihre jeweils eigene Zuständigkeit, wie die Apostolische Konstitution *Pastor Bonus* sie vorsieht und erwähnt. Da der Ökumenismus aber seiner Natur nach oft Fragen des Glaubens berührt, haben sich beide Dikasterien entschlossen, Fragen von gemeinsamem Interesse zu behandeln.

Eine Zusammenarbeit beider Dikasterien ist also immer dann notwendig, wenn die Sache es fordert, und es gilt, immer dann in voller Harmonie vorzugehen, wenn der ökumenische Dialog Fragen der Lehre berüht und wenn innerhalb der katholischen Kirche Themen mit ökumenischer Auswirkung behandelt werden. Nützlich ist eine solche Zusammenarbeit ferner dann, wenn gemeinsame Dokumente oder Erklärungen veröffentlicht werden sollen.

Die in diesen Tagen stattfindende gemischte Vollversammlung drückt klar diesen Willen aus, der von beiden Seiten geteilt wird. Ferner bietet die Erfahrung ihrer Mitglieder, die von fünf Kontinenten stammen, gewiß eine einzigartige Gelegenheit zu brüderlichem Austausch, um harmonisch und konstruktiv sowie durch ein neues gemeinsames Engagement das Streben nach Einheit für die neuen Zeiten zu fördern. Eine solche Zusammenarbeit erscheint heute um so notwendiger angesichts der Tatsache, daß die theologischen Dialoge jetzt mehr spezifische unterschiedliche Auffassungen unter den Christen beim Bemühen um volle Übereinstimmung im Glauben aufgreifen müssen.

Ich danke euch aus ganzem Herzen, daß ihr in dieser gemischten Vollversammlung überlegt, studiert und eure Sorgen ausgetauscht habt.

Ich danke euch, daß ihr die Gaben, die ihr vom Herrn zum Dienst für die Kirche empfangen habt, mit denen ihr ferner die heilige Sache der Wiederherstellung der vollen Einheit aller Christen fördern solltet, miteinander ausgetauscht habt. Es geht um jene Einheit, die der Herr für seine Gemeinde gewollt hat, da er sie sich mit seinem Blute zu eigen erwarb.

Für diese heilige Sache setzt sich die katholische Kirche mit allem Eifer ein.

Der neue Kodex des Kirchenrechtes macht uns klar auf diese Aufgabe aufmerksam, wenn er feststellt:

„Aufgabe des ganzen Bischofskollegiums und besonders des Apostolischen Stuhles ist es, die ökumenische Bewegung bei den Katholiken zu pflegen und zu leiten; Ziel der ökumenischen Bewegung ist die Wiederherstellung der Einheit unter allen Christen; sie zu fördern, ist die Kirche kraft des Willens Christi gehalten" (can. 755m § 1).

Nach dem Beginn in französischer Sprache fuhr der Papst in englischer Sprache fort:

Liebe Brüder!

Ich habe den Ablauf dieser gemischten Vollversammlung von Anfang an mit großem Interesse, mit guten Wünschen und innigem Gebet begleitet. Daher bedeutet es für mich eine besondere Freude, bei dieser Gelegenheit mit euch zusammenzutreffen.

Das Zweite Vatikanische Konzil hat die Wiederherstellung der Einheit aller Christen zu einem seiner Hauptanliegen gemacht, und in den Jahren seit dem Konzil wurde diese Verantwortung durch eine Reihe von Initiativen sehr wirksam wahrgenommen. Das Anliegen bleibt für die Kirche von heute weiterhin eine wichtige Priorität.

Obwohl die Kongregation für die Glaubenslehre und das Sekratariat für die Förderung der Einheit der Christen jeweils verschiedene Zuständigkeiten besitzen, wie in der Apostolischen Konstitution *Pastor Bonus* ausgeführt ist, müssen sie von Zeit zu Zeit zusammentreten, um Themen von gemeinsamen Interesse zu behandeln. Es ist daher notwendig, daß sie eng zusammenarbeiten, wenn der ökumenische Dialog z. B. Fragen der Lehre aufwirft, oder wenn innerhalb der Kirche Themen zu behandeln sind, die ökumenische Auswirkungen haben.

Diese gemischte Vollversammlung ist ein willkommener Ausdruck des Wunsches nach harmonischer Zusammenarbeit. Die Notwendigkeit einer solchen Zusammenarbeit wird noch wachsen, weil der theologische Dialog sich mehr und mehr den spezifischen Unterschieden zwischen den Christen auf der Suche nach voller Übereinstimmung im Glauben zuwendet.

Ich möchte euch allen für eure Bereitschaft zur Zusammenarbeit bei dieser wichtigen Aufgabe danken und erteile euch meinen Apostolischen Segen.

Ein unschätzbares Zeugnis

Predigt am Fest der Darstellung des Herrn, 2. Februar

„Jetzt wurde er vom Geist in den Tempel geführt“ (*Lk* 2,27). So schreibt der Evangelist Lukas über Simeon.

Er war ein Mann, „gerecht und fromm und wartete auf die Rettung Israels, und der Heilige Geist ruhte auf ihm. Vom Heiligen Geist war ihm offenbart worden, er werde den Tod nicht schauen, ehe er den Messias des Herrn gesehen habe“ (*Lk* 2, 25–26).

Zusammen mit Simeon erwähnt der Evangelist Hanna, die Tochter Penaëls, und nennt sie „Prophetin“. Hanna, die Witwe war, „hielt sich ständig im Tempel auf und diente Gott Tag und Nacht mit Fasten und Beten“ (*Lk* 2,22).

Das alles geschah am vierzigsten Tag nach der Geburt Jesu in Betlehem. Deshalb erinnert die Kirche in der Liturgie vierzig Tage nach dem Fest der Geburt des Herrn an dieses Ereignis.

Wir sind an diesem Tag aufgerufen, gemeinsam mit Simeon und Hanna Gott zu loben und ihm zu danken für die Erfüllung der großen Verheißung, die Israel und der ganzen Menschheit gegeben war.

2. Die Kirche wiederholt jeden Tag diese inspirierten Worte, die damals von Simeon gesprochen wurden. Jeden Tag beschließt sie ja ihre Liturgie des Stundengebetes mit seinen Worten: „Nunc dimittis ...“: „Nun läßt du, Herr ...“.

Simeon, Hanna – und wir alle zusammen mit ihnen – danken dafür, daß „unsere Augen sein Heil gesehen haben“ (vgl. *Lk* 2,30), das Gott „vor allen Völkern bereitet hat (*Lk* 2,31). Wir danken dafür, daß es ihnen – und uns – gegeben wurde, „das Licht“ zu

sehen. Jesus Christus, das Licht der Welt, stellt den Inhalt dieses Gebetes dar, das vom alten Simeon, erleuchtet durch den Heiligen Geist, gesprochen wurde.
Die Gestalt des Alten, der das Kind von kaum vierzig Lebenstagen in seine Arme nimmt, spricht in unvergleichlicher Weise für sich. Und seine Worte, in menschlicher Sprache gesprochen, sind wahrhaft übermenschlich. Die ganze Größe und Einfachheit der Offenbarung – der Wahrheit, die von Gott kommt – liegen in diesem Geschehen.

3. Die Liturgie des heutigen Festes sieht zu Recht in dem, was geschieht, und in den Worten des Simeon die Erfüllung dessen, was der Prophet Maleachi viele Jahrhunderte zuvor gesagt hatte: „Seht, ich sende meinen Boten, er soll den Weg für mich bahnen. Dann kommt plötzlich zu seinem Tempel der Herr, den ihr sucht, und der Bote des Bundes, den ihr herbeiwünscht“ (*Mal* 3,1).
Simeon und Hanna sind die ersten Zeugen der Erfüllung dieser Voraussage des Propheten. Die inneren Augen ihres Glaubens haben sich ganz aufgetan, und sie sahen Ihn, den Erwarteten, den Ersehnten, in den Tempel des Gottesvolkes kommen.
In diesem Augenblick ist er ein kleines Kind.
Und sein Kommen gleicht dem vieler anderer Kinder Israels vierzig Tage nach der Geburt. Und doch hatte Maleachi sich gefragt: „Wer erträgt den Tag, an dem er kommt? Wer kann bestehen, wenn er erscheint?“ (*Mal* 3,2).

4. Simeon neigt sich über das Kind, das er in den Armen hält und wendet sich an Maria mit den Worten, in denen vielleicht ein Echo jener ernsten Vorhersage des Propheten widerhallt:
„Dieser ist dazu bestimmt, daß in Israel viele durch ihn zu Fall kommen und viele aufgerichtet werden, und er wird ein Zeichen sein, dem widersprochen wird“ (*Lk* 2,34).
Und an sie selbst, die Mutter, richten sich die letzten Worte des Greises: „Dir selbst aber wird ein Schwert durch die Seele dringen. Dadurch sollen die Gedanken vieler Menschen offenbar werden“ (vgl. *Lk* 2,35).
Man wird sich schwerlich des Staunens erwehren können vor dem, was da gesagt wurde. Am vierzigsten Tag nach seiner Geburt wird die ganze Wahrheit über den Messias offenbart. In den einschneidenden Worten Simeons erkennen wir wiederum die Voraussage dieses Geheimnisses Christi, dessen endgültige Erfüllung das Ostern des neuen und ewigen Bundes sein wird.
„Zeichen, dem widersprochen wird ...“ bis zum Kreuz auf Kalvaria.

5. Liebe Brüder und Schwestern! Am heutigen Fest seid vor allem ihr zur Teilnahme an der abendlichen Liturgiefeier im Petersdom eingeladen. Ihr seid hierher nach Rom gekommen, wo sich eure zahlreichen Ordensfamilien befinden, die ihre Sendung in der Kirche auf allen Kontinenten unter den ungezählten Völkern der großen Menschheitsfamilie erfüllen. Ich grüße euch im Namen Christi, des Lichtes der Welt, der in besonderer Weise zum Licht auf eurem Weg geworden ist: in eurer Berufung in Kirche und Welt.

Oder müssen wir nicht annehmen, daß diese Berufung ein besonderes Geschenk vom Geist Christi ist? Und so lobt ihr wie Simeon und Hanna Gott und sprecht zu allen, die „auf die Rettung Israels“ warten, vom Sohn Gottes, der als Mensch, als Sohn der Jungfrau Maria, der Weg, die Wahrheit und das Leben für die Menschheit ist.
Ihr spürt gewiß, daß diese beiden Gestalten im Tempel in Jerusalem euch nahestehen. Sie sind die ersten, die für Christus Zeugnis abgelegt haben und auch ihr seid berufen, in einer besonderen Weise Zeugnis für ihn zu geben.
Und wenn das innere Auge des Glaubens euch in besonderer Weise in Christus das „Licht, das die Heiden erleuchtet“ (*Lk* 2,32), und das einzige Heil des Menschen schauen läßt, dann läßt euch eine besondere Feinfühligkeit des Herzens auch tiefer in das Geheimnis jenes Zeichens eindringen, dem widersprochen wird, wie Simeon in seiner Prophezeiung gleichsam zusammenfassend sagte.

6. Gerade im Geist dieser Prophezeiung ist die Zeit, in der ihr Ordensfamilien – Ordensmänner und Ordensfrauen – lebt, fruchtbar für eure Existenz, gekennzeichnet von einem intensiven Forschen nach eurer Identität und eurer Sendung.
Insbesondere ihr in der Diözese Rom habt zwei Versammlungen abgehalten – die eine 1980 und die andere 1985 –, in denen ihr das Problem eurer Präsenz und euerer Sendung in dieser Ortskirche untersucht und dann eure Aufmerksamkeit auf die neuen seelsorglichen Erfordernisse der Stadt gerichtet habt.
In Achtung gegenüber den anderen Gliedern der gleichen Kirche ist es euch aufgegeben, ganz und echt nach den Weisungen des Konzils euer Charisma zu leben in dem Bewußtsein, daß „diese Gabe den verschiedenen Bedürfnissen von Kirche und Welt in den einzelnen Momenten ihrer Geschichte entspricht“ (*Redemptionis donum*, Nr. 15).
Ihr habt euch auch – in den Grenzen des euch Möglichen und soweit es euer augenblicklicher Personalmangel zuläßt – darangemacht, es mit neuen Situationen an der Peripherie der Stadt aufzunehmen zugunsten der neuen Armen in der modernen Zivilisation.
Vor allem ihr Ordensfrauen habt ein Beispiel großer Verfügbarkeit gegenüber den Bedürfnissen dieser Ortskirche gegeben. Mit verstärkten Werken der Nächstenliebe habt ihr auf die neuen Herausforderungen der Stadt geantwortet und der Diözese den unersetzbaren Beitrag eures Charismas geleistet. Euch kommt eine Sendung des Dienstes zu, die aus der Gemeinschaftsdimension eurer Institute ihre Nahrung zieht und ein unschätzbares Zeugnis für die ganze Kirche sein kann in dem Geist, den die kirchliche Gemeinschaft erfordert. Dank eurer Ordensweihe wart ihr bereit, alles zu verlassen, um hinzugehen und das Evangelium bis an die Grenzen der Welt zu verkündigen.
Darum möchte ich euch einladen, diesen euren Weg weiter und noch intensiver zu gehen. Er fügt sich jetzt sehr passend in die von mir anberaumte Pastoralsynode der Diözese ein, bei der ihr, wie mir bekannt ist, mit eurem kompetenten Beitrag vertreten seid. So werdet ihr mithelfen, Wege für eine Neuevangelisierung der Stadt zu finden und den Plan zu verwirklichen, der darauf hinzielt, „die Gemeinschaft und die Sendung der Kirche Gottes in Rom an der Schwelle des dritten Jahrtausends“ zu erneuern.

7. „Dir selbst aber wird ein Schwert durch die Seele dringen“ (*Lk* 2,35). In seinen prophetischen Worten hat Simeon dieses Band zwischen dem Geheimnis Christi und der Mutterschaft Marias offengelegt.
Im Lauf des Marianischen Jahres suchten wir uns diese eindringlichen Worte, die am vierzigsten Tag nach der Geburt Jesu im Tempel von Jerusalem gesprochen wurden, zu eigen zu machen. Wir haben uns auch den Glauben der Gottesmutter tiefer angeeignet, worauf uns ja das Konzil in der Konstitution „Lumen Gentium“ vorbereitet hat, als es unterstrich, daß Maria uns durch den Glauben in der geistlichen Pilgerschaft der Völker, der Menschen, der Familien, der Gemeinschaften der Ordensfamilien vorangeht ...
Ihr, liebe Brüder und Schwestern, habt jenes Jahr in besonderer Weise als eine Vorbereitung auf das große Jubiläum des Jahres 2000 gelebt.
Ich möchte auf die Worte zurückkommen, die ich im Marianischen Jahr an euch gerichtet habe, und erneut wünschen, daß euer Leben nach dem Beispiel der Gottesmutter „mit Christus verborgen [sei] in Gott“ (*Kol* 3,3). Und daß ihr in der Kraft dieser heiligen Verborgenheit in eurer Berufung eine besondere „Epiphanie“ tragt, die bis an die Enden der Erde reicht und in die Tiefen der Menschenherzen eindringt.

Don Bosco ein Genius der Pädagogik

Ansprache an die Mitglieder des Generalrates der Gesellschaft der Salesianer Don Boscos am 4. Februar

1. Ich freue mich ganz besonders, dem Generaloberen und dem Generalrat der Gesellschaft der Salesianer zum Abschluß der Jahrhundertfeier nach dem Tod des hl. Giovanni Bosco begegnen zu dürfen. Wie ich erst vor wenigen Tagen zum Abschluß des Jubiläumsjahres geschrieben habe, „steigen in meinem Geist viele Erinnerungen auf, und wenn ich an die Hauptfeiern des Jahres zurückdenke, fühle ich mich getröstet (Schreiben *Centesimo exeunte*, 24. Januar 1989). Aus den zahlreichen Begegnungen, vor allem der Jugendlichen, aus den Pilgerfahrten zu den salesianischen Stätten und den Studienkongressen, darunter der internationale Kongreß für geschichtliche und pädagogische Studien, der in Rom stattfand, geht zweifellos hervor, daß die Dynamik seiner Liebe weiter in allen Ländern der Welt Frucht bringt. Auch ich wollte das besondere Charisma und die Sendung eines so bedeutenden Erziehers, der ein wahres Geschenk Gottes an die Kirche war, auf verschiedene Weise betonen, vor allem durch meine Wallfahrt zu den Stätten eures Stifters. Im Brief *Juvenum patris* vom 31. Januar 1988 habe ich geschrieben: „Seine Gestalt als Heiliger reiht ihn mit seiner Originalität unter die großen Gründer religiöser Institute in der Kirche ein. Er ragt in vieler Hinsicht hervor: als Initiator einer echten Schule neuer und anziehender apostolischer Spiritualität; als der Förderer einer besonderen Verehrung Mariens, der Helferin der Christen und Mutter der Kirche; als Zeuge für einen loyalen und mutigen Sinn für die Kirche, der sich in der gelungenen Vermittlung bei den damals schwierigen Beziehungen zwischen Kirche und Staat zeigte; als realistischer und praktischer Apostel, der die Ergebnisse der neuen Entdeckungen aufgriff; als eifriger

Organisator der Volksmissionen, die ein wahrhaft katholisches Empfinden auszeichnete; ganz besonders als Beispiel einer bevorzugten Liebe zur Jugend, zumal der am meisten notleidenden, zum Wohl von Kirche und Gesellschaft; als Lehrer endlich einer wirksamen und genialen pädagogischen Praxis, die er als kostbares Erbe hinterlassen hat, das es zu bewahren und zu entfalten gilt" (Nr. 5: *AAS* 70 [1988], S. 952).

Weil ich völlig von der Tatsache überzeugt bin, daß Don Bosco seine persönliche Heiligkeit „in seinem eifrigen und aus einem apostolischen Herzen stammenden erzieherischen Bemühen" (*ebd.*) verwirklicht hat, und daß sein Leben, seine Spiritualität, seine Schriften und sein Werk wie Lichter im Sinn des Evangeliums und zugleich als gültige methodische Grundsätze für die Heranbildung des „neuen Menschen" dastehen, habe ich ihn zum „Vater und Lehrer der Jugend" proklamiert und bestimmt, daß er mit diesem Titel in der ganzen Kirche geehrt und angerufen werden soll, nicht nur von den Mitgliedern der großen salesianischen Familie, sondern von allen, denen die Sache der Jugendlichen am Herzen liegt, und die zu ihrer Heranbildung für den Aufbau einer neuen Menschheit beitragen möchten (*Centesimo exeunte*)

Don Bosco stellt in der Geschichte der Kirche einen Meilenstein dar: er hat nämlich ein Ideal, eine Lehre, eine Erfahrung und eine Methode hinterlassen, die heute als Erbe für alle anerkannt sind. Wie mein verehrter Vorgänger Paul VI. erklärt hat, ist Don Bosco „der anerkannte Genius der modernen Pädagogik und Katechese, aber noch mehr ein Genius der Heiligkeit, jener Heiligkeit, die ein kennzeichnendes Merkmal der heiligen und heiligmachenden Kirche ist" (*AAS* 70 [1978], S. 177).

2. Das erzieherische Wirken ist mit der Heilssendung der Kirche zutiefst verbunden als Ort, an dem jede Person im Lichte des Wortes Gottes zur Reife heranwächst. Don Bosco steht zeichenhaft für die bevorzugte Liebe zu den Jugendlichen, zumal zu den am meisten Bedürftigen. Heute in der Zeit einer beachtlichen Ausreifung der Erziehungswissenschaften, die, auch dank des Beitrags von Gelehrten aus der salesianischen Familie, ihre bestimmte epistemologische Stellung gewinnen, lädt uns Don Bosco ein, uns nicht nur irgendwie den Jugendlichen zu widmen, sondern dabei „auf ein Ziel hin zu erziehen". Unser Heiliger hat eine lebensmäßige Synthese zwischen pädagogischem Wissen und erzieherischer Praxis geschaffen. Er hat uns ein umfassendes System angeboten, das den positiven und spezifischen Beitrag anderer Erzieher von früher oder aus unserer Zeit um nichts vermindert, und doch ein Bezugspunkt für das gelungene Bemühen um eine Synthese der vielfältigen Elemente bleibt, die eine integrale Entwicklung der Knaben und Mädchen und des Jugendlichen fördern wollen.

Schließlich ist eine Synthese zwischen Evangelisierung und Erziehung unausweichlich notwendig: bei Don Bosco geschah die Evangelisierung der Jugendlichen nicht nur in der Katechese oder nur in der Liturgie bzw. bei den anderen religiösen Übungen, die einen ausdrücklichen Vollzug des Glaubens verlangen und dazu hinführen, sondern vielmehr überall auf dem ganzen weiten Gebiet der Jugenderziehung (vgl. *Iuvenum patris*, Nr. 15: *AAS* 80 [1988], S. 958).

Liebe Brüder, man hat mich informiert, daß ihr für das kommende Generalkapitel das Thema gewählt habt: „Die Jugendlichen zum Glauben erziehen: Aufgabe und Herausforderung für die salesianische Gemeinschaft heute". Dieses Thema geht in der Tiefe die ganze Kirche an. Seine Tragweite hängt nicht nur von bestimmten Besonderheiten der heutigen Lage der Jugendlichen ab, sondern ergibt sich aus der Lage einer Kultur, die in einer Stunde intensiven Wandels am Vorabend des dritten christlichen Jahrtausends entsteht. Es ist eine Stunde großer Verantwortung in der Kirche und eine begeisternde Aufgabe auf dem Weg der Evangelisierung.

3. Daher sage ich euch und wiederhole es für alle Mitglieder der salesianischen Familie: seid immer und überall „Missionare der Jugendlichen!" Erzieht sie mit dem Blick auf Christus, den göttlichen Erzieher des Volkes Gottes, wie es Don Bosco getan hat. Heute braucht es mehr denn je eine pädagogische Methode, die die Beiträge der Erziehungswissenschaften auf das Leben spendende Niveau der seelsorglichen Liebe erhebt. Es besteht ein ausgesprochener Hunger nach pastoraler Weisheit, die sich nicht mit einem „Entziffern" und „Interpretieren" des Menschen begnügt, sondern sich wirksam um seine Umformung im Licht jener Ziele und in der Kraft jener dynamischen Hilfen bemüht, die Gott selbst im Herzen der Kirche und der Menschheit niedergelegt hat. Auf diesem Gebiet ist Don Bosco wirklich ein Zeuge, ein Vater und Lehrer, der die heutigen Erziehungsaufgaben erhellen kann, damit sie den schweren Herausforderungen der heutigen Welt entsprechen.
Seine mächtige Fürbitte möge die flehentlichen Bitten um Hilfe unterstützen, die sich infolge unzähliger Probleme aus den Familien und den Kreisen der Erzieher heute erheben.
Begleiten sollen euch mein Gebet und mein Segen.

Viele mögen den Ruf zum Priestertum vernehmen

Ansprache an das Vorseminar „San Pio X" am 4. Februar

Liebe Alumnen des Vorseminars „San Pio X",
Liebe Eltern und Verwandten,
Geliebte Priester!

1. Mit großer Freude und Zuneigung grüße ich euch und danke euch für diesen euren Besuch mit seiner Herzlichkeit und Verbindlichkeit, die ein Zeichen echten und tiefen christlichen Glaubens sind.
Ihr Meßdiener, die ihr im Vatikan wohnt und auch an den liturgischen Feiern teilnehmt, könnt besser verstehen, welch erhabene Wirklichkeit an diesem einzigartigen Ort gegenwärtig ist: Gott, der sich in Christus geoffenbart und die Kirche zur Übermittlung der übernatürlichen Wahrheiten sowie zur Rettung und Heiligung der Seelen durch die Sakramente gewollt hat; Jesus, das Haupt der Kirche und der universale Hirte, der seine Kirche auf Petrus und seine Nachfolger gründen wollte. Da ihr dem Papst so nahe seid, werdet ihr euch gewiß Mühe geben, immer mehr den Wert und die Bedeutung der Kirche als mystischer Leib Jesu Christi zu verstehen, zu der kraft der Taufe auch ihr gehört.

Schenkt dem Papst daher weiter eure Liebe, betet für ihn und folgt seinen Mahnungen! Ich brauche euer Gebet. Ich brauche euren Glauben, den ihr in eurem beispielhaft treuen Dienst bei der hl. Messe in der Petersbasilika zeigt.

2. Eure Präsenz im Vatikan hat eine besondere Aufgabe: ihr dient den Priestern, die täglich in der Basilika die hl. Messe feiern. Euer Dienst ist wertvoll, ja notwendig; und deswegen ist es mir ein Anliegen, euch und auch euren Eltern und Priestern ganz besonders zu danken.
Ich vermute, daß euch dieser Dienst am Morgen oft einige Opfer kostet, wie auch euer Fern sein von daheim, von eurer Familie und euren Freunden. Doch ich weiß, daß ihr es gern, treu und begeistert auf euch nehmt.
Liebe Alumnen, begleitet daher weiter mit lebendiger Frömmigkeit und überzeugtem Eifer den Priester zum Altar und denkt daran, daß die hl. Messe – wie der Katechismus des hl. Pius X. sagt – „das Opfer des Leibes und Blutes Jesu Christi ist, der sich unter den Gestalten von Brot und Wein durch den Priester auf dem Altar Gott darbringt, als Gedächtnis und Vergegenwärtigung des Kreuzesopfers“. Wenn man sich zur Feier der hl. Messe zum Altar begibt, geht man gleichsam zum Kalvarienberg: dort oben war das Opfer ein blutiger Akt der Anbetung und Erlösung der Menschheit; hier auf dem Altar ist es ein unblutiges Opfer, bei dem also kein Blut vergossen wird, das aber den gleichen Heilswert hat.
Gemeinsam mir euren Eltern und den Priestern, die euch unterrichten und erziehen, bitten wir den Herrn, er möge vielen von euch den Ruf zum Priestertum vernehmen lassen. Wir brauchen ja sehr gut vorbereitete, eifrige und hochherzige Priester: die Bedürfnisse der Kirche sind enorm, und daher ist eine immer größere Zahl von Arbeitern für die Ernte des Herrn nötig, wie schon Jesus selbst gesagt hat. Weil „Gott will, daß alle Menschen gerettet werden und zur Erkenntnis der Wahrheit gelangen“ (*1 Tim* 2,4), müssen wir ständig darum beten, daß auch aus euren Reihen viele und gute Priesterberufen werden. Nehmt euch ein Beispiel am verstorbenen Gründer, Don Giovanni Folci, der ein eifriger Priester war. Er fand das Geheimnis seiner apostolischen Sendung in der Verehrung Jesu in der Eucharistie. Wer sich aber nicht berufen fühlt, soll im späteren gesellschaftlichen und Familienleben ein wirklicher und mutiger Zeuge für den christlichen Glauben werden.

3. Ich wünsche euch einen guten Abschluß eurer Studien, um euch auf das Morgen vorzubereiten: und fühlt euch glücklich, wenn ihr bei der hl. Messe dienen und an der Eucharistiefeier teilnehmen dürft. Wißt euch auch geliebt von der aller seligsten Jungfrau Maria, unserer himmlischen Mutter!
Ich danke euren Eltern und bitte den Herrn, er möge ihre Opfer immer reich vergelten. Und eure Oberen möchte ich ermuntern in der wertvollen Erziehungsarbeit, die sie leisten.
Euch allen gilt von Herzen mein Segen.

Neuer Einsatz für moralische Wahrheiten

Grußwort an die Vertreter des Parlamentes der Republik Korea am 6. Februar

Liebe Freunde!

Gern heiße ich Sie, Mitglieder des Parlamentes und hervorragende Bürger der Republik Korea als Söhne und Töchter eines Volkes willkommen, das auf eine tausendjährige Überlieferung an Weisheit und kulturellen Leistungen zurückschauen kann.

Ich hege viele schöne Erinnerungen an meinen Besuch in Korea im Frühjahr 1984 als Pilger zu der Kirche, die in Ihrem Lande lebt und wächst. Dieses Ereignis bot mir Gelegenheit der ganzen katholischen Welt das Beispiel des Glaubens und des Mutes der zahlreichen Martyrer vor Augen zu führen, die in Ihrem Land ihr Leben für Christus hingegeben haben.

Der Lehre Christi und dem Beispiel der Martyrer folgend antwortet die Kirche in Ihrem Land auf die ständig sich ergebenden neuen Aufgaben. Wie Ihre Bischöfe oft hervorgehoben haben, ruft die heutige Lage nach einem neuen Einsatz für die Förderung der moralischen Wahrheiten und Werte, vor allem nach Achtung vor der Heiligkeit des menschlichen Lebens, das im Kontext moderner Ideologien oder des Konsumdenkens oft nicht genügend geschützt wird.

Auf einem besonderen Gebiet ist die Laienschaft der Kirche aufgerufen mit Fachkenntnis und Energie dahin zu wirken, daß die Botschaft des Evangeliums in der Welt Frucht bringen kann, nämlich bei der Förderung von Gerechtigkeit und Frieden. In dem kürzlich veröffentlichten nachsynodalen Apostolischen Schreiben habe ich erneut betont, daß es für die Menschheit notwendig ist von den endlos sich wiederholenden Konflikten, die ihre Geschichte gekennzeichnet haben, loszukommen. Hier hat jeder in der Gesellschaft je nach seiner persönlichen Berufung eine Rolle zu übernehmen und den echten Frieden und die wahre Gerechtigkeit zu fördern, nach denen alle sich sehnen (vgl. *Christifideles laici*, Nr. 36, 42).

Ich bin mir sehr wohl der Anstrengungen bewußt die auch in Ihrem Land gemacht werden, um die Demokratie und die Achtung der Menschenrechte zu verbessern. Ich bin sicher, daß die Christen bei dieser Aufgabe um ihre Verantwortung wissen, „Salz der Erde und Licht der Welt“ (*Mt* 5,13 – 14) zu sein.

Der internationale Eucharistische Kongreß mit dem Thema „Christus pax nostra“, der im kommenden Oktober in Seoul stattfindet, wird eine glänzende Gelegenheit zum Nachdenken und zur betenden Unterstützung der Arbeit jener bieten, die den Frieden unter den Völkern und Nationen fördern. In jenem Glauben und jener Liebe, die das Evangelium lehrt, wird die Gemeinschaft der Christen Antrieb und Kraft finden, das Ideal des Friedens und der Versöhnung allen Männern und Frauen guten Willens vorzutragen.

Gewiß wünschen dies Ihre Mitbürger sehnlichst herbei, und halten Ausschau nach einer Beseitigung der großen Not, die verursacht wurde durch die Trennungslinie, welche die Geschichte Familien und Einzelpersonen auferlegt hat. Kardinal Kim selbst hat Sie kürzlich daran erinnert, daß Versöhnung aus dem Gebet und der Bekehrung des Herzens hervorgeht.

Ich bin mit ihm, mit allen Bischöfen und mit allen eines Sinnes, die Gedanken des Friedens hegen, und ich rufe den Fürsten des Friedens um seine Hilfe an, damit die umfassende Versöhnungsbewegung durch den Eucharistischen Kongreß stärker wird und Herz und Leben des ganzen koreanischen Volkes mehr und mehr erhellt und leitet.
Über Sie und Ihre Familien und das ganze koreanische Volk rufe ich Gottes reichen Segen herab.

Rom – eine Stadt mit zwei Gesichtern

Ansprache an die römische Stadtverwaltung am 6. Februar

Herr Bürgermeister,
meine Herren Assessoren und Räte der Stadtverwaltung!

1. Ich freue mich besonders über dieses Treffen mit Ihnen, den Verantwortlichen der Stadtverwaltung von Rom; es reicht in seiner Bedeutung über den einfachen Austausch der Neujahrswünsche hinaus und bietet die wertvolle Gelegenheit, über Probleme nachzudenken, die unsere geliebte Stadt betreffen. Deshalb danke ich dem Herrn Bürgermeister für die Grußadresse, die er auch im Namen der Kapitolinischen Regierung, des Gemeinderates und der ganzen Stadtbevölkerung an mich gerichtet hat, ebenso für die dargelegten Pläne und Zukunftsaussichten. Ich begrüße Sie und möchte Ihnen allen sehr herzlich danken, indem ich die Wünsche für ein Jahr des Friedens und der fruchtbringenden Arbeit im Dienst der Stadt Rom und aller ihrer Gäste und Besucher erwidere. Ein Problem von besonderem Interesse für die öffentlichen Amtsträger ist zweifellos die Frage der Entwicklung, die ich im vergangenen Jahr in der Enzyklika *Sollicitudo rei socialis* vertiefen wollte. Das Dokument hat gewiß das Bild der heutigen Welt in seiner ganzen Ausdehnung und Vielschichtigkeit vor Augen, auf der Ebene der immer brennenderen Fragen, die zu lösen sind; aber die Lektüre des Textes hinsichtlich konkreter Anwendungen kann auch auf der Ortsebene Anregungen bieten, besonders für eine Hauptstadt wie Rom, eine Metropole und Zentrum der Christenheit.

2. Rom erscheint als eine Stadt mit zwei Gesichtern: neben außerordentlichen Schätzen an religiösen, kulturellen und menschlichen Gütern sind Sektoren vielfacher moralischer Mißstände zu beobachten; Winkel der Dritten Welt; Höhen großen Reichtums und Tiefen äußerster Armut; neben Gruppen, die über jede Art materieller Güter verfügen, leben andere, die kaum das Notwendigste haben. Es gibt die wenigen, die viel besitzen, und die vielen, die wenig besitzen. Es ist die alte Frage der ungleichen Verteilung der Güter, die ursprünglich für alle bestimmt sind, und sie muß die Verantwortlichen unaufhörlich dazu antreiben, rasche Lösungen herbeizuführen (vgl. *Sollicitudo rei socialis*, Nr. 28). Der allgemeine Hintergrund der Übel von Rom, seiner alten und neuen, erst jüngst in Erinnerung gerufenen Armut, ist allen bekannt. Es sind die materiellen Wohnungsprobleme, die ungenügenden Dienstleistungen in den Wohnvierteln, aber es gibt auch die ausgesprochen menschlichen Probleme, die der Alten, der Behinderten, der Arbeitslosen, der

heimlich Zugewanderten, der Nomaden, der AIDS-Kranken, der psychisch Kranken, der Drogenabhängigen, der Jugendkriminalität. Niemandem entgeht, daß die wahre Entwicklung nicht mit einem rein ökonomischen Maßstab zu messen und nicht nur durch die Nutzung einer Überfülle von materiellen Gütern und Dienstleistungen zu verwirklichen ist, sondern durch den Willen, die Würde der menschlichen Person wachsen zu lassen. Trotzdem findet die Entwicklung, wenn die lebensnotwendigen Güter fehlen oder nur in unzureichendem Maß vorhanden sind, nicht die Verwirklichung, die einer menschlicheren Gesellschaft würdig ist. Deshalb ist es notwendig, an zwei Fronten vorzugehen: auf der einen Seite durch immer größere Wirksamkeit, um den dringendsten Erfordernissen des zivilen Zusammenlebens zu entsprechen; auf der anderen Seite durch die Sorge und den Dienst für den Menschen, seinen Adel, seine Größe. Aber diese echte Entwicklung ist das Ergebnis der Zusammenarbeit. Leider ist der Schwund an Solidarität ein Phänomen, das sich mit der religiösen Gleichgültigkeit auszubreiten droht.

3. Verehrte Herren der Regierung und des Rates auf dem Kapitol! Bei dieser unserer Begegnung möchte ich an eine herrliche Seite der Bibel erinnern, wo gesagt wird, daß Gott, am Anfang, nachdem er den Menschen geschaffen hatte, ihn in einen Garten setzte, „damit er ihn bebaue und hüte" (*Gen* 2,15). Nun, Ihnen ist die Aufgabe anvertraut worden, zu bebauen und zu hüten, das heißt, das Wohl dieses „Gartens", der Stadt Rom, die der Welt und der Menschheitsgeschichte gehört, weiterzuentwickeln und wachsen zu lassen. Zur wahren und echten Entwicklung einer solchen Stadt beizutragen ist eine Aufgabe, die die Erwartungen der Bürger, der Besucher und der christlichen wie nichtchristlichen Welt nicht enttäuschen darf. Ich wünsche Ihnen, daß die Kapitolinische Administration sich mit fester und voller Entschlossenheit einsetzt, in dem sie Unterlassungen vermeidet, soweit möglich die bürokratischen Wege verkürzt und die Solidarität innerhalb der verbündeten Gruppen in der Leitungsfunktion stärkt. Die unterschiedlichen Meinungen mögen der Wirksamkeit und Entwicklung nicht zum Nachteil gereichen und keine Verzögerungen in den notwendigen Maßnahmen hervorrufen. Die Kirche ihrerseits ist gern bereit, den eigenen Beitrag anzubieten, mit ihren Erziehungs und karitativen Fürsorgeeinrichtungen, ihren Sozialzentren, Übernachtungsheimen und Freiwilligengruppen und mit allen anderen Vereinigungen, die auf verschiedene Sektoren spezialisiert sind, wie zum Beispiel die Wiedereingliederung der Drogenabhängigen. Aber die Kirche verlangt ihrerseits Zusammenarbeit. Mein Wunsch ist, daß das neue Jahr einen wichtigen Abschnitt im Verlauf der organischen Entwicklung Roms zeitigt. Mit diesen guten Wünschen grüße ich alle und segne sie.

Eine organische und vollständige Darstellung der Wahrheit

Ansprache an die Kommission und das Redaktionskomitee des Katechismus der Weltkirche am 7. Februar

1. Ich freue mich sehr über die Begegnung mit euch bei der 4. gemeinsamen Sitzung der Kommission und des Redaktionskomitees für den Katechismus der Weltkirche.
Seit ich im Juni 1986 die Kommission zur Vorbereitung dieses Katechismus eingesetzt und damit einen ausdrücklichen Wunsch der außerordentlichen Synode von 1985 erfüllt habe, seid ihr mit dieser schwierigen, aber wichtigen Aufgabe beschäftigt, und ich weiß, daß ihr euch hochherzig und mit Hingabe einsetzt ohne Zeit noch Kraft zu scheuen.
So seid ihr bis zum derzeitigen dritten Entwurf eines Dokumentes gekommen, das ihr in diesen Tagen prüft und bewertet.

2. In einer Zeit, da „die Menschheit in einer neuen Epoche ihrer Geschichte [steht], in der tiefgehende und rasche Veränderungen geschehen“ (*Gaudium et spes,* Nr. 4) und „große Massen sich für den Indifferentismus entscheiden und Gefahr laufen, einen Glauben ohne die notwendige Dynamik und wirklichen Einfluß auf ihr Leben zu bewahren“ (*Allgemeines Direktorium für die Katechese*, Nr. 6), erscheint die Ausarbeitung eines Katechismus für die ganze Kirche immer mehr als eine wichtige und notwendige Aufgabe.
Gewiß verkennt niemand die Rolle eines Textes als Mittel und Werkzeug für die Katechese in der Pastoral der Kirche und, allgemeiner, in ihrer Sendung zur Evangelisierung, die sie an der Schwelle des dritten Jahrtausends immer dringender als ihre Pflicht empfindet.
Doch auch für die unmittelbare Gegenwart empfindet die Kirche die Notwendigkeit und Dringlichkeit einer synthetischen und klaren Darstellung der wesentlichen und grundlegenden Inhalte des katholischen Glaubens und der katholischen Moral; eine Darstellung auf der Linie des II. Vatikanischen Konzils, „des großen Katechismus für unsere Zeit“, wie Paul VI. gesagt hat (*Insegnamenti*, Bd. 4 – 1967, S. 304).
Ein solches Handbuch „in dem Stil und der Form, die von den Synodenvätern gewünscht werden, und die den pädagogischen, psychologischen und technischen Erfordernissen der modernen Gesellschaft und Kultur entsprechen“ (*Ansprache an die Römische Kurie* am 28. 6. 1986; O.R. dt., Nr. 33/34 vom 15. 8. 86, S. 15) wird die „Erinnerung“ („memoria“) der Kirche zum Ausdruck bringen und neu beleben. Es wird eine Katechese fördern, die für die universale Dimension offen und in der Lage ist, zur Überwindung jenes Bruchs zwischen Glauben und Kultur beizutragen, der „das Drama unserer Zeitepoche“ ist (*Evangelii nuntiandi*, Nr. 20).
Bei dem in Vorbereitung befindlichen Text, der von den Lehren der Bibel und der Liturgie ausgeht, wird nicht außer acht gelassen, daß einige grundlegende Formeln notwendig sind, die sich leicht dem Gedächtnis einprägen und die, ebenso einfach wie kurz zusammengefaßt, wirklich wichtige Themen enthalten. Sie wahren in geeigneter Weise die Ordnung und Hierarchie der katholischen Lehre und lassen sich von der Heiligen Schrift wie auch von der Überlieferung und vom Lehramt der Kirche bestimmen.

3. Eine solche organische und vollständige Darlegung der christlichen Wahrheit kann damit zu einem Bezugspunkt für die nationalen und diözesanen Katechismen werden.
Das Handbuch, das ihr erarbeitet, will ja ein brauchbares Werkzeug sein, dessen sich vor allem die Bischöfe als Meister und Lehrer des Glaubens bedienen können, da ihnen der begeisternde Dienst obliegt, eine echte und integrale Entwicklung des Glaubens in den ihnen anvertrauten kirchlichen Gemeinschaften zu leiten und sicherzustellen.
Ferner kann es mit Nutzen von den Verfassern nationaler und diözesaner Katechismen verwendet werden, von den Katecheten und durch ihre Vermittlung vom ganzen Volk Gottes,das damit „einen Unterricht [bekommt], der das Wesentliche behandelt, ohne den Anspruch zu erheben, alle anstehenden Fragen zu behandeln oder zu theologischer Forschung und wissenschaftlicher Exegese zu werden; einen vollständigen Unterricht, der nicht bei der Erstverkündigung des christlichen Geheimnisses stehenbleibt, wie es beim Kerygma gegeben ist; eine vollständige Einführung ins Christentum, die sich für alle Bereiche des christlichen Lebens offenhält" (*Catechesi tradendae*, Nr. 21).
Der Katechismus der Weltkirche mit seiner deutlichen und überzeugenden, klaren und zugleich einfachen Darlegung der hauptsächlichen und unverzichtbaren geoffenbarten und von der Kirche gelehrten Wahrheiten wird also die unerläßliche und weiterführende Vermittlung und Inkulturation, die den Ortskirchen und den Bischofskonferenzen zukommt, nicht ersetzen, sondern sie vielmehr anregen und fördern. Ortskirchen und Bischofskonferenzen achten nämlich auf die unterschiedlichen kulturellen und religiösen Verhältnisse der Adressaten und wissen in Achtung vor den Erfordernissen der katechetischen Vermittlung den Glauben der Kirche zu überdenken und ihn in eine Sprache zu übersetzen, die ausdrucksstark und zugleich den Verhältnissen der verschiedenen Menschen angepaßt ist.

4. Zu diesem Zweck besteht ein unerläßlicher und entscheidender Schritt der Vorbereitung des Katechismus für die ganze Kirche in der vorgesehenen und nun schon bevorstehenden Konsultation aller Bischöfe, der Bischofskonferenzen und durch sie der katechetischen Institute sowie der theologischen Fakultäten und anderer Organe, die auf die Verkündigung des Wortes Gottes spezialisiert sind.
Wir hoffen, auf diese Weise zu einem Text zu kommen, der der nächsten ordentlichen Generalversammlung der Bischofssynode, die für das kommende Jahr vorgesehen ist, zur endgültigen Redaktion vorgelegt werden kann.
In dieser Zuversicht und mit diesem Wunsch begleite ich euch bei eurer Arbeit mit dem Apostolischen Segen.

Gott in uns wirken lassen

Predigt bei der Aschermittwochsliturgie in Santa Sabina am 8. Februar

1. „Dein Vater, der auch das Verborgene sieht" (*Mt* 6,4; 6,18).
Heute beginnt die Fastenzeit. Dies ist im Leben der Kirche eine besonders „intensive" Zeit.

Vom ersten Tag an richtet die Liturgie an uns „starke“ Worte. Fundamentale Worte. Mit der Kraft dieser Worte bereitet sie uns darauf vor, diesen vierzigtägigen Zeitabschnitt entsprechend zu leben. Die Fastenzeit ist voll tiefer Wahrheit, die uns auch zu einer besonderen geistlichen Konzentration, zu einem intensiven Leben im Glauben, einlädt.
Wir müssen uns vor Ihm wiederfinden, „der auch das Verborgene sieht“ und der unser Vater ist.

2. Bei der Aschermittwochsliturgie richtet die Kirche inhaltsschwere Worte an die Gläubigen. Es sind die, die heute jeden von uns daran erinnern: „Staub bist du, zum Staub mußt du zurück“ (*Gen* 3,19).
Wir sind uns einig über die Klarheit dieser Wahrheit. Die Worte des Buches Genesis sprechen vom Tod, vom Gesetz des Todes, das von Anfang an die Geschichte des Menschen auf der Erde begleitet.
Der Tod ist Teil des Menschen auf der Erde, obwohl Gott ihn für das Leben geschaffen hat.
Das Gesetz des Todes hat seine Wurzeln in der Sünde. Es ist die Sünde des menschlichen Ursprungs, als der Mensch als Grund seines Daseins und seines Verhaltens das Versprechen annahm: „ihr werdet wie Gott und erkennt Gut und Böse“ (*Gen* 3,5); das heißt, ihr selbst könnt darüber entscheiden. So sprechen also die Worte „Staub bist du, zum Staub mußt du zurück“ vom Erbe der Ursünde.
Nehmen wir die Klarheit dieser Worte an, die von der Erfahrung der Geschichte des Menschen bestätigt wird.
Wir sind jedoch aufgerufen, in dieser Zeit des Heils die tiefere Wahrheit neu zu entdecken, die in den Worten des Buches Genesis verborgen ist. Damit wir sie wiederfinden, müssen wir in den inneren Raum unseres menschlichen Ichs eintreten, um dem Schöpfer und Vater zu begegnen, der „auch das Verborgene sieht“.

3. Im Verlauf der Aschermittwochsliturgie spricht die Kirche beeindruckende Worte aus. Unter ihnen ein starkes und fundamentales Wort, das uns mahnt: „Kehrt um, und glaubt an das Evangelium!“ (*Mk* 1,15).
Wir können nicht an der Schwelle der Menschheitsgeschichte stehen bleiben. Wir müssen weitergehen, bis auf den Grund, und dem Blick Gottes folgen, „der auch das Verborgene sieht“; der die Geschichte des Menschen und die Geschichte der Schöpfung von der Neuheit seines Evangeliums durchdringen läßt.
Kehrt um!
Dieses schwerwiegende Wort spricht die Kirche heute zusammen mit Christus.
Sie ist Gesandte an Christi Statt (vgl. *2 Kor* 5,20).
Auf dem Erdenleben des Menschen lastet nicht nur das Urteil vom Anfang: „zum Staub mußt du zurück!“, sondern auch der von Gott ausgesprochene Anruf, den die Kirche ständig und heute besonders eindringlich wiederholt:
„Laßt euch mit Gott versöhnen“ (*ebd.*).
Laßt euch versöhnen ... glaubt an das Evangelium!
Wißt ihr, was es verkündet? Es verkündet, daß Gott „den, der keine Sünde kannte, für uns zur Sünde gemacht hat, damit wir in ihm Gerechtigkeit Gottes würden“ (*2 Kor* 5,21).

Gerade das ist das Evangelium, die Frohbotschaft!
Im Namen der Frohbotschaft legt die Kirche uns heute Asche auf, als ob sie sagen würde:
Ihr findet in diesem Zeichen des Todes die Verheißung des Sieges über den Tod. Ihr findet in der Asche, die euch aufgelegt wird, die Heilsvollmacht des Sieges über die Sünde. Es ist die Vollmacht des gekreuzigten Christus; in ihm werden wir Gerechtigkeit Gottes.

4. Das ist der Anruf der Fastenzeit, den die Kirche heute mit besonderer Kraft an die Gläubigen richtet.
Um diesen Appell hören, um in seine Heilstiefe eindringen und zur geistlichen Wiedergeburt gelangen zu können, sind notwendig: Almosengeben, Gebet und Fasten.
Neben all diesem ist es erforderlich, in „die eigene Kammer zu gehen“ (vgl. *Mt* 6,6), in das Innere unseres Herzens und unseres Gewissens, und dort mit dem Vater zu verweilen, „der auch das Verborgene sieht“.
Wir müssen den Blick Gottes in uns wirken lassen. Wir müssen in unserem Innern Raum schaffen für das Heil-Wirken Gottes. Es ist notwendig, daß in dieser Fastenzeit mehr denn je „unser Leben mit Christus in Gott verborgen ist“ (vgl. *Kol* 3,3).
„Dein Vater, der auch das Verborgene sieht, wird es dir vergelten“ (*Mt* 6,4; 6,18).

Das Konzil – eine neue Lesart des Wortes Gottes

Ansprache bei der Begegnung mit dem Klerus der Diözese Rom am 9. Februar

Beginnen wir mit einer Frage, die allerdings nicht auf dem Programm stand. Da ist also zuerst jemand, der fragt, was ich vom römischen Klerus denke. Ich möchte eine Antwort geben, aber nicht so unmittelbar, sondern indirekt.
Wir stehen am Anfang der österlichen Bußzeit, und in dieser Zeit sagt die Kirche zu uns allen: „Höre auf das Wort Gottes!“ Sie sagt es zu allen und zuerst zum Papst: „Höre auf das Wort Gottes, mach deine geistlichen Exerzitien!“ Sie werden in kurzem, nämlich nächste Woche gehalten, wie es im Vatikan Tradition ist. Dieses Jahr wird ein Kardinal die Exerzitienvorträge halten: Kardinal Biffi. Aber vor diesen Exerzitien werden die Pfarrer von Rom, wird der römische Klerus eingeladen, und ich höre auf sein Wort. Bekanntlich sucht man zu Exerzitienvorträgen immer einen guten Prediger, eine qualifizierte Persönlichkeit. Nun also: Wenn ihr eingeladen wurdet, um dem Papst schon im voraus den ersten Exerzitienvortrag zu halten … dann steckt darin schon die Antwort auf die Frage eures Kollegen, was der Papst vom römischen Klerus hält.
Ich danke euch für daß was ich hören durfte. Es war wirklich ein sehr genauer Bericht, ich möchte sagen: aus verschiedenen Kapiteln zusammengesetzt. Jedes Kapitel hat einen eigenen Aspekt behandelt, und alle kreisten um das Problem, das an der Spitze steht: die Römische Synode.
Zu diesen Erwägungen, zu diesen Stimmen, denen wir gemeinsam zugehört haben, möchte ich noch etwas von historischem Charakter hinzufügen, das aus der Erfahrung

der Universalkirche kommt. Diese unsere Synode muß, das ist gewiß, auf das Zweite Vatikanische Konzil Bezug nehmen, sie ist ja eine nachkonziliare Synode.

Vor fünfundzwanzig Jahren haben wir an diesem Konzil teilgenommen und haben es – so können wir sagen – zugleich in Empfang genommen. Alle haben dieses Konzil als eine inhaltsreiche Botschaft, als eine neue Lesart des Wortes Gottes in Empfang genommen. Wir alle haben es in uns aufgenommen, wir alle haben es aufgenommen als vom Heiligen Geist gegeben. Das ist das Zweite Vatikanische Konzil, so stellt es sich dar, so versteht es sich in der Geschichte der Kirche, oder besser: in der Ekklesiologie, der Theologie von der Kirche.

Aber nach dem Konzil hat man gesehen, daß es notwendig ist, die Schlüssel zu finden, um es richtig zu lesen. Darum wurden die verschiedenen Synoden und die außerordentlichen und ordentlichen Sessionen der Bischofssynode abgehalten, die den Episkopat der ganzen Welt einbeziehen. Unter diesen nachkonziliaren Synoden bildet, möchte ich sagen, die von 1974 über die Evangelisierung einen Hauptschlüssel zum Verständnis. Alle nachkonziliaren Synoden, nicht nur diese, haben dazu beigetragen, das Konzil zu erschließen, aber ich meine, die Synode von 74 war ein zentraler Schlüssel für das Verständnis des Konzils, seines Gehaltes, seiner Botschaft und seiner Orientierung, das heißt: wie die Kirche das Konzil aufnehmen und es zu ihrem Leben machen muß.

Im übrigen erklärt es sich auch sehr gut, wie unter den nachsynodalen Dokumenten jenes, das Paul VI. uns in „Evangelii nuntiandi" hinterlassen hat, sicherlich eines ist, das herausragt und für die Kirche in verschiedenen Bereichen, in verschiedenen Dimensionen führend ist. Natürlich könnte man meinen, „Evangelii nuntiandi" sei ein Missionsdokument. Aber die ganze Kirche befindet sich ja im „Missionszustand". Es ist ein universales Dokument. „Evangelii nuntiandi" – das Evangelium, das verkündet werden muß – das heißt: wo auch immer, überall und vor allem hier in Rom.

So denke ich, daß das Zentralthema der römischen Synode, die nun seit etwa zwei Jahren Wirklichkeit zu werden beginnt, tatsächlich dem entspricht, was das Konzil behandelt hat und später ebenso die Enzyklika „Evangelii nuntiandi" als Hauptschlüssel zu seinem Verständnis: die Evangelisierung.

Evangelisierung ist das Leben der Kirche, und wir in Rom müssen mit eigenen Augen, mit unserer Erfahrung, in der uns niemand ersetzen kann, diese Evangelisierung als Aufgabe sehen, als Herausforderung, als Methode für unsere Stadt, für unsere Pfarreien.

Hier möchte ich noch etwas hinzufügen, was vielleicht den methodologischen Aspekt der Synode betrifft. Sicherlich muß sich heute jede Synode in das Konzil vertiefen und es zu Anwendung bringen mit Hilfe der verschiedenen Synoden und nachsynodalen Dokumente, die auf das Zweite Vatikanische Konzil folgten. Aber vor einem muß man sich immer hüten und es vermeiden: daß das Konzil und auch die Synode wie etwas Äußerliches behandelt werden, wie etwas Zusätzliches zu unserem Leben, zum Leben der Ortskirche, der Pfarrei, wie etwas, wenn wir so sagen dürfen Ausgefallenes im Leben der Kirche. Ich meine also daß, um das Wesentliche zu sagen, die Synode dann ihren eigentlichen Punkt erreicht, wenn ihre Thematik – wie auch die Thematik des Zweiten Vatikanischen Konzils – eben nicht mehr als Thematik, als zu behandelnder Stoff und als äußeres Ereignis gesehen wird; in dem Moment, in dem die Pfarrei sich in der Synode sieht und durch die

Synode auch im Konzil; in dem Moment, in dem sie diese Synode in sich selbst findet, ohne daß dabei etwas auseinanderklafft. Es sind nicht zwei verschiedene Dinge. Die Synode ist nichts anders als meine Pfarrei, meine Pfarrei, so, wie sie ist und wie wir sie zu machen versuchen müssen, wenn wir können –, denn es gibt vieles, was sich nicht einfach machen läßt, obwohl man sich immer darum bemühen muß. Wir wissen gut, von welchen Bedingungen dieses „Machen" im geistlichen Bereich, auf dem Gebiet der Pastoral und des Apostolats abhängt. Und wir wissen auch, daß der Ersthandelnde hier der Heilige Geist ist, und daß wir alle miteinander, jeder von uns, seine armen Diener sind.
Ich möchte euch allen wünschen, liebe Mitbrüder, daß dieser Moment im Leben der Pfarrei und im Leben der Synode erreicht werde, das heißt, daß man dahin komme, die Synode als die eigene Pfarrei und die eigene Pfarrei als die Synode zu betrachten. Es sind nicht zwei einander fremde Wirklichkeiten, sie sind nicht voneinander verschieden, sondern sind identisch und miteinander verflochten. Dies möchte ich der römischen Synode und jeder römischen Pfarrei im Hinblick auf die zu erwartenden Arbeiten wünschen.
Gleichzeitig möchte ich allen danken, die das Wort ergriffen und ein Kapitel, ein Teil dieser Fastenpredigt vorgetragen haben, der ersten, der der Papst, und ganz zu Recht, zuhören konnte. Ich danke auch allen Anwesenden und allen, die nicht selbst hier sind aber zu unserer Versammlung, zum Klerus von Rom gehören, allen, die im großen Werk des Apostolats und der Pastoral in den Pfarreien zusammenarbeiten. Allen möchte ich meinen Dank, meinen herzlichen Gruß und meine Wünsche für eine gute und fruchtbare österliche Bußzeit zum Ausdruck bringen. Ich wende mich auch an unser römisches Seminar und die anderen Seminare, denn alle diese Institute sind Organe des gleichen Leibes und arbeiten für das Leben des gleichen Leibes, nämlich des Leibes Christi. Die Kirche in ihrer universalen Dimension, wie die Teilkirche und die Pfarrei, immer ist sie der Leib Christi. Das hat uns allen noch etwas zu sagen. Es sagt uns, daß wir ein Teil dieses Leibes sind, ja nicht lediglich ein Teil, sondern ein aktiver Teil, der Dienste leistet, Ämter ausübt und mit Charismen diese organische Lebenseinheit bereichert.
Noch einmal möchte ich Eurer Eminenz und allen Brüdern im Bischofsamt für ihre Anwesenheit und ihre beständige Mitarbeit danken, denn wenn der Papst Bischof von Rom sein kann und muß – und es kann nicht anders sein – dann ist er es dank ihrer.

Glaube überschreitet Grenzen

Ansprache an eine Gruppe von Gendarmen und Polizisten aus Eisenstadt am 9. Februar

Hochwürdigster Herr Bischof,
liebe Schwestern und Brüder!

Anläßlich Eurer Wallfahrt nach Rom zu den Gräbern der Apostel Petrus und Paulus, des Besuches bedeutender Stätten christlicher Kunst sowie antiker und europäischer Kultur, war es Euer sehnlichster Wunsch, auch mir zu begegnen und in Erwiderung meines Besuches im vergangenen Jahr im schönen Burgenland, Eurer teuren Heimat, die Reverenz zu erweisen. Ich freue mich darüber und danke Euch für dieses Zeichen treuer Verbundenheit.

Eure Heimat steht noch ganz lebendig vor meinem inneren Auge. Ich durfte dort dank der seit dem Konzil bestehenden brüderlichen Freundschaft mit Eurem Oberhirten, Bischof Stefan Laszlo, bereits als Erzbischof von Krakau weilen und zuletzt anläßlich meiner zweiten Pastoralreise nach Österreich mit Euch und Euren Landsleuten sowie mit einer großen Anzahl von Gläubigen aus Ungarn und Kroatien in Trausdorf Eucharistie feiern. Gerade bei dieser so einmaligen Begegnung durften wir miteinander die große Gemeinschaft der Kirche erfahren über die Grenzen verschiedener Sprachen, Länder und Kulturen hinweg.

„Glaube überschreitet Grenzen", so lautet das geistliche Leitmotiv der pastoralen Arbeit Eurer Diözese in diesem Jahr 1989. Dies gilt für die Brückenfunktion, die Ihr gerade zu den Völkern Osteuropas hin habt, im gleichen Maße gilt dies aber auch für den inneren Menschen in seiner Beziehung zu Gott und zum Nächsten. Ich ermutige Euch, diesem aktuellen Thema, das vielfältige Dimensionen aufweist, im persönlichen wie auch im öffentlichen Leben sich zu stellen. Euer Diözesanpatron, der heilige Martin, ist Euch hierfür ein leuchtendes Beispiel.

Liebe Schwestern und Brüder, Eure Gruppe besteht hauptsächlich aus Mitgliedern der Burgenländischen Gendarmerie. Bei meinem Pastoralbesuch im vergangenen Jahr mußtet Ihr einen hohen Arbeitseinsatz leisten, der einem jeden viel abverlangt hat, damit die Feier in Trausdorf in einem würdigen Rahmen stattfinden konnte. Ich möchte Euch dafür nochmals ein herzliches „Vergelts' Gott" sagen.

Nun wünsche ich Euch allen einen frohen Aufenthalt in der Ewigen Stadt und erteile Euch und Euren Lieben daheim mit besten Wünschen, insbesondere für Euren verantwortungsvollen Dienst, von Herzen meinen Apostolischen Segen.

Zur Verantwortung verpflichtet

Ansprache an eine Delegation des österreichischen Bauernverbandes am 9. Februar

Sehr geehrte Damen und Herren!

Mit Ihrem Wunsch, dem Nachfolger Petri in Rom einen Besuch abzustatten, wollten Sie ihm auch Ihre Verbundenheit und Treue bekunden; ich heiße Sie alle herzlich willkommen.

Ihre Anwesenheit ruft die Erinnerung wach an meinen letztjährigen Pastoralbesuch in Ihrer schönen österreichischen Heimat mit ihrer tiefen Verwurzelung im christlichen Glaubens- und Kulturgut. Einige von Ihnen haben wesentlich zum guten Gelingen meines Besuches in Gurk beigetragen. Dafür danke ich Ihnen aufrichtigst.

Sie gehören ferner zu den vielen, die meiner Heimat durch Medikamentensendungen und das Zustandekommen der Landmaschinenspende Hilfe zuteil werden ließen. Sie haben dies getan aus Ihrer christlichen Überzeugung heraus, daß wir Verantwortung nicht nur vor uns selbst und vor Gott sehen dürfen; wir sind auch im gesamtgesellschaftlichen und internationalen Kontext in die Pflicht genommen. Die Verantwortung vor Gott verleiht der Verantwortung für uns selbst und für die Mitmenschen eine Qualität und eine Tiefe,

die erst im Christusglauben offenbar wird. Christus gibt das Maß unserer Verantwortung an.
Der Glaube hilft uns zu verstehen, daß der helfende Mensch in seiner guten Tat sich selbst gibt; aber sich selbst gebend, nimmt er den anderen in sich auf, ihn tragend, ihn bergend im Geheimnis seines eigenen Daseins.
Mit besten Wünschen für Sie und Ihre Familie, besonders für die Kinder und Kranken, erbitte ich Ihnen Gottes Führung und Geleit und erteile Ihnen von Herzen meinen besonderen Apostolischen Segen.

Wahrheit muß Quelle der Information sein

Ansprache an die Journalisten der Vereinigung der Katholischen Presse in Italien (UCSI) am 10. Februar

1. Gern befinde ich mich drei Jahre nach der Begegnung vom Februar 1986 wieder in eurer Mitte, bei den Vertretern eines sehr heiklen und daher sehr verantwortungsvollen Berufes, wie es der des Journalisten nun einmal ist.
Ich grüße euch alle recht herzlich und danke der UCSI, der Vereinigung der katholischen Presse in Italien, daß sie erneut diese Initiative ergriffen und mir die Weiterführung eines Dialogs ermöglicht hat, den ich für sehr nützlich halte: nützlich einmal für euch, die ihr ein Wort der Weisung und Ermunterung in eurem Beruf erwartet; nützlich aber auch für die Kirche die sich wie ihr wißt, von eurem Zeugnis viel verspicht und es mit echtem Interesse begleitet.

2. Aufgrund eurer freien Verantwortung müßt ihr die Ereignisse beurteilen; dies muß aber stets in gewissenhafter Objektivität gegenüber den Tatsachen geschehen. Die Wahrheit muß die Quelle und zugleich der Maßstab auch für die Freiheit der Information sein. Wer Falsches für wahr ausgibt, ist nicht frei; und wer Falsches behauptet, indem er es als wahr hinstellt, ist nicht loyal: man kann ferner die Wahrheit mißachten, sowohl wenn man positiv Falsches sagt, als auch, wenn man nur einen Teil der Wahrheit sagt und den anderen bewußt verschweigt.
Wir sind uns alle klar darüber, daß die heutige Gesellschaft – dank der verbreiteten Schulbildung und der von den modernen Kommunikationsmedien gebotenen Möglichkeiten und der immer neuen und ausgefeilteren Technik – ohne Information nicht leben kann. Sie ist im heutigen Leben unerläßlich geworden, und ihr seid ihre direktesten Zeugen und Urheber. Doch die Information ist kein Ziel in sich selbst. Ihr habt schon wiederholt anerkannt, das Ziel der Kommunikation sei, dem Leben zu dienen, ihm Würde zu verschaffen, die Solidarität im Leben zu fördern und den Einsatz aller anzusprechen für den Aufbau einer Welt, die der Größe des Menschen und der unermeßlichen Liebe Gottes würdig ist.

3. Von daher ergibt sich die unverzichtbare ethische Dimension der Kommunikation, sowie auch die objektive Foderung nach fachlicher Ausbildung und ebenso die moralische

Verantwortung, denn nur wenn die Kommunikation einer strengen moralischen Ordnung unterworfen ist, garantiert sie die echte Freiheit der Information. Das Konzilsdekret *Inter mirifica* wendet sich in Nr. 11 an die Journalisten, Schriftsteller und Verleger und sagt: „Die Größe und der Ernst ihrer Verpflichtungen unter den heutigen gesellschaftlichen Verhältnissen liegen klar auf der Hand. Ihre Information und Einwirkung können dem Menschen Segen oder Fluch bringen.“ Wollen wir daher Kriterien einer echten Informationsfreiheit aufstellen, können wir sagen, sie bestehe in einer lebensmäßigen Synthese von Autonomie, Wahrheit, Sinn für das Gemeinwohl und Sinn für Verantwortung.

Wir müssen uns also alle dieser Problematik und ihrer realen Dimensionen bewußt sein und bedenken, daß die Presse der Menschheit große Möglichkeiten erschlossen hat, indem sie ihr Wege zu einem neuen Lebensstil und zu einer neuen Bindung des Gewissens an die tragenden Werte des sozialen Lebens eröffnete, ohne die man unmöglich gemeinsam ein neues Bild von Mensch und Gesellschaft erarbeiten und verwirklichen kann.

Die Kirche blickt daher mit großem Vertrauen auf euch, die ihr von eurer Berufung her beauftragt seid, zugleich Zeugen und Diener zu sein. Vor der Welt Zeugen von allem, wovon ihr Geschichte und Chronik objektiv und je nach dem Grad ihrer Wichtigkeit aufhellen müßt, mit all den Bestrebungen, Leiden und Bedürfnissen der Menschen und mit all den Zeichen der Hoffnung, die sich aus den Ereignissen ergeben; zugleich Zeugen der Wahrheit, der Gerechtigkeit und all jener moralischen und geistigen Werte, die den Menschen adeln. Dazu müßt ihr Diener der Menschen sein, nicht um ihren Leidenschaften zuzustimmen oder das zu sagen, was ihnen gefallen mag, sondern vielmehr, ihnen den Weg zu zeigen, wie sie als Menschen wachsen können, damit sie durch die Kenntnis der Wahrheit freier, verantwortlicher und reifer werden und das neue Menschenbild für eine integrale Sicht der Person, der Gesellschaft und der Geschichte wirklich offen ist.

Das Geheimnis aber, wirklich Diener der Menschen zu sein, liegt darin, daß ihr Diener Gottes seid: wer Gott achtet und liebt, achtet und liebt den Menschen und arbeitet daher wirksam für sein wahres Wohl. Nicht der materielle Reichtum macht die Menschen frei, sondern die Wahrheit. Die Menschen und Völker werden um so freier sein, je mehr sie die Frohbotschaft von Christus in Freiheit annehmen und verantwortlich nach ihr leben.

4. Die Freiheit der Meinungsäußerung, die wir alle als höchstes Gut und als „unverzichtbares Recht“ betrachten, wie es das Gesetz formuliert, das eure Berufsarbeit regelt, bildet die Voraussetzung dafür, daß ihr euch nach dem Spruch eures Gewissens, Verstandes und Willens ausdrücken und arbeiten könnt. Diese Freiheit weist euch eine Vermittlerfunktion als Informanten und Wegweiser bei den verschiedensten Aspekten der Wirklichkeit, bei den unterschiedlichsten Argumenten und Stellungnahmen zu, wobei ihr aufgrund einer objektiven Bewertung die positiven Aspekte hervorhebt. Die gleiche berufliche Freiheit erlaubt es dem Leser aufgrund eurer klaren, offenen, verständlichen, klugen und einfachen Sprache, sich die Probleme unserer Zeit in ihrer Kompliziertheit klar zu machen, weil er genügend Elemente für sein Urteil und seine Kenntnis erhält, um sie zu verarbeiten. Ihr helft den Lesern weiter bei ihren Entscheidungen, so daß sie im sozialen, politischen und religiösen Kontext zur aktiven Stimme werden, die in der Gemeinschaft heute Gewicht hat.

5. Aufgrund all dieser Erwägungen meine ich, daß ein immer größeres Bemühen nötig ist, um die verschiedensten Formen der Präsenz von Katholiken, die bereits bei den Zeitungen, in Radio und Fernsehen arbeiten, zu verbessern und besser auszunützen und darüber hinaus eventuell neue Formen dort zu schaffen, wo es nützlich und notwendig scheint. Es gilt nicht nur, geeignete Stellen der Begegnung und Koordinierung einzurichten, sondern vor allem die Kommunikatoren von morgen entsprechend vorzubereiten, die Ausbildungsstätten zu erweitern und zu verstärken und zumal den Jugendlichen zu helfen, bei sich eine eventuelle Berufung zur Arbeit in der Welt der Kommunikation zu entdecken, ihnen dann eine in den christlichen Werten verankerte Ausbildung zu schenken, die aber zugleich fachlich hochstehend ist und zu künstlerischer Kreativität einlädt. Auch wenn sie die hauptsächlichen und im allgemeinen direkteren Wege der Evangelisierung nicht vernachlässigt, kann der Kirche diese Problematik nicht fremd bleiben. Und die Katholiken müssen mit Hilfe ihrer Strukturen, von der Universitätsebene bis zum Verbandswesen und der Mitarbeit in der Kirche für die Heranbildung von Fachleuten, Publizisten und Managern der Kommunikation einsetzen, die sich nicht nur auf den technischen Umgang mit den Apparaten verstehen, sondern auch und vor allem moralisches Verantwortungsbewußtsein besitzen, das sich aus der Kenntnis und dem Bewußtwerden der schweren mit der Information verbundenen kulturellen und sozialen Probleme ergibt.
Angesichts der zahlreichen Stimmen, die ihre menschlichen Botschaften und ihre Werbung anbieten, ist es berechtigt, ja eine Pflicht, eine qualifiziertere Präsenz der Katholiken auf dem immer ausgedehnteren Feld der Information zu fordern. Auf all dies möchte ich die Führungskräfte und Mitarbeiter der katholischen Vereinigung des italienischen Pressewesens besonders aufmerksam machen, da sich unter den in ihrem Statut genannten Aufgaben auch jene der beruflichen Vorbereitung und Fortbildung, der christlichen Anregung in der Welt der Information sowie in den betreffenden Organen befindet, damit der Journalismus immer mehr „im Zeichen der Wahrheit, der Kultur und des Fortschritts steht, worin sich die Gesellschaft konstruktiv wiedererkennen kann". Dieses Zeugnis gewinnt eine besondere Bedeutung in der Vorbereitung der UCSI auf die Feier der 30 Jahre seit ihrer Gründung im Jahre 1959 aufgrund einer Initiative von verdienstvollen Journalisten. Unter diesen sind ausgezeichnete Meister zu erwähnen wie Giuseppe Dalla Torre, Guido Gonella und Raimondo Manzini, deren Andenken unter euch, wie mir bekannt ist, in lebendiger Erinnerung steht. Auch in der Kirche lebt ihr Andenken fort wegen der wertvollen Dienste, die sie ihr, der Gesellschaft, dem italienischen Journalismus und auch auf internationaler Ebene geleistet haben.

6. Liebe Journalisten!
Die vor euch liegenden Aufgaben sind äußerst anspruchsvoll. Ganz einfach möchte ich euch sagen, daß ihr in Gemeinsamkeit arbeiten müßt. Eure Wege müssen aufeinander zulaufen. Gemeinsam müßt ihr weiterarbeiten, um die Werte der Freiheit, der Brüderlichkeit, des Friedens, der Liebe zur Wahrheit sowie der Achtung vor Gott und der Person des Menschen zu verbreiten und zu festigen.
Mit diesen Gedanken rufe ich auf euch und eure Familien, aber auch auf eure Organisationen, die hier mit ihren Führungskräften vertreten sind, den Schutz eures Patrons, des

hl. Franz von Sales herab. Vor allem erbitte ich euch das Licht Gottes, das euch erleuchten und bei der möglichst guten und würdigen Ausübung eures Berufes helfen soll. Ich segne euch, eure Lieben und eure Arbeit.

Die Umwelt erhalten

Ansprache an Kursteilnehmer des Ökumenischen Instituts in Bossey am 10. Februar

Liebe Freunde vom Ökumenischen Institut in Bossey!

„Gnade sei mit euch und Friede von Gott, unserem Vater, und dem Herrn Jesus Christus" (*2 Kor* 1,2). Mit sehr großer Freude begrüße ich euch heute hier zu Beginn eurer Pilgerfahrt nach Rom. Ich hoffe, daß dieser Besuch jedem von euch Gelegenheit bietet, in eurem Verständnis der katholischen Kirche zu wachsen. Durch das Sekretariat für die Förderung der Einheit der Christen bietet euch der Heilige Stuhl gern Gastfreundschaft an als Zeichen der Wertschätzung und Hochachtung für die Arbeit des Institutes.

Im Verlauf der letzten fünf Monate haben euch Professoren geholfen, tiefer über „Gerechtigkeit, Frieden und Integrität der Schöpfung" nachzudenken, ein Thema, das auch für die katholische Kirche ein wichtiges Anliegen ist. Im vergangenen Jahr konnte ich feststellen: „Die Kirche hat es immer als einen Teil ihrer pastoralen Sendung betrachtet, die Grundrechte der menschlichen Person zu verteidigen und zu fördern, ferner in prophetischer Weise Armut und Unterdrückung anzuprangern durch ihre karitative Tätigkeit und ihre Beteiligung an Projekten (*Ansprache beim Ökumenischen Gebetsgottesdienst* in Salzburg am 26. Juni 1988). Auch wir sind als Jünger Jesu, der von den Nöten des Volkes um ihn her tief erschüttert war (vgl. *Mt* 9,36), aufgerufen, uns um die Nöte derer zu kümmern, die die unerträgliche Last äußerster Armut tragen müssen. Ihre Leiden führen oft zu einer Hoffnungslosigkeit, die selbst den Willen zerstört, für eine wirkliche Abhilfe zu arbeiten (vgl. Enzyklika *Sollicitudo rei socialis*, Nr. 13).

Wenn wir den wahren Sinn und die Herausforderung von Gerechtigkeit und Frieden verstehen wollen, dürfen wir nicht die Tatsache aus den Augen verlieren, daß der Mensch nach dem Bild und Gleichnis Gottes geschaffen ist (vgl. *Gen* 1,26 f.). Wir dürfen ferner nicht vergessen: „Wenn der Mensch Gott gegenüber ungehorsam ist und es ablehnt, sich seiner Macht zu unterwerfen, dann lehnt sich die Natur gegen ihn auf und erkennt ihn nicht mehr als ihren ‚Herrn' an, weil er das göttliche Abbild in sich verdunkelt hat" (*Sollicitudo rei socialis*, Nr. 30). So muß auch unser heutiges Bemühen um den Schutz der Umwelt, die Person des Menschen als Bezugspunkt haben: „Gott wird verherrlicht, wenn die Schöpfung der integralen Entwicklung der ganzen Menschheitsfamilie dient" (*Ansprache an das Zentrum der Vereinten Nationen für Entwicklungsprogramme* in Nairobi am 18. August 1985). Die Sorge für die Ganzheit und Integrität der Schöpfung sowie ein wachsendes Bewußtwerden der Notwendigkeit, die Umwelt zu schützen und Bodenschätze, die nicht nachwachsen, zu erhalten, sind ein Teil der moralischen Forderungen echt christlicher Treuhänderschaft.

Die derzeitige Weltlage macht für die Kirchen und kirchlichen Gemeinschaften die Zusammenarbeit bei der Förderung von Gerechtigkeit, Frieden und verantwortlichem Umgang mit der Umwelt unbedingt erforderlich. Auf diese Weise geben wir Zeugnis für die Frohbotschaft von der Schöpfung und Erlösung und führen andere zu Christus „damit die Welt glaubt" (*Joh* 17,21).
Wenn ihr in Kürze in eure eigenen Länder und zu euren örtlichen Kirchen und Gemeinschaften zurückkehrt, hoffe und bete ich, der Herr möge in euch den Geist eurer Studien in Bossey lebendig halten. Möge der gleiche Herr Jesus Christus euch und eure Familien segnen und euch für eure künftige Arbeit jede Hilfe und Anregung schenken!

Auf den Anruf Marias hören

Predigt in der Messe am Gedächtnistag Unserer Lieben Frau von Lourdes am 11. Februar

„Seht her: Wie einen Strom leite ich den Frieden zu ihr und den Reichtum der Völker wie einen rauschenden Bach" (*Jes* 66,12).

1. Diese Worte, die die Liturgie heute an dem der allerseligsten Jungfrau von Lourdes geweihten Gedächtnis aufklingen läßt, laden uns ein, in Gedanken und mit dem Herzen die Grotte von Massabielle aufzusuchen und die tiefe geistliche Botschaft zu vernehmen, die sie an uns alle richtet. Ja, die Quelle, die die Gottesmutter in Lourdes aufsprudeln ließ, ist ein äußerst kennzeichnendes Symbol und zugleich ein reales Mittel für das wunderbare, überreiche und übernatürliche Wirken, das Maria durch die Macht Gottes zum Wohl der leidenden und heilsbedürftigen Menschheit entfaltet. Das Wasser der Quelle in Lourdes mit seiner wundertätigen Kraft ist in gewissem Sinn eine Weiterführung jenes Teiches von Siloe, in dem, wie uns das Johannesevangelium berichtet (9,7–11), der Blindgeborene durch göttliche Macht sehend wurde. Durch die Quelle von Lourdes und dank der Fürbitte Marias können daher auch wir heute, sozusagen in unmittelbarem, lebendigen Geschehen – natürlich in der Art und Weise und in den Augenblicken, die Gott allein kennt und gewährt – die gleiche göttliche Wundermacht Jesu, des Herrn, erfahren. Wie der hl. Pius X. gerade in bezug auf Lourdes sagte (Enzyklika *Ad diem illum laetissimum*, 2.2.1904) haben wir damit „wunderbare Argumente gegen die Ungläubigkeit der Menschen unserer heutigen Zeit" zur Verfügung. Und in der Tat, zu welchem Zweck erwirkt die heiligste Jungfrau uns manchmal, in Lourdes oder anderswo, außerordentliche Gnaden körperlicher Heilung, wenn nicht, um unserem Glauben nachzuhelfen oder um unseren Glauben an die Macht Jesu zu stärken, der uns die Sünden vergeben und uns zum ewigen Leben führen kann?

2. Darum wollen heute auch wir, meine lieben Brüder und Schwestern, uns in dem festen Vorsatz bestärken, ganz bereit auf den Anruf Marias zu hören, mit tiefer Dankbarkeit die Gnaden anzunehmen,die sie uns erwirkt, und in hochherziger Treue ihrer mütterlichen Sorge und den Erwartungen ihres Herzens zu entsprechen. Was das Herz der Muttergot-

tes wünscht, ist, daß angesichts der großen Probleme des Lebens und des Todes das persönliche und das gemeinsame Verantwortungsbewußtsein geweckt wird und daß jeder die eigenen Verantwortlichkeiten innerhalb des göttlichen Heilsplans übernimmt. Zu dessen Durchführung trägt man nicht nur handelnd bei, sondern auch, in dem man in demütiger Zustimmung zum Willen Gottes den eigenen Anteil an Leiden annimmt und aufopfert. Was für große Aussichten eröffnen sich dem Blick dessen, der glaubt, was für Möglichkeiten, dem eigenen Leben Sinn und Wert zu geben, auch dann, wenn es aufgrund von Krankheit oder Alter keinen Wert mehr zu haben scheint! Im Licht des Glaubens gibt es keine menschliche Lage, die sinnlos wäre, kein Dasein, das wertlos wäre. In Lourdes ist die Muttergottes gekommen, um uns daran zu erinnern.

3. Darum kann jemand, der Lourdes erlebt hat, mit Maria das Erbarmen des Herrn besingen: „Er vollbringt mit seinem Arm machtvolle Taten: Er zerstreut, die im Herzen voll Hochmut sind; er stürzt die Mächtigen vom Thron und erhöht die Niedrigen. Die Hungernden beschenkt er mit seinen Gaben und läßt die Reichen leer ausgehen“ (*Lk* 1,51–53). Die ganze Geschichte von Lourdes ist eine vielsagende Illustration zu diesen Worten des Magnifikat.
Lourdes ist eine Prophezeiung der Gerechtigkeit und des Friedens, in denen kein Platz ist für den Stolz und die Herzenshärte, wo vielmehr diese Herzenshärte sich löst durch Bezeugung von Liebe und Erbarmen,in ruhigem Ertragen des Übels, in menschlicher Solidarität und in wahrem und ergreifendem Großmut. Diese religiöse Erfahrung ist an das Zeugnis eines demütigen und einfachen Mädchens gebunden, das aber wach war für die Anregungen und Aufforderungen des Himmels. Die Botschaft dieses Mädchens ist durch die Welt gegangen, sein Mut und sein Ausharren ließen es harte Prüfungen durchstehen, sein Zeugnis hat die Kirche überzeugt, sein glühender Aufruf hat ein zuvor unbekanntes Tal in ein internationales Zentrum eucharistischer und marianischer Frömmigkeit umgewandelt. Wie konnte dieses schlichte Mädchen, die hl. Bernadette, zu solcher Höhe gelangen, wenn nicht durch die demütige Verfügbarkeit, mit der sie sich, ohne Zweifel aufzuwerfen oder Hindernisse zu setzen, den Plänen der göttlichen Vorsehung anzuvertrauen wußte?

4. Und ihr, meine lieben Brüder und Schwestern,die ihr euch in diese große geistliche Bewegung eingegliedert habt und deren Erbe und Fortsetzung seid, müßt auch ihre echten Apostel und glaubwürdigen Zeugen sein. Darum ergeht mein Appell an euch, auch weiterhin eure großmütige Antwort zu geben, ja sie noch intensiver zu gestalten, jeder mit der Hingabe dessen, was er besitzt: die einen mit ihrem beruflichen Können, die andern mit ihrer brüderlichen Hilfeleistung oder ihrem priesterlichen Dienst; vor allem aber ihr, die ihr euer Leiden darbringt. Das christliche Heil gewinnt seine Kraft mehr aus dem Leiden als aus dem Handeln, so notwendig auch dieses ist. Es geht nicht nur darum, etwas zu „tun“, sondern viel mehr darum; uns selbst hinzugeben.
Euch also gelten mein liebevoller Gruß, mein Dank für eure Anwesenheit, meine Anerkennung für das Werk, das ihr vollbringt, meine Bewunderung für die Gabe, zu der ihr euch selbstmacht, und mein Wunsch, da euer Zeugnis immer mehr Anregung aus den Grundsätzen des Evangeliums schöpfe, das aus dem guten Samariter die Symbolgestalt

für die Nächstenliebe gemacht hat, vor allem für die Liebe zu dem, der krank ist oder Not leidet. Ich grüße von ganzem Herzen euch, ihr lieben Kranken, jene, die euch leiblich und geistlich beistehen, die Priester, Ordensmänner und Ordensfrauen, die Ärzte, Krankenpfleger und Krankenträger und alle die in irgendeiner Weise Hilfe leisten. Ich grüße die leitenden Persönlichkeiten eurer Vereinigung und ihre Mitarbeiter, die auch in diesem Jahr diese Begegnung im Petersdom organisiert haben.
Schließlich gilt mein Gruß auch dem Römischen Pilgerwerk, dem das Verdienst gebührt, vor einigen Jahren diese jährliche liturgischen Treffen ins Leben gerufen zu haben. Diese begünstigen gewiß eine vertiefte kirchliche Gemeinschaft in Einheit mit dem Bischof von Rom und disponieren zu neuem Ansporn, mit wachsendem Eifer die Werke der Barmherzigkeit und des brüderlichen Dienstes an den Leidenden zu üben, wie auch an denen, die nach geistlicher Solidarität rufen, um mit mehr Hoffnung leben zu können.

5. „Mein Geist jubelt über Gott, meinen Retter. Denn auf die Niedrigkeit seiner Magd hat er geschaut“ (*Lk* 1,47–48). In diesen Worten Marias ist aller Sinn und Wert des christlichen Vertrauens und der christlichen Freude enthalten. Gott macht den Menschen groß, der sich vor ihm demütigt, seine Grenzen anerkennt und die unvermeidlichen Prüfungen annimmt. Der Sohn Gottes selbst hat uns, in dem er sich erniedrigte, dieses Gesetz der wahren Größe gelehrt. Maria wiederholt uns dieselbe Lehre. Und alle Heiligen sagen uns, wenn auch auf verschiedene Weise das Gleiche. Das ist auch die große Lehre, die Lourdes gibt, der Weg, den Bernadette gegangen ist. Folgen wir diesem Weg, er ist sicher.

Der Mensch ist Mitte der Entwicklung

Ansprache an die Teilnehmer eines Studienseminars über „Wirtschaftliche Ethik und Demokratie“ am 18. Februar

1. Mit Freude begrüße ich Sie alle herzlich, die Sie hier in Rom zu einem Studienseminar versammelt sind, das das Thema „Wirtschaftliche Ethik und Demokratie“ behandelt und von der bischöflichen Kommission für soziale Fragen und Arbeit der Italienischen Bischofskonferenz unter Mitarbeit des Internationalen Institutes „Jacques Maritain“ veranstaltet wird. Miteinbezogen wurden nützlicherweise die christlichen Laien, die besonders zuständig sind für soziale und wirtschaftliche Probleme unserer Gesellschaft und sich am Beispiel des großen Lehrers inspirieren, dem ihr Institut gewidmet ist. Im einzelnen begrüße ich den Vorsitzenden der bischöflichen Kommission, Msgr. Fernando Charrier, und alle anwesenden Bischöfe, den Präsidenten des Institutes „Maritain“, Prof. Ramon Sugranyes de Franch, und die Mitglieder.
In Dankbarkeit und Liebe gedenken wir des großen Glaubenszeugen und herausragenden Philosophen unseres Jahrhunderts, Jacques Maritain, und erinnern uns des erleuchtenden Beitrags, den er zur Formung so vieler im sozialen und politischen Bereich tätiger christlicher Laien geliefert hat, sowie des leidenschaftlichen und weitblickenden Einsatzes zugunsten der Menschenrechte und der Demokratisierung der Gesellschaft.

Das Thema Ihrer aufmerksamen Überlegungen findet Inspiration in der Soziallehre der Kirche, dort, wo sie bekräftigt, daß das Recht des Menschen auf unternehmerische Initiative im Bereich eines gesellschaftlichen Systems ausgeübt werden muß, das alle Bürger in eine Schau der Mitverantwortung und Mitbeteiligung einbezogen sieht (vgl. *Sollicitudo rei socialis*, Nr. 15).

2. Wir stehen heute vor sich durchsetzenden wirtschaftlichen Modellen, die im Innern neben unleugbaren Erfolgen gefährliche Keime der Degenerierung sowohl auf nationaler wie internationaler Ebene aufweisen. Klare Zeichen dafür sind die Zunahme der alten und neuen Armut, die wachsende Kluft zwischen reichen und armen Ländern, die Umweltschädigung.

In dieser unter gewissen Aspekten dramatischen Situation stellt sich den Christen als unumgängliche Pflicht die Aufgabe, soziale und politische Solidarität zu üben (vgl. *Sollicitudo rei socialis*, Nr. 39–40; *Christifideles laici*, Nr. 42–43), indem sie die erforderlichen Korrektiven zu den Entwicklungsmodellen beibringen, die nicht ausschließlich auf den Nutzen einiger ausgerichtet sein dürfen, sondern das ganzheitliche Wohl der menschlichen Person und der gesamten Menschheit fördern müssen.

Denn „in einer christlichen Betrachtung der Dinge – sagte ich 1987 zu den Teilnehmern einer anderen CEI-Tagung über Probleme der Arbeit – bleibt die Wirtschaft, obwohl sie wie jeder andere spezifische Sektor des menschlichen Tuns eine entsprechende Autonomie besitzt, innerlich an die Ethik gebunden, die der universale Maßstab des authentischen Wohls des Menschen ist".

3. Die verschiedenen Modelle wirtschaftlicher Entwicklung sind mehr oder weniger direkt an die besonderen Vorstellungen des Menschen gebunden, von denen bestimmte Verhaltensnormen ausgehen. Nicht selten geschieht es, daß gewisse Auffassungen des Menschen und die entsprechenden Verhaltensnormen in Konflikt geraten mit der Wahrheit über den Menschen, die die Kirche wie einen kostbaren Schatz bewahrt, der ihr von unserem Herrn Jesus Christus geschenkt wurde. In diesem Fall kann die Kirche nicht schweigen.

Angesichts der einseitigen Bekräftigungen, die den Gewinn und die totale Selbständigkeit der unternehmerischen Macht in den Mittelpunkt stellen, erinnert die Kirche in ihrer Sendung als „Dienerin der Menschen" (vgl. *Christifideles laici*, Nr. 36) daran, daß „unter allen irdischen Geschöpfen nur der Mensch Person ist, bewußtes und freies Subjekt und darum auch Mitte und Spitze alles dessen, was auf der Erde ist" (*ebd.*, Nr. 37), und daß „nicht so sehr die Güter der Welt zählen, sondern das Gut des Menschen, das Gut, das der Mensch selber ist" (*ebd.*, Nr. 37).

Aus der mutigen und konsequenten Anerkennung, daß die menschliche Person die Mitte ist, können die Wirtschaftswissenschaften selbst Vorteile ziehen. Denn die menschliche Person ist in ihren konkreten Bedürfnissen, Bestrebungen und Absichten die erste und grundlegende Quelle jeder Entwicklung.

Die Kirche, die nicht beabsichtigt, ein gesondertes Wirtschaftsmodell anzubieten (vgl. *Sollicitudo rei socialis*, Nr. 41), ermutigt die Forschung der Wirtschaftswissenschaftler

und lädt sie zu einem fruchtbaren Dialog ein, damit alle Dimensionen der menschlichen Person einschließlich ihrer unumgänglichen ethischen Dimension miteinbezogen werden.
Im übrigen ist es ein Grund zur Freude, festzustellen, daß die Bereitschaft, die ganzheitliche Wirklichkeit und angeborene Würde der Person zu berücksichtigen, auch unter vielen Wirtschaftsfachleuten vertreten ist. Neben dem Bemühen, sich mit neuen Mitteln und Methoden im Blick auf eine Verbesserung des wirtschaftlichen Systems auszustatten, besteht in vielen von ihnen der aufrichtige Wunsch, alle Mitwirkenden des sozialen Lebens an der Wirtschaft teilhaben zu lassen.
Deshalb darf man nie müde werden, die besten Wege zu suchen, um das Bemühen technischer Rationalisierung, das dieser komplexen Entwicklungsphase eigen ist, in die Perspektive eines vollen menschlichen und moralischen Wachstums zu integrieren.

4. Der Dialog, den man zwischen christlicher Ethik und wirtschaftlichen Richtlinien anspornen will, kann nicht umhin, die Probleme der wirtschaftlichen Demokratie und ihrer Beziehungen zur politischen Demokratie zu berühren. Heute werden Information, Beratung, Beteiligung an den Entscheidungen immer mehr als natürlicher Ausdruck des Subjektcharakters der Bürger (vgl. *Sollicitudo rei socialis*, Nr. 15) und als unerläßliche Elemente für das Gelingen des Wirtschaftsunternehmens selbst angesehen.
Die Wirtschaft muß deshalb ihre menschliche Dimension wiederfinden und als Ausdruck des Gesamtlebens des Menschen aufgefaßt werden, indem man den Irrtum zurückweist, das Einzelinteresse von der gesellschaftlichen Solidarität zu isolieren.

5. Der Dialog zwischen Ethik und Wirtschaft muß insbesondere auf Weltebene entwickelt werden, wie ich in der Enzyklika *Sollicitudo rei socialis* dargelegt habe.
Zu diesem Zweck scheint eine verstärkte Teilnahme aller an der weltweiten Entwicklung interessierten Menschen immer dringlicher an den Orten, wo Entscheidungen getroffen werden, die das gesamte Leben der Menschheit betreffen.
Was wir das „Prinzip der Weltweite“ nennen, nach dem alles, was von universalem Interesse ist, von weltweiter Zuständigkeit ist, muß den sozialen wirtschaftlichen und politischen Beziehungen zugrunde gelegt werden. Die wechselseitige Abhängigkeit kann nicht mehr nur das Ergebnis bestimmter geschichtlicher Prozesse sein: vom moralischen Gesichtspunkt aus stellt sie sich jetzt als Kriterium für die Entscheidungen und Verhaltensweisen der Menschheitsfamilie. Das erfordert eine tiefgreifende Revision der Prinzipien, die bisher die internationalen Beziehungen geregelt haben.

6. Am Schluß dieser Begegnung möchte ich Ihnen meine Hochschätzung für Ihre geleistete Arbeit bekräftigen und Sie ermutigen, sie zu erweitern und zu vertiefen im Licht der Soziallehre der Kirche als authentischen kulturellen und wissenschaftlichen Dienst am Gemeinwohl.
Unterpfand dieser Wünsche ist der Apostolische Segen, den ich Ihnen und all jenen erteile, die in der Kirche Italiens Ihre Forschung und Sorge teilen.

Dank für die Einkehrwoche

Ansprache zum Abschluß der geistlichen Exerzitien im Vatikan am 18. Februar

Gelobt sei Jesus Christus!

Wir müssen diese gesegneten Tage beenden. Wie gewohnt, wollen wir auch das Magnifikat singen, um von neuem „sein Erbarmen von Geschlecht zu Geschlecht" zu preisen. Wir sind gewiß ein neues Geschlecht, eine neue Generation, der dieses unendliche Erbarmen Gottes geschenkt wurde, über den wir in diesen Tagen so viel gehört und so viel nachgedacht haben. Ja, wir können diesen Ausdruck auf die Wochen und Jahre anwenden. Alle Jahre wiederholt sich, Gott sei Dank, dieses geistliche Erlebnis im Vatikan zu Beginn der Fastenzeit, und jedes Jahr erfahren wir mehr dieses unendliche Erbarmen Gottes, das uns in Jesus Christus geschenkt wird.

Wir alle möchten unserem Prediger danken, den wir mit Verlaub seinem Amtssitz, seinen erzbischöflichen Verpflichtungen in der Erzdiözese ein wenig entrissen habe. Er ist zu uns gekommen, um uns seine Überlegungen anzubieten und uns während der geistlichen Exerzitien zu führen. Und wir haben ihn angehört und sind ihm gefolgt. Ja, wir haben in seinen Vorträgen eine herrliche patristische Exegese gehört. Man hat gleich gesehen, daß der heilige Ambrosius sein bevorzugter Lehrer war; auch die anderen Kirchenväter haben nicht gefehlt, aber man konnte gut feststellen, daß der Kardinal von Bologna aus Mailand kommt.

Wir danken ihm für diese patristische Exegese, die nicht nur von damals, die eines heiligen Ambrosius, sondern auch von heute ist. Und man sieht, wie diese Exegese wirklich das Fundament der Theologie, der spirituellen und der pastoralen Theologie, bildet. Sie ist imstande – oder sagen wir vielmehr das Wort Gottes, die Heilige Schrift ist durch diese Exegese, deren Modell uns die Väter hinterlassen haben, imstande –, den Menschen aller Epochen, aller Generationen zu begegnen; ihm in jeder Situation zu begegnen; zu ihm mit derselben Kraft zu sprechen, die in ihrer Quelle, im Wort Gottes, verborgen ist. Und während dieser Woche haben wir vor allem die Wohltaten dieser Exegese verspürt, die, ja, patristisch, ambrosianisch, aber gleichzeitig modern, sehr aktuell ist bis zu den besonderen Situationen, die man kennenlernen, identifizieren kann, indem man bis zu dieser einzigen und unwiederholbaren Situation gelangt, die jeder einzelne von uns ist: der Mensch in seiner je eigenen Situation.

Wir danken also für diese Exegese, für diese Predigten, für diesen gemeinsamen Weg, den Kardinal Giacomo Biffi mit uns gehen wollte. Wir danken allen, die unseren Gesang und unser Gebet während dieser Woche geleitet haben. Und wir danken einer dem anderen, allen und jedem einzelnen, für die ruhige, stille Teilnahme, die auch eine Predigt ist, die auf ihre Weise und mit der ihr eigenen Wirksamkeit für sich spricht.

Wir wollen also das Magnifikat singen, wie man es alljährlich an diesem Tag, einem Samstag, tut, der besonders derjenigen geweiht ist, die uns diese Worte hinterlassen hat; wir wollen mit ihr dem Herrn danken, „der Großes an mir getan", für alles, was er an uns in dieser Woche des Gebetes, des Schweigens, der Betrachtung, der Kontemplation getan hat; danken für diese Woche der in manchen Fällen relativen, aber hoffentlich ausreichenden Einkehr. Für all dies, „für das Große, das er an mir getan", singen wir das Magnifikat.

Fremdarbeiter sozial absichern

Ansprache an die Mitglieder des Rates der regionalen Regierung von Latium 20. Februar

Sehr geehrter Herr Präsident!
Sehr geehrte Ratsmitglieder der regionalen Regierung von Latium!

1. Diese jährliche Begegnung mit Ihnen, den Verwaltern und Verantwortlichen für das zivile und soziale Leben von Latium, der uns nächstliegenden und mir in meinen pastoralen Sorgen als Bischof von Rom und Hirte der Universalkirche am engsten verbundenen italienischen Region, ist für mich ein Grund zu aufrichtiger Freude. Ich danke dem Herrn Präsidenten der Region für die an mich gerichteten bedeutsamen Worte. Gruß und Dank auch allen hier Anwesenden und ihren Familien. Ich erwidere die herzlichen Wünsche für das neue Jahr und wünsche Freude und Wohlergehen und rufe den Schutz Gottes auf die Sozialarbeit und die Verwaltungstätigkeit herab, in denen Sie Ihren Auftrag erfüllen.

2. Das jährliche Treffen zum Austausch unserer Wünsche gibt mir auch Gelegenheit zum gemeinsamen Bedenken einiger Probleme, die das religiöse und das zivile Gewissen betreffen. Es handelt sich um menschliche Probleme, für die auch die Kirche sich interessiert, da sie sich bewußt ist, daß sich aus ihrer religiösen Sendung Aspekte und Anregungen ergeben, die auf die Anforderungen der Gemeinschaft Antwort geben, auf echte Werte und Güter hin orientieren und daher zu jenem Aufbau der zeitlichen Ordnung und jenem Gleichgewicht in der Teilnahme am gemeinsamen Wohlstand beitragen können, ohne welche der soziale Friede gefährdet sein kann (vgl. *Gaudium et spes*, Nr. 42).
Niemandem entgeht die Verflochtenheit Ihres Dienstes im Hinblick auf die besondere Beziehung, die zwischen dem regionalen Territorium und der Funktion der Stadt Rom als Hauptstadt besteht.
Von Jahr zu Jahr ergeben sich neue Anforderungen, Situationen und manchmal Gegensätze, so daß Ihr moralisches Gewissen, Ihre technische Kompetenz und Ihr Weitblick sich dauernd mit neu auftauchenden Umständen konfrontiert sehen, um die komplexen Fragen der Beziehungen zwischen den zivilen Strukturen und den Bürgern in positivem Sinn zu lösen.

3. Unter den heute bemerkenswerten und unter gewissen Aspekten für Latium neuen Tatsachen ragt gewiß die in Rom und im ganzen umgebenden Gebiet sehr bekannte Anwesenheit ausländischer Arbeiter hervor, die größtenteils aus Ländern der sogenannten Dritten Welt kommen. Diese Arbeiterschaft, die für manche Leistungen immer mehr gefragt und notwendig ist, befindet sich aber oft in Verhältnissen, die unter geistlichen, bür-

gerlichen und sozialen Gesichtspunkten bedenklich sind. So viele ausländische Arbeiter, vor allem jugendliche, möchten sich gern in korrekter und sozial abgesicherter Weise in die Umwelt, die sie aufgenommen hat und die ihren Dienst begehrt, eingliedern; doch die Umstände begünstigen nicht immer solch ein gerechtfertigtes Verlangen.

4. Es ist bekannt, daß sehr viele Auswanderer schmerzliche Probleme wirtschaftlicher Unterentwicklung hinter sich gelassen haben. Darüber hinaus wird in vielen Fällen eine solche Auswanderung von den Herkunftsländern weder unterstützt noch gebilligt oder geschützt, so daß nicht wenige Auswanderer sich bei der schwierigen Aufgabe, die elementare und unverzichtbare soziale Sicherheit zu finden, um sich in die Arbeitsstrukturen einzufügen, sich wie verlassen und auf sich selbst angewiesen finden. Dann steigen in ihnen, zugleich mit den Schwierigkeiten der Anpassung, Ängste auf, die mit den schwierigen Arbeitsverhältnissen in Zusammenhang stehen und mit der Demütigung, sich häufig zurückgewiesen zu sehen.

5. Im Namen des Vertrauens, das wir der menschlichen Person schulden, gilt es die Bedenken zu überwinden, die in diesen Formen der Auswanderung eine Gefahr für das tägliche Leben sehen. Die Minderheiten, die zu einem Dienst aufgenommen werden, kommen ja wirklichen Bedürfnissen der aufnehmenden Gemeinschaft entgegen und können eine unbestreitbare Gelegenheit für Solidarität und Zusammenarbeit bieten. Die Arbeit des Auswanderers wird daher dem Risiko des freien Vertrags entzogen werden müssen. Sie wird ohne Einschränkungen mit allen Vorrechten am Gemeinwohl teilhaben müssen, wie es jedem Arbeiter in angemessener Weise zusteht.

6. Die Kirche betrachtet das Phänomen der Auswanderung als ein Zeichen, das dazu bestimmt ist, die Einheit der Menschheitsfamilie wachsen zu lassen, als eine Tatsache, die zum gegenseitigen Kennenlernen und zur Zusammenarbeit unter den Völkern beitragen kann, als eine Möglichkeit zu brüderlichem Austausch, bei dem beiderseits Vorteile und Hilfen angeboten und empfangen werden. Das erfordert selbstverständlich eine Kultur der Brüderlichkeit und der Gleichberechtigung und die Entwicklung angemessener Strukturen, die imstande sind, sowohl den Schutz der Rechte zu garantieren, wie die rechtmäßige Forderung der sich daraus ergebenden Pflichten.

7. Es ist tröstlich festzustellen, daß es zahlreiche Initiativen gibt, die darauf abzielen, solchen Problemen zu begegnen.
Wenn ich diesen Punkt mit Ihnen behandelt habe, so darum, weil die Kirche nicht anders kann, als sich denen nahe zu fühlen, die sich in Schwierigkeiten aller Art befinden und dringend Hilfe brauchen.
Im übrigen handelt es sich um ein schwieriges und vielschichtiges Problem, das eine ganze Summe von Vorkehrungen und Interventionen unmittelbarer, längerer oder langfristiger Art erfordert und daher die Zusammenarbeit aller nötig macht, damit es recht gelöst werden kann.

Gott sei Dank – und ich möchte das hier gern öffentlich bezeugen – haben Italien und insbesondere die Region Latium schon viel auf diesem umfassenden Gebiet getan. Ich möchte mit diesen meinen Worten alle lebendigen und verantwortlichen Kräfte ermutigen, auf dem eingeschlagenen Weg voranzugehen. Das wird gewiß zum Wohl der ganzen Region beitragen und ein klares Zeugnis für den universalen Wert der alten und edlen humanitären, zivilen und religiösen Traditionen dieser teuren Erde sein.
Die Menschen von so verschiedener Herkunft, aus so verschiedenen Verhältnissen und Zivilisationen, denen Sie Ihre Sorge zuwenden, sind Ihnen sehr dankbar. Auch ich mache mich zur Stimme dieser neuen Armen, um Ihnen in ihrem Namen auch meinerseits Dank zu sagen. Er wird zum Gebet, auf daß der göttliche Schutz über Ihnen allen, über Ihrer Arbeit und über Ihren Familien sei. Dazu meinen Segen.

Die Ordensleute unterweisen und unterstützen und mit ihnen Dialog führen und planen

Schreiben an die Bischöfe der USA vom 22. Februar

An meine lieben Brüder im Bischofsamt in den Vereinigten Staaten von Amerika

Am 3. April 1983 schrieb ich Euch und bat Euch, den Ordensleuten der Vereinigten Staaten in besonderer Weise Euren Hirtendienst zuzuwenden. Um Euch die Pastoralarbeit an den Ordensleuten zu erleichtern, ernannte ich Erzbischof John R. Quinn von San Francisco zum Päpstlichen Delegaten mit Erzbischof Thomas C. Kelly und Bischof Raymond W. Lessard zu Mitgliedern einer Sonderkommission. Ich danke ihnen noch einmal für ihre unermüdliche und selbstlose Arbeit bei der Durchführung ihrer Aufgabe und für die Ausarbeitung eines Programms, das Euch in Eurem pastoralen Dienst und Eurer Verantwortung für die Ordensleute Eures Landes leiten und unterstützen soll. Ferner habt Ihr als Hilfe für Euren Dienst an den Ordensleuten eine Zusammenfassung der heute geltenden Gesetzgebung über das Ordensleben mit dem Titel „Wesentliche Elemente“ erhalten. Ich bin Euch dankbar für Eure ernsthaften Bemühungen, diesem Aufruf Folge zu leisten.

Zusammenfassender Überblick

Der Bericht der Päpstlichen Kommission wie auch Eure eigenen Briefe bestätigen die Tatsache, daß das Programm des Hörens und des Dialogs sich als aufschlußreich und nützlich sowohl für euch als auch für die Ordensleute erwiesen hat.
Die Kommission berichtete über die zwei Phasen ihrer Arbeit, nämlich die des Hörens und die des Dialogs. Es ist interessant festzustellen, daß viele der von den Ordensleuten geäußerten positiven und negativen Elemente auch von Euch vorgebracht wurden. Die Themen, die für die Dialogreihe gewählt wurden, haben weiterhin eine zentrale Stellung im Geheimnis und der Wirklichkeit des Ordenslebens: Charisma und Identität;

Öffentliches Zeugnis; Weihe und Sendung; Gehorsam; Strukturen der Autorität; Gemeinschaftsleben.

In Euren Briefen habt Ihr Euch im allgemeinen positiv über das Ordensleben in Euren Diözesen geäußert. Mit Recht habt Ihr Euren tiefempfundenen Dank zum Ausdruck gebracht für die vielen Jahre hervorragenden Dienstes, den die Ordensleute zum Aufbau der Ortskirche geleistet haben. Dieser Dienst ist ein kostbares Vermächtnis der amerikanischen Ordensleute.

Ihr wart realistisch in der Bewertung sowohl ihrer Stärken wie ihrer Schwächen. Zu den Stärken gehören: hochherziger und vielfältiger Dienst, ein intensives Gebetsleben, hervorragende berufliche Kompetenz, echte Ansprechbarkeit für Erneuerung. Unter den Schwächen nanntet Ihr: Nachlassen der Berufungen, Sinken der Mitgliederzahl und Überalterung, unzureichende theologische Grundlegung, verminderte Präsenz oder völlige Abwesenheit in den althergebrachten Apostolaten, ungenügendes öffentliches Zeugnis, übertriebene Selbstbeobachtung, radikaler Feminismus und Polarisierung.

Unterweisung

Bei dem besonderen pastoralen Dienst, zu dem ich Euch einlud, handelt es sich offensichtlich nicht um etwas Vorübergehendes oder zeitlich Begrenztes. Er ist ein wesentlicher Bestandteil Eures Dienstes als Bischöfe (vgl. *Mutuae relationes*, Nr. 9; vgl. *Christus Dominus*, Nr. 15). Ich möchte Euch dringend bitten, weiterhin Euren Ordensleuten die Nahrung des Gotteswortes zukommen zu lassen, sie zu einer tieferen Verbundenheit mit Christus aufzurufen und ihnen durch Wort und Beispiel den Weg der Jüngerschaft zu zeigen. Weil das Ordensleben ein Herzstück im Geheimnis der Kirche ist, müssen jene, die „unerschütterlich zu ihrem Leben und ihrer Heiligkeit gehören“ (*Lumen Gentium*, Nr. 44) beständig dazu aufgefordert werden, der Sendung und Lehre der Kirche treu zu bleiben.

In Eurer Aufgabe als Bischöfe habt Ihr die Verantwortung, alle Euch Anvertrauten zu unterweisen, die Ordensleute eingeschlossen. Mit diesem Lehramt ist die Notwendigkeit und die Verpflichtung verbunden, eine gesunde theologische Darlegung des Ordenslebens anzubieten.

Verkündet und lehrt überzeugt und fest das Geheimnis der Kirche in seiner Wirklichkeit. *Lumen Gentium* und *Christus Dominus* geben euch die rechte Orientierung dafür. Ihr müßt fortfahren, von der Kirche in ihrer Rolle als Lehrerin der wahren Botschaft Christi und Hüterin des ganzen, unversehrten Evangeliums zu sprechen.

Dankbarkeit gegenüber den Ordensleuten

Ihr habt gesagt, daß Ihr so viele wunderbare Ordensmänner und Ordensfrauen habt, die den Herrn von ganzem Herzen lieben, mit Hingabe beten und hochherzig und eifrig arbeiten. So oft werden jene, die treu und beständig und stets bereit und verfügbar sind zu jedem guten Werk, als etwas Selbstverständliches angesehen. Bitte dankt ihnen in meinem und in Eurem Namen, im Namen Jesu Christi und seiner Kirche. Bitte schenkt ihnen weiterhin alle Anerkennung und Unterstützung.

Weihe

Die Studie der päpstlichen Kommission und Eure Briefe weisen auf eine scheinbare Spannung zwischen Weihe und Sendung hin. Die zentrale Stellung der evangelischen Räte muß weiterhin betont werden. Gottgeweihtes Leben ist von seiner Natur her an die Profeß gebunden und an das Leben der gottgeweihten Keuschheit, der Armut und des Gehorsams. Ordensleute sind nicht bloß Kleriker oder Laien, die sich guten Werken widmen.
Nummer 8 von *Perfectae caritatis* weist hin auf die notwendige Einheit von Weihe und Sendung. In apostolischen Gemeinschaften „muß das ganze Ordensleben der Mitglieder von apostolischem Geist durchdrungen und alle apostolische Arbeit vom Ordensgeist geprägt sein" (*ebd.*). Deshalb sollten die Regeln und Gebräuche solcher Gemeinschaften der Eigenart und dem Zweck der Gemeinschaft angepaßt und entsprechend verbessert werden.
Alle Christen sind dazu berufen, Christus nachzufolgen. Ordensleute sind zu einer radikalen Jüngerschaft berufen. Durch ihre Weihe in der Profeß der evangelischen Räte spiegeln sie Jesus wider, der sich aus Liebe zu uns „entäußerte ... den Menschen gleich ... und gehorsam [wurde] bis zum Tod, bis zum Tod am Kreuz (*Phil* 2,7–8).
Ordensleute müssen wirklich Christus zu andern bringen. Identifikation mit Jesus aber bringt den Tod für das eigene Ich mit sich. Ihr und ich, wir müssen dafür Sorge tragen, daß wir die Ordensleute zu diesem Sterben aufrufen. Neigungen zu übertriebener Selbstverwirklichung und Unabhängigkeit in Leben, Arbeit und Entscheidung geben nicht das Bild Jesu wieder, der kam, um den Willen des Vaters zu tun.
Das grundlegende Kriterium für ein echtes Ordensleben ist die Gleichgestaltung mit der Person Christi. Ihr habt jedes Recht und die Verpflichtung, Ordensleute zu dieser Gleichgestaltung aufzurufen und darauf zu dringen, daß sie die große Würde ihrer Weihe hochschätzen.

Apostolat, Theologie

Eine gesunde Theologie des Ordenslebens ist notwendig. Es muß ernsthafte Arbeit geleistet werden über die Charismen, über das Gemeinschaftsleben und das Leben nach den Gelübden, ebenso über die Integration des apostolischen Lebens in diesen Rahmen. In vielen Fällen scheinen das Apostolat oder der Dienst die anderen Werte in den Schatten gestellt zu haben. Wenn Ihr selbst Ordensmänner und Ordensfrauen im Apostolat in Euren Diözesen einsetzt, solltet Ihr die verschiedenen Aspekte dieser Theologie in Betracht ziehen.
Als Bischöfe, die Lehrer des Ordenslebens und Hirten für die Ordensleute sind, seid ihr dazu berufen, euch für eine gesunde Ekklesiologie einzusetzen. Einige von den Spannungen, die im Bericht der päpstlichen Kommission und in Euren Briefen erwähnt sind, können durch eine klare, unzweideutige Theologie der Kirche beseitigt werden. Zum Beispiel soll-

te die Aufgabe des Ortsbischofs auf dem Gebiet von Liturgie und Seelsorge, seine Verantwortung für das Wohl der Kirche im öffentlichen Bereich und sein Recht und seine Verpflichtung dazu, in seiner Diözese das Darbieten der wahren Lehre sicherzustellen, sehr klar zum Ausdruck kommen.

Obwohl die letzte Verantwortung auf diesen Gebieten beim Bischof liegt, wäre es doch ein Weg, diesbezüglich das rechte Verständnis zu fördern, wenn er sich regelmäßig mit den höheren Oberen der Ordensmänner und Ordensfrauen, die in seiner Diözese eingesetzt sind, treffen würde, so daß eine wirksamere und koordinierte Planung der Aufgaben möglich würde.

Die Ordensleute, die Eure Mitarbeiter im Apostolat sind, können Euch behilflich sein beim Aufstellen und Ausführen Eures Pastoralplanes.

Solche Treffen können auch die Möglichkeit bieten, wirksam gemeinsame Themen, wie Evangelisierung und Ekklesiologie, zu besprechen.

Autorität

Der Bericht der päpstlichen Kommission konzentrierte sich auf Strukturen der Autorität. Die Rolle der Autorität ist etwas sehr Empfindliches. Im berechtigten Versuch, gegenwärtige Mißbräuche zu korrigieren, wie auch solche der Vergangenheit, in der es manchmal einen strengen und autokratischen Regierungsstil gab, sind die Ordensleute zu Leitungsmodellen von stärkerer Mitbeteiligung übergegangen. Schlechte Modelle und Erfahrungen von Autorität müssen korrigiert werden, nicht indem die Autorität zerstört wird, sondern dadurch, daß sie fortgesetzt von Herrschsucht, Stolz und Selbstsucht gereinigt wird. Jesus bleibt unser Modell für das Bestehen und den Gebrauch der Autorität.

Die Antwort besteht nicht darin, ein Leitungsmodell durch das Autoritätsmuster einer Betriebsführung zu ersetzen. Betriebsführung, „Management“, mag für Produktionsunternehmen nützlich sein, aber das Leitungsziel im Ordensleben besteht darin, das Charisma zu erhalten und zur Entfaltung zu bringen – mit einem Wort: das Leben zu fördern. Gewiß, manche Techniken guter Geschäftsführung können in der Verwaltung eines Instituts sehr hilfreich sein. Das Problem erhebt sich, wenn die persönliche Autorität verlorengeht oder wenn man nicht mehr gewillt ist, Gebrauch davon zu machen und Verantwortung für das Leben des Instituts zu übernehmen.

Wenn es in einer Gemeinschaft niemand gibt, der Autorität ausübt, besteht die Gefahr, daß zufällige und pragmatische Werte an die Stelle objektiver Werte treten. Die Aufgabe eines Oberen muß es sein, die Ordensleute zur Treue gegenüber jener besonderen, radikalen Nachfolge Christi anzueifern, die das Charisma der Ordensgemeinschaft bildet.

Wenn man im Ordensleben nicht gewillt ist, Autorität anzuerkennen, dann führt das zu einer Unabhängigkeit und Autonomie, die sich nicht damit vereinbaren lassen, Jesus ähnlich zu sein, der kam, um den Willen des Vaters zu erfüllen. Da Ordensleute öffentlich die Kirche vertreten, muß in ihnen – dazu sind sie verpflichtet – klar und deutlich die Lehre der Kirche zum Ausdruck kommen. Wenn notwendig, müßt Ihr und müssen ihre Ordensoberen sie an diese Realität erinnern.

Die Rolle der Frauen

Der Bericht der päpstlichen Kommission und Eure Briefe sprachen auch über das Thema des Feminismus. Ich stimme mit Euch in der Unterstützung und Förderung der Rechte und der Würde der Frauen überein. Mit Anerkennung und Lob bestätige ich den gewaltigen Beitrag, den tausende einsatzfreudige und kompetente Ordensfrauen leisten. Sie erfüllen weiterhin eine lebensnotwendige Aufgabe in der Kirche.

Ein radikaler Feminismus jedoch, der die Rechte der Frauen zu vertreten sucht, indem er grundlegende, klare und beständige ethische Lehren angreift und ablehnt, bringt nicht die volle Wirklichkeit in Erscheinung, noch fördert er die wahre Würde der Frauen, die im Plan Gottes nicht nur einen zeitlichen Wert, sondern auch eine ewige Bestimmung haben. Maria, die Mutter Jesu und Mutter der Kirche, die Frau in ihrem vorzüglichsten Sinn, verkörpert diese radikale Würde der Frau. Maria spielte eine entscheidende Rolle am Wendepunkt der Geschichte; sie nimmt auch heute weiterhin Einfluß auf unser Leben.

Die Gleichstellung von Mann und Frau muß stets anerkannt werden, wie ich in *Mulieris dignitatem* unterstrichen habe. Diese Gleichstellung sollte aber keineswegs die Realität der Verschiedenheit von Mann und Frau verwischen oder übersehen. Der oder die eine ist nicht besser als der oder die andere, aber sie sind nicht identisch. Ihre gegenseitige Ergänzung ist ein wertvolles Gut für die Kirche und für die Gesellschaft.

Ich möchte Euch bitten, daß Ihr, wenn Ihr die Werte des Ordenslebens befürwortet und dazu ermutigt, es im gleichen Sinn für Ordensmänner und Ordensfrauen tut. Das Ordensleben darf nicht in Form von zwei getrennten und verschiedenen Wirklichkeiten behandelt werden, eine für Männer und die andere für Frauen. Die grundlegenden Elemente des Ordenslebens beziehen sich auf alle Ordensleute, Männer und Frauen. In den Werken des Apostolats, zu denen wir die Ordensleute einladen, müssen wir das rechte Gefühl für ihre besonderen Verpflichtungen und Bedürfnisse als Ordensmänner und Ordensfrauen haben, die für ihre Sendung geweiht sind. Wir müssen sie in gleicher Weise für das, was sie als Ordensleute sind und für das, was sie als Mitarbeiter im Apostolat tun, schätzen und unterstützen.

Vereinigungen der Oberen

In Übereinstimmung mit Canon 708 und Canon 709 des Codex des kanonischen Rechtes gibt es in den Vereinigten Staaten zwei vom Hl. Stuhl errichtete Vereinigungen höherer Ordensoberen, eine für Ordensmänner und eine für Ordensfrauen. Sie sind dafür da, den höheren Oberen bei ihrer Aufgabe, das Leben ihrer Gemeinschaften zu stärken und zu vertiefen, Hilfe zu leisten. Sie sind auch ermächtigt, gemeinsame Probleme zu untersuchen und gemeinsame Geschäfte durchzuführen und bilden ein geeignetes Instrument zur Koordinierung und Zusammenarbeit mit der Bischofskonferenz und mit einzelnen Bischöfen. Diese Konferenzen schmälern in keiner Weise die Autorität und Autonomie jedes einzelnen Oberen oder jener einzelnen Oberin in seiner oder ihrer Ordensgemeinschaft. Diese Vereini-

gungen stehen in unmittelbarer Beziehung mit der Kongregation für die Institute des gottgeweihten Lebens und für die Gemeinschaften des apostolischen Lebens, unter deren Jurisdiktion sie stehen.
Eine im Bericht und von einzelnen von Euch zum Ausdruck gebrachte gemeinsame Sorge betrifft die Polarisation, vor allem unter Ordensfrauen. Das Recht aller höheren Oberinnen vonRaueninstituten, zu der errichteten Vereinigung zu gehören, ist eindeutig. Die Mitglieder haben ein Recht darauf, ihre Anliegen zu Gehör zu bringen. Die Vereinigung muß realisierbare und gerechte Wege finden, die Anliegen aller Ordensfrauen vorzubringen. Ihr seid als einzelne Bischöfe in Euren Diözesen und auch als Bischofskonferenz dazu aufgerufen, die verschiedenen Ordensleute zu ermahnen, daß sie wirksame Wege finden, die Gründe für die Uneinigkeit zu beseitigen. Sie müssen miteinander über die Dinge sprechen, die sie trennen; sie müssen auch das gemeinsame Erbe der kirchlichen Lehre wieder entdecken und darauf aufbauen. Diese Lehre der Kirche über das Ordensleben hat ihre Lebenskraft durch die Dokumente des Zweiten Vatikanischen Konzils, den Codex des kanonischen Rechtes und die verschiedenen Dokumente des Hl. Stuhls erwiesen. Der Dialog zwischen den Ordensleuten sollte also auf dem Ganzen dieser kirchlichen Lehre gründen.
Es gibt noch andere Organisationen in Eurem Land, die zur Förderung des Ordenslebens gegründet wurden. Die Existenz dieser Organisationen basiert auf den Gesetzen, die Vereine von Gläubigen betreffen (can. 298 ff.). Diese Vereinigungen unterscheiden sich von denen, die vorher erwähnt wurden und in can. 708 und can. 709 *CIC* ihre Basis haben. Sicherlich ist auch Platz vorgesehen für solche Organisationen, die dem Ordensleben entsprechend den Lehren des Zweiten Vatikanischen Konzils Anregung und Förderung zuteil werden lassen.

Berufungen

Der Mangel an genügend Berufungen zum Ordensleben bleibt eine bedrückende Sorge. Der Bericht der päpstlichen Kommission war diesbezüglich umfassend und hilfreich. Er hat sehr eingehend die kulturellen und soziologischen Faktoren dargestellt, die zum Absinken der Berufungen beitragen. Diese Untersuchung aber könnte noch verstärkt werden durch die Einfügung einer theologischen Studie und Analyse dieses Teilgebietes. Ordensinstitute müssen ein klares und festes Bewußtsein von ihrer eigenen Identität und Sendung haben. Ständiger Richtungswechsel, Widerspruch zwischen dem, wie Werte und Ideale zum Ausdruck gebracht und wie sie wirklich gelebt werden, übertriebene Beschäftigung mit den eigenen Angelegenheiten und Selbstbetrachtung, Überbetonung der Bedürfnisse der Mitglieder im Widerspruch zur Aufmerksamkeit für die Bedürfnisse des Gottesvolkes, das alles sind oft Hindernisse für solche, die den Ruf Christi hören: „Komm, folge mir!“
Meine Brüder, es bildet einen Teil unserer pastoralen Sendung, den Ordensleuten zu helfen, daß sie so klar wie möglich ihre Identität hüten und verkünden können. Das ist ebenso lebenswichtig und dynamisch wie das ihnen eigenen Charisma, das sie begreifen und dem sie treu sein müssen.

Die Bischöfe müssen sich weiterhin durch Unterweisung und Ermutigung – die Ordensleute durch ihr Beispiel und ihre Einladung – die Familien durch die Hochschätzung der Gabe der Berufung, die einem der Ihren geschenkt wird –, und wir alle müssen uns durch unser inständiges und beharrliches Gebet gemeinsam um die Förderung von Ordensberufungen bemühen.

Andere Punkte

Das Gemeinschaftsleben ist ein Herzstück des Ordenslebens, etwas, das für diese Art des gottgeweihten Lebens unterscheidend ist. Ordensleben ist ein Leben unter Gelübden, das in Gemeinschaft gelebt wird. Ordensleute sind berufen, eine beispielhafte Gemeinschaft innerhalb der Gemeinschaft der Kirche zu bilden. Der Niedergang des Gemeinschaftslebens wirkt sich in allen Bereichen des Ordenslebens aus. Ziel des Gemeinschaftslebens ist es, sich fördernd auf das geistliche Leben der Mitglieder auszuwirken. Die Heiligkeit der Ordensleute ist unerbittlich an die volle Verwirklichung ihres Gemeinschaftslebens gebunden. Damit soll kein verschlossenes, statisches, bloß formelles Gemeinschaftsleben befürwortet werden, sondern vielmehr ein gesundes und pulsierendes Gemeinschaftsleben, gegründet auf dem gemeinsamen Charisma, den gemeinsamen Gelübden, dem gemeinsamen Einsatz und der Erfahrung gemeinsamer Formung geistlicher, liturgischer und sozialer Natur.

Viele von Euch sind in Sorge um das, was Ihr als zunehmende Säkularisierung im Ordensleben feststellt. Das Zweite Vatikanische Konzil verlangte Erneuerung und Anpassung. Ordensleute sind nicht bloß Berufstätige in kirchlichem Dienst. Sie befinden sich im Herzen des Mysteriums der Kirche und gehören untrennbar zu deren Leben und Heiligkeit (*Lumen Gentium*, Nr. 44). Sie sind berufen, die allen gemeinsame Taufverpflichtung radikal zu leben.

Für Euch in Eurer pastoralen Sendung ist es wichtig, alle echten Werte des Ordenslebens gut zu verstehen und sie zu fördern. Die Berufung zu Weihe und Sendung, zu vertieftem Gebetsleben, zum Zeugnis der Gemeinschaft – das alles insgesamt bedarf der Unterstützung und Ermutigung.

Eine passende Art, einige Aspekte Eurer besonderen Hirtensorge gegenüber den Ordensleuten wahrzunehmen, wäre das weiterführende Angebot von Gelegenheiten zu gemeinsamen Gebet und zum Dialog, besonders zwischen Euch und den höheren Oberen anzubieten. Es sollte Vorsorge getroffen werden, um Verständnis und Austausch zwischen den Ordensleuten und dem Diözesanklerus zu erleichtern. Eure Vikare für die Ordensleute können in dieser Hinsicht bedeutende Hilfe leisten. Das Amt des Vikars oder Beauftragten für die Ordensleute ist tatsächlich ein geeignetes Mittel, Euch in Eurer Beziehung zu den Ordensleuten Eurer Diözese hilfreich zu sein.

Abschluß

Wie ich Euch nahegelegt habe, die Ordensleute zu unterweisen, zu unterstützen, zu ermutigen, mit ihnen Dialog zu führen und zu planen, so fordere ich Euch auch auf, Ihnen die

Nahrung des Wortes Gottes zu reichen. Betet für sie, betet mit ihnen. Dient ihnen weiterhin in besonderem pastoralem Dienst. Liebt sie, und fordert sie zu gegenseitiger Liebe auf, damit alle erkennen, daß wir Jünger Jesu sind. Ordensleute sind durch ihre Lebensweise berufen, ein Zeichen des Widerspruchs zu sein, ein Zeugnis einer Gegenkultur in einer Welt, die so oft die eigene Befriedigung und Selbsterfüllung sucht und den Armen und Machtlosen gegenüber fremd wird, die gegen Minderheiten intolerant und feindselig ist, einer geräuschvollen, lärmenden, aufgewühlten Welt. Durch ihre Liebe zu allen Menschen, die in der gottgeweihten Keuschheit ihren Ausdruck findet, durch ihre Abhängigkeit und die Einfachheit des Lebens, deren Ausdruck das Gelübde der Armut ist, durch ihre Verfügbarkeit und ihre Unterwerfung des Willens im Gehorsam, durch ihre Bereitschaft, in gegenseitiger Abhängigkeit mit andern in Gemeinschaft zu leben, und durch ihre Beziehung zum dreifaltigen Gott bieten die Ordensleute eine mögliche und durchführbare Alternative zu dem, was ist, und erinnern an das Versprochene, was sein wird. Ermutigt und ermahnt sie in ihrem Bemühen, das zu leben, was sie geloben; gleich uns tragen sie ja die Schwächen der brüchigen menschlichen Natur in sich.
Ich vertraue Euch und Eure Ordensleute der liebenden Sorge Marias an, der Mutter der Kirche. Sie, die Jesus in sich getragen und ihn uns gegeben hat, die wir ihn so sehr brauchten, sie möge Euch und Euren Ordensleuten helfen, ihm immer mehr ähnlich zu werden. Sie möge Euch allen helfen, Jesus einem Volk zu geben, das sich nach seinem Frieden, seinem Heil und seiner Liebe sehnt. Als Zeichen meiner brüderlichen Liebe sende ich Euch allen meinen Apostolischen Segen.

Aus dem Vatikan, 22. Februar 1989, Fest der Kathedra des hl. Apostels Petrus

Joannes Paulus PP. II

Polizeidienst ein Friedensauftrag

Grußwort an das Sicherheitspersonal beim Vatikan vom 24. Februar

Sehr geehrter Herr Inspektor,
liebe Polizeibeamte,
meine Damen und Herren,

1. Ich freue mich immer wieder über Ihren Neujahrsbesuch. Wir sehen uns zwar des öfteren im Lauf jeder Woche, doch nur bei diesem alljährlich wiederkehrenden Anlaß haben wir die Gelegenheit zur persönlichen Begegnung. Und ich freue mich besonders darüber, daß aus dieser heutigen Begegnung ein Gespräch wird. Ich danke Herrn Dr. Enrico Marinelli, dem Generalinspektor der Sicherheitskräfte beim Vatikan, für seine guten Wünsche und die Worte der Ergebenheit. Ich begrüße von ganzem Herzen euch

alle und jeden einzelnen, liebe Mitarbeiter des Inspektorats für die öffentliche Sicherheit, und euch, die Beamten der Straßenpolizei, die ihr nunmehr mit ähnlichen Aufgaben diesem Inspektorat unterstellt seid.

2. Ich möchte euch herzlich danken für den Eifer und die Beständigkeit, mit der ihr euch stillschweigend eurer Aufgabe widmet. Wachsam und rücksichtsvoll seid ihr stets bereit, am Vatikan, in der Stadt Rom und in den anderen Städten Italiens, in die mich mein Seelsorgsdienst ruft. Eure Tätigkeit besteht also nicht darin, niederzuhalten, vielmehr Ordnung zu halten und vorzubeugen. Sie ist letzlich ein Friedensauftrag. Die Menschen, die täglich aus allen Himmelsrichtungen in den Vatikan kommen, sind oft weder Christen noch Glaubende, doch sind sie gewiß friedliebend. Sie kommen, um Worte der Brüderlichkeit und der Liebe von dem zu hören, der den Gott des Friedens auf Erden sichtbar vertritt. Und sie erwarten sich ein ruhiges und sicheres Milieu. Liebe Männer und Frauen des Inspektorats und der Straßenpolizei, gerade ihr seid mit dem ehrenvollen Dienst betraut, darüber zu wachen, daß sich in die Menschenansammlungen keine Unruhestifter mischen. Ihr habt die Aufgabe, für die Sicherheit der Pilger und sonstigen Besucher zu sorgen, damit sie in ihrer geistlichen Sammlung nicht gestört werden, – und so dem Papst zu garantieren, daß sein Wort des Trostes und des Glaubens lebendig in Geist und Herz seiner aufnahmebereiten Zuhörer dringt.

3. Für diesen wertvollen Dienst danke ich euch allen, den hier Anwesenden wie den aus dienstlichen Gründen Verhinderten. Ich danke den Führungskräften und den übrigen Verantwortlichen der Polizei. Euer Einsatz ist eine besondere Form der Mitarbeit am Seelsorgedienst der Kirche, die als Verkünderin der Wahrheit Gottes und der Wahrheit über den Menschen den Frieden fördert.Euch stets verbunden, erteile ich euch und euren Familien von Herzen meinen Segen.

Medien haben fast unwiderstehlichen Einfluß

Ansprache an die Mitglieder der Vollversammlung der Päpstlichen Kommission für die soziale Kommunikation am 24. Februar

Liebe Brüder und Schwestern in Christus,

1. Mit Freude empfange ich die Mitglieder und Berater der Päpstlichen Kommission für die soziale Kommunikation, zumal dieses Jahr für sie sehr bedeutsam ist.
Vor einem Vierteljahrhundert verabschiedete das Zweite Vatikanische Konzil sein Dekret *Inter mirifica* über die Instrumente der sozialen Kommunikation (4. Dezember 1963). Drei Monate später errichtete mein Vorgänger Paul VI. mit dem Motu proprio *In fructibus multis* die Päpstliche Kommission für die soziale Kommunikation. Anfang nächsten Monats, am 1. März 1989, wird diese Kommission gemäß den Bestimmungen der Apostolischen Konstitution *Pastor Bonus* in einen Päpstlichen Rat umgewandelt. Unter diesem neuen Titel wird er sich weiterhin in enger Zusammenarbeit mit dem Staatssekretariat der bedeutsamen Aufgabe widmen, die Heilsbotschaft durch Übertragung und Aufzeichnung über die modernen Medien zu verbreiten.
Ihre Vollversammlung markiert also einen Meilenstein in der Geschichte der Kommission und gleichzeitig eine gute Gelegenheit des Nachdenkens über einige grundlegende Forderungen, die von der Kirche bei der Verbreitung des Evangeliums beachtet werden müssen. Dazu möchte ich Ihnen, im Geist gegenseitigen Dienstes und wechselseitiger Hilfe, einige persönliche Überlegungen unterbreiten, die letztlich nur Ihre eigenen und jene der gesamten Kirche widerspiegeln.

2. Uns allen ist klar, daß die Medien einen großen Einfluß auf die Gewissensbildung und folglich auf das sittliche Verhalten ausüben. Wir müssen folglich nachdrücklich darum bemüht sein, daß die Medien dem Menschen bei der Formung seines Gewissens und bei der Prägung seiner sittlichen Verhaltensweisen in einer Weise helfen, die nicht nur das göttliche Gesetz hochhält, sondern auch die echte menschliche Natur, den Menschen als Ebenbild Gottes verteidigt in seiner ihm eigenen und unveräußerlichen Würde, die unter allen Umständen geachtet werden muß. Insbesondere auf einen sozialen Bereich üben die Medien heute einen fast unwiderstehlichen Einfluß aus: auf das Familienleben. Sie bestimmen weitgehend, durch positive Beiträge über die Familie und deren Rolle in der Gesellschaft, welche Kraft und Stabilität diese ursprüngliche und wesentliche Institution in den kommenden Jahrzehnten haben wird. Leider wird die Familie in den Medien allzuoft in verzerrter Form gezeigt. Unkritisch werden Untreue und außereheliche Beziehungen dargestellt, Ehen ohne sittliche und geistliche Verpflichtung. Die Kirche ist besorgt darum, daß die Medien – also Film, Fernsehen, Zeitschriften und Zeitungen – in einer konstruktiveren Weise die Werte beständiger Liebe in Ehe und Familie zum Wohl des einzelnen und der Gemeinschaft herausstellen. Es ist nichts dagegen zu sagen, daß die Medien das Zeitgeschehen und die Zeitströmungen erforschen und darstellen. Doch muß dies in ausgewogener Form geschehen. Hier gilt es die Feinfühligkeit der Medienwelt für die Menschenrechte herauszustellen. Zahlreiche Medienfachleute setzen sich sehr für die

Beachtung der Menschenrechte überall auf der Welt ein. Ihnen gilt unser Lob und unsere Anerkennung. Doch stimmt etwas nicht, wenn nur gewisse Rechte hervorgehoben – und gleichzeitig andere, sogar noch fundamentalere Menschenrechte übergangen oder gar geleugnet werden. Beispielsweise das Recht auf Leben, vom Augenblick der Empfängnis bis zum natürlichen Tod.

In diesem Zusammenhang müssen wir uns auch fragen, wie die Medien das Thema Religionsfreiheit behandeln: die Freiheit, Gott zu verehren und den Mitmenschen die religiöse Botschaft zu verkünden, die nach unserem Glauben die von Gott selbst geoffenbarte Wahrheit ist.

3. Wie bedient sich die Kirche der Medien?

Diese und die folgenden Fragen erfordern unsere ganze Aufmerksamkeit. Ermutigen wir die Gläubigen, sich der Medien verantwortungsvoll zu bedienen? Publikationen, Filme und audiovisuelle Programme, die der sittlichen Integrität der Person schaden können, zu meiden und lieber aus den Medien Nutzen zu ziehen, wie man etwa aus einem guten Buch für das intellektuelle und sittliche Wachstum profitieren, die Wohltaten Gottes immer mehr schätzen und die Würde jedes einzelnen Menschen tiefer begreifen kann?

Wirken wir schon bestmöglich mit den nichtkatholischen Christen, den nichtchristlichen Gläubigen und allen Menschen guten Willens zusammen mit dem Ziel, die Medien zu beeinflussen, daß sie dem Allgemeinwohl dienen, das sittliche Niveau der Gesellschaft anheben, sich für den Frieden, gegenseitige Achtung und stärkere Einheit der Menschheitsfamilie einsetzen? Ermutigen und bilden wir schöpferisch begabte Männer und Frauen, ihre Talente mit Verantwortung und Phantasie in den Medien einzusetzen?

Jesus beauftragte seine Jünger, die Frohbotschaft der Erlösung in alle Welt zu tragen. Die Kirche muß alle ihr zur Verfügung stehenden Mittel nutzen, um dieses Ziel zu erreichen. Alle Publikationen und audiovisuellen Programme in kirchlichem Auftrag sollten sich durch höchstmögliche Qualität auszeichnen und erbaulich in dem Sinn sein, daß sie echt menschliches und religiöses Wachsen des einzelnen fördern.

4. Sie haben die Anregung aufgenommen und als Medienkommission eine pastorale Stellungnahme zur *Plage der Pornographie und der Gewalt* in den Massenmedien erstellt und gleichzeitig Bildungsprogramme für Erwachsene in den Medien und entsprechendes für die Schulkinder angeregt. Das ist ein Ansatz. Gefordert ist weiteres und ständiges Bemühen, den Menschen vor der Manipulation durch die Medien zu schützen, ihn in die Lage zu versetzen, die Medien sinnvoll zu nutzen, zur Bereicherung des Geistes und auch zu erholsamer Entspannung.

Eine wichtige Aufgabe sehen Sie, Mitglieder und Berater der Päpstlichen Kommission für die soziale Kommunikation, in der Ausbildung der Medienfachkräfte. In der Heranbildung junger Männer und Frauen, die mit der Technik heutiger Kommunikation vertraut sind – und eine christliche Weltanschauung mitbringen. Sie sollten lauter und ehrlich sein und eine gesunde Moral vorleben; denn sie werden oft zum Verhaltensmodell. Wer zudem berufen ist, für die Kirche zu sprechen, sollte auch wirklich mit der Kirche denken – sentire cum ecclesia.

5. So werden wir im dritten Jahrtausend nach Christi Geburt in der Lage sein, das Evangelium wirkungsvoller zu verkünden. Audiovisuelle Programme und Publikationen höchster Qualität sollen Herz und Geist der Menschen anrühren, die jene Wahrheit und Liebe suchen, welche nur der eine und wahre Gott geben kann.
Vor einem Vierteljahrhundert verabschiedete das Zweite Vatikanische Konzil das *Dekret über die Mittel der sozialen Kommunikation*. Es beginnt mit den Worten: „Unter den erstaunlichen Erfindungen der Technik, welche die menschliche Gesellschaft gerade in unserer Zeit mit Gottes Hilfe aus der Schöpfung entwickelt hat, richtet sich die besondere Aufmerksamkeit der Kirche auf jene, die sich an den Menschen selbst wenden" (*Inter mirifica*, Nr. 1). Dieses Interesse der Kirche an den Medien sollte schritthalten mit dem wachsenden Einfluß, den die Medien auf das menschliche Zusammenleben, auf die Gesellschaft ausüben. Sie als Mitglieder, Berater und Angestellte der Päpstlichen Kommission für die soziale Kommunikation müssen sich als erste dafür einsetzen, konzilsgemäß „das künstlerische Erbe früherer Zeiten zu erhalten und den Namen Gottes in diesem Zeitalter der Technologie mit ihr angepaßten Mitteln zu verherrlichen" (*ebd.*, Nr. 24).
In welcher Zeit auch immer die Kirche das Evangelium verkündet, ob in der heutigen Zeit der Technologie oder in vergangenen Jahrhunderten, in denen die großen Kathedralen und die anderen Meisterwerke religiöser Kunst entstanden sind, – es ist immer der gleiche Herr, den wir preisen und verkünden: Jesus Christus, gestern, heute und für immer (vgl. *Hebr* 13,8). In seinem Namen rufe ich auf Sie alle, auf Ihre Angehörigen – und auf Ihre so bedeutungsvolle Arbeit den Segen des Vaters, des Sohnes und des Heiligen Geistes herab.

Sich für die Schwächeren verantwortlich fühlen

Ansprache an die Mitglieder von „Rotary International" am 25. Februar

1. Von Herzen danke ich dem Herrn Distriktsgouverneur von Rotary International, Prof. Antonio de Majo, für die edlen Worte, die er im eigenen Namen und im Namen aller Teilnehmer am Kongreß sowie aller Rotarier in der Welt an mich gerichtet hat, und ich spreche allen meine herzliche Wertschätzung dafür aus, daß Sie sich diese Begegnung im Rahmen Ihrer römischen Tage des Studiums, der Programmgestaltung und der Freundschaft gewünscht haben.
Sie können sich vorstellen, wie willkommen mir Ihre Anliegen sind, wollen Sie doch Frieden und Verständnis zwischen den Menschen, ohne irgendeine Unterscheidung nach Rasse und Religion aufbauen, freundschaftliche Beziehungen zwischen den Vertretern der verschiedenen wirtschaftlichen und beruflichen Tätigkeiten herstellen und sich für eine positive Entwicklung der Beziehungen zwischen Ost und West in Europa, und ich möchte hinzufügen zwischen Nord und Süd der Welt sowie unter allen Nationen der Erde einsetzen, zumal sich in 114 von ihnen schon Rotary-Familien befinden. Nicht weniger wertvoll sind die Themen Ihrer internationalen Gespräche in diesen Tagen über die Ökonomie der Entspannung Ost-West, über die Möglichkeit und die Vorbedingungen, Ihre

Verbände in Ländern Zentral- und Osteuropas aufzubauen, wozu ein berechtigtes Statut über Freiheit und Kommunikation gehört, und Ihr Interesse für die Verbreitung der Kultur.

2. In meiner Ansprache an das beim Heiligen Stuhl akkreditierte Diplomatische Korps vom vergangenen 9. Januar habe ich bemerkt, daß „die internationale Gemeinschaft Grund zur Freude über die Festigung der Entspannung zwischen Ost und West hat", und die Hoffnungen ausgesprochen, „die neuestens in der Sowjetunion und an anderen Ländern Zentral- und Osteuropas stattfindenden Entwicklungen möchten günstige Vorbedingungen für einen Wandel des Klimas und eine Entwicklung der nationalen Gesetzgebungen schaffen, um wirksam vom Stadium der Verkündigung der Rechte zu dem der Garantie der grundlegenden Rechte und Freiheiten überzugehen".
Diese Hoffnung wird auf Weltebene noch beeinträchtigt durch ungelöste kritische Situationen und Formen der Gewaltanwendung, die in vielen Teilen der Erde ausbrechen und andauern. Daher erfolgen Ihr jetziger Kongreß und die internationalen Maßnahmen, die Sie ins Auge gefaßt haben, gerade im rechten geschichtlichen Augenblick, und sie können einen konkreten Beitrag zur Entspannung und Eintracht leisten, wie z. B. bei Ihrem seit Jahren eingesetzten Bemühen, die Spannungen im Nahen Osten zu beheben.
Das edle Ideal des Dienens, Motto und Abzeichen der Rotarier, lädt jene ein, die es höher schätzen, sich für die Schwächeren verantwortlich zu fühlen, und statt sich egoistisch auf die Verteidigung der eigenen Sonderinteressen zu beschränken, sich vielmehr konkret für die Förderung des Wohles aller einzusetzen. Dazu können Ihre Verbände als intermediäre Körperschaften aus einflußreichen und qualifizierten Personen einen kostbaren und unersetzlichen Beitrag dafür leisten, daß die großen Ideale des Friedens, der Wahrheit, der Freiheit, der Gerechtigkeit, der Achtung vor dem Leben und vor den Menschenrechten, die in den Verfassungen verankert sind, zu einer sozialen Erfahrung und Wirklichkeit werden, deren sich jeder Mann und jede Frau erfreuen kann.
Betonen möchte ich besonders Ihr Eintreten als Rotarier für den Ausbau freundschaftlicher Beziehungen zwischen Ihnen und allen Menschen sowie für die Förderung des jeder menschlichen Person eingeschriebenen Rechtes, geliebt und geachtet zu werden. Ohne Liebe kommt es nicht zu jener Solidarität, die ich in der gerade vor einem Jahr veröffentlichten Enzyklika „Sollicitudo rei socialis" als Fundament und notwendige Voraussetzung für den Frieden, sowohl innerhalb jeder einzelnen Gesellschaft, als auch auf internationaler Ebene dargestellt habe: „Opus solidarietatis pax" (Der Friede ist ein Werk der Solidarität).

3. Die Kirche macht sich kraft ihrer Sendung – man kann sagen, täglich – zur Bannerträgerin dieser Solidarität, und sie hat sich gerade in diesen Tagen öffentlich für die Minderheiten und gegen jede Form des Rassismus und sozialer Diskriminierung ausgesprochen.
Sie glaubt an die Liebe Gottes zum Menschen und weiß, daß Gott sich zum Nächsten eines jeden Menschen gemacht hat. Deshalb macht sie den Menschen zu ihrem Weg und ihrem Anliegen und ist zuversichtlich hinsichtlich des Schicksals der Menschheit. Mit den Propheten und dem Apostel Paulus erwartet sie den Tag, der Gott allein bekannt ist,

jenen Tag, an dem „alle Völker den Namen des Herrn anrufen und ihm einmütig dienen" (*Zef* 3,9). Diese Worte aus der Konzilserklärung „Nostra aetate" erinnern spontan an den „Tag von Assisi", an den Sie ebenfalls haben erinnern wollen.
Auch deswegen gelten den edlen Vorsätzen, die Sie ausgesprochen haben, nämlich Werkzeuge und Boten des Friedens und der Solidarität unter den Menschen und Völkern zu sein, meine herzlichen Glückwünsche und mein Apostolischer Segen.

Ethische Werte der Medizin fördern

Ansprache an den Nationalrat des Italienischen Katholischen Ärzteverbandes am 4. März

1. Herzlich begrüße ich Sie, die Mitglieder des neuen Nationalrates des Italienischen Katholischen Ärzteverbandes, die in diesen Tagen in Rom zusammengekommen sind, um das Arbeitsprogramm für die nächsten drei Jahre aufzustellen. Es handelt sich um ein Programm, das den Zielsetzungen der Statuten entsprechend in der öffentlichen Meinung und besonders im ärztlichen Bereich die immerwährenden ethischen Werte der Medizin als vollen und gesamtheitlichen Dienst am Leben und an der Würde der menschlichen Person fördern möchte.
Ihre Vereinigung war immer – oft mit vorausschauender Sensibilität – bahnbrechend in dem Bemühen, die zweifache Anforderung der Achtung des Lebens und der Wissenschaft in Einklang zu bringen. Diese Sicht der menschlichen Person, als Abbild der Größe und Schönheit Gottes betrachtet, öffnet der Wissenschaft ein grenzenloses Forschungsfeld. Dieses verpflichtende, harmonische Wertgefüge zu verneinen, zu vergessen oder unterzubewerten ist die Ursache nicht weniger Übel, die die Gesellschaft unserer Zeit bedrängen.

2. Ihre Vereinigung ist gekennzeichnet von der Treue gegenüber dem Lehramt der Kirche und ihren pastoralen Leitlinien, die auf den Schutz und die Förderung des Lebens vom Augenblick der Empfängnis bis zum natürlichen Ende ausgerichtet sind. Es ist mir deshalb willkommen, die Hochschätzung für diese Treue auszudrücken, die kohärentes christliches Leben, mutige Initiativen, aufmerksame Vorbereitung sowie ständige Formung und Weiterbildung erfordert.
Ja, ich finde es bedeutsam, daß die periodische Wahl der Leitungsorgane des Verbandes im Rahmen von Kongressen stattfindet, die den aktuellen Themen und Problemen gewidmet sind, die die christliche Moral miteinbeziehen.
Wie ich mehrmals bei meinen Begegnungen mit den Ärzten und dem Pflegepersonal wiederholt habe, entspricht Ihre Tätigkeit einer Berufung, die Sie zu der edlen Mission des Dienstes am Menschen verpflichtet, in dem weiten, vielfältigen und geheimnisvollen Bereich des Leidens. Mit derselben Liebe Christi verstehen Sie es, im leidenden Menschen einen Freund, einen Bruder, zu sehen.
Wie ich in dem jüngsten Apostolischen Schreiben gesagt habe, sind gerade „die Ärzte, Krankenpfleger, Pflegehelfer, freiwillige Helfer dazu berufen, in der Liebe zu den Kran-

ken und Leidenden ein lebendiges Abbild Christi und seiner Kirche zu sein" (*Christifideles laici*, Nr. 53).
Von kirchlicher Mitverantwortung inspiriert, erkennen Sie unter Ihren Aufgaben jene, die gesundheitliche Entwicklung der bedürftigen Völker zu fördern, indem Sie Sanitätsprojekte durch Aussendung von Ärzten und medizinischen Einrichtungen in unterentwickelte Länder veranlassen. Dieser Einsatz greift in beispielhafter Weise die gebührende menschliche Solidarität auf und verwirklicht sie, die ihrerseits die Begegnung unter allen Menschen fördert und beschleunigt.

3. Außerdem ist es mir willkommen, Ihnen meinen Dank auszusprechen für den Beitrag und die Mitarbeit, die Ihre Vereinigung dem Päpstlichen Rat für das Krankenapostolat weiterhin leistet. Sie wollten diese Mitarbeit auch in die Richtlinien Ihres Statutes einschließen. Dieses Dikasterium, das errichtet wurde, um das Augenmerk und den Einsatz der Kirche gegenüber den Kranken zu verstärken und auszudehnen, muß in Ihnen, den katholischen Ärzten, sowie in all denen, die sich den ewigen Werten des Dienstes am leidenden Menschen verpflichtet haben, eine wertvolle und wichtige Hilfe finden.
Bei der Erfüllung Ihrer Leitungsaufgaben möge Sie der von Gott geschenkte Glaube zusammen mit der Liebe zur Wissenschaft ein starker Geist gegenseitigen Verstehens, der Hilfsbereitschaft und Offenheit gegenüber allen beseelen, die sich wie Sie für die Verteidigung und die Qualität des Lebens einsetzen.
Die seligste Jungfrau, Heil der Kranken und Sitz der Weisheit, inspiriere und begleite Ihre Arbeit, auf die ich den Segen des Himmels herabrufe.

Gemeinsam den gewiesenen Weg suchen

Ansprache an die Metropolitan Erzbischöfe der Vereinigten Staaten am 8. März

Liebe Brüder im Bischofsamt!

1. Es freut mich ganz besonders, euch, die Metropoliten aus den Vereinigten Staaten, und mit euch zusammen meine Mitarbeiter der Römischen Kurie zu dieser Sonderversammlung zu begrüßen. Dieses historische Treffen, das heute beginnt, ist eine Gelegenheit, dem einenden Band, das uns in der Kirche und in unserem Amt verbindet, klaren Ausdruck zu geben. Wir kennen einander schon gut, da ja einer der ersten Pastoralbesuche meines Pontifikats 1979 den Vereinigten Staaten galt. Bei diesem Besuch konnte ich viel über die Kirche in eurem Land lernen: ich hatte Gelegenheit, zuzuhören und zu beobachten und mit den Menschen im Osten und in Mittelwest zu sprechen und zu beten. 1983 kamt ihr zu euren Ad-limina-Besuchen nach Rom. Da hatte ich Gelegenheit, noch mehr über eure Arbeit zu erfahren. 1987 war es mir eine Freude, eure freundliche Einladung anzunehmen und die Vereinigten Staaten zum zweiten Mal zu besuchen, diesmal die Regionen des Südens und des Westens. Schließlich kamt ihr letztes Jahr wieder zu euren Ad-limina-Besuchen, wobei wir erneut über Aspekte unserer gemeinsamen pastoralen Sendung nachdachten.

So hatte ich also in der Vergangenheit mehrmals Gelegenheit, meinen Dank zum Ausdruck zu bringen für die Art und Weise, wie die Kirche in den Vereinigten Staaten und vor allem ihr als deren Hirten meine Besuche begrüßt habt. Ebenso konnte ich meine Wertschätzung für euren Eifer in eurem Bischofsamt bekunden, als ich jeden von euch einzeln empfing. Ich möchte jetzt die gleichen Empfindungen noch einmal aussprechen.

2. Heute also, liebe Brüder, da wir gemeinsam unsern Glaubensweg fortsetzen, möchte ich euch hier vor allem im Hinblick auf das Amt begrüßen, das euch übertragen ist. Als Metropoliten vertretet ihr in einer besonderen Position die Kirchen in eurem Land und bringt ihre Anliegen zum Ausdruck. Wir sind zusammengekommen, um wichtige Dinge hinsichtlich des kirchlichen Lebens in den Vereinigten Staaten zu erwägen. Unser Treffen ist die Fortsetzung eines Austauschs, eines wirklich freimütigen Austauschs, mit dem Ziel, unsere Partnerschaft im Evangelium zu stärken. Wir tun es in einer organischen Sicht unserer Sendung als Bischöfe, einer Sicht, die „die immer währenden Forderungen des Evangeliums in Rechnung stellen muß. Sie muß die unbestreitbaren Prioritäten im Leben der Kirche heute zum Ausdruck bringen und dies sowohl in ihren alles umfassenden Bedürfnissen als auch in den besonderen Erfordernissen der Kirche in den Vereinigten Staaten. Zugleich muß sie getreu den Aufruf des Zweiten Vatikanischen Konzils zur Reform und Erneuerung widerspiegeln" (*Ad-limina-Ansprache*, 31. 5. 1988, Nr. 1, in: O.R. dt., 12. 8. 1988, S. 15).
Das Herzstück unserer Sorge ist die „Evangelisierung der Kultur und der Gesellschaft der Vereinigten Staaten mit besonderer Betonung der Rolle des Bischofs als Glaubenslehrer". Ich würde euch bitten, von Anfang an über die dringende Aufgabe der Evangelisierung aus der Perspektive des Bischofs als Glaubenslehrer zu sprechen. In eben diesem Zusammenhang mögt ihr über die mit der Evangelisierung Beauftragten, über die Methoden und über die Empfänger der Evangelisierung nachdenken. Eure Sendung als wahre Glaubenslehrer hat den Aufbau des Leibes Christi zum Ziel. Mit dem Bischof von Rom verbunden seid ihr die Säulen, auf denen das ganze Werk der Evangelisierung ruht. Daher hängt die Kraft und Vitalität der Ortskirche zum großen Teil von der Festigkeit eures Glaubens, eurer Hoffnung und eurer Liebe ab.

3. Als Hirte der Universalkirche möchte ich euch in eurem Dienst ermutigen. Ich bin mir der Herausforderungen, denen ihr euch zu stellen habt, wenn ihr die Botschaft des Evangeliums einer Welt bringt, die sie oft nicht ohne weiteres annimmt, ganz bewußt. Die Menschen spüren, wie schwierig es ist, in der heutigen Welt Christ zu sein. Zugleich aber suchen sie Führung, um den von Christus gewiesenen Weg gehen zu können. In diesen Tagen werden wir miteinander versuchen, selbst klarer zu erkennen, wohin der Herr uns und sein Volk an der Schwelle des dritten Jahrtausends der Christenheit führen will. Wir können vertrauensvoll auf die Ergebnisse unseres Bemühens blicken, denn wir wissen, daß der Herr des Weinbergs in unserer Mitte ist. Er hat uns dazu erwählt, als seine Diener die Sendung der Evangelisierung zu erfüllen. Nach den Worten des hl. Paulus sind wir „auserwählt, das Evangelium Gottes zu verkündigen ... das Evangelium von seinem Sohn" (*Röm* 1,1.3). So nehmen wir seinen Ruf an und erfüllen ihn mit Freude. Aber im Gebet bitten wir ihn auch, uns immer mehr zu stärken und zu führen. Darum werden sich

alle unsere Diskussionen in einem Klima des Gebetes vollziehen und ihren Höhepunkt in unserer gemeinsamen Eucharistiefeier am Grab des hl. Petrus haben.
Auf denn! Rufen wir die mächtige Fürsprache der Unbefleckten Jungfrau Maria an, und haben wir Vertrauen in dem Wissen, daß der Herr bereit ist, uns in unserem pastoralen Bemühen beizustehen, denn er hat uns seinen Geist gesandt, damit er bei uns sei und uns in aller Wahrheit und Liebe führe. Liebe Brüder, laßt uns in der Kraft des Heiligen Geistes weiterhin alles einsetzen, um dem ganzen katholischen Volk der Vereinigten Staaten zu helfen, daß es durch die Heiligkeit eines Lebens verkünde: „Jesus Christus ist der Herr“ (*Phil* 2,11).

Berufung der Frau anerkennen

Grußwort zum Tag der Frau am 8. März

Euch und allen Frauen wünsche ich, daß man den unerläßlichen Beitrag der Frau zum Aufbau der Gesellschaft und der Kirche immer mehr verstehen und aufwerten möge. Die tätige Anwesenheit der Frauen in den Einrichtungen des politischen und gesellschaftlichen Lebens aller Länder ist gewiß ein „Zeichen der Zeit“.
Möge es begleitet werden vom Einsatz aller zugunsten der Verteidigung und Förderung der Würde der Frau und ihrer Gleichberechtigung mit dem Mann in ihren unveräußerlichen Rechten als menschliche Person. Die Anerkennung der hohen Berufung der Frau in der bürgerlichen und kirchlichen Gemeinschaft ist eine Errungenschaft, die eine erweiterte Teilnahme der Frauen an der Entwicklung des Gemeinwohls fördern muß. So wird das besondere weibliche Charisma und seine Bedeutung für den Anbruch einer Welt immer mehr geschätzt, in der der vielfältige Reichtum des Menschen, wie er aus den Händen Gottes am Schöpfungstag hervorging, voll aufgenommen wird.

Zeichen der Einheit und Solidarität

Ansprache zum Abschluß der Begegnung mit den Metropolitan Erzbischöfen der Vereinigten Staaten am 11. März

Liebe Mitbrüder im Bischofsamt!

1. Wir haben vier Tage gemeinsam verbracht. Wir haben gebetet und haben unser Amt als Nachfolger der Apostel, die dazu berufen sind, lebendige Zeichen Jesu Christi zu sein, überdacht und besprochen: wir müssen Nachfolger des leidenden, des betenden, des treuen und des Widerspruch hervorrufenden Christus sein, Nachfolger Christi, der gekommen ist, „um zu dienen“ (*Mk* 10,45). Am Ende dieser Versammlung sind wir, dessen bin ich sicher, Gott für all das zutiefst dankbar, was diese Begegnung für uns Hirten, für jeden einzelnen und für alle gemeinsam, sowie für das Leben der Kirche in den Vereinigten Staaten bedeutet hat. Ja, Christus war in unserer Mitte, der Heilige Geist war un-

sere Stärke und unser Führer, und wir haben alles zur Ehre des Vaters getan. Gemeinsam machten wir die Erfahrung dessen, was der Psalm ausruft: „Seht doch, wie gut und schön ist es, wenn Brüder miteinander in Eintracht wohnen ... Denn dort spendet der Herr Segen und Leben in Ewigkeit" (*Ps* 132/133,1.3).
Unser Kontakt während dieser Tage hat uns darüber hinaus im Geist der Kollegialität wachsen lassen und uns die Möglichkeit geboten, die Einheit und Solidarität zum Ausdruck zu bringen, die uns in Christus und in der Kirche verbinden. Ein erster, allgemeiner Schluß, der gezogen werden kann, ist die Feststellung der Nützlichkeit dieser Art von Versammlungen, die dem Verständnis von Fragen oder Situationen dienen, denen das pastorale Leben der Kirche in den verschiedenen geographischen und kulturellen Sphären ihres Wirkens begegnet.

2. Das zentrale Thema unserer Diskussionen im allgemeinen Kontext der Evangelisierung war „Der Bischof als Lehrer des Glaubens". Es ist nicht meine Absicht, hier nochmals auf die wichtigen Analysen der konkreten kulturellen und gesellschaftlichen Umstände zurückzukommen, unter denen ihr berufen seid, als Hirten der Kirche in den Vereinigten Staaten die Botschaft des Evangeliums zu verkünden. Wir alle – ich selbst, ihr und unsere bischöflichen Mitbrüder – werden bestrebt sein, diese Reflexion über die Beziehung der christlichen Botschaft zu den Kontexten fortzusetzen, in denen sie verkündet und gelebt wird.
Ich möchte jetzt kurz bei der persönlichen und grundlegenden pastoralen Frage der Rolle des Bischofs als Lehrer des Glaubens verweilen, wie sie der Weihe entspringt, mit der wir die Fülle des Priestertums empfangen haben. Das Gebet Jesu für seine Jünger nach dem Letzten Abendmahl ist für uns ein Aufruf, die radikale Frage unserer Verantwortung für die Wahrheit zu erwägen: „[Vater] ... heilige sie in der Wahrheit; dein Wort ist Wahrheit. Wie du mich in die Welt gesandt hast, so habe auch ich sie in die Welt gesandt. Und ich heilige mich für sie, damit auch sie in der Wahrheit geheiligt sind" (*Joh* 17,17–19). Als Petrus in eurer Mitte muß ich euch, eure Suffragan- und Weihbischöfe und die Ortskirchen, denen ihr vorsteht, stärken und ermutigen zu dieser Heiligung in der Wahrheit, die das Wort Gottes ist, der Sohn Gottes, der Mensch wurde zur Rettung aller.

3. Während dieser Tage haben wir im wesentlichen über den Glauben und seine Weitergabe gesprochen. Unserer Diskussion lag stets die Frage des Glaubens zugrunde, die sich in den Ortskirchen einer Nation widerspiegelt; die Frage des Glaubens, der in den Laien, den Ordensleuten und Priestern lebt, die zusammen mit den Bischöfen die katholische Kirche in den Vereinigten Staaten bilden. Gemeinsam mit meinen Mitarbeitern in der Römischen Kurie danke ich Gott für die glaubensvolle Geschichte der Kirche in eurem Land, deren beredtes Zeugnis eure Heiligen sind. Der hochherzige missionarische Geist eurer Söhne und Töchter – der Ordensleute, Priester und Laien – trat und tritt in vielen Teilen der Welt klar in Erscheinung.

4. Ihr habt lange über die Art und Weise nachgedacht, auf die ihr euren pastoralen Dienst für die Ordensmänner und Ordensfrauen eurer Diözesen am besten gestalten und sie bei der nicht leichten, aber äußerst fruchtbaren Beobachtung der evangelischen Räte unter-

stützen könnt. Ihr habt über den ungeheuren Beitrag der einzelnen Ordensleute und der Ordensgemeinschaften zum Leben der Kirche in eurem Land gesprochen und gleichzeitig festgestellt, daß der Ordensstand besondere Probleme aufwirft und Herausforderungen mit sich bringt, die eure ständige Aufmerksamkeit erfordern. Ihr habt eurer Absicht Ausdruck gegeben, euren Dienst in diesem Bereich mit Verantwortungsbewußtsein und Aufgeschlossenheit fortzusetzen.

5. Erlaubt es mir, ein spezielles Wort über die Priester zu sagen. In unserer Diskussion über ihre Rolle als Träger der Evangelisierung haben viele von der Opferbereitschaft und der Effizienz der Priester in den Vereinigten Staaten gesprochen. Es wurde festgestellt, daß sie in gewisser Hinsicht direkt die Last jener Elemente eurer Kultur tragen, die mit ihrer Sendung, zu lehren und zu evangelisieren, zusammenprallen. Mit euch danke ich den Priestern der Vereinigten Staaten für ihren Dienst, für alles, was sie tun, um wirksamer Jesus Christus als Herrn zu verkünden. Wenn ihr und eure Suffraganbischöfe mit euren Priestern in der diesjährigen Messe zur Weihe der hl. Öle zusammenkommt, versichert ihnen bitte, daß ich ihnen in liebender Dankbarkeit verbunden bin und sie segne. Ihr habt sie während dieser Tage meinem Herzen noch näher gebracht.

6. Ihr habt der Feier der Liturgie und der Spendung der Sakramente besonders des Bußsakramentes große Aufmerksamkeit geschenkt. Tatsächlich ist die Buße oder Bekehrung eines der ersten Erfordernisse der Evangelisierung und eine der allerersten Fragen, die der Glaube an alle Menschen richtet, deren Wunsch es ist, sich Christus zuzuwenden. In den ersten Versen des Markusevangeliums legt Jesus selbst eine Zusammenfassung dieses Rufes zur Umkehr mit folgenden Worten vor: „Kehrt um und glaubt an das Evangelium!“ (*Mk* 1,15). Den Bischöfen der fünften Region riet ich bei ihrem Ad-limina-Besuch, daß „die Bekehrung, wie Christus sie darlegt, ein ganzes Programm für das Leben und das pastorale Wirken darstellt. Sie ist die Grundlage für eine organische Sicht des pastoralen Amtes, da sie mit allen bedeutsamen Aspekten der göttlichen Offenbarung verbunden ist“ (*Ad-limina-Ansprache*, 31.5.1988, Nr. 2, in: *DAS* 1988, S. 1705).
Ihr habt über die sakramentale Form und Wirksamkeit der Bekehrung gesprochen. Eine in der ganzen Kirche wahrgenommene Notwendigkeit, die auch ein besonderes Erfordernis der Kirche in den Vereinigten Staaten darstellt, ist die Neubelebung des Bußsakramentes und seiner Praxis (vgl. *Reconciliatio et paenitentia*, Nr. 28). Seine Erneuerung wird einen bedeutsamen Einfluß auf die Familien, die Jugendlichen und alle Laien ausüben; sein angemessener und häufiger Empfang kann tiefe Rückwirkungen auf das religiöse Leben haben und die Berufungen sowie die geistliche Vorbereitung der Seminaristen und das Wirken unserer priesterlichen Mitbrüder unterstützen.

7. Somit kehren wir zu der Schwierigkeit zurück, die im Lauf unserer Diskussion immer wieder in Erscheinung getreten ist, nämlich zu der Aufgabe, die Glaubenswahrheiten in einem kulturellen Kontext weiterzugeben, der die Unverletzlichkeit und oft sogar das Vorhandensein der Wahrheit in Frage stellt. Viel von dem, was den Inhalt der Diskussionen bildete, spiegelt diese grundlegende Herausforderung wider, der sich die um die Evangelisierung bemühte Kirche unserer Tage gegenübergestellt sieht. Ihr habt die viel-

fache Art und Weise dargestellt, auf die man den verschiedenen Trägern der Evangelisierung helfen könnte, die Wahrheit der Heiligen Schrift und der Tradition wirksamer darzulegen. Ich fordere euch auf, diese Vorschläge ernstlich in Betracht zu ziehen.
Es ist wesentlich, daß die Träger der Evangelisierung – und in erster Linie wir, die Hirten – die wahre Botschaft verkünden, „das Evangelium Gottes ... , das er durch seine Propheten im voraus verheißen hat ..., das Evangelium von seinem Sohn ... Durch ihn haben wir Gnade und Apostelamt empfangen, um in seinem Namen alle Heiden zum Gehorsam des Glaubens zu führen“ (*Röm* 1,1–5). Wir sind Hüter einer Gabe, die der ganzen Kirche zuteil wurde; einer Gabe, die nicht das Ergebnis einer Reflexion über kulturelle und geschichtliche Tagesfragen ist, möge sie auch mit Kompetenz durchgeführt werden; einer Reflexion, die nicht nur den besten Weg unter vielen anderen Wegen, sondern den einzigen Weg zum Heil darstellt: „Es ist uns Menschen kein anderer Name unter dem Himmel gegeben, durch den wir gerettet werden sollen“ (*Apg* 4,12). Das Volk Gottes und die Nahe- und Fernstehenden müssen diesen Namen hören. Wir alle – ihr und ich – sind verpflichtet, eine Gewissenserforschung über die Art und Weise anzustellen, auf die wir dieser Aufgabe nachkommen, „damit das Kreuz Christi nicht um seine Kraft gebracht wird“ (*1 Kor* 1,17). Das tatsächliche Maß unseres Erfolges wird bestehen in größerer Heiligkeit, einer Zunahme des liebenden Dienstes an den Bedürftigen und im Fortschritt von Wahrheit und Gerechtigkeit in allen Bereichen im Leben eures Volkes und eures Landes. Treffend sagte einer unserer Brüder: „Der Erfolg kann nicht der Gesichtspunkt oder die Bedingung der Evangelisierung sein. Gesichtspunkt und Bedingung der Evangelisierung muß die Treue zur Sendung sein.“

8. Die Schwierigkeiten werden nicht fehlen. Entscheidend ist, daß man den Herausforderungen und selbst den Widerständen gegen die rettende Wahrheit, welche die Kirche bekennt, im Kontext des Glaubens begegnet. Unser Herr und Erlöser Jesus Christus zeigt uns hier und auch in allen anderen Fragen den Weg. Erinnert euch an den Bericht des hl. Johannes über das Lehren Jesu, an jene Stelle, in der die Kirche eine Offenbarung der Eucharistie sieht (vgl. *Joh* 6). Die Antwort, die Petrus damals gab, muß die Antwort Petri heute sein, eine Antwort, die im Namen der Apostel und ihrer Nachfolger gegeben ist: „Herr, zu wem sollen wir gehen? Du hast Worte des ewigen Lebens“ (*ebd.*, 6,68).
Bei der Evangelisierung handelt es sich letzten Endes um die Verkündigung der Wahrheit Jesu Christi und seiner Kirche, einer Wahrheit, die Leben schenkt und die allein zu befreien vermag. Jesus Christus offenbart uns die Wahrheit über Gott, die Wahrheit über den Menschen in seiner vollen Freiheit. Wenn wir unsere Aufgabe in Angriff nehmen, spricht der Herr zu uns: „Wenn ihr in meinem Wort bleibt, seid ihr wirklich meine Jünger ... und die Wahrheit wird euch befreien“ (*Joh* 8,31–32).
Ich bin überzeugt, daß wir uns im Lauf dieser Begegnung sogar besser der Gründe für unsere Gewißheit hinsichtlich unserer Sendung und ihres Wertes für die heutige Welt bewußt geworden sind. Die Quelle unseres Vertrauens ist Gott selbst, doch ermutigen uns auch zutiefst die Heiligkeit und Dienstbereitschaft so vieler Glieder des Volkes Gottes, junger und alter, reicher und armer, der Priester, Ordensleute und Laien. Ihr kehrt zu Ortskirchen zurück, die geistlich reich sind und schon über die Mittel für eine erneuerte

Evangelisierung verfügen. Ihr werdet euren bischöflichen Mitbrüdern berichten, daß das hier brüderlich und liebend besprochene Hauptthema die Notwendigkeit war, treu das weiterzugeben, was wir selbst empfangen haben (vgl. *1 Kor* 4,2); treu das Brot der Wahrheit und Freundschaft mit euren Priestern zu brechen; treu für eine lückenlose und solide Bildung und Ausbildung der Priesteramtskandidaten zu sorgen; treu über Leben und Charisma der Ordensleute zu wachen; treu in der Katechese zu sein; treu die Laien zur Übernahme der ihnen eigenen und ihnen zustehenden Rolle in Leben und Sendung der Kirche aufzufordern und treu die Worte des Lebens und der Liebe im ehelichen und familiären Leben hochzuhalten.
Ich danke euch und euren bischöflichen Mitbrüdern für die liebende und selbstlose Ausübung eures Amtes und fordere euch auf, die Reflexionen dieser Tage fortzusetzen. Ich lade die gesamte Kirche in den Vereinigten Staaten ein, aus dem Glauben des Sohnes Gottes zu leben, der uns geliebt und sich für uns hingegeben hat (vgl. *Gal* 2,20).
Durch die Fürbitte der heiligsten Jungfrau Maria und zur Ehre der allerheiligsten Dreifaltigkeit möge „der Gott des Friedens mit euch allen sein. Amen“

Missionsberufung ein Geschenk der Gnade

Ansprache an die Familienangehörigen italienischer Missionare am 11. März

1. Mein herzlicher Gruß gilt den hier anwesenden Bischöfen, den Provinzoberen der Missionsinstitute, den Verantwortlichen der verschiedenen für die Missionen tätigen Organe und euch allen, Familienangehörige der italienischen Missionare. Eure Wallfahrt nach Rom soll durch diese Begegnung mit dem Nachfolger des Petrus ein besonderes Gewicht bekommen.
Euer Besuch ist mir besonders willkommen, weil er für eure hochherzige und überzeugte Beteiligung am Missionsbemühen der Kirche ein Zeichen ist und zugleich eure Treue zum Papst bezeugt, den nach dem Willen des Herrn diese Aufgabe in besonderer Weise angeht.
Ich denke in dieser Stunde an alle italienischen Missionare, Ordensmänner, Ordensfrauen, Priester und Laien – größtenteils eure Verwandten –, die in den verschiedenen Teilen der Welt unter großen Opfern und mit Hingabe an der Erstverkündigung des Evangeliums arbeiten. Wie es Papst Paul VI. seligen Andenkens formulierte, „findet man sie oft an der vordersten Missionsfront, und sie nehmen größte Risiken für Gesundheit und Leben auf sich“ (*Evangelii nuntiandi*, Nr. 69), um die Frohbotschaft zu bezeugen und zu verkünden, daß Gott Vater ist und wir in Christus seine Kinder geworden sind.
Wir können diese Begegnung als „Feier der Mission“ betrachten, und sie bezeichnet zugleich den Weg, den die Kirche Italiens in diesen Jahren bei der Vertiefung und Anwendung des Pastoralplanes „Communio und missionarische Gemeinschaft“ zurückgelegt hat.

In dieser Stunde ziemt es sich, den erstrangigen und unersetzlichen Wert der im Missionswerk tätigen Menschen hervorzuheben. Das Evangelium hat sich in der Welt verbreitet, weil es von den Anfängen an bis heute Apostel gegeben hat, die für dieses Anliegen ihr Leben eingesetzt haben.

2. Die Mission ist eine Aufgabe, an der die Kirche unermüdlich Maß nehmen muß, wenn sie dem ihr vom Herrn übertragenen Auftrag gerecht werden will.
Diese Aufgabe wird heute noch dringender wegen der wachsenden Zahl von Menschengruppen, die ihre christlichen Wurzeln neu festigen müssen, und weil sich die Völker und Kulturen, die Christus nicht kennen, in steigendem Maße ausbreiten. Zumal die Sendung „ad gentes" stellt der Kirche dringende und schwierige Probleme wegen der weiten Ausdehnung der Aktionsbereiche und der Kompliziertheit der Situationen. Daher ist die Zeit der Missionare keineswegs abgelaufen.
Es ist vielmehr notwendig, die in den letzten Jahren aufgekommenen verschiedenen Ausdrucksformen missionarischer Einstellung zu verstärken und anzureichern, sie kräftiger zu machen und wachsen zu lassen. „Die Ernte ist groß, aber es gibt nur wenig Arbeiter" (*Mt* 9,36): mehr als früher wird in unserer Zeit die Kluft zwischen den Bedürfnissen der Mission und den verfügbaren Kräften immer größer. Unerläßlich ist daher eine neue und mutige Förderung von Berufungen, die sich in den verschiedenen Formen radikal der Missionsaufgabe weihen.
Dieses wünschenswerte Aufblühen der Berufungen ist in besonderer Weise an die Lebenskraft und Verfügbarkeit der christlichen Familie gebunden: sie ist an erster Stelle aufgerufen, den anspruchsvollen Adel einer verantwortlichen Beteiligung am Evangelisierungswerk der Kirche zu erfassen und vorzuleben. Die christliche Familie darf sich mit vollem Recht als „Missionssubjekt" betrachten, wenn sie sich in der geschichtlich gewordenen Umwelt einsetzt, in der sie lebt, oder wenn sie einen der ihren für die weltumfassende Mission hergibt. Als Hauskirche muß sie sich bewußt sein, daß die Werte des Glaubens kein Erbe sind, das innerhalb der eigenen Wände verzehrt wird, sondern eine Gabe darstellen, die man mit allen Menschen austauschen und teilen muß.
„Im Missionsanliegen der Kirche leisten die christlichen Familien einen besonderen Beitrag, indem sie unter ihren Söhnen und Töchtern missionarische Berufungen fördern, und überhaupt durch eine Erziehung, in der sie ihre Kinder von klein auf dazu befähigen, daß sie die Liebe Gottes gegen alle Menschen immer mehr erkennen" (*Familiaris consortio*, Nr. 54).
Ideales Beispiel dafür ist die Familie von Nazaret, weil sie mehr als jede andere die volle Verfügbarkeit für Gottes Heilsplan, der in der Sendung Christi verwirklicht wird, vorgelebt hat.
Bei der Darstellung im Tempel bringen ihn Maria und Joseph als „ihr Eigentum" Gott dar und sind bereit, die geheimnisvollen Pläne anzunehmen, die der Allmächtige mit ihnen vorhat. Mit dem gleichen Glauben und in der gleichen Verfügbarkeit nehmen sie die Entscheidung des zwölfjährigen Jesus bei Gelegenheit der Wallfahrt nach Jerusalem hin: „Wußtet ihr nicht, daß ich in dem sein muß, was meinem Vater gehört?" (*Lk* 2,49).

Während des öffentlichen Lebens begleitet Maria, diskret und achtungsvoll präsent, die Sendung ihres Sohnes und übernimmt alle Folgen, bis zur vollen Anteilnahme am Martyrium zu Füßen des Kreuzes, „wo sie heftig mit ihrem Eingeborenen litt und sich mit seinem Opfer in mütterlichem Geist verband“ (*Lumen Gentium*, Nr. 59).

3. Doch wenn sich diese missionarische Berufung echt entfalten und verwirklichen soll, müssen die Eltern sie im Glauben annehmen, sie mutig fördern und das Opfer bringen, sie den ganzen Weg hindurch zu begleiten und eventuell sogar die dramatische Prüfung des Martyriums anzunehmen. Das Martyrium ist das erhabenste Zeugnis, das die Mission heute wie früher bieten kann. Es ist zugleich die glaubwürdigste Bezeugung ihrer Echtheit. In letzter Zeit haben auch etliche Missionare, eure Kinder, Brüder oder Verwandten, diese Erfahrung machen müssen. Es hat euch unsagbare Leiden verursacht, euch aber zugleich in das Herz der Sendung eingeführt und so die Vereinigung mit der Erlöserliebe Christi geschenkt, die die Menschen rettet. Das Beispiel der Hingabe aber, das eure Familien gegeben haben, darf von der Gemeinschaft der Kirche nicht mißachtet werden. Es muß vielmehr zum Ansporn werden, daß sie hochherzig jene Kinder anbietet, die der Heilige Geist sich für die universale Mission vorbehalten will.
Die Gemeinschaft der Christen muß daher bereit sein, diese Berufungen als Geschenk und Gnade zu betrachten im Bewußtsein, daß sie keine Verarmung bedeuten oder ihr Kräfte für ihre Seelsorge entziehen, sondern vielmehr das beredteste Zeichen für ihre Lebenskraft darstellen. Die christliche Reife einer Kirche ermißt sich an ihrer Fähigkeit, Missionsberufungen hervorzubringen.
Liebe Familienangehörigen der Missionare, wenn ich euch den Apostolischen Segen erteile, möchte ich euch und eure Missionare der mütterlichen Sorge Marias anvertrauen. Sie, die gänzlich im Dienst der Sendung ihres Sohnes stand, möge euch durch ihr Wohlwollen Stärke sein.

Das Priestertum Christi ist Anfang unseres Priestertums

Schreiben an alle Priester der Kirche zum Gründonnerstag 1989 vom 12. März

Geliebte Brüder im Priestertum Christi!

1. Auch in diesem Jahr möchte ich die Größe dieses Tages wieder besonders hervorheben, der uns alle um Christus versammelt. Während des heiligen Triduums vertieft die ganze Kirche ihr Bewußtsein vom österlichen Geheimnis. Hierbei richtet sich der Gründonnerstag in einer besonderen Weise an uns. Er ist das *Gedächtnis an das Letzte Abendmahl*, das wir an diesem Tag neu erleben und vergegenwärtigen. Wir finden in ihm das, wovon wir leben, das, was wir durch die Gnade Gottes sind. Wir *kehren zurück* zum Anfang des Opfers des neuen und ewigen Bundes und zugleich zum *Anfang unseres Priestertums*, das ganz und vollkommen in Christus verwirklicht ist. Er, der während des österlichen Mahles die Worte sprach: „Das ist mein Leib, der für euch hingegeben wird“; „das ist mein Blut, das für euch vergossen wird zur Vergebung der Sünden“ (*Römisches Mis-*

sale; vgl. *Lk* 2,19–20; *Mt* 26,26–28), hat sich kraft dieser sakramentalen Worte *als der Erlöser der Welt* und zugleich als Priester des neuen und ewigen Bundes *offenbart*.
Der Hebräerbrief drückt diese Wahrheit am vollkommensten aus, wenn er von Christus als dem „Hohenpriester der künftigen Güter" spricht, der „ein für allemal in das Heiligtum hineingegangen ist... *mit seinem eigenen Blut* und so eine ewige Erlösung bewirkt hat"; durch sein am Kreuz vergossenes Blut hat er „sich selbst kraft ewigen Geistes Gott als makelloses Opfer dargebracht" (vgl. *Hebr* 9,11–14).
Darum ist dieses *eine Priestertum Christi ewig und endgültig*, so wie auch das von ihm dargebrachte *Opfer* endgültig und ewig ist. Die Kirche lebt immer, jeden Tag und besonders während des heiligen Triduums, im Bewußtsein dieser Wahrheit: „Wir haben einen erhabenen Hohenpriester" (vgl. *Hebr* 4,14).
Gleichzeitig hat das, was sich während des Letzten Abendmahles vollzogen hat, dieses Priestertum Christi zum *Sakrament der Kirche* gemacht. Dieses ist bis zum Ende der Zeiten zum Zeichen ihrer Identität und zur Quelle des Lebens im heiligen Geiste geworden, das die Kirche ununterbrochen von Christus empfängt. An diesem Leben haben alle teil, die in Christus die Kirche bilden.
Und alle haben auch Anteil am Priestertum Christi. Diese Teilnahme besagt, daß sie schon *durch die Taufe* „aus dem Wasser und dem Heiligen Geist" (vgl. *Joh* 3,5) geheiligt sind, um in Vereinigung mit dem einen Erlösungsopfer, das Christus selbst dargebracht hat, geistige Opfer darzubringen. Alle sind in Christus – als messianisches Volk des Neuen Bundes – eine „königliche Priesterschaft" (vgl. *1 Petr* 2,9).

2. An diese Wahrheit zu erinnern, scheint besonders aktuell aus Anlaß der kürzlichen Veröffentlichung des Apostolischen Schreibens *Christifideles laici*. In ihm sind die Ergebnisse der Arbeiten der Bischofssynode enthalten, die im Jahre 1987 in ordentlicher Sitzung getagt hat und die Berufung und Sendung der Laien in der Kirche und der Welt zum Thema gehabt hat.
Es ist notwendig, daß wir alle von diesem wichtigen Dokument Kenntnis nehmen. Ebenso sollen wir *in seinem Licht unsere eigene Berufung betrachten*. Eine solche Besinnung erscheint sehr aktuell, besonders an dem Tage, der uns an die Einsetzung der Eucharistie und an den sakramentalen Dienst der Priester erinnert, der mit der Eucharistie verbunden ist.
In der Konstitution *Lumen Gentium* hat das II. Vatikanische Konzil daran erinnert, in was der *Unterschied zwischen dem gemeinsamen Priestertum aller Getauften* und dem *Priestertum* besteht, was wir *im Weihesakrament* empfangen. Das Konzil nennt das letztere „Amtspriestertum", was zugleich „Amt" und „Dienst" bedeutet. Es ist auch „hierarchisch" im Sinn von heiligem Dienst. „Hierarchie" bedeutet nämlich heiliges Leitungsamt, das in der Kirche Dienst ist.
Erinnern wir uns an den bekannten Konzilstext: „Das gemeinsame Priestertum der Gläubigen aber und das Priestertum des Dienstes, das heißt das hierarchische Priestertum, unterscheiden sich zwar dem Wesen und nicht bloß dem Grade nach. Dennoch sind sie einander zugeordnet: das eine wie das andere nämlich nimmt je auf besondere Weise am Priestertum Christi teil. Der Amtspriester nämlich bildet kraft seiner heiligen Gewalt,

die er innehat, das priesterliche Volk heran und leitet es; er vollzieht in der Person Christi (*in persona Christi*) das eucharistische Opfer und bringt es im Namen des ganzen Volkes Gott dar; die Gläubigen hingegen wirken kraft ihres königlichen Priestertums an der eucharistischen Darbringung mit und üben ihr Priestertum aus im Empfang der Sakramente, im Gebet, in der Danksagung, im Zeugnis eines heiligen Lebens, durch Selbstverleugnung und tätige Liebe" (Dogmatische Konstitution *Lumen Gentium*, Nr. 10; vgl. Apostoliches Schreiben *Christifideles laici*, Nr. 22).

3. Während des heiligen Triduums tritt vor allem das eine *Priestertum* des neuen und ewigen Bundes, *das in Christus selbst verwirklicht ist*, ins Blickfeld unseres Glaubens. Auf ihn können wir nämlich die Worte anwenden über den *Hohenpriester, der „aus den Menschen ausgewählt* und für die Menschen eingesetzt" ist (*Hebr* 5,1). *Als Mensch ist Christus Priester*, ist er der „Hohepriester der künftigen Güter"; zugleich aber ist dieser Mensch und Priester der wesensgleiche Sohn des Vaters. Darum ist auch *sein Priestertum* – das Priestertum seines Erlösungsopfers – einzig und unwiederholbar. Es ist *die transzendente Vollendung* von allem, was Priestertum beinhaltet.

An diesem einzigen Priestertum Christi haben nun durch das Sakrament der Taufe alle in der Kirche teil. Wenn sich auch die Worte „Priester aus den Menschen ausgewählt" auf jeden von uns, die Träger des Amtspriestertums, beziehen, so weisen sie doch vor allem auf die Zugehörigkeit zum messianischen Volk, zum königlichen Priestertum, hin; ebenso zeigen sie *unsere tiefe Verwurzelung im gemeinsamen Priestertum* der Gläubigen, das der Berufung eines jeden von uns zum priesterlichen Dienst zugrunde liegt.

Die *„Laienchristen"* sind diejenigen, *aus denen jeder von uns „ausgewählt wird"*, diejenigen, unter denen unser Priestertum geboren wurde. Es sind zuerst unsere Eltern, dann die Brüder und Schwestern und viele andere Personen in verschiedenen Lebensverhältnissen, aus denen ein jeder von uns kommt: menschliche und christliche und mitunter auch entchristlichte Verhältnisse. Die *priesterliche Berufung* entsteht nämlich nicht immer in einer für sie günstigen Atmosphäre; *mitunter* führt die Gnade der Berufung *über einen Gegensatz zur Umgebung*, ja sogar über den Widerstand von Angehörigen.

Außer all jenen, die wir kennen und persönlich auf dem Weg unserer Berufung identifizieren können, gibt es noch andere, Unbekannte. Wir sind niemals imstande, genau anzugeben, *wem wir diese Gnade schulden*, welchem Gebet und den Opfern *welcher Personen* wir im Geheimnis der göttlichen Ökonomie sie verdanken.

In jedem Fall haben die Worte „Priester aus den Menschen ausgewählt" eine große Weite. Wenn wir heute über die Entstehung des Priestertums Christi vor allem im Herzen eines jeden von uns nachdenken (noch bevor wir es durch die Handauflegung des Bischofs empfangen haben), so *müssen wir diesen Tag als Schuldner leben!* Ja, *Brüder, wir sind Schuldner!* Als Schuldner der unergründlichen Gnade Gottes werden wir zum Priestertum geboren, werden wir aus dem Herzen des Erlösers selbst, in der Mitte seines Kreuzesopfers geboren. Zugleich werden wir aus dem Schoß der Kirche, des priesterlichen Volkes, geboren. Dieses Volk ist in der Tat wie *der geistliche Nährboden für die Berufungen*, der vom Heiligen Geist, dem Beistand der Kirche für alle Zeiten, bereitet worden ist.

Das Volk Gottes freut sich über die priesterliche Berufung seiner Söhne. In dieser Berufung findet es die Bestätigung der eigenen Lebenskraft im Heiligen Geist, *die Bestätigung des königlichen Priestertums*, durch das Christus, „Hoherpriester der künftigen Güter", in den Generationen der Menschen und in den christlichen Gemeinden gegenwärtig ist. Auch er ist „aus den Menschen ausgewählt". Er ist der „Menschensohn", der Sohn Mariens.

4. *Wo es an Berufungen mangelt, muß die Kirche sich eifrig darum bemühen*. Und sie tut es auch mit großem Eifer. An dieser Sorge nehmen auch die Laien in der Kirche teil. Diesbezüglich haben wir auf der Synode des Jahres 1987 nicht nur von den Bischöfen und Priestern, sondern auch von den anwesenden Laien selbst bewegende Worte gehört. Solche Bestimmungen *bezeugen* auf bestmögliche Weise, was *für die Laien der Priester bedeutet*: Sie bezeugen seine Identität und sind zugleich ein Zeugnis der Gemeinschaft, ein soziales Zeugnis. Das Priestertum ist nämlich ein „soziales" Sakrament. Der Priester „wird aus den Menschen ausgewählt und für die Menschen eingesetzt zum Dienst vor Gott" (*Hebr* 5,1).

Am Tag vor seinem Leiden und Sterben am Kreuz hat Jesus im Abendmahlssaal *den Aposteln die Füße gewaschen*. Er tat dies, um zu unterstreichen, „daß er nicht gekommen ist, um sich bedienen zu lassen, sondern um zu dienen" (vgl. *Mk* 10,45). All das, was Christus tat und lehrte, stand im Dienst an unserer Erlösung. Der letzte und vollkommenste Ausdruck dieses messianischen Dienstes sollte das *Kreuz auf dem Kalvarienberg* werden. In ihm wurde bis zum Ende bestätigt, daß der Sohn Gottes Mensch geworden ist „für uns Menschen und um unseres Heiles willen" (*Credo der Messe*). Und dieser *Heilsdienst*, der einen universalen Wirkungskreis hat, ist für immer in das Priestertum Christi „eingeprägt". Die Eucharistie – das Sakrament des Erlösungsopfers Christi – enthält in sich diese „Einprägung". Christus, der gekommen ist, um zu dienen, *ist in der Eucharistie sakramental gegenwärtig* gerade *um zu dienen*. Der Dienst ist gleichzeitig die Fülle der Heilsvermittlung: Christus ist hineingegangen in ein ewiges Heiligtum, „in den Himmel selbst, um jetzt für uns vor Gottes Angesicht zu erscheinen" (*Hebr* 9,24). Fürwahr, er wurde „für die Menschen eingesetzt zum Dienst vor Gott."

Jeder von uns, der durch das Weihesakrament am Priestertum Christi teilhat, muß *diese „Einprägung" in den Erlöserdienst Christi ständig neu* nachvollziehen. In der Tat, auch wir – jeder von uns – sind eingesetzt „für die Menschen zum Dienst vor Gott". Das Konzil sagt darum berechtigterweise, daß *„die Laien... das Recht haben, aus den geistlichen Gütern der Kirche*, vor allem die Hilfe des Wortes und der Sakramente, von den geweihten Hirten reichlich zu empfangen" (Dogmatische Konstitution *Lumen Gentium*, Nr. 37).

Dieser Dienst steht im Mittelpunkt unserer Sendung. Sicher *möchten* auch unsere Brüder und Schwestern – die gläubigen Laien – *in uns „Diener Christi und Verwalter von Geheimnissen Gottes"* (*1 Kor* 4,1) finden. In dieser Dimension wird die volle Authentizität unserer Berufung, unseres Platzes in der Kirche gesucht. Während der Bischofssynode über das Thema des Laienapostolates wurde oft daran erinnert, daß den Laien eine *solche Authentizität der Berufung und des Lebens der Priester* am Herzen liegt. Diese ist sogar

die erste Voraussetzung für die Lebenskraft des Laientums und für das eigentliche Apostolat der Laien. In keiner Weise handelt es sich hierbei um eine „Laisierung" des Klerus, wie es auch nicht um eine „Klerikalisierung" der Laien geht. *Die Kirche entwickelt sich organisch nach dem Prinzip der Vielfalt und der Verschiedenheit der „Gnadengaben"*, d. h. der Charismen (vgl. Apostolisches Schreiben *Christifideles laici*, Nr. 21–23). Tatsächlich *„hat jeder seine Gnadengabe"* (*1 Kor* 7,7), „damit sie anderen nützt" (*ebd.* 12,7). *„Dient einander* als gute Verwalter der vielfältigen Gnade Gottes, *jeder mit der Gabe, die er empfangen hat"* (*1 Petr* 4,10). Diese Aussagen der Apostel behalten auch in unserer Zeit ihre volle Gültigkeit.
In gleicher Weise bezieht sich auf alle – Kleriker wie Laien – die Ermahnung, „ein Leben zu führen, das des Rufes würdig ist" (vgl. *Eph* 4,1), an dem jeder teilhat.

5. An einem für uns so heiligen Tag wie dem heutigen, der angefüllt ist mit tiefen geistlichen Inhalten, müssen wir deshalb noch einmal und gründlich den besonderen Charakter unserer Berufung und unseres priesterlichen Dienstes überdenken. Das Konzil lehrt, daß „der Dienst" der Priester ... „verlangt, *sich dieser Welt nicht gleichförmig zu machen*; er erfordert aber zugleich, *daß sie in dieser Welt mitten unter den Menschen leben"* (Dekret *Presbyterorum ordinis*, Nr. 3). In der priesterlichen Berufung eines Hirten muß ein besonderer Raum für diese Personen sein, für die Laien und für ihr „Laientum", das auch ein großes Gut für die Kirche darstellt. Ein solcher innerer Raum ist Zeichen für die Berufung des Priesters als Hirte.
Das Konzil hat mit großer Klarheit gezeigt, daß das *„Laientum"*, das in den Sakramenten der Taufe und der Firmung gründet, das Laientum als Dimension der gemeinsamen Teilnahme am Priestertum Christi, die wesentliche Berufung aller gläubigen Laien darstellt. *Und die Priester* „könnten nicht Christi Diener sein, wenn sie nicht Zeugen und Ausspender eines anderen als des irdischen Lebens wären", aber gleichzeitig „vermöchten sie auch nicht den Menschen zu dienen, wenn diese und ihre Lebensverhältnisse ihnen fremd blieben" (Dekret *Presbyterorum ordinis*, Nr.3). Das zeigt gerade jenen inneren Raum für das „Laientum" auf, das in die priesterliche Berufung eines jeden Hirten tief eingeprägt ist: den Raum für all das, worin sich dieses „Laientum" ausdrückt. In all dem muß der Priester versuchen, *„die wahre christliche Würde"* (Dogmatische Konstitution *Lumen Gentium*, Nr. 18) eines jeden seiner Brüder und Schwestern im Laienstand anzuerkennen; mehr noch, er muß sich darum bemühen, ihnen selbst die Würde bewußt zu machen, sie zu dieser Würde durch seinen priesterlichen Dienst zu erziehen.
Wenn man die Würde der Laien und „ihre spezifische Rolle im Rahmen der Sendung der Kirche anerkennt", *„sind* die Priester *Brüder* unter Brüdern, da sie ja Glieder ein und desselben Leibes Christi sind, dessen Auferbauung allen anvertraut ist" (Dekret *Presbyterorum ordinis*, Nr. 9).

6. Wenn der Priester eine solche Haltung zu allen gläubigen Laien – den Laien und zu ihrem „Laientum" –, die ja auch mit dem Geschenk der von Christus empfangenen Berufung ausgestattet sind, in sich entwickelt, kann er *diese soziale Aufgabe erfüllen, die mit seiner Berufung zum Hirten verbunden ist*. Das heißt, er kann die christlichen Gemeinden, zu denen er gesandt ist, „sammeln". Das Konzil stellt an mehreren Stellen diese

Aufgabe heraus. Die Priester „... üben das Amt Christi aus ..., *sammeln die Familie Gottes* als von einem Geist durchdrungene Gemeinde von Brüdern und führen sie durch Christus im Geist zu Gott dem Vater“ (Dogmatische Konstitution *Lumen Gentium*, Nr. 28).
Dieses „Sammeln“ ist ihr Dienst. Jeder von uns muß sich bewußt sein, die Gemeinde *nicht um sich* zu sammeln, *sondern um Christus* und nicht für sich, sondern *für Christus*, damit er selbst in dieser Gemeinde wirken kann, in jedem einzelnen mit der Kraft seines lebenspendenden Geistes, und nach dem Maß der „Gabe“, die jeder in diesem Geist „zum allgemeinen Nutzen“ empfangen hat.
Deshalb *ist* dieses „Sammeln“ Dienst; *und es ist um so mehr* Dienst, sofern *der Priester* die Gemeinde „leitet“. Hierzu unterstreicht das Konzil: „Die Priester müssen ihr Leitungsamt so ausüben, daß sie nicht das Ihre, sondern die Sache Jesu Christi suchen. Sie müssen mit den gläubigen Laien zusammenarbeiten ...“ (Dekret *Presbyterorum ordinis*, Nr. 9).
Dieses „Sammeln“ wird nicht als etwas Zufälliges betrachtet, sondern als *eine fortwährende und kohärente Auferbauung der Gemeinde*. Gerade hierbei ist die Zusammenarbeit, von der im Konzilstext die Rede ist, unbedingt erforderlich. Auch hier „sollen [sie] mit Glaubenssinn *die vielfältigen Charismen der Laien*, schlichte wie bedeutendere, freudig anerkennen und mit Sorgfalt hegen“. „Ebenso sollen sie vertrauensvoll den Laien Ämter zum Dienst in der Kirche anvertrauen, ihnen Freiheit und Raum zum Handeln lassen“ (*ebd.*).
Mit den Worten des heiligen Paulus erinnert das Konzil die Priester daran, daß sie „mitten unter den Laien [leben], um alle zur Einheit in der Liebe zu führen, ‚indem sie in Bruderliebe einander herzlich zugetan sind, sich an gegenseitiger Achtung übertreffen‘ (vgl. *Röm* 12,10)“.

7. Jetzt, nach der Veröffentlichung des Apostolischen Schreibens *Christifideles laici*, studieren viele Kreise in der Kirche seinen Inhalt, in welchem sich der Ausdruck der kollegialen Sorge der Bischöfe findet, die sich zur Synode versammelt hatten. Die *Synode* war ürigens *ein Echo auf das Konzil*, indem sie versuchte – im Licht der vielfätigen Erfahrungen –, die Richtung anzugeben, in welcher die Verwirklichung der Konzilslehre über die Laien weitergehen sollte. Es ist bekannt, daß diese sich als besonders reichhaltig und anregend erwiesen hat, was gewiß auch *den Erfordernissen der Kirche in der Welt von heute* entspricht.
Wir stellen diese Erfordernisse in all ihrer Bedeutung und Komplexität fest. Darum wird die Kenntnis des nachsynodalen Dokumentes es uns ermöglichen, uns ihnen zu stellen und in vielen Fällen auch uns selbst in unserem priesterlichen Dienst zu helfen. „Die geweihten Hirten wissen sehr gut“ – lesen wir in der Konstitution *Lumen Gentium* –, „wieviel die Laien zum Wohl der ganzen Kirche beitragen. Sie *wissen ja, daß sie von Christus nicht bestellt sind, um die ganze Heilsmission* der Kirche an der Welt *allein auf sich zu nehmen*“ (Nr. 30).
Indem sie für die Würde und Verantwortung der Laien eintreten, „sollen sie gern deren klugen Rat benutzen“ (*ebd.*, Nr. 37). Alle Hirten – Bischöfe und Priester – „sollen ... bemüht sein ... der Welt *ein solches Antlitz der Kirche zu zeigen*, das die Menschen sich

daran ein Urteil über die Kraft und Wahrheit der christlichen Botschaft bilden können" (Dogmatische Konstitution *Gaudium et spes*, Nr. 43). „In den Laien wird so der Sinn für die eigene Verantwortung gestärkt, die Bereitwilligkeit gefördert, und die Kraft der Laien verbindet sich leichter mit dem Werk der Hirten" (Dogmatische Konstitution *Lumen Gentium*, Nr. 37).
Auch dies wird – unter anderem – Gegenstand der Versammlung der Bischofssynode *über das Thema der Priesterausbildung* sein, die für das Jahr 1990 angekündigt ist. Eine solche Themenfolge läßt schon von sich aus erkennen, daß in der Kirche eine tiefe Verbindung zwischen der Berufung der Laien und jener der Priester besteht.

8. Wenn ich im Brief zum Gründonnerstag dieses Jahres an all das erinnere, so habe ich eine Frage berühren wollen, die wesentlich mit dem Weihesakrament verbunden ist. Als Presbyterium der einzelnen Orts- und Partikularkirchen *versammeln wir uns heute* an vielen Orten der Erde *um unsere Bischöfe*. Wir feiern zusammen die Eucharistie, wir erneuern die priesterlichen Versprechen, die mit unserer Berufung und mit unserem Dienst in der Kirche Christi verbunden sind. Es ist der große Priestertag aller Kirchen der Erde in der einzigen Universalkirche! Wir tauschen einander den Friedensgruß und *wollen mit diesem Zeichen alle Brüder im Priestertum erreichen*, bis hin zu jenen, die uns in der sichtbaren Welt räumlich am entferntesten sind.
Wir bringen gerade *diese Welt zusammen mit Christus dem Vater im Heiligen Geist dar*: die Welt von heute „das heißt die ganze Menschheitsfamilie mit der Gesamtheit der Wirklichkeiten, in denen sie lebt" (Dogmatische Konstitution *Gaudium et spes*, Nr. 2). Wenn wir „in persona Christi" handeln, als „Verwalter von Geheimnissen Gottes" (*1 Kor* 4,1), sind wir uns der universalen Dimension des eucharistischen Opfers bewußt.
Die *gläubigen Laien* – unsere Brüder und Schwestern – *sind* kraft ihrer eigenen Berufung *mit dieser „Welt" in einer Weise verbunden, die von der unsrigen verschieden ist*. Die Welt ist ihnen als Aufgabe von Gott in Christus, dem Erlöser, anvertraut. Ihr Apostolat soll direkt *zur Umformung der Welt im Geist des Evangeliums führen* (vgl. Apostolisches Schreiben *Christifideles laici*, Nr. 36). Sie kommen, um in der Eucharistie, deren Diener wir durch die Gnade Christi sind, das Licht und die Kraft zu finden, um diese Aufgabe zu erfüllen.
Erneuern wir an den Altären der Kirchen in der Welt von heute den Erlösungsdienst Christi, indem wir an sie denken. Erneuern wir ihn als „gute und getreue Knechte, die der Herr wach findet, wenn er kommt" (vgl. *Lk* 19,17; 12, 37).
Euch allen, liebe Brüder im Priestertum Christi, sende ich meine herzlichen Grüße und den Apostolischen Segen.

Gegeben zu Rom, bei St. Peter, am 12. März 1989, dem fünften Fastensonntag, im elften Jahr meines Pontifikates.

Joannes Paulus PP. II

Heilige und Selige Beispiele der Nachfolge

Ansprache während des Konsistoriums am 13. März

Immer wenn ich mich mit der Verehrung der Heiligen und Seligen der Kirche auf Erden zu beschäftigen habe, bedeutet das für mich eine ganz besondere Freude und tiefen Trost, weil kaum etwas in ähnlicher Weise zur Pflege und Steigerung der täglichen Frömmigkeit der Christgläubigen sowie der Ordensgemeinschaften in den Einzelkirchen beiträgt als die Würdigung neuer Heiliger des Himmels. Sie lehren uns nämlich durch das ständige Beispiel ihrer Heiligkeit unter den verschiedensten Lebensverhältnissen immer neu, wie trotz der wandelbaren Umstände des irdischen Lebens die Lehren und Lebensnormen, die wir im Evangelium Christi und in der wahren Überlieferung der Kirche vorfinden, zum Heil führen.

Wenn ich euch daher heute früh hier versammelt sehe, fühle ich mich wirklich erhoben, da ich ja weiß: ihr seid in der Absicht gekommen, um wichtige Anliegen der Kirche zur Kenntnis zu nehmen und darüber eure bedeutsamen Entscheidungen zu treffen. Von Rechts wegen ist es nämlich eure Hauptaufgabe, dem Papst zur Seite zu stehen. Ihr werdet vor allem meine Gedanken und Entscheidungen hinsichtlich der Sorge für die Einzelkirchen erfahren, deren Bedürfnissen in der ganzen Welt zu entsprechen meine Aufgabe ist. Dann werden fünf Seligsprechungsverfahren zur Sprache kommen, die abgeschlossen werden konnten, so daß wir die Betreffenden bald ins Verzeichnis der Seligen einfügen können. Es geht im einzelnen um Agnes von Böhmen, Gaspare Bertoni, Clelia Barbieri, Albert Chmielowski und Richard Pampuri. Ich weiß, daß ihr die Berichte über ihr Leben und ihre Heiligkeit schon früher erhalten habt, und daher könnt ihr in Kürze über jeden abstimmen.

Dabei und in allen großen Anliegen und Sorgen der universalen Kirche soll uns – so bitten wir von Herzen – der mächtige Patron der Kirche, der treue Behüter Jesu Christi und seiner heiligsten Mutter Maria, der heilige Josef der Arbeiter, beistehen, den die Gemeinschaft der Gläubigen auf der ganzen Erde am kommenden Samstag feiern und versprechen wird, sein Beispiel das Jahr hindurch fromm nachzuahmen.

Die Würde der Arbeit proklamieren

Ansprache an den Kongreß des Europäischen Rates der Landjugend am 16. März

Herr Präsident! Liebe Freunde!

1. Mit Freude empfange ich Sie hier und begrüße Sie sehr herzlich, und ich danke Ihnen für Ihren freundlichen Besuch.

In diesen Tagen feiern Sie das dreißigjährige Bestehen des Europäischen Rates der Landjugend unter der Schirmherrschaft der zuständigen Organe der Europäischen Wirtschaftsgemeinschaft am Sitz der FAO. Ihr Treffen gibt Ihnen Gelegenheit, gemeinsam über den zurückgelegten Weg nachzudenken und über die Perspektiven, die sich in Europa durch die neuen Bestimmungen eröffnet haben, die 1993 in Kraft treten werden. Ich lege Wert darauf, Ihnen mein Interesse an den Themen zu bekunden, die Sie miteinander bearbeiten.

2. Die Analyse der augenblicklichen Lage der Landwirtschaft im Rahmen der gemeinsamen Agrarpolitik führt Sie dazu, die gesamte Tätigkeit Ihres beruflichen Milieus, oder besser: Ihres sozialen Milieus zu betrachten, das heute von beträchtlichen Veränderungen gekennzeichnet ist wie sie sich im Lauf dieser letzten Jahrzehnte ergeben haben.
In dieser kurzen Unterhaltung steht es mir nicht zu, an die zuweilen schwierigen Wegstrecken beim Aufbau einer europäischen Organisation zu erinnern, in der die Landwirte im Vordergrund stehen. Aber ich weiß, daß das Zustandekommen von zweifellos notwendigen Normen und Richtlinien bei den Landwirten Probleme hervorgerufen haben, bei den Generationen der Älteren, die sich mit dem rapiden technischen und wirtschaftlichen Wandel auseinanderzusetzen hatten, und bei Ihrer Generation, die um wirkliche Schwierigkeiten in der Ausübung eines Berufes weiß, der sie begeistert. Die Gegenüberstellung Ihrer Erfahrungen wird Ihnen gestatten, den Wert des Verzichts auf bestimmte Formen des Individualismus oder des Nationalismus besser zu ermessen, das Ziel einer organischen kontinentalen Einheit, die es zum Wohl aller aufzubauen gilt, an die rechte Stelle zu setzen und auch die Öffnung zu anderen Regionen der Welt hin zu ermöglichen.

3. Sie haben auch vor, die Funktionen der landwirtschaftlichen Gewerkschaftsbewegung der Jugend deutlicher zu bestimmen und dabei die Bedingungen des in Aussicht stehenden freien gemeinsamen Marktes zu berücksichtigen. Der kulturelle und bildende Beitrag der Berufs- und Gewerkschaftsorganisationen erscheint in der Tat wichtig und entscheidend; er ist ein „positiver Faktor der sozialen Ordnung und Solidarität“ (Enzyklika *Laborem exercens*, Nr. 20). Die Festigung der europäischen Einheit wird zum großen Teil vom moralischen und geistigen Zusammenhalt der Menschen und Völker abhängen, aus denen sie sich zuzsammensetzt. Als ich die christliche Lehre über die Arbeit darlegte, habe ich besonders daran erinnert, daß es gilt, „die Würde der Arbeit zu proklamieren und zu fördern – jeder Arbeit und besonders der Landarbeit, durch die sich der Mensch die von Gott als Geschenk empfangene Erde auf so anschauliche Weise ‚untertan macht‘“ (*ebd.*, Nr. 21). Es ist mein Wunsch, Ihre Organisationen mögen den jungen Landwirten helfen, in ihrer Arbeit die Befriedigung zu finden, daß sie in Sicherheit eine menschlich erfreuende und von allen geachtete Aufgabe erfüllen.

4. Das dritte Thema, über das Sie bei diesem römischen Treffen nachdenken, steht noch entschiedener unter einem internationalen Gesichtspunkt. Sie bereiten Ihren sechsten Weltkongreß vor, der im kommenden Dezember in Brasilien stattfinden soll. Sie sehen sich mit den Problemen der gegenseitigen Abhängigkeit in Produktion und Umsatz konfrontiert. Sie werden noch klarer erkennen, wie dringend notwendig es ist, nicht nur wirtschaftliche, sondern kulturelle, politische und religiöse Komponenten in

Betracht zu ziehen, das heißt, diese gegenseitige Abhängigkeit in den Rang einer moralischen Kategorie zu erheben, wie ich es in der Enzyklika *Sollicitudo rei socialis* gefordert habe (vgl. *ebd.*, Nr. 38).
Sie lassen es sich angelegen sein, vor dem Horizont des Jahres 2000 die Grenzen der Solidarität der Europäer weit über Ihren Kontinent hinaus zu erweitern, um engere und fruchtbarere Verbindungen im Norden und Süden des Planeten anzuknüpfen zwischen den Ländern, die mit einer modernen, sehr produktiven Landwirtschaft ausgestattet sind und den Ländern, die sich nicht der gleichen natürlichen, technologischen und wirtschaftlichen Möglichkeiten erfreuen. Und diese Solidarität ist, wie Sie wissen, nur dann wirklich sinnvoll, wenn sie auf menschlicher Ebene ausgeübt wird, wenn sie den Vorrang des Menschen in jeder wirtschaftlichen Tätigkeit zum Ausdruck bringt. Die Kirche schätzt in dieser Hinsicht die Aufgabe, die die internationalen Regierungs- oder regierungsfreien Organisationen erfüllen zum „Dienst an den Gesellschaften, den Wirtschaften und den Kulturen der ganzen Welt" (*ebd.*, Nr. 43).

5. Liebe junge Landwirte, letzten Herbst hatte ich die Freude, mich zum Europäischen Parlament zu begeben und meine Achtung und Ermutigung denen zum Ausdruck zu bringen, die auf dieser Ebene zwölf Nationen vertreten.
An drei Aktionsfelder, auf die ich in Straßburg hinwies und die mir auf dem Weg zum vereinten Europa wichtig erscheinen, möchte ich auch Sie erinnern. Zunächst: den Menschen mit der Schöpfung versöhnen und darüber wachen, daß die Unversehrtheit, das Gleichgewicht und die Hilfsquellen der Natur erhalten bleiben – Sie sind es wohl an erster Stelle, die diese Notwendigkeit verstehen. Dann: den Menschen mit seinesgleichen versöhnen und sich gegenseitig annehmen in der Verschiedenheit der Traditionen innerhalb des europäischen Kontinents, offen auch für die geistigen Reichtümer anderer Kontinente. Ferner: den Menschen mit sich selbst versöhnen und daran arbeiten, eine ganze und vollständige Sicht vom Menschen wiederherzustellen (vgl. *Ansprache an das Europäische Parlament* am 11. Oktober 1988, Nr. 12, in: O.R. dt., 11. 11. 1988).
Ich bin sicher, daß Sie in der Sensibilität der Jugend, mit Ihrer Weite der Sicht und Ihrem Vertrauen in die Zukunft hochherzig auf diese Anrufe zu antworten wissen.
In dieser Hoffnung rufe ich auf Sie, auf Ihre Familie, auf die, die Sie vertraten und auf Ihre Länder den Segen Gottes herab.

Papst Pius XI. mutig und unerschrocken

Ansprache an die Teilnehmer des internationalen und interdisziplinären Kolloquiums über „Achille Ratti, Papst Pius XI." am 17. März

Herr Kardinal, liebe Freunde!

1. Es ist für mich eine große Freude, Sie heute morgen im Vatikan zu empfangen. Sie nehmen an einem Kolloquium über „Achille Ratti, Papst Pius XI." teil, das die École Française von Rom, ermuntert durch den Päpstlichen Rat für die Kultur, veranstaltet, und bei dem auch die Universität Lille III, Greco 2, das französische Nationalzentrum für wissenschaftliche Forschung, die Universität Mailand, die Universität Rom „La Sapienza" vertreten sind und natürlich die Ambrosianische Bibliothek von Mailand, deren hochgeachteter Präfekt Achille Ratti war. In Ihnen begrüße ich ehrerbietig die hervorragenden Lehrer und anerkannten Forscher dieser bedeutenden Universitäten und Kulturinstitutionen, angefangen bei der École Française von Rom mit ihrem Direktor Herrn Charles Pietri. Die Anwesenheit dieser Schule in Rom, zusammen mit mehreren Schwesterinstitutionen aus verschiedenen Ländern bestätigt sichtbar die Ausstrahlung der ewigen Stadt.
Um die geistige und kulturelle Persönlichkeit Pius XI. und sein Werk zu erforschen, haben Sie ein Programm von hohem wissenschaftlichem Niveau ausgearbeitet. Dabei kamen Ihnen die Beiträge von Fachgelehrten aus Frankreich, Italien und weiteren europäischen und anderen Nationen zugute. Als augenblicklicher Nachfolger dieses großen Papstes sehe ich in Ihrem Besuch im Vatikan eine Ehrung des Papsttums selbst und ich lege Wert darauf, Ihnen dafür meinen Dank auszusprechen.

2. Ihre Initiative – ich werde dies kaum zu unterstreichen brauchen – kommt zur rechten Stunde, nämlich fünfzig Jahre nach dem Tod dieses Papstes. Ein halbes Jahrhundert ist allerdings wenig, gemessen an dem zweitausendjährigen Bestehen der Kirche, aber es ist viel nach dem Maßstab des Menschenlebens. Dieser Abstand und diese Nähe haben Ihnen erlaubt, noch das Zeugnis von maßgeblichen Persönlichkeiten heranzuziehen und gleichzeitig schon eine Beurteilung zu erarbeiten, die, nach Ausweis Ihrer Beiträge, vom Stempel wissenschaftlicher Sorgfalt geprägt ist. Fünfzig Jahre – das war scheinbar erst gestern. Und doch haben sich seitdem Europa und die Welt so verändert, daß Jahrhunderte darüber hingegangen zu sein scheinen. Das heißt, die siebzehn Jahre des Ponstifikats Pius' XI. sind in die Geschichte eingegangen, eine Geschichte, gewoben aus Ereignissen, deren Gewicht noch heute das Leben der Nationen beeinflußt.

3. Pius XI. wurde am 31. Mai 1857 in Desio geboren und starb mit 82 Jahren am 10. Februar 1939 am Vorabend des zehnten Jahrestages der Lateranverträge. Die Ansprache, die er zu dieser Gelegenheit an die dazu eingeladenen italienischen Bischöfe halten sollte und die erst von meinem Vorgänger Johannes XXIII. veröffentlicht wurde, ist wie eine Synthese seiner Sorgen und seiner Überzeugungen. In dieser dramatischen Phase vor dem zweiten Weltkrieg gibt der alte Papst Zeugnis für sein unerschütterliches Ver-

trauen auf die Fähigkeit der Völker, sich zu erneuern, indem sie aus den am christlichen Glauben inspirierten Grundwahrheiten des Lebens die nötige Kraft schöpfen, um den Frieden der Menschheit sicherzustellen: *Pax Christi in regno Christi*, das war sein Wahlspruch.
Achille Rattis starke Persönlichkeit erlaubte ihm, als er Papst geworden war, einem sehr kontrastreichen historischen Augenblick gegenüberzutreten, der sowohl reich war an wohltätigen wissenschaftlichen Errungenschaften, als auch voller Bedrohungen für die menschliche Würde und die bürgerlichen Freiheiten. Es war eine Zeit des Reifens und zugleich des Übergangs, in der die katholische Kirche, vor allem in Italien, ein tiefes Selbstbewußtsein wiedergewann und sich anschickte, mit Entschiedenheit in eine neue Periode der Geschichte einzutreten.

4. Die Mittel der sozialen Kommunikation waren damals noch überwältigend neu. Zu der Zeit, als in immer mehr Zonen der Welt eine atheistische Ideologie gelehrt wurde, trugen sie dazu bei, einen heidnischen Existenzbegriff zu verbreiten. Weit davon entfernt, sich davon abschrecken zu lassen, rief Pius XI. Radio Vatikan ins Leben, das er am 12. Februar in Gegenwart des Gelehrten Guglielmo Marconi eröffnete. Und der Filmkunst widmete er die Enzyklika *Vigilanti cura*
Die Probleme der sozialen Gerechtigkeit wurden immer drängender. Der Papst nahm sie in Angriff in seiner Enzyklika *Quadragesimo anno*, über die Wiederherstellung der sozialen Ordnung in voller Übereinstimmung mit dem Evangelium. Zur gleichen Zeit legte er, unermüdlich, das Ideal der christlichen Erziehung und das der christlichen Ehe in seinen Enzykliken *Divini illius Magistri* und *Casti connubii* dar.
Die Probleme nahmen noch zu, und immer mehr Hindernisse türmten sich vor den Boten des Evangeliums auf. Ohne sie zu umgehen, stellte Papst Pius XI. sich ihnen mutig und unerschrocken zu der Stunde, in der sich in Europa autoritäre und totalitäre Regime erhoben, vom Faschismus bis zum Nationalsozialismus und atheistischen Kommunismus. Jeder hat noch die Aufsehen erregende, mit fünf Tagen Abstand erschienene Veröffentlichung der beiden Enzykliken *Mit brennender Sorge* und *Divini Redemptoris* in Erinnerung. Aber der unbeugsame Papst beschränkte sich nicht darauf, auf die Gefahren hinzuweisen, die Irrtümer zu brandmarken und die Gefahren fernzuhalten; kühn wies er auch den Weg und unterstützte mit all seiner kraftvollen Energie die junge, vielversprechende Katholische Aktion, während er die missionarische Kirche auf der Spur seines Vorgängers Benedikt XV. in der Enzyklika *Rerum Ecclesiae* der Inkulturation des Evangeliums öffnete. In einer prophetischen Geste weihte er persönlich im Petersdom die ersten einheimischen chinesischen Bischöfe.
Seine häufigen und kraftvollen Interventionen gaben dem resoluten Einsatz der Katholiken auf sozialem und politischem Gebiet Rückhalt und Orientierung. In ihrem eigenwilligen, unerbittlichen Stil offenbarten sie seine starke Persönlichkeit, geschmiedet in der Tradition der Bischöfe der mailändischen Kirche: Ambrosius und Karl Borromäus. Sie zeigen gleichzeitig, wie ihn die Sorge quälte, die Botschaft Christi im Herzen der Stadt Gestalt werden zu lassen, in einer entschieden universalen Sicht, in klarer Unterscheidung zwischen dem Sauerteig des Evangeliums und der Kultur, in die es eindringt; sie

zeigen seine Sorge um den hochherzigen Einsatz der ganzen Kirche, um das Reich Christi aufzurichten. Das ist die religiöse Grundausrichtung seines Pontifikats. Markierungszeichen sind die Heiligsprechung von Therese von Lisieux und Bernadette Soubirous, von Don Bosco und Jean Marie Vianney, John Fisher und Thomas More.

5. Ich wüßte Ihnen in diesen kurzen Augenblicken die Gestalt und das Werk dieses großen Papstes nicht vollständig darzustellen. Das eben ist der Gegenstand Ihrer sachkundigen Arbeit. Aber ich kann nicht umhin, wenn auch nur kurz, an seinen entschiedenen Einsatz für die Kultur zu erinnern. Der „Bibliothekar Papst", wie er sich in einem familiären Gespräch mit den lombardischen Seminaristen am 28. September 1923 selbst nannte, fühlte sich tief mit der Institution verbunden, an der er mit Liebe gearbeitet hatte. Mit der Hilfe von Kardinal Eugen Tisserant gestaltete er die Vatikanische Bibliothek aus einer geordneten Bücherablage um zu einem kulturfördernden Organ. Er begründete die katholische Herz-Jesu-Universität von Mailand. Und zu der Zeit, als neue Disziplinen ihren eigenen Methoden gemäß ihren Platz im *cursus studiorum* suchten, setzte er sich mit intellektuellem Mut und pastoraler Entschiedenheit sowohl mit den Aspekten der Lehre als auch mit den praktischen Verflechtungen auseinander, die eine in Entwicklung befindliche Universität aufweist. Er hatte auch den Mut zur Reform und Neustrukturierung der höheren kirchlichen Studien durch die Konstitution *Deus scientiarum Dominus*. Gleichzeitig offenbarte er sich als kluger Mäzen im Hinblick auf die Vatikanische Sternwarte, gab der Pinakothek einen neuen Sitz und stattete verschiedene Abteilungen der Vatikanischen Museen neu aus auf dem Boden des neuen Staates, den er geschaffen hatte. Ohne jeden Zweifel war sein bedeutendstes Werk auf kulturellem Gebiet die Wiedererrichtung der Päpstlichen Akademie der Wissenschaften durch das Motu proprio *In multis solaciis* vom 28. Oktober 1936. Diese erneuerte Einrichtung bevorzugte die mathematischen, physikalischen und Naturwissenschaften und das Studium der erkenntnistheoretischen Probleme, die sich darauf beziehen.

6. Von diesen siebzig Akademikern, „einer Art Senat des Apostolischen Stuhls auf dem Gebiet der Wissenschaft", wie er sie gern nannte, verlangte Pius XI. nichts anderes als Liebe zur Wahrheit und Ernst in der Forschung und Schlußfolgerung in der Überzeugung, daß sich zwischen Wissenschaft und Glauben kein Widerspruch ergeben kann, da beide Güter aus der gleichen Quelle entspringen. Mir scheint, es gibt keine Botschaft, die Ihnen angemessener wäre, die Sie sich dem Fachgebiet der Kirchengeschichte widmen. Diese Disziplin hat im Lauf der vergangenen Jahre eine bemerkenswerte Entwicklung erfahren – und ich freue mich sehr darüber –, eine Entwicklung sowohl in den kirchlichen Fakultäten, als auch an den Universitäten insgesamt, mit einem beachtlichen Einsatz von Laien, wie Sie es ja auch sind. Die Diskussion über die epistemologische Stellung der Kirchengeschichte muß noch vertieft werden. Sie fand beispielhaft Ausdruck in dem Kolloquium von 1981, das dem Andenken an Professor Hubert Jedin gewidmet war über die grundlegenden Probleme in der Methode der Kirchengeschichte. Ich habe keinen Zweifel, daß Ihr interdisziplinäres und interuniversitäres Treffen in dieser Hinsicht auch einen konkreten Beitrag von hohem Wert leisten wird.

7. Ich danke Ihnen dafür und richte einen besonderen Dank an die École Française in Rom, die, angeregt durch ihren sehr bewanderten und klugen Direktor, günstige Gelegenheiten zur Zusammenarbeit mit den päpstlichen Institutionen und Organen der Kultur, ebenso wie mit anderen Instituten geschaffen hat. Sie hat die glückliche Initiative zu diesem Kolloquium „Achille Ratti, Papst Pius XI." unternommen, nach anderen vorausgegangenen, die Paul VI. und dem II. Vatikanischen Konzil gewidmet waren. Bei dieser Gelegenheit möchte ich auch meiner Freude über die kürzlich erfolgte Veröffentlichung von vier Bänden über das Pontifikat Urbans V. Ausdruck geben, die sich der beeindruckenden Sammlung der Register der Päpste des Mittelalters anfügen.
Liebe Freunde, ich wünsche Ihnen eine fruchtbare Fortsetzung und einen glücklichen Abschluß Ihres Kolloquiums über die Persönlichkeit und das Werk eines der großen Päpste unserer Zeit, einer energischen und unerschrockenen Persönlichkeit mit Weitblick, Großmut und Wagemut. Ich versichere jeder und jedem von Ihnen meiner Hochachtung für Sie selbst und Ihr Werk. Und ich segne Sie von ganzem Herzen, ebenso auch die Mitglieder und die einsatzfreudigen Mitarbeiter der École Française und alle Ihre Lieben.

Zeugnis für Christus ablegen

Ansprache an österreichische Kommunalpolitiker am 18. März

Sehr geehrte Damen und Herren!

In Ihnen begrüße ich eine repräsentante Gruppe von Persönlichkeiten des öffentlichen Lebens in Österreich, besonders der Steiermark. Ihr Rombesuch in dieser vorösterlichen Zeit gilt nicht nur der Geschichte und dem einzigartigen kulturellen Erbe dieser Stadt; er soll nach Ihrem Wunsch zugleich ein Bekenntnis Ihrer gläubigen Verbundenheit mit der Kirche Jesu Christi sein, die hier in der Ewigen Stadt ihren geistigen und vitalen Mittelpunkt hat. Darum war es Ihnen auch ein besonderes Anliegen, eine Begegnung mit dem Bischof von Rom in Ihr Besuchsprogramm einzuschließen. Ich heiße Sie zu diesem Besuch herzlich willkommen.
In der Karwoche und zu Ostern feiert und verkündet die Kirche in ihrer Liturgie auf eindrucksvolle Weise die zentrale Wahrheit unseres christlichen Glaubens vom Erlösertod und von der Auferstehung Christi. Eng mit diesem Ostergeschehen verbunden ist der Auftrag zur Zeugenschaft, der vom auferstandenen Herrn über die Apostel auf alle seine Jünger zu allen Zeiten übergegangen ist: „Ihr sollt mir Zeugen sein!"
Wie mich unsere heutige Begegnung an meinen unvergeßlichen Besuch Ihrer österreichischen Heimat im vergangenen Jahr erinnert, so möchte ich Ihnen auch bei dieser Gelegenheit diese zentrale Wahrheit über den Auftrag des Christen in der Welt wiederum besonders in Erinnerung rufen. Ich sprach davon in meiner Ansprache beim Vespergottesdienst im Wiener Stephansdom und betonte damals: „Das Zeugnis für Christus bestimmt das innerste Wesen unseres Christseins. Jünger Jesu Christi sein, heißt Zeuge sein" (*Ansprache im Stephansdom* am 23. Juni 1988).

Zum Auftrag der Christen in der Gesellschaft hat die letzte Bischofssynode über die Berufung und Sendung der Laien schon in ihrer Botschaft an das Volk Gottes festgestellt: „Übereinstimmung von Glaube und Leben muß das Wirken der Gläubigen im öffentlichen Leben auszeichnen, in der Mitarbeit in den politischen und sozialen Institutionen wie im täglichen Leben. Nur so können sie in die weltlichen Strukturen und Tätigkeiten den Geist des Evangeliums einbringen" (vgl. *ebd.*).

Mit Ihrer Verantwortung im öffentlichen Leben stehen Sie stets im Spannungsfeld zwischen dem Idealen, Wünschenswerten und dem konkret Möglichen, Durchführbaren. Seien Sie sich dabei dessen bewußt, daß der Staat durch seine Gesetzgebung und seine sonstigen Maßnahmen das sittliche Denken und Verhalten der Menschen wirksam beeinflußt und nicht selten auch verändert. Wenn Sie sich aus christlichem Verantwortungsbewußtsein für die Wahrung und Förderung der Grundwerte und der Grundrechte des Menschen in der heutigen Gesellschaft einsetzen, so handeln Sie nicht nur nach den spezifischen sittlichen Vorstellungen der Kirche, sondern verteidigen und festigen zugleich auch die elementaren sittlichen Grundlagen der Gesellschaft und des Staates, auf denen allein sich ein menschenwürdiges Zusammenleben zwischen den Menschen und Völkern entfalten kann.

Die Sendung der Kirche ist wesentlich religiöser Natur. „Doch fließen aus eben dieser religiösen Sendung", wie das II. Vatikanische Konzil betont, „Auftrag, Licht und Kraft, um der menschlichen Gemeinschaft zu Aufbau und Festigung nach göttlichem Gesetz behilflich zu sein" (*Gaudium et spes*, Nr. 42). Mögen Sie in gleicher Weise aus Ihrer persönlichen christlichen Berufung für Ihr verantwortungsvolles Wirken in Staat und Gesellschaft stets dieses Licht und diese Kraft schöpfen sowie auch den Mut, diesen im konkreten Alltag zum Durchbruch und zur Geltung zu verhelfen.

Mit besten Wünschen für einen schönen und fruchtbaren Romaufenthalt erteile ich Ihnen und Ihren Angehörigen in der Heimat reiche österliche Gnaden und Gottes bleibenden Schutz und Beistand von Herzen meinen besonderen Apostolischen Segen.

Mehr Kinderkrankenhäuser bauen

Predigt in der Hl. Messe zum 120. Jahrestag der Gründung des Hospitals „Bambin Gesù" am 18. März

1. Seht, das ist der treue und kluge Hausvater, dem der Herr seine Familie anvertraut, damit er für sie sorge (vgl. *Lk* 12,42).

Liebe Brüder und Schwestern!

Heute, am Fest des heiligen Josef, richten sich unsere Gedanken zugleich auf das Jesuskind, das die übliche Darstellung ja in den Armen des heiligen Patriarchen zeigt.

Das ist daher ein schöner Anlaß, in dieser Liturgiefeier mit euch den 120. Jahrestag der Gründung eures Hospitals zu begehen, das nach dem Jesuskind benannt ist. Es entstand, um mit ebensoviel Liebe wie Sorgfalt den Leiden kleiner, unschuldiger Wesen Heilung und Linderung zu bringen, Kindern, die darin dem menschgewordenen Sohn Gottes besonders ähnlich sind, der wie sie ein Kind war und wie sie zu leiden hatte.

2. Herzlich möchte ich alle Anwesenden grüßen und meine Freude über diese für mich recht bedeutungsvolle Begegnung aussprechen: ich grüße den Präsidenten, das leitende Personal, die Ärzte, die Barmherzigen Schwestern, die Betreuerinnen der Kinder, das Hilfspersonal und nicht zuletzt die Familienangehörigen der kleinen Patienten.
Ich sprach von einer bedeutungsvollen Begegnung, denn ihr wißt, welch enge Beziehung und Analogie, welches gegenseitige Verhältnis besteht zwischen der Sendung des Priesters auf der einen und jener der im Krankendienst Tätigen auf der anderen Seite: alle dienen, wenn auch in unterschiedlicher Weise, dem Heil des Menschen, sie sorgen für seine Gesundheit und befreien ihn vom Bösen, von Leid und Tod, um zugleich sein Leben, sein Wohlbefinden und sein Glück zu fördern. Wieviel deutlicher noch wird die Analogie, wenn wir daran denken, daß die Betreuung der kleinen Patienten in der Hauptsache jene Tugenden der Selbstverleugnung, Sorgfalt, Zärtlichkeit, des Mitleids und der Barmherzigkeit erfordert, die dem Arzt und dem Priester gleich notwendig sind. Daher muß ich euch, liebe Brüder und Schwestern, sagen, daß mir euer Hospital als Hirte und Bischof von Rom besonders am Herzen liegt, wo euer Haus nun seit 120 Jahren seine segensreiche Tätigkeit ausübt.

3. Im Gebet zu Beginn der heiligen Messe haben wir uns daran erinnert, daß Gott „die Anfänge unserer Erlösung der treuen Hut des heiligen Josef anvertraut hat“. Welches sind diese „Anfänge der Erlösung“? Es sind die Erdentage des Jesuskindes, die Zeit, die Jesus 30 Jahre hindurch innerhalb einer Familie und eines Elternhauses verbracht hat, mitten unter den einfachen Menschen seiner Zeit, gewiß mit Liebe darauf bedacht, Gutes zu tun, doch ohne daß der Glanz seiner Gottheit durch sein normales menschliches Verhalten durchbrach. Welche Liebe und Hochachtung wird Jesus während dieser Jahre gezeigt haben, Er, der dann in seinem öffentlichen Leben an das Gebot aus dem Dekalog erinnern wird: Vater und Mutter zu ehren! Mit welchem Eifer und welcher Hingabe aber haben Josef und Maria das Wachsen Jesu „an Weisheit, Alter und Gnade vor Gott und den Menschen“ (*Lk* 2,52) verfolgt!
Das Leben jedes getauften Kindes ist ebenfalls eine Teilhabe an der Erlösung Christi, und deshalb haben wir in besonderer Weise im gleichen Gebet um die Fürbitte des hl. Josef angehalten, „damit die Kirche treu am Heilswerk mitwirkt“.
Erst recht können wir, wenn wir an das leidende Kind denken, nicht umhin, uns an die Teilhabe der Kirche am erlösenden Leiden Christi zu erinnern.

4. In eurem delikaten Beruf findet ihr, Ärzte, Ordensschwestern und Betreuerinnen der Kinder, die ihr diesen Kleinen beisteht, im heiligen Josef immer ein Vorbild, Schutz und Trost. Stellt euch daher vertrauensvoll unter seinen mächtigen Schutz: er wird euch die edle, übernatürliche Kunst lehren, diesen kleinen Patienten angesichts der schrecklichen Prüfung des Schmerzes aufzuhelfen, sie zu trösten und zu stärken. Der heilige Zimmermann von Nazaret wird euch die rechten Worte eingeben, das Lächeln und die Gesten, die

beruhigen, das zeitige und wirksame Eingreifen und den Adel des Herzens im Nachdenken über das Geheimnis des menschlichen Schmerzes.
Die Kinder, die ihr unter euren Händen habt, sind in geheimnisvoller Weise schon in ihren ersten Lebensjahren zu einer harten Prüfung berufen, die auch euch Erwachsene einbezieht und euch beunruhigende Fragen stellt. Vor dem schrecklichen Geheimnis des Schmerzes haben auch die größten Geister das Unvermögen der menschlichen Begrenztheit gespürt. Es fehlen einem hier scheinbar die Worte. Gerade deswegen müßt ihr euch dem Wort Gottes anvertrauen. Hört es und macht es euch zu eigen, „hofft gegen alle Hoffnung“, wie der hl. Paulus im Brief an die Römer sagt (4,18). Ihr braucht die Gelehrigkeit des hl. Josef beim Hören und Durchführen der Anregungen des Geistes der Weisheit; ihr müßt „die Stimme des Engels“ hören.

5. Ich spreche die Hoffnung aus, daß Krankenhäuser für Kinder wie das eure immer zahlreicher werden. Wie ihr wißt, leidet eine sehr große Zahl von unschuldigen Kindern in der Welt, und sie sterben sogar, weil es an gesundheitlichen Einrichtungen fehlt. Es ist dies gewiß eine der schrecklichsten Plagen, die die moderne Gesellschaft heimsuchen, ein unerträgliches Ärgernis, zu dessen Beseitigung wir nie genug tun werden. Das überaus edle Ideal, kranken oder bedürftigen Kindern zu helfen, wo auch immer auf Erden sie sich befinden, stellt ein Anliegen dar, das die Herzen vieler Jugendlicher anziehen, ihre Kräfte wecken und ihrem Leben Sinn geben muß. Viele Laien, Ordensfrauen und Ordensmänner widmen sich dieser Aufgabe. Doch wieviel mehr Kräfte wären nötig! Ich benütze daher diese Gelegenheit, um an alle hochherzigen Menschen den Aufruf zu richten: Geht ohne Furcht ans Werk, und Gott wird euch hundertfältigen Lohn geben!
Der hl. Josef möge euch bei eurer Arbeit helfen, damit ihr mit ihm auch den himmlischen Lohn teilen könnt. Bitten wir alle gemeinsam, liebe Brüder und Schwestern, mit den Worten des Schlußgebetes dieser heiligen Messe des Herrn: „Schenke uns jene Treue und Reinheit des Herzens, mit der der heilige Josef deinem eingeborenen Sohn, geboren von der Jungfrau Maria, diente.“ Amen.

Jugend muß Künder des neuen Lebens werden

Ansprache bei der Begegnung mit den Jugendlichen am Welttag der Jugend am 18. März

Meine Herren Kardinäle,
liebe Brüder im Bischofsamt,
liebe Jugendliche aus Rom!

1. Danke! Dies Wort kommt mir als erstes auf die Lippen, nachdem ich eure Worte und Lieder gehört habe. Danke für diese festliche Stunde, in der ihr die ganze Freude eurer Jugend habt zum Ausdruck bringen wollen. Danke für die Aufrichtigkeit, mit der ihr die Sorgen und Hoffnungen, die ihr im Herzen tragt, ausgesprochen habt. Danke auch für die hochherzige Verfügbarkeit, mit der ihr eure Bereitschaft zur Übernahme eurer Verant-

wortung in Kirche und Gesellschaft für den Aufbau einer besseren Zukunft deutlich gemacht habt.

Ihr seid die Zukunft! Die Zukunft der Familie, der Gesellschaft und auch der Kirche von Rom, die sich durch ihre Diözesansynode erneuern will, um immer mehr eine echte Gemeinschaft im Dienst an der Sendung dieser Stadt zu werden. Ihr hütet in euren Herzen das Geheimnis dieser Zukunft, denn das, was morgen sein wird, hängt großenteils von eurer Vorstellungskraft, von eurem Mut und eurem Einsatz ab.

Es hängt besonders von eurem Glauben ab! Ja, vom Glauben. Jeder junge Mensch hegt Pläne für die Zukunft. Doch wer kann garantieren, daß diese Pläne gut sind? Vor allem der, der die notwendige moralische Kraft zu ihrer Verwirklichung sicherstellt. Als Jugendliche von heute habt ihr das Ergebnis der Pläne der Jugendlichen von gestern vor Augen. Darunter sind gute Dinge, aber auch andere, die euch nicht überzeugen. Eure Vertreter haben euer Unbefriedigtsein zum Ausdruck gebracht. Das führt dann zur Frage: wer kann euch helfen, nicht noch einmal die gleichen Irrtümer zu begehen? Wer kann euch die richtigen Ziele nennen, für die sich der Einsatz eurer großen Begeisterung lohnt?

Wohlan, Einer steht vor euch, der die von euch erwartete Antwort besitzt, der sagen kann: „Ich bin der Weg, die Wahrheit und das Leben“ (*Joh* 14,6). Auf ihn könnt ihr euch für heute und morgen verlassen: auf Jesus Christus, „den Lebendigen“ (*Offb* 1,18). Er steht an eurer Seite beim notwendigen täglichen Bemühen, eine bessere Zukunft aufzubauen.

2. Liebe Jugendliche aus Rom, ich wiederhole vor euch einen Auftrag, der mir viel gilt: Öffnet Christus die Türen! Öffnet Christus das Herz! Er ist ein anspruchsvoller Freund, doch zugleich ein Freund, der nicht enttäuscht und euch nicht verläßt.

Er hat sich als Weg bezeichnet: er ist dies mit den Lehren seines Evangeliums und dem Beispiel seines Lebens. Wenn sich vor euch andere Wege öffnen, die euch mit Zielen anlocken, die ebenso leicht erreichbar erscheinen, wie sie zweideutig sind, dann vergeßt nicht: Christus ist der einzige Weg! Er führt euch zur vollen Erfüllung der Erwartungen, die ihr in der Tiefe eures Herzens hegt.

Er hat sich als Wahrheit bezeichnet: denn er ist das ewige Wort des Vaters. Ihr hungert nach der Wahrheit über euch selbst und die Welt, über das Geheimnis des Bösen und des Schmerzes, über Leben und Tod. Hier bieten sich euch viele „Wahrheiten“ an, aber sie stimmen nicht überein und widersprechen sich auch. Es sind allzu erdhafte Wahrheiten, aufgebläht von anmaßendem und willkürlichem Optimismus oder vom Wurm des Relativismus und Pessimismus angekränkelt. Christus ist die absolute Wahrheit, in der der Vater dem Menschen die erschöpfende Antwort gibt auf alle Fragen, die ihn bedrängen. In ihm kann der Mensch die volle Wahrheit über sich selbst und die Welt entdecken.

Jesus hat sich als Leben bezeichnet. Ihr spürt in euren Adern überschäumende Lebenskraft strömen, doch ihr macht auch täglich die bittere Erfahrung der Gefährdung des Lebens: der Tod ist eine Wirklichkeit, die sich mit der unbestreitbaren Macht der Tatsachen aufdrängt. Doch die unerhörte Nachricht, die über das leere Grab von Kalvaria am ersten Tag der neuen Zeiten verkündet wird, lautet: Hier hat ein Mensch den Tod besiegt: Er,

Christus, der Herr, "er war tot, doch nun lebt er in alle Ewigkeit und hat die Schlüssel zum Tod und zur Unterwelt" (*Offb* 1,18). Und dieses neue, über den Tod siegreiche Leben schenkt Jesus jedem, der an ihn glaubt, denn „es ist der Wille des Vaters, daß alle, die den Sohn sehen und an ihn glauben, das ewige Leben haben" (*Joh* 6,40).

3. Liebe Jugendliche! Als Glaubende seid ihr berufen, in der Welt Zeugen des neuen Lebens zu sein, das der auferstandene Christus uns gebracht hat. Setzt euch nicht über das Wahre und Gute hinweg; macht bei den Werten des Evangeliums keine Kompromisse, denn sie müssen die Grundlage eures Lebens bilden, wie sie die Grundlage der von Christus heraufgeführten neuen Welt bilden.
Ihr kennt die Welt, in der wir leben. Mit Aufmerksamkeit habe ich die Analyse ihrer Übel angehört, die einige von euch mit enttäuschtem Blick vorgetragen haben: die Probleme der Arbeitslosigkeit und der Unterbeschäftigung; die Herabwürdigung des Lebens; die Lakunen der neuen Armut; der Preis, den Jugendliche zu zahlen haben für Situationen, die von der Droge und der Gewaltanwendung vergiftet sind; die Folgen eines technischen Fortschritts, der entpersönlicht und das anonyme Dasein ausbreitet; die Banalisierung der Gesten der Liebe; die blinde und erbarmungslose Intoleranz ... Die Liste ließe sich fortsetzen und würde das Herz mit neuen Wogen der Bitterkeit überfluten.
Es hilft aber nicht, bei einer Diagnose, die in sich klar ist, stehenzubleiben. In unserer Gesellschaft fehlt es gewiß nicht an Zensoren, die über die Übel der Welt ihr negatives Urteil zu fällen bereit sind; aber was heute dringend nottut, ist die Anwendung einer wirksamen Therapie.
Christus besitzt die Therapie, um die Übel der Welt zu heilen. Er hat sich selbst als Arzt bezeichnet (*Mk* 2,17) und uns gelehrt: wenn man die Welt ändern will, muß man vor allem das Herz des Menschen ändern: „Von innen, aus dem Herzen der Menschen, kommen die bösen Gedanken" (*Mk* 7,21). Im Ostergeheimnis, das wir bald neu mitfeiern wollen, hat Christus dem Menschen mit seiner Erlösergnade die wirksame Therapie angeboten für die Übel, die er im Herzen trägt.

4. Jungen und Mädchen, die ihr mir zuhört, eure Aufgabe ist es, mit dem Zeugnis eures Beispiels zu Kündern des neuen Lebens zu werden, das der auferstandene Christus in diese Welt gebracht hat. Es muß euer Stolz und euer Ehrgeiz sein: unter euren Altersgenossen Zeugen der durch das Blut Christi erlösten Menschheit zu werden, einer Menschheit, die auf den Wegen dieser Erde zum verheißenen Land des Himmels unterwegs ist. Seid Männer und Frauen mit einem neuen Herzen! Euer Herz soll frei und großmütig sein, aufgeschlossen für die bleibenden Werte der Ehre, der Reinheit, der Selbsthingabe und Treue; euer Herz soll in kindlicher Dankbarkeit dem himmlischen Vater gegenüber offen sein und sich brüderlich über die Bedürfnisse der Brüder und Schwestern neigen. Und wenn jemand von euch den Ruf Christi zur Ganzhingabe seiner selbst im Priestertum oder im Ordensstand spüren sollte, weist einen derart erhabenen, wenn auch anspruchsvollen Ruf nicht zurück. Habt den Mut zu einem hochherzigen und starkmütigen Ja, das eurem ganzen Leben eine unvergleichliche Fülle schenken kann.
Liebe Jugendliche, Christus rechnet mit euch! Nehmt seine Aufforderung zur Übernahme eurer Verantwortung an, und zwar gleich. Verschiebt nicht auf morgen, was ihr heute

tun könnt! Lernt es, die Verben eures Einsatzes im Präsens zu konjugieren! Dies ist die einzige ernsthafte Weise, für den Aufbau einer besseren Zukunft zu arbeiten. Es gibt tausend konkrete Dinge, die ihr als Einzelne oder in der Gruppe durchführen könnt, da mit eure Umgebung dem Ideal eines Zusammenlebens näherkommt, wie es für Angehörige der einen Familie Gottes würdig ist. Unterschätzt nicht die kleinen Dinge.

5. Setzt euch besonders für die Vorbereitung eurer Familie von morgen ein. Die Familie ist die Wiege der Zukunft. Daher muß dafür gesorgt sein, daß diese Wiege von der Liebe gewärmt wird, damit das dort entstehende Leben sich ohne Schaden entwickeln kann. Lieben ist nicht leicht. Es setzt affektive Reife voraus, Willenskraft, die Fähigkeit zur Selbstkontrolle, eine Haltung der Selbstverleugnung und der Hingabe. Daher muß man Liebe lernen: eine lange Lehrzeit hindurch, jahrelang. Die Jahre eurer Jugend. In dem Brief, den ich seinerzeit an euch richtete, habe ich geschrieben: „Den Weg der Berufung zur Ehe beschreiten bedeutet, die bräutliche Liebe Tag für Tag und Jahr für Jahr zu lernen“ (10). Nur eine Liebe, die ihre Wurzeln in der Selbstbeherrschung hat, kann mit den Unbekannten eines ganzen Lebens fertig werden.
Verschwendet diese kostbaren Jahre nicht durch Nachgeben gegenüber den Verlockungen des Konsumismus. Das Konsumdenken kann auch die Liebe verfälschen und tatsächlich den anderen zum Objekt des eigenen Egoismus machen, jenes feinen Giftes, das die Liebe tötet. Verwechselt nicht das vorzeitige Erleben der Lust mit der Freude der vollen Selbsthingabe im Rahmen einer Liebe, die den anderen ohne Vorbehalt annimmt.
Liebe Jugendliche! An dem Tag, der euch gewidmet ist, bitte ich den Herrn, er möge euch den Mut zum Nein gegenüber allem Bequemlichkeitsdenken geben, um den anspruchsvollen Lehren des Evangeliums bis ins Letzte treu zu bleiben. Nur so könnt ihr der Sauerteig einer Welt sein, in der die Herzen die frohe Erfahrung eurer Brüderlichkeit machen können, die Christus im Geheimnis seines Todes und seiner Auferstehung möglich gemacht hat.

Folge mir nach

Ansprache an die Jugendlichen der Diözese Rom bei der Begegnung in der Aula Paul VI. am 18. März

Ich gestatte mir, gelegentlich auf die Uhr zu schauen, weil in dieser Aula eine größere Uhr fehlt. Das italienische Fernsehen aber ist streng mit uns und zählt jede Minute.
Blicken wir ein wenig in die Geschichte zurück. Als ich auf dem Petersplatz zum erstenmal den Palmsonntag gefeiert habe, es war vor rund 10 Jahren, 1979, war ich als neuer Bischof von Rom von der Teilnahme zahlreicher Jugendlicher, Jungen und Mädchen, beeindruckt. Ich war an die Beteiligung der Jungen eher gewöhnt. Auch die Liturgie spricht von den „Pueri Hebraeorum“, den Knaben der Hebräer. Doch, wie man sieht, wollen die Jugendlichen hier in Italien weiter alle „pueri“ bleiben. So erklärt sich ihre Teilnahme, die mich sehr positiv überrascht hat.

Daher haben wir diese schöne Überlieferung bis zum Jahr der Erlösung 1983–84 weitergeführt. Zum Abschluß dieses Gedenkjahres der Erlösung am Palmsonntag 1984 – ich meine, es wäre der April gewesen – wurde eine große Feier für die Jugend organisiert, an der sich nicht nur die Römer beteiligt haben, sondern auch viele andere Jugendliche aus Italien und dem Ausland. Wir können sagen, daß es der erste Welttag der Jugend, oder wenigstens Tag der Jugend Europas, in Rom war. Das Gleiche wiederholte sich im Jahr 1985, das von den Vereinten Nationen zum „Jahr der Jugend" erklärt worden war, und so hatten wir als Kirche diese Zusammenkunft der Jugend hier in Rom für den Palmsonntag angesetzt. Wie der wurde dieser Sonntag unter Beteiligung zahlreicher Jugendlicher aus Europa und natürlich vor allem aus Italien und aus der Stadt Rom begangen, aber auch die anderen Kontinente waren vertreten. So hat man daran gedacht und entschieden, diesen Tag – nämlich den Palmsonntag – zum „Welttag der Jugend" zu erklären. Damit war die Feier dieses Tages in der Kirche eingeführt.
Ich muß hinzufügen, daß ich im gleichen Jahr 1985 zum „Internationalen Jahr der Jugend" einen Brief an die Jugendlichen in der ganzen Welt geschrieben habe. Darin habe ich vor allem und fast ausschließlich versucht, das Gespräch zwischen Jesus und dem reichen Jüngling im Evangelium zu erklären. Der junge Mann kam zu Jesus, um ihn zu fragen: Was muß ich tun, um das ewige Leben zu gewinnen? Dazu die Antwort Jesu (vgl. *Mt* 19,16–30; *Mk* 10,17–22; *Lk* 18,18–30). Die Ausführungen waren ziemlich lang. Ich meine, der Brief hätte etwa 100 Schreibmaschinenseiten umfaßt. Mit dem in diesem Brief entworfenen Programm hat man weitere Erfahrungen zu den Tagen der Jugend gewonnen, die in der Kirche am Palmsonntag vorgesehen waren und in zahlreichen Diözesen und auch in Pfarreien der katholischen Welt, und so auch in Rom veranstaltet wurden. Schon bald aber kam, in Verbindung mit unserem Päpstlichen Laienrat, der Gedanke auf, daß man auch, abgesehen von diesem Tag – dem Palmsonntag -internationale und lokale, vor allem aber internationale und kontinentale Feiern organisieren könne und solle. So habe ich einmal, ohne Erlaubnis der „Oberen", Rom verlassen, um den Palmsonntag in Buenos Aires zu verbringen, wo unsere lieben jungen Brüder und Schwestern aus Lateinamerika, vor allem aus Argentinien, ihren Tag der Jugend begangen haben. Auch für dieses Jahr ist daran gedacht – nicht morgen, sondern im August nach dem Fest der Aufnahme Marias in den Himmel – einen Jugendtag mit internationalem Charakter, vor allem für die Europäer, in Santiago de Compostela im Nordwesten Spaniens zu feiern, wo sich das berühmte Heiligtum befindet, das seit dem Mittelalter, also seit vielen Jahrhunderten, von zahlreichen Pilgern aus allen Ländern Europas besucht wird. Wir kehren damit auf die Spuren unserer Vorfahren zurück.
So viel zur Geschichte. Man muß die Geschichte kennen. Ihr Jugendlichen habt gerade als Jugendliche auch das Recht, etwas, was zehn Jahre zurückliegt, nicht zu wissen, weil es für euch schon Geschichte ist. Doch muß man zu diesen Anfängen zurückkehren, um zu wissen, wo wir stehen. Heute befinden wir uns hier. Zum erstenmal sind wir mit der Jugend von Rom, und nur mit der Jugend der Diözese Rom, hier in der Aula Paul VI. in Vorausschau auf die Feier des morgigen Palmsonntags 1989 versammelt. Wir sind hier, um uns auf diese Feier vorzubereiten. Die Wahl des Palmsonntags als Jugendtag macht nachdenklich. Diese „Pueri Hebraeorum" sind so mächtig, daß jetzt alle Jugendlichen

der Welt gerade am Palmsonntag zum Zusammensein untereinander und mit Jesus Christus aufgerufen werden. Warum gerade an diesem Sonntag? Der junge Mann, der Jesus gefragt hat, was er tun müsse, um das ewige Leben zu gewinnen und ins Himmelreich zu kommen, wußte noch nicht, wohin Christus ging, und wo er enden sollte. Wir hingegen wissen es. Erinnert euch an die Antwort Jesu, die lautete: „Folge mir nach.“ Dieser junge Mann, von dem die Synoptiker schreiben, konnte ihm nicht folgen, er hatte nicht den Mut, seine irdischen Reichtümer aufzugeben. Er ist nicht mit Christus gegangen und kein Apostel geworden. Er wurde traurig, wie der Evangelist schreibt. Doch dieses „Folge mir nach“ war schon damals eine schwierige Antwort, als Jesus sie gab, und zumal später, als für jene, die, wie die Apostel, mit ihm gingen, der herrliche Tag des Palmsonntags kam, da Jesus im Triumph glorreich in Jerusalem als Messias einzog, als Messias, der wenige Tage später gekreuzigt werden sollte.

Deswegen sind die Jugendlichen und der Palmsonntag miteinander verbunden. Nicht nur wegen des Triumphmotivs, sondern wegen des vollen Motivs: Jesus sagt: „Folge mir nach“, und er will mit diesen Worten einen jeden von uns in sein ganzes Geheimnis einführen. Sein Geheimnis schließt mit dem Osterfest ab. Ostern in Jerusalem aber heißt: Jesus wird verurteilt, gegeißelt, gekreuzigt, aber am Ende steht er von den Toten auf. „Folge mir nach“ heißt: „Tritt in die Fülle meines Geheimnisses ein“. So hat Jesus seine Nachfolger, seine Apostel, durch dieses Geheimnis geführt. So wollte er auch jenen jungen Mann führen, der ihn in einem bestimmten Augenblick verlassen hat. Und so will er auch einen jeden von uns führen.

Die Wahl des Palmsonntags als Tag der Jugend ist damit geklärt. Ihr Jugendlichen müßt wissen, was das Wort Jesu „Folge mir nach“ sagen will. Es will sagen: „Tritt in die Fülle meines Geheimnisses ein“, nicht nur soweit es triumphalistisch, schön und anziehend erscheint, sondern auch in seine schmerzliche Dimension, die etwas kostet. Mit diesen „Kosten“, diesem Schmerz und diesem Kreuz werden aber die fundamentalen Werte bezahlt, vor allem offenbart sich mit diesem Kreuz Gott selbst. Wenn wir die verschiedenen Religionen der Welt betrachten, so ist keine einzige dabei, in der sich Gott auf diese Weise selbst offenbart. Eine erstaunliche Wirklichkeit, wahrhaft übernatürlich, ein gottmenschliches Geheimnis. Das II. Vatikanische Konzil sagt: Jesus Christus hat sich einem jeden von uns geoffenbart, er hat dem Menschen den Menschen geoffenbart. Er hat uns geoffenbart, welches die wahre Berufung und Würde des Menschen ist. Er hat uns den Vater und seine Liebe geoffenbart. Diese Offenbarung des Vaters und seiner Liebe aber gipfelt gerade im Paschamysterium (vgl. *Gaudium et spes*, 22).

Wenn wir Christus, seinem Vorschlag und seinem „Folge mir nach“ eine Antwort geben wollen, liebe Jugendliche, müssen wir durch dieses zentrale Geheimnis und diese zentrale Wirklichkeit hindurch. Wir müssen Jesus und Gott kennenlernen, wir müssen auch uns selbst im Licht dieses Geheimnisses kennenlernen.

Das ist sozusagen der mehr spekulative Teil, um die Besonderheit des Palmsonntags als Tag der Jugend deutlich zu machen. Ihr seid jedes Jahr aufgerufen, euch an diesem Sonntag um eure Hirten zu scharen, um mit Jesus zusammenzusein. Die Antwort „Folge mir nach“ ist einfach und zugleich unermeßlich reich. Man kann in dieser Antwort die ganze Wirklichkeit des Berufenseins auffinden, vor allem die grundlegende Feststellung, daß der Mensch und die menschliche Person ein Wesen ist, das seine Berufung hat, ein tiefes Ziel seiner Existenz und seines Seins, wofür sich der Einsatz, wofür sich zu leben lohnt. Schon dies ist überaus wichtig, weil so viele unserer Zeitgenossen gerade in diesem Punkt leiden. Sie leiden am Fehlen einer Antwort auf die Frage: Wozu leben wir eigentlich? Was ist der Sinn unseres Lebens, unserer Mühen und unserer Leiden?

In dieser Antwort, die uns unsere Berufung als Menschen deutlich macht, sind alle Berufungen und alle verschiedenen Wege eingeschlossen, denn man kann Jesus auf vielen Wegen nachfolgen. So war es am Anfang, seit den Zeiten des Evangeliums, so ist es heute, und so wird es auch morgen sein. Es gibt verschiedene Entwürfe, unterschiedliche Antworten und viele Berufungen. Alle aber machen die Schönheit und den geistlichen Reichtum der Kirche aus. Und das ist schön. Jede menschliche Person trägt in ihrem Herzen eingeschrieben eine göttliche Berufung: „Ich lebe nicht nutzlos." Gott hat uns vorherbestimmt, in Christus und für immer die Fülle des göttlichen Lebens zu teilen, durch Christus im Heiligen Geist. Dieser Gott schreibt bereits eine irdische Berufung, die christlich sein soll, in unser Leben ein.

Diese Berufungswirklichkeit ist in der Lehre des II. Vatikanischen Konzils sehr deutlich. Sie zeigt sich sehr deutlich auch in der zeitgenössischen christlichen Kultur, in der Kultur und im organisierten Leben. Die Berufungen sind gewiß verschieden, und gerade an diesem Sonntag der Jugend muß man an jede mögliche Berufung denken. Deswegen muß man auch zur Frage des Jünglings und zur Antwort Jesu zurückkehren, um innerhalb dieses Dialogs das Berufungsproblem, die eigene Berufung und die persönliche Sendung zu erkennen.

Das II. Vatikanische Konzil stellt uns die Kirche unter dem Aspekt der Sendung vor, einer Sendung, die von Gott kommt, einer Sendung der heiligen Dreifaltigkeit. Vom Vater ausgehend erfüllt sich durch den Sohn im Heiligen Geist eine göttliche Sendung in dieser geschaffenen, menschlichen, irdischen Welt. Wir aber sind aufgefordert, an dieser Sendung in verschiedener Weise teilzunehmen. Das haben kürzlich noch die letzte Bischofssynode über die Laien und das Dokument „Christifideles laici" als Frucht der Überlegungen der Synode festgestellt.

Hier in Rom ist uns noch eine weitere Gelegenheit gegeben, all das zu studieren und anzuwenden, nämlich die römische Synode. Diese Synode soll den Christen von Rom gegen Ende des zweiten Jahrtausends nach Christus eine Antwort geben, die Antwort, die unsere Sendung betrifft. Welches ist die Sendung Roms? Dazu ließe sich vieles sagen. Es genügt, den Namen Roma zu lesen, aber nicht so wie in der Geographie, sondern vom Ende her nach vorn. Dann ergibt sich das Wort „amor", Liebe. Ich glaube, darum wußten auch die heiligen Petrus und Paulus, als sie nach hier kamen. Ich weiß nicht, ob sie sich bewußt waren, daß man die Buchstaben des Wortes „Roma" so umstellen kann. Mit Sicherheit aber wußten sie, daß die Sendung Roms die Liebe ist.

Dann haben es die Kirchenväter erklärt, zumal die großen apostolischen Väter wie der hl. Irenäus: deine Sendung, Rom, ist die Liebe. Du mußt einer großen Liebe dienen, der Liebe unter allen Völkern, die zur Kirche Christi berufen sind. Zur Kirche berufen sein will besagen, berufen sein zur Teilhabe an der übernatürlichen, göttlichen Liebe, in der sich Gott Vater in seinem gekreuzigten und auferstandenen Sohn geoffenbart hat. Wir tra-

gen diese Liebe immer in unseren Herzen durch den Heiligen Geist, wenn auch unsichtbar, aber sie ist wirklich, ja realistisch vorhanden. Die Pneumatologie, die Lehre vom Glauben an den Heiligen Geist ist, möchte ich sagen, der realistischste Teil der ganzen Offenbarung. Daher wünsche ich euch, liebe Jugendliche, verwirklicht diese besondere Berufung Roms, die Liebe, indem ihr auf verschiedenen Wegen und mit all den verschiedenen Berufungen mit Christus geht. Ich wünsche mir gute Berufungen für die Familie; möge es gelingen, die Krise der Familie zu überwinden. Ihre Krise ist eine Krise der Person und der Personen, und die Personen zahlen für diese Krise; sie verursachen die Krise und müssen dafür bezahlen: Frauen und Männer, Kinder und Gesellschaft. Ich wünsche mir in dieser Kirche Roms auch Berufungen zum Priestertum und Ordensstand. Rom soll eine echte Kirche sein, die in ihrer Lebendigkeit Früchte bringt.
Damit geht meine Ansprache an die Jugendlichen Roms zu Ende. Morgen treffen wir uns erneut, um gemeinsam das große Paschamysterium des Herrn am Palmsonntag zu feiern und in die heilige Zeit einzutreten, die uns die Tiefen Gottes erfahren läßt.

Ich bin der Weg, die Wahrheit und das Leben

Botschaft an die Jugendlichen der Welt zum IV. Weltjugendtag 1989 am Palmsonntag, 19. März, vom 27. November 1988

Liebe Jugendliche!

1. Es ist mir eine große Freude, noch einmal unter euch zu sein, um die Feier des IV. Weltjugendtages anzukündigen. Mir liegt im Rahmen meines Dialogs mit euch viel an diesem Tag. Er bietet mir Gelegenheit, mich nicht nur an die Jugendlichen eines Landes, sondern an die Jugendlichen der ganzen Welt zu wenden, um allen und jedem einzelnen von euch zu sagen, daß der Papst in hoffnungsvoller Liebe auf euch schaut, aufmerksam auf euch hört und euren tiefsten Erwartungen entsprechen möchte.
In der Mitte des Weltjugendtages 1989 steht Jesus Christus, unser Weg, unsere Wahrheit und unser Leben (vgl. *Joh* 14,6). Dieser Tag soll für euch alle eine Gelegenheit zu einer neuen, reiferen und tieferen Entdeckung Jesu Christi in eurem Leben werden.
Das Jungsein ist ein einzigartiger Reichtum, der Besitz eines jeden Jungen und eines jeden Mädchens ist (vgl. *Apostolisches Schreiben an die Jugendlichen in der Welt*, 1985, Nr. 3). Dieser Reichtum ist unter anderem damit gegeben, daß euer Alter eine Zeit vielfältiger bedeutsamer Entdeckungen ist. Jeder von euch entdeckt sich selbst, seine Persönlichkeit, den Sinn seiner Existenz, das Gute und das Böse. Ihr entdeckt die Welt, die euch umgibt, die Welt der Menschen und die Welt der Natur. Unter den vielen Entdeckungen darf aber nicht die eine fehlen, die für jeden Menschen entscheidend ist: die persönliche Entdeckung Jesu Christi. Ihn immer neu und tiefer zu entdecken ist das schönste Abenteuer unseres Lebens. Darum möchte ich aus Anlaß des nächsten Weltjugendtages jeden und jeder von euch bestimmte grundlegende Fragen vorlegen und die jeweiligen Antworten andeuten.

– Hast Du Christus schon als den Weg entdeckt?

Jesus ist für uns ein Weg, der einzige Weg zum Vater. Wer zum Heil kommen will, muß sich auf diesen Weg machen. Ihr Jugendlichen steht oft an einer Wegkreuzung und wißt nicht, welche Straße ihr einschlagen, wohin ihr gehen sollt. Vor euch öffnen sich viele Irrwege, bequeme Lösungen, zweideutige Antworten. Vergeßt in diesen Augenblicken nicht, daß Christus mit seinem Evangelium, mit seinem Beispiel, mit seinen Geboten immer und allein der sicherste Weg ist, der zu einem vollen und dauerhaften Glück führt.

– Hast du Christus als die Wahrheit entdeckt?

Die Wahrheit ist das tiefste Verlangen des menschlichen Geistes. Vor allem die Jugendlichen hungern nach der Wahrheit, nach der Wahrheit über Gott, über den Menschen und über das Leben und die Welt. In meiner ersten Enzyklika *Redemptor hominis* habe ich geschrieben: „Der Mensch, der sich selbst bis in die Tiefe verstehen will – nicht nur nach unmittelbar zugänglichen, partiellen, oft oberflächlichen und sogar nur scheinbaren Kriterien und Maßstäben des eigenen Seins –, muß sich mit einer Unruhe, Unsicherheit und auch mit seiner Schwäche und Sündhaftigkeit, mit seinem Leben und Tode Christus nahen“ (Nr. 10). Christus ist das Wort der Wahrheit, das Gott selbst als Antwort auf alle Fragen des Menschenherzens ausgesprochen hat. Er ist es, der uns das Geheimnis der Menschen und der Welt erhellt.

– Hast du Christus schon als das Leben entdeckt?

Jeder von euch möchte das Leben in Fülle leben. Ihr hegt große Hoffnungen, macht verlockende Zukunftsprojekte. Vergeßt aber nicht, daß ihr die wahre Fülle des Lebens nur in Christus, der für uns gestorben und auferstanden ist, finden könnt. Christus allein kann das Menschenherz erfüllen. Er allein schenkt auch inmitten der Begrenztheiten und Schwierigkeiten Lebenskraft und Lebensfreude. Christus entdecken ist das schönste Abenteuer eures Lebens, aber es genügt nicht, ihn einmal zu entdecken. Jede Begegnung, die wir mit ihm haben, motiviert uns, ihn immer mehr zu suchen: im Gebet, in der Teilnahme an den Sakramenten, in der Betrachtung seines Wortes, in der Katechese, im Hören auf die Lehren der Kirche. Dies ist unsere wichtigste Aufgabe, die Paulus erkannt hat, als er schrieb: „Denn für mich ist Christus das Leben“ (*Phil* 1,21).

2. Wenn sie authentisch ist, weckt die Wiederentdeckung Christi den Wunsch, ihn anderen bekannt zu machen. Dieser ist der zweite Schwerpunkt des Weltjugendtages.
Der Auftrag Christi: „Geht hinaus in die ganze Welt und verkündet das Evangelium allen Geschöpfen“ (*Mk* 16,15) ergeht an die ganze Kirche. Die ganze Kirche ist also missionarisch und auf die Evangelisierung ausgerichtet; sie lebt für die Verkündigung (vgl. *Ad gentes*, Nr. 2). Christ sein bedeutet, Missionar sein, Apostel sein (vgl. *Apostolica actuositatem*, Nr. 2). Es ist nicht damit getan, Christus zu entdecken, er muß zu den anderen gebracht werden!
Die heutige Welt ist ein einziges Missionsfeld, selbst die Länder mit altüberkommener christlicher Tradition. Das Neuheidentum und die fortschreitende Säkularisierung sind heute eine große Herausforderung für die Botschaft des Evangeliums: Zugleich öffnen sich heute aber neue Möglichkeiten, das Evangelium zu verkündigen: die wachsende Sehnsucht nach dem Heiligen, nach authentischen Werten, nach dem Gebet. Die heutige

Welt braucht viele Apostel, insbesondere junge und mutige Apostel. Euch Jugendlichen kommt an erster Stelle die Aufgabe zu, den Glauben zu bezeugen und das Evangelium Christi, der der Weg, die Wahrheit und das Leben ist, in das Dritte Jahrtausend zu bringen. Euch kommt die Aufgabe zu, eine neue Zivilisation der Liebe, der Gerechtigkeit und des Friedens aufzubauen.

Jede Generation braucht neue Apostel. Hierin liegt für euch eine besondere Sendung. Ihr seid Apostel und Evangelisatoren der Jugend, die heute vor so viele Herausforderungen und Drohungen gestellt ist (vgl. *Apostolica actuositatem*, Nr. 12). Nur ihr könnt im Rahmen des Studiums, der Arbeit, der Freizeit eine solche Aufgabe erfüllen. Viele eurer Altersgenossen kennen Christus nicht oder nur ungenügend. Ihr könnt darum nicht schweigen und indifferent bleiben. Ihr müßt den Mut aufbringen, von Christus zu reden und euren Glauben durch einen Lebensstil, der sich nach dem Evangelium ausrichtet, zu bezeugen. Paulus schreibt: „Weh mir, wenn ich das Evangelium nicht verkünde!" (*1 Kor* 9,16). Es ist wahr: der Weinberg des Evangeliums ist groß und braucht viele Arbeiter. Christus vertraut auf euch und rechnet mit eurer Mitarbeit. Ich fordere euch darum auf, euren apostolischen Einsatz zu erneuern. Christus braucht euch. Antwortet auf seinen Ruf mit dem Mut und dem Elan eurer Jugend.

3. Der Wallfahrtsort Santiago de Compostela in Spanien ist ein bedeutsames Kriterium für die Gestaltung des Weltjugendtages 1989. Ich habe euch schon angekündigt, daß ich euch zusätzlich zur Feier am Palmsonntag in den Teilkirchen zu diesem Wallfahrtsort einlade. Wie ihr werde auch ich am 19. und 20. August 1989 als Pilger dorthin kommen. Ich bin sicher, daß ihr meiner Einladung nachkommen werdet, so wie ihr es zum unvergeßlichen Treffen in Buenos Aires 1987 getan habt.

Die Begegnung in Santiago wird die gesamte Kirche einbeziehen. Sie wird ein Moment der geistlichen Gemeinschaft sein, auch mit denen unter euch, die nicht physisch dabei sein können. Die Jugendlichen, die nach Santiago kommen werden, vertreten alle Ortskirchen der ganzen Welt; der „Weg nach Santiago" und der Neuaufbau zur Evangelisierung gehen euch alle an.

Santiago de Compostela ist für die Geschichte des Christentums ein bedeutsamer Ort, und schon darum geht eine sehr lebhafte geistliche Botschaft von ihm aus. Dieser Ort war in der Vergangenheit „ein Anziehungspunkt und Ort der Begegnung für Europa und die gesamte Christenheit ... An der ‚Memoria' des hl. Jakobus ist Europa sich selbst begegnet, und zwar genau in den Jahrhunderten, in denen es zum homogenen und geistig geeinten Kontinent wurde" (vgl. *Ansprache bei der Europa-Feier in Santiago di Compostela* am 9. 11. 1982, in: Der Apostolische Stuhl 1982, Köln 1984, S. 813).

Am Grab des hl. Jakobus wollen wir verstehen lernen, daß unser Glaube geschichtlich begründet, und nicht etwas vages und vorübergehend ist: In der heutigen Zeit, die gekennzeichnet ist von einem schwerwiegenden Relativismus und einer großen Verwirrung der Werte, müssen wir uns immer daran erinnern, daß wir als Christen auf dem festen Fundament der Apostel aufgebaut sind, und als Eckstein Christus selbst haben (vgl. *Eph* 2,20).

Am Grab des Apostels wollen wir auch aufs neue die Sendung Christi annehmen: „Ihr werdet meine Zeugen sein ... bis an die Grenzen der Erde" (*Apg* 1,8). Der hl. Jakobus,

der als erster sein Zeugnis des Glaubens mit dem Blut besiegelt hat, ist für uns alle Beispiel und ein hervorragender Lehrer.
Santiago de Compostela ist nicht nur ein Wallfahrtsort, es ist auch ein Weg, d. h. ein dichtes Netz von Pilgerwegen. Der „Weg nach Santiago“ war jahrhundertelang ein Weg von Bekehrung und außerordentlichem Glaubenszeugnis. An diesem Weg sind sichtbare Denkmäler des Glaubens der Pilger entstanden: Kirchen und zahlreiche Herbergen.
Diese Wallfahrt hat eine sehr große geistliche Bedeutung und kann, schon allein für sich genommen, eine wichtige Katechese darstellen. Wie uns das II. Vatikanische Konzil erinnert hat, ist die Kirche Volk Gottes auf dem Weg, „... auf der Suche nach der bleibenden und kommenden Stadt“ (vgl. *Lumen Gentium*, Nr. 9). Gerade heute wird überall, vor allem unter den Jugendlichen, die Praxis der Wallfahrt wieder aufgenommen. Ihr seid dafür sensibilisiert, die Wallfahrt als „Weg“ der inneren Erneuerung, der Glaubensvertiefung, der Stärkung des Gemeinschaftssinnes und der Solidarität mit den Brüdern, und als Hilfe zur Entdeckung der persönlichen Berufung neu zu erleben. Der „Weg nach Santiago“ wird durch euren jugendlichen Enthusiasmus in diesem Jahr einen neuen Impuls erhalten.

4. Der diesjährige Weltjugendtag hat ein anspruchsvolles Programm. Eure Hirten müssen darum in den Diözesen und Pfarreien, sowie innerhalb der Bewegungen und Verbände den Palmsonntag und die Wallfahrt nach Santiago im August 1989 geistlich sehr gut vorbereiten, damit Früchte geerntet werden können. Zu Beginn dieser Vorbereitung richte ich an jeden von euch die Worte des Apostels Paulus: „Liebt einander ...; lebt als Kinder des Lichts!“ (*Eph* 5,2.8). Beginnt die Vorbereitung mit dieser Geisteshaltung!
Geht, sage ich also zu euch allen, jugendliche Pilger des „Weges nach Santiago“. Sucht in diesen Tagen der Wallfahrt den Geist der alten Pilger und mutigen Zeugen des christlichen Glaubens wiederzuentdecken. Lernt auf diesem Weg Jesus, unser Weg, Wahrheit und Leben, zu entdecken.
Zum Schluß möchte ich den Jugendlichen Spaniens eine besondere Ermutigung aussprechen. Ihr bietet euren Brüdern und Schwestern aus der ganzen Welt Gastfreundschaft an. Möge dieses Treffen in Santiago tiefe Spuren in eurem Leben hinterlassen und für euch alle zum Anlaß einer inneren Erneuerung werden.
Liebe Jungen und Mädchen, ich schließe diese Botschaft mit einem Friedensgruß an euch alle, wo auch immer ihr euch befindet. Die Vorbereitung und die Feier des Weltjugendtages 1989 stelle ich unter den besonderen Schutz Mariens, der Königin der Apostel, und des heiligen Jakobus, der seit Jahrhunderten im historischen Wallfahrtsort von Santiago verehrt wird. Mein Apostolischer Segen begleite euch während des ganzes Weges, als Zeichen der Ermutigung und meiner besten Wünsche.

Gegeben im Vatikan, 27. November 1988

Joannes Paulus PP. II

Seine Stunde ist gekommen

Predigt bei der Palmsonntagsliturgie auf dem Petersplatz am 19. März

1. „Ich sage euch: Wenn sie schweigen, werden die Steine schreien“ (*Lk* 19,40).
So antwortete Jesus, als er aufgefordert wurde, seinen Jüngern, die mit ihm nach Jerusalem gekommen waren, Ruhe zu gebieten: „Bring deine Jünger zum Schweigen!“ (*Lk* 19,39).
Jesus gebot es ihnen nicht. Er hinderte die Menge nicht daran, ihn, während er den Weg vom Ölberg hinunterging, mit dem Ruf „Hosanna“ zu begrüßen: „Gesegnet sei der König, der kommt im Namen des Herrn. Im Himmel Friede und Herrlichkeit in der Höhe!“ (*Lk* 19,38).
Einmal hatte sich Jesus aus der Menge zurückgezogen, die ihn zum König machen wollte: nach der wunderbaren Brotvermehrung unweit von Kafarnaum. Diesmal begannen die zum Osterfest zusammengeströmten Pilger „Gott zu loben wegen all der Wundertaten, die sie erlebt hatten“ (*Lk* 19,37).
Und Jesus verläßt sie nicht. Er spricht kein Verbot aus. Er bringt die Rufenden nicht zum Schweigen. Er läßt die gewähren, die ihre Mäntel auf dem Weg ausbreiten, ja, er antwortet den Pharisäern: „Wenn sie schweigen, werden die Steine schreien.“
Jesus weiß, daß der Augenblick gekommen ist, in dem dieser Ruf an den Toren Jerusalems gehört werden soll. Er weiß, daß nunmehr „seine Stunde gekommen ist“.

2. Diese Stunde – seine Stunde – ist von Ewigkeit her in die Geschichte Israels eingetragen; sie ist auch in die Geschichte der Menschheit eingetragen, ebenso wie Israel in diese Geschichte eingetragen ist: das auserwählte Volk!
Dieses Volk gedenkt stets des „Durchgangs“ Gottes: er ist seit den Tagen der Patriarchen, seit den Tagen Abrahams und dann durch Moses in seine Geschichte eingetreten. Gott ist in die Geschichte Israels eingetreten als der, der „da ist“ (vgl. *Ex* 3,14). Er „ist da“ in allem, was geschieht. Er „ist da“ beim Menschen. Er „ist da“ beim Volk seiner Erwählung.
Jahwe – Er, der „da ist“ – hat sein Volk aus der Unterdrückung und der Sklaverei Ägyptens befreit. Er hat auf sichtbare Weise die unsichtbare „Macht seiner Rechten“ kundgetan. Er ist nicht nur der ferne Gott von unendlicher Majestät, der Schöpfer und Herr aller Dinge. Er ist zum Gott des Bundes geworden.
Die Pilger, die nach Jerusalem ziehen – unter ihnen ist Jesus von Nazaret – gehen dorthin zum Osterfest, um Gott für das Wunder der Osternacht in Ägypten, für die Nacht des Exodus zu preisen. Der Herr ist durch Ägypten gegangen – und Israel hat den Ort der Sklaverei verlassen. Gott ist es, der befreit – Gott, der Erretter.

3. „Gesegnet sei der König, der kommt im Namen des Herrn!“
Die Söhne und Töchter Israels sprechen diese Worte! Dieses Volk erwartet ein neues Kommen Gottes, eine neue Befreiung. Dieses Volk erwartet den Messias, den Gesalbten Gottes, in dem die Fülle des Reiches Gottes unter den Menschen beschlossen ist. Reprä-

sentanten dieses Reiches waren im Lauf der Geschichte die irdischen Könige Israels und Judas gewesen, deren größter David war, der König und Prophet.
Der Messias sollte die Fülle des Reiches Gottes unter den Menschen darstellen. Und vielleicht auch ein irdisches Reich? Vielleicht auch die Befreiung aus der Sklaverei Roms? Die Menschen, die singen: „Gesegnet sei der König, der kommt im Namen des Herrn", legen Zeugnis für die Wahrheit ab. Kommt denn der, der in ihrer Mitte so viele Zeichen der göttlichen Macht gesetzt hat, nicht von Gott? Der, der vor wenigen Tagen Lazarus auferweckt hat? Gesegnet! ... Sie legen für die Wahrheit Zeugnis ab. Dieses Zeugnis durfte nicht fehlen. Wenn sie schweigen müßten, würden die Steine schreien.

4. Während dieses Zeugnis erschallt, zieht Jesus in Jerusalem ein. Er geht seiner „Stunde" entgegen, in der sich die Fülle des Reiches Gottes in der Geschichte der Menschen offenbart. Er selbst trägt diese Fülle in sich. Er ist der Beginn des Reiches Gottes auf Erden. Der Vater selbst hat ihm dieses Zeichen gegeben, das, von ihm ausgehend und durch ihn unter den Menschen wachsen und in der ganzen Menschheitsfamilie bleiben und sich entwickeln muß.
Jesus kennt den Weg gut, der zum Vater führt. Er weiß, daß er, der „Gott gleich" (*Phil* 2,6) ist, sich entäußern, wie ein Sklave, und den Menschen gleich werden mußte (vgl. *Phil* 2,7). Er weiß, daß er, der wesensgleiche Sohn des Vaters, „Gott von Gott, Licht vom Licht" und zugleich wahrer Mensch, „den Menschen gleich" (*Phil* 2,7), sich erniedrigen und gehorsam werden muß bis zum Tod, bis zum Tod am Kreuz (vgl. *Phil* 2,8).
Jesus weiß, daß gerade dieses seine „Stunde" ist, und daß diese Stunde nun nahe ist. Gerade dieser Stunde wegen ist er „in die Welt" gekommen (vgl. *Joh* 12,27).
In seiner Erniedrigung, in seinem Kreuz und seinem schmachvollen Tod wird Gott, „Er, der da ist", durch die Geschichte der Menschen gehen, vielmehr noch als in der Nacht des Auszugs aus der Sklaverei Ägyptens. Und er wird noch viel nachhaltiger befreien. Gerade durch diesen Sohnesgehorsam bis zum Tod wird er Freiheit bringen. Es wird eine Befreiung vom Grundübel sein, das seit dem Ungehorsam des Anfangs als Sünde und Tod auf den Menschen lastet.

5. Die Lippen der Menschen verkünden also die Wahrheit; die Stimmen der Jugendlichen legen für die Wahrheit Zeugnis ab. „Gesegnet sei der König, der kommt im Namen des Herrn."
Das wird sich in einigen Tagen ereignen, wenn der König mit Dornen gekrönt ist und sie ihn in Todesangst am Kreuz sehen, das die Aufschrift trägt: „Das ist Jesus, der König der Juden" (*Mt* 27,37). Doch gerade durch diese Verhöhnung, durch diese Schande geht er hindurch, „Er, der da ist". Noch viel mehr, viel entscheidender als in der Nacht vor dem ersten Pascha in Ägypten.
Er wird durch das Grab hindurchgehen, in das der Gekreuzigte gelegt wird; er wird sich in dem größten Zeichen offenbaren: im Zeichen des Todes, den das Leben besiegt hat. Wahrhaftig, die Fülle der gebietenden Macht Gottes selbst ist in diesem Zeichen beschlossen. Christus geht seiner „Stunde" entgegen, der Stunde der Erhöhung. „Darum hat ihn Gott über alle erhöht und ihm den Namen verliehen, der größer ist als alle Namen" (*Phil* 2,9). „Gesegnet sei der König, der kommt im Namen des Herrn."

6. Von da an, von seiner Auferstehung an lebt Christus. Er „kommt im Namen des Herrn“ in seinem Ostergeheimnis zu immer neuen Generationen der Menschheit. In ihm dauert das Kommen Gottes an, bis zum Ende der Welt, das Kommen dessen, „der da ist“.
Ihr alle, die ihr euch zum Pascha des neuen und ewigen Bundes zusammengefunden habt, vor allem ihr Jugendlichen, seid während der Karwoche um Christus geschart, in diesen Tagen die ein ganz besonderes Gedächtnis „seiner Stunde“ in sich schließen.
Es ist gut, daß ihr hier seid, um Gott im Geheimnis des österlichen „Durchgangs“ durch die Geschichte der Menschen zu preisen. Wenn ihr schweigt, werden die Steine schreien.
Wenn ihr heute eure Stimme hier in Rom erhebt, so ist das, dessen bin ich gewiß, auch eine Ankündigung dafür, daß ihr sie im nächsten August beim Welttag der Jugend im Heiligtum von Santiago de Compostela vernehmen laßt, wo wir uns bei einem wichtigen kirchlichen Ereignis wieder treffen werden. So beginnen wir also heute gewissermaßen den „Weg nach Santiago“, der euch, liebe Jugendliche, zu Pilgern des christlichen Glaubens machen soll.
Er, „der da ist“, Gott, der lebendige Gott, erwartet eure Stimme, die Stimme der Lebenden, die Stimme der Jugend!

Hilfreiche Orientierungspunkte

Botschaft an die Bischöfe der Vereinigten Staaten am 19. März

An meine lieben Brüder,
die Bischöfe der Vereinigten Staaten

Nach dem unlängst im Vatikan stattgefundenen Treffen der Metropolitan-Erzbischöfe der Vereinigten Staaten mit mir und Mitgliedern der Römischen Kurie und vor dem nahen Osterfest ist es mir eine Freude, Euch meine herzlichsten brüderlichen Grüße in der Liebe unseres auferstandenen Herrn und Erlösers Jesus Christus zu senden.
Die Feier der zentralen Mysterien unseres Glaubens, – der Passion, des Todes und der Auferstehung Jesu –, die die Kirche jedes Jahr begeht, ist für uns als Nachfolger der Apostel eine geeignete Zeit, uns in Gesinnung, Herz und Taten zu erneuern in der wichtigsten Verpflichtung unserer bischöflichen Berufung: Vorbild und Lehrer des Wortes der Wahrheit, des Evangeliums von unserer Rettung (vgl. *Eph* 1,13) zu sein. Die Auferstehung bezeugt in hervorragender Weise die Kraft des Evangeliums für die Rettung von Männern und Frauen jeden Alters in allen Ländern und Kulturen. So ist in unserem Dienst als Bischöfe das Ostermysterium die tiefste Quelle für unser Vertrauen.
Das Treffen mit den Metropoliten der Vereinigten Staaten bot die Möglichkeit für eine sehr fruchtbare Reflexion und Diskussion über wichtige Aspekte der Rolle der Evangelisierung der Kirche in Eurem Land. Sie werden für Euren zukünftigen Dienst hilfreiche Orientierungspunkte bieten. Es war ebenso eine intensive Erfahrung der bleibenden Gegenwart des Heiligen Geistes in unserer Mitte, des göttlichen Ratgebers, der uns in die

ganze Wahrheit führt (vgl. *Joh* 16,13). Die Eucharistie, die wir zusammen am Grab des Apostelfürsten gefeiert haben, symbolisiert auf beeindruckende Art die Gemeinschaft, in der wir vereint sind in Christus und in der Kirche. Wir haben dort gedankt für die Kirche der Vereinigten Staaten, für Euch, die Bischöfe, ebenso für alle Priester, Diakone, Ordensleute und Laien. Wir haben Gottes Segen über Eure Ortskirchen und alle, die besonders Gottes Segen brauchen, herabgerufen.

Besser als eine Liste mit besonderen Beschlüssen werdet Ihr, die Ihr anwesend wart, denen, die Ihr vertreten habt, verstärkt die Herausforderungen bewußt machen können, die die Kirche der Vereinigten Staaten aufrufen, das Mysterium Christi immer wirksamer zu verkündigen. Eure Kultur ist von vielen positiven Werten geprägt, aber gleichzeitig, wie alles Menschliche, von Elementen, die durch die rettende Botschaft des Evangeliums gereinigt und höhergeführt werden müssen (vgl. *Evangelii nuntiandi*, 20). In diesem Sinne ist es unsere Aufgabe als Hirten, immer für die Wahrheit Jesu Christi einzutreten, die der Kirche anvertraut ist – die Wahrheit, die Leben gibt und die allein uns frei macht.

In unseren Diskussionen haben die, die zum Priesteramt geweiht sind, einen wichtigen Platz eingenommen, da ihnen beim Aufbau und der Aufrechterhaltung einer jeden Ortskirche eine einzigartige Rolle zukommt, und aufgrund der Liebe des Verständnisses und der Dankbarkeit, die alle Bischöfe in bezug auf sie gezeigt haben. Die Bischöfe üben einen speziellen Dienst an den Priestern aus, sie ermutigen und unterstützen sie. Gerechtigkeit und Liebe verlangen eine weise und aufmerksame Sorgfalt hinsichtlich aller Aspekte ihrer Ausbildung, ihres Lebens und ihres Dienstes. Dabei ist es, wie in jeder wichtigen kirchlichen Angelegenheit, unerläßlich, die Dokumente des II. Vatikanischen Konzils zu studieren und zu erfüllen in all ihrem Reichtum und mit all ihren Anregungen. Ich will für die Priester der Vereinigten Staaten besonders in der Chrisammesse der Heiligen Woche beten, wenn wir gemeinsam uns wieder zu den Forderungen unserer sakramentalen Gleichgestaltung mit Christus verpflichten.

Mein eigener Anteil an unserem Treffen entsprach den Erfordernissen des Dienstes im Petrusamt, von dem ich bei unserer Begegnung in Los Angeles 1987 gesagt habe, daß er nicht nur ein „globaler" Dienst ist, der jede Teilkirche wie von außen erreicht, sondern daß er bereits zum Wesen jeder Teilkirche als inneres Element gehört. (vgl. *Ansprache an die Bischöfe der Vereinigten Staaten,* 16. 9. 87, Nr. 4, in: O.R. dt., 23. 10. 1987). Es ist von größter Wichtigkeit, daß wir in der vollen Kraft der kirchlichen Gemeinschaft weiterhin gemeinsam Jesus Christus und sein Evangelium verkündigen. Auf diese Weise leben wir selbst im Vollmaß als Nachfolger der Apostel das Geheimnis kirchlicher Gemeinschaft. Zugleich befähigen wir durch unseren Dienst die Gläubigen tiefer in das Leben der Kirche, die Gemeinschaft mit der heiligsten Dreifaltigkeit einzutreten (vgl. *ebd.*).

Wenn wir die Herrlichkeit des auferstandenen Herrn feiern, werde ich für jeden von Euch und für die gesamte Kirche der Vereinigten Staaten beten. Ich danke Gott für die tiefe „collegialitas effectiva et affectiva", die uns vereint im Geheimnis Christi und seiner Kirche und die durch unser Treffen eindeutig wurde. Ich empfehle der Fürsprache der Mutter Gottes, der Unbefleckten Jungfrau, die fortgesetzten und dringenden Aufgaben und Herausforderungen eures Lehramtes, eures Weiheamtes und eures Hirtenamtes. Als Zeichen brüderlicher Liebe und Achtung erteile ich Euch mit Freude meinen Apostolischen Segen.

Aus dem Vatikan, am 19. März 1989

Joannes Paulus PP. II

Ein Dienst der Buße und Versöhnung

Ansprache an die Beichtväter der Patriarchalbasiliken Roms am 20. März

1. Recht herzlich und mit tiefer Freude empfange ich euch in einer Sonderaudienz, liebe Prälaten und Offiziale der Apostolischen Pönitentiarie und euch alle, ordentliche und außerordentliche Beichtväter der Patriarchalbasiliken Roms. Wenn ich meinen brüderlichen Gruß an Sie, Herr Kardinal Großpönitentiar, richte und die als Beichtväter in der Lateranbasilika dienen, den Dominikanern in der Basilika Santa Maria Maggiore und den Benediktinern der Cassinensischen Kongregation, die in St. Paul Beichten hören, endlich allen anderen Ordensfamilien, die ihre Mitglieder als außerordentliche Beichtväter für die Vatikanische Basilika zur Verfügung stellen, die wegen des besonderen Zustroms zahlreicher Gläubiger mehr Beichtväter braucht.

2. Schon in meiner Ansprache vom 30. Januar 1981 an die Pönitentiarie und die Beichtväter habe ich die besondere Pflicht der Priester betont, sich wirklich hochherzig für den Dienst des Beichthörens zur Verfügung zu stellen. Diese Pflicht ergibt sich ja aus dem strengen und unveräußerlichen Recht der Gläubigen. Drei Jahre nach dieser Begegnung wurde das Apostolische Schreiben *Reconciliatio et Paenitentia* veröffentlicht, das dieses Thema ausführlich behandelt.
So ergreife ich diese Gelegenheit und empfehle den Priestern in aller Welt lebhaft das eifrige Studium dieses Dokumentes, vor allem aber das Aufgreifen der darin gegebenen Hinweise mit apostolischem Herzen, weil sie die Sorgen und Hoffnungen der Kirche zum Ausdruck bringen.

3. Bei der jetzigen Begegnung möchte ich den Akzent vor allem auf die Ausbildung für das Bußsakrament legen, denn die theologische Reflexion hat bekanntlich deutlich herausgestellt, daß der Priester im Bußsakrament „in persona Christi“ handelt. Dies schenkt ihm eine einzigartige Würde, die zugleich eine sittliche Aufgabe ist und ein drängendes Bedürfnis seines Geistes sein muß, entsprechend den wunderbaren Worten des hl. Paulus: „Wir sind Gesandte an Christi Statt, und Gott ist es, der durch uns mahnt. Wir bitten an Christi Statt: Laßt euch mit Gott versöhnen!“ (*2 Kor* 5,20).
Ich möchte sogar sagen, daß der Priester beim Verzeihen der Sünden gewissermaßen über die erhabene Aufgabe eines Beauftragten Christi noch hinausschreitet: er gelangt fast zu einer mystischen Identifikation mit Christus. Das II. Vatikanische Konzil lehrt in der Pastoralkonstitution *Gaudium et spes* (Nr. 22), der menschgewordene Sohn Gottes hat

„mit Menschenhänden gearbeitet, mit menschlichem Geist gedacht, mit einem menschlichen Willen gehandelt, mit einem menschlichen Herzen geliebt". Dieses menschliche Wirken Christi, des Erlösers, zumal wenn er „mit einem menschlichen Herzen geliebt hat", muß heute in ganz einzigartiger Weise von der Menschlichkeit des Priesters als Beichtvater vermittelt werden. Hier berühren wir das unaussprechliche Geheimnis Gottes.
Jesus, dem menschgewordenen Gott, hat der Vater das ganze Gericht und alles Verzeihen anvertraut: „Der Sohn macht lebendig, wen er will. Auch richtet der Vater niemand, sondern er hat das Gericht ganz dem Sohn übertragen ... Wer mein Wort hört ... hat das ewige Leben; er kommt nicht ins Gericht, sondern ist aus dem Tod ins Leben hinübergegangen" (*Joh* 5,21–24). Als der Herr am Auferstehungstag abends den Aposteln erschien, vertraute er ihnen seine Sendung an mit den Worten: „Friede sei mit euch! Wie mich der Vater gesandt hat, so sende ich euch." Und weiter berichtet das Evangelium: „Nachdem er das gesagt hatte, hauchte er sie an und sprach zu ihnen: Empfangt den Heiligen Geist! Wem ihr die Sünden vergebt, dem sind sie vergeben; wem ihr die Vergebung verweigert, dem ist sie verweigert" (*Joh* 20,21–23). Man könnte sagen, daß die Ausgießung des Heiligen Geistes, die später am Pfingstfest über die ganze werdende Gemeinschaft erfolgt, von Jesus für die Apostel gerade im Hinblick auf den Dienst der Vergebung der Sünden vorweggenommen wurde. So vollziehen wir als Priester, wenn wir im Bußsakrament den Gläubigen Gnade und Verzeihung schenken, den erhabensten Akt unseres Priestertums nächst der Feier der Eucharistie, und man kann sagen, daß wir dort das Ziel der Menschwerdung selbst verwirklichen: „Er wird sein Volk von seinen Sünden erlösen" (*Mt* 1,21).

4. Wenn wir diese göttliche Erhabenheit des Bußsakramentes betrachten, das über den Diener gewissermaßen den Glanz der Anteilhabe an der Gottheit ausgießt, kommen uns die inspirierten Worte von Psalm 82, 6 in den Sinn, die Jesus selbst zitiert: „Ich habe gesagt, ihr seid Götter" (*Joh* 10,34), und wir verstehen gut, daß die Kirche den Vollzug des Sakramentes der Buße und der Versöhnung mit besonderen Vorsichtsmaßnahmen und mit größter Verschwiegenheit umgeben hat.
Ich möchte daher alle Priester herzlich ermahnen, in unverbrüchlicher Treue zum persönlichen Gebet, das ihnen das notwendige Licht und die Hochherzigkeit schenkt, um für sich selbst und für die Beichtenden zu sühnen, innerhalb der Hierarchie ihrer Aufgaben dem verschwiegenen und menschlich nicht immer befriedigenden Dienst als Beichtväter einen bevorzugten Platz einzuräumen. Ich erinnere sie daran, daß sie mit dem Bußsakrament nicht nur die Sünden tilgen, sondern die Beichtenden auch auf den Weg der Heiligkeit führen sollen, indem sie sie überzeugend anleiten, eine Sendung, die Ihnen für die Ergebenheitsadresse danke, möchte ich zugleich den Franziskaner-Konventualen meine väterliche Anerkennung aussprechen für ihren Dienst in der Vatikanischen Basilika, den Franziskanern, mit ihrem Amt verbunden ist.

5. Eben diese Gedanken rechtfertigen auch die Sorge des Heiligen Stuhls, in den Patriarchalbasiliken Roms den Dienst der Buße und der Versöhnung von Priestern ausüben zu lassen, die sich durch Gelehrsamkeit, Eifer und Heiligkeit des Lebens auszeichnen; daß

er ihnen ferner von Zeit zu Zeit Auffrischungskurse zur Vorbereitung auf die oft schweren und heiklen Probleme anbietet, die die Gläubigen aus der ganzen Welt der Schlüsselgewalt des Petrus unterbreiten. Ich danke den Beichtvätern für den Eifer, mit dem sie ihr Amt ausüben, und ermuntere sie, weiter mit Weisheit und Milde und unerschöpflicher Geduld dem Beichtstuhl treu zu bleiben und an all das Gute zu denken, das sie den Herzen vermitteln, sowie an das Verdienst, das sie selbst dadurch beim Herrn gewinnen.
Ein Wort besonderer Wertschätzung gelte endlich der Apostolischen Pönitentiarie, die nicht nur für all das sorgt, was ich eben zur Pastoral des Bußsakramentes in den Patriarchalkirchen gesagt habe, sondern zugleich das Werkzeug der Schlüsselgewalt ist, zum Lösen innerer Ängste, zum Zurückgewinnen tiefster Hoffnungen und der grundlegendsten Bedürfnisse des menschlichen Gewissens. Wie im übrigen schon ihr Name sagt, hat sie eine führende Aufgabe in schweren Fällen Vollmachten zu verleihen und Zweifel zu lösen, zum Nutzen der Beichtväter und durch diese zum Vorteil der Gläubigen. Dies ist ihre Aufgabe und macht ihre Würde aus. Möge der Herr die Fülle seiner Gaben über alle ausgießen! Zum Unterpfand dessen erteile ich ihnen von Herzen meinen besonderen Apostolischen Segen.

Das Versprechen als Priester erneuern

Predigt in der Chrisam-Messe am Gründonnerstag, 23. März

1. „Der Geist Gottes, des Herrn, ruht auf mir“ (*Jes* 61,1).
An der Schwelle des Heiligen Triduums wenden wir uns diesen Worten des Propheten Jesaja zu: „Der Geist Gottes, des Herrn, ruht auf mir, denn der Herr hat mich gesalbt“ (*ebd.*).
Wir kehren zurück nach Nazaret in die Synagoge, in der diese Worte von Jesus, den seine Mitbürger für den „Sohn des Zimmermanns“ hielten, vorgelesen wurden. Wir kehren dorthin zurück, wo Jesus die Erfüllung dieser Worte ankündigte. An der Schwelle der heiligen drei Tage vor Ostern lassen diese Worte uns zu dem Geheimnis zurückkehren, das von Ewigkeit her in Gott ist: zum Geheimnis der heiligsten Dreifaltigkeit.
Aus dem Schoß dieses Geheimnisses ist der Sohn, vom Vater gesandt, in die Welt gekommen. Und er wurde mit dem Geist, dem Hauch der ewigen Liebe, gesalbt: der Liebe des Vaters und des Sohnes.
In der Liturgie des heutigen Morgens läßt das Heilige Triduum sichtbar werden, daß es in dieser Liebe seinen Anfang hat. In dieser Liebe, im Heiligen Geist, suchen wir den Ursprung der Hingabe des Sohnes, seiner Hingabe zum Opfer für die Welt. „Denn Gott hat die Welt so sehr geliebt, daß er seinen einzigen Sohn hingab“ (*Joh* 3,16).

2. Aus dem Geist ist die Salbung, die Salbung des Sohnes, der in die Welt kommt.
„Der Heilige Geist wird über dich kommen, und die Kraft des Höchsten wird dich überschatten“ (*Lk* 1,35): durch den Heiligen Geist wird die Jungfrau von Nazaret in der Menschwerdung Mutter des ewigen Sohnes.

„Der Geist Gottes, des Herrn, ruht auf mir." In ihm, Christus, ist die Fülle des Heiligen Geistes. Die Fülle der trinitarischen Salbung. Und damit die Fülle der Gabe, in der Gott sich verschenkt. Er verschenkt sich: „Denn Gott hat seinen Sohn nicht in die Welt gesandt, damit er die Welt richtet, sondern damit die Welt durch ihn gerettet wird" (*Joh* 3,17).
In dieser Fülle des Geistes geht Christus seiner „Stunde" entgegen.
Er tritt in das Heilige Triduum seines Ostergeheimnisses ein. Am Ende des ersten Tages nach dem Sabbat wird er zu den Aposteln in den Abendmahlssaal kommen und ihnen die Zeichen seines Leidens zeigen und sie anhauchen mit dem Heiligen Geist: „Empfangt den Heiligen Geist!" (*Joh* 20,22).

3. Seht Christus, den „Gesalbten"! Seht ihn, „der uns liebt und uns von unseren Sündern erlöst hat durch sein Blut" (*Offb* 1,5).
Ihn, das Pascha, den Vorübergang des lebendigen Gottes. Und Ihn, der kommen wird: „Siehe, er kommt mit den Wolken, und jedes Auge wird ihn sehen, auch alle, die ihn durchbohrt haben; und alle Völker der Erde werden seinetwegen jammern und klagen" (*Offb* 1,7).
Christus, das Pascha unseres Hinübergehens, unserer Zukunft in Gott.
Der Geist, der auf ihm ruht, hat in ihm und durch ihn unsere Erlösung vollbracht. Nach dem Weggehen Christi ist dieser Geist als messianische Salbung in der Kirche geblieben. Heute feiern wir die Liturgie dieses Geheimnisses. Die Liturgie der messianischen Salbung. Und durch sie die Liturgie aller Salbungen, die in der Kirche das Geschenk des Heiligen Geistes zum Ausdruck bringen, die sakramentale Erneuerung des Lebens, die heiligmachende Gnade.
„Ave Sanctum Oleum ... ave Sanctum Chrisma!"

4. „Ich habe David, meinen Knecht, gefunden und ihn mit meinem heiligen Öl gesalbt" (*Ps* 88/89,21).
Liebe Brüder im Priester- und im Bischofsamt!
Wir feiern miteinander die Eucharistie am Morgen des Gründonnerstags. Wir möchten das Geschenk neu aufleben lassen, das jeder von uns empfangen hat.
Dieses Geschenk hat seinen Beginn im Abendmahlssaal. Und es ist das Erbe des Letzten Abendmahls. Das Erbe des Gründonnerstags. Es bildet unseren Anteil am Geheimnis der messianischen Salbung.
Wenn wir zusammen die Eucharistie feiern, sind wir Zeugen des Paschas Christi: jenes Hinübergangs durch den Kreuzestod zum neuen Leben in der Auferstehung.
Wir haben in besonderer Weise Anteil an der Macht des Geistes: Wir sind die Diener Christi, die Diener der göttlichen Geheimnisse.
Wir wollen, daß die Welt in dieser Weise an uns denkt. Und daß die Welt uns so sieht. Daß sie so mit uns lebt. Und daß sie so unseren Dienst sucht. Das wünschen wir so sehr. So sehr fühlen wir unser Ungenügen: „Die Liebe Christi drängt uns" (*2 Kor* 5,14). Darum erneuern wir unsere Versprechen als Priester heute dem, „der uns zu Priestern gemacht hat vor Gott, seinem Vater. Ihm sei die Herrlichkeit und die Macht in alle Ewigkeit. Amen" (*Offb* 1,6).

Lieben bis zur Vollendung

Predigt in der Abendmahlsmesse am Gründonnerstag, 23. März

1. „In dieser Nacht gehe ich durch Ägypten" (*Ex* 12,12).
Die Apostel, die sich in Jerusalem, im Abendmahlssaal mit Jesus versammelt hatten, waren Zeugen für diesen Durchgang, dieses Pascha. Jahwe ist durch das Land Ägypten gegangen als Gott Israels, um im Zeichen des Blutes die Söhne und Töchter des auserwählten Volkes zu befreien. Es war das Blut des Paschalammes, das vom Tod errettet hat. Mit diesem Blut wurden die Haustüren bezeichnet, die sich für die Wege des Auszugs öffnen sollten: hin zur Befreiung aus der Knechtschaft Ägyptens.
Die sich im Abendmahlssaal in Jerusalem versammelt hatten, waren die leiblichen und geistigen Nachkommen jener Generation, die die Macht Jahwes erfahren hatte. Der „Ich-bin-da" (vgl. *Ex* 3,14) hatte sich Mose offenbart und ihn beauftragt, das Volk aus Ägypten hinauszuführen. Der „Ich-bin-da" ist der treue Gott. Er hat sein Versprechen in der Paschanacht erfüllt.
Das Andenken an jene Nacht ist allen Generationen Israels heilig geblieben. Jesus und die Apostel versammelten sich im Abendmahlssaal, um gemeinsam diese Gedächtnisfeier zu begehen.

2. Es ist Pascha, das heißt: Vorübergang des Herrn. In das Gedächtnis jenes Pascha tritt eine neue Wirklichkeit ein. Der neue Vorübergang des Bundesgottes beginnt gerade mit diesem Abendmahl. Er geht aus ihm hervor als wahre Ankündigung des Bundes, der neu und ewig ist.
Christus nimmt – in Übereinstimmung mit der Gedächtnisfeier der Tradition Israels – das Brot und sagt Dank, er bricht es und spricht: „Das ist mein Leib für euch" – so hat Paulus im ersten Brief an die Korinther geschrieben (11, 24). Dann nimmt Christus den Kelch und sagt: „Dieser Kelch ist der Neue Bund in meinem Blut" (*1 Kor* 9,26; 11,25). Er fügt hinzu: „Tut dies ... zu meinem Gedächtnis!" (*1 Kor* 11,25). „Denn so oft ihr von diesem Brot eßt und aus dem Kelch trinkt, verkündet ihr den Tod des Herrn, bis er kommt" (*1 Kor* 11,26).
Das sagt Christus am Vorabend, ehe sich an ihm das erfüllt, was er jetzt sagt. Ehe der Bundesgott vorübergeht – noch bevor er durch die Geschichte Israels geht, noch bevor er durch die Geschichte der Menschheit geht – geht er vorüber im Tod seines Sohnes – geht er vorüber in der Wahrheit seines Opfers, des hingegebenen Leibes und des Blutes, das am Kreuz auf Golgota vergossen wird. Gott geht vorüber.
Dieses Vorübergehen ist das Pascha des neuen und ewigen Bundes. Es wird keinen anderen mehr geben. Ewig wird das Gedächtnis dieser Worte währen: „Das ist mein Leib", gesprochen über das Paschabrot; „das ist mein Blut", gesprochen über den Kelch mit Wein. Das ewige Gedächtnis dieser Worte wird bleiben – und die sakramentale Gewalt: „Tut dies!".

3. Die Wirklichkeit: das Sakrament; Erlösung – Bund – Eucharistie.
„Wir verkünden den Tod des Herrn, bis er kommt." Erlösung – Bund – Eucharistie. Ankündigung. Gott ist treu.

Der „Ich-bin-da" war treu, als er seinen Namen offenbart und dem Mose aufgetragen hat, in der Macht dieses Namens Israel aus der Sklaverei Ägyptens zu befreien.
Zeichen des alten Bundes.
Er ist treu im Zeichen des Neuen Bundes: in der Eucharistie.

4. Vor dem Mahl wäscht Christus den Aposteln die Füße. Er sagt: „Wenn nun ich ... euch die Füße gewaschen habe ... habe ich euch ein Beispiel gegeben, damit auch ihr so handelt, wie ich an euch gehandelt habe" (vgl. *Joh* 13,14–15). Mit diesen Worten hat er sein Gebot, das neue Gebot bestätigt: „Liebt einander! Wie ich euch geliebt habe" (*Joh* 13,34).
Wie hast du geliebt, Meister? – „Bis zur Vollendung" (*Joh* 13,1). Ja: „Da er die Seinen, die in der Welt waren, liebte, erwies er ihnen seine Liebe bis zur Vollendung."
Dein Leben auf dieser Erde geht seinem Ende entgegen. Die Vollendung ist nahe. „Lieben bis zur Vollendung" heißt aber, über den Tod hinaus gehen. Es bedeutet: Zu dem gelangen, was ewig ist. Die Liebe hat ja kein Ende.
Und hast du nicht deinen Jüngern vorausgesagt, daß du im Haus des Vaters, wenn alle um den Tisch versammelt sein werden, sie wiederum bedienen wirst? So, wie du sie beim Paschamahl im Abendmahlssaal bedient hast.

5. Eucharistie! Leib und Blut unseres Erlösers!
Unaussprechlicher Dienst! Unsagbarer Dienst unseres Herrn!
Ehre sei dir, König der ewigen Herrlichkeit!

Mittler eines neuen Bundes

Ansprache nach dem Kreuzweg beim Kolosseum am Karfreitag, 24. März

1. „Mußte nicht der Messias all das erleiden ...?" (vgl. *Lk* 24,26).
Auf dem Kalvarienberg stehen drei Kreuze. Das mittlere ist das Kreuz Christi. „Jesus von Nazaret, der König der Juden" (*Joh* 19,19), ist an diesem Kreuz gestorben. Man stieß mit der Lanze in seine Seite und sogleich floß Blut und Wasser heraus (vgl. *Joh* 19,34). Er war wirklich gestorben.
Mußte er nicht all das erleiden? Diese Frage wird in einigen Tagen gestellt werden. Ein fremder Pilger wird sie stellen, auf dem Weg nach Emmaus, im Gespräch mit zwei Jüngern des Gekreuzigten. An diesem Abend stellt sich noch niemand diese Frage. Die Herzen der Jünger sind voller Furcht und Niedergeschlagenheit. „Unsere ... Führer haben ihn zum Tod verurteilt und ans Kreuz schlagen lassen" (*Lk* 24,20). Seht, „Jesus aus Nazaret. Er war ein Prophet, mächtig in Wort und Tat vor Gott und dem ganzen Volk (*Lk* 24,19). „Wir aber hatten gehofft" (*Lk* 24,21). In den Herzen der Jünger Niedergeschlagenheit und Enttäuschung. An jenem Abend, nach dem Tod auf Golgota, hätte niemand es gewagt, eine solche Frage zu stellen: Mußte Christus nicht all das erleiden? Auch wenn sie vielleicht fragten: Warum?, wußten sie nicht, an wen sie eine solche Frage

hätten richten können: vielleicht an den, der sie verlassen hatte, oder an den, den Christus Vater nannte – zu dem er „Abba" sagte, wie niemand es zu sagen wagte.

2. Nach Christi Tod trat eine große Stille ein. In den Häusern Jerusalems wurde das Paschamahl gehalten und die Erinnerung an den Auszug aus Ägypten und an das Blut des Lammes gefeiert, mit dem die Vorväter die Türen der Häuser bezeichnet hatten. Dieses Blut hatte sie vom Tod errettet und blieb das Zeichen der Erwählung und der Befreiung Israels aus der Sklaverei. Sie gedachten also der Nacht, in der Gott durch Ägypten gezogen war. Pascha – der Vorübergang des Herrn. Des Gottes, der der König Israels und der Gott der Patriarchen und Propheten war. Der Gott unserer Väter, der Gott des Bundes. Der Herr der ganzen Schöpfung. Er war eng mit ihnen verbunden. Er war ihr Gott. „Herr, unser Herrscher, wie gewaltig ist dein Name auf der ganzen Erde" (*Ps* 8,2). Sie wagten es nicht, seinen Namen auszusprechen. Diesen so nahen Gott nannten die Propheten den „Bräutigam seines Volkes", und dennoch sagte er: „Meine Gedanken sind nicht eure Gedanken, und eure Wege sind nicht meine Wege" (*Jes* 55,8).
Welches sind die Gedanken Gottes, und welches sind seine Wege? Ist der, der strafend und befreiend durch Ägypten gegangen war, heute nicht durch Golgota gegangen? Und doch hatte Christus gesagt – gewaltige Worte aus dem Mund eines Menschen -: „Ich und der Vater sind eins" (*Joh* 10,30). Ich bin im Vater und der Vater ist in mir (vgl. *Joh* 17,21) ... Ich tue immer den Willen dessen, der mich gesandt hat (vgl. *Joh* 6,38; 8,29). War er denn nicht mehr „eins" mit dem Vater, als er am Kreuz sagte „Vater, vergib ihnen, denn sie wissen nicht, was sie tun" (*Lk* 23,34). Und auch als er rief: „Mein Gott, mein Gott, warum hast du mich verlassen?" (*Mt* 27,46) – bis zum letzten Wort: „‚Vater, in deine Hände lege ich meinen Geist'. Nach diesen Worten hauchte er seinen Geist aus" (*Lk* 23,46).

3. Das Paschafest Jerusalems. Gedächtnis des Blutes des Lammes an den Türen, Zeichen des Bundes Gottes mit Israel. Am Jordan, bei der ersten Begegnung, als Johannes Jesus erblickt hatte, sagte er: „Seht, das Lamm Gottes, das die Sünden der Welt hinwegnimmt" (*Joh* 1,29). Wo ist jetzt Jesus von Nazaret? Er wurde vom Kreuz abgenommen und in das Grab am Fuß des Golgota-Hügels gelegt. Ein Stein wurde vor den Eingang des Grabes gewälzt. Das Grab wurde versiegelt. Wo ist jetzt Jesus von Nazaret? Warum ist er nicht vom Kreuz herabgestiegen? Warum hat er nicht seine Macht kundgetan, jene Macht, die er so oft bewiesen hat, wie etwa bei der Auferweckung des Lazarus? Der Psalmist hatte geschrieben: „Du gibst mich nicht der Unterwelt preis, du läßt deinen Frommen die Verwesung nicht schauen" (*Ps* 15/16,10). Wo ist er jetzt ... Er ließ sich vom Tod umfangen. Er, der gesagt hatte: „Ich und der Vater sind eins" (*Joh* 10,30). Er, der gesagt hatte: „Wer mich gesehen hat, hat den Vater gesehen" (*Joh* 14,9). Er, der gesagt hatte: „Ich bin die Auferstehung und das Leben" (*Joh* 11,12). Wo ist er jetzt?

4. Viele Jahre später wird der Autor des Briefes an die Hebräer schreiben: „Christus aber ist gekommen als Hoherpriester der künftigen Güter; und durch das erhabenere und vollkommenere Zelt, das nicht von Menschenhand gemacht ist, ist er ein für allemal in das Heiligtum hineingegangen ... mit seinem eigenen Blut, und so hat er eine ewige Erlö-

sung bewirkt ... Wieviel mehr wird das Blut Christi, der sich selbst kraft ewigen Geistes Gott als makelloses Opfer dargebracht hat, unser Gewissen von toten Werken reinigen, damit wir dem lebendigen Gott dienen (*Hebr* 9,11–14). „Mittler eines neuen Bundes" (*Hebr* 9,15).
„Mußte nicht der Messias all das erleiden, um so in seine Herrlichkeit zu gelangen?" (*Lk* 24,26).

Wasser – lebenspendende Wirklichkeit

Predigt bei der Feier der Osternacht am 25. März

1. „In dieser Nacht gehe ich durch Ägypten" (*Ex* 12,12). Dies war die Nacht des Auszugs. In jener Nacht ging der Herr, der Gott Israels, durch Ägypten und führte sein Volk aus der Knechtschaft heraus. Als sie bereits auf dem Weg waren, ging der Herr wiederum vorüber und führte sein Volk durch das Rote Meer, und die Streitmacht des Pharao, die Israel verfolgte, fand in diesem Meer den Tod. Die Heilsmacht des Bundesgottes verband sich mit der Naturgewalt des Wassers. Auf diese Wirklichkeit des Wassers bezieht sich die Liturgie der Osternacht, die wir feiern.
Die Wirklichkeit des Wassers als wirbelnder Sog, in dem die Menschen ihr Leben verlieren, als Symbol des Todes. Die Wirklichkeit des Wassers als Ort der Rettung für das Volk Gottes. Die Wirklichkeit des Wassers als wohltuende Kraft, die den Durst stillt. „Wie der Hirsch lechzt nach frischem Wasser, so lechzt meine Seele, Gott, nach dir. Meine Seele dürstet nach Gott, nach dem lebendigen Gott" (*Ps* 42,2–3).

2. Zu uns allen hier Versammelten am Grab, in das Jesus nach der Kreuzigung gelegt wurde, spricht heute der Apostel Paulus. Er spricht von der Taufe, die uns in den Tod Christi eintaucht. Wenn er vom Eintauchen spricht, meint der Apostel das Wasser, jenes Wasser, von dem Christus zu Nikodemus gesprochen hat, dem Wasser, das neues Leben schenkt: „Wenn jemand nicht aus Wasser und Geist geboren wird, kann er nicht in das Reich Gottes kommen" (*Joh* 3,5). Wasser – lebenspendende Wirklichkeit. Der Tod Christi wird mit dieser Wirklichkeit verbunden: „Wir wurden mit ihm [Christus] begraben durch die Taufe auf den Tod; und wie Christus durch die Herrlichkeit des Vaters von den Toten auferweckt wurde, so sollen auch wir als neue Menschen leben" (*Röm* 6,4). Die Liturgie dieser Osternachtfeier preist dieses Wasser, in das zusammen mit dem Tod Christi die Kraft des Heiligen Geistes herabgestiegen ist. Die Worte der Liturgie lassen diese Kraft herabsteigen: „Descendat in hanc plenitudinem fontis virtus Spiritus Sancti."

3. Die Wasser des Roten Meeres verschlangen die Soldaten des Pharao. Die Söhne und Töchter Israels unter der Führung des Moses wurden gerettet. Die Wasser des Todes verschlangen sie nicht. So hat auch der Tod am Kreuz Christus nicht verschlungen! „Sind wir nun mit Christus gestorben, so glauben wir, daß wir auch mit ihm leben werden" (*Röm* 6,8). Tatsächlich ist Christus, wenn er gestorben ist, auch auferstanden: „Denn

durch sein Sterben ist er ein für allemal gestorben für die Sünde, sein Leben aber lebt er für Gott" (*Röm* 6,10). In Christus hat die Sünde aufgehört, der tödliche Abgrund, das verschlingende Wasser zu sein: Sein Tod wurde der Sünde zum Tod – in der Tat ließ er die Kraft des Heiligen Geistes herabsteigen, der das Leben schenkt. Diese Kraft wird jedem einzelnen von uns im Sakrament der Taufe mitgeteilt. Im Bewußtsein dieser Kraft, die das Leben schenkt, empfangt ihr, liebe Brüder und Schwestern, die Taufe. Ich begrüße euch herzlich in der Petersbasilika, ebenso begrüßen euch alle hier Versammelten. Voll innerer Bewegung und Liebe begrüßen wir euch, die ihr aus verschiedenen Nationen und kontinenten kommt: aus Japan, Korea, den USA, aus Frankreich, den Philippinen, dem Iran, aus Ägypten und Italien.

4. „Wenn wir nämlich ihm gleich geworden sind in seinem Tod, dann werden wir mit ihm auch in seiner Auferstehung vereinigt sein" (*Röm* 6,5). In wunderbarer Weise gehen im Laufe dieser Osternachtfeier die Erwartung der Auferstehung Christi, die sich in dieser Nacht kundtun wird, und eure Taufe Hand in Hand. Wir erwarten die Auferstehung Christi. Wir erwarten den Augenblick, in dem der Stein vom Grab weg gewälzt und der gekreuzigte Christus selbst zum „Eckstein" (*Mk* 12,10) der heilbringenden Wahrheit und des ewigen Lebens in Gott wird. Dieser Augenblick ist jetzt nahe. Die drei Frauen, die als erste den weggewälzten Stein sehen werden, sind bereits auf dem Weg zu Jesu Grab. Und sie werden die Frage hören: „Was sucht ihr den Lebenden bei den Toten?" (*Lk* 24,5).

5. Wir alle teilen mit euch, liebe Katechumenen, die Größe und Freude dieses Augenblicks. Wir alle singen den Psalm vom Hirsch, der nach dem Wasser lechzt, das den Durst der Seele stillt, die nach Gott, dem lebendigen Gott, dürstet. „Wann darf ich kommen und Gottes Antlitz schauen?" (*Ps* 42,3).

6. Durch die Wirklichkeit des Wassers begann das Antlitz Gottes am Horizont der Israeliten aufzuscheinen, als sie bereits gerettet waren und vom Ufer des Roten Meeres unter der Führung von Moses in das Land der Verheißung zogen. Am Horizont von uns allen, die wir im Glauben mit Christus auf der Pilgerschaft sind, enthüllt sich durch seinen heilbringenden Tod am Morgen des Auferstehungstages die Wahrheit über Ihn, den Lebendigen. Der unaussprechliche und unsichtbare Gott offenbart uns in der Auferstehung Christi das Geheimnis seines Lebens. Wahrhaftig: „Danket dem Herrn, denn er ist gütig, denn seine Huld währt ewig" (*Ps* 118,1).

Christus befreit uns von der Furcht

Osterbotschaft vor dem Segen „Urbi et Orbi" am 26. März

1. „Was sucht ihr den Lebenden bei den Toten? Er ist nicht hier, sondern er ist auferstanden" (*Lk* 24,5–6). Aus der Tiefe des Felsengrabes hören diese Worte Maria Magdalene, Johanna und Maria, die Mutter des Jakobus (vgl. *Lk* 24,10). Es ist das Grab, in dem der Leichnam Jesu nach seinem Tod am Kreuz bestattet worden ist. Dies geschah am Freitag

gegen Abend, denn mit der Dämmerung begann in Jerusalem das Paschafest. Am dritten Tag, dem Tag nach dem Sabbat, beim Morgengrauen, fand man das Grab leer und den Stein weggewälzt. Das war Pascha, Ostern – das heißt Vorübergang des Herrn.

2. In Jerusalem wurde das Gedächtnis an jene Nacht gefeiert, in der Gott durch Ägypten gegangen ist und Israel aus der Knechtschaft befreit und auf den Weg in das verheißene Land geschickt hat. An jenem Paschafest des Alten Bundes ist Gott erneut durch Jerusalem gegangen, auf dem Leidensweg Christi, der gehorsam geworden ist bis zum Tod und dadurch allen Ungehorsam getilgt hat. Christus, der neue Adam, hat den Ungehorsam des ersten Adam getilgt und auch den von uns allen, seinen Söhnen und Töchtern dem Fleische nach. Gott ist durch den Tod am Kreuz auf Golgota und durch das versiegelte Grab hindurchgegangen und hat sich geoffenbart in der Auferstehung am Morgen des dritten Tages. „Was sucht ihr den Lebenden bei den Toten?" Gott, der ein Gott der Lebenden ist und nicht der Toten, hat sich hier offenbart. Was sucht ihr ihn bei den Toten? Christus ist auferstanden!

3. In dieses Ostern ist der Neue und Ewige Bund eingeprägt. Der Bund des Gottes des Lebens mit dem zum Tode verurteilten Menschen. Der Bund mit der Menschheit. Der Bund mit der Welt. Mit „der Welt, die der Schauplatz der Geschichte der Menschheit ist". Mit der Welt, von der die Christen glauben, daß sie erschaffen wurde und von der Liebe des Schöpfers am Leben erhalten wird. Mit der Welt, die, der Knechtschaft der Sünde unterworfen, durch den Gehorsam Christi bis zum Tod und den Sieg über das Böse befreit worden ist. Im gekreuzigten und auferstandenen Christus dauert diese Befreiung in Gott für alle Menschen fort. Im gekreuzigten und auferstandenen Christus ist die Welt von neuem Gott zurückgegeben, damit sie nach Gottes Heilsratschluß verwandelt werde und zu der von Gott von Ewigkeit her gewollten Vollendung gelange (vgl. *Gaudium et spes*, Nr. 2). So lehrt die Kirche seit den Zeiten der Apostel. In unserer Zeit hat das Konzil an diese Lehre vom Vorübergang Gottes in der Auferstehung Christi wieder erinnert. Dies ist das Ostern des Neuen Bundes.

4. Dies ist die österliche Wahrheit über die Welt, in der die große Menschheitsfamilie lebt; über die Berufung des Menschen, welche die Welt übersteigt. Das Konzil unseres Jahrhunderts hatte vor Augen die Welt, „die von ihren Unternehmungen, Niederlagen und Siegen geprägt ist" (*ebd.*) im Lauf ihrer gesamten Geschichte und besonders in der gegenwärtigen Epoche.

5. Durch diese Niederlagen und Siege der Welt und des Menschen von heute geht Gott fortwährend in der Auferstehung seines Sohnes, des Menschensohnes. Er geht vorüber und befreit, wie im Augenblick des Exodus, wie im Augenblick, in dem Christus aufersteht und die Welt verwandelt.
Gott geht vorüber und befreit von der Furcht, die auf so vielen Brüdern und Schwestern lastet angesichts der Ungewißheit der Zukunft überall in der Welt; er geht vorüber dort, wo der Tod noch immer seine Schrecken verbreitet, wo das Leid seine Wundmale in die Körper und Seelen einprägt; er geht vorüber, wo keine menschenwürdigen Lebensbedingungen bestehen wegen Wohnungsnot, Unordnung und Heimatlosigkeit; wo Egoismus

die Fruchtbarkeit der Ehe verdorren läßt und die Familie auflöst; wo man die Unschuld der Kinder mißbraucht und verführt, wo ihrer ungeschützten Arglosigkeit Gewalt angetan wird; wo man mit dem Laster trübe Geschäfte treibt, bei denen die Frau noch immer das hauptsächliche Opfer ist.

6. Gott geht vorüber im Pascha der Auferstehung und befreit von den Gefahren der Intoleranz jeglicher Art, wo die österliche Botschaft noch nicht hingelangt ist oder verhindert wird, wo die Gewissen unterdrückt werden, wo die Gläubigen Christus nicht öffentlich bekennen dürfen oder Verfolgungen erleiden, weil sie ihn und seine Kirche lieben und wegen ihrer Treue zu ihren Riten und den eigenen tausendjährigen Traditionen. Er geht vorüber in den Ländern, wo die Christen sich nicht um den Altar versammeln können, um Eucharistie zu feiern, wo die Herde auf den eigenen Hirten wartet, dessen Leitung sie schmerzlich vermißt und herbeisehnt. Obwohl die Religionsfreiheit vom Gewissen der Menschen tief empfunden wird und sie in den Verfassungen der Staaten und in den internationalen Konventionen verankert ist, wird sie auch heute noch oft auf vielfältige Weise mit Füßen getreten. Gott geht auch dort vorüber, wo am ruhelosen und blutgetränkten Horizont verschiedener Völker der ersehnte Friede sich noch immer nicht abzeichnet; wo die Menschen, obgleich sie Brüder und Schwestern sind, sich bekämpfen mit Gefühlen von Zerstörung und Haß, wie es noch immer im stets geliebten und gemarterten Libanon geschieht.
Ferner geht Gott im Pascha der Auferstehung vorüber und befreit die gesamte Schöpfung, das Werk seiner Hände, von der Knechtschaft, der sie durch die Sünde unterworfen wurde (vgl. *Röm* 8,19–23): Im auferstandenen Herrn „erstehen auch die Erde und der Himmel" (hl. Ambrosius). In seinem Blut wird alles versöhnt: der Mensch mit Gott, mit sich selbst, mit der Natur, wodurch auch die Verantwortung des Menschen für die Schöpfung neue Kraft und neues Bewußtsein erhält, um ihrer Sehnsucht nach der endgültigen Befreiung Stimme zu geben und sie in Christus und mit Christus zu verwandeln in einen Lobpreis des Vaters. Dies ist die Wahrheit, die Ostern der Welt von heute verkündet, die auf vielfältige Weise gedankenlos in die Selbstzerstörung und den Tod zu laufen scheint.

7. Inmitten dieser Wahrheit über die gegenwärtige Welt, inmitten der Siege und Niederlagen, die die Geschichte kennzeichnen und sich in der Menschheitsfamilie unserer Tage häufen, steht die Kirche am Grab Christi wie jene Frauen, die als erste dort eintrafen. Seht, der Stein ist weggewälzt, und das Grab ist leer. „Was sucht ihr den Lebenden bei den Toten? Er ist nicht hier, sondern er ist auferstanden." Die Kirche erneuert in ihrer Osterliturgie heute diesen Tag, den der Herr gemacht hat: sie erneuert ihn und macht ihn gegenwärtig. Denn Ostern, das heißt der Vorübergang des Herrn, dauert unverändert fort. Es kann weder in der Geschichte der Menschheit noch in der Geschichte der gesamten Schöpfung ausgelöscht werden. Es dauert unverändert fort. Die Auferstehung Christi ist nicht zur Geschichte „hinzugekommen". Es ist die Geschichte des Menschen in ihrer Gesamtheit, die sich in diesen einzigartigen Tag einfügt, den der Herr gemacht hat, um alle Dinge zu erneuern (vgl. *Offb* 21,5).

Alle Dimensionen erreichen in Gott ihr Vollmaß

Ansprache an die Jugendlichen von „UNIV '89" im Damasushof am 26. März

Es gibt ein Wort, das in diesen Tagen und die ganze Osteroktav hindurch immer wieder ertönt: Haec dies quam fecit Dominus. Man könnte lange über die möglichen Inhalte dieses kurzen Satzes, dieses österlichen Verses der Kirche, nachdenken: Dies ist der Tag, den Gott gemacht hat. Dieser Tag, diese Zeit, ja diese von Gott gekommene Fülle der Zeiten hat sich in der Auferstehung Christi geoffenbart. Es liegt klar vor Augen, daß dieses Ereignis, diese Auferstehung nicht vom Menschen, nicht vom Geschaffenen kommen konnte. Wir sehen, daß das Geschaffene zum Tod hinneigt und daß auch der Mensch in dieser Welt dazu bestimmt ist zu sterben, denn er ist den Gesetzen des Geschaffenen unterworfen. Diese Gesetze zu überwinden und ein Leben nach dem Tod zu begründen, lag allein in der Macht Gottes. So läßt sich der Inhalt dieses österlichen Ausspruchs – Dies quam fecit Dominus – am einfachsten erklären.

Doch dieses Wort birgt viele andere Inhalte in sich, die man durch seine Wiederholung und Betrachtung und durch die Kontemplation dieses Tages, in dem die Initiative Gottes sichtbar wird, finden könnte. Wir, die wir in der heutigen Zeit leben, könnten denken, daß zunächst alles von den Naturgesetzen herrühre und daß dann alles der Initiative des Menschen überlassen sei: opus humanum, die ganze Welt, die ganze Zivilisation, die Kultur, die Wissenschaft, die Technik – all das sei der Mensch.

Doch vor diesem österlichen Ereignis, der Auferstehung, muß der Mensch innehalten und aufrichtig bekennen, was alles er nicht zu vollbringen vermag. Dieses Ereignis übersteigt die Macht des Menschen. Worin also besteht dann dieses Ereignis? – Wenn der Mensch unfähig ist, das Wort „Gott" auszusprechen, dann ist es für ihn zweifellos schwer: Er wird verschiedene Erklärungen suchen, um das Ereignis nicht als Wirklichkeit anzuerkennen. Doch wenn er den guten Willen hat, wenn er den Glauben hat, wird er am Ende sagen: „Das ist ein Werk Gottes – Opus Dei".

Dieser Tag ist die Fülle der Zeiten: er ist die Fülle aller Tage, aller Zeiten und aller Jahrhunderte: dieser Tag der Auferstehung ist der Tag, an dem der Mensch fast gezwungen ist, alles, die ganze Schöpfung und sich selbst, als das „Werk Gottes" zu verstehen. Dies ist die Kraft und die Tiefe des heutigen Tages.

Dieser Tag wälzt unsere Denkweise um, den Rhythmus unseres Lebens und Handelns, und verlangt von uns, auch all das im Licht des opus divinum zu sehen, was opus naturae oder opus humanum ist.

Diese Umwälzung, die dieser Tag der Auferstehung mit sich bringt, erklärt die gewaltige Bekehrung des Paulus von Tarsus, und nicht nur die seine, sondern auch diejenige von vielen anderen. Wenn der Mensch, die menschliche Person mit ihrem Denken und ihrer Sensibilität, vor diesem Ereignis steht, vor dieser Tatsache der Auferstehung Christi, so muß er überwältigt sein. Er muß eine Bekehrung beginnen, in sie eintreten, er muß beginnen, über alles nachzudenken: über das Geschaffene und über alles Menschliche. Er muß in den Kategorien der Tätigkeit Gottes denken, des Werkes Gottes, des Opus Dei.

Ich mache keine Propaganda für das Opus Dei. Ich versuche lediglich zu verstehen und zu erklären, welches die ursprüngliche Intuition dieses Namens, dieser Bezeichnung gewesen sein könnte. Dann erkläre ich mir, weshalb ihr Jugendlichen aus allen Teilen der Welt, von verschiedenen Kontinenten, Universitäten, Nationen und Sprachen, in Rom in dieser vorösterlichen Zeit zusammenkommt.

Ich danke euch für diese eure alljährliche Anwesenheit. Es ist mein Wunsch für euch, daß ihr weiterfahrt mit jener Grundeinsicht, die uns der heutige Tag darbietet: nämlich immer mehr und immer tiefer das Geschaffene und den Naturgesetzen Folgende, das Menschliche, das Meinige und Persönliche zu erkennen als „Werk Gottes", als Initiative Gottes, als Gegenwart Gottes, als Gnade Gottes.

Ich wünsche euch eine solche Bekehrung, eine solche Überwältigung, diese tiefe Bekehrung, die nichts vom Geschaffenen, vom Menschlichen zerstört, ja es im Gegenteil vermehrt, vertieft und zu seinem Vollmaß bringt: denn alles Geschaffene, alle menschlichen Dimensionen erreichen ihr Vollmaß in Gott und durch Gott.

Ich wünsche euch, daß ihr auf diesem Weg weitergeht. In dieser Karwoche, die uns auf den heutigen Tag vorbereitet, seid ihr hierher nach Rom gekommen, um zusammenzusein, um zusammen Betrachtung zu halten, zusammen zu beten, einander näher zu kommen, um eure Freundschaft und eure menschliche und christliche Gemeinschaft zu vertiefen. Jedes Jahr treffe ich mit euch zusammen, und diese Begegnung freut mich sehr. Ich danke euch für all das, was ihr mitbringt. Ihr bringt stets eine Frucht eures Nachdenkens, eurer Gebete und zugleich eurer Jugend mit. Und dem Papst auch ein bißchen Unterhaltung …

Ich müßte allen danken. Jedes Zeugnis von euch ist aus einem anderen Teil der Welt gekommen, wurde in einer anderen Sprache vorgetragen und vertritt eine andere Kultur, eine andere Tradition, vertritt andere Leiden von Völkern und Jugendlichen.

Alles, was ihr bezeugt habt, ist wahr, und ihr habt es in diesen Damasushof zusammengetragen, um all das herauszustellen, was Werk des Menschen ist und Werk Gottes werden soll. Alles, was Schönheit, Gedanke, Wissenschaft, Erfindungsgeist, Kreativität, Universität ist, all dies ist am Ende Opus Dei, „Werk Gottes"; und wenn es so betrachtet und behandelt wird, erreicht es sein Vollmaß.

Durch euch möchte ich auch alle Jugendlichen grüßen und in die Arme schließen, die zu eurem Umfeld, euren Schulen, euren Universitäten und euren Familien gehören. Ich möchte meinem Gebet und meiner Sympathie Ausdruck geben, meiner Umarmung all eurer Gleichaltrigen, eurer Familien, eurer Professoren, Lehrer, Erzieher, all jener, die an eurer Bildung teilhaben; eurer Prälatur, die diese erzieherische Berufung wohl kennt, die Jugendlichen und Studenten liebt und versucht, zu ihrer Kultur und vor allem zu ihrem Glauben, ihrer Bekehrung beizutragen, zu ihrer Begegnung mit Christus: eine Begegnung, die immer fruchtbar ist und einen neuen Tag zur Gestaltung und Verwandlung hervorbringt, im metaphysischen, ontologischen Sinn. Ich wünsche euch eine gute Rückkehr in euer Zuhause, in eure Welten, in eure Länder.

Der Herr möge euch immer leiten und beistehen. Seine Gnade sei mit euch allen.

Die Einheit näherbringen

Grußwort an die Kommission „Glaube und Kirchenverfassung" des Ökumenischen Weltrats der Kirchen 30. März

Liebe Freunde in Christus!

Es ist mir eine Freude, Sie, die Leitung und den Mitarbeiterstab der Kommission „Glaube und Kirchenverfassung" des Weltrats der Kirchen willkommen zu heißen und Sie in Ihrer Arbeit zu ermutigen. Sie haben eine wirklich wichtige und schwierige Aufgabe. Sie ist wichtig, weil Sie dem Ziel jeder ökumenischen Tätigkeit zu dienen suchen, nämlich der sichtbaren Einheit aller Christen in einem einzigen Glauben und einer einzigen eucharistischen Gemeinschaft. Und sie ist schwierig, weil sie dieses Ziel auf multilateraler Ebene anstreben, in einem Dialog zwischen Vertretern von Kirchen und kirchlichen Gemeinschaften weitester Streuung. Die katholische Kirche steht immer wieder neu zu ihrer Verpflichtung, die Einheit zu fördern, die Christus selbst unter all denen wünscht, die ihm folgen (vgl. *Joh* 17,21).

Sie richten Ihren Blick auf die nächste Vollversammlung Ihrer Kommission, die im kommen den August in Budapest stattfinden wird. Dort werden Sie viele Tätigkeiten, aber auch den Fortschritt der Spezialstudien, die zur Zeit unternommen werden, überprüfen. Neben den Themen„Taufe, Eucharistie und kirchliches Amt" umfassen sie eine Untersuchung: „Auf dem Weg zu einem gemeinsamen Ausbruch des apostolischen Glaubens in unserer Zeit" sowie eine andere über „Die Einheit der Kirche und die Erneuerung der menschlichen Gemeinschaft". Diese Bemühungen sind wichtig, weil das Ziel der christlichen Einheit nicht zu erreichen ist ohne Übereinstimmung in der Frage des apostolischen Glaubens und der Natur der Kirche.

In Ihrer Arbeit, der Sie sich so intensiv widmen, wird das Bemühen sichtbar, getrennte Christen der Einheit näherzubringen, die der hl. Paulus vor Augen hatte, als er schrieb: „Ein Leib und ein Geist, wie euch durch eure Berufung auch eine gemeinsame Hoffnung gegeben ist; ein Herr, ein Glaube, eine Taufe, ein Gott und Vater aller" (*Eph* 4,4–6).

Ich bete darum, daß Ihre Anstrengungen Frucht bringen mögen.

Alle Werte schützen

Ansprache an 750 Jugendliche des Bistums Osnabrück am 31. März

Liebe Mitbrüder, liebe Brüder und Schwestern!

Es ist mir eine besondere Freude, euch heute noch einmal in diesem kleineren und dadurch auch vertraulicheren Rahmen begegnen zu können. Darum gilt euch erneut mein herzlicher Willkommensgruß zusammen mit eurem Diözesanjugendseelsorger und dem Herrn Weihbischof Kettmann.

Betrachtet es als ein großes Geschenk, nach der Mitfeier der Karwoche und der Osterliturgie in euren Heimatgemeinden nun hier im Mittelpunkt der katholischen Christenheit die Weltkirche erleben zu dürfen, und dies gerade am Hauptfest des Kirchenjahres. Das Osterfest dauert ja bekanntlich für die Liturgie der Kirche die ganze Osterwoche.
Wie ich in meiner Ansprache bei der letzten Generalaudienz hervorgehoben habe, ist die Auferstehung Jesu Christi die zentrale Grundwahrheit unseres Glaubens. Sie ist die feierliche Besiegelung der Gottheit Christi und der Wahrheit seines Evangeliums. Sie ist der Sieg des Lebens über den Tod, der Hoffnung über die Verzweiflung. Sie ist die Verheißung und das Unterpfand unserer eigenen Auferstehung.
Die Auferstehung Jesu Christi ist das endgültige Ja Gottes zu seinem Sohn, dem „Menschensohn", das endgültige Ja Gottes zur gesamten Schöpfung. In der Verklärung des auferstandenen Leibes Christi beginnt die Verklärung aller Kreatur, die „neue Schöpfung", in die einmal alles Geschaffene verwandelt werden soll.
Ja zum Leben, Ja zu Hoffnung und Zukunft, Ja zum Menschen, zu den Geschöpfen und zur ganzen Natur – dies sind doch Werte, die gerade euch als junge Menschen heute in besonderer Weise am Herzen liegen. In der allgemeinen Neubesinnung auf unsere konkreten Lebensbedingungen haben wir als Christen noch einen zusätzlichen, tieferen Grund, uns mit allen Menschen guten Willens für die Wahrung und den Schutz der Natur und der Umwelt sowie aller natürlichen Werte einzusetzen. Diese sind für uns nicht nur ein wertvolles Gut in sich, sondern sind ein uns vom Schöpfer zu treuen Händen anvertrautes Geschenk. Alle uns umgebende Natur ist Geschöpf wie wir, Geschöpf mit uns zusammen, und in Schicksalsgemeinschaft mit uns dazu bestimmt, in Gott selbst einmal als neue Erde und neuer Himmel die letzte Vollendung und Erfüllung zu finden. Dieses Wissen aus unserem Glauben ist für uns ein um so stärkerer Ansporn zu einem verantwortungsbewußten, ja ehrfürchtigen Umgang mit der Schöpfung: mit der leblosen Natur, mit Pflanzen und Tieren und vor allem mit unseren Mitmenschen, in denen wir sogar die Gottesebenbildlichkeit erkennen und anerkennen.
Der selige Niels Stensen, der große Wissenschaftler und Theologe, der mit eurem Bistum besonders verbunden ist, lädt – wie seine Zeitgenossen – auch uns heute am ausgehenden 20. Jahrhundert dazu ein, uns die Augen des Geistes für Gottes Herrlichkeit in der Natur öffnen zu lassen, unsere Würde als Menschen inmitten von Gottes Schöpfung zu erkennen und uns vom Licht seiner Gnade beschenken zu lassen.
Unsere persönliche Berufung zur Auferstehung gibt unserem eigenen Leben seine eigentliche Tiefe und Perspektive. Sie läßt uns nicht bei der Bewahrung der äußeren Umwelt stehenbleiben, sondern ermahnt uns an unsere schwere Verantwortung für die Reinerhaltung, die Pflege und Vervollkommnung vor allem unserer Innenwelt, unseres Herzens und der Welt unseres Geistes. Macht euch darum aus dem Geist der Osterbotschaft zu Verfechtern und Verteidigern auch der sittlichen Werte in eurem eigenen Leben sowie in Familie, Staat und Gesellschaft. Wer sich ernsthaft für den Tierschutz einsetzt, der kämpfe ebenso und noch mehr auch für den Schutz des menschlichen Lebens in allen seinen Phasen. Wer für die Reinhaltung von Natur und Umwelt eintritt, der wende sich ebenso entschlossen gegen alle Verwahrlosung der Sitten und Gebräuche im mitmenschlichen Zusammenleben.

Seid, liebe jungen Freunde, in diesem Sinn in eurem Alltag und das ganze Jahr hindurch österliche Menschen, die um die in der Auferstehung Christi beginnende Neuschöpfung wissen und in Solidarität mit allen Menschen und Geschöpfen die Berufung alles Geschaffenen zur ewigen Teilnahme an seiner Auferstehung und Herrlichkeit leben. Werdet zu gewinnenden Zeugen für den auferstandenen Herrn und für die weltverwandelnde Kraft seiner Frohen Botschaft und seiner Nachfolge in Glaube, Hoffnung und Liebe. Hierfür erbitte ich euch reiche österliche Gnaden und erteile euch von Herzen meinen besonderen Apostolischen Segen. Gelobt sei Jesus Christus!

Leben im Dienst des Nächsten

Ansprache an eine Gruppe von Studenten aus Flandern 31. März

Eure Anwesenheit hier, eine Woche nach dem Osterfest, ist wie der Epilog der großen Symphonie des Lebens, die wir an Ostern gefeiert haben und deren Vorspiel der vierte Weltjugendtag gewesen ist, den ich eine Woche vor dem Osterfest, am Palmsonntag, zusammen mit zahlreichen jungen Menschen auf dem Petersplatz gefeiert habe.

Wie reich an symbolischer Bedeutung ist es, wenn die Feier von Ostern, das Fest des neuen Lebens, zusammen mit jungen Menschen begonnen und beschlossen wird, zusammen mit denen, die die Zukunft, das neue Leben darstellen.

Euer Herz, Euer Geist ist offen für die Zukunft, für das neue Leben, worauf sich Eure Erwartungen, Eure Träume, Eure Ideale richten. So war es auch mit den jungen Menschen von Jerusalem, den „pueri hebraeorum", den Kindern der Hebräer, die Jesus am Palmsonntag bei seinem Einzug in die Heilige Stadt zujubelten: „Gesegnet sei der König, der kommt im Namen des Herrn" (*Lk* 19,38). Sie erwarteten einen Messias, einen König, der ihr Volk aus Unterdrückung und Armut befreien und eine Zukunft voll Wohlstand, Glück, voll Leben bringen sollte.

Aber auf Palmsonntag folgte Karfreitag, der Tag des Todes Jesu am Kreuz, an das Pilatus hatte schreiben lassen: „Das ist Jesus, der König der Juden" (*Mt* 27,37). Das schien der vollständige Zusammenbruch aller Zukunftserwartungen, das Ende des Lebens selbst. Auf Karfreitag ist aber Ostern gefolgt, der Tag der Auferstehung des Herrn; auf den Tod des irdischen Lebens ist das neue, unsterbliche, ewige Leben gefolgt. Die Boten haben zu den Frauen, die zum Grab gekommen waren, gesagt: „Was sucht ihr den Lebenden bei den Toten? Er ist nicht hier, sondern er ist auferstanden" (*Lk* 24,5–6).

Gerne möchte ich Euch anspornen, liebe junge Menschen, dieses neue österliche Leben, dieses göttliche Leben in Euren Lebensplan, in Eure Zukunftserwartungen aufzunehmen. Das Leben jedes Menschen, auch das Leben eines jeden von Euch, wird einmal durch Golgota, durch Karfreitag, durch den Tod hindurchgehen. Aber das wird nicht das Ende sein, im Gegenteil, gerade der Beginn des eigentlichen Lebens, wenn Ihr diese Perspektive in Euer irdisches Leben aufgenommen habt. Und das könnt und müßt Ihr tun, indem Ihr Euer irdisches Leben zu einem Leben der Liebe macht, zu einem Leben im Dienste des Nächsten, und indem Ihr Euch stets einsetzt für eine echte Zivilisation im Zeichen der Liebe.

In diesem Sinne wünsche ich Euch allen ein glückseliges Osterfest und erteile von ganzem Herzen den Apostolischen Segen.

Seid Kirche in eurer Welt

Predigt bei der Messe in der Militärstadt Cecchignola (Rom) am 2. April

1. „Mein Herr und mein Gott" (*Joh* 20,28). Wir haben diese glühenden und verpflichtenden Worte gehört, die der Apostel Thomas an Christus richtet, als dieser ihm und den anderen im Abendmahlssaal versammelten Jüngern acht Tage nach dem Auferstehungssonntag erscheint. Es ist die Verkündigung des Glaubens, der, nachdem er im Herzen und im Geist eines Menschen aufgebrochen war, der die verherrlichten Wundmale des Auferstandenen mit eigenen Augen gesehen und mit eigenen Händen berührt hatte, der Urkern, der gemeinsame Antrieb, die Seele und die Kraft der entstehenden Gemeinde wird. Thomas wird seliggepriesen, weil er geglaubt hat, nachdem er mit den Händen greifen konnte; weil er, als es darauf ankam, die geschichtliche Wahrheit bezeugt hat. Aber der Herr, im Blick auf die Zukunft, nennt diejenigen seliger, „die nicht sehen und doch glauben" (*Joh* 20,29); das heißt diejenigen, die ihren Glauben auf sein Wort, sein Evangelium gründen und sich nicht auf den Beweis der Sinne stützen. Bei dieser Erscheinung wie auch bei den anderen erreicht Jesus den Gipfel seiner Selbstoffenbarung, denn er stellt sich in unmißverständlicher Weise dar als wahrer Gott und wahrer Mensch, als Herr über Leben und Tod.

2. Wie in der zweiten Lesung aus dem Buch der Offenbarung verkündet wurde, kann Jesus von sich sagen: „Ich bin der Erste und der Letzte und der Lebendige. Ich war tot, doch nun lebe ich in alle Ewigkeit, und ich habe die Schlüssel zum Tod und zur Unterwelt" (*Offb* 1,17–18). In Ihm begegneten Tod und Leben einander in einem einzigartigen Zweikampf, und das Leben siegte: Er der das Leben selbst ist. Das Ostergeheimnis ist ja ein Mysterium des Todes und des Lebens, ein Übergang vom einen zum anderen: Wir sind in Christus berufen, diesen Übergang zu vollziehen, der ständigen Einsatz, Anstrengung und inneren Kampf erfordert: den Übergang vom geistlichen Tod durch die Sünde zur göttlichen Gnade, die uns wie zu neuem Leben erstanden, im Licht leben läßt; den Übergang vom Zweifel und der Ungewißheit zur Festigkeit und Standhaftigkeit des Glaubens und der geoffenbarten Wahrheit, der uns zu mutigen und glaubwürdigen Zeugen macht, zu Bausteinen, die fest auf Christus gründen, dem – wie es im Antwortpsalm heißt – „Eckstein", das heißt dem Schlußstein der Kirche; den Übergang vom Unglauben zum Glauben, der von allen gefordert wird, die Christen sein wollen. Dieser Glaube spiegelt in gewissem Sinn das Leben jedes Menschen und der gesamten Menschheit wider, die immer mit dem Geheimnis des Guten und des Bösen, mit der Sehnsucht nach dem Absoluten und den Schwierigkeiten des Vorläufigen konfrontiert wird. Dieser Glaube, der die menschlichen Wirklichkeiten nicht verneint, sondern annimmt und ordnet im Licht des größten Geschehens, der Geschichte das Ostern ist. Ja, Ostern ist, wie die Li-

turgie während dieser ganzen Woche wiederholte, der Mittelpunkt des Lebens der Menschheit: „Das ist der Tag, den der Herr,gemacht hat!" Während wir diese Oktav feiern, gedenken wir der „sollemnitas summa" – des höchsten Festes vor allen anderen –, weil an ihm Christus uns mit dem Vater versöhnt, uns das Leben Gottes selbst geschenkt und uns zu einer Gemeinschaft von Brüdern und Schwestern gemacht hat, die einander lieben, die an die anderen denken und gemeinsam für das Reich Gottes arbeiten. Im auferstandenen Christus wird die zerfallene Menschheit zur Gemeinschaft wie die von Jerusalem, die die Apostelgeschichte uns in der ersten Lesung dieser Messe beschrieben hat (*Apg* 5,12–16) als die Gemeinschaft der ersten Christen die sich um Petrus und die Apostel versammelten. Also auch eure Gemeinschaft, meine Lieben, die ich zu meiner Freude an dieser Oktav von Ostern besuche. Ich begrüße euch, die ihr hier lebt, ganz herzlich. Ich begrüße eure Offiziere und Verantwortlichen und euren Militärbischof Gaetano Bonicelli, der zusammen mit den Militärseelsorgern eure geistliche Reifung und euer Wachstum in der Authentizität des Glaubens verfolgt. Insbesondere begrüße ich den Untersekretär im Verteidigungsministerium, Mauro Bubbico, und die anderen Persönlichkeiten, die hier die hohen Amtsträger des italienischen Staates vertreten.

3. Liebe Freunde, liebe Soldaten! Ihr seid hier mit euren Familienangehörigen, die mit euch die Gefahren des gewählten oder wenigstens akzeptierten Berufes teilen, der gekennzeichnet ist von der Aufgabe, die Gerechtigkeit und die Freiheit eures Vaterlandes zu verteidigen und folglich von dem Einsatz, zur Ausgewogenheit und zum Frieden der gesamten Welt beizutragen. Auch ihr als Christen wollt euch mit der Botschaft von Ostern auseinandersetzen. Es gibt nichts Erhebenderes, aber auch nichts Ernsteres. Ich bin in eure Mitte gekommen, um euch im Wachstum dieses Glaubens zu helfen, im Bewußtsein der schwerwiegenden Fragen, die sich heute oft denen stellen, die dem Evangelium im Militärleben treu bleiben wollen. Es handelt sich nicht nur um die Schwierigkeiten, die alle empfinden, die kohärente Christen sein wollen in einer Welt, die oft Freiheit mit Freizügigkeit, personale Würde mit Egoismus verwechselt. Es handelt sich um eine radikale Entscheidung, die dem ganzen Leben Sinn und Bedeutung gibt. Der Glaube drückt sich im inneren Frieden aus: Deshalb sagt der Herr wiederholt zu seinen Jüngern: „Friede sei mit euch!" (*Joh* 20,19; 20,21). Der Friede wird Tag für Tag in den Gewissen und in den zwischenmenschlichen Beziehungen aufgebaut. Der Friede muß auch verteidigt werden, denn in der christlichen Sicht findet das Leben seine letzte Rechtfertigung im Liebesgebot des Evangeliums. Aus Liebe zum Nächsten, zu den eigenen Angehörigen, den Schwächsten und Wehrlosesten ebenso wie zu den geistigen Traditionen und Werten eines Volkes muß man es auf sich nehmen, sich zu opfern, zu kämpfen und wenn notwendig – auch das eigene Leben hinzugeben. Das Zweite Vatikanische Konzil hat zur Überwindung der Gefahren möglicher Umwälzungen aufgrund nationaler Egoismen oder der von Gruppen, wie die Geschichte weitreichend lehrt, den Wunsch nach einer Weltautorität verfochten, die auf der Zustimmung der Völker gründet und mit den wirksamen Mitteln ausgestattet ist, um die Respektierung der Gerechtigkeit und Wahrheit zu gewährleisten. In diesem idealen und doch realistischen Ausblick ist es klar erforderlich, daß die nationalen Streitkräfte in einen Stützpunkt der internationalen Solidarität umgewandelt wer-

den, die die Kirche herbeisehnt. Die gewünschten Veränderungen gemäß der fortschreitenden Reduzierung der Waffen und folglich der Streitkräfte werden nicht dadurch gefördert, daß Gleichgewichte auf Landes- und internationaler Ebene verweigert werden. Wenn wir wirksam vorgehen wollen, dürfen wir nie vergessen, daß die persönliche und die soziale Sünde da ist und auf dem Leben weiterhin lastet, daß aber die Kraft der Auferstehung dem Christen es erlaubt, tatkräftig auf den Frieden zu hoffen und hinzuwirken, der erst im Reich Gottes vollständig, und endgültig sein wird.

4. Es gibt keine automatischen Formeln, um das Leben zu verbessern. Der Glaube ist ein Licht, das im Innern brennt, um die Dinge zu sehen, wie Gott sie sieht und will. Aber gerade deshalb muß er wie das Samenkorn im Gleichnis des Evangeliums gepflegt werden. Daraus folgt für jeden Menschen guten Willens und insbesondere den, der sich Christ nennen will, die vorrangige Pflicht auf jede Anregung des Geistes und jede Möglichkeit der Erneuerung zu achten. Das Hauptziel der Aufmerksamkeit und der Seelsorge auf allen Ebenen bleibt immer der Mensch. Es freut mich, zu hören, daß der Einsatz eurer Kirche sich in diesen Jahren auf einen Pastoralplan über die Anerkennung und Aufwertung der Laien konzentriert. Das ist ein hohes Ziel, das die letzte Bischofssynode auf der Linie des Konzils neu gesteckt hat und das ich in dem jüngsten Apostolischen Schreiben Christifideles laici vorgelegt habe. Die Kirche braucht Menschen, die voll an ihrem Evangelisierungsauftrag für den Frieden teilhaben. Die Welt braucht überzeugte, treue Christen, die stolz sind auf ihren Glauben und fähig, sich in ihren Familien und in den anderen Lebensbereichen dafür einzusetzen, durch ihre Werke zu zeigen, daß Christus nicht umsonst für uns gestorben ist und daß die Kraft seiner Auferstehung unser Leben reinigt und umwandelt. Auch eure Umgebung erwartet von euch ein besonderes Engagement. An euch, lieben jungen Wehrdienstleistenden, ist es, den Gehorsam aufzuwerten, aber auch die zahllosen Leerräume zu füllen, in denen die Verständnisbereitschaft, das gute Beispiel und das Zeugnis eine konkrete und wertvolle Zusammenarbeit werden zugunsten all eurer Kameraden in einem wechselseitigen Solidaritäts- und Freundschaftsaustausch. Ich möchte vor allem die Jugendlichen zusammenrufen, die Erfahrung haben im kirchlichen Leben der Pfarreien und verschiedenen Bewegungen oder Gruppen und Vereinigungen, damit sie diesen Sektor nicht vernachlässigen, wo Hunderttausende von Altersgenossen jedes Jahr eine schwierige und doch kostbare Zeit ihres Lebens verbringen. Betet gemeinsam, und schämt euch nicht, Christen zu sein und euch so zu nennen. Denkt gemeinsam über die großen Verpflichtungen nach, die am Ausgang des zweiten christlichen Jahrtausends auf euch zukommen.

5. Schließt euch zusammen mit eurem Bischof euren Militärseelsorgern und allen, die eine persönliche Erfahrung haben und bereit sind, diese mit euch auszutauschen und zu bereichern. Seid voll Freude und Hilfsbereitschaft! Seid Kirche, in eurer Welt! Wirkt so, daß die anderen in euch den auferstandenen Christus sehen können, den der Apostel Thomas zu seinem Glück mit den eigenen Händen berühren konnte. Seid durch eure vorbildliche Lebensführung glaubwürdig Zeichen des Auferstandenen. Um glauben zu können, bedarf es der Zeichen. Seid deshalb lebendige Zeichen. Mein Herr und mein Gott! Der Ruf des Apostels Thomas voll Demut und Anbetung werde auch für euch ein lebendiger

Anruf und eine anregende Erinnerung an diese österliche Begegnung. Mit dem Herrn können wir sicher voranschreiten, denn obwohl uns das Tal dunkel erscheint, ist er unser Licht, unser Führer und unsere Freude.

Militärdienst ist für Gesellschaft nützlich

Ansprache an junge Soldaten am 2. April

Heute leben wir in einer Zeit des Dialogs, und unter den Teilnehmern am Dialog, die in jeder Lage einen Dialog führen wollen, befinden sich die Journalisten in einer bevorzugten Stellung. Ich kenne deren Welt, weil ich ihnen während meiner Reisen begegne und ich mich ihnen und ihren Fragen, die oft ziemlich kompliziert sind, auch stellen muß. Wir sehen, daß diese Methode von Dialog und Fragen, die dem Papst gestellt werden, auch in der Militärpfarrei Eingang gefunden hat, im Militärbischofsamt, wenigstens hier in Cecchignola. Ich halte das für gut und nützlich. Wir sind von Gott, unserem Vater, erschaffen worden, er hat uns zum Dialog befähigt und dazu, Gedanken auszutauschen, Fragen zu stellen und darauf zu antworten, nachzudenken, weil eine Frage mit Sicherheit immer Frucht des Nachdenkens ist und dann zu einer weiteren Überlegung führt und drängt. Die Entwicklung der menschlichen Erkenntnis ging anfangs durch Frage und Antwort voran. Auch diese Methode und diese Epoche der Kirche des Dialogs wird uns weiterbringen können in der Erkenntnis Gottes, Jesu Christi und unserer selbst, weil – wie uns das Zweite Vatikanische Konzil gelehrt hat – Christus uns nicht nur Gott geoffenbart hat, sondern indem er uns Gott als Vater mit seiner Liebe zur Welt offenbarte, hat er uns Menschen die menschliche Person geoffenbart und uns eine volle und angemessene Sicht vom Menschen als Person gegeben.

Ich möchte den vier jungen Männern hier für die Fragen danken, die sie an mich gerichtet haben, und darauf antworten – vielleicht nicht Punkt für Punkt –, sondern mit einer kurzen Synthese dessen, was mir in den Sinn kam, als ich ihre Fragen hörte. Vor allem möchte ich daran erinnern, daß es zwischen den Soldaten und Jesus Christus selbst – wie auch, vor ihm, seinem Vorläufer Johannes dem Täufer – sehr bezeichnende Begegnungen gegeben hat.

Denken wir an die Worte, die wir jedesmal wiederholen, wenn wir zur hl. Kommunion gehen: „Ich bin nicht würdig … “ Dies sind die Worte eines Soldaten, eines römischen Hauptmanns, der so seinem Glauben Ausdruck verlieh, seiner Bewunderung für Jesus Christus, seiner tiefen Demut und seinem Gebet für die Heilung seines Dieners (vgl. *Mt* 8,8; *Lk* 7,8). Aber nicht nur das. Wenn wir die Apostelgeschichte nehmen, dann ist es bezeichnend, daß der erste unter dem Einfluß des Heiligen Geistes Bekehrte – ein bekehrter Heide, nicht ein Jude – wiederum ein Soldat gewesen ist, ein römischer Hauptmann namens Cornelius (vgl. *Apg* 10,1–48). Und Petrus selbst wurde vom Heiligen Geist gedrängt, zum Haus dieses römischen Hauptmanns nach Cäsarea zu gehen, um ihn zu taufen. Dann, zur Zeit der römischen Verfolgungen, finden wir durch die Jahrhunderte hindurch viele heldenhafte Gestalten von Militärs, Soldaten und Offizieren. Man denke nur an die Gestalt des hl. Florian: ich bin diesem Heiligen, der vielleicht hier in Italien wenig bekannt ist, durch meine persönliche Geschichte sehr verbunden. Wenn man den Blick auf Italien richtet, auf Rom, hat es auch hier – dessen bin ich sicher – nicht an heldenhaften Bekennern und Martyrern des Glaubens gefehlt, die Militärs waren: sie haben den Glauben entdeckt und wußten als Soldaten ihre neue innere Befindlichkeit zu leben, indem sie die beiden Aspekte miteinander in Verbindung brachten und aufeinander abstimmten.

Gewiß besteht keine grundlegende Schwierigkeit – ist es nicht unmöglich –, die christliche Berufung und die Berufung zum Militärdienst miteinander in Einklang zu bringen. Wenn man sein Wesen positiv betrachtet, dann ist der Militärdienst in sich eine sehr ehrenvolle, sehr schöne, sehr edle Sache. Der eigentliche Kern der Berufung zum Soldaten ist nichts anderes als die Verteidigung des Guten, der Wahrheit und vor allem jener, die zu Unrecht angegriffen werden. Und hier finden wir das Prinzip, das erklärt, in welcher Lage der Krieg gerechtfertigt werden kann: wenn er Verteidigung des angegriffenen Vaterlandes ist, Verteidigung derjenigen, die verfolgt werden, die unschuldig sind; eine Verteidigung auch, die ein Risiko für das eigene Leben bedeutet.

Diese Verteidigung kann auch den Tod oder einen Schaden für den Angreifer mit sich bringen, aber in diesem Fall hat er die Schuld. Natürlich versucht man immer, den Schaden, auch des Angreifers, gering zu halten, aber wer sich der Gefahr des Schadens und des Todes mehr aussetzt, ist derjenige, der verteidigt. Man denke nur an die Vielen, die für das Vaterland gefallen sind. Ich hatte schon Gelegenheit, die Kampfzonen im Gebirge zu besuchen, wo die Alpini während des ersten Weltkrieges gefallen sind. Aber wenn ich noch weiter zurückgehe in der Geschichte meines Heimatlandes gab es immer viele heldenhafte Soldaten, auch Partisanen während des letzten Krieges, die um den Preis ihres eigenen Lebens dem ungerechten Angriff auf ihr Vaterland nicht gewichen sind. Hier sieht man, wie die beiden Dinge miteinander vereint und aufeinander abgestimmt werden können: sie sind nicht „divergent", sondern „konvergent", kohärent.

Gewiß, man muß betonen, daß es auch einer geistlichen Formung bedarf, um diese Kohärenz zwischen den beiden Berufungen zu schaffen, zu finden und zu entwickeln, zwischen der Berufung zum Soldaten und jener zum Christen. Ich hatte Gelegenheit, viel mit euren Militärbischöfen zu sprechen; zuerst mit Msgr. Schierano, dem Vorgänger von Msgr. Bonicelli, und auch mit Msgr. Bonicelli und vielen anderen Militärbischöfen aus anderen Nationen, als sie zum Ad-limina-Besuch kamen. Alle sagen, das sei sehr positiv vom geistlichen Standpunkt aus. Alle sehen im Militärdienst eine Probe für den jungen Menschen. Er kostet auch viel, besonders in gefühlsmäßiger Hinsicht: für einen jungen Menschen ist es nicht einfach, den Lebensstil als Zivilist zu ändern und wehrpflichtiger Soldat zu werden. Vor allem ist es nicht leicht, sich innerlich in diese Disziplin einzufügen, denn das Charakteristische des Militärdienstes ist die Disziplin. Aber gerade das, was etwas kostet und nicht so angenehm ist, ist zugleich auch sehr nützlich, konstruktiv. Jeder von euch muß Disziplin haben.

Das, was vielen jungen Menschen heute fehlt – besonders in den Wohlstandsländern, in den Ländern großer Freiheit, um nicht zu sagen den Ländern des Liberalismus, des Libertinismus –, ist vielleicht Disziplin, Selbstdisziplin. Es handelt sich um zwei verschiedene Dinge: Die Disziplin kann bloß äußerlich sein, auch durch einen Befehl, eine eventuelle Strafandrohung aufgezwungen, aber es kann auch Disziplin und Selbstdisziplin zugleich geben. Die Zeitspanne des Wehrdienstes ist für die jungen Menschen eine Zeit, in der sie in der Selbstdisziplin wirklich reifen können. Und nicht nur in der den Körper betreffenden, in der äußerlichen: sicher sieht man auch im Auftreten eines Soldaten, daß er körperlich diszipliniert ist. Aber diese körperliche Disziplin muß mit der inneren, geistigen Disziplin einhergehen, die das Gewissen des Menschen, den Willen, auch das Herz betrifft. Ein Mensch mit Disziplin und Selbstdisziplin ist ein reifer Mensch.

Das ist das Wichtigste, was ich euch als Antwort auf eure Fragen sagen wollte. Vielleicht war es nicht präzise im Detail, aber es zielte auf die wichtigsten Probleme. Ich denke, und davon bin ich überzeugt, daß der Militärdienst nicht nur für die Gesellschaft nützlich sein kann, sondern auch für euch. Aus der Ableistung des Militärdienstes könnt ihr selbst einen Nutzen ziehen und Früchte moralischer und geistiger Natur ernten, wenn dieses Dienen gut genutzt wird, wenn man von dieser Zeitspanne den richtigen Gebrauch macht. Natürlich wäre in dieser Hinsicht eine tiefgehende Zusammenarbeit zwischen den vorgesetzten Berufssoldaten, euch selbst und den geistlichen Assistenten, den Militärseelsorgern, notwendig. So kann man einen derartigen Einklang schaffen zwischen all diesen Komponenten und zur reifen Frucht einer jungen verantwortungsvollen Persönlichkeit kommen, was sehr wichtig ist für das ganze Leben, unter verschiedenen Gegebenheiten. Viele von euch kehren nach der Zeit des Militärdienstes in ihr ziviles Leben zurück. Wenn diese Reife, diese Selbstdisziplin vorhanden ist, nutzt sie auch dem Berufs- und Familienleben. Das Familienleben gründet auf der Liebe, aber auch diese muß in einem gewissen Sinn diszipliniert sein, vor allem muß sie verantwortungsvoll sein: Liebe gibt es nicht ohne Verantwortung.

Frieden und moralische Ordnung

Ansprache an die Mitglieder des „Nato Defense College“ in der Militärstadt Cecchignola (Rom) am 2. April

Liebe Freunde!

Es freut mich sehr, daß euer Aufenthalt in der Nato-Verteidigungsakademie euch diese Gelegenheit zum Papstbesuch bietet. Ich begrüße jeden einzelnen von euch sehr herzlich in dieser Osterzeit, wo die Christen den Sieg Christi über Sünde und Tod feiern.

Viele Länder sind in eurer Fakultät, unter dem Lehrpersonal und den Kursteilnehmern der Verteidigungsakademie vertreten. Das gibt euch die Chance, im gegenseitigen Verständnis zu wachsen und die Hochschätzung für die Zusammenarbeit zu vertiefen, die notwendig ist, auf den Frieden als Ziel hinzuarbeiten, nicht nur zugunsten der verschiedenen Nato-Länder, sondern auch zugunsten der gesamten Menschheitsfamilie.

Es ist meine Überzeugung, daß der wahre Frieden nicht bestehen kann, wenn er nicht fest in einer Moral wurzelt, die auf der Liebe zu Gott und zum Nächsten gründet. Heute wächst das Bewußtsein von der weltumspannenden wechselseitigen Abhängigkeit und der Notwendigkeit menschlicher Solidarität durch die Förderung von Gerechtigkeit und Frieden. Aber, wie das Zweite Vatikanische Konzil so weise betont hat, der Frieden ist letztlich die Frucht der Liebe, die über das hinausgeht, was die Gerechtigkeit schaffen kann (vgl. *Gaudium et spes*, Nr. 78). Diese Art brüderlicher Liebe kann nur von dem Glauben an Gott, unseren Schöpfer und Richter, getragen werden. Ohne Treue zu Gott und zur moralischen Ordnung, die in unsere Herzen und in die ganze Schöpfung eingeschrieben ist, kann es keinen dauerhaften Frieden geben.

Liebe Freunde! Ich vertraue darauf, daß jeder von euch durch die Ausbildung an der Verteidigungsakademie besser darauf vorbereitet wird, einen Beitrag zum Frieden in der Welt und zur echten Entwicklung der Menschheit zu leisten. Der allmächtige Gott stärke euch für diese Aufgabe und segne euch mit allen guten Gaben.

Katholische Erziehung eine Hilfe zur Persönlichkeitsentwicklung

Ansprache an die Mitglieder des Rates des Weltverbandes katholischer Erzieher am 3. April

Sehr geehrter Herr Präsident,
Meine Damen und Herren,
Mitglieder des Rates des Weltverbandes katholischer Erzieher!

Nach der Neubesetzung Ihres Rates im letzten Sommer haben Sie seine erste Versammlung im Zentrum der Kirche abhalten wollen, getragen von dem lebhaften Wunsch, vom Nachfolger Petri Ermutigungen zu empfangen. Ich beglückwünsche Sie zu dieser Initiative und danke Ihnen für Ihren liebenswürdigen und bestärkenden Besuch.

Sie sind tief davon überzeugt, daß es wichtig ist, katholische Schuleinrichtungen zu erhalten und weiterzuentwickeln. Obwohl ich schon oft Gelegenheit hatte, daran zu erinnern, möchte ich einmal mehr die besondere Hilfe beleuchten, die der katholische Unterricht, der seinem Erziehungsziel gewissenhaft treu ist, für die Persönlichkeitsentfaltung der Jugendlichen darstellt. Nicht nur die menschliche Kultur, die darauf hinzielt, ihre Intelligenz und Sensibilität zu durchdringen, ihre Freiheit zu erproben und auszubilden, sondern der ausdrückliche Bezug auf Christus lehrt die jungen Menschen, die Werte, die ihre echte Persönlichkeit aufbauen können, von den Gegenwerten zu unterscheiden, die geeignet sind, sie auszuhöhlen. Die Jugend von heute, die so reich an Möglichkeiten ist, wird in der Tat vor den Kopf gestoßen durch ein Chaos von Strömungen wechselnder Ideen und hedonistischer Gewohnheiten.

Das Streben der Jugendlichen nach Wahrheit, Gerechtigkeit, Verantwortung, Liebe und Glück muß – vor allem, wenn es von echten Erziehern erweckt wird – auf den höchsten und bleibenden Werten solide begründet sein, und diese sind in der Person und der Botschaft des Gott-Menschen in wunderbarer Weise vereint. Ja, wenn die katholische Schule in die Welt der Jugendlichen hineinsagen kann, daß Christus nicht gekommen ist, um ihr Leben einzusperren, sondern um es zu befreien, so sind sie in der Lage, diese Frohe Botschaft anzuhören und zu leben. Infolgedessen wird ihre menschliche und christliche Persönlichkeit erstaunlich anwachsen.

Es liegt mir gleichermaßen am Herzen, einen Hauptpunkt der Erklärung des Zweiten Vatikanischen Konzils über die christliche Erziehung wieder in Erinnerung zu rufen: „Die Lehrer aber seien sich bewußt, daß es in höchstem Maße von ihnen abhängt, wieweit die katholische Schule ihre Absichten und Initiativen verwirklichen kann … In Liebe untereinander und mit den Schülern eng verbunden und von apostolischem Geist beseelt, sollen sie in Leben und Lehre für Christus, den einzigen Lehrer, Zeugnis ablegen" (*Gravissimum educationis*, Nr. 8). Mögen Ihr Rat und seine Verzweigungen über die ganze Welt mit ebenso viel Zähigkeit wie Glaubensgeist über das Engagement zutiefst christlicher Lehrer und Erzieher wachen! Man weiß, daß katholische Einrichtungen auf Schwierigkeiten stoßen, ihre christlichen Lehrpläne ins Werk zu setzen, weil bestimmte Mitglieder des Lehrkörpers nicht religiös oder religiös neutral sind. Überall braucht das katholische Erziehungswesen Ordensmänner und -frauen, die leidenschaftlich von ihrer Erziehungsaufgabe durchdrungen sind und ebenso Laien, die als Erzieher in der Lage sind, ihren Glauben bei den Jugendlichen zu bezeugen. Die Kirche zählt auf die Dynamik und die Weisheit Ihres Weltverbandes, um den besonderen Charakter katholischer Schuleinrichtungen zu erhalten und zu verbessern.

Ich rufe von ganzem Herzen die überreichen göttlichen Gnaden des Lichtes, des Mutes und der Hoffnung auf Ihren Rat und alle katholischen Erziehergemeinschaften herab.

Bibelauslegung Dienst der Evangelisierung

Ansprache an die Mitglieder der Päpstlichen Bibelkommission am 7. April

Ich danke Kardinal Ratzinger von ganzem Herzen für die liebenswürdigen Worte, die er soeben an mich gerichtet hat, als er mir die Bibelkommission vorstellte, die zur Zeit in Rom zusammengekommen ist, um eine neue Frage zu studieren. Ich drücke auch Henri Cazelles, dem Priester von Saint Sulpice und eifrigen Sekretär der Kommission, sowie allen Mitgliedern, die aus den vier Himmelsrichtungen der Welt hierher gekommen sind, meinen besonderen Dank dafür aus, daß sie bereit sind, ihre unterschiedliche Sachkenntnis in den Dienst an einer gemeinsamen Untersuchung zu stellen.

Das Thema dieser Untersuchung ist von vitaler Bedeutung für die Gesamtkirche, da es sich ja um die biblische Hermeneutik im Blick auf die historisch-kritischen Methoden handelt. Das Konzil hat uns daran erinnert, daß jede Verkündigung der Kirche sich „von der Heiligen Schrift nähren und sich an ihr orientieren" muß (*Dei verbum*, Nr. 21). Die erste Frage, die sich stellt, ist also jene, von der die Apostelgeschichte in der Episode des Äthiopiers berichtet, den Philippus fragte: „Verstehst du auch, was du liest?" Der Äthiopier brauchte eine Erläuterung. Eine Erläuterung kann nicht ohne Methode zustandekommen.

Ihr Präsident hat soeben an die Vielzahl der Methoden erinnert, die den Exegeten heutzutage angeboten werden. Die Tatsache ist nicht neu. Seit der Zeit der Kirchenväter unterschieden sich verschiedene exegetische Schulen genau in der Aufgabe ihrer Auslegungsmethoden, und sie erhellten so die Heilige Schrift und ergänzten einander. Wenn auch die große Zahl an Methoden manchmal den Eindruck einer gewissen Verworrenheit geben kann, so macht es doch den Vorteil deutlich, den unerschöpflichen Reichtum des Wortes Gottes besser vorscheinen zu lassen.

Es ist richtig, daß sich mehr als einmal bei bestimmten Auslegungsmethoden gezeigt hat, daß sie eine Gefahr für den Glauben darstellen, weil sie von Nicht-Gläubigen in der Absicht ausgelegt worden waren, die Bekräftigungen der Schrift einer zerstörerischen Kritik zu unterziehen.

In einem solchen Fall ist es notwendig, eine klare Unterscheidung zwischen der Methode selbst – die, wenn sie sich auf die authentischen Erfordernisse des menschlichen Geistes bezieht, zur Bereicherung des Wissens beitragen wird – und den anfechtbaren Voraussetzungen rationalistischer, idealistischer oder materialistischer Art anderseits zu ziehen, die die Auslegung schwer belasten und ungültig machen. Der durch den Glauben erleuchtete Exeget kann offenbar solche Denkvoraussetzungen nicht anwenden, aber er kann dabei wenigstens aus der Methode Nutzen ziehen. Vom Alten Testament an wurde das Volk Gottes ermutigt, „sich an der Beute der Ägypter zu bereichern“!

Jede Methode hat ihre Grenzen. Es ist unerläßlich, sie anzuerkennen. Dies gehört zum wissenschaftlichen Geist, der sich dadurch vom Szientismus unterscheidet. Wenn er wirklich wissenschaftlichen Geist besitzt, wird sich der gläubige Exeget des relativen Wertes seiner Forschungsergebnisse bewußt sein, und seine Bescheidenheit – weit davon entfernt, sein glänzendes Werk in den Schatten zu stellen – gewährleistet die Authentizität.

In der Kirche müssen alle Methoden direkt oder indirekt in den Dienst an der Evangelisierung gestellt sein. In den letzten Zeiten hat man Christen wohl klagen gehört, daß die Exegese eine ausgeklügelte Kunst ohne Bezug zum Leben des Volkes Gottes geworden sei. Diese Klage kann offenbar angefochten werden. Bestenfalls ist sie nicht gerechtfertigt. Es gibt unterdessen Anlaß, aufzumerken. Die Treue zu seiner Aufgabe Auslegung selbst fordert vom Exegeten, daß er sich nicht damit zufrieden gibt, zweitrangige Aspekte biblischer Texte zu studieren, daß er aber wohl ihre Hauptbotschaft zur Geltung bringt, die eine religiöse Botschaft ist, ein Ruf zur Umkehr und eine frohe Heilsbotschaft, die jeden Menschen und die gesamte menschliche Gesellschaft verändern kann, indem sie sie in die göttliche Gemeinschaft eingliedert.

Als Jesus sich am Abend des Osterfestes seinen Jüngern zeigte, „öffnete er ihnen die Augen für das Verständnis der Schrift“ (*Lk* 24,45). Ich wünsche Ihnen dieselbe Gnade, damit Ihre Arbeit von großer Fruchtbarkeit für die Kirche und für die Welt sei. In dieser Gesinnung erteile ich Ihnen von ganzem Herzen meinen Apostolischen Segen.

Heiligkeit Werk der Gnade

Predigt bei der Heiligsprechung der seligen Clelia Barbieri am 9. April

1. „Ich sah, und ich hörte die Stimme von vielen Engeln rings um den Thron ... die Zahl der Engel war zehntausendmal zehntausend und tausendmal tausend“ (*Offb* 5,11). In der Freude dieses dritten Ostersonntags erhebt die streitende Kirche mit dem Apostel Johannes ihren Blick, um die Herrlichkeit der triumphierenden Kirche zu betrachten, die sich um das Lamm schart, um ihm „Lob und Ehre und Herrlichkeit und Kraft in alle Ewigkeit“ (*Offb* 5,13) darzubringen. Und unter den Abertausenden von Engeln und Heiligen richtet sie ihren Blick auf eine junge Frau, die in den jubelnden Chor mit einstimmt und ihr Amen der Anbetung und des Dankes spricht. Heute bekennt die Kirche feierlich, daß Clelia Barbieri, eine junge Frau von 23 Jahren, die in der Region Emilia geboren war und gelebt hatte, in Ewigkeit unter den Heiligen des Himmels mit dem auferstandenen Christus vereint ist. Die Heilige Clelia wiederholt Christus die Worte des Psalms: „Herr, mein Gott, ich habe zu dir geschrien, und du hast mich geheilt ... Da hast du mein Klagen in Tanzen verwandelt ... Herr, mein Gott, ich will dir danken in Ewigkeit“ (*Ps* 30,3.12–13). Und zu uns sagt sie mit der überzeugenden Stimme derer, die bereits die beseligende Erfahrung des Friedens in Gott macht: „Singt und spielt dem Herrn, ihr seine Frommen, preist seinen heiligen Namen! Denn sein Zorn dauert nur einen Augenblick, doch seine Güte ein Leben lang“ (*Ps* 30,5–6).

2. Wenn man an das Schicksal dieser jungen Frau und das mutige Zeugnis denkt, das sie für Christus und sein Evangelium in ihrem kurzen Leben gegeben hat, kommen einem die Worte des Apostels Petrus vor dem Hohen Rat in Erinnerung, der ihn deshalb tadelte, weil er die Botschaft des auferstandenen Christus verkündet hatte: „Man muß Gott mehr gehorchen als den Menschen“ (*Apg* 5,29). In für die Kirche schwierigen Zeiten und in einem von feindlichen Strömungen gegen das Evangelium durchdrungenen sozialen Umfeld zögerte Clelia Barbieri nicht, „Arbeiterin der Christenlehre“ zu werden – wie damals die Katecheten in der Erzdiözese Bologna genannt wurden –, um allen Jesus zu verkünden, der ihr Herz erobert hatte. Von der Kraft ihrer Begeisterung angezogen, schlossen sich ihr bald auch andere junge Frauen der Pfarrei an, um das gleiche Ideal des kontemplativen Lebens und Apostolats zu teilen. Nach vielen Schwierigkeiten aus politischen und gesellschaftlichen Gründen konnten Clelia und ihre Gefährtinnen am 1. Mai 1868 endlich ihr Gemeinschaftsleben beginnen und den Anfang setzen für die Ordensfamilie, die der Erzbischof von Bologna, Kardinal Lucida Maria Parocchi, später unter dem Namen „Kleinste Schwestern der Schmerzhaften Muttergottes“ anerkannte: „Kleinste Schwestern“ wegen der großen Verehrung, die die Gründerin für den heiligen Franz von Paul, den Schutzpatron der Gemeinschaft, hegte; „der Schmerzhaften Muttergottes“, weil unter diesem Titel die Gottesmutter Maria an diesem Ort und von der Heiligen selbst innig verehrt wurde.

3. Heute freuen sich die geistlichen Töchter der Clelia Barbieri über die Erhebung ihrer Gründerin zur Ehre der Altäre, und mit ihnen freuen sich die Erzdiözese Bologna und ihr

Heimatort. Ich begrüße herzlich und hochachtungsvoll die kirchlichen und zivilen Obrigkeiten von Bologna, den Erzbischof Kardinal Biffi, die Generaloberin und die Ordensfrauen der Kongregation der Kleinsten Schwestern der Schmerzhaften Muttergottes sowie die Gläubigen, die aus der Region Emilia-Romagna und anderen Orten Italiens und des Auslands gekommen sind, um der neuen Heiligen die Ehre zu geben. Es ist mir eine tiefe Freude, die historische Zeremonie zu vollziehen und das Gebet der Kirche zu Gott erheben zu können. Ich empfehle sie der Fürsprache der heiligen Clelia Barbieri, dem einfachen Mädchen, das im vergangenen Jahrhundert in Le Budrie, einem kleinen Ort auf dem Land in der Region Emilia, wenige Kilometer von Bologna entfernt, geboren wurde. Es freut mich, auf diese Weise die Aufmerksamkeit der ganzen Kirche auf das Beispiel ihres kurzen, aber intensiven Lebens lenken zu können, denn ich bin überzeugt, daß die Christen von heute, besonders die Jugend, aus ihrem Zeugnis anregende Hinweise erhalten können für ein Apostolat, das sich der zeitgenössischen Welt einprägt.

4. Der erste Hinweis, den die junge Clelia den Christen von heute bietet, ist der des vollen und totalen Vertrauens in Christus und die Kirche. Sie glaubte wie Petrus am See von Tiberias den Worten des göttlichen Meisters und warf die Netze ihres Lebens aus ins Meer der Gottes- und Nächstenliebe, indem sie Schwierigkeiten und Versuchungen überwand und den Reizen und Gefahren der Welt widerstand. Wie Petrus konnte auch Clelia zu Jesus, der sie im Herzen einlud, ihn „mehr" zu lieben, sagen: „Ja, Herr, du weißt, daß ich dich liebe" (*Joh* 21,15). In einem nach außen hin einfachen und gewöhnlichen Leben hegte Clelia in ihrem Innern eine so starke und brennende Liebe für ihren göttlichen Bräutigam, daß ihr Körper selbst davon in Mitleidenschaft gezogen wurde. Noch sehr jung, brach sie zusammen, wie von einem inneren Feuer verzehrt. Der in so kurzer Zeit erklommene Gipfelpunkt der Heiligkeit ist beeindruckend. Clelia ist die jüngste Ordensgründerin der Kirchengeschichte. Ihr Schicksal zeigt, daß die Heiligkeit der Seelen das Werk der göttlichen Gnade ist, nicht das der menschlichen Pläne und Kultur. Liegt darin nicht auch eine für unsere Zeit besonders angemessene Botschaft des Allerhöchsten? Mit der feierlichen Heiligsprechung der jungen Ordensfrau von Bologna stellt Gott uns ein einfaches, zartes Geschöpf vor, bar jedes materiellen und kulturellen Reichtums, aber reich an Weisheit, die die Einfachen im Gebet aus den Quellen des offenbarten Wortes selbst schöpfen.

5. Die Familie und die Pfarrei waren das Umfeld, in dem Clelia das Gebäude ihrer Heiligkeit errichtete. In der Familie lernte das kleine Mädchen die Anfangsgründe des Glaubens. In der Pfarrei entfaltete und vervollkommnete sie ihren geistlichen Weg. Ihre Erfahrung bestätigt die immerwährende Gültigkeit dieser beiden Grundzellen des gesellschaftlichen und kirchlichen Lebens, indem sie einen weiteren, wertvollen Hinweis bietet: Man kann nicht auf ein neues Aufblühen des christlichen Lebens hoffen, wenn man sich nicht für die Gesundung der Familie und den Aufschwung der Gemeindepastoral einsetzt. Aber sowohl die christliche Familie als auch die Pfarrfamilie – und in ihr jede andere aus dem Glauben hervorgegangene Gemeinschaft – haben ein und dieselbe Mitte, aus der sie Bindungskraft, Einsatzbereitschaft und Fähigkeit zu ständiger Erneuerung schöpfen. Diese Mitte ist die Eucharistie. Die Verehrung der Eucharistie spielte eine

grundlegende Rolle im Leben der heiligen Clelia Barbieri. Sie spürte in ihrem Innern die Einladung Jesu, die auch im Evangelium von heute nachklingt: „Jesus sagte zu ihnen: Kommt her und eßt! Keiner von den Jüngern wagte ihn zu fragen: Wer bist du? Denn sie wußten, daß es der Herr war" (*Joh* 21,12). In der eucharistischen Kommunion entdeckt Clelia jeden Tag mit neuer Begeisterung die liebevolle Gegenwart ihres Herrn. Genau nach der Teilnahme an der Eucharistiefeier schrieb Clelia die einzigen Worte nieder, die das Wunder der Gnade bezeugten, das der Herr in ihr wirkte: „Herr", schreibt sie, „öffne dein Herz, gieße eine Menge Flammen der Liebe aus und entzünde mit diesen Flammen mein Herz. Mach, daß ich in Liebe entbrenne!" Nein, nach solchen Erfahrungen mußte Clelia an Jesus nicht die Frage stellen: „Wer bist du?" Wie die Apostel am See von Tiberias wußte auch sie, „daß es der Herr war".

6. So steht die heilige Clelia Barbieri vor uns, um der Kirche von heute das zu wiederholen, was die Botschaft ihres ganzen Lebens war. Sie spricht zu den jungen Menschen, um ihnen zu sagen, daß man heilig sein kann trotz der Altersperiode, in der die Leidenschaften lebendiger sind. Es genügt, es beharrlich zu wollen und zu beten, ohne müde zu werden. Heilige Clelia, Vorbild der gottgeweihten Frau, sprich zu den Ordensfrauen und lade sie ein, sich der geistlichen Reichtümer ihrer Weiblichkeit bewußt zu werden, durch die sie einen unersetzlichen Beitrag zum Aufbau der Kirche und der Gesellschaft leisten können und müssen. Die neue Heilige spricht zu allen Christen, um sie zur Hochschätzung der Familie und der Pfarrei aufzurufen, der beiden Institutionen, auf denen im natürlichen und übernatürlichen Bereich das Leben des Volkes Gottes gründet.

7. Kardinal Giorgio Gusmini, der erste Biograph der Heiligen, hat über sie geschrieben: „Wer sie in jenen Jahren gesehen und bewundert hat, sagt, daß Gott, wenn er einen seiner Engel auf die Erde gesandt hätte, dieser kein schöneres, kein heiligeres, kein fruchtbareres Leben zum Wohl für sich und die anderen hätte haben können als das Leben von Clelia Barbieri. „Ich sah, und ich hörte die Stimme von vielen Engeln rings um den Thron" (*Offb* 5,11). Unter diesen Engeln ist gewiß auch die heilige Clelia. Ihrer Fürsprache empfehlen wir die Probleme der Kirche von heute, die Probleme unserer Pfarreien und die der Berufe des gottgeweihten Lebens. Möge ihr Gebet erlangen, daß die Gläubigen, Männer und Frauen, aktiver in die Strukturen ihrer Pfarreien eingegliedert werden und in ihnen den Antrieb und die Mittel finden für ihre innere Formung in Lehre und Spiritualität und für einen echten Einsatz im Apostolat. Die heilige Clelia erleuchte und begleite ihre geistlichen Töchter, indem sie sie immer hochherziger und einfallsreicher mache im Dienst an der Kirche und der Gesellschaft. Gleichzeitig mögen durch ihre Fürsprache bei Gott die Herzen vieler junger Menschen die Einladung annehmen, sich ohne Vorbehalte der Sache des Evangeliums zu widmen, damit es der heutigen Menschheit nicht an der Möglichkeit fehle, Christus zu begegnen, denn „in keinem anderen ist das Heil zu finden" (*Apg* 4,12).

8. „Herr, mein Gott, ich habe zu dir geschrien, und du hast mich geheilt. Herr, du hast mich herausgeholt aus dem Reich des Todes, aus der Schar der Todgeweihten mich zum Leben gerufen" (*Ps* 30,3–4). Ja, die heilige Clelia lebt in Gott im Licht des auferstande-

nen Christus, und sie ermutigt uns vom Himmel aus, auf dem Weg unserer alltäglichen Pflichten beharrlich weiterzugehen, im festen Vertrauen auf den, der die Welt erschaffen und in seinem Erbarmen die Menschen gerettet hat„ (*Zwischengesang*). „Herr, mein Gott ... Da hast du mein Klagen in Tanzen vewandelt ... Herr, mein Gott, ich will dir danken in Ewigkeit“ (*Ps* 30,3.12–13). Amen.

Nachfolge Christi verlangt völlige Freiheit

Ansprache an Novizinnen am 10. April

1. Ich freue mich, liebe Novizinnen mit den euch begleitenden Meisterinnen, daß ich euch begrüßen und ein Gespräch mit euch führen kann.
In diesen Tagen wurde euch die Dynamik des Einführungsweges in das Leben der Ganzhingabe an Gott vor Augen gestellt. Das Noviziat ist ja der erste Abschnitt dieses Weges und setzt voraus, daß diejenige, die ernsthaft auf den Ruf Christi: „Geh, verkauf deinen Besitz; ... dann komm und folge mir nach“ (*Mt* 19,21) antworten will, schon zu einer gewissen Klarheit gekommen ist.
Die Noviziatserfahrung bringt eine radikale Veränderung hinsichtlich der vorherigen Lebensführung mit sich. Das wirkliche Hineingenommensein in die Sendung der Gemeinschaft, die man gewählt hat, und das viel unmittelbarere Bewußtwerden der Anforderungen, die das neue Dasein in Zukunft stellen wird, verlangen den entschiedenen Willen, die Berufung zu vertiefen und den Lebensstil der betreffenden Kongregation zu erproben, um festzustellen, wie ernst es mit dem Vorhaben ist, den begonnenen Weg fortzusetzen.

2. Die Nachfolge Christi verlangt völlige Freiheit des Herzens, absolute Verfügbarkeit im Vergessen seiner selbst und der eigenen Angelegenheiten, um zu einer schenkenden und uneigennützigen Liebe fähig zu sein. Der Brennpunkt des Noviziats und das Herz der Ausbildung ist die Erfahrung des auferstandenen Jesus. Das innere Leben mit ihm ist wesentlich, es ist das „unum necessarium“ das eine Notwendige, in einer Liebe der inneren Verbundenheit mit ihm und in der Liebe des Dienstes. Christus nachfolgen heißt konkret, seinen Fußspuren folgen, seinen Weg mit ihm teilen, eine persönliche Beziehung der Liebe und Gemeinschaft mit ihm herstellen, um mit ihm, dem Gesandten des Vaters, an seiner Erlösungsaufgabe in der Welt teilzunehmen.
Mit dieser Ausbildung und bei dieser fortgesetzten Schulung wird es nicht schwer für euch sein, dem, was die ganze Menschheit augenblicklich durchlebt, ihren Problemen, ihren Hoffnungen und Erwartungen eine tiefe Aufmerksamkeit zu schenken. Euch, der jungen Zukunftshoffnung des Ordenslebens, Töchtern und Weiterführerinnen der Sendung eurer Gründerinnen und Gründer, ist die Aufgabe anvertraut, für das Jahr 2000 ein Ordensleben vorzubereiten, das immer fruchtbarer und immer mehr fähig ist, auf die Bedürfnisse der Welt und der Menschen eurer Zeit in beständiger Treue zum Evangelium Antwort zu geben.

3. Ein unvergleichliches Vorbild dafür findet ihr in Maria, dem wahren Urbild der gottgeweihten Frau. Gott begegnet in ihr einer jungen Frau mit einem bestimmten Namen und in einer konkreten Lebenssituation, um sie zu einer ganz besonderen Aufgabe in der Heilsgeschichte zu berufen. Die Antwort dieser jungen Frau ist stark gekennzeichnet durch die Tatsache, daß sie ein einmaliger, unwiederholbarer Mensch ist, aber zugleich auch ein Mensch, der eine besondere Weise des Frauseins mit euch gemeinsam hat. Maria empfängt so die Offenbarung über ihr eigentlichstes Wesen, nämlich, Frau zu sein, die von Gott in frei geschenkter Liebe geliebt ist, und nach seinem Heilsplan für die Menschheit zur Mutter des menschgewordenen Gottes berufen zu sein, jene, die dem Wort Gottes einen menschlichen Leib schenkt. Die Jungfrau von Nazaret macht sich ganz verfügbar für den Plan, den Gott mit ihrem Leben hat. Aber ihre Mitarbeit erwächst nicht aus ihren eigenen persönlichen Begabungen, sondern kommt einzig aus der totalen und vertrauensvollen Hingabe an den Willen ihres Gottes, in der Gewißheit, daß er beständig in ihrem Leben anwesend ist, und daß immer er es ist, der jedes Ereignis ihres Lebens fügt und lenkt zum Wohl der ganzen Menschheit.

4. Die Osterzeit, in der wir gerade leben, bietet reiche Lehren für diesen Abschnitt eurer Ausbildung, sowohl für die Ausbilderinnen als für die jungen Auszubildenden. Das Ereignis von Emmaus, das wir im Lukasevangelium finden (vgl. *Lk* 24,13–35), ist sehr reich an biblischen Symbolen und bedeutsamen Lehren. Es erinnert uns daran, daß wir, um die Reichtümer Christi zu entdecken, mit ihm „unterwegs“ sein müssen, daß wir auf dem Weg unsere Aufmerksamkeit auf den Auferstandenen richten, daß wir sein Wort hören und beten müssen, damit wir hinsichtlich unserer Berufung eine echte Unterscheidung treffen und einen aufrichtigen Dienst der Liebe am Menschen gewährleisten können. Emmaus zeigt uns auch, daß Jesus, der wahre Menschenbildner, es verstanden hat, die beiden zweifelnden und entmutigten Jünger zu begleiten, zu unterweisen und sie auf ihrem Weg des Lernens zu stützen. Ja, als er sah, daß sie „wie mit Blindheit geschlagen waren (*Lk* 24,16), zeigt er ihnen durch sein Verhalten, daß er sie liebt und sie erleuchten will, um ihr Herz für die Wahrheit zu öffnen. Dieses sein liebevolles Wohlwollen läßt die Jünger den heilsamen Vorwurf: „Begreift ihr denn nicht? Wie schwer fällt es euch, alles zu glauben, was die Propheten gesagt haben!“ (*Lk* 24,25) gut annehmen. Doch erst am Schluß, im Gebet und bei der Kommunion, vermögen ihre Augen ihn zu erkennen. Dieser Bericht will zeigen, daß die Formung des Menschen auch Personen erfordert, die der Geduld und des Zuhörens fähig sind, die nicht sofort Erfolg sehen wollen, sondern warten und die verschiedenen Wachstumsstufen bei den einzelnen abwarten können. Dazu ist es aber notwendig, daß die, die eine solche Aufgabe übernehmen, vor allem die Gegenwart des Herrn in ihrem Leben entdeckt haben und überzeugt sind, daß sie nur dann, wenn sie auf ihn schauen, ihre Identität im Leitungs- und Ausbildungsamt verwirklichen können, als solche, die zu geben wissen, ohne Lohn und Entgelt zu erwarten. Übrigens hat auch Jesus den ganzen Weg von Jerusalem nach Emmaus machen müssen, um mit seinen Jüngern in Verbindung kommen zu können.

5. Ich wünsche euch, liebe Novizinnen, daß das freudige Zeugnis eurer Nachfolge Christi im Dienst des Evangeliums zum Aufbau des Gottesreiches eine gute Vermittlung an-

bahne, durch die auch noch andere junge Menschen fähig werden, im innersten Herzen die unwiderstehliche und umwandelnde Kraft der Stimme Christi zu hören, die sie mit ihrem Namen ruft, wie er es bei Maria aus Magdala am Tag der Auferstehung tat.
Und dann ist es mein Wunsch, daß die Vorsätze, die ihr in diesen Tagen des Gebets und der schwesterlichen Gemeinschaft gefaßt habt, verwirklicht werden, damit ihr eure besondere Berufung von Grund auf begreift und radikal lebt. Von Herzen erteile ich euch, euren Oberinnen und Mitschwestern in euren Gemeinschaften den Apostolischen Segen.

Normalisierung der Beziehungen

Brief an Kardinal Glemp vom 11. April

Ehrwürdiger und lieber Herr Primas!

Seit mehreren Jahren sind Bemühungen in Gang, deren Ziel die Wiederaufnahme diplomatischer Beziehungen zwischen dem Heiligen Stuhl und Polen ist. Nach zahlreichen Initiativen kam es im Juli 1974 zur Unterzeichnung eines Protokolls über ständige Arbeitskontakte der Delegationen, die aus Vertretern beider Teile zusammengesetzt waren. Erster Chef der Delegation des Heiligen Stuhles war der Herr Erzbischof Luigi Poggi, Apostolischer Nuntius für besondere Aufgaben, der zahlreiche Reisen nach Polen unternommen und die Kontakte mit der Gemeinschaft der Kirche und den staatlichen Autoritäten entwickelt hat. Im Mai 1978 ließ Papst Paul VI. den Primas von Polen, Herrn Kardinal Stefan Wyszynski wissen, er beabsichtige, einen ständigen Vertreter im Rang eines Apostolischen Delegaten nach Warschau zu schicken; diese Entscheidung wurde dann von Papst Johannes Paul I. bestätigt.
In den letzten Jahren hat die Regierung der Volksrepublik Polen den Vorschlag gemacht, die Beziehungen zwischen Staat und Kirche völlig zu normalisieren durch den Austausch von diplomatischen Vertretern mit dem Apostolischen Stuhl. Dieser Vorschlag wurde von seiten der Polnischen Bischofskonferenz positiv bewertet, so daß besondere Vorbereitungen getroffen werden konnten. Beim heutigen Stand der Dinge erscheint es möglich, ja angebracht, daß der Heilige Stuhl einen Vertreter mit entsprechendem Status nach Warschau schickt.
Seine Anwesenheit in Polen erscheint auch deswegen notwendig, weil der Vorschlag einer Abmachung zwischen der Volksrepublik Polen und dem Apostolischen Stuhl gemacht wurde. Für die Ausarbeitung einer solchen Abmachung sind schon entsprechende Kommissionen aus Vertretern des Apostolischen Stuhles, des polnischen Episkopates und der Autoritäten der Volksrepublik Polen zusammengetreten. Dabei wurde die Abmachung zunächst als Vorbedingung für den Austausch von diplomatischen Vertretern angesehen. Doch ist der Apostolische Stuhl in dieser vorbereitenden Phase bereit, schon vor der Unterzeichnung der Abmachung einen Vertreter nach Polen zu entsenden. So könnte

bei der abschließenden Ausarbeitung des Textes der Abmachung, die ein wichtiges Dokument von internationalem Charakter darstellt, bereits der Vertreter des Apostolischen Stuhles mit ständigem Sitz in Polen teilnehmen.

In einer Ansprache an die Polnische Bischofskonferenz am 14. Juni 1987 in Warschau habe ich die grundlegende Bedeutung diplomatischer Beziehungen zwischen Polen und dem Apostolischen Stuhl hervorgehoben und auf die mehrhundertjährige Geschichte der Apostolischen Nuntiatur in Warschau hingewiesen. So wünscht nun der Apostolische Stuhl, daß seine jetzt getroffene Entscheidung eine volle Weiterführung der diplomatischen Beziehungen mit Polen gewährleistet.

Ich füge hinzu, daß die Präsenz des Vertreters des Apostolischen Stuhls in einem bestimmten Land, zumal wenn es katholisch ist, eine normale Form der ständigen Vertretung des Römischen Papstes bei den Einzelkirchen oder auch bei den Staaten und öffentlichen Autoritäten ist (vgl. *Codex des Kirchenrechtes,* can. 363, Par. 1).

Bekanntlich unterhält der Apostolische Stuhl im Augenblick mit 117 Ländern in der ganzen Welt solche Beziehungen, nicht zu reden von den internationalen Organisationen. Im derzeitigen Pontifikat sind 30 neue diplomatische Vertretungen eingerichtet worden.

In der oben erwähnten Ansprache habe ich besonders den Aspekt der Glaubwürdigkeit dieser Entscheidung im Verhältnis zur polnischen Nation und auch auf internationaler Ebene betont. Der Apostolische Stuhl ist aufrichtig davon überzeugt, daß ein solcher Akt dem Wohle Polens dient, da er die Souveränität des Staates hervorhebt, die auf der Fülle der souveränen Rechte der in diesem Staat lebenden Gesellschaft gegründet ist. Das Anliegen der Sicherung dieser Rechte in jeder Nation und Gesellschaft gilt der Kirche als Teil ihres pastoralen Dienstes, wie er zu ihrer vom Evangelium bestimmten Sendung gehört.

Im Geist der pastoralen Sorge für das Wohl des Vaterlandes teile ich Ihnen, Herr Primas, als dem Präsidenten der Polnischen Bischofskonferenz und den Mitbrüdern dieser Konferenz diese Gedanken mit und wünsche ihnen den Beistand der Patrone Polens. Ihrer Fürbitte, und zumal der der Herrin von Jasna Gora, empfehle ich das wichtige Anliegen des vorliegenden Briefes.

Mit meinem Apostolischen Segen, den ich im Namen der heiligsten Dreifaltigkeit erteile.

Aus dem Vatikan, 11. April 1989

Joannes Paulus PP. II

Frieden und Versöhnung

Grußwort an die Pilger aus der nordirischen Diözese Derry am 13. April

Lieber Herr Bischof Daly,
liebe Brüder und Schwestern in Christus,
liebe Gläubige von Derry!

Es freut mich sehr, diese Gelegenheit zu haben, euch alle während eurer Diözesanpilgerfahrt in Rom zu begrüßen und zugleich meine Wertschätzung und Gebetshilfe für euch, eure Familien und eure Lieben – für alle Kinder aus Saint Colmcille in der Diözese Derry – auszudrücken.
Um die Menschen von Nordirland kreisen sehr häufig meine Gedanken und Gebete. Es ist immer sehr traurig, von der fortgesetzten Gewalt in einem Land zu hören, dessen Missionare die Botschaft von Christus, dem Friedensfürsten, zu so vielen anderen Völkern gebracht haben. Wir dürfen die Hoffnung nicht verlieren, daß die Verantwortlichen jeder Seite erkennen, daß der einzige Weg zu wahrer Gerechtigkeit der Weg der Versöhnung, des Dialogs und der Gewaltlosigkeit ist. Gemeinsam mit euren Bischöfen, Priestern und allen irischen Menschen guten Willens bete ich innig darum, daß die tragische Gewalt, die in den vergangenen 20 Jahren so sehr ein Teil eures Lebens gewesen ist, ein Ende nehme.
Euer starker Glaube und eure Liebe zu Gott gehen auf den heiligen Patrick und den heiligen Colmcille zurück. Mir wurde erzählt, daß eure Stadt oft „Doire Choilmcille" genannt wird. Der heilige Colmcille, auch als „Taube" der Kirche bekannt, wird so wegen der vielen Stunden genannt, die er im Gebet vor dem Allerheiligsten Sakrament verbrachte. Ich ermutige euch heute, in euren Familien und euren Kirchen beharrlich im Gebet zu bleiben.
Auf die Fürsprache eures großen Patrons mögen Frieden und Gerechtigkeit wieder in ganz Irland erblühen. Mögen seine Kinder in Frieden und ohne Haß in ihren Herzen aufwachsen. Möge der heilige Colmcille die jungen Menschen in euren Städten und auf dem Lande anregen, der persönlichen Herausforderung des Friedens und der Brüderlichkeit zu begegnen und die Bedeutung der gegenseitigen Annahme und der liebenden Vergebung zu lernen.
Möge Unsere Liebe Frau von Knock, die Königin des Friedens, ihren Mantel des Friedens über das ganze Land ausbreiten.
Gott schütze Derry!
Beannacht De oraibh go leir!

In Treue zu Christus

Ansprache an die Delegierten des „Nationalrates der christlichen Kirchen in den USA" am 14. April

Liebe Freunde in Christus!

Es freut mich sehr, Gelegenheit zu haben, Sie, die Delegierten des Nationalrates der christlichen Kirchen in den Vereinigten Staaten, während Ihres Rombesuchs zu treffen. In dieser Osterzeit frohlocken wir über die Botschaft des Engels an die Frauen am Grabe: „Er ist nicht hier; denn er ist auferstanden, wie er gesagt hat" (*Mt* 28,6). Möge diese frohe Botschaft des Lebens und der Erlösung unsere Hoffnung heute und immerdar erneuern.

Ich habe sehr schöne Erinnerungen an meine Begegnung mit christlichen Kirchenführern in Columbia im US-Bundesstaat South Carolina während meines Pastoralbesuches in den Vereinigten Staaten 1987. Unser Gespräch und ebenso der nachfolgende Gebetsgottesdienst, dem christlichen Zeugnis gewidmet, waren beide bewegende Ereignisse. Ich danke für die freundliche Aufnahme, die ich erhielt, und für all das, was der Nationalrat der Kirchen in Zusammenarbeit mit den katholischen Bischöfen tat, um den ereignisreichen Ablauf jenes Tages mit Erfolg sicherzustellen. Ich weiß, daß einige von Ihnen persönlich daran beteiligt waren und möchte Ihnen deshalb danken.

Ihre Anwesenheit heute und hier setzt in gewissem Sinne das Gespräch fort, das in Columbia stattfand. Sie haben der Hoffnung Ausdruck verliehen, daß Ihr Treffen in dieser Woche dazu beitrage, die ökumenischen Beziehungen zwischen Ihrem Rat und der katholischen Kirche zu vertiefen, da wir uns der Zweitausendjahrfeier des Christentums nähern. Ich teile diese Hoffnung in der festen Überzeugung, daß wir den Weg der Versöhnung gemeinsam und im Gehorsam zu Christi Willen für uns gehen müssen.

Die Themen Ihres Treffens sind für die christlichen Kirchen von großer Bedeutung. Die Fragen der Inkulturation, des Rassismus, der Kollegialität, die Aufnahme der Ergebnisse des ökumenischen Dialogs wie die künftigen Möglichkeiten der Ökumene – all dies ruft nach einem fortgesetzten, vom Gebet getragenen Bemühen als Teil unserer Suche nach tieferer Gemeinschaft. Gemeinsam sind wir aufgerufen, Zeugnis von Christus in einer Welt zu geben, die nach Glauben, Hoffnung und Liebe sucht.

So wie wir nach größerer Gemeinschaft streben, bieten die Heiligen Schriften einen grundlegenden Ausblick für unsere Anstrengungen: es ist der Ausblick auf die Treue zum auferstandenen Christus. Wie der heilige Paulus sagt, müssen wir „fest in der Gemeinschaft mit dem Herrn" stehen (*Phil* 4,1). Liebe Freunde, ist nicht die Treue zum Herrn die einzig sichere Grundlage unserer ökumenischen Anstrengungen und all unserer Bemühungen um Gerechtigkeit und Frieden? Ich vertraue darauf, daß die ökumenische Entwicklung in den Vereinigten Staaten stetig voranschreiten wird, wenn wir versuchen, gegenüber dem Herrn treu zu bleiben. Durch die Gebete und das Beispiel der heiligen Petrus und Paulus, die in dieser Stadt ihr Leben für Christus hingaben, mögen wir gemeinsam darin wachsen, „in ihm verwurzelt und auf ihn gegründet" zu sein (*Kol* 2,7).

Auf jeden von Ihnen und die Kirchen und kirchlichen Gemeinschaften, die Sie vertreten, rufe ich die Fülle der Gnade und des Friedens Gottes unseres Vaters und des Herrn Jesus Christus herab.

Höchster Ausdruck des geistlichen Lebens ist das Gebet

Ansprache an die Teilnehmer der Vollversammlung der Kongregation für die Evangelisierung der Völker am 14. April

Sehr geehrte Herren Kardinäle!
Verehrte Brüder im Bischofsamt!
Liebe Brüder und Schwestern!

1. An Sie alle ergeht mein hochachtungsvoller und herzlicher Gruß. Ich danke Herrn Kardinal Jozef Tomko, dem Präfekten der Kongregation für die Evangelisierung der Völker, für die Worte, die er an mich gerichtet hat, wie auch für die genauen Informationen, die er mir geboten hat. Ich danke euch für die Anwesenheit, mit der ihr die treue Gemeinschaft mit dem Apostolischen Stuhl ausdrückt, und vor allem für den vorzüglichen Dienst, den ihr der Kirche in diesen Tagen leistet, weil ihr ein „Generaldirektorium für die Diözesanpriester in den Missionsgebieten" erarbeitet. Ich weiß, daß dieses Thema das der vorherigen Vollversammlung fortsetzt, die sich gerade mit der Ausbildung in den Priesterseminaren beschäftigt hat.

Die besondere Aufmerksamkeit, die das Dikasterium, das mit der Evangelisierung der Völker betraut ist, in diesen Jahren an der Ausbildung des Klerus zeigt, ist um so lobenswerter im Hinblick auf die Tatsache, daß dieses Thema auch bei der Bischofssynode im Jahr 1990 behandelt wird.

Die Kirche hat den Priestern gegenüber stets Hochachtung und mütterliche Fürsorge gezeigt, da sie sich des erhabenen Wertes ihrer Berufung bewußt ist. In der Tat ist in jedem Priester, in Gemeinschaft mit dem Bischof „der Herr Jesus Christus, der Hohepriester, anwesend" (*Lumen Gentium*, Nr. 21). Er opfert „in der Person Christi" (*Lumen Gentium*, Nr. 28); durch den Dienst am Wort erfüllt er denselben „Dienst Christi" (*Presbyterorum ordinis*, Nr. 2) und leitet als Hirte die Gemeinde „im Namen Christi" (*Lumen Gentium*, Nr. 10). Darüberhinaus stellt jeder Priester die Kirche dar und verwirklicht ihren Heilsplan.

Ihr wißt, daß ich seit dem Beginn meines Pontifikats den Priestern besonders nahe gewesen bin. Ich habe mit ihnen die Gnade des Gründonnerstags erneut lebendig machen wollen, indem ich jedes Jahr eine besondere Botschaft an sie gerichtet habe. Ich habe immer versucht, sie bei meinen apostolischen Besuchen in den Ortskirchen gesondert zu treffen. Während ich also mein größtes Wohlgefallen für diese Aufgabe ausdrücke und euch ermutige, sie mit der Hilfe des Herrn Jesus, des „erhabenen Hohepriesters" (*Hebr* 4,14), zu Ende zu führen, möchte ich einige Punkte unterstreichen, die ich als grundlegend für das Leben und den Dienst der Priester erachte. Hierbei beziehe ich mich besonders auf jene in den Missionsgebieten.

2. Zunächst möchte ich an den Vorrang des geistlichen Lebens erinnern. Durch das Weihesakrament haben die Priester teil an der „Weihe“ des Priesters Christus, die im Augenblick der Fleischwerdung des Wortes im Schoße Mariens geschehen ist. Sie werden seine lebendigen Werkzeuge, um sein außerordentliches Werk fortzuführen. Aus dieser übernatürlichen Wirklichkeit quillt für die Priester der Anspruch eines intensiven geistlichen Lebens bis hin zu den Gipfeln der Heiligkeit (vgl. *Presbyterorum ordinis*, Nr. 12).
Im Zusammenhang mit der Mission der Kirche, mit der sich die Vollversammlung beschäftigt, heißt das, es sollen einige starke Linien der priesterlichen Spiritualität bevorzugt werden, die klar „auf die Mission hin orientiert“ sein müssen: vor allem die starke persönliche Gemeinschaft mit dem Erlöser, so daß man mit Paulus sagen kann: „Nicht mehr ich lebe, sondern Christus lebt in mir“ (*Gal* 2,20); der kirchliche Dienst, der zur unwiderstehlichen Leidenschaft wird: „Denn die Liebe Christi drängt uns“ (*2 Kor* 5,14); das ehrliche Bemühen um Vervollkommnung, die mit Beständigkeit in der Ausübung des Dienstes gesucht wird (vgl. *Presbyterorum ordinis*, Nr. 13; *CIC* can. 276, par. 1,2,1.); Konsequenz in den dem Priester eigenen Verpflichtungen, das heißt: hochherziger, vom Geist des Glaubens getragener Gehorsam, Zölibat um des Himmelreiches willen in völliger Treue zu dem über alles geliebten Christus, freiwillige Armut, Fähigkeit zu Verzicht und Opfer bis hin zum Kreuz (vgl. *Presbyterorum ordinis*, Nr. 15–17).
Das geistliche Leben der Priester findet seinen höchsten Ausdruck im Gebet. Der Priester pflegt als „Mann des Heiligen“ das gemeinsame Gebet, indem er zusammen mit der Gemeinde, in der er als Seelsorger ernannt ist, die Liturgie feiert (vgl. *Apg* 1,14; *Presbyterorum ordinis*, Nr. 13). Damit dies echt und natürlich geschieht, muß er eigenes geistliches Leben mit persönlichem, häufigem Gebet nähren, in rechter Ordnung nach der weisen Tradition der Kirche.
In den Missionsgebieten, in denen der Priester bevorzugt zum Künder der Wahrheit des Evangeliums für die Nichtchristen berufen ist, erhält das persönliche Zeugnis der Heiligkeit ein einzigartiges Gewicht und wird mehr als anderswo zum Siegel der Glaubwürdigkeit und zum Garanten für die Wirksamkeit der apostolischen Tätigkeit.

3. Ich möchte zudem die Bedeutung des „Sinnes der kirchlichen Zugehörigkeit“ unterstreichen. Für die Priester konkretisiert sich dieser Sinn der Zugehörigkeit zur Kirche in der Verpflichtung zum Gehorsam, zur Gemeinschaft und zur apostolischen Zusammenarbeit sowohl gegenüber dem Bischof von Rom, dem fortdauernden und sichtbaren Prinzip und Fundament der Einheit des Glaubens und der Gemeinschaft (vgl. *Mt* 16,19; *Joh* 21,15–17; *Lumen Gentium*, Nr. 18) als auch gegenüber dem eigenen Bischof sowie in Einklang mit den anderen Priestern und den Laienchristen.
Insbesondere soll in den jungen Kirchen, nicht weniger als in denen mit älterer Tradition, der Sinn der Zugehörigkeit zum Ortsklerus intensiv gelebt werden. Die Priester seien sich bewußt, daß sie aus Berufung „weise und notwendige Mitarbeiter“ der Bischöfe im Dienst am Volk Gottes sind (vgl. *Presbyterorum ordinis*, Nr. 2, 7; *Lumen Gentium*, Nr. 28) und mit dem Bischof „ein einziges Presbyterium“ bilden (*Lumen Gentium*, Nr. 28). Sie sollen mit Wertschätzung und Liebe seinen Leitungsdienst für die Diözesangemeinschaft annehmen und ihn als Vater betrachten. Überdies fühle sich jeder von ihnen

mit all den anderen vereint aufgrund der „besonderen Fesseln der apostolischen Nächstenliebe, des Dienstes und der Brüderlichkeit" *Presbyterorum ordinis*, Nr. 8). Man wird nie genug darauf hinweisen können, welchen Wert die brüderliche Gemeinschaft unter Priestern schon an sich für die Evangelisierung darstellt. Solch eine Brüderlichkeit ist nicht in menschlichen, sondern in sakramentalen Bindungen begründet und ist von innen her dazu bestimmt, aus allen Priestern einen dynamischen, geeinten, einprägsamen und glaubhaften „Leib" zu bilden (vgl. *Joh* 13,35). An dieser „priesterlichen Bruderschaft" haben auch die Priester der internationalen Missionsinstitute teil, die zahlreich und mit Großmut in den Missionskirchen arbeiten.
Der Sinn für die Zugehörigkeit zur Gemeinschaft der Teilkirche läßt die Priester sich gemeinsam mit den anderen Laienchristen als Volk Gottes betrachten und sich radikal ihrem Dienst verpflichtet fühlen, da sie aus den Menschen genommen und zu deren Gunsten zu dem bestellt sind, was sich auf Gott bezieht (vgl. *Hebr* 5,1; *Presbyterorum ordinis*, Nr. 3). Über diese besondere Beziehung zwischen Priestern und Laienchristen, die vor allem für die sich entwickelnden Kirchen grundlegend ist, habe ich in diesem Jahr meinen Gründonnerstagsbrief geschrieben.
Die Priester mögen es also verstehen, als „Brüder unter Brüdern" in der christlichen Gemeinde zu leben, ohne zu vergessen – wie ich in dem oben genannten Brief erinnert habe –, „daß ihr Dienst verlangt, sich dieser Welt nicht gleichförmig zu machen; er erfordert aber zugleich, daß sie in dieser Welt mitten unter den Menschen leben (*Presbyterorum ordinis*, Nr. 3)" (Nr. 5). Es ist gut, daran zu erinnern, daß die Laienchristen „diejenigen sind, aus denen jeder von uns ausgewählt wird, diejenigen, unter denen unser Priestertum geboren wurde" (Nr. 3).

4. Schließlich darf nie vergessen werden, daß jeder Priester auf eigene Weise Missionar für die Welt ist. Die Gemeinschaft der Teilkirchen mit der Universalkirche ist nur dann vollkommen, wenn auch sie an der Missionsaufgabe zugunsten der Nichtchristen teilnehmen, innerhalb und außerhalb der eigenen Grenzen (vgl. *Ad gentes*, Nr. 20).
In dieser wunderbaren Missionsdynamik haben die Priester notwendigerweise einen besonders hervortretenden Platz. Dies gilt um so mehr für die, die in den Missionsgebieten arbeiten, wo sich die Evangelisierung der Nichtchristen vollzieht. Mit der Weihe haben sie in der Tat eine besondere Gabe empfangen, die – wie das Dekret *Presbyterorum ordinis* erklärt – „sie nicht für irgendeine begrenzte und eingeschränkte Sendung, sondern für die alles umfassende und universale Heilssendung ‚bis an die Grenzen der Erde' (*Apg* 1,8)" rüstet (*Presbyterorum ordinis*, Nr. 10; vgl. *Ad gentes*, Nr. 20).
Die Priester der Missionskirchen fühlen sich also geehrt und glücklich, ihre Gemeinschaft mit Christus, den der Vater gesandt hat (vgl. *Joh* 17,18; 20,21), und der Weltkirche leben zu können, indem sie auf besondere Weise – unter der Führung des Bischofs und in Zusammenarbeit mit den Priestern der internationalen Missionsinstitute – um die Evangelisierung der Nichtchristen in ihren Gebieten besorgt sind. In keinem anderen Bereich der Verkündigung können die Priester so, wie in diesem, die Intensität ihrer Liebe zu Christus und zum Menschen zeigen. Wenn sie innerlich von dieser Liebe durchdrungen sind, werden sie es auch nicht verfehlen, sich für den Heiligen Geist und den Bischof

konkret bereit zu halten, um ausgesandt zu werden, das Evangelium über die Grenzen ihres Landes hinaus zu verkünden. Das erfordert von ihnen nicht nur eine Reife in der Berufung, sondern auch eine ungewöhnliche Fähigkeit zum Fernsein von Vaterland, Volk und Familie, und eine besondere Eignung, sich in eine andere Kultur mit Intelligenz und Respekt einzufügen (vgl. *Ad gentes*, Nr. 25). Die innere Gleichgestaltung mit Christus macht sie zu all dem fähig, so daß auch sie mit dem Apostel sagen können: „Allen bin ich alles geworden, um auf jeden Fall einige zu retten" (*1 Kor* 9,22).

5. Neben diesen grundlegenden Themen, die ich euch dargelegt habe, würden viele andere unsere Aufmerksamkeit verdienen. Ihr werdet bei der Vollversammlung sicherlich nicht unterlassen haben, sie einer ernsten Betrachtung zu unterziehen.
Maria, der Mutter des Hohen und Ewigen Priesters und der Königin der Apostel, um die sich die erste christliche Gemeinde versammelte (vgl. *Apg* 1,14), gebe ich mit Vertrauen alle Priester der Missionskirchen und all die Jugendlichen anheim, die in ihren Seminaren ausgebildet werden.
Euch, die ihr hier zugegen seid, den Kirchen, aus denen ihr stammt und allen Kirchen in den Missionsgebieten sowie den Mitgliedern eures Dikasteriums erteile ich von Herzen den stärkenden Apostolischen Segen.

Katholische Schulen müssen Ansätze zu Berufungen fördern

Wort zum 26. Welttag der geistlichen Berufe am 16. April vom 2. Februar

Verehrte Mitbrüder im Bischofsamt!
Liebe Brüder und Schwestern in aller Welt!

Am 16. April begehen wir den 26. Weltgebetstag für geistliche Berufe. Die Liturgie dieses Tages zeigt uns Jesus, den Guten Hirten, in seiner ganzen Liebe, in der Hingabe seines Lebens für das Heil der Welt (vgl. *Joh* 10,15). Angesichts dieses Geheimnisses der Liebe bitten wir, die Jünger Jesu, Gott inständig um Arbeiter für die Ernte (vgl. *Mt* 9,38; *Lk* 10,2), damit alle Menschen nach dem Plan des ewigen Vaters das Leben in Fülle haben (vgl. *Joh* 10,10) und zur Erkenntnis der Wahrheit gelangen (vgl. *1 Tim* 2,4).

1. In diesem Jahr möchte ich meine Überlegungen den geistlichen Berufen widmen, die aus den Schulen, besonders den katholischen Schulen, hervorgehen sollen. Diese dienen ja nach dem Willen der Kirche der ganzheitlichen Formung des Menschen und sollen daher auch die Ansätze zu Berufungen fördern, die der Geist den jugendlichen Seelen eingibt. Darüber hinaus sollen die katholischen Schulen einen Beitrag dazu leisten, daß Menschen heranwachsen, die die Frohe Botschaft in einer für unsere Zeit angemessenen Weise verkünden, die von einer besorgniserregenden Gleichgültigkeit gegenüber den Werten des Evangeliums geprägt ist.

Wenn ich mich an die katholischen Erziehungseinrichtungen wende, darf ich diesen zunächst meine hohe Wertschätzung und mein Vertrauen bezeugen, die ich für ihre verantwortungsvolle Aufgabe in der Kirche empfinde. Ich denke allerdings auch an all jene Erzieher, die in nichtkatholischen Schulen arbeiten und dort über ihr Sachwissen hinaus auch den Glauben bezeugen können.

2. Die katholische Schule hat auch in unseren Tagen ihre Aufgaben zu erfüllen. Das haben das Zweite Vatikanische Konzil (vgl. Decr. *Gravissimum educationis*, Nr. 8) und spätere Verlautbarungen des Lehramtes bekräftigt. Die Vielfalt und Widersprüchlichkeit kultureller Einflüsse und Lebensmuster, die die Umwelt der heutigen Jugend beeinflussen, führen leicht zu einer Entfremdung von den Glaubenswerten, und zwar auch dann, wenn die Jugendlichen in einer christlichen Familie heranwachsen. Die katholische Schule, die sich nicht auf die reine Wissensvermittlung beschränkt, sondern einen Erziehungsraum bildet, in welchem man den Glauben, das Gebet und den Dienst der Nächstenliebe gemeinsam lebt, kann für die Jugendlichen eine wichtige, ja ausschlaggebende Rolle spielen bei der Entscheidung für ein Leben aus dem Geist des Evangeliums. Das übereinstimmende Zeugnis der Erzieher und der unter ihnen lebendige Geist des Glaubens bilden den besonderen Dienst, den die katholische Schule bei der christlichen Jugenderziehung leisten muß. Diese wird umso effizienter, je mehr sie mit dem Bemühen der Familien abgestimmt ist.

3. Die in den katholischen Schulen geleistete und auf ein christliches Lebenskonzept hinzielende Erziehung darf die Frage der geistlichen Berufe nicht ausklammern. Denn was bedeutet die Vorbereitung auf das Leben, wenn sie nicht dazu verhilft, sich des göttlichen Planes, den jeder in sich trägt, bewußt zu werden? So verstanden, bildet die Erziehungsarbeit eine Hilfe dazu, daß die jungen Menschen ihre Berufung in Kirche und Gesellschaft begreifen. Eine Schule, die wirklich erzieht, darf aber nicht nur in allgemeiner Form von der Berufung sprechen, sondern sie muß auch auf die verschiedenen konkreten Möglichkeiten dieser Berufung hinweisen, einschließlich jener, die eine volle Hingabe an die Sache des Reiches Gottes in sich schließen. Daher sollen alle Erzieher in den katholischen Schulen, seien sie nun Geistliche oder Laien, ihren Schülern in pädagogisch abgewogener und verständnisvoller Weise den Anruf Christi und seiner Kirche vernehmbar zu machen wissen. Dies wird natürlich umso wirksamer sein, je mehr es vom Lebenszeugnis und vom Gebet der Erzieher begleitet ist.

4. Es ist zwar notwendig, den jungen Menschen ihre Berufung deutlich zu machen, doch reicht dies allein noch nicht aus. Heute sind die Jugendlichen ja nicht nur mit vielen falschen Lebensmodellen, sondern auch mit mancherlei Verlockungen konfrontiert, die ihnen die freie und großzügige Entscheidung schwer machen. Die katholische Schule ist dazu aufgerufen, zur Verwirklichung der Berufung beizutragen, indem sie Argumente liefert, das lebendige Zeugnis fördert, Raum für den Glauben, für Großzügigkeit und Dienstbereitschaft schafft und so die jungen Menschen von negativen Eindrücken löst, die den Ruf Christi als „töricht" oder unmöglich erscheinen lassen.

5. Dadurch leistet die Schule einen Beitrag zur wahren Entwicklung der Jugendlichen und entspricht deren Erwartungen für eine Orientierungshilfe. Zugleich erfüllt sie damit aber auch ihre Verpflichtungen gegenüber der Kirche. In diesem Zusammenhang sei nachdrücklich an den kirchlichen Charakter der katholischen Schule erinnert. Ihre Befähigung zur christlichen Erziehung ist von der Kirche anerkannt. Die Kirche möchte auch durch die katholische Schule ihre Aufgabe als Mutter und Lehrmeisterin des Glaubens wahrnehmen. Daher muß sich die katholische Schule bei allem Respekt vor der Freiheit der Schüler und der Autonomie der einzelnen Schulfächer bei ihrem Erziehungsverständnis stets die Erwartungen der Gemeinschaft der Kirche vor Augen halten. Dazu gehören wesentlich die Bemühungen um Priester- und Ordensberufe.

6. Ich denke auch an die Eltern, die ihre Kinder den katholischen Schulen anvertrauen. Ich lade sie dazu ein, ihre Wahl stets aus dem Glauben zu treffen. Dies ist dann der Fall, wenn es nicht nur um kulturelle und formale Aspekte, sondern auch um die Anliegen des christlichen Lebens geht. Ich bitte sie, verantwortungsbewußt und aktiv das Leben der katholischen Schule mitzutragen. Ihr Beitrag soll aber vor allem dazu führen, daß diese Schule ihrem Anspruch auf umfassende menschliche und christliche Erziehung immer gerecht wird. So mögen sie denn das Heranwachsen ihrer Kinder auch auf dem Gebiet des Glaubens begleiten und deren Berufswahl unterstützen, auch wenn sie sich an der radikalen Hochherzigkeit des Evangeliums inspiriert. Sie mögen sich vor Augen halten, daß das persönliche Glück ihrer Kinder von der konsequenten Antwort abhängt, die sie dem Herrn auf seinen inneren Anruf geben. Außerdem sollten sie bedenken, daß ein Kind, das sie dem Herrn schenken, nicht verloren, sondern gewonnen ist, und zwar für die Kirche wie auch für die Familie.

7. In besonderer Weise wende ich mich schließlich an die Schüler der katholischen Schulen, denke dabei aber auch an alle jungen Christen, unabhängig davon, welche Schulen sie besuchen, die ebenfalls dazu berufen sind, mutige Entscheidungen aus dem Glauben zu treffen. Diejenigen, die die Möglichkeit und das Glück haben, eine christlich geprägte Schule zu besuchen, erinnere ich daran, daß sie privilegiert sind. Die Kirche investiert viel in eure Schulen, und sie ist gerade deshalb auf eure Mitarbeit angewiesen. Bemüht euch um eifriges Studium in allen Fächern. Das hilft euch auch im Glauben und gibt euch Kraft zu einem christlichen Zeugnis von der Welt. Lernt von eurer Schule vor allem die innige Verbindung von Glaube und Kultur, die sich einer Umwelt, die oft von christlichen Wertvorstellungen wenig durchdrungen ist, nicht immer leicht vermitteln läßt. Vor allem aber lernt die lebendige Verbindung von Glauben und Leben.
In eurer Schule findet ihr zahlreiche Anregungen für ein christliches Leben; jedenfalls mehr als anderswo. Es liegt an euch, sie nicht ungenutzt vorübergehen zu lassen, sondern sie aufzunehmen, damit sie reiche Frucht bringen. Öffnet euch dem Gebet und dem Wort Gottes, aus dem der Glaube lebt. Übt euch in Werken der Nächstenliebe. Arbeitet mit, wenn es um Hilfe für die Ärmsten der Armen geht. Euren Altersgenossen gegenüber sollt ihr Zeugen Christi sein. Auf diese Weise stärkt ihr euer eigenes Glaubensleben, und ihr dürft sicher sein, daß ihr einer großen Sache dient und den Geist Gottes besser vernehmt.

Und wenn dessen Stimme euch zu einer noch großherzigeren Hingabe ruft, dann habt keine Angst.

Habt Mut: Der Herr ruft, und die Welt wartet auf euch. Denkt daran, daß das Reich Gottes eure volle Hingabe braucht. Seid nicht wie der reiche Jüngling im Evangelium, der, von Christus eingeladen, sich nicht zu entscheiden wußte und bei seinem Reichtum und seiner Traurigkeit blieb (vgl. *Mt* 19,22). Seid vielmehr wie jene Fischer, die, als der Herr sie rief, sofort alles verließen und zu Menschenfischern wurden (vgl. *Mt* 4,18–22).

Herr Jesus Christus, du Hirte unserer Seelen, du berufst immer wieder liebevoll junge Menschen aus den Schwierigkeiten der heutigen Welt. Laß sie unter all den Stimmen, die auf sie einwirken, deine unverwechselbare, milde und doch so starke Stimme hören, die auch heute noch ruft „Komm, folge mir nach." Wecke die Begeisterung unserer Jugend zur Hochherzigkeit, und mache sie empfänglich für die Erwartungen der Brüder, die um Solidarität und Frieden, um Wahrheit und Liebe bitten. Laß die jungen Menschen ihr Maß am Evangelium nehmen und dadurch den Menschen von heute den Reichtum deiner Liebe offenbaren. Rufe sie in deiner Güte und ziehe sie an dich. Nimm sie herzlich auf und birg sie bei dir. Sende sie aus mit deiner Wahrheit und bewahre sie in dir. Amen.

Im festen Vertrauen auf unseren Herrn Jesus Christus, den höchsten und ewigen Hohenpriester, erbitte ich die Fülle der göttlichen Gnaden für euch, verehrte Mitbrüder im Bischofsamt, für alle Priester, Ordensleute und das ganze christliche Volk, vor allem aber für jene, die sich auf die hl. Weihen oder die Gelübde vorbereiten und erteile euch von Herzen den Apostolischen Segen, vor allem jenen, die sich um die geistlichen Berufe mühen.

Vatikan, am 2. Februar, dem Fest der Darstellung Jesu im Tempel, 1989, im 11. Jahr meines Pontifikates.

Joannes Paulus PP. II

Diener für das Leben sein

Ansprache an die Teilnehmer des Kongresses für den Dienst am Leben am 16. April

Meine Herren Kardinäle!
Ehrwürdige Brüder im Bischofsamt!
Liebe Teilnehmer am Kongreß für das Leben!

Mit Freude heiße ich euch willkommen und grüße euch alle herzlich. Besonders begrüße ich Kardinal Michele Giordano sowie die zahlreichen Erzbischöfe und Bischöfe, die bei dieser Begegnung anwesend sind. Ich danke Kardinal Ugo Poletti für die so bezeichnenden Worte, mit denen er diese wichtige Zuhörerschaft vorgestellt hat. Ich danke ferner all jenen, die an dem von der italienischen Bischofskonferenz veranstalteten Kongreß teilgenommen haben. Besonders denke ich an die Mitglieder der Bewegung für das Leben, die Focolare und die Neukatechumenalen.

1. Der Kongreß „Im Dienst des menschlichen Lebens", der sich als wichtiger Abschnitt einfügt in die „Nationalkonferenz für die Kultur des Lebens", die von den italienischen Bischöfen zum 20. Jahrestag der Enzyklika „Humanae vitae" und zum 10. Jahrestag der pastoralen Instruktion „Die christliche Gemeinschaft und die Aufnahme des entstehenden menschlichen Lebens" veranstaltet wurde, ist ein schönes Zeugnis für die Bedeutung, die ihr diesem Problem beimeßt.
Ich spreche meine lebhafte Zustimmung und meinen Beifall für die Arbeit aus, die bei der Vorbereitung und Durchführung dieses Kongresses geleistet wurde, der euch die Möglichkeit zur Erarbeitung einer Analyse der sozialen und kulturellen Situation in Italien sowie über den Wert des Lebens geboten hat, so daß ihr für die nächsten Jahre auch einige operative Entscheidungen vorlegen konntet.
Zweifellos leuchten neben vielen Schatten, die das Bild der heutigen Gesellschaft mit ihrer Furcht vor dem Leben trüben, zahlreiche Initiativen zur Förderung des Lebens hell hervor. Über alles konkrete Wirken hinaus ist der Geist grundlegend, der alles Handeln beleben und tragen muß, wenn dieser unersetzliche Dienst im Blick auf den auferstandenen Christus, den Lebenden, der nicht mehr stirbt, neu entdeckt und aufgewertet werden soll.

2. Indem er einer von uns wurde, hat Jesus das menschliche Leben in all seinen Abschnitten und Verhältnissen kennengelernt. Er hat seine natürliche Entwicklung auf sich genommen und sein Schicksal geteilt: er wurde geboren, lebte und starb.
Jesus hat vor allem das Werden des Menschen mit uns geteilt. Er wurde „von einer Frau" (*Gal* 4,4) geboren, durch das Wirken des Heiligen Geistes im Schoß der Jungfrau Maria empfangen (vgl. *Lk* 1,31 ff.). Seine Mutter hat ihn in diese Welt eingeführt, ihn genährt, umsorgt, beschützt und heranwachsen lassen. Er war wie jedes andere Kind zart, arm, ungeschützt und abhängig.
Und doch hat er an unserer Statt und für uns (vgl. *Hebr* 10,5 ff.) vom ersten Augenblick seines Lebens an seinen menschlichen Leib dem Vater als Lobopfer dargebracht. Schon als er noch im Schoß der Jungfrau verborgen war, wirkte er das Heil und heiligte bei der Begegnung zwischen Maria und Elisabeth den Vorläufer. Der Jubel über das Geheimnis einer Geburt findet in den Worten Jesu selbst seinen wahrsten und bedeutendsten Ausdruck: „Wenn die Frau gebären soll, ist sie bekümmert, weil ihre Stunde da ist; aber wenn sie das Kind geboren hat, denkt sie nicht mehr an die Not über der Freude, daß ein Mensch zur Welt gekommen ist" (*Joh* 16,21).
So findet auch das menschliche Leben, das unter dem Herzen der Mutter entstanden und noch nicht ans Licht gekommen ist, in der Existenz Jesu Christi die höchste Anerkennung seines absoluten Wertes.
Der gleichen Freude über das Leben begegnen wir in der Vorliebe Jesu für die Kinder. Er stellt sie den Erwachsenen als Beispiel der Einfachheit und Demut vor Augen (vgl. *Mt* 18,3–4; *Lk* 9,48), als Beispiel der Aufgeschlossenheit für die Annahme des Reiches Gottes (vgl. *Mk* 10,15); und er scheut sich nicht, eine äußerst ernste Warnung auszusprechen: „Wer einen von diesen Kleinen, die an mich glauben, zum Bösen verführt, für den wäre es besser, wenn er mit einem Mühlstein um den Hals im tiefen Meer versenkt würde" (*Mt* 16,8).

3. Jesus hat auch das menschliche Leid geteilt. Indem er das Leben annahm, übernahm er auch sein Geschick: er kennt die Mühe der Arbeit, die Demütigung des Exils, er erlebt Hunger, Durst, Angst und Tränen, vor allem den Schmerz: „Er betete in seiner Angst noch inständiger, und sein Schweiß war wie Blut, das auf die Erde tropfte", bemerkt der *Evangelist Lukas* (22,44).
Und gerade weil er den physischen und den moralischen Schmerz des Menschen aus einer absolut einmaligen persönlichen Erfahrung kennt, hat er mit dem menschlichen Schmerz unermeßliches Mitleid. Während er die Wunder der körperlichen Heilungen wirkt, heilt er zugleich die Seelen und offenbart die barmherzige Liebe Gottes. Er ist der gute Samariter, von dem das Gleichnis des Evangeliums spricht: „Dann kam ein Mann aus Samarien, der auf der Reise war. Als er ihn sah, hatte er Mitleid, ging zu ihm hin, goß Öl und Wein auf seine Wunden und ... sorgte für ihn" (*Lk* 10,33–35).

4. Jesus hat auch das menschliche Sterben auf sich genommen. In absoluter Freiheit geht er auf den Tod zu und erlebt das Drama, sich von Gott fern zu fühlen, ein Drama, das ihn tiefinnerlich erschüttert und ihn rufen läßt: „Mein Gott, mein Gott, warum hast du mich verlassen?" (*Mt* 27,46), das sich aber löst in der Hingabe des Sohnes in die Hände des Vaters.
Sein Sterben ist Hingabe aus gänzlicher und ewiger Liebe, die sich geheimnisvoll, aber real in der Eucharistie fortsetzt mit dem Opfer seines „Leibes, der hingegeben" und seines „Blutes, das vergossen wird für das Leben der Welt" (*Joh* 6,51).
Deshalb wird kraft seines Todes und seiner Auferstehung jeder Tod zum „Pascha", zum Hinübergang vom sterblichen zum unsterblichen Leben.
In diesem Licht besitzt jedes menschliche Leben, auch das verachteste, an den Rand gedrängte und zurückgewiesene Leben, einen unendlichen Wert, weil es Ziel der unermeßlichen Liebe Gottes ist. So ist das Leben aller Menschen, der noch nicht geborenen, der Kinder, Kranken und Leidenden, der Alten und Sterbenden ebenso wie das der jungen und gesunden Menschen in gleicher Weise heilig und vom Augenblick seiner Empfängnis an bis zu seinem natürlichen Ende absolut unverletztlich.

5. Die Kirche hat von ihren Ursprüngen an in einer sozialen und kulturellen Umwelt, die das menschliche Leben verachtete und ablehnte, indem sie es abtrieb, Kinder tötete, Sklaverei und unmenschliche Arbeitsbedingungen duldete, mit Entschiedenheit eine neue Mentalität und ein neues Verhalten gegenüber dem Leben eingeführt.
In der Didaché, einer alten christlichen Schrift, heißt es klar: „Du sollst nicht durch Abtreibung die Frucht des Mutterschoßes töten und das bereits geborene Kind nicht umbringen" (Didaché, V,2).
Athenagoras betont in seiner *Apologie für die Christen*, daß die Christen jene Frauen als Mörderinnen ansehen, die Medizinen zur Abtreibung verwenden; er verurteilt die Mörderinnen der Kinder, auch jener, die noch im Schoß ihrer Mutter leben, „wo sie – wie er schreibt – bereits Objekt der Sorge der göttlichen Vorsehung sind" (Nr. 35).
Sofort legt sich eine kurze Gegenüberstellung der ersten Zeiten der Kirche mit der heutigen geschichtlichen Stunde nahe. Zweifellos zeigt die Menschheit heute eine sehr umfangreiche und bedeutsame Liebe und Sorge für das menschliche Leben. Ermutigend ist

das allgemeine Wachsen des Sinns für die Würde des menschlichen Lebens; erheblich ist das soziale Gespür gewachsen, das zu zahlreichen besonderen Diensten für behinderte, alte, arme und verlassene Menschen geführt hat.
Doch kann niemand leugnen, daß wir gleichzeitig noch allzu viele Formen der Mißachtung, Mißhandlung und Ablehnung des Lebens festzustellen haben. Es geht nicht nur um Egoismus bei Einzelnen, sondern auch um ein soziales Bewußtsein, das nicht mehr an den unverletztlichen Sinn des Lebens glaubt und sich selbst zum absoluten Herrn und unanfechtbaren Schiedsrichter über das Leben macht. Die bürgerlichen Gesetze sind nicht selten die ersten, die das unveräußerliche Recht auf Leben verletzen oder nicht entsprechend schützen. Das, was man „Kultur des Todes" genannt hat, entwickelt sich weiter. All das erfordert dringend und unaufschiebbar eine neue Evangelisierung, die der Verkündigung des Rechtes auf Leben weiten Raum gibt.

6. Aber ein so weitreichendes Unternehmen kann nur gelingen, wenn in der bürgerlichen Gesellschaft und in der Kirche alle überzeugt und mutig ihre eigene Verantwortung übernehmen.
Mit dieser Verantwortung hat sich euer Kongreß beschäftigt und festgestellt, daß sich zahlreiche soziale und pastorale Arbeiter hochherzig für das Leben einsetzen. Doch bleibt noch viel zu tun. Wir müssen mit Schwung und Vertrauen weitermachen. So gestattet mir ein mahnendes Wort an einige Gruppen von Personen, die dem menschlichen Leben gegenüber eine besondere Aufgabe haben.
– Ein erster Aufruf gilt den Familien, den Heimstätten der Liebe und des Lebens. Angesichts der schweren Probleme des Geburtenrückgangs sind die Ehepaare aufgerufen, in den Kindern wieder einen Segen Gottes zu erblicken: „Kinder sind eine Gabe des Herrn, die Frucht des Leibes ist sein Geschenk" (*Ps* 127,3), und die vom II. Vatikanischen Konzil erneut bekräftigte Wahrheit zu bezeugen: „Kinder sind die vorzüglichste Gabe für die Ehe" (*Gaudium et spes*, Nr. 50).
– Ich wende mich dann an jene, die im Erziehungswesen arbeiten und an alle, die an der Formung des individuellen und kollektiven moralischen Gewissens mitwirken, zumal an jene, die die Medien der sozialen Kommunikation in Händen haben: ihr erzieherisches Wirken möge immer von der Überzeugung getragen sein, daß die Liebe und der Dienst am Leben entscheidend von einer richtigen Sicht des Menschen und seiner echte Werte abhängen.
– Ich spreche ferner jene an, die im Bereich des Sozialen arbeiten, in den staatlichen und den privaten Stellen und in den zunehmenden Gruppen freiwilliger Hilfe. Ich erinnere sie alle daran, daß das Gemeinwohl als wesentliches Anliegen der organisierten Gesellschaft nicht gewährleistet werden kann, wenn nicht energisch das Wohl der einzelnen menschlichen Person, jeder Person, in all ihren Rechten, angefangen bei dem grundlegenden Recht, nämlich dem Recht auf Leben, verteidigt und gefördert wird. Es ist Aufgabe der gesamten Gesellschaft, die wirtschaftlichen, arbeitsbezogenen, hygienischen und sanitären, ökologischen, Versorgungs-, Rechts- und Kulturhilfen für eine immer humanere Entfaltung des Lebens aller und jedes einzelnen bereitzustellen.

– Ein weiterer Aufruf richtet sich an die Gesetzgeber. Auch wenn die poltischen und sozialen Verhältnisse nicht leicht zu meistern sind, mögen sie doch den Bürgern bei der Anerkennung des Wertes des Lebens und seiner Achtung helfen, indem sie Gesetze erlassen, die den unverletztlichen Bedürfnissen der menschlichen Person gerecht werden. Nur wenn es gerecht ist, kann das bürgerliche Gesetz seine Würde wahren und seine Aufgabe, die Gesellschaft menschlicher zu machen, erfüllen.
– Die im Gesundheitswesen Beschäftigten fordere ich auf, sich mit fachlichem Können und tiefer Menschlichkeit in den Dienst des schwachen und leidenden menschlichen Lebens zu stellen. Sie sollen nie vergessen, daß ihr Wirken immer dem ganzen Menschen, seinem Leib und seiner unsterblichen Seele gilt.
– Die Wissenschaftler bitte ich um ihren Einsatz für die Entwicklung einer Forschung und einer technologischen Anwendung, die immer die Person achtet. Wie überall dort, wo es um den Menschen geht, ist auch hier Neutralität gänzlich unmöglich: dient man dem Menschen nicht, so macht man sich zum Herrscher über ihn!

7. Liebe Brüder und Schwestern! Bitten wir den Herrn, daß uns nie das Bewußtsein und der Stolz fehlen, in unserem Dienst am Leben, zumal in seinen ärmsten und schwierigsten Verhältnissen, Offenbarer und Zeugen der Liebe Gottes selbst sein zu dürfen, des Urhebers und Verteidigers eines jeden menschlichen Daseins.

Dienst ist Aufgabe

Ansprache an die Mitglieder des Arbeitsbüros des Apostolischen Stuhls (ULSA) am 17. April

1. Ich freue mich, in euch heute früh die eben ernannten Mitglieder des Arbeitsbüros des Apostolischen Stuhls begrüßen zu können.
Ich habe aufmerksam das Grußwort gehört, mit dem der Herr Kardinalstaatssekretär diese Begegnung eingeleitet und, mit dem ihm eigenen Takt, euer aller Empfindungen zum Ausdruck gebracht hat. Mein Dank gilt an erster Stelle ihm für seine Hingabe, die er dieser Initiative geschenkt hat, so daß sie, auch wegen der ständigen und intelligenten Mitarbeit des Substituten und Msgr. Schotte heute glücklich ins Werk gesetzt werden kann. Ferner danke ich euch allen, den Mitgliedern des Arbeitsbüros für die Bereitwilligkeit, mit der ihr die euch anvertraute Aufgabe in einem ganz neuen Organ übernommen habt. Es wird von eurer besonderen beruflichen Fachkenntnis, wie auch von eurer hochherzigen Arbeit im Dienst des Apostolischen Stuhls abhängen, ob das neue Organ sich als wirksam erweist, so daß sein institutionelles Ziel für alle befriedigend erreicht werden kann.

2. Vom Beginn meines Pontifikats an hatte ich Gelegenheit, die lebhafte Sorge, die ich für alle meine Mitarbeiter im Herzen trage, zum Ausdruck zu bringen: für die Verantwortlichen in der Leitung der verschiedenen Dikasterien und Organe des Apostolischen Stuhls – vom Staat der Vatikanstadt angefangen, bis zu den vielen Organen, die die uner-

läßlichen Werkzeuge für den universalen Dienst des Papstes und des Bischofskollegiums bilden – ferner für alle Mitarbeiter – Männer der Kirche, Ordensmänner, Ordensfrauen und Laien, Männer und Frauen – die mit ihrer täglichen und oft verborgenen Arbeit für das Funktionieren des Ganzen einen kostbaren Beitrag leisten.
In besonderer Weise habe ich die Mitglieder des Kardinalskollegiums gebeten, mir mit ihrem Rat bei den verschiedenen organisatorischen und wirtschaftlichen Aspekten der Tätigkeit des Heiligen Stuhls zu helfen. Dankbaren Herzens erkenne ich an, daß der hierfür eingesetzte Rat der Kardinäle in diesen Jahren einen anerkennenswerten Beitrag geleistet hat.
Das Aggiornamento der Römischen Kurie, das in der Apostolischen Konstitution *Pastor Bonus* gipfelte, hat den pastoralen Charakter und den kollegialen Sinn betont, der die Tätigkeit aller auszeichnen muß, die dem Apostolischen Stuhl ihre Dienste leisten.
In diesem Zusammenhang stellt das Motu proprio, mit dem ULSA eingesetzt wurde, einen weiteren wichtigen Schritt dar.

3. In diesem neuen Organ fließen alle Erwartungen der Verantwortlichen und der Mitglieder des Personals zusammen, die alle von dem Wunsch beseelt sind, bei der Erfüllung der ihnen übertragenen Aufgaben das Beste zu leisten. Die Wichtigkeit der Sendung des Apostolischen Stuhls erfordert es, nichts zu versäumen, was dazu dienen kann, den Beitrag eines jeden auszuwerten, so daß alle sich beteiligt und angeregt fühlen, wirksame und produktive Arbeit zu leisten.

4. Jeder von euch, der für die eine oder andere Aufgabe bei ULSA ernannt ist, hat seine eigene besondere Verantwortung, die klar im Statut umschrieben ist. Jeder ist bei dieser Arbeit in unterschiedlicher Weise zuständig und erfahren: der eine gehört diesem Büro als Fachmann für Arbeitsrecht an, der andere vertritt die Verwaltung, wieder ein anderer vertritt die verschiedenen Gruppen des Personals, ein weiterer endlich hat für Ausgewogenheit bei den Arbeitsverhältnissen zu sorgen. Diese Verschiedenheit des fachlichen Könnens wird für das Büro zu einem Reichtum: die Unterschiedlichkeit der Erfahrungen garantiert beim Durchführen des gemeinsamen Bemühens einen weiteren Horizont. Da ihr aus verschiedenen Nationen und Lebensständen kommt, spiegelt ihr in eurer Gesamtheit irgendwie das Komplexe der Gemeinschaft der Kirche wider.

5. Eure Ernennung für ULSA versetzt euch in besondere Arbeitsverhältnisse, weil eure Arbeit an der Besonderheit und dem atypischen Charakter des Apostolischen Stuhls teilhat. Auch wenn der Vergleich mit Situationen und Verhältnissen der bürgerlichen Gemeinschaft in den Staaten bei der Umschreibung eurer Aufgaben nützlich sein kann, so bleibt der entscheidende Gesichtspunkt doch immer die besondere Natur des Apostolischen Stuhls. Die Eigenheiten eurer Aufgabe sind gleichzeitig sehr einfach und sehr anspruchsvoll. Daher muß eure Mitarbeit für die Ziele des Arbeitsbüros einige besondere Eigenschaften zeigen:
- den Wunsch, zur Schaffung einer wirklichen Arbeitsgemeinschaft beizutragen, beseelt von dem hohen Ideal, Christus und seiner Kirche zu dienen;

- Dialogbereitschaft beim Suchen nach Lösungen, die immer mehr den Zielen entsprechen, für die der Apostolische Stuhl da ist und wirkt;
- aufrichtige Zusammenarbeit, wie sie sich für Personen ziemt, die wissen, daß sie ihre Kräfte für die volle Durchführung des Petrusdienstes einsetzen.

6. Das alles verlangt von euch echte Berufstätigkeit, die jeder in dem ihm übertragenen Bereich haben muß: Fachkenntnis in seinem Arbeitsgebiet, Vertrautsein mit wirksamen Methoden und in allem Verantwortungsbewußtsein. Euch steht es ferner zu, noch eine beispielhafte Berufstätigkeit anderer Art zu besitzen: jene, die aus der Kenntnis und ständigen Anwendung der Soziallehre der Kirche stammt.

7. Eure Aufgabe ist nicht leicht, und das sei mit Recht anerkannt. Das Büro, zu dem ihr nun gehört, ist neu und besitzt keine Traditionen, auf die man direkt zurückgreifen könnte. Auch wenn ihr euch die Erfahrungen der anderen Ämter des Apostolischen Stuhls zunutze macht, müßt ihr zugleich das noch nicht Festgelegte erforschen.
Es ist ferner zu betonen, daß viele von euch innerhalb der Römischen Kurie oder des Staates der Vatikanstadt oder außerhalb andere Aufgaben haben. Auf euch kommt also zusätzlich neue Arbeit über die bisher gewohnte hinaus zu, und das kann, zumal in bestimmten Situationen, eine nicht kleine Last sein. Ihr sollt daher wissen, daß sich der Papst dessen bewußt ist. Er rechnet freilich dennoch mit eurer Hochherzigkeit und eurer Hingabe an die Kirche, die sicherstellen werden, daß die neue Initiative, von der wir uns reiche Früchte erwarten, auch tatsächlich die gewünschten Ergebnisse bringt.

8. Ich muß in dieser Stunde unbedingt all jenen ein dankbares Wort widmen, die mit ihren Spenden das Wirken des Apostolischen Stuhls möglich machen: den Gläubigen und anderen Menschen guten Willens, die mit den Gaben ihrer Hochherzigkeit und ihres Opfergeistes die notwendigen finanziellen Mittel bereitstellen. Es sind Menschen aus allen Teilen der Welt, die im Wohlstand oder auch in Armutssituationen leben. Getrieben von ihrer Liebe zum Sitz des Petrus und ihrem Verantwortungssinn gegenüber der Kirche tragen sie aus freien Stücken mit an der wirtschaftlichen Last, die die Durchführung des Petrusdienstes mit sich bringt. Die Angestellten des Heiligen Stuhls müssen in diesen hochherzigen Menschen in gewissem Sinn ihre „Arbeitgeber" sehen.

9. Welcher Arbeit? Einer Arbeit, die letzten Endes ein Dienst an der Kirche ist. Dienst ist die Aufgabe, ja der Seinsgrund des Apostolischen Stuhls. In dieser Sicht wird euer Beitrag also zu einem Dienst an jener Dienstgemeinschaft, die der Heilige Stuhl ist. Das ist eine echt evangelische Sicht (vgl. *Mt* 20,25–28). Der Papst macht sie sich täglich zu eigen. Auch seine Mitarbeiter, die ihm helfen, den Auftrag Christi zu erfüllen, der „nicht gekommen (ist), um sich bedienen zu lassen, sondern um zu dienen" (*Mt* 20,28), müssen sie sich zu eigen machen.

10. Eine solide Verankerung in dieser Mentalität des Evangeliums wird die Mitglieder des Arbeitsbüros zu Zeugen der Liebe, der Brüderlichkeit, Gerechtigkeit und Solidarität machen, zum großen Vorteil für die Durchführung der amtlichen Aufgaben.

Ohne ein klares Zeugnis, das aus der Art des Arbeitens der Mitglieder des ULSA hervor leuchtet, würde die Soziallehre des Lehramtes viel von ihrer Durchschlagskraft verlieren.
Jeder von euch soll sich also mit der gesamten Arbeitsgemeinschaft des Apostolischen Stuhls verbunden fühlen, so wie diese sich ihrerseits in ihrem Denken und Handeln an die Soziallehre der Kirche gebunden wissen muß.
Indem ich euch von Herzen eine gute Arbeit wünsche, rufe ich über euch vom Herrn seine reichen Gaben der Weisheit herab, die euch bei der Lösung der nach und nach auftauchenden Probleme helfen möge.
Mein Segen soll euch begleiten.

Vom Klima des Terrors befreien

Botschaft zum Libanon an den maronitischen Patriarchen von Antiochien, Nasrallah Pierre Sfeir, vom 18. April

Mit tiefer Bewegung habe ich von Ihrer Botschaft Kenntnis genommen, die Sie mir am 17. dieses Monats gesandt haben, als das geliebte Volk des Libanon dramatische Stunden durchlebte. Ich danke Ihnen für Ihr Vertrauen, das Sie unaufhörlich diesem Apostolischen Stuhl bekunden, und versichere Eure Seligkeit wiederum meiner innigsten Teilnahme am Schmerz so vieler Libanesen, die furchtbaren Prüfungen ausgesetzt sind. Denen, die liebe Menschen verloren haben, möchte ich meine Anteilnahme im Gebet zum Ausdruck bringen, und ich bitte Eure Seligkeit, den zahlreichen Verwundeten ein Wort des Mitgefühls und den Segen des Papstes zu überbringen. ... Zugleich möchte ich Sie davon in Kenntnis setzen, daß der Hl. Stuhl keine Anstrengung scheut, die internationale Gemeinschaft zu ersuchen, sich dafür einzusetzen, daß eine sofortige und andauernde Waffenruhe zustande kommt und daß es dem ganzen libanesischen Volk möglich gemacht wird, die humanitäre Hilfe zu empfangen, deren es dringend bedarf. In diesem Sinn habe ich eine Botschaft an den Generalsekretär der Vereinten Nationen und an den Generalsekretär der Arabischen Liga senden lassen und bin überzeugt, daß mein Appell bei diesen anerkannten Instanzen ein günstiges Echo finden wird.

Der Missionsauftrag gilt allen

Ansprache an Mitarbeiter von Missio Aachen und München am 22. April

Liebe Brüder und Schwestern!

Es ist mir eine besondere Freude, Euch während Eurer Jubiläumsfahrt in die Ewige Stadt zu dieser kurzen Begegnung zu empfangen. Ich grüße Euch und jeden einzelnen sehr herzlich.

Aus Anlaß des 150jährigen Bestehens von Missio München seid Ihr aus München und Aachen nach Rom gekommen; ein Jubiläum, das Missio Aachen schon im Jahre 1982 feiern konnte. Rom selbst ist in der Tat ein missionarischer Brennpunkt eigener Art. Einmal ist diese Stadt das Ziel und Arbeitsfeld der Mission der großen Apostel Petrus und Paulus gewesen, die die römische Kirche gegründet haben; zum anderen gingen von hier immer wieder, angeregt und unterstützt durch die Nachfolger des hl. Petrus, Missionare in die verschiedenen Länder der Erde. So kann diese Romfahrt, auch Eure Begegnung mit dem Nachfolger Petri, ein Impuls für Eure missionarische Tätigkeit sein. Dies ist ja eine Tätigkeit, die gerade in Eurer Heimat von Laien begründet wurde und bis zur Stunde in enger Verbindung mit dem Heiligen Stuhl von vielen Laien zusammen mit ihren Hirten durchgeführt wird.

Für den großen Missionsauftrag der Kirche und seine erfolgreiche Durchführung ist der Missionseinsatz in den Ortskirchen der Heimatländer nicht weniger wichtig als die Arbeit der Missionare in der unmittelbaren Evangelisierung der Völker. Beide stehen in einer engen Wechselwirkung miteinander und bilden eine innere Einheit. In dem nachsynodalen Apostolischen Schreiben *Christifideles laici* habe ich die Notwendigkeit und Bedeutung Eurer Tätigkeit besonders unterstrichen. Dort heißt es unter anderem: „Das missionarische Problem stellt sich heute in der Kirche ... in einer solch großen Breite und Brisanz dar, daß nur eine wahrhaft solidarische Mitverantwortung aller Glieder der Kirche, der einzelnen und der Gemeinschaften, auf eine wirksamere Antwort hoffen lassen kann. ... Die Kirche muß heute auf dem Gebiet der Evangelisierung einen großen Schritt nach vorne tun und in eine neue historische Etappe ihrer missionarischen Dynamik eintreten. In einer Welt, die durch die Aufhebung der Entfernungen immer kleiner wird, müssen die Gemeinden untereinander Verbindung suchen, Kräfte und Mittel austauschen und sich miteinander in der einen gemeinsamen Sendung, das Evangelium zu künden und zu leben, engagieren. ‚Die sogenannten jungen Kirchen ... bedürfen der Kräfte der älteren Kirchen. Letztere aber brauchen das Zeugnis und den Elan der Jüngeren, so daß die einzelnen Kirchen vom Reichtum der anderen schöpfen'" (*Christifideles laici*, Nr. 35).

Ihr widmet Euch dieser Aufgabe in besonderer Weise, da Ihr es im Rahmen des Werkes Missio als Eure Aufgabe betrachtet, sowohl die Kräfte der Kirche Eures Landes in den Dienst der jungen Kirchen zu stellen, wie auch das Zeugnis der jungen Kirchen in der Kirche Eures Landes gegenwärtig zu machen. Dieser Dienst bleibt auch nicht ohne Folgen für die menschliche Gesellschaft an der Schwelle zum dritten Jahrtausend. Ihr helft durch Eure Tätigkeit mit, daß die Kirche ihrer Mission treu bleibt, „unzerstörbare Keim-

zelle der Einheit, der Hoffnung und des Heils für das ganze Menschengeschlecht zu sein" (*Lumen Gentium*, Nr. 9).
Im Namen der Kirchen in den Missionsländern danke ich in Euch Missio München und Missio Aachen für das bisherige segensreiche Wirken, für alle Gebete und Opfer der Gläubigen in Eurem Land, durch die sie das große Missionsanliegen der Kirche und die Arbeit der Missionare tatkräftig fördern. Möge der Herr der Ernte selber Euch, den unmittelbaren Mitarbeitern, sowie allen Euren Wohltätern und Freunden diesen vorbildlichen missionarischen Einsatz mit seiner Gnade reich lohnen. Mit besten Wünschen für Euer weiteres Wirken erteile ich Euch und allen, die Euer verdientes Missionswerk nach Kräften unterstützen, von Herzen meinen besonderen Apostolischen Segen.

Von Christus ergreifen lassen

Ansprache bei der Seligsprechung von Martino di San Nicola, Melchiorre di Sant'Agostino, Maria Margherita Caiani, Maria Caterina di Sant'Agostino und Maria von Jesus, dem Guten Hirten, am 23. April

1. „Seht, die Wohnung Gottes unter den Menschen!" (*Offb* 21,3). An diesem fünften Ostersonntag lädt das Wort Gottes uns ein, die Früchte des Heilswerkes zu betrachten, das Christus vollbracht hat. Die durch das Blut des Herrn gereinigte und aus seinem Kreuzesleiden geborene Kirche findet ihr ungetrübtes Glück in der vollendeten Gemeinschaft mit Gott, die ihr Bräutigam, der Sieger über den Tod, möglich gemacht hat. Er ist ihr als ihr Hirte vorausgegangen und hat sie in den Besitz der ewigen Freude bei Gott, dem Vater, geführt.
Gott wohnt nun in der Kirche als seiner Wohnung. Die Gegenwart Gottes mitten unter seinem Volk, im Alten Bund bereits angekündigt und prophetisch dargestellt im Tempel von Jerusalem, hat in Christus ihre volle Verwirklichung gefunden. Das Geheimnis der göttlichen Gegenwart unter den Menschen, das seinen Anfang nahm, als das Wort Fleisch wurde und unter uns gewohnt hat (vgl. *Joh* 1,14), ist voll und endgültig Wirklichkeit geworden im Himmel, und Ostern ist das Zeichen und die Garantie dafür.
Darum wollen wir heute „das neue Jerusalem" betrachten, die Kirche in ihrer himmlischen Vollendung, „wie eine Braut, geschmückt für ihren Bräutigam". Wir wollen dieses Geheimnis im Licht des Zeugnisses von Martino di San Nicola, Melchiorre di Sant'Agostino, Maria Margherita Caiani, Maria Caterina di Sant'Agostino und Maria von Jesus, dem Guten Hirten, betrachten.
Die machtvolle Stimme des Herrn spricht von seinem himmlischen Thron aus zu uns: „Seht, ich mache alles neu" (*Offb* 21,5). Durch die Liebe vollbringt er eine neue Schöpfung. Durch welche Liebe? Durch seine Liebe zu uns und unsere Liebe zu ihm und zu den Brüdern in Christus, denn in ihm vermögen wir das Gebot zu erfüllen, Gott und die Brüder bis zur Hinopferung zu lieben.

2. Wir wollen also diese Schar von neuen Geschöpfen betrachten, Männer und Frauen, die Christus im Heiligen Geist gebildet hat. In ihnen erkennen wir, wie Gott unaufhörlich am Werk ist, durch den Sohn im Heiligen Geist die neue Schöpfung zur Vollendung zu führen. In den Dienern Gottes, die heute seliggesprochen werden, leuchtet etwas von der neuen, durch den Auferstandenen verklärten Menschheit auf, bereit für die endgültige Hochzeit im Himmel.
In diesem Licht erkennen wir den Wert des Martyriums; wir erkennen die Kraft der Liebe, deren Urbild sich im Herzen Christi befindet, und sehen die Treue und Geduld in der Hingabe an die eigene Sendung, den glühenden Eifer, der Familien und Menschen, die sich in Schwierigkeiten befinden, im wahren Glauben zu erhalten sucht.

3. „Durch viele Drangsale müssen wir in das Reich Gottes gelangen“ (*Apg* 14,22).
Ja, der Durchgang durch das Kreuz ist die notwendige Bedingung, um zur neuen Schöpfung zu gelangen. Das bezeugen die Märtyrer Martino und Melchiorre aus dem Orden der Augustiner-Rekollekten. Sie zogen von Spanien aus, um für die Ausbreitung des Evangeliums auf den philippinischen Inseln zu arbeiten, Martino als Lehrer und Erzieher der jungen Novizen, Melchiorre als Prediger des Gotteswortes, beide mit Eifer darauf bedacht, die Leiden der am härtesten geprüften christlichen Gemeinden zu lindern. Darum faßten sie den Entschluß, sich auch nach Japan zu begeben, wo die Gläubigen aufgrund der Verfolgung ohne Priester waren.

In spanischer Sprache fuhr der Papst fort:

Liebe Brüder und Schwestern, die neuen Seligen Martino und Melchiorre sind reife Früchte des missionarischen Geistes, der die Kirche in Spanien gekennzeichnet hat. Tief christlichen Familien in Saragossa und Granada entstammend, verließen sie alles, um Christus nachzufolgen. Diese beiden Märtyrer, eine Ehre für die Kirche und für die Familie der Augustiner, sollen eine Herausforderung und ein Ansporn sein, in den spanischen Familien erneut jene christliche Vitalität zu wecken, durch die die Heilsbotschaft bis an die äußersten Enden der Welt gebracht wurde. Diese Worte dürfen nicht verlorengehen! So viele Glaubenszeugen, die eine Ehre und ein Lob für die Geschichte Spaniens sind, dürfen nicht aus den Augen verloren werden!
Diese feierliche Zeremonie, bei der wir die beiden großen Söhne Aragoniens und Andalusiens zur Ehre der Altäre erheben, ist eine gute Gelegenheit, den Glauben, der zur Tat drängt, wieder kraftvoll zu beleben und echte Tugenden in den Familien einzupflanzen. Sie werden Berufungen zum Apostolat und zur Evangelisierung wecken, wie sie die Geschichte des spanischen Volkes in so reichem Maß hervorgebracht hat.
Der Orden der Augustiner-Rekollekten, der nun am Ende der Vierhundertjahrfeier seiner Gemeinschaft steht, freut sich seinerseits über die neuen Seligen Martino und Melchiorre, die mit ihren heroischen Tugenden und in ihrer Stärke im Bekennen des Glaubens für ihn Beispiele zur Nachahmung sind.

Der Papst kehrte zur italienischen Sprache zurück und sagte:

4. „Ein neues Gebot gebe ich euch: liebt einander! Wie ich euch geliebt habe, so sollt auch ihr einander lieben“ (*Joh* 13,34).

Maria Margherita Caiani begriff die Kraft dieser Botschaft der Liebe in der Betrachtung Christi und seines durchbohrten Herzens. Im Licht der Liebe Gottes, die sich ihr im göttlichen Erlöser offenbarte, lernte Margherita den Brüdern unter den einfachen Menschen ihrer toskanischen Heimat dienen. Sie wollte sich der Ärmsten und Letzten annehmen: der Kinder am Rand der Gesellschaft, der Landjugend, der Alten, der Verwundeten in den Militärlazaretten. Sie lehrte ihre geistlichen Töchter, die Kleinen Schwestern vom Heiligsten Herzen, dem Nächsten zu dienen in dem Wunsch, die Beleidigungen wiedergutzumachen, die der Liebe Christi zugefügt werden, und sich bei der Ausübung ihrer karitativen Werke immer von dieser Liebe anregen zu lassen.
Der Horizont des „neuen Gebotes" ist tatsächlich ohne Grenzen, ist es doch ein Aufruf an alle Gläubigen, an der unendlichen Liebe Christi teilzuhaben. Wenn die Liebe Christi zur Regel und Norm geworden ist, erhebt sie die Seele zur Teilnahme an seinem Werk, sie bedient sich unserer armen Kräfte und läßt sie zum Zeichen und Sakrament der Liebe Gottes selbst werden. Der Raum, die Weite der christlichen Liebe bemessen sich nach der Weite der Liebe Gottes. In der Betrachtung der Passion und des Geheimnisses des durchbohrten Herzens Christi wurde Maria Margherita Caiani sich bewußt, daß Genugtuung geleistet werden mußte, daß das Unverständnis der Menschen gegenüber der grenzenlosen und erbarmenden Liebe Gottes mit einem vertieften Verstehen des Liebesgebotes ausgeglichen werden mußte. Eine ihrer grundlegenden Aufforderungen an die Schwestern war die folgende: „Bereitet unserem geliebten Jesus Trost und macht die vielen Beleidigungen gut, die seinem liebevollen Herzen zugefügt werden" (vgl. *Lettere circolari*, 27.12.1918)

5. „Wie ich euch geliebt habe." Das ist die Regel für die Liebe der Christen: sich von Christus ergreifen lassen, mit ihm zusammen lieben, an alles Tun das Maß seiner grenzenlosen Hochherzigkeit legen.
Von solcher Art war die Liebe, die Marie Catherine de Saint Augustin antrieb. Sehr früh antwortete sie auf den Anruf des Herrn, rückhaltlos, demütig treu bei allen Anforderungen, die das Leben der Augustinerinnen von der Barmherzigkeit hinsichtlich des geistlichen Lebens, des Gemeinschaftslebens, des Apostolats und der karitativen Tätigkeit kennzeichnen. Sie verstand es, „Gott zu gehören und nur nach seinem Dienst zu verlangen".
Es war ihr im Innersten ihrer Seele gegeben, unaufhörlich Gott, Christus, dem Erlöser nahe zu sein. Sie blieb mit dem heiligsten Herzen Jesu vereint und setzte all ihr Vertrauen in das heilige Herz Marias. Peinigende Versuchungen vermochten ihre Ruhe und Ausgeglichenheit nicht zu erschüttern noch ihr ungewöhnliches mystisches Erleben zu beeinträchtigen. Sie nahm ihr inneres, verborgenes Leiden an, um damit „das Elend und die Übel der anderen auf sich zu nehmen". Angesichts der Sünden der Menschen bestand ihre Antwort in der Aufopferung ihrer selbst in Verbindung mit dem Kreuzesleiden des Erlösers, um „die Herzen für Gott zu gewinnen".
In dem glühenden Wunsch nach dem Einsatz in der Mission schloß sie sich ihren Schwestern in Kanada an, dem Land, das sie aus allen Kräften liebte. Unermüdlich im Apostolat, erfüllte sie mit der gleichen Großmut schwere Aufträge, wie sie überaus geschickt,

geduldig und liebevoll bei der Krankenpflege war. Man darf Marie Catherine, die Ordensfrau, die „mit Herz und Hand ganz und gar Nächstenliebe war", zu den Gründergestalten im geistlichen Frühling der Anfangszeit der Kirche in Kanada rechnen.

Im folgenden ging der Papst zur polnischen Sprache über:

6. „Daran werden alle erkennen, daß ihr meine Jünger seid: wenn ihr einander liebt" (*Joh* 13,35).
Und nun wenden wir uns der neuen Seligen, Franziska Siedliska, Maria von Jesus, dem Guten Hirten, aus Masowien in Polen zu, der Gründerin der Kongregation der Schwestern von der Heiligen Familie von Nazaret. Mitten in der Ungunst ihrer Zeit und ihrer Umwelt und gezeichnet vom Kreuz verschiedener Leiden ging sie unermüdlich „auf dem Weg eines lebendigen Glaubens, der die Hoffnung weckt und durch Liebe wirksam ist, entschlossen voran" in der Kraft jener „Liebe, mit der Gott die Welt geliebt hat" (*Lumen Gentium*, Nr. 41).
Sie wuchs heran in einem Haus, von dem sie selbst schrieb, Gott sei dort nicht Herr gewesen (vgl. W. Sardi *La vita* ..., 24). Aber von früher Kindheit an empfand sie in ihrem Herzen ein tiefes Heimweh nach der absoluten Liebe. Sie begegnete ihr bei der ersten Kommunion, und von da an blieb sie eins mit Christus in der Verbundenheit bräutlicher Liebe. „Er ist das einzige Ziel, der einzige Gegenstand all unserer Liebe", schrieb sie in ihrem Tagebuch (1844, S. 32).
Während ihres ganzen Lebens wußte sie in reifer Weise Gebet und aktives Apostolat, schöpferische Initiative und konkreten Gehorsam gegenüber dem Willen Gottes in der Kirche zu verbinden. Vor allem erkannte sie die Notwendigkeit, während der Teilung Polens das Nationalgefühl zu stärken und in einer Zeit allgemeinen Niedergangs das moralische Wiederaufleben des Vaterlandes zu unterstützen.
Das Vorbild des verborgenen Lebens der Heiligen Familie von Nazaret war für sie und ihre geistlichen Töchter Quelle der Inspirierung und Bezugspunkt. Im Statut der Kongregation aus dem Jahr 1880 schrieb sie unter anderem: „Das Vorbild unseres Ordenslebens ist das verborgene Leben Jesu, unseres Herrn, in Nazaret mit Maria und dem hl. Josef. Wir wollen es nachahmen durch vollkommenen Verzicht auf uns selbst, Abtötung und ein mit Jesus Christus ganz in Gott verborgenes Leben."
Das war die Grundausrichtung im Leben von Mutter Siedliska und das Programm, das sie ihren Schwestern als Testament hinterlassen hat. Dem moralischen und materiellen menschlichen Elend entgegentreten. Sorge für die Armen, die Kranken, die vom Leben hart Geprüften, die Verlassenen, die Behinderten. Sorge für die Erziehung vernachlässigter Kinder, für das heile Leben der noch Ungeborenen. Also in der Schule, im Krankenhaus, auf der Straße!
Aus dem gleichen Grund erkannte die selige Maria von Jesus, dem Guten Hirten, die gesunde christliche Familie als Hauptquelle für die soziale Wiedergeburt. Im Blick auf die göttliche Mutterschaft Mariens wandte sie sich der Erde zu, den Aufgaben, die der Mensch auf ihr zu bewerkstelligen hat: den Pflichten der Eheleute und der Eltern, der Würde des Ehesakramentes und der großen Bedeutung, die katholische Eltern haben. Sie wollte der menschlichen Liebe dienen und daher dem Leben und seiner Entfaltung, damit

dieses Leben, dieser Mensch, der von gottverbundenen Eltern geboren wird, in dieser Verbundenheit wachsen und reifen könne und das Leben, das von Gott kommt, sich auch auf ihn hin entfalte und in ihm bewußt seinen Schöpfer und Vater erkenne.
Diese Sorge und dieses Ideal für die Erneuerung des Lebens bildeten das Programm von Schwester Siedliska, wie sie es in ihrem Testament ihrer Nazaret-Familie hinterließ. Die Eltern: Vater und Mutter, und auch ihre Kinder sind in gleichem Maß den Geboten Gottes verpflichtet, denn Gott liebt mit gleicher Liebe den Ehemann und seine Frau wie auch die Frucht ihrer Liebe, die Kinder. Ich spreche heute mit Freude und Dankbarkeit davon, denn das ist auch das Programm der Kirche. Es ist eine wichtige Aufgabe, die vielleicht in besonderer Weise unserer Zeit obliegt.

Der Papst schloß seine Predigt in Italienisch:

7. So stehen also die neuen Seligen vor uns, jeder und jede mit ihrem eigenen Zeugnis, mit dem Martyrium und der Nächstenliebe, mit dem Glauben und den konkreten Werken kirchlichen Dienstes. Sie sind das lebendige Bild des neuen Jerusalem, das Gott, der unter den Menschen wohnt, in den Seelen aufbaut in der Kraft der Liebe Christi.
„Danken sollen dir, Herr, all deine Werke, und deine Frommen dich preisen" (*Ps* 144/145,10).
Ja, in den Heiligen leuchtet in besonderer Weise die Herrlichkeit des lebendigen Gottes auf. Mit ihrem ganzen Leben „verkünden sie deine Macht, o Gott, und sprechen von der Herrlichkeit deines Reiches": jenes Reiches, das in den Herzen der Menschen und in der Geschichte der Menschen aus dem Ostergeheimnis Christi erwächst.
Wenn die Kirche der Welt die Heiligkeit ihrer Söhne und Töchter zeigt, dann vernehmen wir wie ein fernes Echo die Worte aus dem Abendmahlssaal: „Jetzt ist der Menschensohn verherrlicht, und Gott ist in ihm verherrlicht" (*Joh* 13,31).
Ja, Gott ist verherrlicht in Martino di San Nicola, in Melchiorre di Sant'Agostino, in Maria Margherita Caiani, in Maria Caterina di Sant' Agostino und in Maria von Jesus, dem Guten Hirten.
Ihm sei Lob und Ehre in Ewigkeit, Amen.

Die Wahrheit darf nicht angepaßt werden

Ansprache an die Katholische Aktion Italiens am 24. April

1. Ich freue mich über dieses Treffen mit euch, den zur siebten Generalversammlung der Katholischen Aktion Italiens Delegierten, und ich begrüße euch herzlich. Mit euch grüße ich die Mitglieder der Katholischen Aktion aus den Diözesen und Pfarreien Italiens. Mein herzlicher Gruß gilt vor allem dem lieben Mitbruder, Kardinal Ugo Poletti, Präsident der Italienischen Bischofskonferenz, eurem kirchlichen Generalassistenten, Bischof Antonio Bianchin, und den anderen hier anwesenden hochwürdigsten Bischöfen. Ebenso grüße ich den Nationalpräsidenten, Advokat Raffaele Cananzi, und alle, die die zentrale Leitung vertreten.

Eure Versammlung, liebe Delegierte, die unter dem bezeichnenden Leitwort steht: „Für das Leben der Welt" und darauf ausgerichtet ist, die Beweggründe und den Inhalt des Dienstes der Katholischen Aktion in der Kirche und in der italienischen Gesellschaft in diesen Jahren, die uns dem großen Jubiläum des dritten christlichen Jahrtausends entgegenführen, zu vertiefen, findet kurz nach der Veröffentlichung des Apostolischen Schreiben *Christifidelis laici* statt, in welchem ich die Früchte der Synode über die Berufung und Sendung der Laien in Kirche und Welt zusammentragen wollte. In der Synode ist aufs neue, und zwar verstärkt und dringender, der Appell hörbar geworden, den die Väter des Zweiten Vatikanischen Konzils an alle Laien, Männer und Frauen gerichtet haben, im Weinberg des Herrn zu arbeiten und sich mit der Heilssendung Christi und der Kirche zu verbinden. Dieser Aufruf geht vor allem euch an, ihr Mitglieder der Katholischen Aktion Italiens. Er geht euch an und fordert euch als Einzelpersonen und als Vereinigung. Es ist der Appell Jesu, des Herrn: „Geht auch ihr in meinen Weinberg!" (*Mt* 20,3–4). Ich bin sicher, daß ihr ihn mit jener Hochherzigkeit und Treue anzunehmen wißt, die eurer Tradition entsprechen und die noch notwendiger und dringender sind „in dieser herausragenden und dramatischen Stunde der Geschichte am Übergang zum dritten Jahrtausend" (*Christifidelis laici*, Nr. 3).

2. Die Evangelisierung ist in Wahrheit eine dauernde Aufgabe der Kirche, ihre Gnade, ihr ureigener Auftrag und ihre tiefste Identität. Darum sind die Laien voll in sie einbezogen aufgrund der Tatsache, daß sie „Kirche sind" (vgl. *Christifidelis laici*, Nr. 9 und Nr. 33). Aber wir dürfen nicht die Verhältnisse unserer Zeit übersehen, aus denen sich eine einmalige und in vieler Hinsicht neue Notwendigkeit und Dringlichkeit für die Evangelisierung ergibt und die spezielle Forderung, daß die Laien dabei ganz zu Recht Protagonisten sein sollen, zutiefst mit den Hirten verbunden. Auch Italien gehört zu den Ländern mit alter christlicher Tradition, die heute – auch aufgrund des wirtschaftlichen Wohlstandes und des Konsumismus – von religiöser Gleichgültigkeit und Tendenz bedroht sind, so zu leben, „als ob Gott nicht existiere".

Wie ich am vergangenen 7. Januar zu euren Freunden, den in den Pfarreien Verantwortlichen und Animatoren der Katholischen Aktion für die Erwachsenen gesagt habe, ist es „besonders die moralische Dimension des Glaubens, die Wahrheit der christlichen Ethik, die heute angegriffen und bestritten wird. Nur zu oft wird sie, und manchmal auch von denen, die sich als Glieder der Kirche und als praktizierende Christen betrachten, als überholt und der heutigen Situation nicht mehr angemessen betrachtet. So werden, bewußt oder unbewußt, die Voraussetzungen geschaffen zur Zerstörung dessen, was das wahrhaft echt Menschliche im Menschen ist, und man schlägt die Möglichkeit aus, eine Gesellschaft und eine Kultur nach dem Maß des Menschen aufzubauen". Es ist also dringend notwendig, das christliche Gefüge der Gesellschaft wiederherzustellen. Die Bedingung dafür aber ist die Festigung des christlichen Gefüges in der kirchlichen Gemeinschaft selbst (vgl. *Christifidelis laici*, Nr. 34).

3. Welchen Beitrag kann die Katholische Aktion Italiens, eine Vereinigung, die sich das apostolische Ziel der Kirche (*Apostolicam actuositatem*, Nr. 20) als ihr eigenes unmittelbares Ziel gesetzt hat, zu diesem grundlegenden Werk der Neuevangelisierung leisten?

Und zuvor noch: Wie muß die Katholische Aktion in ihrem Sein und dann auch in ihrem Handeln sich gestalten, um diesen ihren Beitrag in bestmöglicher Weise zu leisten? Das sind die entscheidenden Fragen, mit denen sich eure Versammlung beschäftigt. Ich möchte mit euch jetzt darüber nachdenken, um den Weg der Katholischen Aktion Italiens in den kommenden drei Jahren ihres Verbandsdaseins apostolisch immer fruchtbarer zu machen.

Dabei nehme ich als wesentlichen Ausgangspunkt die Kriterien der Kirchlichkeit, wie sie das Apostolische Schreiben *Christifidelis laici* (Nr. 30) für alle Laienvereinigungen in der Kirche darlegt. Die Katholische Aktion, von ihrer Natur her eine kirchliche Vereinigung, entspricht ihrer Struktur nach diesen Kriterien. Aber auch für sie bleibt es ein immer neues Unternehmen, diese insgesamt und vollständig im eigenen Leben zu verwirklichen und in konkrete Früchte zu übertragen. Eine Aufgabe, der man mit Demut, ständigem Gebet sowie wachem und eifrigen Einsatz obliegen muß, im Wissen, daß die Gabe Gottes all unserem guten Handeln vorausgeht und es möglich macht.

4. So ist also eure Aufmerksamkeit bereits auf das erste dieser Kriterien gelenkt, das in gewissem Sinn die Wurzel aller anderen ist, nämlich der Primat, der der allgemeinen Berufung zur Heiligkeit zuzuerkennen ist. Die übernatürliche Liebe, von Gott mit der Gabe des Heiligen Geistes in unsere Herzen eingegossen, bildet ja die wirkliche Kraft der Kirche und jedes lebendigen Organs in der Kirche und im Dienst der Kirche. Sie muß das erste Ziel der Bildungsarbeit in eurer Vereinigung sein – vor allem mit Hilfe eurer Priester-Assistenten – und muß gleichzeitig sowohl die innere Einheit in der Katholischen Aktion und ihre totale Hingabe an die kirchliche Gemeinschaft stützen wie auch dem Einsatz für die Evangelisierung Nahrung geben und jedes Mitglied der ACI zur tiefsten Einheit zwischen Glauben und Leben anspornen.

5. Die echte christliche Liebe ist untrennbar auch Liebe zur Wahrheit und daher Auftrag, sie zu leben und sie bekanntzumachen. Vor allem in unserer Zeit, in der die weit verbreitete subjektivistische Mentalität dazu neigt, auch die Haltung der Gläubigen dem Glauben und der Kirche gegenüber zu prägen, nimmt das Kriterium echter Kirchlichkeit, nämlich das unverkürzte Bekenntnis des katholischen Glaubens in fester Verbundenheit mit dem Lehramt der Kirche ein besonderes Gewicht und eine wesentliche Bedeutung an. Ich bitte euch, meine lieben Delegierten, und die ganze Katholische Aktion Italiens, um das größte und ernsthafteste Bemühen bei diesem entschiedenen Einsatz der Treue zu Christus, zur Kirche und zur Wahrheit über den Menschen. In der christlichen Wahrheit gibt es nichts zu herabgesetzten Preisen, sie darf nicht verringert oder angepaßt werden, auch nicht in der Absicht, ihre Integration in heute gültig scheinende, aber in mehr als einer Hinsicht der Substanz des Evangeliums widersprechende Denkweisen und Gedankenströmungen zu erleichtern. In der großen Herausforderung der Evangelisierung, bei der vor allem in der Welt der Getauften der Kampf auszutragen und der Sieg zu gewinnen ist, besonders – wie die Programme der italienischen Kirche es vorsehen – durch den Einsatz der Katechese nicht nur für Kinder, sondern auch für die Jugend und die Erwachsenen, ist die Katholische Aktion zu einem großen Beitrag aufgerufen. Er wird um so konstruktiver und bedeutsamer sein, je mehr er in erster Linie die eigenen Mitglieder und

durch sie viele andere Brüder zu einem reifen Wahrheitsbewußtsein erzieht, das fähig ist, den göttlichen Ursprung unseres Glaubens und seinen wesentlich kirchlichen Bedeutungsgehalt zu erkennen. Die Priester-Assistenten, die bei euch Lehrer des Glaubens sind, mögen auf diesen Erziehungsdienst alle Sorgfalt verwenden und die Freude haben, für das Wort Christi und der Kirche stets gute Aufnahme zu finden.

6. Das Apostolische Schreiben *Christifidelis laici* (Nr. 30) hebt als weiteres Kriterium der Kirchlichkeit hervor „das Zeugnis einer tiefen und überzeugten *communio*, in kindlicher Verbundenheit mit dem Papst, dem bleibenden und sichtbaren Prinzip der Einheit der Universalkirche, und vom Bischof, dem ‚sichtbaren Prinzip und Fundament der Einheit' in der Teilkirche sowie in der gegenseitigen ‚Hochschätzung aller Formen des Apostolats in der Kirche'". Die Katholische Aktion Italiens hat Gründe und besondere Motive genug, dieses Zeugnis der *communio* zu ihrer Lebensform zu machen. Von Anfang an hat sie, wie ich zu der Jugend der Katholischen Aktion beim Treffen am vergangenen 24. September sagte, „in der engen Verbundenheit einer besonderen Zusammenarbeit mit den Bischöfen und Priestern gelebt und gearbeitet, und von Anfang an kennzeichnete sie eine besondere Ergebenheit gegenüber dem Nachfolger des Petrus". Sie ist eine besonders ausgezeichnete Form jener engeren Zusammenarbeit der Laien mit dem Apostolat der Hierarchie – in der Weise der Männer und Frauen, die dem Apostel Paulus bei der Verkündigung des Evangeliums halfen (vgl. *Phil* 4,3; *Röm* 16,3 ff.) –, von der die Konzilskonstitution *Lumen Gentium* (Nr. 33) spricht. Es ist eine notwendige Dimension solcher Zusammenarbeit und ein Ehrentitel für euch, Laien der Katholischen Aktion unter der Oberleitung der Hierarchie zusammenzuarbeiten (*Apostolicam actuositatem*, Nr. 20).
Die Rolle der Priester-Assistenten und, als Träger eines besonderen Auftrags, die Anwesenheit des Assistenzbischofs, haben ihre volle Bedeutung als konkreter Ausdruck dieser tiefen Verbundenheit mit der Hierarchie, die euch als Vereinigung kennzeichnet.

7. Der gleiche Wille zur Verbundenheit wird euch, wie es schon bei Gelegenheit der vorausgehenden sechsten Versammlung meine Bitte war, zu Förderern der Einheit und der Zusammenarbeit mit all den vielfältigen Laiengruppen machen, die das Panorama der italienischen Kirche bereichern und beleben. Die Wege der Einheit können manchmal ermüdend sein, doch wenn sie in Treue zu den Weisungen der Hirten gegangen werden, bieten sie Gewähr für sicheres Wachstum im ganzen Geflecht kirchlicher Aufgaben. Dieser Einsatz für die Einheit muß sich, um echt und wirksam zu sein, in eurem Verbandsleben ausdrücken. Darum lade ich euch erneut ein, dem Gesicht eurer Vereinigung einen einheitlichen Charakter zu geben und in jedem Umfeld und auf allen Ebenen der Verantwortung die vielfältige Sensibilität und die verschiedene Erfahrung auszuwerten. Die Elemente für die Wahl der Repräsentanten, die das Statut 1969 *ad experimentum* approbiert hat, ist in der Katholischen Aktion sinnvoll, sofern sie nicht nach rein soziologischen Begriffen verstanden werden als Instrument, die Aufteilung der Befugnisse zu bestimmen, sondern in einer vollkirchlichen Perspektive als Wege, die Beteiligung aller zu fördern, immer in Beziehung zum apostolischen Dienst, mit dem in tiefer Verbundenheit zusammen zu arbeiten, die Laien der Katholischen Aktion berufen sind.

Das vierte Kriterium der Kirchlichkeit, das von dem Apostolischen Schreiben *Christifidelis laici* aufgezeigt wird, nämlich die Übereinstimmung mit der apostolischen Zielsetzung der Kirche, gehört seinerseits zu den grundlegenden Kennzeichen der Katholischen Aktion. Es konkretisiert sich in den Aufgaben der Evangelisierung und Heiligung und daher der christlichen Gewissensbildung, deren zentrale Stellung und Bedeutung ich schon hervorgehoben habe.

8. Liebe Delegierte der Katholischen Aktion Italiens, ich möchte euch das letzte der besagten Kriterien zu besonderem Überdenken ans Herz legen, nämlich die Verpflichtung zu einer engagierten Präsenz in der menschlichen Gesellschaft, die sich im Licht der Soziallehre der Kirche in den Dienst des Menschen und seiner vollen Würde stellt. Dieser Aufgabe darf sich die Kirche nicht entziehen, da ihre Sendung zur Evangelisierung sie ja dazu beruft, dem Menschen zu dienen. „Aufgrund ihres ‚Weltcharakters', der sie auf eigene und unersetzliche Weise zur christlichen Inspirierung der zeitlichen Ordnung verpflichtet, kommt den Laien in diesem Rahmen aber eine besondere Aufgabe zu" *(Christifidelis laici*, Nr. 36). Im übrigen versteht es sich, daß die Katholische Aktion, eine Vereinigung von Laien, die direkt mit der Hierarchie zusammenarbeiten, auch auf diesem Gebiet die Übernahme der Verantwortung als der Verantwortung von Laien mit ihrem vollen kirchlichen Charakter zu verbinden wissen muß. In dieser Hinsicht gelten die Hinweise, die ich euch schon bei eurer sechsten Versammlung gab: „Das Apostolat der Katholischen Aktion, das von seiner Natur her kirchlich ist, darf sich in keiner Weise mit Tätigkeiten rein bürgerlicher, gewerkschaftlicher oder politischer Art vermischen. Doch da sich ihre Sendung so weit erstreckt wie die Heilssendung der Kirche, ... darf ihr kein Gebiet gleichgültig oder fremd sein, in dem es um die menschliche Person und ihre Rechte und Pflichten und um die moralischen und religiösen Werte geht; doch in der gebotenen Unterscheidung der Bereiche und Zuständigkeiten."

In diesem Raum des Dienstes an der menschlichen Person treten heute als außerordentlich wichtig und dringlich hervor der Schutz und die Förderung der Familie und des unverletzlichen Rechtes auf das Leben: Wenn ihr euch dafür einsetzt, habt ihr immer die Gewißheit, Christus und dem Menschen, der Kultur und der Zukunft des Menschen zu dienen.

Im übrigen müßt ihr auch in diesem Bereich des sozialen Einsatzes „vereint nach Art einer organischen Körperschaft" (*Apostolicam actuositatem*, Nr. 20) arbeiten, damit der Gemeinschaftscharakter und der kirchliche Charakter eures Apostolats klar hervortritt und seine Wirksamkeit besser gewährleistet wird. So könnt ihr in dem Zeitabschnitt, der uns dem Zusammentreffen mit dem dritten christlichen Jahrtausend entgegenführt, alle die Möglichkeiten entfalten, an denen eure Vereinigung reich ist, und mit ihr die katholischen Laien der ganzen Kirche Italiens.

9. Liebe Brüder und Schwestern der Katholischen Aktion, das Wort des Papstes wird euch anfordernd erschienen sein mit den zahlreichen, anspruchsvollen und auch schweren Aufgaben, die er euch anvertraut hat. Aber es ist eine Anforderung, die aus Zuneigung und Vertrauen kommt und auch aus der manchmal dramatischen Dringlichkeit der neuen Evangelisierung. Legt mutig die Hand ans Werk, das vor euch liegt, und seid der

ständigen Aufmerksamkeit und Nähe eurer Bischöfe und mit ihnen des Papstes gewiß. Ich vertraue euren Weg der treuen Jungfrau an, die unsere Mutter ist, damit sie euch immer auf den Wegen des Glaubens und der Heiligung, der „communio“ und der „missio“ führe.
Von Herzen erteile ich euch und der ganzen Katholischen Aktion Italiens meinen Apostolischen Segen.

Auftrag der Universität: Vorstoß an die Wurzel

Ansprache an die Teilnehmer am Kongreß der katholischen Universitäten am 25. April

Ehrwürdige Brüder im Bischofsamt,
liebe Priester,
geehrte Professoren und Dozenten!

1. Recht gern weile ich bei Gelegenheit dieses III. Internationalen Kongresses der katholischen Universitäten und Institute für höhere Bildung unter euch. Wenn mir eine persönliche Bemerkung erlaubt ist, möchte ich sagen, daß ich mich unter euch wie zu Hause fühle, weil ich etliche Jahre an einer katholischen Universität verbracht habe.
Als Hirte der Kirche möchte ich euch meine besondere Wertschätzung für euer Wirken in einem für das Wohl der Menschheit und der Kirche derart wichtigen Bereich aussprechen. Meine Wertschätzung gilt auch dem, was ihr in diesen Tagen im Verlauf eures Kongresses geleistet habt, bei dem nicht nur Delegierte der katholischen Universitäten, sondern auch Vertreter der Bischofskonferenzen anwesend waren.
Ich weiß, daß die von euch hier in Rom geleistete Arbeit anstrengend, doch meiner Meinung nach auch fruchtbar, sehr fruchtbar für alle war. Ihr habt euch mit einem euch wertvollen Thema beschäftigt, das ich selbst bei verschiedenen Gelegenheiten beim Besuch nicht weniger Universitäten der Welt behandelt habe. Ihr habt euch gefragt, wie ihr dem zweifachen Auftrag, Universität und katholisch, größeres Gewicht und besseren Ausdruck geben könnt, einem doppelten, beiderseitig sich ergänzenden und bereichernden Auftrag, der in einem immer neuen und begeisternden Bemühen aufrechterhalten und vervollkommnet werden muß. Dieses Bemühen muß in dem Bewußtsein verstanden und vorgelebt werden, daß nicht nur die Kirche auf die katholischen Universitäten schaut und sie braucht, sondern auch die Gesellschaft in den verschiedenen Teilen der Welt, die sie nötig hat. Es geht gleichsam um einen doppelten Blick, der anspruchsvoll ist, aber doch ein einziges Ziel vor Augen hat.
Doch stimmt das wirklich? Schaut auch die Welt auf euch, weil sie euch braucht?

2. Ja, denn die Welt kann von den katholischen Universitäten viel gewinnen, muß sie sich doch heute mit einigen Herausforderungen auseinandersetzen, die gerade aus ihren eigenen großen Fortschritten stammen und inzwischen umfassende, oder wie man zu sagen pflegt, planetarische Ausmaße erreicht haben.

Die grandiose wirtschaftliche Entwicklung so vieler Länder, die zweifellos mit dem Fortschritt der technisch-wissenschaftlichen Kenntnisse zusammenhängt, haben der Menschheit die eigene Kraft und Fähigkeit bewußt gemacht, die Probleme des Hungers und der Krankheiten, die sie Jahrtausende hindurch gequält haben, erfolgreich lösen zu können. Was gestern noch als unüberwindliches Problem erschien, ist heute vom rein technischen Standpunkt aus machbar und möglich. Und doch leben viele Länder auch heute noch in Not und Unterentwicklung: der gleiche Mensch, der als Schöpfer vieler neuer Möglichkeiten dasteht, muß zugleich allzu oft viele praktische Unmöglichkeiten zur Kenntnis nehmen, und zuweilen ist er sogar direkt für die Hindernisse, die sich einer Ausweitung der Entwicklung und ihrer Wohltaten entgegenstellen, verantwortlich. Die Entwicklung selbst wird nicht selten einseitig aufgefaßt. Dieser Gegensatz muß überbrückt werden, und da er im Willen des Menschen wurzelt, muß er vor allem durch ein neues, großes moralisches Bemühen überwunden werden, dem der Mensch sich öffnen kann, wenn er erneut über das Geheimnis des Menschen nachdenkt, der zu soviel Größe und zu soviel Elend fähig ist, und wenn er ferner das wahre transzendente Fundament der Gerechtigkeit bedenkt.
Wer wüßte im übrigen nicht, daß der technisch-wissenschaftliche Fortschritt neben den zweifellosen Vorteilen für die Menschheit auch problematische und beunruhigende Folgen mit sich bringt, die ihrerseits ein kräftiges Bemühen um verantwortliche ethische Vertiefung nötig machen? Und weiter: die Krise zahlreicher Ideologien und Verhaltensmodelle, die auf der wandelbaren Szene unserer Zeit gefolgt sind, hat viele Menschen in eine Situation des Identitätsverlustes und der existentiellen Unsicherheit versetzt.
Die Gesamtheit dieser Tatsachen stellt viele Fragen, oder – wie ich gesagt habe – zahlreiche Aufgaben.

3. Gewiß gelten diese Aufgaben auch der Universität als solcher: ihr spürt sie lebhaft in eurem Wirkungsfeld, und tatsächlich sind sie allen Universitäten gemeinsam. Deswegen waren in den letzten Jahren Funktion und Rolle der Universität Gegenstand besonderer Studien, um angemessene Lösungen zu finden. Diese Studien wurden nicht nur auf der Ebene einzelner Nationen durchgeführt, sondern auch von internationalen Organen wie der UNESCO und dem Europarat.
Es wurden Wege aufgezeigt und Lösungen, reich an anregenden Elementen, vorgeschlagen. Ihre gründlichere Analyse zeigt, daß man die Antworten nicht nur im sozialen Raum suchen darf, als ob es genügen würde, die Universität den Bedürfnissen der Gesellschaft anzunähern und aus ihr einen Ort der Vorbereitung für effiziente Arbeitskräfte zum guten Funktionieren des Produktionsapparates zu machen. Die Antworten können sich auch nicht mit einem größeren Bemühen auf der organisatorisch akademischen Ebene begnügen, indem man etwa die spezialisierten Abteilungen, Fakultäten und Institute vermehrt. Auch das ist notwendig, genügt aber nicht, weil die Aufgaben Grundfragen berühren. Auf dem Spiel steht der Sinn der wissenschaftlichen Forschung und der Technik, des sozialen Zusammenlebens und der Kultur, doch noch tiefer betrachtet, die Bedeutung des Menschen selbst. Man könnte mit anderen Worten und umfassender sagen, daß diese Herausforderungen die Wahrheit über den Menschen in seiner personalen und sozialen

Dimension betreffen; die Wahrheit über die Welt mit ihren zu entdeckenden und zum Wohl der Menschheit anzuwendenden Gesetzen; die Wahrheit über Gott, das alles grundlegende Sein, auf das alles zurückzuführen ist, und das allein dem Menschen und der Welt letzten Sinn schenkt.

4. Mit diesen Fragen sollte und müßte sich die Universität beschäftigen, weil es ja ihr Auftrag ist, in die Tiefe bzw. an die Wurzel der Probleme vorzustoßen. Ist die Universität nicht der Ort, an dem die verschiedenen Zweige des Wissens Objekt höheren Unterrichts und der Forschung sind? Lehre und Forschung müssen aber unbedingt als Bezugspunkt und gleichsam als Polarstern die Wahrheit vor Augen haben. Ich meine die erforschte, geliebte, gelehrte und verteidigte Wahrheit, die gleichsam die Seele der Universität ist und sein muß, weil sie das tiefere Leben der menschlichen Vernunft ist: „Perfectio intellectus est verum", (die Vollkommenheit des Verstandes ist die Wahrheit), sagt der hl. Thomas (*Contra Gentes,* III, 51).
Aus dieser Sicht heraus versteht man, daß die seit dem Ende des Zweiten Weltkriegs festzustellende Krise der Universität, für die man eine Lösung sucht, nicht so sehr im Organisatorischen liegt, sondern im Geistigen und Kulturellen. Es ist nicht so sehr eine Krise der Mittel, sondern eine Krise der Identität, der Ziele und Werte.
Allgemein bekannt und verbreitet ist heute die Feststellung des Verlustes der Einheit des Wissens, der sich heute bei der Forschung auf Universitätsebene zeigt: das wachsende Ungleichgewicht zwischen dem wissenschaftlichen Fortschritt als Frucht der verschiedenen Spezialisierungen; das Fehlen einer tiefreichenden und gültigen Verbindung zwischen den verschiedenen Disziplinen, die ihre Ergebnisse harmonisiert und sie im Rahmen seiner höchsten ethischen Ansprüche auf den wahren Dienst am Menschen ausrichtet. Die Universität muß eine „lebendige Einheit" von Organen sein, die sich der Erforschung der Wahrheit widmen, während heute leider die Gefahr bestehen bleibt, daß sie zu einem bloßen Komplex von unverbundenen und am Ende unabhängigen Wissensbereichen wird. Wenn und sobald das so ist, vermag sie wohl eine gründliche berufliche Ausbildung zu bieten; diese wird aber den Zielen einer reichen und vollen menschlichen Bildung nicht gerecht.
Es gilt daher eine solche höhere Synthese zu fördern, denn nur darin findet jener Durst nach Wahrheit Befriedigung, der tief im Herzen des Menschen lebendig ist. Augustinus, ein hervorragender Zeuge auf diesem Gebiet, hat geschrieben: „Wonach verlangt die Seele mächtiger als nach der Wahrheit?" (*Tract. in Iohannem,* 26,5; *PL* 35,1609). Während alle anderen Geschöpfe existieren, ohne um das Warum zu wissen, sucht der Mensch mit seiner Intelligenz ständig nach diesem Warum. Und das ist keine Frage am Rande oder eine müßige Frage. Das Warum, ja die verschiedenen Warum gehören zu den Grundproblemen seines Geistes. So wie die Lungen reine Luft brauchen, so braucht der Geist des Menschen die Wahrheit: die nicht manipulierte oder verfälschte Wahrheit. Die Leidenschaft für die Wahrheit aber führt zum leidenschaftlichen Wirken für das wahre Wohl der Menschheit.
In dieser Hinsicht kann und muß auch die katholische Universität in der heutigen Gesellschaft ihre Rolle spielen und das überzeugende Modell einer Forschung bieten, die ein-

mütig auf die Lösung solcher grundlegenden Fragen ausgerichtet ist. Gegen Ende des zweiten christlichen Jahrtausends bietet sich ihr eine Gelegenheit, die sie sich nicht entgehen lassen darf.

5. Doch auch die Kirche schaut auf die katholischen Universitäten und braucht sie.
Die Herausforderungen, auf die ich hingewiesen habe, richten sich auch an die Kirche, deren Heilsauftrag den Menschen in seiner Ganzheit umfaßt, den Menschen in seiner historischen Konkretheit und mit all seinen Problemen. Und in diesem Rahmen, im Geflecht dieser Herausforderungen ist die Kirche zur Erfüllung ihrer Sendung zur Evangelisierung aufgerufen. Man versteht dann, daß sie auf die katholische Universität schaut und auf deren spezifischen, positiven, kostbaren Beitrag wartet, um ihrer Sendung wirksamer entsprechen zu können. In einer katholischen Universität treffen also die Sendung der Kirche zur Evangelisierung und die Sendung zur Forschung und zum Lehren zusammen und ergänzen sich gegenseitig. Die Antworten auf die heutigen Herausforderungen müssen nämlich kulturell erarbeitet und wissenschaftlich entwickelt werden, und es ist die besondere Aufgabe der katholischen Universität, dies mit den entsprechenden Mitteln und der notwendigen Fachkenntnis zu leisten. So wahrt sie ihre Natur als Universität und hilft der Kirche, die heutigen kulturellen Bedürfnisse aufzugreifen und ihnen durch geeignete Initiativen nachzukommen.

Bei der Erfüllung dieser Aufgabe unterscheidet sich die katholische Universität, was die Werkzeuge der Forschung angeht, nicht von den anderen Universitäten. Bei der Durchführung ihrer vernunftgemäßen Forschung aber kann sie mit einem höheren Licht rechnen, das zwar die Natur der Forschung nicht ändert, wohl aber sie reinigt, ausrichtet, bereichert und erhebt. Es ist das Licht des Glaubens, das Licht Christi, der gesagt hat: „Ich bin der Weg, die Wahrheit und das Leben“ (*Joh* 14,6).

Dieses Licht wirkt nicht von außen auf die vernunftgemäße Forschung, um sie zu begrenzen oder zu behindern; es wirkt von oben, um sie zu erheben und ihren Horizont zu erweitern: das Licht des Glaubens öffnet für die Vollständigkeit der Wahrheit, auch wenn es der katholischen Universität natürlich nicht die Mühe der Forschung erspart, die ferner schwierig und hart sein kann. Es ist ein Licht, das hilft und weiterführt.

6. Im Rahmen der erwähnten Bedürfnisse stellen sich der katholischen Universität einige besondere Aufgaben:

a) Vor allem hat sie eine Aufgabe gegenüber der Wissenschaft: die katholische Universität erkennt deren Wert an und fördert ihn, muß aber eventuell auch deren Grenzen bedenken und dahin wirken, daß die Wissenschaft dem Wohl des Menschen dient und ihm treu bleibt und sich nicht zu einer zerstörerischen Kraft entwickelt. Das ist aber nicht zu erreichen, wenn die Arbeit und allgemein die Entfaltung der Wissenschaft nicht im Rahmen der ethischen Werte erfolgt.
b) Was die sozialen Ungleichgewichte angeht, wird die katholische Universität zwar aktiv mitarbeiten, um die zu ihrer Überwindung notwendigen technischen Mittel bereitzustellen; sie wird aber die verschiedenen sozialen und politischen Instanzen zugleich aufmerksam machen, daß das Problem der Entwicklung der Völker, angefangen bei

den weniger begüterten, weit mehr ein ethisches als ein technisches Problem ist (vgl. die Enzyklika *Sollicitudo rei socialis*, Nr. 33).

c) Hinsichtlich der verschiedenen Kulturen der Welt muß sodann die katholische Universität deren Würde und Kreativität anerkennen und achten, jedoch sich zugleich bemühen, ihre Reinigung und Erhebung durch das Licht und die Kraft des Evangeliums zu fördern, das nichts wirklich Menschliches opfert, vielmehr alles, was es an Wertvollem vorfindet, zu voller und glücklicher Vollendung führt (vgl. die Pastoralkonstitution *Gaudium et spes*, Nr. 58; Paul VI. Apostolisches Schreiben *Evangelii nuntiandi*, Nr. 20). Ich selbst habe in *Christifideles laici* geschrieben: „Die Kirche fordert die Laien auf, sich mutig und kreativ an den privilegierten Orten der Kultur ... eine Präsenz zu verschaffen" (Nr. 44).

d) Was endlich den Menschen betrifft, so regt die katholische Universität sein Wirken aus jener integralen Sicht des Menschen heraus an, bei der alle Dimensionen, eingeschlossen die geistige, moralische und religiöse, gebührend geschätzt und gepflegt werden. Nur innerhalb einer solchen Anthropologie können alle existentiellen Fragen des Menschen Raum finden.

7. Das höchste Kriterium freilich, an dem die katholische Universität alle ihre Entscheidungen messen muß, bleibt Christus, das menschgewordene Wort, das die volle Wahrheit über den Menschen ist, der innere Lehrer, der Bruder aller, in dem die Menschen den Sinn ihres Lebens als Geschenk von Gott, den Sinn der Solidarität und der Brüderlichkeit finden. Christus, der Erlöser aller Menschen aller Zeiten und Kulturen; Christus, der Sohn Gottes und zugleich der neue Mensch, in dem die ganze Fülle der Gottheit (vgl. *Kol* 2,9) und zugleich die Fülle der Menschheit wohnt.

Dieser katholische oder besser gesagt christozentrische Charakter verfälscht die Universität nicht und hebt ihre berechtigte Autonomie als Ort sittlicher Bildung und freier Forschung nicht auf; er erkennt sie an, ja bekräftigt sie, indem er der Universität hilft, sich ihrer eigenen Natur entsprechend zu entfalten und die Gefahren einer Krise zu überwinden.

Gerade wegen dieses ihres besonderen Charakters kann die katholische Universität auch zur kritischen und prohetischen Stimme gegenüber einer Gesellschaft werden, die immer mehr von der „wachsenden Verbreitung der religiösen Gleichgültigkeit und des Atheismus in ihren verschiedenen Ausprägungen, vor allem in der heute geläufigsten Form des Säkularismus" (*Christifideles laici*, Nr. 4) gekennzeichnet wird. Sie muß deswegen den Mut haben, auch unangenehme Wahrheiten zu sagen, Wahrheiten, die nicht schmeicheln und doch notwendig sind, weil sie den Menschen in seiner Würde ernstnehmen. Sie muß die Welt der Kultur daran erinnern, daß der Mensch gewiß die Welt ohne Gott organisieren kann; doch am Ende kann er sie ohne Gott nur gegen den Menschen organisieren (vgl. H. de Lubac, *Die Trägödie des Humanismus ohne Gott,* ital. Ausgabe, Brescia, 1978, S.9).

8. Wenn daher heute im Leben der katholischen Universität etwas dringend ist, dann gewiß nicht ein Abschwächen oder Auflösen ihres katholischen Charakters, vielmehr seine Vertiefung, Verdeutlichung und Bezeugung auf theoretischer und praktischer Ebene. Ihre

Aufgaben in der heutigen Gesellschaft sind eher noch umfassender und komplexer geworden. Ihre Funktion oder vielmehr ihre Sendung reicht weit über die bisherige Thematik des Verhältnisses zwischen Glauben und Vernunft hinaus, ein Verhältnis, das in der Praxis der Forschung und des Studiums von seiten ihrer Dozenten und Studenten zu bekräftigen ist. Ihre Sendung betrifft und umfaßt heute aber auch die zahlreichen weiten Gebiete des Wissens, zumal der wissenschaftlichen Kenntnis, die in unserer Zeit neue Entwicklungen durchgemacht und sich neuen Horizonten geöffnet, sich in neue geographische Gebiete ausgedehnt und neue Völker erreicht haben. Die katholische Universität muß sich der weiter ausgedehnten Verantwortung hinsichtlich ihrer Überprüfung der sittlichen und menschlichen Echtheit dieses Fortschritts und dieser neuen Ausrichtung voll bewußt sein: die Erfahrung hat ja weithin gezeigt, daß der wissenschaftliche Fortschritt nicht immer und notwendig mit einem ausgewogenen und alle betreffenden sittlichen und menschlichen Fortschritt gleichzusetzen ist.

Einige von euren Universitäten stehen auch Nichtkatholiken, Mitgliedern anderer Kirchen und Religionen, sowie Nichtglaubenden offen. Diese jungen Männer und Frauen können ihr den Beitrag anderer kulturellen und menschlichen Erfahrungen vermitteln, die Studium und Anerkennung verdienen. Wenn die katholische Universität sie herzlich aufnimmt, muß sie ihnen ihrerseits auch konkrete Möglichkeiten bieten, die christliche Botschaft in ihrer ganzen Echtheit, ihrer befreienden und Heil schenkenden Kraft kennenzulernen. Es ist richtig, diesen Menschen in voller Achtung ihrer Freiheit ein tieferes Eindringen in die christliche Sicht der Welt und des Lebens zu ermöglichen: und diese neue Gelegenheit wird desto wirksamer werden, je mehr innerhalb der katholischen Schule die Gemeinschaft der Glaubenden durch eine konsequent christliche Lebensführung die Schönheit und Erhabenheit des Evangeliums bezeugt.

9. Für ihre neuen Aufgaben aufgeschlossen, haben die Delegierten der katholischen Universitäten aus aller Welt schon 1972 das Dokument mit dem Titel „Die katholische Universität in der modernen Welt" veröffentlicht. Dort wird von Anfang an betont, daß das Adjektiv „katholisch" eine solche Universität gerade in ihrem institutionellen Auftrag kennzeichnet. Es geht um etwas Grundlegendes, das die Universität in allem betrifft, was sie ist: in ihrer organisatorischen, Weisung gebenden und akademischen Struktur, aber auch in ihren Programmen, in ihrer Umgebung und in der Bildung, die sie den Studenten vermittelt. Der katholische Charakter muß offen sichtbar sein. Er ist ausdrücklich in den Statuten oder in einem anderen entsprechenden Dokument zu nennen und muß sich – wie ich wiederholen möchte – in konsequenten Entscheidungen ausprägen. Doch noch vor den geschriebenen Texten und Studienplänen ist es eine Frage des Stiles und der Atmosphäre.

Siebzehn Jahre nach dem Kongreß von 1972 seid ihr zusammengekommen, um weiter über die genannten Aufgaben nachzudenken. Das Neue am jetzigen Kongreß ist die Teilnahme von Vertretern aller an katholischen Universitäten interessierten Episkopate, von Delegierten dieser Universitäten und der Institute für höhere Bildung, von Mitgliedern der Ordensfamilien, die katholische Universitäten führen, wie auch der Organe des Heiligen Stuhles. Diese Präsenz zeigt nicht nur das gesteigerte Interesse für die katholische

Universität, sondern auch eine größere Aufmerksamkeit und Aufgeschlossenheit für den kirchlichen Wert, den sie hat. Die katholische Universität steht gewiß mitten in der Gesellschaft und der Geschichte, jedoch auch mitten in der Kirche.
Damit stellt sich unausweichlich die Frage: Wie muß die katholische Universität heute aussehen? Man kann auf diese Frage nur antworten, wenn man zuvor eine andere Frage geklärt hat: Welchen Sinn hat die katholische Universität heute für die Kirche? Hier wird der Horizont weit und erfordert ein sorgfältiges Nachdenken im Licht der beiden großen Konstitutionen des Zweiten Vatikanischen Konzils, *Lumen Gentium,* und *Gaudium et spes,* im allgemeinen, und besonders der Erklärung *Gravissimum educationis* Nr. 7–10.
Bei der tieferen Erforschung der kirchlichen Funktion der katholischen Universität im Sinn des Konzils muß auch die Funktion des Lehramtes der Kirche ihr gegenüber klar hervortreten: es ist eine Funktion der Anregung und Ermunterung, der Erhellung und Weisung für einen besseren Weg zur vollen Wahrheit. Doch möchte ich auch bei dieser Gelegenheit wiederholen, was ich im Oktober 1979 an der katholischen Universität von Washington gesagt habe: „Wenn eure Universitäten und Kollegien von ihrer Institution her mit der christlichen Botschaft verbunden sind, und wenn sie einen Teil der katholischen Gemeinschaft für die Evangelisierung bilden, so folgt daraus, daß sie durch ein wesentliches Band mit der Hierarchie der Kirche verbunden sind" (*Insegnamenti di Giovanni Paolo II,* 1979, II. S. 689).

10. Frucht einer solchen Vertiefung muß eine neue „Syntonie", eine engere und vertrauensvollere Zusammenarbeit zwischen den Bischöfen, den Ordensfamilien, den kirchlichen Organen und den Gläubigen auf der einen und den Universitäten und katholischen Instituten auf der anderen Seite sein. Damit wird dann die Tatsache bekräftigt, daß jede Tätigkeit im Bereich dieser Universitäten durch den katholischen Horizont gekennzeichnet ist, in dem sie sich bewegt. Eure, unsere Universitäten müssen auf ihren Titel „katholisch" stolz sein, wie es mein Vorgänger Paul VI. mit einem bedeutsamen Wort zum Ausdruck gebracht hat: „Auf gleicher Stufe mit den anderen Universitäten, was das wissenschaftliche Bemühen und seinen Wert angeht, braucht die katholische Universität ihr Anderssein und ihre Originalität infolge dieses Taufnamens nicht zu fürchten. Er bedeutet für sie keine Last, sondern eine Anregung; er entfremdet sie nicht der Welt der Kultur, sondern läßt sie dort freundschaftlicher und offener eintreten; er ist für sie kein eitler Ruhm, sondern Ansporn zur Arbeit" (*Insegnamenti di Paolo VI,* 1964, S. 237).
Dieser Auftrag, den der unvergeßliche Papst uns hinterlassen hat, bleibt auch heute gültig: wenn Christus die Wahrheit ist, die erleuchtet, befreit und dem Leben Sinn gibt, wenn er die vollständige Antwort auf die tiefen und unabweisbaren Fragen des Menschen ist, dann muß die Wahrheit, die Christus ist, die Wahrheit, die Christus hat, gerade an den katholischen Universitäten zum Licht für die anderen und für die Welt werden. Jesus hat gesagt: „Man zündet nicht ein Licht an und stülpt ein Gefäß darüber, sondern man stellt es auf den Leuchter; dann leuchtet es allen" (*Mt* 5,15).
Habt also keine Angst, liebe Mitbrüder und geschätzte Dozenten, den katholischen Charakter eurer Institute zu bekennen! Die katholische Universität und alle, die in ihr arbei-

ten, müssen davon überzeugt sein, daß der katholische Charakter mithilft, die Sendung der Universität in der Welt von heute noch besser und wirksamer zu erfüllen.
Ich vertraue Gott eure Arbeit auf einem für das Leben der Kirche und der Gesellschaft so wichtigen Gebiet an und erteile euch allen hier Anwesenden und euren Mitarbeitern, die an den verschiedenen Orten ihre Kräfte einer so bedeutsamen Aufgabe von höchstem Rang weihen, meinen besonderen Apostolischen Segen.

Gemeinsam den Glauben bekennen

Ansprache an Pilger aus der lutherischen Diözese Oulu (Finnland) am 27. April

Lieber Bischof Rimpiläinen,
liebe Freunde aus Finnland!

Es ist mir eine große Freude, Ihnen, den Vertretern der lutherischen Diözese von Oulu, im Verlauf Ihres Rombesuches zu begegnen. Im auferstandenen Herrn begrüße ich jeden einzelnen von Ihnen und bringe meine herzlichen und guten Wünsche für alle Mitglieder der Diözese zum Ausdruck. Ich bin gewiß, daß Ihr Aufenthalt in dieser Stadt, wo die Apostel Petrus und Paulus Zeugnis für Christus ablegten und um des Evangeliums willen den Märtyrertod erlitten, Sie in der Nachfolge unseres Herrn und Erlösers Jesus Christus ermutigen wird. Ich bete, daß die stark verbesserten Beziehungen, die jetzt zwischen uns bestehen, weiterhin Früchte der christlichen Liebe und Zusammenarbeit bringen, nicht nur auf theologischer Ebene, sondern auch auf der Ebene der Pfarreien und Ortsgemeinden. Für Lutheraner und Katholiken ist es wichtig, die Gelegenheiten zu nutzen, den gemeinsamen Glauben zu bekennen und zusammen für die Einheit zu beten, die Christus für seine Jünger wünscht. Wir sind miteinander nicht weniger als durch die Taufe in Christus verbunden. Die Taufe ist das Fundament unserer Einheit, und es ist unsere Aufgabe, ihre innere Dynamik auf die Fülle des Lebens in Christus hin zu entfalten (vgl. *Unitatis redintegratio*, Nr.22). Morgen werde ich die Pastoralreise nach Afrika antreten, aber ich bereite schon meinen Besuch im Juni in den nordischen Ländern einschließlich Finnland vor. Ich freue mich sehr Ihr Land persönlich kennenzulernen, die Bevölkerung zu treffen, die kleinen, aber hochgeschätzten katholischen Gemeinden zu besuchen und mit den anderen Christen für unsere gemeinsamen Anliegen zu beten. Ich möchte Sie bitten, für den Erfolg dieser Reise zu beten. Es wird nicht nur die erste Reise eines Papstes nach Finnland sein, sondern auch die Anerkennung der Bande, die Ihr Land mit dem Heiligen Stuhl seit dem Mittelalter verknüpfen. Gott, der Allmächtige, segne Sie, Bischof Rimpiläinen, und alle hier Anwesenden. Die Freude und der Friede Christi sei mit Ihren Familien und Freunden in Finnland. Gott schütze Finnland!

Konzil und Kirche verlangen meine Reisen

Gespräch mit der römischen Tageszeitung „Il Tempo“ beim Rückflug von der Pastoralreise nach Afrika am 6. Mai

Heiliger Vater, können Sie eine Bilanz Ihres bisherigen zehnjährigen Pontifikates anhand ihrer vierzig Auslandsreisen ziehen?

Das ist eine sehr weitreichende Frage. Nein, im ersten Jahr plante ich keinerlei Reisen und ich dachte auch gar nicht daran, sie so systematisch durchzuführen. Aber ich glaube, daß in mir eine Bereitschaft dazu vorhanden war, das ja. Als ob ich sie in mir trüge. Als ob ich durch die pastorale Erfahrung in der Diözese darauf vorbereitet worden wäre. Was ja die Erfahrung der Kirche seit ihren Anfängen ist, die Erfahrung des Paulus, des Petrus. Die Kirche manifestiert sich in der apostolischen Nachfolge. Und sie manifestiert sich als Gemeinschaft, als Volk Gottes. Dies hatte ich vor Paul VI. gesagt während der geistlichen Exerzitien, die ich im Vatikan hielt: Wenn der Bischof die Gemeinschaft seiner Kirche besucht, ist er ein wahrer Pilger, der jedesmal zu dem bestimmten Heiligtum kommt, das das Volk Gottes ist; und dieses Heiligtum ist sogar jeder Mensch, dessen Geheimnis – wie das Konzil lehrt – „im Mysterium des menschgewordenen Wortes“ seine Erklärung und Lösung findet. Und dies gilt vor allem für den Bischof von Rom. Daran hatte schon Johannes XXIII. gedacht. Und Paul VI. hat dann diesen neuen Weg eröffnet.

Einen Weg, der gewiß von einem jungen darauf vorbereiteten Papst fortgeführt werden sollte.

In mir war diese Bereitschaft vorhanden. Ich sagte mir: Das muß getan werden. Aber konkret begann es damit, daß in Puebla, Mexiko, die dritte Vollversammlung der lateinamerikanischen Bischöfe geplant wurde. Paul VI. war eingeladen worden, aber es ging ihm gesundheitlich nicht gut, und im August 1978 starb er. Die Vollversammlung wurde eine Zeit lang hinausgeschoben, um seinem Nachfolger den Besuch zu ermöglichen. Papst Luciani jedoch fühlte sich zu Beginn seines Pontifikats überlastet, vielleicht spürte er in sich bereits die Anzeichen der Krankheit, die zu seinem unerwarteten, plötzlichen Tod führen sollte. So war die Einladung nach Puebla auch für den neuen Papst gültig. Einige an der Kurie waren der Meinung, es sei besser, nicht hinzufahren. Aber mir schien es natürlich, daß der Papst bei diesem wichtigen Treffen der Kirche in Lateinamerika dabei sein sollte, in einem Kontinent mit großen menschlichen und christlichen Reichtümern, aber auch so vielen sozialen Problemen. Am Ende beschloß ich, hinzufahren. Natürlich war nicht alles vollkommen, es gab Schwierigkeiten wegen der beschleunigten Vorbereitung, der zu behandelnden Themen, der Sprache. Aber dieser Besuch war entscheidend für die Entwicklung der Kirche in Lateinamerika. Es gab eine Tendenz, die Gefahr lief vom Weg abzuweichen, wie es mit einer gewissen Theologie der Befreiung geschehen ist. So traf meine Reisebereitschaft mit den providentiellen Umständen zusammen. Denn ich glaube, es war die Vorsehung, die mich drängte, hinzufahren.

Vielleicht öffnete die erste Reise dann die Tür für die zweite, die Reise nach Polen. Nach diesem Besuch in Mexiko, wo die Kirche, obwohl die Katholiken mehr als 90 Prozent der Bevölkerung zählen, weder verfassungsmäßig noch gesetzlich anerkannte wird, wär es sehr schwer gewesen, einen Besuch in Ihrer Heimat abzuschlagen.

Mag sein. Gewiß wollte, mußte ich nach Polen fahren. Schon vor Jahren, seit 1972, hatte ich die Vorbereitungen zur Jubiläumsfeier des 900. Todestages des hl. Stanislaus begonnen, die im Jahr 1979 zusammen mit dem Abschluß der Diözesansynode von Krakau stattfinden sollte. Aber die Dinge waren nicht so einfach. Die damalige Regierung konnte innerhalb des sowjetischen Machtblockes zu jener Zeit auch nicht frei entscheiden. Ja, vielleicht war die Reise nach Mexiko hilfreich. Zumindest fügte sich eine Reihe von Umständen wieder in der Weise, daß die Reise nach Polen möglich wurde.

Bis jetzt ist aber der slawische Papst, wenn auch dreimal, nur nach Polen gefahren.

Ja, das ist wahr. Ich fuhr nach Polen, aber ich konnte nicht weiter, sagen wir, über die östlichen Grenzen hinaus fahren. Allerdings glaube ich bei alldem, was dort geschieht ... Wie immer werden es die Umstände sein, die entscheiden. Und ich fühle, da ich von den Umständen geführt werde, das heißt, von der Vorsehung.

So begannen die Reisen.

Es kamen andere Einladungen. Es war ein Anliegen – den Papst gegenwärtiger zu haben –, das in der Kirche mit immer größerer Augenscheinlichkeit spürbar wurde. Und nicht nur in der Kirche. Waldheim lud mich ein, an der Vollversammlung der Vereinten Nationen teilzunehmen, die im September 1979 eröffnet wurde. Es gab bereits einen Präzedenzfall: Paul VI. war während des Konzils dorthin gereist. Weiter handelte es sich um eine Institution, die der Heilige Stuhl schon seit den Zeiten Johannes' XXIII. insgesamt positiv beurteilt hatte. Aber es wäre eine Reise unter politischem Kennzeichen gewesen. Es mußte aber eine Pastoralreise sein. So tauchte der Gedanke eines Besuches im nordöstlichen Teil der Vereinigten Staaten auf, unter Einschluß des Besuches bei der UNO. Und auf den Vorschlag von P. John (Msgr. Magee) hin, der damals mein Sekretär war, wurde beschlossen, über Irland nach Amerika zu reisen. Nach dem Besuch in Mexiko konnte man nicht umhin, in ein Land wie Irland zu fahren, aufgrund seines tiefverwurzelten katholischen Glaubens, aber auch wegen der unendlichen Leiden, die es unaufhörlich erdulden mußte.

Begann sich nun ein Programm abzuzeichnen?

Nein, ich hatte noch kein Programm. Vielmehr zeigte sich etwas Neues: auf der einen Seite meine immer überzeugtere Bereitschaft, auf der anderen Seite der immer stärker verbreitete Wunsch, der Papst möge die einzelnen Teilkirchen besuchen. Bei den Generalaudienzen im Vatikan fragten mich die Pilger: „Wann kommen Sie zu uns?" Zugleich häuften sich die Einladungen der Bischöfe. Ihr Interesse nahm zu. Es wuchs die Aufmerksamkeit gegenüber dieser Form des missionarischen und pastoralen Dienstes oder vielmehr gegenüber dieser kollegialen Mission des Bischofs von Rom.

Die Reisen sind also eine Verwirklichung des Konzils; gleichsam eine Synthese ein Knotenpunkt zwischen den beiden großen vom II. Vatikanum vorgezeichneten Leitlinien: Die Kirche „ad intra", das heißt, die Kirche die sich im Innern ihres Wesens neu bewußt wird und das Bekenntnis ihres Glaubens erneuert, und die Kirche „ad extra", das heißt die Kirche „nach außen", missionarisch ausgerichtet, offen für den Dialog mit den Menschen und besonders engagiert in Sachen des Friedens und der Gerechtigkeit.

Das ist ein Aspekt, den ich immer tiefer verspürte. Das Konzil hatte durch seine Ekklesiologie den Weg geöffnet zu einer neuen Form, die pastorale Sendung auszuüben. Und diese Öffnung war nicht taktisch oder strategisch, sondern – wie Paul VI. gesagt hatte – Heilsdialog. So wurden viele Hindernisse beseitigt und viele Vorurteile überwunden. Paul VI. hatte den Patriarchen Athenagoras in Konstantinopel besucht, um den Dialog der Liebe mit der orthodoxen Kirche, der Schwesterkirche, zu beginnen. Deshalb fühlte ich mich verpflichtet, dieselbe Pilgerreise nach Konstantinopel zu unternehmen, um diese ökumenische Öffnung zu bekräftigen, auch wenn die Katholiken in der Türkei nur eine kleine Minderheit sind.

Heißt das, daß diese Papstreisen ein Ausdruck der nachkonziliaren Selbstverwirklichung der Kirche wurden?

Genau das wollte ich sagen. Es gibt gewiß andere Formen, andere Mittel, um die kollegiale Verantwortung zum Ausdruck zu bringen, zu verwirklichen, zum Beispiel die Bischofssynode. Aber mit der Zeit habe ich immer klarer die Nützlichkeit dieser apostolischen Reisen für die nachkonziliare Entwicklung erkannt. Vor allem in Europa hatten sich zwei Tendenzen gebildet, die auch schlechte Früchte hervorbrachten. Eine war die progressive Richtung, die bereits auf ein „III. Vatikanisches Konzil" abzielte. Eine andere Richtung – symbolisiert von Msgr. Lefebvre, aber nicht nur von ihm, auch andere, Priester, Laien und fromme Leute waren dabei – hatte Angst vor der „Neuheit", die das II. Vatikanum darstellte. Und gerade das ist es, wozu diese Pilgerreisen dienten: zum Herzen der Kirche, zur Wirklichkeit des Volkes Gottes, vorzustoßen und zu vermeiden, in die Konfrontation zwischen „rechts" und „links", zwischen konservativ und progressiv, verwickelt zu werden. Die Pilgerreisen dienten dazu, ein Gleichgewichtselement einzuschalten in der Verwirklichung der konziliaren Reformen, natürlich im Licht der Tradition, und folglich dahin zu wirken, daß heute diese beiden Tendenzen zwar nicht gerade verschwunden, aber immerhin etwas an den Rand gedrängt sind.

Die Reisen erhielten nun eine bestimmte Funktion, auch weil das päpstliche Lehramt von der einfachen „gesprochenen" zur „gelebten" Ausdrucksform überging.

In der Tat, zum Wort kam die Anwesenheit hinzu als sichtbares Zeichen der Solidarität, der Teilnahme an der Geschichte eines bestimmten Volkes, einer Nation. Es kam ein direktes, unmittelbar spürbares Zeugnis hinzu. In Hiroshima vom Frieden sprechen heißt, die Botschaft tausendfach zu verstärken, die von dort aus in ihrer tiefsten geschichtlichen Bedeutsamkeit in die Welt gelangen soll.

Es gab dann das Problem der Gesamtkirche.

Das Problem der Gesamtkirche und wie man sie sichtbar macht. Es gibt in der Theologie und hauptsächlich in der orthodoxen Kirche Tendenzen, alles auf die Teilkirche zu beschränken. Aber schon in Jerusalem entstand die Gesamtkirche. Die Reisen des Paulus, das Kommen des Petrus nach Rom, die apostolische Tradition, das Zeugnis des Irenäus – all das bekräftigt noch mehr die petrinische Aufgabe, der Kirche ihre weltweite Dimension zu geben und diese Dimension in allen Teilkirchen spürbar zu machen. Wie schon das Konzil in Lumen Gentium sagt: Die Kirche ist Gemeinschaft, sie ist weltweit gerade durch ihren gemeinschaftlichen Charakter. Und mir scheint, daß die Reisen weitgehend dazu beitragen, diese weltumspannende Dimension sichtbar zu machen.

Man sieht die ersten Früchte.

Früchte, die bereits durch die Reisevorbereitung reifen. Die Bischöfe nützen diese Gelegenheit, alle Kräfte der Kirche zu mobilisieren, um sie neu zu ordnen. Sie sagen, daß dann, nach dem Besuch, der Glaube lebendiger sei, daß die Beichten und die Teilnahme an der Eucharistie zunehmen. In gewisser Weise ist es so wie geistliche Exerzitien machen.

Wenn Sie in ein Land fahren, wenden Sie sich vor allem an das Volk. Aber dann gibt es die Begegnungen mit den Regierenden, mit den Politikern. Und manchmal ist das ein Risiko.

Na und? Sollte man sie meiden? Es wäre eine falsche Sicht von der Übernatürlichkeit der Kirche, als ob dies etwas Sündhaftes wäre. Vielleicht ist die Politik manchmal etwas Sündhaftes. Und vielleicht sind die Regierenden manchmal Sünder. Aber man kann diese politische Dimension des Lebens, besonders des Lebens einer Nation, nicht außer acht lassen. Als ich zum ersten Mal nach Afrika fuhr, freute ich mich darüber, Völker zu sehen, die bis vor kurzem noch der Kolonialherrschaft unterworfen waren und endlich die eigene Souveränität erlangt hatten. Vielleicht handelte es sich um eine unvollkommene, noch nicht in demokratische Prinzipien umgesetzte Souveränität. Aber diese Völker waren wenigstens Herren im eigenen Haus. Auch bei der jüngsten Reise. Abgesehen davon, wie man sie beurteilen will, konnten die afrikanischen Besuchsländer gerade durch die Anwesenheit des Papstes auch sichtbar die eigene Souveränität zum Ausdruck bringen.

Das kann wahrscheinlich ein polnischer Papst besser verstehen.

Meine Herkunft, die Geschichte meines Volkes, die Erfahrung in meinem Vaterland haben mir vieles erleichtert. Vor allem das Verständnis für Situationen der Ungerechtigkeit auf gesellschaftlicher und nationaler Ebene in der Dritten Welt. Und genau das versuchte ich in der Enzyklika Sollicitudo rei socialis auszudrücken: indem ich dieses Phänomen der erst seit kurzem zur Unabhängigkeit gelangten Länder herausstellte, ebenso ihr Bestreben, in der eigenen Souveränität sowie nationalen und kulturellen Identität geachtet zu werden.

Kritik an Ihren Reisen wird laut.

Ich glaube, es handelt sich oft um Vorteile. Einige im Westen, in Europa, sagen: „Der Papst sollte nicht so viele Gottesdienste veranstalten, so große Menschenscharen zusammenrufen, denn das ist Triumphalismus und behindert den ökumenischen Entwicklungsprozeß; es wäre viel besser, er käme, um einen Dialog zu führen." Aber das tue ich jeden Tag mit den Personen, die ich sehe. Ich tue das während der apostolischen Reisen. Zum Beispiel tat ich es in den Vereinigten Staaten mit dem Episkopat, der dann, vor kurzem, eine Delegation zu einer Begegnung in den Vatikan entsandt hat, die sehr nutzbringend war. Ist das vielleicht kein Dialog? Ist die Reisevorbereitung, die Reise selbst, kein Dialog? Wird das, was ich in wenigen Wochen in Skandinavien mit den lutherischen Brüdern durchführen möchte, kein Dialog sein?

Ist eine Bilanz möglich?

Eine Bilanz nicht. Es ist nicht möglich, eine erschöpfende Antwort auf eine Vorgehensweise wie diese zu geben, die sich immer weiter entwickelt und entfaltet. Ich werde vorangehen, so lange die Vorsehung mir die Kraft dazu gibt. Das, was nach dem Attentat kam, die körperliche Wiederherstellung und damit die Möglichkeit, die Reisen wieder aufzunehmen, ja sie zu verstärken, hat mich in der Überzeugung bekräftigt, daß sie nutzbringend sind, daß man sie weiter durchführen muß. Die Kirche verlangt es. Das Konzil verlangt es. Das Konzil fordert es fast als Verpflichtung, als Gebot. Und außerdem – ich wiederhole – ist es die Vorsehung, die alles entscheidet, alles vorgibt ...

Zeichen und Werkzeug der Gemeinschaft

Predigt bei der Eucharistiefeier anläßlich des Besuches in der Apostolischen Nuntiatur in Italien am 7. Mai

1. „Ich bin das Alpha und das Omega, der Erste und der Letzte, der Anfang und das Ende" (*Offb* 22,13). So spricht Christus von seinem Thron in der himmlischen Herrlichkeit. Die Kirche hört auf ihn. Sie schaut auf ihn in selbstvergessener Hingabe, wie einst der Diakon Stefanus, der Erzmärtyrer, der „erfüllt vom Heiligen Geist zum Himmel emporblickte und die Herrlichkeit Gottes und Jesus zur Rechten Gottes stehen sah" (vgl. *Apg* 7,55).
Die Kirche schaut auf ihn und wartet. An diesem Sonntag nach dem Fest der Himmelfahrt Jesu lebt sie die Erwartung seiner Verheißung in der Stunde seines Abschieds: „Ich werde den Vater bitten, und Er wird euch einen anderen Beistand geben, der für immer bei euch bleiben soll" (*Joh* 14,16). Die Kirche weiß, daß sie „mit der Kraft aus der Höhe erfüllt werden muß" (vgl. *Lk* 24,49), um die Hindernisse überwinden zu können, die ihr von den Mächten des Bösen in den Weg gelegt werden. Sie bewahrt die Erfahrung des Martyriums, das jeden Schritt durch ihre fast zweitausendjährige Geschichte zeichnet.

2. Die Kirche wartet vertrauensvoll auf die Herabkunft des Geistes, die ihr durch das Gebet Jesu beim Abendmahl versichert ist. Sie erwartet und fleht: „Komm, Heiliger Geist!"
In dieser sehnsüchtigen Erwartung wird sich die Kirche immer wieder der Notwendigkeit bewußt, die erste Frucht des Geistes vertiefter zu leben, die Gemeinschaft: die Gemeinschaft mit Gott und die Gemeinschaft mit den Brüdern. Gemäß dem Gebet des Herrn:

„Wie Du, Vater, in mir bist und ich in Dir bin, sollen auch sie in uns sein, damit die Welt glaubt, daß Du mich gesandt hast“ (*Joh* 17,21).

3. Dieser Gedanke erinnert spontan an den Willen des Herrn, seiner Kirche ein Zeichen, ein Werkzeug der Gemeinschaft zu hinterlassen, das unter dem Einfluß des Geistes im Petrusdienst wirksam wird. Im Apostelfürsten und seinen Nachfolgern hat Christus das immerwährende und sichtbare Prinzip und Fundament der kirchlichen Einheit begründet (vgl. *Lumen Gentium*, Nr. 23). Ein hervorragender Zeuge dessen ist der hl. Ignatius von Antiochien, der schon im ersten christlichen Jahrhundert bekräftigte, daß die Kirche von Rom „der weltweiten Gemeinschaft der Liebe vorsteht“ (Ig. v. A., *Brief an die Römer,* Polyk., 13,2).

4. Der Petrusdienst weitete sich im Lauf der Jahrhunderte immer mehr aus. Dank der Verkündigung des Evangeliums und dem Entstehen neuer Ortskirchen. Doch auch in Folge der Entwicklung der staatlichen Gesellschaft und neuer Nationen. Das erforderte neue Methoden eines guten und sinnvollen Kontaktes der Einheit zwischen Rom und den Bischöfen der neuen Ortskirchen. Und auch neue Wege, die Beziehungen mit den Verantwortlichen der neuen Staaten zu pflegen. So entstand Amt und Auftrag der Päpstlichen Gesandten. Deren Aufgaben hat Papst Paul VI. vor zwanzig Jahren entsprechend den Lehren und Wünschen des II. Vatikanischen Konzils völlig neu definiert. Sein entsprechendes Dekret beginnt mit den vielsagenden und bezeichnenden Worten: *Sollicitudo omnium Ecclesiarum.*
Der technische Fortschritt ermöglicht heute viele Kommunikationsmöglichkeiten, einen ständigen persönlichen Austausch. Neue römische Einrichtungen – wie etwa die Bischofssynode sind Ausdruck und Hilfsmittel kirchlicher Einheit mit dem Bischof von Rom. Dem gleichen Ziel dienen auch die Pastoralreisen, die den Papst in alle Welt führen. Noch habe ich den frischen Eindruck meiner Pastoralreise in einige afrikanische Länder vor Augen und im Herzen, von der ich erst vor ein paar Stunden zurückgekehrt bin. Diese unmittelbaren Kontakte ermöglichen es dem Petrusnachfolger heute, sein weltweites Dienstamt noch direkter und menschennäher auszuüben.

5. Das macht jedoch den Dienst der Päpstlichen Vertreter nicht überflüssig. Er behält seinen vollen Wert. Die Päpstlichen Vertretungen vergegenwärtigen den Papst in den Ortskirchen, Tag für Tag, mit viel Treue und Liebe, oft in der Stille und nicht ohne Opfer. Sie erleichtern die spontanen Äußerungen von der Peripherie her, aus den entferntesten Gegenden der Evangelisierung nach Rom, dem Zentrum und Herzen der Katholizität. Zugleich pflegen die Päpstlichen Vertreter die Kontakte mit den Regierenden und mit den Verantwortlichen der Internationalen Organisationen. Sie geben der Sorge des Papstes um die Bestimmung der Menschen und der Völker Ausdruck, einer Sorge, die mit seinem höchsten Dienstamt engstens verbunden ist.

6. Ich freue mich, heute in dieser Päpstlichen Vertretung zu weilen, der ich mich wegen ihrer außergewöhnlichen Nähe zum Apostolischen Stuhl ganz besonders verbunden fühle. Der Herr Nuntius hat ja schon in seiner Begrüßungsansprache die zwei Gründe meines Besuches genannt: den 60. Jahrestag der Errichtung der Apostolischen Nuntiatur in

Italien und den 30. Jahrestag ihrer Verlegung in dieses Haus, das ein großzügiges Geschenk eines Bruders ist, der die Hilfe des Papstes erfahren hatte.
Ich richte einen brüderlichen Gruß an den Herrn Nuntius und seine Mitarbeiter, Kleriker, Ordensmänner, Ordensfrauen und Laien. Ich weiß, wie sehr sie sich alle selbstlos einsetzen, ihren vielfältigen Verpflichtungen nachzukommen, die ihnen von der neuen Definition der Päpstlichen Vertretung in Italien abverlangt werden. Ich danke allen herzlich und segne sie.
Ich grüße die Verantwortlichen des Staatssekretariats, an der Spitze Kardinalstaatssekretär Agostino Casaroli. Ich grüße den Kardinalvikar von Rom Ugo Poletti. Ich grüße alle anderen Persönlichkeiten, die dieser familiären Begegnung beiwohnen.
Ein ganz herzlicher Gruß gilt den Familienangehörigen der Laienmitarbeiter dieser Nuntiatur. Ihre Teilnahme an dieser Eucharistiefeier ist ein weiteres deutliches Zeichen unserer Einheit in der Liebe zu Jesus Christus und seiner Kirche.

7. „Der Geist und die Braut sagen: Komm!" (*Offb* 22,17). Wenn die Kirche sich in diesen Tagen besonders intensiv auf Pfingsten vorbereitet, so richtet sich die Gemeinschaft der Glaubenden nicht weniger auf den Tag der Wiederkunft des Herrn aus. Bei jeder Eucharistiefeier legt uns die Kirche dieses freudvolle Zeugnis in den Mund, das uns der Apostel Paulus in seinem ersten Brief an die Korinther gegeben hat: „So oft ihr von diesem Brot eßt und aus diesem Kelch trinkt, verkündet ihr den Tod des Herrn, bis er wiederkommt" (*1 Kor* 11,26).
Deshalb fühlen wir uns eingeschlossen in das Geheimnis, das sich auf diesem Altar vollzieht. Wir vertrauen auf die Lebenskraft und die Gnade, die uns in ihm gegeben ist. Rufen also auch wir zusammen mit dem Geist und in Einheit mit der gesamten Kirche, der mystischen Braut Christi: „Komm, Herr Jesus!" Vertrauen wir diese Anrufung Maria, unserer Mutter an. Und öffnen wir unser Herz der versichernden Antwort Jesu: „Ja, ich komme bald." Amen.

Profeß ist die totale Hingabe

Predigt in der Messe anläßlich der Versammlung der Generaloberinnen von Ordensgemeinschaften am 9. Mai

1. „Ich habe mich der Pflicht nicht entzogen, euch den ganzen Willen Gottes zu verkünden" (*Apg* 20,27).
Liebe Schwestern, der Heilige Geist möge euch als Oberinnen geben, daß ihr diese Worte des hl. Paulus wiederholen könnt in dem Augenblick, da ihr aus aller Welt nach Rom gekommen seid, um euch miteinander in das Thema des Dienstes an den Berufungen zu vertiefen und euch zu fragen, wie das Ordensleben aussehen soll, das ihr für die Kirche von heute wünscht.
Ihr habt über die große Verantwortung derer nachgedacht, denen es obliegt, die Berufungen, die Gott den verschiedenen Gemeinschaften schenkt, zu erkennen, zu ermutigen

und sie zu begleiten, und habt euch Gedanken gemacht über die Art, wie die notwendige Unterscheidung zu treffen ist, um ihre Zukunft sicherzustellen.

2. Die Berufung zum gottgeweihten Leben ist gekennzeichnet durch den Anruf, der einlädt, auf ganz besondere Weise Jünger, Jüngerin des Herrn zu sein. Ihre Quelle hat sie in der Taufe, für die das gottgeweihte Leben ein echter Ausdruck ist. Diese Berufung führt zur totalen Hingabe seiner selbst für den Dienst des Herrn durch die Profeß und das Leben nach den evangelischen Räten, die für das ganze Leben verpflichten.
Jesus Christus ruft heute zu seiner Nachfolge, wie er es Petrus und den anderen Aposteln gegenüber tat. Er ruft jeden und jede mit ihrem Namen durch das innere Erkennen, mit dem Nathanael zur Erkenntnis kam, als Jesus ihm sagte, er habe ihn unter dem Feigenbaum gesehen (vgl. *Joh* 1,48). Jesus läßt die, die er berufen hat, nicht mit sich allein, sondern er begleitet sie und bereitet sie durch das Wirken des Heiligen Geistes auf die Sendung vor, für die er sie bestimmt hat. Christus folgend, lernt der Jünger, seinem Meister, dessen Lehren und dem Evangelium treu sein; er lernt es, sich vom Wort des Herrn zu nähren, um allen Völkern „bis an die Grenzen der Erde“ (*Apg* 1,8) Zeugnis geben zu können.
Diese Dynamik der Berufung bildet das Fundament für das Leben der Jünger, das Leben der gottgeweihten Menschen. Es ist das erste Element der Pastoral der Berufungen, die ihr im Lauf dieser Tage studiert.

3. Die liturgische Zeit, die wir gerade erleben, da die Kirche soeben die Himmelfahrt des Herrn gefeiert hat und sich darauf vorbereitet, die Gabe seines Geistes zu empfangen, leitet uns an, über die Haltung Jesu selbst vor seinem Aufstieg zum Vater nachzudenken. Er hat für seine Jünger gebetet und hat sie gesandt: „Für sie bitte ich ... Heiliger Vater, bewahre meine Jünger in deinem Namen ... Alle sollen eins sein: Wie du, Vater, in mir bist und ich in dir bin, sollen auch sie in uns eins sein, damit die Welt glaubt, daß du mich gesandt hast“ (*Joh* 17,9.11.21).
Dieses Gebet betet Jesus auch heute noch für die, die bereit sind, ihm zu folgen und durch die er seine Sendung in der ganzen Welt fortsetzen kann.

4. Schon die Tatsache, daß ihr euch hier versammelt habt, zeigt, daß das Zeugnis der Ordensfrauen sich heute wirklich „bis an die Grenzen der Erde“ erstreckt. Das Thema eurer Versammlung stellt eine bedeutsame Frage: „Dienst an den Berufungen ... zu welcher Art von Ordensleben?“ Ihr wißt, daß das Jüngersein in Treue zu den verschiedenen Berufungen auf unterschiedliche Weise gelebt wird, entsprechend dem Wechsel von Zeiten und Kulturen. Ihr fragt euch also, wie kommen wir zu der Gewißheit, die rechte Richtung einzuschlagen, da ja das soziale und das kirchliche Leben unaufhörlich in Entwicklung sind? Auf welche Weise glaubt ihr die Treue zu Christus nach den euren Ordensfamilien eigenen Charismen in der Kirche und der Welt von heute leben zu können?
Es liegt auf der Hand, daß ihr euch hier versammelt habt, um euch zu fragen, welches der Wille Gottes ist. Dieser göttliche Wille wird euch gezeigt durch das belebende Wirken des Heiligen Geistes, der im Leben der Kirche unaufhörlich am Werk ist. Es ist in der Tat

die Kirche, die die Sendung empfängt, das besondere Charisma jeder Ordensfamilie zu erkennen und zu bestätigen; und nur die Kirche übermittelt jeder Person die Weihe zum Ordensleben. Die kirchliche Dimension ist absolut wesentlich für das rechte Verständnis des Ordenslebens. Der Wert der Weihe der Ordensmänner und Ordensfrauen und die übernatürliche Wirksamkeit ihrer apostolischen Tätigkeit hängen stets von ihrer Gemeinschaft mit der Kirche ab. Diese wacht mit Sorgfalt darüber, daß jeder zur Nachfolge des Herrn berufene Mensch unter Bedingungen gestellt wird, die seine Treue zu den übernommenen Verpflichtungen begünstigen und ihn einladen, die vollkommene Liebe zu leben. Die Kirche kann nicht aufhören, über das Gebot ihres Meisters nachzudenken: „Bleibt in meiner Liebe ... Es gibt keine größere Liebe, als wenn einer sein Leben hingibt" (*Joh* 15,10.13).

Die Belebung der Berufungspastoral liegt der Kirche sehr am Herzen. Sie bittet ihre Glieder, sich mit ihrem Gebet zu vereinen, damit „der Herr Arbeiter in seine Ernte sende" (vgl. *Mt* 9,38). Mit Vertrauen wendet sie sich an den Herrn im Geist des Psalms in dieser Liturgiefeier: „Gott, du ließest Regen strömen in Fülle und erquicktest dein verschmachtendes Erbland" (*Ps* 67/68,10).

5. Die Ernte ist heute überreich. Die Kirche breitet sich beständig aus. Aber die Arbeiter sind wenig zahlreich, und das nicht nur, um den wachsenden Bedürfnissen der Pastoral entgegenzukommen, sondern vor allem hinsichtlich der tiefgreifenden Anforderungen, die die moderne Welt stellt. Im Gegensatz zu dem, wie es, oberflächlich betrachtet, erscheinen möchte, wartet sie nämlich auf das Wort Gottes, ja dürstet nach diesem Wort, das rettet, erleuchtet und Kraft gibt.

Möge der Heilige Geist in diesen Tagen, in denen wir uns für sein Kommen bereit machen, euer Führer sein, um die Zukunft der jungen Berufungen vorzubereiten! Es ist ja der Geist, der euch befähigt, die Zeichen der Zeit zu lesen. Von ihm kommt die Gabe der Erkenntnis, um zu unterscheiden, die Gabe der Weisheit, um zu entscheiden, die Gabe der Stärke, um zu handeln. Der Geist, der seine Kirche beseelt und belebt, begleite und führe euch bei euren Überlegungen im Lauf dieser Tage und beim Verwirklichen eurer Programme in euren Gemeinschaften! Seid Trägerinnen des Aufrufs zum gottgeweihten Leben in der Kirche, und der Herr wird es nicht daran fehlen lassen, eure Erwartung zu erfüllen.

Laßt den Geist in euch wirken, ihr, die ihr die Erstverantwortlichen im Dienst an den Berufungen seid! Ermutigt und stützt die Berufungen und ahmt Maria nach, die durch die hochherzige Bereitschaft ihres „fiat" und ihre vollkommene Offenheit für den Geist zur Verwirklichung des Heilsplans für die ganze Menschheit beitrug.

Möge die Muttergottes euch allen in diesem ihr geweihten Monat beistehen! Ihre Fürbitte möge der Kirche Berufungen zur vollkommenen Hingabe erlangen, die dem Ordensleben gestatten, sein besonderes Zeugnis der Heiligkeit, die Gott schenkt, fortzusetzen und einen mitreißenden und fruchtbaren apostolischen Einsatz zu entfalten!

Zum Schluß möchte ich nochmals die Worte des hl. Paulus an die Ältesten von Ephesus aufnehmen: „Und jetzt vertraue ich euch Gott und dem Wort seiner Gnade an, das die Kraft hat, aufzubauen und das Erbe in der Gemeinschaft der Geheiligten zu verleihen" (*Apg* 20,32).

Mit Zuversicht und Vertrauen in die Zukunft

Botschaft an Kardinal Carlo Maria Martini vom 11. Mai

An Herrn Kardinal Carlo Maria Martini,
Erzbischof von Mailand und Vorsitzender im Rat der Europäischen Bischofskonferenzen

Der Rat der Europäischen Bischofskonferenzen (CCEE) und die Konferenz Europäischer Kirchen (KEK), die in Basel zu einer großen ökumenischen Versammlung zusammengekommen sind, wollen in einem spezifisch christlichen Engagement ihre Überlegungen den Themen des Friedens und der Gerechtigkeit und deren Förderung widmen.
Ihre Arbeiten entfalten sich wie von der Vorsehung bestimmt in der Pfingstwoche, die an das Herabkommen des Heiligen Geistes auf die entstehende Kirche erinnert, an ihre Gründung als Kirche und ihre Sendung. Hierin sehe ich ein erstes Zeichen für die Bedeutung dieser Versammlung. Sie vereint erstmalig Christen Europas, die aus allen Himmelsrichtungen, aus dem Osten wie aus dem Westen, aus dem Norden wie aus dem Süden unter der Anregung dessen zusammengekommen sind, der gesandt wurde, um uns „in die ganze Wahrheit [zu] führen“ (*Joh* 16,13) und um uns „die Tiefen Gottes“ (*1 Kor* 2,10) zu offenbaren. Er allein kann in der Tat am Anfang eines solchen Schrittes stehen; er allein kann zu gleich Quelle und Garant seines Erfolges sein.
Wenn sie sich so dem Heiligen Geist und durch ihn der heiligsten und unteilbaren Dreifaltigkeit zuwenden, möchten die Kirchen Europas sich und der Welt zeigen, woher der Frieden kommt, für den sie sich engagieren wollen, und woher die Gerechtigkeit, die eine untrennbare Bedingung dafür ist.
Es ist sicher, daß es sich nicht um irgendeinen Frieden und um irgendeine Gerechtigkeit handeln kann. Ganz im Gegenteil handelt es sich, wie der so bedeutsame Titel Ihrer Versammlung ausdrückt, um den „Frieden Gottes, der alles Verstehen übersteigt“ (*Phil* 4,7) und um die „Gerechtigkeit Gottes“ (*Röm* 1,17), die uns im Evangelium geoffenbart worden ist. Mehr noch: der Friede und die Gerechtigkeit identifizieren sich mit Christus, dem menschgewordenen Wort Gottes, der daher die Namen trägt: Christus „unser Friede“ (*Eph* 2,14); er, den Gott „zur Gerechtigkeit“ (vgl. *1 Kor* 1,30) gemacht hat.
Darum kann die Versammlung von Basel nur im Gebet die gemeinsamen Bemühungen, die sich daraus entwickeln werden, ausreifen lassen. Wie könnte man hier nicht an die unvergeßlichen Stunden in Assisi erinnern, das gemeinsame, inständige Bitten der Christen und die Meditation der anderen Gläubigen? Ich freue mich, daß die Basler Versammlung dem Gebet solche Bedeutung zugestehen wird, und ich möchte Ihnen versichern, daß ich während dieser Woche der Gnade mit Ihnen verbunden sein werde.
Der Zeitpunkt, den Sie für diese Versammlung über den „Frieden in Gerechtigkeit“ gewählt haben, scheint auch besonders günstig zu sein. Die positiven Entwicklungen, die sich in bestimmten Ländern ereignet haben, gestatten es, die Zukunft dieses so sehr von Kriegen und Teilungen heimgesuchten Europas mit mehr Zuversicht und Vertrauen zu betrachten. Sind diese Entwicklungen nicht eine Antwort Gottes auf das Gebet der Menschen guten Willens?

Die Stunde könnte angebrochen sein für ein feierliches Zeugnis aller Christen, die für einen wahren Frieden versammelt sind, den „einzig" Gott und sein Gesalbter „geben können" (vgl. *Joh* 14,27), weil ein solcher Friede die Abrüstung der Herzen und der Gesinnung sowie das Engagement für eine „weit größere Gerechtigkeit" (vgl. *Mt* 5,20) einschließt.

In dieser Hinsicht erscheint die Verantwortung der Christen und der Kirchen in Europa entscheidend. In der Tat gibt es einen spezifisch christlichen Beitrag zum „Frieden in Gerechtigkeit", den wir stets gehalten sind anzubieten, mehr noch aber bei einem Anlaß wie diesem. Ein Beitrag, der gewiß mit den christlichen Wurzeln dieses Kontinents und seiner wahren Berufung übereinstimmt. Politische Verträge und Verhandlungen sind notwendige Mittel, um zum Frieden zu kommen, und unsere Anerkennung ist groß für die, die sich dem mit Überzeugung, Beharrlichkeit und Hochherzigkeit widmen. Aber um dauerhaft fruchtbar zu sein, brauchen sie eine Seele. Nach unserer Anschauung kann ihnen eine christliche Inspiration, die ihnen den wesentlichen Bezug auf Gott, den Schöpfer, Erlöser und Heiligenden vermittelt, den Bezug auf die Würde jedes Mannes und jeder Frau, die nach seinem Bilde geschaffen sind, diese Seele geben.

Als Jünger Christi sind wir überzeugt, daß nur auf dieser Ebene die noch offenen Wunden in unserem Europa, im Osten wie im Westen, im Norden wie im Süden ihre richtige Arznei und ihre endgültige Heilung finden werden. Ich denke an die unterschiedlichen Formen der Diskriminierung, an fehlende Gastfreundlichkeit, an die Not vor unseren Türen, an die Mißachtung des menschlichen Lebens vom ersten bis zum letzten Augenblick. Ich denke auch an die Zerstörung der Natur, an die Verschwendung der Energiequellen und Ressourcen, an diese Städte, die Gefahr laufen, fast unbewohnbar zu werden.

In Wirklichkeit bilden all diese Aspekte des Lebens und des Umfeldes der menschlichen Gesellschaft nur eines: den Menschen mit seiner Welt vor Gott, der ihn dafür verantwortlich macht. Nur Gott kann ihn auf die Höhe seiner Aufgabe stellen. Nur Gott kann ihn zu den notwendigen und konsequenten Bemühungen anregen, um die Aufgabe zu erfüllen.

Es ist gut, daß Ihre Versammlung in Basel dies ans Licht zu bringen versucht. Daran läßt sich Ihr Einsatz ermessen.

Der Heilige Geist wird Ihnen dazu Gnade und Kraft geben. Ich bete mit Ihnen, damit Ihnen seine Gegenwart und seine Hilfe zuteil werden. Und ich rufe auf alle Teilnehmer den Segen des Allmächtigen Gottes, des Vaters, des Sohnes und des Heiligen Geistes, herab.

Aus dem Vatikan, den 11. Mai 1989

Joannes Paulus PP. II

Geistliche Berufe wachsen in der Hauskirche

Ansprache an die Mitglieder des Aufsichtsrates der Päpstlichen Missionswerke am 12. Mai

Liebe Brüder und Schwestern!

1. Gern empfange und begrüße ich die Mitglieder des Aufsichtsrates der Päpstlichen Missionswerke, die sich zu ihrer Jahresversammlung in Rom getroffen haben, und spreche ihnen ein Wort der Ermutigung zu.
Namentlich und mit besonderer Zuneigung grüße ich Erzbischof Jose Sanchez, der euch zu mir geführt hat und dem ich für die schönen Worte danke, mit denen er diese Begegnung eingeleitet hat. Sie bestätigten mir den unermüdlichen Eifer, mit dem ihr als Verantwortliche für die missionarische Zusammenarbeit in euren Ortskirchen unter Leitung des jeweiligen Bischofs euren Aufgaben nachkommt. Ich weiß, daß ihr zu Beginn eurer Jahresversammlung über den einheimischen Klerus nachgedacht habt; den Anlaß bot die Hundertjahrfeier des Werkes vom hl. Apostel Petrus, das für die Heranbildung des einheimischen Klerus in den Missionsländern sorgt. Ein Thema, das ihr auf nationaler und kontinentaler Ebene vertiefen wollt.
Die Berufe zum Priestertum, zum Ordens- und Missionsleben, ihre solide Ausbildung, ihr ständiges Streben nach Heiligkeit und ihre großherzige Hingabe an den Seelsorgedienst der christlichen Gemeinschaften bilden die Hoffnung der Kirche, die den Sendungsauftrag ihres auferstandenen Herrn erfüllt: „Geht hinaus in die ganze Welt und verkündet das Evangelium allen Geschöpfen" (*Mk* 16,15).

2. Das Nachdenken über den Klerus in den jungen Kirchen verpflichtet zunächst zum Dank an Gott, der so viele Arbeiter für seine Ernte aussendet (vgl. *Mt* 9,38). Doch spornt es auch zu intensivem Gebet und zur Werbung für geistliche Berufe in den christlichen Gemeinden an. In den Familien, unter den Jugendlichen, den Heranwachsenden. Damit der Herr weiterhin Diener in seiner Kirche beruft. Damit er den Erwählten die Kraft gibt, großherzig „Ja" zu sagen.
Geistliche Berufe wachsen in der „Hauskirche", in der Familie. In meinem Apostolischen Schreiben *Familiaris consortio* (Nr. 54) habe ich darauf hingewiesen: „Im Missionsanliegen der Kirche leisten die christlichen Familien einen besonderen Beitrag, indem sie unter ihren Söhnen und Töchtern missionarische Berufungen fördern, und überhaupt durch eine Erziehung, in der sie ihre Kinder von klein an dazu befähigen, daß sie die Liebe Gottes gegenüber allen Menschen immer mehr erkennen."
Die Priester, die Hirten der christlichen Gemeinden, sollten mit ihrer Katechese und mit dem Zeugnis ihres eigenen Lebens auf die Familien einwirken, ihnen helfen, dankbar und liebevoll den göttlichen Anruf aufzunehmen und ihn zu fördern. Das Zweite Vatikanische Konzil hat allen Priestern empfohlen, ihren Eifer vornehmlich in der Weckung neuer Berufungen zu verwirklichen. Und das mit dem Beispiel eines demütigen, arbeitsamen Lebens, das seine innere Freude aus der brüderlichen Zusammenarbeit erhält. Ich habe das kürzlich den Priestern in Madagaskar während meines dortigen Pastoralbesu-

ches mit diesen Worten gesagt: „Ihr müßt dem Herrn und seiner Kirche in Freude dienen, dann schenkt der Heilige Geist den Jugendlichen, denen ihr begegnet, den gleichen Wunsch nach Freude“.
Eure Hauptaufgabe als Nationaldirektoren der Päpstlichen Missionswerke ist gegenwärtig die Förderung der geistlichen Berufe, Priester und Ordensleute. Ohne sie kann die Kirche nicht den Auftrag erfüllen, der ihr zum Heil der Menschheit anvertraut wurde.
Das Werk vom hl. Apostel Petrus, dessen Jahrhundertfeier wir begehen und dessen Anliegen ihr in euren Ländern verbreitet, beschränkt sich ja nicht auf das Sammeln von Geldern für Seminare in den Missionsländern und die jungen Menschen, die sich dort aufs Priestertum vorbereiten. Es setzt sich bestmöglich dafür ein, die Priesterausbildung und die Heranbildung von Ordensleuten mit intensivem missionarischen Geist und Einsatz zu bereichern.

3. Die Sorge um die Formung eines echten und wirksamen Missionsgeistes in den christlichen Gemeinden ist euer erstes und hauptsächliches Anliegen. Zu ihr kommt die andere bedeutsame Aufgabe der Päpstlichen Missionswerke: das Sammeln von Mitteln für die jungen Kirchen und für die Missionare, die sich in ihrem unermüdlichen Einsatz als gute Samariter zahllosen Notwendigkeiten und Leiden der Völker gegenüber sehen.
Ihr selbst wißt um diese drängende Liebes- und Hilfsgemeinschaft zwischen den Ortskirchen, habt dafür konkrete Beispiele. Euer Auftrag ist es, diese Gemeinschaft immer mehr zu fördern und die Hilfstätigkeit zu koordinieren.
Die Erfordernisse und die Armut so vieler Völker, so vieler Missionskirchen, die ich selbst auf meinen Missionsreisen besucht habe, stehen immer vor meinem Auge und ich trage sie im Herzen. Ich habe vor Ort gesehen, in welch mißlichen Umständen Menschen und Familien leben müssen. Ich habe ihren Hilfeschrei gehört. Deswegen habe ich mich – und tue es weiterhin – zur Stimme jener großen Schar unserer Brüder und Schwestern gemacht, die keine Stimme haben.
Euer Dienst in den Päpstlichen Missionswerken verbindet euch sehr eng mit dem weltweiten Dienst- und Liebesamt des Petrusnachfolgers, mit seinem Auftrag der Verkündigung des Evangeliums. Wenn ihr nun in eure Heimatländer, in eure Ortskirchen und christlichen Gemeinschaften zurückkehrt, nach eurer Jahresversammlung in Rom und nach dieser Papstaudienz, dann fühlt euch in eurem Auftrag als Nationaldirektoren bestärkt und vom Papst beauftragt, seine Worte der Ermahnung und der Hoffnung wirksam werden zu lassen. Geht also und wirkt weiter mit ausdauerndem Mut, erfüllt eure wichtige, gewiß nicht leichte Aufgabe!

4. Zweitausend Jahre nach ihrer Gründung und dem damit verbundenen Auftrag der Evangelisierung der Welt schaut die Kirche mit großer missionarischer Sorge in das dritte Jahrtausend. Strengt euch noch mehr an, damit die Hoffnungen der leidenden Völker erfüllt werden; sie erwarten die Heilsbotschaft des Gottessohnes, der in die Welt gesandt wurde, „damit die Welt durch ihn gerettet wird“ (*Joh* 3,17). Ihre Hoffnung darf nicht enttäuscht werden. Schon gar nicht von jenen, die auserwählt und gesandt wurden, die Frohbotschaft zu verkünden. Der Herr gewähre euch den Eifer, den Schwung der Liebe, der die Apostel und alle großen Missionare erfüllt hat!

Die Jungfrau Maria, Mutter der Kirche und aller Völker, begleite euren Missionseinsatz mit mütterlicher Fürbitte. Und mein Apostolischer Segen, den ich euch und allen euren Mitarbeitern, allen Wohltätern der Missionen erteilte, möge euch zu weiterem Einsatz für die Weltmission ermutigen.

Verkündigung des Evangeliums erfordert oftmals Hingabe des eigenen Lebens

Botschaft zum Weltmissionssonntag vom 14. Mai

Liebe Brüder und Schwestern!

Am Pfingstfest nahm die Mission der Kirche ihren Anfang. Die Botschaft vom auferstandenen Herrn, die die Apostel den nach Jerusalem gekommenen Pilgern verkündeten, wurde gehört und in den verschiedenen Sprachen und Kulturen aufgenommen, die diese Menschen vertraten; sie nahmen so irgendwie die Universalität des neuen Volkes Gottes vorweg. Im Heiligen Geist und in der Gnade des Pfingstfestes, aus der in bleibender Fruchtbarkeit die Berufung der Kirche zur Evangelisierung und zur Missionierung quillt, richte ich diese Botschaft zum jährlichen Weltmissionstag an euch.

Dieser dem Gebet und der Katechese gewidmete und zur Sammlung von Hilfsmitteln für die Mission bestimmte Tag erinnert die gesamte Kirche an ihre Pflicht, in die ganze Welt zu gehen, um das Evangelium zu verkünden. Möge dieser Tag beim ganzen Volke Gottes, den Hirten und Gläubigen, zu einem erneuerten Ausgießen des Heiligen Geistes führen, jenes Geistes, der der Geist der Sendung ist und das Erlösungswerk, das im Kreuzesopfer wurzelt, fortsetzt. Jesus hat es der Kirche anvertraut; doch „bleibt der Heilige Geist der transzendente Handelnde bei der Verwirklichung dieses Werkes im Geist der Menschen und in der Weltgeschichte“ (*Dominum et vivificantem*, Nr. 42).

I. Der einheimische Klerus – Hoffnung der missionarischen Kirche

Gott will, und daran erinnert das Zweite Vatikanische Konzil (vgl. *Lumen Gentium*, Nr. 9), die Menschen nicht einzeln und ohne jedes Band untereinander heiligen und erlösen, sondern aus ihnen ein Volk machen: das messianische Volk, das Christus als Haupt hat und das in der Kirche versammelt ist. Sie besteht aus örtlichen Gemeinden, die der Fürsorge und der Leitung eigener Hirten anvertraut sind, die sie lenken, indem sie gemäß ihrem Anteil am Amt den Dienst des Hirten und Hauptes Christus ausüben (vgl. *Lumen Gentium*, Nr. 28). Ihre Befugnis und Sendung ist es, das Evangelium zu verkünden und das Volk Gottes zu heiligen und zu leiten.

Als die Apostel nach dem Pfingstfest das Evangelium verkündeten, entstanden Gemeinden von Getauften, denen sie verantwortliche Vorsteher gaben. Diese sollten die Einheit, die Unterweisung der einzelnen Mitglieder im Glauben, die Feier der Eucharistie und die Gemeinschaft mit den Aposteln und den anderen christlichen Gemeinden garantieren.

Was die Apostel zu Beginn der Ausbreitung der Kirche in der Welt taten, setzt sich heute über die missionarische Evangelisierung fort: „Zur Einpflanzung der Kirche und zum Wachstum der christlichen Gemeinschaft sind verschiedene Dienste notwendig; durch göttliche Berufung werden sie in der Gemeinde der Gläubigen selbst geweckt, und sie müssen von allen sorgfältig gefördert und gepflegt werden. Dazu gehören das Amt des Priesters, des Diakons, des Katecheten“ (*Ad gentes*, Nr. 15).

In dieser Botschaft möchte ich vor allem die Notwendigkeit und den Wert des einheimischen Klerus in den jungen christlichen Gemeinden unterstreichen. Ausbildung und Entwicklung des einheimischen Klerus sind Kennzeichen für den Weg der missionarischen Evangelisierung. Es waren vor allem die römischen Päpste, denen es in ihrer Verantwortung als Hirten der Gesamtkirche ein Anliegen war, daß die entstehenden Gemeinden der Missionsländer neben der Aussendung von Missionaren so bald wie möglich auch einheimische Priester und Bischöfe erhielten. Dies wurde besonders von den Päpsten dieses Jahrhunderts vorangetrieben, beginnend mit Benedikt XV., der in der Enzyklika *Maximum illud*, die vor 70 Jahren veröffentlicht wurde, unter anderem hervorhob: „Wer der Mission vorsteht, muß der guten Ausbildung des einheimischen Klerus, auf den sich die größten Hoffnungen der neuen christlichen Bevölkerungen richten, seine Hauptaufmerksamkeit widmen (Nr. 7).

Das Aufblühen des einheimischen Klerus macht den Missionaren alle Ehre, die mit geduldiger und beharrlicher Zähigkeit, manchmal bis zum Martyrium, gearbeitet und gelitten haben, um neue christliche Gemeinden zu bilden. Aus den Familien suchten sie die kostbare Frucht von Berufungen zum Priestertum, zum Ordensleben und zur Mission zu gewinnen. Jetzt freuen sie sich, gemeinsam zu arbeiten und Mitarbeiter der örtlichen Priester und Bischöfe zu sein. Sie wissen, daß „die gemeinsame Sache des Reiches Gottes die eine und die andere Schar von Boten des Evangeliums eng miteinander [verbindet] zu einer Zusammenarbeit … , die stets notwendig und zweifellos fruchtbar ist. Ihre harmonische Koordinierung ist, ja muß ein beispielhafter Ausdruck der kirchlichen Gemeinschaft sein“ (Paul VI., *Botschaft zum Weltmissionstag 1973*).

Mit dem Zweiten Vatikanischen Konzil wurde eine neue Zeit der stets faszinierenden Geschichte der Missionstätigkeit eröffnet. Da ja die Kirche aufgrund ihrer Natur missionarisch und jede Teilkirche aufgerufen ist, in sich das Bild der Gesamtkirche nachzubilden, sind auch die neuen Kirchen aufgefordert, „sobald wie möglich an dem Missionswerk der Kirche aktiven Anteil [zu] nehmen, indem sie selbst Missionare ausschicken, die überall in der Welt das Evangelium verkünden sollen, auch wenn sie selbst an Priestermangel leiden; denn die Gemeinschaft mit der Gesamtkirche findet gleichsam ihre Krönung, wenn sie selbst an der Missionsarbeit bei den anderen Völkern tätig teilnehmen“ (*Ad gentes*, Nr. 20). Von einem solchen Missionsgeist müssen vor allem die Priester erfüllt und bereit sein, eine missionarische Tätigkeit nicht nur in der eigenen Diözese, sondern auch außerhalb von ihr aufzunehmen, wenn sie vom Bischof gesandt werden.

II. Das Apostel-Petrus-Werk: seit hundert Jahren im Dienst an der Ortskirche

In diesem Jahr kehrt der 100. Jahrestag der Gründung des Apostel-Petrus-Werkes wieder. Wie aus dem glühenden Herzen der Pauline Jaricot das Werk der Glaubensverbreitung entstand, so nahm aus der Liebe und Hingabe zweier anderer Frauen, Stephanie und Jeanne Bigard, Mutter und Tochter, diese andere grundlegende Missionsinitiative ihren Anfang. Der Funke wurde durch einen Brief des Bischofs Cousin von Nagasaki entzündet. Er schrieb den Bigards, die bereits seine Wohltäterinnen und Mitarbeiterinnen waren, am 1. Juni 1889, er sei aus Mangel an notwendigen Ausbildungsmitteln gezwungen, Jugendlichen, die Priester werden wollten, den Eintritt in das Seminar zu verweigern. Die Damen Bigard vernahmen aus jenem Brief den Ruf des Willen Gottes, einen Ruf, der ihr Leben von Grund auf änderte. So wurden sie die unermüdlichen Bettlerinnen um Hilfen zugunsten der Priesteramtskandidaten, die in den Missionsländern immer zahlreicher an die Seminarpforten klopften. Die beiden hochherzigen Frauen hatten Schwierigkeiten aller Art, aber sie ließen nicht von der übernommenen Aufgabe ab; sie erfüllten sie treu bis in den Tod und hatten das Glück, ihr Werk vom Heiligen Stuhl approbiert und gesegnet zu sehen.

Hundert Jahre nach seiner Gründung hat es noch seine volle Bedeutung hinsichtlich des ursprünglichen Zieles bewahrt: „Das Volk Gottes für das Problem der Ausbildung des örtlichen Klerus in den Missionskirchen zu sensibilisieren und es aufzufordern, geistlich und materiell an der Vorbereitung der Priesteramtskandidaten mitzuarbeiten“ (*Statuten der Päpstlichen Missionswerke*, Nr. 15).

Das Apostel Petrus Werk, an das ich durch diese Botschaft gebührend erinnern wollte und das ich empfehlen möchte, hat viel zur Entwicklung des örtlichen Klerus beigetragen. Es spielt auch weiterhin eine bedeutende Rolle durch die Hilfen, die es anbietet, damit Seminare, Bildungshäuser und Zentren für weiterführende Studien in den jungen Kirchen einheimische Berufungen für den Einsatz im Apostolat aufnehmen und angemessen vorbereiten können. Von Herzen danke ich denen, die durch ihr Gebet und ihr Opfer sich an den Programmen des Werkes beteiligen, und ich lade alle ein, den Herrn für das Wunderbare zu loben, das er vollbracht hat, als er sich Stephanie und Jeanne Bigards bediente, die sich mit ganzer Hingabe der Sache der Mission widmeten. Die Kirche, die, wie ich im Apostolischen Schreiben *Mulieris dignitatem* schrieb, „Dank sagt für alle Äußerungen des weiblichen Geistes, die sich im Laufe der Geschichte bei allen Völker und Nationen gezeigt haben“ (Nr. 31), kann nicht umhin, den Herrn zu lobpreisen, wenn sie die Früchte der Evangelisierung und der Heiligkeit betrachtet, die in dem von den Damen Bigard begonnenen Werk herangereift sind.

III. Alle Glieder der Kirche müssen sich dafür einsetzen, die Berufungen von Priestern und Missionaren und solchen, die das Evangelium verkünden, zu fördern.

Das Apostel-Petrus-Werk ruft die unersetzliche Funktion in Erinnerung, die dem Klerus bei der Sendung zur Evangelisierung vorbehalten ist. Die christlichen Gemeinden brauchen seinen Hirtendienst, um in ihrem Glaubensleben geführt zu werden und sich im missionarischen Geist zu entwickeln.

Die bedeutendste Herausforderung, die die Weltmission an die ganze Kirche stellt, ist die der Berufungen in den verschiedenen Formen, in denen sie sich verwirklichen können als Priester, Ordensleute oder als Laien. „Für die Evangelisierung der Welt bedürfen wir vor allem der Evangelisatoren. Darum müssen wir alle, insbesondere die christlichen Familien, uns für das Erwachen und das Reifen ausgesprochen missionarischer Berufe – als Priester, Ordensleute oder im Ordensstand – verantwortlich halten. Wir müssen sie mit allen Mitteln fördern und vor allem das von Jesus bevorzugte Mittel des Gebetes seinem Wort entsprechend nie vernachlässigen: ‚Die Ernte ist groß, aber es gibt nur wenige Arbeiter. Bittet also den Herrn der Ernte, Arbeiter für seine Ernte auszusenden'" (*Mt* 9,37–38) (*Christifideles laici*, Nr. 35).

Die gegenwärtige Situation – daran habe ich in demselben Apostolischen Schreiben über die Berufung und Sendung der Laien erinnert – setzt bezüglich der Pflicht, das Evangelium zu verkünden, voraus, daß sich jeder Jünger des Herrn persönlich berufen fühlt: „Weh mir, wenn ich das Evangelium nicht verkünde" (*1 Kor* 9,16). Zu dieser Aufgabe sind die Laien durch die christlichen Initiationssakramente und durch die Gaben des Heiligen Geistes befähigt und verpflichtet (vgl. *Christifideles laici*, Nr. 33).

Ist nicht die Tatsache, daß zwei der vier Päpstlichen Missionswerke, nämlich das Werk der Glaubensverbreitung und das Apostel-Petrus-Werk, von Laien, genauer von Frauen, gegründet wurden, die vor Eifer für das Reich Gottes brannten, im Blick auf die Teilnahme der Laien an der weltweiten Mission der Kirche ein Grund zur Freude und zur Hoffnung?

IV. Der von den Päpstlichen Missionswerken geleistete Dienst der ständigen Animation und missionarischen Formation.

Wenn ich auch vor allem auf die Tätigkeit des Apostel-Petrus-Werkes anläßlich der Hundertjahrfeier seiner Gründung eingegangen bin, so kann ich die Botschaft doch nicht abschließen, ohne auch die anderen Missionarischen Werke zu empfehlen: das Werk der Glaubensverbreitung, das Missionswerk der Kinder und die Missionsunion der Priester und Ordensleute, lauter Werke, die im Dienst des Papstes und aller Teilkirchen stehen.

Sie haben, obgleich sie eigene und unterschiedliche Tätigkeiten entfalten, ein gemeinsames grundlegendes Ziel: im Gottesvolk, bei den Hirten und Gläubigen, einen intensiven Missionsgeist zu wecken und lebendig zu halten. Er soll sich umsetzen in den Einsatz für

Missionsberufungen, und für Hilfsmaßnahmen zugunsten aller Missionen in der Welt, um deren Bitten und den stetig wachsenden Bedürfnissen mit dem großzügigen Beitrag aller Christen entgegenzukommen.

Der Papst macht sich an diesem Tag der weltweiten Nächstenliebe zur Stimme aller Armen auf der Welt; zur Stimme vor allem der Missionare, die den gläubigen Brüdern und Schwestern und allen Menschen guten Willens die Hand entgegenstrecken.

Die Missionare verschwenden sich bei der Verkündigung des Evangeliums an den Vorposten der Mission, die auch in unseren Tagen Schwierigkeiten und Prüfungen begegnet und nicht selten das höchste Zeugnis, die Hingabe des eigenen Lebens, erfordert. Daher richte ich im Namen der ganzen Kirche mein Wort der herzlicher Ermunterung an sie, damit sie sich in ihrem Apostolat von der Gegenwart des auferstandenen Herrn, von der Macht seines Geistes und der Solidarität der Gemeinschaft der Gläubigen begleitet und unterstützt fühlen.

Alle Jünger des Herrn mögen sich daran erinnern, daß die selige Jungfrau Maria, die Königin der Apostel und Mutter aller Völker, ihr Vorbild und ihre Stütze im missionarischen Einsatz ist. Ihr vertraue ich die missionarische Tätigkeit der Kirche und alle die an, die ihr Leben dafür einsetzen, daß das Reich verkündigt und die Kirche im Herzen der Welt eingepflanzt werde.

Den Missionaren, ihren Mitarbeitern und allen, die auf irgendeine Weise am Missionswerk der Kirche teilnehmen, erteile ich von Herzen den Apostolischen Segen, als Unterpfand des göttlichen Beistandes und Zeichen meiner Zuneigung und meiner Anerkennung.

Gegeben im Vatikan am Pfingstfest, 14. Mai 1989, im elften Jahr meines Pontifikates.

Joannes Paulus PP. II

Zur Zusammenarbeit aufgerufen

Predigt bei der Eucharistiefeier am Pfingstsonntag, 14. Mai

1. „Du sendest deinen Geist ... und du erneuerst das Antlitz der Erde“ (*Ps* 104,30).

Am Pfingstfest kehrt die Kirche in den Abendmahlssaal nach Jerusalem zurück. Sie kehrt vor allem zu jenem Abend zurück, an dem die Apostel dort versammelt waren, als sie „aus Furcht vor den Juden die Türen verschlossen hatten“ (*Joh* 20,19). Gerade dahin kam der auferstandene Christus zu ihnen. Sie sahen ihn zum ersten Mal nach der Kreuzigung, er „hauchte sie an und sprach zu ihnen: Empfangt den Heiligen Geist“ (*Joh* 20,22). In jenem Augenblick, am Ostertag selbst, hat sich das Pfingstgeheimnis verwirklicht.

Christus trägt den Heiligen Geist in den Wunden seiner Hände, seiner Füße und seiner Seite. Er trägt ihn in seinem Leib, der – nun verherrlicht – die Zeichen des Leidens und des Kreuzesopfers bewahrt. Der Leib des Sohnes Gottes wurde einst im Schoß der Jungfrau durch den Heiligen Geist empfangen. Nun bringt Christus ihnen denselben Geist, damit durch ihn der neue Leib Christi, die Kirche, empfangen werde.

2. Genau diese Tatsache hat sich am Pfingsttag ereignet. All das, was wir in der Apostelgeschichte lesen, spricht von der Kirche. Vorher, im Abendmahlssaal in Jerusalem geboren, breitet sie sich durch das Wirken des Heiligen Geistes unter den Bewohnern der Stadt und den Pilgern „aus allen Völkern unter dem Himmel“ (*Apg* 2,5) aus. Sie alle wundern sich, daß die Apostel, die Galiläer waren, in ihren eigenen Sprachen „Gottes große Taten“ verkünden (*Apg* 2,11).

Auf diese Weise werden die Hörer der Pfingstbotschaft gemeinsam mit den Aposteln und im Heiligen Geist innerlich auf die Taufe vorbereitet (vgl. *Apg* 2,4). Und diese Taufe, sichtbar im sakramentalen Zeichen des Wassers, das zu neuem Leben erweckt, wirkt so, daß sie alle Kirche, das heißt der Leib Christi, werden.

3. Dieses Ereignis ist der Anfang. Und es ist zugleich Vorankündigung der Geburt der Kirche, der Geburt, die fortlaufend, von Generation zu Generation, andauert. Und es verwirklicht sich inmitten der verschiedenen Nationen und Völker, in verschiedenen Kulturen, Sprachen und Rassen.

Von dieser ersten Geburt der Kirche, die ständig andauert, muß man das wiederholen, was der heilige Paulus in der heutigen zweiten Lesung an die Korinther schreibt: „Durch den einen Geist wurden wir in der Taufe alle in einen einzigen Leib aufgenommen, Juden und Griechen, Sklaven und Freie; und alle wurden wir mit dem einen Geist getränkt“ (*1 Kor* 12,13). Als Werk des Heiligen Geistes wird die Kirche geboren: der Leib Christi. In seinem gekreuzigten und verherrlichten Leib hat der auferstandene Christus den Aposteln die Fülle des Heiligen Geistes gebracht. Aus dieser Fülle empfängt die Kirche – in der Zeit nach den Aposteln – beständig den Heiligen Geist, um Leib Christi zu werden.

4. Dieser Leib ist ein einziger, obwohl er sich aus verschiedenen Gliedern zusammensetzt. Heute feiern wir das Geheimnis der göttlichen Einheit der Kirche und zugleich das ihrer menschlichen Vielfältigkeit. „Es gibt verschiedene Gnadengaben, aber nur den einen Geist. Es gibt verschiedene Dienste, aber den einen Herrn. Es gibt verschiedene Kräfte, die wirken, aber nur den einen Gott. Er bewirkt alles in allen“ (*1 Kor* 12,4–6). Auf diese Weise bilden, wie der Apostel schreibt, „alle Glieder des Leibes, obgleich es viele sind, einen einzigen Leib“ (*1 Kor* 12,12). „Jedem aber wird die Offenbarung des Geistes geschenkt, damit sie anderen nützt“ (*1 Kor* 12,7). Alle haben den Heiligen Geist am Pfingstfest in Jerusalem empfangen, und alle empfangen ihn heute, zum gemeinsamen Nutzen aller.

Liebe Brüder und Schwestern! Heute feiern wir das Geheimnis der göttlichen Einheit der Kirche und ihrer „Vielfältigkeit“, die von den Menschen kommt. Sie wird von ihnen in den Leib Christi als Werk des Tröster Geistes hineingetragen.

5. „Es gibt verschiedene Geistesgaben ... es gibt verschiedene Dienste“ (*1 Kor* 12,4.5). Was sind das für Geistesgaben, was für Dienste, die zu euch, den Vertretern der zahlreichen Bruderschaften der Diözese Rom und der italienischen Bistümer, gehören, zu euch, die ihr an diesem Feiertag hierher in den Petersdom gekommen seid, um eure guten Vorsätze zu erneuern, nachdem ihr an eurem Nationaltreffen teilgenommen habt?

Die Geistesgaben und die Dienste, die wir heute mit besonderer Aufmerksamkeit betrachten, kommen vor allem aus den Sakramenten der Taufe und der Firmung, und sie unterscheiden sich wesentlich vom Dienst des Priesters, der aus dem Weihesakrament herrührt.
Alle sind wir jedoch zur Zusammenarbeit aufgerufen: Priester, Ordensleute und Laien, um die von Jesus gewollte Einheit zu verwirklichen und um gemäß dem Geist zu leben, dessen Frucht die Heiligung ist.
Die Heiligkeit, die hauptsächlich aus der Eucharistie ihre Nahrung empfängt, ist die erste Quelle jener Erneuerung im Geist des Evangeliums, nach der heute ein großes Bedürfnis zu spüren ist.
Der Herr vertraut euch, den christlichen Laien, in Gemeinschaft mit all den anderen Gliedern des Volkes Gottes eine große Verantwortung in der drängenden und schwerwiegenden Verpflichtung zur Neu-Evangelisierung an. Es geht dabei nicht nur darum, zum ersten Mal das Evangelium, das Wort des Lebens und der Erlösung, zu den Völkern zu bringen, die es noch nicht oder nur wenig kennen, sondern darum, es die Völker wiederentdecken zu lassen, die, obgleich sie in der Schule der Glaubenswahrheiten unterwiesen wurden, zum großen Teil den Sinn für das Übernatürliche im Leben verloren haben.
Euch Laien ist die Aufgabe anvertraut, durch eure markante Gegenwart in der Gesellschaft zur christlichen Beseelung der Welt beizutragen, ebenso durch eure wichtige Beteiligung an den Aktivitäten, die der zeitlichen Ordnung eigen sind, damit diese immer mehr von den Prinzipien des Evangeliums inspiriert werden.

6. Der sozialen Natur des Menschen ist es eigen, sich zusammenzuschließen. Das ist ein unveräußerliches Recht. Auch auf diesem Gebiet ist es die Einigkeit, die stark macht. Die Bruderschaften gehören zu den ältesten Laienvereinigungen, besonders jene, deren Name mit „Barmherzigkeit" verbunden ist. Der Einsatz der von ihnen im Laufe der Jahrhunderte in den unterschiedlichsten Formen, besonders auf dem Feld der Fürsorge für den Nächsten, geleistet wurde, ist allen bekannnt. Er macht ihnen Ehre und läßt für die Zukunft hoffen. Das Wirken der Bruderschaften in Italien und in Europa ist vor allem zu der Zeit, als noch keine öffentliche Fürsorge existierte, in der Tat das Wirken des Barmherzigen Samariters gewesen. Sie sind auch heute aufgerufen, die besondere Form der Solidarität in aller menschlichen Not fortzusetzen. Ich habe in dem Apostolischen Schreiben *Christifideles laici* gesagt: „Nicht nur einzelne, sondern auch Gruppen und Gemeinschaften müssen diese Liebe ausüben, denn ihrer bedarf man, und wird man immer mehr bedürfen. Nichts und niemand kann sie ersetzen und wird sie ersetzen können, auch nicht die vielen Institutionen und Initiativen der öffentlichen Organe, wenn sie versuchen, den oft schweren und weit verbreiteten Bedürfnissen eines Volkes Rechnung zu tragen" (Nr. 41). Der Beitrag der Gläubigen zum Aufbau der irdischen Stadt muß jedoch vom Geist des Evangeliums gekennzeichnet sein, der im bedürftigen Menschen seinen Bruder, der leidet, oder besser noch das Antlitz Christi selbst sieht, der auf die Erde gekommen ist, um die Spannungen und Ängste der Menschen zu teilen.
Liebe Brüder und Schwestern, eure Bruderschaften sind die Vorhut jener wunderbaren Laienbewegung gewesen, die eines der Zeichen der Authentizität des Geistes ist. An diesem Fest, an dem die heilige Liturgie an die Herabkunft der Gabe schlechthin erinnert,

nämlich des Geistes des Vaters und Jesu selbst, danke ich dem Herrn und lade euch ein, das gleiche zu tun: zu danken für das Gute, das mit seiner Hilfe getan wurde. Ich gebe nochmals meiner Freude Ausdruck und wiederhole meine Ermutigung, euer verdienstvolles Werk gut fortzuführen. Herzlich grüße ich euch alle, liebe Vertreter jeder einzelnen Bruderschaft und ermahne euch wärmstens, Geist und Herz großzügig zu öffnen, um die göttliche Gabe in ihrer Fülle aufzunehmen. Ein neues Pfingsten möge auf euch herabkommen, damit jedes Mitglied eurer Bruderschaften und eurer Vereine sich innerlich erneuere und einen neuen Weg des Zeugnisses für das Evangelium einschlage.

7. Sende aus deinen Geist und erneuere das Antlitz der Erde! Die Kirche kehrt heute in den Abendmahlssaal in Jerusalem zurück, um erneut das Geheimnis ihrer Geburt aus dem Wirken des Heiligen Geistes zu erleben, das Geheimnis jenes Tages, das Geheimnis, das beständig andauert. Die Kirche wird ja unaufhörlich aus den Wunden Christi geboren, der uns den Heiligen Geist bringt, den Geist, der Leben gibt.
Und da die Kirche ständig geboren wird, ruft sie gemeinsam mit dem Psalmisten: „Lobe den Herrn, meine Seele! Herr, mein Gott, wie groß bist du! Herr, wie zahlreich sind deine Werke! Mit Weisheit hast du sie alle gemacht, die Erde ist voll von deinen Geschöpfen" (*Ps* 104,1.24).
Die Kirche Jesu Christi ist die Kirche des göttlichen Geheimnisses der Schöpfung. Und obwohl diese Schöpfung wegen der Sünde der Vergänglichkeit unterworfen ist, – „sie schwinden dahin und kehren zurück zum Staub der Erde" (*Ps* 104,29), sagt der Psalmist – bleibt die Macht Gottes doch weiterhin in allem Geschaffenen. „Sendest du deinen Geist aus, so werden sie alle geschaffen, und du erneuerst das Antlitz der Erde" (*Ps* 104,30). Der Sohn Gottes, der von der Jungfrau durch das Wirken des Heiligen Geistes seinen Leib annahm, ist in die ganze sichtbare Welt der Geschöpfe eingetreten. Diese Welt wurde dem Menschen vom Schöpfer gegeben. Sie wurde durch die Menschheit Christus gegeben. Durch das Wirken des Heiligen Geistes ist das Wort Fleisch geworden. Es hat den „Leib der ganzen Schöpfung" aufgenommen.
Und darum ist unser Gebet heute in Christus an alle Geschöpfe gerichtet:
Christus ist der Herr der ganzen Schöpfung. Durch ihn rufen wir zum Vater: Dein Geist komme! Erneuere das Angesicht der Erde!
So rufen wir, die Bewohner dieser Erde, die wir die Erstlingsgaben des Geistes besitzen, wir, die wir mit unserem ganzen Sein seufzen, weil wir die Annahme als Söhne und Töchter erwarten, die Erlösung unseres Leibes. Denn in der Hoffnung sind wir bereits gerettet (vgl. *Röm* 8,23.24). Amen.

Kirche will beim Aufbau der Völkergemeinschaft mitarbeiten

Schreiben an den Generalsekretär der Vereinten Nationen, Dr. Javier Pérez de Cuéllar, anläßlich des 25. Jahrestages der Errichtung der Ständigen Vertretung des Hl. Stuhls bei den Vereinten Nationen vom 15. Mai

An Seine Exzellenz
Dr. Javier Pérez de Cuéllar,
Generalsekretär der Organisation der Vereinten Nationen

Dieses Jahr zeichnet sich als 25. Jahr seit der Errichtung der Ständigen Vertretung des Hl. Stuhls bei den Vereinten Nationen aus. Mit diesem Schreiben an Sie, Herr Generalsekretär, möchte ich nicht nur an dieses wichtige Ereignis erinnern, sondern auch erneut die Bedeutung bekräftigen, die der Heilige Stuhl und die katholische Kirche der Organisation der Vereinten Nationen beimessen.

Im Jahr 1964 beschloß mein Vorgänger Paul VI., eine Ad-hoc-Vertretung bei den Vereinten Nationen zu errichten. Er tat dies im Lichte neuer Ausrichtungen, die sich in der Kirche abzeichneten, und als Antwort auf die Wertschätzung, die die internationale Staatengemeinschaft lange in bezug auf die Bemühungen des Heiligen Stuhls um Frieden und Solidarität unter den Nationen bekundet hatte. Er beabsichtigte, durch die Entsendung eines Beobachters zu Ihrer Organisation das Interesse des Heiligen Stuhls an allen Initiativen zu zeigen, die sich zum Ziel setzen, das menschliche, gesellschaftliche, kulturelle und politische Wachstum der Völkergemeinschaft zu fördern. Er wünschte ebenso, den Beitrag der Kirche innerhalb der Überlegungen der Vereinten Nationen für Dinge von Weltbedeutung wirksamer zu machen.

Selbstverständlich hatte der Heilige Stuhl schon früher zu den Diskussionen beigetragen, die dem Ziel eines tieferen Verständnisses der Probleme moralischer Art dienten, wie etwa Hilfen für die Notleidenden und Angelegenheiten des Friedens. Aber er hatte das nur durch außergewöhnliche Interventionen getan, während sich durch die Gründung eines ständigen Büros offensichtlich eine bedeutendere Präsenz ergab.

Die Überzeugungen Papst Pauls VI. sollten bald durch das Zweite Vatikanische Konzil bestätigt werden, das die ganze Kirche dazu aufforderte, beim Aufbau der internationalen Staatengemeinschaft mitzuarbeiten: „Kraft ihrer göttlichen Sendung verkündet die Kirche allen Menschen das Evangelium und spendet ihnen die Schätze der Gnade. Dadurch leistet sie überall einen wichtigen Beitrag zur Festigung des Friedens und zur Schaffung einer soliden Grundlage der brüderlichen Gemeinschaft unter den Menschen und Völkern" (*Gaudium et spes*, Nr. 89). Das gleiche Konzil bekräftigte auch: „Darum muß die Kirche in der Völkergemeinschaft präsent sein, um die Zusammenarbeit unter den Menschen zu fördern und anzuregen" (*ebd.*).

Wie Sie, Herr Generalsekretär, wissen, hat die Ständige Vertretung des Heiligen Stuhls in diesen vergangenen 25 Jahren am Leben der internationalen Staatengemeinschaft teilgenommen. Er hat es im Beobachterstatus getan. Dieser Status gestattet ihm eine aktive Prä-

senz und sichert zugleich die Haltung der Universalität, die seine Natur verlangt. Er wurde infolgedessen zu einem Bezugspunkt für beide Gebiete, das geistliche und das zeitliche, insofern jedes auf seine eigene und besondere Weise dieselben Ziele verfolgt (vgl. *Ansprache Papst Johannes Paul II. an die Vollversammlung der Vereinten Nationen* am 2. 10. 1979).
In dem vergangenen Vierteljahrhundert hat der Heilige Stuhl den schwierigen Weg begleitet, den die Organisation der Vereinten Nationen unternommen hat. Er hat die Freude ihrer vielen bemerkenswerten Erfolge genauso geteilt wie den Schmerz und die Furcht, die durch die vielen Friedensverletzungen und die Hindernisse des Fortschritts verursacht wurden, mit denen sie sich in dieser Zeit auseinandersetzen mußte.
Die Vereinten Nationen haben sehr zu Recht die Pflicht erfüllt, die Aufmerksamkeit der Welt auf die drängenden Probleme und Fragen zu lenken, denen die Menschheit gegenübersteht, darunter besonders jene, die regionale Konflikte, die Umwelt, illegale Drogen und die Rechte der Frauen, Kinder, Heimatlosen und Behinderten berühren. Die Organisation hat durch ihre gemeinsamen Bemühungen häufig den von den drohendsten Gefahren verdunkelten Horizont mit neuer Hoffnung und einem Gefühl der Sicherheit wieder aufgehellt. Diese rasch sich ausdehnende Rolle fand kürzlich Anerkennung durch die Verleihung des Friedensnobelpreises an die Friedenstruppen der Vereinten Nationen.
Bei dieser Gelegenheit möchte ich, Herr Generalsekretär, wiederholen, was ich in meinem Schreiben an Sie am 6. April 1982 darlegte hinsichtlich der Bereitschaft des Heiligen Stuhls, den Vereinten Nationen die volle Zusammenarbeit auf den Gebieten anzubieten, die mit der besonderen Sendung der Kirche im Einklang stehen, besonders bei den Dingen, die sich auf Frieden und Gerechtigkeit, die Menschenrechte und die Linderung der Armut beziehen.
In Anbetracht des unbestrittenen Einsatzes der Vereinten Nationen auf diesen Gebieten und der Sorge der Kirche für das Wohl aller habe ich die Freude, die Worte in Erinnerung zu rufen, die Papst Paul VI. in seiner denkwürdigen Rede am 4. Oktober 1965 ausgesprochen hat, in der er den Vereinten Nationen die Rolle eines „verbindlichen Weges der modernen Zivilisation und des Weltfriedens" zuwies. Indem ich dieser Überzeugung erneut Ausdruck gebe, rufe ich, verbunden mit wiederholten guten Wünschen für Ihre Bemühungen im Interesse der Völker der Welt, den Segen des Allmächtigen auf Sie, Herr Generalsekretär, und auf alle herab, die sich um diesen Frieden bemühen, der die Frucht der Gerechtigkeit ist.

Vatikan, den 15. Mai 1989

Joannes Paulus PP. II

Drohende Zerstörung verhindern

Botschaft an den Generalsekretär der Vereinten Nationen, Pérez de Cuéllar, vom 15. Mai

Vor den Augen der ganzen Welt läuft ein Geschehen ab, in das die Verantwortung der gesamten internationalen Gesellschaft miteinbezogen ist. Es handelt sich um die Entwicklung, die zur Zerstörung des Libanon führt. Es ist eine Geschehen, das seit Jahren andauert und mit dem Eingriff bewaffneter Streitkräfte in den angrenzenden Ländern verbunden ist. Jetzt ist die Existenz des Libanon selbst in Gefahr, der viele Jahre hindurch ein Beispiel friedlicher Koexistenz seiner Bürger war, sowohl der Christen als auch der Muslime, auf dem Fundament der Gleichheit der Rechte und der Achtung vor den Prinzipien eines demokratischen Zusammenlebens.

Der Stärkegrad des schmerzlichen Zerstörungsprozesses der libanesischen Nation wird bezeugt von der Tatsache, daß sich schwere und blutige bewaffnete Angriffe ununterbrochen wiederholen und in letzter Zeit auf Beirut konzentrieren. Seit mehreren Monaten werden dann Hindernisse geschaffen, um die ordnungsgemäße Wahl des Präsidenten der libanesischen Republik zu verhindern. Ein solcher Zustand ruft die Verantwortung der einzelnen politischen Instanzen, der Staatsoberhäupter wie der internationalen Organisationen auf den Plan. In Wirklichkeit stehen wir vor einer Bedrohung der gesamten Ordnung des internationalen Lebens. Die Bedrohung ist moralischer Natur und um so schmerzlicher, weil es ein schwächerer Staat ist, der die Gewalt der stärkeren Staaten erleidet. In der Tat gilt auch für das internationale Leben das Prinzip, nach dem es nicht erlaubt ist, den Schwächeren Schaden zuzufügen. Wer so handelt, macht sich schuldig vor Gott, dem Höchsten Richter, und vor dem Gericht der Menschheitsgeschichte. Die moralische Schuld lastet auch auf all denen, die in solchen Situationen die Schwachen nicht verteidigen, während sie dies hätten tun können und müssen. Deshalb betrachte ich es als meine Pflicht, Ihre Aufmerksamkeit auf dieses schmerzliche Problem zu lenken mit einem glühenden Appell, unverzüglich die dringend notwendigen Schritte zu unternehmen, um die dem Libanon drohende Zerstörung zu verhindern. Zugleich rufe ich auf Sie und Ihre edle Mission den reichen Segen des Allerhöchsten herab.

Gültigkeit der christlichen Ethik bedroht

Ansprache an die 31. Vollversammlung der Italienischen Bischofskonferenz am 18. Mai

1. „Friede sei mit den Brüdern, Liebe und Glaube von Gott, dem Vater, und Jesus Christus, dem Herrn“ (*Eph* 6,23).

Verehrte und geliebte Mitbrüder, Bischöfe der Ortskirchen Italiens! Ich freue mich sehr, euch anläßlich eurer 31. Vollversammlung zu begegnen. Dieses jährliche Zusammentreffen, Zeichen unserer inneren und äußeren Gemeinschaft – einer Gemeinschaft, die uns bereitwillig und tatkräftig in Christus, dem obersten Hirten (vgl. *1 Petr* 5,4) und vollkom-

menen Vorbild unseres apostolischen Dienstes verbindet – ist für uns alle ein Augenblick der Freude und geistigen Trostes, eine Stärkung des Vertrauens, ein Ansporn zur Ganzhingabe an die Sache des Evangeliums.
Ich grüße euren Präsidenten, Herrn Kardinal Ugo Poletti, und euren Generalsekretär, Msgr. Camillo Ruini, und ich wende mich mit brüderlicher Zuneigung an jeden von euch, spreche jedem von euch für die Fürsorge, mit der ihr die eurer Hirtensorge anvertrauten Bistümer betreut, meine Wertschätzung aus.

2. Diese Versammlung ist bei ihrer, wie üblich intensiven Arbeit der Methode gefolgt, die erstmals im vergangenen Oktober bei der Vollversammlung in Collevalenza mit erfreulichen Ergebnissen und zu euer aller Zufriedenheit angewandt wurde. Ihr habt zunächst wieder in Studiengruppen die euch zur Begutachtung vergelegten Themen und Dokumente geprüft, bevor sie dann der Vollversammlung unterbreitet wurden. Diese Arbeitsweise erscheint in kirchlicher Sicht bezeichnend: Sie erleichtert durch den brüderlichen Gedankenaustausch die gemeinsame Vertiefung der Probleme und bietet eine konkrete Gelegenheit, die herzliche Kollegialität zu pflegen, die euch alle beseelt. So bestärkt ihr auch durch die Vollversammlung das Band eurer Gemeinschaft, die Basis und Garantie der Einheit der Ortskirchen untereinander ist.
Der Papst ist zwar nicht immer physisch, aber doch kraft seines Amtes immer geistig mit euch. Der Petrusdienst erstreckt sich auf jede eurer Ortskirchen, manifestiert sich in ihnen nicht „von außen", gleichsam als etwas überflüssig Hinzugefügtes, sondern „von innen", aus dem „Wesen jeder Ortskirche selbst" (Ansprache an die Bischöfe der USA, *Insegnamenti di Giovanni Paolo II.*, vol. X/3, 1987, 556). Das gilt für die gesamte Weltkirche. Doch ist es von besonderer Bedeutung für die Bischöfe und die Ortskirchen in Italien, weil das Amt des Petrusnachfolgers von Anfang an mit dem des Bischofs von Rom verbunden ist. Und mit großer innerer Freude sehe ich im täglichen Seelsorgedienst, wie sich unsere besondere gegenseitige Bindung zum Wohl des Gottesvolkes entwickelt.

3. Die Themen und Argumente, die ihr in diesen Tagen zu behandeln hattet, sind natürlich mannigfach und auf den ersten Blick sehr verschiedenartig. In unterschiedlicher Weise sind sie jedoch alle auf die großen Themen der Neu-Evangelisierung und der kirchlichen Gemeinschaft zurückzuführen, wobei letztere unerläßliche Voraussetzung und wirksames Zeugnis ersterer ist.
Im Rahmen der Evangelisierung tritt die Thematik des menschlichen Lebens besonders hervor. Das Pastoraldokument, das ihr diesem Thema widmen wollt, ist die Frucht vielfältiger Initiativen und Anstrengungen, deren jüngste, die Nationaltagung „zum Dienst am menschlichen Leben" ich noch in lebhafter Erinnerung habe. Das Ziel, das ihr zu erreichen sucht, ist eine erneuerte Kultur des Lebens und der Hoffnung. Dabei versucht ihr, viele ideologische und verhaltensbedingte Hindernisse zu überwinden, eine neue Gesetzgebung und angebrachte staatliche Interventionen zu fördern. Ihr seid also bemüht, alle verfügbaren guten Kräfte anzuregen und auszuwerten, damit sie sich für das leidende und bedrohte Leben einsetzen. Ihr seid darauf bedacht, ein neues Gefühl oder zumindest neue Fragestellungen wachsen zu lassen, die bezeugen, daß die dem menschlichen Leben zukommende Würde mehr und mehr wahrgenommen wird. Vor allem aber liegt euch daran,

mit dem Evangelium in der Fülle seiner Motivationen und Implikationen das unantastbare Recht auf Leben zu verkünden, in dem Wissen, daß dies „das erste und ursprüngliche Recht, Bedingung für alle anderen Rechte der Person ist“ (*Christifideles laici,* Nr. 38). Der Herr segne dieses Bemühen der Kirche in Italien und mache es fruchtbar!

4. Ein weiteres bedeutsames Thema eurer Versammlung ist der italienische Süden, gesehen sowohl aus gesellschaftlicher Solidarität wie im Rahmen der kirchlichen Gemeinschaft. Italien hat in den letzten Jahrzehnten große Fortschritte in seiner Entwicklung gemacht, so daß man sogar von einer „Überentwicklung“ konsumistischer Prägung sprechen konnte. Doch gibt es immer noch schwerwiegende Mißverhältnisse und Gegenden, in denen es gerade für die Jugendlichen sehr schwer ist, taugliche und redliche Arbeit zu finden. Deswegen ist euer Wort als Hirten sehr angebracht, das nicht technische Lösungen für einzelne und komplexe Fragen anbietet, sondern im Licht des Evangeliums die ethischen Orientierungen darlegt, die jeder gerechten Lösung der menschlichen und gesellschaftlichen Probleme zugrunde liegen (vgl. *Sollicitudo rei socialis,* Nr. 41).
Bei dem Bemühen, diese Orientierungen wirksam werden zu lassen, können die „Sozialwochen“ einen wertvollen Dienst leisten, die der italienische Episkopat zur rechten Zeit und mit neuen, den heutigen Verhältnissen angepaßten Modalitäten wieder eingeführt hat. Mein Wunsch ist, daß sie ein Ort solider kultureller Vertiefung und ein klarer Bezugspunkt für den sozialen Einsatz der Katholiken werden, eine qualifizierte Forschungsstätte, die dem Land Ideen und wirksame Vorschläge anbietet.

5. In eurer Versammlung wurde auch ein Thema angesprochen, mit dem ihr euch in Zukunft zu befassen habt: der Seelsorgeplan für das kommende Jahrzehnt, der in das große Jubiläum des dritten christlichen Jahrtausends führen soll.
Schon Anfang der siebziger Jahre erkannte die Italienische Bischofskonferenz, daß die Evangelisierung nicht nur der immerwährende Auftrag und die eigentliche Berufung der Kirche, sondern auch die dringende und geschichtliche Herausforderung unserer Zeit ist, da von alters her in christlicher Tradition verwurzelte Nationen wie Italien immer mehr von materialistischen Ideologien und von einer hedonistischen Lebensweise bedroht sind, und die Menschen in religiöse Gleichgültigkeit absinken und so leben, als gäbe es Gott nicht.
Diese Erkenntnis gilt voll und ganz für das kommende Jahrzehnt. Mehr noch, sie wird offenbar den Weg der Kirche weit über die Jahrtausendwende hinaus bestimmen.
Im Lauf der Jahre und mit dem Umsichgreifen der Verweltlichung, die sich oft als ruinöse Entchristlichung entpuppt, wurden jedoch auch die Charakteristiken und Anforderungen deutlicher, denen eine Neu-Evangelisierung entsprechen muß.
Vor allem wird die Notwendigkeit immer deutlicher, in den Gläubigen ein „Bewußtsein der Wahrheit“ wachsen und reifen zu lassen. Will sagen, ihnen wieder nahe zu bringen, daß sie Träger der Heilswahrheit sind. Und das ist seit den Tagen der Urkirche der entscheidende Ansporn für den missionarischen Einsatz (vgl. Ansprache beim Kirchentag in Loreto, *Insegnamenti di Giovanni Paolo II.*, vol. VIII/1, 1985, 996). Auch die Gläubigen laufen Gefahr, von der in unserer Zeit so verbreiteten relativistischen Denkweise – oft unbedacht – angesteckt, in ihren Überzeugungen und mehr noch in ihrem Verhalten von ihr beeinflußt zu werden. Deshalb ist die erste Voraussetzung der Neu-Evangelisierung die Festigung der

christlichen Substanz in der kirchlichen Gemeinschaft selbst. In diesem Sinne habe ich in meinem nachsynodalen Apostolischen Schreiben *Christifideles laici* (Nr. 34) betont, diese „neue Evangelisierung, die sich nicht nur an die einzelnen, sondern an ganze Teile der Bevölkerung in ihren jeweiligen Situationen, Milieus und Kulturen richtet, hat das Werden von reifen Gemeinden zum Ziel; in ihnen kann der Glaube seine volle ursprüngliche Bedeutung als persönliche Selbstübereignung an Christus und sein Evangelium, als sakramentale Begegnung und Gemeinschaft mit ihm, als in der Liebe und im Dienst verwirklichte Existenz zum Ausdruck bringen und sich verwirklichen".

6. Es ist offensichtlich, daß im Blick auf die Neu-Evangelisierung eine systematische, gründliche und engmaschige Katechese der Jugendlichen und der Erwachsenen von großer Bedeutung ist. Hier sind die Laien aufgerufen, in enger Zusammenarbeit mit den Priestern und Ordensleuten. Auch auf diesem Gebiet muß ich euch, geliebte Mitbrüder im Bischofsamt, meinen Dank und meine Anerkennung aussprechen für alles, was ihr in Fort- und Ausführung des letztjährigen Nationalkongresses „Katechisten für eine missionarische Kirche" geleistet habt; die Heranbildung von Katecheten für die neue Evangelisierung hat schon beachtliche Ergebnisse erzielt.

7. Die Grundlage der Evangelisierung, der Bildung und Festigung der christlichen Gemeinden bildet der apostolische Sendungsauftrag, den wir mit der Bischofsweihe empfangen haben. In der Definition des Dienstes, den der Herr den Bischöfen als den Nachfolgern der Apostel anvertraut hat, hebt das Zweite Vatikanische Konzil besonders den Auftrag hervor, „alle Völker zu lehren und das Evangelium jeder Kreatur zu predigen" (*Lumen Gentium,* Nr. 24). Diese Wahrheit ist immer und heute mehr denn je aktuell. Die Bischöfe sind die echten Lehrmeister des Glaubens. In Gemeinschaft untereinander und mit dem Bischof von Rom sind sie die Säulen der Evangelisierung und dafür verantwortlich. Ihr wißt es und habt davon gerade in dieser eurer Vollversammlung ein beredtes Zeugnis abgelegt.

Doch muß die gesamte kirchliche Gemeinschaft sich dessen erneut bewußt werden. Wie kann man im Licht der Lehre Christi ein ungebundenes und Teilwahrheiten verkündendes „paralleles und alternatives Lehramt" beanspruchen? Es gibt nur eine Wahrheit, Christus. Und diese Wahrheit wurde in ausdrücklicher Weise den Aposteln und ihren Nachfolgern anvertraut. Gewiß wird es immer wichtig sein, daß die Verantwortung für diese Wahrheit „von allen Gläubigen geteilt wird, insbesondere von jenen, wie die Theologen, deren spezifische Aufgabe es ist, die geoffenbarte Wahrheit zu vertiefen und ihren Gehalt in den kulturellen Kontext der Zeit zu stellen. Gerade von ihnen wird eine enge, treue und respektvolle Zusammenarbeit mit den Bischöfen erwartet" (vgl. Ansprache beim Kirchentag in Loreto, *Insegnamenti,* cit. 995 ff.).

Besondere Beachtung muß heute auf die moralische Dimension des Glaubens gelegt werden, die ja ein Wesensmerkmal des Glaubens selbst ist. Die Gültigkeit der christlichen Ethik wird heute tatsächlich zu oft bedroht und angefochten, nicht nur was die konkreten Verhaltensweisen angeht, sondern auch auf der Ebene der Lehre, und das mit schwerwiegenden Folgen für das christliche Leben und der Gefahr, Edelstes und Wesentlichstes im Menschen aufs Spiel zu setzen.

8. Die christliche Wahrheit ist engstens mit der Liebe verbunden; in ihrem tiefsten Wesen ist sie ja Ausdruck der Liebe Gottes zu den Menschen und Anruf zur Gottes- und Nächstenliebe. Es ist daher sehr angebracht, wenn ihr in dem Seelsorgeplan für das kommende Jahrzehnt die Themen „Evangelisierung“ und „Zeugnis für die Liebe“ verbindet. Tatkräftige Liebe, an der dank der Gnade des Herrn unsere Gemeinden reich sind, verdeutlicht in dem ihr eigenen großzügigen und selbstlosen Dienst an den Brüdern das authentische Zeugnis der Liebe, durch das die Frohe Botschaft Christi ihre volle Glaubwürdigkeit findet (vgl. Ansprache beim Kirchentag in Loreto, *Insegnamenti,* cit. 996 ff.).

9. In den großen Rahmen der Evangelisierung stellt sich auch die von der Italienischen Bischofskonferenz in glücklicher Weise durchgeführte Initiative hinsichtlich der katholischen Tageszeitung „Avvenire“. So erfüllt sich der Wunsch, den Paul VI. seit der von ihm veranlaßten Gründung dieser Zeitung beseelte, daß nämlich die Kirche in Italien die Erstverantwortung für dieses Organ übernehme, unbeschadet natürlich der redaktionellen Autonomie. Ich bin sicher, daß die italienischen Katholiken es nicht daran fehlen lassen werden, ihre Tageszeitung zu unterstützen und sie zu verbreiten. Korrekte Information aus Kirche und Welt sowie über das christliche Kulturleben erweist sich mehr als notwendig und wertvoll für authentisches missionarisches Wirken in der italienischen Gesellschaft.
Ich kann nicht umhin, in diesem Zusammenhang auch auf den Religionsunterricht zu verweisen. Ich weiß sehr wohl um die Bemühungen, die die Kirche in Italien seit geraumer Zeit unternimmt, auch mit der Errichtung von Instituten für Religionswissenschaften in den Bistümern, um das Angebot religiöser, kultureller und moralischer Bildung der Kinder und Jugendlichen immer mehr zu qualifizieren. Die Wertschätzung des Religionsunterrichts seitens der überwältigenden Mehrheit der Familien und der Studierenden, die sich dafür frei entscheiden, ist Zeugnis für seine Wichtigkeit auch in sozialer Hinsicht und ein weiterer starker Ansporn, ihn zu schützen und sein Fortbestehen für Schule und Kultur zu fördern.

10. Vertrauen wir Maria, der getreuen Jungfrau, die selig ist, weil sie geglaubt hat (vgl. *Lk* 1,45), unsere tägliche Hirtenmühe an. Unser Anliegen sei der Glaube des Volkes und nichts anderes sei unsere Sorge, als jedem unserer Brüder und Schwestern zu helfen, weit die Türen des Herzens für Christus zu öffnen.
In seinem Namen und von Herzen erteile ich jedem von euch und euren Ortskirchen den Apostolischen Segen.

Sprecher der Forderung nach Gerechtigkeit

Ansprache an die Mitglieder des Generalkapitels der Kamillianer am 20. Mai

1. Gern richte ich ein herzliches Grußwort an die Oberen und Mitglieder des Ordens der Regularkleriker im Krankendienst, die ihr zum 53. Generalkapitel versammelt seid, das am

2. Mai in Bucchianico begonnen hat, dem Geburtsort eures Ordensgründers, des hl. Kamillus von Lellis. Ein spezieller Gruß gilt dem neuen Generaloberen und seinen Konsultoren, denen das Kapitel die Aufgabe anvertraut hat, die Geschicke eures Instituts für die nächsten Jahre in die Hand zu nehmen.

2. Nach einem schon zur Gewohnheit gewordenen Kriterium habt ihr in eurem Generalkapitel nach der Diskussion der Grundsatzfragen und den Wahlen ein spezielles Thema vertieft, diesmal den „Weg zu den Armen und in die Dritte Welt“. Zu den diesbezüglichen Überlegungen des Generalkapitels trugen alle Mitglieder in den verschiedenen Provinzen des Ordens in aller Welt bei. Sie alle machten sich zu Sprechern der Forderungen nach Gerechtigkeit und Liebe, die von den Armen und von den Ländern erhoben werden, die unter den schmerzhaften Folgen der Armut leiden.
Dieses schwere Problem, auf das ich in meiner Enzyklika „Sollicitudo rei socialis“ ausführlich eingegangen bin, liegt euch Ordensleuten immer schon am Herzen. Eure erneuerte Ordensregel betont im Geist rigoroser Treue gegenüber dem Willen eures Stifters: „Unser Orden widmet seine Tätigkeit vornehmlich den ärmsten und verlassensten Kranken, und dies bevorzugt in den Entwicklungs- und Missionsländern“ (*Ordensregel,* Art. 51).

3. Das Zweite Vatikanische Konzil sagt, „zeitgemäße Erneuerung des Ordenslebens heißt: ständige Rückkehr zu den Quellen jedes christlichen Lebens und zum Geist des Ursprungs der einzelnen Institute, zugleich aber deren Anpassung an die veränderten Zeitverhältnisse“ (*Perfectae caritatis,* Nr. 2).
Das Charisma jedes einzelnen von der Kirche approbierten Ordensinstituts ist von ständiger Aktualität, trotz des Wandels der Zeiten, denen sich das Ordensleben anpassen muß, ohne etwas von seinen jeweiligen Ursprüngen preiszugeben. Je mehr die Dimensionen menschlichen Leids heute neue Aspekte bekommen, desto notwendiger und dringlicher ist eure Antwort, die nachdem Beispiel des hl. Kamillus von Lellis großherzig, vollkommen, konsequent und einheitlich sein muß. Euer Ordensstifter war den Armen und Kranken nahe, um sie innerlich aufzurichten und sie von ihren geistigen und materiellen Bedrängnissen zu befreien.

4. Wenn der Mensch „der erste Weg der Kirche ist“ (*Redemptor hominis,* Nr. 14), dann wird er „in besonderer Weise zum Weg der Kirche, wenn in sein Leben das Leiden eintritt“ (*Salvifici doloris,* Nr. 3). Von den Ursprüngen an verwirklicht sich euer Apostolat vornehmlich im Gesundheitswesen. Im Leiden des Körpers und des Geistes findet die Armut ihren vollkommensten und schmerzlichsten Ausdruck, denn hier geht es an die Wurzeln des Lebens selbst und an die Würde der menschlichen Person. Euer Dienst an den Brüdern wird jedoch erst dann wirklich dem Geist des Evangeliums und dem Charisma eures Stifters entsprechen, wenn ihr euren Dienst an den Armen mit dem Zeugnis eines persönlichen Lebens in Armut verbindet, mit dem glaubwürdigen Beispiel der Anteilnahme und des Mitleidens, wie es der heilige Kamillus auf dem Totenbett in seinem geistlichen Testament gewünscht hat.

5. Eure Regel betont, daß „der Orden ... sich der Seelsorge der im Dienst an den Kranken und Armen stehenden kirchlichen und weltlichen Einrichtungen annimmt und eine möglichst große Zahl von Laien für die Liebe und zum Dienst an den Kranken begeistern will" (*Ordensregel,* Nr. 54).
Heute ist eine wachsende Koordinierung gefordert, die in erster Linie darauf abzielt, „eine immer bessere ethisch religiöse Ausbildung der im Krankendienst tätigen Christen zu begünstigen und zu verbreiten, unter Berücksichtigung der je verschiedenen Verhältnisse und Probleme, denen sie sich gegenüber sehen ... " (Motu proprio *Dolentium hominum,* Nr. 5). Die kürzliche Errichtung des Internationalen Instituts für Krankenpastoral, des „Camillianum" in Rom, ist zusammen mit anderen Initiativen eures verdienten Ordens eine bezeichnende Antwort auf die Forderung nach Spezialisierung im Gesundheitswesen, wie sie die christliche Auffassung des Dienstes am Menschen, unserem Bruder, verlangt. Der Gesundheitsdienst ist angesichts der Bedrohung durch neue Übel, die aus dem Wertezerfall, der Degradierung der Umwelt und zunehmender sozialer Krankheiten erwachsen, eine globale Herausforderung an die gesamte Kirche in all ihren Verzweigungen und soll darauf abzielen, die Betreuten selbst zu aktiven und verantwortlichen Subjekten des Werkes der Evangelisierung zu machen (vgl. *Christifideles laici,* Nr. 54). Zu diesem pflichtgemäßen Ziel kann man gelangen, wenn alle Priester, Ordensleute und Laien – und besonders jene, welche sich der Krankenpastoral aus besonderem Charisma hingeben – nach Prinzipien handeln, die sich am Evangelium inspirieren.

6. Um das zu erreichen, müßt jedoch in erster Linie ihr selbst voll den Geist evangelischen Eifers und der Hingabe an die Brüder leben, der das Werk eures Stifters als eines wahren Giganten auf dem Gebiet der Caritas und der übernatürlichen Liebe gekennzeichnet hat. Ihr müßt wirklich zu den Ursprüngen zurückkehren, die so klar von der charismatischen Gestalt des hl. Kamillus von Lellis geprägt sind. Er war adlig von Geburt, doch mehr noch adlig ob seines tiefen Mitgefühls für die Kranken und Siechen in den Hospitälern. Mit welch einem großen Herzen pflegte er sie, umarmte sie, ermutigte sie mit den Worten des Glaubens! Seinen ersten Gefolgsleuten, die sich bei der Krankenpflege noch ungeschickt anstellten, wiederholte er immer mit Nachdruck: „Mehr Herz, Bruder, in diesen Händen!" Auch ich wiederhole euch heute: mehr Herz, meine Lieben! Mehr Herz in euren priesterlichen Händen, wenn ihr den Kranken und Sterbenden beisteht und ihnen die Sakramente spendet! Seid echte Väter, Brüder und Freunde derer, die leiden und sich an euch Ordensleute wenden und auf euch vertrauen.
Die heilige Jungfrau als Heil der Kranken, an deren liebevollem Eifer Kamillus von Lellis ausdrücklich seinen Dienst an den Leidenden inspirierte, segne die Arbeiten und Beschlüsse eures Generalkapitels und begleite eure Ordensfamilie auf dem Weg der vollkommenen Nachfolge Christi.
Diesen Wunsch bekräftige ich mit meinem Apostolischen Segen, den ich euch allen hier und allen Mitgliedern eures Ordens von Herzen erteile.

Gemeinsam den Weg gehen

Ansprache an die Priester, Ordensleute und Laien in der Glaubensverkündigung 21. Mai

Liebe Priester,
liebe Ordensmänner und Ordensschwestern,
liebe Laien in der Glaubensverkündigung!

1. Diese Begegnung mit euch erfüllt mich mit Freude, ist geprägt von besonderer Zuneigung und Verbundenheit, wie es stets geschieht, wenn ich mich an Menschen wende, „die ihr Leben für den Namen Jesu Christi, unseres Herrn, eingesetzt haben" (*Apg* 15,26).
Ihr seid der auserwählte Teil des Gottesvolkes. Ihr habt euch verpflichtet, hier in der Toskana für das Evangelium Zeugnis abzulegen. Ihr habt dem spezifischen Anruf des göttlichen Meisters entsprochen, der euch – Zeichen seines besonderen Vertrauens – als Priester und Gottgeweihte auserwählt hat, ihm näher nachzufolgen, die Liebe, das Erbarmen, den Eifer tiefer zu erfahren und glaubwürdige Zeugen seiner Wahrheit zu sein. Er hat euch auch als Laien auserwählt, damit ihr, dem Ruf folgend, in seinem Weinberg zu arbeiten, lebendigen, bewußten, verantwortlichen Anteil am Sendungsauftrag der Kirche habt (vgl. *Christifideles laici,* Nr. 3).

2. Mein Wunsch ist es heute, euch Trost und Ermutigung zu bringen: den Diözesanpriestern, den Ordensmännern und Ordensschwestern, den im Apostolat tätigen Laien. Ihr alle leistet eine gewaltige Seelsorgearbeit. Und das in einer Gegend, deren Geschichte und Struktur ein ständiger Hinweis ist, welch große Liebe, welcher Einsatz, welche Hingabe und bisweilen auch welcher Mut notwendig sind, die Seelsorgeaufgabe zu erfüllen. Ihr seid zum Dienst an den Mitmenschen aufgerufen, die in schwierigen und leidvollen Umständen leben, die einsam sind, die unter harter Arbeit leiden – und gerade deswegen einer Botschaft der Hoffnung bedürfen, einer Botschaft der Befreiung und eines Wortes des Friedens, das ihnen das Evangelium kündet.
So grüße ich euch alle in der Freude über die vielfältigen seelsorglichen Initiativen, über euer tägliches Bemühen, den Menschen in ihrem Alltag nahe zu sein. Ich wünsche euch besondere Gnadengaben, damit ihr im beharrlichen und hingebungsvollen Tragen „der Last der Arbeit und der Hitze (vgl. *Mt* 20,12) eure großzügige Bereitschaft für die Arbeit im Weinberg des Herrn zeigen könnt.

3. Es freut mich auch, daß ich bei Gelegenheit der Zehnjahresfeier des pastoralen Dienstes eures Bischofs, Monsignor Adelmo Tacconi, hier sein kann. Ihm gilt mein herzlicher Gruß und mein tiefempfundener Wunsch weiterer fruchtbarer Apostolatsarbeit.
Ich weiß, daß er euch aus diesem Anlaß einen Seelsorgsplan vorgelegt hat. Dieser zielt dahin, „den Weg gemeinsam zu gehen", in eurer Glaubensgemeinschaft mehr Solidarität und Zusammenarbeit zu verwirklichen.
Ich schließe mich diesem Aufruf an. Ich mache ihn mir zu eigen. Ich ermutige euch, in Einheit mit eurem Bischof, die Arbeit aus der Sicht des Evangeliums zu bewerten, verankert in der Liebe und Einheit, wie sie Jesus Christus gewollt hat (vgl. *Joh* 17,11).

An euch alle, die ihr hier versammelt seid – Priester, Ordensleute und in der Katholischen Aktion, in den Bruderschaften und sonstigen kirchlichen Bewegungen, in den Sozialwerken und Hilfseinrichtungen dieser Ortskirche tätigen Laien – richte auch ich den Aufruf, „den Weg gemeinsam zu gehen" in der kirchlichen Communio. Für jene Communio, die der Heilige Geist fortwährend um Christus, unserem Haupt, organisch erbaut und die gezeichnet ist von der gleichzeitigen Verschiedenheit und gegenseitigen Ergänzung der Berufungen, der Lebenssituationen, der Dienstämter, der Gnadengaben und Verantwortungen (vgl. *Christifideles laici,* Nr. 20).

4. Liebe Brüder und Schwestern, ihr kennt gut die kulturellen und gesellschaftlichen Verhältnisse der Leute, zu denen ihr gesandt seid. Ihr kennt die örtlichen Traditionen. Das konkrete und oft harte Leben der Maremma ist euer Arbeitsfeld. Hier liegt euer Seelsorgeauftrag. Bemüht euch ständig um die Begegnung, um das Gespräch mit den vielen Menschen, die den Glauben suchen, um sie zum wahren Glauben zurückzuführen. Es ist verständlich, daß ihr oft niedergedrückt seid von der Einsamkeit und Isolierung, in der ihr wirkt, daß ihr die Menschen in ihren Wohnungen und an ihren Arbeitsplätzen aufsuchen müßt, daß ihr zu ihnen gehen müßt, anstatt daß sie zu euch kommen. Doch müßt ihr eben in diesem gesellschaftlichen Umfeld den Reichtum und die Kühnheit eurer Berufung sehen, die euch von Christus geschenkt wurde. Gerade an den Schwierigkeiten müßt ihr die Notwendigkeit im Geist vereinten Wirkens erkennen, in Gemeinschaft untereinander, in einmütigen Initiativen, im Bewußtsein, daß keiner von euch eine Insel ist. Euch ist es aufgegeben, mit sichtbaren Zeichen brüderlicher Liebe Zeugnis davon abzulegen, daß euch der gleiche Glaube belebt, daß euch die gleiche Sorge um die Seelen anspornt, daß ihr hoffnungsvoll den gleichen himmlischen Lohn erwartet.
Ich ermuntere euch aus ganzem Herzen, unverfälschte christliche Solidarität, die euch im Apostolat Führung und Stütze ist, zu bewahren und weiterzuentwickeln. Die Liebe, die aus der Weihe an Christus, dem Lehrer und Seelenhirten, entspringt, ist die wunderbarste Gnadenquelle, ist ein lebendiges und wirksames Zeichen der kraftvollen Gegenwart des Heiligen Geistes.

5. Seid also stets bereit, einer Welt, die sich oft nach dem Sinn eurer Aufgabe fragt, Rechenschaft über eure Berufung abzulegen. Alle Menschen – auch wenn sie atheistischen oder antichristlichen Ideologien anhängen oder die geistlichen Werte hintansetzen – stellen sich die Frage nach Gott, spüren das Verlangen und das Bedürfnis nach ihm, sind auf der Suche nach einer Hoffnung. Gerade diesen Menschen, die zuweilen von tiefer innerer Zerrissenheit gequält werden, müßt ihr eine Antwort geben, die die Werte der Transzendenz und der Frohbotschaft des Evangeliums rechtfertigen. Selbstverständlich eine angemessene, nicht vorgefertigte Antwort, eine Antwort in Form eines Gesprächs, das vom Gewissen ausgeht und auf die konkreten Fragestellungen eingeht. Eine Antwort, die auf die ganz konkreten Lebens- und Berufsverhältnisse eingeht, auf die familiären und gesellschaftlichen Probleme. Und eine Antwort, die beglaubigt wird durch das persönliche Beispiel, damit die Verkündigung glaubhaft und nachvollziehbar wird.

6. Die Kirche führt ihr Gespräch über den Glauben, indem sie ihre Botschaft in der Welt inkarniert. Sie wird missionarisch gerade dadurch, daß sie den Menschen in seinem kulturellen Wachstum begleitet und alle dabei auftauchenden Fragen auffängt. Dabei bemüht sie sich, eine Sprache zu sprechen, damit ihre Botschaft auch gut aufgenommen wird.
Als Hirten und Seelenführer, als verantwortliche Animatoren der Seelsorgearbeit seid deswegen auch ihr aufgefordert, eure Botschaft immer wieder zu vertiefen, das Geschenk der Evangelisierung immer mehr zugänglicher und verständlicher zu machen.
Eure Reflexion über die pastorale Verkündigung der Frohbotschaft darf nicht nachlassen. Eure ständige Weiterbildung sollte Hand in Hand gehen mit konkreten Initiativen, mit eifriger und sorgfältiger Anteilnahme an den Problemen der Menschen. Solche Initiativen sind echte Gelegenheiten inneren Wachstums und können eure Arbeit im Lichte ehrlicher Unterscheidung läutern, können euch zu nützlicher Verifizierung, aber vor allem zu neuer Ermutigung, besserer Zusammenarbeit und Trost verhelfen. Auch die Barrieren, die sich bisweilen zwischen den Generationen und verschiedenen Aufgaben erheben, können im Gespräch, im Meinungs- und Erfahrungsaustausch abgebaut werden. Bestärkt euch gegenseitig in brüderlicher Liebe und erkennt, daß die Hand des Herrn mit euch ist. So werdet ihr viele zum Glauben führen (vgl. *Apg* 11,21).
Ich denke, daß die Möglichkeiten, die diese Ortskirche unter Leitung eures Bischofs bietet, – gleichsam als Anregung des Heiligen Geistes – wirklich bedeutungsvoll sind. Ich weise auf die diözesanen Bildungsanstalten hin, für theologische, pastorale und spirituelle Fortbildung. Sie sind ein Zeichen, daß man sich in eurem Bistum für einen Weg des Glaubens einsetzt, der befähigt, von eurer Hoffnung Rechenschaft zu geben.

7. Ein eigenes Wort möchte ich an die Ordensschwestern richten, namentlich an jene, die mit euch Priestern und Ordensmännern Evangelisierungsarbeit teilen. Sie sind wertvolle und unentbehrliche Helferinnen der Pfarrer. Sie führen originelle Initiativen im Kindergarten durch, pflegen Kontakte mit den Familien, pflegen Katechese, nehmen sich der Kranken- und Altenpflege an. Allen diesen lieben Schwestern gilt meine Anerkennung für ihre immense Arbeit, die sie für diese Ortskirche leisten.
Möge mein Besuch den brüderlichen und schwesterlichen Einsatz fördern, in Grosseto eine Gemeinschaft aufzubauen, die durch die Glaubensunterrichtung der Kleinen und der Großen im Glauben wächst, die diesen Glauben bewußt in der Eucharistie und in den anderen Sakramenten lebt, die offen ist für das Wort Gottes und das Zeugnis ihrer Liebe zu Gott und den Mitmenschen.
In diesem Geist erteile ich euch allen, euren Pfarr- und Ordensgemeinschaften, euren Familien und den Gemeinschaften am Arbeitsplatz sowie der ganzen Bevölkerung dieses Bistums zusammen mit eurem Bischof den Apostolischen Segen.

Kirche nimmt Anteil am Los der Arbeiter

Ansprache an die Unternehmer und Arbeiter des Industriegebietes Casone am 21. Mai

Liebe Arbeiter, Unternehmer und Vertreter der gesamten Welt der Arbeit!

1. Es bereitet mir echte Freude, anläßlich meines Pastoralbesuches in der Stadt und im Bistum Grosseto unter euch zu weilen, hier auf der Ebene von Scarlino, inmitten dieser großen und modernen Industrieanlage, die sich zwischen Küste und Erzhügeln hinschmiegt.
Ich danke den Mitgliedern der Direktion und den Vertretern der Arbeiter für die freundlichen Begrüßungsworte, die sie im Namen der hier wirkenden Gesellschaften, im Namen ihrer Kollegen sowie im eigenen Namen an mich gerichtet haben. Meinerseits grüße ich jeden von euch ganz herzlich, grüße auch jene, die gerade Schichtdienst haben und deswegen dieser Begegnung der Freundschaft und des Glaubens nicht beiwohnen können. Einen ganz besonderen, gewissermaßen solidarischen Gruß richte ich an die Bergleute in den Erzminen von Campiano und Niccioleta. Letztere sind ja auch durch eine von ihrem Bischof Lorenzo Vivaldo von Massa Marittima Piombino angeführte Delegation hier vertreten.
Seit einem Jahrhundert wird in dieser Gegend Eisenkies abgebaut. Auch aus diesem Anlaß wollte ich mit euch zusammentreffen, liebe Bergleute. Ihr leistet tagtäglich eine schwere Arbeit, Hunderte Meter unter der Erdoberfläche, wo auch einige eurer Kumpel das Leben verloren haben. Ihnen gilt mein Gedenken und euch meine Anteilnahme. Ich teile eure Sorgen um die Sicherheit und die Erhaltung des Arbeitsplatzes.
Mein innigster Wunsch ist, daß diese heute so hochtechnisierten Industrien im Dienst des Menschen und seines sozialen Fortschritts bleiben.

2. Ihr wißt, daß mir jede Begegnung mit der Welt der Arbeit ganz besonders lieb ist, weil sie mir Gelegenheit bietet, der Sorge der Kirche für die arbeitenden Menschen Ausdruck zu geben. Hier kommt dazu, daß gerade die Arbeit der Bergleute, der Steinbrucharbeiter in meinem Herzen ausdrücklichen Widerhall findet, mich an meine eigenen Jugendjahre erinnert, in denen ich die mit dieser Tätigkeit verbundenen Probleme am eigenen Leib spürte. Sie spornt jeden Menschen an, die Fülle der Güter zu entdecken und zu werten, die der vorsehende Schöpfergott uns, seinen Kindern, in reichem Maße geschenkt hat. Auch daran denke ich, wenn ich jeden einzelnen von euch ganz herzlich grüße.

3. Seit dem Entstehen der Großindustrie, im modernen Sinne des Wortes, fühlte die Kirche die Notwendigkeit, die Lebensbedingungen der Industriearbeiter und ihrer Familien mit anteilnehmender Aufmerksamkeit zu verfolgen. Sie tat es ständig und mit wachsendem Einsatz. Ich möchte hier nur daran erinnern, daß wir in zwei Jahren die Jahrhundertfeier der Veröffentlichung des ersten diesbezüglichen großen päpstlichen Dokuments begehen, das meinem verehrten Vorgänger Papst Leo XIII. zu verdanken ist, einem sehr weitschauenden Mann. Mit seiner Enzyklika *Rerum novarum* spornte er die katholische Kirche lehramtlich an, sich den sozialen Fragen zu widmen und sich insbesondere für die Lösung der Arbeiterfrage einzusetzen.

Nach ihm haben sich die Päpste immer wieder zu diesem Problemkreis geäußert, haben die soziale Frage im höheren Licht der Glaubenswahrheiten erläutert. Auch ich, der ich für jede Gelegenheit dankbar bin, mit Arbeitern an ihrem Arbeitsort selbst zusammenzutreffen und mit ihnen zu sprechen, habe mich mit neuen Sozialenzykliken an die Verantwortlichen und an alle Menschen guten Willens gewandt und sie zu einer zeitgemäßen und angebrachten Lösung der Probleme aufgefordert, die sich in der sozialen Frage immer wieder neu stellen.

4. Meine lieben Arbeiter der Industrieanlagen von Scarlino und der neuen Mine, wenn ihr mich nach den Gründen fragt, derentwegen sich die Kirche in so direkter und echter Anteilnahme um eure Welt kümmert, dann antworte ich euch: es sind vor allem zwei, die miteinander eng verbunden sind und sich gegenseitig ergänzen.
Der erste Grund liegt im Auftrag der Kirche, den sie von Christus empfangen hat, den Menschen zum Heil zu führen, all sein vielfältiges irdisches Wirken auf seine übernatürliche Bestimmung auszurichten. Im irdischen Dasein und Wirken bildet das weite und sehr differenzierte Feld der Arbeit eine Wesenskomponente. Die Arbeit ist Teil des göttlichen Heilsplans, den er uns geoffenbart hat. Die Kirche muß ein Evangelium der Arbeit verkünden, damit der Mensch immer mehr seine Berufung erkennt, diese annimmt und so in konstruktiver Weise zum gemeinsamen Fortschritt beiträgt (vgl. *Laborem exercens*, Nr. 26).
Der zweite Grund des Interesses der Kirche an der Welt der Arbeit ist ihre tiefe Solidarität mit dem Menschen und allem, was entscheidenden Einfluß auf seine volle Verwirklichung hat. Wenn der erste genannte Grund sozusagen auf der vertikalen Linie des heilbringenden Wortes Gottes liegt, das die Kirche den Menschen vermitteln soll, so liegt der zweite Grund auf der horizontalen Linie ihrer Anteilnahme an den vielfältigen Problemen und Mühen des Menschen. Darin hat die Kirche eine lange Erfahrung. Deswegen ist sie in der Lage, ihren eigenen speziellen Beitrag zur Suche nach Lösungen zu leisten, welche die Menschenwürde achten und deren echte Behauptung fördern.

5. Aus diesen zwei Gründen lädt die Kirche auch den arbeitenden Menschen ein, sich des edlen Plans bewußt zu werden, den Gott mit und für den Menschen hat. Man muß immer wieder darüber nachdenken, wer arbeitet, warum er arbeitet, wofür er arbeitet.
Der Arbeiter – und damit meine ich jeden einzelnen von euch – ist weder ein Mechanismus im Fabrikationsprozeß, noch ein Instrument des Arbeitsprozesses. Er, jeder einzelne, gehört einer höheren Ordnung an, die alle materiellen Wirklichkeiten überragt, die in unserem sichtbaren Bereich bestehen. Er ist von seiner Natur her mit Vernunft und Freiheit begabt. Er ist – kurzum – eine Person. Und jede menschliche Person ist ohne jegliche Diskriminierung geschaffen als Abbild Gottes. Seine Würde übersteigt deshalb den Wert aller irdischen Güter.
Noch mehr. Der Arbeiter ist von Gott gerufen, sich in Gottes Schöpfungsplan einzuordnen, in gewissem Sinn selbst Schöpfer zu werden. Von daher eine direkte und wichtige Konsequenz, die ich in meiner Enzyklika über die menschliche Arbeit betont habe: Der Arbeiter muß, gleich welche Tätigkeit er ausführt oder welchen Rang er hat,

durch seine Arbeit mehr Mensch werden können, sich nicht ob seiner Arbeit demütigen lassen oder herabgesetzt fühlen (vgl. *Laborem exercens*, 9).
Alle Ungerechtigkeiten, die in der Welt der Arbeit begangen wurden oder noch begangen werden, müssen nach dem grundlegenden Kriterium des Wertes und des echten Wohls der Person gemessen werden. Wenn das nicht beachtet wird, läuft man Gefahr, daß die Proteste, die gegen die Ungerechtigkeiten erhoben werden, Ursache weiterer, vielleicht noch größerer Ungerechtigkeit werden.

6. In meinem Vaterland, das, wie ihr wißt, mit großen Schwierigkeiten zu kämpfen hat, hat kürzlich jemand gesagt, man müsse sich heute vordringlich für die „Arbeit an der Arbeit" einsetzen.
Was heißt das „Arbeit an der Arbeit"? Gemeint ist vornehmlich das Arbeiten an der Organisation der Arbeit, d.h. diese so gestalten und so regeln, daß sie der ganzheitlichen Entwicklung der menschlichen Person dient und diese fördert. Die daraus folgenden ganz konkreten Forderungen sind offensichtlich und dringend: beispielsweise die gerechte Beteiligung aller Mitarbeiter am Gewinn, die Sicherung ihres Mitspracherechts in der Betriebsführung. Und natürlich auch, daß jegliche Industrie dem Umweltschutz Rechnung trägt und die Bodenschätze nicht vergeudet ... Insbesondere muß aber die Arbeit, der Mann und Frau die besten Jahre ihres Lebens und ihrer Kräfte widmen, ihnen nicht nur als Lebensunterhalt, sondern zur Förderung eines echt menschlichen Lebens dienen. Wäre es, zum Beispiel, nicht schon ungerecht, wenn ein Arbeiter mehrere Tätigkeiten ausüben muß, um seiner Familie ein menschenwürdiges Leben zu ermöglichen?
Jeder arbeitende Mensch – ob in einer Werkstatt, in einem Bergwerk oder in einem Büro – hat Anspruch, sich durch seine Arbeit einen angemessenen Lebensstandard zu verdienen, also angemessene Wohnung, Lebenshaltungskosten, Sozialfürsorge und natürlich Kultur, Freizeit – damit auch Zeit für geistige und religiöse Erhebung. Hier liegt das Kriterium der Unterscheidung einer „dem Menschen angemessenen Arbeit" und den verschiedenen Formen der Ausbeutung, die es auch heute gibt.
Im Licht dieser Prinzipien befindet sich der Arbeitslose in einer objektiv ungerechten Lage, der die Gesellschaft abhelfen muß. Sie muß ihm vernünftige Lösungen anbieten, darf ihn nicht in die Ecke und zur Resignation drängen, die Arbeitslosigkeit als unvermeidliches Phänomen hinzunehmen. Die Arbeitslosen sind eine Wunde für die Gesellschaft selbst, denn es wird ihr der Beitrag derer vorenthalten, die arbeiten können und denen dazu die Möglichkeit gegeben werden muß.

7. „Arbeit an der Arbeit" will also sagen: wirksamer Einsatz im Dienst an den arbeitenden Menschen. Nach göttlichem Plan ist die Arbeit der Weg, auf dem der Mensch seine volle Menschlichkeit verwirklichen soll. Es geht also nicht nur um die wirtschaftliche Dimension: Es gilt, auch der kulturellen, der geistlichen, der religiösen Dimension des Menschen Rechnung zu tragen und Wertschätzung entgegenzubringen. Der arbeitende Mensch soll mit seinem Wirken nicht nur seine handwerklichen und geistigen Fähigkeiten zum Ausdruck bringen, sondern auch sein Gewissen, seine sittlichen Prinzipien, seinen eigenen Glauben.

Ohne sittlichen, ohne religiösen Bezug fehlt dem Menschen seine wahre Größe. Ich muß dies immer wieder unterstreichen. Eine Gesellschaft, die nur auf das Haben zielt, also nur auf den materiellen Wohlstand, und darüber das Sein vergißt – eine solche Gesellschaft kann die grundlegenden Probleme menschlichen Daseins nicht lösen. Anstatt den Reichtum der Güter zu beherrschen, wird er deren Sklave und folglich unzufrieden.
In meiner Enzyklika *Sollicitudo rei socialis* (28) habe ich festgestellt: „Das Übel liegt nicht im ‚Haben' als solchem, sondern in der Art und Weise des Habens, die auf die Qualität und die Rangordnung der Habe keine Rücksicht nimmt: Qualität und Rangordnung, wie sie sich aus der Unterordnung der Güter und aus deren Verfügbarkeit für das ‚Sein' des Menschen und seine wahre Berufung ergeben."
Sieht man die Dinge so an, dann bleibt kein Raum für Egoismus, weder persönlichen noch Gruppenegoismus. Daraus ergibt sich vielmehr die Pflicht zur Solidarität nicht nur mit dem Arbeitskollegen, sondern mit jedem Glied der Menschheit.

8. Liebe Brüder und Schwestern, der Glaube an Christus, den Erlöser, belebt in jedem Menschen das Gut der Freiheit und der echten Menschenwürde – sofern er wirklich und echt gelebt wird. Der Glaube, denkt immer daran, ist unerläßlich für das innere Gleichgewicht jeder menschlichen Person, jeder Familie, für das Gleichgewicht der Gesellschaft und auch jenes der Natur.
Ich weiß, daß die hier tätigen Industrien im Rahmen ihrer technischen Neuerungen auch dem Umweltschutz Rechnung tragen. Es ist mein Wunsch, daß diese Anlagen dank des ständigen Bemühens der Verantwortlichen zu einem Modell eines immer besseren Zusammenlebens zwischen dem Menschen und seiner Umwelt, zwischen Arbeiter und Unternehmer, kurz, daß sie immer menschlicher werden im Sinn des echten Fortschritts.
Nochmals danke ich euch allen für die freundliche Aufnahme, für die Aufmerksamkeit, und segne euch alle und eure Familien aus ganzem Herzen.

Im Glauben wachsen zur Ganzheitlichkeit

Grußwort an die Stadtverwaltung und die Bevölkerung von Grosseto am 21. Mai

Herr Bürgermeister, ehrenwerter Vertreter der Italienischen Regierung, liebe Brüder und Schwestern!

1. Ich freue mich, in eurer Mitte hier in Grosseto zu sein, in dieser Stadt, die so reich ist an antiken und echten geistlichen und geschichtlichen Traditionen, namentlich an künstlerischen.
Allen hier Anwesenden gilt mein herzlicher Gruß und mein Dank für den liebenswürdigen und begeisterten Empfang, der mir bereitet wurde. Ich grüße euch alle, die nicht hierher kommen konnten, doch meine Stimme hören.
Ich danke eurem Bischof, ich danke dem Bürgermeister, ich danke dem Vertreter des Italienischen Staates, dem Abgeordneten Mauro Bubbico, für die Grußworte, mit denen sie den Gefühlen aller Gläubigen, ja der gesamten Bevölkerung Ausdruck zu geben versuch-

ten. Ich danke ihnen auch für die freundliche Einladung, euch einen Pastoralbesuch abzustatten. Möge er euren Eifer für die Zukunft anstacheln!

2. Der letzte Papstbesuch in dieser Stadt liegt achteinhalb Jahrhunderte zurück. Der Papst des Zweiten Ökumenischen Laterankonzils, Innozenz II., ist mit der Geschichte eurer Stadt eng verbunden. Auf der Reise von Frankreich nach Rom – begleitet von heute zwei berühmten Heiligen, dem heiligen Norbert und dem heiligen Bernhard von Clairvaux, machte er im mittelalterlichen Grosseto Station, das er fünf Jahre später zum Bistum erhob. Diese Geste eines Papstes, im Jahre 1138, trug zum Wachstum dieser Stadt bei. Die Kathedrale wurde gebaut. Erst war sie dem römischen Märtyrer Laurentius geweiht. Später, als man das Bildnis der Madonna delle Grazie dort aufstellte, wurde sie zum Marienheiligtum des Bistums.
Ich bin zu den Abschlußfeierlichkeiten des Jahrestages dieses geschichtlichen Ereignisses und zu dem alle fünf Jahre stattfindenden Fest zu Ehren der Gnadenmutter hierher gekommen. Ich komme zu euch als Hirte der Gesamtkirche, um lebhaften Anteil zu nehmen an eurer heutigen Freude. Um euch im Glauben zu bestärken, der euch schon in den ersten Jahrhunderten des Christentums verkündet wurde und der auch heute nicht nachläßt, trotz aller gesellschaftlicher, familiärer und persönlicher Schwierigkeiten. Ich komme zu euch, um euch zu erneuertem religiösen Eifer zu ermuntern.

3. Ich möchte euch vor allem sagen, daß das Evangelium, das den für uns Mensch gewordenen, gestorbenen und auferstandenen Jesus verkündet, heute wie zu allen zeiten unersetzlich ist für das menschliche und geistliche Wachstum. Je tiefer und kohärenter ihr aus dieser unerschöpflichen Quelle inneren Lebens schöpft, desto mehr werdet ihr als Gemeinschaft und als einzelne in der Lage sein, nicht nur die mit dem Wechsel der Zeiten auftretenden Schwierigkeiten leicht zu überwinden, sondern auch Krisenzeiten immer wieder in Zeiten wirklicher Erneuerung zu verwandeln.
Gott, der Urheber der Natur, hat eure Heimat mit einzigartiger Schönheit und beachtlichen materiellen Gütern ausgestattet. Seit urdenklichen Zeiten, die archäologischen Funde bestätigen es, spielte dieser Landstrich eine bedeutende Rolle im wirtschaftlichen und kulturellen Leben. Später folgte eine Zeit der Verwüstung, des Bevölkerungsrückgangs, der Landaufgabe und der Versumpfung vieler Gebiete. Danach kam wieder ein Aufschwung mit der Entwässerung der Sümpfe und der Aktivierung des Bergbaus. Heute lebt ihr in relativem Wohlstand, doch blickt nicht sorglos in die Zukunft. Denn trotz ausreichender wirtschaftlicher Mittel, trotz neuer und einfallsreicher unternehmerischer Leistungen, trotz zahlreicher Verkehrs- und Handelsverbindungen gibt es das Problem der Arbeitslosigkeit und einer immer noch nicht gerechten Gewinnbeteiligung.

4. Letztlich geht es jedoch nur um ein Problem: der echte Fortschritt begnügt sich nicht mit der materiellen Seite, er erstreckt sich auf die verschiedenartigen Bedürfnisse des Menschen, auf seine Ganzheitlichkeit. Fortschritt beinhaltet auch sittliche und geistliche Entwicklung. Wo Glaube und Lebensführung sich widersprechen, wo sich Familien auflösen und wo menschliches Leben vernichtet wird, dort besteht keine echte Entwicklung.

Liebe Brüder und Schwestern, das Christentum als Träger hoher geistlicher Werte kam, wie gesagt, schon in seinen Anfängen in diese Gegend. Seither ist euch die Kirche mit ihren Hirten stets nahe gewesen, hat Freud und Leid mit euch geteilt, hat euch mit Hoffnung im Namen dessen erfüllt, der gestorben und auferstanden ist.
Auch heute ist die Kirche jedem von euch nahe, begleitet euch auf dem Lebensweg zu Zielen, die nicht Illusion sind.
Bevor ich in den Dom gehe, um das altehrwürdige Gnadenbild der Madonna delle Grazie zu verehren, versichere ich euch, für euch zu beten, auf daß euer Glaube dem Beispiel eurer Vorfahren folgend immer lebendiger und tätiger werde und daß im Licht dieses Glaubens euer kulturelles und gesellschaftliches Leben eine fortdauernde Blüte erfahre.
Ich segne euch von Herzen.

Gemeinsam für den Frieden

Ansprache an die Teilnehmerinnen des Seminars „Frauen und Solidarität", das von der Stiftung „Gemeinsam für den Frieden" veranstaltet wurde am 22. Mai

Verehrte Mitglieder der Stiftung „Gemeinsam für den Frieden"!

Als Frauen, die in ihren Ländern und auf internationaler Ebene bedeutende Stellungen einnehmen, sind Sie zusammengekommen zur Unterstützung der Sache des Friedens und des gegenseitigen Verständnisses unter den Völkern. Ich bin erfreut, Sie während Ihres Seminars heute morgen im Vatikan willkommen zu heißen. Mögen diese Tage die Freundschaft und Zusammenarbeit, die bereits zwischen Ihnen gewachsen sind, noch mehr festigen, und mögen sie Ihre Haltung gegenüber den edlen Zielen Ihrer Stiftung stärken.
Ihr Seminar trägt den Titel „Frauen und Solidarität" und hat sich ein tieferes Verständnis der Rolle der Frau zum Ziel gesetzt in den weltweiten Bemühungen, denen Hilfe und Ermutigung zu bringen, die leiden oder Hilfe brauchen. In einer Welt, die täglich klarer die gegenseitige Abhängigkeit aller Männer und Frauen sowie aller Nationen und Völker entdeckt, versuchen Sie, den besonderen Beitrag zu entdecken, den Frauen leisten können, um ein Zeitalter echten Friedens zustande zu bringen, der auf Gerechtigkeit und der Respektierung der Würde jedes einzelnen und jeder Person beruht.
Sie wissen gut, daß alle Bemühungen, den bedürftigen Brüdern und Schwestern zu helfen, dem tiefen Wunsch entspringen müssen, sie dazu zu befähigen, daß sie ihre vollen menschlichen Möglichkeiten erreichen, sowohl als Einzelpersonen wie auch als Mitglieder der Gesellschaft insgesamt. Dieser Wunsch, der grundlegend religiös ist und seine Quelle tief im menschlichen Herzen hat, ist Ausdruck des gemeinsamen Menschseins, das wir teilen. Hinter allen Unterschieden von Sprachen, Kultur und wirtschaftlichem Rang sind wir alle eins, Mitglieder einer Familie und verantwortlich füreinander. Wann immer unser gemeinsames Menschsein vergessen wird oder eine menschliche Person Schaden nimmt, dann leiden wir alle, und jeder ist irgendwie herabgesetzt.

Mögen Sie in diesen Studien- und Besinnungstagen zu einem tieferen Verständnis der geistlichen Dimension der Arbeit kommen, die Sie unternommen haben. Das tiefe Wort „Solidarität" weist, so wie es im Titel Ihres Seminars erscheint, auf eine tiefgründige geistliche Wahrheit hin, nämlich darauf, daß alle Beiträge zur Hebung der Völker und Gesellschaften in einer Sicht wurzeln, die in jeder menschlichen Person einen Bruder oder eine Schwester sieht und uns zugleich dazu inspiriert, unsere eigene persönliche Verantwortung für ihr Wohl und das Wohl aller zu erkennen (vgl. *Sollicitudo rei socialis*, Nr. 38). Als Frauen bringen Sie einzigartige Gaben, Einsichten und Interessen für die Suche der Welt nach Frieden mit ein. Überall sehnen sich die Völker danach, die wahre Freiheit und echte menschliche Erfüllung zu erfahren, und viele Frauen, deren Hochherzigkeit und Selbstaufopferung Sie vertreten, haben eine bedeutende und wesentliche Rolle zu spielen. Mögen alle Ihre Bemühungen aus einem friedvollen Herzen und aus einem hochherzigen Wunsch fließen, mit anderen die Gaben zu teilen, die Sie selbst empfangen haben.

Die Katholische Kirche schätzt in hohem Maße, was Sie getan haben und was Sie für die Bedürftigen tun. Ich danke Ihnen und rufe auf Sie alle Segnungen dessen herab, der „der Vater des Erbarmens und der Gott allen Trostes" (*2 Kor* 1,3) ist. Möge Gottes Liebe Sie immer begleiten!

Stärkung des pilgernden Volkes

Predigt beim Fronleichnamsgottesdienst in St. Johannes im Lateran am 25. Mai

1. Lauda Sion Salvatorem ...

Heute dankt die Kirche für das Geschenk der Eucharistie. Heute betet die Kirche das eucharistische Geheimnis an. Sie tut es nicht nur heute. In der Tat bestimmt die Eucharistie das Leben der Kirche an jedem Tag. Trotzdem möchte die Kirche diesen Tag in besonderer Weise der Danksagung und öffentlichen Anbetung widmen.

Lauda Sion Salvatorem ...

Wir werden mit dem Allerheiligsten Sakrament in Prozession von der Lateranbasilika, der Mutter aller Kirchen in und außerhalb von Rom, zur Marienbasilika auf dem Esquilin ziehen: Ave verum Corpus natum de Maria Virgine.

2. Während wir in Prozession ziehen, haben wir vor unseren Augen die große Schar, die Jesus folgte, als er sie über das Reich Gottes belehrte. Der Evangelist Lukas schreibt, daß er „alle heilte, die seine Hilfe brauchten" (*Lk* 9,11). Aber damals mußten außer den Kranken auch alle Anwesenden gespeist werden, denn „der Tag ging zur Neige" (vgl. *Lk* 9,12). Jesus befolgt nicht den Rat der Zwölf, die Menge zu verabschieden und in die umliegenden Dörfer und Landhöfe zu schicken, sondern sagt: „Gebt ihr ihnen zu essen" (*Lk* 9,13). Die Apostel hatten nur fünf Brote und zwei Fische (vgl. *Lk* 9,13).

Jesus nahm sie, „blickte zum Himmel auf, segnete sie und brach sie; dann gab er sie den Jüngern, damit sie diese an die Leute austeilten (*Lk* 9,16). Der Evangelist stellt fest: „Alle aßen und wurden satt. Als man die übriggebliebenen Brotstücke einsammelte, waren es zwölf Körbe voll" (*Lk* 9,17).

3. Das Wunder der Brotvermehrung ist ein Zeichen, das in besonderer Weise die Eucharistie ankündigt.
Die Liturgie führt uns deshalb zurück in den Abendmahlssaal zu dem Abend, an dem Christus verraten wurde; zu dem Abend der Einsetzung der Eucharistie, die wir alljährlich am Gründonnerstag feiern.
An jenem Abend, nach den über das Paschabrot und den Weinkelch gesprochenen sakramentalen Worten, sagte Christus: „Sooft ihr von diesem Brot eßt und aus dem Kelch trinkt, verkündet ihr den Tod des Herrn, bis er kommt" (*1 Kor* 11,26).
„Sooft": In der Eucharistie erstreckt sich die sakramentale „Brotvermehrung" über alle Zeiten. Sie erreicht so viele Orte auf der ganzen Erde. Sie dauert über Generationen hinweg.
Heute möchten wir auf dem Weg der römischen eucharistischen Prozession alle Generationen vereinen, die seit den Zeiten der Apostel sich in dieser Stadt an der Eucharistie genährt haben.
Wir, die in der heutigen Generation von diesem Sakrament leben, möchten anstelle aller danken und anbeten.
Lauda Sion Salvatorem ...

4. Die eucharistische Prozession ist das Bild des pilgernden Volkes Gottes. Folgen wir Christus, der der Hirt der unsterblichen Seelen ist.
Es führt uns die einfache Brotsgestalt: die weiße Hostie, in der sich das Geheimnis des einzigen Priestertums sakramental ausdrückt. Hier der Hohepriester, „der die Himmel durchschritten hat" (vgl. *Hebr* 4,14). Hier der „Priester auf ewig" (*Ps* 110,4). Durch das Kreuzesopfer hat er alle Opfer des Alten Bundes überhöht. Sein Priestertum kennt nur eine einzige Gestalt aus der Zeit Abrahams: Melchisedek. Das blutige Opfer unserer Erlösung wurde von Christus in die Gestalten des Brotes und Weines gekleidet. Ähnlich hat Melchisedek Brot und Wein geopfert. Ein prophetisches Zeichen.

5. Durch sein messianisches Opfer hat Christus alles verwirklicht, was vom Psalmisten in bezug auf Melchisedek angekündigt worden ist.
Ihm hat der Herr versprochen: „Du bist Priester auf ewig nach der Ordnung Melchisedeks" (*Ps* 110,4).
Zu ihm hat er gesagt: „Setze dich mir zur Rechten ... ich habe dich gezeugt noch vor dem Morgenstern, wie den Tau in der Frühe" (*Ps* 110,1.3).
So spricht der Herr zu meinem Herrn", so spricht der Vater zum wesensgleichen Sohn, der „zu seiner Rechten" sitzt kraft des Erlösungsopfers am Kreuz, des Opfers von Leib und Blut.
Eben durch dieses Opfer ist er der Hirt aller. Er ist der ewige Hirt, dem der Vater jeden Menschen anvertraut hat. Damit durch Ihn und in Ihm der Mensch das Leben, das ewige Leben, das in Gott selbst ist, wiederfinden kann.
Lauda Sion Salvatorem. Lauda Ducem et Pastorem, in hymnis et canticis.

6. Folgen wir also Christus nach in der Prozession. Die weiße Gestalt des Brotes führt uns durch die Straßen der Stadt; damit verbunden ist ein besonderes apostolisches Zeugnis und das apostolische Erbe der Eucharistie.
Gehen und singen wir, und beten wir das Geheimnis an.
Und wir wissen, daß man es nicht in Worten angemessen ausdrücken und anbeten kann.
Quantum potes, tantum aude, quia maior omni laude ... Ja. Maior omni laude! Quia maior omni laude, nec laudare sufficis. Amen.

Durch das Christentum erhalten menschliche Werte eine weitere Perspektive

Ansprache die Mitglieder der Vereinigung NOVA SPES am 26. Mai

Herr Kardinal!
Sehr geehrte Damen und Herren!

1. Ich freue mich sehr, erneut mit Ihnen, Vertreter von Kultur und Wissenschaft, Mitglieder der Vereinigung NOVA SPES, zusammenzutreffen. Sie baten um diese Audienz im Verlauf Ihres Kolloquiums über das Thema: Die allumfassende Entwicklung der menschlichen Person und der Gesellschaft als Verwirklichung der menschlichen Werte.
Ich grüße herzlich Herrn Kardinal Franz König, Alterzbischof von Wien, Gründer und Präsident von NOVA SPES, der für diese Stiftung seinen Erfahrungsschatz und sein Wissen einsetzt. Und ich begrüße Sie alle und danke Ihnen für Ihre Geste der Ehrerbietung.
Auch diesmal wieder, wie schon anläßlich früherer Zusammenkünfte, spreche ich Ihnen meine Achtung und Freude aus für die Tätigkeit und die kulturellen Interessen, die Sie seit der Gründung von NOVA SPES im Jahre 1977 in den Dienst der Gesellschaft stellen.
Als Grundlinie von NOVA SPES, als Grundanliegen tritt der qualitative Aspekt des menschlichen Fortschritts in enger Verbindung mit Religion, Wissenschaft, Kommunikation und Wirtschaft auch bei Ihrem derzeitigen Kolloquium deutlich und konkret hervor.

2. Beim schlichten Aussprechen des gewählten Themas fragt man sich spontan: „Was sind die wirklichen und authentischen menschlichen Werte im Licht der christlichen Botschaft, und wie muß sich die allumfassende Entwicklung der menschlichen Person und der Gesellschaft vollziehen?“
Auf dem Niveau der Natur und der Geschichte heißen diese Werte: Vernunft, Freiheit, Leibhaftigkeit, Vergesellschaftung; sie stehen am Beginn des ungeheuren bürgerlichen und sozialen Fortschritts der Menschheit bis hin zu den heutigen Errungenschaften der Wissenschaft und der Technik ebenso wie der Demokratie und der politischen und internationalen gegenseitigen Abhängigkeit.

Man muß jedoch noch einen Schritt weiter gehen. Im Licht des Christentums erhalten die menschlichen Werte eine größere und entscheidendere Wichtigkeit und Perspektive. Entsprechend der christlichen Weltanschauung ist der Mensch von Gott erschaffen und von Christus erlöst worden, ist für sein Tun verantwortlich und für ein ewiges Leben bestimmt, weil die Seele unsterblich ist und der Leib auferstehen wird.
Dies sind die menschlichen und christlichen Werte, die verwirklicht werden müssen, um tatsächlich eine allumfassende und damit vollständige und zufriedenstellende Entwicklung der menschlichen Person und der Gesellschaft zu erzielen. Tatsächlich und konkret erfüllt sich die Entwicklung der menschlichen Person und der Gesellschaft im Licht der christlichen Botschaft im Sinn der Anbetung vor Gott und seinem Wort, in der Teilnahme am dreieinigen Leben Gottes durch die in der Taufe empfangene und in den Sakramenten genährte Gnade, im tätigen Einsatz in Nächstenliebe und Brüderlichkeit, in der Aussicht auf die ewige Seligkeit bei Gott, der Gemeinschaft und Liebe ist.
Gewiß, „wir verkünden das Geheimnis der verborgenen Weisheit Gottes, die Gott vor allen Zeiten vorausbestimmt hat zu unserer Verherrlichung" (*1 Kor* 2,7), schrieb der hl. Paulus an die Korinther. Es ist die Weisheit, die sich im Kreuz offenbart. Die Weisheit, die die Kirche verkündet zum Schutz des Menschen in seiner vollen geistigen Dimension als nach Gottes Ebenbild erschaffene Person.

3. Es leuchtet ein, daß sich die Kirche, kraft des göttlichen Sendungsauftrags, dessen sie sich bewußt ist und anhand der Heilsmittel, die ihren Reichtum und ihr Geschenk ausmachen, dafür einsetzt, daß die menschlichen und christlichen Werte so authentisch und so weltweit wie möglich verwirklicht werden. Die Kirche ist sicher, daß nur aus der Botschaft Christi, der Weg, Wahrheit und Leben ist, die Technik in voller Achtung der menschlichen Person und der Gesellschaft und die Ethik nicht parteiisch und unsicher, sondern umfassend und konstruktiv – angewandt werden können. Ohne das übernatürliche Licht, das von Christus ausgeht, bleibt stets ein schmerzlicher und dramatischer Widerstreit zwischen „weltlicher Ethik" und „christlich katholischer Ethik" bestehen.
Das Hauptanliegen von NOVA SPES sei deshalb, die Geister mit dem Licht der christlichen Botschaft zu erhellen, um eine echte Entwicklung jeder menschlichen Person und der gesamten Gesellschaft zu ermöglichen, und Verantwortungsbewußtsein vor Gott und der Geschichte einzuflößen und einzuprägen.
Machen Sie sich das Gebet des hl. Augustinus zu eigen, mit dem er seinen Traktat „De Trinitate" abschließt: „Herr, meine einzige Hoffnung, erhöre mich, damit ich, wenn ich müde bin, nicht aufhöre, dich zu suchen, sondern stets glühend nach deinem Angesicht verlange ... Du kennst meine Standhaftigkeit und meine Schwachheit: erhalte die eine und heile die andere!
Du kennst mein Wissen und mein Unwissen: wenn du die Pforte geöffnet hast, so nimm mich auf, wenn ich eintrete; wenn du sie geschlossen hast, so öffne mir, wenn ich anklopfe! Möge ich deiner stets gedenken, dich begreifen, dich lieben" (*De Trinitate,* III, 28,51).
Und es begleite Sie auch mein Segen, den ich Ihnen jetzt von Herzen erteile.

Solidarität kein Gefühl vagen Mitleids

Grußwort an den Präsidenten der Vereinigten Staaten, George Bush, vom 27. Mai

Herr Präsident!

Ihr Besuch hier heute abend ist der jüngste in einer Reihe von vielen Kontakten zwischen den Vereinigten Staaten von Amerika und dem Hl. Stuhl. Einige Ihrer Vorgänger und viele bekannte Amerikaner sind hier vor Ihnen schon willkommen geheißen worden. Unsere Begegnung gibt mir Gelegenheit, die von mir sehr gewürdigte Gastfreundschaft zu erwidern, die mir in Ihrem Land zuteil wurde, und die freundliche persönliche Aufmerksamkeit, die Sie als Vizepräsident mir entgegenbrachten, als ich Detroit im September 1987, dem Jahr der 200-Jahr-Feier Ihrer Verfassung, verließ.

Unsere heutige Begegnung steht ebenfalls in einem besonderen historischen Kontext; sie fällt nämlich in ein Jahr, das nun an den 200. Jahrestag Ihres ersten Kongresses unter der Geltung der Verfassung erinnert und an die Errichtung der ersten katholischen Diözese in Ihrem Land in Baltimore. Für den Hl. Stuhl ist dies eine Gelegenheit, seine Hochachtung für das ganze amerikanische Volk zum Ausdruck zu bringen und für zwei Jahrhunderte jener völkischen und brüderlichen geschichtlichen Erfahrung, die sich „Vereinigte Staaten von Amerika“ nennt.

Vor dreizehn Jahren beging Ihr Land eine andere 200-Jahr-Feier in Zusammenhang mit seiner Unabhängigkeitserklärung. Damals war es mein Vorgänger Paul VI., der Worte fand, die immer noch zutreffend sind und erneut Aufmerksamkeit verdienen. „Immer wieder“, so sagte er, „spricht Ihre 200-Jahr-Feier zu Ihnen von moralischen Prinzipien, religiösen Überzeugungen, unveräußerlichen vom Schöpfer verliehenen Rechten ... Wir hoffen ernstlich, daß ... diese Erinnerung an das 200-Jahr-Jubiläum eine erneute Hinwendung zu jenen gesunden moralischen Prinzipien bedeutet, die von Ihren Gründungsvätern formuliert wurden und für immer in Ihrer Geschichte aufbewahrt sind“ (*Ansprache an amerikanische Kongreßabgeordnete* vom 26. April 1976). Amerikas Einsatz für sein großes Erbe, für jene Werte, auf die Sie in Ihrer Antrittsrede in diesem Jahr Bezug genommen haben, gibt denen Hoffnung und Vertrauen, die mit Freundschaft und Wertschätzung auf Amerika schauen.

In jener Antrittsrede, Herr Präsident, sagten Sie, Macht sei dazu da, „den Menschen zu helfen“, „den Menschen zu dienen“. Das ist auf verschiedenen Ebenen wahr, die Macht auf politischer und wirtschaftlicher Ebene eingeschlossen. Wir sehen dies auch auf der Ebene jeder Gemeinschaft mit ihrer Macht brüderlicher Liebe und Sorge. Auf all diesen Gebieten tut sich vor den Vereinigten Staaten in diesem dritten Jahrhundert ihrer Existenz als Nation eine immense Herausforderung auf. Ihre Mission als Volk, das Gutes tut und sich dafür einsetzt, anderen zu helfen, hat Horizonte von der Ausdehnung Ihrer Nation und weit darüber hinaus, – so weit die Menschheit sich erstreckt.

Heute wird die Interdependenz der Menschheit durch Weltereignisse bestätigt und erkannt. Die moralische und soziale Haltung weltweiter Solidarität muß eine Antwort auf diese Interdependenz sein. Als ich kürzlich diese Frage in einer Enzyklika behandelte, habe ich erklärt, daß Solidarität „nicht ein Gefühl vagen Mitleids oder oberflächlicher Rührung wegen der Leiden so vieler Menschen nah oder fern [ist]. Im Gegenteil, sie ist die feste und beständige Entschlossenheit, sich für das Gemeinwohl einzusetzen, das heißt, für das Wohl aller und eines jeden, weil wir alle für alle verantwortlich sind" (*Sollicitudo rei socialis*, Nr. 38). In der Tat, die Stunde der internationalen Interdependenz hat geschlagen. Was auf dem Spiel steht, ist das Gemeinwohl der Menschheit.

Herr Präsident, ich weiß, wie tief Sie engagiert sind in den Anstrengungen, die zur Befreiung der Jugend Amerikas von den zerstörerischen Kräften des Drogenmißbrauchs unternommen werden und zur Linderung der Armut im In- und Ausland. Materielle Armut und Drogenmißbrauch sind jedoch nur Symptome einer tiefen moralischen Krise, die die eigentliche Struktur der Gesellschaft in fast jedem Teil der Welt aushöhlt. Alle Männer und Frauen guten Willens sind aufgerufen, die Herausforderung anzunehmen und ihre Verantwortung vor der Menschheitsfamilie zu übernehmen, um die Krise anzugehen und die „geistige" Armut zu bekämpfen, die so viel menschlichem Leid zugrunde liegt.

Auf Grund seiner Geschichte, seiner Ressourcen, seiner Kreativität – aber vor allem auf Grund der moralischen Prinzipien und geistigen Werte, für die die Gründungsväter eintraten – hat Amerika wirklich die Möglichkeit zu einer wirksamen Antwort auf die Herausforderungen der Gegenwart: Gerechtigkeit für all seine Bürger, friedliche Beziehungen über seine Grenzen hinaus, internationale Solidarität und insbesondere eine weltweite Solidarität im Hinblick auf das Leben, im Hinblick auf jeden Menschen.

Als ich Detroit 1987 verließ und von Amerika Abschied nahm, gab ich folgendem Gedanken Ausdruck: „Jeder Mensch – wie verletzlich oder hilflos, wie nützlich oder produktiv er auch immer für die Gesellschaft sein mag – ist ein Wesen von unschätzbarem Wert, geschaffen nach dem Bild und Gleichnis Gottes. Das ist die Würde Amerikas, sein Existenzgrund, seine Überlebensbedingung – ja, die äußerste Probe seiner Größe: jeden Menschen zu achten, besonders die Schwächsten und Schutzlosesten, wie z. B. die noch nicht Geborenen."

Herr Präsident, Gott möge Amerika segnen und es stark machen in der Verteidigung menschlicher Würde und in seinem Dienst an der Menschheit.

Der Krankenpfleger braucht hohe Empfindsamkeit

Ansprache aus Anlaß der 25-Jahr-Feier der Krankenpflegeschule „Armida Barelli" an der Medizinischen Fakultät der Katholischen Universität Rom am 27. Mai

Liebe Brüder und Schwestern!

1. Es ist mir eine Freude, euch mein herzliches Willkommen zu entbieten, die ihr heute das 25. Jahr der Tätigkeit der „Krankenpflegeschule Armida Barelli" feiert.

Gerne habe ich euren Wunsch nach dieser Begegnung erfüllt, um mit euch das Jubiläum dieser Schule zu feiern, die an die Gestalt von Armida Barelli erinnert, der herausragenden Mitarbeiterin von P. Gemelli bei der Errichtung der Katholischen Herz-Jesu-Universität, und um euch bei der praktischen Verwirklichung ihres Ideals, des Dienstes am Menschen, zu stärken.

„Wie zu ihren Anfängen – wenn auch auf verschiedene Weise und mit anderen Akzentsetzungen – hat die Kirche auch in ihrer späteren Entwicklung Frauen gekannt, die zuweilen eine entscheidende Rolle gespielt und höchst bedeutungsvolle Aufgaben für sie erfüllt haben. Dies ist eine Geschichte immensen Einsatzes, meistens demütig im Verborgenen, der für das Wachstum und die Heiligkeit der Kirche deswegen aber nicht weniger entscheidend war" (*Christifideles laici*, Nr. 49).

Im Licht dieser Tradition wollen wir uns der Gestalt von Armida Barelli erinnern und ihres Einsatzes dafür, daß die Katholische Universität entstehen, leben, gedeihlich arbeiten und nachdem Krieg wieder aus den Ruinen erstehen konnte. Wir erinnern uns an Armida Barelli auch aufgrund ihrer Tätigkeit in der Katholischen Aktion, in der sie viele Jahre Vorsitzende der Sektion „Frauen" war; wir gedenken ihrer wegen ihres Beitrags zur Heranbildung von Laien, die sich bewußt sind, von Gott gerufen zu sein, um gewissermaßen von innen her wie ein Ferment zur Heiligung der Welt beizutragen (vgl. *Lumen Gentium*, Nr. 31).

Armida Barelli suchte in ihrem Tun auf vielfältige Weise, den spezifischen Beitrag der Frau für das Leben der Gesellschaft und der Kirche zu fördern.

Diese einsatzwillige Frau bezog die Kraft für ihre unermüdliche Aktivität aus dem Glauben an Christus, aus dem grenzenlosen Vertrauen auf das hlst. Herz Jesu, das sie zutiefst liebte. Am Ende ihres Lebens, als die Krankheit ihr die Stimme nahm, schrieb sie folgende Zeilen: „Im erzwungenen Schweigen bete ich mehr, denke ich mehr, schreibe ich mehr und bereite mich besser vor auf die bevorstehende Begegnung mit Dem, ‚Quem vidi, Quem amavi, in Quem credidi, Quem dilexi'. "

Später antwortete sie auf die Aufforderungen von P. Gemelli und den Mitgliedern des Verwaltungsrates der Katholischen Universität, zum hlst. Herzen Jesu zu beten, um die Sprechfähigkeit wiederzuerlangen, und beteuerte, sie gebe dem Wunder der Gründung der Medizinischen Fakultät den Vorzug und verzichte gern auf die Stimme, um dieser Gnade teilhaft zu werden.

Unsere Schule sei weiterhin Erbe dieser Spiritualität. Ihr, die ihr in dieser Schule studiert habt und studiert, seid treue Zeugen dieser Spiritualität in der täglichen Arbeit.

2. Ihr, die ihr im Gesundheitswesen arbeitet, kommt dem leidenden Menschen näher, der Mitleid und auch Achtung hervorruft. In gewissem Sinne weckt der leidende Mensch Ehrfurcht, weil in ihm die Größe eines Geheimnisses spürbar ist, das den Menschen übersteigt.

Das Gleichnis vom Barmherzigen Samariter zeigt uns, welche Beziehung zwischen einem jeden von uns und dem leidenden Nächsten bestehen muß. Wie sehr ist der Arzt- oder Krankenpflegeberuf eine Tätigkeit nach Art des Barmherzigen Samariters! Wegen dieses, dem Evangelium entsprechenden Berufsinhaltes sind wir geneigt, hier eher an eine Berufung zu denken als einfach an eine Berufstätigkeit (vgl. *Salvifici doloris*, Nr. 28).

Gewiß bedarf der Krankenpfleger für seine Berufsausübung der technischen Vorbereitung und wissenschaftlicher Kenntnisse; im Kontakt mit dem Kranken aber braucht er eine hohe Empfindsamkeit für die menschlichen Probleme des Kranken; ebenso kann er sich nicht der Aufgabe entziehen, einen eigenen Beitrag zu deren Lösung zu leisten. Der „technologische Mensch", der sein Vertrauen auf Wissenschaft und Technik setzt, um größtmöglichen Nutzen und Wohlstand zu erzielen, steht enttäuscht und verbittert vor der Niederlage von Krankheit und Tod. Der technologische Mensch wird deshalb zum „einsamen Menschen", gebrochen, gefährdet, geschlagen.

3. Daher verlangt die Ausübung eures Berufes von euch, christlichen Krankenpflegerinnen und Krankenpflegern, daß ihr auch von eurem Glauben Zeugnis ablegt, mit hochherzigem Einsatz im Dienst des menschlichen Lebens, denn es gilt, das Umsichgreifen einer Kultur des Todes in der Gesetzgebung und im Verhalten der Menschen zu erkennen, einer Kultur des Todes, die nach der Legalisierung der Abtreibung, die den Beginn des Lebens schwer trifft, sich jetzt daranmacht, auch das Ende des Lebens zu bedrohen.
Daß ihr aus allen Teilen Italiens hierher zusammengeströmt seid, um das Fest eurer Schule zu feiern, gibt Anlaß, auf mutige Treue zu den Grundsätzen der Katholischen Herz-Jesu-Universität und insbesondere der Fakultät für Medizin und Chirurgie zu hoffen. P. Gemelli wollte sie zur Ausbildung von christlichen Ärzten und Pflegepersonal, die beide in der Lage sein sollten, nicht nur eine therapeutische Verbindung zum leidenden Menschen herzustellen, sondern auch ein Klima christlicher Solidarität und daraus erwachsenden Vertrauens, das auch für die Wirksamkeit der therapeutischen Maßnahmen notwendig ist.
Im anstrengenden Schichtdienst, in der Spannung, die sich aus dem täglichen Kontakt mit dem Leiden ergibt, sei euch stets die Überzeugung hilfreich, daß alles menschliche Leiden eine besondere Beziehung zum erlösenden Leiden Christi selbst hat. Der göttliche Meister sagte wirklich: „Das habt ihr mir getan". Er ist es, der in einem jeden die Liebe erfährt, er ist es, dem Hilfe zuteil wird in jedem Leidenden, dem unser helfendes und linderndes Tun gilt, denn sein erlösendes Leiden öffnete sich für immer jedem menschlichen Leid.

4. Ich möchte jetzt einen Gruß an die Schwestern richten, die mit solchem Einsatz und Opfergeist in den vergangenen 25 Jahren sich der Armida-Barelli-Schule gewidmet haben. Liebe Schwestern, es ist mir eine Freude, euch meine Wertschätzung für das auszusprechen, was ihr auf diesem Gebiet getan habt und tut. Ich unterstütze euch durch das Gebet und die Ermutigung, in der gewohnten fruchtbringenden Tätigkeit auszuharren, die darauf gerichtet ist, beruflich und geistlich reife Menschen heranzubilden. So wird, zusammen mit den medizinischen Maßnahmen, die Ausgeglichenheit, die aus dem Glauben stammt, unzweifelbar zum Nutzen für den therapeutischen Prozeß selbst.
Schließlich empfehle ich eure Schule der Fürsprache Marias, der Trösterin der Betrübten und dem Heil der Kranken, daß sie euch weise Lehrmeisterin und gütige Mutter sei. Ihr vertraue ich von Herzen euch und eure Familien an, denen ich durch euch meinen herzlichen Gruß zukommen lassen möchte.
Euch allen erteile ich zur Stärkung von ganzem Herzen den Apostolischen Segen.

Treu zur Begegnung mit Jesus stehen

Ansprache an die Kinder der Weißen Armee am 27. Mai

Liebe Jungen und Mädchen!

1. Ich freue mich, euch so zahlreich und festlich vor mir zu sehen und ich grüße euch von Herzen. Ihr gehört jener besonderen Gebets- und Apostolatsgemeinschaft an, die die „Weiße Armee" heißt, weil sie der hl. Jungfrau Maria geweiht ist. Ihr seid aus vielen Städten Italiens gekommen und einige Bischöfe begleiten euch, an die ich meinen brüderlichen Gruß richte. Ich danke ihnen und euch allen. Mein Gruß wendet sich auch an all diejenigen, die dieses Treffen organisiert haben, an eure Familienangehörigen und eure Animatoren. Vor allem danke ich dem Herrn, der euch einen großen und einfachen, aber überzeugten und tiefen Glauben geschenkt hat. Auch euretwegen hat Jesus gesagt: „Laßt die Kinder zu mir kommen; hindert sie nicht daran! Denn Menschen wie ihnen gehört das Reich Gottes" (*Lk* 18,16).

2. Ihr kennt die Aufgaben eurer Gemeinschaft: sich Gott, dem Vater, und Maria zu weihen und den Rosenkranz in dem besonderen Anliegen der Rückkehr vieler zur christlichen Botschaft zu beten. Ich ermuntere euch, dieser Aufgabe treu zu sein, und mit dem Gebet das Zeugnis der Güte zu verbinden. Die Welt braucht eure Güte und eure Unschuld, um den Weg Christi wiederzufinden und um aus so vielen Situationen moralischer Armut herauszukommen. Meine Lieben, verkündet den Wert der Güte vor allem durch die Kraft der Hochherzigkeit und der Gnade, durch eine große, hochherzige Freundschaft zu Jesus Christus. Der Mensch spürt heute das unermeßliche Bedürfnis, ja vielleicht sogar ein großes Heimweh, einen dringenden Wunsch nach einer solchen Botschaft. Seid daher eurem Einsatz im Gebet und in der Hingabe an die Muttergottes treu. Ihr wißt gut, daß die Botschaft und die Einladung der hl. Jungfrau an die Fatimakinder im wesentlichen in den folgenden Worten liegt: „Betet, betet viel und bringt Opfer für die Sünder."

3. Auch ich möchte euch heute eine Erinnerung an diesen Besuch hinterlassen und tue es mit dem Rat: Steht treu zur Begegnung mit Jesus in der Eucharistie und nehmt an Sonn- und Feiertagen freudig am eucharistischen Mahl teil. Jesus ruft euch zum Festtag zu sich, er möchte euch in seinem Opfer nah wissen; er möchte mit euch in Gemeinschaft sein. Lernt von Jesus, den Nächsten zu lieben, hochherzig zu allen zu sein und Gelegenheiten zur Solidarität mit denen zu suchen, die leiden, die euch brauchen. Helft der Kirche in ihrer Mission als Lehrerin der Wahrheit, als Mutter der Gnade. Und helft auch ihr mit bei der Verbreitung des Glaubens. Das könnt ihr, wenn ihr den Katechismus lernt, seine Worte kennt, und wenn ihr den Einladungen der Bischöfe und der Priester, die euch leiten, gern folgt. Seid für eure Freunde tüchtige Apostel Jesu, wiederholt für sie oft das Gebet, das euch die Fatimakinder gelehrt haben: „Mein Gott, ich glaube an dich, ich bete dich an, hoffe auf dich und liebe dich; ich bitte dich um Vergebung für die, die nicht an dich glauben, dich nicht anbeten, nicht auf dich hoffen und dich nicht lieben!" Möge euch die

hl. Jungfrau Maria beschützen, euch beistehen und euch in dem so bedeutsamen Vorsatz, den Rosenkranz zu beten, Ausdauer geben. Möge euch mein Segen helfen, den ich euch nun von Herzen erteile und gern auch auf eure Familien und eure Erzieher ausdehne.
Hier in der Aula sind auch einige Jugendliche der Sportvereinigung von Ordensschulen anwesend, die das Schlußfest des Sportjahres der katholischen Schulen von Rom und Umgebung begehen. Gern entzünde und segne ich nun die Fackel, die sie zum Marmorstadion bringen werden, wo heute abend die Veranstaltungen beginnen, und ich richte an sie und an die Verantwortlichen der jeweiligen Schulen meinen Gruß und meinen Apostolischen Segen.

Franziskanischer Geist hat viel zu sagen

Ansprache an das Generalkapitel der Franziskaner Minoriten am 27. Mai

Meine Lieben!

1. Ich freue mich, jeden von euch begrüßen zu können, die Patres und Brüder des Ordens der Minoriten, die ihr vom 2. bis 24. Mai am Generalkapitel in Assisi teilgenommen habt und getreu dem Auftrag des hl. Franz, der „dem Herrn Papst Honorius, seinen Nachfolgern und der Heiligen Römischen Kirche Gehorsam und Ehrfurcht" versprach (*Regula bullata,* C.1), den heutigen Papst besuchen und seinen Apostolischen Segen empfangen wollt.
Zunächst danke ich dem Generalminister, P. Lanfranco Serrini, für seine Grußworte und wünsche ihm den besten Erfolg in der Ausübung seines verantwortungsvollen Amtes, in dem er für weitere sechs Jahre bestätigt wurde. Der gleiche herzliche Wunsch gilt seinen neuen Assistenten, die vom Vertrauen der mehr als 4000 Mitbrüder in aller Welt berufen wurden, den Ordensobern in der Ordensleitung zu unterstützen.

2. Das Generalkapitel, beginnend mit jenem berühmten ersten „Mattenkapitel", das vom Ordensstifter selbst einberufen und geleitet wurde, ist nicht nur eine brüderliche Begegnung, sondern immer auch eine Zeit besonders intensiven Nachdenkens und geistlicher Stärkung.
Auch ihr habt, versammelt um das Grab des hl. Franz, euren Moment der Gnade unter dem Einfluß des Heiligen Geistes gehabt, der euch in der Erneuerung und der Verteidigung des eurem Orden eigenen geistlichen Erbes geführt hat. Drei Grundlinien folgend – Überprüfung, Programmierung und Prioritäten – habt ihr euch bemüht, den Dienst eures Ordens an der Kirche zu vertiefen, auf die neuen Erfordernisse der zeitgenössischen Gesellschaft einzugehen und eure Verfügbarkeit zu bekräftigen.
Aus dieser wichtigen Diskussion sind sicherlich positive Beschlüsse hervorgegangen, die umgesetzt in konkrete Entscheidungen – bis zum nächsten Generalkapitel den notwendigen und bindenden Bezugspunkt für alle bilden. Und ich zweifle nicht daran, daß gerade ihr die ersten Zeugen dieser unerläßlichen Treue zu den Entscheidungen des Kapitels

seid, damit es nicht nur ein geschichtliches Ereignis bleibt, sondern den ganzen Orden und jedes einzelne Mitglied zu einem Weg des Wachstums ansporn.

3. Meine Lieben, bevor ihr nun in eure Heimatländer zurückkehrt und dort euer Apostolat wiederaufnehmt, sei es mir erlaubt, euch mit dem hl. Franz an die Pflicht zu erinnern, dem Geist des Gebetes und der Frömmigkeit den Vorrang zu geben, denn ohne ihn wäre alles unnütz und alles Bemühen vergeblich (vgl. *Regula bullata,* C. 5). Die Kirche braucht in erster Linie euren Beitrag des Gebets, des Opfers und des Zeugnisses für das Evangelium.

Wenn auch eure Aktivitäten in den verschiedenen Provinzen und Kustodien des Ordens den Erfordernissen der Zeit und der franziskanischen Sendung entsprechen sollen, was die konkreten Ausdrucksformen angeht, so muß man sich doch bewußt sein, daß die Welt heute mehr denn je ein Zeugnis erwartet, wie es eben vom hl. Franz zu seiner Zeit verkörpert wurde. Ein Zeugnis vollkommenen Einklangs mit der Kirche und des Gehorsams dem Papst gegenüber, zu dem euch eure Regel ausdrücklich verpflichtet (vgl. *can.* 590, Abs. 2); darüber hinaus ein Zeugnis der Zusammenarbeit angesichts der Notwendigkeiten der irgendwie bedürftigen Brüder.

4. Die Faszination, die der hl. Franz auch heute auf Gläubige wie Nichtglaubende ausübt, ist enorm. Wir haben das gemeinsam auch anläßlich der unvergeßlichen Gebetsbegegnung in Assisi am 26. Oktober 1986 erlebt. Unter den unzähligen Wegen, welche die göttliche Barmherzigkeit den Menschen auf der Suche nach Wahrheit eröffnet, ist jener vom hl. Franz eingeschlagene vielleicht der beeindruckendste. Jedenfalls übt er auch heute auf viele die Attraktivität einer ursprünglichen und überzeugenden Erfahrung aus. Gerade die Franziskaner müssen sich dessen bewußt sein, wenn sie ihren heutigen Zeitgenossen begegnen.

Deswegen hat schon mein Vorgänger Pius XII. eine neue Blüte des franziskanischen Geistes und des franziskanischen Lebensstils gewünscht (vgl. Ansprache am 1. 7. 1956). Das gleiche Anliegen äußern bisweilen Menschen aus allen möglichen anderen Erfahrungs- und Kulturbereichen. Ja, der franziskanische Geist hat unserer zeitgenössischen Gesellschaft viel zu sagen, besonders in den hochindustrialisierten Ländern, die Gefangene des Konsumismus sind und sich wenig um die Leiden von Millionen von Menschen kümmern, die Hungers sterben. Er hat jenen viel zu sagen, die, statt den Frieden zu suchen, sich für den Krieg bewaffnen, und jenen, die, statt die Natur zu schützen, die der hl. Franz in ihrer Reinheit besungen hat, sie derart beschmutzen, daß sie zum Feind des Menschen wird.

5. Euch franziskanischen Ordensleuten kommt es in erster Linie zu, dem Menschen von heute eine Antwort zu geben, ihn zu einer korrekten Schau und einem verantwortlichen Gebrauch der Dinge zu erziehen, zu seiner Gewissensbildung nach einer klaren und ausgeglichenen inneren Disposition beizutragen. Eure in dieser Hinsicht einschneidende Präsenz kann viel für den Frieden und den Fortschritt der Menschheit und für die erneute Hochschätzung echt christlicher Werte bedeuten.

Als Söhne des Heiligen der evangelischen Armut, des Mannes des Friedens, des Freunds der Natur seid ihr die besten Interpreten der Botschaft, die der hl. Franz an die Menschen seiner Zeit gerichtet hat und die in ihrer Kraft zur Erneuerung der Gewissen und der Gesellschaft auch heute noch aktuell ist: Ihr habt also die Aufgabe, sie mit franziskanischem Mut und Stolz der heutigen Welt zu verkünden.

6. Doch wie? Ganz einfach: indem ihr euch der Welt als Franziskaner und als Männer des Evangeliums präsentiert.

a) In erster Linie als Franziskaner, als Brüder, die sich mit einem Pakt der Liebe dem Gottesdienst und aus Liebe zu Gott dem Dienst an den Mitmenschen geweiht haben. Deswegen müssen jedoch in allen euren Gemeinschaften geistliche Bedingungen herrschen, die es jedem einzelnen erlauben, aus innerem Impuls den Frieden in die Herzen der Brüder zu übertragen.
b) Dann als Männer des Evangeliums, denn ihr bildet eine franziskanische und zugleich evangelische brüderliche Gemeinschaft, die von Gott und der Kirche gewollt ist zur Heilsverkündigung an die Menschen. Eine Gemeinschaft von Brüdern, die an das Evangelium glauben und mit ihrem Leben dafür Zeugnis ablegen, damit alle die Vaterschaft Gottes, die Brüderlichkeit Christi und die Gemeinschaft des Heiligen Geistes annehmen.

Mit anderen Worten: was einst das Programm des hl. Franz war, ist heute euer Programm. Es gilt fest daran zu glauben, daß das Evangelium auch heute nichts von seiner umwandelnden Kraft verloren hat, daß es heute wie zu Zeiten des hl. Franz die Macht Gottes für das Heil jedes Glaubenden ist. Und gerade diese Heilsmacht braucht die heutige Welt.

Da sie jedoch den Kontakt, ja das Wissen um diese ständige Quelle des Lebens und der Erneuerung verloren zu haben scheint, braucht es eben Menschen, die mehr durch ihr Leben als durch ihr Wort fähig sind, den Bezug wieder herzustellen und die Wiederannäherung an das Evangelium derer zu fördern, die sich von ihm bewußt oder unbewußt entfernt haben.

Wie der hl. Franz nach dem „Mattenkapitel“ seine Brüder zu zwei und zwei auf die Straßen der Welt sandte, damit sie den Frieden künden, so sende ich heute euch zur Verkündigung und zum Zeugnis für das Evangelium. Dazu meinen Apostolischen Segen.

In der Wahrheit geheiligt sein

Predigt bei der Priesterweihe in St. Peter am 28. Mai

1. „Ich heilige mich für sie" (*Joh* 17,19).
Das sind die Worte Christi. Es ist das Gebet dessen, der der einzige Hohepriester auf ewig ist, das hohepriesterliche Gebet.
Wir müssen ständig auf diese Worte zurückkommen, die Christus im Abendmahlssaal gesprochen hat, bevor er nach Getsemani ging, bevor er sich selbst im Opfertod auf Golgota dem Vater darbrachte.
Wir müssen heute auf diese Worte zurückkommen. Wir müssen aus ihnen wiedergeboren werden. So wie aus ihnen an jenem Abend die Apostel wiedergeboren wurden.
Euch allen, die ihr heute in der Petersbasilika das Weihesakrament empfangt, möchte ich zum Vermächtnis für das ganze Leben die Worte des hohepriesterlichen Gebets Christi hinterlassen.
Sucht in ihnen, immer von neuem, das Zeugnis euer selbst, von dem, was ihr seid; von dem, was ihr durch das Weihesakrament geworden seid, das euch in besonderer Weise an Christus, den Hohenpriester bindet und mit ihm vereint.

2. Christus sagt: „Ich habe ihnen dein Wort gegeben" (*Joh* 17,14).
Er selbst ist das Wort des Vaters. Das Wort, das nur Er ist, ist nicht von dieser Welt. Die Worte, die Christus während seiner Sendung spricht, sind nicht von dieser Welt. Sie sind von Gott. Sie sind Worte des ewigen Wortes.
Alle Worte des Evangeliums – und das letzte Wort des Kreuzes und der Auferstehung, das Wort des Ostergeheimnisses – sind von Gott.
Diese Worte sind Wahrheit: „Dein Wort ist Wahrheit" (*Joh* 17,17). Christus, das Wort, ist Wahrheit. Und Wahrheit sind alle Worte Christi. Sie sind Heilswahrheit, die grundlegende und zugleich endgültige Wahrheit. Sie sind „Worte des ewigen Lebens" (vgl. *Joh* 6,68).
Liebe Söhne und Brüder! Ihr schließt heute einen besonderen Bund mit dieser Wahrheit.
Wie er für die Apostel bat, so bittet Christus auch für euch: damit auch ihr in der Wahrheit geheiligt seid (vgl. *Joh* 17,19).

3. Vor euch öffnet sich eine neue Sendung.
Christus sagt zum Vater: „Wie du mich in die Welt gesandt hast, so habe auch ich sie in die Welt gesandt" (*Joh* 17,18).
Jeder Christ hat durch die Taufe und Firmung teil an der Sendung Christi inmitten der Welt.
Das Priestertum erwächst aus dem Boden von Taufe und Firmung. Es ist eine besondere Sendung, eine außergewöhnliche Teilhabe an der Sendung Christi durch den Vater.
Es ist die Sendung in der Welt. Inmitten der Welt muß dieses Geschenk, dessen ihr heute im Heiligen Geist teilhaftig werdet, Frucht bringen.

Inmitten der Welt müßt ihr Verwalter der Geheimnisse Gottes sein (vgl. *1 Kor* 4,1). Unter den Menschen, aus denen ihr „ausgewählt" worden seid (vgl. *Hebr* 5,1).

4. Laßt euch vom Gebet Christi umfangen, vom hohepriesterlichen Gebet. Aus seiner göttlichen Tiefe wird euer Leben, euer Dienst jeden Tag geboren.
Eure Eltern, die euch das menschliche Leben geschenkt haben, eure Familien und Gemeinschaften, denen ihr angehört, die Völker, die Nationen und die Kirchen übergeben euch heute als ausschließliches Eigentum dem Dienst des gekreuzigten und auferstandenen Herrn.
Der Bischof von Rom nimmt euch heute als Geschenk Gottes für das Volk Gottes an – wohin auch immer ihr gesandt werdet.
Und nach der Anrufung des Geistes, der lebendig macht, wird er euch nach apostolischer Tradition die Hände auflegen.

5. Erinnert euch auch an die Worte des Propheten Jeremias: „Wohin ich dich auch sende, dahin sollst du gehen, und was ich dir auftrage, das sollst du verkünden. Fürchte dich nicht vor ihnen; denn ich bin mit dir, um dich zu retten" (*Jer* 1,7–8).
Denkt ebenfalls an die Worte des Apostels Paulus: „Diesen Schatz tragen wir in zerbrechlichen Gefäßen; so wird deutlich, daß das Übermaß der Kraft von Gott und nicht von uns kommt" (*2 Kor* 4,7).
Und geht schließlich zu dem Ort, wo ein für allemal das Opfer des neuen und ewigen Bundes vollbracht wurde. Stellt euch neben Johannes und Maria. Hört die Worte, die sie gehört hat: „Frau, siehe, dein Sohn!" (*Joh* 19,26). Diese Worte mögen euch auf dem ganzen Lebensweg eures priesterlichen Dienstes begleiten.

Der Mensch ist Mittelpunkt

Ansprache an Mitglieder des Bundes Katholischer Unternehmer am 29. Mai

Sehr geehrte Damen und Herren!
Als Verantwortliche und Mitglieder des Bundes Katholischer Unternehmer konnten Sie kürzlich das 40jährige Gründungsjubiläum Ihrer Vereinigung begehen. Ich beglückwünsche Sie noch heute aufrichtig dazu und heiße Sie zugleich zur heutigen Begegnung hier im Vatikan sehr herzlich willkommen. Mir ist bekannt, daß zu den Mitbegründern Ihres Bundes Professor Joseph Höffner gehört, der Ihnen auch als Bischof von Münster und als Erzbischof von Köln stets freundschaftlich verbunden geblieben ist. Ihm gilt unser gemeinsames dankbares Gedenken. Die Gründung des Bundes Katholischer Unternehmer fällt zusammen mit der Gründung der Bundesrepublik Deutschland, so daß ihre Vereinigung von Anfang an bei deren Aufbau und zur Entwicklung einer gerechten und menschenwürdigen Gesellschaft nach Kräften mitwirken konnte. Ihr Ziel war es, als katholi-

sche Unternehmer die freiheitliche Wirtschafts- und Gesellschaftsordnung aus dem Geist christlicher Verantwortung und Solidarität sowie nach den Grundsätzen der Soziallehre der Kirche maßgeblich mitzugestalten.

Die Wirtschaft als die treibende Kraft des gesellschaftlichen Lebens und des sozialen Fortschritts neigt von sich aus dazu, alles in ihren Bann zu ziehen, während sie nur eine, wenn auch notwendige Dimension im Leben des Menschen darstellt. Sie zwingt ihre Bedingungen, ihre Logik, ihren immer schnelleren Rhythmus dem gesamten privaten und sozialen Leben auf und vernachlässigt oder bedroht sogar damit nur allzu leicht die höheren Ziele des Menschen im familiären, kulturellen, politischen und internationalen Bereich.

Gegenüber dieser Gefahr einer Verselbständigung der Wirtschaft und einer blinden Verwirtschaftung des gesamten gesellschaftlichen Lebens erhebt die christliche Soziallehre die Forderung, daß die wirtschaftliche Entwicklung sich am Menschen orientieren muß. Die Aufgabe der Wirtschaft ist es, die materiellen Bedürfnisse des Meneschen zu befriedigen, aber auf eine Weise, die seiner Würde entspricht und ihn immer mehr zu sich selbst finden läßt, indem sie ihm unter anderem auch Arbeitsbedingungen bietet, die seine Entfaltung in umfassender Weise ermöglichen und fördern. Darüber hinaus obliegt es der Wirtschaft, durch einen angemessenen Austausch der Güter alle Menschen am allgemeinen Fortschritt teilhaben zu lassen und so unter den Menschen eine alle sozialen und auch geographischen Grenzen übersteigende Solidarität zu verwirklichen und weiterzuentfalten.

Als katholische Unternehmer empfinden Sie in Ihrem unternehmerischen Handeln in einer besonderen Weise die Spannung zwischen den ethischen und wirtschaftlichen Forderungen. Aus christlicher Weltverantwortung wissen Sie darum, daß auch und gerade in den heutigen Ländern wirtschaftlichen Wohlstandes Besinnung und Umdenken stets notwendig bleiben und mitunter noch dringlicher werden. Das Wachstum der Wirtschaft darf kein Selbstzweck sein, es muß den wahren Bedürfnissen des Menschen und der mitmenschlichen Solidarität untergeordnet und auf diese hin ausgerichtet werden, die heute dazu immer mehr weltweite Dimensionen annehmen. Ihrer besonderen Aufmerksamkeit und Sorge stellt sich das weithin drängende Problem der Arbeitslosigkeit, besonders unter Jugendlichen. Soziale Gerechtigkeit kann nicht ohne und erst recht nicht gegen die Unternehmerschaft verwirklicht werden. Jeder hat zur Lösung der gemeinsamen Probleme seinen spezifischen Beitrag zu leisten. Schließlich möchte ich Ihnen als katholische Unternehmer noch besonders den Schutz des arbeitsfreien Sonntags empfehlen, der in zunehmendem Maße gerade im Namen des wirtschaftlichen Fortschritts gefährdet wird. So ermutige ich Sie zu einem Handeln aus christlicher Verantwortung und zu einem gemeinsamen Bemühen um eine christlich geprägte Wirtschaft und Gesellschaftsordnung in weltweiter Solidarität. Mit besten Wünschen für einen fruchtbringenden Aufenthalt in Rom sowie für Gottes weise Führung und treuen Beistand erteile ich Ihnen, Ihren Angehörigen und all Ihren Mitarbeitern von Herzen meinen besonderen Apostolischen Segen.

Stolz auf Berufung als Missionar

Ansprache an das Generalkapitel des Trinitarierordens am 29. Mai

Liebe Brüder des Trinitarierordens!

Mit großer Freude grüße ich euch und heiße euch willkommen; während der Arbeiten eures Generalkapitels habt ihr hierher kommen wollen, um die Zustimmung und die Ermunterung des Papstes zu empfangen.
Ich danke vor allem dem Generalminister Jose Gamarra für die Worte, die er an mich gerichtet hat, und wünsche ihm bei der Erfüllung der schwierigen Aufgabe, die ihm das Vertrauen seiner Mitbrüder übertragen hat, viel Erfolg. Einen ebenso herzlichen Wunsch richte ich an die neuen Räte, die berufen sind, dem Generalobern in der Ordensleitung zur Seite zu stehen.

1. Für jedes Ordensinstitut ist das Generalkapitel nicht nur eine brüderliche Begegnung, sondern vor allem stets eine Zeit der Besinnung und der geistigen Erneuerung. Auch ihr, die ihr im Generalkapitel versammelt seid, habt eurerseits den Moment der Gnade und das Wirken des Heiligen Geistes erfahren, der euch bei der Wahl der Obern für die nächste Amtszeit von sechs Jahren und beim Erarbeiten des Programms gelenkt hat. Dieses bietet euch allen und denen, die geistig mit eurem Orden verbunden sind, angemessene Mittel, um den Forderungen eures Charismas, das trinitarisch und auf die Erlösung ausgerichtet ist, vertieft zu entsprechen. So könnt ihr immer besser auf das antworten, was die Kirche und die zeitgenössische Gesellschaft von euch erwarten.
Ich bin sicher, daß aus dieser bedeutenden Versammlung positive Beschlüsse hervorgegangen sind, die, wenn sie in konkrete Entscheidungen übersetzt werden, bis zum nächsten Generalkapitel für alle Trinitarier einen notwendigen und verbindlichen Bezugspunkt darstellen. Und ich zweifle nicht daran, daß ihr selbst die ersten Zeugen für diese unentbehrliche Treue zu den Bestimmungen des Kapitels sein werdet, damit es nicht nur als bloße Tatsache ohne geistige Fruchtbarkeit in die Geschichte eingeht.

2. Da ihr nun im Begriff seid, zur Fortführung eures Apostolats in die Länder zurückzukehren, aus denen ihr gekommen seid, erlaubt mir, euch an Folgendes zu erinnern: Wenn auch das ursprüngliche Ziel des Trinitarierordens, der fünf Jahrhunderte lang im Bereich der Sklavenbefreiung großen Ruhm erlangt hat, nicht mehr besteht, so habt ihr doch weiterhin eure besondere Funktion als Missionare des Geheimnisses der Heiligsten Dreifaltigkeit unter den Seelen, die leider stets in Gefahr sind, Sklaven der Sünde zu werden.
Ihr widmet euch in der Tat den verschiedenen Formen des priesterlichen Apostolats, sowohl in der Heimat wie in den Missionsländern, doch vor allem der Förderung der Verehrung der Heiligsten Dreifaltigkeit, der grundlegenden Wahrheit der Offenbarung Christi.
Die gesamte christliche Existenz besteht nämlich in der Teilhabe am trinitarischen Leben Gottes: der Vater sendet den Sohn, um den Menschen von der Sünde zu erlösen und ihn im Heiligen Geist zu heiligen. Außerdem ist die Heiligste Dreifaltigkeit der Mittelpunkt der Liturgie der Kirche sowie des privaten Gebets der einfachen Gläubigen.

3. Daher ist eure Mission mit der Mission der Kirche selbst identisch, die darin besteht, die Seelen von der Sklaverei der Sünde zu befreien und die Menschen zur Erkenntnis des einen und dreieinigen Gottes und zur Befolgung seiner Gebote zu führen. Und eure Anwesenheit unter den Menschen wird in diesem Sinn um so wirksamer sein, je mehr es euch gelingt, in unserer Zeit den Geist eurer Gründer, des hl. Johannes von Mata und des hl. Felix von Valois, wiederaufleben zu lassen, die in heldenhafter Hochherzigkeit größte Opfer und Härten auf sich nahmen, um die Seelen zu Gott zu führen.
Glücklicherweise ist der Trinitarierorden auch weiterhin von einer grenzenlosen Liebe geprägt, wie es auch die kürzlich vollzogene Seligsprechung des jungen Trinitariers P. Domingo Iturrate und die Heiligsprechung des sel. Simon de Rojas bezeugen, die zur Ehre der Altäre zu erheben ich die Freude hatte. Eine so heilige und in die Tiefe wirkende Funktion muß zum Wohl der Kirche und zum Heil der Seelen weitergehen.
Seid stolz auf eure Berufung als Missionare der Heiligsten Dreifaltigkeit, die gesandt sind, die Menschen durch das Wort und das Beispiel eines heiligen Lebens an den absoluten Vorrang der Werte zu erinnern, die aus dem göttlichen Mysterium strömen, das auf das christliche Dasein die Fülle des Lichtes und des Lebens wirft.

4. Die Wahrheit über die Heiligste Dreifaltigkeit ist, wie ich bereits angedeutet habe, eng mit der Offenbarung verbunden, die Christus in seiner Heilssendung vollendet hat: Jesus Christus hat uns die Einheit Gottes in den drei göttlichen Personen offenbart. Die Existenz des ersten Urgrunds, des absoluten Seins und Grundes aller an deren Wesenheiten, kann und muß von der menschlichen Vernunft bewiesen und erreicht werden, wenn sie über die grundlegenden Prinzipien nachdenkt, die das Universum tragen und lenken. Die Erkenntnis des dreieinigen Lebens Gottes aber, d.h. seiner „Gemeinschaft der Liebe“, ist nur dann möglich, wenn man auf die Botschaft Christi, des fleischgewordenen Wortes, des Logos hört, der zu uns gekommen ist, um uns von Gott als dem „Vater“ zu sprechen und uns die Liebe zwischen dem Vater und dem Sohn zu offenbaren, die von ihm als „Spiritus Paracletus“, Tröstergeist, bezeichnet wird, und wenn man diese Botschaft annimmt.
In der Tat kann man die Heiligste Dreifaltigkeit nicht erkennen, lieben und verehren, wenn man nicht die gesamte von Christus gegebene Offenbarung annimmt. Hierher rührt die Notwendigkeit einer klaren, vollständigen und überzeugenden Katechese, die den Verstand und den Willen formt, die die „ganze Wahrheit“ (*Joh* 16,13), den wahren Sinn des Lebens im Lichte Gottes erkennen läßt, seinen Willen sowohl in bezug auf die Gottesverehrung als auf das moralische Verhalten; eine Katechese, die mit dem immerwährenden und unfehlbaren Lehramt der Kirche verbunden ist. Der Mensch unserer Zeit muß Gott neu entdecken, nicht den Gott der Philosophen, sondern den der Christen, den Gott, der uns nah ist, der in uns wohnt und uns liebt. Aber wie kann man ihn entdecken, wenn es niemanden gibt, der seine barmherzige Liebe mit dem beständigen Einsatz des persönlichen Zeugnisses der Treue, des Eifers und der Liebe zu verkünden weiß?
Die Verantwortung der gesamten Kirche in diesem Werk der Evangelisierung ist groß, und groß ist daher auch eure Verantwortung, liebe Trinitarier, besonders in der heutigen Zeit, die voll von gegensätzlichen Ideologien ist.

Gerade hierin besteht die Würde des Christen und daher auch euer Ruhm und eure Freude: die Wunder Gottes zu verkünden, der uns durch die Gnade der Taufe in seinen Besitz genommen hat, und der der Grund und die Wirklichkeit unseres ewigen Glücks im Himmel sein wird!

Eure heiligen Gründer riefen in den Wechselfällen ihres Lebens und den Mühen ihres mutigen Apostolats stets die Muttergottes an. Sie gingen mit unerschrockener und unbeugsamer Kühnheit vor, denn sie fühlten sich von der himmlischen Mutter beschützt! Mögt ihr es ihnen gleichtun! Fahrt fort im Dienst der Wahrheit und der Liebe im Namen Marias, der Jungfrau, die ganz und gar an den Dreieinigen Gott hingegeben war, und verkündigt die Liebe des Vaters, die Erlösung Christi, den Trost des Heiligen Geistes, die selige Dreifaltigkeit, die uns geschaffen hat, uns erwartet und vergibt!

Und möge euch auch mein Segen begleiten, den ich euch, den Mitgliedern des Kapitels, erteile, und den ich auf alle eure Mitbrüder ausdehne.

Liebe ist nicht ersetzbar

Ansprache an die Teilnehmer eines Symposions über Kardiologie am 30. Mai

Sehr geehrte Damen und Herren!

1. Es freut mich, diese Gelegenheit zu einem Treffen mit Ihnen vor Beginn der Konferenz über „Europäische und amerikanische Kardiologie in Rom" zu haben, die von dem American College of Cardiology, der Europäischen Gesellschaft für Kardiologie, der Italienischen Gesellschaft für Kardiologie und dem italienischen Landesverband für Ärzte, Kardiologen und Krankenpfleger veranstaltet wurde. Sie haben das Kardiologische Institut der Katholischen Herz-Jesu-Universität als Tagungsort Ihres Symposions gewählt. Dadurch ehren sie eine Institution, die ihre Forschung in bezug auf die jüngsten medizinischen Probleme weiterführt im Licht der menschlichen und christlichen Prinzipien, die den Schutz und die Förderung des menschlichen Lebens und seine Qualität bestimmen.

Die Anwesenheit so vieler Herzspezialisten berechtigt zu großen Hoffnungen für den Fortschritt der Forschung und wissenschaftlichen Überlegungen in den wichtigen Bereichen der Vorbeugung, Diagnose und Therapie von Herzkrankheiten. Sie zeigt auch, daß Sie sich der Notwendigkeit bewußt sind, bei der Koordinierung wissenschaftlicher und technologischer Fortschritte wirksam zusammenzuarbeiten zugunsten des endgültigen Wohls derer, denen Sie dienen.

2. Zu allen Zeiten wurde das menschliche Herz nicht nur als ein physisches Organ unter anderen betrachtet. In den Heiligen Schriften bezieht sich das Wort „Herz" auf die Quelle des Lebens selbst, nicht nur des physischen Lebens (vgl. *Gen* 18,5), sondern auch des Lebens der Seele, wie es vor Gott offenliegt (vgl. *1 Sam* 16,7; *1 Petr* 3,4). Das Herz kennzeichnet den Menschen in seiner Beziehung zu Gott und zu den anderen (vgl. *Mt* 5,8; 15,19). In der Sprache der Bibel ist das Herz der Abgrund (vgl. *Ps* 64,6), der die unergründlichen Geheimnisse menschlicher Sehnsüchte, Motivationen und Bestrebungen birgt. Wenn Gott

seinem Volk zusichern will, daß er es zu sich führen und ihm allen Segen und alle Fülle gewähren will, verspricht er ihm ein neues Herz. h. Ich nehme das Herz von Stein aus eurer Brust und gebe euch ein Herz von Fleisch" (*Ez* 36,26).
In der Tat bezeugen die Schriften die allgemeine Auffassung, daß das Wissen über das menschliche Herz das Geheimnis des Menschen selbst und seiner Rolle in der Welt enthüllt. In treffender Weise haben die jüngsten Fortschritte in der Kardiologie die Wahrheit dieser althergebrachten Überzeugung widergespiegelt. Die jüngsten Fortschritte im Bereich der Vorbeugung, Diagnose, Therapie und Transplantationstechnik haben, aus höherer Perspektive gesehen, alle dazu beigetragen, die Sache des menschlichen Lebens und seiner edlen Würde zu fördern. Dies war natürlich immer das höchste Bestreben der medizinischen Wissenschaft: dem Leben in all seiner Würde zu dienen, damit es in jedem Augenblick als ein Geschenk angenommen und in Fülle gelebt werde. Wäre es nicht zu diesem Zweck, so erwiesen sich auch die fortgeschrittesten chirurgischen Methoden als nicht mehr wahrhaft medizinisch, sondern reduzierten sich zu reiner Technik und nichts weiter.

3. Die Themen, die Ihr Symposion behandeln will, zeigen, in welchem Maße die Medizin zu gleich Wissenschaft und Kunst ist und immer sein muß. Ihr wissenschaftlicher Aspekt ragt heraus in der diagnostischen und therapeutischen Technologie, bei deren Entwicklung so viele von Ihnen mitgeholfen haben. Aber nicht weniger wichtig ist ein anderer Aspekt der Themen, die Sie besprechen wollen: Medizin ist eine Kunst, und Ihre medizinische Sachkenntnis muß von einer inneren Überzeugung abhängen, die einem höheren Bewußtsein entspringt, daß alles, was Sie tun, auf die Besserung Ihrer Mitmenschen abzielt und ihrem Wohlbefinden dienen soll.
Diese Berufung ist es, die Ihre wissenschaftliche Forschung adelt und auf ihr endgültiges Ziel ausrichtet: die Heilung Ihrer leidenden Schwestern und Brüder. Als Ärzte, die das Herz heilen, haben Sie oft das schwierige Gleichgewicht zwischen Angst und Hoffnung, physischen Schmerzen und geistiger Ruhe erfahren, die so viele Ihrer Patienten empfinden. Sie kennen die Wahrheit einer Beobachtung, die ich in meinem Apostolischen Schreiben über den Sinn des menschlichen Leidens gemacht habe: „Institutionen sind sehr wichtig und unentbehrlich; doch keine Institution vermag von sich aus, das menschliche Herz, das menschliche Mitleid, die menschliche Liebe, die menschliche Initiative zu ersetzen, wenn es darum geht, dem Leiden des andern zu begegnen. Das gilt für die körperlichen Leiden, aber noch mehr, wenn es sich um die vielfältigen moralischen Leiden handelt; vor allem, wenn die Seele leidet" (*Salvifici doloris*, Nr. 29).

4. Meine Damen und Herren! Die fachkundigen Vereinigungen, denen Sie angehören, wurden mit wesentlich humanitären Zielen gegründet. Sie dienen ihrem Zweck am besten, wenn sie eine Verbindung von Dienst und Liebe, beruflicher Sachkenntnis und menschlicher Sensibilität fördern und zu einer tieferen Erkenntnis des Geheimnisses des Menschen selbst führen, des Menschen, der ein endliches Wesen und doch ein Geschöpf Gottes ist, der Gebrechlichkeit unterworfen und doch zur Unsterblichkeit bestimmt, physisch schwach und doch gestützt von der Hoffnung auf ein Leben nach dem Tod. Möge

der Wunsch, dem endgültigen Wohl der anderen zu dienen, die Arbeiten Ihres Symposions inspirieren. Auf Sie alle rufe ich den Segen Gottes, unseres himmlischen Vaters, herab.

Die Jugend stärkste Hoffnung für die Zukunft

Schreiben an Kardinal Ugo Poletti, Vorsitzender der Italienischen Bischofskonferenz, vom 31. Mai

Fünfzig Jahre sind vergangen, seitdem mein hochgeschätzter Vorgänger Pius XII. mit hervorragender Liebe zu Italien und mit Sorge um dieses Land die hll. Franz von Assisi und Katharina von Siena zu seinen Schutzpatronen erhob.

Wenn ich dieses bedeutsamen Ereignisses gedenke, möchte ich mich dabei allen Bischöfen, Priestern, Ordensleuten und Gläubigen der geliebten Nation anschließen, die bei dieser Gelegenheit ihr Vertrauen zu ihren großen Schutzheiligen und ihre Verehrung für sie erneuern wollen. Sie erflehen durch die Fürbitte dieser Heiligen von Gott reiche Gnaden für dieses Land, das Franz von Assisi und Katharina von Siena so sehr liebten und dem sie mit ihrem außergewöhnlichen Zeugnis des Glaubens und der Liebe dienten.

Die Tugend der Heiligen bleibt freilich nicht in sich selbst, in den unzugänglichen Tiefen des Gewissens verschlossen: wenn sie eine liebevolle Hinneigung zu Gott und zum Nächsten ist, muß sie sich notwendigerweise mitteilen, die Liebe Christi auf die anderen ausstrahlen und sie in einem konkreten Verhalten großmütiger Selbsthingabe weiterschenken.

Franz von Assisi und Katharina von Siena waren großartige Vorbilder dieser zweifachen Liebe zu Gott und zu den Mitmenschen; sie waren außerordentlich geistreiche Persönlichkeiten, von glühendem Glauben bewegt und vom Wunsch beseelt, Christus kennen und lieben zu lehren. Von Christus erfaßt (vgl. *Phil* 3,12), waren beide von Natur und Gnade darauf vorbereitet, sich außergewöhnlichen Ereignissen zu stellen.

Es ist daher nicht überraschend, daß gerade dieser übernatürlichen Quelle jene Kräfte der Anteilnahme und der Solidarität mit den Menschen entsprangen, die aus Franz und Katharina große Wohltäter ihres Landes machten und mächtige Werkzeuge der Brüderlichkeit und des Friedens in einer von ernsten Spannungen im bürgerlichen und kirchlichen Leben gekennzeichneten Zeit. Deshalb sind sie Schutzpatrone Italiens: nicht einfach deshalb, weil sie in Italien geboren wurden, sondern weil sie bestimmend für das Leben dieses Landes gewirkt und dort tiefe, noch heute feststellbare Spuren hinterlassen haben.

Ebenso muß man ihrer Treue zur Kirche gedenken, die sie als Braut Christi liebten, in der sie die Wege der Wahrheit über Gott fanden und von der sie Kraft und Mut für ihre Initiativen empfingen. Dem Ruf des göttlichen Meisters folgend, schenkten sie sich Gott und waren eben deshalb einer Liebe zur Kirche und zur ihren Mitmenschen fähig, die sie innerlich in unvergleichlicher Weise erfüllte und nach außen in der Sorge für die anderen überströmen ließ. Ihr kontemplatives und aktives Dasein – mild und opfervoll, stark und

hochherzig inmitten der kirchlichen Gemeinschaft und der profanen Welt – war tatsächlich ein Zeichen für das Feuer, das der Geist Gottes in ihnen im Dienst eines erhabenen Planes des Friedens und der Einheit, der Aufwertung und Erneuerung entzündet hatte.
Franz und Katharina liebten die Kirche auch aufgrund der Mängel, die sie mit der Ehrlichkeit treuer und liebender Kinder an ihrer menschlichen Erscheinung wahrnehmen mußten. Sie verstanden, daß sie der Kirche gerade deshalb dienen müßten, damit die menschliche Armseligkeit nicht ihre eigentliche Heilsmission verberge (vgl. Paul VI., *Insegnamenti,* VII, 1969, S. 941). Sie erfaßten also zutiefst, daß die Kirche der mystische Leib Christi und deshalb Quelle der Gnade und Sakrament der Einheit mit Gott ist und auch aus diesem Grund mit allen Kräften geliebt werden muß.
Ich hoffe, daß dieses Jubiläum zum Wachsen einer solchen Liebe zur Kirche beitrage und in den katholischen Gemeinden Italiens den Wunsch erwecke, einen aktiveren Beitrag zu dem Werk der Evangelisierung und der geistlichen Neubelebung zu leisten, das sie heute intensiv beschäftigen muß.
Italien hat im Leben der Kirche eine klare und historisch grundgelegte Rolle zu spielen, da es, dem Plan der göttlichen Vorsehung gemäß, den Apostolischen Stuhl des Nachfolgers Petri beherbergt, zu dessen Rückkehr nach Rom Katharina in katastrophalen Zeiten beitrug und von dem Franz immer die Bestätigung des von Jesus, dem Gekreuzigten, empfangenen Charismas erbitten wollte.
Ich wende mich ganz besonders an die junge Generation, an jenen Teil der italienischen Bevölkerung, auf den sich meine stärksten Hoffnungen für die Zukunft gründen. Vom Verlangen nach Wahrheit und Klarheit beseelt und auf den Wert der ethischen Prinzipien vertrauend, ist es ihr Wunsch, in einer erneuerten und auf den echtesten Werten der Solidarität erbauten Gesellschaft leben zu können. Deshalb führe ich ihr neuerlich die Gestalten der hll. Franz und Katharina vor Augen, damit sie den Plan für ihr Leben nach deren Beispiel entwerfe und sich ebenso für das Wohl der Gesellschaft wie auch für die Ausbreitung des Reiches Gottes einsetze. Die Jugendlichen und das ganze italienische Volk bitte ich vor allem, das innere Leben ihrer Schutzpatrone nachzuahmen, um so zu jener Weltanschauung zu gelangen, die jede Idee des Fortschritts und jeden Wunsch nach Verbesserung vom Wort Christi herleitet: „Das ist das ewige Leben: dich, den einzigen wahren Gott zu erkennen und Jesus Christus, den du gesandt hast" (*Joh* 17,3).
In diesem Sinn spreche ich der geliebten italienischen Nation meine herzlichsten Wünsche aus, während ich, auf die Fürbitte der hhl. Franz und Katharina vertrauend, einen reichen Schatz himmlischer Gaben auf sie herabrufe, auf ihre bürgerlichen Autoritäten, auf die Seelenhirten und auf alle ihre Angehörigen, denen ich meinen besonderen Apostolischen Segen erteile.

Aus dem Vatikan, 31. Mai, Fest der Heimsuchung der Jungfrau Maria 1989, im elften Jahr meines Pontifikats.

Joannes Paulus PP. II

Kirche mit Weisheit leiten

Schreiben an den chaldäischen Patriarchen von Babylonien, Mar Raphael J. Bidawid, vom 11. Juni

Mit Freude habe ich die von tiefem Vertrauen auf den Herrn erfüllte Nachricht erhalten, mit der Eure Seligkeit mir Ihre Wahl zum Patriarchen dieser Kirche mitteilte.
Indem ich Eurer Seligkeit meine brüderlichen Wünsche entbiete, entspreche ich gern der Bitte um kirchliche Gemeinschaft. Deshalb kann Eure Seligkeit von nun an alle mit Ihrem Amt verbundenen Handlungen vornehmen in Erwartung, daß Ihnen das Pallium verliehen wird.
Ich bin gewiß, daß mit der Hilfe Gottes Eure Seligkeit zusammen mit den Synodenvätern, die Sie gewählt haben, die Ihrer Sorge anvertraute Kirche mit pastoraler Weisheit leiten wird.
Ich bitte den Herrn auf die Fürsprache der heiligen Gottesmutter Maria und aller Heiligen, besonders jener der verehrungswürdigen chaldäischen Kirche, Eure Seligkeit in Person und Ihr Amt mit Gnade zu erfüllen. Zugleich sende ich Ihnen und allen chaldäischen Bischöfen, Priestern, Diakonen, Ordensleuten und Laien, wo immer sie sein mögen, und allen Katholiken des Irak meinen besonderen Apostolischen Segen.

Aus dem Vatikan, am 11. Juni des Jahres 1989

Joannes Paulus PP. II

Mann Gottes und Säule der Kirche

Brief an Franziskus Kardinal Tomášek, Erzbischof von Prag, vom 15. Juni

Ehrwürdiger Bruder, heute stehen wir im Geiste an Deiner Seite und umarmen Dich, als wärest Du wirklich bei uns. Wir vereinigen uns mit Dir am Altar des Herrn in Deiner dem heiligen Vitus geweihten Kathedrale und versetzen uns gern auch in die Schar der Mitbrüder, der Bischöfe aus der ganzen Welt, um Deinen ehrwürdigen neunzigsten Geburtstag mit Dir zu feiern. Zugleich loben wir Dich als einen Mann Gottes, als Säule der Kirche, als Zeugen des Evangeliums und Verteidiger des Glaubens öffentlich vor dem Volk Gottes und vor Deiner eigenen innig geliebten Herde.
Vor unseren Augen steht heute vor allem das, was Du als Priester und Bischof geleistet und zu weilen auch standhaft ertragen hast, und es weckt im Rahmen Deines vielfältigen heiligen Dienstes die Bewunderung und herzliche Anerkennung aller. Deine katechetischen Schriften und Dein Wirken in zahlreichen Pfarreien stehen ruhmvoll da, aber auch Deine Zeit als Bischof, zumal Du sie in der Erniedrigung des Schmerzes und des Exils, die aber zugleich ein Triumph war, würdig verbracht hast. Schließlich wird von allen, die

dort bei Dir sind, mit Überzeugung Deine unerschrockene Verteidigung der Rechte der Kirche und der Menschen hervorgehoben, und wir können das alles nur begrüßen.
Es ist unser Wunsch, daß der göttliche Belohner aller guten Hirten Dich durch unsere Verbundenheit mit Dir, durch den Rückblick auf Dein tatenreiches und fruchtbares Leben, die Wertschätzung Deines langen Dienstes und Deiner sowohl priesterlichen wie menschlichen Tugenden innerlich tröste, wie Du es verdient hast, Dich mit Freude über den Jahrestag erfülle und Dir auch für die Zukunft Zuversicht schenke.
So wie wir Dich oft, wenn Du bei uns warst, voll Bewunderung umarmt haben, so grüßen wir Dich heute nicht weniger wohlwollend, ja aus ganzem Herzen, gratulieren wir Dir zu diesem einzigartigen Ereignis Deines Lebens und erteilen Dir unseren Apostolischen Segen, indem wir Dir im Geiste die Hände auflegen.

Aus dem Vatikan, am 15. Juni, dem Fest des heiligen Märtyrers Vitus, 1989, dem 11. Jahr unseres Pontifikates.

Joannes Paulus PP. II

Identifizierung mit dem Evangelium erfordert Einfühlungsvermögen

Ansprache an das Generalkapitel des Dritten Ordens der regulierten Franziskaner am 15. Juni

Meine lieben Brüder!

1. Das Zusammentreffen mit euch, den Mitgliedern des Generalkapitels des Dritten Ordens der Franziskaner, erfüllt mich mit franziskanischer Freude. Ihr seid zusammengekommen, um die Ordensregeln den Zeitverhältnissen anzupassen und die neue Ordensleitung zu wählen. Und wenn ich euch persönlich begrüße, dann gilt mein Gruß allen euren Mitbrüdern, die euer besonderes Charisma als Bußprediger in der ganzen Fülle und Originalität ihres Auftrags in alle Welt tragen.
Ausdrücklich grüße ich den Generalminister und seine engsten Mitarbeiter, die Definitoren, und wünsche ihnen viel Erfolg im Dienst des Ordens. Möge ihr Wirken überreiche Früchte des Guten und der Heiligung tragen!

2. Die Feier des Generalkapitels ist ein Gnadenereignis, bei dem der Heilige Geist Regie führt. Er erleuchtet die Teilnehmer, macht sie innerlich verfügbar, formt ihren Geist und führt sie zum gemeinsamen Handeln. Als Zeichen der Einheit in der Liebe (vgl. *CIC*, can. 631,1) muß das Generalkapitel die spezifischen Werte des Ordens herausarbeiten, sein geschichtliches und geistliches Erbe bewahren und gleichzeitig erneuern, je nach den gewandelten Zeitverhältnissen und örtlichen Umständen.
Eure Konstitutionen, erneuert im Geist der „Regel und des Lebens der Brüder und Schwestern des Dritten Ordens vom heiligen Franz“, die ich am 8. Dezember 1982 appro-

biert habe und die mit dem neuen „Codex des kanonischen Rechts" in Einklang stehen, sollen die dynamische Treue zu eurem Charisma bestärken. Ohne Nachtrauern über vergangene Zeiten und ohne Kompromisse, in vollem Vertrauen auf den Heiligen Geist.

3. Die Identifizierung mit dem Evangelium und die kirchliche Sendung, die euren Orden auszeichnen, erfordern Einfühlungs- und Unterscheidungsvermögen. Der Vorrang des geistlichen Lebens muß garantiert sein. Daraus können dann Schwerpunkte im konkreten Handeln entwickelt werden.
Die Kirche schaut darauf, daß die Ordensgemeinschaften im Geist ihrer Stifter wachsen und gedeihen (vgl. *Lumen Gentium,* Nr. 45) und dabei die gesunden Traditionen bewahren (vgl. *CIC*, can. 578).

4. Ihr wißt wohl, daß euer Ordensstifter und Vater, der hl. Franz von Assisi, ein Mann des Evangeliums und ein Apostel der von Christus gelehrten Bußfertigkeit war. Er nahm die kirchlichen Erfahrungen vor ihm und jene seiner Zeit auf und bezeichnete sich als „Bußgänger von Assisi" (vgl. *Tre Compagni*, 37) und predigte begeistert die Notwendigkeit der Buße.
Durch seine unter der klaren Anregung des Heiligen Geistes gegebene Initiative entstand der franziskanische Bußorden, der später „Dritter Orden vom heiligen Franz" genannt wurde. Nach und nach gliederte er sich in den „weltlichen" und den „regulierten" Zweig. Ihr gehört zu dem letzteren, und in späterer Zeit schlossen sich ihm Hunderte von männlichen und weiblichen Ordensinstitute an.
Der heilige Franziskus verlangte von seinen Gefolgsleuten im „Bußorden" im Jahr 1215 und erneut 1221 eine am Evangelium ausgerichtete Lebensweise, die auf die „metanoia" konzentriert ist, auf die Umkehr des Herzens. Selig und gesegnet sind jene, betonte der Heilige in seinem *Ersten Brief an die Gläubigen* (1,4), die wirklich bußfertig sind.
Ihr, liebe Brüder, seid die bevorzugten Erben dieses Bußgeistes, der in allen Zeiten der Kirche soviel Früchte der Heiligkeit eingebracht hat.

5. Bezeichnend für euer Charisma, für eure besondere Berufung, ist auch der Einsatz in den Werken der Barmherzigkeit, verstanden als Dienst an Leib und Seele, am Menschen in seiner Ganzheitlichkeit. Ihr seid, gestern wie heute, von allen Formen der Armut und des Verlassenseins gefordert. Hört den Aufschrei der Armen! Kommt ihnen mit all eurer Großzügigkeit entgegen! Seid immer Zeugen des lebendigen Gottes und seines Gebots, dem Nächsten zu dienen! Umkehr, Bußfertigkeit müssen sich in „Werken der Umkehr" konkretisieren.

6. Euer Leben der Bußfertigkeit, das sich untrennbar in innerer Umkehr und äußeren Werken verwirklicht, ist heute auch die Berufung, sich zur Stimme für jene zu machen, die ihren Blick nicht zu Gott erheben, wie der Prophet klagt (vgl. *Hos* 11,7); die sich in ihren engen Horizont der Selbstsucht einschließen und sich nur noch um ihr irdisches Dasein kümmern. Ihr dagegen seid aufgerufen, mehr und Besseres zu tun, wie der heilige Franz in seinem *Zweiten Brief an die Gläubigen* (Nr. 36) mahnt.

7. Gerade unter diesem Aspekt gilt euch mein aufrichtiger Glückwunsch für euren missionarischen Einsatz und für den vom Evangelium geprägten Dynamismus, der euren Orden in seinem demütigen und glaubenstreuen Wirken beseelt.
Verkündet immer und überall allen die wohltuenden Worte unseres Herrn Jesus Christus (vgl. *Zweiter Brief an die Gläubigen,* Nr. 2). Erweist eure Vorliebe für die Armen und Schwachen, für die Kranken und die Bettler (vgl. *Regola e vita,* Nr. 21). Gebt ein ständiges Zeugnis der Umkehr aus dem Geist des Evangeliums und predigt nach der Mahnung des hl. Franz diesen Geist durch eure Werke!

8. Vergeßt aber nicht, daß der hl. Franz, als er seinen Söhnen den Weg der Buße wies, als Grundstein für sein christliches Gebäude die im Evangelium vorgezeichnete Nächstenliebe legte (vgl. *Erster Brief an die Gläubigen,* Nr. 1,1). Es gibt keine Umkehr ohne Liebe. Sie muß euch erfüllen. Dann kann sie ausstrahlen. Die vielfältigen Tätigkeiten eures Ordens sind nicht wirklich apostolisch, eure sozial caritativen Dienste können nicht als Barmherzigkeitsdienst erscheinen, wenn sie nicht aus der Liebe Gottes entspringen. Liebt also einander „in der Tat und in der Wahrheit“, seid Brüder und beweist mit eurem Tun eure gegenseitige Liebe, die euer Stifter vorgelebt hat.

9. Ich kann nicht schließen, ohne an ein bedeutsames Ereignis für euren Orden und für die ganze franziskanische Familie zu erinnern. Vor sieben Jahrhunderten, am 18. August 1289, erließ mein Vorgänger Nikolaus IV., der erste franziskanische Papst, die Bulle *Supra montem* über „Regel und Lebensstil der Brüder und Schwestern des Bußordens“ und approbierte damit offiziell die franziskanische Bußbewegung.
Die Feierlichkeiten zu diesem Anlaß mögen dazu dienen, eure geschichtlichen und geistlichen Wurzeln immer mehr zu entdecken und euren Eifer als Zeugen apostolischen Wirkens auf der Ebene gesunder Traditionen anzuspornen.

10. Viele von euch bereiten sich darauf vor, wieder in die Oase der einzelnen Ordensfraternitäten zurückzukehren und die ihnen von der Vorsehung durch den Willen der Oberen zugewiesenen Tätigkeiten wiederaufzunehmen. Die Mitglieder der neuen Generalleitung aber werden damit beschäftigt sein, die Kapitelentscheidungen in Treue und Verantwortungsbewußtsein in die Tat umzusetzen.
Der Geist der Wahrheit und der Liebe möge euch immer beistehen, auch durch die besondere Fürsprache des hl. Franziskus und den mütterlichen Schutz der „Madonna della Salute“, die seit Jahrhunderten über eurem Generalat wacht.
Mein Apostolischer Segen begleite euch, wie auch alle einzelnen Brüder des Ordens.

Diakonie der Liebe

Ansprache an die Mitglieder der Vereinigung der Werke Ostkirchenhilfe am 15. Juni

Liebe Brüder und Schwestern!

1. Mit Freude richte ich auch in diesem Jahr meinen herzlichen Gruß an euch. Ich danke dem Herrn Kardinal D. Simon Lourdusamy für seine Grußadresse, die er im Namen von euch allen – den Mitgliedern der Vereinigung der Werke der Ostkirchenhilfe – an mich gerichtet hat. In den nunmehr zwanzig Jahren eurer wohlbekannten Aktivität hatte ich Gelegenheit, eure zahlreichen Initiativen zugunsten der verschiedenen Kirchen und Gemeinschaften des orientalischen Ritus schätzen zu lernen; ich danke euch von Herzen für euren Einsatz. Er ist Ausdruck einer „Diakonie der Liebe", die unsere Gemeinschaften immer mehr auszeichnen muß und Garantie einer immer brüderlicheren und gerechteren Menschheit ist.

2. Seit unserer letzten Begegnung am 16. Juni vergangenen Jahres hat Rom zwei außerordentliche und für euch besonders bezeichnende Ereignisse erlebt, die direkt mit den Gebieten verbunden sind, in denen unsere Brüder leben, für die ihr euch mit so großem Eifer einsetzt. Das erste Ereignis war die Tausendjahrfeier der Taufe der Rus' von Kiew, die in Moskau begangen wurde und zu der ich eine qualifizierte Delegation entsandt habe. Und ich persönlich habe dann an verschiedenen Feierlichkeiten der ukrainisch-katholischen Kirche teilgenommen, habe insbesondere die Feierliche Göttliche Liturgie in ukrainischem Ritus am 10. Juli vergangenen Jahres in St. Peter geleitet.
Ich vertraue euch – wie auch die Erben der Taufe des heiligen Wladimir – Maria an, der „unzerstörbaren Wand" (Nierushima stienà), wie sie in dem berühmten Apsismosaik der Sofienkathedrale in Kiew dargestellt wird. Denn die Gottesmutter (Prieswiàta Bogoròditsia) schenkt uns allen ihren mächtigen, „unzerstörbaren" Schutz auf unserem Weg durch die Geschichte, teilt das Geschick eines jeden Menschen. Sie ruft uns zur Einheit und sie führt uns zu geistiger Freiheit.
Und sie lädt die Christen zur Hoffnung auf die Zukunft ein. Diese Hoffnung ist mehr denn je unerläßlich für den ökumenischen Dialog, namentlich jenen zwischen katholischer und orthodoxer Kirche. Und eine feste Hoffnung brauchen so viele unserer Brüder und Schwestern, denen noch immer das Recht auf Religionsfreiheit verweigert wird.

3. Das zweite Ereignis, das ich hier ins Gedächtnis zurückrufen möchte, war der Abschluß des Marianischen Jahres mit dem „Weihrauchritus" der koptischen Liturgie in der Basilika Santa Maria Maggiore am Vorabend des Festes Mariä Himmelfahrt und der Eucharistiefeier in St. Peter am Festtag selbst. Da sahen wir den Osten und den Westen vereint und ausgerichtet auf das dritte christliche Jahrtausend, in gegenseitiger Achtung der geistlichen Fülle jeder katholischen Tradition und in der gemeinsamen kindlichen Verehrung der Gottesmutter.
Nach diesen beiden so bezeichnenden Geschehnissen möchte ich auch noch an die Ad-limina-Besuche der ruthenischen Metropolie der Vereinigten Staaten sowie der Bischofs-

konferenz Griechenlands, der lateinischen Bischöfe der arabischen Länder und jener der Türkei erinnern. Diese Besuche gaben mir Gelegenheit, „meine Brüder zu stärken", wie es Jesus dem Petrus aufgetragen hat (*Lk* 22,32), und mit ihnen zusammen den „Gott des Trostes" (*2 Kor* 1,3) zu loben.

4. Schließlich trage ich immer in mir die bange Sorge um den Frieden und die Gerechtigkeit im Heiligen Land und im Libanon. Tragt auch ihr das Land Christi und jene Gegenden, die so eng mit der Heilsgeschichte verbunden sind, in euren Herzen und macht sie zum bevorzugten Punkt eurer caritativen Tätigkeit, auf daß von dort die Hoffnung auf eine Zivilisation der Liebe ausstrahlen kann.
Bei diesem edlen Bemühen, für das ich euch nochmals aus ganzem Herzen danke, möge euch die heilige Jungfrau helfen, und alle Heiligen mögen euch mit ihrer Fürbitte beistehen. Dazu erteile ich euch meinen Segen.

Die junge Ehe bedarf der Unterstützung

Ansprache an die Vollversammlung des Päpstlichen Rates für die Familie am 16. Juni

Meine Herren Kardinäle,
liebe Mitbrüder im Bischofsamt,
liebe Freunde!

1. Es ist mir eine Freude, Sie, die Sie an der Vollversammlung des Päpstlichen Rates für die Familie teilnehmen, hier empfangen zu können. In diesem Jahr ist das Thema Ihrer Überlegungen für alle christlichen Familien von Interesse: „Sakramentale und pastorale Realität der jungen Ehepaare". In der Tat, die erste Zeit im Leben eines Paares kann seine ganze Lebensgeschichte positiv bestimmen. In dieser Anfangsperiode gemeinsamen Lebens sind die Eheleute nicht nur geprägt durch die Vorbereitung in der Zeit der Verlobung, sondern von allen Aspekten des Ehelebens wie auch von ihrem sozialen Milieu oder von den Problemen, die mit dem Berufsleben in Verbindung stehen. Es handelt sich dabei um normale Realitäten, die dieses Leben, das neu ist – denn die beiden sind „ein Fleisch" geworden – günstig beeinflussen oder in Schwierigkeiten bringen können. In diesem Sinn hat das Apostolische Schreiben *Familiaris consortio* auf die jungen Familien hingewiesen, „die angesichts der neuen Werte und Verantwortlichkeiten, die jetzt auf sie zukommen, eventuellen Schwierigkeiten besonders in den ersten Ehejahren stärker ausgesetzt sind, wie etwa jenen, die sich beim Eingewöhnen in das gemeinsame Leben und bei der Geburt von Kindern ergeben" (Nr. 69).
Die junge Ehe bedarf der Unterstützung, damit sie in ihrer Einheit an Tiefe gewinnen und den Schwierigkeiten, die auf ihre Umgebung zurückgehen, begegnen kann. Eine realistische Seelsorge für junge Ehepaare wird gewisse negative Phänomene in Rechnung stellen müssen, die weit verbreitet sind, wie „eine irrige theoretische und praktische Auffassung von der gegenseitigen Unabhängigkeit der Eheleute … die steigende Zahl der Ehescheidungen; das weit verbreitete Übel der Abtreibung; die immer häufigere Sterilisierung;

das Aufkommen einer regelrecht empfängnisfeindlichen Mentalität" (*ebd.*, Nr. 6). Die Familienseelsorge wird sich darum bemühen, den jungen Eheleuten zu helfen und sie zu befähigen, „den Plan Gottes für Ehe und Familie zu verwirklichen" (*ebd.*), sowie sie die Gefahr von Ideen erkennen zu lassen, die im Gewand der Freiheit daherkommen, aber das Wohl der Eheleute und der Familie auf die Dimensionen eines simplen egoistischen Wohlergehens reduzieren. „In der Pastoral für die jungen Familien muß die Kirche besondere Aufmerksamkeit darauf richten, sie dahin zu erziehen, ihre eheliche Liebe verantwortlich zu leben angesichts der beiden ethischen Aufgaben, Gemeinschaft zu bilden und dem Leben zu dienen, und sie auch dazu anzuleiten, das private Leben der Familie daheim mit einem gemeinsamen hochherzigen Einsatz zur Auferbauung der Kirche und der menschlichen Gesellschaft in Einklang zu bringen" (*ebd.*, Nr. 69).
Im Sinne dieser Bildungs- und Orientierungsfunktion ist es notwendig, daß die Seelsorge den jungen Familien freundschaftliche und feste Unterstützung bietet und ihnen hilft, die Klippen zu überwinden, die sich täglich ergeben. In der christlichen Gemeinschaft werden die jungen Ehepaare ihren Auftrag zu erkennen wissen, der seinen Quellgrund hat im Wesen und in der Dynamik, die der Ehe eigen sind (vgl. *ebd.*, Nr. 17).

2. Vor allem wird man die jungen Familien auf die Gemeinschaft der Ehegatten untereinander vorbereiten, die offen ist für Kinder und in weiterem Sinn für die Nächsten. Die Liebe, die die Eheleute zum Ehebund gedrängt hat, belebt weiterhin ihre Gemeinschaft. Die gesamte Kraft des inneren Zusammenhaltes der Familie gründet sich auf die interpersonale Gemeinschaft der Ehegatten. Dies ist eine natürliche Gemeinschaft, die sich durch den Ehebund auf ontologischer Ebene verwirklicht – „ein Fleisch" – und aus der sich moralische und juristische Wirkungen ergeben, die der ehelichen Gemeinschaft eigen sind. Das Gesetz der ehelichen Verbindung ist keine Einschränkung der persönlichen Freiheit, ganz im Gegenteil, es schützt und garantiert eine tiefere menschliche Beziehung, die für eine geistige Fruchtbarkeit offen ist. Die Gnade der Ehe drängt die christlichen Eheleute zur Nachfolge Christi, indem sie ihr eigenes Leben hingeben und vor den Menschen ihre Teilhabe an der Verbindung zwischen Christus und seiner Kirche zum Ausdruck bringen (vgl. *Eph* 5,21–33).
Die personale Gemeinschaft der Eheleute schreitet kontinuierlich fort durch die tägliche Treue zur totalen Hingabe des einen an den anderen. Das wechselseitige Kennenlernen der tatsächlichen Qualitäten und unvermeidlichen Grenzen eines jeden beleuchtet den Weg eines Ehepaares in den ersten Jahren. Wenn es sein gemeinsames Leben realistisch gestaltet, Tag für Tag, beseitigt es die Risiken der Instabilität und verwirklicht täglich das Engagement, das im Jawort der Hochzeit zum Ausdruck kommt. Im Leben der jungen Ehepaare bedarf es der Kraft zur Verhaltensänderung, zur Umkehr, zum Verzeihen, wenn Fehler und sogar Sünde zur Erfahrung von Enttäuschung und Leid führen. Dies sind die nötigen Bedingungen für das Gelingen und die Dauer der familiären Gemeinschaft. Wenn die Familie die erste Schule für Gemeinschaftssinn ist, dann deshalb, weil die Ehe, die eheliche Verbindung der Gatten „an erster Stelle die Gemeinschaft von Menschen zum Ausdruck bringt" (vgl. *Gaudium et spes*, Nr. 12). Daher rührt in der Tat der Einfluß der Familien bei der Gestaltung der Gesellschaft.

3. Ein offensichtlich wichtiger Aspekt der Seelsorge für junge Ehepaare ist deren Vorbereitung auf den Dienst am Leben, die natürliche Vollendung ihrer Liebe und ihres Ehebundes. Hierfür ist es notwendig, daß die Familienseelsorge diesen jungen Ehepaaren entgegenkommt und ihnen Anleitung gibt, diesen vitalen Aspekt ihrer Ehe zu bedenken, der auf Grund der wechselfälligen Gegebenheiten der heutigen Gesellschaft entwertet oder gar verdunkelt sein könnte. Die Weitergabe des Lebens und die Erziehung der Kinder stehen nicht auf dem Konto des Habens, sondern auf dem Konto des Seins der Ehegatten. Heute ist es nicht leicht, eine herrschende Mentalität, die dem Geschenk des Lebens wenig günstig ist, ohne freundschaftlich nahe, verfügbare Hilfe zu überwinden, die den Willen stärkt und festigt, die natürlichen Werte zu verwirklichen, die im Wesen des Menschen tief innerlich vorgezeichnet sind. Es bedarf der Gnade durch das Gebet und durch den häufigen Empfang der Sakramente. Aber es ist nicht weniger nützlich, die Unterstützung christlicher Ehepaare zu haben, die den jungen Familien die Kriterien der Beurteilung und Lösung der Probleme vermitteln, die sich normalerweise allen Familien stellen. Wir haben es damit einer Form des Laienapostolates zu tun, die in unserer Zeit ganz besonders nötig ist. Ein Apostolat, das darauf gerichtet ist, das Leben eines christlichen Ehepaares in Übereinstimmung zu bringen mit den natürlichen und den offenbarten Ansprüchen, die vom Lehramt der Kirche weitergegeben und geklärt werden.

4. In der natürlichen und in der christlichen Ordnung sind die Ehegatten die ersten, die ihre Kinder formen. Man muß den jungen Familien helfen, diesen Dienst im Aufbau des Gottesvolkes zu leben, und die Dynamik vieler Familien unterstützen, die sich so ihrer christlichen Berufung und ihrer konkreten kirchlichen Verantwortung bewußt werden. Sie werden die ersten sein, die die positiven Früchte des Apostolates ernten, das darin besteht, ihre Kinder zu formen; denn den christlichen Glauben zu wecken, setzt vor allem eine persönliche Vertiefung und Aneignung der wesentlichen Wahrheiten der Glaubenslehre voraus, und das ist einem konsequenten Familienleben förderlich, das von den Glaubensüberzeugungen belebt wird, die Eltern und Kindern gemeinsam sind.

Das Apostolische Schreiben *Christifideles laici* stellt die Verantwortlichkeiten dar, die den Eheleuten im Leben und beim Aufbau der Kirche zukommen. Es ist von Bedeutung, an dieser Stelle die Rolle der Familienkatechese hervorzuheben. Diese Aufgabe der jungen Familien müßte wesentlicher Bestandteil der Aufgabe der Pfarreien sein: denn einerseits ist sie ein grundlegendes Element des Apostolates, und andererseits muß die Pfarrgemeinde den christlichen Eltern in ihrer Verantwortung helfen, die Kinder, die sie zur Welt gebracht haben, für den Glauben aufgeschlossen zu machen.

Die ersten Jahre einer Ehe bilden den Zeitraum, in dem die Familie durch die Geburt der Kinder sich vergrößert. Sie erwartet sie, garantiert ihre Erziehung und sorgt für alles, was sie brauchen. Die Kinder werden nach und nach allmählich in ihrer eigenen Familie einen Mittelpunkt entdecken, der sie im Bereich der Gesellschaft fördert und schützt oder im Gegenteil beherrscht und in Schwierigkeiten bringt. Die ursprüngliche Gesellschaft im engeren Sinn, nämlich die Familie, und die Gesellschaft in ihrer Gesamtheit bilden unterschiedliche und komplementäre Einflußpole in der Bildungsgeschichte der jungen Menschen.

5. Die christliche Familie spielt wie jede menschliche Familie eine unersetzliche Rolle beim Aufbau der Gesellschaft. Sie kann vor der gesellschaftlichen Wirklichkeit nicht in Gleichgültigkeit verharren, obwohl es nicht in ihrer Macht steht, alle Probleme der Gesellschaft zu heilen. Es wird sich empfehlen, daß die Familienseelsorge die jungen Ehepaare dazu anhält, sich der gesellschaftlichen Dimension ihres Lebens als Familie bewußt zu werden, und ihnen dabei behilflich ist, die Faktoren der Zersetzung mutig zurückzuweisen im Namen der christlichen Werte, die sie während ihrer Ausbildung und Vorbereitung für die Ehe sich zu eigen gemacht haben; Werte, die erneut klar bekräftigt werden in der konkreten Erfahrung der ersten Jahre ihres Ehelebens.
Ebenso werden die ersten Schwierigkeiten unter den Ehegatten und mit ihren Kindern besser gelöst, wenn die Werte der Familie verinnerlicht worden sind und die Kraft verleihen, Verirrungen zurückzuweisen. Die beste Garantie für die Festigung der christlichen Werte der jungen Familien besteht jedoch darin, sie in Beziehung mit den anderen Familien, die sich gegenseitig helfen, die apostolische Bedeutung ihres Lebens als Eheleute und Eltern erkennen zu lassen.
Zusammenfassend kann man an eine Feststellung von *Familiaris consortio* erinnern: die christliche Familie ist dazu aufgerufen, sich in ihrem Sein und ihrem Handeln als engste Gemeinschaft des Lebens und der Liebe (vgl. Nr. 50) in den Dienst der Kirche und der Gesellschaft zu stellen. Die Bande des Fleisches und des Blutes, die Bande der Liebe bilden das Fundament der menschlichen Gesellschaft. Es ist dieselbe Wirklichkeit, die das Sakrament der Ehe heiligt und teilhaben läßt am fruchtbaren Geheimnis der Verbindung von Christus und seiner Kirche.

6. Ihr Rat möchte für die Familien eine Pastoral des Nachdenkens und der Aneignung im Hinblick auf die Werte fördern, die in der Lehre der Kirche zum Ausdruck kommen. Sie erfüllen damit eine wesentliche Aufgabe, indem Sie hinhören auf die Fragen, die Schwierigkeiten, die Erfolge, deren Zeugen Sie sind in den verschiedenen Weltregionen, aus denen Sie stammen. Die Zusammenfassung Ihrer Überlegungen hat den großen Nutzen, den fundamentalen Sinn und die Forderungen des Familienlebens verstehen und darstellen zu helfen. Ihr Gesprächsaustausch wird dazu beitragen, der Familienseelsorge ihre ganze Weite zu geben, um die Erfahrung der verschiedenen Gemeinden, die die der Kirche selbst ist, weiter zu übermitteln. Ihre Arbeiten unterstreichen das Vertrauen der Kirche in die Familien, damit sie ihren Teil an der Sendung der Kirche übernehmen – mit dem sehr unterschiedlichen Reichtum ihrer Eigenschaften und ihrer Großzügigkeit. Weit entfernt davon, eine resignierte und sterile Haltung einzunehmen, müssen alle die verfügbaren Mittel menschlicher und geistlicher Art einsetzen, um im Herzen des Menschen die Harmonie Resonanz finden zu lassen, die Gott durch den Schöpferakt seiner Liebe ins Herz eingeprägt hat.
Ich versichere Sie meines Gebetes für den Erfolg Ihrer Arbeiten und wünsche Ihnen die Freude, hochherzige und aufmerksame Zeugen der Sorge der Kirche für die Familien zu sein. Von ganzem Herzen erteile ich Ihnen und allen, die Ihnen nahestehen, meinen Apostolischen Segen.

Einheit erfordert gegenseitige Achtung und Vertrauen

Grußwort an die Führer der Kirchen von Kerala und Südindien vom 16. Juni

Liebe Brüder im Herrn!

Es ist mir eine große Freude, daß Ihr Besuch in Rom uns die Möglichkeit zu einer Begegnung im Geist brüderlicher Achtung und gegenseitiger Liebe bietet. Ihre Anwesenheit ruft mir glückliche Erinnerungen an meinen Pastoralbesuch in Indien vor drei Jahren ins Gedächtnis, als ich ebenfalls mit Ihnen zusammentreffen konnte. Es freut mich nun, Sie heute hier wiedersehen zu können.

Obwohl wir nicht die volle kirchliche Gemeinschaft teilen, wissen wir um die ökumenische Verantwortung, die uns als Jüngern des göttlichen Meisters, der für die Einheit aller gebetet hat (vgl. *Joh* 17,21), auferlegt ist. Alle Getauften haben in der großen ökumenischen Bewegung, welche die volle, von Christus gewollte Einheit anstrebt, eine Rolle zu spielen. Sowohl die Gläubigen als auch ihre Hirten sind zur Mitarbeit an dieser Aufgabe berufen. Ich hoffe nun, daß Ihre Pilgerfahrt zur Kirche in Rom, welche diese Begegnung einschließt, in Ihnen die Ausdauer und die Klugheit festigt, mit der Sie Ihr Volk in Indien und besonders im schönen Kerala auf den Wegen der Ökumene führen.

Wenn es zu Fortschritten kommen soll, ist eine Atmosphäre gegenseitiger Achtung und gegenseitigen Vertrauens – nicht nur unter den einzelnen Christen, sondern auch unter den verschiedenen Kirchen und Gemeinschaften als solchen – erforderlich. Nur auf dieser Grundlage können wir die erhoffte Zusammenarbeit in den vielen Bereichen verwirklichen, in denen es bereits möglich ist, ein gemeinsames Zeugnis für das Evangelium abzulegen. Wir müssen in uns selbst und in unseren Kirchen und Gemeinschaften den Wunsch nach den Gaben des Heiligen Geistes, die die volle Einheit unter den Christen wiederherstellen werden, erstarken lassen.

Liebe Brüder, in diesem Sinn bete ich gemeinsam mit Ihnen um die Weisheit, die uns die Wege zur Einheit erkennen, und um den Mut, der sie uns beschreiten läßt. Auch bete ich für alle meine christlichen Brüder und Schwestern in Kerala und Südindien, für die Katholiken und die Angehörigen anderer Kirchen und kirchlichen Gemeinschaften. Möge der allmächtige Gott seinen reichsten Segen über alle ausgießen und Ihnen die Gabe seiner Freude und seines Friedens mitteilen.

Gott führt das Begonnene zur Erfüllung

Predigt bei der Seligsprechung von Anton Lucci und Elisabeth Renzi am 18. Juni

1. „Mit dem Reich Gottes ist es so, wie wenn ein Mann Samen auf seinen Acker sät" (*Mk* 4,26).

Die Liturgiefeier dieses Sonntags, bei der die Diener Gottes Anton Lucci, Bischof von Bovino, und Schwester Elisabeth Renzi, Gründerin der „Maestre Pie dell'Addolorata", seliggesprochen wurden, lädt uns ein, über das Leben der Kirche nachzudenken in ihrer geheimnisvollen und unvorhersehbaren Entwicklung in der Zeit und unter den Menschen, jene Kirche, die, noch auf Erden pilgernd, den Spuren Christi folgt, die in Demut bei Prüfungen und Verfolgungen ihre Sendung großmütig erfüllt und mit allen Kräften hofft und sich danach sehnt, mit ihrem König in Herrlichkeit vereint zu werden (vgl. *Lumen Gentium,* Nr. 5).

Der Same bedeutet in der Ausdrucksweise des Evangeliums das Wort Gottes. Wie der unscheinbare, auf die Erde geworfene Same ist das Wort mit der Kraft Gottes in der Seele dessen am Werk, der es aufnimmt. Gott ist es, der sät und erntet und gleichzeitig den Samen zu einer unvorhergesehenen Entwicklung führt.

Er hat sein Wort der Erde anvertraut, unserer Erde, d.h., der konkreten und historischen Menschheit, der wir angehören. Es ist zur Begegnung des göttlichen Samens mit der Erde gekommen. Jetzt kann man die Früchte erwarten, da Gott selbst die Entwicklung seines Wortes lenkt und seine Wirkkraft bestimmt. Es handelt sich hier tatsächlich um ein schöpferisches Wort, dazu bestimmt, sein Ziel zu erreichen, d.h., zum „vollen Samenkorn in der Ähre" zu werden. Gott läßt wachsen und reifen und bedient sich dabei verschiedener Wege, die der Aufmerksamkeit des Menschen entgehen, und einer Art und Weise, die dem Menschen unbekannt bleibt.

2. Das heutige Evangelium spricht vom Senfkorn, dem kleinsten aller Samenkörner und damit seiner Natur nach Zeichen für den unscheinbaren Anfang des Reiches Gottes. Die Verkündigung des Reiches hat tatsächlich so begonnen, mit unscheinbaren Schritten in Armut und Verfolgung, wurde doch der Sohn Gottes mit seiner Menschwerdung „wie ein Sklave" (*Phil* 2,7), der die Demütigung des Kreuzes annahm. Auch die Kirche begann als „kleine Herde" ihren geheimnisvollen Weg, das Heil unter den Menschen zu bezeugen. Ihr, der in der Erde Verborgenen, vertraute Gott die Aufgabe an, „Wohnstatt" für alle Menschen und Zeichen und sichtbares Sakrament ihres Heils zu werden: „Auf der Höhe von Israels Bergland pflanze ich ihn. Dort treibt er dann Zweige, er trägt Früchte und wird zur prächtigen Zeder. Allerlei Vögel wohnen darin; alles, was Flügel hat, wohnt im Schatten ihrer Zweige" (*Ez* 17,23). Die Kirche, der kleine Same und unscheinbare Zweig, wird, in die Erde gesenkt, in der Liebe, der Wahrheit und der Treue zum Wort Gottes Keim und Anfang seines Reiches, in dem der Mensch sein Heil findet.

3. Bischof Anton Lucci und Schwester Elisabeth Renzi haben ihr Vertrauen auf die Verheißungen Christi gesetzt. Aus ihrem Glauben heraus verstanden sie, daß die Annahme des Wortes Christi Selbsthingabe an eine prophetische Verkündigung und an die unwiderstehliche Kraft des Wachstums des Reiches Gottes in der Liebe bedeutet.

Gleichzeitig machten sie die Erfahrung, daß Gott sie zur Anteilnahme an der Sendung des Dienens berufen hatte, daß sie den bedürftigen Mitmenschen ihre Arme auftun und ihnen nahe sein, ihnen die Früchte des Heils auf den Wegen Christi in Armut und Schwierigkeiten, in der Begegnung mit dem Kreuz und im Begrabenwerden in der Erde mitteilen sollten, damit aus Verborgenheit und Demut eine kraftvolle Pflanze, eine an Körnern reiche Ähre erwachse. Gott selbst wollte ihren Dienst auf unvorhersehbare Weise, wie beim Samen, fruchtbar machen.

Als Apostel in die Welt hinaus gesandt, waren Anton Lucci und Elisabeth Renzi aufmerksam für die Zeichen der Zeit, den Anruf, der sich für sie aus den Ereignissen und den gesellschaftlichen Bedingungen ergab. Diese waren der Ort, an dem der Same ausgesät und verborgen werden mußte, damit er sich öffnen und zur Pflanze werden konnte. Die menschliche Gemeinschaft ist eben jenes Gefüge von Problemen, Schwierigkeiten, Prüfungen, Widerständen und Herausforderungen, in welchem das unwiderstehliche Wirken Gottes immer, ausnahmslos und zu allen Zeiten sein Reich der Vollendung entgegenführt.

4. Jeder gläubige Mensch, der der Botschaft des Evangeliums seine Aufmerksamkeit schenkt, ist heute eingeladen, das Wort aufzunehmen (vgl. *Mk* 4,33) und die Bedeutung des Gegensatzes zwischen der Armut, in welcher die Verkündigung ihren Anfang nahm, und der großartigen Zukunft der Sendung zu verstehen.
Niemand darf sich vom Geheimnis des Kreuzes und von der Erniedrigung der Urkirche überraschen oder entmutigen lassen, denn es ist Gott, der das von ihm Begonnene der Erfüllung zuführt: er läßt auferstehen, er verleiht Kraft, er beherrscht und leitet die Geschichte. Das Heil – allen in den Vögeln des Himmels versinnbildlichten Menschen verheißen – wurde bereits auf unverdiente und unwiderstehliche Weise mit dem historischen Kommen Jesu entschieden. Im Geheimnis des Todes und der Auferstehung Christi erreichte diese Verheißung ihre Fülle.
„Herr, laß in uns den Samen deines Wortes wachsen“: diese Anrufung haben wir gemeinsam gesungen, mit Staunen und Dankbarkeit, mit Mut und Freude, sind wir doch alle dazu berufen, die Großzügigkeit Gottes zu erfahren, der „zuerst den Halm, dann die Ähre, dann das volle Korn in der Ähre“ (*Mk* 4,28) schenkt. Alle sind wir dazu berufen, sein grenzenloses Erbarmen kennenzulernen, das den Fernstehenden, den Verirrten, den Völkern, „die keinen Hirten haben“ (*Mk* 6,34) Zuflucht bietet. „Allerlei Vögel wohnen darin, alles was Flügel hat, wohnt im Schatten seiner Zweige“ (*Ez* 17,23).

5. „Es gleicht einem Senfkorn. Dieses ist das kleinste von allen Samenkörnern ... ist es aber gesät, dann geht es auf“ (*Mk* 4,31–32): dieses Gleichnis des Evangeliums spiegelt auf beredte Weise das Leben des Bischofs Anton Lucci wider.
Dem bescheidenen Franziskaner, der sich wie ein beschaulicher Mönch dem Gebet hingab und sich unter seinen Mitbrüdern als Theologe und Lehrer der Glaubenswahrheiten, als Erzieher und erfahrener Asket auszeichnete, wurden bald innerhalb seiner Gemeinschaft wichtige Ämter anvertraut. Mein Vorgänger Papst Benedikt XIII. berief ihn als Theologen zu zwei Synoden, als Konsultor zum Hl. Offizium, und schließlich ernannte er ihn zum Bischof von Bovino.
In jener Stadt entfaltete sich sein Eifer wie eine „prächtige Zeder“ (*Ez* 17,23) in Initiativen grenzenloser Nächstenliebe, in erster Linie einer geistlichen Liebe, um den Klerus zu einem seiner Weihe und seinem Amt entsprechenden Leben der Frömmigkeit und der Seelsorge zurückzuführen. Daneben pflegte er die soziale und materielle Nächstenliebe, um die Rechte der zur Landarbeit verpflichteten Armen und den Schutz der Schwachen und der Opfer der Ausbeutung besorgt.

Deshalb machte er sich zum Katecheten seines Klerus und seiner Gläubigen, verkündete das Evangelium mit der Klarheit und Einfachheit des Franziskaners. Er selbst bereitete die Kinder auf den Empfang der in das christliche Leben einführenden Sakramente vor. Ebenso kümmerte er sich aber auch um ihre Grundausbildung, errichtete Freischulen, war besorgt um die Kleidung der Kinder und beschaffte ihnen die für die Arbeit nötigen Werkzeuge. Um das tun zu können, verzichtete er vollständig auf seine Einkünfte als Bischof, nur von dem Verlangen beseelt, den dringenden und unerschöpflichen Notwendigkeiten der Nächstenliebe in einem von ständigem Elend gekennzeichneten Milieu entsprechen zu können. Wie ein großer Baum streckte er die Zweige seiner Initiativen der Nächstenliebe immer weiter aus, um allen Bedürftigen Zuflucht und Unterstützung zu bieten.

6. Einem geheimnisvollen und menschlich unerklärbaren Plan Gottes gemäß folgte Elisabeth Renzi ihrer Berufung wie „ein Mann, [der] Samen auf seinen Acker sät … der Same keimt und wächst, und er selbst weiß nicht, wie“ (*Mk* 4,26–27).
Während der unruhigen Zeit der französischen Invasion, die der Revolution folgte, wurde Elisabeth gleichsam aus der Verborgenheit des Klosters der Augustinerinnen herausgerissen. In die Welt zurückgekehrt, konnte sie die dringenden Notwendigkeiten der Kirche ihrer Zeit besser kennenlernen und wurde sich eines neuen Rufes bewußt, den der Herr an sie richtete. Gott selbst hatte sie mitten in die Probleme der weiblichen Jugend ihrer Heimat hineingestellt. So verstand sie, daß es nötig war, die Mädchen aus dem Volk auf die Begegnung mit den neuen Lebensbedingungen vorzubereiten, die sie in einer verweltlichten Gesellschaft und aufgrund der neuen politischen und administrativen und nicht selten glaubensfeindlichen Strukturen erwarteten. Mit prophetischer Einfühlungsgabe wurde sich Elisabeth darüber klar, daß ein Zeitalter im Kommen war, in dem die Frau neue Verantwortungen in der Gesellschaft übernehmen würde.
Man könnte sagen, Elisabeth Renzi wurde nicht so sehr aus freiem Entschluß, sondern durch eine Reihe von Ereignissen zur Gründerin. Diese Ereignisse zwangen sie geradezu, in ihrer Heimat, der Romagna, ein systematisches und dauerhaftes Werk zugunsten der Mädchen ins Leben zu rufen. Ihre Lebensregel war das Sich-Gott-Überlassen, damit er die einzelnen Schritte und Augenblicke der Entwicklung ihres Werkes nach seinem Wohlgefallen lenke.
Manchmal kam es zu Schwierigkeiten innerhalb der kirchlichen Gemeinde selbst, die nicht immer genügend aufgeschlossen war, um die nicht mehr rückgängig zu machenden Umgestaltungen der Gesellschaft zu erkennen und in der bestimmte Personen einer endgültig überlebten Vergangenheit nachtrauerten.
Wie ein in die Erde gesenkter Same ertrug Elisabeth ihre Prüfungen mit nimmermüder Hoffnung. Sie schrieb: „Wenn sich die Dinge komplizierten, wenn mir die Gegenwart schmerzhaft und die Zukunft noch dunkler erschien, schloß ich die Augen und überließ mich wie ein kleines Kind den Armen des Vaters, der im Himmel ist“ (*Brief an ihren Bruder Giancarlo*).

7. Das sind also, liebe Brüder und Schwestern, zwei Selige, menschlich gesprochen völlig verschieden aufgrund ihrer kirchlichen Verantwortung, der Zeit und der Ort, an denen

sie lebten; dennoch einander nahe dank ihrer eifrigen und vertauensvollen Antwort auf die Berufung zur Nächstenliebe, die sie den Zeichen der Zeit entsprechend verwirklichten.
Beide verstanden, daß sie sozusagen „in der Verbannung“ (vgl. *2 Kor* 1,6–10) waren und daher im Dienst des pilgernden Volkes Gottes standen. Sie gingen ihren Weg im Glauben und horchten auf die Eingebungen der Gnade und auf die Stimme Gottes, um in ihren Gemeinden wahre Propheten sein zu können. Sie waren voll des Vertrauens und ertrugen harte Prüfungen in der Überzeugung, wie der Same in der Erde verschwinden zu müssen. Ebenso waren sie aber auch davon überzeugt, daß sie am Ende ihrer unermüdlichen Arbeit „beim Herrn wohnen“ würden. Deshalb waren sie bestrebt, sowohl während ihrer mühseligen Existenz als auch im Augenblick des Abschieds von dieser Welt, also „im Leib und außerhalb des Leibes“, Gott zu gefallen durch hochherzige Erfüllung ihrer Berufung.

8. Wenn wir ihr Beispiel betrachten, kommen spontan die Psalmworte auf unsere Lippen: „Wie schön ist es, dem Herrn zu danken, ... deine Huld zu verkünden und ... deine Treue“ (*Ps* 92,2–3). Die Liebe und Treue Gottes kommen ja gerade in den Werken seiner Erwählten, der treuen Jünger, zum Ausdruck, welche die Botschaft des Wortes Christi angenommen haben und es verstanden, seine Zeugen zu sein. Sie waren „gepflanzt im Hause des Herrn“ (*Ps* 92,14) und löschten ihren Durst an den Quellen seiner Gnade, um in der Erfüllung der Sendung, die ihnen Christus anvertraut hatte, mit außerordentlicher Fruchtbarkeit blühen und wachsen zu können.
Ihr Leben kennt keinen Abend, denn ihre Initiativen verbreiten und setzen sich in der Kirche fort. Deshalb verkünden wir heute, von Dankbarkeit gegen Gott erfüllt: „Gerecht ist der Herr“ (*Ps* 92,16), der in seinen treuen Dienern mit Erbarmen und Liebe, mit Gerechtigkeit und Heiligkeit am Werk ist.
Die Kirche preist heute den Herrn in diesen neuen Seligen. Tatsächlich verkündet nichts besser, daß „der Herr gerecht ist“, als die Heiligkeit von Menschen. Gott hat ihnen sein Siegel aufgeprägt und hat „bei Tag und Nacht“ unaufhörlich und auf geheimnisvolle Weise den Samen seines Wortes zum Keimen gebracht und ihn wachsen lassen.
„Laß, o Herr, auf die Fürbitte der Seligen Anton und Elisabeth auch in uns, deinen demütigen Dienern, den Samen deines Wortes wachsen.“ Amen.

Dem Leben der Kirche in Afrika Rechnung tragen

Ansprache an die Mitglieder des Rates des Generalsekretariats für die afrikanische Sondersitzung der Bischofssynode am 23. Juni

Liebe Mitbrüder im Bischofsamt!

1. Mit großer Freude begrüße ich euch, die Mitglieder des Rates der afrikanischen Sondersitzung der Bischofssynode anläßlich eures ersten Treffens hier in Rom, das dieses für die Kirche in Afrika und auch für die Weltkirche so wichtige Ereignis vorbereiten soll.

Am 6. Januar dieses Jahres, nachdem ich im Petersdom die Messe der Erscheinung des Herrn gefeiert und dreizehn neue Bischöfe geweiht hatte, kündigte ich vor dem Gebet des „Angelus“ eine Sondersitzung der Bischofssynode an, die Afrika betreffen und das Thema „Die Kirche in Afrika und das Herannahen des dritten Jahrtausends“ behandeln soll.

Dieser Ankündigung ließ ich ihre Begründung folgen. Es war mir daran gelegen, der „von den afrikanischen Bischöfen sowie von Priestern, Theologen und Laienvertretern wiederholt und seit längerer Zeit vorgebrachten Bitte zu entsprechen und für das gesamtafrikanische Gebiet und die dazugehörigen Inseln in der Pastoral ein organisches, solidarisches Zusammenwirken anzuregen“.

Afrika ist ein riesiger, uneinheitlicher und vielschichtiger Kontinent, dessen einzelne Länder ähnlichen und gleichzeitig sehr verschiedenen Problemen gegenüberstehen; es ist ein aufsteigender und in rascher Entwicklung begriffener Kontinent. Die Kirche ist in allen Ländern mit größeren oder kleineren, aber immer von unvergleichlichem missionarischem Eifer beseelten Gemeinschaften anwesend. Sie nimmt als solche und mit allen Bewohnern Afrikas am Leben des ganzen Erdteils und jeder einzelnen Nation Anteil.

2. Seit ihren Anfängen war die Kirche immer bestrebt, sich in die Gegebenheiten des täglichen Lebens der verschiedenen Kulturen angehörenden Menschen einzugliedern, um ihnen die Annahme der Heilsbotschaft ihres Gründers zu ermöglichen. Die Kirche hat immer die Pflicht, unter allen Völkern zu allen Zeiten und im Herzen der konkreten kulturellen und historischen Situationen im Dienst der Offenbarung Christi zu stehen. Indem sie das tut, „entzieht die Kirche oder das Gottesvolk mit der Verwirklichung dieses Reiches nichts dem zeitlichen Wohl eines jeden Volkes. Vielmehr fördert und übernimmt sie Anlagen, Fähigkeiten und Sitten der Völker, soweit sie gut sind, reinigt sie aber auch bei dieser Übernahme, kräftigt und hebt sie“, sagte das II. Vatikanische Konzil (*Lumen Gentium,* Nr. 13).

Seit der Zeit der Apostel jedoch war es der Kirche klar, daß sie dort, wo es notwendig und möglich ist, die Zusammenarbeit, die Ausdrucksformen des einen Glaubens in verschiedenen Kontexten und die Koordinierung der seelsorglichen und missionarischen Tätigkeiten fördern müsse, um auf diese Weise die Weitergabe der Botschaft des Evangeliums überzeugender gestalten und besser auf die bestehenden Erfordernisse eingehen zu können. So erschien es heute angebracht, diese Sondersitzung einzuberufen.

3. Aus den Antworten, die bereits eingetroffen sind und auch weiterhin eintreffen, kann ich schließen, daß die Einberufung einer Synodensitzung der Bischöfe Afrikas im allgemeinen mit Freude und großer Zufriedenheit aufgenommen wurde. Einzelne Bischöfe, und in manchen Fällen der gesamte Episkopat einiger Länder, wollten mir ihre Freude mitteilen und mir für die Gelegenheit zu einer Begegnung und zur gemeinsamen Aufstellung ihrer pastoralen und missionarischen Pläne danken, da es ihnen auf diese Weise möglich gemacht wird, ihrer Verantwortung als Hirten besser nachzukommen und der Kirche in Afrika eine eigenständige Identität zu verleihen.

Es ist mir eine Freude, bei dieser Begegnung allen Mitgliedern der mit der entfernteren Vorbereitung betrauten Kommission meinen Dank auszusprechen. Unmittelbar nach der

Ankündigung der Synode für Afrika und der Einsetzung der Kommission sind deren Mitglieder zweimal vom 7. bis zum 9. Januar und vom 1. bis zum 3. März – zur vorbereitenden Ausarbeitung der Grundzüge des Themas, der Strukturen und der Normen für die Durchführung der Synode zusammengetreten.
Trotz der Verpflichtungen in den eigenen Diözesen und innerhalb der Bischofskonferenzen oder der verschiedenen regionalen, kontinentalen oder universalen Organisationen haben die Mitglieder der Kommission den Beweis für eine großmütige und unmittelbare Verfügbarkeit geliefert, für die ich ihnen herzlich danke. Ebenso danke ich für eure qualifizierte Mitarbeit im Sekretariat der Synode, dank derer die besten Voraussetzungen für die Arbeiten der Synode geschaffen werden konnten.

4. Somit sind wir also an dem Punkt angelangt, an dem wir in den eigentlichen synodalen Prozeß eintreten und mit Entschlossenheit die nächste Phase der Arbeiten in Angriff nehmen müssen. Zu diesem Zweck habe ich den Rat des Generalsekretariats für die afrikanische Sondersitzung der Bischofssynode errichtet. Seine Mitglieder sind die Mitglieder der mit der entfernteren Vorbereitung betrauten Kommission sowie acht weitere, die ich soeben ernannt habe.
Diesem Rat obliegt im wesentlichen die Aufgabe, dem Sekretariat bei der entsprechenden Vorbereitung der Synodensitzungen behilflich zu sein und nachher die Ausführung der von der Bischofssynode gefaßten und vom Papst gutgeheißenen Beschlüsse zu überwachen. Der Rat der Sondersitzung entfaltet somit seine Tätigkeit parallel zu jener der Generalversammlung.

5. Es ist dies die erste Einberufung einer Synode auf kontinentaler Ebene; sie erfordert das ernsthafte Bemühen aller und insbesondere des Rates selbst. Eure erste Aufgabe wird die Erarbeitung der „Lineamenta“ sein, um die gemeinsame Reflexion zu fördern und zu Vorschlägen und nützlichen Ideen über das Hauptthema der Synode anzuregen.
Die gemeinsame Reflexion sollte allen wichtigen Aspekten des Lebens der Kirche in Afrika Rechnung tragen und insbesondere die Bereiche der Evangelisierung, der Inkulturation, des Dialogs, der Seelsorge für die einzelnen Gesellschaftsschichten und der Mittel der sozialen Kommunikation berücksichtigen. Die Kirche ist ihrer Natur nach missionarisch. Die Evangelisierung wurde von unserem Herrn Jesus Christus selbst all ihren Gliedern auferlegt, damit alle Völker Glauben und Heil erlangen. So sagte mein Vorgänger Paul VI. in seiner Ansprache an das Kardinalskollegium: „Die in der Gesellschaft vorherrschenden Bedingungen verpflichten uns, unsere Methoden zu revidieren und darüber nachzudenken, wie wir mit allen nur möglichen Mitteln an den modernen Menschen die Heilsbotschaft heranbringen können, in der allein er die Antwort auf seine Fragen und die Kraft für seinen Einsatz auf dem Gebiet der menschlichen Solidarität finden kann“ (22. Juni 1973). Wie Jesus, der sich bei der Verkündigung des Evangeliums aller Elemente bediente, die die Kultur seines Volkes bestimmten, so muß auch die Kirche zum Aufbau des Reiches Gottes Elemente verwenden, die menschlichen Kulturen entstammen. Inkulturation bedeutet jedoch nicht eine rein äußerliche Anpassung, sondern vielmehr die innere Umgestaltung echter kultureller Werte durch die Integrierung des Christentums und seine Einpflanzung in die verschiedenen menschlichen Kulturen“ (Zweite

außerordentliche Generalversammlung der Bischofssynode, *Schlußbericht*, II, D, 4). Die katholische Kirche lebt in Afrika neben anderen Religionen. Das II. Vatikanische Konzil fordert die in einer multireligiösen Umwelt lebenden Katholiken auf, mit Klugheit und Liebe, durch Dialog und Zusammenarbeit mit Menschen anderer Religionen für ihren christlichen Glauben und ihre christliche Lebensart Zeugnis zu geben. Gleichzeitig lud es sie ein, die tatsächlich vorhandenen spirituellen, ethnischen, sozialen und kulturellen Werte, über welche die anderen Religionen verfügen, anzuerkennen, aufrechtzuerhalten und zu fördern. Die Kirche ist verpflichtet, unablässig Christus zu verkünden, der „der Weg und die Wahrheit und das Leben" (*Joh* 14,6) ist. Somit darf es keinen Gegensatz zwischen Dialog und Mission geben. Es ist selbstverständlich wahr, daß sich das Reich Gottes mit keiner rein zeitlichen Einrichtung identifizieren läßt. Das bedeutet jedoch nicht, daß sich die Kirche der Sorge um die Menschen in ihrer augenblicklichen, persönlichen Lage und in ihrem Leben innerhalb der Gesellschaft entziehen darf. Die Lage der äußeren Armut und der Unterentwicklung, in der sich viele unserer Brüder und Schwestern auf dem afrikanischen Kontinent befinden, sollte alle Christen Afrikas darauf hinweisen, daß sie verpflichtet sind, die allen gleiche menschliche Würde, die Solidarität und die wirtschaftliche und soziale Entwicklung jedes einzelnen Menschen und der Familie zu fördern. Eure Reflexion muß auch die Mittel der sozialen Kommunikation einschließen. Die Massenmedien haben sich im Lauf der letzten Jahre stark entwickelt und üben auf die jungen Menschen und auf alle Schichten der Gesellschaft ungeheuren Einfluß aus. Sie haben auch neue und ernste Probleme mit sich gebracht. Wenn sie jedoch gute Verwendung finden, können sie einen echten Beitrag zur gesellschaftlichen und kulturellen Entwicklung leisten und das Reich Gottes verbreiten und festigen.

6. Liebe Mitbrüder, ich danke euch für die rasche Antwort auf meine Bitte um Hilfe für den wertvollen Beitrag zur Vorbereitung dieses Treffens, den ihr bereits geleistet habt und weiterhin leistet. Wenn dieses synodale Treffen gut vorbereitet ist, wird es alle Ebenen der christlichen Gemeinden ansprechen: Einzelpersonen, kleine Gemeinschaften, Pfarreien, Diözesen und örtliche, nationale und internationale Körperschaften. Es wird positive Ergebnisse zeitigen und wird der Kirche – nicht nur in Afrika, sondern in aller Welt – zum Vorteil gereichen.

Ich stelle diese Synode unter den Schutz Marias, der Mutter Christi und Mutter der Kirche und erteile euch allen meinen Apostolischen Segen.

Christus Quelle der Einheit und des Friedens

Ansprache an die Delegation des Patriarchen Dimitrios I. von Konstantinopel am 29. Juni

Eminenz!
Liebe Brüder im Herrn!

Das Patronatsfest der Kirche Roms schenkt mir aufs neue die Freude, eine Delegation der Schwesterkirche von Konstantinopel zu empfangen. Ich danke meinem sehr geliebten Bruder, dem Patriarchen Dimitrios I., daß er euch entsandt hat und heiße euch willkommen.

Die heiligen und glorreichen Apostel Petrus und Paulus müssen besonders von der Kirche Roms geehrt werden, deren Gründer sie sind. Aber die ganze Kirche, auf das „Fundament der Apostel und Propheten gebaut" (vgl. *Eph* 2,20), freut sich an diesem Fest und verherrlicht durch die gemeinsame Verehrung dieser beiden großen Apostel den, der sie berufen hat: „den Apostel und Hohenpriester, dem unser Bekenntnis gilt: Jesus" (*Hebr* 3,1). Hierin liegt die tiefe Bedeutsamkeit eurer Teilnahme an unserem Fest. Ja, in diesen Tagen sind die Kirche Roms, die Kirche von Konstantinopel und alle christlichen Gemeinschaften, die das Andenken an die Apostel ehren, zusammen auf der Pilgerfahrt zu den Quellen des Glaubens, der auf dem apostolischen Zeugnis beruht. Und jedes Jahr wird ebenso ein geistlicher Weg zurückgelegt, wenn eine Delegation der Kirche Roms im Phanar am Fest des Apostels Andreas, des ersten zur Nachfolge Jesu Berufenen und Bruders des hl. Petrus, teilnimmt.

Das Leben der beiden hll. Apostel Petrus und Paulus, wie wir es aus der Heiligen Schrift kennen, bietet uns einen Stoff zur Meditation an, der ebenso geeignet ist, die Hoffnung in unserem persönlichen Leben und im Leben unserer Kirchen zu stärken und ebenso in den gegenseitigen Beziehungen, die sie im Hinblick auf die Wiederherstellung der vollen Einheit pflegen. Als nämlich Petrus dreimal seinen Herrn verleugnet und Tränen der Reue vergossen hatte, findet er ihn als Auferstandenen wieder und hört ihn dreimal die fundamentale Frage stellen: „Liebst du mich?" Ein dreimaliges Ja der Liebe sollte genügen, um in seinem Amt die Herde zu leiten, bestätigt zu werden und Christus zu folgen bis zur Hingabe des Lebens für ihn. Und was Paulus angeht, so war er ein „Gotteslästerer und gewalttätiger Verfolger", als Christus ihm Erbarmen erwies und ihn in seinen Dienst berief. Auch er wird ein treuer Zeuge und wird in der Kraft der übergroßen Gnade, die ihm geschenkt wurde (vgl. *1 Tim* 1,12–14), sein Blut für Christus vergießen. In diesen letzten Zeiten wurde die gleiche barmherzige Gnade auch unseren Kirchen geschenkt, als sie durch das Drama der jahrhundertelangen Trennung schwach geworden waren, denn „für Gott ist nichts unmöglich" (*Lk* 1,37). Mit Petrus sagen wir zum Herrn, der uns unaufhörlich Vertrauen gibt: „Herr, du weißt alles, du weißt, daß ich dich liebe." Wie Paulus wissen wir uns „in dem Dienst, der uns durch Gottes Erbarmen übertragen wurde", und erlahmen nicht im Eifer (vgl. *2 Kor* 4,1). Wir wissen, daß wir zerbrechliche Gefäße sind, die den Schatz der Frohbotschaft des Heils tragen, damit „deutlich [wird], daß das Übermaß der Kraft von Gott und nicht von uns kommt" (*2 Kor* 4,7).

Das ist, liebe Brüder, die Realität der Gnade, in der nicht nur unsere heutige Begegnung ihre Wurzeln hat, sondern auch der theologische Dialog zwischen unseren Kirchen, der weiterhin Früchte trägt und sich vertieft. Auch alle Kontakte und alle Zusammenarbeit, die zwischen den katholischen und den orthodoxen Gläubigen bereits bestehen, haben hier ihre Wurzeln. Die Feier der hll. Apostel Petrus und Paulus wirft also in einzigartiger Weise Licht auf das Bemühen der römisch-katholischen Kirche und der orthodoxen Kirche von Konstantinopel, den Tag herbeizuführen, an dem wir an der gleichen Eucharistie, dem Sakrament der Einheit des Leibes Christi, teilhaben können. Wir sehen, daß der Herr in uns vollbringt, was er im Leben der glorreichen Apostel vollbracht hat, die wir feiern. Wir glauben, daß seine Kraft sich in unserer Schwachheit erweist (vgl. *2 Kor* 12,9) und daß die Gemeinschaft, die unter uns wächst, auf geheimnisvolle, aber wirksame Weise die ganze Menschheit in die Verwirklichung des Planes Gottes hineinzieht, der sie durch Christus wieder in sich zusammenführen will. Das kommt bereits zum Ausdruck und muß noch mehr und mehr deutlich werden im Einsatz jedes Gläubigen und aller christlichen Gemeinschaften für die Gerechtigkeit und den Frieden in der Welt. Keine Not und Angst der Menschen darf uns fremd sein. Und so oft es möglich ist, müssen wir gemeinsam der Welt von heute sagen, daß ihre Einheit, ihr Friede und ihr Heil in Jesus Christus ihre Quelle haben und ihre Verwirklichung finden.
Ich bitte euch, meinem Bruder, dem Patriarchen Dimitrios, meine herzlichen brüderlichen Grüße im Herrn zu überbringen. Ich versichere euch meines Gebetes, auf daß durch die Fürsprache der Apostel Petrus und Paulus jedem von euch und unseren Kirchen reiche göttliche Gnaden zuteil werden.

Die Hinweise Gottes verstehen

Ansprache an die Kapitulare der Kleinen Mission für die Taubstummen am 7. Juli

Meine lieben Patres von der Kleinen Mission für die Taubstummen!

1. Ich freue mich über diese Begegnung mit euch aus Anlaß eures Generalkapitels, das am 14. Juli beginnt, dem Jahrestag des frommen Hinscheidens eures verehrten Gründers des Dieners Gottes, Don Giuseppe Gualandi.
Ich danke euch für euren Besuch, der es mir erlaubt, meine Hochschätzung eures so hochverdienten Einsatzes für die Gehörlosen zum Ausdruck zu bringen. Sie könnten ohne eure spezifische Unterweisung, die sie befähigt, nicht zur Kenntnis der Geheimnisse unseres Glaubens gelangen und bewußt die Sakramente empfangen.
Das Generalkapitel ist für das Leben eurer Kongregation von ganz besonderer Bedeutung, sowohl für die Erneuerung im Blick auf einen noch größeren Eifer in der Hingabe an den Herrn wie auch hinsichtlich der täglichen Aktivitäten.
Euch erwartet ein engagiertes Nachdenken über das Ordensleben in sich und über die Modalitäten, es heute entsprechend dem Charisma eures Stifters zu verwirklichen. Er hat euch aufgezeigt, daß euer Leben auf dem Glauben, auf der Gottes- und Nächstenliebe be-

ruhen, von Treue und Großherzigkeit inspiriert sein muß; dann heiligt ihr euch selbst und die Menschen, denen ihr aus Liebe zum Herrn beisteht.
Der andere Auftrag eures Generalkapitels betrifft euren spezifischen Einsatz als Missionare der Taubstummen. Heute sieht sich auch eure Tätigkeit als Erzieher neuen erzieherischen Ausrichtungen gegenüber, die überkommene Formeln in Frage stellen. Hier braucht es Öffnung und Verfügbarkeit für neue Wege. Es wird nötig sein, eure spezifische und qualifizierte Erfahrung als christliche Erzieher jenen zur Verfügung zu stellen, die sich mit neuen Formen der Pädagogik und Didaktik für die Taubstummen einsetzen wollen.

2. Die Gehörlosen, die Heranwachsenden wie die Erwachsenen, brauchen eine religiöse Unterweisung als Grundlage ihres bürgerlichen und christlichen Lebens. Sie dürfen keine Randgestalten des Gottesvolkes bilden. Wenn niemand in Liebe auf sie zugeht und sie im Glauben erzieht, dann „wissen sie nichts von Jesus und Maria", wie euer Stifter bemerkte.
Doch auch ihr müßt eine Haltung des Hinhörens und des Suchens einnehmen, um die Hinweise zu verstehen, die euch Gott gewiß für eine Neuausrichtung eures Tuns und eures Apostolats geben wird. Wünschenswert wäre, daß diese Hinweise auch jene einbeziehen, denen ihr euren erzieherischen und apostolischen Dienst widmet, damit sie nicht nur lernen, als gute Christen zu leben, sondern ihrerseits Diener des Heils für ihre Brüder und Schwestern werden.
In diesem Zusammenhang möchte ich ausdrücklich die Apostolische Taubstummen Bewegung (M.A.S.) würdigen, die schon so wirkungsvoll für die Ausbreitung des Gottesreiches unter den Gehörlosen arbeitet, mit dem guten Beispiel christlichen Lebens, mit Gebet und Großherzigkeit, auch mit konkreten Zeugnissen christlicher Liebe zu Brüdern und Schwestern anderer Länder, die auch materielle Hilfe brauchen.

3. Der Herr hat euch seinen klaren Willen gezeigt, als er euch ein weites Missionsfeld für die Gehörlosen in Brasilien und auf den Philippinen wies, wo sich eure Ordensfamilie entwickelt, als Zeichen, daß Er, der Herr der Ernte, euch gerufen hat inmitten jener Völker zu wirken.
Jesus hat euch das bewegende Beispiel der Liebe gegeben, das ihr in eurer edlen und großen Sendung braucht, als er in der Dekapolis einen Taubstummen heilte, wie der Evangelist Markus berichtet (*Mk* 7,35). Er ließ die Tauben hören und die Stummen sprechen, er wird euch mit seiner allmächtigen Liebe immer nahe sein, damit euer Wirken reiche Früchte für das Himmelreich trägt.
Mein Apostolischer Segen gilt allen Mitgliedern der Kleinen Mission, Ordensmännern wie Ordensschwestern, allen euren Mitarbeitern, den Schülern und Schülerinnen, als Unterpfand reicher Gnaden des Lichts und der Kraft für euren Einsatz großherziger Hingabe an einen qualifizierten Dienst.

Eifriger Missionar und beispielhafter Bischof

Beileidstelegramm an den Generalvikar von Mogadischu vom 11. Juli

Tief betrübt durch die tragische Nachricht über die Ermordung von Msgr. Pietro Salvatore Colombo, Bischof von Mogadischu, der mit apostolischem Eifer und in Treue zum Apostolischen Stuhl der Kirche gedient hat und dem Franziskanerorden als eifriger Missionar und beispielhafter Bischof zur Ehre gereicht, gedenke ich dieser erlesenen Gestalt eines Ordensmannes und eines in der Seelsorge und im Dienst an den Brüdern selbstlos seine Kräfte einsetzenden Priesters. Ich bitte den Herrn, ihm für seine langen, mühevollen Dienste in der von ihm so geliebten Nation den ewigen Lohn zu schenken, und erteile meinen Apostolischen Segen, der Ihnen und der ganzen christlichen Gemeinschaft von Mogadischu zum Trost gereichen möge.

Joannes Paulus PP. II

Marienheiligtümer Zeichen christlicher Ausstrahlung

Predigt vor der Walfahrtskirche Unserer Lieben Frau von Oropa in Piemont am 16. Juli

„Wir hörten von seiner Lade in Efrata, fanden sie im Gefilde von Jaar ...“ (*Ps* 131 / 132,6)

1. Diese Worte, liebe Brüder und Schwestern, legt uns die Liturgie heute auf die Lippen. Der Psalmist spricht darin von der Bundeslade, in der die Gesetzestafeln aufgehoben wurden, die Gott dem Mose übergeben hatte. Sehr passend wendet die Kirche an diesem Marienfest, das wir feiern, das Symbol der Bundeslade auf die Muttergottes an, auf Maria, die in ihrem Schoß das menschgewordene Wort barg, jenes Wort, das nicht kam, um das Gesetz aufzuheben, sondern um es zu erfüllen (vgl. *Mt* 5,17); auf Maria, deren Leib, deren Geist und Herz „Tempel“ des Heiligen Geistes ist, des Geistes des Vaters und des Sohnes, der uns das göttliche Gesetz verstehen und leben lehrt. Wie der Psalmist, der mit Freude verkündet, er habe die Lade des Herrn „in Efrata“, „im Gefilde von Jaar“ gefunden, so rufen auch wir heute voll Freude aus, daß wir Maria, die Lade des Neuen Bundes, hier in ihrem schönen, sehr alten Heiligtum von Oropa gefunden haben. „Der Herr hat den Sion erwählt“ – fährt der Psalm fort (V. 13) – „ihn zu seinem Wohnsitz erkoren.“ Der Herr hat Oropa erwählt – könnten wir hinzufügen –, hat es als Wohnsitz Marias erkoren. In Maria und durch Maria will er in besonderer Weise hier in diesem seinem Heiligtum wohnen.

2. Treten wir also in diesen Wohnsitz Gottes ein nach dem Beispiel von Scharen zahlloser Gläubiger, die seit vielen Jahrhunderten hier heraufsteigen. Treten wir ein in diesen von Gott und von Maria bevorzugten Ort. Neigen wir uns in gebührender Ehrfurcht vor der unendlichen Majestät Gottes, dem es gefällt, durch die Fürbitte Marias in besonderer

Weise sein Erbarmen auf diesen heiligen Ort herabsteigen zu lassen und von hier aus immer neue Gnadenenergien auszustrahlen, die den Geist durch das Licht der Wahrheit erleuchten, den Willen zur Erfüllung der Gebote Gottes stärken und die Gemeinschaft der Menschen untereinander und mit Gott festigen. Auch wir frohlocken heute wie der von seinem Volk umgebene König David und danken dem Herrn, daß er uns dieses Heiligtum geschenkt hat, die lange und reiche Geschichte der Hingabe und Frömmigkeit, die sich rings um diese Kirche gebildet und sich wohltätig auf die ganze umliegende Region ausgebreitet hat. Wir danken ihm, daß er uns Maria geschenkt hat. Und wir danken auch Maria, weil es ihr gefallen hat, sich hier nicht nur den Herzen zu offenbaren, die bereits vom Glauben erleuchtet waren, sondern oft auch solchen, die auf der Suche waren und die Notwendigkeit einer radikalen Umkehr in sich verspürten. Wie viele Menschen haben in den Mauern dieses Heiligtums die Freude und den Frieden der Begegnung mit Gott gefunden! In den Augen der Mutter haben sie das entscheidende Wort gelesen, das den Nebel des Zweifels zerstreute und dem schwankenden Willen die nötige Energie gab. Hier, zu Füßen der Mutter, haben sie die Kraft gefunden, sich von den Einflüsterungen des Bösen loszusagen und rückhaltlos den gebieterischen aber zugleich befreienden Weisungen des Evangeliums zu folgen.

3. Die Marienheiligtümer sind von ihrer Natur her Zentren christlicher Ausstrahlung, dazu bestimmt, die Brüder untereinander zu versöhnen und den Glauben auszubreiten. Es ist also angebracht, daß jene, die hier betend verweilen, sich die Fragen stellen, die der Diözesanbischof, der liebe Msgr. Giustetti, im vergangenen Jahr in seinem Hirtenbrief an sich und an euch gerichtet hat: „Setzen sich unsere Gemeinden wirklich aus Menschen zusammen, die im Glauben reif sind und Mut haben, den Glauben zu bezeugen? Sind nicht unter den Jugendlichen und den Erwachsenen jetzt die sogenannten ‚Fernstehenden‘ in der Überzahl? Überlassen wir sie ihrem Los oder werden sie uns zu einem größeren missionarischen Ansporn?“ Das sind grundlegende Fragen, liebe Brüder und Schwestern, dringende Fragen. Jeder verantwortungsbewußte Christ muß sich von ihnen angesprochen wissen. Darum sage auch ich euch: Werdet euch der Höhe eurer Berufung bewußt und der Verpflichtungen,die sich daraus ergeben! Niemand ist Christ nur für sich allein. Das Geschenk des Glaubens ist uns gegeben, damit wir es durch das Wort und durch das Leben vor unseren Brüdern bezeugen. Laßt darum eure innere Verbundenheit mit diesem Heiligtum zu einer immer neuen missionarischen Initiative werden! Laßt das Licht, das Maria euch hier schenkt, nicht nur die eigene Seele erfüllen, sondern laßt es auf verschiedene Weise überströmen, sich ausbreiten und auch die „Fernstehenden“ erleuchten! Erbittet hier von Maria dieses Aufblühen, diese Vitalität eures Glaubens! Die Liebe und das Erbarmen gegenüber den Brüdern einerseits und anderseits das Verantwortungsbewußtsein ihnen gegenüber mögen in euch eine Art heiliger Unruhe hervorrufen, die euch dazu drängt, beständig nach Arten und Weisen und nach geeigneten Mitteln zu suchen, auch ihnen Anteil an dem Licht zu geben, das Gott euch durch Maria in diesem Heiligtum verkosten läßt.

4. „Seht, die Wohnung Gottes unter den Menschen! Er wird in ihrer Mitte wohnen“ (*Offb* 21,3). Der Mensch trägt ein nicht zu unterdrückendes Verlangen nach dem Absoluten

in sich. Im Grunde möchte jeder Mensch – ob es ihm bewußt ist oder nicht – dort wohnen, wo Gott wohnt. Wie oft stellt die Heilige Schrift dieses Verlangen des religiösen Herzens, „im Haus des Herrn zu wohnen", dar und preist es. Und besteht unsere ewige Seligkeit nicht im Wohnen bei Gott? Wohnen dort, wo Gott „alle Tränen von ihren Augen abwischen" wird und es keinen Tod, keine Trauer, keine Klage, keine Mühsal mehr geben wird, „denn was früher war, ist vergangen" (*Offb* 21,4)? In gewissem Maß aber geschieht das hier auf Erden bereits durch den Glauben: Der transzendente Gott wird in gewisser Weise „immanent" im Herzen und im Bewußtsein des Glaubenden. Vor allem durch das Sakrament der Eucharistie, in dem die Anwesenheit Gottes unter uns und in uns die reale Dimension, des Leibes und Blutes Christi annimmt. Wie sollte man da nicht den Wunsch begreifen, an dem Ort wohnen zu dürfen, an dem Gott wohnt, so daß das Haus des Menschen verbunden sei mit dem Tempel, mit dem „Haus Gottes"? Und wie sollte man es nicht für gerechtfertigt halten, einem solchen Wunsch entgegenzukommen? Und genau dies tut man seit Jahrhunderten in diesem, wie in vielen anderen Heiligtümern: man bietet den Pilgern, die den Wunsch haben, im „Haus Gottes" zu wohnen, Gastfreundschaft an. Das strahlt ganz logisch und spontan aus von einer intensiv gelebten christlichen Spiritualität. So erklärt sich das Bemühen der kirchlichen Gemeinschaft von Biella, diesen Ort der Frömmigkeit, der nach der Vorstellung und dem Wunsch früherer christlicher Generationen „Haus Marias" war, echt und wahr zu erhalten. Es entspricht der innersten Natur des christlichen Glaubens, Werke und Strukturen von menschlichem und sozialem Charakter ins Leben zu rufen, die mit diesem Glauben lebendig verbunden sind, und ohne den sie sich von ihrem Ziel entfernen und die Energie verlieren würden, die sie aufrecht hält.

5. Hier möchte ich an alle meinen herzlichen Gruß richten. Ich grüße vor allem die religiösen und die zivilen Autoritäten, die für die gute Führung dieses Heiligtums und der damit verbundenen Werke Verantwortlichen in ihrem jeweiligen Bereich. Ich grüße euren eifrigen Bischof und die anderen Bischöfe, die hierhergekommen sind, den Herrn Bürgermeister, dem ich für seine freundliche Begrüßung bei meiner Ankunft danke, die anderen Autoritäten, wie auch den Rektor und die Priester des Heiligtums, die Schwestern und andere, die hier emsigen Dienst leisten. Sehr herzlich grüße ich auch alle Priester der Diözese, die zur gemeinsamen Feier des hl. Opfers mit mir und zur Bezeugung ihrer Sohnesliebe zu Maria hergekommen sind. Ich ermuntere sie von Herzen, in den Mühen des Dienstes immer die hl. Jungfrau um den Trost und die Kraft ihrer Fürsprache zu bitten. Weiter denke ich auch an alle Brüder und Schwestern, die in frommer Gesinnung zu diesem Heiligtum kommen, vor allem jene, die der Glaube drängt, in Leid und Not hier bei Maria Zuflucht zu suchen. In ihrer liebevollen Sorge wird Maria es nicht versäumen, sie in ihren Schwierigkeiten zu trösten und zu stärken. Heute verehren wir Maria auch unter dem Titel Unsere Liebe Frau vom Berge Karmel. Es ist eine altehrwürdige Ehrenbezeichnung für Maria, die Mitte einer reichen geistlichen Erfahrung, nicht nur der Ordensfamilie, deren Name sich von der Jungfrau vom Berge Karmel ableitet, sondern auch für viele, die die Vollkommenheit im Sinn des Evangeliums in einem Leben suchen, das auf die Kontemplation ausgerich-

tet ist, auf das beständige Gebet und das Hören auf das Wort Gottes, wie das Leben Marias.

6. „Sei gegrüßt, du Begnadete; der Herr ist mit dir!“ (*Lk* 1,28). Ich bin hierhergekommen, um die Muttergottes zu grüßen und um euch zu grüßen. Und nun wollen wir alle zusammen Maria mit diesen schönen und tiefen Worten des Engels Gabriel grüßen. Wir neigen uns vor unserer Mutter. Wir stehen gesammelt vor ihrem ehrwürdigen Bild. Wir betrachten sie in ihrer reinen Schönheit, sie, den makellosen Spiegel der Schönheit Gottes. Wir danken ihr für ihre Anwesenheit unter uns, für ihr Gebet und ihre mütterliche Sorge. Wir fühlen uns glücklich unter ihrem Blick. Zu dieser Freude ruft uns die wunderbare Inschrift an der Fassade der alten Basilika auf: „Selig der, o Selige, auf dem deine Augen ruhen!“ „Ich bin die Magd des Herrn“ (*Lk* 1,38), sagt Maria zu uns. Heilige Jungfrau, wir wollen Gott dienen, mit dir und wie du. Amen.

Der Karmel ein Zentrum der Liebe

Ansprache an die Gläubigen von Aosta am 16. Juli

Liebe Brüder und Schwestern aus dem Aostatal!

1. Vor allem möchte ich meiner Freude darüber Ausdruck geben, daß ich nach dem Pastoralbesuch in eurer Diözese im September 1986 nun wieder bei euch sein darf.
Ich grüße den Bischof und die zivilen Autoritäten und danke ihnen und allen, die meinen Aufenthalt in dieser schönen Gegend möglich und angenehm gemacht haben. Hier erfreut den Besucher das Schauspiel herrlicher Rundblicke, und das gesunde Klima erfrischt ihn.
Vor ungefähr drei Jahren hatte ich am Ende der Messe die Freude, dem Grundstein für das zu errichtende Karmelitinnenkloster den Segen zu geben. Anschließend sagte ich zu euch, wie ich mich gut erinnere, daß es im Aostatal Steine in Fülle gibt und es daher leicht ist, Klöster zu bauen. Doch wußte ich auch gut, daß Steine zusammenfügen und festzementieren, um ein so schönes Kloster daraus zu machen, wie ihr es jetzt errichtet habt, keine leichte Sache sein würde. Wenn in so kurzer Zeit Steine zum Bau eures Karmels vermauert werden konnten, so war das nur möglich, weil eure Herzen sich einig und eure Absichten in Einklang waren, dieses Haus des Gebetes zu bauen, diese mystische Wohnung Gottes unter den Menschen.
Es wurde mir gesagt, daß zahlreiche Personen sich mit wahrem Schwung am Aufbau des Klosters beteiligt haben. Jemand hat das Grundstück gestiftet, andere haben den künstlerischen Entwurf geliefert, arme und einfache Gläubige trugen dazu bei, unter nicht geringen Opfern die Mittel zusammenzubringen, um dieses Werk verwirklicht zu sehen. Unter den Förderern verdient eure Regionalregierung gebührende Erwähnung, hat sie doch durch die Gewährung eines langfristigen Darlehens das Fortführen der Arbeiten ohne besondere Schwierigkeiten möglich gemacht. Ich freue mich und bitte den Herrn, er möge allen Wohltätern ihre Hilfe vergelten.

2. Angesichts der ernsten Schwierigkeiten, denen die Kirche und die Welt heute begegnen, könnte jemand denken, es wäre besser, Schwestern des aktiven, statt des kontemplativen Lebens in eurer Diözese zu haben. Das hieße mit anderen Worten: Handeln gilt mehr als Beten. Doch in Wirklichkeit ist es nicht so.

Ohne das Verdienst der lieben Schwestern zu schmälern, die auf tausend Weisen die Liebe Gottes zu den Armen, den Kleinen und den Kranken bezeugen, und ohne der Dankbarkeit ihnen gegenüber etwas zu nehmen, muß doch anerkannt werden, daß die Kirche noch mehr der Menschen bedarf, die sich dem kontemplativen Gebet widmen, wie es in den Klöstern geübt wird. Die Kontemplation steht an den Quellen der Aktion, aus ihr strömen die geistlichen Energien, die das Volk Gottes auf seinem Weg zum Heil stützen.

Eine sehr bemerkenswerte Stelle aus dem Alten Testament stellt uns Mose vor, wie er auf dem Berg betet, während sein Volk kämpft, um sich den Weg ins verheißene Land freizumachen. Mose ist der Führer des Gottesvolkes, ein Führer aber, der, statt in der Ebene zu kämpfen, auf dem Berg steht und betet. Das Wunderbarste daran ist, daß, so lange Mose betet, das Volk siegt; unterbricht er jedoch sein Gebet, dann unterliegt das Volk. Hier wird deutlich, daß der Sieg über die Hindernisse, die das Volk Gottes auf dem Weg des Heils findet, vom Gebet abhängt (vgl. *Ex* 17,8–15).

3. Über den Wert des kontemplativen Lebens fragte sich auch die hl. Therese vom Kind Jesu, eine Karmelitin wie die, die das Kloster bevölkern werden, das nun in Aosta errichtet ist. Die Heilige fand die Antwort auf ihr Problem im Brief des hl. Paulus an die Christen von Korinth (Kap. 12–13). In einem Abschnitt dieses Briefes beschreibt der Apostel die Kirche als Leib Christi und stellt fest, daß dieser Leib viele Glieder hat und jedes von ihnen eine bestimmte Aufgabe. In der Kirche kann man nicht gleichzeitig Apostel, Prophet und Lehrer sein, so wie im Leib das Auge nicht zugleich Hand und Fuß oder ein anderes Glied sein kann. Die Berufungen sind verschieden, und alle sind notwendig. Im gleichen Brief wird aber hervorgehoben, daß es in der Kirche einen Weg gibt, „der alle übersteigt“: es ist der Weg der Liebe (vgl. *1 Kor* 12,31). Nun ist das kontemplative Leben gerade dieser Weg, „der alles übersteigt“. Kontemplativ sein heißt nicht: müßig sein. Es heißt hingegen: Gott lieben und in ihm die ganze Menschheit lieben. Aus Liebe zu ihren Brüdern und Schwestern leben die Kontemplativen ihre Lebensform und nehmen in ihr Leben und ihr Gebet alle Nöte der Welt hinein, um sie vor Gott zu tragen, alles Böse der Welt, um es vor Gott zu sühnen.

Die Kontemplation spornt also jede Form aktiven Lebens in der Kirche an und unterstützt sie. Sie ist deren tiefste und wahrste Seele. Die Anwesenheit kontemplativer Menschen im Herzen des Gottesvolkes erfüllt die gleiche Aufgabe wie das Herz im menschlichen Leib. Wie das Herz, zwar verborgen, doch am Ursprung aller Aktivität steht, die sich im Leib vollzieht, so gibt die Kontemplation in ihrer Verborgenheit der Kirche Leben und Heiligkeit.

Als die hl. Therese diese Wahrheit entdeckte, rief sie, vor Freude überströmend, aus: „Da begriff ich, daß die Kirche ein Herz hat, ein liebeglühendes Herz. Ich begriff, daß nur die Liebe die Glieder der Kirche zu ihrer Tätigkeit drängt, und daß, wäre die Liebe ausgelöscht worden, die Apostel nicht das Evangelium verkündet und die Märtyrer nicht mehr ihr Blut vergossen hätten. – Ich begriff, daß die Liebe alles ist und alle Berufungen in sich schließt" (Aus der *Selbstbiographie*).

4. Ich bin sicher, daß der Karmel im Aostatal ein Zentrum der Liebe zu Gott und zu den Menschen sein wird, wenn die Ordensfrauen, die sich in ihm zusammenfinden werden, ihre Weihe in voller Treue zum Geist der Gründerin, der hl. Theresa von Avila, zu leben verstehen. Ich möchte wünschen, daß er wirklich in kurzer Zeit das Herz dieser christlichen Gemeinschaft werde und im ganzen Volk Gottes, das hier auf der Pilgerschaft ist, eine heilsame Bewegung des Glaubens ansporne. Und ich wünsche euch, daß aus den Gebeten, die von hier zum Himmel aufsteigen werden, Priester- und Ordensberufungen hervorgehen, Berufungen zum aktiven und zum kontemplativen Leben. Daß Heiligkeit für die Familien von hier ausgehe, Zunahme an Weisheit und Gnade für die jungen Generationen, Gelassenheit für jene, die an körperlichen oder geistigen Erkrankungen leiden, freudige Geduld für die, die durch die Arbeit das Werk der Schöpfung zur Vollendung bringen helfen, und daß von hier aus auch Vorsätze zur Bekehrung ihren Anfang nehmen bei solchen, die sich von den Wegen Gottes entfernt haben.
Ja, jedes Kloster ist pulsierendes Herz der Gemeinschaft, die es auf ihrem Boden haben wollte. Ihr, Brüder und Schwestern des Aostatals, habt euren Karmel gerade am geographischen Mittelpunkt des Tals gebaut, so, als ob ihr damit auch sichtbar bestätigen wolltet, daß der Karmel das Zentrum der Diözese ist.

5. Zu all dem beglückwünsche ich euch, und als Zeichen meiner Freude erteile ich den Nonnen, die bald kommen werden, denen, die das Werk ausführten, den Wohltätern, den Bauunternehmungen und der ganzen Kirche, die im Aostatal lebt, den Apostolischen Segen.

Paul VI. entzog sich nicht dem Kreuz

Predigt am Fest der Verklärung des Herrn in Castel Gandolfo am 6. August

„Meister, es ist gut, daß wir hier sind."

1. Welche Freude könnte größer sein als die, Christus in seiner Herrlichkeit zu betrachten? Unsere ewige Seligkeit wird gerade darin bestehen, das menschgewordene Wort im Licht der Dreifaltigkeit „von Angesicht zu Angesicht" zu schauen.
Petrus, Johannes und Jakobus durften beim Ereignis der Verklärung des Herrn auf dem Berg Tabor einen Vorgeschmack der Freude dieser Begegnung in der beseligenden Anschauung Gottes im Himmel empfinden. „Wir waren Augenzeugen seiner Macht und Größe", wird Petrus sagen (*2 Petr* 1,16), und Johannes wird seinerseits bestätigen, „was wir mit unseren Augen gesehen, was wir geschaut und was unsere Hände angefaßt haben ... das Wort des Lebens" (vgl. *1 Joh* 1,1).
Bei der Verklärung wie in anderen bedeutenden Augenblicken im irdischen Lebens des Herrn ist es Petrus, der das Wort ergreift und sich zum Wortführer macht, um auszu-

drücken, was die beiden anderen Apostel empfinden: Petrus, der die Apostel und die Kirche im Glauben anführt.

2. Liebe Brüder und Schwestern, wie es unsere Gewohnheit ist, gedenken wir am heutigen Tag des frommen Todes unseres verehrten Vorgängers, Papst Pauls VI., vor elf Jahren, genau an diesem Tag. Paul VI., Nachfolger der Petrus. Paul VI. war, wie Petrus, für uns Lehrer im Glauben, er hat uns im Glauben gestärkt. Wie Petrus war er von Licht erfüllt und besaß Glauben, um seinen Brüdern die Wahrheit über Christus zu zeigen, die Liebe zu Christus und den Weg, der zur beseligenden Anschauung Gottes führt. „Es hat der Weisheit Gottes gefallen", sagte er in seinem Apostolischen Schreiben über die christliche Freude, „das Rom von Petrus und Paulus sozusagen auf jenen Weg zu stellen, der zur ewigen Stadt des himmlischen Jerusalem führt, dadurch nämlich, daß sie beschloß, die Schlüssel des Himmelreiches Petrus zu übertragen" (*Gaudete in Domino*, Nr. 7). Und er erinnerte an den festen Bestand des dem Petrus verliehenen Charismas, an jene „soliditas Petri" (Festigkeit Petri), in der wir alle unsere Grundlage haben müssen, um mit Gewißheit die wahre Lehre unseres Herrn zu erkennen. Und zwar aus folgendem Grund, wie Paul VI., ein Wort von Leo d. Gr. aufnehmend, fortfährt: „Die Festigkeit, die er (Petrus), von dem Felsen erhalten hat, der Christus ist, teilt er, nachdem er selbst zum Felsen geworden ist, in gleicher Weise seinen Erben mit" in einem unbesiegbaren Glauben, der weder Widerstände, noch Mißverständnisse, noch Verrat und bitterste Enttäuschungen fürchtet. Das Kreuz des Nachfolgers Petri gehört zu dessen Sendung als Lehrer des Glaubens. Und Paul VI. hat sich diesem Kreuz nicht entzogen. „In der Tat waren ihm – wie ich in einer Predigt im September 1979 sagte – ‚Schmähungen und Speichel' (vgl. *Jes* 50,6), dem Lehrer des Glaubens zugefügt, nicht fremd." Seine Seele kannte sehr wohl jene „Traurigkeit und Not, die sich aus der Verantwortung für die heiligsten Werte, aus der Verantwortung für das Große ergibt, das Gott dem Menschen anvertraut".

3. „Möge Paul VI.", so sagte ich am 6. August 1983, und heute möchte ich es wiederholen, „uns vor allem im katholischen Glauben stärken!" Als er in einer seiner früheren Schriften über die Lehre und die Erfahrungen des hl. Paulus, seines großen Ideals, nachdachte, betonte er unerschrocken und leidenschaftlich: „Die Rechtgläubigkeit ist eine vorrangige Forderung des Christentums ... Wo Christus in unserer Welt nicht gegenwärtig ist, müssen wir alle Anstrengung machen, ihn präsent zu machen. Wo Christus in unserer Welt entstellt ist und zu anderen Zielen als denen des ewigen Heiles mißbraucht wird, müssen wir ihn unbeugsam und kühn verteidigen."
Hier zeigt sich das Bewußtsein, das er von der Sendung des Petrus hatte, die ihm als Hirt der Universalkirche und Lehrer des Glaubens anvertraut worden war. „Wir sind erwählt, wir sind berufen", so sagte er bei einer Bischofssynode, „wir sind vom Herrn mit einer umwandelnden Sendung betraut." Als Bischöfe sind wir Nachfolger der Apostel, Hirten der Kirche Gottes. Eine Pflicht kennzeichnet uns: Zeugen zu sein, Träger der Botschaft des Evangeliums, Lehrer angesichts der Menschheit. Das alles wollen wir uns in Erinnerung rufen ehrwürdige Brüder, um das Bewußtsein von unserer Auserwählung, unserer Sendung und unserer Verantwortung in dem großen, gefährlichen unbequemen Dienst,

der uns anvertraut wurde, neu zu beleben, vor allem aber, um unser ganzes Vertrauen auf die Hilfe Christi in allem was uns Leid zufügt, uns müde macht und auch in dem was uns hoffen läßt, neu zu bekräftigen."

4. Die apostolische Sendung läßt die Empfindungen des gekreuzigten und auferstandenen Christus mitfühlen (vgl. *Phil* 2,5). Wenn Papst Paul VI. auch Leid zu tragen hatte, so herrschte doch am Grund seines Herzens die Freude, die sich aus der treuen Erfüllung der täglichen Pflicht, aus der Teilnahme an den Leiden Christi und der frohen Hoffnung und Erwartung der himmlischen Herrlichkeit ergibt. Darum konnte er gerade in einer besonders leidvollen Zeit seines Pontifikats mit so intensiven, stark empfundenen Akzenten in dem erwähnten Apostolischen Schreiben *Gaudete in Domino* von der christlichen Freude sprechen. Diese „kleinen menschlichen Freuden", sagte der Papst, werden „in unserem Leben gleichsam als Hinweise auf eine erhabenere Wirklichkeit ... verklärt" (III.), verklärt von einer göttlichen und transzendenten Freude, die man in Treue zu Christus und der von ihm empfangenen Sendung durch die Annahme des Kreuzes empfängt. Im Aufnehmen des Wortes Gottes, stellt der Papst weiter fest, wird selbst das Leid des Menschen verklärt. Die Fülle der Freude kommt aus dem Sieg des Gekreuzigten, aus seinem durchbohrten Herzen, seinem verherrlichten Leib, und sie macht die Finsternis in den Seelen hell: „Et nox mea illuminatio mea in deliciis meis" (Osterlob) (III.).
Die christliche Freude ist die Freude der Verklärung, und diese ist ihrerseits der Vorgeschmack der unaussprechlichen und ewigen Freude des himmlischen Jerusalem. Mir gefällt der Gedanke, daß der Tod Papst Pauls VI., der sich gerade am Fest der Verklärung ereignete, wie ein prophetisches Zeichen ist: Paul VI. sah in den Worten, die er zum Angelus am 6. August 1978 vorbereitet hatte, aber nicht mehr sprechen konnte, in der vom Evangelium berichteten Tatsache der Verklärung „die transzendente Bestimmung unserer menschlichen Natur, die (Christus) angenommen hatte, um uns zu retten. Erlöst durch sein unwiderrufliches Opfer der Liebe, ist sie gleichfalls ausersehen, an der Fülle des Lebens ... Anteil zu nehmen. Dieser Leib, der sich vor den erstaunten Augen der Apostel verklärt, ist der Leib unseres Bruders Christus, gleichzeitig aber auch unser Leib, der zur Herrlichkeit bestimmt ist. Das Licht, das ihn umflutet, ist jetzt und künftig auch unser Anteil an seiner Hinterlassenschaft und Herrlichkeit" (*O.R. dt., 25.8.1978*).

5. Das persönliche Bemühen Pauls VI. in seinem inneren unerschütterlichen Vertrauen auf Christus und auf die Hilfe des Heiligen Geistes kommt fast dem Bemühen der Kirche, der Braut Christi selbst gleich, die ganz darauf ausgerichtet ist, den Willen des Herrn zu erfüllen, wie er in den Lehren des II. Vatikanischen Konzils zum Ausdruck kommt. Jede wahre Erneuerung kostet etwas, erfordert Verzicht auf den eigenen Willen, um den des Vaters zu erfüllen, so, wie er denen sich kund tut, die die Verantwortung für die Leitung der Seelen haben.
Paul VI. hat die Interessen der Kirche ganz und gar zu den seinen gemacht, und so sind sie wie der Widerschein des Weges der Braut Christi, die in einem neuen Abschnitt ihrer Geschichte in einem mühevollen, doch wesentlich freudevollen Umwandlungsprozeß der „Verklärung" entgegengeht. So hat Paul VI. die konziliare Erneuerung verstanden. Er

hat sie beschrieben als Bemühen der Kirche, so zu sein, wie Christus sie haben will, hingeordnet auf jene „Vollkommenheit“, die dem Idealbild in den Gedanken Gottes entspricht (vgl. *Ecclesiam suam,* II, 38), „um neue Energien zu wecken, jene Heiligkeit anzustreben, die Christus uns lehrte und die er durch sein Beispiel, sein Wort, seine Gnade und durch seine Schule, die von der kirchlichen Überlieferung getragen, durch gemeinschaftliches Tun zusammengehalten und durch die einzigartigen Gestalten der Heiligen veranschaulicht wird, zu erkennen, zu verlangen und auch zu erreichen uns ermöglicht“ (*ebd.*).

Erneuerung bedeutet auch, so angemessen wie möglich die Praxis des christlichen Lebens mit seinem ihm eigenen übernatürlichen Charakter in Einklang bringen. Es hat gewiß einen inneren Ernst; doch darf dieser nicht übertrieben werden, denn „mein Joch drückt nicht, und meine Bürde ist leicht“ (*Mt* 11,30), sagt der Herr. Es geht darum, wie Papst Paul weiter sagt, das Antlitz der Kirche zu reinigen und zu verjüngen, ohne ihr Wesen und ihre Grundstrukturen zu verändern, so daß das Erbe der apostolischen Tradition auch für heute intakt und lebendig erhalten bleibt.

Auch über die Art dieser Erneuerung hat Paul VI. des näheren gesprochen: „Die Kirche wird ihre neue Jugend nicht so sehr durch Änderung ihrer äußeren Gesetze finden, als vielmehr durch die innere Haltung des Gehorsams gegenüber Christus, durch Beobachtung jener Gesetze, die die Kirche sich selbst gibt, um Christi Weg zu folgen. Hier liegt das Geheimnis ihrer Erneuerung, hier ihre ‚Metanoia‘, hier ihre Übung der Vollkommenheit“ (48). So wird die wahre Erneuerung ein Antrieb zu größerer geistlicher Vollkommenheit sein.

6. Diese Weisungen des Montini-Papstes sind aktuell. Die konziliare Erneuerung ist noch im Gang und weit von ihrer vollen Verwirklichung entfernt. Es müssen offensichtlich manche falschen Interpretationen oder Anwendungen vermieden werden, vor denen der verstorbene Papst uns durch seine erste Enzyklika gewarnt hat.

Wir wollen beten, daß der große Papst so, wie er das ihm anvertraute Volk Gottes im Glauben stärkte, auch heute durch sein Beispiel, seine Liebe und seine Fürbitte der Kirche beistehe, die er so sehr geliebt und für die er sich hingegeben hat, damit sie weiterhin in der Welt das Licht Christi sei und über die Menschen den Glanz seiner Verklärung ausstrahle.

Redemptoris custos

Apostolisches Schreiben über Gestalt und Sendung des heiligen Josef im Leben Christi und der Kirche vom 15. August

An die Bischöfe
An die Priester und Diakone
An die Ordensleute
An alle Christgläubigen

Verehrte Mitbrüder,
geliebte Söhne und Töchter,
Gruß und Apostolischen Segen!

Einleitung

1. Zum Beschützer des Erlösers berufen, „tat Josef, was der Engel des Herrn ihm befohlen hatte, und nahm seine Frau zu sich" (*Mt* 1,24).
In Anlehnung an das Evangelium haben schon die Kirchenväter der ersten Jahrhunderte hervorgehoben, daß der hl. Josef so, wie er für Maria liebevoll Sorge trug und sich voll Freude und Eifer der Erziehung Jesu Christi widmete[1], seinen mystischen Leib, die Kirche, deren Gestalt und Vorbild die heilige Jungfrau ist, hütet und beschützt.
Zum Hundertjahrjubiläum der Veröffentlichung der Enzyklika *Quamquam pluries* Papst Leos XIII.[2] und in der Spur der jahrhundertealten Verehrung für den hl. Josef möchte ich euch, liebe Brüder und Schwestern, einige Betrachtungen über den Mann vorlegen, dem Gott „den Schutz seiner kostbarsten Schätze anvertraut hat"[3]. Ich komme dieser pastoralen Pflicht mit Freude nach, damit die Verehrung für den Schutzpatron der Gesamtkirche und die Liebe zum Erlöser, dem er in vorbildlicher Weise gedient hat, in allen wachse.
So wird das ganze christliche Volk den hl. Josef nicht nur eifriger anrufen und vertrauensvoll um seinen Schutz und Beistand bitten, sondern stets die demütige, reife Art seines Dienstes und seiner „Mitwirkung" am Heilsplan vor Augen haben[4].
Ich glaube nämlich, das neuerliche Nachdenken über die Teilnahme des Gemahls Mariens am göttlichen Geheimnis wird es der Kirche, die zusammen mit der ganzen Menschheit auf dem Weg in die Zukunft ist, gestatten, ständig ihre eigene Identität im Rahmen dieses Erlösungsplanes wiederzuentdecken, der seine Grundlage im Geheimnis der Menschwerdung hat.
Eben an diesem Geheimnis „hatte" Josef von Nazaret „teil" wie kein anderes menschliches Geschöpf, ausgenommen Maria, die Mutter des menschgewordenen Wortes. Er hatte zusammen mit ihr daran teil, weil er in das tatsächliche Heilsgeschehen einbezogen worden war, und wurde zum Hüter derselben Liebe, durch deren Macht der ewige Vater „uns im voraus dazu bestimmt (hat), seine Söhne zu werden durch Jesus Christus" (*Eph* 1,5).

I. Die Darstellung des hl. Josef im Evangelium

Die Ehe mit Maria

2. „Josef, Sohn Davids, fürchte dich nicht, Maria als deine Frau zu dir zu nehmen; denn das Kind, das sie erwartet, ist vom Heiligen Geist. Sie wird einen Sohn gebären; ihm sollst du den Namen Jesus geben; denn er wird sein Volk von seinen Sünden erlösen" (*Mt* 1,20–21).

Diese Worte enthalten den zentralen Kern der biblischen Wahrheit über den hl. Josef, den Augenblick seines Daseins, auf den im besonderen die Kirchenväter Bezug nehmen. Der Evangelist Matthäus erläutert die Bedeutung dieses Augenblicks, indem er auch beschreibt, wie ihn Josef erlebt hat. Um jedoch den Inhalt und Zusammenhang seiner Aussage ganz zu verstehen, muß man sich die Parallelstelle des *Lukasevangeliums* vergegenwärtigen. Denn im Verhältnis zu dem Vers, wo es heißt: „Mit der Geburt Jesu Christi war es so: Maria, seine Mutter, war mit Josef verlobt; noch bevor sie zusammengekommen waren, zeigte es sich, daß sie ein Kind erwartete durch das Wirken des Heiligen Geistes" (*Mt* 1,18), findet die Herkunft der Schwangerschaft Mariens „durch das Wirken des Heiligen Geistes" eine ausführlichere und genauere Beschreibung in dem, was wir bei Lukas über die Verkündigung der Geburt Jesu lesen: „Der Engel Gabriel wurde von Gott in eine Stadt in Galiläa namens Nazaret zu einer Jungfrau gesandt. Sie war mit einem Mann namens Josef verlobt, der aus dem Haus David stammte. Der Name der Jungfrau war Maria" (*Lk* 1,26–27). Die Worte des Engels: „Sei gegrüßt, du Begnadete, der Herr ist mir dir" (*Lk* 1,28), lösten in Maria eine tiefe Beunruhigung aus und hielten sie zugleich zum Nachdenken an. Da beruhigte der Bote die Jungfrau und offenbarte ihr Gottes besonderen Plan in bezug auf sie: „Fürchte dich nicht, Maria; denn du hast bei Gott Gnade gefunden. Du wirst ein Kind empfangen, einen Sohn wirst du gebären: dem sollst du den Namen Jesus geben. Er wird groß sein und Sohn des Höchsten genannt werden. Gott, der Herr, wird ihm den Thron seines Vaters David geben" (*Lk* 1,30–32).

Wenige Verse vorher hatte der Evangelist gesagt, daß Maria bei der Verkündigung „mit einem Mann namens Josef verlobt war, der aus dem Haus David stammte". Das Wesen dieser „Vermählung" wird indirekt erklärt, als Maria, nachdem sie die Worte des himmlischen Boten bezüglich der Geburt des Sohnes gehört hat, fragt: „Wie soll das geschehen, da ich keinen Mann erkenne?" (*Lk* 1,34). Darauf erhält sie folgende Antwort: „Der Heilige Geist wird über dich kommen, und die Kraft des Höchsten wird dich überschatten. Deshalb wird auch das Kind heilig und Sohn Gottes genannt werden" (*Lk* 1,35). Maria wird, auch wenn sie schon mit Josef „verheiratet" ist, Jungfrau bleiben, weil das schon bei der Verkündigung in ihr empfangene Kind durch das Wirken des Heiligen Geistes empfangen worden war.

In diesem Punkt stimmt der Text des Lukas mit jenem von *Mt* 1,18 überein und kann uns zur Erklärung dessen dienen, was wir dort lesen. Wenn sich nach der Vermählung Mariens mit Josef „zeigte, daß sie ein Kind erwartete durch das Wirken des Heiligen Geistes", so entspricht diese Aussage durchaus dem Inhalt der Verkündigung und insbesondere den abschließend von Maria gesprochenen Worten: „Mir geschehe, wie du es gesagt hast" (*Lk* 1,38). Nachdem Maria auf den klaren Plan Gottes geantwortet hat, wird in den folgenden Tagen und Wochen vor den Leuten und vor Josef offenkundig, daß sie „ein Kind erwartet", daß sie gebären soll und das Geheimnis der Mutterschaft in sich trägt.

3. Unter diesen Umständen „beschloß Josef, ihr Mann, der gerecht war und sie nicht bloßstellen wollte, sich in aller Stille von ihr zu trennen" (*Mt* 1,19). Er wußte nicht, wie er sich angesichts der „wunderbaren" Mutterschaft Mariens verhalten sollte. Er suchte natürlich eine Antwort auf die beunruhigende Frage, vor allem aber suchte er nach einem Ausweg aus der für ihn schwierigen Situation. „Während er noch darüber nachdachte, erschien ihm ein Engel des Herrn im Traum und sagte: Josef, Sohn Davids, fürchte dich nicht, Maria als deine Frau zu dir zu nehmen, denn das Kind, das sie erwartet, ist vom Heiligen Geist. Sie wird einen Sohn gebären; ihm sollst du den Namen Jesus geben; denn er wird sein Volk von seinen Sünden erlösen" (*Mt* 1,20–21).
Zwischen der „Verkündigung" bei Matthäus und jener bei Lukas besteht eine enge Übereinstimmung. Der Bote Gottes weiht Josef in das Geheimnis der Mutterschaft Mariens ein. Sie, die dem Gesetz nach seine „Frau" ist, auch wenn sie Jungfrau bleibt, ist kraft des Heiligen Geistes Mutter geworden. Und wenn der Sohn, den Maria im Schoß trägt, zur Welt kommt, soll er den Namen Jesus erhalten. Das war ein bei den Israeliten bekannter Name, der ab und zu den Söhnen gegeben wurde. In diesem Fall jedoch handelt es sich um den Sohn, der – entsprechend der göttlichen Verheißung – die Bedeutung dieses Namens voll erfüllen wird: Jesus Yehošua, was bedeutet: Gott ist Heil.
Der Bote wendet sich an Josef als den „Mann Mariens", der dem Sohn, der von der mit ihm verheirateten Jungfrau aus Nazaret geboren werden wird, dann diesen Namen geben soll. Er wendet sich also an Josef und überträgt ihm für den Sohn Mariens die Aufgaben eines irdischen Vaters.
„Als Josef erwachte, tat er, was der Engel des Herrn ihm befohlen hatte, und nahm seine Frau zu sich" (*Mt* 1,24). Er nahm sie zu sich mit dem ganzen Geheimnis ihrer Mutterschaft, er nahm sie zu sich zusammen mit dem Sohn, der durch das Wirken des Heiligen Geistes zur Welt kommen würde: damit bewies er in bezug auf das, was Gott ihm durch seinen Boten aufgetragen hatte, eine willige Verfügbarkeit, die jener Mariens ähnlich ist.

II. Der Hüter des Geheimnisses Gottes

4. Als sich Maria kurz nach der Verkündigung in das Haus des Zacharias begab, um ihre Verwandte Elisabet zu besuchen, vernahm sie bei der Begrüßung die Worte, die Elisabet, „vom Heiligen Geist erfüllt" sprach (vgl. *Lk* 1,41). Nach den Worten, die sich mit dem Gruß des Engels bei der Verkündigung verbanden, sagte Elisabet: „Selig ist die, die geglaubt hat, daß sich erfüllt, was der Herr ihr sagen ließ" (*Lk* 1,45). Diese Worte waren der Leitgedanke der Enzyklika *Redemptoris Mater*, mit welcher ich die Lehre des Zweiten Vatikanischen Konzils vertiefen wollte, die besagt: „Die selige Jungfrau ging den Pilgerweg des Glaubens. Ihre Vereinigung mit dem Sohn hielt sie in Treue bis zum Kreuz"[5] und ist damit allen „vorangegangen"[6], die aufgrund des Glaubens Christus folgen.

Am Anfang dieses Pilgerweges trifft sich der Glaube Mariens mit dem Glauben Josefs. Wenn darum Elisabet von der Mutter des Erlösers sagte: „Selig ist die, die geglaubt hat", so kann man gewissermaßen dieses Seligsein auch auf Josef beziehen, weil er positiv auf das Wort Gottes antwortete, als es ihm in jenem entscheidenden Augenblick überbracht wurde. Um genau zu sein: Josef antwortete auf die „Verkündigung" des Engels nicht wie Maria, sondern „er tat, was der Herr ihm befohlen hatte, und nahm seine Frau zu sich". Was er getan hat, ist reinster „Gehorsam des Glaubens" (vgl. *Röm* 1,5; 16,26; *2 Kor* 10,5–6).
Man kann darum sagen: Das, was Josef getan hat, verband ihn in ganz besonderer Weise mit dem Glaubens Mariens: er nahm als von Gott kommende Wahrheit an, was sie bereits bei der Verkündigung angenommen hatte. Das Konzil lehrt: „Dem offenbarenden Gott ist der ‚Gehorsam des Glaubens' zu leisten. Darin überantwortet sich der Mensch Gott als ganzer in Freiheit, indem er sich ‚dem offenbarenden Gott mit Verstand und Willen voll unterwirft' und seiner Offenbarung willig zustimmt"[7]. Der eben zitierte Satz, der das innerste Wesen des Glaubens berührt, trifft voll und ganz auf Josef von Nazaret zu.

5. Er wurde daher der Vermittler und Hüter des einzigartigen Geheimnisses, das „von Ewigkeit her in Gott verborgen war" (vgl. *Eph* 3,9), so wie es Maria in jenem entscheidenden Augenblick wurde, den der Apostel die „Fülle der Zeit" nennt, als nämlich „Gott seinen Sohn, geboren von einer Frau, sandte, damit er die freikaufe, die unter dem Gesetz stehen, und damit wir die Sohnschaft erlangen" (vgl. *Gal* 4,4–5). „Gott hat" – so lehrt das Konzil – „in seiner Güte und Weisheit beschlossen, sich selbst zu offenbaren und das Geheimnis seines Willens kundzutun (vgl. *Eph* 1,9): daß die Menschen durch Christus, das fleischgewordene Wort, im Heiligen Geist Zugang zum Vater haben und teilhaftig werden der göttlichen Natur (vgl. *Eph* 2,18; *2 Petr* 1,4)"[8].
Der erste Hüter dieses göttlichen Geheimnisses ist Josef, zusammen mit Maria. Zusammen mit Maria – und auch in Beziehung zu Maria – hat er, und zwar von allem Anfang an, teil an diesem entscheidenden Abschnitt der Selbstoffenbarung Gottes in Christus. Wenn wir nun die Berichte beider Evangelisten, Matthäus und Lukas, vor Augen haben, können wir auch sagen, daß Josef der erste ist, der am Glauben der Gottesmutter teilhat, und daß er dadurch seine Frau im Glauben an die göttliche Verkündigung unterstützt. Er ist es auch, der von Gott als erster auf den „Pilgerweg des Glaubens" gestellt wurde, auf dem Maria – vor allem seit Golgota und Pfingsten – in vollkommener Weise „vorangegangen ist"[9].

6. Josefs eigener Weg, sein Pilgerweg des Glaubens, wird früher enden, das heißt: noch bevor Maria am Fuße des Kreuzes auf Golgota steht und bevor sie – nachdem Christus zum Vater zurückgekehrt ist – an Pfingsten im Abendmahlssaal zugegen ist, an dem Tag, wo die aus der Kraft des Geistes der Wahrheit geborene Kirche vor der Welt offenbar gemacht wird. Doch der Glaubensweg Josefs schlägt dieselbe Richtung ein, er bleibt vollständig von demselben Geheimnis bestimmt, dessen erster Hüter er zusammen mit Maria geworden war. Menschwerdung und Erlösung bilden eine organische und unauflösliche Einheit, in der „sich das Offenbarungsgeschehen in Tat und Wort ereignet, die innerlich miteinander verknüpft sind"[10]. Wegen dieser Einheit verfügte Papst Johannes XXIII.,

der eine große Verehrung für den hl. Josef hegte, daß in den römischen Meßkanon als dem ewigen Erinnerungsbuch der Erlösung der Name des hl. Josef neben dem Mariens und vor den Namen der Apostel, der Päpste und der Märtyrer aufgenommen werde[11].

Der Dienst der Vaterschaft

7. Wie man aus der Heiligen Schrift ableitet, bildet die Ehe mit Maria die Rechtsgrundlage der Vaterschaft Josefs. Um Josefs väterlichen Schutz für Jesus sicherzustellen, hat Gott ihn als Mann Mariens auserwählt. Daraus folgt, daß Josefs Vaterschaft – eine Beziehung, die ihn in größtmögliche Nähe zu Christus, dem Ziel jeder Erwählung und Vorherbestimmung (vgl. *Röm* 8,28 f.), stellt – über die Ehe mit Maria, das heißt über die Familie, führt.
Die Evangelisten nennen, auch wenn sie mit aller Klarheit sagen, daß Jesus durch das Wirken des Heiligen Geistes empfangen und daß in jener Ehe die Jungfräulichkeit gewahrt worden ist (vgl. *Mt* 1,16.18–20.24; *Lk* 1,26–34), Josef den Mann Mariens und Maria die Frau Josefs (vgl. *Mt* 1,16–18 ff.; *Lk* 1,24; 2,5).
Und auch für die Kirche ist es, so bedeutsam das Bekenntnis zur jungfräulichen Empfängnis Jesu ist, nicht weniger wichtig, die Ehe Mariens mit Josef zu verteidigen, weil rechtlich von dieser Ehe die Vaterschaft Josefs abhängt. Daraus wird auch verständlich, warum die Geschlechter nach der Ahnenreihe Josefs aufgezählt werden: „Warum, fragt sich der hl. Augustinus, sollte sie es nicht durch Josef sein? War Josef etwa nicht der Gemahl Mariens? (...). Die Schrift bestätigt durch die Autorität des Engels, daß er der Gemahl war. Fürchte dich nicht, sagt er, Maria als deine Frau zu dir zu nehmen; denn das Kind, das sie erwartet, ist vom Heiligen Geist. Es wird ihm befohlen, dem Kind den Namen zu geben, auch wenn es nicht von ihm gezeugt wurde. Sie wird, heißt es, einen Sohn gebären, dem sollst du den Namen Jesus geben. Die Schrift weiß, daß Jesus nicht aus dem Samen Josefs geboren wurde, denn als Josef wegen des Ursprungs der Schwangerschaft seiner Frau beunruhigt ist, wird ihm gesagt: sie kommt vom Heiligen Geist. Und dennoch wird ihm die väterliche Autorität nicht abgesprochen, seitdem ihm befohlen wurde, dem Kind den Namen zu geben. Schließlich nennt auch die Jungfrau Maria selbst, die sehr wohl weiß, daß sie Christus nicht durch die eheliche Vereinigung mit ihm empfangen hat, Josef dennoch Vater Christi“[12].
Kraft des Ehebandes, das Maria und Josef verbindet, ist der Sohn Mariens auch der Sohn Josefs: „Aufgrund jener treuen Ehe verdienten es beide, Eltern Christi genannt zu werden, nicht nur seine Mutter, sondern auch sein Vater, und zwar in derselben Weise, wie er der Gemahl seiner Mutter war, beides in geistiger, nicht in fleischlicher Hinsicht“[13].
In dieser Ehe fehlt keines der für die Begründung einer Ehe konstitutiven Erfordernisse: „Bei den Eltern Christi haben sich alle Güter der Ehe verwirklicht: Nachwuchs, eheliche Treue, Sakramentalität. Wir wissen Bescheid über den Nachwuchs, denn das ist der Herr Jesus selbst; über die Treue, denn es gab keinen Ehebruch; über die Sakramentalität, denn es kam zu keiner Scheidung“[14].
Sowohl der hl. Augustinus wie der hl. Thomas sprechen, wenn sie die Natur der Ehe analysieren, von dieser stets als der „unteilbaren Einheit der Seelen“, der „Einheit der Herzen“, dem „Einvernehmen“[15], Elementen, die in jener Ehe in vorbildlicher Weise offen-

kundig geworden sind. Als im entscheidenden Augenblick der Heilsgeschichte Gott seine Liebe zur Menschheit durch die Gabe des Wortes offenbart, verwirklicht gerade die Ehe von Maria und Josef im Empfangen und Äußern einer solchen Liebe in voller „Freiheit" die „eheliche Selbsthingabe"[16]. „In diesem großen Unterfangen, alle Dinge in Christus zu erneuern, wird die gleichfalls geläuterte und erneuerte Ehe zu einer neuen Wirklichkeit, zu einem Sakrament des Neuen Bundes. Und so steht, wie schon am Anfang des Alten, auch an der Schwelle des Neuen Testamentes ein Ehepaar. Während aber Adam und Eva Quelle des Bösen waren, das die Welt überschwemmt hat, stellen Josef und Maria den Höhepunkt dar, von dem aus sich die Heiligkeit über die ganze Erde verbreitet. Der Heiland hat das Werk der Heilsrettung mit diesem jungfräulichen und heiligen Bund begonnen, in dem sich sein allmächtiger Wille offenbart, die Familie, Heiligtum der Liebe und Wiege des Lebens, zu läutern und zu heiligen"[17].

Wie viele Lehren lassen sich daraus für die Familie heute ableiten! Da „das Wesen und die Aufgaben der Familie letztlich von der Liebe her bestimmt sind" und „die Familie die Sendung empfängt, die Liebe zu hüten, zu offenbaren und mitzuteilen als lebendigen Widerschein und wirkliche Teilhabe an der Liebe Gottes zu den Menschen und an der Liebe Christi, unseres Herrn, zu seiner Braut, der Kirche"[18], soll sich die heilige Familie, diese „Ur-Hauskirche"[19], in allen christlichen Familien widerspiegeln. Denn „durch den geheimnisvollen Ratschluß Gottes hat in ihr für viele Jahre der Sohn Gottes verborgen gelebt. Sie ist deshalb Urbild und Beispiel für alle christlichen Familien"[20].

8. Der hl. Josef wurde von Gott dazu berufen, durch die Ausübung seiner Vaterschaft unmittelbar der Person und Sendung Jesu zu dienen: auf diese Weise wirkt er in der Fülle der Zeit an dem großen Geheimnis der Erlösung mit und ist tatsächlich „Diener des Heils"[21]. Seine Vaterschaft kommt konkret darin zum Ausdruck, daß er „sein Leben zu einem Dienst, zu einem Opfer an das Geheimnis der Menschwerdung und an den damit verbundenen Erlösungsauftrag gemacht hat; daß er die ihm rechtmäßig zustehende Autorität über die heilige Familie dazu benutzt hat, um sich selbst, sein Leben und seine Arbeit ganz ihr hinzugeben; daß er seine menschliche Berufung zur familiären Liebe in die übermenschliche Darbringung seiner selbst, seines Herzens und aller Fähigkeiten verwandelt hat, in die Liebe, die er in den Dienst des seinem Haus entsprossenen Messias gestellt hat"[22].

Nachdem die Liturgie erwähnt hat, daß „Josefs aufmerksamer Obhut die Anfänge unserer Erlösung" anvertraut worden sind,[23] heißt es erläuternd: „Gott hat ihn als treuen und klugen Diener an die Spitze seiner Familie gestellt, damit er als Vater seinen eingeborenen Sohn behüte"[24]. Leo XIII. unterstreicht die Erhabenheit dieses Sendungsauftrages: „Er ragt unter allen hervor in seiner erhabenen Würde, denn durch göttliche Verfügung war er Hüter und in der Meinung der Menschen Vater des Sohnes Gottes. Daraus ergab sich, daß das Wort Gottes dem Josef untergeordnet wurde, ihm gehorchte und ihm jene Ehre und Achtung erwies, die die Kinder ihrem Vater schulden"[25].

Da nicht anzunehmen ist, daß einer so erhabenen Aufgabe nicht auch die Eigenschaften entsprechen, die für ihre angemessene Erfüllung erforderlich sind, muß man einräumen, daß Josef „durch besondere Eingebung des Himmels für Jesus jene ganze natürliche Liebe, jene ganze liebevolle Sorge empfand, die ein Vaterherz aufzubringen vermag"[26].

Zugleich mit der väterlichen Macht über Jesus hat Gott Josef auch die entsprechende Liebe mitgeteilt, jene Liebe, die ihre Quelle in dem Vater hat, „nach dessen Namen jedes Geschlecht im Himmel und auf der Erde benannt wird" (*Eph* 3,15).

In den Evangelien wird Josefs Aufgabe als Vater gegenüber Jesus klar dargelegt. Das Heil, das über das Menschsein Jesu führt, verwirklicht sich in der Tat in den Haltungen, die unter Beachtung jener „Fügsamkeit", die dem Plan der Menschwerdung innewohnt, zum Alltag des Familienlebens gehören. Die Evangelisten legen großen Wert darauf zu zeigen, daß im Leben Jesu nichts dem Zufall überlassen war, sondern sich alles nach einem von Gott vorherbestimmten Plan vollzog. Die häufig wiederkehrende Formel: „So geschah es, damit erfüllt würde ..." und die Beziehung des beschriebenen Geschehens auf einen Text des Alten Testamentes zielen darauf ab, die Einheit und Kontinuität des Planes zu unterstreichen, der in Christus seine Erfüllung erreicht.

Mit der Menschwerdung Gottes werden die „Verheißungen" und die „Gestalten" des Alten Testamentes „Wirklichkeit": Orte, Personen, Ereignisse und Bräuche verflechten sich nach genauen göttlichen Anordnungen, die von dem Engel überbracht und von Geschöpfen, die für die Stimme Gottes besonders empfänglich sind, aufgenommen werden. Maria ist die demütige Magd des Herrn, die von Ewigkeit her auf die Aufgabe, die Mutter Gottes zu sein, vorbereitet wurde; Josef ist der, den Gott dazu auserwählt hat, „die Geburt Jesu zu regeln"[27], dem aufgetragen ist, für die „geordnete" Eingliederung des Gottessohnes in die Welt, unter Beachtung der göttlichen Verfügungen und der menschlichen Gesetze, zu sorgen. Das ganze sogenannte „private" oder „verborgene" Leben Jesu ist seiner Obhut anvertraut.

Die Volkszählung

9. Als sich Josef in Befolgung der Anordnungen der staatlichen Behörden zur Eintragung in die Einwohnerlisten nach Betlehem begab, erfüllte er in bezug auf das Kind die wichtige und bedeutsame Aufgabe, den Namen „Jesus, Sohn Josefs aus Nazaret" (vgl. *Joh* 1,45), offiziell in die Einwohnerliste des Römischen Reiches eintragen zu lassen. Diese Eintragung bezeugt offenkundig Jesu Zugehörigkeit zum Menschengeschlecht, Mensch unter Menschen, Bürger dieser Welt, der den zivilen Gesetzen und Einrichtungen unterworfen ist, aber auch „Retter der Welt". Origenes beschreibt sehr gut die theologische Bedeutung, die diesem keineswegs nebensächlichen historischen Ereignis zukommt: „Da unter Kaiser Augustus die erste Volkszählung auf dem ganzen Erdkreis stattfand und unter allen anderen sich auch Josef zusammen mit Maria, seiner Frau, die ein Kind erwartete, eintragen ließ, und da Jesus noch vor Abschluß der Volkszählung zur Welt kam, wird jeder, der die Dinge aufmerksam überlegt, den Eindruck haben, die Tatsache, daß bei der behördlichen Einwohnererfassung des ganzen Erdkreises auch Christus eingetragen werden sollte, sei Ausdruck irgendeines Geheimnisses: auf diese Weise konnte er, der mit allen erfaßt war, alle heiligen; er, der mit dem ganzen Erdkreis in die Einwohnerliste eingetragen worden war, bot der Erde die Gemeinschaft mit ihm an, und

nach dieser Erfassung schrieb er alle Menschen auf Erden in das Buch der Lebenden ein, womit alle, die an ihn geglaubt haben, dann in den Himmel eingeschrieben werden würden, zusammen mit den Heiligen desjenigen, dem die Ehre und Herrschaft gehört von Ewigkeit zu Ewigkeit. Amen"[28].

Die Geburt in Betlehem

10. Als Hüter des Geheimnisses, „das von Ewigkeit her in Gott verborgen war" und das, „als die Zeit erfüllt war", vor seinen Augen Wirklichkeit zu werden beginnt, ist Josef zusammen mit Maria in der Nacht von Betlehem privilegierter Zeuge des Kommens des Sohnes Gottes in die Welt. Lukas schreibt: „Als sie dort waren, kam für Maria die Zeit ihrer Niederkunft, und sie gebar ihren Sohn, den Erstgeborenen. Sie wickelte ihn in Windeln und legte ihn in eine Krippe, weil in der Herberge kein Platz für sie war" (*Lk* 2,6–7).
Josef war Augenzeuge dieser Geburt, die unter menschlich erniedrigenden Umständen erfolgte und damit erste Ankündigung jener „Entäußerung" (vgl. *Phil* 2,5–8) war, die Christus um der Vergebung der Sünden willen freiwillig auf sich nahm. Ebenso war Josef Zeuge der Anbetung der Hirten, die am Ort der Geburt Jesu eintrafen, nachdem ihnen der Engel diese große, frohe Kunde überbracht hatte (vgl. *Lk* 2,15–16); später war er auch Zeuge der Huldigung, die die Magier aus dem Osten dem Kind erwiesen (vgl. *Mt* 2,11).

Die Beschneidung

11. Da die Beschneidung des Sohnes die erste religiöse Pflicht des Vaters ist, erfüllt Josef mit diesem Ritus (vgl. *Lk* 2,21) sein Recht und seine Pflicht gegenüber Jesus.
Das Prinzip, nach welchem sämtliche rituellen Bräuche des Alten Testamentes der Schatten der Wirklichkeit sind (vgl. *Hebr* 9,9 f; 10,1), erklärt, warum Jesus sie annimmt. Wie die anderen Bräuche so findet auch der Ritus der Beschneidung in Jesus die „Erfüllung". Der Bund Gottes mit Abraham, dessen Zeichen die Beschneidung war (vgl. *Gen* 17,13), erreicht in Jesus seine volle Gültigkeit und seine vollkommene Verwirklichung, da Jesus das „Ja" zu allen früheren Verheißungen ist (vgl. *2 Kor* 1,20).

Die Namengebung

12. Josef gibt dem Kind bei der Beschneidung den Namen Jesus. Allein in diesem Namen ist das Heil zu finden (vgl. *Apg* 4,12); und dessen Bedeutung war Josef bei „Verkündigung" seiner eigenen Aufgabe enthüllt worden: „Ihm sollst du den Namen Jesus geben; denn er wird sein Volk von seinen Sünden erlösen" (*Mt* 1,21). Mit der Namengebung erklärt Josef seine rechtmäßige Vaterschaft über Jesus und mit der Nennung des Namens verkündet er Jesu Sendung als Retter.

Die Darstellung Jesu im Tempel

13. Dieser Brauch, von dem *Lukas* (2,22 f.) berichtet, schließt die Weihe und Einlösung des Erstgeborenen ein und erhellt den späteren Aufenthalt des zwölfjährigen Jesus im Tempel.

Die Einlösung des Erstgeborenen ist eine weitere Pflicht des Vaters, die von Josef erfüllt wird. Im Erstgeborenen war das Volk des Alten Bundes verkörpert, das aus der Sklaverei freigekauft worden war, um Gott anzugehören. Auch in dieser Hinsicht „erfüllt" Jesus, der der wahre „Preis" der Einlösung ist (vgl. *1 Kor* 6,20; 7,23; *1 Petr* 1,19), nicht nur den Brauch des Alten Testamentes, sondern geht zugleich über ihn hinaus, da er ja nicht ein Freizukaufender, sondern selbst der Urheber der Einlösung ist.
Wie der Evangelist hervorhebt, „staunten der Vater und die Mutter Jesu über die Worte, die über ihn gesagt wurden" (vgl. *Lk* 2,33), und besonders über das, was Simeon sagte, als er in seinem an Gott gerichteten Hymnus Jesus als das „Heil" bezeichnete, „das Gott vor allen Völkern bereitet hat, ein Licht, das die Heiden erleuchtet, und Herrlichkeit für sein Volk Israel", und etwas später auch als „ein Zeichen, dem widersprochen wird" (vgl. *Lk* 2,30–34).

Die Flucht nach Ägypten

14. Nach der Darbringung im Tempel schreibt der Evangelist Lukas: „Als seine Eltern alles getan hatten, was das Gesetz des Herrn vorschreibt, kehrten sie nach Galiläa in ihre Stadt Nazaret zurück. Das Kind wuchs heran und wurde kräftig; Gott erfüllte es mit Weisheit, und seine Gnade ruhte auf ihm" (*Lk* 2,39–40).
Nach dem Text des Matthäus ist jedoch vor dieser Rückkehr nach Galiläa ein sehr wichtiges Ereignis anzusetzen, für das sich die göttliche Vorsehung wieder des Josef bedient. Wir lesen dort: „Als die Sterndeuter wieder gegangen waren, erschien dem Josef im Traum ein Engel des Herrn und sagte: Steh auf, nimm das Kind und seine Mutter, und flieh nach Ägypten; dort bleibe, bis ich dir etwas anderes auftrage; denn Herodes wird das Kind suchen, um es zu töten" (*Mt* 2,13). Durch das Eintreffen der Sterndeuter aus dem Osten hatte Herodes von der Geburt des „Königs der Juden" erfahren (*Mt* 2,2). Und als die Sterndeuter abgezogen waren, „ließ er in Betlehem und der ganzen Umgebung alle Knaben bis zum Alter von zwei Jahren töten" (*Mt* 2,16). Dadurch, daß er alle töten ließ, wollte er jenen neugeborenen „König der Juden" töten, von dem er während des Besuches der Sterndeuter an seinem Hof Kenntnis erhalten hatte. Nachdem Josef im Traum die Warnung vernommen hatte, „stand er in der Nacht auf und floh mit dem Kind und seiner Mutter nach Ägypten. Dort blieb er bis zum Tod des Herodes. Denn es sollte sich erfüllen, was der Herr durch den Propheten gesagt hat: Aus Ägypten habe ich meinen Sohn gerufen" (*Mt* 2,14–15; vgl. *Hos* 11,1).
So führte also die Rückkehr Jesu von Betlehem nach Nazaret über Ägypten. Wie Israel den Weg des Auszugs „aus der Sklaverei" angetreten hatte, um den Alten Bund zu beginnen, so behütet Josef, Hüter und Mitwirkender des Geheimnisses der Vorsehung Gottes, auch in der Verbannung den, der den Neuen Bund verwirklicht.

Jesus im Tempel

15. Seit der Verkündigung befand sich Josef zusammen mit Maria gewissermaßen im Innersten des von Ewigkeit her in Gott verborgenen Geheimnisses, das Menschengestalt

angenommen hatte: „Das Wort ist Fleisch geworden und hat unter uns gewohnt" (*Joh* 1,14). Es wohnte mitten unter den Menschen, und sein Lebensbereich war die heilige Familie von Nazaret – eine der vielen Familien dieses Städtchens in Galiläa, eine der vielen Familien Israels. Dort wuchs Jesus heran und „wurde kräftig; Gott erfüllte ihn mit Weisheit, und seine Gnade ruhte auf ihm" (*Lk* 2,40). Die Evangelien fassen in wenigen Worten den langen Zeitraum des „verborgenen" Lebens zusammen, während dessen sich Jesus auf seine messianische Sendung vorbereitete. Ein einziger Augenblick entzieht sich dieser „Verborgenheit" und wird vom *Lukasevangelium* beschrieben: das Paschafest in Jerusalem, als Jesus zwölf Jahre alt war.

Jesus nahm als junger Pilger mit Maria und Josef an diesem Fest teil. „Nachdem die Festtage zu Ende waren, machten sie sich auf den Heimweg. Der junge Jesus aber blieb in Jerusalem, ohne daß seine Eltern es merkten" (*Lk* 2,43). Nach einem Tag bemerkten sie es und begannen, ihn „bei den Verwandten und Bekannten" zu suchen: „Nach drei Tagen fanden sie ihn im Tempel; er saß mitten unter den Lehrern, hörte ihnen zu und stellte Fragen. Alle, die ihn hörten, waren erstaunt über sein Verständnis und über seine Antworten" (*Lk* 2,46–47). Maria fragte: „Kind, wie konntest du uns das antun? Dein Vater und ich haben dich voll Angst gesucht„ (*Lk* 2,48). Die Antwort Jesu war so, daß die beiden „nicht verstanden, was er damit sagen wollte". Er hatte gesagt: „Warum habt ihr mich gesucht? Wußtet ihr nicht, daß ich in dem sein muß, was meinem Vater gehört?" (*Lk* 2,49–50).

Diese Antwort hörte Josef, den Maria soeben mit dem Wort „dein Vater" bezeichnet hatte. Tatsächlich redeten und dachten alle so: „Man hielt Jesus für den Sohn Josefs" (*Lk* 3,23). Nichtsdestoweniger sollte die Antwort Jesu im Tempel dem „mutmaßlichen Vater" wieder ins Bewußtsein zurückrufen, was er eines Nachts vor zwölf Jahren vernommen hatte: „Josef, ... fürchte dich nicht, Maria als deine Frau zu dir zu nehmen; denn das Kind, das sie erwartet, ist vom Heiligen Geist". Bereits seit damals wußte er, daß er Hüter des Geheimnisses Gottes war, und der zwölfjährige Jesus rief ihm genau dieses Geheimnis ins Gedächtnis zurück: „Ich muß in dem sein, was meinem Vater gehört".

Aufziehen und Erziehung des Jesus von Nazaret

16. Jesus wuchs heran und nahm zu „an Weisheit, Alter und Gnade" (vgl. *Lk* 2,52), im Kreis der heiligen Familie unter den Augen Josefs, der die hohe Aufgabe hatte, Jesus „aufzuziehen", das heißt, ihn zu ernähren, zu kleiden und im Gesetz und in einem Handwerk zu unterweisen, wie es den Pflichten, die dem Vater aufgetragen sind, entspricht.

Im eucharistischen Opfer ehrt die Kirche „zunächst das Gedächtnis der seligen immerwährenden Jungfrau Maria, aber auch des heiligen Josef"[29], weil „er den ernährt hat, den die Gläubigen als Brot des ewigen Lebens essen sollten"[30].

Jesus seinerseits „war ihnen gehorsam" (*Lk* 2,51), indem er die aufmerksame Sorge seiner „Eltern" mit Ehrfurcht erwiderte. Damit wollte er die Pflichten der Familie sowie der Arbeit, die er an der Seite Josefs leistete, heiligen.

III. Der gerechte Mann – der Gemahl Mariens

17. Während seines ganzen Lebens, das ein Pilgerweg im Glauben war, blieb Josef wie Maria bis zum Ende dem Ruf Gottes treu. Das Leben Mariens war die äußerste Erfüllung jenes ersten fiat, das sie bei der Verkündigung gesprochen hatte, während Josef, wie bereits gesagt wurde, bei seiner „Verkündigung" kein Wort hervorbrachte: er „tat" einfach, „was der Engel des Herrn ihm befohlen hatte" (*Mt* 1,24). Und dieses erste „Tun" wurde der Anfang von „Josefs Weg". Entlang dieses Weges berichten die Evangelien nicht ein Wort, das von Josef gesprochen worden wäre. Aber Josefs Schweigen hat eine besondere Bedeutung: an diesem Schweigen kann man die Wahrheit ablesen, die in dem Urteil des Evangeliums über ihn enthalten ist: er war „gerecht" (*Mt* 1,19).
Man muß diese Wahrheit richtig zu lesen verstehen, denn sie enthält eine der wichtigsten Zeugnisse über den Menschen und seine Berufung. Im Laufe der Generationen liest die Kirche immer aufmerksamer und bewußter ein solches Zeugnis, wobei sie aus dem reichen Vorrat dieser einzigartigen Gestalt „Neues und Altes" hervorholt (vgl. *Mt* 13,52).

18. Der „gerechte" Mann aus Nazaret besitzt vor allem die klaren Wesensmerkmale des Ehemannes. Der Evangelist spricht von Maria als „einer Jungfrau, die mit einem Mann namens Josef verlobt war" (*Lk* 1,27). Ehe „das Geheimnis, das von Ewigkeit an in Gott verborgen war" (*Eph* 3,9), Wirklichkeit zu werden beginnt, stellen uns daher die Evangelien das Bild des Ehemannes und der Ehefrau vor Augen. Nach der Gepflogenheit des jüdischen Volkes wurde die Eheschließung in zwei Abschnitten vollzogen: zuerst wurde die gesetzliche Eheschließung (eigentliche Ehe) gefeiert, und erst nach einiger Zeit nahm der Mann die Frau zu sich in sein Haus. Bevor Josef mit Maria zusammenlebte, war er also bereits ihr „Mann"; Maria jedoch bewahrte in ihrem Innersten das Verlangen, sich Gott ganz hinzugeben. Man könnte sich fragen, wie sich dieses Verlangen mit der „Vermählung" in Einklang bringen lasse. Die Antwort kommt einzig und allein von der Entwicklung des Heilsgeschehens, das heißt vom besonderen Handeln Gottes selbst. Bereits im Augenblick der Verkündigung weiß Maria, daß sie ihren Vorsatz, jungfräulich zu bleiben und sich Gott in vollkommener und ausschließlicher Weise zu weihen, ausführen muß, um überhaupt in den Stand zu gelangen, Mutter des Gottessohnes zu sein. Die Mutterschaft durch das Wirken des Heiligen Geistes ist die Form der Hingabe, die Gott selbst von der Jungfrau, die mit Josef „verlobt ist", erwartet. Maria spricht ihr fiat.
Der Umstand, daß sie mit Josef „verlobt" ist, ist in dem Plan Gottes enthalten. Darauf weisen die beiden von uns zitierten Evangelisten, besonders aber Matthäus, hin. Die an Josef gerichteten Worte sind sehr bezeichnend: „Fürchte dich nicht, Maria als deine Frau zu dir zu nehmen; denn das Kind, das sie erwartet, ist vom Heiligen Geist" (*Mt* 1,20). Sie erläutern das Geheimnis der Frau Josefs: Maria ist trotz ihrer Mutterschaft Jungfrau. In ihr nimmt „der Sohn des Höchsten" einen menschlichen Leib an und wird „der Menschensohn".
Als sich Gott mit den Worten des Engels an Josef wendet, wendet er sich an ihn als den Mann der Jungfrau von Nazaret. Was sich in ihr durch das Wirken des Heiligen Geistes vollzogen hat, ist zugleich Ausdruck und besondere Bestätigung der ehelichen Bindung,

die bereits vorher zwischen Josef und Maria bestand. Der Himmelsbote sagt ganz klar zu Josef: „Fürchte dich nicht, Maria als deine Frau zu dir zu nehmen". Das, was vorher geschehen war – seine Vermählung mit Maria –, war also nach dem Willen Gottes geschehen und wurde daher bewahrt. In ihrer Gottesmutterschaft muß Maria als „eine Jungfrau und Frau eines Mannes" (vgl. *Lk* 1,27) weiterleben.

19. In den Worten der nächtlichen „Verkündigung" vernimmt Josef nicht nur die göttliche Wahrheit über die unaussprechliche Berufung seiner Frau, sondern er hört außerdem wieder die Wahrheit über die eigene Berufung. Dieser „gerechte" Mann, der ganz im Geist der vornehmsten Traditionen des auserwählten Volkes die Jungfrau aus Nazaret liebte und sich mit ihr in ehelicher Liebe verbunden hatte, wird von Gott nochmals zu dieser Liebe berufen.

„Josef tat, was der Engel des Herrn ihm befohlen hatte, und nahm seine Frau zu sich" (*Mt* 1,24); das Kind, das sie erwartet, „ist vom Heiligen Geist": muß man nicht aus diesen Aussagen schließen, daß auch seine Liebe als Mann vom Heiligen Geist neu belebt wird? Muß man nicht daran denken, daß die Liebe Gottes, die durch den Heiligen Geist in das Herz des Menschen ausgegossen ist (vgl. *Röm* 5,5), jede menschliche Liebe in vollkommenster Weise gestaltet? Sie gestaltet auch – und das in einzigartiger Weise – die bräutliche Liebe der Ehegatten, indem sie in ihr all das vertieft, was menschlich würdig und schön ist, was die Merkmale der ausschließlichen Hingabe, der Verbundenheit der Personen und der echten Gemeinschaft nach dem Vorbild des Geheimnisses der Dreifaltigkeit an sich trägt.

„Josef ... nahm seine Frau zu sich. Er erkannte sie aber nicht, bis sie ihren Sohn gebar" (*Mt* 1,24–25). Diese Worte weisen auch auf eine andere eheliche Nähe hin. Die Tiefe dieser Nähe und die Intensität der geistigen Einheit und des Kontakts zwischen Personen – des Mannes und der Frau – stammen letztlich aus dem Geist, der lebendig macht (vgl. *Joh* 6,63). Josef, der dem Geist gehorsam war, fand eben in ihm aufs neue die Quelle der Liebe, seiner ehelichen Liebe als Mann, und diese Liebe war größer als jene, die sich „der gerechte Mann" nach der Möglichkeit seines menschlichen Herzens hätte erwarten können.

20. In der Liturgie wird Maria als die gefeiert, „die durch ein Band ehelicher und jungfräulicher Liebe mit Josef, einem gerechten Mann, verbunden ist"[31]. Es handelt sich tatsächlich um zwei Weisen der Liebe, die gemeinsam das Geheimnis der Kirche als Jungfrau und Braut darstellen, die in der Ehe von Maria und Josef ihr Symbol findet. „Die Jungfräulichkeit und die Ehelosigkeit für das Reich Gottes stehen in keinerlei Widerspruch zum hohen Wert der Ehe, sondern setzen ihn voraus und bekräftigen ihn. Ehe und Jungfräulichkeit sind die beiden Weisen, das eine Geheimnis des Bundes Gottes mit seinem Volk darzustellen und zu leben"[32], der eine Liebesgemeinschaft zwischen Gott und den Menschen ist.

Durch seine völlige Selbstübereignung bringt Josef seine hochherzige Liebe zur Gottesmutter zum Ausdruck, indem er mit ihr die Ehe eingeht. Obwohl er beschlossen hatte, sich zurückzuziehen, um dem Plan Gottes, der in ihr Wirklichkeit werden sollte, nicht

im Wege zu stehen, behält er sie auf die ausdrückliche Anweisung des Engels hin bei sich und respektiert ihre ausschließliche Zugehörigkeit zu Gott.
Andererseits erwachsen Josef aus der Ehe mit Maria seine einzigartige Würde und seine Rechte über Jesus. „Sicher steht die Würde der Muttergottes so hoch, daß es nichts Erhabeneres geben kann; da aber zwischen der seligen Jungfrau und Josef ein Eheband geknüpft worden war, besteht kein Zweifel, daß er jener höchsten Würde, aufgrund welcher die Muttergottes alle Geschöpfe weit überragt, näherkommt als sonst irgendjemand. Da die Ehe die höchste Gemeinschaft und Freundschaft ist, mit der sich ihrer Natur nach die Gütergemeinschaft verbindet, ergibt sich daraus, daß Gott, wenn er Josef der Jungfrau zum Mann gegeben hat, ihn ihr nicht nur als Lebensgefährten, Zeugen ihrer Jungfräulichkeit und Beschützer ihrer Ehre gegeben hat, sondern auch, damit er durch den Ehevertrag an ihrer herausragenden Größe teilhabe“[33].

21. Ein solches Band der Liebe bestimmte das Leben der heiligen Familie, zunächst in der Armseligkeit in Betlehem, dann im Exil in Ägypten und danach am Wohnsitz in Nazaret. Die Kirche umgibt diese Familie mit tiefer Verehrung und stellt sie allen Familien als Vorbild hin. Die direkt in das Geheimnis der Menschwerdung einbezogene Familie von Nazaret stellt selbst ein Geheimnis besonderer Art dar. Und zu diesem Geheimnis gehört – so wie bei der Menschwerdung – die wahre Vaterschaft: die menschliche Gestalt der Familie des Gottessohnes – eine vom göttlichen Geheimnis gestaltete echte menschliche Familie. In ihr ist Josef der Vater: seine Vaterschaft geht nicht auf die Zeugung von Kindern zurück; trotzdem ist sie nicht „scheinbar“ oder nur „Ersatz“, sondern sie besitzt die volle Authentizität der menschlichen Vaterschaft, des väterlichen Auftrags in der Familie. Darin ist eine Folge der hypostatischen Einheit enthalten: das in der Einheit der göttlichen Person des Sohn gewordenen Wortes, Jesus Christus, angenommene Menschsein. Mit der Annahme des Menschseins wird in Christus auch alles „angenommen“, was menschlich ist, insbesondere die Familie als erste Dimension seiner irdischen Existenz. In diesem Zusammenhang wird auch die menschliche Vaterschaft Josefs „angenommen“.
Aufgrund dieses Prinzips gewinnen die Worte Mariens an den zwölfjährigen Jesus im Tempel ihre richtige Bedeutung: „Dein Vater und ich haben dich ... gesucht“. Das ist keine herkömmliche Redensart: die Worte der Mutter Jesu weisen auf die ganze Wirklichkeit der Menschwerdung hin, die zum Geheimnis der Familie von Nazaret gehört. Josef, der von Anfang an durch den „Gehorsam des Glaubens“ seine menschliche Vaterschaft gegenüber Jesus angenommen hat, indem er dem Licht des Heiligen Geistes folgte, das dem Menschen durch den Glauben zuteil wird, entdeckte gewiß in immer größerem Maße das unsagbare Geschenk dieser seiner Vaterschaft.

IV. Die Arbeit als Ausdruck der Liebe

22. Alltäglicher Ausdruck dieser Liebe im Leben der Familie von Nazaret ist die Arbeit. Der Text des Evangeliums gibt genau die Art der Arbeit an, mit der Josef sich bemühte, den Unterhalt der Familie sicherzustellen: das Zimmermannshandwerk. Hinter diesem

einfachen Wort verbirgt sich der ganze Umkreis von Josefs Leben. Für Jesus sind es die Jahre des verborgenen Lebens, von denen der Evangelist nach der Episode im Tempel sagt: „Dann kehrte er mit ihnen nach Nazaret zurück und war ihnen gehorsam" (*Lk* 2,51). Diese „Fügsamkeit", das heißt der Gehorsam Jesu im Haus in Nazaret ist auch als Teilnahme an der Arbeit Josefs zu verstehen. Er, der als der „Sohn des Zimmermanns" galt, hatte von seinem vermeintlichen „Vater" das Handwerk gelernt. Wenn die Familie von Nazaret in der Ordnung des Heils und der Heiligkeit das Beispiel und Vorbild für die menschlichen Familien ist, so gilt das analog auch für die Arbeit Jesu an der Seite des Zimmermanns Josef. In unserer Zeit hat die Kirche das auch mit dem auf den ersten Mai festgesetzten liturgischen Gedächtnis Josefs des Handwerkers unterstrichen. Die menschliche Arbeit und im besonderen die manuelle Arbeit finden im Evangelium besondere Beachtung. Zusammen mit dem Menschsein des Gottessohnes ist sie in das Geheimnis der Menschwerdung aufgenommen, so wie sie auch in besonderer Weise erlöst wurde. Dank seiner Werkbank, an welcher er sein Handwerk zusammen mit Jesus ausübte, brachte Josef die menschliche Arbeit dem Geheimnis der Erlösung näher.

23. Einen beachtlichen Anteil an seinem menschlichen Heranwachsen und seiner Zunahme „an Weisheit, Alter und Gnade" hatte bei Jesus die Tugend des Fleißes, da ja „die Arbeit ein Gut für den Menschen ist", das „die Natur umwandelt" und bewirkt, daß der Mensch „gewissermaßen mehr Mensch wird"[34].
Die Bedeutung der Arbeit im Leben des Menschen erfordert, daß man sie in ihren Einzelheiten kennenlernt und sich aneignet, „um allen Menschen zu helfen, durch die Arbeit Gott, dem Schöpfer und Erlöser, näherzukommen, an seinem Heilsplan für Mensch und Welt mitzuwirken und in ihrem Leben die Freundschaft mit Christus zu vertiefen und durch den Glauben lebendig teilzunehmen an seiner dreifachen Sendung als Priester, Prophet und König"[35].

24. Schließlich geht es um die Heiligung des Alltagslebens, die ein jeder seinem Stand entsprechend erlangen soll und die nach einem für alle annehmbaren Vorbild gefördert werden kann: „Der hl. Josef ist das Vorbild der Demütigen, die das Christentum für große Ziele bestimmt; ... er ist der Beweis dafür, daß es, um gute und glaubwürdige Nachfolger Christi zu sein, keiner ‚großartigen Dinge' bedarf, sondern nur allgemeine, menschliche, schlichte, aber wahre und glaubwürdige Tugenden erforderlich sind"[36].

V. Der Vorrang des Innenlebens

25. Auch über die Arbeit des Zimmermanns im Haus von Nazaret breitet sich dieselbe Atmosphäre des Schweigens aus, die alles, was sich auf die Gestalt des Josef bezieht, begleitet. Tatsächlich ist das Schweigen das hervorragende Kennzeichen des inneren Wesens dieser Gestalt. Die Evangelien sprechen ausschließlich von dem, was Josef „tat"; übereinstimmend decken sie jedoch in seinen bisweilen von Schweigen umhüllten „Handlungen" eine Atmosphäre tiefer Beschaulichkeit auf. Josef stand in täglichem Kontakt mit dem „von Ewigkeit her verborgenen" Geheimnis, das unter dem Dach seines Hauses „Wohnung genommen hat". Dies erklärt, weshalb zum Beispiel die hl. Theresia

von Jesus, die große Reformatorin des beschaulichen Karmel, die Erneuerung der Verehrung des hl. Josef in der abendländischen Christenheit so nachdrücklich förderte.

26. Josefs völlige Übereignung seiner ganzen Existenz an die Erfordernisse des Kommens des Messias in sein Haus findet den angemessenen Grund „in seinem unerforschlichen Innenleben, aus dem ihm einzigartige Anweisungen und Tröstungen zukommen und ihm die einfachen, reinen Seelen eigene Logik und Kraft zu großen Entscheidungen erwachsen, wie jener, seine Freiheit, seine rechtmäßige menschliche Berufung, sein Eheglück sogleich den göttlichen Plänen zur Verfügung zu stellen, indem er den Stand, die Verantwortung und die Last der Familie auf sich nimmt und um einer unvergleichlichen jungfräulichen Liebe willen auf die natürliche eheliche Liebe, die sie begründet und nährt, verzichtet"[37].
Diese Fügsamkeit gegenüber Gott, die Bereitschaft zur Hingabe in allem, was seinen Dienst betrifft, ist nichts anderes als die Ausübung der Frömmigkeit, die eine der Ausdrucksformen der Tugend der Gottesfurcht darstellt[38].

27. Die Lebensgemeinschaft zwischen Josef und Jesus läßt uns noch einmal das Geheimnis der Menschwerdung eben unter dem Gesichtspunkt des Menschseins Christi als wirksames Werkzeug des göttlichen Willens zur Heiligung der Menschen betrachten: „Kraft seiner Göttlichkeit waren die menschlichen Handlungen Christi für uns heilbringend, indem sie, sei es wegen des Verdienstes oder aufgrund einer gewissen Wirksamkeit, in uns die Gnade verursachten"[39].
Unter diesen Handlungen geben die Evangelisten jenen den Vorrang, die das Ostergeheimnis betreffen, unterlassen es aber nicht, die Bedeutung der physischen Berührung mit Jesus in bezug auf die Heilungen (vgl. z. B. *Mk* 1,41) und den Einfluß hervorzuheben, den er auf Johannes den Täufer ausübte, als beide noch im Mutterschoß waren (vgl. *Lk* 1,41–44).
Das apostolische Zeugnis hat – wie man sieht – die Erzählung von der Geburt Jesu, von der Beschneidung, von der Darbringung im Tempel, von der Flucht nach Ägypten und vom verborgenen Leben in Nazaret nicht vernachlässigt, wegen des in solchen „Geschehnissen" enthaltenen „Geheimnisses" der Gnade, die alle Heilscharakter besitzen, weil sie an derselben Quelle der Liebe teilhaben: der Göttlichkeit Christi. Wenn sich diese Liebe durch sein Menschsein über alle Menschen ausbreitete, so waren davon wohl an erster Stelle diejenigen gesegnet, die der göttliche Wille in die engste, vertraulichste Nähe zu ihm gestellt hatte: Maria, seine Mutter, und Josef, der vermeintliche Vater[40].
Wie soll man, da die „väterliche" Liebe Josefs nicht ohne Einfluß auf die „kindliche" Liebe Jesu und umgekehrt die „kindliche" Liebe Jesu nicht ohne Einfluß auf die „väterliche" Liebe Josefs bleiben konnte, in die Tiefgründigkeit dieser einzigartigen Beziehung vordringen? Die für die Anregungen der göttlichen Liebe empfänglichsten Seelen sehen mit Recht in Josef ein leuchtendes Beispiel inneren Lebens.
Außerdem wird die scheinbare Spannung zwischen dem tätigen und dem beschaulichen Leben in ihm in idealer Weise überwunden, was nur dem möglich ist, der die Vollkommenheit der Liebe besitzt. Der bekannten Unterscheidung zwischen der Liebe zur Wahrheit (*caritas veritatis*) und der Notwendigkeit der Liebe (*necessitas caritatis*) folgend[41],

können wir sagen, daß Josef sowohl die Liebe zur Wahrheit, das heißt die reine betrachtende Liebe zur göttlichen Wahrheit, die vom Menschsein Christi ausstrahlte, gelebt hat als auch die notwendige Nächstenliebe, das heißt die ebenso reine Liebe des Dienstes, den die Obhut und Entfaltung eben dieses Menschseins von ihm verlangte.

VI. Patron der Kirche unserer Zeit

28. Da Pius IX. in schwieriger Zeit die Kirche dem besonderen Schutz des heiligen Patriarchen Josef anvertrauen wollte, erklärte er ihn zum „Patron der katholischen Kirche“[42]. Der Papst wußte, daß er damit nicht eine weit hergeholte Geste vollzog, denn aufgrund der herausragenden Würde, die Gott diesem treuen Diener gewährt hatte, „hielt die Kirche nach der seligen Jungfrau, seiner Frau, stets den heiligen Josef hoch in Ehren und bedachte ihn mit Lob und wandte sich vorzugsweise in ihren Bedrängnissen an ihn“[43].
Welches sind die Gründe für so großes Vertrauen? Leo XIII. legt sie wie folgt dar: „Die Gründe dafür, daß der heilige Josef als besonderer Patron der Kirche angesehen werden und die Kirche ihrerseits sich von seinem Schutz und Beistand sehr viel erwarten darf, rühren hauptsächlich daher, daß er der Mann Mariens und vermeintliche Vater Jesu ist ... Josef war zu seiner Zeit rechtmäßiger und natürlicher Hüter, Haupt und Verteidiger der göttlichen Familie ... Es ist daher für den heiligen Josef angebracht und seiner höchst würdig, daß er so, wie er einst die Familie von Nazaret in allen Belangen heiligmäßig zu beschützen gewohnt war, jetzt die Kirche Christi mit seinem himmlischen Beistand beschützt und verteidigt“[44].

29. Dieser Schutz muß erfleht werden; die Kirche braucht ihn immer noch, nicht nur zur Verteidigung gegen die aufkommenden Gefahren, sondern auch und vor allem zur Stärkung ihrer erneuten Anstrengung für die Evangelisierung der Welt und für die Neuevangelisierung in jenen „Ländern und Nationen – wie ich im Apostolischen Schreiben *Christifideles laici* festgestellt habe –, in denen früher Religion und christliches Leben blühten ... und die nun harte Proben durchmachen“[45]. Um die erste Botschaft von Christus zu bringen oder um sie neu zu verkünden, wo sie vernachlässigt wurde oder in Vergessenheit geriet, braucht die Kirche eine besondere „Gnade von oben“ (vgl. *Lk* 24,49; *Apg* 1,8), gewiß ein Geschenk des Geistes des Herrn und verbunden mit der Fürsprache und dem Beispiel seiner Heiligen.

30. Außer auf den sicheren Schutz vertraut die Kirche auch auf das herausragende Beispiel des hl. Josef, ein Beispiel, das über die einzelnen Lebenslagen hinausgeht und sich der ganzen Kirche anbietet, in welcher Situation auch immer sie sich befindet und welches die Aufgaben jedes einzelnen Gläubigen auch sind.
Wie es in der Konstitution des II. Vatikanischen Konzils über die göttliche Offenbarung heißt, muß die Grundhaltung der ganzen Kirche sein, „Gottes Wort voll Ehrfurcht zu hören“[46], das heißt die absolute Bereitschaft, dem in Jesus geoffenbarten Heilswillen Gottes in Treue zu dienen. Bereits am Anfang der Erlösung des Menschen finden

wir das Vorbild des Gehorsams nach Maria eben in Josef verkörpert, der sich durch die treue Ausführung der Gebote Gottes auszeichnet.
Papst Paul VI. fordert dazu auf, Josef, „wie es die Kirche in letzter Zeit zu tun pflegt“, um seinen Beistand anzurufen, „zunächst durch eine spontane theologische Reflexion über die Verbindung des göttlichen mit dem menschlichen Tun in dem großen Heilsplan, in welchem das erste, nämlich das göttliche, ganz sich selbst genügt, aber das zweite, das menschliche, also unser Tun, obwohl allein zu nichts imstande (vgl. *Joh* 15,5), niemals einer zwar bescheidenen, aber bedingenden und adelnden Mitwirkung enthoben ist. Außerdem ruft die Kirche den Beschützer aus einem tiefen und höchst aktuellen Verlangen an, ihre irdische Existenz mit wahren evangelischen Tugenden, wie sie im heiligen Josef erstrahlen, wiederzubeleben“[47].

31. Die Kirche setzt diese Erfordernisse in Gebet um. Eingedenk der Tatsache, daß Gott „die Anfänge unserer Erlösung dem aufmerksamen Schutz des hl.Josef anvertraut hat“, bittet sie ihn zu ermöglichen, daß sie in Treue am Heilswerk mitwirkt, daß ihr dieselbe Treue und Reinheit des Herzens, die Josef im Dienst am fleischgewordenen Wort beseelte, zuteil wird, und daß sie nach dem Beispiel und durch die Fürsprache des Heiligen vor Gott hergeht auf den Wegen der Heiligkeit und Gerechtigkeit[48].
Bereits vor hundert Jahren rief Papst Leo XIII. die katholischen Gläubigen auf, um den Schutz des hl. Josef, des Patrons der ganzen Kirche, zu beten. Die Enzyklika *Quamquam pluries* berief sich auf jene „väterliche Liebe“, die Josef „dem Knaben Jesus entgegenbrachte“, und empfahl dem „vorsorglichen Hüter der göttlichen Familie“ „das teure Erbe, das Jesus Christus mit seinem Blut erworben hatte“. Seit damals erfleht die Kirche – wie ich eingangs erwähnt habe – „wegen jener heiligen Liebesbande, die ihn an die unbefleckte Jungfrau und Gottesmutter band“, den Schutz des hl. Josef und empfiehlt ihm alle ihre Sorgen, auch hinsichtlich der Bedrohungen, die über der ganzen Menschheitsfamilie liegen.
Noch heute haben wir zahlreiche Gründe, in derselben Weise zu beten: „Entferne von uns, geliebter Vater, diese Seuche von Irrtum und Laster ..., stehe uns wohlgesinnt bei in diesem Kampf gegen die Macht der Finsternis ...; und wie du einst das bedrohte Leben des Jesuskindes vor dem Tod gerettet hast, so verteidige jetzt die heilige Kirche Gottes gegen feindselige Hinterlist und alle Gegner“[49]. Auch heute noch haben wir bleibende Gründe, um jeden einzelnen Menschen dem hl. Josef zu empfehlen.

32. Ich wünsche lebhaft, daß die vorliegende Erinnerung an die Gestalt des hl. Josef auch in uns das Gebet, das vor hundert Jahren mein Vorgänger an ihn zu richten empfohlen hat, erneuern möge. Denn gewiß gewinnen dieses Gebet und Josefs Gestalt in bezug auf das neue christliche Jahrtausend eine erneuerte Aktualität für die Kirche unserer Zeit.
Das II. Vatikanische Konzil hat alle in neuer Weise empfänglich gemacht für die „großen Dinge Gottes“, für jenen „Heilsplan“, dessen besonderer Diener Josef war. Wenn wir uns also dem Schutz dessen empfehlen, dem Gott selber „den Schutz seiner kostbarsten und größten Schätze anvertraut hat“[50], dann wollen wir zugleich von ihm lernen, dem „Heilsplan“ zu dienen. Möge der hl. Josef für alle ein einzigartiger Lehrmeister im

Dienst an der Heilssendung Christi werden, einen Dienst, der in der Kirche jeden einzelnen und alle angeht: die Eheleute und die Eltern, jene, die von ihrer Hände Arbeit oder jeder anderen Arbeit leben, die Personen, die zum beschaulichen Leben wie jene, die zum Apostolat berufen sind.

Der gerechte Mann, der das ganze Erbe des Alten Bundes in sich trug, ist auch in den „Anfang" des neuen und ewigen Bundes in Jesus Christus eingeführt worden. Möge er uns die Wege dieses heilbringenden Bundes weisen, jetzt, an der Schwelle des nächsten Jahrtausends, in welchem dieser Bund fortdauern und die „Fülle der Zeit" weit fortschreiten muß, die dem unaussprechlichen Geheimnis der Fleischwerdung des Wortes eigen ist.

Der hl. Josef erwirke für die Kirche und für die Welt sowie für jeden von uns den Segen des Vaters und des Sohnes und des Heiligen Geistes.

Gegeben zu Rom, bei St. Peter, am 15. August, dem Fest der Aufnahme Mariens in den Himmel, im Jahr 1989, dem elften Jahr meines Pontifikates.

Joannes Paulus PP. II

Anmerkungen

[1] Vgl. Irenäus, *Adversus haereses*, IV,23,1: *Sources Chretiennes* 100/2, S. 692–694.

[2] Leo XIII., Enzyklika *Quamquam pluries* (15. August 1889): *Leonis XIII P.M. Acta*, IX (1890), S. 175–182.

[3] Ritenkongregation, Dekret *Quemadmodum Deus* (8. Dezember 1870): *Pii IX P.M. Acta*, pars I, vol. V, S. 282; Pius IX., Apost. Schreiben *Inclytum Patriarcham* (7. Juli 1871): *a.a.O.*, S. 331–335.

[4] Vgl. Johannes Chrysostomus, *In Matth. Hom.* V,3: *PG* 57,57 f.; Kirchenlehrer und Päpste haben auch aufgrund der Namensgleichheit auf Josef von Ägypten als Urbild des Josef von Nazaret hingewiesen, um auf irgendeine Weise dessen Dienst und Größe als Hüter der kostbarsten Schätze Gottvaters, nämlich des fleischgewordenen Wortes und seiner allerseligsten Mutter, verhüllt angedeutet zu haben: vgl. z. B. Bernhard, *Super „missus est", Hom.* II, 16: *S.Bernardi Opera*, Ed. Cist., IV,33 f.: Leo XIII., Enzyklika *Quamquam pluries* (15. August 1889): *a.a.O.*, S. 179.

[5] II. Vatikanisches Konzil, Dogmatische Konstitution über die Kirche *Lumen Gentium*, Nr. 58.

[6] Vgl. *ebd.*, Nr. 63.

[7] II. Vatikanisches Konzil, Dogmatische Konstitution über die göttliche Offenbarung *Dei Verbum*, Nr. 5.

[8] *Ebd.*, Nr. 2.

[9] II. Vatikanisches Konzil, Dogmatische Konstitution über die Kirche *Lumen Gentium*, Nr. 63.

[10] II. Vatikanisches Konzil, Dogmatische Konstitution über die göttliche Offenbarung *Dei Verbum*, Nr. 2.

[11] Ritenkongregation, Dekret *Novis bisce temporibus* (13. November 1962): *AAS* 54 (1962) S. 873.

[12] Augustinus, *Sermo*, 51,10,16: *PL* 38,342.

[13] Augustinus, *De nuptiis et concupiscentia*, I,11,12: *PL* 44,421; vgl. *De consensu evangelistarum*, II,1,2: *PL* 34,1071; *Contra Faustum*, III,2: *PL* 42,214.

[14] Augustinus, *De nuptiis et concupiscentia*, I,11,13: *PL* 44,421; vgl. *Contra Iulianum*, V,12,46: *PL* 44,810.

[15] Augustinus, *Contra Faustum*, XXIII,8: *PL* 42,470 f.; *Deconsensŭ evangelistarum*, II,1,3: *PL* 34,1072; *Sermo* 51, 13, 21: *PL* 38,344 f.; Thomas von Aquin, *Summa theologica*, III q.29, u. 2 in conclus.

[16] Vgl.*Ansprachen* vom 9. u. 16. Januar; 20. Februar 1980: *Insegnamenti*, III/I (1980), S. 88–92; 148–152; 428–431.

17 Paul VI., *Ansprache an die Bewegung „Equipes Notre Dame"* (4. Mai 1970), Nr. 7: *AAS* 62, (1970), S. 431. Ähnliche Lobpreisung der Familie von Nazaret als absolutes Vorbild der Hausgemeinschaft z. B. bei Leo XIII., Apostl. Schreiben *Neminem fugit* (14. Juni 1892): *Leonis XIII. P.M. Acta*, XII (1892), S. 149f.; Benedikt XV., Motu proprio *Bonum sane* (25. Juli 1920): *AAS* 12 (1920), S. 313–317.

18 Apostolisches Schreiben *Familiaris consortio* (22. November 1981), Nr. 17: *AAS* 74 (1982), S. 100.

19 *Ebd.*, Nr. 49: *a.a.O.*, S. 140; vgl. II. Vatikanisches Konzil, Dogmatische Konstitution über die Kirche *Lumen Gentium*, Nr. 11; Dekret über das Laienapostolat *Apostolicam actuositatem*, Nr. 11.

20 Apostol. Schreiben *Familiaris consortio* (22. November 1981), Nr. 85: *AAS* 74 (1982), S. 189–190.

21 Vgl. Johannes Chrysostomus, *In Matth. Hom.*, V.3: *PG* 57 f.

22 Paul VI., *Ansprache* (19. März 1966): *Insegnamenti,*, IV (1966), S. 110.

23 Vgl. *Missale Romanum, Collecta* in „Sollemnitate S. Ioseph Sponsi B.M.V.".

24 Vgl. *ebd.*, *Praefatio* in „Sollemnitate S. Joseph Sponsi B.M.V.".

25 Enzyklika *Quamquam pluries* (15. August 1889): *a.a.O.*, S. 178.

26 Pius XII., *Rundfunkbotschaft* an die Studenten der katholischen Schulen der Vereinigten Staaten von Amerika (19. Februar 1958): *AAS* 50 (1958), S. 174.

27 Origenes, *Hom. XIII in Lucam*, 7:*Sources Chrétiennes* 87, S. 214 f.

28 Vgl. Origenes, *Hom. XIII in Lucam*, 6: *Sources Chrétiennes* 87, S. 196 f.

29 Vgl.*Missale Romanum, Prex Eucharistica I.*

30 Ritenkongregation, Dekret *Quemadmodum Deus* (8. Dezember 1870): *a.a.O.*, S. 282.

31 *Collectio Missarum de Beata Maria Virgine*, I, „Sancta Maria de Nazareth", *Praefatio.*

32 Apostol. Schreiben *Familiaris consortio* (22. November 1981), Nr. 16: *a.a.O.*, S. 98.

33 Leo XIII., Enzyklika *Quamquam pluries* (15. August 1889): *a.a.O.*, S. 177 f.

34 Vgl. Apostolisches Schreiben *Laborem exercens* (14. September 1981), Nr. 9: *AAS* 73 (1981), S.599 f.

35 *Ebd.*, Nr. 24: *a.a.O.*, S. 635. Die Päpste der jüngsten Zeit haben immer wieder den hl.Josef als „Vorbild" der Arbeiter hingestellt; vgl. z. B. Leo XIII., Enzyklika *Quam Quam pluries* (15. August 1889): *a.a.O.*, S. 180; Benedikt XV., Motu proprio *Bonum sane* (25. Juli 1920): *a.a.O.*, S. 314–316; Pius XII., *Ansprache* (11. März 1945), Nr. 4: *AAS* 37 (1945), S. 72; *Ansprache* (1. Mai 1955): *AAS* 47 (1955), S. 406; Johannes XXIII., *Rundfunkbotschaft* (1. Mai 1960): *AAS* 52 (1960), S. 398.

36 Paul VI., *Ansprache* (19. März 1969): *Insegnamenti*, VII (1969), S. 1268.

37 *Ebd.: a.a.O.*, S. 1267.

38 Vgl. Thomas von Aquin, *Summa theologica*, II-IIae, q. 82, a.3, ad 2.

39 *Ebd.*, III, q. 8, a. 1, ad 1.

40 Vgl. Pius XII., Enzyklika *Haurietis aquas* (15. Mai 1956), III: *AAS* 48 (1956), S. 329 f.

41 Vgl. Thomas von Aquin, *Summa theologica*, II-IIae, q. 182, a. 1, ad 3.

42 Vgl. Ritenkongregation, Dekret *Quemadmodum Deus* (8. Dezember 1870): *a.a.O.*, S. 283.

43 *Ebd.*, *a.a.O.*, S. 282 f.

44 Leo XIII., Enzyklika *Quamquam pluries* (15. August 1889): *a.a.O.*, S. 177–179.

45 Nachsynodales Apostol. Schreiben *Christifideles laici* (30. Dezember 1988), Nr. 34: *AAS* 81 (1989), S. 456.

46 Dogmatische Konstitution über die göttliche Offenbarung *Dei Verbum*, Nr. 1.

47 Paul VI., *Ansprache* (19. März 1969): *Insegnamenti*, VII (1969), S. 1269.

48 Vgl. *Missale Romanum, Collecta; Super oblata* in „Sollemnitate S. Ioseph Sponsi B.M.V.", *Post commun.* in „Missa votiva S. Ioseph".

49 Vgl. Leo XIII., „Oratio ad Sanctum Iosephum", unmittelbar nach dem Text der Enzyklika *Quamquam pluries* (15. August 1889): *Leonis XIII P.M. Acta*, IX (1890), S. 183.

50 Ritenkongregation, Dekret *Quemadmodum Deus* (8. Dezember 1870): *a.a.O.*, S. 282.

Christen haben Brückenfunktion

Ansprache an Pilger aus Eisenstadt am 24. August

Sehr verehrter Herr Bischof,
liebe Schwestern und Brüder im Herrn!

Es ist für mich immer eine große Freude, wenn ich dem Bischof und den Gläubigen der Diözese Eisenstadt begegnen darf. Eine besondere Begegnung und ein Geschenk Gottes war mein letzter Pastoralbesuch in eurem Heimatland vor etwas mehr als einem Jahr. Gern denke ich noch an die festliche Eucharistiefeier in Trausdorf zurück, an der neben einer großen Schar von Burgenländern auch viele Gläubige aus Ungarn und Kroatien teilnahmen.

Ich weiß, daß ihr die Vorbereitung auf meinen Pastoralbesuch sehr ernst genommen habt. Ich weiß auch, daß euer Bischof, mit dem mich schon eine lange Freundschaft verbindet, mit seinen Mitarbeitern keine Mühe und Anstrengung gescheut hat. Ihm, sowie den vielen Mitarbeiterinnen und Mitarbeitern sage ich noch einmal meinen herzlichen Dank.

Eure heutige Begegnung mit dem Nachfolger Petri, die ihr als Gegenbesuch zu meinem Pastoralbesuch seht, ist ein weiteres Zeichen der besonderen Verbundenheit zu Christus und seiner Kirche, wie dies Bischof Laszlo in seiner Begrüßungsansprache zum Ausdruck gebracht hat.

Ein besonderer Willkommensgruß gilt auch dem anwesenden Botschafter eures Landes beim Heiligen Stuhl, Seiner Exzellenz Herrn Georg Hohenberg.

Die gesamte pastorale Arbeit eurer Diözese steht in diesem Jahr unter dem Motto: „Glaube überschreitet Grenzen". Ich weiß, daß in der Diözese zu diesem Thema vieles angeboten und unternommen wurde wie: Einkehrtage, theologische Fortbildungen, Bibelseminare, Wallfahrten, Predigten und vieles andere. Ihr habt versucht, dieses Thema theologisch, aber auch pastoral aufzuarbeiten, um so meinen Pastoralbesuch nach meiner Abreise noch weiterzuführen und zu vertiefen.

Auf wen könnt ihr bei diesem eurem Bemühen blicken? Wer ist euch als Beispiel und Wegweiser vorangegangen?

Euer Diözesan- und Landespatron, der heilige Martin, ist das beste Beispiel dafür. Er hat uns allen gezeigt, wie man zum Glauben kommen kann und wie dieser persönliche Glaube auch Grenzen überschreiten kann. Martin steht vor uns als ein Mensch, der sich mit Gott eingelassen hat, der sein JA zum Glauben als ein JA zum Leben verstanden und praktiziert hat. Nur so konnte er innere und äußere Grenzen überschreiten und anderen Menschen den Glauben bezeugen.

Liebe Schwestern und Brüder! Auch ihr seid aufgerufen, als Christen so zu handeln. Ihr habt heute eine doppelte Brückenfunktion zu erfüllen. Zum einen sollt ihr dafür Sorge tragen, daß der Glaube in eurer Diözese gegenseitig bezeugt und der nachkommenden Generation als kostbares Gut auch weitergegeben wird. Jeder sollte sich daher fragen, was er in seinem Beruf, in seinem Stand dazu beitragen kann, um dem Herrn Einlaß in diese Welt zu verschaffen.

Öffnet euch dem Ruf Gottes und seid Zeugen der Frohen Botschaft inmitten dieser Welt!
Zum anderen rufe ich euch noch einmal zu, wie anläßlich meines Pastoralbesuches: Überschreitet auch in Zukunft im Geist des heiligen Martin die Grenzen eurer Heimatdiözese, die von Gott her bestimmt ist, Brückenfunktion gerade zu den Völkern Osteuropas auszuüben. Damit leistet ihr einen wertvollen Beitrag auch für die Weltkirche.
Ich weiß, daß ihr zusammen mit eurem Bischof diese Brückenfunktion schon lange ausübt und danke euch dafür sehr herzlich.
Geht diesen Weg weiter und vor allem seid immer bereit, euren Glauben zu erneuern!
Dazu erteile ich euch allen, euren Lieben zu Hause – vor allem den Alten und Kranken sowie den Kindern – von Herzen meinen Apostolischen Segen.
Gelobt sei Jesus Christus!
Hvaljen budi Jezuš Kristuš!
Dicsertessek a Jezuš Kristuš!

Freiheit Maßstab der Menschenwürde

Predigt in Castel Gandolfo zum Fest Unserer Lieben Frau von Tschenstochau am 26. August

Liebe Brüder und Schwestern!

Was ich euch nun vorlese, habe ich 1983 in Jasna Góra anläßlich der Sechshundertjahrfeier des Muttergottesbildes gesagt: „Christus, der mit seiner Mutter in einem polnischen Kana bei uns ist, stellt uns von Generation zu Generation die große Sache der Freiheit vor Augen. Die Freiheit wird dem Menschen von Gott als Maßstab seiner Würde geschenkt. Sie wird ihm aber gleichzeitig als Aufgabe übertragen: ‚Freiheit bedeutet nicht Erleichterung, sondern Mühen um Größe'" (L. Staff, *Ecco il tuo canto*). Der Mensch kann ja in der Tat guten oder schlechten Gebrauch von der Freiheit machen. Er kann sie zum Aufbau oder zur Zerstörung gebrauchen. Das Evangelisierungswerk von Jasna Góra schließt die Berufung zum Erbe der Kinder Gottes ein, die Berufung, die Freiheit zu leben, guten Gebrauch von der Freiheit zu machen; aufzubauen und nicht zu zerstören."
Wenn wir uns heute hier versammeln und uns eins wissen mit all denen, die in vielen Heiligtümern der ganzen Welt Unsere Liebe Frau von Jasna Góra in ihrem Heiligtum verehren – denn sie ist ja ein besonderes Zeichen der Einheit unter allen Polen, auch derer, die fern vom Vaterland sind –, dann kommen uns die Worte wieder in den Sinn, die wir eben gelesen haben. Wir wollen versuchen, im Gebet zum Ausdruck zu bringen, was dieser Augenblick von uns fordert. Es ist vieles, es sind viele Bitten und Anliegen, viele Hoffnungen und Sorgen. Wir wollen für alle Gesellschaftsgruppen beten, für die ganze Nation, die am Ufer der Weichsel im Vaterland lebt, und auch für alle Polen im Ausland. Wir wollen ebenso beten für jene, die jetzt öffentliche Verantwortung übernehmen. Herr Tadeuz Mazowiecki bat mich in dem Augenblick, als er das wichtige Amt des Präsidenten im Ministerrat übernahm, ausdrücklich, für ihn zu

beten. Für alle und jeden laßt uns beten und einander nahe sein. Das öffentliche Wohl bedeutet das Wohl aller, und in dieses Wohl aller ist das Wohl eines jeden eingeschlossen.
Zu all diesem lädt uns die Mutter ein. Wir wollen Gott danken für die Anwesenheit dieser Mutter, der Mutter Gottes und Mutter des Menschen, in der Geschichte. In ihrem Bild können wir uns alle begegnen und unsere stärkste Identität finden, können bestätigen, wer wir sind, können eins sein, und zugleich ist doch jeder von uns vor ihr einmalig und unwiederholbar. Wir wollen für jeden und jede beten, für alle, damit wir diese Errungenschaft unserer Zeit, die sowohl eine Herausforderung wie eine Kraftprobe ist, aufzugreifen und ihrer würdig zu sein wissen.
Bei dieser hl. Messe werden viele Bitten vorgetragen, manche mit vernehmbarer Stimme in den Fürbitten, manche still im Herzen. Viele von diesen Gebeten werden auch auf polnischer Erde ausgesprochen, vor allem im Heiligtum von Jasna Góra. Wir wollen uns mit all diesen Gebeten vereinen und uns besonders daran erinnern, daß Maria in Jasna Góra immer wieder die Worte von Kana wiederholt: „Tut, was mein Sohn euch sagt!" Es ist gewissermaßen das letzte Wort von Kana in Galiläa und auch das letzte Wort aus dem Heiligtum in Jasna Góra.

Einheit und Eintracht unerläßlich für das Zeugnis

Ansprache an die Synode des armenisch-katholischen Patriarchats am 26. August

Hochwürdigster Herr Patriarch,
liebe Mitbrüder im Bischofsamt!

1. Mit großer Freude heiße ich euch hier willkommen. Ihr seid, einer uralten kirchlichen Tradition folgend, zur Synode zusammengetreten. Eusebius von Cäsarea sagt uns ja, daß sich im Augenblick der Kontroverse um das Osterfest im 2. Jahrhundert (*Hist. eccl.*, V, XXIII, 2–3) die Bischöfe zur Provinzsynode versammelten. Die ältesten, die Synoden betreffenden kanonischen Gesetze betrachten diese als die wahre Art und Weise der Behandlung der kirchlichen Angelegenheiten und bezeichnen als ihren Zweck die Eintracht unter den Bischöfen, „damit Gott durch Christus im Heiligen Geist verherrlicht werde" (vgl. *Can.* 34, als „der Apostel" bezeichnet).

2. Im Verlauf dieser Synode habt ihr freigewordene Bischofssitze neu zu besetzen und gerade dies ist seit Jahrhunderten eine der Hauptverantwortungen der Synoden (vgl. I. Konzil von Nizäa, Can. 4). Diese Aufgabe steht in engem Zusammenhang mit der Einheit und der Eintracht innerhalb der Kirche, handelt es sich doch darum, jene Männer auszuwählen, welche die ihrer Hirtensorge anvertrauten Gläubigen auf den Wegen des Glaubens, „der den Heiligen ein für allemal anvertraut ist" (*Jud* 3) und des Fortschritts im christlichen Leben zu führen.
Im Hinblick auf dieses wesentliche Apostolat denkt ihr selbstverständlich an eure nächsten Mitarbeiter, die Priester, sowie an die Seminaristen, die sich darauf vorbereiten,

deren Reihen aufzufüllen. Es soll euch eine Herzensangelegenheit sein, in ihnen das Kirchenbewußtsein zu entwickeln, das so tief in der armenischen Spiritualität verwurzelt ist. Allgemein gesprochen, eine solide und ausgeglichene Bildung und Ausbildung ist umso wichtiger für die Priester, als es ihnen oft obliegt, die Traditionen eures Volkes zu erhalten und weiterzugeben.

Ich weiß, daß ihr auch ganz besonders auf die Bildung und Ausbildung aktiver und verantwortungsbewußter Laien bedacht seid: euer verehrter Herr Patriarch hat unmittelbar nach der der Berufung und Sendung der Laien in Kirche und Welt gewidmeten Bischofssynode in einem Hirtenschreiben auf angebrachte Weise darauf hingewiesen.

3. Eure Synode befaßt sich zum Großteil mit der Erneuerung eurer Liturgie. Auch hier steht ihr im Herzen eurer Mission, im Geist des II. Vatikanischen Konzils: „Das Heilige Konzil hat sich zum Ziel gesetzt, das christliche Leben unter den Gläubigen mehr und mehr zu vertiefen (...). Darum hält es das Konzil auch in besonderer Weise für seine Aufgabe, sich um Erneuerung und Pflege der Liturgie zu sorgen. (...) Die Liturgie ist der Höhepunkt, dem das Tun der Kirche zustrebt, und zugleich die Quelle, aus der all ihre Kraft strömt.“ (*Sacrosanctum Concilium,* Nr. 1, 10).

An einer anderen Stelle betont das Konzil: „Die Kirche wird auf eine vorzügliche Weise dann sichtbar, wenn das ganze heilige Gottesvolk voll und tätig an denselben liturgischen Feiern, besonders an derselben Eucharistiefeier, teilnimmt: in der Einheit des Gebets an dem einen Altar und unter dem Vorsitz des Bischofs, der umgeben ist von seinem Presbyterium und den Dienern des Altars“ (*ebd.*, Nr. 41).

Die vollgültige und aktive Teilnahme aller an den Feiern ist der Zweck der liturgischen Erneuerung, die ihr entschlossen und einträchtig durchführt. Ernsthafte Studien haben sie vorbereitet, handelte es sich doch darum, den ursprünglichen Geist eurer zutiefst mit dem Genius und der Kultur eures Volkes verbundenen Liturgie in seiner ganzen Reinheit wiederzufinden. Eure Liturgie ist im Herzen dieser Kultur entstanden und hat diese wiederum im Lauf ihrer Entwicklung inspiriert und befruchtet. Wie könnte man es unterlassen, hier des hl. Gregor von Narek zu gedenken, dessen biblisch ausgerichtetes Werk eure Liturgie geprägt hat; sie ist jedoch auch eines der großartigsten Ruhmesblätter der armenischen Dichtkunst.

Für die liturgische Erneuerung arbeiten heißt jedoch nicht, Archäologie betreiben, sondern vielmehr, der Liturgie ihre authentischen und einfachen, der Mentalität eures Volkes entsprechenden Formen wiedergeben. Wenn ihr zu diesem Zweck die eine oder andere Form ausmerzen müßt, die eurer armenischen Tradition fremden liturgischen und paraliturgischen Einflüssen entstammt, so ist es auch möglich, daß ihr dabei so manche volkstümliche Gewohnheit zu korrigieren habt. Ihr werdet das, dessen bin ich sicher, mit Entschiedenheit und zugleich taktvoll tun, immer im Hinblick auf die vollgültige und aktive Teilnahme aller an den liturgischen Feiern, damit Gott einmütig und einstimmig durch Christus verherrlicht werde, den eure heilige Liturgie anruft als das „Lamm und Himmelsbrot, den Hohenpriester und das Opfer, denn er selbst gibt sich hin und ist uns gegeben“.

4. Die Einheit und Eintracht, deren Werkzeug eure Synode im Inneren eurer armenisch-katholischen Kirche ist, verwirklicht ihr auch im Hinblick auf die ganze katholische Familie, indem ihr an den Versammlungen der Hierarchie der verschiedenen Länder des Nahen Ostens und an den Bischofskonferenzen eurer Diasporaländer teilnehmt. Einheit und Eintracht sind eine unerläßliche Voraussetzung für das Zeugnis, das wir überall geben müssen, das jedoch heute im Nahen Osten mehr denn je für die Christen lebensnotwendig ist. Ich sage das bewußt zu allen Christen und nicht nur zu den Katholiken. Nur ein konstruktives Verstehen erlaubt es ihnen, tatsächlich zur Versöhnung aller und zur Wiederherstellung des Friedens in der gegenseitigen Achtung und der Gerechtigkeit für alle beizutragen.
Herr Patriarch, sie haben Ihren Sitz im Libanon. Der grausame Todeskampf dieses biblischen Landes hat es Ihnen nicht gestattet, die Synode in Bzommar einzuberufen. Sie schließen in Ihr Gebet die Leiden und Ängste Ihrer zahlreichen Gläubigen ein, die im Land der Zedern Zuflucht gefunden hatten. Möge sich das armenische Volk durch seinen Glauben und seine Werke auszeichnen und seinen spezifischen Beitrag zur Wiedergeburt des Libanon leisten, die alle so sehr ersehnen!
Sie wissen, wie sehr auch mich das Andauern dieser schrecklichen Situation beängstigt und wie sehr ich wünsche, zu einer raschen Rückkehr des Friedens in einem Libanon beitragen zu können, wo die verschiedenen Gruppen, welche die Nation bilden, sich neuerlich zu brüderlicher Zusammenarbeit und gesundem Wettbewerb vereinen, im Dienst des Gemeinwohls und in Freundschaft mit den Nachbarländern. Laßt uns das geopferte und siegreiche Lamm, den Herrn der Geschichte, noch inständiger anflehen, damit er, die Herzen der Menschen umwandelnd, das verwirkliche, was unseren Bemühungen bisher verwehrt war.

5. Geliebte Brüder, ich möchte auch an die harte Prüfung erinnern, die das Erdbeben in Armenien für das armenische Volk bedeutete. Dieses tragische Ereignis verlieh der christlichen Solidarität neuen Auftrieb, die zum Zeichen echter, selbstloser Liebe wurde. Ich ersuchte Kardinal Etchegaray, den Vorsitzenden des Päpstlichen Rates „Cor unum" sogleich, die Hilfe der Katholiken zu koordinieren und es ist mir eine Freude, feststellen zu können, daß diese Hilfsaktion methodisch weitergeführt wird, in übersichtlicher Zusammenarbeit mit anderen christlichen Organisationen und in ständiger Verbindung mit dem Katholikossat von Etschmiadsin. Anläßlich der kürzlich stattgefundenen Versammlung des Zentralkomitees des Weltrates der Kirchen sprach der Vertreter Seiner Heiligkeit des Katholikos Vasken I. öffentlich seine Anerkennung für die durch „Caritas internationalis" empfangene Hilfe der katholischen Kirche aus.
Sie selbst, Herr Patriarch, haben Seine Heiligkeit den Katholikos Vasken I. besucht und die brüderliche Aufnahme, die Ihnen zuteil wurde, hat Ihnen die Kenntnis der ungeheuren Notwendigkeiten des Wiederaufbaus und die Übernahme klar definierter Verantwortungen im Rahmen dieser umfassenden Bemühungen ermöglicht. Auch möchte ich hoffen, daß diese Solidarität – über ihre konkreten Auswirkungen hinaus – alle Armenier auf dem Weg zur wiedergefundenen, vollen Einheit fortschreiten lasse. Während der Jahrhunderte der Prüfungen war die Kirche Herz und Rückhalt der Nation. Ihre Einheit

muß zum entscheidenden Element für das Kommen besserer Tage werden. Ich weiß, Herr Patriarch, um Ihre brüderlichen Beziehungen zum Katholikos von Antelias, Seine Heiligkeit Karekin II. Sarkission, den ich hier in Rom empfangen durfte. Ebenso weiß ich, daß einer der Bischöfe Ihrer Synode Vorsitzender der ökumenischen Kommission der Bischofskonferenz der Türkei ist und brüderliche Beziehungen zum Patriarchen Snork Kalustian unterhält, den ich anläßlich meiner unvergeßlichen Reise nach Istanbul besuchte. All dies und noch anderes mehr sind Zeichen für das Wirken des Geistes, der sein Volk versammelt. Bitten wir ihn, er möge uns alle und jeden einzelnen befähigen, das aufmerksam wahrzunehmen, was er „den Gemeinden sagt" (*Offb* 2,7) und seinen Eingebungen zu folgen.

In euch, verehrte Brüder, sehe ich das ganze Volk, das ihr vertretet: ein Volk, das den grausamsten Leiden und Prüfungen ausgesetzt war. Ich kann euch nur meines Verständnisses versichern. Über die Ereignisse hinaus jedoch, deren sich alle Armenier erinnern, obliegt es insbesondere den Christen, unablässig dafür zu wirken, daß Vorurteile, Haß und Groll nicht die Anstrengungen so vieler Menschen guten Willens zunichte machen, die sich um eine echte Versöhnung der Gruppen und Völker bemühen.

Der wahre Friede ist von der Verzeihung der Beleidigungen und der Zusammenarbeit aller abhängig, damit sich die menschenunwürdigen Tragödien nicht mehr wiederholen.

Dies sind meine Wünsche, die ich an euch, liebe Brüder, für die armenisch-katholische Kirche, für die ganze armenische Nation und für alle Völker richte, in deren Mitte ihr lebt.

Überbringt den Priestern, Ordensleuten und Gläubigen eurer Gemeinden die herzlichen Grüße des Nachfolgers Petri.

Ich flehe den Herrn an, er möge euch allen die Gnade seines Segens schenken.

Jahrestag des Kriegsausbruchs

Botschaft an die Polnische Bischofskonferenz zum 50. Jahrestag des Ausbruchs des Zweiten Weltkrieges am 1. September 1939 vom 26. August

1. „... Und nun kommt unsere Botschaft zu ihrem Höhepunkt", sagte Papst Paul VI. am 4. Oktober 1965 vor der Versammlung der Organisation der Vereinten Nationen. „... Ihr erwartet von uns dieses Wort, das nicht des Ernstes und der Feierlichkeit entbehren kann: Nicht die einen gegen die andern, nie mehr, nimmermehr ... Es bedarf keiner vielen Worte, um dieses höchste Ziel dieser Einrichtung darzulegen. Es genügt, daran zu erinnern, daß das Blut von Millionen von Menschen sowie unzählige und unerhörte Leiden, unnötiges Gemetzel und furchtbare Zerstörungen den Vertrag sanktionieren, der euch mit einem Schwur verbindet, der die künftige Geschichte der Welt verändern soll: Nie wieder Krieg, nie wieder Krieg! Der Friede, der Friede muß die Geschicke der Völker und der ganzen Menschheit leiten" (*AAS* 57 [1965] S. 881).

2. Am 1. September 1989 jährt sich zum 50. Mal der Ausbruch des Zweiten Weltkrieges. Als in den frühen Morgenstunden jenes Tages Polen von der Westgrenze her angegriffen wurde, war das ganze Volk bereit, auf diese militärische Invasion zu antworten und den Krieg zur Verteidigung des tödlich bedrohten Vaterlandes auf sich zu nehmen.
Es waren damals kaum mehr als zwanzig Jahre seit dem Augenblick vergangen, da Polen die Unabhängigkeit wiedererlangt und ein autonomes Leben als souveräner Staat neu begonnen hatte. Und auch in jener verhältnismäßig kurzen Periode war es auf dem Weg seiner Entwicklung vielen inneren und äußeren Schwierigkeiten begegnet, dennoch hatte es offenkundig Fortschritte gemacht. Entschlossen war darum der Wille, das Vaterland zu verteidigen, auch wenn das Kräfteverhältnis ungleich war. Bewunderungswürdig und für immer bedenkenswert ist dieser Einsatz ohnegleichen der ganzen Gesellschaft und besonders der jungen Generation der Polen zur Verteidigung des Vaterlandes und seiner grundlegenden Werte.
Dieser Wille zur Verteidigung der Unabhängigkeit des Staates beseelte die Söhne und Töchter unserer Nation nicht nur im besetzten Land, sondern auch an allen Fronten in der Welt, wo die Polen für die eigene Freiheit und die der anderen kämpften. Der Krieg, der am 1. September begonnen hatte, weitete sich sehr schnell auf andere europäische und außereuropäische Länder aus. Neue Völker wurden Opfer der Invasion Hitlers oder befanden sich in einer äußerst bedrohten Lage. Im Verlauf des Krieges, der gleich als eine unverzichtbare Verteidigung Europas und seiner Zivilisation gegenüber der totalitären Vorherrschaft erschien, hat das polnische Volk seine Verpflichtungen als Verbündeter voll – man kann sogar sagen, im Übermaß – erfüllt, indem es für „unsere und eure Freiheit“ den höchsten Preis gezahlt hat.
Davon geben auch die erlittenen Verluste Zeugnis. Diese waren immens, vielleicht viel größer als die Verluste irgendeines anderen verbündeten Landes: vor allem die Verluste an Menschen und zugleich die enorme Verwüstung des Landes, sowohl in seinem westlichen wie auch in seinem östlichen Teil. Bekanntlich sind am 17. September 1939 auch über die Ostgrenze Truppen in Polen einmarschiert. Die vorher unterzeichneten Nichtangriffsverträge wurden verletzt und durch das Abkommen vom 23. August 1939 zwischen dem Deutschen Reich und der Sowjetunion gelöscht. Dieses Abkommen, das als die „vierte Teilung Polens“ bezeichnet wird, dekretierte zugleich das Todesurteil über die baltischen Völker, die im Norden an Polen angrenzen.
Das Ausmaß der erlittenen Verluste und mehr noch das Ausmaß der Leiden, die einzelnen Personen, den Familien und den Gemeinschaften zugefügt worden sind, ist wirklich schwer zu ermessen. Viele Fakten sind bekannt, viele andere müssen noch ans Licht gebracht werden. Der Krieg spielte sich nicht nur an der Front ab, sondern erfaßte als totaler Krieg die ganzen Gesellschaften. Ganze Bevölkerungsgruppen sind deportiert worden. Tausende wurden gefangengenommen, wurden gefoltert und hingerichtet. Die Menschen starben auch fern der Kriegshandlungen als Opfer der Bombenangriffe und des systematischen Terrors, dessen organisiertes Mittel die Konzentrationslager waren, die formell zur Arbeit bestimmt waren, sich aber in Wirklichkeit zu Stätten des Todes verwandelt haben.
Ein besonderes Verbrechen des Zweiten Weltkrieges bleibt die massive Vernichtung der Juden, die aus Rassenhaß in die Gaskammern geschickt wurden.

Wenn uns dies alles vor Augen steht, dann erhalten die Worte Pauls VI. vor der Vollversammlung der Vereinten Nationen ihre volle Bedeutung. Mehr noch, die geschichtliche Wirklichkeit des Zweiten Weltkrieges ist furchtbarer, als daß man sie mit Worten beschreiben könnte.

3. Aber muß man überhaupt davon reden? Da seit dem Ausbruch des Krieges erst fünfzig Jahre vergangen sind, lebt die Generation noch, die ihn miterlebt und durchlitten hat. Seitdem sind aber auch wenigstens zwei Generationen herangewachsen, für die dieser nur ein Kapitel der Geschichte ist. Es ist jedoch dafür Sorge zu tragen, daß jenes tragische Geschehen nicht aufhört, eine Warnung zu sein.
Die Vereinten Nationen haben gezeigt, daß sie sich dessen bewußt sind, indem sie unmittelbar nach Kriegsende die Erklärung der Menschenrechte veröffentlicht haben. Die Bedeutung dieses Dokumentes ist grundlegend. Der Zweite Weltkrieg hat alle das Ausmaß erkennen lassen, das bisher noch unbekannt war, bis wohin die Verachtung des Menschen und die Verletzung seiner Rechte gelangen kann. Er hat unerhörte Wellen des Hasses hervorgerufen, der den Menschen und alles, was menschlich ist, im Namen einer imperialistischen Ideologie mit Füßen getreten hat.
Viele haben sich die Frage gestellt, ob es nach jener furchtbaren Erfahrung überhaupt noch möglich ist, eine Gewißheit zu haben. Denn die Ungeheuerlichkeiten jenes Krieges haben sich doch in einem Kontinent ereignet, der sich einer besonderen Blüte von Kultur und Zivilisation gerühmt hat; in einem Kontinent, der am längsten unter dem Einfluß des Evangeliums und der Kirche gewesen ist.
Es ist wahrhaftig schwer, den Weg fortzusetzen, da wir diesen furchtbaren Kalvarienberg der Menschen und der Nationen hinter uns haben. Es bleibt nur ein einziger Bezugspunkt: das Kreuz Christi auf Golgota, von dem der Völkerapostel sagt: „Wo die Sünde mächtig wurde, da ist die Gnade übergroß geworden" (*Röm* 5,20).
Geleitet von diesem Glauben, sucht die Kirche zusammen mit den Menschen unseres Jahrhunderts, mit den Völkern Europas und der Welt den Weg in die Zukunft zu finden.

4. Die Suche dieses Weges betrifft alle Bewohner des europäischen Kontinents. Sie betrifft in besonderer Weise Polen, das vor fünfzig Jahren als erstes ein entschiedenes „Nein" zur bewaffneten Gewalt des Hitlerstaates zu sagen versuchte – und das als erstes für diese seine Entschlossenheit gezahlt hat. An allen Fronten und auch im Partisanenkampf im Vaterland, im Aufstand von Warschau, haben die Söhne und Töchter unserer Nation unzählige Beweise dafür erbracht, wie wertvoll ihnen die Sache der Unabhängigkeit des Vaterlandes gewesen ist. Nach der Beendigung dieses furchtbaren Krieges waren sie gezwungen, sich zu fragen, ob die am Ende des Konfliktes getroffenen Entscheidungen den ungeheuren Beitrag ihrer Anstrengungen und der erlittenen Opfer widerspiegeln; ob sie nicht, obwohl sie sich auf der Seite der Sieger befanden, vielmehr wie Besiegte behandelt worden sind? Diese Frage wurde immer drängender, indem sie mit immer größerer Kraft dazu antrieb, neue Kämpfe zu unternehmen. Denn es ist keine wirkliche Souveränität, wenn in einem Staat die Gesellschaft nicht souverän ist: Wenn diese nämlich nicht die Möglichkeit hat, über das Gemeinwohl zu entscheiden, wenn ihr

das Grundrecht verweigert wird, sich an der Macht und an der Verantwortung mitzubeteiligen.

Papst Pius XII. hebt in seinen Darlegungen über die moralischen Prinzipien, von denen sich die Welt nach Kriegsende hätte inspirieren lassen sollen, besonders hervor, daß es „im Bereich einer neuen Ordnung, die auf den moralischen Prinzipien gründet, keinen Platz für eine Verletzung der Freiheit, der Integrität und der Sicherheit anderer Nationen gibt, was auch immer ihre territoriale Ausdehnung oder Verteidigungskraft ist".

Als der Papst dann auf den wirtschaftlichen Bereich übergeht, erinnert er an die Rechte der Nationen, „ihre eigene wirtschaftliche Entwicklung zu schützen, da sie nur so das Allgemeinwohl, das materielle und geistige Wohlbefinden des eigenen Volkes auf angemessene Weise erlangen können" (*Radioansprache* vom 24. Dezember 1941: *AAS* 34 [1942] Nr. 16–17).

Es ist schwer, sich der Überzeugung zu widersetzen, daß die Jahrzehnte nach dem Krieg das von der polnischen Nation so sehr ersehnte Wachstum und den Fortschritt nicht gebracht haben, die für das Vaterland nach den Zerstörungen des Zweiten Weltkrieges so dringend notwendig gewesen wären, sondern vielmehr eine große sozioökonomische Krise und neue Verluste verursacht haben – nicht mehr an den Fronten des bewaffneten Kampfes, sondern an der friedlichen Front des Kampfes für eine bessere Zukunft des Vaterlandes, für den Platz, der ihm unter den Nationen und den Staaten Europas und der Welt zukommt.

5. Ich erlaube mir, noch einmal auf die Worte Papst Pauls VI. zurückzukommen. Ich habe schon zweimal bei meinen Besuchen in Polen darauf Bezug genommen (2. Juni 1979, 17. Juni 1983). Ich wiederhole sie nochmals im gegenwärtigen Zusammenhang. Der Papst sagte: „Ein blühendes und zuversichtliches Polen ist ... im Interesse der Ruhe und der guten Zusammenarbeit zwischen den Völkern Europas."

Diese Worte sind an die Polen gerichtet. Es hängt sicher und in entscheidendem Maße von den Polen ab, ob Polen „blühend und zuversichtlich" sein wird; ob es ein Land vielfältigen Fortschritts sein wird; ob es die Verzögerung aufholen wird, nicht nur die wirtschaftliche, die die bittere Frucht des Systems ist, das an der Macht war; ob es fähig sein wird, den Millionen seiner Bürger, besonders den Jugendlichen, das Vertrauen in die eigene Zukunft wiederzugeben. All das hängt von den Polen ab.

Aber die Worte Pauls VI. sind auch an ganz Europa gerichtet: an Ost und West. Keiner kann die Spuren der Verantwortung auslöschen, die in so schrecklicher Weise auf der Geschichte unserer Nation und der anderen Nationen Europas gelastet hat. Die gemeinsame Entscheidung vom August 1939, der von den Vertretern des Deutschen Reiches und der Sowjetunion unterzeichnete Vertrag, der Polen und andere Länder zum Tod verurteilte, war kein Ereignis ohne Präzedenzfälle. Es wiederholte sich damals, was bereits schon einmal am Ende des 18. Jahrhunderts in West und Ost von unseren Nachbarn beschlossen worden war und das bis zum Beginn dieses Jahrhunderts programmatisch aufrecht erhalten wurde. Um die Mitte unseres Jahrhunderts hat sich dieselbe Entscheidung zu Zerstörung und Vernichtung wiederholt.

Die europäischen Nationen dürfen das nicht vergessen. Besonders auf diesem Kontinent, der das „Europa der Vaterländer“ genannt worden ist, dürfen sie die Grundrechte des einzelnen wie der Nationen nicht vergessen!

Man muß ein solches System der Kräfte errichten, daß keine wirtschaftliche oder militärische Oberhoheit ein anderes Land zerstören und seine Rechte mit Füßen treten kann.

6. „Wird die Welt niemals dazu kommen, ihre eigennützige und kriegerische Mentalität zu ändern, die bis jetzt einen so großen Teil ihrer Geschichte geprägt hat?“ – fragte sich Paul VI. in seiner Rede vor der Organisation der Vereinten Nationen. Und er antwortete: „Es ist schwer vorauszusehen; aber es ist leicht zu bekräftigen, daß man mit Entschlossenheit auf die neue Geschichte, auf die friedliche, die wahrhaft und vollmenschliche, auf die, die Gott den Menschen guten Willens verheißen hat, zugehen muß“ (*AAS* 57 [1965] 882).

Man kann sagen, daß Europa – trotz allem Anschein – noch nicht von den Wunden geheilt ist, die im Laufe des Zweiten Weltkrieges geschlagen worden sind. Damit dies geschieht, sind große Anstrengungen und ein starker Wille in Ost und West erforderlich; es bedarf einer echten Solidarität.

Diese Wünsche für unser Vaterland lege ich am 1. September 1989 in die Hände der Polnischen Bischofskonferenz.

7. An diesem Tag versammeln sich in Europa und in der Welt die gläubigen Gemeinschaften zum Gebet. Wieviele Menschen müssen in dieses Gebet eingeschlossen werden, um ihrer Leiden, ihrer vielfältigen Opfer und besonders ihres Todes zu gedenken!

Da sind nicht nur diejenigen, die Leiden und Tod auf sich nehmen mußten; da sind auch jene, die diese anderen zugefügt haben, jene, die eine große Verantwortung für die Grausamkeiten dieses Krieges haben. Eine Verantwortung, mit der alle vor das Gericht Gottes treten müssen.

Wieviele Menschen, wieviele Millionen von menschlichen Wesen muß unser Gebet an diesem Tag wirklich umfangen? Können wir sie mit jener „unendlichen Schar“ vergleichen, die der heilige Johannes in der Offenbarung schaut (vgl. *Offb* 7,9)?!

Diese „Vision“ der Offenbarung ist nicht allein dem Gesetz der Zerstörung und des Todes unterworfen. Denn in ihr ist „das Blut des Lammes“ (vgl. *Offb* 7,14) gegenwärtig. Das Blut, das mit der Macht der Erlösung wirkt, ist viel größer als irgendeine Macht der Zerstörung und des Bösen in der Geschichte des Menschen auf der Erde.

Im Gebet versammelt an dem Tag, der uns an den 50. Jahrestag der großen Zerstörungen des Zweiten Weltkrieges erinnert, hören wir darum nicht auf, an die von Gott inspirierten Worte zu denken: „Seht, neu mache ich alles“ (*Offb* 21,5).

Mit diesen Worten erinnert Christus die immer neuen Generationen an die Wahrheit seines heilschaffenden Ostern.

Diese Gedanken, dieses Gebet und eine lebendige Hoffnung lege ich in die mütterlichen Hände der Königin Polens von Jasna Gora, in der Gott uns eine „wunderbare Hilfe und Schutz“ geschenkt hat.

Aus dem Vatikan, am 26. August 1989, dem Fest der Seligen Jungfrau von Tschenstochau.

Joannes Paulus PP. II

Kein anderer Krieg hat so sehr den Namen „Weltkrieg“ verdient

Apostolisches Schreiben zum 50. Jahrestag des Beginns des Zweiten Weltkrieges vom 27. August

An meine Brüder im Bischofsamt,
an die Priester und die Ordensfamilien,
an die Söhne und Töchter der Kirche,
an die Regierungen,
an alle Menschen guten Willens

Die Stunde der Dunkelheit

1. „Du hast mich ins tiefe Grab gebracht, tief hinab in finstere Nacht“ (*Ps* 88,7). Wieviele Male hat dieser Aufschrei des Leids sich nicht aus den Herzen von Millionen von Frauen und Männern erheben müssen, die vom 1. September 1939 bis zum Ende des Sommers 1945 von einer der zerstörerischsten und unmenschlichsten Tragödien unserer Geschichte heimgesucht worden sind!
Während Europa noch unter dem Schock der Gewaltakte stand, die durch das Reich verübt worden waren und zum Anschluß von Österreich, zur Zerstückelung der Tschechoslowakei und zur Eroberung von Albanien geführt hatten, sah Polen sich am ersten Tag des Monats September 1939 von Westen durch den Einmarsch der deutschen Truppen überfallen und am 17. desselben Monats von Osten durch den der Roten Armee. Die Vernichtung des polnischen Heeres und das Martyrium eines ganzen Volkes sollten leider nur das Vorspiel für das Schicksal werden, das bald zahlreichen europäischen Völkern und in der Folge vielen anderen im größten Teil der fünf Kontinente zuteil werden würde.
Seit 1940 besetzten die Deutschen nämlich Norwegen, Dänemark, Holland, Belgien und die Hälfte von Frankreich. Während dieser Zeit annektierte die Sowjetunion, nachdem sie sich schon durch einen Teil von Polen vergrößert hatte, Estland, Lettland und Litauen und nahm von Rumänien Bessarabien und gewisse Territorien von Finnland in Besitz.
Dann begannen der Krieg und die menschlichen Dramen, die ihn unerbittlich begleiten, wie ein um sie greifendes zerstörerisches Feuer schnell die Grenzen des „alten Kontinents“ zu überschreiten, um „weltweit“ zu werden. Einerseits trugen Deutschland und Italien die Kämpfe über den Balkan hinaus und in das an das Mittelmeer angrenzende Afrika, andererseits marschierten die deutschen Truppen in Rußland ein. Schließlich stürzten die Japaner durch die Zerstörung von Pearl Harbour die Vereinigten Staaten in den Krieg an der Seite von England. Das Jahr 1941 ging zu Ende.
Man mußte bis 1943 warten, bis mit dem Erfolg der russischen Gegenoffensive, die die Stadt Stalingrad aus der deutschen Umklammerung befreite, eine Wende in der Geschichte des Krieges eintrat. Den alliierten Mächten einerseits und den sowjetischen Truppen andererseits gelang es schließlich um den Preis erbitterter Kämpfe, die von Ägypten bis Moskau Millionen von schutzlosen Menschen unter der Zivilbevölkerung

unsagbares Leid zufügten, Deutschland zu besiegen. Am 8. Mai 1945 bot dieses seine bedingungslose Kapitulation an.
Aber der Kampf ging weiter im Pazifik. Um seine Beendigung zu beschleunigen, wurden am Beginn des Monats August desselben Jahres zwei Atombomben auf die japanischen Städte Hiroshima und Nagasaki geworfen. Am folgenden Tag nach diesem entsetzlichen Geschehen präsentierte Japan seinerseits sein Kapitulationsgesuch. Es war der 10. August 1945.
Kein anderer Krieg hat so sehr den Namen „Weltkrieg“ verdient. Er war auch ein totaler Krieg. Denn man darf nicht vergessen, daß sich zu den Kriegshandlungen zu Lande auch Luftkämpfe und Seeschlachten auf allen Weltmeeren hinzu gesellten. Ganze Städte wurden das Opfer schonungsloser Zerstörung, die die verstörte Bevölkerung in Furcht und Elend stürzte. Rom selbst wurde bedroht. Die Intervention von Papst Pius XII. verhinderte es, daß die Stadt zum Kampfplatz wurde.
Dies ist das düstere Bild der Ereignisse, deren wir heute gedenken. Sie verursachten den Tod von fünfundfünfzig Millionen Menschen, hinterließ die Sieger gespalten und ein Europa, das wieder neu aufgebaut werden mußte.

Sich erinnern

2. Fünfzig Jahre danach haben wir die Pflicht, uns vor Gott dieser dramatischen Tatsachen zu erinnern, um die Toten zu ehren und all denen unsere Anteilnahme zu bekunden, die diese Flut der Grausamkeit in ihren Herzen und Körpern verwundet hat, indem wir zugleich die Beleidigungen verzeihen.
In meiner pastoralen Sorge für die ganze Kirche und besorgt um das Wohl der ganzen Menschheit, konnte ich diesen Jahrestag nicht verstreichen lassen, ohne die Brüder im Bischofsamt, die Priester und die Gläubigen sowie alle Menschen guten Willens dazu einzuladen, über den Prozeß nachzudenken, der diesen Konflikt bis an den Abgrund der Unmenschlichkeit und der Trostlosigkeit geführt hat.
Wir haben nämlich die Pflicht, aus dieser Vergangenheit eine Lehre zu ziehen, auf daß sich das Bündel der Ursachen nie wiederholen kann, die imstande wären, einen ähnlichen Weltbrand neu zu entfachen.
Wir wissen es inzwischen aus Erfahrung, daß die willkürliche Teilung von Nationen, die zwangsweise Umsiedlung von Volksgruppen, die unbegrenzte Wiederaufrüstung, der unkontrollierte Gebrauch hochtechnisierter Waffen, die Verletzung der Grundrechte der Personen und Völker, die Nichtbeachtung der internationalen Verhaltensregeln sowie die Auferlegung von totalitären Ideologien nur zum Ruin der Menschheit führen können.

Initiativen des Heiligen Stuhles

3. Vom Beginn seines Pontifikates an, am 2. März 1939, hat es Papst Pius XII. nicht unterlassen, zum Frieden aufzurufen, den alle übereinstimmend als ernsthaft gefährdet betrachteten. Einige Tage vor dem Ausbruch der Feindseligkeiten, am 24. August 1939, hat er warnende Worte gesprochen, deren Echo noch widerhallt: „Wiederum schlägt eine schwere

Stunde für die große Menschheitsfamilie ... Die Gefahr ist imminent, aber es ist noch Zeit. Nichts ist verloren mit dem Frieden. Alles kann verloren sein mit dem Krieg".[1]

Leider ist die Warnung dieses großen Papstes nicht gehört worden, und das Unglück ist eingetreten. Nachdem der Heilige Stuhl nicht dazu beitragen konnte, den Krieg zu verhindern, hat er sich – im Rahmen seiner Möglichkeiten – darum bemüht, seine Ausdehnung einzuschränken. Der Papst und seine Mitarbeiter haben sich sowohl auf diplomatischer Ebene wie auch im humanitären Bereich unermüdlich dafür eingesetzt, ohne sich dazu verleiten zu lassen, im Konflikt Partei zu ergreifen, der Völker verschiedener Ideologien und Religionen entzweite. Bei diesen Bemühungen trugen sie auch dafür Sorge, daß die Lage der Völker, die außergewöhnlichen Prüfungen ausgesetzt waren, nicht erschwert und ihre Sicherheit nicht beeinträchtigt wurden. Hören wir noch einmal Papst Pius XII., als er zu dem, was sich in Polen ereignete, sagte: „Wir müßten feurige Worte gegen solche Geschehnisse sagen; der einzige Grund, der uns davon abrät, ist das Wissen darum, daß, wenn wir reden, wir die Lage jener Unglücklichen noch schwerer machen würden".[2]

Einige Monate nach der Konferenz von Jalta (1. 11. Februar 1945), als der Krieg in Europa gerade beendet war, hat derselbe Papst in seiner Ansprache an das Kardinalskollegium am 2. Juni 1945 es nicht unterlassen, seine Aufmerksamkeit auf die Zukunft der Welt zu richten und den Sieg des Rechtes zu fordern: „Die Nationen, besonders die kleinen und die von mittlerer Größe, verlangen, daß es ihnen gestattet wird, ihr eigenes Schicksal in die Hand zu nehmen. Sie können dazu bewogen werden, nach ihrem freien Ermessen und im Interesse des gemeinsamen Fortschritts Verpflichtungen zu übernehmen, die ihre souveränen Rechte beeinträchtigen. Nachdem sie aber zur Vernichtung des Systems brutaler Gewalt ihren Teil, ihren großen Teil an Opfern beigetragen haben, haben sie das Recht, es nicht zu dulden, daß ihnen ein neues politisches oder kulturelles System aufgezwungen wird, das die große Mehrheit ihrer Bevölkerung entschieden ablehnt ... Im Grunde ihres Gewissens fühlen die Völker, daß ihre politischen Führer sich in Mißkredit bringen, wenn sie dem Wahnsinn einer Vorherrschaft der Gewalt nicht den Sieg des Rechtes folgen lassen".[3]

Der verachtete Mensch

4. Dieser „Sieg des Rechtes" bleibt die beste Garantie für die Achtung der Personen. Wenn man auf die Geschichte dieser sechs furchtbaren Jahre zurückschaut, kann man nur zu Recht bestürzt sein über die Verachtung, der der Mensch ausgesetzt war.

Zu den materiellen Ruinen, zur Vernichtung der wirtschaftlichen und industriellen Grundlagen der durch die Kämpfe und Zerstörungen verwüsteten Länder – eine Zerstörung, die bis zum nuklearen Holocaust von zwei japanischen Städten gegangen ist – haben sich Massaker und Elend hinzugesellt.

Ich denke besonders an das grausame Schicksal, das den Völkern im weiten Raum des Ostens zugefügt worden ist. Ich selbst bin erschütterter Zeuge dessen gewesen an der Seite des Erzbischofs von Krakau, Msgr. Adam Stefan Sapieha. Die inhumanen Zwangsmaßnahmen der jeweiligen Besatzungsmacht haben auf brutale Weise die Gegner und die

verdächtigen Personen getroffen, während die Frauen, Kinder und die alten Leute ständigen Demütigungen unterworfen waren.
Auch kann man das Drama nicht vergessen, das durch die gewaltsame Umsiedlung von Volksgruppen verursacht worden ist, die auf die Straßen Europas geworfen wurden, allen Gefahren ausgesetzt und auf der Suche nach einer Unterkunft und nach Lebensmitteln.
Eine besondere Erwähnung gebührt sodann noch den Kriegsgefangenen, die in der Isolierung, in Entbehrung und Demütigung ebenfalls nach der Härte der Kämpfe einen weiteren schweren Tribut gezahlt haben.
Schließlich muß noch daran erinnert werden, daß die Bildung von Regierungen, die durch die Besatzungsmacht in den Staaten Zentral- und Osteuropas aufgezwungen worden sind, von repressiven Maßnahmen und sogar von einer Vielzahl von Hinrichtungen begleitet worden ist, um die sich auflehnende Bevölkerung zu unterwerfen.

Die Verfolgung gegen die Juden

5. Unter all diesen unmenschlichen Maßnahmen gibt es aber eine, die für immer eine Schande für die Menschheit bleiben wird: die organisierte Barbarei, die gegen das jüdische Volk gewütet hat.
Für die „Endlösung" bestimmt, die von einer irrsinnigen Ideologie ausgedacht worden war, sind die Juden kaum zu beschreibenden Entbehrungen und Grausamkeiten unterworfen worden. Zuerst verfolgt durch unterdrückende oder diskriminierende Maßnahmen, endeten sie schließlich zu Millionen in den Vernichtungslagern.
Die Juden in Polen haben mehr als andere diese Kalvarienstunde erlebt: Die Bilder von der Belagerung des Ghettos in Warschau wie auch das, was man über die Lage von Auschwitz, Majdanek oder Treblinka gehört hat, übersteigen an Entsetzen das menschliche Fassungsvermögen.
Es muß ferner daran erinnert werden, daß dieser mörderische Wahnsinn sich auch gegen viele andere Gruppen gerichtet hat, die nur den Fehler hatten, „verschieden" zu sein, oder die sich gegen die Tyrannei der Besatzungsmacht zur Wehr gesetzt haben.
Aus Anlaß dieses schmerzvollen Jahrestages richte ich mich noch einmal an alle Menschen. Ich lade sie ein, ihre Vorurteile zu überwinden und gegen alle Formen des Rassismus anzukämpfen, indem man bereit ist, in jedem Menschen die fundamentale Würde und das Gute in ihm anzuerkennen sowie sich immer mehr dessen bewußt zu werden, daß alle zu einer einzigen Menschheitsfamilie gehören, die von Gott gewollt und zusammengeführt worden ist.
Ich möchte hier mit Nachdruck wiederholen, daß die Feindschaft oder der Haß gegen das Judentum im vollkommenen Gegensatz zu der christlichen Sicht von der Würde des Menschen stehen.

Die Prüfungen der katholischen Kirche

6. Das Neuheidentum und die Systeme, die mit ihm verbunden waren, wüteten gewiß gegen die Juden, sie richteten sich aber gleichermaßen gegen das Christentum, dessen Leh-

re die Seele Europas geformt hat. Durch die Verfolgung des Volkes, „dem Christus dem Fleisch nach entstammte" (*Röm* 9,5), ist die evangelische Botschaft von der gleichen Würde aller Kinder Gottes verhöhnt worden.
Mein Vorgänger Papst Pius XI. hat klar gesehen, als er in seiner Enzyklika „Mit brennender Sorge" erklärte: „Wer immer die Rasse oder das Volk, den Staat oder eine seiner bestimmenden Formen, die Machthaber oder andere grundlegende Elemente der menschlichen Gesellschaft zum höchsten Maßstab von allem macht, auch der religiösen Werte, und sie durch einen Götzenkult vergöttlicht, der pervertiert und verfälscht die Ordnung der Dinge, die von Gott geschaffen und gewollt ist".[4]
Diese Anmaßung der Ideologie des nationalsozialistischen Systems hat auch die Kirchen nicht verschont, die katholische Kirche im besonderen, die vor und während des Konfliktes ebenfalls das Leiden kennengelernt hat. Ihr Schicksal ist gewiß auch nicht besser gewesen in den Gegenden, wo die marxistische Ideologie des dialektischen Materialismus sich gewaltsam durchgesetzt hat.
Dennoch müssen wir Gott danken für die zahlreichen Zeugen, bekannte und unbekannte, die in jenen Stunden der Prüfung den Mut gehabt haben, unerschrocken ihren Glauben zu bekennen, die es verstanden haben, sich gegen die atheistische Willkür zu erheben, und die sich vor der Gewalt nicht gebeugt haben.

Totalitarismus und Religion

7. Denn im Grunde haben das nationalsozialistische Heidentum wie das marxistische Dogma dies gemeinsam, daß sie totalitäre Ideologien sind und dazu neigen, Ersatzreligionen zu werden.
Schon lange vor dem Jahre 1939 zeigte sich in gewissen Bereichen der europäischen Kultur der Wille, Gott und sein Bild aus dem Horizont des Menschen zu entfernen. Man begann, die Kinder vom jüngsten Alter an in diesem Sinne zu indoktrinieren.
Die Erfahrung hat den traurigen Beweis erbracht, daß der Mensch, welcher allein der Macht des Menschen ausgeliefert und in seiner religiösen Sehnsucht verstümmelt ist, sehr schnell zu einer Nummer oder einem bloßen Objekt wird. Im übrigen hat noch kein Zeitalter die Gefahr vermeiden können, daß sich der Mensch in einer Haltung stolzer Selbstgenügsamkeit in sich selbst verschloß. Diese Gefahr aber hat sich in diesem Jahrhundert in dem Maße verschärft, wie Waffengewalt, Wissenschaft und Technik dem heutigen Menschen die Illusion haben geben können, der alleinige Herr und Meister von Natur und Geschichte zu werden. Ein solcher Anspruch liegt den Auswüchsen zugrunde, die wir heute beklagen.
Der moralische Abgrund, in den die Verachtung Gottes und damit auch des Menschen die Welt vor fünfzig Jahren hinabgestürzt hat, läßt uns die Macht des „Herrschers dieser Welt" (*Joh* 14,30) mit Händen greifen: Er vermag die Gewissen zu verführen durch die Lüge, durch die Verachtung des Menschen und des Rechtes, durch den Kult von Herrschaft und Macht. An all das erinnern wir uns heute und bedenken dabei, zu welch extremen Folgen die Aufgabe jeglicher Achtung vor Gott und jeglichen transzendenten Moralgesetzes führen kann.

Achtung vor dem Völkerrecht

8. Was aber für den Menschen gilt, das gilt ebenso für die Völker. Sich an die Ereignisse von 1939 zu erinnern, bedeutet auch, sich deutlich zu machen, daß der letzte Weltkrieg als Ursache die Zerstörung der Rechte der Völker wie der Personen hatte. Darauf habe ich noch gestern hingewiesen, als ich mich an die Polnische Bischofskonferenz wandte.

Es gibt keinen Frieden, wenn nicht die Rechte aller Völker – und insbesondere der verwundbarsten – respektiert werden! Das gesamte Gebäude des internationalen Rechtes ruht auf dem Grundsatz der gleichen Achtung für die Staaten, des Rechtes auf Selbstbestimmung eines jeden Volkes und der freiwilligen Zusammenarbeit der Völker für das höhere Gemeinwohl der Menschheit.

Es ist wesentlich, daß sich heute solche Situationen nicht mehr wiederholen, wie sie in Polen von 1939 bestanden, als es nach dem Belieben skrupelloser Eindringlinge verwüstet und zerstückelt wurde. Man kommt nicht umhin, an dieser Stelle auch an die Länder zu denken, die noch nicht ihre volle Unabhängigkeit erlangt haben, sowie an jene, die davon bedroht sind, sie zu verlieren. In diesem Zusammenhang und gerade in diesen Tagen muß man den Fall des Libanon hervorheben, wo miteinander verbündete Mächte, die dabei ihre eigenen Interessen verfolgen, nicht zögern, sogar die Existenz einer Nation in Gefahr zu bringen.

Wir wollen nicht vergessen, daß die Organisation der Vereinten Nationen nach dem Zweiten Weltkrieg entstanden ist als ein Instrument des Dialogs und des Friedens, gegründet auf der Achtung vor den gleichen Rechten der Völker.

Abrüstung

9. Eine der wesentlichen Bedingungen für dieses „Zusammenleben“ ist jedoch die Abrüstung.

Die fürchterlichen Prüfungen, welche Soldaten und Zivilbevölkerung zur Zeit des Zweiten Weltkrieges erduldeten, müssen die Verantwortlichen der Nationen dazu antreiben, alles zu tun, daß man unverzüglich zur Erarbeitung von Prozessen der Kooperation, der Kontrolle und der Abrüstung gelangt, die den Krieg undenkbar machen. Wer wollte es noch wagen, den Gebrauch von grausamsten Waffen, welche die Menschen töten und ihre Werke zerstören, zu rechtfertigen, um Streitfälle zwischen den Staaten zu lösen? Wie ich bei anderer Gelegenheit gesagt habe, „ist der Krieg in sich selbst irrational, und ... der ethische Grundsatz, Konflikte friedlich zu regeln, ist der einzige Weg, der des Menschen würdig ist“.[5]

Deshalb müssen wir unbedingt die Verhandlungen ermutigen, die zur Zeit für die Abrüstung nuklearer und konventioneller Waffen sowie für die völlige Ächtung chemischer und anderer Waffen stattfinden. Der Heilige Stuhl hat schon mehrmals erklärt, daß er es für notwendig hält, daß sich die Verhandlungsparteien wenigstens auf ein möglichst niedriges Waffenniveau verständigen, das mit ihren Bedürfnissen an Sicherheit und Verteidigung vereinbar ist.

Diese hoffnungsvollen Initiativen haben allerdings nur dann Aussicht auf Erfolg, wenn sie getragen und begleitet sind von der Bereitschaft, die Zusammenarbeit ebenso auf anderen Gebieten, vor allem im Bereich von Wirtschaft und Kultur, zu verstärken. Die jüngste Versammlung der Konferenz für Sicherheit und Zusammenarbeit in Europa, die kürzlich in Paris zum Thema der „menschlichen Dimension" stattgefunden hat, hat das Verlangen der Länder in beiden Teilen Europas offenkundig gemacht, überall die Ordnung des Rechtsstaates errichtet zu sehen. Diese Staatsform erscheint ja in der Tat als der beste Garant für die Rechte der Person – darunter das Recht auf Religionsfreiheit –, deren Achtung ein unersetzlicher Faktor für den sozialen und internationalen Frieden ist.

Erziehung der jungen Generationen

10. Durch die Irrtümer und Fehler der Vergangenheit klug geworden, haben die Europäer von heute schließlich die Pflicht, an die jungen Generationen einen Lebensstil und eine Kultur weiterzugeben, die von Solidarität und Achtung von dem Nächsten getragen sind. In dieser Hinsicht müßte das Christentum, das die geistigen Werte dieses Kontinents so tief geprägt hat, eine Quelle ständiger Inspiration sein: Seine Lehre von der Person, die nach dem Bilde Gottes erschaffen ist, kann gewiß zum Erstarken eines erneuerten Humanismus beitragen.

In der unvermeidlichen sozialen Auseinandersetzung, bei der unterschiedliche Auffassungen von der Gesellschaft aufeinandertreffen, sind es sich die Erwachsenen schuldig, ein Beispiel für die Achtung des Nächsten zu geben, indem sie jeweils den Teil der Wahrheit anerkennen, der sich beim anderen findet.

In einem Kontinent mit vielen Kontrasten muß man beständig lernen, sich unter den Personen, Volksgruppen und Ländern mit unterschiedlicher Kultur, Religion oder Sozialordnung gegenseitig anzunehmen. Die Erzieher und die Medien spielen in dieser Hinsicht eine grundlegende Rolle. Leider muß man feststellen, daß die Erziehung zur Achtung vor der Würde der Person, die nach Gottes Bild erschaffen ist, ganz sicher nicht gefördert wird durch Darbietungen von Gewalt und Unmoral, wie sie die sozialen Kommunikationsmittel allzuoft verbreiten: Das sich heranbildende Gewissen junger Menschen wird dabei verunsichert und der moralische Sinn der Erwachsenen abgestumpft.

Förderung ethischer Werte im öffentlichen Leben

11. Das öffentliche Leben kann nicht auf ethische Kriterien verzichten. Der Friede wird zuallererst auf dem Feld menschlicher Werte gewonnen, die von den Bürgern und Völkern gelebt und weitergegeben werden. Wenn das moralische Gewebe einer Nation brüchig wird, ist alles zu befürchten.

Die wache Erinnerung an die Vergangenheit müßte uns heutige Zeitgenossen aufmerksammachen für die stets möglichen Mißbräuche im Umgang mit der Freiheit, welche die Generation dieser Epoche zum Preis so vieler Opfer errungen hat. Das empfindliche Gleichgewicht des Friedens könnte in Gefahr geraten, wenn in den Herzen erneut solche

Übel erwachten wie Rassenhaß, Fremdenverachtung, Ausgrenzung der Kranken und Alten, Ausschluß der Armen, Anwendung von privater und kollektiver Gewalt.
Aufgabe der Bürger ist es, unter den politischen Entwürfen diejenigen herausfinden zu können, die sich an Vernunft und moralischen Werten ausrichten; den Staaten kommt es zu, darauf zu achten, daß die Ursachen für Verbitterung oder Ungeduld dieser oder jener benachteiligten Gruppe der Gesellschaft eingegrenzt werden.

Appell an Europa

12. Euch, den Staatsmännern und Verantwortlichen der Nationen, bekunde ich noch einmal meine tiefe Überzeugung, daß die Achtung vor Gott und die Achtung vor den Menschen zusammengehören. Sie stellen das absolut notwendige Prinzip dar, das es den Staaten und politischen Blöcken ermöglichen wird, ihre Gegensätze zu überwinden.
Insbesondere können wir nicht Europa vergessen, wo jener schreckliche Krieg entstanden ist und das sechs Jahre lang eine wahre „Passion“ durchlebt hat, bei der es zerstört wurde und ausgeblutet ist. Nach 1945 sind wir Zeugen und Teilnehmer an lobenswerten und erfolgreichen Anstrengungen geworden, um Europa in materieller wie geistiger Hinsicht wieder aufzubauen.
Gestern hat dieser Kontinent den Krieg exportiert; heute kommt es ihm zu, „Baumeister des Friedens“ zu sein. Ich habe das Vertrauen, daß die Botschaft von Humanismus und Befreiung, ein Erbe seiner christlichen Geschichte, die Völker noch immer zu befruchten vermag und auch weiterhin in der Welt aufleuchten wird.
Ja, Europa, alle schauen auf dich, weil sie sich bewußt sind, daß du immer noch eine Botschaft zu verkünden hast, nach dem Schiffbruch jener Jahre des Feuers: daß wahre Zivilisation nicht in der Gewalt liegt; daß sie vielmehr die Frucht des Sieges über sich selbst darstellt, über die Mächte von Ungerechtigkeit, Egoismus und Haß, die den Menschen sogar ganz und gar entstellen können.

Botschaft an die Katholiken

13. Zum Schluß möchte ich mich in ganz besonderer Weise an die Hirten und Gläubigen der katholischen Kirche wenden.
Wir haben uns soeben an einen der mörderischsten Kriege der Geschichte erinnert, der auf einem Kontinent mit christlicher Tradition entstanden ist.
Eine solche Feststellung muß uns zu einer Gewissensprüfung über die Qualität der Evangelisierung Europas anspornen. Der Verfall der christlichen Werte, der die Irrtümer von gestern begünstigt hat, muß uns dafür wachsam machen, wie das Evangelium heute verkündet und gelebt wird.
Wir müssen leider beobachten, daß der moderne Mensch in vielen Bereichen seiner Existenz denkt, lebt und wirkt, als ob es Gott nicht gäbe. Dort liegt dieselbe Gefahr wie gestern: der Mensch, der Macht des Menschen ausgeliefert.

Während Europa zur Zeit dabei ist, eine neue Gestalt anzunehmen, während in gewissen Ländern seines mittleren und östlichen Teils positive Entwicklungen stattfinden und die Verantwortlichen der Nationen zur Lösung der großen Probleme der Menschheit immer mehr zusammenarbeiten, ruft Gott seine Kirche dazu auf, ihren Beitrag zum Kommen einer brüderlicheren Welt zu leisten.
Zusammen mit den anderen christlichen Kirchen wollen wir, trotz unserer noch unvollkommenen Einheit, der Menschheit von heute erneut verkünden, daß der Mensch nur dann „wahr" ist, wenn er sich als Kreatur von Gott her empfängt; daß sich der Mensch nur dann seiner Würde bewußt ist, wenn er in sich selbst und in den anderen das Siegel Gottes erkennt, der ihn nach seinem Bild geschaffen hat; daß er nur in dem Maße „groß" ist, wie er aus seinem Leben eine Antwort auf die Liebe Gottes macht und sich dem Dienst an seinen Brüdern widmet.
Gott verzweifelt nicht am Menschen. Christen, auch wir dürfen nicht am Menschen verzweifeln; denn wir wissen, daß er stets größer ist als seine Irrtümer und Fehler.
In Erinnerung an die vom Herrn einst ausgerufene Seligpreisung: „Selig, die Frieden stiften!" (*Mt* 5,9), möchten wir alle Menschen einladen, um Dessentwillen, der mit seinem Leib ein für allemal „die Feindschaft getötet hat" (*Eph* 2,16), einander zu vergeben und zu dienen.
Maria, der Königin des Friedens, vertraue ich diese Menschheit an und empfehle ihrer mütterlichen Fürsprache die Geschichte, an der wir mitwirken.
Damit die Welt niemals mehr die Unmenschlichkeit und Barbarei erfahren muß, die sie vor fünfzig Jahren verwüstet haben, wollen wir ohne Unterlaß unseren Herrn Jesus Christus verkünden, „durch den wir jetzt schon die Versöhnung empfangen haben" (*Röm* 5,11), das Unterpfand der Versöhnung der Menschen miteinander!
Sein Friede und sein Segen seien mit euch allen!

Aus dem Vatikan, am 27. August 1989, im elften Jahre meines Pontifikates.

Joannes Paulus PP. II

Anmerkungen

[1] Radiobotschaft vom 24. August 1939: *AAS*, 31 (1939), S. 334
[2] Actes et Documents du Saint Siège relatifs à la seconde guerre mondiale, Libreria editrice Vaticana, 1970, Vol. 1, S. 455
[3] *AAS*, 37 (1945), S. 166
[4] 14. März 1937: *AAS*, 29 (1937), S. 149 und 171
[5] Botschaft zum Weltfriedenstag, 8. Dezember 1983, Nr. 4: *AAS*, 76 (1984), S. 295

Schutz des Lebens von überragender Bedeutung

Ansprache an die Teilnehmer des Internationalen Kongresses über Zwillingsforschung am 28. August

Sehr geehrter Herr Professor Gedda!
Meine Damen und Herren!

1. Mit großer Freude begrüße ich Sie, namhafte Ärzte, Biologen, Psychologen und Erzieher, die Sie nach Rom gekommen sind, um am 6. Internationalen Kongreß über Zwillingsforschung teilzunehmen. Ich versichere Sie meiner besten Wünsche für einen fruchtbaren Austausch der Forschungsergebnisse und Ideen.
Die Bedeutung dieses Kongresses liegt auf der Hand, nicht nur wegen des weiten Ausmaßes und der Komplexität der behandelten Themen, sondern auch aufgrund dessen, daß sie – wie es bei jedem Kongreß der Internationalen Gesellschaft für Zwillingsforschung geschehen ist – von den Gesichtspunkten der verschiedenen Disziplinen aus angegangen werden. Ihre Gesellschaft verfolgt statutengemäß ihre Forschungs- und Entwicklungsziele auf all jenen Gebieten der Wissenschaft, die mit der Zwillingsforschung in Zusammenhang stehen. Folglich leistet sie einen soliden Beitrag zu der jungen Wissenschaft der Zwillingsforschung selbst, während sie sich gleichzeitig den konkreten Bedürfnissen von Zwillingen und ihren Familien zuwendet.

2. Es wird heute weithin anerkannt, daß die Zwillingsforschung vor allem auf dem Gebiet der Physiologie unsere Kenntnisse in allgemeiner Genetik und insbesondere in der Vererbungslehre bedeutend erweitert hat. Auch in dieser Hinsicht hat Ihre Gesellschaft einen bemerkenswerten Beitrag geleistet und bei vielen Wissenschaftlern und Forschern neues Interesse wachgerufen.
In der Tat haben sich Zwillinge als ergiebige Quelle für neue biologische Erkenntnisse hinsichtlich des Beginns menschlichen Lebens erwiesen. Der Vergleich biologischer Prozesse bei Zwillingen half klarstellen, in welchem Maß Vererbung einerseits und Umwelt anderseits sich auf das menschliche Leben auswirken. Infolgedessen haben die zahlreichen Entwicklungen auf dem Gebiet der Zwillingsforschung dazu beigetragen, unsere Kenntnisse nicht nur verschiedener Fragen der Genetik, sondern auch hinsichtlich des spezifischen Phänomens der Zwillinge zu erweitern: Fragen über das Auftreten dieses Phänomens wie über Probleme der Physiologie, der Psychologie und der familiären oder sozialen Anpassung.
Das Studium der Zwillingsschwangerschaft führt auch zu der verstärkten Überzeugung, daß der Schutz des Lebens und der Würde der menschlichen Person bei jeder wissenschaftlichen Untersuchung von überragender Bedeutung ist. In ähnlicher Weise haben jüngste Entwicklungen in unserem Verständnis des Zwillingsphänomens dazu beigetragen, eine gewisse Tendenz zu vermindern, die den Schwangerschaftsabbruch für ein gerechtfertigtes medizinisches Vorgehen hielt. Ferner haben solche Entwicklungen gezeigt, daß alle Arten genetischer Manipulation vom moralischen wie vom rein wissenschaftlichen Standpunkt aus unannehmbar sind.

Neue Fortschritte in der Zwillingsforschung erbrachten ferner Ergebnisse, die fruchtbare Anwendung auf dem Gebiet der allgemeinen menschlichen Physiologie und Pathologie finden können. Dieser Fortschritt wiederum gab der Tatsache eine festere Begründung, daß, sobald das göttliche Geschenk des Lebens zum Gegenstand des Studiums und der Forschung wird, jeder Beitrag zu unseren Erkenntnissen zu einem unmittelbaren Dienst an der gesamten Gattung „Mensch" und jedem ihrer Glieder wird. So hat die Zwillingsforschung mitgeholfen zu der zunehmenden Erkennntis, daß alles menschliche Leben heilig ist, und daß jeder Angriff auf das Leben, vor allem die Vornahme einer Abtreibung, eine tatsächliche Ablehnung des in jedes Menschenherz eingeschriebenen Gesetzes Gottes ist.

3. Die große Anzahl von Zwillingen, die es heute gibt, und die vielen Fragen, die mit ihrer Erziehung und Ausbildung in Zusammenhang stehen, sei es in der Familie oder im weiteren Umfeld der Gesellschaft, haben zu einer Anzahl von schwierigen Problemen geführt. Ihr Kongreß will einige von diesen untersuchen, vor allem jene, die sich auf die Anpassung von Zwillingen in der Familie und im Sozialgefüge beziehen. Die Lösung dieser Probleme wird nicht nur den Zusammenschluß vieler Kräfte erfordern, sondern auch die Ausbildung von fachkundigem Personal und ermutigende Hilfestellung für Familien und verschiedene soziale Institutionen, damit sie Zwillingen und den Fragen, mit denen diese sich auseinanderzusetzen haben, noch mehr Verständnis entgegenbringen. Ohne Zweifel wird dieser Kongreß, der so viele anerkannte Wissenschaftler und Forscher aus der ganzen Welt zusammengeführt hat, zu bedeutenden Fortschritten in dieser Richtung beitragen.

Das Programm Ihres Kongresses ist ganz offensichtlich angeregt von den erklärten Zielen und Zwecken Ihrer Gesellschaft. Von einem geistlichen Standpunkt aus betrachtet, kann man aber auch erkennen, daß es von einer Sicht des Menschen inspiriert ist, die in der christlichen Offenbarung eine zuverlässige Basis für ihre Hoffnung und für einen wirklich konstruktiven Optimismus findet. Die Zeit, in der wir leben, macht es mehr als jede vorausgegangene erforderlich, daß neue Entdeckungen immer humaner seien, immer mehr zum Wohl der Menschheit beitragen. Und das Maß einer Humanität der Zukunft kann nur im vollen und unbedingten Dienst am Leben bestehen.

Auf dieser Erde ist der Mensch das einzige Geschöpf, das Gott um seiner selbst willen gewollt hat, denn Gott selbst hat unmittelbar die geistige Seele jedes Menschenwesens erschaffen. Darum bleibt Gott allein der Herr des Lebens, von dessen ersten Anfängen an bis zu seinem natürlichen Ende. Wenn Forschung und wissenschaftliche Studien über den Menschen und seine Beschaffenheit sich von dieser einfachen aber tiefen Wahrheit inspirieren lassen, stellen sie sich nicht nur in den wahren Dienst am Menschen, sondern werden auch einen wirklichen und unwiderruflichen Fortschritt erfahren, welches auch immer das Gebiet ihrer Reflektion oder Forschung sein mag. Diese Wahrheit hat in den jüngsten Fortschritten auf dem Gebiet der Zwillingsforschung eine auffallende Bestätigung gefunden.

Meine Damen und Herren! Sie sind als Wissenschaftler aus der ganzen Welt zusammengekommen, um die Ergebnisse Ihrer Forschungen miteinander zu teilen, neue Fragen zu stellen und die gegenseitige Zusammenarbeit immer fruchtbarer zu gestalten. Möge alles, was Sie in diesen Tagen erreichen, wirklich zum Schutz und zur Förderung der Würde der menschlichen Person sein. Der allmächtige Gott segne Ihr edles Unternehmen, Ihre Familien und alle jene, die aus Ihrem engagierten Dienst Nutzen ziehen.

Zeichen der Versöhnung und Bruderliebe

Fernsehbotschaft während des internationalen Gebetstreffens für den Frieden in Warschau aus Anlaß des 50. Jahrestages des Kriegsausbruchs am 1. September

Sehr geehrte Vertreter der Kirchen und christlichen Gemeinschaften, sehr geehrte Repräsentanten der großen Weltreligionen und Sie alle, die Sie am heutigen Abend auf dem Platz des Königsschlosses von Warschau versammelt sind!

Genau vor fünfzig Jahren, am frühen Morgen des 1. September 1939, begann mit der Invasion Polens der blutigste Krieg in der Geschichte. Dieser Krieg setzte zuerst Europa in Flammen und dehnte sich dann auf andere Kontinente aus. Seine Dauer war lang und dramatisch: er endete in der Tat erst am 2. September 1945 im Fernen Osten nach dem Abwurf der Atombombe über Hiroshima und Nagasaki. Es waren sechs lange und schmerzvolle Kriegsjahre mit einer Last von Toten und Zerstörungen, die in der ganzen Welt weite und qualvolle Wunden hinterließ, die bewirkten, daß ganze Völker noch lange Zeit weiterleiden. Der Krieg, an dessen rasches Ende mancher geglaubt hatte, tötete Millionen von Männern und Frauen, zerstörte Energien und Ressourcen, verwüstete ganze Städte und Regionen. Ich selbst erinnere mich wie viele meiner Landsleute, daß der historische Platz, wo Sie hier versammelt sind, völlig zerstört war. Seine Trümmer stellten in gewissem Sinn das Schicksal der gesamten Nation dar, die schwerste Opfer brachte, ebenso das anderer Städte und Nationen, die in verschiedenem Maß vom Zweiten Weltkrieg betroffen waren. Diesen heute in Erinnerung rufen heißt, über die Wunden nachzudenken, die jeder Krieg der Völkergemeinschaft und letztlich der Menschheit selbst schlägt.
Der 1. September 1939 setzte mit der Invasion Polens den Anfang zu einer langen, schmerzlichen Leidenszeit für die Bevölkerung, für die Christen und für die Juden, für alle. Fünfzig Jahre später ertönt auf den Straßen von Warschau nicht mehr der schwere Gleichschritt der Besatzungstruppen, sondern der ruhige und freundliche Schritt der Pilger, Männer und Frauen verschiedener Religionen, die aus allen Teilen der Welt gekommen sind, ohne jede Gewalt, nur mit jener der Erinnerung, die nachdenklich macht und im Gebet für den Frieden Ausdruck findet.
Aber warum nach fünfzig Jahren an jene Schrecken erinnern? Gewiß nicht, um Rachegefühle in den Herzen der Völker zu entzünden! Es lebt noch eine Generation, die die tragischen Ereignisse dieses Krieges erlitten hat, während die in den späteren Jahrzehnten nachgefolgten Generationen die von ihm hinterlassenen tiefen Wunden feststellen konnten. Er ist sozusagen noch eine aufgeschlagene Seite der Geschichte und eine Mahnung an uns persönlich. „Der Zweite Weltkrieg hat alle das Ausmaß erkennen lassen, das bisher noch unbekannt war, bis wohin die Verachtung des Menschen und die Verletzung sei-

ner Rechte gelangen kann. Er hat unerhörte Wellen des Hasses hervorgerufen, der den Menschen und alles, was menschlich ist, im Namen einer imperialistischen Ideologie mit Füßen getreten hat" (*Botschaft des Papstes an die Polnische Bischofskonferenz zum 50. Jahrestag des Ausbruchs des Zweiten Weltkrieges*). Deshalb ist „dafür Sorge zu tragen, daß jenes tragische Geschehen nicht aufhört, eine Warnung zu sein" (*ebd.*).

Um daran zu erinnern und um zu beten sind Sie nach Warschau gepilgert und haben sich mit den Bewohnern dieser Stadt und der gesamten polnischen Nation vereint. Ich selbst nehme heute geistig an dieser Wallfahrt teil, die im Zeichen der Versöhnung und Bruderliebe stattfindet. Aus dem Herzen unserer verschiedenen religiösen Traditionen erwächst das Zeugnis der barmherzigen Teilnahme an den Leiden des Menschen und der Achtung vor der Heiligkeit des Lebens. Dies ist eine gewaltige geistliche Kraft, die Vertrauen erweckt für die Zukunft der Menschheit.

Aus dem Gedenken des Krieges steigt heute in Warschau kein Ruf nach Rache noch ein Antrieb zum Haß auf, sondern ein Ruf nach Frieden, der zugleich Gebet und konkrete Verpflichtung wird. Wir haben es bereits in Assisi im Oktober 1986 am Weltgebetstag für den Frieden verspürt, an dem viele hohe Vertreter teilgenommen haben, die heute auch in Warschau sind. An jenem Tag zeigte sich – vielleicht mehr als je zuvor – „die innere Verbindung zwischen einer aufrichtigen religiösen Haltung und dem großen Gut des Friedens" (*Schlußansprache in Assisi*). Sie wollten den Weg von Assisi weitergehen, im Geist der Friedenssuche durch das Gebet und des Dialogs unter den Religionen.

Heute in Warschau vollzieht sich eine weitere Etappe dieses bedeutsamen Weges von Menschen der Religion, die den Frieden suchen in einer Stunde heiligen Gedenkens, fünfzig Jahre nach Kriegsbeginn. Man muß diese Friedenssuche im Dialog und im Gebet fortsetzen. Die Erinnerung an den Zweiten Weltkrieg, die Konflikte in manchen Regionen, die in den letzten fünfzig Jahren ausbrachen, jene in dramatischer Weise noch offenen Konflikte verpflichten uns zum ständigen Einsatz, daß der Krieg aus allen Teilen der Welt verbannt und als Mittel zur Lösung von Konflikten verbannt werde. Als Bischof von Rom, als Glaubender an Jesus, von dem der Apostel Paulus sagt, „er ist unser Frieden", kann ich Ihnen die Versicherung geben für den vollen, unermüdlichen Einsatz der katholischen Kirche für den Frieden, um zum Frieden zu erziehen, um jedes Vertrauen auf den Krieg auszumerzen und um die Lösung aller Konflikte zu begünstigen. Dieses Werk, das uns hier versammelt sieht, gibt Antwort auf eine Sehnsucht der ganzen Welt, ja auf ein Gebot der Geschichte: „Nie wieder Krieg!"

Ich möchte wünschen, daß die Stimme derer, die heute in Warschau versammelt sind, die Herzen aller Menschen erreiche und sie davon überzeuge, den Weg des Dialogs und der Verhandlung unter Achtung der Rechte jedes einzelnen zu gehen!

Diese Wallfahrt nach Warschau im Gedenken und im Gebet sei ein Zeichen der Solidarität für all jene Völker, die noch durch Krieg und an seinen Folgen leiden; sie sei zugleich ein Keim der Hoffnung, den wir in die Hände des barmherzigen Gottes legen, des Urhebers des Lebens und – für uns Christen – des fürsorglichen und liebevollen Vaters, der in seinem menschgewordenen Sohn die Welt erlöst hat. Möge er die Herzen aller bewegen zu einem hochherzigen und ehrlichen Einsatz für den Aufbau eines wahren und dauerhaften Friedens!

Den Glaubenden ist die Zukunft

Ansprache an 600 Pilger des Bistums Regensburg am 5. September

Sehr verehrter Herr Bischof!
Liebe Schwestern und Brüder aus der Diözese Regensburg!

Vor 1250 Jahren, im Jahr 739, reiste der hl. Bonifatius von Rom aus im Auftrag des Papstes nach Regensburg. Er sollte die Einheit im Glauben sichern und Regensburg als Bistum errichten. Heute, 1250 Jahre nach der Gründung Eurer Diözese, seid Ihr nach Rom gekommen, um die Zusammengehörigkeit der ganzen Kirche im gemeinsamen Gebet, im gemeinsamen Glauben und im gemeinsamen Erleben zu erfahren.

Gläubige aus Eurer Diözese sind unter dem Motto des Jubiläums „Die Zukunft gehört den Glaubenden" zum Grab des hl. Bonifatius nach Fulda gepilgert. Von ihnen habe ich ein Telegramm erhalten und mich über dieses Zeichen der Verbundenheit sehr gefreut. In diesem Jahr habe ich Sankt Jakob in Straubing zur Basilika erhoben. Die besondere Verbindung dieser Kirche mit dem Nachfolger des hl. Petrus, die darin zum Ausdruck kommt, soll ausstrahlen in Eure ganze Diözese.

Ihr habt Euch in Ausstellungen der reichen Geschichte des Glaubens in Eurem Bistum erinnert. Ihren lebendigen Glauben haben 25 000 Katholiken in der Bischofsstadt beim Diözesanfest bezeugt.

Es hat einen tiefen Sinn, daß Ihr dieses Jubiläum der Kirche von Regensburg nicht nur in den Grenzen Eurer Diözese begeht. So seid Ihr nach Fulda gefahren und jetzt hierher zu den Gräbern der heiligen Apostel Petrus und Paulus. Ihr alle vertretet heute hier Eure Schwestern und Brüder aus Regensburg. Denn die Zukunft wird nur dann den Glaubenden gehören, wenn sie ihren Glauben nicht nur für sich alleine leben. Unser Glaube lebt davon, daß wir ihn gemeinsam in und mit der Kirche bezeugen. Wir müssen unseren Glauben immer wieder über die engen Grenzen unseres alltäglichen Lebens hinaustragen und in der Welt bezeugen.

Wir alle sorgen uns um die Zukunft des christlichen Glaubens in Europa. Ich selbst werde nicht müde, zur Neuevangelisierung dieses Erdteils aufzurufen. Mit dem Motto „Die Zukunft gehört den Glaubenden" habt Ihr Euch dieser Sorge angeschlossen. Ihr bringt damit sogar Eure Zuversicht zum Ausdruck, daß unser Glaube in Europa Zukunft haben wird. Eure Mitfeier des Jubiläumsjahres hat gezeigt, daß Ihr selbst das Eure zum Gelingen dieser Erneuerung beitragen und einen neuen Anfang im Leben Eurer Familien, Eurer Gemeinden und in Eurem Beruf setzen wollt.

Ich ermutige Euch, diesen Weg der Besinnung und der Erneuerung des Glaubens weiterzugehen und die vielfältigen geistlichen Erfahrungen aus dem Jubiläumsjahr pastoral aufzuarbeiten und zu vertiefen. Dann wird dieses Jubiläumsjahr für Euch, für die Kirche von Regensburg und darüber hinaus für die ganze Kirche in Eurer bayrischen Heimat zu einem Jahr der Gnade, des Segens und des Heils.

Seit den Tagen des hl. Bonifatius hat sich Euer Land verändert. Ihr seid heute Bürger eines der reichsten Länder der Erde. Seid Euch der Verantwortung bewußt, die Euch dar-

aus erwächst! Nicht zuletzt von Eurer Bereitschaft, mit den Menschen in aller Welt zu teilen, hängt es ab, in welchem Ausmaß die Zukunft den Glaubenden gehören wird.
Eure Diözese pilgert heuer in einer Sternwallfahrt gemeinsam mit den im gleichen Jahr errichteten Bistümern Salzburg, München-Freising und Passau nach Altötting. Ihr macht Euch so mit Maria, der Mutter unseres Herrn und der Mutter aller Glaubenden, auf den Weg in die Zukunft. Schaut immer wieder auf Maria! Bei ihr, dem Urbild des gläubigen Menschen, können wir immer wieder erfahren: Die Zukunft gehört – manchmal auch gegen den Augenschein – den Glaubenden.
Für diesen Weg mit Maria zu ihrem Sohn erteile ich Euch und Euren Familien und allen Gläubigen der Diözese Regensburg von Herzen meinen Apostolischen Segen.
Gelobt sei Jesus Christus!

Libanon – Freiheit und Pluralismus für Ost und West

Apostolisches Schreiben an alle Bischöfe der katholischen Kirche über die Lage im Libanon vom 7. September

1. Noch einmal möchte ich mit derselben Zuversicht, aber in noch größerer Betrübnis um eure brüderliche Solidarität für unsere Brüder im Libanon bitten, die weiterhin Opfer einer erbarmungslosen, in keiner Weise gerechtfertigten Gewalt sind.
Angesichts der wiederholten dramatischen Ereignisse, die jeder Bewohner dieses Landes erfährt, werden wir uns der äußersten Gefahr bewußt, welche letztlich die Existenz des Landes selbst bedroht: der Libanon darf nicht sich selbst überlassen und damit preisgegeben werden.

2. Seit 1975 haben Papst Paul VI., Papst Johannes Paul I. und ich selbst vom Beginn meines Pontifikats an alle Anstrengungen unternommen, um die Weltmeinung aufzurütteln und auf den einzigartigen Wert des Libanon und seines menschlichen und geistig-geistlichen Erbes hinzuweisen, seine Bewohner, die Gewalttaten jeder Art ausgesetzt sind, aufzurichten und zu ermutigen, eine auf dem Verhandlungsweg zu erzielende Lösung der Gegensätze, die die Konfliktparteien trennen, zu fördern und den Herrn um die Gnade eines geduldig auferbauten, dauerhaften Friedens anzurufen.

3. Tief erschüttert von der Verschlechterung der Lage und von dem erneuten Anwachsen der mörderischen Kämpfe habe ich in den letzten Monaten in mehreren Appellen unterstrichen, daß es unser aller Pflicht ist, den Libanon nicht zu vergessen und uns nicht an die grausamen Leiden zu gewöhnen, die er schon allzu lange erträgt. Auch habe ich nicht gezögert, an alle Türen zu klopfen, damit dem ein Ende gemacht werde, was man mit Recht als Massaker eines ganzen Volkes bezeichnen muß. Es ist gut, daß die ganze Kirche von den Anstrengungen weiß, die zur Rettung eines in höchster Not befindlichen Landes unternommen wurden.

Am 15. Mai d. J. habe ich also eine Botschaft an zahlreiche Staatschefs und an die Verantwortlichen internationaler Organisationen gerichtet. Es schien mir nämlich notwendig, gewisse ethische Forderungen in Erinnerung zu rufen, zu deren Einhaltung die internationale Gemeinschaft gegenüber einem rechtmäßigen Partner, der Gründungsmitglied der Organisation der Vereinten Nationen und der Liga der Arabischen Staaten ist, verpflichtet ist. Zu diesem Schritt kamen noch mehrfache bilaterale Kontakte zwischen dem Hl. Stuhl und den Regierungen der Länder hinzu, die sich als Freunde des Libanon zu erkennen geben oder in traditioneller Weise enge Beziehungen zu ihm unterhalten. Im einen oder anderen Fall wird dieser Gedankenaustausch noch jetzt weitergeführt.

4. Sicher ist es nicht Sache des Papstes, technische Lösungen vorzuschlagen, doch in dem Bemühen um das geistliche und materielle Wohl jedes Menschen ohne Unterschied empfindet er es als gebotene Pflicht, nachdrücklich auf bestimmte Verpflichtungen hinzuweisen, die den Verantwortlichen der Nationen obliegen. Die Mißachtung dieser Verpflichtungen kann ganz einfach dazu führen, daß die Ordnung der internationalen Beziehungen erschüttert und wieder einmal der Mensch der bloßen Macht des Menschen ausgeliefert wird. Man kann die Rechte, die Pflichten und die Mechanismen, welche die Verantwortlichen des internationalen Lebens erarbeitet und gutgeheißen haben, nicht ungestraft mißachten, ohne daß die Beziehungen zwischen den Völkern darunter leiden, ohne daß der Friede dadurch bedroht wird, ohne daß schließlich der Mensch zur Geisel der Leidenschaften und Interessen der Stärkeren wird. Deshalb habe ich immer wieder gesagt – und ich wiederhole es heute für die ganze Kirche –, daß das Völkerrecht und die Institutionen, die dieses Recht garantieren, unersetzliche Grundlagen darstellen und die Gleichheit der Würde der Völker und der einzelnen Personen verteidigen.

5. Vor allem aber habe ich als Bischof der Gesamtkirche für die Christen und natürlich ganz besonders für die Katholiken gesprochen, die im Libanon neben ihren muslimischen Brüdern leben und von ihrem Glauben Zeugnis geben.
Wir, liebe Brüder im Bischofsamt, können nicht die Bande geistlicher Gemeinschaft vergessen, die uns mit diesen Brüdern verbinden, welche sich in der weiter zurückliegenden und in der jüngsten Geschichte oft um den Preis heroischer Opfer als Christen bestätigen mußten. Für sie, die heute von der Gewalt der Waffen und des Wortes bedrängt werden, muß sich die ganze Kirche – das ist ihre Pflicht – „in Bewegung setzen".
Zunächst um zu reden. Angesichts einer oft voreingenommenen oder oberflächlichen Information müssen wir die reichen und jahrhundertealten Traditionen der Zusammenarbeit zwischen Christen und Muslimen in diesem Land bekanntmachen. Es handelt sich dabei um einen der Wesenszüge der libanesischen Gesellschaft, die noch vor nicht langer Zeit ein Musterbeispiel darstellte. Eine bessere Kenntnis voneinander und die Pflege eines wechselseitigen Dialogs für den Dienst am Menschen sind unerläßliche Vorbedingungen der Freiheit, des Friedens und der Achtung der Würde der Person. Dieser bejahte und gelebte Pluralismus ist ein Grundwert, der die lange Geschichte des Libanon bestimmt hat. Deshalb würde, käme es zum Untergang dieses Landes, die Sache der Freiheit selbst eine dramatische Niederlage erleiden.

Dann um zu beten. Wir Gläubigen haben keine andere „Waffe" als die flehentliche Bitte, die wir aus der Tiefe unseres Elends an den richten, der uns „aus der Finsternis in sein wunderbares Licht gerufen hat" (*1 Petr* 2,9). Gott, dem Vater aller Menschen, können wir in diesen tragischen Augenblicken, wo ein Teil der menschlichen und christlichen Familie bedroht und Opfer nicht zu rechtfertigender Gewalttaten ist, nur die Angst- und Verzweiflungsschreie dieser Brüder vorlegen, die nur allzu oft das Gefühl haben, gerade in dem Moment im Stich gelassen worden zu sein, wo ihr Land von der Vernichtung bedroht ist.

6. Darum möchte ich euch, liebe Brüder, – und durch eure Vermittlung in gleicher Weise alle Söhne und Töchter der katholischen Kirche – zu einem weltweiten Gebetstag für den Frieden im Libanon einladen. In Italien wird er am kommenden 4. Oktober, dem Fest des hl. Franz von Assisi, abgehalten werden: dieser waffenlose Heilige und Friedensstifter fordert noch immer alle Menschen dazu auf, zum „Werkzeug des Friedens" zu werden, damit „wir dort, wo der Haß zu finden ist, den Frieden stiften". Jede Ortskirche wird dafür sorgen, den geeignetsten Tag für dieses gemeinsame Gebet zu wählen, im Wissen darum, daß am 22. November der Nationalfeiertag des Libanon begangen wird.
So wird die ganze Kirche – und alle, die sich unserer Initiative anschließen wollen – eine Kirche im Gebet, den Vater im Himmel um den Frieden und die Rettung für den Libanon anrufen. Ich selbst will auch weiterhin dem Herrn die Verwirklichung des Pastoralbesuches in diesem Land anvertrauen, den durchzuführen ich fest entschlossen bin, wie ich am 15. August angekündigt habe.
Mit der Durchführung dieser geistlichen Initiative will die Kirche der Welt offenkundig machen, daß der Libanon mehr als ein Land ist: er ist eine Botschaft der Freiheit und ein Beispiel des Pluralismus für Ost und West!

7. Ich möchte den Söhnen und Töchtern der katholischen Kirche, denen es bestimmt ist, in einem von so grausamen Prüfungen heimgesuchten Land ihren Glauben zu leben und Zeugnis zu geben, die Solidarität aller ihrer Brüder im Gebet bekunden. Für sie und mit ihnen ersuchen wir um keinerlei Privileg; wir bitten darum, daß ihnen weiterhin das Recht sichergestellt wird, nicht nur zu glauben, wie es der Stimme ihres Gewissens entspricht, sondern ebenso wie ihre muslimischen Brüder ihren Glauben auch praktisch und ihren kulturellen Traditionen getreu zu leben, ohne im selben Vaterland Ausschluß oder Diskriminierung befürchten zu müssen.
Mögen sich alle Katholiken an meinem Gebet beteiligen und den Herrn bitten, die verschiedenen Parteien in diesem Konflikt zu aufrichtigen Friedensgedanken zu inspirieren!
Liebe Brüder im Bischofsamt, ich vertraue eurer pastoralen Sorge die Vorbereitung und Organisation dieses großen Gebetstages für den Libanon an. Die Kirche wird nicht in Schweigen verharrt haben: der Papst und die Gläubigen werden gebetet, geredet und gehandelt haben, damit die Wurzeln des sozialen Lebens und der Zusammenarbeit zwischen den verschiedenen Gruppen des Libanon nicht abgeschnitten werden.
Der Untergang des Libanon wäre ohne jeden Zweifel eines der großen Schuldgefühle der Welt. Seine Rettung ist eine der dringendsten und edelsten Aufgaben, die die heutige Welt auf sich nehmen muß.

8. Noch einmal vertrauen wir Unserer Lieben Frau von Harissa unsere Ängste und unsere Hoffnungen an. Möge sie den Betrübten beistehen! Möge sie jene ermutigen, die für den Frieden arbeiten! Möge sie bei ihrem Sohn Fürbitte einlegen, damit gerechte, angemessene Lösungen für die Probleme der anderen Völker des Nahen Ostens gefunden werden, die auch auf der Suche nach einem sicheren, ihren Bestrebungen entsprechenden Leben sind!
Während ich mit euch, liebe Brüder im Bischofsamt, sowie mit den eurer pastoralen Sorge anvertrauten Gläubigen das gemeinsame Gebet für den Libanon und alle seine Söhne und Töchter verabrede, bete ich flehentlich zu dem „Gott allen Trostes, der uns alle in unserer Not tröstet, damit auch wir die Kraft haben, alle zu trösten, die in Not sind, durch den Trost, mit dem auch wir von Gott getröstet werden“ (*2 Kor* 1,3–4).
Mit meinem Apostolischen Segen.

Aus dem Vatikan, am 7. September 1989

Joannes Paulus PP. II

Gemeinsam den Libanon retten

Appell an alle Muslime zugunsten des Libanon vom 7. September

1. Das Drama, welches das Volk des Libanon erlebt, drängt mich dazu, mich an euch zu wenden. Ich tue es mit Zuversicht, keineswegs im Namen einer besonderen Gruppe oder Konfessionsfamilie, sondern im Namen desselben Gottes, den wir anbeten und dem zu dienen wir uns bemühen.

2. Meine wiederholten Appelle an die Söhne und Töchter der katholischen Kirche, an die Verantwortlichen der Nationen sowie an die Menschen guten Willens sind euch bekannt. Ziel dieser Appelle war es, nach bereits mehr als vierzehn Jahre dauernden mörderischen Kämpfen zur Rettung des Libanon beizutragen, eines Landes, das nach dem Wunsch seiner Bevölkerung endlich frei, unabhängig und seinem reichen kulturellen und geistlichen Erbe treu sein soll.

3. Die ganze Welt hat ein verwüstetes Land vor Augen, wo das menschliche Leben nicht mehr zu zählen scheint. Die Opfer sind Libanesen, Muslime und Christen, und auf libanesischem Boden türmen sich Tag für Tag die Ruinen. Wie könnten wir Gläubigen, Kinder des barmherzigen Gottes, unseres Schöpfers, unseres Führers, aber auch unseres Richters, gleichgültig bleiben angesichts eines ganzen Volkes, das vor unseren Augen stirbt?

4. Ich hatte Gelegenheit, in meiner Botschaft an die Oberhäupter verschiedener Staaten und an die Verantwortlichen internationaler Organisationen am 15. Mai zu sagen: im Be-

reich des internationalen Lebens gilt das Prinzip der individuellen Moral, nach welchem der Stärkere die Pflicht hat, dem Schwächeren zu Hilfe zu kommen. Es handelt sich da um ein Gebot, dem sich insbesondere die Gläubigen nicht entziehen können. Am 19. August 1985 sagte ich zu muslimischen Jugendlichen, die mich im Stadion von Casablanca empfingen: Gott „verlangt von jedem Menschen, jedes menschliche Geschöpf zu achten und als Freund, als Gefährten, als Bruder zu lieben. Er fordert uns auf ihm zu helfen, wenn er verwundet, wenn er verlassen ist, wenn ihn hungert und dürstet, kurz, wenn er nicht weiß, wie er auf den Straßen des Lebens seinen Weg finden soll" (*AAS* 78 [1986] S. 97).

5. Eben darum wollte ich mich heute an euch wenden, Gläubige des Islam, Kinder einer Religion, wo die Gerechtigkeit und der Friede überzeugend gelehrt werden. Laßt eure Stimme vernehmen und entfaltet noch mehr alle eure Anstrengungen gemeinsam mit denjenigen, die für den Libanon das Recht zu leben fordern, zu leben in Freiheit, Frieden und Würde! Es handelt sich um eine Pflicht menschlicher Solidarität, die euer menschliches Gewissen und eure Zugehörigkeit zur großen Familie der Gläubigen jedem von euch auferlegen.

6. Ihr werdet leicht verstehen, wie sehr ich schon in Gedanken den Augenblick erlebe, wo mir die Freude zuteil werden wird, mich in den Libanon zu begeben und , inmitten aller seiner Söhne und Töchter zu weilen. Denn ich möchte diese vom Blut so vieler unschuldiger Opfer getränkte Erde ehren und allen Libanesen sagen, da ich Vertrauen in sie, in ihre Fähigkeit habe, miteinander zu leben und ein Land wiederaufzubauen, das noch schöner sein wird als der Libanon von gestern.

7. Aber zu diesem Zweck ist es fortan dringend geboten, daß alle Freunde des Libanon, seine Nachbarn und alle jene, die dort Glaubensbrüder haben, sich zusammentun, damit die Waffen nicht mehr dorthin gelangen und verstummen; damit an die Stelle der Logik der Kämpfe der Dynamismus des Dialogs und der Verhandlung tritt; damit es allen Libanesen, nachdem sie von jeglicher Besatzung befreit sind, möglich ist, gemeinsam einen Plan des nationalen Lebens auszuarbeiten, der sich auf das Recht und die Anerkennung der legitimen Eigenarten der Gruppen gründet, aus denen sich die libanesische Gesellschaft zusammensetzt.

8. Andernfalls wird die gegenwärtige Sackgasse fortdauern und nur zur Lähmung des Dialogs, zur Vertiefung der Gegensätze und zum sozialen und wirtschaftlichen Zusammenbruch des Libanon beitragen. In einer solchen Situation sind alle Verlierer, gibt es überhaupt keine Lösung, kann keine Errungenschaft geltend gemacht werden.

9. Liebe Gläubige des Islam, euer Gebet und euer Handeln dürfen bei der Solidaritätsbewegung, die die Rettung des Libanon fordert, nicht fehlen. Ihr wißt, daß ihr immer auf die Mitarbeit der Christen zählen könnt. In vielen Ländern hat der islamisch-christliche Dialog ein besseres gegenseitiges Kennenlernen und mitunter gemeinsame Beziehungen ermöglicht. So war es auch im Libanon während langer Jahre.

10. Gestattet mir, daß ich hier einen Rat des Apostels Paulus aufgreife: „Alle, die zum Glauben an Gott gekommen sind, sollen sich nach Kräften bemühen, das Gute zu tun" (vgl. Brief an Titus 3,8). Möge Gott uns, Muslime und Christen, Seite an Seite am Krankenlager unserer an Leib und Seele verwundeten libanesischen Brüder finden! Möge Er die Anstrengungen aller jener segnen, die es inmitten von soviel Gewalt und Verzweiflung fertiggebracht haben, in Geist und Wahrheit Anbeter Gottes zu sein!

Aus dem Vatikan, am 7. September 1989

Joannes Paulus PP. II

Den Glauben der anderen besser kennenlernen und achten

Ansprache an die Teilnehmer des Treffens „Les Journees romaines" am 7. September

Liebe Mitbrüder im Bischofsamt, liebe Freunde!

Es ist mir eine Freude, euch anläßlich eurer „Journees romaines" willkommen zu heißen, um ein wenig eure Sorgen und euer Verlangen teilen zu können, in euren täglichen brüderlichen Beziehungen zu den Gläubigen des Islam Zeugen für den Herrn zu sein.
Eure Situation ist sehr verschieden. Einige gehören den orientalischen Kirchen an, von denen wir so sehr hoffen, sie mögen auch weiterhin unbehindert die ganze Kirche mit den ihnen eigenen, unersetzlichen Traditionen bereichern. Diese Christen leben seit vielen Jahrhunderten in den gleichen Gebieten wie die Muslime. Andere vertreten sehr kleine Gemeinden in fast vollständig muslimischen Ländern, wo Katholiken und Glieder anderer christlicher Konfessionen in ihren Beziehungen zur islamischen Welt die Notwendigkeit enger ökumenischer Zusammenarbeit empfinden. Noch andere schließlich kommen aus Ländern, in welche im Lauf der letzten Jahrzehnte zahlreiche muslimische Arbeitskräfte eingewandert sind, die nunmehr dort leben.
Eure Begegnungen sind sicher sehr nützlich, gestatten sie doch einen Erfahrungsaustausch und, mit Hilfe des Päpstlichen Instituts für arabische und islamische Studien und mehrerer Experten, denen ich für ihre Mitwirkung danke, auch einen Fortschritt in der Reflexion.
Ich greife hier nicht alle Aspekte eurer gemeinsamen Sorgen auf, sondern möchte euch ganz einfach ermutigen, Tag für Tag die in der Konzilserklärung *Nostra aetate* gegebenen Richtlinien, auf die ihr immer zurückkommen müßt, in die Praxis umzusetzen. Eure Perspektive ist im wesentlichen pastoral, ist die des Lebens und der gewöhnlichen Aktivitäten der christlichen Gemeinden, vom Standpunkt der Beziehungen zu euren Landsleuten und euren muslimischen Brüdern und Schwestern aus betrachtet. Ich möchte auf drei Aspekte hinweisen.

Eure Begegnungen finden für gewöhnlich im Berufsleben, in den sozialen oder erzieherischen Aktivitäten statt. Die Christen müssen vor allem dort ihre Treue zu den Erfordernissen ihres Glaubens erweisen. Oft diskret, ja stumm, soll eure Treue zum Evangelium Christi, doch nicht minder eure Beziehungen zu allen Brüdern und Schwestern kennzeichnen und dem Streben nach Gerechtigkeit und Brüderlichkeit seine Tiefe und Kraft geben. In diesem Geist stellt ihr euch die Frage, ob es möglich ist, gemeinsam mit den Muslimen ein Gesellschaftsmodell zu erstellen. Dieses setzt das Vorhandensein gegenseitigen Vertrauens und den Einsatz für das Wachstum dieses Vertrauens voraus. Ein gutes Einvernehmen hinsichtlich der Beschaffenheit des gesellschaftlichen Lebens kann nur auf der Achtung für den Menschen als Abbild Gottes, für seine Würde und Rechte sowie auf dem selbstlosen Dienst jedes Menschen in konkreter Solidarität beruhen.

Andererseits ist es klar – das bezeugen schon eure Begegnungen als solche – daß das Zusammenleben mit Gläubigen einer anderen religiösen Tradition zu einer immer wieder erneuerten Reflexion einlädt. Die Christen müssen den Glauben ihrer Brüder und Schwestern besser kennenlernen und auf diese Kenntnis die Achtung gründen, welche sie ihnen entgegenbringen. Auch ist es wünschenswert, daß sie dank der guten Kenntnis der Religion ihrer Freunde diesen helfen, eine richtigere Auffassung vom Christentum zu erwerben. Das ist zweifellos der Preis zur Überwindung zahlreicher Vorurteile. Ich erwähne dieses Anliegen nur; ich weiß, daß ihr in diesem Sinn arbeitet und insbesondere die seit den Anfängen des Christentums angestellte Reflexion über die Verschiedenheit der religiösen Traditionen der Menschheit berücksichtigt und auch der entsprechend der Erklärung des II. Vatikanischen Konzils erneuerten Gestaltung des interreligiösen Dialogs Rechnung tragt.

In den Rahmen der pastoralen Perspektive, die euch direkt betrifft, gehört auch der dritte Aspekt, den ich euch in Erinnerung rufen möchte: die hohen spirituellen Anforderungen, die eure verschiedenen Lebenslagen an euch stellen. Ihr werdet nur durch das Gebetsleben, die Aufnahme der Gaben des Heiligen Geistes und das liturgische Leben, das die echten Bande der Gemeinschaft unter den Gliedern des mystischen Leibes Christi zum Ausdruck bringt, wahrhaft Zeugen des Glaubens, der christlichen Hoffnung und der von Gott stammenden Liebe sein. Die Einladung, vollkommen zu sein wie unser Vater im Himmel (vgl. *Mt* 5,47) wird im Evangelium im gleichen Kontext an uns gerichtet, in dem wir aufgefordert werden, mit reinem Herzen Friedensstifter, arm vor Gott und barmherzig zu sein, über unsere Brüder und Schwestern kein Urteil zu fällen und selbst in der Prüfung auszuharren. Die Bergpredigt Jesu ist unser gemeinsames Gesetz: ihr werdet sie sicher im Hinblick auf eure Lebenslagen zu betrachten verstehen.

Es ist mein dringender Wunsch, daß die Christen, wo immer sie ihren muslimischen Brüdern und Schwestern begegnen, tolerant, respektvoll seien in Treue zum Herrn, der für alle Menschen gestorben und auferstanden ist. Im Namen dessen, der uns in dem Augenblick, in dem er sein Leben für das Heil aller hingab, den Frieden hinterließ, mögen sie echte Friedensstifter sein!

Liebe Freunde, möge eure Arbeit euch bei der Erfüllung eurer Amtspflichten und eurer kirchlichen Aufgaben behilflich sein! Ich bitte den Herrn, euch und eure Brüder und Schwestern in den Ortskirchen zu segnen, zu denen ihr zurückkehrt.

Trotz Trennung gemeinsam Zeugnis ablegen

Grußwort an die Mitglieder der Internationalen Gemischten Kommission von Katholiken und Anhängern der Pfingstbewegung am 8. September

Liebe Freunde!

Es ist mir eine große Freude, Ihnen, den Mitgliedern der Kommission zu begegnen, deren dritte Sitzung eines fruchtbaren Dialogs zwischen Anhängern der klassischen Pfingstbewegung und Katholiken nun ihrem Ende zugeht. Ich heiße Sie heute hier willkommen und gebe der Hoffnung Ausdruck, daß Ihre Diskussionen nicht nur einen Beitrag zu wachsendem gegenseitigem Verstehen unseres Lebens und unserer geistlichen Erfahrung als Christen geleistet, sondern auch zur inneren Bekehrung und zu jener Umwandlung des Herzens geführt haben mögen, die für die ökumenische Bewegung so grundlegend ist (vgl. *Unitatis redintegratio*, Nr. 7–8).

Sie haben sich auf die verschiedenen Aspekte des Themas „Koinonia", Kirche als Gemeinschaft, konzentriert. Das Studium dieses Themas, das bei der außerordentlichen Bischofssynode von 1985 noch einmal besonders hervorgehoben wurde, hat für die katholische Kirche große Bedeutung, ist doch „Communio" tatsächlich ein Ausdruck ihres Lebens- und Selbstverständnisses.

Alle Christen teilen sicher die Meinung, daß sie, von der Liebe zur Wahrheit Christi beseelt, für die Prüfung der Unterschiede verantwortlich sind, die uns voneinander trennen und daß sie nach geeigneten Wegen suchen müssen, die es uns gestatten, trotz dieser Trennungen ein gemeinsames Zeugnis vor der Welt abzulegen. Christus selbst betete um die Einheit seiner Jünger. Er richtete dieses Gebet an den Vater um des Evangeliums willen: „... damit die Welt glaubt, daß du mich gesandt hast" (*Joh* 17,21). Das Wachstum in der Kenntnis der Wahrheit ist daher ein wesentliches Element des ökumenischen Einsatzes, damit die Schranken des Mißverständnisses und des Vorurteils fallen und wir in Liebe zueinander wachsen mögen, um so Christus in einer Welt, die seiner so sehr bedarf, treuer verkünden zu können.

Sowohl die Katholiken als auch die Anhänger der Pfingstbewegung schätzen die Gegenwart des Heiligen Geistes und seiner geistlichen Gaben hoch. Der hl. Paulus fordert uns auf, ernsthaft nach den höheren Gaben zu verlangen (vgl. *1 Kor* 12,31) und nach der Liebe mehr als nach allem anderen zu streben (vgl. *ebd.* 14,1). So wollen wir denn durch den Dialog nach jener Liebe trachten, die Freude hat an der Wahrheit und stets bereit ist, zu verzeihen, zu vertrauen und auszuharren, was immer auch geschehen möge (vgl. *ebd.* 13,6–7).

Ich versichere euch meines eifrigen Gebetes für das Wachstum der Liebe unter allen, die sich für die Ökumene einsetzen. Möge der Dialog zu einem neuen Verstehen zwischen Katholiken und der Pfingstbewegung beitragen, für die Sache des Evangeliums unseres Herrn und Erlösers Jesus Christus.

Sendung und Auftrag der katholischen Universität

Ansprache an die Delegierten des Dritten Weltkongresses über die katholischen Universitäten am 9. September

1. Ich freue mich sehr über diese Begegnung mit den Delegierten der katholischen Universitäten, die im April dieses Jahres beim Dritten Internationalen Kongreß gewählt wurden, und ich danke euch von Herzen für den eifrigen und sorgfältigen Einsatz, mit dem ihr gerade in diesen Tagen am Entwurf eines grundlegenden Dokuments über Geist, Gliederung und institutionelle Grundlagen der katholischen Universitäten gearbeitet habt. Es ist dringend, diese Problematik, die allen in katholischen Universitäten wirkenden Menschen sehr am Herzen liegt, zum Wohl der Kirche und ihres Sendungsauftrags zu vertiefen.

Hervorheben möchte ich, daß das lange gemeinsame Bemühen der für die katholischen Universitäten zuständigen kirchlichen Organismen schon ermutigende Früchte getragen hat.

Auf ortskirchlicher wie weltkirchlicher Ebene ist man sich der Bedeutung der katholischen Universitäten mehr bewußt geworden. Jetzt geht es darum, das Begonnene mit dem großherzigen Einsatz aller fortzusetzen und noch zu verbessern: mit dem Einsatz der Laien und der Ordensgemeinschaften, der Bischofskonferenzen und der Verbände der Universitäten, die in der Föderation der katholischen Universitäten ihren maßgeblichen Ausdruck finden.

Der Dialog und die solidarische Gemeinschaft dieser kirchlichen Instanzen mit dem Heiligen Stuhl wird die ersehnten Früchte tragen.

2. In der Ansprache an euren Kongreß betonte ich das Wort „katholisch“, das die Universität charakterisiert und ihr hilft, sich nach ihrer wahren Natur zu entfalten und die Gefahren unangebrachter Verzerrungen zu überwinden. Ich wies auch auf die Notwendigkeit eingehenden Nachdenkens über den kirchlichen Sinn der katholischen Universität hin und dies im Licht der Konstitutionen „Lumen gentium“ und „Gaudium et spes“ des Zweiten Vatikanischen Konzils sowie der Erklärung „Gravissimum educationis“. Ich werde darauf zurückkommen.

3. Diese drei Dokumente bilden die Basis einer sorgfältigen Reflexion über den Sinn der Universität. Es geht um eine Ekklesiologie der Gemeinschaft, die die Kirche als hierarchisch strukturiertes Gottesvolk darstellt. Es ist kraft seiner Teilhabe am heilbringenden Geheimnis der Erlösung durch Christus auf Erden eine Gemeinschaft des Glaubens, der Hoffnung und der Liebe, mittels der Christus die Gnade und die Wahrheit ausgießt. Durch das Hirtenamt, dem die Aufgabe anvertraut ist, die Gnadengaben der einzelnen Glieder des Leibes zu unterscheiden und sie in gegenseitigen Bezug zu bringen, erscheint die Kirche als „Zeichen und Werkzeug der innigen Verbindung mit Gott und der Einheit des ganzen Menschengeschlechts“. Auf diese Weise setzt sich das Wirken Christi in der Welt fort.

In diesem theologischen Zusammenhang stehen Aufgabe und Sendung der katholischen Universitäten. Sie haben, und das ist selbstverständlich, in eigener und besonderer Weise teil am kirchlichen Auftrag, denn sie arbeiten und wirken ja innerhalb der Kirche. Im Bereich der katholischen Universitäten erfüllen ihre aus dem Glauben stammende Sendung Menschen, die zum Dienst an den Brüdern mit geistlicher Vollmacht ausgestattet sind, wie auch Laien, die als vollgültige Mitglieder des Gottesvolkes besondere Gaben besitzen und denen entsprechende Verantwortung übertragen wird.
Doch ist damit die besondere Funktion einer katholischen Universität noch nicht umschrieben. Sie nimmt, weil in einem gewissen Sinn Ausdruck der Kirche, an deren Sendungsauftrag teil. Nicht nur im Blick auf den einzelnen, sondern im Blick auf die kirchliche Gemeinschaft. Ihr sprecht zu Recht von einer institutionellen Verpflichtung der katholischen Universitäten.

4. Daraus folgt, daß, wenn schon jeder gläubige Christ, der berufen ist, am apostolischen Auftrag der Kirche mitzuwirken, im Einklang mit denen handeln muß, die mit dem Hirtenamt betraut sind, das noch mehr für jene Einrichtungen gilt, die unter kirchlicher Trägerschaft stehen. In diesem Zusammenhang erinnere ich an die Aussagen des Konzils im Dekret „Apostolicam actuositatem" (Nr. 24) über den Bezug zwischen Laienarbeit und Hierarchie.
Die wesentliche Aussage des Zweiten Kongresses der Delegierten katholischer Universitäten im November 1972 liegt deswegen im Hinweis auf die Notwendigkeit enger Gemeinschaft mit den Hirten der Kirche.

5. Im Licht des Zweiten Vatikanischen Konzils können die Oberhirten nicht als den katholischen Universitäten Fremdstehende betrachtet werden. Sie haben an ihrem Leben teil. Mit Freude habe ich vernommen, was darüber auf dem Dritten Kongreß im April dieses Jahres empfohlen wurde. Aus diesen Empfehlungen müssen nun natürlich konkrete Konsequenzen gezogen werden, die je nach Universität, Fakultät und Ort verschieden sein werden.

6. Aus dieser Sicht werden auch zwei Verantwortungen deutlich, die untrennbar sind: jene der Kirche gegenüber der katholischen Universität und jene der katholischen Universität gegen über der Kirche.
Einerseits ist es nötig, das Gottesvolk immer mehr für die unverzichtbare Funktion der katholischen Universität zu sensibilisieren, auf ihre bedeutsame Rolle in der Welt der Kultur, doch insbesondere in einigen sozialen Bereichen hinzuweisen. Heute spürt man mehr und mehr ein erwachendes kirchliches Interesse an den katholischen Universitäten und damit auch die Bereitschaft zur materiellen und ideellen Unterstützung seitens der Gläubigen, die durch entsprechende Initiativen auf verschiedenen Ebenen bemüht sind, dazu beizutragen, daß jede katholische Universität ihre jeweiligen Ziele erreicht.
Doch sollte man nicht verkennen, daß dieses kirchliche Erwachen gerade in den katholischen Universitäten selbst beginnen sollte. Sie sind doch von Haus aus der bevorzugte Ort des Gesprächs zwischen Glaube und Kultur, zwischen Glaube und Wissenschaft. In den Universitäten werden jene Fachleute geschult, die künftig verantwortliche Aufgaben in

der Gesellschaft übernehmen und in deren Ausübung ihren Glauben vor aller Welt bezeugen und dazu beitragen sollen, daß die kirchliche Gemeinschaft an den Problemen der katholischen Universitäten mehr Anteil nimmt.
Jede katholische Universität ist also verpflichtet, auf die gerechtfertigten Erwartungen des Gottesvolkes einzugehen, das sich eben an die Universität wendet, um das Glaubenswissen zu vertiefen und in der eigenen Verkündigung, im eigenen Zeugnis für das Evangelium gestärkt zu werden.
Dieser Einsatz wird immer verpflichtender, wenn man sich vor Augen hält, daß heute die Sinnfrage immer drängender wird, während die pragmatische und hedonistische Einstellung zu sittlichen und sozialen Widersprüchen führt, die die Würde und Freiheit des Menschen und das Wohl der Gesellschaft schwer schädigen können.

7. Die Kongregation für das katholische Bildungswesen hat eine Bestandaufnahme katholischer Bildungszentren in aller Welt durchgeführt. Ich finde das sehr gut. Aus dieser Bestandsaufnahme ging ein „Directory of Catholic Universities and other Catholic Institutions of Higher Education" hervor, das 936 kirchliche Universitäten, Fakultäten oder andere höhere kirchliche Schulungsanstalten aufzählt. Das heißt, auf den Hl. Stuhl kommen neue Aufgaben zu, die im Gespräch mit den Vertreterorganen der katholischen Universitäten gelöst werden müssen.
Während meiner Pastoralreisen möchte ich bekanntlich immer auch mit den Vertretern der katholischen Universitäten zusammentreffen und mit ihnen über die je eigenen Probleme reden. Die heutige Begegnung, ausgezeichnet durch die Teilnehmer und die Thematik, war für mich Anlaß, eure Aufmerksamkeit auf einige wesentliche Punkte zu lenken. Und das in der Hoffnung auf fruchtbare Entwicklungen, zu Trost und Hilfe für eure Aufgaben.
Ich rufe über euch alle die Fülle der göttlichen Gnaden, insbesondere den Schutz der Gottesmutter, Sitz der Weisheit, herab und erteile euch von Herzen meinen Apostolischen Segen.

Dienst zum Wohl der Kirche

Ansprache an das 31. italienische Luftwaffengeschwader am 10. September

Herr Kommandant,
meine Herren Offiziere und Unteroffiziere!

1. Zuerst danke ich für die an mich gerichteten freundlichen und verbindlichen Worte, in denen ich einen Beweis sehe für den Glauben an das Dienstamt, das ich im Namen Jesu Christi und zum Heil des Menschen ausübe.
Es ist mir immer lieb, mit euch zusammenzutreffen; durch euren wertvollen Dienst erlaubt ihr mir, jenen Teil meiner apostolischen Sendung leichter durchzuführen, der mich an verschiedene Orte Italiens führt, um die Botschaft des Evangeliums zu verkünden, so viele Brüder und Schwestern zu besuchen, die den Nachfolger des Petrus zu sehen wün-

schen, so weit wie möglich die Frohbotschaft des Heils zu verbreiten, die Gläubigen im Glauben zu stärken und allen Menschen guten Willens zu begegnen.
Eure Bereitschaft, eure perfekte Organisation und das Bewußtsein, als Männer des Glaubens in gewisser Weise an dem Dienst teilzuhaben, den ich zum Wohl der Kirche und der Seelen leiste, tragen dazu bei, meine Reisen mit jener Ausgeglichenheit und jenem Komfort zu gestalten, die mir erlauben, mit noch mehr Freude meine Kräfte in Erfüllung meiner Pflicht und meiner Sendung einzusetzen.

2. Zum Zeichen der Dankbarkeit für das, was ich von euch erhalte, will ich einigen von euch Orden verleihen in Anerkennung der Verdienste derer, die sich besonders ausgezeichnet haben bei einer heiklen Aufgabe, die im übrigen von allen in hervorragender Weise erfüllt wird. Die besondere Belohnung einiger sei für alle ein Ansporn; und wer ausgezeichnet wurde, fühle sich verantwortlich gegenüber den anderen, die in ihm ein Vorbild zur Nachahmung sehen. Dies gilt nicht nur für den festlichen Anlaß heute, sondern für alle Lebensumstände und auch für das Christenleben, wo derjenige, der eine höhere Stellung einnimmt, zu einer größeren Verantwortung und einem verstärkten Dienst berufen ist.
Durch eure beruflichen Aufgaben möge der Herr euch den edlen Aufstieg des geistlichen Lebens erkennen lassen, in dem derjenige um so größer wird, der sich nach dem Vorbild Christi „klein“ macht.
Mit diesem Gedanken grüße ich euch und eure Angehörigen herzlich und rufe auf euch den liebevollen Blick der Madonna von Loreto, eurer Schutzpatronin, herab. Ich segne euch von Herzen.

Migranten waren die ersten Missionare

Botschaft zum Welttag der Migranten vom 10. September

Liebe Brüder und Schwestern!

1. Der jährlich wiederkehrende Welttag der Migranten bietet mir die Gelegenheit, mich wieder an euch zu wenden, um euch zum Nachdenken über einen der vielen Aspekte des Phänomens der Migranten einzuladen. Im Licht der Vernunft, und erst recht im Licht des Glaubens betrachtet, ist es nicht nur eine oft negative Erscheinung wegen der vielen Leiden und Demütigungen, die es mit sich bringt, sondern auch eine wichtige menschliche Wirklichkeit, die in die Heilsgeschichte eingefügt werden kann und muß. Die Migration erinnert die Kirche an ihr Dasein als auf Erden pilgerndes Volk auf der Suche nach der künftigen Stadt (vgl. *Lumen Gentium*, Nr. 9); sie kann ihr auch bei der Erfüllung des vom Herrn empfangenen Auftrags helfen, das Evangelium allen Geschöpfen zu verkünden (vgl. *Mt* 28,18–20). Diese Entsprechung zwischen Migration und Berufung der Kirche mag daher zur Betrachtung des besonderen Beitrags einladen, den die Migranten, gerade wegen ihrer Lage, zur Verbreitung des Reiches Gottes in der Welt zu leisten berufen sind.

2. Alle Gläubigen müssen unabhängig von ihrem Alter sowie ihren sozialen und kulturellen Verhältnissen das Bemühen um die Ankunft des Reiches Gottes mittragen: „Geht auch ihr in meinen Weinberg“ (*Mt* 20,4). Ihre Antwort kommt in der doppelten Form des Gebetes und des Handelns zum Ausdruck. Wer wirklich glaubt und sich für die Umgestaltung der Welt nach dem Plan Gottes engagiert fühlt, betet nicht nur mit den Worten Jesu: „Dein Reich komme“; zur Bekräftigung der Aufrichtigkeit dieses Gebetes muß er sich auch unbedingt den Kräften entgegenstellen, die die Ausbreitung des Reiches verhindern, und er muß positiv jene Werte fördern, die ihm eigen sind.

Bei dieser Aufgabe haben viele Migranten von Anfang an eine wertvolle Rolle gespielt. Gerade Migranten waren die ersten Missionare, die an die Seite der Apostel in Judäa und Samaria traten und ihnen halfen. In der Geschichte der Kirche und in der Evangelisierung ganzer Völker war die Migration ein konstanter Faktor bei der Übermittlung des Glaubens. An den Ursprüngen heute blühender christlicher Gemeinschaften finden wir oft kleine Kolonien von Migranten, die sich unter Führung eines Priesters in bescheidenen Kirchen versammelten, um das Wort Gottes zu hören und von Gott die Kraft zu erflehen, mit den Prüfungen und Opfern ihres harten Daseins fertig zu werden.

3. Gewiß ist der Beitrag, den auch heute noch die Migranten für die Ausbreitung des Reiches Gottes leisten können, nach Ort und Zeit sowie nach den Verhältnissen der Gesellschaft, in die sie sich einfügen, verschieden.

Viele katholische Migranten arbeiten in Ländern, in denen der Same des Evangeliums seit langer Zeit ausgestreut ist; natürlich müssen die Verkündigung des Glaubens und das christliche Zeugnis hier in die pastorale Planung der Ortskirche eingefügt werden. Darum müssen die Betreuer der Migranten vor allem für die Erwachsenenkatechese sorgen, die die christliche Bildung und das Wachsen des Glaubens der einzelnen Migranten fördert; ferner eine aktive Feier der Sakramente des christlichen Lebens, angefangen von der Taufe; weiter die Hinführung der Migrantengemeinschaft zum Gebet und ihr konsequentes Zeugnis für die Liebe. Das alles muß geschehen, wenn die Migranten zu Erbauern von Gemeinschaft innerhalb der Verschiedenheit werden und ihrerseits wirksam am Heilswerk mitarbeiten sollen.

Dann gibt es Länder, in denen die katholische Gemeinschaft fast ausschließlich aus Migranten besteht. Sie sollen wissen, daß sie nicht allein sind, da sie einen Teil der universalen Kirche bilden, durch die sie mit den Katholiken jedes Landes und jeder Nation verbunden sind. Ich ermuntere daher die Kirchen der Herkunftsländer, konkrete Beweise dieser kirchlichen Einheit zu liefern, indem sie gut vorbereitete Priester senden, die bereit sind, „Migranten mit den Migranten“ zu werden, um sie entsprechend betreuen zu können.

Was die Länder angeht, deren Mehrheit anderen christlichen Kirchen und Konfessionen angehört, so erkenne ich freudig an, daß die Präsenz katholischer Migranten zur Förderung eines unbefangenen gegenseitigen Verständnisses und infolgedessen zur ökumenischen Bewegung beigetragen hat. Möge dieser Weg glücklich fortgesetzt werden bis zur Erreichung der vollen Gemeinschaft.

4. Infolge der Migrationen haben Völker, denen die christliche Botschaft fremd ist, dank der Vermittlung der Migranten den Glauben kennen und schätzen gelernt und ihn oft auch übernommen. Nachdem die Migranten das Evangelium von Volksgruppen, bei denen sie Aufnahme fanden, empfangen hatten, wurden sie bei der Rückkehr in ihr Ursprungsland zu dessen Bannerträgern.

Dieses Phänomen nimmt heute immer weitere Dimensionen an. Daher müssen wir dafür sorgen, daß die Migranten, die nichtchristlichen Religionen angehören, bei den Christen stets einem klaren Zeugnis für die Liebe Gottes in Christus begegnen. Die ihnen gewährte Aufnahme muß so herzlich und selbstlos sein, daß sie die Gäste zum Nachdenken über die christliche Religion und die Motive für eine derart beispielhafte Liebe hinführt. Dadurch wird die Kirche bei der Erfüllung ihrer Pflicht unterstützt, den Menschen den ganzen Reichtum des „Geheimnisses, das von Ewigkeit her in Gott verborgen war" (*Eph* 3,9; vgl. 3,4–12), bekanntzumachen, das Geheimnis, in dem sie in Fülle jene transzendente Wahrheit finden können, die sie tastend suchen (vgl. *Apg* 17,27).

5. Die technisch-wirtschaftliche Entwicklung, die gewandelten Beziehungen der Bürger und Nationen, die immer weiter reichenden und häufigen Verhältnisse der gegenseitigen Abhängigkeit, das Suchen nach neuen wirtschaftlichen Ausblicken, die Bewegung hin zu einer größeren Einheit der Menschheitsfamilie, sowie die heute erreichte Dichte der Massenmedien haben weitere Horizonte eröffnet und neue Formen gegenüber der Situation von früher eingeführt. Ferner haben die Zusammenarbeit, die auch in Entwicklungsländern auf wissenschaftlichem Gebiet zustandegekommen ist, sowie die Errichtung von zahlreichen Kulturinstituten vielen jungen Studenten die Möglichkeit zum Besuch ausländischer Universitäten eröffnet.

So drängt die heutige Mobilität, die das gegenseitige Kennenlernen und die internationale Zusammenarbeit fördert, zur Einheit hin und festigt jenes Verhältnis der Brüderlichkeit unter den Völkern, bei dem jeder zugleich gibt und vom anderen empfängt. In diesem Rahmen intensiverer und häufigerer Beziehungen sehen die Menschen neue Ausblicke sich erschließen gerade im Hinblick auf jenes Ziel, das sie heute anstreben: den Aufbau einer Gesellschaft, die bei der Lösung der großen internationalen Probleme fähig ist, das Prinzip der gegenseitigen Abhängigkeit und Solidarität anzuwenden.

Diese neue Perspektive, die auch den Migranten Zuversicht schenkt, entspricht dem Geist des Evangeliums, das eine Botschaft ohne Grenzen ist, ebenso wie die moralischen Werte, die jede Gesellschaft auszeichnen müssen, keine Grenzen kennen.

6. Die eben erwähnten Vorteile und positiven Ergebnisse dürfen uns freilich nicht die Aspekte des Leidens, der Not und Unsicherheit vergessen lassen, die heute immer noch – und vielleicht noch dramatischer als in der Vergangenheit – mit den aus verschiedenen Gründen, darunter auch ökonomischen, hervorgerufenen Migrationen verbunden sind. Nicht wenige Grenzen sind dabei, sich zu schließen; die aufnehmenden Gesellschaften sind streng strukturiert und wie ein Netz, das den neuen Migranten wenig Raum zur Einfügung läßt und ihnen die niedrigsten Arbeiten, die mühevoller sind und weniger entlohnt werden, zuweist. Unter solchen Verhältnissen bleiben unter dem Gesichtspunkt der Aufnahme, der Rechte, der Sicherheit und der Möglichkeit zu sozialem und beruflichem

Aufstieg für sich und ihre Kinder immer Arme, selbst wenn sie das ökonomische Problem gelöst haben, und diese Situation hat unmittelbare Auswirkungen bei der Suche nach einem Arbeitsplatz, einer Wohnung und beim Zugang zu den höheren Schulen.
Es geht gewiß um eine Lage, die der Gläubige mit seinem Sinn für Gerechtigkeit und geschuldete Solidarität ablehnt und bekämpft. Dies tut er in christlichem Geist, ohne die Wege der Gewalt und des Hasses zu beschreiten. Er bedenkt ferner unter anderem, daß ebenso wie es keine unnütze Person gibt, weil jede Bild Gottes und teilhaft des Lebens Christi bleibt, es auch kein unnützes Leiden gibt, seit der Sohn Gottes daraus ein Werkzeug der Erlösung und des Lebens gemacht hat. Man kann die Ungerechtigkeit auch durch Leiden um der Gerechtigkeit willen bekämpfen. Der Aufbau einer Zivilisation der Liebe, bei dem auch der Migrant mitwirken muß, gründet sich auf das aktive, ständige und geduldige Suchen des Guten, trotz des Bösen. „Es ist besser, für gute Taten zu leiden, wenn es Gottes Wille ist, als für böse" (*1 Petr* 3,17). So können die Migranten Zeugen für das Kreuz des Herrn sein, der jeden menschlichen Schmerz auf sich genommen und ihm einen Wert der Hingabe und des Loskaufs gegeben hat.

7. Aus der Lage der Migranten ergibt sich ein weiterer wichtiger Aspekt, nämlich der ihres Zeugnisses für das Reich Gottes: das Vertrauen auf die höheren Güter, ein Blick auf das Geschick des Menschen, der sich mit Notwendigkeit öffnet, wie immer auch die Lage der einzelnen aussehen mag. Die Orte, die Migranten auf der Suche nach Arbeit aufsuchen, befinden sich gewöhnlich in den Ländern mit weiterverbreitetem Wohlstand. Doch in diesen entsprechen die Mittel zum Leben nicht immer den Sinngehalten des Lebens. Mit dem Zeugnis ihres Glaubens können die Migranten die Aufmerksamkeit aller auf die transzendente Dimension des menschlichen Schicksals hinlenken und das Sehnen auf jene Güter richten, in denen allein das Leben seine volle Rechtfertigung findet.
Für einen aufmerksamen und aufgeschlossenen Christen bieten sich, vor allem, wenn er sich in einer unterschiedlichen und reichen Welt wie der der Migranten bewegt, zahlreiche Wege und Werkzeuge zur Verbreitung dieser ausgesprochen dem Evangelium gemäßen Botschaft an. Sein Bemühen wird desto wirksamer sein, je mehr es in Gemeinschaft mit jenem Sakrament der Begegnung mit Gott geschieht, das die Kirche Jesu Christi ist (vgl. *Lumen Gentium*, Nr. 1); und sein evangelisierendes Wirken wird desto fruchtbarer sein, je lebendiger sein Verhältnis zur Kirche ist.

8. Liebe Migranten, seid euch immer bewußt, daß ihr von Gott geliebt seid, der will, daß alle Menschen gerettet werden und zur Erkenntnis der Wahrheit gelangen (vgl. *1 Tim* 2,4); denkt an das von Christus mit seinem Opfer gewirkte Erlösungswerk für alle Menschen, ohne Unterschied der Rasse oder Religion; denkt an die universale Brüderlichkeit, um derentwillen alle zur Zusammenarbeit bei der Lösung der großen und schwierigen Probleme der Menschheitsfamilie aufgerufen sind.
Maria, die als erste das Wort Gottes gehört hat und die das Bild der Kirche und die Mutter unseres Glaubens ist, führe euch zur vollen Kenntnis Gottes. Sie ist das Vorbild, an dem wir alle die Echtheit unseres christlichen Lebens messen müssen. „Zur Grundlage alles dessen, was die Kirche von Anfang an ist und was sie von Generation zu Generation ... unaufhörlich werden muß, gehört Maria" (*Redemptoris Mater*, Nr. 27).

Ich rufe ihren Schutz auf alle Migranten und ihre Familien herab und erteile allen von Herzen den Apostolischen Segen.

Aus dem Vatikan, am 10. September 1989, dem elften meines Pontifikats.

Joannes Paulus PP. II

Die Armen führen zum Herrn

Ansprache an die Kleinen Schwestern Jesu zum fünfzigsten Jahrestag der Gründung ihrer Kongregation am 11. September

Liebe Kleine Schwestern Jesu!

1. Wenn ich euch hier so zahlreich und freudestrahlend sehe, denke ich spontan an den Vers des Psalms 94/95: „Kommt, laßt uns jubeln vor dem Herrn und zujauchzen dem Fels unseres Heiles! Laßt uns mit Lob seinem Angesicht nahen, vor ihm jauchzen mit Liedern!" Und ganz zu Recht könnt ihr mit dem Psalm fortfahren: „Laßt uns niederknien vor dem Herrn, unserm Schöpfer! Denn er ist unser Gott, wir sind das Volk seiner Weide, die Herde, von seiner Hand geführt." Eure Ordensfamilie, die in vollständiger Armut am 8. September 1939 ins Leben trat, läßt mich auch an eine der Präfationen von den Heiligen denken: „Heiliger Vater ... unaufhörlich verleihst du deiner Kirche neue Kraft." In der Tat haben ja die Kleinen Schwestern Jesu von Gott die Gnade erhalten, eine neue, in ihrer Art einzigartige Präsenz in der Welt der Armen zu begründen, nach der Weise von Charles de Foucauld.

2. Die Demut des Bruders Karl von Jesus, der in Bescheidenheit und Zurückhaltung, wie sie alle seine Jünger nachzuahmen suchen, stets nach dem letzten Platz trachtete, würde es nicht zulassen, daß ich eine Lobrede hielte. Aber die Wahrheit und die Gerechtigkeit fordern doch, was recht ist. Im Namen der Kirche danke ich für die Lebenskraft des Evangeliums, die die ersten Kleinen Schwestern damals und die zweihundertneunundachtzig Fraternitäten heute den ärmsten und unverstandensten menschlichen und religiös am wenigsten begünstigten Milieus eingeflößt haben und weiterhin einflößen.
Es ist überdies sehr selten, ja zweifellos einmalig, eine Gründerin zu sehen, die noch am goldenen Jubiläum ihrer Gründung teilnehmen kann. In aller Hochachtung vor ihrem Wunsch, bescheiden zurückzutreten, wird Kleine Schwester Madeleine de Jesus mir aber gestatten, wenigstens an die Formel zu erinnern, die in ihren beiden Bänden über das Entstehen und Wachsen einer Initiative, die sie nicht als Anfang einer neuen Kongregation betrachtet hatte, unaufhörlich wiederkehrt, nämlich: „Gott nahm mich bei der Hand, und ich bin blind gefolgt." Die Entwicklung der Fraternitäten grenzt ans Wunderbare. Viele Hindernisse stellten sich der Verwirklichung Ihres Saharatraumes in den Weg. Bar aller Mittel, in heiklem Gesundheitszustand, sahen Sie sich bald alleingelassen. Aber Sie haben dank ihrer lothringischen Charakterfestigkeit und mehr noch mit der offensichtli-

chen Hilfe des Herrn durchgehalten. Wie oft haben Sie gleich Bruder Karl wiederholt: „Jesus ist der Herr des Unmöglichen“!

Heute zählen „Ihre Kinder“ dreizehnhundertfünfzig, von denen sich einhundertachtzehn junge Schwestern noch in der Ausbildung befinden. Sie entstammen sechzig Nationalitäten und leben in vierundsechzig Ländern. Wer kennt nicht die Kleinen Schwestern Jesu, so bescheiden sie auch sind? Ohne in Erstaunen zu setzen, zieht ihr ganz einfaches – ja ich möchte sagen: armes – Ordenskleid die schlichten Menschen an und ist ein geräuschloser Anruf an die Besitzenden. Gleich den Päpsten Pius XII., Johannes XXIII. und Paul VI., die euch so viel Interesse und Unterstützung bezeigten, sage ich dem Herrn Dank, daß er euch für die Kirche und die heutige Welt ins Leben gerufen hat.

3. Nun ist es mir auch ein Bedürfnis, einige wesentliche Aspekte eures Ordenslebens zu unterstreichen und euch lebhaft dazu zu ermutigen. In euren Konstitutionen, die von der zuständigen Kongregation am 25. Dezember 1988 approbiert wurden, wird euer gottgeweihtes Ordensleben bezeichnet als ein gewöhnliches Leben nach dem Beispiel des Bruder Karl, der selbst beherrscht war von dem Geheimnis von Betlehem und Nazaret. Liebe Kleine Schwestern, bleibt entschieden und demütig auf diesem geistlichen Weg!

Euer Seite an Seite im Geist des Evangeliums mit den Menschen, die keine feste Bleibe haben, mit den am wenigsten zugänglichen Minoritäten, den vergessensten oder am wenigsten geachteten Männern und Frauen, mit den Milieus, die vom Materialismus oder selbst einem gewissen Atheismus gezeichnet sind, dieses Seite an Seite ist der sichtbare Teil eures Weges zum Vater. Ja, die Armen führen euch ins Herz Gottes! Es ist ein großes Geheimnis, das der Sohn Gottes, arm unter den Armen, geoffenbart hat, als er sagte: „Wer mich aufnimmt, der nimmt den auf, der mich gesandt hat“ (*Lk* 9,48). Der Weg eurer Heiligung führt über euer aufmerksames Gutsein zu den Armen. Das ist ein kostbares Geschenk vom Herrn: Hört nicht auf, dafür zu danken!

4. Eure Konstitutionen bestehen ebenso auf einer Haltung, die der Liebe vorausgeht und sie begleitet: der Achtung jeder Person. In der Nachfolge Christi und Bruder Karls ist es eure Berufung, in jeder Person, vor allem in der am meisten ginggeschätzten, einen Menschen zu sehen, der Hoffnung gibt, einen Menschen, der trotz seiner Grenzen, seiner Sünden, ja manchmal seiner Verbrechen, und über alles das hinaus zu einer ganz neuen Zukunft berufen ist. Im Evangelium sagt Jesus ja auch nicht: Diese Frau ist bloß eine öffentliche Sünderin. Er betont vielmehr: ihre Sünden sind ihr vergeben, weil sie viel Liebe gezeigt hat, und ihr Glaube hat sie gerettet (vgl. *Lk* 7,36–50). Jesus bewundert die arme Witwe, die ihre kleinen Münzen in den Opferkasten des Tempels warf, und fordert auf, ihre Uneigennützigkeit nachzuahmen (vgl. *Lk* 21,1–4). Jesus sagt nicht, daß der Blindgeborene gesündigt hat, ebensowenig, daß seine Eltern gesündigt hätten. Er macht alle betroffen, als er verkündet, in ihm sollten die Werke Gottes offenbar werden (vgl. *Joh* 9,1–41). Als Judas ihn verrät, umarmt Jesus ihn und sagt: „Freund“ (vgl. *Mt* 26,47–50). Nie hat ein Mensch die anderen so respektiert wie Er! Er ist der unvergleichliche Sohn dessen, der seine Sonne über die Guten und die Bösen scheinen läßt. Liebe Kleine Schwestern, werdet immer mehr die demütigen Zeuginnen für die Achtung jeder Person!

5. Durch euer ganzes Leben müßt ihr, wie Bruder Karl von Jesus, das Evangelium verkünden. Um euch täglich in eine Umwelt einzufügen, die von der Armut gezeichnet ist, müßt ihr wirklich in inniger Verbundenheit mit dem Erlöser aller leben. Jeden Tag ist es euch von Gott gegeben, an seinem Schöpfungswerk und zu seiner Wiederherstellung mitzuwirken, selbst dort, wo der falsche Gebrauch der menschlichen Freiheit es entstellt hat. Diese Berufung hat Charles de Foucauld ganz ernst genommen, als er schrieb: „Ich will das Evangelium durch mein ganzes Leben ausrufen." In euch glüht der gleiche apostolische Eifer, geräuschlos. Durch euer gewöhnliches tägliches Leben macht ihr es denen, die euch in ihrer Mitte sehen, möglich, unmittelbar von eurem Leben die Frohe Botschaft abzulesen und in seinem getreuen Widerschein das wahre Antlitz Gottes zu entdecken. Gewöhnliche Mittel dazu sind offensichtlich eure nachbarschaftlichen Beziehungen, Verbundenheit bei der Arbeit, Wege der Solidarität mit den Männern und Frauen, denen ihr in Glück und Unglück nahe seid, eure Verfügbarkeit, ihnen zuzuhören, sie zu beraten, ihren Verlegenheiten, mit denen sie zu euch kommen, abzuhelfen, eure Gebetszeiten, die ihnen bekannt sind, die einfache und freundschaftliche Feier von Festen und Gedächtnistagen und anderes mehr. Die bescheidensten Gesten können von Jesus Christus sprechen. Es gibt eine bestimmte Art des Seins und Handelns, die schon eine Antwort auf die Erwartung derer ist, die sich fragen: „Die Kleinen Schwestern, was haben sie uns über ihren Gott zu sagen?"

6. Mit der ganzen Kirche habe ich den Wunsch, jede Kleine Schwester möge aus der Vorbereitung auf die Fünfzigjahrfeier wie aus der Jubiläumsfeier selbst eine wirkliche seelische Jugend schöpfen, wie sie der leidenschaftlichen Liebe zu Jesus und zu seinen vom Elend gezeichneten Brüdern und Schwestern entspringt. Eure Geschichte fängt erst an! Durch das Geheimnis seines Kleinseins in Betlehem und seine Verborgenheit in Nazaret erwecke der allmächtige Gott euch für die kommenden Jahre in der ganzen Welt und für die ganze Welt hochherzige Berufungen! Und er erfülle euch mit seinem Segen!

Mit dem Evangelium ins 3. Jahrtausend

Botschaft an Kardinal Gantin anläßlich der Einweihung des neuen CELAM-Sitzes vom 14. September

Herrn Kardinal Bernardin Gantin
Präfekt der Kongregation für die Bischöfe
Präsident der Päpstlichen Kommission für Lateinamerika

Anläßlich Ihrer bevorstehenden Reise nach Bogotá zur Einweihung des neuen Sitzes des Lateinamerikanischen Bischofsrates (CELAM) bitte ich Sie, Überbringer meines herzlichen Grußes an die Oberhirten der auf diesem „Kontinent der Hoffnung" pilgernden Kirchen zu sein. Dieser Gruß gilt auch allen Priestern, Ordensmännern und Ordensfrauen wie auch den gläubigen Laien, Männern und Frauen, die sich in apostolischen Aufga-

ben engagieren. Meine Hirtenliebe hat besonders die Armen und die Leidenden vor Augen, denn auf sie richtet sich immer die bevorzugende Liebe der Kirche.
Gerne erinnere ich mich heute an den Besuch, den ich am 2. Juli 1986 während meiner apostolischen Reise nach Kolumbien dem Sitz des CELAM abgestattet habe. Damals hatte ich Gelegenheit, den dort versammelten Bischöfen zu sagen: „Bei der Ankunft in diesem Haus, in dem der Lateinamerikanische Bischofsrat seinen Sitz hat, muß ich an jenen denkwürdigen Besuch meines verehrten Vorgängers, Papst Paul VI., erinnern, der es mit seinem Segen im August 1968 anläßlich des 39. Eucharistischen Weltkongresses von Bogotá eröffnet hat.“
Bei jener Gelegenheit äußerte Paul VI. einen Wunsch, den ich mir jetzt zu eigen machen möchte: „Möge dieser Sitz immer ein Brennpunkt geistlichen Eifers sein – der Seele jedes wirkungsvollen Dienstamts; ein lebendiges Zeugnis der Treue zur Kathedra von Rom und zu den Lehren des jüngsten Konzils; ein Ort gegenseitigen Verständnisses, wo man die Aktion in jenen Programmen vereinheitlicht, die Solidarität des Willens erfordern, um wirkungsvoller zu sein; ein Zentrum zuverlässigen Dienstes und beständiger Hilfe für die nationalen Episkopate; und möge die oft mühevolle und verborgene Arbeit dieser Büros in denen, die sie tun, den übernatürlichen Geist und Wert des Apostolats bewahren.“
Diese Hinweise Pauls VI. erweisen sich als zwingend angesichts der Nähe der Fünfhundertjahrfeier des Beginns der Evangelisierung der Neuen Welt. Man muß an dieses geschichtliche Datum erinnern und dabei Gott danken für alle Wohltat, die die kirchliche Arbeit der ersten Evangelisierung für diese Völker bedeutet hat. Diese Erinnerung darf sich jedoch nicht nur darauf beschränken, einen Blick auf die Vergangenheit zu werfen in einer – andererseits auch notwendigen – Bilanz von Erfolgen und Fehlschlägen, von positiven und negativen Aspekten. Es ist notwendig, auch und vor allem in die Zukunft zu blicken.
Deswegen wünsche ich, daß im Rahmen der Gedenkfeiern zu diesem 500jährigen Jubiläum als fundamentales Ereignis die 4. Generalversammlung des Lateinamerikanischen Episkopats in der Stadt Santo Domingo stattfindet, um so die Rolle hervorzuheben, die diese Erzdiözese am Beginn der Evangelisierung des neuentdeckten Kontinents gespielt hat. Im geeigneten Augenblick werde ich selbst diese Konferenz einberufen, die man bereits vorbereitet.
In Weiterführung der Konferenzen von Rio de Janeiro (1955), von Medellin (1968) und von Puebla (1979) und in Übereinstimmung mit den Lehren und Orientierungen, die dieser Apostolische Stuhl den Episkopaten und allen Völkern Lateinamerikas gegeben hat, wird sich die Aufmerksamkeit der Versammlung von 1992 auf die „Neuevangelisierung“ richten, die hauptsächlich auf die Präsenz der Kirche in den verschiedenen Kulturen dieses Kontinents hin entworfen wird. Für diese Neuevangelisierung habe ich alle Kirchen in Lateinamerika zusammengerufen, wobei ich mir die Herausforderung vergegenwärtigt habe, die die Fünfhundertjahrfeier der Evangelisierung und das dritte Jahrtausend des Christentums uns stellen, dem wir voll Glauben und Liebe zu Christus, dem Erlöser der Welt und Herrn der Geschichte, entgegengehen.
Ich wünsche lebhaft, daß der neue Sitz des Lateinamerikanischen Bischofsrates ein Zentrum sei, das den Impuls der Evangelisierung für diesen ganzen Kontinent stärkt. So wird

der CELAM seinen Auftrag erfüllen, „Organ des Kontakts, des Nachdenkens, der Zusammenarbeit und des Dienstes der Bischofskonferenzen“ zu sein (vgl. *Statuten*, Art. 1), damit die Hirten der Kirche das ganze Volk Gottes, das in diesen vor fünf Jahrhunderten durch das Licht der rettenden und befreienden Botschaft Jesu Christi erleuchteten Breiten pilgert, sicher führen können.
Ich stelle den neuen Sitz des CELAM und alle Personen, die darin arbeiten, unter den Schutzmantel Unserer Lieben Frau von Guadalupe und erteile Ihnen und allen Brüdern im Bischofsamt in Lateinamerika meinen Apostolischen Segen.

Vatikan, 14. September 1989, am Fest der Kreuzerhöhung

Joannes Paulus PP. II

Das Auge Kontaktpunkt zur Wirklichkeit

Ansprache an eine Gruppe von Augenärzten am 15. September

Sehr geehrte Damen und Herren!

Es freut mich, Sie in Castel Gandolfo zu begrüßen während des internationalen Kongresses über „Neueste Fortschritte in der Forschung und Behandlung von Glaskörper- und Netzhautstörungen“, der unter der Schirmherrschaft der Internationalen Schepens-Gesellschaft abgehalten wird. Bei vielen früheren Gelegenheiten sind meine Vorgänger und ich Fachärzten der Augenheilkunde begegnet, die in Rom zu Tagungen zusammengetroffen waren. Dies ist von entsprechender Bedeutung, denn der Papst ist der Diener dessen, der seine Heilssendung in der Welt durch viele Blindenheilungen gekennzeichnet hat, wie in den Evangelien berichtet wird. Als ich vor drei Jahren zu einer anderen Gruppe sprach, erwähnte ich, daß das *Johannesevangelium* ausführlich die Heilung eines blindgeborenen Mannes beschreibt, weil in jenem Augenblick die körperliche Heilung klar mit der geistlichen Heilung verbunden war (vgl. *Ansprache an den 25. Internationalen Kongreß der Augenheilkunde* vom 5. Mai 1986). Durch die Symbolik des Sehens enthüllt Christus das Geheimnis unseres geistlichen Heilsweges.
Das Auge ist gleichsam der Kontaktpunkt zwischen der Wirklichkeit der Welt und der inneren Wirklichkeit der menschlichen Person, so wie der Verstand der Treffpunkt zwischen Wissenschaft und Glaube ist. Diesmal haben Sie sich versammelt, um neue Methoden für die Wiederherstellung der Augenfunktion insbesondere der Netzhaut zu studieren mit dem Ziel, sie vor den schädlichen Auswirkungen des Alters und verschiedener pathologischer Faktoren zu schützen. Sie können mit Stolz von positiven Fortschritten sprechen, die dem Wohl der Person und der Heilung der Kranken dienen. Ihre Arbeit ist die einer edlen und sachkundigen Forschung.
Zusammen mit meinen besten Wünschen für den Erfolg Ihrer wissenschaftlichen Errungenschaften möchte ich die Hoffnung aussprechen, daß dieses Fachwissen den ärmsten Teilen der Menschheit rascher zugängig gemacht wird, wo die Blindheit am weitesten

verbreitet ist. Uns wurde berichtet, daß noch etwa vierzig Million Menschen in der Welt unter Blindheit leiden, und die meisten von ihnen sind in den unterentwickelten Völkern zu finden. Unglücklicherweise sind die in der Welt bestehenden Ungleichheiten auch im Bereich der Wissenschaft und Medizin offenkundig. Die Hoffnung, die ich zum Ausdruck bringe, ist, daß die Wissenschaft sich mit den Kräften des Glaubens und der menschlichen Solidarität verbindet in dem Bemühen, dort Hilfe zu bringen, wo sie am klarsten benötigt wird. Beten wir gemeinsam um den Tag, wenn der Herr „alle Tränen abwischen wird“ von den Augen der leidenden Menschheit (vgl. *Offb* 21,4).
Im Namen des Herrn des Lebens bekunde ich meine Hochschätzung für Ihre Arbeit und die Würde Ihrer Mission. Auf Sie alle rufe ich Gottes reichen Segen herab.

Flucht vor Gott bringt Verelendung und Verzweiflung

Predigt beim Pastoralbesuch in Trevignano Romano am 17. September

1. „Im Himmel wird mehr Freude herrschen über einen einzigen Sünder, der umkehrt ...“ (*Lk* 15,7).
Mit diesen Worten des Evangeliums, die eine Botschaft sicherer Hoffnung und eine Einladung zur Freude über das in Christus wiedergefundene Heil sind, grüße ich euch alle, liebe Brüder und Schwestern von Trevignano Romano wie auch von der staatlichen Taubstummenanstalt. Ihr habt euch am „Tag des Herrn“ hier versammelt, um die Eucharistie zu feiern und zugleich, um die Feier des zweiten Jahrhunderts seit dem Tod eines berühmten Sohnes aus diesem Landstrich zu begehen, nämlich des Priesters Tommaso Silvestri, eines verdienstvollen Apostels der Taubstummen.
„Es wird mehr Freude herrschen ...“! Das ist das Ziel des Handelns Gottes in der Welt: Freude über die Befreiung des Menschen vom moralischen Elend der Schuld, doch auch Freude über sein Freiwerden von Krankheiten und Gebrechen, die in irgendeiner Weise seine volle Verwirklichung behindern. Im körperlichen Übel wird ja letzten Endes die negative Auswirkung jener Ursünde sichtbar, die die Geschichte der Menschheit so schwer beeinträchtigt hat.
Der Kampf gegen die eine Form des Übels geht Hand in Hand mit der gegen die andere, und das Ziel beider ist die Freude der Befreiung.

2. Das Wort Gottes lädt uns am heutigen Sonntag besonders ein, uns mit der radikaleren Form des Kampfes zu beschäftigen, dem Kampf gegen die Sünde. Das Hauptthema der Lesungen, die wir soeben gehört haben, ist die Botschaft von der dringend notwendigen Bekehrung.
Was sie bedeutet, welche Umwandlungen sie voraussetzt und welche Wirkungen sie hervorbringt, wird in den verschiedenen Elementen dieser Lesungen aufgezeigt und ist außerordentlich lebendig in den Worten des Vaters im Gleichnis des Evangeliums ausgedrückt: „... Wir wollen fröhlich sein, denn mein Sohn war tot und lebt wieder; er war verloren und ist wiedergefunden worden“ (*Lk* 15,24).

3. Das führt uns dazu, über die ganze Dynamik jeder Umkehr nachzudenken. Was geht vor sich, wenn ein Mensch „umkehrt"? Zuerst einmal „kehrt Gott sich um", das heißt, er wendet sich ihm zu, er macht sich auf, ihn zu suchen. Gott macht sich auf und geht als erster der Menschheit entgegen, auf der der Druck der Sünde lastet. Auch wenn, wie die erste Lesung sagt, Gott sich auf die Bitte des Mose hin „das Böse reuen ließ, das er seinem Volk angedroht hatte" (*Ex* 32,14), so sagt uns doch im Neuen Testament Jesus, in welchem das Erbarmen des Vaters sichtbar wird, daß der Vater nichts „Böses" zufügen will: Er schweigt, als der Sohn ihn verläßt, aber er erwartet ihn jeden Tag, man möchte sagen: mit Sehnsucht. Darum sucht er den fernen Horizont ab, in der Hoffnung, ihn wieder zu erblicken.

Das ist die wunderbarste Wirklichkeit des ganzen Vorgangs der Umkehr, ihr tiefster Grund. Wenn wir die Dinge theologisch betrachten wollen: Gott wendet dem Sünder sein Herz zu, weil er sich selbst, seiner Verheißung, seinem Heilsplan, dem Bund treu ist. Er läßt sich nicht von der Sünde des Menschen, auch wenn sie groß ist, besiegen. Gott bleibt treu in der Liebe, bleibt „seiner Vaterschaft treu, der Liebe treu, mit der er seit jeher seinen Sohn beschenkt hat" (*Dives in misericordia*, Nr. 6). Er ist also der Haupthandelnde bei der Versöhnung. Die Initiative geht von ihm aus, von ihm der Wille, den Menschen entgegenzugehen, denen er seine Liebe schenken will, damit sie das verlorene Gut in Fülle wiederfinden.

Gerade auf dieses Ungeschuldetsein der Liebe Gottes weist Mose in seiner Bitte hin: „Denk an deine Knechte, an Abraham, Isaak und Israel, denen du mit einem Eid mit deinem eigenen Namen zugesichert hast ..." (*Ex* 32,13). „Bei deinem eigenen Namen", das heißt kraft deines göttlichen Seins, deiner unendlichen Größe, der unvorstellbaren Großmut deines erbarmungsreichen Herzens, der liebenden Zuneigung, die dem Wesen deiner ewigen göttlichen Vaterschaft entstammt.

4. Der Initiative Gottes entspricht die Rückkehr, die „Umkehr" des Menschen. Sie begreift einen inneren Vorgang der Klärung in sich: das mühsame Wiederentdecken der Bedeutsamkeit der verlorenen Güter, eine Wiederentdeckung, hervorgerufen durch das Empfinden des tödlichen, bis auf den Grund gehenden Elends: „Ich komme vor Hunger um" (*Lk* 15,17).

Die Sünde, die im Verhalten des verschwenderischen Sohnes so genau beschrieben wird, besteht in der Auflehnung gegen Gott oder zumindest in Vergessen oder Gleichgültigkeit ihm und seiner Liebe gegenüber. Dieser gewaltsame und ungeordnete Akt zerreißt die Beziehung zu Gott und gipfelt in der Abwendung von ihm, das heißt in der Ablehnung Gottes und dessen, was er in Wirklichkeit für den Menschen ist: „Er zog in ein fernes Land ... Dort verschleuderte er sein Vermögen" (*Lk* 15,13).

Diese Flucht vor Gott aber hat für den Menschen die Situation einer tiefen Verwirrung hinsichtlich der eigenen Identität zur Folge und die bittere Erfahrung der Verelendung und Verzweiflung: Schließlich begann der verschwenderische Sohn, wie das Gleichnis sagt, seine Not zu spüren und war gezwungen – er, der in Freiheit geboren war –, sich in den Dienst eines der Bewohner jener Region zu stellen. Die Abwendung von jenem Gott, der das Grundprinzip des Lebens ist, wird also als eine schädliche Entscheidung sicht-

bar: als ein in der Tiefe der Seele sich ankündigender Tod, als tiefe Unruhe und Traurigkeit, als verzweifelte Unzufriedenheit mit dem Dasein, zu dem man sich selbst gebracht hat.
Hier nun wird dem Menschen sein Heimweh nach dem Vaterhaus bewußt, und er beginnt wieder zu hoffen, daß er dort erneut Aufnahme finden könnte: „Ich will aufbrechen und zu meinem Vater gehen" (*Lk* 15,18). Das Vertrauen auf die Gewalt der Liebesbeziehung zwischen Vater und Sohn läßt diesen den mühsamen Rückweg antreten, nicht so sehr auf die Furcht, sondern auf die Liebe gestützt.

5. Betrachten wir diese grundlegende Wahrheit vom väterlichen Erbarmen Gottes in dieser Pfarrei von Trevignano Romano, in dieser Gemeinde, die heute aufgerufen ist, ihren Glauben zu bekennen, indem sie die Botschaft aufnimmt, daß „bei den Engeln Gottes Freude (herrscht) über einen einzigen Sünder, der umkehrt" (*Lk* 15,10).
Ich grüße euren Bischof Divo Zadi; er ist unter euch der erste Zeuge für die Barmherzigkeit, die das Evangelium verkündet. Ich grüße den Herrn Bürgermeister und den Leiter der staatlichen Taubstummenanstalt. Ich danke ihnen für die guten Worte, die sie an mich gerichtet haben. Ebenso grüße ich euren Herrn Pfarrer und wünsche ihm reiche Gaben des Himmels für seinen Dienst. Schließlich grüße ich die zahlreiche Vertretung der Taubstummen und alle Vereinigungen des Apostolats, der Caritas und der Katechese, die an der Feier teilnehmen.
Ferner denke ich an die Familien, an die alten Menschen, an die Kranken und besonders an die Jugend. Jungsein bedeutet, zu jener Bevölkerungsschicht gehören, die sich erfinderisch und voller Pläne nach der Zukunft hin ausstreckt. Die Entscheidungen, die in jungen Jahren reifen, bringen ernste und anspruchsvolle Verantwortung mit sich, gerade deshalb, weil von ihnen die Zukunft der Einzelnen und der Gemeinschaften abhängt.
Euch, ihr Jugendlichen, kommt es zu, den besten Teil der Ernte des zu Ende gehenden Jahrhunderts einzubringen, das heißt, dieser Sehnsucht nach Gerechtigkeit, nach Solidarität, Freiheit und Frieden, von der die heutige Generation erfüllt ist, um daraus den erhofften Nutzen zu ziehen für euch selbst und die kommenden Generationen. Um das zu erreichen, müßt ihr euch vor Plänen und Eingebungen hüten, die die Werte des Glaubens und der Religion beiseite lassen, der die Gradlinigkeit und Ehrlichkeit, Respekt vor dem andern und Verantwortungsbewußtsein in der Pflichterfüllung lächerlich machen.
Euch, ihr jungen Leute, kommt es zu, die Hoffnungen und Erwartungen hinsichtlich der Förderung, des Fortschritts und der Entwicklung des Menschen in die Wirklichkeit umzusetzen, Hoffnungen, die besonders lebhaft empfunden werden von denen, die mit euch am Rand der Hauptstadt leben. Euch kommt es zu, nach angemessenen Lösungen für die aufkommenden Probleme zu suchen, Formen verantwortlicher und redlicher Beteiligung am politischen und sozialen Leben in die Tat umzusetzen, mit dem festen Entschluß, zu dienen und nicht zu profitieren, wenn das Wohl aller auf dem Spiel steht. Es ist eure Aufgabe, zu zeigen, daß ihr fähig seid, ein konsequentes und großmütiges Verhalten an den Tag zu legen, wo es um die Erfordernisse des Allgemeinwohls und besonders um die der Schwachen geht.

6. Heute gedenken wir mit Bewunderung und Dank einer beispielhaften Priestergestalt, die ganz dem Dienst an Jugendlichen einer besonders benachteiligten Gruppe hingegeben war: des Abtes Tommaso Silvestri. Dieser Priester schloß sich nicht ein in die egoistische Verteidigung des eigenen ruhigen Lebens. Er wollte sich viel mehr – und dabei wurde er von Papst Pius VI. ermutigt – gerade den Taubstummen als nützlich erweisen, indem er ihnen half, sich „durch das lebendige Wort" auszudrücken. Dadurch wurde er zum Erfinder einer klugen und wirksamen Unterrichtsmethode, mit deren Hilfe auch sie sprechen und Gott loben konnten in der wiedergefundenen Möglichkeit der Kommunikation mit anderen.

Die Tausenden von Menschen, die zur „Ente Nazionale Sordomuti" gehören und heute hier anwesend sein und mitfeiern wollten, sind das schönste Zeugnis für den menschlichen und christlichen Wert des Dienstes von Abt Silvester und denen, die sein wertvolles Werk fortgesetzt haben.

Die Taubstummen haben mit einer Weise der Beeinträchtigung zu kämpfen, die die Möglichkeit des Kontaktes und der Kommunikation mit der Umwelt schwer behindert. Ich möchte ihnen meine Hochachtung ausdrücken für die Beharrlichkeit, mit der sie sich bemühen, diese Grenze zu überwinden. Oft kommen sie dabei zu überraschenden Resultaten. Ich ermuntere euch, liebe Brüder und Schwestern, beharrlich fortzufahren ohne euch von Schwierigkeiten entmutigen zu lassen. Setzt euren Weg fort mit Hilfe derer, die sich nach dem Beispiel des großen Sohnes von Trevignano, Abt Silvestri, mit bewundernswerter Hingabe an eurer Seite alle Mühen geben.

„Herr, öffne meine Lippen – haben wir im Psalm gesungen – und mein Mund wird deinen Ruhm verkünden" (*Ps* 50/51,17). Möge der Herr, meine Lieben, immer mehr eure Lippen öffnen und euch gewähren, von seiten der gesellschaftlichen Umwelt, in die ihr gestellt seid, Verständnis und Unterstützung zu finden.

7. „Christus Jesus ist in die Welt gekommen, um die Sünder zu retten ... Ich habe Erbarmen gefunden, damit Christus Jesus an mir ... seine ganze Langmut beweisen konnte" (*1 Tim* 1,15–16).

In Jesus wird die Großmut Gottes gegen jeden Menschen in Not offenbar, der stets das geliebte und erwünschte Kind Gottes ist und bleibt. Die Liebe Gottes, die keine Grenzen kennt, leuchtet aus allen Texten des Gotteswortes, das heute hier in Trevignano verkündet wurde. So ist Gott: gut, reich an Verstehen, von überströmender Liebe, erfüllt von dem Wunsch, daß seine grenzenlose, liebende Zuneigung begriffen und erwidert werde.

So müssen auch wir gegen unsere Brüder sein. Es sei unsere Aufgabe, die Empfindungen Gottes, der Vater ist, zu teilen, und die Menschen erfahren zu lassen, daß es in der Welt eine Liebe gibt, die mächtiger ist als die Sünde und alle ihre Äußerungen, eine Liebe, die schon hier in der Zeit die Freude aufkeimen lassen kann, um ihr dann in der Seligkeit des Himmels Ewigkeit zu verleihen.

Maria war Pilgerin auf Erden

Ansprache zur Segnung der Marienstatue an der „Autostrada del Sole“ bei der Ausfahrt Orte am 17. September

Liebe Brüder und Schwestern!

1. Mein herzlicher Dank gilt Bischof Divo Zadi sowie dem Herrn Präsidenten der Gesellschaft der italienischen Autobahnen und dem Herrn Bürgermeister von Orte für ihr freundliches Grußwort. Ich begrüße die religiösen, politischen und militärischen Autoritäten, die dieses Treffen mit ihrer Teilnahme beehren. Ich danke allen Anwesenden für ihren liebenswürdigen Empfang und begrüße sie herzlich, besonders die Leiter und Angestellten von I.R.I. und der Gesellschaft der italienischen Autobahnen, die hochherzig die Initiative unternommen haben, welche heute ihren krönenden Abschluß findet.
Ich freue mich, daß es mir vergönnt war, die Einladung zur Segnung dieses Monuments anzunehmen, das Maria unter dem Titel „Kluge Jungfrau“ geweiht ist und seinen Platz an dieser schönen Stelle der „Autostrada del Sole“ an dem bedeutenden Straßenknotenpunkt bei Orte in einem eindrucksvollen Landschaftsbild gefunden hat. Ich beglückwünsche die Organisatoren dieser Initiative, vor allem P. Felice Rossetti, der diese Idee angeregt, und Herrn Bildhauer Roberto Joppolo, der sie ins Werk gesetzt hat. Wir stehen vor einem Werk der Kunst und des Glaubens, das mitten im unaufhörlich vorbeiflutenden Verkehr und den immer schnelleren Rhythmen des modernen Lebens zum Nachdenken und zum Gebet einlädt.

2. Dieses Standbild aus weißem Carraramarmor, das vor dem Hintergrund der Hügelkette in einer weiten, schönen Landschaft in den Himmel ragt, wurde zur Erinnerung an das Marianische Jahr 1987–1988 errichtet und stellt die Jungfrau Mutter als Vorbild für den Pilgerweg des Menschen dar. Deshalb gewinnt es eine Bedeutung, die über den einmaligen Anlaß hinausgeht.
Maria war in der Nachfolge ihres Sohnes Jesus Pilgerin auf Erden. Der Evangelist Lukas beschreibt sie „auf dem Weg ins Bergland“ (vgl. *Lk* 1,39), nachdem sie die Botschaft des Engels vernommen hatte. Von da an war das Leben Marias mehrmals von der Notwendigkeit des Unterwegsseins gekennzeichnet. Das Evangelium gibt die Hauptetappen ihres Weges, sowohl innerhalb von Palästina wie außerhalb seiner Grenzen wieder: Nazaret, Betlehem, Ägypten, Kana, Jerusalem, und manchmal auf den Spuren der apostolischen Reisen ihres Sohnes. Es gibt ferner eine Tradition, die sie uns nach dessen Himmelfahrt noch in Ephesus im Kleinasien vorstellt.
Maria weiß, was es bedeutet, auf den Straßen der Erde unterwegs sein, mit all den Gefahren und dem Unvorhersehbaren, die das mit sich bringt. Wie sie damals ihrem Sohn nahe war, so ist sie auch uns heute mit ihrer mütterlichen Gegenwart nahe, damit die Schwierigkeiten oder auch das Anziehende des irdischen Weges uns nicht vom Blick auf das endgültige Ziel, den Himmel, ablenken.

3. Wenn Christus der Weg des Menschen ist, dann ist Maria die zuverlässige Führerin auf diesem Weg.

Christus ist die göttliche Sonne, die jedem Menschen leuchtet, der in diese Welt kommt. Die Kirche hat die Worte aus der Offenbarung des Johannes von der Frau, „mit der Sonne bekleidet", auf Maria angewandt. Durchstrahlt von der Fülle des Lichtes Christi, gibt Maria, die Mittlerin der Gnaden, dieses Licht weiter an alle Söhne und Töchter, die sich noch in den Gefahren des irdischen Pilgerweges abmühen.

Es ist nicht ohne Bedeutung, daß sich dieses Standbild an einer Autobahn, die sich nach der Sonne benennt, im Pfarreibezirk von Santa Maria della Strada befindet, der Pfarrei, die ich nachher besuchen werde.

Dieser Abschnitt der Autobahn wird täglich von tausenden Autos im Höchsttempo befahren. Die Statue der „Klugen Jungfrau" will diskret jeden Autofahrer an die gebotene Klugheit erinnern, nicht nur als übernatürliche Tugend, sondern auch als bürgerliche Pflicht, begründet in der Achtung des Nächsten. Sie will überdies jeden daran erinnern, daß der Mensch nur im Vorübergang auf dieser Erde ist und daß das endgültige Ziel, dem wir alle zustreben, anderswo liegt. Dieses Standbild Marias hat also in einem genauen und bedeutungsreichen Sinn seinen Platz im Geflecht des heutigen Lebens und hilft den Passanten, nicht den Weg zu verpassen und mit größerer Sicherheit zu fahren.

Dies ist auch der Wunsch, den ich bei diesem freudigen Anlaß aussprechen möchte. Jesus, unser Erlöser, der die Straßen unserer Erde kennt, segne auf die Fürbitte Marias, seiner und unserer Mutter, alle, die hier vorüberfahren, wie auch alle auf anderen großen Verkehrsstraßen, und er segne alle, die dazu beigetragen haben, dieses Werk zustandezubringen und es im Glaubensgeist unterstützt haben.

Nur Christus kann die Befreiung schenken

Ansprache Johannes Paul II. an das Generalkapitel der Augustiner am 26. September

Meine Lieben!

Mit großer Freude empfange ich euch, die Oberen und Delegierten des Augustinerordens, die ihr aus vielen Teilen der Welt zum 176. Generalkapitel in Rom versammelt seid. Ich grüße euch alle und in besonderer Weise P. Miguel Angel Arcasitas Gómez, den ihr zum Generalprior gewählt, und dem ihr damit für die nächsten sechs Jahre die Leitung des Ordens anvertraut habt.

1. Als Thema für das Generalkapitel habt ihr gewählt: „Die Augustiner an der Schwelle des Jahres 2000". Mit Freude sehe ich in dieser Wahl des Themas den klaren Willen, euren Weg mit der Kirche und für die Kirche an der Schwelle des dritten Jahrtausends ihrer Geschichte fortzusetzen; zugleich den aufrichtigen Entschluß, die Herausforderungen unserer Zeit mit mir anzunehmen und sie zum Wohl des Menschen, der der „erste und grundlegende Weg der Kirche" ist, zu lösen (*Redemptoris hominis* Nr. 14), denn Christus selbst hat diesen Weg im Geheimnis seiner Menschwerdung und Erlösung vorgezeichnet. Die Erfahrung und die Lehre eures Ordensvaters, des hl. Augustinus, bieten euch für eure Präsenz und Sendung in Kirche und Welt von heute deutliche und maßgebende Hinweise.

2. Der hl. Augustinus hat das „Problem des Menschen", seine Ängste und Bestrebungen, wie ihr gut wißt, gründlich studiert (vgl. *Confessiones IV*, 4,9: *PL* 32,397). Es ist ihm irgendwie gelungen, sich mit jedem Menschen in Übereinstimmung zu fühlen, da er das Elend und die Größe des Menschen kennengelernt und erfahren hatte. In seiner Begegnung mit Christus bei der Bekehrung hat der hl. Augustinus die echte Lösung des Problems gefunden. Ohne seinen Bezug zu Gott kann man den Menschen nicht verstehen; nur Christus kann ihm die Befreiung und das Heil schenken, nach dem er Ausschau hält (vgl. *Ansprache an die Teilnehmer des internationalen Kongresses über den hl. Augustinus* vom 17.Sept. 1986: *AAS* 79,1 [1987], Nr. 2, S. 523). Die gleiche Erfahrung, die jeder von euch in euren Gemeinschaften macht, ist auch heute noch ein kostbares Geschenk, das ihr hüten und dem Menschen von heute anbieten müßt, der weiter nach der Wahrheit und nach befreienden Lösungen sucht. Mit einer starken, frohen und sichtbar werdenden Christuserfahrung könnt ihr zum ständigen Bemühen der Kirche in ihrem Dienst für alle Menschen beitragen.

3. Der hl. Augustinus war zugleich ein großer Kontemplativer und hat das kostbare Verdienst, seine starke Leidenschaft für Gott in den unermüdlichen Dienst für jede Art von Menschen, in Antwort auf die verschiedenen Bedürfnisse der Kirche seiner Zeit umgemünzt zu haben. Während er unermüdlich sein Innenleben pflegte, indessen Mitte sich Gott befindet (vgl. *De Trinitate VIII*, 7,11: *PL* 42,957), hat er sich nie den Ansprüchen des „armen Christus" entzogen, wann immer dieser an die Pforte seines Friedens klopfte (*In Jo. Ev., Tr.* 57,4: *PL* 35, 1791). Mit dem ständigen Studium des Wortes Gottes und der Probleme seinerzeit wußte Augustinus mit großem und beneidenswertem Gleichgewicht eine Liebe zu verbinden, die immer bereit war, die Bitten des „bedürftigen Christus", der Brot und Wahrheit begehrte, zu erfüllen. Hier liegt eine weitere wichtige Aufgabe für euch, zum Wohl der Kirche und des heutigen Menschen; eine bewußte und tiefe Kontemplation der Liebe und Schönheit Gottes, die euch das Ausströmen des Wohlgeruchs Christi gestattet (vgl. *Regula VIII*, 1: *PL* 32,1384). In einer Welt, in der sich leider weiter vielfältige Ungleichgewichte wegen Mangel an Liebe und Vertrauen zu Gott und seiner Gerechtigkeit feststellen lassen, wird das Zeugnis von Menschen um so wichtiger, die ihr Leben auf das Hören und die Kontemplation dieses Gottes gründen, um dann den Brüdern, getragen von seiner ungeschuldet gewährten barmherzigen Liebe, zu dienen. Eure Gemeinschaften müßten daher immer deutlicher zu Stätten großer Menschlichkeit und Empfangsbereitschaft werden, gerade weil man dort betet und die Begegnung mit Gott verkostet.

4. Augustinus hat sich beständig von der ersten Kirche in Jerusalem anregen lassen, wie der hl. Lukas sie in der Apostelgeschichte beschreibt (*Apg* Kap. 2 und 4), denn er sah in ihr das fruchtbare Vorbild der Gemeinschaft und des Teilens. Auch seine eigenen monastischen Gemeinschaften wurden von ihm dieser Gemeinschaft nachgestaltet, damit für die ganze Menschheit die Bedeutung der Kirche als Geheimnis der Gemeinschaft und der Einheit noch deutlicher wurde (vgl. *Lumen Gentium*, Nr. 1; Hl. Aug., *En. in p.s.* 132,9: *PL* 37,1735). Die nachkonziliare Zeit war durch das Nachdenken der ganzen Kirche über ihre eigene Identität gekennzeichnet. Jetzt aber braucht es im Hinblick auf eine neue

Evangelisierung lebendige und wirksame Vorbilder kirchlichen Lebens; es braucht „die Erneuerung der christlichen Substanz der Gemeinden" (vgl. *Christifideles laici*, Nr. 34). Wer kann nun der Kirche mehr als ihr bei diesem Dienst der Gemeinschaft in Kirche und Welt helfen? Ich wünsche von Herzen, daß dieses Kapitel den Beginn eines neuen und ehrlichen Bemühens in eurer Ordensfamilie anzeigt, sie zum Zeichen und Sauerteig neuer kirchlicher Gemeinschaften zu machen, in der alle Christen – Laien, Ordensleute und Priester – sich mit Christus als ein Leib fühlen, als „ein einziger Christus", als „totaler Christus" (vgl. *Ep* 243,4: *PL* 33,1056; *In Jo.Ev.* 21,8 : *PL* 35,1568; vgl. *Augustinum Hipponensem*, Teil II, Abschnitt 8: *AAS* 79,1 [1987] Nr. 2, S. 151–156).

5. Schließen möchte ich mit einem Wunsch und einer Mahnung. Der Wunsch lautet: „Die Lehre des hl. Augustinus soll studiert und weithin bekanntgemacht werden und sein pastoraler Eifer soll Nachahmung finden, damit die Lehre eines so großen Lehrers und Hirten in Welt und Kirche zum Wohl von Kultur und Glauben weiterwirkt" (*Augustinum Hipponensem*, Schluß: *AAS* 79,1 [1987], Nr. 2, S. 170). Die Mahnung lautet: Öffnet euch in prophetischer und gläubiger Haltung mutig den neuen Frontbereichen der Kirche und bemüht euch, eure Erfahrung neu lebendig werden zu lassen in tieferem Bewußtsein von eurer Identität und in ständigem besonderen Bemühen um die Werbung von Berufungen und die Ausbildung neuer Kandidaten für euren Orden. Die Jungfrau Maria, die ihr unter den schönen Titeln der Mutter vom Trost und vom Guten Rat besonders ehrt, geleite eure Schritte und bitte für euch, daß ihr stets alles das zu tun vermögt, was ihr Sohn Jesus euch sagen wird (vgl. *Joh* 2,5). Ich rufe die Gnade des Herrn auf euch herab und erteile den Apostolischen Segen aus ganzem Herzen den Anwesenden und allen Mitbrüdern des Augustinerordens, den geliebten Augstinernonnen des kontemplativen Lebens sowie den Mitgliedern der Institute, die zur Familie der Augustiner gehören, sowie allen Laien, die irgendwie durch Bande der Freundschaft und Mitarbeit mit euch verbunden sind.

Propheten und Zeugen sein

Ansprache an die Teilnehmer des Generalkapitels der Karmeliten am 29. September

Liebe Brüder!

Aus ganzem und offenem Herzen grüße ich euch, die qualifizierten Vertreter des Karmelitenordens antiker Observanz, die ihr in diesen Tagen in Sassone zu den Arbeiten des Generalkapitels versammelt seid. Ich danke dem Generalprior John Malley für die Worte der Ehrung, mit denen er dieses Treffen hat eröffnen wollen. Ihm und euch allen drücke ich meine innigen Glückwünsche für neuen Schwung bei der Wiederaufnahme der eurem wohlverdienten Orden eigenen Tätigkeiten aus.

1. Das Generalkapitel ist ein großer Augenblick der Gnade für jede Ordensfamilie. Es ist ein Augenblick des erneuerten Einsatzes und der Treue zum eigenen Charisma, der gemeinsamen Erinnerung an die Gegenwart des Geistes inmitten der Familie. Der Karmelitenorden, dem ihr angehört, hat seine Wurzeln in der Heimaterde Jesu und Mariens: auf

dem Berge Karmel, der reich ist an geistiger Symbolik und an Erinnerungen, die mit dem Propheten Elija in Verbindung stehen. Der Pilgerweg zu den Stätten der Erlösung hat die Gotteserfahrung und Spiritualität geprägt, die das kostbarste Erbe bilden, das der Karmel im Volke Gottes lebendig erhält.
Mehrmals in diesen letzten Jahren habe ich die Gläubigen und die Menschen guten Willens eingeladen, den Blick mit Hoffnung aber auch mit erneuerter Treue auf das dritte Jahrtausend der Ära Christi zu richten. Zuletzt ist mit dem Marianischen Jahr die ganze Kirche gerufen worden, sich mit Maria auf dieses Ereignis vorzubereiten, das der ganzen Menschheit unter dem Zeichen Christi, des Erlösers des Menschen, „zugleich einen neuen Blick auf die Zukunft ... eröffnet" (*Redemptoris mater*, Nr. 49).

2. Ich bin zufrieden, daß der Karmelitenorden auf diese Ermahnungen hat antworten wollen, indem er als Brennpunktthema für das Generalkapitel wählte: „Karmel 2000: Erbe, Prophetie und Herausforderung. Elija, was tust du hier?" (vgl. *1 Kön* 19,13). Die gegenwärtige Lage der Welt läßt Umwandlungen erkennen, die gültige Hoffnungen auf eine bessere Zukunft für alle begründen, enthüllt jedoch auch vielfache, bisher unbekannte Bedrohungen (vgl. *Dives in misericordia*, Nr. 2). Die Karmelfamilie muß gemeinsam mit der ganzen Kirche die Kraft haben, dieser Zukunft mit Mut entgegenzutreten.
Das Thema eures Generalkapitels ist dazu bestimmt, vermehrtes Bewußtsein der kostbaren Gabe karmelitischer Spiritualität entstehen zu lassen und die Achtung, der sich das Charisma des Karmels in der Kirche erfreut, in immer feinerer Weise bewußt zu machen. Dieses ist nämlich eine Gabe des Geistes an die Kirche, der fortfährt, sie mit der jahrhundertelangen Erfahrung an Innerlichkeit, Beschauung, Brüderlichkeit und prophetischem Dienst zu erbauen.

3. Das Erbe des Ordens ist mit dem ersten Anruf der Eremiten auf dem Berge Karmel verbunden, die sich der Beschauung und der Einsamkeit hingaben; es erinnert daran, wie der Orden sich in den Dienst der Kirche und des Evangeliums gestellt hat; wie er die Jahrhunderte hindurch die Werte des Ordenslebens bezeugt hat, in der Nachfolge des Propheten Elija und Mariens, Glanz und Mutter des Karmels, aufmerksame Hörerin des Wortes Gottes, solidarisch mit dem Volk des Bundes und mit dem Leiden der Unterdrückten aller Art.
Die Prophetie des Ordenscharismas beruft sich auf Elija, der ein leidenschaftlicher Bekenner der lebendigen Gegenwart Gottes in der Geschichte und in den Vorkommnissen war. Die Karmeliten – die einzigen im Abendland, die das Fest und die Botschaft Elijas feiern – sind berufen, Propheten und Zeugen zu sein in der „dunklen Nacht" des Geistes, die unsere Gesellschaft durchlebt. Das eifrige Beispiel Elijas soll in der ganzen Karmelitenfamilie einen tiefgläubigen wachsamen Blick erwecken für die gegenwärtige Lage des Menschen von heute und für die Bedrohungen, die seine Umwelt sowie die Wurzeln seines Lebens selbst vergiften: seine Beziehung zu Gott, den Sinn des Lebens, der Arbeit, der Gerechtigkeit und der Unterdrückung, der wahren Würde eines jeden Lebenden.
Die Herausforderung schließlich, die sich dem Orden des Karmels auf seinem Weg ins Jahr 2000 stellt, ist dieselbe, die vor der ganzen Kirche steht: der säkularisierten Welt das

Antlitz Christi als Quelle der Hoffnung und der Würde anzubieten. Es ist eine Glaubensherausforderung, welche die ganze Kirche in eine zwar unbekannte Zukunft wirft, doch sicher eine Zukunft voller Möglichkeiten und Optimismus für das Reich Gottes.
Der Karmel muß seinen eigenen Beitrag leisten, indem er jeden Mann und jede Frau auf dem Weg begleitet, der den Herausforderungen entgegenführt vor die, in nunmehr kosmischen Dimensionen, die Menschheit sich gestellt sieht.

4. Ich weiß, daß dieses Generalkapitel in einem Klima der Hoffnung und der Zuversicht auf die Zukunft gearbeitet hat, dabei stets jedoch die antike Tradition des Ordens vor Augen hatte. Ohne das besondere Erbe eurer Spiritualität zu verraten, habt ihr mit diesem Geist eure zentrale Leitung umstrukturieren wollen, um diese den Erfordernissen des Dienstes des ganzen Ordens immer mehr gerecht werden zu lassen. Auf diese Weise habt ihr die verschiedenen Teilungen der heutigen Welt in Betracht gezogen (vgl. *Sollicitudo rei socialis*, Nr. 20) und den notleidenden Zonen der Welt größere Aufmerksamkeit schenken wollen (vgl. *Populorum progressio*) sowie den Problemen im Zusammenhang mit einer wahren Evangelisierung, mit eurer Vorzugsoption für die Armen jeder Nation und mit eurem Einsatz für die Gerechtigkeit und den Frieden in der Welt. Die internationale Dimension eures Ordens bereichert euch und läßt euch auch den Aspekt der erweiterten Karmelitenfamilie vor Augen haben und die Wichtigkeit der Laien, die euer Charisma teilen.
Auf diese internationale Szene muß sich die bereits reiche Tradition der Spiritualität des Karmels öffnen, die sich zutiefst konfrontiert fühlt mit der Herausforderung, die die heutige Welt dem Evangelisierungsauftrag der Kirche stellt.

5. Während dieses Generalkapitels habt ihr nicht nur eure Gesetzgebung revidieren und eine zentrale Leitung entsprechend den erneuerten Strukturen wählen, sondern auch die Aktionslinien für die kommende Sechsjahresperiode programmieren wollen, indem ihr die Vorgehenskriterien genau gewertet und die schwersten und dringendsten Probleme angezeigt habt. Schon das Thema des Kapitels sollte im Herzen jedes Gremiumsmitglieds Anregung und Hoffnung hervorrufen. Das Generalkapitel ist eine Feier eurer internationalen Brüderlichkeit; eine Begegnung mit der existentiellen Wirklichkeit des Ordens mit seinen Grenzen und seinen Vorzügen. Am Ende des Generalkapitels und nach Fertigstellung aller Pläne müssen sich daher alle angeregt und ermutigt fühlen, mit Christus, begleitet von Maria und Elija, dem dritten Jahrtausend entgegenzugehen, hin zu jener Zukunft, deren Herr einzig Jesus ist.
Zu diesem Zweck erteile ich euch den Apostolischen Segen, den ich auf alle Mitglieder eures Ordens ausdehne.

Ein Schritt auf dem Weg der ökumenischen Pilgerfahrt

Ansprache bei der Vesper in der Kirche San Gregorio al Celio im Beisein des Erzbischofs von Canterbury am 30. September

1. „Gnade sei mit euch und Friede von Gott, unserem Vater" (*Kol* 1,2).
Wir vernehmen diesen Gruß des hl. Paulus an die Gemeinde von Kolossä in der Lesung der Vesper am Vorabend des 26. Sonntags im Jahreskreis.
Die gleichen Worte richte ich an diesem Abend an Sie. Zuerst möchte ich meinen Bruder in Christus, den Erzbischof von Canterbury begrüßen: gemeinsam mit Ihnen heiße ich die anderen Vertreter der anglikanischen Gemeinschaft willkommen, die Sie begleiten. Willkommen in Rom, in der Stadt, die mit dem Blut der Apostel Petrus und Paulus gezeichnet ist; willkommen in dieser dem hl. Gregor geweihten Kirche, wo vor 1400 Jahren mein Vorgänger, der hl. Papst Gregor der Große, dem hl. Augustinus den Auftrag erteilte, dem Volk Englands „das wahre Wort des Evangeliums" (*Kol* 1,5) zu verkünden. Augustinus war Vorsteher des Andreas-Klosters auf dem Coelius, das genau dort stand, wo wir heute versammelt sind und wo wir die Gebete und Lobgesänge fortsetzen, die jahrhundertelang von diesem Ort aus zu Gott emporsteigen. Ich begrüße die Vertreter dieser gleichen monastischen Tradition, an deren Gebet wir heute teilnehmen. Darüber hinaus erinnere ich an die bedeutsame Rolle, die das monastische Leben – nicht zuletzt in England – immer für das Annehmen, Leben und Weitergeben dieses „wahren Wortes" (vgl. *ebd.*) spielte.
Mit der Aussendung des hl. Augustinus als Prediger für das angelsächsische Volk übte der hl. Gregor die dem Amt des Bischofs von Rom eigene pastorale und missionarische Verantwortung aus. In seinen Schriften finden wir eine hohe und volle Wertschätzung des weltweiten Primats, der dem Bischof auf dem Stuhl Petri anvertraut ist. Er war es, der den Bischof von Rom als „caput fidei" (Haupt des Glaubens) bezeichnete und den Träger dieses Amtes als „servus servorum Dei" (Diener der Diener Gottes) beschrieb (Ep. XIII, 39).

2. Als Bischof von Rom reiste ich vor sieben Jahren nach England, um die dortigen Katholiken zu besuchen. Meine Reise führte mich auch nach Canterbury, in die Kathedrale des hl. Augustinus. Mit meiner Pilgerfahrt zum Heiligtum des Märtyrers Thomas Becket beabsichtigte ich, meinen Beitrag zur Heilung der schrecklichen Wunden zu leisten, die dem Leib Christi im 16. Jahrhundert zugefügt wurden. Wir beteten dort gemeinsam, Euer Gnaden und ich, um dieses ungeteilte, volle Leben in Christus, Gottes Gabe der Einheit.
Grund für meine Pilgerfahrt nach Canterbury war der Gehorsam dem Willen unseres Herrn Jesus Christus gegenüber, der in der Nacht vor seinem Tod betete: „Alle sollen eins sein" (*Joh* 17,21). Die Spaltungen innerhalb der Christenheit erfordern heute, daß der Primat des Bischofs von Rom auch ein Primat des Wirkens und der Initiative zu Gunsten jener Einheit sei, um die Christus so inständig gebetet hat. Ich betrachte unsere heutige Feier des Abendgebetes als einen weiteren Schritt auf dem Weg der ökumenischen Pilgerfahrt, zu der Katholiken und Anglikaner gemeinsam mit anderen Christen berufen

sind. Unser Ziel ist es, jenes gemeinsame Erbe des Glaubens wiederzuentdecken, das wir vor den tragischen Ereignissen teilten, durch die vor 400 Jahren das christliche Europa gespalten wurde. Wir müssen unsere gemeinsamen Wurzeln in den tausend Jahren finden, während derer die Christen in England in dem vom hl. Augustinus eingepflanzten Glauben vereint waren.

Mit der gemeinsamen Erklärung, die wir beide in Canterbury unterzeichneten, setzten wir die zweite anglikanisch/römisch-katholische internationale Kommission (ARCIC-II) ein, deren Aufgabe es ist, sich mit den Unterschieden in der Lehre zu befassen, die uns noch immer trennen. Bei dem heutigen Zusammentreffen jedoch können wir nicht umhin, zuzugeben, daß einige Ereignisse der letzten Jahre die zwischen uns bestehenden Unterschiede noch verschärft und damit die Arbeit der Kommission erschwert haben. Ich möchte heute den Mitgliedern dieser Kommission in ihrer mühsamen Arbeit – dem Studium der Wurzeln und der Herkunft der Unterschiede zwischen uns – Mut zusprechen. Mögen ihnen für die Annahme dieser Herausforderung Optimismus und Ausdauer beschieden sein!

3. Die Integrität des apostolischen Glaubens, wie er ein für allemal den Heiligen in der apostolischen Tradition weitergegeben wurde (vgl. *Jud* 3), muß voll und ganz aufrechterhalten werden, soll die Einheit jene sein, um die Christus gebetet hat. Die Verantwortung für die Bewertung der Lehre und der Praxis, die nach den Worten des hl. Paulus einen Teil des unserer Hut anvertrauten Gutes ausmachen (vgl. *1 Tim* 6,20), obliegt der Lehrhoheit der Kirche. Nach den Worten des Zweiten Vatikanischen Konzils ist „die Aufgabe, das geschriebene oder überlieferte Wort Gottes verbindlich zu erklären, nur dem lebendigen Lehramt der Kirche anvertraut" (*Dei Verbum*, Nr. 10). Das spezifische Amt der Bischöfe, das sie gemeinsam mit dem Stuhl Petri zur Sicherung der Einheit und der Kontinuität des Glaubens ausüben müssen, ist lebenswichtig, wenn wir den Glauben der hll. Petrus, Gregor und Augustin weitergeben, nochmals die Völker Europas evangelisieren und das Evangelium allen Völkern der Welt verkünden wollen.

Der hl. Gregor war ein Mann von großer Erfahrung. Als Vertreter der Kirche von Rom bei der Kirche von Konstantinopel wußte er sehr wohl, daß es Unterschiede im Bekennen und Leben des Glaubens, in seiner liturgischen Ausdrucksweise, in der Spiritualität, Theologie und kirchlichen Disziplin geben konnte, wobei jedoch gleichzeitig in allem die Einheit des Geistes durch den Frieden gewahrt wurde, der alle zusammenhält (vgl. *Eph* 4,3). Die gleiche Hoffnung und Auffassung hegte er sicher auch bezüglich der Kirche in England. Der Kontinent Gregors und Augustinus' hat es heute dringend notwendig, das „Wort der Wahrheit" (vgl. *Kol* 1,5) neuerlich zu hören. Die Wellen des Aberglaubens schlagen hoch, wie es zur Zeit des hl. Paulus bei den Kolossern der Fall war. Wir sind von den Kräften der Säkularisierung umgeben, welche die Unkenntnis des Wortes Gottes mit sich bringen. Die Bewohner unseres Kontinents rufen nach der Frohbotschaft, und wehe uns, wenn wir sie nicht verkünden!

4. „Gnade sei mit euch und Friede von Gott, unserem Vater." Als der hl. Paulus diese Worte an die Kolosser richtete und Gott, dem Vater, für ihren „Glauben an Christus Jesus und die Liebe … zu allen Heiligen" dankte, war er von Hoffnung und Mut beseelt. Er

schrieb jedoch auch von der Sorge bewegt, der Glaube mancher Christen in Kolossä an Jesus Christus, den Herrn und Heiland, der mit seinem Tod und seiner Auferstehung alle anderen Mächte und Gewalten im Himmel und auf der Erde besiegt hat, könnte wanken. Diese Sorge gab Paulus den großen Hymnus an Christus, den Erstgeborenen der ganzen Schöpfung, ein.

„Er ist vor aller Schöpfung, in ihm hat alles Bestand. Er ist das Haupt des Leibes, der Leib aber ist die Kirche“ (*Kol* 1,17–18).

Christus ist unser Haupt; alles ist ihm unterworfen. Er ist unser Herr. Er ist unser Anfang und unser Ende. Wie zur Zeit des hl. Paulus, so werden auch jetzt all unsere Bemühungen um die Wiederherstellung der Einheit unter den Christen vergeblich sein, wenn sie nicht in rückhaltloser Treue zu dem von den Aposteln weitergegebenen Glauben an Christus erfolgen.

5. Ich hege die große Hoffnung, daß diese unsere Begegnung in Rom den Weg für den Augenblick ebnet, in dem Rom und Canterbury wieder voll und ganz in der Lage sein werden, gemeinsam, wie in den Tagen Gregors und Augustinus', das „Wort der Wahrheit“ zu verkünden. Das Evangelium ist nun schon weit jenseits unseres Kontinents bekannt. Auch wir können mit Paulus sagen, daß es in aller Welt „wächst und fruchtbar ist„.
Die missionarische Aufgabe gibt unseren ökumenischen Bestrebungen besondere Dringlichkeit: wir haben gegenüber den Entwicklungsländern in aller Welt, in welche die in Europa entstandenen Spaltungen hineingetragen wurden, eine besondere Verantwortung.

Wir haben auch die tragischen Konflikte und Spaltungen vor Augen, die das Antlitz der gegenwärtigen Welt verunstalten. Ganz besonders in diesen Tagen denken wir an die Bewohner des Mittleren Ostens – eine Gegend, von der ich weiß, daß ihr stets die Gedanken und Gebete meines geliebten, heute hier weilenden Bruders gelten. Wenn Männer und Frauen den Frieden Christi kennenlernen sollen, wenn sie in ihm, dem Einzigen, der der Welt den Frieden bringen kann, versöhnt werden sollen, dann müssen die Christen danach streben, eine versöhnte und versöhnende Gemeinschaft zu werden.

Wie reich ist die Ernte, die einzubringen Christus uns berufen hat! Wieviele Verwundete, Verlorene und Einsame finden sich in den von Menschen wimmelnden Großstädten unserer Welt! Wieviele Obdachlose und Hungrige rufen nach dem Brot des Lebens und möchten in Jesus Christus ihre Heimstatt finden!

Ich bete darum, daß wir während dieser Tage des Besuchs des Erzbischofs von Canterbury in Rom wirklich von Gott jener Einheit entgegengeführt werden, die seine Gabe ist. Das Ziel all unserer Bestrebungen muß die Einheit aller in Christus, unserem Haupt, sein. Möge unser Verlangen vor der Welt ein Zeichen für den Frieden und die Freude sein, die Christus geschenkt hat!

Geliebte Brüder und Schwestern in Christus:

„Gnade sei mit euch und Friede von Gott, unserem Vater!“

Dem Trennenden mit mutiger Hoffnung ins Auge sehen

Grußwort an den Erzbischof von Canterbury und seine Begleitung am 30. September

Hochwürdigster Herr Erzbischof,
liebe Brüder und Schwestern!

Heute begrüße ich Sie in der Liebe unseres Herrn Jesus Christus; mein warmherziger Willkommensgruß gilt Ihnen, Herr Erzbischof Runcie, sowie den anderen Vertretern der anglikanischen Gemeinschaft, die Sie begleiten.

Unsere heutige Begegnung wird von den Hoffnungen und den Gebeten um die Einheit unterstützt, die sich aus den Herzen der Katholiken und Anglikaner in aller Welt erheben. Wir rufen uns die grundlegende Arbeit ins Gedächtnis, die von unseren Vorgängern als Antwort auf die Eingebungen des Heiligen Geistes geleistet wurde, der uns, dem Willen Christi entsprechend, auf den Weg der Einheit führt. Im Lauf der letzten Jahrzehnte haben sich auf vielen Ebenen die Beziehungen zwischen der katholischen Kirche und der Anglikanischen Gemeinschaft intensiviert. Wir freuen uns über das Erreichte und erbitten die Führung Gottes für die Zukunft.

Bei der Begegnung im Jahr 1966 zwischen unseren geliebten, verewigten Vorgängern, Papst Paul VI. und Erzbischof Michael Ramsey, wurde der ersten internationalen anglikanisch-römisch-katholischen Kommission ihr Arbeitsauftrag erteilt. Die folgenden Jahre waren eine Zeit sorgfältigen Studiums von seiten der Kommission. Es wurden dabei Fortschritte erzielt, ebenso jedoch wurden die Art und der Hintergrund der Unterschiede, die uns noch immer trennen, in klareres Licht gerückt. Wir müssen unseren Unterschieden ehrlich, aber immer offen und mit mutiger Hoffnung ins Auge sehen. Ich nehme diese Gelegenheit wahr, um den Mitgliedern der Kommission und allen, die für eine vollere Einheit zwischen Katholiken und Anglikanern arbeiten, zu versichern, daß ich immer für sie bete und sie unterstütze.

Mögen die Kraft und die Weisheit des Heiligen Geistes bei der Erfüllung der ökumenischen Aufgaben, zu denen wir berufen sind, unsere Stütze sein. Möge sein Segen reichlich und allerorts über Katholiken und Anglikaner ausgegossen werden.

Die Eucharistie führt zum Reich Gottes

Predigt bei der Seligsprechung der Märtyrer aus der Gemeinschaft der Passionisten am 1. Oktober

1. „Jesus Christus, der reich war, wurde euretwegen arm, um euch durch seine Armut reich zu machen" (*2 Kor* 8,9).
In der Liturgie des heutigen Sonntags stellt dieser Satz aus dem zweiten Brief des hl. Paulus an die Korinther gleichsam eine Einleitung zum Evangelium und zum Gleichnis vom reichen Prasser und dem Lazarus dar. Gleichzeitig spricht die um die Confessio des hl. Paulus an die Korinther gleichsam eine Einleitung zum Evangelium und zum Gleichnis vom reichen Prasser und dem Lazarus dar. Gleichzeitig spricht die um die Confessio des hl. Petrus versammelte Kirche diesen Satz im Blick auf die Diener Gottes aus, die heute zu Seligen proklamiert werden.
Jedem von ihnen hat Jesus den Weg zur Heiligkeit gezeigt, indem er als erster arm wurde und sich zum Vorbild für alle gemacht hat – er, der der Sohn Gottes war und eines Wesens mit dem Vater. Gleichzeitig hat er jedem der neuen Seligen das Geheimnis dieser Armut geoffenbart, die reich macht. Auf diese Weise hat er jedem von ihnen den Weg zur Heiligkeit gewiesen.
Die Kirche freut sich heute über diese ihre Söhne und Töchter, die den vom göttlichen Lehrmeister gewiesenen Weg gegangen sind.

2. Sie freut sich über die Märtyrer der Gemeinschaft der Passionisten von Daimiel in Spanien. Diese Gemeinschaft widmete sich ausschließlich der Ausbildung junger Männer, die sich dort unter dem Schutz des „Christus vom Licht" darauf vorbereiteten, Priester zu werden und eines Tages das Evangelium auf amerikanischem Boden, vorwiegend in Mexiko, Kuba und Venezuela, zu verkünden. Die Gemeinschaft setzte sich fast ganz aus jungen Männern zwischen 18 und 21 Jahren zusammen, und ein ausgewählter Lehrkörper von Professoren und Brüdern kümmerte sich um ihre Erziehung. Es herrschte große missionarische Begeisterung in einer Atmosphäre der Zurückgezogenheit, des Studiums und des Gebets. Es waren Männer Gottes, die nach dem Rat des hl. Paulus nach „Gerechtigkeit, Frömmigkeit, Glauben, Liebe, Standhaftigkeit und Sanftmut" strebten (*2 Tim* 6,11).
Keiner der Ordensmänner der Gemeinschaft von Daimiel hatte sich je in politische Fragen eingemischt. Trotzdem wurden auch sie in dem historischen Augenblick, in dem sie leben mußten, vom Sturm der Religionsverfolgung fortgerissen. Hochherzig gaben sie ihr Blut hin, getreu ihrem Stand als Ordensleute und in diesem 20. Jahrhundert dem Heroismus der ersten Märtyrer der Kirche nacheifernd.
Als in der Nacht des 21. Juli 1936 bewaffnete Milizen im Konvent erschienen, rief der Provinzialobere, Pater Nicéforo, alle in der Kirche zusammen, wo sie beichteten und die hl. Kommunion als Wegzehrung empfingen. P. Nicéforo ermutigte sie: „Meine geliebten Brüder und Söhne, dies ist unser Getsemani. Unsere schwache Natur erbebt und verzagt. Aber Jesus Christus ist mit uns. Ich reiche euch jetzt die Stärke der Schwachen. Jesus

wurde von einem Engel getröstet. Uns tröstet und trägt Jesus Christus selbst. In wenigen Augenblicken werden wir bei Christus sein. Ihr Ersteiger des Kalvarienberges: Mut, und für Christus gestorben! Meine Aufgabe ist es, euch zu begeistern, aber mir selbst wird euer Beispiel ein Ansporn sein!"
Die Mehrheit der Gemeinschaft, junge Männer zwischen 18 und 21 Jahren, träumte vom Priestertum, aber der Herr hatte verfügt, daß ihre Primizmesse die ihres eigenen Opfers sein sollte. Jetzt rühmen wir sie und geben Christus die Ehre, der sie seinem Kreuz zugesellt hat: „Der Herr liebt die Gerechten ... und verhilft den Waisen und Witwen zu ihrem Recht ... doch die Schritte der Frevler leitet er in die Irre. Der Herr ist König auf ewig" (*Ps* 146,9–10).

3. „Du aber, ein Mann Gottes, ... strebe unermüdlich nach Gerechtigkeit, Frömmigkeit, Glauben, Liebe, Standhaftigkeit und Sanftmut. Kämpfe den guten Kampf des Glaubens" (*1 Tim* 6,11–12).
In diesem Programm, das der Apostel Paulus seinem Schüler Timotheus diktierte, können wir den geistlichen Weg des seligen Lorenzo Salvi vorgezeichnet sehen, eines Mannes Gottes nicht nur in seinem intensiven Gebet, sondern auch in der unermüdlichen Hingabe an seinen priesterlichen Dienst. Er war sich voll des Auftrags bewußt, den Christus jedem Apostel anvertraut hat, und bemühte sich sein ganzes Leben lang, dem Beispiel des Sohnes Gottes nachzustreben, der die Welt durch die Demütigung am Kreuz retten wollte.
Lorenzo kämpfte „den guten Kampf des Glaubens" im Geist seiner Ordenskongregation und arbeitete intensiv in der Predigt der Volksmissionen, in geistlichen Exerzitienkursen und im Dienst des Bußsakramentes. Allen, mit denen er zu tun hatte, suchte er die Liebe zum armen und demütigen Christus einzuflößen, und zwar durch die Verehrung der Kindheit Jesu und seiner Passion, jener Momente also, in denen sich die Demut und die Sanftmut des Erlösers am meisten offenbaren. Überzeugt vom unendlichen Erbarmen des Herzens Jesu wurde er nicht müde, die Seelen zum Vertrauen aufzufordern, nach dem Beispiel eines Kindes, das ich in allem den liebevollen und starken Armen seines Vaters überläßt.
Lorenzo kannte den seligen Domenico Barbieri und dessen Plan für einen Dialog zwischen der katholischen und der anglikanischen Kirche; er wäre gerne seinem Freund nach England gefolgt, aber der Gehorsam hielt ihn in seinem Vaterland zurück. Auch in diesem Fall, wie in vielen anderen, fand er im gekreuzigten Christus, dem Ideal seiner Ordensfamilie, die Kraft, auf eigene Apostolatspläne zu verzichten und sich nur von der Sorge, den „Auftrag rein und ohne Tadel zu erfüllen" (*1 Tim* 6,14), d.h. vom Engagement für die rückhaltlose Treue zum Willen Gottes, leiten zu lassen.
Auf diesen soliden Fundamenten konnte der selige Salvi vielen Menschen Führer im geistlichen Leben sein. In der Predigt, im Beichtstuhl und bei der Gewissensführung hörten sie auf ihn, wenn er ihnen mit nie gebrochenem Eifer das Geheimnis Christi verkündete, „der allein die Unsterblichkeit besitzt, der in unzugänglichem Licht wohnt, den kein Mensch gesehen hat, noch je zu sehen vermag" (*1 Tim* 6,15–16).

4. Das Beispiel des armen und demütigen Christus, betrachtet vor allem im Geheimnis der Eucharistie, hat auch das Engagement von Gertrud Comensoli auf ihrem mühevollen

geistlichen Weg und in den leidvollen Ereignissen um die Gründung der Sakramentinerinnenschwestern von Bergamo geleitet. Gerade die Bescheidenheit des eucharistischen Brotes, des Sakramentes der wirklichen Gegenwart Christi, hat Gertrud aufrecht gehalten und ihr ermöglicht, mit der unerschrockenen Beharrlichkeit des Lazarus freiwillig am „letzten Platz" vor den Tischen der Mächtigen zu stehen, wie es uns aus dem Evangelium bekannt ist.

Gertrud empfand diese Verpflichtung zur Selbstverleugnung als eindringliche, fordernde Berufung: „Ich werde nie laut die Stimme erheben", schreibt sie bei ihren Vorsätzen, „ich werde mich nie rechtfertigen, ob ich nun recht habe oder nicht. Ich werde alles, was immer mir angetan wird, in Schweigen ertragen" (*Schriften*, S. 26). In diesem Geist der Demut wollte sie ihre Mitschwestern erziehen, wenn sie für sie die innerliche, geistliche Armut erbat: „Mißtrauen gegenüber sich selbst, große Demut, Hochherzigkeit im Leiden und große Liebe im Verhalten" (*Schriften*, S. 792–793).

Wie der Arme im Gleichnis erlitt Gertrud die Wegnahme von allem, als eine Zerrüttung der Finanzen zur Enteignung der materiellen Güter des kaum gegründeten und doch schon blühenden Instituts führte. „Mein Jesus", schrieb sie in einer ihrer Notizen, „in wenigen Minuten ... kommen sie, um auf alles das Siegel zu kleben ... Die Menschen wollen unsere Sachen. Du versiegelst mein Herz ... behalte mich immer bei dir, mein geliebter Jesus" (*Schriften*, S. 26).

Gertrud wollte so gleichsam ihren ganzen Reichtum „in Abrahams Schoß" (*Lk* 16,22) legen, das heißt in das in der Eucharistie gegenwärtige Herz Christi: „Ich werde immer mein Herz auf den Altar gerichtet bewahren, wo der geliebte Jesus wohnt. Wenn ich müde und bedrückt, niedergeschlagen und verzweifelt bin, werde ich dort meinen Ruheort finden, und nur mein Jesus sieht mich ... Mein Leben muß begraben sein in Gott, in seiner göttlichen Seitenwunde" (*Schriften*, S. 60).

Die Eucharistie führt zum Reich Gottes: am Tisch des Lebensbrotes, dem Unterpfand künftiger Glorie, wird jenes Feuer der übernatürlichen Liebe genährt, in dem die Seele schon jetzt eine Vorwegnahme der Freude erfahren kann, die den Heiligen im Himmel bereitet ist.

5. Auch im Leben der seligen Francisca-Ana von den Schmerzen Marias erkennen wir die Lehren, die uns Jesus heute in seinem Evangelium erteilt. Bei der Entscheidung zwischen Reichtum und Armut wählte Francisca-Ana die Armut. Den Reichtum schloß sie aus dem Plan für ihr christliches Leben und ihr Ordensleben aus, weil sie wußte, daß dieser sie von Gott trennen könnte. Sie schenkte das wenige, das ihr Land hervorbrachte, der Pfarrei und den Bedürftigsten: „Der Herr gibt den Hungernden Brot ... Der Herr verhilft den Waisen und Witwen zu ihrem Recht" (*Ps* 146,7; 9).

Francisca-Ana gehorchte ihr ganzes Leben lang dem Willen Gottes. Einem göttlichen Willen, der sich zuweilen als schwierig zu erkennen zeigte: Als Jugendliche will sie Nonne werden, und ihr Vater verhindert es. Francisca-Ana sieht in diesem väterlichen Verbot den Willen Gottes: Sie kann zwar nicht Nonne in einem Kloster sein, aber sie wird es in ihrem eigenen Hause sein durch ein dem Gebet, der Kasteiung und dem Apostolat geweihtes Leben.

Als sie mit 44 Jahren nach dem Tod ihrer Eltern und Geschwister allein in der Welt dasteht, verschiebt sie – sei es aus Gehorsam gegenüber ihrem geistlichen Führer, sei es, weil die gesellschaftlich-politischen Umstände ihrer Nation es nicht angeraten erscheinen ließen – erneut die Verwirklichung ihres Ideals, sich durch die Ordensgelübde Gott zu weihen, bis fast ans Ende ihres Lebens und gründet dann mit 70 Jahren in ihrem eigenen Haus den Konvent der Nächstenliebe.
Ein Leben voller Ungewißheiten; aber ein Leben, in dem es kein Hindernis gab, in allem Gott zu dienen, denn Francisca-Ana gab alles hin, was sie besaß; mehr noch: sie gab sich selbst hin, indem sie sich Gott in der Jungfräulichkeit weihte.
Auf diese Weise frei von allem, was sie an diese Welt hätte binden können, kämpfte sie den Kampf des Glaubens (*Tim* 6,12) und schlug entschlossen den Weg der christlichen Vollkommenheit ein. In der seligen Francisca-Ana von den Schmerzen Marias gibt uns der Herr ein großartiges Beispiel dafür, wie man dem Dienst für Gott den Vorzug gibt vor dem Dienst an den Reichtümern und an der Welt, und wie man das Herz freihält, um es ihm allein hinzugeben.

6. Wenn wir uns diese neuen Seligen anschauen, können wir mit Recht sagen, daß sie „rein und ohne Tadel den Auftrag" erfüllt haben (*1 Tim* 6,14). Sie haben auf Christus, auf sein Wort vertraut und haben seine letzte Wiederkunft in der Glorie seines höchsten und einzigartigen Königtums erwartet. Sie haben deshalb seine Botschaft angenommen und sind ihm hier auf Erden in Armut und Demut nachgefolgt als ganz den Brüdern und Schwestern hingegebene Diener. In diesem Geist haben sie die Kirche geliebt, haben Zeugnis für sie abgelegt, haben ihr ihr ganzes hochherziges Leben lang gedient und „den guten Kampf des Glaubens" (*1 Tim* 6,12) als Männer und Frauen des Glaubens, als Apostel des Evangeliums gekämpft.
Sie haben wirklich „vor vielen Zeugen das gute Bekenntnis abgelegt" (*1 Tim* 6,12). Denn es waren viele Zeugen, die ihr Vorbild bewundert, ihre Predigt gehört und ihre Botschaft der Hingabe an Christus im Gebet und in den Werken der Nächstenliebe angenommen haben. Viele sind es auch heute noch, die bei der Betrachtung des Lebens der neuen Seligen im Glauben verkünden können, daß Christus „der einzige Herrscher ist, ... der allein die Unsterblichkeit besitzt, der im unzugänglichen Licht wohnt, den kein Mensch gesehen hat noch je zu sehen vermag" (*1 Tim* 6,15–16).
Jesus Christus, du bist arm geworden, damit jeder Mensch reich werde, der deinem Ruf folgt – jeder von denen, die die Kirche von heute an Selige nennt – und du bist gleichzeitig der König der Könige und der Herr der Herren, der allein die Unsterblichkeit besitzt, der in einem dem Menschen unzugänglichen Licht wohnt.
O Jesus Christus!
Wir danken dir dafür, daß du den Menschen in die Heiligkeit führst, die das Leben Gottes selbst ist.
Wir danken dir für Nicéforo und seine Gefährten, für Lorenzo, Gertrud und Francisca-Ana.
Wir danken dir, Christus.
Dir sei Ruhm und Macht in Ewigkeit. Amen.

Bei dieser Seligsprechungsmesse möchte ich heute dem Hochwürdigsten Herrn Robert Runcie, Erzbischof von Canterbury und Primas der Anglikanischen Gemeinschaft, anläßlich seines offiziellen Besuches beim Heiligen Stuhl ein brüderliches Willkommen entbieten. Gestern abend haben wir miteinander in der Kirche gebetet, von der aus der hl. Papst Gregor der Große den hl. Augustinus nach England sandte, um das Evangelium zu predigen. Während wir andere Männer und Frauen verehren, die wie die hll. Gregor und Augustinus mutig Zeugnis für Christus ablegten, beten wir darum, daß alle Christen zu immer größerer Einheit in ihrem Zeugnis für unseren einzigen Herrn und Erlöser gelangen mögen.

Den einheimischen Klerus fördern

Apostolisches Schreiben zum 100. Jahrestag der Gründung des Apostel-Petrus-Werks vom 1. Oktober

Verehrte Mitbrüder,
liebe Söhne und Töchter,
Gruß und Apostolischen Segen!

1. Zu dieser Zeit, da in den jungen Kirchen vermehrt junge Männer auf den Anruf des Herrn antworten und sich bereiten, das Priesteramt zu empfangen, ist es recht, daß das ganze Volk mit Freude und Danksagung den hundertsten Jahrestag der Gründung des Apostel-Petrus-Werks zur Förderung des einheimischen Klerus und zur Entwicklung der Seminare in den Ortskirchen der Missionsgebiete begeht. Denn dank der Mitarbeit zahlloser, für dieses Werk mobilisierter Brüder und Schwestern konnte eine große Zahl der in den jungen Kirchen gesäten Berufen keimen und Früchte der Gnade und des Heils bringen. Knaben- und Priesterseminare wurden gebaut und ausgestattet, Häuser der Ausbildung zum Ordensleben wurden geschaffen, um auf den Wunsch jener zu antworten, die ihr Leben radikal der Verkündigung des Evangeliums weihen wollen.
Was für schöne Seiten der Geschichte der Kirche wurden in den verschiedenen Kontinenten durch die Mitglieder des Apostel-Petrus-Werks geschrieben! Wie viele Priester, Ordensmänner und Ordensfrauen hatten durch dieses Werk Gelegenheit, ihre Berufung zu verwirklichen! Während meiner Pastoralbesuche bei den Ortskirchen ist es für mich eine Freude, den Priestern und Seminaristen, den Ordensmännern und Ordensfrauen zu begegnen, die aus diesen Gemeinschaften hervorgegangen sind.

2. Das Zweite Vatikanische Konzil hat das Empfinden der Kirche vor dieser ermutigenden Realität gut zum Ausdruck gebracht, in dem Dokument, das die wesentlichen Richtlinien gibt für alle, die sich an der Missionstätigkeit beteiligen: „Mit großer Freude dankt die Kirche für das unschätzbare Geschenk des Priesterberufes, das Gott so vielen jungen Menschen austeilt unter Völkern, die sich erst zu Christus bekehrt haben; denn die Kirche schlägt in einer menschlichen Gemeinschaft tiefe Wurzeln, wenn die verschiedenen

Gemeinden der Gläubigen aus ihren Reihen ihre eigenen Diener des Heiles erhalten, die als Bischöfe, Priester und Diakone ihren Brüdern dienen" (*Ad gentes,* Nr. 16).
Damit das Volk Gottes vor der gesamten Menschheit Zeugnis geben kann vom Heil in Jesus Christus, der gestorben und auferstanden ist für die vielen, ist es notwendig, daß die Glieder seines Leibes in aller Menschen Länder mit ihrem Haupt vereint sind durch das Amt der Bischöfe und der Priester. Diese, „zum Dienst für Christus, den Lehrer, Priester und König bestellt", „nehmen teil an dessen Amt, durch das die Kirche hier auf Erden ununterbrochen zum Volk Gottes, zum Leib Christi und zum Tempel des Heiligen Geistes auferbaut wird" (*Presbyterorum ordinis,* Nr. 1).
Die Jahrhundertfeier, die wir begehen, lenkt von neuem unsere Aufmerksamkeit auf die unersetzliche Rolle der Priester. Dank ihrem Amt gründet die gesamte Gemeinschaft ihren Zusammenhalt auf der Teilhabe am Erlösungsopfer in der Eucharistie, werden die erbarmenden Gaben der Vergebung und der Versöhnung im Sakrament der Buße zugeteilt, wird die Versammlung der Gläubigen durch die Verwalter der Geheimnisse Gottes, vereint mit den Bischöfen, in Gemeinschaft mit dem Nachfolger Petri geleitet.
In der Verschiedenheit der Kulturen und der grundlegenden Einheit der ganzen Kirche kann das Priesteramt nunmehr in der Weise ausgeübt werden, die dem Geist eines jeden Volkes am besten entspricht. Der Weg ist noch lang, bis die Gesamtheit der Diözesen über einheimische Priester in genügender Zahl verfügen kann, und die Anwesenheit von auswärtigen Missionaren bleibt nach wie vor unerläßlich. Doch ich weiß, daß diese aktiv die Bildung eines einheimischen Klerus fördern. Dessen Entwicklung ist ja die beste Vergeltung ihres apostolischen Bemühens.
Ein anderes ermutigendes Zeichen, das ich hier unterstreichen möchte, ist die große Bereitschaft mancher jungen Kirchen, nicht nur ihr eigenes Gemeindeleben in die Hand zu nehmen, dank der aus ihren Söhnen berufenen Priester, sondern daß sie auch ihrerseits sich am Auftrag der Evangelisierung auswärts beteiligen, indem sie nicht zögern, einige der einheimischen Priester und Ordensmänner oder Ordensfrauen der ersten Generationen in die Ferne zu senden.
Es muß hier der vom Apostel-Petrus-Werk zu dieser Entwicklung geleistete Beitrag unterstrichen werden. Denn seit dem letzten Jahrhundert setzt es sich wirksam dafür ein, daß alle Kirchen Nutzen ziehen können aus dem Dienst derjenigen ihrer Söhne, die der Herr ruft. Durch die geistige und materielle Unterstützung der Pioniere des lokalen Klerus hat es dank der großherzigen Beteiligung unzähliger Gläubigen eine Rolle ersten Ranges gespielt.

3. Wie soll man in diesem Zusammenhang die Gestalten der beiden Gründerinnen des Werks unerwähnt lassen, Jeanne Bigard und ihre Mutter Stephanie, hochherzige Frauen, die der Heilige Geist klar die Notwendigkeit eines einheimischen Klerus für die Einpflanzung der Kirche sehen ließ? Sie haben den Ruf Gottes vernommen, ihre Mittel, ihre Energie, ihr ganzes Leben der Förderung des Evangeliums durch Ausbildung von Priestern und gottgeweihten Männern und Frauen zu widmen. Mit Begeisterung und Beharrlichkeit haben sie es verstanden, ein geeignetes Instrument für die Verwirklichung dieses edlen Zieles zu schaffen.

Jeanne Bigard insbesondere, die sich ganz dem Willen Gottes überließ, hat im Lauf der Jahre das Geheimnis des Kreuzes erfahren, das sie vorausgeahnt hatte: „Ich werde viel leiden, schrieb sie 1903, doch wenn um diesen Preis das kleine Senfkorn keimen und wachsen soll, würde ich schuldig, wenn ich mich verweigerte." Ihr hochherziges Opfer war gewiß fruchtbar. Das Apostel-Petrus-Werk verdankt ihr viel, denn sie hat es verstanden, ihre Rolle zu erfüllen und wirklich zum Wachsen der Berufe in den jungen Kirchen beizutragen.

Es gefällt mir, hier die Verbundenheit der Damen Bigard zum Apostolischen Stuhl zu unterstreichen. Schon der Titel, den sie für das entstehende Werk wählten, macht ihre Treue zur Kirche Christi offenbar. Seit Leo XIII. haben meine Vorgänger nicht an Ermutigungen gespart, und gerne gewährten sie den Gründerinnen und allen Mitgliedern ihren Segen, denn sie wußten in dieser Initiative einen kostbaren Beitrag für ihre pastorale Aufgabe der Evangelisierung zu schätzen.

4. Papst Pius XI., dem man den Titel „Missionspapst" gegeben hat, wollte das geistige Fundament der Gründung noch stärken, indem er dieser eine besondere Patronin zuteilte: zur beständigen Schutzherrin des Apostel-Petrus-Werks proklamierte er am 23. Juli 1925 die hl. Theresia vom Kinde Jesus und vom Heiligen Antlitz, im gleichen Jahr ihrer Heiligsprechung und zwei Jahre bevor er sie als Hauptpatronin der Missionen des ganzen Universums neben dem hl. Franz Xaver einsetzte.

Die Intuition war zutiefst richtig: durch ihr Zeugnis und ihre Fürsprache kann Theresia dieses Werk anregen und unterstützen, das von großer Bedeutung ist für die Entwicklung der neugegründeten Kirchen.

Über den Sinn ihrer Berufung nachdenkend, schreibt die junge Karmelitin von Lisieux: „Trotz meiner Kleinheit möchte ich die Seelen erleuchten ... ich habe die Berufung, Apostel zu sein ... ich möchte Missionarin sein ... bis zur Vollendung der Jahrhunderte" (*Manuscrits autobiographiques,* B, folio 3). Die Heilige, für die „die Liebe alle Berufungen einschloß" (*ebd.* folio 3), bittet unablässig um die Gnade, Gott zu lieben, damit er geliebt werde. Einem geistigen Bruder und zukünftigen Missionar vertraut sie mit Einfachheit ihr Gebet und ihren tiefsten Wunsch an: „Ich bete für alle Seelen, die euch anvertraut werden ... Ich wünschte im Himmel das gleiche wie auf Erden: Jesus lieben und machen, daß er geliebt werde" (*Correspondance Generale,* lettre a l'Abbe Belliere, n. 220, s. 952).

Theresia konnte nicht in die Ferne aufbrechen, ihren missionarischen Traum zu erfüllen, doch in der Einsamkeit des Karmels „liebt" sie „für ihre Brüder, die kämpfen" *Manuscrits autobiographiques,* B, folio 4); sie fleht zum Herrn, „daß all jene, die gar nicht von der leuchtenden Flamme des Glaubens erhellt sind, sie schließlich leuchten sehen" (*ebd.* C, folio 6). Daher möchte sie, daß ihr Opfer total sei, sie „akzeptiert, ... das Brot des Schmerzes ... zu essen" (*ebd.*).

Am Tag, da die Kirche die hl. Theresia vom Kinde Jesus feiert, in diesem hundertsten Gründungsjahr des Apostel-Petrus-Werks, möchte ich all jene ermutigen, die sich vereinigen, um die missionarische Spiritualität ihrer heiligen Patronin zu meditieren und sie zahlreichen Brüdern und Schwestern bekannt zu machen, deren Großherzigkeit nötig ist, um die Aufgabe fortzusetzen.

Sie werden so auf die wesentliche Ausrichtung antworten, die das Zweite Vatikanische Konzil in der Einleitung des Dekrets über die Missionstätigkeit der Kirche gibt: „Diese Heilige Synode ... will ... die Grundsätze der missionarischen Tätigkeit umreißen und die Kräfte aller Gläubigen sammeln, damit das Volk Gottes, auf dem schmalen Weg des Kreuzes voranschreitend, die Herrschaft Christi des Herrn, vor dessen Augen die Jahrhunderte stehen (vgl. *Sir* 36,19), ausbreite und seiner Ankunft den Weg banne" (*Ad gentes,* Nr. 1)

5. Hundert Jahre nach seiner Gründung ist das Apostel-Petrus-Werk weit entfernt davon, seine Aufgabe erfüllt zu haben. Wenn auch die jungen Kirchen die Zahl der aus ihrem Schoß hervorgegangenen Priester- und Ordensberufe glücklicherweise wachsen sehen, so hört doch der Ruf, den der Apostel Paulus vernahm: „Komm herüber nach Mazedonien, und hilf uns!" (*Apg* 16,9) nicht auf, sich an Diener des Evangeliums in allen Teilen der Welt zu wenden in einer Zeit, in der die Zahl der Getauften nicht mit demselben Rhythmus wächst wie die Bevölkerung des Erdballs.
Die Einladung Christi betrifft uns alle und befragt uns mit Nachdruck. Das II. Vatikanum hat den gemeinschaftlichen Charakter der Aufgabe besonders unterstrichen, die Christus uns gestellt hat: „Die Einzelgemeinde darf darum nicht nur die Sorge für die eigenen Gläubigen fördern, sondern muß, von missionarischem Eifer durchdrungen, allen Menschen den Weg zu Christus ebnen" (*Presbyterorum ordinis,* Nr. 6).
Mit Rücksicht auf die Weite der Aufgaben, die auf die Priester und auf die Ordensleute in der heutigen Welt zukommen, und in Anbetracht der vielfachen Schwierigkeiten, denen das Apostolat begegnet, müssen die gottgegebenen Berufungen besonders gepflegt, gefestigt und geformt werden. Und das ist hauptsächlich die Aufgabe der Knaben- und der Priesterseminare. Diese Einrichtungen bedürfen der großherzigen Mitarbeit aller Gläubigen, um den Priesteramtskandidaten die ihnen nötige ausgewogene Bildung geben zu können. Das Wachsen des einheimischen Klerus könnte wegen des Mangels an verfügbaren Mitteln aufgehalten werden. Nach dem Zeugnis zahlreicher Bischöfe der Missionsländer könnte selbst heute mehr als eine Diözese ihre Hoffnung auf einen einheimischen Klerus zunichtegemacht sehen ohne die vom Apostel-Petrus-Werk geleistete Hilfe. Verschließen wir nicht unser Herz: was wir von seiner Güte erhalten haben, geben wir es unsererseits mit Freude!

6. Ich hoffe, daß sich geeignete Initiativen entwickeln werden, die Aufmerksamkeit und das Interesse des Volkes Gottes für die Gabe des Glaubens neu zu beleben, die in der Kirche durch die Gnade Gottes und das Zeugnis der Gläubigen von Generation zu Generation weitergegeben wird.
Hier ist es angebracht, die zahlreichen Frauen allen Standes zu erwähnen und ihnen die geschuldete Ehre zu erweisen, die – seien sie Ledige, Familienmütter, Witwen oder Großmütter nicht nur für die Weitergabe des Glaubens eine grundlegende Rolle spielen, sondern auch für das Fortbestehen des Werkes heute, denn sie sind dessen hauptsächliche Mitarbeiterinnen, und sehr oft ist es ihnen zu verdanken, daß der Sinn für die missionarische Kirche in den christlichen Familien weiterlebt.
Ihrerseits werden die Jugendlichen aller Regionen der Welt den Beitrag ihres Sinnes für Solidarität und Gemeinschaft einbringen, sie, die leicht Grenzen überwinden und es ver-

stehen, brüderlich zu sein: mögen sie entdecken und ihre Altersgenossen neu entdecken lassen, was die Vitalität der Kirche in jedem Volk den Priestern verdankt.
Das Jahrhundert des Apostel-Petrus-Werks soll ein Aufruf an die ganze Kirche sein, die Größe des Priester- und Ordensberufes zu erkennen, und auch die dringende Notwendigkeit von Dienern Gottes, die bereit sind, ihr ganzes Leben der Verkündigung des Evangeliums hinzugeben, mit dem Glauben und der Bereitschaft der Jungfrau Maria, „Leitstern der Evangelisierung", ist sie doch die „Magd des Herrn". Von seinen Anfängen an gebot das Apostel-Petrus-Werk seinen Mitgliedern, die Jungfrau jeden Tag unter dem Titel „Maria, Königin der Apostel" anzurufen. In diesem neuen Advent der Kirche, die sich auf den Weg ins dritte Jahrtausend macht, laßt uns wie die hl. Theresia vom Kinde Jesus zu Maria beten, damit sie in der Kirche zahlreiche Apostel und Jünger für ihren Sohn Jesus berufe.
Möge der Segen Gottes allen Mitgliedern des Apostel-Petrus-Werks und all jenen, deren Berufung es fördert, Vergeltung sein!

Aus dem Vatikan, am 1. Oktober 1989, Fest der hl. Theresia vom Kinde Jesus und vom Heiligen Antlitz, im elften Jahr meines Pontifikats.

Joannes Paulus PP. II

Gemeinsam den Weg des Friedens gehen

Predigt beim Wortgottesdienst auf dem Petersplatz anläßlich des Gebetstages für den Libanon am 4. Oktober

„Gib uns Frieden, Herr, auf dich vertrauen wir" (*Antwortpsalm*).

1. Diese Anrufung, die nicht nur bei dem heutigen Gebetstreffen, sondern viele Male und besonders im Libanon mit fester Hoffnung an den Gott alles Guten gerichtet wurde, erhält vom Erlöser neue Kraft: „Euer Herz beunruhige sich nicht und verzage nicht." „Frieden hinterlasse ich euch, meinen Frieden gebe ich euch" (vgl. *Joh* 14,27).
In dem sicheren Vertrauen darauf, daß der Herr seine Verheißungen immer weit über unsere Erwartungen hinaus erfüllt, möchte ich ihn mit euch, liebe Brüder und Schwestern, bitten, er möge uns Gläubige und alle Bürger der Welt, unsere Menschenbrüder, sowie die Verantwortlichen für die Geschicke der Nationen und in besonderer Weise die libanesischen Brüder mit dem Segen des Friedens, der Liebe und der Gnade erfüllen.
Unsere Brüder des Libanon leben seit vielen Jahren unter der Wucht der Gewalt und Furcht. Ich habe noch die Hilferufe aus den unterirdischen Schutzräumen von Beirut ge-

genwärtig wie auch den Hilferuf der jungen Libanesen am Berg „Gozo" in Spanien vor Hunderttausenden ihrer Altersgenossen.
Die Gnade des Herrn zusammen mit jenen Appellen wird dem Gebet, das aus dem Gewissen kommt, Gehör verschaffen: Wir können nicht gleichgültig und untätig bleiben! Gott hat ins Herz eines jeden von uns ein Gesetz eingeschrieben, das uns in den Dienst für die Sache des Menschen und seines friedlichen und würdevollen gesellschaftlichen Zusammenlebens in Freiheit und Wahrheit stellt.

2. Das Gebet ist die Hilfe, die Gott uns anbietet.
Vereint mit unseren christlichen und muslimischen libanesischen Brüdern wollen wir durch dieses Gebet innig und demütig bitten: „Vater unser, Allerhöchster, unser Schöpfer und Erlöser, Beistand und Heiland" (Franz von Assisi, *Paraphrase des Vaterunsers*), sei „bei den Zerschlagenen und Bedrückten", um „das Herz der Zerschlagenen neu zu beleben" (*Jes* 57,15).
Es ist für alle trostvoll zu wissen, daß Gott wirklich bei dem Menschen ist. Denn der Herr spricht: „Zur Zeit der Gnade will ich dich erhören, am Tag der Rettung dir helfen", um „aufzuhelfen dem Land" (*Jes* 48,8).
Tröstlich ist auch zu wissen, daß der Mensch gleichfalls die Fähigkeit hat, dem Bruder nahe zu sein, seinen Hilferuf zu hören.
Ich bin sicher, daß Gott, der Allmächtige, unsere Bitten erhört, und ich hoffe fest, daß die Verantwortlichen der Nationen entsprechend zu antworten wissen auf den Appell der Libanesen und aller Gläubigen, die mit uns keine anderen Mittel als das glühende Gebet und den ehrlichen Wunsch haben, einen konkreten Beitrag anzubieten, damit das Drama des Libanon so rasch wie möglich ein Ende finde.

3. Liebe Brüder und Schwestern, seid gewiß, daß Gott nicht gleichgültig gegenüber dem Leid und der Gewalt ist, die die Menschen zu oft erfahren müssen.
Als fürsorglicher Vater läßt er sie nicht im Stich, er ruft sie auf, die Finsternis zu verlassen und seinem Weg zu folgen, der dorthin führt, wo das Leben im Licht ist und wo die Furcht schwindet (vgl. *Jes* 49,9–10). Der Urheber des Friedens verbindet mit dem Geschenk der Erlösung jenes der Gnade, die erlaubt, eine harmonische Gesellschaft aufzubauen durch das Üben von Recht und Gerechtigkeit (vgl. *Jes* 11,3–5).
Der Gott des Erbarmens hat nicht gezögert, den eigenen Sohn hinzugeben, um die Menschen mit Gott und miteinander zu versöhnen.
Mit dem Erlöser bitten wir den Allmächtigen, das Herz jedes Menschen umzuwandeln und fähig zu machen, in sich die Liebe Gottes und mit ihr die Frucht der Vergebung anzunehmen.
Die Vergebung! Die Libanesen brauchen Frieden, und sie ersehnen ihn brennend. Sie erwarten konkrete Hilfe, um diesen Frieden zu erlangen. Sie müssen frei sein, um über die Zukunft ihres Landes entscheiden zu können.
Aber sie haben auch das große Bedürfnis, ihr Land und ihre Mitbürger wieder aufrichtig zu lieben und vor allem den Mut und die Kraft zur Vergebung zu finden.
Die Leiden, die sie erdulden mußten, waren oft Ursache und Folge von Unverständnis, Haß und Rache und riefen Mißtrauen und Argwohn hervor.

Ein ehrlicher Dialog, der den Frieden und das nationale Einvernehmen begünstigen soll, erfordert die Achtung des einen vor den anderen bis zur Vergebung. Er verlangt, daß die Versuchung zu Überheblichkeit, Vorherrschaft und Fanatismus unterdrückt wird.

4. Christus, der Gottesknecht, gesandt als „Bund für das Volk und Licht der Nationen" (vgl. *Jes* 49,8–9), lehrt uns, wie stark und heilsam die Kraft ist, über die die Liebe verfügt. Auf diese Weise wird das menschliche Herz zur Wohnstatt des Erbarmens und der Wahrheit, und das tägliche Leben verläuft in Gerechtigkeit und Frieden (vgl. *Ps* 85,11–12). So lösen sich die Konflikte und ihr zersetzender Antrieb, und das Herz eines jeden öffnet sich der Wahrheit und der Weisheit Gottes und wandelt sich entsprechend seinem weisen Plan für die Welt.

5. Gleichzeitig bitte ich euch, auf den heiligen Franz von Assisi zu schauen, unter dessen Schutz ich den Weltgebetstag für den Frieden im Libanon stellen wollte. Dieser Heilige war eben aufgrund seiner besonderen Gestalt nach dem Vorbild des Erlösers fähig, jeden Menschenbruder zu umarmen, auch jenen mit einem abstoßenden Aussehen. Wo immer er war, stiftete er Frieden. Und alle Menschen, die ihm begegneten und seinen Dienst der Liebe empfingen, fanden die eigene Würde als Kinder Gottes wieder.
Freunde des Libanon, ihr Libanesen alle – Christen und Muslime –, die Würde als Geschöpfe Gottes, die uns verbindet, und unser Weltbürgersein verpflichten uns zum Einsatz: der Libanon muß in Frieden und frei von jeder Besatzung leben; die Libanesen aller Religionen müssen die stärkste Hoffnung hegen, daß sie mit ihren Mitbürgern im Dialog stehen und gemeinsam über die eigenen Geschicke entscheiden können, damit diese ihren rechtmäßigen und berechtigten Bestrebungen entsprechen.

6. Wir bitten heute mit dem heiligen Franziskus darum, daß unsere libanesischen Brüder und Schwestern in einem Land leben können, das nicht mehr von heftigen Konflikten heimgesucht wird. Und weil das Erbarmen und die Vergebung das Maß der Liebe des himmlischen Vaters sind, bitten wir ihn, uns unsere Schuld zu vergeben, wie auch wir sie unseren Schuldigern vergeben, und sprechen mit dem heiligen Franziskus: „Du, Herr, mach, daß wir das, was wir nicht voll vergeben können, doch ganz vergeben, damit wir aus Liebe zu dir wirklich die Feinde lieben und demütig Fürsprache bei dir einlegen; wir wollen nicht Böses mit Bösem vergelten, sondern uns dir widmen, damit wir allen zum Nutzen gereichen" (Franz von Assisi, *Paraphrase des Vaterunsers*).
Die Jungfrau Maria, die die erste Wohnstatt der göttlichen Liebe wurde, trage Gott unsere Bitten vor; sie unterstütze sie mütterlich mit ihrer Fürsprache und erlange für alle Libanesen, die sie als Unsere Liebe Frau vom Libanon anrufen, die Befreiung aus aller Not und das Geschenk, gemeinsam den Weg der Gerechtigkeit und des Friedens gehen zu können.

In deutscher Sprache sagte der Papst:

Zum Ende dieser Liturgie grüße ich auch alle Pilger deutscher Sprache, die am heutigen Gebetstag für den Frieden im Libanon meiner Einladung gefolgt sind, um diesem leidgeprüften Volk in einem Augenblick unsäglicher Angst und Verzweiflung ihre Solidarität

im Gebet zu bekunden. Die Rettung des Landes muß für uns alle auch in Zukunft ein Anliegen bleiben.
Einen besonderen Gruß richte ich an die Teilnehmer an der Pilgerfahrt „Rom im Rollstuhl“ aus der Schweiz, die in diesem Jahr bereits zum zehnten Mal durchgeführt wird.
Die Gottesmutter möge euch auf all euren Wegen begleiten.
Euch alle sowie eure Angehörigen in der Heimat begleite ich mit meinem Gebet und Segen.

Freiheit in ukrainischer Kirche

Ansprache an die VI. Synode der Bischöfe der ukrainisch-katholischen Kirche am 5. Oktober

Eminenz, Herr Großerzbischof von Lemberg, Exzellenzen, hochwürdigste Erzbischöfe-Metropoliten, und Sie alle, Bischöfe der ukrainisch-katholischen Kirche, die an ihrer VI. Synode teilnehmen!

1. Ein Jahr nach der unvergeßlichen Tausendjahrfeier der Taufe der Rus' von Kiew möchte ich mit dem Apostel Paulus sagen: „Gepriesen sei der Gott und Vater unseres Herrn Jesus Christus, der uns mit allem Segen seines Geistes gesegnet hat“ (*Eph* 1,3).
Es war wirklich ein Jahr der Gnade und der Danksagung für die große Gabe der Taufe, für das Wirken des hl. Wladimir, des Fürsten der Rus' von Kiew, der hl. Olga und all jener, die den Glauben einführten, der jene Bevölkerungen in ein neues Leben in Jesus Christus einfügte, dem Gekreuzigten und Auferstandenen. Die ganze Kirche hat zusammen mit dem Nachfolger des Petrus hier in Rom vor einem Jahr die Lobeshymne auf dieses geschichtliche Ereignis gesungen:
Ehre Dir, Vater, Sohn und Heiliger Geist!
Ehre Dir, heilige Kirche!
Die Tausendjahrfeier hat eine intensive geistliche Bewegung eingeleitet. Das Programm der Feierlichkeiten schloß alle ukrainischen Gemeinden ein: in den USA, in Kanada, Brasilien, Argentinien, Australien, in den westeuropäischen Ländern, im polnischen Tschenstochau sowie in der Ukraine selbst. Das Millenium bot eine gute Gelegenheit, die eigene geistliche Identität zu vertiefen, erlaubte die Wiederentdeckung der historischen Wurzeln und zeigte der Welt den geistlichen Schatz eures Ritus und eurer Kultur in vollstem Ausmaß.
Ich freue mich, daß eure Synode die Vorschläge in Erwägung gezogen hat, die 400-Jahrfeier der Union von Brest zu begehen und für 1992 einen Eucharistischen Kongreß unter dem Motto „Ein Brot – ein Leib“ vorzubereiten.

2. Mit diesen beiden Veranstaltungen, die nicht mehr in der Ferne liegen, wollt ihr den Einsatz für die geistliche Erneuerung eurer Kirche in der Heimat und in der Diaspora fortführen. Die ökumenische Dimension der vergangenen Tausendjahrfeier, die ich in den Dokumenten *Euntes in mundum* und *Magnum baptismi donum* hervorgehoben habe,

verpflichtet uns, in den Bemühungen um die „Wiederherstellung der Freundschaft der Kirchen Gottes“, wie es der hl. Basilius ausdrückt (vgl. *Epistula*, 70), nicht nachzulassen. Seit den Zeiten der schmerzhaften Spaltung und Trennung innerhalb der Kirche ist die Sehnsucht nach Einheit lebendig.

Das Geschehen des Jahres 1596, das im historischen Kontext gesehen werden muß, war nicht „gegen“ jemanden gerichtet, es zielte nur hin auf die Erbauung einer Kirche und auf die Wiederherstellung der verlorenen Einheit (vgl. *Magnum baptismi donum*, Nr. 4). Ich vertraue darauf, daß die Zeit der Vorbereitung auf die 400-Jahrfeier dieses Ereignisses von Symposien und Konferenzen auf hoher Ebene geprägt sein wird, und das im Blick auf den Dialog im Geist des Evangeliums und der Brüderlichkeit und der mutigen Vorbereitung einer besseren ökumenischen Zukunft, die „vergißt, was hinter uns liegt, und sich nach dem streckt, was vor uns ist“ (vgl. *Phil* 3,13), „denn die Liebe Christi drängt uns“ (*2 Kor* 5,14).

3. Mit großer Freude stimme ich auch der Initiative zu, einen Eucharistischen Kongreß eurer Kirche zu veranstalten. Immer mehr suchen die Episkopate der einzelnen Länder in der Eucharistie die Geisteskraft zur Erneuerung des Gesichtes ihrer Erde und der Herzen ihrer Gläubigen. In Kürze trete ich eine weitere apostolische Reise an, die mich nach Seoul in Südkorea zur Teilnahme am Eucharistischen Weltkongreß führt.

Die Eucharistie als Sakrament des Leibes und des Blutes Christi führt uns in das Geheimnis der Kirche als Leib, als Leib Christi, als mystischer Leib. Aus diesem Geheimnis entsteht, lebt und erneuert sich die Kirche ohne Unterlaß. Denken wir daran, daß die gesamte geistliche Sphäre nicht nur aus Mangel an religiöser Freiheit oder an kirchlichen Strukturen bedroht werden kann, sondern auch aus Mangel an Liebe, durch die Säkularisierung und durch innere Auseinandersetzungen. Im Sakrament der Eucharistie suchen wir die Kraft des Geistes, denn „die Waffen, die wir bei unserem Feldzug einsetzen, sind nicht irdisch“ (*2 Kor* 10,4).

4. Von den ersten Christengemeinden, die sich um die Apostel versammelten, lesen wir, daß sie „in ihren Häusern das Brot brachen und miteinander in Freude und Einfalt des Herzens Mahl hielten“ (*Apg* 2,46). So führt also die Eucharistie als der stärkste Ausdruck der Liebe Christi die Gemeinden der katholischen Ukrainer nach dem Beispiel der ersten Christengemeinden zu tiefer geistlicher Erneuerung.

Seit fast einem halben Jahrhundert sind die Gläubigen und die Hirten der ukrainischen Kirche im Heimatland gezwungen, den Leib des Herrn in der Verborgenheit zu „brechen“ und zu teilen, wie es die ersten Christengemeinden taten.

Immer stärker und immer häufiger dringt ihre appellierende Stimme nach Rom: „Helft uns, daß wir öffentlich beten können, nicht mehr in der Verborgenheit, sondern in den Kirchen, die wir errichtet haben.“ Der Bischof von Rom muß auf dieses Flehen hören, gerade nach dem Jubiläumsjahr, das zu einem „Gnadenjahr des Herrn“ (*Lk* 4,19) geworden ist.

5. Fünfzig Jahre sind nunmehr seit dem Ausbruch des schrecklichen Krieges vergangen. Er „hat auch die Kirchen nicht verschont, die katholische Kirche im besonderen, die vor und während des Konfliktes ebenfalls das Leiden kennengelernt hat. Ihr Schicksal ist ge-

wiß auch nicht besser gewesen in den Gegenden, wo die marxistische Ideologie des dialektischen Materialismus sich gewaltsam durchgesetzt hat" (*Apostolisches Schreiben vom 27. August 1989*, Nr. 6). Das gilt auch für die katholische Kirche in der Ukraine, die, in die Katakomben gedrängt, das Martyrium von Bischöfen und Priestern erfuhr, Verhaftungen, Deportationen, Schließung von Kirchen und Klöstern.
Aus der Erfahrung der vergangenen Zeiten und im Namen der Prinzipien der Liebe, der Barmherzigkeit und der christlichen Solidarität bitte ich die Verantwortlichen der orthodoxen Schwesterkirche, Vorurteile zu überwinden und den katholischen Brüdern, die in Not sind, zu Hilfe zu kommen. Das ist eine Aufgabe an der Schwelle des dritten christlichen Jahrtausends, zumal „wir aufgrund der Spaltungen und konfessionellen Gegensätze im Leib Christi ständig unter Prozeß stehen" (vgl. *Lima-Dokument 1982, Eucharistie* Nr. 20). Das ist nicht nur ein humanitäres und sittliches Erfordernis, sondern ein Auftrag des Evangeliums.

6. In diesem Zusammenhang sollte es auch nicht an Anstrengungen und gutem Willen der staatlichen Autoritäten mangeln, damit sie, belehrt durch das traurige sozio-politische Geschehen der Vergangenheit, das durch Jahrzehnte ignorierte Problem der Anerkennung der Rechte der ukrainisch-katholischen Kirche lösen. Die gegen sie und ihre Hirten geführte Kampagne der Feindseligkeit und Anschuldigungen trägt nicht zum Erfolg der Reformen bei, verhindert sie eher. Ohne die Legalisierung der ukrainisch-katholischen Gemeinschaft wird der Prozeß der Demokratisierung niemals vollständig sein.

7. Der Apostolische Stuhl hofft, daß die zuständigen Autoritäten auf der Basis der Prinzipien der Menschenrechte und in Achtung der eingegangenen und von der Verfassung garantierten internationalen Vereinbarungen möglichst bald die Rechte eurer Kirche anerkennen.
Das Wiener Dokument der Konferenz für Sicherheit und Zusammenarbeit in Europa vom Januar diesen Jahres ist allen bekannt. Es bekräftigt nicht nur die Prinzipien der Schlußakte von Helsinki, sondern zeigt auch konkrete Maßnahmen zur Förderung der Religionsfreiheit auf. Einige können angewandt werden, um der heutigen Lage der ukrainisch-katholischen Kirche abzuhelfen:
- freier Zugang zu den Kultstätten;
- das Recht, die eigene hierarchische Struktur zu organisieren;
- die Möglichkeit, freie Kontakte mit den Gläubigen und ihren Gemeinschaften sowohl im eigenen Land als auch im Ausland zu unterhalten.

Die Annahme dieser Prinzipien beinhaltet die Annahme der eingegangenen Verpflichtungen nicht nur gegenüber den anderen Staaten, sondern vor allem gegenüber den eigenen Staatsbürgern. Der Staatsbürger, der sich um seines Glaubens willen diskriminiert fühlt, kann nicht ganzheitlich am Aufbau der Gesellschaft mitwirken, in der er lebt (vgl. *Ansprache Johannes Paul II. bei der Begegnung mit der „Paasikivi Gesellschaft" in Helsinki*, 6. Juni 1989).

8. Auf meinen zahlreichen apostolischen Reisen hatte ich Gelegenheit, den ukrainischen Gemeinden in der Diaspora zu begegnen. Heute möchte ich euch versichern, daß auch

die Gläubigen in eurem Heimatland selbst in mein tägliches Gebet eingeschlossen sind. Und mit dem hl. Paulus sage ich euch allen: „Ich sehne mich sehr danach, euch zu sehen; ich möchte euch geistliche Gaben vermitteln, damit ihr dadurch gestärkt werdet, oder besser: damit wir, wenn ich bei euch bin, miteinander Zuspruch empfangen durch euren und meinen Glauben" (*Röm* 1,11–12).
Brüder im Bischofsamt!
An der Schwelle des dritten christlichen Jahrtausends stellt ihr euch mit Eifer und Begeisterung dem großen Werk der geistlichen Erneuerung eurer Gemeinden. Auch der Bischof von Rom wünscht sehnlich, jeder auf dem Boden der Heiligen Wladimir und Olga Getaufte möge „lebendiger Stein" (*1 Petr* 2,5) bei der Errichtung des geistlichen Gebäudes werden.
Möge dieses Bemühen alle ukrainischen Familien in der Diaspora und in der Heimat einbeziehen! Das wirksamste Mittel, eine kirchliche Gemeinschaft neu zu beleben, ist das Wiederaufleben im Sakrament der Eucharistie. Wir müssen das Volk Gottes werden, das Volk, in dem der Emmanuel lebt, „ein heiliger Stamm" (*1 Petr* 2,9).
Diese Aufgabe stellt sich uns an der Schwelle des dritten christlichen Jahrtausends. Gehen wir die Zukunft mit der Hoffnung auf den Emmanuel an.
Der Friede und der Segen des Herrn seien mit euch allen, mit eurer Kirche und mit eurem Volk!

Geburt und Tod sind eine Herausforderung für die Kirche

Ansprache an die Teilnehmer des 7. Symposiums der europäischen Bischöfe am 17. Oktober

Verehrte Mitbrüder im Bischofsamt!

1. Wieder einmal habe ich die Freude, euch am Ende eines Symposiums zu begegnen, zu dem ihr euch versammelt habt, um über die Probleme der Evangelisierung im heutigen Europa nachzudenken.
Mit lebhafter Zuneigung richte ich meinen Gruß an euch und danke Kardinal Carlo Maria Martini für sein schönes Grußwort, mit dem er euren Gefühlen wahrer Gemeinschaft mit dem Nachfolger Petri Ausdruck gab. Eine erste Frucht dieser brüderlichen Begegnung besteht gerade in der Stärkung der Bande der Liebe, die uns in der Kirche verbinden: von der Stärke dieser Bande hängt nämlich zu einem großen Teil die Wirksamkeit unseres Dienstes im Volke Gottes ab, zu dem wir gesandt sind.
Dem Volke Gottes dienen: dies ist der drängende Ansporn zu unserem täglichen Einsatz. Er läßt jeden von uns sich die Frage nach den geeignetsten Mitteln und Wegen stellen, um dieses Ziel zu erreichen. Auch bei diesem Symposium, verehrte Mitbrüder, habt ihr euch diese selbe und stets zentrale Frage von einem besonderen Blickwinkel aus gestellt, der im heutigen Europa von einzigartiger Aktualität ist. Ihr habt euch entschieden, über „Heutige Haltungen gegenüber der Geburt und dem Tod" nachzudenken, da ihr darin mit gutem Recht „eine Herausforderung für die Evangelisierung" seht.

Damit habt ihr eine mutige Wahl getroffen, die es euch gestattete, im Licht des Evangeliums die entscheidenden und manchmal zutiefst dramatischen Situationen zu untersuchen, die den Menschen der heutigen Welt bewegen.

2. Das Symposiumsthema wirft, wie es lautet, ein für die Evangelisierung und die Pastoral der Kirche wesentliches Problem auf. Denn diese befindet sich heute vor einer wahren Herausforderung; mehr als zu jeder anderen Zeit wird ihr die Frage nach Geburt und Tod gestellt.

Wenn das Geborenwerden und das Sterben des Menschen in einem gewissen Sinn schon immer eine Herausforderung für die Kirche waren, wegen der Unbekannten und der Risiken, die sie in sich tragen, so sind sie das heute noch mehr geworden. In anderen Epochen stand der Mensch vor dem Tod und dem Leben mit einem Gefühl des Staunens vor dem undurchdringlichen Geheimnis, mit der ehrerbietigen Furcht und dem Respekt, welche im Grunde dem Sinn für das Heilige entsprangen, der dem Menschen innewohnt. Heute wird die alte Herausforderung in viel lebendigerer und radikalerer Weise verspürt aufgrund des kulturellen Kontextes, den der wissenschaftliche und technologische Fortschritt dieses unseres Jahrhunderts geschaffen haben. Die einseitige – technozentrische – Kultur, in der wir leben, bringt den Menschen zu einer verengenden Sicht der Geburt und des Todes, die die transzendente Dimension der Person verdunkelt, wenn nicht gar ignoriert oder verneint.

Im Laufe eurer Arbeiten, verehrte Mitbrüder, habt ihr sorgfältig die Haltungen untersucht, mit denen das Europa von heute die Ereignisse der Geburt und des Todes lebt, und habt tiefgehende Unterschiede gegenüber der Vergangenheit festgestellt. Die wachsende „Medizinisierung" der Anfangs- und Schlußphasen des Lebens, ihre Verlegung aus dem Haus in die Krankenhausinstitution, die Überantwortung ihrer Leitung an die Entscheidung der Fachleute, haben viele Europäer dorthin gebracht, die Dimension des Geheimnisses zu verlieren, das seit jeher diese Momente umgibt, und fast nur noch deren wissenschaftlich kontrollierbare Dimension wahrzunehmen. „Die Erfahrung des Lebens" – habt ihr gesagt – „ist nicht mehr ontologisch, sondern technologisch". Wenn die Diagnose richtig ist, dann muß man sagen, daß sich heute viele Menschen innerhalb eines Erkenntnishorizonts bewegen, der bar jener Öffnungen auf die Transzendenz hin ist, die dem Glauben den Weg öffnen.

Zu diesem besorgniserregenden Aspekt, welchen die wachsende Vertechnisierung der wesentlichen Momente des menschlichen Lebens bildet, kommt ferner das Gewicht hinzu, das vor der öffentlichen Meinung die Praxis die die Abtreibung betreffende Gesetzgebung erhält, wie sie in verschiedenen Ländern gültig ist und man sie in anderen, noch verschonten, einzuführen versucht. So festigt sich in verschiedenen Schichten der Bevölkerung, die schon von sich aus von dem falschen Blendwerk eines konsumistischen und permissiven Hedonismus angezogen ist, die Meinung, daß nunmehr recht ist, was möglich ist und vom Gesetz genehmigt wird.

3. Es ist offensichtlich, daß all das ein schweres Problem für die pastorale Aktion der Kirche bildet, deren Aufgabe es ist, die liebevolle Gegenwart Gottes im Leben des Menschen zu verkündigen, eine Gegenwart, die nicht nur das Leben an seinem Anfang er-

schafft, sondern es auch seinen Lauf hindurch neu erschafft mit der erlösenden Gnade, um es am Ende in die beseligende Umarmung der dreieinigen Gemeinschaft aufzunehmen. Es drängt sich daher die Notwendigkeit einer tiefgehenden Neuevangelisierung dieses unseres Europas auf, das manchmal die Verbindung zu seinen christlichen Ursprüngen selbst verloren zu haben scheint.
In Wahrheit fehlt es im heutigen sozio-kulturellen Kontext nicht an klaren Zeichen eines Umdenkens hinsichtlich der Weise, wie Geburt und Tod empfunden und gelebt werden: in immer breiteren Kreisen der öffentlichen Meinung ist Bestürzung über die wachsende Vertechnisierung, der das Aufbrechen des Lebens unterworfen ist, festzustellen und Reaktionen zu verzeichnen auf ein Überhandnehmen der Medizin in seiner letzten Phase, was darauf hinausläuft, daß der Sterbende um seinen Tod selbst gebracht wird.
Denn was immer der Mensch auch tut, es wird ihm nie gelingen, sich seinem Wesen nach von der seinsmäßigen Wirklichkeit seiner Natur, erschaffen zu sein, loszulösen. Ebensowenig wird er die Tatsache der von Christus vollbrachten Erlösung und des daraus folgenden Rufes, mit ihm an der Fülle des Lebens nach dem Tode teilzuhaben, zunichte machen können. Dennoch kann er so zu leben und sich zu verhalten suchen, als ob er nicht geschaffen und erlöst worden sei (oder sogar, als ob Gott nicht existierte).
Genau das ist die Situation, an der die Kirche sich im Bereich der westlichen Kultur zu messen hat; das ist der menschliche Kontext, in dem sie die Verpflichtung, das Evangelium zu verkündigen, anzugehen hat.
Die Frage nach Geburt und Tod hat hier eine Schlüsselbedeutung. Gerade deshalb muß die Herausforderung zur Evangelisierung, die sie enthält, als entscheidend angesehen werden. Denn die Weise, wie heute die Realität der Geburt und des Todes gelebt wird, projiziert sich auf das Leben des Menschen als Ganzes, auf seine Auffassung selbst von Sein und Handeln im Bezug auf eine sichere und objektive moralische Norm.

4. An diese Herausforderung herantretend, kann sich die Evangelisierung folglich nur in die globale Sicht des Daseins stellen. Gewiß, die Geburt und der Tod haben immer ihre konkrete und unwiederholbare Dimension: sie fügen sich jedoch in die Existenz des Menschen als Ganzes ein, und in diesem weiteren Kontext müssen sie verstanden und gewertet werden.
Die Kirche hat das einzige gültige Maß zu ihrer Verfügung, um diese entscheidenden Momente des menschlichen Lebens zu interpretieren und deren Evangelisierung in globaler Weise in Angriff zu nehmen. Und dieses Maß ist Christus, das fleischgewordene Wort Gottes: in Christus, der geboren, gestorben und auferstanden ist, kann die Kirche den wahren Sinn, den vollen Sinn des Geborenwerdens und des Sterbens jedes menschlichen Wesens erkennen.
Schon Pascal vermerkte: „Nicht nur kennen wir Gott durch Jesus Christus, sondern wir kennen uns selbst nur durch Jesus Christus, und nur durch Ihn das Leben und den Tod. Außerhalb Jesu Christi wissen wir nicht, was das Leben und der Tod sind, was Gott, was wir selbst" (*Pensées*, n. 548). Eine Intuition, die das Zweite Vatikanische Konzil mit verdientermaßen berühmten Worten ausgedrückt hat: „Tatsächlich klärt sich nur im Geheimnis des fleischgewordenen Wortes das Geheimnis des Menschen wahrhaft auf ...

Christus, der neue Adam, macht eben in der Offenbarung des Geheimnisses des Vaters und seiner Liebe dem Menschen den Menschen voll kund und erschließt ihm seine höchste Berufung" (*Gaudium et spes*, Nr. 22).

Von Christus angeleitet, hat die Kirche die Aufgabe, den Menschen von heute dahin zu bringen, die volle Wahrheit über sich selbst neu zu entdecken, um so die rechte Haltung gegenüber der Geburt und dem Tod wiederzugewinnen, jenen zwei Ereignissen, die sein ganzes Dasein auf der Erde umschreiben. Von der richtigen Interpretation dieser Ereignisse hängt nämlich die Ausrichtung ab, die dem konkreten Leben jedes Menschen gegeben wird, und letzten Endes dessen Gelingen oder Fehlschlagen.

5. Die Kirche muß an erster Stelle dem Menschen von heute wieder die volle Wahrheit über sein Geschöpf-Sein sagen, Geschöpf, das zum Dasein gelangt ist als Frucht einer Gabe der Liebe. Von seiten Gottes zu allererst: die Ankunft eines neuen Menschenwesens auf der Welt findet nämlich nicht statt, ohne daß Gott direkt daran mitbeteiligt wäre durch die Erschaffung der Geistseele: und nur die Liebe bewegt ihn dazu, ein neues, mit Persönlichkeit ausgestattetes Wesen in die Welt zu setzen, dem er tatsächlich die Möglichkeit geben will, an seinem eigenen Leben teilzunehmen. Zu derselben Schlußfolgerung gelangt man vom menschlichen Gesichtspunkt aus: das Aufbrechen des neuen Lebens hängt nämlich von der geschlechtlichen Vereinigung des Mannes und der Frau ab, welche ihre volle Wahrheit in der Gabe von Person zu Person besitzt, die die Gatten in sich selbst einander machen. Das neue Wesen betritt die Szene des Lebens dank einem Akt der Schenkung von Person zu Person, dessen Krönung es bildet: eine mögliche aber nicht selbstverständliche Krönung. Den psychologischen Widerhall davon haben wir in dem Erwartungsgefühl der Eltern, die wissen, daß sie ein Kind erhoffen jedoch nicht verlangen können. Als Frucht ihrer gegenseitigen Liebesschenkung ist dieses seinerseits ein Geschenk für beide: eine Gabe, die der Gabe entspringt.

Wohlbetrachtet ist dieser und nur dieser der Zusammenhang, der der Würde der Person entspricht, welche nie zu einem Objekt werden darf, über das man verfügt. Nur die Logik der Liebe, die sich schenkt, nicht die der Technik, die ein Produkt erzeugt, ziemt zur Person, denn nur erstere respektiert deren höhere Würde. Die Logik der Erzeugung setzt nämlich einen wesentlichen qualitativen Unterschied zwischen dem, der dem Produktionsprozeß vorsteht, und dem, was aus diesem Prozeß hervorgeht: ist das Ergebnis in der Tat eine Person, nicht eine Sache, dann muß man schließen, daß auf diese Weise die Person selbst nicht in ihrer besonderen und unkürzbaren personalen Würde anerkannt wird.

An diese Wahrheit muß die Kirche den Menschen von heute mit mütterlicher Sorge erinnern. Denn die erstaunlichen wissenschaftlichen Fortschritte der Genetik und der Gentechnik verlocken ihn mit der Aussicht auf hinsichtlich der technischen Perfektion außergewöhnliche Resultate, die jedoch im Ansatz schlecht sind wegen ihrer Ansiedlung innerhalb der Logik der Erzeugung eines Produkts und nicht der Zeugung einer Person.

Und daran muß die Kirche den heutigen Menschen mit umso größerem Einsatz erinnern, als sie weiß, daß Gott das neue Wesen nicht nur ruft, zur Menschenwürde geboren zu werden, sondern auch im eingeborenen Sohn zu jener eines Gotteskindes wiedergeboren zu werden. Die Perspektive der göttlichen Adoption, die in der gegenwärtigen Heilsökonomie jedem menschlichen Wesen vorbehalten ist, unterstreicht auf einzigartig beredte Weise die höchste Würde der Person und verbietet jedweden Mißbrauch, der sie zu einem einfachen Objekt herabsetzen und damit dieser ihrer transzendenten Bestimmung zuwiderlaufen würde.

6. Und auch was den Tod betrifft, hat die Kirche ihr Wort zu sagen, das auf den dunklen Übergang, der im Menschen soviel Angst erregt, Licht zu werfen vermag: und das, weil sie das Wort, das fleischgewordene Wort Gottes hat, welches nicht nur das Leben, sondern auch den Tod des Menschen auf sich genommen hat. Christus hat jenen Übergang durchschritten und steht als Auferstandener bereits in seinem lebendigen Leib am anderen Ufer, dem Ufer der Ewigkeit. Auf ihn blickend, kann die Kirche mit freudiger Gewißheit verkünden: „Gottes Sohn hat in der mit sich geeinten menschlichen Natur durch seinen Tod und seine Auferstehung den Tod besiegt und so den Menschen erlöst und ihn umgestaltet zu einem neuen Geschöpf" (*Lumen Gentium*, Nr. 7).
Bis zum Ende der Jahrhunderte wird nunmehr der Tod Christi zugleich mit seiner Auferstehung im Mittelpunkt der missionarischen Verkündigung stehen, wie sie von Mund zu Mund seit der ersten christlichen Generation weitergegeben wird: Ich habe euch überliefert – es sind Worte des hl. Paulus – „was auch ich empfangen habe: Christus ist für unsere Sünden gestorben, gemäß der Schrift, ... er ist begraben worden. Er ist ... auferweckt worden ..." (*1 Kor* 15,3–4). Der Tod Jesu war ein frei angenommener Tod, in einem Akt höchster Hingabe seiner selbst an den Vater für die Erlösung der Welt (vgl. *Joh* 15,13; *1 Joh* 3,16).
Im Licht des Ostergeheimnisses ist der Christ nunmehr in der Lage, seinen Tod in der Perspektive der Hoffnung zu deuten und zu leben: der Tod Christi hat die Bedeutung auch seines Todes umgekehrt. Wenngleich Frucht der Sünde, kann der Tod von ihm angenommen werden in einer Haltung liebender – und daher freier – Zustimmung zum Willen des Vaters und folglich als höchster Beweis des Gehorsams, gleich dem Gehorsam Christi selbst: ein Akt, der in Vereinigung mit Christi Tod die vielfachen, während des Lebens ins Sein gesetzten Formen der Auflehnung zu tilgen vermag.
Der Christ, der auf solche Weise seinen Tod annimmt und sich, seine Geschöpflichkeit wie auch seine Verantwortungen als Sünden anerkennend, zuversichtlich in die erbarmenden Hände des Vaters gibt („In manus tuas, Domine ..."), erreicht den Höhepunkt seiner menschlichen und christlichen Identität und verwirklicht die endgültige Erfüllung seines Schicksals.

7. Verehrte Mitbrüder! Die Kirche, gerufen, in Europa an der Schwelle des dritten Jahrtausends Christus zu bezeugen, muß die konkreten Wege finden, um diese gute Nachricht jenen auf dem alten Kontinent zu bringen, die zeigen, daß sie ihn verloren haben. Die Unterweisungen des hl. Paulus über die Taufe und über das Geheimnis von Tod und Leben, das sich in ihr vollzieht, bieten erleuchtende Anstöße für eine Evangelisierungsaktion, deren dringende Notwendigkeit nicht zu bezweifeln ist. Es ist nötig, diese Lehre wieder zu erklären, sie vor allem den neuen Generationen verständlich zu machen, damit sie leben können und daraus die Konsequenzen für das christliche Leben im Alltag ziehen, wie

es in den ersten Jahrhunderten die Kirchenväter in stets reichen und stets zeitgemäßen Katechesen getan haben.

Gleichzeitig wird es wichtig sein, alle verstehen zu lassen, daß die Kirche, wenn sie das menschliche Leben von seinem ersten Anfang bis zu seinem natürlichen Ende verteidigt, das nicht nur deshalb tut, um den Erfordernissen des christlichen Glaubens zu gehorchen, sondern in dem Bewußtsein, einer Verpflichtung nachzukommen, die Widerhall im moralischen Gewissen der gesamten Menschheit hat. Deshalb gerade hat die zivile Gesellschaft, die für das gemeinsame Wohl verantwortlich ist, die Pflicht, durch das Gesetz das Recht auf Leben für alle zu garantieren und den Respekt vor jedem menschlichen Leben bis zu seinem letzten Augenblick.

Eine wirkungsvolle Hilfe auf diesem Gebiet wird von den „Bewegungen für das Leben" kommen können, die sich dank der Vorsehung in allen Teilen Europas und der Welt vermehren. Ihr bereits so verdienstvoller Beitrag kann von uns Hirten weiter aufgewertet werden, wenn sie es verstehen, zum Gegenstand ihrer Sensibilisierungs- und Aufklärungstätigkeit nicht nur den Anfangs- sondern auch den Schlußmoment des Lebens zu machen. Dies wird es gestatten, in diesen Bewegungen einen wertvollen Verbündeten zu finden, um so immer einschneidender auf jene Herausforderung zu antworten, die Geburt und Tod heute an die Evangelisierung herantragen.

Wir ihr seht, verehrte Mitbrüder, ist die Aufgabe, die in diesem Jahrtausend vor uns steht, hart aber auch erhebend. Die Kirche hat die historische Aufgabe, dem Menschen unserer Zeit zu helfen, den Sinn des Lebens und des Sterbens wiederzufinden, der ihm in vielen Fällen heute abzugehen scheint. Wieder einmal erweist sich die Anstrengung für die Evangelisierung im Blick auf das ewige Heil als entscheidend für die wahre Förderung des Menschen auf der Erde. Das Christentum, das einst dem sich bildenden Europa die ideellen Werte geliefert hat, die als Grundlage für den Aufbau seiner Einheit dienten, hat heute die Verantwortung, eine Kultur, die Symptome besorgniserregenden Verfalls zeigt, von innen her neu zu beleben.

Uns Bischöfen kommt vor allen anderen die Aufgabe zu, Träger und Anführer dieses geistigen Neubeginns zu sein: wenn wir Christus, den Herrn des Lebens, verkünden, kämpfen wir für den Menschen, für die Verteidigung seiner Würde, für die Wahrung seiner Rechte. Unser Kampf ist ein Kampf nicht nur für den Glauben, sondern für die Kultur.

Getröstet mit diesem Bewußtsein, werte Mitbrüder, gehen wir in unserem apostolischen Einsatz mit erneuertem Schwung weiter. Der Herr Jesus wird es nicht fehlen lassen, uns mit seiner Hilfe zur Seite zu stehen. Zu ihm bete ich unaufhörlich für euch und für eure Kirchen, und in seinem Namen erteile ich euch im Zeichen wahrer Gemeinschaft von Herzen meinen Segen.

Primat der Wahrheit und der Liebe hochhalten

Ansprache an die Mitglieder des Generalkapitels der Missionare vom Kostbaren Blut am 19. Oktober

1. Es ist mir eine Freude, euch während eures fünfzehnten Generalkapitels zu begegnen, welches ihr in dieser Stadt abhaltet, wo euer Gründer geboren wurde und wo er einen großen Teil seines Priesterdienstes versehen hat – der große Missionar und Apostel des Blutes Christi, der hl. Gaspare del Bufalo. Es ist bedeutungsvoll, daß diese Begegnung fast am Vorabend des Tages stattfindet, an dem eure Kongregation und die Diözese Rom das liturgische Gedächtnis dieses Heiligen feiern. Wie so viele Gläubige gehen auch wir im Geiste an sein Grab in der antiken Kirche „Santa Maria in Trivio", so wie es am 4. Januar 1963 mein Vorgänger, Papst Johannes XXIII. getan hat, um über die Lektion seines Lebens nachzudenken und seinen himmlischen Beistand zu erbitten.

2. Nicht wenige Male hat Papst Johannes XXIII. den hl. Caspar in symbolischer Weise mit dem Kostbaren Blut in Verbindung gebracht und ist so weit gegangen, ihn „den wahren und größten Apostel der Verehrung des Kostbaren Blutes in der Welt" (*AAS* 52 [1960] S. 306) zu nennen. Der hl. Caspar lädt uns ein, nachzudenken über das Geheimnis des Blutes Christi, das aus der Seite dessen fließt, „den sie durchbohrt haben" (*Joh* 19,37). Welch endlose Horizonte eröffnen uns diese Gedanken! Einerseits ist jenes gewaltsam für das Unrecht der Menschheit vergossene Blut das Symbol jeder in der Geschichte der Menschheit begangenen Gewalt, angefangen vom Schrei des Blutes Abels (vgl. *Gen* 4,10) bis zum Ende der Welt. Anderseits kann jenes Blut als ein Symbol des gesamten Heilswerkes gesehen werden; vom Vater ausgehend reicht dieses bis hin zu uns und wird durch den Dienst der Kirche Gottes, „die er sich durch das Blut seines eigenen Sohnes erworben hat" (*Apg* 20,28), für die Rettung aller in der ganzen Welt vergossen. In der Sicht des Glaubens eures hl. Gründers ist das Blut Christi ein Bild der vollkommenen Liebe des Erlösers zu uns und ruft nach einer Antwort treuer Liebe zu Gott und zu unseren Brüdern. Bei seinem beharrlichen Studium des Wortes Gottes und der hl. Kirchenväter, bei seiner Betrachtung des gekreuzigten Christus und seiner Leiden für das Heil der Kirche, versenkte der hl. Caspar sich tief in das Geheimnis des Blutes des Erlösers, so tief daß dieses Geheimnis zum Licht seines Geistes und zur Kraft seines Apostolates wurde.

3. Liebe Brüder! Ich möchte bei dieser Gelegenheit die Worte wiederholen, die ich am 22. Oktober 1986, am 200. Geburtstag eures Gründers, ausgesprochen habe: „Die Spiritualität des hl. Caspar ... steht wahrlich im Herzen des christlichen Lebens: das Kostbare Blut unseres Herrn ist stets Gegenstand besonderer Aufmerksamkeit von seiten aller Heiligen gewesen: es ist eine Schule der Heiligkeit, der Gerechtigkeit, der Liebe. Hört niemals auf, ... euch tief in dieses Geheimnis der Gerechtigkeit und Liebe zu versenken: verbreitet es in der ganzen Welt". Es hat mich gefreut, von den Treffen und Studien zu vernehmen, die ihr in den verschiedenen Teilen der Welt, wo eure Kongregation arbeitet, über dieses Thema durchgeführt habt. Von ganzem Herzen segne ich diese Anstrengun-

gen und ermutige euch, sie fortzusetzen und nach der Verehrung des Kostbaren Blutes den geistigen Weg eures Lebens und euer Apostolat zu gestalten. Seid Zeugen jener Gemeinschaft, die Christus durch das Geschenk seines Blutes gestiftet hat.

4. Ich bin gewiß, daß der hl. Caspar bei dieser geistigen Pilgerfahrt, die wir zusammen an sein Grab unternehmen, nicht nur als der Apostel des Blutes Christi, sondern auch als ein großer Missionar zu euch sprechen kann. Nach seiner Rückkehr aus dem Exil im Februar 1814 und dem Wunsch Papst Pius VII. nachkommend, der bestrebt war, den Glauben unter den Christen mittels Volksmissionen neu zu beleben, widmete sich euer Gründer der Predigt von Missionen und geistlichen Exerzitien bis zu seinem Tod im Jahr 1837. Im Dienst der Predigt eiferte er seinem besonderen Patron, dem hl. Franz Xaver, nach. Um diesen Dienst am wirkungsvollsten und dauerhaftesten auszuüben, gründete er eure Gesellschaft: die Kongregation der Missionare vom Kostbaren Blut; er vertraute sie dem himmlischen Schutz der hl. Jungfrau Maria an. Er war fest überzeugt davon, daß genau so, wie der Glaube durch die Predigt des Wortes Gottes verbreitet wird, durch dieselbe Predigt „seine Neubelebung erwartet wird“ (*Schriften des hl. Caspar*, XII, 48). Euer Gründer ist ein Modell der Evangelisierung, das ihr stets nachahmen sollt. Bei dem Generalkapitel, das ihr jetzt abhaltet, habt ihr als besonderes Thema die Sendung eurer Kongregation studiert und dazu eine Analyse der Situation an den verschiedenen Orten, wo ihr tätig seid, vorgenommen, um den gegenwärtigen Herausforderungen entsprechend dem Charisma eurer Kongregation begegnen zu können. Dieses Charisma ist in der Tat der Dienst des Wortes Gottes, wie es in der Konstitution eurer Kongregation festgehalten ist. In einer Gesellschaft, die zu oft die Zeichen der Anwesenheit Gottes verkennt, müßt ihr das Wort sein, das an die Tür jedes Menschenherzens klopft, damit es sich öffnet und den Erlöser aufnimmt. In einer Gesellschaft, die es oft unterläßt, für die Menschenwürde, besonders die Würde der Armen, einzutreten, müßt ihr die Stimme des Gewissens wecken, die den Primat der Wahrheit und Liebe hochhält. Ihr seid gerufen, dies in den verschiedenen Formen des Apostolates zu tun, besonders jedoch durch die Predigt von geistlichen Exerzitien, Besinnungskursen und Volksmissionen (vgl. *CIC*, can. 770).

5. Meine lieben Brüder! Brennend hoffe ich, daß die Lehren, die wir vom Leben eures Gründers gelernt haben – Betrachtung des Geheimnisses des Blutes Christi und Verpflichtung zum Dienst am Wort – eine Anregung für eure persönliche und gemeinschaftliche Erneuerung sein werden, so daß ihr euch dem Volk Gottes nicht nur als Lehrer des Wortes sondern auch als glaubwürdige Zeugen Christi zeigt, der uns geliebt und sein Blut für uns hingegeben hat (vgl. *Gal* 20). Ich empfehle eure Kongregation der Fürsprache der allzeit reinen Jungfrau Maria an und erteile euch mit Freude meinen Apostolischen Segen.

Die Bischofsweihe – das besondere Erbe des Apostelnachfolgers

Predigt bei der Weihe von vier neuen Bischöfen am 20. Oktober

1. „Der Herr hat mich gesalbt" (*Jes* 61,1).
Die Kirche kehrt unaufhörlich zu dieser Salbung zurück. Unablässig spendet sie die Salbung. Diese messianische Salbung bedeutet die Fülle des Heiligen Geistes, die der Welt durch Christus gebracht wird.
„Der Geist des Herrn ruht auf mir; denn der Herr hat mich gesalbt und geweiht" (*Jes* 61,1).
Diese Salbung, die Fülle des Heiligen Geistes, ist die Kraft, die der Sendung des Sohnes in die Welt innewohnt.
„Er hat mich gesandt, damit ich ... eine frohe Botschaft bringe" (*Jes* 61,1).
Jozef, Edmond, Janusz und Tadeusz, heute schöpft die Kirche in ihrer von Christus empfangenen Autorität aus dieser messianischen Fülle des Geistes, um euch mit der Salbung zu weihen.
Sie wird auf eure Schultern auch das Buch des Evangeliums legen, in dem die Macht der Sendung Christi enthalten ist.
Ihr werdet die Bischofsweihe empfangen – das besondere Erbe der Nachfolger der Apostel.

2. Am Abend vor seinem Leiden sagte Christus zu seinen Aposteln: „Wie mich der Vater geliebt hat, so habe auch ich euch geliebt" (*Joh* 15,9).
„Nicht ihr habt mich erwählt, sondern ich habe euch erwählt und dazu bestimmt, daß ihr euch aufmacht und Frucht bringt" (*Joh* 15,16).
„Ich habe euch geliebt. Bleibt in meiner Liebe" (*Joh* 15,9).
Das ist der Inhalt des apostolischen Erbes. Es enthält ein unaussprechliches Geschenk, aber auch einen Aufruf. Einen sehr anspruchsvollen Aufruf, weil er von der größeren Liebe bekräftigt wird: „Es gibt keine größere Liebe, als wenn einer sein Leben für seine Freunde hingibt" (*Joh* 15,13).
Christus hat diese Worte am Abend vor seinem Leiden gesprochen. Am Tag vor seinem Tod am Kreuz, der für immer die Bestätigung der je größeren Liebe bleibt.
Es gibt keine größere Liebe als diese, und es wird auch nie eine größere geben.
Ihr empfangt also die bischöfliche Salbung. Ihr empfangt die Auflegung der Hände, die den Nachfolgern der Apostel die Sendung vermittelt, die diese im Abendmahlssaal empfangen haben. Und ihr empfangt die Kraft dieser Liebe, der größten Liebe.

3. „Damit ihr euch aufmacht ..."
Verschieden sind die Wege, auf die der Herr euch führen wird. Verschieden sind auch die mit eurem Bischofsamt verbundenen Dienste.
Dir, Bischof Edmond, einem Sohn des Libanon – einer so schwer geprüften Nation, die aber gerade deswegen meinem Herzen besonders nahe steht – vertraut die Kirche eine

Sendung an, die dich in die Länder Nordafrikas führen wird. Dort wartet auf dich die Aufgabe, den Kirchen ältester Überlieferung, die durch die Präsenz des hl. Augustinus noch berühmter geworden sind, zu bezeugen, daß der Nachfolger des Petrus für sie Sorge trägt. Du sollst ferner Beziehungen gegenseitigen Verständnisses mit den Autoritäten der Staaten pflegen und verstärken, um zur Verwirklichung der großen menschlichen Hoffnungen auf Gerechtigkeit, Freiheit und Frieden beizutragen.

Eine ähnliche Sendung ist auch dir, Bischof Janusz für einige Länder Westafrikas anvertraut, die die Härte der Wüste erfahren und sich zugleich für die Errungenschaft der modernen Zeiten, aber auch für das Evangelium aufgeschlossen zeigen und laut nach Menschen rufen, die ihnen hochherzig die Botschaft verkünden. Du kannst auf die Erfahrung zurückgreifen, die du in vieljähriger Tätigkeit im Dienst des Heiligen Stuhls gewonnen hast, und wirst es nicht daran fehlen lassen, die Fähigkeiten deines Geistes und Herzens einzusetzen, um seine Verbindungen zu den relativ jungen Kirchen in diesem Teil des Kontinents, der mir so teuer ist, enger und wirksamer zu gestalten. Die hier schon gereiften reichen Früchte christlichen Lebens lassen auf eine noch reichere Ernte hoffen.

Dir, Bischof Jozef, wird die Aufgabe anvertraut, die historische Sendung der Apostolischen Nuntiatur in Warschau zu übernehmen, eine der ersten, die der Hl. Stuhl errichtet hat. Unter sehr traurigen Umständen bekanntlich vor etwa 50 Jahren unterbrochen, wird diese Sendung heute im Zeichen der Hoffnung wieder aufgegriffen. Dein Dienst für die Bischöfe, Priester, Ordensleute und Gläubigen im geliebten Land Polen wird seine Gemeinschaft mit dem Nachfolger des Petrus neu festigen und zugleich eine konstruktive Absprache mit den zivilen Autoritäten zur Überwindung der gegenwärtigen Schwierigkeiten sowie für die Sicherung des wahren geistigen, moralischen und materiellen Wohles des Landes ermöglichen.

Ein guter Wunsch gilt endlich auch dir, Bischof Tadeusz: mit wieviel Hoffnung schaut die ganze Kirche auf dein bielorussisches Land, wohin nach über sechzig Jahren ein Bischof nach Minsk zurückkehrt, um dem Volk jenes Gebietes zu dienen! Ist dies nicht ein Zeichen für den derzeitigen Wandel, der auch zum Wohl aller Gläubigen vor sich geht? In den langen Jahren des Leidens hat der Bischof von Rom den Katholiken Bielorußlands immer nahe gestanden. Wenn er dir heute die Hände auflegt, will er das Band der Kathedra des Petrus mit der Kirche in Weißrußland bekräftigen und damit nicht nur die Freude der Katholiken deines Landes teilen, die in deiner Person einen neuen Hirten empfangen, sondern auch die gemeinsame Hoffnung, die katholische Hierarchie in jenen alten, dem Papst besonders teuren Diözesen bald neu errichtet zu sehen.

4. „Damit ihr euch aufmacht und Frucht bringt."

Hört, was dazu der Apostel im *Brief an die Korinther* sagt: „Wir lehren offen die Wahrheit. So empfehlen wir uns vor dem Angesicht Gottes jedem menschlichen Gewissen" (*2 Kor* 4,2).

Die Frucht, die ihr bringen müßt, kommt vom Heiligen Geist, vom Geist der Wahrheit. Durch euren Dienst muß sein Wirken die Gewissen der Menschen erreichen ... denn Gott, der zum Menschen in Jesus Christus gesprochen hat, „soll in den menschlichen Herzen aufleuchten" (vgl. *2 Kor* 4,6). So „predigt euch nicht selbst, sondern den Herrn

Jesus Christus" (vgl. *2 Kor* 4,6). Predigt Christus. Wie Er, so müßt ihr Diener eurer Brüder und Schwestern sein, erleuchtet von Christus: vom gekreuzigten und auferstandenen Christus.

Das ist euer Reichtum, der außerordentliche Reichtum eurer Sendung. Und wenn der Apostel daran erinnert, daß dieser Reichtum von uns – den Menschen – in zerbrechlichen Gefäßen getragen wird, fügt er gleich hinzu: „So wird deutlich, daß das Übermaß der Kraft von Gott und nicht von uns kommt" (*2 Kor* 4,7).

5. „Und eure Frucht soll bleiben" (*Joh* 15,16).

Die Frucht der messianischen Salbung, die Frucht des apostolischen Erbes infolge der Auflegung der Hände. Die Frucht der Frohbotschaft und die Frucht der täglichen Mühe der Kirche an so vielen Orten der Welt ...

„Sie soll bleiben": für das Heil der Menschen, für die Erneuerung des Antlitzes der Erde, für den Frieden unter den Völkern unserer menschlichen Welt, zur Ehre des Vaters, der „die Welt so sehr geliebt (hat), daß er seinen einzigen Sohn hingab, damit jeder, der an ihn glaubt, nicht zugrunde geht, sondern das ewige Leben hat" (*Joh* 3,16).

In russischer Sprache sagte der Papst:

Mit großer Freude erteile ich die Fülle des Priestertums dem lieben Msgr. Tadeusz Kondrusiewicz, den ich zum Apostolischen Administrator der Diözese Minsk für die katholischen Gläubigen von ganz Weißrußland ernannt habe.

Ich wünsche ihm in väterlicher Verbundenheit für seine pastorale Führung in diesem ausgedehnten Gebiet vollen Erfolg und rufe auf ihn wie auf alle Gläubigen, die seiner Hirtensorge anvertraut sind, gern die Segnungen Gottes herab.

Der Christ darf das Gebet nie vernachlässigen

Predigt in der kroatischen Nationalkirche St. Hieronymus am 21. Oktober

1. „Du aber bleibe bei dem, was du gelernt und wovon du dich überzeugt hast. Du weißt, von wem du es gelernt hast" (*2 Tim* 3,14). Die Worte des Apostels Paulus an seinen Schüler Timotheus gewinnen in dieser dem hl. Hieronymus geweihten Kirche der Kroaten besondere Bedeutung, wurde sie doch anläßlich der Feier ihres hundertjährigen Bestehens restauriert. Mein Vorgänger, Papst Sixtus V., der als Kardinal hier seine Titelkirche hatte, wollte den dalmatinischen Heiligen und die Gemeinschaft der Kroaten in Rom ehren, indem er hier, am Ripetta-Hafen, anstelle der verfallenen Hieronymus-Kapelle diese Kirche erbaute. Die Worte des hl. Paulus gewinnen hier besondere Kraft, da dieses Gotteshaus für die kroatische Gemeinde Roms ein lebendiges Gedächtnis und ein kraftvolles Zeugnis für den althergebrachten Glauben und die christliche Tradition ihrer Vorfahren darstellt. Das kroatische Volk ist diesem Glauben und dieser Tradition trotz aller widerwärtigen und vielschichtigen historischen Ereignisse, die Land und Volk auf eine harte

Probe stellten, treu geblieben, denn es wußte, „von wem" es die unwandelbaren Glaubenswahrheiten gelernt hatte.
„Strebe ... nach ... Standhaftigkeit." Timotheus, der Empfänger des Briefes, aus dem wir soeben die Lesung vernommen haben, wird eingeladen, der Lehrer seines Glaubens eingedenk zu sein: der Mutter und der Großmutter, der zahlreichen Zeugen, vor denen er sein „gutes Bekenntnis" (*2 Tim* 6,12) abgelegt hatte, sowie natürlich des Apostels Paulus, seines Lehrers, der ihn an der Verkündigung des Evangeliums und an der Leitung der Gemeinden hatte mitwirken lassen. Auch zu euch, liebe Brüder und Schwestern, sagt heute der Apostel mit der gleichen Kraft, ihr sollt das, was euch gelehrt und überliefert wurde, weiterhin hochhalten. Mit anderen Worten, er fordert euch auf, auch hier in Rom, an diesem Ort, der den Rompilgern eurer Nation teuer ist, treue Zeugen des Evangeliums und mutige Verkünder der Großtaten Gottes vor all jenen zu sein, die seine Worte aufnehmen.

2. Ein wunderbares Beispiel rückhaltlosen Einsatzes für das Wort Gottes war der Patron dieser Kirche: der hl. Hieronymus, euer Landsmann. Er nahm die Mahnung des Apostels in Bezug auf die Heilige Schrift wörtlich: „Du kennst ... die heiligen Schriften, die dir die Wahrheit verleihen können, damit du durch den Glauben an Christus Jesus gerettet wirst" (*2 Tim* 3,15). Der hl. Hieronymus hatte verstanden, daß der Glaube Gehorsam dem Wort gegenüber ist, mit dem Gott sich dem Menschen mitteilt; weshalb dieses Wort – was auch das Konzil neuerlich betonte – vom Menschen fordert, sich ganz Gott zu überlassen, in der vollen Unterwerfung seines Verstandes und seines Willens und mit williger Zustimmung zu der Offenbarung, die von ihm ausgeht (vgl. *Dei Verbum*, Nr. 5). Der große Dalmatiner, ein einzigartiges Vorbild der Verehrung für das geoffenbarte Wort und des Dienstes an diesem Wort, wurde nicht müde, die Kirche daran zu erinnern, daß Gott selbst es war, der sich den Seelen der Verfasser der heiligen Bücher mitgeteilt hatte; so ermahnte er: „Wer die Heilige Schrift nicht kennt, kennt auch die Macht Gottes nicht und ebensowenig seine Weisheit. Die Schrift nicht kennen, heißt Christus nicht kennen" (*Kommentar zum Propheten Jesaja*, Prol. CSCL 73,1). Liebe Brüder und Schwestern, möge euch der hl. Hieronymus eine lebendige und umfassende Kenntnis der Heiligen Schrift erwirken, damit auch ihr, gemeinsam mit dem ganzen christlichen Volk, mehr und mehr im göttlichen Wort Nahrung und eine Quelle des Lebens findet (vgl. *Tagesgebet* der Messe am Gedächtnistag des hl. Hieronymus).

3. Jedes Gotteshaus – und daher auch diese eure altehrwürdige Kirche – ist ein Ort des Gebetes und lädt zum ausdauernden Gebet ein. „Solange Mose seine Hand erhoben hielt, war Israel stärker; sooft er aber die Hand sinken ließ, war Amalek stärker ... So (blieben) seine Hände erhoben ... bis die Sonne unterging" (*Ex* 17,11–12). Die Liturgie des heutigen Tages führt uns den Wert des fürbittenden Gebetes klar vor Augen. Das Gebet des Mose ist es, das inständige Flehen mit erhobenen Händen, das von Gott den Sieg der Israeliten erwirkt; ebenso zwingt das Flehen der Witwe den gottlosen Richter, ihr Recht zu verschaffen. „Sollte Gott seinen Auserwählten, die Tag und Nacht zu ihm schreien, nicht zu ihrem Recht verhelfen, sondern zögern?" (*Lk* 18,7). Der Christ darf das Gebet nie vernachlässigen, vor allem dann nicht, wenn der Glaube infolge einer Be-

drängnis auf eine harte Probe gestellt wird. Wie die Frau des Gleichnisses muß er weiterhin darauf bestehen, insbesondere wenn die Nacht des Leidens, die „Absurdität" des Lebens und die Verlockungen eines seelenlosen Wohlstandes sein Vertrauen auf die vorsorgende Allmacht des himmlischen Vaters zu schwächen drohen. Nur im Gebet findet der Glaubende die Kraft zum Erkennen der Zeichen und der Gegenwart Gottes in den Prüfungen gesellschaftlicher, kultureller, politischer und moralischer Natur, die ihn bedrängen; nur dank des Gebetes kann er dahin wirken, daß der Herr bei seiner Wiederkunft noch den Glauben auf der Erde vorfindet, den zu bringen er gekommen ist. Die Frau des Gleichnisses ist ein Vorbild für alle, die es verstehen, im Glauben Gott das Seufzen ihres leidgeprüften Herzens vorzutragen: „Verschaff mir Recht gegen meinen Feind!" (*Lk* 18,3). Erlöse mich, Herr, vom Hinterhalt des Übels, „libera nos a malo". Der Herr selbst erklärt das Gleichnis, das er den Jüngern erzählt hat, um sie zu lehren, „daß sie allezeit beten und darin nicht nachlassen sollten" (*Lk* 18,1): wenn der böse Richter aufgrund ihres unablässigen Drängens der Witwe zu ihrem Recht verhilft, so wird Gott, der unendlich heilige Richter, um so mehr „seinen Auserwählten, die Tag und Nacht zu ihm schreien, ... zu ihrem Recht verhelfen" (*Lk* 18,7).

4. Mit Freuden richte ich ein Wort herzlichen Grußes an Kardinal Franjo Kuharič, den Erzbischof von Zagreb, sowie an die zahlreichen Erzbischöfe und Bischöfe Kroatiens, die zu diesem besonderen Anlaß hierher gekommen sind. Ich begrüße den Rektor dieser Kirche, Mons. Ratko Perič, sowie die kroatischen Priester, die in den Büros der Römischen Kurie tätig sind. Mein Gedenken gilt auch den Priesterstudenten des der Kirche angeschlossenen Kollegs, dem Präsidenten der internationalen marianischen Akademie, Pater Melada, sowie den kroatischen Ordensmännern und -frauen, die in diesem Haus und in verschiedenen Krankenhäusern, sozialfürsorgerischen und erzieherischen Einrichtungen ihren Dienst leisten.

Schließlich möchte ich mich an die zahlreichen kroatischen Gläubigen wenden, die derzeit in Rom leben; an die Jugendlichen, die Familien und an alle, die zu diesem Anlaß direkt aus der Heimat und aus fernen Ländern hierhergekommen sind: aus Kanada, den Vereinigten Staaten und auch aus anderen Ländern und Erdteilen. Das kroatische Volk ist mehr oder weniger überall anzutreffen. Mein Wunsch ist es nun, ihr möget eurer Kultur, den durch die familiäre Erziehung erworbenen Traditionen und dem religiösen Erbe eurer Ahnen treu bleiben. Seid bestrebt, diese Werte an eure Kinder weiterzugeben, damit auch sie, wo immer sie sich befinden, für das Evangelium Zeugnis ablegen.

Eure Anwesenheit in dieser dem hl. Hieronymus geweihten Kirche besagt, daß sie für euch einen Bezugspunkt darstellt, einen Ort, an dem ihr, die ihr das Land eurer Väter verlassen habt, eine Gemeinschaft bildet: sie ist gleichsam ein Stück Heimat und gewinnt durch ihre Nähe zum Stuhl Petri besondere Bedeutung. Mein Gruß will auch ein Wunsch für einen christlichen Wohlstand sein, eine Bitte um den Frieden für eure Familien in der Heimat und im Ausland und gleichzeitig eine Einladung, euch aktiv in das Leben der Ortskirchen einzufügen, denen ihr nunmehr angehört, um ihnen den Reichtum eurer christlichen Traditionen mitzuteilen. Die Begegnung eurer Kultur mit anderen Kulturen soll eine tiefere und reichere Glaubenserfahrung ermöglichen.

5. „Ich hebe meine Augen auf zu den Bergen. Woher kommt mir Hilfe? Meine Hilfe kommt vom Herrn ... Er läßt deinen Fuß nicht wanken, er, der dich behütet, schläft nicht ... Der Herr behüte dich“ (*Antwortpsalm*). Liebe Brüder und Schwestern, durch diese Worte ermutigt, wenden wir uns in jeder Not, in allen inneren und äußeren Prüfungen und in jedem Leid mit einem flehenden Gebet an Gott. Die Geschichte Kroatiens war, wie ihr sehr wohl wißt, oft von Bedrängnis und Prüfungen aller Art gekennzeichnet, doch habt ihr es gerade in den ärgsten Schwierigkeiten verstanden, in eurer Heimat als Zeichen des Gottvertrauens die zahlreichen Wallfahrtsorte, Kirchen und Kapellen zu errichten und zu erhalten, die über das ganze Land verstreut sind. Jetzt blickt ihr von den verschiedenen Regionen eurer Heimat und auch aus eurer Diaspora auf diese römische, dem hl. Hieronymus geweihten Kirche als auf einen vorzüglich dem Gebet und dem Zusammenhalt unter euch gewidmeten Ort. Möge von diesem Gotteshaus, das jetzt wieder in seiner alten Schönheit erstrahlt, eine Botschaft an alle Kroaten ausgehen: die Botschaft vom Wert des Gebetes und von seiner Notwendigkeit für ein menschenwürdiges Leben, das der Berufung zur Anteilnahme am Leben Gottes gerecht wird. Diese eure Nationalkirche möge jeden einzelnen unter euch daran erinnern, daß das Gebot des Herr, unablässig und unermüdlich zu beten, sehr ernst genommen werden muß, kann man doch in den Augenblicken der Prüfung und der Versuchung den Glauben nur im Gebet und mit dem Gebet retten. Nur die Erfahrung des Gebetes festigt im Herzen des Menschen das Vertrauen auf den Schutz und die Hilfe Gottes. Nur „der Herr wird dich vor allem Bösen behüten“ (*Ps* 121,7). Nur der Herr verleiht jenen Kraft, die sein Wort verkünden wollen (vgl. *2 Tim* 14,1). Nur der Herr verhilft seinen Auserwählten, „die Tag und Nacht zu ihm schreien“ (*Lk* 18,7),zu ihrem Recht. Nur der Herr! Amen.

Zeugnisse für Christus und Beispiele für die Welt

Predigt bei der Feier der Seligsprechung am Weltmissionssonntag am 22. Oktober

1. „Wird der Menschensohn, wenn er kommt, auf der Erde Glauben vorfinden?“ (*Lk* 18,8).

Am heutigen Sonntag stellt sich die Kirche in tiefer Demut dieser Frage und sucht eine Antwort darauf zu geben. Es geht nämlich um eine Frage, die sich heute besonders dringlich stellt, da wir den Weltmissionssonntag begehen. Was sind die Missionen? Wovon reden die Scharen von Missionaren und Missionarinnen, Priester und Laien, auf der ganzen Erde? Wovon zeugt die Missionstätigkeit aller Ortskirchen und die des Apostolischen Stuhles, zumal die der Kongregation für die Evangelisierung der Völker? Wovon sprechen die Päpstlichen und die diözesanen Missionswerke?

All das will sagen: wir, deine Jünger, wir, deine Kirche, Christus, du Menschensohn, wir verlangen aus ganzer Seele nach deinem Kommen am Ende der Geschichte! Wir möchten, daß du, wenn du kommst, Glauben auf der Erde findest.

„Weh mir, wenn ich das Evangelium nicht verkünde!“ (*1 Kor* 9,16) – ruft die ganze Kirche heute noch mit dem Völkerapostel.

2. Machen wir uns also die nachdrückliche Ermahnung des Paulus zu eigen, die wir in der zweiten Lesung gehört haben: „Ich beschwöre dich bei Gott und bei Christus Jesus, dem kommenden Richter der Lebenden und der Toten, bei seinem Erscheinen und bei seinem Reich: Verkünde das Wort, tritt dafür ein, ob man es hören will oder nicht; weise zurecht, tadle, ermahne, in unermüdlicher und geduldiger Belehrung“ (*2 Tim* 4,1–2).
Ja, Paulus, unermüdlicher Liebhaber Christi! Ja, Paulus, du Völkerapostel! Wir nehmen deinen Ruf, deine dringende Bitte an, wie es dein geliebter Jünger Timotheus getan hat. Wir wollen das Wort verkünden. Wir wollen es bei jeder Gelegenheit, ob man es hören will oder nicht, einschärfen. Wir wollen mit aller Großmut und mit allem Weitblick ermahnen.
Dies haben uns die Scharen der heiligen Missionare gelehrt, die von einer Generation zur anderen mit der Arbeit im Weinberg des Herrn nicht aufgehört haben. Die Ernte ist groß. Die Ernte ist immer groß!

3. Wir bitten also den Herrn der Ernte, Arbeiter in seine Ernte auszusenden (vgl. *Lk* 10,2).
Deine Kirche, Christus, möchte wie Mose während der Schlacht Israels gegen die Amalekiter sein. Die ganze Kirche möchte die Hände im Gebet erhoben halten, und wenn sie müde und schwer werden, sollen andere Brüder sie stützen. Das missionarische Wirken erreicht im Gebet und im Opfer seine Fülle. Es erreicht seine Fülle in der Klausur des Karmels, wie uns die hl. Theresia von Lisieux lehrt. Sie erreicht sie dank des Opfers und der Leiden all jener Menschen, die sich selbst vergessen und von ihrem Schmerzensbett aus rufen: „Dein Reich komme.“
In diesem Kampf um das Reich der Wahrheit und der Gnade, des Friedens und des Heiles liegt unsere Hilfe also in Ihm, in unserem Herrn und Schöpfer: „Meine Hilfe kommt vom Herrn … Der Hüter Israels schläft und schlummert nicht … Der Herr ist dein Hüter … Der Herr behüte dich vor allem Bösen … er behüte dein Leben … von nun an bis in Ewigkeit“ (*Ps* 121).

Der Papst, der seine Predigt in italienischer Sprache begonnen hatte, fuhr auf englisch fort:

4. Am heutigen Missionssonntag feiern wir die Seligsprechung der heiligen Märtyrer von Thailand. In Vereinigung mit der ganzen Kirche danken wir der heiligsten Dreifaltigkeit für das Zeugnis und Beispiel, das diese Märtyrer der ganzen christlichen Welt gegeben haben. Ihr Beispiel williger Annahme der Verkündigung des Glaubens war von Dauer. Es ist bezeichnend, daß ihr hochherziges Opfer innerhalb einer christlichen Gemeinschaft erfolgte, die trotz ihrer Jugend bereit war, für Jesus Christus und die Macht seiner Liebe in voller Selbsthingabe Zeugnis zu geben: „Ihr werdet meine Zeugen sein … bis an die Grenzen der Erde“ (*Apg* 1,8).
Die Märtyrer, deren Andenken wir heute feiern – manche von ihnen waren noch sehr jung – haben in einem Gebiet gelebt, das die übrige Welt als fernliegend betrachten mag, im Dorf Songkhong im Nordosten von Thailand. Ihrer Gemeinschaft fehlten bei den politischen Unruhen vor etwa 50 Jahren in diesem Gebiet die Priester. In dieser Situation kam Philip Siphong, ein Laienkatechet und Familienvater zu der Überzeugung, daß er eine ak-

tive Rolle bei der Verbreitung des Evangeliums übernehmen müsse. Wir haben hier einen Laien vor uns, der sich tief seiner Zugehörigkeit zu Christus, dem Priester, Propheten und König, durch die Taufe und damit seiner persönlichen Berufung bewußt war, das Evangelium zu verkünden (vgl. *Botschaft zum Weltmissionssonntag*). Philip fühlte sich verpflichtet, so weit wie möglich die Lücke auszufüllen, die der aus seinem Land vertriebene Priester hinterlassen hatte. In diesem Geist verkündigte er das Wort, ob man es hören wollte oder nicht ... ermahnte die Leute mit unerschütterlicher Geduld und lehrte sie (vgl. *2 Tim* 4,2). Philip verausgabte sich selbst als „Mann Gottes", so daß alle seine Brüder und Schwestern im Glauben „zu jedem guten Werk bereit und gerüstet" waren (*2 Tim* 3,17), selbst zum heroischen Zeugnis des Martyriums. Dieses Zeugnis mußte er selbst als erster geben, und er ließ sich lieber festnehmen und töten, als seinen Glauben zu verraten.

Philip Siphong fand auf seinem Weg in den Schwestern Agnes Phila und Lucy Khambang Nachfolger, die der christlichen Gemeinschaft in ihrer Treue zum Herrn in jenen schweren Tagen eine Stütze waren. Wenige Tage nach Philips Festnahme hielten sie, zusammen mit einigen Gefährtinnen – Agatha Phutta, Cecilia Butsi, Bibiana Kamphai und Maria Phon – vor einem Exekutionskommando an ihrem Glauben mutig fest und besiegelten mit ihrem Blut ihre Liebe zu Christus. Damit erhörte Gott das Gebet, das Sr. Agnes in einem Brief, geschrieben in der Nacht vor ihrem Martyrium, formuliert hatte: „Herr, unser Gott, wir bitten dich, laß uns deine Zeugen sein" (vgl. *Letzter Brief von Sr. Agnes Phila*).

Agnes, Lucy, Agatha, Cecilia, Bibiana und Maria, Namen alter christlicher Märtyrer, Jungfrauen und heilige Frauen, die ihr Leben für den Glauben hingaben, bekamen ein neues Echo in der Geschichte der entstehenden Kirche in Thailand. Dort sollte rings um die Gestalt des Katechisten und Märtyrers Philip – den „großen Baum", wie man ihn in seinem Dorf nannte – das Evangelium Jesu Christi seine Wurzeln ausbreiten und zu neuer Blüte gelangen.

„Wir freuen uns darüber, daß wir Gott das Leben zurückgeben dürfen, das er uns gab ... Wir bitten euch, uns die Pforten des Himmels zu öffnen ... Ihr handelt im Auftrag von Menschen, wir aber handeln nach den Geboten Gottes." Alle diese Sätze aus dem letzten Brief von Sr. Agnes könnte man leicht auch in den Akten der frühen christlichen Märtyrer finden. Das gleiche Zeugnis für Christus, das die Märtyrer von Thailand ihrer jugendlichen Kirche gaben, bieten sie heute, am Tag ihrer Seligsprechung, der Kirche in aller Welt dar.

In italienischer Sprache sagte der Papst:

5. „Wird der Menschensohn, wenn er kommt, auf der Erde Glauben vorfinden?" (*Lk* 18,8).

Die Frage, die Jesus seinen Jüngern heute noch stellt, hat in der Kirche immer neuen Eifer für die Verkündigung der Wahrheit geweckt. Das Reich Gottes, ein Reich der Wahrheit und der Gnade, der Gerechtigkeit und des Friedens, verlangt Hingabe, es verlangt Bereitschaft, jeden günstigen Augenblick zu nützen, um das Wort zu verkündigen und „in unermüdlicher und geduldiger Belehrung" (*2 Tim* 4,2) die Menschen zu ermahnen.

Dies ist gerade die Sendung einer Kirche, die in unsere Zeit eingefügt ist, in der die Strukturen und die Kommunikationsmedien eine solche Bedeutung gewonnen haben, daß sich Timoteo Giaccardo, ein Sohn der Diözese Alba in Piemont entschloß, sich radikal in den Dienst des Wortes durch die Presse und alle neuen Möglichkeiten der Gedankenvermittlung zu stellen.

Angesichts einer Welt, in der der Glaube auf Schwierigkeiten und Gefahren aller Art stößt, und selbst sein Überleben in vielen Menschen in Frage gestellt ist, verstand Timoteo Giaccardo, der erste Schüler von Don Alberione, die Treue zu seinem Priesterberuf so, daß er sich für eine Verkündigung einsetzte, die durch die Presse immer weitere und wirksamere Verbreitung unter seinen Brüdern und Schwestern finden sollte. Er nahm sich daher vor, das Evangelium und die Lehre der Kirche mit den modernen Medien der sozialen Kommunikation zu verbreiten, die er als sein hauptsächlichstes und für die moderne Welt typisches Apostolat betrachtete. In absoluter Treue zum Lehramt der Kirche, im geistlichen Leben durch die tägliche eucharistische Anbetung und die Marienverehrung genährt und mit überzeugendem Beispiel der Demut und Milde verbunden, machte ihn das in der ganzen Familie der Gesellschaft vom hl. Paulus beliebt. Diese findet heute – im 75. Jahr seit ihrer Gründung – in ihm das Ideal, auf das sie bei der Fortsetzung der ihr von Don Alberione anvertrauten Sendung schauen kann.

„Der göttliche Meister muß über alles herrschen, er muß allen ganz geschenkt werden: mit seinem Evangelium dem Denken, mit seiner Heiligkeit dem Willen und den Sitten, mit seinem Herzen den Herzen, mit seinem Kreuz dem Leib, mit seinem Gebet und seiner Eucharistie dem Geist, dem Leben aber durch das Presseapostolat." So hat er geschrieben, und durch dieses Werk heiligte er sein Leben im Bewußtsein, daß die missionarische Berufung der Kirche nicht nur an jedem Ort zur Verbreitung des Evangeliums führen kann und muß, sondern auch im sozialen und moralischen Bereich sämtlicher wunderbaren technischen Erfindungen, die der menschliche Geist vor allem in unserer Zeit aus der Schöpfung hervorzubringen verstanden hat, wie vor genau 25 Jahren das Konzil im Dekret *Inter mirifica* betont hat. Auch die Wunderwerke der modernen sozialen Kommunikationen sind Orte und Stimmen, an und in denen sich die Botschaft des geoffenbarten Wortes inkarniert. Sie sind ein Werkzeug, das die Apostel einsetzen müssen, damit der Glaube und die Annahme des Heils nicht armselig dastehen, wenn der Menschensohn wiederkommt, um das Geschick des Menschen zu vollenden.

In französischer Sprache sagte der Papst:

6. „Ja, ich komme, um deinen Willen zu tun" (*Hebr* 10,9). Diese Worte, die der *Hebräerbrief* Christus in den Mund legt, zeigen schön das auf, was Marie Deluil-Martiny ihr ganzes Leben lang zu erfüllen berufen war. Sie war innerlich ergriffen von den „Wunden, die man der Liebe Christi zufügte", und von der allzu häufigen Ablehnung Gottes in der Gesellschaft. Zugleich ging ihr die Größe der Gabe auf, die Jesus dem Vater zur Rettung der Menschen darbot, der Reichtum der Liebe, den sein Herz ausstrahlt, und die Fruchtbarkeit des Blutes, das seiner geöffneten Seite entströmte. Sie war davon überzeugt, daß man am erlösenden Leiden des Gekreuzigten im Geist der Sühne für die Sünden der Welt teilnehmen muß. So bot Marie von Jesus sich selbst dem Herrn auch um den Preis von

Prüfungen und in steter Läuterung an. Sie konnte in Wahrheit sagen: „Ich hege eine Leidenschaft für Jesus … Sein Leben in mir; mein Leben in Ihm" (1884).

Sehr bald schon wußte Marie ihr Verlangen, die Hingabe des Erlösers in einer innigen Teilnahme am Meßopfer zu leben, auch anderen mitzuteilen. Als sie die Töchter vom Herzen Jesu gründete, stellte sie in den Mittelpunkt des Ordenslebens die eucharistische Anbetung. Da sie das Opfer Christi in der Tiefe verstand, wünschte sie die unablässige Vereinigung mit der Hinopferung des Blutes Christi an die heiligste Dreifaltigkeit. Aufgrund ihres richtigen Verständnisses der Eucharistie legte sie in den Weisungen für das Institut zugleich „eine ständige Danksagung" an das Herz Jesu für seine Wohltaten und seine Barmherzkgkeit fest, und „inständige Bitten um das Wachsen des Reiches Christi in der Welt". Bei ihren Fürbitten schenkte sie einen bevorzugten Platz den Priestern, ihrer Heiligkeit und Treue.

Im Dienst dieser anspruchsvollen Spiritualität gestaltete Marie von Jesus ein zugleich einfaches und strenges Ordensleben, dem das große Offizium seinen Rhythmus gab. Von Anbetung geprägt, war das gottgeweihte Leben wirklich Hingabe seiner selbst, damit die Liebe Christi erkannt und geehrt werde. Sie schrieb eines Tages: „Mein Herz ist voll von all dem Großen: von der Hingabe, dem Opfer und der Vereinigung … O Gott, wenn das Opfer meines armen Lebens der Verbreitung dieses Geheimnisses der Liebe dienen kann, dann nimm es hin …" (*Journal*, 23. Oktober 1874). Als ihr das Leben gewaltsam genommen wurde, war sie bereit, sich mit Christus zu opfern.

Marie von Jesus betrachtete die Mutter des Erlösers zu Füßen des Kreuzes und wie sie im Herzen der entstehenden Kirche präsent war. Die Jungfrau Maria war ihr eigentliches Vorbild. Mit Maria betet und wacht die Gründerin der Töchter des Herzens Jesu darüber, daß die Jünger des Sohnes Gottes nicht aufhören, der Welt die Wundertaten seiner Liebe zu verkünden.

In italienischer Sprache sagte der Papst:

7. „Wird der Menschensohn, wenn er kommt, auf der Erde Glauben vorfinden?"

Heute antworten die Märtyrer; in ihnen ist das Wort Gottes lebendig und wirksam, fähig, die Wünsche und Gedanken des Herzen zu erforschen.

Es antworten die Bekenner und Verkünder des Glaubens. Es antworten Menschen, die sich der Anbetung und der Sühne weihten.

Es antworten Philip, Agnes, Luzia und ihre vier Gefährtinnen. Es antworten Timoteo und Marie von Jesus.

Sie antworten mit dem Zeugnis ihres Lebens und Todes. Stark wie der Tod ist die Liebe!

Aus dieser Liebe entspringt das Wort Gottes: wirksam und Leben spendend.

In den Märtyrern, Bekennern und Jungfrauen bekräftigt und erneuert sich von Generation zu Generation das Bewußtsein des Paulus: „Wehe mir, wenn ich das Evangelium nicht verkünde!".

Komm, Herr Jesus!

Forschungs- und Bildungsarbeit der Kirche

Ansprache an die Vollversammlung der Kongregation für das katholische Bildungswesen am 23. Oktober

1. Für die erlesenen Worte, die Sie, Herr Kardinal, im Namen der Versammlung an mich gerichtet haben, danke ich Ihnen herzlich. Mit Freude begrüße ich Sie, die Mitglieder, die Verantwortlichen und die Beamten der Kongregation für das katholische Bildungswesen am Ende ihrer Vollversammlung, bei der dieses Dikasterium einige für das Leben der Kirche wichtige Themen einer eingehenden Besprechung unterzogen hat.
Die vier erläuternden Referate, die eurer gemeinsamen Reflexion vorgelegt wurden, sind sozusagen Fenster, geöffnet auf spezifische Sektoren des kirchlichen Lebens, um deren wichtigste Probleme wahrnehmen und nach entsprechenden Lösungen suchen zu können. Die Fragen, denen euer Wirken gegenübersteht, sind immer die gleichen: welche Initiativen sind zu ergreifen; wie läßt sich die Zusammenarbeit zwischen dem Hl. Stuhl und den Ortskirchen auf möglichst fruchtbare und rationelle Weise verwirklichen; welche Hilfen sollen dem Episkopat angeboten werden, damit das Licht und die Kraft des Evangeliums die Bildungsarbeit in den Seminaren durchdringen; die Bemühungen der katholischen Schulen um die Erfüllung ihrer Sendung; die Forschungs- und Bildungsarbeit der katholischen Universitäten und die Pastoral für die geistlichen Berufungen.

2. Dieses Jahr habt ihr eure Aufmerksamkeit mit Absicht und in erster Linie auf das Dokument über die katholischen Universitäten gerichtet, da nunmehr zum ersten Mal in der Geschichte der Kirche die Möglichkeit, ja die Notwendigkeit der Veröffentlichung einer Apostolischen Konstitution über die katholischen Universitäten erwogen wird.
Das Projekt der Herausgabe eines solchen Dokumentes von grundlegender Bedeutung fügt sich in den Kontext dessen ein, was das II. Vatikanische Konzil mit den Worten betont: „So soll gleichsam der christliche Geist bei dem gesamten Bemühen um die Förderung einer höheren Kultur öffentlich, stets und universell präsent sein. Die Studenten sollen zu Menschen herangebildet werden, die in ihrer Wissenschaft bestens bewandert, wichtigen Aufgaben im öffentlichen Leben gewachsen und Zeugen des Glaubens in der Welt sind“ (*Gravissimum educationis*, Nr. 10).
Der Text des geplanten Dokumentes war bereits von den Delegierten der katholischen Universitäten und der Bischofskonferenzen bei einer Tagung hier im Vatikan vom 18. bis 25. April dieses Jahres und dann erneut von den 15 Delegierten dieser Tagung vom 6. bis 9. September geprüft worden. Nunmehr ist seine Vorbereitung in die wichtigste und entscheidenste Phase eingetreten, und die hier anwesenden Mitglieder der Vollversammlung haben es sicher nicht versäumt, weitere Vorschläge zu diesem Dokument zu machen.
Am Ende der erwähnten Tagung der Delegierten der katholischen Universitäten und der Bischofskonferenzen sowie am Ende der Versammlung der Delegierten der gleichen Tagung war mir daran gelegen, einige Grundsätze und Prioritäten zu betonen, denen die katholischen Universitäten entsprechen müssen, wenn sie ihrem Auftrag auf verantwortungsbewußte Weise nachkommen wollen. Es ist darauf zu achten, daß das geplante

Dokument wirklich zu einer Identitätskarte der katholischen Universitäten werde, in der die Natur ihrer katholischen Identität, ihre in Harmonie mit den Hirten verfolgten Zwecke und der Beitrag klar dargelegt werden, den sie zur Lösung der an die Kirche herangetragenen kulturellen und wissenschaftlichen Probleme leisten sollen.

3. Im Bericht über die Seminare verdient der den apostolischen Visitationen in den kirchlichen Ausbildungszentren der verschiedenen Länder und in den Päpstlichen Seminaren, Kollegien und kirchlichen Konvikten Roms gewidmete Teil besondere Beachtung. Niemandem kann die Bedeutung einer solchen Initiative entgehen: die apostolischen Visitationen verfolgen in diesem Augenblick auch den Zweck, etwas mehr als zwanzig Jahre nach dem Abschluß des II. Vatikanischen Konzils zu überprüfen, wie die Richtlinien des Dekrets *Optatam totius* über die Bildung und Ausbildung der Priesteramtskandidaten – später konkretisiert in der *Ratio fundamentalis institutionis sacerdotalis* – aufgenommen und verwirklicht wurden.
Die Ergebnisse der Visitationen lassen nicht nur die Situation der Seminare in den verschiedenen Ländern erkennen, sondern auch Grundlinien herausfinden, auf denen bestanden werden muß. In diesem Zusammenhang möchte ich die Aufmerksamkeit auf einige Erfordernisse lenken, die mir sehr wichtig und aktuell erscheinen.
a) Die für die Bildung und Ausbildung Verantwortlichen müssen mit größter Sorge darauf bedacht sein, im Gewissen der Seminaristen einen klaren Begriff von der priesterlichen Identität zu verwurzeln, damit sie treu das von Christus gewollte Priestertum verwirklichen können.
b) Sie müssen sich um eine solide und entsprechende philosophisch-theologische Ausbildung der Seminaristen bemühen. Diese ist eine unerläßliche Voraussetzung für das Wirken jener, die als Hirten für die offizielle Verkündigung der Lehre der Kirche die Verantwortung tragen werden.
c) Diese philosophisch-theologische Ausbildung muß lebendig und organisch in die Gesamtausbildung eingefügt werden, damit sie gemeinsam mit den anderen Elementen eine echte priesterliche Spiritualität fördern kann.
In diesem Zusammenhang möchte ich auf das letzte von eurem Dikasterium herausgegebene Dokument „Leitlinien für das Studium und den Unterricht der Soziallehre der Kirche“ hinweisen. Dieses Dokument will eine klare Zusammenfassung der Eigenart, der Zwecke und der wesentlichen Elemente der Soziallehre der Kirche bieten, damit jeder zukünftige Priester ein „erleuchteter und verantwortungsbewußter Botschafter dieses modernen Zweiges der Verkündigung des Evangeliums“ (Nr. 78) werde.
Erwähnenswert ist auch die ständige, aus Vertretern verschiedener Dikasterien zusammengesetzte Kommission für die Ausbildung der Weihekandidaten, die den Richtlinien der Apostolischen Konstitution *Pastor Bonus* gemäß eingesetzt wurde. Sie kann zur Verwirklichung einer ausgedehnteren und wirksameren Zusammenarbeit der verschiedenen Dikasterien beitragen, die an der Vorbereitung des Diözesan- und Ordensklerus in aller Welt beteiligt sind.

4. Man kann nicht über die Priesterseminare sprechen, ohne dabei das weite Gebiet der Pastoral für die geistlichen Berufungen zu erwähnen. Dazu ist erfreulicherweise zu sa-

gen, daß man aufgrund der statistischen Daten, die eure Dienststelle mit viel Fleiß erarbeitet hat, im allgemeinen von einer Zunahme der Alumnen in den Priesterseminaren in aller Welt sprechen kann. Auch können wir mit Befriedigung die sich ausbreitende Überzeugung feststellen, daß die Pastoral der geistlichen Berufungen in die Jugendpastoral und in die Gesamtpastoral einzugliedern ist und daß ferner ein allgemeiner Hinweis auf die Berufungen nicht genügt und ein persönlicher Aufruf an die Jugendlichen erfolgen muß.

Besonders geeignet ist für einen solchen Aufruf die katholische Schule. Eure Dienststelle hat ihre Aufmerksamkeit sehr richtig neuerlich auf diesen bedeutsamen Sektor des kirchlichen Lebens gerichtet und ein Dokument mit dem Titel „Die religiöse Dimension der Erziehung in der katholischen Schule“ veröffentlicht. Man kann wohl sagen, daß dieses Dokument mit seiner Thematik den innersten Kern der Frage der Erziehung nach christlichen Grundsätzen berührt.

Ich bin euch nahe bei der Erfüllung eurer nicht leichten Aufgabe, die Erziehungstätigkeit der katholischen Schulen zu unterstützen. Im Gedanken an die Lage dieser Schulen in jenen Ländern, in denen die staatliche Gesetzgebung die Unterrichtsfreiheit einschränken möchte, fordere ich euch auf, weiterhin die öffentliche Meinung auf die Bedeutung einer Schulbildung hinzuweisen, die den Prinzipien des Christentums entspricht. Die Bischöfe, davon bin ich überzeugt, werden euch für eure Hilfe bei der Verteidigung der Rechte der katholischen Schule dankbar sein.

Ich danke euch allen von Herzen für das in diesen Jahren Erreichte, und in der Hoffnung, daß ihr euch auch weiterhin für das Volk Gottes einsetzen könnt, segne ich euch aus ganzem Herzen.

Sekten – ein besorgniserregendes Problem

Ansprache an die Mitglieder der Vollversammlung des Päpstlichen Rates der Seelsorge für die Migranten und Menschen unterwegs am 26. Oktober

1. Gern richte ich an euch alle, die ihr aus verschiedenen Teilen der Welt zur Teilnahme an der Vollversammlung des Päpstlichen Rates der Seelsorge für die Migranten und Menschen unterwegs hergekommen seid, meinen Willkommensgruß.

Zum erstenmal hält euer Dikasterium seine Vollversammlung als Päpstlicher Rat, wie es die kürzlich erschienene Konstitution *Pastor Bonus* verfügt hat. Es geht um eine Aufwertung, die den vom Dikasterium in den mehr als 19 Jahren Tätigkeit zurückgelegten Weg bezeugt, zugleich um einen Hinweis auf die wachsende Aufmerksamkeit und Sorge, mit der die Kirche das Problem der Migrationen verfolgt. Was die Aufgabe eures Dikasteriums angeht, so sagt die Konstitution: „Der Rat wendet die pastorale Sorge der Kirche auf die besonderen Bedürfnisse derer an, die zum Verlassen des eigenen Vaterlandes gezwungen wurden oder überhaupt keine Heimat besitzen; ebenso verfolgt er mit gebührender Aufmerksamkeit die hier anstehenden Fragen.“ Heute wächst die Zahl der Menschen unterwegs beträchtlich, doch oft leider unter Zwang. So muß die besondere Sorge der Kirche gerade jenen gelten, die das Drama eines erzwungenen Verlassens der Heimat am meisten spüren.

2. Die Vollversammlung ist immer eine Zeit, die sich besonders dazu eignet, neue Probleme zu erkennen und entsprechende Antworten zu suchen, und gewiß hat das Thema, über das ihr in diesem Jahr nachdenken sollt, nämlich der religiöse Proselytismus unter den Migranten, erhebliche Bedeutung.
Es handelt sich um ein Thema von großer Tragweite und dringender Aktualität, und es kennt weder geographische noch soziale Grenzen. Als Phänomen verbreitet es sich sowohl in den Ländern mit breit gestreutem Wohlstand als auch in den Entwicklungsländern. Es erfaßt sowohl die konsumgesättigten Menschen als auch jene, die in Not und Elend leben.
Wenn die Verbreitung von alternativen religiösen Bewegungen einerseits Zeichen für eine wachsende Aufgeschlossenheit gegenüber dem Religiösen ist, so bildet sie andererseits einen Hinweis auf die Schwierigkeiten, auf die der moderne Mensch bei der Erfüllung seiner geistigen Bedürfnisse stößt. Wenn der Drang zu den absoluten Werten nicht von echter religiöser Erfahrung und ernsthaftem moralischen Bemühen getragen wird, treibt er oft denen in die Arme, die die Mühe des Suchens weithin zu ersparen versprechen und raschen Fortschritt in der Kenntnis des göttlichen Geheimnisses in Aussicht stellen. Der Glaube verliert seine Natur als geheimnisvoller Schatz, den es täglich neu zu entdecken und im Bestehen immer neuer Prüfungen zu erwerben gilt.

3. Für die Kirche bildet die Vermehrung der Sekten und die Intensivierung ihrer Tätigkeit ein besorgniserregendes Problem, vor allem, weil es schwierig ist, ihren Umfang zu beschreiben und ihre Natur zu bestimmen, so daß jeder Zugang zu ihnen und jede Auseinandersetzung mit ihnen problematisch wird.
Es besteht auch kein Zweifel, daß die Migranten wegen der besonderen Not, Unsicherheit und Einsamkeit, oft auch der Furcht, in der sie sich befinden, heute die am meisten vom ausgreifenden religiösen Proselytismus bedrohte Gruppe sind. Leider ist die Zahl derer, die jedes Jahr verloren gehen oder sich in zahlreichen Rinnsalen der sogenannten alternativen religiösen Bewegungen verlieren, groß.

4. Doch noch bevor wir von der Ausbreitung des Phänomens als Problem sprechen, bildet es für die Kirche eine Herausforderung, die nach einer angemessenen Antwort im Bereich der christlichen Bildung ruft. Wir müssen uns daher für eine neue Evangelisierung und eine Katechese auf neuestem Stand einsetzen, die den Glauben der Migranten zumal in den Bereichen stärkt, in denen sie angesichts des Proselytismus am verwundbarsten erscheinen.
Zu diesem Bemühen ist natürlich hauptsächlich die aufnehmende Kirche aufgerufen. Die katholischen Migranten, die von überallher in einer bestimmten Einzelkirche zusammentreffen, dürfen nicht sich selbst überlassen bleiben. Sie werden ja mit ihrem Kommen ein Teil der in diesem Territorium eingepflanzten Kirche und besitzen daher das Recht auf religiöse Betreuung. Diese muß auch „ihren Bedürfnissen entsprechen und darf nicht weniger wirksam sein als jene, der sich die Gläubigen der Diözese erfreuen“ (*Exsul familia*,

Nr. 102). Die Pastoral muß ihnen die Freiheit der Zugehörigkeit zu ihrer völkischen Gemeinschaft lassen und sie zugleich in jene des Territoriums eingliedern, in dem sie wohnen. Sie muß Achtung vor ihrem geistigen Erbe und ihrer Kultur haben.
So bieten die Migranten den Einzelkirchen Gelegenheit, ihre eigene Katholizität zu erweisen, die sich nicht nur in der Aufnahme der verschiedenen völkischen Gruppen zeigt, sondern vor allem in der Gemeinschaft, die man ihnen schenkt. Die Einheit der Kirche ist wie ihr Ursprung etwas Transzendentes. Sie stammt nicht von der gemeinsamen Kultur der Sprache, sondern vom Pfingstgeist, der Menschen aus verschiedenen Sprachräumen und Nationen zum Glauben an den einen Herrn, zur Hoffnung auf das gleiche Leben beruft und sie zu einem einzigen Volk zusammenfügt.

5. Jede Einzelkirche muß sich daher aufgerufen fühlen, die Pädagogik der Aufnahmebereitschaft zu pflegen und den Migranten gegenüber Solidarität zu zeigen. Die Bischöfe werden gewiß vor Augen haben, was schon Papst Paul VI. im Motu proprio *Pastoralis migratorum Cura* betont hat: „Die Migranten sind ihrem pastoralen Dienst nicht nur ebenso wie die übrigen Gläubigen anvertraut, sie erfordern wegen der besonderen Verhältnisse, in denen sie leben, sogar ein besonderes Bemühen, das ihren Bedürfnissen angemessen ist."
Doch wenn die Pastoral für die Migranten die Gefahr vermeiden will, zu einer Pastoral für Randexistenzen zu werden, muß sie den Aufbau echter völkischer Gemeinschaften fördern, in denen der Glaube gelebt, ausgedrückt und weitergegeben werden kann; in ihnen findet er nämlich seinen wirksamsten Schutz gegen das Eindringen des religiösen Proselytismus. Solche völkischen Gemeinschaften gehören vollberechtigt zur kirchlichen Struktur und tragen zusammen mit den anderen Strukturen zum Aufbau des Reiches Gottes bei. So verknüpft sich das Thema der Vollversammlung dieses Jahres mit dem vom letzten Jahr: „Pastorale Weisungen des Heiligen Stuhls zur Wahrung und Aufwertung des religiösen und kulturellen Erbes der Flüchtlinge und Migranten".

6. Eine wichtige Rolle spielen bei der Evangelisierung und Ausbildung der Migranten auch die Laien. Geographisch und der Umgebung nach ist die Lage der Migranten heute eine Diasporasituation, und der Beitrag der Laien unersetzlich. Hier darf der Glaube nicht nur als ein zu schützendes Erbe gelten, sondern ist als eine im Milieu der Einzelkirche zu vertiefende, zu überprüfende und zu entfaltende Wirklichkeit zu verstehen. Die ersten und unmittelbaren Apostel der Migranten müssen die Migranten selbst sein.
Um in dieser spezifischen Welt echte Gemeinschaften aufzubauen, ist es wichtig, einige entsprechende Initiativen zu ergreifen: Aufbau von Migrantengruppen mit starker geistiger Prägung und christlicher Dynamik; Schaffung von kleinen Glaubensgemeinschaften, die unter Führung der legitimen Hirten tätig werden, untereinander Kontakt halten und Erfahrungen austauschen; Einrichtung von Pastoralräten, bestehend aus Mitgliedern, die mit Überzeugung die christliche Botschaft leben und das Vertrauen der Gemeinde besitzen.
Die Aufgaben der Laien erschöpfen sich freilich nicht auf der gemeinschaftlichen Ebene; sie müssen in den Schoß der Familie hinein verlängert werden, einen Bereich, den ich als Ort besonderen Einsatzes unter allen anderen eigens betonen möchte. In einer Situation

der Diaspora und der wachsenden Gefahr für den Glauben muß die Familie ihre besondere Rolle als Hauskirche neu entdecken, wo Eltern und Kinder ihren Glauben in konkreter Lebenserfahrung mit Eifer leben und nähren.
Unter den Migranten finden sich auch zahlreiche der eigenen Familie entfremdete Personen. Die Einsamkeit macht sie für die Bemühungen des religiösen Proselytismus besonders anfällig. So obliegt allen Laien die Pflicht, für sie Nächste zu werden, die ihnen wie der Herr die Frohbotschaft verkünden: daheim, auf der Straße und im Freundeskreis.

7. Meine Lieben! Diese Begegnung soll euch nicht nur dazu dienen, die Lage zu analysieren, sondern dann auch die geeigneten Heilmittel zu ergreifen. Methoden und Mittel behalten gewiß ihre Wichtigkeit, entscheidend sind aber vor allem die christliche Solidarität, der apostolische Eifer und die hingebungsvolle Liebe derer, die für die Migranten verantwortlich sind. Die Hirten und ihre Mitarbeiter müssen sich den Geist des gemeinsamen und obersten Hirten, Jesus Christus, zu eigen machen, der für seine Schafe sein Leben hingibt. Zahlreiche Organisationen beschäftigen sich mit den Migranten, doch diese werden die Stimme des Herrn an der Stimme dessen erkennen, der mehr liebt.
Möge der Herr euch bei eurer Arbeit im Päpstlichen Rat der Seelsorge für die Migranten und Menschen unterwegs oder in Verbindung mit ihm erleuchten und stärken. Möge er den Eifer aller entfachen, die sich täglich im direkten Dienst für jene verzehren, die die Ereignisse oder eine Notwendigkeit veranlaßt haben, ihr Vaterland zu verlassen, und die ihre schwierige Lage mit ihnen teilen.
Mit diesen Wünschen erteile ich allen meinen Segen.

Sich den Gaben des Geistes der Wahrheit öffnen

Predigt zur feierlichen Eröffnung des Akademischen Jahres der Päpstlichen Universitäten am 27. Oktober

1. „Veni, Creator Spiritus".
Mit diesem Anruf an den Geist der Wahrheit eröffnen wir das neue akademische Jahr in Rom.
Ich danke für die einleitenden Worte des Präfekten der Kongregation für das Katholische Bildungswesen.
Ich heiße alle Anwesenden herzlich willkommen: alle, die auf unterschiedliche Weise diese große akademische Gemeinschaft der Kirche bilden, die in Rom ist.
Möge jeder von euch, liebe Brüder und Schwestern, teilnehmen an dem Eifer für die Lehre, die die Kirche hütet und entwickelt „auf dem Fundament der Apostel und Propheten" (*Eph* 2,20).
Möge jeder von uns sich den Gaben des Geistes der Wahrheit öffnen, den wir heute in besonders feierlicher Art anrufen und einladen, in unserem Inneren zu uns zu kommen. „Er wird euch in die ganze Wahrheit führen. Denn er wird nicht aus sich selbst heraus reden, sondern er wird sagen, was er hört, und euch verkünden, was kommen wird" (vgl.

Joh 16,14). Die Kirche lebt von dieser Verheißung Christi. Der Nachfolger des Petrus baut als erster auf ihr seinen Dienst auf.

2. Der hl. Paulus wendet sich heute an uns mit den Worten des *Briefes an die Römer*. Diese Worte sind erschütternd. Zwar spricht der Apostel von sich; aber die Wahrheit, die er ausdrückt, betrifft gleichzeitig die ganze Menschheit. Sie betrifft jeden von uns. Jeden Menschen.

„Ich weiß, daß in mir, das heißt in meinem Fleisch, nichts Gutes wohnt; das Wollen ist bei mir vorhanden, aber ich vermag das Gute nicht zu verwirklichen“ (*Röm* 7,18).

„Denn ich tue nicht das Gute, das ich will, sondern das Böse, das ich nicht will“ (*Röm* 7,19).

„Ich stoße also auf das Gesetz, daß in mir das Böse vorhanden ist, obwohl ich das Gute tun will“ (*Röm* 7,21).

„Denn in meinem Inneren freue ich mich am Gesetz Gottes, ich sehe aber ein anderes Gesetz in meinen Gliedern, das mit dem Gesetz meiner Vernunft im Streit liegt und mich gefangen hält im Gesetz der Sünde, von dem meine Glieder beherrscht werden“ (*Röm* 7,22–24).

„Ich unglücklicher Mensch! Wer wird mich erretten?“(*Röm* 7,24).

3. Es ist der Apostel, der diese Frage stellt: die ewige Frage des Menschen nach der Befreiung von der Unterdrückung durch das Böse. Er hat ihr eine Analyse des Innersten im Menschen vorangestellt, die sicherlich zu den Höhepunkten der Literatur gehört. Sie ist ein „Supergeständnis“.

Die Analyse rechtfertigt die Frage. Und die Antwort auf das Gefragte ist: Jesus Christus.

Wie man sieht, führt uns das Denken des Paulus von der Anthropologie zur Christologie.

Das Zweite Vatikanische Konzil geht den gleichen Weg, wenn es hervorhebt: „Tatsächlich klärt sich nur im Geheimnis des fleischgewordenen Wortes das Geheimnis des Menschen wahrhaft auf ... Christus, der neue Adam, macht ... dem Menschen den Menschen selbst voll kund und erschließt ihm seine höchste Berufung“ (*Gaudium et spes*, Nr. 22).

Diese Offenbarung ist befreiend. Ja sie vollzieht die Befreiung, die Paulus erfleht.

Vom Bösen befreien bedeutet, das Gute zu offenbaren. Offenbaren und helfen, es zu realisieren.

Christus „macht dem Menschen den Menschen selbst voll kund“ – lehrt das Konzil – „eben in der Offenbarung des Geheimnisses des Vaters und seiner Liebe“ (*ebd.*).

4. Wie man sieht, führt der Weg von der Anthropologie über das Geheimnis Christi zur Theologie.

Wir müssen immer diesen Weg einschlagen. Es ist der Weg der höchsten Erkenntnis. Auf diesem Weg erwartet euch der Geist der Wahrheit, von dem Christus sagte: „Er wird von dem, was mein ist, nehmen und es euch verkünden“ (*Joh* 16,14). Auf diesem Weg erwartet der Geist der Wahrheit auch von jedem von euch eine große Bereitschaft, eine ehrliche Offenheit eures Geistes und eures Gewissens. Ja. Auch eures Gewissens. Es ist notwen-

dig, daß ihr mit dem Psalmisten Gott anruft: „Deine Vorschriften sind auf ewig mein Erbteil; denn sie sind die Freude meines Herzens“ (*Ps* 119,111). Das Wissen muß Liebe werden, denn die Liebe hilft euch, vollständiges Wissen zu erwerben.
Auf diese Art zeigt sich die Theologie als innerer Reichtum des Menschen. Später gilt es, in der Erkenntnis der Zeichen der Zeit, diesen Schatz mit anderen zu teilen, wie das Evangelium von heute sagt: „Das Aussehen der Erde und des Himmels könnt ihr deuten. Warum könnt ihr dann die Zeichen dieser Zeit nicht deuten? Warum findet ihr nicht schon von selbst das rechte Urteil“ (*Lk* 12,56–57).

5. Es ist also auch notwendig, daß „der Mensch in seinem Innern“ – jeder von uns in seinem Innern – „sich am Gesetz Gottes freut“ (vgl. *Röm* 7,22).
Es ist nicht möglich, die Theologie nur zu „lernen“. Es gilt, sie zum Leben der eigenen Seele zu machen, auf daß sie Früchte trage in uns selbst und in jenen, zu denen wir gesandt werden.

6. Veni, Creator Spiritus ...
Heute, hier, an diesem Altar des Petersdoms, vereinen wir uns mit all jenen, die in der Welt an demselben Werk teilnehmen. In so vielen Universitäten und Akademien, um so viele Lehrstühle geschart.
Wir erbitten für alle das Geschenk des Geistes der Wahrheit:
„Accende lumen sensibus, infunde amorem cordibus.“
„Veni, Creator ... mentes tuorum visita.
Veni Creator, imple superna gratia, quae tu creasti, pectora.
Veni, Creator!“ Amen.

Die Kirche muß die Gewissen wecken

Ansprache an die Mitglieder der Päpstlichen Akademie der Wissenschaften am 27. Oktober

Exzellenz,
Herr Präsident,
sehr geehrte Mitglieder der Akademie!

1. Es ist mir eine große Freude, Sie alle zu begrüßen, die Sie an der Studienwoche teilgenommen haben, welche die Päpstliche Akademie der Wissenschaften zu dem Thema „Die Entwicklung der Gesellschaft im Rahmen der Solidarität“ organisiert hat. Das von Ihnen angesprochene Thema ist in der Tat komplex und wird gewiß jene Art weiterer Studien erfordern, die nur hervorragende Wissenschaftler wie Sie besorgen können. Es ist nichtsdestoweniger ein Thema von vitaler Bedeutung für die Lösung eines der dringendsten Probleme, vor das die Welt sich heute gestellt sieht: das Problem der Entwicklung, die in einem Rahmen echter Solidarität unter Völkern und Staaten stattfinden kann.

2. Die Kirche hat stets eine besondere Sorge für die volle Entwicklung der Völker gehabt, was aus dem eindrucksvollen Umfang ihrer Soziallehre ersichtlich ist. Das gilt besonders in unserer Zeit, in der diese Frage so ungeheure Ausmaße angenommen hat. Denn in ihrer langen Geschichte hat die Menschheit nie eine Ära des Wohlstandes gekannt, die auch nur annähernd dem vergleichbar wäre, was die Welt in dieser zweiten Hälfte des zwanzigsten Jahrhunderts erreicht hat. Und doch erweist sich dieser Wohlstand bei näherer Untersuchung als entartet und unausgeglichen. Es ist ein Wohlstand, der nur einem kleinen Teil der Menschheit zugute kommt, während er die Mehrheit der Weltbevölkerung in einem Zustand der Unterentwicklung läßt.
Die Entwicklung hat so zu sehr ernsten Problemen geführt, denen sich auch die Kirche zuwenden mußte. Diese Probleme sind nicht nur politischer und wirtschaftlicher Natur; sie betreffen ebenso die moralische Ordnung. Denn es geht hier um den Menschen selbst. Und erste Pflicht der Kirche ist es, ihre Stimme zu jedem Problem zu erheben, bei dem der Mensch ins Spiel kommt – in seiner Würde als menschliche Person, in seinem Recht zu freiem Zusammenschluß hinsichtlich eines besseren und menschlicheren Wachstums, in seinem Recht auf Freiheit.

3. Im wesentlichen hat die Kirche sich aus zwei Gründen entschlossen, zum Entwicklungsproblem Stellung zu nehmen. Erstens möchte sie Gottes Plan für die Menschheit so verkündigen, wie dieser Plan aus der Offenbarung Christi hervorgeht, die ihren Höhepunkt und endgültigen Ausdruck in der Lehre Jesu hat. Doch die Kirche möchte auch ein Verständnis des Entwicklungsproblems im Licht des Evangeliums und des natürlichen Moralgesetzes anbieten, welches zu bewahren und auf die wechselnden Situationen der Geschichte anzuwenden sie die Pflicht hat. Indem sie das tut, hofft sie, die Entartungen und Ungerechtigkeiten sichtbar zu machen, die menschlichen Personen Schaden zufügen; sie hofft, ihre Ursachen aufzuzeigen und auf jene Prinzipien und Handlungsabläufe hinzuweisen, die für eine ausgeglichene und gerechte Entwicklung notwendig sind. Genau das hat in der Tat Papst Paul VI. 1967 mit seiner großen Enzyklika *Populorum progressio* zu tun versucht. In den 20 Jahren, die seit der Veröffentlichung dieses bedeutenden Dokumentes vergangen sind, haben große Veränderungen in der Welt stattgefunden. In manchen Gebieten sind Zeichen vorhanden, die einige Hoffnungen, das Entwicklungsproblem zu lösen, zulassen. In anderen Gebieten jedoch hat der mangelnde Fortschritt in Richtung Entwicklung wahrhaft katastrophale Proportionen erreicht. Aus diesem Grund habe ich es als meine Pflicht angesehen, die Lehre von Papst Paul VI. aufzugreifen und sie in meiner Enzyklika *Sollicitudo rei socialis* vom 30. Dezember 1987 weiterzuentwickeln. Es freut mich sehr, daß diese Studienwoche sich mit einem wichtigen Thema dieser Enzyklika beschäftigt.
In der Enzyklika habe ich die Feststellung getroffen, daß die Lage der Entwicklungsländer sich „erheblich verschlimmert hat" (Nr. 16) aufgrund einer „zu engen, das heißt überwiegend wirtschaftlichen Auffassung von Entwicklung" (*Sollicitudo rei socialis*, Nr. 15). Die entwickelten Länder sind dafür verantwortlich, denn sie haben „nicht immer, wenigstens nicht in erforderlichem Maße, die Verpflichtung erkannt, den Ländern, die von der Welt des Wohlstandes ausgeschlossen sind" (*Sollicitudo rei sozialis*, Nr. 16),

zu helfen. Ich habe es nötig gefunden, „das Bestehen wirtschaftlicher, finanzieller und sozialer Mechanismen an(zu)prangern, die, obgleich vom Willen des Menschen gelenkt, doch fast automatisch wirken, wobei sie die Situation des Reichtums der einen und der Armut der anderen verfestigen“ (*Sollicitudo rei socialis*, Nr. 16). Über rein politische oder wirtschaftliche Deutungen der Situation hinausgehend – so wichtig und wertvoll diese auch sein mögen – sprach ich sodann in einer theologischen Deutung dieser Mechanismen oder Prozesse von gewissen „Strukturen der Sünde“. Zwei Faktoren haben besonders dazu beigetragen, diese Strukturen zu schaffen, zu fördern und zu verstärken, und sie daher noch mehr fähig zu machen, menschliches Verhalten zu bedingen: eine ausschließliche Gier nach Profit und der Hunger nach Macht, der darauf abzielt, anderen den eigenen Willen aufzuzwingen. „Dieser doppelten sündhaften Haltung verfallen offensichtlich nicht nur Einzelpersonen, sondern auch Nationen und Blöcke. Das begünstigt noch mehr das Entstehen von ‚Strukturen der Sünde‘, von denen ich gesprochen habe … Das Böse so zu erkennen bedeutet, auf der Ebene menschlichen Verhaltens den Weg genau anzugeben, den man gehen muß, um es zu überwinden“ (*Sollicitudo rei socialis*, Nr. 37).

4. Was ist also der Weg, dem wir folgen müssen? Es ist Aufgabe der Kirche, die Gewissen zu wecken und sie aufzufordern, der Tatsache ins Auge zu blicken, daß sich heute, wie Lazarus an der Türe des Reichen, Millionen Menschen in äußerster Not befinden, während ein großer Teil der Güter der Erde in Bereichen eingesetzt wird, die wenig oder nichts zur Verbesserung des Lebens auf diesem Planeten beizutragen haben. Die Kirche hat nachdrücklich festgestellt, daß die Solidarität eine ernste moralische Verpflichtung für die Staaten ebenso wie für die einzelnen ist.
Die Tugend der Solidarität findet ihre tiefsten Wurzeln im christlichen Glauben, der lehrt, daß Gott unser Vater ist und daß alle Männer und Frauen Brüder und Schwestern sind. Diesem Glauben entspringt die christliche Ethik, eine Ethik, die jede Form von Selbstsucht und Überheblichkeit ausschließt und die Menschen im Verfolgen des Gemeinwohls frei zu vereinen sucht. Christliche Ethik läßt die Überzeugung entstehen, daß es unrecht ist, Güter zu vergeuden, die für das Leben anderer notwendig sein könnten. Heute ist ein neues Bewußtsein dieser moralischen Forderung nötig angesichts der gegenwärtigen Bedingungen so ausgedehnter Teile des Menschengeschlechts.
Solidarität führt auch zur Zusammenarbeit aller sozialen Gruppen, die auf diese Weise dazu aufgerufen werden, über den Horizont ihrer Eigeninteressen hinauszublicken und die Solidarität zu einer „Kultur“ werden zu lassen, die bei der Heranbildung der Jugendlichen zu fördern und in neuen Verhaltensmustern offenbar zu machen ist. Denn nur eine verbreitete „Kultur der Solidarität“ wird jenen Austausch von Zielen und Energien gestatten, der so nötig erscheint, wenn ein wirklich menschliches Lebensniveau auf dieser Erde erreicht werden soll.

5. Praktisch gesprochen, was muß getan werden, wenn das Solidaritätsprinzip unter den Individuen und Völkern breitere Wurzeln fassen soll? Die Kirche kann, was sie betrifft, keine technischen Lösungen zu dem Problem der Unterentwicklung als solche anbieten, da sie weder den Auftrag noch die Fähigkeit hat, die betreffenden Wege und Mittel festzu-

stellen, durch die menschliche Probleme politischer und wirtschaftlicher Natur gelöst werden sollen. An diesem Punkt kommt die Rolle der Wissenschaften ins Spiel.
Hier liegt die wirkliche Bedeutung dieser Studienwoche und anderer, ähnlicher Unternehmungen mit dem Zweck, die in der Enzyklika niedergelegten Weisungen zu entwickeln. Ihr Ziel ist es, die kulturellen, wirtschaftlichen und politischen Ursachen der Unterentwicklung von einem interdisziplinären und wissenschaftlich geprüften Ansatz her zu untersuchen und eingehender zu studieren, ferner die zu einer Fortdauer der Unterentwicklung führenden Prozesse durch strenge und genaue Analyse herauszufinden und Entwicklungsmodelle vorzuschlagen, die unter den gegenwärtigen historischen Bedingungen als funktionsfähig angesehen werden können. Eine solche Analyse sucht auf Wege und gegebene Zeiten zum Eingreifen hinzuweisen sowie auf Bedingungen, Mittel und Werkzeuge, die nötig sind für den Übergang von der Unterentwicklung zu einer ausgeglichenen Entwicklung, das heißt zu einer „Entwicklung im Rahmen der Solidarität".

6. Unter den vielen in Betracht zu ziehenden Problemen ist insbesondere eines, auf das ich Ihre Aufmerksamkeit lenken möchte. Und zwar das Problem der internationalen Verschuldung, einer Verschuldung, die schwer und manchmal mit verheerenden Folgen auf vielen Entwicklungsländern lastet. Es ist ein Problem, das nicht isoliert von anderen betrachtet werden kann; das Verschuldungsproblem ist vielmehr zuinnerst mit einer großen Zahl anderer Themen verbunden, wie etwa dem der Überseeinvestitionen, des richtigen Funktionierens von großen internationalen Einrichtungen, der Frage von Rohstoffpreisen und so weiter. Ich möchte nur bemerken, daß dieses Problem in den letzten Jahren zu einem Zeichen bereits existierender Ungleichheiten und Ungerechtigkeiten geworden ist, deren Last oft von den ärmsten Schichten der Bevölkerung getragen wird, und daß es auf eine anscheinende Unfähigkeit hinweist, einen schädlichen Prozeß umzukehren, der manchmal ein Eigenleben anzunehmen scheint.
Der Hl. Stuhl hatte bereits Gelegenheit, dieses Problem auf offizieller Ebene auszusprechen (vgl. Päpstliche Kommission „Iustitia et Pax": *Ein ethischer Ansatz zur Überwindung der internationalen Schuldenkrise*, 27. Dezember 1986). Und dennoch hört die Kirche weiterhin Klagen ihrer Hirten in den Ländern, die am meisten unter dieser enormen Bürde leiden, einer Bürde, bei der es keine Erleichterung zu geben scheint und die die Möglichkeit einer freien und positiven Entwicklung schwer beeinträchtigt.
Ich habe die Wichtigkeit dieses Themas unterstrichen, denn wenn es mit Vernunft, Kompetenz und in einem Geist authentischer Solidarität behandelt wird, kann es zu einem echten Zeichen und Modell kreativer und wirksamer Entschlossenheit angesichts der anderen komplexen und drängenden Themen der internationalen Entwicklung werden. Die Lösungen zu diesen Problemen sind nicht einfach, noch liegen sie auf der Hand; doch wenn sie einmal mit Weisheit und Mut erkannt sind, nähren sie Hoffnungen auf eine Welt, in der Solidarität nicht länger bloß ein Wort ist, sondern eine dringende Aufgabe und eine Überzeugung, die in Taten Frucht trägt. Die Tugend der Solidarität, tief und glaubwürdig gelebt, erfordert von allen Parteien sowohl die Bereitschaft, sich beteiligen zu lassen, als auch einen tiefwurzelnden Respekt vor den anderen. Nur auf diese Weise

werden die großen potentiellen Mittel der Entwicklungsländer in eine konkrete Wirklichkeit umgewandelt werden, die der ganzen Welt viel zu bieten hat.
Werte Mitglieder der Akademie, sehr geehrte Professoren: Ich habe nur auf einige der drängendsten Themen und Gedanken hinweisen wollen, die Sie während dieser Studienwoche diskutiert haben. Ich gebe meiner Hoffnung Ausdruck, daß Ihre Anstrengungen fruchtbar waren und rufe auf Sie alle reichen göttlichen Segen herab.

Kirche und Welt brauchen Harmonie und Verständnis

Ansprache an die Kapitulare des Servitenordens am 27. Oktober

Liebe Brüder!

1. Lebhaft danke ich P. Hubert Moons, dem neuen Generalprior eures Ordens der Serviten Marias, für die herzlichen Worte, die er auch im Namen der ganzen Ordensfamilie an mich gerichtet hat. Ich möchte euch meine Freude über diese unsere Begegnung zum Ausdruck bringen, die geistig mit jener in Zusammenhang steht, die die Kapitulare des Servitenordens 1974 mit meinem verehrten Vorgänger Paul VI. hatten, der an euch Worte väterlicher Zuneigung und Ermunterung gerichtet hat. Ich möchte mir auch meinerseits jenes Klima eines brüderlichen Gesprächs zu eigen machen und zunächst meine Freude über die Arbeiten des Generalkapitels aussprechen, über die Wahl des Generalpriors und die passenden und wichtigen Themen, die ihr aufgegriffen habt, um eure Spiritualität neu zu bekräftigen und aus ihr größere apostolische Dynamik angesichts der Bedürfnisse, Hoffnungen, Leiden und Werte der Menschen unserer Zeit zu gewinnen. Mir gefällt besonders die Fähigkeit des Ordens, neue Berufungen in den jungen Kirchen Afrikas und Asiens zu wecken. Ich sehe in dieser Tatsache ein recht tröstliches Zeichen der Hoffnung für die Zukunft eurer Ordensfamilie.

2. Beim Entwurf der programmatischen Linien für eure künftige Arbeit habt ihr euch mit Recht von jenem Geist des Dienstes leiten lassen – Dienst für Gott, die Kirche und die Menschheit –, der auch die Liebe Marias, der Magd des Herrn, beseelt hat und weiter beseelt, und die sie überreich in eure Herzen ergießt. Ihr habt passenderweise zumal die neuen Formen des Dienstes angesichts jener neuen Formen der Armut studiert, die uns oft in dramatischer Form am Horizont unserer zeitgenössischen Welt begegnen. So wußtet ihr euch im Geist eurer Konstitutionen, die euch anleiten, „angesichts unzähliger Kreuze Trost zu spenden und Mitwirken zur Erlösung anzuregen“. Weil ihr die Gefühle der schmerzhaften Mutter teilt, wollt ihr wie sie „Trost der Betrübten“ und „Ursache der Freude“ sein. Seid, liebe Brüder, der großen Verantwortung eingedenk, die ihr als Anreger und Förderer solcher Gesinnung all jenen gegenüber habt, die von der Servitenspiritualität leben.

3. Die besondere Aufmerksamkeit, die ihr dem Geheimnis Marias schenkt, ist und bleibt das spezifische Element eures Ordenscharismas und damit eures Lebensstils und eurer Sendung. Mir ist dieses euer besonderes Charisma besonders klar geworden, als

ich Gelegenheit hatte, einige eurer marianischen Stätten zu besuchen, wie das Heiligtum von Weißenstein, das der Madonna der Ghiara oder das der Annunziata in Florenz. Ich mache mir ferner die Empfehlungen eures bisherigen Generalpriors zu eigen, die rege Tradition des Konvents auf dem Monte Senario lebendig zu erhalten und zu entwickeln. Das Charisma einer jeden Ordensfamilie ist nämlich nicht nur ein abstraktes Prinzip, sondern ein Wert, der immer in einer Geschichte und an einem bevorzugten Ort verwurzelt ist, den man darum aufsuchen muß, um dort die geistige Botschaft neu zu vernehmen, für die jener Ort Zeichen und Andenken ist. Es muß also immer als ständige Quelle der Anregung und des Lichts betrachtet werden.

4. Ich empfehle euch besonders die Tätigkeit eures theologischen Zentrums „Marianum". Es trägt eine große und heikle Verantwortung für die ganze Kirche auf dem Gebiet der Mariologie. Sorgt also dafür, daß es sich in voller Treue und Gemeinschaft mit dem Lehramt der Kirche entwickelt in einer gesunden und lebendigen Freiheit der Forschung und der Initiativen, so daß die Kenntnis des marianischen Glaubensgutes wirklich Fortschritte macht. Hört nicht auf, der missionarischen und evangelisierenden Tätigkeit immer neuen Antrieb zu geben und achtet besonders auf alle jene Völker, die sich für das Licht des Evangeliums am meisten offen und verfügbar zeigen. Es geht im allgemeinen um Arme und Unterdrückte. Ihnen aber gilt gerade der Aufruf Christi: „Kommet alle zu mir, die ihr euch plagt und schwere Lasten zu tragen habt. Ich werde euch Ruhe verschaffen" (*Mt* 11,28). Jeder von euch muß als ein „zweiter Christus" die Armen um sich scharen, sich ihnen im Namen Christi anbieten und ihnen das schenken, was Christus selbst anbietet: „Nehmt mein Joch auf euch und lernt von mir; denn ich bin gütig und von Herzen demütig; so werdet ihr Ruhe finden für eure Seele" (*Mt* 11,29).

5. Liebe Brüder, erlaubt mir noch eine Empfehlung: die der Brüderlichkeit. Ich weiß, daß dies eine besondere Forderung aufgrund eurer Spiritualität ist, die in einem Klima enger gegenseitiger Zusammenarbeit, wechselseitiger Annahme und gegenseitigen Verständnisses der Liebe und gegenseitigen Wertschätzung entstanden ist, wie es die Gruppe der sieben heiligen Gründer besonders auszeichnete. Welch eine einzigartige Erfahrung war das für sie! Gewöhnlich sind Ordensgründer Einzelpersonen, weil eine derart heikle und ursprüngliche Inspiration wie die einer neuen Gründung etwas sehr Persönliches ist. Bei euch aber war es nicht so! Ihr habt auch darin ein besonderes Charisma der Einheit und der brüderlichen Harmonie erhalten. Bewahrt eifrig diesen so kostbaren Schatz nach dem Beispiel und auf die Fürbitte eurer Gründer. Und dann verbreitet ihn in der Kirche und der Menschheit, die so sehr Harmonie, Frieden und gegenseitiges Verständnis braucht! Mit diesen Wünschen rufe ich auf euch die Fürbitte der seligsten Jungfrau Maria – oder wie ihr schlicht sagt – der heiligen Maria herab. Sie möge euch weiter unter ihrem Mantel behüten nach dem alten Bild, das euch teuer ist. Und ich segne euch alle von Herzen und zugleich eure ganze geistliche Familie.

Bewahren, was empfangen wurde

Schreiben anläßlich der Zweihundertjahrfeier der Diözese Baltimore vom 28. Oktober

An meine lieben Brüder im Bischofsamt in den Vereinigten Staaten von Amerika

1. Am 6. November 1789 gab mein Vorgänger Papst Pius VI. die Apostolische Bulle *Ex hac Apostolicae* heraus, mit der er die Diözese von Baltimore errichtete und John Carroll zu ihrem ersten Bischof ernannte. Er tat es in pastoraler Sorge um die „vielen gläubigen Christen" in Amerika, die in Gemeinschaft standen „mit dem Stuhl Petri, in dem das Zentrum der katholischen Einheit verankert ist". Viele von ihnen hatten den Wunsch, daß „ein Bischof ... dazu ernannt werden möge, die bischöflichen Funktionen über sie auszuüben; sie reichlicher mit der Nahrung der Heilslehre zu versorgen". Der erste Hirtenbrief Bischof Carrolls, der am 28. Mai 1792 herauskam, zeigte, daß er ein gewissenhafter Bischof und ein Mann mit Weitsicht war. Voller Liebe ermunterte er seine kleine und bescheidene Herde, treu zu sein in der Erfüllung ihrer religiösen Pflichten Gott und der Kirche gegenüber und hochherzig in der Unterstützung von Initiativen, die „darauf ausgerichtet sind, bleibende Auswirkungen nicht nur auf die gegenwärtigen, sondern auch auf die zukünftigen Generationen zu haben". Beim Leser dieser Worte kommt uns das Bild jenes klugen Mannes in Erinnerung, der von Christus im Evangelium beschrieben wird: Wenn er „einen Turm bauen will, setzt er sich zuerst hin und rechnet, ob seine Mittel für das ganze Vorhaben ausreichen" (*Lk* 14,28). Als Bischof einer Diözese, die die gesamten Vereinigten Staaten umfaßte, wollte Bischof Carroll die amerikanischen Katholiken an einige Grundsätze des kirchlichen Lebens und der christlichen Frömmigkeit erinnern. Er sprach von der „rechtschaffenen und christlichen Unterweisung der Jugend"; von der „sorgfältigen Unterweisung in den Grundsätzen des Glaubens und der christlichen Moral"; vom Bedarf an mehr „tüchtigen und fähigen Hirten" sowie deren Ausbildung und Unterstützung; von der „Hilfe für die Armen"; der Feier der Eucharistie mit „aller Ehrerbietung und gebührender Achtung"; der „Pflicht, jeden Sonn- und Feiertag der Messe beizuwohnen"; der Bedeutung von „Gebeten und Opfern" für die Toten und von „inniger und wohlgeordneter Frömmigkeit zur heiligen Mutter unseres Herrn". Und als wahrer Lehrer und Seelenhirte drängte er seine Herde, ihr Gewissen nicht nur nach Grundsätzen „weltlichen Interesses" zu formen, sondern auf eine Weise, die sie zur Erfüllung ihrer „notwendigen und wesentlichen Pflicht dem Allmächtigen Gott gegenüber" befähigte. Diese grundlegenden und weitreichenden pastoralen Standpunkte wurden nicht nur von Bischof Carroll vertreten. Zweifellos sprach er für alle großen Missionare und Pioniere, Männer und Frauen, die ihm vorausgingen und nachfolgten, als er sagte, daß es das Ziel der Kirche sei, „den Glauben zu bewahren und auszubreiten, ... die Seelen zu heiligen", und „die wahre Religion wachsen zu lassen zum Nutzen unseres gemeinsamen Landes, dessen Wohl von der Moral seiner Bürger abhängt". Nach zwei Jahrhunderten haben diese Ziele nichts an ihrer Bedeutsamkeit für das Leben der Kirche in den Vereinigten Staaten verloren.

2. Liebe Brüder, über zweihundert Jahre voller Freude und Leid, voller Gnade und Prüfungen ist der katholische Glaube in eurem Land „bewahrt und verbreitet" worden. Die

Mitglieder von Bischof Carrolls kleiner Herde haben sich vor allem aufgrund von Einwanderungsströmen, die er nicht voraussehen konnte, mehrmals vervielfacht. Durch außerordentlich große Bemühungen in der religiösen Erziehung in den katholischen Häusern, Pfarrgemeinden und Schulen und durch hochherzige Unterstützung der Missionstätigkeit im In- und Ausland hat die Kirche in den Vereinigten Staaten, dem Gebot Christi gehorsam, viel dafür getan, die Frohbotschaft vom Heil „zu bewahren und zu verbreiten". Der Glaube der Kirche und das Evangelium, das sie predigt, weckt in ihr auch den Eifer für die Heiligung der Seelen. Auch hierin sind die Vereinigten Staaten in den letzten zwei Jahrhunderten fruchtbar gewesen und dies nicht nur wegen ihrer kanonisierten Heiligen, die bleibende Vorbilder und himmlische Schutzherren für Gläubige allerorts sind, sondern auch wegen des beispielhaften christlichen Lebens eifriger Priester, einsatzfreudiger Ordensleute und tugendhafter Laien. Das kraftvolle sakramentale Leben und die gesunde Frömmigkeit, die sich bei den amerikanischen Katholiken entwickelt haben, sind ein wichtiger Teil jener „Vollkommenheit der Liebe" (vgl. *Lumen Gentium*, Nr. 40), die die Ehre Gottes und das Wohl des Nächsten sucht. Die Früchte dieser Liebe sind Gebet, Buße und Hochherzigkeit in persönlichen Diensten und ebenso in der Unterstützung katholischer Einrichtungen der Nächstenliebe und kirchlicher Missionstätigkeit auf der ganzen Welt. Das Leben und die Mission der Kirche haben großen Einfluß auf eure Landsleute ausgeübt, denn – so stellte Bischof Carroll heraus – die Religion nützt dem ganzen Land, „dessen Wohl von der Moral seiner Bürger abhängt". In der Tat stellt die Beachtung der Gebote Gottes, die „ihnen ins Herz geschrieben sind" (vgl. *Röm* 2,15), die unentbehrliche Bedingung für den Sieg des rechten und guten Verhaltens in den menschlichen Geschäften sowohl auf individueller als auch auf gesellschaftlicher Ebene dar. Die Katholiken in den Vereinigten Staaten haben eine bedeutende Rolle gespielt bei der Aufrechterhaltung der moralischen Grundsätze, wie Gerechtigkeit, Freiheit und Achtung der Würde und der Rechte des Menschen, die für das Allgemeinwohl wesentlich sind, und ohne die eine Nation nicht fortbestehen kann.

3. Meine Brüder, die Weisheit in Bischof Carrolls Brief und die Lehre eurer Geschichte haben die Bischöfe der Kirche in jedem Zeitalter vieles zu lehren. Der Vergangenheit verdankt ihr die Grundlagen, auf denen die Kirche in den Vereinigten Staaten heute lebt und gedeiht. Als Bischöfe seid ihr die „Wächter" (vgl. *Ez* 3,17 ff.), die der Herr dazu ernannt hat, das zu bewahren, was ihr empfangen habt. Ihr und euer Volk müßt auch wie jener „weise Mann" im Evangelium sein, der sein Haus „auf Fels" baut (vgl. *Mt* 7,24 ff.). Darüber hinaus ruft der Herr euch als „tüchtige und treue Diener" dazu auf, die euch anvertraute Gabe nicht nur in Empfang zu nehmen, sondern sie Frucht bringen zu lassen und auf diese Weise an seiner Freude teilzunehmen (vgl. *Mt* 25,14 ff.). Einige der Forderungen, denen Bischof Carroll vor zwei Jahrhunderten gegenüberstand, sind auch heute noch gegenwärtig. Als Bischöfe seid ihr darum besorgt, daß die Gläubigen und besonders die Jugendlichen in einer gesunden Lehre und Moral unterwiesen werden, und daß sie ihr Gewissen auf rechte Weise formen; daß es eine ausreichende Zahl gut ausgebildeter und engagierter Priester gibt; daß die Liturgie der Kirche und besonders die Eucharistie mit tiefem Glauben und ehrfürchtig gefeiert werden; daß zur Unterstützung der Kirche und

der Bedürftigen die gebührende Vorsorge getroffen wird; daß die Katholiken auf wirksame Weise zum moralischen Wohl und zum kulturellen Wachstum der amerikanischen Gesellschaft beitragen. Hinzu kommen die besonderen Anforderungen unserer Zeit innerhalb der Kirche und auf der ganzen Welt. Da die Einwanderung noch anhält und es immer noch Anzeichen von Rassismus gibt, sind die Katholiken zu einer immer tieferen gegenseitigen Liebe, Achtung und Sorge in der Einheit des Leibes Christi aufgerufen, um ein Vorbild der Harmonie für alle Völker zu sein. In einer Welt, die nur zu oft die geistigen Realitäten vergißt, seid ihr aufgerufen, für den Vorrang Gottes und die transzendente Berufung des Menschen ein prophetisches Zeugnis abzulegen, denn hier allein wird die Bedeutung und das Ziel des Lebens offenbar. Der religiöse, philosophische und ethische Pluralismus in eurem Land lädt euch zum Bemühen um Zusammenarbeit mit anderen Gläubigen und allen Menschen guten Willens ein, um die Würde und Rechte des Menschen von der Zeugung bis zum natürlichen Tod aufrechtzuerhalten. Die Stärke und Inspiration für euren Einsatz in dieser Aufgabe schöpft ihr aus eurem katholischen Glauben. Wie eure Hirtenbriefe der letzten Jahre hervorgehoben haben, erfordern viele der großen Probleme unserer Zeit tiefes theologisches Nachdenken, das dem großen Erbe der kirchlichen Lehre Kontinuität verleiht.

4. Bischof Carroll schloß seinen ersten Hirtenbrief mit der Aufforderung an seine katholischen Brüder in den Vereinigten Staaten ab: „Die Kirche gibt ihr (Maria) das ehrenvolle Zeugnis, daß es oft ihrer Schutzherrschaft zu verdanken ist, wenn Nationen die Unversehrtheit des christlichen Glaubens und der Moral bewahren oder zurückerlangen. Möge dies in unserem Land beispielhafte Darstellung finden." Und so, liebe Brüder, vertraue ich jeden einzelnen von euch, die ganze Priesterschaft, die Ordensleute und Laien der Kirche in eurem großzügigen Land zum freudigen Anlaß eurer Zweihundertjahrfeier Maria an, die unter dem Titel der Unbefleckten Empfängnis die Schutzherrin der Vereinigten Staaten von Amerika ist. Möge sie die Kirche in eurem Land weiterhin auf der Pilgerfahrt des Glaubens in eine Zukunft geleiten, die reich an göttlicher Gnade ist. Mit Vertrauen auf ihre mütterliche Fürsprache und in unserem Herrn Jesus Christus in Liebe verbunden erteile ich euch von Herzen meinen Apostolischen Segen.

Aus dem Vatikan, 28. Oktober 1989

Joannes Paulus PP. II

Wir besitzen das Reich der Wahrheit

Predigt bei der Seligsprechung von Don Giuseppe Baldo, Gründer der „Kleinen Töchter vom hl. Joseph" von Verona am 31. Oktober

„Ihr seid zum Berg Sion hinzugetreten, zur Stadt des lebendigen Gottes, dem himmlischen Jerusalem, zu Tausenden von Engeln, zu einer festlichen Versammlung und zur Gemeinschaft der Erstgeborenen, die im Himmel verzeichnet sind" (*Hebr* 12,22–23).

1. Die vom Verfasser des Hebräerbriefes an die ersten Christen gerichteten Worte, liebe Brüder und Schwestern, kann man wohl als eine wunderbare Zusammenfassung dessen bezeichnen, was Don Giuseppe Baldo, den ich zu meiner Freude heute abend in das Verzeichnis der Seligen eintragen durfte, ständig anstrebte.
Während seines ganzen Lebens als Priester und Pfarrer hat er ja nichts anderes getan, als sich ständig und voll Eifer Gott zu nahen durch Jesus Christus, den göttlichen Erlöser und Lehrer, hinzuzutreten zur „festlichen Versammlung" der Heiligen und Engel, zum „himmlischen Jerusalem", das uns erwartet und dem auch wir mit dem ganzen Verlangen unseres Herzens entgegeneilen.
In dieser ersten Vesper des Festes Allerheiligen freuen wir uns also im Herrn über die Seligsprechung dieses Priesters aus Verona, der mit Wort und Leben unermüdlicher Zeuge eines überzeugten und ausstrahlenden Glaubens, eines beharrlichen Dienstes für die Kirche und die Seelen und auch für die menschliche und christliche Liebe war.

2. Der neue Selige lebte bekanntlich in ganz anderen Verhältnissen als wir. Seine Zeit war durch gewaltträchtige ideologische und politische Spannungen gekennzeichnet, und die kulturellen und sozialen Verhältnisse erfuhren tiefreichende Wandlungen. Als intelligenter und offener Mann war er voll und ganz ein Sohn seiner Zeit, ohne ihr freilich je zu verfallen. Er schätzte die aufkommenden Gedanken der Freiheit und Demokratie, die Bestrebungen für die nationale Einheit und die wachsende Aufgeschlossenheit für die Werte der sozialen Gerechtigkeit, doch reagierte er auch beharrlich gegen religionsfeindliche und antiklerikale Tendenzen, die sich nicht selten in für ihn recht schmerzlichen Initiativen äußerten. Freilich begnügte er sich nicht mit unfruchtbaren Klagen über die böse Zeit: er besaß vielmehr das Licht und den Mut des christlichen Glaubens, der in jedem Ereignis der Geschichte die Präsenz der Vorsehung zu erkennen weiß, so daß wir uns zum Vertrauen und zum Handeln aufgerufen wissen.
Mit unerschrockenem Starkmut sagte er: „Wir müssen aktiv sein mit Freimut, Opfergeist und Zuversicht." „Tun wir uns zusammen, um Gutes zu tun und das Heiligste aller Anliegen zu vertreten: bleiben wir vereint, dann werden wir stark sein!" Er fügte weiter mit der Klarheit des Evangeliums hinzu: „Wir müssen unsere Fahne vor allen Menschen hochhalten; doch denken wir daran: wir haben keine Feinde vor uns, die wir zerschmettern müßten, sondern Brüder, die zu bekehren sind."
Unsere Zeiten sind gewiß von denen des neuen Seligen verschieden, und doch bleiben auch in unserer so komplizierten und schwierigen Zeit seine Botschaft aktuell und sein Beispiel lichtvoll.

3. „Strebt voll Eifer nach Frieden mit allen und nach der Heiligung ... Seht zu, daß niemand die Gnade Gottes verscherzt" (*Hebr* 12,14 f.), mahnt uns der Hebräerbrief. Als Priester und Pfarrer trug Don Baldo ständig das Verlangen im Herzen: Frieden, Heiligung und das Gnadenleben seiner Gläubigen. Dies war kennzeichnend für seinen bescheidenen und verborgenen Einsatz.

Schon am ersten Tag seiner Präsenz in der Pfarrei legte er, als er sich vorstellte, mit folgenden Worten sein Programm vor: „Ich bin euer Pfarrer. Euer Pfarrer, also ganz für euch da. Von jetzt an besitzt ihr ein neues Eigentum, ein neues Herz, an das ihr mit Recht appellieren könnt; eine neue Seele, die sich auch zum Leiden für euch absolut verpflichtet fühlt, und wäre es bis zur Todesangst. Jugendliche: ihr sucht einen Freund? Hier ist er für euch: ich habe immer mit Jugendlichen gelebt und gelernt, die Gaben ihres Geistes und Herzens zu schätzen. Alte, Arme und Kranke: ihr seid die ersten, die ich im Herzen trage. Sünder: glaubt mir und nehmt mich an, denn ich bin ganz für euch da. Tag und Nacht. Der schönste Tag wird für mich jener sein, an dem ich Gott eine Seele schenken konnte ... Ich erhebe meine Hände und schwöre im Angesicht des Tabernakels, vor den Engeln und den Schutzheiligen dieser Kirche und vor euch als Zeugen meiner Worte und verspreche feierlich, daß ich nichts mehr erstreben werde als das Heil der Seelen."

Tag für Tag blieb er diesen Vorsätzen für ein intensives apostolisches Wirken absolut treu und ging auf alle Menschengruppen zu, um sie nach seinem einzigen und brennenden Verlangen zu unterweisen und zu formen. Er stellte einen beliebten Katechismus zusammen, schrieb den „Dekalog des Emigranten" und gründete für die Priester- und Ordensberufe das Pfarrgymnasium.

Er war tief überzeugt, daß die erste Pflicht des Pfarrers die Predigt der Wahrheit ist, um den Irrtum zu bekämpfen, die Gleichgültigen aufzurütteln, die Guten im Eifer zu kräftigen und die Leidenden zu trösten: „Schaut nicht auf den Menschen, der zu euch spricht – sagte er –, sondern auf den Dienst, den er ausübt. In jedem Pfarrer ist Jesus Christus der eigentliche Hirt und Führer." Bei anderer Gelegenheit fügte er hinzu: „Die Moral hebt man nur durch Moral, und es gibt auch keine Moral ohne den Katechismus. Der recht verstandene und praktizierte Katechismus macht die Welt neu, überwindet das Laster und bringt die Tugend zur Herrschaft."

Von diesen Überzeugungen getragen, lehrte, wachte und behütete Don Baldo ebenso starkmütig wie gütig. Sein apostolischer Eifer und sein Streben nach Vollkommenheit gründeten hauptsächlich in seiner Hochachtung vor dem Priestertum: „Das Herz des Priesters – so schrieb er – muß dem priesterlichen Herzen Jesu ähnlich sein; es muß das Licht alles wahrhaft Schönen, Liebenswerten und Tugendhaften ausstrahlen. Es muß die Herrlichkeit der Lehre Jesu Christi um sich verbreiten."

4. „Ihr seid hingetreten ... zum Mittler eines neuen Bundes, Jesus, und zum Blut der Besprengung, das mächtiger ruft als das Blut Abels" (*Hebr* 12,22.24). Das sind wieder Worte aus dem Hebräerbrief. Bei der täglichen Feier der heiligen Messe war sich Don Baldo bewußt, „zum Blut der Besprengung hinzuzutreten", das der „Mittler des neuen Bundes für uns vergossen hat"; er war sich dessen bewußt und lebte es mit täglich neuem Eifer, den er auch den Gläubigen einzuflößen suchte.

Deshalb sorgte er mit verschiedenen Initiativen für die Schönheit des Gotteshauses und würdige Gottesdienste. Er förderte eine intensive liturgische Frömmigkeit, zumal durch die Vereinigung zur Anbetung der hl. Eucharistie und die Praxis des vierzigstündigen Gebetes. Er war nämlich überzeugt, daß nur durch ernsthaftes Gebet die Einhaltung des ganzen Gesetzes der christlichen Moral möglich ist, die ja zuweilen auch Heroismus fordert, und der ganze Wille Gottes mit vollem Vertrauen erfüllt werden kann.
Er wandte sich an die Jugendlichen, die in so vielfacher Weise versucht werden und sagte: „Ein Jugendlicher, der gut vorbereitet die hl. Kommunion empfängt, wird eifriger in der Liebe zu Gott, starkmütiger in den Mühen, bereitwilliger zum Arbeiten, klüger in der Versuchung und eifriger in der Übung der Tugend. Die Eucharistie ist ein Licht, das erhellt, eine Speise, die stärkt und erquickt." Das sind auch heute noch für unsere Jugendlichen gültige Worte, wenn sie für Christus in einer Welt Zeugnis geben sollen, die ihn oft ablehnt und ihn oft nicht einmal kennt.

5. „Weil wir ein unerschütterliches Reich empfangen, wollen wir diese Gnade bewahren" (*Hebr* 12,28). Die Worte des Hebräerbriefes spiegeln voll die eschatologische Erwartung des neuen Seligen wider, der sein ganzes Leben auf jenes „unerschütterliche Reich" ausrichtete, das wir am Fest Allerheiligen heute mit den Augen des Herzens betrachten sollen. Don Baldo wollte, daß die Menschen die Gnade dieser seiner festen Hoffnung mitten in dem ihm anvertrauten Volk bewahrten, und so suchte er in den Herzen der Gläubigen das Erbe der geistlichen Werte lebendig zu halten, mit denen es jeden Tag durch sein Apostolat in Verbindung kam.
Er gründete deshalb die Kongregation der „Kleinen Töchter vom hl. Joseph", der er den Eifer einzuflößen suchte, der in seinem priesterlichen Herzen brannte, denn es war gänzlich dem Heil der Seelen und dem Wohl der körperlich Leidenden geweiht. Als er die Familien seiner Pfarrei besuchte, war sich Don Baldo klar geworden, wieviele moralischen und materiellen Nöte vorlagen, und wie sehr die Alten und Kranken oft gerade dann sich selbst überlassen blieben, wenn sie am dringendsten Nahrung für ihre vertrauensvolle Hoffnung auf das „unzerstörbare Reich" gebraucht hätten. Es mußte eine geeignete Hilfe gefunden werden. Er sorgte dafür, zunächst mit den „Mägden von der Immerwährenden Hilfe", dann durch die Gründung eines Hospital-Altersheims und endlich durch die Gründung einer Ordensfamilie, die sich der Erziehung der Kinder und Jugendlichen widmen, sowie die Kranken und Alten betreuen sollte. Es gelang ihm auch mit Hilfe von Kardinal Giuseppe Sarto, damals Patriarch von Venedig, am 10. Februar 1913 die Approbation des Heiligen Stuhles noch zu seinen Lebzeiten zu erhalten. Es war sein letzter großer Trost, und seitdem widmen sich die „Kleinen Töchter vom hl. Joseph" in Italien und im Ausland dem Dienst der am meisten Notleidenden und erinnern sich dabei an die Weisungen des Gründers, der sie eifrig in der Arbeit und hochherzig im Opfergeist sehen wollte, nach dem Beispiel des hl. Joseph, von dem er sagte: „Er war zu einem aktiven Leben berufen, doch er nährte und stärkte dieses aktive Leben täglich mit dem kontemplativen Leben." Das gleiche habe ich in dem Apostolischen Schreiben *Redemptoris custos* gesagt und betont: „Die scheinbare Spannung zwischen dem tätigen und dem beschaulichen Le-

ben wird in ihm (Joseph) in idealer Weise überwunden, was nur dem möglich ist, der die Vollkommenheit der Liebe besitzt" (*ebd.*, Nr. 27).

6. Liebe Brüder und Schwestern! Der neue Selige wiederholt auch für uns: „Weil wir ein unerschütterliches Reich empfangen, wollen wir Gott so dienen, wie es ihm gefällt, in ehrfürchtiger Scheu; denn unser Gott ist verzehrendes Feuer" (*Hebr* 12,28–29).
Wir besitzen ja das Reich der Wahrheit und der Gnade! Rufen wir darum vertrauensvoll den seligen Giuseppe Baldo an, der in der Herrlichkeit der Auserwählten uns voranleuchtet, daß wir sein Beispiel des Glaubens, der Liebe und Heiligkeit nachahmen. Bergen wir uns – wie er zu sagen pflegte – unter dem Mantel von Maria und Joseph, damit der Herr mit seiner Liebe unsere Schwächen hinwegnimmt und uns für ein immer überzeugteres, konsequenteres und glaubwürdigeres christliches Leben begeistert. Amen!

Christus im Nächsten sehen

Predigt bei der Heiligsprechung von Gaspare Bertoni und Riccardo Pampuri auf dem Petersplatz am Allerheiligenfest, 1. November

1. „Danach sah ich: eine große Schar" (*Offb* 7,9).
Heute ist der Tag, an dem die Kirche mit den Augen des Glaubens, der Hoffnung und der Liebe auf die „große Schar" blickt, das Fest Allerheiligen.
Diese Schar ist eine Gemeinschaft: die Gemeinschaft der Heiligen. Diese Schar kann niemand zählen. Diejenigen, die die Kirche heute verehrt, kommen „aus allen Nationen und Stämmen, Völkern und Sprachen" (*Offb* 7,9).
Der Apostel Johannes hört sie in der Offenbarung, während sie mit lauter Stimme rufen: „Die Rettung kommt von unserem Gott, der auf dem Thron sitzt, und von dem Lamm" (*Offb* 7,10).
Der große Tag der endgültigen Vereinigung der Menschen in Christus. Das Fest der ewigen Heilsrettung in dem einen und dreifaltigen Gott.
„Lob und Herrlichkeit, Weisheit und Dank, Ehre und Macht und Stärke unserem Gott in alle Ewigkeit. Amen" (*Offb* 7,12).

2. Unter dieser Schar will die Kirche heute zwei neue Heilige beim Namen rufen: Gaspare Bertoni und Riccardo Pampuri.
Auch sie sind unter denen, „die aus der großen Bedrängnis kommen; sie haben ihre Gewänder gewaschen und im Blut des Lammes weiß gemacht" (*Offb* 7,14).
Sie tragen das Heilssiegel der Erlösung durch Christus.
Indem sie ihre Namen in das Buch der Erlösten einschreibt, will die Kirche dem Erlöser des Menschen höchsten Dank sagen. Sie will in Christus den lebendigen Gott anbeten, denn der Ruhm Gottes ist der Mensch, der von Ihm die Fülle des Lebens hat.

3. „Dann begann er zu reden und lehrte sie. Er sagte: Selig“ (*Mt* 5,2). Jesus scheint durch die Seligpreisungen Ziele zu setzen, die die menschlichen Fähigkeiten übersteigen; er scheint an seine Jünger beinahe unbegrenzte Anforderungen zu stellen.
Sein Entwurf geht bis zu den Wurzeln der Erfahrung, die der Mensch von den eigenen Grenzen macht: der Armut, der Demütigung, der Trauer, der Verfolgung.
In Wirklichkeit sagen uns die Worte Jesu mit lebendiger Klarheit, daß Gott der Welt seinen Sohn geschenkt hat, um den Menschen von einem Schicksal des Leidens zu befreien und um die Menschheit durch das Kreuz zu einem neuen Leben zu führen. Die unendliche Liebe des eingeborenen Sohnes erreicht das menschliche Leiden in seiner zeitlichen und geschichtlichen Dimension und führt jeden Menschen zur Hoffnung des ewigen Lebens und der Heiligkeit.
Genau das ist die Sprache der Seligpreisungen, die auf den ersten Blick bestürzend und übertrieben scheint, aber in Wirklichkeit die ganze Erfahrung des Leidens erfaßt, um mit Nachdruck zu bekräftigen, daß Gott den Menschen mit sich versöhnt, geheiligt und zur vollen Teilhabe am göttlichen Leben zurückgeführt hat. Dies geschieht eben durch das Kreuz, denn im Gekreuzigten hat Gott sich endgültig der Menschheit nahegebracht, und der Mensch ist sich seiner Würde und Erhebung voll bewußt geworden.
Die christliche Urgemeinde, immer der Gefahr von Verfolgungen ausgesetzt, war aufgerufen, sich angesichts dieser Worte zu freuen und zu erkennen, daß sie „um der Gerechtigkeit willen“ (*Mt* 5,10), das heißt um des Evangeliums willen leiden mußte.
Auch heute ruft der Geist Jesu unter denen, die seine Botschaft annehmen, die Freude der Seligpreisungen hervor durch das Zeugnis seiner Freunde, der Heiligen. Durch sie wirkt er weiterhin Wunder im Herzen des Menschen und beweist seine Nähe zum Armen und Leidenden, um all jene zu trösten, zu stützen und mit Gerechtigkeit zu sättigen, die „Kinder Gottes heißen und es sind“ (vgl. *1 Joh* 3,1).

4. Indem wir Gaspare Bertoni und Riccardo Pampuri betrachten, sind auch wir heute eingeladen, uns zu freuen und zu frohlocken, denn in ihnen sehen wir das Geheimnis der ewigen Heiligkeit des einen und dreifaltigen Gottes aufleuchten, die in einer neuen Verwirklichung des Inhalts der Seligpreisungen des Evangeliums vorgestellt wird.
Es handelt sich um zwei Personen, die die Armut liebten, die empfindsam für das Leiden waren und für die Verlassenen sorgten; sie nahmen teil an der Angst und Bedrängnis ihrer Mitmenschen. Zwei Zeugen der Liebe Christi, wenn auch in verschiedenen Lebenszeiten und -formen.
Der erste, der heilige Gaspare Bertoni, lebte in der Zeit nach der Französischen Revolution, inmitten des wirtschaftlichen und moralischen Elends in der von den napoleonischen Kriegen heimgesuchten Stadt Verona. Der zweite, der heilige Riccardo Pampuri, war zu Beginn dieses Jahrhunderts ein Zeuge der Nächstenliebe im Lebensalltag seines Arztberufes, im Dienst an den Verwundeten beim Fronteinsatz während des Ersten Weltkriegs und im Krankenhaus als Laienbruder des Krankenpflegeordens vom hl. Johannes von Gott.
Beide sind „aus der großen Bedrängnis gekommen; sie haben ihre Gewänder gewaschen und im Blut des Lammes weiß gemacht“ (*Offb* 7,14). Beide haben Christus angezogen,

um „ihm ähnlich" (*1 Joh* 3,2) zu sein. Als wahre Kinder Gottes ahmten sie die große Liebe des Vaters nach, nahmen es an, nicht erkannt zu werden von der Welt, die Christus nicht erkennt. Aber gerade deshalb wurden sie „von ihm erkannt", und von ihm wurden sie dahin geführt, die Welt in einer neuen Weise zu erkennen – mit reinem Herzen, in der Liebe, im Erbarmen. Sie haben durch ihren Glauben eine außerordentliche Hoffnung zur Reife gebracht, indem sie die Läuterung des Leidens und Opfers annahmen, um wirklich „ein reines Herz" zu haben (*Mt* 5,8), so „wie Er heilig ist" (*1 Joh* 3,3).

5. Um „eine Generation zu Gott zu führen, die ihn sucht, die das Antlitz des Gottes Jakobs sucht" (vgl. *Antwortpsalm*), empfing der heilige Gaspare Bertoni eine besondere Gnade, den „Segen des Herrn" (vgl. *Antwortpsalm*).
Er gehörte zu jener Schar von Heiligen, Seligen und Dienern Gottes, die sich in Venetien zu Beginn des vorigen Jahrhunderts inmitten der Wirrnisse von Kriegen, Zerstörungen und Armut entwickelte. Im Bewußtsein – wie andere auserwählte Seelen jener Epoche –, daß eine neue Seite der Geschichte geschrieben wurde und eine neue Kultur im Entstehen war, widmete er sich ganz einer Neuevangelisierung unter dem Volk.
Er war überzeugt, daß die Verkündigung sich immer mit verschiedenen geschichtlichen Zusammenhängen konfrontiert sieht und in Konflikt- und Kontrastsituationen immer neue Überlegungen erfordert. Der heilige Gaspare, mit diesen besonderen Gaben der Weisheit und der Unterscheidung ausgestattet, setzte trotz seiner schwachen Gesundheit alle seine Kräfte in der eifrigen Verkündigung ein. Im Auftrag seines Bischofs war er für die Ausbildung und geistliche Leitung der Priesteramtskandidaten, des Klerus und der Ordensleute tätig. Der heilige Gaspare war sich dessen bewußt, daß die Zukunft der Kirche in der Formung der Jugendlichen bestand, die den Einflüssen des Zeitgeistes naturgemäß mehr ausgesetzt und von der Not und der sozialen Verarmung stärker betroffen waren. Er verstand, daß sie herangebildet werden mußten, um einerseits die neuen Glaubenskämpfe zu bestehen und anderseits sich in die neuen Berufe des aufstrebenden technischen Zeitalters einzugliedern. Deshalb wandte er sich ihrer Erziehung zu, indem er zunächst die Jugendoratorien ins Leben rief und sie unter den Schutz der Jungfrau Maria stellte, dann indem er für dieses Werk Priester gewann, die so die neue Kongregation der „Priester von den heiligen Wundmalen" bildeten.
Es ist bedeutsam festzustellen, daß der heilige Gaspare Bertoni ein Bild des Christenlebens entwarf, in dem für alle, gleich welchen Standes, der Ruf zur Heiligkeit des Lebens vorhanden war: nicht nur für die Priester, sondern für die Eheleute nach dem Vorbild der heiligen Eheleute von Nazaret, für die Jugendlichen, die Arbeiter und alle anderen Personengruppen. Seine Freunde, die „Apostel und Missionare", sollten in pastoraler Gemeinschaft mit den Bischöfen dies verkünden: die allgemeine Berufung zur Heiligkeit, in dem Bewußtsein, daß aus dem Opfertod Christi, aus seinem Herzen voll Erbarmen, aus seinen Wunden für alle die Hoffnung entspringt.
Der heilige Gaspare führte auf diese Weise viele Seelen zur Teilnahme an jener „großen Schar", die wir heute mit frohem und dankbarem Herzen betrachten.

6. „Selig die Barmherzigen ... Selig, die ein reines Herz haben" (*Mt* 5,7–8). In knapp dreiunddreißig Jahren – ebenso viele wie Christus, der von ihm über alles geliebt wurde

– war das Leben des heiligen Riccardo Pampuri ein Geschenk an Gott und die Brüder: als junger Apostel unter den Universitätsstudenten, unter den Soldaten an der Front während des schrecklichen Krieges, unter den Gläubigen der Pfarrei, wo er Gemeindearzt war. Seiner persönlichen Berufung folgend, trat er in den Orden der Barmherzigen Brüder ein, weil er angezogen wurde von dem besonderen Dienst dieser Ordensfamilie der Laien, die entstanden war für einen heroischen Dienst an den Kranken und den Leidenden in Not.

In einer Gemeinschaft, die die Barmherzigkeit zum Leitmotiv ihres Dienstes machen sollte, fühlte sich der heilige Riccardo zu einer Anwort durch ein neues Zeichen und eine neue Verfügbarkeit für Christus gedrängt, „zu einer noch hochherzigeren und bereiteren Antwort, zu einer noch vollständigeren, noch vollkommeneren Hingabe an das Heiligste Herz Jesu" (*Brief an seine Schwester* vom 6. Oktober 1923).

Zu erwähnen ist jedoch, daß der heilige Riccardo seinen Weg der Heiligung in dem von der Katholischen Aktion angebotenen Kontext der tiefen Spiritualität der Laien begonnen hatte. Deshalb bemühte er sich als Heranwachsender, als junger Student und Arzt um eine innere Formung mit Hilfe einer aufmerksamen geistlichen Führung, indem er sich geistliche Exerzitien zur Pflicht machte und aus der eucharistischen Frömmigkeit die notwendige Kraft schöpfte, um trotz aller Schwierigkeiten fortzuschreiten. Er vertiefte sich durch Betrachtung und Gebet vor allem in die Botschaft der Nächstenliebe nach dem Evangelium, indem er oft längere Zeit vor dem Allerheiligsten meditierte und sich dann mit besonders geschärfter Sensibilität den Leidenden in jeder Situation widmete.

Wie kann man gleichgültig bleiben angesichts der Worte, die der heilige Riccardo bei einem letzten Gespräch an seinen geistlichen Führer richtete: „Pater, wie wird Gott mich aufnehmen? ... Ich habe ihn so sehr geliebt und liebe ihn so sehr." In dieser starken Liebe liegt der höchste Wert des Charismas eines wahren Bruders des Ordens vom heiligen Johannes von Gott, dessen Berufung eben darin besteht, das Bild Christi jedem Menschen, dem man auf dem Lebensweg begegnet, vor Augen zu führen in einer Beziehung selbstloser Liebe und genährt aus der Quelle eines reinen Herzens.

„Wer darf hinaufziehn zum Berg des Herrn, wer darf stehn an seiner heiligen Stätte?" (*Ps* 24,3) fragt die Kirche mit den Worten des Psalmisten an dem heutigen Fest. Und sie antwortet: „Der reine Hände hat und ein lauteres Herz, der nicht betrügt und keinen Meineid schwört" (*Ps* 24,4).

Ein solcher Mensch war der heilige Gaspare Bertoni. Ein solcher Mensch war Riccardo Pampuri. So waren und sind alle Heiligen, derer wir heute gedenken. Zusammen mit ihnen „ziehen" auch wir heute im Geist „hinauf zum Berg des Herrn". Dank ihrer wird in besonderer Weise die Wahrheit ausgesprochen und bekräftigt: „Dem Herrn gehört die Erde und was sie erfüllt, der Erdkreis und seine Bewohner" (*Ps* 24,1). Sie gehören dem Herrn!

Wahrhaftig: „Selig die Generation, die den Herrn sucht, die das Antlitz des Gottes Jakobs sucht" (vgl. *Ps* 24,6).

Selig die, die, nachdem sie „ihm ähnlich geworden sind, ihn sehen, wie er ist" (vgl. *1 Joh* 3,2). Amen.

Ermutigung zu neuem Aufbruch

Ansprache an das Generalkapitel der ungarischen Schulschwestern am 3. November

Liebe Schulschwestern Unserer Lieben Frau von Kalocsa!

1. Es ist mir eine besondere Freude, euch heute am Ende des Generalkapitels eurer verdienten Kongregation in dieser Sonderaudienz zu empfangen.
Meinen herzlichen Gruß richte ich an die neue Mutter Generaloberin und an euch Kapitelschwestern. Zugleich grüße ich auch alle eure Mitschwestern, die – gewaltsam von tausend reduziert – nunmehr in einer Zahl von etwa 200 ihr Apostolat in Ungarn, Italien, Deutschland und Australien ausüben.
Euer Generalkapitel, das ihr in diesen Tagen abgeschlossen habt, unterstreicht die geschichtliche Bedeutung des gegenwärtigen Augenblicks für eure Ordensgemeinschaft. Denn nach ungefähr 40 Jahren erzwungener Diaspora, während der die Schulschwestern Unserer Lieben Frau von Kalocsa haben große Opfer bringen müssen, um dem Charisma ihrer Gründung treu zu bleiben, und diese mit Gottes Hilfe auch heroisch überwinden konnten, kann sich das Institut in Ungarn, wo es im Jahre 1860 entstanden ist, endlich neu organisieren.
Es ist ein Zeichen der Vorsehung, die jene führt, die sich in Gemeinschaft mit der Kirche für die menschliche und christliche Förderung der Völker einsetzen, indem sie mithelfen, sie zum Licht des Evangeliums zu führen. Es ist aber auch eine schwierige Aufgabe, die einerseits euer Herz mit neuem Eifer erfüllt, andererseits euch daran erinnert, daß ihr berufen seid, in jenem edlen Land auf neue und entscheidende Weise die Aussaat des Evangeliums zu pflegen, indem ihr mit eurem Leben den absoluten Vorrang der christlichen Werte bezeugt, die dort für lange Zeit unterdrückt worden sind.

2. Euer Generalkapitel hat unter anderem das Problem der Wiedereingliederung und der Neuorganisierung eures Instituts in Ungarn behandeln müssen. Die Aussichten sind jedoch ermutigend und verheißungsvoll, sei es für eure Kongregation, sei es für die ungarische Kirche im allgemeinen: Ich denke an einen neuen Frühling bei den Berufungen zum Priestertum und Ordensleben wie auch durch die freie Ausübung der pastoralen Tätigkeiten.
Darum möge euer Institut bei der Wahl der Prioritäten die Nöte der ungarischen Kirche vor Augen haben; sei es dazu bereit, im Einklang mit der kirchlichen Hierarchie zu arbeiten, auf daß die lebendigen Kräfte, die ihr in den verschiedenen Bereichen des Apostolats einsetzen könnt, in kluger Weise auf das konkrete Wachstum dieser christlichen Gemeinschaft hingeordnet werden.
Und die Schwestern, die in Ländern arbeiten, wo euer Institut sich inzwischen konsolidiert hat, wie in Italien, Deutschland und Australien, mögen ihren hochherzigen Beitrag an geistigen und materiellen Mitteln für ein schnelles Erstarken eurer Gemeinschaft in Ungarn leisten, wo die Kirche nach einer langen Periode des Leides am Horizont den Morgen einer Zukunft erblickt, die sich für alle verheißungsvoll ankündigt.
Um diese Zukunft zu bauen, bedarf die Kirche jedoch auch eurer loyalen, bereiten und hochherzigen Mitarbeit. Andererseits ist es besonders wichtig, daß eure kirchliche Ge-

meinschaft sich nicht nur auf eine rein rechtliche Bindung reduziert, sondern das volle Leben der Kirche, ihre pastoralen Sorgen, Freuden und täglichen Bedrängnisse teilt (vgl. *Lumen Gentium*, Nr. 4). Die gottgeweihten Personen leben, „von der Liebe gedrängt, die der Heilige Geist in ihre Herzen ausgegossen hat (vgl. *Röm* 5,5), ... mehr und mehr für Christus und seinen Leib, die Kirche" (*Perfectae caritatis*, Nr. 1). Denn „im Apostolat, das ... (sie) ausüben, wird die bräutliche Liebe zu Christus auf fast organische Weise Liebe zur Kirche, zur Kirche als Volk Gottes, zur Kirche, die zugleich Braut und Mutter ist" (*Redemptoris donum*, Nr. 15).

3. Bei diesem Generalkapitel habt ihr gewiß auch das Problem des „aggiornamento" erörtert, um euer Institut zu bekräftigen oder, falls und insofern es notwendig ist, es auf den Weg einer größeren Authentizität zurückzuführen und zugleich den veränderten Erfordernissen der Zeit anzupassen. Folgt bei dieser delikaten Aufgabe, die euch erwartet, den Richtlinien des II. Vatikanischen Konzils, das die Probleme, die das Ordensleben im allgemeinen betreffen, umfassend erörtert hat. Haltet euch auch an die Direktiven, die von der Kongregation für die Institute des gottgeweihten Lebens und für die Gemeinschaften des apostolischen Lebens erlassen worden sind, wie auch an die weisen Normen, die im Kodex des Kirchenrechts enthalten sind.

Seid in jedem Fall fest in der Verteidigung der grundlegenden Werte, wie der Treue zum Charisma des Instituts, eines engagierten Lebens nach den evangelischen Räten, der Pflicht einer jeden Ordensfrau, das Gebot der Liebe in der Nachfolge Christi im Leben der Gemeinschaft und im Bereich der Schule, der die erste Tätigkeit eures neuen Instituts gegolten hat, immer konkreter zu verwirklichen; ebenso auch in den anderen geistigen und leiblichen Werken der Barmherzigkeit, die eurer Kongregation anvertraut sind.

In der frohen Erwartung einer neuen Blüte bei den Berufungen, besonders in Ungarn, seid euch dessen bewußt, daß die Ausbildung der Jugendlichen viel Aufmerksamkeit und Hingabe verdient: Die Jugendlichen bedürfen nämlich einer soliden geistigen und kulturellen Grundlage, um imstande zu sein, allen ihren moralischen Verpflichtungen in Treue zu entsprechen und ihre Sendung in gebührender Weise zu erfüllen. Für diese Bildungsarbeit wird euer Zeugnis als gottgeweihte Personen, die ihre Hingabe hochgemut und froh leben, von großem Nutzen sein, weil der Heilige Geist sich auch unseres schwachen Beispiels bedient, um in den Herzen der Jugend in die Tiefe zu wirken. Die Ordensfrauen ihrerseits bedürfen der ständigen Hilfe, um in einer immer säkularisierteren Welt als gottgeweihte Personen und Boten des Evangeliums gestützt zu werden.

4. Darum lade ich alle Schulschwestern Unserer Lieben Frau von Kalocsa ein, sich gegenseitig Halt zu geben als wahre Schwestern, mit dem Gebet, Opfergeist, gegenseitigem Verstehen und Helfen, so daß sich alle in der Gemeinschaft geliebt und nötigenfalls auch ausgesöhnt fühlen wie in einer Familie. Dies wird das schönste Zeugnis eines wahren Lebens nach dem Evangelium sein, das ihr denen gebt, die dem gleichen Ideal gottgeweihter Hingabe folgen.

Ich vertraue darauf, liebe Schwestern, daß es euch mit Gottes Hilfe sowie mit eurer eigenen Klugheit und Entschlossenheit im Kapitel gelungen ist, für die kommende Periode von sechs Jahren eine fruchtbare Arbeit zu leisten und für den Fortschritt eures Institutes

wie auch das Wohl der Menschen, denen ihr bei der Erfüllung eurer Sendung begegnet, konkrete Programme zu entwickeln. Ich zweifle nicht an eurer vollen Bereitschaft, diese meine ermutigenden Hinweise hochherzig entgegenzunehmen. Ich vertraue die Arbeiten eures Kapitels und deren Verwirklichung der Fürsprache Unserer Lieben Frau an, der euer Insitut auch in den Wirren der letzten Jahrzehnte auf heroische Weise treu geblieben ist. Ich hege die Hoffnung, daß wie ihr auch andere Ordensgemeinschaften, die in diesen vergangenen 40 Jahren viele Prüfungen haben erdulden müssen, mit Eifer und Mut ihr religiöses Leben wieder aufnehmen können.
Als Zeichen meiner Wertschätzung, meiner Dankbarkeit und Anerkennung für all das Gute, das ihr tut, erteile ich euch und allen Ordensgemeinschaften in Ungarn von Herzen meinen Apostolischen Segen.

Kein echter Dienst ohne ethische Normen

Ansprache an die Teilnehmer eines Kolloquiums der Internationalen Diplomatenakademie am 3. November

Exzellenzen,
meine Damen und Herren!

Mit Freude empfange ich die Internationale Diplomatenakademie bei Gelegenheit ihres in Rom veranstalteten Kolloquiums, das den Heiligen Stuhl innerhalb der internationalen Gemeinschaft zum Thema hatte. Die Wahl dieses Themas ehrt den Apostolischen Stuhl und zumal jene, die ihn bei den staatlichen Organen zahlreicher Nationen sowie bei internationalen Organisationen vertreten. Doch zweifellos führt Sie das dazu, Ihren Gesichtskreis zu erweitern und die spezifische Rolle, die die katholische Kirche auf sehr unterschiedliche Weise in der ganzen Welt spielt, zu entdecken. Das für Ihre Gespräche gewählte Thema scheint gut zur besonderen Aufgabe Ihrer Institution zu passen. Sie wurde vor mehr als 60 Jahren gegründet, in einer Zeit, wo die Nationen den Dialog zu organisieren versuchten, um die üblen Folgen des ersten großen weltweiten Konfliktes zu überwinden; die Akademie hat darum ihre Überlegungen von Anfang an den Bedingungen des Friedens sowie der Verteidigung der Menschenrechte gewidmet. Deswegen – aber das braucht man kaum eigens zu sagen – stehen eure Ziele denen nahe, die der Heilige Stuhl verfolgt, wenn er seine Stimme zu Gehör bringen kann. So spreche ich Ihrer Einrichtung sehr gern meine Hochachtung aus. Im Rahmen dieser notwendigerweise kurzen Begegnung will ich nicht auf die verschiedenen Punkte eingehen, die Sie auf Ihre Tagesordnung gesetzt und angefangen mit den tiefgründigen Beiträgen von Universitätsangehörigen und Mitarbeitern der Römischen Kurie behandelt haben. Ich beschränke mich auf die Hervorhebung von Grundsätzen, die den Heiligen Stuhl bei seiner Tätigkeit innerhalb der internationalen Gemeinschaft ständig leiten. An erster Stelle wiederhole ich einfach, daß wir bei allen Verhandlungen und bei jeder Absprache, wie technisch sie auch sein mag, nie aus dem Auge verlieren wollen, worum es eigentlich geht, nämlich um den Menschen in der Fülle seiner Berufung. Es handelt sich immer darum, der Person die

Entfaltung alles dessen zu gestatten, was für sie zählt: die Achtung und der Schutz ihres Lebens, ihre Gesundheit und ihre Fähigkeit, sich durch Arbeit ihr Brot zu verdienen; dabei muß sie sich im Familienleben entfalten können. Ihr kulturelles Erbe muß ebenso gewahrt werden wie die Möglichkeiten, ihre Kenntnisse zu entwickeln und mit anderen Gruppen in Austausch zu treten. Es darf keine Hindernisse für ihre Bewegungsfreiheit geben; die Gewissensfreiheit muß garantiert sein, endlich ihre Bejahung einer Glaubensüberzeugung und deren gemeinschaftliche religiöse Ausübung. Diese Hinweise mögen genügen,um den Rahmen für meine Aussage abzustecken: der Mensch ist ein Ganzes; es gibt auch in den anscheinend spezialisierten und technischen Bereichen keine Entscheidung, die ohne Auswirkung bliebe auf die Bürger, die Arbeiter und Familien, auf Jung und Alt, Kranke und Behinderte, kurz auf den konkreten Menschen, der das Recht auf die Wahrung seiner Würde unter allen Umständen besitzt. Jene unter euch, die den Beruf des Diplomaten ausüben, wissen gut, daß ihre natürliche Vorgehensweise der Dialog ist. Es ist gut, gelegentlich von den Bedingungen zu sprechen, die diesem Dialog und den Beziehungen zwischen Verantwortlichen der Staaten ein wirkliches Erreichen ihres Zieles gestatten. Denken wir, abgesehen von den vielfältigen Aspekten der notwendigen Fachkenntnisse, an die grundlegenden Forderungen: nicht abrücken von der Wahrheit und den anderen achten. Die Geistesart, die Überzeugungen und die Kultur können unterschiedlich, die Interessen und die verfolgten Ziele können sogar entgegengesetzt sein. Doch darf man bei einer Verhandlung die Übereinkunft oder einen Kompromiß nie um den Preis einer Verheimlichung der Wahrheit oder der Verachtung eines Partners anstreben. Will man zu einer Verständigung kommen, müssen die Partner aufeinander hören und sich gegenseitig achten sowie sich auf das gegebene Wort verlassen können. So formuliert, erscheinen diese Forderungen zweifellos sehr allgemein oder von der täglichen Auseinandersetzung weit entfernt. Aber darf man sie, um pragmatisch zu bleiben, verschweigen? Darf man auf das Ideal verzichten, weil es schwer zu erreichen ist? Papst Paul VI. schrieb in seiner Botschaft zum Weltfriedenstag 1973: „Wir gestehen zu, daß ... ein absoluter und endgültiger Frieden unter den Menschen ... nichts anderes als ein Ideal sein kann ..., das (aber) nicht irreal ist, sondern verwirklicht werden soll.“ Gern wende ich diese Bemerkung auf die Forderungen der Wahrheit in einem dem ganzen Menschen und allen Menschen dienenden Dialog an, zu dem die Diplomaten ja aufgerufen sind. Wenn man Furcht vor der Wahrheit oder ihre Ablehnung oder eine Verletzung der Menschenwürde feststellt, ist es nicht unrealistisch, zu reagieren! Arbeiten, um sich gemeinsam wieder auf den Weg der Wahrheit und der Solidarität zu machen, bedeutet nicht, einem Trugbild nachjagen; es ist vielmehr die Antwort auf das, was man von verantwortlichen und realistischen Menschen erwartet. Gewiß möchte die Kirche im internationalen Leben ihre Stimme zu Gehör bringen, aber nicht, wie Sie wissen, indem sie sich in die technischen Aspekte der meisten Probleme einmischt. Sie hält es jedoch für nützlich, – gelegen oder ungelegen – an die menschlichen Folgen zahlreicher praktischer Entscheidungen oder institutioneller Verfügungen zu erinnern. Und sie geht davon aus, daß man der menschlichen Gemeinschaft keinen echten Dienst leisten kann ohne ethische Normen. Ihre Erfahrung und ihre Unabhängigkeit veranlassen sie, unermüdlich diese einzuschärfen. Sie möchte ferner erneut aussprechen, daß die geistige Dimension wesentlich

für den Menschen ist, ja, daß es nur dann dauerhaftes Glück und bleibenden Frieden gibt, wenn ein jeder in der Tiefe seines Gewissens deren transzendente Grundlagen erkennen kann. Meine Damen und Herren, ich hoffe mit diesen Gedanken Anliegen anzusprechen, die den Geist und das Herz all jener bewegen, die durch ihre diplomatische Tätigkeit für das Wohl der Menschheit arbeiten. Ich weiß, daß die Aufgabe oft hart ist, und daß Enttäuschungen den Blick auf den zurückgelegten Weg trüben können.
Doch ich möchte erneut die Hochachtung zum Ausdruck bringen, die der Apostolische Stuhl der unersetzlichen Sendung der Diplomatie entgegenbringt sowie das Vertrauen, das ihm das hohe Verantwortungsbewußtsein und die selbstlose Hingabe jener einflößen, die damit beauftragt sind. Indem ich für alle Ihre Anliegen bete, bitte ich den Herrn, er möge Ihnen die Gaben der ewigen Weisheit und seinen reichen Segen schenken.

Familie, Ort der Humanisierung

Ansprache an die katholische Familienverbände Frankreichs am 3. November

Herr Kardinal,
liebe Brüder im Bischofsamt,
liebe Freunde!

1. Zum Abschluß eurer Romwallfahrt freue ich mich, euch beim Grab des Petrus empfangen zu können. Ich danke Kardinal Decourtray, eurem Präsidenten, daß er mir die katholischen Familienverbände Frankreichs vorgestellt hat, deren wichtige Delegation ihr seid. Gebet und Nachdenken haben eure Tage in dieser Stadt geprägt, wo in der Nachfolge des Petrus, des ersten Apostels, und des Völkerapostels Paulus Märtyrer, Heilige und unzählige Christengenerationen am Aufbau der Kirche intensiv mitgewirkt haben. Ihr nehmt eurerseits als christliche Familien ein neues Bewußtsein von eurer Berufung und Sendung in Kirche und Welt mit. Die Lehre der letzten Bischofssynode hat erneut das zusammengefaßt, was man von gläubigen Laien erwartet. Ihr wolltet euch den Inhalt des Apostolischen Schreibens, das die Botschaft der Synode vermittelt, zu eigen machen, und dazu beglückwünsche ich euch. Es war gut für euch, diese Meditationspause einzulegen, um dann noch eifriger euren Weg als Getaufte, Eheleute, Eltern, Jugendliche und Kinder weiterzugehen. Ihr Familien seid die Urzellen der Kirche. Erkennt eure Sendung und wißt, daß die ganze Gemeinschaft der Kirche auf eure Lebenskraft und Hochherzigkeit zählt.

2. Von euch als Mitgliedern der katholischen Familienverbände erwartet man als erstes Zeugnis das von Familien, die gemäß dem Evangelium ihrer besonderen Berufung entsprechend und in Übereinstimmung mit den Weisungen leben, die die Lehre der Kirche anbietet. In diesem Sinn brachte euer Präsident eure Verbundenheit mit dieser Lehre zum Ausdruck, die ihr sowohl für wahr als auch eurer Situation angepaßt haltet. Das Zeugnis der Familien ist wesentlich: es antwortet auf die tiefe Absicht der Morallehre der Kirche, welche das Sein des Menschen achtet, sein Glück will und ihn zur Treue zu Gott, dem

Schöpfer, auffordert. Es stimmt, daß ihr täglich mit dem Unverständnis oder gar der Ablehnung von ethischen Grundsätzen konfrontiert werdet, obwohl diese für das Leben und die Entfaltung eines jeden in Ehe und Familie grundlegend sind. Die eheliche Treue und sogar die Ehe als Institution stehen nicht hoch im Kurs. Man fordert die Freiheit, Vater- und Mutterschaft anzunehmen oder abzulehnen, und entleert so die Ausübung der Verantwortung der Ehepaare ihres Sinnes. Sie ist gewiß berechtigt, doch nur, wenn man der natürlichen Beschaffenheit der menschlichen Sexualität als Gabe Gottes keine Gewalt antut. Leider wird auch das Leben des schon empfangenen Kindes selbst nicht geachtet, und man will Herr sein über sein Recht auf Leben. Mit einem Wort: in der heutigen Welt verkürzt man oft die zwischenmenschlichen Beziehungen auf ein Besitzenwollen ohne echte Annahme des anderen. Man meint, die Autonomie des Menschen hochzuhalten, verkennt aber die lebendigen Quellen der Liebe, die in Gott und in der unendlichen Hochherzigkeit liegen, zu der Gott jene befähigt, die sich von ihm geliebt wissen.

3. Angesichts dessen, was uns so beunruhigt, genügt es nicht – wie ihr wißt –, bloß zu reden oder Aufmerksamkeit zu erwecken. Das glaubwürdigste Zeugnis wird von jenen gegeben, die den Anforderungen des Evangeliums entsprechend leben, sie im Innern erkennen und durch eine ausgewogene Auffassung des Familienlebens entfalten. Nehmt als Getaufte in euch die Gegenwart des Erlösers und seine Gnadenhilfe an, dann könnt ihr als lebendige Glieder der Gemeinschaft der Kirche um so besser ein christliches Vorbild sein, weil eure Handlungsweise in der Erlöserliebe Christi gründet. Wollt ihr den Ehepflichten treu bleiben, werden eure Bemühungen und notwendigen Opfer, die ihr in Verbundenheit mit dem Erlösungsopfer Christi vollbringt und in Sakrament der erlösenden Liebe, nämlich der Eucharistie darbietet, als Frucht einer Hochherzigkeit erscheinen, die ohne Vorbehalt und sogar freudig geübt wird. In einer Familienbewegung wie der euren kann viel für die Aneignung der Morallehre getan werden, denn sie findet dort einen einfachen Ausdruck, der sich aus der Erfahrung ergibt, und er wird noch glaubwürdiger sein, wenn man sieht, wie sich diese Familien gegenseitig bei der Lösung ihrer Schwierigkeiten aller Art helfen. Mögen die Familien bereit und fähig sein, Ehepaare in Not, die Verständnis und Hilfe brauchen, zu ermutigen. Nun möchte ich einige Anliegen der Familienpastoral nennen: den Familien bei ihrer gesunden Entfaltung und bei der Erfüllung ihrer Rolle in der Kirche helfen. Die erste Verantwortung für diese Pastoral liegt bei den Hirten der Diözesen und bei den von ihnen Beauftragten. Ich ermuntere euch, mit ihnen und ergänzend zu den geistlichen Bewegungen und den Organismen für Jugend- und Erwachsenenbildung bei der Ehevorbereitung vertrauensvoll zusammenzuarbeiten, weil ja alle auf das gleiche Ziel hinstreben.

4. Eine Aufgabe möchte ich noch hervorheben, weil ihr dort eine besondere Verantwortung tragt. Ich denke an die religiöse Erziehung der Kinder und Jugendlichen. Das nachsynodale Dokument betont: „Gewiß sind die christlichen Eltern, weil das Ehesakrament sie dazu befähigt, die ersten und unersetzlichen Katecheten ihrer Kinder" (*Christifideles laici*, Nr. 34). Die Eltern erfüllen diese Aufgabe vor allem daheim beim religiösen Erwachen der Kinder. Später bilden Pfarrei und Schule für die religiöse Bildung der Jugendlichen einen wesentlichen Rahmen. Doch dürfen die Eltern in dieser Zeit nicht bloße Zu-

schauer bleiben. Sie müssen aktiv die katholische Schule unterstützen und auch persönlich bei der Katechese mitarbeiten, und zwar sowohl in den konfessionellen Einrichtungen, als auch an der Seite der Religionslehrer an öffentlichen Schulen. Jeder ist sich der Schwierigkeit der Aufgabe und der Notwendigkeit bewußt, die Bemühungen zahlreicher Menschen guten Willens zu koordinieren. Daher müssen die Eltern auch ständige und vertiefte Kontakte zu den Lehrern unterhalten und – falls sie dazu die Möglichkeit haben – auch eine aktive Rolle übernehmen und dazu eine entsprechende von den Verantwortlichen der Diözese angebotene Ausbildung machen. Die Familien dürfen nicht vergessen, daß die Katechese eine Aufgabe der Kirche als Mutter ist, die ihre Söhne und Töchter im Glauben heranbildet. Alle Glieder des Volkes Gottes sind zur Teilnahme an der „Tradition“ aufgerufen, das heißt, bei der Weitergabe der von Christus empfangenen Offenbarung mitzuwirken.

5. Von einem anderen Gesichtspunkt aus erfüllen eure Familienverbände eine wichtige institutionelle Aufgabe nämlich, die Stimme der Christen in der Gesellschaft und bei den Obrigkeiten zu erheben, damit vor allem auf juridischer und wirtschaftlicher Ebene für die Familien bessere Bedingungen geschaffen werden. Hier erinnere ich nur an das, was das nachsynodale Schreiben sagt: „Ein umfassender, tiefgehender und systematischer Einsatz, der nicht nur durch die Kultur, sondern auch durch materielle Mittel und durch die gesetzgebenden Organe unterstützt wird, ist erforderlich, damit die Familie ihre Aufgabe als erster Ort der ‚Humanisierung‘ der Person und der Gesellschaft erfüllen kann“ (*ebd.*, Nr. 40). Diese Initiativen werden in europäischer Sicht bald eine neue Dimension bekommen. Ihr müßt daran denken, welche Folgen der verstärkte Austausch in den Ländern für die Familien hat und dies überprüfen. Ich möchte noch kurz ein wichtiges Thema in diesem Zusammenhang erwähnen: die Rolle der Frau in der Gesellschaft. Mit der Synode ist der katholische Standpunkt dargelegt worden, und ich selbst habe die meditierten Überlegungen in einem Apostolischen Schreiben weitergeführt. Wie ich eben für das Gesamt der ethischen Fragen betont habe, wird diese Lehre von jenen, an die sie sich richtet, besser verstanden, wenn Männer und Frauen, die das Volk Gottes bilden, sie sich persönlich zu eigen machen und ihr die richtige, durch ihre Erfahrung bestätigte Gestalt geben.

6. Bevor ich schließe, möchte ich mich an euch Kinder wenden, die ihr an dieser Wallfahrt teilnehmt. Meine Freunde, ich habe zu euren Eltern gesprochen, und meine Ausführungen sind euch zweifellos ein wenig schwierig vorgekommen. Ich danke euch daher für eure Geduld. Ich freue mich, daß ihr hier dabei seid. Und ich möchte wünschen, daß ihr an die schönen, mit eurer Familie in Rom, dem Zentrum der Kirche, verbrachten Stunden eine gute Erinnerung bewahrt. Denkt an den hl. Petrus, denn wir befinden uns bei seinem Grab. Denkt an den hl. Paulus. Beide sind Christus bis in den Tod treu geblieben. Ihr Glaube und ihr eifriges Bemühen um seine Weitergabe schenken uns heute noch Mut. Denkt auch an Maria, die Mutter Jesu, die zugleich unsere Mutter ist. Ihr wißt, da sie unser Gebet in frohen und leidvollen Stunden liebevoll erhört. Meine jungen Freunde, ich wünsche euch, daß ihr, je älter ihr werdet, immer mehr die Schönheit der Botschaft des Evangeliums erkennt und das Glück, Brüder und Schwestern in der unermeßlichen Familie der Kirche Christi zu sein.

7. Zum Schluß dieser Begegnung möchte ich mit großer Zuneigung die Priester begrüßen, die in euren Diözesen mit der Familienpastoral beauftragt sind, und jene, die eure Verbände begleiten. Ich ermutige sie lebhaft in ihrem Dienst. Gegenüber den hier versammelten Familien und jenen, die ihr vertretet, bekräftige ich erneut ihre Sendung, die ihren Ursprung in der Taufe und im Ehesakrament hat. Nehmt wie Maria die Gegenwart Christi in eurem Leben und seinen Ruf zur Heiligkeit an! Seid – wie Petrus und Paulus – bereit, Rechenschaft von der Hoffnung zu geben, die in euch lebt (vgl. *Petr* 3,5)! Lebt in der Einheit der Liebe, die das größte Geschenk Gottes ist! Ich vertraue euch das Wort Jesu an: „Ich habe euch erwählt und dazu bestimmt, daß ihr euch aufmacht und Frucht bringt und daß eure Frucht bleibt ... Dies trage ich euch auf: Liebt einander" (*Joh* 15,16–17). Ich rufe den Segen Gottes auf euch herab.

Brüderliche Gemeinschaft in Christus fordert Einsatz

Predigt in der Pfarrei Sant'Agnese am 5. November

1. „Du hast mit allen Erbarmen, weil du alles vermagst, und siehst über die Sünden der Menschen hinweg, damit sie sich bekehren" (*Weish* 11,23). Die Worte im Buch der Weisheit, liebe Brüder und Schwestern, finden eine wunderbare Verwirklichung in der vom Evangelisten Lukas geschilderten Begebenheit: Jesus wendet seinen Blick auf den Zöllner Zachäus, den die Leute als einen „Sünder" (*Lk* 19,7) mit Argwohn betrachteten und mieden; er kommt in dessen Haus und sitzt mit ihm zu Tisch (vgl. *Lk* 19,5–6).
Als Zachäus entdeckt, daß er persönlich geliebt wird von dem, der sich als der erwartete Messias zeigt, fühlt er sich in der Tiefe der Seele getroffen und öffnet sein Herz. Und mit dem Herzen öffnet er auch die Hand zur Geste der Gerechtigkeit und der Liebe.
Jesus selbst bietet mit der abschließenden Wertung den Schlüssel zur Deutung des Ganzen: „Heute ist diesem Haus das Heil geschenkt worden ... Denn der Menschensohn ist gekommen, um zu suchen und zu retten, was verloren ist" (*Lk* 19,9–10).

2. Liebe Brüder und Schwestern der Pfarrei, die sich nach der liebenswürdigen und eindrucksvollen Gestalt der heiligen Agnes benennt, heute sind wir in eurer antiken und schönen Basilika um den eucharistischen Tisch versammelt, um über die ewige Wahrheit dieser Botschaft nachzudenken.
Auch heute kommt Jesus, „um zu suchen und zu retten, was verloren ist". Er tut es unsichtbar durch das geheimnisvolle Wirken seiner Gnade; zugleich tut er es aber sichtbar durch den Dienst seiner Kirche. Wesentliche Aufgabe der Kirche ist es nämlich, für jeden Menschen zum Mittler des Heilswirkens Christi zu werden.
Im Bewußtsein dessen bereitet sich die Kirche in Rom aktiv auf die Feier der Diözesan-Pastoralsynode vor, durch die sie immer geeigneter werden will, die ihr vom Herrn aufgetragene Heilssendung zu erfüllen.

Wie ich bereits mehrmals in Erinnerung gerufen habe, bedeutet das Wort „Synode" das „Zusammenlaufen von Wegen", um als Volk Gottes miteinander den Weg zu gehen, den der Herr uns mit seinem Beispiel und mit seiner Lehre weist. Erleuchtet und getragen von der Kraft des Geistes, sind alle, die die Kirche Gottes bilden – Priester, Diakone, Ordensleute und Laien, dazu aufgefordert, unter der Führung des Bischofs ihren Glaubensweg hin zu einer echteren Treue zu Gott und zu den Menschen, ihren Reisegefährten, zu überprüfen.
Zwei grundlegende Forderungen betreffen das Leben und die Sendung der Kirche in dieser Stadt: jene nach einer tieferen brüderlichen Gemeinschaft in Christus und die andere nach einem immer stärkeren Einsatz der Evangelisierung im Hinblick auf jene, die wie Zachäus Christus und sein Heil suchen, wenn auch auf unklare und widersprüchliche Weise.

3. Die Synode ist eine große Gelegenheit, die der Heilige Geist der römischen Kirchengemeinschaft bietet, um ihren Weg zu überprüfen und sich gegebenenfalls wieder auf die Straße zu begeben, die Christus für die, die seine Jünger sein wollen, vorgezeichnet hat.
So will sich die Kirche Roms vor dem Anspruch des Wortes Jesu, „eins zu sein" (vgl. *Joh* 17,21), in der Synode über die konkrete Weise befragen, in der sie die Gabe und die Verpflichtung der „Communio" lebt, bereit, die Ursachen und die Situationen von Schwierigkeit, Spannung und Kontrast, zu überwinden, die sie daran hindern, sich den Menschen als eine im Bekenntnis des Glaubens und im Zeugnis der Liebe geeinte „Familie Gottes" zu zeigen. Sie weiß nämlich genau, daß dies die unerläßliche Voraussetzung für eine wirksame Verkündigung des Evangeliums an die in ihrem Gebiet lebenden Menschen ist. Es ist dies eine Sendung, die auch in der Versöhnung, in der Solidarität und im Teilen mit den Ärmsten sowie vor allem durch ein stärkeres Zeugnis der Treue zu Christus zum Ausdruck kommt, der im eigenen „Haus" aufgenommen (vgl. *Lk* 19,5–6), als Retter und Herr anerkannt wird.
Wenn die Christen, die Versuchung zu individualistischem Sich-Verschließen und ganz allgemein zu jeder Form von Sünde überwinden im Stande sind, konkrete Formen der Zusammenarbeit und der gegenseitigen Integration ins Leben zu rufen und so die empfangenen Gaben in den Dienst der Evangelisierung zu stellen, wird es für die, die Christus suchen, leichter sein, ihm tatsächlich zu begegnen und gerettet zu werden.

4. Diese Verpflichtung zum Zeugnis und zum Dienst betrifft das ganze Volk Gottes, das zur Gemeinschaft und zur Mission berufen ist. Sie erfaßt jedoch in ganz besonderer Weise die Kirche Gottes in Rom.
Rom ist eine komplexe Metropole, in der die Säkularisation zu traurigen Phänomenen der Zerrissenheit und der sozialen Abseitsstellung, der religiösen Gleichgültigkeit und der Entfernung von Christus und seiner Botschaft geführt hat und weiterhin führt. Ungeachtet dessen ist Rom noch reich an einem großen Glaubens- und Kulturerbe, an einem enormen Potential der Solidarität und der Liebe. Es verdient daher, daß man es kennt, es liebt und anhört, vor allem aber daß man ihm dient. Daraus erwächst der Kirche die Verpflichtung zu einer „neuen Evangelisierung", welche die Zeichen der Zeit zu lesen und auf die neuen Herausforderungen, die sich dem Glauben stellen, zu antworten im Stande ist und mutig die alten und neuen Übel, die die Stadt bedrängen, zur Anzeige bringt.

Die Tatsache, daß Rom Sitz des Nachfolgers Petri ist, beruft es darüberhinaus dazu, „in der Liebe den Vorsitz zu haben" und so „Modell aller anderen Kirchen und Bild der universalen Versammlung des ... Volkes" Gottes zu sein (*Gebet für die Synode*). Seine Berufung und seine Identität lassen es auf gewisse Weise teilhaben am Charisma ihres Bischofs, des Papstes, der auch Hirt der universalen Kirche ist.
All das vermittelt Rom eine einzigartige Stellung als „Haus", in welchem alle und an erster Stelle Arme und Sünder Christus begegnen und an den messianischen Gütern des Reiches teilhaben können sollen. Zugleich obliegt ihm dadurch eine noch stärkere Verantwortung hinsichtlich des Zeugnisses und des der Gemeinschaft und der Mission zu leistenden Dienstes.

5. Wenn man auf die Geschichte blickt, muß man sagen, daß Rom stets gesucht hat, dem von Gott über es gezeichneten Plan treu zu bleiben. Das beweist unter anderem die so zahlreiche Schar der Heiligen, die es evangelisiert, mit ihren Charismen und Werken bereichert und Gott und den Brüdern geleisteten Dienst oft mit dem Martyrium gekrönt haben. Die heilige Agnes, der eure Pfarrgmeinde geweiht ist, gehört zu dieser zahllosen Schar. Sie kann einen wertvollen Bezugspunkt für den synodalen Weg bilden, den eure Pfarrei zu gehen berufen ist.
In dieser Perspektive geht meine wärmste Ermutigung an den Pfarrer, Msgr. Giuseppe De Nicola, und die mit ihm zusammenarbeitenden Priester als Erben des kostbaren Dienstes, den die Lateranesischen Chorherren seit gut fünf Jahrhunderten an dieser Basilika versehen. Den siebzehn in der Pfarrei anwesenden Ordensgemeinschaften und den zahlreichen Laien in Vereinen und Bewegungen möchte ich mein Wohlgefallen über das von ihnen in der Pfarrei geleistete Werk ausdrücken und sie auffordern, mit Begeisterung bei der Pastoralarbeit zu verharren, deren Schwerpunkt passenderweise der liturgische, katechetische und karitative Dienst sind.
Allen ein Vorbild sei die junge Märtyrerin Agnes, die ihr Zeugnis für Christus mit dem Blut zu besiegeln wußte. Im Blick auf sie und im Gedanken an den Weg, zu dem euch die Diözesan-Pastoralsynode auffordert, mache ich das Gebet, das Paulus für die Gemeinde der Thessalonicher an den Herrn richtete, zu dem meinen: „daß unser Gott euch eurer Berufung würdig mache und in seiner Macht allen Willen zum Guten und jedes Werk des Glaubens vollende. So soll der Name Jesu, unseres Herrn, in euch verherrlicht werden und ihr in ihm, durch die Gnade unseres Gottes und Herrn Jesus Christus" (*2 Thess* 1,11–12).
Ja, liebe Gläubige der Pfarrei „Sant'Agnese"! Gott möge euch „würdig machen" ... Amen!

Der Glaube will Antwort geben

Ansprache an niederländische Universitätsprofessoren am 6. November

Gerne spreche ich Ihnen, den Mitgliedern der Allgemeinen Präsidentenversammlung der niederländischen Universitäten, meinen aufrichtigen Dank für diesen Besuch aus. Mit Freude habe ich Ihrem Wunsch nach einer Begegnung mit dem Bischof von Rom während Ihrer Studienreise in Italien entsprochen. Ich habe in diesem Wunsch ein Zeichen Ihres Interesses gesehen, das Sie als Verantwortliche des kulturellen und wissenschaftlichen Lebens in Ihrem Land für die andere Erkenntnisform, die des Glaubens, bekunden.

Das Zweite Vatikanische Konzil hat gewisse Haltungen derjenigen bedauert, die meinen zwischen Wissenschaft und Glaube bestehe ein Widerspruch. Es wies auch darauf hin, daß die berechtigte Freiheit der Wissenschaft nicht irrtümlicherweise als eine Unabhängigkeit von Gott zu verstehen sei, und erklärte: „Vorausgesetzt, daß die methodische Forschung in allen Wissensbereichen in einer wirklich wissenschaftlichen Weise und gemäß den Normen der Sittlichkeit vorgeht, wird sie niemals in einen echten Konflikt mit dem Glauben kommen, weil die Wirklichkeiten des profanen Bereichs und die des Glaubens in demselben Gott ihren Ursprung haben" (*Gaudium et spes*, Nr. 36).

Gerade in unseren Tagen scheint ein rechtes Verhältnis zwischen Wissenschaft und Glaube besonders notwendig zu sein aufgrund der ungeheuren Probleme, die durch den Fortschritt in Wissenschaft und Technik hervorgerufen wurden: die Gefahren der Umweltzerstörung, der konventionellen, chemischen und nuklearen Bewaffnung, der Manipulation des genetischen Erbguts. So muß auch die Wissenschaft, die im Dienst des Menschen steht, aber manchmal in beängstigender Weise sich gegen den Menschen zu kehren scheint, sich neu mit den existentiellen Fragen auseinandersetzen: Wer ist der Mensch, von wo kommt er, und wohin geht er? Auf diese grundlegenden und entscheidenden Fragen will der christliche Glaube eine Antwort bieten. Dadurch will er auch der Wissenschaft und mit ihr dem Menschen dienen, damit dieser wirklich würdig und sinnvoll leben kann.

Mögen die Universitäten in ihrem Land danach streben, eine wertvolle wissenschaftliche Arbeit in einer solchen Perspektive zu leisten. Dazu versichere ich Sie meines Gebetes an den Schöpfer und segne Sie von Herzen.

In brüderlichem Geist zusammenarbeiten

Ansprache an die Teilnehmer des II. Internationalen Kongresses über die Pastoral für die Zigeuner am 9. November

Liebe Brüder und Schwestern!

1. In diesen Tagen habt ihr euch mit der Frage der Berufung und Sendung der Zigeuner in Welt und Kirche beschäftigt.

Das Thema ist sehr wichtig und aktuell und fordert und beunruhigt unsere menschliche und christliche Gesellschaft. Die Anwesenheit dieses meist ein Nomadendasein führenden Volkes, das in allen Fällen kaum in die Arbeits und Kulturwelt eingegliedert ist, sowie die Unruhen in seinen Reihen, vor allem jene religiöser Natur, erfordern eine Antwort und einen entsprechenden Einsatz.

Im Rahmen der kirchlichen Lehre, die stets die Probleme des Menschen aufmerksam verfolgt, stellt jede Diskriminierung der Zigeuner eine arge Ungerechtigkeit dar, da sie in klarem Widerspruch zum Evangelium steht, für das jeder Mensch Kind Gottes und Bruder Christi ist. Deshalb sagte Paul VI. mit Recht im Jahr 1965 in Pomezia, anläßlich seiner Begegnung mit den Teilnehmern an der ersten internationalen Pilgerfahrt der Zigeuner zu den Gräbern der Apostel: „Ihr seid im Herzen der Kirche, weil ihr arm und verlassen seid.“

Deshalb, meine Lieben, sind eure Verantwortung und euer Einsatz groß und verdienstvoll, kümmert ihr euch doch um die Lebensbedingungen und die Sorgen der umherziehenden Menschen. Ja, ich möchte sagen, daß ihr durch euren Kontakt mit ihnen viel lernen könnt, daß wir alle von ihnen viel zu lernen haben. Sie haben viel gelitten und leiden auch oft jetzt noch aufgrund der Entbehrungen, der Unsicherheit und der Verfolgungen und haben gerade deshalb viel zu sagen; ihre Weisheit ist in keinem Buch niedergeschrieben, aber dennoch nicht weniger beredt. Es liegt nun an euch, sie an euren Bemühungen und eurer menschlichen und christlichen Kultur teilhaben zu lassen.

2. Trotz der klaren Lehre des Evangeliums, auf die ich hingewiesen habe, werden die Zigeuner oft abgewiesen oder verachtet. Die Welt, die zu einem großen Teil von Profitgier und Verachtung der Schwachen gekennzeichnet ist, muß ihre Haltung ändern und diese unsere als Nomaden lebenden Brüder nicht nur dulden, sondern in brüderlichem Geist aufnehmen.

Eure Arbeit, sei sie nun erzieherisch – wie etwa der Unterricht im Lesen und Schreiben – oder sozialfürsorglich, medizinisch oder gerichtlich, wird den sozial Behinderten, insbesondere den aus einem anderen Land stammenden Zigeuner, die Gelegenheit geben, in der Gesellschaft möglichst bald den ihnen von Rechts wegen zustehenden Platz einzunehmen. Dieses Ziel liegt jedoch noch in weiter Ferne. Die Zigeuner sind allzu verstreut, allzu schwach und nur wenig organisiert und bedürfen daher der Hilfe, um sich ihrer Würde und Verantworung bewußt zu werden.

Ihr, die ihr euch besonders mit diesen Umherziehenden beschäftigt, seid in lobenswerter Weise bestrebt, sie so kennenzulernen und bekanntzumachen, wie sie wirklich sind und nicht so, wie sie manchmal in hartherziger Weise dargestellt werden. Ihr studiert ihre Geschichte, ihre Psychologie und ihre Sprache; ihr teilt ihre Freuden und Leiden und könnt ihnen um diesen Preis helfen, ihre Berufung in Welt und Kirche zu verwirklichen.

Insbesondere müßt ihr vor ihnen für euren Glauben Zeugnis ablegen und mit ihnen das Brot des Evangeliums teilen. Die Entdeckung des Wortes Gottes, vor allem seitens der Jugendlichen unter ihnen, wird sie in die Lage versetzen, ihren Aufgaben voll und ganz gerecht zu werden und auf den Ruf einzugehen, den das Wort Jesu Christi an sie richtet. Ich bin überzeugt, daß ihr diesen Kongreß zur Verwirklichung einer gemeinsamen und gut organisierten Arbeit nützen werdet. Dieser Bemühung können, wenn ihr es für gut befindet, eine immer brüderlichere Zusammenarbeit unter euch und eine immer engere Beziehung zur kirchlichen Hierarchie dienen.

3. Mein Wunsch ist, daß es euch gelingen möge, unseren Brüdern und Schwestern aus dem Volk der Zigeuner immer wirksamer zu helfen, damit sie sich auf ihrem Weg nicht verlassen fühlen. Auch die Kirche ist unterwegs bis zum Ende der Zeiten und hat auf diesem ihrem Weg Spuren hinterlassen, Bezugspunkte errichtet: Die Ortskirchen mit ihren lebendigen Gemeinschaften und ihre Wallfahrtsorte sind sichere Bezugspunkte für alle jene, die inmitten so zahlreicher Schwierigkeiten Schutz und Verteidigung suchen. Möge Maria, die gütige Mutter im Himmel, welche die Zigeuner so sehr verehren, allzeit eure Arbeit segnen und euch auf den Straßen der Welt begleiten.

Verantwortete Elternschaft lehren

Ansprache an die Mitglieder des französischen Zentrums für Familienforschung (CLER) am 10. November

Liebe Freunde!

1. Bei unserem heutigen Treffen gedenke ich mit Freude unserer ersten Begegnung vor 10 Jahren, die ebenfalls hier, im Haus des Nachfolgers Petri, stattfand. Herzlich begrüße ich Bischof Pierre Eyt, der euch im Namen der Bischöfe Frankreichs begleitet, und mit ihm euch alle. Auch danke ich eurer Präsidentin, Frau Christiane Férot, für den Bericht über die Tätigkeiten eures Zentrums. Im Lauf der letzten Monate habt ihr gemeinsam über das nachsynodale Dokument *Christifideles laici* nachgedacht. Ein Satz aus diesem Dokument soll als Ausgangspunkt für meine Überlegungen dienen: „Die unverletzliche Würde eines jeden Menschen neu zu entdecken und entdecken zu lassen ist eine wesentliche Aufgabe, ja in einem gewissen Sinn die zentrale und alle anderen einschließende Aufgabe im Kontext des Dienstes an der Menschheitsfamilie, zu dem die Kirche und in ihr die Laien berufen sind" (*ebd.*, Nr. 37). Die verschiedenen, vom CLER wahrgenommenen Aufgaben lassen sich tatsächlich in den Rahmen dieses Dienstes an Menschen einordnen, den die Glieder der Kirche mit großer Begeisterung leisten.

2. Ihr seid besonders aufgerufen, der Würde der Person in ihrer Berufung zum Leben in der Familie zu dienen, die in der neuen Liebe zwischen Mann und Frau ihre Erfüllung findet. Ich will heute nicht länger bei diesem wichtigen Thema verweilen, das ihr unablässig vertieft; ich möchte aber die Bedeutung eurer Aufgabe hervorheben, müßt ihr doch nur allzu weit verbreiteten Erscheinungen wie der Gleichgültigkeit oder der Ablehnung jener Prinzipien entgegentreten, welche die Kirche als Grundlage jeder gesunden Ethik und damit als zum Glück notwendige Voraussetzung bezeichnet. Ihr müßt gegen sehr starke meinungsbildende Strömungen reagieren, die, indem sie mißbräuchlich von einer „Liberalisierung" der Sitten sprechen, eine Permissivität verbreiten, die vielmehr mit der Würde der Person und ihrer eigentlichen Berufung unvereinbar ist. Angesichts einer

solchen Situation sind die Christen zu einem Übermaß an Glauben und Liebe aufgerufen. Eine Teilnahme an der Familienpastoral setzt mehr denn je voraus, daß im Weinberg des Herrn die Reben mit dem Weinstock verbunden sind, daß sie – wenn nötig – gereinigt werden und sehr wohl wissen, daß sie nur dank der Gnade die Früchte bringen können, die der Herr von ihnen erwartet. Im Glauben vereint, durch das Gebet genährt und durch die Sakramente gestärkt, können die Gläubigen Zeugnis ablegen für die Liebe, mit der Gott alle Menschen liebt. Ihre Sprache ist die des Ja auf den Ruf des Evangeliums – in die Lehre der Kirche übersetzt – und die der Klarheit im Hinblick auf Lehre und Moral, wie sie der Wahrheit über den Menschen entspricht und in dem der zu erkennen ist, der „jeden Menschen erleuchtet" (*Joh* 1,9).

3. CLER geht auf das Bemühen zurück, den Ehepaaren bei der Verwirklichung der verantworteten Elternschaft zu helfen, und zwar in vollem Respekt vor dem Reichtum der Sexualität und unter Zuhilfenahme der natürlichen Methoden, wenn eine Distanzierung der Geburten notwendig ist. Viele unter euch haben es verstanden, Ehepaaren zu helfen, ihre Kinder voll anzunehmen. Sie konnten auf diese Weise zu verstehen geben, daß die von Paul VI. in der Enzyklika *Humanae vitae* ausgesprochene und später bestätigte Lehre keineswegs den Vorwurf verdiente, negativ zu sein, sondern daß es sich ganz im Gegenteil darum handelt, Mann und Frau die verantwortete Elternschaft zu lehren und hier gemeinsame Entscheidungen zu treffen, von jener Liebe und gegenseitigen Achtung beseelt, welche die Beherrschung der Sexualität stärkt und zur Reifung bringt. Möge es euch beschieden sein, euren Wirkungskreis zu erweitern, um die positiven und humanen Merkmale dieser Lehre der Kirche noch mehr bekanntzumachen und zu verbreiten! Wir wissen, daß heute viele Frauen und Männer versucht sind, nicht aus freien Stücken und freudig Leben zu schenken, sondern ganz im Gegenteil das bereits empfangene Kind seines Lebens zu berauben. Die Abtreibung ist ein Drama, angesichts dessen die Christen nicht tatenlos zusehen können, ohne die Achtung vor dem Leben entschlossen zu verteidigen. Es gibt Notsituationen, um deren Lösung ihr euch bemühen müßt. Es gibt das Elend und die ungerechte Verlassenheit, welche eine wahrhaft brüderliche Hilfe von seiten der Jünger Christi, des Erlösers, herausfordern, dessen Liebe in erster Linie den Kleinen und Schutzlosen gilt, den ungeborenen Kindern, die unschuldig und hilflos sind. An der Wurzel dieser Versuchung gegen das Leben findet sich oft ein ungeordnetes Sexualleben, gegen das die Enzyklika *Humanae vitae* Stellung nehmen wollte. Deshalb kann im Rahmen der Anforderungen des ehelichen Lebens die moralische Norm nicht einfach als ein der Zukunft vorbehaltenes Ideal betrachtet werden; sie ist vielmehr ein Gebot das die Kirche ihrem Auftrag gemäß, im Namen des Herrn formulieren muß, wobei sie den festen Willen einfordert, die bestehenden Hindernisse zu überwinden (vgl. *Familiaris consortio*, Nr. 34).

4. Die Erfahrung, daß Ehepaare zusammentreffen, um in die natürlichen Methoden eingeführt zu werden, hat euch die umfangreichen Schwierigkeiten gezeigt, in denen sich die Familien befinden. Ihr seid ganz von selbst dahin gelangt, den Dialog zu erweitern und euren Gesprächspartnern die Praxis der Eheberatung anzubieten. Die tiefe Kenntnis der leidvollen Situationen, die euch anvertraut werden, erlaubt euch, über die dramatischen

Folgen der Untreue, des Ehebruchs und der moralischen Verirrungen im Leben der Ehepartner und ihrer Kinder zu sprechen. Alkohol, Rauschgift und sogar Selbstmord der Jugendlichen zählen zu den augenscheinlichsten dieser Verirrungen. Ihr könnt aber auch Zeugnis ablegen von der Schönheit gegenseitiger Treue, die selbst Prüfungen überdauert, und von der Fähigkeit, den Verirrungen nicht nachzugeben, sie nicht zu rechtfertigen, und aufeinander zuzugehen, um auf dem Weg des Verzeihens und der Versöhnung eine zerrüttete Familie wieder aufzubauen. In dieser Hinsicht ist eure Aufgabe sehr schwierig: ein christlicher Eheberater muß seinen Gesprächspartnern helfen, die Werte zu entdecken, die den Normen des ehelichen Lebens zugrundeliegen. Dazu bedarf es der Aufgeschlossenheit und des geduldigen Zuhörens sowie der Fähigkeit, die Menschen so zu achten und zu lieben, wie sie sind, mit all den Problemen, die sie mit sich tragen. Die Qualität eines christlichen Beraters hängt jedoch auch von seiner persönlichen Geschicklichkeit ab, denn er soll bei der Unterscheidung der wahren Erfordernisse des Ehelebens behilflich sein. Die letzte Entscheidung wird – wie bei jedem moralischen Handeln – von der betreffenden Person und nach ihrem Gewissen getroffen. Der Berater jedoch erinnert sich des Herrn, der die Ehebrecherin nicht verurteilt, aber auch zu ihr sagt: „Geh und sündige von jetzt an nicht mehr“! (*Joh* 8,11). Als Zeuge der Stimme des Evangeliums und der erlösenden Gnade freut sich der Berater, wenn er sieht, daß jemand seinem Leben eine neue Richtung gibt, „von der Liebe geleitet“ und gemäß der Wahrheit (*Eph* 4,15). Zu einer solchen Erneuerung beigetragen zu haben, verstärkt sein apostolisches Engagement.

5. Ganz kurz möchte ich auch ein ermutigendes Wort zu eurer Erziehungstätigkeit sagen. Die Vorbereitung der Jugendlichen auf eine gesunde Auffassung vom Sexualleben und auf eine richtige Beherrschung ihrer Liebesfähigkeit ist ein unersetzlicher Dienst, bei dem die Familien oft die Hilfe erfahrener Erzieher benötigen. Möge es euch gelingen, den Jugendlichen die Größe und Schönheit des Menschen mitzuteilen, wenn er seiner Bestimmung nach als Geschöpf – geschaffen nach dem Bild und Gleichnis Gottes – handelt und sein Handeln auf Christus, den vollkommenen Menschen, bezieht! Helft den Jugendlichen, die Grundlagen und den Zusammenhang einer Moral zu entdecken, die ihnen nur allzuoft als ein Block sinnloser oder undurchführbarer Vorschriften dargelegt wird. Sie müssen wirklich den Willen haben, sich darauf vorzubereiten, ihr Leben auf einen Felsen zu bauen.

6. Wer die immer zahlreicheren und spezifischeren, von eurer Bewegung angebotenen Dienste leistet, bedarf echter Kompetenz. Ich weiß, daß ihr viel Zeit für eure persönliche Vorbereitung als Berater und Erzieher aufwendet und diese Aufgaben dann ehrenamtlich ausführt, und ich möchte euch sagen, daß ich diese eure Hochherzigkeit sehr schätze und euch dafür danke. Auch ist es mein Wunsch, da viele Menschen sich von der Notwendigkeit überzeugen, diese ernsten, mit der Achtung vor dem Leben verknüpften Fragen nicht ohne ein vertieftes Wissen in verschiedenen Bereichen anzugehen, nicht ohne sich im Interesse der Erfüllung dieser Aufgabe auch Zeit für ein Gruppengespräch zu nehmen oder sich im Gebet dem Heiligen Geist zu öffnen und voll und ganz mit der Gemeinschaft der Kirche zu leben. Ich ermutige eure Bewegung zu Initiativen, die ihren Mitgliedern eine

persönliche Weiterbildung auf intellektueller Ebene und der des Wissens vom Menschen und geistlichen Lebens ermöglichen. Bevor ich schließe, möchte ich euren Beitrag zur wissenschaftlichen Forschung hervorheben, der vor allem auf eine genauere Bestimmung der Bedingungen für die Zeugung abzielt. Bedeutsame Resultate konnten bereits erreicht werden, die Untersuchungen sind jedoch noch nicht abgeschlossen; es ist gut, da christliche Wissenschaftler hier eifrig mitarbeiten.

7. Ich wünsche dem CLER, es möge weiterhin im Rahmen der Familienpastoral tätig sein, in Frankreich und in den anderen Ländern, in denen es vertreten ist, koordiniert vom Internationalen Bund für Familienarbeit und in Verbindung mit dem Päpstlichen Rat für die Familie. Nochmals danke ich euch im Namen der Familien und der Jugendlichen, denen ihr helft dank der unversiegbaren Gnade der Erlösung, glücklich ihren Weg zur menschlichen Entfaltung zu finden, so wie der Schöpfer sie wollte. Ich vertraue eure Arbeit, euch selbst und alle, die euch teuer sind, der Fürbitte Mariens, der Mutter der Menschen an, und spende euch aus ganzem Herzen meinen Apostolischen Segen.

Die Kunst, Ausdruck der einen christlichen Seele

Ansprache bei der Eröffnung der Ausstellung russischer Ikonen im Vatikan am 10. November

Verehrte Brüder,
Herr Minister, meine Damen und Herren!

1. Ich danke Herrn Minister Melentev für die herzliche Grußadresse, die er auch im Namen seiner Regierung an mich richten wollte, sowie für die sinnvollen Worte über die hohe Bedeutung dieser Ausstellung russischer Ikonen, der ersten dieser Art, die im Vatikan veranstaltet wird. Sie zeichnet sich sowohl durch die Qualität der ausgestellten Werke als auch durch ihren inneren Wert aus, der in passender Weise hervorgehoben wird, dank einer sorgsamen Auswahl und einer wissenschaftlich fundierten Restaurierung.
Ich möchte daher meiner lebhaften Freude über diese Initiative Ausdruck verleihen, die Frucht der erfolgreichen Zusammenarbeit zwischen dem Kulturministerium der Sowjetunion und der „Vereinigung Italien-UdSSR" ist. Mein Beifall bringt sicher auch den des Heiligen Stuhles, der katholischen Welt und aller jener – es sind deren viele – zum Ausdruck, die, abgesehen von bestimmten religiösen Überzeugungen, die geheimnisvolle geistliche Anziehungskraft wahrnehmen, die von diesen für die edlen künstlerischen Traditionen des russischen Volkes so bezeichnenden Bildern ausgeht.

2. Dank der Ikonen, die die ganze Geschichte des russischen Christentums von den Anfängen bis in unsere Tage kennzeichnen und begleiten, ist es tatsächlich möglich, eine Reihe von Elementen zu entdecken, die in ihrer Gesamtheit jenen besonderen Stil religiöser Kunst bilden, der diese Werke so kostbar macht: sie sind ein spezifischer Ausdruck der slawisch-byzantinischen Kultur, die auf die Heiligen Kyrill und Method zurückgeht; sie manifestieren die religiöse Seele, die von der Spiritualität der Väter des Orients ge-

nährt wird, durch die gleichsam eine geheimnisvolle „Gegenwart“ des transzendenten Archetyps auf ein religiöses Bild übertragen wird: somit sind sie Wiedergabe einer Auffassung von künstlerischer Schönheit, Gelegenheit und Antrieb zu ethischer Erbauung und zu einem Aufstieg, der zur göttlichen Schönheit, der Schöpferin jeder leiblichen und menschlichen Schönheit, führt. Die fromme Betrachtung eines solchen Bildes wird so zu einem echten und konkreten Weg der Läuterung der gläubigen Seele und ihrer Erhebung zum transzendenten Urbild, stellt doch das Bild selbst, vom Priester gesegnet und mit frommen Gefühlen vom Künstlermönch gemalt, in gewisser Weise und analog zu den Sakramenten einen Kanal der göttlichen Gnade dar. Der russische Gläubige läßt sich von der Ikone zu Gefühlen der Gerechtigkeit, der Versöhnung und des Friedens inspirieren, entsprechend den berühmten Worten des hl. Sergius von Radoniez: „Indem wir die Heiligste Dreifaltigkeit betrachten, überwinden wir die unseligen Spaltungen dieser Welt.“

3. Wie ich in meinem Apostolischen Schreiben *Duodecimum saeculum*, das 1987 anläßlich der Zwölfhundertjahrfeier des Konzils von Nizäa veröffentlicht wurde, in Erinnerung rief, wurde damals von der Kirche feierlich die theologische Begründung und der liturgische Wert der Ikonenmalerei definiert; die Kirche war damals noch weit entfernt von der unseligen Spaltung zwischen West und Ost, zu der es einige Jahrhunderte später kam. Diese Ausstellung und das echte Interesse für die Ikonenmalerei sind deshalb heute mehr denn je ein wichtiger Schritt auf dem Weg zur ersehnten Einheit der Christen, zur Ehre Gottes des Vaters, unter der Herrschaft des einzigen Herrn Jesus Christus und in der Einheit des einzigen lebensspendenden Herrn, des Heiligen Geistes.
Die Kunst ist in Ost und West Ausdruck der einen christlichen Seele, sie ist sozusagen der „Atem“ jener „zwei Lungen“ der europäischen Christenheit, der westlichen und der östlichen, die auf gleiche Weise, einander brüderlich ergänzend, zur Wiedergewinnung der christlichen Wurzeln der Völker Europas beitragen müssen.

4. Diese Ausstellung kann darüber hinaus, wie der Herr Minister richtig sagte, in entsprechender Weise an die jüngste großartige Jahrtausendfeier der Bekehrung der Rus’ zum Christentum angeknüpft werden. Wir können sagen, daß sie gleichsam eine Fortsetzung dieser Feiern darstellt, eine spontane Ausstrahlung, reich an vielversprechenden Entwicklungen, die auf ein vertieftes gegenseitiges Verständnis zwischen Ost und West hoffen lassen, auf ein Leben des Einzelnen und der Gesellschaft, das stärker von geistlichen Werten durchdrungen und daher für eine Zukunft der Brüderlichkeit und des Friedens offen ist.
Ich möchte alle Persönlichkeiten in Begleitung des Herrn Ministers begrüßen, die zum Gelingen dieser Ausstellung beigetragen haben. Es ist eine Initiative, die Ihrer Nation und Ihrer Tradition zur Ehre gereicht. Der Herr segne Sie!

Solidarität und Mitbeteiligung

Ansprache an die Mitarbeiter und Gesellschafter der Bauern- und Handwerkskassen Italiens am 11. November

Meine Lieben!

1. Mein aufrichtiger Glückwunsch gilt euch, den katholischen Mitarbeitern und Gesellschaftern der Bauern- und Handwerkskassen, die ihr in so großer Zahl und mit soviel Begeisterung hergekommen seid, um den 70. Gründungstag des Verbandes der Genossenschaften und den 75. der Föderation der Bauern- und Handwerkskassen zu feiern. Ich danke für die herzlichen Grußworte und spreche allen den Wunsch aus, dieses Jubiläum möge euren heutigen und euren künftigen Aktivitäten als Ansporn dienen. Das von euch zu diesem Anlaß gewählte Motto: „Eine Vergangenheit, eine Gegenwart, eine Zukunft der Solidarität, der Demokratie und des Unternehmertums" diese Motto erinnert kraftvoll an die Prinzipien der Kooperation, also an Solidarität und Mitbeteiligung. Ich gehe gern auf diese beiden bedeutenden Themen ein, zumal sie in der Soziallehre der Kirche grundlegende Bedeutung einnehmen. Der Verband der Genossenschaften beruft sich im ersten Artikel seines Statuts ausdrücklich auf das soziale Lehramt der Kirche und macht die Werte der wirtschaftlichen und gesellschaftlichen Solidarität, der Freiheit und der Mitbeteiligung zur Grundlage des genossenschaftlichen Wirkens. Die Kooperation bemüht sich in erster Linie, indem sie sich an den Prinzipien der kirchlichen Soziallehre ausrichtet, den Wert der menschlichen Person herauszustellen; sie verwirklicht konkret das Ideal der Brüderlichkeit und sieht sich, mit den ihr eigenen Zielen, als Instrument der Umwandlung gesellschaftlicher Strukturen. Diese Kooperation steht und wirkt jenseits der Klassenkämpfe, deren Ziele und Methoden sie zurückweist. Natürlich hängt das Wachsen der Erfahrung der Genossenschaften von der Lösung der wirtschaftlichen Probleme und den Situationen ab, die sich von Mal zu Mal in den verschiedenen Sektoren mit verschiedenen Anforderungen ergeben; aber es ist ebenso wichtig, zusammen mit der Lösung dieser Probleme auch auf das menschliche und soziale, das kulturelle und sittliche Wachstum der Mitglieder zu achten. In einer Gesellschaft, die bisweilen die dringendsten Probleme des Menschen mißachtet und beinahe unfähig ist, sich seinen Bedürfnissen zuzuwenden, Soziallehre ausrichtet, den Wert der menschlichen Person herauszustellen; sie verwirklicht konkret das Ideal der Brüderlichkeit und sieht sich, mit den ihr eigenen Zielen, als Instrument der Umwandlung gesellschaftlicher Strukturen. Diese Kooperation steht und wirkt jenseits der Klassenkämpfe, deren Ziele und Methoden sie zurückweist. Natürlich hängt das Wachsen der Erfahrung der Genossenschaften von der Lösung der wirtschaftlichen Probleme und den Situationen ab, die sich von Mal zu Mal in den verschiedenen Sektoren mit verschiedenen Anforderungen ergeben; aber es ist ebenso wichtig, zusammen mit der Lösung dieser Probleme auch auf das menschliche und soziale, das kulturelle und sittliche Wachstum der Mitglieder zu achten. In einer Gesellschaft, die bisweilen die dringendsten Probleme des Menschen mißachtet und beinahe unfähig ist, sich seinen Bedürfnissen zuzuwenden, ist die Kooperation, wie ich schon am 10. Mai 1986 in Faenza gesagt habe, „auf wirtschaftlicher Ebene durch die Ent-

wicklung einer ortsgebundenen Wirtschaft bestimmt, welche den Bedürfnissen der Gemeinschaft auf das beste zu entsprechen versucht, und die sich auf sittlicher Ebene durch Sinn für Solidarität hervortut, ohne allerdings der nötigen Autonomie des einzelnen Abbruch zu tun, der selbst zur vollen Reife gelangen soll" (*Insegnamenti* IX, 1, 1986, S. 1342). Das ist ein grundlegender Gesichtspunkt jeglicher Kooperation: daß der Schwerpunkt auf der Rolle jedes Mitglieds der jeweiligen Gemeinschaft liegt, und zwar durch sittlichen Einsatz, der die Verteidigung der legitimen Interessen der Personen nicht ausschließt.

2. Die Erfahrung der Genossenschaften ist heute noch sehr aktuell als Mittel und Weg zu einer neuen Konzeption der Sozialwirtschaft im Licht des kirchlichen Lehramts, das eine Fülle von Grundsätzen enthält, die auch und vor allem die veränderten Verhältnisse unserer Tage erhellen können. Man muß jedoch die Gefahr bedenken, daß der Erfolg der Genossenschaften nur nach ihrem wirtschaftlichen Wachstum bemessen werden könnte. Eine so eingeschränkte Sicht könnte mit der christlichen Sicht der menschlichen Person gewiß nicht in Einklang gebracht werden. Die genossenschaftlichen Bemühungen müssen vor allem der Anerkennung und Wertschätzung der Person in all ihren Dimensionen dienen. Denn die Person ist das wahre Maß jeder Initiative, die Wachstum und Fortschritt fördern will. Auf diese Weise führt die Kooperation zur Aufmerksamkeit auf die Probleme, sie wird zum Dienst an den Letzten, an jenen, die keine Arbeit und darum keinen Lebensunterhalt haben. Sie ist eine Weise, die Jugendlichen, die oft enttäuscht sind, weil für sie kein Platz da ist, in den Arbeitsprozeß einzugliedern. Nicht zu vergessen die an den Rand der Gesellschaft Gedrängten, unsere zahlreichen Brüder, die in einer beschwerlichen Situation leben und ausgenutzt werden. Die Solidarität einer gesellschaftlichen Gruppe, die sich in einer Genossenschaft zusammengeschlossen hat, erschöpft sich nicht in ihrem eigenen Kreis. Sie dehnt sich aus durch die Übernahme von Verantwortung für andere Menschen, andere gesellschaftliche Gruppen, andere Gegenden im eigenen Land und auch andere Völker, die im Nachteil sind, denen sie brüderliche Hilfe anbieten sollte, damit die Empfänger dieser Hilfe selbst eine Haltung der Verantwortung, Initiative und Solidarität entwickeln.

3. Ich meine, daß es gut wäre, sich für die Solidarität mit Entwicklungsländern der Erfahrung der Genossenschaften zu bedienen. Der Hinweis eures Präsidenten auf derartige Initiativen kann uns nicht gleichgültig lassen. Sie können gewiß eine Art des Dienstes, ein Ansporn, wirkliche Solidarität sein, ein Weg, die gewaltigen Unterschiede zwischen Ländern, die im Wohlstand leben, und anderen, denen der Lebensunterhalt fehlt, abzubauen. Eure Erfahrung in all diesen Jahren sollte euch den nötigen Impuls geben! Scheut euch nicht, euch in den Dienst der Brüder zu stellen und auf diese Weise Mittel des Wachstums zu werden! Über die wirtschaftlichen und gesellschaftlichen Zielsetzungen hinaus ist das Genossenschaftswesen aber auch gut für die Initiativen im Bereich der Erziehung und der Kultur, beispielsweise im Schulwesen und in der Information. Diese Überlegungen betreffen auch die Kreditgenossenschaften und eure Bauern- und Handwerkskassen, die im Ursprung oft auf die aktive Förderung durch die Pfarrer zurückgehen und von daher stark von der Solidarität der Gesellschafter und der örtlichen Gemein-

schaft geprägt sind. In einer Zeit, in der das Kredit- und Finanzwesen immer bedeutsamer wird, ist es gut, sie in den Dienst der Arbeit und der menschlichen Initiative zu stellen und so aktiv zu einer immer weiteren Solidarität unter den verschiedenen Komponenten der genossenschaftlichen Bewegung beizutragen und sie jenen Notlagen zu öffnen, die ich soeben genannt habe. Wenn sie dieses Ziel erreichen wollen, dann müssen die Bauern- und Handwerkskassen,wie auch die auf anderen Gebieten tätigen Genossenschaften, die mit der Kooperation verbundenen menschlichen und christlichen Werte bewahren und entwickeln.

4. Liebe Brüder und Schwestern, die Verkündigung der Grundsätze muß in die Wirklichkeit übertragen werden, um der Welt Licht und Kraft zu sein auf ihrem Weg; die Zukunft der Gesellschaft und der sittlichen, sozialen sowie wirtschaftlichen Solidarität hängt von euch ab. Maria, die Gottesmutter, die mit ihrer Verfügbarkeit im Heilsplan Gottes des Vaters für die Erlösung des Menschen mitgewirkt hat, helfe euch mit ihrem mütterlichen Schutz. Und dazu erteile ich euch meinen besonderen Segen.

Aufrichtigkeit des Glaubens

Ansprache an die Italienische Franziskanische Gemeinschaft am 11. November

Liebe Brüder und Schwestern der Italienischen Franziskanischen Gemeinschaft!

1. Ihr seid nach Rom gekommen, um am Grab des Apostels Petrus zu beten, wie es der hl. Franziskus so gern tat, und um die 700-Jahrfeier der Bulle *Supra montem* zu begehen, mit der mein Vorgänger Nikolaus IV. am 18. August 1289 den Dritten Orden errichtete, der damals Orden der Brüder und Schwestern von der Buße hieß.
Mein Gruß gilt den Anwesenden und allen Mitgliedern der Italienischen Franziskanischen Gemeinschaft. Insbesondere begrüße ich die Landespräsidentin, Frau Emanuela De Nunzio, den nationalen Geistlichen Beirat, P. Giuseppe Martin, sowie alle Vertreter der verschiedenen franziskanischen Gemeinschaften, die dieser Begegnung beiwohnen.
Ich weiß wohl, daß der Dritte Orden des Hl. Franziskus in Italien viele Mitglieder zählt und auf eine bemerkenswerte Tradition kirchlichen Dienstes zurückblicken kann. Und darüber freue ich mich sehr.

2. Der Dritte Orden des Hl. Franziskus stellt bekanntlich die älteste Form einer Organisation von Laien dar, die sich unter der Leitung der Kirche in brüderlicher Einheit am Charisma des hl. Franziskus inspirieren und sich verpflichten, durch ihr Leben Zeugnis für das Evangelium abzulegen, in dem sie ein den Bedingungen ihres Standes als Laien angepaßtes Apostolat ausüben. Berufen, in der Welt zu leben, aber vom Heiligen Geist gedrängt, die Vollkommenheit der Liebe zu erreichen, seid ihr nach dem Beispiel des seraphischen Armen von Assisi eine Art Sauerteig in der Welt. Erfüllt von christlichem Geist seid ihr euch bewußt, auf dem Weg der Heiligung großherzig voranschreiten zu müssen (vgl. *Apostolicam actuositatem*, Nr. 2).

Genau das fordert der hl. Franziskus in seiner Ermahnung an die Brüder und Schwestern von der Buße, indem er sich „an alle jene wandte, die den Herrn aus ganzem Herzen lieben ... und den Nächsten wie sich selbst, die ihren Leib mit seinen Lastern und Sünden verabscheuen, den Leib und das Blut unseres Herrn Jesus Christus empfangen und würdige Früchte der Buße hervorbringen" (*Ermahnung des Hl. Franziskus an die Brüder und Schwestern von der Buße*, Prolog; hrsg. v. K. Esser, *Die Opuscula des Hl. Franziskus von Assisi*, Neue kritische Ausgabe, Grottaferrata 1976).

3. Gemäß der Bulle *Supra montem* enthält das Leben des Dritten Franziskanischen Ordens klare Forderungen. Es gründet vor allem „auf dem Felsen des katholischen Glaubens", jenes Glaubens also, den die Jünger Christi aus ihrer glühenden Liebe zu ihrem Meister gelehrt haben und den die römische Kirche bekennt und bewahrt. Diese erste und grundlegende Norm für die Heiligung eines jeden Christen hat der hl. Franziskus in Wort und Beispiel empfohlen – und die erwähnte Bulle erinnert daran. Von allen, die die franziskanische Sendung getreu weitertragen wollen, ist also die „Aufrichtigkeit im Glauben" gefordert, ein immer standhaft bewahrter Glauben, der sich in Werken bewähren muß (vgl. *Supra montem*, Prolog).
Der Glaubenstreue und der Einheit im Glauben entspricht in der Tradition des Dritten Franziskanischen Ordens eine strenge Lebensführung. Sie gründet in erster Linie auf dem Geist der Armut, der zwar den Verhältnissen der in der Welt Lebenden angepaßt sein muß, doch darum an Strenge nichts verliert. Der Verzicht auf einen aufwendigen Lebensstil in Kleidung, Nahrung und Erholung war in den Anfängen des Dritten Ordens ein notwendiges Zeichen auch für die Laien, die ernstlich Zeugnis für die Armut Christi ablegen wollten. Diese bleibt auch heute das Wesen des franziskanischen Lebens.
Aber auch die Armut bedarf intensiven Gebetes, wenn sie wirklich eine Tugend sein soll. Deswegen empfiehlt die Bulle *Supra montem* lebhaft das Gebet, insbesondere das liturgische, den häufigen Empfang der Sakramente der Versöhnung und der Eucharistie, das Fasten und die aus Liebe zu Gott und im Geist der Nächstenliebe geübte Buße.
Überdies kann der franziskanische Geist dem Frieden gegenüber nicht gleichgültig bleiben. Daher die Aufforderung, sich konkret für ihn einzusetzen, je nach den eigenen Möglichkeiten und dem eigenen Stand: „Stellt den Frieden zwischen den Brüdern und den Schwestern her und auch zwischen den Außenstehenden, die in Zwietracht geraten sind" (*Supra montem*, Nr. IX).

4. Die Grundregel aller Söhne und Töchter des hl. Franziskus im Dritten Orden besteht auch heute darin, die eigene Denk- und Handlungsweise jener Christi anzupassen, durch einen radikalen inneren Wandel und eine Tag für Tag vollzogene wirkliche Umkehr (Apost. Breve *Seraphicus Pater* Pauls VI., Nr. 7, 1963). Die heutigen Lebensumstände erfordern offensichtlich im täglichen apostolischen Einsatz andere Zeichen, eine andere Art und Weise der Verwirklichung eines heiligen Lebens. Doch die Grundregeln eines Lebens nach dem Evangelium bleiben gewiß die selben. Die Franziskanerregel lehrt auch heute noch, wie man das Herz für Christus öffnen soll, wie man mit ihm den Lebensweg gehen und wie man den Brüdern und Schwestern zeigen kann, daß die Annahme des Gotteswortes eine befreiende und heiligende Gabe ist. Kurzum: mit einem echt fran-

ziskanischen Lebensstil bietet man jedem Mann und jeder Frau ein tatsächliches Wachstum im christlichen und damit der Menschenwürde entsprechenden Handeln.

5. Denkt also darüber nach, wie wertvoll die von eurem Orden vorgelegte Lebensregel ist! Der vom Konsumdenken eingenommene moderne Mensch braucht für seine tägliche Neuausrichtung eine richtige Orientierung. Heute muß darauf hingewiesen werden, daß der Primat des Geistes wesentliche Voraussetzung auch einer wirklichen Verteidigung der menschlichen Werte ist. Ihr müßt den Menschen verständlich machen, daß die Armut gemäß dem Evangelium wirklich Befreiung und Seligkeit ist; daß die Liebe zu Christus Quelle der Freude ist; daß die Liebe zum Nächsten in sich ein gültiger Lebensinhalt ist. Der heutige Mensch fragt die Kirche und euch alle, Jünger des hl. Franziskus, wie er die Forderungen des Evangeliums tatsächlich, „sine glossa", leben kann, auch wenn er Laie mit dem entsprechenden Weltauftrag bleibt.
Die allgemeine Berufung zur Heiligkeit, die den Laien anvertraute Sendung der Erlösung der irdischen Wirklichkeiten, der Wert des Gebetes – alles Dinge, die vom hl. Franziskus so klar erkannt wurden – seien für jeden von euch das Programm, das es zu bestätigen und neu zu beleben gilt.
Dabei helfe euch der Apostolische Segen, den ich euch allen und euren Gemeinschaften, unter dem Schutz des seraphischen Vaters Franziskus, von Herzen erteile.
Anwesend sind auch die Delegierten der Bruderschaften der italienischen Diözesen, die sich unter dem Vorsitz des Generalvikars von Rom und Vorsitzenden der Italienischen Bischofskonferenz, Kardinal Ugo Poletti, zu einem Studientreffen zusammengefunden haben.
Mein Wunsch ist, daß aus dieser Versammlung, die gemäß dem Pastoralprogramm der Italienischen Bischofskonferenz die neuen Wege aktiver Beteiligung am caritativen Sendungsauftrag der Kirche untersucht, wertvolle Initiativen eines zeitgemäßen Zeugnisses kommen.
Ich segne alle von Herzen.

Geprägt von dem Erbe des hl. Franz und der hl. Klara

Predigt bei der Heiligsprechung von Agnes von Böhmen und Albert Chmielowski am 12. November

1. „Lernt von mir" (*Mt* 11,29).
Heute, Sonntag den 12. November 1989, haben wir hier versammelt diese im Matthäusevangelium enthaltenen Worte Jesu, unseres Meisters und Herrn, vernommen:
„Lernt von mir; denn ich bin gütig und von Herzen demütig." „Lernt von mir ... denn mein Joch drückt nicht, und meine Last ist leicht."
„Nehmt mein Joch auf euch und lernt von mir" (*Mt* 11,29).
Diese Worte betrachtend blickt die Kirche heute auf zwei Menschen, die dieser Aufforderung des göttlichen Meisters mit ihrem ganzen Leben nachgekommen sind: die selige

Agnes von Böhmen und der selige Bruder Albert Chmielowski von Krakau. Viele Jahrhunderte trennen sie voneinander: vom 13. zum 20. Jahrhundert. Es eint sie jedoch eine besondere geistige Verwandtschaft: das Erbe des hl. Franz von Assisi und der hl. Klara; wie auch die Nähe der Nationen, denen sie entstammen: Böhmen und Polen.

2. Heute vereint sie die gemeinsame Heiligsprechung, mit der die Kirche diese Tochter des böhmischen Volkes und diesen Sohn des polnischen Volkes in das Buch ihrer Heiligen schreibt.
Und das geschieht im Monat November, da in unseren Herzen mit lebendigem Widerhall noch die Worte der Offenbarung des Johannes nach klingen: ich sah „eine große Schar aus allen Nationen und Stämmen, Völkern und Sprachen; niemand konnte sie zählen. Sie standen ... vor dem Thron und ... riefen mit lauter Stimme: ... Amen, Lob und Herrlichkeit, Weisheit und Dank, Ehre und Macht und Stärke unserem Gott in alle Ewigkeit" (*Offb* 7,9–12).
Siehe, „es sind die, die aus der großen Bedrängnis kommen; sie haben ihre Gewänder gewaschen und im Blut des Lammes weiß gemacht" (*Offb* 7,14).
So ist in Wahrheit ihr Leben gewesen: sie haben von Christus „gelernt", der „gütig und von Herzen demütig" ist; sie „haben sein Joch auf sich genommen". Und ihre Seelen leben im Frieden: sie sind zur Heiligkeit gelangt, daß heißt zur ewigen Vollendung in Gott.

3. Die selige Agnes von Böhmen bleibt, obschon sie in einer uns so fernen Zeit gelebt hat, auch für heute ein leuchtendes Beispiel christlichen Glaubens und heroischer Liebe, das zum Nachdenken und Nachahmen einlädt.
Auf ihr Leben und ihre Spiritualität treffen die Worte aus dem ersten Petrusbrief gut zu: „Seid ... besonnen und nüchtern, und betet." So schreibt der Erste der Apostel an die Christen seiner Zeit und fügt hinzu: „Vor allem haltet fest an der Liebe zueinander ... seid untereinander gastfreundlich, ohne zu murren" (*1 Petr* 4,7–9). Genau das ist das Lebensprogramm der hl. Agnes gewesen: vom zartesten Alter an richtete sie ihre Existenz auf die Suche der himmlischen Güter aus. Nachdem sie einige Heiratsanträge zurückgewiesen hatte, beschloß sie, sich ganz Gott zu weihen, auf daß er in ihrem Leben durch Jesus Christus verherrlicht werde (vgl. *1 Petr* 4,11).
Da sie durch die damals nach Prag gekommenen Minderbrüder die geistige Erfahrung Klaras von Assisi kennengelernt hatte, wollte sie deren Beispiel franziskanischer Armut folgen: mit ihrem Familienbesitz gründete sie in Prag das Sankt-Franziskus-Spital und ein Kloster für die „Armen Schwestern" oder „Damianitinnen", wo sie am Pfingsttag 1234 selbst ihren Einzug hielt und die feierlichen Gelübde der Keuschheit, der Armut und des Gehorsams ablegte.
Berühmt geworden sind die Briefe, die die hl. Klara von Assisi an sie schrieb, um sie zum Weitergehen auf dem eingeschlagenen Weg zu ermutigen. So entstand eine geistige Freundschaft, die fast zwanzig Jahre dauerte, ohne daß die beiden heiligen Frauen je einander begegnet wären.

4. „Seid untereinander gastfreundlich, ohne zu murren" (*1 Petr* 4,9). Nach dieser Norm richtete die hl. Agnes ständig ihr Handeln aus, mit vollem Vertrauen nahm sie stets die

von der Vorsehung zugelassenen Ereignisse in der Gewißheit, daß alles vergeht, die Wahrheit jedoch in Ewigkeit bleibt!

Und das ist die Lehre, die die neue Heilige auch euch, ihren lieben Landsleuten, gibt, und die sie allen gibt. Die menschliche Geschichte ist in ständiger Bewegung; die Zeiten ändern sich mit den wechselnden Generationen und mit den wissenschaftlichen Entdeckungen; am Horizont der Menschheit, die stets unterwegs ist, werden neue Techniken aber auch neue Sorgen sichtbar: doch die erleuchtende und rettende Wahrheit Christi dauert im Wandel der Ereignisse fort. Alles, was auf der Erde geschieht, ist vom Allerhöchsten gewollt oder zugelassen, damit die Menschen den Durst oder die Sehnsucht nach der Wahrheit verspüren, nach ihr streben, sie suchen und zu ihr gelangen!

„Dient einander ..., jeder mit der Gabe, die er empfangen hat", so schreibt weiter der hl. Petrus und schließt: „Wer dient, der diene aus der Kraft, die Gott verleiht. So wird in allem Gott verherrlicht durch Jesus Christus" (*1 Petr* 4,10–11). In ihrem langen Leben, das auch von Krankheit und Leiden geplagt war, hat die hl. Agnes ihren Dienst schwesterlicher Hingabe wahrlich mit Kraft aus Liebe zu Gott erfüllt. Wie in einen Spiegel blickte sie auf Jesus Christus nach dem Rat der hl. Klara: „In diesem Spiegel erglänzen die selige Armut, die heilige Demut und die unsagbare Liebe" (Brief IV: *Fonti Francescane*, Ausg. 1986, Nr. 2903).

So hat Agnes von Böhmen, die wir heute als „Heilige" anzurufen die Freude haben, eine beachtliche Rolle für die zivile und kulturelle Entwicklung ihrer Nation gespielt. Obschon sie in einem uns so fernen Jahrhundert gelebt hat, bleibt sie unsere Zeitgenossin auf Grund ihres christlichen Glaubens und ihrer Liebe: sie ist Vorbild des Mutes und geistiger Beistand für die jungen Frauen, die sich großherzig dem Ordensleben weihen; sie ist Ideal der Heiligkeit für alle, die Christus nachfolgen. Sie ist Ansporn zu einer Liebe, die, mit ganzer Hingabe an allen geübt, alle Schranken zwischen Rassen, Völkern und Mentalitäten überwindet. Sie ist im Himmel Beschützerin unseres mühseligen täglichen Weges, und wir können uns mit großer Zuversicht und Hoffnung an sie wenden.

5. Und nun Bruder Albert: eine Gestalt, die in der Geschichte Krakaus und des polnischen Volkes, wie auch in der Heilsgeschichte, eine tiefe Spur zurückgelassen hat. Man muß „sich aus ganzer Seele geben": das war wohl von seinen jungen Jahren an der Leitfaden im Leben von Adam Chmielowski. Als siebzehnjähriger Student der Landwirtschaftsschule nahm er am Kampf im Aufstand für die Freiheit seines Vaterlandes von fremdem Joch teil und trug dabei eine schwere Beinverletzung davon. In der künstlerischen Tätigkeit suchte er seine Berufserfüllung, und er hat Werke hinterlassen, die heute noch wegen ihrer besonderen Ausdruckskraft von Bedeutung sind.

Während er sich immer intensiver der Malerei widmete, ließ Christus ihn einen Ruf vernehmen, der ihn einlud, weiter und darüber hinaus zu suchen: „Lerne von mir, denn ich bin gütig und von Herzen demütig ... lerne."

Adam Chmielowski war ein Jünger, der für jeden Ruf seines Herrn und Meisters bereit war.

6. Von diesem entscheidenden Anruf, der seinen Weg zur Heiligkeit in Christus zeichnete, spricht der dem Propheten Jesaja entnommene Text der ersten Lesung der Liturgie der

heutigen Heiligsprechung: „... die Fesseln des Unrechts zu lösen, die Stricke des Jochs zu entfernen, die Versklavten freizulassen, jedes Joch zu zerbrechen“ (*Jes* 58,6). Das ist die Theologie der messianischen Befreiung. Sie enthält das, was wir heute als „Option für die Armen“ zu definieren gewohnt sind: „an die Hungrigen dein Brot auszuteilen, die obdachlosen Armen ins Haus aufzunehmen, wenn du einen Nackten siehst, ihn zu bekleiden und dich deinen Verwandten nicht zu entziehen“ (*Jes* 58,7).
Genau das hat Bruder Albert getan. In solchem unermüdlichen, heroischen Dienst zugunsten der Verachteten und der Enterbten fand er endlich seinen Weg; fand er Christus. Er nahm sein Joch und seine Last auf sich; und war nicht nur „einer, der Almosen gibt“, sondern wurde denen, welchen er diente, zum Bruder. Ihr Bruder. Ihr „grauer Bruder“, wie man ihn nannte.
Andere folgten ihm: die „grauen Brüder“ und die „grauen Schwestern“, für die heute ein großes gemeinsames Fest ist. Denn es haben sich auch die weiteren Worte der Prophezeiung des Jesaja erfüllt: „Deine Gerechtigkeit geht dir voran, die Herrlichkeit des Herrn folgt dir nach. Wenn du dann rufst, wird der Herr die Antwort geben, und wenn du um Hilfe schreist, wird er sagen: Hier bin ich“ (*Jes* 58,8–9).

7. „Hier bin ich.“ Im eben gehörten Evangelium sagt Christus: „Mir ist von meinem Vater alles übergeben worden; niemand kennt den Sohn, nur der Vater, und niemand kennt den Vater, nur der Sohn“ (*Mt* 11,27).
„Hier bin ich“: nur der Sohn! Und „der, dem es der Sohn offenbaren will“ (*Mt* 11,27). Und wem offenbart der Sohn? Wem offenbart sich der Vater im Sohn?
„Ich preise dich, Vater, ... weil du all das den Weisen und Klugen verborgen, den Unmündigen aber offenbart hast. Ja, Vater, so hat es dir gefallen“ (*Mt* 11,25–26).
Ich preise dich Vater, weil du das Geheimnis deiner Liebe Schwester Agnes von Böhmen und Bruder Albert von Krakau offenbart hast. „So hat es dir gefallen.“ Dafür danken wir dir.
Wir preisen dich, Vater, zusammen mit dem Sohn und dem Heiligen Geist. Wir preisen dich, der du die Liebe bist.

Das Gemeinwohl in der Gesellschaft erneuern

Ansprache an die Pilger aus Polen bei der Audienz am 12. November

1. Nach der Zeremonie der Heiligsprechung bin ich froh, der Gruppe der Pilger aus Polen und auch aus der Emigration zu begegnen, um noch einmal über die Bedeutung des heutigen Ereignisses nachzudenken. Ich grüße euch und heiße euch in diesem gemeinsamen Haus aller Pilger herzlich willkommen.
Besonders grüße ich den Herrn Kardinal Primas, den Herrn Kardinal-Erzbischof von Krakau und Herrn Kardinal Andrzej Deskur, meine Mitbrüder im Bischofsamt, die Priester, die männlichen und weiblichen Ordensfamilien, doch speziell die geistigen Söhne

und Töchter des heiligen Bruder Albert. Ich grüße auch die Mitglieder der Delegation, die in Vertretung der Regierung gekommen ist.
Wahrscheinlich hat zum ersten Mal eine solche Heiligsprechung stattgefunden: eine Tochter des tschechischen Volkes, Agnes von Prag, und Adam Chmielowski, ein Sohn unserer Nation. Wenn sie auch verschiedenen Epochen der Geschichte angehören, sprechen diese beiden Gestalten uns von dem, was diese beiden Nationen verbindet: nicht nur die geographische Nähe und das slawische Erbe, sondern vor allem der Weg, auf dem das Christentum zu uns gekommen ist. Nie können wir vergessen, daß wir es zu Zeiten Mieszkos von unseren slawischen Nachbarn im Süden empfangen haben. Das Martyrium des heiligen Adalbert zu Zeiten Chrobrys war dann die Bekräftigung dieses Bandes.
Durch die Erinnerung an diese historischen Bande freuen wir uns heute zusammen mit dem Volk und mit der Kirche Böhmens über die Kanonisation der heiligen Klarisse Agnes von Prag; über die Kanonisation, die seit langer Zeit erwartet wurde und die im Zusammenhang des Dezenniums, mit dem die Kirche Böhmens sich auf die Jahrtausendfeier des Märtyrertods des heiligen Adalbert vorbereitet, besondere Bedeutung erlangt.

2. Adam Chmielowski, Bruder Albert, gehört zu einer unserem Jahrhundert näheren Zeit. Er wurde 1845 geboren, nahm teil am Aufstand von 1863, und Weihnachten 1916 endete sein Leben. Er ist ein Zeuge, der am historischen Kampf der Polen für die Wiedererlangung der Unabhängigkeit teilgenommen hat. Von ihm hat der große Konstantin Michalski geschrieben, daß Bruder Albert wußte, was bedeutet „man muß sich aus ganzer Seele geben“: er wußte das aus dem Evangelium Jesu Christi.
Er wußte es, als er als siebzehnjähriger Student der Landwirtschaftsschule zum Aufstand ging und schwer versehrt aus dem Kampf zurückkehrte. Und er wußte es in den folgenden Jahren, als er auf den Wegen künstlerischer Tätigkeit Gott suchte. Er wußte es schließlich als Bruder Albert: Bruder der Obdachlosen Krakaus, radikaler Jünger des heiligen Franziskus, wie dieser von leidenschaftlicher Liebe für die Armut im Geist des Evangeliums erfüllt, ein Apostel seiner Zeit. Nicht auch der unseren?

3. Unsere Begegnung findet heute, am Folgetag des 11. November statt, welcher den Beginn der Unabhängigkeit der Polnischen Republik nach der langen Periode der Zerteilung zeichnet: am 12. November 1989!
Bruder Albert hat jenes Datum nicht erlebt, für das viele Generationen von Söhnen und Töchtern unserer Nation gelebt, gekämpft, gearbeitet und gelitten haben. Er war eine der Hauptfiguren jenes Kampfes für die Freiheit des Vaterlandes. Bestätigung dafür ist nicht nur die schwere Verletzung, die er beim Aufstand erlitt. Bestätigung ist auch seine ganze folgende Tätigkeit und besonders die lange Periode franziskanischen Dienstes an jenen Menschen, welche sich nicht nur am Rande der Gesellschaft, sondern buchstäblich „am Grunde“ von ihr befanden. Gewiß war ihre traurige Lage auch eine Folge der persönlichen Sünden, Fehler und Laster – gleichzeitig aber zeugte sie auch von den Mängeln und Verfehlungen der Gesellschaft, in der sie lebten. Es war eine moralische Herausforderung, die sie nicht annehmen wollten.
Bruder Albert hat diese Herausforderung angenommen.

4. Was sagt uns seine Erhebung zu den Altären heute, im November 1989?
Er ist der dritte polnische Heilige, der in diesem Jahrhundert kanonisiert wird. Der erste – der hl. Andreas Bobola, vor der schrecklichen Prüfung des Zweiten Weltkriegs. Andreas Bobola, der Märtyrer der Größen und der Krisen der Republik der Drei Nationen, Märtyrer der Einheit der Kirchen. Der zweite – Pater Maximilian Kolbe – der Märtyrer des Hungerbunkers von Auschwitz, der sein Leben für den Bruder in der Streifenbluse gab. Und jetzt – Bruder Albert.
Das Jahr seiner Heiligsprechung ist auch das Jahr der erheblichen Veränderungen in Polen. Alle wissen von diesen Veränderungen, und es ist nicht nötig, sie zu beschreiben. Diese erheblichen Veränderungen stellen zugleich – alle spüren wir das – eine große historische Herausforderung dar, und nicht nur auf der Ebene unseres Vaterlandes. Der „solidarische" Weg der Nation zur Wiedererlangung der souveränen Subjektivität im politischen Sinn vereinigt sich – in der gegenwärtigen Etappe – mit den Pflichten, die schwierig zu nennen, wenig gesagt wäre. Aber alle sind wir uns bewußt, daß diese Pflichten wieder wahrgenommen und systematisch behandelt werden müssen. Diese Pflichten sind sozioökonomischer Natur, und zugleich – und in derselben Wurzel – sind sie ethischer Natur.
Es geht (wie schon zu einem früheren Zeitpunkt gesagt wurde) darum, die Dimension des Gemeinwohls im Leben der Gesellschaft wiederherzustellen. Nach der Soziallehre der Kirche ist das Gemeinwohl – gerade das Gemeinwohl – jenes, das das Wohl jedes Gliedes der Gesellschaft gewährleistet. Es gewährleistet dieses nämlich in souveräner, das heißt der Würde der Person entsprechenden Weise: indem er sich an der Schaffung des Gemeinwohls beteiligt, ist jeder zugleich der Spender des eigenen Wohls. Diese Kategorie „des Eigenen" (d. h. des Eigentums) gehört zu den Rechten der menschlichen Person. Die Gesellschaft ist souverän, wenn sie diese Rechte in jedem Bereich respektiert.
Was den wirtschaftlichen Bereich anlangt, ist es der Mühe wert, auf die Solidarität als moralische Haltung, als Tugend, hinzuweisen. „Diese ist" – wie ich in meiner Enzyklika *Sollicitudo rei socialis* geschrieben habe – „nicht ein Gefühl vagen Mitleids oder oberflächlicher Rührung wegen der Leiden so vieler Menschen nah oder fern. Im Gegenteil, sie ist die feste und beständige Entschlossenheit, sich für das ‚Gemeinwohl' einzusetzen, das heißt, für das Wohl aller und eines jeden, weil wir alle für alle verantwortlich sind" (*ebd.*, Nr. 38).
In demselben Geist hat sich die Konferenz der polnischen Bischöfe in ihrem *Kommuniqué* vom 7. Oktober des laufenden Jahres ausgedrückt: „Das Gemeinwohl erfordert Opfer und Verzicht in sozialen, wirtschaftlichen und politischen Schwierigkeiten. Nach der Periode langjähriger Mängel, Unfähigkeiten und Schwächen kann man nicht eine unmittelbare Besserung der Lage erwarten. Außer der nötigen Zeit, weisen Gesetzen und einer klugen Verwaltung bedarf es auch der opferwilligen Hingabe und der soliden Arbeit aller Bürger" (*ebd.*, Nr. 3).

5. Die Heiligsprechung unseres Bruders Albert fällt in die Zeit der schwierigen Wende. Wenn er, Christus nachfolgend, den Menschen half, sich aufzurichten, die menschliche Würde und die Subjektivität wiederzuerlangen, Miterbauer des Gemeinwohls und der

Gesellschaft zu werden, ist er uns dann nicht als ein Zeichen und als Patron dieser schwierigen Wende gegeben?
Es wird oft über die Hilfe von außen gesprochen. Gewiß, auch diese gehört zur zwischenmenschlichen Solidarität, doch hatte das Polen nach 1945 keinen Nutzen aus den Plänen, die für den Wiederaufbau der vom Krieg zerstörten Nationen Westeuropas dienten.
Wir aber müssen uns – endlich – allein aus der Krise erheben, indem wir die Energien und Kräfte in uns selbst suchen, in allen und in jedem einzelnen.
Bruder Albert war auch Almosenverteiler. Er brachte den Nichts-Habenden Hilfe von den Habenden. Vor allem aber lehrte er sie, ihr Leben mit der Hilfe Gottes und mit den eigenen Kräften wiederaufzubauen. Und doch war er Almosenverteiler. Er hat gezeigt, daß das Gemeinwohl nicht nur eine Frucht der Gerechtigkeit, sondern auch der selbstlosen Liebe ist. Wie man hört, gibt es in Polen Leute, die für das Wohl der Gesellschaft etwas von dem ihrigen geben. Das ist ein Zeugnis dafür, daß sie sowohl das Charisma des heiligen Bruder Albert wie auch den Wert des Gemeinwohls verstanden haben. Ihnen möchte ich meine Anerkennung und meinen herzlichen Dank ausdrücken.
Ich hoffe, daß das „Polen in aller Welt", stets durch starke Bande mit dem Land der Väter verbunden, großes Verständnis für die gegenwärtige Situation zeigen und den Landsleuten in Polen solidarische Hilfe leisten wird.

6. In besonderer Weise wende ich mich heute an die geistigen Söhne und Töchter unseres Heiligen: die Albertiner und die Albertinerinnen, Zeichen der fortwährenden Präsenz dieses „grauen Bruders" mitten in unserem Leben.
Gemeinsam mit ihnen freue ich mich über diesen 12. November 1989 (72 Jahre seitdem er sie hier auf der Erde verlassen hat).
Und mit der ganzen Kirche in Polen freue ich mich darüber, mit allen Diözesen, besonders mit der von Krakau.
Ich freue mich mit der ganzen Nation. Ich wünsche, daß dieser Heilige, der „gut wie Brot" zu allen war, allen Polen helfen möge, die Güte zueinander wiederzufinden.
Möge er wie ein lebendiger Stein im Aufbau der Zivilisation sein, die Paul VI. „Zivilisation der Liebe" nannte – auf unserer Muttererde und überall.
Denn Gott gibt die Heiligen immer der ganzen Kirche!

In Eintracht und Gemeinsamkeit

Ansprache bei der Sonderaudienz für Tschechen, Slowaken und Deutsche anläßlich der Heiligsprechung der seligen Agnes von Böhmen am 13. November

Herr Kardinal, liebe Mitbrüder im Bischofsamt,
Herr Minister und geehrte Mitglieder der Regierungsdelegation,
Priester und Ordensleute,
liebe Seminaristen und Pilger!

„„Haec dies quam fecit Dominus, exsultemus et laetemur in ea!" Das ist der Tag, den der Herr gemacht hat: laßt uns jubeln und seiner uns freuen!
Zum Beginn unserer Begegnung passen keine Worte besser als die des Ostergesangs der Kirche. Laßt uns jubeln und fröhlich sein! Freuen wir uns, denn für die Kirche in Böhmen ist der langersehnte Tag gekommen, an dem ihre heilige Schutzpatronin Agnes aus dem Geschlecht der Przemysliden zur Ehre der Altäre erhoben wurde. Jubeln und freuen wir uns auch, denn ihr zu Ehren ist unter der Führung eures geliebten und verehrten Kardinals František Tomasek, des Primas von Böhmen, aus eurer Heimat ein Pilgerzug gekommen, der einmalig ist in eurer Geschichte.
Sicher ist es Frucht der Fürsprache dieser Heiligen – die das, was gespalten war, zu vereinen wußte –, daß Tschechen und Slowaken, die in ihrer Heimat und im Ausland leben, sowie deutschsprachige Pilger, die aus Böhmen und Mähren stammen, sich heute in Eintracht und Gemeinsamkeit treffen. Auch die Anwesenheit eurer Oberhirten und der Beauftragen für die Seelsorge der Landsleute im Ausland bringt diese kirchliche Einheit zum Ausdruck. Gewiß, die Anzahl eurer Bischöfe ist noch nicht vollständig, aber die Tatsache, daß es in den vergangenen Monaten möglich war, einige seit vielen Jahren verwaiste Bischofsstühle zu besetzen, ist ein gutes Zeichen für die Zukunft und bestärkt eure Hoffnung, daß es endlich möglich sein wird, auch in eurem Land die entsprechenden Bischofskonferenzen zu errichten.
Aber die heilige Agnes vereint nicht nur die Landsleute unserer Zeit. Mit ihrer Heiligsprechung hat sich der sehnliche Wunsch einer langen Reihe von Generationen erfüllt, die diese Erhebung anstrebten, ohne sie erleben zu können. Unter den kirchlichen Würdenträgern möchte ich den verstorbenen Kardinal Beran nennen, der mehrere Jahre seines Lebens der biographischen Forschung der heiligen Agnes widmete. Aber ich denke auch an so viele andere, die in ihrem Bewußtsein das Bild dieser geistlichen Schwester der heiligen Klara und gütigen Mutter aller Leidenden bewahrt haben. Sie ist jedem Böhmen ohne Unterschied des Bekenntnisses teuer geblieben. Es freut mich deshalb, unter euch die offizielle Delegation der tschechoslowakischen Regierung zu begrüßen, die gekommen ist, um durch ihre Anwesenheit diese herausragende böhmische Königstochter zu ehren. Ja, die heilige Agnes ist allen Böhmen teuer, wie es auch die Tatsache beweist, daß ihre Statue auf dem Prager Wenzelsplatz steht, der seit einem Jahrhundert Schauplatz eurer nationalen Geschichte ist.
Es ist gewiß kein Zufall, daß ihre Heiligsprechung in diesem Jahrhundert stattfindet. Die heilige Agnes besitzt offensichtlich Gaben, die von der göttlichen Vorsehung besonders

für eure Generation bestimmt sind. Eine davon ist zweifellos das Dezennium der geistlichen Wiedergeburt eurer Nation, das von eurem Kardinal Tomasek mit pastoralem Weitblick anberaumt wurde. Es wird seinen Höhepunkt in der Jubiläumsfeier des heiligen Adalbert finden, wurde aber im Namen der seligen Agnes eröffnet. Mögen alle Gebete der früheren Generationen in der glühenden Bitte um einen guten Ausgang dieser Initiative verschmelzen. Möge dieses Bemühen, bei dem ihr von euren heiligen Schutzpatronen begleitet und beinahe an der Hand geführt werdet, die für jedes einzelne Jahr erwünschten Früchte bringen. Die Themen „Glaube in der modernen Welt", „Familienleben", „Arbeit und gesellschaftliche Verantwortung", „Evangelisierung und Gebet" – um nur einige zu nennen – sind nichts anderes als Stufen zu einem Leben, das mehr dem Evangelium entspricht und das eure Heilige mit der Einfachheit des Herzens nach dem Vorbild des heiligen Franziskus und der heiligen Klara gelebt hat.
Die heilige Agnes war eine Frau des Gebets, aber gleichzeitig auch eine Frau, die Werke der Nächstenliebe vollbrachte. Davon zeugen die von ihr errichteten Häuser in Prag: eines für den Dienst an Armen und Kranken, ein anderes für das gottgeweihte Leben. Es freut mich deshalb, die hier anwesenden Ordensleute begrüßen zu können, unter ihnen den Großmeister der Kreuzherren mit dem roten Stern, der Erben des von der Heiligen gegründeten Krankenpflegeordens, sowie die Schwestern der verschiedenen Ordensgemeinschaften und Kongregationen, die in verschiedener Weise das Vorbild von Agnes nachahmen. Möge die jüngst an die weiblichen Ordensgemeinschaften erlassene Genehmigung, Novizinnen aufzunehmen, ein Zeichen sein für ein neuerblühendes Ordensleben in eurem Land und für das Wiedererstehen der selbstlosen Tätigkeit zugunsten des Nächsten in Not.
Liebe Pilger, eure Wallfahrt darf mit dem heutigen Tag nicht enden. Sie muß weitergehen und euch auf den Spuren der heiligen Agnes zu Christus dem Herrn führen, in dem allein ihr die Antwort für all eure Schwierigkeiten finden werdet. Auf diesem Weg begleite euch mein Apostolischer Segen, durch die Fürsprache der Gottesmutter, der „Schutzherrin Böhmens".

Der Papst sagte dann in slowakischer Sprache:

Mit besonderer Liebe begrüße ich die zahlreichen slowakischen Pilger, die mit ihrem ersten Erzbischof von Tyrnau zur Heiligsprechung der seligen Agnes nach Rom gekommen sind. Seid willkommen!
Die geistliche Botschaft der neuen Heiligen spricht auch zu euch mit großer Eindringlichkeit. In dem von eurem Erzbischof verkündeten „Jahr der Glaubenserneuerung" wird diese Botschaft zu einem Appell, in dem das Leben der heiligen Agnes als Vorbild herausragt und zur Nachahmung ruft. Das geistliche Werk dieser Heiligen ist ja aus dem Glauben erwachsen, der ihre Beziehung zu Gott, den Menschen und den geschichtlichen Ereignissen bestimmt hat.
Euer „Jahr der Glaubenserneuerung" ist auch mit der Jubiläumsfeier des Todes der seligen Märtyrer von Kaschau verbunden, die das höchste Zeugnis für den Glauben gegeben haben durch das Opfer ihres Lebens. Das Erneuerungsjahr ist auch eine Vorbereitung auf den Ausgang des zweiten christlichen Jahrtausends. Wie viele Anlässe, um nachzudenken, sich im Glauben zu erneuern!

Der Glaube führte eure Vorfahren von den Anfängen ihrer religiösen und kulturellen Geschichte an und half ihnen, alle Hindernisse und Gefahren zu überwinden. Der Glaube ist auch für die heutigen Generationen ein Licht, das den Ausweg aus dem Tunnel der Gleichgültigkeit und des Unglaubens zeigt. Der Glaube ist die Kraft, die Mut und Hilfe gibt, um auszuharren. Er ist das größte Geschenk Gottes, das wir dankbar annehmen und hochherzig festigen sollen.

Liebe slowakische Pilger! Nehmt aus der Ewigen Stadt bei dieser Gelegenheit neues Öl, Stärkung für euren Glauben mit. Der erste slawische Nachfolger des Petrus erinnert euch an das, was der Apostel Petrus sagt: Seid standhaft „in der Kraft des Glaubens“! (*1 Petr* 5,9).

Mit meinem Segen, den ich von Herzen allen Slowaken in der Heimat und im Ausland erteile.

In deutscher Sprache sagte der Papst:

Es ist mir eine aufrichtige Freude, unter den Teilnehmern an dieser Audienz auch zahlreiche deutsche Katholiken aus Böhmen und Mähren begrüßen zu dürfen. Die böhmische Königstochter Agnes, die wir nun als Heilige verehren, ist ein wahrhaftes Geschenk Gottes an die Kirche. Zusammen mit sieben Damen des Prager Hochadels verpflichtete sie sich zur extremen Armut. Agnes widersetzte sich der Staatsraison und gab mit bewundernswerter Entschlossenheit ihrem Gewissen den Vorzug bezüglich ihrer persönlichen religiösen Lebensentscheidung. In dieser Entscheidung nach den Idealen der heiligen Klara fand sie die Unterstützung und Bestätigung des Papstes. Mit ihrem Leben ist die neue Heilige Vorbild für uns alle, insofern jeder seiner Berufung folgen soll, die an ihn ergangen ist, auch wenn die äußeren Verhältnisse diese Berufung mitunter behindern können. Die heilige Agnes hat ihr Leben selber nach ihrer Gewissensentscheidung bestimmt und ist dieser in Treue gefolgt. Sie ist gerade darin auch eine Frau für unsere heutige Zeit; sie dient uns als Orientierung und Wegweisung.

Auf Einladung des Vaters der heiligen Agnes kamen viele Deutsche nach Böhmen, die mit ihrer Arbeit zum Aufbau und zur Entwicklung des ganzen Landes beigetragen haben. In der damaligen Zeit hat das Zusammenleben der beiden Volksgruppen seinen Anfang genommen. Die heilige Agnes sei uns allen ein Beispiel für ein Leben in gegenseitiger Achtung, für ein Leben ohne Zwist und Haß! Ihre Heiligsprechung, die euch alle hier zusammengeführt hat, möge ebenso ein Anstoß sein für eine Zukunft, die gekennzeichnet sei durch Eintracht, Zusammenarbeit und Verständnis füreinander. Hierfür erteile ich euch allen von Herzen meinen besonderen Apostolischen Segen.

Der Auftrag Christi nimmt Papst und Bischöfe gemeinsam in die Pflicht

Ansprache bei der Begegnung mit den Diözesanbischöfen der Bundesrepublik Deutschland am 13. November

Liebe Mitbrüder im Bischofsamt!

1. Die Begegnung mit den Bischöfen hier in Rom oder in den Ortskirchen gehört zu den schönsten und wichtigsten Aufgaben meines apostolischen Dienstes für die Weltkirche. Darum empfange ich euch mit besonderer Freude zu diesem zweitägigen Gespräch, um das ihr außerhalb der regelmäßigen Folge eurer Ad-limina-Besuche eigens gebeten habt. Herzlich grüße ich euch, die Oberhirten der westdeutschen Diözesen, den Vertreter des Bischofs von Berlin wie auch meine Mitarbeiter in der Römischen Kurie, die durch ihre Zuständigkeit und Sachkenntnis unseren gemeinsamen Gedankenaustausch mitgestalten und vertiefen werden.
Unsere Begegnung findet in dem Monat statt, in dem ich vor neun Jahren meinen ersten Pastoralbesuch in eurem Land und in einigen eurer Diözesen machen konnte. Mit ihm und auch dem nachfolgenden zweiten Besuch im Jahre 1987 verbinden mich unvergeßliche Erinnerungen an das lebendige religiöse Leben in euren Ortskirchen, an Begegnungen mit Vertretern aus Kultur und Wissenschaft, besonders auch der Theologie, in denen euer Land und eure Kirche einen maßgeblichen Beitrag zum gemeinsamen kulturellen und christlichen Erbe geleistet haben und noch heute leisten. Einige von euch waren mir schon aus früheren Jahren persönlich bekannt. In vielen einzelnen und gemeinschaftlichen Begegnungen seit meiner Wahl zum Bischof von Rom haben wir uns inzwischen alle in Vertrauen und Wertschätzung einander näher kennengelernt und wurde unsere Verbundenheit im gemeinsamen Auftrag Jesu Christi als Hirten im Volke Gottes vertieft und gefestigt.

2. Dieser gemeinsame Auftrag im Namen Christi ist es wiederum, der uns heute und morgen hier zusammenführt. Unsere Überlegungen und Gespräche sollen vor allem jener Aufgabe gelten, der das Zweite Vatikanische Konzil unter den vielfältigen pastoralen Diensten der Bischöfe einen „hervorragenden Platz“ zugewiesen hat: der Verkündigung der Frohen Botschaft Jesu Christi, der „Weitergabe des Glaubens an die kommende Generation“, wie ihr selbst im Generalthema formuliert habt.
Das Zweite Vatikanische Konzil bezeichnet die Bischöfe einfachhin als „Glaubensboten, die Christus neue Jünger zuführen; sie sind authentische, das heißt mit der Autorität Christi ausgerüstete Lehrer. Sie verkündigen dem ihnen anvertrauten Volk die Botschaft zum Glauben und zur Anwendung auf das sittliche Leben und erklären sie im Licht des Heiligen Geistes“ (*Lumen Gentium*, Nr. 25). Dies ist die konkrete Umschreibung des einen gemeinsamen Auftrages, den wir Bischöfe über die Apostel von Christus selbst empfangen haben: „Geht hinaus in die ganze Welt, und verkündet das Evangelium allen Völkern“ (*Mk* 16,15); oder, wie es bei *Matthäus* heißt: „Darum geht zu allen Völkern und macht alle Menschen zu meinen Jüngern“ (*Mt* 28,19).

Auf daß dieser Auftrag in der Kirche und ihrer Geschichte niemals aufhört oder verfälscht wird, hat Christus für das Oberhaupt des Bischofskollegiums – für Petrus und seine Nachfolger – eigens gebetet, daß sein „Glaube nicht erlischt“, und ihm zugleich aufgetragen, seine Brüder zu stärken (vgl. *Lk* 22,3 ff.). Der eine Auftrag Jesu Christi nimmt den Papst und die Bischöfe gemeinsam in Pflicht. Diesem muß ihre Einheit und Einmütigkeit in der Verkündigung des Evangeliums und der Weitergabe des Glaubens entsprechen. Nicht nur der Einheit unter den Christen, sondern auch der Einheit in der Kirche selbst gilt das Gebet Christi, „damit die Welt glaubt“ (vgl. *Joh* 17,21). Die je eigene Verantwortung und Sendung von Papst und Bischöfen stehen im Dienst dieses einen und selben Auftrages Christi im Geist gegenseitigen Vertrauens und brüderlicher Zusammenarbeit. Ihre Einheit in der Verkündigung und Lehre ist zugleich der Erweis ihrer Glaubwürdigkeit.

3. Diese Begegnung im Vatikan soll nach eurem eigenen Wunsch dazu dienen, eure Einheit mit dem Nachfolger des hl. Petrus weiter zu vertiefen, anstehende Fragen und Schwierigkeiten zu klären und euch eurer Sendung im Volke Gottes noch tiefer bewußt zu werden. Die Besinnung auf die Dienste der Glaubensvermittlung, zu der uns die vereinbarten Hauptthemen näherhin einladen, wird nicht nur den Reichtum an Mitteln, Initiativen und Mitarbeitern aufzeigen, über die eure Ortskirchen in ihrem pastoralen Wirken glücklicherweise verfügen, sondern gewiß auch die Notwendigkeit erkennen lassen, die vielfältigen Aktivitäten und Dienste der Kirche in eurem Land noch entschiedener auf das wesentliche Ziel hinzuordnen: auf die unverkürzte Weitergabe des Glaubens und seine ständige Vertiefung in allen Bereichen des kirchlichen und religiösen Lebens.
Auf Grund meiner eigenen Erfahrung als langjähriger Oberhirte einer großen Diözese bin ich mir der Schwierigkeiten bewußt, denen ein Bischof und seine Mitarbeiter im Auftrag der Glaubensverkündigung in der heutigen säkularisierten Gesellschaft begegnen. Auch den Verantwortlichen der zuständigen Ämter des Heiligen Stuhls sind diese nicht verborgen. Darum soll die jetzige Begegnung eine willkommene Gelegenheit und Ermutigung sein, die sich für die Weitergabe des Glaubens in euren Diözesen und Gemeinden ergebenden Fragen und Probleme in brüderlicher Solidarität mit Freimut und Offenheit gemeinsam zu erörtern, eventuelle Gefahren oder Fehlentwicklungen abzuwenden und vor allem unter den Gläubigen einen neuen apostolischen und missionarischen Eifer zu entfachen. Selbst die Erfahrung von Versagen und Mißerfolg darf uns nicht zu Pessimismus oder Mutlosigkeit verleiten. Im Gegenteil! Sie muß uns vielmehr noch enger zum Herrn und zueinander führen, um uns in der gemeinsamen Sendung in der Kirche und zum Heil der Menschen gegenseitig zu stützen und zu stärken.
In diesem Geist der Zuversicht und im Vertrauen auf Gottes verheißenen Beistand eröffne ich diese unsere Begegnung und erbitte unseren gemeinsamen Überlegungen das Licht und die Führung des Heiligen Geistes mit meinem besonderen Apostolischen Segen.

Abschließend fügte der Papst hinzu:

Unsere Begegnung findet in einem bewegenden Moment tiefgreifender Veränderungen in Europa statt, die euer Volk in besonderer Weise betreffen.

Als Hirte, dem die Sorge für die ganze Herde anvertraut ist, möchte ich mich euren gewiß inständigen Bitten anschließen, damit sich die Hoffnungen der Menschen auf die Fürsprache unserer himmlischen Mutter, des heiligen Erzengels Michael und des heiligen Bonifatius in Gerechtigkeit, Freiheit und Frieden erfüllen.

Christus ist der Handelnde

Einführung vor der Eucharistiefeier mit den deutschen Bischöfen am 14. November

Liebe Brüder!

Das Konzil bezeichnet die Liturgie als den „Höhepunkt, dem das Tun der Kirche zustrebt", und zugleich als den „Ort, aus dem all ihre Kraft strömt" (*Sacrosanctum Concilium*, Nr. 10). Höhepunkt und Kraftquell will auch unsere heutige Liturgiefeier sein für unsere gemeinsamen Beratungen in diesen Tagen. Es gibt keinen Augenblick und keinen Ort, an dem wir unsere Verbundenheit mit Christus und untereinander als Bischöfe und Priester tiefer erfahren, als wenn wir gemeinsam am Altar Eucharistie feiern. Vom Herrn selbst gestärkt durch sein Wort und Sakrament empfangen wir von ihm zugleich immer wieder neu unsere Aussendung.
In der Eucharistie werden wir uns dessen froh bewußt, daß der Herr mit uns ist, mit uns geht und unserem Säen und Pflanzen in seinem Weinberg durch seine Gnade selbst Wachsen und Gedeihen schenkt. Am Altar erfahren wir, daß nicht wir, sondern Christus der eigentlich Handelnde in seiner Kirche und in unserem eigenen Wirken ist. In seiner Person sprechen wir die Worte der Wandlung. In der Verkündigung bedient er sich unseres Glaubenszeugnisses und unserer Stimme: „Wer euch hört, der hört mich" (*Lk* 10,16). Das beglückende Wissen darum fordert unseren ganzen Einsatz in seinem Dienst. Zugleich müssen wir uns aber auch immer wieder demütig eingestehen, wie der Knecht im heutigen Evangelium, daß wir „unwürdige Knechte" sind. Selbst wenn wir alles getan haben, was uns befohlen wurde, so haben wir doch nur unsere Schuldigkeit getan (vgl. *Lk* 7,10). Darum nehmen wir – wie in dieser Stunde – immer wieder unsere Zuflucht zum Kraftquell der göttlichen Gnade am Altar. Wir bitten den Herrn um Vergebung unserer Fehler und Versagen und um seinen Segen für einen neuen Aufbruch in seinem Namen.

Tage intensiven Gesprächs

Abschlußansprache bei der Begegnung mit den deutschen Bischöfen am 14. November

Liebe Mitbrüder im Bischofsamt!

1. Zwei Tage intensiven Gesprächs gehen heute zu Ende, in denen wir nicht im Gegenüber zweier Parteien, sondern in der Gemeinsamkeit der uns anvertrauten Hirtensorge über die Entwicklung und die Probleme der Kirche in eurem Vaterland gesprochen haben. Ihr selbst hattet um dieses Treffen gebeten, und ich habe euren Wunsch freudig auf-

genommen. Denn in einer Welt, in der die Massenmedien Papst und Bischöfe und die Bischöfe selbst nur allzu gern zueinander in Gegensatz zu stellen suchen, hat die persönliche Begegnung, die unmittelbar erfahrene brüderliche Gemeinschaft und Aussprache eine verstärkte Bedeutung gewonnen.
Wir haben uns mit den von Euch vorgeschlagenen großen Themen – Theologiestudium und Priesterausbildung, Katechese, Mitarbeit der Laien in der Kirche – und mit einigen anderen Einzelfragen befaßt. Hinter allen Beiträgen und Erörterungen stand als entscheidende Frage: Wie steht es mit der Kirche in der Bundesrepublik Deutschland und wie soll es mit ihr weitergehen? Was kann ihr wahrer Beitrag für die Gesamtkirche von morgen sein? Wo liegen ihre Chancen, wo ihre Gefahren? Was können die Hirten heute tun, um ihrem Auftrag noch besser zu entsprechen?

2. Bei solchen Fragen gehen unsere Gedanken zunächst zurück zu dem Beitrag, den die Kirche im deutschen Sprachraum in der ersten Hälfte dieses Jahrhunderts bis zum Zweiten Vatikanischen Konzil und auf diesem selbst geleistet hat. Damals war in eurem Land die Liturgische Bewegung aufgebrochen, die sich mit einer neuen Zuwendung zur Bibel verband. Zugleich war eine tiefe Sehnsucht nach der Einheit der Kirche lebendig geworden, die zu einer immer intensiveren Begegnung mit den evangelischen Christen eurer Heimat führte und entscheidend zur Aufnahme des ökumenischen Gedankens auf dem Konzil beigetragen hat.
Anderseits kann man in diesem Zusammenhang nicht vergessen, daß diese große Zeit neuen Erwachens der Kirche in den Seelen auch die Zeit gewesen ist, in der die verhängnisvolle Ideologie des Nationalsozialismus Macht über euer Land gewinnen konnte und trotz aller bewegenden Zeugnisse des Widerstandes die Kraft des Glaubens nicht ausreichte, um deren Träger den Weg zur Herrschaft zu versperren. So wird man zu jeder Zeit mit wachem und mutigem Herzen nach den neuen Gaben Gottes fragen müssen, die er einer jeden Generation anbietet, aber auch ohne Ausflüchte und Beschwichtigungen den drohenden Gefahren ins Auge sehen und sie beim Namen nennen.
Dies für die Kirche in unserer heutigen Zeit zu tun, war gerade das zentrale Anliegen dieser unserer Begegnung. Die Gespräche dieser Tage waren getragen vom Bewußtsein unserer großen Verantwortung, die wir als Hirten im Volke Gottes tragen, zugleich aber auch von dem Geist wahrer Kollegialität, die uns in dem einen gemeinsamen Verkündigungsauftrag Christi untereinander verbindet. Ich danke euch für alle wertvollen Beiträge und sachkundigen Erläuterungen, die es mir ermöglicht haben, die Wirklichkeit der Kirche und der Gesellschaft in der Bundesrepublik Deutschland noch besser und tiefer zu verstehen.

3. Im folgenden möchte ich in einer Art Zusammenfassung und Ergänzung zu unseren gemeinsamen Überlegungen noch einmal auf einige Aspekte hinweisen, die als Stärke und als Schwäche des deutschen Katholizismus in der jetzigen Stunde erscheinen. Bei der Suche nach dem Positiven kommen uns sogleich die Namen Adveniat, Misereor, Missio, Caritas in den Sinn: Die Solidarität und Spendefreudigkeit der deutschen Katholiken von heute gegenüber der Dritten Welt, aber auch den Nöten des europäischen Ostens sind sprichwörtlich und ein Zeichen dafür, daß der Konsumismus der Wohlstandsgesellschaft

die Dynamik der christlichen Liebe nicht erstickt hat. Es gibt ein lebendiges Bewußtsein der weltweiten Verantwortung aller Christen in eurem Land, der Verantwortung, die gerade im Wohlstand liegt, und damit verbunden ein leidenschaftliches Mitgefühl mit der Not der Unterdrückten, der an Hunger und Armut Leidenden. Ebenso finden wir bei euren Gläubigen eine Art neuer Demut den anderen gegenüber, eine Bereitschaft, gerade von den Armen zu lernen und zu empfangen. Ich danke euch dafür im Namen aller, die Hoffnung daraus schöpfen und auch konkrete Hilfe erfahren.

Diesen Universalismus und diese Demut gilt es zu stärken; die Dynamik einer Liebe ist zu erhalten, die sich nicht mit finanziellen Opfern begnügt, sondern von innen her zu einer Offenheit wird, die dann das Geben in einem viel tieferen Sinn zu einem Empfangen werden läßt. Eine Universalität, die sich im materiellen Geben erschöpfte, wäre trotz aller Spenden zu wenig und würde sich auf die Dauer auch in sich selber auflösen. Sie muß Mitdenken und Mitglauben mit der ganzen Kirche sein und darin auch immer wieder eine neue Überschreitung des Eigenen werden. Sie muß ihren inneren Antrieb aus dem Geist der Katholizität erhalten, der am Ende der einzig wirksame Schutz gegen parteiliche Ideologisierung bei den Hilfeleistungen ist.

Ohne die Größe dieser erwiesenen Hochherzigkeit mindern zu wollen, wird man jedoch auch fragen müssen, warum heute überall, nicht nur in Deutschland, zwar die materiellen Gaben noch wachsen, aber missionarische Berufungen fast vom Erlöschen bedroht scheinen – Berufungen, in denen Menschen sich selbst als Gabe an die Brüder und Schwestern darbieten und damit erst dem materiellen Dienst seine innere Mitte, sein Herz schenken. Die Berufungen zum Priestertum und zum Ordensstand sind der eigentliche Maßstab für die Lebendigkeit einer Kirche. Dieses wichtige Anliegen muß allen in der Seele brennen, weil das Versiegen der Berufungen zugleich Zeugnis gegen uns selbst ablegt.

4. Eine weitere Stärke des deutschen Katholizismus scheint sein hoher Organisationsstand in den Räten und Verbänden zu sein, der ihm auch einen bedeutenden Einfluß im politischen und gesellschaftlichen Bereich erleichtert. Zu seiner Stärke gehört ebenso das bedeutende intellektuelle Gewicht, das er sich vor allem durch die Präsenz Theologischer Fakultäten und Lehrstühle in der gesamten akademischen Landschaft Deutschlands sichern konnte. Bei näherem Hinsehen wird man jedoch, wie ihr selbst in euren Berichten und Gesprächen verschiedentlich unterstrichen habt, auch damit gegebene Gefährdungen nicht übersehen können. Was zum Beispiel einmal inspirierende Jugendbewegung gewesen ist, droht zu einer selbstgenügsamen Institution zu werden, die weniger aus der Begeisterung lebendigen Aufbruchs von unten lebt, als auf finanziell gut ausgestatteten Strukturen beruht, hinter denen sich wenig wirklich fruchtbares Leben verbirgt – ganz im Gegenteil zur Dynamik wirklicher junger Bewegungen in anderen europäischen Ländern.

Institutionen, die nur weiterbestehen, weil sie von außen finanzielle Mittel erhalten, können – genauer besehen – nicht wirklich existenzfähig und existenzwürdig sein. Der Mut zu Klärungen und vielleicht auch zu Verzichten ist in dieser Hinsicht, wie von mehreren Gesprächsteilnehmern betont worden ist, unerläßlich. Es scheint erforderlich, wieder risikofreudiger und kritischer zu werden, kritischer dem scheinbar Gesicherten und Unerläßlichen, risikofreudiger dem Möglichen gegenüber. Spontane Aufbrüche werden immer ihre Schwierigkeiten und ihre Probleme haben; aber die Mißlichkeiten, die dabei entstehen, können es nicht rechtfertigen, den Geist auszulöschen, wo er vielleicht aufbrechen will. „Löscht den Geist nicht aus" sagt der Apostel. „Prüft alles, das Gute behaltet" (*1 Thess* 5,19): Das gilt auch heute. Wagt diese mutige Offenheit!

5. Ähnliches ist auch zum Bereich der Bildungsinstitutionen zu sagen, die von euch in diesen Gesprächen in ihren vielfältigen Aspekten eingehend erörtert worden sind. Es gibt in eurem Land nicht nur die großen akademischen Einrichtungen, sondern auch den Religionsunterricht in allen Schultypen und grundsätzlich auch in allen Klassen – in einem Umfang also, wie sonst wohl selten in der Welt. Daneben existiert ein breites Netz von Erwachsenenbildung – und all dieses auch vom Staat unterstützt. Uns allen drängte sich hierbei die besorgte Frage auf: Entsprechen diesem großen Einsatz nun auch wirklich eine angemessene innere Vertrautheit mit dem Glauben und ein möglichst breiter Zugang zu ihm? Ihr selbst habt früher schon und auch bei dieser Begegnung auf die großen Mängel hingewiesen. Was sind die Ursachen dafür? Was geschieht z. B. im schulischen Religionsunterricht, in der Erwachsenenbildung wirklich? Wie weit reicht die pfarrliche Katechese? Warum erwachsen daraus so wenig Kenntnis der inneren Gründe des Glaubens und der Freude an der Kirche? Diese und ähnliche Fragen, wie wir sie gestellt haben, verdienen eure weitere Aufmerksamkeit und gewissenhafte Prüfung.
Wie immer die Antworten darauf im Detail ausfallen mögen – wir sind uns einig in der alles entscheidenden Überzeugung: Ein neuer Elan der Verkündigung und der Katechese ist nötig. Wenn die Substanz der Frohen Botschaft unter tausend Entschuldigungen vor dem Zeitgeist verkleidet wird, wie soll sie Freude wecken und Überzeugungen schaffen? Der Schwung der Botschaft darf nicht in endlosen Vorüberlegungen und Beschwichtigungen erstickt werden. Das Wort des Apostels ist auch heute wegweisend: „Als ich zu euch kam, Brüder, kam ich nicht, um glänzende Rede oder gelehrte Weisheit vorzutragen, sondern um euch das Zeugnis Gottes zu verkündigen. Denn ich hatte mich entschlossen, bei euch nichts zu wissen außer Jesus Christus, und zwar den Gekreuzigten... Meine Botschaft und Verkündigung war nicht Überredung durch gewandte und kluge Worte, sondern war mit dem Erweis von Geist und Kraft verbunden" (*1 Kor* 2,1–4). Das ist selbstverständlich keine Abwertung des Intellekts, der „immer zur Antwort bereit sein" muß (*1 Petr* 3,15). Es sagt uns aber, daß das Wort vom Glauben leer wird, wenn es die tragende Wirklichkeit aus dem Auge und aus dem Herzen verliert, der jedes Denken im Glauben dienen muß.

6. Zum besonderen Gepräge des deutschen Katholizismus gehört ferner eine enge Verbindung von staatlichen und kirchlichen Einrichtungen und, wie schon erwähnt, eine starke Präsenz in den verschiedenen gesellschaftlichen Bereichen. Nutzt die sich daraus ergebenden Möglichkeiten, um alle Lebensbereiche mit dem Geist des Evangeliums zu durchdringen. Ermutigt alle Mitarbeiterinnen und Mitarbeiter, den Kindern und Jugendlichen Lebensorientierung aus dem Glauben zu schenken, in der Schule das frohmachende Evangelium des Friedens zu verkünden, Kranken und Sterbenden beizustehen, Be-

drängten zu helfen und alte Menschen zu pflegen. Seid dankbar für diese Möglichkeiten und nützt sie zum Wohl der Menschen. Wie viele beneiden euch darum und müssen sie erst mühsam aufbauen.

Wehrt jedoch auch der Gefahr und der Versuchung zu falschen Kompromissen, zu einer falschen Identifikation von Kirche und Gesellschaft. Wer so viele Dienste in der Gesellschaft übernommen hat, muß erst recht um die schöpferische Bewahrung seines ureigenen Auftrags besorgt sein. Weil Hirten, die im Dienst Jesu Christi stehen, immer auch dem großen prophetischen Erbe verpflichtet sind, ist der Mut zum Unangepaßten, ja zum Unbequemen ein grundlegendes Element rechter Pastoral. Christen werden gewiß immer darum bemüht sein, möglichst viele für den Glauben und für die Gemeinschaft mit dem Herrn zu gewinnen und die sittlichen Werte des Evangeliums im öffentlichen Leben zur Wirkung zu bringen. Aber der Mut, in unerschütterlicher Treue zum Evangelium Minderheit zu sein, gehört nicht weniger dazu. Der Glaube steht heute wie immer im Widerspruch zu vielem, was gerade gängig ist, und gerade als Widerspruch dient er dem Menschen; im Mut des Widersprechens erhält er neue Schwungkraft, neue Lebendigkeit. Gerade so werden wir neu Salz der Erde und Licht der Welt (vgl. *Mt* 5,13 ff.), Sakrament des Heils für die ganze Welt.

Dies alles hat jedoch nichts zu tun mit dem oft beschworenen Rückzug ins Ghetto. Im Gegenteil. Gerade die Weltsituation von heute kann zu einer neuen Stunde des Glaubens werden. Denn nicht nur die marxistische Ideologie ist heute offensichtlich verbraucht. Auch die konsumistischen Ideologien des Westens werden mehr und mehr von der Jugend durchschaut, die nach größeren Verheißungen fragt. Wenn der Glaube furchtlos in seiner unverstellten, reinen Größe hervortritt, wird er am allerbesten als Antwort auf den Durst einer Generation erfahren werden, die in gewisser Weise die Situation des verlorenen Sohnes erlebt. Lassen wir furchtlos und mutig die Neuheit und die Größe des Glaubens wieder neu sichtbar werden! Dann wird er auch heute wieder Freude der Erlösung und der Erlösten sein. Ermutigt besonders die Priester und Diakone sowie alle hauptberuflichen und ehrenamtlichen Mitarbeiterinnen und Mitarbeiter zu diesem Zeugnis!

7. Wenn ich euch, liebe Mitbrüder, diese Überlegungen am Ende unseres zweitägigen fruchtbaren Gesprächs noch einmal eurer besonderen Aufmerksamkeit und pastoralen Sorge anvertraue, so tue ich das im dankbaren Wissen darum, daß ihr euch einzeln und als Bischofskonferenz aufrichtig und gewissenhaft diesen wichtigen Herausforderungen stellt und darum bemüht, ihnen durch entsprechende Maßnahmen zu begegnen. Wir waren in diesen Tagen Zeugen dieser gemeinsamen, fruchtbaren, viel Sachkenntnis fordernden und geduldigen Zusammenarbeit, die euch verbindet. Seid dessen versichert, daß der Papst alle Freuden und Sorgen der Bischöfe teilt im Geist tiefer Solidarität im gemeinsamen bischöflichen Dienst und Auftrag.

Ich bestärke euch mit meinem ganzen Vertrauen in euren Bemühungen und empfehle diese vor allem der mächtigen Fürsprache und dem Beistand Mariens, der Mutter der Kirche. Gott allein kann unserem geduldigen Säen und Pflanzen in seinem Weinberg durch seine Gnade Wachsen und Gedeihen schenken, wie ich euch schon in unserer heutigen

morgendlichen Eucharistiefeier gesagt habe. Seien wir darum vor allem eifrig und beharrlich im Gebet!
Schließlich möchte ich zum Schluß noch des großen Heiligen gedenken, dessen Fest wir morgen feiern werden: des hl. Albertus Magnus. Der siebenhundertste Jahrestag seines Todes war mir bekanntlich vor neun Jahren der Anlaß meiner ersten Pastoralreise in euer Land, zu der mich der damalige Vorsitzende eurer Bischofskonferenz, der unvergeßliche Kardinal Höffner, in euer aller Namen eingeladen hatte. Albert war groß an Gelehrsamkeit und an Heiligkeit. Darin möge er auch den Theologen unserer Zeit Ansporn und Vorbild sein. Denn gerade die theologische Forschung und Lehre in eurem Land hat eine große Verantwortung für die Weltkirche. Möge die katholische Kirche in der Bundesrepublik Deutschland darin und in ihrem gesamten pastoralen Wirken auch den anderen Kirchen einen immer wirksameren Dienst leisten in der weltumspannenden Gemeinschaft der Gläubigen und in treuer Einheit mit dem Nachfolger Petri.
Mit besten persönlichen Wünschen für einen jeden von euch erteile ich euch, euren bischöflichen Mitbrüdern in der Heimat, euren Priestern, allen euren Mitarbeitern im Auftrag der Glaubensverkündigung sowie allen eurer bischöflichen Hirtensorge anvertrauten Brüdern und Schwestern von Herzen meinen besonderen Apostolischen Segen.

Dienst und Zeugnis helfender Liebe

Ansprache an die Teilnehmer des IV. internationalen Aids-Kongresses im Vatikan am 15. November

Geehrte Herren!

1. Es ist mir ein besonderes Anliegen, heute unter Ihnen zu weilen anläßlich des internationalen Kongresses, den der Päpstliche Rat für die Pastoral im Krankendienst veranstaltet hat im Hinblick auf eine interdisziplinäre Vertiefung der komplexen Probleme, die mit der drohenden Weiterverbreitung von Aids verbunden sind.
Indem ich Sie begrüße, möchte ich Ihnen meine Freude darüber aussprechen, daß Sie sich verpflichtet haben, ein derart hochaktuelles Thema auf hoher fachlicher Ebene zu erörtern. Ich freue mich besonders über den erweiterten anthropologischen Rahmen, in den Sie Ihre Analysen stellen, indem Sie das ganze Problem im Licht der Grundfrage des Daseins: „Leben, warum?“ besprechen.
So wünsche ich mir, daß die Endergebnisse dieses internationalen Kongresses zu weiteren Überlegungen über dieses Thema anregen und bei den zuständigen Instanzen eine entschlossene und wirksame Arbeitsprogrammierung fördern.

2. Aids hat – weit mehr als die zahlreichen Infektionskrankheiten, die die Menschheit im Lauf ihrer Geschichte durchgemacht hat – tiefgreifende Auswirkungen moralischer, sozialer, wirtschaftlicher, juridischer und organisatorischer Art nicht nur auf die einzelnen Familien und örtlichen Gruppierungen, sondern auch auf die Nationen und die gesamte Völkergemeinschaft. Heute ist, wenn auch in unterschiedlichem Maß und mit ver-

schiedenen Kennzeichen, tatsächlich die Mehrzahl der Völker der Welt vom Virus der erworbenen Immunschwäche betroffen, und die regelmäßigen Informationen von seiten der Gesundheitsbehörden weisen auf seine wachsende Verbreitung hin.
Es ist anzuerkennen, daß Aids von Anfang an ein ernsthaftes Bemühen von Forschungsgruppen unter Führung herausragender Wissenschaftler bewirkt hat, von denen viele hier anwesend sind. Gern spreche ich ihnen meine lebhafte Anerkennung aus.
Dank ihres Bemühens klären sich die verschiedenen Aspekte dieser komplexen und weitverbreiteten Krankheit immer mehr. In weniger als zehn Jahren wurden große Fortschritt gemacht: molekularbiologische Studien haben die Wirkweise des Virus, seine Interaktion mit der Zelle und die daraus folgenden funktionalen Veränderungen fast erkenntlich gemacht. Es wurden ferner weitere Retroviren entdeckt, und man studiert eifrig die entsprechende Rolle, die solche Agenzien bei Aids und auch bei anderen Krankheiten spielen können.

3. Keineswegs gewagt ist daher die Behauptung, daß wieder einmal durch das Studium einer furchterregenden Krankheit ein ganzer Wissensbereich vergrößert wurde mit bedeutenden therapeutischen Vorteilen auch für die Behandlung anderer Krankheiten.
Da heute auch das Bewußtsein gewachsen ist, daß biologische Ursachen, Umweltbedingungen und sozio-kulturelle Faktoren die Entwicklung und Verbreitung von Infektionskrankheiten stark beeinflussen, wurde besonders aufmerksam die Weise studiert, in der gewisse Begegnungs- und Kontaktformen zwischen Personen – innerhalb der einzelnen Bevölkerungsgruppen oder -kategorien – die Verbreitung der Infektionsgefahr mit Viren der erworbenen Immunschwäche schaffen und fördern können. Gemeint sind hier – inzwischen allen bekannt – offensichtlich die Phänomene der Drogenabhängigkeit und des Mißbrauchs der Sexualität, die tendenziell eine Verbreitung der Krankheit fördern. Der positive Aspekt einer solchen besseren Kenntnis liegt darin, daß die gesamte Bevölkerung unmittelbar angespornt wird, vollbewußt ihre Verantwortung zu übernehmen.

4. Wie Statistiken beweisen, sind Jugendliche am häufigsten von Aids betroffen. Die Bedrohung, die auf den jungen Generationen lastet muß Aufmerksamkeit wecken und alle zum aktiven Einsatz aufrufen: menschlich gesprochen gründet die Zukunft der Welt nämlich auf den Jugendlichen, und die Erfahrung lehrt, daß die einzige Weise, die Zukunft vorherzusehen, darin besteht, sie vorzubereiten.
Die drohende Verbreitung von Aids stellt alle vor eine doppelte Herausforderung, die auch die Kirche in dem ihr zustehenden Bereich annehmen möchte: ich denke an die Vorbeugung der Krankheit und an die Betreuung derer, die von ihr betroffen sind. Doch kann ein wahrhaft wirksames Eingreifen auf diesen beiden Gebieten nicht zustandekommen, wenn man nicht versucht, das gemeinsame Bemühen zu unterstützen, indem man dazu eine konstruktive Sicht von der Würde der menschlichen Person und ihrer transzendenten Bestimmung beiträgt.
Die besonderen Merkmale der Entstehung und Verbreitung von Aids wie auch eine gewisse Weise der Bekämpfung dieser Krankheit offenbaren – wie aus dem Hauptthema dieses internationalen Kongresses hervorgeht – einen besorgniserregenden Wertverfall. Man ist der Wahrheit nicht fern, wenn man sagt, daß parallel zur Verbreitung von Aids

sich eine Art „Immunschwäche“ auf der Ebene der Werte des Lebens gezeigt hat, die durchaus als eine echte Krankheitsform des Geistes anzusehen ist.

5. An erster Stelle ist daher nachdrücklich zu betonen, daß Vorbeugung, wenn sie zugleich der menschlichen Person würdig und wahrhaft wirksam sein soll, sich zwei Ziele setzen muß: entsprechend informieren und zu verantwortlicher Reife erziehen.
Notwendig ist vor allem, daß die an geeigneter Stelle gebotene Information korrekt und vollständig ist, jenseits unbegründeter Ängste und Hoffnungen. Die Würde des Menschen als Person erfordert ferner, daß ihm durch eine spezifische Erziehung geholfen werde, in seiner Liebesfähigkeit zu wachsen und zu reifen. Nur mit Hilfe einer Information und Erziehung, die klar und freudig den geistigen Wert der sich schenkenden Liebe als grundlegenden Sinn des Daseins zurückgewinnen hilft, ist es möglich, daß die Heranwachsenden und Jugendlichen die notwendige Kraft zur Überwindung gefährlicher Verhaltensweisen aufbringen. Eine erzieherische Hinführung zu gelöstem und ernsthaftem Leben mit der eigenen Sexualität und die Vorbereitung auf eine verantwortliche und treue Liebe sind wesentliche Aspekte dieses Weges zur vollen persönlichen Reife. Eine Vorbeugung hingegen, die von egoistischen Motiven und Denkweisen ausginge, die mit den vorrangigen Werten des Lebens und der Liebe unvereinbar sind, wäre nicht nur unzulässig, sondern auch widersprüchlich, weil sie das Problem nur umgeht, ohne es an der Wurzel zu fassen.
Daher liegt es der Kirche, der sicheren Auslegerin des Gesetzes Gottes und „Expertin in Menschlichkeit“, am Herzen, nicht nur eine Reihe von „Nein“ zu bestimmten Verhaltensweisen auszusprechen, sondern vor allem einen für die Person sinnvollen Lebensstil anzubieten. Sie empfiehlt mit Nachdruck und Freude ein positives Ideal, in dessen Perspektive die moralischen Verhaltensnormen zu verstehen und anzuwenden sind.
Als tiefe Verletzung der Würde der Person und damit als moralisch unerlaubt erweist sich im Licht eines solchen Ideals das Angebot einer Vorbeugung der Aids-Krankheit, das auf Mittel und Werkzeuge zurückgreift, die den authentischen menschlichen Sinn der Sexualität verletzen und ein Trostpflaster sind für jene inneren Schwierigkeiten, bei denen die Verantwortung der einzelnen und der Gesellschaft auf den Plan gerufen ist. Die rechte Vernunft kann nicht zulassen, daß die Schwäche der menschlichen Natur nicht Grund zu verstärkter Anstrengung, sondern Vorwand zum Nachgeben wird, das zum moralischen Niedergang führt.

6. An zweiter Stelle wird eine konstruktive Vorbeugung, die vor allem bei den jungen Generationen den vollen Sinn des Lebens und die begeisternde Anziehungskraft der hochherzigen Hingabe wieder aufzubauen sucht, gewiß auch größeren und umfassenderen Einsatz zur Hilfe für die Aids-Kranken auslösen. Sie haben, trotz der Besonderheit ihrer pathologischen Situation, wie jeder andere Kranke das Recht, von der Gemeinschaft angemessene Hilfe, achtungsvolles Verständnis und volle Solidarität zu erhalten.
Die Kirche, die nach dem Beispiel ihres göttlichen Stifters und Meisters die Hilfe für die Leidenden immer als grundlegendes Element ihrer Sendung angesehen hat, fühlt sich auf diesem neuen Feld menschlichen Leidens als erste aufgerufen, weil sie sich bewußt ist, daß der Mensch „ein besonderer Weg“ ihres Lehramtes und ihres Dienstes ist.

Daher haben nicht wenige Bischofskonferenzen in verschiedenen Teilen der Welt Schreiben veröffentlicht und konkrete Weisungen erlassen, um bei der Vorbeugung von Aids und der Betreuung der davon Betroffenen eine Pastoral der Hoffnung in Gang zu setzen, sie zu verbessern und zu intensivieren, zuweilen durch die Errichtung entsprechender spezialisierter Pflegezentren.

Im Geist der Gemeinschaft mit der ganzen Kirche sowie mit zuversichtlicher und intensiver Anteilnahme ergreife auch ich gern diese Gelegenheit, meine Stimme mit der der anderen Hirten zu vereinigen und jeden aufzurufen, seiner eigenen Verantwortung gerecht zu werden.

7. Ich wende mich vor allem in echter Mitsorge an die Aids-Kranken.

Brüder und Schwestern in Christus, ihr kennt die ganze Bitterkeit des Kreuzweges. Denkt nicht, ihr seid verlassen! Die Kirche ist euch als Sakrament des Heiles nahe, um euch auf eurem schweren Weg zu stützen. Sie empfängt viel von eurem Leid, wenn es im Glauben ertragen wird; sie ist euch nahe durch den Trost der tatkräftigen Solidarität ihrer Glieder, damit ihr nie die Hoffnung verliert. Vergeßt nicht die Aufforderung Jesu: „Kommt alle zu mir, die ihr euch plagt und schwere Lasten zu tragen habt. Ich werde euch Ruhe verschaffen“ (*Mt* 11,28).

Mit euch, meine Lieben, sind die Männer der Wissenschaft und bemühen sich unermüdlich, diese schwere Krankheit einzudämmen und zu bezwingen; mit euch sind alle, die in der Ausübung ihres Pflegeberufes oder in freier Entscheidung, getragen vom Ideal der menschlichen Solidarität, euch mit vollem Eifer und allen Mitteln helfen möchten.

Ihr könnt eurerseits der Gemeinschaft, zu der ihr gehört, etwas sehr Bedeutsames bieten. Eure Anstrengung, eurem Leiden einen Sinn zu geben, ist für alle ein kostbarer Hinweis auf die höchsten Werte des Lebens und eine vielleicht entscheidende Hilfe für alle, die der Verzweifelung nahe sind. Verschließt euch nicht, sondern sucht die Hilfe eurer Brüder anzunehmen.

Jeden Tag erhebt die Kirche ihr Gebet für euch zum Herrn, zumal für jene, die verlassen und einsam ihre Krankheit tragen müssen; sie betet für die Waisen, die Schwächsten und Ärmsten, die der Herr uns gelehrt hat, als Erste in seinem Reich zu betrachten.

8. Ich wende mich dann an die Familien. Dort ist die erste Schule des Lebens und der Formung der Kinder zu persönlicher Verantwortung unter allen Aspekten, auch dem, der mit den Problemen der Sexualität verbunden ist.

Liebe Eltern, ihr könnt die erste und wirksamste Vorbeugung leisten, wenn ihr eure Kinder richtig informiert und sie darauf vorbereitet, sich im sozialen und persönlichen Bereich verantwortlich für die richtigen Verhaltensweisen zu entscheiden.

Was die Familien betrifft, die selbst das AIDS-Drama erleben, so möchte ich, daß sie das teilnahmsvolle Verständnis des Papstes fühlen, der um die schwierige Sendung weiß, zu der sie berufen sind. Ich bitte den Herrn, er möge ihnen die notwendige Hochherzigkeit schenken, nicht eine Aufgabe abzulehnen, die sie einmal vor Gott und der Gesellschaft als unwiderruflich übernommen haben. Der Verlust der Geborgenheit in der Familie ruft den AIDS-Kranken eine Verminderung oder sogar ein Erlöschen jener psychologischen und geistigen Immunität hervor, die sich zuweilen als nicht weniger wichtig als die physische erweist, um die Widerstandsfähigkeit des Menschen zu unterstützen. Vor allem die im Zeichen des christlichen Ehebundes gegründeten Familien haben die Sendung, ein deutliches Zeugnis ihres Glaubens und ihrer Liebe zu geben und ihren Angehörigen nicht zu verlassen, sondern ihm fürsorgliche Pflege und liebevolle Anteilnahme angedeihen zu lassen.

9. Lehrer und Erzieher lade ich ein, in enger Verbindung mit den Familien eine angemessene und ernsthafte Lebensformung der Heranwachsenden und Jugendlichen zu fördern. Vor allem in den katholischen Schulen muß Sorge dafür getragen werden, daß die Gesundheitserziehung organisch geplant und in ihr harmonisch die Elemente der Vorbeugung mit den moralischen Werten verbunden werden, um die Jugendlichen auf einen korrekten Lebensstil vorzubereiten als hauptsächlichen Garanten für den Schutz der eigenen Gesundheit und der der anderen.
Als Erzieher tragt ihr die Verantwortung, die jungen Generationen zu einer authentischen Kultur der Liebe anzuleiten, indem ihr euch selbst als Führer und treues Vorbild der hohen Ideale anbietet, die dem Leben Sinn geben.

10. Zu den Jugendlichen jeder Altersstufe und Lebenslage aber sage ich: Sorgt dafür, daß euer Durst nach Leben und Liebe der Durst nach einem lebenswerten Leben und einer aufbauenden Liebe ist. Die notwendige Vorbeugung gegen die Gefahr von AIDS soll nicht aus der Furcht erwachsen, sondern eine bewußte Entscheidung für eine gesunde, freie und verantwortliche Lebensführung sein. Lehnt Verhaltensweisen ab, die von Verschwendung, Gleichgültigkeit und Egoismus geprägt sind. Seid vielmehr Vorkämpfer beim Aufbau einer gerechten Sozialordnung, auf die sich eure zukünftige Welt gründen soll.
Pflegt hochherzig und kreativ immer neue Formen der Solidarität. Lehnt jede Form der Ausgrenzung ab, und seid den Unglücklichen nahe, jenen, die leiden; pflegt die Tugenden der Freundschaft und des Verständnisses, lehnt dagegen jede Gewalt gegen euch selbst und andere ab. Eure Kraft sei die Hoffnung und euer Ideal die universale Ausbreitung der Liebe.

11. An die Regierenden und die für das öffentliche Leben Verantwortlichen richte ich den dringenden Aufruf, die neuen, durch die Verbreitung von AIDS entstandenen Probleme mit allen Kräften anzugehen. Die Dimensionen, die die Krankheit angenommen hat und wahrscheinlich noch annehmen wird, wie auch ihre enge Verbindung mit gewissen Verhaltensweisen, die sich auf die zwischenmenschlichen und sozialen Beziehungen auswirken, erfordern, daß die Staaten rechtzeitig und mutig mit klaren Vorstellungen und korrekten Initiativen ihre gesamte Verantwortung wahrnehmen. Die gesundheitlichen und sozialen Behörden haben die Aufgabe, das Gesamtprogramm der Bekämpfung von AIDS und Drogenabhängigkeit aufzustellen und durchzuführen; innerhalb dieses Programms muß jede rechte Initiative von einzelnen, Gruppen, Verbänden und sonstigen Stellen zur Vorbeugung, Heilung und Rehabilitierung anerkannt, koordiniert und unterstützt werden.

Die Bekämpfung von AIDS erfordert ebenso eine Zusammenarbeit zwischen den Völkern: und da die Frage nach Gesundheit und Leben sich allen Menschen stellt, darf keine politische oder wirtschaftliche Berechnung die Staaten bei ihrem Einsatz spalten, denn sie sind gemeinsam zu einer Antwort auf die Herausforderung durch AIDS aufgerufen.

12. Den Wissenschaftlern und Forschern gilt mein Beifall für ihre lobenswerten Anstrengungen; ich lade sie ferner ein, ihre Arbeit auszuweiten und zu koordinieren, weil sie für die AIDS-Kranken und für die ganze Menschheit eine Quelle der Hoffnung ist. Wie schon gesagt wurde, „es wäre illusorisch, die moralische Neutralität der wissenschaftlichen Forschung und ihrer Anwendungen zu fordern ... Daher erfordern Wissenschaft und Technik aus ihrer innersten Bestimmung heraus die unbedingte Achtung der grundlegenden Kriterien der Moral: Sie müssen also im Dienst der menschlichen Person stehen, ihrer unveräußerlichen Rechte sowie ihres wahren und ganzheitlichen Wohls gemäß dem Plan und dem Willen Gottes“ (*Instruktion Donum vitae*, Nr. 2).
Heute fehlen noch sicher wirksame Impfstoffe und Medikamente gegen den AIDS-Virus; so bleibt nur zu wünschen, daß die wissenschaftliche und pharmakologische Forschung bald das ersehnte Ziel erreicht. An die Tür Ihrer Fachkenntnis und Sensibilität, verehrte Wissenschaftler und Forscher, klopft eine flehende Menschheit, die eine Antwort des Lebens vor allem von Ihrer Zusammenarbeit und Hingabe erwartet.

13. Im Warten auf die entscheidende Entwicklung lade ich die Ärzte und alle im Gesundheitswesen Tätigen, die in diesem schwierigen Berufssektor wirken, ein, ihren Dienst als Zeugnis helfender Liebe zu gestalten.
Wie ich in Phönix, USA, zu den Mitgliedern der katholischen Gesundheitsverbände gesagt habe, „seid ihr, einzeln und gemeinsam, der lebendige Ausdruck des Gleichnisses vom Barmherzigen Samariter“. Daher darf eure Fürsorge keinerlei Diskriminierung kennen! Wißt, das Vertrauen, das der kranke Mitmensch in euch setzt, anzunehmen, richtig zu deuten und zu bewerten. Sucht immer durch eure Hilfe jener geheimnisvollen und doch so menschlichen psychischen und geistigen Sphäre nahezukommen, der die lebendige und heilende Kraft entspringen kann, die dem Kranken hilft, auch in seiner Situation den Sinn des Lebens und die Bedeutung seines Leidens zu erkennen.
Ihr aber, freiwillige Krankenhelfer, die ihr in immer größerer Zahl euer Fachwissen und eure Verfügbarkeit in den Dienst der AIDS-Kranken stellt oder in der vorbeugenden Erziehung tätig seid, vereint und koordiniert eure Kräfte, bildet euch weiter und fördert auch in der Öffentlichkeit die Sensibilisierung der sozialen Gemeinschaft für die Probleme, die mit der Wirklichkeit und Gefahr durch AIDS verbunden sind. Seid das Sprachrohr für die Ängste, Bedürfnisse und Erwartungen jener, die ihr betreut.

14. An die Brüder im Priesteramt, an die Ordensmänner und -frauen, an erster Stelle an jene unter ihnen, die sich der Pastoral des Krankendienstes widmen, richte ich den dringenden Appell, Boten des Evangeliums für das Leiden in der heutigen Welt zu sein. Die Geschichte der kirchlichen Pastoral im Krankendienst kennt beispielhafte Gestalten von Priestern, Ordensmännern und -frauen, die der Lehre und Wirklichkeit der Liebe durch die Betreuung der Leidenden zur Ehre gereichen.

Wenn euer Wirken, liebe Brüder und Schwestern, wirklich glaubwürdig und wirksam sein soll, muß es ständig vom Glauben getragen und vom Gebet genährt werden. Ihr habt die Nachfolge Christi zum einzigen Ideal eures Lebens gemacht; fühlt euch daher aufgerufen, Jesus, den Arzt für Leib und Seele, gegenwärtig zu machen. Mögen die von euch betreuten Kranken in euch die Nähe Jesu und die wachsame und mütterliche Anwesenheit der heiligen Jungfrau spüren.
Nehmt großmütig den Aufruf eurer Hirten an; liebt und fördert den Krankendienst; handelt im Zeichen der Selbstverleugnung und der Liebe, damit „das Kreuz Christi nicht um seine Kraft gebracht wird" (*1 Kor* 1,7). Bleibt den „Letzten" und Verlassenen nahe. Übt die Gastfreundschaft, fördert und unterstützt alle Initiativen, die im Dienst an den Leidenden die Größe und Würde der menschlichen Person und ihrer ewigen Bestimmung herausstellen. Seid Zeugen der Liebe der Kirche zu den Leidenden und ihres Vorzugs für die vom Übel meistbetroffenen Menschen.

15. Endlich lade ich alle Gläubigen ein, ihr Gebet zum Herrn des Lebens zu erheben, er möge der Menschheit helfen, auch aus diesem neuen drohenden Unglück Nutzen zu ziehen. Möge Gott die Gläubigen über das wahre und letzte Warum ihrer Existenz erleuchten, damit sie immer und überall Boten der Hoffnung sind, die nie stirbt. Möge der Mensch von heute lernen, vor dem Herrn die Worte des Ijob zu wiederholen: „Ich habe erkannt, daß du alles vermagst; kein Vorhaben ist dir verwehrt" (*Ijob* 42,2). Wenn wir heute noch angesichts der auf uns lastenden Geißel von AIDS nach einem wirksamen Heilmittel suchen, so vertrauen wir darauf, daß mit Gottes Hilfe am Ende doch das Leben über den Tod und die Freude über das Leid siegen werden.
Mit diesem Wunsch rufe ich auf euch und alle, die ihre Kräfte in den Dienst der überaus edlen Sache stellen, für die ihr euch zu diesem Kongreß versammelt habt, den Segen des allmächtigen Gottes herab.

Wirksam gegen Hunger und Unterernährung kämpfen

Ansprache an die Teilnehmer der XXV. Vollversammlung der Organisation für Ernährung und Landwirtschaft (FAO) am 16. November

Herr Präsident,
Herr Generaldirektor,
Eure Exzellenzen,
meine Damen und Herren!

I.

1. Da die Vollversammlung der Vereinten Nationen sich weiter als ein wichtiger Treffpunkt für den politischen Austausch aller Völker entwickelt, hat der Hl. Stuhl die wichtigeren zwischenregierungsamtlichen Agenturen der UN aufmerksam begleitet. Er hat mit besonderer Freude die Arbeit der Vollversammlung der Organisation für Ernährung und

Landwirtschaft innerhalb ihres besonderen Aufgabengebietes verfolgt. Die FAO hat es verstanden, gemeinsam mit anderen Organisationen, die mit Fragen der Landwirtschaft und Nahrungsbeschaffung befaßt sind, bei der Wahrung des grundlegenden Menschenrechts auf ausreichende Nahrung eine unerläßliche Rolle zu spielen. Dieses Anliegen erfordert ein ständiges Bemühen, für einzelne und Völker den Zugang zu ausreichender Nahrung als Teil des größeren Prozesses der weltweiten Entwicklung zu garantieren.

2. Die Vielschichtigkeit der Aufgabe, einen entsprechenden und wirksamen Kampf gegen Hunger und Unterernährung zu führen, wird immer deutlicher. Heute, fünfzehn Jahre nach der Welternährungskonferenz von 1974, sind wir uns der Notwendigkeit einer sorgfältigen und objektiven Abwägung der zahlreichen Faktoren bewußt geworden, die auf die Probleme der weltweiten wirtschaftlichen Entwicklung und des sozialen Fortschritts Einfluß haben. Dies wird besonders deutlich angesichts des raschen Bevölkerungswachstums, zumal auf bestimmten Kontinenten, sowie angesichts einer Weltwirtschaft mit Phasen der Rezession und Schwierigkeiten bei der Durchführung einer heimischen Wirtschaftspolitik selbst in hochindustrialisierten Ländern. Aus diesem Grund vermeidet man am besten nur globale und negative Beschreibungen der derzeitigen Lage. Stattdessen sollten gesicherte Feststellungen und Beobachtungen, wie enttäuschend sie auch bisher waren, zu neuen Überlegungen über die Möglichkeit und die tatsächliche Pflicht zu einer konzertierten Aktion von seiten der Staaten und der zwischenregierungsamtlichen Organisationen mehrerer Staaten führen. Diese Art von Tätigkeit muß notwendig schrittweise erfolgen und den sich wandelnden Verhältnissen einzelner Länder sowie der Gesamtsituation der Welt angepaßt werden. Was wir brauchen, ist tatsächlich eine feste Entschlossenheit, nicht nur die gerechten Ziele zu bestimmen, sondern auch diese Ziele durch ein auf moralischer Solidarität gegründetes Wirken zu erreichen.

3. Wird sie überall wirksam, so muß diese moralische Solidarität für die verschiedenen Mitgliedsstaaten der FAO kennzeichnend sein. Ein wirksamer Kampf gegen Hunger und Unterernährung hängt von einem vereinten Vorgehen ab, das vor allem von jenen Organisationen und Agenturen vorangetrieben wird, die sich mit Ernährung und Landwirtschaft befassen. Abgesehen von der FAO wären hier IFAD zu nennen, das Welternährungsprogramm und der Welternährungsrat.

4. Der Kampf gegen den Hunger hat ebenfalls bei den Investitionen Auswirkungen. Auch hier sind internationale Bank- oder Finanzgremien bei der Koordinierung der Kredite und Zahlungen auf Welt-, Regional-, örtlicher und Gruppenebene zu einer auf Solidarität beruhenden Zusammenarbeit aufgerufen. Es ist nämlich durchaus möglich, daß das Problem der Außenverschuldung, zumal bei den Entwicklungsländern, durch entsprechendes Zurückgreifen auf solche multilaterale Organisationen gelöst werden kann. Abgesehen von ihren operationellen Beiträgen haben der internationale Währungsfond und die Weltbank mit ihren angeschlossenen Organisationen auch wichtige Anregungen gegeben, um die Kriterien für eine Anpassung der Wirtschaft verschuldeter Länder zu prüfen und entsprechende Maßnahmen genannt, die die heimische Wirtschaft im Hin-

blick auf ihre wirkliche und organische Entwicklung erneuern können. Diese Empfehlungen müssen ernsthaft bedacht werden. Endlich ist es wichtig, sicherzustellen, daß jede Hilfe von außen, nicht nur die finanzielle Hilfe, eine Frucht der Solidarität der wohlhabenden mit den ärmeren Ländern ist – eine Solidarität, zu der wirklich selbstlose Maßnahmen im Gegensatz zu anderen gehören, die neue Formen der Unterdrückung darstellen.

5. Zum Kampf gegen den Hunger gehört in immer überzeugenderer Weise die Forderung, daß die Nationen der ganzen Welt bei ihren Geschäften allgemein anerkannten und brauchbaren Normen unterworfen werden. Dies ist besonders für die weniger entwickelten Länder wichtig, um ihre Fähigkeit zum Export ihrer Produkte, zumal der landwirtschaftlichen, zu erhalten. Vermieden werden müssen alle Formen des Protektionismus, die zur Schaffung wachsender Hindernisse beim Handel und in manchen Fällen tatsächlich zum Ausschluß von Entwicklungsländern vom Zugang zu den Märkten führen. Hier ist eine Auswertung der Verhaltensweisen bei solchen Geschäftsvorgängen, wie sie innerhalb von GATT erfolgt, am Platze. Dort sind zum ersten Mal Kriterien auf neuestem Stand für die gegenseitige Regelung der Handelsbeziehungen unter den Staaten aufgestellt worden. Diese Kriterien haben direkte Auswirkungen auf die ernährungswirtschaftlichen Produkte und die Möglichkeit ihrer Vermarktung auf dem Weltmarkt.

6. Ausgesprochen werden muß ferner die Sorge um die Verschlechterung der Sicherstellung von Lebensmitteln in der gegenwärtigen Weltlage. Parallel zu dem erheblichen Anwachsen der Weltbevölkerung wurde nämlich kürzlich ein Niedergang auf Weltebene bei den Lebensmittelvorräten festgestellt. Ergebnis war die Verminderung der Reserven, die eine notwendige Garantie gegen Hunger- und Unterernährungskrisen darstellen. Ähnlich wurde die Produktion in Ländern, in denen sie ein hohes Niveau erreicht, künstlich durch eine auf bestimmte Güter gerichtete Politik vermindert, wie sie zur Gestaltung eines geschlossenen Marktes gehört. Welchen Wert sie für das eigene Land auch haben mag, sie entspricht sicher nicht einer für die Nöte der Welt offenen Solidarität oder einem Handel zugunsten derer, die am meisten Not leiden.

II.

7. Der Schutz der natürlichen Umwelt ist zu einem neuen und integralen Aspekt der Entwicklung geworden. Wenn wir gebührend auf seine ökologische Dimension achten, wird der Kampf gegen den Hunger eher noch komplizierter und ruft nach neuen Banden der Solidarität. Sorge um die Umwelt, in Verbindung mit dem Entwicklungsprozeß und zumal den Erfordernissen der Produktion gesehen, verlangt bei jedem wirtschaftlichen Vorgang an erster Stelle einen vernunftgemäßen und berechenbaren Gebrauch der Naturschätze. Es ist immer deutlicher geworden, daß ein unterschiedsloser Verbrauch von vorhandenen Naturschätzen, der die primären Energiequellen und -vorräte sowie die natürliche Umwelt im allgemeinen schädigt, eine ernsthafte moralische Verantwortung mit sich bringt. Nicht nur die derzeitige Generation, sondern auch künftige sind von solchem Eingreifen betroffen.

8. Zur wirtschaftlichen Tätigkeit gehört die Verpflichtung, die Naturgüter vernunftgemäß zu gebrauchen. Zu ihr gehört aber ebenfalls die schwere moralische Verpflichtung, sowohl bereits angerichteten Schaden an der Natur wieder gutzumachen, als auch alle negativen Auswirkungen für später zu vermeiden. Eine sorgfältigere Kontrolle möglicher Folgen für die natürliche Umgebung ist bei der Industrialisierungswelle erfordert, zumal im Hinblick auf giftige Rückstände und in Gebieten mit übermäßigem Gebrauch von Chemikalien in der Landwirtschaft. Das Verhältnis zwischen Entwicklungsproblemen und der Ökologie verlangt ferner, daß wirtschaftliche Tätigkeit die mit Umweltschutzmaßnahmen verbundenen Kosten einplant und trägt, so, wie sie von der Gemeinschaft auf örtlicher oder globaler Ebene, wo diese Tätigkeit erfolgt, verlangt werden. Man darf solche Ausgaben nicht als zufällige zusätzliche Last betrachten, sondern vielmehr als ein wesentliches Element der aktuellen Kosten wirtschaftlicher Tätigkeit. Das Ergebnis wird ein geringerer Profit als früher möglich sein, aber auch die Kenntnisnahme von neuen Kosten, die sich vom Umweltschutz her ergeben. Diese Kosten müssen sowohl bei der Abwicklung individueller Geschäfte als auch bei landesweiten Programmen der Wirtschafts- und Finanzpolitik, wie wir sie jetzt im Hinblick auf eine regionale und Weltwirtschaft aufgreifen müssen, berücksichtigt werden. Endlich sind wir auch aufgerufen, über enge nationale Eigeninteressen und den Schutz des Wohlstands von Sondergruppen und einzelnen auf ihrem Gebiet hinauszugehen. Solche neuen Kriterien und Kosten müssen in den geplanten Budgets von Programmen der Wirtschafts- und Finanzpolitik für alle Länder berücksichtigt werden, seien es entwickelte oder in Entwicklung befindliche Länder.

9. Man wird sich heute in steigendem Maße bewußt, daß die Einleitung von Maßnahmen zum Umweltschutz eine echte und notwendige Solidarität unter den Nationen erfordert. Es ist deutlicher geworden, daß eine wirksame Lösung der Probleme, die mit der atomaren und atmosphärischen Verseuchung und der Verschlechterung der allgemeinen Verhältnisse der Natur und des menschlichen Lebens verbunden sind, nur auf Weltebene gefunden werden kann. Dies erfordert wieder eine Anerkennung der wachsenden gegenseitigen Abhängigkeit, wie sie für unsere Zeit charakteristisch ist. Es wird in der Tat in wachsendem Maße deutlich, daß Entwicklungspolitik eine echte internationale Zusammenarbeit in Übereinstimmung mit gemeinsam und im Rahmen einer Gesamtsicht getroffenen Entscheidungen erfordert, die das Wohl der Menschheitsfamilie für die heutige Generation und für die künftige im Auge hat.

III.

10. Endlich nehme ich gern die ganz besondere Aufmerksamkeit der FAO für das Thema „Frau" zur Kenntnis, wie es bei den Problemen der landwirtschaftlichen und ländlichen Entwicklung auftaucht. Diese Aufmerksamkeit erleichtert den Übergang von Aussagen zur Würde und Gleichheit der Frau, wie sie in den Universalen Erklärungen der Vereinten Nationen und bei gewissen regionalen Organisationen vorliegen, zu den vielen mehrspezifischen Fragen um die Integration der Frau in den Gesamtprozeß der landwirtschaft-

lichen und Nahrung bereitstellenden Entwicklung. Sie hilft ferner mit, entsprechende Anwendungen, nicht nur in den Entwicklungsländern, sondern auch in den industriell fortgeschrittenen Ländern zu empfehlen. Ich bin besonders erfreut darüber, daß zusätzlich zu der Aufmerksamkeit für die eigentlich wirtschaftlichen Aspekte des Beitrags der Frau zur landwirtschaftlichen Produktion sowie zur Umwandlung und Vermarktung von Nahrungsmitteln, auch auf die Würde der Frau als menschlicher Person als Grundlage für ihre rechte Integration nicht nur in den Produktionsprozeß, sondern in das Leben der Gesellschaft als ganzer ausdrücklich Bezug genommen wird. Ich finde hier eine deutliche Parallele zu den Weisungen, die ich in dem Apostolischen Schreiben *Mulieris dignitatem* gegeben habe. Ich wies dort auf die verschiedenen Dimensionen der christlichen Sicht der Würde und Berufung der Frau hin. Ich bin überzeugt, daß nur innerhalb der Perspektive einer Anerkennung der Würde der Frau als menschlicher Person eine richtige Wertung ihrer Beteiligung an der sozio-wirtschaftlichen Entwicklung, dem Fortschritt in ländlichen Gebieten und dem Wachstum aller Bürger erfolgen kann. Schließlich möchte ich meine Anerkennung für die Behandlung jener Themen aussprechen, die in der Arbeit der gegenwärtigen Generalkonferenz der FAO zur Sprache kamen. Ich freue mich, daß diese Themen im Vorbereitungsdokument nicht nur im Hinblick auf das Programm und das Budget der kommenden zwei Jahre behandelt werden, sondern in der umfassenderen Sicht der größeren Probleme von heute. Ich hoffe, daß es der FAO gelingt, einen lebenswichtigen Beitrag zur internationalen Entwicklungsstrategie zu leisten, die die Vereinten Nationen ermuntern möchten, und die Männer und Frauen einer jeden Nation in wachsendem Maße als eine dringende Forderung der Gerechtigkeit und der menschlichen Solidarität in der Welt von heute betrachten. Sehr geehrte Damen und Herren, ich rufe auf Sie alle und auf ihre Arbeit von Herzen Gottes reichsten Segen herab.

Exerzitien eine notwendige Erfahrung

Ansprache an die Delegierten des Italienischen Exerzitienbundes am 17. November

Liebe Regional- und Diözesandelegierte des Italienischen Exerzitienbundes, Leiter und Leiterinnen der verschiedenen Häuser und Spiritualitätszentren, Animatoren und Animatorinnen!

1. Der fünfundzwanzigste Jahrestag des Beginns eurer Tätigkeit hat wirklich einen bedeutungsvollen Moment des Einhaltes und der Besinnung verdient. Bedeutungsvoll vor allem, um dem Herrn dankzusagen für das unsprechliche Gut, das euer wirksames und stilles Werk unter den Seelen verbreitet hat: 1964 durch eine Initiative des eifrigen Bischofs von Alessandria, Giuseppe Almici, entstanden, hat es die Unterstützung vieler Seelenhirten und spezialisierter religiöser Kongregationen gefunden. Ein unaussprechliches Gut, das nur der Geist ermessen kann, weil es sich um das von ihm im Innersten und Verborgenen der Gewissen vollbrachte Werk handelt, zu dem die starken Zeiten des inneren Lebens und der Umkehr, des Hörens auf das Wort Gottes und auf die Stimme Christi den Anlaß bieten.

Bedeutungsvoll sodann, um das Programm zu überprüfen und es hinsichtlich der großen Etappen des vor euch liegenden Weges der Zeit anzupassen. Denn die geistlichen Exerzitien bleiben eine vorrangige Gelegenheit, ein Angebot Gottes an den Menschen, der in seinem konkreten Leben immer wieder situationsgerechter Antworten auf seine Fragen bedarf. Eine Überprüfung ist nötig, um sich erneut und konsequent in den Dienst des Geistes zu stellen.

Bedeutungsvoll ist der Rückblick schließlich für die Festigung und Ausweitung eurer Initiativen. Es sind Initiativen der Kirche, denn seit jeher hält sie die Menschen zu vertrautem und aufmerksamem Gespräch mit dem Meister an, zur Nachahmung des Betens Christi, zur Überprüfung des Lebens und zur Umkehr. Seit jeher lädt die Kirche dazu ein, aufs neue zu Erfahrungen, was der um Maria versammelten Gemeinschaft der Apostel widerfuhr, als sie im Obergemach in Jerusalem das Pfingstgeheimnis erlebte.

Mit lebhaftem Wohlgefallen grüße ich daher den verehrten Mitbruder Sennen Corrà, Bischof von Concordia-Pordenone, zur Zeit Präsident des Bundes, und mit ihm die anderen hier anwesenden Bischöfe sowie euch alle, liebe Mitglieder des Exerzitienbundes, die ihr das Werk der geistlichen Exerzitien zu einem klaren, für Menschen aller Art geöffneten Pastoralprogramm gestaltet habt.

Vergeßt nie, daß die Exerzitien eine eindringliche Forderung sind, welche die Kirche nicht nur an ihre geweihten Amtsträger, an die Ordensmänner und Ordensfrauen und alle gottgeweihten Personen stellt, sondern auch an jene, die Einkehr halten und bereiten Herzens Gott Zeit widmen wollen, in der Hoffnung, ihm auf ihrem Weg zu begegnen, um ihn mehr zu lieben und ihm besser zu folgen.

2. Im Lauf dieses Vierteljahrhunderts ist die Frage nach dem Wert, der Natur und der Zweckmäßigkeit geistlicher Exerzitien manchmal vordringlich geworden. Es ist tröstlich festzustellen, daß im Licht des Zweiten Vatikanischen Konzils eine intensive Reflexion über die Bedeutung stattgefunden hat, die heute das stets gültige Angebot des heiligen Ignatius von Loyola erhalten kann. In diesem Klima der Reform, der Modernisierung und der Reflexion wurde die grundlegende Wichtigkeit der Exerzitien bestätigt; gleichzeitig wurde die – mehr denn je selbstverständliche, doch mit Weisheit und Unterscheidung wahrzunehmende – Notwendigkeit unterstrichen, die Themen und Betrachtungen auf die biblischen Botschaften und die kirchlichen Ansprüche konvergieren zu lassen. Das Wort Gottes und das Leben der Kirche stellen in der Tat die beiden Wege für die Erneuerung der Exerzitien dar. Das Hören auf das Wort Gottes ist bei den Exerzitien die Grundlage jeder Meditation, und die Erforschung der Art und Weise der Fleischwerdung dieses Wortes im geschichtlichen Dasein der Kirche wird Anregung zum Zeugnis und zur Mitarbeit am Apostolat.

Die Exerzitien erweisen ihre Vitalität und Aktualität gerade dann, wenn es ihnen gelingt, bei der Einkehr die zwei typischen Momente des christlichen Lebens erfahren zu lassen, welche im übigen zur menschlichen Erfahrung Christi selbst gehören: das innere Moment, im Schweigen und in der Anbetung, in der Betrachtung und im vertrauten Gespräch mit Gott; und das Moment des Handelns das dem Drang entspringt, die empfangene Gabe auch anderen weiterzugeben, als deren Zeuge, der die Themen der Wahrheit und den freudvollen Anruf zur Nachfolge Christi anderen Seelen zu vermitteln sucht. Daraus ergibt sich klar, daß in die Struktur und in das Programm der geistlichen Exerzitien stark die Idee der Kirche als Gemeinschaft einfließt, in der alle, der Sendung Christi, des Priesters, Propheten und Königs teilhaftig, erkennen, daß sie bei der Sendung eine aktive Rolle haben (vgl. *Apostolicam actuositatem*, Nr. 10). Gerade aus dieser grundlegenden Überzeugung kann sich passend ein Angebot zur Praxis der Exerzitien ergeben, an alle gerichtet, Laien wie Ordensleute, Seelenhirten und alle, die Gott mit aufrichtigem Herzen suchen.

3. Die Exerzitien sind um so notwendiger, je mehr die Entwicklung des Lebensstils dem modernen Menschen die Zeit umd die Möglichkeit, über sich selbst nachzudenken, zu entziehen scheint.
Glücklicherweise ist heute ein Wiedererwachen des religiösen Interesses festzustellen, das sich immer nachdrücklicher und problematischer zeigt, das nicht nur nach theoretischen sondern vielmehr nach existenziellen Antworten dürstet. Und doch leben wir in einer Epoche, die der Reflexion und der Nachforschung über die grundlegenden Themen des Gewissens wenig Raum läßt, während man weiterhin sowohl unter dem Bewußtsein leidet, in „einer bis in ihre Fundamente zerrissenen Welt“ (*Reconciliatio et paenitentia*, Nr. 2) zu leben, als auch unter dem unbezwingbaren Bedürfnis nach Versöhnung und Klarheit über die wahren Lebensgründe.
Wer, wenn nicht der Geist Christi, kann das menschliche Bewußtsein wieder zu einem Ganzen machen? Und wer, wenn nicht die Kirche, kann die Fragen der Versöhnung, des inneren Friedens, der wiedergefundenen Reinheit der Seele klären?

4. Vieles könnte man noch sagen über den Wert der Einkehr, der Besinnung, der Stille, der Meditation, der Regeneration durch die Sakramente. Ich vertraue euch allen die Aufgabe an, auf diese Themen zurückzukommen, um euer Vertrauen in den Wert der geistlichen Exerzitien neu zu stärken und den bereits so fruchtbaren Weg dieser fünfundzwanzig Jahre des Bestehens eurer Vereinigung weiterzugehen.
Ich empfehle euch weiter, jede Anstrengung zu unternehmen, damit die Jugendlichen an den geistlichen Exerzitien teilnehmen. Die Exerzitien sind eine beinahe notwendige Erfahrung, speziell in gewissen heiklen Momenten des Wachstums, wenn wir wollen, daß die Jugendlichen Christen bleiben, daß sie das wahre und letzte Ziel ihres Daseins nicht aus den Augen verlieren und nicht auf die Teilnahme an der grundlegenden Berufung verzichten, die ihnen von Christus angeboten wird, der Weg, Wahrheit und Leben ist. Die starke Erfahrung der geistigen Einkehr hat eine einschneidende Wirkung auf den Prozeß menschlicher und christlicher Bildung der Jugendlichen: eine Erfahrung, die mit Intelligenz anzubieten ist und in Berücksichtigung der vielen Schwierigkeiten, Grenzen und Beeinflussungen der Jugendlichen. Ein solches Werk gilt es, mit Optimismus voranzubringen in dem Wissen, daß die fortschreitende Reifung des Menschen vor allem kraft der mit Zuversicht gesäten Worte des Evangeliums gechieht. Die allen Jugendlichen eigene Fähigkeit, das Wahre aufzunehmen und aufrichtig und großherzig das Gute zu ersehnen, wird euch nicht enttäuscht lassen. Die Faszination Christi hat unter den Jugendlichen noch nie ihre Wirkung verfehlt.

Mit diesen Gedanken und mit innigen Wünschen für die Zukunft des Italienischen Exerzitienbundes erteile ich euch allen hier Anwesenden und euren Mitarbeitern sowie all jenen, die eure Einkehrhäuser aufsuchen, meinen Apostolischen Segen.

Hauptakteure der Entwicklung

Grußwort an eine Delegation des Innu-Volkes in Kanada am 17. November

Liebe Freunde!

Mit großer Freude begrüße ich euch, die Innu von Quebec und Labrador in Kanada, bei eurem Rombesuch. Ihr hattet den Wunsch, mit dem Papst zusammenzutreffen, um mit ihm eure Besorgnis um die Zukunft eurer Lebensweise zu teilen.

Eure heutige Anwesenheit hier erinnert mich an die Worte, die ich 1987 in Fort Simpson während meines kurzen Besuches in Kanada sprache. Ich sagte: „Als Eingeborene steht ihr vor einer sehr großen Aufgabe, nämlich: die religiösen, kulturellen und sozialen Werte zu fördern, die für eure menschlich Würde eine Stütze sind und euer zukünftiges Wohlergehen sichern. Euer Sinn fürs Teilen, euer Verständnis für die in der Familie verwurzelte menschliche Gemeinschaft, die hoch eingestuften Beziehungen zwischen euren älteren und jüngeren Leuten, eure geistliche Sicht der Schöpfung, die zu verantwortlicher Sorge und zum Schutz der Umwelt aufruft – all diese überlieferten Aspekte eurer Lebensweise müssen bewahrt und gepflegt werden" (*Predigt in Fort Simpson*, 20.09.1987: O.R. dt., 13.11.1987).

Es liegt der Kirche viel daran, daß diese wertvollen Aspekte eurer Lebensweise zum Besten eures Volkes geschützt und gestärkt werden. Aber sie weiß auch, daß ihr selbst bei eurer Entwicklung die Haupthandelnden seid. Es ist eine Entwicklung, die hauptsächlich aus dem geistigen und moralischen Charakter der Menschen selbst erwächst. Die Kirche begleitet euch bei dieser Aufgabe und unterstützt euch beim Suchen nach gerechten und parteiischen Lösungen in den Situationen, die euer Wohlbefinden und das zukünftige Wohl eurer Gemeinschaft bedrohen. Als Menschen, die nach Gottes Bild und ihm ähnlich erschaffen sind, und als getaufte Söhne und Töchter Gottes seid ihr alle der Kirche und dem Herzen des Papstes teuer.

Möge unsere heutige Begegnung euren Entschluß stärken, in Treue Christus nachzufolgen und mutige Zeugen für das Evangelium zu sein. Ich fordere euch zu immer größerem Mitempfinden und immer größerer Solidarität mit all denen auf, die wie ihr, darum kämpfen, für sich und ihre Lieben eine mit geistlichem und materiellem Segen erfüllte Zukunft zu sichern, und die sich nach einer von mehr Gerechtigkeit, Liebe und Frieden geprägten Welt sehnen.

Ich verspreche euch weiterhin mein Gebet, daß Maria, die Mutter Gottes, für euch und für alle Mitglieder eurer Gemeinschaften eintreten möge. Im Herrn liebend verbunden erteile ich euch und euren Familien von Herzen meinen Apostolischen Segen.

Aspekte der Wahrheit gemeinsam neu entdecken

Brief an seine Heiligkeit Dimitrios I., ökumenischer Patriarch von Konstantinopel, vom 21. November

Lieber Bruder in Christus!

Zehn Jahre ist es her, daß ich die tiefe geistige Freude hatte, mit Ihnen, bei Ihnen das Fest des hl. Andreas zu feiern. Ich bewahre davon eine unvergeßliche Erinnerung. In Ihrem Haus fühlte ich mich ganz daheim und konnte gewissermaßen das Anbrechen des Tages schauen, der uns zur gemeinsamen Feier der Eucharistie vereint sehen wird. Dieses Jahr wird Kardinal Willebrands die Delegation anführen, die an Ihrem Gebet teilnehmen und Ihnen zu diesem freudigen Anlaß meine persönlichen Wünsche und die der katholischen Kirche überbringen wird. Bei unserer Begegnung 1979 haben wir den Beginn der Arbeiten der internationalen Kommission für den theologischen Dialog zwischen der katholischen Kirche und der orthodoxen Kirche angekündigt und die Liste von deren Mitgliedern veröffentlicht. In unserer gemeinsamen Erklärung haben wir bekräftigt: „Der theologische Dialog hat ... den Fortschritt zur Wiederherstellung der vollen Gemeinschaft zwischen der katholischen und der orthodoxen Kirche zum Ziel." Uns war bewußt daß dieser Fortschritt zur Wiederherstellung der vollen Gemeinschaft nur durch die gemeinsame Neuentdeckung aller Aspekte der Wahrheit verwirklicht werden kann, so daß wir durch das Tun der Werke der Wahrheit zu dem Licht gelangen (vgl. *Joh* 3,21), das uns anzieht, unsere Schritte lenkt und uns zusammenführt. „Wenn wir aber im Licht leben, wie er im Licht ist, haben wir Gemeinschaft miteinander, und das Blut seines Sohnes Jesus reinigt uns von aller Sünde" (*1 Joh* 1,7). Mit dieser Überzeugung hat die Dialogkommission ein Programm aufgestellt, dessen Ziel es war, die Wahrheiten, die wir gemeinsam bekennen, miteinander zu vertiefen und so von innen her zu den Punkten zu gelangen, über die wir uns im Laufe der Jahrhunderte entzweit haben. Während der zehn Jahre ihrer Arbeit hat die Kommission immer gesucht, die Wahrheit in der Liebe zu bekennen (vgl. *Eph* 4,15), der Liebe, die durch den Heiligen Geist in unsere Herzen ausgegossen wurde. Die Arbeit der Kommission verstärkt so die Gründe, die uns wünschen lassen, sie möge sich nun dem Studium der Unstimmigkeiten widmen, die wir aus der Vergangenheit übernommen haben, denn die durch bewährte Tugend bewirkte Hoffnung enttäuscht nicht (vgl. *Röm* 5,4–5). Bitten wir miteinander den Heiligen Geist, daß er die Kommission und uns alle mit der Fülle seiner Wahrheit leite und daß er das Kommen des gesegneten Tages unserer vollständigen Wiederversöhnung beschleunige! Eingangs habe ich an die geistige Freude erinnert, die mir mein Besuch bei Ihnen geschenkt hat. Ich trenne sie aber nicht von jener, die mir Ihr Besuch und unser gemeinsames Gebet am Grab des Apostels Petrus, Bruder des Andreas, des Erstberufenen, geschenkt hat. Das Herz erfüllt von diesen Gefühlen und von dieser Hoffnung, entbiete ich Ihrer Heiligkeit, Ihrer Heiligen Synode und all Ihren Gläubigen meine innigsten Wünsche zu diesem Festtag. Mögen die heiligen Apostelbrüder Petrus und Andreas beim Herrn dafür eintreten, daß er Ihnen und ebenso Ihrer ganzen Kirche das Übermaß seiner Gnade gewähre und daß er unseren Mut und unsere Entschlossenheit erneuere, zur vollen Gemeinschaft fortzuschreiten. In unserem einzigen Herzen bringe ich Ihnen erneut meine tiefe und brüderliche Liebe zum Ausdruck.

Aus dem Vatikan, den 21. November 1989

Joannes Paulus PP. II

Das Apostolat eine Aufgabe für jeden Christen

Ansprache an das Generalkapitel der Pallotiner am 24. November

Liebe Brüder in Christus!

1. Zum Abschluß eurer XVI. Generalversammlung habt ihr den Wunsch nach dieser Begegnung ausgesprochen, um eure ehrliche Absicht, die kirchliche Gemeinschaft hochzuhalten, sowie eure treue Ergebenheit dem Nachfolger Petri gegenüber zum Ausdruck zu bringen. Ich danke euch für diese Bezeugung eurer Liebe; insbesondere danke ich P. Martin Juritsch, der in seinem Amt als Generalrektor bestätigt wurde, für die Worte, mit denen er euren Glauben und eure Liebe kundtun und mich gleichzeitig über die Bedeutung der soeben zu Ende gegangenen Versammlung sowie über die Zukunftserwartungen informieren wollte, die sich aus ihr ergeben haben. Ich möchte meine Wertschätzung für die von euch geleistete Arbeit aussprechen und mit euch die gesamte Vereinigung des Katholischen Apostolats grüßen, diese große und vielgestaltige geistliche Familie, die, wie ein Baum aus einem winzigen Samen, aus dem großen Herzen und der großen Intuition eures Gründers, des hl. Vinzenz Pallotti, entsprungen ist. Eure geistliche Familie umschließt die verschiedensten kirchlichen Berufungen, die sich aktiv dem katholischen Apostolat widmen, das den wesentlichen und allen Zweigen gemeinsamen Zweck eurer Vereinigung ausmacht; um es mit den Worten eures Gründers zu sagen, dieser Zweck ist „das Wachstum, die Verteidigung und Ausbreitung der Frömmigkeit und des katholischen Glaubens“ (*Gesamtausgabe*, III, 27).

2. Euer Gründer hatte eine hohe Auffassung vom Apostolat; er betrachtete es als eine Tätigkeit, die sich im Licht und in der Kraft der allerheiligsten Dreifaltigkeit abspielen muß: Nachahmung Christi, des „Apostels des ewigen Vaters“, vom Heiligen Geist, dem Geist der Liebe, inspiriert und von seiner einigenden und belebenden Kraft bewegt. Der hl. Vinzenz bestand auf der absoluten Notwendigkeit der Liebe, welche die Verkündigung des Glaubens begleiten muß! Diese sollte aus Liebe und in der Liebe erfolgen und immer und einzig jene Liebe fördern, die Christus uns mit seiner Selbsthingabe am Kreuz gelehrt hat, jene in sich bestehende göttliche Liebe, die Vinzenz in seinen glühenden Meditationen betrachtete und die sich in seiner so intensiven Aktivität als Apostel der Wahrheit und als Diener Gottes für das Heil der Seelen – der Glaubenden und Nichtglauben-

den – verströmte. Indem der hl. Vinzenz auch Unverständnis und Leiden auf sich nahm, betonte er, daß das Apostolat Aufgabe jedes gut ausgebildeten Christen ist, unabhängig von seiner Berufung oder seinem besonderen Amt in der Kirche. Denn es handelt sich dabei um eine Pflicht, ja, um eine innere Notwendigkeit, die unbedingt und spontan dem allmählich zunehmenden Wissen um die Taufe, Grundlage und unerschöpfliche Quelle des ganzen neuen Lebens in Christus, und deren Verwirklichung entspringt.

3. Ein zweiter, logischerweise an den ersten gebundener Wesenszug kennzeichnet die pallottinische Auffassung des Apostolats: Vinzenz betrachtete es als ein einheitliches Werk, das gemeinsam mit den Brüdern und Schwestern verwirklicht werden muß, unter der Führung der Hirten, die, wie der hl. Paulus, nicht dazu berufen sind, „Herren über euren Glauben“ (*2 Kor* 1,24) zu sein, sondern vielmehr den anderen Brüdern und der einzigen Wahrheit zu dienen und das Volk Gottes dank einer Botschaft, die sie übersteigt und die ihnen von Gott selbst anvertraut wurde, zu befreien und zu heiligen. Nach der Meinung des hl. Vinzenz ist der Priester und vor allem der Bischof zweifellos Lehrer des Glaubens, doch verleiht der Heilige Geist auch allen anderen Christen – Männern und Frauen, Ordensleuten und Laien – denen, einem euch geläufigen Ausdruck gemäß, ein „prophetischer Auftrag“ anvertraut wird, besondere Gaben oder Charismen.

4. Ich hoffe sehr, daß die Arbeit eurer Versammlung im Licht des Gesamtthemas „Gemeinsam den Weg gehen und dienen“ der Weiterentwicklung und Vertiefung dieses gemeinschaftlichen Aspektes des pallottinischen Apostolats dienlich war, der seine gesetzliche Grundlage im „Grundgesetz“ hat, wo von der Notwendigkeit der Zusammenarbeit von Priestern, Brüdern und Schwestern die Rede ist, damit „die Einheit und apostolische Wirkkraft der gesamten Vereinigung gewährleistet werde“. Eine Frucht dieses Einander-Ergänzens ist zweifellos das Projekt eines Handbuches der Vereinigung, das eben den Zweck verfolgt, den Grundsatz der Einheit, die euch alle als Söhne und Töchter des hl. Vinzenz in der Vielfalt und Verschiedenheit der Gaben, der Ämter und der Berufungen – umschließt. Auch die Begegnungen der drei Generalräte, die ihr 1986 begonnen habt, fördern diese Zusammenarbeit bei der Organisation der apostolischen Tätigkeiten und ich hoffe, daß diese geschwisterliche Gemeinschaft immer reichere Früchte der Gnade und des Heiles für das Kommen des Reiches Gottes tragen wird. Geht gemeinsam, um zu dienen! Dient nach dem Beispiel Christi. Nach dem Beispiel Mariens, der „Magd des Herrn“. Dies ist mein Wunsch; dies sei die Frucht eurer Generalversammlung. Hierzu segne ich aus ganzem Herzen euch alle und gemeinsam mit euch die anderen Mitglieder, Brüder und Schwestern, Ordensleute und Laien eurer großen pallotinischen Familie.

Das Leben erfordert ständige und strenge Disziplin

Ansprache an die Teilnehmer des Kongresses „Sport, Ethik und Glaube" am 25. November

1. Indem ich euch allen mein herzliches Willkommen entbiete, Diözesanbeauftragte der Sportpastoral, Leiter von christlichen Sportvereinen und Persönlichkeiten der italienischen Sportwelt, möchte ich der Italienischen Bischofskonferenz, die durch ihr zuständiges Amt den nationalen Kongreß „Sport, Ethik und Glaube für die Entwicklung der italienischen Gesellschaft" veranstaltet hat, mein lebhaftes Wohlwollen ausdrücken. Eure Anwesenheit ruft mir die unvergeßliche Begegnung mit den Sportlern ins Gedächtnis zurück, die während des Jubiläumsjahres der Erlösung, am 12. April 1984, im römischen Olympiastadion stattgefunden hat.

Bei jener Gelegenheit erinnerte ich an „die grundlegende Gültigkeit des Sports ... nicht nur (als) eine Vergleichsmöglichkeit ..., um ein höheres ethisches und asketisches Ideal zu erläutern, sondern ... auch in seiner inneren Wirklichkeit als Bildungsfaktor des Menschen und als Komponente der Kultur und der Gesellschaft" (*O.R.dt.*, Nr. 23, 1984, S. 5).

Denn wir wissen, daß Paulus auf die Wettkampfpraxis Bezug nimmt, um den Geist des Mutes zu unterstreichen, den das christliche Leben verlangt, wenn es sich wirklich nach Christus gestalten will. Das Leben nach dem Evangelium erfordert eine strenge und beständige Disziplin und erweist sich als eine fortwährende Herausforderung gegenüber den Nachstellungen der Mächte des Bösen, das in uns und in der Welt anwesend und tätig ist. Der Schwierigkeiten wohl bewußt, fordert Paulus daher dazu auf, „den guten Kampf des Glaubens" (*1 Tim* 6,12) zu kämpfen, ohne vor den Hindernissen den Mut zu verlieren, und empfiehlt, den Preis, der wirklich und gewiß in Aussicht steht, nicht zu vergessen. Er schreibt: „Das Ziel vor Augen, jage ich nach dem Siegespreis: der himmlischen Berufung, die Gott uns in Christus Jesus schenkt" (*Phil* 3,14).

Das christliche Leben erscheint also als ein sehr anfordernder Sport, der alle Energien des Menschen vereinigt, um sie auf die Vervollkommnung der Persönlichkeit auszurichten, auf dem Weg zu einem Ziel, das in unserem Menschsein das „Maß der Gabe Christi" (vgl. *Eph* 4,7) verwirklicht.

2. Euer Kongreß fügt sich passend in die Vorbereitungsphase der kommenden Weltmeisterschaften ein. So läßt er einem Ereignis, das sicherlich die Aufmerksamkeit von Millionen und Abermillionen Menschen auf sich ziehen wird, eine ruhigere Reflexion vorausgehen. Gleichzeitig bietet er Gelegenheit, den Beitrag zu untersuchen, den der Sport zur Entwicklung der Person und zur Verbesserung der Lebensqualität leistet. Dieser Moment des Nachdenkens der Kirche vermehrt den Wert und die Glaubwürdigkeit einer Lehre, die den Schutz des Menschen in seiner physischen und moralischen Integrität zum Ziel hat.

Wenn ich hier noch einmal wiederhole, daß die Kirche nicht nur „am Menschen nicht vorbeigehen ... darf" (*Redemptor hominis*, Nr. 14), sondern vielmehr ihre Fürsorge ge-

rade dem konkreten Menschen zuwendet, ist es legitim, daß wir uns fragen, wie der Sport in der modernen Gesellschaft einen Platz als Element wahrer Förderung des Menschen finden kann. In diesem Zusammenhang sind wir alle besorgt, weil der Sport zu Manifestationen entartet, die eine Schande für die hohen Ideale sind, für die er stehen kann und für die sich Millionen Menschen begeistern.
Eine unbestreitbar positive Tatsache ist der Umstand, daß den Sport heute eine Frage nach Qualität und Sinn kennzeichnet. Man verspürt die Notwendigkeit, dem Sport nicht nur eine neue und anhaltende Würde zurückzugeben, sondern vor allem die Fähigkeit, tiefere menschliche Bedürfnisse zu wecken und wach zu halten, wie z. B. den gegenseitigen Respekt, eine nicht leere, sondern auf ein Ziel gerichtete Freiheit, den Verzicht im Dienst eines Zweckes.

3. Euer Kongreß hat sich zur Aufgabe gemacht, den Zusammenhang zwischen Sport, Ethik und Glauben in der Komplexität und Weitläufigkeit der verschiedenen Bereiche aufzuzeigen, mit dem Ziel, die Reflexion über die Realität der Sportpraxis zu vertiefen und sie zu neuem Einsatz aufzurufen, um den Bildungszielen, vor allem in bezug auf die Jugend, zu entsprechen. In diesem Sinn hat die Kirche in vorderster Reihe zu stehen, um eine besondere Pastoral zu erarbeiten, die den Fragen der Sportler gerecht wird, und um einen Sport zu fördern, der Bedingungen für ein hoffnungsvolles Leben schafft. Ich möchte mich auf die verschiedenen Aktivitäten bezogen wissen, welche die katholischen Sportvereine, die Pfarreien und Jugendzentren organisieren, kräftig unterstützt von Institutionen für Kinder und Jugendliche, die von christlichen Prinzipien getragen sind. Ihnen gelten meine Zuneigung und meine Anerkennung für den hingebungsvollen Dienst an so vielen Menschen, und ich ermuntere sie, ihr wertvolles erzieherisches Werk fortzusetzen.
Der Kongreß hat auch gesucht, die Beziehung zwischen Sport und Gesellschaft zu studieren, in der Überzeugung, daß der Sport ein gültiger Faktor für die Sozialisierung und das Wachsen freundschaftlicher Beziehungen in einem Klima der Solidarität ist. Und so habt ihr auch die Grundzusammenhänge zu erfassen gesucht, die sportliche und moralische Gesichtspunkte verbinden.
Die ethischen Bedingungen des Menschen im Sport und in den verschiedenen Situationen sportlicher Organisation erfordern auch einen Hinweis auf die Relativität des Sports im Hinblick auf den Primat des Menschen, um die subsidiäre Valenz des Sportes im Schöpfungsplan Gottes zu unterstreichen. Daher ist auch der Sport in der Dynamik des Dienstes zu sehen, und nicht in der des Profits. Wenn man sich die Zielsetzungen der Humanisierung vor Augen hält, kann man nicht umhin, die unbedingte Aufgabe wahrzunehmen, den Sport immer mehr umzuwandeln zu einem Werkzeug der Erhebung des Menschen zu dem übernatürlichen Ziel, zu dem er berufen ist.
Damit der Sport kein Eigenleben führt und so Gefahr läuft, zu einem leeren und gefährlichen Idol zu werden, gilt es zu vermeiden, was an seinen Ausdrucksformen für die sportlichen Massen trügerisch und irreleitend sein kann, wie es manchmal leider vorkommt. Eine gesunde Auffassung des Sportes muß diesen Entgleisungen gegenüber auf der Hut sein, um das bekannte krampfhafte Wetteifern zu verhindern, dem es nur um das Errei-

chen von Resultaten geht, ohne Sorge um den wahren Vorteil des Menschen und letzten Endes des Sports.

4. Eure Anwesenheit bietet mir schließlich die Gelegenheit, herzliche Wünsche für einen glücklichen Ausgang der kommenden Fußball-Weltmeisterschaft auszusprechen. Ich weiß, daß ihr eure Aufmerksamkeit auch diesem Ereignis zugewandt habt. Es wird nicht nur die für die Ausscheidungsspiele gewählten Städte interessieren, sondern auch Millionen Menschen in ganz Italien, dies auch wegen der Präsenz vieler Spieler und Sportbegeisterter aus allen Teilen der Welt, mit den Problemen, die sich für die zahlreichen Aufnahmeinstitutionen, -organisationen und -behörden stellen werden.
Ich wünsche mir, daß anläßlich dieses Ereignisses die einzelnen Spiele zu wundervollen Gelegenheiten des Austausches, der Freundschaft und der Brüderlichkeit werden mögen. Die Begegnung von Menschen verschiedener Nationalität zu einem fairen und friedlichen Kräftemessen auf den Spielfeldern ist in gewisser Weise eine Art universale Zusammenkunft, bei der die Werte der Einheit und des Friedens unter den Völkern hervortreten. Der Sport kann so seinen Beitrag zum Aufbau jener ersehnten Welt leisten, in der jeder Mensch sich wirklich als der Bruder des anderen fühlt.
Euch und der ganzen Welt der Sportler erteile ich von Herzen meinen Apostolischen Segen als Unterpfand des Lichtes und der inneren Kraft, die nur der Herr geben kann.

Eine alte und berühmte Stiftung

Grußwort an den Botschafter Frankreichs beim Heiligen Stuhl, Jean-Bernard Raimond, zum Abschluß des Pastoralbesuchs in S.Luigi dei Francesi am 25. November

Herr Minister!

Zum Abschluß dieses Pastoralbesuches in Saint-Louis-des Français danke ich euer Exzellenz, daß Sie hier die zahlreichen Persönlichkeiten versammelt haben, die im Rahmen der französischen Gemeinde in Rom Verantwortung tragen.
Es ist mir eine willkommene Gelegenheit der Generalversammlung und dem Vorstand der „Pieux Etablissements de la France“ in Rom und in Loreto an ihrem historischen Sitz zu begegnen. Mein Gruß gilt dieser Stiftung alter und berühmter Herkunft, die ihren Stiftungszweck verfolgt, in dem sie die Nationalkirche und die Priestergemeinschaft Saint-Louis, wie auch die Kirche Trinità dei monti und die anderen französischen Kirchen der Stadt Rom aktiv unterstützt. Ich möchte noch hinzufügen, daß es mir eine ausgesprochene Freude ist, in den verschiedenen Räumen dieses großen Hauses den Vertretern zahlreicher Gruppen zu begegnen, die die Vitalität des Pfarrzentrums von St. Ludwig erkennen lassen.
Auch den Vertretern der kulturellen Institutionen möchte ich meine Hochachtung für ihre Tätigkeit für ihren Geist der Zusammenarbeit mit den päpstlichen Hochschulen und für ihre Arbeiten aussprechen, die die Universität Ihres Landes ehren. Ich begrüße beson-

ders die Mitglieder der „Ecole française" von Rom. Kürzlich hatte ich die Freude, sie anläßlich des Papst Pius XI. gewidmeten Kolloquiums zu empfangen.
Meine herzlichen Wünsche gelten den Verantwortlichen des französischen Lyzeums in Rom für die Erziehung und Bildung die sie zahlreichen Schülern verschiedener Nationalitäten angedeihen lassen.
Ich begrüße die Mitglieder des „Conseil superieur des Français à l'étranger" und der „Union des Français de Rome" wie auch mehrere Persönlichkeiten aus dem Wirtschaftsleben. Durch sie richte ich meine guten Wünsche an ihre hier lebenden Landsleute, für ihr Familienleben und ihre Berufstätigkeit, mit allem, was die Schätze dieser Stadt und der Austausch zwischen Menschen zahlreicher Nationen beitragen können.
Sie haben, Herr Minister, die Mitglieder Ihrer Botschaft um sich versammelt, und es ist mir eine Freude, ihnen an Ihrer Seite zu begegnen. Und ich bin seiner Exzellenz, dem Herrn Botschafter Frankreichs in Italien, dankbar, daß er mit mehreren seiner Mitarbeiter, an dieser Begegnung teilnimmt.
Die Liebenswürdigkeit, mit der Sie, Herr Botschafter, mich empfangen haben, offenbart einmal mehr, welcher Art die Beziehungen Frankreichs zum Heiligen Stuhl sind. Ich werde Ihnen sehr verbunden sein, wenn Sie Seiner Exzellenz dem Herrn Präsidenten der Republik meine Dankbarkeit zum Ausdruck bringen für die Aufmerksamkeiten, mit denen mich seine Vertreter hier umgeben, und ganz besonders für das kostbare Buch, das mir überreicht wurde. Dieses Werk des großen Bossuet bildete zu seiner Zeit einen bedeutenden Maßstab für die geschichtliche Reflexion. Heute laden uns, wie Sie unterstrichen haben, die Ereignisse und das, was am Ende des zweiten Jahrtausends auf dem Spiel steht, dazu ein, in einem neuen Licht diese Reflexion fortzusetzen. Möchten Sie bitte dem Staatsoberhaupt und der französischen Regierung meine herzlichen Wünsche für ihre Sendung im Dienst an Ihrem Land übermitteln.
Zum Abschied möchte ich Ihnen erneut meine Sympathie bekunden; im Gebet vertraue ich Ihre Anliegen dem Herrn an.

Freiheit, Gleichheit, Brüderlichkeit – Werte aus christlichen Wurzeln?

Predigt beim Besuch der französischen Nationalkirche in Rom, S. Luigi dei Francesi, am 25. November

„Jesus, denk an mich, wenn du in dein Reich kommst" (*Lk* 23,42).

1. Am Christkönigsfest kommt in dem Gebet des guten Schächers das christliche Paradox zum Ausdruck: ein gekreuzigter Missetäter spricht seinen Glauben an die Person und die Sendung Christi aus, er wendet sich mit Vertrauen an Jesus, der ebenfalls verurteilt und, scheinbar machtlos dem Tod nahe ist.
Die religiösen Führer und die Soldaten machen sich darüber lustig. Ein anderer Verurteilter lästert. Der Titel „König der Juden" wird dem Nazarener zum Spott gegeben. Wie

er in der Wüste dreimal versucht wurde, so wird ihm auf Golgota dreimal die Herausforderung entgegengeschleudert: „Hilf dir selbst!“, „Wenn du der König der Juden bist“, „Bist du denn nicht der Messias?“ (*Lk* 23,35.37.39).
Nur der gute Schächer richtet den Blick des Glaubens auf Jesus und ruft ihn an mit der Kühnheit der Hoffnung. Er hat den Messias erkannt. Er hofft auf das Reich des Lebens, das der Sohn Gottes errichten wird. Er schenkt dem seinen Glauben, in dem Gott „alles versöhnen“ wollte … „der Friede gestiftet hat am Kreuz durch sein Blut“ (*Kol* 1,20).
Das ist ein Beispiel für jedes christliche Glaubensbekenntnis. Das ist der Sinn dieses Hochfestes: Im Heilsgeheimnis von Tod und Auferstehung des menschgewordenen Gottessohnes gründet das neue Reich. Und Jesus antwortet dem reuigen Verbrecher: „Heute noch wirst du mit mir im Paradiese sein.“ Die Hoffnung ist erfüllt. Vereinigung und Gemeinschaft mit Christus sind angeboten, heute.

2. Liebe Brüder und Schwestern, die ihr hier in der Kirche Saint-Louis-des-Français zusammengekommen seid, wenn der Bischof von Rom mit euch dieses Fest feiert, das das liturgische Jahr abschließt, dann lädt er euch ein, auf Christus den Glaubensblick des guten Schächers zu richten und euch mit dem gleichen Gebet an ihn zu wenden: „Jesus, denk an mich, wenn du in dein Reich kommst“ (*Lk* 23,42).
Mit dem heiligen Paulus rufe ich euch auch auf, Gott dem Vater zu danken. „Er hat euch fähig gemacht, Anteil zu haben am Los der Heiligen, die im Licht sind“ (*Kol* 1,12). Denn die gute Botschaft vom Heil wurde uns durch das Zeugnis der Apostel übermittelt. Die Jünger haben im Auferstandenen den leidenden Gottesknecht erkannt, von dem sie gesehen hatten, wie er ins Grab gelegt wurde. Sie zeigen uns, welche Macht der Liebe in ihm am Werk ist: wir sind losgekauft, unsere Sünden sind vergeben. Der Sohn, „das Ebenbild des unsichtbaren Gottes, der Erstgeborene der ganzen Schöpfung“ führt alles zur Vollendung (vgl. *Kol* 1,15.19).
Die Liturgie sagt uns, welcher Art das Reich ohne Grenzen und ohne Ende ist, das Jesus möglich macht, indem er sich auf dem Altar des Kreuzes opfert: „ein Reich des Lebens und der Wahrheit, ein Reich der Gnade und der Heiligkeit, ein Reich der Gerechtigkeit, der Liebe und des Friedens“ (*Präfation von Christus, dem König*).

3. Liebe Freunde der französischen Gemeinde in Rom, der Glaube an Christus, den König, ist zugleich ein Aufruf, im Geist seines Reiches zu leben. Von Generation zu Generation haben euch zahllose Zeugen diese Botschaft durch ihr Beispiel übermittelt. Ich nenne nur die Heiligen, die hier verehrt werden, die Patrone der Kirche neben der Jungfrau Maria: es ist der hl. Dionysius, Bischof und Martyrer, und es ist vor allem der hl. Ludwig, der sein Königsamt als Dienst an den Brüdern auszuüben wußte. Ganz von der Liebe Christi durchdrungen, stand er den Reichtümern dieser Welt in Freiheit gegenüber. Zusammen mit ihnen verehrt ihr auch die hl. Chlothilde und die hl. Johanna von Frankreich, zwei Königinnen, die an den besonderen Platz erinnern, den die Frau in der Kirche und in der Gesellschaft einnimmt.
Große Heiligengestalten, Männer der Kirche, Denker und Künstler stehen am Weg der christlichen Geschichte eurer Nation; aber ebenso haben Gläubige, die keine berühmten

Namen tragen, hochherzig „das Haus des Herrn“ (*Ps* 121/122,1) in eurem Land aufgebaut.
Doch im Lauf der Jahrhunderte hat es auch nicht an Widersprüchen gefehlt, wenn manche sich vom Glauben entfernten und andere sich gegen die Kirche erhoben. So wurde vor zweihundert Jahren in Opposition zum Christentum das humanistische Ideal verkündet, das eine neue Gesellschaft begründen sollte. Doch kann man im Abstand der Zeit in den Werten der Freiheit, der Gleichheit und der Brüderlichkeit, die mit so viel Aufsehen verkündet wurden, nicht irgendwie auch die Früchte eine Kultur aus christlichen Wurzeln erkennen?
Im Lauf meiner Pastoralbesuche auf französischem Boden hatte ich bereits Gelegenheit, daran zu erinnern, wieviel Wertvolles die Söhne dieser Nation zum Leben der Kirche beigetragen haben, zu ihrer Mission, ihrem Denken, ihrer Kunst und ihrem pastoralen Leben. Diese im Lauf der Jahrhunderte ausgestaltete Tradition weiter verfolgend, müssen die heutigen Generationen sich wieder an die Aufgabe machen, ihre Treue zu Christus zu erneuern, zu ihm, der „der Ursprung“ ist, „der Erstgeborene der Toten“, der „in allem den Vorrang hat“ (*Kol* 1,18).

4. Christus, den König des Weltalls bekennen, setzt voraus – so haben wir es eben im Evangelium gehört –, daß man manche Hindernisse überwinden muß. Die Zeugen der Kreuzigung konnten ihre Skepsis nicht zurückhalten. Um uns her zweifeln eine Menge Zeitgenossen an Christus, oder sie beachten ihn nicht oder schließen seine Gegenwart aus ihrer Weltsicht aus. Eine Anzahl von Ländern Europas sind Erben der Philosophie der Aufklärung und von Philosophien, die Argwohn gegen Gott, gegen Christus und seine Kirche ausstreuten. Sehr oft haben sie eine Gesellschaftsordnung und eine Erziehungsweise durchgesetzt, die ohne jede Beziehung zu Gott entwickelt wurden.
Wenn diese Ideologien, die das Glück und den Frieden, die sie versprachen, nicht bringen konnten, nun in einem gewissen Abflauen sind, so besteht ihr Einfluß auf die Mentalität doch noch weiter in Form intellektueller Zurückhaltung oder praktischer Gleichgültigkeit. Ohne unserem Zeitalter alle Schwierigkeiten zuschreiben zu wollen, denen man im Glauben begegnet, muß man dennoch feststellen, daß die Entchristlichung eines bedeutenden Teils der Gesellschaft das aktive Festhalten am Glauben anspruchsvoller macht und die christliche Heranbildung der Jugend erschwert.
Die Feststellung dieser Schwierigkeiten darf uns aber nicht pessimistisch machen. Wir müssen den Sinn des Reiches Christi besser begreifen. Nur um den Preis des Leidens, das er auf sich nahm, und den Preis des Verlassenseins von den meisten der Seinen, nur unter dem Verstummen des Volkes und dem Spott derer, die an seiner Spitze standen, hat Jesus den Tod besiegt. Aber er hat sein Opfer in der äußersten Liebe für die vielen dargebracht. Durch sein Opfer wollte Gott „alles versöhnen ... im Himmel und auf Erden“ (*Kol* 1,20). Da zeichnet sich die Gestalt des Reiches ab, das wir feiern, dessen Vollendung wir erwarten und das vorzubereiten unsere Sendung ist.

5. Das Fest des heutigen Tages erinnert uns also an das Fundament der christlichen Berufung selbst: uns zu vereinigen im Leibe Christi, das heißt der Kirche, deren Haupt Chri-

stus ist, er, durch den alles erschaffen wurde, er, durch den wir losgekauft wurden und Vergebung erhielten (vgl. *Kol* 1,18.14).

Durch das Erbe eurer Vorfahren wurde euch viel anvertraut. Und es wird, nach dem Wort Jesu, noch viel von euch verlangt werden (vgl. *Lk* 12,48).

Von den Glaubenden wird mutige Treue zu den empfangenen Gaben verlangt, restloses Vertrauen auf Christus, Verfügbarkeit für die Arbeit an seinem Reich.

Von denen, die zweifeln, von denen, die nicht den vollen Glauben der Kirche teilen, wird verlangt, daß sie nicht aufhören zu suchen und daß sie sich mit der Gnade Gottes für den öffnen, der den Glauben fordert ohne in aufzuzwingen. Ihr erfreut euch der religiösen Freiheit, die es in allzu vielen Regionen der Erde noch nicht gibt. Freiheit aber heißt nicht Gleichgültigkeit gegenüber der Gegenwart Gottes. Wir sind alle dazu berufen, im Reiche Gottes zusammengeführt zu werden. Wir brauchen die Herrschaft Christi nicht zu fürchten: Christus führt hin zu Frieden und Liebe; er setzt das Beste unseres Menschseins in uns frei; durch das Geschenk seines Lebens stellt er in uns das Bild des lebendigen Gottes wieder her.

Wie auch immer der Weg eines jeden verlaufen und wie er das Geschenk des Glaubens aufnehmen mag, niemand soll passiv bleiben: jeder kann daran arbeiten, das Los seiner Brüder und Schwestern zu verbessern und auf diese Weise einen Schritt auf dem Weg des Evangeliums machen. Jedes Bemühen um mehr Wahrheit, Gerechtigkeit und Liebe schließt auf für das Kommen des Gottesreiches und bereitet es unter uns vor, damit alles in Christus zur Vollendung komme (vgl. *Kol* 1,19).

6. Ihr, liebe Freunde der französischen Gemeinde in Rom, lebt eure christliche Berufung unter besonderen Verhältnissen, in denen ich eine Chance sehen möchte. Eure Berufstätigkeit oder eure Studien stellen euch an einen kulturell bereichernden Knotenpunkt. Ihr kommt in diplomatischen Kreisen, im Universitätsbereich, bei der FAO oder im Wirtschaftsleben mit Vertretern aller Nationen in Berührung. Ihr seid auch bevorzugte Zeugen für die Tätigkeit der Kirche hier beim Nachfolger des Petrus; ihr könnt sein Lehramt aus der Nähe verfolgen, und ihr könnt hier besser als sonstwo die Bande der Einheit in der Universalkirche ermessen. Diese verschiedenen Möglichkeiten geben eurer Gemeinde nicht nur ihr eigentümliches Gesicht, sondern auch eine gewisse Verantwortung als Zeugen.

Ich freue mich, heute abend bei euch zu sein und als Bischof von Rom euch Mut zu machen.

Ich möchte den Herrn Botschafter Frankreichs beim Heiligen Stuhl und den Herrn Botschafter Frankreichs in Italien begrüßen sowie alle anwesenden Vertreter der zivilen Behörden. Ich danke ihnen, daß sie mich empfangen haben und an dieser Feier teilnehmen.

An der Seite von Kardinal Poletti, der mit mir die pastorale Verantwortung für die Diözese teilt, begrüße ich mit Freude die Anwesenheit der französischen Kardinäle von Rom, die dem Nachfolger des Petrus so nahestehen, wie auch die anderen Franzosen, die an der Arbeit des Heiligen Stuhles teilnehmen. Mein Gedenken gilt auch Kardinal François Marty, dem Titelträger dieser Kirche, der heute abend nicht bei uns sein konnte.

Der ganzen christlichen Gemeinde, die sich in St. Ludwig versammelt hat, sage ich meine besten Wünsche. Sehr herzlich grüße ich euren Rektor, Msgr. René Séjourné, und die Priester, die in diesem Hause wohnen. Sie führen euch ein in Gebet und Liturgie, in die Vertiefung des Glaubens, in brüderliche Verbundenheit und gegenseitige Hilfe, in die Aufnahme von Pilgern und Besuchern. Ich wünsche euch, daß ihr mit Engagement fortfahren mögt, eine ausstrahlende Gemeinde zu bilden.

7. Ihr begeht dieses Jahr die Vierhundertjahrfeier seit der Weihe dieser französischen Kirche im Herzen der ewigen Stadt. Eine ganze Geschichte hat sich an dieses Heiligtum geknüpft. Möge sie sich dynamisch fortsetzen zum Dienst an der Kirche und an der Welt! Denn das, was in den Augen Gottes Bedeutung hat, ist der lebendige Tempel, den ihr auferbaut.
Wir wenden uns hin zu Christus, denn wir leben in der Kirche, deren Haupt er ist. Sie ist das neue Jerusalem, die „starke Stadt, dicht gebaut und fest gefügt", wie der Psalmist sagt (*Ps* 121 / 122,3). Mögen wir unsere Herzen öffnen können für die umgestaltende Gegenwart des Herrn und „den inneren Tempel so schön ausstatten wie den Tempel aus Steinen" (vgl. *syrischen Hymnus zur Kirchweihe*)!
Christus ist der Messias, der Erlöser, der König, der „in allem den Vorrang hat" (*Kol* 1,18). In herzlicher Anteilnahme an der Eucharistiefeier kann jeder von uns ihm heute wiederum sagen: „Jesus, denk an mich, wenn du in dein Reich kommst" (*Lk* 23,42).

Ein verheißungsvolles Zeichen

Ansprache an Präsident Michail Gorbatschow am 1. Dezember

In russischer Sprache sagte der Papst:

Herr Präsident!

1. Es ist mir besonders willkommen, Sie, Ihre verehrte Gemahlin, den Herrn Außenminister und alle Ihre Begleitpersonen aufs herzlichste zu begrüßen.
Der Besuch, den Sie dem Nachfolger Petri abstatten wollten, ist ein wichtiges Ereignis in der Geschichte der Beziehungen der Sowjetunion zum Apostolischen Stuhl und wird als solches von den Katholiken der ganzen Welt wie auch von allen Menschen guten Willens mit großem Interesse betrachtet. Bekanntlich ist das Haus des Papstes seit jeher das gemeinsame Haus für alle Repräsentanten der Völker der Erde. Seien Sie, Herr Präsident, daher herzlich willkommen. In Ihrer Person möchte ich überdies alle Völker der Republiken der Sowjetunion grüßen, denen meine Achtung und meine Zuneigung gelten.

In italienischer Sprache sagte der Papst:

2. Im vergangenen Jahr begingen wir die Tausendjahrfeier der Taufe der Rus, die so tief die Geschichte der Völker prägte, die damals die Botschaft Christi empfingen. Wunderbar verschmolz so der Reichtum der Offenbarung über die Würde und den Wert der

menschlichen Person, der aus ihrer Beziehung zu Gott, dem Schöpfer und gemeinsamen Vater, erwächst, mit dem ursprünglichen Erbe jener Völker, einem Erbe, das im Laufe der Jahrhunderte um so viele andere religiöse und kulturelle Werte bereichert wurde.
Um davon eine bedeutsame Ausdrucksform zu nennen, ist es mir willkommen, auf die Ikonen hinzuweisen, die in der von mir vor einigen Tagen eröffneten Ausstellung gezeigt werden. Denn die Ikone ist eine wunderbare Synthese von Kunst und Glauben, die das Herz in einer einzigartigen Verschmelzung von Farben und Aussagen zum Absoluten hin erhebt.

3. Herr Präsident, ich möchte Ihren Besuch gern vor dem Hintergrund der Tausendjahrfeier und gleichzeitig als einen Samen betrachten, der vielversprechend für die Zukunft ist. Denn er gestattet uns, mit größerem Vertrauen auf die Zukunft der Gemeinschaften der Glaubenden in der Sowjetunion zu blicken.
Allen sind die Geschehnisse der vergangenen Jahrzehnte und die schmerzlichen Prüfungen bekannt, die so viele Bürger ihres Glaubens wegen erdulden mußten.
Besonders bekannt ist, daß heute zahlreiche katholische Gemeinschaften mit Sehnsucht darauf warten, sich wieder zusammenzuschließen und der Leitung ihrer Hirten erfreuen zu können.
Die jüngste Entwicklung und die neu eröffneten Aussichten veranlassen uns, auf eine Änderung der Situation zu hoffen, dank des mehrmals bekräftigten Beschlusses Ihrer Regierung, eine Erneuerung der internen Gesetzgebung durchzuführen mit dem Ziel, sie voll den hohen internationalen Verpflichtungen anzupassen, die auch von der Sowjetunion unterzeichnet worden sind.
In diesem Augenblick mache ich mir die Erwartung von Millionen Ihrer Mitbürger – und mit ihnen von Millionen Bürgern der Welt – zu eigen, nämlich, daß das Gesetz über die Gewissensfreiheit, das bald vom Obersten Sowjet diskutiert werden wird, dazu beitrage, allen Glaubenden die volle Ausübung des Rechtes auf Religionsfreiheit zu garantieren, welches – wie ich viele Male in Erinnerung gerufen habe – Fundament der anderen Freiheiten ist. Ich denke besonders an jene Christen, die in der Sowjetunion in voller Gemeinschaft mit dem Apostolischen Stuhl leben. Für sie alle – mögen sie dem lateinischen Ritus, dem byzantinischen Ritus oder dem armenischen Ritus angehören – drücke ich den Wunsch aus, daß sie frei ihr religiöses Leben praktizieren können.
In einem Klima der wiedererlangten Freiheit werden die Katholiken dann in angemessener Weise mit den uns so nahen Brüdern der orthodoxen Kirche zusammenarbeiten können. Denn mit ihnen haben wir ein gemeinsames Erbe, und mit ihnen wollen wir in einem erneuerten ökumenischen Einsatz arbeiten, um der jungen Generation das Evangelium Christi zu verkünden und gemeinsam auf dem weiten Feld der Förderung der Menschen zu wirken, in der Erwartung, jene Einheit wiederherzustellen, die Christus für seine Kirche gewollt hat.

4. Mit Ihnen, Herr Präsident, konnten wir auch über die internationale Lage und über einige spezielle Probleme von besonderer Dringlichkeit sprechen. Wir haben auch die Entwicklung unserer Kontakte behandelt, um sowohl die Probleme der katholischen Kirche

in der UdSSR zu lösen, als auch einen gemeinsamen Einsatz für den Frieden und die Zusammenarbeit in der Welt zu fördern.

5. Möglich ist diese Zusammenarbeit, weil sie den Menschen zum Objekt und zum Subjekt hat. Ist doch „der Mensch" der „Weg der Kirche", wie ich von Beginn meines Pontifikats an sagte (*Redemptor hominis*, Nr. 14).
Und wenn einerseits die Kirche das Geheimnis des Menschen im Licht des Geheimnisses Christi erfährt (*Gaudium et spes*, Nr. 22), so ist es gleichfalls wahr, daß sie es auch durch die Erfahrungen der Einzelnen wie auch durch die Erfolge und Niederlagen der Nationen verstehen lernt. Deshalb stellt sich die Kirche als „Expertin in Menschlichkeit" (Paul VI., *Ansprache an die Generalversammlung der Vereinten Nationen,* 4. Oktober 1965) heute mehr denn je auf die Seite aller, die der Sache des Menschen dienen und zum Fortschritt der Nationen beitragen wollen.
Am Ende des zweiten Jahrtausends der christlichen Ära wendet sich die Kirche an alle, denen das Geschick der Menschheit am Herzen liegt, damit sie sich in einem gemeinsamen Einsatz für ihre materielle und geistige Erhebung vereinen. Eine solche Sorge für den Menschen vermag nicht nur zur Überwindung der internationalen Spannungen und zur Beendigung der Konfrontation zwischen den Blöcken führen, sondern kann auch das Entstehen einer universalen Solidarität vor allem hinsichtlich der Entwicklungsländer begünstigen. Denn „die Solidarität hilft uns – wie ich schon betont habe –, den ‚anderen' – Person, Volk oder Nation – nicht als irgendein Mittel zu sehen ..., sondern als ein uns ‚gleiches' Wesen, eine ‚Hilfe' für uns (vgl. *Gen* 2,18.20)", als jemand, „der genauso wie wir am Festmahl des Lebens teilnehmen soll, zu dem alle Menschen von Gott in gleicher Weise eingeladen sind" (*Sollicitudo rei socialis*, Nr. 39).
Das gilt insbesondere für die stärksten und reichsten Nationen. Was sie betrifft, habe ich gesagt, daß sie, indem sie „jeglichen Imperialismus und alle Absichten, die eigene Hegemonie zu bewahren, überwinden, ... sie sich für die anderen moralisch verantwortlich fühlen (müssen), bis ein wirklich internationales System geschaffen ist, das sich auf die Grundlage der Gleichheit aller Völker und auf die notwendige Achtung ihrer legitimen Unterschiede stützt" (*Sollicitudo rei socialis*, Nr. 39).

6. Gewiß, die Menschheit erwartet heute neue Formen der Zusammenarbeit und gegenseitigen Hilfe. Die Tragödie des Zweiten Weltkriegs hat uns jedoch gelehrt, daß schreckliche Konsequenzen für das Geschick der Völker entstehen und auch die größten Pläne fehlschlagen können, wenn die grundlegenden ethischen Werte außer acht gelassen werden. Deshalb habe ich in dem zum Gedenken des 50. Jahrestags des Ausbruchs des Zweiten Weltkriegs verfaßten Apostolischen Schreiben die Pflicht wahrgenommen, die Menschheit daran zu erinnern, daß es keinen Frieden gibt, wenn der Mensch und das Recht verachtet werden und „wenn nicht die Rechte aller Völker – und insbesondere der Verwundbarsten – respektiert werden" (Nr. 8).
Den Regierenden und Verantwortlichen der Nationen habe ich außerdem „meine tiefe Überzeugung" zum Ausdruck gebracht, „daß die Achtung vor Gott und die Achtung vor dem Menschen zusammengehören. Sie stellen das absolut notwendige Prinzip dar, das es

den Staaten und politischen Blöcken ermöglichen wird, ihre Gegensätze zu überwinden" (Nr. 12).

7. Herr Präsident, diese Begegnung muß durch ihre Neuheit die Aufmerksamkeit der Weltöffentlichkeit im tiefsten wecken als etwas von einzigartiger Bedeutung, als ein verheißungsvolles Zeichen langsam herangereifter Zeiten.
Der Heilige Stuhl verfolgt mit großem Interesse den von Ihnen in der UdSSR eingeleiteten Erneuerungsprozeß, wünscht diesem Erfolg und ist bereit, jede Initiative zu fördern, die dazu dient, die Rechte und Pflichten der Personen und Völker besser zu schützen und in Einklang zu bringen, um den Frieden in Europa und in der Welt zu sichern.
Schon morgen werden Sie eine Begegnung mit dem Präsidenten der Vereinigten Staaten von Amerika, Herrn George Bush, haben. Meinerseits wünsche ich herzlich und bete, daß die bevorstehenden Gespräche zu neuen Vereinbarungen führen mögen, die von aufmerksamem Hinhören auf die Bedürfnisse und Erwartungen der Völker getragen sind.

In russischer Sprache sagte der Papst:

Mit diesen Gefühlen, Herr Präsident, erneuere ich Ihnen meine guten Wünsche für Ihre Person und für Ihre Sendung, für Ihre Familie und für Ihr Land, indem ich auf alle den Segen des Allmächtigen Gottes herabrufe.

Die Evangelisierung muß die Kulturen erfassen

Ansprache an die Päpstliche Kommission für Lateinamerika am 7. Dezember

Meine Herren Kardinäle,
geliebte Mitbrüder im Bischofsamt,
liebe Priester und Ordensleute!

1. Es ist mir eine große Freude, mit euch, Mitgliedern der Römischen Kurie oder der Kirche Lateinamerikas zusammenzutreffen, die ihr an der ersten Vollversammlung der Päpstlichen Kommission für Lateinamerika teilnehmt. Mit der Apostolischen Konstitution *Pastor Bonus* und dem darauffolgenden Motu proprio *Decessores nostri* wollte der Heilige Stuhl diese Kommission erneuern und festigen, um ihr ein neues Gesicht zu geben und so die besondere pastorale Sorge des Nachfolgers Petri für diese Ortskirchen hervorzuheben, die auf dem Kontinent der Hoffnung voll Glauben einem „neuen Himmel und einer neuen Erde" (*Jes* 65,17; vgl. *2 Petr* 3,13; *Offb* 21,1) entgegengehen, von denen die Bibel spricht und die schon jetzt, während wir uns dem dritten christlichen Jahrtausend nähern, vor unser aller Augen aufzudämmern scheinen. Ich begrüße euch alle sehr herzlich und danke gleichzeitig für die gehaltvollen Worte, die der Präsident der Kommission, Kardinal Bernardin Gantin, an mich gerichtet hat.

2. Eure Anwesenheit sowie die Themen eures Arbeitsprogramms lassen die wunderbaren kirchlichen Wirklichkeiten erkennen, die der Heilige Geist durch eure Hirtensorge in

Lateinamerika ins Leben ruft, in einem jungen Kontinent, voll Erwartungen, in dem es jedoch nicht an argen Widersprüchen fehlt, welche den weniger begüterten Schichten der Bevölkerung untragbare soziale Lasten auferlegen. Ich selbst konnte im Lauf meiner apostolischen Reisen, die mich nunmehr schon in fast alle lateinamerikanischen Länder führten, feststellen, in welcher Situation die Menschen leben und mit welcher Sorge die Kirche ihre vorzügliche Liebe zu den Bedürftigen kundtut. Ich konnte dort hervorragenden Wirklichkeiten, aber auch beängstigenden Problemen begegnen.
Tatsächlich erlebt Lateinamerika einen wunderbaren, zugleich aber auch für seine Geschichte entscheidenden Augenblick. Die Kirche ist sich dessen bewußt, und ihr wolltet in diesen Tagen in euren Sitzungen diese beiden Aspekte betrachten und die Herausforderung dieser Situation im Interesse einer entsprechenden pastoralen Präsenz aufgreifen.

3. Angesichts der „Freude und Hoffnung, Bedrängnis und Trauer der Menschen von heute" befindet sich die Kirche in Lateinamerika in einer kreativen Spannung und „weiß sich … zuinnerst verbunden" (*Gaudium et spes*, Nr. 1) mit jedem einzelnen ihrer Söhne und Töchter. Den Blick auf den Herrn gerichtet, bereitet sie sich zugleich mit Verantwortungsbewußtsein und Vertrauen auf die Feier des fünfhundertsten Jahres seit der Ankunft der Heilsbotschaft Jesu auf ihrem Boden vor. In meinem kürzlich an Kardinal Gantin gerichteten Brief anläßlich der Einweihung des neuen Sitzes des CELAM schrieb ich, daß man „dieses Datums gedenken und Gott für alle Wohltaten danken muß, welche die Bemühungen der Kirche um die erste Evangelisierung diesen Völkern gebracht haben", daß jedoch dieses Gedenken „sich nicht darauf beschränken kann, auf die Vergangenheit zu blicken und eine aus Erfolgen und Mißerfolgen, positiven und negativen Aspekten bestehende Bilanz zu ziehen; vielmehr ist es erforderlich, ebenso und vor allem auf die Zukunft zu schauen" (14.9.1989). Sicher hat es bei allem Licht, das mit dem rettenden Wort Christi das Leben und die Zukunft Lateinamerikas erhellte, im Verlauf der jahrhundertelangen Entwicklung und der sogenannten „grundlegenden Evangelisierung" auch nicht an dunklen, von der menschlichen Begrenztheit verschuldeten Augenblicken gefehlt. Die Kirche möchte des Ereignisses ihrer Einpflanzung in den Boden der Neuen Welt in aller Demut und Aufrichtigkeit gedenken, aber auch in der Absicht, von der hervorragenden Missionserfahrung der unerschrockenen Glaubensboten und verehrungswürdigen Hirten zu lernen, die im Lauf dieser fünf Jahrhunderte ihr Leben für Christus und im Dienst der Völker Amerikas einsetzten. In diesem Zusammenhang möchte ich an die zahlreichen Diener des Evangeliums erinnern, die in der letzten Zeit Opfer ungerechtfertigter Gewalt wurden; kürzlich waren dies Bischof Jesús Emilio Jaramillo und die sechs Jesuitenpatres der Zentralamerikanischen Universität in San Salvador. Ich bitte den Herrn, das Opfer so vieler Diener der Kirche möge die Missionstätigkeit aller jener fruchtbar machen, die ihr Leben mit grenzenloser Großmut dem Aufbau des Reiches Gottes weihen.

4. Es geht jetzt darum, eine neue Evangelisierung zu beginnen, zu der gerade anläßlich dieser Fünfhundertjahrfeier alle Kirchen in Lateinamerika aufgerufen sind (vgl. *Ansprache an den CELAM in Haiti*, 9.3.83; *in Santo Domingo*, 12.10.84). Es ist wichtig, mit Hilfe gründlicher Studien zu erkennen, worin diese neue Evangelisierung besteht, welche Tragweite und welchen doktrinären Inhalt sie haben muß und welche pastoralen Konse-

quenzen zu ziehen sind. Schließlich müssen die für unsere Zeit geeigneten Methoden fest gelegt und Ausdrucksformen gefunden werden, die möglichst nahe an die Notwendigkeiten des heutigen Menschen herankommen, ohne ihre Authentizität und ihre Treue der Lehre Christi und der Tradition der Kirche gegenüber aufzugeben. Daraus ergibt sich die Notwendigkeit einer sorgsamen Vorbereitung der Träger dieser neuen Evangelisierung: sie erfordert heiligmäßige und kluge Priester! Ordensleute, die sich voll und ganz für Christus einsetzen, sind entschiedene und wahrhaft der Kirche ergebene Laien (vgl. Apostolisches Schreiben *Christifideles laici*, Nr. 64).

5. All das ist bereits auf dem Weg der Verwirklichung, und mit Freude stelle ich fest, daß die Bischofskonferenzen in den verschiedenen Ländern und auf kontinentaler Ebene der CELAM mit Eifer und Opferbereitschaft in diesem Sinn arbeiten. Gott sei dafür gedankt, daß mein Aufruf zu einer neuen Evangelisierung auf fruchtbaren Boden gefallen ist und jetzt ermutigende Fortschritte macht. Hier liegt nun die vordringliche Aufgabe der Päpstlichen Kommission für Lateinamerika: die Förderung und Belebung der neuen Evangelisierung des Kontinents. Diese Orientierung muß auch die der IV. Generalkonferenz des Lateinamerikanischen Episkopats sein, der 1992 in Santo Domingo zusammentreten wird, anläßlich der Feiern des fünften Jahrhunderts der Evangelisierung und um sich mit dem Thema der neuen Evangelisierung zu befassen. Sie wird sich die Frage stellen müssen, wie diese Evangelisierung die Kulturen erfassen kann, damit die Botschaft Christi, des Befreiers und Erlösers, tiefer und wirksamer in die Herzen der Männer und Frauen, in die gesellschaftlichen und politischen Strukturen, in die Familien und vor allem in die Jugend, in die Milieus der Wissenschaft und der Arbeit, in die ethnischen Gruppen der Einheimischen, in die Dörfer und Städte und in alle Völker eindringen und überall die Zivilisation der Wahrheit und des Lebens, der Gerechtigkeit, des Friedens und der Liebe aufbauen könne. „Die Kirche muß heute auf dem Gebiet der Evangelisierung einen großen Schritt nach vorne tun und in eine neue historische Etappe eintreten" (*Christifideles laici*, Nr. 35). Von allen erwarte ich, daß sie sich voll und ganz für die Vorbereitung der IV. Konferenz einsetzen. Diese wird dort, wo die erste Messe gefeiert, das erste Ave Maria gebetet und zum ersten Mal die Botschaft Jesu verkündet wurde, Vertreter des gesamten lateinamerikanischen Episkopats und der Römischen Kurie zum Studium und zur Planung der Evangelisationsaufgaben der Kirche vereint sehen, um die reiche Erfahrung der Vergangenheit, einschließlich der in neuerer Zeit in Medellin und Puebla gesammelten, nutzend, den tiefgreifenden Veränderungen unserer Zeit sowie den Eingebungen des Heiligen Geistes entsprechend, den Herausforderungen der Zukunft gerecht werden zu können.

6. Verschiedenartig sind die die Kirche betreffenden Probleme, welchen in diesem Augenblick die besondere Aufmerksamkeit des Hl. Stuhls und der lateinamerikanischen Bischöfe gelten. Auch ihr wolltet sie in dieser Versammlung einer eingehenden Prüfung unterziehen. Es geht darum, deren weit in die Vergangenheit zurückreichenden Wurzeln sowie ihre unmittelbaren Auswirkungen zu analysieren und ihre Ausdrucksformen an den verschiedenen Orten und in den verschiedenen Milieus wahrzunehmen. Damit wird sich die Möglichkeit ergeben, besser die von Fall zu Fall verschiedenen Richtlinien und Ant-

worten festzulegen. Unter diesen Problemen möchte ich die der Priesterberufung, des Ordenslebens und des Laienapostolats anführen. Alle Bischofskonferenzen und insbesondere alle Diözesen müssen der Pastoral zur Förderung der geistlichen Berufe neue Impulse geben. Gleichzeitig müssen sie die am besten vorbereiteten Personen für eine entsprechende, mit Eifer durchgeführte Vorbereitung auf die verschiedenen Ämter in den Gemeinden gewinnen. In diesem Zusammenhang möchte ich das Interesse hervorheben, das die vom CELAM organisierten Kurse für die mit der Bildung und Ausbildung in den Seminarien Betrauten wachrufen. Ein weiterer sehr wichtiger Punkt ist die harmonische Eingliederung der Ordensleute in die diözesane Pastoral. Die Begegnungen der höheren Ordensoberen mit den Bischöfen sind zu fördern, gelten sie doch der Suche nach den richtigen Wegen für die Aufrechterhaltung authentischer kirchlicher Gemeinsamkeit und der Treue zur Lehre der katholischen Kirche, wie sie durch ihr Lehramt weitergegeben wird. In diesem Zusammenhang möchte ich an die Worte erinnern, die ich kürzlich an die Versammlung der Bischöfe und die höheren Ordensoberen in Mexiko richtete. Diese galt dem Thema der Ortskirche und des Platzes, den in ihr – im Licht der Instruktion *Mutuae relationes* und anderer Dokumente des kirchlichen Lehramtes – Bischöfe und Ordensleute einnehmen. Ich führte darin aus: „Die Natur der Kirche als solcher – Geheimnis und Gemeinschaft – erfordert, daß zwischen den Hirten der Ortskirchen und den Ordensleuten enge Zusammenarbeit bestehe, welche die Möglichkeit eines parallelen Lehramtes und auch Pastoralprogramme ausschließt, die nicht genügend diese Gemeinschaft und Einheit widerspiegeln“ (*ebd.*, Nr. 4). Bei dieser Gelegenheit wiederhole ich meine Aufforderung an die III. Konferenz des Lateinamerikanischen Episkopats in Puebla, in der ich betonte, hier sei es, „mehr als in anderen Teilen der Welt von Bedeutung, daß die Ordensleute zu einer unlösbaren Einheit mit den Bischöfen nicht nur bereit sind, sondern sogar das Verlangen danach haben“ (Nr. 2). Ein anderes Element, das besondere Aufmerksamkeit verdient, ist die volle Eingliederung der Laien in der Pastoral der Kirche in Lateinamerika und ihre Teilnahme an dieser Pastoral. Verschiedene Versuche zeitigen ermutigende Früchte, doch bleibt hier noch ein weiter Weg zurückzulegen. Das nachsynodale Schreiben *Christifideles laici*, das die Lehre des II. Vatikanischen Konzils und die Beiträge der Synodenväter aufgreift, legt einige Richtlinien vor, um den Laien zu dem ihnen im Leben der kirche zustehenden Platz zu verhelfen. Ein ernstes Problem, das heute vielen lateinamerikanischen Ländern zu schaffen macht, ist die Verbreitung der Sekten. In einigen Fällen ist selbst die katholische Identität verschiedener kirchlicher Gemeinden bedroht, und zwar vor allem dann, wenn deren Glaubensleben der nötigen Tiefe entbehrt und wenn ihnen angesichts dieser neuen Lehren nicht die notwendige Orientierung zuteil wird. Die Verbreitung der Sekten muß ein weiteres Gebiet für eure Hirtensorge sein und uns veranlassen, Evangelisierungstätigkeiten zu planen und durchzuführen, die zahlreiche, gut ausgebildete und von apostolischem Geist beseelte Träger erfordern. Am Ende dieser Begegnung lade ich euch ein, euch meinem Gebet zum Heiligen Geist anzuschließen und ihn anzuflehen, er möge seine Kirche leiten, ist doch er „der eigentliche Träger der Evangelisierung“ (*Evangelii nuntiandi*, Nr. 75). Möge er uns als Nachfolger Petri und der anderen Apostel anspornen, Zeugen für diesen Jesus zu sein, den Gott auferweckt hat (vgl. *Apg* 2,32), und den Armen die Frohbotschaft zu verkünden (vgl. *Mt* 11,5). Das erflehen wir auch von Maria, der Mutter der Kirche, an dieser Schwelle des dritten christlichen Jahrtausends und bitten sie, stets alle kirchlichen Gemeinden Lateinamerikas zu beschützen, denen ich ebenso wie euch aus ganzem Herzen meinen Apostolischen Segen spende.

Alle preisen dich selig

Gebet an der Mariensäule am Spanischen Platz am 8. Dezember

1. „Von nun an, preisen mich selig alle Geschlechter" (*Lk* 1,48). Heute kommen wir, Einwohner Roms zusammen mit den Pilgern aus Italien und aus aller Welt auf diesen Platz, auf dem die Römer im vorigen Jahrhundert eine Säule zu deiner Ehre errichtet haben, unbefleckt empfangene Jungfrau! Jedes Jahr kommen wir an dem Tag hierher, an dem wir dem großen göttlichen Geheimnis in dir begegnen, Du Magd des Herrn! Gerade darum preisen dich alle Geschlechter selig, weil du Magd bist. So hast du dich im Augenblick der Verkündigung selbst genannt. Durch die Gnade der göttlichen Mutterschaft über alle Menschen erhoben, wußtest du, daß der ewige Vater dich zu einem ganz besonderen Dienst berief. Er ist es, der „die Niedrigen erhöht" und die Reichen leer ausgehen läßt (vgl. *Lk* 1,52–53). Und jener ist es, der „reich war" und „unseretwegen arm wurde, um uns durch seine Armut reich zu machen" (vgl. *2 Kor* 8,9): dein Sohn!

2. Von dieser berühmten Säule aus, auf der die Römer deine Statue aufgerichtet haben, schaust du auf unsere Stadt. Und nicht nur auf sie. Du blickst auf die ganze Menschenfamilie, auf alle Nationen, auf die Völker und Generationen – auf alle, zu denen dein Sohn gekommen ist, um sie mit seiner göttlichen Armut reich zu machen. Und du bist jedem von uns nahe. Schau auf die Menschenherzen wie die Mutter auf sie schaut. Heute wollen wir unsere Herzen vor dir öffnen. Wir, die hier versammelt sind, gemeinsam mit vielen anderen unserer Brüder und Schwestern an den verschiedenen Orten der Erde. Wir wollen vor dir das Herz der Menschheit unserer Zeit öffnen – das unruhige Herz, das bedrohte Herz, das suchende Herz. „Wende, deine barmherzigen Augen zu uns." Hilf uns, daß wir uns selbst in Christus, deinem Sohn wieder finden. In ihm ist die Liebe offenbar geworden, mit der der ewige Vater die Welt geliebt hat (vgl. *Joh* 3,16). Jeder Mensch wird von dieser Liebe umfangen. Jeder hat an ihr seinen eigenen Anteil. Mutter, sprich zu allen, sprich zu jedem und sage ihm, daß er nicht anders als nur durch diese Liebe sich selbst finden kann. Nur durch sie.

3. Wir, die an diesem Zeitpunkt des zu Ende gehenden Jahrtausends zu deinen Füßen versammelt sind, beten: Du, die sehr wohl um den Preis weiß, mit dem der Sohn Gottes jeden von uns losgekauft hat, hilf uns, im Blick auf diesen „Kaufpreis" leben. Hilf uns, daß in jedem von uns jene Liebe siegt, mit der Gott die Welt geliebt hat. Jene Liebe, die den Namen des Sohnes Gottes trägt. Den Namen deines Sohnes, den im Weihnachtsgeheimnis aufzunehmen wir uns in dieser Adventszeit vorbereiten. Ihn aufzunehmen und anzubeten in seiner menschlichen Natur als kleines Kind, von deinen Händen sorgsam in

eine Krippe gebettet –, darauf bereiten wir alle uns vor, die wir in deinem Sohn deine Kinder sind!

Zivilisation der Liebe

Grußwort an den Vorstand des Internationalen Fußballverbandes und an die Delegationsleiter der um die Fußballweltmeisterschaft „Italia '90" spielenden Mannschaften am 9. Dezember

Herr Präsident,
meine Damen und Herren!

1. Ich freue mich, Sie empfangen und, wenn auch nur kurz, mit Ihnen sprechen zu können. Ich weiß die Worte zu würdigen, die der Herr Präsident Joao Havelange soeben an mich gerichtet hat. Er hob darin hervor, daß der Geist universaler Brüderlichkeit, nach dem alle Völker der Erde ein großes Verlangen haben, das bevorstehende Turnier prägen wird. Ich grüße herzlich alle anwesenden Persönlichkeiten, und ich muß sagen, daß ich die zum Ausdruck gebrachte Einstellung zu schätzen weiß.
Ich bin in der Tat tief davon überzeugt, daß die menschliche Person sich nur auf dem Weg zu einer wirklich brüderlichen Umwelt in ihrer ganzen Würde entfalten kann, oder, um es mit dem berühmten Wort zu sagen, das Paul VI. geprägt hat: in einer „Zivilisation der Liebe".

2. Die Kirche ist sich bewußt, daß sie für den Fortschritt einer solchen Zivilisation arbeiten muß. Sie „führt das Werk Christi selbst weiter, der in die Welt kam, um der Wahrheit Zeugnis zu geben; zu retten, nicht zu richten; zu dienen, nicht sich bedienen zu lassen" (*Gaudium et spes*, Nr. 3).
Ohne irdische Ambitionen verkündet die Kirche die Größe der Berufung des Menschen, der das Bild Gottes in sich trägt. Sie möchte kraft ihres Glaubens selbstlos zum Erstarken der universalen Brüderlichkeit unter den Menschen beitragen, die alle berufen sind, in Gerechtigkeit ein freies Leben zu führen.

3. Der Sport, ein spezifisch menschliches Tun, muß sich in diese Perspektive einfügen. Jeder Wettkampf beruht auf körperlicher und psychologischer Selbstbeherrschung, mit dem Ziel, unaufhörlich die Leistungen jedes einzelnen und die der Gruppe zu verbessern. Er läßt nämlich die Persönlichkeit sowohl durch die eigene Anstrengung wie durch den Teamgeist reifen.
Der Sport schließt die Wettkämpfer auf für einen Gemeinschaftsgeist, der alle Anstrengungen, die man mit den anderen zusammen unternimmt, harmonischer und fruchtbarer macht. Sein Einfluß erstreckt sich auf viele andere Bereiche. Es geht darum, die eigenen Bemühungen, Siege und Erfahrungen mit anderen zu teilen, um mit den anderen verbunden zur vollen Selbstverwirklichung zu gelangen.

4. In diesem Sinn ermutige ich Sie zur Erfüllung der beachtlichen Aufgabe, die Ihnen anvertraut ist. Schon jetzt möchte ich den Wunsch aussprechen, daß die Fußball-Weltmeisterschaft „Italia '90" zu fortschreitender gegenseitiger Kenntnis und Achtung unter den Völkern in der ungetrübten Freude echter Solidarität beitragen möge.
Ein so bedeutendes Zusammenkommen von Sportlern und Publikum wird, wie wir hoffen, die grundlegende Einheit der menschlichen Familie widerspiegeln. Das wird vielen Akteuren und Zuschauern Gelegenheit geben, neu zu entdecken, daß der „andere" – der Mitmensch, das Volk oder die Nation – durch seine Freude, ja durch sein Leben selbst jemand ist, der mir gleicht (vgl. *Sollicitudo rei socialis*, Nr. 39).
Der Herr möge Ihnen beistehen! Ich bete, daß Ihnen und Ihren Mitarbeitern, denen, die Ihnen nahestehen, und allen, denen Ihre Organisationsarbeit zugute kommt, Gottes Gaben und Gottes Segen zuteil werden.

Medizinische Kunst im Dienst am Menschen

Ansprache an den Nationalkongreß von Fachärzten der Italienischen Gesellschaft für Erkrankungen der Mundhöhle sowie für Kiefer- und Gesichtschirurgie am 9. Dezember

Sehr geehrte Damen und Herren!

1. Ihnen allen einen herzlichen und hochachtungsvollen Gruß! Es ist mir eine Freude, Sie in einer Sonderaudienz zu empfangen. Als Teilnehmer aus Italien und Vertreter aus anderen Ländern haben Sie sich zum ersten Mal in Rom versammelt, um hier Ihren 22. Nationalkongreß der Italienischen Gesellschaft zur fachärztlichen Behandlung von Erkrankungen der Mundhöhle und für Kiefer- und Gesichtschirurgie zu halten. Ich spreche den Initiatoren und Organisatoren sowie den hohen Gästen dieses bedeutsamen Studienkongresses meine lebhafte Wertschätzung aus. Er weist konvergierende Beiträge von Forschern, Wissenschaftlern und Chirurgen auf, die auf diesem, in den letzten Jahren zu einzigartigen und verlockenden Erfolgen gelangten, vielversprechendem Gebiet der Medizin tätig sind. Ein Wort herzlicher Dankbarkeit schulde ich sodann für das kostbare Geschenk einiger hochmoderner Geräte, die bei dieser Gelegenheit überreicht wurden. Durch den Herrn Präsidenten des Organisationskomitees dieses Kongresses, Prof. Giovanni Dolci, sage ich Dank all jenen, die zu dieser großzügigen Gabe beigetragen haben.

2. In Ihrem Arbeitsbereich, sehr geehrte Damen und Herren, hat es große Fortschritte gegeben. Daß Ihre Fachrichtungen unlängst an den italienischen Universitäten in die Studiengänge eingeführt wurden, die zum Examen in Zahnheilkunde und Zahnersatz führen, bestätigt nicht nur die Aktualität, sondern auch die Bedeutung der speziellen Disziplinen, die Sie mit großem Ansehen vertreten. Welch weiter Weg wurde zurückgelegt, seitdem Papst Pius XII. im Jahre 1958, fünf Tage vor seinem friedvollen Heimgang, in meisterhafter Weise über Themen aus Ihrem Zuständigkeitsbereich sprach und die plastische und ästhetische Chirurgie als einen „neuen Zweig der medizinischen Wissenschaft"

bezeichnete (vgl. Pius XII., *Discorsi ai Medici*. Herausgegeben von F. Angelini, Roma 1960, S. 716)! Die Möglichkeiten, die sich heute der Behandlung von Erkrankungen der Mundhöhle sowie der Kiefer- und Gesichtschirurgie bieten, sind außerordentlich umfassend, und die staatliche Regelung des Gesundheitswesens und der Heilfürsorge weist diesen besonderen und spezifischen Disziplinen neue und wichtige Aufgaben zu.

In einer Zivilisation wie der unseren, in der das Leben der Menschen so sehr mit den Massenmedien und immer engeren und notwendigen zwischenmenschlichen und gesellschaftlichen Beziehungen verbunden ist, treten gesundheitliche Störungen im Bereich des Mundes und der Zähne sowie ästhetische Probleme besonders hervor. Die Lösung solcher Probleme vom medizinischen und chirurgischen Gesichtspunkt aus kann in der Tat nicht als ethisch belanglos bezeichnet werden, denn da sie erheblich zu besseren Bedingungen für das menschliche Dasein, auch in seiner Körperlichkeit, beiträgt, ist sie eine Feier des Lebens und ein Dienst an der Würde und Qualität des Lebens.

Sie, die Sie als Spezialisten und mit Hilfe immer weiter fortgeschrittener Techniken Kiefer- und Mundhöhlenerkrankungen behandeln, wissen besser als jeder andere, was für eine entscheidende Bedeutung diesem Bereich für den korrekten und zweckdienlichen Gebrauch des Wortes und für andere Funktionen zukommt, die zur vollen Vitalität des Menschen gehören. Nicht geringere Auswirkungen haben im persönlichen und familiären sowie im gesellschaftlichen Leben Schäden, die das Aussehen eines Menschen entstellen, seien sie angeboren oder Folgen von Unfällen im beruflichen oder häuslichen Bereich oder durch viele andere Ursachen hervorgerufen, die sich aus der Unruhe des modernen sozialen Lebens ergeben.

3. Bei vielen Gelegenheiten habe ich schon daran erinnert, daß aufgrund der untrennbaren Einheit der Person Schäden und Mängel im Organismus auch schwere Auswirkungen auf die Psyche des Menschen haben. Infolgedessen wird die von Ihnen gepflegte Wissenschaft – mit Recht immer häufiger als echte und eigentliche Kunst betrachtet – zu einer ganz großen Aufgabe, wenn sie als Dienst an der Harmonie und Funktionstüchtigkeit der verschiedenen Teile des menschlichen Körpers verstanden wird.

Die Kirche, die aufgrund der göttlichen Offenbarung und infolge ihrer lebendigen und ununterbrochenen Tradition eine tiefverwurzelte Hochachtung vor dem ursprünglich aus der Hand des Schöpfers hervorgegangenen menschlichen Körper hat, unterstützt Ihre Forschungen und sie ermutigt Sie dazu. Sie ist Ihnen bei Ihrer schwierigen Arbeit nahe. Wenn Sie der Gesundung des Menschen in seiner körperlichen Dimension dienen, fördern und vollbringen Sie damit einen Dienst, der die medizinische Wissenschaft hervorhebt und sie immer neuen und immer weiteren Horizonten entgegenführt.

Leistungsfähigkeit und körperliche Schönheit sind in der Tat Faktoren, die den Wert des Menschen voll zur Geltung bringen, denn in ihnen wird seine geistige Dimension sichtbar und wirksam, die danach strebt, die vom Schöpfer empfangenen Aufgaben in rechter Weise zu erfüllen. Daher müssen die staatlichen Stellen gewährleisten, daß es nicht nur wenigen Privilegierten vorbehalten bleibt, die nützlichen Therapien und die teuren Eingriffe in Anspruch zu nehmen, die im Rahmen der von Ihnen vertretenen Disziplinen möglich sind, sondern daß immer breitere Volksschichten den Nutzen davon haben.

4. Unter diesem Gesichtspunkt, meine sehr geehrten Damen und Herren, sind Ihre Arbeit, Ihre Forschungen und Studien ein Zeichen der Hoffnung und werden zu einem neuen Ausdruck der menschlichen Solidarität in getreuester Befolgung der ursprünglichen Zielsetzung der Medizin, die in all ihren zahlreichen und vielversprechenden Verzweigungen gerade zum Dienst am Menschen bestimmt ist. In dieser Dimension können und müssen die Odontostomatologie [Medizin der Mundhöhle] und die Kiefer- und Gesichtschirurgie nicht nur vorübergehenden praktischen Bedürfnissen entsprechen, sondern den berechtigten Wünschen derer, bei denen die Wiederherstellung einer für die volle menschliche Selbstverwirklichung entscheidenden Funktion vonnöten ist.
Verfolgen Sie mit Überzeugung und Eifer Ihre große und begrüßenswerte Aufgabe weiter. Ich meinerseits erbitte für Ihre Tätigkeit und für alle, denen Sie durch die Ausübung Ihrer Kunst zu dienen berufen sind, von Herzen den Segen Gottes herab als lichtbringenden geistlichen Trost.

Liebe und ständige Verfügbarkeit

Ansprache an die belgischen Pilger zur Heiligsprechung von Br. Mutien-Marie am 11. Dezember

Liebe Freunde!

Ich freue mich, daß ich euch am Tag nach der Heiligsprechung von Bruder Mutien-Marie kurz treffen kann. Herzlich grüße ich die Bischöfe von Namur und Lüttich und Msgr. De Hovre, Weihbischof von Mecheln-Brüssel. Ihre Anwesenheit mit zahlreichen Pilgern bezeugt die Ausstrahlungskraft, die Bruder Mutien weit über sein Institut und Kolleg in Malonne hinaus besitzt.
Ich danke dem lieben Bruder Generalsuperior für seine Worte. Sie übermitteln den Dank der Brüder sowie ihrer Schüler und Freunde. Ich grüße die Mitglieder des Generalrates, die Vertreter der Provinzen des Institutes und die zahlreich anwesenden Brüder. Eure Teilnahme an den Feierlichkeiten dieser Tage unterstreicht, daß der neue Heilige wirklich einer von euch ist, liebe Brüder. Die Quellen seines geistlichen Lebens hat er nirgendwo anders als im gemeinsamen Erbe der Söhne des hl. Jean-Baptiste de La Salle gefunden. Er war vor allem ein treuer Ordensmann, der die Regeln und Gewohnheiten bedingungslos befolgte. Und während er in der Gemeinschaft lebte und seine täglichen Aufgaben erfüllte, blieb er jeden Augenblick in der Gegenwart Gottes, so, als ob das natürlich wäre. Wir können bei ihm jene Form der Einfachheit bewundern, die einen Ordensmann auf den gewöhnlichen Wegen des Gehorsams, der Keuschheit und der Armut in der Heiligkeit fortschreiten läßt. Das Wort Gottes, das er sich innerlich zu eigen gemacht hatte, sowie die Schriften der geistlichen Schriftsteller waren die Nahrung für sein Gebet und sein Apostolat. Vor allem empfing er den Leib Christi in der häufigen Kommunion mit der Freude eines von großer Liebe erfüllten Jüngers.
Der hl. Mutien gesellt sich nun anderen christlichen Schulbrüdern zu, die ich zu meiner Freude der Kirche zur Verehrung vorstellen durfte, nämlich Bruder Scubilion in La Ré-

union, Bruder Arnould in Frankreich und Bruder Miguel Febrès Cordero in Ekuador. Sie sind mit noch vielen anderen eure Fürsprecher und Vorbilder. Es ist von Bedeutung, daß jene Brüder, die die Novizen der Kongregation auszubilden haben, heute unter uns weilen. Ich ermuntere sie lebhaft bei ihrer Vorbereitung auf eine der für das Leben des Institutes wichtigsten Aufgaben.
Und nun möchte ich den Brüdern, die den Lehrberuf ausüben, und ihren Kollegen aus dem Laienstand die volle Hochachtung aussprechen, die ich für ihre Aufgabe als Erzieher hege. Manchmal kann die Aufgabe ihnen schwer vorkommen. Dann mögen sie sich an den ausdauernden Mut erinnern, den Bruder Mutien bewies, an seine Rechtschaffenheit, seine Liebe zu den Jugendlichen und an seine ständige Verfügbarkeit. Wir rufen ihn an, daß er mit seiner Fürbitte alle unterstützen möge, die in Saint-Berthuin und in all euren Häusern das Erziehungswerk weiterführen.

In holländischer Sprache sagte der Papst:

Mit Befriedigung sehe ich unter euch eine zahlreiche Gruppe von Jugendlichen, unter ihnen besonders die Schüler von Malonne. Liebe Jugendliche, ich beglückwünsche euch dazu, daß ihr die Freude der Schulbrüder über die Heiligsprechung eines der Ihren teilt. Bruder Mutien gestaltete sein Leben in einer Weise, die gewiß von der euren verschieden ist. Doch ich glaube, daß ihr das Wesentliche an seinem Zeugnis gut verstehen könnt. Gestern habe ich daran erinnert, daß ein anderer ihn als „den Bruder, der immer betete“ bezeichnet hat. Möge er euch helfen, daß auch ihr die Freude der Entdeckung Gottes in längerem, innigem Verkehr mit ihm kennenlernt. Dieser Ordensmann war zugleich ein Mensch, der sein Wort hielt: man konnte sich bei der ihm anvertrauten Arbeit auf ihn verlassen, und er war bereit, jeden, der ihn aufsuchte, zu empfangen und ihm zu helfen. Er suchte nicht seinen eigenen Vorteil, er wollte sich vielmehr in den Dienst der anderen stellen. Ihr könnt nun sicher besser seine Persönlichkeit erfassen. Seht in ihm einen Freund, der das, was ihn selbst glücklich gemacht hat, mit euch teilen möchte, nämlich: dem Herrn dienen in Antwort auf seinen Ruf.
Mit den Brüdern, den Lehrern und Schülern, bezeugt die große Zahl von Wallfahrern, die nach Rom gekommen sind, ihre Verehrung für den hl. Mutien-Marie. Er war ein kleiner Mann, und er hatte eine bescheidene Aufgabe, doch wir erblicken in ihm einen von jenen „Kleinen“, die der Herr lieb hat und die er in seinem Reich auf die ersten Plätze stellt. Viele Jahre nach seinem Tod bleibt er der Fürsprecher aller, die sich an ihn wenden, und das sind viele von euch.
Der gute Bruder von Malonne hat sich von der Anwesenheit Gottes, der in ihm wohnte, ergreifen lassen. Ich hoffe, daß seine Heiligsprechung dazu beiträgt, daß noch mehr Männer und Frauen in Belgien und anderswo den Weg der Treue zum Herrn gehen.
Bruder Mutien-Marie nahm täglich seinen Weg zur Lourdesgrotte im Garten. Auch wir wollen mit herzlichem Vertrauen die Mutter Jesu anrufen und alle unsere Anliegen zu ihr bringen. Ich bitte den hl. Mutien-Marie für euch und für alle, die nicht kommen konnten, und erteile euch von Herzen meinen Apostolischen Segen.

Alle Mühen sind ohne Gebet vergeblich

Botschaft an die Klausurschwestern in Lateinamerika vom 12. Dezember

Die bevorstehende 500-Jahrfeier der Evangelisierung des schönen Kontinents der Hoffnung ist mir ein Anlaß, euch, liebe kontemplative Ordensschwestern Lateinamerikas, die Freuden und Schmerzen, die Wünsche und Sorgen anzuvertrauen, die ich vom ersten Augenblick meines universalen Dienstes an für die edlen Menschen eurer Länder empfunden habe. Das glückliche Ereignis sieht bereits sämtliche kirchlichen Kreise pastoral an der Arbeit, um mit der Verkündigung des Wortes Gottes die apostolische Lebenskraft der ganzen Kirche zu steigern, die bei euch lebt und wirkt. Die Ordensmänner und Ordensfrauen nehmen bei diesem Wirken im Sinn des Evangeliums einen vorrangigen Platz ein, da sie in ihren Herzen lebhaft den geistlichen Wunsch verspüren, mit ihrem persönlichen Zeugnis den Hirten und den verschiedenen Gemeinschaften, den Priestern und den Laien zu helfen, damit das Antlitz der Kirche in jenem Licht Christi aufleuchte, das sie zu einem Werkzeug des Heiles für alle Völker macht (vgl. *Lumen Gentium*, Nr. 1). Doch ohne Gebet wäre unser Mühen vergeblich und unsere Hoffnung auf eine neue und wirksame Evangelisierung bliebe ohne Fundament. Daher wende ich mich an euch, liebe kontemplative Schwestern, denn ich weiß, daß ihr für alle Anliegen der Kirche aufgeschlossen und aufmerksam seid. Im Dekret *Perfectae caritatis* hat euch das II. Vatikanische Konzil ein besonderes Ziel gesteckt, nämlich: „Das ganze Ordensleben ... muß von apostolischem Geist durchdrungen und alle apostolische Arbeit vom Ordensgeist geprägt sein" (*ebd.*, Nr. 8). Wo es sich besonders an die Kontemplativen wendet, erinnert euch das Konzil daran, daß ihr durch euer verborgenes Leben „in geheimnisvoller apostolischer Fruchtbarkeit" evangelisierend wirkt (*ebd.*, Nr. 7). Dieser Wahrheit eingedenk schauen wir auf eure Klöster als bevorzugte Stätten der Liebe zu Gott sowie als Zentren des Gebetes und himmlischer Gaben für ganz Lateinamerika. Wir können aber an diese neue Evangelisierung nicht denken, ohne uns an jene erste zu erinnern, die bald nach der Entdeckung der Neuen Welt begonnen wurde und unter den ersten Missionarinnen, die berufen waren, die Christianisierung zu unterstützen und zu ergänzen, auch die Nonnen von der Empfängnis der Mutter Gottes sah, die sich ausschließlich dem Gebet, der Kontemplation und dem Opfer im Schweigen des Klosters widmeten. In Mexiko entfalteten sich diese Klausurschwestern unter der Leitung und mit Hilfe des Erzbischofs Fray Juan de Zumárraga unter dem Schutz Unserer Lieben Frau von Guadalupe, deren Bild Maria als unbefleckt Empfangene darstellt. So begleitete das kontemplative Leben im Licht dieses Geheimnisses die ersten Schritte und das Wachstum der Kirche in den Ländern der Neuen Welt. Die vielfältigen Erfahrungen und Formen des Leben in der Klausur, die in Europa in bewundernswerter Weise entstanden waren und sich entfaltet hatten, wurden auf eurem Kontinent getreu übernommen und hochherzig gepflegt. So trafen bald auch die Klarissen ein, die Nonnen von der Unbefleckten Empfängnis, die Dominikanerinnen, die Augustinerinnen, die beschuhten und die unbeschuhten Karmelitinnen, die Benediktinerinnen, Zisterzienserinnen und Trappistinnen, die Nonnen vom göttlichen Erlöser und von der hl. Birgitta, die Anbetungsschwestern, die Salesianerinnen, Kapuzinerinnen und

Passionistinnen. Ihr bildet also eine umfangreiche Familie von Kontemplativen und Beterinnen, die, gediegen in einer fruchtbaren Vergangenheit verwurzelt, Früchte der Heiligkeit bringt, und ihr bleibt zugleich eng mit der großen Familie der heiligen Mutter Kirche verbunden, die reich an Charismen ist. Liebe Schwestern, ihr seid auch in unseren Tagen zur Mitarbeit an der Sendung der Kirche aufgerufen. Daher möchte ich euch heute ermuntern, euer Leben zu einer Botschaft des Friedens zu machen, versinnbildet in jener Taube, die Noach ausgesandt hat, und von der die heilige Theresa von Jesus, die große Reformerin des Karmels schrieb: „Sie fand mitten in den Wassern und Stürmen dieser Welt festes Land" (*Seelenburg*, 7. Wohnung, III, 13). Diese Taube verkündet eine Zeit der Ruhe, der Gerechtigkeit und des Friedens. Zahlreiche Personen sprechen euer Herz an und vereinigen sich geistlicherweise mit euch im Singen und Beten, das nicht mehr nur eures, sondern das der ganzen Menschheit ist. Es ist das Flehen so vieler Brüder und Schwestern, die in Leiden, Armut und Randdasein versunken sind. Zahlreich sind die Vertriebenen und die Flüchtlinge und jene, die leiden, weil sie weder Liebe noch Hoffnung erfahren; jene, die dem Bösen verfallen sind und sich gegen jedes geistige Licht sperren; jene, die innerlich verbittert sind, Opfer der Ungerechtigkeit und Macht der Stärkeren. Ihr hingegen könnt, versenkt in das Geheimnis Gottes, der euch die moralische Fähigkeit und eure besondere geistige Kraft gibt, durch euer Gebet, eure Buße und euer verborgenes Leben bewirken, daß aus dem göttlichen Herzen jene Liebe hervorbricht, die uns als Brüder und Schwestern eint, die Leidenschaften dämpft, geistige Verbundenheit schafft und Früchte der Solidarität und der Liebe im Sinn des Evangeliums bringt. Eure innigen Gebete in der Gemeinschaft oder im persönlichen Gespräch mit dem Herrn werden dann auch sühnende und wieder gutmachende Kraft entfalten und den Segen Gottes auf unsere leidende Menschheit herabziehen. Das Stundengebet, in dem die Kirche ihr Gotteslob vollzieht und das vollkommen darzubringen ihr berufen seid (vgl. *Sacrosanctum Concilium*, Nr. 99; *Lumen Gentium*, Nr. 44), prägt euer Leben und gestattet euch eine besondere und aktive Mitarbeit am Aufbau der Kirche. Über den ganzen Tag verteilt und auf die Eucharistie konzentriert, fügt es eure gesamte Existenz in das Christusgeheimnis ein, das die Zeit hindurch weiterwirkt und aus der Zeit der Kirche Heilszeit macht.

Hilfe für die evangelisierende Kirche

Theresa von Jesus, die Heilige von Avila, empfand sehr lebendig die Liebe zur Kirche, eine Liebe, die ihrer inneren Erfahrung entsprang. Deswegen schrieb sie: „Mir scheint, daß ich tausend Leben hingeben sollte, um eine einzige Seele zu heilen ... O, meine Schwestern in Christus, helft mir, dies zu erbitten; darum verbinde ich mich hier mit euch im Herrn; dies ist eure Berufung; darauf muß sich euer Bemühen richten, das muß euer Wunsch sein; dafür vergießt eure Tränen und darum bittet ohne Unterlaß" (*Weg der Vollkommenheit* 1,2.5). Jedes Leid, wie klein es auch sein mag, kann, wenn man es Gott aufopfert, dank seiner Barmherzigkeit unendlich Großes bewirken und zum fruchtbaren Strom der Gnade für das Wachstum der ganzen Gemeinschaft der Kirche werden. Die hl. Theresia vom Jesuskind und vom Heiligen Antlitz suchte ihren Ort im mystischen

Leib der Kirche und fand ihn: „Im Herzen der Kirche, meiner Mutter, will ich die Liebe sein" (*Geschichte einer Seele*, n. 254). In diesem mystischen Leib, der die Kirche ist, wollt auch ihr – eine jede an dem ihr zukommenden Platz – „das Herz" sein. Ihr seid „die Liebe", die alle Glieder dieses mystischen Leibes in Bewegung bringt. Seid also darauf bedacht, das Herz der Kirche zu sein, um mit dem Herzen Christi ein einziges Herz zu werden, das für jede Gemeinschaft dieses Kontinentes schlägt (vgl. *Venite seorsum*, III). Gegen alle säkularisierenden Tendenzen und jede Versuchung, das aktive Tun zum Schaden des inneren Lebens zu bevorzugen, erklärt die Kirche, daß eure in Kontemplation gelebte Einsamkeit keineswegs als Müßiggang gelten darf sondern vielmehr als „Quelle himmlischer Gnaden" (vgl. *Perfectae caritatis*, Nr. 7). Daher müssen alle Arbeiten und Dienste, die ihr ausüben könnt, nach Ort, Zeit und Weise so ausgerichtet und geordnet werden, daß ein wahrhaft solides und echtes kontemplatives Leben, nicht nur gewahrt, sondern genährt und bestärkt wird, und zwar muß das für jede Gemeinschaft ebenso wie für jede einzelne Schwester gelten (vgl. Pius XII., *Sponsa Christi, AAS* 43, 1, S. 5). Wieviele apostolische Bitten steigen in eurem Alltag aus eurem Herzen auf! Wieviel missionarische Dynamik erfüllt jeden eurer Tage! Wieviel pastorales Wirken schließt eure Berufung in der Klausur ein!

Herz und Seele des Apostolates

„Im Leben muß man sich notwendig opfern, so wie die Märtyrer sich bis in den Tod hinein geopfert haben" (*hl. Johanna Franziska von Chantal*). Die Nonne in Klausur vermag in den einfachen Dingen und in den ihr vertrauten gewöhnlichen Verrichtungen eine Quelle des Lebens in sich zu entdecken, die sie ständig bereichert und sie ihre Tage in Frieden verbringen läßt, aber auch, damit sie für das Wohl der Seelen fruchtbar wird. Dies läßt sie alle Mühe und Anspannung vergessen und erfüllt sie mit apostolischem Eifer. Durch das verborgene Opfer ihres Lebens wird sie zur Missionarin; geistlich mit den Missionaren vereint, wird sie zur Mitarbeiterin bei aller evangelisierenden Tätigkeit. Auch das Zeitgeschehen regt euch zur entschlossenen Erfüllung eurer Aufgabe an. Die Trübsale der von Spannungen und Konflikten erfüllten Welt finden in eurem Gebet ein Echo, damit die Menschen durch die Ereignisse die Nähe dessen erfassen, was sie übersteigt und für immer bleibt. Und während in euch alles geradewegs und klar auf Gott und die Mitmenschen hin ausgerichtet ist, ergießt sich aus dem auffangenden Gefäß der innere Reichtum, der eure Seele erfüllt. So sät ihr überall den Samen des Glaubens, ihr nährt die Hoffnung und die Liebe aller, die in euren Diözesen in der Seelsorge tätig sind. Liebe Klausurschwestern Lateinamerikas, erfaßt immer lebendiger eure Verantwortung für das Auferbauen der Kirche. Mit eurem Gebet und euren Opfern erreicht ihr das Herz einer jeden Diözese und kirchlichen Gemeinschaft des Kontinents, so daß sich über alle der Segen des Herrn ergießt. Dies wird für das pastorale Wirken der Bischöfe und Priester ein großer Trost sein; es wird das Apostolat der Ordensmänner und Ordensfrauen des aktiven Lebens anregen; es wird bei allen gläubigen Laien die religiöse Praxis und den Einsatz für das Evangelium fördern. Helft daher weiter dem pilgernden Volk Gottes mit eurem Gebet, euren verborgenen Opfern, eurer Buße und eurer Zuneigung. Pflegt weiter den missionarischen Geist in dem Bewußtsein, daß zwischen einer Kontemplativen, die betet und leidet, und einem Missionar, der predigt, in der Ordnung der Gnade eine tiefe Verwandtschaft besteht. Möge durch eure Lebensweise die Kirche in Lateinamerika „von Tag zu Tag mehr den Gläubigen wie den Ungläubigen Christus sichtbar machen" (*Lumen Gentium*, Nr. 46). Eure Hilfe durch das Gebet und das klösterliche Schweigen wird auch dazu beitragen, die Treue zum Lehramt gegen alles lehrmäßige Abweichen und alle säkularisierenden Tendenzen zu bewahren. Möge euch in eurem Leben der Selbstverleugnung und Hingabe die Mutter des Herrn stärken, die in euren Ländern so innig verehrt und von den Völkern Lateinamerikas so sehr geliebt wird. Betet weiter darum, daß sie immer die erste „Evangelisiererin" dieses lieben Kontinentes bleibt. Ich rufe auf alle und jede einzelne von euch kontemplativen Nonnen Lateinamerikas den ständigen Schutz Gottes herab und erteile euch, verbunden mit meinen Glückwünschen zum bevorstehenden Weihnachtsfest, meinen Apostolischen Segen.

Aus dem Vatikan, am 12.Dezember, dem Fest Unserer Lieben Frau von Guadalupe, im Jahre 1989

Joannes Paulus PP. II

Die Bestimmung des Augenblicks des Todes

Ansprache an die Teilnehmer des Kongresses der Päpstlichen Akademie der Wissenschaften am 14. Dezember

Meine Damen und Herren!

1. Es ist für mich immer eine Freude, den Männern und Frauen der Wissenschaft und Kultur zu begegnen, die sich unter Führung der päpstlichen Akademie der Wissenschaften zum Austausch ihrer Gedanken und Erfahrungen über Themen versammeln, die für den Fortschritt der Kenntnisse und die Entwicklung der Völker von höchstem Interesse sind. Gern empfange ich Sie daher heute am Ende Ihrer Tagung über schwere Probleme, die die Bestimmung des Augenblicks des Todes mit sich bringt, ein Thema, das die Akademie seit 1985, als sie darüber eine Studienwoche veranstaltete, im Rahmen eines Forschungsprojektes weiterführen wollte. Daß bei der Organisation dieser Tagung die Kongregation für die Glaubenslehre mitgewirkt hat, ist ebenfalls ein Grund zur Zufriedenheit. Es zeigt die Wichtigkeit, die der Hl. Stuhl dem behandelten Thema beimißt. Das Wirken der Kirche in der Welt und das Einwirken auf sie zieht, um möglichst fruchtbar zu werden, großen Vorteil aus einer ständig fortschreitenden und immer tieferen Kenntnis des Menschen, der Situationen, in die er hineingestellt ist und der Fragen, die er sich stellt. Gewiß besteht die spezifische Rolle der Kirche nicht in einer Förderung des Fortschritts der Erkenntnis streng wissenschaftlicher Art, aber sie kann auch nicht die

Probleme verkennen oder mißachten, die eng mit ihrer Sendung verbunden sind, die Botschaft des Evangeliums im Denken und in der Kultur unserer Zeit zur Geltung zu bringen (vgl. Zweites Vatikanisches Konzil, *Gaudium et spes*, Nr. 1–3).
Das gilt besonders dann, wenn es um die Bestimmung der Normen geht, die das menschliche Handeln regeln müssen, und dies betrifft die konkrete irdische Wirklichkeit. Daher müssen die das menschliche Verhalten inspirierenden Werte diese Wirklichkeit mit ihren Möglichkeiten und Grenzen berücksichtigen. Die Kirche muß, um ihrer Aufgabe der Gewissensbildung zu entsprechen und jene nicht zu enttäuschen, die von ihr Licht erwarten, gut über diese Wirklichkeit informiert sein, die ein unermeßliches Feld für neue Entdeckungen und neue wissenschaftliche und technische Leistungen darstellt, obwohl damit auch waghalsige und zuweilen störende Erscheinungen verbunden sind, die oft die Gewissen verwirren.

2. Das bewahrheitet sich ganz besonders dann, wenn diese Wirklichkeit das menschliche Leben selbst in seinem zeitlichen Beginn und Ende ist. Dieses Leben verlangt in seiner geistig-körperlichen Einheit unsere Achtung (vgl. *Gaudium et spes*, Nr. 14, 27), und weder Einzelmenschen noch die Gesellschaft dürfen es angreifen, welchen Vorteil auch immer das haben könnte.
Der Wert des Lebens liegt in dem, was bei Menschen Geist ist, aber sein Leib empfängt vom geistigen Prinzip – das ihm innewohnt und ihn zu dem macht, was er ist (Konzil von Wien, Konstitution *Fidei catholicae*, DS 902) – eine hervorragende Würde, ja gleichsam einen Abglanz des Absoluten. Der Leib ist Leib einer Person, eines für höhere Werte offenen Wesens, das fähig ist, sich in der Erkenntnis und Liebe Gottes zu vollenden (vgl. *Gaudium et spes*, Nr. 12, 15).
Weil nach unserer Auffassung jedes Einzelwesen eine lebendige Einheit ist und der menschliche Leib nicht einfach als Werkzeug oder Habe gelten darf, vielmehr am Wert des Einzelwesens als menschliches Wesen teilhat, ergibt sich, daß der menschliche Leib in keiner Weise so behandelt werden darf, als wäre er eine Sache, über die man nach eigenem Gutdünken verfügt (vgl. *Gaudium et spes*, Nr. 14).

3. Man darf aus dem menschlichen Leib kein bloßes Objekt machen oder ein Mittel für Experimente, wobei lediglich die Normen der wissenschaftlichen Forschung und der technischen Möglichkeiten gelten. Wie interessant oder sogar nützlich bestimmte Arten von Experimenten anscheinend auch sein könnten, die der heutige Stand der Technik möglich macht, so gibt doch jeder, der wirklich Sinn für die Werte und die Würde des Menschen hat, spontan zu, daß man diese scheinbar vielversprechende Forschungsrichtung aufgeben muß, wenn damit eine Erniedrigung des Menschen verbunden ist oder sein irdisches Dasein bewußt unterbrochen wird. Das Gut, das man zu gewinnen glaubte, würde sich am Ende als illusorisch erweisen (*Gaudium et spes*, Nr. 27; 51). Damit wird den Forschern und Wissenschaftlern eine Art Entsagung auferlegt, und es kann fast unvernünftig erscheinen zuzugeben, eine in sich mögliche und vielversprechende Erfahrung könne durch moralische Imperative verboten sein, zumal wenn man fast sicher ist, daß andere, die sich weniger durch ethische Imperative gebunden fühlen, diese Forschung durchführen werden. Aber gilt das nicht bei jedem morali-

schen Gebot? Und werden jene, die ihm treu bleiben, nicht oft als naiv betrachtet und als solche behandelt?

Die Schwierigkeit ist hier sogar noch größer, denn ein im Namen der Achtung vor dem Leben ausgesprochenes Verbot scheint mit anderen wichtigen Werten in Konflikt zu geraten: es geht nicht nur um die Werte der wissenschaftlichen Erkenntnis, sondern auch um andere, die das wirkliche Wohl der Menschheit betreffen, wie die Verbesserung ihrer Lebensbedingungen und Gesundheit, die Erleichterung oder Heilung von Krankheit und Leiden. Hier liegen die Probleme, die Sie untersuchen. Wie soll man die Achtung vor dem Leben, die jedes Handeln verbietet, das den Tod herbeiführen oder beschleunigen kann, mit dem möglichen Guten in Übereinstimmung bringen, das sich für die Menschheit aus der Entnahme von Organen für die Verpflanzung in einen Kranken ergibt, der diese braucht, wenn man berücksichtigt, daß der Erfolg des Eingriffs von der Schnelligkeit abhängt, mit der die Organe dem Spender nach seinem Tod entnommen werden?

4. In welchem Augenblick erfolgt das, was wir den Tod nennen? Hier liegt der Kern des Problems. Vor allem: Was ist eigentlich der Tod?

Wie Sie wissen und wie Ihre Diskussionen gezeigt haben, ist es nicht leicht, zu einer Definition des Todes zu kommen, die von allen verstanden und geteilt wird. Der Tod kann Auflösung, Verfall und Bruch bedeuten (vgl. *Salvifici doloris*, Nr. 15; *Gaudium et spes*, Nr. 18). Er erfolgt, wenn das geistige Prinzip, das die Einheit des Individuums sichert, seine Funktionen für den Organismus und in ihm nicht mehr erfüllen kann, und seine sich selbst überlassenen Elemente sich auflösen.

Gewiß betrifft diese Zerstörung nicht das Ganze des Menschenwesens. Der christliche Glaube – und nicht nur er – betont die Weiterexistenz des geistigen Prinzips des Menschen über den Tod hinaus. Für jene aber, die diesen Glauben nicht teilen, hat dieses Jenseits keine klare Gestalt oder Umrisse, und alle empfinden Angst vor einem Bruch, der derart brutal unserem Leben- und Sein-Wollen widerspricht. Im Unterschied zum Tier weiß der Mensch, daß er sterben muß, und er empfindet das als einen Angriff auf seine Würde. Obwohl er aufgrund seiner fleischlichen Existenz sterblich ist, versteht er zugleich, daß er nicht sollte sterben müssen, weil er eine Offenheit und ein Sehnen nach dem Ewigen in sich trägt.

Warum gibt es den Tod? Welchen Sinn hat er? Der christliche Glaube betont ein geheimnisvolles Band zwischen dem Tod und der moralischen Unordnung, der Sünde. Zugleich aber erfüllt der Glaube den Tod im Ausblick auf die Auferstehung mit einem positiven Sinn. Er zeigt uns, wie das Wort Gottes unsere sterbliche Natur annimmt und sein Leben als Opfer für uns Sünder am Kreuze hingibt. Der Tod ist also weder eine einfache physische Folgeerscheinung noch eine bloße Strafe. Er wird zur Hingabe seiner selbst aus Liebe. Im auferstandenen Christus sehen wir den Tod endgültig besiegt: „Der Tod hat keine Macht mehr über ihn" (*Röm* 6,9). Auch der Christ hofft zuversichtlich, daß er seine personale Ganzheit in verklärtem und in Christus endgültig in Besitz genommenem Zustand (vgl. *1 Kor* 15,22) wiedergewinnen wird.

Das ist der Tod, aus der Sicht des Glaubens betrachtet: er ist weniger das Ende des Lebens als vielmehr der Eintritt in ein neues Leben ohne Ende. Wenn wir in Freiheit auf die

Liebe, die Gott uns anbietet, antworten, werden wir im Tod neu geboren in Freude und im Licht und erleben einen neuen Geburtstag.
Diese Hoffnung verhindert freilich nicht, daß der Tod, wenigstens nach der normalen Erfahrung unseres Bewußtseins, ein schmerzhafter Bruch ist. Der Augenblick dieses Bruches ist nicht direkt erfaßbar, und das Problem liegt in der Feststellung seiner Zeichen. Wieviele und wie komplexe Fragen stellen sich hier! Ihre Mitteilungen und Diskussionen haben das unterstrichen und kostbare Elemente zu einer Lösung beigetragen.

5. Das Problem des Augenblicks des Todes hat auf praktischer Ebene schwerwiegende Folgen, und dieser Aspekt ist auch für die Kirche von großem Interesse. Es scheint sich nämlich ein tragisches Dilemma zu ergeben. Auf der einen Seite ist es dringend notwendig, Ersatzorgane für Kranke zu finden, die ohne diese sterben würden oder zumindest nicht geheilt werden könnten. Mit anderen Worten: Man kann sich vorstellen, daß ein Kranker, um einem sicheren und unmittelbar drohnenden Tod zu entgehen, das Organ eines anderen Kranken nötig hätte, vielleicht das seines Nachbarn im Hospital, an dessen Tod aber noch Zweifel bestehen. Es ergibt sich daher bei diesem Vorgang die Gefahr, ein menschliches Leben auszulöschen und endgültig die psychosomatische Einheit einer Person zu zerbrechen. Genauer gesagt besteht die tatsächliche Wahrscheinlichkeit, daß das Leben, dessen Weiterführung man durch Entnahme eines lebenswichtigen Organs unmöglich macht, das einer lebenden Person ist, während doch die dem menschlichen Leben geschuldete Achtung absolut verbietet, es direkt und positiv zu opfern, wäre es auch zum Vorteil eines anderen Menschenwesens, das man aus guten Gründen glaubt bevorzugen zu dürfen.
Auch die Anwendung der sichersten Grundsätze ist nicht immer leicht, weil der Kontrast zwischen entgegenstehenden Forderungen unsere unvollkommene Sicht und folglich die Erfassung absoluter Werte, die weder von unserer Auffassung noch von unserem Empfinden abhängen, verdunkelt.

6. Unter diesen Umständen gilt es eine doppelte Pflicht zu erfüllen. Die Wissenschaftler, die Forscher und die Gelehrten müssen ihre Forschungen und Studien weiterführen, um den genauen Augenblick und das unabweisbare Zeichen des Todes so genau wie möglich festzustellen. Denn steht er einmal fest, so verschwindet der offensichtliche Konflikt zwischen der Pflicht, das Leben einer Person zu achten, und der anderen Pflicht, sich für das Leben einer anderen Person einzusetzen und es eventuell sogar zu retten. Man wäre imstande, den Augenblick zu kennen, bis zu dem das, was bis eben dahin untersagt war, nämlich die Entnahme eines Organs für die Transplantation, nunmehr völlig und mit besten Erfolgsaussichten erlaubt wäre.
Die Moralisten, Philosophen und Theologen aber müssen für neue Probleme oder für neue Aspekte von immer gegebenen Problemen im Licht der neuen Gegebenheiten entsprechende Lösungen finden. Sie müssen Situationen prüfen, die früher undenkbar waren, und die daher auch niemals abgeschätzt wurden. Sie haben mit andern Worten die Tugend der Klugheit im Sinn der Tradition anzuwenden. Sie setzt moralische Redlichkeit und Treue zum Guten voraus. Mit Hilfe dieser Tugend kann man die jeweilige Wichtigkeit aller Faktoren und Werte, die im Spiele sind, bestimmen. Sie bewahrt uns vor leicht-

fertigen Lösungen oder solchen, die zur Lösung eines schwierigen Falles unter der Hand falsche Prinzipien einführen. So kann der Beitrag der neuen Gegebenheiten die moralische Reflexion fördern und verfeinern, so wie anderseits die moralischen Forderungen, die den Wissenschaftlern manchmal als Einschränkung ihrer Freiheit erscheinen, ihnen Ansporn zur Weiterführung fruchtbarer Forschungen bieten können, wie es ja auch oft der Fall gewesen ist.
Wissenschaftliche Forschung und moralische Reflexion müssen im Geist der Zusammenarbeit Hand in Hand gehen. Wir dürfen nie die hohe Würde der menschlichen Person aus den Augen verlieren, deren Wohl sowohl die Forschung als auch die Reflexion zu dienen haben und in der der Gläubige nichts weniger als das Bild Gottes selbst erkennt (vgl. *Gen* 1,28–29; *Gaudium et spes*, Nr. 12).
Meine Damen und Herren, möge der Geist der Wahrheit Ihnen bei Ihren schwierigen, aber notwendigen und sehr wertvollen Arbeiten zur Seite stehen. Ich danke Ihnen für Ihre Zusammenarbeit mit der Päpstlichen Akademie der Wissenschaften, die einen interdisziplinären Dialog und breiten Austausch von Informationen auf dem Gebiet menschlicher Bemühungen fördern möchte, mit denen zahlreiche Entscheidungen moralischer Ordnung und Verantwortlichkeiten von entscheidender Bedeutung für das Wohlergehen der Menschheitsfamilie verbunden sind. Möge Gott Ihnen in Fülle seinen Segen schenken!

Mensch und Umwelt sind aufeinander verwiesen

Ansprache an die Teilnehmer der IV. Tagung der Nobel-Preisträger, veranstaltet von der internationalen Stiftung „Nova Spes“ am 14. Dezember

Eminenz, meine Damen und Herren!

1. Gern heiße ich Sie, die erlesenen Teilnehmer am jüngsten Symposium, das die internationale Stiftung „Nova Spes“ veranstaltet hat, willkommen. Mein besonderer Gruß gilt Kardinal König, dem Präsidenten und Gründer von „Nova Spes“. Ihnen allen, den Vertretern der Natur- und Sozialwissenschaften, der Philosophie und Theologie, spreche ich meinen Dank für die wichtige interdisziplinäre Arbeit aus, die Sie einem Thema von wachsender Bedeutung für alle, denen das Wohl der Menschheit am Herzen liegt, gewidmet haben. Ihre Diskussionen in den letzten Tagen haben die zahlreichen Aspekte des für das Symposium gewählten Themas: „Mensch, Umwelt und Entwicklung – für eine Gesamtsicht“, untersucht. Denkt man an das Umweltproblem, so ist eine umfassende und ethische Betrachtung unerläßlich, weil die Umwelt nicht nur die Szene ist, auf der das große Drama der Geschichte des Menschen abläuft, sondern in einem gewissen Sinn zugleich ein aktiver Mitspieler des Dramas. Zwischen dem Menschen und der Umwelt erfolgt eine lebendige gegenseitige Einwirkung, und der Mensch wächst dabei in seiner Selbstkenntnis, im Verständnis seines Platzes innerhalb von Gottes Schöpfung, und er lernt dabei tatsächlich den Wert, das Potential und die Begrenzungen alles menschlichen Lebens und Tuns schätzen.

2. Gerade in einer solchen umfassenden und ethischen Perspektive greife ich die Frage des Umweltschutzes in meiner *Botschaft für den Weltfriedenstag 1990* auf, deren Motto lautet: „Friede mit Gott dem Schöpfer; Friede mit der ganzen Schöpfung." Diese Botschaft betont den grundlegend moralischen Charakter der Umweltkrise und ihre enge Verbindung mit dem Bemühen um echten und dauerhaften Frieden in der Welt. Wenn ich die Aufmerksamkeit auf die für eine entsprechende und dauerhafte Lösung der Krise wesentlichen ethischen Grundsätze lenke, betone ich besonders die Bedeutung der Achtung vor dem Leben und vor der Integrität der Schöpfungsordnung (vgl. Nr. 7). Da die ökologische Krise im Grunde eine moralische Frage ist, macht sie es erforderlich, daß alle auf die gemeinsame Herausforderung solidarisch antworten. Eine unkontrollierte Ausbeutung der natürlichen Umgebung bedroht nicht nur das Überleben des Menschengeschlechtes; sie fordert auch die Naturordnung selbst heraus, innerhalb derer die Menschheit das Leben als Gottes Geschenk in Würde und Freiheit empfangen und weitergeben soll. Verantwortliche Männer und Frauen werden sich heute in wachsendem Maße bewußt, daß wir „beachten müssen, was die Erde und ihre Atmosphäre uns sagen, nämlich daß im Universum eine Ordnung herrscht, die wir achten müssen, und daß der Mensch als Person mit der Fähigkeit freier Wahl eine schwere Verantwortung besitzt, diese Ordnung für das Wohlergehen künftiger Generationen zu erhalten" (*ebd.*, Nr. 15). Dabei ist die Sorge für die Umwelt, die sich von objektiven ethischen Grundsätzen leiten und von echt menschlicher Solidarität bestimmen läßt, letztlich in der Natur des Menschen als vernunftbegabtes und freies Wesen begründet, das sich mit seiner Umwelt in ständigem Austausch befindet. Wie die ökologische Krise sehr deutlich klar macht, darf man die individuelle und soziale Entwicklung des Menschen nicht unabhängig von der natürlichen Umgebung betrachten. Der Mensch trägt vielmehr innerhalb dieser umfassenden Sicht für den weisen Umgang mit der Umwelt eine schwere Verantwortung. Und seine Verantwortung wächst um so mehr, je mehr er befähigt wird, an seiner natürlichen Umgebung substantielle Veränderungen vorzunehmen.

3. Eine zufriedenstellende Beschreibung des Verhältnisses zwischen Umgebung und Entwicklung muß die Person in all ihren Dimensionen, wie auch die der Natur geschuldete Achtung berücksichtigen und sich immer die zentrale Stellung des Menschen innerhalb der Umgebung vor Augen halten. Echte menschliche Entwicklung kann kaum von der Solidarität absehen, die Mensch und Umwelt aufeinander verweist, doch darf sie die umfassende Sorge für die Bedürfnisse aller Völker der Erde außer acht lassen. Jeder Versuch, das Verhältnis zwischen Umgebung und Entwicklung zu bestimmen, ohne diese tiefer reichenden Realitäten zu berücksichtigen, führt notwendig zu weiteren und vielleicht noch gefährlicheren Ungleichgewichten. Die Betrachtung des Umweltproblems in einer umfassenden Perspektive, die die menschliche Person in all ihren Dimensionen und die Erfordernisse einer echt menschlichen Entwicklung berücksichtigt, darf wohl als eine der großen Aufgaben unserer Zeit gelten. Wenn die jetzige Generation diese Aufgabe weise in Angriff nimmt, dürfen wir sicher sein, daß dies in nicht geringem Maß auch zur Lösung anderer dringender internationaler Fragen beiträgt. Was am Ende von uns allen gefordert wird, ist ein wachsendes Bewußtsein von der Einheit der Menschheitsfami-

lie, in der der Mensch in seiner besonderen Kultur solide verwurzelt bleibt und doch zur Überwindung der Grenzen fähig ist, die Geographie, Ideologie, Rasse und Religion auferlegen. Für die Nationen der Welt aber erbringt die Notwendigkeit der Solidarität angesichts der Herausforderungen für unsere gemeinsame Umwelt „neue Möglichkeiten für die Stärkung der Zusammenarbeit und friedliche Beziehungen unter den Staaten“ (*ebd.*, Nr. 10.).

4. Die heute zu treffenden Entscheidungen für die Umwelt müssen ferner die moralische Verantwortung berücksichtigen, die wir für künftige Generationen tragen. Aus diesem Grund spreche ich von der Notwendigkeit einer neuen „Erziehung zu verantwortlichem Umgang mit der Umwelt“ (*ebd.*, Nr. 13). Dieser moralische Imperativ wurzelt in unserer gemeinsamen Menschennatur und in den daraus sich ergebenden universalen ethischen Forderungen. „Selbst Männer und Frauen ohne eine besondere religiöse Überzeugung, die aber einen lebhaften Sinn für die Verantwortlichkeiten gegenüber dem Gemeinwohl besitzen, erkennen ihre Verpflichtung an, zur Wiederherstellung einer gesunden Umgebung beizutragen“ (*ebd.*, Nr. 15). Christen finden ihrerseits für diese Aufgabe in ihrem Glauben an Gott als den Schöpfer der Welt und an Jesus Christus als den, der alles „im Himmel und auf Erden“ (vgl. *Kol* 1,20) mit sich versöhnt hat, Anregung. Unsere jetzige Generation hat als Segen des Fleißes vergangener Generationen viele materiellen und geistigen Güter geerbt, die die Grundlage unserer Gesellschaft und ihres Fortschritts bilden. Nun müssen wir im Namen universaler Solidarität es als unsere schwere Pflicht betrachten, dieses Erbe für alle unsere Brüder und Schwestern zu erhalten und sicherzustellen, daß jedes Mitglied der Menschheitsfamilie sich seiner Segnungen erfreuen kann.

5. Liebe Freunde, ich spreche „Nova Spes“ meinen Dank für Ihr Mitwirken bei Bedenken dieser Probleme aus und zugleich die Hoffnung, daß Ihre Arbeit für Sie selbst und Ihre Kollegen einen fruchtbaren Antrieb bildet, die wichtige Aufgabe der Förderung jener Werte und Programme weiterzuführen, die bessere Lebensverhältnisse für alle garantieren und aufbauen, wenn Sie die Umweltkrise in einem Geist echter Solidarität, brüderlicher Liebe und nie nachlassender Achtung für alle Völker und Nationen aufgreifen. Gern versichere ich Sie als Männer und Frauen des Denkens und der Wissenschaft erneut dessen, was das Zweite Vatikanische Konzil ausgesprochen hat, daß Sie nämlich in der Kirche eine Freundin Ihrer Berufung als Forscher besitzen, eine Gefährtin bei Ihren Bemühungen, die Ihre Erfolge bewundert, und, wenn nötig, Sie auch bei Entmutigung oder Mißerfolgen tröstet (vgl. *Schlußbotschaft des Konzils an die Männer und Frauen des Denkens und der Wissenschaft*). Ich vertraue Ihr Bemühen Gott, dem Schöpfer des Himmels und der Erde, aller sichtbaren und unsichtbaren Dinge an und verspreche Ihnen mein Gebet. Auf Sie alle rufe ich Gottes Segen, Freude und Frieden herab.

Eine lange Tradition von Liebe und Treue zum Papst

Ansprache an die derzeitigen und früheren Alumnen des Regionalseminars „Benedikt XV." von Bologna am 14. Dezember

Meine Herren Kardinäle,
ehrwürdige Brüder im Bischofsamt,
liebe Alumnen und ehemalige Alumnen!

1. Euer mir sehr willkommener Besuch verstärkt und vertieft noch die besondere Verbundenheit, die „Communio" die durch die vorausgegangenen Begegnungen mit dem Klerus von Emilia-Romagna, die mir die Vorsehung in den Jahren 1982, 1986 und im vergangenen Jahr gewährt hat, erneuert wurde. Aber diese heutige ist von ganz besonderer Bedeutung, gilt sie doch der Siebzigjahrfeier seit der Eröffnung eures Seminars.

Euer Besuch am Sitz des Petrus nimmt den Faden einer langen Tradition von Liebe und Treue zum Papst wieder auf. Von Anfang an hat euer Institut sie unter Beweis gestellt, und das war ja auch die Absicht dessen, von dem der Plan dazu stammt, des damaligen Erzbischofs von Bologna, Kardinal Giacomo della Chiesa, und späteren Papstes Benedikt XV., dessen Namen das Seminar ganz zu Recht trägt.

Als Zeugnis dieser fortgesetzten ... Treue sehe ich hier nicht nur die jungen Männer anwesend, die sich auf die Priesterweihe vorbereiten, sondern auch viele Mitbrüder, die seit mehr oder weniger langer Zeit fruchtbringend als Diener Gottes im Weinberg des Herrn wirken. Einigen wurden besondere Aufgaben anvertraut, damit sie mit noch ... größerer Hochherzigkeit die empfangenen Talente einsetzen können. Der Dienst anderer ist vielleicht weniger augenfällig, aber Gott weiß sehr wohl darum, und er wird es am verdienten Lohn nicht fehlen lassen.

2. Euer Seminar hat im Lauf dieser Jahre eine gewisse institutionelle Entwicklung erfahren; sie führte schließlich dazu, daß es sich mit der theologischen Fakultät der Dominikaner von Bologna zusammenschloß, woraus eine gemeinsame Körperschaft entstand, das sogenannte STAB, „Studio Theologico Accademico Bolognese". Es weist zwei Grundrichtungen für den Erwerb der akademischen Grade auf: die eine ist vorwiegend auf Pastoral und Evangelisierung hin orientiert und hat ihren Sitz im Regionalseminar, die andere ist zu einem vertieften Erfassen der Gedanken des hl. Thomas von Aquin nach den Hinweisen des Zweiten Vatikanischen Konzils und in Beziehung zu den Problemen unserer Zeit bestimmt.

Diese neue rechtliche und organisatorische Struktur ist sicher ein schönes Zeugnis brüderlicher Zusammenarbeit zwischen Welt- und Ordensklerus zum Wohl der Ortskirche, mit besonderem Bezug auf diesen so heiklen Bereich des kirchlichen Lebens, wie es gerade die Heranbildung der jungen Menschen zum Priestertum ist. Und im übrigen konnte man wohl auch in einer Stadt wie Bologna eine solche Zusammenarbeit erwarten, leistet die Stadt doch seit Jahrhunderten einen hervorragenden kulturellen Dienst für die Kirche und die Gesellschaft, und es ist bekannt, welchen großen Anteil daran im Lauf dieser Zeit und bis heute die verschiedenen kirchlichen Komponenten hatten, sowohl solche diözesanen Charakters wie solche des Ordenslebens.

3. Dieses Treffen ist der rechte Augenblick, um kurz über die übernatürliche Schönheit des „Dienstes der Versöhnung" nachzudenken, wie der heilige Paulus das Priestertum nennt (*2 Kor* 5,18), ein Dienstamt, das einige von euch bereits empfangen haben, während andere sich noch auf seinen Empfang vorbereiten.
„Diesen Schatz" – so sagt aber der Apostel – „tragen wir in zerbrechlichen Gefäßen" (*2 Kor* 4,7). Wenn nämlich der Priester einerseits von der erhabenen Schönheit der empfangenen Gabe und der wunderbaren Vollmachten, zu denen sie befähigt, wie fasziniert ist, so ist er andererseits verwirrt und wie verloren, wenn er seine eigenen, für diesen Heilsauftrag so unangemessenen Fähigkeiten betrachtet. Wenn dieser Kontrast ihn zunächst auch aus der Fassung zu bringen scheint, so führt er den Priester doch zu einem hohen Tugendgrad auf dem Weg einer fruchtbringenden und treuen Erfüllung seiner Priesterpflichten. Dieses zweifache Wissen bringt den Diener Gottes in der Tat dazu, im Hinblick auf die Größe und Wichtigkeit des empfangenen Auftrags eifrig, entschlossen und begeistert, zugleich aber wegen seiner eigenen Begrenztheit bescheiden und demütig zu sein und nicht zu sehr auf sich selbst zu vertrauen.

4. Liebe Brüder! Dankt dem Herrn für die wunderbare Berufung, die er euch geschenkt hat. Wer die Priesterweihe schon empfangen hat, sei ein echtes Vorbild und ein Führer für die jungen Männer, die noch in der Vorbereitung stehen. Diese ihrerseits mögen aufgeschlossen sein und die Führung derer annehmen, die ihre Ausbildung leiten. Tag für Tag mögen sie ihre Berufung zu vertiefen suchen, sich von Schwierigkeiten nicht entmutigen lassen, sondern auf die Hilfe des Herrn bauen, der das Werk begonnen hat und es auch zum Ziel führen wird.
Vor allem aber bittet den Herrn, ruft den „Herrn der Ernte an, Arbeiter für seine Ernte auszusenden" (*Mt* 9,38). Das ist ein Imperativ, ein Appell an euren Glauben und euer Gewissen als Getaufte, nicht nur als Priesterkandidaten. Bei der weithin schwindelerregenden zunehmenden Dringlichkeit der Evangelisierung und der christlichen Unterweisung darf niemand desinteressiert bleiben. Jeder sei für die anderen jungen Leute durch sein Beispiel eine Anfrage hinsichtlich etwaiger Berufung. Wer von Jesus berufen wurde, muß die Notwendigkeit empfinden, seine Entdeckung anderen mitzuteilen. So hat es der Apostel Andreas gemacht; er brachte seinen Bruder Simon Petrus zu Jesus (vgl. *Joh* 1,41).
Werdet nicht müde, um zahlreiche Berufungen für eure Erzdiözese und für die ganze Welt zu bitten: Christus hat sein Wort gegeben und wird euch nicht verweigern, was zu erbitten er selbst befohlen hat.
Die heilige Jungfrau von San Luca, die ihr Gläubigen von Bologna so sehr liebt, Maria, die Königin der Apostel, führe euch alle zur ganzen und vollkommenen Nachfolge Christi, des Priesters, damit ihr wirklich Heilige und Heiligende werdet.
Mit herzlichen Wünschen zum Weihnachtsfest erteile ich allen meinen Segen, der auch euren lieben Angehörigen gilt.

Der Leib des Menschen – kein Objekt zum Experimentieren

Ansprache an die Teilnehmer einer von der Päpstlichen Akademie der Wissenschaften veranstalteten Studientagung über den Augenblick des Todes vom 14. Dezember

Meine Damen und Herren!

1. Für mich ist es immer eine Freude, den Männern und Frauen der Wissenschaft und der Kultur zu begegnen, die sich unter der Schirmherrschaft der Päpstlichen Akademie der Wissenschaften versammeln, um ihre Gedanken und Erfahrungen über Themen auszutauschen, die von höchstem Interesse für den Fortschritt des Wissens und der Entwicklung der Völker sind. Heute freue ich mich, Sie am Ende Ihrer Tagung zu empfangen, die der Untersuchung der ernsten Probleme gewidmet war, welche sich stellen, wenn es darum geht, den Augenblick des Todes zu definieren. Das Thema wurde nach Beschluß der Akademie im Rahmen eines Forschungsprojektes gewählt, das 1985 bei einer Studienwoche seinen Anfang nahm. Was die Organisation dieses Treffens angeht, so ist die Zusammenarbeit mit der Kongregation für die Glaubenslehre ebenso ein Grund zur Freude. Das läßt erkennen, welche Bedeutung der Heilige Stuhl dem Thema beimißt.
Um ihr Wirken in der Welt und auf der Welt möglichst fruchtbar zu machen, zieht die Kirche großen Nutzen aus einer ständig fortschreitenden und unaufhörlich vertieften Kenntnis des Menschen, der Situationen, in die er gestellt ist, und der Fragen, die er sich stellt. Gewiß besteht die spezifische Rolle der Kirche nicht darin, ein Wissen streng wissenschaftlicher Natur voranzubringen, aber sie darf auch nicht die Probleme übersehen oder vernachlässigen, die mit ihrer Sendung, die Botschaft des Evangeliums in das Denken und die Kultur unserer Zeit hineinzutragen, eng verbunden sind (vgl. *Gaudium et spes*, Nr. 1–3).
Das trifft besonders dann zu, wenn es sich darum handelt, Normen festzusetzen, die das menschliche Handeln regeln sollen. Dieses Handeln betrifft die konkrete irdische Wirklichkeit. Daher müssen die Werte, die das menschliche Verhalten inspirieren sollten, diese Realität, ihre Möglichkeiten und ihre Grenzen berücksichtigen. Damit die Kirche ihre Rolle erfüllen kann, das menschliche Gewissen zu leiten, und damit sie nicht jene enttäuscht, die klärendes Licht von ihr erwarten, muß sie gut über diese Realität informiert sein. Es ist eine Wirklichkeit, die ein ungeheures Feld für neue Entdeckungen, neue wissenschaftliche Leistungen und Techniken aufweist. Manchmal sind sie mit verwirrenden, die Gewissen bisweilen in Ratlosigkeit versetzenden, Wagnissen verbunden.

2. Vor allem geschieht das dann, wenn die in Frage stehende Wirklichkeit das menschliche Leben selbst ist, an seinem Beginn und an seinem irdischen Ende. Dieses Leben in seiner geistig-somatischen Einheit verlangt unsere Achtung (vgl. *ebd.*, Nr. 14, 27). Weder einzelne noch die Gesellschaft dürfen ihm Schaden zufügen, was für ein Vorteil auch immer daraus erwachsen könnte.
Der Wert des Menschen beruht auf dem, was in ihm Geist ist, doch sein Leib empfängt aus dem geistigen Prinzip – das in ihm wohnt und ihn zu dem macht, was er ist (Konzil

von Vienna, *Fidei catholicae*, *DS*, 902) – eine erhabene Würde, fast wie ein Widerschein des Absoluten. Er ist der Leib einer Person, eines Wesens, das für die höheren Werte offen ist, eines Wesens, das fähig ist, in der Erkenntnis und der Liebe Gottes seine Erfüllung zu finden (vgl. *Gaudium et spes*, Nr. 12, 15).
Da wir der Auffassung sind, daß jeder Mensch eine lebendige Einheit darstellt und daß der menschliche Körper nicht bloß ein Werkzeug oder ein Besitz ist, sondern am Wert des Individuums als eines menschlichen Wesens teilhat, so folgt daraus, daß der menschliche Körper in keiner Weise wie eine Sache behandelt werden darf, über die man nach seinem Gutdünken verfügt (vgl. *ebd.*, Nr. 14).

3. Man kann aus dem menschlichen Körper nicht ein bloßes Objekt machen, einen Gegenstand zum Experimentieren, ohne andere Normen als die Imperative der wissenschaftlichen Forschung und der technischen Möglichkeiten. So interessant, ja sogar nützlich gewisse Arten von Experimenten erscheinen mögen, die der jetzige Stand der Technik möglich macht –, wer immer ein echtes Wertempfinden und Sinn für die menschliche Würde hat, wird spontan zugeben, daß man diesen scheinbar vielversprechenden Weg verlassen muß, wenn er über die Herabwürdigung des Menschen oder den gewollten Abbruch seiner irdischen Existenz führt. Das Gute, zu dem er dem Anschein nach hinführen könnte, wäre letzten Endes ein nur illusorisches Gut (vgl. *ebd.*, Nr. 27, 51). Infolgedessen wird den Wissenschaftlern und Forschern gewissermaßen ein Verzicht auferlegt. Es kann fast unvernünftig erscheinen, es gelten zu lassen, daß ein an sich mögliches und vielversprechendes Experiment durch moralische Imperative verhindert wird, vor allem dann, wenn man fast sicher ist, daß andere, die sich durch ethische Imperative weniger gebunden fühlen, diese Forschung durchführen werden. Aber ist das nicht bei jeder moralischen Vorschrift der Fall? Und werden nicht diejenigen, die darin treu sind, oft als naiv betrachtet und behandelt?
Die Schwierigkeit ist in unserem Fall noch größer, denn ein aus Achtung vor dem Leben erlassenes Verbot, scheint mit anderen bedeutenden Werten in Konflikt zu kommen: nicht nur mit denen der wissenschaftlichen Erkenntnis, sondern auch mit anderen, die das wirkliche Wohl der Menschheit betreffen, wie die Verbesserung seiner Lebensbedingungen, seiner Gesundheit, Erleichterung und Heilung in Krankheit und Leiden. Das sind die Probleme, die Sie untersuchen. Wie läßt sich die Achtung vor dem Leben, die jeden Eingriff verbietet, der möglicherweise den Tod herbeiführen oder beschleunigen könnte, vereinbaren mit dem Guten, das sich für die Menschheit ergeben könnte, wenn Organe zur Transplantation für einen Kranken, der ihrer bedarf, entnommen werden und man dabei in Betracht zieht, daß der Erfolg des Eingriffs von der Schnelligkeit abhängt, mit der die Organe dem Spender nach seinem Tod entnommen werden?

4. In welchem Augenblick ereignet sich das, was wir den Tod nennen? Das ist der Kern des Problems. Was eigentlich ist der Tod? Wie Sie wissen und wie Ihre Diskussion gezeigt haben, ist es nicht leicht, zu einer Definition des Todes zu kommen, die von allen verstanden und angenommen wird. Der Tod kann Zerfall und Auflösung, kann einen Bruch bedeuten (vgl. *Salvifici doloris*, Nr. 15; *Gaudium et spes*, Nr. 18). Er tritt ein, wenn das geistige Prinzip, das die Einheit des Menschen sichert, seine Funktionen im

Hinblick auf den Organismus und im Organismus nicht mehr ausüben kann, weil dessen Elemente, sich selbst überlassen, sich auflösen.
Gewiß, diese Zerstörung berührt nicht den Menschen als Ganzes gesehen. Der christliche Glaube – und nicht nur er – sagt, daß das geistige Prinzip des Menschen über den Tod hinaus weiterbesteht. Für solche aber, die den Glauben nicht haben, hat diese „jenseitige“ Beschaffenheit keine klare Gestalt und Form, und jeder empfindet Angst vor einem Bruch, der so brutal unserem Lebenswillen, unserem Sein-Wollen widerspricht. Im Gegensatz zum Tier weiß der Mensch, daß er sterben muß, und er empfindet es wie eine Verletzung seiner Würde. Obschon er aufgrund seiner Existenz in Fleisch und Blut sterblich ist, begreift er doch auch, daß er nicht sterben müßte, weil er eine Offenheit, ein Verlangen nach dem Ewigen in sich trägt.
Warum gibt es den Tod? Was ist sein Sinn? Der christliche Glaube behauptet, daß es zwischen dem Tod und der moralischen Unordnung, der Sünde, ein geheimnisvolles Band gibt. Zugleich aber erfüllt der Glaube den Tod mit einem positiven Sinn, da er ihn in der Perspektive der Auferstehung sieht. Er zeigt uns das Wort Gottes, das unsere sterbliche Beschaffenheit annimmt und für uns Sünder sein Leben am Kreuz als Opfer darbringt. Der Tod ist weder eine nur physische Folgeerscheinung noch eine bloße Strafe. Er wird zur Hingabe seiner selbst aus Liebe. Im auferstandenen Christus wird sichtbar, daß der Tod endgültig besiegt ist: „Der Tod hat keine Macht mehr über ihn“ (*Röm* 6,9). Auch der Christ hofft voll Vertrauen seine persönliche Unversehrtheit verklärt und als endgültigen Besitz in Christus wiederzufinden (vgl. *1 Kor* 15,22).
Der Tod also ist, mit dem Blick des Glaubens betrachtet, nicht so sehr das Ende des Lebens als vielmehr der Eintritt in ein neues Leben ohne Ende. Wenn wir auf die Liebe, die Gott uns anbietet, frei unsere Antwort geben, werden wir in der Freude und im Licht eine Neugeburt erleben, einen neuen Geburtstag.
Diese Hoffnung verhindert indessen nicht, daß der Tod ein schmerzvoller Bruch ist, wenigstens nach unserer Erfahrung auf der gewöhnlichen Bewußtseinsebene. Der Augenblick dieses Bruches läßt sich nicht unmittelbar wahrnehmen, und das Problem besteht darin, seine Symptome zu identifizieren. Wie viele und welch komplexe Fragen stellen sich hier! Ihre Berichte und Ihre Diskussionen haben das unterstrichen und wertvolle Elemente zu einer Lösung beigetragen.

5. Die Frage nach dem Augenblick des Todes enthält noch andere schwerwiegende Probleme auf der praktischen Ebene, und dieser Aspekt ist auch für die Kirche von großem Interesse. Es scheint sich in der Tat ein tragisches Dilemma zu erheben. Einerseits besteht die dringende Notwendigkeit, Organe zur Übertragung für Kranke zu finden, die ohne diese sterben oder zumindest nicht mehr gesund würden. Mit anderen Worten, es ist begreiflich, daß ein Kranker, um dem sicheren und nahe bevorstehenden Tod zu entgehen, ein Organ erhalten müßte, das ihm ein anderer vielleicht sein Nachbar im Krankenhaus spenden könnte. Über dessen Tod aber bestehen noch Zweifel. In dieser Situation taucht dann die Gefahr aus, einem Menschenleben womöglich ein Ende zu setzen, die psycho-somatische Einheit einer Person endgültig zu zerbrechen.

Genauer gesagt, die Wahrscheinlichkeit ist tatsächlich gegeben, daß das Leben, dessen Fortsetzung man durch die Entnahme eines lebenswichtigen Organs unmöglich macht, das Leben einer noch lebendigen Person ist. In diesem Fall verbietet die dem menschlichen Leben geschuldete Achtung absolut, daß es unmittelbar und ausdrücklich geopfert wird, sei es auch zum Wohl eines anderen Menschen, dem man glaubte mit Grund ein Vorrecht einräumen zu dürfen.
Selbst die Anwendung der am meisten gesicherten Prinzipien ist nicht immer leicht, weil der Gegensatz zwischen den einander entgegenstehenden Erfordernissen unsere unvollkommene Sicht verdunkelt und infolgedessen auch die Wahrnehmung der absoluten Werte, die weder von unserem Sehnen noch von unserem Empfinden abhängen.

6. Unter diesen Umständen muß man einer doppelten Verpflichtung nachkommen.
Die Wissenschaftler, die Analytiker und die Gelehrten müssen ihre Forschungsarbeiten und ihre Studien fortsetzen, um so exakt wie möglich den genauen Augenblick und das unbestreitbare Symptom des Todes zu bestimmen. Denn sobald diese Bestimmung gelungen ist, löst sich der scheinbare Konflikt zwischen der Pflicht, das Leben eines Menschen zu respektieren, und der Pflicht, das Leben eines anderen medizinisch zu versorgen oder es gar zu retten. Man wäre imstande, den Augenblick zu erkennen, in welchem das, was bis dahin gewiß verboten war – die Organentnahme zur Transplantation – mit besten Erfolgschancen absolut zulässig wäre.
Die Lehrer der Moral, die Philosophen und Theologen müssen angemessene Lösungen für die neuen Probleme oder für neue Aspekte der von jeher bestehenden Probleme im Licht der neuen Gegebenheiten finden. Sie müssen Situationen untersuchen, die vorher unbegreiflich und daher niemals bewertet worden waren. Mit anderen Worten, sie müssen das üben, was die Tradition der Sittenlehre die Tugend der Klugheit nennt, die moralische Lauterkeit und Treue zum Guten voraussetzt. Diese Tugend gestattet es, die jeweilige Wichtigkeit aller ins Spiel kommenden Faktoren und Werte zu beurteilen. Sie bewahrt uns vor leichten Lösungen oder vor solchen, die um einen schwierigen Fall zu lösen, unbemerkt irrige Grundsätze einführen. So kann der Beitrag neu gegebener Tatsachen die moralische Reflexion begünstigen und verfeinern, wie auch andererseits die moralischen Forderungen, die auf die Wissenschaftler manchmal den Eindruck machen, als würden sie ihre Freiheit einschränken, für sie vielmehr eine Einladung zu weiteren fruchtbringenden Forschungen sein können und es in der Tat auch oft sind.
Wissenschaftliche Forschung und moralische Reflexion müssen im Geist der Zusammenarbeit im gleichen Schritt gehen. Wir dürfen die höchste Würde der menschlichen Person nie aus dem Blick verlieren. Ihrem Wohl zu dienen, sind Forschung und Reflexion berufen, und der Glaubende erkennt in ihr nicht weniger als das Bild Gottes selbst (vgl. *Gen* 1,28–29; *Gaudium et spes*, Nr. 12).
Meine Damen und Herren, der Geist der Wahrheit stehe Ihnen in Ihrem schwierigen, aber notwendigen Arbeiten bei, die von großem Wert sind. Ich danke Ihnen für Ihre Zusammenarbeit mit der Päpstlichen Akademie der Wissenschaften. Sie möchte einen interdisziplinären Dialog und einen umfassenden Informationsaustausch fördern in Bereichen menschlicher Bemühungen, die zahlreiche Entscheidungen moralischer Ordnung

und Verantwortungen von äußerster Bedeutung für das Wohl der Menschheitsfamilie nach sich ziehen. Gott erfülle Sie mit seinem Segen!

Die Notwendigkeit einer Gesamtsicht

Predigt in der Messe für Studenten und Lehrer der römischen Hochschulen am 14. Dezember

1. „Du aber verkünde das Evangelium, erfülle treu deinen Dienst!" (*2 Tim* 4,5)
Es ist Paulus, der das sagt. Er wendet sich an seinen Schüler Timotheus, um ihn an die Hauptaufgabe seines bischöflichen Dienstes zu erinnern, nämlich: das Evangelium zu verkünden. Das ist „seine Arbeit", der wesentliche Grund für die Stellung, die er in der Kirche einnimmt. Der Bischof ist Verkündiger des Evangeliums, oder er ist ein Bischof. Der Missionsbefehl betrifft aber nicht nur ihn allein. Jeder Christ wird persönlich von ihm berührt, und zwar kraft der Taufe, die ihn in Christus eingliedert, den Gesandten des Vaters, den Missionar schlechthin. Als Getaufter ist der Christ berufen, den Samen des Evangeliums überallhin zu bringen, wo Menschen leben und arbeiten, vor allem dorthin, wo, wie an der Universität, die Führungsschichten der Gesellschaft von morgen vorbereitet werden.
„Du aber verkünde das Evangelium, erfülle treu deinen Dienst!" In diesem Augenblick denke ich an die Hunderttausende von jungen Menschen, die mich im vergangenen August auf der Wallfahrt nach Santiago di Compostela begleitet haben. Viele von ihnen waren Universitätsstudenten. Sicherlich war auch jemand von euch in Santiago. Junge Leute aus ganz Europa trafen sich im Heiligtum des Apostels, um dort eine einzigartige Erfahrung von Kirche zu machen; sie kehrten dann in die verschiedenen Städte und Länder zurück mit dem Vorsatz, „das Werk des Glaubens", „die Opferbereitschaft der Liebe" und „die Standhaftigkeit der Hoffnung auf Jesus Christus, unseren Herrn" (vgl. *1 Thess* 1,3) erneut ins Leben umzusetzen.
Liebe Universitätsjugend, um eine eindrucksvolle Stunde der Gemeinschaft, ähnlich wie beim Treffen in Compostela, miteinander zu erleben, sind wir heute abend hier versammelt. Einer nun schon lange bestehenden Gewohnheit folgend, wende ich mich an diesem Adventsabend in der Vorbereitung auf das Weihnachtsfest an euch und an die Dozenten, die euch auf dem Weg zu den gewählten Zielen gleichsam als Führer vorausgehen. Nach den Worten Platos ziehen sie euch ein wenig an der Hand nach, um euch dann auf eigenen Füßen laufen zu lassen (vgl. Plato, *Brief* VII, 340 c). Ich wende mich an euch alle, um euch, während ihr noch am Beginn des Studienjahres seid, zu sagen: „Verkünde das Evangelium, erfülle treu deinen Dienst!"

2. Die Welt der Universität und der Schule stellt heute an die Verkünder des Evangeliums neue Anforderungen und eröffnet ihnen neue Räume. Die Ereignisse, die wir gerade erleben, bestätigen, wie unbefriedigend gewisse Denkweisen und Auffassungen von menschlicher Kultur und ihren Beziehungen zu Religion und Glauben sind. Es erheben sich neue

Fragen. Sie gehen über den Horizont der rein technischen Kultur hinaus und stoßen vor in die Welt des Geistes. Heute werden immer drängender Fragen gestellt über den letzten Sinn des Menschen und über die konstituierenden Elemente eines echten Humanismus. Man sucht nach einer Lebensweise, die dem Menschen in seiner Würde sowohl als Person wie als Gesellschaftswesen voll entspricht.

„Du aber sei in allem nüchtern, ertrage das Leiden“, schreibt der heilige Paulus an Timotheus. Der Christ weiß an den Leiden seiner Mitmenschen teilzunehmen und begibt sich an ihre Seite, um sie auf dem Weg zu begleiten, den Jesus, der Messias, gewiesen hat. Er hat uns besucht, oriens ex alto, illuminare his qui in tenebris et in umbra mortis sedent ad dirigendos pedes nostros in viam pacis: „das aufstrahlende Licht aus der Höhe, um allen zu leuchten, die in Finsternis sitzen und im Schatten des Todes, und unsere Schritte zu lenken auf den Weg des Friedens“ (*Lk* 1,78–79).

„Um unsere Schritte zu lenken.“ Meine Lieben, dieses Wort ist heute abend ganz konkret an uns gerichtet. Bewegt denke ich in diesem Augenblick an die schöpferische Welt eurer Universitäten hier in Rom. Gestattet, daß ich unter den anderen besonders das Universitäts-Institut „Maria Assumpta“ für Lehramtsstudiengänge erwähne, das in diesem Jahr die Fünfzigjahrfeier seiner Gründung begeht. In den einzelnen Universitäten kommen junge Leute aus allen Stadtvierteln, aus vielen Regionen Italiens und aus verschiedenen Ländern der Welt zusammen. Ich denke an die vielen Probleme, die den Lebensunterhalt, die Aufnahme, die Orientierung, die Wahl der Studienfächer, die Einführung in die wissenschaftliche Methodologie, die Auseinandersetzung mit neuen Horizonten und mit verschiedenen Lebensauffassungen betreffen. Ich teile eure Wünsche nach einem persönlichen Wachsen, das über die Aneignung des Lehrstoffs der einzelnen Disziplinen hinausgeht; ich teile die Wünsche nach Freiheit und Erfolg, aber ich sehe auch, daß in den neuen Erfahrungen, die im Universtitätsleben vor euch liegen, Führung und Orientierung notwendig sind. Ich bin einig mit euch in eurem Bemühen um eine echte, persönliche Beziehung zu den Dozenten, um dem Risiko der Anonymität zu entgehen, dem man unter so zahlreichen Universitätsstudenten wie hier in Rom ausgesetzt ist. Darum stellt sich um so dringender die Forderung nach einem erneuten Einsatz, nach einem im rechten Augenblick und klug gegebenen Zeugnis für das Evangelium in der Universität.

3. Ein günstiger Zeitpunkt für diesen Einsatz ist die Synode in der Ortskirche von Rom, der Kirche, in der sich euer Universitätsleben abspielt. Die Kirche von Rom befindet sich mitten auf ihrem synodalen Weg. In der Sprache der christlichen Tradition bedeutet „Synode“ die Aufforderung an die Christen, sich zu versammeln, um ihre Aufgabe einer gemeinsamen Überprüfung zu unterziehen und schöpferisch im Licht des Herrn ihren Weg zu gehen.

Die Kirche ist aufgrund ihrer Natur und aufgrund ihrer Berufung unterwegs. Unter verschiedenen Gesichtspunkten ist sie mit den Menschen zusammen unterwegs, um ihre Befürchtungen und Hoffnungen, ihre Freuden und Leiden zu teilen (wie einleitend in der Pastoralkonstitution *Gaudium et spes*, Nr. 1, zu lesen ist), und um allen das „ewige Evangelium“ (*Offb* 14,6) zu bringen, das „eine Kraft [dynamis] Gottes“ ist, „die jeden rettet, der glaubt (*Röm* 1,16).

Auf diesem schöpferischen synodalen Weg möchte nun die Kirche Roms der Universität begegnen, wo hervorragende Wissenschaftler als Dozenten die jungen Menschen in die Wege des Wissens und der Forschung einführen, und wo alle bedeutenderen Äußerungen der menschlichen Kultur sich wie an einer Wegkreuzung begegnen. Die Kirche würde es schwerwiegend an ihrem Auftrag fehlen lassen, wenn sie nicht zu einer Begegnung mit der Universität käme. Die eine wie die andere haben ja gemeinsam das große Ziel, einen reifen Menschen zu formen, wenn auch die Kirche noch weiter geht, da für sie nur der ein „vollkommener Mensch" ist, der zur vollen Kenntnis Christi gelangt ist (vgl. *Eph* 4,13; *Kol* 1,28).

„Den Menschen bilden": das ist eine große Aufgabe, die jede Generation sich stellt, und die Kirche hat dazu einen ihr eigenen Beitrag zu leisten, da sie, nach einem Ausdruck von Paul VI. „eine Expertin in Menschlichkeit" und ihr Herr und Meister der „Erlöser des Menschen" ist.

„Auf dieser Straße, auf der Christus jedem Menschen zur Seite tritt, darf die Kirche sich von niemandem aufhalten lassen", so habe ich in meiner ersten Enzyklika *Redemptor hominis* (Nr. 13) geschrieben.

4. Als Wahrerin der Wahrheit des Evangeliums zeigt die Kirche dem Menschen die letzten Ziele, die sich notwendigerweise mit den unmittelbareren und geschichtlichen, persönlichen und sozialen verbinden, die man in der Universität pflegt. Andererseits müssen die wissenschaftlichen und humanistischen Horizonte, zu denen die Universität hinführt, in einer einheitlichen Sicht koordiniert werden, die den ganzen Menschen umfaßt und ihm den Sinn seines Suchens und Arbeitens auf Erden zeigt. Hier gilt das lichtvolle Axiom des hl. Irenäus: „Gloria Dei vivens homo: die Ehre Gottes ist der lebendige Mensch, und das Leben des Menschen ist die Anschauung Gottes" (*Adv. haer.* IV, 20,7). Gott will die Ehre des Menschen, und der Mensch findet seine Ehre in Gott. Nichts ist ihm gleich und nichts genügt ihm auf Erden. Kirche und Universität setzen sich dafür ein, dieses Leben, das den Menschen zur Anschauung Gottes führt, zu fördern.

Die Zeiten des sinnlosen und oft nur künstlich herbeigezogenen Gegensatzes zwischen Wissenschaft und Glauben sind vorüber. Heute stellen sich die Männer der Wissenschaft mit Bestürzung Fragen über mögliche Mißbräuche der Wissenschaft und fürchten für das Schicksal des Menschen und des Kosmos. Am Rand des Abgrundes angelangt, wird sich die Menschheit in aller Schärfe der Rolle des Gewissens auch in der wissenschaftlichen Forschung und der Auswertung von deren Resultaten bewußt. Alte Problematiken scheinen jetzt überwunden zu sein. Wissenschaft und Kultur spüren, daß sie sich gemeinsam in den Dienst des Menschen stellen müssen. Bei diesem Dienst begegnen sie der Kirche, die das ihr anvertraute Wort und Gesetz Christi bewahrt. Eine neue große Gegenüberstellung zeichnet sich ab: Wissen und Wissenschaft gegenüber der Moral und den letzten und wahren Zielen des Menschen.

5. Auf ihrem synodalen Weg begegnet die Kirche von Rom der Universität und möchte Berührungspunkte festlegen, um Argumentationen gegenüberzustellen, Methodologien zu vergleichen und Resultate zusammenzustellen. Niemand kann von der Annahme aus-

gehen, in vollkommener Weise über das „System Mensch" zu sprechen. Deshalb blickt die Kirche mit Achtung und Aufmerksamkeit auf das, was in der Universität geschieht, und bietet einfach und offen die Worte an, die ihr zur Bewahrung gegeben sind. Auf dem synodalen Weg müssen also Gelegenheiten geboten und vielleicht auch neue Strukturen geschaffen werden, die die Kommunikation mit der Welt der Universität fördern und die Gemeinschaft zwischen den verschiedenen Komponenten der Universität, zwischen Dozenten und Studenten wachsen lassen. Dazu braucht es eine tiefer empfundene und bewußtere Gemeinschaft zwischen den kirchlichen Kräften und Bewegungen, die die Sendung der Kirche, das Evangelium in die weite und komplexe Wirklichkeit der Universität hineinzutragen, als ihre eigene Aufgabe übernehmen. „Communio" und „Missio" sind die großen Ziele der Synode. Ich weiß, daß schon Schritte in dieser Richtung unternommen wurden, um die „Communio" in der Kirche Roms auch im Dienst ihrer „Missio" in der Universität weiter wachsen zu lassen. Der synodale Weg ermutigt uns und zeigt neue Ziele, die es im Hinblick auf die christliche Gestaltung der Kultur zu erreichen gilt. Ich möchte den Wunsch aussprechen und ihn auf die ganze Universitätsfamilie ausdehnen, daß das Weihnachtsereignis eure Herzen für die Aufgabe stärke, im Universitätsbereich den neuen Menschen heranzubilden und die neue Gesellschaft aufzubauen und die Fundamente dazu nicht „auf Sand", sondern „auf den Felsen" zu legen (vgl. *Mt* 7,24–27), der Christus ist, der menschgewordene Sohn Gottes.
„Verkünde das Evangelium, erfülle treu deinen Dienst!" (*2 Tim* 4,5). Die Mutter des Erlösers begleite uns mit ihrem mütterlichen Schutz.

Die Familie anerkennen und stützen

Ansprache an die katholischen Juristen Italiens am 16. Dezember

Sehr geehrte Herren!

1. Gern empfange und begrüße ich Sie bei Gelegenheit des nationalen Studienkongresses, den der Verband der katholischen Juristen Italiens zu dem so bedeutsamen und lebenswichtigen Thema „Familie in einer komplexen Gesellschaft" veranstaltet hat. Gewiß werden Sie das heikle Thema so mutig und gründlich aufgreifen, wie es Menschen ansteht, die von Berufs wegen alles herauszufinden suchen, was in den Instituten des Rechtes das Wohl der Personen und damit der Gesellschaft fördern kann.
Sie werden sich bei Ihren Untersuchungen ferner von dem Licht leiten lassen, das aus dem Glauben kommt, und dank dessen wir den göttlichen Plan für die Vereinigung von Mann und Frau im Hinblick auf die Zeugung neuen menschlichen Lebens in seinem ganzen Reichtum zu erfassen vermögen.

2. Geehrte Herren, Sie stehen vor dem Thema Familie, das ein wesentliches Gut für die Person und die Gesellschaft darstellt. Zu ihm hat die Kirche natürlich etwas vom Evangelium her zu sagen, das diese für das Wohl der Menschen so notwendige Lebensform erhellt, schützt und kräftigt. Doch die Familie ist vor allem eine irdische Wirklichkeit, ein

der Stadt der Menschen eigenes Gut, das schon in die Erschaffung des Menschen eingeschrieben ist. Das erste Wort, das die Kirche also dazu zu sagen hat, ist, daß Gott sie begründet hat, indem er den Menschen als Person, als soziales Wesen schuf. „Gott hat den Menschen nicht allein geschaffen: denn von Anfang an hat er ihn ‚als Mann und Frau geschaffen' (*Gen* 1,27); ihre Verbindung schafft die erste Form personaler Gemeinschaft. Der Mensch ist nämlich aus seiner innersten Natur ein gesellschaftliches Wesen; ohne Beziehung zu den anderen kann er weder leben noch seine Anlagen zur Entfaltung bringen" (*Gaudium et spes*, Nr. 12).
Man darf sich daher nicht wundern: verdunkelt sich die Tiefendimension der menschlichen Person und ihr transzendenter Sinn, kann die Person sich selbst nicht im Vollsinn finden, weil sie sich nicht aufrichtig hinzuschenken weiß (vgl. Apostolisches Schreiben *Mulieris dignitatem*, Nr. 7; *Gaudium et spes*, Nr. 24), so treten Ersatzformen der Familie auf, die den natürlichen Ort im Herzen des Menschen auszufüllen versuchen, dort, wo dieses nach aufrichtiger und gegenseitiger Selbsthingabe verlangt.

3. Als Vertreter des Rechtes und als Katholiken stehen Sie, geehrte Herren, heute vor einer Herausforderung. Sie können nicht nur passiv die Wandlungen der Gesellschaft beobachten und sich auf die Kenntnisnahme der Anpassung der bürgerlichen Gesetze an die gewandelten Sitten beschränken. Das würde Blindheit für jenes Gut der Personen bedeuten, das jedem Rechtsverhältnis zwischen Menschen Wert gibt. Sie müssen sich vielmehr dafür einsetzen, daß sich die Gesellschaft unserer Tage Gesetze zu geben weiß, die zwar die unterschiedlichen realen Situationen berücksichtigen, aber doch das Wohl der einzelnen Personen und das der menschlichen Gemeinschaften garantieren, indem sie das natürliche Institut der auf der Ehe gegründeten Familie fördern und schützen.
Das Gut „der Gemeinschaft ist eng mit der Gesundheit des Institutes Familie verbunden. Wenn die Regierung in ihrer Gesetzgebung den spezifischen Wert der richtig gegründeten Familie verkennt, der zum Wohl der Gesellschaft führt; wenn sie sich gegenüber den ethischen Werten des sexuellen und ehelichen Lebens als gleichgültiger Zuschauer verhält, fördert sie keineswegs das Wohl und die Dauerhaftigkeit der menschlichen Werte, sie begünstigt mit einem solchen Verhalten vielmehr die Auflösung der Sitten" (Johannes Paul II., *Insegnamenti*, Vol. IX/1, 1986, S. 1140).
Es wäre daher kein Beitrag zum persönlichen und sozialen Wohl, wenn man Gesetze anstrebt, die tatsächliche Verbindungen als legitim anerkennen und sie der natürlichen auf eine Ehe gegründeten Familie gleichstellen sollen, obwohl sie keinerlei Verantwortungsübernahme oder eine Garantie für ihre Dauerhaftigkeit einschließen, wie sie doch für die Vereinigung zwischen Mann und Frau, so wie Gott als Schöpfer sie gewollt und Christus als Erlöser sie bekräftigt hat, wesentlich sind. Eine Sache ist die Garantie der Rechte von Personen, eine andere aber die Einführung eines Widerspruchs, nämlich, die Unordnung als eine in sich gute und richtige Situation hinzustellen.

4. Die rechtliche Ordnung muß unbedingt die Familie als privilegierten Ort für die personale Entfaltung ihrer Mitglieder, zumal der Schwächeren, anerkennen und stützten. Es gilt, überholte Auffassungen der letzten Jahrzehnte hinter sich zu lassen und juridisch die Familie als „ursprünglichen Ort und das wirksamste Mittel zur Humanisierung und Per-

sonalisierung der Gesellschaft“ (*Familiaris consortio*, Nr. 43) zu fördern. Wenn man auch nicht behaupten darf, jede Familie würde dieses soziale Gut vollkommen verwirklichen, so darf man doch auch nicht von Mißtrauen ihr gegenüber ausgehen; man muß sie vielmehr mit den entsprechenden Mitteln und Hilfen versehen, daß sie ihre Erziehungs- und Hilfsfunktion zugunsten der Schwächeren erfüllen kann. Bezeichnenderweise haben einige Plagen, von denen vor allem die Länder des Westens betroffen sind, wie Arbeitslosigkeit, Drogen und auch AIDS, zur Wiederentdeckung der Familie als dem ersten und hauptsächlichen Verbündeten für die Verminderung der negativen Auswirkung dieser Faktoren auf die Gesellschaft geführt. Die Familie „besitzt und entfaltet auch heute noch beträchtliche Energien, die imstande sind, den Menschen seiner Anonymität zu entreißen, in ihm das Bewußtsein seiner Personwürde wachzuhalten, eine tiefe Menschlichkeit zu entfalten und ihn als aktives Mitglied in seiner Einmaligkeit und Unwiederholbarkeit der Gesellschaft einzugliedern“ (*Familiaris consortio*, Nr. 43).

Es erweist sich daher als eine höchst wichtige Aufgabe, den künftigen Generationen die Werte der Würde der Person und der Festigkeit von Ehe und Familie durch ein Gesetzeswerk zugänglich zu machen, das sie schützt und fördert. Gibt man anderen Formen des Zusammenlebens als der legitimen Familie, die sich auf eine Ehe gründet, legales Bürgerrecht, so führt das nicht nur zu Verwirrung der Grundsätze, es würde auch pädagogisch und kulturell einen direkten Beitrag zur Ausbildung einer Mentalität und Verhaltensweise bedeuten, die keinen Bezug mehr zu den Grundwerten der Familie besitzen.

5. Als italienische Juristen können Sie im übrigen nicht den Beitrag dieses Landes zur Wiederentdeckung der gemeinsamen kulturellen Wurzeln Europas vergessen. Eine davon, und eine der tiefsten, ist gewiß die Auffassung der Familie als „einer natürlichen, auf die Ehe gegründeten Gemeinschaft“, wie die italienische Verfassung es feierlich formuliert (Art. 29, Par. 1).

Sich dafür einsetzen, daß diese Auffassung richtig verstanden und entsprechend in den rechtlichen Verfügungen dieser und anderer europäischer Nationen angewendet wird, bedeutet ein Wirken für die Festigung jener Plattform der Werte, auf der sich allein der Aufbau eines echt bürgerlichen Europas gründen kann. Da es sich im übrigen um einen im Naturgesetz verankerten, und daher nicht spezifisch christlichen Begriff handelt, sollte es nicht schwierig sein, auch Menschen anderer Auffassungen zur wesentlichen Übereinstimmung damit zu gewinnen.

Das hebt natürlich die Tatsache nicht auf, daß das christliche Denken zum Thema Familie bezeichnende tiefer reichende Gesichtspunkte beigesteuert hat. Ihr Überlegen sollte sie mit neuer Aufmerksamkeit bedenken, damit sich aus ihrer Mißachtung nicht eine Verarmung jener Quellen ergibt, aus denen auch Völker anderer Kontinente zu ihrem Vorteil geschöpft haben.

Ich wünsche Ihnen von Herzen alles Gute für eine fruchtbare Arbeit und rufe auf Sie den Segen des göttlichen Beistandes herab, als deren Unterpfand ich Ihnen gern meinen Segen erteile.

Wegkreuzung geschichtlicher Entwicklung

Ansprache an den Staatspräsidenten von Malta, Paul Xuereb, am 16. Dezember

Herr Präsident!

1. Mit großer Freude begrüße ich Sie bei Ihrem Staatsbesuch im Vatikan. Ich danke für Ihre freundlichen Worte, die das eindrucksvolle Erbe christlichen Glaubens in Malta und das feste und dauerhafte Band der Gemeinschaft in Erinnerung gerufen haben, das stets zwischen Ihrem Land und dem Apostolischen Stuhl bestanden hat. Mit den herzlichen Grüßen, die ich Ihnen entbiete, bitte ich Sie, auch das ganze Volk von Malta meiner tiefen Zuneigung zu versichern und ihm mein Gebetsversprechen zu überbringen, daß Gott, unser himmlischer Vater, es in Christus mit allem Segen seines Geistes segne (vgl. *Eph* 1,3).
Als Bischof von Rom, durch Gottes Gnade und Ruf mit der Sendung beauftragt, meine Brüder und Schwestern im Glauben zu stärken (vgl. *Lk* 22,32) bin ich mir der Bedeutung meines bevorstehenden Pastoralbesuches in Malta sehr bewußt. Seit fast zweitausend Jahren, seit dem Beginn des christlichen Zeitalters, wird unter dem maltesischen Volk das Evangelium Jesu Christi gepredigt, und es hat bei ihm Wurzel gefaßt. Ich bin überzeugt, daß der Nachfolger des Petrus, wenn er Malta zum ersten Mal in der Geschichte der Insel besucht, mit der gleichen außerordentlichen Liebenswürdigkeit aufgenommen wird, wie der Apostel Paulus und seine Mitreisenden empfangen wurden, als sie das Ufer der Insel betraten (vgl. *Apg* 28,2).

2. Der Aufenthalt des hl. Paulus auf der Insel Malta war verhältnismäßig kurz: Die Apostelgeschichte berichtet uns, daß er schon drei Monate später nach Rom fuhr (vgl. *Apg* 28,11). Aber die Ankunft des Völkerapostels sollte sich für die ganze Zukunft Maltas uns seiner Bevölkerung als ein Ereignis von entscheidender Bedeutung erweisen. Durch die Predigt des Paulus wurde der christliche Glaube erstmals eingepflanzt. In den folgenden Jahrhunderten sollte dieser Glaube der Geschichte und dem Charakter Ihres Volkes ein unauslöschliches Gepräge geben.
Auch heute noch inspiriert und fördert der „katholische und apostolische Glaube“ (vgl. *1. Eucharistisches Hochgebet*) im maltesischen Volk die Bindung an jene geistigen und moralischen Werte, die für das echte Wohlbefinden und Wachsen der Nation unerläßlich sind: Werte wie die Achtung vor dem menschlichen Leben vom ersten Augenblick des Daseins bis zum natürlichen Tod, oder wie das Eheband, die Einheit der Familie, die religiöse Erziehung, die Würde aller Arbeiter und wirkliche Solidarität. Es ist wichtig, daß diese grundlegenden menschlichen und sozialen Werte durch angemessene Gesetze und Beschlüsse gesichert und unterstützt werden.

3. In ihrem Dienst, die Bewohner von Malta im Glauben zu formen, suchte die Kirche die Menschen mit der Kraft auszustatten, die aus der Predigt des Gotteswortes und der Spendung der Sakramente hervorgeht. Den materiellen und geistigen Bedürfnissen des Volkes diente sie durch die verschiedenen Werke des Apostolates. Ihre Bemühungen, vor

allem um die weniger begünstigten Menschen, haben in nicht geringem Maß dazu beigetragen, daß im maltesischen Volk das Empfinden für die menschliche Würde einer jeden Person gewachsen ist, sowohl im Hinblick auf den Einzelmenschen wie auf seine Zugehörigkeit zu der größeren Gemeinschaft des Volkes.
In unserer Zeit hat der Einsatz der Kirche für die große Aufgabe, dem Wohl des Menschen zu dienen, nicht nachgelassen. Mit Hilfe der ihr eigenen Mittel und Methoden, und besonders auf dem Gebiet der Erziehung, ist sie bemüht, Männer und Frauen zu befähigen, daß sie für Gottes vielfältige Gaben danken und auf den Ruf seiner Gnade Antwort geben. Wenn sie gute Christen heranbildet, so sucht sie damit zugleich gute Bürger heranzubilden, denn sie weiß um die Macht des Evangeliums, das diejenigen, die es hören und aufnehmen, zu entschlossenem Einsatz für jene Tugenden anspornt, die den echten Fortschritt der einzelnen Menschen und der Gesellschaft garantieren. Im Licht des Wortes Gottes wird die Menschheit dazu angeleitet, die Einzel- und Gruppeninteressen mit den Forderungen des Gemeinwohls in Übereinstimmung zu bringen, politische Tätigkeit als Dienst am Nächsten zu verstehen, die Wahrheit und die Rechte anderer zu respektieren. In der Schule des Evangeliums lernen die Christen den Wert von Toleranz und Dialog kennen; sie lernen, soziale Gerechtigkeit und Solidarität unter den Völkern herbeizusehnen, und ihr sorgendes Interesse am Los der Unterprivilegierten und für die Verteidigung fundamentaler Menschenrechte nimmt zu.

4. Wenn die Kirche Dialog und aufrichtige Zusammenarbeit mit dem Staat sucht, so ist sie dabei nicht von dem Wunsch geleitet, auf Kosten der legitimen Hoheitsrechte des Staates eine Vorrangstellung zu genießen, noch von dem Wunsch auf Gebiete und Verantwortlichkeiten überzugreifen, die ihr fremd sind. Sie wünscht vielmehr, ihre Tätigkeit in ihren eigenen Kompetenzbereichen mit den Tätigkeiten des Staates in dessen Kompetenzbereich ins Gleichgewicht zu bringen. Da Kirche und Staat zum Wohl der gleichen Menschen arbeiten, die zugleich Christen und Bürger sind, so verspricht ihre fruchtbare Zusammenarbeit viel Gutes, nicht nur für einzelne Gläubige, sondern für die Gesellschaft als Ganzes.
Die Zusammenarbeit des Heiligen Stuhles mit den Staaten, eine Zusammenarbeit, worin die katholischen Bischöfe eingebunden sind, ist nur eine der Ausdrucksformen der beständigen Sorge des obersten Hirten für alle Kirchen (vgl. *2 Kor* 11,28). In dieser Hinsicht erinnere ich mit Freude an die Gespräche zwischen dem Heiligen Stuhl und den Zivilbehörden, die in Malta seit einiger Zeit in Gang sind und zur Unterzeichnung einiger wichtiger Abkommen geführt haben. Es ist meine inständige Hoffnung, daß mit Gottes Hilfe und beiderseitig fortgesetztem guten Willen noch weitere in Aussicht gestellte Übereinkünfte unterzeichnet werden.

5. Herr Präsident, ich freue mich, die Position zur Kenntnis zu nehmen, die die maltesische Regierung auf internationaler Ebene zur Verteidigung von Werten eingenommen hat, die wesentlich mit der Würde der menschlichen Person verbunden sind, wie zum Beispiel das Problem der alten Menschen und das des Umweltschutzes. Diese Stellungnahmen spiegeln etwas von der reichen moralischen und bürgerlichen Identität des maltesischen Volkes wider, wie sie sich im Lauf seiner langen Geschichte entfaltet hat.

Jahrhundertelang lag Malta an der Wegkreuzung geschichtlicher Entwicklung in der Mittelmeerregion. Seine geographische Lage, seine Geschichte und Kultur scheinen Ihrem Land, Herr Präsident, in der Tat die besondere Berufung zuzuweisen, in den komplexen Situationen, die das ganze Gebiet betrafen, als Vermittler und Förderer des Friedens zu handeln. Es ist mein vertrauensvolles Gebet, daß Malta auf diese Herausforderung mit klugem und großzügigem Engagement antwortet.
Trotz seiner geringen Flächenausdehnung hat Malta keine unbedeutende Rolle in der Förderung und Verteidigung der sozialen und religiösen Werte gespielt, die die kulturelle Identität Europas begründeten. Die Aufgabe, der unsere Gesellschaft heute gegenübersteht, ruft nach einer tiefgreifenden, ja heroischen geistig-geistlichen Lösung. Wenn Europa seinem Erbe und seinem Versprechen treu bleiben soll, muß es jene edlen geistigen Ideale wieder aufnehmen, die den Bau seiner Städte, das Emporwachsen seiner Universitäten und die Verbindung seiner verschiedenen Völker in einem gemeinsamen Glauben, einer gemeinsamen Vision inspirierten, wie es in einem Reichtum an religiösen, kulturellen und juristischen Leistungen zum Ausdruck gekommen ist. In den vergangenen Monaten haben sich neue und vielversprechende Zeichen der Hoffnung rings um uns her erhoben. Es ist mein inständiges Gebet, daß Malta in voller Treue zu seiner großen Vergangenheit und im Einsatz für eine hoffnungsvolle Zukunft eine führende Rolle spielen wird, wenn es sich darum handelt, neue Formen der Zusammenarbeit unter den Völkern zum Wohl und zum echten Fortschritt aller zu unterstützen.
In diesem Gebet rufe ich Gottes Geschenk der Gnade und des Friedens auf das ganze Volk von Malta herab, dem ich zu meiner Freude bei meinem bevorstehenden Besuch begegnen werde. Möge Gott Ihnen, Exzellenz, und allen Ihren Mitbürgern seinen überreichen Segen schenken.
Frohe Weihnachten Ihnen, Exzellenz, und dem ganzen Volk von Malta und Gozo!

Der grüne Baum – ein Zeichen der Hoffnung

Ansprache an die Delegation aus Oberösterreich aus Anlaß der Überreichung des Weihnachtsbaumes am 16. Dezember

Liebe Schwestern und Brüder!

Mit dem Christbaum aus Oberösterreich habt Ihr dem Bischof und den Gläubigen von Rom eine besondere weihnachtliche Freude bereitet. Euer bedeutungsvolles Geschenk und euer heutiger Besuch wecken in mir die lebendige Erinnerung an meinen zweiten Pastoralbesuch in Österreich, der mich auch in eure Heimat geführt hat. Dabei konnte ich mich selbst davon überzeugen, daß das Christentum das Angesicht eurer Heimat wesentlich mitgeprägt hat und auch heute in vielen gesellschaftlichen Bereichen präsent ist. Gerne nehme ich diese Gelegenheit wahr, um der Diözese Linz und dem Bundesland Oberösterreich für den herzlichen Empfang, der mir bei meinem Besuch von euch bereitet wurde, noch einmal aufrichtig zu danken.

Euch allen gilt mein herzlicher Gruß. Besonders grüße ich die Vertreter der Diözese Linz, an ihrer Spitze den verdienten Hochwürdigsten Herrn Bischof Maximilian Aichern, die Vertreter des geschätzten Bundeslandes Oberösterreich unter der Führung des Landeshauptmannes Dr. Josef Ratzenböck, der Frau Landtagspräsidentin Johanna Preinstorfer und des Landeshauptmann-Stellvertreters Dr. Karl Grünner; ferner die Mitglieder des Chores, der Gesangsgruppen und Musikkapellen, die diese Tage in Rom mit ihren weihnachtlichen Liedern und musikalischen Darbietungen bereichern.

Einen besonders herzlichen Willkommensgruß richte ich an alle unter euch, auf die der Anstoß zu diesem Weihnachtsgeschenk zurückgeht. Es war eine Initiative des gläubigen Volkes der Pfarrgemeinde Kopfing, des Bezirks Schärding und des gesamten Bundeslandes Oberösterreich, das sich mit der Kirche und dem Nachfolger des hl. Petrus lebendig und treu verbunden weiß. Ein besonderes Verdienst haben hierbei vor allem die Frauen der Goldhauben-Gruppe des Bezirks Schärding, die zugleich auch den Christbaumschmuck seit Monaten vorbereitet haben. Allen, die sich in großer Solidarität um die Bereitstellung des Christbaumes bemüht haben, dem Frächter, der ihn unter großen Opfern und Schwierigkeiten auf den Petersplatz befördert hat, sowie allen freiwilligen Mitarbeitern und Helfern sage ich ein aufrichtiges Vergelt's Gott für ihren so engagierten und schönen Beitrag zum Weihnachtsfest hier in Rom.

Schließlich begrüße ich auch die große Zahl von Pilgern aus Oberösterreich, die zur feierlichen Übergabe des Christbaumes mit nach Rom gekommen sind.

Der grüne Baum ist für uns ein beredtes Zeichen der Hoffnung, daß die Natur unter Schnee und Eis während des Winters bald wieder zum Leben erwacht. Er ist für uns Christen zugleich Ausdruck der Zuversicht, daß durch die Botschaft der Menschwerdung Gottes der Glaube und die Bereitschaft zu Frieden und Gerechtigkeit unter den Menschen immer lebendiger und stärker werden.

Die Lichter am Christbaum, die die dunkelste Zeit des Jahres erhellen, sollen uns daran erinnern, daß das wahre Licht durch die Geburt Jesu auf diese Erde kam. An Weihnachten feiern wir diesen Einbruch des Lichtes in unsere Dunkelheit, in unsere Schmerzen und Tränen, in unsere Krankheiten und Leiden. In Jesus, in dem das göttliche Licht erschienen ist, teilt Gott unser Leben und lebt es mit uns.

Weihnachten ist für uns dann wahr, wenn es in uns gegenwärtig wird. Wir können nur dann freie und frohe Menschen sein, wenn wir wiedergeboren werden durch den Geist Jesu; wenn wir den Sinn dafür bewahren, daß erst der erneuerte Mensch die Welt licht- und friedvoller zu machen vermag.

Die Liebe des göttlichen Kindes nimmt uns an, wie wir sind. Wir müssen es nur selbst aufnehmen; dann macht uns der Herr bereit, daß wir einander annehmen, geduldig, vergebend und fähig zu Frieden und Eintracht.

Zur Sache des Friedens gehört es auch, daß wir aus unserem Glauben an Gott, den Schöpfer, Sorge für die ganze Schöpfung tragen. In meiner Botschaft zum Weltfriedenstag 1990 weise ich darauf hin, daß „die Achtung vor dem Leben und vor der Würde der menschlichen Person auch die Achtung vor und die Sorge für die Schöpfung beinhaltet, die berufen ist, mit dem Menschen zusammen Gott zu verherrlichen".

Möge die Geburt des Gottessohnes uns allen Licht, Freude und Hoffnung schenken, damit wir in guten und in schweren Tagen weiter mit Christus den Weg des Friedens gehen können. Das ist mein Segenswunsch für euch sowie eure Familien und Gemeinden zum Fest der Geburt unseres Herrn und zum Neuen Jahr. Dafür erteile ich euch und allen euren Lieben in der Heimat von Herzen meinen besonderen Apostolischen Segen.

Wächter, wie lange noch dauert die Nacht?

Brief an die Mitglieder der Deutschen Bischofskonferenz vom 22. Dezember

Verehrte Brüder im Bischofsamt!

In diesen festlichen Tagen, in denen sich die Kirche auf die Feier der Ankunft Christi im Fleische vorbereitet, weiß ich mich in ganz besonderer Weise mit allen Brüdern im Bischofsamt verbunden, die in einer bewegten Stunde der Geschichte an allen Orten der Erde die Frohe Botschaft verkünden: Euch ist heute in der Stadt Davids der Heiland geboren, Christus der Herr (*Lk* 2,10). Wie einst der Engel der Heiligen Nacht dürfen wir Evangelisten des großen Ereignisses sein und mit dem Ausrufen der Herrlichkeit Gottes zugleich den Weg zum Frieden auf Erden weisen, der nicht vom Einvernehmen Gottes mit den Menschen, der Menschen mit Gott, von „Gottes Wohlgefallen" zu trennen ist (*Lk* 2,13).
So gehen meine Gedanken auch zurück zu den gesegneten Tagen der Begegnung, die euch, liebe Brüder im Bischofsamt, im November mit mir, dem Nachfolger Petri, und mit meinen engeren Mitarbeitern zusammengeführt haben, um auf die prophetische Frage zu hören: „Wächter, wie lange noch dauert die Nacht?" (*Jes* 21,11). Wir ließen uns berühren von jenem geheimnisvollen Ausdruck der Sorge des Herrn um die Welt, den die Kirche besonders im Advent zitiert, um uns so seine Sorge als die unsrige in die Seele zu brennen: „Wird der Menschensohn, wenn er kommt, noch Glauben finden auf Erden?" (*Lk* 18,8). „Wenn er kommt": Unser Auftrag für den Glauben war das Thema, das uns in unseren Gesprächen geleitet hat. Der Ernst, mit dem ihr eures Hirtenamtes waltet, die gläubige Zuversicht und die wache Verantwortung, die aus euren Beiträgen sprachen, sind mir lebendig gegenwärtig geblieben. Es war ein tiefes Erlebnis der Einheit des Denkens, des Wollens und des Fühlens, das uns aus unserer Berufung heraus und von der Verankerung in unserem gemeinsamen Glauben her geschenkt wurde. Das war das eigentlich Bereichernde jener Tage, ihr wesentliches Erlebnis, das wichtiger und bleibender ist, als etwaige Beschlüsse es hätten sein können, die von vornherein nicht in unserer Absicht gelegen hatten. Gerade weil wir nicht beschließen, sondern uns öffnen wollten, uns berühren lassen von der uns gemeinsam bewegenden Kraft des Evangeliums, werden diese Tage nicht fruchtlos bleiben. Sie werden – des bin ich sicher – in euren Überlegungen weiterwirken und auf vielfältige Weise euer Handeln und Entscheiden bestimmen. Auch wenn wir nun äußerlich voneinander entfernt, jeder an seinem Ort, unseren Dienst tun, sind wir uns immerfort nahe in dem einen Geist, der von dem einen Herrn kommt und uns zusammen „Abba" sagen läßt.

Von Herzen wünsche ich euch die Gnadenfülle der Heiligen Nacht und Gottes Beistand für euer Wirken im kommenden Jahr. Hierzu erteile ich euch von Herzen in der Liebe Jesu Christi, des Guten Hirten, meinen besonderen Apostolischen Segen.

Aus dem Vatikan, am 22. Dezember 1989

Joannes Paulus PP. II

Das Haus ist für den Menschen gemacht

Weihnachtsansprache an die Kardinäle, Bischöfe, Prälaten und Mitarbeiter der Kurie am 22. Dezember

Es „kam für Maria die Zeit ihrer Niederkunft, und sie gebar ihren Sohn, den Erstgeborenen. Sie wickelte ihn in Windeln und legte ihn in eine Krippe, weil in der Herberge kein Platz für sie war" (*Lk* 2,6–7).

1. Meine Herren Kardinäle, verehrte Mitbrüder im Bischofs- und im Priesteramt, Ordensfrauen und Laien! An alle richte ich meinen herzlichen Gruß und besonders danke ich dem Kardinaldekan für die edlen Grußworte, mit denen er die Gefühle eines jeden in dieser Erwartung der Weihnacht ausgedrückt hat.
„... Sie wickelte ihn in Windeln und legte ihn in eine Krippe, weil in der Herberge kein Platz für sie war." Die Worte des Evangelisten unterstreichen die schwierige Situation, in der sich bei der Geburt des Herrn die Heilige Familie befand. Für sie gab es kein Haus. Dieser Familie fehlte gerade das, was für jede Familie unentbehrlich ist, umso mehr beim Herannahen einer Geburt.
Das nunmehr vor der Tür stehende Weihnachtsfest läßt uns daher an alle Obdachlosen der Welt denken: an alle, die keine Behausung haben, wo sie und ihre Familien Schutz finden können. Die vom Evangelisten knapp angemerkte Tatsache rückt die Bedeutung des „Hauses" ins Licht, das nicht nur Wohnstatt ist, sondern auch Umwelt, Gemeinschaft. Wenn es wahr ist, daß das Haus für den Menschen gemacht ist, so ist auch wahr, daß es vom Menschen gemacht, von den Menschen gebildet wird. Die Personen sind es, die das „Haus" bilden; von ihnen hängt nämlich ab, ob der Raum, den sie bewohnen, das Dach, unter dem sie Schutz finden, sich mit menschlichem Gehalt füllt, von einem Fluß echter Wärme durchströmt wird.

2. Kann im Hause des Menschen Gott wohnen? Die gewagte Frage findet eine bejahende Antwort in der Geschichte der Heiligen Familie: diese sagt uns ja, Gott kann in die Häuser der Menschen kommen und dort wohnen. Er kann es, wenn ihm Platz gemacht wird: wenn für ihn Platz ist in jener „Herberge", in der die Familie sich zusammenfindet. Es ist nicht ohne Bedeutung, daß die Liturgie das Fest der Familie von Nazaret in die Weihnachtszeit stellt. Dieser Gedanke lädt uns ein, einen besonderen Wunsch an die Familien überall in der Welt zu richten: daß sie Gott, der im menschlichen Fleisch zu ihnen

kommt, die Türen ihres Hauses aufzumachen wissen; daß sie ihm Platz im Herzen zu machen wissen, so daß um jeden Herd echte Weihnachtsfreude erlebt werden kann.

Der Begriff Haus hat auch weitergehende analoge Anwendungen. Unterschiedlich sind die Dimensionen, in denen der Mensch wohnt. Heute zum Beispiel hört man von einem „gemeinsamen Haus Europa" sprechen.

Der Ausdruck hat seine Wahrheit, reich an reizvollen Anstößen. Wie das „Haus" sich aus vielen „Wohnungen" zusammensetzt, so gibt es in jedem Kontinent viele Dimensionen der geschichtlichen Wohnung des Menschen: es gibt viele Nationen. Denn der Mensch wohnt in jenen Gemeinschaften, die durch die Einheit von Kultur, Sprache, Geschichte dazu kommen, eine Nation zu bilden.

Allen Nationen, die das „europäische Haus" bewohnen, ist daher zu wünschen, daß jede von ihnen eine angemessene „Wohnung" haben kann, in Einklang mit den von den anderen Nationen belegten „Wohnungen".

3. Die Völker Europas, wie übrigens viele andere in der Welt, fühlen sich gerufen, sich zu vereinigen, um miteinander besser zu leben. Dieser unser „alter Kontinent", der den anderen so viel gegeben hat, ist daran, die eigene Berufung neu zu entdecken: verschiedene Kulturtraditionen zusammenzubringen, um einen Humanismus ins Leben zu rufen, in dem die Achtung der Rechte, die Solidarität, die Kreativität es jedem Menschen gestatten, seine edelsten Bestrebungen zu verwirklichen. Wir dürfen nicht vergessen, daß dieses große Unternehmen, welches die Europäer zu vollbringen sich verpflichtet haben, Inspiration empfangen hat aus dem Evangelium des fleischgewordenen Wortes, dessen Geburtsfest wir in wenigen Tagen feiern. Wie ich anläßlich meines ersten Besuches in Santiago de Compostela sagte, „verläuft ... die Geschichte der Entstehung der europäischen Nationen ... parallel zu ihrer Evangelisierung bis hin zu dem Punkt, an dem schließlich die europäischen Grenzen sich mit dem Verbreitungsgebiet des Evangeliums deckten" (*O.R. dt.*, 48, 1982, S. 15, Nr. 2).

Diese europäische Identität mit christlichen Wurzeln ist eine Realität, die heute wieder die wohlverdienten Anstrengungen all derer tragen muß, die für die Überwindung der Spaltungen und das Verschwinden der „Mauern" arbeiten, die die Menschen so oft künstlich geschaffen haben.

Es gibt kein ideologisches System, kein politisches Projekt, kein Wirtschaftsprogramm, noch eine militärische Einteilung, die die Bestrebungen von Millionen Frauen und Männern auslöschen könnten, die „vom Atlantik bis zum Ural" (*Predigt in Speyer*, O.R. dt. 19, 1987, S. 23) und von Skandinavien bis zum Mittelmeer wohl wissen, daß ihre Geschichte sich unter dem Zeichen „des Kreuzes, des Buches und des Pfluges" (vgl. *Ansprache in Subiaco*, O.R. dt. 41, 1980, S. 8) entwickelt hat.

Angesichts dieser Realität wird offensichtlich, wie künstlich und widernatürlich die „Blöcke" sind. Ich selbst habe oft von den „zwei Lungen" – dem Osten und dem Westen – gesprochen, ohne die Europa nicht atmen könnte. Und auch in Zukunft wird es ohne diese Osmose und diese Teilhabe an verschiedenen und doch ergänzenden Werten kein friedliches und Kultur ausstrahlendes Europa geben.

4. Auf diesem „Humus“ sind die Europäer gerufen, ihr gemeinsames Haus zu bauen. Und wie der heimische Herd der Ort ist, an dem jeder sich „zu Hause“ fühlt, wo er als der, der er ist, angenommen, respektiert und gefördert wird, so soll Europa ein „Haus“ werden, in dem jedes Volk sich in der ihm eigenen Physiognomie anerkannt, wo erforderlich in seiner Entwicklung unterstützt und vor allem in seinen Bestrebungen respektiert sieht. Wie es im Heim der Familie keinen Grund zur Angst gibt, so sollte es in Europa keinerlei Bedrohung geben, die den einen zum Fürchten des anderen bringen kann; vielmehr sollte es die Freude des Miteinanderlebens geben, um die gemeinsamen materiellen, kulturellen und geistigen Reichtümer zu teilen.

Vor 50 Jahren brachten schreckliche Umwälzungen die Existenz Europas selbst in Gefahr: der Zweite Weltkrieg war einige Monate zuvor ausgebrochen. Entstellt, geschändet und geteilt, mußte Europa ungeheure Anstrengungen unternehmen, um die tragischen Prüfungen zu überstehen, die heute noch sein Antlitz zeichnen. Glücklicherweise scheint jetzt eine neue Ära anzubrechen: ein Demokratisierungsprozeß in seinen zentralen und östlichen Regionen, Formen von Dialog und von Absprache auf kontinentaler Ebene und ein neues Bewußtsein der geistigen Wurzeln lassen, wie es scheint, die Idee eines gemeinsamen Schicksals keimen.

Insbesondere drücke ich meine Freude über die positive Entwicklung der Situation in der Tschechoslowakei aus, wo die Anerkennung der religiösen Freiheit u.a. die Besetzung einer guten Zahl von Bischofssitzen zugelassen hat: zu den im vergangenen Jahr vorgenommenen sind weitere hinzugekommen, darin eingeschlossen die gestern angekündigten. Mein Wunsch ist, daß auf dem eingeschlagenen Weg weitergegangen wird, um zur Vervollständigung der Bischofsernennungen zu gelangen, zur Wiederaufnahme des Ordenslebens, zur Wiedereröffnung der Seminare und zur Möglichkeit für die Gläubigen, sich aktiv am Leben der Kirche zu beteiligen.

Leider bereitet in diesem tröstlichen Panorama die ernste Spannung zwischen Volk und Macht in Rumänien Sorge, der Schauder in diesen Tagen über die an wehrlosen Bürgern verübte Gewalt, über den Verlust so vieler Menschenleben, über die Mißachtung der Menschenrechte. Ich habe bei der jüngsten Mittwochsaudienz meine Stimme erhoben mit dem Appell für die allgemeine Befriedung. Mit der Mißbilligung der Gewalt erneuere ich die Mahnung zur Vergebung und zu radikalen, von der Achtung für den Menschen getragenen Veränderungen.

Zu diesem edlen Unternehmen beabsichtigt die Kirche – wie in der Vergangenheit –, ihren spezifischen Beitrag zu liefern, im tiefen Bewußtsein der ihr zukommenden Pflicht, beim Wiederaufbau eines „Europas ohne Grenzen ..., das die christlichen Wurzeln seines Ursprungs nicht verleugnet“, mitzuhelfen. Diesen Wunsch formulierte ich im vergangenen August im Gebet zur hl. Jungfrau von Covadonga bei der Pilgerfahrt zu jenem berühmten Heiligtum Asturiens (*O.R. dt.*, Nr. 36, 1989, S. 8).

Diesen Wunsch erneuere ich heute, ihn vertraue ich dem König der Zeiten an, auf daß er den Willen der europäischen Völker stärke und ihrem Weg auf den neuen, schwierigen Straßen beistehe.

5. Der Gedanke geht nun im besonderen zu den Kirchen, die auf dem „alten Kontinent“ seit Jahrhunderten ihren Glauben an das fleischgewordene Wort bekennen und die mit wachsender Klarheit die Dringlichkeit einer neue Evangelisierung ihrer Völker wahrnehmen, die von den Phänomenen der Entchristlichung und des Atheismus bedroht sind. Ich habe diese Probleme mit den Oberhirten des Rates der Bischofskonferenzen Europas anläßlich ihres Mitte Oktober in Rom abgehaltenen 7. Symposions geteilt, und bin danach mit dem Episkopat der Bundesrepublik Deutschland darauf zurückgekommen, der sich am 13. und 14. November im Vatikan zusammengefunden hatte, um im Geist gegenseitigen Vertrauens und brüderlicher Zusammengehörigkeit über „Die Weitergabe des Glaubens an die kommende Generation“ nachzudenken. Jene Erfahrungen des Miteinander-Teilens haben uns einmal mehr überzeugt, daß die Schwierigkeiten uns nicht zum Pessimismus führen dürfen, sondern uns vielmehr dazu bringen sollen, uns im Herrn noch mehr einander zu nähern, um uns bei der Erfüllung der uns anvertrauten Sendung gegenseitig zu stützen und zu stärken. In diesem Bewußtsein wünsche ich allen Kirchen, die in Gemeinschaft mit dem Sitz Petri sind, Freude und Frieden in dem Licht, das von der Wiege von Betlehem ausgeht. Die Hoffnung ihrer Zukunft ist auf die Jugend gegründet: auch diese grüße ich mit besonderer Zuneigung, in der stets lebendigen Erinnerung an die ergreifende Erfahrung von Santiago de Compostela im letzten August.
Einen solchen Wunsch dehne ich auch auf die anderen Kirchen und Konfessionen aus, die noch nicht in voller Gemeinschaft mit uns leben. Dieses Jahr hatte ich die Freude, meinen Bruder in Christus, Dr. Robert Runcie, den Erzbischof von Canterbury, willkommen zu heißen. Sein Besuch war eine Gelegenheit, die ökumenische Verantwortung des Bischofs von Rom wahrzunehmen. In der gemeinsamen Erklärung, die wir zum Abschluß des Besuches unterzeichneten, haben wir festgehalten, daß die Aufgabe, für die Wiederherstellung der sichtbaren Einheit und der vollen Gemeinschaft zu arbeiten, sich vom Gehorsam gegenüber dem Willen unseres Herrn: „Alle sollen eins sein“ (*Joh* 17,21) herleitet. Wir haben die Probleme, die uns bei der Verwirklichung dieser Aufgabe bedrängen, nicht bagatellisiert, sondern ihren Ernst unterstreichen wollen. Denn man muß von echter Hoffnung und zugleich von nüchternem Realismus erfüllt sein. Wir müssen die Spannung zwischen diesen beiden Elementen in unserem Herzen tragen, wenn wir für die Einheit der Christen beten und arbeiten.
In diesem Geist richte ich meinen Gruß an alle die christlichen Brüder, mit denen wir noch nicht die volle Glaubensgemeinschaft erreicht haben. Gott stärkt unsere Liebe und ermutigt uns, weiterzugehen auf den Wegen der Einheit. Die europäische ökumenische Konferenz, die vom 15. bis 21. Mai dieses Jahres in Basel abgehalten wurde, war ebenfalls ein Zeichen der Hoffnung. Zum ersten Mal nach der Epoche der Trennungen haben alle Kirchen und Kirchengemeinschaften Europas gemeinsam ihren Willen bekundet, auf der Basis des Evangeliums dem Frieden und der Gerechtigkeit zu dienen.

6. Ebenfalls im ökumenischen Kontext habe ich letzten Juni eine Glaubenswallfahrt zu den Christen der nordischen Länder unternommen. Ich habe dem christlichen Erbe jener Völker die Ehre erwiesen. Zusammen mit meinen katholischen und lutheranischen Brüdern konnte ich intensive und bedeutsame Momente des geistigen Ökumenismus im Ge-

bet und der Reflexion über die gemeinsame Sendung der Christen in Europa und in der Welt erleben. Diese meine Pastoralreise, die bis vor kurzem nicht denkbar gewesen wäre, bildet auf lokaler Ebene und auf längere Frist zweifellos eine wichtige Etappe des ökumenischen Wegs. Als Bischof von Rom, dem auf ganz besondere Weise das Geheimnis der Einheit anvertraut ist, konnte ich so einen spezifischen Beitrag zum Ökumenismus liefern, der in den nordischen Ländern und überall auf der Welt Fuß faßt, nicht als Frucht unserer allein menschlichen Anstrengungen, sondern als Geschenk der göttlichen Gnade. Die Ereignisse und Veränderungen in der Sowjetunion haben ihrerseits eine Vermehrung der Kontakte mit dem Patriarchat Moskau begünstigt. Diese lassen für eine nahe Zukunft voraussehen, was ich immer gewünscht und unablässig verlangt habe: daß die griechisch-katholische Kirche der Ukraine die volle Freiheit, den katholischen Glauben zu bekennen und Zeugnis dafür zu geben, in jenem Lande wiederfinden möge. Ich vertraue darauf, daß die Beziehungen zwischen der katholischen Kirche und dem Patriarchat Moskau, die sich seit dem Zweiten Vatikanischen Konzil fortlaufend entwickelt haben, eine gemeinsame Lösung dieser Frage gestatten und in einem Geist von Versöhnung und gegenseitigem Vertrauen zu Anerkennung und brüderlichem gegenseitigem Respekt der beiden Schwesterkirchen in der Ukraine führen: der griechisch-katholischen und orthodoxen Kirche.
Als Bürger haben die Gläubigen der griechisch-katholischen Kirche in der Urkaine durchaus recht, ihr ziviles Recht auf religiöse Freiheit geltend zu machen.
Nach einer langen Periode im Untergrund manifestiert sich der katholische Glaube der Christen und ihrer Priester mit neuem Eifer und in der festen Hoffnung, sein Ja zum Evangelium in voller Einheit mit der ganzen katholischen Kirche, und in besonderer Weise mit der Kirche von Rom, leben zu können. Ich wünsche jenem geliebten Teil der Herde Christi frohe Weihnachten und fordere alle zu Versöhnung und Frieden auf nach dem Beispiel des fleischgewordenen Wortes, das „unsertwegen arm wurde, um uns reich zu machen“ (vgl. *2 Kor* 8,9).

7. Von der Krippe zu Betlehem gehen unsere liebevollen Gedanken und warmen Glückwünsche zu allen Ländern und Kontinenten des Erdballs.
Nach Asien und dem Fernen Osten zu allererst, wie auch nach Australien und Ozeanien. Im Herzen sind mir immer noch die beim Internationalen Eucharistischen Kongreß in Seoul empfangenen Eindrücke lebendig, als ich angesichts der riesigen Menge von Gläubigen aus Korea und allen Teilen der Welt vor der konsekrierten Hostie niederkniete, um „Christus, unserem Frieden“, die Sorgen und Hoffnungen der Kirche und der Menschheit anzuvertrauen. Mit Bewegung erinnere ich mich auch an die Begegnung mit den christlichen Gemeinschaften Indonesiens, des großen Archipels, dessen Bevölkerung es auf der Grundlage des philosophischen Systems des „Pancasila“ verstanden hat, ein Modell des Zusammenlebens im Respekt des ethnischen, kulturellen und religiösen Pluralismus zu schaffen. Bedeutungsvoll während dieser Reise waren auch die Besuche der Diözese Dili auf der in den letzten Jahren schwer geprüften Insel Timor und bei der Kirche der Insel Mauritius, wo das geistige Erbe des seligen Jacques-Désiré Laval nach wie vor lebendig ist.

8. Mein Weihnachtswunsch geht sodann zu den Ländern Afrikas und zu den jungen Kirchen, die das Wirken des Heiligen Geistes dort hervorgebracht hat, der Verbreitung des Evangeliums verheißungsvolle Aussichten öffnend.
Ich hatte die Freude, zu Abschluß der Osterzeit Madagaskar, Réunion, Sambia und Malawi zu besuchen und den Gläubigen jener Gebiete das Zeugnis meines Interesses für ihre Probleme und ihre Initiativen zu bringen. Zu gleicher Zeit konnte ich mich über die großen Fortschritte freuen, die zur Einwurzelung jener Kirchen gemacht wurden, deren Bischöfe, Klerus, Ordensmänner und Ordensfrauen nunmehr zu einem guten Teil Einheimische sind. Ein besonders für die erreichte Reife sprechendes Zeichen ist die Seligsprechung von Victoire Rasoamanarivo, deren Glaubenszeugnis als Laienchristin unter dem madagassischen Volk zu wunderbarem Aufblühen von viel Gutem geführt hat.
Alles läßt hoffen, daß die Afrikanische Synode, zu deren Vorbereitung sich in den vergangenen Tagen die spezielle Kommission versammelt hat, sich an der Schwelle des neuen Jahrtausends als ein entscheidendes Ereignis für die Entwicklung des Evangelisierungswerkes in jenem Kontinent erweisen wird.

9. Glückwünsche schließlich nach Amerika: Süd-, Zentral- und Nordamerika. Gern erinnere ich hier an das äußerst herzliche und konstruktive Zusammentreffen mit den Vertretern des Episkopats der Vereinigten Staaten von Amerika, das mir wieder einmal erlaubt hat, direkt die Vitalität, die Großherzigkeit, den geistigen Reichtum jener Kirchen zu erfahren. Und mit gleicher Zuneigung gehe ich in Gedanken zu den Begegnungen mit den zahlreichen anderen Episkopaten der drei Amerikas, die in diesen Monaten zum Ad-limina-Besuchen kamen, bei denen wir Hoffnungen und Sorgen miteinander geteilt haben.
Denn leider haben einige Länder des Kontinents in jüngster Zeit traurige Vorkommnisse blutiger Gewalt erlebt. Besonders gegenwärtig ist allen das grauenvolle Verbrechen in El Salvador mit der Tötung von sechs Ordensmännern der Gesellschaft Jesu und, vorher noch, die barbarische Ermordung des Bischofs von Arauca in Kolumbien. In verschiedenen Ländern besteht noch die Illusion, Gewalt sei das Mittel zur Lösung von Problemen. Bitterkeit und Abscheu erregen auch die schrecklichen Terrorakte, die sich an verschiedenen Orten zugetragen haben, und nicht minder erschrecken wir vor drohenden Verbrechen und Gewalttaten von Personen und Gruppen, die in illegitimem Drogenhandel Verdienstquellen suchen. Zu diesen Sorgen kommen weiterhin jene von Panama, wo Zusammenstöße unschuldige Opfer gefordert haben und die Bevölkerung schwere Schäden erlitten hat. Die verschiedenen von der Bischofskonferenz ausgesprochenen Appelle für die Herstellung des Friedens und einen geordneten Ablauf des Lebens in jener geliebten Nation sind mir sehr wohl gegenwärtig. Inständig bitte ich den König des Friedens, er möge die Herzen aller zu Gedanken der Weisheit bekehren, damit der Fortschritt jener Völker in Gerechtigkeit und Solidarität gesichert sei. Ich vertraue darauf, daß das einmütige Handeln aller für das öffentliche Leben Verantwortlichen wohltuende Wirkungen zum Vorteil all jener Bevölkerungen hervorbringe.
Das Herannahen des fünfhundertsten Jahres seit der ersten Verkündigung des Evangeliums in der „Neuen Welt“ soll für alle einen starken Antrieb bilden, das befreiende Fer-

ment des Christentums in seiner Ursprünglichkeit zurückzugewinnen, welches in diesen fünf Jahrhunderten wundervolle Früchte der Kultur und des Fortschritts hervorgebracht hat. Es ist mein herzlicher Wunsch, am unmittelbaren Vorabend dieses Ereignisses mögen sich die Kirchen des ganzen Kontinents die Etappen ihrer Geschichte erneut vergegenwärtigen, um daraus passende Lehren für einen neuen Schwung im Dienst am Evangelium zu ziehen.

10. „Er kam in sein Eigentum, aber die Seinen nahmen ihn nicht auf" (*Joh* 1,11). Die Worte des Evangelisten Johannes bilden ein Echo zu denen des Lukas: „... in der Herberge (war) kein Platz für sie" (*Lk* 2,7). Und doch hat gerade der, der „von den Seinen nicht aufgenommen wurde", mit dem Geheimnis der Fleischwerdung die Wohnung begründet, die alle aufnimmt. Er, das fleischgewordene Wort, ist für uns das Haus des Vaters geworden, der Tempel des Heiles.
In geistiger Wallfahrt begebe ich mich zur Grotte von Betlehem, um mich vor der Krippe niederzuwerfen und in Anbetung für alle Länder und Kontinente der Welt zu flehen, besonders für die Völker jener der Grotte so nahen und so geplagten Region.
Ich denke an die Bewohner des heutigen Betlehem selbst und an ihre Brüder in Cisjordanien und in Gaza. Ihnen ist es noch nicht gestattet, ein eigenes „Haus" zu haben, ein Heimatland, wo sie sich als Bürger mit vollem Recht fühlen können. Für sie bitte ich, daß der Herr des Friedens, der in Betlehem geboren wurde, ihnen gewähre, bald ihre Rechte anerkannt und ihre legitimen Bestrebungen verwirklicht zu sehen. Vor allem bitte ich, daß der Herr von ihrem Herzen die Versuchung blinder Gewalt fernhalte, die nur Zerstörung und Tod bringt.
Ich denke gleichzeitig an die Bewohner des Staates Israel, die dramatisch hin- und hergerissen sind zwischen der Sorge um die eigene Sicherheit und der Pflicht, die Gerechtigkeit zu achten und sich dem Dialog zu öffnen. Mögen sie es doch verstehen, untereinander und mit der internationalen Gemeinschaft zusammenzuarbeiten und mit Mut dem Weg der Billigkeit zu folgen.
Ich erinnere an den im Lauf der letzten Jahre so sehr heimgesuchten Libanon, dessen Bevölkerung fortwährend in Gefahr ist, weitere Gewalt erleiden zu müssen. Für die Libanesen flehe ich, daß sie sich gegenseitig anzunehmen wissen, daß sie einen Weg des Einvernehmens untereinander finden, zum Wohl der kommenden Generationen. Möge der Libanon bald wieder ein freies Land sein, einträchtig und souverän, in dem jeder Bürger aktiv zum Wiederaufbau des Vaterlandes beiträgt.
Für die anderen Völker der Region, die ebenfalls in diesen sowie in andere Konflikte verwickelt sind, oft von Ängsten und bisweilen verbitterten Interessen getrieben, bitte ich, daß sie sich auf den Dialog vertrauend und aktiv solidarisch mit ihren Nachbarn dafür einsetzen, Baumeister des Friedens zu sein.

11. Meine Herren Kardinäle, verehrte Mitbrüder im Bischofs- und Priesteramt, Ordensfrauen und Laien der Römischen Kurie, Ihnen allen gelten meine Weihnachtswünsche!
Sie sind zugleich Ausdruck aufrichtiger Anerkennung und Dankbarkeit für jeden von Ihnen: für die Mitglieder des Kardinalskollegiums vor allem, durch deren wertvolle Mitarbeit ich unschätzbare Unterstützung bei meiner täglichen Sorge des Petrusamtes empfan-

ge; für die Vertreter des Heiligen Stuhls und deren Mitarbeiter, die auch in schwierigen und stets anfordernden Umständen die Gesandten des Papstes bei den Ortskirchen und den Regierungen der einzelnen Nationen sind, in denen sie arbeiten; für die Beamten der Römischen Kurie sodann, deren eifrige und weise Tätigkeit es mir ermöglicht, den beschwerlichen Aufgaben nachzukommen, die mit der Leitung der Universalkirche verbunden sind; und für das Personal, das mit seiner Arbeit zum guten Funktionieren der Dikasterien und der sonstigen Organe der Kurie beiträgt. Meine dankbare Anerkennung dehne ich mit den Weihnachtswünschen auch auf alle aus, die im Dienst des Governatorats des Staates der Vatikanstadt stehen, sowie auf diejenigen, welche in den Strukturen des Generalvikariates für das Wohl der geliebten Kirche Roms arbeiten, vor allem zur Vorbereitung der Diözesansynode.
Ich möchte, daß sich jeder besonders bei dieser Gelegenheit von meiner Dankbarkeit, von meiner Zuneigung und von meinem Gebet persönlich erreicht fühlt.
Das Weihnachtsgeheimnis, das eine solche Tiefe und zugleich eine so weite „Ausdehnung“ hat, möge für jeden der Ort der Begegnung und der tiefsten Berührung mit dem Emmanuel sein.
Allen frohe Weihnachten mit meinem Segen!

Die Initiative Gottes im Glauben erkennen

Predigt beim Besuch der Pfarrei Sankt Anna im Vatikan am 24. Dezember

1. „Sie wird einen Sohn gebären; ihm sollst du den Namen Jesus geben; denn er wird sein Volk von seinen Sünden erlösen“ (*Mt* 1,21).
An diesem letzten Sonntag des Advent und zugleich der Vigil des Weihnachtsfestes sind wir, liebe Brüder und Schwestern der Pfarrei Sankt Anna im Vatikan, zur hl. Messe zusammengekommen. Wir sind eingeladen, über das Geheimnis des Immanuel, des „Gott ist mit uns“, nachzudenken, während wir uns bereitmachen, uns schon bald in der Liturgie der Heiligen Nacht durch sein Kommen bereichern zu lassen.
In Erwartung dieses Festes wollen wir das Zeugnis zweier Menschen vernehmen, die mit dem Ereignis der Geburt Jesu besonders eng verbunden waren. Es handelt sich um Maria und Josef. Von ihnen erzählt uns das heutige Evangelium.

2. Der Traum des Josef, von dem Matthäus berichtet, muß mit dem Lukastext von der Verheißung des Engels an Maria im Zusammenhang gesehen werden. Beide Erscheinungen laufen nach einem Modus procedendi ab, der in der biblischen Tradition dazu bestimmt ist, die Sendung, zu der Gott uns beruft, verstehen und annehmen zu lassen: „Du wirst einen Sohn gebären ... Der Heilige Geist wird über dich kommen ... Siehe, ich bin die Magd des Herrn“ (vgl. *Lk* 1,31–38); „Fürchte dich nicht, Maria als deine Frau zu dir zu nehmen ... Sie wird einen Sohn gebären, ihm sollst du den Namen Jesus geben ... Josef tat, was der Engel des Herrn ihm befohlen hatte“ (vgl. *Mt* 1,20–24).

Der Traum und die Verheißung zeichnen zugleich auch die Linie des Glaubens, dessen man bedarf, um die Offenbarung des Geheimnisses Gottes in angemessener Weise aufzunehmen und Jesus von Nazaret in seiner Wahrheit zu erkennen. Das Evangelium, das wir gelesen haben, betont daher die innere Haltung demütiger Verfügbarkeit der Initiative Gottes gegenüber und entwirft zugleich auch nachdrücklich und klar ein Bild der Eigenschaften des Messias: Er wird der Sohn Davids sein, der von den Propheten Verheißene, der Retter seines Volkes. Mit diesem klaren Bild im Herzen werden wir morgen die Worte des Johannes-Evangeliums vernehmen können, das uns vom fleischgewordenen Wort, „voll Gnade und Wahrheit" (*Joh* 1,14), spricht.

3. Liebe Brüder und Schwestern der Pfarrei Sankt Anna im Vatikan, es war mein Wunsch, euch zum „Pastoralbesuch" in dieser der „Redemptoris Mater" geweihten Kapelle zu begegnen, denn mir schien, daß der Bezug auf die Mutter des Erlösers den Ort besonders geeignet macht für den liturgischen Moment, den wir eben jetzt feiern.
Ich grüße den Herrn Pfarrer, Pater Davide Falcioni, und seine Mitbrüder und Mitarbeiter aus dem Augustinerorden. Ich grüße euch alle, die ihr innerhalb der Vatikanmauern wohnt und meinem Amt und den Tätigkeiten des Heiligen Stuhls in besonderer Weise nahe seid. Ich grüße eure Familien, die hier neben dem Bischofssitz des Papstes wohnen, auf einem Territorium, das auch ein Staat ist, und so eine andere geistige Luft atmen, besteht die Funktion der vatikanischen Strukturen doch darin, dem Nachfolger Petri die zur Erfüllung seines universalen Auftrags nötige Unabhängigkeit zu bieten.
So kann mit der ganzen Kirche von Rom auch die Gemeinde Sankt Anna sagen, daß sie auserwählt ist, das Evangelium Gottes zu verkündigen (vgl. *Röm* 1,1). Auch ihr habt Anteil an „Gnade und Apostelamt" (*ebd.* 1,5), deren Dienst der Bischof von Rom und Nachfolger des Petrus als erster versieht.

4. Die Pfarrei Sankt Anna, wenngleich außerhalb des Bereichs der ordentlichen Jurisdiktion der Stadt Rom gelegen, lebt dennoch im Bereich der pastoralen Initiativen der Diözese des Papstes. Die Menschen, die für gewöhnlich eure Kirche besuchen, sind, wie ihr wißt, jene, die in der Nähe der Vatikanmauern und in den Nachbarvierteln leben.
Ihr seid daher vom normalen Leben der Diözese mitbetroffen; das erfordert, daß keine Ungleichförmigkeit hinsichtlich der pastoralen Weisungen besteht, die mit der bevorstehenden Diözesansynode jetzt gewählt und vorbereitet wird.
Macht auch ihr euch die pastoralen Initiativen und den Einsatz zum Anliegen, für die Rom sich demnächst entscheiden wird. Ihr könnt zu der Synode wesentlich beitragen, nicht nur indem ihr in dieser Vorbereitungszeit für ihren glücklichen Ausgang betet, sondern indem ihr euch schon jetzt darauf einstellt, die pastoralen Weisungen aufzunehmen, die die Synodenversammlung zur Reife bringen wird, um sie dann in Zeugnisse des Apostolats und der geistlichen Liebe umzusetzen, die Teil der Tradition eurer besonderen Aufnahmebereitschaft für die vielen Brüder sind, die aus allen Teilen der Welt zum Stuhl Petri kommen.

5. „Der Herr wird kommen, er ist der König der Herrlichkeit". So haben wir im *Antwortpsalm* gesungen.

Der Herr kommt, wir erwarten ihn mit Freude und lebendiger Hoffnung. Die Botschaft der Liturgie hat uns schon gesagt, wer er ist.
Es kommt der König der Herrlichkeit, er, der uns versprochen hat, daß er am Ende der Zeiten zu uns zurückkehren wird. „Er spricht Recht im Streit der Völker, er weist viele Nationen zurecht“ (*Jes* 2,4).
Morgen, ja heute Nacht, werden wir ihn betrachten, sanft und demütig, ein Kind wie jedes andere „von einer Frau geboren“; wir werden eingeladen sein, ihn zu lieben und anzuerkennen wie einst die Hirten in Betlehem. Er wird all denen „Gnade und Frieden“ schenken, „die von Gott geliebt sind“, den „berufenen Heiligen“ (*Röm* 1,7).
Wieder werden wir die Engel „eine große Freude“ verkünden hören, „die dem ganzen Volk zuteil werden soll: Heute ist euch ... der Retter geboren; er ist der Messias, der Herr“ (*Lk* 2,10–11).
Das ist unser Glaube; auf diesen Worten und auf dieser Botschaft gründet unsere wahre Freude. Wir erwarten den Gott, der auf immer mit uns ist, ihm gehen wir im Glauben entgegen, um ihm mit dem reinen Herzen der „Menschen seiner Gnade“ (*Lk* 2,14) zu begegnen.

Christus: für uns hingegeben

Predigt in der Christmette im Petersdom am 24. Dezember

1. „Ich verkünde euch eine große Freude“ (*Lk* 2,10).

Es war in einer nächtlichen Stunde wie dieser,als die Hirten von Betlehem die Botschaft einer großen Freude vernahmen. Zur gleichen Stunde finden wir uns alle hier im Petersdom zusammen, um die Botschaft derselben Freude zu hören. Gleich uns versammelt sich das Volk, treffen sich unsere Schwestern und Brüder an vielen Orten des gesamten Erdkreises. Sie alle, wo immer sie auch versammelt sein mögen, grüßt der Bischof von Rom mit den gleichen Worten: „Ich verkünde euch eine große Freude!“ Dieser mein Gruß gilt allen Menschen in jedem Erdteil. Mit besonderer Zuneigung und in steter lebendiger Erinnerung gilt mein Gruß den Nationen, die ich in diesem Jahr besucht habe, den Menschen, denen ich in diesen Ländern begegnet bin: in Fernost, in Afrika, in Skandinavien. Er gilt den Jugendlichen, die mit mir in Santiago de Compostela den Welttag der Jugend gefeiert haben. Dieser Gruß gilt auch und in besonderer Weise den Männern und Frauen aller Nationen, die über Radio und Fernsehen diese Mitternachtsmesse hören und uns und allen Gläubigen in der Welt geistig verbunden, am Geheimnis der Geburt des Menschensohnes in der Welt teilnehmen.

2. Dieser Gruß geht an alle Menschen, aber nicht nur an sie. Die Liturgie der Heiligen Nacht ruft auch die ganze Schöpfung zur Freude auf. „Der Himmel freue sich, die Erde frohlocke, es brause das Meer und alles, was es erfüllt. Es jauchze die Flur und was auf ihr wächst. Jubeln sollen alle Bäume des Waldes ... Singt dem Herrn ein neues Lied, singt dem Herrn, alle Länder der Erde!“ (*Ps* 96,11–12.1). So wird schließlich von dieser

Freudenbotschaft von Betlehem die gesamte Schöpfung zur Freude gerufen. Ja, jener, der aus der Jungfrau Maria geboren ist, ist „der Erstgeborene der ganzen Schöpfung" (vgl. *Kol* 1,15). In und durch Ihn ist alles geschaffen. Alles Gute, das sich in der Schöpfung findet, hat in Ihm seinen Ursprung und sein Urbild. Und durch Ihn hat der Vater vor Zeiten das Geschaffene betrachtet und „gesehen, daß es gut war ..., daß es sehr gut war" (vgl. *Gen* 1,10.31). In dieser Nacht von Betlehem sind wir alle aufgerufen – noch einmal aufgerufen – uns über die Schöpfung zu freuen.

3. „Ich verkünde euch eine große Freude". Im Augenblick, in welchem der Sohn, das Ewige Wort – der Erstgeborene vor aller Schöpfung – selber in seine Schöpfung kommt, wird diese Freude über die Schöpfung wieder bestätigt, und zugleich erhöht. Die Schöpfung erreicht einen solchen Gipfel, der ihren Horizont übersteigt; den Horizont ihrer Existenz und ihres Bewußtseins. „Du erregst lauten Jubel und schenkst große Freude" (*Jes* 9,2). Dieser Gipfel aber wird von den Geschöpfen im Menschen erreicht. Vom Menschen wurde am Anfang gesagt, daß er nach Gottes Bild und Gleichnis geschaffen worden ist. In der Nacht von Betlehem wird diese Wahrheit über den Menschen vollkommen bestätigt. Ja, sie wird noch überschritten. „Denn uns ist ein Kind geboren, ein Sohn ist uns geschenkt" (*Jes* 9,5). In der Nacht von Betlehem wird das Kind geboren, das menschliche Kind: für Maria kam „die Zeit der Niederkunft, und sie gebar ihren Sohn, den Erstgeborenen. Sie wickelte ihn in Windeln und legte ihn in eine Krippe" (*Lk* 2,6–7). Der himmlische Bote sagt dasselbe den Hirten: „Ihr werdet eine Kind finden, das, in Windeln gewickelt, in einer Krippe liegt" (*Lk* 2,12).

4. Hier also ist das Kind, das menschliche Kind, der Sohn des Menschen, wie alle anderen, die von einer Frau geboren wurden. Dieses Kind ist der Sohn (Gottes): „Ein Sohn ist uns geschenkt". Er ist uns vom Vater gegeben worden. Er ist den Menschen und der Welt gegeben: „Denn Gott hat die Welt so sehr geliebt, daß er seinen einzigen Sohn hingab" (*Joh* 3,16). „Ein Sohn ist uns geschenkt". In diesem Ewigen Sohn, der gleichen Wesens mit dem Vater ist, tritt Gott selbst in die Geschichte des Menschen und der Welt. In diesem Sohn ist „die Gnade Gottes erschienen, um alle Menschen zu retten" (*Tit* 2,11), Gott, der den Menschen nach seinem Bild und Gleichnis geschaffen hat, weiß, wer der Mensch ist. Er weiß, was das menschliche Herz ist; er weiß, daß es unruhig ist, bis es Ruhe findet in ihm (vgl. *Aug. Confessiones I*, 1; *CSEL* 33,1). Und darum – eben darum – „ist uns ein Sohn geschenkt". Das menschliche Herz, das zur Krippe von Betlehem kommt, findet dort jenen Frieden, der nur in Gott gefunden werden kann. Dieser Friede ist eng mit der Herrlichkeit Gottes verbunden, wie es die Botschaft der Nacht von Betlehem verkündet.

5. „Ich verkünde euch eine große Freude ... Heute ist euch ... der Retter geboren" (*Lk* 2,10–11). Ist aber diese Freude so lauter, so vollkommen, wie wir sie gern möchten? Ja und nein. Auf sie fällt nämlich der Schatten der Trauer. Das Kind – der Sohn Gottes – wird in einem Stall geboren, weil, in der Herberge kein Platz für sie war (vgl. *Lk* 2,7). Der Augenblick seines Kommens ist zugleich der Augenblick des Nicht-empfangen-werdens, der Zurückweisung: „Es war kein Platz". Dieser Schatten der Trauer weitet sich

aus. Er wird immer dichter bis zur Zurückweisung durch das Kreuz auf Golgota. Auf diese Weise wird vom Menschen der Sohn zurückgewiesen, der uns von der Liebe des Vaters geschenkt worden ist. Jesus Christus hat sich „für uns hingegeben, um uns von aller Schuld zu erlösen“ (*Tit* 2,14).

6. Wir, die wir hier versammelt sind, grüßen zusammen mit unseren Brüdern und Schwestern, die mit uns verbunden sind, die Menschwerdung Gottes mit der Liturgie des eucharistischen Opfers. Es ist das Opfer unserer Erlösung. Dieses Opfer setzt das Kreuz und die Auferstehung gegenwärtig: das österliche Geheimnis Christi. Dieses Geheimnis hat seinen Anfang in der Nacht von Betlehem, als uns ein Retter geboren wurde. Der Erlöser des Menschen, der Erlöser der Welt! Die Kirche, die in dieser Nacht „eine große Freude“ verkündet, weiß, daß diese Freude ganz von Gott kommt. Sie ist das Geschenk seiner Liebe. Sie weiß .auch, daß nur diese Freude das menschliche Herz auf die überzeitlichen Dimensionen hin weitet, die Gott selbst für den Menschen bereitet hat. Sie weiß es und darum wiederholt sie auch in dieser Nacht vor aller Welt: „Ich verkünde euch eine große Freude. Heute ist der Retter geboren!“

Sehnen nach Frieden und Versöhnung

Weihnachtsbotschaft vor dem Segen „Urbi et Orbi“ am 25. Dezember

1. „Er gab Macht, Kinder Gottes zu werden“ (*Joh* 1,12).
Heute ist Weihnachten. Die Augen unseres Herzens schauen das Kind, das in der Krippe liegt. Der Blick unseres Glaubens richtet sich auf die Worte des Prologs des Johannesevangeliums. „Allen ..., die ihn aufnahmen, gab er Macht, Kinder Gottes zu werden.“

2. Wir preisen dich, Menschensohn, der Du das Ewige Wort bist. Ehre sei dem Vater, der uns Dich, den Eingeborenen, geschenkt hat. Ehre sei dem Geist, der aus dem Vater und aus Dir, dem Sohn Gottes, hervorgeht. Ehre sei dem Ewigen Geheimnis, das alles umfängt. In dieser Nacht hat Es sich dem Menschen genaht und ist in sein Leben und in seine Geschichte gekommen. Es hat die Schwelle unserer menschlichen Existenz überschritten.

3. Das Kind in Windeln gewickelt und in eine Krippe gelegt. Das wehrlose menschliche Kind und zugleich die Macht, die all das, was der Mensch ist und was er vermag, übersteigt. Denn der Mensch kann nicht mit seiner eigenen Kraft wie Gott werden – wie die Geschichte von Anfang an bestätigt hat. Doch vermag der Mensch durch die Macht Gottes wie Gott zu werden. Diese Macht ist im Sohn, dem Ewigen Wort, „das Fleisch geworden ist und unter uns gewohnt hat“ (*Joh* 1,14). Dies ist der erste Tag seines Verweilens in unserer Mitte. „Er war in der Welt, und die Welt ist durch ihn geworden, aber die Welt erkannte ihn nicht. Er kam in Sein Eigentum, aber die Seinen nahmen ihn nicht auf. Allen aber, die ihn aufnahmen, gab er Macht, Kinder Gottes zu werden: Allen ..., die aus Gott geboren sind“ (*Joh* 1,10–13).

4. Die Geschichte fährt fort in ihrem Lauf ... viele, unzählbare Menschen, Nationen, Völker, Sprachen, Rassen, Kulturen ... Millionen und Milliarden ... und Er, der Einzige: jetzt als Kind in die Krippe gelegt („weil in der Herberge kein Platz ... war“), und dann am Kreuz. Er, der Einzige. Und dann, der Auferstandene – Er, der Einzige. Wieviele haben Ihn nicht aufgenommen? Wieviele nehmen Ihn nicht auf? Wieviele kennen Ihn? Wieviele kennen Ihn nicht? Wir möchten mit menschlichen Statistiken ermessen, wieweit diese Macht reicht, die in Ihm ist: Geboren – gekreuzigt – auferstanden. Wir möchten nach Menschenart wissen, wieviele in und durch Ihn Söhne Gottes – Söhne im Sohn geworden sind. Aber menschliche Maßstäbe können das Geheimnis Gottes nicht ermessen. Sie können das Geschenk der Menschwerdung Gottes, das in der Geschichte der Menschen und der Welt gegenwärtig ist, das im menschlichen Herzen durch die Kraft des Geistes wirkt, der das Leben gibt, nicht messen.

5. „Alle Enden der Erde sahen das Heil unseres Gottes“ (*Ps* 97/98,3). Ja. Die Hirten von Betlehem kamen und sahen. Ja. Die Magier aus dem Osten kamen dann und sahen. Und der greise Simeon und die Prophetin Anna im Tempel von Jerusalem sahen. Mit welchem Blick sehen Dich, das menschgewordene Wort, alle Grenzen der Erde? Du bist nämlich für alle da. Das Heil unseres Gottes ist für alle, und es kommt durch Dich. Gott „will, daß alle Menschen gerettet werden und zur Erkenntnis der Wahrheit gelangen“ (*1 Tim* 2,4). Die Wahrheit ist durch Dich. Und die Gnade. Du bist die Wahrheit. Du bist der Weg und das Leben (vgl. *Joh* 14,6). Und obgleich die Deinen Dich nicht aufgenommen haben..., obgleich für Dich kein Platz in der Herberge gewesen ist ..., hat Gott in Dir uns alle wahrhaft angenommen.

6. Gott hat in Dir auch uns angenommen, Männer und Frauen des zweiten Jahrtausends, das sich dem Ende zuneigt. Er hat nicht auf unsere Widersprüchlichkeiten geschaut, nicht auf unsere Untreue, auf unsere Ungereimtheiten. Er hat vielmehr Dich, sein Wort, gesandt, um uns zu heilen. Um uns zu sagen, daß wir uns auf diesem Weg auf die Selbstzerstörung hin bewegen. Die Welt sehnt sich nach dem Frieden: und dennoch sterben unsere Brüder und Schwestern täglich in den anhaltenden Konflikten, im Libanon, im Heiligen Land, in Mittelamerika; sie sterben in den mörderischen Kämpfen um die rassische, ideologische, wirtschaftliche Oberherrschaft; sie sterben durch absurden Leichtsinn. Die Welt sehnt sich nach der Versöhnung: und dennoch werden täglich Tausende von Flüchtlingen sich selbst überlassen und zurückgewiesen; ethnische und religiöse Minderheiten werden in ihren fundamentalen Forderungen ignoriert; ganze Bevölkerungsschichten werden am Rande der Gesellschaft gehalten, in wachsender Isolierung. Die Welt sehnt sich nach einem inneren und äußeren Gleichgewicht: und dennoch wird die Umwelt täglich aus Eigeninteresse oder Gewissenlosigkeit geschädigt.

7. Die Botschaft der Wahrheit und Gnade, die uns zu Weihnachten durch Dich erreicht, muß uns alle berühren. Jene Botschaft ist für uns, weil Du für uns gekommen bist, einer von uns geworden bist. Mach, daß wir Dich aufnehmen, Ewiges Wort des Vaters! Daß Dich die Welt aufnimmt. Befähige die Herzen, jede Barriere von Rasse, Ideologie und In-

toleranz zurückzuweisen. Fördere den Fortschritt bei den laufenden Verhandlungen für die Kontrolle und Verminderung der Waffen. Stärke jene, die sich für die Überwindung der Kontraste einsetzen, die schon zu lange in Afrika und Asien bestehen, auf daß die Völker, die davon betroffen sind, ihre Freiheit und ihre Rechte wiedererlangen durch einen realen und vertrauensvollen Dialog.

8. Möge Dich, menschgewordenes Wort, auch unser altes Europa aufnehmen! In dieses sind die Spuren des Evangeliums tief eingegraben, von dem seine Zivilisation, seine Kunst, seine Überzeugung von der unverletzlichen Würde des Menschen hervorgegangen ist. Möge dieses Europa die Tore und das Herz öffnen, um die Ängste, Sorgen und Probleme der Nationen, die um seine Hilfe bitten, zu verstehen und sich ihrer anzunehmen. Möge es zu antworten wissen mit der Kraft und der Hochherzigkeit seiner christlichen Wurzeln auf diesen einzigartigen geschichtlichen Augenblick – ein wahrer Kairoš der Vorsehung –, den die Welt erlebt, die wie aus einem Alptraum erwacht und nun offen ist für eine bessere Hoffnung. Segne in dieser Stunde, o Herr, besonders das geschätzte Land Rumänien, das mit Angst und Sorge dieses Weihnachten feiert, im Schmerz über soviele Menschen, die auf tragische Weise ihr Leben verloren haben, und in der Freude, wieder den Weg in die Freiheit angetreten zu haben.

9. Brüder und Schwestern, die ihr hier anwesend seid. Brüder und Schwestern, die ihr mich über Radio und Fernsehen in allen Kontinenten hört. Kommt alle zur Krippe des wehrlosen Kindes, der die Allmacht Gottes ist. Er ist für uns geboren. Kommt ... und ihr werdet sehen ... und ihr werdet aufgenommen, denn heute haben sich die Güte Gottes und seine Liebe für die Menschen offenbart.

Verhältnis von Mann und Frau neu finden

Predigt in der Messe für die Focolar-Bewegung am 30. Dezember

„Er sprach über das Kind zu allen, die auf die Erlösung Jerusalems warteten" (*Lk* 2,38).

1. Liebe Brüder und Schwestern! Mit großer Freude weile ich heute unter euch hier in der Mariapolis, die gleichsam das Zentrum und Herz eurer Bewegung ist. Ich grüße euch alle, liebe Seminaristen, und euch Brautpaare, die ihr um diesen Altar zur hl. Messe versammelt seid. Und mit euch grüße ich Chiara Lubich und die ganze Focolar-Bewegung in der weiten Welt. Das heutige Evangelium läßt uns ganz und gar die Weihnachtsatmosphäre spüren. Um das Kind, das von Maria und Josef zum Tempel in Jerusalem gebracht wurde, beginnen in den Herzen der „Armen Jahwes", die in der heiligen Stadt auf die Erlösung warten, vom Heiligen Geist erweckt, die Gnaden der Erleuchtung und der Liebe aufzublühen. Simeon ist da, von dem die Liturgie gestern gesprochen hat; auch die Prophetin Anna ist anwesend als Hauptperson der kurzen Perikope, die wir soeben gehört haben. Sie lobt den Herrn und spricht über das Kind zu denen, die es im Haus Gottes in

dieser außergewöhnlichen Stunde umgeben, verhüllt von dem Schweigen, „das alles erfüllt“. In diesem weihnachtlichen Licht, das uns im Geheimnis der Eucharistie den Glanz des menschgewordenen Wortes vergegenwärtigt, fühlen wir uns teilhaft der messianischen Freude von Maria und Josef, von Simeon und Anna, der Armen Jahwes, die Christus nach seiner Geburt umgeben. Er ist für uns gekommen! Für uns wurde er geboren! Das neue Jahr, das bald beginnt, kann nur unter einem guten Stern stehen, wenn wir wissen, daß Er, und Er allein der Herr der Geschichte und Herr des Lebens ist, der für alle unsere Bedürfnisse sorgt. Er hat uns als Erster geliebt, und diese Gewißheit bildet die geheime Kraft unserer Existenz.

2. Liebe Focolare! Ihr lebt nach dem Motto: „Als erste lieben.“ Darin besteht der Kern der Offenbarung des göttlichen Wortes: „Die Liebe, mit der du, Vater, mich geliebt hast, möge in ihnen sein und ich in ihnen“ (vgl. *Joh* 17,26). Und der hl. Johannes sagt: „Wer seinen Bruder liebt, bleibt im Licht“ (*1 Joh* 2,10). Und doch rät uns der gleiche Apostel, wie wir in der ersten Lesung gehört haben, nicht die Welt zu lieben. Das ist auch klar. Nach biblischer Auffassung ist „Welt“ ein komplexer Begriff, der sich im wesentlichen auf die Welt des Menschen mit ihrer unzweifelhaften Zweideutigkeit und Widersprüchlichkeit bezieht. Von dieser Voraussetzung aus muß der christliche Grundsatz der gegenseitigen Liebe verstanden werden. Nach diesem Grundsatz muß die Liebe zum menschlichen Geschöpf mit seiner Hinfälligkeit, aber auch mit seiner hohen Würde als Bild Gottes einerseits tief und intensiv sein, denn das Geschöpf führt uns zu Gott; doch sie muß auch genaue Grenzen zu setzen wissen. Andernfalls kann man durch Versäumnis oder Übertreibung sündigen: wir dürfen den Nächsten nicht weniger lieben als er verdient, wir dürfen erst recht nicht die Werte in ihm mißachten; wir dürfen ihn aber auch nicht über den Wert hinaus lieben, der ihm zukommt, und erst recht nicht seine Fehler oder Sünden lieben.

3. Euer konkretes tägliches Leben ist von der Berufung zum Priestertum oder zum Eheleben bestimmt, und ich kann an jeden von euch eine klare Botschaft richten, die von dieser christlichen Sicht der gegenseitigen Liebe ausgeht. Für euch Seminaristen bedeutet diese Liebe, euch die erste apostolische Gemeinschaft zum Vorbild zu nehmen, von der die Schriften des Neuen Testamentes sprechen; sie bedeutet, daß ihr unter Führung des Heiligen Geistes und eurer Erzieher in euch schrittweise den Sinn für die Praxis des erhabenen Wertes der priesterlichen Freundschaft entfaltet als tiefe Gemeinschaft derer, die den gleichen Dienst als Ausspender der göttlichen Geheimnisse vollziehen. Für euch Eheleute bedeutet die gegenseitige Liebe dagegen das ganze Leben hindurch den schrittweisen Aufbau jener tiefen Einheit zwischen Mann und Frau, die Einheit in „einem Fleisch“, auch ihrerseits vom Heiligen Geist belebt, der immer und in jeder Form die wahre Liebe, der Geist der Einheit ist. Sie bedeutet, den ursprünglichen Plan Gottes für das gegenseitige Verhältnis von Mann und Frau neu finden, indem ihr die jedem eigenen Werte zum gemeinsamen Eigentum macht, um Leben entstehen zu lassen und zu verbreiten; sie bedeutet, erneut jene Einheit zwischen Mann und Frau aufzubauen, die die Sünde aufs Spiel gesetzt und zerrissen hat.

4. Wenn wir heute gemeinsam in der Feier der Eucharistie diese besondere Stunde der Brüderlichkeit erleben, spüren wir, wie die Worte des Liebesjüngers tiefe Wirklichkeit werden: „Ich schreibe euch, ihr Väter, daß ihr den erkannt habt, der von Anfang an ist ... Ich schreibe euch ... ihr jungen Männer ... daß ihr den Bösen besiegt habt ... daß ihr den Vater erkannt habt ... daß ihr stark seid und das Wort Gottes in euch bleibt" (*1 Joh* 2,13–14). Ja, das Weihnachtsgeheimnis ist das Grundgeheimnis unseres Lebens: Gott erkennen, der sich in seinem inneren Leben offenbart, indem er uns seinen Sohn sendet. Wissen, daß der Sohn, das lebendige Wort des Vaters, seit der seligen Nacht von Betlehem für immer in uns weilt – als Emmanuel, Gott-mit-uns (vgl. *Mt* 1,23) – bis zum Ende der Zeiten: „Seht, ich bin bei euch alle Tage" (*Mt* 28,24). Dieser Glaube ist unsere Kraft. Er läßt uns den Bösen für immer besiegen. Er läßt uns als Kinder des Lichtes leben – als Söhne im Sohne. Er läßt uns einander lieben, wie er uns geliebt hat. Er macht uns zu Aposteln und Zeugen: „Sie sprach über das Kind zu allen, die auf die Erlösung Jerusalems warteten." Das Wort Gottes, vom königlichen Thron herabgestiegen im geheimnisvollen Schweigen, das alles umfing, möge in euren Herzen herrschen. Es möge euch gänzlich zu seinem Eigentum machen. Es möge euch zu seinen echten Zeugen heranbilden: mit überzeugtem Glauben und hochherziger Liebe. Dies wünsche ich euch am Abend dieses Jahres und schon am Morgen des neuen, und ihr dürft sicher sein, daß ich euren Weg mit meinem Gebet und meiner Ermunterung begleiten werde.

Die Familie schützen und fördern

Predigt bei der Eucharistiefeier in der Kirche „Il Gesù" am 31. Dezember

1. „Leben und Segen dem Haus, das den Herrn fürchtet" (*Antwortpsalm*). Wiederum am Ende eines Jahres angekommen, möchte die Kirche, das „Haus", in dem das menschgewordene Wort Gottes hat wohnen wollen, die Familie Gottes, die in der Furcht des Herrn der Vollendung der Zeit entgegenwandert, anerkennen, daß sie mit allem Segen seines Geistes von Gott „gesegnet" wurde in Christus Jesus (vgl. *Eph* 1,3). Zugleich empfindet sie das Bedürfnis, Lob und Dank dem darzubringen, von dem jedes vollkommene Geschenk kommt und bei dem es keine Veränderung und keine Verfinsterung gibt (vgl. *Jak* 1,17). Liebe Brüder und Schwestern, heute abend sind wir gerade deshalb hier, um diesem innersten Verlangen des Herzens nachzukommen: nämlich um unser *Te Deum* zu singen und die Eucharistie zu feiern, die ja Danksagung ist, und so für die ungezählten Wohltaten zu danken, die uns Gottes Güte auch in dem soeben zu Ende gegangenen Jahr geschenkt hat. Es war – wie einmütig anerkannt wird – ein außerordentlich bedeutsames Jahr für die ganze Menschheit und besonders für einige europäische Länder, die innerhalb ihrer Grenzen neue Aussichten auf Freiheit und nationalen Zusammenhalt sich festigen sahen. Auch die Kirche, die die Pflicht und das Recht hat, in jenen Gebieten Christus zu bezeugen, freut sich, daß sie nun mit neuem Schwung ihren Glauben zum Ausdruck bringen und unbehindert das Evangelium den geliebten Söhnen und Töchtern

von Ländern und Kulturen verkündigen kann, die aus dieser Quelle ihre edelsten Traditionen geschöpft haben.

2. „Leben und Segen dem Haus, das den Herrn fürchtet". Die Worte des Psalms nehmen heute eine weitere Bedeutung an und öffnen weitere Horizonte. Die Liturgie dieses Sonntags lädt uns ein, betrachtend vor der Krippe zu verweilen, wo wir Maria und Josef und das Jesuskind treffen. Sie lädt uns ein, zu verweilen, um von der Heiligen Familie von Nazaret zu lernen und Gott für unsere Familien um die Gnade zu bitten, „daß auch sie in Frömmigkeit und Eintracht leben und einander in Liebe verbunden bleiben" (*Tagesgebet*). Wir wollen dieser Einladung Folge leisten mit aufmerksamem Blick auf die Situation und die Erfordernisse der Familien, die in unserer Stadt leben und im Kontext der Aufgaben, mit denen sich die Pastoralsynode der Diözese beschäftigt.

3. „Steh auf, nimm das Kind und seine Mutter, und flieh nach Ägypten ..." (*Mt* 2,13). Der Abschnitt aus dem Evangelium, den wir eben gehört haben, zeigt uns eine Szene aus dem Leben der Familie von Nazaret, die kein ruhiges, friedliches Idyll ist. Diese Familie muß durch die Prüfung der Verfolgung hindurch das schwere Los des Exils auf sich nehmen. Sie muß flüchten, sich verbergen, anderswo Gastfreundschaft suchen. Ereignisse, die uns nicht verwundern dürfen. Sie bilden eine weitere Bestätigung dafür, daß das Geheimnis der Menschwerdung, das wir in diesen Tagen feiern, Wirklichkeit ist. Als der Sohn Gottes Mensch wurde, wollte er ganz konkret die menschliche Familie erleben, nicht nur deren Freuden, sondern auch die Prüfungen und Schwierigkeiten: die gleichen, die heute viele Familien, auch in unserer Stadt, sehr wohl kennen, und für die man durch vielfache Initiativen des Dienstes und der Unterstützung Abhilfe sucht.

4. Zu den Schwierigkeiten, die es schon immer gegeben hat, kamen in unserer Zeit noch die Gefahren hinzu, mit denen die schnellen und tiefgreifenden sozio-kulturellen Umwandlungen der letzten Jahrzehnte das Familienleben bedrohen. Sie bilden eine wirkliche Herausforderung, der sich die Kirche Roms in ihrer Diözesan-Pastoralsynode hinsichtlich ihrer Aufgaben bezüglich Gemeinschaft und Sendung gegenübergestellt sieht. Gewiß, es stimmt, daß es auch in Rom noch eine große Anzahl Familien gibt, in denen die Liebe bewahrt, sichtbar gemacht und mitgeteilt wird (vgl. *Familiaris consortio*). Doch andererseits stimmt es ebenso, daß in der augenblicklichen sozialen Umwälzung die Zelle „Familie" besonders in Gefahr ist. Diese ethischen und rechtlichen Normen, die jahrhundertelang Strukturen und Funktionen regulierten, werden vielfach zur Diskussion gestellt. Die fortschreitende Säkularisierung neigt immer mehr dazu, jene Werte zu trüben, ja sie zu leugnen, die der Familie von Natur aus und als gottgeschaffen zukommen und die der Erlösungsplan anerkennt und noch steigert, indem er die auf das Ehesakrament gegründete Familie zu einem Bild der heiligsten Dreifaltigkeit und einer „Hauskirche" macht. Die Daten, die kürzlich die vorsynodale Sonderkommission veröffentlicht hat, sind besorgniserregend: Anstieg der Ehescheidungen, vermehrtes freies Zusammenleben, Geburtenrückgang, weiterbestehendes Übel der Abtreibung. Das alles kann die Kirche nicht gleichgültig lassen, hat sie doch von Christus, ihrem Bräutigam, den Auftrag erhalten, „die Christen und alle jene Menschen (zu) belehren und (zu) bestärken, die die

ursprüngliche Würde der Ehe und ihren hohen und heiligen Wert zu schützen und zu fördern suchen“ (*Gaudium et spes*, Nr. 47). Diesbezüglich öffnet sich also ein weites Aktionsfeld mit hohen Forderungen nicht nur für die kirchliche Gemeinschaft Roms auf dem Weg der Synode, sondern auch für die öffentlichen Institutionen, denen das Allgemeinwohl und die ganzheitliche Förderung der menschlichen Person am Herzen liegen. Gern nehme ich die Gelegenheit wahr, die anwesenden zivilen und kirchlichen Autoritäten zu grüßen; dabei denke ich besonders auch an die Patres der Gesellschaft Jesu, bei denen wir hier zu Gast sind. An der Schwelle des neuen Jahres rufe ich auf alle den Segen des Herrn herab zu einem erneuten Aufschwung in der Erfüllung ihres Dienstes an der Kirche und an der Stadt und zu besonderem Nutzen für die Familie, die die grundlegende Zelle der einen wie der anderen ist.

5. Von vielen Seiten hat man die Erkenntnis gewonnen, daß die gegenwärtige Krise der Familie ihre Wurzeln oft in der Oberflächlichkeit derer hat, die dabei im Spiel sind. In der Tat zeigen die jungen Paare sich nicht selten recht unbekümmert hinsichtlich der Bedeutung und des Wertes dieser Einrichtung, besonders wenn man diese vom Blickwinkel der Offenbarung aus betrachtet. So geschieht es dann, daß auch solche, die aus freier Entscheidung ihre Ehe „im Herrn“ schließen wollen, manchmal dahin kommen, von den damit verbundenen moralischen Forderungen Abstand zu nehmen und, wie man sich leicht vorstellen kann, ins Schleudern geraten. Als vorrangige Aufgabe drängt sich also die Pastoral der Evangelisierung der Familie auf und innerhalb dieser der Einsatz für eine angemessenere Vorbereitung auf die Ehe. Gewiß ist auf diesem Gebiet in den letzten Jahren schon viel geschehen. Die Anstrengungen müssen jedoch noch verstärkt und auf einen Nenner gebracht werden. So sollen wirkliche Bildungsgänge zustandekommen mit den entsprechenden angemessenen Hilfsmitteln und vor allem mit Einbeziehung von Ehepaaren, die eine größere Reife im Glauben besitzen und für diese besondere Form des Dienstes an der Ehe verfügbar sind. Ein bedeutender Beitrag zur Familienpastoral wird sich auch aus einem noch ausgeprägterem Bemühen um die Bildung und Anregung von Familiengruppen mit dem besonderen Augenmerk auf Spiritualität und Dienst ergeben, die immer mehr fähig werden, von ihrem eigenen „reichen geistlichen Leben ... auch anderen Familien in hochherziger Weise mitzugeben“ (*Gaudium et spes*, Nr. 48), um die kirchliche Gemeinschaft aufzubauen und zu erweitern und so dazu beizutragen, aus der Pfarrei eine „Familie von Familien“ zu machen und daher eine echte evangelisierende und Zeugnisgebende Gemeinschaft. In der Tat: „Die Evangelisierung hängt in Zukunft zum großen Teil von der Hauskirche ab“ (*Familaris consortio*, Nr. 65).

6. Das alles wird umso leichter sein, je mehr die christlichen Familien sich bemühen, die Communio zu leben, deren Urgrund und Nahrung der Heilige Geist ist, der ihnen im Ehesakrament geschenkt wurde. Eine Communio, gegründet auf das Wort Gottes, das gemeinsame Gebet, die Übung der christlichen Tugenden, vor allem der Liebe, „denn die Liebe hält alles zusammen und macht es vollkommen“ wie wir vom Apostel Paulus in der zweiten Lesung gehört haben. Da also die Familie die erste und grundlegende Zelle der Gesellschaft bildet, ist zu wünschen, daß diese sich Gesetze zu geben wisse, welche

die Natur der Familie auf der Grundlage der Ehe und die ihr eigene Einheit und Stabilität schützen und fördern.

7. Brüder und Schwestern, da wir nun ein weiteres Jahr beschließen, das uns die Güte des Herrn gewährt hat, laßt uns auf die Mahnung des hl. Paulus hören: „Alles, was ihr in Wort und Werken tut, geschehe im Namen Jesu, des Herrn; durch ihn dankt Gott, dem Vater!“ Ja, wir danken Gott, dem Vater, durch Jesus Christus im Heiligen Geist und bemühen uns, alles in seinem Namen und zu seiner größeren Ehre zu tun. „Und in eurem Herzen herrsche der Friede Christi: dazu seid ihr berufen als Glieder des einen Leibes.“ Amen.

IV.

Ad-Limina-Besuche

Nach dauerhaftem Frieden streben

Ansprache beim Ad-limina-Besuch der chaldäischen Bischöfe am 9. November

Hochwürdigster Herr Patriarch,
liebe Mitbrüder im Bischofsamt,
liebe Söhne der verehrungswürdigen chaldäischen Kirche!

1. Während ich euch im Haus des Nachfolgers Petri, des Hauptes des Apostelkollegiums, willkommen heiße, denke ich an den hl. Thomas, einen der Zwölf, der nach der Überlieferung der erste Missionar eurer Kirche war. Mit Recht ist sie auf diesen apostolischen Ursprung stolz, sie, die im Lauf der Jahrhunderte ständig von den vielfältigen Gaben des Heiligen Geistes befruchtet wurde. Es ist sicher auch dem Einfluß und der Eingebung des Heiligen Geistes zu danken, daß ihr, liebe Mitbrüder im Bischofsamt, euch zu einer Synode zusammenfinden konntet, um den neuen Patriarchen, S. Seligkeit Raphael Bidawid, zum Nachfolger des verstorbenen Paul II. Cheiko zu wählen.
Als mir die Ergebnisse der Synode bekanntgegeben wurden – sie fand statt, während die chaldäische Kirche den zweiten Sonntag der Apostel und die Kirche Roms das Hochfest der Heiligsten Dreifaltigkeit feierte –, wollte ich sofort meine Freude über die erfolgte Wahl zum Ausdruck bringen und Ihnen, hochwürdigster Herr Patriarch, die kirchliche Gemeinschaft gewähren, die Sie, gemeinsam mit allen Mitbrüdern der chaldäischen Bischofssynode, den heiligen Canones entsprechend, erbeten hatten.
Die heutige Zeremonie der Überreichung des Palliums wollte das sichtbare Zeichen dieser kirchlichen Gemeinschaft sein. Aus weißer Wolle gefertigt, erinnert das Pallium an die Schafe, die Ihnen als Hirt Ihrer Kirche anvertraut sind. Darüber hinaus bringt es, da es auf das Grab des Apostelfürsten gelegt worden ist, die tiefe Einheit im Glauben zum Ausdruck, welche die chaldäische Kirche mit der Kirche von Rom verbindet; diese führt, nach den Worten des *hl. Ignatius*, „den Vorsitz in der universalen Liebe“, ein Vorrang, dessen die römische Kirche ganz besonders anläßlich des Festes der Weihe der Lateranbasilika gedenkt.

2. Dieses Band der Einheit wird auch im Dienst der Solidarität für das allgemeine Wohl und den Weltfrieden tätig, dem sich der Heilige Stuhl von jeher widmet. Mit Befriedigung konnte ich, was den Frieden in der Welt betrifft, feststellen, daß die Gebete, zu denen ich euch, die chaldäischen Bischöfe aus dem Irak, im Jahr 1986, anläßlich eures Ad-limina-Besuches aufgefordert hatte, nicht vergeblich gewesen sind: der Krieg, der so viel Leid und Zerstörung verursacht hat, ist letztlich beendet.
Bei dieser Gelegenheit fordere ich euch neuerlich auf, mit eurem schlichten und tiefen Glauben nach einem dauerhaften Frieden zu streben, in der Überzeugung, daß der wahre Friede – der, den unser Herr auf die Erde gebracht hat – vor allem mit der Hilfe Gottes und den Bemühungen des guten Willens aufgebaut wird. Seid der Worte des hl. Augustinus eingedenk: „Gegen die Gewalt der Liebe ist die Welt machtlos“ (*Enarrationes in Psalmos*, 48[47],14; CCL 38,548). Auch sei euch das an alle gerichtete Wort des hl. Ephräm, des bekanntesten Dichters und Lehrers eurer Kirche, ständige Quelle der Eingebung

und großen Zuversicht: „Wenn die Hoffnung unsere Augen belebt, werden wir das Verborgene sehen“ (*Carmen Nisib.*, 70).

3. Möge der Herr dieser Hoffnung neue Kraft verleihen und „die Augen eures Herzens [erleuchten], damit ihr versteht, zu welcher Hoffnung ihr ... berufen seid“ (*Eph* 1,18). Laßt also nicht von euren Bemühungen um eine bessere Welt ab, damit eine neue Gesellschaft erblühe, die auf die Liebe und die Achtung für alle Menschen gegründet ist, welche nach Gottes Bild und Gleichnis geschaffen sind.
Ich weiß, daß ihr große Hoffnungen für das geistliche Wachstum eurer Gläubigen und die Zunahme der Priester- und Ordensberufe hegt. Ich bete dafür, daß die Erwartungen, die ihr in eine echte liturgische Erneuerung im Geist des II. Vatikanischen Konzils und gemäß der Richtlinien der Kongregation für die Ostkirchen sowie in eine weitere Reform der männlichen und weiblichen Ordensinstitute setzt, in voller Übereinstimmung mit euren Pastoralplänen erfüllt werden mögen. Möge euch der Herr auch bei eurem Einsatz für die Förderung des geistlichen Beistandes und für die unerläßliche Zusammenarbeit unter den Hierarchien der verschiedenen Riten und mit den Schwesterkirchen sowie für den brüderlichen Dialog mit allen Menschen guten Willens – der weiterhin seine Dringlichkeit bewahrt – unterstützen.

4. Hochwürdigster Herr Patriarch, liebe Mitbrüder im Bischofsamt und Söhne der chaldäischen Kirche! Des Patriarchen Abraham eingedenk, eures Vaters im Glauben, welcher der Stimme Gottes Folge leistete, als sie ihn aus eurem Land herausrief und ihn zum Stammvater des auserwählten Volkes machte – ja, zum Stammvater von uns allen, die wir an Christus glauben –; eingedenk jenes Patriarchen, der, „gegen jede Hoffnung hoffend“, handelte, um dem göttlichen Heilsplan zu entsprechen, versichere ich euch meiner tiefen Liebe und der Liebe der ganzen Kirche.
Habt stets den Mut und die Ausdauer, dem Ziel entgegenzugehen, das eure Hirtensorge euch gesteckt hat: dies ist mein Gebet für euch, während ich zu eurer Stärkung auf euch und auf die ganze chaldäische Kirche, wo immer sie sich auch befinden mag, den Reichtum des Segens Gottes, der Heiligsten Dreifaltigkeit, des Vaters, des Sohnes und des Heiligen Geistes, herabrufe.

Die Einheit und den Dialog suchen

Ansprache beim Ad-limina-Besuch der lateinischen Bischöfe der Region Arabien am 3. Februar

Hochwürdigster Herr Patriarch, liebe Brüder in Christus!

1. Die brüderliche Begegnung mit euch – dem Lateinischen Patriarchen von Jerusalem, seinen Generalvikaren und den lateinischen Bischöfen der Region Arabien – ist für mich ein Augenblick tiefer Freude und geistlicher Gemeinschaft. Ich heiße euch mit den Worten des hl. Paulus im *Brief an Philemon* willkommen: „Ich danke meinem Gott jedesmal,

wenn ich in meinen Gebeten an dich denke. Denn ich höre von deinem Glauben an Jesus, den Herrn, und von deiner Liebe zu allen Heiligen“ (4–5).
Mit Liebe und Achtung denke ich an unsere Brüder und Schwestern, deren Hirten ihr seid und denen ihr in Glauben und Demut dient: an die Priester, die Ordensleute und Laien des Lateinischen Patriarchats von Jerusalem, der lateinischen Erzdiözese Bagdad, der Diözesen Djibuti und Mogadiscio und der Apostolischen Vikariate Aleppo, Alexandrien, Arabien, Kuwait und Libanon.
Diese Namen anführen heißt, einer Wirklichkeit gedenken, die reich ist an tiefen geistlichen Werten. Ihr, geliebte Brüder, übt euer Hirtenamt in einem ganz speziellen, einmaligen Kontext aus, nämlich in einer Region, in der große Zivilisationen entstanden und zu hoher Blüte gelangt sind, im Heiligen Land, dem Ort der Menschwerdung unseres Herrn und Erlösers Jesus Christus. Die Regionen, die ihr vertretet, sind wirklich das Herz der Heilsgeschichte.

2. Im Zusammenhang mit eurem Besuch drängt sich ganz besonders ein Gedanke auf: aus dem Herzen jener Region ist Petrus, der Fischer von Tiberias, in diese Stadt gekommen, in der seine Nachfolger ihr Amt ausgeübt haben, um „ein immerwährendes Prinzip und Fundament der Einheit des Glaubens und der Kommunioneinheit“ (vgl. *Lumen Gentium*, Nr. 18) zu sein.
Wie Petrus, dem Ruf des Herrn folgend, sind auch wir, ihr und ich, „Menschenfischer“ (vgl. *Mt* 4,19) geworden. Auf diese Art sind wir zutiefst und für immer in der Gemeinschaft des Glaubens und des Dienstes am Volk Gottes miteinander verbunden. Diese Begegnung ist ein Zeichen für die pastorale Sorge, die wir im Lauf unserer persönlichen Begegnungen und im Gespräch über eure Ortskirchen einander mitgeteilt haben. Auf diese Art sind wir Ausdruck der kollegialen Natur unseres Amtes, einer Kollegialität, an der sich unsere Liebe zur Kirche mißt.

3. Ich möchte der Hoffnung Ausdruck geben, daß dieser kollegiale Aspekt eurer Hirtensendung weiterhin die Arbeit eurer Konferenz beseele, die auf die Jahre des II. Vatikanischen Konzils zurückgeht.
Während eurer letzten Versammlung in Amman im November des vorigen Jahres habt ihr mit großer Sorgfalt eingehend die Lage eurer Ortskirchen überprüft, die sowohl in ihrer Zusammensetzung als auch in ihrem Kontext sehr unterschiedlich sind, aber gleichzeitig auch viele gemeinsame Aspekte aufweisen, welche eurer Situation als minderheitliche Gemeinschaften in euren verschiedenen Ländern entspringen.
Eure Versammlung war ein klarer Ausdruck des zähen und tiefschürfenden Eifers, der euer pastorales Wirken kennzeichnet. Insbesondere denke ich dabei an die Großmut, mit der ihr und eure Mitarbeiter euch mittels der Katechese und der anderen Formen der Erziehung um die Weitergabe des Glaubens an die jüngeren Generationen bemüht. Es ist ergreifend, daran zu denken, wie eure Priester, Ordensleute und Laien dieser dringenden Notwendigkeit gerecht werden: sie nehmen dabei eine Herausforderung auf sich in dem Bewußtsein, daß die Zukunft eurer Gemeinden auf dem Spiel steht.
Ich bitte euch, sie meiner Unterstützung und meiner nachhaltigen Ermutigung zu versichern.

Bei aller Verschiedenheit der Situationen, in denen, wie ich weiß, eure Gläubigen leben, möchte ich betonen, daß eure Kirchen sicher verschiedene gemeinsame Aspekte aufweisen. Ihr besprecht sie gemeinsam in eurer Konferenz und bereichert einander durch den Beitrag jedes einzelnen.
Viele von euch sind zur Ausübung ihres Amtes unter schwierigen sozio-politischen Bedingungen berufen. In einigen eurer Länder leiden und sterben die Gläubigen in Konflikten, die jahrelang den Nahen Osten und das Gebiet des Persischen Golfes geprägt haben.
Darüber hinaus müßt ihr den besonderen Erfordernissen gerecht werden, welche das Leben von Minderheiten unter Christen anderer Riten und Konfessionen und in vielen Fällen als verschwindende Minderheit in einer mehrheitlich muslimischen Gesellschaft mit sich bringt.
Ihr habt diese und andere Umstände auf euch genommen und sie nicht als Hindernis für die Verbreitung des Evangeliums, sondern vielmehr als einen neuen Ansporn für eine hochherzige und treue Erfüllung eurer Aufgabe betrachtet. Die Kirche muß euch dankbar sein für die Unterstützung und die Ermutigung, die ihr euren Gläubigen bietet, für die Harmonie, die ihr unter ihnen zu schaffen sucht, für die Kraft, die ihr den Familien einflößt, für die Hoffnung, die ihr der Jugend mitgebt, indem ihr sie die Schönheit und Heiligkeit des Lebens und die Achtung vor jedem Menschen lehrt – auch wenn ihnen das anscheinend verweigert wird.

4. Eure Antwort auf die Herausforderungen, denen ihr in eurem Dienst begegnet, ist von der glühenden gegenseitigen Liebe erfüllt, die Jesus seine Jünger lehrte, von jener Liebe, die von Gott kommt und die Angst besiegt (vgl. *Joh* 4,18). Diese Liebe setzt eine fundamentale Bereitschaft zum Offensein für die anderen in Dialog und Dienstbereitschaft voraus.
In eurem Fall ist der Dialog – insbesondere der ökumenische und interreligiöse Dialog – eine Angelegenheit des täglichen Lebens. Ich verstehe sehr wohl, daß dieser Dialog seine Grenzen hat und daß ihr manchmal auch negative Reaktionen auf eure Bemühungen ertragen müßt.
Trotz allem ist die Kirche – dem Willen Christi gemäß – verpflichtet, die Einheit der Christen und den Dialog zu suchen, einen Dialog mit allen Männern und Frauen guten Willens, in Wahrheit und Frieden. Ich weiß, daß ihr bestrebt seid, in diesem Bereich die nötige pastorale Führung anzubieten, um den Glauben und das kirchliche Leben der Gläubigen zu stärken.

5. Auch muß ich betonen, daß ihr in der Ausübung eures Amtes, insbesondere in Zusammenarbeit mit den Ordensleuten eurer Regionen, wo immer es möglich ist, einen bemerkenswerten Dienst auf den Gebieten der Erziehung und der Gesundheitsfürsorge leistet.
In diesem Zusammenhang möchte ich der Gesellschaft Jesu ein besonderes Lob für ihre Arbeit an der St.-Josefs-Universität in Beirut aussprechen. Diese Universität ist für Generationen von Studenten verschiedener Glaubensbekenntnisse aus den Ländern des Nahen Ostens eine Ausbildungsstätte gewesen. Trotz der heute so schwierigen Situation im

Libanon bemüht sie sich auf sehr anerkennenswerte Weise um die Förderung des kulturellen Lebens der Region. Ebenso bemühen sich darum andere Ausbildungszentren und Erziehungsanstalten, die lateinischen Ordensleuten anvertraut sind.
Nicht weniger bemerkenswert ist der erzieherische Beitrag, den die von den Christlichen Schulbrüdern geleitete Universität in Betlehem leistet. Seit mehr als eineinhalb Jahren ist sie geschlossen und legt ein lautloses Zeugnis für einen politischen Konflikt ab, der unter anderem zur Zerstörung der Werte führt, die für den Aufbau einer menschenwürdigen Zivilisation wesentlich sind.
Der Glaube und die Liebe, wie sie dem Evangelium entsprechen, beseelen eure Kirchen; das kommt deutlich zum Ausdruck in den verschiedenen karitativen und sozialen Tätigkeiten, die sie leisten. Dem Personal der Krankenhäuser und Sanitätszentren, für die ihr die pastorale Verantwortung tragt, möchte ich durch euch meine besten Wünsche senden. Auch danke ich den internationalen katholischen Organisationen, die diese Dienstleistungen unterstützen. Möge der Herr diese gemeinsamen Bemühungen der christlichen Liebe zum Wohl aller Bedürftigen segnen!

6. An der Wurzel dieser Initiativen wird ein objektiver Beobachter keine anderen Beweggründe als den Wunsch finden, der Entwicklung des Menschen, dem Plan Gottes entsprechend, zu dienen.
Der Dialog mit den muslimischen Brüdern und Schwestern gründet sich auf die Tatsache, daß Gott der gemeinsame Vater der ganzen Menschheitsfamilie ist. Sein Schöpfungsplan schließt das Leben und das Wohl jedes einzelnen ein. Wie ich schon *in Casablanca in der Ansprache an die jungen Muslime* sagte, besteht zwischen Christen und Muslimen eine reiche Möglichkeit für Verständnis und Zusammenarbeit im Bemühen um eine gemeinsame Lösung der Probleme der Menschen und insbesondere der Jugendlichen von heute. „Die Welt ist gleichsam ein lebender Organismus; jeder hat von den anderen etwas zu empfangen und ihnen auch etwas zu geben" (*19. August 1985*, Nr. 7). Einer solchen Zusammenarbeit und gegenseitigen Achtung müssen wahres Sich-Kennen und brüderliches Vertrauen vorangehen. All das ist auf die Ehre Gottes und auf das echte Wohl der Länder hingeordnet, in denen ihr lebt und arbeitet.

7. Liebe Brüder, wenn ich daran denke, daß ihr aus Gegenden kommt, die in so enger Verbindung mit der Heiligen Schrift und der Geschichte der Offenbarung stehen, kann ich nicht umhin, meine Gedanken dem Frieden zuzuwenden, der in der Bibel so oft als größtes Geschenk Gottes erwähnt wird, jener Frieden, nach dem sich die Völker eurer Region zutiefst sehnen.
Während wir Gott für die Beendigung der Feindseligkeiten in der Golfzone danken müssen, beängstigen uns zutiefst die Nachrichten von neuen Opfern, die aus dem Heiligen Land und dem Libanon eintreffen.
Ihr wißt bei wie vielen Gelegenheiten ich öffentlich meine Stimme erhoben habe, um die Beendigung so großen Leides und der offensichtlichen Ungerechtigkeiten zu erflehen, die seit allzu vielen Jahren andauern. Oft habe ich betont, daß alle Völker des Heiligen Landes, des Libanons und der ganzen Region das unveräußerliche Recht auf ein Leben in Frieden, Freiheit und Würde in ihrer Heimat besitzen.

Die für die einzelnen Nationen Verantwortlichen haben die moralische Verpflichtung, zur Achtung dieses Rechtes ihren Beitrag zu leisten. Die an der Auseinandersetzung Beteiligten sind aufgefordert, unversöhnliche Haltungen oder Entscheidungen zu vermeiden, welche die Chancen für entsprechende Beilegungen der Konflikte noch weiter hinausschieben könnten.

In diesem Zusammenhang fällt den Katholiken, selbst wenn sie nur eine Minderheit darstellen, ebenfalls eine sehr wichtige Rolle zu: als Jünger Christi sind sie Zeugen der Hoffnung, der Liebe, des Verzeihens und der Aufgeschlossenheit anderen gegenüber. Es handelt sich dabei um Werte, die für den Sieg der Gerechtigkeit und Billigkeit unerläßlich sind.

Wer ernsthaft für den Frieden arbeitet, weiß, daß es in der Achtung der fundamentalen Rechte des Menschen der Gleichheit und der Gegenseitigkeit bedarf, um diesen Frieden zu verwirklichen. Der politische und soziale Friede kann nur durch echte und konkrete Achtung der Rechte aller – einschließlich des Rechtes auf Religionsfreiheit – Wirklichkeit werden. Ich möchte eure Aufmerksamkeit auf das lenken, was ich zu diesem Thema in meiner *Ansprache an das beim Heiligen Stuhl akkreditierte Diplomatische Korps* gesagt habe: „Auch wenn ein Staat aus historischen Gründen einer bestimmten Religion besonderen Schutz angedeihen läßt, ist er verpflichtet, den religiösen Minderheiten die persönliche und gemeinschaftliche Freiheit zu gewährleisten, die dem allgemeinen Recht auf Religionsfreiheit in der bürgerlichen Gesellschaft entspringt ... Leider ist es nicht immer so ... das Vorhandensein von Gesetzgebungen oder administrativen Bestimmungen, die das Recht auf Religionsfreiheit verdunkeln oder so übertriebene Beschränkungen kennen, daß die grundsätzlichen Erklärungen praktisch entkräftet werden, sind tatsächlich keine Seltenheit" (*9. Januar 1989*, Nr. 6).

Ich bete unablässig, damit die Führer der Nationen anerkennen, daß es keinen Frieden ohne Freiheit gibt und daß der Friede auch dann unmöglich ist, wenn der Mensch nicht in Gott die Harmonie mit sich selbst und mit seinen Mitmenschen findet.

8. Liebe Brüder in Christus, ich weiß, daß ihr und eure Gemeinden in euren täglichen Mühen mit schwierigen Situationen fertig werden müßt. Sie entspringen der Diskriminierung sowie der Tatsache, daß es sich oft um verschwindend kleine, in ihren Gläubigen uneinheitliche Minderheiten handelt, und nicht minder dem Priestermangel. Eure Kraft kommt jedoch von innen, von der Gnade des Gebets, sowohl im persönlichen Leben als auch in dem der Gemeinschaft, die sich versammelt, um das Wort Gottes zu hören und das Lobopfer darzubringen.

Was die Liturgie betrifft, so habe ich mit Freude vernommen, daß ihr ein Meßbuch für die Festtage in arabischer Sprache veröffentlicht habt, dessen Herausgeber das Lateinische Patriarchat in Jerusalem ist. Somit ist die Serie der bereits in Verwendung stehenden Meßbücher und Lektionare vervollständigt. Es handelt sich dabei um ein wesentliches Element für eine immer wirksamere Lebenskraft des Christentums.

Möge euch bei eurer pastoralen Arbeit die Mutter Gottes beistehen, euch ermutigen und euch helfen, freudig und furchtlos, in Hoffnung und Liebe eure Ausdauer zu bewahren.

„Durch ihn [Christus] seid ihr zum Glauben an Gott gekommen ..., so daß ihr an Gott glauben und auf ihn hoffen könnt" (*1 Petr* 1,21).
Aus ganzem Herzen erteile ich den Apostolischen Segen euch und allen euren Gläubigen mit dem Wunsch, dieser Segen möge ihnen Unterpfand des Trostes und der geistlichen Freude und Zeichen meiner tiefen Liebe in Jesus, dem Herrn, sein.

Die christliche Botschaft in der ganzen Fülle verkünden

Ansprache beim Ad-limina-Besuch der argentinischen Bischöfe am 23. November

Meine Herren Kardinäle,
geliebte Mitbrüder im Bischofsamt!

1. Es ist mir eine besondere Freude, mit euch, den Bischöfen Argentiniens, am Höhepunkt eures Ad-limina-Besuches, mit dem ihr einer verehrungswürdigen Tradition der Kirche entsprecht, eine kollegiale Begegnung abhalten zu können.
Sehr herzlich danke ich für die Worte, die im Namen aller Kardinal Raùl Francisco Primatesta, der Erzbischof von Córdoba und Vorsitzende der Bischofskonferenz, an mich gerichtet hat, wobei er sich auch zum Sprecher eurer Mitarbeiter und eurer geliebten Gläubigen machte, denen eure Hirtensorge gilt. Im Gedenken an die intensiven geistlichen Erlebnisse während meiner letzten apostolischen Reise nach Argentinien möchte ich euch nochmals im Namen Christi meine tiefe Dankbarkeit aussprechen, da ihr doch immer, trotz der nicht geringen Schwierigkeiten, die euer opfervolles apostolisches Amt mit sich bringt, Zeugnis für einen eifrigen Einsatz im Dienst der Kirche ablegt.

2. Bei dieser Begegnung mit der ersten Gruppe argentinischer Bischöfe möchte ich in Erinnerung rufen, was ich in Buenos Aires, am Sitz eurer Bischofskonferenz, zum Abschluß meines Besuches bei euch sagte: „Die Gegenwart und die Zukunft der Evangelisierung Argentiniens liegen in euren Händen" (*Ansprache an den argentinischen Episkopat*, 1.12.1987). Ja, meine lieben Mitbrüder, die Herausforderung, welche die derzeitige Situation eures Landes für die Kirche darstellt, verlangt von euch einen besonderen Einsatz im Dienst der Verkündigung der christlichen Botschaft, der Erneuerung eurer Gemeinden und der Kenntnis und des Verstehens des Menschen und seiner konkreten Wirklichkeit, die manchmal auch dramatisch sein kann.
Ich weiß, daß mein Aufruf zu einer neuen Evangelisierung anläßlich des 500. Jahres der Ankunft der christlichen Botschaft in Amerika euch zu einer Umfrage unter dem ganzen Volk Gottes bewogen hat, in der Absicht, die Grundlinien für ein gesamtheitliches pastorales Wirken festzulegen. All das ist eine Einladung, neue Energien für die Ausübung des Amtes einzusetzen, das ihr empfangen habt. Es macht euch zu Lehrern, Priestern und Hirten des Volkes Gottes und gibt euch aufgrund der apostolischen Sukzession Anteil an der Gewalt und der Sendung Christi, des Hauptes der Kirche.
Als „Verkünder des Glaubens" und „authentische Lehrer" (vgl. *Lumen Gentium*, Nr. 25) habt ihr vom Herrn den Auftrag empfangen zu lehren. Tatsächlich spiegeln zahlreiche

Manifestationen der zeitgenössischen Kultur – und euer Land entzieht sich dieser Situation nicht – eine relativistische Mentalität wider, die den Wert der Wahrheit hintansetzt oder verachtet und sogar das Vorhandensein absoluter Werte verneint. Diese Pflege des Zweifels und das Mißtrauen hinsichtlich der menschlichen Fähigkeit, religiöse Wahrheiten zu erfassen, kann auch zur Schwächung der Glaubensgewißheit und der Überzeugungen eurer Gläubigen beitragen. Deshalb ist es erforderlich, die christliche Botschaft in ihrer ganzen Fülle zu verkünden und den Abweichungen Einhalt zu gebieten, welche die Reinheit des Glaubens gefährden und den Zusammenhalt und die Einheitlichkeit der Lehre des Evangeliums auflösen.

3. Eurer Verantwortung als Lehrer des Glaubens entspringt die vorrangige Aufgabe der Verkündigung, der geduldigen und unermüdlichen Verkündigung der Botschaft Christi. Eine Neuevangelisierung muß dafür Sorge tragen, daß die Geheimnisse unseres Glaubens den Gläubigen auf immer entsprechendere Weise vorgelegt werden. Deshalb dürfen die Katechesen und die übrigen Formen der religiösen Unterweisung, die dem christlichen Volk – nicht nur den Kindern und Jugendlichen in den Pfarreien und den katholischen Schulen, sondern auch den Erwachsenen – zuteil werden, nicht von einer systematischen Darlegung der geoffenbarten Lehre absehen und diese auch nicht verwässern, etwa durch die ausschließliche Betonung des persönlichen Erlebens oder durch eine einseitige Bezugnahme auf die Rückwirkungen, die sich aus dieser Wahrheit für die zeitliche Ordnung ergeben. Die Verkündigung des christlichen Geheimnisses und die ausdauernde religiöse Unterweisung müssen anderseits das ganze Leben der Gläubigen erneuern, damit sie auf diese Weise reiche Früchte größeren persönlichen und gesellschaftlichen Verantwortungsbewußtseins tragen, das auch auf die Überwindung der so zahlreichen Probleme abzielt, welche die Würde des Menschen bedrohen.
Besondere Aufmerksamkeit sind der Pflege der theologischen Wissenschaften und der Treue zum Lehramt der Kirche zu schenken. In dieser Hinsicht möchte ich die Bedeutung hervorheben, die den philosophisch-theologischen Studien im Rahmen der Ausbildung der Priesteramtskandidaten zukommt. Diese Studien machen ein ganz spezielles Gebiet aus, auf dem ernsthaft gearbeitet werden muß, kann doch der Seelenhirte nicht auf das pastorale Werkzeug einer soliden theologischen Vorbereitung verzichten, die gemeinsam mit seinem pastoralen Eifer, es ihm erlauben wird, besser den Erfordernissen und den Problemen der heutigen Welt gerecht zu werden.
Darüber hinaus fordere ich euch auf, weiterhin das apostolische Wirken jener Laien zu fördern und zu unterstützen, die, mit einer soliden intellektuellen Vorbereitung und einem tief verwurzelten Kirchenbewußtsein ausgestattet, kompetent und klug in dem so weiten Bereich der Kultur arbeiten: an den Universitäten, in Literatur und Kunst und insbesondere auf dem Gebiet der sozialen Kommunikation. Ihnen ist eine höchst transzendente Aufgabe vorbehalten, handelt es sich doch darum, gemeinsam mit euch die menschlichen und christlichen Werte der argentinischen Kultur neu zu beleben, um so zur Ausbreitung des Reiches Christi und zur geistlichen Stärkung der Nation beizutragen.

4. Als Bischöfe, „mit der Fülle des Weihesakramentes ausgezeichnet“ (*Lumen Gentium*, Nr. 26), seid ihr „die hauptsächlichen Ausspender der Geheimnisse Gottes“ und habt

auch „die Leitung, Förderung und Aufsicht des gesamten liturgischen Lebens in ... der Kirche inne" (*Christus Dominus*, Nr. 15).

In dieser Hinsicht ist es angebracht, mit den Worten des II. Vatikanischen Konzils daran zu erinnern, daß die heilige Liturgie zwar nicht die ganze Aktivität der Kirche darstellt, jedoch deren Höhepunkt und gleichzeitig die Quelle ist, der all ihre Kraft entströmt (vgl. *Sacrosanctum Concilium*, Nr. 9 und 10). Diese zentrale Stellung, welche die Liturgie im Leben der Kirche einnimmt, ist Ausdruck ihrer Heilsmission, ihrer übernatürlichen Realität und ihrer unmittelbaren Bezugnahme auf Christus und durch ihn, mit ihm und in ihm auf den Vater und den Heiligen Geist.

Somit ist es klar, daß bei der Evangelisierung der liturgischen Dimension des christlichen Lebens eine besondere Aufmerksamkeit geschenkt werden muß, die sich in einer systematischen Liturgiepastoral niederschlagen soll. In diesem Zusammenhang und eingedenk des fünfundzwanzigsten Jahrestages der Veröffentlichung der Konstitution *Sacrosanctum Concilium* war mir daran gelegen, die Liturgiepastoral als bleibendes Anliegen für die ganze Kirche darzulegen, da nunmehr die vom Konzil gewünschte Reform durchgeführt ist (Apostolisches Schreiben *Vigesimus quintus annus*, Nr. 10).

Auch bei euch wurde diese Reform durch die Anwendung neuer Normen, den Gebrauch neuer liturgischer Texte und den Erfolg einer aktiveren Teilnahme der Gläubigen verwirklicht. In Kürze, am ersten Adventssonntag, wird der spanische Einheitstext des „Ordo Missae" und der eucharistischen Hochgebete, die das Herz der Liturgie der Kirche bilden, in Kraft treten. Auf diese Weise werden bei der fünfhundertsten Wiederkehr der Evangelisierung Amerikas alle Völker spanischer Sprache mit den gleichen Worten das Geheimnis des Glaubens feiern, der sie eint. In diesem Zusammenhang lade ich euch ein, in euren Gemeinden die liturgische Erziehung zu erneuern und zu intensivieren, damit sie für alle ein nie unterbrochener Weg werde, der zur Fülle Christi führt.

5. Das II. Vatikanische Konzil spricht von der pastoralen Sendung der Bischöfe, die „die ihnen zugewiesenen Teilkirchen als Stellvertreter und Gesandte Christi durch Rat, Empfehlung, Beispiel, aber auch durch Autorität und heilige Vollmacht (leiten), die sie indes allein zum Aufbau ihrer Herde in Wahrheit und Heiligkeit gebrauchen" (*Lumen Gentium*, Nr. 27). Damit ist eine persönliche, großmütige und unermüdliche Anwesenheit des Hirten inmitten seines Volkes verbunden: als Animatoren und Helfer der Priester und aller Träger der Pastoral. Wenn nötig, wird er mit väterlicher Liebe mahnen und allen helfen, „den unergründlichen Reichtum Christi" (*Eph* 3,8) zu entdecken. Darüber hinaus ist es eure Sendung, das Wirken aller übrigen aktiven Glieder der Kirche zu inspirieren, zu orientieren und zu koordinieren und in der Gesellschaft Stimme der Kirche zu sein.

Es ist ermutigend, euren Fünfjahresberichten euren derzeitigen Einsatz für die Erarbeitung von Leitlinien für eine „in ihrem Eifer erneuerte" Evangelisierung zu entnehmen, d.h., für eine echte geistliche Mobilisierung, die Argentinien helfen soll, seine christlichen Wurzeln neu zu entdecken. In dem im April dieses Jahres approbierten Arbeitsdokument hebt ihr die der „laufenden Pastoral" der Kirche innewohnende Lebenskraft hervor. Wenn die Festlegung der vorrangigen Aufgaben und die sorgsame Einordnung der vorhandenen Mittel und der Träger der Pastoral nicht in der in allen Gemeinden eurer

Diözesen, in den Pfarreien, den Schulen und den Einrichtungen des Laienapostolates mit Kreativität und Ausdauer und mit erneuertem Eifer gepflegten, laufenden Pastoral ihren Niederschlag findet, werden eure Pastoralprogramme nur geringe Früchte tragen.
Zweifellos ist es auch notwendig, manchmal gemeinsame Kriterien und Pläne für mehrere Diözesen auszuarbeiten, besonders dann, wenn diese der gleichen Region angehören und eine systematische Pastoralplanung verwirklicht werden soll, welche die apostolischen Energien all jener harmonisch koordinieren muß, die für die Sendung der Kirche zur Verfügung stehen. Auf diese Art wird es möglich sein, dem pastoralen Wirken eine entsprechende Orientierung zu geben. Sie wird es gestatten, den Herausforderungen der Gegenwart so zu begegnen, daß das Licht des Evangeliums alle Aspekte des persönlichen und gesellschaftlichen Lebens beleuchtet und erneuert.

6. Die Herausforderungen, die heute eure Aufmerksamkeit als argentinische Bischöfe auf sich lenken, sind sicherlich sehr zahlreich und treten mit besonderen Kennzeichen auf, infolge derer sie auch entsprechende Antworten erfordern. Die argentinische Gesellschaft, die mit Recht einen Grad des Fortschritts und der Entwicklung anstrebt, aufgrund deren ihr geistiger und materieller Lebensstandard ein höheres Niveau erreichen kann, ist heute von einer Reihe von Tatsachen bedroht, die letzten Endes auf eine Krise der Werte zurückgehen.
Angesichts der oft extremen Armut, die bestimmte Schichten der Bevölkerung bedrückt, dürfen eure Herzen nicht unempfindlich werden. Diese Armut kommt z. B. im Mangel an menschenwürdigen Wohnungen, im unausgeglichenen Verhältnis zwischen Lebenshaltungskosten und Bezahlung sowie in der ungerechten Verteilung der Güter zum Ausdruck. Dazu gesellt sich der Einfluß von Ideologien materialistischer und hedonistischer Natur, die jede Transzendenz verneinen. Anderseits findet sich auch weiterhin eine Haltung, die Dialog und Versöhnung als Mittel zur Überwindung der Gegensätze, zur Heilung der Wunden der Vergangenheit und zur Befriedung der Gesellschaft ablehnt. Darüber hinaus wird die Familie – gerade jene Einrichtung, welche die Grundlage der argentinischen Nation bildet – in unseren Tagen von einer permissiven Mentalität angegriffen, die ihre Einheit und Stabilität bedroht und keineswegs die Heiligkeit des Lebens achtet.
Ihr, geliebte Brüder, habt oft die Stimme erhoben, um vor den Gefahren des moralischen Verfalls zu warnen und auf die Notwendigkeit einer Abhilfe für die ernsten Probleme hinzuweisen, denen euer Land gegenübersteht. Deshalb fordere ich euch voll Hoffnung auf, den Bemühungen der Kirche noch größeren Nachdruck zu verleihen und zu einem solidarischen Wirken aufzurufen, um so eine wahrhaft christliche, dem Plan Gottes entsprechende Gesellschaft aufbauen zu können. Dieser Weg führt zu einer neuen Begegnung des Menschen mit sich selbst und zur Entdeckung der vollen Bedeutung eines Lebens in Christus, dem Licht der Welt (*Joh* 8,12). Deshalb ist für eine Erneuerung der einzelnen und der Gesellschaft die Verkündigung Jesu, der rettet, befreit und das menschliche Herz öffnet, unerläßlich.
Mit großer Freude erinnere ich mich der Begeisterung der argentinischen Jugendlichen, als ich sie anläßlich der unvergeßlichen Feier des Welttages der Jugend in Buenos Aires

zu einem Streben nach oben und edlen Idealen aufrief. Die Jugendlichen und alle argentinischen Laien müssen sich zu einem entschiedenen Zeugnis für Christus im gesellschaftlichen, beruflichen und familiären Leben berufen fühlen, zu einer ethischen Haltung, die den Werten des Evangeliums entspricht und sich im öffentlichen Leben widerspiegelt. In diesem Sinn sagt das Apostolische Schreiben *Christifideles laici*: „Um die zeitliche Ordnung im genannten Sinn des Dienstes am Menschen christlich zu inspirieren, können die Laien nicht darauf verzichten, sich in die ‚Politik' einzuschalten, das heißt in die vielfältigen und verschiedenen Initiativen auf wirtschaftlicher, sozialer, gesetzgebender, verwaltungsmäßiger und kultureller Ebene, die der organischen und systematischen Förderung des Allgemeinwohls dienen" (Nr. 42).

7. Ein koordiniertes Wirken der lebensfördernden Kräfte der Kirche muß klar und entschieden das Ziel vor Augen haben, das mein verehrter Vorgänger Paul VI. als Aufgabe der Evangelisierung bezeichnete: „... daß durch die Kraft des Evangeliums die Urteilskriterien, die bestimmenden Werte, die Interessenpunkte, die Denkgewohnheiten, die Quellen der Inspiration und die Lebensmodelle der Menschheit, die zum Wort Gottes und zum Heilsplan im Gegensatz stehen, umgewandelt werden" (*Evangelii nuntiandi*, Nr. 19).
Ich begleite euch mit meinem Gebet bei der Erfüllung dieser eurer Aufgaben und vertraue darauf, daß das pastorale Wirken der Kirche in Argentinien Früchte des Verantwortungsbewußtseins, der Gerechtigkeit, der echten Einheit und Solidarität unter allen Bürgern des Landes tragen und zum Streben nach dem Gemeinwohl sowie zur Überwindung der Spaltungen und Trennungen beitragen wird, welche den Bemühungen um eine bessere Zukunft für alle im Wege stehen.

8. Geliebte Brüder, in den persönlichen Gesprächen, die ich mit euch im Laufe dieser Tage führen konnte, hatte ich Gelegenheit, mir von dem Eifer eine Vorstellung zu machen, mit dem ihr das eurer Sorge anvertraute Volk Gottes leitet. Ich möchte euch herzlich zu diesem Eifer beglückwünschen und euch auffordern, weiterhin mit fester Hoffnung euren schwierigen Aufgaben nachzukommen; ich bediene mich dazu der Worte des hl. Paulus an Timotheus: „Sei in allem nüchtern, ertrage das Leiden, verkünde das Evangelium, erfülle treu deinen Dienst!" (*2 Tim* 4,5).
Auch ist mir der Eifer bekannt, mit dem ihr die Schwierigkeiten miterlebt, an denen das argentinische Volk aufgrund der Wirtschaftskrise leidet, die sich im Lauf dieses Jahres noch verschärft hat. Ich weiß um die Hochherzigkeit der kirchlichen Gemeinden, die einhellig den Vorsatz gefaßt haben, sich selbstlos den Werken der Nächstenliebe hinzugeben. Ihr fordert eure Gläubigen unablässig auf, das Wirken der Kirche im geistlichen und sozialfürsorgerischen Bereich, das die Not so vieler Mitmenschen lindert, noch weiter auszudehnen.
Seid der Notwendigkeit eingedenk, in schwierigen Augenblicken als Väter und Hirten immer „Licht" zu sein, das nicht verborgen werden darf (vgl. *Mt* 5,15), und auch Bezugspunkt, nicht nur für eure Gläubigen, sondern für die ganze Gesellschaft, die in euch die Hüter jener transzendenten Werte erkennen muß, auf die sich auch das Leben der bürgerlichen Gesellschaft stützt. Oft wird von euch erwartet, daß ihr das richtungweisende Wort

sprecht, dem man Folge leisten kann, und daß ihr mit eurem Aufruf zu Eintracht und Verzeihung allen Bürgern eures Landes helft, sich für Lebensbedingungen einzusetzen, die einen echten und dauerhaften sozialen Frieden gewährleisten.

Zuletzt rufe ich auf euch alle die Gaben des Heiligen Geistes herab, des eigentlichen Trägers der Evangelisierung (vgl. *Evangelii nuntiandi*, Nr. 75). Möge er euch erleuchten und bei der Erfüllung eurer Sendung stärken und heute in der geliebten argentinischen Nation auch euer apostolisches Wirken die Früchte jenes Frühlings der Evangelisierung erneuern, deren Fünfhunderjahrfeier wir vorbereiten. Er, der die Kirche „in ihrer Gemeinschaft und in ihren Diensten eint“ (*Lumen Gentium*, Nr. 4), möge euch in der Einheit wachsen lassen zu einem „einträchtigen Wirken“ (*Christus Dominus*, Nr. 37) im Dienst eurer kirchlichen Gemeinden.

Überbringt euren Priestern, den Ordensleuten, den Seminaristen und allen Gläubigen, deren ich immer im Gebet gedenke, meine herzlichsten Grüße.

Ich empfehle euch und eure Anliegen dem mütterlichen Schutz U.Lb. Frau von Luján, der Patronin Argentiniens, und als Zeichen der Liebe und der Einheit erteile ich euch meinen Apostolischen Segen.

Freiheit und Würde aller wahren

Ansprache beim Ad-limina-Besuch der Bischöfe von Bangladesch am 11. Februar

Liebe Brüder im Bischofsamt!

1. Die heutige Begegnung mit euch bedeutet für mich eine große Freude, gerade weil zur gleichen Zeit viele gläubige Katholiken von Bangladesch an der Nationalwallfahrt zum Marienheiligtum in Diang teilnehmen. Sie verehren die Mutter Gottes unter dem Titel Unserer Lieben Frau von Lourdes, und die Priester, Ordensleute und Laien eurer Ortskirchen rufen ihre mütterliche Hilfe und ihren Schutz auf die „kleine Herde“ herab, die die Kirche in Bangladesch bildet. Da wir aber in der Fülle der kirchlichen Gemeinschaft vereint sind, beten auch wir bei Gelegenheit eures Ad-limina-Besuches für das Wachstum und die Lebenskraft eurer Gemeinden und um Frieden und Entwicklung für euer Land.

Die besonderen Umstände eures Dienstes in Bangladesch sind wohlbekannt. Die Nation befindet sich noch in den ersten Stadien ihrer Unabhängigkeit, die wirtschaftliche und soziale Entwicklung aber wird oft durch immer neue Naturkatastrophen behindert, die diesen Teil der Welt heimsuchen. Ich denke besonders an die Leiden und schweren Verluste an Menschenleben, die von den Überschwemmungen im letzten September und erneut durch den verheerenden Taifun im November hervorgerufen wurden. Bei verschiedenen Gelegenheiten habe ich zur Hilfe für eurer Land und Volk aufgerufen, und ich bin glücklich, daß die Caritas Internationalis einige unmittelbare Hilfe leisten konnte. So habt ihr die universale Solidarität praktisch erfahren, die das Leben der Kirche, des Leibes Christi, in dem wir alle einander Glieder sind (vgl. *Eph* 4,25), immer kennzeichnen sollte. Natürlich reichen die Bedürfnisse eures Volkes weit über die erhaltene Katastrophenhilfe hinaus, und ich bin sicher, daß die Nation nach Wegen suchen wird, um die weitverbreitete Armut und den bei vielen Menschen bestehenden Mangel an Schulbildung zu überwinden, die den Fortschritt und die Förderung der menschlichen Würde verhindern.

2. Vom religiösen Standpunkt aus bildet ihr eine kleine Minderheit unter Menschen anderer religiöser Überlieferungen, auch wenn die Kirche seit dem 16. Jahrhundert bei euch präsent ist. Die Frage der Minderheiten, auch der religiösen Minderheiten, „ist eine der heikelsten Fragen unserer heutigen Gesellschaft, eine Frage, die im Verlauf der Zeit noch dringlicher geworden ist, weil sie mit der Ordnung des sozialen und brüderlichen Lebens innerhalb eines jeden Landes und mit dem Leben der internationalen Gemeinschaft verknüpft ist“ (*Botschaft zum Weltfriedenstag 1989*, Nr. 1).
Beim rechten Verhalten gegenüber Minderheiten kommen zwei Grundprinzipien ins Spiel. Die Einheit der von Gott geschaffenen Menschheitsfamilie ruft nach der Bildung einer Weltgemeinschaft, die für Solidarität über alle Grenzen hinweg und ohne jede Diskriminierung offen ist. Ebenso müssen innerhalb der einen Menschheitsfamilie alle einzelnen in ihrer unveräußerlichen menschlichen Würde, ihrem Recht von Geburt an, geachtet werden, unabhängig von ihrem rassischen, völkischen, kulturellen oder nationalen Ursprung (vgl. *ebd.*, Nr. 3). Unterschiede zwischen den Mitgliedern der Menschheitsfamilie sind dagegen berechtigt und müssen geachtet werden. Zumal der Staat die Aufgabe hat, die Würde und Freiheit all seiner Bürger zu wahren und das Funktionieren der gesetzgeberischen und Recht sprechenden Körperschaften ebenso sicherzustellen wie die kulturellen und schulischen Angebote, die das gegenseitige Verständnis fördern, Vorurteile beseitigen und eine wirkliche Harmonie zwischen allen Bereichen der Gesellschaft aufbauen.
Im Falle von Bangladesch fühlte sich der Heilige Stuhl durch die Weihnachtsbotschaft von seiner Exzellenz Präsident Ershad an die Christen und durch die Worte des neuen Botschafters von Bangladesch bei Gelegenheit der Überreichung seines Beglaubigungsschreibens ermutigt. Es ist mein dringender Wunsch, daß die Gemeinschaft der Katholiken, so viel sie kann, weiter ihren Beitrag zum Fortschritt und Wohlergehen der Menschen von Bangladesch in einem Klima des Vertrauens und der Freiheit leistet.

3. Liebe Brüder in Christus, von den Ortskirchen, bei denen ihr in Liebe den Vorsitz führt, haben wir in unseren privaten Unterhaltungen gesprochen. Mit Gottes Gnade und dank des hochherzigen Einsatzes eurer Priester und Ordensmänner und Ordensfrauen aus dem eigenen Land und von auswärts sowie der Katechisten und Führer der Laiengemeinschaften, die eure verstreuten Gemeinden unterhalten und ermutigen, wird die erlösende Liebe Jesu Christi verkündet und im Leben vieler präsent. Seit eurem letzten Ad-limina-Besuch wurde die neue Diözese Mymensingh errichtet. Die ausgestreute Saat bringt wirklich Frucht (vgl. *Lk* 8,11 ff.), und diese wird sich weiter in einer Festigung der kirchlichen Strukturen zeigen. Als Hirten wißt ihr freilich, daß nicht an erster Stelle die Strukturen selbst wichtig sind, sondern vielmehr die Gnade und Kraft, aus der sie hervorgehen, ferner das kirchliche Leben, dem sie dienen. Das Hauptanliegen eures Dienstes ist immer die christliche Heiligkeit eurer Gläubigen. „Gottes Macht behütet euch durch den Glauben, damit ihr das Heil erlangt, das am Ende der Zeit offenbart werden soll“ (*1 Petr* 1,5).

In dieser Hinsicht bietet der Pastoralplan für die Kirche in Bangladesch, der ja für ständige Verbesserung und Anpassung offen ist, für euer Apostolat und euren Dienst weiter gültige Richtlinien. Mögen die lebenspendenden Gaben des Heiligen Geistes euch und eure Mitarbeiter begleiten, so daß die Durchführung des Planes die Verkündigung der Frohbotschaft festigt und zu immer hochherzigerem Dienst für die Notleidenden anregt: für die Armen, die Schwachen und jene, die keine Stimme besitzen.

4. Eure engsten Mitarbeiter sind eure geliebten Priester. Als Bischöfe, die mit der Fülle des Priestertums ausgestattet sind, versteht ihr sehr gut, welche wesentliche Rolle eure Priester im Leben eurer Ortskirchen spielen. „Kraft des Weihesakramentes sind sie nach dem Bilde Christi, des höchsten ewigen Priesters, zur Verkündigung der Frohbotschaft, zum Hirtendienst an den Gläubigen und zur Feier des Gottesdienstes geweiht und so wirkliche Priester des Neuen Bundes" (vgl. *Lumen Gentium*, Nr. 28). Durch ihren Dienst machen die Priester Christus unter den Menschen sichtbar, um so mehr, wenn sie sich in der Tiefe von reiner und selbstloser Liebe leiten lassen. Das Bewußtsein ihrer sakramentalen Brüderlichkeit führt sie zu einem lebhaften Sinn für Zusammenarbeit untereinander und mit ihrem Bischof, in einer Haltung des Dienens und der Hochachtung vor den Laien, deren geistliches Wachstum sie fördern, und mit denen sie die pastoralen Aufgaben und Verantwortlichkeiten teilen. (vgl. *Presbyterorum ordinis*, Nr. 8–9). Bei all dem ist eure Aufmerksamkeit und Unterstützung für euren Klerus besonders wertvoll.

Bei den besonderen Verhältnissen eurer Ortskirchen mag es noch nicht möglich sein, alle vom Kirchenrecht vorgesehenen juridischen und organisatorischen Strukturen wirksam zu machen. Doch ich freue mich von Herzen darüber, daß ihr in dieser Richtung weiterarbeitet und daß immer mehr Vertrauen und Solidarität wachsen zwischen euch und den Priestern, den Welt- und Ordenspriestern, die das Presbyterium jeder Ortskirche bilden. Ein wirklich gemeinsames Erfüllen der mit der Evangelisierung und dem Aufbau des Leibes der Kirche verbundenen Aufgaben, das die Verantwortung und Autorität des Bischofs unangetastet läßt, kann sich nur positiv auf das moralische und geistliche Leben eurer Priester auswirken.

5. Eine Quelle wohlbegründeter Hoffnung für die Kirche in Bangladesch stellt das nationale Große Seminar in Dakka dar, das für die fünf Diözesen und die Ordensgemeinschaften gedacht ist. Ich sende der Leitung herzliche Grüße und versichere sie meines Gebets für den Erfolg der heiklen Aufgabe, die ihnen aufgetragen ist. Ich ermuntere auch jene Priester aus Bangladesch, die als Vorbereitung für die Ausbildung künftiger Priester höhere Studien machen. Mit ihrer Hilfe wird der Lehrplan des Seminars zum Vorteil der ganzen Kirche in eurem Land vollständiger werden.

Ich lade vor allem alle großen und kleinen Seminaristen zum Nachdenken über die Wichtigkeit einer soliden spirituellen Ausbildung ein. Wir wollen der allerheiligsten Dreifaltigkeit für das Wachstum der Zahl der Berufungen zum Priester- und Ordensstand danken, über das ihr euch freuen dürft. Es ist ein Zeichen für die Dynamik der Gemeinschaft der Katholiken, und ihr tragt als Hirten an erster Stelle dafür die Verantwortung.

6. Nur kurz kann ich das Leben und Wirken der Ordensmänner und Ordensfrauen in Bangladesch erwähnen, die „die Braut Christi zieren" (*Lumen Gentium*, Nr. 46) und durch ihre Weihe an Gott die Wahrheiten und Werte seines Reiches in Kirche und Gesellschaft sichtbarer machen. Jeden und jede von ihnen grüße und ermuntere ich bei ihrer hochherzigen und keine Unterschiede machenden Hingabe in Katechese, Erziehung, Gesundheitsfürsorge und karitativen Diensten.
Ich bitte euch ferner, euren Katechisten und den Führern der Laiengemeinschaften zu versichern, daß sie in meinen Gebeten einen besonderen Platz haben und daß ihr Wirken in Einheit mit den Priestern und euch, den Bischöfen, für die Präsenz der Kirche in eurem Land lebenswichtig ist. Das Nationale Soziale und Katechetische Zentrum in Jessore bietet eine Hilfe, die im Dienst fortgesetzter Untersuchung der größeren moralischen und ethischen Probleme von heute ausgebaut werden kann und zugleich für die wirksame Schulung von eifrigen katholischen Laienführern auf diesem Gebiet.

7. Liebe Brüder im Bischofsamt, zahlreiche und gewaltig große Aufgaben liegen vor euch. Sie werden euch weiter Eifer und Kraft abverlangen. Ich weiß, daß ihr den Mut und die Motive für euer pastorales Bemühen in einem engen persönlichen Verhältnis zu unserem Herrn und Heiland Jesus Christus sucht. Bei der Verwaltung der Sakramente, beim Predigen des Wortes und beim Weiden jenes Teils des Volkes Gottes, der euch anvertraut ist, „sucht ihr zuerst das Reich Gottes" (vgl. *Mt* 6,33), so daß ihr treu erfunden werdet „wie ein Hausherr, der aus seinem reichen Vorrat Neues und Altes hervorholt" (*Mt* 13,52).
Gott segne Bangladesch, und möge durch die Kirche seine Gnade eurem Land in reichem Maße zugute kommen!

Erneuerung – eine dringende Aufgabe

Ansprache beim Ad-limina-Besuch der Bischöfe aus Chile am 10. März

Herr Kardinal, liebe Mitbrüder im Bischofsamt!

1. Es ist mir eine Freude, Sie auf das herzlichste bei dieser Begegnung willkommen zu heißen, die die Krönung für den Ad-limina-Besuch darstellt, mit dem Sie noch stärker Ihre tiefe Einheit mit dem Nachfolger Petri im Glauben und in der Liebe haben zum Ausdruck bringen wollen. Von Herzen danke ich für die ehrerbietigen Grußworte, durch die Sie mich die Verehrung und Zuneigung der Gläubigen in Ihren Diözesen haben nachempfinden lassen, die einen Teil der Kirche Gottes in Chile darstellen, die mir als Oberhirten so am Herzen liegt.
Daß Sie nach Rom kommen, hat eine tiefe kirchliche Bedeutung und ist Ansporn zu einer größeren Gemeinschaft für Ihre Mitarbeiter und Gläubigen, die in diesem Bischofssitz, der geheiligt ist durch das Zeugnis der Apostel Petrus und Paulus, das Zentrum des katholischen Glaubens und der Einheit all derer sehen, die denselben Glauben an Jesus Christus bekennen. So hat es die Apostolische Konstitution *Pastor Bonus* hervorheben wol-

len, wenn sie bekräftigt, daß „die Institution der Ad-limina-Besuche – von großer Bedeutung auf Grund ihrer alten Überlieferung und der klaren kirchlichen Bedeutung – ein sehr nützliches Mittel und ein konkreter Ausdruck der Katholizität der Kirche ist, der Einheit des Bischofskollegiums, das sich auf den Nachfolger Petri gründet und sich in besonderer Weise am Ort des Martyriums des Apostelfürsten zeigt; daher darf man ihren theologischen, pastoralen, sozialen und religiösen Wert nicht verkennen" (Anhang I,7).
Die persönlichen Gespräche und die Fünf-Jahres-Berichte über den Stand Ihrer Diözesen haben in mir die unvergeßlichen Tage wachgerufen, die ich mit den geliebten Söhnen und Töchtern Chiles bei meiner Pastoralreise in Ihr Heimatland erlebt habe. Santiago, Valparaiso, Punta Arenas, Puerto Montt, Concepción, Temuco, La Serena und Antofagasta waren die Zentren, in denen sich ein großer Teil Ihrer Gemeinden ein Stelldichein gab und wo ich persönlich die christlichen Werte in Ihrem Land und bei seinen Menschen erleben und feststellen konnte.

2. Es ist mein Wunsch, daß diese meine Worte, liebe Mitbrüder, Sie ermutigen, die Einheit in Ihrer Bischofskonferenz noch mehr zu stärken. Dies wird eine von Tag zu Tag deutlichere Realität sein, wenn die vertraute Einheit im Glauben und in der Liebe Ihr ganzes Sein, Ihr Tun, Ihren Seelsorgedienst durchdringt. Wie das Zweite Vatikanische Konzil bekräftigt, sind Sie „durch den Heiligen Geist, der [Ihnen] mitgeteilt worden ist, wahre und authentische Lehrer des Glaubens, Priester und Hirten geworden" (vgl. *Christus Dominus*, Nr. 2). Es ist also Ihre vorrangige Aufgabe, „das Geheimnis Christi ... unverkürzt" (*ebd.*, Nr. 12) zu verkünden, denn „es ist uns Menschen kein anderer Name unter dem Himmel gegeben, durch den wir gerettet werden sollen" (*Apg* 4,12). Wie aktuell sind weiterhin die Worte des hl. Apostels Petrus, als er im eigenen Namen und in dem der übrigen Jünger zu Jesus sagte: „Herr, zu wem sollen wir gehen? Du hast Worte des ewigen Lebens" (*Joh* 6,68). Ja, wir alle bedürfen der Erlösung. Wir können uns nicht selbst erlösen: es ist der Herr, der uns erlöst. Und die Erlösung ist Leben, das wahre Leben in Christus, das hier während unserer irdischen Pilgerreise beginnt, die gesamte Realität des Menschen umfaßt, sich auswirkt auf seine gesamte gesellschaftliche Umgebung sowie seine letzte und endgültige Dimension im Ewigen Leben erhält, im himmlischen Jerusalem (vgl. *Offb* 21,2 ff.).
Die Erlösung, die zum wahren Leben führt, ist Inhalt und Frucht der Evangelisierung. Jesus Christus verkörpert in seinem Sein und seinem Tun die Frohe Botschaft, das freudvolle Ereignis; und es ist nötig, daß wir voll Begeisterung und Freude im Heiligen Geist die dringliche Aufgabe, wichtig wie sonst nichts, übernehmen, unseren Brüdern und Schwestern „den unergründlichen Reichtum Christi" (*Eph* 3,8) zur Kenntnis zu bringen. Leben und Tun der Kirche muß geprägt sein von einer Art radikaler Transparenz, die sie glaubwürdig macht und zu gleicher Zeit ihre eigene Identität zum Ausdruck bringt, damit das Antlitz Christi klar sichtbar wird und er es ist, der durch die Predigt des Evangeliums und die Feier der Sakramente zu den Menschen kommt. Die Kirche existiert nicht um ihrer selbst willen; sie sucht nicht ihren eigenen Ruhm; sie vertraut nicht auf ihre Strukturen, als ob von ihnen ihre Wirksamkeit abhängig wäre;

ihre Sendung ist es, „Sakrament" der Erlösung zu sein, Christus zu vergegenwärtigen, der auch ihr Haupt, ihr Bräutigam und ihr Erlöser ist.
Es ist sehr lehrreich, in den Schriften der Teresa de los Andes, der ersten Seligen Chiles, zu lesen, wie sie Zeugnis ablegt von ihrer „verrückten" Liebe zu Jesus Christus. Der Herr Jesus war in der Tat der absolute Mittelpunkt für Teresa, der Grund ihrer Existenz, die mächtige Spannkraft ihres tiefen und echten apostolischen Geistes, der so deutlich in ihren Briefen hervortritt. Man könnte sagen, daß die Botschaft und das christliche Zeugnis, das Teresa de los Andes in Chile hinterlassen hat, einen großen und beständigen Wert enthält, vor allem, weil es hinweist auf das, was in unserem Glauben von zentraler Bedeutung ist, was die Grundlage alles anderen darstellt und von wo man alles übrige betrachten und bewerten muß.

3. Jesus Christus, der Herr, erleuchtet alle Aspekte des Lebens. Er läßt uns die Größe Gottes entdecken, die Notwendigkeit, den echten Sinn für das Heilige zu pflegen und zu mehren, die tiefe Ehrfurcht, mit der wir uns den göttlichen Dingen nähern müssen, insbesondere wenn wir am Gottesdienst teilnehmen. Die Heilige Liturgie muß immer der Mittelpunkt des Lebens der Kirche sein; „keine andere seelsorgerische Tätigkeit" – so sagte ich Ihnen bei unserer Begegnung im Priesterseminar von Santiago –, „wie dringlich und wichtig sie auch scheinen möge, kann die Liturgie von ihrem zentralen Platz verdrängen" (*Ansprache an die Bischöfe*, Nr. 8). Sorgen Sie also dafür, daß die Liturgie würdig sei, die Gläubigen anziehe und von ihnen mit innerer Anteilnahme mitgefeiert werde; daß sie im Geist der Ehrfurcht zur Anbetung hinführe; daß sie gefeiert wird getreu den Vorschriften, die vom Apostolischen Stuhl erlassen werden. Dazu ist von entscheidender Bedeutung die Rolle des Priesters, der zu jedem Zeitpunkt der Pädagoge sein muß, der voll inneren Lebens einen tiefen Sinn für das Gebet und die Gemeinschaft mit Gott vermittelt, um das österliche Geheimnis lebendig und wirksam werden zu lassen – in den Pfarreien, in den Gemeinschaften, im Herzen der Gläubigen.
Wenn Jesus Christus der Mittelpunkt unseres Glaubens und unseres Lebens ist, wird es eine logische Forderung sein, die katechetische Arbeit zu verstärken, um mit allen Mitteln, die Ihnen zur Verfügung stehen, die Wahrheit über Christus weiterzugeben, über die Kirche, über den Menschen. Eine Verkündigung der Erlösungsbotschaft, die sie in ihrer Ganzheit und Unverfälschtheit umfaßt sowie dabei die trügerischen Doppeldeutigkeiten vermeidet, die verstümmelnde Reduzierung, das verdächtige Schweigen, die subjektiven Lesarten, die Abweichungen und Ideologisierungen, die die Unversehrtheit und die Inhalte unseres Glaubens bedrohen.
In diesem Geist müssen Sie weiterhin die Wahrheit über den Menschen darstellen, die in der Wahrheit über Christus und seine Kirche enthalten ist und ihre Anwendung auch im Bereich der Menschenrechte findet, der Würde des Menschen, der höchsten Werte der Gerechtigkeit und des friedlichen Zusammenlebens. Es bedarf der Überzeugung, daß nichts so nützlich für das irdische Zusammenleben ist wie der erleuchtende und stärkende Beitrag des Glaubens, auch wenn er scheinbar keine unmittelbaren Konsequenzen oder konkrete Lösungen erbringt.

4. Ihr Land ist in besonderer Weise sensibel für die gesellschaftliche und politische Problematik. Niemand wird bestreiten können, daß die politische Arbeit – wenn sie mit einer großen Gesinnung des Dienens übernommen wird, mit aufrichtigem Streben nach dem Gemeinwohl, mit einer Haltung des Respektes gegenüber denjenigen, die nicht dieselben Auffassungen teilen – eine Tätigkeit ist, die Anerkennung und Ermunterung verdient. So stellte es das Zweite Vatikanische Konzil dar, als es bekräftigte: „Die Kirche ihrerseits zollt der Arbeit jener, die sich zum Dienst an den Menschen für das Wohl des Staates einsetzen und die Lasten eines solchen Amtes tragen, Anerkennung und Achtung“ (*Gaudium et spes*, Nr. 75). Im jüngsten nachsynodalen Apostolischen Mahnschreiben *Christifideles laici* wird mit Nachdruck die notwendige christliche Prägung der irdischen Ordnung als spezifische Aufgabe der Laien betont, die darauf gerichtet ist, „organisch und institutionell das Gemeinwohl“ zu fördern (vgl. Nr. 42). In gleicher Weise hatte die *Instruktion über christliche Freiheit und Befreiung* präzisiert, daß „es den Hirten der Kirche nicht zukommt, sich direkt in die politische Arbeit und in die Gestaltung des gesellschaftlichen Lebens einzumischen. Diese Tätigkeit ist Teil der Berufung der Laien, die aus eigener Initiative mit ihren Mitbürgern zusammenwirken“ (Nr. 80). Es muß die Haltung der Kirche auf diesem Gebiet sein, aus dem Glauben und dem, was er lehrt, Unterweisung zu geben über die Würde und die Bestimmung des Menschen, darauf hinzuweisen, was moralische Unordnung oder Verwirrung darstellt, sowie das Gewissen der Gläubigen und der Menschen guten Willens im allgemeinen zu respektieren, wenn es sich um Meinungen oder Alternativen handelt, die den Prinzipien des Glaubens, der Moral und der Soziallehre der Kirche nicht widersprechen.

5. Der Auftrag, das erlösende Evangelium unseres Herrn Jesus Christus zu verkündigen – ein Auftrag, der in besonderer Weise Aktualität gewinnt und Ansprüche stellt zum Zeitpunkt der 500-Jahr-Feier des Beginns der Evangelisierung Lateinamerikas –, läßt mich mit Ihnen, liebe Mitbrüder, einige pastorale Sorgen teilen, die in den verschiedenen Diözesen unterschiedliche Akzente und Modalitäten haben können.

Die notwendige Erneuerung des inneren Lebens der Kirche ist eine dringende Aufgabe, der Sie Ihre größten Energien widmen müssen. Das anzustrebende Ziel muß immer die Begegnung des christlichen Volkes mit dem lebendigen und wahren Gott sein, der gegenwärtig ist und wirkt durch die Gnade in der Tiefe des Herzens. Daß kein gläubiger Mensch sich ohne die geistlichen Hilfen sehe, die ihn in das Leben Christi einpflanzen, ihn in der Heiligkeit wachsen lassen und ihn zu christlichem Engagement sowie apostolischem Schwung anspornen.

Sie wissen natürlich um die vorrangige Rolle, die bei dieser Aufgabe den Priestern zukommt als „Diener[n] Christi ... und als Verwalter[n] von Geheimnissen Gottes“ (*1 Kor* 4,1). Unsere Zeit verlangt in der Tat Priester mit einer großen Gesinnung kirchlichen Dienens und Gehorsams, mit großem Eifer für die Rettung der Seelen, bereit zum Opfer, erzogen im Gebet und in der Arbeit, mit einer gründlichen Vorbereitung in den kirchlichen Wissenschaften, mit Begeisterung in der Hingabe ihres Lebens an den Herrn und an die Kirche. Priester, die die Eucharistie zu dem Höhepunkt machen, an dem sich ihre Berufung in ihrer ganzen Fülle verwirklicht. Priester, die tief davon überzeugt sind, daß die Gnade das Böse überwindet, daß die Liebe stärker ist als der Haß. Ja, geliebte Mitbrüder: „Die Liebe ist stärker."

6. Allen muß Ihre pastorale Sorge als „authentische ... Lehrer“ und „Glaubensboten“ (*Lumen Gentium*, Nr. 25) gelten, und Sie sollen die christliche Botschaft mit dem Zeugnis Ihres Lebens begleiten. Ich weiß sehr wohl, daß Sie nicht immer mit einer genügenden Zahl an Priestern rechnen können, um die Gemeinden angemessen zu betreuen. Aber wie könnte man nicht den Mangel an religiösem Beistand in den Peripheriegebieten der großen Städte empfinden und in den weit entfernten ländlichen Gebieten? Daher bitte ich Sie, kühne Bemühungen zu unternehmen, um zu diesen Schafen, die ohne Hirten verstreut sind, vorzudringen; fördert die Gebetsgruppen und besonders das Gebet des hl. Rosenkranzes, eine Frömmigkeitsform, die auf Ihrem Kontinent so sehr verwurzelt und für das christliche Leben so fruchtbringend ist; tut alles nur Mögliche, um Stätten für den Gottesdienst einzurichten, die auch in ihrer Einfachheit der inneren Sammlung und dem Geist der Anbetung förderlich sind; fördert die Berufungen zum ständigen Diakonat, damit man mit seinem Dienst im Maße des Möglichen den Mangel an Priestern wettmachen kann.

In dieser Hinsicht möchte ich Sie ermutigen, mit besonderer Sorge die Heranbildung der Diakone zu verfolgen, die gründlich und sorgfältig sein muß, denn auch sie sind des Auftrags und der Gnade des Hohen Priesters (vgl. *Lumen Gentium*, Nr. 41) teilhaftig. Aus diesem Grund müssen nach der aufmerksamen Auswahl der Kandidaten die zum ständigen Diakonat Berufenen eine doktrinale, geistliche und pastorale Vorbereitung erhalten, die den Aufgaben angemessen ist, die ihnen anvertraut werden.

7. Geliebte Mitbrüder, im Schoß der christlichen Familien werden die Berufungen wachsen, mit denen Gott Ihre Ortskirchen segnen wird. Folglich ist es nötig, der Familienseelsorge besondere Impulse zu geben und besondere Aufmerksamkeit zu widmen. Mir ist bekannt, daß Sie auf diesem Gebiet viele Anstrengungen unternehmen, und ich möchte Sie ermuntern, damit fortzufahren. Wie sehr gefällt es dem Herrn zu sehen, daß die christliche Familie wahrhaft eine „Hauskirche“ ist, eine Stätte des Gebetes, der Weitergabe des Glaubens, der Lehrzeit durch das Beispiel der Vorfahren, der festen christlichen Haltung, die man durch das ganze Leben hindurch bewahren wird wie das heiligste Vermächtnis! Man sagte von der hl. Monika, daß sie „zweimal Mutter des Augustinus“ gewesen sei, weil sie ihn nicht nur zur Welt brachte, sondern ihn für den katholischen Glauben und das christliche Leben wiedergewann. So müssen die christlichen Eltern sein: zweimal Erzeuger ihrer Kinder – in ihrem natürlichen Leben und in ihrem geistlichen Leben in Christus. Sorgen Sie dafür, die Eltern in den Familien dahin zu unterweisen, daß sie ihre Kinder schnell zur Taufe bringen, daß sie sich rechtzeitig darum kümmern, daß sie die richtige Vorbereitung auf die erste hl. Kommunion und auf die Firmung erhalten und daß sie ohne übermäßige Verzögerung diese Sakramente empfangen. Daß doch die christlichen Familien ihre Kinder mit unendlicher Liebe annehmen und niemals, aus keinem Grund, jemand wagt, einen Anschlag auf das Leben des noch nicht geborenen Kindes zu verüben.

Ich kann nicht unterlassen, auch von den jungen Menschen zu sprechen. Sie wissen, wie groß meine Sorge um die Jugend ist. Der große Erzieher, der der hl. Johannes Bosco war – dessen 100. Geburtstag wir gerade begangen haben –, war überzeugt, daß die Jugendzeit eines Menschen die Schlüsselperiode für die Entwicklung ist, die der Mensch später erreicht, wenn er erwachsen ist. Diese Überzeugung wird bestätigt durch unser aller Erfahrung. Daher bitte ich Sie, liebe Mitbrüder, daß Sie Ihre Priester, Ordensleute und in der Seelsorge Tätigen ermuntern, ein intensives Apostolat unter der Jugend zu entfalten. Daß man der Jugend eine begeisterte und innige Liebe zu Christus vermittelt, wie sie die Seligen Teresa de los Andes und Laurita Vicuna auszeichnete. Daß die jungen Menschen, gut unterwiesen in den wesentlichen Inhalten des Glaubens, es lernen, alle Dinge aus der Perspektive des Evangeliums zu betrachten. Daß sie erzogen werden in den menschlichen Tugenden der Kraft, der Verantwortung, des Fleißes, der Aufrichtigkeit und der Großzügigkeit. Daß sie lernen, die Tugend der Reinheit zu lieben und mit Mut zu kämpfen gegen den Einfluß der Medien, die die Geschlechtlichkeit vermarkten und die Erotik mit dem falschen Blendwerk feiern, freier zu sein. Die Schrift sagt: „Wie geht ein junger Mann seinen Pfad ohne Tadel? Wenn er sich hält an dein Wort" (*Ps* 119,9).

8. Gehen Sie Ihren Weg weiter voran, liebe Mitbrüder! Setzen Sie Ihre hingebungsvolle Arbeit für die der Kirche eigene Sendung großzügig und selbstlos fort, so wie es das Zweite Vatikanische Konzil dargelegt hat. Bewahren Sie sich einen unerschütterlichen Glauben an die Wirksamkeit des Geistes und verkünden Sie unermüdlich die Werte des Reiches Gottes, was zu einer besseren Kenntnis der Wahrheiten des Glaubens und zur Umkehr des Herzens führen möge. Ermutigen Sie die Laien, damit sie erleuchtet vom Evangelium und gestärkt durch die Gnade die irdischen Aufgaben übernehmen, die zu einem menschlichen Zusammenleben führen, das mehr im Einklang steht mit dem Willen und dem Plan Gottes. Vergessen Sie niemals, daß der Oberhirte immer ein Zeichen der Einheit inmitten der Herde sein muß, die ihm anvertraut ist.
Daß dieser Ad-limina-Besuch, beredtes Zeichen Ihrer Verbundenheit mit dem Nachfolger Petri, Ihre Einheit untereinander als Bischöfe und Hirten der Kirche in Chile festige. Damit wird Ihre Seelsorgetätigkeit an Intensität und Wirksamkeit gewinnen zum Wohl Ihrer Kirchengemeinden.
Schließlich möchte ich Ihnen einen besonderen Auftrag geben: Überbringen Sie Ihren Priestern, Ordensleuten, Diakonen, Seminaristen und allen Gläubigen in Ihren Diözesen meine herzlichsten Grüße und meinen Segen. Lassen Sie sie wissen, daß der Papst mit großer pastoraler Sorge und großem Interesse die Ereignisse in Ihrem großen Land verfolgt und den Herrn jeden Tag bittet, daß er mit seiner Gnade allen Menschen guten Willens zu Hilfe komme, die für die Eintracht, die Versöhnung und das friedliche Zusammenleben aller Söhne und Töchter der chilenischen Nation wirken.
Ich empfehle Sie dem Schutz der Virgen del Carmen, der Mutter und Königin Chiles, und erteile Ihnen von Herzen als Unterpfand stetigen göttlichen Beistandes meinen Segen.

Sichere Antwort gibt uns der Glaube

Ansprache an die chilenischen Bischöfe (2. Gruppe) anläßlich ihres Ad-limina-Besuches am 28. August

Liebe Mitbrüder im Bischofsamt!

1. Ihr seid aus Chile hierhergekommen, „um Kephas kennenzulernen" (*Gal* 1,18). Euer Ad-limina-Besuch zeigt euer kirchliches Empfinden in dem tiefen Verlangen, das Band zwischen euch und dem Haupt des Bischofskollegiums und dem sichtbaren Mittelpunkt der Einheit der Kirche aufrechtzuerhalten und noch mehr zu festigen. Ich möchte daher Bischof Carlos González von Talca, dem Vorsitzenden der Bischofskonferenz, für die freundlichen Worte danken, die er auch im Namen der anderen anwesenden Bischöfe an mich gerichtet hat. In brüderlicher Verbundenheit heiße ich euch herzlich willkommen und nehme mit Freude euren entschiedenen Erweis der Treue zum Heiligen Stuhl entgegen. Ich meinerseits möchte euch einige Richtlinien vorlegen, um den Auftrag zu erfüllen, den Jesus, unser Erlöser, dem Apostel Petrus anvertraute: „Stärke deine Brüder" (*Lk* 22,32). Als ich im März die erste Gruppe chilenischer Bischöfe anläßlich ihres Ad-limina-Besuches empfing, besprach ich mit ihnen einige Richtlinien für die Pastoral, die, wie ihr sicher versteht, nicht nur ihnen, sondern allen chilenischen Bischöfen gelten. Es war mir in pastoraler Hinsicht eine große Befriedigung, zu erfahren, daß diese Richtlinien in eurem Land weite Verbreitung fanden und von euch, dem Klerus und den Gläubigen sehr positiv aufgenommen wurden. Bei dieser Begegnung sollen meine Worte sozusagen die vorhergehenden ergänzen und einige ihrer Aspekte vertiefen.

2. Der Auftrag, das Evangelium zu verkünden, stellte stets eine große Herausforderung dar. Immer und überall bewahrheitet sich das Gleichnis vom Senfkorn (vgl. *Mt* 13,31 f.), d. h. das eindeutige Mißverhältnis zwischen den menschlichen Mitteln und der Größe der zu erfüllenden Aufgabe. Unter solchen Gegebenheiten riefen auch die Apostel in Treue zu dem von Christus empfangenen Auftrag durch die Verkündigung der Wahrheit die Ortskirchen ins Leben (vgl. Augustinus, *Enarrat. in Ps.* 44,23; *CCL*, XXXVIII), denn „es gibt keine wirkliche Evangelisation, wenn nicht der Name, die Lehre, das Leben, die Verheißungen, das Reich und das Geheimnis Jesu von Nazaret, des Sohnes Gottes, verkündet werden" (*Evangelii nuntiandi*, Nr. 22). Die Aufgabe der Apostel ist in den folgenden Worten des hl. Paulus zusammengefaßt: „Wir ... verkündigen Christus als den Gekreuzigten: für Juden ein empörendes Ärgernis, für Heiden eine Torheit, für die Berufenen aber, Juden wie Griechen, Christus, Gottes Kraft und Gottes Weisheit" (*1 Kor* 1,23–24). Wie hätten die Apostel ein Werk von solcher Tragweite unternehmen können, wären sie nicht von der Kraft des Heiligen Geistes unterstützt worden? Wie hätte die Kirche den Verfolgungen – einschließlich der schrecklichen inneren Prüfungen des Irrglaubens und des Schismas – widerstehen können, wäre es ihr nicht vergönnt gewesen, auf unwiderrufliche Weise, an ihrer Seite und in ihrem Inneren, die Gegenwart Jesu Christi zu erfahren, der ihr seinen treuen Beistand „bis zum Ende der Welt" (*Mt* 28,20) versprochen hatte?

Die Evangelisierung Lateinamerikas macht, ebenso wie die aller Völker der Erde, auch sichtbar, wie Gott seine Kirche dazu drängt, neue Räume, neue Gemeinden zu schaffen, in denen Christus der Anfang und das Ende sein soll.
Das Werk der Evangelisierung nimmt seinen Anfang, kennt jedoch kein Ende. Nachfolgende Generationen erwarten die Verkündigung des Evangeliums. Spätere kulturelle Umgestaltungen erfordern neues Licht, um die erstickende Immanenz überwinden zu können, die die menschliche Person zerstört, weil sie nicht auf Gott hören und ihn nicht aufnehmen wollte. Die Menschen sehen sich der transzendenten Dimension ihrer Existenz beraubt und ihr Leben ist gleichsam ein unsicheres Tasten mitten im „Schattenreich des Todes" (*Mt* 4,16).

3. In jedem Kontinent und an jedem Ort ist der Verkünder des Evangeliums der Katechist, ein vom Beispiel und Ruf Christi beherrschter und vom Eifer für das Heil seiner Brüder und Schwestern motivierter Mensch. Wer Jesus Christus nicht kennt, liegt am Straßenrand wie der verletzte Reisende im Gleichnis vom barmherzigen Samariter. Ein jüdischer Priester und ein Levit, die es weder berührte noch interessierte, was dem Verletzten widerfahren war oder noch widerfahren könnte, gingen gleichgültig an ihm vorüber. Der Samariter hingegen betrachtete die Hilflosigkeit und das Leid des Überfallenen als seine eigene Angelegenheit; er betreute und verband ihn und nahm sich seiner an.
Das ist ein Vorbild für die Haltung, welche den Träger der Evangelisierung kennzeichnen muß: der Mensch, der mit den Leidenden leidet, sich mit den Glücklichen freut und sich für alle einsetzt, um sie an seiner grenzenlosen Freude teilhaben zu lassen. Euch, geliebte Mitbrüder, eure Priester, Diakone und Gläubigen fordere ich auf, für diesen Eifer, diese pastorale Nächstenliebe und diese heilige Unruhe vor euren Brüdern und Schwestern Zeugnis abzulegen. Ihr seid zweifellos für eure Gläubigen verantwortlich, ebenso und ganz besonders jedoch auch für jene, die aus irgendeinem Grund nicht im Schafstall sind. Uns, den Bischöfen, gilt in ganz besonderer Weise das Wort des Propheten: „Der Eifer für dein Haus hat mich verzehrt" (*Ps* 69,10).
Darüber hinaus rufe ich euch noch eine weitere, wohl bekannte Tatsache ins Gedächtnis: nichts ist für die zeitgenössischen Menschen so notwendig und wichtig wie die Verkündigung der Frohbotschaft des Heils. Nichts können wir ihnen geben, was nützlicher wäre als dieser kostbare Schatz, den der Herr uns gemeinsam mit unserem Amt anvertraut hat. Schenkt den Menschen diesen Schatz! Dann wird das Geschenk Gottes sowohl jene glücklich machen, die es aufnehmen, als auch jene, die es ihnen überreichen.
Wenn wir die Kirche als katholisch bezeichnen, so möchten wir damit sagen, daß sie evangelisiert, missioniert und apostolisch tätig ist; ohne diese Kennzeichen wäre sie nicht die wahre Kirche Jesu Christi. Die Vitalität der Kirche läßt sich an ihrem missionarischen und evangelisierenden Einsatz messen! „Das Evangelium, das uns übergeben wurde" – sagte mein Vorgänger Paul VI. – „ist auch Wort der Wahrheit ... Wahrheit über Gott, Wahrheit über den Menschen und seine geheimnisvolle Bestimmung, Wahrheit über die Welt" (vgl. *Evangelii nuntiandi*, Nr. 78).

4. Es ist das Ziel jeder Evangelisierung, den Glauben zu wecken. So sagt der Apostel: „Wie sollen sie nun den anrufen, an den sie nicht glauben? Wie sollen sie an den glauben,

von dem sie nichts gehört haben? Wie sollen sie hören, wenn niemand verkündigt? ... So gründet der Glaube in der Botschaft, die Botschaft im Wort Christi" (*Röm* 10,14.17). Dieser Glaube, eine Gabe Gottes, führt uns in die tiefste Wirklichkeit des Menschen und all dessen ein, was ihn umgibt, denn nur im Glauben kann man Dinge so sehen, wie Gott sie sieht.

Wissenschaft und Technologie haben in letzter Zeit große Fortschritte gemacht, die starken Einfluß auf die Menschheit ausüben, jedoch nicht an den Urgrund der Wirklichkeit herankommen und auch auf die so zahlreichen Fragen des Menschen keine wirklich positive und erschöpfende Antwort geben können.

Ich möchte in diesem Zusammenhang an ein Wort aus dem *Hebräerbrief* erinnern: „Aufgrund des Glaubens erkennen wir, daß die Welt durch Gottes Wort erschaffen worden und daß so aus Unsichtbarem das Sichtbare entstanden ist" (*Hebr* 11,3). Das erfaßt der Glaube, denn er ist „Feststehen in dem, was man erhofft, Überzeugtsein von den Dingen, die man nicht sieht" (*ebd.* 11,1).

Die Heiligen zeichneten sich vor allem durch eine größere und bessere Kenntnis Gottes aus, die sie sich durch einen lebendigen, von der Kontemplation genährten und der Gabe der Weisheit getragenen Glauben angeeignet hatten. Wenn der hl. Paulus feststellt: „Der aus dem Glauben Gerechte wird leben" (*Röm* 1,17 vgl. *Gal* 3,11; *Hebr* 10,38), so sagt er damit eine grundlegende Wahrheit des christlichen Lebens aus, sind doch die Beweggründe, aufgrund deren ein Mensch überzeugungstreu als Kind Gottes, Glied des mystischen Leibes Christi und Tempel des Heiligen Geistes lebt, keine rein menschlichen. Die Jungfrau Maria und der hl. Josef, ihr Bräutigam, waren Menschen von tiefem Glauben. Elisabet pries Maria, weil sie geglaubt hatte (vgl. *Lk* 1,45). Josef stellte seinen tiefen und selbstlosen Glauben nicht mit Worten, sondern mit Lebenshaltungen unter Beweis, und gerade diese zählen im göttlichen Plan (vgl. *Mt* 1,18–25; 2,13–15). Beide lebten sie das Geheimnis der Menschwerdung im Dunkel des Glaubens; „sie verstanden nicht" (*Lk* 2,50), nahmen jedoch die Pläne Gottes demütig und vertrauend an.

5. Sicher erfaßt man viele Wirklichkeiten des göttlichen Heilsplanes nur im Licht des Glaubens; an den Rand des Glaubens verdrängt, verlieren sie ihren wahren Sinn und auch ihre christliche Identität. Wenn der Glaube nur oberflächlich ist, werden diese Wirklichkeiten unklar, werden beiseite geschoben, ihrer Wichtigkeit beraubt oder in den Mantel des Schweigens gehüllt. Wenn es im Gewissen der Gläubigen und in der Lehrtätigkeit der Hirten so weit kommt, ist das ein klares Zeichen dafür, daß der Glaube an Tiefe und vielleicht auch an Gehalt eingebüßt hat. Der wesentliche Inhalt des Glaubens ist der Heilsplan Gottes, wie er in der Menschwerdung seines Sohnes und in seinem Erlösungswerk durch die Kirche bis ans Ende der Zeiten zum Ausdruck kommt. Er ist die Grundlage des ganzen christlichen Lebens, in welchem das Ja zur Wahrheit und deren konkrete Verwirklichung im persönlichen und gesellschaftlichen Bereich untrennbar verbunden sind. Nichts, absolut nichts im Leben des Menschen kann sich der moralischen Wertung entziehen, die dem Glauben entspringt. Wollte man anmaßend behaupten, auch nur ein einziges Element des menschlichen Lebens sei unabhängig vom Gesetz Gottes, so wäre das schon eine Form von Götzendienst (vgl. *Gal* 4,20). Der Mensch, der im Glauben Gott im

Geist und in der Wahrheit anbetet, weiß, daß diese Anbetung und diese Liebe nicht länger ihren Namen verdienen, wenn man sich weigert, in den Brüdern und Schwerstern ein Abbild Gottes zu sehen (vgl. *Joh* 4,20 f.; *Mt* 25,31 ff.).
Das wahre Wachstum der Kirche besteht in der Zunahme des Glaubens und der Nächstenliebe ihrer Glieder. Dadurch evangelisieren wir. Und da in diesem Leben eine volle Erleuchtung unmöglich ist, muß das Wort Gottes unablässig von jenen verkündet werden, die durch die Handauflegung das Amt empfangen haben, ihre Brüder und Schwestern „den unergründlichen Reichtum Christi“ (*Eph* 3,8) zu lehren.
Ich ermutige euch, geliebte Brüder, und durch euch eure Priester und Diakone, mit Ausdauer und Begeisterung das Geheimnis des Glaubens zu verkünden, in der glücklichen Gewißheit, anderen das mitteilen zu können, dessen sie so sehr bedürfen: das Licht des ewigen Lebens. Die Botschaft des Evangeliums „ist notwendig. Sie ist einzigartig. Sie kann nicht ersetzt werden. Sie erlaubt weder Gleichgültigkeit noch Vermischungen mit anderen Lehren oder falsche Anpassungen. ... Sie stellt die Schönheit der Offenbarung dar. Sie bietet eine Weisheit, die nicht von dieser Welt ist“ (*Evangelii nuntiandi*, Nr. 5).

6. Im Lauf dieser fast elf Jahre meines Pontifikats hatte ich die Gelegenheit, mich mit euren schwierigen pastoralen Aufgaben zu beschäftigen und sie kennenzulernen. Ich machte die persönliche Bekanntschaft vieler eurer Priester und Gläubigen und konnte im April 1987 einige eurer kirchlichen Gemeinschaften besuchen. Auch hatte ich Gelegenheiten, mit jedem einzelnen von euch zu sprechen und mich bei verschiedenen Gelegenheiten an die Bischofskonferenz zu wenden. Auf diese Weise festigten sich die Bande des Glaubens und der Einheit zwischen den Ortskirchen Chiles und dem Apostolischen Stuhl.
Meine Gedanken richten sich an jeden einzelnen von euch, von euren geliebten Priestern und von allen Ordensleuten und Laien, die mit euch im Bereich des Apostolats zusammenarbeiten. Auch denke ich an die Gemeinden in euren großen Städten sowie an die entferntesten im Süden Chiles, auf der Osterinsel und auf den Hochebenen des Nordens. Ich hoffe sehr, daß jede Pfarrgemeinde zutiefst mit ihrem Bischof verbunden ist, so daß er wirklich Vater und Hirt seiner Herde sein kann.
Jeder Bischof der Kirche weiß ja, daß ihm für die Erfüllung seiner Sendung – das Volk Gottes zu lehren, zu heiligen und zu führen – eine ihm eigene, unveräußerliche Verantwortung auferlegt ist. Es handelt sich dabei um eine Amtsgewalt, die jeder Bischof im Namen Christi ausübt, und er hofft, daß die Gläubigen das anzunehmen verstehen, was die Bischöfe für das Wohl ihrer Diözesen bestimmen.
In euren Kirchenbezirken müßt ihr dafür Sorge tragen, die Heiligkeit eurer Priester, Ordensleute und Laien ihrer persönlichen Berufung entsprechend zu fördern. Ebenso müßt ihr euch bewußt sein, daß ihr „Salz der Erde“ und „Licht der Welt“ (*Mt* 5,13.14) und daher verpflichtet seid, „ein Beispiel der Heiligkeit in Liebe, Demut und Einfachheit des Lebens zu geben“ (*Christus Dominus*, Nr. 15). Möge das Beispiel so vieler hochverdienter Hirten, die euch vorangegangen sind, in eurem Amt eine Hilfe sein.
Der Heilige Geist hat euch die gleiche Sendung anvertraut, die ihr jedoch unter verschiedenen Umständen erfüllt. Manche arbeiten in gut organisierten Diözesen, andere in Prälaturen und Apostolischen Vikariaten mit allen für solche Kirchenbezirke typischen Pro-

blemen; einzigartig ist auch das Hirtenamt, das der Militärbischof in Zusammenarbeit mit den Diözesanbischöfen zu verwalten hat. Es ist euch zweifellos allen bewußt, daß ihr mit eurem Wort und Beispiel und im ständigen Vertrauen auf die Hilfe des Herrn am Aufbau der heiligen Kirche Gottes mitwirkt.

7. Bevor ich zum Abschluß komme, möchte ich euch bitten, meinen herzlichen Gruß allen Mitgliedern eurer Ortskirchen zu überbringen: den Priestern, Ordensleuten, Diakonen und Seminaristen sowie allen apostolisch tätigen Christen; den Jugendlichen und den Familien; den Alten, Kranken und Leidenden. Sagt insbesondere den Priestern und den Gottgeweihten, daß der Papst ihre mühevolle Arbeit für den Herrn und für die Sache der Evangelisierung anerkennt und deshalb voll auf ihre Treue vertraut.
Euch, den Bischöfen Chiles, danke ich im Namen des Herrn für euren pastoralen Eifer im Dienst der Kirche Gottes. Euer hochherziger Einsatz für das Evangelium kann mit dem Segen und der Fürbitte der Gottesmutter rechnen. Ich flehe heute eure Schutzpatronin, Unsere Liebe Frau vom Berg Karmel in Maipú, an, sie möge euch mit ihrem Schutz zur 500-Jahr-Feier der Ankunft des Glaubens in der Neuen Welt geleiten, jenes Glaubens, der der chilenischen Nation für immer das lebenspendende Zeichen des Kreuzes Christi aufgeprägt hat.
Der Jungfrau Maria, Königin des Friedens und Mutter der Menschen, empfehle ich erneut das geliebte chilenische Volk, damit es in einer Atmosphäre gegenseitiger Achtung und gemeinsamer Arbeit für das Gemeinwohl auf dem Weg des Friedens und des sozialen Wohlstandes fortschreite.
Ich begleite euch bei der Erfüllung eurer pastoralen Aufgaben mit meinem Gebet und meiner Hirtensorge und erteile euch meinen Segen. Er gilt auch allen geliebten Söhnen und Töchtern Chiles, derer ich herzlichst gedenke.

Der Neuevangelisierung einen kraftvollen Impuls geben

Ansprache beim Ad-limina-Besuch der Bischöfe aus Costa Rica am 21. April

Liebe Mitbrüder im Bischofsamt!

1. Ich danke Gott von Herzen für die Freude dieser Begegnung mit euch, den Oberhirten der Kirche in Costa Rica, die ihr zu eurem Ad-limina-Besuch nach Rom gekommen seid. Damit habt ihr einmal mehr eure tiefe Verbindung mit dem Apostolischen Stuhl zum Ausdruck bringen wollen. Einer alten und geheiligten Tradition folgend, habt ihr auch den Gräbern der Apostel Petrus und Paulus eure Verehrung erweisen und mit den Ämtern der Römischen Kurie Kontakt aufnehmen wollen, die – auf Grund ihres universalen Dienstes – sich immer stärker in ihrer Verbundenheit mit dem Petrusamt zeigt und deshalb „in enger Verbindung mit den Bischöfen der ganzen Welt“; andererseits „sind dieselben Oberhirten und ihre Ortskirchen die Hauptnutznießer der Arbeit der Kuriendikasterien“ (Apostolische Konstitution *Pastor Bonus*, Nr. 9).

Eure Anwesenheit hier zeigt, daß zwischen der Kirche, die in Costa Rica lebt und ihren Pilgerweg geht, und dem Hl. Stuhl eine innige Gemeinschaft besteht. Sie ist nicht nur gefühlsmäßig, wie ich gut erlebt habe in den immer noch in meiner Erinnerung lebendigen Tagen meiner Pastoralreise in jenes geliebte Land „tica" im März 1983, sondern auch wirksam, insofern sie über uns hinausreicht, über unser Tun sowie das von uns Getane, und sich gründet auf den göttlichen Willen Christi, des Herrn, hinsichtlich der sichtbaren Gestalt seiner einen, heiligen, katholischen und apostolischen Kirche.

2. Für die Grußworte, die in aller Namen Msgr. Roman Arrieta als Vorsitzender eurer Bischofskonferenz an mich gerichtet hat, danke ich von Herzen; diese Worte spiegeln euren tiefen Glaubenssinn wider sowie eure glühende Liebe zur Kirche. Die Probleme und Wünsche, die ihr vorgebracht habt, die Gespräche mit einem jeden von euch und die Lektüre der Fünf-Jahres-Berichte haben mich noch mehr die konkrete Wirklichkeit in euren Diözesen begreifen und die Bemühungen ahnen lassen, die in den verschiedenen Bereichen der Seelsorge unternommen wurden.

Ich habe bei euch einen großen Eifer gespürt, die Wahrheit über Gott, die Kirche und den Menschen zu verkünden; Sorgfalt in der Feier der göttlichen Liturgie, der Quelle der Heiligung für die Gläubigen; Opfergesinnung, um das Volk Gottes zu führen als „Vorbilder für die Herde" (*1 Petr* 5,3).

Grund zu besonderer Freude war die Feststellung zunehmender Berufungen zum gottgeweihten Leben sowie eure Sorge darum, sie geeigneten und qualifizierten Lehrern anzuvertrauen; die feste Absicht zur Evangelisierung der Familien gegenüber den Kräften, die ihre Auflösung betreiben; die Aufmerksamkeit, die ihr der Jugend widmet; die Sorge um die Notleidenden hinsichtlich der Zustände, die nach größerer sozialer Gerechtigkeit rufen; die Lebenskraft der apostolischen Bewegungen; dies alles gelebt mit einem klaren kirchlichen Bewußtsein und unter Anwendung aller Mittel, die euch zur Verfügung stehen – die modernen Kommunikationssysteme eingeschlossen, insbesondere das Netz von sieben katholischen Rundfunkstationen, womit euer Land rechnet. Zu all dem bewegt euch euer entschiedener Wille, dem Menschen zu dienen, indem ihr unablässig das Evangelium verkündet, die Kraft Gottes zur Rettung eines jeden, der glaubt (vgl. *Röm* 1,16).

Mit euch freue ich mich über das Geleistete und danke Gott für die schon erreichten Zielsetzungen; dabei möchte ich euch einige Gedanken zu erwägen geben bezüglich der wichtigsten Themen im kirchlichen Leben Costa Ricas heute.

3. Die 500-Jahr-Feier der Evangelisierung Amerikas rückt näher, und dieses Datum muß, wie ihr wißt, eine günstige Gelegenheit werden, um der neuen Evangelisierung einen kraftvollen Impuls zu geben. Jeder Gläubige, jede Diözese, jedes Land, die ganze Kirche in Amerika muß sich den Gedanken dieser Erneuerung zu eigen machen. Jeder muß innerlich ein neuer Mensch werden, muß sein Leben planen als Aufgabe des Dienstes für Gott und für die Mitmenschen, die jeden Tag neu beginnt. Und in dieser Erneuerungsaufgabe muß euer Hirtenamt als wichtigste Aufgabe hervortreten.

Liebe Brüder, ihr seid Sendboten des Guten Hirten, der die Schafe, die ihm gehören, einzeln beim Namen ruft und sie hinausführt. „Wenn er alle seine Schafe hinausgetrieben hat, geht er ihnen voraus, und die Schafe folgen ihm; denn sie kennen seine Stimme" (*Joh* 10,3–4). Das Zweite Vatikanische Konzil sagt: Die Bischöfe „sind vom Heiligen Geist eingesetzt und treten an die Stelle der Apostel als Hirten der Seelen. Gemeinsam mit dem Papst und unter seiner Autorität sind sie gesandt, das Werk Christi, des ewigen Hirten, durch alle Zeiten fortzusetzen" (vgl. *Christus Dominus*, Nr. 2). Von hier her fügt sich euer Dienst als Bischof ein in die Perspektive des göttlichen Heilsplanes; ihr seid Vermittler jenes Lichtes und Lebens, das vom Wort und den Sakramenten kommt. Ihr seid dadurch „Glaubensboten" und „authentische ... Lehrer" (*Lumen Gentium*, Nr. 25); folglich muß euch das Wissen um eure Sendung dazu drängen, jene Wahrheit, die Christus selbst ist (*Joh* 14,6), mutig in ihrer Gesamtheit zu verkünden und sie vor verkürzenden oder ideologisierten Deutungen zu schützen. Gewiß, die Wahrheit muß in einer Sprache vermittelt werden, die für die Adressaten verständlich ist, aber sie darf nicht auf Kosten der Vollständigkeit der Wahrheit selbst gehen.

4. Euer Wort, verkündet, „ob man es hören will oder nicht" (*2 Tim* 4,2), wird Orientierung geben müssen, das heißt, es muß imstande sein, die ganze Gemeinschaft der Kirche in Costa Rica auf ihrem Weg zu erleuchten. Das ist in der Tat eine bedeutende und anspruchsvolle Sendung, die in gewissen Augenblicken nicht frei ist von Schwierigkeiten; sie ist aber äußerst notwendig in der Kirche von heute und muß ausgeübt werden, ohne es an Bemühungen fehlen zu lassen. Möge es euch ein Trost sein, zu wissen, daß der Papst bei euch ist mit seinem betenden Gedenken und daß er um die Kämpfe, die Bedürfnisse und die großen Erwartungen weiß, die euch begleiten. Und mit uns ist der Geist, der Tröster, der kein Geist der Furcht ist, sondern der Kraft, der Liebe und der Weisheit (vgl. *2 Tim* 1,7).
Mit Achtung vor der heiligen Pflicht, die Wahrheit vollständig weiterzugeben, das heißt unermüdlich eine Evangelisierung und Katechese zu fördern, die zur gleichen Zeit sich der Offensive der Sekten und den irrigen Angeboten von Freiheit und Erlösung stellt, nehme ich den Einsatz zur Kenntnis, den die Durchführung der Synode in der Erzdiözese mit sich brachte und das Bemühen um die Ausarbeitung eines globalen Pastoralplanes in anderen Diözesen. Mit euch freue ich mich über diese Erfolge und möchte unterstreichen, daß die Pastoralpläne immer von großem Wert sind, wenn sie sich fest in das Glaubensgut und in die Lehre des Lehramtes der Kirche einfügen, um so vom Evangelium her Licht auf das Sozialgefüge zu werfen und es umzuformen nach Kriterien und Methoden eines unverfälschten Evangeliums.

5. Für die Erfüllung eurer Sendung setzt ihr auf die unersetzliche Zusammenarbeit mit den Priestern, die – nach einem Wort des hl. Ignatius von Antiochien – in Gemeinschaft mit ihrem Bischof leben müssen „wie die Saiten an der Leier" (*Brief an die Epheser*, 4). Sie haben einmal „den Geist der Heiligkeit" empfangen, so lautet die Formulierung im *Ritus der Priesterweihe*, und sie widmen sich – berufen, geweiht und gesandt – dem Wohl ihrer Brüder und Schwestern, die in den Priestern die "Diener Christi und Verwalter von Geheimnissen Gottes" sehen möchten (*1 Kor* 4,1).
Daraus ergibt sich, daß die vorrangige Sorge eines Bischofs der Gemeinschaft seiner Priester gelten muß. Dies wird zur Konsequenz haben, daß ihr den geistlichen und mate-

riellen Bedürfnissen eurer Priester die größte Aufmerksamkeit schenkt, ihnen zu Hilfe kommt, wenn sie in Schwierigkeiten sind, es nicht zulaßt, daß sich einer von ihnen einsam fühlt. Besonders werdet ihr euch liebevoll derer annehmen, die infolge Krankheit oder Alter besonders bedürftig sein könnten.
In ebendiesem Sinne muß die zunehmende Anzahl der Priesterberufungen in Costa Rica – zugleich Grund zum Dank an Gott – eine besondere Aufmerksamkeit eurerseits in der Beurteilung der geeigneten Kandidaten erfordern und in ihrer Festigung in einem intensiven Bemühen um geistliche, intellektuelle und menschliche Bildung. In der Tat, eine sorgfältige geistliche Bildung muß das Studium der theologischen Disziplinen im Licht des Glaubens und unter der Weisung des Lehramtes der Kirche begleiten, so daß „die Alumnen lernen, in inniger und steter Gemeinschaft mit dem Vater durch seinen Sohn Jesus Christus im Heiligen Geist zu leben. Durch die Weihe werden sie einst Christus dem Priester gleichförmig; so sollen sie auch lernen, ihm wie Freunde in enger Gemeinschaft des ganzen Lebens verbunden zu sein" (vgl. *Optatam totius*, Nr. 8).
Die Mittel, die zur Erreichung dieser Ziele Anwendung finden müssen, sind altbekannt: die Teilnahme an der Eucharistiefeier, der Empfang des Bußsakramentes, das ständige stille Gebet, die Verehrung der heiligsten Jungfrau und viele andere traditionelle Frömmigkeitsformen in der Kirche. Zusammen mit ihnen nimmt die Praxis der geistlichen Führung, die vielen Christen eine Hilfe war auf ihrem Weg zu Gott, eine wichtige Stellung ein. Mein Vorgänger seligen Angedenkens, Pius XII., schrieb, an die Priester gerichtet: „Traut nicht euch selbst auf dem Weg des geistlichen Lebens, sondern bittet in Einfachheit und Gelehrigkeit um Rat und akzeptiert die Hilfe dessen, der es mit weisem Maß vermag, eure Seele zu führen, auf die Gefahren hinzuweisen, richtige Heilmittel vorzuschlagen und euch in allen inneren und äußeren Schwierigkeiten richtig leiten kann. Macht euch auf, jeden Tag vollkommener zu werden nach dem Beispiel der Heiligen und den Weisungen der christlichen Askese. Ohne diese kluge Anleitung für das Gewissen ist es sehr schwierig, den Anregungen des Heiligen Geistes und der göttlichen Gnade zu folgen" (*Menti nostrae*, AAS 42 (1950), S. 674).

6. Ein weiterer Grund zu Freude und Hoffnung in der Ausübung eurer Seelsorgetätigkeit ist die Existenz vieler Ordensfamilien in Costa Rica, die nicht nur einen unmittelbaren Dienst in der Seelsorgearbeit leisten, sondern in Treue zum eigenen Charisma ein beredtes Zeichen für die bleibenden Werte des Gottesreiches darstellen. Dies ist ein Geschenk des Höchsten, das hohe Wertschätzung und sorgfältige Pflege braucht; denkt daran, daß diese Institute für eure Gläubigen geeignete Wege sind, dem armen, keuschen und gehorsamen Jesus Christus nachzufolgen.
In Ausübung ihres spezifischen Auftrags als Lehrer des Glaubens müssen die Bischöfe sehr aufmerksam die Arbeit der theologischen Bildungsinstitutionen verfolgen, in denen sich neben anderen Studenten Ordenskandidaten auf das Priestertum vorbereiten, die zukünftig ihre Tätigkeit in den Ortskirchen, vor allem in den Ländern Mittelamerikas, entfalten werden und deshalb mit Freude die legitime Jurisdiktion der Oberhirten werden annehmen müssen.

7. Angesichts des weiten Bereichs des Apostolates mit Blick auf die neue Evangelisierung der Gesellschaft in Costa Rica können wir nicht die Rolle vergessen, die die katholischen Laien in ihr zu spielen haben. Gott sei Dank, die Männer und Frauen, die sich engagieren, sind zahlreich, die im Wissen um ihre Verpflichtungen aus der Taufe und ihre kirchliche Verantwortung einen lobenswerten Dienst in vielen Bereichen der Seelsorge leisten, besonders in jenen Kirchenbezirken, die noch wenig Priester haben und in denen die Anwesenheit von Laien für die Evangelisierung und die Katechese unentbehrlich ist. Diesbezüglich sind die Initiativen zu begrüßen, die in Costa Rica unternommen werden zur Einrichtung von Schulen und Instituten, die für die Heranbildung christlicher Laien bestimmt sind. Diese müssen sich bewußt sein, daß auch an sie der universale Ruf zur Heiligkeit als Forderung ihrer christlichen Berufung selbst ergeht, die auch Berufung zum Apostolat ist. Sie müssen Ferment des christlichen Lebens sein in allen Bereichen, in denen sie leben und arbeiten, überall, wo sie tätig sind.

In diesem immensen Bereich muß die Familienseelsorge einen Vorzugsplatz einnehmen. Wenn eine neue Evangelisierung der Gesellschaft unternommen werden soll, wird sie notwendigerweise in der Familie begonnen werden müssen. „Die Aufgabe der Glaubensunterweisung durch die christlichen Eltern ist ursprünglich und unersetzlich; sie hat die typischen Charakteristika des Familienlebens, geprägt – wie es sein müßte – von Liebe, Einfachheit, Zusammenwachsen und täglichem Zeugnis" (vgl. *Familiaris consortio*, Nr. 53).

Ihrer Verantwortung bewußt, müssen die christlichen Eheleute ihre besten Kräfte der Aufmerksamkeit für ihre Kinder widmen. Gott ruft sie zur Heiligkeit dort, in der treuen Erfüllung ihrer „ursprünglichen und unersetzlichen" Aufgabe als Vater und Mutter. Dieses gemeinsame Bemühen um die christliche Erziehung der Kinder wird auch ein sicherer Ansporn sein für das Wachsen der ehelichen Liebe.

8. Die Glaubensunterweisung der Kinder durch die Eltern muß in den verschiedenen Erziehungsinstitutionen und in den Pfarreien ergänzt werden. Die Gymnasien und Universitäten müssen für die Erfüllung dieser Aufgabe ausgestattet sein; nicht nur der Religionsunterricht, sondern alle Aktivitäten müssen durch christlichen Geist geprägt sein.

In Verbindung mit der Familienpastoral wird die Aufmerksamkeit für die Kinder und Jugendlichen, die Hoffnung der Kirche, einen wichtigen Teil eurer Fürsorge in Anspruch nehmen. Von ihnen – und daher von ihrer Ausbildung – ist es abhängig, daß diese neue Evangelisierung in einem dritten wirklich christlichen Jahrtausend erblühe. Ich weiß, daß in Costa Rica die jungen Menschen – diesen Eindruck hatte ich, als ich mit ihnen zusammen war – eine hochherzige Gesinnung haben und bereit sind, sich für die großen Ideale zu öffnen. Unterlaßt es nicht, sie ihnen nahezubringen; auch sie müssen heilig sein; auch sie haben Anteil an der einen Sendung der Kirche und brauchen die Bereitschaft, die neue Evangelisierung Amerikas durchzuführen. Als Folge dieser intensiven Evangelisierungstätigkeit wird alles große menschliche Tun tief vom Geist Christi durchdrungen. Die Arbeitswelt, die sozialen Kommunikationsmittel, die Welt der Kultur in ihren verschiedenen Erscheinungsformen, die Politik, die Finanzwelt und jedwede menschliche Arbeit werden sich verwandeln; ihre „Strukturen der Sünde" überwindet

man nur – „neben der notwendigen Hilfe der göttlichen Gnade – mit einer völlig entgegengesetzten Haltung: mit dem Einsatz für das Wohl des Nächsten zusammen mit der Bereitschaft, sich im Sinne des Evangeliums für den anderen zu ‚verlieren', anstatt ihn auszubeuten, und ihm zu ‚dienen', anstatt ihn des eigenen Vorteils wegen zu unterdrücken" (*Sollicitudo rei socialis*, Nr. 38).
In der Enzyklika *Sollicitudo rei socialis* habe ich geschrieben: „Man muß hierbei die den Laien, Männern und Frauen, vorwiegend übertragene Rolle unterstreichen ... Ihnen kommt es zu, mit christlichem Engagement die irdischen Bereiche zu beleben und sich darin als Zeugen und Mitarbeiter des Friedens und der Gerechtigkeit zu erweisen" (Nr. 47).

9. Jeder Christ muß ein Erbauer des Friedens sein. „Selig, die Frieden stiften; denn sie werden Söhne Gottes genannt werden" (*Mt* 5,9), verkündete Jesus in der Bergpredigt. Mir kommt die leidvolle Lage von Leiden und Unsicherheit in den Sinn, in der sich viele Menschen befinden, viele Familien des mittelamerikanischen Raumes. Wie könnte man die zahlreichen Flüchtlinge vergessen, die in Costa Rica die Sicherheit suchen, die man ihnen in ihrer Heimat verweigert!
Unterstützt mit solidarischer Gesinnung alle Initiativen, die darauf ausgerichtet sind, das Leiden jener Brüder und Schwestern in Mittelamerika zu lindern, die Opfer der Auseinandersetzungen in dieser gequälten Region sind.
Mit Freude erwähne ich eure pastorale Sorge für die am meisten Bedürftigen und insbesondere für die Indio-Bevölkerung. Euer Bemühen um deren vollständige Integration in das Leben der Kirche muß begleitet werden von der Pflege der echten Werte ihrer Kulturen und dem Schutz ihrer legitimen Rechte.
Bevor ich schließe, bitte ich euch, meinen herzlichen Gruß und Segen euren Priestern, Ordensleuten und Gläubigen zu überbringen, besonders den Kranken, den alten Menschen und denen, die leiden.
Möge die Jungfrau Maria, die Königin der Engel, die Patronin Costa Ricas, bei ihrem göttlichen Sohn für die Heiligkeit der Kirche eintreten, für den Wohlstand der Nation und für das Glück ihrer Familien!
Mit diesen innigen Wünschen segne ich euch alle von Herzen.

Gotteswort getreu übermitteln

Ansprache beim Ad-limina-Besuch der Bischöfe von Ekuador am 27. Oktober

Liebe Brüder im Bischofsamt!

1. Mit großer Freude entrichte ich euch bei dieser Begegnung meinen herzlichen Willkommensgruß, denn die göttliche Vorsehung möchte seine Kirche mit ihr segnen, um die Verbundenheit ihrer Hirten zu stärken und so immer mehr die innerste Einheit des mystischen Leibes Christi aufleuchten zu lassen. Wie Paulus und Barnabas nach Jerusalem gingen, um von Petrus für ihr apostolisches Wirken Weisungen zu erhalten und dort mit

großer Freude aufgenommen wurden, da sie allen erzählten, was Gott durch sie gewirkt hatte (vgl. *Apg* 15,4), so seid auch ihr gekommen, um den Nachfolger Petri zu grüßen, der euch mit Freuden aufnimmt, weil er damit seine Sendung erfüllen kann, „seine Brüder im Glauben zu stärken" (vgl. *Lk* 22,32).
Die Fünfjahresberichte, die ihr vorgelegt habt, sowie die persönlichen Gespräche mit einem jeden von euch haben mir eine tiefere und bessere Kenntnis der pastoralen Probleme der eurer Hirtensorge anvertrauten Sprengel verschafft. Anderseits ruft dieser Ad-limina-Besuch in meinem Geist und Herzen die unvergeßlichen Tage wach, die ich im Jahre 1985 mit den Gläubigen von Ekuador verbringen durfte. Mit Ergriffenheit denke ich an den Eifer und die Begeisterung zurück, mit der ich vom Volk Ekuadors empfangen wurde, zumal in Quito, Latacunga, Cuenca und Guayaquil.

2. Zum Ausgangspunkt dieser Begegnung möchte ich eure Überzeugung nehmen, daß in Ekuador eine neue Evangelisierung notwendig ist, die zu einer tieferen Kenntnis und echteren Nachfolge Christi, des Erlösers des Menschen, führt. So wolltet ihr ihn in eurem gemeinsamen Dokument über die Ausrichtung der Pastoral *Opciones Pastorales* als Anwendung der Weisungen von Puebla euren Gemeinschaften verkünden. Jene bedeutsame Begegnung des lateinamerikanischen Episkopates hat die zentrale Stellung des Erlösers bei der Evangelisierung herausgestellt: „Im Geheimnis Christi steigt Gott in den Abgrund des menschlichen Seins hinab, um den Menschen aus dem Inneren seiner Würde zu erneuern. Der Glaube an Christus bietet uns so grundlegende Kriterien für eine umfassende Sicht des Menschen, das die Philosophie und die Beiträge der übrigen Geisteswissenschaften zum Wesen des Menschen und seiner Verwirklichung in der Geschichte geschaffen haben" (*Puebla*, Nr. 305).
Euer gemeinsames Bemühen, euren Mitmenschen zu dienen, führt euch zum aufmerksamen Erforschen der Wirklichkeit in eurer Heimat und der „Zeichen der Zeit", um diese im Licht des Glaubens zu deuten. Auf diese Weise könnt ihr jene Dinge herausfinden, die eine wichtigere Beziehung zur religiösen und moralischen Situation der Völker haben, zum Grad der Kenntnis des Wortes Gottes und zur echten Praxis des Glaubens, zum ethischen Sinn des Familienlebens, zur Selbstwerdung endlich der Personen und Gruppen auf sozialem, politischem und kulturellem Gebiet.
Auf allen Gebieten müßt ihr die Lehren des Sohnes Gottes präsent machen, um so wirksamer das Verhalten des Menschen und der Gesellschaft beeinflussen zu können. Lobenswert ist euer Bemühen um die Verbreitung des Wortes Gottes, denn ihr habt bei Gelegenheit meines Pastoralbesuches in Ekuador 250 000 Exemplare der Bibel verteilt, und nun plant ihr, weitere 350 000 Exemplare Gruppen und Gemeinschaften zur Verfügung zu stellen. Meinerseits ermuntere ich euch, weiter eine erneuerte Evangelisierung voranzutreiben, die, auf den Eckstein der Offenbarung gegründet und treu dem Lehramt folgend, sich den Anregungen des Geistes, der der Kirche ständig beisteht, gelehrig öffnet.

3. In einer Zeit wie der unseren, wo man zuweilen vom Lehramt absehen möchte, um dem Evangelium eine persönliche Deutung zu geben, muß es ein Anliegen der rechtmäßigen Hirten sein, darüber zu wachen, daß das Wort Gottes getreu übermittelt wird. Auf der anderen Seite fehlte es nicht an solchen, die im Namen eines irrigen Säkularismus die

Sendung der Kirche auf das Gebiet des bloß Sozialen beschränken möchten und so ihre Natur als Sakrament des Heiles entstellen.

Eure Hirtensorge muß euch zur Unterscheidung und Klärung jener Lehrauffassungen veranlassen, die die Einheit der Herde oder die Treue zu den Lehren der Kirche gefährden können. Zur Liebe und Klugheit, die dem Guten Hirten eigen sind, muß die Stärke kommen, die euch wie Paulus (vgl. *2 Tim* 2,14–20; *Tit* 1,10 ff.) veranlaßt, jenen entgegenzutreten, die den Weg verfehlt haben und sie zu einem ausdrücklichen Ja zum Glauben und zu den Weisungen des Lehramtes zu veranlassen.

Hin und wieder müssen wir uns daran erinnern und uns bewußt werden, daß wir als Hirten einer Herde Verantwortung tragen, und was Gott von einem jeden von euch erwartet. Der Bischof muß mit seinem Rat und seinen Ermahnungen, mit seiner Treue zum Plan Gottes und mit seiner Liebe zur Kirche, endlich auch mit dem erbaulichen Beispiel seines Lebens (vgl. *Lumen Gentium*, Nr. 26) bei den Aufgaben einer erneuten Evangelisierung, wie wir sie angesichts der 500-Jahrfeier der Evangelisierung Amerikas ins Auge fassen, an erster Stelle stehen. Seine Aufgabe als Führer und Lehrer der christlichen Gemeinschaften muß an erster Stelle stehen, da er sich ja bewußt ist, daß die Autorität, die er als Hirte seiner Herde besitzt, ihn auffordert, der Diener aller zu sein (vgl. *Lk* 22,26–27); *Lumen Gentium*, Nr. 27).

Angesichts der schwerwiegenden Übelstände der Gesellschaft, die unser Herz als Hirten so tief betrüben, müssen wir deren tiefere Ursachen aufspüren, um so Heilung und Rat schenken zu können. Die geistige und moralische Hebung des Menschen, damit er „Christus in seiner vollendeten Gestalt darstellt" (*Eph* 4,13), ist der Weg, der zur wahren und umfassenden Befreiung auf der Grundlage der Würde als Kinder Gottes führt.

In meiner Enzyklika *Redemptoris Mater* habe ich in Erinnerung gerufen: „Im Heilsplan der Heiligsten Dreifaltigkeit stellt das Geheimnis der Menschwerdung die überreiche Erfüllung der Verheißung dar, die Gott den Menschen nach der Ursünde gegeben hatte" (Nr. 11). Hier liegt der Grund unserer Hoffnung und das Fundament des christlichen Optimismus: Gott will, daß alle Menschen gerettet werden und zur Fülle der Heiligkeit gelangen.

4. Bei dieser schwierigen Aufgabe könnt ihr mit der kostbaren Hilfe der Priester, eurer ersten Mitarbeiter beim Aufbau des Reiches Gottes, rechnen. Ihnen müßt ihr, liebe Brüder, sehr nahe stehen, ihre Freuden und Schwierigkeiten teilen und ihnen eure aufrichtige Freundschaft anbieten, ihnen auch in ihren Nöten helfen, um so eine feste priesterliche Gemeinschaft zu fördern, die für die Gläubigen ein Beispiel und ein tragfähiges Fundament der Liebe ist.

In Übereinstimmung mit dem Vorausgehenden und im Bewußtsein der Wichtigkeit für Gegenwart und Zukunft der Kirche in Ekuador beschäftigt euch das Problem der Berufungen zum Weihepriestertum und zum gottgeweihten Leben. Gott dank erlebt ihr in den letzten Jahren in euren Gemeinschaften ein beachtliches Aufblühen der Berufungen. Das alte Große Seminar von San José in Quito beherbergt im Augenblick eine große Zahl von Alumnen, während man in verschiedenen Diözesen weitere Große Seminarien geschaffen hat. Mit Aufnahme der Tätigkeit der philosophisch-theologischen Fakultät an der

Päpstlichen katholischen Universität von Ekuador haben sich anderseits Kräfte für eine bessere Ausbildung der Seminaristen und Kandidaten für das Ordensleben zusammengefunden.

Man muß in den Seminarien auf die geistliche und pastorale Ausbildung der Alumnen großen Wert legen. Da es sich um künftige Priester handelt, muß das Klima dieser Ausbildungszentren von tiefer Frömmigkeit, Studium, Disziplin, Liebe und Dienstbereitschaft bestimmt sein. Dies sind die unersetzlichen Mittel für eine angemessene Ausbildung zum Priester- und Ordensstand.

5. Eine gut überlegte Pastoral der Berufungen führt notwendig zu einer größeren Steigerung der katechetischen Tätigkeit. Die christliche Bildung der Kinder und Jugendlichen erfordert in eurem Land besondere Bemühungen, zumal in den staatlichen Erziehungsanstalten nicht immer Religionsunterricht erteilt wird. Daher wird es desto nötiger, wie ihr in eurem letzten gemeinsamen Dokument zur Erziehung betont habt, die Pfarrkatechese zu verstärken, wie auch für eine gediegene christliche Ausbildung der Kinder und Jugendlichen zu sorgen, die katholische Schulen und Kollegien besuchen. Mithelfen dazu können das nationale Institut für Katechese und die übrigen Zentren, die auf diözesaner Ebene sich der angemessenen Vorbereitung von Katecheten und Erziehern zum Glauben annehmen.

Das II. Vatikanische Konzil hat wiederholt daran erinnert, daß die Familie der erste Ort der Erziehung des Menschen ist und die Eltern die hauptsächlichen Erzieher sind. Die Kirche ist sich ihrer Verantwortung gegenüber der Familie bewußt und nimmt ihre Sendung bei der Heranbildung der neuen Generationen sehr ernst. Wohlbekannt ist der Beitrag der katholischen Schulen, Kollegien und höheren Bildungszentren auf diesem Gebiet.

In einem christlichen Land wie Ekuador ist nichts logischer und richtiger als die christlichen Grundsätze und Werte seiner Menschen zu schützen. Daher muß sich die ganze Gesellschaft beim Erziehungswerk solidarisch fühlen, das ja die Größe der Nation ausmacht. Wie soll man auch den neuen Generationen hohe und edle Ideale anbieten, wenn man das geistige und moralische Niveau der Familie in Ekuador nicht hebt?

6. Liebe Brüder, ihr wißt gut um die Angriffe, denen heute die Institution der Familie, ihre Festigkeit, die Achtung des Lebens, die väterliche Autorität und die Unschuld der Kinder ausgesetzt ist. Kampagnen zur Geburtenbeschränkung, Lebensauffassungen, hinter denen Säkularismus und Hedonismus stehen, sind für euch Anlaß zu ernster Sorge, zumal in gewissen Gegenden an der Küste von Ekuador. Daher ist eine Intensivierung der Familienpastoral notwendig, die, von der Bischofskonferenz gelenkt, den apostolischen Bewegungen zugunsten der Familie neue Lebenskraft schenkt. Sie muß katholische Laien, die im öffentlichen Leben stehen, aufgeschlossen machen, damit die sozialen Strukturen und die gesetzlichen Vorschriften die Einheit und Festigkeit der Institution der Familie besser fördern. Die christlichen Laien aber sollen überzeugt sein, daß der Aufbau der Familie auf den soliden Grundlagen des Evangeliums gleichzeitig Mitarbeit am Aufbau der Kirche ist (vgl. *Christifideles laici*, Nr. 40).

Bei der Bildung der Gewissen wie auch bei der Weitergabe und Verbreitung des Evangeliums spielen die Kommunikationsmittel eine bedeutende Rolle. Die Kirche muß ihre Verantwortung für die christliche Ausrichtung dieser Medien, die im Erziehungswerk so wichtig sind, immer entschiedener wahrnehmen. Mit Genugtuung darf man die Ziele zur Kenntnis nehmen, die die Kirche von Ekuador auf dem Gebiet der Radiosender erreicht hat. Gern erinnere ich mich in diesem Zusammenhang an die Zeremonie der Segnung von „Radio Catòlica Nacional del Ecuador“ während meines Pastoralbesuches. Gebe Gott, daß die Aktivität der Radiosender und der anderen Kommunikationsmittel ihren Einfluß zugunsten der Evangelisierung sowie des geistigen und menschlichen Fortschritts der Menschen auf dem Land und in den Städten ausdehnen kann.

7. Bei der Evangelisierungsarbeit muß ein Bereich Gegenstand besonderer pastoraler Sorge sein, nämlich die Gemeinschaften der Eingeborenen. Ich weiß, daß die eingeborene Bevölkerung, die sich auf etwa dreieinhalb Millionen beläuft, und sich über das ganze Gebiet innerhalb der Anden sowie das im Osten verteilt, ungefähr 30 Prozent der gesamten Einwohnerzahl von Ekuador ausmacht.
In meinem Geist ist noch die unvergeßliche Begegnung von Latacunga mit den Gemeinschaften und Gruppen der Eingeborenen lebendig, die sich zum erstenmal in so großer Zahl versammelt haben, weil die Kirche sie zusammengerufen hatte. Gern nehme ich zur Kenntnis, daß diese Initiative entscheidend dazu beigetragen hat, daß diese Gemeinschaften der Eingeborenen sich ihrer Identität stärker bewußt geworden sind, der Werte ihrer Kultur und der Rolle, die sie im Gesamt der Bevölkerung von Ekuador zu spielen haben.
Die 500-Jahrfeier der Ankunft der Frohbotschaft auf amerikanischem Boden sollte eine günstige Gelegenheit bieten, euren Einsatz für die gründlichere Evangelisierung der Gemeinschaften der Eingeborenen in Ekuador zu erneuern. Ferner müßten die Weisungen der Bischofskonferenz für die Pastoral der Indios, der Bergstämme und der afroekuadorianischen Gruppen, neu zur Anwendung gebracht und auf diözesaner Ebene koordiniert werden. Das Evangelium muß noch mehr in die einheimischen Kulturen eindringen und seinen Ausdruck im Gemeinschaftsleben, in Glaube und Liturgie erhalten. Eine lebendige und geeinte Kirche, die sich um ihre Hirten schart, wird zugleich den besten Schutz zur Abwehr der zersetzenden Tätigkeit bilden, die gewisse Sekten unter euren Gläubigen ausüben, so daß sie unter ihnen Verwirrung stiften und den Inhalt der christlichen Botschaft um seine Kraft bringen.

8. Die Kirche verfolgt in bewußtem, unablässigem Einsatz ihre Sendung, alle mit der Lehre Christi zu erleuchten, die eine Botschaft der Wahrheit und Gerechtigkeit und vor allem der Liebe ist. Dabei fordert das Evangelium eine besondere Vorliebe für die am meisten Notleidenden. Daher muß sie auch eine aktive soziale Fürsorge pflegen, die sich stets am Worte Gottes inspiriert und in vollkommener Übereinstimmung mit dem Lehramt der Kirche sowie in inniger Gemeinschaft mit den Hirten vorgeht. Die Sendung zur Evangelisierung muß die ganze Person erfassen, denn „die Liebe, die die Kirche antreibt, allen Menschen die gnadenhafte Teilhabe am göttlichen Leben zu vermitteln, läßt sie auch durch das wirksame Handeln ihrer Glieder das wahre zeitliche Wohl der Menschen

verfolgen, ihren Nöten zu Hilfe kommen, für ihre Kultur sorgen und eine ganzheitliche Befreiung von all dem fördern, was die Entwicklung der menschlichen Person behindert" (*Instruktion über die christliche Freiheit und die Befreiung*, Nr. 63). Dazu möchte ich vor euch den Aufruf wiederholen, den ich während meines Besuches in Guasmo in Guayaquil erließ: „Niemand fühle sich ruhig, solange es in Ekuador ein Kind ohne Schule, eine Familie ohne Wohnung, einen Arbeiter ohne Arbeit, einen Kranken oder Alten ohne angemessene Betreuung gibt" (Nr. 5).

Bevor ich schließe, liebe Brüder, bitte ich euch, mein ermunterndes Wort den Missionaren auszurichten, die in selbstlosem Einsatz und unter Opfern ihr Leben der Verbreitung der christlichen Heilsbotschaft auch in den abgelegensten Gegenden Ekuadors widmen, zumal im Urwald am Amazonas und an der Küste. Der Papst steht ihnen immer nahe mit seinem Gebet zum Herrn, daß er ihre apostolische Arbeit mit reicher Frucht segne. Möge der Herr der Ernte zahlreiche Arbeiter in diese Gegenden senden, die kürzlich noch mit dem Blut von Bischof Alejandro Labaca und Schwester Inés Durango befruchtet worden sind.

Richtet ebenfalls euren Priestern, den Ordensmännern und Ordensfrauen sowie den Gläubigen den Gruß des Papstes aus, der sie in inniger Verbundenheit und mit lebhafter Hoffnung dem Herrn empfiehlt.

Euch aber und dem gesamten geliebten Volk von Ekuador erteile ich von Herzen meinen Apostolischen Segen.

Familie – Wiege der Berufungen

Ansprache an die Mitglieder der Bischofskonferenz von Griechenland beim Ad-limina-Besuch am 27. Januar

Herr Präsident der Bischofskonferenz, liebe Brüder im Bischofsamt des lateinischen, byzantinischen und armenischen Ritus, liebe Apostolische Administratoren!

1. Ihr wart mit Eifer darauf bedacht, den üblichen Ad-limina-Besuch zu machen, und ich habe euch voll Freude erwartet. Wenn ich euch alle herzlich begrüße, eilen meine Gedanken und mein Herz gleichzeitig zu den Priestern eurer jeweiligen Diözesen, zu den Gemeinschaften der Ordensleute und zu allen Gläubigen, zumal zu jenen, die bei der Seelsorge mit euch zusammenarbeiten. Euer gemeinsamer, und ich möchte sagen kollegialer Besuch bezeugt einerseits die volle Glaubensgemeinschaft, die zwischen euren Einzelkirchen und der Kirche von Rom besteht, „die den universalen Vorsitz in der Liebe führt" (Hl. Ignatius von Antiochien, *Brief an die Römer*), andererseits die brüderliche Verbundenheit unter euch, die der Heilige Geist erwählt und „bestellt hat, damit ihr als Hirten für die Kirche Gottes sorgt" (*Apg* 20,28), in enger Verbindung mit dem Haupt des Bischofskollegiums. Wie sollten wir in einer solchen Stunde der Gnade nicht die *Worte des Apostels Paulus* aufgreifen, der als eifriger Evangelisierer eurer Länder *den Christen in Philippi* schrieb: „Ich danke meinem Gott jedesmal, wenn ich an euch denke; immer, wenn ich für euch alle bete, tue ich es mit Freude und danke Gott dafür, daß ihr euch ge-

meinsam für das Evangelium eingesetzt habt vom ersten Tag an bis jetzt. Ich vertraue darauf, daß er, der bei euch das gute Werk begonnen hat, es auch vollenden wird bis zum Tag Christi Jesu ... Gott ist mein Zeuge, wie ich mich nach euch allen sehne mit der herzlichen Liebe, die Christus Jesus zu euch hat" (*Phil* 1,3–8).

2. Geliebte Brüder, ihr tragt daher die Verantwortung für das Evangelium, vor allem in der Gemeinschaft der Katholiken, aber auch, gemeinsam mit der orthodoxen Kirche, in einer Gesellschaft, die sich rasch entwickelt und zugleich immer komplexer und mehr säkularisiert wird. Das heutige Griechenland ist ein privilegierter Ort des Übergangs zwischen Osten und Westen sowie der Begegnung zwischen den überlieferten und den neu aufkommenden Kulturen. Ja, das menschliche Denken leuchtete auf eurem Boden glanzvoll auf, und dieses reiche Erbe des Geistes fasziniert weiter das allgemeine Bewußtsein, und es nährt auch weiterhin das theologische Denken der Kirche. Eure Bischofskonferenz muß daher in diesem oft schwierigen Zusammenhang von Antike und Moderne die Wege des Heiles zu bahnen suchen, die den Menschen durch Christus und die Botschaft seines Evangeliums bereitet sind.
Mit den Statuten, die ich kürzlich approbiert habe, ist es eurer Konferenz leichter gemacht, ihre apostolischen Kräfte im Hinblick auf das Gemeinwohl zusammenzufassen (vgl. *Christus Dominus*, Nr. 37). In brüderlicher Gemeinschaft und gegenseitiger Unterstützung findet ihr immer eine wirkliche Hilfe und neue Anregungen für die unabweisliche Erfüllung eurer pastoralen Aufgaben. Ich wünsche sehr, daß diese affektive und effektive Einheit der Mitglieder der Konferenz noch weiter wächst. Zum großen Teil hängen nämlich die pastorale Wirksamkeit und die Glaubwürdigkeit eures Zeugnisses von dieser brüderlichen Einheit ab.
Alle eure Mitarbeiter sollen sich von der kennzeichnenden Eigenheit der ersten christlichen Gemeinschaften und so vieler anderer im Verlauf der Kirchengeschichte angezogen fühlen: „ein Herz und eine Seele" zu sein. Ja, die Priester eurer Diözesen brauchen wie die Mitglieder der Ordensinstitute und alle im Apostolat engagierten Laien sehr euer Vorbild (vgl. *1 Petr* 5,3) und zwar Vorbilder, die ihnen nahe sind, denn sie möchten sich von euch geliebt, geleitet, getragen und unterstützt wissen. Wenn ihr diese Liebe mit Vorzug gegenüber euren Priestern übt, wird das ihren Eifer beleben und die unerläßliche Einheit bei der pastoralen Planung und Wirksamkeit wachsen lassen. Ich ermuntere euch daher lebhaft, weiter ein Treffen zur Besinnung und zum Gebet mit ihnen zu veranstalten. Sie werden darin auch den Ausdruck eures Sorgens erkennen, und die seelsorgliche Mitverantwortung wird in Erscheinung treten.
Der Heilige Stuhl verfolgt dank des Wirkens der Kongregation für die Ostkirche mit großem Interesse eure Bemühungen, euren Priestern ein würdiges Auskommen zu sichern, damit sie möglichst von materiellen Sorgen frei seien, die ihren priesterlichen Dienst beeinträchtigen könnten.

3. Zu der großen Besorgtheit um euren Klerus gehört notwendig auch das Problem seiner Ablösung. In diesem Punkt teile ich tief euren Schmerz darüber, daß ihr in Griechenland selbst kein Seminar habt, um für das Priestertum interessierte Jugendliche aufzunehmen und heranzubilden. Gebe Gott, daß ein solches Seminar bald möglich und

wirklich wird! In diesem gleichen Zusammenhang möchte ich auch zu pastoralem Eifer für die Weckung von Berufungen zum gottgeweihten Leben in den männlichen und weiblichen Ordensgemeinschaften ermuntern. Leistet mutig und hochherzig euren Beitrag, damit das Ordensleben in der katholischen Kirche Griechenlands mehr sichtbar wird.

4. Das entscheidende Problem der Berufungen läßt mich ganz natürlich gemeinsam mit euch auch die Wichtigkeit der Familie bedenken. Ist sie nicht die Wiege aller Berufungen? Das Konzil erinnert nachdrücklich daran, daß „das Wohl der Person sowie der menschlichen und christlichen Gesellschaft zuinnerst mit einem Wohlergehen der Ehe- und Familiengemeinschaft verbunden" ist (*Gaudium et spes*, Nr. 47). Und es verdeutlicht: „Durch ein wahrhaft christliches Leben werden die Familien zu Pflanzstätten des Laienapostolates, sowie für Priester- und Ordensberufe" (*Ad gentes*, Nr. 19). Wie recht tut ihr daran, alle pastoralen Möglichkeiten, die euch zur Verfügung stehen, auf die Unterstützung und Bildung christlicher Familien zu konzentrieren! Die Eheleute sind ja zerstörerischen geistigen und sittlichen Strömungen ausgesetzt und einem oft raschen Verfall der Stabilität der Familie. Es fällt ihnen schwer, ihren heiligen Pflichten gerecht zu werden und unter anderem die Erziehung der Kinder nach ihren eigenen Überzeugungen sicherzustellen, wie es ihre Pflicht und ihr Recht ist. Hier möchte ich die tiefe Anerkennung der Kirche für die Ordensmänner, die Ordensfrauen und die christlichen Laien aussprechen, weil sie in den katholischen Schulen eures Landes eine so gute Erziehungsarbeit leisten. Allgemeiner betrachtet, ermuntere ich eure Bischofskonferenz aus ganzem Herzen, ihre Bemühungen auf dem Gebiet der Jugendseelsorge weiterzuführen. Die Jugendlichen sind die Hoffnung der Kirche und die Zukunft der Gesellschaft von morgen. Ich füge ein Wort über eure kollegiale Arbeit hinzu, mit der ihr, vor allem in den Hauptreisezeiten, die überaus zahlreichen Touristen betreut, die die Kulturschätze Griechenlands aufsuchen. Ihr habt Erfahrung auf diesem Gebiet. Verbessert daher weiter den Stil der menschlichen und geistlichen Präsenz eurer Kirche für diese zahlreichen Gruppen von Touristen sowie für die Pilger auf den Wegen des heiligen Paulus.

5. Schließlich danke ich Gott für die Beziehungen, die ihr beharrlich mit der orthodoxen Kirche Griechenlands unterhaltet. Schafft weiter aufrichtig, demütig und überzeugt bessere oder neue Voraussetzungen für den Dialog. Am fruchtbarsten ist natürlich die theologale Tugend der Liebe, wozu die Hochschätzung und Achtung der anderen gehört. Solche echte, von Gott empfangene Bruderliebe ebnet die Wege der Begegnung selbst in festgefahren erscheinenden Situationen. Wenn man sich in diesem Geist begegnet, kann man verantwortlich und gemeinschaftlich die Aufgaben unserer Zeit erkennen. Solche gut vorbereiteten und durchgeführten Tagungen von Katholiken und Orthodoxen als Vertreter von Schwesterkirchen öffnen uns für das Wirken des Heiligen Geistes, in Treue zu der vom Herrn Jesus Christus geoffenbarten Wahrheit. Aufs neue vertraue ich euch diese große ökumenische Aufgabe an, aber auch eurem Klerus, den Ordensleuten und allen Katholiken Griechenlands.

6. Zum Abschluß dieser brüderlichen Begegnung, die bewußt von der unbesieglichen Hoffnung gekennzeichnet ist, die der Herr uns geschenkt hat und noch vermehren möch-

te, vertraue ich alle eure Anliegen und alle meine Wünsche für eure verschiedenen Diözesen der heiligen Gottesmutter an, der Theotokos, die in euren Kirchen so innig verehrt wird. Möge sie den Hirten und Gläubigen bei ihrem Suchen und bei ihrer Verkündigung ihres göttlichen Sohnes, des einzigen Erlösers der Menschheit, beistehen! Aus ganzem Herzen segne ich euch persönlich sowie das einem jeden von euch anvertraute christliche Volk und euer geliebtes Griechenland.

Kirche muß Dienerin für alle sein

Ansprache anläßlich des Ad-limina-Besuches der Bischöfe aus den Provinzen Agra, Bhopal und Delhi in Indien am 6. April

Liebe Brüder im Bischofsamt!

1. Am 1. Februar 1986 hatte ich die Freude, alle in Neu Delhi versammelten Bischöfe zu treffen und zu euch über unser gemeinsames Amt als Diener des Evangeliums unseres Herrn und Heilands Jesus Christus zu sprechen. Mein Besuch im „Heiligtum des Gottesvolkes“ in eurem Land hat uns auf sichtbare und konkrete Weise ermöglicht, in einer „Stunde kirchlicher Gemeinschaft“, wie ich es nannte, jene Bande offenkundig zu machen, die uns in der Kirche vereinen. Ich habe mich in all unseren Kontakten darum bemüht, dem Amt Petri nachzukommen und euch im Glauben und in eurem schweren apostolischen Amt zu bestärken. Von euch empfange ich das Zeugnis, daß die Kirche in eurem Land mit all seinen Nöten treu ihren Pilgerweg geht, täglich bestrebt, in ihrem Dienst Gottes Liebe zu offenbaren.
Nun kommen die Bischöfe Indiens zu ihrem Ad-limina-Besuch nach Rom. In der ersten Gruppe begrüße ich euch, die Hirten des lateinischen Ritus aus den Provinzen Agra, Bhopal und Delhi. In euch grüße ich auch die Priester, Ordensleute und Laien jeder eurer Diözesen und ich rufe Gottes Frieden auf jede eurer Teilkirchen herab. In unseren privaten Gesprächen habt ihr mir von den Hoffnungen und Leiden eurer Gemeinden erzählt, von den Früchten des Evangeliums, die ihr in euren Regionen reifen seht, von den Beschränkungen, die eurem Dienst auferlegt sind, den Schwierigkeiten, denen ihr begegnet, und von den Wegen, die ihr und eure Mitarbeiter wählt, um die pastorale und apostolische Aufgabe zu erfüllen, die euch anvertraut ist.

2. Das grundlegende Thema eines jeden Ad-limina-Besuchs ist die Kirche, das große Sakrament, das heißt, das Zeichen und Mittel für unsere Vereinigung mit Gott und für die Einheit und den Frieden der ganzen Menschheit (vgl. *Lumen Gentium*, Nr. 1) ist. Im Gespräch mit Bischöfen von Indien möchte ich auf verschiedene Aspekte dieser wundervollen Wirklichkeit eingehen, die unser Leben erfüllt und jede unserer Bemühungen inspiriert. Heute werde ich kurz auf einige grundlegende Begriffe eingehen, die unserem Verständnis der Kirche und unserer Rolle als Bischöfe zugrunde liegen müssen. Später dann, bei den Treffen mit anderen Gruppen indischer Bischöfe, möchte ich auf bestimmte spezifische Aspekte der Mission der Kirche eingehen.

3. Jesus Christus hat die Kirche gestiftet durch die Predigt der Frohbotschaft, das heißt, der Ankunft des Gottesreiches, das seit Jahrhunderten in der Schrift verheißen war: „Erfüllt ist die Zeit, und genaht hat sich das Reich Gottes" (*Mk* 1,15; vgl. *Lumen Gentium*, Nr. 5). Das Paschamysterium seines Leidens, seines Todes und seiner Auferstehung, das wir vor kurzem gefeiert haben, und das stets von neuem in der Eucharistie gegenwärtiggesetzt wird, ist die Quelle für die Vollmacht der Kirche, das Himmelsreich anzukündigen und in allen Völkern zu begründen. Das Konzil lehrt uns in der Tat, daß die Kirche „Keim und Anfang dieses Reiches auf Erden darstellt. Während sie allmählich wächst, streckt sie sich verlangend aus nach dem vollendeten Reich; mit allen Kräften hofft und sehnt sie sich danach, mit ihrem König in Herrlichkeit vereint zu werden" (*Lumen Gentium*, Nr. 5).

Das Reich Gottes ist von der Kirche untrennbar, denn beide sind, nicht zu trennen von der Person und dem Werk Jesu selbst. Er hat die Kirche begründet, damit sie die Offenbarung und das Werkzeug des Gottesreiches sei. Es ist daher unmöglich, die Kirche vom Gottesreich getrennt zu sehen, als gehöre erstere ausschließlich dem unvollkommenen Bereich der Geschichte an und als sei letzteres hingegen die vollkommene eschatologische Erfüllung des göttlichen Heilsplanes. Das Gottesreich darf auch nicht als rein innere oder geistige Wirklichkeit betrachtet werden im Gegensatz zur Kirche als der geschichtlichen und sozialen Verwirklichung der Absicht Jesu, eine Gemeinschaft des Glaubens und des Heils zu errichten. Demzufolge darf die Rolle der Kirche, die darin besteht, alle zur Einheit mit Christus zu führen, nicht relativiert werden. Das Gottesreich muß hier und jetzt gesucht werden im Mysterium der Kirche, die „durch die Kraft Gottes sichtbar in der Welt wächst", bis sie ihre Herrlichkeit erlangt, wenn alle Gerechten „in der allesumfassenden Kirche beim Vater versammelt werden" (vgl. *Lumen Gentium*, Nrn. 3, 2).

4. Die Kirche ist ein Mysterium im biblischen Sinne des Wortes: eine transzendente heilbringende Wirklichkeit, die sich auf sichtbare Weise offenbart. In der Lehre des Konzils ist die Kirche eine göttlich-menschliche Wirklichkeit, analog dem Mysterium des fleischgewordenen Wortes (vgl. *ebd.*, Nr. 8). Der mystische Leib Christi und die sichtbare Struktur des gläubigen Gottesvolkes bilden eine ineinander verwobene Wirklichkeit, *complexam realitatem* (vgl. *ebd.*, Nr. 8), die eine, heilige, katholische und apostolische Kirche, deren Diener und Apostel wir sind.

In jeder Teilkirche wird das Mysterium von Gottes ewiger Liebe, vermittelt durch den Sohn im Heiligen Geist, in der Versammlung der Gläubigen durch die Gnade der Sakramente, insbesondere der Eucharistie, gegenwärtig gemacht, sowie durch die Liebe, die das Leben und die Arbeit der Gemeinschaft beseelt. In Indien offenbart die Kirche die Liebe Gottes insbesondere durch ihre vielen religiösen und sozialen Tätigkeiten und durch das freudige Zeugnis ihrer Mitglieder in ihrem täglichen Leben. Ein wichtiger Teil eurer Aufgabe als Hirten besteht darin, die kirchliche Gemeinschaft daran zu erinnern, daß, wenn das Amt und der Dienst in der Kraft des Geistes Früchte bringen sollen, alle dazu aufgerufen sind, Zeugnis für Demut und Opferbereitschaft abzulegen, den Schwachen und Armen besondere Aufmerksamkeit zu schenken sowie den Weg der Buße und der Erneuerung zu gehen (vgl. *Lumen Gentium*, Nr. 8).

5. Die Kirche kann nur dann überall, doch ganz besonders in Indien, ein wirksames Zeugnis ablegen, wenn sie als demütige Dienerin aller Bedürftigen gegenwärtig ist. Hierin folgt sie dem Beispiel und der Lehre ihres göttlichen Meisters, der „nicht gekommen ist, um sich dienen zu lassen, sondern um zu dienen" (*Mt* 20,28). Ihre gesamte Lebensweise muß von derselben Liebe gekennzeichnet sein, die Jesus dazu führte, Mitleid mit den Menschen zu haben (vgl. *Mt* 9,36), von der Liebe, die ihn dazu brachte, sein Leben für unsere Erlösung hinzugeben (vgl. *Joh* 10,15). Indem sie das Wort der Wahrheit und der Liebe verkündet, strebt die Kirche nach dem vollkommenen Wohl und der Entwicklung eines jeden einzelnen Menschen. Doch darf ihre evangelisierende Sendung niemals eine Suche nach rein materiellem Vorteil sein. Den Auftrag Christi, zu allen Völkern zu gehen, erfüllt sie mit Achtung und Liebe, aber sie ist sich auch des einzigartigen Wertes und der Bedeutung der Botschaft bewußt, die sie bringt.

Im Hinblick auf das bevorstehende wichtige Ereignis des Beginns eines neuen christlichen Jahrtausends ist die Kirche zu einer neuen Bemühung um die Verkündigung der Frohbotschaft des Heils an die Männer und Frauen unserer Zeit aufgerufen. Die Kirche in Indien kann auf eine Heerschar eifriger Verkünder des Evangeliums blicken, die die Saat gelegt haben zu dem, was heute eure Teilkirchen sind, „mit eigener Kraft und Reife begabt" (*Ad gentes*, Nr. 6). Unter den berühmtesten Predigern der Frohbotschaft sind der hl. Apostel Thomas, der hl. Franz Xaver und der hl. Johannes de Britto, und ich empfehle euch und euren Dienst ihrer Fürsprache.

Ich weiß, daß euer eigener Teil Indiens zur Zeit von einer Unsicherheit gekennzeichnet ist, die tief in ethnischen, religiösen und sozialen Unterschieden wurzelt. Die ganze Nation kämpft um die Überwindung der schweren Armut, der Arbeitslosigkeit und des häufig fehlenden Schutzes der Rechte von Frauen und Kindern. Die katholische Gemeinschaft ist eine kleine, über ein großes Gebiet verstreute Minderheit, oft ernsten Schwierigkeiten verschiedenster Art unterworfen. Diese Umstände sind eine Herausforderung und rufen zu einsatzbereitem Bemühen und erneutem Nachdenken in bezug auf die Evangelisierung und das Amt auf.

6. Die Laien sollten, wie es in dem kürzlich erschienenen nachsynodalen Apostolischen Schreiben *Christifideles laici* beschrieben ist, entsprechend ihrer spezifischen Rolle in der Kirche dazu geführt und dabei unterstützt werden, ihren Beitrag zur Evangelisierung und zum Dienst im Geiste des Evangeliums zu leisten: „Neue kirchliche, gesellschaftliche, wirtschaftliche, politische und kulturelle Gegebenheiten rufen heute mit besonderer Intensität nach dem Engagement der Laien" (Nr. 3).

Auch die jungen Leute sollten dazu ermuntert werden, eine Zeitlang, eventuell in einem Programm des freiwilligen Dienstes, ihre Begabungen und ihre Zeit als Apostel für ihresgleichen und für ihre Welt herzugeben. Ich möchte euch auch dazu ermutigen, in all eurem Tun Gebetsgruppen, das Bibelapostolat und die Verbreitung der christlichen Lehre durch die Presse und die modernen Kommunikationsmittel zu fördern.

7. Ein besonders dringlicher Aspekt des kirchlichen Dienstes ist die Anwesenheit der Laien, die aufgefordert sind, „sich mutig und kreativ an den privilegierten Orten der Kultur, wie die Welt der Schulen und Universitäten, die Milieus wissenschaftlicher und technischer Forschung, die Orte des künstlerischen Schaffens und humanistischen Nachdenkens eine Präsenz zu verschaffen“ (*ebd.*, Nr. 44).

Die Kirche in Indien ist durch ihre erzieherische Tätigkeit bereits weitgehend in der Gesellschaft anwesend und wird aufgrund ihres Beitrags in diesem Bereich auch von den Nichtchristen hochgeschätzt, da sie oft aus ihren Einrichtungen Nutzen ziehen. Die kirchliche Gemeinschaft muß sich auf jedwede Weise darum bemühen, daß die katholische Erziehung die Wahrheiten und Werte in Harmonie mit der Botschaft vom Heil vermittelt und fördert und die Menschen dazu anleitet, nicht Opfer der Selbstsucht zu werden. Ich weiß, daß die Erziehung der Armen stets vorrangig und ein Teil des Erfolges der katholischen Schulen in Indien gewesen ist und daß diesbezüglich ständig neue Bemühungen gemacht werden. Diese Entscheidung für die Bedürftigen erfordert besondere Hochherzigkeit und Unternehmungsgeist, doch ist sie zweifelsohne eine notwendige Anwendung der kirchlichen Lehre über die soziale Gerechtigkeit. Während die Hirten der Kirche vor allem sicherstellen müssen, daß die Ziele und Verfahrensweisen der katholischen Einrichtungen mit den kirchlichen Lehren und dem im Evangelium verkündeten Geist des Dienstes übereinstimmen, ist es die verantwortungsvolle Hingabe so vieler Ordensleute sowie männlicher und weiblicher Laien, die das Zeugnis der Kirche und den Dienst an der Gesellschaft in diesem Apostolat wirksam unterstützt. Ihnen allen sende ich herzliche Grüße und lade sie ein, ihre Bemühungen stets als wertvollen und notwendigen Beitrag für das Kommen und die Offenbarung des Königtums Christi anzusehen. Indem sie ihr Licht vor ihren Zeitgenossen rein und unbefleckt aufleuchten lassen, legen sie Zeugnis ab für Christus, das wahre Licht der Völker.

Liebe Brüder im Bischofsamt, in der Liebe des auferstandenen Herrn erneuere ich den Dank, den ich anläßlich meines Besuchs an alle Bischöfe Indiens gerichtet habe: meinen Dank für eure Verkündigung der rettenden Liebe Gottes. Auf euch und eure Mitarbeiter, vor allem die Priester, rufe ich Gottes überaus reiche Gaben des Glaubens, der Hoffnung und der Liebe herab, die Gaben der Stärke und der Beharrlichkeit in dem Amt, das euch anvertraut wurde, um eure Brüder und Schwestern zum inneren Fortschritt und zum Heil zu führen.

Möge Maria, die Mutter des Erlösers, deren treue Gegenwart inmitten der Apostel die erste christliche Gemeinschaft so sehr unterstützte (vgl. *Apg* 1,14), für die Bedürfnisse der Kirche in den Kirchenprovinzen Agra, Bhopal und Delhi Fürsprache einlegen.

Die Gnade des Herrn Jesus Christus sei mit euch allen (vgl. *Offb* 22,21).

Förderung der Ordensberufungen eines der großen Anliegen

Ansprache beim Ad-limina-Besuch der Bischöfe der Kirchenprovinzen Ranchi und Hyderabad am 4. September

Liebe Brüder im Bischofsamt!

1. Im Lauf dieses Jahres hatte ich schon zweimal die Freude, mit Gruppen von Bischöfen aus den verschiedenen Regionen Indiens zusammenzukommen. Heute freue ich mich, euch, die Hirten der Kirche in den Kirchenprovinzen Ranchi und Hyderabad hier willkommen zu heißen, zusammen mit einigen Bischöfen anderer Sprengel, die ihren Besuch bei den Apostelgräbern auch um diese Zeit machen. Ich grüße euch mit dem Wunsch, den der hl. Paulus an die Epheser richtete: „Gnade und unvergängliches Leben sei mit allen, die Jesus Christus, unseren Herrn, lieben!" (6,24).

2. Das Hauptthema meiner Gespräche mit den Bischöfen Indiens war die Kirche als Sakrament unserer Vereinigung mit Gott sowie der Einheit und des Friedens der ganzen Menschheitsfamilie. Als Bischöfe seid ihr gerade durch die sakramentale Gnade, die ihr durch die Handauflegung empfangen habt, ganz und gar dem Dienst der Liebe am Leib Christi geweiht, an der Familie des Glaubens, die zu einem Teil eurer täglichen Sorge und Mühe anvertraut ist. In meinen Worten an eine vorhergehende Gruppe indischer Bischöfe kam ich bereits auf die Notwendigkeit zu sprechen, allen Hirtendienst ausdrücklich auf Christus und die Kirche zu beziehen. Es kann kein kirchliches Leben und keinen kirchlichen Dienst geben, der nicht klar seine Grundlage in der höchsten Gnade der Erlösung hat. Diese wurde gewirkt durch das Paschageheimnis des Erlösers und wird gegenwärtiggesetzt und gefeiert in den „Sakramenten des Glaubens", durch die die einzelnen zur Heiligkeit geführt werden, die Kirche aufgebaut und Gott gebührend verehrt wird (vgl. *Sacrosanctum Concilium,* Nr. 59).
Wenn manche heute die Botschaft des Evangeliums verkürzen zu einer bloß humanitären Aktion gutnachbarlicher Beziehungen oder zu einem Werk des sozialen Fortschritts, so notwendig und unserer Sorge wert auch diese sind, so besteht die Aufgabe der Bischöfe doch darin, den Ruf des großen Apostels Paulus zu wiederholen: „Als ich zu euch kam, Brüder, kam ich nicht, um glänzende Reden oder gelehrte Weisheit vorzutragen, sondern ... ich hatte mich entschlossen, bei euch nichts zu wissen außer Jesus Christus, und zwar als den Gekreuzigten" (*1 Kor* 2,1–2).
Das Leben der Kirche in jedem ihrer Glieder und in jeder Gemeinschaft ist Leben in Christus durch den Geist, ein Leben der Gnade und Heiligkeit, genährt durch das Wort Gottes und gestärkt durch eifrige Teilnahme an den Sakramenten und unermüdlichen Kampf gegen Versuchung und Sünde, damit die Liebe die Vorherrschaft gewinnt. Das vorrangige Ziel eures Hirtendienstes als Bischöfe muß in jeder Ortskirche darin bestehen, die Communio der Gläubigen mit der heiligsten Dreifaltigkeit zu fördern.

3. Es ist klar, daß die kirchliche Gemeinschaft besser für die der Taufe entspringende Sendung ausgerüstet ist, wenn ihre Glieder sich mehr und mehr von Grund auf und beständig um die Heiligkeit des Lebens und den Gehorsam Gott gegenüber bemühen. Das Geheimnis der Gemeinschaft, das die Kirche zu einem „von der Einheit des Vaters und des Sohnes und des Heiligen Geistes her geeinten Volk" macht (vgl. *Lumen Gentium,* Nr. 4), ist die Quelle für eine dynamische Aktivität, die angeregt und geleitet wird von dem Geist, den Christus gesandt hat, damit er seine Nachfolger bis zum Ende der Zeit führe und heilige. Eure Evangelisierungs- und Missionstätigkeit zielt darauf hin, die Erkenntnis und die Erfahrung des Heils und der Freiheit weiterzugeben, die Jesus Christus gebracht hat. Die Worte des ersten Johannesbriefes verdienen es, daß Bischöfe und ihre Mitarbeiter sie beständig meditieren: „Was wir gesehen und gehört haben, das verkünden wir auch euch, damit auch ihr Gemeinschaft mit uns habt" (1,3). Von Anfang an bestätigt die ganze Geschichte der Kirche die Tatsache, daß christliche Präsenz vor allem in der Entfaltung von Heiligkeit und Tugend und einer hochherzigen Treue Gott gegenüber besteht, oft bis hin zum Martyrium.

Damit die Kirche ihre Evangelisierungsaufgabe erfüllen kann, muß jede Teilkirche zu dieser Aufgabe gestärkt und ausgestattet werden, indem sie selbst beständig evangelisiert wird. Alle anderen Aspekte des kirchlichen Lebens in eurem Land, wie etwa Erziehung und Gesundheitsfürsorge und Dienst an den Ärmsten als das große Zeichen der Gegenwart Christi und echter Ausdruck der Vitalität eurer christlichen Gemeinden – sie alle entspringen dem inneren Leben des Glaubens, der Hoffnung und der Liebe. In der multikulturellen und multireligiösen Umwelt eures Landes hat die kirchliche Gemeinschaft die besondere Berufung, die Versöhnung und das gegenseitige Verständnis unter Menschen verschiedener Herkunft zu fördern und dazu zu ermutigen, daß man ehrlich und ernsthaft nachdenkt über die grundlegenden alten und neuen ethischen und moralischen, im Pflichtenbereich der Gesellschaft zentralen Fragen: zu erkennen, worin das Gemeinwohl für alle ihre Glieder besteht, und diesem Gemeinwohl zu dienen. Das alles erfordert ein klares Bewußtsein von unserer christlichen Berufung und Sendung.

4. Heute möchte ich auch noch auf die besondere Verantwortung der Bischöfe für die Zunahme und die Entfaltung des gottgeweihten Ordenslebens hinweisen. „Durch die Liebe, zu der sie hinführen, (verbinden) die evangelischen Räte ihre Befolger auch in besonderer Weise mit der Kirche und ihrem Geheimnis" (*Lumen Gentium*, Nr. 44). Deshalb ist euer Hirtendienst an den Ordensleuten ein wesentlicher Teil eures Dienstes als Bischöfe. Eure erste Pflicht in dieser Hinsicht besteht natürlich darin, diese „göttliche Gabe, welche die Kirche von ihrem Herrn empfangen hat und in seiner Gnade immer bewahrt" (*ebd.*, Nr. 43), zu lieben und zu schützen. Die Hirten der Kirche in Indien können nur mit Dank erfüllt sein für das, was das Ordensleben für die kirchliche Gemeinschaft in eurem Land bedeutet hat und noch bedeutet. An der Hingabe und Selbstlosigkeit der großen Zahl von Ordensmännern und Ordensfrauen, die unter euch leben und für das Evangelium Zeugnis geben, könnt ihr euch nur begeistern und erbauen.

Ich war auch erfreut über das Thema, das die Konferenz der Ordensleute Indiens (CRI) sich für ihre nächste Nationalversammlung im Dezember 1989 gestellt hat, nämlich:

„Die Rolle der Ordensleute bei der Evangelisierung im Kontext Indiens“. Die Ordensleute werden das reiche Erbe ihrer jahrhundertelangen Erfahrung der Evangelisierung in jedem Teil Indiens und unter allen Bevölkerungsgruppen in die Diskussion dieses Themas einbringen. Die Ordensmänner und Ordensfrauen sind sich bewußt, daß sie auf diesem Gebiet nicht für sich selbst arbeiten, sondern daß die letzte Verantwortung für das Leben und die Sendung der Kirche bei den Bischöfen in Verbundenheit mit dem Nachfolger des Petrus liegt, und daß sie deshalb darum besorgt sein müssen, ihr Apostolat in das der Diözesen, in denen sie arbeiten, zu integrieren und mit ihm zu koordinieren. Sie wissen, daß es nicht um eine ständige Neuerfindung bei der Evangelisierung geht oder daß immer wieder Ziele und Methoden gewechselt werden sollen, sondern daß das Wesentliche weise und mutig durchgehalten und andere Aspekte angepaßt werden sollen, wenn sie Hoffnung bieten, wirkliche Verbesserungen mit sich zu bringen.

5. Der Dienst des Bischofs an den Ordensleuten in seiner Diözese ist von gleicher Natur wie sein Dienst am ganzen Gottesvolk. Er soll das Priester-, Propheten- und Hirtenamt erfüllen, das Christus ihm als einem Glied in der Ordnung der Bischöfe anvertraut hat. Da die Ordensleute untrennbar zum Leben und zur Heiligkeit der Kirche gehören (vgl. *Lumen Gentium*, Nr. 44), muß er sie durch Wort und Beispiel aneifern, auf dem Weg der Nachfolge Christi standhaft zu bleiben, zu dem ihre Gelübde sie radikal verpflichten. Er sollte Gelegenheiten finden, das eucharistische Brot und das Brot des Wortes Gottes mit ihnen zu brechen und Augenblicke ihres Gemeinschaftslebens in brüderlicher und kirchlicher Gemeinschaft mit ihnen zu teilen in Respektierung des inneren Lebens jeder Gemeinschaft entsprechend ihrem Charisma und den Normen des Kirchenrechts.
Der Bischof trägt ernste Verantwortung für die Predigt des Evangeliums und für die Anleitung aller zu einer katholischen Lebensweise, Ordensmänner und Ordensfrauen eingeschlossen. Er hat das Recht und die Pflicht, sicherzustellen, daß in seiner Diözese die richtige Lehre verkündet und dargeboten wird. Das schließt auch da, wo es angemessen ist, die Aufgabe einer korrekten theologischen Darlegung des Ordenslebens selbst ein. Damit ersetzt er nicht die Stelle derer, die in den Ordensgemeinschaften für die Ausbildung verantwortlich sind. Seine Aufgabe besteht vielmehr darin, maßgeblich Zeugnis zu geben für die göttliche und katholische Wahrheit (vgl. *Lumen Gentium*, Nr. 25) und auf diese Weise ein zuverlässiger Bezugspunkt zu werden für alle Glieder der Kirche, die die enge Verbundenheit mit Jesus Christus, dem Weg, der Wahrheit und dem Leben suchen.
Es ist die Hirtenpflicht des Bischofs, die Teilkirche zur Fülle des christlichen Lebens zu führen. Diese Pflicht ist vordringlich vor allem in der Liturgie, der Seelsorge und im Schutz des öffentlichen Gutes der Kirche. In all diesen Bereichen sind Kommunikation und Dialog mit den Ordensleuten eurer Diözesen wichtig für das Wohlbefinden der kirchlichen Gemeinschaft und für die Einheit im pastoralen Handeln. In dieser Hinsicht sind Treffen mit den höheren Ordensobern eine notwendige Vorbedingung zu Verstehen und Zusammenarbeit, und daher verdient die Arbeit des gemeinsamen Komitees von CBCI und CRI eure Unterstützung und Ermutigung.

6. Liebe Brüder, wenn ich kurz auf die Rolle des Bischofs in seiner Beziehung zum Ordensleben eingegangen bin, dann war meine Absicht dabei vor allem, euch zu ermuntern,

daß ihr die Entwicklung des Ordenslebens zu einem der großen Anliegen eures einzelnen und gemeinsamen Dienstes macht. Wenn ihr das tut, werdet ihr euch euren Ordensleuten anschließen und einige besondere Fragen gemeinsam ansprechen, wie etwa die, daß es wichtig ist, unter den Ordensleuten selbst den Sinn für das Gemeinschaftsleben und das Leben nach den Gelübden immer mehr zur Entfaltung zu bringen; ferner die Frage der Auswahl und Ausbildung von Kandidaten für das Ordensleben; Spannungen, die hin und wieder zwischen Ordensmännern, Ordensfrauen und dem Diözesanklerus bestehen können; die richtige Inkulturation des Ordenslebens, die zugleich Aspekte der lokalen Kulturen läutert, vor allem im Hinblick auf die Würde und die Rolle der Frauen in der Gesellschaft.

Ihr bereitet euch auf die Rückkehr in eure Diözesen vor, und so bitte ich euch, meine Grüße und meinen Segen auch euren Priestern, den Ordensleuten und den Laien zu überbringen. Jeden Tag denke ich im Gebet an euch und eure Mitarbeiter in der Ernte des Herrn und rufe Maria an, unsere Mutter im Glauben, euch geistlich nahe zu sein und euch mütterlich zu segnen. Ich möchte euch bitten, euren Gläubigen echte Freunde und Väter zu sein und ihnen immer das Beispiel des Guten Hirten darzustellen, der sein Leben für seine Herde dahingab. „Ich danke Gott dafür, daß ihr euch gemeinsam für das Evangelium eingesetzt habt vom ersten Tag an bis jetzt. Ich vertraue darauf, daß er, der das gute Werk bei euch begonnen hat, es auch vollenden wird bis zum Tag Christi Jesu" (*Phil* 1,5–6). Meinen Apostolischen Segen!

Alle Formen der Benachteiligung und Gewalt überwinden

Ansprache anläßlich des Ad-limina-Besuches der indischen Bischöfe der Kirchenprovinzen Bangalore, Madras-Mylopare und Pondicherry am 12. September

Liebe Mitbrüder im Bischofsamt!

1. Diese Begegnung schließt diesmal die Serie der Ad-limina-Besuche der indischen Bischöfe ab. Heute habe ich die Freude, die Bischöfe der Kirchenprovinzen Bangalore, Madras-Mylapore, Madurai und Pondicherry in den Staaten Karnataka und Tamil Nadu willkommen zu heißen. „Gnade sei mit euch und Friede von Gott, unserem Vater, und dem Herrn Jesus Christus" (*2 Kor* 1,2). Eure Anwesenheit ist ein Augenblick intensiver kollegialer Gemeinsamkeit, die uns im Dienst des mystischen Leibes Christi, der Kirche, verbindet. Mit eurer Pilgerfahrt zu den Gräbern der Apostel Petrus und Paulus legt ihr ein Zeugnis für das christliche Leben und die Heiligkeit jenes Teiles des Volkes Gottes ab, der eurer Sorge anvertraut ist. Ich danke Gott für die Gelegenheiten zur persönlichen und direkten Ausübung des weltumfassenden Amtes der Nachfolger Petri, die er mir durch meine Begegnungen mit den Bischöfen Indiens gegeben hat.

2. Die Kirche in Indien ist eine kraft- und lebensvolle Wirklichkeit, der es nicht an Möglichkeiten für die Evangelisierung mangelt. Die Mehrzahl der Riten und die Vielfalt ihrer Gegenwart und ihres Wirkens inmitten von Menschen verschiedener gesellschaftlicher

und kultureller Herkunft bereichern sie. Sie kann auf eine lange und abwechslungsreiche Geschichte zurückblicken und aus ihr Lehren für ihr Leben und ihre Sendung in unserer Zeit ziehen, einschließlich des Beispiels großer Heiliger, bei denen sie Inspiration und Ermutigung angesichts der ungeheuren Herausforderungen der Evangelisierung und des Dienstes findet.
In meinen Gesprächen mit euch, den Bischöfen, wurden mir die Lebensbedingungen eurer Brüder und Schwestern im Glauben besser klar: sie sind Bürger eines riesigen Landes, das um weitere Entwicklung so wie um Einheit, soziale Eintracht und Gerechtigkeit für all seine Bewohner ringt. Durch euch möchte ich allen Gliedern der katholischen Kirche in Indien Worte der Ermutigung senden. Mögen alle Söhne und Töchter der Kirche in Indien dank der freudigen Annahme der im Namen Jesu von der Kirche verkündeten Frohbotschaft und in hochherziger Treue zur Gnade, die sie alle für den Aufbau seines mystischen Leibes empfangen haben „ganz durchdrungen (sein) vom Willen Gottes" (*Kol* 4,12).

3. Zu den vielen Begegnungen im Lauf meines Besuches in eurem Land, die mir lebhaft in Erinnerung geblieben sind, zählt die mit den Priestern in der Basilika „Bom Jesu" in Alt-Goa, wo ich vor den sterblichen Überresten des hl. Franz Xaver beten konnte, einer hervorragenden Persönlichkeit in der Geschichte der kirchlichen Missionstätigkeit. Die bei dieser Begegnung anwesenden Priester waren Vertreter all ihrer indischen Mitbrüder „als Diener, die sich selbst rückhaltlos einsetzen, als Führer, die das Volk Gottes bilden, aneifern und auf den Wegen des Herrn leiten" (*Ansprache an die Priester*, Goa, 6. Februar 1986, Nr. 3). Auch heute möchte ich jeden von ihnen meiner tiefen Liebe im Herrn versichern und sie wie damals auffordern, weiterhin Jesus ihrem Land zu schenken.
Bischöfe und Priester werden von organischen, der Natur der Kirche selbst entspringenden Banden zusammengehalten, ist doch die Kirche das sakramentale Zeichen der erlösenden Gegenwart Christi in der Welt, einer Gegenwart, die dank des Wirkens derer, die berufen sind, auf besondere Weise am einen und ewigen Priestertum Jesu Christi teilzuhaben, durch die Zeiten hindurch fortgesetzt wird. Möget ihr, die ihr die Fülle des Priestertums empfangen habt, nie die bedeutsame Plicht vernachlässigen, mit den Priestern, die mit euch Tag für Tag die schweren Aufgaben der Pastoral teilen, Bande tiefer und dauerhafter Brüderlichkeit und Freundschaft zu knüpfen und aufrechtzuerhalten. In jeder Diözese sollte der Klerus ein sichtbares Zeugnis der Einheit, der Liebe und der gegenseitigen Unterstützung geben, an dem alle seine Mitglieder beteiligt sind. Niemals sollten Zeichen der Diskriminierung oder Spaltung aufscheinen. Freilich wird es nie an Schwierigkeiten fehlen, doch wird mit Gottes Hilfe und dank des guten Willens aller Beteiligten ein gesunder Klerus als solcher zu einem wichtigen Faktor für das Wohl und die Ausdauer jedes einzelnen eurer priesterlichen Mitbrüder werden.

4. Ich möchte die Bischöfe Indiens zu ihrer offensichtlichen Sorge um das Leben und die Amtsführung ihrer Priester beglückwünschen. Insbesondere stelle ich mit Freuden fest, daß es im Vorwort zum 1988 approbierten *Dokument über die Priesterausbildung in Indien* hieß: „Die katholische Bischofskonferenz Indiens ist um die Bildung und Ausbildung ihrer Priester mehr besorgt als um irgendeine andere ihr auferlegte Verantwortung.

Die Zukunft der Kirche in Indien hängt von der Qualität und vom Format der Priester ab, die aus unseren Seminaren und Bildungszentren hervorgehen." Ihr seid mit Recht davon überzeugt, daß eine sorgfältige Auswahl der Kandidaten und ihre solide und ganzheitliche Bildung und Ausbildung für eure Diözesen und für die Kirche als solche von einzigartiger Bedeutung und einzigartigem Vorteil ist.
Tatsächlich wurde die ganze katholische Kirche im Hinblick auf die Bischofssynode von 1990 aufgerufen, über die Bildung und Ausbildung der Priester unter den heutigen Umständen nachzudenken und zu diskutieren und für dieses Anliegen zu beten. Das Thema ist höchst aktuell, gibt es doch den Bischöfen in aller Welt Gelegenheit zur Überprüfung der vom Konzil geforderten Neuerungen auf diesem Gebiet sowie der seither gemachten Erfahrungen und der ständig neu auftauchenden Erfordernisse im Leben der kirchlichen Gemeinden. Man kann sagen, daß die nächste Synode die vorhergehende über die Berufung und Sendung der Laien in Kirche und Welt ergänzt. Gerade im Lauf dieser Synode wurde vielfach das Verlangen nach einer soliden spirituellen Bildung der Priester und nach einer Mitwirkung der Laien an dieser Vorbereitung laut, die wiederum auf die Animation der Laien abzielen sollte (vgl. *Lineamenta*, Nr. 1).

5. Diesmal möchte ich euch einladen, die ganze Kirche, die in Indien ist, an der die Synode vorbereitenden Reflexion teilnehmen zu lassen und möchte euch in dieser für euch als Bischöfe spezifischen Verantwortung für die Bildung und Ausbildung der Priester zur Seite stehen. Die *Lineamenta* sprechen von der Rolle der Bischöfe und der höheren Ordensoberen hinsichtlich konkreter Aspekte wie etwa der Visitation von Seminaren und des Interesses für den Fortschritt der Seminaristen sowie der Leitung und Unterstützung der mit dieser Bildungsarbeit befaßten Personen (vgl. *Lineamenta*, Nr. 22). Ein Bischof sollte die Bildung und Ausbildung seiner Seminaristen nicht in einem Maß anderen überlassen, das ihn daran hindert, bei der Entscheidung über die Berufung und die Zulassung zur Priesterweihe persönlich beteiligt zu sein. Da er die erste Verantwortung für die seiner Führung anvertraute Ortskirche trägt, ist er auch in erster Linie für das Leben und die Amtsausübung seiner Priester sowie für deren Bildung und Ausbildung verantwortlich.

6. Im Dokument über die Priesterausbildung in Indien betont ihr mit Recht, daß die Natur und Sendung der Kirche als Sakrament der Vereinigung mit Gott und der Einheit der ganzen Menschheit in Indien, einem Land vieler Gesichter und verschiedener Kräfte, eine ganz besondere Herausforderung darstellt. Die Bildung und Ausbildung der Priester muß daher, will sie wirklich den Notwendigkeiten eurer Diözesen dienlich sein, die Kultur, Sprache und Lebensweise des Volkes berücksichtigen, dem der Seminarist später in der Ausübung seines Amtes dienen soll. Gleichzeitig jedoch sollte diese Berücksichtigung der örtlichen Bedingungen auf keine Weise den Sinn für die Einheit und Einmaligkeit der Kirche schwächen. Die Seminaristen sollten lernen, zwischen der wesentlichen Einheit im Glauben, im sakramentalen Leben und in der hierarchischen Gemeinschaft einerseits und der berechtigten, mit einer echten Katholizität übereinstimmenden Vielfalt zu unterscheiden. Eine unberechtigte Betonung des theologischen, liturgischen oder pastoralen Pluralismus kann manchmal zu einem „Pluralismus fundamental entgegenge-

setzter Stellungnahmen" und somit zu einem Identitätsverlust führen (vgl. *Schlußbericht der außerordentlichen Bischofssynode* 1985, II C2).
Jeder Aspekt der Bildung und Ausbildung der Priester muß im Zusammenhang mit der Kirche als dem Geheimnis des ewigen Planes Gottes gesehen werden, der im Lauf der Menschheitsgeschichte gegenwärtig und sichtbar gemacht wurde. Wer berufen ist, dieses Geheimnis darzulegen – insbesondere Theologen, Professoren und andere mit der Priesterbildung und -ausbildung in den Seminaren betraute Personen – sollte von Demut und liebender Anbetung des „pietatis sacramentum" (*1 Tim* 3,16, *Vulgata*, Neuausgabe) durchdrungen sein, ist dieses doch voll und ganz die Quelle des Lebens und der Sendung der Kirche.

7. Als Hirten einer kirchlichen Gemeinde im Herzen Asiens habt ihr ein Gefühl für den umfassenden menschlichen Hunger, der das Leben auf eurem Kontinent prägt; für die tiefe Sehnsucht nach Menschenwürde und nach der Befreiung von der bedrückenden Armut, von allen Formen der Benachteiligung und der Gewalt. Ihr wißt, wie tief das Sehnen der Völker Asiens nach religiöser Wahrheit und nach der Fülle des Heils ist; ihr wißt auch, daß in diesem Zusammenhang eure hauptsächlichste Aufgabe – auf die einfachste, aber auch die wahrheitsgetreueste Weise dargestellt – darin besteht, eure Ortskirchen so zu leiten und zu unterstützen, daß sie das Antlitz Jesu Christi sichtbar machen, seine Botschaft verkünden und jenes „neue Leben" weitergeben, das dem Ostergeheimnis entspringt. Somit ist es eure vordringlichste Aufgabe als Bischöfe, persönlich und gemeinsam Jesus Christus treu zu sein und so vollkommen als möglich die Gestalt des guten Hirten und treuen Zeugen (vgl. *Offb* 1,5) widerzuspiegeln.
Die wichtigsten Aspekte eures Amtes – also die Verkündigung des Evangeliums, seine „Inkulturation" und Darlegung auf eine Weise, die dem Genius eurer Völker entspricht, sowie der interreligiöse Dialog mit den Anhängern anderer spiritueller Traditionen verpflichten euch notwendigerweise zu einem Dialog des Glaubens und der Liebe mit der Weltkirche und insbesondere mit dem Apostolischen Stuhl. Anläßlich eures Ad-limina-Besuches möchte ich euch, den Bischöfen der Kirche in Indien, für euren unablässigen und ernsthaften Einsatz im Interesse dieses wesentlichen Aspekts der Kollegialität danken.
Mit tiefer Überzeugung wiederhole ich, was ich schon im Lauf unserer Begegnung in Neu-Delhi am 1. Februar 1986 sagte: „Der eigentliche Kern eures pastoralen Eifers, liebe Brüder, muß die Einheit der Kirche sein. In dieser Einheit sehen wir den größten Segen, den Wunsch des Herzens Jesu, den Ausdruck der Treue zum Herrn, das Zeichen der Glaubwürdigkeit seiner Kirche und der Sendung Christi. In der Einheit der Kirche sehen wir den Grund für den Tod Christi, der sein Leben hingab, ‚um die versprengten Kinder Gottes wieder zu sammeln' (*Joh* 11,52)" (Nr. 7). Ich möchte dieses Anliegen euren Gebeten, euren Studien an den Aktivitäten anvertrauen, die ihr zum Wohl der Kirche in eurem Land durchführt. Die Einheit ist nicht immer leicht; sie erfordert oft große persönliche Opfer und viel persönliches Leid. Nur Gottes Gnade kann ihr Stütze sein. Möge Maria, die Mutter des fleischgewordenen Wortes, der Kirche in Indien diese Gabe erflehen.

In beharrlicher Treue Schwierigkeiten meistern

Ansprache an die Bischöfe von Jugoslawien bei ihrem Ad-limina-Besuch am 15. Januar

Liebe Brüder im Episkopat!

1. Mit großer Genugtuung empfange ich euch gemeinsam zum Abschluß eures Ad-limina-Besuches. Es geht bekanntlich, und wir alle spüren es in unseren Herzen, um eine Stunde des besonderen gemeinsamen Bedenkens der Anliegen der Kirche in eurem Land. Euer Besuch bot euch Gelegenheit, über die Arbeit in euren Gemeinschaften Rechenschaft zu geben, sowie zu überlegen und zu beraten, wie sie in Zukunft zu gestalten ist.

Ich möchte euch sagen, daß ich eure Sorgen und Erwartungen teile und Gott danke für die zahlreichen Gnaden, die er euch und euren Diözesen geschenkt hat. Gestern habt ihr hier in Rom das Geschick eures Landes dem Schutz Gottes anvertraut und die Fürbitte der Apostel Petrus und Paulus angerufen. Ihr habt euch ihr Zeugnis zur Nachahmung vor Augen gestellt und ihren großen Eifer in der Annahme und Verbreitung des Evangeliums Christi.

2. Ich danke dem Herrn Kardinal Franz Kuharic, Erzbischof von Zagreb und Vorsitzender eurer Bischofskonferenz, für die Worte, die er an mich gerichtet hat. Euch alle aber, geliebte Brüder, grüße ich, und durch euch grüße ich auch eure Priester, die Ordensmänner und Ordensfrauen und alle an Christus Glaubenden.

Mit Freude habe ich den Eifer eurer pastoralen Bemühungen zur Kenntnis genommen, womit ihr die gediegenen christlichen Traditionen eurer Sprengel zu bewahren und zugleich die Aufgabe zu erfüllen suchtet, den Glauben dort tatkräftig präsent zu machen, wo die katholischen Gemeinschaften der kleinen Herde gleichen. Dies zeigt, daß ihr bei eurer Seelsorge es mit einer kulturellen und völkischen Vielfalt zu tun habt, wie sie dem Land Jugoslawien eigen ist, und die gemeinsame Aufgabe erfüllt, die unterschiedlichen religiösen und historischen Überlieferungen mit all den Werten, die sie bezeugen, hochzuschätzen. Ihr wißt, daß man sie annehmen und pflegen muß, weil ihr euch klar seid, daß jene, die aus ihnen leben, die in ihnen verborgene Weisheit erfahren haben. Es ist daher angebracht, daß die einzelnen völkischen Gruppen sich äußern und treu auf die Bewahrung ihrer besonderen Eigenheiten bedacht sind.

Auch in diesem Zusammenhang, in welchem sich oft Schwierigkeiten und Fragen erheben, bleibt die Aufgabe der Kirche klar. Sie ist nämlich berufen, das Volk Gottes, den mystischen Leib, mit Christus, seinem Haupt, als ein einziges Ganzes aufzubauen. Die Kirche weiß, daß sie ein Zeichen für den Frieden und ein Werkzeug des Zusammenlebens sein muß, daß sie die vielfältigen Reichtümer und das Zeugnis aller Völker und eines jeden von ihnen im einzelnen fördern und annehmen muß, vor allem die Gaben der Liebe, welche die Menschen aller Sprachen und Nationen in Brüderlichkeit im Sinn des Evangeliums verbindet. Diese Universalität ist ein Geschenk des Herrn, wie wir wissen, der seine Kirche überall begleitet, damit sie „die ganze Menschheit mit all ihren Gütern unter dem einen Haupt Christus in der Einheit seines Geistes" zusammenfaßt (*Lumen Gentium*, Nr. 13).

Wir wollen daher alle gemeinsam den Herrn innig um die Gabe der Einheit bitten. Er möge in den alten und neuen Schwierigkeiten das Bemühen und die Sorge der Kirche, die Menschen zu sammeln, unterstützen und anregen und die rechten Wege für das Zeugnis der Liebe auch in jenen für Leib und Seele schwierigen Verhältnissen zeigen, von denen euer Vorsitzender gesprochen hat.

3. Wir wollen Gott auch ganz besonders um das Wohl für ganz Jugoslawien und die ganze dort zusammengeschlossene Gemeinschaft bitten, daß mit dem notwendigen Verständnis, in Zusammenarbeit aller, in gegenseitigem Gespräch und unter Wahrung des Gemeinwohls geeignete Lösungen zum Wohle aller und auch der einzelnen Bürger wirksam und dauerhaft durchgeführt werden können.
Der innere Frieden des Staates besteht nämlich nicht nur im Fehlen von offenen Konflikten oder im Ausgleich entgegengeseter Kräfte. Er ist erst recht nicht das Ergebnis tyrannischer Machtausübung. Der Friede besteht in der Gerechtigkeit und im gemeinsamen Bemühen um einen wahrhaft menschlichen Fortschritt für alle, ohne Ungleichheit und scharfe Gegensätze. Vor allem bei einer Völkergemeinschaft wie der euren muß der Friede sichergestellt werden durch Anerkennung und Achtung der Würde der einzelnen Klassen und jeder einzelnen menschlichen Person ohne Vorbehalt, ohne aufgrund der sozialen Stellung, der völkischen, kulturellen, nationalen oder religösen Eigenart Unterschiede zu machen. Er kommt zustande und bleibt erhalten in einer Gesellschaft, in der die wesentlichen Güter ausgetauscht, die Rechte geschützt und der gemeinsame Fortschritt tatkräftig und eifrig angestrebt werden (vgl. die *Botschaft zum Weltfriedenstag*, 1. Januar 1989, Nr. 3).

4. Daher möchte ich euch ermuntern, mit euren Machthabern zu sprechen. Ein solcher Dialog wird dadurch gefördert, daß die Kirche aufrichtig auf die Förderung des Wohls der Gesellschaft bedacht ist. Die Kirche erklärt und bezeugt ihre Bereitschaft, für die anstehenden Fragen ausgewogene Lösungen zu finden, um zugleich die Sorgen und Zweifel über die Natur ihrer Aufgabe zu zerstreuen.
Die schwierigen Verhältnisse, unter denen die katholische Kirche bei euch ihren Dienst zu erfüllen hat, sei es in der ganzen Föderation, sei es in den einzelnen Staaten, Provinzen und Orten, sind gut zu erkennen. Das ist aber kein Hindernis für weitere ernsthafte Versuche, die Fragen von gemeinsamen Nutzen wieder aufzugreifen. Es ist um so notwendiger und angebrachter, als die derzeitigen Verhältnisse dringend den guten Willen aller brauchen, damit für den wirksamen sozialen und moralischen Fortschritt der ganzen Föderation und ihrer Teile die besten Wege gefunden werden.

5. Ich bin mir keineswegs unklar darüber, wie schwierig die heutige Zeit auch für das religiöse Leben innerhalb der christlichen Gemeinschaften selbst ist.
Wie unser verehrter Bruder, Kardinal Kuharic, richtig dargelegt hat, wächst nicht nur in der Öffentlichkeit und im Schulwesen eine Haltung, die Gott und die Religion aus dem Bewußtsein der Menschen verdrängen möchte; es werden zugleich auch Fortschritt und Wohlergehen immer mehr im rein wirtschaftlichen und technischen Sinn aufgefaßt, so daß das einzige Ziel der private Reichtum und die Konsumgüter zu sein scheinen. Eine sol-

che Neigung wird nach aller Erfahrung schnell zur Gefahr und behindert das wahre Glück, wenn sie nicht durch das moralische Urteil berichtigt wird und es zu einer wirklich menschlichen Einschätzung dessen kommt, was den Menschen zum Wohl gereicht. „Der bloße Erwerb wirtschaftlicher Güter behindert nicht nur das Wachsen des Menschen in der Menschlichkeit, er widerstreitet zugleich seiner wahren Größe". So sagte schon unser Vorgänger Papst Paul VI. in seiner Enzyklika „Populorum progressio" (Nr. 19).

Als Lehrer des christlichen Lebens macht ihr euch mit Recht Sorge, wenn ihr das bereits beunruhigende Schwinden gewisser Güter bedenkt, die die Familie betreffen: die Ablehnung der sakramentalen Eheschließung, die hohe Zahl der Ehescheidungen, die schreckliche Zahl der Abtreibungen sowie die fortschreitende und schwerwiegende Auswirkung des Nihilismus auf die moralischen Werte selbst.

Angesichts dieser Schwierigkeiten ist natürlich die offenkundige und beharrliche Treue zu eurer Aufgabe als Hirten von höchstem Wert und sehr zu loben. Euer Zusammenhalten bei den Planungen und ihrer Durchführung bereitet mir Trost, und eure Treue zum Stuhle Petri, der Gehorsam eurer Priester und Ordensleute gegenüber den Weisungen des Lehramtes, ferner die schon so oft von euren Gläubigen erwiesene Liebe zur Person und zum Dienst des römischen Papstes, sind für mich wirklich erhebend. Eure kirchlichen Gemeinschaften zeichnen sich durch Verbundenheit mit der Kirche und Eifer für sie aus. Daher möchte ich eines Tages auch selbst, so wie ihr, unter ihnen weilen, eure Diözesen von Angesicht zu Angesicht trösten und alle an Christus Glaubenden in ihrem gediegenen Zeugnis sowie in großer gegenseitiger Zuneigung einzeln stärken.

6. Dann möchte ich euch ermuntern, daß ihr untereinander noch mehr gegenseitiges Verständnis und Übereinstimmung erreicht. Das Verhältnis der Bischöfe zueinander sollte auch noch viel mehr durch das gefördert und wirksamer gestaltet werden, was die Bischofskonferenz an Arbeit leisten kann, ferner durch die gemeinsamen Beratungen, die durch die Konferenz erfolgen können. Ich wünschte zu diesem Punkt, daß neue Statuten offen, aber sachbezogen die Wünsche und Anliegen aller Bischöfe in euren einzelnen Nationen zusammenfassen, da bis heute im ganzen jugoslawischen Staat noch recht unterschiedliche Regelungen in Kraft sind.

Die Eigenständigkeit eurer Ortskirchen weist schon von sich aus darauf hin, wie notwendig ein konkretes Gespräch und gegenseitige Nähe zwischen Bischöfen und Priestern sind. Das Presbyterium muß gleichsam eine Gemeinschaft bilden, deren Vater der Bischof ist. Er muß es verstehen, die einzelnen Priester seine Sorge und sein Interesse spüren zu lassen, er muß sie als seine Helfer und Ratgeber anhören, ihr geistiges und religiöses Leben anregen sowie ihre Schwierigkeiten mit echt apostolischem Geist lösen. Das fordert von den Priestern ihrerseits einen aufgeschlossenen und bereitwilligen Geist, um die gemeinsamen pastoralen Aufgaben in willigem Gehorsam mitzutragen. Bei einem solchen Sinn für familienhafte Zusammengehörigkeit kommt es leichter zu jener frohen Bereitschaft, den Menschen zu dienen, die zuweilen auch Opfer sowie den Geist der Demut und Selbstverleugnung einschließt.

Auch die in der Seelsorge eingesetzten Ordensleute müssen diese notwendige Verbundenheit mit dem Bischof eifrig pflegen. Obwohl die Orden und religiösen Gemeinschaften sich da und dort eigener Überlieferungen erfreuen und Großes geleistet haben, so kann doch keine Seelsorge vertreten werden, die von den Regelungen für die ganze Diözese gelöst ist. Die ekklesiologische Sicht, die jedes zum geistlichen Wohl der Menschen unternommene Bemühen vollendet, erfordert ein echtes Zusammenwirken mit dem Bischof, wie es auch der Kodex des Kirchenrechtes nahelegt (c. 678).
In diesen Gesamtzusammenhang fügt sich auch der wertvolle Dienst der Ordensschwestern auf den Gebieten der Caritas, der Katechese und des Apostolates, bei der Heranbildung der Jugend und bei der sozialen Hebung der Frauen ein.

7. Zu den Prioritäten für die Planung des künftigen Apostolates gehört gewiß und an hervorragender Stelle die Pastoral für die Jugend. Ihr selbst habt traurig erklärt: haben sie einmal das Sakrament der Firmung empfangen, so geben viele Jugendliche die religiöse Praxis auf. Das hat viele Gründe, nicht zuletzt ist dafür aber das Erziehungswesen verantwortlich, in dem sie die entscheidenden Schritte ins Erwachsenenalter hinein vollziehen. Wichtig bleibt es, die Bedeutung der Katechese anzuerkennen, sowie ihre Formen und Anregungen für das Leben der Jugendlichen. Gefordert ist hier eine Anpassung der Katechese, damit die Lebensführung von immer mehr Jugendlichen der christlichen Botschaft entspreche.

8. Schließlich möchte ich alle eure Initiativen ermuntern, mit denen ihr die entsprechenden Schritte zum ökumenischen Gespräch versucht, das in euren Gebieten auf besondere Schwierigkeiten stößt. Der apostolische Eifer, der euch beseelt, sowie die ohne Unterlaß angerufene Gnade des Heiligen Geistes werden euch helfen, Gelegenheiten zum Zusammentreffen und zu Gesprächen über Fragen zu finden, die allen Glaubenden gemeinsam sind. Gerade angesichts der Schwierigkeiten, die der heutige Atheismus und der Sittenverfall mit sich bringen, wird klar, daß es Gründe für ein gemeinsames Bemühen gibt, auf das Gewissen der Menschen einzuwirken und Wege aufzuzeigen, wie die hauptsächlichen Güter der Religion für alle religiösen Konfessionen bewahrt werden können.

9. Ich habe hier einiges aus dem kirchlichen Leben in Jugoslawien hervorgehoben, um euch meine Liebe und Verbundenheit zu bezeugen und euch zu zeigen, in welcher Gesinnung ich aus der Ferne euren Dienst verfolge und eure Sorgen teile.
Möge der Herr selbst auf die Fürbitte der heiligen Petrus und Paulus und aller im Himmel, die im Verlauf der Jahrhunderte in eurer Heimat Gott die Ehre gegeben haben, auf die Fürbitte nicht zuletzt der Jungfrau Maria, die in unzähligen Heiligtümern bei euch verehrt, gelobt und geliebt wird die pastoralen Strukturen eurer Diözesen festigen, Priester- und Ordensberufe erblühen lassen und die Glaubenskraft bei eurem Volk wirksam unterstützen. Damit euch bei der Erfüllung eurer seelsorglichen Pflichten, die euch ermüden und zugleich neu erheben, die Kraft und Macht der göttlichen Gnade niemals fehlen, wie ich dringend wünsche, erteile ich euch allen, euren Priestern und Ordensleuten und den eurer Sorge anvertrauten Christgläubigen aus liebevollem Herzen den Apostolischen Segen.

Das Kreuz macht Leiden fruchtbringend

Ansprache beim Ad-limina-Besuch der Bischöfe Kolumbiens (1. Gruppe) am 30. November

Herr Kardinal,
geliebte Brüder im Bischofsamt!

1. Mit Freude richte ich meinen liebevollen Gruß im Herrn an euch, Bischöfe des kolumbianischen Westens, die ihr zu eurem Ad-limina-Besuch nach Rom gekommen seid. Er bietet uns die Möglichkeit zu der erwarteten brüderlichen Begegnung, um die Bande, die uns im Glauben, im Gebet und in der tätigen Liebe eng vereinen, noch zu verstärken. Damit wollen wir Zeugnis geben von der Einheit der Kirche, für die der Herr inständig gebetet hat (vgl. *Joh* 17,11) und die einer Welt Licht und Leitung sein möchte, die unter Widersprüchen mühsam sucht, eine Familie von Brüdern zu sein.

Eure heutige Anwesenheit hier erinnert mich in besonderer Weise an die intensiven Tage des Glaubens und der Liebe, die ich während meiner apostolischen Reise vor drei Jahren mit dem geliebten kolumbianischen Volk verbracht habe. Damals kam ich den Wurzeln des christlichen Glaubens Kolumbiens nahe und konnte feststellen, wie lebendig sein Katholizismus ist. Ich habe mich bemüht, ihn weiter zu ermutigen und dank der Gnade Gottes hat er eine neue Dynamik erfahren, die ihr Bischöfe in wirksame Pastoralprogramme zu fassen wußtet.

Zugleich mit meiner Ermutigung, eure Arbeit fortzusetzen und den kirchlichen Sinn in eurem Volk zu beleben, indem ihr Jesus Christus, den Retter und die Hoffnung der Menschen, verkündet, möchte ich meine Achtung und aufrichtiges Wohlgefallen zum Ausdruck bringen für eure selbstlose Hingabe an die euch anvertrauten Gemeinden. Fahrt fort, im christlichen Volk die Begegnung mit dem lebendigen und wahren Gott zu fördern, als Weg zur Umwandlung jener sozialen Wirklichkeiten, die heute euer Herz als Hirten und Söhne der kolumbianischen Erde bedrängen.

2. In dieser Hinsicht hat Kardinal Alfonso López Trujillo, Erzbischof von Medellin und Präsident der Bischofskonferenz, im Namen aller der pastoralen Sorge Ausdruck geben wollen, die euch vor den schwierigen Momenten, durch die euer Land hindurchgeht, erfaßt. Mit den Worten des Apostels sage ich euch: „Virtus in infirmitate perficitur – (Die) Gnade ... erweist ihre Kraft in der Schwachheit" (*2 Kor* 12,9). Diese in der christlichen Erfahrung des Paulus erhärtete Überzeugung kann auch eure Stimmung hochhalten in den schmerzlichen Umständen, die die Christen in Kolumbien leben. Es handelt sich im Grunde um das Paradox des christlichen Glaubens, der die Erlösung und das Leben als Kehrseite des Kreuzes und des Todes sieht.

Inmitten der Schwierigkeiten hält eure moralische Autorität die Hoffnung des gläubigen Volkes hoch, indem sie eine Kultur des Friedens zu schaffen sucht, die auf der Anerkennung der Würde des Menschen gründet und Versöhnung und Solidarität fördert. Bei dieser Gelegenheit will ich erneut meine Unterstützung für euren Dienst bekunden; und, eurer Bitte willfahrend, möchte ich euch jetzt einige Überlegungen zu diesem Thema

anbieten, die euren Einsatz in der Sendung stärken und die Hoffnung eurer Gemeinden ermutigen sollen.
Mit den Augen des Glaubens nehmt ihr die Situation in ihrer ganzen Erbarmungslosigkeit wahr. In der Tat hat sich eine Spirale von Blut und Gewalt entfesselt, die es fertiggebracht hat, das menschliche Zusammenleben bis auf den Grund zu entstellen. Ihre blinde Wucht gefährdet sicher die als Antrieb für die Anstrengung und die Dynamik eines Landes notwendige Aussicht auf Zukunft. Darüber hinaus hat diese Woge von Tod und Zerstörung unter ihren zahlreichen Opfern auch verschiedene Priester und Ordensleute gefordert, und kürzlich den geliebten Bischof von Arauca, Jesús Emilio Jaramillo Monsalve. Ich kann nicht umhin, einmal mehr meine Mißbilligung für diese Akte unentschuldbarer Gewalt gegen Diener des Evangeliums zu wiederholen und ich bete zum Herrn, daß ihr Opfer Anruf zur Versöhnung und zur Vergebung sei.
In diesen harten Zeiten, denen ihr zu begegnen habt, wird auch das christliche Gemüt der Kolumbianer auf die Probe gestellt. Die im Sozialgeflecht entstandenen Verletzungen drohen das moralische Potential zu lähmen, das die notwendige Erneuerung hervorbringen soll. Demgegenüber muß die Kirche, die auf die Mittel der Versöhnung und der Vergebung zählt, alle auf diesem mühsamen Weg begleiten und für den Aufbau einer gerechteren und friedlicheren Gesellschaft arbeiten. Dazu ist die Mitarbeit aller erforderlich.

3. Es ist zugleich dringend nötig, eine Bewegung für eine neue Kultur der Solidarität (vgl. *Sollicitudo rei socialis*, Nr. 38–40) in Gang zu bringen. Die Kolumbianer dürfen das Vertrauen in die eigene Fähigkeit, die bedrückende Situation kollektiv zu lösen, nicht verlieren. Sie müssen es sich selbst beweisen, daß sie ihre Probleme, so schwer sie auch seien, mit vereinten Kräften angehen und lösen können.
Das alles muß euch zum Nachdenken bringen. Die Teilnahme aller und besonders der Baumeister der Gesellschaft muß ein Zukunftsprojekt für die nationale Gemeinschaft hervorbringen. In diesem Sinne gibt es nicht wenige Fragen zu untersuchen, vor allem, wenn wir die Faktoren in Betracht ziehen, die zu der gegenwärtigen Situation geführt haben: Fragen, die angemessene Lösungen finden wollen.
Diese soziale Situation muß euch veranlassen, unermüdlich die Bekehrung der Herzen, den Wandel der Mentalität zu predigen. Die Zukunftsprojekte hängen immer in großem Maß von den Tugenden derer, die sie planen und ausführen, ab. Dennoch ist in der gegenwärtigen Situation die Notwendigkeit größer, denn die zu lösenden Fragen erfordern sicher eine neue Art von Zusammenleben unter den Menschen. Neue Ideale und Werte müssen sich allmählich öffnen, verbunden mit dem, was in der Kulturgeschichte Kolumbiens bleibend gültig ist.
Auf der Basis einer gründlichen Umkehr, eines solidarischen gemeinsamen Bewußtseins und eines breiten Einvernehmens zur Zusammenarbeit wird es möglich sein, eine friedbringende und die authentischen ethischen und sozialen Werte fördernde Aktion zu unternehmen. Ich fordere daher die Christen Kolumbiens und besonders die gläubigen Laien auf, ihr Interesse nicht erlahmen zu lassen, die Lösung nicht von anderen zu erwarten, denn sie hängt von allen ab. Sie ist dem Herzen jedes Mannes und jeder Frau der edlen kolumbianischen Erde anvertraut.

4. Wie im ganzen christlichen Leben, besonders jedoch in solchen Umständen, gilt es, den Blick auf das Kreuz Christi zu richten. Wird doch das Überwinden der gegenwärtigen Situation Opfer aller Art erfordern. Aber paradoxerweise macht das Kreuz alles Leiden fruchtbringend, denn durch sein Annehmen weiß der Mensch sich hineingenommen in eine Dynamik des Sieges, und nicht etwa irgend eines Triumphes, sondern eines transzendenten, endgültigen Sieges. Dieses Hineingenommensein besteht darin, daß man zu lieben versteht, wie Christus liebte, und bis zum Opfer des Kreuzes gelangt.
In seinem Leiden trat Jesus dem Tod mit „der größten Liebe" (vgl. *Joh* 15,13) entgegen und besiegte ihn mit der Kraft dieser Liebe. Denn „stark wie der Tod ist die Liebe" (*Hld* 8,6), mehr noch, sie ist fähig, ihn zu besiegen. Deshalb besteht die Liebe auch in der Auferstehung: als Frucht des Lebensopfers.
Daher teilt er uns in der Eucharistie seinen Leib und sein Blut als Leib und Blut des Auferstandenen mit, damit er auch in uns die Macht seines Ostersieges ausübe. Und so wie der Tod fähig ist, ihn ganz zu zerstören, ist die siegreiche Liebe Christi weit mehr fähig, ihn ganz wiederaufzubauen und ihm neues Leben zu geben.

5. In eurer Sendung als „wahre und authentische Lehrer des Glaubens" (*Christus Dominus*, Nr. 2) seid ihr gerufen, dem Menschen „in seiner vollen Wahrheit, in all seinen Dimensionen" (*Redemptor hominis*, Nr. 13) zu dienen. Die Gläubigen und auch die Gesellschaft erwarten von euch das richtungweisende Wort, das ihnen auf persönlicher wie auch auf familiärer und gesellschaftlicher Ebene Klarheit gibt. Die Jugendlichen, die hohe und edle Ideale wünschen, doch wegen eines schädlichen moralischen Relativismus verwirrt sind; die Familie, die in ihren menschlichen und christlichen Werten bedroht ist; der Mensch der Landgebiete, der häufig von allen vergessen ist; die Bewohner der Städte, von denen viele durch Wohnungsnot, Arbeitslosigkeit und Lebenskosten niedergedrückt sind; die Armen und Bedürftigen, die am Verlassensein leiden und an fehlender Solidarität seitens derer, die ihnen helfen könnten, es aber nicht tun. Sie alle sind bevorzugte Empfänger des Evangeliums und der Liebe Jesu durch euren Hirtendienst. Daher sollen sich eure Gemeinden ausweisen durch das Zeugnis und durch einen Lebensstil, der die klare Haltung des gelebten Evangeliums zeigt.
Für diese ungeheure Apostolatsarbeit sind Männer und Frauen nötig, die unter eurer Anleitung und Ermutigung sich freudig der Verkündigung der christlichen Botschaft durch ihr Wort und ihr Leben widmen. Wenn der Diener Gottes stets und in allen Umständen der Heiligkeit und großherzigen Hingabe bedarf, so heute in besonderer Weise. Der Priester muß durchdrungen sein vom Geist des Gebetes und der Hingabe, bereit zum Opfer, begeistert an dem Ideal, Christus in den Brüdern zu dienen.

6. In sehr lieber Erinnerung ist mir die Begegnung im Stadion „Atanasio Girardot" von Medellin bei meiner Apostolischen Reise nach Kolumbien. Auf die Sozialpastoral bezugnehmend, welche sich in den Kontext der Aktion der Teilkirche einzufügen hat, hatte ich euch daran erinnern wollen, daß „die Kirche (...) sich keinesfalls von irgendeiner Ideologie oder herrschenden Politik das Banner der Gerechtigkeit entreißen lassen (kann), die eine der ersten Forderungen des Evangeliums und zugleich Frucht der Ankunft des Reiches Gottes ist" (5.7.86).

Stets vom Wort Gottes geleitet und in vollkommener Übereinstimmung mit dem Lehramt der Kirche sollt ihr fortfahren, in euren Gemeinden ein aktives soziales Bewußtsein zu fördern, das sich nicht auf die alleinige Dimension der menschlichen Besserstellung beschränkt, sondern die Erfordernisse der christlichen Berufung sowie die Zugehörigkeit zum Mystischen Leib Christi in Betracht zieht. Seid gleicherweise Förderer der Gerechtigkeit, indem ihr in jedem Augenblick die Würde einer jeden Person verteidigt. Es ist dies eine von der Kirche und ihrer Soziallehre voll und ganz übernommene Sache, „um in der heutigen schwierigen Lage eine richtige Problemstellung wie auch die beste Lösung der Fragen zu fördern, ... die echte Entwicklung, die Würde des Menschen und der Völker“ (*Sollicitudo rei socialis*, Nr. 41).

Es geht folglich darum, mit dem eigenen Glauben und den Prinzipien des Evangeliums die Kraft und Inspiration zu heiligen, damit in euren Gemeinschaften die Liebe solidarisch geübt und fruchtbar werde, denn, wie der Apostel Johannes schreibt, „(ist) jeder, der die Gerechtigkeit nicht tut und seinen Bruder nicht liebt, (...) nicht aus Gott“ (*1 Joh* 3,10).

Diese Liebe muß für jeden Christen das Unterscheidungsmerkmal sein. Deshalb ist der Rückgriff auf Gewalt und Haß als Mittel zur Erreichung von Zielen beanspruchter Gerechtigkeit stets tadelnswert.

7. Ich stelle bei eurer Pastoraltätigkeit wiederholte Aufrufe zum Frieden, zur Versöhnung und zur Eintracht fest. Mögen doch Streit und Haß weichen, die Zerstörung und Tod hervorbringen! Daß niemand, der sich Christ zu nennen rühmt, den Säern von Gewalt und Schrecken den mindesten Rückhalt biete! Daß alle den Drogenhandel, diese „neue Form von Sklaverei“, zurückweisen! (vgl. *Ansprache im Heiligtum von S. Peter Claver*, Cartagena, 6.7.86). Und daß, im Gegenteil, Vernunft und Recht über Intoleranz und Extremismus siegen, die das friedliche Zusammenleben vernichten.

Frieden, Vergebung und Versöhnung verkündigen, entspricht wesentlich dem Evangelium, dessen Herolde und selbstlose Diener ihr, geliebte Brüder, seid.

Ich möchte dieses brüderliche Gespräch mit der Bitte an euch beschließen, euren Priestern sowie den gottgeweihten Menschen meinen liebevollen Gruß zu überbringen. Sagt ihnen, daß der Papst ihnen im Gebet nahe ist, und daß er ihre Mühen für das Evangelium in der Treue zur Kirche schätzt.

Euch bekunde ich aufs neue meine Nähe und meine beständige Unterstützung bei eurer pastoralen Sorge für die Kirchen, die der Herr euch anvertraut hat, damit sie in Wahrheit und Gerechtigkeit, in Heiligkeit und Liebe wachsen.

Mit diesen Wünschen begleite euch mein Apostolischer Segen, den ich auf alle die geliebten Gläubigen Kolumbiens ausdehne.

Kirche Lateinamerikas steht vor schwierigen Herausforderungen

Ansprache beim Ad-limina-Besuch der kolumbianischen Bischöfe (2. Gruppe) am 4. Dezember

Herr Kardinal,
geliebte Mitbrüder im Bischofsamt!

1. Bei dieser Begegnung mit euch anläßlich eures Ad-limina-Besuches danke ich Gott, unserem Vater, der Quelle allen Trostes (vgl. *2 Kor* 1,3) für das Zeugnis der Gemeinschaft im Glauben und in der Liebe, die uns als Hirten der einzigen Kirche Christi eint.

Vor allem möchte ich euch im Namen des Herrn danken für eure hingebungsvolle Arbeit im Dienst der Verkündigung des Evangeliums – „damit das Wort des Herrn sich ausbreitet und verherrlicht wird" (*2 Thess* 3,1). Ich weiß sehr wohl, daß die Ausübung eures Amtes nicht geringe Opfer mit sich bringt und große Einsatzbereitschaft fordert, und das besonders in den Schwierigkeiten, denen euer Land in diesem Augenblick ausgesetzt ist. Ihr wißt, daß ich euch stets mit meinem Gebet für eure pastoralen Anliegen begleite und euch mit meiner Liebe nahe bin, die auch euren Priestern, Ordensleuten, Seminaristen und Gläubigen der Kirchenbezirke von Bogotá, Tunga und Ibagué gilt.

In euren Fünfjahresberichten und in unseren Privatgesprächen war immer von der schätzenswerten Lebenskraft der Gemeinden die Rede, die euch von Amts wegen anvertraut sind, sowie von eurer Entschlossenheit, als Bischöfe den Geist der Kollegialität und der Einheit innerhalb eurer Bischofskonferenz und mit der ganzen Kirche aufrechtzuerhalten. Dazu veranlassen euch eure Hirtensorge und die Überzeugung, am dreifachen Amt des Nachfolgers Petri – der Unterweisung, Heiligung und Leitung der Kirche – teilzuhaben. Die brüderliche Zusammenarbeit unter euch gereicht eurem pastoralen Wirken zum Vorteil und gibt der Praxis der Kollegialität ihre wahre Dimension in der steten Ausrichtung an Christus, dem Mittelpunkt der Einheit.

Auf diese Weise wird die bischöfliche Kollegialität zu einer Schule menschlicher und übernatürlicher Tugenden, da alle, die daran teilhaben, sie dank ihrer eigenen Innerlichkeit und ihrer persönlichen und tiefen Einheit mit Christus bereichern. So wird sich das Wirken des Heiligen Geistes in euren Entscheidungen zeigen. „Wenn aber jener kommt, der Geist der Wahrheit, wird er euch in die ganze Wahrheit führen" (*Joh* 16,13).

2. Die Aufgabe der Verkündigung des Evangeliums Christi ist zweifellos keine leichte und stellt an das bischöfliche Amt große Anforderungen. Sie muß die Kirche als Sakrament des Heils unter den Menschen immer lebendiger, gegenwärtiger und eifriger machen. In diesem Sinn sind die Worte von Kardinal Mario Revollo Bravo, dem Erzbischof von Bogotá, eine Einladung zur gemeinsamen Reflexion über das zentrale Thema der Sendung der Kirche: die Neuevangelisierung Lateinamerikas. Es handelt sich dabei um eine pastorale Initiative von entschiedener Transzendenz, die den kirchlichen Gemeinden

neuen Eifer mitteilen und sie auf die Feiern zum fünften Jahrhundert der Ankunft der Frohbotschaft auf dem amerikanischen Kontinent an der Schwelle des dritten christlichen Jahrtausends vorbereiten möchte.
Ich habe mich oft an die Bischöfe verschiedener lateinamerikanischer Länder gewandt und ihnen die verschiedenen Aspekte dieser neuen Evangelisierung vorgelegt. Heute möchte ich mich in einer grundlegenden pastoralen Reflexion auf ihre Bedeutung beschränken, und euch zu weiteren Initiativen aufrufen, die spezifisch die Situation und die derzeitigen Herausforderungen im geliebten Kolumbien betreffen.
Eine erste Erwägung hebt zwei Aspekte hervor. Der erste betrifft den Horizont, der ins Auge gefaßt werden muß. Der der Mission in Lateinamerika zur Verfügung stehende weite und mit Möglichkeiten erfüllte Raum erfordert heute von allen ein tieferes und intensiveres christliches Leben.
Der andere Aspekt betrifft die Träger dieser Mission. In Einklang mit der Ekklesiologie des Konzils ist die Verbreitung des Evangeliums auch allen Getauften anvertraut. Nach einem vom christlichen Orient geschätzten Bild könnten wir sagen, daß der Träger der heutigen Mission ein tausendstimmiger Chor sein muß, aus allen Christen gebildet, die Gott in den liturgischen Versammlungen loben und einander helfen, ihr Taufversprechen zu leben. Auf andere Weise kommt das zum Ausdruck, wenn jeder Gläubige in seiner Familie und an seinem Arbeitsplatz auf die Umgestaltung und Heiligung der Welt, dem Plan des göttlichen Vaters entsprechend, bedacht ist.

3. Was den Horizont der Evangelisierung – eine in Lateinamerika und in vielen anderen Ländern der Welt offene Frage – betrifft, so handelt es sich dabei um die Würde des Menschen. Euer Kontinent ist tatsächlich von argen Unausgeglichenheiten betroffen, die bittere Konsequenzen wie den bewaffneten Kampf, totalitäre Ideologien, Gewalt und Rauschgifthandel nach sich ziehen. Darüber hinaus lassen sich weiterhin Kriterien und Systeme wirtschaftlicher Produktion feststellen, die nur bestimmten Schichten der Bevölkerung ein menschenwürdiges Dasein sichern, während sie ungerechte soziale Unterschiede weiterbestehen lassen.
Angesichts dieses Panoramas von Spannungen und Kontrasten fehlt es nicht an jenen, die behaupten, die Befreiung des Menschen führe über die Loslösung auch von Gott; sie „erwarten vom bloßen menschlichen Bemühen die wahre und volle Befreiung des Menschengeschlechts und sind davon überzeugt, daß das Zukunftsreich des Menschen auf Erden alle Herzenswünsche erfüllen werde“ (*Gaudium et spes*, Nr. 10).
Die Kirche in Lateinamerika steht heute vielleicht mehr denn je besonders schwerwiegenden Herausforderungen gegenüber. Das erfordert Radikalität des Glaubens und der christlichen Botschaft. Das verstehe ich unter „großer Sendung“. Sie besteht darin, dem Menschen den tiefsten und letzten Grund seiner Existenz vor Augen zu führen: Letztlich handelt es sich darum, „Christus der Welt zu offenbaren, einem jeden Menschen zu helfen, damit er sich selbst in ihm wiederfinde“ (*Redemptor hominis*, Nr. 11). Im „unergründlichen Reichtum Christi“ (*Eph* 3,8) muß der Mensch Lateinamerikas die Erhabenheit seiner Berufung, das Ausmaß der Liebe unter den Menschen und den Sinn seiner Arbeit in der Welt entdecken.

4. Wir stehen hier den drei großen Dimensionen der menschlichen Existenz gegenüber, welche die Pastoralkonstitution *Gaudium et spes* in ihren ersten drei Kapiteln als die fundamentalen Bereiche der Sendung der Kirche in der heutigen Welt bezeichnet. Diese Radikalität der zu erreichenden Ziele erfordert nun von der Kirche einen Einsatz, der die Gesamtheit ihrer Heilsmittel einschließt. Bei der Erfüllung dieser Sendung kommt der Ortskirche sicher vorrangige Bedeutung zu und ihr tragt als „wahre und authentische Lehrer des Glaubens, als Priester und Hirten" (*Christus Dominus*, Nr. 2) die letzte Verantwortung für das pastorale Wirken. Deshalb muß diese Sendung als Ausdruck der Kirchlichkeit immer den inneren Zusammenhalt der Christenheit aufweisen und als Wurzel, Mittel- und Höhepunkt die Gegenwart und Verwirklichung der Heilsmittel betrachten, d.h., die heilbringende Kraft Christi im Heiligen Geist, der durch das bischöfliche Amt und dank der Mitwirkung der Priester das Evangelium verkündet und die Eucharistie verwirklicht (vgl. *Christus Dominus*, Nr. 11).

Das Evangelium enthüllt den ganzen Horizont der Erlösung, denn wenn wir die gesamte Existenz Christi entdecken, wird uns auch sein erlösendes Wirken in den verschiedenen Etappen und Dimensionen seines menschlichen Lebens faßbar. Daraus ergibt sich die Notwendigkeit einer ständigen Betrachtung dieser heiligen Texte, damit ihre erlösende Botschaft unsere menschlichen Sorgen durchdringe: die normalen, alltäglichen Tätigkeiten ebenso wie die großen kulturellen Errungenschaften des lateinamerikanischen Menschen. Deshalb verlangt ein großer Teil der Herausforderungen, die eine neue Evangelisierung notwendig machen, daß wir fähig sind, uns in diese Heilsfülle, welche uns das Evangelium vor Augen führt, mehr und mehr vertiefen und sie immer besser zum Ausdruck zu bringen. Die Neuevangelisierung ist ein Ruf hin zur Kirche, und sie soll in allen Dimensionen und Augenblicken des menschlichen Lebens Eingang finden.

Die Eucharistie läßt das Verkündete Wirklichkeit werden und verleiht den göttlichen Tugenden konkrete Dynamik. Christus ist mit seiner Gegenwart in der Eucharistie der erste und fundamentale Träger der Evangelisierung (vgl. *Evangelii nuntiandi*, Nr. 6). Indem der Mensch ihn persönlich im Glauben aufnimmt, gewinnt er Zugang zur unerschöpflichen Quelle der Liebe des Vaters. In dieser Christusnähe hat die Hoffnung ihre festen Wurzeln, die Unbeugsamkeit, mit welcher der Christ sich für die Sendung der Umgestaltung der Welt einsetzt. Daraus ergibt sich die Notwendigkeit, stets die zentrale Stellung der Eucharistie im Leben der Kirche hervorzuheben.

Demnach gewinnt die Sendung an Wirkkraft, wenn die den kirchlichen Gemeinden innewohnende, heiligende Macht in ihren Aktivitäten stets gegenwärtig ist. Tatsächlich ermutigt und unterstützt die sie beseelende Kraft die Gläubigen als Glieder der Kirche bei ihrem Wirken, ist ihnen doch bewußt, wie tief alle apostolischen Initiativen im Wirken Christi verwurzelt sind. Die Tatsache, daß die Gemeinschaft mit ihrem Bischof aus Christus lebt, hat zur Folge, daß auch das persönlichste Apostolat in der Überzeugung verwirklicht wird, dabei nicht allein zu sein, sondern an der Gnade des allgemeinen Sakraments des Heiles – der Kirche – teilzuhaben (vgl. *Lumen Gentium*, Nr. 48).

5. Es ist eine große Aufgabe, heute in Kolumbien zu evangelisieren. Ihr, geliebte Brüder, seid dazu berufen. Euer Eifer und eure Sorge müssen euch veranlassen, die christlichen

Wurzeln eures Volkes neu zu entdecken und zu beleben. So müßt ihr einer systematischen Pastoral, die auf solidarische Weise einigen gemeinsamen Projekten, wie sie den eurer Kirche zur Verfügung stehenden Kräften entsprechen, im Interesse größerer Wirksamkeit neue Dynamik einflößen.
Auch ist es notwendig, einige Prioritäten zu setzen und alle vorhandenen Mittel in den Dienst des wesentlichen Zieles zu stellen, d.h., in den Dienst der Erneuerung des Glaubens an Christus, der Weg, Wahrheit und Leben für den Menschen und die Welt ist. Alle müssen sich, mit ihren Hirten vereint, dieser Sendung lebhaft verpflichtet fühlen, um so entsprechend auf die Fragen und Notwendigkeiten des Menschen unserer Zeit eingehen zu können.
Die Lebenskraft der Kirche wird dank ihrer Fähigkeit, im Leben des einzelnen und der Gesellschaft präsent zu sein, unter Beweis gestellt. Schenkt deshalb bestimmten Sektoren, wie etwa dem ländlichen, dem Arbeiter- und Universitätsmilieu unablässig die besondere pastorale Aufmerksamkeit, die sie erfordern. In Gedanken an die unvergeßliche Begegnung mit der kolumbianischen Landbevölkerung in Chiquinquirá möchte ich der Kirche aufs neue für jene Bemühungen Mut zusprechen, welche die Entwicklung und den Wohlstand der Landarbeiter zum Ziel haben.

6. Auch fehlt es in eurem Land nicht an säkularistischen Auffassungen und permissiven Haltungen, die viele Menschen – insbesondere unter der jungen Generation – richtungslos machen. Intensiviert daher eine Jugendpastoral, die dieser Generation gesicherte religiöse Überzeugungen schenkt und sie zu einer aktiveren Teilnahme am sakramentalen und Gemeindeleben veranlaßt. Es handelt sich hier um eine junge und hochherzige Kraft, die fähig ist, den Bewegungen des Laienapostolats Dynamik und Energie einzuflößen. Möge euer Wort für sie immer ein Licht sein, das den Blick auf Gott lenkt und den Sinn des Lebens aufzeigt, indem es diesen Jugendlichen Werte vor Augen führt, die sie veranlassen, sich für den Aufbau einer gerechteren und geschwisterlichen Gesellschaft einzusetzen. Ich bin sicher, daß ein umfassendes Bemühen um die christliche und menschliche Bildung und Ausbildung zum Besten zählt, was die Kirche tun kann, um den Glauben der Kolumbianer neu zu beleben und ihnen bei der Überwindung der augenblicklichen Prüfungen und Gefahren zu helfen. Mögen sich die Familien, Pfarreien, Schulen und Universitäten mit einer neuen, kreativen Geisteshaltung für die Heranbildung einer vereinten und mitverantwortlichen Jugend einsetzen.

7. Innerhalb des Werkes der Evangelisierung, zu dem die Kirche aufruft, nimmt die Evangelisierung der Kultur einen hervorragenden Platz ein (vgl. *Puebla*, Nr. 365 ff.). Obwohl die kulturellen Wurzeln, die euch zur Nation formten, von der christlichen Botschaft durchdrungen sind, ist es heute notwendig geworden, aus eurer reichen Vergangenheit neues Leben zu gestalten und aus ihr Sauerteig und Ansporn für die Evangelisierung der kolumbianischen Kultur unserer Zeit zu machen. Jeder Christ hat die Aufgabe, an der Inkulturation der Werte des Evangeliums in die Verschiedenheit der kulturellen Ausdrucksformen eures Landes teilzunehmen, so auch im Milieu der Universitäten, der Kunst und der Literatur.

In diesem Sinn ist auch die aktive Präsenz der Katholiken in den Mitteln der sozialen Kommunikation bedeutsam. Es handelt sich dabei in erster Linie um ein vorzügliches Mittel zur Erziehung der Völker und zur Förderung der hohen Werte der Wahrheit, der Gerechtigkeit und der Solidarität. Gleichzeitig können die Mittel der sozialen Kommunikation die Botschaft des Evangeliums und die Lehre der Kirche den Familien und den Herzen vieler Menschen mitteilen, die eines erleuchtenden, belehrenden und tröstenden Wortes bedürfen.

Deshalb muß eure Hirtensorge alle Initiativen unterstützen, die aus den Mitteln der sozialen Kommunikation ein Instrument der Evangelisierung machen, um die religiösen Überzeugungen eurer Gläubigen zu stärken und sie gegen den aggressiven Proselytismus der Sekten zu verteidigen, da diese sich in Kolumbien vermehren, Verwirrung säen und die Einheit der christlichen Gemeinden zerstören.

8. Zum Abschluß dieser brüderlichen Begegnung möchte ich euch die Worte in Erinnerung rufen, die Jesus beim Letzten Abendmahl an seine Jünger richtete: „Euer Herz lasse sich nicht verwirren" (*Joh* 14,1). Keine Furcht soll eurer Hoffnung etwas anhaben können. In diesem Augenblick fehlt es nicht an Unsicherheit und an Risiken, doch wollen wir mit dem hl. Paulus sagen: „Alles vermag ich durch ihn, der mir Kraft gibt" (*Phil* 4,13).

Kehrt mit vollem Vertrauen in Jesus Christus, der euch dazu berufen hat, seine Herde zu weiden, zu euren Ortskirchen zurück und laßt euer Apostelamt reiche Früchte der Liebe und der Heiligkeit tragen. Ihr sollt wissen, daß ich euch in Gedanken und mit dem Gebet begleite und Gott für euch, für eure Priester, Ordensleute und Gläubigen anflehe. Ich empfehle euch dem Schutz dessen, „der in euch das Wollen und das Vollbringen bewirkt, noch über euren guten Willen hinaus" (*Phil* 2,13).

Mit diesem Wunsch erteile ich euch in herzlicher Liebe meinen Apostolischen Segen.

Leben des Glaubens erfordert oftmals Kühnheit und Heroismus

Ansprache an die Bischöfe Kolumbiens bei ihrem Ad-limina-Besuch (3. Gruppe) am 15. Dezember

Liebe Mitbrüder im Bischofsamt!

1. Es ist mir eine Freude und ich danke dem Herrn dafür, daß ich heute mit euch zusammentreffen und eure Freuden und Besorgnisse, die immer in meinen Gedanken, meinem Herzen und meinen Gebeten gegenwärtig sind, aus der Nähe kennenlernen kann, ist doch die Sorge um alle Ortskirchen die dem Nachfolger Petri anvertraute Sendung.

Ich weiß um die derzeitige Lage eurer Ortskirchen und der geliebten kolumbianischen Nation. Gemeinsam mit euch allen und mit jedem einzelnen von euch erkenne ich den

Ernst der Probleme, die auf besorgniserregende Weise das gesellschaftliche und religiöse Leben eures Volkes beeinflussen und auf ihm lasten. Deshalb soll unsere heutige Begegnung am Ende eures Ad-limina-Besuches euch in eurer Hoffnung bestärken, und meine Worte möchten euch eine Stütze bieten bei der kraftvollen Erneuerung eures pastoralen Wirkens in den Kirchenbezirken des nördlichen Kolumbien.

2. Die Aufgaben, denen ihr gegenübersteht, erfordern zweifellos neben der Klugheit – einer Gabe des Heiligen Geistes – Geduld, Stärke und Mut, also Tugenden, die Jesus, unser Herr, unablässig jenen schenkt, die ihn inständig und demütig darum bitten, um besser Gott und den Menschen dienen zu können. Deshalb setzen wir angesichts der Schwierigkeiten und Widersprüche des gegenwärtigen Augenblicks all unser Vertrauen auf den, der mit seinem Tod am Kreuz gesiegt hat. Das, was fast alle als Mißerfolg betrachteten, war ein Sieg. In diesem Sinn verkündete der Herr: „Dies habe ich zu euch gesagt, damit ihr in mir Frieden habt. In der Welt seid ihr in Bedrängnis; aber habt Mut: Ich habe die Welt besiegt“ (*Joh* 16,33).
Den von Erzbischof Hector Rueda Hernández von Bucamaranga im Namen aller ausgesprochenen Worten läßt sich klar entnehmen, daß die Laien eine große Hoffnung für die Gegenwart und die Zukunft des kirchlichen Lebens in eurem Land sind. Die aktive Gegenwart und das christliche Zeugnis der Gläubigen sind wirklich eine bedeutsame Kraft und können das Leben der einzelnen und der Gesellschaft umgestalten und besser dem Plan Gottes, des Vaters, angleichen. Unter den derzeitigen Umständen wird es euch ganz besonders bewußt, wie wichtig die vom II. Vatikanischen Konzil betonte Teilnahme der Laien als Salz der Erde für die Präsenz und das Wirken der Kirche in jenen Milieus ist, in denen sich ihr berufliches und gesellschaftliches Leben abspielt.
In diesem Zusammenhang müssen wir auch die zahlreichen Schwierigkeiten berücksichtigen, denen eben diese Gläubigen in ihren familiären, gesellschaftlichen, beruflichen und kulturellen Milieus begegnen können. Den christlichen Glauben mit seinen unverzichtbaren Erfordernissen zu leben, kann in bestimmten Situationen Kühnheit und sogar Heroismus erfordern. Umso mehr gilt demnach ein entschiedenes Zeugnis für diesen Glauben. „Ihr – ermahnt uns der Herr – seid das Salz der Erde. Wenn das Salz seinen Geschmack verliert, womit kann man es wieder salzig machen?“ (*Mt* 5,13). Deshalb ist besonderer Nachdruck darauf zu legen, daß das Salz des christlichen Zeugnisses nicht seinen Geschmack verliere und nicht verderbe!
Jene Kräfte also müssen in Bewegung gesetzt werden, die dem apostolischen Wirken der Gläubigen Durchschlagskraft verleihen und ihnen helfen, den Geist des Evangeliums aufrechtzuerhalten und zu stärken. Daraus ergibt sich die Notwendigkeit, auf der Heiligkeit des Lebens und der Familie zu bestehen.

3. Im Apostolischen Schreiben *Christifideles laici* erinnerte ich daran, und auch das II. Vatikanische Konzil betonte: „Das Gebot der Stunde geht mehr denn je dahin, daß alle Christen den Weg der Erneuerung im Geist des Evangeliums begehen, um sich hochherzig der Aufforderung des Apostels zu stellen, daß ihr ‚ganzes Leben‘ heilig werde (*1 Petr* 1,15)“ (*Christifideles laici*, Nr. 16). Die Hirten müssen daher fest davon überzeugt

sein, daß nur die Heiligkeit einen Ausgangspunkt für die Erneuerung darstellt; nur die Heiligkeit des Christen enthüllt die hohe Würde und verwirklicht das Ideal, das seinem Leben Sinn gibt. Nur die Heiligen waren fähig, den Haß in Liebe, die Ungerechtigkeit in Gerechtigkeit und die Spaltung in Einheit zu verwandeln, weil sie ihr Vertrauen und ihre Hoffnung auf den setzten, der die Welt besiegt hat (vgl. *Joh* 16,33).
Unser Wunsch, die Wirklichkeiten dieser Erde im Sinn Christi umzugestalten, damit sich in ihnen Gerechtigkeit, Liebe und Friede widerspiegeln, veranlaßt uns, große Hoffnungen in die Laien zu setzen. Zweifellos dürfen wir nicht nur das in Betracht ziehen, was sie tun, sondern müssen auch dem Rechnung tragen, was sie sein können. Es müssen ihnen also die Mittel zur Verfügung gestellt werden, mit deren Hilfe sie zur Reife des christlichen Lebens gelangen können. So heißt es auch im erwähnten Apostolischen Schreiben *Christifideles laici*: „Das Leben nach dem Geist, dessen Frucht die Heiligkeit ist (vgl. *Röm* 6,22; *Gal* 5,22), fordert von jedem Getauften Nachfolge und Nachahmung Christi und befähigt ihn dazu: in der Annahme der Seligpreisungen, im Hören und Betrachten des Wortes Gottes, in der bewußten und aktiven Teilnahme am liturgischen und sakramentalen Leben der Kirche, im persönlichen Gebet, im Gebet der Familie und der Gemeinschaften ..." (*Christifideles laici*, Nr. 16).
Laßt mich in diesem Zusammenhang nochmals die Bedeutung des Gebetes hervorheben. Es handelt sich um eine fundamentale Dimension des Christseins im allgemeinen und der Existenz des Laien im besonderen. Aus einem Mann oder einer Frau einen Christen oder eine Christin machen heißt, aus ihnen Männer und Frauen des Gebetes machen; Männer und Frauen, die es verstehen, mit Gott wie mit einem Vater umzugehen und die sich daher der Wirklichkeit ihrer Gotteskindschaft voll und ganz bewußt sind.
Zum Gebet gehört auch die Einheit des Lebens. Tatsächlich wird der Laie, wenn er das Gebet in sein tägliches Leben einfügt, noch besser die Bedeutung einer anderen fundamentalen Dimension des Christseins entdecken: die Bedeutung der „Fleischwerdung" des Glaubens im eigenen Leben. „Die Laien müssen – so heißt es in *Christifideles laici* – zu jener Einheit hingeführt werden, die ihrem Sein als Glieder der Kirche und als Bürger der menschlichen Gesellschaft entspricht. Sie können keine Parallelexistenz führen: auf der einen Seite ein sogenanntes ‚spirituelles' Leben mit seinen Werten und Forderungen und auf der anderen Seite das sogenannte ‚welthafte' Leben, das heißt das Familienleben, das Leben in der Arbeit, in den sozialen Beziehungen, im politischen Engagement und in der Kultur" (*Christifideles laici*, Nr. 59). Die dynamische Wurzel dieser Einheit ist die Liebe, die dazu drängt, alle Verhaltensweisen auf die Liebe zu Gott und zu den Mitmenschen zurückzuführen.

4. Auch der Familie kommt in bezug auf die Heiligkeit und als Grundlage der gesamten Gesellschaftsstruktur besondere Bedeutung zu. Sie ist ja der Schnittpunkt vieler für das Leben einer Nation entscheidenden Fragen, wie etwa der Jugenderziehung, der Stabilität der moralischen Ordnung, der Fortführung der Traditionen und selbst des Fortschritts des Menschen als solchen.
Im Rahmen der neuen Evangelisierung muß die Familie eine Schule der Tugenden sein, in der Heiligkeit der Ehe begründet, deren Strahlkraft alle Dimensionen der Gemeinde

erreicht. Sie muß immer das natürliche Milieu sein, in dem der Christ seine Persönlichkeit formt, seinen Glauben zur Reifung bringt, seine Berufung entdeckt und sich heiligt (vgl. *Gravissimum educationis*, Nr. 3; *Christifideles laici*, Nr. 62).
Die christliche Jugenderziehung im Rahmen der Familien ist von vorrangiger Bedeutung für das Keimen von Priester- und Ordensberufen, ist doch normalerweise eine christliche Persönlichkeitsbildung, die im Gebetsleben und in der ständigen Übung der Tugenden zum Ausdruck kommt, der für die Annahme und Reifung einer priesterlichen Berufung geeignete Boden. In diesem Sinn bezeichnet das II. Vatikanische Konzil die Familie als das „erste Seminar", das den wichtigsten Beitrag für die Zunahme der Priesterberufungen leistet (vgl. *Optatam totius*, Nr. 2).
Gott wollte eure Gemeinden segnen, indem er Berufungen zum Priestertum und zum Ordensleben weckte, zum Aufbau der Kirche. Deshalb müßt ihr dem Herrn für so viele empfangene Gnaden danken und euch gleichzeitig aufgerufen fühlen, im Geist der Universalität mit den bedürftigeren Ortskirchen zu teilen. Das wollte auch meine Botschaft an den III. Lateinamerikanischen Missionskongreß in Bogotá im Jahr 1987 betonen, die das Thema behandelte: „Lateinamerika, die Stunde ist gekommen, in der du evangelisieren mußt." Ich sagte darin: „Lateinamerika ist dazu berufen, der Kontinent der missionarischen Hoffnung zu sein … indem es in seiner Armut Boten aussendet, die allen Völkern das Evangelium verkünden, ‚Kraft Gottes, die jeden rettet, der glaubt' (*Röm* 1,16)" (Nr. 5).

5. Zugleich mit meiner Aufforderung, weiterhin in euren Ortskirchen den missionarischen Geist zu pflegen, möchte ich im Herrn meinem Dank an die Missionare und Missionarinnen Ausdruck geben, die das jahrhundertelange Bemühen um die Evangelisierung fortsetzen und heute durch die Katechese, die Sakramente, die Volksfrömmigkeit und das erzieherische und sozialfürsorgerische Wirken das Herz des Volkes erreichen. Manche von ihnen entstammen anderen Nationen, haben jedoch Kolumbien zu ihrer neuen Heimat gemacht und sich auch in die Diözesanpastoral eingegliedert. In diesem Zusammenhang möchte ich sie auffordern, stets ein Zeugnis für ihre effektive und affektive kirchliche Gemeinschaft mit den Bischöfen abzulegen. Dies ist die Einheit, um die Christus den Vater anflehte, bevor er sein Leben hingab: „So sollen sie vollendet sein in der Einheit, damit die Welt erkennt, daß du mich gesandt hast und die Meinen ebenso geliebt hast wie mich" (*Joh* 17,23).
Eine gewisse Anzahl von Ordensfamilien wurde hauptsächlich für die christliche Erziehung der Kinder und Jugendlichen gegründet, und zwar in erster Linie für die verlassensten unter ihnen. In diesem Augenblick, in dem der Jugendpastoral besondere Bedeutung zukommt, müssen die Ordensleute in Treue zum kirchlichen Lehramt und in vollkommenem Einklang mit der Hierarchie an der Erfüllung der katechetischen Aufgaben der Ortskirchen mitarbeiten. Die Katechese ist eine kirchliche Aktivität, die dem Glauben entspringt und ihm dient, indem sie Jesus Christus verkündigt. Daher muß die Erklärung der Wahrheiten unseres Glaubens mit dem Leben aus dem Glauben verbunden sein; sie muß die eigene persönliche und tiefe Beziehung zu Gott als Gegenstand des von der Kirche verkündeten Glaubens weitergeben.

Einer intensiven katechetischen Tätigkeit werden aufgrund des Wirkens des Heiligen Geistes apostolische Bewegungen entspringen, die es verstehen, auf die Unruhe der Jugend und des heutigen Menschen einzugehen und ihnen Ideale vorzulegen. Dank eures Eifers und eurer Sorge um ihre Treue zum Glauben der Kirche und ihre Aufgeschlossenheit für die Richtlinien ihrer Hirten können diese laienapostolischen Organisationen den Anbruch eines neuen Tages für die Verkündigung Christi, des Retters und Erlösers des Menschen, anzeigen.

6. Zuletzt möchte ich alle Söhne und Töchter der geliebten kolumbianischen Nation dem Schutz unserer Mutter von Chiquinquirá empfehlen. In wenigen Tagen werden wir das Geheimnis der Menschwerdung des Gottessohnes betrachten, der unter uns wohnen wollte und sein Leben auf dieser Erde als Mitglied einer Familie, der Familie von Nazaret, verbrachte. Flehen wir die Patronin Kolumbiens an, sie möge die Königin und Herrin aller kolumbianischen Familien sein und aus jeder von ihnen eine Familie machen, die der von Nazaret gleicht: einen Hort des Friedens, der Eintracht und des Glücks, einen Ort, an dem alles und alle großmütig im Dienst des göttlichen Heilsplanes stehen.
Teilt allen Priestern und Diakonen, den Ordensleuten, allen Familien und allen Gläubigen die große Hoffnung mit, die Papst und Kirche in sie setzen. Führt ihnen erneut das Ideal der Heiligkeit vor Augen, damit es ihr Leben lenke und damit sie in ihm ein Ziel sehen, das aller Mühen wert ist! Vor allem aber richtet eure besondere Aufmerksamkeit auf eine Familienpastoral, die der besseren Kenntnis der Menschenwürde, der Gerechtigkeit und des Friedens diene und die Hoffnung auf eine bessere Zukunft für alle wecke.
Möge euch stets mein Apostolischer Segen begleiten.

Jeder hat ein Recht auf Unterweisung durch die Kirche

Ansprache anläßlich des Ad-limina-Besuchs der Bischöfe aus Lesotho am 15. September

Liebe Brüder im Bischofsamt!

1. „Gnade sei mit euch und Friede von Gott, unserem Vater, und dem Herrn Jesus Christus“ (*Phil* 1,2). Wenn ich euch anläßlich eures Ad-limina-Besuches in Rom willkommen heiße, so kehren meine Gedanken spontan zu unserem letzten Treffen zurück, das vor genau einem Jahr im Herzen von Lesotho stattgefunden hat. Mit besonderer Dankbarkeit erinnere ich mich an die warme Gastfreundschaft, der ich bei den Katholiken in den Bergen eures Königreiches begegnet bin. Obschon mein Besuch nicht ganz der Tragik entbehrte, die ein Teil des Lebens der Kirche im südlichen Afrika ist, war es mir gegeben, Zeuge des festen Glaubens zu sein, der bei eurem Volk Wurzeln gefaßt hat, sowie der Herausforderungen, denen es entgegentritt, und der Hoffnung, die es für die Zukunft Lesothos bietet.
Unsere Zusammenkunft steht im Zeichen der Trauer um den plötzlichen Tod des Erzbischofs Morapeli. Seine Liebe zur Kirche und sein weiser brüderlicher Rat als Bischof und

Metropolit sind Vorbild und Ansporn für euren eigenen bischöflichen Dienst. Möge Gott in seiner ewigen Liebe seinen treuen Diener belohnen.

2. Ein starker Glaube an Jesus Christus verlangt, daß wir „unseren Geist und Sinn erneuern" (vgl. *Eph* 4,23) und lernen, alle Dinge im Lichte des Evangeliums zu beurteilen. Voll Freude sehe ich, daß euer letzter Hirtenbrief an die Katholiken von Lesotho alle Glieder der Kirche zur Gewissenserforschung hinsichtlich ihres Beitrags als Christgläubige zum Leben in eurer Gesellschaft aufgerufen hat. Bei dieser Selbstprüfung wird die Kirche von Lesotho auf euch Bischöfe blicken, um Anregung und Leitung zu finden. Dies ist durchaus angemessen, denn das Volk des Neuen Testaments wird auf seinem Weg zur ewigen Seligkeit durch den Dienst seiner Bischöfe geleitet und gelenkt (vgl. *Lumen Gentium*, Nr. 21).
Ich möchte euch bei eurem Bemühen um den Aufbau des Leibes Christi im Königreich Lesotho meiner brüderlichen Hilfe versichern. Als Zeichen meiner Sorge „für alle Gemeinden" (vgl. *2 Kor* 11,28) rief ich kürzlich für Afrika eine Sonderversammlung der Bischofssynode zusammen. Diese Versammlung wird allen Bischöfen Afrikas die Gelegenheit bieten, im Licht des Glaubens die Realität der Kirche im Leben eurer Völker an der Schwelle des dritten Jahrtausends zu beurteilen.

3. Liebe Brüder, wesentlich für euer Amt als Nachfolger der Apostel ist die erhabene Aufgabe, das Evangelium zu predigen und dem Volk, das eurer Fürsorge anvertraut ist, zu helfen, die Glaubenswahrheiten in seinem täglichen Leben anzuwenden. Das Zweite Vatikanische Konzil erinnert daran, daß Bischöfe Glaubensboten und authentische Lehrer des Glaubens sind – Lehrer, die mit der Autorität Christi ausgerüstet sind.
Um Antwort zu geben auf eine Welt, die sich danach sehnt, „Jesus zu sehen" (vgl. *Joh* 12,21), müßt ihr in eurer Person die Wahrheit des Gotteswortes und die Liebe des Guten Hirten verkörpern. Diese große Aufgabe verlangt von euch eine immer tiefere Gleichgestaltung, dem Geist und dem Willen nach, mit Christus, unserem Hohenpriester. Die Grundlage zu dieser immer tieferen Nachfolge Christi wurde dank der Gabe des Heiligen Geistes, die ihr in eurer Bischofsweihe empfangen habt, bereits gelegt. Die Gnade Gottes hat euch befähigt, an Christi Stelle zu stehen und in seiner Person zu handeln (vgl. *Lumen Gentium*, Nr. 21). Als Hirten und Ebenbilder des Guten Hirten seid ihr aufgerufen, die „forma gregis" zu werden, das wahre Vorbild für jenen glühenden Glauben und jene geistliche Weisheit, zu der alle Christen berufen sind. In den Teilkirchen seid ihr dazu berufen, die vielen Gaben zu unterscheiden und zu ordnen, die der Geist zum Aufbau des Leibes Christi in Glauben, Hoffnung und Liebe gegeben hat.

4. Wenn ich über das Leben der Kirche in Lesotho nachdenke, so danke ich Gott für die vielen Wege, auf denen euer Dienst das Licht Christi in euer Land und zu seinem Volk gebracht hat. Angeregt vom Gebet und Beispiel des sel. Joseph Gerard, habt ihr euch bemüht, das große Werk fortzusetzen, das Evangelium Jesu Christi dem Volk eures Landes in Geist und Herz einzupflanzen. In politischen und sozialen Spannungen habt ihr mit lobenswerter Sorge um moralische Werte und die Forderungen der Gerechtigkeit auf die Bedürfnisse eures Volkes geantwortet. Ich bin ganz besonders froh über die geduldigen

und hochherzigen Bemühungen in Zusammenarbeit mit den Leitern anderer kirchlicher Gemeinschaften, um die im Exil lebenden Basotho. Deren Rückkehr in ihr Heimatland ist ein Zeichen der Hoffnung für die Zukunft Lesothos, denn da, wo Versöhnung waltet, stärken Liebe, Einheit und Zusammenarbeit den Entschluß eines Volkes, in Frieden zu leben.

Ich bitte euch dringend um jede Bemühung eurerseits „als Boten und authentische Lehrer des Glaubens", um zu gewährleisten, daß der katholische Glaube weiterhin mit Sorgfalt und in seiner ganzen Fülle allen Christgläubigen gelehrt wird. Wenige Aspekte eures Bischofsamtes sind so wichtig wie letzterer, denn von einer gut im Glauben ausgebildeten Priester- und Laienschaft hängt die zukünftige Lebendigkeit der Kirche in Lesotho ab. Die Gewissenserforschung, die ihr den Katholiken von Lesotho auferlegt habt, wird nur dann Früchte tragen, wenn sie im Licht einer angemessenen und praktischen Kenntnis des Wortes Gottes und der Lehre der Kirche unternommen wird.

5. In diesem Zusammenhang möchte ich die Wichtigkeit einer fundierten Katechese unterstreichen, die von gutausgebildetem und hochherzigem Personal durchgeführt wird. In meinem Apostolischen Schreiben *Catechesi tradendae* schrieb ich, daß „jeder Getaufte gerade auf Grund seiner Taufe das Recht hat, von der Kirche eine Unterweisung und Bildung zu empfangen, die ihm ein echt christliches Leben ermöglichen" (*Catechesi tradendae*, Nr. 14). Das Werk der Katechese ist ein unentbehrlicher Aspekt des weiteren Evangelisierungswerkes. Wenn der Gläubige erst einmal das Evangelium gehört und Christus angenommen hat, muß er oder sie in Christus wachsen und lernen, Ihm zu folgen, „zu denken wie er, zu urteilen wie er, zu handeln nach seinen Geboten und zu hoffen, wie er uns einlädt" (*ebd.*, Nr. 20).

Die Pflege einer starken katholischen Identität, die ihre Wurzeln in der Gleichgestaltung mit Christus und einer gesunden Kenntnis der Glaubenslehre hat, ist für den Erfolg der kirchlichen Mission in der heutigen Gesellschaft ausschlaggebend. Da die Jugendlichen sich ernsten Herausforderungen an ihren Glauben und an ihre Treue zum Gebot Christi gegenübergestellt sehen, brauchen sie Mittel, die sie fähig machen, ein Leben zu führen, das der Berufung würdig ist, die sie empfangen haben. Eine allumfassende Katechse wird sie befähigen, jenen Herausforderungen auf eine Weise zu begegnen, die sowohl vollkommen christlich als auch vollkommen afrikanisch ist. Ein besonderer Bereich eures pastoralen Eifers muß stets die Ausbildung bereitwilliger und gut vorbereiteter Katechisten sein, die Christus kennen und lieben und die den Glauben der Kirche mit all denjenigen teilen, denen sie begegnen.

Ein bevorzugter Ort für die Katechese in Lesotho war und ist immer noch sein hervorragendes katholisches Schulsystem. Diese Schulen sowie die bereitwilligen Ordensleute und Laien, die dort arbeiten, haben auf die Gesellschaft eine tiefe Wirkung ausgeübt. Sie haben Generationen von Schülern in einer Lernatmosphäre hervorgebracht, die vom Glauben inspiriert ist und alles Wissen vor den Hintergrund des Planes Gottes für die Welt und die Menschheit stellt. Um die Qualität religiöser Erziehung, die in den Schulen und den Vorbereitungsprogrammen auf die Sakramente erteilt wird, seid ihr zu Recht besorgt. Katholische Schulen spielen auf so vielerlei Weise eine wichtige Rolle in eurer Gesellschaft. Ich hoffe, daß den Schwierigkeiten, die die Schulen betreffen, in einem wahren Geist des guten Willens begegnet wird, und daß die öffentlichen Autoritäten ihnen weiterhin die Unterstützung geben werden, die sie brauchen.

6. Ein anderer für die Zukunft in Lesotho außerordentlich wichtiger Bereich ist die Ausbildung künftiger Priester. Auch hier muß euch eure Pflicht als Glaubenslehrer dazu anleiten, eine angemessene Ausbildung in den Wahrheiten der katholischen Lehre und im apostolischen Leben zu sichern. Vielleicht wird hierbei ein besonderes Opfer von euch verlangt. Seminaristen brauchen die Gegenwart und Leitung eurer besten Priester – Priester, die fähig sind, junge Menschen zu einer tiefen Liebe zum Herrn und einem unerschütterlichen Einsatz in einem Leben apostolischen Eifers zu inspirieren. Es gibt in der Tat wenige Aufgaben, in denen der Priester eine so tiefe Wirkung auf die Zukunft der Kirche ausüben kann. „Spes messis in semine“: die Hoffnung auf eine Ernte hängt von der Hochherzigkeit ab, mit der der Samen gesät wird.
Das Amtspriestertum, zu dem eure Seminaristen berufen sind, bedeutet Teilhabe am Priesteramt Jesu Christi, der sich zu unserem Heil „erniedrigte und gehorsam war“ (*Phil* 2,8). In einer Zeit, die den Sozialstatus in den Vordergrund stellt, ist der Priester dazu berufen, anderen zu dienen, ganz besonders den Ärmsten und denen, die die größte Not leiden. Aus diesem Grund muß die geistige Formung, die ein so wichtiger Teil der Seminarausbildung ist, Jesus besonders als den hervorheben, der zu uns kam, um zu dienen (vgl. *Lk* 22,27). Das Ziel dieser Ausbildung muß sein, einen Eifer zum Dienst an anderen zu stärken, der tief in der Dankbarkeit für die empfangene Gabe verwurzelt ist.
Die Ordensleute, die in Lesotho arbeiten, tragen in hohem Maß zum Leben eurer Ortskirchen bei. Ihre erzieherischen, karitativen und pastoralen Tätigkeiten sind unentbehrlich. Doch bieten sie euren Gemeinschaften vor allem das Zeugnis ihrer religiösen Weihe, das ein Zeichen des Königreiches Gottes und ein Ausdruck für die Liebe Christi ist und alle Glieder der Kirche zur Erfüllung ihrer christlichen Pflichten hinführen kann (*Lumen Gentium*, Nr. 44). Eure Aufgabe ist es, sie in diesem wesentlichen Aspekt ihres geweihten Lebens zu unterstützen und sie zur Heiligkeit aufzurufen.

7. Liebe Brüder, indem ich diese Gedanken mit euch teile, ermuntere ich euch in eurem Amt für das Gottesvolk. Da ihr den Herausforderungen der Gegenwart und der Zukunft gegenübersteht, sollt ihr niemals aufhören, neues Vertrauen und neue Hoffnung aus der Gnade Gottes zu schöpfen, die in den Herzen aller Gläubigen wirkt. Hierfür gibt euch das Leben des sel. Joseph Gerard ein leuchtendes Beispiel, denn seine persönliche Heiligkeit und sein Vertrauen auf Gottes Willen regte ein ganzes Volk dazu an, sich Christus zuzuwenden.
Voll Dankbarkeit an den Vater für all seine vielen Gaben, bitte ich euch, meine Liebe und meine besten Wünsche meinen Brüdern und Schwestern in den Kirchen von Maseru, Leribe, Mohale's Hoek und Qacha'a Nek zu übermitteln. Richtet ihnen bitte aus, daß der Papst sie liebt und für sie betet, damit sie in der Gnade und in der Freude wachsen, die aus dem Dienst am Herrn in Treue und Danksagung hervorgeht. Ihnen und euch, ihren Hirten, erteile ich von Herzen meinen Apostolischen Segen und erbitte für euch alle den liebenden Schutz Marias, der Mutter der Kirche.

Den Prozeß der Zerstörung beenden

Ansprache an den Patriarchen und an die Maronitischen Bischöfe des Libanon anläßlich ihres Ad-limina-Besuches am 24. Juni

Hochwürdigster Herr Patriarch,
liebe Mitbrüder im Bischofsamt in der maronitischen Kirche!

1. Mit besonderer Herzlichkeit heiße ich euch anläßlich eurer Pilgerfahrt zu den Gräbern der Apostel Petrus und Paulus, den Vorbildern und Fürsprechern für das ganze Bischofskollegium, willkommen. Eure Anwesenheit in Rom macht während dieser Tage mein tägliches Gebet für euer leidgeprüftes Volk, für dieses geliebte, so eng mit den Anfängen des Christentums verbundene und heute hart heimgesuchte Land noch inständiger.

Mit seinem Gruß an euch möchte der Nachfolger des Petrus auch allen Gliedern der maronitischen Kirche sagen, daß sie seinem Herzen nahe und daß ihnen die Achtung und Freundschaft der ganzen Kirche sicher sind. Hochwürdigster Herr Patriarch und liebe Mitbrüder, überbringt den Bischöfen, die nicht kommen konnten, sowie den Priestern, den Ordensleuten und Laien eurer Diözesen und auch euren Brüdern anderer Riten die Botschaft brüderlicher Solidarität des Papstes und der ganzen Kirche, und ermutigt sie, standhaft im Glauben zu bleiben und weiterhin für den Frieden zu arbeiten, in der Hoffnung, die auf das Versprechen des Herrn gegründet ist.

Die gleiche Botschaft der Solidarität des Papstes vertraue ich euch für alle Libanesen an, ob sie nun wie wir den Christennamen tragen, oder ob sie unseren Glauben an den einen und allmächtigen Gott teilen. Ich hoffe sehr, daß alle mutig für den Frieden und das Wohl eures Landes arbeiten, ohne jemals die Hoffnung zu verlieren.

Ich weiß, daß die Libanesen den Krieg, der seit so vielen Jahren eine harte Prüfung für sie darstellt, nicht als einen Konflikt religiöser Natur betrachten: der religiöse Pluralismus, der eure Region kennzeichnet, wurde lange Zeit hindurch als bereichernde Gemeinsamkeit erlebt. Es ist undenkbar, daß im Namen Gottes so viel Leid verursacht und sogar die Existenz eines Landes in Frage gestellt werden kann.

2. Herr Patriarch, im Namen der maronitischen Bischöfe und Gläubigen waren Sie so freundlich, Worte der Dankbarkeit für mein Eingreifen zugunsten des Libanon an mich zu richten: ich teile Ihren Schmerz über das Andauern dieses schrecklichen Krieges, der Ihr Volk zerstört; wie könnte ich es somit unterlassen, meine Stimme zu erheben, wenn das Echo so vieler ungerechtfertigter Leiden und das Bild grausam vergossenen, unschuldigen Blutes zu mir dringen?

Vor knapp einem Monat teilte ich zahlreichen Staatsoberhäuptern meine Sorge angesichts des Leides mit, das euer Volk bedrückt und angesichts der dramatischen Situation, die es ihm verwehrt, frei und ohne Furcht Pläne für die Zukunft seiner Heimat zu schmieden.

Im Laufe dieser schmerzvollen Jahre sind zu den Schwächen und zur Ungewißheit der Libanesen, also zu einer schwierigen Gesamtsituation, noch nicht libanesische Eingriffe und bewaffnete Interventionen hinzugekommen. Ich wiederhole es hier nochmals: die

Länder eurer Region und die gesamte internationale Gemeinschaft sind verpflichtet, sich konkret für eine Beendigung dieses Prozesses der Zerstörung einzusetzen und den Libanesen guten Willens bei der Wiederaufnahme des Dialogs behilflich zu sein, damit die staatlichen Einrichtungen wieder frei funktionieren können und damit sich neuerlich eine auf die Gleichheit der Rechte und die Prinzipien des demokratischen Zusammenlebens gegründete Gesellschaft gestalte.
Alle derzeit laufenden Initiativen schätze ich hoch ein und ermutige zu ihrer Fortführung, von der Hoffnung beseelt, daß sie bei jenen, die es unmittelbar betrifft, positive Aufnahme finden mögen und daß ihnen die notwendige internationale Unterstützung zuteil werde.

3. In diesem Augenblick gewinnt euer Ad-limina-Besuch besondere Bedeutung. Ich anerkenne den Mut und den Glaubensgeist, die euch bei der Erfüllung dieser kirchlichen Verpflichtung beseelen. Ich hoffe, daß eure Pilgerfahrt für euch eine Quelle neuer Kraft und Energie für eure Sendung werde. Diese Quelle ist der Glaube an Christus. Die Apostel und Märtyrer haben für diesen Glauben gelebt und sind für ihn gestorben. Der Glaube an Christus, den Sieger über das Böse, ist der Mittelpunkt des christlichen Geheimnisses. Er wirft sein Licht auf alles Dunkle in unserer persönlichen Geschichte und in der unserer Gemeinden. Am Kreuz hat Christus die Welt gerettet. Aus seiner Seitenwunde fließen das Blut und das Wasser, denen die Welt ihr Leben verdankt. Aus seinem Grab ist er am Ostermorgen als Erstgeborener unter den Toten auferstanden. Während uns selbst das Überleben eines Volkes und einer Kirche äußerst gefährdet erscheinen und, menschlich gesehen, es anscheinend keine Lösung gibt, kann unser gläubiger Blick nur vom österlichen Geheimnis der Erlösung erhellt werden, das allein der Kirche ihre Daseinsberechtigung verleiht.
Liebe Brüder, die maronitische Kirche, für die ihr als Hirten die Verantwortung tragt, ist heute zu einer wachsenden brüderlichen Verbundenheit aufgerufen, die sich auf die treue Gegenwart des Erlösers in den leidenden Gliedern seines Leibes stützt. Stärkt die Einheit eurer Gemeinden durch das Gebet jedes einzelnen, durch die gemeinsame Feier der Geheimnisse des Glaubens und durch die geschwisterliche Liebe, die kraftvoller als alle anderen Gefühle sein muß. Ihr seid die Erben eines alten geistlichen Schatzes, seid eine wertvolle Pflanze in dem vom Herrn geliebten und von allen geachteten Weingarten des christlichen Ostens. Eure Vorfahren haben in ihrer Ausdauer edle Traditionen geschaffen: euch steht es nun zu, sie angesichts der bewegten Ereignisse der Geschichte zu vertiefen.
Heute schließt eure Sendung ganz besonders die Verpflichtung zur Ermutigung und Unterstützung der Gläubigen eurer Kirche und all eurer Landsleute guten Willens ein. Helft ihnen, die Versuchung zu Haß, Rachsucht und Vergeltung zu überwinden, den Egoismus zu besiegen und einen ehrlichen Dialog aufzunehmen, der der einzig mögliche Weg zum Wiederaufbau eurer Gesellschaft und eures Landes ist.

4. Heute kommt es darauf an, daß alle Glieder der Kirche sich der wesentlichen Sendung, Zeugen der Liebe Christi zu sein, verpflichtet fühlen. Dazu bedarf es der Zusammenarbeit von Bischöfen, Priestern, Ordensleuten und Laien mit allen Verantwortungen,

die ihnen in Kirche und Gesellschaft obliegen. Sie alle werden, wenn sie im Gebet und in einem erneuerten Glauben einander nahe und in den immer verbesserungsfähigen kirchlichen Strukturen vereint sind, die glaubwürdigsten Zeugen für die Friedensbotschaft des Evangeliums sein. Gemeinsam könnt ihr neuerlich die ganze libanesische Gesellschaft aufrufen, wieder das einst auch jenseits eurer Grenzen bewunderte, geschwisterliche Zusammenleben aufzunehmen. Gemeinsam werdet ihr – wenn ihr die Spaltungen und Meinungsverschiedenheiten innerhalb der Gemeinschaft und zwischen den einzelnen Gruppen überwindet – das Beispiel der gegenseitigen Achtung für die Einzelnen und ihre Überzeugungen geben, welche die erste Voraussetzung für Gerechtigkeit und Freiheit ist. Die Patriarchalsynode, die ihr kürzlich abgehalten habt, hat zweifellos in diesem Sinn nützliche Richtlinien erlassen.
Ich weiß auch um die Sorgen, die euch die zahlenmäßig starke Auswanderung verursachen, sei es infolge des Verlustes zahlreicher Gläubiger, sei es aufgrund der Notwendigkeit, eine enge Verbindung mit den über alle Welt verstreuten Maroniten aufrechtzuerhalten. Ihr wünscht mit Recht, daß sie in lebendiger Beziehung zu ihrer Mutterkirche und ihrer Heimat bleiben.

5. Das Ordensleben hat in eurem Land alte Traditionen und die Klöster haben in der Vergangenheit eine wichtige Rolle bei der Gestaltung und selbst bei der Gründung der Dorfgemeinschaften gespielt und diese geistlich und intellektuell beseelt. Mein Wunsch ist es, daß heute die männlichen und weiblichen libanesischen Orden weiterhin in voller und erneuerter Harmonie mit dem maronitischen Episkopat ihren Beitrag zu einem dem Evangelium gemäßen Zeugnis leisten, vor allem dank der Verfügbarkeit, die die treue Beobachtung der Gelübde der Keuschheit, der Armut und des Gehorsams schenkt. In jeder Ortskirche nehmen die beschaulichen und die apostolisch tätigen Ordensleute einen besonderen Platz ein. Ihre Berufung verpflichtet sie zum Beispiel des Verzeihens; verplichtet sie, die Eintracht aufzubauen und um den Preis des persönlichen Verzichtes unbeirrbare Zeugen der Solidarität zu sein. Sie sollen wissen, daß man auf sie zählt. Die ziemlich zahlreichen Jugendlichen, die in ihre Noviziate eintreten, ermutige ich in ihrem Verlangen nach selbstloser Christusnachfolge in Gebet und Unterstützung ihrer Brüder und Schwestern in allen Formen der Nächstenliebe.

6. Ihr habt zur Zeit auch eine größere Anzahl von Priesteramtskandidaten. Darin erblicke ich ein positives Zeichen: diese Jugendlichen tragen den Eifer eines Volkes in sich, das sich Gott zuwendet und stellen in ihrer Großmut ein Unterpfand der Hoffnung dar. Möge es euch gelingen, sie fest im Glauben zu einem priesterlichen Leben hinzuführen, in dem sie sich als unermüdliche Gestalter der Einheit und des Friedens im Namen Christi für die Gläubigen aufopfern!
Ich möchte dem gesamten Klerus eurer Diözesen für seinen pastoralen Eifer im Dienst der Gemeinden unter oft schwierigen Bedingungen mein Lob aussprechen. Dabei kann ich nicht die Priester vergessen – Libanesen und andere –, die im Lauf dieser langen Kriegsjahre bei der Erfüllung ihres kirchlichen Amtes, im Dienst ihrer Brüder und Schwestern den Tod gefunden und so zu den tausenden unschuldiger Opfer zählen, die wir beklagen.

7. Ich kann heute nicht über alle Aspekte des kirchlichen Lebens in euren Diözesen sprechen, möchte jedoch meine Ermutigung noch auf zwei Bereiche richten. Ihr bemüht euch verdienterweise sehr um die katechetische und schulische Ausbildung der Jugend. Sagt den Erziehern, die der Jugend trotz der oft geradezu unhaltbaren Bedingungen zur Verfügung stehen, wie sehr der Papst ihre Opferbereitschaft schätzt und wie bedeutsam ihre Rolle ist, damit die Jugend eures Landes den Reichtum der ererbten Tradition, ihre Qualitäten und ihren Willen zur brüderlichen Verständigung mit Kameraden aus anderen gesellschaftlichen und religiösen Gruppen entwickeln könne. Ich hoffe sehr, daß der Beitrag eurer Gläubigen sowohl auf dem Gebiet der eigentlich religiösen als auch auf dem der allgemeinen Erziehung weiterhin ebenso nachhaltig und von guter Qualität bleibe wie in der Vergangenheit.
Die Jugendlichen von heute werden so den Libanon, wie wir ihn eines Tages zu sehen hoffen, durch ihre verantwortungsbewußte Arbeit im politischen, wirtschaftlichen und gesellschaftlichen Leben bereichern. Sie werden sich dabei den grundlegenden christlichen Prinzipien gegenüber treu und der Würde und den Rechten ihrer Mitbürger gegenüber achtungsvoll erweisen.

8. Die Leiden dieser fünfzehn Kriegsjahre haben unter euch den Sinn für die in euren Familien traditionelle, gegenseitige Hilfe gestärkt. Die libanesische Caritas, andere Organisationen und spontane Initiativen haben einen wahren Reichtum mitmenschlicher Hilfe hervorgebracht. Viele Söhne und Töchter des Libanon geben hier ein vielleicht anderswo verkanntes Beispiel: ich möchte ihnen meine Anerkennung zollen und den Wunsch aussprechen, ihr Wirken zugunsten der Verletzten, der in ihrer Trauer Alleingelassenen, der durch den Krieg Verelendeten, der zum Verlassen ihres Bodens und Heimes Gezwungenen und der durch die Unsicherheit Bedrückten fortzusetzen. Auch soll es nicht an der konkreten Hilfe der Christen bessergestellter Länder fehlen!

9. Herr Patriarch, liebe Mitbrüder im Bischofsamt: euer Ad-limina-Besuch ist für mich eine Gelegenheit, um euch aus ganzem Herzen meiner Unterstützung bei der Erfüllung eurer Sendung zu versichern. Durch euch und alle Mitglieder eurer Gemeinden ist die maronitische Kirche weiterhin in der libanesischen Gesellschaft gegenwärtig und ehrt die Tradition des hl. Maron, des hl. Charbel, der sel. Rafqa und anderer Diener Gottes in eurer Geschichte. Wir hoffen auf die Rückkehr des so heiß ersehnten Friedens, wir beten um ihn und flehen alle, die zu dieser Rückkehr des Friedens beitragen können, an, auf ihr Gewissen zu hören, handelt es sich doch darum, die wesentlichen Rechte von Männern und Frauen zu gewährleisten, die an ihrer Heimat, ihrem geistlichen Erbe und ihren kulturellen Traditionen hängen. Es handelt sich darum, das grundlegende Recht der Freiheit zu gewährleisten, angefangen mit dem Recht zu leben, dem Recht auf Achtung der persönlichen Glaubensüberzeugung und auf die zutiefst im eigenen Sein verwurzelten menschlichen Bindungen.
Möge der Herr der maronitischen Kirche, ihren Hirten, ihrem Klerus, ihren Ordensleuten und Gläubigen den Trost seiner Gnade, die Kraft des Glaubens und der Hoffnung und den Eifer der Liebe Christi schenken! Indem ich die Apostel Petrus und Paulus, die Heili-

gen eures Landes und Unsere Liebe Frau vom Libanon anrufe, bitte ich den allmächtigen und barmherzigen Gott, er möge die Fülle seines Segens über euch ausgießen.

Die Zukunft geht über die Familie

Ansprache an die Bischöfe von Mexiko bei ihrem Ad-limina-Besuch am 24. Februar

Liebe Brüder im Bischofsamt!

1. Der Herr schenkt uns die Gnade dieser Begegnung mit euch, den Hirten der Kirche in Mexiko, zum Abschluß eures Ad-limina-Besuches, mit dem ihr eure Freude an der kirchlichen Einheit und das Wirken für sie erneuern und bezeugen wolltet. Wie wir es am Altar bei der Eucharistiefeier getan haben, so hören wir nicht auf, Gott dafür zu danken, daß wir eure und eurer Diözesanen apostolische Anliegen, Erfolge und Mißerfolge, Freuden und Leiden, Bedürfnisse und Hoffnungen miteinander teilen dürfen.
Lebhaft danke ich für den Ausdruck der Verbundenheit und der kirchlichen Gemeinschaft, den im Namen aller Msgr. Carlos Quintero Arce, Erzbischof von Hermosillo, zu Beginn dieser Begegnung vorgetragen hat, denn dadurch wird doch mehr eure Einheit mit „der Kirche, die in der Liebe den Vorsitz führt", deutlich, und ich habe die schöne Gelegenheit, als Nachfolger des Petrus den Auftrag des Herrn zu erfüllen und meine Brüder im Glauben zu stärken (vgl. *Lk* 22,32).

2. In der Kirche, dem Sakrament der Einheit, seid ihr, meine Brüder im Bischofsamt, „vom Heiligen Geist eingesetzt" und „gesandt, das Werk Christi, des ewigen Hirten, durch alle Zeiten fortzusetzen" (*Christus Dominus*, Nr. 2).
Ihr seid in eurer Eigenschaft als „Lehrer des Glaubens, Priester und Hirten" (*ebd.*) aufgerufen, jederzeit das erhebende Zeugnis eines Gott und der Kirche geweihten Lebens zu geben. Der Bischof ist der Lehrer der Wahrheit der Kirche, er verkündet diese mit seinen Lippen und bezeugt sie mit seinem Leben. Das bringt die Notwendigkeit mit sich, euch unablässig in den Gehalt des Depositum fidei zu versenken, um es so dem Menschen von heute getreu zu vermitteln und einen ständigen Dialog zu führen, um klarer den Weg des Heiles jenen zu öffnen, die eurer Hirtensorge anvertraut sind. Diese Hirtensorge regt euch zu immer besserem Kennenlernen eurer Gemeinschaften an – zumal in der derzeitigen schwierigen Lage –, indem ihr mit allen ihre Probleme und Hoffnungen, Sorgen und Bestrebungen teilt und an ihren Leiden Anteil nehmt. Den Ärmsten und Verlassensten aber werdet ihr immer Barmherzigkeit und Güte entgegenbringen.
Ihr seid Hirten der großen Familie Gottes und müßt ebenso wie Christus bereit sein, euer Leben in den Dienst der Einheit der ganzen Kirche zu stellen, wie der Herr es in seinem hohepriesterlichen Gebet gewünscht hat: „Alle sollen eins sein: Wie du, Vater, in mir bist und ich in dir bin... damit die Welt glaubt, daß du mich gesandt hast" (*Joh* 17,21).
Die Liebe und die tiefe Gemeinschaft unter euch, den Hirten der Kirche in Mexiko, muß sich in der selbstlosen Hingabe an jene zeigen, die euch umgeben, eine eifrige und persönliche Liebe zu all euren Diözesanen, den engagierten Laien, den Seminaristen, den

Pastoralhelfern, Ordensmännern und Ordensfrauen. Das Konzilsdekret sagt ferner über die Seelsorgsaufgabe der Bischöfe: „Mit besonderer Liebe seien sie jederzeit den Priestern zugetan ... Sie sollen sich um deren geistliche, intellektuelle und wirtschaftliche Lage kümmern, damit sie heilig und fromm leben und ihren Dienst treu und fruchtbar verrichten können" (*Christus Dominus*, Nr. 16).

3. Bei der letzten Begegnung mit der ersten Gruppe mexikanischer Bischöfe im vergangenen September – damals hatte ich auch das Glück, P. Michael Augustin Pro seligzusprechen – haben wir bedacht, wie wichtig für die Gegenwart und Zukunft der Kirche in eurem Land die Förderung der Priesterberufe und ihre Ausbildung in den Seminarien ist. Heute möchte ich mit euch meine Sorge um die grundlegende Zelle der Kirche und der Gesellschaft, nämlich die Ehe und die Familie, teilen.
Hier kommt mir spontan die unvergeßliche Erinnerung an die historische Konferenz von Puebla in den Sinn, unter deren pastoralen Weisungen und Lehren, die nicht fehlten, die sich auf die Familie beziehen. Damals habt ihr in eurem Dokument gesagt: „Das durch das Sakrament der Ehe geheiligte Paar ist Zeugnis der österlichen Gegenwart des Herrn" (583). Person und Familie stehen ja tatsächlich im Mittelpunkt der Offenbarung und Frohbotschaft, die Christus uns anvertraut hat.

4. Die Frohbotschaft über Ehe und Familie verkünden, bildet einen wichtigen Teil des den Bischöfen eigenen Lehramtes. Wie *Lumen Gentium* in Erinnerung ruft, „verkündigen sie dem ihnen anvertrauten Volk die Botschaft zum Glauben und zur Anwendung auf das sittliche Leben" (Nr. 25). Diese eure Aufgabe ist gerade heute wichtig, da einige natürliche Werte, die die christliche Sicht von Ehe und Familie stützen, mißachtet oder nicht mehr rechtlich durch die öffentlichen Institutionen gestützt werden. Unter diesen Umständen brauchen die Gläubigen eine intensivere Unterweisung, so daß sie um die sakramentale Natur der christlichen Ehe und die praktischen Forderungen wissen, die diese Wahrheit für das Ehe- und Familienleben mit sich bringt.
Es ist ferner notwendig, ehrwürdige Brüder, die Folgerungen aus der uns allen geläufigen Feststellung: „Die Zukunft der Menschheit geht über die Familie" (*Familiaris consortio*, Nr. 86) ins tägliche Leben der Diözesan- und Pfarrseelsorge zu übersetzen. Nur schwer werden die Christgläubigen die geoffenbarte Botschaft und die Weisungen des Lehramtes über Ehe und Familie annehmen, wenn sie nicht zugleich über die Person und alles das, was zur Sexualität gehört, richtige Grundsätze besitzen. Über die Darlegung der spezifischen Aspekte der christlichen Lehre hinaus wird die Darlegung und Verteidigung jener natürlichen Aspekte der Institution Ehe notwendig sein, die ein Erbe der ganzen Menschheit sind: die Würde der Ehe, die Gattenliebe, die besonderen Eigenschaften der ehelichen Einheit und Treue, schließlich das Recht der Ehegatten, das Leben weiterzugeben und ihre Kinder gemäß dem eigenen Glauben zu erziehen.

5. Gemäß dem Willen des Schöpfers in all dem, was sich auf die Ehe bezieht, möchte ich euch in eurem Bemühen ermuntern, immer die Achtung vor der Weitergabe des Lebens aufrechtzuerhalten und zu fördern. Es ist eure Pflicht und Schuldigkeit, nicht stumm zu bleiben angesichts betrügerischer Kampagnen, die Einzelaspekte des Lebens zu schützen

vorgeben, tatsächlich aber offen die Heiligkeit der Ehe und des intimen Zusammenseins der Gatten angreifen. Hier möchte ich wiederholen, was ich in *Familiaris consortio* gesagt habe: „Die Kirche verurteilt als schwere Beleidigung der menschlichen Würde und der Gerechtigkeit alle Aktivitäten von Regierungen oder anderen öffentlichen Autoritäten, die in irgendeiner Weise die Freiheit der Ehegatten, über Nachkommenschaft zu entscheiden, zu beschränken versuchen. Dementsprechend ist jede gewaltsame Maßnahme dieser Autoritäten zugunsten der Empfängnisverhütung oder gar der Sterilisation und der Abtreibung völlig zu verurteilen und mit aller Kraft zurückzuweisen. Auf die gleiche Weise ist die Tatsache als schweres Unrecht zu bezeichnen, daß in den internationalen Beziehungen die Wirtschaftshilfe zur Förderung der unterentwickelten Völker von Programmen zur Empfängnisverhütung, Sterilisation und Abtreibung abhängig gemacht wird“ (Nr. 30).

6. So erfordert dann auch eine Familienpastoral im Rahmen des notwendigen diözesanen Pastoralplanes – eine entsprechende Darstellung auf den unterschiedlichen Ebenen: die Verkündigung des Wortes Gottes, das Heilswirken Christi durch die Sakramente sowie die Annahme des Heilsangebotes und die Antwort darauf.
Es ist daher an erster Stelle notwendig, ehrwürdige Brüder, daß in den Zentren höherer theologischer Ausbildung getreu die rechte Lehre vorgetragen wird, zumal in den Seminarien und kirchlichen Zentren. Jene, die einmal Bildner und Hirten des Volkes Gottes sein sollen, müssen gründlich und ohne Verkürzungen den Plan Gottes über Ehe und Familien kennenlernen, wir er uns von Christus geoffenbart wurde und vom Lehramt der Kirche dargelegt wird. Eine einseitige oder entstellte Sicht dieses Planes vermindert die Gabe der Freiheit und der Gnade, die das Evangelium anbietet: „Die Wahrheit wird euch frei machen (*Joh* 8,32).
Die eifrige Sorge um eine gute Ausbildung in den Seminarien und an den Fakultäten, wird euch als Frucht Priester schenken, die lehrmäßig gut für ein pastorales Wirken vorbereitet sind, in das sie alle ihre menschlichen und übernatürlichen Begabungen im Dienst der Gläubigen und der Familien eurer Diözesen einbringe können. Volle Treue zur theologischen Lehre und zum Lehramt der Kirche ist eine notwendige Voraussetzung für jeden Mitarbeiter des Bischofs, der immer der Erstverantwortliche für die Familienpastoral in der Diözese bleibt.
Es ist ferner euere Aufgabe, mit Hilfe des Geistes den dauerhaften Charakter der ehelichen Liebe zu betonen, angesichts von Ehe- und Familienmodellen, die weit vom Ideal des Evangeliums entfernt sind, von unserer zeitgenössischen Gesellschaft aber häufig vertreten werden. Ihr müßt weiterhin offen die Erhabenheit des christlichen Modells verkünden: daß die Familie, wie ihr in Puebla ausgesprochen habt, „das vorrangige Zentrum der Evangelisierung“ ist (617). Verwendet allen Eifer auf die Förderung einer Familienpastoral, die aus dieser Grundzelle der Gesellschaft einen „Raum (macht), wo das Evangelium ins Leben übersetzt wird“ (*Evangelii nuntiandi*, Nr. 71).

7. In diesem Rahmen der Vermittlung der Heilsbotschaft lassen sich nicht die zerstörerischen Wirkungen übersehen, die bei einfachen Leuten die Proselytenkampagnen fundamentalistischer Sekten und neuer religiöser Gruppen anrichten, wie sie sich vor allem in

den letzten Jahren in Mexiko ausgebreitet haben. Dieses Sorgen machende Problem war Gegenstand eurer Überlegungen bei der Generalversammlung des mexikanischen Episkopates in Toluca im letzten April. Unter den Gründen, die die Verbreitung der Sekten fördern, sind zu nennen: ungenügender Religionsunterricht, Isolierung mancher Gemeinden, zumal in den ländlichen Gegenden und in den Vorstädten, das Fehlen einer mehr persönlichen Betreuung der Gläubigen und die Notwendigkeit, daß diese eine echte Gotteserfahrung machen können und ihre Liturgiefeiern lebendiger und mit größerer Anteilnahme gestalten.

Im Abschlußdokument habt ihr auch nicht unterlassen, einige äußere Gründe für das erwähnte Phänomen zu nennen: „Die Protektion durch Gruppen und Institutionen aus dem Ausland und dem Land selbst, hinter denen zuweilen wirtschaftliche, politische und ideologische Ziele stecken; die vom Liberalismus und Positivismus der Vergangenheit bestimmte Gesetzgebung und die religionslose Schule für unsere Kinder und Jugendlichen“ (I, 1).

Die genannten Proselytenwerbungen, die zweilen mit List unter den Gläubigen Verwirrung stiften, wenn sie die Deutung der Heiligen Schrift verfälschen und die Wurzeln der katholischen Kultur eures Volkes angreifen, sind eine dringende Herausforderung auf die die Kirche, vom Wort Gottes und der Kraft des Geistes erleuchtet, mit einer integralen Pastoral antworten muß, „bei der alle und jeder einzelne die Nähe und Brüderlichkeit einer echten Familie erfahren, die das Reich Gottes aufbaut“ (III, 4).

Notwendig ist ferner, geliebte Brüder, in enger Zusammenarbeit mit euren Priestern und Pastoralhelfern, mit neuem Eifer eine Evangelisierung anzuregen, die die echten Werte der mexikanischen Volksfrömmigkeit aufnimmt und, ohne sie zu entstellen oder zu verkürzen, die wesentlichen Gehalte unseres Glaubens darbietet. Hier müßt ihr besonders auf gewisse irrige Meinungen achten, die die geoffenbarte Wahrheit über die Gründung und die Sendung der Kirche entstellen. Sie rechtfertigen unannehmbare Haltungen, verkennen die Berechtigung der Teilnahme der Kirche am öffentlichen Leben und beschränken die Sendung der Kirche ausschließlich auf den Privatraum der Gläubigen.

8. Im Namen des Herrn danke ich euch, geliebte Brüder, für den seelsorglichen Eifer, der euch bei der Ausübung eures bischöflichen Dienstes erfüllt, sowie für die Selbstverleugnung und Hingabe, die ihr als Hirten der euch anvertrauten Herde zeigt. Ich kenne eure Sorge und euer Bemühen um die Schwächeren: die Landarbeiter, die Eingeborenen, die Auswanderer und Randexistenzen der großen Städte. Arbeitet weiter, damit alle spüren, daß die Kirche ihnen nahe ist, weil sie sie annimmt, sie unterstützt und ihnen wie eine Mutter hilft. Besondere Aufmerksamkeit verdienen die Gruppen der Eingeborenen, zuweilen die Ärmsten und Verlassensten. Die Gemeinschaft der Kirche mit dem Bischof an der Spitze muß nicht nur stets die legitimen Rechte der Eingeborenen, sondern auch einen besonderen Pastoralplan voranbringen, der ihre reichen kulturellen und geistigen Werte wahrt wie auch ihre ausdrucksvolle Volksfrömmigkeit, die freilich entsprechend von möglichen Irrtümern in der Lehre zu reinigen ist.

Schließlich möchte ich euch bitten, meine Grüße und meine Ermunterung allen Mitgliedern eurer diözesanen Kirchen auszurichten: den Priestern, Ordensmännern und Or-

densfrauen, den Diakonen und Seminaristen; allen Christen, die sich auf den verschiedenen Gebieten im Apostolat einsetzen; den Jugendlichen und den Familien; den Landarbeitern, den Menschen aus der Welt der Arbeit, nicht zuletzt den Alten, Kranken und Leidenden.
Von Herzen segne ich euch alle.

Evangelisierung: Vergegenwärtigung des Reiches Gottes

Ansprache beim Ad-limina-Besuch der mexikanischen Bischöfe am 2. März

Ehrwürdige Mitbrüder im Bischofsamt!

1. Mit brüderlicher Liebe empfange ich heute morgen euch, die Hirten des Volkes Gottes in Mexiko, die ihr nach Rom gekommen seid, um euren Ad-limina-Besuch abzustatten. Meine Gedanken wenden sich allen Diözesen zu, die ihr vertretet, all euren Priestern, Ordensleuten und Laien, die mit Selbstverleugnung und Begeisterung für den Aufbau des Reiches Gottes in eurem edlen Land arbeiten.
In erster Linie möchte ich euch herzlich für diesen Besuch danken, den ihr mit Sorgfalt vorbereitet habt und der nicht unbedeutende Opfer mit sich bringt. Auch danke ich euch für die liebenswürdigen Worte, die Erzbischof Manuel Castro Ruiz von Yucatán im Namen aller an mich gerichtet hat und mit denen er nochmals euer Wissen um die Gemeinschaft mit dem Nachfolger Petri zum Ausdruck bringen und so die inneren Bande stärken wollte, die uns im Gebet, im Glauben und in der tätigen Liebe einigen. Ein Episkopat wie der eure, der dem christlichen Volk seine Einheit im Herrn bezeugt, ist ein Geschenk des Himmels: betet zu Gott, damit er euch dieses Geschenk erhalte und es unablässig vermehre.
Sowohl im Lauf der persönlichen Gespräche als auch aufgrund der Fünfjahresberichte konnte ich mich neuerlich von der Lebenskraft eurer Ortskirchen überzeugen, deren Nähe ich mit meinem Hirtenherzen wahrnehme und die zugleich in mir das Gedächtnis der ereignisreichen Tage meiner apostolischen Pilgerfahrt in euer Land wachrufen, bei der die Katholiken Mexikos in jedem Augenblick dem Papst ihre kindliche Zuneigung und Treue kundtaten.

2. Bei früheren Begegnungen mit Mitgliedern des mexikanischen Episkopats anläßlich ihres Ad-limina-Besuches beschäftigten wir uns mit einigen Fragen von besonderer Bedeutung und Aktualität für die Pastoral eurer Ortskirchen. Heute, einen Monat nach der Veröffentlichung des nachsynodalen Apostolischen Schreibens *Christifideles laici*, möchte ich mit euch einige Überlegungen über die evangelisierende Tätigkeit der Kirche und insbesondere über die Sendung der Laien angesichts der Dringlichkeit dieser Aufgabe teilen, die der Heilige Geist die Kirche von heute neu entdecken ließ.
Da wir uns dem fünfhundertsten Jahr des Anfangs der Evangelisierung eurer Völker nähern, gewinnt dieses Thema – das im Mittelpunkt der II. Generalkonferenz des latein-

amerikanischen Episkopats in Puebla de los Angeles stand – angesichts der Herausforderungen, denen ihr in einer Gesellschaft wie der euren begegnen müßt, neue Aktualität, wird doch diese Gesellschaft auf beängstigende Weise von Säkularismus und Permissivismus in der Lebensauffassung beeinflußt, zum Schaden der moralischen Werte.
Die Evangelisierung, d. h. die Vergegenwärtigung des Reiches Gottes in der Welt, damit alle Brüder und Schwestern in Jesus Christus ihr Heil finden, muß zu allen Zeiten, in allen Kulturen und auf allen Breitengraden erfolgen. Ja, man darf nicht vergessen, daß, wenn die Botschaft des Evangeliums jedes Volk und jede Gesellschaft zuinnerst berühren soll, deren besonderen Verhältnissen und den Empfängern dieser Botschaft Rechnung getragen werden muß.
Seit dem Beginn ihrer Evangelisierung hat eure Heimat das Licht der christlichen Botschaft so angenommen, daß diese zu einem wesentlichen Teil ihrer Geschichte wurde. Tatsächlich hat der katholische Glaube die tiefsten Wurzeln der mexikanischen Religiosität durchdrungen, alle Menschen, von den einfachsten bis zu den gebildeten, die über das weite Land verstreut leben und den verschiedenen sozialen Schichten angehören. Diese Tatsache übersehen oder vergessen wollen, käme einer Verneinung der Gnade Gottes gleich, deren Erben ihr seid und für die ihr deshalb die Verantwortung tragt. Deshalb müßt ihr, die Hirten, euch nachhaltig mit der Frage auseinandersetzen, wie diese Evangelisierung für die heutigen und die zukünftigen Generationen lebendig und kraftvoll gestaltet werden kann.

3. Die kirchlichen Gemeinden, die der Herr eurer Sorge anvertraut hat, leben in einer Gesellschaft, in der man sicher voll Hoffnung auf die Zukunft blickt, in der es jedoch leider auch nicht an Problemen und Konflikten fehlt. Es handelt sich dabei um Probleme, die in vielen Fällen eine Herausforderung für die Kirche darstellen und denen ihr eine entsprechende pastorale Antwort schuldet, die imstande sein soll, zahlreichen Nöten und Gefahren zu begegnen. Tatsächlich wirken sich die Notlage vieler Familien, die Ausgrenzung der Gemeinden der Eingeborenen, der Mangel an Arbeit, die schwerwiegenden Mängel im Bildungswesen und der Gesundheitsfürsorge, das Wohnungsproblem, der Mangel an Solidarität seitens derer, die helfen könnten und es nicht tun, und vieles andere negativ auf das Leben der Einzelpersonen, der Familien und der Gesellschaft aus. Andererseits entstellt, wie bereits die Pastoralkonstitution über die Kirche in der heutigen Welt betonte, die Anwesenheit der Sünde im Menschen und in der Gesellschaft das Bild der Person als Geschöpf das aus den Händen Gottes hervorgegangen ist, und behindert Entwicklung und Zusammenleben (vgl. *Gaudium et spes*, Nr. 13 und 37).
Zweifellos lasten auf eurem Bewußtsein als Hirten zahlreiche Sorgen, doch lassen euch die tiefen übernatürlichen Beweggründe, die euch erfüllen, in rechter Weise an eure Projekte der Evangelisierung herantreten. Es ist in diesem Zusammenhang ermutigend, den Geist brüderlicher Zusammenarbeit zu spüren, der die Bemühungen eurer Bischofskonferenz beseelt, wenn es gilt, die Heilsbotschaft dem Menschen von heute zu verkünden und eine Vergangenheit, die reich war an Früchten der Heiligkeit, neu zu beleben, damit der Sauerteig des Evangeliums weiterhin die Gegenwart und die Zukunft eures Landes durchdringe.

4. Die Evangelisierung ist bekanntlich das große Anliegen unserer Zeit, und euch, den Bischöfen Mexikos, obliegt es, neue apostolische Energien wachzurufen und entsprechende pastorale Richtlinien festzulegen. Niemand, der sich als Glied der Kirche betrachtet, darf sich der Pflicht enthoben glauben, seinen Beitrag zur Erfüllung dieser dringenden Aufgabe zu leisten. Bei der Ausübung eures Amtes als Lehrer der Wahrheit und Erzieher im Glauben seid ihr nicht allein. Ihr könnt in erster Linie auf eure Priester zählen, die das Konzil „sorgsame Mitarbeiter des Bischofs" (*Lumen Gentium*, Nr. 28) nennt. Ihr könnt auf das verborgene und ausdauernde Wirken der Ordensleute zählen, die mit ihrem gottgeweihten Leben der Abtötung die tiefsten und endgültigsten Werte des Reiches Gottes sichtbar machen. Ihr könnt ebenso mit zahlreichen engagierten Laien rechnen, die bereit sind, ihre Berufung als Getaufte in Gesellschaft und Welt zu leben, ohne vor den Erfordernissen des öffentlichen Lebens zurückzuschrecken.

Wie das II. Vatikanische Konzil im Dekret über das Apostolat der Laien ausdrücklich betont hat, müssen diese auf verantwortungsbewußte und aktive Weise an den apostolischen und karitativen Werken teilnehmen, durch die die Kirche in der Gesellschaft gegenwärtig ist und ihre Einsatzbereitschaft und ihren Willen zur konkreten „Menschwerdung" offenbart.

Im gleichen Sinn erklärt das kürzlich veröffentlichte nachsynodale Apostolische Schreiben die Sendung des Laien als Sauerteig des Evangeliums, der mit der Dynamik der Hoffnung und der Kraft der christlichen Liebe die zeitlichen Wirklichkeiten beseelen und umwandeln soll. Tatsächlich ergibt sich in jeder pluralistischen Gesellschaft die Notwendigkeit einer stärkeren und durchschlagskräftigeren – individuellen und gemeinschaftlichen – katholischen Präsenz in den verschiedenen Bereichen des öffentlichen Lebens.

5. Da die christliche Berufung ihrer Natur nach Berufung zum Apostolat ist (vgl. *Apostolicam actuositatem*, Nr. 1), erstreckt sich der Wirkungsbereich des Laien im Rahmen der Sendung der Kirche auf alle Aspekte und Situationen des menschlichen Zusammenlebens. So betonte mein verehrter Vorgänger Paul VI. in seinem Apostolischen Schreiben *Evangelii nuntiandi*: „Das eigentliche Feld ihrer evangelisierenden Tätigkeit ist die weite und schwierige Welt der Politik, des Sozialen und der Wirtschaft, aber auch der Kultur, der Wissenschaften und Künste, des internationalen Lebens und der Massenmedien, ebenso gewisse Wirklichkeiten, die dem Geist des Evangeliums offenstehen, wie Liebe, Familie, Kinder- und Jugenderziehung, Berufsarbeit, Leiden" (Nr. 70).

6. Ihr, geliebte Mitbrüder im Bischofsamt, müßt dafür sorgen, daß die Laien sich mehr und mehr ihrer Verantwortung als Glieder der Kirche bewußt werden, die voll und ganz in der Welt leben.

Mit der Unterstützung der Priester und Ordensleute müssen sie an den gemeinsamen Aufgaben aller Glieder des Volkes Gottes teilnehmen: am Zeugnis für den Glauben und an seiner Verkündigung; an der Katechese; an der religiösen Erziehung der Kinder und Jugendlichen; an der liturgischen Feier der Heilsgeheimnisse und den karitativen Wer-

ken. Eurer pastoralen Initiative bleibt unbegrenzter Raum, um die Präsenz der katholischen Laien in der Welt der Kultur, an den Universitäten, in Kunst und sozialer Kommunikation zu fördern, um die Leistungsfähigkeit der Jugendlichen auf Initiativen hinzulenken, die Großmut und Nächstenliebe erfordern, sowie auf eine christliche Präsenz in der Welt des Sports, der sogenannten Freizeit, der Schule und der Arbeit. Die christlichen Laien empfinden andererseits die Notwendigkeit, die Soziallehre der Kirche besser zu kennen, um aus ihr Licht und Führung zu gewinnen, damit sie den unerläßlichen Forderungen der Gerechtigkeit und des Gemeinwohls entsprechend handeln können, zu dem sie im Interesse der dringenden Aufgaben und Dienste an der Gesellschaft einen entscheidenden Beitrag leisten müssen. Auf diese Art – wie ich gelegentlich meines Pastoralbesuches in Guadalajara betonte – können sie Baumeister der „neuen Ordnung (sein), wie sie der Herr wünscht, um eine Welt aufzubauen, die der Güte Gottes, der Harmonie, der Liebe und dem Frieden entspricht" (Ansprache vom 30.1.1979). Die Laien müssen wie der Sauerteig in der Masse sein, wie das Salz, das der menschlichen Tätigkeit Geschmack gibt; in verantwortungsbewußter Gestaltung des öffentlichen Lebens müssen sie stets nach dem Wohl der Allgemeinheit streben. Wie die Konferenz von Puebla hervorhob, muß sich der Laie ganz besonders von dem Widerspruch herausgefordert fühlen, der zwischen dem katholischen kulturellen Hintergrund eines großen Teils der Bevölkerung und den gesellschaftlichen, wirtschaftlichen und politischen Strukturen besteht, welche Ungerechtigkeiten aufdecken und schaffen, die von der Sünde verursacht sind.
Im Sinn dieser „Option von Puebla" zugunsten der Laien als Gestalter der Gesellschaft ergibt sich somit die Notwendigkeit eines entschiedeneren und nachdrücklicheren Einsatzes der Christen, damit es mit ihrer Hilfe möglich werde, die ärgste Ungerechtigkeit, Ungleichheit, Ausgrenzung und Armut zu überwinden.

7. Bei allem Respekt vor der berechtigten Autonomie des politischen Bereiches ist es zweifellos eure Sendung als Hirten des Volkes Gottes, vom Evangelium her das Wirken der Laien im öffentlichen Leben zu durchleuchten. Auf diesem Gebiet ist es besonders wichtig, daß die Priester und Ordensleute euren Pastoralprojekten für die Laien Verständnis und Unterstützung entgegenbringen und ihnen mit ihrer geistlichen Hilfe nahe sind. Sie mögen ihnen eine solidere christliche Bildung und Ausbildung vermitteln und ihre Vereinigungen und Werke fördern, dabei jedoch immer der Versuchung widerstehen, den Platz der Laien einzunehmen und ihren Lebensstil nachzuahmen, da sie in diesem Fall Gefahr laufen würden, ihre spezifischen Aufgaben zu vernachlässigen.
Mit den Worten des II. Vatikanischen Konzils betonen wir, daß „die Kirche ..., der Arbeit jener, die sich zum Dienst an den Menschen der politischen Arbeit widmen und Verantwortungen solchen Amtes tragen, Lob und Achtung (zollt)" (*Gaudium et spes*, Nr. 75). Im gleichen Sinn stellt-das Apostolische Schreiben *Christifideles laici* fest: „Um die zeitliche Ordnung im genannten Sinn des Dienstes am Menschen christlich zu inspirieren, können die Laien nicht darauf verzichten, sich in die Politik einzuschalten, das heißt in die vielfältigen und verschiedenen Initiativen auf wirtschaftlicher, sozialer, gesetzgebender, verwaltungsmäßiger und kultureller Ebene, die der organischen und systematischen Förderung des Allgemeinwohls dienen" (Nr. 42).

Von der christlichen Liebe bewegt und in Einklang mit der Lehre der Kirche muß der Laie jederzeit zur christlichen Erneuerung der zeitlichen Ordnung beitragen in dem Bewußtsein, daß die moralischen Forderungen, die sein Handeln inspirieren, letzten Endes auf die Anerkennung Gottes als Quelle des Lebens und des Heils zurückgehen (vgl. *Apostolicam actuositatem*, Nr. 7). Auf diese Weise wird sein apostolisches Wirken – sowohl als einzelner als auch im Rahmen einer Vereinigung – gleichzeitig zu einer Schule der Vollkommenheit und der christlichen Tugenden und weckt ein persönliches Glaubensleben, das das Geheimnis Gottes vor den Menschen offenbar werden läßt und im Werk beweist, daß diese Liebe die einzige ist, die uns rettet.

8. Wieviel Freude und Hoffnung löst dieses Erwachen der Laien in der Kirche aus! Laien, die treu das Evangelium widerspiegeln und die Botschaft Jesu in der Welt Wirklichkeit werden lassen; Laien, die in den kirchlichen Gemeinden und in der Gesellschaft lebendig und einflußreich wirken; Laien, die, von ihren zeitlichen Aufgaben ausgehend, nach Heiligkeit streben; Laien, die in Wahrheit und Liebe geeint sind, in voller Gemeinschaft mit ihren Hirten, in Einklang mit dem Geist der Kirche und alles vermeidend, was Spaltung oder Uneinigkeit hervorrufen könnte.
Die Freude der heutigen Begegnung mit euch, geliebte Hirten aus Mexiko, vermehrt in mir die Hoffnung, daß eure Ortskirchen Tag für Tag reicher werden an Laien, die im Glauben reif, in ihrer Treue ausdauernd und in ihrer apostolischen Berufung als Sauerteig des Evangeliums gefestigt sind.
Der Jungfrau von Guadalupe, die ich als erste Trägerin der Evangelisierung Mexikos und Amerikas anrufe, vertraue ich heute mit besonderer Ergebenheit all eure Hirtensorgen und euch persönlich an. Euch, den Gläubigen eurer Diözesen und allen geliebten Söhnen und Töchtern Mexikos erteile ich, in der Liebe des Herrn, meinen Apostolischen Segen.

Die Welt will die Christen als glaubwürdige Zeugen sehen

Ansprache beim Ad-limina-Besuch der Bischöfe Pakistans am 3. Juli

Lieber Kardinal Cordeiro!
Meine lieben Brüder im Bischofsamt!

1. Mit großer Freude begrüße ich einen jeden von euch und heiße euch willkommen. Euer Ad-limina-Besuch macht die Wirklichkeit der Kirche in Pakistan lebendig sichtbar, wo Gott euch zu Hirten seines Volkes bestellt hat, damit die eine, heilige, katholische und apostolische Kirche in Herz und Leben der Gläubigen präsent und wirksam sei (vgl. *Christus Dominus,* 11). Durch jeden von euch grüße ich die Priester, Ordensleute und Laien eurer Diözesen Karachi, Faisalabad, Hyderabad, Islamabad-Rawalpindi, Lahore und Multan. Ich ermutige euch alle mit den Worten des hl. Paulus: „Wir danken Gott für euch alle … unablässig erinnern wir uns vor Gott, unserem Vater, an

das Werk eures Glaubens, an die Opferbereitschaft eurer Liebe und an die Standhaftigkeit eurer Hoffnung auf Jesus Christus, unseren Herrn" (*1 Thess* 1,2–3).
Obwohl ihr in eurem Land eine „kleine Herde" seid, ruft ihr doch voll Hoffnung eure Christen zum Glauben auf und bestärkt sie im schon gelebten Glauben vgl. *Christus Dominus*, Nr. 12).
Euer Gebet an den Gräbern der Apostel Petrus und Paulus, sowie eure Gespräche mit dem Nachfolger des Petrus und Bischof von Rom sind Ausdruck der frohen Gemeinschaft in Glaube und Liebe, die euch und eure Ortskirchen mit dem Apostolischen Stuhl und mit dem ganzen Leib Christi in der Welt verbindet. Heute feiern wir die Bande, die uns im Bischofskollegium verbinden, und wir erneuern unsere Bereitschaft zum Dienst für die Offenbarung und die Verwirklichung des Reiches Gottes in der Welt (vgl. *Lk* 22,29). Als Mitglieder des Bischofskollegiums sind wir Nachfolger der Apostel, die bis zum Ende der Welt die Kirche als Hirten betreuen sollen (vgl. *Lumen Gentium*, Nr. 18). Den Bischöfen ist in besonderer Weise die Verkündigung und Lehre der verborgenen „Weisheit Gottes", anvertraut, die Christus geoffenbart hat, und die in seiner Kirche fortlebt (vgl. *1 Kor* 2,7) zum Heil der Seelen und zur Verherrlichung der allerheiligsten Dreifaltigkeit. Dies ist der Maßstab für unsere Verantwortung vor Gott und der Kirche.

2. An diesem Punkt eures Ad-limina-Besuches möchte ich euch in eurer hingebungsvollen Leitung und Förderung des kirchlichen Lebens in euren Einzelkirchen bekräftigen. Als Bischöfe seid ihr euch voll bewußt, wie wichtig es ist, daß allen der Primat der transzendenten Sendung der Kirche klar ist und daß sie auch praktiziert wird. Auch wenn wir in keiner Weise die Natur und den Wert der vielfältigen Dienste schmälern wollen, die die Gemeinschaft der Katholiken einzelnen und der Gesellschaft leistet, bleibt es doch wichtig, anzuerkennen, daß die Kirche vor allem die Gemeinschaft derjenigen ist, die an Jesus Christus, das ewige Wort glauben, das Fleisch geworden ist, und die in der Kraft des Heiligen Geistes leben. Wie das Johannesevangelium sagt, ist die wesentliche Vorbedingung dafür, „daß die Welt glauben kann" (vgl. *Joh* 17,20), die, im Vater und im Sohn zu sein. Im Vater und im Sohn sein durch den Heiligen Geist ist ein ursprünglicher und grundlegender Gedanke, der all dem, was die Kirche in der Welt ist und tut, Sinn und Richtung gibt. Es ist ein Gedanke, der bei der Planung und Durchführung von Programmen für die pastorale Tätigkeit nicht übersehen werden darf.
Die Welt möchte die Christen als glaubwürdige Zeugen des in Christus angebotenen umfassenden Heiles sehen. Wie vertraut ist uns die Schilderung des Evangeliums, wo die Leute zu den Jüngern kommen und sagen: „Wir möchten Jesus sehen" (*Joh* 12,21). Im Evangelium weist Jesus jene, die sich ihm nahen wollen, auf das Weizenkorn hin, das in die Erde fällt und stirbt, um viele Frucht zu bringen (vgl. *Joh* 12,24). Und er fährt fort: „Wenn einer mir dienen will, folge er mir nach; und wo ich bin, dort wird auch mein Diener sein. Wenn einer mir dient, wird der Vater ihn ehren" (*ebd.* 26). Die wirkliche Lebenskraft der universalen Kirche und einer jeden Einzelkirche muß in Gottes Liebe und Gnade gesehen werden, die in die Herzen der Gläubigen durch den Heiligen Geist, der uns gegeben wurde, ausgegossen ist (vgl. *Röm* 5,5). So muß die Kirche immer aktiv den

Dialog der Wahrheit und des liebenden Dienstes mit der ganzen Menschheitsfamilie pflegen. Doch sie selbst muß in der Gnade Christi ihre Sicherheit und Zuversicht besitzen, denn das macht die Tiefe ihres Lebens aus.

3. Ein hervorragender Teil unseres bischöflichen Dienstes ist die Förderung der Heiligkeit des Volkes Gottes. Bei dieser Aufgabe dürfen wir keine Mühe scheuen. Wir dürfen diese Verantwortung auch nicht zugunsten anderer mehr unmittelbarer Aufgaben verkürzen. Daher habe ich mit großer Freude euren Einsatz für die geistliche und pastorale Ausbildung der Priester, Seminaristen und der zahlreichen Katechisten in Pakistan festgestellt. Uns allen ist sehr wohl bewußt, welchen Beitrag die Katechisten leisten als lebenswichtige Mitarbeiter bei der Verkündigung des Wortes Gottes an eure Gläubigen, zumal in ländlichen Gebieten, wo die Katholiken oft sehr verstreut und vom nächsten Missionszentrum weit entfernt sind. Ebenso habt ihr der besonderen Aufgabe und den Bedürfnissen der Ordensmänner und Ordensfrauen erhebliche Aufmerksamkeit geschenkt, die die Last des seelsorglichen Dienstes so hochherzig mittragen. Ich stelle ferner fest, daß ihr bei eurer kürzlichen Begegnung mit den höheren Ordensoberen der Frage der Ausbildung großen Nachdruck gegeben habt.
Für euer weises Bemühen um diese umfassend wichtige Aufgabe sowie für alles, was ihr zur Unterstützung und Verbesserung des Wirkens eurer Seminarien und Ausbildungshäuser, zumal des nationalen Großen Seminars in Karachi tut, danke ich euch im Namen Christi und seiner Kirche. In gleicher Weise ermuntere ich euch, dem nationalen katechetischen Zentrum in Khushpur sowie den anderen diözesanen und örtlichen Zentren für christliche Bildung weiter euer besonderes Interesse zu schenken.

4. Es ist für das Leben der Kirche bezeichnend, daß die Väter der außerordentlichen Bischofssynode von 1985 erklärt haben: „Heute brauchen wir dringend Heilige" (*Schlußdokument II,* A,4). In diesem Sinn werden wir aufgefordert, die großen geistlichen Traditionen der Heiligkeit und Lebensführung in der Kirche noch besser zu verstehen und wertzuschätzen. Die Förderung von Buße, Gebet, Selbsthingabe, Liebe und Gerechtigkeit (vgl. *ebd.*) ist der grundlegende Weg der Erneuerung. Es ist daher auch der Weg der Kirche in Pakistan. Wiederum ist das Sein im Vater und im Sohn durch die Gnade des Heiligen Geistes die wesentliche Voraussetzung und Aufgabe eures Dienstes und aller Wirksamkeit eurer Pastoral.
Zumal in der seelsorglichen Betreuung der Jugend sollen es die Bischöfe und ihre Mitarbeiter nicht daran fehlen lassen, den vollen Anspruch Jesu und seines Evangeliums darzulegen. Von solch einer geistlichen Begegnung darf man ein Anwachsen der Zahl von jungen Männern und Frauen erwarten, die trotz aller Hindernisse ein tief christliches Leben führen möchten. Unter ihnen sind gewiß manche, die dem Ruf Christi, ihm enger im Priestertum und Ordensleben nachzufolgen, Gehör schenken werden. Dies ist heute eins der dringendsten Anliegen der Kirche in eurem Land, so wie es auch für andere Teile der Welt gilt. Möge der Herr der Ernte euch die Freude einer wachsenden Zahl von Berufungen schenken, so daß ihr den wachsenden Ansprüchen der Gemeinschaft der Christen entsprechen könnt.

5. Es besteht ein enger Zusammenhang zwischen der Heiligkeit des Lebens und der Förderung eines menschlicheren Lebens in der Gesellschaft (vgl. *Lumen Gentium*, Nr. 40), denn aus einem bekehrten und versöhnten Herzen entspringen Güte und Gerechtigkeit in den menschlichen Beziehungen. Zeit und Kraft, die man dem Leben des Geistes widmet, bedeuten nicht, daß man sie dem Dienst entzieht. Die gleiche Liebe drängt die Kirche, dem Menschen sowohl als Mitglied der Stadt Gottes als auch als Mitglied der irdischen Stadt zu dienen (vgl. *Instruktion über christliche Freiheit und die Befreiung*, Nr. 63). Die gleiche Liebe, die Christus zur Hingabe seiner selbst als Erlöser der Menschheit am Kreuz drängte, ließ ihn auch Mitleid mit der Menge empfinden und den Sohn der Witwe vom Tode erwecken. Beide Formen des Dienstes ergänzen einander, und die eine darf nicht auf die andere eingeschränkt oder von der anderen unabhängig gemacht werden.
Die zahlreichen Dienste der Kirche in Pakistan auf den Gebieten der Schulbildung, Gesundheitsfürsorge, Sozialhilfe und Entwicklung sind letztlich Wege der Liebe, auf denen die Jünger Christi für den Primat des neuen Gebotes der Liebe Zeugnis geben, das er beim Letzten Abendmahl gab. Von dieser Liebe empfangen all diese Tätigkeiten ihren inneren Antrieb und ihre Ausrichtung. Ihr Anliegen ist, den Menschen ein Leben zu sichern, das mit ihrem unveräußerlichen Wert und ihrer Würde als Kinder Gottes übereinstimmmt. Allen, die bei diesen Bemühungen mitmachen, sende ich meinen aufmunternden Gruß und ich bete um Kraft für sie.
Die Kirche in Pakistan tut viel auf dem Gebiet der katholischen Schulbildung. Ich weiß, daß die Schwierigkeiten, vor denen ihr hier steht, nicht gering sind und ihr durch die Kommission für Erziehung und Ausbildung bei der Bischofskonferenz versucht, die Bedürfnisse klarzustellen und in jeder Diözese sowie auf nationaler Ebene ein Programm aufzustellen, um der Gemeinschaft der Kirche besser zu dienen und wirksamer zur Entwicklung der Nation als ganzes beizutragen. Es bleibt zu hoffen, daß Verständnis und Zusammenarbeit zwischen den öffentlichen Autoritäten und der Kirche zu einer Lösung für alle anstehenden Fragen zur Freiheit der Erziehung führen, und daß alle von der Notwendigkeit überzeugt sind, alles Mögliche zu tun, um für die jungen Pakistanis diesen grundlegenden Dienst auf allen sozialen Ebenen sicherzustellen.

6. Als kleine Minderheit in einer vorwiegend muslimischen Gesellschaft lebt und bewegt sich die Kirche in Pakistan unter Bedingungen, die Aufgeschlossenheit und große Liebe zu den muslimischen Brüdern und Schwestern fordern, während gleichzeitig Respekt für jene Religions- und Gewissensfreiheit zu fordern ist, die eine gerechte und friedvolle Gesellschaft kennzeichnen. Bei euren guten Beziehungen zur Gemeinschaft der Muslime gibt es einige Fragen, bei denen man notwendig einen aufrichtigen und lichtvollen interreligiösen Dialog anstreben muß. Ich weiß, daß ihr für diese Notwendigkeit aufgeschlossen seid, und daß ihr in allem dem Weg folgt, den das Konzil im Dekret *Nostra aetate* aufgezeigt hat (Nr. 3). Es gibt viele Bereiche der sozialen Gerechtigkeit, der sittlichen Werte, des Friedens, der Entwicklung und der Freiheit, die Christen und Muslime zu ihrer gemeinsamen Sache machen können in einem Geist der Brüderlichkeit, wie er für die Anbeter des einen Gottes und Vaters im Himmel kennzeichnend ist.

7. Liebe Brüder im Bischofsamt: euch ist die Frohbotschaft von der Königsherrschaft Christi in „Gerechtigkeit, Glauben, Liebe und Frieden" anvertraut (*2 Tim* 2,22). Ihr zeigt großen Eifer für die Kirche in Pakistan. Seid daher weiter in eurem Dienst hochherzig und selbstvergessen. Unterstützt einander durch Gebet und wirksame Zusammenarbeit bei den zahlreichen schwierigen Aufgaben, die zu eurem kirchlichen Dienst gehören. Auf euch und eure Diözesen rufe ich die mütterliche und liebevolle Hilfe der seligsten Jungfrau Maria herab. Möge sie euch anregen bei eurem Bemühen, alles in Christus zu erneuern. Sein Friede möge euch alle begleiten!

Evangelisierung und Versöhnung in den Ortskirchen fördern

Ansprache Ad-limina-Besuch der Bischöfe aus Peru am 29. September

Liebe Mitbrüder im Bischofsamt!

1. Willkommen zu dieser kollegialen Begegnung, die für mich ein Grund zu tiefer Freude ist und mir erlaubt, an euren Sorgen und Freuden teilzuhaben sowie die Wünsche und Hoffnungen kennenzulernen, die euch beim Aufbau der Gemeinden leiten, die der Herr eurer pastoralen Sorge anvertraut hat.

In diesen Augenblicken menschlicher Nähe denke ich an alle Diözesen, die ihr vertretet, an alle eure Priester, Ordensleute und Gläubigen. Ich danke herzlich für diesen Besuch, den ihr mit viel Sorgfalt vorbereitet habt und der dazu führt, die innere Verbindung zu stärken, die uns im Gebet vereint, im Glauben und in der tätigen Liebe.

Bei den persönlichen Gesprächen, die wir geführt haben, konnte ich einmal mehr die Lebenskraft eurer Ortskirchen feststellen, denen ich mich in meinem Herzen als Hirte so nahe fühle. Die intensiven Tage meiner Apostolischen Pilgerreise in euer Land sind mir in lebhafter Erinnerung; in diesen Tagen zeigten die katholischen Peruaner in jedem Augenblick eine besondere Zuneigung und Anhänglichkeit im Hinblick auf den Nachfolger des Petrus.

Diese Begegnung gibt mir darüber hinaus Gelegenheit, euch meine Freude und meine Dankbarkeit für eure selbstlose Arbeit zu bekunden, das Werk der Verkündigung des Evangeliums fortzuführen, „damit das Wort des Herrn sich ausbreitet und verherrlicht wird" (*2 Thess* 3,1) und man das Reich Gottes auf der ganzen Welt verkünde und aufbaue. Ihr seid als Bischöfe die Hauptverantwortlichen im Aufbau und im Wachsen der Ortskirchen, die euch anvertraut worden sind. Als sichtbares Prinzip der Gemeinschaft (vgl. *Lumen Gentium*, Nr. 23) ist es euer Auftrag, die Einheit des Gottesvolkes auf der festen und verläßlichen Grundlage der Wahrheit, des Glaubens und der Liebe zu errichten. Um diese Ziele zu erreichen, laßt nicht nach, die korrekte Weitergabe des Glaubens und den Respekt für die gemeinsame Disziplin der ganzen Kirche zu fördern (vgl. *ebd.*), und seht dies als konkrete Form eurer Liebe zur Herde Christi an.

2. Irrtümlich hat man einmal annehmen können, daß die Forschungsfreiheit des Theologen und der kirchliche Pluralismus den Aufsichtsbereich des Oberhirten im Hinblick auf Lehren, die die Einheit der Herde und das christliche Leben gefährden, beschneiden. Wir wissen jedoch durch das Zeugnis des Guten Hirten sehr wohl (vgl. *Mt* 18,12–14; *Lk* 15,4–7; *Mt* 26,31; *Mk* 6,34; *Joh* 10,1–15; 10,26–29; 21,15–17), daß nichts die Sorge eines Bischofs um das Wachsen jenes Teiles des Volkes Gottes behindern darf, das seiner Sorge unterstellt ist, wenn er beständig den Wunsch hat, daß die an Christus Glaubenden in der Wahrheit des Glaubens wachsen, sich in der Hoffnung stärken und voll Eifer vor Liebe brennen (vgl. *Christus Dominus*, Nr. 12; 15). Im Gegenteil, das Feuer der Liebe muß dahin führen, daß der Oberhirte sich zur Begegnung mit denen aufmacht, die vom Weg abgeirrt sind, sie mit Nachdruck zur Korrektur anhält und sie von neuem aufruft zur Fülle des Glaubens der Kirche sowie dazu, ihre Treue zu den Lehren und Weisungen des Lehramtes ausdrücklich zu bekunden (vgl. *Dokument der Bischofskonferenz Perus über die Theologie der Befreiung*, Nr. 73).
Andererseits – ich hatte Gelegenheit, euch während unserer letzten Begegnung in Lima das vor Augen zu führen – „kann das bürgerliche gesellschaftliche Leben in Peru, seit Jahren heimgesucht von Gewalt und Terrorismus, von Armut, Drogenhandel, Niedergang der Moral und anderen Übeln, keinesfalls am Rande eures richtungweisenden Wortes bleiben“ (*Ansprache an die Bischöfe in Lima*, 15. Mai 1988).

3. Die große Aufgabe im gegenwärtigen Augenblick besteht darin, die erneuerte Evangelisierung und Versöhnung in euren Ortskirchen zu fördern, damit sie so als neu evangelisierte und versöhnte Ortskirchen ihrerseits evangelisierend und versöhnend seien für alle, die dessen bedürfen (vgl. *Evangelii nuntiandi*, Nr. 13; *Reconciliatio et paenitentia*, Nr. 8–9). Die vielfältigen Brüche, die aus der Sünde der Menschen entstehen und sich widerspiegeln in einer Krise der Werte und in ungerechten Strukturen, sind Hindernisse für die Selbstverwirklichung der Menschen und ihr Wachsen in Würde. Diese Brüche, die in offenem Gegensatz zum Plan Gottes stehen, beweisen die dringende Notwendigkeit einer Evangelisierung, die Liebe, echten Frieden, Verzeihung, Brüderlichkeit mit sich bringt, die den Herzen Versöhnung bringt, die im Schmerz gebrochen sind, die Opfer der Gewalt sind und die vor Haß brennen.
Die neue Evangelisierung, für die ihr euch mit den Ortskirchen einsetzt, die in anderen lateinamerikanischen Nationen auf ihrem irdischen Pilgerweg sind, bringt eine tiefgreifende Erneuerung im Leben eines jeden Christen und der ganzen kirchlichen Gemeinschaft mit sich. Die Kirche, die aus Menschen besteht, die das Zeichen der Sünde tragen, ist zugleich „heilig und der Läuterung bedürftig“ (vgl. *Lumen Gentium*, Nr. 8); und das erfordert, unermüdlich voranzuschreiten auf dem „Weg der Buße und Erneuerung“ (vgl. *Lumen Gentium*, Nr. 8) und die vollständige Treue zu bekräftigen wie auch die Ablehnung jeder Verkürzung der Wahrheit des Evangeliums. „Eure Pflicht als Oberhirten und Meister des Glaubens schließt unumgänglich die Verpflichtung ein, zu beurteilen, zu klären und Heilmittel für die Abweichungen, die sich ergeben, vorzuschlagen, wenn dies notwendig sein sollte“ (*Ansprache an die Bischöfe in Lima*, 15. Mai 1988).

4. Die dringendsten Notwendigkeiten, die ihr in der Realität Perus seht, bestehen an erster Stelle aus der Gesamtheit der Umstände, die den konkreten Menschen bedrohen, den Menschen, der leidet unter dem Anprall der wirtschaftlichen Krise, unter den Situationen, die seine menschliche Würde berühren und sein Recht auf ein Leben, das seinem Wesen als Person entspricht, sowie unter der Unsicherheit und Gewalt, die die Brüderlichkeit unter Landsleuten zerstört. Und gerade als ihr euch damit befaßtet, eine Antwort auf die beängstigende Lage und die tiefliegenden Gründe zu geben, die auf die Sünde und die Krise der Werte zielen, habt ihr erklärt, daß der größte Reichtum, den die Kirche den Peruanern bieten kann, um die Erneuerung des persönlichen Lebens und die soziale gesellschaftliche Versöhnung zu bewirken, Jesus Christus ist (vgl. *Botschaft der Bischöfe Perus im Hinblick auf die aktuelle Lage*, Nr. 1). Nur eine persönliche und aufrichtige Begegnung mit dem Herrn kann dazu verhelfen, den wahren Frieden zu erlangen, die Gerechtigkeit, die Stärke, die Liebe, die Versöhnung, die die Herzen aller Peruaner ersehnen.
Wie ihr richtig sagt, hat die Krise ihren Ursprung im Herzen der Menschen. Angesichts von so viel Verwirrung und Schmerz ist es unumgänglich, auf den Menschen zurückzukommen, über die ihm eigene Identität nachzudenken, um die authentischen Wege zu entdecken, die zum vollen Sinn des menschlichen Lebens führen und zur Verwirklichung von Gottes Plan für die Gesellschaft. Wie kann man das tun ohne das Licht Christi? Wie kann man das tun, ohne sich an Den zu wenden, der dem Menschen seine Identität als Mensch zeigt (vgl. *Gaudium et spes*, Nr. 22)? Daher wünscht die Kirche, „daß jeder Mensch Christus begegnen könne, damit Christus mit jedem einzelnen den Weg des Lebens gehen kann, mit der Kraft der Wahrheit über den Menschen und die Welt, die im Geheimnis der Menschwerdung und der Erlösung enthalten ist, mit der Kraft der Liebe, die von ihr ausgeht" (*Redemptor hominis*, Nr. 38).

5. Die Erneuerung des gesellschaftlichen Lebens geht über die Verkündigung des Herrn Jesus, der den Menschen rettet, befreit und versöhnt. Die Kirche muß daher in Treue zu ihrer Sendung der Verkündigung des Evangeliums ganz besondere Aufmerksamkeit schenken, zu einer Zeit, in der sie sich aufmacht zur Begegnung mit dem Menschen in seiner konkreten Realität, mit seinen Ängsten und Hoffnungen. Die Aufgabe der Verkündigung des Evangeliums von Jesus Christus obliegt allen Gläubigen. Es sind jedoch die Priester, „die in besonderer Weise Anteil haben am Priestertum Christi" (*Presbyterorum ordinis*, Nr. 5), die als unmittelbare Mitarbeiter der Bischöfe (vgl. *Lumen Gentium*, Nr. 21) und Mitarbeiter am Heilsplan Gottes die Erlösung Christi durch die Feier der heiligen Geheimnisse vergegenwärtigen (vgl. *Presbyterorum ordinis*, Nr. 22), als Verkünder und Diener der Versöhnung Christi bis an die Grenzen der Erde (vgl. *2 Kor* 5,18; *Apg* 1,8).
Sorgt also dafür, daß die Priester, die vom Herrn zu euren Mitarbeitern berufen wurden, eine gründliche Ausbildung in menschlicher, intellektueller und geistlicher Hinsicht erhalten. Achtet sehr auf die Eigenschaften der zum Priestertum Berufenen, denn es ist vorzuziehen, mit weniger Priestern auszukommen als zuzulassen, daß solche, die nicht die nötigen Voraussetzungen mitbringen, zum Priestertum zugelassen werden.

Vor kurzem haben wir mit der Kirche in Lateinamerika den 20. Jahrestag der Konferenz von Medellin begangen. Schon damals sagten die lateinamerikanischen Bischöfe in Annahme der Weisungen des II. Vatikanischen Konzils: „Man achte auf Festigkeit in der Lehre angesichts einer Tendenz zu Neuerungen, die nicht ausreichend begründet sind. Man bestehe außerdem auf einer Vertiefung, die soweit als möglich ein hohes intellektuelles Niveau erreicht und vor allem die Ausbildung des Seelsorgehirten berücksichtigt" (*Medellin*, Nr. 13, 17; vgl. *Optatam totius*, Nr. 15, 16; *Ansprache Paul VI. bei der Eröffnung der Zweiten Generalversammlung des lateinamerikanischen Episkopates*, Bogotá, 24. August 1968).
Zusammen mit dem Bischof, dem Diener einer Kirche, die Magd Gottes ist, muß der Priester sich innerlich ergreifen lassen, damit der Dienst für Christus ihn ganz erfasse und in einer herzlichen, brüderlichen Haltung zum Ausdruck komme, mit der er sich aufmache zur Begegnung mit den Brüdern, ohne Unterschied, über die Ideologien und Parteiungen hinaus, um den Herrn zu verkünden, um das Heil zu verkünden, um Freude und Rat denen zu bringen, die mehr leiden, den Armen, die keine Stimme haben, deren Menschenwürde mit Füßen getreten wird.

6. Die Kirche zollt ihre Anerkennung und Wertschätzung der riesigen Arbeit, die die Ordensfamilien bei der Aussaat des Glaubens in Lateinamerika geleistet haben. Auch heute spielen sie eine unersetzliche Rolle im Apostolat und in der dienenden Arbeit in vielen eurer kirchlichen Bezirke. Zusammen mit dem Zeugnis ihrer besonderen Charismen ist es besonders wichtig, in das Bewußtsein von der kirchlichen Einheit einzudringen, das die Überwindung der Schwierigkeiten möglich macht, die sich ergeben können, und die vollständige Integration der Ordensleute in eine umfassende Seelsorge stärkt. Die enge Verbindung mit den rechtmäßigen Oberhirten und der Gehorsam gegenüber den Lehren der Kirche wird auch die Brüderlichkeit und die Bande der Zusammenarbeit zwischen dem Diözesanklerus und den Ordensgemeinschaften fördern. Daher gibt man all dem große Bedeutung, damit es dem gegenseitigen Vertrauen förderlich sei, der apostolischen Solidarität und der brüderlichen Eintracht, auch wenn es in einfacher und nicht formeller Weise geschieht (vgl. *Ecclesiae sanctae*, Nr. I,28; *Mutuae relationes*, Nr. 37).
Angesichts der Tatsache, daß es an Priestern mangelt, um die geistlichen Bedürfnisse der am weitesten entfernten Bevölkerungsteile zu betreuen, müßt ihr zurückgreifen auf die Katecheten und andere Seelsorgehelfer, die als eure und eurer Priester Mitarbeiter eine lobenswerte Arbeit tun. Am Vorabend der 500-Jahr-Feier der Evangelisierung Lateinamerikas kann ich nicht umhin, an jene tüchtigen und treuen Katecheten zu erinnern, die in der Vergangenheit die Einwohner Perus im Glauben und in den guten Sitten unterrichteten und so wirkungsvolle Mitarbeiter der Priester waren, denen die Seelsorge in den weiten Gebirgsgegenden eurer Nation oblag. In unseren Tagen müssen die Katecheten eine intensive und angemessene Ausbildung erhalten, die ihre Seelsorgetätigkeit stets verbessert im Hinblick auf die Erneuerung der Kirche, die auf das dritte Jahrtausend des Christentums blickt. Besondere Sorge müßt ihr für die Gemeinden der Ureinwohner aufbringen beim notwendigen Bemühen um eine umfassende Evangelisie-

rung, die gleichzeitig zu einer Festigung der ethnischen Gruppen und zu einer größeren Entwicklung ihrer autochthonen Werte führt.

7. Im Rahmen der Evangelisierungstätigkeit müssen eure Sorgen mit Vorrang der christlichen Familie gelten, deren Heiligkeit des Lebens vom engsten Kreis der Familie von Anfang an geschützt werden muß; die christlichen Eheleute muß man daran erinnern, daß der Herr sie aufruft, ihre Liebe zu vertiefen, die zugleich menschliche Zuneigung und übernatürliche Liebe ist. Als Hirten der Kirche müßt ihr an den Plan Gottes für die christliche Familie denken und an ihren Auftrag, die Liebe und Hingabe Christi an seine Kirche zu vergegenwärtigen. Es ist heute wichtiger denn je, den großen Prinzipien der Tätigkeit des Wirkens Nachdruck zu verleihen, die die christlichen Ehegatten inspirieren müssen in der ihnen eigenen Aufgabe in der Gesellschaft, ihrer Rolle als Erzieher und ihrem Auftrag als Verkünder des Evangeliums – beginnend im Schoß der Familie. Die Familie ist in der Tat der Ort der Begegnung mit Gott und der günstige Bereich zur Vervollkommnung der Gnade, die dem Sakrament der Ehe eigen ist.

8. Wie ihr wiederholt dargestellt habt, seid ihr euch der Übel bewußt, die die Institution Familie in Peru quälen. In dieser Hinsicht habt ihr es nicht unterlassen, auf die niedrige Zahl von Eheschließungen hinzuweisen, die offenkundig niedriger ist als die Zahl der Paare, die sich als katholisch bezeichnen; auf die eingewurzelte Sitte unerlaubter Verbindungen auf Probe, auf die Auflösung des Familienlebens durch Scheidung, Untreue oder Verlassen, auf die Verletzung des Rechtes auf Leben und den Ausschluß der Fruchtbarkeit. Zu all dem kommen andere Faktoren hinzu, die sich aus der Situation der Armut ergeben, in der viele von euren Familien leben: das Fehlen menschenwürdiger Wohnungen, die Arbeitslosigkeit, das im Vergleich zu den Lebenshaltungskosten unangemessene Arbeitsentgelt, die zerstörerischen Effekte des Konsumismus, die Korruption, die herausfordernde Pornographie.
Es wird also dringend, Seelsorgemaßnahmen zu intensivieren, die den verschiedenen Herausforderungen angemessen sind, die sich stellen, und die Familien dazu zu bringen, ihre Aufgabe zu erfüllen: Gemeinschaft der Liebe zu sein und Ort der Heiligung für ihre Mitglieder in einer wirklichen Offenheit für die Mitmenschen, in einem solidarischen und wirksamen Engagement, das die Ideale der christlichen Liebe konkret werden läßt. Die Familie ist aufgerufen, durch die feste Verbindung und die eheliche Treue Zeuge der einigenden Kraft der Liebe inmitten einer Gesellschaft zu sein, die oft gespalten ist, in der sich Brüder im Konflikt gegenüberstehen als Opfer von Situationen der Versuchung zur Gewaltanwendung. So habt ihr es wiederholt in eurem gemeinsamen Dokument vom vergangenen April: „Peru, wähle das Leben!“

9. Wenn ich an euer Land denke, dann ist eine meiner Erinnerungen, die mir in den Sinn kommen, das beeindruckende Bild jener hunderttausender junger Menschen, voll Freude, lärmend, aber auch schweigend und bereit zuzuhören; sie begegneten dem Nachfolger des Petrus, um seine Botschaft aufzunehmen – bei jeder meiner unvergeßlichen Besuche als Pilger des Evangeliums in eurem geliebten Land. Dort konnte ich persönlich erfahren, liebe Mitbrüder im Bischofsamt, daß die jungen Menschen in Peru nach Gott

hungern, einen heiligen Hunger haben nach Gott. Gewiß gibt es auch bei vielen Menschen Hunger nach Brot, Angst und Schmerz; aber diese Situationen, die dringend behoben werden müssen durch die Zusammenarbeit aller, beschwichtigen den Hunger nach Gott nicht; das Klagen hallt hörbar wider in den Kundgebungen jener jungen Menschen, die danach streben, sich im Herzen zu bekehren, die einen Sinn für ihr Leben suchen, die hohe und große Ideale fordern, die auf Abwege geraten können, wenn ihnen solche Ideale nicht vermittelt werden, und Opfer von Surrogaten werden können wie den Ideologien, die zur Verschlimmerung von Konflikten und Haß führen, oder Opfer von anderen Formen des Materialismus, der in der Welt eine Kultur des Todes verbreitet.
Ich freue mich zu hören, daß in Peru verschiedene kirchliche Bewegungen wirken, die sich mit der Jugend befassen. In eurer Heimat, in der es zur ersten Blüte der Heiligkeit in Lateinamerika kam, ist durch das Wirken des Geistes Gottes ein starkes und ursprüngliches apostolisches Engagement entstanden, das Antwort geben will auf die tiefe Unruhe der jungen Menschen und das auf Grund seiner lateinamerikanischen Eigenart schon beginnt, sich auf andere Brudernationen auszudehnen. Die apostolischen Bewegungen sind ein neuer Segen des Herrn für seine Kirche, wofür ihr als Bischöfe großen Eifer aufbringen müßt, indem ihr sie ermuntert und dafürt sorgt, daß sie dem Glauben der Kirche treu sind und den Weisungen der Oberhirten folgen. Sie werden die Morgenröte sein, wenn die jungen Menschen Jesus wie die Mutter des Herrn in ihrem Innern aufnehmen und sich mit ihm identifizieren, um vor der Welt und vor den anderen jungen Menschen Zeugen Christi zu sein und den Erlöser der Welt und Herrn der Geschichte zu verkünden.

10. Wenn ihr über den Samen des Glaubens nachdenkt, der, in den Boden eures Landes gesät, ein gläubiges Volk hervorbrachte – dessen tiefster Identität man in der Bindung an die Kirche begegnet – werdet ihr ohne Zweifel Ansporn und Begeisterung dafür finden, die erneute Evangelisierung jeder eurer kirchlichen Gemeinschaften durchzuführen und die Hoffnung zu verkünden, die das christliche Leben als wirksamer und konkreter Weg individueller und gesellschaftlicher Überwindung beitragen kann.
Unter eurer gewissenhaften Anleitung müssen sich die Ortskirchen, an deren Spitze ihr steht, in wirkliche, strahlende Leuchtfeuer der Hoffnung für alle verwandeln, die Lösungen für die menschlichen Probleme suchen, die mit dem befreienden und versöhnenden Heilsplan übereinstimmen, den Gott kundgetan hat.
Es ist die Stunde der christlichen Hoffnung, die Stunde, in der die Kirche in Peru das Banner der Gerechtigkeit hißt und den Menschen zeigt, daß die Botschaft Jesu Gültigkeit hat und in konkreter Form im Leben jedes Christen zum Ausdruck kommt, der sich engagiert und sich seiner Würde als Kind Gottes bewußt ist. Es ist die Stunde der christlichen Hoffnung, in der die Treue zu den Grundsätzen des Evangeliums bei nicht wenigen Gelegenheiten schmerzhaften Verzicht und schweigendes Martyrium verlangen wird, um das nur Gott weiß. Es ist die Stunde der Zuversicht, in der der Weizen im Schoß der Erde weiter wachsen muß, um sich eines strahlenden Morgens in goldene Ähren reicher Fruchtbarkeit zu verwandeln.
Bei der Rückkehr in eure Diözesen bitte ich euch, euren Priestern, Ordensleuten, Seelsorgehelfern und Gläubigen den herzlichen Gruß des Papstes zu übermitteln, der alle in

seinem Gebet dem Herrn empfiehlt, damit der Herr der Großtaten in ganz Peru seine Gaben von Friede und Gerechtigkeit in Eintracht und brüderlicher Liebe austeile.
Euch allen erteile ich meinen Segen.

Christliches Zeugnis fördert Überwindung der Spannungen

Ansprache an die Bischöfe von Sri Lanka bei ihrem Ad-limina-Besuch am 7. Juli

Liebe Brüder in unserem Herrn Jesus Christus!

1. Gern heiße ich euch, die Bischöfe von Sri Lanka, in dieser besonderen Stunde kollegialer Gemeinschaft während eures Ad-limina-Besuches willkommen. Wir sind hier im Namen Jesu, des „obersten Hirten" (*1 Petr* 5,4) der Kirche, des Herrn und Erlösers von uns allen, versammelt. Durch ihn und im Heiligen Geist erheben wir Dank und Preis zum Vater für die Präsenz der Kirche in Sri Lanka. Die Kraft des Evangeliums hat in diesem guten Boden, der Perle des Orients, Wurzeln gefaßt und der Kirche Wachstum ermöglicht. Die liebenswürdigen Worte, die Erzbischof Fernando in eurem Namen sowie im Namen all eurer Priester, Ordensleute und Gläubigen gesprochen hat, weiß ich tief zu schätzen. Jeder von euch vertritt eine von den zehn Ortskirchen in Sri Lanka, und so möchte ich durch euch meine herzlichen Grüße in Jesus Christus aussprechen und dem ganzen Volk Gottes, das eurer pastoralen Sorge anvertraut ist, mein betendes Gedenken versichern. Mit den Worten des hl. Paulus sage ich: „Durch den Glauben wohne Christus in eurem Herzen. Seid in der Liebe verwurzelt und auf sie gegründet" (*Eph* 3,17). Ich habe das Vertrauen, daß ihr alle, wie ich selbst auch, durch unsere heutige Begegnung Kraft empfangt, weil wir „die Bande der Einheit, der Liebe und des Friedens" (*Lumen Gentium*, Nr. 22) fester knüpfen, die uns als Nachfolger der Apostel im Bischofskollegium verbinden.
Meine Brüder, laßt euch als „Diener Christi und Verwalter von Geheimnissen Gottes" (*1 Kor* 4,1) durch die Wahrheit stärken, daß ihr nicht allein arbeitet, denn hinter euch stehen der Nachfolger Petri und das ganze Bischofskollegium. Ich ermuntere einen jeden von euch in seinem pastoralen Dienst und danke Gott für „das Werk eures Glaubens, der Opferbereitschaft eurer Liebe und die Standhaftigkeit eurer Hoffnung auf Jesus Christus, unseren Herrn" (*1 Thess* 1,3). Eure Präsenz hier bezeugt die Wahrheit, da Jesus, der Herr, den Petrus zum Hirten der ganzen Herde bestimmt (vgl. *Joh* 21,15 ff.) und ihn, zum Prinzip und Fundament der Einheit der Kirche in Glauben und Jüngerschaft gemacht hat. Unsere Begegnung läßt uns erneut das Glaubensbekenntnis Petri an Jesus als „Christus, den Sohn des lebendigen Gottes" wiederholen (*Mt* 16,16).

2. In meiner pastoralen Sorge für eure Ortskirche möchte ich euch meiner Solidarität mit dem Volk von Sri Lanka versichern, das durch die andauernde Gewaltanwendung, durch Terrorismus und bewaffnete Konflikte in eurem Land schwer geprüft wird. Mit großer Sorge verfolge ich eure komplexe Situation. Will man Versöhnung auf Grundlage der Ge-

rechtigkeit erreichen, muß man die berechtigten Bestrebungen der verschiedenen beteiligten Gruppen achten. Ich bete innig, darum, daß die verschiedenen völkischen und religiösen Gruppen der Gesellschaft den Weg des Dialogs und der Verhandlung wählen, so daß für die Probleme, die einen dauerhaften Frieden behindern, eine gerechte Lösung gefunden wird. Angesichts der weitergehenden Konflikte und Spaltungen innerhalb von Sri Lanka hat Gott euch „den Dienst der Versöhnung“ (*2 Kor* 5,18) anvertraut, und ihr habt euch in der Tat dieser Aufgabe verschrieben. Ich denke an die zahlreichen klaren und begründeten Stellungnahmen, die die Bischofskonferenz in den letzten Jahren abgegeben hat. Und ich lade euch ein, diese besondere Aufgabe beharrlich weiterzuführen als Zeichen der festen Hoffnung, auch wenn bestimmte Verhältnisse viele entmutigen mögen. Ihr seid hier aufgerufen Zeugen für das Paschamysterium in den konkreten Umständen des täglichen Lebens zu sein, Zeugen, die zumal in Stunden der Finsternis und der Angst das strahlende Licht christlicher Hoffnung anbieten. Vor allem durch das christliche Zeugnis kann die Kirche die gegenseitige Achtung zwischen unterschiedlichen völkischen, kulturellen und religiösen Gruppen fördern. Wenn sie die zeitliche Ordnung durch ihre Sendung nach Art des Sauerteigs im Evangelium (vgl. *Mt* 13,33) zu beeinflussen sucht, arbeitet sie für alles, was menschliche Würde und Entwicklung fördert. Sie beweist Interesse für die Einheit, wenn sie die Menschen zum Aufgeben von Vorurteilen ermuntert, den Terrorismus verurteilt sowie bemüht ist, die Qualität des Schulwesens und der gesundheitlichen Betreuung zu verbessern, und wenn sie alle Voraussetzungen fördert, die die völkischen Spannungen zu mildern und den Frieden zu sichern bestrebt sind.

3. Mit Genugtuung denke ich an die Feiern zur Vollendung des ersten Jahrhunderts seit Errichtung der Hierarchie in Sri Lanka im Jahr 1986 zurück. Das aber erinnert uns an ein ständiges Thema der Lehre des II. Vatikanischen Konzils über das Bischofsamt, nämlich die Einheit. Das Konzil betont die Wichigkeit der Einheit zwischen dem Nachfolger Petri und den Bischöfen, sodann die Einheit der Bischöfe untereinander; der Bischöfe und des Klerus sowie der Bischöfe mit den Ordensleuten und Laien. Eure Einheit spiegelt sich nicht nur in euren amtlichen Stellungnahmen wider, sondern auch in der Koordinierung eurer pastoralen Tätigkeiten in jeder Diözese sowie in euren Beziehungen zur staatlichen Regierung einer jeden Provinz. Es braucht bei euren gemeinsamen Initiativen für die Kirche in Sri Lanka immer ausgiebige Konsultationen, während ihr zugleich die pastorale Autorität eines jeden Bischofs in seiner eigenen Diözese zu achten habt.

4. Denkt bei der Erfüllung eures bischöflichen Dienstes immer an das Gebot des Herrn: „Darum geht zu allen Völkern und macht alle Menschen zu meinen Jüngern und tauft sie ... und lehrt sie alles zu befolgen, was ich euch geboten habe. Seid gewiß: Ich bin bei euch alle Tage bis zum Ende der Welt“ (*Mt* 28,19–20). Euer Leben als Hirten muß um diesen Auftrag Christi kreisen, alles zu lehren, was er seinen Aposteln aufgetragen hat. An erster Stelle seid ihr aufgerufen, das Evangelium zu predigen und es „in der Kirche für immer unversehrt und lebendig zu bewahren“ (*Dei Verbum*, Nr. 7). Das erfordert von eurer Seite ständige Wachsamkeit und Treue, die gleichbedeutend sind mit pastoraler Liebe zu eurem Volk.

5. Ich möchte allen Priestern meine Dankbarkeit aussprechen, die euch aktiv bei der Betreuung der euch anvertrauten Herde Christi helfen. Sucht als echte Brüder eurer Priester verständnis und teilnahmsvoll, ihre Last mitzutragen und sie in ihrer Identität als Diener von Wort und Sakrament zu stärken. Jeder priesterliche Mitbruder soll zusammen mit euch als „Knecht Christi Jesu" gelten, „berufen zum Apostel, auserwählt, das Evangelium Gottes zu verkünden" (*Röm* 1,1). Wie ihr wißt, finden die Priester im eucharistischen Opfer die Quelle für ihre Hirtenliebe (vgl. *Presbyterorum ordinis*, Nr. 14). Das II. Vatikanische Konzil lehrt, daß „der Dienst der Priester in der Verkündigung des Evangeliums seinen Anfang nimmt" (Nr. 2), sagt aber auch, daß der Dienst des Wortes auf die Eucharistiefeier hingeordnet ist, „als Quelle und Höhepunkt aller Evangelisation" (*ebd.*, Nr. 5). Von großer Bedeutung für die Kirche in Sri Lanka ist die Tatsache, daß die Anzahl der Kandidaten für das Amtspriestertum und Ordensleben weiter ansteigt und damit viel Ermutigung und Hoffnung für die Zukunft bietet. Ich möchte euch daran erinnern, da die liebevolle Aufmerksamkeit; die ihr euren Seminaristen als echte Väter in Christus schenkt (vgl. *Optatam totius*, Nr. 5) die gediegene Ausbildung eurer künftigen Diözesanpriester sicherstellt. Eine wesentliche Voraussetzung für wirksame Programme der Priesterausbildung in euren kleinen und großen Seminarien besteht darin, gut qualifizierte Priester für die geistliche Leitung der einzelnen zur Verfügung zu haben. Sie können die Seminaristen wirklich für ein Leben nach den Idealen des Priestertums begeistern und ihnen mit Gottes Gnade helfen, ihr Ziel zu erreichen. Ich möchte jedem von euch die Unterstützung meines Gebetes für die Aufgabe der Priesterausbildung zusichern, die für die Kirche so lebenswichtig ist.

6. Bei Gelegenheit dieses eures Ad-limina-Besuches erinnere ich gern an die heroischen Tugenden und den pastoralen Eifer des ehrwürdigen P. Joseph Vaz, den viele als Apostel von Sri Lanka bezeichnen. Mit Dank und Preis gegen den allmächtigen Gott erkenne ich ferner das mutige Wirken so vieler anderer Missionare, Priester, Schwestern und Brüder an, die sich in den vergangenen Jahrhunderten der Verkündigung des Evangeliums und dem Wachstum des Reiches Gottes in eurem Volk gewidmet haben. Für die Zukunft der Missionstätigkeit in eurem Land hege ich tiefe und große Hoffnung. Dabei betrachte ich die Leistungen des ehrwürdigen P. Vaz als eine Quelle der Anregung für heute und als Einladung zur Verkündigung der Heilsbotschaft an die vielen Menschen in Sri Lanka, die sie noch nicht vernommen oder angenommen haben. Ich lobe die zahlreichen Initiativen der Missionare und des Ortsklerus, der Ordensleute und der Laienkatechisten bei der Verkündigung des Evangeliums in eurer Gesellschaft, und ich bete, daß die ganze Kirche in Sri Lanka wirklich zum Licht wird, „das die Heiden erleuchtet" (*Lk* 2,32).

7. Es liegt in eurer Verantwortung, meine lieben Brüder, in einer Gesellschaft mit vielen Religionen die am besten geeigneten Mittel für die Evangelisierung auszuwählen. Die Kirche hegt eine tiefe Achtung für alle nichtchristlichen Religionen, da in ihnen „die Gottsuche von Millionen deutlich (wird), ein unvollkommenes Suchen, aber oft gelebt mit großer Aufrichtigkeit und Lauterkeit des Herzens". (*Evangelii nuntiandi*, Nr. 53). Angesichts der geistigen und moralischen Qualitäten in diesen Religionen ist die Grundlage für einen gegenseitigen Dialog und eine friedliche Koexistenz gegeben. Doch ändert

das Bemühen der Kirche um Dialog mit den Nichtchristen in keiner Weise ihre wesentliche Sendung zur Evangelisierung. Christliches Zeugnis durch persönliches Beispiel muß immer von der Verkündigung Christi begleitet sein, der die Grundlage unseres Glaubens, den Grund unserer Hoffnung und die Quelle unserer Liebe bildet (vgl. *Ansprache an das Sekretariat für die Nichtchristen*, 28.4.1987). Als Hirten der Ortskirchen in Sri Lanka habt ihr eure pastorale Tätigkeit in zwei Grundrichtungen organisiert. An erster Stelle habt ihr euch zum Dialog mit dem Buddhismus und den übrigen geistlichen Familien im Land entschlossen. In dem Bemühen, in diesen Religionen Elemente für den Dienst an der Wahrheit zu finden, habt ihr den Weg für die Verkündigung der Frohbotschaft vom Heil und ein eventuelles Programm für die Inkulturation im Dienst des Evangeliums vorbereitet. An zweiter Stelle habt ihr euch mit großem pastoralen Eifer für eure eigenen katholischen Gläubigen verfügbar gemacht, sie mit Wort und Sakrament genährt, ihre menschliche Entwicklung zu fördern gesucht. Vor allem habt ihr euch der am meisten Notleidenden angenommen. Damit habt ihr unter ihnen die Rolle des Guten Hirten übernommen.

8. Ich ermuntere euch bei eurer Sendung zur Verkündigung Jesu Christi und seiner Seligpreisungen an alle, die sich in Freiheit zum Hören eurer Worte entschließen, um „Jesus Christus und sein Evangelium denen zu verkünden; die ihn noch nicht kennen, (wie es) seit dem ersten Pfingsttag das grundlegende Programm (ist), welches die Kirche als von ihrem Gründer empfangen sich zu eigen gemacht hat“(*Evangelii nuntiandi*, Nr. 51). Ich danke euch, liebe Brüder, für euren hingebungsvollen Dienst am Volk Gottes in Sri Lanka. Ich vertraue euch und die ganze Kirche in eurem Land der mütterlichen Fürbitte Mariens, unserer Lieben Frau von Sri Lanka, an, rufe die Gnade und den Frieden ihres Sohnes auf euch herab und erteile euch von Herzen, meinen Apostolischen Segen.

Eine Solidarität unter den Priestern herstellen

Ansprache beim Ad-limina-Besuch der Bischöfe aus Togo am 12. Juni

Liebe Mitbrüder im Bischofsamt!

1. Voll Freude empfange ich euch hier aus Anlaß eures Ad-limina-Besuches, des ersten nach meiner Pastoralreise in euer Land im August 1985, als ich unter den warmherzigen und gastfreundlichen Menschen eures Landes die ewige Botschaft des Evangeliums verkündete.

Von Herzen danke ich Msgr. Robert-Casimir Dosseh-Anyron, dem Erzbischof von Lomé und Vorsitzenden der Bischofskonferenz in Togo, für die Botschaft, die er mir in euer aller Namen vorgetragen hat. Ich begrüße euch alle aus ganzem Herzen und bin in Gedanken wieder bei euren vier Diözesen Lomé, Atakpame, Sokode und Dapango; im Bischofsamt, das uns gemeinsam ist, erneuere ich meine herzlichen Wünsche für das physische und geistliche Wohlergehen dieser Diözesen.

Ihr findet bei dieser alle fünf Jahre stattfindenden Begegnung Gelegenheit zu einer inneren Erneuerung für die Ausübung eurer Verantwortung als Nachfolger der Apostel. Diese Begegnung ermöglicht es außerdem, die Gemeinschaft mit dem Nachfolger des Petrus intensiver zu erfahren sowie immer mehr am immensen Erbe geistig-geistlicher und moralischer Werte teilzuhaben und dieses Erbe zu schätzen, das die Kirche in der ganzen Welt besitzt, dank der Arbeit der Hirten, die die vielfältigen Talente, die Gott den Christen auf der ganzen Welt zuteilte, Frucht tragen lassen.
Schließlich hat euer Besuch in Rom eine religiöse Bedeutung im Sinne einer Pilgerfahrt an die Gräber der hll. Petrus und Paulus: es ist mein inniger Wunsch, daß ihr in eurem Gebet zu diesen Aposteln, den Säulen der römischen Kirche, neue Kraft schöpft für den Dienst an dem mir so lieben Volk von Togo.

2. Euer Besuch gibt mir die Möglichkeit, mit euch über einige Aspekte unserer Sendung als Bischöfe nachzudenken, so wie es im ersten Brief des hl. Petrus heißt: „Sorgt als Hirten für die euch anvertraute Herde Gottes, nicht aus Zwang, sondern freiwillig, wie Gott es will; ... seid nicht Beherrscher eurer Gemeinden, sondern Vorbilder für die Herde!“ (*1 Petr* 5,2–3).
Bei eurer Bischofsweihe hat jeder von euch durch Handauflegung den Heiligen Geist empfangen, der aus euch Hohepriester und Hirten des Gottesvolkes macht. Und der Herr hat mir in eurer Mitte den Auftrag gegeben, euch bei dieser großen Aufgabe zu stärken, damit wir gemeinsam die Einheit der Kirche garantieren, ihre Treue und ihr Gedeihen.
„Sorgt als Hirten für die euch anvertraute Herde Gottes“ (*1 Petr* 5,2). Was heißt das heute? Der Hirte hat die Aufgabe, zu sammeln und zu führen. Der Bischof hat die Aufgabe, die Christen zu sammeln. Das tut er, wenn er die Eucharistie feiert, das Sakrament, das die Kirche aufbaut. Das tut er, wenn er die Getauften in die Welt sendet zur Erfüllung ihrer Aufgabe als Zeugen des Evangeliums.
Ihr seid die Bauleute der Einheit in euren Diözesen und auch darüberhinaus. Dank der in der Bischofskonferenz bestehenden Bande zeigt ihr, daß die Kirche im Hinblick auf die ganze Nation Togo eins ist. Über die verschiedenen Gruppen von Gläubigen hinaus, die sich auf Initiative von Priestern oder Laien in der Gemeinschaft der Diözese bilden, seid ihr aufgerufen, den Horizont zu weiten und die Gläubigen mit der einen Kirche zu verbinden, besonders mit dem Apostolischen Stuhl, der der Communio dient.
Liebe Mitbrüder, wirkt weiter euer Charisma der Einheit, nicht nur in der Diözese, sondern in der gesamten Bischofskonferenz. Wer von euch Seelsorger in ausreichender Zahl hat, möge an die denken, die über weniger Seelsorgekräfte verfügen. Wer kirchliche Bildungseinrichtungen nutzen kann, lasse auch die anderen daran teilhaben. Kurzum, eure Kirche in Togo möge eine dynamische Einheit an den Tag legen als Ergebnis einer Konzentration auf das Wesentliche in einer aktiven Gemeinschaft, die von der Liebe zu Gott inspiriert ist! Daß der Wunsch, allen Menschen in Togo die Frohe Botschaft zu bringen, das heißt allen Söhnen und Töchtern Afrikas und den anderen Mitgliedern der Menschheitsfamilie, die Verbindung unter euch noch enger knüpfe! Ihr werdet so das missionarische Wirken fortsetzen, das eure Vorgänger bei euch in eurem Land erfolgreich in Angriff genommen haben und das ihr nun vorantreiben müßt. Die Lebenskraft eurer Kirche

ist ein gutes Zeichen für die Zukunft wie auch das Engagement der Priester, Katecheten und Ordensleute in euren Diözesen.

Die Amtsgewalt, die ihr als Bischöfe ausübt, ist die eines Vaters, der sich um Liebe und Verständnis bemüht und deshalb seinen Mitarbeitern und seinem Volk nahe ist. Ein Vater, der sich darum sorgt, besonders für seine Priester zugänglich zu sein, der ihre Wünsche und Bedürfnisse kennt, wie der Gute Hirte des Evangeliums jedes seiner Schafe kennt. Es ist Aufgabe des Bischofs, Rat zu geben, Mut zuzusprechen, gütig und unbefangen denen zu helfen, die Verantwortung tragen, damit sie diese zum Wohl der Kirche ausüben.

Ihr müßt eine wirkliche Solidarität unter den Priestern herzustellen wissen und ein frohes Gemeinschaftsleben der Priester untereinander, damit jeder Priester im Bischof einen Hirten erkennt, der ihm im Dienst für die Gläubigen nahe ist. Möge die traditionelle Solidarität der Völker eures Kontinentes in den Beziehungen der für das Evangelium Tätigen untereinander zum Ausdruck kommen!

3. Bei der Lektüre eurer Fünf-Jahres-Berichte zeigte sich, daß in Togo wie in vielen Ländern Afrikas die Familienseelsorge ein vorrangiges Ziel darstellt. Ihr seid euch bewußt, daß die Familie eine wichtige Rolle spielt für die Evangelisierung, die Inkulturation, den Aufbau der Gesellschaft wie auch für das Aufblühen von Priester- und Ordensberufen. Es empfiehlt sich auch, besondere Sorge der Gründung der familiären Gemeinschaft zuzuwenden, das heißt, klar zu sagen, was sie nach dem Evangelium ist, Wertschätzung für sie zu vermitteln, die Größe der Einheit eines Paares in seiner Unauflöslichkeit hervorzuheben, darzustellen, daß sie Garant der Rechte des Kindes und der Frau ist. Es handelt sich hier um eine schwierige und langwierige Aufgabe. Dennoch müßt ihr darauf hinwirken, daß die Menschen verstehen, daß die christliche Familie als Liebesgemeinschaft in einzigartiger Weise geeignet ist, für die Gesellschaft wesentliche Werte zu vermitteln und weiterzugeben.

4. In Togo haben die Katholiken Kontakt mit Brüdern und Schwestern, die anderen Religionen angehören oder die traditionelle Religion praktizieren. Durch den Umgang mit diesen Menschen erhalten sie sozusagen Anregungen zur Vertiefung ihres Glaubens, damit sie darüber bei den Andersgläubigen Rechenschaft ablegen können.

Die Kirche muß wie jeder lebendige Organismus zunächst dafür sorgen, daß sie wächst. Von daher ergibt sich die Bedeutung einer geeigneten Katechese. Ich weiß, welche Anstrengungen ihr auf diesem Gebiet im Hinblick auf die Kinder und Jugendlichen im Schulalter unternehmt. Ich möchte euch ermuntern, den Getauften die Hilfen an die Hand zu geben, um im Glauben zu wachsen, ebenso wie man ihnen in eurem Land ein entwickeltes Schulsystem bietet.

Es empfiehlt sich unter anderem, dem Votum der Väter der Bischofssynode 1987 zu folgen und eine gründliche Evangelisierung aller erwachsenen Gläubigen vorzunehmen. Wenn sie dann in die Lage versetzt werden, für ihre Gründe zu glauben Zeugnis geben zu können, werden sie besser den Dialog mit den Nichtchristen führen und mit ihnen in einem immer konstruktiveren Verständnis zum Wohl einer wirklich menschlichen Gesellschaft zusammenarbeiten können.

Auf diesem heiklen Gebiet der Beziehungen zu den nichtkatholischen religiösen Gruppierungen möchte ich euch ermutigen, gleichzeitig den brüderlichen Dialog und die treue Verkündigung des Evangeliums der Wahrheit fortzuführen.

5. Im Jahre 1992 wird Togo die 100-Jahr-Feier seiner Evangelisierung begehen. Das Dezennium von 1982 bis 1992 ist im übrigen zum „Dezennium für die 100-Jahr-Feier" proklamiert worden.
Es ist mein Wunsch, daß die Menschen in Togo für das Geschenk des Glaubens Dank sagen und sich darum bemühen, die Botschaft Christi besser kennenzulernen und sie in ihr tägliches Leben eingehen zu lassen. Daß sie nach dem Wort des Herrn „Salz der Erde" und „Licht der Welt" (vgl. *Mt* 5,13) seien! So werden sie Zugang finden zu einer größeren Freiheit gegenüber den Kräften des Bösen sowie in sich selbst und in anderen die Würde erkennen, die Gott dem Menschen gegeben hat; sich ihrer bewußt zu werden ist ein Faktor des Fortschritts: sie versetzt den Menschen in die Lage, seine Verantwortung in der Gemeinschaft der Kirche und des Staates wahrzunehmen. Möge sich in Togo verwirklichen, was seit den ersten Jahrhunderten von den Gläubigen gesagt wurde: „Was die Seele für den Körper ist, sind die Christen für die Welt" (*Brief an Diognet*).

6. Abschließend möchte ich euch bitten, die Priester in euren jeweiligen Diözesen herzlich zu grüßen und ihnen in meinem Auftrag Mut zuzusprechen. Meine von Herzen kommenden Wünsche gelten den Jugendlichen in den Schulen; die Studenten in den Priesterseminaren ermuntere ich, sich hochherzig auf den Empfang der Gaben und Aufgaben des Priestertums für den Dienst am Volk Gottes vorzubereiten.
Den Ordensleuten, die der Welt das belebende Ideal der Suche nach dem einzig Notwendigen vor Augen führen, entbiete ich ebenfalls meine herzlichen Grüße und Wünsche für ihr Ordensleben, das die Kirche hochschätzt. Ich möchte sie ermuntern, diese kirchliche Gemeinschaft unter den Diözesen noch weiter voranschreiten zu lassen; sie wird durch die Teilnahme der Ordensleute an der Evangelisierung sichtbarer.
Schließlich grüße ich aus ganzem Herzen die tapferen Katecheten, die ihren unersetzlichen Beitrag zur Entwicklung der Mission leisten.
Möge Unsere Liebe Frau vom Togo-See, die Mutter der Barmherzigkeit, der ich mit Freude am 9. August 1985 euer Vaterland geweiht habe, euch in eurem Seelsorgedienst Beistand sein!
Von ganzem Herzen segne ich euch und eure Diözesen.

Keine Angst, den Glauben zu bekennen

Ansprache an die Bischöfe der Türkei anläßlich ihres Ad-limina-Besuches am 31. März

Hochwürdigster Herr Präsident der Bischofskonferenz der Türkei,
liebe Mitbrüder im Bischofs- und im Priesteramt!

1. Die Begegnungen mit den Hirten der Teilkirchen bei einem Besuch „ad limina Apostolorum" sind für den Bischof von Rom eine immer wieder neue Gnade. Die direkten Kontakte mit den Mitgliedern des Bischofskollegiums erlauben ihm, sie mit ihren Freuden und Sorgen besser zu kennen, um ihnen seine brüderliche Zuneigung zu bezeugen. Meine Aufgabe besteht in der Tat darin, euch im Glauben zu stärken, euch, die der „Heilige Geist zu Bischöfen bestellt hat, um als Hirten für die Kirche Gottes zu sorgen" (*Apg* 20,28). Mit Freude unterstreiche ich die Tatsache, daß ich euch das erste Mal seit der Errichtung der Bischofskonferenz der Türkei empfange.

2. Eure Fünfjahresberichte haben mir erlaubt, gewissermaßen eine brüderliche Pilgerreise des Gebetes durch eure Diözesen des lateinischen, armenischen, chaldäischen, byzantinischen und syrisch katholischen Ritus zu unternehmen. Dies war eine ausgedehntere Pilgerreise als mein Besuch vom 29. und 30. November 1979, der auf Ankara, Istanbul und Ephesus begrenzt war. Beim Lesen und Meditieren eurer Berichte war mein Geist erfüllt von der Erinnerung an die erste Einpflanzung des Christentums in eure Heimat. Mit euch dachte ich an den Apostel Johannes, den Verfasser der prophetischen Botschaften an die sieben Kirchen Kleinasiens. Ich dachte noch mehr an Paulus aus Tarsus in Zilizien: wie hat er doch das Gebiet der heutigen Türkei durchquert, um dort das Evangelium zu verkünden! Die Apostelgeschichte zeigt auch beredt die Wichtigkeit der Gemeinde von Antiochien, dem heutigen Antakja, wo Petrus eine große Rolle spielte und wo die Jünger Christi zum ersten Male den Namen „Christen" erhalten haben. Und wie könnte man nicht hinweisen auf solch würdevolle Gestalten wie die eines Polykarp und eines Ignatius, und solche wie die der bewundernswerten Kappadozier Gregor, Basilius und Johannes Chrysostomos?

Die Betrachtung entfernte mich durchaus nicht von der Gegenwart, von der bescheidenen Lage, in der ihr konkret lebt. Anstatt es uns aber mit diesem Stand der Tatsachen schwer zu machen, die jeder von euch gut kennt, opfern wir lieber diese Leiden und Sorgen im Glauben und in der Hoffnung nach dem Beispiel des Apostels Paulus auf. Seine Mitteilungen, beispielsweise in seinem zweiten Brief an die Korinther, stimmen oft mit den Situationen, in denen ihr täglich lebt, überein.

3. Gerade in diesem Augenblick, da euer Ad-limina-Besuch seinen Höhepunkt erreicht, erscheint es mir ermutigend, von neuem einige Worte des II. Vatikanischen Konzils aus dem Dekret *Christus Dominus* zu hören: „Bei der Erfüllung ihrer Vater und Hirtenaufgabe seien die Bischöfe in der Mitte der Ihrigen wie Diener, gute Hirten, die ihre Schafe kennen und deren Schafe auch sie kennen, wahre Väter, die sich durch den Geist der Liebe und der Sorge für alle auszeichnen ... Die ganze Familie ihrer Herde sollen sie so zu-

sammenführen und heranbilden, daß alle, ihrer Pflichten eingedenk, in der Gemeinschaft der Liebe leben und handeln" (*Christus Dominus*, Nr. 16). Ihr strengt euch an, dieses Ideal zu erreichen – eure Berichte unterstreichen, daß ihr nahe bei euren Priestern und Gläubigen lebt –, dieses Ideal hat seine Quelle im Weihesakrament, in eurem persönlichen geistlichen Leben, aber genauso in euren brüderlichen Treffen zwischen Hirten, die verschiedenen Riten angehören. Die Evangelisation in der Gegenwart, die überall so komplex ist, hat die Väter des II. Vatikanischen Konzils dazu angeregt, der bischöflichen Kollegialität einen neuen Impuls zu geben, so, wie sie bekanntermaßen in apostolischer Zeit und in der Folge vor allem durch die Provinzialsynoden gelebt wurde. Sicherlich – eure Bischofskonferenz ist erst vor kurzem entstanden und von bescheidenem Umfang. Dennoch kann und soll sie auf ihrem Weg, den ich als schwierig anerkenne, vorangehen. Sie geht in dem Maße voran, in dem jedes ihrer Mitglieder seinen Teil an Vertrauen, Erfahrung und Weisheit mit einer objektiven Kenntnis der zu behandelnden Probleme und reiflich überlegten Lösungsvorschlägen in sie einbringt. Ich habe zutiefst das Vertrauen, daß die Zukunft und die Lebendigkeit eurer einzelnen Kirchen durch das Vorankommen eurer Konferenz auch vorangehen werden. Sie stellt eine Gnade dar, die man fruchtbar machen muß, um nicht, wie es menschlich möglich ist, müde zu werden angesichts der Schwierigkeiten, denen ihr begegnet, und angesichts von gewissen Fehlschlägen, die von dem einen oder anderen unter euch demütig erwähnt wurden. Seht zu, meine sehr geschätzten Brüder, wie man eurer Konferenz in den Jahren nach ihrer Gründung ihre ganze Dynamik geben kann. Regelmäßigkeit, gründliche Vorbereitung der Sitzungen und lebendiger Ablauf sind Elemente von erstrangiger Bedeutung. Es ist euch vielleicht möglich, von Zeit zu Zeit Fachleute für Fragen der Glaubenslehre und der Seelsorge einzuladen, um euch zu helfen, die größten Probleme zu bearbeiten, die eure Aufgabe als Lehrer des Glaubens und Führer des christlichen Volkes euch stellt, da ihr die Gläubigen beispielsweise in den weltlichen Wirklichkeiten der Familie, der Erziehung, des gesellschaftlich beruflichen Lebens beraten müßt, und das ziemlich oft gegenläufig zu ihrer Umwelt. Ich füge noch einmal hinzu, daß die lebendige Verbundenheit eurer Konferenz, die euch auf eurer Ebene als Hirten zu gegenseitiger heilbringender Verantwortung und eure Priester, Ordensleute und Laien zu apostolischer Dynamik führt, euch gleichermaßen mehr Glaubwürdigkeit in euren Beziehungen zur Führungsschicht eures Landes geben kann. Ich denke besonders an ein delikates Problem, das noch ungelöst ist, nämlich an die Dispens von Koran-Religionsstunden für die Kinder katholischer Familien, die Staatsschulen besuchen, so, wie sie moslemischen Jugendlichen zugestanden wird, die katholische Schulen besuchen. Die Achtung der Religionsfreiheit könnte kein Prinzip bleiben, wenn sie nicht konkret angewendet würde.

4. Eure Fünfjahresberichte machen deutlich – auch wenn sie mit Kummer den ständigen Abzug zahlreicher Mitglieder eurer Gemeinschaften in andere Länder, besonders in Europa, unterstreichen –, daß die Mehrheit eurer Gläubigen, vor allem bei den großen Festen und bei den wichtigen Abschnitten des christlichen Lebens, eure Kirchen füllt. Ihr wünscht indessen, daß deren Beteiligung an der heiligen Liturgie aktiver wäre. Ich habe gleichermaßen eure sehr lebendige Sorge bezüglich des Religionsunterrichts für Kinder

und Heranwachsende bemerkt. Bei diesen beiden Punkten halte ich es für angebracht, euch meine herzliche Unterstützung nahezubringen. Die Konstitution *Sacrosanctum Concilium* bestätigt, „daß die heilige Mutter Kirche allen rechtlich anerkannten Riten gleiches Recht und gleiche Ehre zuerkennt ..., daß diese Riten in Zukunft erhalten und in jeder Weise gefördert werden, und es ist ihr Wunsch, daß sie, soweit es not tut, in ihrem ganzen Umfang gemäß dem Geist gesunder Überlieferung überprüft und im Hinblick auf die Verhältnisse und Notwendigkeiten der Gegenwart mit neuer Kraft ausgestattet werden" (*Sacrosanctum Concilium*, Nr. 4).

In einer Zeit, in der die Schriftsprachen im allgemeinen weniger Widerhall im Geist und Herzen der Gläubigen haben, hilft der kluge Gebrauch der Umgangssprachen dem christlichen Volk viel, sich die Schätze der Liturgie anzueignen und davon konkret zu leben. Dieselbe Konstitution sagt noch, daß „die Seelsorger darüber wachen (sollen), daß nicht bloß die Gesetze des gültigen und erlaubten Vollzugs beachtet werden, sondern auch daß die Gläubigen bewußt, tätig und mit geistlichem Gewinn daran teilnehmen" (*Sacrosanctum Concilium*, Nr. 11). Ihr wißt ebenso wie ich, daß der Gottesdienst, dem die geweihten Diener würdig vorstehen und bei dem das Volk, wenn es mit Geduld gut geschult wurde, seine Rolle richtig erfüllt, die Erwachsenen und die Jugendlichen anzieht. Dieser Einsatz ist grundlegend, denn die Gläubigen haben es nötig, durch die würdige und lebendige Liturgiefeier mit dem Wort des Herrn im Kontakt zu stehen und die Früchte seines Leidens und seiner Auferstehung zu empfangen.

5. Ich teile eure großen Sorgen auf dem Gebiet der religiösen Ausbildung der Jugendlichen und Heranwachsenden eurer Gemeinden. Ich habe wohl gelesen, daß ihr euch an Stundenplanschwierigkeiten, an einer gewissen Gleichgültigkeit der Familien und an der kleinen Zahl von Religionslehrern stoßt. Bei einem erneuten Versuch, die verschiedenen Riten in Einklang zu bringen, muß es möglich sein, einige neue Religionslehrer zu entdecken und sie auszubilden und vielleicht den Inhalt und die Methoden bei Zusammenkünften mit den Jugendlichen zu revidieren. Ein systematischer Religionsunterricht, der reich an Stoff und in einer einfachen und attraktiven Sprache gegeben wird, kann sie interessieren. Ich unterstreiche auch, daß die Religionslehrer sich nicht damit zufrieden geben können, Glaubenswahrheiten weiterzugeben, sondern daß ein Klima des Gebetes die Religionsstunde erfüllen muß, und daß sie dahin kommen, in aller Bescheidenheit ihre eigene geistliche Erfahrung mitzuteilen.

Erlaubt mir, euch auch in einem Nachbarbereich zu ermuntern, nämlich die katholischen Schulen, die Ordensmänner und Ordensfrauen zu unterstützen – und ihr tut es ja bereits. Sie entfalten einen Eifer und eine Kompetenz, die ihr lebhaft unterstützt. Mit großer Zufriedenheit habe ich festgestellt, daß kürzlich ein Verband der Katholischen Schulen in der Türkei gegründet worden ist. Möge er mit eurer Unterstützung zur Lebenskraft eurer Schulen und Kollegien beitragen und pädagogische und bildende Begegnungen begünstigen und auch großzügige christliche Gemeinschaften anderer Länder dazu anregen, zu dem sehr belasteten Budget eurer Erziehungshäuser einen Beitrag zu leisten. Gut geführt, werden diese Grundschul- und weiterführenden Einrichtungen fortfahren, bei den Jugendlichen den Willen zu wecken und ihnen den Geschmack daran zu geben, sich ausbilden zu lassen, um aus ihrem Leben einen Dienst am Nächsten zu machen, einen Dienst, der Qualität besitzt. Ist nicht auch unter diesen Schülern, wie auch immer der Anteil der Katholiken sein mag, das Erwecken einer Priester- oder Ordensberufung möglich? Der aktuelle Trend geht nicht in diese Richtung, und ihr leidet darunter. Ist es nicht denkbar, diesen Trend umzukehren, indem man den Jugendlichen und ihren Familien klarmacht, welch einen unschätzbaren Wert es darstellt, sein Leben in den Dienst an Gott und den Menschen zu investieren? Ihr wollt die Frage eures Seminars „Sankt Ludwig“ in Istanbul überprüfen. Dazu ermutige ich euch lebhaft. Bescheidene Ergebnisse werden zum Vorschein kommen. Ich sehe mit Freude, daß die Zähigkeit und die kühne Hoffnung der Hirten fast überall ermutigende Früchte erbracht haben. Jugendversammlungen und Jugendwallfahrten sind Wege, die das Aufkeimen von Berufungen begünstigen.

6. Schließlich noch ein Wort zur Praxis des Ökumenismus. Die Ergebnisse sind positiv, und ihr begleitet eure Gläubigen mit Beständigkeit, damit die Jünger Jesu ihn in einer Gesellschaft mit einer großen nicht christlichen Mehrheit verkünden und ihn so brüderlich wie möglich feiern. Er wird ja um so besser bekundet, je mehr die christlichen Kirchen in ihrer Verschiedenheit in gutem Einvernehmen sichtbar werden, bereit, die einzulassen, die auf die eine oder andere Weise auf der Suche nach Liebe, Wahrheit und Hoffnung anklopfen.
Was den Dialog mit dem Islam angeht, so ist er für euch und die Angehörigen eurer Diözesen eine tägliche Wirklichkeit. Ermutigt alle, die eurer Fürsorge anvertraut sind, keine Angst zu haben, ihren Glauben nach dem Beispiel Jesu zu bekennen, der sich nicht aufgedrängt hat, der aber aus seiner ganzen Existenz eine strahlende Ankündigung der Liebe gemacht hat, die der Vater allen Menschen anbietet. Laßt euch bei diesem anspruchsvollen Zeugnis von dem Beispiel so vieler Christen inspirieren, die seit dem Anbruch des Christentums ihre Aufgabe mit Mut erfüllt haben: „Wir können unmöglich schweigen über das, was wir gesehen und gehört haben“ (*Apg* 4,20).
Ich weiß, daß es euren Kirchen ein Herzensanliegen ist, den Aufrufen des Evangeliums zu antworten, unter anderem durch die Tätigkeit verschiedener karitativer Organisationen, die gut zeigen, daß wahre Nächstenliebe ohne Diskriminierung ausgeübt wird.
Gegebenenfalls solltet ihr mit Würde und Entschlossenheit die Respektierung der Religionsfreiheit hinsichtlich eurer Gläubigen durchzusetzen wissen, beseelt von einem Geist des Friedens und der Gerechtigkeit, in Loyalität gegenüber der Gesellschaft eures Landes.

7. Meine sehr lieben Brüder, ich danke euch herzlich für euren Besuch beim Nachfolger Petri. Ich wünsche zutiefst, daß unsere Begegnungen, wie der Meinungsaustausch mit meinen Mitarbeitern, zum Nutzen eurer Bischofskonferenz und für jede eurer Diözesen reichlich Früchte bringen. Ich wiederhole für euch die Worte Christi an Petrus und die ersten Jünger: „Fahr hinaus auf den See!“. Für jeden von euch und für das Volk, das euch besonders anvertraut ist, erflehe ich den überreichen Segen Gottes.

Sich neuen Realitäten und Problemen stellen

Ansprache beim Ad-limina-Besuch der Bischöfe aus Venezuela am 21. September

Herr Kardinal, liebe Mitbrüder im Bischofsamt!

1. Mit tiefer Freude empfange ich heute die Hirten des Gottesvolkes in Venezuela. Ich sehe euch im Geiste begleitet von allen Gläubigen eurer jeweiligen Diözese. Mit dem Apostel danke ich „Gott für euch alle, sooft wir in unseren Gebeten an euch denken; unablässig erinnern wir uns vor Gott, unserem Vater, an das Werk eures Glaubens, an die Opferbereitschaft eurer Liebe und an die Standhaftigkeit eurer Hoffnung auf Jesus Christus, unseren Herrn“ (*1 Thess* 1,2–3).
Ich möchte nun Herrn Kardinal José Ali Lebrún Moratinos, dem Erzbischof von Caracas und Präsident der Bischofskonferenz, für die herzlichen Worte danken, die er auch im Namen aller Anwesenden und als Sprecher eurer Mitarbeiter in den Diözesen und eurer Gläubigen an mich gerichtet hat.
Mit besonderer Freude erinnere ich mich an meinen Pastoralbesuch in eurem Land. Die Religiosität des Volkes in Venezuela, seine Ergebenheit gegenüber dem Heiligen Stuhl wie auch die Werte, die diesem Volk zu eigen sind, Gastfreundschaft, Liebe und Freude, Toleranz und Herzlichkeit, werden für immer meinem Herzen eingeprägt bleiben. Es ist zu wünschen, daß die Frucht jenes Pastoralbesuches weiterhin eure Gemeinden reicher macht an neuen Berufungen für eine tiefreichende Evangelisierung.

2. Bei dieser Gelegenheit eures Ad-limina-Besuches möchte ich auch an eine Tatsache von tiefer Bedeutung im Leben eures Landes erinnern. In diesem Jahr sind es 25 Jahre her, daß das Abkommen zwischen dem Heiligen Stuhl und der Regierung Venezuelas unterzeichnet wurde (6. März 1964). Dieses Abkommen hat fortschreitend herzlichere und besser koordinierte Beziehungen zwischen der Kirche und dem Staat begünstigt. In diesen Beziehungen sind auf harmonische Weise der gegenseitige Respekt und die Freiheit in der Erfüllung der jeweiligen Funktionen zum Ausdruck gekommen. Die katholische Kirche, der das Volk Venezuelas in seiner großen Mehrheit angehört, wird offiziell als angesehener Gesprächspartner betrachtet, der einen Beitrag leistet im Hinblick auf Werte und Haltungen von vitaler Bedeutung für den Aufbau eines brüderlicheren und gerechteren Landes im Rahmen des Gemeinwohls.
Dieser Besuch beim Sitz des Apostels Petrus wird in eurem Dienst als Hirten einen Fortschritt bedeuten müssen, weil er – wie das Direktorium sagt, das diesen Besuchen ihren Inhalt gibt – Gelegenheit bietet, eine gründliche Bilanz zu ziehen und eine harmonischere und wirksamere Seelsorgetätigkeit zu planen. Es geht nicht darum, hier jedes der Probleme zu analysieren, die euch am meisten Sorgen bereiten und über die ihr mich in Kenntnis gesetzt habt. Ich weiß sehr wohl, daß ihr in euren Bischofskonferenzen mit Klugheit diese konkreten Themen zur Sprache bringt, die mitunter heikel und schwierig, aber unausweichlich sind und die Kirche und die Menschen in Venezuela betreffen.

3. Bei dieser gemeinsamen Begegnung möchte ich mit euch über einige der Fragen von größerer Bedeutung zum gegenwärtigen Zeitpunkt der Kirche in Venezuela nachdenken.

Das Zweite Vatikanische Konzil hat das wesentlich missionarische Wesen der Kirche voll ins Licht gerückt. Sie muß in der Tat allen zugänglich sein; sie muß Bezugspunkt und Ort der Glaubwürdigkeit für alle und so dem Gebot Jesu Christi gehorsam sein: „Geht hinaus in die ganze Welt“ (*Mt* 16,15).

Die Kirche stellt sich auf diese Weise vor der Welt als Sakrament dar, um die Erlösung der Menschen in Christus zu vollenden (vgl. *Lumen Gentium*, Nr. 1).

Die Herausforderung für uns heute heißt: Wie können wir die Botschaft von der Erlösung vollständig und lebenskräftig so weitergeben, daß sie als Gnade und Anspruch von jedem Menschen angenommen werden kann, wie auch immer seine persönliche, familiäre und soziale Lage sein möge?

Die Kirche muß offen Jesus Christus verkündigen. Sie selbst und ihr dienendes Tun muß ein großes Zeugnisablegen von Jesus, dem Gestorbenen und Auferstandenen, sein. Das sichtbare Bild Gottes in der Welt ist nichts anderes, als der aus Liebe gekreuzigte Christus. Und die Art und Weise, ihn den anderen zu verkünden und darzustellen, ist keine andere, als die Bezeugung mit dem eigenen Leben, wie der hl. Paulus sagt: „Ahmt auch ihr mich nach, Brüder, und achtet auf jene, die nach dem Vorbild leben, das ihr an uns habt“ (*Phil* 3,17). Denn eben dies Wort Gottes kann sich nicht auf nur mündliches Predigen beschränken, sondern verlangt das Zeugnis eines engagierten und konsequenten christlichen Lebens.

Dies war euer vorrangiges Ziel, als ihr im ganzen Land eine Ständige Mission ausgerufen habt mit der Zielsetzung, „neue Männer und Frauen für ein neues Venezuela heranzubilden“. mit dieser Mission versucht ihr Bemühungen zu koordinieren für eine allgemeine Gesamtpastoral, die sich vorrangig kümmern will um die Familie, die Jugend, die Berufungen und den Aufbau der neuen Gesellschaft. Diese Bemühung um Evangelisierung ist sehr angemessen als Vorbereitung auf die 500-Jahr-Feier der Evangelisierung Amerikas.

4. Die Aufgabe, die ihr euch vorgenommen habt, ist mit Sicherheit anspruchsvoll und ermutigend: ihr wollt „neue Menschen“ heranbilden. Menschen, die den früheren antireligiösen Positivismus oder die Idee, daß der Glaube eine ausschließliche Angelegenheit für Kleinmütige oder Kinder sei, überwinden und sich bemühen, ihre religiöse Bildung zu erweitern. Menschen, die sich aufgerufen fühlen, von ihrem christlichen Einsatz Zeugnis zu geben. Männer und Frauen, die in allen Bereichen der Gesellschaft tätig sind: der Kunst, der Kultur, der Politik, der Arbeitswelt. Unter euch hat es nicht gefehlt an hervorragenden Beispielen von engagierten Christen im intellektuellen und beruflichen Bereich, wie z. B. Dr. José Gregorio Hernández. Neue Menschen also „für ein neues Venezuela“, christlicher, das heißt gerechter und brüderlicher.

In dieser Hinsicht habt ihr bei den persönlichen Begegnungen Gelegenheit gehabt, mir darzulegen, daß die ökonomische Lage des Kontinentes und eures Landes nicht verlockend ist; daher ist heute mehr denn je die Solidarität eine Botschaft, die wirksam wer-

den muß in den am wenigsten geschützten Bereichen der Gesellschaft. Das, was ich bei einer Gelegenheit den Mitgliedern der Wirtschaftskommission für Lateinamerika und die Karibik vor Augen gestellt habe: „Die Armen können nicht warten! Diejenigen, die nichts haben, können nicht auf eine Erleichterung warten, die ihnen zuteil wird durch eine Form von Aufstauen des allgemeinen Wohlstandes der Gesellschaft" (*Rede vor der Wirtschaftskommission für Lateinamerika und die Karibik, CEPALC* am 3. Juli 1987).
Gestattet mir in diesem Zusammenhang, daß ich euch eine Stelle aus meiner Enzyklika *Sollicitudo rei socialis* in Erinerung rufe: „Deshalb möchte ich mich ... schlicht und demütig an alle wenden, an Männer und Frauen ohne Ausnahme, daß sie, überzeugt vom Ernst des gegenwärtigen Augenblickes und der jeweiligen Verantwortung eines jeden – mit ihrem persönlichen und familiären Lebensstil, durch die Art des Gebrauchs ihrer Güter, durch ihr Mitwirken als Bürger, mit ihrem Beitrag zu den wirtschaftlichen und politischen Entscheidungen und mit ihrem Einsatz auf nationaler und internationaler Ebene – die von Solidarität und vorrangiger Liebe zu den Armen inspirierten Maßnahmen verwirklichen. So fordert es der Augenblick, und so fordert es vor allem die Würde der menschlichen Person, unzerstörbares Ebenbild des Schöpfers, identisch in einem jeden von uns" (Nr. 7).

5. Zur Durchführung eurer Evangelisierungsaufgabe brauchtet ihr in den nächsten Jahren eine große Zahl Priester und Ordensleute wie auch Seelsorgehelfer – alles Apostel und verantwortliche Laien. In diesem Sinne wird es ratsam sein, eine geeignete Kampagne der Beratung aus Auswahl im Hinblick auf Berufungen durchzuführen, damit die Herausforderung der Antwort und der Beharrlichkeit mit Garantien angegangen werden kann. Mit ist bekannt, daß dies ein Thema ist, das schon bei einigen eurer Zusammenkünfte behandelt wurde und auch Teil eurer seelsorgerischen Prioritäten ist.
Ein wichtigeres Thema, wenn überhaupt noch möglich, ist die Heranbildung der zukünftigen Priester. Ich kenne euren Eifer und eure Sorge in diesem Bereich. Man braucht hervorragende Lehrer. Sucht deshalb die am besten vorbereiteten Persönlichkeiten, damit die umfassende Ausbildung der Priesteramtskandidaten sich in einem Klima brüderlicher Zusammenarbeit vollziehen kann. Ebenso wie Jesus Christus seine Apostel rief, „die er bei sich haben ... wollte" (*Mk* 3,14), müssen die Priesteramtskandidaten fortschreitend in die Botschaft des Evangeliums eindringen und mit Jesus Christus vertraut werden in engem Kontakt mit seinem Wort und durch das persönliche und gemeinschaftliche Gebet, mit Zeiten der Sammlung und des Schweigens. Andererseits können die großen städtischen Zonen und die Gebiete im Inland, die von der Kirche in eurem Land noch nicht genügend beachtet werden – viele von ihnen sind sehr arm –, das Arbeitsfeld sein, auf dem hochherzige und selbstlose Priester ihren apostolischen Eifer bei den Demütigen und Einfachen entfalten können, um ihnen das Brot des Wortes und der Sakramente zu bringen.
In besonderer Weise lege ich euch die Sorge um die jungen Priester ans Herz. Sie brauchen besonders euren Beistand wie auch euer Verständnis und eure Führung. Im Priesterleben, besonders am Anfang, können sich Situationen von Einsamkeit und Unverstandensein ergeben, die eine aufmerksame seelsorgerische Zuwendung – in menschlicher und geistig-geistlicher Hinsicht – sowie einen angemessenen Beistand erfordern.

6. In den wichtigen Bereich der innerkirchlichen Zusammenarbeit gehört all das, was sich auf das Verhältnis und die Gemeinschaft zwischen Bischöfen und Ordensleuten bezieht. So betont das Dokument *Mutuae relationes*: „Die Bischöfe empfangen in Einheit mit dem Bischof von Rom von Christus als dem Haupt den Auftrag, die Begabungen zu beurteilen und die Aufgabenbereiche zuzuerkennen, die vielfältigen Energien zu koordinieren und das ganze Volk Gottes anzuleiten, als Zeichen und Instrument der Erlösung in der Welt zu leben. Deshalb ist ihnen auch die Sorge für die religiösen Charismen anvertraut (...). Und aus eben diesem Grunde erfüllen die Bischöfe ihren eigenen Seelsorgeauftrag, wenn sie das Ordensleben fördern und entsprechend den ihm eigenen charakteristischen Merkmalen schützen“ (Nr. 9c).
Die Ordensleute spielten in der geschichtlichen Vergangenheit Venezuelas wie in ganz Amerika eine Hauptrolle im Werk der Evangelisierung. Heute arbeiten sie in euren Diözesen in verschiedenen Apostolaten und verschiedenen Dienstfunktionen. Um das Bewußtsein von der kirchlichen Einheit zu stärken, ist es notwendig, das Gespräch zwischen den Bischöfen und den Ordensleuten zu vertiefen, was zu einer Überwindung der Schwierigkeiten führen möge, die sich ergeben können, und die vollständige ein Eingliederung der Ordensleute in eine Gesamtpastoral möglich machen sollte – in Treue zur Kirche und mit der schuldigen Achtung vor dem Charisma des jeweiligen Ordens. Dies wird auch dazu beitragen, die Brüderlichkeit und die Bande der Zusammenarbeit zwischen dem Diözesanklerus und den Ordensleuten zu fördern. „Daher ist all das von großer Bedeutung, was das gegenseitige Vertrauen, die apostolische Solidarität und die brüderliche Eintracht fördert, auch wenn es in einfacher und nicht formeller Weise geschieht“ (vgl. *Ecclesia sanctae*, I,18; *Mutuae relationes*, Nr. 37).

7. Im Rahmen der Bemühungen, die ihr unternehmt, damit die Stimme Christi erschalle und alle Männer und Frauen eures Vaterlandes erreiche, möchte ich euch danken für die erleuchtende und bedeutungsvolle Anwesenheit der Kirche in den Kommunikationsmedien. Ihr habt schon einen begrüßenswerten Versuch im Bereich von Radio, Presse und Fernsehen gemacht, der gerade die ersten Früchte trägt, die in einer Gesellschaft so notwendig sind, die sich leicht von flüchtigen Versprechungen unterjochen läßt.
Fahrt mit dieser Aufgabe fort, immer empfänglich für den Geist, für seine Eingebungen und Initiativen, um eure pastoralen Weisungen beizutragen, wenn sich neue Realitäten und Probleme ergeben.
Ich weiß um ein Thema, das euch Sorgen bereitet: Es ist die Zunahme der fragwürdigen Anwerbemethoden der Sekten in eurem Land, insbesondere bei der Bevölkerungsschicht, die wirtschaftlich und kulturell weniger begünstigt ist. Die katholische Kirche muß sich fragen, welcher Art die Herausforderung ist, die diese Sekten für die eigene Seelsorge und für die christliche und biblische Heranbildung der Gläubigen darstellen. Es ist daher von Bedeutung, das ganze Volk Gottes durch eine gründliche Katechese zu unterweisen, damit es die wirkliche Lehre Jesu Christi kennenlerne sowie die Lehre der Kirche, die die Mutter und Lehrerin unseres Glaubens ist.
Ich weiß, daß ihr im Sinne dieser katechetischen Linie dabei seid, die besorgniserregende Tatsache anzugehen, daß ein hoher Prozentsatz der Bevölkerung im schulpflichtigen Al-

ter keine religiöse Unterweisung und Betreuung erfährt. Ruft die Seelsorgehelfer auf, daß sie in den nächsten Jahren trotz des Mangels an Mitteln mit besonderer Gewissenhaftigkeit sich diesem Gebiet der Neuevangelisierung widmen: der Katechese.

8. Bei eurem Auftrag als Erzieher im Glauben seht ihr die Notwendigkeit eines geistig-geistlichen Unterscheidens – voller Respekt, aber mit Klarheit- im Hinblick auf „synkretistische und esoterische“ Gruppen, die heute besonders aktiv sind in vielen Gebieten des Landes. Die Volksfrömmigkeit selbst muß gereinigt werden von der übertriebenen Hinwendung zum „Geheimnisvollen“ und „Magischen“ bei der Bezugnahme auf außerordentliche Ereignisse, die offenkundig die Grenzen des menschlichen Geistes übersteigen.
Die Kirche billigt und – eingeschlossen – fördert jene äußeren Bekundungen der Volksfrömmigkeit, die für das Wachstum des Glaubens von Hilfe sind, der dann echt ist, wenn er auf den wesentlichen Elementen des Christentums aufbaut.
Ich beziehe mich besonders auf die liturgischen Feiern und andere gemeinschaftlich begangene religiöse Veranstaltungen: die Verehrung der Bilder der Jungfrau Maria und allen Heiligen – eine alte Tradition in den Ortskirchen. Dies alles gehört zur Menschwerdung Christi und zur Kirche in der Welt und in der Seele jedes Menschen.

9. Zum Schluß dieser willkommenen Begegnung mit euch, liebe Mitbrüder im Bischofsamt, möchte ich euch herzlich danken für eure selbstlose Arbeit als Hirten der Kirche. Ich möchte euch ermuntern und ermutigen in eurer beständigen Aufgabe des Dienstes. Viel habt ihr schon erreicht; aber ihr stellt auch fest, daß weite Bereiche bleiben, in denen noch gearbeitet werden muß. Diese ganze Aufgabe der Evangelisierung vertraue ich der Jungfrau von Coromoto an, der Patronin Venezuelas, damit sie sie Frucht tragen lasse und euch in eurem Dienen begleite.
Als Unterpfand stetigen göttlichen Schutzes erteile ich euch meinen besonderen Apostolischen Segen, der auch allen Gläubigen der geliebten Kirche und Nation Venezuelas gilt.

V.

Erklärungen der Kongregationen

Leitlinien für das Studium und den Unterricht der Soziallehre der Kirche in der Priesterausbildung

Kongregation für das katholische Bildungswesen, veröffentlicht am 27. Juni

Vorwort

1. In den letzten Jahrzehnten hat die Kongregation für das katholische Bildungswesen im Hinblick auf die Erfordernisse, die sich aus der konziliaren Erneuerung ergeben, zu wiederholten Malen den Seminarien und den verschiedenen Einrichtungen für die theologischen Studien geeignete Richtlinien für die verschiedenen Bereiche der Priesterausbildung gegeben.[1] Sie hält es nunmehr für angebracht, sich erneut an die Bischöfe, an die Verantwortlichen in den Seminarien und an die Professoren zu wenden, um einige Leitlinien über das Studium und den Unterricht der Soziallehre der Kirche vorzulegen.
Diese Initiative kommt einem heute überall stark empfundenen echten Bedürfnis entgegen, den Menschen den Reichtum der Soziallehre der Kirche zu vermitteln durch gut ausgebildete Priester, die sich der vielfachen Aufgaben, die auf sie zukommen, bewußt sind. Heutzutage, in einem Augenblick vertiefter Studien über dieses Thema, wie dies u. a. auch die kürzlich erschienene Enzyklika *Sollicitudo rei socialis* Johannes Pauls II. unterstreicht, ist es sehr wichtig, daß die Priesteramtskandidaten eine klare Vorstellung über die Struktur, das Ziel und die wesentlichen Bestandteile dieser Soziallehre bekommen, um sie in ihrem pastoralen Wirken ohne Abstriche zur Geltung bringen zu können, wie sie vom kirchlichen Lehramt formuliert und vorgelegt wird.[2] Die Lage auf diesem Gebiet ist in der Tat so, daß die verschiedenen Begriffe der erforderlichen Klärung bedürfen, wie man den verschiedenen Kapiteln der vorliegenden Leitlinien entnehmen kann.
Vor allem ist zu beobachten, daß darin zwei Begriffe unterschiedslos gebraucht werden: „Sozialdoktrin" und „Soziallehre" der Kirche. Man darf die feinen Unterschiede nicht verkennen, die in beiden Begriffen vorhanden sind. „Doktrin" unterstreicht nämlich mehr den theoretischen Aspekt des Problems, während „Lehre" mehr den geschichtlichen und praktischen Aspekt betont; dennoch zielen beide auf dieselbe Wirklichkeit hin. Ihr abwechselnder Gebrauch im sozialen Lehramt der Kirche, und zwar sowohl im feierlichen als auch im ordentlichen päpstlichen und bischöflichen Lehramt, weist auf ihre Gleichwertigkeit hin.
Unbeschadet freilich eines möglichen Streites um Worte und Ausdrücke ist die in der Sozialdoktrin oder Soziallehre bezeichnete Wirklichkeit ein „reiches Erbe", das die Kirche mehr und mehr in der Erkenntnis des Wortes Gottes und im Blick auf die sich ändernden Situationen der Völker in den verschiedenen Epochen der Geschichte erworben hat. Das ist ein Erbe, das treu gehütet und weiterentwickelt sein will, indem es auf die neuen Herausforderungen des menschlichen Zusammenlebens antwortet.

2. Die Soziallehre der Kirche ist heute mit ständig wachsender Dringlichkeit aufgerufen, ihren eigenen besonderen Beitrag zur Evangelisierung zu leisten, zum Dialog mit der Welt, zur christlichen Deutung der Wirklichkeit und zur Orientierung der pastoralen Tätigkeit, um die mannigfachen Initiativen, die es im irdischen Bereich gibt, mit gesunden

Grundsätzen zu erhellen. Die wirtschaftlichen, sozialen, politischen und kulturellen Strukturen unterliegen nämlich tiefgreifenden und raschen Wandlungen, durch die selbst die Zukunft der menschlichen Gesellschaft aufs Spiel gesetzt wird; deshalb ist eine sichere Orientierung notwendig. Es handelt sich darum, einen wahrhaft sozialen Fortschritt zu fördern, der, um wirklich das Gemeinwohl aller Menschen zu garantieren, eine gerechte Organisation der genannten Strukturen erfordert. Wenn dies nicht geschähe, dann gäbe es ein Zurück in weiten Bereichen zu den „fast sklavischen“ Zuständen, von denen Leo XIII. in *Rerum novarum*[3] gesprochen hat.
Es ist daher offensichtlich, daß das „ernste Drama“ unserer heutigen Welt, hervorgerufen durch die vielfältigen Bedrohungen, die den menschlichen Fortschritt oft begleiten, „niemanden unberührt lassen kann“.[4] Die unverzichtbare Gegenwart der Kirche wird mithin um so dringender, damit die Kraft des Evangeliums in der so komplexen Welt, die heute die Geschicke der Menschheit bestimmt, wirksam wird.
Allerdings ist sich die Kirche, wenn sie in diesem Bereich tätig wird, ihrer eigenen Grenzen bewußt. Sie maßt sich nicht an, für alle Probleme in der dramatischen Situation unserer heutigen Welt eine Lösung zu haben, dies um so weniger, als es große Unterschiede in der Entwicklung zwischen den Nationen gibt und die Lage der Christen gleichfalls recht unterschiedlich ist.[5] Sie kann und muß indessen im „Lichte des Evangeliums“[6] die Grundsätze und die unerläßliche Orientierung für die rechte Organisation des gesellschaftlichen Lebens geben, im Interesse der Würde der menschlichen Person und des Gemeinwohls. In der Tat hat das kirchliche Lehramt oft auf diesem Feld eingegriffen und tut es noch mit einer Doktrin, die alle Gläubigen kennenlernen, lehren und anwenden sollen. Deshalb muß der Vermittlung dieser Lehre bei der Ausbildung zukünftiger Priester ein besonderer Platz gesichert werden im Gefüge mit den theologischen und philosophischen Studien, wie dies Johannes XXIII.[7] klar ausgedrückt hat. Auch die vorliegenden Leitlinien, die in Zusammenarbeit mit der Päpstlichen Kommission *Iustitia et Pax* ausgearbeitet und von der Vollversammlung der Kongregation für das katholische Bildungswesen gebilligt wurden, sollen dies erneut unterstreichen.
Von seiner Struktur her umfaßt das Dokument sechs Kapitel, von denen die ersten fünf sich mit dem Wesen der Soziallehre der Kirche befassen: ihrer historischen, theoretischen und praktischen Dimensionen mit den drei Elementen, die die Lehre ausmachen: die bleibenden Prinzipien, die Kriterien für die Beurteilung und die Richtlinien für das Handeln. Das sechste Kapital gibt einige Hinweise, wie für die Priesteramtskandidaten eine angemessene Ausbildung in der Soziallehre gewährleistet wird.

I. Das Wesen der Soziallehre

Konstitutive Merkmale der Soziallehre

3. Die Unsicherheiten, die hier und dort noch beim Gebrauch des Begriffes „Soziallehre der Kirche“ bestehen, aber auch hinsichtlich ihres eigentlichen Wesens, erfordern eine Klärung des erkenntnistheoretischen Problems, das die Ursache solcher Mißverständisse ist. Auch wenn es in diesem Dokument nicht um eine lehrmäßige Behandlung oder gar

Lösung der Erkenntnisprobleme geht, die sich im Hinblick auf die „Sozialdoktrin" stellen, so darf man doch von einer vertieften Reflexion über die konstitutiven Merkmale, die ihr Wesen ausmachen, eine Hilfe erwarten für ein besseres Verständnis des Bezugsfeldes, innerhalb dessen sich das Problem stellt. Auf jeden Fall wird es gut sein festzuhalten, daß es sich hier um die Präzisierung der besagten Merkmale handelt, wie sie sich unmittelbar aus den lehramtlichen Aussagen ergeben, und nicht darum, wie man sie bei verschiedenen Gelehrten formuliert findet. Es ist nämlich notwendig, immer zwischen der offiziellen „Soziallehre" der Kirche und den verschiedenen Positionen der Schulen zu unterscheiden, die das soziale Gedankengut der päpstlichen Dokumente[8] systematisch erläutert, weiterentwickelt und geordnet haben.

Die grundlegenden Elemente, die das Wesen der Soziallehre umschreiben und bestimmen, werden in folgender Weise dargelegt:[9] die Soziallehre der Kirche verdankt ihren Ursprung der Begegnung der Botschaft des Evangeliums und seiner ethischen Forderungen mit den Problemen, die im Leben der Gesellschaft entstehen. Die Herausforderungen, die auf diese Weise zutage treten, werden zum Gegenstand moralischer Betrachtung, die in der Kirche mit Hilfe der wissenschaftlichen Forschung heranreift, aber ebenso unter Berücksichtigung der Meinung der christlichen Gemeinschaft, die sich jeden Tag mit verschiedenen Situationen des Elends konfrontiert sieht, und zwar vor allem mit den Problemen, die durch das Aufkommen und die Entwicklung des Phänomens der Industrialisierung und der damit verbundenen sozio-ökonomischen Systeme bestimmt sind.

Diese Lehre wird gebildet im Rückgriff auf die Theologie und die Philosophie, die ihr das Fundament geben, sowie auf die Human- und Sozialwissenschaften, die sie ergänzen. Sie zielt auf die ethischen Aspekte des Lebens, ohne die technische Seite der Probleme außer acht zu lassen, um sie nach sittlichen Kriterien abzuwägen. Auf der Basis „stets gültiger Normen" umfaßt sie auch „zeitbedingte Urteile", weil sie sich gemäß der wechselvollen geschichtlichen Bedingungen entwickelt und wesentlich auf das „Handeln oder die christliche Praxis" hingeordnet ist.

Die Autonomie der Soziallehre

4. Die Soziallehre ist im 19. Jahrhundert als ein ergänzender Teilbereich der Moraltheologie, der sich mit der Tugend der Gerechtigkeit befaßt, entstanden. Aber schon bald erlangte sie beachtliche Selbständigkeit durch die beständige organische und systematische Entwicklung der sittlichen Reflexion der Kirche über die neuen und komplexen sozialen Probleme. So kann man sagen, daß die „Soziallehre" eine eigene Identität mit einem ausgewiesenen theologischen Profil hat.

Um eine vollständige Idee der Soziallehre zu haben, muß man auf ihre Quellen zurückgehen, auf ihr Fundament und ihren Gegenstand, auf den Träger und den Inhalt, auf die Ziele und die Methode: alles Merkmale, die sie als eigene und autonome Disziplin begründen, als theoretische und praktische zugleich im weiten und komplexen Feld der Moraltheologie und in enger Verbindung zur Sozialmoral.[10]

Die Quellen der Soziallehre sind die Heilige Schrift, die Lehren der Kirchenväter und der großen Theologen der Kirche sowie das Lehramt selbst. Ihr Fundament und Hauptzweck ist die Würde der menschlichen Person mit ihren unveräußerlichen Rechten, die den Kern der „Wahrheit über den Menschen“[11] bilden. Subjekt ist die ganze Gemeinschaft der Christen, in Übereinstimmung und unter der Führung ihrer rechtmäßigen Hirten, und auch die Laien sind mit ihrer christlichen Erfahrung zu aktiver Mitarbeit aufgerufen. Der Inhalt, der die Vision des Menschen, der Menschheit und der Gesellschaft umfaßt,[12] spiegelt den ganzen Menschen wider, den sozialen Menschen, als eigentlichen Träger und grundlegende Wirklichkeit der christlichen Anthropologie.

Der theologische Charakter

5. Als „integrierender Bestandteil der christlichen Lehre vom Menschen“[13] besitzt die Soziallehre der Kirche einen eminent theologischen Charakter. Zwischen dem wirklichen Leben gibt es tatsächlich einen wechselseitigen Bezug. In der Praxis der Verkündigung des Evangeliums und der Förderung der menschlichen Entfaltung zeigt sich dies in starken Bindungen anthropologischer, theologischer und geistiger Art, so daß Liebe, Gerechtigkeit und Frieden untrennbar mit der christlichen Förderung der menschlichen Person verbunden sind.[14]
Diese theologische Wurzel der Soziallehre drückt sich auch in ihrer pastoralen Zielsetzung zum Dienst an die Welt aus, die die integrale Entfaltung des Menschen vermittels der Praxis der christlichen Befreiung in ihrer irdischen und transzendenten Ausrichtung vorantreiben soll.[15] Es handelt sich nicht darum, lediglich ein reines Wissen weiterzugeben, sondern ein theoretisch-praktisches Wissen von pastoraler Reichweite und Zielsetzung im Zusammenhang mit dem Verkündigungsauftrag der Kirche im Dienst am ganzen Menschen, an jedem Menschen und an allen Menschen. Es ist das rechte Verständnis des wirklichen Menschen und seiner Bestimmung,[16] das die Kirche als ihren Beitrag zur Lösung der menschlichen Probleme anbieten kann. Man kann sagen, daß die Kirche in jeder Epoche und in jeder Situation diesen Weg einschlägt und in der Gesellschaft eine dreifache Aufgabe erfüllt: Verteidigung und Förderung der Menschenwürde und der Menschenrechte, Aufdeckung der ungerechten Zustände und Hilfe zu positiven Veränderungen in der Gesellschaft und zum wahren Fortschritt des Menschen.[17]

Die dreifache Dimension der Soziallehre

6. Die Soziallehre ist dreidimensional, nämlich theoretisch, historisch und praktisch. Diese Dimensionen machen ihre wesentliche Struktur aus, sie sind untereinander verbunden und untrennbar.
Es gibt vor allen Dingen „eine theoretische Dimension“, denn das Lehramt der Kirche hat in seinen sozialen Dokumenten ausdrücklich eine organische und systematische Betrachtungsweise vorgelegt. Das Lehramt zeigt den sicheren Weg zum Aufbau der Beziehungen des Zusammenlebens in einer neuen sozialen Ordnung nach allgemein geltenden Kriterien, die von allen anerkannt werden können.[18] Es handelt sich also um bleibende ethische Prinzipien, nicht um sich ändernde geschichtlich bedingte Beurteilungen, noch um „Fragen technischer Art, wofür sie (die Kirche) weder über die geeigneten Mittel verfügt, noch eine Sendung erhalten hat.[19]

Dann gibt es in der Soziallehre der Kirche eine „historische Dimension", in der die Prinzipien im Rahmen einer wirklichkeitsnahen Sicht der Gesellschaft zum Tragen kommen und die sich ihrer Probleme bewußt ist.
Schließlich gibt es eine „praktische Dimension", weil sich die Soziallehre nicht damit begnügt, die bleibenden Prinzipien der Reflexion aufzuzeigen, noch auch nur die historischen Bedingungen der Gesellschaft zu interpretieren, vielmehr geht es ihr ebenso um die wirksame Anwendung dieser Prinzipien in der Praxis, indem sie diese konkret und nach Maßgabe der jeweiligen Umstände umsetzt.[20]

Die Methodologie der Soziallehre

7. Die dreifache Dimension erleichtert das Verständnis der dynamischen induktiv-deduktiven Methode, die schon in den älteren Dokumenten im allgemeinen angewandt wurde, die in der Enzyklika *Mater et magistra* präzisiert und in der Pastoralkonstitution *Gaudium et spes* sowie in den folgenden Dokumenten endgültig übernommen ist. Diese Methode verläuft in drei Phasen: die Wirklichkeit sehen, urteilen und handeln.
Sehen meint das Erfassen und Studieren der wirklichen Probleme und ihrer Ursachen; ihre Analyse steht jedoch den Human- und Sozialwissenschaften zu.
Urteilen meint die Interpretation dieser Wirklichkeit im Licht der Quellen der Soziallehre, die das Urteil über die sozialen Tatbestände und ihre ethische Bedeutung bestimmen. In dieser Zwischenphase kommt die eigentliche Funktion des Lehramtes der Kirche zur Geltung. Sie besteht genau darin, die Wirklichkeit vom Standpunkt des Glaubens her zu deuten und das anzubieten, „was sie als Eigenes vorzuweisen hat: eine umfassende Vision des Menschen und der Menschheit".[21] Es ist klar, daß die Kirche beim Sehen und beim Beurteilen der Wirklichkeit nicht neutral ist und auch nicht sein kann, da sie nicht von den im Evangelium gegebenen Wertmaßstäben abweichen kann. Angenommen, sie würde sich an andere Wertmaßstäbe anpassen, dann wäre ihre Lehre nicht mehr das, was sie wirklich ist, sondern würde auf eine einseitige Philosophie oder Ideologie verkürzt.
Das Handeln ist auf die Verwirklichung der Entscheidung ausgerichtet. Es verlangt eine echte Konversion, d. h. jene innere Umkehr, die in der Verfügbarkeit, Öffnung und Transparenz im reinigenden Lichte Gottes besteht. Wenn das Lehramt die Gläubigen aufruft, eine konkrete Entscheidung zu treffen und entsprechend den Prinzipien und dem Urteil der Soziallehre zu handeln, so legt es ihnen die Frucht vieler Überlegungen und pastoralen Erfahrungen vor, die unter dem besonderen, von Christus der Kirche verheißenen Beistand gereift sind. Es liegt beim gläubigen Christen, die genannte Soziallehre zu befolgen, „die er als Grundlage für seine Überlegungen und seine Erfahrungen nehmen muß, um sie in die Tat umzusetzen im eigenen Handeln, im Zusammenwirken mit anderen und dadurch, daß man dafür eintritt."[22]

Die Methode des Unterscheidens

8. Ethische Grundsätze und Orientierungen können nicht in die Praxis umgesetzt werden ohne ein entsprechendes Unterscheidungsvermögen, das die ganze christliche Gemeinschaft und den einzelnen im besonderen dazu befähigt, „die Zeichen der Zeit" zu deuten

und die Wirklichkeit im Licht des Evangeliums zu interpretieren.[23] Obwohl es der Kirche nicht zusteht, die soziale Wirklichkeit wissenschaftlich zu analysieren,[24] so drängt das christliche Unterscheidungsvermögen auf der Suche nach der Wahrheit dazu, die wirklichen Ursachen des sozialen Übels und in Sonderheit der sozialen Ungerechtigkeit zu erforschen und die gesicherten, nicht verbrämten Ergebnisse der Humanwissenschaften zu übernehmen. Ziel ist es, im Licht der bleibenden Prinzipien zu einem objektiven Urteil über die soziale Wirklichkeit zu gelangen und entsprechend den Gegebenheiten und den sich aus den Verhältnissen ergebenden Möglichkeiten die besten konkreten Maßnahmen zu ergreifen, um die Ungerechtigkeit zu beseitigen und die notwendigen politischen, wirtschaftlichen und kulturellen Änderungen zu begünstigen.[25]
In dieser Sicht hilft das christliche Unterscheidungsvermögen nicht nur, örtliche, regionale oder weltweite Situationen zu klären, sondern auch, und zwar in erster Linie, um den Heilsplan Gottes aufzudecken, der in Christus Jesus für seine Söhne und Töchter, die in den verschiedenen Epochen der Geschichte lebe, Wirklichkeit geworden ist. Es ist klar, daß dies nicht nur in einer Haltung der Treue zu den Quellen des Evangeliums, sondern auch zum Lehramt der Kirche und ihren rechtmäßigen Hirten erfolgen muß.

Theologie und Philosophie

9. Weil die Soziallehre der Kirche aus der Offenbarung die Wahrheiten und die Elemente des Abwägens und des Unterscheidens herleitet und für sich die „Befähigung geltend macht, Gottes Wort auf das Leben der Menschen und der Gesellschaft anzuwenden“,[26] braucht sie einen soliden philosophisch-theologischen Unterbau. An seiner Basis steht in der Tat eine aus dem Evangeliums gewonnene Anthropologie mit der „ursprünglichen Feststellung“ der Idee des Menschen „als Bild Gottes, das nicht auf ein einfaches Teilchen der Natur oder auf ein anonymes Element der menschlichen Gemeinschaft rückführbar ist“.[27] Aber diese fundamentale Feststellung zeigt sich in zahlreichen lehrhaften Formulierungen, wie z. B. die Lehre von der Liebe, von der göttlichen Kindschaft, von der persönlichen Würde und der ewigen Berufung eines jeden Menschen. Sie alle erhalten ihre volle Bedeutung und ihren Wert nur im Zusammenhang mit der übernatürlichen Anthropologie und der ganzheitlichen katholischen Dogmatik.
Zusammen mit diesen aus der Offenbarung hergeleiteten Erkenntnissen übernimmt, betont und erklärt die Soziallehre auch verschiedene fundamentale ethische Prinzipien rationaler Art und zeigt die Übereinstimmung zwischen den geoffenbarten Wahrheiten und den Prinzipien der rechten Vernunft, die die menschlichen Handlungen im sozialen und politischen Bereich regeln. Daraus ergibt sich die Notwendigkeit einer philosophischen Betrachtung, um jene Vorstellungen zu vertiefen (wie z. B. Objektivität der Wahrheit, der Wirklichkeit, des Wertes der menschlichen Person, der Handlungsnormen und der Wahrheitskriterien) und sie im Licht der letzten Gründe zu erläutern. Die Kirche lehrt ausdrücklich, daß die sozialen Enzykliken sich auch auf die „rechte Vernunft“ berufen, um die objektiven Normen der menschlichen Moral zu finden, die nicht nur das individuelle, sondern auch das soziale und internationale Leben regeln.[28] In dieser Sicht wird offenkundig, wie ein solides philosophisch-theologisches Fundament den Professoren und

den Studierenden helfen wird, subjektive Interpretationen der konkreten sozialen Situation zu vermeiden und sich vor möglicher Instrumentalisierung derselben für ideologische Zwecke und Interessen zu hüten.

Die positiven Wissenschaften

10. Die Soziallehre nutzt auch Erkenntnisse der positiven Wissenschaften und besonders der Sozialwissenschaften, die ein wichtiges, wenn auch nicht ausschließliches Instrument für das Erfassen der Wirklichkeit sind. Der Rückgriff auf diese Wissenschaft erfordert ein aufmerksames Unterscheidungsvermögen, auch mit Hilfe einer geeigneten philosophischen Vermittlung, weil man sonst Gefahr laufen kann, dem Druck bestimmter Ideologien ausgesetzt zu sein, die im Gegensatz stehen zur rechten Vernunft, zum christlichen Glauben, ja zu den Erkenntnissen der geschichtlichen Erfahrung und der Forschung selbst. Auf jeden Fall ist ein „fruchtbarer Dialog“[29] zwischen der christlichen Sozialethik (theologisch und philosophisch) und den Humanwissenschaften nicht nur möglich, sondern auch für die Erfassung der sozialen Wirklichkeit notwendig. Die klare Unterscheidung zwischen der Kompetenz der Kirche einerseits und jener der positiven Wissenschaften andererseits ist kein Hindernis für den Dialog, im Gegenteil: sie fördert ihn. Deshalb liegt es auf der Linie der Soziallehre der Kirche, die Erkenntnis aus ihren eigenen oben erwähnten Quellen und der der positiven Wissenschaften aufzunehmen und miteinander in Einklang zu bringen. Es ist klar, daß sie sich immer grundsätzlich auf das Wort und das Beispiel Christi und auf die im Zentrum der missionarischen Sendung der Kirche als Verkünderin des Evangeliums stehenden christlichen Überlieferung beziehen muß.

Die Entwicklung der Soziallehre

11. Wie schon gesagt, muß die Soziallehre der Kirche – wegen ihres zwischen dem Evangelium und der konkreten Wirklichkeit des Menschen und der Gesellschaft vermittelnden Charakter – ständig verheutigt und den neuen Situationen der Welt und der Geschichte angepaßt werden.[30] In der Tat hat sie im Verlauf der Jahrzehnte eine bedeutende Entwicklung durchgemacht. Am Anfang stand die Soziallehre von der sogenannten „sozialen Frage“, also jenen sozio-ökonomischen Problemen, die in bestimmten Gebieten Europas und Amerikas als Folge der „industriellen Revolution“ entstanden waren. Heute ist die „soziale Frage“ nicht mehr nur auf bestimmte geografische Gebiete begrenzt, sondern besitzt eine weltweite Dimension.[31] Sie umfaßt viele Aspekte auch politischer Art, die das Verhältnis zwischen den Klassen und der schon erfolgten oder noch in Gang befindlichen Veränderung der Gesellschaft betreffen. Auf jeden Fall bleiben die „soziale Frage“ und die „Soziallehre“ aufeinander bezogene Begriffe.
Was in der Entwicklung der Soziallehre hervorgehoben werden muß, ist die Tatsache, daß sie – obgleich ihr ein Wesensgehalt gleichsam wie ein Lehr-„Gebäude“ von großer Geschlossenheit eigen ist – nicht zu einem geschlossenen System wurde. Vielmehr hat sie sich als fähig erwiesen, sich den Situationsentwicklungen zu stellen und in angemessener Weise neue Probleme oder neue Formen der Problemstellung aufzugreifen. Das geht aus

einer objektiven Prüfung der Dokumente der aufeinander folgenden Päpste hervor – von Leo XIII. bis zu Johannes Paul II. – und noch deutlicher seit dem II. Vatikanischen Konzil.

Kontinuität im Wandel

12. Die unterschiedlichen Ausgangspunkte, methodischen Vorgehensweisen und Stilformen, die sich in den verschiedenen Dokumenten feststellen lassen, beeinträchtigen doch nicht die substantielle Identität und Einheit der Soziallehre der Kirche. Mit Recht wird daher der Begriff der Kontinuität angewandt, um das Verhältnis der Dokumente untereinander zu kennzeichnen, auch wenn jedes in besonderer Weise auf die Probleme seiner Zeit eingeht. Um ein Beispiel anzuführen: die „Armen", von denen in einigen neueren Dokumenten die Rede ist, sind nicht die „Proletarier", auf die sich Leo XIII. in der Enzyklika *Rerum novarum* bezieht, oder die „Arbeitslosen", die im Mittelpunkt der Enzyklika *Quadragesimo anno* Pius' XI. standen. Heute scheint ihre Zahl ungeheuer viel größer, und es gehören alle jene zu ihnen, die in der Wohlstandsgesellschaft davon ausgeschlossen sind, sich in Freiheit, Würde und Sicherheit die Güter dieser Erde nutzbar zu machen. Das Problem ist um so größer, als es sich in einigen Teilen der Erde und besonders in der Dritten Welt verfestigt hat und geradezu institutionalisiert wurde. Außerdem betrifft das Problem nicht nur die ungerechten Unterschiede zwischen den sozialen Klassen, sondern auch das enorme Mißverhältnis zwischen reichen und armen Nationen.

Die Aufgabe und das Recht zu lehren

13. Was das Verhältnis der Kirche zur politischen Gemeinschaft betrifft, so ist die wechselseitige Autonomie im je eigenen Bereich zu achten und zu bejahen, da beide im Dienst der personalen und sozialen Berufung der menschlichen Personen stehen. In diesem Rahmen besitzt die Kirche die eigene Zuständigkeit und das eigene Recht, die Soziallehre zum Wohl und zum Heil der Menschen zu lehren. Zu diesem Zweck benutzt sie alle Mittel, die sie zur Verfügung hat, je nach den verschiedenen Situationen und Zeiten.[32]
Indem die Kirche den Menschen „in seiner vollen, wahren Existenz, in seinem persönlichen Dasein und in seinem gemeinschaftlichen und sozialen Dasein" berücksichtigt,[33] ist sie sich wohl bewußt, daß die Geschicke der Menschheit ohne Frage eng mit Christus verbunden sind. Sie ist von der unersetzbaren Notwendigkeit der Hilfe überzeugt, die sie dem Menschen bringt und daß sie ihn deshalb nicht aufgeben kann. Wie Johannes Paul II. zu diesem Punkt gesagt hat, nimmt die Kirche innigen Anteil an den Ereignissen der gesamten Menschheit. Sie macht den Menschen zu ihrer ersten und fundamentalen Wegstrecke im Erfolg ihrer Mission, „ein Weg, der unveränderlich über das Geheimnis der Menschwerdung und Erlösung führt".[34] In dieser Weise führt sie Christi Erlösermission weiter und gehorcht seinem Auftrag, allen Menschen das Evangelium zu predigen[35] und allen zu dienen, die in Not sind, seien es einzelne, Gruppen oder soziale Schichten, und die die Notwendigkeit für Änderung und Reformen zur Verbesserung ihrer Lebensbedingungen stark empfinden.

Getreu ihrer geistlichen Sendung packt die Kirche diese Probleme unter dem ihr eigenen moralischen und pastoralen Aspekt an. In der Enzyklika *Sollicitudo rei socialis* unterstreicht Johannes Paul II. ausdrücklich diesen Aspekt unter Berücksichtigung der Probleme der Entwicklung und bestätigt, daß er zu Recht unter den Sendungsauftrag der Kirche fällt. Sie kann daher „nicht angeklagt werden, ihren eigenen Zuständigkeitsbereich überschritten zu haben und noch weniger den vom Herrn empfangenen Auftrag“.[36]
Über den Kreis ihrer Gläubigen hinaus bietet die Kirche ihre Soziallehre allen Menschen guten Willens an und bezeugt, daß ihre fundamentalen Grundsätze „von der rechten Vernunft gefordert“ sind,[37] die vom Evangelium erleuchtet und vervollkommnet wird.

II. Die geschichtliche Dimension der Soziallehre

14. Da von manchen Seiten versucht wird, „Zweifel und Mißtrauen“ über die Wirksamkeit der Soziallehre zu verbreiten, weil diese als abstrakt, deduktiv, statisch und ohne kritische Schärfe angesehen wird, hat Johannes Paul II. mehrfach auf die Dringlichkeit einer sozialen Aktion hingewiesen, die sich auf das „reiche und komplexe Erbe“, genannt „Soziallehre“ oder „Soziallehre der Kirche“, stützt.[38] Dasselbe hatten seine Vorgänger Johannes XXIII. und Paul VI. sowie die Väter des II. Vatikanischen Konzils[39] getan. Aus den Gedanken der Päpste und des Konzils schimmert die Absicht durch, durch das christliche soziale Wirken die Präsenz der Kirche in der Geschichte zum Widerschein der Präsenz Christi zu machen, der die Herzen und die von den Menschen geschaffenen ungerechten Strukturen verwandelt. Dies wird besonders unter den kulturellen und sozialen Bedingungen unserer heutigen Zeit empfunden. Deshalb hat das Lehramt die Kirche der Soziallehre eine neue Dynamik gegeben. Sie geht auf die gewachsene, oft kritiklos übernommene feindselige Haltung einiger Leute ein und zeigt die Schwere der Verantwortung jener auf, die ein für den Dialog der Kirche mit der Welt und für die Lösung der heutigen sozialen Probleme so wirkungsvolles Instrument ablehnen.

1. Die soziale Dimension der urchristlichen Botschaft

Die Heilsgeschichte

15. Die Wurzeln der Soziallehre liegen in der Heilsgeschichte: Ihr Ursprung findet sich in der erlösenden und befreienden Sendung Jesu Christi und der Kirche. Sie knüpft an die Glaubenserfahrung der Erlösung und die ganzheitliche Befreiung des Volkes Gottes an, wie sie zuerst in der Genesis beschrieben werden, dann im Buch Exodus, bei den Propheten und in den Psalmen, und später im Leben Jesu und in den Apostelbriefen.[40]

Die Sendung Jesu

16. Die Botschaft Jesu und sein Zeugnis in der Welt haben bewiesen, daß die wahre Menschenwürde in einem vom Bösen befreiten und durch die erlösende Gnade Christi erneuerten Geist gründet. Indessen zeigt das Evangelium in vielen Texten, daß Jesus sich nicht gleichgültig verhielt gegenüber den Problemen der Menschenwürde und der Menschen-

rechte, gegenüber der Not der Schwächeren, der Bedürftigen und der Opfer von Ungerechtigkeit, noch daß sie ihm fremd waren. In jedem Augenblick bewies er eine echte Solidarität mit den Ärmsten und Elenden,[41] kämpfte gegen Ungerechtigkeit, Falschheit und Machtmißbrauch, gegen die Geldgier der Reichen und die Gleichgültigkeit gegenüber den Leiden der Armen, indem er mit Nachdruck auf das Letzte Gericht hinwies, wenn er in Herrlichkeit wiederkommen wird, um die Lebenden und die Toten zu richten.

Im Evangelium sind klar einige Grundwahrheiten enthalten, die das soziale Denken der Kirche auf ihrem Weg durch die Jahrhunderte tiefreichend geprägt haben. So bestätigt und verkündet z. B. Jesus eine wesentlich gleiche Würde für alle menschlichen Wesen, Männer und Frauen, wie auch immer ihre völkische Zugehörigkeit, Nation, Rasse, Kultur und politische Zugehörigkeit oder ihre soziale Lage sein mag. In seiner Lehre ist darüber hinaus eine Auffassung des Menschen als kraft seiner Natur soziales Wesen enthalten, insofern die Würde der Ehe betont wird, die die erste Form der Kommunikation zwischen Personen darstellt. Aus der fundamentalen Gleichheit der Würde bei allen Menschen und ihrer innerlich sozialen Natur ergibt sich notwendig die Forderung, daß die Verhältnisse im sozialen Zusammenleben nach den Grundsätzen einer tätigen und menschlichen Solidarität, d. h. nach den Kriterien der von der Liebe lebendig gemachten und integrierten Gerechtigkeit geordnet werden.

Außer diesen im Evangelium enthaltenen Werten sind noch viele weitere, nicht weniger wichtige vorhanden, die auch nicht weniger Auswirkung auf die soziale Ordnung besitzen, wie z. B. die mit dem Institut Familie als eine und unauflösliche und als Quelle des Lebens verbundenen Werte; die mit dem Ursprung und der Natur der Autorität gegebenen Werte, weil sie ja als Dienst für das Gemeinwohl der sozialen Gruppe, von der sie direkt bestellt wird und für die sie in Harmonie mit dem universalen Wohl der ganzen Menschheitsfamilie arbeitet, verstanden und ausgeübt wird.

Die Sendung der Kirche

17. Die Kirche nährt sich von demselben Geheimnis Christi, dem inkarnierten Evangelium, um die Frohe Botschaft vom Reiche Gottes zu verkünden und die Menschen zur Umkehr und zur Rettung zu rufen.[42] Diese von Christus empfangene Berufung der Kirche, das Evangelium zu verkünden, macht ihr tiefstes Wesen aus. Und gerade daraus erwachsen Aufgaben, Orientierungen und Kräfte, die dazu beitragen können, die menschliche Gemeinschaft entsprechend dem göttlichen Gesetz[43] aufzubauen und zu festigen.

In ihrer Lehre und sozialen Praxis hat die Kirche der ersten Jahrhunderte und des Mittelalters die im Evangelium enthaltenen Prinzipien und Weisungen angewandt und entfaltet. Sie bewegt sich innerhalb der Strukturen der bürgerlichen Gesellschaft und versucht diese im Geist der Gerechtigkeit und Liebe zu humanisieren, wobei sie ihre Evangelisierung mit geeigneten karitativ-sozialen Angeboten verbindet. Die Kirchenväter sind nicht nur als unerschrockene Verteidiger der Armen und Unterdrückten bekannt, sondern auch als Förderer von Dienstleistungsinstituten (Kranken- und Waisenhäuser, Herbergen für Pilger und Fremde). Sie haben ferner sozio-kulturelle Gedanken entwickelt, die das Zeitalter eines neuen, in Christus verwurzelten Humanismus eingeleitet haben. Es handelt sich in den meisten Fällen um ergänzende Werke, bestimmt vom Ungenügen und den Lücken in der Organisation der bürgerlichen Gesellschaft, die zeigen, zu wieviel Opfern und Kreativität von den Idealen des Evangeliums durchdrungene Menschen fähig sind. Dank der Anstrengungen der Kirche wurde die Unverletzlichkeit des menschlichen Lebens, die Heiligkeit und Unauflöslichkeit der Ehe, die Würde der Frau sowie der Wert der menschlichen Arbeit und einer jeden Person anerkannt und damit ein Beitrag zur Abschaffung der Sklaverei geleistet, die einen normalen Teil des wirtschaftlichen und sozialen Systems der antiken Welt bildete. Die fortschreitende Entfaltung der theologischen Tätigkeit, zunächst in den Klöstern, und dann an den Universitäten, hat die wissenschaftliche Erarbeitung der Grundprinzipien möglich gemacht, die ein geordnetes menschliches Zusammenleben regeln. Von bleibendem Wert ist hier das Denken des hl. Thomas von Aquin, von Francisco Suarez, Francisco de Vitoria und vieler anderer. Sie haben zusammen mit etlichen berühmten Philosophen und Rechtsgelehrten die notwendigen Voraussetzungen und Werkzeuge für die Erarbeitung einer echten und eigentlichen Soziallehre geschaffen, wie sie unter Papst Leo XIII. begonnen und von seinen Nachfolgern fortgesetzt worden ist.

Die Bejahung dieser sozialen Dimension des Christentums wird mit jedem Tag drängender durch die immer tiefer und weiter reichenden Veränderungen in der Gesellschaft.[44] Angesichts der sozialen Probleme, die schon immer in den verschiedenen Epochen der Geschichte vorhanden waren, die aber in unseren Tagen viel komplexer und weltweit geworden sind, kann die Kirche nicht ihre ethische und pastorale Betrachtung – auf dem ihr eigenes Feld – außer acht lassen, um mit Hilfe ihrer sozialen Lehre die Bemühungen und Hoffnungen der Völker zu erleuchten und ihnen Orientierung zu geben. Dabei geht sie so vor, daß die Veränderungen, auch tiefgreifender Art, wie sie von den Situationen des Elends und der Ungerechtigkeit gefordert sind, in einer Weise verwirklicht werden, die das wahre Wohl der Menschen fördert.[45]

2. Die Entstehung des geschichtlichen Erbes

Das sozio-kulturelle Umfeld

18. Mit ihren Prinzipien, ihren Urteilskriterien und ihren Handlungsnormen hat die Soziallehre zu allen Zeiten keine andere Zielrichtung gehabt, noch haben können, als in besonderer Weise, vom Glauben und von der Tradition der Kirche ausgehend, die wirkliche Lage der Gesellschaft aufzuzeigen, vor allem dann, wenn die Menschenwürde mißachtet wurde.

Aus dieser dynamischen und historischen Sicht ergibt sich, daß der wahre Charakter der Soziallehre in der Entsprechung ihrer Aussagen, die auf die Probleme einer bestimmten historischen Situation bezogen sind, mit den ethischen Erfordernissen der Botschaft des Evangeliums besteht, das eine tiefgreifende Umwandlung der Person und der Gruppen verlangt, um eine authentische und ganzheitliche Befreiung zu erlangen.[46]

Um freilich die geschichtliche Entwicklung der Soziallehre zu erfassen, muß man in den sozio-kulturellen Zusammenhang eines jeden Dokumentes eindringen und sich über die

ökonomischen, sozialen, politischen und kulturellen Bedingungen, unter denen es entstanden ist, klar werden. In den verschiedenen Erklärungen kann man dann besser die pastorale Absicht der Kirche entdecken, im Blick auf die untersuchte Lage der Gesellschaft und auf das Gewicht der sozialen Frage.
Sowohl die Grundprinzipien, die sich unmittelbar aus der christlichen Auffassung der Person und der menschlichen Gesellschaft ergeben, als auch die sittlichen Urteile über bestimmte Zustände, Institutionen und soziale Strukturen ermöglichen es, die Bedeutung der historischen Präsenz der Kirche in der Welt zu erfassen. Man kann sagen, daß jedes soziale Dokument ein Beispiel und ein Beleg dafür ist.

Die Veränderungen im 19. Jahrhundert und der Beitrag des katholischen Gedankengutes

19. In Sonderheit muß man sich die neue Situation im 19. Jahrhundert in Europa und in Teilen Amerikas ins Gedächtnis rufen, die im Gefolge der industriellen Revolution, des Liberalismus, des Kapitalismus und des Sozialismus entstanden ist. In dieser Situation haben nicht wenige Katholiken in verschiedenen europäischen Ländern, in Übereinstimmung mit den ethischen und sozialen Forderungen des Wortes Gottes und mit den Lehren der Kirchenväter, der großen Theologen des Mittelalters, besonders des hl. Thomas von Aquin, das Wiedererwachen des christlichen Gewissens angesichts der schweren Ungerechtigkeiten jener Epoche gefördert. So begann sich eine mehr moderne und dynamische Auffassung durchzusetzen, wie die Kirche präsent sein und wie sie ihren Einfluß in der Gesellschaft ausüben kann. Man begriff besser, wie wichtig ihre Gegenwart in der Welt ist und die Art, wie sie den Anforderungen der neuen Zeit entsprechen muß. Auf diesen Voraussetzungen gründet die ganze Soziallehre der Kirche bis in unsere Tage. Aus dieser Sicht heraus sind daher die Dokumente des sozialen Lehramtes zu lesen und zu verstehen.

Leo XIII.

20. Beunruhigt durch die „Arbeiterfrage“, also durch die Probleme, die aus der beklagenswerten Lage entstanden, in der sich das Industrieproletariat befand, griff Leo XIII. mit seiner Enzyklika *Rerum novarum* (1891) ein, einem mutigen und weitblickenden Text, der die weitere Entwicklung der Soziallehre vorbereitete, wie sie vom Lehramt in den folgenden Dokumenten ausgearbeitet wurde. In der Enzyklika legt der Papst die Prinzipien der Lehre dar, die dazu dienen können, das schleichende „soziale Übel“ in den „Lebensbedingungen der Arbeiter“ zu heilen.[47]
Nachdem *Rerum novarum* die Fehler aufgelistet hat, die zum „unverdienten Elend“ des Proletariats geführt haben, und nachdem der Sozialismus als Heilmittel für die „Arbeiterfrage“ im besonderen zurückgewiesen wurde, wird die katholische Lehre über die Arbeit dargelegt, über das Eigentumsrecht, über das Prinzip der Zusammenarbeit im Gegensatz zum Klassenkampf als Hauptmittel für die soziale Veränderung, über die Rechte der Schwachen, die Würde der Armen und die Pflichten der Reichen, über die Vervollkommnung der Gerechtigkeit durch die Liebe, endlich über das Recht, Berufsverbände zu gründen.

Pius XI.

21. 40 Jahre später, als die Entwicklung der industriellen Gesellschaft mittlerweile zu einer enormen und stetig steigenden Konzentration von Macht im ökonomisch-sozialen Bereich geführt und einen grausamen Klassenkampf entfesselt hatte, sah es Pius XI. als seine Pflicht und Verantwortung an, eine größere Kenntnis, eine genauere Interpretation und eine dringliche Anwendung des moralischen Gesetzes[48] als Regulativ der menschlichen Beziehungen in jenem Bereich anzuregen. Damit sollte der Klassenkampf überwunden und eine neue Sozialordnung, auf Gerechtigkeit und Liebe beruhend, erreicht werden. Durch die aufmerksame Beobachtung der neuen historischen Gegebenheiten bringt seine Enzyklika *Quadragesimo anno* Neues: Sie bietet einen Überblick über die Industriegesellschaft und die Produktion; sie unterstreicht die Notwendigkeit, daß sowohl das Kapital als auch die Arbeit zur Produktion und zur wirtschaftlichen Organisation beitragen; sie bestimmt die Bedingungen für die Wiederherstellung der sozialen Ordnung; sie sucht eine neue Einstellung zu den auftauchenden Problemen, um den „großen Veränderungen", die durch die neue Entwicklung der Wirtschaft und des Sozialismus ausgelöst wurden, zu begegnen;[49] sie zögert nicht, Stellung zu beziehen zu Versuchen, die in jenen Jahren gemacht wurden, um mit Hilfe des Systems von Körperschaften die sozialen Gegensätze zu überwinden. Dabei setzt sie sich für die Prinzipien der Solidarität und der Zusammenarbeit ein, die sie inspirierten, warnt aber zugleich davor, daß der mangelnde Respekt für die Vereinigungsfreiheit und die Aktion den gewünschten Erfolg in Frage stellen können.

Pius XII.

22. In seinem langen Pontifikat hat Pius XII. keine einzige Sozialenzyklika geschrieben. Aber in voller Kontinuität mit der Doktrin seiner Vorgänger hat er mit einer großen Zahl von Ansprachen zu den sozialen Problemen seiner Zeit mit Autorität Stellung bezogen. Unter diesen sind besonders die Radiobotschaften wichtig, in denen er die ethisch-sozialen Prinzipien erläutert, formuliert und eingeschärft hat, nach denen der Wiederaufbau aus den Ruinen des II. Weltkrieges gefördert werden sollte. Mit seiner Sensibilität und Intelligenz im Erfassen der „Zeichen der Zeit" kann man Pius XII. als den unmittelbaren Vorgänger des II. Vatikanischen Konzils und der sozialen Lehre der ihm nachfolgenden Päpste betrachten. Die Punkte der Soziallehre, die er konkretisierte und auf die Probleme seiner Zeit anwandte, sind hauptsächlich die folgenden: die Gemeinbestimmung der Güter und ihr Gebrauch; die Rechte und die Pflichten der Arbeiter und der Arbeitgeber; die Aufgabe des Staates in der Wirtschaft; die Notwendigkeit der internationalen Zusammenarbeit zur Durchsetzung einer größeren Gerechtigkeit und zur Sicherung des Friedens; die Erneuerung des Rechts als Grundregel für die Beziehungen zwischen Klassen und Völkern; der Familienlohn.[50]

In den Kriegs- und Nachkriegsjahren war das soziale Lehramt Pius' XII. für viele Völker aller Kontinente und für Millionen Gläubige und Nichtgläubige die Stimme des Weltgewissens, interpretiert und verkündet in inniger Verbundenheit mit dem Wort Gottes. Mit seiner moralischen Autorität und seinem Ansehen brachte Pius XII. zahllosen Menschen

jeglicher Art und sozialen Stellung das Licht der christlichen Weisheit: den Regierenden, den Kulturschaffenden, den freien Berufen, den Unternehmen, technischen Führungskräften und Arbeitern.
Er war bemüht, die Tradition von *Rerum novarum*[51] aufzuwerten und ein ethisches und soziales Gewissen heranzubilden, das das Handeln der Völker und Staaten erleuchten sollte. Durch ihn wehte in der Kirche jener Geist der Erneuerung, der, wie er im Blick auf *Rerum novarum* sagte, nicht aufgehört hat, sich wohltuend über die ganze Menschheit auszubreiten.[52]

Johannes XXIII.

23. Nach dem II. Weltkrieg befand sich die Kirche unter vielen Aspekten in einer neuen Lage: Die „soziale Frage", die anfänglich die Arbeiterklasse begrenzt war, machte einen Verallgemeinerungsprozeß durch, in den alle Klassen alle Völker und selbst die internationale Gemeinschaft hineingezogen wurden und in dem immer mehr das Drama der Dritten Welt zutage trat. Das „Problem der modernen Epoche" wird Gegenstand von Überlegungen und pastoralen Aktionen der Kirche und ihres Lehramtes. Die neue Enzyklika *Mater et magistra* (1961) von Papst Johannes XXIII. zielt in der Tat darauf ab, die schon bekannten Dokumente auf den neuesten Stand zu bringen und einen weiteren Schritt vorwärts zu tun, um die ganze christliche Gemeinschaft noch mehr darin einzubeziehen.[53] Indem sie die höchst aktuellen und wichtigen Aspekte der „sozialen Frage"[54] anpackt, stellt das neue Dokument das bestehende Ungleichgewicht zwischen den verschiedenen wirtschaftlichen Bereichen ebenso wie zwischen den verschiedenen Ländern und Gebieten heraus; sie klagt die Zustände der Übervölkerung und der Unterentwicklung an, die aus Mangel an Verständigung und Solidarität zwischen den Nationen die unerträglichen Zustände besonders in der Dritten Welt bestimmen. Angesichts der Gefahren eines neuen Atomkrieges hat derselbe Johannes XXIII. auf dem Gipfel der Krise, nachdem er eine denkwürdige Botschaft an die Völker und Staatsmänner gerichtet hatte, seine Enzyklika *Pacem in terris* (1963) herausgegeben. Sie ist eine eindringliche Mahnung, den Frieden aufzubauen unter Beachtung der sittlichen Forderungen, von denen die Beziehungen zwischen den Menschen und den Staaten bestimmt sein müssen. Stil und Sprache der Enzykliken Papst Johannes' XXIII. geben der Soziallehre eine neue Fähigkeit, sich auf neue Situationen einzustellen und auf sie einzuwirken, ohne deshalb das Gesetz der Kontinuität mit der voraufgegangenen Tradition geringer zu veranschlagen. Man kann daher nicht von einer „erkenntnistheoretischen Wende" sprechen. Sicherlich wächst das Bestreben, die Erfahrungswissenschaft und die Soziologie aufzuwerten, aber gleichzeitig wird die theologische Motivation der Soziallehre betont. Das ist um so auffälliger, wenn man eine Gegenüberstellung mit den vorhergehenden Dokumenten macht, in denen die philosophische Betrachtung und die Argumentation gemäß den Prinzipien des Naturrechts vorherrschen. Anlaß für die Sozialenzykliken von Johannes XXIII. waren ganz gewiß die tiefgreifenden Veränderungen im Innern der Staaten, wie auch in ihren wechselseitigen Beziehungen, sei es „im wissenschaftlichen, technischen und wirtschaftlichen Bereich, sei es auf sozialem und politischem Gebiet".[55]

In dieser Zeit beginnen andere große Ereignisse sich in beängstigender Weise zu überstürzen. Vor allem sind dies die Auswirkungen des wirtschaftlichen Aufschwungs nach dem Wiederaufbau in der Nachkriegszeit. Der dadurch erzeugte Optimismus verhindert, daß man sogleich die Widersprüche in einem System entdeckt, das auf einer ungleichmäßigen Entwicklung der verschiedenen Länder der Welt beruht. Außerdem kann man schon zu Beginn jenes Jahrzehnts, als sich der Prozeß der Entkolonialisierung in vielen Ländern der Dritten Welt durchsetzt, bemerken, daß an die Stelle des politischen Kolonialismus, der bislang entstand, ein anderer Typ kolonialer Vorherrschaft, nämlich wirtschaftlicher Art, tritt. Diese Tatsache ist bestimmend für die Bewußtseinsbildung und für eine besonders in Lateinamerika entstandene Aufstandsbewegung, wo zur Bekämpfung der Ungleichgewichte in der Entwicklung und der neuen Abhängigkeiten ein Prozeß der Befreiung in verschiedenen Arten und Formen in Gang kommt. Dies hat dann zur Bildung der verschiedenen Richtungen der „Theologie der Befreiung" geführt, gegenüber denen der Heilige Stuhl seine Stellung klar gemacht hat.[56]

II. Vatikanisches Konzil

24. Vier Jahre nach der Veröffentlichung von *Mater et magistra* erschien die Pastoralkonstitution *Gaudium et spes* des II. Vatikanischen Konzils über die Kirche in der Welt von heute. Auch wenn zwischen diesen beiden Schriften eine zu kurze Zeitspanne liegt, als daß sich bedeutende Veränderungen in der historische Wirklichkeit vollzogen hätten, so ist indessen der Weg, den die Soziallehre mit dem neuen Dokument genommen hat, von Bedeutung. Das Konzil ist sich nämlich darüber klar geworden, daß die Welt von der Kirche eine neue und bewegende Botschaft erwartete. Auf diese Erwartung antwortete es mit der genannten Konstitution, in der sich in Einklang mit der ekklesiologischen Erneuerung ein neues Bewußtsein von Glaubensgemeinschaft und Volk Gottes sein widerspiegelt. Die Pastoralkonstitution hat daher neues Interesse geweckt für die in den vorausgehenden Dokumenten enthaltene Lehre über das Zeugnis und das Leben der Christen als authentische Wege, um die Gegenwart Gottes in der Welt sichtbar zu machen.

Auf sozialem Gebiet bestand die Antwort der im Konzil vereinigten Kirche konkret in der Entfaltung einer mehr dynamischen Auffassung des Menschen und der Gesellschaft, und zumal es sozio-ökonomischen Lebens, die auf der Grundlage der Forderungen und der richtigen Interpretation der wirtschaftlichen Entwicklung erarbeitet wurde. In dem Kapitel der Konstitution *Gaudium et spes*, das sich mit diesen Problemen befaßt, wird folglich dargelegt, daß die sozialen und wirtschaftlichen Ungleichheiten nur auf der Basis des rechten Verständnisses des Fortschritts beseitigt werden können. Diese Deutung der sozialen Wirklichkeit auf Weltebene hat eine grundsätzliche Wende im Entwicklungsprozeß der Soziallehre hervorgebracht: Sie läßt sich nicht von den sozio-ökonomischen Implikationen der beiden Hauptsysteme Kapitalismus und Sozialismus vereinnahmen, sondern sie öffnet sich für eines neues Verständnis, nämlich dasjenige einer doppelten Dimension oder Tragweite des Fortschritts. Diese Auffassung zielt in der Tat darauf ab, das Wohl des ganzen Menschen zu fördern, „in seiner Ganzheit betrachtet,

unter Berücksichtigung also seiner materiellen Bedürfnissen ebenso wie seiner Bedürfnisse für das geistige, moralische, geistliche und religiöse Leben". Dadurch werden die traditionellen Gegensätze zwischen Produzenten und Konsumenten und die Diskriminierungen, die gegen die Würde der großen menschlichen Familie verstoßen, überwunden.[57]
In dieser Sicht entdeckt man, daß auf dem Grund der Aussagen der Konstitution über das wirtschaftlich-soziale Leben eine wahrhaft menschliche Auffassung der Entwicklung steht. In *Gaudium et spes* zeigt die Kirche, wie tief ihre Sensibilität für das wachsende Bewußtsein über die Ungleichheiten und Ungerechtigkeiten in der menschlichen Gesellschaft und besonders über die Probleme der Dritten Welt ist. In der Soziallehre verstärkt sich so, gegen alle soziale und wirtschaftliche Diskriminierung, eine auf die Person und die Gemeinschaft bezogene Ausrichtung der Wirtschaft, in der der Mensch den Vorrang hat; er ist das Ziel, das Subjekt und der Hauptträger der Entwicklung.
Es ist das erste Mal, daß sich ein Dokument des obersten Lehramtes der Kirche so umfassend über die direkten zeitlichen Aspekte des christlichen Lebens ausspricht. Man muß erkennen, daß die Aufmerksamkeit, die die Konstitution den sozialen, psychologischen, politischen, wirtschaftlichen, sittlichen und religiösen Veränderungen widmete, in den letzten 20 Jahren immer mehr die pastorale Besorgnis der Kirche für die Probleme der Menschen und für den Dialog in der Welt geweckt hat.

Paul VI.

25. Einige Jahre nach dem Konzil schenkte die Kirche der Menschheit eine neue wichtige Überlegung auf dem sozialen Gebiet mit der Enzyklika *Populorum progressio* Pauls VI. (1967). Man kann sie als eine Erweiterung des Kapitels über das wirtschaftlich-soziale Leben in *Gaudium et spes* ansehen, obwohl sie einige neue bedeutungsvolle Akzente setzt. In kurzer Zeit war nämlich das Bewußtsein über die Ungleichheiten weiter gewachsen, die viele Länder der Dritten Welt diskriminierten und in Situationen von Ungerechtigkeit und Randdasein brachten. Dieses Problem wurde durch viele Umstände verschlimmert: wie z. B. das schnell wachsende Ungleichgewicht zwischen den armen und reichen Ländern und das Bevölkerungswachstum der Dritten Welt. In den ärmsten und marginalisierten Gebieten und Völkern rief die Analyse über die Unterentwicklung und ihre Ursachen einen Skandal hervor und ließen den Kampf gegen die Ungerechtigkeit aufflammen.
In diesem neuen historischen Umfeld, in dem die sozialen Konflikte weltweite Ausmaße angenommen haben,[58] bedeutet *Populorum progressio* Licht und Hilfe, um das ganze Ausmaß einer gemeinschaftlichen Entwicklung des Menschen und einer gemeinsamen Entwicklung der Menschheit zu erfassen: Das sind zwei Themenbereiche, die man als Achsen ansehen kann, um die herum das Gewebe der Enzyklika strukturiert ist. Der Papst will die Adressaten von der Dringlichkeit einer gemeinsamen Aktion überzeugen.[59] Er will unter Fortschritt den „Übergang von wenig humanen Lebensbedingungen zu humaneren" und nennt ihre Eigenschaften. Wenig humane Bedingungen beziehen sich auf das Fehlen von materiellen und sittlichen Gütern oder auf Strukturen der Unter-

drückung. Humane Bedingungen verlangen den Besitz des Notwendigen, das Aneignen von Wissen und Kultur, die Achtung vor der Würde der anderen, die Anerkennung höchster Werte und Gottes, schließlich das christliche Leben in Glaube, Hoffnung und Liebe.[60] Der „Übergang" von der wenig humanen zu den humaneren Bedingungen, die nach den Worten des Papstes nicht auf rein zeitliche Dimensionen begrenzt sind, muß die theologische Betrachtung über die Befreiung von Ungerechtigkeit und über authentische Werte inspirieren, ohne die ein echter Fortschritt der Gesellschaft nicht möglich ist. Die Soziallehre findet hier eine offene Tür für eine vertiefte und erneute ethische Betrachtung.

Nur vier Jahre nach der Enzyklika *Populorum progressio* erließ Paul VI. das Apostolische Schreiben *Octogesima adveniens* (1971). Es war der 80. Jahrestag von *Rerum novarum*, aber mehr als die auf die Vergangenheit schaute der Papst auf die Gegenwart und Zukunft. In der westlichen industrialisierten Welt waren neue Probleme entstanden, jene der sogenannten „nachindustriellen Gesellschaft". Deshalb war es nötig, diese in die Soziallehre der Kirche einzubeziehen.

Octogesima adveniens leitet so eine neue Betrachtung ein über das Verständnis der politischen Dimension der Existenz und des christlichen Auftrages und weckt ihrerseits den kritischen Sinn in der Auseinandersetzung mit den Ideologien und Utopien, die den bestehenden sozio-ökonomischen Systemen zugrunde liegen.

Johannes Paul II.

26. Zehn Jahre später (1981) kommt Johannes Paul II. mit der großen Enzyklika *Laborem exercens*. Das verflossene Jahrzehnt hatte eine Spur in der Geschichte der Welt und der Kirche hinterlassen. Es ist nicht schwierig, in den Gedanken des Papstes den Lauf der neuen Veränderungen, die entstanden sind, auszumachen. Während zu Beginn der siebziger Jahre ein geschärftes Bewußtsein für die Unterentwicklung und die daraus erwachsenden Ungerechtigkeiten stand, zeigten sich um die Mitte desselben Jahrzehnts die ersten Symptome einer tieferen Krise, ausgelöst durch die Widersprüche des internationalen Geld- und Wirtschaftssystems. Vor allem kam es zu dem enormen Preisanstieg für das Öl. In dieser Lage verlangte die Dritte Welt gegenüber den westlichen Industriestaaten und kollektivistisch organisierten Ländern des Ostblocks, daß neue Weltwirtschaftsstrukturen geschaffen würden, in denen man die Rechte der armen Völker respektiert und auch Gerechtigkeit in den wirtschaftlichen Beziehungen herrscht. Während das Elend in der Dritten Welt anstieg, forderten einige Länder, die sich zum Sprachrohr dieser Leiden machten, eine größere Gerechtigkeit bei der Verteilung auf Weltebene. Das ganze System der internationalen Arbeitsteilung und der Weltwirtschaftsordnung geriet in eine tiefe Krise. Dies führte zu der Forderung nach radikaler Veränderung dieser Strukturen, die eine so ungleiche wirtschaftliche Entwicklung mit sich gebracht hatten.

Im Hinblick auf diese zahlreichen neuen Probleme schrieb Johannes Paul II. zum 90. Jahrestag von *Rerum novarum* die Enzyklika *Laborem exercens*. In Kontinuität mit den bisherigen Äußerungen des Lehramtes besitzt sie jedoch ihre eigene Originalität,[61] was Methode und Stil wie auch nicht wenige Aspekte der Lehre betrifft, die zeitbedingt behandelt werden, aber den großen Linien Pauls VI. folgen. Das Dokument richtet sich mahnend an alle Christen, damit sie sich für die Umformung der bestehenden sozio-ökonomischen Systeme einsetzen, und enthält genaue Richtlinien, die auf der fundamentalen Sorge für das ganzheitliche Wohl des Menschen beruhen. Damit erweitert sich das „traditionelle Erbe" der Soziallehre der Kirche, wobei sich herausschält, daß der „zentrale Schlüssel" der ganzen „sozialen Frage" in der „menschlichen Arbeit" liegt.[62] Dies ist der am meisten geeignete Ausgangspunkt zur Analyse aller sozialen Probleme. Von der Arbeit als fundamentaler Dimension der menschlichen Existenz ausgehend, werden in der Enzyklika alle anderen Aspekte der sozio-ökonomischen Lebens behandelt, ohne die Aspekte der Kultur und der Technik auszulassen.[63]

Laborem exercens entwickelt mithin eine neue Sinnbestimmung der Arbeit, nämlich eine ausgewogene Verteilung nicht nur des Ertrages und des Reichtums, sondern auch der Arbeit selbst, so daß alle eine Beschäftigung finden. Zu diesem Zweck sollte der Gesellschaft dazu verholfen werden, die Notwendigkeit des Maßhaltens im Verbrauch wiederzuentdecken, die Tugenden der Genügsamkeit und der Solidarität zurückzugewinnen und auch die Bereitschaft zu echten Opfern zu wecken, um aus der gegenwärtigen Krise herauszukommen. Das sind große Vorschläge, die der Papst auch bei späteren Gelegenheiten bekräftigt hat.[64] Sie gelten nicht nur für jedes einzelne Volk, sondern auch für die Beziehungen zwischen den Nationen.

Die Lage in der Welt erfordert die Achtung der Prinzipien und der unersetzlichen Grundwerte. In der Tat, ohne eine erneute Bekräftigung der Würde des Menschen und seiner Rechte, wie auch ohne die Solidarität zwischen den Völkern, ohne soziale Gerechtigkeit und ohne eine neue Arbeitsauffassung wird es keinen wahren menschlichen Fortschritt geben, noch eine neue Ordnung des sozialen Zusammenlebens.

Am 30. Dezember 1987, dem 20. Jahrestag von *Populorum progressio*, hat Johannes Paul II. die Enzyklika *Sollicitudo rei socialis* veröffentlicht. Die tragende Achse ist der Begriff Fortschritt, wie er in dem bereits erwähnten Dokument Pauls VI. gebraucht wurde. Im Lichte der stets gültigen Lehre dieser Enzyklika wollte der Papst nach einer Spanne von 20 Jahren die Lage in der Welt unter diesem Aspekt prüfen, um den Begriff Fortschritt zeitgemäß zu formulieren und weiter zu vertiefen, damit er den drängenden Notwendigkeiten zum gegenwärtigen historischen Zeitpunkt entspricht und wirklich auf den Menschen zugeschnitten ist.

Es gibt zwei grundsätzliche Überlegungen in *Sollicitudo rei socialis*: einerseits die dramatische Lage der heutigen Welt unter dem Gesichtspunkt der fehlenden Entwicklung in der Dritten Welt, und andererseits der Sinn, die Bedingungen und die Erfordernisse eines menschenwürdigen Fortschritt.

Unter den Ursachen für die fehlende Entwicklung werden erwähnt: die weiter bestehende und oft noch gewachsene Kluft zwischen Nord und Süd, der Gegensatz zwischen den Blöcken in Ost und West mit dem daraus resultierenden Rüstungswettlauf, der Waffenhandel und die verschiedenen politischen Hemmnisse, die den Entscheidungen zur Kooperation und Solidarität zwischen den Nationen im Wege stehen. In diesem Zusammenhang wird auch die Bevölkerungsfrage genannt. Andererseits werden auch einige Entwicklungserfolge anerkannt, so ungewiß, begrenzt und unangemessen sie im Hinblick auf die tatsächliche Notwendigkeit auch sein mögen.

Was die zweite Überlegung der Enzyklika betrifft, nämlich die Beschaffenheit des echten Fortschritts, wird vor allem der Unterschied zwischen „unbegrenztem Fortschritt" und Entwicklung geklärt. Diesbezüglich besteht man darauf, daß der echte Fortschritt sich nicht darauf beschränken kann, Güter und Dienstleistungen bei den Besitzenden zu vermehren, sondern daß er zum vollen „Sein" des Menschen beitragen muß. Auf diese Weise tritt die sittliche Natur des echten Fortschritts klar hervor. Dieser wichtige Aspekt wird weiter vertieft im Lichte der Heiligen Schrift und der kirchlichen Tradition. Als Beweis für diese sittliche Dimension des Fortschritts beharrt das Dokument auf dem Zusammenhang zwischen der neuen Beobachtung aller Menschenrechte (das Recht zur freien Religionsausübung eingeschlossen) und dem echten Fortschritt des Menschen und der Völker.
In der Enzyklika werden auch die verschiedenen sittlichen Hindernisse für den Fortschritt („strukturelle Sünden", reine Profitgier, Machthunger) und die Wege für ihre erwünschte Überwindung analysiert. Zu diesem Zweck wird empfohlen, die wechselseitige Abhängigkeit zwischen den Menschen und Völkern anzuerkennen und die daraus sich ergebende Pflicht zur Solidarität anzunehmen; die Verpflichtung der Christen zur Barmherzigkeit. Alles das setzt jedoch eine radikale Umkehr in den Herzen voraus. Am Schluß des Dokuments werden noch andere spezielle Wege aufgezeigt, um der gegenwärtigen Lage zu begegnen, wobei besonders die Wichtigkeit der Soziallehre der Kirche und die Notwendigkeit ihrer Verbreitung hervorgehoben werden.

27. Dieser kurze geschichtliche Überblick über die Soziallehre der Kirche ist eine Hilfe zum Verständnis ihrer Komplexität, ihres Reichtums, ihrer Dynamik, aber auch ihrer Grenzen. Jedes Dokument ist ein weiterer Schritt vorwärts in dem Bemühen der Kirche, auf die Probleme der Gesellschaft in den verschiedenen Epochen der Geschichte einzugehen: Aus einem jeden von ihnen muß man die pastorale Sorge herauslesen, der christlichen Gemeinschaft und allen Menschen guten Willens die Grundprinzipien, die allgemeinen Kriterien und die Richtlinien vorzulegen, die dazu geeignet sind, eine gute Entscheidung zu treffen und der konkreten Situation entsprechend zu handeln. Die besagte Lehre ist mithin „kein ‚dritter Weg' zwischen liberalem Kapitalismus und marxistischem Kollektivismus und auch nicht eine mögliche Alternative für andere radikal entgegengesetzte Lösungen",[65] sondern ein uneigennütziger Dienst, den die Kirche je nach Bedarf von Ort und Zeit anbietet. Die Hervorhebung dieser geschichtlichen Dimension zeigt, daß die Soziallehre der Kirche – klar und folgerichtig in ihren wesentlichen Prinzipien zum Ausdruck gebracht – kein abstraktes, geschlossenes und ein für allemal festgelegtes System ist, sondern konkret, dynamisch und offen. In der Tat, die Beachtung der Verhältnisse in der Welt und die aus dem Evangelium geschöpfte Inspiration versetzen die Kirche in die Lage, auf die dauernden Veränderungen in den ökonomischen, sozialen, politischen, technologischen und kulturellen Prozessen einzugehen. Es handelt sich um ein Werk, an dem beständig gebaut wird, offen für alle neuen Fragen und Probleme, die in diesem Bereich auftreten.

Die neueren Dokumente

28. Die angesprochenen Veränderungen erfordern eine ethische Sicht der neuen Probleme und eine Antwort, die immer stärker differenziert, vertieft und auf den neuesten Stand gebracht wird. So ist es zum Beispiel geschehen in den Fragen über das Privateigentum, die Vergesellschaftung, die Mitbestimmung, die Unterentwicklung der Dritten Welt, den wachsenden Abstand zwischen armen und reichen Ländern, die sozio-ökonomische Entwicklung, den Sinngehalt der Arbeit, die internationale Verschuldung, das Problem der Obdachlosen, der heutigen Lage der Familie, der Würde der Frau, der Achtung des ungeborenen Lebens und der Fortpflanzung. Die neuen Dokumente der Kirche stellen ihre tiefe, aus dem Evangelium erwachsende Sensibilität für die neuen sozialen Probleme heraus.[66]
Im Sinne des II. Vatikanischen Konzils[67] wird die Soziallehre der Kirche mit ihren „bleibenden Fundamenten" und den „zeitbedingten Elementen"[68] ihren geschichtlichen Weg fortsetzen, wobei sie durch den Beitrag aller Gruppen der Kirche weiter und reicher werden wird. Auf diesem Weg wird das Lehramt die verschiedenen Stimmen in seinen offiziellen Lehren zusammenfassen, um die Beachtung der geschichtlichen Dimension mit der heiligen Pflicht, die Stabilität und die Sicherheit der Prinzipien und der fundamentalen Normen nicht zu schwächen, zu verbinden und zu einem entsprechenden Handeln aufrufen.
Auf diesem langen Weg wird die Kirche fortfahren, die Lehren und die Werte ihrer Soziallehre zu konkretisieren, indem sie die Prinzipien und bleibenden Werte, die Beurteilungskriterien und die Handlungsnormen vorlegt.[69]

III. Bleibende Prinzipien und Werte

29. In diesem Kapitel wird kurz auf die „bleibenden Prinzipien" und auf die Grundwerte hingewiesen, die in der Darlegung der Soziallehre der Kirche nicht fehlen dürfen. Im Anhang dazu wird ein Programm für Kurse entwickelt, das geeignet ist, den konkreten Erfordernissen der Teilkirchen angepaßt zu werden.

1. Die bleibenden Prinzipien

Voraussetzung

30. Diese Prinzipien wurden von der Kirche nicht organisch in einem einzigen Dokument formuliert, sondern im Verlauf der geschichtlichen Entwicklung der Soziallehre. Sie wurden aus all den Dokumenten gesammelt, die das kirchliche Lehramt unter Mitarbeit von Bischöfen, Priestern und fachkundigen Laien[70] ausgearbeitet hat, um die verschiedenen sozialen Probleme anzugehen, die nach und nach aufgetreten sind.
Natürlich ist und will das vorliegende Dokument weder eine neue Synthese noch ein Handbuch für solche Prinzipien sein, sondern eine Zusammenstellung einfacher, für den Unterricht geeigneter Orientierungen.

Es ist gleichfalls keine vollständige Darlegung, sondern lediglich ein Hinweis auf jene Prinzipien, die man als die grundlegenden erachten kann, und die daher besondere Beachtung bei der Ausbildung zukünftiger Priester verdienen.
Unter ihnen sind als grundlegend jene Prinzipien zu betrachten, die die Person, das Gemeinwohl, die Solidarität und die Mitbestimmung betreffen. Die übrigen sind mit ihnen innerlich verbunden und leiten sich von ihnen her.

Die menschliche Person

31. Die Würde der Person gründet sich auf die Tatsache, daß sie nach dem Bild und Gleichnis Gottes geschaffen und zu einem übernatürlichen Ziel erhoben worden ist, das das irdische Leben übersteigt. Der Mensch also als ein mit Verstand und freiem Willen begabtes Wesen, als Subjekt von Rechten und Pflichten, ist das erste Prinzip, und man kann sagen, das Herzstück und die Seele der Soziallehre der Kirche.[71] „Gläubige und Nichtgläubige stimmen überein in der Annahme, daß alles, was auf der Erde existiert, auf den Menschen bezogen sein muß als auf seine Mitte und seinen Höhepunkt".[72] Das ist ein Prinzip, das in seiner anthropologischen Tragweite der Quelle der anderen Prinzipien darstellt, die zum Gesamt der Soziallehre gehören. Der Mensch als Person ist das Subjekt und Zentrum der Gesellschaft, die mit ihren Strukturen, Organisationen und Funktionen zur Aufgabe hat, die wirtschaftlichen und kulturellen Bedingungen zu schaffen und ständig anzupassen, die es der größtmöglichen Zahl von Personen ermöglichen, ihre Fähigkeiten zu entfalten und ihre legitimen Bedürfnisse nach Vervollkommnung und Glück zu befriedigen. Aus diesem Grunde wird die Kirche nie müde, auf der Würde der menschlichen Person zu beharren gegen alle Sklaverei, Ausbeutungen und zum Schaden der Menschen verübten Machenschaften, nicht nur auf politischem und wirtschaftlichem, sondern auch auf kulturellem, ideologischem und medizinischem Gebiet.[73]

Die Menschenrechte

32. Die Menschenrechte leiten sich aus innerer Logik von derselben Menschenwürde ab. Die Kirche ist der Dringlichkeit bewußt, diese Rechte zu schützen und zu verteidigen. Sie betrachtet das als Teil ihrer eigenen Heilssendung, gemäß dem Beispiel Jesu, der sich immer für die Bedürfnisse der Menschen, besonders der ärmsten, eingesetzt hat.
Die Bejahung der Menschenrechte hat sich in der Kirche zunächst als konkreter Dienst an der Menschheit bemerkbar gemacht und ist erst später zu einem theoretischen, organischen und vollständigen System entwickelt worden. Beim Nachdenken über sie hat die Kirche freilich auch ihre philosophischen und theologischen Grundlagen sowie die juridischen, sozialen, politischen und ethischen Auswirkungen anerkannt, wie dies aus den Dokumenten ihrer Soziallehre hervorgeht.
Die Beharrlichkeit, mit der sie besonders in unserer Zeit die Achtung und die Verteidigung der Menschenrechte fördert, seien sie nun personal oder sozial, erklärt sich nicht nur aus der Tatsache, daß ihr Eintreten dafür heute wie gestern vom Evangelium diktiert wird,[74] sondern auch, weil sich aus dem Bedenken dieser Rechte eine neue theologische und sittliche Weisheit entwickelt, um den Problemen in der Welt von heute entgegenzutreten.[75]

Zumal das Recht auf Religionsfreiheit, insofern es den innersten Raum des Geistes betrifft, „erweist sich als Bezugspunkt und wird gewissermaßen zum Maßstab für die übrigen Grundrechte."[76] Heute wird es von etlichen öffentlichen und privaten, nationalen und internationalen Organisationen betont und verteidigt. Die katholische kirche zeigt sich ihrerseits besonders solidarisch mit jenen, die wegen ihres Glaubens diskriminiert oder verfolgt werden, und sie setzt sich kraftvoll und beharrlich dafür ein, daß solche ungerechten Situationen überwunden werden.

Der Beitrag des päpstlichen Lehramtes zu den Menschenrechten

33. Zusammen mit dem Lehramt des Konzils hat sich das päpstliche Lehramt eingehend mit dem Thema der Rechte der menschlichen Person befaßt und diese weiterentwickelt. Schon Pius XII. hat die auf dem Naturrecht beruhenden Prinzipien für eine soziale Ordnung, die der Würde des Menschen entspricht, verkündet, wie dies in einer gesunden Demokratie geschieht, die besser in der Lage ist, das Recht auf Freiheit, Frieden und materielle Güter zu achten. Im Anschluß daran war die Enzyklika *Pacem in terris* Johannes' XXIII. der erste päpstliche Text, der ausdrücklich den Menschenrechten gewidmet ist. So nahm die Kirche, die „Zeichen der Zeit" erforscht, die Notwendigkeit wahr, die „universalen, unverletzlichen und unveräußerlichen" Rechte aller Menschen zu verkünden gegen jede Diskriminierung und gegen jede partikuläre Auffassung. *Pacem in terris* bekräftigt deswegen die Rechte des Menschen, die auf dem der Schöpfungsordnung zugehörigen und auf die Erlösung ausgerichteten Naturgesetz beruhen, korrigiert aber einen gewissen individualistischen Aspekt der traditionellen Auffassung über die Wechselseitigkeit von Rechten und Pflichten, indem sie die Rechte in einem Zusammenhang mit der Solidarität einbezieht und die gemeinschaftsbezogenen Bedürfnisse, die dies mit sich bringt, unterstreicht.
Paul der VI. hat seinerseits in der Enzyklika *Populorum progressio*, ohne die Menschenrechte vom Bereich der Vernunft zu trennen und der Linie des II. Vatikanischen Konzils folgend, ihr christliches Fundament hervorgehoben und gezeigt, wie der Glaube ihre innere Dynamik verwandelt. Man muß außerdem feststellen, wie der Glaube ihre innere Dynamik verwandelt. Man muß außerdem feststellen, daß, wie *Pacem in terris* die Charta der Menschenrechte ist, *Populorum progressio* die Charta der Rechte der armen Völker auf Entwicklung ist. Später vertieft Johannes Paul II. diese Betrachtung, indem er die Menschenrechte gleichzeitig in den drei Dimensionen der vollen Wahrheit über den Menschen: in der Würde des Menschen als solcher, im Menschen als Bild und Gleichnis Gottes geschaffen, im Menschen, der in das Geheimnis Christi eingefügt ist, begründet. Auf diese Würde des Menschen, gesehen im Licht des Erlösungswerkes Christi, gründet sich die Heilssendung der Kirche. Darum kann sie nicht schweigen, wenn die unantastbaren Rechte der Menschen und Völker verletzt werden oder in Gefahr sind. Aus christlicher Sicht sind die Nationen und Länder in der Tat eine menschliche Wirklichkeit von positivem und unverzichtbarem Wert, die auf den unantastbaren Rechten im Schoße der verschiedenen Völker ruht, und im besonderen, was das Recht der Völker auf die eigene Identität und auf die eigene Entwicklung anbelangt.[77]

Das Verhältnis Mensch – Gesellschaft

34. Der Mensch ist von seiner Natur aus ein soziales Wesen, oder besser gesagt, durch seine angeborene Bedürftigkeit und durch seine natürliche Neigung darauf angelegt, in Beziehungen mit anderen zu leben. Diese Gesellschaftlichkeit des Menschen ist das Fundament jeder Gesellschaftsform und der damit einhergehenden sittlichen Ansprüche. Der Mensch kann sich nicht selbst genügen; um seine volle Entwicklung zu erreichen, braucht er die anderen und die Gesellschaft.
Dieses Prinzip der wechselseitigen Abhängigkeit von Mensch und Gesellschaft, wesentlich verbunden mit dem Prinzip der Würde der menschlichen Person, bezieht sich auf das Gesamt des sozialen Lebens der Menschen, das nach geeigneten und angemessenen Gesetzen geregelt wird, die vermittels der christlichen Betrachtungsweise vervollkommnet werden.[78] Das Verständnis der vielfältigen Aspekte des heutigen Gesellschaftslebens ist nicht immer einfach, wenn man die raschen und tiefgreifenden Veränderungen berücksichtigt, die sich dank der Intelligenz und der Kreativität des Menschen auf allen Gebieten ereignen. Veränderungen lösen ihrerseits Krisen aus, die sich entweder in der inneren Unausgeglichenheit des Menschen widerspiegeln, der seine Macht ständig vergrößert, ohne daß es ihm gelingt, diese in die richtigen Bahnen zu lenken; oder sich in den sozialen Beziehungen zeigen, soweit die Gesetze, die das soziale Leben regeln, nicht immer genau angewandt werden.[79]

35. Die menschliche Gesellschaft ist daher der Gegenstand der Soziallehre der Kirche, die sich ja weder außerhalb noch über den sozial miteinander verbundenen Menschen befindet, sondern ausschließlich in ihnen, und deshalb für sie da ist. Die Kirche beharrt auf dem Begriff der „innerlich sozialen Natur“ des Menschen.[80] Hier muß indessen bedacht werden, daß „sozial“ nicht mit dem „Kollektiv“ zusammenfällt, für das die Person nur ein schieres Produkt ist. Die Kraft und die Dynamik dieser sozialen Bedingtheit der Person entwickeln sich in vollem Umfange innerhalb der Gesellschaft, die in dieser Weise die Beziehungen des Zusammenlebens national wie international wachsen läßt.[81]

36. Aus der Würde der menschlichen Person, ihren Rechten und ihrer Gesellschaftlichkeit leiten sich die anderen bleibenden Prinzipien ab, die das Sozialleben leiten und regeln. Unter ihnen sind jene er erwähnen, die – aus vertiefter Beachtungsweise des Lehramtes – auf das Gemeinwohl, die Solidarität, die Subsidiarität, die Teilhabe am sozialen Leben, die organische Auffassung des sozialen Lebens und die Bestimmung der Güter für alle hinzielen.

Das Gemeinwohl

37. Wenn man von den Gesetzen oder Prinzipien zur Regelung des sozialen Lebens spricht, muß man an erster Stelle das „Gemeinwohl“ nennen. Auch wenn es „in seinen wesentlichen und tiefer liegenden Aspekten nicht in lehrhaften Begriffen erfaßt und noch weniger in seinen geschichtlichen Zusammenhängen bestimmt werden kann“,[82] so kann es doch umschrieben werden als „die Gesamtheit jener sozialen Bedingungen, die den Menschen die volle Entfaltung der Person gestatten und sie begünstigen“.[83] Daher ist das

Gemeinwohl, auch wenn es über dem privaten Interesse steht, nicht vom Wohl der menschlichen Person zu trennen. Es verpflichtet die öffentliche Gewalt, die Menschenrechte anzuerkennen, zu achten, zu erfassen, zu schützen und zu fördern und darauf hinzuwirken, daß die entsprechenden Pflichten leichter erfüllt werden. Folglich kann man die Verwirklichung des Gemeinwohls als die Daseinsberechtigung der öffentlichen Gewalt ansehen, die verpflichtet ist, es zum Wohl aller Bürger und eines jeden Menschen in die Tat umzusetzen, wobei dieser in seiner irdisch-zeitlichen und transzendenten Dimension gesehen werden muß und eine gerechte Hierarchie der Werte und die Erfordernisse der geschichtlichen Umstände berücksichtigt werden müssen.[84] Wenn die Kirche daher das Gemeinwohl als einen Dienstwert, als einen Organisationswert des sozialen Lebens und der neuen Ordnung des menschlichen Zusammenlebens ansieht, so stellt sie seine humane Bedeutung und seine Fähigkeit heraus, die sozialen Strukturen in ihrer Gesamtheit und in ihren einzelnen Sektoren zu beleben und teifgreifende Veränderungen auf der Linie sozialer Gerechtigkeit zu bewirken.

Solidarität und Subsidiarität

38. Die Solidarität und die Subsidiarität sind zwei weitere wichtige Prinzipien, die das soziale Leben regeln. Nach dem Prinzip der Solidarität ist jede Person als Mitglied der Gesellschaft unauflöslich mit dem Geschick eben dieser Gesellschaft verbunden und, kraft des Evangeliums, mit der Erlösung aller Menschen. In der neuen Enzyklika *Sollicitudo rei socialis* hat der Papst besonders die Wichtigkeit dieses Prinzips unterstrichen und es als eine menschliche und christliche Tugend hingestellt.[85] Die ethischen Erfordernisse dieses Prinzips verlangen, daß alle Menschen, Gruppen und Ortsgemeinden, Vereine und Organisationen, Nationen und Kontinente aktiv teilhaben an der Gestaltung des wirtschaftlichen, politischen und kulturellen Lebens, wobei jedoch eine rein individualistische Sichtweise überwunden werden muß.[86] Als Gegenstück zur Solidarität muß die Subsidiarität gesehen werden, die die menschliche Person, die örtlichen Gesellschaften und die „funktionalen Körperschaften“ vor den Gefahren schützt, ihre legitime Autonomie zu verlieren. Die Kirche sorgt für die Einhaltung dieses Prinzips wegen der Würde der menschlichen Person, wegen der Achtung für das Humane in der Organisation des sozialen Lebens[87] und wegen des Schutzes der Rechte der Völker in den Beziehungen zwischen den einzelnen Gemeinschaften und der Gesamtgesellschaft.

Organische Auffassung des sozialen Lebens

39. Wie aus dem vorher Gesagten hervorgeht, kann man eine geordnete Gesellschaft nicht in angemessener Weise verstehen ohne eine organische Auffassung des sozialen Lebens. Dieses Prinzip erfordert, daß die Gesellschaft einerseits auf der inneren Dynamik ihrer Glieder gründet – sie hat ihren Ursprung in der Intelligenz und im freien Willen der Personen, die in solidarischer Verbundenheit das Gemeinwohl suchen –, andererseits auf der Struktur und der Organisation der Gesellschaft. Diese besteht nämlich nicht nur aus freien Einzelpersonen, sondern auch aus Zwischengliedern, die sich zu größeren Einheiten zusammenschließen, angefangen von der Familie, über die örtlichen Gemein-

schaften, Berufsverbände, Regionen und Nationalstaaten bis hin zu den übernationalen Organisationen und zur Gesamtgesellschaft aller Völker und Nationen.[88]

Die Teilhabe

40. Die Teilhabe am sozialen Leben nimmt in der jüngsten Entwicklung der Soziallehre der Kirche einen herausragenden Platz ein. Ihre Bedeutung liegt in dem Tatbestand, daß sie die Verwirklichung der sittlichen Erfordernisse der sozialen Gerechtigkeit sichert. Die gerechte, angemessene und verantwortliche Teilhabe aller Glieder und Sektoren der Gesellschaft an der Entwicklung des sozio-ökonomischen, politischen und kulturellen Lebens ist der sichere Weg, um zu einem neuen menschlichen Zusammenleben zu gelangen. Nicht nur, daß die Kirche nicht nachläßt, an dieses Prinzip zu erinnern,[89] sie findet darin auch eine ständige Motivation, um die Verbesserung der Lebensqualität der Individuen und der Gesellschaft als solcher zu begünstigen. Es handelt sich hier um eine tiefe Sehnsucht des Menschen, die seine Würde und Freiheit im wissenschaftlichen und technischen Fortschritt, in der Arbeitswelt und im öffentlichen Leben zum Ausdruck bringt.[90]

Menschliche Strukturen und Personengemeinschaften

41. Zu wiederholten Malen hat die Kirche versucht, der wirklichen Gefahr vorzubeugen, die die Menschenwürde, die individuelle Freiheit und die sozialen Freiheiten bedroht. Sie kommt aus einer technizistischen und mechanistischen Auffassung des Lebens und der sozialen Strukturen, die der Entfaltung eines echten Humanismus nicht genügend Raum läßt. In nicht wenigen Nationen verwandelt sich der moderne Staat in eine gigantische Verwaltungsmaschine, die in alle Bereiche des Lebens eindringt und den Menschen in einen Zustand von Angst und Bedrängnis versetzt, der seine Entpersönlichung bestimmt.[91]
Die Kirche hat deshalb die Schaffung von Organisationen und vielseitigen privaten Vereinigungen für notwendig gehalten. Sie geben nämlich der Person den ihr zustehenden Raum und stimulieren das Wachsen von Beziehungen in der Zusammenarbeit in Unterordnung unter das Gemeinwohl. Da diese Organisationen authentische Gemeinschaften sind, müssen ihre Mitglieder als Personen betrachtet und geachtet werden. Sie sind aufgerufen, aktiv an den gemeinsamen Aufgaben teilzunehmen.[92] Ein sicherer Weg, um dieses Ziel zu erreichen, ist nach Meinung der Kirche die Vereinigung von Arbeit und Kapital und die Bildung von gesellschaftlichen Zwischengliedern.[93]
Die Verwirklichung dieser Prinzipien, die das soziale Leben auf den verschiedenen Ebenen der sozialen Organisation und in den vielfältigen menschlichen Handlungsbereichen regeln, macht es möglich, jegliche Spannung zwischen Sozialisation und Personalisation zu überwinden. Die Beziehungen und sozialen Strukturen werden, wie man heutzutage beobachten kann, auf allen Ebenen vielfältiger; sie entstehen durch freie Entscheidungen und zielen darauf ab, die Lebensqualität zu verbessern. Dies kann man nicht anders als positiv bewerten, da es die Verwirklichung der menschlichen Solidarität offenkundig

macht und eine Ausweitung des materiellen und geistigen Aktionsradius der menschlichen Person begünstigt.

Die Bestimmung der Erdengüter für alle

42. Mit diesem „für die Soziallehre der Kirche typischen Prinzip"[94] wird betont, daß die Güter der Erde zum Gebrauch sämtlicher Menschen bestimmt sind, um ihr Recht auf Leben entsprechend ihrer Würde als Personen und den Bedürfnissen der Familie befriedigen zu können. Tatsächlich hat Gott „die Erde mit allem, was sie enthält, zum Nutzen aller Menschen und Völker bestimmt; darum müssen diese geschaffenen Güter in einem billigen Verhältnis allen zustatten kommen; dabei hat die Gerechtigkeit die Führung, Hand in Hand geht mit ihr die Liebe".[95] Daraus folgt, daß das Recht auf Privateigentum, in sich gültig und notwendig, innerhalb der Grenzen seiner sozialen Funktion umschrieben werden muß. Wie hier das Lehramt in der Enzyklika *Laborem exercens* sagt, „hat die christliche Tradition dieses Recht nie als absolut und unantastbar betrachtet. Ganz im Gegenteil, sie hat es immer im größeren Rahmen des gemeinsamen Rechtes aller auf die Nutzung der Güter der Schöpfung insgesamt gesehen: das Recht auf Privateigentum als dem gemeinsamen Recht auf Nutznießung untergeordnet, als untergeordnet der Bestimmung der Güter für alle".[96]

2. *Die Grundrechte*

Der sichere Weg

43. Die Prinzipien der Soziallehre der Kirche, soweit sie als Gesetze das soziale Leben regeln, sind nicht unabhängig von der tatsächlichen Anerkennung der Grundwerte, die mit der Menschenwürde verknüpft sind. Diese Werte sind in der Hauptsache: Die Wahrheit, die Freiheit, die Gerechtigkeit, die Solidarität, der Friede und die christliche Liebe. Diese Grundwerte zu leben ist der sichere Weg nicht nur zur persönlichen Vervollkommnung, sondern auch zur Aktivierung eines authentischen Humanismus und eines neuen sozialen Zusammenlebens. Deshalb muß man sich auf sie berufen, um eine wirksame Reform der wirtschaftlichen, politischen, kulturellen und technologischen Strukturen sowie die notwendigen Veränderungen in den Institutionen zu bewerkstelligen.

Auf dem Wege zu einer neuen Gesellschaft

44. Die große Bedeutung dieser Werte erklärt, warum die Kirche sie immer mit solcher Beharrlichkeit als die wahren Grundlagen einer neuen menschenwürdigen Gesellschaft vorstellt. Obwohl sie die Eigenständigkeit der irdischen Wirklichkeiten nicht verkennt,[97] weiß die Kirche sehr wohl, daß die von Menschen im Sozialleben entdeckten und angewandten Gesetze nicht aus sich selbst, gleichsam mechanisch, das Glück aller garantieren. Sie müssen nämlich unter der Führung jener Werte angewandt werden, die sich aus der Auffassung über die Würde der menschlichen Person ergeben.[98] Alle diese Werte bezeugen die Priorität der Ethik vor der Technik, den Vorrang des Menschen vor den Dingen, die Überlegenheit des Geistes über die Materie.[99]

Die „Weisheit" im sozialen Engagement

45. Diese Werte geraten jedoch häufig in Konfliktsituationen, wo sie offen oder indirekt verneint werden. In solchen Fällen ist es für den Menschen schwierig, sie als folgerichtig und gleichzeitig zu beachten. Aus diesem Grunde wird das christliche Unterscheidungsvermögen in den jeweiligen Umständen noch notwendiger, um die richtige Entscheidung im Lichte der Grundwerte des Christentums zu treffen. Das ist die Art und Weise, die authentische „Weisheit" zu praktizieren, die die Kirche bei der Erfüllung des sozialen Auftrages von den Christen und allen Menschen guten Willens fordert.[100]

Werte für den Fortschritt

46. Unter Berücksichtigung der überaus komplexen menschlichen Gesellschaft von heute und der Notwendigkeit der Förderung bestimmter Werte als Fundament einer neuen Gesellschaft ist die Kirche aufgerufen, den Erziehungsprozeß zu intensivieren mit dem Ziel, nicht nur die Individuen, sondern auch die öffentliche Meinung – zumindest in den Ländern, wo sie zugelassen und ihre Wirksamkeit gewährleistet ist – für die Einsicht zu gewinnen, wie lebensnotwendig es ist, die Grundwerte der menschlichen Person zu verteidigen und zu fördern, ohne die es keine wahrhaft menschliche und ganzheitliche Entwicklung einer jeden Gesellschaft geben kann. Deshalb wird es nicht möglich sein, die Grundlagen für den authentischen menschlichen Fortschritt zu schaffen, wie er von der Kirche neuerdings in ihrem sozialen Lehramt gefordert wird, ohne daß die Menschenwürde und ihre ethischen und transzendenten Erfordernisse immer neu bekräftigt werden; ohne daß eine Ethik der Verantwortung und der Solidarität zwischen den Völkern[101] und der sozialen Gerechtigkeit besteht und ohne daß der Sinngehalt der Arbeit einer Überprüfung unterzogen wird,[102] der auf eine gleichmäßige Verteilung der Arbeit abzielt.

IV. Die Beurteilungskriterien

Die Kenntnis der Wirklichkeit

47. Die Soziallehre der Kirche hat zum Ziel, nicht nur ein theoretisches, sondern auch ein praktisches und auf die pastorale Aktion gerichtetes Wissen zu vermitteln. Das ist der Grund, warum sie außer den bleibenden Prinzipien auch Kriterien anbietet, um die Situationen, Strukturen, Institutionen, die das wirtschaftliche, soziale, politische, kulturelle und technologische Leben organisieren, und die sozialen Systeme selbst richtig zu beurteilen.[103] In diesem Zusammenhang gibt es keinen Zweifel, daß es mit zum Verkündigungsauftrag der Kirche gehört, sich über die mehr oder weniger humanen Lebensbedingungen der Personen, über soziale, wirtschaftliche, politische und kulturelle Strukturen und Systeme im Hinblick auf die Erfordernisse der sozialen Gerechtigkeit zu äußern.
Um ihr diesbezügliches Urteil in korrekter Weise abgeben zu können, muß die Kirche die örtlichen, nationalen und internationalen geschichtlichen Verhältnisse kennen sowie die kulturelle Identität jeder Gemeinschaft und jedes Volkes. Auch wenn sie sich dabei aller

Mittel der Wissenschaften bedient, so bleibt es doch gewiß, daß ihr hauptsächlicher Bezugspunkt für die Annäherung an die soziale Wirklichkeit immer die oben genannten Grundwerte bleiben, die in ausgeprägtem Maße „Beurteilungskriterien" für das christliche Unterscheidungsvermögen abgeben. Diejenigen, die in den offiziellen Erklärungen der Soziallehre enthalten sind, sind unverzichtbar und müssen deshalb beim Unterricht in den Seminarien und an den Theologischen Fakultäten bekannt gemacht und gewürdigt werden.

Die Fähigkeit zum objektiven Urteil

48. Das Recht und die Pflicht der Kirche, moralische Urteile abzugeben, verlangt von allen, die im pastoralen und kirchlichen Dienst tätig sind, die Befähigung zum objektiven Urteil über die verschiedenen Situationen und Strukturen und die verschiedenen ökonomisch-sozialen Systeme. Schon die Kenntnis der sozialen Probleme und ihre ethische Interpretation im Licht des Evangeliums, wie dies in der Soziallehre der Kirche gegeben ist, bieten Orientierungen für dieses Urteil, von denen die christlichen Verhaltensweisen und die Entscheidungen bestimmt sein sollen. Der Übergang von der Lehre zur Praxis setzt jedoch kulturelle, soziale, wirtschaftliche und politische Vermittlungen voraus, für die besonders, wenn auch nicht ausschließlich, die Laien zuständig sind, denen es obliegt, die zeitlichen Dinge in eigener Initiative und in eigener Verantwortung zu gestalten.

Beispiele von Urteilen

49. Wenn man die Dokumente durchsieht, stellt sich in der Tat heraus, daß die Soziallehre der Kirche zahlreiche Urteile über konkrete Situationen, Strukturen, soziale Systeme und Ideologien enthält. Man kann einige Fälle als Beispiel anführen: *Rerum novarum* spricht von den Ursachen des Elends der Arbeiter und nennt das „Joch", das ihnen von „einer eher kleinen Zahl extrem Reicher"[104] aufgezwungen wird; *Quadragesimo anno* urteilt, daß durch den Zustand der menschlichen Gesellschaft in der damaligen Zeit Gewalttätigkeit und Streit begünstigt werden;[105] das „II. Vatikanische Konzil" beschreibt das gestörte Gleichgewicht in der modernen Welt und schließt mit der Feststellung, daß dieses zu Mißtrauen, Konflikten und Unglück führen wird, die sich gegen die Menschen richten;[106] *Populorum progressio* wagt es, die Beziehungen zwischen den fortgeschrittenen und den Entwicklungsländern als ungerecht anzuprangern;[107] *Laborem exercens* sagt, daß auch heute noch verschiedene ideologische Systeme schlimme Ungerechtigkeiten verursachen;[108] *Sollicitudo rei socialis* kritisiert die Aufteilung der Welt in zwei Blöcke (Ost und West) und die negativen Folgen, die das für die Entwicklungsländer hat.[109] Natürlich besitzen die moralischen Urteile über Situationen, Strukturen und Gesellschaftssysteme nicht denselben Grad an Autorität, der dem Lehramt der Kirche eigen ist, wenn es sich über fundamentale Prinzipien ausspricht. Indessen haben die Urteile über Verletzungen der Menschenrechte ein großes Gewicht, weil sie an Prinzipien und Werte anknüpfen, die auf dem göttlichen Gesetz selbst beruhen.

Die Gefahr ideologischen Einflusses

50. Zum Zwecke eines realistischen Dialoges mit den Menschen, eines richtigen Zuganges zu den verschiedenen Umständen des sozialen Zusammenlebens und einer objektiven Kenntnis der Situationen, Strukturen und Systeme kann sich die Kirche, wenn sie ein Urteil abgibt, alle „von den Wissenschaften dargebotenen Hilfen“ [110] zunutze machen, z. B. kritisch aufbereitete empirische Daten, wobei sie sich sehr wohl bewußt ist, daß es nicht ihre Aufgabe ist, die Wirklichkeit und die möglichen Folgen sozialer Veränderungen wissenschaftlich zu analysieren. [111] Dies gilt für die Kirche allgemein wie für die Kirchen in den einzelnen Ländern.

Ein wichtiges Kriterium für die Verwendung der von den Sozialwissenschaften dargebotenen Mittel ist die Erinnerung daran, daß die soziologische Analyse nicht immer eine objektive Verarbeitung der Daten und Fakten gibt, da diese schon von Anfang an einer bestimmten ideologischen Sicht unterworfen sein kann oder einer ganz bestimmten politischen Strategie, wie das bei der marxistischen Analyse der Fall ist. Bekanntlich hat es das Lehramt nicht versäumt, offiziell die Gefahr beim Namen zu nennen, die von dieser Art von Analysen für den christlichen Glauben und für das Leben der Kirche kommen kann. [112]

Diese Gefahr des ideologischen Einflusses auf die soziologische Analyse existiert gleichfalls in der liberalen Ideologie, die das kapitalistische System inspiriert; in dieser Analyse werden die empirischen Daten oft aus Prinzip einer individualistischen Sicht der wirtschaftlich-sozialen Verhältnisse unterworfen, was im Kontrast zur christlichen Auffassung steht. [113]

Sicherlich kann man das Schicksal des Menschen nicht zwischen diesen beiden in der Geschichte entgegengesetzten Modellen eingrenzen, weil dies das Gegenteil der Freiheit und der Kreativität des Menschen wäre. Und die Geschichte der Menschen, der Völker und Gemeinschaften hat sich in der Tat immer als reich gegliedert erwiesen, und in den verschiedenen Epochen waren die sozialen Modelle immer vielfältig. Hier muß man verdeutlichen, daß zahlreiche Varianten des Prinzips des wirtschaftlichen Liberalismus, wie sie von christlich-demokratischen oder sozial-demokratischen Parteien vertreten werden, nicht länger als Ausdruck des „Liberalismus“ im strengen Sinn aufgefaßt werden können, vielmehr als neue Alternativen der sozialen Ordnung zu betrachten sind.

Die richtige Entscheidung

51. Besondere Aufmerksamkeit verdient der Dialog der Kirche mit den geschichtlichen Bewegungen, die versucht haben, das akute Dilemma zwischen Kapitalismus und Sozialismus zu überwinden. Indessen möchte die Kirche mit ihrer Soziallehre keineswegs ein sozio-ökonomisches und politisches alternatives System ermutigen, noch von sich aus ein ganz bestimmtes Gesellschaftsmodell formulieren, insofern diese Aufgabe den Gruppen und Gemeinschaften zukommt, die mit sozialen und politischen Aufgaben betraut sind.

Die Christen sind jedoch aufgerufen, beständig ihr Unterscheidungsvermögen einzusetzen. Außerdem muß der Dialog und der eventuelle Einsatz von Christen in Bewegungen,

„die aus verschiedenen Ideologien entstanden sind, andererseits jedoch von diesen abweichen", immer mit Bedacht und dem gehörigen kritischen Urteilsvermögen erfolgen und immer mit Bezug auf das moralische Urteil, das das Lehramt der Kirche verkündet hat.[114] Die Heilssendung der Kirche ist aus der Lehre, dem Zeugnis und dem Leben Jesu Christi selbst, dem Erlöser, hervorgegangen. Dies schließt ein, daß zwei unausweichliche Entscheidungen zu treffen sind, die eine für den Menschen gemäß dem Evangelium und die andere für das Bild der Gesellschaft, wie es das Evangelium erfordert. Ohne angesichts der „liberalen Utopie" und der „sozialistischen Utopie"[115] auf einen „dritten Weg" hypothetisch zu setzen, muß die Option der Gläubigen immer einem Modell gelten, das die sozio-ökonomischen Beziehungen menschlicher macht und das mit der oben genannten Wertskala übereinstimmt. In dieser Sicht sind die Pfeiler eines jeden wahrhaft humanen Modells, also in Übereinstimmung mit der Würde der Person, die folgenden: Wahrheit, Freiheit, Gerechtigkeit, Liebe, Verantwortung, Solidarität und Friede. Die Verwirklichung dieser Werte innerhalb der Strukturen der Gesellschaft verlangt den Primat des Menschen vor den Dingen, die Priorität der Arbeit vor dem Kapital, die Überwindung der Antinomie Arbeit – Kapital.[116] Diese Entscheidungen sind in sich selbst nicht politisch, aber sie rühren an die politische Sphäre und besonders an das Verhältnis Kirche – Politik; sie sind auch nicht sozio-ökonomischer Natur, aber sie betreffen diesen Bereich gleichfalls im Verhältnis von Mensch – Gesellschaft und Kirche – Gesellschaft. So ist klar, daß man auf das sittliche Urteil der Kirche über die Grundlagen der sozialen Systems, das man aufbauen will, nicht verzichten kann, auch nicht über die Pläne und konkreten Programme des Zusammenlebens, in die auch das Bild des Menschen und der Gesellschaft, wie es im Evangelium enthalten ist, einfließen muß.

Soziale Aufgaben der Kirche in den einzelnen Ländern

52. Die Kirche ist in ihrem jeweiligen Gebiet auch auf sozialem Feld Zentrum des Denkens, der sittlichen Reflexion und des pastoralen Handelns. Sie kann in der Tat die besondere örtliche Problematik nicht außer acht lassen, denn diese erfordert geeignete Anpassungen, wie es in zahlreichen Hirtenbriefen der Bischöfe und der Bischofskonferenzen geschieht. Für eine richtige Bewertung der Situationen in der sozio-ökonomischen, politischen und kulturellen Wirklichkeit, in der sich die Kirche befindet, und für den wirksamen Beitrag zu ihrem Fortschritt und, wenn nötig, zu ihrer Veränderung, kommt es sehr darauf an, daß die Prinzipien und Urteilskriterien aus den Quellen der Soziallehre geschöpft werden, die für die ganze Kirche gültig sind.[117]

Neue Urteile in neuen Situationen

53. Es kann sein, daß veränderte Situationen die Abänderung eines früheren in einer anderen Situation gefällten Urteils erfordern. Das erklärt, warum es tatsächlich in der Soziallehre der Kirche heute Urteile gibt, die von früheren verschieden sind, wenngleich immer in der Kontinuität der vorgegebenen Prinzipien. Auf jeden Fall ist klar, daß ein reifes Urteil über neue Situationen, über neue Modelle für die Gesellschaft und über neue Programme für sie nicht nur von der Soziallehre abhängt, sondern auch von der theolo-

gisch-philosophischen Ausbildung, vom politischen Gespür und vom Beurteilungsvermögen für die Veränderungen in der Welt. Alles das erfordert eine mittelbare und unmittelbare Vorbereitung, Studium und Überlegung, ganz wie es in diesen Leitlinien empfohlen wird.

V. Richtlinien für die soziale Aktion

Die Aktionskriterien

54. Die Soziallehre der Kirche als theoretisch-praktisches Wissen ist auf die Evangelisierung der Gesellschaft gerichtet. Sie schließt daher notwendigerweise die Aufforderung zur sozialen Aktion mit ein und bietet für die verschiedenen Situationen geeignete Richtlinien an,[118] die von den oben erläuterten fundamentalen Prinzipien und Beurteilungskriterien inspiriert sind.[119] Die empfohlene Aktion ergibt sich nicht von vornherein ein für allemal aus den philosophischen und ethischen Erwägungen, sondern wird von Fall zu Fall mit Hilfe des christlichen Unterscheidungsvermögens für die Wirklichkeit verdeutlicht im Licht des Evangeliums sowie der Soziallehre der Kirche dargelegt, die sich auf diese Weise in jeder geschichtlichen Stunde als aktuell erweist. Es wäre deshalb ein großer doktrinärer und methodologischer Fehler, wenn man bei der Darstellung der Probleme einer jeden geschichtlichen Epoche nicht die reiche von der Kirche erworbene Erfahrung berücksichtigen würde, die in ihrer Soziallehre zum Ausdruck kommt. Deshalb müssen alle Christen sich mit einem gut gebildeten Gewissen den neuen Situationen jeweils gemäß den ethischen Forderungen des Evangeliums stellen. Sie müssen ein wirklich christliches soziales Empfinden zeigen, das im aufmerksamen Studium der verschiedenen Äußerungen des Lehramtes gereift ist.

Die Achtung vor der Würde der menschlichen Person

55. In ihrer sozialen Pastoral setzt sich die Kirche für die volle Verwirklichung der Förderung des Menschen ein. Dieser Fortschritt fällt mit unter den Heilsplan zur Rettung des Menschen und zum Aufbau des Reiches Gottes, insofern er die menschliche Person in allen ihren natürlichen und übernatürlichen Dimensionen erhöhen will. Wie *Gaudium et spes* lehrt, erfordert die Sendung zur Evangelisierung, die das Heil und damit die endgültige Befreiung des Menschen im Auge hat, ein unterschiedliches pastorales Vorgehen, je nach dem Umfeld, in der sie erfolgt: ein prophetisches, ein liturgisches oder ein dienendes. In ihren Beziehungen zur Welt ist die pastorale Aktion der Kirche eine aus dem Glauben kommende Aktion der Präsenz, des Dialogs und des Dienstes auf dem weiten Feld sozialer, wirtschaftlicher, politischer, kultureller, technologischer, ökologischer usw. Belange; mit einem Wort: sie umfaßt das ganze Panorama der zeitlichen Wirklichkeit.

Da der Mensch Vorrang vor den Dingen hat, ist ein erstes Kriterium oder eine Regel nicht nur zur Beurteilung, sondern auch zur Aktion, die Würde der menschlichen Person. Sie umfaßt die Achtung und die Förderung aller persönlichen und sozialen Rechte, wie es ihrer Natur entspricht.

Die Moralität, die Unterscheidung zwischen Recht und Unrecht hängt davon ab, ob die von den verschiedenen sozialen Trägern (Regierungen, politischen Parteien, Institutionen und Organisationen, Personen und Gruppen) vertretenen politischen Richtungen und Entscheidungen, Projekte und Programme mit der Würde der Person und den damit gegebenen unverletztlichen Forderungen übereinstimmen oder nicht.

Respektvoller Dialog

56. In der Situation der heutigen Welt haben die tiefgreifenden Veränderungen auf allen Gebieten der menschlichen Aktivität, ökonomisch, kulturell, wissenschaftlich und technisch, neue Probleme aufkommen lassen, die den Einsatz aller Menschen guten Willens beanspruchen. Unter diesen Problemen ragen besonders heraus: Hunger, Gewalt, nationaler und internationaler Terrorismus, Abrüstung und Frieden, Auslandsverschuldung und Unterentwicklung der Länder der Dritten Welt, genetische Manipulationen, Drogen, Umweltbelastung usw. In dieser Beziehung muß die pastorale Aktion der Kirche in Zusammenarbeit mit allen aufgeschlossenen und tätigen Kräften der heutigen Welt erfolgen. Ein zweites Aktionskriterium ist deshalb die Übung des respektvollen Dialoges als geeignete Methode, um mit Hilfe von abgestimmten Programmen und Vorgehensweisen eine Lösung der Probleme zu finden.

Kampf für Gerechtigkeit und soziale Solidarität

57. Darüber hinaus ist die Welt von heute durch weitere „Elendsbereiche"[120] und „andere Formen von schlimmer Ungerechtigkeit"[121] mehr geprägt als in früheren Zeiten, als da sind: Hunger, Arbeitslosigkeit, soziale Randexistenz, Abstand zwischen den Reichen und den Armen (Ländern, Gebieten, Gruppen und Personen). Deshalb ist ein drittes Aktionskriterium der „edle und vernünftige Kampf für Gerechtigkeit und soziale Solidarität".[122]

Ausbildung für das notwendige Fachwissen

58. Die konkrete Aktion in dieser Welt ist, worauf das Lehramt hinweist, hauptsächlich Aufgabe der Laien, die sich beständig von ihrem christlichen Gewissen leisten lassen müssen. Deshalb müssen sie zusammen mit der moralischen und geistigen Ausbildung die notwendige Kompetenz auf wissenschaftlichem und politischem Gebiet erwerben, die sie für eine wirksame, gemäß den echten sittlichen Kriterien geführte Aktion befähigt.[123] Doch in dieser Beziehung kommen auch Aufgaben von nicht geringerem Gewicht auf die Geistlichen zu, die den Laien helfen müssen, ein richtiges christliches Gewissen zu entwickeln und ihnen „Licht und Kraft"[124] zu geben. Es ist klar, daß die Geistlichen diese besondere Aufgabe nur erfüllen können, wenn sie ihrerseits die Soziallehre gut kennen und vertreten und wenn sie im Licht des Wortes Gottes und nach dem Beispiel des Herrn eine Sensibilität für die Arbeit in diesem Bereich erworben haben. Deshalb ist die Ausbildung zu dieser Kompetenz ein viertes Aktionskriterium. Am meisten zählt, wenn Geistliche und Laien eins sind und sich vereint wissen in der Teilhabe –

jeder nach seinen eigenen Fähigkeiten, Kompetenzen und Funktionen – in der Vielfalt der Gaben und der Ämter, an der einen Heilssendung der Kirche. In dieser ekklesiologischen Sicht wird die Aufgabe, die diesseitige Welt im christlichen Sinne zu beleben, nicht von der Hierarchie der Laien erteilt, vielmehr erwächst sie ursprünglich aus der Tatsache, daß sie getauft und gefirmt sind. In der heutigen Zeit ist man sich immer mehr dessen bewußt geworden, wie notwendig es ist, daß die Laien zur Sendung der Kirche in der Verkündigung des Evangeliums beitragen. *Lumen Gentium* bestätigt, daß die Kirche an gewissen Orten und unter gewissen Umständen ohne sie nicht das Salz der Erde und das Licht der Welt werden kann.[125]

Welterfahrung und Glaubenserfahrung

59. Die kirchliche Identität der Laien, verwurzelt in der Taufe und in der Firmung und vollzogen in Kommunion und Mission, umfaßt eine doppelte Erfahrung: jene, die auf der Kenntnis der natürlichen, zeitlichen und kulturellen Wirklichkeiten dieser Welt begründet ist, und jene, die aus ihrer Deutung im Lichte des Evangeliums kommt. Die beiden sind nicht austauschbar: Die eine kann nicht die andere ersetzen, aber beide finden die Einheit in ihrem Urgrund, der das Wort Gottes, das Wort, durch das alles geworden ist, und in ihrem letzten Ziel: dem Reich Gottes. Deshalb ist unter methodologischer Rücksicht auf ein fünftes Aktionskriterium der Gebrauch der doppelten Erfahrung: der Welt und des christlichen Glaubens.
Diese Methode in der Anwendung der Soziallehre der Kirche hilft allen Christen, besonders den Laien, der Wirklichkeit eine gerechtere Interpretation zu geben. Wenn vorgehen, können sie sehen, inwieweit die humanen und christlichen Werte, die die Würde der menschlichen Person ausmachen, in der geschichtlichen Wirklichkeit verkörpert sind; wie die allgemeinen Prinzipien des Denkens und der Aktion auf sozialem Gebiet mit den Werten verknüpft sind, die eine Gesellschaft stets achten muß, um ihre eigenen Probleme zu lösen; wie sie eine konkrete Orientierung bei der Suche nach notwendigen Lösungen erlangen; wie sie Änderungen oder Umwandlungen der gesellschaftlichen Strukturen, die sich als ungenügend oder ungerecht herausstellen, anstoßen; wie sie die von allen Kräften auf politischer und kultureller Ebene ausgearbeiteten Programme mit Klugheit abwägen. Auf diese Weise wird der authentische Fortschritt des Menschen und der Gesellschaft gesichert, und zwar in einer viel menschlicheren Sicht des Fortschritts, der das wirtschaftliche Wachstum nicht außer acht lassen kann, der aber auch nicht ausschließlich davon bestimmt wird.

Offenheit für die Gaben des Geistes

60. Wie schon gesagt, bietet die Kirche nicht ein eigenes Modell für das soziale Leben an; sie bleibt vielmehr für einen gewissen Pluralismus von Plänen und Hypothesen für die Aktion, entsprechend den Charismen und den Gaben, die der Heilige Geist den Laien für die Erfüllung ihrer Aufgaben verleiht im Bereich der Familie, der Arbeit, der Wirtschaft, der Politik, der Kultur, der Technik, der Ökologie usw.

Daraus ergibt sich, daß die in der Soziallehre der Kirche enthaltenen Aktionsrichtungen je nach den besonderen Eigenheiten des Wirkens, das auf jedem diesem Gebiete erfordert ist, eine besondere Bedeutung gewinnen. Dies führt zu einem sechsten Aktionskriterium: der Öffnung für die Charismen und Gaben des Heiligen Geistes im Hinblick auf die Aufgabe und die Entscheidungen im sozialen Leben.

Übung der Liebe und der Barmherzigkeit

61. Von den ersten Jahrhunderten bis heute ist in der Kirche immer das Bewußtsein lebendig geblieben, gerufen zu sein zum Dienst an der sozialen Wirklichkeit. Ihre Geschichte ist in der Tat voll von sozialen Werken der Nächstenliebe und der Hilfe,[126] in denen das Antlitz einer armen und barmherzigen Gemeinschaft aufleuchtet, die ehrlich bemüht ist, die „Bergpredigt“ in die Tat umzusetzen. Die Zeugnisse für dieses pastorale Bewußtsein finden sich zahllos bei den Päpsten, den Lehrern der sozialen Verkündigung. In ihren Dokumenten fordern sie dazu auf, die Bedingungen der Arbeiter zu verbessern, und fördern diesbezügliche Erfahrungen;[127] sie empfehlen, die Nächstenliebe zu üben und sie mit der Gerechtigkeit in Einklang zu bringen;[128] sie dehnen die soziale Aktion auf alle irdischen Bereiche aus;[129] sie fordern, daß die Bejahung der Prinzipien, die Absichtserklärungen und die Verurteilung der Ungerechtigkeiten von einer wirksamen und verantwortungsbewußten Aktion begleitet werden;[130] sie erinnern daran, daß nicht nur die Dokumente des Lehramtes – des Konzils, der Päpste und der Bischöfe – ein Beweis für die ständige Aufmerksamkeit der Kirche für die soziale Frage sind, sondern auch die Aktivität der verschiedenen Studien- und Aktionszentren und die konkreten Initiativen des sozialen Apostolats in den einzelnen Teilkirchen und im internationalen Bereich;[131] sie fordern den Klerus, die Ordensleute und die Laien dazu auf, sich in den „verschiedenen Bereichen, Werken und Diensten“ der „sozialen Pastoral“ einzusetzen.[132] Aus diesem sozialen Gewissen kommt ein letztes Aktionskriterium, das in allen anderen vorhergenannten Kriterien gegenwärtig sein muß: das Gebot der Liebe und der Barmherzigkeit in allem, was im Geist des Evangeliums den Armen den Vorzug gibt.[133] Diese Priorität, die von der ganzen Tradition der Kirche bezeugt wird, wurde in *Sollicitudo rei socialis* nachdrücklich betont. In diesem päpstlichen Schreiben heißt es nämlich: „Heute muß angesichts der weltweiten Bedeutung, die die Soziale Frage erlangt hat, diese vorrangige Liebe mit den von ihr inspirierten Entscheidungen die unzähligen Scharen von Hungernden, Bettlern, Obdachlosen, Menschen ohne medizinische Hilfe und vor allem ohne Hoffnung auf eine bessere Zukunft umfassen: Es ist unmöglich, die Existenz dieser Menschengruppen nicht zur Kenntnis zu nehmen. An ihnen vorzusehen würde bedeuten, daß wir dem „reichen Prasser“ gleichen, der so tat, als kenne er den Bettler Lazarus nicht, „der vor seiner Tür lag“ (vgl. *Lk* 16,19–31)“.[134]

Die Bindung zwischen der Soziallehre und der christlich-sozialen Praxis

62. Im Bewußtsein der Kirche besteht offensichtlich eine wesentliche Einheit zwischen der Soziallehre und der christlichen Praxis in den Bereichen, Werken und Diensten, mit denen man versucht, Prinzipien und Regeln zur Geltung zu bringen. Im besonderen setzt

die pastorale Tätigkeit die Soziallehre voraus, und diese wiederum führt zur pastoralen Aktion als einem vorrangigen Teil der christlichen Praxis. Die Präsenz der Kirche in der Welt und ihr Dialog mit der Welt bei dem Bemühen, die konkreten Probleme der Menschen zu lösen, erfordert die notwendige Kompetenz der Geistlichen. Man verlangt deshalb von ihnen, daß sie die Soziallehre ernsthaft studieren. Dies muß begleitet sein durch eine Ausbildung zur Sensibilität für die pastorale Aktion und das Apostolat. Erneut zeigt sich hier die Notwendigkeit einer entsprechenden Programmierung und einer guten Gestaltung des Lehrvorgangs.

Auswirkungen im politischen Bereich

63. Die Tatsache, daß die Kirche kein eigenes „Modell" für das gesellschaftliche Leben besitzt noch anbietet, noch an irgendein politisches System gebunden ist als ihr eigener „Weg", der unter den verschiedenen Systemen zu wählen wäre,[135] will nicht besagen, daß sie ihre Gläubigen – und speziell die Laien – nicht ausbilden und ermutigen muß, damit sie sich ihrer Verantwortung in der politischen Gemeinschaft[136] bewußt werden. Sie sollen Lösungen begünstigen und, wenn dies in der geschichtlichen Situation vertretbar ist, Modelle erstellen, in denen die Inspiration aus dem Glauben christliche Praxis werden kann. Die Richtlinien der Soziallehre der Kirche für die Aktion der Laien gelten ebenso für die Politik wie für andere Bereiche der diesseitigen Wirklichkeit, in der die Kirche kraft ihrer Sendung als Glaubensverkünderin gegenwärtig sein muß.
In der Tat bewertet und schätzt der christliche Glaube sehr die politische Dimension der menschlichen Existenz und Aktivität, in der es zum Ausdruck kommt. Daraus folgt, daß die Präsenz der Kirche im politischen Bereich eine Forderung desselben Glaubens ist, im Lichte des Königtums Christi, was die Trennung von Glaube und täglichem Leben ausschließt, „einer der schwersten Irrtümer unserer Epoche".[137] Aber die ganze menschliche Existenz mit dem Evangelium zu durchdringen, einschließlich der politischen Dimension, heißt nicht, die Autonomie der politischen Wirklichkeit leugnen, ebenso wenig die der Wirtschaft, der Kultur, der Technik usw., jede in ihrem eigenen Bereich.
Um die Präsenz der Kirche zu erläutern, ist es zweckdienlich, zwischen „den beiden Begriffen von Politik und politischem Auftrag"[138] zu unterscheiden. Was den ersten Begriff betrifft, so kann und muß die Kirche über die politischen Sachverhalte urteilen, nicht nur inwieweit sie die religiöse Sphäre berühren, sondern auch im Hinblick auf die Würde und die fundamentalen Rechte des Menschen, das Gemeinwohl, die soziale Gerechtigkeit: alle Probleme, die eine sittliche Dimension haben und die von der Kirche im Lichte des Evangeliums betrachtet und bewertet werden kraft ihrer Sendung, „die politische Ordnung mit dem Evangelium zu durchdringen" und sie deshalb voll zu humanisieren. Es geht um eine in ihrem höchsten weisheitlichen Wert verstandene Politik, und diese ist der ganzen Kirche aufgetragen. Die politische Verpflichtung hingegen im Sinne von konkreten Entscheidungen, die zu fällen sind, von Programmen, die aufzustellen sind, von Aktionen, die durchgeführt werden müssen, von Volksvertretungen, die möglich zu machen sind, und von Macht, die auszuüben ist, ist Aufgabe der Laien, entsprechend den gerechten Gesetzen und Institutionen der irdischen Gesellschaft, denen sie zugehören. Das, woran der Kirche liegt und was sie ihren Söh-

nen vermitteln will, ist ein rechtes Bewußtsein der Forderungen des Evangeliums, damit sie mit Klugheit und Verantwortung den Dienst an der Gemeinschaft ausüben können.[139]
Um ihre Freiheit bei der Evangelisierung der politischen Wirklichkeit besser wahren zu können, werden sich die Geistlichen und andere Amtsträger der Kirche aus den verschiedenen Parteien und Gruppen heraushalten, die Spaltungen bewirken oder die Wirksamkeit des Apostolats beeinträchtigen können. Sie werden diese auch nicht bevorzugt unterstützen, es sei denn, dies wäre „unter konkreten und außergewöhnlichen Umständen zum Wohl der Allgemeinheit" erforderlich.[140]

Ein Zeichen des Reiches Gottes

64. Im Rahmen der Werte, Prinzipien und Regeln, die hier umrissen werden, erscheint die vom Evangelium erhellte soziale Aktion der Kirche wie ein Zeichen des Reiches Gottes auf Erden. Sie verkündet nämlich die Forderungen dieses Reiches in der Geschichte und im Leben der Völker als Fundament einer neuen Gesellschaft. Sie klagt alles an, was im sozialen Verhalten, in den Strukturen und im System das Leben und die Würde der Person gefährdet. Sie fördert die volle Integration aller in die Gesellschaft als sittliche Forderung der Botschaft des Evangeliums von der Gerechtigkeit, von der Solidarität und von der Liebe. Es ist eine pastorale Aktion gestützt auf das Wort Gottes, das die Gewissen der Menschen umwandelt. Es handelt sich um die Erarbeitung und die Verbreitung einer Soziallehre, die darauf gerichtet ist, die Aufmerksamkeit wachzurufen und die Sensibilität aller, besonders der Jugend zu wecken für die soziale Probleme und die Forderung des Evangeliums, sich für die Gerechtigkeit zum Wohle der Armen und aller Leidenden einzusetzen. Schließlich kommt es auf die schnelle und großzügige Aktion an, die auf die vielen konkreten Probleme, die das Leben der Personen und der Gesellschaft erschweren, eine Antwort sucht. Auf diese Weise erleuchtet das Wort die Gewissen, und durch die Werke wird das Wort Fleisch.

Schlußwort über die Bedeutung und die Dynamik der Soziallehre

65. Aus der Prüfung der Beschaffenheit und der geschichtlichen Dimension der Soziallehre der Kirche und ihrer wesentlichen Bestandteile, als da sind die fundamentalen Prinzipien, die Beurteilungskriterien und die Aktionsrichtlinien, schält sich die Überzeugung heraus, daß sie zwar ein „reiches und umfassendes Erbe" ist, ausreichend geformt und gefestigt, daß sie aber noch viele Etappen vor sich hat, gemäß der Entwicklungsdynamik der menschlichen Gesellschaft in der Geschichte.
Obwohl die Soziallehre wegen ihrer Beschaffenheit in streng scholastischen Begriffen nur schwer zu definieren ist, zeichnet sie sich doch in den vorausgehenden Abschnitten, wenigstens in ihren wesentlichen Umrissen, mit ausreichender Klarheit ab und präsentiert sich in erster Linie als „integraler Bestandteil der christlichen Auffassung vom Leben."[141] Man hat in der Tat gesehen, daß ihr Einfluß in der Welt nicht zweitrangig ist, sondern entscheidend als Aktion der Kirche, als „Hefe", als „Salz der Erde", als „Samen" und „Licht" der Menschheit.[142]
Unter dieser Voraussetzung hat das Lehramt der Kirche – des Papstes, des Konzils, der Bischöfe – mit Hilfe des Studiums und der Erfahrungen der ganzen christlichen Ge-

meinschaft diese Lehre ausgearbeitet, artikuliert und vorgetragen als eine Lehre, die nicht nur für die Gläubigen, sondern für alle Menschen guten Willens bestimmt ist, um mit Hilfe des Evangeliums den gemeinsamen Weg zum Fortschritt und zur vollständigen Befreiung des Menschen zu erhellen.

VI. Die Ausbildung

Zweck des Dokumentes

66. Die Anleitungen, die in den vorliegenden Ausführungen gegeben werden, sind für jene bestimmt, die die Aufgabe und die Verantwortung für die Ausbildung der Priesteramtskandidaten und der Studenten aus den verschiedenen theologischen Einrichtungen haben. Sie wurden in der Absicht ausgearbeitet, die Ausbildung im Bereich der Soziallehre zu erleichtern und zu entfalten. Es besteht daher kein Zweifel, daß die Dozenten davon profitieren werden, um die Inhalte und Methoden des Unterrichts mit zu gestalten. Das Dokument hat in der Tat zum Zweck, die zum Studium dieser Disziplin fundamentalen und deshalb unerläßlichen Inhalte herauszustellen, damit die zukünftigen Priester eine solide theologische und pastorale Ausbildung erhalten. Es ist daher zweckmäßig, wenn dieses Kapital konkrete Hinweise für die besondere Ausbildung der Professoren und für die bessere Strukturierung der Ausbildung der Kandidaten gibt.

1. Die Ausbildung der Professoren

Theologische, wissenschaftliche und pastorale Ausbildung

67. Es ist nicht nötig, die Tatsache zu unterstreichen, daß die gute Aufnahme der Soziallehre der Kirche von seiten der Studenten in großem Maße von der Kompetenz und der Ausbildungsmethode der Professoren abhängt.
Der Erwerb dieser Befähigung erfordert von ihnen eine gründliche Vorbereitung, die nicht nur von einigen Kursen in Soziallehre im Bereich der theologischen und philosophischen Studien garantiert werden kann.
Deshalb habe die Bischöfe und die Oberen der kirchlichen Ausbildungszentren die ernste Verantwortung, fähige und interessierte Leute auf die sozial-wissenschaftliche Fakultät zu senden und zu anderen gleichwertigen Lehrinstituten, die kirchlicherseits anerkannt sind. Auf diese Weise sollen Dozenten mit entsprechender wissenschaftlicher Ausbildung verfügbar werden. Die Kirche wünscht, daß diese Dozenten, denen die Ausbildung des Klerus anvertraut wird, unter den Besten ausgewählt werden und daß sie ein solides Wissen und eine angemessene pastorale Erfahrung besitzen neben einer guten geistlichen und pädagogischen Ausbildung.[143]
Man muß sich außerdem vor Augen halten, daß es zum Unterrichten der Soziallehre nicht genügt, nur die entsprechenden Dokumente des Lehramtes zu kennen. Es ist notwendig, daß die Professoren eine gründliche und tiefe theologische Ausbildung haben, in der Sozialmoral kompetent sind und daß sie wenigstens die Grundelemente der modernen So-

zialwissenschaften kennen. Außerdem sollte die enge Zusammenarbeit mit den Professoren der Moraltheologie, der Dogmatik und der Pastoral gefördert werden, um den Zusammenhang, die Einheit und die Solidität des Unterrichts zu garantieren und schließlich, um den Schülern eine Zusammenschau von Theologie und Pastoral zu ermöglichen. Man muß im übrigen versuchen, die Ausbildung in der Lehre und in der Pastoral eng mit der geistlichen Ausbildung zu verbinden.[144]

Die Funktion der Sozialwissenschaften

68. schon weiter oben betont (Nr. 10; 50), kann die Soziallehre der Kirche nicht auf die Sozialwissenschaften verzichten, wenn sie mit dem Leben der Gesellschaft in Kontakt bleiben und effektiv auf die pastorale Wirklichkeit einwirken will. Aus diesem Grund wird den Professoren für Soziallehre dringend empfohlen, sich für eine gute pastorale Ausbildung der Priesteramtskandidaten zu interessieren. Sie sollen sich vor Augen halten, daß sie sich beim Unterricht nicht nur darauf beschränken dürfen, „lediglich an generelle Prinzipien zu erinnern", sondern daß sie sich bemühen müssen, diese weiter auszubauen „mit Hilfe einer gereiften Betrachtungsweise in Kontakt mit den wechselnden Situationen in der Welt, unter dem Einfluß des Evangeliums als Quelle der Erneuerung".[145] Daraus ergibt sich, daß es ihre Aufgabe ist, die Schüler auch in den Gebrauch der von den Humanwissenschaften bereitgestellten Mittel nach den Regeln der Kirche einzuführen.[146] Die Humanwissenschaften sind nämlich ein wichtiges Instrument, um die wechselnden Situationen einzuschätzen und um den Dialog mit der Welt und den Menschen jeglicher Meinungsrichtung herzustellen.[147] Sie bieten dem Sozialunterricht einen empirischen Zusammenhang, in dem die fundamentalen Prinzipien angewandt werden können und müssen; sie stellen ein reiches Material für die Analyse zur Verfügung, um soziale Situationen und Strukturen zu bewerten und zu beurteilen; sie helfen, sich bei den anstehenden Entscheidungen zu orientieren. Natürlich muß man beim Studium und bei dem Interesse für die Sozialwissenschaften die Gefahr vermeiden, in die Fänge von Ideologien zu fallen, die die Auslegung der Daten manipulieren, oder des Positivismus, der die empirischen Daten zum Nachteil des globalen Verständnisses von Mensch und Welt überbewertet.

Die ständige Weiterbildung

69. Es ist eine offene Tatsache, daß die soziale Wirklichkeit und die sie interpretierenden Wissenschaften einem ständigen und schnellen Wechsel unterliegen. Deshalb ist eine ständige Weiterbildung der Professoren notwendig. Sie garantiert, daß sie stets auf dem neuesten Stand sind. Das Fehlen von engen Kontakten zu neuen Problemstellungen und zu neuen Richtungen auf nationaler, internationaler und weltweiter Ebene, wie auch zu neuen Entwicklungen in der Soziallehre der Kirche kann dem Unterricht das Interesse und die formende Fähigkeit entziehen.

Pastorale Erfahrung

70. Weil die Professoren die Soziallehre nicht wie eine abstrakte Theorie lehren können, wird für sie eine direkte pastorale Erfahrung von äußerstem Nutzen sein. Diese Erfah-

rung wird unterschiedlich sein je nach Ort, Situation, Fähigkeit und Interesse des einzelnen, aber ausgewählt und ausgelegt stets in Richtung des konkreten, wirksamen und einprägsamen Unterrichts.

2. Die Ausbildung der Schüler

Pastorale Unterweisung

71. Im Geist des II. Vatikanischen Konzils und des Kirchenrechts wird die Befähigung der Priesteramtskandidaten zum pastoralen Dienst durch eine ganzheitliche Ausbildung erreicht, die darauf achtet, alle Aspekte zur Priesterpersönlichkeit wachsen zu lassen: humane, geistliche, theologische und pastorale. Das gleiche kann man für die Heranbildung der Laien zum Apostolat sagen. In diesem Zusammenhang muß daran erinnert werden, daß es, auch wenn die ganze Ausbildung eine pastorale Zielsetzung verfolgt, dennoch notwendig ist, für alle eine besondere Unterweisung in der Pastoral vorzusehen,[148] die auch die Soziallehre der Kirche einbezieht.

72. Im Bereich dieser Ausbildung ist ohne Zweifel, wie schon gesagt, eine angemessene theologische Vorbereitung für die Verkündigung des Wortes Gottes verlangt. Dabei müssen – je nach den Erfordernissen von Person, Ort und Zeit und im Hinblick auf den Dialog der Kirche mit der Welt – das Interesse und das Einfühlungsvermögen der Kandidaten für die Soziallehre und die soziale Pastoral der Kirche geweckt werden. In diesem Sinne spricht der Kodex von der Notwendigkeit, die zukünftigen Priester zum „Dialog mit den Personen“ zu erziehen und sie für die „sozialen Aufgaben“ der Kirche sensibel zu machen.[149]

Die Kurse in der Soziallehre

73. Hinsichtlich des Stellenwertes, den die Soziallehre innerhalb des Studienprogrammes an den kirchlichen Ausbildungszentren einnehmen soll, ist klar, daß es in Übereinstimmung mit dem bisher Gesagten nicht genügt, sie in einigen fakultativen Lektionen innerhalb der Kurse für Philosophie und Theologie zu behandeln, vielmehr ist es unerläßlich, eigene Pflichtkurse für diese Disziplin vorzusehen.
Welches der geeignete Zeitpunkt für dieses Studium ist, hängt von der Studienordnung der verschiedenen Ausbildungszentren und -institute ab. Vielleicht ist es nützlich, die Kurse über die ganze Ausbildungszeit der Kandidaten zu verteilen. Auf diese Weise würde die notwendige Kontinuität und das stufenweise Vertrautwerden sichergestellt und ermöglicht, die sozialphilosophischen und die theologischen Begriffe in den verschiedenen Dokumenten besser zu erfassen. Es ist auf jeden Fall unerläßlich, daß während der Ausbildung die Kenntnis der großen Sozialenzykliken gewährleistet wird.
Diese müssen in Spezialkursen gelehrt werden und bilden eine Pflichtlektüre für die Studenten. Die Arbeit mit diesen Dokumenten muß den sozio-kulturellen Kontext, in dem sie geschrieben wurden, berücksichtigen, ferner die theologischen und philosophischen Voraussetzungen, auf denen sie beruhen, ihre Beziehungen zu den Sozialwissenschaften sowie ihre Bedeutung für die heutige Situation. Darüber hinaus müssen in Verbindung

mit den Dokumenten der Universalkirche auch die sozialen Probleme der einzelnen Teilkirchen studiert werden.

Das philosophisch-theologische Fundament

74. Außer der pastoralen Sensibilisierung für die sozialen Probleme muß den Kandidaten ein solides philosophisch-theologisches Fundament über die Prinzipien der Soziallehre und über ihre interdisziplinären Verbindungen geboten werden. Dieses Fundament ist von besonderer Bedeutung in der augenblicklichen Situation des „Dialoges mit der Welt", den die Kirche erlebt bei der Umsetzung der Grundgedanken des II. Vatikanischen Konzils in die Praxis. Sowohl die Priester wie auch die im sozialen Apostolat engagierten Laien werden häufig konfrontiert mit radikalen und totalitären, kollektivistischen und individualistischen Ideologien, mit säkularisierenden Bestrebungen, wenn nicht sogar mit einem dem christlichen Geist völlig fremden Säkularismus.

Die authentische und integrale Botschaft Christi

75. Wie schon gesagt, umfaßt die theologisch-pastorale und die geistliche Ausbildung aller, die sich der sozialen Aktion widmen wollen, die Sensibilisierung für die verschiedenen Probleme der Gesellschaft und die Vertrautheit mit den Kriterien der Soziallehre der Kirche, um die Situationen, die Strukturen und die wirtschaftlichen, sozialen und politischen Systeme zu beurteilen. Darüber hinaus bedarf es einer besonderen Vorbereitung, um auf den verschiedenen Ebenen und Sektoren in passender Weise aktiv werden zu können.
Aber am wichtigsten für die Ausbildung ist das Bewußtsein, daß Laien und Priesteramtskandidaten mit ihrem Werk Zeugnis für Christus mitten in der Welt ablegen müssen. Die Bischöfe und Priester sind besonders aufgerufen, die Botschaft Christi so zu verkündigen, daß das ganze diesseitige Tun der Menschen vom Licht des Evangeliums durchdrungen wird.[150] Ohne Zweifel bleibt der wesentliche Beitrag der Kirche im sozialen Bereich immer die volle Verkündigung des Evangeliums: Verkündigung, die allerdings den sozialen Problemen große Aufmerksamkeit zuwendet.
Die Auslegung und Anwendung des Evangeliums in der sozialen Wirklichkeit des heutigen Menschen ist mithin wesentlicher Teil der theologischen und interdisziplinären Ausbildung der Kandidaten und hat einen bestimmenden Wert für die Wirksamkeit der Pastoral. In dieser Ausbildung lassen sich das Zeugnis des Lebens, die Verkündigung und die Aktion nicht voneinander trennen, da sie in der Person Jesu, im Evangelium und in der Tradition der Kirche vereint sind.

Die ersten pastoralen Erfahrungen

76. Während der Ausbildungszeit sollen die Studenten pastorale und soziale Erfahrungen sammeln, die sie in direkten Kontakt mit den von ihnen studierenden Problemen bringen, wie man dies schon in einigen Ländern mit positivem Resultat macht. In dieser Ausbildung liegt viel daran, da sich die Kandidaten voll und ganz der besonderen Rolle

des Priesters in der sozialen Aktion bewußt sind, was besonders in der letzten Zeit bei verschiedenen Anlässen vom Lehramt der Kirche wie auch in einzelnen Teilkirchen betont wurde. Sehr empfohlen werden Besuche und Gespräche der Studenten in Begleitung ihrer Professoren mit der Welt der Arbeit – Unternehmern, Arbeitern, Gewerkschaften –, mit den sozialen Organisationen und mit Randgruppen.

Aufgabe des Priesters für die Laien

77. Es gehört zur Ausbildung für die soziale Pastoral, die Kandidaten über die Aufgabe und die zu befolgende Methode zu unterrichten, um den Laien ein immer stärkeres Bewußtsein ihres Auftrags und ihrer Verantwortung im sozialen Bereich zu vermitteln. Unter dieser Rücksicht ist es Aufgabe des Priesters, den Laien zu helfen, damit sie sich ihrer Pflicht bewußt werden und sich geistlich und wissensmäßig bilden, sie bei der sozialen Aktion zu begleiten, an ihren Mühen und Leiden teilzunehmen. Sie sollen die Laien auch anleiten, die wichtige Bedeutung ihrer Organisationen anzuerkennen, sowohl auf apostolischer Ebene als auch im Hinblick auf den sozialen Einsatz, und ihnen das Zeugnis einer tiefen sozialen Sensibilität zu geben. Die Wirksamkeit der christlichen Botschaft hängt außer vom Wirken des Heiligen Geistes auch vom Lebensstil und von dem pastoralen Zeugnis des Priesters ab, der den Menschen das Evangelium bringt und das authentische Antlitz der Kirche enthüllt.[151]

Schluß

78. Schließlich möchte die Kongregation für das katholische Bildungswesen mit der Übergabe des vorliegenden Dokumentes an die Bischöfe und Einrichtungen der Priesterausbildung den brennenden Wunsch zum Ausdruck bringen, daß es für diesen wichtigen Ausbildungsbereich jene Hilfe und Orientierung bietet, die schon seit langem erwartet und erbeten wurde. Die Soziallehre der Kirche, wie sie hier im Lichte der päpstlichen Dokumente dargelegt wird, ist in der Tat ein reiches Erbe von unschätzbarem Wert, das, wenn es in seiner wahren Natur verstanden und durch fleißiges Studium im Kontakt mit dem Leben gebührend angeeignet wird, einen neuen apostolischen Eifer bei den zukünftigen Dienern Christi hervorrufen kann, weil es ihnen einen sicheren Weg für eine wirksame pastorale Aktion aufzeigt. Unter Berücksichtigung der vielfältigen geistigen und materiellen Notwendigkeiten der heutigen Gesellschaft, auf die Papst Johannes Paul II. bei vielen Gelegenheiten hingewiesen hat, ist nichts anderes zu wünschen, als daß jeder Priesteramtskandidat ein erleuchteter und verantwortungsbewußter Botschafter dieses modernen Zweiges der Verkündigung des Evangeliums wird, die einzig in der Lage ist, für die Übel unserer Epoche wirksame Heilmittel vorzulegen und auf diese Weise zur Rettung der Welt beizutragen.
Es ist die Aufgabe der Bischöfe und der Verantwortlichen in den Einrichtungen für die Priesterausbildung, mit allen Mitteln darauf zu achten, daß diese „Leitlinien" gebührend in die Ausbildungsprogramme aufgenommen werden und jene Stärkung der wissensmä-

ßigen und pastoralen Ausbildung bewirken, die heute überall erwartet wird und die unseren gemeinsamen Hoffnungen entspricht.

Rom, Palast der Kongregationen, 30. Dezember 1988

William Wakefield Card. Baum
Präfekt

José Saraiva Martins
Titularerzbischof von Tuburnica
Sekretär

Anhang I

Verzeichnis der Stellen, die beim Unterricht der Soziallehre der Kirche in den Seminarien Anwendung finden können

Da die vorliegenden „Leitlinien" besonders diejenigen Punkte hervorheben wollen, die beim Studium der Soziallehre der Kirche als unerläßlich zu gelten haben, möchte die Kongregation für das katholische Bildungswesen allen Dozenten dieser Disziplin einen Programmentwurf anbieten, der ihnen helfen kann, einen guten, gehaltvollen Unterricht zu erteilen. Wegen der großen Verschiedenheit der örtlichen Situationen handelt es sich natürlich nur um einen Vorschlag, der den Dozenten den notwendigen Spielraum läßt, um die Lektionen und pastoralen Übungen in Übereinstimmung mit den konkreten Notwendigkeiten der Diözesen zu organisieren, gemäß den Richtlinien der Bischofskonferenzen und der Diözesan-Bischöfe. Es versteht sich von selbst, daß ein solider und fruchtbarer Unterricht der kirchlichen Soziallehre, auch wenn er an einen Wahrheitskern und an unverzichtbare und allen gemeinsame Prinzipien gebunden bleibt (*vgl. Leitlinien*, Nr. 52), nicht die besonderen örtlichen Probleme und die Notwendigkeit zweckmäßiger Anpassungen außer acht lassen kann, um die Botschaft des Evangeliums konkret im Leben zu verankern.

I.

Bei der Einführung in den Kursus oder in die Kurse über die Soziallehre der Kirche können unter anderem und je nach dem besonderen akademischen Programm die folgenden Themen behandelt werden:

1. Darlegung und Erklärung der Grundlinien.

2. Das Wesen der Soziallehre der Kirche (vgl. *Leitlinien*, Nr. 3–14).

3. Verwurzelung der Soziallehre der Kirche in der Heiligen Schrift, sowohl im Alten wie im Neuen Testament: die erlösende Befreiung in der Heilsgeschichte – Jesus Christus, der Befreier – Unterschied zwischen Heilsbefreiung und menschlicher Befreiung – integrale Befreiung. Der Verkündigungsauftrag der Kirche – Der Dialog der Kirche mit der Welt – Die soziale Dimension der Heilssendung und der Verkündigungsauftrag der Kirche (vgl. *Leitlinien*, Nr. 15–17).

4. Theologische Dimension der Soziallehre der Kirche (vgl. *Leitlinien*, Nr. 9): Christologische und ekklesiologische Voraussetzungen – Anthropologisches Fundament: die volle Wahrheit des Menschen und über den Menschen – „Der Mensch ist der erste und fundamentale Weg der Kirche" – Die ganzheitliche Förderung des Menschen in bezug auf sich selbst, auf Gott, auf die anderen Menschen und auf die Dinge – die „Vorliebe für die Armen" – Konsequenzen auf sozialer, wirtschaftlicher und politischer Ebene.

II.

Ein „reiches Erbe": Etappen in der Entwicklung der Kirche (vgl. *Leitlinien*, Nr. 18–28).

1. Geschichte der Soziallehre – Anfang dieser Geschichte: Altes Testament (Exodus und Propheten) – Schriften der Apostel.

2. Beitrag der Kirchenväter, der großen Lehrer und Theologen der Kirche (heiliger Thomas von Aquin) bis zur Moderne.

3. Die industrielle Revolution und das Entstehen der „sozialen Frage" im engen Sinn – Vorläufer der Soziallehre.

4. Soziallehre vor dem Konzil: von Leo XIII. bis Pius XII. – sozio-kultureller Kontext von *Rerum novarum* und *Quadragesimo anno* – Zweck und Inhalt dieser Enzykliken und der sozialen Botschaft Pius' XII.

5. Konzils-Periode (1961–1971): technisch-ökonomische, sozio-politische und sozio-kulturelle Situation – Zweck und allgemeiner Inhalt der Dokumente dieser Zeit: *Mater et magistra* und *Pacem in terris* Johannes' XXIII., *Gaudium et spes* des II. Vatikanischen Konzils, *Populorum progressio, Octogesima adveniens* und *Evangelii nuntiandi* Pauls VI.

6. Periode von Johannes Paul II.: technisch-ökonomisches,sozio-politisches und sozio-kulturelles Umfeld – Zweck und allgemeiner Inhalt der Enzykliken Johannes Paul II.: *Redemptor Hominis* (sozialer Teil), *Dives in misericordia* (sozialer Inhalt), *Laborem exercens, Familiaris consortio* (sozialer Teil), *Sollicitudo rei socialis* – Die großen Ansprachen und sozialen Botschaften.

III.

Prinzipien und Orientierungen der Kirche in den verschiedenen Bereichen des sozialen Lebens (vgl. *Leitlinien*, Nr. 30–53).

1. Logische Voraussetzung: Grundsätzliche Gleichheit der Menschen im Bereich der Werte und Rechte – Die Grundwerte: Freiheit, Wahrheit, Gerechtigkeit, Liebe, Frieden – Die Gemeinbestimmung der Erdengüter – Zweideutigkeit der Welt und ihrer Bestrebungen – Die Verurteilung jeglicher Form von Rassismus und Kolonialismus im Namen der Einheit und Universalität der Menschheit und der allgemeinen Berufung aller Menschen – Notwendigkeit der Gesellschaftsreform, orientiert an den Ursachen der Ungerechtigkeiten.

2. Die menschliche Person: Die Würde der menschlichen Person: selbständiges, mit Vernunft und freiem Willen begabtes, geistliches und transzendentales Subjekt – Die Bedeutung der Berufung des Menschen.

3. Die Menschenrechte: Beziehungen Kirche – Staat – Philosophie und Theologie der Menschenrechte – Identität und Universalität der Menschenrechte – Verkündigung und Verteidigung der Rechte – Verteidigung der Menschenwürde: gegen die politische, wirtschaftliche und kulturelle Unterdrückung; gegen den Druck der Massen- und Kommunikationsmedien; gegen die Angriffe auf die Freiheit der Religion, des Fundamentes und der Garantie der anderen Freiheiten – Die internationale Charta der Menschenrechte – Die Rechte der Völker.

4. Wechselbeziehungen Mensch – Gesellschaft: Die Gesellschaftlichkeit oder die soziale Dimension des Menschen – Die Konfliktdimension der persönlichen Existenz – Bedeutung einer Ausbildung für das Begreifen der Natur der Konflikte – Der Begriff der Gesellschaft und der Gemeinschaft – Die Dynamik von Gruppen und Vereinen im sozialen Leben – Die gesellschaftlichen Zwischenglieder – Ausprägungen der Gesellschaftlichkeit in der Familie und in der politischen Gemeinschaft – Das soziale Gleichgewicht.

5. Das Gemeinwohl: Begriff und Inhalt des Wortes Gemeinwohl – Die Autorität als Dienst am Gemeinwohl – Das internationale Gemeinwohl – Deutung des Gemeinwohls in den modernen Ideologien.

6. Die menschliche Solidarität: Solidarität zwischen Menschen und Völkern, zwischen reichen und armen Ländern – Die Beziehungen Nord-Süd – Die internationale und weltweite Solidarität – Solidarität: ein moderndes, vom Evangelium inspiriertes Wort (soziale Liebe).

7. Die Subsidiarität: Die Leitungsfunktion des Staates und die Subsidarität – Die übertriebene Planwirtschaft und der Verlust der Freiheit – Die freiheitsfördernde Programmierung – Subsidiarität als Reaktion auf die Ausbeutung von Personen und Gruppen.

8. Die Teilhabe: Partizipation und Gesellschaft – Teilhabe aller Bereiche und Ebenen der Gesellschaft am Gemeinwohl – Zugang aller zu den Entscheidungen in den verschiedenen Bereichen und Ebenen des sozialen Lebens – Aussöhnung und Dialog.

9. Organische Konzeption des sozialen Lebens, Begriff der Sozialisierung und der Personalisierung: Christlicher und gemeinschaftsbezogener Personalismus – Vervielfältigung der sozialen Beziehungen und die Gruppen – Der Dynamismus des Vereinswesens – gesellschaftliche Zwischenglieder und übergeordnete Körperschaften – Gemeinschaft und gesellschaftliche Struktur – Dimensionen der Vergesellschaftung – Annäherung zwischen Sozialisation und Personalisation.

IV.

Realisierung der Prinzipien und Werte auf den verschiedenen Ebenen und Sektoren des sozialen Lebens (vgl. *Leitlinien*, Nr. 53–64).

1. Soziallehre und Sozialwissenschaften: Autonomie der irdischen Bereiche – Autonomie der Wissenschaft, interdisziplinäre Dialog – Theologie und Wissenschaften – Sozial- und Wirtschaftswissenschaften: Helfer bei der pastoralen Aktion der Kirche – Wissenschaften, Technologien, Ideologien.

2. In der Familie: Die Probleme der Familie in der heutigen Welt – Der fundamentale Wert der Familie als Zelle und Lebensprinzip der Gesellschaft – Die Familie und die menschliche Person – Die Familie und die bürgerliche Gesellschaft – Die Familie und der Kirche – Rechte und Pflichten der Familie – Bestandteile der familiären Gemeinschaft – Die Familie und die Rolle der Erziehung – Die Veränderungen der Familie innerhalb der Gesellschaft – Unauflöslichkeit der Ehe im Blick auf andere Formen der Ehe.

3. In der Wirtschaft: Legitime Autonomie der irdischen Wirklichkeiten im Dienst am Menschen – Das Wirtschaftsleben in seinen Aspekten und zeitgenössischen Problemen – Kennzeichen der heutigen Produktionssysteme – Die Krise der Wirtschaftssysteme: Kapitalismus und Kollektivismus – Krisenerscheinungen der heutigen Wirtschaft: Arbeitslosigkeit, Inflation, Währungskrise, Problem der Auslandsverschuldung – Notwendigkeiten, Gesetze und ethische Forderungen des wirtschaftlichen Fortschritts – Rolle der Wirtschaft im Leben des Menschen – Kriterium der Gesellschaftlichkeit – Weg der sozialen Gerechtigkeit – Die gesellschaftliche Wirtschaft – Die Freiheit und die soziale Kontrolle der Wirtschaft – Notwendigkeit und soziale Funktion des Kapitals – Die soziale Gerechtigkeit im Handel und im Finanzwesen – Die soziale Gerechtigkeit im internationalen Handel – Preisausgleich in den Beziehungen zwischen reichen und armen Ländern – Die Politik der Wiederanlage von Kapital und das Kriterium des Gemeinwohls – Die Währungspolitik im Dienste des Gemeinwohls und der Ärmsten – Soziale Regelung der Zinssätze – Unzulässigkeit der Operationen, die beim Währungswechsel Klassen, Gebiete und schwächere Nationen benachteiligen – Neue ökonomisch-soziale Ordnung.

Das Privateigentum: Gemeinbestimmung der Erdengüter – Zugang für alle zu den Gütern dieser Erde – Das Eigentumsrecht und seine Bedeutung – Nutzung und Umwandlung der Erde – Ausbeutung der Bodenschätze – Nutzung und Besitz der Güter – Begründung und Grenzen des Privateigentums – Die Unterordnung des Privateigentums unter die Erfordernisse des Lebens – Grundlagen für eine Erneuerung des Eigentumsrechts – Das Anliegen des Sozialismus – Kollektivierung unvereinbar mit dem christlichen Humanismus – Das Gesetz des Gleichgewichts und der sozialen Harmonie – Kriterium der Gesellschaftlichkeit – Beachtung der Agrarwelt – Agrarreform: Teilung und Verteilung der nicht bebauten Flächen.
Die Arbeit: Krise und augenblickliche Problematik der Arbeit – Der Arbeitskonflikt: industrialisierte und nicht industrialisierte Länder – Die Krise der Arbeit in der Dritte Welt – Das Hungerproblem – Soziale Randexistenz – Kontext der Arbeit in der Soziallehre – Der Wert und die Würde der Arbeit: philosophische, theologische und geistliche Grundlagen der menschlichen Arbeit – Objektive soziale Dimension der Arbeit – Ungerechte Arbeitsbedingungen – Vorrang der Arbeit vor dem Kapital – Rechte und Pflichten der Arbeiter – Die Organisation der Arbeit – Intervention der Öffentlichen Hand – Die subsidiäre Funktion des Staates – Das Problem des gerechten Arbeitsentgeltes: der gerechte, gesetzliche, familiäre, ausreichende Lohn – Arbeit und Familie in der modernen Gesellschaft – Die Arbeit der Frau in der heutigen Gesellschaft – Sozialversicherung des Arbeiters – Die Rechte der Arbeit: Überwindung des merkantilen Charakters, Überwindung der Entfremdung des Menschen durch die Arbeit, Rückgewinnung des Sinnes der Arbeit – Für eine neue Arbeitsverteilung.
Das Unternehmen als Arbeitsgemeinschaft: Die Mitbestimmung – Die freie Vereinigung in der Arbeitswelt – Arbeiterbewegung und Klassenkampf – Gewerkschaften, Unternehmen und Gesellschaft – Beteiligung der Arbeitnehmer am Gemeinwohl – Solidarität der Arbeitnehmer – Einzelarbeiter und Tarifverträge – Die Natur des Streiks: Bedingungen für die Rechtfertigung – Mißbrauch des Streiks.

4. In der Politik: Zeitgenössische, politische Phänomene – Die großen ideologischen und sozio-politischen Strömungen – Das Wesen der Gesellschaft und der Macht – Politische Gesellschaft und Staat – Moderne Staatsformen: totalitärer Staat, autoritärer Staat und demokratischer Staat – Bestandteile einer gesunden demokratischen Ordnung – Soziale Demokratie – Sittliche Erfordernisse der Sozialen Demokratie – Wirtschaftsdemokratie – Beteiligungsdemokratie – Ideologie und Praxis im Kommunismus – Der Liberalismus und die Verabsolutierung der Freiheit – Autonomie des Staates und seine Funktion im Dienst am Gemeinwohl, zur Beachtung der Menschenrechte, zur Erneuerung der Strukturen für die Ausübung der Freiheit und eines gesunden Pluralismus – Zugehörigkeit und Beteiligung an der politischen Gemeinschaft – Die Kirche und die Politik – Die Freiheit der Kirche und des Staates – Sozio-politischer Einsatz des Christen: Rechte, Pflichten und Verantwortung von Katholiken.

5. In der Kultur: Die kulturellen Veränderungen von heute – Ausbreitung der industriellen und urbanen Zivilisation – Gesamtbegriff der Kultur – Ihre Funktion im

menschlichen und gesellschaftlichen Fortschritt – Kirche, Kultur und Pluralität der Kulturen – Die Förderung der Kultur – Dialog zwischen Kultur und christlichem Glauben – Das Thema der Inkulturation des Glaubens – Ideologie, Glaube und Theologie – Die Verpflichtung der Christen – Umfeld und Wege zur kulturellen Erziehung: Familie, Schule, Universität, Kommunikationsmittel, Sport, Tourismus – Achtung und Unterstützung der Kirche für die Träger von Wissenschaft, Literatur und Kunst – Beziehungen zwischen Kultur und Theologie – Kulturelle Mission der katholischen Schulen und Universitäten – Der technische Fortschritt und die Kultur – Die Unterordnung des technologischen Fortschritts unter das oberste Ziel des Lebens – Soziale und kulturelle Kommunikation und menschlicher Fortschritt – Recht auf Information und Ideenverbreitung – Bedeutung und Funktion der öffentlichen Meinung – Die Funktion des Journalismus in Kultur und moderner Gesellschaft – Information zum Dienst an der Wahrheit – Verantwortung der Kirche.

6. In Wissenschaft und Technik: Das Problem der Manipulation der Wissenschaft und der Technologie – Bereiche, in denen diese Manipulation erfolgt – Das ethische Anliegen.

7. In der internationalen Gemeinschaft: Die internationale Gemeinschaft – Menschliche Gemeinschaft und internationale Gesellschaft: aktuelle Probleme – Die Achtung der Freiheit und der Selbstbestimmung der Völker – Kooperation, wechselseitige Abhängigkeit und Solidarität und die Gesetze für gerechte Beziehungen zwischen den Völkern – Die internationale Gerechtigkeit und die ökonomisch-soziale Entwicklung der Völker – Probleme und Situationen – Das Nord-Süd-Verhältnis – Die Ost-West-Beziehungen – Das Problem des Krieges: seine Unmoral – Die Abrüstung – Konstruktive Rolle der Wissenschaft und der Technologie – Ablehnung des Rüstungswettlaufs – Der Friede: Moralische Erfordernisse des sozialen Friedens – Internationale Solidarität für den Frieden – Erscheinungsformen der Gewalttätigkeit – Formen der Gewaltanwendung – Ursachen der politischen Gewalttätigkeit – Terrorismus und Guerilla – Repressive Gewalt – Verurteilung der Gewalttätigkeit – Einsatz für die Gerechtigkeit – Das Phänomen der menschlichen Mobilität – Recht auf Emigration.

8. In der Ökologie: Ökologische Krise – Ökologische Politik für den Umweltschutz für die Gesundheit aller – Gedanken Pauls VI. und Johannes II. – Phänomen der Verstädterung – Ethik der Ökologie.

9. Die „Soziale Frage“ in der Dritten Welt: Probleme, ungerechte Situationen – Hoffnungen.

V.

Ausarbeitung und Weiterentwicklung der Soziallehre in den Hirtenbriefen der Bischofskonferenzen und der einzelnen Kirchen.

VI.

Zuständigkeit und Aufgabe der Bischöfe, Priester, Ordensleute und Laien in der Ausarbeitung der Soziallehre und beim Einsatz in der Sozialen Aktion der Kirche – Die soziale Aktion der Teilkirche als Antwort auf lokale Probleme.

VII.

Theologisch-pastorale Schlußfolgerung: Gottes Plan mit dem Menschen und seine Berufung – Bruch mit Gottes Plan: persönliche, soziale und strukturelle Sünde – Die Bekehrung des Menschenherzens als Gabe des Heiligen Geistes.

Anhang II

Texte des sozialen Lehramtes der Kirche im Hinblick auf einige besonders wichtige Teile der „Leitlinien"

(7) „Deswegen wünschen wir dringend, daß man sich immer mehr in sie vertieft. Vor allem wünschen wir, daß sie in den katholischen Schulen aller Stufen, ganz besonders aber in den Seminarien, als Pflichtfach vorgetragen werde; wir wissen allerdings, daß dies in verschiedenen Anstalten bereits seit längerer Zeit in ausgezeichneter Weise geschieht" (*Mater et magistra*, Nr. 223).

(10) „Die kirchliche Soziallehre ist kein ‚dritter Weg' zwischen liberalistischem Kapitalismus und marxistischem Kollektivismus und auch keine mögliche Alternative zu anderen, weniger weit voneinander entfernten Lösungen: Sie ist vielmehr etwas Eigenständiges. Sie ist auch keine Ideologie, sondern die genaue Formulierung der Ergebnisse einer sorgfältigen Reflexion über die komplexen Wirklichkeiten menschlicher Existenz in der Gesellschaft und auf internationaler Ebene, und dies im Licht des Glaubens und der kirchlichen Überlieferung. Ihr Hauptziel ist es, solche Wirklichkeiten zu deuten, wobei sie prüft, ob diese mit den Grundlinien der Lehre des Evangeliums über den Menschen und seine irdische und zugleich transzendente Berufung übereinstimmen oder nicht, um daraufhin dem Verhalten der Christen eine Orientierung zu geben. Sie gehört daher nicht in den Bereich der Ideologie, sondern der Theologie und insbesondere der Moraltheologie" (*Sollicitudo rei socialis*, Nr. 41).

(14) „Doch wäre das Werk der Verkündigung nicht vollkommen, wenn es nicht dem Umstand Rechnung tragen würde, daß sich im Laufe der Zeit das Evangelium und das konkrete, persönliche und gemeinschaftliche Leben des Menschen gegenseitig fordern" (*Evangelii nuntiandi*, Nr. 29). „Zwischen Evangelisierung und menschlicher Förderung – Entwicklung und Befreiung – bestehen in der Tat enge Verbin-

dungen: Verbindungen anthropologischer Natur, denn der Mensch, dem die Frohbotschaft gilt, ist kein abstraktes Wesen, sondern sozialen und wirtschaftlichen Problemen unterworfen; Verbindungen theologischer Natur, da man ja den Schöpfungsplan nicht vom Erlösungsplan trennen kann, der hineinreicht bis in die ganz konkreten Situationen des Unrechts, das es zu bekämpfen, und der Gerechtigkeit, die es wiederherzustellen gilt. Verbindungen schließlich jener ausgesprochen biblischen Ordnung, nämlich der Liebe. Wie könnte man in der Tat das neue Gebot verkünden, ohne in der Gerechtigkeit und im wahren Frieden das echte Wachstum des Menschen zu fördern?" (*Evangelii nuntiandi*, Nr. 31).

(18) „Die Soziallehre, die die katholische Kirche überliefert und verkündet hat, bleibt ohne Zweifel für alle Zeiten in Geltung. Nach dem obersten Grundsatz dieser Lehre muß der Mensch der Träger, Schöpfer und das Ziel aller gesellschaftlichen Einrichtungen sein. Und zwar der Mensch, sofern er von Natur aus auf Mit-Sein angelegt und zugleich zu einer höheren Ordnung berufen ist, die die Natur übersteigt und diese zugleich überwindet. Dieses oberste Prinzip trägt und schützt die unantastbare Würde der menschlichen Person. Aus dem gleichen Prinzip heraus hat die Kirche, besonders in den letzten hundert Jahren, unter Mitarbeit von Gelehrten aus dem Priester- und Laienstand ihre weit ausgebaute Soziallehre entwickelt. Nach ihr sollen die menschlichen Beziehungen gestaltet werden entsprechend den allgemeinen Grundsätzen, die sich aus der Natur der Dinge sowie den konkreten Verhältnissen des menschlichen Zusammenlebens ergeben, wie aus dem spezifischen Charakter der Zeit. Die Grundsätze sind deshalb für alle annehmbar" (*Mater et magistra*).

(19) „An die Spitze Unserer Ausführungen setzen Wir den von Leo XIII. schon in helles Licht gestellten Satz: nach Recht und Pflicht walten Wir kraft Unserer höchsten Autorität des Richteramtes über die gesellschaftlichen und wirtschaftlichen Fragen. Gewiß ward die Kirche nicht die Aufgabe, die Menschen zu einem bloß vergänglichen und hinfälligen Glück zu führen, sondern zur ewigen Glückseligkeit. Ja, die Kirche würde es sich als einen Übergriff anrechnen, grundlos in diese irdischen Angelegenheiten sich einzumischen. Aber unmöglich kann die Kirche des von Gott ihr übertragenen Amtes sich begeben, ihre Autorität geltend zu machen, nicht zwar in Fragen technischer Art, wofür sie weder über die geeigneten Mittel verfügt, noch eine Sendung erhalten hat, wohl aber in allem, was auf das Sittengesetz Bezug hat. Die von Gott Uns anvertraute Hinterlage der Wahrheit und das von Gott Uns aufgetragene heilige Amt, das Sittengesetz in seinem ganzen Umfang zu verkünden, zu erklären und – ob erwünscht, ob unerwünscht – auf seine Befolgung zu dringen, unterwerfen nach dieser Seite hin wie den gesellschaftlichen, so den wirtschaftlichen Bereich vorbehaltlos Unserem höchstrichterlichen Urteil" (*Quadragesimo anno*).

(23) „Zur Erfüllung dieses ihres Auftrages obliegt der Kirche allzeit die Pflicht, nach den Zeichen der Zeit zu forschen und sie im Licht des Evangeliums zu deuten. So kann sie dann in einer jeweils einer Generation angemessenen Weise auf die bleibenden Fragen der Menschen nach dem Sinn des gegenwärtigen und des zukünfti-

gen Lebens und nach dem Verhältnis beider zueinander Antwort geben. Es gilt also, die Welt, in der wir leben, ihre Erwartungen, Bestrebungen und ihren oft dramatischen Charakter zu erfassen und zu verstehen" (*Gaudium et spes*, Nr. 4).

(57) „Die fundamentale Zweckbestimmung dieses Produktionsprozesses besteht aber weder in der vermehrten Produktions als solcher noch in Erzielung von Gewinn oder Ausübung von Macht, sondern im Dienst am Menschen, und zwar am ganzen Menschen im Hinblick auf seine materiellen Bedürfnisse, aber ebenso auch auf das, was er für sein geistiges, sittliches, spirituelles und religiöses Leben benötigt. Das gilt ausdrücklich für alle Menschen und für jeden einzelnen, für jede Gruppe, für Menschen jeder Rasse und jeden Erdteils. Daraus folgt: alle wirtschaftliche Tätigkeit ist – nach den ihr arteigenen Verfahrensweisen und Gesetzmäßigkeiten – immer im Rahmen der sittlichen Ordnung so auszuüben, daß das verwirklicht wird, was Gott mit dem Menschen vor hat" (*Gaudium et spes*, Nr. 64).

(58) „Gleichzeitig haben die sozialen Konflikte weltweites Ausmaß angenommen. Unruhen, die die ärmeren Bevölkerungsklassen während der Entwicklung ihres Landes zum Industriestaat erfaßt haben, greifen auch auf Länder über, deren Wirtschaft noch fast rein agrarisch ist. Auch die ländliche Bevölkerung wird sich so heute ihrer elenden und unheilvollen Verhältnisse bewußt. Und zu allem kommt der Skandal schreiender Ungerechtigkeit nicht nur im Besitz der Güter, sondern mehr noch in deren Gebrauch" (*Populorum progressio*, Nr. 9).

(59) „Die Entwicklung der Völker wird von der Kirche aufmerksam verfolgt: vor allem derer, die dem Hunger, dem Elend, den herrschenden Krankheiten, der Unwissenheit zu entrinnen suchen; derer, die umfassender an den Früchten der Zivilisation teilnehmen und ihre Begabung wirksamer zur Geltung bringen wollen, die entschieden ihre vollere Entfaltung erstreben. Das Zweite Vatikanische Konzil wurde vor kurzem abgeschlossen. Seither steht das, was das Evangelium in dieser Frage fordert, klarer und lebendiger im Bewußtsein der Kirche. Es ist ihre Pflicht, sich in den Dienst der Menschen zu stellen, um ihnen zu helfen, dieses schwere Problem in seiner ganzen Breite anzupacken, und sie in diesem entscheidenden Augenblick der Menschheitsgeschichte von der Dringlichkeit gemeinsamen Handeln zu überzeugen" (*Populorum progressio*, Nr. 1).

(60) „Die Entwicklungshilfe braucht immer mehr Techniker. Noch nötiger freilich hat sie weise Menschen mit tiefen Gedanken, die nach einem neuen Humanismus Ausschau halten, der den Menschen von heute sich selbst finden läßt, im Ja zu den hohen Werten der Liebe, der Freundschaft, des Gebets, der Betrachtung. Nur so kann sich die wahre Entwicklung voll und ganz erfüllen, die für den einzelnen, die für die Völker der Weg von weniger menschlichen zu menschlicheren Lebensbedingungen ist" (*Populorum progressio*, Nr. 20).

„Weniger menschlich: das sind die materiellen Nöte derer, denen das Existenzminimum fehlt; das ist die sittliche Not derer, die von Egoismus zerfressen sind. Weniger menschlich: das sind die Züge der Gewalt, die im Mißbrauch des Besitzes oder der Macht ihren Grund haben, in der Ausbeutung der Arbeiter, in ungerechtem Geschäftsgebaren. Menschlicher: das ist der Aufstieg aus dem Elend zum Besitz des

Lebensnotwendigen, die Überwindung der sozialen Mißstände, die Erweiterung des Wissens, der Erwerb von Bildung. Menschlicher: das ist das deutlichere Wissen um die Würde des Menschen, das Ausrichten auf dem Geist der Armut, die Zusammenarbeit zum Wohle aller, der Wille zum Frieden.

Menschlicher: das ist die Anerkennung letzter Werte von seiten des Menschen und die Anerkennung Gottes, ihrer Quelle und ihres Zieles. Menschlicher: das ist endlich vor allem der Glaube, Gottes Gabe, angenommen durch des Menschen guten Willen, und die Einheit in der Liebe Christi, der uns alle ruft, als Kinder am Leben des lebendigen Gottes teilzunehmen, des Vaters aller Menschen" (*Populorum progressio*, Nr. 21).

(62) „Wenn wir im vorliegenden Dokument wiederum auf dieses Problem (der menschlichen Arbeit) zurückkommen ..., ... dann nicht so sehr in der Absicht, die bisherigen Aussagen des kirchlichen Lehramtes aufzugreifen und zu wiederholen. Vielmehr geht es darum ..., daß die menschliche Arbeit ein Schlüssel und wohl der wesentliche Schlüssel in der gesamten sozialen Frage ist, wenn wir sie wirklich vom Standpunkt des Wohls für den Menschen betrachten wollen" (*Laborem exercens*, Nr. 3).

(63) „Die Kirche ist überzeugt, daß die Arbeit eine fundamentale Dimension der Existenz des Menschen auf Erden darstellt. Diese Überzeugung wird ihr auch vom Blick auf den Erkenntnisschatz der zahlreichen Wissenschaften bestätigt, deren Objekt der Mensch ist: Anthropologie, Paläontologie, Geschichte, Soziologie, Psychologie usw.: Alle scheinen diese Tatsache unwiderlegbar zu beweisen. Vor allem aber schöpft die Kirche diese ihre Überzeugung aus dem geoffenbarten Wort Gottes, wodurch ihr die Überzeugung des Verstandes zugleichzur Überzeugung des Glaubens wird. Der Grund dafür ist – und es lohnt sich, das von allem Anfang an zu beachten, daß die Kirche an den Menschen glaubt: Nicht nur im Licht der geschichtlichen Erfahrung, nicht nur mit Hilfe der verschiedenen Methoden wissenschaftlicher Erkenntnisse denkt sie an den Menschen und wendet sich ihm zu, sondern in erster Linie im Licht des geoffenbarten Wortes des lebendiges Gottes" (*Laborem exercens*, Nr. 4).

(75) „Die politische Gemeinschaft und die Kirche sind auf je ihrem Gebiet voneinander unabhängig und autonom. Beide aber dienen, wenn auch in verschiedener Begründung, der persönlichen und gesellschaftlichen Berufung der gleichen Menschen ... Diesen Dienst können beide zum Wohl aller um so wirksamer leisten, je mehr und besser sie rechtes Zusammenwirken miteinander pflegen; dabei sind jeweils die Umstände von Ort und Zeit zu berücksichtigen. Der Mensch ist ja nicht auf die zeitliche Ordnung beschränkt, sondern inmitten der menschlichen Geschichte vollzieht er ungeschmälert seine ewige Berufung. Die Kirche aber, in der Liebe des Erlösers begründet, trägt dazu bei, daß sich innerhalb der Grenzen einer Nation und im Verhältnis zwischen den Völkern Gerechtigkeit und Liebe entfalten. Indem sie nämlich die Wahrheit des Evangeliums verkündet und alle Bereiche menschlichen Handelns durch ihre Lehre und das Zeugnis der Christen erhellt, achtet und fördert sie auch die politische Freiheit der Bürger und ihre Verantwortlichkeit" (*Gaudium et spes*, Nr. 76).

(78) „Aus der gesellschaftlichen Natur des Menschen geht hervor, daß der Fortschritt der menschlichen Person und das Wachsen der Gesellschaft als solcher sich gegenseitig bedingen. Wurzelgrund nämlich, Träger und Ziel aller gesellschaftlichen Institutionen ist und muß auch sein die menschliche Person, die ja von ihrem Wesen selbst her des gesellschaftlichen Lebens durchaus bedarf" (*Gaudium et spes*, Nr. 25).

(87) „... so muß doch allzeit unverrückbar jener höchst gewichtige sozial-philosophische Grundsatz festgehalten werden, an dem nicht zu rütteln noch zu deuteln ist: wie dasjenige, was der Einzelmensch aus eigener Initiative und mit seinen eigenen Kräften leisten kann, ihm nicht entzogen und der Gesellschaftstätigkeit zugewiesen werden darf, so verstößt es gegen die Gerechtigkeit, das, was die kleineren und untergeordeten Gemeinwesen leisten und zum guten Ende führen können, für die weitere und übergeordnete Gemeinschaft in Anspruch zu nehmen; zugleich ist es überaus nachteilig und verwirrt die ganzen Gesellschaftsordnung. Jedwede Gesellschaftstätigkeit ist ja ihrem Wesen und Begriff nach subsidiär; sie soll die Glieder des Sozialkörpers unterstützen, darf sie aber niemals zerschlagen oder aufsaugen" (*Quadragesimo anno*).

(90) „Während der Fortschritt von Wissenschaft und Technik den äußeren Lebensbereich der Menschen gewaltig verändert hat und neue Denk- und Arbeitsformen, wie auch neue Kontakte unter den Menschen brachte, machen sich unter diesen Lebensverhältnissen von heute immer deutlicher zwei Bestrebungen bemerkbar. Je mehr nämlich das allgemeine Wissen und die Bildung zunehmen, um so mehr machen sich diese beiden Ausdrucksformen der menschlichen Würde und Freiheit geltend: der Anspruch auf Gleichheit und der Anspruch auf Mitbestimmung" (*Octogesima adveniens*, Nr. 22).

(93) „Von Sozialisierung kann man nur dann sprechen, wenn der Subjektcharakter der Gesellschaft garantiert ist, das heißt wenn jeder aufgrund der eigenen Arbeit den vollen Anspruch hat, sich zugleich als Miteigentümer der großen Werkstätte zu betrachten, in der er gemeinsam mit allen anderen arbeitet. Ein Weg auf dieses Ziel hin könnte sein, die Arbeit soweit wie möglich mit dem Eigentum am Kapital zu verbinden und eine große Vielfalt mittlerer Körperschaften mit wirtschaftlicher, sozialer oder kultureller Zielsetzung ins Leben zu rufen: Körperschaften, die ihre spezifischen Ziele in ehrlicher Zusammenarbeit und mit Rücksicht auf die Forderungen des Gemeinwohls verfolgen und sich in Form und Wesen als lebensvolle Gemeinschaften erweisen, so daß sie ihre Mitglieder als Personen betrachten und behandeln und zu aktiver Teilnahme an ihrem Leben anregen" (*Laborem exercens*, Nr. 14, 7).

(100) „Das Zusammenleben der Menschen ist deshalb, Ehrwürdige Brüder und geliebte Söhne, als ein vordringlich geistiges Geschehen aufzufassen. In den geistigen Bereich gehören nämlich die Forderungen, daß die Menschen im hellen Licht der Wahrheit ihre Erkenntnisse untereinander austauschen, daß sie ihre Rechte wahrzunehmen und ihre Pflicht zu erfüllen in den Stand gesetzt werden, daß sie angespornt werden, die geistigen Güter zu erstreben, daß sie aus jeder ehrenhaften Sache, wie immer sie beschaffen sein mag, einen Anlaß zu gemeinsamer recht-

schaffener Freude gewinnen, daß sie in unermüdlichem Wollen das Beste, was sie haben, einander mitzuteilen und voneinander zu empfangen suchen. Diese Werte berühren und lenken alles, was sich auf Wissenschaft, Wirtschaft, soziale Einrichtungen, Entwicklung und Ordnung des Staates, Gesetzgebung und schließlich auf alle übrigen Dinge bezieht, die äußerlich das menschliche Zusammenleben ausmachen und in ständigem Fortschritt entwickeln" (*Pacem in terris*).

„Es ist nicht schwer festzustellen, daß in der heutigen Welt wieder ein Sinn für Gerechtigkeit erwacht ist; er ist weit verbreitet ... Die Kirche teilt mit dem Menschen unserer Zeit dieser tiefen brennenden Wunsch nach einem in jeder Hinsicht gerechten Leben und versäumt es nicht, die verschiedenen Aspekte der Gerechtigkeit, wie sie das Leben der Menschen und der Gesellschaftsgruppen fordert, zu durchdenken. Das bestätigt der Bereich der katholischen Soziallehre, die sich im Lauf der letzten hundert Jahre machtvoll entwickelt hat. ... Man kann jedoch schwerlich darüber hinwegsehen, daß die Programme, die von der Idee der Gerechtigkeit ausgehen und deren Verwirklichung im Zusammenleben der Menschen, der menschlichen Gruppen und Gesellschaften dienen sollen, in der Praxis oft arg entstellt werden. Obwohl sie sich dann weiter auf die Idee der Gerechtigkeit berufen, gewissen – so lehrt die Erfahrung – negative Kräfte, wie etwa Groll, Haß oder gar Grausamkeit die Oberhand. In diesem Fall wird das Verlangen, den Feind zu vernichten, seine Freiheit einzuschränken oder ihm eine vollständige Abhängigkeit aufzuerlegen, zum eigentlichen Beweggrund des Handelns; dies widerspricht dem Ursinn von Gerechtigkeit, die ihrem Wesen nach darauf abzielt, Gleichheit und Gleichstellung zwischen den streitenden Parteien zu erreichen. ... Die Erfahrung der Vergangenheit und auch unserer Zeit lehrt, daß die Gerechtigkeit allein nicht genügt, ja, zur Verneinung und Vernichtung ihrer selbst führen kann, wenn nicht einer tieferen Kraft – der Liebe – die Möglichkeit geboten wird, das menschliche Leben in seinen verschiedenen Bereichen zu prägen" (*Dives in misericordia*, Nr. 12, 1, 2, 3).

(101) „Die Solidarität ist eine direkte Forderung der menschlichen und übernatürlichen Brüderlichkeit. Die schwerwiegenden sozialwirtschaftlichen Probleme, die sich heute stellen, können nur gelöst werden, wenn man neue Allianzen der Solidarität bildet. Solidarität der Armen untereinander; Solidarität mit den Armen, zu der die Reichen aufgefordert sind, Solidarität der Arbeiter und mit den Arbeitern" (Kongregation für die Glaubenslehre, Instruktion *Liberatatis consienctia* über die christliche Freiheit und die Befreiung, Nr. 89).

„Die Verschuldung der Entwicklungsländer muß in dem größeren Zusammenhang der wirtschaftlichen, politischen und technologischen Beziehungen gesehen werden, die die wachsende Interdependenz zwischen den Ländern und die Notwendigkeit eines internationalen konzertierten Vorgehens zum Zwecke des Gemeinwohls deutlich werden lassen. Diese Interdependenz muß, wenn sie gerecht sein soll, neue und erweiterte Formen der Solidarität hervorbringen, die die Gleichheit der Würde aller Völker achten, anstatt zur Vorherrschaft der Stärkeren, zu nationalem Egoismus, zu Ungleichheit und Ungerechtigkeit zu führen"

(Päpstliche Kommission „Iustitia et Pax", *Im Dienste der menschlichen Gemeinschaft: ein ethischer Ansatz zur Überwindung der internationalen Schuldenkrise*, I, 1).

(102) „Die Lösung für den größten Teil der sehr schwerwiegenden Probleme des Elends findet sich daher in der Förderung einer echten Zivilisation der Arbeit. Die Arbeit ist in gewisser Weise der Schlüssel zu der ganzen Sozialfrage. ... Wenn das System der Arbeitsbeziehungen, das von den unmittelbar Beteiligten, den Arbeitnehmern und Arbeitgebern, mit der unerläßlichen Hilfe der öffentlichen Hand geschaffen wird, es zustande bringt, eine Zivilisation der Arbeit hervorzubringen, so wird es in der Mentalität der Völker und bis in die institutionellen und politischen Grundlagen hinein eine tiefgreifende friedliche Revolution bewirken" (Kongregation für die Glaubenslehre, Instruktion *Libertatis conscientia* über die christliche Freiheit und die Befreiung, Nr. 83).

(104) „Produktion und Handel sind fast zum Monopol von wenigen geworden, und so konnten wenige übermäßige Reiche einer Masse von Besitzlosen ein nahezu sklavisches Joch auflegen" (*Rerum novarum*).

(106) „Die Folge davon sind gegenseitiges Mißtrauen und Feindschaft, Konflikte und Notlagen. Ihre Ursache und ihr Opfer zugleich ist der Mensch" (*Gaudium et spes*, Nr. 8).

(107) „Die Pflicht zur Solidarität unter den Menschen besteht auch für die Völker: Es ist eine schwere Verpflichtung der hochentwickelten Länder, den aufstrebenden Völker zu helfen". ... Jedes Volk muß mehr und besser produzieren, einmal um seinen eigenen Angehörigen ein wahrhaft menschenwürdiges Leben zu gewährleisten, dann aber auch, um an der solidarischen Entwicklung der Menschheit mitzuarbeiten. Bei der wachsenden Not der unterentwickelten Länder ist es durchaus in der Ordnung, daß die reichen Länder einen Teil ihrer Produktion zur Befriedigung der Bedürfnisse der anderen abzweigen; und ebenso, daß sie Lehrer, Ingenieure, Techniker, Wissenschaftler ausbilden, die ihr Wissen und Können in den Dienst der anderen stellen" (*Populorum progressio*, Nr. 48).

(108) „Gleichzeitig jedoch ließen verschiedene ideologische Systeme oder Machtgruppierungen sowie neue Beziehungen auf den verschiedenen Ebenen menschlichen Zusammenlebens offene Ungerechtigkeiten weiterbestehen oder haben neue geschaffen" (*Laborem exercens*, Nr. 8.4).

(112) „Im Falle des Marxismus, wie man ihn in der Befreiungstheologie zu gebrauchen beansprucht, drängt sich eine vorgängige Kritik um so mehr auf, als das Denken von Marx eine Weltanschauung darstellt, in der zahlreiche Daten der Beobachtung und der beschreibenden Analyse in eine philosophisch-theologische Struktur integriert sind, die bestimmt, welche Bedeutung und relative Wichtigkeit man diesen Daten zumißt. Die ideologischen a priori werden bei der Lektüre der sozialen Wirklichkeit vorausgesetzt" (Kongregation für die Glaubenslehre, Instruktion *Liberatatis nuntius* über einige Aspekte der „Theologie der Befreiung", VII. 6).

„... so wäre es doch in hohem Grad töricht und gefährlich, ... Elemente der marxistischen Analyse zu übernehmen, ohne ihre Beziehungen zur Lehre selbst in Betracht zu ziehen, und schließlich sich am Klassenkampf zu beteiligen und dabei eine marxistische Deutung zu bejahen, dagegen den gewaltsamen und absolutistischen Charakter der Gesellschaft zu übersehen, zu dem diese Verfahrensweise allmählich führt“ (*Ocotogesima adveniens*, Nr. 34).

(113) „Daher kann der Christ, der nach seinem Glauben leben will und die politische Tätigkeit als Dienst zum Nutzen anderer ausübt, niemals – ohne sich selbst zu widersprechen – jenen Ideologien (ideologischen Systemen) Folge leisten, die von Grund aus oder doch in wesentlichen Stücken ihrer Lehre mit dem Glauben und dessen Menschenbild unvereinbar sind. Folglich kann er auch nicht der marxistischen Ideologie beipflichten, ... Ebenso wenig kann der Christ der liberalistischen Ideologie beipflichten ...“ (*Octogesima adveniens*, Nr. 26).

(117) „Bei diesem neuen Ansturm der Ideologien muß der Christ die Grundsätze und Regeln für sein Handeln den Quellen seines Glaubens und dem Lehramt der Kirche entnehmen, um sich nicht zunächst anziehen und zuletzt einsperren zu lassen in ein Lehrgebäude, über dessen Ziele und Totalitätsanspruch er sich erst zu spät klar wird, wenn er sie nicht bereits in seinen Wurzeln erkannte. Über alle ideologischen Systeme hinausschreitend, ohne deswegen in seinem Einsatz für seine Brüder zu erlahmen, wird er durch die Wahl der Mittel und Wege, für die er sich entscheidet, den besonderen Wertgehalt des christlichen Beitrags zur Bessergestaltung der Gesellschaft erweisen“ (*Octogesima adveniens*, Nr. 36).

(118) „Alle Soziallehren müssen jedoch nicht nur getragen, sie müssen auch verwirklicht werden. Dies gilt für die Soziallehre der Kirche ganz besonders. Ist doch die Wahrheit das Fundament, die Gerechtigkeit ihr Ziel und die Liebe ihre Triebkraft“ (*Mater et magistra*).

(123) „Die Laien sind eigentlich, wenn auch nicht ausschließlich, zuständig für die weltlichen Aufgaben und Tätigkeiten. ... Aufgabe ihres dazu von vornherein richtig geschulten Gewissens ist es, das Gebot Gottes im Leben der profanen Gesellschaft zur Geltung zu bringen“ (*Gaudium et spes*, Nr. 43).

„Das Apostolat im sozialen Milieu, nämlich das Bemühen, Mentalität und Sitte, Gesetz und Strukturen der Gemeinschaft, in der jemand lebt, im Geist Christi zu gestalten, ist so sehr Aufgabe und Pflicht der Laien, daß sie durch andere niemals entsprechend erfüllt werden kann“ (*Apostolicam actuositatem*, Nr. 13).

„Eine der Voraussetzungen für die notwendige theologische Erneuerung ist es, die kirchliche Soziallehre wieder zu betonen. Diese Lehre ist keineswegs abgeschlossen. Im Gegenteil, sie ist offen für alle neuen Fragen, die im Laufe der Zeit auftauchen. ... Die kirchliche Soziallehre bietet die großen ethischen Richtlinien. Damit sie aber direkt das Handeln leiten kann, braucht es kompetente Persönlichkeiten aus Wissenschaft und Technik. Die Hirten sollen auf die Ausbildung solcher kompetenter Persönlichkeiten achten, die tief aus dem Evangelium leben. Es gehört zur ureigenen Sendung der Laien, die Gesellschaft zu formen, hier sind sie höchstpersönlich betroffen“ (Kongregation für die Glaubenslehre, Instruktion *Liberatatis nuntius* über einige Aspekte der „Theologie der Befreiung“, 12, 14).

(127) „In klarer Erkenntnis der Forderungen der Zeit beschäftigt sich eine Reihe katholischer Männer mit dem Studium der sozialen Fragen, und sie verdienen das

höchste Lob für die Hingebung, mit welcher sie die Mittel aufsuchen und erproben, durch welche die Besitzlosen nach und nach in eine bessere Lage versetzt werden können. Wir sehen sie des herrschenden Übelstandes und der materiellen Stellung der Familien und der einzelnen sich annehmen. Sie arbeiten dahin, daß in der gegenseitigen Verbindlichkeit zwischen Arbeitgebern und Arbeitnehmern Billigkeit und Gerechtigkeit zur Geltung kommen. Sie suchen in anerkennenswerter Weise bei beiden Teilen das Gefühl der Pflicht und des Gehorsams gegen die Vorschriften des heiligen Evangeliums zu bekräftigen..." (*Rerum novarum*).

(130) „Es genügt nicht, allgemeine Grundsätze dem Gedächtnis der Menschen einzuhämmern, gute Vorsätze zu beteuern, schreiende Ungerechtigkeiten anzuprangern, mit prophetischem Freimut Strafgerichte anzukündigen; alles das bedeutet nichts, wenn damit nicht verbunden ist das Ernstnehmen der eigenen Verantwortung und ein entsprechend entschlossenes Handeln" (*Octogesima adveniens*, Nr. 48).

(131) „Im Verlauf der Jahre seit der Veröffentlichung der Enzyklika *Rerum novarum* hat die soziale Frage unablässig die Aufmerksamkeit der Kirche auf sich gezogen. Das bezeugen die zahlreichen Aussagen des obersten Lehramtes sowohl der Päpste wie auch des II. Vatikanischen Konzils; das bezeugen die Verlautbarungen der einzelnen Episkopate; das bezeugt ferner die Tätigkeit der verschiedenen Zentren für Studien und für konkrete kirchliche Maßnahmen auf internationaler Ebene wie im Bereich der Ortskirchen" (*Laborum exercens*, Nr. 2).

(135) „Die Kirche, die in keiner Weise hinsichtlich ihrer Aufgabe und Zuständigkeit mit der politischen Gemeinschaft verwechselt werden darf noch auch an irgendein politisches System gebunden ist, ist zugleich Zeichen und Schutz der Transzendenz der menschlichen Person. ... Immer und überall aber nimmt sie das Recht in Anspruch, in wahrer Freiheit den Glauben zu verkünden, ihre Soziallehre kundzumachen, ihren Auftrag unter den Menschen ungehindert zu erfüllen und auch politische Angelegenheiten einer sittlichen Beurteilung zu unterstellen, wenn die Grundrechte der menschlichen Person oder das Heil der Seelen es verlangen" (*Gaudium et spes*, Nr. 76).

(139) „Die Laien haben das Recht, daß ihnen in den Angelegenheiten des irdischen Gemeinwesens jene Freiheit zuerkannt wird, die allen Bürgern zukommt; beim Gebrauch dieser Freiheit haben sie jedoch dafür zu sorgen, daß ihre Tätigkeiten vom Geist des Evangeliums erfüllt sind und sich nach der vom Lehramt der Kirche vorgelegten Lehre zu richten; dabei haben sie sich jedoch davor zu hüten, in Fragen, die der freien Meinungsbildung unterliegen, ihre eigene Ansicht als Lehre der Kirche auszugeben" (*C.I.C.*, can. 227).

(140) § 1: „Die Kleriker haben die Bewahrung von Frieden und Eintracht, die auf Gerechtigkeit beruhen, unter den Menschen so weit als möglich immer zu fördern".

§ 2: „Die aktive parteipolitische Betätigung und die Übernahme von Leitungsfunktionen in Gewerkschaften sind nur mit kirchlicher Genehmigung gestattet, wen sie dem Schutz der Rechte der Kirche oder dem Gemeinwohl förderlich sind" (*C.I.C.*, can. 287).

(145) „Die kirchliche Soziallehre mit dem ihr eigenen Dynamismus geht ihm bei diesem Suchen nach Lösungen zur Hand. Wenn sie auch nicht interveniert, um eine bestehende Struktur kraft ihrer Autorität zu betätigen oder ein vorfabriziertes Muster vorzulegen, beschränkt sie sich doch nicht darauf, einige allgemeine Grundsätze in Erinnerung zu rufen. Nein, sie entfaltet sich durch Überlegung und Forschung in ständiger Anwendung auf den ständigen Wechsel der Dinge dieser Welt, alles unter dem Impuls des Evangeliums als einer Quelle der Erneuerung, sofern nur seine Botschaft und seine Forderungen in ihrem vollen Umfang ernst genommen werden" (*Octogesima adveniens*, Nr. 42).

(146) „In der Seelsorge sollen nicht nur die theologischen Prinzipien, sondern auch die Ergebnisse der profanen Wissenschaften, vor allem der Psychologie und der Soziologie, wirklich beachtet und angewendet werden ..." (*Gaudium et spes*, Nr. 62).

„Im Gebrauch der pädagogischen, psychologischen und soziologischen Hilfsmittel sollen sie methodisch richtig und den Richtlinien der kirchlichen Autorität entsprechend unterrichtet werden ..." (*Optatam totius*, Nr. 20).

(148) „Mag auch die ganze Ausbildung der Alumnen im Seminar ein seelsorgliches Ziel verfolgen, so ist in ihm doch eine pastorale Ausbildung im engeren Sinn einzurichten; in ihr haben die Alumnen die Grundsätze und Fertigkeiten zu lernen, ihren Dienst, das Volks Gottes zu lehren, zu heiligen und zu leiten, auch unter Berücksichtigung der Erfordernisse des Ortes und der Zeit auszuüben" (*C.I.C.*, can. 255).

(150) „Die Bischöfe aber, denen das Amt, die Kirche Gottes zu leiten, anvertraut ist, sollen mit ihren Priestern die Botschaft Christi so verkündigen, daß alle irdischen Tätigkeiten der Gläubigen von dem Licht des Evangeliums erhellt werden" (*Gaudium et spes*, Nr. 43).

(151) „Zudem sollen alle Seelsorger bemüht sein, in ihrer Lebensführung und in ihrem Berufseifer der Welt ein solches Antlitz der Kirche zu zeigen, daß die Menschen sich daran ein Urteil über die Kraft und Wahrheit der christlichen Botschaft bilden können" (*Gaudium et spes*, Nr. 43).

„Durch das Leben muß die Fruchtbarkeit der christlichen Soziallehre nachgewiesen werden; und durch den konkreten Einsatz, das Zeugnis der Arbeit, die wirksame Förderung muß das heilbringende Licht des Evangeliums auf die anderen ausstrahlen" (Johannes Paul II., *Botschaft zum Gedenken des 90. Jahrestages von „Rerum novarum"*, Nr. 3).

Anmerkungen

1 Vgl. *Ratio fundamentalis institutionis sacerdotales (Rahmenordnung für die Priesterausbildung)* (6. Januar 1970; neue Ausgabe: 19. März 1985); Rundschreiben über das *Studium der Philosophie in den Seminarien* (20. Januar 1972); *Leitgedanken für die Erziehung zum priesterlichen Zölibat* (11. April 1974); *Die theologische Ausbildung der künftigen Priester* (22. Februar 1976); *Instruktion über die liturgische Ausbildung der Priesteramtskandidaten* (3. Juni 1979); Rundschreiben: *Aktuelle Hinweise für die Einführung der Priesteramtskandidaten in das geistliche Leben* (6. Januar 1980); *Leitlinien für die Ausbildung der künftigen Priester in den Medien der sozialen Kommunikation* (19. März 1986).

2 Johannes Paul II., Enzyklika *Sollicitudo rei socialis* (30. Dezember 1987), Nr. 41: *AAS*, 80 (1988), S. 571.

3 Leo XIII., Enzyklika *Rerum novarum* (15. Mai 1891), Nr. 2: *Acta Leonis XIII*, 11 (1891), S. 99.

4 Johannes Paul II., Enzyklika *Redemptor Hominis* (4. März 1979), Nr. 16: *AAS*, 71 (1979), S. 293.

5 Paul VI., Apostolisches Schreiben *Octogesima adveniens*, (14. Mai 1971), Nr. 3–4: *AAS*, 63 (1971), S. 402 ff.

6 II. Vatikanisches Konzil, Pastoralkonstitution *Gaudium et spes*, Nr. 3.

7 Johannes XXIII., Enzyklika *Mater et magistra* (15. Mai 1961): *AAS*, 53 (1961), S. 453–454.

8 Pius XII., Ansprache *Animus Noster* an den Akademischen Senat und an die Studierenden der Päpstlichen Universität Gregoriana, Rom (17. Oktober 1953): *AAS*, 45 (1953), S. 687.

9 Kongregation für die Glaubenslehre, Instruktion *Libertatis conscientia* über die christliche Freiheit und die Befreiung (22. März 1986), Nr. 72: *AAS*, 79 (1987), S. 585 f.

10 Johannes Paul II., Enzyklika *Laborem exercens* (14. September 1981), Nr. 3: *AAS*, 73 (1981), S. 583; Enzyklika *Sollicitudo rei socialis* (30. Dezember 1987), Nr. 41: *AAS*, 80 (1988), S. 571.
bezeugen die zahlreichen Aussagen des obersten Lehramtes sowohl der Päpste wie auch des II. Vatikanischen Konzils; das bezeugen die Verlautbarungen der einzelnen Episkopate; das bezeugt ferner die Tätigkeit der verschiedenen Zentren für Studien und für konkrete kirchliche Maßnahmen auf internationaler Ebene wie im Bereich der Ortskirchen" (*Laborum exercens*, Nr. 2).

11 Johannes Paul II., Ansprache *Esta hora* an die III. Generalversammlung des Lateinamerikanisches Episkopats in Puebla (28. Januar 1979), Teil I., Nr. 9: *AAS*, 71 (1979), S. 195.

12 Paul VI., Enzyklika *Populorum progressio* (26. März 1967), Nr. 13: *AAS*, 59 (1967), S. 263.

13 Johannes XXIII., Enzyklika *Mater et magistra* (15. Mai 1961): *AAS*, 53 (1961), S. 453.

14 Paul VI., Apostolisches Schreiben *Evangelii nuntiandi* (8. Dezember 1975), Nr. 29, 31: *AAS*, 68 (1976), S. 25, 26.

15 *Ebd.*, 31: *AAS*, 68 (1976), S. 26.

16 II. Vatikanisches Konzil, Pastoralkonstitution *Gaudium et spes*, Nr. 12 ff.

17 Johannes Paul II., Enzyklika *Laborem Exercens* (14. September 1981), Nr. 1: *AAS*, 73 (1981), S. 580.

18 Johannes XXIII., Enzyklika *Mater et magistra* (15. Mai 1961): *AAS*, 53 (1961), S. 453.

19 Pius XI., Enzyklika *Quadragesimo anno* (15. Mai 1931): *AAS*, 23 (1931), S. 190.

20 Johannes XXIII., Enzyklika *Mater et magistra* (15. Mai 1961): *AAS*, 53 (1961), S. 453.

21 Paul VI., Enzyklika *Populorum progressio* (26. März 1967), Nr. 13: *AAS*, 59 (1967), S. 264.

22 Paul VI., Apostolisches Schreiben *Evangelii nuntiandi* (8. Dezember 1975), Nr. 38: *AAS*, 68 (1976), S. 29 f.; II. Vatikanisches Konzil. Dogm. Konstitution *Lumen Gentium*, Nr. 25.

23 II. Vatikanisches Konzil, Pastoralkonstitution *Gaudium et spes*, Nr. 4.

24 Johannes Paul II., Enzyklika *Laborem exercens* (14. Dezember 1981), Nr. 1: *AAS*, 73 (1981), S. 580.

25 Johannes Paul II., Botschaft *A vous tous* zum Weltfriedenstag 1980 (8. Dezember 1979): *AAS*, 71 (1979), S. 1572 ff.; Paul VI., Apostolisches Schreiben *Octogesima adveniens* (14. Mai 1971), Nr. 4: *AAS*, 63 (1971), S. 403.

26 Johannes Paul II., Enzyklika *Sollicitudo rei socialis* (30. Dezember 1987), Nr. 8: *AAS*, 80 (1988), S. 520.

27 Johannes Paul II., Ansprache *Esta hora* an die III. Generalversammlung des Lateinamerikanischen Episkopats in Puebla (28. Januar 1979), Teil I., Nr. 9: *AAS*, 71 (1979), S. 195, 196.

28 II. Vatikanisches Konzil, Pastoralkonstitution *Gaudium et spes*, Nr. 63.

29 Paul VI., Apostolisches Schreiben *Octogesima adveniens* (14. Mai 1971), Nr. 40: *AAS*, 63 (1971), S. 429.

30 Paul VI., Apostolisches Schreiben *Evangelii nuntiandi* (8. Dezember 1975), Nr. 29: *AAS*, 68 (1976), S. 25.

31 Paul VI., Enzyklika *Populorum progressio* (26. März 1967), Nr. 3: *AAS*, 59 (1967), S. 258, Johannes Paul II., Enzyklika *Laborem exercens* (14. September 1981), Nr. 2: *AAS*, 73 (1981), S. 582; Enzyklika *Sollicitudo rei socialis* (30. Dezember 1987), Nr. 9: *AAS*, 80 (1988), S. 520–523.

32 II. Vatikanisches Konzil, Pastoralkonstitution *Gaudium et spes*, Nr. 76.

33 Johannes Paul II., Enzyklika *Redemptor Hominis* (4. März 1979), Nr. 14: *AAS*, 71 (1979), S. 284.

34 *Ebd.*, S. 284–285.

35 *Mt* 28,19.

36 Johannes Paul II., Enzyklika *Sollicitudo rei socialis* (30. Dezember 1987), Nr. 8: *AAS*, 80 (1988), S. 520.

37 II. Vatikanisches Konzil, Pastoralkonstitution *Gaudium et spes*, Nr. 63.

38 Johannes Paul II., Ansprache *Esta hora* an die III. Generalversammlung des Lateinamerikanischen Episkopats in Puebla (28. Januar 1979), Teil III., Nr. 7: *AAS*, 71 (1979), S. 203.

39 Johannes XXIII., Enzyklika *Mater et magistra* (15. Mai 1961): *AAS*, 53 (1961), S. 453 ff.; Paul VI., Apostolisches Schreiben *Octogesima adveniens* (14. Mai 1971), Nr. 4: *AAS*, 63 (1971), S. 403; Paul VI., Apostolisches Schreiben *Evangelii nuntiandi*, (8. Dezember 1975), Nr. 38: *AAS*, 68 (1976), S. 30; II. Vatikanisches Konzil, Pastoralkonstitution *Gaudium et spes*, Nr. 63, 76.

40 Johannes Paul II., Enzyklika *Laborem exercens* (14. Dezember 1981), Nr. 3: *AAS*, 73 (1981), S. 583; Kongregation für die Glaubenslehre, Instruktion *Libertatis consicientia* über die christliche Freiheit und die Befreiung (22. März 1986), Nr. 44–51: *AAS*, 79 (1987), S. 571–575.

41 *Mt* 11,28–30.

42 *Mk* 1,15.

43 II. Vatikanisches Konzil, Pastoralkonstitution *Gaudium et spes*, Nr. 42–44; Paul VI., Apostolisches Schreiben *Evangelii nuntiandi* (8. Dezember 1975), Nr. 31: *AAS*, 68 (1976), S. 26; Kongregation für die Glaubenslehre, Instruktion *Liberatis conscientia* über die christliche Freiheit und die Befreiung (22. März 1986), Nr. 63–65: *AAS*, 79 (1987), S. 581 ff.

44 Paul VI., Apostolisches Schreiben *Evangelii nuntiandi* (8. Dezember 1975), Nr. 14: *AAS*, 68 (1976), S. 13.

45 Kongregation für die Glaubenslehre, Instruktion *Libertatis consientia* über die christliche Freiheit und die Befreiung (22. März 1986), Nr. 72: *AAS*, 79 (1987), S. 586.

46 *Ebd.*, Nr. 5: *AAS*, 79 (1987), S. 585 ff.

47 Leo XIII., Enzyklika *Rerum novarum* (15. Mai 1891): *Acta Leonis XIII*, 11 (1891), S. 98.

48 Pius XI., Enzyklika *Quadragesima anno* (15. Mai 1931): *AAS*, 23 (1931), S. 191.

49 *Ebd.*: *AAS*, 23 (1931), S. 209 ff.

50 Pius XII., Radioansprache *La solennità della Pentecoste* zum 50. Jahrestag der Enzyklika *Rerum novarum* (1. Juni 1941): *AAS*, 33 (1941), S. 195 ff.; Weihnachts-Radiobotschaften: *Über den Frieden und die internationale Ordnung* aus den Jahren 1939, 1940, 1950, 1951, 1954; *Über die Demokratie* von 1944; *Über die Gefahren der technologischen Auffassung des sozialen Lebens; Über das Unternehmen und die Wirtschaftsordnung* vom 3. Juni 1950 und vom 9. September 1956.

51 Pius XII., Radioansprache *La solennità della Pentecoste* zum 50. Jahrestag der Enzyklika *Rerum novarum* (1. Juni 1941): *AAS*, 33 (1941), S. 204.

52 *Ebd.*: *AAS*, 33 (1941), S. 197.

53 Johannes XXIII., Enzyklika *Mater et magistra* (15. Mai 1961): *AAS*, 53 (1961), S.: 412–413.

54 *Ebd.*: *AAS*, 53 (1961), S. 431–451.

55 *Ebd.*: *AAS*, 53 (1961), S. 412–413.

56 Kongregation für die Glaubenslehre. Instruktion *Libertatis nuntius* über einige Aspekte der „Theologie der Befreiung" (6. August 1984): *AAS*, 76 (1984), S. 876–909; Kongregation für die Glaubenslehre, Instruktion *Liberatatis consientia* über die christliche Freiheit und die Befreiung (22. März 1986): *AAS*, 79 (1987), S. 554–599.

57 II. Vatikanisches Konzil, Pastoralkonstitution *Gaudium et spes*, Nr. 64–65.

58 Paul VI., Enzyklika *Populorum progressio* (26. März 1967), Nr.): *AAS*, 59 (1967), S. 261.

59 *Ebd.*, Nr. 1: *AAS*, 59 (1967), S. 257.

60 *Ebd.*, Nr. 20–21: *AAS*, 59 (1967), S. 267–268.

61 Johannes Paul II., Enzyklika *Laborem exercens* (14. September 1981), Nr. 3: *AAS*, 73 (1981), S. 583.

62 *Ebd.*, Nr. 3: S. 584.

63 *Ebd.*, Nr. 4: S. 584.

64 Kongregation für die Glaubenslehre, Instruktion *Libertatis conscientia* über die christliche Freiheit und die Befreiung (22. März 1986), Nr. 81–91: *AAS*, 79 (1987), S. 591–595.

65 Johannes Paul II., Enzyklika *Sollicitudo rei socialis* (30. Dezember 1987), Nr. 41: *AAS*, 80 (1988), S. 571.

66 Kongregation für die Glaubenslehre, Instruktion *Liberatatis conscientia* über die christliche Freiheit und die Befreiung (22. März 1986): *AAS*, 79 (1987), S. 554–599; Päpstliche Kommission „Iustitia et Pax", Dokument *Im Dienste der menschlichen Gemeinschaft: Ein ethischer Ansatz zur Überwindung der internationalen Schuldenkrise* (27. Dezember 1986): *L'Osservatore Romano* (28. Januar 1987), *Arbeitshilfen* 50; Dokument *Was hast du für deinen obdachlosen Bruder getan? Die Kirche und das Wohnungsproblem* (27. Dezember 1987): *L'Osservatore Romano* (3. Februar 1988); Johannes Paul II., Apostolisches Schreiben *Familiaris consortio* (22. November 1981): *AAS*, 74 (1982), S. 81–191; Kongregation für die Glaubenslehre, *Instruktion über die Achtung vor dem beginnenden menschlichen Leben und die Würde der Fortpflanzung* (22. Februar 1987): *L'Osservatore Romano* (11. März 1987), *Verlautbarungen des Apostolischen Stuhls* 74; Johannes Paul II., Apostolisches Schreiben *Mulieris dignitatem* (15. August 1988): *L'Osservatore Romano* (1. Oktober 1988), *Verlautbarungen des Apostolischen Stuhls* 86.

67 II. Vatikanisches Konzil, Pastoralkonstitution *Gaudium et spes*, Nr. 91.

68 *Ebd.*, Vorwort, Anmerkung 1.

69 Vgl. Johannes XXIII., Enzyklika *Mater et magistra* (15. Mai 1961): *AAS*, 53 (1961), S. 454; Paul VI., Apostolisches Schreiben *Octogesima adveniens* (14. Mai 1971), Nr. 4: *AAS*, 63 (1971), S. 403; Johannes Paul II., Ansprache *Esta hora* an die III. Generalversammlung des Lateinamerikanischen Episkopats in Puebla (28. Januar 1979), Teil III., Nr. 7: *AAS*, 71 (1979), S. 203; Kongregation für die Glaubenslehre, Instruktion *Libertatis conscientia* über die christliche Freiheit und die Befreiung (22. März 1986), Nr. 72: *AAS*, 79 (1987), S. 586.

70 Johannes XXIII., Enzyklika *Mater et magistra* (15. Mai 1961): *AAS*, 53 (1961), S. 453.

71 II. Vatikanisches Konzil, Pastoralkonstitution *Gaudium et spes*, Nr. 17.

72 *Ebd.*, Nr. 12; diese Feststellung von *Gaudium et spes* ist unter der Voraussetzung zu verstehen, daß die Hinordnung der Erde auf den Menschen für den christlichen Glauben nur im Rahmen der Unterordnung des Menschen unter Gott gilt, so daß er die Erde im Gehorsam gegen Gottes Norm aufbaut, sie aber nicht im Namen seines Egoismus zerstört.

73 Kongregation für die Glaubenslehre, Instruktion *Libertatis conscientia* über die christliche Freiheit und die Befreiung (22. März 1986), Nr. 73: *AAS*, 79 (1987), S. 586.

74 II. Vatikanisches Konzil, Pastoralkonstitution *Gaudium et spes*, Nr. 41.

75 *Ebd.*, Nr. 26, 73, 76.

76 Johannes Paul II., Botschaft zum XXI. Weltfriedenstag (8. Dezember 1987), Nr. 1: *Insegnamenti di Giovanni Paolo II*, X, 3 (1987), S. 1334.

77 Johannes Paul II., Enzyklika *Redemptor Hominis* (4. März 1979), Nr. 17: *AAS*, 71 (1979), S. 295 ff.; Botschaft *L'Eglise catholique* an die Unterzeichner des Helsinki Abkommens (1975) über die Freiheit des Gewissens und der Religion (1. September 1980): *AAS*, 72 (1980), S. 1252 ff.; Johannes Paul II., Ansprache *Je désire* an die Vertreter der Vereinten Nationen (2. Oktober 1979), Nr. 6: *AAS*, 71 (1979), S. 1146–1147; Ansprache *Uma cordialissima saudacào* an die Indios des Amazonas (10. Juli 1980): *AAS*, 72 (1980), S. 960 ff.

78 II. Vatikanisches Konzil, Pastoralkonstitution *Gaudium et spes*, Nr. 25.

79 *Ebd.*, Nr. 4.

80 Johannes XXIII., Enzyklika *Mater et magistra* (15. Mai 1961): *AAS*, 53 (1961), S. 453.

81 *Ebd.*: *AAS*, 53 (1961), S. 415 f.

82 Johannes XXIII., Enzyklika *Pacem in terris* (11. April 1963): *AAS*, 55 (1963), S. 272.

83 Johannes XXIII., Enzyklika *Mater et magistra* (15. Mai 1961): *AAS*, 53 (1961), S. 417; vgl. Pius XII., Radioansprache *Con sempre nuova freschezza* (24. Dezember 1942): *AAS*, 35 (1943), S. 13.

84 Johannes XXIII., Enzyklika *Pacem in terris* (11. April 1963): *AAS*, 55 (1963), S. 272.

85 Johannes Paul II., Enzyklika *Sollicitudo rei socialis* (30. Dezember 1987), Nr. 39–40: *AAS*, 80 (1988), S. 566–569.

86 II. Vatikanisches Konzil, Pastoralkonstitution *Gaudium et spes*, Nr. 30–32; Kongregation für die Glaubenslehre, Instruktion *Libertatis conscientia* über die christliche Freiheit und die Befreiung (22. März 1986), Nr. 73: *AAS*, 79 (1987), S. 586; Johannes Paul II., Ansprache *Je désire* bei der 68. Sitzung der Internationalen Arbeitskonferenz (15. Juni 1982): *AAS*, 74 (1982), S. 992 ff.

[87] Pius XI., Enzyklika *Quadragesima anno* (15. Mai 1931): *AAS*, 23 (1931), S. 203; Johannes XXIII., Enzyklika *Pacem in terris* (11. April 1963): *AAS*, 55 (1963), S. 294; Johannes Paul II., Enzyklika *Laborem exercens* (14. September 1981): *AAS*, 73 (1981), S. 616; Kongregation für die Glaubenslehre, Instruktion *Libertatis conscientia* über die christliche Freiheit und die Befreiung (22. März 1986), Nr. 73: *AAS*, 79 (1987), S. 586.

[88] Pius XI., Enzyklika *Quadragesimo anno* (15. Mai 1931): *AAS*, 23 (1931), S. 203; Johannes XXIII., Enzyklika *Mater et magistra* (15. Mai 1961): *AAS*, 53 (1961), S. 409–410, 413; Paul VI. Enzyklika *Populorum progressio* (26. März 1967), Nr. 33: *AAS*, 59 (1967), S. 273–274; Apostolisches Schreiben *Octogesima adveniens* (14. Mai 1971), Nr. 46–47: *AAS*, 63 (1971), S. 433–437; II. Vatikanisches Konzil, Pastoralkonstitution *Gaudium et spes*, Nr. 30–31.

[89] Johannes XXIII., Enzyklika *Pacem in terris* (11. April 1963): *AAS*, 55 (1963), S. 278; II. Vatikanisches Konzil, Pastoralkonstitution *Gaudium et spes*, Nr. 9, 68; Johannes Paul II., Enzyklika *Sollicitudo rei socialis* (30. Dezember 1987), Nr. 44: *AAS*, 80 (1988), S. 576–577.

[90] Johannes XXIII., Enzyklika *Mater et magistra* (15. Mai 1961): *AAS*, 53 (1961), S. 423; Paul VI., Apostolisches Schreiben *Octogesima adveniens* (14. Mai 1971), Nr. 22: *AAS*, 63 (1971), S. 417; Johannes Paul II., Enzyklika *Laborem exercens* (14. September 1981), Nr. 15: *AAS*, 73 (1981), S. 617; Kongregation für die Glaubenslehre, Instruktion *Liberatis conscientia* über die christliche Freiheit und die Befreiung (22. März 1986), Nr. 86: *AAS*, 79 (1987), S. 593.

[91] Pius XII., Radioansprache *Levate capita vestra* (24. Dezember 1952): *AAS*, 45 (1953), S. 37.

[92] Johannes XXIII., Enzyklika *Mater et magistra* (15. Mai 1961): *AAS*, 53 (1961), S. 416.

[93] Johannes Paul II., Enzyklika *Laborum exercens* (14. September 1981), Nr. 14: *AAS*, 73 (1981), S. 612 ff.

[94] Johannes Paul II., Enzyklika *Sollicitudo rei socialis* (30. Dezember 1987), Nr. 42: *AAS*, 80 (1988), S. 573.

[95] II. Vatikanisches Konzil, Pastoralkonstitution *Gaudium et spes*, Nr. 69.

[96] Johannes Paul II., Enzyklika *Laborem exercens* (14. September 1981), Nr. 14: *AAS*, 73 (1981), S. 613.

[97] II. Vatikanisches Konzil, Pastoralkonstitution *Gaudium et spes*, Nr. 36.

[98] Johannes XXIII., Enzyklika *Pacem in terris* (11. April 1963): *AAS*, 55 (1983), S. 259.

[99] Johannes Paul II., Enzyklika *Redemptor Hominis* (4. März 1979), Nr. 16: *AAS*, 71 (1979), S. 290 f.

[100] Johannes XXIII., Enzyklika *Pacem in terris* (11. April 1963): *AAS*, 55 (1963), S. 265 f.; Johannes Paul II., Enzyklika *Dives in misericordia* (30. November 1980), Nr. 5. 12: *AAS*, 72 (1980), S. 1215; Kongregation für die Glaubenslehre, Instruktion *Libertatis conscientia* über die christliche Freiheit und die Befreiung (22. März 1986), Nr. 3, 4, 26, 57: *AAS*, 79 (1987), S. 566 f., 564 f., 578.

[101] Kongregation für die Glaubenslehre, Instruktion *Libertatis conscientia* über die christliche Freiheit und die Befreiung (22. März 1986), Nr. 89–91: *AAS*, 79 (1987), S. 594–595; Päpstliche Kommission „Iustitia et Pax", Dokument *Im Dienste der menschlichen Gemeinschaft: Ein ethischer Ansatz zur Überwindung der internationalen Schuldenkrise* (27. Dezember 1986), Teil III.: *L'Osservatore Romano* (28. Januar 1987), *Arbeitshilfen* 50.

[102] Johannes Paul II., Enzyklika *Laborem exercens* (14. September 1981), Nr. 3, 6, 12, 14: *AAS*, 73 (1981), S. 583, 589 f., 605 f., 612 f.; Kongregation für die Glaubenslehre, Instruktion *Libertatis conscientia* über die christliche Freiheit und die Befreiung (22. März 1986), Nr. 81–87: *AAS*, 79 (1987), S. 591–593.

[103] Kongregation für die Glaubenslehre, Instruktion *Libertatis conscienta* über die christliche Freiheit und die Befreiung (22. März 1986), Nr. 74: *AAS*, 79 (1987), S. 587.

[104] Leo XIII., Enzyklika *Rerum novarum* (15. Mai 1891): *Acta Leonis XIII*, 11 (1891), S. 99.

[105] Pius XI., Enzyklika *Quadragesimo anno* (15. Mai 1931): *AAS*, 23 (1931), S. 219 f.

[106] II. Vatikanisches Konzil, Pastoralkonstitution *Gaudium et spes*, Nr. 8.

[107] Paul VI., Enzyklika *Populorum progressio* (26. März 1967), Nr. 48–49: *AAS*, 59 (1967), S. 281.

[108] Johannes Paul II., Enzyklika *Laborem exercens* (14. September 1981), Nr. 8: *AAS*, 73 (1981), S. 596.

[109] Johannes Paul II., Enzyklika *Sollicitudo rei socialis* (30. September 1987), Nr. 21: *AAS*, 80 (1988), S. 537–539.

[110] II. Vatikanisches Konzil, Dekret *Optatam totius*, Nr. 20.

[111] Johannes Paul II., Enzyklika *Laborem exercens* (14. September 1981), Nr. 1: *AAS*, 73 (1981), S. 580.

[112] Paul VI., Apostolisches Schreiben *Octogesima adveniens* (14. Mai 1971), Nr. 34: *AAS*, 63 (1971), S. 424 f.; Kongregation für die Glaubenslehre, Instruktion *Liberatatis nuntius* über einige Aspekte der „Theologie der Befreiung" (6. August 1984), Teil VII., Nr. 6: *AAS*, 76 (1984), S. 890 f.

[113] Paul VI., Apostolisches Schreiben *Octogesima adveniens* (14. Mai 1971), Nr. 26: *AAS*, 63 (1971), S. 420.

114 Johannes XXIII., Enzyklika *Pacem in terris* (11. April 1963): *AAS*, 55 (1963), S. 300; *Document von Puebla*, Nr. 554–557.

115 Johannes Paul II., Enzyklika *Sollicitudo rei socialis* (30. Dezember 1987), Nr. 41: *AAS*, 80 (1988), S. 571.

116 Johannes Paul II., Enzyklika *Laborem exercens* (14. September 1981), Nr. 12, 14 f.: *AAS*, 73 (1981), S. 605 f., 612 f.

117 Paul VI., Apostolisches Schreiben *Octogesima Adveniens* (14. Mai 1971), Nr. 36: *AAS*, 63 (1971), S. 425.

118 Johannes XXIII., Enzyklika *Mater et magistra* (15. Mai 1961): *AAS*, 53 (1961), S. 455 f.

119 Kongregation für die Glaubenslehre, Instruktion *Libertatis conscientia* über die christliche Freiheit und die Befreiung (22. März 1986), Nr. 76: *AAS*, 79 (1987), S. 558 f.

120 Johannes Paul II., Enzyklika *Redemptor Hominis* (4. März 1979), Nr. 16: *AAS*, 71 (1979), S. 292–293.

121 Johannes Paul II., Enzyklika *Laborem exercens* (14. September 1981), Nr. 8: *AAS*, 73 (1981), S. 596.

122 Kongregation für die Glaubenslehre, Instruktion *Libertatis conscientia* über die christliche Freiheit und die Befreiung (22. März 1986), Nr. 77: *AAS*, 79 (1987), S. 589 f.; Johannes Paul II., Enzyklika *Laborem exercens* (14. September 1981), Nr. 20: *AAS*, 73 (1981), S. 629 ff.

123 II. Vatikanisches Konzil, Pastoralkonstitution *Gaudium et spes*, Nr. 43; Kongregation für die Glaubenslehre, Instruktion *Libertatis conscientia* über die christliche Freiheit und die Befreiung (22. März 1986), Nr. 80: *AAS*, 79 (1987), S. 590 f.; Instruktion *Liberatis nuntius* über einige Aspekte der „Theologie der Befreiung" (6. August 1984), Nr. 12–14: *AAS*, 76 (1984), S. 906 ff.

124 II. Vatikanisches Konzil, Pastoralkonstitution *Gaudium et spes*, Nr. 43; Kongregation für die Glaubenslehre, Instruktion *Libertatis nuntius* über einige Aspekte der „Theologie der Befreiung" (6. August 1984), Nr. 14: *AAS*, 76 (1984), S. 906 ff.

125 II. Vatikanisches Konzil, Dogmatische Konstitution *Lumen gentium*, Nr. 33.

126 Johannes Paul II., Apostolisches Schreiben *Salvifici doloris* (11. Februar 1984): *AAS*, 76 (1984), S. 201 ff.

127 Leo XIII., Enzyklika *Rerum novarum* (15. Mai 1891): *Acta Leonis XIII*, 11 (1891), S. 141 ff.; Pius XI., Enzyklika *Quadragesimo anno* (15. Mai 1931): *AAS*, 23 (1931), S. 182.

128 Johannes XXIII., Enzyklika *Mater et magistra* (15. Mai 1961): *AAS*, 53 (1961), S. 402.

129 II. Vatikanisches Konzil, Dekret *Apostolicam actuositatem*, Nr. 7.

130 Paul VI., Apostolisches Schreiben *Octogesima adveniens* (14. Mai 1971), Nr. 48: *AAS*, 63 (1971), S. 437 f.

131 Johannes Paul II., Enzyklika *Laborem exercens* (14. September 1981), Nr. 2: *AAS*, 73 (1981), S. 581.

132 Johannes Paul II., Ansprache *C'est la deuxième* an die Delegierten der „Caritas internationalis" (30. Mai 1983): *Insegnamenti di Giovanni Paolo II*, VI, 1 (1983), S. 1399 ff.

133 Kongregation für die Glaubenslehre, Instruktion *Libertatis conscientia* über die christliche Freiheit und die Befreiung (22. März 1986), Nr. 66–70: *AAS*, 79 (1987), S. 582–585; Johannes Paul II., Enzyklika *Sollicitudo rei socialis* (30.Dezember 1987), Nr. 42: *AAS*, 80 (1988), S. 572.

134 Johannes Paul II., Enzyklika *Sollicitudo rei socialis* (30. Dezember 1987), Nr. 42: *AAS*, 80 (1988), S. 573.

135 II. Vatikanisches Konzil, Pastoralkonstitution *Gaudium et spes*, Nr. 76; Johannes Paul II., Enzyklika *Sollicitudo rei socialis*, (30. Dezember 1987), Nr. 41: *AAS*, 80 (1988), S. 571.

136 II. Vatikanisches Konzil, Pastoralkonstitution *Gaudium et spes*, Nr. 75.

137 *Ebd.*, Nr. 43.

138 *Ebd.*, Nr. 76; *Dokument von Puebla*, Nr. 521, 523.

139 *C.I.C.*, can. 227.

140 *Dokument von Puebla*, Nr. 526–527; *C.I.C.*, can. 287.

141 Johannes XXIII., Enzyklika *Mater et magistra* (15. Mai 1961): *AAS*, 53 (1961), S. 453.

142 *Mt* 5,13–14; 13,13.24.

143 II. Vatikanisches Konzil, Dekret *Optatam totius*, Nr. 5.

144 *Ebd.*, Nr. 8.

145 Paul VI., Apostolisches Schreiben *Octogesima adveniens* (14. Mai 1971), Nr. 42: *AAS*, 63 (1971), S. 431.

146 II. Vatikanisches Konzil, Pastoralkonstitution *Gaudium et spes*, Nr. 62; Dekret *Optatam totius*, Nr. 20.

147 II. Vatikanisches Konzil, Pastoralkonstitution *Gaudium et spes*, Nr. 43; Dekret *Optatam totius*, Nr. 19.

148 *C.I.C.*, can. 225.

149 *Ebd.*, can. 256.

150 II. Vatikanisches Konzil, Pastoralkonstitution *Gaudium et spes*, Nr. 43.

151 *Ebd.*, Nr. 43.

Instruktion über das Studium der Kirchenväter in der Priesterausbildung

Kongregation für das katholische Bildungswesen vom 10. November

Einführung

1. Angesichts der besonderen Ansprüche, die heute an die theologischen Studien in den Instituten für die Priesterausbildung zu stellen sind, hat sich diese Kongregation seinerzeit mit dem Studium der Kirchenväter im Ganzen beschäftigt.[1] Heute möchte sie in der vorliegenden Instruktion auf einige Einzelprobleme dieses Gebietes eingehen.
Die Aufforderung zu intensiverem Studium der Patristik in den Seminarien und an den theologischen Fakultäten mag manche überraschen. Warum – so könnte man sich fragen – lädt man Professoren und Studenten zur Beschäftigung mit der Vergangenheit ein, wo doch heute in Kirche und Gesellschaft schon zahlreiche schwere Probleme da sind, die dringend gelöst werden müssen? Eine überzeugende Antwort auf diese Frage ergibt sich, wenn man einen Gesamtblick auf die Geschichte der Theologie wirft und aufmerksam einige Besonderheiten des heutigen kulturellen Klimas bedenkt, wenn man ferner auf die tiefreichenden Bedürfnisse und die neuen Ausrichtungen der Spititualität und der Pastoral schaut.

2. Ein Rückblick auf die verschiedenen Etappen der Geschichte der Theologie zeigt, daß das theologische Denken nie auf die Sicherheit und Weisung gebende Präsenz der Väter verzichtet hat. Im Gegenteil war es sich immer lebendig bewußt, daß bei den Vätern etwas Einzigartiges, Unwiederholbares und bleibend Gültiges vorliegt, das weiterlebt und der Flüchtigkeit der Zeit widersteht. Papst Johannes Paul II. hat dazu gesagt: „Die Kirche lebt noch heute von dem Leben, das sie bei ihren Vätern vorfindet; sie wird auch heute noch auf den Strukturen ihrer ersten Baumeister bei der Freude und Mühe ihres Weges und bei ihrer täglichen Last erbaut“.[2]

3. Die Betrachtung des heutigen kulturellen Klimas läßt ferner die zahlreichen Analogien deutlich werden, die die gegenwärtige Zeit trotz der evidenten Unterschiede mit der Epoche der Patristik verbinden. Wie damals, so geht auch heute eine Welt unter und eine andere kommt herauf. Wie damals, so vollzieht die Kirche auf heute eine delikate Unterscheidung der geistigen und kulturellen Werte in einem Prozeß der Assimilierung und der Reinigung, die ihr die Wahrung ihrer Identität gestattet, wobei sie zugleich in der heutigen kulturellen Landschaft den ganzen Reichtum anbieten kann, den die menschliche Ausdruckskraft des Glaubens unserer Welt schenken kann und muß.[3] All das bildet für das Leben der ganzen Kirche und zumal für die Theologie eine Herausforderung, denn wenn diese ihre Aufgaben entsprechend erfüllen soll, muß sie auf die Werke der Väter zurückgreifen, wie sie analog sich an die Heilige Schrift hält.

4. Die Beobachtung der heutigen Wirklichkeit der Kirche zeigt endlich, daß die Bedürfnisse der allgemeinen Pastoral der Kirche und zumal die neuen Strömungen der Spiritua-

lität gediegene Nahrung und verläßliche Quellen der Anregung brauchen. Angesichts der Sterilität so vieler Bemühungen denkt man spontan an den frischen Hauch wahrer Weisheit und christlicher Echtheit, der aus den Werken der Patristik aufsteigt. Dieser Hauch hat bereits, auch in neuerer Zeit, zur Vertiefung zahlreicher liturgischer, ökumenischer, missionarischer und pastoraler Probleme beigetragen, die vom II. Vatikanischen Konzil übernommen wurden und für die Kirche von heute als Quelle der Ermutigung und des Lichtes gelten. Die Väter zeigen auch heute noch ihre Lebenskraft und haben dem, der Theologie studiert oder lehrt viel zu sagen. Aus diesem Grund wendet sich die Kongregation für das katholische Bildungswesen heute an die für die Priesterausbildung Verantwortlichen und legt ihnen einige nützliche Überlegungen über die heutige Situation der patristischen Studien (I), über ihre tieferen Motive (II), über ihre Methoden (III) sowie über ihre konkrete Planung vor (IV).

I. Aspekte der heutigen Situation

Jedes Reden über die oben angedeuteten Themen setzt als Ausgangspunkt die Kenntnis der Situation voraus, in der sich die patristischen Studien heute befinden. Wir fragen also, welcher Platz ihnen heute bei der Vorbereitung der künftigen Priester eingeräumt wird, und welche Weisungen der Kirche dazu vorliegen.

1. Die Väter in den theologischen Studien heute

5. Der heutige Stand der Patristik in den Instituten der Priesterausbildung ist eng mit den allgemeinen Verhältnissen des theologischen Unterrichtes verknüpft: mit seinem Aufbau, seiner Struktur und Grundausrichtung; mit der Qualität und spezifischen Vorbereitung der Dozenten, mit dem intellektuellen und geistlichen Niveau der Alumnen, mit dem Zustand der Bibliotheken und allgemein mit der Verfügbarkeit der didaktischen Mittel. Seine Situation ist daher nicht überall gleich; sie ist nicht nur von Land zu Land verschieden, sondern auch in den verschiedenen Diözesen der einzelnen Nationen. Doch kann man hier auf Ebene der Gesamtkirche sowohl positive Aspekte als auch gewisse Situationen und Tendenzen namhaft machen, die zuweilen für die kirchlichen Studien Probleme stellen.

6. a) Die Einfügung der historischen Dimension in die wissenschaftliche Arbeit der Theologen, die zu Beginn unseres Jahrhunderts begann, hat die Aufmerksamkeit unter anderem auch wieder auf die Kirchenväter gelenkt. Dies erwies sich als außerordentlich vorteilhaft und fruchtbar, weil so eine bessere Kenntnis der christlichen Ursprünge, der Entstehung und der geschichtlichen Entwicklung verschiedener Fragen und Lehren möglich wurde, aber auch, weil das Studium der Väter von einigen wirklich gelehrten und hochgebildeten Fachleuten betrieben wurde, die das lebenswichtige Band zwischen der Überlieferung und den drängendsten Problemen von heute aufzuzeigen wußten. Dank dieses Zugangs zu den Quellen blieben die langwierigen und mühseligen Arbeiten der historischen Forschung nicht auf eine bloße Erforschung der Vergangenheit beschränkt, sondern haben auf die geistlichen und pastoralen Orientierungen der heutigen Kirche

Einfluß gewonnen und zugleich den Weg in die Zukunft aufgezeigt. Natürlicherweise hat die Theologie davon am meisten Vorteil gehabt.

7. b) Dieses Interesse für die Väter geht heute noch weiter, wenn auch unter etwas anderen Verhältnissen. Trotz eines erheblichen allgemeinen Niedergangs der humanistischen Kultur ist da und dort auf patristischem Gebiet ein neues Erwachen zu spüren, das nicht nur ausgezeichnete Gelehrte aus dem Ordens- und Weltklerus, sondern auch zahlreiche Vertreter der Laienschaft erfaßt hat. In letzter Zeit steigt die Publikation sehr guter Sammlungen von Texten der Kirchenväter und wissenschaftlicher Monographien erheblich an, was vielleicht am deutlichsten auf einen wirklichen Hunger nach dem geistlichen Erbe der Väter hinweist; ein tröstliches Zeichen, das sich natürlich auch an den theologischen Fakultäten und in den Seminarien positiv auswirkt. Dennoch weist die Entwicklung auf theologischem und kulturellem Gebiet allgemein gewisse Mängel und manche Hindernisse für eine ernsthafte Arbeit auf, die nicht übergangen werden dürfen.

8. c) Es fehlt heute nich an theologischen Auffassungen und Tendenzen, die im Gegensatz zu den Hinweisen des Dekretes *Optatam totius* (Nr. 16) dem Zeugnis der Väter und allgemein der kirchlichen Überlieferung wenig Aufmerksamkeit schenken und sich auf eine direkte Gegenüberstellung der biblischen Aussagen und der sozialen Wirklichkeit sowie der konkreten Lebensprobleme, die mit Hilfe der Humanwissenschaften analysiert werden, beschränken. Es geht um theologische Strömungen, die von der historischen Dimension der Dogmen absehen, und für die die immensen Bemühungen der patristischen Zeit und des Mittelalters keinerlei wirkliche Wichtigkeit zu besitzen scheinen. In solchen Fällen wird das Studium der Väter nur noch minimal betrieben und praktisch in die globale Ablehnung der Vergangenheit einbezogen. Wie man z. B. bei verschiedenen Theologien unserer Zeit, die vom Strom der Tradition abgelöst sind, sehen kann, wird in diesen Fällen die theologische Forschung entweder auf einen reinen Biblizismus verkürzt, oder sie wird zum Gefangenen des eigenen historischen Horizonts und paßt sich an die verschiedenen modischen Philosophien und Ideologien an. Der praktisch sich selbst überlassene Theologe glaubt Theologie zu betreiben, betreibt aber in Wirklichkeit nur Historizismus, Soziologismus usw., und er verflacht die Gehalte des Credo auf die rein irdische Dimension.

9. d) Negativ wirkt sich auf die patristischen Studien auch eine gewisse Einseitigkeit aus, die heute in verschiedenen Fällen bei den exegetischen Methoden zu beobachten ist. Die moderne Exegese, die sich der Hilfe der historischen Methode und der Literaturkitik bedient, wirft auf die exegetischen Beiträge der Väter einen Schatten, weil sie angeblich allzu sehr vereinfachen und im wesentlichen für eine gründlichere Kenntnis der Heiligen Schrift unnütz sind. Solche Ausrichtungen lassen auf der einen Seite die Exegese verarmen und entstellen sie; sie zerbrechen aber vor allem die natürliche Einheit mit der Tradition und vermindern zweifellos die Hochachtung und das Interesse für die patristischen Werke. Die Exegese der Väter könnte uns dagegen die Augen für weitere Dimensionen der geistlichen Exegese und Hermeneutik öffnen, die die historisch-kritische Methode ergänzen und sie mit tief theologischen Einsichten bereichern würde.

10. e) Neben den Schwierigkeiten, die von gewissen exegetischen Ausrichtungen herkommen, sind auch jene zu erwähnen, die auf verfehlte Auffassungen der Tradition zurückgehen. In einigen Fällen verwendet man statt des Begriffs einer lebendigen Tradition, die voranschreitet und sich im Verlauf der Geschichte entfaltet, einen anderen allzu engen Begriff, der zuweilen als „integristisch" bezeichnet wird und die Tradition auf die bloße Widerholung vergangener Vorstellungen verkürzt und aus ihr einen monolithischen festen Block macht, der für eine berechtigte Entwicklung und das notwendige Antworten des Glaubens auf neue Situationen keinen Raum läßt. Auf diese Weise kommen leicht Vorurteile für die Tradition als solche auf, und diese fördern nicht einen ungestörten Zugang zu den Kirchenvätern. Merkwürdigerweise wirkt sich sogar der Begriff der lebendigen Tradition der Kirche auf die Wertschätzung der Zeit der Kirchenväter ungünstig aus, wenn nämlich Theologen den gleichen Wert sämtlicher geschichtlicher Epochen betonen und dabei nicht genügend den besonderen Charakter des Beitrags der Väter zum gemeinsamen Glaubensgut der Tradition berücksichtigen.

11. f) Viele Theologiestudenten verfügen heute, wenn sie von Schulen technischen Typs herkommen, nicht über jene Kenntnis der klassischen Sprachen, die für eine ernsthafte Beschäftigung mit den Werken der Väter notwendig ist. Daher leidet der Stand der Patristik in den Instituten für Priesterausbildung erheblich unter dem derzeitigen kulturellen Wandel, der in wachsendem Maße vom wissenschaftlichen und technologischen Denken geprägt wird. Dieses betont fast ausschließlich das Studium der Natur- und Humanwissenschaften und vernachlässigt die humanistische Kultur.

12. g) Endlich sind in vielen Instituten der Priesterausbildung die Studienprogramme derart mit verschiedenen neuen Fächern, die man für notwendiger und aktueller hält, überladen, daß für die Patristik nicht genügend Raum bleibt. Diese muß sich daher mit wenigen Wochenstunden begnügen, oder sie wird einfach der alten Kirchengeschichte zugeordnet. Zu diesen Schwierigkeiten kommt in den Bibliotheken häufig das Fehlen von Sammlungen von Vätertexten und geeigneten bibliographischen Hilfen.

2. Die Väter in den Weisungen der Kirche

Die Ausführungen zum derzeitigen Stand der patristischen Studien wären nicht vollständig ohne die Erwähnung der entsprechenden amtlichen Normen der Kirche. Wie sich zeigen wird, stellen diese die theologischen, spirituellen und pastoralen Gehalte in den Werken der Väter deutlich heraus, um diese für die Vorbereitung der zukünftigen Priester fruchtbar zu machen.

13. a) Den ersten Platz nehmen hierbei die Hinweise des II. Vatikanischen Konzils zur theologischen Lehrmethode und zur Rolle der Tradition bei der Interpretation und Übermittlung der Heiligen Schrift ein.
In Nr. 16 des Dekretes *Optatam totius* wird für den dogmatischen Unterricht die genetische Methode vorgeschrieben, die ganz und gar nicht zur Notwendigkeit einer Vertiefung der Geheimnisse der Theologie, um sie „mit dem heiligen Thomas als Meister spekulativ tiefer zu durchdringen und ihren Zusammenhang zu verstehen" (*ebd.*), in Gegensatz

steht. Diese Methode betrachtet in ihrem zweiten Abschnitt den Beitrag der Kirchenväter aus dem Osten und Westen „zur treuen Überlieferung und zur Entfaltung der einzelnen Glaubenswahrheiten" und erläutert ihn. Diese für das Verständis des dogmatischen Fortschritts so wichtige Methode wurde von der kürzlich stattgefundenen außerordentlichen Bischofssynode 1985 erneut bekräftigt (vgl. *Schlußbericht* II, B, Nr. 4).

14. Die Wichtigkeit der Väter für die Theologie und zumal für das Verständnis der Heiligen Schrift ergibt sich ferner sehr klar aus einigen Erklärungen der Konstitution *Dei Verbum* über Wert und Rolle der Tradition:

„Die Heilige Überlieferung und die Heilige Schrift sind eng miteinander verbunden und haben aneinander Anteil ... Die Heilige Überlieferung gibt das Wort Gottes, das von Christus dem Herrn und vom Heiligen Geist den Aposteln anvertraut wurde, unversehrt an deren Nachfolger weiter ...; so ergibt sich, daß die Kirche ihre Gewißheit über alles Geoffenbarte nicht aus der Heiligen Schrift allein schöpft. Daher sollen beide mit gleicher Liebe und Achtung angenommen und verehrt werden" (Nr. 9).

Wie man sieht, bildet die Heilige Schrift, die „die Seele der heiligen Theologie" und ihr „bleibendes Fundament" (Nr. 24) sein muß, mit der Heiligen Überlieferung eine unzertrennliche Einheit, „den einen der Kirche überlassenen heiligen Schatz des Wortes Gottes ... so daß keines ohne das andere besteht" (Nr. 10). Gerade „die Aussagen der heiligen Väter bezeugen die lebensspendende Gegenwart dieser Überlieferung, deren Reichtümer sich in Tun und Leben der glaubenden und betenden Kirche ergießen" (Nr. 8). Trotz der unleugbaren Fortschritte der modernen Exegese bemüht sich daher die Kirche auch heute, „zu einem immer tieferen Verständnis der Heiligen Schriften vorzudringen, um ihre Kinder unablässig mit dem Wort Gottes zu nähren; darum fördert sie auch in gebührender Weise das Studium der Väter des Ostens wie des Westens und der heiligen Liturgien" (Nr. 23).

15. b) Die Kongregation für das katholische Bildungswesen schärft in der *Ratio fundamentalis institutionis sacerdotalis* sowie im Dokument *Die theologische Ausbildung der künftigen Priester* die oben erwähnten Vorschriften des II. Vatikanischen Konzils ein und stellt einige wichtige Aspekte heraus:

Angesichts bestimmter Tendenzen, die dogmatische Theologie zu verkürzen, wird die Integrität und Vollständigkeit der genetischen Methode betont,[4] deren Gültigkeit und deren didaktische Werte[5] wie auch die für ihre richtige Anwendung geforderten Voraussetzungen;[6] dazu wird ausdrücklich auf den historisch-patristischen Abschnitt hingewiesen.[7]

Nach der *Ratio fundamentalis*[8] müssen Professoren und Alumnen in voller Treue dem Wort Gottes in der Heiligen Schrift und in der Überlieferung anhangen und ihren lebendigen Sinn „vor allem aus den Werken der heiligen Väter" gewinnen. Diese verdienen große Hochachtung, weil „ihr Werk zur lebendigen Überlieferung der Kirche gehört, zu der sie nach Fügung der Vorsehung Gottes in einer für eine Synthese von Glauben und Vernunft günstigeren Zeit bleibend wertvolle Beiträge geliefert haben".[9] Ein besseres Vertrautwerden mit den Vätern darf als das wirksamste Mittel zum Entdecken der lebendigen Kraft der theologischen Ausbildung[10] und vor allem zum Eindringen in die Dynamik der

Tradition gelten, „die vor einem übertriebenen Individualismus bewahrt und objektives Denken garantiert".[11]
Damit solche Mahnungen nicht toter Buchstabe blieben, wurden im erwähnten Dokument über *Die theologische Ausbildung der künftigen Priester* einige Normen für das systematische Studium der Patristik erlassen (Nr. 85–88).

16. c) Im Verlauf der letzten Jahrzehnte wurden die Impulse für das Studium der Väter, die das Konzil und die Kongregation für das katholische Bildungswesen gegeben hatten, bei verschiedenen Gelegenheiten von den Päpsten neu hervorgehoben. Ihre Äußerungen zeichnen sich wie die ihrer Vorgänger durch den Reichtum ihrer Gesichtspunkte und ihre Bedeutsamkeit für die heutige theologische und geistige Lage aus.
„Das Studium der Väter ist für alle von großem Nutzen, aber eine gebieterische Notwendigkeit für jene, denen die vom Konzil eingeleitete theologische, pastorale und geistliche Erneuerung am Herzen liegt, und die dabei mitwirken möchten. Bei ihnen finden sich nämlich bleibende Gesichtspunkte, die für jede echte Erneuerung grundlegend sind".[12] Das patristische Denken ist christozentrisch;[13] ein Bespiel für eine einheitliche, lebendige und im Kontakt mit den Problemen des pastoralen Dienstes gereifte Theologie;[14] ein sehr gutes Vorbild für die Katechese,[15] eine Quelle für die Kenntnis der Heiligen Schrift und der Überlieferung,[16] wie auch für die Kenntnis des ganzen Menschen und der echten christlichen Identität.[17] Die Väter bilden nämlich „eine feste Struktur der Kirche, und sie erfüllen für die Kirche aller Jahrhunderte eine bleibende Funktion. Wenn daher die spätere Verkündigung und Lehraussage echt sein will, dann muß sie sich an ihrer Verkündigung und an ihrem Lehramt messen; jedes Charisma und jeder Dienst muß mit der lebenswichtigen Quelle ihrer Vaterschaft in Verbindung stehen; jeder Stein, der dem Bau neu hinzugefügt wird ... muß sich in die von ihnen bereits geschaffenen Strukturen einfügen sowie sich mit diesen verfestigen und verknüpfen".[18]
Es fehlt also nicht an Anregungen zu einem intensiveren Studium der Patristik. Sie liegen sogar zahlreich vor und sind gut motiviert. Um die Anregungen aber noch zu verdeutlichen, erscheint es nützlich, im folgenden einige Begründungen hinzuzufügen.

II. Warum soll man die Kirchenväter studieren?

17. Offensichtlich können die patristischen Studien das notwendige wissenschaftliche Niveau nur erreichen und die erhofften Früchte bringen, wenn sie ernsthaft und liebevoll gepflegt werden. Die Erfahrung lehrt nämlich, daß die Väter ihren Reichtum an Lehre und Spiritualität nur dem erschließen, der sich tiefer einzudringen müht und immer mehr mit ihnen vertraut wird. Dozenten und Alumnen müssen sich daher wirklich anstrengen, und dafür kann man folgende Hauptmotive anführen: 1) Die Väter sind privilegierte Zeugen der Überlieferung; 2) sie haben uns eine theologische Methode überliefert, die zugleich lichtvoll und sicher ist; 3) ihre Schriften bieten einen kulturellen, spirituellen und apostolischen Reichtum, der sie zu großen Lehrern der Kirche von gestern und heute macht.

1. Privilegierte Zeugen der Überlieferung

18. Unter den verschiedenen Werten und Aufgaben, welche die Dokumente des Lehramtes den Vätern zuerkennen, steht an erster Stelle, daß sie privilegierte Zeugen der Überlieferung sind. Im Strom der lebendigen Überlieferung, der sich von den Anfängen des Christentums die Jahrhunderte hindurch bis in unsere Tage ergießt, nehmen sie eine ganz besondere Stellung ein, die sie gegenüber den anderen Führergestalten der Kirchengeschichte unverwechselbar macht. Sie haben nämlich die ersten tragenden Strukturen der Kirche sowie lehrhafte und pastorale Haltungen ausgeprägt, die für alle Zeiten gültig bleiben.

19. a) In unserem christlichen Bewußtsein sind die Väter immer mit der Überlieferung verbunden, da sie zugleich deren Führergestalten und Zeugen sind. Sie stehen der Reinheit der Ursprünge näher; einige von ihnen sind Zeugen der apostolischen Überlieferung, also einer Quelle, aus der die Überlieferung ihren Ursprung herleitet; zumal die Väter der ersten Jahrhunderte können als Autoren und Exponenten einer konstitutiven Überlieferung gelten, die spätere Zeiten zu bewahren und ständig zu entfalten haben. In jedem Fall haben die Väter übermittelt, was sie empfangen hatten, „sie haben die Kirche das gelehrt, was sie von der Kirche gelernt hatten“;[19] „was sie in der Kirche vorfanden, haben sie festgehalten; was sie gelernt haben, haben sie gelehrt; was sie von den Vätern empfangen hatten, haben sie an die Söhne weitergegeben“.[20]

20. b) Geschichtlich betrachtet ist die Zeit der Väter die Zeit einiger wichtiger Erstlinge der Kirchenordnung. Sie haben „den ganzen Kanon der Heiligen Bücher“ festgelegt,[21] die grundlegenden Glaubensbekenntnisse (regulae fidei) formuliert, das Glaubensdepositum gegenüber den zeitgenössischen Häresien und den Kulturen verdeutlicht und so die Theologie eingeleitet. Sie sind es weiter, die die Grundlagen für die kirchenrechtliche Disziplin (*statuta patrum, traditiones patrum*) gelegt und die ersten Gestalten der Liturgie geschaffen haben, die ein verbindlicher Bezugspunkt für alle späteren liturgischen Reformen bleiben. Die Väter haben damit auf die Heilige Schrift die erste bewußte und überlegte Antwort gegeben und sie nicht als bloß abstrakte Theorie, sondern als tägliche pastorale Praxis der Erfahrung und Lehre im Herzen der liturgischen Versammlungen formuliert, die ja zum Bekenntnis des Glaubens und zur Feier des Kultes des auferstandenen Herrn zusammenkamen. So waren sie die Schöpfer der ersten großen christlichen Katechese.

21. c) Die Überlieferung, deren Zeuge die Väter sind, ist eine lebendige Überlieferung, die die Einheit in der Verschiedenheit sowie die Kontinuität im Fortschritt zeigt. Dies kann man an der Vielfalt der liturgischen Familien, der geistlichen, disziplinären und exegetisch-theologischen Überlieferungen sehen, die in den ersten Jahrhunderten da waren (z. B. die Schulen von Alexandrien und von Antiochien); unterschiedliche Überlieferungen, die aber alle im festen und unveränderlichen gemeinsamen Fundament des Glaubens geeint und verwurzelt waren.

22. d) Die Überlieferung, wie die Väter sie kannten und lebten, gleicht daher keinem monolithischen, unbeweglichen und toten Block, sondern einem vielfältigen und von Le-

ben sprühenden Organismus. Sie ist eine Praxis des Lebens und der Lehre, die auf der einen Seite Unklarheiten, Spannungen und als vorläufig gedachte Forschungen kennt, auf der anderen aber auch rechtzeitige und mutige Entscheidungen von großer Originalität und entscheidender Wichtigkeit. Der lebendigen Überlieferung der Väter folgen bedeutet nicht, sich an die Vergangenheit als solche klammern, vielmehr mit einem Gefühl der Sicherheit und mutigen Freiheit der Linie des Glaubens anhangen und sich dabei ständig am Fundament orientieren: am Wesentlichen, das bleibt und sich nicht ändert. Es geht um eine absolute, in vielen Fällen „bis zum Vergießen des Blutes" durchgehaltene und bewährte Treue zum Dogma und jenen moralischen und disziplinären Grundsätzen, die ihre unersetzliche Funktion und ihre Fruchtbarkeit gerade dann zeigen, wenn neue Dinge hochkommen.

23. e) Die Väter sind also Zeugen und Garanten einer echten katholischen Tradition, und daher ist und bleibt ihre Autorität bei theologischen Fragen immer gewichtig. Wenn es notwendig war, die Abwegigkeit gewisser Denkrichtungen anzuprangern, hat sich die Kirche immer auf die Väter als Garanten der Wahrheit berufen. Verschiedene Konzilien, z. B. die von Chalzedon und Trient, beginnen ihre feierlichen Erklärungen mit einer Berufung auf die patristische Überlieferung und verwenden die Formel: „Im Gefolge der heiligen Väter ... usw.". Auf sie bezieht man sich sogar in Fällen, wo die Frage an sich bereits durch Berufung auf die Heilige Schrift gelöst ist.
Auf dem Konzil von Trient[22] und auf dem I. Vatikanischen Konzil[23] wurde ausdrücklich der Grundsatz verkündet, die einmütige Übereinstimmung der Väter bilde eine sichere Regel für die Auslegung der Schrift, ein Grundsatz, der in der Geschichte der Kirche immer lebendig war und angewandt wurde. Er ist identisch mit dem Normcharakter der Überlieferung, den Vinzenz von Lerin[24] und vorher schon der hl. Augustinus formuliert hat.

24. f) Die Beispiele und Lehren der Väter als Zeugen der Überlieferung wurden besonders auf dem II. Vatikanischen Konzil hervorgehoben und geschätzt, das gerade durch sie ein lebendigeres Bewußtsein der Kirche von sich selber gewinnen und den sicheren Weg zumal für die liturgische Erneuerung, für einen fruchtbaren ökumenischen Dialog sowie für die Begegnung mit den nichtchristlichen Religionen aufzeigen konnte. Es machte nämlich für die heutigen Verhältnisse das alte Prinzip der Einheit in der Verschiedenheit und des Fortschritts in der Kontinuität der Überlieferung fruchtbar.

2. Theologische Methode

25. Der delikate Prozeß der Einfügung des Christentums in die Welt der antiken Kultur sowie die Notwendigkeit, die Inhalte der christlichen Botschaft gegenüber der heidnischen Kultur und den Häresien klarzustellen, regten die Väter zur vernunftbezogenen Vertiefung und Darstellung des Glaubens mit Hilfe der Kategorien des am besten in den Philosophien ihrer Zeit und zumal in der besonders reich ausgearbeiteten hellenistischen Philosophie entwickelten Denkens an. Eine ihrer wichtigsten historischen Aufgaben war der Aufbau der theologischen Wissenschaft und die Festlegung einiger Koordinaten und

Normen des Vorgehens in ihrem Dienst, die sich auch für die kommenden Jahrhunderte als gültig und fruchtbar erwiesen, wie es der hl. Thomas von Aquin in größter Treue zur Lehre der Väter in seinem Werk darlegen sollte.
Bei diesem Wirken als Theologen zeigen sich bei den Vätern einige besondere Haltungen und Gedanken, die von großem Interesse sind, und die man sich auch heute bei den kirchlichen Studien vor Augen halten muß:
a) ihr ständiges Zurückgreifen auf die Heilige Schrift und der Sinn für die Überlieferung:
b) das Bewußtsein von der Originalität des Christentums, trotz Anerkennung der in der heidnischen Kultur enthaltenen Wahrheiten;
c) die Verteidigung des Glaubens als höchstes Gut sowie die ständige Vertiefung des Gehaltes der Offenbarung;
d) der Sinn für das Geheimnis und die Erfahrung des Göttlichen.

a) Der Rückgriff auf die Heilige Schrift, der Sinn für die Überlieferung

26. a) Die Väter sind an erster Stelle und im wesentlichen Kommentatoren der Heiligen Schrift: „divinorum librorum tractatores".[25] Gewiß zeigt ihre Arbeit hier von unserem heutigen Gesichtspunkt aus gewisse unleugbare Grenzen. Sie kannten unsere philologischen, geschichtlichen und anthropologisch-kulturellen Hilfsmittel nicht und konnten sie nicht kennen; auch waren ihnen die Forschungsthemen, die wissenschaftliche Dokumentation und Arbeit, wie sie der modernen Exegese zur Verfügung stehen, unbekannt, und daher muß ein Teil ihrer exegetischen Arbeit als hinfällig gelten. Doch sind ihre Verdienste für ein besseres Verständnis der Heiligen Bücher dennoch unermeßlich. Sie bleiben für uns wahre Meister, und man kann sagen, unter vielen Gesichtspunkten sind sie den Exegeten des Mittelalters und der modernen Zeit überlegen, wegen „einer Art unmittelbarer Intuition der himmlischen Dinge, einer bewundernswerten Tiefsicht des Geistes, mit denen sie in größere Tiefen des göttlichen Wortes hinabreichten".[26] Das Beispiel der Väter kann die modernen Exegeten einen wahrhaft religiösen Zugang zur Heiligen Schrift wie auch eine Interpretation lehren, die sich ständig an das Kriterium der Gemeinschaft mit der Erfahrung der Kirche hält, die unter Führung des Heiligen Geistes durch die Geschichte wandelt. Werden diese beiden Deutungsgrundsätze, der religiöse und der spezifisch katholische, außer Acht gelassen oder vergessen, erweisen sich die modernen exegetischen Studien oft als verarmt und verfälscht. Die Heilige Schrift war für die Väter ein Gegenstand bedingungsloser Verehrung, Fundament des Glaubens und ständiges Predigtthema, Nahrung für ihre Frömmigkeit und Seele der Theologie. Sie haben immer an ihrem göttlichen Ursprung, an ihrer Irrtumslosigkeit und normgebenden Autorität, endlich an ihrem unerschöpflichen Reichtum an Kraft für Spiritualität und Lehre festgehalten. Es mag hier genügen, an das zu erinnern, was der hl. Irenäus über die Schriften geschrieben hat. Sie „sind vollkommen, weil vom Wort Gottes und seinem Geist eingegeben",[27] die vier Evangelien aber sind „das Fundament und die Säule unseres Glaubens".[28]

27. b) Die Theologie ist aus der exegetischen Tätigkeit der Väter „inmitten der Kirche" und zumal in den liturgischen Versammlungen entstanden, in Kontakt mit den geistlichen

Bedürfnissen des Volkes Gottes. Diese Exegese, in der sich das geistliche Leben mit dem rationalen theologischen Denken verbindet, zielt immer auf das Wesentliche, wenn auch in Treue zum gesamten heiligen Glaubensdepositum. Sie ist gänzlich auf das Geheimnis Christi konzentriert, auf das sie alle Einzelwahrheiten in einer wunderbaren Synthese bezieht. Statt sich in zahlreiche Randprobleme zu verlieren, suchen die Väter das Ganze des christlichen Geheimnisses zu umfassen, indem sie der Grundbewegung der Offenbarung und der Heilsökonomie folgen, die von Gott über Christus zur Kirche geht, dem Sakrament der Vereinigung mit Gott und Ausspenderin der göttlichen Gnade, um zu Gott zurückzukehren. Dank dieser Einsicht, die auf ihren lebendigen Sinn für die Gemeinschaft der Kirche, auf ihre Nähe zu den christlichen Ursprüngen sowie auf ihre Vertrautheit mit der Schrift zurückgeht, betrachten die Väter das Ganze in seinem Kern, machen dieses Ganze in jedem einzelnen Teil voll präsent und verbinden jede Randfrage mit ihm. Den Vätern auf diesem ihrem theologischen Weg folgen, bedeutet daher, den wesentlichen Kern unseres Glaubens und das Spezifische unserer christlichen Identität leichter zu erfassen.

28. c) Die Verehrung und Treue der Väter gegenüber den Heiligen Büchern hält gleichen Schritt mit ihrer Verehrung und Treue gegenüber der Überlieferung. Sie betrachten sich als Herren, sondern als Diener der Heiligen Schriften, empfangen sie von der Kirche, lesen und kommentieren sie in der Kirche und für sie, und befolgen getreu die Glaubensregel, die von der kirchlichen und apostolischen Überlieferung vorgelegt und erklärt wird. Der oben zitierte hl. Irenäus, dieser großen Liebhaber und Verehrer der heiligen Bücher, ist der Auffassung: Wer die Wahrheit kennenlernen will, muß auf die Überlieferung der Apostel schauen.[29] Im Anschluß daran sagt er, daß auch wenn diese uns nicht die Schriften hinterlassen hätten, würde die Überlieferung für unsere Unterweisung und unser Heil genügen.[30] Origenes aber, der mit so viel Liebe und Leidenschaft die Schriften studierte und so viel für ihr Verständnis leistete, erklärt offen, als Glaubenswahrheiten seien nur jene zu glauben, die sich in keiner Weise von der „kirchlichen und apostolischen Überlieferung“ entfernen.[31] Damit macht er aus der Überlieferung die Norm für die Deutung der Schriften. Der hl. Augustinus endlich, der mit besonderem Wohlgefallen die Schriften meditierte,[32] spricht folgendes wunderbar klare und feste Prinzip aus, das sich wieder auf die Tradition beruft: „Ich würde dem Evangeliums nicht glauben, wenn mich nicht die Autorität der katholischen Kirche dazu veranlassen würde“.[33]

29. d) Wenn daher das II. Vatikanische Konzil erklärte: „Die Heilige Überlieferung und die Heilige Schrift bilden den einen der Kirche überlassenen heiligen Schatz des Wortes Gottes“,[34] dann hat es nur ein altes theologisches Prinzip bekräftigt, das von den Vätern angewandt und vertreten wurde. Dieses Prinzip, das ihre gesamte exegetische und pastorale Tätigkeit erhellt und geleitet hat, bleibt gewiß auch für die Theologen und Seelsorger von heute gültig. Daraus folgt konkret, daß die Rückkehr zur Heiligen Schrift, die eines der Hauptkennzeichen im heutigen Leben der Kirche ist, von einer Rückkehr zur Überlieferung, wie sie durch die Schriften der Väter bezeugt wird, begleitet sein muß, wenn sie die erhofften Früchte bringen soll.

b) Christliche Originalität und Inkulturation

30. a) Eine weitere wichtige und sehr aktuelle Eigenheit der theologischen Methode der Väter besteht darin, daß sie das Licht zum besseren Verständnis der Frage schenkt: „welche Kriterien der Glaube angesichts der Philosophie und des Wissens der Völker für seine Auseinandersetzung mit der Vernunft anwenden kann.“[35] Sie haben nämlich aus Schrift und Überlieferung das klare Bewußtsein von der Originalität des Christentums gewonnen bzw. die feste Überzeugung, daß die christliche Lehre einen wesentlichen Kern an geoffenbarten Wahrheiten enthält, die eine Norm für das Urteil über die menschliche Weisheit und zur Unterscheidung von Wahrheit und Irrtum abgeben. Wenn diese Überzeugung einige von ihnen dahin geführt hat, den Beitrag dieser Weisheit abzulehnen und die Philosophen sozusagen als „Patriarchen der Häretiker“ zu betrachten, so hat das die meisten von ihnen nicht daran gehindert, diesen Beitrag mit Interesse und anerkennend aufzugreifen, weil er aus der einzigen Quelle der Weisheit, nämlich dem Wort Gottes stammt. Es mag hier genügen, an den heiligen Märtyrer Justinus, an Clemens von Alexandrien, Origenes, den hl. Gregor von Nyssa und zumal an den hl. Augustinus zu erinnern, der in seinem Werk *De doctrina christiana* dafür ein Programm entwickelt hat: „Wenn jene, die als Philosophen bezeichnet werden, Wahres und mit unserem Glauben Übereinstimmendes gesagt haben ... brauchen sie uns nicht nur keine Furcht einzuflößen, wir müssen sie vielmehr für uns beanspruchen ... Haben nicht viele von unseren guten Gläubigen das getan? ... Cyprian ... Laktanz ... Victorinus ... Optatus und Hilarius, um nur schon Verstorbene zu erwähnen, und unzählige Griechen?“.[36]

31. b) Zu diesem Bemühen um Assimilierung kommt das andere nicht weniger wichtige und von ihm untrennbare, das wir „Disassimilierung“ nennen könnten. In der Norm des Glaubens verankert, haben die Väter zahlreiche Beiträge der griechisch-römischen Philosophie übernommen, aber deren schwere Irrtümer auch zurückgewiesen und besonders die Gefahr des Synkretismus vermieden, der in der damals vorherrschenden hellenistischen Kultur weit verbreitet war, ferner die des Rationalismus, der den Glauben auf die für hellenistisches Vernunftdenken annehmbaren Aspekte einschränken wollte. Der hl. Augustinus schreibt: „Gegen ihre großen Irrtümer gilt es die christliche Lehre zu verteidigen“.[37]

32. c) Dank dieser scharfsinnigen Unterscheidung der in den verschiedenen Formen antiker Kultur verborgenen Werte und Grenzen wurden neue Zugänge zur Wahrheit und neue Möglichkeiten für die Verkündigung des Evangeliums eröffnet. Von den griechischen, lateinischen und syrischen Vätern belehrt ... hat die Kirche so „von den Anfängen ihrer Geschichte an es gelernt, die Botschaft Christi mit dem Rückgriff auf die Begriffe und Sprachen der verschiedenen Völker darzulegen; sie hat sich ferner bemüht, sie mit der Weisheit der Philosophen zu erklären mit dem Ziel, das Evangelium, wenn es angebracht war, an die Fassungskraft aller, wie auch an die Ansprüche der Weisen anzupassen“.[38] Mit anderen Worten haben die Väter im Bewußtsein des universalen Wertes der Offenbarung das große Werk christlicher Inkulturation, wie man es heute nennt, begonnen. Sie wurden zum Beispiel für eine fruchtbare Begegnung von Glauben und Kultur,

Glauben und Vernunft, und blieben damit wegweisend für die Kirche aller Zeiten, wenn sie sich um die Verkündigung des Evangeliums vor Menschen sehr unterschiedlicher Kulturen und um die Arbeit in ihrer Mitte bemüht.
Wie man sieht, erweist sich die Kirche dank solcher Haltungen der Väter von ihren Anfängen an als „ihrem Wesen nach missionarisch",[39] auch auf der Ebene des Denkens und der Kultur, und daher schreibt das II. Vatikanische Konzil vor: „Diese in diesem Sinn angepaßte Verkündigung des geoffenbarten Wortes muß ein Gesetz aller Evangelisation bleiben".[40]

c) Verteidigung des Glaubens, dogmatischer Fortschritt

33. a) Die Begegnung der Vernunft mit dem Glauben hat innerhalb der Kirche zu zahlreichen und lange andauernden Kontroversen geführt. Diese betrafen die großen Themen der Trinität, der Christologie, Ekklesiologie, Anthropologie und Eschatologie. Wenn die Väter bei diesen Anlässen die das Wesen des Glaubens berührenden Wahrheiten verteidigten, wurden sie zu Initiatoren eines großen Fortschritts im Verständnis der dogmatischen Gehalte, und sie leisteten für die Entfaltung der Theologie einen wertvollen Beitrag. Ihre apologetische Aufgabe, die sie mit verantwortungsbewußtem pastoralem Eifer für das geistliche Wohl der Gläubigen wahrnahmen, wurde zum providentiellen Weg zu größerer Reife des ganzen Leibes der Kirche. Der hl. Augustinus sagte angesichts der immer zahlreicheren Irrlehrer: „Gott hat ihre Verbreitung zugelassen, damit wir uns nicht nur von Milch ernähren und nicht auf der Stufe der ersten Kindheit stehenbleiben",[41] denn „wenn viele den Glauben betreffende Fragen von den Häretikern nachhaltig verwirrend erhoben werden, werden sie zugleich, um sie verteidigen zu können, sorgfältiger erforscht, klarer verstanden und nachhaltiger verkündet, so daß die vom Gegner aufgeworfene Frage eine Gelegenheit zum Lernen wird."[42]

34. b) So wurden die Väter zu Initiatoren des vernunftgemäßen Bedenkens der Offenbarungstatsachen, zu erleuchteten Promotoren jenes „intellectus fidei", der zum Wesen jeder echten Theologie gehört. Es war ihre providentielle Aufgabe, das Christentum nicht nur zu verteidigen, sondern es auch im Zusammenhang mit der griechisch-römischen Kultur zu überdenken; neue Formulierungen zu finden, um eine alte Lehre auszudrücken, nicht biblische Formulierungen für eine biblische Lehre; mit einem Wort, den Glauben in der Form menschlichen Sprechens auszudrücken, das voll katholisch, aber auch fähig war, den göttlichen Gehalt der Offenbarung unter ständiger Wahrung seiner Identität und Transzendenz auszusagen. Zahlreiche von ihnen in die trinitarische Theologie und Christologie eingeführte Begriffe (z. B. ousia, hypostasis, physis, agenesia, genesis, ekporeusis usw.) haben in der Geschichte der Konzilien eine entscheidende Rolle gespielt, sind in die dogmatischen Formulierungen eingegangen und damit zu Werkzeugen unseres heutigen theologischen Arbeitens geworden.

35. c) Der dogmatische Fortschritt, den die Väter nicht als rein intellektuelle abstrakte Aufgabe, sondern meist in den Homilien, mitten in ihrem liturgischen und pastoralen Wirken zustande brachten, bietet ein sehr gutes Beispiel für eine Erneuerung der Über-

lieferung in der Kontinuität. Für sie wurde „der katholische Glaube, der von der Lehre der Apostel herkommt ... von einer Reihe von Nachfolgern übernommen und mußte den Nachkommen unversehrt weitergegeben werden".[43] Sie haben ihn daher mit größter Ehrfurcht und in voller Treue zu seinem biblischen Fundament behandelt, zugleich mit gebührender Offenheit des Geistes für neue Bedürfnisse und neue kulturelle Verhältnisse: dies sind aber die eben erwähnten Eigenheiten der lebendigen Überlieferung der Kirche.

36. d) Diese ersten Entwürfe der Theologie, wie sie uns von den Vätern übermittelt wurden, machen einige für sie typische Haltungen gegenüber den geoffenbarten Wahrheiten klar, die als bleibend gültig und damit auch für die Kirche von heute maßgebend gelten dürfen. Es geht um eine ein für allemal gelegte Grundlage, an der jede spätere Theologie Maß nehmen, und zu der sie eventuell zurückkehren muß. Wir haben hier ein Erbe vor uns, daß keiner Einzelkirche ausschließlich angehört, sondern allen Christen sehr teuer ist, reicht es doch in die Zeit vor dem Bruch zwischen dem christlichen Osten und Westen zurück und übermittelt uns gemeinsame Schätze an Spiritualität und Lehre; ein reich gedeckter Tisch, an dem sich die Theologen verschiedener Konfessionen immer begegnen können. Die Väter sind ja sowohl die Väter der östlichen Orthodoxie als auch die der katholischen lateinischen Theologie oder der Theologie der Protestanten und Anglikaner; sie werden gemeinsam studiert und verehrt.

d) Sinn für das Geheimnis, Erfahrung des Göttlichen

37. a) Wenn die Väter bei zahlreichen Gelegenheiten ihre Verantwortung als Denker und Forscher gegenüber der Offenbarung bewiesen haben und dabei sozusagen dem Programm des „credo ut intellegam" sowie des „intellego ut credam" gefolgt sind, haben sie dies immer als echte und wahrhaft gläubige Männer der Kirche getan, ohne im geringsten die Reinheit, oder wie der hl. Augustinus sagt, die „Jungfräulichkeit"[44] des Glaubens anzutasten. Als Theologen verließen sie sich nicht ausschließlich auf die Möglichkeiten der Vernunft, sondern auch auf die ausdrücklicher religiösen, die aus einer Erkenntnis mehr affektiven und existentiellen Charakters stammen und in der innigen Vereinigung mit Christus wurzeln, vom Gebet genährt sowie von der Gnade und den Gaben des Heiligen Geistes getragen werden. In ihren Haltungen als Theologen und Hirten zeigt sich in höchstem Maß der tiefe Sinn für das Geheimnis und die Erfahrung des Göttlichen. Dieser schützte sie gegen die immer wiederkehrenden Versuchungen einmal eines allzu weit getriebenen Rationalismus, dann auch eines platten und müden Fideismus.

38. b) Was bei ihrer Theologie am meisten auffällt, ist der lebendige Sinn für die Transzendenz der in der Offenbarung enthaltenen göttlichen Wahrheit. Im Unterschied zu nicht wenigen antiken und modernen Denkern zeigen sie eine tiefe Demut vor dem Geheimnis Gottes, wie es in den Heiligen Schriften enthalten ist, und sie wollen in ihrer Bescheidenheit lieber deren schlichte Kommentatoren sein und nichts hinzufügen, was deren Echtheit verfälschen könnte. Man kann sagen, daß diese Haltung der Ehrfurcht und Demut nichts anderes als das lebhafte Bewußtsein der unübersteigbaren Grenzen ist, die

der menschliche Verstand angesichts der Transzendenz Gottes empfindet. Hier sei, abgesehen von den Homilien des hl. Johannes Chrysostomus *Über die Unbegreiflichkeit Gottes* nur erwähnt, was der hl. Cyrillus, Bischof von Jerusalem, wörtlich schreibt, wenn er sich an die Katechumenen wendet: „Wenn es um Gott geht, ist das Eingeständnis der Unwissenheit eine große Wissenschaft";[45] wie nach ihm der Bischof von Hippo, der hl. Augustinus, seinem Volk einprägsam sagt: „Besser ist ein gläubiges Nichtwissen als ein vermessenes Wissen".[46] Vor ihnen hatte der hl. Irenäus festgestellt, die Zeugung des Wortes sei unaussprechlich, und jene, die diese zu erklären vorgeben, „haben den Gebrauch der Vernunft verloren".[47]

39. c) Angesichts dieses tiefen Sinnes für das Geistliche bieten uns die Väter ein Bild von sich selber als Männer, die nicht nur die göttlichen Dinge lernen, sondern sie auch und vor allem erfahren, wie Pseudo-Dionysius Areopagita, von seinem Lehrer „Hierotheos" sagt: „non solum discens sed et patiens divina".[48] Sie sind in den meisten Fällen Spezialisten des übernatürlichen Lebens, die das, was sie in ihrer Kontemplation der göttlichen Dinge geschaut und verkostet haben, mitteilen; was sie also auf dem Weg der Liebe kennengelernt haben, „per quandam connaturalitatem", wie der hl. Thomas von Aquin es formuliert hat.[49] In ihrer Ausdrucksweise kann man oft den wohltuenden Akzent der Mystiker feststellen, der eine große Vertrautheit mit Gott durchscheinen läßt, eine lebensmäßige Erfahrung des Geheimnisses Christi und der Kirche sowie einen ständigen Kontakt mit allen echten Quellen des theologalen Lebens, das ihnen als Grundbefindlichkeit des christlichen Lebens gilt. Man kann im Sinn des augustinischen „intellectum valde ama"[50] sagen, daß die Väter gewiß die Nützlichkeit der Spekulation schätzen, aber auch wissen, daß sie nicht genügt. Auch beim intellektuellen Bemühen um das Verständnis ihres Glaubens üben sie die Liebe, die den Erkennenden zum Freund des Erkannten macht[51] und so aus ihrer Natur heraus zur Quelle neuer Erkenntnis wird. Es gilt nämlich: „Kein Gut wird vollkommen erkannt, wenn es nicht vollkommen geliebt wird".[52]

40. d) Diese methodischen Grundsätze, die zunächst mehr praktisch befolgt und im Leben angewandt als ausdrücklich formuliert wurden, waren auch Objekt ausdrücklicher Überlegungen der Väter. Hier genügt der Hinweis auf den hl. Gregor von Nazianz und die erste seiner fünf berühmten theologischen Reden, in denen er von der Weise, Theologie zu betreiben, spricht. Er betont die Notwendigkeit der Mäßigung, der Demut, der inneren Reinigung und des Gebetes. Ebenso erinnert der hl. Augustinus an den Stellenwert des Glaubens im Leben der Kirche. Wenn er auf die Rolle der Theologen dabei zu sprechen kommt, schreibt er, sie sollten „fromme, gelehrte und wahrhaft geistliche Menschen" sein.[53] Er selbst bietet dafür ein Beispiel, wenn er das Werk *De Trinitate* schreibt, in dem er den „geschwätzigen Vernünftlern" antworten will, die „die bescheidenen Anfänge des Glaubens verachten und sich von einer unreifen und perversen Liebe zur Vernunft auf falsche Wege leiten lassen".[54]
Aus den angeführten Gründen kann man sagen, daß die theologische Tätigkeit der Väter für uns immer noch aktuell ist. Sie bleiben als Vertreter eines wichtigen, entscheidenden und untilgbaren Abschnitts der Theologie der Kirche Lehrer der Theologen wegen der beispielhaften Weise, wie sie ihre theologische Tätigkeit vollzogen haben, weil sie maß-

gebende Quellen und unersetzliche Zeugen für die Gehalte sind, die sie aus ihrem Bedenken und ihrer Meditation der geoffenbarten Wahrheit zu gewinnen verstanden.

3. Kultureller, spiritueller und apostolischer Reichtum

41. Die Schriften der Väter zeichnen sich nicht nur durch theologische Tiefe, sondern auch durch die großen kulturellen, geistlichen und pastoralen Werte aus, die sie enthalten. Unter diesem Gesichtspunkt sind sie nach der Heiligen Schrift, wie im Dekret *Presbyterorum Ordinis* (Nr. 19) erwähnt wird, eine der Hauptquellen für die Priesterausbildung und eine „fruchtbare Nahrung", die die Priester ihr ganzes Leben hindurch begleiten sollte.

42. a) Die lateinischen, griechischen, syrischen, armenischen ... Väter tragen nicht nur zum literarischen Erbe ihrer jeweiligen Nationen bei. Wenn auch jeder in sehr unterschiedlichem Maß und in verschiedener Weise, so sind sie doch gleichsam die Klassiker der christlichen Kultur, die von ihnen begründet und aufgebaut, für immer das unauslöschliche Zeichen ihrer Urheberschaft an sich trägt. Im Unterschied zu den nationalen Literaturen, die den Genius der einzelnen Völker darstellen und formen, ist das kulturelle Erbe der Väter wahrhaft „katholisch" und universal, weil es lehrt, wie man zu aufrechten und echt christlichen Menschen wird und sich als solche verhält. Wegen ihres lebhaften Sinns für das Übernatürliche und wegen ihrer Unterscheidung der menschlichen Werte in bezug auf das spezifisch Christliche, sind ihre Schriften in den vergangenen Jahrhunderten ein ausgezeichnetes Werkzeug der Bildung für ganze Generationen von Priestern gewesen, und sie bleiben auch für die Kirche von heute unerläßlich.

43. b) Vom kulturellen Standpunkte aus ist die Tatsache von großer Bedeutung, daß zahlreiche Väter eine ausgezeichnete Ausbildung in den Fächern der antiken griechischen und römischen Kultur erhalten haben. Aus dieser übernahmen sie die großen bürgerlichen und geistigen Errungenschaften und bereicherten damit ihre Abhandlungen, ihre Katechese und ihre Predigt. Sie drückten der alten „humanitas" das Siegel des Christlichen auf und schlugen damit als Erste eine Brücke zwischen Evangeliums und profaner Kultur. Sie entwarfen für die Kirche ein reiches und anspruchsvolles kulturelles Programm, das die folgenden Jahrhunderte, zumal das ganze geistige, intellektuelle und soziale Leben des Mittelalters tiefreichend beeinflußt hat.[55] Dank ihrer Lehrtätigkeit hatten viele Christen der ersten Jahrhunderte zu den verschiedenen Gebieten des öffentlichen Lebens Zugang (Schulen, Verwaltung, Politik), und das Christentum vermochte alles in der alten Welt Gültige aufzuwerten, es vom weniger Vollkommenen zu reinigen und seinerseits zur Schaffung einer neuen, vom Evangelium inspirierten Kultur und Zivilisation beizutragen. Auf die Werke der Väter zurückgreifen bedeutet daher für die künftigen Priester, sich an den Quellen der christlichen Kultur zu nähren und besser die eigenen kulturellen Aufgaben in der Welt von heute zu verstehen.

44. c) Zur Spiritualität der Väter wurde schon im vorigen Abschnitt bemerkt, ihre ganze Theologie sei eminent religiös und ein wirklich „heiliges Wissen", das zugleich den Geist erleuchtet und das Herz erbaut und erwärmt. Hier sei über die eigentlich theologi-

schen Elemente und Aspekte hinaus auf einige moralische Verhaltensweisen und Haltungen hingewiesen, die aus ihren Werken als grundlegende Elemente für die fortschreitende, oft schweigsame Ausbreitung des Sauerteigs aus dem Evangelium in der heidnischen Gesellschaft hervorleuchten und dann für immer im Bewußtsein und auf dem Antlitz der Kirche eingeprägt geblieben sind. Viele Väter waren „Konvertiten"; ihr Sinn für die Neuheit des Christentums verband sich bei ihnen mit der Sicherheit des Glaubens. Von daher brach in den christlichen Gemeinschaften ihrer Zeit eine „explosive Vitalität" auf, ein missionarischer Eifer und ein Klima der Liebe, das die Herzen zum Heroismus im täglichen persönlichen und sozialen Leben antrieb, zumal in der Praxis der Werke der Barmherzigkeit, des Almosengebens, der Sorge für die Kranken, Witwen und Waisen, der Hochachtung für die Frau und jede menschliche Person, der Kindererziehung, der Achtung vor dem werdenden Leben, der ehelichen Treue, Ehrfurcht und Großherzigkeit in der Behandlung der Sklaven, Freiheit und Verantwortung gegenüber den öffentlichen Mächten, Verteidigung und Unterstützung der Armen und Unterdrückten und aller Formen des Zeugnisses im Sinn des Evangeliums, wie es von den Umständen des Ortes und der Zeit gefordert war und oft bis zum letzten Opfer im Martyrium ging. Mit einer von den Lehren der Väter inspirierten Lebensführung zeichneten sich die Christen vor der sie umgebenden heidnischen Welt aus und brachten die Neuheit ihres Lebens zum Ausdruck, das sie von Christus mit der Übernahme der aszetischen Ideale der Jungfräulichkeit „propter regnum coelorum", der Loslösung von den irdischen Gütern, der Buße sowie des eremitischen oder gemeinschaftlichen Mönchslebens auf der Linie der „evangelischen Räte" und in wachsamem Warten auf den wiederkehrenden Christus erlangt hatten. Auch viele Formen der privaten Frömmigkeit (wie das Gebet in der Familie, das tägliche Gebet und die Praxis des Fastens) sowie der gemeinschaftlichen Frömmigkeit (z. B. die Feier des Sonntags und der hauptsächlichen liturgischen Feste als Teilnahme an den Heilsereignissen, die Verehrung der allerseligsten Jungfrau Maria, die Nachtwachen, Agapen usw.) gehen auf die Zeit der Väter zurück und empfangen ihre genaue theologisch-spirituelle Bedeutung aus ihrer Lehre.
Es ist daher klar, daß ein ständiges Vertrautwerden der Seminaristen mit den Werken der Väter ihr geistliches und liturgisches Leben sicher stärken und ein besonderes Licht auf ihre Berufung werfen wird, weil es diese in der tausendjährigen Überlieferung der Kirche verwurzelt und in direkte Verbindung zu dem Reichtum und der Reinheit der Ursprünge bringt. Zugleich werden sie dadurch Hilfe für die Entdeckung des Menschen in seiner Einheit und Totalität erfahren und lernen, bei der harmonischen Entfaltung der natürlichen und übernatürlichen Werte jenes höhere Ideal einer einheitlichen und integrierten Humanität zu schätzen und anzustreben, das als Modell christlicher Anthropologie dasteht.

45. d) Ein weiterer Grund für die Anziehungskraft der Werke der Väter und das Interesse an ihnen liegt darin, daß sie deutlich pastoral ausgerichtet, also für Ziele des Apostolates verfaßt sind. Ihre Schriften sind Katechesen oder Homilien, Zurückweisungen von Häresien oder Antworten auf Fragen, geistliche Ermunterungen oder Handbücher, die für die Unterweisung der Gläubigen bestimmt sind. Daraus sieht man, daß die Väter sich

mit den pastoralen Problemen ihrer Zeiten befaßt sahen. Sie übten das Amt von Lehrern und Hirten aus und suchten an erster Stelle das Volk Gottes im Glauben, im Gottesdienst, in der Moral und Disziplin geeint zu halten. Vielfach gingen sie kollegial vor und tauschten gegenseitig Briefe lehrhaften und pastoralen Charakters aus, um eine gemeinsame Weise des Vorgehens zu fördern. Sie sorgten sich nicht nur um das geistliche Wohl ihrer Einzelkirchen, sondern um das der ganzen Kirche. Einige von ihnen wurden zu Verteidigern der Orthodoxie und zu Bezugspunkten für die übrigen Bischöfe der katholischen Welt (z. B. Athanasius in den arianischen Auseinandersetzungen, Augustinus in denen mit den Pelagianern), und sie stellten irgendwie persönlich das lebendige Bewußtsein der Kirche dar.

46. e) Nicht übergehen darf man ferner die Tatsache, daß die Väter in ihrem pastoralen Wirken dem Beobachter zwar ein reiches Bild der verschiedensten kulturellen und sozialen Problemen ihrer Zeit bieten, diese jedoch immer in sozusagen deutlich übernatürliche Koordinaten einfügen. Sie waren an der Unversehrtheit des Glaubens als Fundament der Rechtfertigung interessiert; er sollte in der Liebe als Band der Vollkommenheit aufblühen, die Liebe aber sollte den neuen Menschen und die neue Geschichte schaffen. Alles in ihrem pastoralen Wirken und in ihrer Lehre ist auf die Liebe hingeordnet, die Liebe aber auf Christus, den universalen Weg des Heiles.[56] Sie beziehen alles auf Christus, der alle Dinge zusammenfaßt (Irenäus), den Vergöttlicher der Menschen (Athanasius), den Gründer und König der Stadt Gottes, die die Gemeinschaft der Auserwählten ist (Augustinus). In ihrer geschichtlichen, theologischen und eschatologischen Sicht ist die Kirche der „Christus totus", der „seinen Weg nimmt und dabei diesen Pilgerweg mitten in den Verfolgungen der Welt und den Tröstungen Gottes vollendet, angefangen in der Zeit des Abel, des ersten vom bösen Bruder getöteten Gerechten, bis zur Vollendung der Zeiten".[57]

47. Wollen wir nun die Gründe zusammenfassen, die zum Studium der Werke der Väter veranlassen, können wir sagen, daß diese nach den Aposteln, wie der hl. Augustinus mit Recht gesagt hat, die Kirche gepflanzt, bewässert, erbaut, als Hirten geweidet und ernährt haben, die infolge ihres wachsamen und unermüdlichen Wirkens wachsen konnte.[58] Soll die Kirche weiter wachsen, so ist eine gründliche Kenntnis ihrer Lehre und ihres Wirkens unerläßlich, denn es zeichnet sich dadurch aus, daß es in ausgezeichneter Weise zugleich pastoral und theologisch, katechetisch und kulturell, spirituell und sozial ist, und man kann sagen im Verhältnis zu dem, was in anderen Epochen der Geschichte geschah, einmalig dasteht. Und gerade diese organische Einheit der verschiedenen Aspekte des Lebens und der Sendung der Kirche macht sie auch für uns so aktuell und fruchtbar.

III. Wie soll man die Kirchenväter studieren?

48. Aus den vorhergehenden Gedanken über die aktuelle Situation und die tieferen Gründe für die patristischen Studien ergibt sich spontan die Frage nach ihrer Natur, ihren Zielen, und der zu befolgenden Methode, wenn man die Qualität dieser Studien fördern

will. Sowohl für die Dozenten als auch für den Studenten ergeben sich hier zahlreiche Aufgaben, die weiter geklärt und verdeutlicht werden müssen, damit eine gediegene Bildungsarbeit zustande kommt, die der aufgrund der Weisungen des II. Vatikanischen Konzils wünschenswerten Erneuerung gerecht wird.

1. Die Natur der patristischen Studien und ihre Zielsetzungen

49. a) Sehr wichtig ist, daß dieser Teil der kirchlichen Studien gemäß ihrer Natur und ihren Zielsetzungen klar umschrieben und organisch in das Ganze der theologischen Fächer eingefügt wird. Er gliedert sich in zwei sich gegenseitig befruchtende Bereiche, die sich unter verschiedenen Aspekten mit dem gleichen Objekt beschäftigen: einmal die Patristik, die mit dem theologischen Denken der Väter befaßt ist, dann die Patrologie, deren Ziel Leben und Schriften der Väter ist. Während der erste Bereich ausdrücklich lehrhaften Charakter und viele Verbindungen zur Dogmatik (aber auch zur Moraltheologie, der spirituellen Theologie, der Heiligen Schrift und der Liturgie) aufweist, bewegt sich der zweite Bereich hauptsächlich auf der Ebene der historischen Forschung sowie der biographischen und literarischen Information und ist so natürlicherweise mit der Geschichte der alten Kirche verbunden. Durch ihren theologischen Charakter unterschieden sich Patristik und Patrologie vor der alten christlichen Literatur, einer sozusagen nicht theologischen literarischen Disziplin, die stilistischen und philologischen Aspekte bei den alten christlichen Schriftstellern studiert.

50. b) Beim Aufgreifen der patristischen Studien muß man sich vor allem über die Autonomie der Patristik-Patrologie als Fach für sich mit eigener Methode innerhalb der Gesamtheit der Fächer klar sein, die Ziel des theologischen Unterrichtes sind. Ihre Autonomie als Teil der Theologie, in der streng die Grundsätze der historisch-kritischen Methode angewandt werden, ist unbestritten und muß vom Studenten als solche verstanden werden.

51. c) Zumal von der Patrologie wird erwartet, daß sie einen guten Überblick über die Väter und ihre Werke mit den individuellen Besonderheiten bietet, wobei ihre literarische und pastorale Tätigkeit in den historischen Zusammenhang einzuordnen ist. Angesichts ihres informativ-historischen Charakters steht nichts im Wege, daß sie sich der Mitarbeit des Professors für Kirchengeschichte bedient, wenn dies von einer besseren Aufteilung der verfügbaren Zeit oder dem Mangel an Lehrkräften gefordert wird. Wenn es sich so ergibt, kann man auch dem privaten Studium der Alumnen größeren Raum lassen und sie auf die Konsultation guter Handbücher, Lexika und anderer bibliographischer Hilfen verweisen.

52. d) Soll andererseits die Patristik ihre Aufgaben zur Zufriedenheit erfüllen, muß sie als eigenes Fach dastehen und eine enge Zusammenarbeit mit der Dogmatik pflegen. Im Dekret *Optatam totius* werden beide Fächer zu gegenseitiger Hilfe und Bereicherung aufgefordert, vorausgesetzt freilich, daß sie autonom und ihren jeweils spezifischen Methoden treu bleiben. Die Dogmatik leistet vor allem einen Diener der Einheit. So bietet sie wie allen theologischen Fächern auch der Patristik die einende Sicht des Glaubens, hilft

ihr, ihre Teilergebnisse zu systematisieren und zeigt ihr den Weg für ihre Forschungen und für die didaktische Tätigkeit des Lehrers auf. Der Dienst der Patristik für die Dogmatik besteht im Aufweisen und Verdeutlichen der Vermittlungsrolle hinsichtlich der Offenbarung Gottes, die Väter in der Kirche und Welt ihrer Zeit geleistet haben. Es geht um eine Beschreibung des Rahmens der Theologie und des christlichen Lebens der patristischen Zeit in ihrer historischen Wirklichkeit, in voller Achtung vor der Besonderheit der historisch-kritischen Methode. Aus diesem Grund sagt das Dokument über *Die theologische Ausbildung der künftigen Priester*, der Unterricht in Patristik solle unter anderem darauf hinzielen, „den Sinn für die Kontinuität des theologischen Sprechens zu wecken, das auf die grundlegenden Daten antwortet, aber auch für seine Relativität, die den Aspekten und Anwendungen im einzelnen entspricht" (Nr. 87).

2. Die Methode

53. a) Das Studium der Patrologie und Patristik setzt in seinem ersten informativen Abschnitt den Rückgriff auf Handbücher und andere bibliographische Hilfen voraus; wenn man aber zur Behandlung der heiklen und komplexen Probleme der patristischen Theologie übergeht, kann keins dieser Hilfsmittel den direkten Rückgriff auf die Texte der Väter ersetzen. Die Patristik muß also im direkten Kontakt von Lehrer und Student mit den Quellen gelehrt und angeeignet werden. Doch angesichts der Schwierigkeiten, mit denen die Studenten oft zu ringen haben, wird es gut sein, ihnen zweisprachige Texte der Ausgaben, die wegen ihrer wissenschaftlichen Gründlichkeit bekannt sind, zur Verfügung zu stellen.

54. b) Das wissenschaftliche Studium der Texte erfolgt nach der historisch-kritischen Methode, analog ihrer Anwendung bei den biblischen Wissenschaften. Doch bleibt es bei der Verwendung dieser Methode notwendig, ihre Grenzen aufzuzeigen, und sie muß klug durch die Methoden der modernen Literarkritik und Hermeneutik ergänzt werden, wobei der Student entsprechend angeleitet wird, sie zu verstehen, richtig einzuschätzen und sich ihrer zu bedienen. Da es sich um ein theologisches Fach handelt, das in all seinen Abschnitten „ad lumen fidei" vorgeht, darf die Freiheit der Forschung ihren Gegenstand nicht auf reine Philologie und historische Kritik einengen. Die positive Theologie muß vielmehr als erste Voraussetzung den übernatürlichen Charakter ihres Objektes und die Notwendigkeit anerkennen, das Lehramt zu berücksichtigen. Die Studenten müssen sich daher bewußt werden, daß die Strenge der Methode, wie sie für die objektive Gültigkeit jeder patristischen Forschung unerläßlich ist, eine vorher festgelegte Marschrichtung nicht ausschließt, noch eine aktive Beteiligung des gläubigen Forschers behindert, der sich gemäß seinem „sensus fidei" in ein Klima des Glaubens versetzt und so vorangeht.

55. c) Die Reinheit der angedeuteten Methode erfordert ferner, daß Forscher wie Student von Vorurteilen und vorgefaßten Meinungen frei sind, die sich auf dem Gebiet der Patristik gewöhnlich in zwei Tendenzen äußern: sich anachronistisch, unter Mißachtung der lebendigen Überlieferung der Kirche in den Schriften der Väter zu verschanzen, so daß die nachpatristische Kirche bis heute als fortschreitend dekadent dasteht; ferner jene, die

das historische Faktum willkürlich aktualisiert, ohne den berechtigten Fortschritt und die Objektivität der Situation zu berücksichtigen.

56. d) Wissenschaftliche und auch praktische Gründe, wie z. B. eine vernünftigere Einteilung der Zeit, legen die Zusammenarbeit zwischen den direkter an den Vätern interessierten Fächern nahe. Dieser Kontakt der verschiedenen Fächer hat seinen Ort vor allem in der Dogmatik, wo eine Synthese versucht wird, doch es können von ihm auch zahlreiche weitere Fächer Vorteil haben (Moraltheologie, geistliche Theologie, Liturgie und zumal die Bibelwissenschaft), die eine Bereicherung und Erneuerung durch den Rückgriff auf die patristischen Quellen brauchen. Die konkreten Weisen einer solchen Zusammenarbeit werden je nach Verhältnissen verschieden sein; andere Möglichkeiten und Bedürfnisse ergeben sich hier auf Ebene der Grundausbildung und andere auf Ebene der akademischen Spezialstudien.

Darlegung der Materie

57. a) Objekt des Kurses in Patristik und Patrologie ist das von der schulischen Praxis Festgelegte, das auch in den klassischen Textbüchern behandelt wird: Leben, Schriften und Lehre der Väter und kirchlichen Schriftsteller des christlichen Altertums; oder mit anderen Worten das biographische Profil der Väter sowie die literarische, historische und lehrmäßige Darstellung ihrer Schriften. Der große Umfang des Materials macht hier freilich eine Begrenzung und den Rückgriff auf ausgewählte Texte notwendig.

58. b) Der Dozent muß den Alumnen vor allem Liebe zu den Vätern, und nicht nur ihre Kenntnis vermitteln. Dazu ist nicht so sehr das Betonen der biographischen und bibliographischen Einzelheiten notwendig, sondern vielmehr der Kontakt mit den Quellen. Dazu muß eine Auswahl unter den verschiedenen Methoden der Darstellung der Materie getroffen werden; es sind im wesentlichen die folgenden vier:
1. Die analytische Methode oder das Studium der einzelnen Väter: das ist aber praktisch angesichts ihrer Zahl und der notwendig für dieses Fach beschränkten Zeit unmöglich;
2. Die panoramische Methode, die einen allgemeinen Überblick über die Zeit der Väter und ihre Vertreter bieten möchte: eine für die anfängliche Einführung sehr nützliche Methode, die aber für einen Kontakt mit den Quellen und eine Vertiefung in sie nicht ausreicht;
3. Die monographische Methode, die den einen oder anderen besonders repräsentativen Vater behandelt. Sie ist besonders für die konkrete Einführung in die Methode, den Vätern näherzukommen und sich in ihr denken zu vertiefen, geeignet.
4. Endlich die thematische Methode, die das eine oder andere grundlegende Thema herausgreift und seine Entfaltung in den Werken der Väter verfolgt.

59. c) Nach dieser ersten Entscheidung steht eine andere an, nämlich welche Texte gelesen, geprüft und erklärt werden sollen. Vorzuziehen ist, daß die Wahl zunächst auf Texte fällt, die vor allem geistliche, pastorale, katechetische oder soziale Fragen behandeln, die im allgemeinen anziehender und auch leichter sind. Die schwierigeren lehrhaften Texte

spart man sich für einen späteren Abschnitt auf. Sie werden dann sorgfältig in ständigem Kontakt zwischen Dozent und Studenten bei den Vorlesungen, in den Kolloquien, bei den Seminaren und den Informationen studiert. So wächst die Vertrautheit mit den Vätern, die beste Frucht der Lehrtätigkeit ist. Die wirkliche Krönung der Ausbildung wird freilich erst dann erreicht, wenn der Student einen von den Vätern als Freund gewinnt und sich seinen Geist zu eigen macht.

60. d) Unentbehrlich für die patristischen Studien ist eine gediegene Kenntnis der Kirchengeschichte, die eine einheitliche Sicht der Probleme, Ereignisse und Erfahrungen, sowie der neuen lehrmäßigen, spirituellen, pastoralen und sozialen Erkenntnisse in den verschiedenen Epochen möglich macht. So wird man sich der Tatsache klar, daß das christliche Denken zwar mit den Vätern beginnt, aber nicht mit ihnen endet. Daraus folgt, daß das Studium der Patristik und Patrologie nicht von der späteren Überlieferung absehen kann, eingeschlossen die scholastische, zumal in dem, was die Präsenz der Väter in dieser Überlieferung angeht. Nur so kommt die Einheit und die Entwicklung darin in den Blick, die auch den Sinn für einen Rückgriff auf die Vergangenheit umfaßt. Dieser erscheint dann nicht als unnützer Archäologismus, vielmehr als ein Studium, das uns zu einer besseren Erkenntnis unserer Zeit und zur Vorbereitung der Zukunft verhilft.

Praktische Verfügungen

Wie sich aus dem oben Dargelegten ergibt, bilden die patristischen Studien einen wesentlichen Teil und ein anregendes Thema für den theologischen Unterricht und die gesamte Priesterausbildung. Es wird daher notwendig, die geeigneten Maßnahmen zu ihrer Förderung zu ergreifen, damit sie in den Seminarien und an den theologischen Fakultäten einen ihrer Wichtigkeit angemessenen Platz bekommen.

61. a) Da diese Studien direkt das Ziel des theologischen Unterrichts berühren, müssen sie als Hauptfach gelten, das mit ihrer eigenen Methode und der ihnen eigenen Materie vorzutragen ist. Abgesehen von dem, was oben zur Patrologie gesagt wurde (Nr. 51), darf man diesen Lehrstoff weder in der Kirchen- noch in der Dogmengeschichte und noch weniger in der antiken christlichen Literatur aufgehen lassen.

62. b) Der Patrologie-Patristik soll in der „Ratio institutionis sacerdotalis" und in den entsprechenden Studienprogrammen gebührende Aufmerksamkeit geschenkt werden, was eine genaue Festlegung ihrer Inhalte und Methoden einschließt, und es soll für sie eine genügende Zahl von Wochenstunden vorgesehen werden. Nicht zu viel erscheint ein Unterricht, der sich wenigstens auf drei Semester mit je zwei Wochenstunden erstreckt.

63. c) An den theologischen Fakultäten sollen über die normalen institutionellen Kurse des I. Zyklus hinaus Seminare mit geeigneten Übungen veranstaltet und schriftliche Arbeiten über patristische Themen gefördert werden. Im II. Zyklus der Spezialisierung trage man Sorge für die Weckung des wissenschaftlichen Interesses der Studenten durch spezielle Kurse und Übungen, in denen sie eine vertiefte Kenntnis der verschiedenen Themen zur Methode und Lehre gewinnen und sich auf ihre künftige Lehrtätigkeit vorbe-

reiten können. Diese Qualifikationen können dann im III. Zyklus weiter durch die Vorbereitung von Thesen über patristische Themen vervollkommnet werden.

64. d) An den Instituten für Priesterausbildung soll der Vortrag der Patrologie - Patristik einer Person anvertraut werden, die sich auf dieses Thema an dafür errichteten Instituten spezialisiert hat, wie z. B. am Patristischen Institut „Augustinianum" in Rom.
Der Dozent sollte nämlich die Fähigkeit besitzen, mit einer guten Methode direkt an die Quellen heranzugehen und die Werke seiner Kollegen auf diesem Gebiet mit reifer Einsicht beurteilen können. Er soll auch die menschlichen und religiösen Qualitäten besitzen, die Frucht seiner Vertrautheit mit den Vätern sind, und die er anderen weitergeben kann.

65. e) Zu bemerken bleibt, daß diese Spezialisierung nicht nur für den Vortrag der Patrologie - Patristik Wert hat, sondern auch für den Vortrag der dogmatischen Theologie, sowie für ein wirksames katechetisches, spirituelles und liturgisches Wirken sehr nützlich ist, wenn dieses von der Weisheit und dem ethisch - spirituellen Gleichgewicht der Väter geprägt ist.

66. f) Es ist klar, daß das Studium der Väter auch die entsprechenden Werkzeuge und Hilfen braucht, wie z. B. eine vom patristischen Standpunkt aus gut ausgestattete Bibliothek (Sammlungen, Monographien, Zeitschriften und Nachschlagewerke), wie auch die Kenntnis der klassischen und modernen Sprachen. Angesichts der bekannten Mängel bei den humanistischen Studien an den heutigen Schulen muß man das Mögliche für eine Verstärkung der Studien des Griechischen und des Lateinischen an unseren Bildungsinstituten tun.

Abschluß

67. Diese Kongregation wollte die Stimme des Konzils und der Päpste wieder aufgreifen und die Aufmerksamkeit der hochwürdigsten Herren Bischöfe und Ordensoberen auf ein für die gediegene Ausbildung der Priester, für den Ernst der theologischen Studien und für die Wirksamkeit der Pastoral in der heutigen Welt sehr wichtiges Thema lenken. So vertraut sie diese Überlegungen und Verfügungen ihrer bewußten Verantwortung sowie ihrer großen Liebe zur Kirche an, damit das Ideal einer angemessenen Ausbildung für die Priester unserer Zeit auch unter diesem Aspekt möglichst weitgehend verwirklicht wird. Endlich spricht sie den Wunsch aus, daß ein aufmerksameres Studium der Väter allen eine tiefere Vertrautheit mit dem Wort Gottes, der Kirche aber neue Jugendkraft schenkt, die in den Vätern immer Lehrer und Vorbilder gesehen hat und heute noch sieht.

Gegeben zu Rom, Am Amtssitz der Kongregation, am 10. November 1989, dem Feste des Hl. Leo des Großen.

WILLIAM Card. BAUM
Präfekt

+ JOSÉ SARAIVA MARTINS
Titularerzbischof von Tuburnica
Sekretär

Anmerkungen

[1] Im Dokument *Die theologische Ausbildung der künftigen Priester*, 22. Februar 1976, Nr. 85–88.

[2] Johannes Paul II., Apost. Schreiben *Patres Ecclesiae*, 2. Jan. 1980: *AAS*, 72 (1980), S. 5.

[3] Paul VI., Enzyklika *Ecclesiam suam*, 6. Aug. 1964: *AAS*, 56 (1964), S. 627–628.

[4] *Ratio fundamentalis institutionis sacerdotalis*, Nr. 79.

[5] *Die theologische Ausbildung der künftigen Priester*, Nr. 89, 93.

[6] *Ebd.*, Nr. 90, 91.

[7] *Ebd.*, Nr. 92, 4b.

[8] *Ratio fundamentalis institutionis sacerdotalis*, Nr. 86.

[9] *Die theologische Ausbildung der künftigen Priester*, Nr. 48.

[10] *Ebd.*, Nr. 74.

[11] *Ebd.*, Nr. 49.

[12] Paul VI., *Brief an Kard. Michele Pellegrino zum Jahrestag des Todes von J.P. Migne*, 10. Mai 1975; *AAS*, 67 (1975), S. 471.

[13] Johannes Paul II., Ansprache *Sono lieto*, an die Professoren und Alumnen des Patristischen Institutes „Augustinianum", 8. Mai 1982: *AAS*, 74 (1982), S. 798: „Sich in die Schule der Väter begeben, bedeutet also, in ein besseres Kennenlernen Christi eingeführt werden und auch den Menschen besser kennenlernen. Diese wissenschaftlich unterbaute und erprobte Kenntnis wird der Kirche erheblich bei ihrer Sendung zur Predigt für alle helfen, die sie ja unermüdlich fortsetzt, daß nämlich Christus allein das Heil des Menschen ist".

[14] Paul VI., Ansprache *I Nostri passi*, zur Einweihung des Patristischen Institutes „Augustinianum", 4. Mai 1970: *AAS*, 62 (1970), S. 425: „Als Hirten spürten die Väter dann die Notwendigkeit, die Botschaft des Evangeliums an die zeitgenössische Mentalität anzupassen und sich selber wie das Volk Gottes mit der Nahrung der Wahrheit des Glaubens zu nähren. Das führte dahin, daß für sie Katechese, Theologie, Heilige Schrift, Liturgie sowie geistliches Leben und Pastoral sich zu einer einzigen Lebenseinheit verbanden, daß sie ferner nicht nur den Verstand ansprachen, sondern den ganzen Menschen, sein Denken, Wollen und Fühlen".

[15] Johannes Paul II., Apost. Exhort. *Caechesi tradendae*, 16. Oktober 1979: *AAS*, 71 (1979), S. 1287, Nr. 12.

[16] Johannes Paul II., Anspr. *Sono lieto*, An die Professoren und Alumnen des Patristischen Institutes „Augustinianum", 8. Mai 1982: *AAS*, 74 (1982), S. 796 f.

[17] *Ebd.*, S. 797 f.

[18] Johannes Paul II., Apost. Schreiben *Patres Ecclesiae*, 2. Jan. 1980: *AAS*, 72 (1980), S. 6.

[19] Augustinus, *Opus imp. c. Jul.* 1, 117: *PL* 45, 1125.

[20] Ebd., *Contra Jul.* 2, 10, 34: *PL* 44, 698.

[21] II. Vat. Konzil, Konst. *Dei Verbum*, Nr. 8.

[22] Konzil v. Trient, ed. Goeressiana, V (Acta II) 91 ff.

[23] I. Vat. Konzil., coll. Lac. 7, 251.

[24] *Comm. primus* 2, 10: *PL* 50, 639, 650.

[25] Augustinus, *De lib. arb.* III. 21, 59; *De Trin.* II. 1, 2: *PL* 32, 1300; 42, 845.

[26] Pius XII., Enzyklika *Divino afflante Spiritu*, 30. Sept. 1943: *AAS*, 35 (1943), S. 312.

[27] *Adv. haer.* 2, 28, 2: *PG* 7, 805.

[28] *Ebd.*, 3, 1, 1: *PG* 7, 844.

[29] *Ebd.*, 3, 3, 1: *PG* 7, 848.

[30] *Ebd.*, 3, 4, 1: *PG* 7, 855.

[31] *De principiis* 1, praef. 1; cf. *In Mt comm.* 46: *PG* 11, 116; cf. 13, 1667.

[32] *Confess.* 11, 2, 3: *PL* 32, 809.

[33] *Contra ep. fund.* 5, 6: *PL* 42, 176.

[34] II. Vat. Konzil, Konst. *Dei Verbum*, Nr. 10.

[35] II. Vat. Konzil, Dekr. *Ad gentes*, Nr. 22.

[36] *De doctr. chr.* 2, 40, 60–61: *PL* 34, 63.

[37] *Retract.* 1, 1, 4: *PL* 32, 587.

[38] II. Vat. Konzil, Past. Konst. *Gaudium et spes*, Nr. 44.

[39] II. Vat. Konzil, Dekret *Ad gentes*, Nr. 2.

40 II. Vat. Konzil, Past. Konst. *Gaudium et spes*, Nr. 44.
41 Augustinus, *Tract. in Joh.* 36, 6: *PL* 35, 1666.
42 Ebd., *De civ. Dei* 16, 2, 1: *PL* 41, 477.
43 Ebd., *Tract in Joh.* 37, 6: *PL* 35, 1672.
44 Augustinus, *Serm.* 93, 4; 341, 5; usw.: *PL* 38, 574; 39, 1496.
45 *Catech.* 6, 2: *PG* 33, 542.
46 *Serm.* 27, 4: *PL* 38, 179.
47 *Adv. haer.* 2, 28, 6.: *PG* 7, 809.
48 *De Divinis Nominibus*, II. 9: *PG* 3, 674, vgl. 648; Zitiert vom hl. Thomas von Aquin in *S. Th.* II-II., q. 45, a. 2.
49 *S. Th.* II-II. q. 45. a. 2.
50 Augustinus, *Ep.* 120, 3, 13: *PL* 33, 459.
51 Clemens von Alex., *Stromata* 2, 9: *PG* 8, 975–982.
52 Augustinus, *De div.* qq. LXXXIII. q. 35, 2: *PL* 40,24.
53 *Ep.* 118, 32: *PL* 33, 448.
54 *De Trin.* 1, 1, 1: *PL* 42, 819.
55 Großen Einfluß hatten hier vor allem zwei Werke des hl. Augustinus: *De civitate Dei* und *De doctrina christiana*.
56 Augustinus, *De civ. Dei* 10, 32, 1–3: *PL* 41, 312 ff.
57 Ebd., *De civ. Dei* 18, 51, 2: *PL* 41, 614; vgl. II Vat. Konzil, Konst. *Lumen gentium*, Nr. 8.
58 *Contra Jul.* 2, 10, 34: *PL* 44, 698.

Über einige Aspekte der christlichen Meditation

Schreiben der Kongregation für die Glaubenslehre an die Bischöfe der katholischen Kirche vom 15. Oktober

I. Einführung

1. In vielen Christen unserer Zeit lebt das Verlangen, echt und tief beten zu lernen, auch wenn die moderne Kultur dem spürbaren Bedürfnis nach Schweigen, Sammlung und Meditation nicht wenige Schwierigkeiten in den Weg legt. Wenn sich auch Christen in den letzten Jahren für Meditationsformen, die mit einigen östlichen Religionen und ihren besonderen Gebetsweisen zusammenhängen, interessiert haben, so ist das ein nicht geringes Zeichen für dieses Bedürfnis nach geistlicher Sammlung und tiefreichendem Kontakt mit dem göttlichen Geheimnis. Dennoch ist vielen angesichts dieses Phänomens auch die Notwendigkeit bewußt geworden, über sichere lehrmäßige und pastorale Kriterien verfügen zu können, die eine Erziehung zum Gebet in seinen vielfältigen Äußerungen gestatten, wobei man im Licht der in Jesus geoffenbarten Wahrheit bleiben möchte, die von der echten Überlieferung der Kirche vermittelt wird. Auf dieses dringende Anliegen möchte das vorliegende Schreiben antworten, damit in den verschiedenen Teilkirchen bei der Vielfalt auch neuer Gebetsformen die genaue personale und gemeinschaftliche Natur des Gebetes nicht übersehen wird. Diese Hinweise richten sich vor allem an die Bischöfe, damit sie diese so zum Gegenstand der pastoralen Sorge für die ihnen anvertrauten Kirchen machen, daß das ganze Volk Gottes – Priester, Ordensleute und Laien – sich mit neuer Kraft zum Gebet zu Gott dem Vater im Geist Christi unseres Herrn aufgerufen fühlt.

2. Der immer häufigere Kontakt mit anderen Religionen und ihren unterschiedlichen Gebetsstilen und -methoden hat in den letzten Jahrzehnten viele Gläubige zur Frage nach dem Wert geführt, den nichtchristliche Meditationsformen für Christen haben können. Die Frage betrifft vor allem die östlichen Methoden.[1] Manche Menschen wenden sich heute aus therapeutischen Gründen diesen Methoden zu: Die geistige Unruhe eines Lebens, das dem quälenden Rhythmus der technologisch fortgeschrittenen Gesellschaft ausgesetzt ist, drängt auch eine gewisse Anzahl Christen dazu, in ihnen den Weg zu innerer Ruhe und psychischem Gleichgewicht zu finden. Dieser psychologische Aspekt wird im vorliegenden Schreiben nicht behandelt, denn er möchte mehr die theologischen und spirituellen Implikationen der Frage herausstellen. Andere Christen sind im Zug der Bewegung zur Öffnung und zum Austausch gegenüber anderen Religionen und Kulturen der Auffassung, ihr eigenes Gebet könne von diesen Methoden viel gewinnen. Da sie feststellen können, daß in letzter Zeit nicht wenige überlieferte, dem Christentum eigene Meditationsformen nicht mehr verwendet werden, fragen sie sich: Sollte es nicht möglich sein, durch eine neue Erziehung zum Gebet unser Erbe zu bereichern, wenn wir auch das aufnehmen, was ihm bisher fremd war?

3. Wollen wir auf diese Frage antworten, müssen wir wenigstens in großen Zügen bedenken, worin die innere Natur des christlichen Gebetes besteht, um dann zu sehen, ob und

wie es durch Meditationsformen, die innerhalb anderer Religionen und Kulturen entstanden sind, bereichert werden kann. Dazu ist die Formulierung einer entscheidenden Voraussetzung notwendig. Das christliche Gebet wird immer von der Struktur des christlichen Glaubens bestimmt, in dem die Wahrheit Gottes selber und die Wahrheit über die Schöpfung aufleuchtet. Daher nimmt es im eigentlichen Sinn den Charakter eines persönlichen, intimen und tiefen Gesprächs zwischen Mensch und Gott an. Es bringt so die Gemeinschaft der erlösten Geschöpfe mit dem inneren Leben der Personen der heiligsten Dreifaltigkeit zum Ausdruck. Zu dieser Gemeinschaft, die sich auf die Taufe und die Eucharistie, Quelle und Gipfel des Lebens der Kirche, gründet, gehört eine Haltung der Bekehrung und des Herausgehens aus dem eigenen Ich auf das Du Gottes zu. Christliches Gebet ist damit immer zugleich echt persönlich und gemeinschaftsbezogen. Es meidet unpersönliche oder auf das Ich konzentrierte Techniken, die automatische Abläufe hervorbringen, bei denen der Betende in einem rein innerlichen Spiritualismus gefangen bleibt und zum freien Sich-Öffnen für den transzendenten Gott unfähig wird. In der Kirche muß das berechtigte Erforschen neuer Methoden der Meditation sich immer vor Augen halten, daß ein echt christliches Gebet wesentlich die Begegnung zweier Freiheiten ist, der unendlichen Freiheit Gottes mit der begrenzten des Menschen.

II. Das christliche Gebet im Licht der Offenbarung

4. Wie ein Mensch, der die biblische Offenbarung annimmt, beten muß, lehrt die Bibel selber. Im Alten Testament gibt es eine herrliche Sammlung von Gebeten, die die Jahrhunderte hindurch auch in der Kirche Jesu Christi lebendig geblieben ist, wo sie zur Grundlage des amtlichen Gebetes wurde: das Buch der Loblieder oder der Psalmen[2]. Gebete nach Art der Psalmen finden sich bereits in den älteren Texten oder werden in den jüngeren Texten des Alten Testamentes aufgegriffen[3].
Die Gebete im Buch der Psalmen erzählen vor allem die Großtaten Gottes für das auserwählte Volk. Israel betrachtet, erwägt und setzt die Großtaten Gottes erneut gegenwärtig, indem es sich ihrer im Gebet erinnert.
In der biblischen Offenbarung gelangt Israel zur Anerkennung und zum Lob Gottes, der in der gesamten Schöpfung und im Geschick eines jeden Menschen gegenwärtig ist. So ruft es Ihn z. B. als Helfer an in Gefahr, in Krankheit, in Verfolgung und in Trübsal. Endlich wird Gott immer im Licht seiner Heilswerke, in seiner göttlichen Macht und Güte gefeiert, in seiner Gerechtigkeit und Barmherzigkeit sowie in seiner königlichen Größe.

5. Aufgrund der Worte und Taten, des Leidens und der Auferstehung Jesu Christi erkennt der Glaube im *Neuen Testament* in Ihm die endgültige Selbstoffenbarung Gottes, das menschgewordene Wort, das die innersten Tiefen seiner Liebe enthüllt. Der Heilige Geist ist es, der in diese Tiefen Gottes eindringen läßt, er, der in die Herzen der Gläubigen ausgegossen, „alles ergründet, auch die Tiefen Gottes" (*1 Kor* 2,10). Nach der Verheißung Jesu an seine Jünger wird der Geist ihnen alles das erklären, was er selber ihnen noch nicht sagen konnte. Doch wird dieser Geist „nicht aus sich selbst heraus reden. Er wird mich verherrlichen,

denn er wird von dem, was mein ist, nehmen und es euch verkünden" (*Joh* 16,13 f.). Was Jesus hier „sein" nennt, ist auch von Gott Vater, wie er gleich anschließend erklärt, denn „alles, was der Vater hat, ist mein; darum habe ich gesagt: Er nimmt von dem, was mein ist und wird es euch verkünden" (*Joh* 16,15).

Die Verfasser des Neuen Testaments haben ganz bewußt von der Offenbarung Gottes in Christus stets innerhalb einer vom Heiligen Geist erhellten Sicht gesprochen. Die synoptischen Evangelien erzählen die Werke und Worte Jesu Christi aufgrund des tieferen Verständnisses, das sie nach Ostern von dem, was die Jünger gesehen und gehört hatten, gewannen; das ganze Johannesevangelium schöpft aus der Betrachtung dessen, der von Anfang an das fleischgewordene göttliche Wort ist; Paulus, dem Jesus auf dem Weg nach Damaskus in seiner göttlichen Majestät erschien, sucht die Glaubenden zu erziehen, daß sie „zusammen mit allen Heiligen dazu fähig (sind), die Länge und Breite, die Höhe und Tiefe (des Geheimnisses Christi) zu ermessen und die Liebe Christi zu verstehen, die alle Erkenntnis übersteigt", um so „von der ganzen Fülle Gottes erfüllt" zu werden (*Eph* 3,18). Für Paulus ist das göttliche Geheimnis Christus, „in dem alle Schätze der Weisheit und Erkenntnis verborgen sind" (*Kol* 2,3), und der Apostel präzisiert: „Das sage ich, damit euch niemand durch Überredungskünste täuscht" (*Kol* 2,4).

6. Zwischen der Offenbarung und dem Gebet liegt daher eine enge Beziehung vor. Die Dogmatische Konstitution *Dei Verbum* lehrt uns, daß der unsichtbare Gott „in (seiner) Offenbarung aus überströmender Liebe die Menschen wie Freunde anredet (vgl. *Ex* 33,11; *Joh* 15,14–15) und mit ihnen verkehrt (vgl. *Bar* 3,38), um sie in seine Gemeinschaft einzuladen und aufzunehmen"[4].

Diese Offenbarung ist in Worten und Taten erfolgt, die immer gegenseitig aufeinander verweisen; von Anfang an und beständig konvergiert das Ganze auf Christus, der Fülle der Offenbarung und der Gnade, sowie auf die Gabe des Heiligen Geistes. Dieser befähigt den Menschen, die Worte und Werke Gottes aufzunehmen und zu betrachten, ihm zu danken und ihn anzubeten, in der Gemeinde der Gläubigen und im Inneren des eigenen, von der Gnade erleuchteten Herzens.

Daher empfiehlt die Kirche immer die Lektüre des Wortes Gottes als Quelle des christlichen Gebetes und regt zugleich zum Entdecken des tiefen Sinns der Heiligen Schrift durch das Gebet an, „damit (die Lesung) zu einem Gespräch werde zwischen Gott und Mensch; denn ‚ihn reden wir an, wenn wir beten; ihn hören wir, wenn wir Gottes Weisungen lesen'"[5].

7. Aus dem Gesagten ergeben sich sogleich einige Folgen. Wenn sich das *Gebet des Christen* in die trinitarische Bewegung in Gott einfügen muß, so muß sein wesentlicher Inhalt notwendig auch von der doppelten Richtung dieser Bewegung bestimmt werden: Im Heiligen Geist kommt der Sohn in die Welt, um diese mit dem Vater durch seine Werke und Leiden zu versöhnen; andererseits kehrt in dieser Bewegung und im gleichen Geist der menschgewordene Sohn zum Vater zurück, indem er in Leiden und Auferstehung dessen Willen erfüllt. Das „Vaterunser", das Gebet Jesu, zeigt klar die Einheit dieser Bewegung auf: Der Wille des Vaters muß wie im Himmel so auf Erden erfüllt werden (die Bitten um Brot, Verzeihung und Schutz aber verdeutlichen die grundlegenden Dimensionen des Willens Gottes für uns), damit eine neue Erde sich im himmlischen Jerusalem erfülle.

Das Gebet Jesu[6] wird der Kirche anvertraut („so sollt ihr beten"), und daher ist das christliche Gebet, auch wenn es in der Einsamkeit erfolgt, in Wirklichkeit immer ein Gebet innerhalb jener „Gemeinschaft der Heiligen", in und mit der wir beten, sowohl in der öffentlichen und liturgischen als auch in der privaten Form. Daher muß es auch immer im echten Geist der betenden Kirche vollzogen werden und damit unter ihrer Leitung, die zuweilen in einer auf Erfahrung beruhenden geistlichen Anleitung konkretisiert werden kann. Auch wenn er allein ist und im Verborgenen betet, ist sich der Christ bewußt, immer in Vereinigung mit Christus im Heiligen Geist und gemeinsam mit allen Heiligen für das Wohl der Kirche zu beten[7].

III. Verfehlte Gebetsweisen

8. Bereits in den ersten Jahrhunderten drangen verfehlte Weisen des Betens in die Kirche ein. Einige Texte des Neuen Testamentes (vgl. *1 Joh* 4,3; *1 Tim* 1,3–7 und 4,3–4) lassen schon Spuren davon erkennen. Später zeigen sich zwei grundlegende Abweichungen: die Pseudognosis und der Messalianismus, mit denen sich die Kirchenväter auseinandergesetzt haben. Aus dieser frühchristlichen Erfahrung und der Haltung der Väter läßt sich viel für das Eingehen auf die heutige Problematik lernen.
Gegen die Fehlform der *Pseudognosis*[8] machen die Väter geltend, daß die Materie von Gott geschaffen und als solche nicht schlecht ist. Sie halten ferner daran fest, daß man die Gnade, deren Quelle immer der Heilige Geist ist, nicht als Eigentum der Seele ansehen darf, sie vielmehr als Geschenk von Gott erbitten muß. Daher macht die Erleuchtung oder höhere Erkenntnis des Geistes („Gnosis") den christlichen Glauben nicht überflüssig. Schließlich ist für die Väter das echte Zeichen für eine höhere Erkenntnis als Frucht des Betens immer die christliche Liebe.

9. Wenn die Vollkommenheit des christlichen Gebetes einerseits nicht nach der Erhabenheit der Erkenntnis im Sinn der Gnosis bewertet werden darf, dann kann andererseits auch die Erfahrung des Göttlichen im Sinn des *Messalianismus*[9] kein Maßstab sein. Die unechten Charismatiker des 4. Jahrhunderts identifizierten die Gnade des Heiligen Geistes mit der psychologischen Erfahrung seiner Gegenwart in der Seele. Gegen sie betonten die Väter die Tatsache, daß sich die Vereinigung der betenden Seele mit Gott im Geheimnis vollzieht, zumal durch die Sakramente der Kirche. Sie kann sich ferner sogar in den Erfahrungen der Trübsal oder Trostlosigkeit zeigen. Anders als die Messalianer meinen, sind diese Erfahrungen nicht notwendig ein Zeichen dafür, daß der Geist die Seele verlassen hat. Sie können vielmehr, wie die Lehrer des geistlichen Lebens immer klar anerkannt haben, eine echte Anteilhabe an der Verlassenheit unseres Herrn am Kreuze sein, der für immer Vorbild und Mittler des Gebetes bleibt[10].

10. Diese beiden Fehlformen bilden weiterhin eine *Versuchung für den sündigen Menschen*. Sie verleiten ihn, eine Überwindung des Abstands, der das Geschöpf vom Schöp-

fer trennt, zu suchen, als ob er nicht sein dürfte; den Weg Christi auf Erden, auf dem er uns zum Vater führen wollte, als überholt zu betrachten; das aber, was auf der Ebene der natürlichen Psychologie als reine Gnade gewährt wird, als „höhere Erkenntnis" oder „Erfahrung" anzusehen.
Von Zeit zu Zeit sind diese Fehlformen im Verlauf der Geschichte in den Randzonen des Gebetes der Kirche aufgetaucht, und heute scheinen sie erneut zahlreiche Christen zu beeindrucken und sich ihnen als psychologisches oder geistliches Heilmittel oder zum raschen Verfahren, um Gott zu finden, zu empfehlen[11].

11. Doch *können* diese Fehlformen, wo immer sie auftreten, sehr einfach *festgestellt werden*. Die betend vollzogene christliche Betrachtung sucht in den Heilswerken Gottes in Christus, dem menschgewordenen Wort, und in der Gabe seines Geistes die göttliche Tiefe zu erfassen, die sich dort aber immer in der menschlich-irdischen Dimension offenbart. Dagegen sucht man bei ähnlichen Betrachtungsmethoden, auch wenn man von Worten und Werken Jesu ausgeht, möglichst weitgehend alles auszuschließen, was irdisch, sinnenhaft und vom Begriff her begrenzt ist, um zum Bereich des Göttlichen emporzusteigen oder sich darin zu versenken, das als solches weder irdisch noch den Sinnen zugänglich noch in Begriffe zu fassen ist[12].
Diese Tendenz, die bereits in der späten griechischen Frömmigkeit (vor allem im „Neuplatonismus") vorliegt, findet sich im Grunde bei der religiösen Auffassung vieler Völker, sobald sie den schwachen Charakter ihrer Darstellungen des Göttlichen und ihrer Versuche, ihm nahezukommen, erkennen.

12. Bei der heutigen Verbreitung östlicher Meditationsformen im Raum des Christentums und in kirchlichen Gemeinschaften erleben wir erneut den ernsthaften Versuch, *die christliche Meditation mit der nichtchristlichen zu verschmelzen*, was nicht ohne Risiken und Irrtümer abgeht. Die Vorschläge in dieser Richtung sind zahlreich und mehr oder weniger radikal: Einige verwenden östliche Methoden lediglich, um sich psycho-physisch auf eine wirklich christliche Kontemplation vorzubereiten. Andere gehen weiter und suchen mit unterschiedlichen Techniken geistliche Erfahrungen zu erzeugen, analog denen, die in den Schriften gewisser katholischer Mystiker beschrieben werden[13]. Wieder andere scheuen sich nicht, das Absolute ohne Bilder und Begriffe, wie es der Theorie des Buddhismus eigen ist[14], mit der Majestät Gottes, die in Christus geoffenbart wurde und die über die endliche Wirklichkeit erhaben ist, auf eine Stufe zu stellen. Sie verwenden zu diesem Zweck eine „negative Theologie", die jede inhaltlich bestimmte Aussage über Gott übersteigt und leugnet, daß die Dinge der Welt eine Spur bieten können, die zur Unendlichkeit Gottes hinführt. Daher schlagen sie nicht nur das Aufgeben der Betrachtung der Heilswerke vor, die der Gott des Alten und des Neuen Bundes innerhalb der Geschichte vollbracht hat, sondern auch das Aufgeben des Gedankens an den einen und dreifaltigen Gott, der die Liebe ist, um statt dessen „in den weiselosen Abgrund der Gottheit" einzutauchen[15].
Diese oder andere analoge Vorschläge, die christliche Meditation mit östlichen Techniken zu harmonisieren, müssen ständig genau nach Gehalt und Methode überprüft werden, will man nicht in einen verderblichen Synkretismus verfallen.

IV. Der christliche Weg der Vereinigung mit Gott

13. Um den richtigen „Weg" für sein Gebet zu finden, muß der Christ das beachten, was oben über die wichtigen Züge des Weges Christi gesagt wurde, dessen „Speise (es ist), den Willen dessen zu tun, der ihn gesandt hat und sein Werk zu Ende zu führen" (*Joh* 4,34). Jesus lebt in keiner innigeren und engeren Vereinigung mit dem Vater als dieser, die sich für ihn ständig in tiefem Gebet vollzieht. Der Wille des Vaters sendet ihn zu den Menschen, zu den Sündern, ja zu seinen Mördern, und er kann, diesem Willen gehorsam, mit dem Vater nicht enger verbunden sein. Das hindert ihn aber keineswegs daran, sich auf seinem Erdenweg betend in die Einsamkeit zurückzuziehen, um sich mit dem Vater zu vereinigen, um von ihm zugleich neue Kraft für seine Sendung in der Welt zu erhalten. Auf Tabor, wo er gewiß in offenkundiger Weise mit dem Vater vereint ist, wird sein Leiden angesprochen (vgl. *Lk* 9,31), und es wird nicht einmal als Möglichkeit erwogen, in den „drei Hütten" auf dem Berg der Verklärung zu bleiben. Jedes kontemplative christliche Gebet verweist ständig auf die Liebe zum Nächsten, auf das Tun und das Leiden, und gerade so läßt es uns am meisten Gott näherkommen.

14. Um sich jenem Geheimnis der Vereinigung mit Gott zu nähern, das die griechischen Väter *Vergöttlichung* des Menschen nennen, und um genau die Weisen zu erfassen, nach denen sie erfolgt, muß man sich vor allem vor Augen halten, daß der Mensch wesentlich Geschöpf ist[16] und es ewig bleibt; es wird daher nie ein Aufgehen des menschlichen Ich im göttlichen Ich, auch nicht auf den höchsten Stufen der Gnade, möglich sein. Man muß freilich anerkennen, daß die menschliche Person „nach dem Bild und Gleichnis" Gottes geschaffen und die Urgestalt dieses Bildes der Sohn Gottes ist, in dem und auf den hin wir geschaffen sind (vgl. *Kol* 1,16). Dieses Urbild enthüllt uns nun das größte und schönste Geheimnis des Christentums: der Sohn ist von Ewigkeit her gegenüber dem Vater „verschieden" und doch im Heiligen Geist ihm „wesensgleich"; folglich bedeutet die Tatsache, daß etwas Anderes da ist, kein Übel, sondern vielmehr das höchste aller Güter. In Gott selbst gibt es Verschiedenheit, denn er ist eine Natur in drei Personen, und es gibt diese Verschieden von Gott und Geschöpf, die ihrer Natur nach anders sind. In der heiligen Eucharistie wie auch in den anderen Sakramenten endlich – und analog in seinen Werken und Worten – schenkt Christus sich selber und macht uns seiner göttlichen Natur teilhaftig[17], ohne dabei unsere geschaffene Natur aufzuheben, an der er ja selber durch seine Menschwerdung Anteil hat.

15. Wenn wir diese Wahrheiten als Ganzes betrachten, entdecken wir mit tiefem Staunen, daß in der christlichen Wirklichkeit alle im Gebet anderer Religionen präsenten Anliegen über jedes Maß hinaus erfüllt werden, ohne daß damit das persönliche Ich und seine Geschaffenheit aufgelöst werden und im Meer des Absoluten untergehen muß. „Gott ist Liebe" (*1 Joh* 4,8): Diese zutiefst christliche Aussage kann die vollkommene *Vereinigung* und die *Verschiedenheit* von Liebendem und Geliebtem, zwischen ewigem Austausch und ewigem Dialog verbinden. Gott selber ist dieser ewige Austausch, wir aber können in voller Wahrheit als „Adoptivsöhne" Christi teilhaftig werden und mit dem Sohn im Heiligen Geist rufen: „Abba, Vater". In diesem Sinn sprechen die Väter mit vollem Recht von einer Vergöttlichung des Menschen, der, einverleibt in Christus, den Sohn Gottes von

Natur aus, durch seine Gnade der göttlichen Natur teilhaftig und „Sohn im Sohne" wird. Wenn der Christ den Heiligen Geist empfängt, verherrlicht er den Vater und nimmt wirklich am dreifaltigen Leben Gottes teil.

V. Fragen der Methode

16. Der größere Teil der *Hochreligionen*, welche die Vereinigung mit Gott im Gebet gesucht haben, hat auch die Wege bezeichnet, wie man dahin gelangt. Da „die Kirche nichts von alledem ablehnt, was in diesen Religionen wahr und heilig ist"[18], darf man diese Hinweise nicht von vornherein als unchristlich verachten. Man kann im Gegenteil daraus das Nützliche aufgreifen, wenn man dabei nicht die christliche Auffassung vom Gebet, seine Logik und seine Erfordernisse übersieht, denn innerhalb dieses Ganzen müssen jene Fragmente neu umschrieben und aufgenommen werden.
Unter diese Hinweise darf man vor allem die demütige Annahme eines im Gebetsleben kundigen Lehrers und seine Weisungen zählen; in der christlichen Erfahrung war man sich dessen seit den alten Zeiten, seit der Zeit der Wüstenväter, immer bewußt. Dieser im „Empfinden mit der Kirche" kundige Lehrer soll nicht nur anleiten und auf bestimmte Gefahren aufmerksam machen, sondern als „geistlicher Vater" auch lebendig, von Herz zu Herz, in das Gebetsleben als Geschenk des Heiligen Geistes einführen.

17. Die nichtchristliche Spätantike unterschied mit Vorliebe drei Stufen im Leben der Vollkommenheit: den Weg der Reinigung, den der Erleuchtung und den der Vereinigung. Diese Lehre diente vielen Schulen christlicher Spiritualität als Modell. Obwohl es an sich gültig ist, bedarf es doch einiger Verdeutlichungen, um zu einer korrekten christlichen Auslegung zu kommen und gefährliche Mißverständnisse zu vermeiden.

18. Dem Suchen nach Gott im Gebet muß die Aszese und Reinigung von den eigenen Sünden und Irrtümern voraufgehen, und sie muß es auch begleiten, weil nach dem Wort Jesu nur „die reinen Herzen Gott schauen" (*Mt* 5,8). Das Evangelium zielt vor allem auf eine sittliche Reinigung von dem Mangel an Wahrheit und Liebe, und, auf einer tieferen Ebene, von allen egoistischen Bestrebungen, die den Menschen daran hindern, den Willen Gottes in seiner Reinheit zu erkennen und anzunehmen. Nicht die Leidenschaften als solche sind negativ (wie die Stoiker und Neuplatoniker dachten), sondern vielmehr deren egoistische Tendenz. Von dieser hat der Christ sich zu befreien: Um jenen Zustand positiver Freiheit zu erreichen, den die christliche Klassik „Apatheia" nannte, das Mittelalter „Gelassenheit" und die ignatianischen Geistlichen Übungen „Indifferenz"[19].
Dies ist ohne radikale Selbstverleugnung unmöglich, wie man auch beim hl. Paulus sieht, der offen das Wort „Abtötung" (der sündhaften Neigungen) verwendet[20]. Nur eine solche Selbstverleugnung macht den Menschen frei, so daß er den Willen Gottes tun und an der Freiheit des Geistes Anteil haben kann.

19. Es muß daher die Lehre jener Meister richtig interpretiert werden, die ein „Entleeren" des Geistes von jeder sinnenhaften Vorstellung und allen Begriffen empfehlen, wo-

bei aber eine liebevolle Aufmerksamkeit für Gott bleiben soll, so daß im Beter eine Leere ist, die dann vom göttlichen Reichtum ausgefüllt werden kann. Die Leere, die Gott braucht, ist jene des Entsagens gegenüber dem eigenen Egoismus, nicht notwendig die des Entsagens gegenüber den geschaffenen Dingen, die er uns geschenkt und in die er uns hineingestellt hat. Zweifellos muß man sich im Gebet gänzlich auf Gott konzentrieren und möglichst alle Dinge dieser Welt ausschließen, die uns an unseren Egoismus fesseln. Hier ist der hl. Augustinus ein ausgezeichneter Lehrer: Willst du Gott finden, sagt er, so verlasse die äußere Welt und kehre bei dir selber ein. Aber, so fährt er fort, bleibe nicht in dir selber, sondern übersteige dich, denn du bist nicht Gott: Er ist tiefer und größer als du. „Ich suche sein Wesen in meiner Seele, finde sie aber nicht; da begann ich ein Suchen nach meinem Gott, und durch die geschaffenen Dinge auf ihn hin ausgespannt, vermochte ich die ‚unsichtbare Wirklichkeit Gottes‘ (*Röm* 1,20) zu erkennen“[21]. „In sich selber bleiben“, darin liegt die eigentliche Gefahr. Der große Kirchenlehrer empfiehlt, sich auf sich selber zu konzentrieren, aber auch das Ich, das nicht Gott ist, sondern lediglich ein Geschöpf, zu übersteigen. Gott ist „tiefer als mein Innerstes und höher als mein Höchstes“[22]. Gott ist nämlich in uns und mit uns, übersteigt uns aber in seinem Geheimnis[23].

20. *Vom dogmatischen Standpunkt* aus ist es unmöglich, zur vollkommenen Liebe zu Gott zu gelangen, wenn man von seiner Selbsthingabe in seinem menschgewordenen, gekreuzigten und auferstandenen Sohn absieht. Unter dem Wirken des Heiligen Geistes nehmen wir in Ihm aus reiner Gnade am innergöttlichen Leben teil. Wenn Jesus sagt: „Wer mich gesehen hat, hat den Vater gesehen“ (*Joh* 14,9), meint er nicht ein bloß äußerliches Sehen und Erkennen seiner menschlichen Gestalt („das Fleisch nützt nichts“, *Joh* 6,63). Er meint vielmehr ein „Sehen“, das durch die Gnade des Glaubens möglich geworden ist: durch die sichtbare Gestalt Jesu hindurch das sehen, was dieser uns als Wort des Vaters in Wahrheit zeigen will („Der Geist ist es, der lebendig macht ...; die Worte, die ich zu euch gesprochen habe, sind Geist und Leben“, *ebd.*). Bei diesem „Sehen“ handelt es sich nicht um eine rein menschliche Abstraktion („abstractio“) der Gestalt, in der sich Gott geoffenbart hat, sondern um das Erfassen der göttlichen Wirklichkeit in der menschlichen Gestalt Jesu, um das Erfassen seiner göttlichen und ewigen Dimension in seiner zeitgebundenen Gestalt. Der hl. Ignatius sagt in seinen Geistlichen Übungen, wir sollten versuchen, „den unendlichen Duft und die unendliche Süße der Gottheit“ zu erfassen (Nr. 124), indem wir von der endlichen geoffenbarten Wahrheit ausgehen, mit der wir angefangen haben. Wenn er uns erhebt, ist Gott frei, uns von allem, was uns in dieser Welt beschäftigt, zu „entleeren“ und uns völlig in das trinitarische Leben seiner ewigen Liebe hineinzuziehen. Doch kann diese Gabe nur „in Christus durch den Heiligen Geist“ gewährt, aber nicht mit eigener Kraft unter Absehung seiner Offenbarung erreicht werden.

21. Auf dem Weg des christlichen Lebens folgt auf die Reinigung die Erleuchtung durch die Liebe, die uns der Vater im Sohn schenkt, und durch die Salbung, die wir von Ihm im Heiligen Geist empfangen (vgl. *1 Joh* 2,20).
Seit dem christlichen Altertum ist von der in der Taufe empfangenen „Erleuchtung“ die Rede. Diese führt die in die göttlichen Geheimnisse eingeweihten Gläubigen zur Kenntnis Christi durch den Glauben, der in der Liebe tätig wird. Ja, einige kirchliche Schrift-

steller sprechen ausdrücklich von der in der Taufe empfangenen Erleuchtung als Grundlage jener erhabenen Erkenntnis Jesu Christi (vgl. *Phil* 3,8), die als „theoria“ oder Kontemplation bezeichnet wird[24].
Die Gläubigen sind mit der Taufgnade aufgerufen, in der Kenntnis der Geheimnisse des Glaubens und im Zeugnis dafür voranzuschreiten „durch innere Einsicht, die geistlicher Erfahrung entstammt“[25]. Keine göttliche Erleuchtung macht die Wahrheiten des Glaubens überflüssig. Die eventuellen Gnaden der Erleuchtung, die Gott gewähren kann, helfen vielmehr zur besseren Klärung der tieferen Dimension der Geheimnisse, die die Kirche bekennt und feiert im Warten darauf, daß der Christ Gott einmal in seiner Herrlichkeit schauen darf, wie er ist (vgl. *1 Joh* 3,2).

22. So Gott will, kann der betende Christ schließlich zu einer besonderen Erfahrung der *Vereinigung* gelangen. Die Sakramente, zumal Taufe und Eucharistie[26], sind der objektive Beginn der Vereinigung des Christen mit Gott. Auf dieser Grundlage kann der Betende durch eine besondere Gnade des Geistes zu jener besonderen Form der Vereinigung mit Gott berufen werden, die im Raum des Christentums als *Mystik* bezeichnet wird.

23. Gewiß braucht der Christ bestimmte Zeiten der Einkehr in der Einsamkeit, um sich zu sammeln und in Gottes Nähe seinen Weg neu zu finden. Doch da er Geschöpf bleibt, ein Geschöpf, das sich nur in der Gnade sicher weiß, beruht die Weise, wie er sich Gott naht, nicht auf irgendeiner Technik im strengen Sinn dieses Wortes. Das würde dem vom Evangelium geforderten Geist der Kindschaft widersprechen. Die echte christliche Mystik hat nichts mit Technik zu schaffen: Sie ist immer ein Geschenk Gottes, dessen sich der Empfänger unwürdig fühlt[27].

24. Es gibt bestimmte *mystische Gnaden*, die zum Beispiel Gründern von kirchlichen Instituten für die gesamte Gründung oder anderen Heiligen geschenkt werden. Diese kennzeichnen dann ihre ganze Gebetserfahrung und können als solche nicht von anderen Gläubigen nachgeahmt und angestrebt werden, auch wenn sie zum gleichen Institut gehören und nach einem immer vollkommeneren Gebet verlangen[28]. Es kann ferner verschiedene Ebenen und Weisen der Teilhabe an der Gebetserfahrung eines Gründers geben, ohne daß allen die gleiche Form der Teilhabe gewährt werden müßte. Außerdem bleibt jede Gebetserfahrung, die in allen echt kirchlichen, alten und modernen Instituten einen besonderen Platz hat, letztlich immer etwas Persönliches. Der Person aber schenkt Gott im Hinblick auf das Gebet seine Gnade.

25. Bei der Mystik muß man zwischen den *Gaben des Heiligen Geistes und den Charismen* unterscheiden, die von Gott in völlig freier Weise gewährt werden. Die ersteren kann jeder Christ in sich durch ein eifriges Leben in Glaube, Hoffnung und Liebe verlebendigen. So kann er auch durch eine ernsthafte Aszese zu einer gewissen Erfahrung Gottes und der Glaubensinhalte kommen. Zu den Charismen bemerkt der hl. Paulus, sie seien vor allem zugunsten der Kirche und der anderen Glieder am mystischen Leib Christi gegeben (vgl. *1 Kor* 12,7). Hier sei daran erinnert, daß einmal die Charismen nicht das Gleiche sind wie außerordentliche („mystische“) Gaben (vgl. *Röm* 12,3–21) und daß ferner die Unterscheidung zwischen den „Gaben des Heiligen Geistes“ und den „Charismen“

fließend sein kann. Sicher ist, daß ein für die Kirche fruchtbares Charisma im Rahmen des Neuen Testamentes nicht ohne einen bestimmten Grad persönlicher Vollkommenheit ausgeübt werden kann, und daß andererseits jeder „lebendige" Christ eine besondere Aufgabe (und in diesem Sinn ein „Charisma") hat „zum Aufbau des Leibes Christi" (vgl. *Eph* 4,15–16)[29], in Gemeinschaft mit der Hierarchie, der es in besonderer Weise zukommt, den Geist nicht auszulöschen, sondern alles zu prüfen und das Gute zu behalten" (*Lumen Gentium*, Nr. 12).

VI. Psychophysische – körperbezogene Methoden

26. Die menschliche Erfahrung zeigt, daß *Stellung und Haltung* des Körpers nicht ohne Einfluß auf die Sammlung und Bereitschaft des Geistes sind. Verschiedene geistliche Schriftsteller aus dem christlichen Osten und Westen haben dieser Tatsache Aufmerksamkeit geschenkt.

Auch wenn ihre Überlegungen mit den nichtchristlichen östlichen Meditationsmethoden gemeinsame Punkte aufweisen, so vermeiden sie doch jene Übertreibungen und Einseitigkeiten, die heute oft nicht genügend vorbereiteten Personen nahegelegt werden.

Diese geistlichen Schriftsteller haben jene Elemente aufgegriffen, die die Sammlung beim Gebet erleichtern, ohne zugleich ihren bloß relativen Wert zu übersehen: Sie sind dann nützlich, wenn sie im Hinblick auf das Ziel des christlichen Gebetes umformuliert werden[30]. Das Fasten besitzt zum Beispiel im Christentum vor allem die Bedeutung einer Bußübung und eines Opfers, doch schon bei den Vätern konnte es auch dazu dienen, den Menschen für die Begegnung mit Gott aufgeschlossener zu machen; der Christ gewann damit größere Selbstbeherrschung und wurde zugleich aufmerksamer für die Menschen in Not.

Im Gebet muß der ganze Mensch zu Gott in Beziehung treten, also auch sein Leib, der die zur Sammlung geeignetste Stellung einnehmen muß[31]. Die Haltung kann symbolhaft das Gebet selber zum Ausdruck bringen und je nach der Kultur und dem persönlichen Empfinden verschieden sein. In einigen Gebieten werden sich die Christen heute mehr dessen bewußt, wieviel die Haltung des Körpers beim Beten helfen kann.

27. Die christliche Meditation im Osten[32] hat den *psychophysischen Symbolismus* ausgewertet, der im Gebet des Westens oft zu kurz kam. Er kann von einer bestimmten körperlichen Haltung bis zu den fundamentalen Lebensfunktionen wie Atem und Herzschlag reichen. Die Übung des „Jesusgebetes" zum Beispiel paßt sich dem natürlichen Atemrhythmus an und kann – wenigstens eine gewisse Zeit lang – vielen eine wirkliche Hilfe sein[33]. Andererseits haben auch die östlichen Lehrer festgestellt, daß nicht alle gleichermaßen für die Anwendung dieses Symbolismus geeignet sind, weil nicht alle vom materiellen Zeichen zur gesuchten geistlichen Wirklichkeit übergehen können. Wird der Symbolismus unangemessen oder falsch verstanden, kann er sogar zum Idol werden und infolgedessen ein Hindernis für die Erhebung des Geistes zu Gott. Im Raum des Gebetes die ganze Wirklichkeit des eigenen Körpers als Symbol zu erleben, ist noch

schwieriger: Es kann zu einem Körperkult entarten und dahin führen, alle seine Empfindungen fälschlich mit geistlichen Erfahrungen gleichzusetzen.

28. Einige physische Übungen erzeugen automatisch das Gefühl der Ruhe und Entspannung, Gefühle der Befriedigung, vielleicht sogar Empfindungen von Licht und Wärme, die einem geistlichen Wohlbefinden gleichen. Sie aber als echte Tröstungen des Heiligen Geistes anzusehen, wäre eine gänzlich falsche Art, sich den geistlichen Weg vorzustellen. Würde man ihnen eine für die mystische Erfahrung typische symbolische Bedeutung zuschreiben, ohne daß die sittliche Haltung des Betreffenden dem entspricht, so hätten wir eine Art geistiger Schizophrenie vor uns, die sogar zu psychischen Störungen und zuweilen zu moralischen Verirrungen führen kann.
Das hebt freilich die Tatsache nicht auf, daß echte Praktiken der Meditation, die aus dem christlichen Osten und aus den nichtchristlichen Hochreligionen stammen und auf den gespaltenen und orientierungslosen Menschen von heute Anziehungskraft ausüben, ein geeignetes Hilfsmittel für den Betenden darstellen können, sogar mitten in äußerem Trubel innerlich entspannt vor Gott zu stehen.
Es ist allerdings darauf aufmerksam zu machen, daß die habituelle Vereinigung mit Gott oder die Haltung innerer Wachsamkeit und das Anrufen der Hilfe Gottes, die das Neue Testament als „immerwährendes Gebet" bezeichnet[34], nicht notwendig unterbrochen wird, wenn man sich Gottes Willen gemäß auch der Arbeit und der Sorge für den Nächsten widmet. Der Apostel sagt uns: „Ob ihr also eßt oder trinkt oder etwas anderes tut: tut alles zur Verherrlichung Gottes!" (*1 Kor* 10,31). Wie die großen Meister des geistlichen Lebens festhalten, weckt das echte Gebet in den Betenden nämlich eine brennende Liebe, die sie zur Mitarbeit an der Sendung der Kirche im Dienst an den Brüdern und Schwestern zur größeren Ehre Gottes antreibt[35].

VII. „Ich bin der Weg"

29. Jeder Gläubige kann und muß aus den verschiedenen Formen und dem Reichtum des christlichen Gebetes, wie es die Kirche lehrt, seinen eigenen Weg und seine eigene Gebetsmethode herausfinden; doch fließen alle diese persönlichen Wege am Ende in jenen *Weg zum Vater* zusammen, als den sich Jesus Christus bezeichnet hat. Beim Suchen nach dem eigenen Weg soll sich der einzelne daher nicht so sehr von seinem persönlichen Geschmack als vielmehr vom Heiligen Geist leiten lassen, der ihn durch Christus zum Vater führt.

30. Für den, der sich ernstlich Mühe gibt, werden freilich Zeiten kommen, da es ihm scheint, er würde in einer Wüste umherirren und trotz aller Anstrengungen nichts mehr von Gott „spüren". Er muß dann wissen, daß diese Prüfungen niemandem, der das Gebet ernst nimmt, erspart bleiben. Er darf diese Erfahrung, die allen betenden Christen gemeinsam ist, aber nicht unmittelbar mit der mystischen „dunklen Nacht" verwechseln. In solchen Zeiten kann ihm das Gebet, das er entschlossen fortzusetzen sucht, auf jeden Fall den Eindruck einer gewissen „Künstlichkeit" machen, obwohl es sich in Wirklich-

keit um etwas ganz anderes handelt: Es ist nämlich gerade dann Ausdruck seiner Treue zu Gott, in dessen Gegenwart er bleiben will, auch wenn er nicht mit irgendeinem subjektiven Trost belohnt wird.
In diesen offenkundig negativen Augenblicken wird das deutlich, was der Betende eigentlich sucht: wirklich Gott, der in seiner unendlichen Freiheit ihn immer überragt, oder nur sich selber, ohne daß ihm ein Hinausgehen über die eigenen „Erfahrungen" gelingt, ob es sich nun um anscheinend positive „Erfahrungen" der Vereinigung mit Gott oder um negative „Erfahrungen" der mystischen „Leere" handelt.

31. Die Liebe Gottes, einziger Gegenstand der christlichen Kontemplation, ist eine Wirklichkeit, deren man sich mit keiner Methode oder Technik „bemächtigen" kann; ja, wir müssen den Blick immer auf Jesus Christus gerichtet halten, in dem die göttliche Liebe für uns am Kreuz so weit gegangen ist, daß sie auch in die Gottverlassenheit auf sich genommen hat (vgl. *Mk* 15,34). Wir müssen also Gott die Entscheidung darüber überlassen, wie er uns an seiner Liebe teilhaben lassen will. Wir dürfen aber nie irgendwie versuchen, uns mit dem betrachteten Gegenstand, der freien Liebe Gottes, auf eine Stufe zu stellen; auch dann nicht, wenn uns durch die Barmherzigkeit Gottes des Vaters, durch den in unsere Herzen gesandten Heiligen Geist in Christus aus Gnade ein spürbarer Widerschein dieser göttlichen Liebe geschenkt wird und wir uns von der Wahrheit, Güte und Schönheit des Herrn gleichsam angezogen fühlen.
Je näher ein Geschöpf Gott treten darf, desto mehr wächst in ihm die Ehrfurcht vor dem dreimal heiligen Gott. Man versteht daher das Wort des hl. Augustinus: „Du magst mich Freund nennen, ich erkenne mich als Knecht"[36]. Oder das uns noch vertrautere Wort, das jene gesprochen hat, die mit dem innigsten Verhältnis zu Gott beschenkt wurde: „Auf die Niedrigkeit seiner Magd hat er geschaut" (*Lk* 1,48).

Papst Johannes Paul II. hat in einer dem unterzeichneten Kardinalpräfekten gewährten Audienz das vorliegende Schreiben, das in der Vollversammlung dieser Kongregation beschlossen worden war, gebilligt und zu veröffentlichen angeordnet.

Rom, am Sitz der Kongregation für die Glaubenslehre, den 15. Oktober 1989, am Fest der Heiligen Theresa von Jesus.

Joseph Kardinal Ratzinger
Präfekt

+ Alberto Bovone
Tit.-Erzbischof von Cäsarea in Numidien
Sekretär

Anmerkungen

[1] Unter „östlichen Methoden" werden hier Methoden verstanden, die sich wie „Zen", die „transzendentale Meditation" oder „Yoga" am Hinduismus und Buddhismus inspirieren. Es handelt sich also um Meditationsweisen des nichtchristlichen Fernen Ostens, die heute nicht selten auch von manchen Christen bei ihrer Meditation verwendet werden. Die Grundausrichtung und die methodischen Hinweise im vorliegenden Dokument wollen nicht nur bei diesem Problem, sondern auch allgemeiner für die verschiedenen Gebetsformen, die heute in der kirchlichen Praxis, zumal in Verbänden, Bewegungen und Gruppen verwendet werden, einen Bezugspunkt bieten.

[2] Zum Buche der Psalmen im Gebet der Kirche vgl. *Institutio generalis de Liturgia Horarum*, nn. 100–109.

[3] Vgl. z. B. *Ex* 15; *Dtn* 32; *1 Sam* 2; *2 Sam* 22, einige prophetische Texte und *1 Chr* 16.

[4] Dogmatische Konstitution *Dei Verbum*, Nr. 2. Dieses Dokument bietet weitere wesentliche Hinweise für ein theologisches und geistliches Verständnis des christlichen Gebetes; vgl. z. B. Nr. 3, 5, 8, 21.

[5] Dogmatische Konstitution *Dei Verbum*, Nr. 25.

[6] Zum Gebet Jesu vgl. *Institutio generalis de Liturgia Horarum*, nn. 3–4.

[7] Vgl. *Institutio generalis de Liturgia Horarum*, n. 9.

[8] Die Pseudognosis betrachtete die Materie als etwas Unreines und Verderbtes, das die Seele in eine Unwissenheit führte, aus der das Gebet sie hat befreien sollen, um sie zur wahren höheren Erkenntnis und damit zur Reinheit zu erheben. Gewiß waren nicht alle dazu befähigt, vielmehr nur die wahrhaftig geistlichen Menschen; für die einfachen Gläubigen genügten der Glaube und die Beobachtung der Gebote Christi.

[9] Die Messalianer wurden schon vom hl. Ephrem dem Syrer angezeigt (*Hymni contra Haereses*, 22,4 ed. E. Beck, *CSCO* 169, 1957, 79) und später u.a. von Epiphanius von Salamis (*Panarion*, auch als *Adversus Haereses* bezeichnet: *PG* 41,156–1200; 42,9–832) und Amphilochius, Bischof von Ikonium (*Contra haereticos*: G. Ficker, *Amphilochiana* 1, Leipzig 1906, 21–77).

[10] Vgl. z. B. Hl. Johannes vom Kreuz, *Aufstieg zum Berge Karmel*, II. Kap. 7,11.

[11] Im Mittelalter gab es in den Randzonen der Kirche extremistische Strömungen, die nicht ohne Ironie von einem der großen kontemplativen Christen, dem Flamen Jan van Ruysbroek, beschrieben werden. Er unterscheidet im mystischen Leben drei Fehlformen (Die gheestelike Brulocht, 228,12–230, 17; 230,18–232, 22; 232,23–236,6), er fügt auch eine allgemeine Kritik dieser Fehlformen hinzu (236,7–237,29). Ähnliche Techniken wurden später von der hl. Theresa von Jesus erkannt und zurückgewiesen, die scharfsinnig bemerkt, daß „gerade das Bemühen, an nichts zu denken, den Geist zum Denken an vieles verleitet", und wenn man das Geheimnis Christi in der christlichen Meditation beiseite läßt, liegt immer eine Art „Verrat" vor (vgl. hl. Theresa von Jesus, *Leben* 12,5 und 22,1–5).

[12] Papst Johannes Paul II. stellte der ganzen Kirche das Beispiel und die Lehre der hl. Theresa von Jesus vor Augen, die zu ihrer Zeit die Versuchung gewisser Methoden zurückweisen mußte, die dazu aufforderten, von der Menschheit Christi zugunsten eines vagen Eintauchens in den Abgrund des Göttlichen abzusehen. Er führte in seiner Homilie am 1.11.1982 aus, daß der Aufruf Theresas von Jesus zu einem ganz auf Christus konzentrierten Gebet „auch noch in unseren Tagen für einige Gebetspraktiken (gilt), die sich nicht auf das Evangelium beziehen und dazu neigen, von Christus abzusehen zugunsten einer geistigen Leere, die im Christentum keinen Sinn hat. Jede Gebetsweise ist gültig, wenn sie sich von Christus inspirieren läßt und zu Christus, dem Weg, der Wahrheit und dem Leben, führt (vgl. *Joh* 14,6)". Vgl. *Homelia Abulae habita in honorem Sanctae Teresiae*: *ASS* 75, (1983), 256–257.

[13] Vgl. z. B. „Die Wolke des Nichtwissens", das spirituelle Werk eines unbekannten englischen Schriftstellers aus dem 14. Jahrhundert.

[14] Der Begriff des „Nirvana" wird in den religiösen Texten des Buddhismus als ein Zustand der Ruhe verstanden, die im Erlöschen jeder konkreten Wirklichkeit, insofern sie vergänglich und daher enttäuschend ist und Schmerz bereitet, besteht.

[15] Meister Eckhart spricht von einem Eintauchen „in den weiselosen Abgrund der Gottheit, der eine Finsternis ist, in der das Licht der Dreifaltigkeit nie geschienen hat". Vgl. die Predigt *Ave gratia plena* gegen Ende (J. Quint, *Deutsche Predigten und Traktate*, Hanser 1955, 261).

16 Vgl. Pastoralkonstitution *Gaudium et spes*, Nr. 19,1: „Ein besonderer Wesenszug der Würde des Menschen liegt in seiner Berufung zur Gemeinschaft mit Gott. Zum Dialog mit Gott ist der Mensch schon von seinem Ursprung her aufgerufen: er existiert nämlich nur, weil er, von Gott aus Liebe geschaffen, immer aus Liebe erhalten wird; und er lebt nicht voll gemäß der Wahrheit, wenn er diese Liebe nicht frei anerkennt und sich seinem Schöpfer anheimgibt".

17 Wie der hl. Thomas bezüglich der Eucharistie schreibt: „... proprius effectus huius sacramenti est conversio hominis in Christum, ut dicat cum Apostolo: Vivo ego, iam non ego; vivit vero in me Christus (*Gal* 2,20)", (*In IV Sent.*, d. 12 q 2 a 1).

18 Erklärung *Nostra aetate*, Nr. 2.

19 Hl. Ignatius von Loyola, *Geistliche Übungen*, Nr. 23 und öfter.

20 Vgl. *Kol* 3,5; *Röm* 6,11 ff.; *Gal* 5,24.

21 Hl. Augustinus, *Enarrationes in Psalmos* XLI,8: *PL* 36,469.

22 Hl. Augustinus, *Confessiones* 3,6,11: *PL* 32,688; vgl. auch *De vera Religione* 39,72: *PL* 34,154.

23 Der positive christliche Sinn des „Sich-Entleerens" von den Geschöpfen leuchtet beispielhaft bei Franz von Assisi auf. Gerade weil er aus Liebe zum Herrn den Geschöpfen entsagt hat, sieht der hl. Franziskus sie alle erfüllt von seiner Gegenwart und strahlend in ihrer Würde als Geschöpfe Gottes, und er stimmt in seinem Sonnengesang die verborgene Melodie des Seins an (vgl. C. Esser, *Opuscula sancti Patris Francisci Assisiensis*, Ed. Ad Claras Aquas, Grottaferrata (Roma) 1978, pp. 83–86). Im gleichen Sinn schreibt er im „Brief an die Gläubigen": „Ihm aber, der so Schweres für uns erduldet und so viel Gutes erwiesen hat und in Zukunft erweisen wird – jegliche Kreatur, die im Himmel, auf der Erde, im Meer und in den Tiefen ist, soll Gott Lob, Herrlichkeit, Ehre und Benedeiung erweisen (*Offb* 5,13), weil er unsere Kraft und Stärke ist, er, der allein gut ist (*Lk* 18,19), allein der Höchste, allein mächtig, bewundernswert, herrlich und allein heilig, lobwürdig und gepriesen durch die unendlichen Ewigkeiten der Ewigkeiten. Amen" (vgl. *ebd.*, Opuscula ..., Nr. 124). Der hl. Bonaventura bemerkt, daß Franziskus in jedem Geschöpf den Anruf Gottes vernahm und seine Seele in einem großen Hymnus der Anerkennung und des Lobes ausbrechen ließ (vgl. *Legenda S. Francisci*, cap. 9, n.1, in *Opera Omnia*, ed. Quaracchi 1898, Vol. VIII, p. 530).

24 Vgl. z. B. Hl. Justin, *Apologia* I, 61,12–13; *PG* 6,420–421; Klemens von Alexandrien, *Paedagogus I*, 6,25–31: *PG* 8,281–284; hl. Basilius von Cäsarea, *Homiliae diversae*, 13,1: *PG* 31,424–425; hl. Gregor von Nazianz, *Orationes* 40,3,1: *PG* 36,361.

25 Dogmatische Konstitution *Dei Verbum*, Nr. 8.

26 Die Eucharistie wird in der Dogmatischen Konstitution *Lumen Gentium* als „Quelle und Höhepunkt des ganzen christlichen Lebens" bezeichnet (*Lumen Gentium*, Nr. 11); in ihr „erhalten wir wirklich Anteil am Leib des Herrn und werden zur Gemeinschaft mit ihm ... erhoben" (*Lumen Gentium*, Nr. 7).

27 Vgl. Theresa von Jesus, *Seelenburg* IV, 1,2.

28 Kein Beter wird ohne besondere Gnade eine Gesamtsicht der Offenbarung Gottes anstreben, wie der hl. Gregor der Große sie vom hl. Benedikt schildert, oder jenen mystischen Aufschwung, mit dem der hl. Franz von Assisi Gott in all seinen Geschöpfen betrachtet hat, oder eine ähnlich umfassende Vision, wie sie dem hl. Ignatius am Fluß Cardoner zuteil wurde und von der er sagt, sie hätte für ihn im Grunde die Stelle der Heiligen Schrift einnehmen können. Die vom hl. Johannes vom Kreuz beschriebene „dunkle Nacht" ist Teil seines persönlichen Gebetscharismas: Nicht jedes Mitglied seines Ordens muß es in der gleichen Weise leben, um zu jener Vollkommenheit des Gebetes zu gelangen, zu der es von Gott berufen ist.

29 Zur Berufung des Christen zu „mystischen" Erfahrungen kann sowohl das gehören, was der hl. Thomas als lebendige Erfahrung Gottes durch die Gaben des Geistes bezeichnet, als auch die unnachahmlichen Formen (die man daher auch nicht erstreben darf) einer Mitteilung der Gnade. Vgl. Hl. Thomas von Aquin, *Summa Theologiae*, Ia IIae, 1c, auch a. 5 ad 1.

30 Vgl. z. B. die alten Schriftsteller, die von der Gebetshaltung betender Christen sprechen: Tertullian, *De oratione* XIV: *PL* 1,1170, XVII: *PL* 1,1174–1176; Origines, *De oratione* XXXI,2: *PG* 11,550–553; zur Bedeutung dieser Geste vgl. Barnabas, *Epistula* XII, 2–4: *PG* 2,760–761; hl. Justin, *Dialogus* 90,4–5: *PG* 6,689–692; hl. Hippolyt von Rom, *Commentarium in Dan.* III, 24: *GCS* I,168,8–17; Origines, *Homiliae in Ex.* XI, 4: *PG* 12,377–378. Zur Haltung des Körpers s.a. Origines, *De oratione* XXXI, 3: *PG* 11,553–555.

31 Vgl. Hl. Ignatius von Loyola, *Geistliche Übungen*, Nr. 76.

[32] Wie zum Beispiel jene der hesychastischen Einsiedler. Die äußerliche und innerliche Hesychia oder Ruhe wird von diesen als Vorbedingung des Betens angesehen; in ihrer östlichen Form ist sie durch Einsamkeit und Techniken der Sammlung gekennzeichnet.

[33] Die Übung des „Jesusgebetes", das im Wiederholen einer dicht mit biblischen Bezügen, mit Anrufung und Bitte angereicherten Formel besteht (z. B. „Herr Jesus Christus, Sohn Gottes, erbarme dich meiner"), paßt sich dem natürlichen Atemrhythmus an. Siehe dazu hl. Ignatius von Loyola, *Geistliche Übungen*, Nr. 258.

[34] Vgl. *1 Thess* 5,17. Vgl. anderseits *2 Thess* 3,8–12. Aus diesen und anderen Texten ergibt sich das Problem: Wie soll man die Verpflichtung zum ständigen Gebet mit der Verpflichtung zur Arbeit verbinden? Vgl. u.a. hl. Augustinus, *Epistula* 130,20: *PL* 33,501–502 und hl. Johannes Cassianus, *De institutis coenobiorum* III,1–3: *SC* 109,92–93. Man lese ferner die „Abhandlung über das Gebet" von Afrahat, dem ersten Vater der syrischen Kirche und zumal die Nummern 14–15 nach, die den sogenannten „Werken des Gebetes" gewidmet sind (vgl. die Ausgabe von J. Parisot, *Afraatis Sapientis Persae Demonstrationes*, IV: *PS* 1, pp. 170–174).

[35] Vgl. Hl. Theresa von Jesus, *Seelenburg* VII, 4,6.

[36] Hl. Augustinus, *Enarrationes in Psalmos* CXLII,6: *PL* 37,1849. S.a. Hl. Augustinus, *Tract. in Joh.* IV,9: *PL* 35,1410: „quando autem nec ad hoc dignum se dicit, vere plenus Spiritu Sancto erat, qui sic servus Dominum agnovit, et ex servo amicus fieri meruit".

VI.

Anhang

Chemische Waffen vernichten

Ansprache von Erzbischof Sodano bei der internationalen Konferenz in Paris zur Ächtung chemischer Waffen vom 7. Januar

Herr Präsident,
Exzellenzen,
meine Damen und Herren!

1. Der Hl. Stuhl, der dem Protokoll von Genf aus dem Jahre 1925 zugestimmt hat, begrüßt die Initiative, diese Konferenz einzuberufen, deren Ziel es ist, eine Antwort zu geben auf die anhaltende Herausforderung, die die Existenz chemischer Waffen und ihr Einsatz durch die Staaten im Konfliktfall darstellt.
Nach den unseligen Erfahrungen des Ersten Weltkrieges hatte die internationale Gemeinschaft den lebhaften Wunsch, dem Einsatz von erstickendem oder Giftgas sowie jeder Art von bakteriologischen Krieg ein Ende zu setzen, indem sie das Protokoll verabschiedete, dessen vollständige Gültigkeit und Aktualität wir hier erneut bekräftigen wollen.

2. Die Anwendung chemischer und bakteriologischer Substanzen in Kriegshandlungen erschien sofort als Rückschritt im Vergleich zu den Garantien und rechtlichen Schutzmaßnahmen, die die Zivilisation, so gut es ging, für Kriegshandlungen vorsehen mußte. Der Rückgriff auf derartige Kriegsmethoden eröffnete beunruhigende Perspektiven, denn an sich ist die chemische Waffe eine Massenvernichtungswaffe, die in der Lage ist, alles Leben ohne Unterschied auszulöschen, und deren Kontrolle dem, der sie besitzt, leicht entgleiten kann.
Leider scheint die Menschheit immerzu geneigt, auf dieselben Klippen zurückzufallen, die sie stets beseitigen wollte. Obwohl im Zweiten Weltkrieg – der immerhin alle anderen an Schrecken und Unmenschlichkeit übertroffen hat – chemische Waffen nicht wieder eingesetzt wurden, produzierte man diese Waffenart jedoch weiterhin, sogar die Signatarmächte des Protokolls – das in der Tat die Produktion nicht untersagte –, so daß heutzutage viele Länder diese furchtbare Waffen besitzen, da sie verhältnismäßig wenig kostet.
Die Regierungen sind zu Recht alarmiert, da sie feststellen, daß das internationale Recht erodiert, das in allen Fällen den Einsatz biologischer und chemischer Waffen[1] wie auch Entwicklung, Produktion und Lagerung biologischer Waffen untersagt und ihre Vernichtung vorschreibt[2]. Der Hl. Stuhl schließt sich gerne und ohne Vorbehalt der Entschlossenheit aller Staaten an, die die Verhandlungen unterstützen, die bei der Abrüstungskonferenz in Genf stattfinden im Hinblick auf die schnelle Fertigstellung einer Konvention, die gleicherweise Entwicklung, Produktion und Lagerung chemischer Waffen untersagt und eine Vereinbarung über die Vernichtung der vorhandenen Waffen vorsieht.
Papst Johannes Paul II. selbst hat in seiner Ansprache an das Diplomatische Korps im Januar 1988 unterstrichen, es sei unabdingbar für eine notwendige „Moralisierung des internationalen Lebens“, daß die Staaten heute ihre vorrangige Aufmerksamkeit auf

die Vernichtung dieser „besonders grausamen und der Menschheit unwürdigen Waffe" richten[3].

3. Herr Präsident, ich möchte mich auf der ethischen Ebene zum Thema äußern, denn es scheint mir in dieser Frage der Abrüstung chemischer Waffen von zentraler Bedeutung. Die Erosion des Rechts ist nur ein Reflex einer viel tieferen Erosion der Werte, die als Fundament für die ausdrücklich bestimmten Rechtsnormen dienen. Meine Delegation ist überzeugt, daß diese internationale Tagung hier wirksame Ergebnisse erbringen wird, wenn die moralische Lösung des Problems des Verzichtes auf chemische Waffen einhellig anerkannt wird. Der 40. Jahrestag der Allgemeinen Erklärung der Menschenrechte, den wir vor kaum einem Monat begangen haben, müßte alle Nationen, die Waffen dieser Art besitzen oder die Absicht haben, solche zu beschaffen, zu der Überlegung veranlassen, an welchem Punkt sie den Versuch einer Verbesserung der Moral des gesellschaftlichen und internationalen Lebens, der der Ausgangspunkt dieses Dokumentes ist, Lügen strafen.
Das ganze Gebäude der Menschenrechte ruht in der Tat auf der Vorstellung von der Würde der menschlichen Person, das heißt auf einem fundamentalen Wert, der Quelle unantastbarer Rechte, denen die Staaten und die ganze Organisation der Gesellschaft dienen. Der Einsatz oder die Drohung mit dem Einsatz der chemischen Waffe – die imstande ist, unterschiedslos und massiv so viele Menschenleben auszulöschen – ist unvereinbar mit den elementaren Werten der Menschheit und kann niemals, durch keine ethische Legitimation, gerechtfertigt werden.

4. Jede Massenvernichtungswaffe ist der Menschheit nicht würdig. Die moralische Verurteilung der chemischen Waffen beinhaltet keine Nachsicht gegenüber der Nuklear- und Strahlenwaffe. Der Unterschied jedoch zwischen den chemischen und den nuklearen Waffen ist der, daß letztere seit mehr als 40 Jahren nicht eingesetzt worden sind. Im Gegensatz dazu haben wir den Einsatz chemischer Waffen gegen die Zivilbevölkerung erlebt – und erleben ihn noch –, die ihrer unerbittlichen Zerstörungskraft völlig ausgeliefert sind. Schon die Möglichkeit selbst, derartige Verbrechen zu verüben, muß mit Entschiedenheit ausgeschlossen werden. Mehr noch, die internationale Gemeinschaft muß sich vor der nicht unwahrscheinlichen Hypothese schützen, daß Terror-Gruppen oder verantwortungslose Machthaber eines Tages über so radikale Massenvernichtungsmittel verfügen und unerträgliche Erpressungen begehen, indem sie damit drohen, eine ganze Bevölkerung auszulöschen. Der Kampf gegen die Verbreitung chemischer Waffen ist also eine der Prioritäten der internationalen Politik.

5. Wichtiger noch als die Verstärkung von Schutzmaßnahmen, die immer unabdingbarer sind, ist die Stärkung der grundlegenden moralischen Werte, ohne die es kein gesellschaftliches und internationales Leben gibt, das diesen Namen verdient. Insbesondere den Instanzen, die in der Gesellschaft Träger von Werten sind – wie die Kirchen und die anderen religiösen Gemeinschaften –, wird es ein Anliegen sein, dazu beizutragen, eine große Meinungsströmung zu schaffen allein schon gegen die Idee der chemischen Waffen selbst und zugunsten eines internationalen Engagements für ihre Ver-

nichtung. Dieselben Vorkehrungen müßten später auch für die sogenannten Strahlenwaffen getroffen werden; in dieser Hinsicht verfügt die Abrüstungskonferenz von Genf schon über gründliche Studien, denn es handelt sich in diesem Fall auch um eine Art von Massenvernichtungswaffen, die absolut verboten werden müssen.
Die Menschheit darf kein Bündnis mit dem Tod eingehen und darf sich nicht unterschiedslos mit unkontrollierbaren Zerstörungsmitteln ausrüsten. Der Hl. Stuhl seinerseits gewährt seine Unterstützung jeder Maßnahme, die diese Konferenz in dieser Hinsicht wird ins Auge fassen können, um der Menschheit zum Ende des 20. Jahrhunderts die Möglichkeit zu geben, den Weg der Hoffnung in größerer Sicherheit wiederzufinden.

Anmerkungen

[1] vgl. *Protokoll von Genf 1925*

[2] vgl. *Konvention von 1972*

[3] Johannes Paul II., *Ansprache an das Diplomatische Korps* vom 9. Januar 1988 in: O.R. dt. vom 22.1.1988

Religionsfreiheit in jedem politischen System

Ansprache von Kardinalstaatssekretär Agostino Casaroli an die Kommission der Vereinten Nationen für die Menschenrechte, Genf am 20. Februar

Herr Präsident! Exzellenzen, meine Damen und Herren!

1. Es ist eine große Ehre für mich, vor der „Kommission für die Menschenrechte" der Vereinten Nationen das Wort zu ergreifen und so auf die an mich gerichtete freundliche Einladung zu antworten.
Ich bin um so mehr glücklich darüber, als ich es nach der kürzlich stattgefundenen Feier des vierzigsten Jahrestages der Verkündigung der „Allgemeinen Erklärung der Menschenrechte" tue und in dem Augenblick, in dem Ihre fünfundvierzigste Session sich zentralen Fragen zuwendet, bei denen der ganze Begriff der Person, der Gesellschaft, des Staates und der internationalen Zusammenarbeit ins Spiel kommt. Der Heilige Stuhl findet darin ein Echo auf seine eigenen Anliegen.

2. Am 10. Dezember 1948 hat die Generalversammlung der Vereinten Nationen ganz gewiß eine historische Tat von entscheidender Bedeutung vollbracht. Am Ausgang einer der schrecklichsten Perioden ihrer Geschichte und nach den dramatischen Ereignissen des zweiten Weltkriegs, in dem der Mensch und seine Würde in einer abwegigen Weise geschändet worden waren, hat die Menschheit gezeigt, daß sie sich bewußt geworden war, sie dürfe unmöglich wieder in solche Abgründe stürzen: das Außerachtlassen, die

Geringschätzung oder Versklavung des Menschen bringen das Überleben der Gesellschaft selbst in Gefahr.
Ihre Kommission ist in gewisser Weise die Treuhänderin und Schützerin dieser feierlichen „Erklärung“. Sie ist auch so etwas wie eine Werkstätte, in der andere internatioale Texte vorbereitet wurden, wie 1966 die Abkommen über die wirtschaftlichen, sozialen und kulturellen Rechte sowie über die bürgerlichen und politischen Rechte des Menschen und 1981 die Erklärung über die Abschaffung aller Formen von Intoleranz und Diskriminierung aufgrund von Religion oder Überzeugung.
Es ist interessant festzustellen, wie man jetzt von den persönlichen Freiheiten, die den Denkern des 17. und 18. Jahrhunderts teuer waren, mehr und mehr dazu übergeht, die allen Menschen gemeinsamen Rechte zu vertreten, für die unsere Zeitgenossen ein besonders feines Empfinden haben – ich denke an die Rechte auf Entwicklung, auf Teilen des Reichtums, auf Frieden, auf die Umwelt, um nur einige zu nennen –, und die in Wirklichkeit ja auch die Förderung der indidviduellen Rechte bedingen und gewissermaßen ihre notwendige Folge sind.

3. Auf dem so zurückgelegten Weg hat Ihre Kommission eine beispielhafte Rolle gespielt. Indem Sie die verschiedenen philosophischen Strömungen, die hier vertreten sind, aufgenommen und über philosophische Divergenzen sowie politische Optionen der Teilnehmer hinausgegangen sind, haben sie es verstanden, im Umkreis fundamentaler Überzeugungen, wie jener von der Priorität des Menschen, vom absoluten Charakter seiner Würde und der Bedeutung des Dialogs, sich zusammenzufinden. Auf dieser Grundlage und auch durch die verdienstvolle Tätigkeit vieler Nichtregierungsorganisationen (INGOs) angeregt, haben Sie nicht aufgehört, sich konkret und mit Geduld dafür einzusetzen, daß die bestehenden Mängel Heilung finden und die Tatsachen immer besser den feierlich übernommenen edlen Prinzipien entsprechen. Wenn man die gewöhnliche Tagesordnung Ihrer Arbeiten liest, wird einem diesbezüglich der konkrete Charakter Ihrer Überlegungen klar.
Es heißt da:
- Die Menschenrechte in verschiedenen besetzten Gebieten;
- die Rechte der Völker, über sich selbst zu verfügen;
- die Probleme des Rassismus (dem der Heilige Stuhl soeben ein bedeutendes Dokument gewidmet hat);
- die Achtung der physischen und psychischen Unversehrtheit der Person;
- Ausarbeitung eines Übereinkommens über die Rechte des Kindes;
- die Probleme der Gastarbeiter, der Minderheiten und der Ureinwohner;
- die wirksame Beachtung der bürgerlichen und politischen, wie auch der wirtschaftlichen, sozialen und kulturellen Rechte;
- die Anwendung der Menschenrechtserklärung über Abschaffung von Formen der Intoleranz und Diskriminierung, die sich auf Religion oder Überzeugung gründen.

4. Ihre Diskussion spiegeln leider recht oft den dramatischen Charakter des Lebens von Millionen von Frauen und Männern wider, die sich noch heute in ihren fundamentalsten Bestrebungen benachteiligt fühlen. Dem Menschen, der fähig war, die Natur zu beherr-

schen und die Technologie innerhalb weniger Jahre in ungeahntem Maß zu vervollkommnen, ist es dagegen nicht gelungen, sich von allzu vielen Mißständen zu befreien, die ihm durch die Machtausübung von seinesgleichen auferlegt werden.
Wenn man eingehender darüber nachdenkt, stellt man fest, daß die Unterdrückung des Menschen durch den Menschen oder eines Volkes durch ein anderes geschichtlich – und bis heute noch – ihre Quelle hat entweder im Stolz, der seine eigene Überlegenheit und seine Herrschaft über die andern zu bestätigen sucht, oder im Egoismus, der den Nächsten zu unterjochen trachtet, um die eigenen Bedürfnisse und Wünsche zu befriedigen, oder auch im Haß, der die einen gegen die andern aufwiegelt, sei es aus Rache oder in Ablehnung von Verschiedenheiten rassischer, nationaler, sozialer, religiöser, ideologischer oder irgendeiner anderen Art, schließlich auch in der Angst dessen, der, um nicht zugrunde gerichtet zu werden, lieber zum Angreifer wird.
Oft natürlich vermischt sich das Wasser dieser „Quellen", und sie reichern sich sozusagen gegenseitig an. Phänomene wie die Gründung und der Fortbestand von Imperien (Augustinus von Hippo kam dazu, sie „magna latrocinia" zu nennen), deren Name und Ruhm noch die Seiten der Geschichte füllen, die Sklaverei in ihren verschiedenen Formen und Masken, die Ausbeutung von schwächeren Personen und Gruppen, der Kolonialismus, Rassentrennung und -unterdrückung, die Suche nach einem „Lebensraum" zum Schaden anderer, die sogenannten Religionskriege und die Gewalttätigkeiten, die im Namen eines Glaubensbekenntnisses oder einer Ideologie begangen werden (und diese Aufzählung ist sicher nicht vollständig), alles das hat seine Wurzeln in den Ursachen, die ich eben erwähnt habe.
Es sei mir gestattet, wegen der Erinnerung, die wir heute noch daran haben (aber leider handelt es sich nicht nur um Erinnerungen aus der Vergangenheit), insbesondere gewisse Unternehmungen der „Umerziehung" ins Gedächtnis zu rufen, die – als Alternative zur physischen Beseitigung oder zum Verschwinden im Gefängnis oder Exil – darauf abzielen, Gegner nicht nur körperlich oder in ihrem Äußeren, sondern auch ihren Geist zu unterwerfen, angefangen natürlich mit den Jüngsten, ohne aber die weniger Jungen und die Erwachsenen auszuschließen. Und davor allem bei den letzteren das „Menschenmaterial" manchmal widerstandsfähig und schwierig zu formen oder umzuformen ist, können die Systeme der „Umerziehung" leicht von der psychologischen Gewalt zur physischen Gewalt übergehen, bis hin zu ihren schlimmsten Äußerungen.
Darum ist es wichtig, das Wiederaufleben solcher oder ähnlicher Phänomene zu bekämpfen und unaufhörlich daran zu erinnern – wie Sie es passend tun –, daß die Menschenrechte ihre Quelle durchaus nicht in irgendeinem Zugeständnis der zivilen Autorität haben, sondern in der Würde der Person selbst, die sich nicht auf geschichtliche Bedingungen zurückführen läßt, und in ihrem Gewissen, das fähig ist, sich der Transzendenz zu öffnen, und frei, die großen Entscheidungen ihrer Existenz zu treffen.

5. Der Heilige Stuhl steht in der Linie Ihrer Arbeiten und hat den Wunsch, Ihre Diskussionen mögen immer mehr dazu beitragen, geeignete Heilmittel zu erarbeiten für die Mängel, die von der aufmerksamen Gewissenserforschung, die Sie durchführen, aufgedeckt werden.

Ja, es ist von erstrangiger Bedeutung, daß eine dauernde Diskussion über diese grundlegenden Fragen geführt wird, die jeden Menschen betreffen, wo er und wer er auch sei. Denn die Menschenrechte werden um so mehr beachtet und angewendet werden, je mehr sie Gegenstand von Entscheidungen werden, die die internationale Gemeinschaft fällt, und je mehr sie die Frucht freier Diskussionen von Seiten aller Glieder der Gesellschaft sind, angefangen mit den Verantwortlichen der Nationen. Man muß sich darüber freuen, daß Ihr Gedankenaustausch, Ihre Beschlüsse, ja sogar Ihre etwaigen Verurteilungen eine Art Rechtsprechung bilden werden, die in all den Fällen anwendbar ist, in denen diese Rechte bedroht oder verletzt werden. Aber müßte nicht das, was auf moralischer Ebene verwirklicht wurde, auch auf der juridischen Ebene durch geeignete Maßnahmen verankert werden, gewiß nicht um zu richten, sondern um den Staaten zu helfen, ihre Praxis der idealen Ordnung der Grundsätze anzunähern?
Es ist ermutigend festzustellen, daß in den letzten Jahren der zwingende Charakter der die Menschenrechte betreffenden Grundsätze sich in den internationalen Beziehungen mehr und mehr aufgedrängt hat. Manche zögern nicht, sogar zu behaupten, daß diese Rechte nunmehr einen Teil des „ius cogens“ der Menschheit bilden.
Wir möchten also wünschen, daß die Tatsachen immer besser den so oft proklamierten und in zahlreichen Texten feierlich bestätigten Prinzipien entsprechen!

6. Indem ich mit größter Freude die Einladung, hierher zu kommen, beantworte und Ihnen Wünsche der Ermutigung von seiten des Heiligen Stuhls überbringe, möchte ich noch kurz verweilen – Sie werden es verstehen – bei einem spezifischen Aspekt der fundamentalen Freiheit, nach seinem Gewissen zu denken und zu handeln: bei der Religionsfreiheit.
Seit mehreren Jahren widmet Ihre Kommission diesem Thema ein wachsendes Interesse. Vor drei Jahren haben Sie den Begriff und die Äußerungen der Intoleranz in Dingen der Religion und der Überzeugung im einzelnen studiert. Wie jedes Jahr, widmen Sie mehrere Tage Ihrer Konferenz dem Anhören von Sprechern, die im Namen von Staaten oder verschiedenen Organisationen hier die Empfindungen und Erwartungen zahlreicher Personen und Gruppen wiedergeben, die aufgeschlossen sind für Fragen hinsichtlich der Möglichkeit, frei den Glauben an Gott zu bekunden und nach diesem Glauben zu leben. Zum dritten aufeinanderfolgenden Mal werden die Schlußfolgerungen Ihres „Spezialberichterstatters“ auf diesem Gebiet Ihrer Überlegung unterbreitet. Die erhaltenen Informationen und die mit Persönlichkeiten und Vertretern aus dem Umfeld der Religion und dem der Regierungen sowie mit andern hergestellten Kontakte erlauben Ihnen, bei Ihren Überlegungen Material von großem Wert zum Ausgangspunkt zu nehmen. Auf diese Weise sind drei besonders eindrucksvolle Berichte erschienen.
Darüber hinaus haben mehrere neuere Texte von internationaler – obgleich nicht universaler – Tragweite die Ihnen zur Verfügung stehenden Dokumente bereichert. Ich denke an die Schlußakte der Konferenz über die Sicherheit und Zusammenarbeit in Europa (KSZE), die 1975 in Helsinki unterzeichnet wurde, wie an die Abschlußdokumente der Folgekonferenzen in Madrid (1980–1983) und in Wien (1986–1989). Das Gesamt dieser Texte trug – zumindest in Europa – zu einer Festigung des Begriffs der Religionsfreiheit

bei, einer Freiheit, verstanden als wirkliche bürgerliche und soziale Freiheit, die in jedem beliebigen politischen System ausgeübt werden kann und muß. Es handelt sich in der Tat um einen spezifischen Aspekt der für jeden Menschen grundlegenden Freiheit, seinem Gewissen getreu zu denken und zu handeln. Darum behauptete Papst Johannes Paul II. im vergangenen Jahr in seiner Botschaft zum Weltfriedenstag ohne Zögern, daß die Religionsfreiheit gewissermaßen den „Grundstein des Gebäudes der Menschenrechte" bilde.

7. Es ist notwendig, diese Grundfreiheit zu schützen, weil man auf diesem Gebiet immer wieder zahlreiche und ernste Verstöße feststellt. Einige von Ihnen kamen auf den Gedanken, es wäre angebracht, ein internationales Abkommen zu erarbeiten mit dem Ziel, wirksamer jeden Akt der Intoleranz in Dingen der Religion oder der Überzeugung zu verurteilen.
Eigentlich fehlt es in dieser Hinsicht kaum an internationalen Dokumenten, wie ich eben erwähnte. Was hingegen oft fehlt, ist die wirkliche Beachtung der in ihnen niedergelegten Grundsätze. Der letzte Text über das Thema der Religionsfreiheit – ich beziehe mich auf die KSZE-Schlußvereinbarung vom 19. Januar dieses Jahres in Wien – verpflichtet zum Beispiel die fünfunddreißig Teilnehmerstaaten zu konkreten Maßnahmen, um den Gläubigen und ihren Gemeinschaften zu gestatten, daß sie als solche einzeln und gemeinsam in der Gesellschaft in Erscheinung treten können. Es sind sogar eine Reihe von Kontrollmechanismen vorgesehen, um sicherzustellen, daß die Länder, die zu den Bestimmungen des Schlußdokuments auf dem Gebiet der Menschenrechte ihre Zustimmung gegeben haben – und damit auch in Sachen der Gedanken-, Gewissens-, Religions- und Überzeugungsfreiheit, ihre Pflichten auch vollständig erfüllen.
Gestatten Sie, daß ich Ihre Aufmerksamkeit auf die bedeutsamsten Verpflichtungen lenke, welche die Verhandlungspartner in Wien übernommen haben und die also fünfunddreißig europäische Länder verbinden, die übrigens auch hier vertreten sind:
- freier Zugang zu Kultstätten;
- das Recht von Gemeinschaften, sich gemäß ihrer hierarchischen und institutionellen Struktur zu organisieren und zu verwalten;
- das Recht, das für die Ausübung der Religion notwendige Material zu erwerben, zu besitzen und zu benutzen;
- das Recht, religiöse Erziehung zu erteilen und zu empfangen;
- freier Zugang der Glaubensgemeinschaften zu den Medien;
- die Möglichkeit, innerhalb der nationalen Grenzen wie auch im Ausland direkte Kontakte unter den Gläubigen und den Gemeinschaften zu unterhalten.

Es ist in der Tat von größter Bedeutung, daß jeder Mensch frei seine Suche nach der Wahrheit verfolgen kann, daß er der Stimme seines Gewissens folgen, die Religion seiner Wahl annehmen und öffentlich in freier Zugehörigkeit zu einer organisierten Religionsgemeinschaft seinen Glauben bekennen kann, damit er sich als Mensch voll verwirklicht fühlen und Vertrauen in die Gesellschaft haben kann, zu der er gehört; daß er ferner ohne Furcht am Gemeinwohl mitarbeiten kann, indem er aus den Quellen seiner tiefsten Überzeugungen schöpft.

Nach dieser Feststellung meine ich, falls man ein internationales Abkommen für wünschenswert halten sollte, wird es zweckmäßiger sein, daß es sich nicht ausschließlich auf das Ausrotten von Erscheinungen der Intoleranz erstreckt, sondern – in mehr positiver Weise – auf die Anerkennung und Achtung der Religionsfreiheit und deren konkrete Forderungen.
Es ist wichtig, daß die Staaten über das Anzeigen der noch allzu häufigen Fälle von Intoleranz hinausgehen und bereit sind, sich in Dingen der Religion oder der Ideologie für eine achtungsvolle Unparteilichkeit einsetzen, nicht aus Gleichgültigkeit oder Feindseligkeit, sondern als Beschützer der Rechte aller ihrer Bürger ohne irgendwelchen Unterschied.

8. Herr Präsident, meine Damen und Herren, der Nutzen von Überlegungen wie den Ihren besteht darin, zu zeigen, daß die Menschenrechte die Menschheit in Wahrheit solidarischer und geeinter machen, denn sie betreffen das Verlangen eines jeden Menschen, seine Person in ihrer natürlichen Würde vorrangig vor jedem menschlichen Ansehen geachtet zu wissen.
Sie wissen, daß Sie bei Ihrer anfordernden Aufgabe auf die Unterstützung des Heiligen Stuhls zählen können, dessen Delegation Ihren Arbeiten stets das lebhafteste Interesse entgegengebracht hat. Die katholische Kirche und ihr Oberhirte, der die Menschenrechte zu einem der großen Themen seiner Verkündigung gemacht hat, haben stets daran erinnert, daß in einer vom Menschen und für den Menschen gestalteten Welt die ganze Organisation der Gesellschaft nur in dem Maß Sinn hat als sie die menschliche Dimension zu einem Hauptanliegen macht. So erklärte Papst Johannes Paul II. im Jahre 1979 in seiner Rede am Sitz der Vereinten Nationen in New York: „Das Gesamt der Menschenrechte entspricht der Substanz der Menschenwürde in ihrem umfassenden Verständnis und nicht in der Beschränkung auf nur eine einzige Dimension. Sie beziehen sich auf die Befriedigung der wesentlichen Bedürfnisse des Menschen" (Nr. 13, *O.R.* dt., 5.10.1979).
Jeder Mensch und der ganze Mensch, das ist die Sorge des Heiligen Stuhls. Es ist zweifellos auch die Ihre.
Meine Damen und Herren, ich beglückwünsche sie und danke Ihnen für die Beharrlichkeit und die Kompetenz, mit der Sie sich bemühen, die Menschenrechte immer besser zu definieren, zu verteidigen und zu fördern. Sie legen damit die Fundamente für eine bessere Menschheit, nach der sich die jungen Generationen sehnen. Handeln wir so, daß sie in ihrer berechtigten Erwartung nicht enttäuscht werden!

Wenn Du den Frieden willst, bereite den Frieden

Ansprache von Kardinalstaatssekretär Agostino Casaroli bei der Abrüstungskonferenz in Genf, 21. Februar 1989

Herr Präsident, Herr Generaldirektor, Exzellenzen, meine Damen und Herren!

1. Derjenige, der heute die Ehre hat, das Wort an Sie zu richten, und der Ihnen für die ihm gebotene Gelegenheit dankbar ist, vertritt vor Ihnen eine Macht (wenn der Ausdruck angebracht ist), die nichts Militärisches besitzt.
Ihre Waffen sind ausschließlich moralischer und geistiger Natur, also sehr verschieden von denen, mit denen Ihre Konferenz sich zu beschäftigen hat.
Und doch gibt es in der Welt nur wenige, die sich so sehr wie der Heilige Stuhl für die Probleme der Abrüstung interessieren und mit so viel Aufmerksamkeit die entsprechenden Bemühungen verfolgen. Ein beredtes Zeichen dafür ist die aktive Präsenz einer ständigen Beobachterdelegation bei Ihnen. Ich kann Ihnen versichern, daß keine von Ihren Initiativen und Bemühungen von unserer Seite unbeachtet bleibt.
Gewiß geht es an erster Stelle um das gemeinsame Interesse aller jener, die unseren Planeten bewohnen und für welche die Waffen aller Art, wie sie seit Jahrzehnten auf der Erde angehäuft werden, auch in der Stratosphäre und sogar im Weltraum außerhalb, in ihrer Gesamtheit eine Sicherheitsgarantie und zugleich eine Bedrohung bedeuten.
Noch mehr aber geht es um ein Interesse aufgrund tieferreichender Anliegen, um eine Sorge also von ethischer Art.
Die Fragen um Waffen und Abrüstung bieten zweifellos zahlreiche Aspekte technischer Art, die von den Fachleuten verfolgt und vertieft werden, und viele halten diese Aspekte für überwiegend. Sie gehören in einen politischen Kontext, zu den Beziehungen der Staaten, Staatenblöcke, regionaler, kontinentaler und weltweiter Allianzen: ein komplexes Gebilde, an dem die Staatsmänner und die für die internationale Politik Verantwortlichen immer wieder arbeiten, und das sich zuweilen auch gegen ihre Bemühungen und Vorkehrungen entwickelt.
Es wäre aber fatal, wenn man die Auswirkungen und Probleme ausgesprochen moralischer Ordnung vergessen wollte, die mit ähnlichen Fragen verbunden sind. Sie betreffen letztlich den Menschen, sein Überleben, seine Unversehrtheit und seine Möglichkeiten, ein würdiges Leben zu führen und sich entsprechend seinen Rechten und seiner Berufung zu entfalten. Sie betreffen den Menschen, den Mittelpunkt unseres Universums und der Geschichte.
Und diese Probleme, die gewiß den Fachleuten auf dem Gebiet der Bewaffnung nicht unbekannt sind und dem Bewußtsein der Staatsmänner nicht entgehen, sind für den Heiligen Stuhl (aber zweifellos nicht nur für ihn), von einer absoluten Priorität und von schwerwiegender Sorge.
Gerade weil er für die technischen Aspekte und die konkrete Politik nicht zuständig ist, kann der Heilige Stuhl sozusagen klarer die moralischen Aspekte ins Auge fassen, denn sein Blick ist nicht durch die im übrigen sehr notwendigen Erwägungen anderer Art ge-

trübt. Und das weckt vielleicht bei Menschen wie Ihnen, die sich diesen Erwägungen nicht entziehen können, mehr Aufmerksamkeit, die Stimme des Heiligen Stuhls zu hören. In einer Welt, geplagt von Problemen und Sorgen um eine Wirklichkeit, die scheinbar nur der Schwerkraft militärischer und wirtschaftlicher Auseinandersetzungen oder den Interessen von sozialen Klassen oder Völkern folgt, möchte diese Stimme ein Zeugnis und vor allem ein Aufruf für die höchsten Erfordernisse moralischer Ordnung auch im öffentlichen Leben der Völker sein.

Meine schon lange Erfahrung sagt mir, daß bei der heutigen Weltlage das waffenlose Wort des Heiligen Stuhles, auch wenn man ihm nicht immer folgt, so doch allgemein mit gebührender Aufmerksamkeit, und wenn ich mich nicht täusche, auch dankbar gehört wird: wie das Wort eines Freundes, der selbstlos die tiefe Sehnsucht im Bewußtsein der Menschheit auszusprechen sucht.

In dieser Weise möchte sich der Heilige Stuhl wenigstens innerhalb der großen Gemeinschaft der Nationen verstehen, auch derer, die ihm religiös oder ideologisch sehr fern stehen, und er ist ihr für die so herzliche Aufnahme dankbar, die sie ihm in ihrer Mitte gewährt.

2. Die Abrüstungsfrage wird mit Recht in enger Verbindung mit der Frage nach dem Frieden betrachtet: je mehr sich die Staaten bewaffnen, umso mehr Gefahren für Konflikte entstehen, die gerade in den Waffen ihre eigentliche Nahrung besitzen; je mehr sich andererseits die Kriegsarsenale vermindern, um so geringer wird die Versuchung, sich ihrer zu bedienen.

Dieses spontane Empfinden widerspricht einer alten und tief verwurzelten Überzeugung, die treffend in dem alten lateinischen Wort ausgesprochen ist: „Si vis pacem, para bellum“, willst du Frieden, rüste für den Krieg. Mit anderen Worten: bewaffne dich: je mehr du bewaffnet bist, desto weiter entfernst du die Kriegsgefahr von dir. Unschwer läßt sich in dieser lapidaren Formel das Wesen der modernen Philosophie der „Abschreckung“ wiedererkennen.

Die Gerechtigkeit sowie die Interessen der einzelnen Nationen und der Menschheit erfordern ein aufmerksames und auch angemessenes Aufgreifen eines derart – auch vom moralischen Standpunkt aus – grundlegenden Problems, das so schwerwiegende Folgen für Leben oder Tod hat.

Betroffen gemacht hat mich die Äußerung eines Wissenschaftlers, der gewiß auch ethische Anliegen kannte, aber bei der Diskussion der Möglichkeiten eines ehrgeizigen Verteidigungsprojekts mit seinen voraussichtlichen oder zu befürchtenden Folgen zu dem Schluß kam, daß es ihm nach aufmerksamer Betrachtung des Ganzen auch heute noch praktischer, weniger gefährlich und nützlicher für den Frieden erscheine, sich an den Grundsatz der „angemessenen Abschreckung“ zu halten.

Einmal abgesehen vom Wert seiner wissenschaftlich-technischen Argumente mußte das Zusammenfügen dieser beiden Ausdrücke doch nachdenklich machen.

Ich erinnere mich andererseits an die Antwort Papst Pauls VI. an den Staatsmann eines großen Landes, der ihm eben die Worte der alten römischen „Weisheit“ zitiert hatte.

O nein, entgegnete der Papst mit der ihm eigenen klaren und nur selten verhaltenen Aufrichtigkeit: „Si vis pacem, para pacem."
Natürlich hätte sein Gesprächspartner entgegnen können, das gemeinsame Anliegen bleibe der Friede; unterschiedlich sei nur das Urteil über den wirksamsten Weg zur Erreichung des Zieles.
Man hätte sagen können: Realismus gegen Idealismus. Der sichere Boden der Wirklichkeit gegen hochherzige Gedanken und die Illusion schöner Gefühle.
Aber stimmt das? Realismus gegen Idealismus?

3. Jahrtausende hindurch galt der Krieg als ein recht normales und annehmbares Mittel, um Eroberungen zu machen und Ruhm zu erwerben für Nationen, die sich ausdehnen wollten oder mit Gewalt ihren Willen zur Oberherrschaft und Macht über andere Völker behaupteten. Es galt für Heerführer und geniale Strategen, die Ehre und Macht anstrebten. Ich brauche vor Ihnen nicht die lange, mühsame und ungleiche Entwicklung entfalten, die der Menschheit allmählich die moralische Unannehmbarkeit einer solchen Auffassung und eines entsprechenden Verhaltens bewußt gemacht hat. Immer mehr haben die Fürsten und Völker, die weiter Krieg geführt haben – und Gott allein weiß, wie viele es waren – das Bedürfnis empfunden, entweder zu leugnen, daß sie angefangen hatten, oder starke und fast zwingende Gründe für das Ergreifen der Waffen vorzutragen. Da heute der Verzicht auf den Einsatz von Waffen oder auch nur auf die Drohung damit, um eigene wirkliche oder angemaßte Rechte durchzusetzen, als Grundsatz des internationalen modernen Rechtes anerkannt ist, bleibt als anerkanntermaßen berechtiger Grund für das Ergreifen der Waffen nur ein aufgezwungener Krieg oder die Notwendigkeit der Selbstverteidigung übrig. Das Führen eines ersten Schlages aber, um einem voraussichtlichen oder befürchteten Angriff zuvorzukommen, ist andererseits in der Theorie solchen Bedingungen unterworfen, daß jeder es vorzieht, nicht als Verantwortlicher dazustehen.
Diese Haltung, die rechtlichen und moralischen Erwägungen entspringt, hat sich gefestigt durch die wachsende Zerstörungskraft der Waffen, die der „Fortschritt" den sich gegenüberstehenden Blöcken in die Hände gelegt und die Folgen eines Kriegs auch für den siegreichen Teil immer unerträglicher gemacht hat.
Das Auftauchen der Atombombe auf der Bühne der Geschichte hat schließlich die entscheidende Krise einer politischen Philosophie herbeigeführt, die der Hypothese des Krieges in den Beziehungen der Völker und Länder ihr Bürgerrecht nicht oder noch nicht bestreiten wollte oder konnte.
Die schreckliche Zerstörungskraft für den Angegriffenen und die Selbstzerstörung für den Angreifer, die die Atomwaffe mit ihren zerstörerischen Auswirkungen in Raum und Zeit, auch außerhalb des aktuellen Kriegsschauplatzes kennzeichnet, hat den neuen Begriff einer „Waffe, die konstruiert wird, um nie gebraucht zu werden", entstehen lassen. Ihre bloße Existenz sollte genügend sicher vor eventuellen Angriffen abschrecken. Die Gefahren einer derart bedrohlichen Präsenz in der Welt haben sich freilich recht bald in aller Deutlichkeit gezeigt: die Grenzen zwischen wirksamer Abschreckung auch stärkster Art, und dem Überwiegen von Elementen, die mit dem gegenseitigen Mißtrauen verbundene Mechanismen der Selbstverteidigung auslösen, bleiben immer ungewiß.

Solange die Waffen zur Verfügung stehen, bleiben diese Grenzen überschreitbar, z. B. in einem Augenblick der Panik oder auch infolge der Unwirksamkeit oder eines Irrtums der ausgefeilten elektronischen Hilfen, mit denen der moderne Mensch das Ungenügen und die Langsamkeit der eigenen Fähigkeit, aufzupassen und zu reagieren, auffangen möchte. In keinem Fall kann eine Abschreckung, die „glaubwürdig" sein soll, den wirklichen Einsatz der angedrohten Vergeltung ausschließen.

Wenn das in besonderer Weise für die Nuklearwaffen gilt, angesichts der Plötzlichkeit ihres Einsatzes und der Zerstörungen, die sie verursachen, so kann man es doch auch bei anderen Massenvernichtungsmitteln und sogar bei den sogenannten konventionellen Waffen nicht ausschließen, die ständig verfeinert werden und die Arsenale der kleinen und großen Länder füllen.

So entstand, verbreitete und verstärkte sich immer mehr die Überzeugung, es sei heute notwendig, die Werkzeuge, die sie zum Kriegführen brauchen, aus den Händen der Menschen zu entfernen, d. h. abzurüsten. Der Begriff ist in der Geschichte der Menschheit relativ jung, drängt sich aber immer mehr als notwendig auf: obwohl es immer leichter ist, sich im Raum großartiger Grundsatzerklärungen und allgemeiner Absichten zu bewegen, als sich mit den konkreten Problemen zu beschäftigen.

4. Die Schrecken des zweiten Weltkrieges haben die eben gegründete Organisation der Vereinten Nationen bewogen, sich als eins ihrer ersten Ziele die Beseitigung der Arsenale der Atomwaffen und der hauptsächlichen Massenvernichtungswaffen zu setzen und dann auch das Problem der konventionellen Waffen aufzugreifen. So hat sie seit 1978 dem Problem der Abrüstung drei Sondersitzungen gewidmet.

Sie kennen viel besser als ich die Entwicklung, die seit 1945 zur Bildung der jetzigen Abrüstungskonferenz geführt hat, der ich heute gern meine Glückwünsche ausspreche, nicht nur wegen ihrer Wichtigkeit und nahezu universalen Zusammensetzung, auch wenn die Zahl ihrer Mitglieder notwendig begrenzt bleibt, sondern vor allem wegen der Arbeit, die sie geleistet hat und die noch weiterhin ihre Aufgabe bleibt.

In Ihnen besitzen die Vereinten Nationen ihr verantwortliches Organ für die multilateralen Verhandlungen über die Begrenzung der Rüstung und über die Abrüstung.

Tatsächlich liegt das heute dringlichste Problem der Atomwaffen praktisch in den Händen der beiden großen Atommächte. Doch Sie stehen dem Ganzen nicht fern, nicht nur wegen des besonderen Interesses, mit dem Sie den Verlauf der entsprechenden Verhandlungen verfolgen und sich mit der ganzen Welt über die positiven Ergebnisse gefreut und ihre weitere Entwicklung gewünscht haben, wie die Völker sie erhoffen. Ihre Konferenz hat in ihren sogenannten „Dekalog" auch das aufgenommen, was die Nuklearwaffen in all ihren Aspekten betrifft. In ihrer Tagesordnung enthält sie Punkte wie das Verbot von Atomversuchen, das Aufhören des Wettlaufs nach den Atomwaffen, die atomare Abrüstung und die Verhinderung eines Atomkrieges. Auch wenn Ihre Arbeiten bei diesen Punkten keine konkreten Ergebnisse erreicht haben, so zeigen sie doch das lebhafte Interesse Ihrer Konferenz für das Problem, und sie verdienen daher eine beharrliche Weiterführung.

Der historische Wandel des internationalen Klimas aufgrund und infolge der neuen sowjetisch-amerikanischen Annäherung in den Abrüstungsfragen ist derart, daß er auch die Möglichkeiten eines Fortschritts auf multilateraler Ebene beeinflußt, der Ihre Aufgabe ist. Ihr Interesse und Ihre erwünschten künftigen Erfolge können ihrerseits nur weiter die Atmosphäre verbessern, indem sie bei allen, die die Menschheit vor den ihr Leben und ihren Fortschritt bedrohenden tödlichen Waffen bewahren möchten, den guten Willen anregen und ermuntern und bilaterale und multilaterale Verhandlungen einleiten, deren notwendige gegenseitige Ergänzung immer mehr empfunden wird.

5. Für Ihre Konferenz eröffnet sich damit ein sehr weiter Wirkungsbereich. Er ist umfangreich, lebenswichtig, aber auch schwierig.
Ihr Bemühen und Ihre Beharrlichkeit bei der Förderung echter Verhandlungen oder klärender Diskussionen, wie sie den eigentlichen Verhandlungen vorausgehen und diese vorbereiten müssen, verdienen Anerkennung. Es genügt z. B. an Ihr Interesse zu erinnern, Atomversuche in der Atmosphäre, im Weltraum und in der Tiefsee zu ächten und Ihr Interesse an der Erforschung und Ausnützung des Weltraums sowie der Nichtvermehrung von atomaren und bakteriologischen Waffen.
Natürlich muß die Norm, bei Ihren Entschließungen eine Übereinstimmung zu finden, die Arbeiten der Konferenz verlangsamen, aber das hat verständliche Gründe, müssen doch Themen behandelt werden, die die Sicherheit einzelner Staaten und der internationalen Gemeinschaft berühren. Diese Schwierigkeit und die daraus folgende Langsamkeit können leicht zu einem gewissen Pessimismus und zur Entmutigung führen; auch weil das Multilaterale, das Ihr Wirken im Namen und Auftrag der Vereinten Nationen, für die Sie ein besonders wichtiges Organ sind, kennzeichnet, nicht nur zahlreiche Länder betrifft, sondern in gewissem Sinn auch für Fragen der Abrüstung gilt. Es ist ja nur natürlich, daß ein Land im Besitz von Waffen, auf die es für die eigene Sicherheit vertraut, diese nicht abschaffen mag, wenn andere Länder nicht bereit sind, ihrerseits auf andere Waffensysteme zu verzichten, die diese Sicherheit bedrohen könnten.
Doch darf weder diese Schwierigkeit noch der Umfang des Unternehmens Ihr Bemühen vermindern oder verlangsamen, weil hinter ihm das Bewußtsein steht, für eine Sache zu arbeiten, die, wie ich gesagt habe, für die Menschheit lebenswichtig ist.
Der Traum von einer vollständigen und universalen Abrüstung und von einer Welt ohne Waffen steigt von Zeit zu Zeit im Geist der Menschen auf mit der Verführungskraft schöner Dinge, vielleicht allzu schön, um Wirklichkeit werden zu können. Im Dienst des Friedens stehend, braucht die Abrüstung auch selbst den Frieden, wenn sie durchgeführt und aufrechterhalten werden soll. Soll andererseits der Friede verwirklicht und erhalten werden, braucht es Gerechtigkeit. Universale Gerechtigkeit würde ihrerseits wiederum eine Autorität über den Parteien erfordern, die allgemein anerkannt und angenommen wird und auch die Mittel besitzt, den eigenen Entscheidungen Achtung zu verschaffen.
In der Weissagung des alten Jesaja, die auch im Bereich des Palastes der Vereinten Nationen in New York ein Echo gefunden hat, heißt es: „Dann schmieden sie Pflugscharen aus ihren Schwertern und Winzermesser aus ihren Lanzen. Man zieht nicht mehr das Schwert, Volk gegen Volk, und übt nicht mehr für den Krieg.“ Gleichsam als Voraussetzung für einen derart glücklichen Wandel heißt es aber auch: „Er spricht Recht im Streit der Völker, er weist viele Nationen zurecht“ (*Jes* 2,4).

Er, wer ist das heute?
Ohne diese Perspektive aufzugeben, bei der nicht ein Traum, sondern die Erfordernisse der politischen Logik und vor allem jene der Moral auf das sozusagen Unlogische einer Wirklichkeit treffen, die egoistischen Antrieben von entscheidendem Übergewicht unterliegen – z. B. übertriebenem Nationalismus oder der Rivalität zwischen Rassen, Ideologien und Interessen –, muß man doch zugleich diese Wirklichkeit beachten, um in einem möglichen Maß und Zeitraum einiges daran zu verbessern. Dabei muß man sich immer die Grenzen vor Augen halten, die die Ethik und das letzte Ideal setzen, auf das die Menschheit niemals verzichten darf. (Ich stelle gern fest, und es scheint mir berechtigt: Wer nicht das Unmögliche anstrebt, kann auch das Mögliche nicht erreichen).

6. Ihr „Dekalog" von 1979 hat Ihnen eine Reihe von anspruchsvollen Aufgabenbereichen für Ihr Wirken zugewiesen. Wegen der Schwere des Problems und dem Nachdruck, den die Vollversammlung der Vereinten Nationen und die internationale Gemeinschaft darauf legt, treten dabei die chemischen Waffen hervor.
Die Abrüstungskonferenz ist seit langem auf diesem Gebiet tätig in dem Bewußtsein „ihrer Verantwortung dafür, mit Vorzug Verhandlungen für eine multilaterale Vereinbarung einzuleiten, um die Planung, Herstellung und Lagerung chemischer Waffen vollständig und wirksam zu verbieten und die vorhandenen zu zerstören. Sie soll die Ausarbeitung dieser Vereinbarung sicherstellen". So hat sie im vergangenen Jahr das Sonderkomitee erneuert, das diesen Prozeß voranbringen soll.
Der Heilige Stuhl wünscht, daß Ihr Bemühen, ermuntert durch die Ergebnisse der kürzlichen Konferenz von Paris, wo die Unterzeichnerstaaten des Protokolls von Genf von 1925 und andere zusammengetreten sind, und angeregt von der Ihnen vorgetragenen Bitte, „Ihre Anstrengungen dringend wo möglich zu verdoppeln", möglichst bald von jenem Erfolg gekrönt werden, den die Welt erwartet.
Dieser Erfolg verläuft parallel zu jenem anderen, den die Menschheit ebenfalls auf dem Gebiet der Atomwaffen erwartet, immer eingedenk der Schrecken, die die chemischen Waffen bereits verbreitet haben oder verbreiten können, zumal ihre verderblichen Auswirkungen auch Jahrzehnte nach ihrem Einsatz noch andauern.
Hier kann, glaube ich, wohl kein Sicherheitsargument vernünftigerweise gegen den Plan einer vollständigen und uneingeschränkten Abrüstung vorgebracht werden, auch wenn anzuerkennen bleibt, daß es bei der Durchführung zahlreiche technische und rechtliche Probleme gibt.
Auch wenn bei jeder Art moderner Waffen Aspekte der Grausamkeit und der Auswirkung auf die Zivilbevölkerung vorliegen, so liegt bei den chemischen oder ähnlichen Waffen der Faktor „Grausamkeit" sozusagen im Reinzustand vor, denn es gibt ja keinerlei entsprechende eigentlich militärische Vorteile, wie man sie bei anderen Waffentypen zur „Abschreckung" behauptet, auch wenn man darüber diskutieren kann, und sie in bestimmten Fällen nicht gerechtfertigt werden können.
Immer bleibt die Frage eines wirksamen Systems der Überprüfung und Kontrolle, eine Frage, die andererseits bei allen anderen Plänen einer vollständigen Abschaffung oder fortschreitenden und ausgewogenen Verminderung der Waffensysteme nicht weniger

wichtig ist, wenn man vor allem auf strategischem Gebiet ein Gleichgewicht erhalten möchte, das zur Sicherung des Friedens noch als unerläßlich gilt. Auch diesem Problem kann Ihre Konferenz gewiß eine Aufmerksamkeit und Beachtung schenken, die ich für besonders wertvoll halte.

7. Der Weg zum Frieden ist lang und schwer. In seinem Dienst ist die Abrüstung zweifellos eines der wirksamsten und entscheidensten Mittel; aber auch hier ist der Weg weder kurz noch leicht. Vor allem genügt er nicht.

Noch unerläßlicher ist die moralische und politische Abrüstung, um zugleich mit den Waffen möglichst weitgehend auch die Ursachen zu beseitigen oder zu verringern, die Menschen und Völker zu Einsatz der Waffen drängen: einmal der Wille zu herrschen und andere zu überwältigen; dann die begründete Furcht, in der eigenen Existenz, in den vitalen Rechten und Interessen, in der eigenen Unabhängigkeit und in der Freiheit angegriffen zu werden, die noch wertvoller ist als das Leben selbst.

In den Beziehungen der Völker finden immer mehr Maßnahmen Anerkennung, die Vertrauen aufbauen sollen. Man kann sie nur ermuntern und ihre Weiterführung anregen. Doch noch wichtiger ist es, das System des politischen Dialogs zu fördern und zu vervollkommen, verstärkt durch die unter Umständen vielleicht sogar pflichtmäßige – Zuhilfenahme von verschiedenen möglichen Formen guter Dienste, der Vermittlung oder eines Schiedsspruchs. In der gegenwärtigen Lage stellt die UNO mit ihren Strukturen das Beste dar, was die internationale Gemeinschaft auf diesem Gebiete besitzt. Entschuldigen Sie, wenn ich hier nebenbei auch erwähne, was der Heilige Stuhl in einer besonders kritischen Zeit an der Südspitze Lateinamerikas tun konnte, wo Papst Johannes Paul II,. zwischen Chile und Argentinien vermittelt hat.

Das internationale Recht hat noch einen weiten Weg vor sich, um das höchste Anliegen des Friedens mit dem der Souveränität sowie der Rechte und legitimen Interessen aller kleinen und großen Nationen wirksam in Übereinstimmung zu bringen.

Eine wahrhaft edle und verpflichtende Aufgabe der Staatsmänner und Politiker, der für das internationale Leben Verantwortlichen und der Wissenschaftler unserer Tage! Ihrer Konferenz ist dieses Bemühen aus vielen Gründen nicht fremd. Vor allem deswegen nicht, weil die Abrüstung in gewissem Sinn eng verbunden ist mit den besseren Möglichkeiten der einzelnen Nationen und der internationalen Gemeinschaft, sich den Problemen der Entwicklung zu stellen, in der Papst Paul VI. „den neuen Namen des Friedens erblickte.

Und im Namen des Friedens, der notwendig, schwer zu erreichen, aber möglich bleibt, wünsche ich Ihnen und Ihrer Konferenz für eine weitere ernsthafte und gute Arbeit alles Gute.

Zusammenleben nur durch Vertrauen möglich

Ansprache des Delegierten des Heiligen Stuhles, Msgr. Jean Louis Tauran, bei der Konferenz von Wien am 8. März

Herr Präsident!

1. Ich möchte mich vor allem meinen Vorrednern anschließen und der Regierung sowie dem Volk von Österreich die Dankbarkeit der Delegation des Heiligen Stuhles für ihre großzügige Gastfreundschaft aussprechen. Wir haben im übrigen bereits während der letzten beiden Jahre ihre Zuvorkommenheit und Herzlichkeit erfahren.

2. Herr Präsident, die 35 Länder, die an der Konferenz für Sicherheit und Zusammenarbeit in Europa (KSZE) teilnehmen, sind nun erneut in Wien versammelt, um die in Stockholm erreichten Ergebnisse beim Aufbau von Vertrauen und militärischer Sicherheit weiterzuführen und zu vervollkommnen, und um ferner neue Verhandlungen zum Ausgleich der konventionellen Waffen einzuleiten. Ein anspruchsvolles Anliegen, das notwendig ein Klima größeren Vertrauens braucht.
Vertrauen ist tatsächlich das Schlüsselwort dieser Arbeiten! Die öffentliche Meinung – und erst recht die Diplomaten – sehen darin mit Recht ein für den Frieden grundlegendes Element.
Ein harmonisches Zusammenleben der Nationen ist nämlich nur möglich, wenn sich die Staaten gegenseitig so sehr vertrauen, daß sie keine weiteren bewaffneten Kräfte mehr brauchen als jene, die notwendig sind, um die Verteidigung ihrer Bürger sicherzustellen. Wenn einer etwas tut, was nach dem Urteil des anderen einen erheblichen Zuwachs seiner Macht bedeutet, dann entsteht dadurch alsbald ein Mißtrauen, das zur Rechtfertigung einer Überbewaffnung angeführt werden kann.
In einer Stunde, da sich die Einheit der Völker Europas positiv entwickelt, muß alles getan werden, um auch eine neue Art militärischer Verhältnisse zu entwickeln:
- Vertrauen aufbauen;
- die vorhandenen Streitkräfte weiter durchschaubar machen;
- die Ursachen der Zwistigkeiten beseitigen;
- die Konzepte und die Politik der Verteidigung einander annähern.

Die 35 teilnehmenden Länder sind alle Partner bei dieser großen Aufgabe, und der Heilige Stuhl ist überzeugt, wie Papst Johannes Paul II. in seiner Botschaft an die Vollversammlung der Vereinigten Nationen bei ihrer 3. außerordentlichen Sitzung über Abrüstung 1988 schrieb, daß „der Abbau und die Abschaffung der Waffen nur der sichtbare Ausdruck für einen anderen Abrüstungsprozeß viel tieferreichender Art sind, den der Geister und der Herzen“. Auf dieser Ebene entsteht Vertrauen als Sicherheitsfaktor.

3. Die Konferenz von Stockholm hat bestimmte Überprüfungs- und Kontrollmechanismen eingeführt, die nach dem Urteil der Teilnehmer an der kürzlichen Folgekonferenz der KSZE, die am vergangenen 19. Januar zu Ende ging, erheblich zur Durchschaubarkeit der militärischen Kräfte beigetragen haben. Dieses Ergebnis wurde als derart ermuti-

gend angesehen, daß die „Philosophie“ und gewisse Verfahrensweisen von Stockholm mit entsprechenden Änderungen auch auf die menschliche Dimension der KSZE angewandt wurden.
Wir sind hier, um sie weiterzuführen und zu verbessern; daher darf das Vertrauen nicht nur am Anfang der Verhandlungsbemühungen stehen, es muß diese bis zum Ende begleiten. Denn nur das Vertrauen gestattet, die eigentlichen Ursachen der Spannungen bzw. der Konflikte aufzugreifen.
Ist einmal dieses Klima des Verständnisses gesichert, wird es leichter, die bestehenden Meinungsverschiedenheiten zu lösen, die Militärdoktrinen anzunähern, die Gefahren von Überraschungsangriffen zu vermeiden und unmittelbarer einen Ausgleich der vorhandenen Kräfte zu erreichen.
Deswegen finden parallel zu diesen Verhandlungen der „35“ nicht weit von hier weitere Verhandlungen von diesmal „23“ Mächten über die konventionell bewaffneten Streitkräfte in Europa statt. Wenn diese auch selbständig erfolgen, so finden sie doch im Rahmen der KSZE statt. Man könnte ja offensichtlich auch nicht gestatten, daß eine bevorrechtigte Staatengruppe für die Sicherheit des ganzen Kontinents zuständig wäre, noch daß andererseits die besonderen Bedürfnisse eines jeden Staates für seine Verteidigung nicht gebührend berücksichtigt würden. Auch da wird die Art, wie die vorgesehenen Informationsmechanismen gehandhabt werden, um die restlichen 12 Länder auf dem laufenden zu halten, zeigen, in welchem Maß in Europa wirklich Vertrauen vorhanden ist.
Das Hauptanliegen dieser Arbeiten, die im Augenblick die 23 Mächte abwickeln, betreffen bekanntlich die Verminderung der Ungleichgewichte und der bewaffneten Verteidigungskräfte. Doch kann es natürlich ohne Vertrauen keine Abrüstung geben und umgekehrt: Fortschritte oder Rückschritte bei der Abrüstung bilden gewissermaßen das Barometer des gegenseitigen Vertrauens.

4. In der Überzeugung, daß dieses Vertrauen der Abrüstung am besten dient, befindet sich der Heilige Stuhl nicht nur als Zuschauer in diesem Kreis. Selber ohne Waffen, möchte er deutlich machen, daß der Friede wesentlich einer moralischen Einstellung entspringt. Vor wenigen Wochen hat Kardinalstaatssekretär Agostino Casaroli bei der Abrüstungskonferenz in Genf gesprochen und festgestellt: „Noch notwendiger ist es, eine moralische und politische Abrüstung zu erreichen, wenn man zugleich mit einer Abschaffung oder wenigstens möglichst weitgehenden Verringerung der Waffen die Ursachen beseitigen möchte, die die Menschen und Völker zum Rückgriff auf die Waffen veranlassen: der Wille zu herrschen und zu unterdrücken auf der einen Seite und auf der anderen Seite die begründete Furcht, in der eigenen Existenz, in seinen Rechten und vitalen Interessen, in seiner Unabhängigkeit und Freiheit angegriffen zu werden, die ein noch kostbareres Gut ist als selbst das Leben.“
Jedermann weiß, daß die Gläubigen – und zumal die Christen – eine „ideelle Kraft“ bilden, die allen Gesellschaften die grundlegende Voraussetzung des Wohlwollens, der Dialogbereitschaft und Solidarität nahebringen können als Gegengift gegen Gewaltanwendung, Aggressivität, Härte der Sprache oder verächtliche und sektiererische Haltungen, denen allzu oft Personen und Gruppen ausgeliefert sind.

Indem sie so in die menschlichen Beziehungen mehr Achtung und Wahrheit einbringen, tragen die Gemeinschaften der Gläubigen dazu bei, die Fundamente einer Zivilisation zu legen, in der die Nationen, und erst recht die europäischen Nationen, denen aufgrund ihrer Geschichte das von Christus gelehrte Liebesgebot nicht fremd ist, sich als Partner eines Dialogs erkennen, der immer besser werden, oder wieder aufgenommen werden muß.
In einer solchen Perspektive müßten die zum Aufbau von Vertrauen bestimmten Maßnahmen getroffen und wirksam werden und die Sache des Friedens mit den legitimen Forderungen der Souveränität und der Rechte aller Nationen, ob klein oder groß, ausgleichen.

5. Herr Präsident! Der Heilige Stuhl hat sich all denen zugesellt, die sich darüber gefreut haben, daß die jüngste Tagung in Wien, am Ende langer und zuweilen schwieriger Verhandlungen, ein gediegenes, ausgewogenes und in vielen Punkten verpflichtendes Schlußdokument erreicht hat.
Die Gültigkeit der Abmachungen von Helsinki und die Überzeugung, daß trotz der geopolitischen Gegensätze doch ein Gefühl der Zusammengehörigkeit besteht, das alle Europäer vereint, haben sich einmal mehr nachdrücklich erwiesen. Wünschen wir daher, daß die in diesen Tagen zu leistenden Arbeiten davon günstig beeinflußt werden.

Vorsitz der Bischofskonferenzen

Antwort des Päpstlichen Rates für die Interpretation von Gesetzestexten vom 18. Januar 1988, veröffentlicht am 10. März

Die Mitglieder des Päpstlichen Rates für die Interpretation von Gesetzestexten haben sich in ihrer Vollversammlung vom 18. Januar 1988 für folgende Antwort auf die ihnen vorgelegte Frage entschieden:
Ob ein Weihbischof in der Bischofskonferenz das Amt des Vorsitzenden (oder des stellvertretenden Vorsitzenden) ausüben kann.
Ob er dieses tun kann in den Zusammenkünften der Bischöfe einer Kirchenprovinz, von denen der Can. 434 des Kirchenrechts handelt.
Antwort ist für beide Fälle negativ.
In der dem Unterzeichneten am 23. Mai 1988 gewährten Audienz hat der Papst die Veröffentlichung dieser Entscheidung angeordnet.

Kard. Rosalio J. Castillo Lara
Präsident

Julian Herranz Casado
Sekretär

Zu der von Kardinal Castillo Lara unterzeichneten Antwort, die jetzt veröffentlicht wurde, schreibt der Kardinal:

Zu der Antwort des Päpstlichen Rates für die Interpretation von Gesetzestexten auf die Frage, ob Weihbischöfe Vorsitzende oder stellvertretende Vorsitzende der Bischofskonferenzen sein können, scheint mir ein kurzer Kommentar von Nutzen zu sein.

Die negative Antwort des Päpstlichen Rates könnte Verwunderung und Bestürzung hervorrufen. Es könnte tatsächlich jemand aufgrund kürzlich erfolgter Wahlen von Weihbischöfen zu Vorsitzenden ihrer Bischofskonferenzen auf den alten Spruch zurückkommen: „Contra factum non valet argumentum", um so mehr als keine Norm im Codex des Kirchenrechts eine solche Wahl ausdrücklich verbietet.

Die Kommission hat sich diese Gegebenheiten vor Augen gehalten und sie bei der Prüfung des Problems sorgfältig erwogen, kam aber nach reiflicher Überlegung zu der negativen Antwort, die wir kennen. Ich erläutere kurz den Grund, der in der Natur der Bischofskonferenz selbst zu suchen und eine ihr wesensnotwendige Forderung ist.

Nach dem Dekret *Christus Dominus* des Zweiten Vatikanischen Konzils (Nr. 38) ist die Bischofskonferenz ein Zusammenschluß, in dem die Bischöfe eines bestimmten Landes oder Gebietes ihren Hirtendienst (munus pastorale) gemeinsam ausüben, um das höhere Gut, das die Kirche den Menschen bietet, zu fördern, besonders durch Formen und Methoden des Apostolats, die auf die gegebenen Zeitumstände in geeigneter Weise abgestimmt sind. Diese Beschreibung ist in konstitutiver Weise in den Canon 447 aufgenommen worden.

Daraus ergibt sich, daß die Bischofskonferenz eine vorwiegend pastorale Funktion hat, nämlich die vereinte Ausübung des Hirtenamtes in bestimmten Aufgaben, bei denen Erfahrungsaustausch oder gemeinsamer Beitrag an Personal oder Material erforderlich oder günstig zu sein scheinen.

Der genannte „Hirtendienst" (munus pastorale) ist ohne Zweifel der des Diözesanbischofs, der ja der Hirt jenes Teils des Gottesvolkes ist, das eine bestimmte Teilkirche darstellt. Zur Ausübung dieses „munus" kommt dem Diözesanbischof die ganze notwendige Regierungs- und Jurisdiktionsgewalt zu, die, um einen juristischen Fachausdruck zu gebrauchen, ordentlich, eigen berechtigt und unmittelbar ist (can. 381).

Daraus ergibt sich, daß der Rechtstitel der Zugehörigkeit zur Bischofskonferenz nicht so sehr den bischöflichen Charakter betrifft, sondern die Hirtenaufgabe in einer Teilkirche. Die Bischofsweihe reiht in das Bischofskollegium ein (can. 336) und ist die Grundlage für die Teilnahme am Ökumenischen Konzil (can. 339, Paragraph 1), aber sie genügt für sich allein nicht, um zu einer Bischofskonferenz zu gehören. Diese vereint die Bischöfe der Teilkirchen eines bestimmten Landes oder Gebietes, zu denen aufgrund ihrer Mitarbeit im *munus pastorale* des Diözesanbischofs die Bischofskoadjutoren und Weihbischöfe hinzukommen. Unter Umständen kommen auch noch Titularbischöfe hinzu, die in dem Land oder Gebiet eine bestimmte Aufgabe erfüllen, die ihnen vom Heiligen Stuhl oder der Bischofskonferenz übertragen ist (can. 450; CD 38,2).

Folglich sind die Diözesanbischöfe und die ihnen rechtlich Gleichgestellten von Rechts wegen die eigentlichen Mitglieder der Bischofskonferenz (can. 450, Paragraph 1). Nur

sie haben ja die direkte, unmittelbare und persönliche pastorale Verantwortung für den ihrer Sorge anvertrauten Teil des Gottesvolkes, und daher kommt es in erster Linie ihnen zu, die notwendigen Maßnahmen für die vereinte Ausübung jener besonderen Aufgaben zu treffen, die in die Kompetenz der Bischofskonferenz fallen.
Die Weihbischöfe als solche haben keine autonome pastorale Verantwortung in der Diözese. In ihr darf ja bekanntlich nur einer der zuständige Bischof sein [1]; zwei Häupter sind nicht zulässig, daher ist kollegiale Leitung im engen Sinn nicht denkbar. Aus diesem Grund besteht die Aufgabe des Weih- oder Auxiliarbischofs nur darin, zu helfen, wie es sein Name besagt, das heißt, mit dem Diözesanbischof zusammenzuarbeiten durch Beratung und durch Erfüllung jener dauernden oder vorübergehenden Aufgaben, die ihm vom Bischof anvertraut werden und die er in Abhängigkeit von ihm und in Übereinstimmung mit ihm zu erfüllen hat.
Die Weih- oder Auxiliarbischöfe als solche haben darum also keine Leitungs- oder Jurisdiktionsgewalt als nur jene, die ihnen vom Diözesanbischof übertragen wird, falls und soweit dieser es für angebracht hält. Falls sie auch Generalvikar oder Bischofsvikar wären, hätten sie die ordentliche Gewalt eines Vikars, jedoch insofern sie Vikare des Diözesanbischofs sind (can. 475, 476, 406).
Das bis hierher Gesagte erklärt, warum die Weihbischöfe nicht mit vollem Recht zur Bischofskonferenz gehören. (Man könnte sagen – ohne jemand beleidigen zu wollen –, daß sie Mitglieder zweiter Ordnung sind.) Tatsächlich steht ihnen ja, obgleich der Can. 451, Paragraph 1 festsetzt, daß sie *ipso iure* (d.h. von Rechts wegen, ohne weitere Maßnahmen) zur Bischofskonferenz gehören, kein entscheidendes Stimmrecht zu (can. 454, Paragraph 1), das ein Recht ersten Ranges jedweder kollegialen Körperschaft ist.
Dieses Recht wird gegebenenfalls durch die Statuten jeder einzelnen Konferenz gewährt, wenn es für opportun angesehen wird. Doch auch diesen Fall angenommen, können Weihbischöfe nie dann entscheidendes Stimmrecht haben, wenn es sich darum handelt, die Statuten selbst auszuarbeiten oder zu ändern (can. 454, Paragraph 2).
Es sei noch eine kurze Erwägung über die Aufgabe des Vorsitzenden und folglich auch des stellvertretenden Vorsitzenden der Konferenz, der ihn im Verhinderungsfall vertritt, angefügt (can. 452, Paragraph 2).
Der Vorsitz hat nicht nur ehrende oder ausschmückende Bedeutung, sondern ist eine wichtige Aufgabe, die unmittelbar die Natur und den Zweck der Konferenz berührt und von ihrer Natur her die vollberechtigte Zugehörigkeit zu ihr voraussetzt.
Der Vorsitzende vertritt ja die Konferenz, auch dann, wenn sie sich nicht in Versammlung befindet. Er wird oft um sein Urteil, seine Meinung oder Bewertung gebeten und ist, mit einem Wort, der Sprecher der Konferenz. Im übrigen präsidiert er der Vollversammlung der Konferenz und ihrem Ständigen Rat (can. 452, Paragraph 2), der für die Vorbereitung der Tagesordnung und der Verhandlungspunkte sorgt. Er hat auch das bedeutende Recht, bei anstehenden Entscheidungen im Fall der Stimmengleichheit den Ausschlag zu geben (can. 119, Nr. 2). Ferner ist die äußerst wichtige Aufgabe zu bedenken, daß er zusammen mit dem Ständigen Rat für die Durchführung der Beschlüsse der Konferenz zu sorgen hat (can. 457).

Schließlich nimmt der Vorsitzende von Rechts wegen an den außerordentlichen Versammlungen der Bischofssynode teil[2], die, obschon sie nur eine konsultative Stimme bilden, für den Papst eine Gesamtdarstellung der Anträge aus der Pastoral der Teilkirchen sind.
Aus dem Dargelegten wird ersichtlich, daß es inkonsequent, unlogisch und, ich möchte sagen, unvereinbar ist, einem Weihbischof die Aufgabe zu übertragen, bei der Bischofskonferenz den Vorsitz zu führen, sowohl weil er nie vollberechtigtes Mitglied ist (can. 454, Paragraph 2) – was der Vorsitzende aber aufgrund seiner Funktionen sein müßte –, als auch deshalb, weil er weder unmittelbare, persönliche und autonome pastorale Verantwortung noch die Möglichkeit zu konsequenter Einflußnahme hat, also nicht den Vorsitz bei einer Versammlung führen kann, die Entscheidungen über Dinge trifft, über die er in der eigenen Diözese keine Entscheidungsgewalt hat.
In dieser Hinsicht ist der Vergleich mit dem Plenarkonzil interessant. In diesem haben die Weihbischöfe entscheidendes Stimmrecht (can. 443, Paragraph 1, Nr.1). Sie sind also vollberechtigte Mitglieder. Vorsitzender muß jedoch ein Diözesanbischof sein (can. 441, Nr. 3).
Diese Überlegungen finden ihre volle Bestätigung, wenn man die geschichtliche Entstehung von Nr. 38 des Dekrets *Christus Dominus* prüft, womit den Bischofskonferenzen, die im übrigen bereits bestanden, ihre rechtliche Grundlage gegeben wurde.
In der ersten Redaktion von 1963 mit dem Untertitel *De Episcopis ac dioecesium regimine* (Nr. 3) waren die Weihbischöfe nicht unter den Mitgliedern der Bischofskonferenz.
In der zweiten Redaktion des Schemas (1964)[4] faßte die zuständige Konzilskommission auf den Antrag einiger Konzilsväter als Mitglieder der Konferenz alle Bischöfe zusammen, die in irgendeiner Weise Seelsorgedienst ausüben, also auch die Weihbischöfe; sie erklärte jedoch, diese hätten kein entscheidendes Stimmrecht, ein solches könne ihnen gegebenenfalls in den Statuten der Konferenz gewährt werden[5].
Sehr bezeichnend ist die Begründung, die die Kommission für diese Unterscheidung gab, vor allem, wenn man bedenkt, daß von einigen Konzilsvätern behauptet worden war, die Weihbischöfe nähmen „kraft ihres Bischofscharakters" an der Konferenz teil und hätten daher entscheidendes Stimmrecht. Die Kommission erklärte hingegen, das entscheidende Stimmrecht werde jenen Mitgliedern zuerkannt, die die Jurisdiktionsgewalt besitzen, damit bei den Entscheidungen die vorrangige Befugnis den Bischöfen vorbehalten bliebe, die „actu vel futuro iure" die Leitung der Diözese haben[6].
Trotz erneuter Anträge einiger Konzilsväter, daß auch den Weihbischöfen das Recht zu entscheidender Stimmabgabe zuerkannt werden möge, hielt die Kommission an ihrer Position fest. Sie wurde bestätigt durch das Motu proprio *Sacram Liturgiam* vom 25.1.1964, das die Weihbischöfe nicht von Rechts wegen als Mitglieder der nationalen Konferenzen betrachtete, denen es oblag, liturgische Normen nach ihrer Kompetenz herauszugeben. Sie konnten höchstens dazu eingeladen werden[7]. Der Text wurde so bei der letzten Abstimmung in der Generalkongregation und in der öffentlichen Sitzung approbiert.
Dieser kurze Blick auf die Ausgestaltung der Nr. 38 des Dekrets *Christus Dominus*, die den Vorschriften des Codex zugrundeliegt, erscheint mir sehr aufschlußreich, um die Natur der Bischofskonferenzen und die Stellung der Weihbischöfe in ihnen zu verstehen.

Ich meine, das, was ich dargelegt habe, erklärt die Gründe, aus denen die Kommission der Ansicht war, nach dem geltenden Recht könne man nicht gestatten, daß ein Weihbischof Vorsitzender der Bischofskonferenz wäre.
Es darf nicht verwundern, daß im Codex ein ausdrückliches Verbot in dieser Hinsicht fehlt. Aufgrund meiner unmittelbaren Beteiligung an der Revision des Codex kann ich versichern, daß eine solche Hypothese – daß nämlich ein Weihbischof Vorsitzender einer Bischofskonferenz sein könne – den Konsultoren, die die Redaktion des Schemas bearbeiteten, nicht im entferntesten in den Sinn gekommen wäre. Ich glaube, niemand hätte es für möglich gehalten, darum wurde eine diesbezügliche Norm für überflüssig gehalten.
Jemand könnte sich fragen: Handelt es sich um eine erweiterte Auslegung oder einfach um eine erläuternde oder erklärende ? (can. 16, Paragraph 2). Die Kommission hielt es nicht für nötig, sich darüber auszusprechen. Das sind Präzisierungen, die der Wissenschaft überlassen sind. Mancher Autor wird die Auslegung als extensiv betrachten; die Mehrzahl wird sie, glaube ich, für erläuternd und erklärend halten, da sie sich aus der Natur der Konferenz und aus den Vorschriften des Codex ergeben. Hinsichtlich der praktischen Auswirkung ist die Frage über die Natur der Antwort nicht sehr bedeutsam, da die Interpretation, wenn sie einmal promulgiert ist, Gesetzeskraft hat und bindend wird.

Kard. Rosalio J. Castillo Lara

Anmerkungen

1 Vgl. Conc. Nicaenum I, can. 8; Conc. Lateranense IV, a. 1215, c. 9.
2 *Ordo Synodi Episcoporum celebrandae*, 8.12.1966, Art. 5, Paragraph 2.
3 *De Episcopis ac diocesium regimine*, Typis Polyglottis Vaticanis 1963: in *Acta Synodalia Sacrosancti Concilii Vaticani II,* vol. II, pars IV, Typis Polyglottis Vaticanis 1972, pp. 364 ss.
4 *De pastorali Episcoporum munere in Ecclesia*, Typis Polyglottis Vaticanis 1964: in *Acta Synodalia ...*, vol. III, pars II, Typis Polyglottis Vaticanis 1974, pp. 22 ss.
5 Vgl. cap. III. n. 36: in *Acta Synodalia ...*, vol. III, pars II, p. 38.
6 Vgl. *Relatio circa rationem qua schema elaboratum est:* in *Acta Synodalia ...*, vol. III, pars II, p. 54.
7 MP *Sacram Liturgiam*, d. 25 Jan. 1964, in AAS 56 (1964), 143.

Finanzen des Vatikan

Kommunique des Kardinalsrates über die wirtschaftliche Lage des Hl. Stuhls vom 10. März

Unter dem Vorsitz von Kardinalstaatssekretär Agostino Casaroli wurde vom 6. bis 8. März im Vatikan die halbjährliche Versammlung des Kardinalsrates zum Studium der organisatorischen und wirtschaftlichen Fragen des Hl. Stuhls abgehalten.
Teilgenommen haben die Kardinäle Paul Zoungrana, John Krol, Eugênio de Araújo Sales, Maurice Michael Otunga, Narciso Jubany Arnau, Juan Carlos Aramburu, Jaime L. Sin, Gerald Emmett Carter, Albert Decourtray und John Joseph O'Connor.
Anwesend waren auch die Kardinäle Agnelo Rossi, Präsident der Verwaltung der Güter des Apostolischen Stuhls, und Sebastiano Baggio, Präsident der Päpstlichen Kommission für den Staat der Vatikanstadt, sowie Kardinal Giuseppe Caprio, Präsident der Präfektur für die wirtschaftlichen Angelegenheiten des Hl. Stuhls.
Papst Johannes Paul II. leitete persönlich die Sitzung am Morgen des 7. März.
Der Tagesordnung entsprechend legte Kardinal Caprio das Budget 1989 des Hl. Stuhls vor. Demnach sind Vermögenseinnahmen von 72 989 000 000 Lire vorgesehen (56 145 384 Dollar zum Wechselkurs von 1300 Lire pro Dollar) gegenüber den veranschlagten Ausgaben von 174 624 000 000 Lire (134 326 153 Dollar).
Die Zunahme der Ausgaben gegenüber 1988 scheint zum großen Teil beachtlicher, als sie tatsächlich ist. In Wirklichkeit liegt ihr vor allem die Tatsache zugrunde, daß jetzt in der Bilanz des Hl. Stuhls die Verwaltungskosten der 118 päpstlichen Vertretungen in der ganzen Welt aufscheinen in Höhe von 13 154 000 000 Lire (10 126 153 Dollar), die bis zum vergangenen Jahr durch einen von Papst Paul VI. errichteten Fonds gedeckt werden konnten. Dieser Fonds hat sich gleichzeitig mit den anderen Rücklagen langsam erschöpft, die – wie in den früheren Kommuniqués betont wurde – die Deckung des Defizits der voraufgegangenen Haushaltsjahre gewährleisten konnten.
Die Besoldung der 2366 bediensteten Angestellten und der 889 Rentenempfänger wird mit 84 898 000 000 Lire (65 306 153 Dollar) veranschlagt, das sind 48,6 Prozent der Ausgaben.
Um das für 1989 vorgesehene Defizit von 101 635 000 000 Lire (78 180 769 Dollar) zu decken, muß man deshalb vor allem auf den „Peterspfennig" zurückgreifen, der im Jahr 1988 52 935 988,95 Dollar betrug mit einer Zunahme von 5,24 Prozent gegenüber dem Vorjahr. Der genannte Betrag wurde dem Papst zugeleitet, und zwar insgesamt 33 435 107,81 Dollar von den Diözesen in aller Welt, 9 213 702,92 Dollar von den Instituten des gottgeweihten Lebens, den Gemeinschaften des apostolischen Lebens und den Säkularinstituten; der Rest aus dem Spendenertrag der einzelnen Gläubigen.
Der Rat hat die Lage zur Kenntnis genommen. Während er die in der Bilanz vorgesehenen Ausgaben als gerechtfertigt ansah aufgrund der Erfordernisse des Dienstes, den die Organismen des Hl. Stuhls unter der Leitung des Papstes zugunsten der Weltkirche leisten, empfahl der Rat jedoch, sie möglichst zu reduzieren.

Die Kardinäle besprachen, wie dem vorgesehenen beachtlichen Defizit abzuhelfen sei. Eine gewisse Hilfe kann der Staat der Vatikanstadt bieten, der – wie bei anderer Gelegenheit gesagt wurde – strukturell mit dem Hl. Stuhl verbunden ist; ebenso „The Papal Foundation", die, wie Kardinal Krol ankündigte, vor kurzem in den Vereinigten Staaten gegründet wurde, um die Spenden für den Papst zu erhöhen.

Im übrigen zählt man auf den Beitrag der Teilkirchen und der Gläubigen in der ganzen Welt.

Der Rat dankt herzlich allen Bischöfen, Priestern, Ordensmännern und -frauen sowie den Gläubigen für die dem Papst bisher geleistete Hilfe. Er verbindet damit den dringenden Appell, weiterhin den universalen Dienst des Papstes auch durch ihre finanzielle Hilfe zu unterstützen.

Der Kardinalstaatssekretär unterrichtete den Rat hinsichtlich der vom Papst beschlossenen Reform des Instituts für kirchliche Einrichtungen, das ein neues Statut erhält, das das bisher gültige ersetzen und die Struktur tiefgreifend verändern wird. Dieses Statut sieht vor:

1) die bereits im früheren Statut vorgesehene Kardinalskommisssion, bestehend aus fünf Mitgliedern, die vom Papst für einen Zeitraum von fünf Jahren ernannt werden mit dem Hauptauftrag, über die Treue des Instituts gegenüber den Normen des Statuts zu wachen;

2) den Prälaten (nicht Bischof), den die Kardinalskommission ernennt und der das Amt des Sekretärs ausübt; er nimmt an den Sitzungen des Aufsichtsrates teil und verfolgt das Leben des Instituts;

3) den Aufsichtsrat, der von der Kardinalskommission ernannt wird und aus fünf Wirtschafts- und Finanzexperten verschiedener Länder besteht;

4) die Leitung, bestehend aus dem Direktor und dem Vizedirektor, die mit Zustimmung der Kardinalskommission vom Aufsichtsrat ernannt werden;

5) drei vom Aufsichtsrat ernannte Prüfer, die ihm direkt unterstellt sind.

Der Kardinalstaatssekretär teilte mit, daß die Kardinalskommission des Instituts für kirchliche Einrichtungen für die Übergangszeit um die Mitarbeit des derzeitigen Präsidenten des Verwaltungsbüros des Instituts, Erzbischof Paul C. Marcinkus, gebeten hat, der bereits zugesagt hat.

Der Rat wurde dann im einzelnen über das Arbeitsbüro des Apostolischen Stuhls unterrichtet, das in Kürze nach den erfolgten Ernennungen seine Tätigkeit aufnehmen wird.

Die Organe der römischen Kurie

Stand: Mai 1989

Johannes Paul II., Bischof von Rom, Statthalter Jesu Christi, Nachfolger des Apostelfürsten, Oberhaupt der Allgemeinen Kirche, Patriarch des Abendlandes, Primas von Italien, Erzbischof und Metropolit der Kirchenprovinz Rom, Souverän des Staates der Vatikanstadt, Diener der Diener Gottes, Karol Wojtyla

Staatssekretariat

– Staatssekretariat: Kardinal Agostino Casaroli

Erste Sektion: Sektion für die allgemeinen Angelegenheiten:

– Substitut: Erzbischof Edward Cassidy
– Assessoren: Msgr. Oscar Rizzato
Msgr. Crescenzio Sepe

Zweite Sektion: Sektion für die Beziehungen mit den Staaten:
– Sekretär: Erzbischof Angelo Sodano
– Untersekretär: Msgr. Jean-Louis Tauran
Angegliedert ist das Zentalt für kirchliche Statistik

Kongregationen

Kongregation für die Glaubenslehre:

– Präfekt: Kardinal Joseph Ratzinger
– Sekretär: Erzbischof Alberto Bovone
– Untersekretär: Msgr. Josef Zlatñansky

Kongregation für die Orientalischen Kirchen:

– Präfekt: Kardinal Simon D. Lourdusamy
– Sekretär: Erzbischof Miroslav Stefan Marusyn
– Untersekretär: Msgr. Mario Rizzi

Kongregation für den Gottesdienst und die Sakramentenordnung:

– Präfekt: Kardinal Eduardo Martinez Somalo
– Sekretäre: Erzbischof Virgilio Noè
Erzbischof Lajos Kada
– Untersekretäre: Msgr. Pere Tena Garriga
Msgr. Raffaele Melli

Kongregation für die Selig- und Heiligsprechungsprozesse:

– Präfekt: Kardinal Angelo Felici
– Sekretär: Erzbischof Traian Crisan
– Untersekretär: Msgr. Fabijan Veraja

Kongregation für die Bischöfe:

– Präfekt: Kardinal Bernardin Gantin
– Sekretär: Erzbischof Giovanni Battista Re
– Untersekretär Msgr. Marcello Costalunga

Der Kongregation für die Bischöfe angeschlossen ist die Päpstliche Kommission für Lateinamerika:

– Präsident:	Kardinal Bernardin Gantin
– Vizepräsident:	Bischof Cipriano Calderón

Kongregation für die Evangelisierung der Völker:

– Präfekt:	Kardinal Jozef Tomko
– Sekretär:	Erzbischof José T. Sanchez
– Untersekretär:	Rev. Charles Schleck CSC

Kongregation für den Klerus:

– Präfekt:	Kardinal Antonio Innocenti
– Sekretär:	Erzbischof Gilberto Agustoni
– Untersekretär:	Msgr. Milan Simčič

Päpstliche Kommission für die Erhaltung des künstlerischen und geschichtlichen Erbes der Kirche:

– Präsident:	Kardinal Antonio Innocenti
– Sekretär:	Bischof Francesco Marchisano
– Untersekretär:	Msgr. Paolo Rabitti

Kongregation für die Institute des gottgeweihten Lebens und für die Gemeinschaften des apostolischen Lebens:

– Präfekt:	Kardinal J. Jérôme Hamer OP
– Sekretär:	Erzbischof Vincenzo Fagiolo
– Untersekretäre:	P. Jesús Torres Llorente CMF
	Msgr. Joseph A. Galante
	Msgr. Juan José Dorronsoro Allo

Kongregation für das Katholische Bildungswesen (für die Seminare und Studieneinrichtungen):

– Präfekt:	Kardinal William Wakefield Baum
– Sekretär:	Erzbischof José Saraiva Martins CMF
– Untersekretär:	Msgr. Ivan Peri

Gerichtshöfe

Apostolische Pönitentiarie:

– Großpönitentiar:	Kardinal Luigi Dadaglio

Oberster Gerichtshof der Apostolischen Signatur:

– Präfekt:	Kardinal Achille Silvestrini

Gericht der Römischen Rota:

– Dekan:	Msgr. Ernesto Fiore

Päpstliche Räte:

Päpstlicher Rat für die Laien:

– Präsident:	Kardinal Eduardo Francisco Pironio
– Vizepräsident:	Bischof Paul Josef Cordes
– Untersekretär:	Msgr. Peter Coughlan

Päpstlicher Rat zur Förderung der Einheit der Christen:

– Präsident:	Kardinal Johannes Willebrands
– Sekretär:	P. Pierre Duprey PA
– Untersekretär:	Msgr. Francesco Eleuterio Fortino

Päpstlicher Rat für die Familie:

– Präsident:	Kardinal Edouard Gagnon PSS
– Vizepräsident:	Bischof Jean-Francois Arrighi
– Präsidentenkomitee:	Kardinal James Aloysius Hickey
	Kardinal Jean Margéot
	Kardinal Lucas Moreira Neves
	Kardinal Simon D. Lourdusamy
	Erzbischof Raymont-Marie Tchidimbo
CSSP	
	Erzbischof Fiorenzo Angelini
	Bischof Jean-Francois Arrighi
	Bischof Paul Josef Cordes
	Bischof Kazimierz Majdański
– Untersekretär:	Rev. Franzisco Gil Hellín

Päpstlicher Rat für Gerechtigkeit und Frieden:

– Präsident:	Kardinal Roger Etchegaray
– Vizepräsident:	Bischof Jorge Mejia
– Untersekretär:	Msgr. Diarmuid Martin

Päpstlicher Rat „Cor unum“:

– Präsident:	Kardinal Roger Etchegaray
– Vizepräsident:	Bischof Alois Wagner
– Untersekretär:	Rev. Ivan Marin López

Päpstlicher Rat für die Seelsorge für die Migranten und Menschen unterwegs:

– Präsident:	Erzbischof Giovanni Cheli
– Sekretär:	P. Giulivo Tessarolo CS
– Untersekretär:	Msgr. Peter Paul Prabhu

Päpstlicher Rat für die Pastoral im Krankendienst:

– Präsident:	Erzbischof Fiorenzo Angelini
– Sekretär:	P. José Luis Redrado Marchite OH
– Untersekretär:	P. Felice Ruffini MI

Päpstlicher Rat für die Interpretation von Gesetzestexten:

– Präsident:	Kardinal Rosalio José Cassillo Lara
– Sekretär:	Msgr. Julián Herranz
– Untersekretär:	Msgr. Mariano De Nicolò

Päpstlicher Rat für den Interreligiösen Dialog:

– Präsident:	Kardinal Francis Arinze
– Sekretär:	P. Michael Louis Fitzgerald PA
– Untersekretär:	Rev. John B. Masayuki Shirieda SDB

Päpstlicher Rat für den Dialog mit den Nichtglaubenden:

– Präsident:	Kardinal Paul Poupard
– Sekretär:	P. Franc Rodé CM
– Untersekretär:	P. José Montero Castañon OP

Päpstlicher Rat für die Kultur:

– Präsident:	Kardinal Paul Poupard
– Präsidentenkomitee:	Kardinal Eugenio de Araújo Sales
	Kardinal Hyacinthe Thiandoum
– Sekretär:	Rev. P. Hervé Carrier SJ
– Untersekretär:	Rev. Raffaele Farina SDB

Päpstlicher Rat für die sozialen Kommunikationsmittel:

– Präsident:	Erzbischof John P. Foley
– Sekretär:	Msgr. Pierfranco Pastore
– Untersekretär:	P. Karlheinz Hoffmann SJ

Büros:

Apostolische Kammer:

– Camerlengo der Hl. Römischen Kirche:	Kardinal Sebastiano Baggio
– Vize-Camerlengo:	Erzbischof Ettore Cunial

Verwaltung der Güter des Apostolischen Stuhls:

– Präsident:	Kardinal Agnelo Rossi
– Sekretär:	Erzbischof Giovanni Lajolo

Präfektur für die wirtschaftlichen Angelegenheiten des Hl. Stuhls:

– Präsident:	Kardinal Giuseppe Caprio
– Sekretär:	Msgr. Luigi Sposito

Weitere Organe der Römischen Kurie (nicht Dikasterien) sind:

Präfektur des Päpstlichen Hauses:

– Präfekt:	Bischof Dino Monduzzi

Amt für die liturgischen Feiern des Papstes:

– Zeremonienmeister:	Msgr. Piero Marini

Mit dem Hl. Stuhl verbundene Institutionen sind:

Vatikanisches Geheimarchiv:

– Archivar:	Kardinal Antonio Maria Javierre Ortas SDB
– Präfekt:	P. Josef Metzler OMI
– Vizepräfekt:	Msgr. Terzo Natalini

Vatikanische Apostolische Bibliothek:

– Bibliothekar:	Kardinal Antonio Maria Javierre Ortas SDB
– Präfekt:	P. Leonard E. Boyle OP

Päpstliche Akademie der Wissenschaften:

– Präsident:	Prof. Giovanni Battista Marini-Bettòlo Marconi

Vatikanische Polyglott-Druckerei:

– Verwaltungsdirektor:	Rev. Salvatore De Bonis SDB
– Technischer Leiter:	Antonio Maggiotto SDB

Vatikanische Verlagsbuchhandlung:	
– Vorsitzender des Verwaltungsrates:	Rev. Renato Dardozzi
Osservatore Romano:	
– Direktor	Prof. Mario Agnes
– Sekretär der Redaktion:	Dr. Angelo Scelzo
– Wochenausgaben:	in Deutsch: Dr. Karlheinz Schuh in Englisch: P. Lambert Greenan OP in Französisch: Dr. Jean-Michel Coulet in Portugiesisch: Msgr. Expedito Marcondes in Spanisch: P. Arturo Gutiérrez Gómez LC eine monatliche Ausgabe in Polnisch: P. Adam Boniecki MIC
Radio Vatikan:	
– Präsident:	P. Roberto Tucci SJ
– Generaldirektor:	P. Pasquale Borgomeo SJ
Vatikanisches Fernsehzentrum:	
– Präsident:	Erzbischof John P. Foley
– Vizepräsident:	Msgr. Crescenzio Sepe
Dombauhütte von St. Peter:	
– Präsident:	Kardinal Aurelio Sabattani
– Delegat:	Erzbischof Lino Zanini
Päpstlicher Wohltätigkeitsdienst:	
– Almosenpfleger:	Erzbischof Antonio Maria Travia
Übersetzungszentrum:	
Zentrales Arbeitsbüro:	
– Präsident:	Erzbischof Jan P. Schotte CICM
– Assessoren:	Prof. Matteo Dell'Olio Prof. Gian Carlo Perone

Konsistorium

Kardinalsrat der Vorsitzenden der Dikasterien

Kardinalsrat für das Studium der organisatorischen und wirtschaftlichen Fragen des Hl. Stuhls

Institut für kirchliche Einrichtungen (IOR):

– Präsident:	Erzbischof Paul C. Marcinkus
– Sekretär:	Msgr. Donato De Bonis

Pressesaal:

– Direktor:	Dr. Joaquín Navarro-Valls
– Vizedirektor:	Rev. Giovanni D'Ercole FDP

Pornographie und Gewalt in den Kommunikationsmedien

Eine pastorale Antwort des Päpstlichen Rates für die sozialen Kommunikationsmittel vom 7. Mai

Einführung

1. In den letzten Jahren ist es weltweit zu einer Umwälzung beim Verständnis moralischer Werte gekommen, verbunden mit tiefreichenden Wandlungen in der Art, wie die Menschen denken und handeln. Bei diesem Prozeß des individuellen und sozialen Wandels haben die Kommunikationsmedien eine größere Rolle gespielt und tun es weiter, weil sie neue Haltungen und Lebensstile einführen und widerspiegeln.[1]

2. Einiges hat sich zum Besseren gewandelt. Wie Papst Johannes Paul II. kürzlich bemerkte, ist „das erste positive Merkmal das wache Bewußtsein sehr vieler Männer und Frauen von der eigenen Würde und der eines jeden Menschen ... Gleichzeitig breitet sich in der durch alle Art von Konflikten entzweiten und verworrenen Welt die Überzeugung von einer tiefen wechselseitigen Abhängigkeit aus und folglich auch die Forderung nach einer Solidarität, die diese aufgreift und auf die moralische Ebene überträgt".[2]

3. Vieles hat sich aber auch zum Schlechteren gewandelt. Neben altbekannten Mißbräuchen sind neue Verletzungen der menschlichen Würde und Rechte sowie christlicher Werte und Ideale aufgetreten. Auch hier tragen die Medien einen Teil der Verantwortung.

4. Die Kommunikationsmedien sind hier beteiligt, weil sie nach der Feststellung des Zweiten Vatikanischen Konzils „den Menschen wirksame Hilfe bieten". Wenn das aber wahr ist, so gilt ebenso sicher, daß „die Menschen diese technischen Erfindungen gegen Gottes Schöpfungsplan und zu ihrem eigenen Schaden mißbrauchen können".[3]

5. Unter den alarmierenden Entwicklungen der letzten Jahre ist das weit verbreitete Anwachsen der Pornographie und mutwilliger Gewaltanwendung in den Medien zu nennen. Bücher und Zeitschriften, Radioaufzeichnungen, Film, Theater, Fernsehen, Videokassetten, Werbesendungen und sogar die Telekommunikation stellen häufig gewalttätiges Verhalten oder eine Freizügigkeit im sexuellen Verhalten dar, das offen pornographisch und moralisch anstößig ist.

6. Als Äußerungen der dunklen Seite der durch die Sünde verdorbenen menschlichen Natur sind die Pornographie und das Rühmen von Gewaltanwendung jahrhundertealte Wirklichkeiten des menschlichen Daseins. In den letzten 25 Jahren aber haben sie neue Dimensionen erreicht und sind zu ernsthaften sozialen Problemen geworden. In einer Zeit weitverbreiteter und unglückseliger Verwirrung bei den moralischen Normen haben die Kommunikationsmedien Pornographie und Gewalt einer weit größeren Hörerschaft zugänglich gemacht, auch Jugendlichen und sogar Kindern, und was früher hauptsächlich auf die wohlhabenden Länder beschränkt war, ist nun dabei, durch die Kommunikationsmedien auch die moralischen Werte in den Entwicklungsländern zu zersetzen.

7. Damit vermögen die Kommunikationsmedien, die so wirksame Werkzeuge für Einheit und Verständigung sein können, zuweilen auch zu Werkzeugen einer entstellten Sicht des Lebens, der Familie, Religion und Moral zu werden – eine Sicht, die die wahre Würde und Bestimmung der menschlichen Person nicht achtet.
In vielen Teilen der Welt haben zumal Eltern ihre verständliche Sorge über Filme, Videokassetten und Fernsehprogramme, die ihre Kinder sehen können, ausgesprochen, ferner über die Schallplatten, die sie hören, und die Veröffentlichungen, die die Kinder lesen können. Mit Recht sind sie dagegen, daß die daheim eingeprägten moralischen Ideale durch allzu leicht und an allzu vielen Stellen – oft genug auch durch die Kommunikationsmedien – zugängliches fragwürdiges Material ausgehöhlt werden.

8. Wir möchten hier die schwerer wiegenden Folgen der Pornographie und Gewaltanwendung auf einzelne und auf die Gesellschaft beschreiben und zugleich einige der Hauptgründe des Problems, wie es heute vorliegt, nennen, endlich die notwendigen Schritte zu einer Besserung aufzeigen, die von beruflichen Kommunikatoren, Eltern und Erziehern, von der Jugend und der großen Öffentlichkeit, von den staatlichen Autoritäten und den Kirchen, den religiösen Gemeinschaften und Gruppen im privaten Bereich unternommen werden müssen.

Auswirkungen der Pornographie und Gewalt

9. Die gewöhnliche Erfahrung, bestätigt durch weltweite Studien, hat die bösen Auswirkungen der Pornographie und Gewalt in den Medien festgestellt.
Dabei wird Pornographie in den Medien als Verletzung des Rechtes auf die Privatsphäre des menschlichen Körpers in seiner männlichen und weiblichen Natur durch den Einsatz audiovisueller Techniken verstanden, eine Verletzung, die die menschliche Person und den menschlichen Körper zu einem anonymen Objekt des Mißbrauchs im Dienst einer Befriedi-

gung der Begierlichkeit erniedrigt; Gewalt in den Medien aber kann – zumal in diesem Kontext – als eine Darstellung verstanden werden, die grundlegende menschliche Instinkte zu Handlungen gegen die Würde der Person anstachelt und dabei enorme physische Gewaltanwendung tief beleidigender und oft leidenschaftlicher Art zeigt. Fachleute mögen darüber streiten, wie und in welchem Ausmaß Einzelpersonen und Gruppen von diesem Phänomen betroffen sind, doch die großen Schwerpunkte des Problems sind deutlich, klar und erschreckend.

10. Während niemand sich selbst als gegen die verderblichen Wirkungen der Pornographie und Gewaltanwendung gefeit ansehen kann und sicher vor den Angriffen derer, die unter ihrem Einfluß handeln, so sind Jugendliche und unreife Menschen besonders verwundbar und werden sehr leicht zu ihren Opfern.
Pornographie und sadistische Gewaltanwendung entarteter Sexualität verderben die menschlichen Beziehungen, untergraben das Ehe- und Familienleben, fördern antisoziales Verhalten und weichen den moralischen Zusammenhalt der Gesellschaft auf.

11. Damit ist eine von den deutlichen Auswirkungen der Pornographie die Sünde. Willentliche Beteiligung an der Herstellung oder Verbreitung dieser schädlichen Produkte kann nur als ernsthaftes moralisches Übel bezeichnet werden. Ebenso würde die Produktion und Verbreitung dieses Materials nicht weitergehen, wenn es dafür keinen Markt gäbe. Wer also solches Material benutzt, fügt nicht nur sich selber moralischen Schaden zu, er trägt auch zur Fortsetzung eines schändlichen Handels bei.

12. Häufiges Erleben von Gewaltanwendung in den Medien kann Kinder verwirren, weil sie noch nicht klar zwischen Phantasie und Wirklichkeit unterscheiden können.
Später kann Gewalttätigkeit in den Medien leicht beeinflußbare Personen, zumal Jugendliche, dazu führen, dies als normales und annehmbares Verhalten zu betrachten, das man nachmachen darf.

13. Man hat sogar behauptet, es könne eine psychologische Verbindung zwischen Pornographie und sadistischer Gewaltanwendung geben, und manche Pornographie ist selber nach Thema und Inhalt offensichtlich gewalttätig. Wer sich solche Dinge anschaut oder sie liest, läuft Gefahr, diese Haltungen und Verhaltensweisen für die eigenen Beziehungen zu übernehmen, und es geht ihm dann die Ehrfurcht und Achtung vor anderen als einmalige Kinder Gottes sowie als Brüder und Schwestern der gleichen Menschheitsfamilie verloren. Die Verbindung zwischen Pornographie und sadistischer Gewaltanwendung wirkt sich besonders bei Menschen aus, die unter bestimmten Formen von Geisteskrankheit leiden.

14. Selbst die sogenannte „weiche" Pornographie kann allmählich weniger empfindsam und einzelne nach und nach moralisch taub und persönlich für die Rechte und die Würde anderer unempfindlich machen.
Der Umgang mit Pornographie kann ferner – wie der Umgang mit Drogen – zur Gewohnheit werden und einzelne dahin bringen, sich immer „härteres" und perverseres Material zu verschaffen. Entsprechend unsoziales Verhalten wird im Verlauf dieses Prozesses wahrscheinlich ebenfalls zunehmen.

15. Pornographie kann ungesunde Vorstellungen in Phantasie und Verhalten begünstigen. Sie kann das persönliche moralische Wachstum sowie die Entwicklung gesunder und reifer Beziehungen, zumal im Ehe- und Familienleben, behindern, wo gegenseitiges Vertrauen und Offenheit sowie persönliche moralische Integrität im Denken und Tun so wichtig sind.

16. In der Tat kann sich Pornographie gegen den familienhaften Charakter echt menschlichen sexuellen Verhaltens auswirken. Je mehr sexuelles Tun als ein ständiges leidenschaftliches Streben nach persönlicher Befriedigung statt als Ausdruck bleibender Liebe in der Ehe angesehen wird, desto mehr kann Pornographie als ein Faktor gelten, der zur Aushöhlung eines gesunden Familienlebens beiträgt.

17. In den schlimmsten Fällen kann Pornographie als Anregung oder Verstärkung, als eine Art von Komplizenschaft für das Verhalten von gefährlichen Sexualtätern dienen, die Kinder belästigen, rauben und töten.

18. Eine fundamentale Auswirkung von Pornographie und Gewalttätigkeit ist die Verachtung, die Betrachtung anderer als Objekte statt als Personen. So können Pornographie und Gewalt Zärtlichkeit und Mitleid beseitigen, um Gefühllosigkeit und sogar Brutalität zu fördern.

Ursachen des Problems

19. Ein wesentlicher Grund für die Verbreitung der Pornographie und Gewaltanwendung in den Medien scheint eine verbreitete moralische Freizügigkeit zu sein, die im Suchen nach persönlicher Befriedigung um jeden Preis ihre Wurzel hat. Verbunden damit ist eine Art von verzweifelter moralischer Leere, die Sinnenrausch als einziges Glück, das Menschen erreichen können, betrachtet.

20. Eine Reihe von mehr unmittelbaren Gründen kann ebenfalls zur Ausbreitung von Pornographie und Gewalttätigkeit in den Medien beitragen. Unter ihnen sind zu nennen:
- das Profitdenken. Pornographie ist eine gewinnbringende Industrie. Einige Bereiche der Kommunikationsindustrie sind tragischerweise der Versuchung erlegen, menschliche Schwäche auszunutzen, darunter die Schwäche junger und beeinflußbarer Geister, um mit der Produktion von Pornographie und Gewalttätigkeit Geld zumachen. In manchen Gesellschaften bringt Pornographie so viel Geld ein, daß sie mit dem organisierten Verbrechen ein Bündnis eingegangen ist.
- schlechte Berufung auf Freiheit. Manche sagen, die Freiheit des Ausdrucks verlange nach Duldung der Pornographie, selbst auf Kosten des moralischen Wohls der Jugendlichen und des Rechtes aller Mitglieder der Gesellschaft auf eine Privatsphäre sowie auf eine Atmosphäre öffentlicher Anständigkeit. Manche behaupten sogar fälschlicherweise, der beste Weg zur Bekämpfung der Pornographie sei ihre Legalisierung. Falsche Argumente der Freiheit werden zuweilen von kleinen Gruppen in Beschlag genommen, die keineswegs die moralischen Wertvorstellungen der Mehrheit vertreten

und auch nicht anerkennen wollen, daß jedes Recht eine entsprechende Verantwortung mit sich bringt. Das Recht auf Freiheit des Ausdrucks existiert nicht im leeren Raum. Die Verantwortung der Öffentlichkeit für die Förderung des Wohls der Jugend, der Achtung vor den Frauen und für den Schutz der Privatsphäre sowie für den öffentlichen Anstand zeigen, daß Freiheit nicht mit Beliebigkeit gleichgesetzt werden darf.
- das Fehlen von sorgfältig vorbereiteten Gesetzen oder die unwirksame Betonung von Gesetzen, die zum Schutz des Gemeinwohls und zumal der Moral der Jugend bereits existieren.
- Verwirrung und Gleichgültigkeit bei vielen Personen, eingeschlossen Mitglieder von religiösen Gemeinschaften, die sich irrtümlich entweder als von Pornographie und Gewalttätigkeit in den Medien nicht betroffen oder als unfähig betrachten, zu einer Lösung des Problems beizutragen.

Antworten auf das Problem

21. Die Verbreitung von Pornographie und Gewaltanwendung in den Kommunikationsmedien tut einzelnen und der Gesellschaft Unrecht und schafft ein dringliches Problem, das von zahlreichen Personen und Gruppen realistische Antworten verlangt. Die legitimen Rechte auf Freiheit des Ausdrucks und freien Austausch von Informationen müssen geachtet werden, aber ebenso die Rechte von einzelnen, von Familien und der Gesellschaft selber auf eine Privatsphäre, auf öffentliche Anständigkeit und den Schutz der Grundwerte.

22. Wir sprechen nun von sieben Gruppen, die auf diesem Gebiet Verantwortung tragen: von den berufsmäßigen Kommunikatoren, den Eltern, den Erziehern, der Jugend, der breiten Öffentlichkeit, den staatlichen Autoritäten sowie der Kirche und den religiösen Gruppen.

23. *Die berufsmäßigen Kommunikatoren*. Unfair wäre es, nahezulegen, daß alle Kommunikationsmedien und sämtliche Kommunikatoren in diesen schädlichen Handel verwickelt sind. Viele Kommunikatoren erfüllen persönlich und beruflich hohe Ansprüche und bemühen sich, ihrer Verantwortung in einer strengen Bindung an moralische Normen und das Gemeinwohl gerecht zu werden. Ihr Bemühen verdient Anerkennung und Ermunterung, zumal dann, wenn sie eine gesunde Unterhaltung für die ganze Familie anzubieten suchen.
Wir fordern diese Kommunikatoren dringend auf, gemeinsam ethische Normen für die Kommunikationsmedien zu formulieren und anzuwenden, die Reklame mit Respekt vor dem Gemeinwohl zu gestalten und eine gesunde menschliche Entwicklung zu fördern. Solche Normen sind besonders für das Fernsehen notwendig, das mit seinen Bildern direkt ins Haus eindringen kann, wo Kinder oft allein und unbeaufsichtigt sind. Wirksame Selbstkontrolle ist immer die beste Kontrolle, und eine Selbstregelung durch die Medien kann die erste und beste Verteidigungslinie gegen jene sein, die die Medien und die Gesellschaft selber verderben würden, indem sie mit Pornographie und Gewalt Profit machen.

Wir fordern die Kommunikatoren auch dringend zur Mithilfe auf, um durch die Medien jene Schritte besser bekannt zu machen, die man gegen die Flut der Pornographie und die Verherrlichung von Gewalttätigkeit in der Gesellschaft unternehmen kann.

24. *Eltern.* Eltern müssen mit doppeltem Eifer für die gesunde moralische Formung der Kinder und Jugendlichen sorgen. Dazu gehört das Einprägen gesunder Haltungen gegenüber der menschlichen Sexualität, die sich auf der Achtung vor der Würde einer jeden Person als Kind Gottes, auf die Tugend der Keuschheit und auf praktische Selbstbeherrschung gründet. Ein wohlgeordnetes Familienleben, bei dem die Eltern sich selber und den Kindern gegenüber selbstverständlich treu und hingebungsvoll sind, ist die beste Schule zur Ausprägung gesunder moralischer Werte.
Heute muß man Kindern und Jugendlichen ebenfalls klar machen, wie man die Medien unterscheidend und als informierter Konsument benutzt. Zumal Eltern beeinflussen ihre Kinder durch das Beispiel, das sie hier geben; sind Eltern dagegen den Medien gegenüber gleichgültig oder nachgiebig, dann geben sie damit den Jugendlichen einen falschen und schädlichen Unterricht. Von besonderer Bedeutung für die Jugendlichen ist das Beispiel, das ihre Eltern von wahrer Liebe und Zärtlichkeit in der Ehe geben, und wenn sie zur Diskussion von Dingen, die ihre Kinder interessieren, ebenso liebevoll wie ungezwungen bereit sind. Man darf nicht vergessen, daß man bei der Bildung des Menschen „mehr durch begründete Erklärung als durch Verbot erreicht“.[6]

25. *Erzieher.* Die Hauptmitarbeiter der Eltern bei der moralischen Bildung der Jugendlichen müssen die Erzieher sein. Schulen und andere Bildungsprogramme sollten die sozialen und ethischen Werte stützen und einprägen, die die Einheit und Gesundheit der Familien und der Gesellschaft selber fördern. Besonders wertvoll sind Programme für Medienerziehung, die in den jungen Menschen eine kritische Haltung und entsprechend ausgeprägte Fähigkeiten entwickeln, mit denen sie ihren Konsum von Fernsehen, Radio und anderen Medien steuern und Manipulationen widerstehen können, ferner rein passive Hör- und Sehgewohnheiten zu vermeiden wissen.
Wichtig ist ferner, daß die Schulen die Notwendigkeit der Achtung vor der menschlichen Person, den Wert des Familienlebens und die Bedeutung persönlicher moralischer Integrität betonen.

26. *Jugend.* Junge Menschen können selber beim Kampf gegen die Flut der Pornographie und Gewaltanwendung in den Medien mithelfen, wenn sie positiv auf die Initiativen ihrer Eltern und Erzieher eingehen und für ihre eigenen moralischen Entscheidungen bei der Auswahl ihrer Unterhaltung Verantwortung übernehmen.

27. *Die Öffentlichkeit.* Auch das breitere Publikum muß seine Stimme vernehmbar machen. Aufgeschlossene Bürger – Jugendliche eingeschlossen – sollten einzeln und kollektiv den Produzenten, den interessierten Händlern und den staatlichen Autoritäten ihre Ansichten bekannt machen. Dringend notwendig ist ein ständiger Dialog zwischen Kommunikatoren und Vertretern der Öffentlichkeit, so daß die mit den Kommunikationsmedien Befaßten mehr über die wirklichen Bedürfnisse und Interessen derer erfahren, denen sie dienen.

28. *Staatliche Autoritäten.* Gesetzgeber, Verwaltungsorgane, ausführende Behörden und Juristen sollten das Problem der Pornographie und Gewaltanwendung in den Medien erkennen und darauf reagieren. Wo sie fehlen, müssen ausgewogene Gesetze erlassen, schwache verbessert und vorhandene Gesetze durchgeführt werden.
Da die Produktion und Verteilung pornographischen Materials internationale Auswirkungen hat, sind auch Aktionen auf regionaler, kontinentaler und weltweiter Ebene notwendig, um diesen heimtückischen Handel zu kontrollieren. Jene, die solche Initiativen bereits ergriffen haben, verdienen Unterstützung und Ermutigung.[7]
Gesetzen und Gesetzgebern obliegt die heilige Pflicht, das Gemeinwohl zu schützen, zumal es die Jugend und die am meisten verwundbaren Mitglieder der Gesellschaft betrifft.
Wir haben bereits einige von den bösen Auswirkungen von Pornographie und Gewaltanwendung genannt, und wir können feststellen, daß das Gemeinwohl tatsächlich dort beeinträchtigt worden ist und weiter beeinträchtigt wird, wo solches Material produziert, gezeigt und verteilt wird, ohne daß eine verantwortliche Einschränkung oder Regelung erfolgt.
Staatliche Autoritäten müssen sich verplichtet fühlen, alsbald tätig zu werden und dieses Problem, wo es bereits gegeben ist, aufzugreifen oder dort, wo es vielleicht noch kein dringendes Anliegen bildet, sein Hochkommen zu verhüten.

29. *Die Kirche und die religiösen Gruppen.* Für die Kirche besteht die erste Aufgabe in der ständigen und klaren Lehre des Glaubens und daher auch der objektiven moralischen Wahrheit, eingeschlossen die Wahrheit über die Sexualmoral. In einer Zeit des Permissivismus und der moralischen Verwirrung erfordert dies, daß die Kirche zur prophetischen Stimme und oft zum Zeichen des Widerspruchs wird.
Die sogenannte „Ethik“ der unmittelbaren persönlichen Befriedigung steht in grundsätzlichem Gegensatz zur integralen menschlichen Reife und Erfüllung. Die Heranbildung für das Familienleben und für ein wirklich verantwortliches Leben in der Gesellschaft erfordert auch eine Erziehung zur Keuschheit und Selbstbeherrschung. Umgekehrt können Pornographie und mutwillige Gewaltanwendung Menschen für das Bild Gottes in der menschlichen Person blind machen, das Ehe- und Familienleben unterhöhlen und einzelne sowie die Gesellschaft selber ernsthaft schädigen.
Wo immer es möglich ist, muß sich die Kirche mit anderen Kirchen, Denominationen und religiösen Gruppen bei der Lehre und Förderung dieser Botschaft zusammentun. Sie muß ferner von ihren eigenen Institutionen und ihrem Personal den bestmöglichen Gebrauch machen, um für die Medien der sozialen Kommunikation und ihre besondere Rolle im persönlichen und sozialen Leben zu erziehen und auszubilden. Besondere Aufmerksamkeit muß der Hilfe für die Eltern bei ihrem Bemühen gelten.
Medienerziehung gehört daher in katholische Schulen und andere Erziehungsprogramme hinein, in die Seminarien,[8] in die Ausbildungsprogramme religiöser und weltlicher Institute, in die Welterbildung der Priester sowie in Pfarrprogramme für Jugendliche und Erwachsene. Priester und Ordensleute in der Seelsorgs- und Erziehungsarbeit sollten selber kritische Konsumenten der Medien sein, die mit dem, was sie lesen und sehen, ein gutes Beispiel geben.

30. Eine bloß Zensur ausübende Haltung der Kirche den Medien gegenüber ist endlich weder ausreichend noch angebracht. Die Kirche sollte sich statt dessen um ein ständiges Gespräch mit verantwortlichen Kommunikatoren bemühen, um sie bei ihrer Arbeit zu ermutigen und ihnen Hilfe anzubieten, wo dies notwendig ist oder erbeten wird. Katholische Kommunikatoren und ihre Berufsorganisationen können mit ihrer besonderen Kenntnis und Erfahrung bei diesem ständigen Gespräch eine Schlüsselrolle spielen.

31. Wenn sie Produktionen und Veröffentlichungen in Übereinstimmung mit klaren und zusammenhängenden moralischen Grundsätzen gewissenhaft bewerten, können katholische Kritiker und Kommunikationsorganisationen sowohl den Fachleuten der Kommunikation als auch den Familien eine wertvolle Hilfe bieten. Tatsächlich verdienen die in vorliegenden kirchlichen Dokumenten dargelegten Richtlinien über die Kommunikationsmedien, dazu die in letzter Zeit von zahlreichen Bischöfen vorgelegten Gedanken zum Problem der Pornographie und Gewalt, ein gründliches Studium und eine systematische Auswertung.

32. Dieses Dokument möchte die weithin ausgesprochenen Sorgen der Familien und der Hirten der Kirche aufgreifen und zu einer eher noch umfassenderen Reflexion ethischer und praktischer Art zum Problem der Pornographie und Gewaltanwendung in den Kommunikationsmedien auffordern, endlich alle ermuntern, der Mahnung des hl. Paulus zu entsprechen: „Laß dich nicht vom Bösen besiegen, sondern besiege das Böse durch das Gute“ (*Röm* 12,21).

Päpstlicher Rat für die sozialen Kommunikationsmittel
Vatikanstadt, 7. Mai 1989
23. Welttag der sozialen Kommunikationsmittel

+ John Foly
Präsident

Msgr. Pierfranco Pastore
Sekretär

Anmerkungen

[1] *Communio et Progressio*, Nr. 22.
[2] *Sollicitudo rei sozialis*, Nr. 26.
[3] *Inter mirifica*, Nr. 2a.
[4] Vgl. Johannes Paul II., *Familiaris consortio*, Nr. 76; vgl. Botschaft zum Welttag der sozialen Kommunikationsmittel vom 1. Mai 1980.
[5] Hier können zitiert werden: 1) *The Longford Report on Pornography* (original title, *Pornography: The Longford Report*), Ricerche-Mursia, Mailand (Italien), 1978; 2) *Final Report of the Attorney Generals Commission on Pornography*, Rutledge Hill Press, Nashville, Tennessee (U.S.A.), 1986; 3) ISPES (Istitudo di Studi Politici, Economici e Sociali), *I e II Rapporto sullo Pornografia in Italia*, Rom (Italien), 1986 und 1988.
[6] *Communio et Progressio*, Nr. 67.
[7] Die EWG (Europäische Wirtschafts-Gemeinschaft), der Europarat und die UNESCO sind u.a. in diesem Sinn tätig geworden.
[8] Vgl. Kongregation für das katholische Bildungswesen, *Leitlinien für die Ausbildung der künftigen Priester in den Medien der sozialen Kommunikation*, Vatikanstadt, 1986.

Ethische Prinzipien wieder deutlich machen

Intervention der Delegation des Hl. Stuhls bei der 42. Versammlung der Weltgesundheitsorganisation in Genf vom 8. bis 19. Mai

Vom 8. bis 19. Mai fand in Genf die 42. Versammlung der Weltgesundheitsorganisation (OMS) statt, an der der Hl. Stuhl mit einer Delegation als Beobachter vertreten war. Leiter der Delegation war der Apostolische Nuntius Erzbischof Justo Mullor García, Ständiger Beobachter beim Büro der UNO und den Sonderorganisationen der Vereinten Nationen in Genf.
Der Delegation gehörten außerdem Msgr. Diego Causero, H. H. Joseph Bonnemain und P. Salvatore Renato MI an.

Das in diesem Jahr für die Beratungen auf technischer Ebene vorgeschlagene Thema lautet „Die Gesundheit der Jugendlichen“. Die Delegation des Hl. Stuhls möchte dem Exekutivrat der Weltgesundheitsorganisation zur Wahl dieses Themas, das ihm sehr opportun erscheint, ihren Beifall aussprechen, ist es doch von solcher Wichtigkeit, daß die Intervention hier vor der Vollversammlung erfolgen soll.
Das Grunddokument, das der Konferenz unterbreitet wurde, enthält eine Reihe von Statistiken, die gemeinsam mit den Angaben über die Gesundheit der Jugendlichen und über die Gefahren, denen sie ausgesetzt ist, sozusagen echte Röntgenbilder der moralischen Lage der Jugend in aller Welt darstellen. Wie oft im Leben gehen auch hier Medizin und Moral Seite an Seite.
Schon vom quantitativen Standpunkt aus betrachtet, bietet die Jugend – Unterpfand einer glücklichen oder unglücklichen Zukunft der Menschheit – Hinweise, die nachdenklich stimmen. „Zwischen 1960 und 1980 hat die Weltbevölkerung um 46 Prozent zugenommen, die Altersklassen zwischen 15 und 24 Jahren hingegen sind um 66 Prozent angewachsen.“ In Afrika, z. B., „machten im Jahr 1985 die Kinder unter 15 Jahren 45 Prozent der Bevölkerung aus“. Die erwachsene Weltbevölkerung überaltert zunehmend, während die Kinder und Jugendlichen immer zahlreicher die Welt bevölkern. Sie gehört ihnen.
Die Jugend ist der Spiegel der Gesellschaft und diese wiederum ist der Spiegel, in den die Jugend blickt, um ihren Weg zu finden. Jugend und Gesellschaft sind zwei Aspekte einer einzigen Gegebenheit, zwei Momente der gleichen Menschheitsgeschichte. Die Jugendlichen werden von der Gesellschaft geformt, diese empfängt jedoch ihre Form auch von den Jugendlichen. Mit ihrer Vorliebe für Echtes, ihrer spontanen Hochherzigkeit und ihrem bewußten Suchen nach neuen Wegen fordern sie die Welt der Erwachsenen heraus. Mit ihrer Nachahmungsgabe und als Erben dessen, was sie von ihren Vorfahren übernommen haben, offenbaren sie der sie umgebenden Gesellschaft ihre Qualitäten und Fehler, ihre Größe und ihr Elend. Sie sind die Kinder des Friedens oder des Krieges, sind Kinder einer für Werte empfänglichen oder einer wertfremden Generation.
Die im Grunddokument enthaltenen Statistiken legen bestimmte gesundheitliche Gefahren offen, denen die Jugendlichen ausgesetzt sind: Konsum von Rauschgiften, Alkohol und Tabak; verfrühte sexuelle Betätigung und immer weitere Verbreitung der auf diesem Weg übertragenen Krankheiten; Zunahme lebensgefährlicher Verkehrsunfälle sowie der

Selbstmorde. Eine weitere Tatsache, die sich aus diesen Statistiken ergibt, ist das Vorhandensein nicht nur körperlicher, sondern auch moralischer Krankheiten. Die menschliche Gesundheit ist nicht etwas, das nur den Körper betrifft. Sie ist eine Wirklichkeit, die auch an den Geist gebunden ist. In diesem Sinn sagte Johannes Paul II. vor zwei Jahren zur II. Internationalen Konferenz, die der Päpstliche Rat für die Pastoral im Krankendienst zum Thema der Vermenschlichung der Medizin durchführte, daß es der medizinischen Forschung an einem Leitmotiv fehlen würde, wenn „sie sich nicht um eine entsprechende anthropologische Sicht bemühte, die imstande ist, der Diskussion Lösungen entgegenzuführen, welche einen echten Fortschritt versprechen“ (vgl. *Dolentium hominum,* Nr. 7).
Es handelt sich hier um eine Tatsache, die von all denen nicht ignoriert werden kann, die an der vielschichtigen gesundheitlichen Problematik der Jugendlichen interessiert sind. Und dazu zählt auch die Weltgesundheitsorganisation. Meine Delegation hat die direkten und indirekten Hinweise auf die moralischen Aspekte dieser Problematik sehr wohl zur Kenntnis genommen, die in diesem Grunddokument enthalten sind: die Notwendigkeit, den kommenden Generationen „die Möglichkeit zur Erweiterung des geistigen Horizonts und zur Entwicklung ihres Wertsystems“ zu bieten (S. 12); den Grundsatz, wonach „die Erziehung nicht nur ein Mittel zur Weitergabe von Informationen an die jungen Menschen ist, sondern auch die Verpflichtung einschließt, ihre intellektuelle, gesellschaftliche und moralische Entwicklung zu fördern“ (S. 39); die Rolle, die bei der Jugenderziehung das familiäre Milieu und die in religiöser Hinsicht Verantwortlichen spielen (S. 39 und 52) und infolgedessen die für die Jugendlichen negative Auswirkung der Zerstörung der stabilen Familie (S. 10).
Tatsächlich bleibt die körperliche Gesundheit weithin ohne Sinn und ist anfällig, wenn ihr nicht eine genügend solide moralische Gesundheit zur Seite steht. Die Gesundheit – das ist die Meinung meiner Delegation – ist ein Ganzes, das die Person in ihrer Gesamtheit betrifft. Das hochgespannte und vornehme Projekt der Weltgesundheitsorganisation, „die Gesundheit für alle“, würde einer soliden Grundlage entbehren, wenn sie nicht auch der Gesundheit des ganzen Menschen Rechnung trägt.
Eines der Hauptprobleme unserer Zeit – und ich möchte sagen, auch der heutigen Medizin – ist die Zersplitterung. Man blickt so sehr auf Einzelheiten, daß man Gefahr läuft, das Gesamtbild aus den Augen zu verlieren. Wenn die Spezialisierung nicht von einer ganzheitlichen Sorge um den Kranken oder die ernstlich von einer Krankheit bedrohte Person begleitet ist, kann sie die Diagnose erschweren oder sogar verfälschen. So erklärt sich auch die im Ärztemilieu immer weiter verbreitete Tendenz zur Teamarbeit. Meine Delegation stellt zu ihrer Zufriedenheit fest, daß unter die „Grundsätze für eine Intervention zugunsten der Gesundheit der Jugendlichen“ auch jener aufgenommen ist, bei der Verwirklichung dieser Programme „interdisziplinär vorzugehen“, womit „die bestmögliche Teilnahme jener Gruppen von Personen gewährleistet wird, die in der Beziehung zu den Jugendlichen eine Schlüsselstellung einnehmen: Erzieher, Familie, Vertreter des Gesundheitsdienstes, religiöse Führungspersönlichkeiten und Leiter gemeinschaftlicher Organisationen“ (S. 52).
Es wäre logisch, dieses interdisziplinäre Vorgehen im Hinblick auf eine Vermeidung jener Gefahren festzulegen, die derzeit die Gesundheit der Jugendlichen bedrohen und von

denen das Grunddokument eine ziemlich vielsagende und manchmal besorgniserregende Liste anführt.

a) Ein erstes Kennzeichen dieser Gefahren ist es, daß sie in offensichtlicher Beziehung zu dem noch nie dagewesenen technischen Fortschritt stehen, einem Fortschritt, der manchmal mehr quantitativ als qualitativ ist. Je höher die einzelnen Länder entwickelt sind, desto ausgeprägter ist anscheinend die Möglichkeit zu Depressionen, die zum Selbstmord führen.

b) Man kann auch feststellen, daß die Gefahren dort zunehmen, wo die Beziehungen innerhalb der Familie besonderen Umwälzungen unterliegen; diese sind nach dem Grunddokument bei den Jugendlichen zwischen 15 und 29 Jahren „eine der häufigsten Ursachen selbstmörderischen Verhaltens" (S. 25 ff.). „Die Instabilität in der Familie und die von der Umgebung ausgeübten übertriebenen Zwänge – heißt es ebenfalls im Grunddokument – bringen besondere Risiken für ein gesundheitsschädliches Verhalten mit sich, wie etwa den Genuß und den Mißbrauch von Tabak, Alkohol und anderen Rauschgiften, schädliche Gewohnheiten auf den Gebieten der Ernährung und der Mundhygiene; ungeordnetes sexuelles Verhalten, das unerwünschte Schwangerschaften und die Verbreitung sexuell übertragbarer Krankheiten – darunter auch die HIV-Infektion – zur Folge hat; besonders unvorsichtiges Verhalten (dessen Ursache oft der Alkoholgenuß ist) auf der Straße, an der Arbeitsstätte und zu Hause, während der Freizeit; schließlich beabsichtigte Gewaltanwendung gegen sich selbst und gegen andere und Verfall der geistigen Fähigkeiten" (S. 2).

c) Nach dem gleichen Dokument hingegen „wird ein von Liebe geprägtes, stabiles Milieu, das ein allmähliches Erwerben der Unabhängigkeit unter Einhaltung vernünftiger Grenzen erleichtert, in den Heranwachsenden die Selbstachtung entwickeln und in der Schule, am Arbeitsplatz, in der Freizeit, beim Sport und bei der Aufnahme neuer Beziehungen ein für die Gesundheit günstiges Verhalten fördern" (*ebd.*).

Diese Feststellungen bestätigen die Nützlichkeit des vorgeschlagenen interdisziplinären Vorgehens und die Dringlichkeit einer Arbeit in diesem Sinn, und das nicht nur innerhalb der Weltgesundheitsorganisation, sondern auch auf den verschiedenen nationalen Ebenen, die mit der Ausarbeitung der Gesetze und der ihnen entspringenden Politik auf dem Sektor der Gesundheitsfürsorge betraut sind.

Es ist nicht die Schuld der Jugendlichen, wenn unsere Welt, die vorgibt, entwickelt zu sein oder nach einer umfassenderen und echteren Entwicklung zu streben, ihnen keine gültigen Grundsätze für die Erhaltung der körperlichen Gesundheit vorlegt, sondern vielmehr zu einer Falle für Leib und Geist wird. Die mehr oder weniger bewußte Vernachlässigung bestimmter ethischer Prinzipien und eine doppeldeutige Auffassung von der Funktion des persönlichen Gewissens – das zu einem Mechanismus der Duldsamkeit sich selbst gegenüber herabgesetzt wird – haben zu dem Paradox geführt, dem die Jugendlichen heute gegenüberstehen. Der außerordentliche Fortschritt, den für sie das weltweite Netz der Kommunikationen darstellt, die neuen Errungenschaften der medizinischen Forschung und ihre fortgeschrittenen Programme der „Gesundheit für alle", die wachsende Aufgeschlossenheit den Werten der Demokratie und den Menschenrechten gegenüber – all das sticht stark ab von der Ungewißheit ihres Schicksals. Denn dieser

Fortschritt bietet keine Gewähr gegen die Arbeitslosigkeit, gegen die mangelnde Stabilität der Familien, denen sie entstammen, gegen die affektive Armut, die sich hinter verfrühter Sexualität oder verfrühtem Alkoholismus verbirgt, gegen die allgegenwärtigen Rauschgifte und gegen die Depression.
Es wäre unangebracht, hier die unmittelbaren und die tieferen Ursachen dieser paradoxen Situation zu analysieren und sich zwecklosen Klagen hinzugeben. Sie wissen aufgrund Ihrer Berufung und Erfahrung, daß eine klarblickende medizinische Berufsethik nicht auf die Diagnose selbst schwerer Krankheiten abzielt, um zu klagen, sondern vielmehr um die sichersten Mittel zu ihrer Heilung und zur Verhütung von Rückfällen zu finden.
Angesichts dieser positiven Perspektiven möchte sich die Delegation des Hl. Stuhls darauf beschränken, dieser Versammlung eine begrenzte Anzahl von Grundsätzen vorzulegen, welche die im Bereich der Gesundheitsfürsorge nötige interdisziplinäre Arbeit anregen können, um auf die berechtigten Erwartungen der neuen Generation einzugehen.
1. Eine ernstzunehmende vorbeugende Medizin kann nicht über die Ursachen hinwegsehen, welche der derzeitigen Situation hinsichtlich der körperlichen und moralischen Gesundheit zugrundeliegen. Wenn man diese Ursachen weiterhin ignoriert oder meint, dem Problem mit oberflächlichen Maßnahmen beikommen zu können, wird alles nur noch auswegloser werden. So wird man z. B. mit der hartnäckigen Empfehlung der empfängnisverhütenden Mittel nicht die sexuelle Anarchie und erst recht nicht das ernste Problem der affektiven oder sozialen Verwahrlosung lösen, das sich hinter ihr verbergen kann.
2. Den Jugendlichen gefällt Leistung, und sie haben das Recht, bei den Erwachsenen ein Vorbild für Leistung zu sehen, insbesondere bei jenen, deren Aufgabe es ist, ihnen eine bessere Zukunft zu sichern. Zweifellos werden sie die Leistungen der Weltgesundheitsorganisation hoch einschätzen, deren Zweck es ist, den Mitgliedsstaaten wirksame Abhilfen gegen die Gefahren vorzuschlagen, die ihre Gesundheit bedrohen und welche die direkte oder indirekte Folge eines Verhaltens sind, das vollgültiger menschlicher Dimensionen entbehrt. Rauschgifte und Alkoholismus und die ihnen entspringenden Folgen haben konkrete Wurzeln. Sie heißen persönlicher oder kollektiver Egoismus, Unkenntnis der elterlichen und sozialen Verpflichtungen, leichter und unrechtmäßiger Gelderwerb, Korruption und Anleitung zur Mißachtung jeder einschränkenden Ethik im Bereich der zwischenpersönlichen Beziehungen, der Freizeitgestaltung und des gesellschaftlichen Erfolgs.
3. Die Gesundheit ist ein wesentliches Element des Glücks und gleichzeitig ein vorzügliches Mittel, um arbeiten und innerhalb der Gesellschaft aktiv sein zu können. Sie verdient es, daß man die Jugendlichen in einem Klima der Offenheit und der persönlichen Achtung darüber belehrt. Wollte man ihnen Vorschläge zum Schutz der Gesundheit oder Vorbeugungsmaßnahmen zur Kenntnis bringen, die auf willkürlichen ideologischen Hypothesen beruhen und ernstzunehmender wissenschaftlicher Grundlagen entbehren, würde man ihnen einen schlechten Dienst erweisen. Es mag manchen überholt und sogar in psychologischer Hinsicht gefährlich erscheinen, wenn man zu den Jugendlichen von mutigem Durchhalten spricht, sie heute zu Verzichten auffordert, die ihnen morgen einen vollen Besitz garantieren und sie einlädt, an die anderen ebensosehr wie an sich selbst zu denken. Höchstwahrscheinlich ist aber die Mehrzahl der Jugendlichen nicht dieser Mei-

nung. Sie haben immer die Propheten vorgezogen. Und es ist nicht gesagt, daß die Ärzte dazu verurteilt sind, ihr Wirken auf ihre konkrete und direkte Praxis zu beschränken, ohne von Zeit zu Zeit – vor allem wenn sie in unmittelbarem Kontakt mit Jugendlichen stehen – eine prophetische Rolle zu übernehmen und zu Lehrern wahrhaft menschlicher Verhaltensweisen zu werden.

Kirchenrecht interpretiert

Antwort der Päpstlichen Kommission für die authentische Interpretation des Kirchenrechts vom 24. Januar; veröffentlicht am 20. Mai

Die Mitglieder der Päpstlichen Kommission für die authentische Interpretation des Kirchenrechts haben bei der Vollversammlung am 24. Januar 1989 folgende Fragen beantwortet:

1. Frage: Ob die Wahl des Vorsitzenden in den Kapiteln der Kanoniker aufgrund des Can. 509 Par. 1 auferlegt wird.

Antwort: Nein.

2. Frage: Ob in den Worten des Can. 1263 „den seiner Leitung unterstellten öffentlichen juristischen Personen“ auch die externen Schulen der Ordensinstitute päpstlichen Rechts inbegriffen sind.

Antwort: Nein.

Papst Johannes Paul II. wurde bei der Audienz für den Unterzeichneten am 20. Mai 1989 von den obengenannten Entscheiden unterrichtet und hat deren Veröffentlichung angeordnet.

Kardinal Rosalio J. Castillo Lara
Präsident

Julián Herranz Casado
Sekretär

Verbesserung der Beziehungen Christen – Juden

Erklärung der Kommission für die religiösen Beziehungen zum Judentum beim Päpstlichen Rat zur Förderung der Einheit der Christen vom 18. September

Die Kommission des Heiligen Stuhls für die religiösen Beziehungen zum Judentum hat mit Befriedigung das am 6. September 1989 vom Präsidenten der Kommission für den Dialog mit dem Judentum des polnischen Episkopats, Bischof Henryk Muszynski, veröffentlichte Kommuniqué zur Kenntnis genommen. Die darin ausgedrückte Absicht, ein Zentrum für Information, Begegnung, Dialog und Gebet einzurichten, so, wie es die Genfer Deklaration vom Februar 1987 vorsieht, wird positiv aufgenommen, denn der Heilige Stuhl ist überzeugt, daß ein solches Zentrum bedeutend zur Entwicklung guter Beziehungen zwischen den Christen und den Juden beitragen würde. Der Papst hat ja bereits in seiner Ansprache an die jüdische Gemeinde in Wien am 24. Juni 1988 der Hoffnung Ausdruck gegeben, daß „dieses Zentrum fruchtbare Resultate hervorbringe und anderen Nationen als Beispiel diene“. Das Gebet und das gottgeweihte Leben der Karmelitinnen, deren Kloster in irgendeiner Weise im Herzen dieses Zentrums sein wird, werden entscheidend zu dessen Gelingen beitragen. Um die Verwirklichung dieses bedeutsamen aber kostspieligen Projektes zu unterstützen, ist der Heilige Stuhl bereit, seinen finanziellen Beitrag zu leisten.

18. September 1989

Johannes Kardinal WILLEBRANDS
Präsident

Alle sollen eins sein

Gemeinsame Erklärung zum Abschluß der Begegnung mit dem Primas der Anglikanischen Gemeinschaft, Erzbischof Robert Runcie, vom 2. Oktober

Unsere gemeinsame Wallfahrt zur Kirche San Gregorio, die mit dem Sendungsauftrag des heiligen Augustinus, England zu taufen, historisch verbunden ist, erinnert uns daran, daß das Ziel der Kirche nichts anderes ist als die Evangelisierung aller Völker, Nationen und Kulturen. Wir sagen gemeinsam Dank für die Bereitschaft und Offenheit, das Evangelium anzunehmen, was in den Entwicklungsländern besonders augenscheinlich ist, wo junge christliche Gemeinschaften den Glauben an Jesus Christus froh umfangen und um den Preis eines opferreichen Lebens nachdrücklich Zeugnis geben für das Evangelium vom Reich Gottes. Das Wort Gottes wird „nicht als Menschenwort, sondern – was es in Wahrheit ist – als Gottes Wort angenommen“ (*1 Thess* 2,13). Da wir den letzten Abschnitt des zweiten Jahrtausends nach der Geburt Jesu Christi beginnen, beten wir gemeinsam für eine Neuevangelisierung, die die ganze Welt umfaßt, nicht zuletzt den Kontinent des heiligen Gregor und des heiligen Augustinus, wo die fortschreitende Säkularisierung der Gesellschaft die Sprache des Glaubens aushöhlt und der Materialismus die geistige Natur der Menschheit erniedrigt.
In einer solchen Perspektive muß die dringende Suche nach der christlichen Einheit gesehen werden, denn unser Herr Jesus Christus hat für die Einheit seiner Jünger gebetet: „Alle sollen eins sein“ (*Joh* 7,21). Darüber hinaus hat die Uneinigkeit der Christen selbst zur Tragödie der menschlichen Spaltung in aller Welt beigetragen. Wir beten für den Frieden und die Gerechtigkeit, besonders wo Religionsunterschiede dazu mißbraucht werden, um den Konflikt zwischen den Glaubensgemeinschaften zu verstärken.

Vor dem Hintergrund menschlicher Uneinigkeit muß der mühsame Weg zur christlichen Einheit entschlossen und tatkräftig verfolgt werden, trotz aller erkannten Hindernisse, die das Weitergehen versperren. Wir hier verpflichten uns und alle, die wir vertreten, von neuem feierlich zur Wiederherstellung der sichtbaren Einheit und vollen kirchlichen Gemeinschaft im Vertrauen darauf, daß etwas anderes zu suchen bedeuten würde, die Absicht unseres Herrn in bezug auf die Einheit seines Volkes zu verraten.
Das heißt nicht, unrealistisch angesichts der Schwierigkeiten zu sein, vor denen unser Dialog zur Zeit steht. Als wir die zweite internationale anglikanisch-römisch-katholische Kommission in Canterbury im Jahr 1982 errichteten, waren wir uns voll bewußt, daß die Aufgabe der Kommission alles andere als leicht sein würde. Die im Schlußbericht der ersten anglikanisch-römisch-katholischen Kommission erzielten Übereinstimmungen wurden jetzt glücklicherweise von der Lambeth-Konferenz der Bischöfe der Anglikanischen Gemeinschaft angenommen. Dieser Bericht wird zur Zeit auch von der katholischen Kirche studiert im Hinblick auf eine entsprechende Antwort. Anderseits verhindert die Frage und Praxis der Zulassung von Frauen zum Priesteramt in einigen Provinzen der Anglikanischen Gemeinschaft die Versöhnung zwischen uns sogar dort, wo anderseits ein Fortschritt zur Übereinstimmung im Glauben hinsichtlich der Bedeutung der Eucharistie und des Weiheamtes zu verzeichnen ist. Diese Unterschiede im Glauben spiegeln wichtige ekklesiologische Unterschiede wider, und wir bitten die Mitglieder der internationalen anglikanisch-römisch-katholischen Kommission und alle anderen in Gebet und Arbeit für die sichtbare Einheit Engagierten dringend, diese Unterschiede nicht zu verkleinern. Gleichzeitig bitten wir sie ebenso dringend, in ihrer Hoffnung oder im Einsatz für die Einheit nicht nachzulassen. Zu Beginn des Dialogs, der hier in Rom 1966 durch unsere lieben Vorgänger Papst Paul VI. und Erzbischof Michael Ramsey angeknüpft wurde, sah niemand klar, wie die seit langem ererbten Spaltungen überwunden und wie die Einheit im Glauben erzielt werden könnten. Kein Pilger kennt im voraus alle Schritte des Weges. Der heilige Augustinus von Canterbury machte sich mit seiner Schar von Mönchen von Rom aus auf nach einem damals fernen Ende der Welt. Doch Papst Gregor konnte bald darauf von der Taufe der Engländer schreiben und von „solch großen Wundern …, daß sie die Kraft der Apostel nachzuahmen schienen“ (*Brief Gregors des Großen an Eulogius von Alexandrien*). Während wir selbst keine Lösung für dieses Hindernis sehen, vertrauen wir darauf, daß unsere Gespräche durch die Beschäftigung mit dieser Frage tatsächlich helfen mögen, unser Verständnis zu vertiefen und zu erweitern. Wir hegen dieses Vertrauen, weil Christus versprochen hat, daß der Heilige Geist, der der Geist der Wahrheit ist, immer bei uns bleiben wird (vgl. *Joh* 14,16–17).
Wir bitten auch unsere Priester und Gläubigen, die sichere wenn auch unvollkommene Gemeinschaft, die wir bereits miteinander teilen, nicht zu vernachlässigen oder zu unterschätzen. Die Gemeinschaft, die wir bereits miteinander teilen, gründet auf dem Glauben an Gott, unseren Vater, an unseren Herrn Jesus Christus und an den Heiligen Geist; auf unserer gemeinsamen Taufe in Christus; unserer Teilhabe an den Heiligen Schriften, dem Apostolischen und dem Nizäno-konstantinopolitanischen Glaubensbekenntnis; der chalkedonischen Definition und der Lehre der Väter; auf unserem gemeinsamen christli-

chen Erbe seit vielen Jahrhunderten. Diese Gemeinschaft sollte gehegt und geschützt werden, während wir versuchen, in die vollere Gemeinschaft hineinzuwachsen nach dem Willen Christi. Sogar in den Jahren unserer Trennung konnten wir Gaben des Geistes in jedem von uns erkennen. Der ökumenische Weg führt nicht nur über die Beseitigung der Hindernisse, sondern auch über die gemeinsame Teilhabe an den Gaben.
Während wir heute zusammentreffen, tragen wir in unseren Herzen auch die anderen Kirchen und kirchlichen Gemeinschaften, mit denen wir einen Dialog führen. Wie wir früher einmal in Canterbury sagten, zielt unsere Absicht auf die Erfüllung des Willens Gottes für die sichtbare Einheit seines ganzen Volkes hin.
Auch ist der Wille Gottes für die Einheit nicht ausschließlich auf die Christen begrenzt. Die christliche Einheit ist erforderlich, damit die Kirche ein wirksameres Zeichen des Gottesreiches der Liebe und Gerechtigkeit für die ganze Menschheit sein kann. Tatsächlich ist die Kirche das Zeichen und Sakrament der Gemeinschaft in Christus, die Gott für seine ganze Schöpfung will.
Eine solche Sicht ruft Hoffnung und geduldige Entschlossenheit hervor, nicht Verzweiflung oder Zynismus. Und weil eine solche Hoffnung das Geschenk des Heiligen Geistes ist, werden wir nicht enttäuscht; denn er kann „durch die Macht, die uns wirkt, unendlich viel mehr tun, als wir erbitten oder uns ausdenken können; er werde verherrlicht durch die Kirche und durch Christus Jesus in allen Generationen, für ewige Zeiten. Amen." (*Eph* 3,20–21).

2. Oktober 1989

Erzbischof ROBERT RUNCIE

PAPST JOHANNES PAUL II.

Richtlinien für die ökumenische und interreligiöse Zusammenarbeit im Kommunikationswesen

Päpstlicher Rat für die sozialen Kommunikationsmittel vom 4. Oktober

Einführung

1. Das Glaubenszeugnis, das auch in der Medienöffentlichkeit zur Darstellung kommen muß, erfolgt dort unter Bedingungen, die eine wirksamere Zusammenarbeit der Christen und ein engeres gemeinsames Handeln mit Anhängern anderer Religionen im Kommunikationsbereich erfordern, damit das Religiöse in den Massenmedien wirklich präsent sein kann. Die in diesem Dokument zusammengefaßten Richtlinien wollen die engere Zusammenarbeit unter Christen und mit den im Kommunikationswesen tätigen Vertretern anderer Religionen fördern. Den in den Massenmedien tätigen Katholiken wollen sie helfen, ihrer vordringlichen Aufgabe der Verkündigung und der Bezeugung ihres Glau-

bens besser zu entsprechen. Gleichzeitig wollen sie das gegenseitige Verständnis sowohl unter Christen als auch mit Anhängern anderer Religionen erleichtern.

2. Die Zusammenarbeit unter den im Kommunikationsbereich tätigen Christen und mit Kollegen, die nichtchristlichen Religionen angehören, ist von grundlegender Bedeutung für die Beziehungen zu öffentlichen Autoritäten und zu führenden Persönlichkeiten im Kommunikationsbereich, wenn es darum geht, religiöse Gesichtspunkte in den Medien zur Geltung zu bringen, zu fördern und miteinander in Beziehung zu setzen. In den meisten Fällen ist der Zugang zu den Massenmedien nur im Zuge der Verständigung zwischen den verschiedenen religiösen Körperschaften gestattet, die am öffentlichen Dialog teilnehmen möchten.

3. Dieses Dokument beschäftigt sich mit der konkreten Zusammenarbeit und nicht direkt mit Fragen des Dialogs über Lehren in den Programmen oder Produktionen der Medien. Anderseits kann gesagt werden, daß die katholische Glaubens- und Morallehre für die in den Medien tätigen Katholiken einen unverzichtbaren Bezugspunkt darstellt. Die zuständigen kirchlichen Behörden – auf örtlicher, nationaler, kontinentaler und weltweiter Ebene – sind für die Wahrung der doktrinären und moralischen Aspekte in jeder Kommunikationstätigkeit verantwortlich.
Die verantwortlichen Träger der Pastoral haben das Recht und die Pflicht, auf diesem Gebiet ihr Urteil abzugeben und spezifische Richtlinien zu erlassen. Sie werden in jedem einzelnen Fall die Risiken und Vorteile gemeinsamer Initiativen beurteilen und dabei bedenken, daß die spezifische Identität katholischer Initiativen gewahrt werden muß.

4. Manipulationen oder billiger Proselytismus, die manchmal in den Medien geübt werden, sind mit der ökumenischen Aufgabe und mit dem Geist der interreligiösen Zusammenarbeit, wie es das Wort Gottes andeutet und die Entscheidungen der kirchlichen Behörden bekräftigen, unvereinbar[1]. Das derzeitige Wachstum neuer religiöser Bewegungen – oft Sekten genannt –, die sich auf das Evangelium berufen, jedoch zumindest teilweise von nichtchristlichen Ideologien inspiriert sind, geht manchmal mit einem Proselytismus Hand in Hand, der ernste Folgen nach sich zieht. Seine weite Verbreitung wird durch die Massenmedien gefördert.

5. Jede Zusammenarbeit wird der pastoralen Situation an den einzelnen Orten Rechnung tragen. Die mit der ökumenischen und interreligiösen Zusammenarbeit betrauten Medienfachleute müssen gut vorbereitet, klug und sich ihrer Verantwortung sehr wohl bewußt sein.

Richtlinien für die ökumenische Zusammenarbeit in den Medien

6. 1Die Ära der Kommunikation und Information, die sich heute herausbildet, trägt zum Entstehen neuartiger Beziehungen zwischen Einzelpersonen und Gemeinschaften bei. Sie erfordert enges Zusammenarbeiten und dadurch eine zunehmend tiefere Einheit unter den Christen.

Der Ansporn zum ökumenischen Handeln und zu ökumenischen Initiativen entspringt der Botschaft und den Entscheidungen des II. Vatikanischen Konzils[2] und ebenso späteren kirchlichen Dokumenten, die sich mit deren Anwendung und Auslegung befassen[3]. All diese Dokumente erläutern die bereits bestehende Einheit zwischen christlichen Kirchen und Gemeinschaften. Eine solche Haltung kann das Werk und die Methoden der Evangelisierung im Dienst des Reiches Gottes nur glaubwürdiger gestalten.

7. Die ökumenische Zusammenarbeit kann hinsichtlich aller Aspekte der sozialen Kommunikation verwirklicht werden. Sie ist als solche ein der Welt dargebotenes Zeugnis. Da die Massenmedien die normalen zeitlichen und räumlichen Grenzen überschreiten, wird diese Zusammenarbeit sowohl auf örtlicher als auch auf regionaler und internationaler Ebene erfolgen.
Sie wird manchmal sowohl die Teilnahme katholischer Medienfachleute an den Initiativen anderer Kirchen und christlicher Gemeinschaften als auch die anderer Christen an katholischen Initiativen und schließlich die Bildung christlicher Arbeitsgruppen in profanen Medienorganisationen erfordern.

8. Die Art und Weise der Zusammenarbeit auf dem Gebiet der sozialen Kommunikation wird weitgehend von deren derzeitigen Arbeitsmethoden abhängen. Die internationalen katholischen Kommunikationsorganisationen haben die Aufgabe, die betreffenden Methoden bekanntzumachen und Hirten und Gläubigen Hilfen anzubieten, daß sie sich auf dem Gebiet der Kommunikation, einem wichtigen Aspekt der heutigen Gesellschaft, wirksam engagieren. Somit wird die ökumenische Zusammenarbeit den Erfahrungsaustausch zwischen den internationalen Kommunikationsorganisationen der katholischen Kirche und den entsprechenden Organisationen der anderen christlichen Gemeinschaften erfordern. Diese Zusammenarbeit wird sich selbstverständlich auch, den Umständen der verschiedenen Initiativen im Bereich der Kommunikation entsprechend, auf die örtliche und die regionale Ebene erstrecken.

9. Der Zweck gemeinsamer, bei entsprechenden Gelegenheiten ergriffener Initiativen ist es, als Christen vereint ein Zeugnis für Christus abzulegen. Sie haben nicht das Ziel, die Authentizität der christlichen und kirchlichen Botschaften abzuschwächen oder spezifisch katholische Initiativen einzuschränken[4].

10. Die praktische Anwendung dieser allgemeinen Richtlinien verlangt, daß Katholiken, die in den Medien tätig sind, ihren Glauben gründlich kennen und treu praktizieren. Sie erfordert gegenseitiges Vertrauen und Verständnis unter Christen auf der Grundlage gegenseitiger Achtung und im Hinblick auf eine gemeinsame Arbeit im Kommunikationswesen. Daraus ergibt sich für die katholischen Kommunikationsdienste und für die in der Kommunikation tätigen Katholiken die Notwendigkeit einer fairen und objektiven Information hinsichtlich der ökumenischen Bewegung und der anderen christlichen Kirchen und Gemeinschaften. Diese Verpflichtung wird niemals von einer wahrheitsgemäßen Darlegung der spezifisch katholischen Botschaft in all ihrer Fülle abhalten.
Die Gegenseitigkeit scheitert oft an praktischen Fragen wie etwa jener der verschiedenartigen Organisation des Apostolats der sozialen Kommunikation oder der Frage der ver-

schiedenen Arten der Finanzierung. Es ist unerläßlich, daß die für die Pastoral zuständigen Autoritäten diesen praktischen Problemen Rechnung tragen und einer fairen Aufteilung der finanziellen Mittel sowie einer Angleichung der Arbeitsmethoden zustimmen.

11. Der Päpstlische Rat für die Soziale Kommunikation unterstützt die laufenden und zukünftigen Bemühungen um eine ökumenische Zusammenarbeit auf dem Gebiet der sozialen Kommunikation.
Der Päpstliche Rat für die Soziale Kommunikation ist selbst auf der Suche nach weiteren Formen der ökumenischen Zusammenarbeit, da die Entdeckungen im Bereich der Medien neue Möglichkeiten eröffnen. Er sucht Kräftezersplitterung dort zu vermeiden, wo Organisation und Planung wesentlich sind.
Die vordringlichen Aufgaben hinsichtlich der spezifischen Bereiche, in denen die ökumenische Zusammenarbeit am besten erfolgen kann, müssen durch gemeinsames Übereinkommen festgelegt werden[5].

12. Die Dynamik katholischer Organisationen und kirchlicher Einrichtungen im Apostolat der sozialen Kommunikation ist eine grundlegende Voraussetzung für konstruktive ökumenische Zusammenarbeit und gleichzeitig eine Gewähr dafür, daß die Botschaft der katholischen Kirche in ihrer ganzen Fülle sichergestellt wird. In diesem Zusammenhang ist es wesentlich, auf allen Ebenen des katholischen Apostolats der sozialen Kommunikation ein Team von kirchlichem Personal heranzubilden, das über berufliche Kompetenz, technische Fachausbildung und ein gutes theologisches Fundament verfügt.
Wenn die internationalen katholischen Organisationen für die soziale Kommunikation (OCIC, UCIP und UNDA)[6] im Apostolat tatkräftiger zusammenarbeiten, wird das eine Hilfe zu besserer ökumenischer Zusammenarbeit sein.

13. Die Ausbildung der katholischen Medienfachleute muß eine gediegene ökumenische Vorbereitung umfassen, die nach den Richtlinien des Heiligen Stuhls[7] und der örtlichen und regionalen pastoralen Autoritäten erfolgt.

14. Es wäre sehr nützlich, wenn die Christen ihre Zusammenarbeit auch auf die in letzter Zeit entwickelten Medien ausdehnen würden, insbesondere auf die gemeinsame Verwendung von Satelliten, Datenbanken, Kabelvernetzung und Informatik im allgemeinen, angefangen bei der System-Kompatibilität.

Richtlinien für die interreligiöse Zusammenarbeit im Kommunikationswesen

15. Die heute in Entwicklung begriffene Ära der Kommunikation und Information fordert von allen, die einem religiösen Glauben entsprechend leben und im Dienst des öffentlichen Dialogs stehen, einen gleichen und beide Seiten verpflichtenden Einsatz für das Wohl der Menschheit.
Diese Richtlinien für ein gemeinsames Verhalten von Christen und Anhängern anderer Religionen angesichts der Möglichkeiten, die sich für einen Austausch im modernen

Kommunikationswesen ergeben, spiegeln den Geist der hier bedeutsamen Dekrete des II. Vatikanischen Konzils wider[8]. Das interreligiöse Verständnis beruht auf der allen großen Weltreligionen gemeinsamen Suche nach einer entsprechenden Antwort auf die wichtigsten Fragen, welche die Bestimmung der Menschheit betreffen. Eine ernsthafte und fortwährende Koordinierung der Bemühungen wird zur Überwindung all jener in der Öffentlichkeit verbreiteten Tendenzen beitragen, die von Religion nur eine oberflächliche Kenntnis haben oder sie als Aberglauben und Magie betrachten.

16. Eine Zusammenarbeit der verschiedenen Religionen ist in allen Bereichen der sozialen Kommunikation möglich. Sie ist schon als solche ein Zeugnis für die Welt. Da die Medien die örtlichen und zeitlichen Grenzen überschreiten, wird diese interreligiöse Zusammenarbeit sowohl auf örtlicher als auch auf regionaler und internationaler Ebene erfolgen. Gegenseitige Vereinbarungen zwischen Katholiken (und anderen Christen), die in den Medien tätig sind, und ihren andersgläubigen Kollegen sowie die Bildung interreligiöser Arbeitsgruppen in profanen Medienorganisationen werden manchmal ratsam erscheinen.

17. Die Art und Weise der Zusammenarbeit im Bereich der sozialen Kommunikation wird zu einem großen Teil von den medienspezifischen Methoden abhängen. Die interreligiöse Zusammenarbeit wird den Besonderheiten von Produktion und Planung auf örtlicher, regionaler, nationaler oder internationaler Ebene Rechnung tragen.

18. Der Zweck gemeinsamer, bei entsprechenden Gelegenheiten ergriffener Initiativen ist es, als Christen und Anhänger anderer Religionen vereint ein Zeugnis für Gott abzulegen. Sie haben nicht das Ziel, die Authentizität der christlichen und kirchlichen Botschaft abzuschwächen oder spezifisch katholische Initiativen einzuschränken.

19. Die praktische Anwendung dieser allgemeinen Richtlinien verlangt, daß Katholiken, die in den Medien tätig sind, ihren Glauben gründlich kennen und treu praktizieren. Sie erfordert gegenseitiges Vertrauen und Verständnis unter Katholiken, anderen Christen und Anhängern anderer Religionen auf der Grundlage gegenseitiger Achtung und im Hinblick auf eine gemeinsame Arbeit im Kommunikationswesen. Daraus ergibt sich für die katholischen Kommunikationsdienste und für die in der Kommunikation tätigen Katholiken die Notwendigkeit einer fairen und objektiven Information hinsichtlich der anderen Religionen der Menschheit. Diese Verpflichtung wird niemals von einer wahrheitsgemäßen Darlegung der spezifisch katholischen Botschaft in all ihrer Fülle abhalten.
Die Gegenseitigkeit scheitert oft an praktischen Fragen wie etwa jener der verschiedenartigen Organisation des Apostolats der sozialen Kommunikation oder der Frage der verschiedenen Arten der Finanzierung. Es ist unerläßlich, daß die für Pastoral zuständigen Autoritäten diesen praktischen Problemen Rechnung tragen und einer fairen Aufteilung der finanziellen Mittel sowie einer Angleichung der Arbeitsmethoden zustimmen.

20. Der Päpstliche Rat für die Soziale Kommunikation unterstützt weitere Bemühungen um Zusammenarbeit mit den Anhängern anderer Religionen, um religiöse und moralische Werte auf dem Gebiet der sozialen Kommunikation zu fördern.

Der Päpstliche Rat für die Soziale Kommunikation ist selbst auf der Suche nach weiteren Formen interreligiöser Zusammenarbeit, da die Entdeckungen im Bereich der Medien neue Möglichkeiten eröffnen. Er sucht Kräftezersplitterung dort zu vermeiden, wo Organisation und Planung wesentlich sind.

21. Die Dynamik katholischer Organisationen und kirchlicher Einrichtungen im Apostolat der sozialen Kommunikation ist eine grundlegende Voraussetzung für konstruktive und wirksame interreligiöse Zusammenarbeit und gleichzeitig eine Gewähr dafür, daß die Botschaft der katholischen Kirche in ihrer ganzen Fülle sichergestellt wird. In diesem Zusammenhang ist es wesentlich, auf allen Ebenen des katholischen Apostolats ein Team von kirchlichem Personal heranzubilden, das über berufliche Kompetenz, technische Fachausbildung und ein gutes theologisches Fundament verfügt.
Wenn die internationalen katholischen Organisationen für die soziale Kommunikation (OCIC, UCIP und UNDA) (s. Fußnote Nr. 6) im Apostolat tatkräftiger zusammenarbeiten, wird das eine Hilfe zu besserer Zusammenarbeit mit anderen Religionen sein.

22. Zum Zweck dieser besseren Zusammenarbeit mit den Anhängern der großen Religionen auf dem Gebiet der Kommunikation ist eine spezifische Ausbildung von katholischen Medienfachleuten erforderlich, die entsprechend den Richtlinien des Heiligen Stuhls erfolgen muß.

23. Eine interreligiöse Verständigung zwischen Katholiken und den Anhängern der anderen Religionen wäre auch im Hinblick auf die in letzter Zeit entwickelten Medien – insbesondere die gemeinsame Verwendung von Satelliten, Datenbanken, Kabelvernetzung und Informatik im allgemeinen, angefangen bei der System-Kompatibilität – durchaus nützlich.

Vatikan, 4. Oktober 1989,
Fest des hl. Franziskus von Assisi.

John P. Foley
Präsident

Prälat Pierfranco Pastore
Sekretär

Anmerkungen

[1] Sekretariat für die Einheit der Christen – Ökumenischer Rat der Kirchen, *Common Witness and proselytism, Information Service*, 14 (1971), S. 18–23; über die Deutung der heiligen Schrift und des Willens der kirchlichen Autoritäten über die Einheit des Zeugnisses siehe auch: Gemische Arbeitsgrupppe des Ökumenischen Rates der Kirchen und der römisch-katholischen Kirche, *Common Witness, Information Service*, 44 (1980), S. 142–162.

[2] Zweites Vatikanisches Konzil, Dekret *Unitatis redintegratio, AAS* 57 (1965), insbesondere S. 99–100, Nr. 12.

[3] Päpstliche Kommission für soziale Kommunikation, Pastoralinstruktion *Communio et progressio, AAS* 63 (1971), S. 628–630; Sekretariat für die Einheit der Christen, *Directorium ad ea quae a Concilio Vaticano Secundo de re oecomenica promulgata sunt exsequenda, AAS* 59 (1967), S. 574–592 (eine revidierte Ausgabe ist für 1989 vorgesehen); Päpstliche Kommission für die soziale Kommunikation, *Critères généraux pour la collaboration oecuménique dans les communications sociales, Bulletin d'information*, 80 (1971), S. 65–66 (durch das vorliegende Dokument auf den neuesten Stand gebracht). Man beachte auch: Sekretariat für die Einheit der Christen, *Reflections and Suggestions Concerning Ecumenical Dialoque, Information Service* 12 (1970), S. 5–11; *Common Witness and Proselytism, Information Service*, 14 (1971), S. 18–23; *Ecumenical Cooperation on the Regional, National and Local Level, Information Service*, 26(1975), S. 8–31; *Sects or New Religious Movements: Pastoral Challenge, Information Service*, 61 (1986), S. 144–154.

[4] Es gibt bereits Initiativen wie die ökumenische Jury (z. B. die von Cannes, Locarno, Montreal, Berlin ...), die ökumenische Fernsehwoche (Sponsoren: UNDA, die internationale katholische Organisation für Radio und Fernsehen, und WACC, der Weltverband der christlichen Medienfachleute), gemeinsame Veröffentlichungen über Kommunikation (Communicación), gemeinsame Treffen (Catholic Press Association of the United States und Canada mit Associated Church Press, USA), ökumenische Stiftungen (Interfaith Media Foundation), gemeinsame beratende Treffen, gegenseitige finanzielle Hilfe, gemeinsame fördernde Maßnahmen und Beratung mit profanen Radio- und Fernsehgesellschaften. Es ist wichtig, daß der Wert solcher Initiativen entsprechend anerkannt und daß erwogen wird, welche weiteren Formen ökumenischer Zusammenarbeit möglich sind. Diese gemeinsamen ökumenischen Projekte werden um so nützlicher sein, je genauer und konkreter sie formuliert werden.

[5] Z. B.: Die Entscheidung, ob man als Sponsor für die gemeinsame Feier des Welttages der Sozialen Kommunikation fungieren oder anläßlich der Gebetswoche für die Einheit der Christen gemeinsame Initiativen in den Medien ergreifen soll; die Bekanntgabe gemeinsamer Meinungen hinsichtlich doktrinärer und ethischer Fragen; die Einführung einer ökumenischen Anerkennung für Verdienste auf dem Gebiet der sozialen Kommunikation; die Vorbereitung gemeinsamer Kataloge ...

[6] OCIC: Internationale Katholische Organisation für Film und audiovisuelle Mittel (Generalsekretariat: B-1040 Brüssel, rue de l'Orme 8); – UCIP: Internationale Katholische Presseunion (Generalsekretariat: CH-1121 Genf, 20 cic, rue de Vermont 37–39); UNDA: Internationale Katholische Organisation für Radio und Fernsehen (Generalsekretariat: B-1040 Brüssel, rue de l'Orme 12).

[7] Vgl. Sekretariat für die Einheit der Christen, *Directorium ad ea quae a Concilio Vaticano Secundo de re oecumenica promulgata sunt exsequenda. Pars altera: De re oecumenica in institutione superiore, AAS* 62 (1970), S. 705–724; Kongregation für das katholische Bildungswesen, *Ordinationes ad constitutionem apostolicam, Sapientia Christiana, rite exsequendam, AAS* 71 (1979), S. 500–521 (S. 513, Art. 51, Richtlinien für den Unterricht in Ökumene im Rahmen der theologischen Fächer).

[8] Zweites Vatikanisches Konzil, Erklärung *Nostra aetate, AAS* 58 (1966), S. 740–744; Sekretariat für die Nichtchristen, *Towards a Meetin of Religions. Suggestions for Dialogue, Bulletin* (Ergänzung Nr. 3), 1967, S. 1–50; *ebd., Die Haltung der Kirche gegenüber den Anhängern anderer Religionen*, Vatikanstadt, 1984; Kommission für die religiösen Beziehungen zum Judentum, Guidelines and Suggestions for Implementing the Conciliar Declaration *Nostra aetate*, (Nr. 4), *Information Service*, 26 (1975), S. 1–7).

Eine Missionskirche in pluralistischer Umwelt

Kardinalstaatssekretär Casaroli bei einer Begegnung mit Bischöfen der USA in Baltimore aus Anlaß der 200-Jahrfeier der ersten in den USA errichteten Diözese Baltimore am 6. Oktober

Eminenzen,
Meine lieben Brüder im Bischofsamt!

Es versteht sich von selbst, daß es eine große Ehre und zugleich eine wahre Freude für mich ist, mich an diese ehrwürdige Versammlung meiner Brüder zu wenden, die in den Vereinigten Staaten das Bischofsamt ausüben. Ich bin daher zutiefst für die freundliche Einladung dankbar, die mir anläßlich meiner Anwesenheit bei euch entgegengebracht wurde, den Hl. Vater bei der Zweihundertjahrfeier der Errichtung der ersten Diözese der damals gerade unabhängig gewordenen Vereinigten Staaten zu vertreten. Und das in dieser ehrwürdigen Stadt Baltimore, deren Gastfreundschaft wir uns nun erfreuen.
Es kommen mir die von eurem Vorsitzenden, Erzbischof John May, im März dieses Jahres gesprochenen Worte in den Sinn, als wir im Vatikan mit dem Papst, den Mitgliedern der Römischen Kurie und mit allen Kardinälen und Erzbischöfen der Vereinigten Staaten versammelt waren: „Wir haben viele Meilen zurückgelegt", sagte er, „um von unseren Diözesen hierherzukommen, und wir spüren, daß wir zu Hause sind. Das Zuhause ist da, wo die Familie wohnt, wo die Liebe lebt – und dies spüren wir hier".
Auch ich kann sagen, daß ich mich hier zu Hause fühle. Die Freundlichkeit und Großzügigkeit eures Empfangs haben dies bewirkt – eine Freundlichkeit und eine Liebe, die ich von ganzem Herzen erwidere.

1. Das Hauptziel meiner Ansprache ist, am Grund eurer Freude teilzunehmen, und dem Herrn gemeinsam mit euch für den Weg dankzusagen, den die Kirche in den Vereinigten Staaten von den Anfängen ihrer hierarchischen Organisation bis hin zur Gegenwart zurückgelegt hat, da sie nun gut in fast 200 Diözesen und 33 Kirchenprovinzen gegliedert ist.
Im Jahre 1789 war die Kirche in den Vereinigten Staaten eine winzige weitverstreute Gemeinschaft von 25.000 Seelen, die von zwei Dutzend Priestern betreut wurden. Heute zählt die Kirche in diesem Land 55 Millionen Mitglieder. Die kirchliche Gemeinschaft hat den Weg des Wachstums unter der geschickten Leitung ihrer Bischöfe beschritten, die in gewissem Sinne alle Erben von Bischof John Carrol, jener großen Gestalt eines Oberhirten, sind, der in der Botschaft des Papstes erwähnt wird. Ich hatte die Ehre, euch diese Botschaft zu überbringen, und sie ist gestern während der hl. Messe verlesen worden, die in der ehrwürdigen der Himmelfahrt der hl. Jungfrau geweihten Basilika gefeiert wurde. Erzbischof Keeler, sein derzeitiger Nachfolger auf dem Bischofsstuhl, hat ebenfalls sehr bedeutungsvoll über ihn gesprochen.
Ich war beeindruckt von den Worten, die Bischof Carrol in seiner Antrittspredigt gesprochen hat, als er den Bischofsstuhl von Baltimore übernahm. Ich zitiere: „Ich werde die Schuld auf mich laden, gegen meine Pflicht als Oberhirte zu verstoßen, wenn nicht

all meine Mühe darauf ausgerichtet ist, euer Leben und eure Taten in Einklang mit den Geboten Gottes zu bringen, euch zu ermuntern, euch zu beschwören, euch zu tadeln, all eure Gefühle zu teilen; all eure Schwächen zu spüren; alles für alle zu sein, so daß ich alle für Christus gewinne; über menschlicher Rücksichtnahmen zu stehen; nichts im Sinn zu haben als Gott und euer Heil; und all dem Gesundheit, Frieden, den guten Ruf und selbst das Leben zu opfern; die Sünde zu hassen, aber den Sünder zu lieben; Ungestüme unter Kontrolle zu halten; Ängstliche zu ermutigen; sogar über das Verhalten der Geistlichen zu wachen; geduldig und bescheiden zu sein; Menschen aller Art in die Arme zu schließen. Dies sind also nun meine Pflichten; es sind weitreichende, dringliche und unbedingt zu erfüllende Pflichten; es sind die Pflichten all meiner Brüder im Bischofsamt und sie sind gewiß wichtig genug, um uns mit Schrecken zu erfüllen ... In Gott allein kann ich Trost finden" (*The Life and Times of John Carrol, Archbishop of Baltimore, 1735–1815; Peter Guilday, New York Encyclopedia Press, 1922*, I, 384–385).
Es wäre schwierig, den Charakter und die Pflichten eines Bischofs beredter zu beschreiben.
Bischof Carrol nahm sich vor, seine pastorale Tätigkeit auf „sehr festen und dauerhaften Grund zu bauen, nicht nur auf Einheit mit dem Heiligen Stuhl, sondern auch auf Einklang, Gehorsam und Liebe". Er sagte weiterhin: „Denn die Erfahrungen des Alltags lehren mich, daß Glaube und Sitte unangetastet bleiben, wenn es eine enge Verbindung mit dem Stellvertreter Christi auf Erden gibt, und daß nahezu jede Entgleisung ihren Ursprung in einer Minderung der Achtung für den Stuhl Petri hat."
Ich glaube, daß diese Worte Bischof Carrols eine Art Testament darstellen, das er denen hinterlassen hat, die dazu bestimmt sind, seine Arbeit in dem unermeßlichen Gebiet fortzuführen, das damals seine Diözese war. Selbst heute bewahren jene Worte ihre volle und beispielhafte Gültigkeit, und ich bin sicher, daß sie in der Tiefe eures Herzens widerhallen.

2. Die Einheit der Kirche in den Vereinigten Staaten mit dem Apostolischen Stuhl ist tatsächlich außerordentlich herzlich und fruchtbar gewesen, und selbst in schwierigen Zeiten, als die Katholiken angeklagt wurden ihrem Land untreu zu sein, weil sie treu zum Papst hielten, verstanden sie klar den ekklesiologischen Grundsatz und hielten an ihm fest, daß nämlich keine Teilkirche unabhängig vom Bischof in Rom funktionieren kann. Die ganze Zeit hindurch hat die katholische Kirche die Wahrheit bejaht, die John Carrol mutig verteidigte: daß die Gemeinschaft mit dem Papst das „Band unserer Einheit ist, das [eine Vielzahl unterschiedlicher Völker] im Bekenntnis desselben Glaubens, in der Feier desselben feierlichen und öffentlichen Gottesdienstes und unter einer einheitlichen Leitung, die von Jesus Christus errichtet und von den nachfolgenden Hirten weitergeführt wurde, festigt und zusammenhält" (*Brief an die Gemeinde der Dreifaltigkeitskirche*, Februar 1787).
Unser derzeitiger Hl. Vater, Papst Johannes Paul II., hat keine Mühe gescheut, dieses kirchliche Band sogar noch enger zu knüpfen; durch seine beiden Pastoralbesuche, durch seine vielen herzlichen Treffen mit euch anläßlich eurer Ad-limina-Besuche;

durch seine besonderen Treffen mit den Erzbischöfen und, tagein tagaus durch seine ständige Sorge und sein Gebet.

3. Jeder, der auf das Leben der katholischen Kirche in den Vereinigten Staaten blickt, kann nicht umhin, von bestimmten Aspekten beeindruckt zu sein, die sie prägen. Vielleicht werden diese Faktoren von anderen nicht immer leicht verstanden, die unter anderen Bedingungen leben; doch ist es sicherlich nötig, sich zu bemühen, sie unvoreingenommen zu begreifen, um die Dynamik eurer geschichtlichen Entwicklung auf korrekte Weise bewerten und eure gegenwärtige kirchliche Realität erfassen zu können. Ihr seid euch sehr wohl der Bemühungen bewußt, die der Hl. Stuhl nicht zuletzt durch die beständigen und vertrauensvollen Kontakte zwischen dem Hl. Stuhl selbst, der Apostolischen Nuntiatur und den Bischöfen zur Erreichung dieses Ziels unternimmt.

4. Unter diesen Faktoren, die das Leben der Kirche in den Vereinigten Staaten geprägt haben, gibt es einige, die mir auch aufgrund ihres Einflusses auf die gegenwärtige Lage des amerikanischen Katholizismus als besonders bedeutsam aufgefallen sind.

a) Zunächst das erstaunliche und nahezu turbulente Wachstum der katholischen Kirche in den Vereinigten Staaten, das mit dem so vielschichtigen Wachstum des Landes selbst einhergeht, an dessen Anfang das Anwachsen der Bevölkerung steht. In zweihundert Jahren hat die Kirche einen Punkt erreicht, der anderswo viele Jahrhunderte gebraucht hat. Ein solches Wachstum muß unweigerlich zu einer Quelle zahlreicher Probleme werden.
b) Ebenso ist zu bemerken, daß dieses Wachstum hauptsächlich auf die vielen ununterbrochenen und sehr unterschiedlichen Immigrationsschübe aus Europa, Lateinamerika und auch aus Asien zurückzuführen ist. Amerika hat Volksströme aufgenommen, die die Not trieb, ihrem Elend, der Unterdrückung und der Verfolgung zu entfliehen, und die sich von der Hoffnung auf ein besseres Leben und vor allem auf Freiheit in politischen und religiösen Bereichen angezogen fühlten.
c) Vergessen darf man auch nicht die verschiedenen eingeborenen Volksgruppen, die überlebt haben, sowie die fortbestehenden und möglicherweise verschärften Schwierigkeiten, die die leidvolle Geschichte der schwarzen Bevölkerung mit sich bringt.

Eine erste Folge all dieser Tatbestände ist der pluralistische Kontext, in dem ihr lebt und der immer noch zu schwerwiegenden Kontrasten und Spannungen führen kann, den ihr aber in eine Quelle gegenseitiger Bereicherung umzuwandeln versucht habt. In den Äußerungen von Erzbischof May, die zuvor zitiert worden sind, wird jener Pluralismus auf eindrucksvolle Weise beschrieben: „Ihr könnt in ein- und derselben Straße in Amerika als Nachbarn finden: eine schwarze Baptistenfamilie, die in ihren Ursprüngen aus Afrika stammt; ein Ehepaar aus Kambodscha, das aus Indochina geflohen ist und dessen buddhistischer Glaube intakt geblieben ist; eine jüdische Familie, die den Diskriminierungen in der Sowjetunion entkommen ist; polnische und lateinamerikanische Flüchtlinge, die in der örtlichen katholischen Pfarrgemeinde eine Heimat suchen. Jene Straße", so fuhr der Erzbischof fort, „ist wegen all ihrer verwirrenden Unterschiedlichkeiten, die charakteristische Stärke Amerikas. Unsere Münzen beschreiben dieses amerikanische Experiment: ‚E pluribus unum', aus vielen verschiedenen Völkern eine Nation formen.

Es ist ein Experiment, das mehr als zwei Jahrhunderte gut funktioniert hat". Die Situation der Menschen, der die Kirche sich hier zu stellen hat, könnte kaum prägnanter und anschaulicher beschrieben werden.

5. Ein anderer Grundzug, der eine Perspektive auf eine mögliche Lösung der Probleme eröffnet, die der zuvor erwähnte Pluralismus mit sich bringt, und der im allgemeinen für das Leben der Kirche in den Vereinigten Staaten große Bedeutung hat, ist der nahezu sprichwörtliche amerikanische Einsatz für die Freiheit, die Freiheit für sich selbst und die Freiheit für die anderen. Einer der herausragenden Nachfolger Bischof Carrols auf dem Bischofsstuhl von Baltimore, Kardinal James Gibbons, hat bei seiner Rede in Rom anläßlich seiner Übernahme der ihm vom Papst zugeteilten Titularkirche, der schönen und geschichtsträchtigen Basilika Santa Maria in Trastevere, sein Land und die große Freiheit, die die Kirche genießt, auf beredte – nahezu begeisterte – Weise gepriesen. „Unser Heiliger Vater Leo XIII.", so stellte Kardinal Gibbons fest, „hat in seiner instruktiven Enzyklika über die Verfassung der christlichen Staaten erklärt, daß sich die Kirche für keine besondere politische Regierungsform einsetzt. Sie paßt sich allem an; sie durchdringt alles durch den heiligen Sauerteig des Evangeliums. Sie hat unter absolutistischen Herrschaftsformen gelebt; sie blüht unter konstitutionellen Monarchien; sie wächst und gedeiht in der freien Republik. Sie ist zwar in ihrer göttlichen Mission oft behindert worden und mußte da, wo der Despotismus seine dunklen Schatten warf, wie eine des Sonnenlichts beraubte Pflanze um Halt kämpfen, doch blühte sie in der belebenden Atmosphäre der Freiheit auf wie eine Rose! ... Was mich angeht", so führt Kardinal Gibbons fort, „so verkünde ich als Bürger der Vereinigten Staaten, der die Augen vor den Mängeln unserer Nation nicht verschließt, mit einem tiefen Gefühl des Stolzes und der Dankbarkeit auf diesem großen ‚Kapitol' des Christentums, daß ich einem Land angehöre, wo die bürgerliche Regierung über uns die Ägide ihres Schutzes ausbreitet, ohne in die rechtmäßige Ausübung unserer erhabenen Mission als Diener des Evangeliums Jesu Christi einzugreifen. Unser Land hat Freiheit ohne Genehmigung, Autorität ohne Despotismus" (*Kardinal Gibbons and American Institutions, Catholic World, XLV*, June 1887, 331).

6) Es gibt natürlich auch eine Kehrseite der Hochschätzung der Freiheit. Es kann unnötige und unbegründete Ängste vor jedwedem System bleibender und definierter Wahrheiten geben, gerade so als sei die Freiheit eines Menschen, die Wahrheit so zu bejahen, wie er sie sieht und nach seinem eigenen Gewissen zu glauben, eine Bedrohung für die Freiheit eines anderen Menschen, eine andere Weltanschauung zu haben. Euren Vorgängern waren die Äußerungen solcher Ängste nicht fremd. Sie wußten sehr wohl um diejenigen, die es versäumt hatten zu verstehen, daß es nicht im mindesten widersprüchlich ist, zugleich ein guter Katholik und ein guter Amerikaner zu sein. Heute jedoch ist es durchaus möglich, daß es trotz all der Garantien der religiösen Freiheit in eurer Verfassung einen kaum merkbaren Wandel gibt, über den ihr, die Bischöfe, und all diejenigen, die nach wahrer Freiheit streben, mit Recht besorgt sein könnt. Die von euren Gründungsvätern so nachdrücklich bekräftigte religiöse Freiheit hatte nicht den Sinn, die Religion von der

Gesellschaft, vom öffentlichen Leben und der öffentlichen Moral auszuschließen. Dies wäre wahrhaft das Gegenteil von Freiheit.

7. Ein weiterer charakteristischer Zug, der erwähnt werden muß, ist die Offenheit des amerikanischen Katholizismus für die gesamte Gesellschaft und für die ganze Welt. Trotz einiger Erfahrungen von Feindseligkeit oder Diskriminierung sind die Katholiken der Vereinigten Staaten niemals der Versuchung erlegen, sich auf sich selbst zurückzuziehen, geschweige denn zu anderen religiösen Gruppen oder Gemeinschaften in Opposition zu stehen. Sie haben vielmehr versucht, in einem Geist der Brüderlichkeit und des Ökumenismus und in einem Geist des Dienstes und der Gemeinschaft zusammenzuarbeiten. Die Geschichte der Dienstleistungen der katholischen Kirche in den Vereinigten Staaten in den Bereichen der Erziehung, des Gesundheitswesens und Hilfe aller Art, in der Verteidigung der Rechte der Arbeiter, der Rechte der Ungeborenen und des menschlichen Lebens in jeder Lage, kann kaum übertrieben werden. In zweihundert Jahren hat die Kirche niemals die Armen, die Hungernden, die Heimatlosen vergessen; und heute seid ihr bemüht, euch den neuen Herausforderungen, wie der Tragödie von Drogen, AIDS und wachsender Instabilität des Familienlebens, noch wirkungsvoller zu stellen.
Darüber hinaus war sich die Kirche stets bewußt, ein Teil einer katholischen und universalen Kirche zu sein, und eine Sendung im Dienst an der gesamten Kirche und ohne Unterschied der Personen an der gesamten Menschenfamilie zu haben. Während ihr hier den Leib Christi aufgebaut habt, habt ihr in eurer Hochherzigkeit nicht gezögert, Länder zu missionieren. Auf der ganzen Welt gibt es amerikanische Missionare – Ordensmänner und Ordensfrauen und vor allem in letzter Zeit Laien und sogar Familien. Der Beistand, den amerikanische Katholiken ihren Brüdern und Schwestern in Übersee und den bedürftigen Menschen überall leisten, ist eines der eindrucksvollsten Merkmale des kirchlichen Lebens in Amerika.

8. Ein anderes Merkmal, das nicht unerwähnt bleiben kann, ist der Unternehmungsgeist, die Effizienz: sehr bekannte amerikanische Charakterzüge. Einige kritische Beobachter haben diesen Aspekt so betont, daß sie behaupten, er habe Vorrang vor dem intellektuellen Leben. Pragmatismus gegen theoretisches Denken! Selbst den Bischöfen ist manchmal zugeschrieben worden, hauptsächlich „Bauleute" und „Macher" zu sein, als hätten sie nicht auch mit dem „Denken" und dem „Leben des Geistes" zu tun.
Ganz im Gegenteil: die Bischöfe haben ihre Rolle als Lehrer des Glaubens – dies war im März das Thema des Treffens der Erzbischöfe in Rom – sehr ernst genommen. Allein in den letzten 25 Jahren seit der Errichtung eurer Bischofskonferenz habt ihr eine Reihe von Dokumenten veröffentlicht, die die großen Probleme der Kirche und der Gesellschaft im Licht des Evangeliums ansprechen. Die Sorgfalt und das Wissen, die in dieser Sammlung ihren Niederschlag finden, spiegeln die Ernsthaftigkeit wider, mit der ihr versucht, eure Verantwortung der gemeinsamen Lehre zu erfüllen. Zugleich ist klar, daß die Ausübung der bischöflichen Kollegialität in jedwedem Land untrennbar ist von einer deutlichen Sorge um die Weltkirche und daher auch die notwendige Kenntnis und Sensibilität für das Denken der Bischöfe in anderen Gebieten der Welt fordert, ganz zu schweigen von der offensichtlichen Notwendigkeit, den Einstellungen und Haltungen des Hl. Stuhls die ge-

bührende Achtung zu schenken. Dies ist besonders nötig, wenn Erklärungen zu Fragen abgegeben werden, die sich auf andere Länder beziehen.
Euer angeborener Pragmatismus und eure Effizienz haben euch auch euer geistliches Leben nicht vergessen lassen. In diesem noch recht jungen Land seid ihr mit außerordentlich heiligen Männern und Frauen beschenkt worden, die ihr zu Recht als euer eigen anseht: Mutter Cabrini, Elizabeth Ann Seton, John Neumann, Kateri Tekakwitha, Rose Duchesne, Junipero Serra und viele andere.
Und die große Zahl der Bischöfe, Priester, Ordensleute und Laien, die sehr tugendhaft leben, legen Zeugnis ab für die Beständigkeit des Stroms der Heiligkeit, der die hiesige Kirche durchfließt. Der traditionelle Meßbesuch und die Tiefe liturgischen Lebens, die Teilnahme an den Sakramenten im allgemeinen und die hochherzigen Dienste so vieler Menschen, die ihre Zeit, ihr Talent und ihre Energien in freiwilliger Arbeit aller Art anbieten: dies sind nur einige Formen der inneren Lebendigkeit des Geistes, den man bei euch finden kann.

9. Die Kirche in den Vereinigten Staaten ist, wie sie auch zur Zeit ihres Entstehens war, eine Missionskirche. Die Kirche ist missionarisch nicht nur von ihrem Wesen her, sondern auch aufgrund der Umstände, in denen sie in einer Gesellschaft lebt und wirkt, die nicht nur pluralistisch ist, sondern auch von wachsender Säkularisierung und dem darausfolgenden Verlust geistiger Werte bedroht wird. Die Aufgabe der Evangelisierung ist heute nicht weniger relevant und dringlich als zu dem Zeitpunkt, da John Carrol den Bischofsstuhl von Baltimore übernahm. Sie hat vielmehr neue Dimensionen angenommen. Ihr steht diesen alten und neuen Problemen nicht gleichgültig gegenüber. Daher entwickelt und verstärkt ihr Seelsorgeprogramme, die Einwanderern aus Lateinamerika, Asien und anderen gelten. Und kürzlich habt ihr euch selbst bewußt und entschieden erneut dazu verpflichtet, euren schwarzen Brüdern und Schwestern dabei zu helfen, ihr großes Potential in der katholischen Gemeinschaft umzusetzen. Wer ist imstande, eure Bemühungen aufzuzählen, den sowohl geistigen als auch zeitlichen Bedürfnissen so vieler Menschen hier in eurem eigenen Land entgegenzukommen, die eurer pastoralen Führung voller Hoffnung entgegenblicken?
In den letzten 25 Jahren sind die Führungsqualitäten der Hierarchie der Vereinigten Staaten nicht durch ein bestimmtes Problem herausgefordert worden, das eure Aufmerksamkeit verlangt hätte, sondern durch den Aufruf zur Erneuerung, der vom Zweiten Vatikanischen Konzil ausgeht. Die außerordentlich positive Antwort eures Volkes auf die ungewöhnliche Gnade, die das Konzil an der Schwelle zum dritten christlichen Jahrtausend darstellt, ist nicht ohne Schwierigkeiten verlaufen. Der Auftrag des Konzils ist noch lange nicht erfüllt. Wie Papst Johannes Paul II. euch 1987 in Los Angeles sagte, darf „die Erneuerung des katholischen Lebens, zu der das Konzil aufgerufen hat, nicht an erster Stelle an den äußeren Strukturen gemessen werden, sondern an einem tieferen Verständnis und einer wirksameren Erfüllung der innersten Sicht der Kirche, ihrer wahren Natur und Sendung, die das Konzil ... geschenkt hat".

10. Die Zweihundertjahrfeier muß daher mehr noch als die Feier der bisher erreichten Ergebnisse, ein neuer Aufbruch sein. Ihr kennt die Probleme, die sich vor euch auftun.

Viele von ihnen sind dieselben, die die letzten zwei Jahrhunderte geprägt haben. Doch ihr kennt auch die euch zugänglichen Hilfen: die Stärke eurer Priester, Ordensleute und Laien.

Ich habe weder die Autorität noch die Fähigkeit, Ratschläge zu erteilen. Doch erlaubt mir als euer Bruder im Bischofsamt, als langjähriger Freund Amerikas und der Kirche, die hier lebt, und als Interpret des Empfindens des Hl. Vaters, der mich gesandt hat, ihn auf dieser Zweihundertjahrfeier zu vertreten, euch ein Wort der Ermunterung zu sagen, damit ihr weiterhin unermüdlich in eurer Arbeit als Lehrer des Glaubens fortfahrt die Wahrheiten – opportune et importune – in Erinnerung zu rufen und darzulegen, die die Quelle des Lebens sind und sichere Führer auf den Wegen der Gerechtigkeit, der Liebe und der christlichen Tugend. Mögt ihr auch weiterhin Förderer der Heiligkeit und Spiritualität unter eurem Volk sein.

Aus all diesen Gründen ist die gegenwärtige Zweihundertjahrfeier der ersten Diözese und der Ernennung des ersten Bischofs eine Zeit dankbaren Gebets und eines freudigen und erneuten Einsatzes. Im Rückblick danken wir Gott für alles, was er in dieser großen Nation für die Kirche getan hat. Im Hinblick auf die Zukunft hege ich keine Zweifel darüber, daß ihr, indem ihr die Einstellung Bischof Carrols in bezug auf den Auftrag des Bischofs teilt, und indem ihr euch der Begeisterung Kardinal Gibbons für die Freiheit erinnert, die dieses gesegnete Land euch zur Erfüllung jenes Auftrags bietet, vorwärtsstreben werdet und dabei auf erstaunliche Weise zum Wachstum des Leibes Christi hier in eurem eigenen Land und in der ganzen Welt beitragt.

Möge Gott die Kirche in den Vereinigten Staaten überreich segnen. Und möge seine göttliche Gnade auf allen Menschen eures geliebten Heimatlandes ruhen.

Die ökologische Herausforderung annehmen

Intervention des Heiligen Stuhles bei der Versammlung der KSZE in Sofia über den Umweltschutz am 18. Oktober

Herr Präsident!

1. Zunächst möchte ich mich meinen Vorrednern anschließen, um der Regierung und dem Volk Bulgariens den Dank des Heiligen Stuhles für ihre Gastfreundschaft auszudrücken.

Auch wünsche ich dem Exekutivsekretariat und insbesondere dem Herrn Botschafter Stephan Todorov und seinen Mitarbeitern viel Erfolg bei ihrer Arbeit, damit diese Versammlung ihre Ziele erreiche. Die Delegation des Heiligen Stuhles versichert sie gerne ihrer bereitwilligen Mitarbeit.

Im Schlußdokument von Wien faßten die fünfunddreißig Teilnehmerstaaten den Beschluß, für eine bessere Zusammenarbeit in den verschiedenen Bereichen und insbesondere in dem der Umwelt Sorge zu tragen. Es wurde gesagt, daß die einzelnen Staaten sie schützen und im Hinblick auf das ökologische Gleichgewicht in Luft, Wasser und Boden verbessern müssen. In diesem Sinn sind die innerstaatlichen Gesetzgebungen und die internationalen Verpflichtungen weiterzuentwickeln.

2. Die Delegation des Heiligen Stuhls, die für technische Lösungen nicht kompetent ist, möchte dennoch die Aufmerksamkeit der Teilnehmer an dieser Versammlung auf das Thema lenken, das im Mittelpunkt unserer Diskussionen steht: auf den Menschen im Zusammenhang mit seiner Umwelt und auf die für alle gültige moralische Pflicht, die ökologische Herausforderung, die heute an die moderne Industriegesellschaft gerichtet ist, anzunehmen. Es handelt sich hier um ein ernstes Problem für die Gesellschaft. Die Erscheinung der heutigen Welt ist in ihrer Beziehung zu Wissenschaft und Technik sowie zu deren Zwecken tatsächlich auf brutale und schmerzliche Weise wieder in Frage gestellt durch verschiedene Katastrophen und alarmierende Anzeichen, die beweisen, daß der Mensch in Gefahr ist.

3. Nach Auffassung des Heiligen Stuhles ist die Umwelt auf die menschliche Person hingeordnet. Sie muß im Mittelpunkt der Entscheidungen stehen, die zur Erhaltung oder Wiederherstellung des Milieus, in dem sie lebt, getroffen werden. Deshalb muß das menschliche Handeln von Prinzipien bestimmt werden, welche die Umwelt achten, denn durch die Respektierung der Umwelt erweist es der Menschheit von heute und morgen die ihr gebührende Achtung. Der Mensch entwickelt sich auch dank seiner Umwelt, und „man darf zwei solidarische Größen den Menschen und seine Umwelt – nicht voneinander trennen“ (*Brief von Kardinalstaatssekretär Villot an die christlichen Juristen,* 6. Dezember 1971).
Es handelt sich nicht nur darum, die Umwelt für die Männer und Frauen von heute zu erhalten, sondern um die Kundgabe des gemeinsamen Willens zur Erhaltung und Verbesserung des Lebensraumes, auf den die zukünftige Welt Anspruch hat (vgl. *Deklaration von Papst Johannes Paul II. zum Welttag für die Umwelt,* 5. Juni 1986).
Eine gewisse erneute Infragestellung der heutigen Industriegesellschaft entspringt vielleicht einem Mangel an Reflexion über die moralischen Anforderungen, die der wissenschaftliche Fortschritt und der wirtschaftliche Ertrag stellen. Die hier vertretenen Länder sind die der „reichsten“ Kontinente: reich nicht nur aufgrund der von ihnen erzielten Erfolge, sondern auch dank der materiellen und kulturellen Möglichkeiten, über die sie verfügen und die sie verpflichtet sind, in den Dienst des wissenschaftlichen und technischen Fortschritts zu stellen, denn jeder Fortschritt sollte von der Frage nach seiner Zielsetzung und nach den moralischen Grundsätzen begleitet sein, die ihn bestimmen (vgl. *Ansprache von Papst Johannes Paul II. an die Päpstliche Akademie der Wissenschaften,* 6. November 1987).
Betrachten wir den gesamtheitlichen Fortschritt der menschlichen Person als Beweggrund für unsere Forschungen? Verstehen wir die Notwendigkeit der Solidarität und der universalen Bestimmung all dessen, was uns von Natur ausgeschenkt ist, und dessen, was uns die Anwendung der menschlichen Intelligenz auf die Natur angeboten wird? Sind wir nicht von Konsumismus erfaßt, der zu Verschwendung und Egoismus führt?

4. Es ist daher notwendig, daß die Teilnehmer an dieser Versammlung ihre Verantwortungen wahrnehmen und auf die Herausforderungen unserer Zeit im Hinblick auf die Vermenschlichung der Erde eingehen. Diese Verantwortung bezieht sich nicht nur auf das Wohl der europäischen Völker, sondern auch auf den beispielhaften Wert, den eine qualitative Wandlung der hochentwickelten Industrie- und Konsumgesellschaft haben kann. Regierungsmitglieder, Industrielle, Wissenschaftler und Vertreter der Kirche dürfen sich nicht ihrer Verantwortung entziehen, wenn es um Entscheidungen über das Wohl der künftigen Generationen geht. Es handelt sich hier um eine moralische Verpflichtung und nicht nur um eine Wahl zwischen verschiedenen Handlungsweisen. Wer also seine Verantwortung nicht zugunsten einer Umwelt wahrnimmt, die auf den Menschen und seine Entwicklung hingeordnet ist, begeht eine moralische Schuld, nicht nur einen Irrtum.
Die Verantwortlichen in den Nationen müßten daher aus moralischen Gründen und nicht nur aufgrund politischer Opportunität für eine Verbesserung der Umwelt eintreten. Die konkreten Aspekte des Umweltschutzes, mit denen sich diese Versammlung befassen soll, werden zweifellos die gegenseitige Abhängigkeit der Völker hervorheben, der eine gemeinsame, kreative Verantwortung entspricht (vgl. *Botschaft von Papst Paul VI. an die Umweltkonferenz in Stockholm,* 1. Juni 1972).

5. Was die Erhaltung und Wiederherstellung des menschlichen Lebensraumes betrifft, so sind die für die Wirtschaft Verantwortlichen aufgerufen, gemeinsam nach Mitteln und Wegen für eine industrielle Entwicklung zu suchen, die eine Lösung der ökologischen Probleme einschließt.
Auch die Wissenschaftler sollten ihre Arbeit immer als Dienst am Menschen betrachten und daher ihre Verantwortungen für eine Umwelt auf sich nehmen, die in Einklang mit dem Menschen steht. Der Wissenschaftler darf sich nicht auf das Aufwerfen von Problemen beschränken; er muß vielmehr Antworten vorlegen und sich die Frage nach der moralischen Gültigkeit der Forschungen stellen, mit denen er sich beschäftigt (vgl. *Ansprache von Papst Johannes Paul II. an die Professoren und Studenten der Universität „La Sapienza“,* Pisa, 24. September 1989). Papst Johannes Paul II. hat es nicht versäumt, hier zu einer harmonischen Zusammenarbeit zwischen Wissenschaftlern und den für die Produktion Verantwortlichen einzuladen, um eine einseitige Entwicklung zu verhindern, die schließlich ein Risiko für alle bedeuten würde.

6. Was den Heiligen Stuhl betrifft, so hat er seit seiner Teilnahme an der Umweltkonferenz in Stockholm im Jahre 1972 unaufhörlich dem moralischen Problem Beachtung geschenkt, vor dem die moderne Industrie- und Konsumgesellschaft steht. Papst Johannes Paul II. hat wie sein Vorgänger Paul VI. oft auf die moralische Notwendigkeit der Achtung vor der Schöpfung und auf die dem Menschen auferlegte Verpflichtung hingewiesen, diese Schöpfung durch die Förderung der menschlichen Person menschlicher zu gestalten (vgl. *Ansprache von Papst Johannes II. im Zentrum der UNO in Nairobi,* 18. August 1985; Enzyklika *Sollicitudo rei socialis,* Nr. 26–34). So zählt der Heilige Stuhl zu den „positiven Zeichen der Gegenwart ... auch das wache Bewußtsein von der Begrenztheit der verfügbaren Grundstoffe ...; ferner die Notwendigkeit, die Unversehrtheit und die Rhythmen der Natur zu achten und bei der Planung der Entwicklung zu be-

rücksichtigen, ohne diese bestimmten demagogischen Auffassungen von ihr zu opfern" (Enzyklika *Sollicitudo rei socialis,* Nr. 26).
Die katholische Kirche – und ich glaube, sagen zu können, auch die anderen geistlichen Familien – sind auf eine Erziehung ihrer Gläubigen bedacht, die ein harmonisches Verhältnis des Menschen zu seinem Milieu im Auge hat. Dieses harmonische Verhältnis muß selbstverständlich die Religionsfreiheit, die Achtung der Minderheiten, der Personen, der Familie und der Umwelt einschließen, dem Buchstaben und dem Geist des Abschlußdokuments von Wien entsprechend, dessen lückenlose Anwendung notwendig ist und allen zum Vorteil gereichen wird. Tatsächlich konnte man letztes Frühjahr in Basel anläßlich des ökumenischen Europatreffens feststellen, daß die christlichen Kirchen und Konfessionen die Gerechtigkeit, den Frieden und die Erhaltung der Schöpfung fördern möchte. Im übrigen hat Papst Johannes Paul II. beschlossen, daß das Thema seiner Botschaft zum Neujahrstag 1990 – für die katholische Kirche der traditionelle Weltfriedenstag – diesmal den Umweltschutz mit dem Frieden in Verbindung bringen und folgendermaßen lauten wird: „Friede mit Gott, dem Schöpfer, Friede mit der ganzen Schöpfung".

7. Diese Versammlung wirft Fragen auf, die alle Bürger der hier vertretenen Nationen angehen. Die öffentliche Meinung erwartet Ergebnisse, die imstande sind, zu nationalen und internationalen Lösungen hinzuführen und „tiefgreifende wirtschaftliche und moralische Änderungen auf Gruppen-, Gemeinschafts- und Regierungs ebene" hervorzurufen, Umgestaltungen, die „interregionale und internationale Gespräche und Verträge einschließen" müssen (*Ansprache von Papst Johannes Paul II. an eine Studiengruppe der Päpstlichen Akademie der Wissenschaften zum Thema „Ein moderner Zugang zum Umweltschutz",* 6. November 1987, O.R. dt. 1.1.1988). Diese Worte sind einer Ansprache von Papst Johannes Paul II. an die Päpstliche Akademie der Wissenschaften entnommen und sagen deutlich den Wunsch des Heiligen Stuhls aus, es mögen insbesondere in Europa genaue Vereinbarungen getroffen werden, in denen die Solidarität unter den Nationen des Kontinents gerade auf dem Gebiet des Umweltschutzes besonders klar zum Ausdruck kommt.
So ist es also in einer Gesellschaft wie jener der hier vertretenen – zutiefst von christlichen Werten gezeichneten – Länder eine moralische Pflicht, sich um die Erde zu sorgen. Zum Abschluß kann ich nur die Mitarbeit der Delegation des Heiligen Stuhles an den Reflexionen der nächsten Wochen zusichern, im Vertrauen darauf, daß es allen am Herzen liegt, so zu handeln, daß der europäische Kontinent eine Wohnstätte werde, der der menschlichen Familie würdig ist (vgl. *Gaudium et spes,* Nr. 57).

Wortregister

Personenregister

Länder- und Ortsregister

Zitierte Bibelstellen